Lexikon für Kirchen- und Religionsrecht
Band 2
F-K

Lexikon für Kirchen- und Religionsrecht

Band 2
F-K

Herausgegeben von

Heribert Hallermann
Thomas Meckel
Michael Droege
Heinrich de Wall

Ferdinand Schöningh

Die Redaktion des LKRR wird von der Deutschen Bischofskonferenz (DBK) und der Evangelischen Kirche in Deutschland (EKD) gefördert.

DEUTSCHE
BISCHOFSKONFERENZ

EKD
Evangelische Kirche
in Deutschland

Bibliografische Information der Deutschen Nationalbibliothek

Die Deutsche Nationalbibliothek verzeichnet diese Publikation in der Deutschen Nationalbibliografie; detaillierte bibliografische Daten sind im Internet über http://dnb.d-nb.de abrufbar.

Internet: www.schoeningh.de

Redaktion: Vincent Jünger
Einbandgestaltung: Anna Braungart, Tübingen
Satz: TAT Typesetting, Utrecht
Herstellung: Brill Deutschland GmbH, Paderborn

ISBN 978-3-506-78638-8

Vorwort

Sowohl das Kirchenrecht als auch das Religionsrecht stehen aufgrund kirchlicher und gesellschaftlicher Veränderungen vor großen Herausforderungen. Die dynamische Fortentwicklung des Religionsrechts zeigt sich nicht nur in der Veränderung der Begrifflichkeit vom Staatskirchenrecht hin zum Religionsrecht und den zunehmenden Einwirkungen vor allem des europäischen Rechts auf das staatliche Religionsrecht, sondern auch im Abschluss von Verträgen mit nichtchristlichen Religionsgemeinschaften, der Einrichtung von muslimischem Religionsunterricht und dem Wunsch nichtchristlicher Religionsgemeinschaften nach Anstaltsseelsorge etc.

Das neu erarbeitete Lexikon für Kirchen- und Religionsrecht (LKRR) erscheint insgesamt in vier Bänden und bietet in über 2600 Stichworten auf der Ebene des aktuellen Forschungsstandes zuverlässige und prägnante Informationen zu den grundlegenden Fragen des internen Rechts von Kirchen und Religionsgemeinschaften und des Religionsrechts. Die Herausgeber können nach Erscheinen des ersten Bandes des LKRR im Januar 2019 nun den zweiten Band vorlegen. Mit der Veröffentlichung des ersten Bandes des LKRR ist auch die Online-Ausgabe des Lexikons erschienen.

Neben Fragen des staatlichen Rechts und des Kirchenrechts der katholischen und der evangelischen Kirche werden auch zentrale Inhalte des Kirchenrechts der orthodoxen Kirchen sowie des Rechts des Judentums und des Islam behandelt. Die Perspektive mehrerer Religionsgemeinschaften ist insbesondere in den religionsrechtlichen Artikeln nicht nur wünschenswert, sondern angesichts der Fortentwicklung des Religionsrechts notwendig. Die Darstellung des Rechts der nichtchristlichen Religionen betrifft nur zentrale Begriffe und beansprucht weder Vollständigkeit noch einen erschöpfenden Gesamtüberblick über das betreffende Recht. Das Lexikon für Kirchen- und Religionsrecht eröffnet aber eine interreligiöse und ökumenische Perspektive und sorgt für die Möglichkeit, die verschiedenen Rechtsbereiche zu vergleichen. Daher werden viele Artikel in Kategorien wie staatlich, historisch, katholisch, evangelisch, ostkirchlich, orthodox, jüdisch und islamisch unterteilt. Vor dem Hintergrund dieser weiten Perspektive ist das LKRR keine unveränderte Wiederauflage des Lexikons für Kirchen- und Staatskirchenrechts (LKStKR). Im LKRR werden zwar einige zentrale Lemmata der Rechtsgeschichte in Auswahl behandelt. Allerdings weist das LKRR keine rein historischen Personenartikel auf. Hierfür sei auf andere einschlägige rechtsgeschichtliche oder biographische Lexika verwiesen.

Im zweiten Band des LKRR bieten über 250 Autoren in 809 Artikeln fundierte und kompetente Informationen zum staatlichen Recht, zum Religionsrecht sowie zum katholischen, evangelischen, orthodoxen, jüdischen und islamischen Recht. In den jeweiligen Artikeln finden sich zudem weiterführende Literaturangaben, die eine vertiefte Beschäftigung mit der Thematik ermöglichen.

Die Herausgeber verantworten die Gesamtkonzeption des LKRR. Die Autoren, denen die Herausgeber für das Bereitstellen ihrer Artikel und ihre engagierte Mitarbeit am gemeinsamen Projekt danken, zeichnen für den Inhalt ihrer Beiträge verantwortlich. Die Herausgeber und die Redaktion des LKRR haben sich innerhalb des Rahmens des Möglichen bemüht, die Beiträge aufeinander abzustimmen.

Für die fachliche Beratung im Bereich des orthodoxen Kirchenrechts danken wir dem Kollegen Dr. Dr. Anargyros Anaplitotis, im Bereich des jüdischen Rechts danken wir dem Kollegen Prof. Dr. Walter Homolka sowie im Bereich des islamischen Rechts Herrn Dr. Jörn Thielmann.

Die Redaktion hat ihren Sitz am Lehrstuhl für Kirchenrecht, Religionsrecht und kirchliche Rechtsgeschichte der Philosophisch-Theologischen Hochschule Sankt Georgen Frankfurt. Der Hochschule sei für die Unterstützung des Projekts herzlich gedankt.

Die Herausgeber danken Herrn Mag. Theol. Vincent Jünger als wissenschaftlichem Mitarbeiter in der Redaktion des LKRR am Frankfurter Lehrstuhl für Kirchenrecht, Religionsrecht und kirchliche Rechtsgeschichte für seinen tatkräftigen, engagierten, zuverlässigen und umsichtigen Einsatz in den umfangreichen Redaktionsarbeiten des LKRR.

Herrn Dr. Bertram Salzmann sei für die Erstellung des Online-Redaktionssystems und die zuverlässige Zusammenarbeit herzlich gedankt.

Die Herausgeber danken der EKD und der DBK für die Finanzierung der Redaktionsstelle des LKRR, ohne die ein solches Unternehmen nicht möglich wäre. Herzlichen Dank für die großzügige Unterstützung.

Möge das Lexikon für Kirchen- und Religionsrecht für Theologen, Juristen, Kirchenrechtler und Religionswissenschaftler im Studium, in der Wissenschaft und in der beruflichen Praxis in Staat und in Kirchen und Religionsgemeinschaften eine verlässliche und hilfreiche Informationsquelle darstellen.

Frankfurt, im Mai 2019
Die Herausgeber des LKRR
Heribert Hallermann – Thomas Meckel –
Michael Droege – Heinrich de Wall

LKRR Methodisches Vorwort

Anordnung der Lemmata

Die Stichworte im LKRR sind in der Reihenfolge des deutschen Alphabets geordnet. Dabei werden Ä, Ö und Ü wie A, O und U behandelt. Lateinische Begriffe finden sich im LKRR als Lemmata in der Regel in deutscher Übersetzung (Ausnahmen sind in Einzelfällen möglich, wie beispielsweise beim Lemma „Ecclesia sui iuris“). Die Anordnung der Teilartikel eines Hauptartikels entspricht dem folgenden Schema, insofern die jeweiligen Unterkategorien vorhanden sind: staatlich, historisch, katholisch, evangelisch, ostkirchlich, orthodox, jüdisch und islamisch. Im Interesse der Suchfunktion in der Online-Ausgabe sind die Artikel in der Regel auch dann als katholisch, evangelisch etc. gekennzeichnet, wenn sie selbst nur einer Kategorie unterfallen und keinen weiteren Unterartikel haben. Die Artikel des katholischen Kirchenrechts berücksichtigen in der Regel neben dem lateinischen Kirchenrecht auch die Bestimmungen des Rechts der katholischen Ostkirchen. Zentrale ausgewählte Stichworte des katholischen Ostkirchenrechts finden sich in Teilartikeln unter der Kategorie „ostkirchlich“.

Abkürzungen

Das jeweilige Lemma wird innerhalb des Artikels in der Regel mit dem ersten Buchstaben des Wortes bzw. bei mehrteiligen Lemmata mit den ersten Buchstaben der Worte abgekürzt. Alle weiteren Abkürzungen sind im Abkürzungsverzeichnis des zweiten Bandes des LKRR aufgelöst. Das Abkürzungsverzeichnis des LKRR wird für jeden Band angepasst und aktualisiert.

Verweise

Im LKRR gibt es Textartikel und reine Verweisartikel. Verweise in Textartikeln auf verwandte Artikel werden durch einen Verweispfeil vor dem Lemma gekennzeichnet. Mehrfach vorkommende Verweisstichworte werden nur beim ersten Vorkommen mit dem Verweispfeil gekennzeichnet. Die Verweissetzung im LKRR erfolgt nicht schematisch, sondern systematisch, d. h. in den Artikeln wird in der Regel nur auf jene Lemmata verwiesen, die in engerer inhaltlicher Verbindung zum gegenständlichen Lemma stehen bzw. zum Verständnis des Lemmas beitragen. Folglich sind nicht alle in einem Artikel erwähnten Lemmata mit einem Verweispfeil versehen. Zudem ist zur besseren Orientierung für den Leser ein Verzeichnis aller Artikel dieses Bandes angefügt.

Literaturhinweise

Die Bibliographie der Artikel ist unterteilt in Quellen und Literatur. Falls vorhanden, stehen Quellen am Anfang der Bibliographie, gefolgt von der weiterführenden Literatur. Quellen und Literatur sind chronologisch sortiert, sodass die aktuellste Literatur am Ende des Verzeichnisses zu finden ist. Literaturangaben aus dem MKCIC finden sich aufgrund evtl. uneinheitlicher Zeitbestimmung stets am Ende der Bibliographie. Zitate im Text werden in der Regel durch Angabe des Kurztitels (Name, Jahreszahl, Seitenzahl) in Klammern direkt hinter dem Zitat belegt. Länderverfassungen, Konkordate und (Kirchen-)Verträge werden in der Regel gemäß dem Schema „Länderkürzel.Rechtstext“ abgekürzt (dabei gilt: Verf = Verfassung; K = Konkordat; (K)V = (Kirchen-)Vertrag). Beispiele sind hierbei NI.Verf für die Verfassung des Landes Niedersachsen und NI.K für das Niedersächsische Konkordat.

Angabe von Canones/Schemata

Für Canones aus dem CIC/1983 wird im LKRR die Abkürzung c. bzw. cc. verwendet und für Canones aus dem CIC/1917 oder einem Schema die Abkürzung can. bzw. cann. Bei Angaben von Canones aus den Codices entfällt daher die Auszeichnung „CIC/1917" bzw. „CIC/1983". Canones des CCEO werden gemäß dem Schema „c. x CCEO" angegeben.

Sonstiges

Fremdschriftliche Begriffe wurden im LKRR in lateinische Buchstaben transkribiert. In der Regel wurde im LKRR aufgrund einer besseren Lesbarkeit das generische Maskulin verwendet. Im Text der Artikel des LKRR finden sich keine Hervorhebungen (Unterstreichungen, Fettdruck, Kursivsetzung, Kapitälchen etc.), mit Ausnahme der Kennzeichnung von Zitaten. Die interne Gliederung eines Artikels ist in der Regel mit Zahlen (1., 2., 3. usw.) gekennzeichnet und die Untergliederung innerhalb eines Absatzes erfolgt mit a), b), c) usw. Das Autorenregister folgt dem Schema „Name, Vorname, Titel, Wirkungsort".

Zitiervorschlag

LKRR Bd. 2, hg. v. H. Hallermann – T. Meckel – M. Droege – H. de Wall, Paderborn 2019.

Abkürzungen

aA	anderer Ansicht
AA	Zweites Vatikanisches Konzil, Dekret Apostolicam Actuositatem: AAS 58 (1966), 837-864
AA. VV.	Autori Vari
AADC	Annuario Argentino de Derecho Canónico. Buenos Aires 1994 ff.
AAS	Acta Apostolicae Sedis, Vatikanstadt 1909 ff.
ABD	Arbeitsvertragsrecht der Bayerischen (Erz-) Diözesen
Abh.	Abhandlung(en)
Abk.	Abkürzung
ABl.	Amtsblatt
Abs.	Absatz
Abt.	Abteilung(en)
abw.	abweichend
ACan	L'Année Canonique, Paris 1952 ff.
ACK	Arbeitsgemeinschaft Christlicher Kirchen in Deutschland e.V.
AcP	Archiv für die civilistische Praxis, Tübingen 1818 ff.
AEM	Allgemeine Einführung in das Römische Messbuch
AEUV	Vertrag über die Arbeitsweise der Europäischen Union
aF	alte Fassung
AfkKR	Archiv für katholisches Kirchenrecht, Innsbruck 1857 ff. (Mainz 1862 ff.)
AfP	Archiv für Presserecht, Köln 1969 ff.
AG	Zweites Vatikanisches Konzil, Dekret Ad Gentes: AAS 58 (1966), 947-990
AGesVG	Anti-Gesichtsverhüllungsgesetz
AGG	Allgemeines Gleichbehandlungsgesetz
Ah	Ev. Landeskirche Anhalts
AIC	Adnotationes in Ius Canonicum, Frankfurt u. a. 1995 ff.
AK	Arbeitsrechtliche Kommission
AK-O	Ordnung der Arbeitsrechtlichen Kommission
akkr.	akkreditieren
Akkr.	Akkreditierung
Akkr.verf.	Akkreditierungsverfahren
AktG	Aktiengesetz
allg.	allgemein(e, es)
allgM.	allgemeine Meinung
Alt.	Alternative(n)
aM.	andere Meinung
AMJ	Ahmadiyya Muslim Jamaat
amtl.	amtlich
AmtsG	Amtsgericht
angl.	anglikanisch(e, er, es)
Anl.	Anlage(n)
Anm.	Anmerkung(en)

AnPont	Annuario Pontificio, Vatikanstadt 1860 ff.
AO	Abgabenordnung
AöR	Archiv des öffentlichen Rechts, Tübingen 1886 ff.
ApK	Apostolische Konstitution
apost.	apostolisch
APU	Altpreußische Union
AR	Augsburger Religionsfrieden
Art.	Artikel
ASm.	Schmalkaldische Artikel
ASS	Acta Sanctae Sedis, Rom 1865-1908
AT	Altes Testament
AufenthG	Aufenthaltsgesetz
Aufl.	Auflage(n)
AuR	Arbeit und Recht, Frankfurt 1953 ff.
Ausg.	Ausgabe(n)
ausl.	ausländisch
autokeph.	autokephal
auton.	autonom
AVO	Arbeitsvertragsordnung
AVR	Richtlinien für Arbeitsverträge in den Einrichtungen des Deutschen Caritasverbandes
Az.	Aktenzeichen
Bad	Ev. Landeskirche in Baden
BAG	Bundesarbeitsgericht
BAGE	Sammlung der Entscheidungen des Bundesarbeitsgerichts, Berlin 1955 ff.
BAMF	Bundesamt für Migration und Flüchtlinge
BauGB	Baugesetzbuch
BauNVO	Baunutzungsverordnung
Bay	Ev.-Lutherische Kirche in Bayern
bayer.	bayerisch(e, er, es)
BayGO	Gemeindeordnung für den Freistaat Bayern
BayHSchG	Bayerisches Hochschulgesetz
BayKiBiG	Bayerisches Gesetz zur Bildung, Erziehung und Betreuung von Kindern in Kindergärten, anderen Kindertageseinrichtungen und in Tagespflege
BayKirchStG	Kirchensteuergesetz des Freistaates Bayern
BayVBl	Bayerische Verwaltungsblätter, München 1955 ff.
BayVerfGE	Sammlung von Entscheidungen des Bayerischen Verfassungsgerichtshofes
BayVerfGH	Bayerischer Verfassungsgerichtshof
BayVGH	Bayerischer Verwaltungsgerichtshof
BB	Brandenburg
BBesG	Bundesbesoldungsgesetz
Bd.	Band
Bde.	Bände
BDKJ	Bund der Deutschen Katholischen Jugend

BE	Berlin
bearb.	bearbeitet(e, er, es)
BeckRS	Beck online Rechtsprechung
begr.	begründet(e, er, es)
Beih.	Beiheft(e)
Beil.	Beilage
Beitr.	Beiträge
BensH	Bensheimer Hefte, Göttingen 1951 ff.
Ber.	Bericht
bes.	besonders; besonder(e, er, es)
Beschl.	Beschluss, Beschlüsse
betr.	betreffend(e, er, es)
BetrVG	Betriebsverfassungsgesetz
Bez.	Bezeichnung(en)
bez.	bezeichnet
Bf.	Bischof/Bischöfe
BFH	Bundesfinanzhof
bfl.	bischöflich
BGB	Bürgerliches Gesetzbuch
BGBl.	Bundesgesetzblatt
BGH	Bundesgerichtshof
BGHZ	Entscheidungen des Bundesgerichtshofes in Zivilsachen, Köln 1951 ff.
BHO	Bundeshaushaltsordnung
BhTh	Beiträge zur historischen Theologie, Tübingen 1929 ff.
Bibliogr.	Bibliographie
BImSchG	Bundes-Immissionsschutzgesetz
BK	Bischofskonferenz(en)
Bl.	Blatt, Blätter
BMBF	Bundesministerium für Bildung und Forschung
BPersVG	Bundespersonalvertretungsgesetz
BPfKG	Blätter für pfälzische Kirchengeschichte und religiöse Volkskunde
BPräs	Bundespräsident
BR	Bundesrat
BRD	Bundesrepublik Deutschland
BReg	Bundesregierung
BRHG	Gesetz über den Bundesrechnungshof
Brm	Bremische ev. Kirche
Bsp.	Beispiel(e)
BStBl.	Bundessteuerblatt, Bonn 1951 ff.
bspw.	beispielsweise
Bswg	Ev.-lutherische Kirche in Braunschweig
BT	Deutscher Bundestag
Bull.	Bulletin
BVerfG	Bundesverfassungsgericht
BVerfGE	Entscheidung(en) des Bundesverfassungsgerichts, Tübingen 1952 ff.
BVerfGG	Gesetz über das Bundesverfassungsgericht

BVerfGK	Kammerentscheidungen des Bundesverfassungsgerichts, Heidelberg 2004-2014
BVerwG	Bundesverwaltungsgericht
BVerwGE	Entscheidung(en) des Bundesverwaltungsgerichts, Berlin u. a. 1955 ff.
BvR	Registerzeichen des Bundesverfassungsgerichts für Verfahren über Verfassungsbeschwerden
BW	Baden-Württemberg
BY	Bayern
bzgl.	bezüglich
BzMKCIC	Beihefte zum Münsterischen Kommentar, Essen 1986 ff.
BZRG	Bundeszentralregistergesetz
bzw.	beziehungsweise
c.	Canon (geltendes Recht), capitulum, causa
CA	Confessio Augustana
ca.	circa
CaerEp	Caeremoniale Episcoporum, Vatikan 1984 (²1995)
CAJ	Christliche Arbeiterjugend
can., cann.	Canon, Canones aus CIC/1917 oder den Schemata
cc.	Canones (geltendes Recht)
CCEE	Consilium Conferentiarum Episcopalium Europae
CCEO	Codex Canonum Ecclesiarum Orientalium vom 18.10.1990
CD	Zweites Vatikanisches Konzil, Dekret Christus Dominus: AAS 58 (1966), 673-696
CEDAW	UN-Konvention zur Beseitigung jeder Form von Diskriminierung der Frau
ChH	Church History, Cambridge 1932 ff.
Chr.	Christus
chr.	christlich
CIC/1917	Codex Iuris Canonici vom 27.05.1917
CIC/1983	Codex Iuris Canonici vom 25.01.1983
CLSA	Canon Law Society of America
CLSt	Canon law studies, Washington 1916 ff.
CoD³	Conciliorum Oecumenicorum Decreta, Bologna ³1973
COMECE	Kommission der Bischofskonferenzen der Europäischen Gemeinschaft
Comm.	Communicationes, Rom 1969 ff.
Conc.	Concilium, Einsiedeln u. a. 1965 ff.
Congr.	Congregatio
Cons.	Consilium
Const.	Constitutio
Const. Ap.	Constitutio Apostolica
CorpIC	Corpus Iuris Canonici
CPD	Christliche Pfadfinderschaft Deutschlands
CR	Corpus Reformatorum, Zürich 1834 ff.
CVJM	Christlicher Verein Junger Menschen
d. h.	das heißt
d. i.	das ist

d. J.	der (des) Jahre(s)
DaKaR	Datenbank Kanonisches Recht
dass.	dasselbe
DBK	Deutsche Bischofskonferenz
DBW	Dietrich Bonhoeffer Werke
DC	Instruktion Dignitas Connubii
DCV	Deutscher Caritasverband
DDB	Die deutschen Bischöfe, Bonn 1967 ff.
DDC	Dictionaire du droit canonique, Paris 1935-1967
DDR	Deutsche Demokratische Republik
Decr.	Decretum
Dekr.	Dekret(e)
DEL	Dokumente zur Erneuerung der Liturgie, Kevelaer 1982-2008
dems.	demselben
DenzH	Kompendium der Glaubensbekenntnisse und kirchlichen Lehrentscheidungen, hg. v. H. Denzinger – P. Hünermann, Freiburg ^{45}2017
ders.	derselbe(n)
DFG	Deutsche Forschungsgemeinschaft
DG	Durchführungsgesetz
DGDC	Diccionario General de Derecho Canónico, Navarra 2012
dgl.	dergleichen/desgleichen
DH	Zweites Vatikanisches Konzil, Erklärung Dignitatis Humanae: AAS 58 (1966), 929-946
dies.	dieselbe(n)
DIP	Dizionario degli Istituti di Perfezione, Rom 1974-2003
Dir.	Directorium, Direktorium
DirH	Direktorium für den Hirtendienst der Bischöfe
DirOec/1993	Ökumenisches Direktorium von 1993
Diss.	Dissertation(en)
DMC	Dictionarium Morale et Canonicum, Rom 1962-1968
DÖV	Die öffentliche Verwaltung. Zeitschrift für Öffentliches Recht und Verwaltungswissenschaften, Stuttgart 1947 ff.
DPM	De processibus matrimonialibus, Leipzig 1994 ff.
Dr.	Doktor
DRiZ	Deutsche Richterzeitung, München 1909 ff.
Drs.	Drucksache(n)
DSchG	Denkmalschutzgesetz
dt.	deutsch(e, er, es)
DV	Zweites Vatikanisches Konzil, Konstitution Dei Verbum: AAS 58 (1966), 817-836
DVBl	Deutsches Verwaltungsblatt, Köln u. a. 1950 ff.
DVKBBesG	Durchführungsverordnung zum Kirchenbeamtenbesoldungsgesetz
DVO	Durchführungsverordnung
DVVR	Diözesanvermögensverwaltungsrat
dz.	derzeit
e. V.	eingetragener Verein

ebd.	ebenda
Ebf.	Erzbischof
EC	Jugendverband Entschieden für Christus
EcE	Apostolische Konstitution Ex corde Ecclesiae
EDIL	Enchiridion documentorum instaurationis liturgicae, Rom 1976-2018
EG	Europäische Gemeinschaft (hist.)
EGMR	Europäischer Gerichtshof für Menschenrechte
EheG	Deutsches Ehegesetz
ehem.	ehemalig(e, er es)
EHS	Europäische Hochschulschriften, Frankfurt 1967 ff.
EHS.R	Europäische Hochschulschriften: Reihe 2: Rechtswissenschaft, Frankfurt u. a. 1967 ff.
EHS.T	Europäische Hochschulschriften: Reihe 23: Theologie, Frankfurt – Bern 1970 ff.
EI	Encyclopaedia of Islam (first edition), 1913-1938 (Neudruck Leiden 1993)
EI^2	Encyclopaedia of Islam (second edition), Leiden 1960-2004
EI^3	Encyclopaedia of Islam (third edition), Leiden 2013 ff.
EIC	Ephemerides Iuris Canonici, Rom 1945 ff.
Einf.	Einführung
eingel.	eingeleitet
Einl.	Einleitung
EJ	Encyclopedia Judaica, Detroit 2007
EKBO	Ev. Kirche Berlin-Brandenburg-schlesische Oberlausitz
EKD	Evangelische Kirche in Deutschland
EKL	Evangelisches Kirchenlexikon, Göttingen ³1986-1997
EKM	Ev. Kirche in Mitteldeutschland
EKU	Evangelische Kirche der Union (hist.)
EMRK	Europäische Menschenrechtskonvention
engl.	englisch(e, er, es)
entspr.	entsprechend(e, er, es)
Enz.	Enzyklika
epd	Evangelischer Pressedienst
ErbStG	Erbschaftsteuer- und Schenkungssteuergesetz
Erg.	Ergänzung
erg.	ergänzt
ErgBd.	Ergänzungsband
ErgLfg.	Ergänzungslieferung
ErK	Evangelisch-reformierte Kirche
Erkl.	Erklärung(en)
Erl.	Erläuterung(en)
ersch.	erschienen
erw.	erweitert
ES	Motu Proprio Ecclesiae Sanctae
EStG	Einkommensteuergesetz
et parr.	und biblische Parallelstellen

etc.	et cetera
EThSt	Erfurter Theologische Studien, Leipzig 1956 ff.
EU	Europäische Union
EuA	Erbe und Auftrag. Benediktinische Monatsschrift, Beuron 1958 ff.
EuGH	Europäischer Gerichtshof
EuGRZ	Europäische Grundrechte-Zeitschrift
EUR	Euro (Währung)
EUV	Vertrag über die Europäische Union
ev.	evangelisch(e, er, es)
ev.-luth.	evangelisch-lutherisch(e, er, es)
ev.-ref.	evangelisch-reformiert(e, er, es)
EvStL	Evangelisches Staatslexikon, Stuttgart 2006
evtl.	eventuell
f.	folgende (Seite) oder folgendes Jahr
Fak.	Fakultät(en)
FC	Fontes Christiani, Freiburg 1990 ff.
ff.	folgende (Seiten) oder folgende Jahre
Fn.	Fußnote(n)
Frag.	Fragment(e)
franz.	französisch(e, er, es)
FriedhG	Friedhofsgesetz
Frhr.	Freiherr
FS	Festschrift
FTG	Feiertagsgesetz
FzK	Forschungen zur Kirchenrechtswissenschaft, Würzburg 1986 ff.
GA	Gesamtausgabe
GBl.	Gesetzblatt
Gde.	Gemeinde(n)
GE	Zweites Vatikanisches Konzil, Erklärung Gravissimum Educationis: AAS 58 (1966), 728-739
geänd.	geändert(e, er, es)
geb.	geboren(e, er, es)
gedr.	gedruckt(e, er, es)
gegr.	gegründet(e, er, es)
geistl.	geistlich(e, er, es)
GEKE	Gemeinschaft Evangelischer Kirchen in Europa
gem.	gemäß
GemRef.	Gemeindereferent(-in)
GenG	Genossenschaftsgesetz
ges.	gesammelt
Ges. S.	Gesammelte Schriften
gesch.	geschichtlich(e, er, es)
gest.	gestorben
GewO	Gewerbeordnung
GewStG	Gewerbesteuergesetz
GG	Grundgesetz für die Bundesrepublik Deutschland

ggf.	gegebenenfalls
gGmbH	gemeinnützige Gesellschaft mit beschränkter Haftung
GKG	Gerichtskostengesetz
GKV	Gesetzliche Krankenversicherung
GmbHG	Gesetz betreffend die Gesellschaften mit beschränkter Haftung
GNotKG	Gesetz über Kosten der freiwilligen Gerichtsbarkeit für Gerichte und Notare
GO	Geschäftsordnung
GORM	Grundordnung des Römischen Messbuchs
GRCh	Charta der Grundrechte der Europäischen Union
grds.	grundsätzlich
griech.	griechisch(e, er, es)
GrO	Grundordnung
GrStG	Grundsteuergesetz
GRUR	Gewerblicher Rechtsschutz und Urheberrecht, München 1891 ff.
GS	Zweites Vatikanisches Konzil, Pastoralkonstitution Gaudium et Spes: AAS 58 (1966), 1025-1115
GStVS	Satzung für die gemeindlichen kirchlichen Steuerverbände in den bayerischen (Erz-)Diözesen
GStVWO	Wahlordnung für die Kirchenverwaltungen der gemeindlichen kirchlichen Steuerverbände in den bayerischen (Erz-)Diözesen
GSyn I	Gemeinsame Synode der Bistümer in der Bundesrepublik Deutschland, Beschlüsse der Vollversammlung
GSyn II	Gemeinsame Synode der Bistümer in der Bundesrepublik Deutschland, Arbeitspapiere der Sachkommissionen
GVBl.	Gesetzes- und Verordnungsblatt
GVG	Gerichtsverfassungsgesetz
GW	Gesammelte Werke
H.	Heft
Habil.	Habilitation
Han	Ev.-luth. Landeskirche Hannovers
HB	Hansestadt Bremen
Hb.	Handbuch
HbkathKR^1	Handbuch des katholischen Kirchenrechts, Regensburg 1983
HbkathKR^2	Handbuch des katholischen Kirchenrechts, Regensburg ^{2}1999
HbkathKR^3	Handbuch des katholischen Kirchenrechts, Regensburg ^{3}2015
HbStKR^1	Handbuch des Staatskirchenrechts, Berlin 1974-1975
HbStKR^2	Handbuch des Staatskirchenrechts, Berlin ^{2}1994-1995
HdwSozWiss	Handwörterbuch der Sozialwissenschaften, Stuttgart u. a. 1956-1968
HDThG	Handbuch der Dogmen- und Theologiegeschichte, Göttingen 1980-1984
HE	Hessen
HevKR	Handbuch des evangelischen Kirchenrechts, Tübingen 2016
HG	Hochschulgesetz
Hg.	Herausgeber
hg. (v.)	herausgegeben (von)

HGB	Handelsgesetzbuch
HGR	Handbuch der Grundrechte, Heidelberg 2004-2017
HGrG	Haushaltsgrundsätzegesetz
HH	Hansestadt Hamburg
hist.	historisch(e, er, es)
HK	Herder Korrespondenz, Freiburg 1946 ff.
HKRO	Haushalts-, Kassen- und Rechnungslegungsordnung
hl(l).	heilig(e, er, es)
HN	Ev. Kirche in Hessen und Nassau
HochschulRG	Hochschulrahmengesetz
HRÄG	Gesetz zur Änderung hochschulrechtlicher Vorschriften
HRG	Handwörterbuch zur deutschen Rechtsgeschichte, Berlin 1971-1998
HRG²	Handwörterbuch zur deutschen Rechtsgeschichte, Berlin ²2008 ff.
HRK	Hochschulrektorenkonferenz
Hs.	Halbsatz
HSchG	Hessisches Schulgesetz
HSR	Handbuch des Staatrechts, Heidelberg u. a. ³2003-2015
i. Br.	im Breisgau
i. d. F. (v.)	in der Fassung (vom)
i. d. R.	in der Regel
i. J.	im Jahre
i. S. (v.)	im Sinne (von)
i. Ü.	im Übrigen
i. V. m.	in Verbindung mit
IFG	Informationsfreiheitsgesetz
IGMR³	Institutio Generalis Missalis Romani, Vatikanstadt 2002
IKZ	Internationale katholische Zeitschrift Communio, Köln 1972 ff.
IM	Zweites Vatikanisches Konzil, Dekret Inter Mirifica: AAS 56 (1964), 145-157
inkl.	inklusive
insb.	insbesondere
Inst.	Institut
Institutio	Calvin, Institutio Christianae Religionis
Instr.	Instructio, Instruktion
intern.	international(e, er, es)
IPbpR	Internationaler Pakt über bürgerliche und politische Rechte
IPO	Instrumentum Pacis Osnabrugense
islam.	islamisch(e, er, es)
ital.	italienisch(e, er, es)
iur.	Iuris
IusCan	Ius Canonicum, Pamplona 1961 ff.
IusEccl	Ius Ecclesiae, Mailand 1989 ff.
J.	Jahr
JAS	Journal für Arbeitsrecht und Sozialrecht, Wien 2017 ff.
Jb.	Jahrbuch/Jahrbücher
JbAC	Jahrbuch für Antike und Christentum, Münster 1958 ff.

JECS	Journal of Early Christian Studies, Baltimore 1993 ff.
Jg.	Jahrgang
Jh(h).	Jahrhundert (Jahrhunderte)
JöR	Jahrbuch des öffentlichen Rechts der Gegenwart, Tübingen 1951 ff.
Journ.	Journal
JProf.	Juniorprofessor (-in)
JR	Juristische Rundschau, Berlin 1925 ff.
JRGS	Joseph Ratzinger Gesammelte Schriften, Regensburg 2008 ff.
JRP	Journal für Rechtspolitik, Wien 1993 ff.
jüd.	jüdisch(e, er, es)
jur.	juristisch(e, er, es)
JurionRS	Jurion Rechtsprechung
JVollzGB	Justizvollzugsgesetzbuch
JZ	Juristenzeitung, Tübingen 1951 ff.
K. d. ö. R.	Körperschaft des öffentlichen Rechts
KA	Kirchenamt
KAB	Katholische Arbeitnehmer-Bewegung
KABl.	Kirchliches Amtsblatt
KAGH	Kirchlicher Arbeitsgerichtshof
KAGO	Kirchliche Arbeitsgerichtsordnung
KALDI	Kanonistische Literaturdokumentation Innsbruck
kan.	kanonistisch(e, er, es)
KanR	Aymans, W. – Mörsdorf, K., Kanonisches Recht. Lehrbuch aufgrund des Codex iuris canonici, 4 Bände, Paderborn u. a. 1991-2017
Kap.	Kapitel
Kard.	Kardinal
KatDir/1997	Allgemeines Katechetisches Direktorium 1997
katechet.	katechetisch(e, er, es)
kath.	katholisch(e, er, es)
KAVO	Kirchliche Arbeits- und Vergütungsordnung
KBauG	Kirchliches Baugesetz
KBauO	Kirchliche Bauordnung
KBG.EKD	Kirchenbeamtengesetz der EKD
KDSE	Katholische Deutsche Studenteneinigung
KDSGO	Kirchliche Datenschutzgerichtsordnung
KEK	Konferenz Europäischer Kirchen
KF-VO	Verordnung über das Kirchliche Finanzwesen
KG	Kirchengesetz / Kirchliches Gesetz
KGde.	Kirchengemeinde(n)
kgl.	königlich(e, er, es)
KGO	Kirchengemeindeordnung
KHG	Krankenhausfinanzierungsgesetz
KHGG	Krankenhausgestaltungsgesetz
KirchE	Entscheidungen in Kirchensachen, Berlin 1946 ff.
kirchl.	kirchlich(e, er, es)
KirchVerf.	Kirchenverfassung(en)

KiStG	Kirchensteuergesetz
KiStiftO	Kirchenstiftungsordnung
KitaG BB	Brandenburgisches Kindertagesstättengesetz
KiTaG	Kindertagesbetreuungsgesetz
KJHG	Kinder- und Jugendhilfegesetz
KKG	Kunst- und Kulturgutgesetz
KKitaG EKBO	Kirchengesetz über die Kindertagesstättenarbeit der Evangelischen Kirche Berlin-Brandenburg-schlesische Oberlausitz
KKK	Katechismus der Katholischen Kirche
KKreis(e)	Kirchenkreis(e)
KL	Kirchenleitung
KMG.EKD	Kirchengesetz über die Kirchenmitgliedschaft, das kirchliche Meldewesen und den Schutz der Daten der Kirchenmitglieder (Kirchengesetz über die Kirchenmitgliedschaft) der EKD
KNA	Katholische Nachrichtenagentur
KO	Kirchenordnung(en)
KODA	Kommission zur Ordnung des Diözesanen Arbeitsvertragsrechts
KODA-O	Ordnung für die Kommission zur Ordnung des Diözesanen Arbeitsvertragsrechts
Komm.	Kommentar
Kongr.	Kongregation(en)
Konk.	Konkordat(e)
Kons.	Konsistorium
Konst.	Konstitution
Kpl.	Kaplan
KR	Kirchenrecht
KRA	Kirchenrechtliche Abhandlungen, Stuttgart 1902-1938
KRB	Kirchenrechtliche Bibliothek, Wien 1999 ff.
KReg.	Kirchenregierung
krit.	kritisch
KStBTh	Kohlhammer Studienbücher Theologie, Stuttgart 1991 ff.
KStG	Körperschaftsteuergesetz
KStKR	Kirchen- und Staatskirchenrecht, Paderborn u. a. 2004 ff.
KStT	Kanonistische Studien und Texte, Bonn u. a. 1928 ff.
KT	Kirchentag
KuD	Kerygma und Dogma, Göttingen 1955 ff.
KuK	Kirche und Konfession, Göttingen 1962-1998
KuR	Kirche und Recht, Neuwied 1995 ff.
KV	Kirchenvertrag
KVHG	Kirchliches Vermögens- und Haushaltsgesetz
KVO	Kirchenverordnung/Kirchliche Verordnung
KVwGG	Kirchliches Verwaltungsgerichtsgesetz
KW	Ev. Kirche von Kurhessen-Waldeck
lat.	lateinisch(e, er, es)
Lb.	Lehrbuch
Ldr.	Landrecht

LEF	Lex Ecclesiae Fundamentalis
Lfg.	Lieferung
LG	Zweites Vatikanisches Konzil, Dogmatische Konstitution Lumen Gentium: AAS 57 (1965), 5-75
LHG	Landeshochschulgesetz
LHO	Landeshaushaltsordnung
Li	Lippische Landeskirche
Lit.	Literatur
lit.	litera
Lit. circ.	Litterae circulares
LJ	Liturgisches Jahrbuch, Münster 1951 ff.
LK	Landeskirche
LKA	Landeskirchenamt
LkL.VELKD	Leitlinien kirchlichen Lebens der VELKD
LKR	Lexikon des Kirchenrechts, Freiburg 2004
LKRR	Lexikon für Kirchen- und Religionsrecht, Paderborn 2018 ff.
LKStKR	Lexikon für Kirchen- und Staatskirchenrecht, Paderborn – München – Wien – Zürich 2000-2004
LKV	Landes- und Kommunalverwaltung, Baden-Baden 1990 ff.
LMA	Lexikon des Mittelalters, München u. a. 1980-1999
LPartG	Lebenspartnerschaftsgesetz
LQF	Liturgiewissenschaftliche Quellen und Forschungen, Münster 1921 ff.
LReg.	Landesregierung
lt.	laut
$LThK^2$	Lexikon für Theologie und Kirche, Freiburg ^{2}1957-1968
$LThK^3$	Lexikon für Theologie und Kirche, Freiburg ^{3}1993-2001
luth.	lutherisch(e, er, es)
LuthQ	Lutheran Quarterly, Madison 1878 ff.
LWB	Lutherischer Weltbund
m.	mit
m. E.	meines Erachtens
m. w. N.	mit weiteren Nachweisen
MA	Mittelalter
ma.	mittelalterlich
MAfr	Societas Missionum ad Afros
MAV	Mitarbeitervertretung
MAVO	Mitarbeitervertretungsordnung
MDR	Monatsschrift für Deutsches Recht, Köln 1947 ff.
ME	Monitor Ecclesiasticus, Rom 1876 ff.
MGH Capit.	Monumenta Germaniae Historica. Reihe: Leges/Capit, Hannover 1996 ff.
MIDI	Motu Proprio Mitis Iudex Dominus Iesus
MilB	Der Evangelische Militärbischof
MilSV	Militärseelsorgevertrag
mind.	mindestens
Mio.	Million(en)
Mitt.	Mitteilungen

MittBayNot	Mitteilungen des Bayerischen Notarvereins, der Notarkasse und der Landesnotarkammer Bayern, München 1864 ff.
MKCIC	Münsterischer Kommentar zum Codex Iuris Canonici, Essen 1985 ff.
MP	Motu Proprio
Mrd.	Milliarde(n)
MRom	Missale Romanum
MThS.K	Münchener theologische Studien, Kanonistische Abteilung, St. Ottilien 1951 ff.
MThZ	Münchener Theologische Zeitschrift, St. Ottilien 1950 ff.
MünchKommStGB	Münchener Kommentar zum Strafgesetzbuch, München 2003 ff.
MV	Mecklenburg-Vorpommern
n.	Numero
n. Chr.	nach Christus
N. S.	Neue Serie
NA	Zweites Vatikanisches Konzil, Erklärung Nostra Aetate: AAS 58 (1966), 740-744
Nachdr.	Nachdruck
NDDC	Nuovo Dizionario di Diritto Canonico, Cinisello Balsamo 1993
NEK	Nordelbische Ev.-Luth. Kirche
NEP	Zweites Vatikanisches Konzil, Nota explicativa praevia: AAS 57 (1965), 72-75
Neudr.	Neudruck
NF	neue Folge
nF	neue Fassung
NI	Niedersachsen
NJW	Neue juristische Wochenschrift, München 1947 ff.
NK	Ev.-Luth. Kirche in Norddeutschland
NKD	Nachkonziliare Dokumentation, Trier 1967-1977
nn.	Numeri
NormPEM	Normae de promovendis ad episcopale ministerium in ecclesia
NPO	Non-Profit-Organisation
Nr(n).	Nummer (Nummern)
NS	Nationalsozialismus
ns.	nationalsozialistisch
NStZ	Neue Zeitschrift für Strafrecht, München 1981 ff.
NT	Neues Testament
NVwZ	Neue Zeitschrift für Verwaltungsrecht, München 1982 ff.
NVwZ-RR	Neue Zeitschrift für Verwaltungsrecht – Rechtsprechungs-Report, München 1988 ff.
NW	Nordrhein-Westfalen
NWB	NWB Steuer- und Wirtschaftsrecht, Herne 1953 ff.
NWVBl.	Nordrhein-Westfälische Verwaltungsblätter, Stuttgart 1987 ff.
NZA	Neue Zeitschrift für Arbeitsrecht, München 1984 ff.
NZFam	Neue Zeitschrift für Familienrecht, München 2014 ff.
O	Ordnung
o.	oben, ohne

o. Ä.	oder Ähnlich(e, er, es)
o. J.	ohne Erscheinungsjahr
o. O.	ohne Erscheinungsort
o. V.	ohne Verfasser
ÖAKR	Österreichisches Archiv für Kirchenrecht, Wien 1950-1998 (Vorläufer von ÖARR)
ÖARR	Österreichisches Archiv für Recht und Religion, Freistadt 1999 ff.
ÖBK	Österreichische Bischofskonferenz
OBKD	Orthodoxe Bischofskonferenz in Deutschland
Ochoa IC	Ochoa, X., Index verborum ac locutionum Codicis Iuris Canonici, Vatikanstadt ²1984
Ochoa Leges	Ochoa, X. – Dominicus Andrés Gutiérrez, D. A., Leges Ecclesiae post Codicem iuris canonici editae, Rom 1966-1994
od.	oder
OdW	Ordnung der Wissenschaft, Freiburg 2013 ff.
OE	Zweites Vatikanisches Konzil, Dekret Orientalium Ecclesiarum: AAS 57 (1965), 76-89
öff.	öffentlich(e, er, es)
OGH	Oberster Gerichtshof (Österreich)
ök.	ökumenisch(e, er, es)
OKR	Oberkirchenrat
Old	Ev.-Luth. Kirche in Oldenburg
OLG	Oberlandesgericht
OPaen	Ordo Paenitentiae
OR	L'Osservatore Romano, Vatikanstadt 1861 ff.
ÖR	Ökumenische Rundschau, Leipzig 1952 ff.
OrChr	Oriens Christianus, Wiesbaden u. a. 1901 ff.
OrdVG	Ordinationes zur richtigen Anwendung der Apostolischen Konstitution Veritatis gaudium
orient.	orientalisch(e, er, es)
ÖRK	Ökumenischer Rat der Kirche
orth.	orthodox
österr.	österreichisch(e, er, es)
ÖStGB	Österreichisches Strafgesetzbuch
OSZE	Organisation für Sicherheit und Zusammenarbeit in Europa
OT	Zweites Vatikanisches Konzil, Dekret Optatam Totius: AAS 58 (1966), 713-727
OVG	Oberverwaltungsgericht
OWiG	Gesetz über Ordnungswidrigkeiten
p.	pagina, pars, post
P.	Papst, Pater
P., Pont.	Pontificus, pontificius (-a, -um)
PastAss.	Pastoralassistent(-in)
PastBon	Apostolische Konstitution Pastor Bonus
PastRef.	Pastoralreferent(-in)
PaThSt	Paderborner Theologischen Studien, Paderborn u. a. 1974 ff.

PC	Zweites Vatikanisches Konzil, Dekret Perfectae caritatis: AAS 58 (1966), 702-712
PCI	Pontificia Commissio Codicis Iuris Canonici recognoscendo
PCLT	Pontificium Consilium de Legum Textibus Interpretandis
PD	Privatdozent(-in)
PDV	Nachsynodales Apostolisches Schreiben Pastores dabo vobis
PerRCan	Periodica de re canonica, Rom 1991 ff.
Pf	Ev. Kirche der Pfalz (Prot. Landeskirche)
PfDG.EKD	Pfarrdienstgesetz der EKD
Pfr.	Pfarrer
PG	Patrologia Graeca
phil.	philosophisch(e, er, es)
PL	Patrologia Latina
Pl.	Plural
Plöchl	Plöchl, W., Geschichte des Kirchenrechts, 5 Bde. Bd. I: Wien ²1960, Bd. II: Wien ²1962, Bd. III: Wien ²1970, Bd. IV: Wien 1966, Bd. V: Wien 1969
PO	Zweites Vatikanisches Konzil, Dekret Presbyterorum Ordinis: AAS 58 (1966), 991-1024
PolG	Polizeigesetz
preuß.	preußisch(e, er, es)
PRMCL	Periodica de re morali canonica liturgica, Rom 1927-1990
Prof.	Professor(-in)
Prot.	Protokoll
prot.	protestantisch
Prot.N.	Protokoll-Nummer
PSS	Societas Presbyterorum a. S. Sulpitia, Sulpizianer
PT	Enzyklika Pacem in terris
QD	Quaestiones disputatae, Freiburg 1958 ff.
QDE	Quaderni di diritto ecclesiale, Mailand 1988 ff.
QFIAB	Quellen und Forschungen aus italienischen Archiven und Bibliotheken, Rom 1898 ff.
QFRG	Quellen und Forschungen zur Reformationsgeschichte, Gütersloh 1921-1951
Quart.	Quarterly
Quin.	Quinisextum
rabb.	rabbinisch
RAC	Reallexikon für Antike und Christentum, Stuttgart 1950 ff.
RdA	Recht der Arbeit, München 1948 ff.
RDC	Revue de droit canonique, Straßburg 1951 ff.
RdJB	Recht der Jugend und des Bildungswesens, Berlin 2003 ff.
red.	redigiert
Red.	Redaktion / Redakteur, Redakteurin
REDC	Revista española de derecho canónico, Salamanca 1946 ff.
ref.	reformiert(e, er, es)
ReHO	Rechtshofordnung

RelBekGemG	Bundesgesetzes über die Rechtspersönlichkeit von religiösen Bekenntnisgemeinschaften (Österreich)
RelUG	Religionsunterrichtsgesetz
Rescr.	Rescriptum
Resp.	Responsum
REU	Apostolische Konstitution Regimini Ecclesiae Universae
Rev.	Revue
RFIS/2016	Ratio Fundamentalis Institutionis Sacerdotalis vom 08.12.2016
RGA	Reallexikon der germanischen Altertumskunde, Berlin u. a. 1973-2007
RGBl	Reichsgesetzblatt, Berlin 1871-1945
RGCR	Regolamento Generale della Curia Romana
RGG^4	Religion in Geschichte und Gegenwart, Tübingen ^{4}1998-2007
Rh	Ev. Kirche im Rheinland
Riv.	Rivista
RJWG	Reichsgesetz für Jugendwohlfahrt
RK	Reichskonkordat
RKEG	Gesetz über die religiöse Kindererziehung
RL	Richtlinie(n)
Rn(n).	Randnummer(n)
RO	Rahmenordnung(en)
röm.	römisch(e, er, es)
röm.-kath.	römisch-katholisch(e, er, es)
RP	Rheinland-Pfalz
RpB	Religionspädagogische Beiträge, Kaarst 1978 ff.
RQ	Römische Quartalschrift für Christliche Altertumskunde und Kirchengeschichte, Rom 1887 ff.
RR	Rota Romana
RRDec	Rotae Romanae Decisiones, Vatikanstadt 1909 ff.
Rs.	Rechtssache
Rspr.	Rechtsprechung
RumOK	Rumänische Orthodoxe Kirche
RussOK	Russische Orthodoxe Kirche
RVO	Rechtsverordnungen
s.	siehe
S.	Satz, Sätze, Seite(n), Sanct(a, um, us), Sacr(a, um, us)
s. o.	siehe oben
s. u.	siehe unten
Sa(D)	Ev.-Luth. Landeskirche Sachsens
SAC	Societas Apostolatus Catholici, Pallotiner
SapChrist	Apostolische Konstitution Sapientia Christiana
Sb	Synodenbeschluss
SBK	Schweizer Bischofskonferenz
SC	Zweites Vatikanisches Konzil, Konstitution Sacrosanctum Concilium: AAS 56 (1964), 97-138
Schema/1980	Schema Codicis Iuris Canonici von 1980
Schema/1982	Schema Codicis Iuris Canonici von 1982

Schr.	Schriften
SchulG	Schulgesetz
schweiz.	schweizerisch(e, er, es)
SCVP	Barmherzige Schwestern vom hl. Vinzenz von Paul, Vinzentinerinnen
SDB	Salesianer Don Boscos
SDL	Apostolische Konstitution Sacrae Disciplinae Leges
SecrStat	Secretaria Status
SeelGG.EKD	Seelsorgegeheimnisgesetz der EKD
Sekt.	Sektion
Sess.	Sessio
SGB	Sozialgesetzbuch
SH	Schleswig-Holstein
SICA	Subsidia ad ius canonicum vigens applicandum, Metten 1990 ff.
SignAp	Supremum Tribunal Signaturae Apostolicae
SignAp.LP	Motu Proprio Antiqua ordinatione quo Supremi Tribunalis Signaturae Apostolicae lex propria promulgatur
Sing.	Singular
SJKR	Schweizerisches Jahrbuch für Kirchenrecht, Bern 1996 ff.
SKRA	Staatskirchenrechtliche Abhandlungen, Berlin 1971 ff.
SL	Saarland
slaw.	slawisch
Slg.	Sammlung
SLi	Ev.-Luth. Landeskirche Schaumburg-Lippe
SN	Sachsen
Soc.	Societas
SOE	Motu Proprio Sollicitudo omnium ecclesiarum
sog.	sogenannt(e, er, es)
SS	Sanctae Sedis
ST	Sachsen-Anhalt
St.	Sankt
staatl.	staatlich(e, er, es)
StCan	Studia Canonica. Ottawa 1967 ff.
StGB	Strafgesetzbuch
StGG	Staatsgrundgesetz
StGH	Staatsgerichtshof
STh	Summa Theologiae
StPO	Strafprozessordnung
StRot	Quaderni dello Studio Rotale, Vatikanstadt 2001 ff.
StVollzG	Strafvollzugsgesetz
StZ	Stimmen der Zeit, Freiburg 1915 ff.
Suppl.	Supplement
syr.	syrisch
TH	Thüringen
theol.	theologia, theologisch(e, er, es)
ThG	Theologie der Gegenwart, Kevelaer 1958 ff.
ThGl	Theologie und Glaube, Paderborn 1909 ff.

ThPh	Theologie und Philosophie, Freiburg 1966 ff.
ThPQ	Theologisch-praktische Quartalschrift, Linz 1848 ff.
ThQ	Theologische Quartalsschrift, Tübingen 1818 ff.
TKRSt	Tübinger Kirchenrechtliche Studien, Münster 2006 ff.
Trad. Apost.	Traditio Apostolica
TRE	Theologische Realenzyklopädie, Berlin u. a. 1976-1990
Trid.	Tridentinum
TrThZ	Trierer Theologische Zeitschrift, Trier 1888 ff.
TSAJ	Texts and Studies in Ancient Judaism, Tübingen 1981 ff.
TVG	Tarifvertragsgesetz
Typ. Pol. Vat.	Typis Polyglottis Vaticanis
u.	und
u. a.	und andere(s), unter anderem
u. d. T.	unter dem Titel
u. U.	unter Umständen
übers.	übersetzt
Übers.	Übersetzung
UEK	Union Evangelischer Kirchen in der EKD
UN	United Nations, Vereinte Nationen
UR	Zweites Vatikanisches Konzil, Dekret Unitatis Redintegratio: AAS 57 (1965), 90-112
urspr.	ursprünglich
Urt.	Urteil(e)
UStG	Umsatzsteuergesetz
usw.	und so weiter
v. a.	vor allem
v. Chr.	vor Christus
VApSt	Verlautbarungen des Apostolischen Stuhls, Bonn 1975 ff.
Vat I	Erstes Vatikanisches Konzil
Vat II	Zweites Vatikanisches Konzil
VBlBW	Verwaltungsblätter für Baden-Württemberg, Stuttgart 1980 ff.
VCP	Verband Christlicher Pfadfinderinnen und Pfadfinder
VDD	Verband der Diözesen Deutschlands
VELKD	Vereinigte Evangelisch-Lutherische Kirche Deutschlands
Verf.	Verfasser, Verfassung
VerfGH	Verfassungsgerichtshof
Verh.	Verhandlungen
Veröff.	Veröffentlichung
veröff.	veröffentlicht
versch.	verschieden(e, er, en)
VerwG	Verwaltungsgericht
Verz.	Verzeichnis
VfGH	Verfassungsgerichtshof (Österreich)
VfSlg	Ausgewählte Entscheidungen des Verfassungsgerichtshofes (Österreich)
VG	Apostolische Konstitution Veritatis gaudium
VGH	Verwaltungsgerichtshof

vgl.	vergleiche
VO	Verordnung(en)
Vol.	Volumen
VV-JVollzGB	Verwaltungsvorschrift zum Justizvollzugsgesetzbuch
VVaG	Versicherungsverein auf Gegenseitigkeit
VVDStRL	Veröffentlichungen der Vereinigung der Deutschen Staatsrechtslehrer, Berlin 1924 ff.
VVG	Vermögensverwaltungsgesetz
VVZG.EKD	Verwaltungsverfahrens- und -zustellungsgesetz der Evangelischen Kirche in Deutschland
VwGO	Verwaltungsgerichtsordnung
VwGG.EKD	Kirchengesetz über die Verwaltungsgerichtsbarkeit der Evangelischen Kirche in Deutschland
VwO	Verwaltungsordnung
VwVfG	Verwaltungsverfahrensgesetz
WA	Luthers Werke, Weimarer Ausgabe, Weimar 1883-1899
WBf.	Weihbischof/Weihbischöfe
Westf	Ev. Kirche von Westfalen
WHG	Wasserhaushaltsgesetz
wiss.	wissenschaftlich
WissR	Wissenschaftsrecht, Tübingen 1968 ff.
WRV	Weimarer Reichsverfassung
WTh	Würzburger Theologie, Würzburg 2005 ff.
Wü	Ev. Landeskirche in Württemberg
Z.	Zeile
z. B.	zum Beispiel
z. T.	zum Teil
z. Z.	zur Zeit
ZaöRV	Zeitschrift für ausländisches öffentliches Recht und Völkerrecht, München 1929 ff.
ZAR	Zeitschrift für Ausländerrecht und Ausländerpolitik, Baden-Baden 1981 ff.
ZAT	Zeitschrift für Arbeitsrecht und Tarifpolitik in Kirche und Caritas, Stuttgart 2013 ff.
ZBKG	Zeitschrift für bayerische Kirchengeschichte, Nürnberg 1926 ff.
ZdK	Zentralkomitee der deutschen Katholiken
ZevKR	Zeitschrift für evangelisches Kirchenrecht, Tübingen 1951 ff.
ZfA	Zeitschrift für Allgemeinmedizin, Köln 1924 ff.
ZGB	Zivilgesetzbuch der Schweiz
zit.	zitiert
zit. n.	zitiert nach
ZiviZ	Zivilgesellschaft in Zahlen
ZKTh	Zeitschrift für Katholische Theologie, Würzburg 1877 ff.
ZPO	Zivilprozessordnung
ZRG.G	Zeitschrift der Savigny-Stiftung für Rechtsgeschichte, Germanische Abteilung, Wien u. a. 1880 ff.

ZRG.K	Zeitschrift der Savigny-Stiftung für Rechtsgeschichte, Kanonistische Abteilung, Wien u. a. 1911 ff.
ZRG.RA	Zeitschrift der Savigny-Stiftung für Rechtsgeschichte, Romanistische Abteilung, Wien u. a. 1880 ff.
Zs.	Zeitschrift(en)
ZThK	Zeitschrift für Theologie und Kirche, Tübingen 1891 ff.
ZTR	Zeitschrift für Tarifrecht, München 1987 ff.
zugl.	zugleich
ZUM	Zeitschrift für Urheber- und Medienrecht, Baden-Baden 1957 ff.
ZuOG-EKD	Kirchengesetz der EKD zur Zuordnung rechtlich selbständiger Einrichtungen zur Kirche
ZusP.	Zusatzprotokoll

Biblische Bücher

1 Chr	1. Chronik
1 Joh	1. Johannesbrief
1 Kön	1. Könige
1 Kor	1. Korintherbrief
1 Makk	1. Makkabäer
1 Petr	1. Petrusbrief
1 Sam	1. Samuel
1 Thess	1. Thessalonicher
1 Tim	1. Timotheus
2 Chr	2. Chronik
2 Joh	2. Johannesbrief
2 Kön	2. Könige
2 Kor	2. Korintherbrief
2 Makk	2. Makkabäer
2 Petr	2. Petrusbrief
2 Sam	2. Samuel
2 Thess	2. Thessalonicher
2 Tim	2. Timotheus
3 Joh	3. Johannesbrief
Am	Amos
Apg	Apostelgeschichte
Bar	Baruch
Dan	Daniel
Dtn	Deuteronomium
Eph	Epheser
Esra	Esra
Est	Ester
Ex	Exodus
Gal	Galater
Gen	Genesis
Hab	Habakuk
Hag	Haggai
Hebr	Hebräer
Hes	Hesekiel (Ezechiel)
Hiob	Hiob (Ijob)
Hld	Hoheslied
Hos	Hosea
Jak	Jakobus
Jdt	Judit
Jer	Jeremia
Jes	Jesaja
Joel	Joel
Joh	Johannesevangelium
Jona	Jona
Jos	Josua
Jud	Judas
Kap	Kapitel
Klgl	Klagelieder
Koh	Kohelet
Kol	Kolosser
Lev	Levitikus
Lk	Lukasevangelium
Mal	Maleachi
Mi	Micha
Mk	Markusevangelium
Mt	Matthäusevangelium
Nah	Nahum
Neh	Nehemia
Num	Numeri
Obd	Obadja

Offb	Offenbarung	Sach	Sacharja
Phil	Philliper	Sir	Sirach
Phlm	Philemon	Spr	Sprüche (Sprichwörter)
Ps	Psalm(en)	Tit	Titus
Ri	Richter	Tob	Tobit
Röm	Römer	Weish	Weisheit
Rut	Rut	Zef	Zefanja

Hinweis

Länderverfassungen, Konkordate und (Kirchen-)Verträge werden gemäß dem Schema „Länderkürzel.Rechtstext" abgekürzt (dabei gilt: Verf = Verfassung; K = Konkordat; (K)V = (Kirchen-)Vertrag).

Beispiele: NI.Verf (Verfassung des Landes Niedersachsen); NI.K (Niedersächsisches Konkordat).

Autorenverzeichnis LKRR Band 2

Achilles, Wilhelm-Albrecht, Prof. Dr. iur., Göttingen
Althaus, Rüdiger, Prof. Dr. theol. habil. Lic. iur. can., Theologische Fakultät Paderborn
Ambros, Matthias, Dr. iur. can., Vatikanstadt
Anapliotis, Anargyros, Dr. Dr. iur. Dipl. theol. LL.M., Ludwig-Maximilians-Universität München
Anke, Hans Ulrich, Dr. iur., Hannover
Ansorge, Dirk, Prof. Dr. theol. habil., Philosophisch-Theologische Hochschule Sankt Georgen Frankfurt am Main
Antoine, Jörg, Dr. iur., Berlin
Anuth, Bernhard Sven, Prof. Dr. theol. habil. Lic. iur. can., Eberhard Karls Universität Tübingen
Ariel, Neri, Dr. phil., The Hebrew University of Jerusalem
Arnold, Jochen, Prof. Dr. theol. habil., Hildesheim
Asche, Matthias, Prof. Dr. phil. habil., Universität Potsdam
Assenmacher, Günter, Dr. iur. can., Köln
Astorri, Paolo, Dr. iur., KU Leuven
Axt-Piscalar, Christine, Prof. Dr. theol. habil. Dr. h. c., Georg-August-Universität Göttingen
Balla, Zsolt, Leipzig
Barczak, Tristan, Dr. iur., Westfälische Wilhelms-Universität Münster
Barth, Thomas, Dr. iur., Berlin
Beck, Wolfgang, JProf. Dr. theol., Philosophisch-Theologische Hochschule Sankt Georgen Frankfurt am Main
Becker, Alexander C. J., Lic. iur. can., Frankfurt am Main
Behr, Harry Harun, Prof. Dr. phil., Johann Wolfgang Goethe-Universität Frankfurt am Main
Benz, Michael, Lic. iur. can., München
Berkmann, Burkhard Josef, Prof. Dr. theol. habil. Dr. iur. Lic. iur. can., Ludwig-Maximilians-Universität München
Bernard, Felix, Prof. h. c. Dr. theol., Osnabrück / Hannover
Berndt, Rainer, Prof. Dr. theol. habil., Philosophisch-Theologische Hochschule Sankt Georgen Frankfurt am Main
Bier, Georg, Prof. Dr. theol. habil. Lic. iur. can., Albert-Ludwigs-Universität Freiburg i. Br.
Bieringer, Andreas, Dr. theol., Philosophisch-Theologische Hochschule Sankt Georgen Frankfurt am Main
Beyer, Andrea, Dr. theol., Friedrich-Alexander-Universität Erlangen-Nürnberg
Beykirch-Angel, Ursula, Dr. theol. Lic. iur. can., Bonn
Bodenstein, Mark Chalîl, Dr. phil., Johann Wolfgang Goethe-Universität Frankfurt am Main
Braune-Krickau, Tobias, Dr. theol., Georg-August-Universität Göttingen
Breitbach, Udo, Dr. iur. can., Rom
Brumlik, Micha, Prof. em. Dr., Berlin
Bubmann, Peter, Prof. Dr. theol., Friedrich-Alexander-Universität Erlangen-Nürnberg
Buchholz, René, apl. Prof. Dr. theol. habil., Rheinische Friedrich-Wilhelms-Universität Bonn
Buchinger, Harald, Prof. Dr. theol., Universität Regensburg
von Campenhausen, Axel Frhr., Prof. Dr. iur. Dr. h. c. mult., Hannover
von Castell, Ernst Frhr., Dr. iur. can., Augsburg
Classen, Claus Dieter, Prof. Dr. iur., Universität Greifswald
Conring, Hans-Tjabert, Dr. iur., Bielefeld
Cranmer, Frank, Cardiff University
von Daniels, Justus, Dr. iur., Berlin
Danilovich, Yauheniya, Dr. theol., Westfälische Wilhelms-Universität Münster
Debus, Jacqueline, Eberhard Karls Universität Tübingen
Decock, Wim, Prof. Dr. iur., KU Leuven / ULiège

Demel, Sabine, Prof. Dr. theol. habil., Universität Regensburg
Dennemarck, Bernd, Prof. Dr. iur. can. habil. theol. M.A., Theologische Fakultät Fulda
Dennerlein, Norbert, Dr. theol., Winkelhaid
Derschka, Harald, apl. Prof., Universität Konstanz
Dingel, Irene, Prof. Dr. phil. habil. theol., Leibniz-Institut für Europäische Geschichte Mainz
Dirschauer, Klaus, Dr. theol., Bremen
Droege, Michael, Prof. Dr. iur., Eberhard Karls Universität Tübingen
Dubrau, Alexander, Dr. phil., Eberhard Karls Universität Tübingen
Ehlers, Dirk, Prof. em. Dr. iur. Dr. h. c., Westfälische Wilhelms-Universität Münster
Emunds, Bernhard, Prof. Dr. rer. pol., Philosophisch-Theologische Hochschule Sankt Georgen Frankfurt am Main
Ennuschat, Jörg, Prof. Dr. iur., Ruhr-Universität Bochum
Erlanger, Simon, Dr. phil., Universität Luzern
Fahlbusch, Jonathan, Dr. iur., Schleswig
Fartacek, Gebhard, Dr. phil., Wien
Felmy, Karl Christian, Prof. Dr. theol. habil. Dr. h. c. mult., Effeltrich
Feulner, Hans-Jürgen, Prof. Dr. theol., Universität Wien
Frisch, Michael, Dr. iur., Stuttgart
Fürnkranz, Johannes, Dr. iur. can., Rom
Gartner-Müller, Barbara, Dr. iur., Klagenfurt am Wörthersee
Gatz, Stephan, Dr. iur., Leipzig
Gehr, Josef, Dr. iur. can., Rom
Geis, Max-Emanuel, Prof. Dr. iur., Friedrich-Alexander-Universität Erlangen-Nürnberg
Geldbach, Erich, Prof. Dr. theol. habil., Magdeburg
Gerhards, Albert, Prof. em. Dr. theol., Universität Bonn
Germann, Michael, Prof. Dr. iur., Martin-Luther-Universität Halle-Wittenberg
Gotzmann, Andreas, Prof. Dr. phil., Universität Erfurt
Graßmann, Andreas E., Univ.-Ass. Dr. theol. Lic. iur. can., Universität Salzburg
Graulich, Markus, Prof. Dr. iur. can. habil., Rom
Grethlein, Christian, Prof. Dr. theol. habil., Westfälische Wilhelms-Universität Münster
Groh, Katrin, Prof. Dr. iur., Universität der Bundeswehr München
Gruber, Gerald, Dr. iur. can., Rom
Grünwaldt, Klaus, Dr. theol., Hannover
Günzel, Angelika, Prof. Dr. iur., Hochschule des Bundes für öffentliche Verwaltung Brühl
Gutberlet, Clemens, Lic. iur. can., Rom
Güthoff, Elmar, Prof. Dr. iur. can. habil. Dr. theol., Ludwig-Maximilians-Universität München
Haering, Stephan, Prof. Dr. theol. Dr. iur. can. habil. M.A., Ludwig-Maximilians-Universität München
Hahn, Judith, Prof. Dr. theol. habil. Lic. iur. can., Ruhr-Universität Bochum
Hallermann, Heribert, Prof. em. Dr. theol. habil., Würzburg
Hamilton, Nadine, Dr. theol., Friedrich-Alexander-Universität Erlangen-Nürnberg
Hammer, Felix, Prof. Dr. iur., Rottenburg am Neckar / Tübingen
Hanschmann, Felix, Prof. Dr. iur., Humboldt-Universität zu Berlin
Hartmer, Michael, Dr. iur., Bonn
Hasecker, Jyri, Dr. phil., Westfälische Wilhelms-Universität Münster
Haydn-Quindeau, Sina, Friedrich-Alexander-Universität Erlangen-Nürnberg
Heckel, Christian, Prof. Dr. iur., Sigmaringen
Heckel, Noach, Dr. iur. iutr. Dr. iur can., Münsterschwarzach
Heinig, Hans Michael, Prof. Dr. iur., Georg-August-Universität Göttingen
Hempelmann, Reinhard, Dr. theol., Berlin
Hennecke, Nicole, Dr. theol. Lic. iur. can., Trier
Hense, Ansgar, Prof. Dr. iur., Bonn
Hermelink, Jan, Prof. Dr. theol. habil., Georg-August-Universität Göttingen

Hermes, Christian, Dr. theol., Stuttgart
Herzberg, Stephan, Prof. Dr. phil. habil. Lic. theol., Philosophisch-Theologische Hochschule Sankt Georgen Frankfurt am Main
Hierold, Alfred, Prof. Dr. iur. can., Bamberg
Hirnsperger, Johann, Prof. Mag. Dr. theol. habil., Graz
Hohenlohe-Oehringen, Diana, Prof. Dr. iur., Sigmund Freud Privatuniversität Wien
Hohl, Heinrich, Dr. theol. Lic. iur. can., Bamberg
Homolka, Walter, Prof. B.D. M.Phil. PH.D. Ph.D. D.H.L., Potsdam
Honecker, Martin, Prof. Dr. theol., Bonn
Huber, Wolfgang, Prof. Dr. theol. Dr. h. c. mult., Berlin
Hübner, Hans-Peter, Dr. iur., München
Ihli, Stefan, PD Dr. theol. habil., Rottenburg am Neckar
Ipsen, Jörn, Prof. Dr. iur., Universität Osnabrück
Jacobs, Uwe Kai, Prof. Dr. iur., Johannes Gutenberg-Universität Mainz
Joest, Christoph, Dr. theol., Hünfelden
Jonker, Gerdien, Ph.D., Friedrich-Alexander-Universität Erlangen-Nürnberg
Joussen, Jacob, Prof. Dr. iur., Ruhr-Universität Bochum
Jünger, Vincent, Mag. Theol., Philosophisch-Theologische Hochschule Sankt Georgen Frankfurt am Main
Jüsten, Karl, Dr. theol., Berlin
Kalb, Herbert, Prof. Dr. phil. Dr. iur., Universität Linz
Kalbarczyk, Nora, Dr. phil., Bonn
Kalde, Franz, Dr. iur. can. M.A., Paderborn
Kämper, Burkhard, Prof. Dr. iur., Düsseldorf / Bochum
Kandler-Mayr, Elisabeth, Dr. iur. Lic. iur. can., Salzburg
Kanzler, Lisa, Eberhard Karls Universität Tübingen
Karger, Michael, Dr. theol. Lic. iur. can., Bonn
Kästner, Karl-Hermann, Prof. Dr. iur., Tübingen
Katerelos, Kyrillos, Prof. Dr. theol., Universität Athen
Katz, Daniel, Dr. phil., Düsseldorf
Kaufmann, Uri-Robert, Dr. phil., Essen
Kellner, Martin, Dr. phil., Universität Osnabrück
Kerner, Hanns, Prof. Dr. theol. habil., Friedrich-Alexander-Universität Erlangen-Nürnberg
Khulap, Vladimir, Prof. Dr. theol., Sankt Petersburg
Killermann, Stefan, Dr. utr. iur., Eichstätt
Kingata, Yves, Dr. iur. can., Ludwig-Maximilians-Universität München
Klöckener, Martin, Prof. Dr. theol., Universität Freiburg/Schweiz
Knittel, Reinhard, Prof. Dr. theol. Dr. iur. can., St. Pölten
Koch, Peter, Dr. theol., Michaelbeuern
Koch, Renate, Dr. iur., München
Kolb, Robert, Prof. Ph.D., Concordia Seminary Saint Louis, USA
Koller, Edeltraud, JProf. Dr. theol., Philosophisch-Theologische Hochschule Sankt Georgen Frankfurt am Main
Konidaris, Ioannis, Prof. Dr. iur., Athen
Konrad, Sabine, Dr. theol. Lic. iur. can., Universität Augsburg
Köpf, Ulrich, Prof. Dr. theol. habil., Tübingen
Kosman, Admiel, Prof. Dr. phil., School of Jewish Theology Potsdam
Kotiranta, Matti, Prof. Dr. theol., University of Eastern Finland
Kottmann, Klaus, Dr. theol., Hamburg
Kruip, Gerhard, Prof. Dr. theol. habil., Johannes Gutenberg-Universität Mainz
Kühnel, Verena, Friedrich-Alexander-Universität Erlangen-Nürnberg
Kulaçatan, Meltem, Dr. phil., Johann Wolfgang Goethe-Universität Frankfurt am Main
Kuntze, Johannes, Dr. iur., Kassel
Kupke, Arne, Dr. iur., Bielefeld
Kurnaz, Serdar, Prof. Dr. phil., Universität Hamburg
Langer, Gerhard, Prof. Dr. theol. Mag. phil., Universität Wien

Laukemper-Isermann, Beatrix, PD Dr. theol. Lic. iur. can., Münster
Lederhilger, Severin, Prof. Dr. iur. Dr. iur. can. Mag. theol., Linz
Linke, Tibor, Dipl. iur. M.A., Friedrich-Alexander-Universität Erlangen-Nürnberg
Lorusso, Lorenzo, Prof. Dr. iur. can. or., Rom
Lüdicke, Klaus, Prof. Dr. iur. can., Westfälische Wilhelms-Universität Münster
Lukas, Veronika, Dr. phil., München
Mallat, Konstantin, Ludwig-Maximilians-Universität München
Mathy, Regina, Universität Bonn
Meckel, Thomas, Prof. Dr. theol. habil. Lic. iur. can. M.A., Philosophisch-Theologische Hochschule Sankt Georgen Frankfurt am Main
Meckel-Pfannkuche, Sabrina, Dr. theol. Lic. iur. can., Würzburg
Michl, Andrea, Lic. iur. can., Ludwig-Maximilians-Universität München
Miethke, Jürgen, Prof. Dr. phil. i. R., Heidelberg
Mitterhofer, Michael, Prof. Dr. iur. can., Philosophisch-Theologische Hochschule Brixen
Muckel, Stefan, Prof. Dr. iur., Universität zu Köln
Müller, Daniela, Prof. Dr. theol. habil., Radboud-Universität Nijmegen
Müller, Gerhard Ludwig Kardinal, Prof. Dr. theol. habil., Rom
Müller, Jörg, Dr. phil., München
Müller, Ludger, Prof. Dr. theol. Dr. iur. can. habil. M.A., Universität Wien
Neimes, Karl, Dr. theol. Lic. iur. can., Mainz
Németh, Thomas Mark, PD Dr. iur. Dr. theol., Julius-Maximilians-Universität Würzburg
Neumann, Sarah, Dr. phil., Carl von Ossietzky Universität Oldenburg
Neumann, Thomas, Dr. theol. Lic. iur. can., Westfälische Wilhelms-Universität Münster
Nicolai, Katharina, Friedrich-Alexander-Universität Erlangen-Nürnberg
Nikolakopoulos, Konstantin, Prof. Dr. theol. habil., Ludwig-Maximilians-Universität München
Nowar, Nina, Friedrich-Alexander-Universität Erlangen-Nürnberg
Nüssel, Friederike, Prof. Dr. theol. habil., Universität Heidelberg
Obrock, Rainer, Dr. iur., Kassel
Ohly, Christoph, Prof. Dr. theol. habil. Lic. iur. can., Theologische Fakultät Trier
Ohst, Martin, Prof. Dr. theol., Bergische Universität Wuppertal
Omarkhali, Khanna, PD Dr. phil., Georg-August-Universität Göttingen
Özsoy, Ömer, Prof. Dr. phil., Goethe-Universität Frankfurt
Padjen, Ivan, Prof. Dr. sc., Universität Zagreb
Pax, Wolfgang, Dr. phil., Limburg
Penßel, Renate, Dr. iur., Friedrich-Alexander-Universität Erlangen-Nürnberg
Petersen, Jens, Dr. iur., Hannover
Petrova, Anna, Dipl. Theol., München
Picker, Christian, Prof. Dr. iur., Universität Konstanz
Pinkas, Ronen, Dr. phil., School of Jewish Theology Potsdam
Platen, Peter, apl. Prof. Dr. theol. Lic. iur. can., Limburg / Münster
Potz, Richard, Prof. Dr. iur., Wien
Poya, Abbas, PD Dr. phil., Friedrich-Alexander-Universität Erlangen-Nürnberg
Pree, Helmuth, Prof. i. R. Dr. iur. Dr. iur. can. habil. Mag. Theol., Fürstenzell
Preisner, David, Dr. iur., München
Proksch, Alexander, Dipl.-Theol. B.A., Friedrich-Alexander-Universität Erlangen-Nürnberg
Prokschi, Rudolf, Prof. i. R. Dr. theol., Universität Wien
Pulte, Matthias, Prof. Dr. phil. habil. Lic. iur. can. Dipl. theol., Johannes Gutenberg-Universität Mainz
Puza, Richard, Prof. i. R. Dr. iur., Tübingen
Radtke, Andrea, Hannover
Rambacher, Stefan, Dr. theol. Lic. iur. can., Würzburg

Rees, Wilhelm, Prof. Dr. theol. habil., Universität Innsbruck

Rehak, Martin, Prof. Dr. iur. can. habil. Dipl.-theol. Ass. iur., Julius-Maximilians-Universität Würzburg

Rhode, Ulrich, Prof. Dr. iur. can. habil., Päpstliche Universität Gregoriana Rom

Richter, Martin, Dr. iur., Berlin

Rieger, Rafael M., Dr. theol. Lic. iur. can., München / Sankt Augustin

Rohe, Mathias, Prof. Dr. iur., Friedrich-Alexander-Universität Erlangen-Nürnberg

Rox, Barbara, Dr. iur., Braunschweig

Sattler, Dorothea, Prof. Dr. theol. habil., Westfälische Wilhelms-Universität Münster

Schäufele, Wolf-Friedrich, Prof. Dr. theol. habil., Philipps-Universität Marburg

Schilberg, Arno, Prof. Dr. iur., Detmold / Bochum

Schlott, René, Dr. phil., Potsdam

Schmal, Barbara, Dr. iur., Saarbrücken

Schnabel, Patrick Roger, Dr. iur. utr., Berlin

Schöch, Nikolaus, Prof. Dr. theol. habil. Dr. iur. can., Päpstliche Universität Antonianum Rom

Schröder, Bernd, Prof. Dr. phil. habil. theol., Georg-August-Universität Göttingen

Schüller, Thomas, Prof. Dr. theol. habil. Lic. iur. can., Westfälische Wilhelms-Universität Münster

Schulz, Nils, Eberhard Karls Universität Tübingen

Schuppe, Florian, Dr. theol., München

Schwarz, Karl W., Prof. Dr. theol. habil. Dr. phil. h. c., Universität Wien

Schweitzer, Friedrich, Prof. Dr. rer. soc. theol. habil. Dr. h. c., Eberhard Karls Universität Tübingen

Sievers, Jonah, Berlin

Slenczka, Notger, Prof. Dr. theol. habil., Humboldt-Universität Berlin

Slepoy, Vladislav, Dr. phil., Salzburg / Halle

Spiewok, Peter, Friedrich-Alexander-Universität Erlangen-Nürnberg

Springer, Stephanie, Dr. iur., Hannover

Stamm, Heinz-Meinolf, Prof. Dr. iur. can., Paderborn

Süess, Raimund, M Law, Zürich

Suleiman, Farid, Dr. phil., Friedrich-Alexander-Universität Erlangen-Nürnberg

Synek, Eva, Ass.-Prof. Dr. theol. habil., Universität Wien

Thiele, Christoph, Dr. iur., Hannover

Thielmann, Jörn, Dr. phil., Friedrich-Alexander-Universität Erlangen-Nürnberg

Thüsing, Gregor, Prof. Dr. iur., Universität Bonn

Traub, Thomas, Münster

Traulsen, Christian, Prof. Dr. iur., Hochschule für öffentliche Verwaltung und Finanzen Ludwigsburg

Trenner, Florian, Dr. theol., München

Trugenberger, Julius, Tübingen

Unruh, Peter, Prof. Dr. iur., Kiel / Göttingen

Vechtel, Klaus, Prof. Dr. theol. habil., Philosophisch-Theologische Hochschule Sankt Georgen

Vletsis, Athanasios, Prof. Dr. theol., Ludwig-Maximilians-Universität München

Vogel, Viola, Dr. iur., Dresden

Wächter, Lothar, Prof. Dr. iur. can., Fulda

Waldhoff, Christian, Prof. Dr. iur., Humboldt-Universität zu Berlin

de Wall, Heinrich, Prof. Dr. iur., Friedrich-Alexander-Universität Erlangen-Nürnberg

Walser, Markus, Dr. iur. can. Lic. theol. B. A. phil., Vaduz / Chur

Wannenwetsch, Bernd, Prof. Dr. theol. Dr. theol. habil., Freie Theologische Hochschule Gießen

Wassilowsky, Günther, Prof. Dr. theol. habil., Goethe-Universität Frankfurt am Main

Weber, Hermann, Prof. Dr. iur., Berlin

Weinberger, Walter, Dr. theol. Dr. phil., Kremsmünster

Weiß, Andreas, Prof. Dr. iur. can. Dr. theol. habil., Katholische Universität Eichstätt-Ingolstadt

Weitlauff, Manfred, Prof. Dr. theol. habil., München

Wellert, Anne-Ruth, Dr. iur., Kassel

Wenner, Reinhard, Ass. iur. Dipl.-Theol., Sankt Augustin

Wiese, Kirsten, Dr. iur., Bremen

Wijlens, Myriam, Prof. Dr. iur. can. habil. Lic. theol., Universität Erfurt

Witsch, Norbert, PD Dr. theol. habil., Mainz

Witt, Christian, PD Dr. theol. habil., Leibniz-Institut für Europäische Geschichte Mainz

Wolff, Johanna, Prof. Dr. iur., Freie Universität Berlin

Wolf, Lorenz, Dr. iur. can., München

Wrege, Wolf Reinhard, Dr. iur., Norderstedt

Zerfaß, Alexander, Prof. Dr. theol. habil., Universität Salzburg

F

Fabrica Ecclesiae
→Kirchenstiftung

Fachhochschule – Staatlich
→Hochschule

Fachhochschule – Katholisch

Die kath. F. in der BRD sind als →Hochschulen o. Promotionsrecht in kirchl. Trägerschaft zu charakterisieren, die vornehmlich der anwendungsbezogenen Wissenschaftspflege insb. in den Fachbereichen Sozial- u. Gesundheitswesen sowie Religionspädagogik u. kirchl. Bildungsarbeit dienen. Nachdem in den vergangenen J. einige Einrichtungen geschlossen bzw. in staatl. Trägerschaft überführt wurden, gibt es z. Z. noch fünf kath. F.: die Kath. Hochschule für Sozialwesen Berlin, die Kath. Hochschule Freiburg, die Kath. Hochschule Mainz, die Kath. Stiftungshochschule München (m. Abt. in Benediktbeuern) u. die Kath. Hochschule NW (Abt. Aachen, Köln, Münster u. Paderborn). Hinzu kommen die Studiengänge an den beiden F.-Fak. der →Katholischen Universität Eichstätt-Ingolstadt. Für diese F. sind die einschlägigen Bestimmungen des dt. u. des kan. →Hochschulrechts maßgeblich.

Die F. wurden in den 1960er u. 1970er J. neben den Universitäten als neuer Hochschultyp etabliert, um für bis dahin nicht akademische Berufsfelder eine praxisorientierte Ausbildung auf wiss. Grundlage zu vermitteln. Im Zuge dieser Bildungsreform wurden auch kath. Fachschulen v. a. im Bereich Sozialwesen in F. umgewandelt. In den letzten J. kam es durch den →Bologna-Prozess u. die damit verbundene Einführung von Bachelor- u. Mastergraden zu einer zunehmenden Angleichung der Studiengänge u. einer nahezu vollständigen formalen Gleichstellung der Abschlüsse von Universitäten u. F. Inzwischen haben alle kath. F. in ihrem Namen das Wort F. durch Hochschule ersetzt u. die engl. Bez. Catholic University of Applied Sciences beigefügt. Gleichwohl ist aus formal-jur. Perspektive weiterhin zwischen Universitäten u. F. zu unterscheiden. V. a. im Hinblick auf das den F. fehlende Promotions- u. Habilitationsrecht, den Inhalt u. Umfang des Forschungsauftrags sowie bzgl. der Einstellungsvoraussetzungen, der Besoldung u. Lehrverpflichtung der →Hochschullehrer bestehen nach wie vor grds. typenspezifische Differenzen, die allerdings nach der Föderalismusreform u. die dadurch bedingte Verlagerung der Zuständigkeit für die Hochschulorganisation im Detail wiederum in den einzelnen Bundesländern variieren.

Aus staatl. Perspektive stellt eine kath. F. eine durch staatskirchenrechtliche Modalitäten veränderte Sonderform der staatl. anerkannten Hochschule in freier Trägerschaft dar. Als Träger fungiert entweder eine gGmbH, eine kirchl. Stiftung des öff. Rechts od. unmittelbar ein (Erz-)Bistum. Abgesehen von den F.-Fak. der Kath. Universität Eichstätt-Ingolstadt (Art. 5 § 1 BY.K [Änderungsvertrag vom 04.09.1974]) bestehen für die kath. F. keine konkordatären Garantien. Sie bedürfen vielmehr der ausdrücklichen staatl. Anerkennung nach den Bestimmungen der LHG. Diese sehen für die Anerkennung kirchl. Hochschulen jedoch einige Erleichterungen vor (vgl. § 70 Abs. 2 HochschulRG); z. T. erfolgt die Anerkennung der betr. F. unmittelbar durch Gesetz (§ 124 Abs. 2 BE.HG). Eine Grundvoraussetzung für die staatl. Anerkennung ist die Gleichwertigkeit (aber nicht Gleichartigkeit) des Studiums. Im Hinblick auf ihre GrO u. die Organisation des Studienbetriebs weisen die kath. F. grds. eine große Nähe zu staatl. F. auf. Alle Studiengänge unterliegen der Akkr. u. der staatl. Genehmigung. Die Studierenden müssen wie die an staatl. F. vorgebildet sein. Als Beliehene verleihen die kath. F. ihre Hochschulgrade (→Akademische Grade) im eigenen Namen in der Handlungsform des öff. Rechts. Das Prüfungswesen unterliegt der Kontrolle durch die staatl. Verwaltungsgerichtsbarkeit. Die Lehraufgaben müssen überwiegend von hauptberuflich Tätigen wahrgenommen werden, die im Wesentlichen wie Beschäftigte an staatl. F. zu besolden sind (z. B. §123 Abs. 2 Nr. 8 BE.HG). Die Qualifikation aller Lehrenden muss den Vorgaben für staatl. F. entsprechen. Im Unterschied zu den meisten privaten F. erhalten die kath. F. beträchtliche staatl. Zuschüsse auf uneinheitlicher landesgesetzlicher Grundlage (§124 Abs. 2 BE.HG; §22 BW.2.HRÄG; §84 BY.HG; §81 NW.HG; §121 Abs. 2 RP.HG).

Der vom staatl. Recht eröffnete Gestaltungsspielraum kann zur spezifischen Profilbildung genutzt werden. Eine sie von anderen Einrichtungen unterscheidende bes. chr. Prägung ist Legitimationsgrundlage kath. F. Die einschlägigen Bestimmungen des kirchl. Hochschulrechts (ApK EcE [15.08.1990] m. Partikularnormen der DBK [02.09.2009] u. cc. 807-814) sowie die von ihren Trägern bzw. den F. selbst erlassenen Hochschulverfassungen (GrO) u. Satzungen dienen dem Schutz u. der Förderung dieses Propriums. Insb. wird dies in drei Bereichen deutlich: a) Eigenprägung der Ausbildungsinhalte: An jedem Standort muss wenigstens eine Dozentur für Theologie bestehen (§8 Abs. 6 Partikularnormen). Für alle Studierenden ist ein Studium generale vorzusehen, das ein Grundverständnis der kirchl. Glaubenslehre sowie eine angemessen ethische Bildung auf chr. Grundlage vermittelt. Am Akkr.verf. für alle Studiengänge m. explizit theol. Studienanteilen (egal in welchem Umfang) hat ein hochschulexterner kirchl. Vertreter mitzuwirken. Die Akkr. bedarf seiner Zustimmung. Für die inhaltliche u. strukturelle Ausgestaltung des Studiengangs Religionspädagogik u. kirchl. Bildungsarbeit (z. Z. an den Standorten Eichstätt, Mainz u. Paderborn) sind die RO für die Ausbildung, Berufseinführung u. Fortbildung von Gemeindereferenten/Gemeindereferentinnen (10.03.1987) sowie das von der DBK erlassene Eckpunktepapier (28.08.2006) verbindliche Grundlage. Der von den F. verliehene Bachelor of Arts ist kein theol. Grad nach Art. 46 VG. Er erfüllt auch nicht unmittelbar die Studienvoraussetzungen für eine Promotion in Kath. Theologie. b) Anforderungen an Hochschulleitung u. Lehrende: Neben den allg. Bestimmungen des kirchl. Arbeitsrechts (v. a. GrO [22.09.1993]) (→Arbeitsrecht, kirchliches) sind für Mitarbeiter an den F. einige Sonderregeln zu beachten. So müssen Präsident u. Kanzler sowie die Mehrheit der Mitglieder der Hochschulleitung u. des Lehrkörpers der kath. Kirche angehören (Art. 4 §4 EcE). Lehrende, die theol. Fächer vertreten, bedürfen eines bfl. Mandats (c. 812). Ein →Nihil obstat des Apost. Stuhls für →Theologieprofessoren ist an F. hingegen nicht erforderlich. c) Anforderungen an Studierende: Unabhängig von ihrer Religion od. Weltanschauung müssen sie bereit sein, den bes. Auftrag u. Charakter der kath. F. anzuerkennen u. zu beachten. Ein diesbezüglich schwerwiegender Verstoß kann zur zwangsweisen Exmatrikulation führen.

Quellen

Aufgaben u. Entwicklung der Kath. Fachhochschulen. Empfehlungen der Arbeitsgemeinschaften der Träger u. der Rektoren/Präsidenten der Kath. Fachhochschulen, hg. v. Sekretariat der DBK, Bonn 1984 (Arbeitshilfen 34); DBK, Rahmenordnung für die Ausbildung, Berufseinführung u. Fortbildung von Gemeindereferenten/-referentinnen vom 10. März 1987: DDB 96, Bonn 2011, 31-54; Johannes Paul II., ApK Ex corde Ecclesiae vom 15. August 1990: AAS 82 (1990), 1475-1509; DBK, Eckpunktepapier zur Modularisierung des Studiengangs „Religionspädagogik u. kirchl. Bildungsarbeit" an den Kath. Fachhochschulen vom 28. August 2006: DDB 96, Bonn 2011, 55-61; DBK, Partikularnormen der DBK zur ApK EcE vom 02. September 2009: VApSt 99, Bonn 2017, 48-59; Wissenschaftsrat, Private u. kirchl. Hochschulen aus der Sicht der Institutionellen Akkreditierung. Drs 2264-12, Bremen 2012: https://www.wissenschaftsrat.de/download/archiv/

2264-12.pdf [Zugriff: 15.05.2019]; Franziskus, ApK Veritatis gaudium über die kirchl. Universitäten u. Fakultäten vom 08. Dezember 2017: http://w2.vatican.va/content/francesco/de/apost_constitutions/documents/papa-francesco_costituzione-ap_20171208_veritatis-gaudium.html [Zugriff: 15.05.2019].

Literatur

Schmitz, H., Zur rechtlichen Situation der Fachhochschulen in kirchl. Trägerschaft nach dem CIC von 1983: ders., Studien zum kirchl. Hochschulrecht, Würzburg 1990 (FzK 8), 207f.; Baldus, M., Zur Frage von Mandat u. Nihil obstat für Dozenten an kath. Fachhochschulen in Deutschland: AfkKR 162 (1993), 484-492; ders., Rechtsstellung u. Aufgaben nichtstaatlicher, insb. kirchl. Fachhochschulen: WissR 30 (1997), 1-19; ders., Art. Fachhochschule, kath.: LKStKR Bd. 2, 664-666; Solte, E.-L., Kirchl. Fachhochschulen im staatl. Recht: Bürgerliche Freiheit u. Chr. Verantwortung (FS Link), hg. v. H. de Wall – M. Germann, Tübingen 2003, 465-481; Schmitz, H., Promotion von Fachhochschulabsolventen an den Kath.-Theol. Fakultäten der Universitäten in Bayern: ders., Neue Studien zum kirchl. Hochschulrecht, Würzburg 2005 (FzK 35), 312-323; Rhode, U. – Rüfner, W., Kirchl. Hochschulen, Berlin – Boston 2012.

Rafael Rieger

© 2019, DOI: 10.30965/9783506786388_0002

Fachhochschule – Evangelisch

Die F. als →Hochschulen o. Promotions- u. Habilitationsrecht, die sich im Schwerpunkt auf anwendungsbezogene Wissenschaft m. einem bes. Fokus auf die Lehre konzentrieren, sind seit den 1970er J. als Teil des Hochschulwesens etabliert. Sie werden heute zunehmend als Hochschulen für angewandte Wissenschaft bez. Heute bilden zehn bzw. elf F. in kirchl. Trägerschaft den Schwerpunkt des kirchl. Hochschulwesens im Bereich der ev. →Landeskirchen (Berlin, Bielefeld, Bochum, Darmstadt, Dresden, Freiburg, [Fürth: →Zuordnung zur Kirche zweifelhaft], Hamburg [Rauhes Haus], Ludwigsburg, Moritzburg, Nürnberg). Ihre Tätigkeitsfelder liegen insb. auf pädagogischen u. sozialen bzw. diakonischen Fächern m. kirchl. Bezügen. Daneben existieren weitere als F. anerkannte Einrichtungen von →Freikirchen (Friedensau, Reutlingen, Elstal, Ewersbach).

Die Gründung u. Unterhaltung von Ausbildungstätten für das kirchl. Personal, insb. der Theologen, ist vom kirchl. →Selbstbestimmungsrecht gem. Art. 137 Abs. 3 WRV i. V. m. Art. 140 GG umfasst u. damit verfassungsrechtlich geschützt. Davon profitieren die kirchl. F. allerdings nur eingeschränkt, da sie zumeist nicht zu spezifisch kirchl. Berufen ausbilden. Die Freiheit zur Gründung u. Unterhaltung von Hochschulen vermittelt i. Ü. nicht die Beteiligung am staatl. Berechtigungswesen. Deren Voraussetzungen u. die Anerkennung als F. werden vielmehr durch die staatl. Gesetze geregelt, wobei der Grundsatz der Gleichwertigkeit m. den staatl. Einrichtungen leitend ist. Die kirchl. Hochschulen sind i. Ü. in den rechtlichen Rahmen des staatl. →Hochschulrechts für die nichtstaatlichen Hochschulen eingefügt. Z. T. existieren für sie Spezialregelungen, etwa bei der staatl. Förderung od. in Form von kirchenvertraglichen Garantien (→Konkordat, Kirchenvertrag) kirchl. Hochschulen. I. Ü. gilt hier, wie allg. für nichtstaatliche Hochschulen, dass nicht nur die Wissenschaftsfreiheit der Lehrenden zu berücksichtigen ist, sondern auch die Rechte des Trägers, die bei kirchl. Hochschulen ggf. durch das Selbstbestimmungsrecht der Kirche u. deren →Religionsfreiheit verstärkt werden. Diese Rechte sind daher auch bei der staatl. Aufsicht od. bei der →Akkreditierung von Studiengängen zu achten.

Die rechtliche Gestalt der ev. F. (selbständige Einrichtungen m. eigener Rechtspersönlichkeit od. unselbständige Einrichtungen, Trägerschaft der LK od. anderer kirchl. Träger, einzelner Träger od. Kooperation mehrerer Träger) variiert. Sie sind z. T. durch Verträge mehrerer beteiligter LK od. durch KG errichtet worden, die, gemeinsam m. dazu ergangenen VO usw., den kirchenrechtlichen Rahmen ihrer Tätigkeit regeln. Ein allg., übergordnetes Hochschulrecht existiert, anders als im kath. KR, bei den ev. Kirchen nicht. Für die Studiengänge der F. gelten teils von der Hochschule selbst, teils im Zusammenwirken m. dem Träger erlassene, gelegentlich auch landeskirchliche Prüfungsordnungen.

Literatur

Pirson, D., Die kirchl. Fachhochschulen als Gegenstand des Staatskirchenrechts: ZevKR 30 (1985), 1 ff.; Baldus, M., Kirchl. Hochschulen: Handbuch des Wissenschaftsrechts Bd. 1, hg. v. C. Flämig – O. Kimminich u. a., Berlin u. a. ²1996, 1131-1156; ders., Hochschulen, kirchl.: RGG⁴ Bd. 3, 1805-1808; Solte, E.-L., Kirchl. Fachhochschulen im staatl. Recht: Bürgerliche Freiheit u. Chr. Verantwortung (FS Link), hg. v. H. de Wall, Tübingen 2003, 465-481; Wissenschaftsrat, Empfehlungen zur Weiterentwicklung von Theologien u. religionsbezogenen Wissenschaften an dt. Hochschulen, 2010: https://www.wissenschaftsrat.de/download/archiv/9678-10.pdf [Zugriff: 15.05.2019]; Heinig, H. M. – Vogel, V., Hochschulbildung: HevKR, § 21; Penßel, R., Nichtstaatliche Hochschulen: Hochschulrecht im Freistaat Bayern, hg. v. M. E. Geis, Heidelberg ²2017, 573-599.

Heinrich de Wall

© 2019, DOI: 10.30965/9783506786388_0002

Facultas

→ Befugnis, → Theologische Fakultät, Hochschuleinrichtung

Facultas habitualis – Katholisch

Durch eine von der zuständigen kirchl. Autorität einer Person erteilte F. (im Dt. übers. m. ständige → Vollmacht od. ständige → Befugnis) wird der betr. Person dauerhaft ermöglicht, bestimmte Handlungen vorzunehmen, zu deren Vornahme sie nicht schon aufgrund ihrer → Amtsgewalt berechtigt ist. Die Erteilung kann auf begrenzte od. unbegrenzte Zeit erfolgen. Eine F. wird typischerweise – sei es für die → Gesamtkirche, sei es für eine bestimmte → Teilkirche – allen erteilt, die ein bestimmtes → Amt innehaben, um ihnen den Dienst zu erleichtern u. zugl. die Autorität, die die F. erteilt, zu entlasten. Mögliche Inhalte einer F. sind die Übertragung von Leitungsgewalt für bestimmte Handlungen, die Übertragung anderer Arten von Vollmachten, die Erteilung von Befugnissen zur Feier von → Sakramenten od. auch die Erteilung von → Erlaubnissen.

Seit dem 17. Jh. hat der Apost. Stuhl derartige Vollmachten usw. in Katalogen zusammengefasst u. zunächst für die Missionsgebiete u. später auch weltweit den → Ordinarien übertragen; das wichtigste Bsp. dafür waren die von den Bf. jeweils anlässlich ihres → Quinquennalberichts zu erbittenden → Quinquennalfakultäten. Darin ging es v. a. um die Vollmacht, bestimmte → Dispensen zu erteilen, von → Strafen zu befreien u. → Ablässe zu gewähren. Auf diese Praxis Bezug nehmend, hat der CIC/1917 den Ausdruck F. als Fachausdruck in die kirchl. Rechtssprache eingeführt (can. 66). Die Lehre des Vat II, wonach den Bf. alle für die Ausübung ihres Hirtenamts erforderliche Gewalt zur Verfügung stehen muss (CD 8; Übergang vom → Konzessionssystem zum → Reservationssystem; vgl. auch das 4. Leitprinzip der Codexreform), hat dazu geführt, dass die Erteilung von F. an die Bf. weitgehend unnötig wurde. Bsp. für gegenwärtig erteilte F. sind einige vom P. den Leitern bestimmter → Dikasterien der → Römischen Kurie übertragene Vollmachten, die Kataloge der Vollmachten der → Kardinäle u. der päpstl. → Legaten sowie in den deutschsprachigen Ländern die von den → Diözesanbischöfen allen → Klerikern m. allg. Traubefugnis erteilte Vollmacht, die für eine → konfessionsverschiedene Ehe gem. c. 1124 erforderliche Erlaubnis zu erteilen.

F. unterliegen den Vorschriften über delegierte Gewalt (c. 132 § 1; c. 982 § 1 CCEO). Einige bes. Normen über die den Ordinarien erteilten F. (cc. 132 § 2, 479 § 3; cc. 248 § 2, 982 § 2 CCEO) haben kaum noch Bedeutung, weil die Diözesanbischöfe nach geltendem Recht bereits aufgrund ihres Amtes die für dessen Ausübung nötige Gewalt innehaben.

Quellen

Kongr. für die Bischöfe, Index Facultatum Legatis Pontificiis tributarum, Vatikanstadt 1986; Kongr. für die Evangelisierung der Völker, Index Facultatum Legatis Pontificiis in territoriis missionum tributarum, 1999: Ius missionale 5 (2011), 310-312; SecrStat, Facultate gaudent (Vollmachten der Kardinäle) vom 18. März 1999: Comm. 31 (1999), 11-13.

Literatur

Urrutia, F. J., Facoltà abituali: NDDC, 480; González Ayesta, J., La specificità delle „facoltà abituali" all'interno della delega: IusEccl 12 (2000), 187-208; ders., J., La naturaleza jurídica de las „facultades habituales" en la codificación de 1917, Pamplona 2001; García Martín, J., Le facoltà abituali secondo la disciplina canonica: Apollinaris 74 (2001), 659-687; ders., Facultades concedidas a los legados pontificios por la „Congregación para la evangelización de los pueblos": Commentarium pro Religiosis 82 (2001), 317-343; González Ayesta, J., Facultades habituales: DGDC Vol. III, 901-907; Socha, H.: MKCIC c. 132.

Ulrich Rhode

© 2019, DOI: 10.30965/9783506786388_0004

Fähigkeit – Katholisch

Die F. (capacitas) einer →physischen Person od. jur. Person (→Juristische Person, kirchliche), kirchenrechtlich bedeutsame Akte zu setzen u. (Heils-)Güter zu empfangen, resultiert nicht aus positiver Setzung des kirchl. →Gesetzgebers, sondern aus den grundlegenden Rechten von Menschen, v. a. von Getauften in der kirchl. Rechtsordnung. Die F. ist als fundamentaler Status weder entzieh- noch verlierbar u. liegt jeder →Befähigung (habilitas) bzw. Verleihung einer →Vollmacht (potestas) od. →Befugnis (facultas) voraus. Sprachlich wird die F. in den kirchl. Gesetzbüchern nicht nur m. (in)capax u. (in)capacitas ausgedrückt (z. B. cc. 171 § 1 n. 1; 864; cc. 679; 818; 953 § 1 n. 1 CCEO), sondern auch durch (in)habilis esse (z. B. cc. 124 § 1; 129 § 1; 228 § 1; 1041 n. 1; 1095; cc. 408 § 1; 762 § 1 n. 1; 931 § 1; 979 § 1 CCEO) u. allgemeinere Begriffe wie posse (z. B. cc. 1058; 1476; cc. 778; 1134 CCEO).

Die F. einer jur. Person setzt lediglich deren rechtswirksame Errichtung voraus u. besteht, solange die Person selbst existiert. Bei physischen Personen ist erste u. unverzichtbare Bedingung ihrer F., rechtsrelevante Akte zu setzen, das Menschsein. Nur ein Mensch kann getauft, dadurch i. S. des KR zur Person werden (c. 96) u. die kanonische →Rechtsfähigkeit erlangen. Auf dieser Grundlage sind bestimmte F. gestuft an weitere Voraussetzungen gebunden: Das männliche →Geschlecht macht einen Christen fähig zum →Weiheempfang (c. 1024; c. 754 CCEO), die Weihe (→Ordination, Weihe) wiederum zur Übernahme von Leitungsgewalt (potestas regiminis) (c. 129 § 1; c. 979 § 1 CCEO). Die F. zur Spendung von Buße (→Beichte), Eucharistie (→Abendmahl, Eucharistie) u. →Firmung wird erst durch die →Priesterweihe begr., die zur Weihespendung durch die →Bischofsweihe. Die konkrete →Handlungsfähigkeit einer Person kann zudem von weiteren individuellen Voraussetzungen abhängen (z. B. →Alter, Stand, →Vernunftgebrauch).

Alle Menschen sind prinzipiell fähig, die →Taufe zu empfangen (c. 864; c. 679 CCEO) u. zu spenden (c. 861 § 1), die →Ehe zu schließen (c. 1058; c. 778 CCEO) u. vor einem kirchl. →Gericht als →Kläger aufzutreten (cc. 1476; 1674; cc. 1134; 1360 CCEO).

Durch die Taufe erwirbt ein Mensch zudem die grundsätzliche F. zum Empfang der übrigen →Sakramente (cc. 849 i. V. m. 842 § 1; c. 675 § 2 CCEO), d. h. der Firmung (c. 889 § 1; vgl. c. 692 CCEO), Eucharistie (c. 912; vgl. c. 699 § 3 CCEO), Buße (c. 959; c. 718 CCEO) u. →Krankensalbung (c. 1004 § 1; c. 737 § 1 CCEO) sowie des →Ehesakraments (c. 1055; c. 776 §2 CCEO), das er dann zugl. auch zu spenden fähig ist (vgl. KKK 1623). Die F. zum Empfang des Weihesakraments erlangen nur getaufte Männer (c. 1024; c. 754 CCEO). Die kirchl. Gesetzbücher normieren außerdem die F. kath. →Laien, von →Klerikern zu jenen kirchl. →Ämtern u. Aufgaben herangezogen zu werden, die sie nach dem KR wahrnehmen können (c. 228 §1; c. 408 §2 CCEO), den kirchl. Hirten als →Sachverständige u. Berater zu helfen (c. 228 §2; c. 408 §1 CCEO) u. von der kirchl. Autorität einen theol. Lehrauftrag zu erhalten (c. 229 §3; c. 404 §3 CCEO). Durch Taufe u. Firmung haben Laien außerdem die F., zur Zusammenarbeit m. Bf. u. Priestern im Dienst am Wort Gottes berufen zu werden (c. 759).

M. der Priesterweihe erhält ein Mann die F., in persona Christi Capitis zu handeln (c. 1009 §3), eine →Eucharistiefeier zu leiten (c. 900; c. 699 CCEO) u. die Sakramente der Firmung (c. 889 §1; c. 694 CCEO), Buße (c. 965; c. 722 §1 CCEO) u. Krankensalbung zu spenden (c. 1003 §1; c. 739 §1 CCEO). Zudem wird er fähig zur Übernahme von Ämtern, die der vollen →Seelsorge od. →Hirtensorge dienen (c. 150). Die F. zur Übernahme eines Bischofsamtes u. zur Spendung des Weihesakraments setzt die Bischofsweihe voraus (c. 1012; c. 744 CCEO).

Für die gültige Ausübung der grundlegenden u. unverlierbaren F. zu kirchenrechtlich relevantem Handeln bedarf es meist zusätzlich einer Befähigung (habilitas) u. ggf. auch einer von Rechts wegen gegebenen od. durch die kirchl. Autorität verliehenen Vollmacht (potestas) od. Befugnis (facultas). Außerdem kann die →Gültigkeit an weitere, von der Person unabhängige Voraussetzungen gebunden sein, etwa die Beachtung von Rechtsförmlichkeiten (vgl. c. 124; c. 931 CCEO). Die jeweilige F. als personaler Status wird dadurch nicht eingeschränkt, die Gültigkeit des Rechtsaktes aber an bestimmte Voraussetzungen gebunden, z. B. die rechtl. Befähigung (habilitas) zur Ehe (vgl. c. 1073; c. 790 CCEO) od. die Befugnis (facultas) zur Absolution in der Beichte (c. 966; c. 722 §3 CCEO). Entspr. kann auch für das gültige Handeln jur. Personen neben der grundlegenden F. weiteres gefordert sein, z. B. eine Vertretungsvollmacht (c. 118), die →Approbation der →Statuten (c. 922 §3 CCEO) od. Mehrheitsquoten bei →kollegialen Akten (c. 119; c. 924 CCEO).

Literatur

Lüdicke, K., Art. Fähigkeit: LKStKR Bd. 1, 668 f.

Bernhard Sven Anuth

Fahrlässigkeit – Katholisch

Das kan. Recht kennt den Tatbestand der F. des Straftäters (culpa) in c. 1321 (c. 1414 CCEO). Dabei legen die kirchl. Gesetzbücher keine Legaldefinition der F. vor. Die Abgrenzung von →Vorsatz u. F. bleibt der Wissenschaft u. der Rspr. überlassen. Zunächst ist festzuhalten, dass c. 1321 nicht von F., sondern von culpa spricht, die dem Täter schwerwiegend vorwerfbar (graviter imputabilis) ist. Culpa, hier nicht m. →Schuld, sondern m. F. zu übersetzen, ist eine kan. Besonderheit, die in der kirchl. Tradition wurzelt. Nach Augustinus ist jedes Verbrechen zugl. schwere →Sünde. Rechtssprachlich läge es näher, von neglegentia zu sprechen, wie in c. 1457 §1 (c. 1115 §1 CCEO) über die Nachlässigkeit des →Richters. F. liegt vor, wenn es der Täter an der geschuldeten Sorgfalt hat fehlen lassen, also jenem Bemühen, eine Rechtsnorm nicht zu verletzen, die jeder sorgfältige Mensch aufgewendet hätte. Das kan. Recht kennt nur den Begriff der bewussten F., wonach der Täter erkennt, möglicherweise eine Rechtsnorm zu verletzen, aber pflichtwidrig darauf vertraut, dass dieser Erfolg durch die Handlung od. das Unterlassen nicht eintreten wird. F. ist keine Minderform des Vorsatzes, sondern eine eigenständige Form der Tatbestandsverwirklichung. Unbewusste F., wonach der Täter nicht voraussieht, einen Tatbestand zu verwirklichen, das aber nach den Umständen u. seinen persönlichen Fähigkeiten u. Kenntnissen hätte erkennen müssen, ist in CIC u. CCEO nicht geregelt. Für das →Strafrecht wäre diese Regelungslücke zu schließen, um die Kompatibilität m. dem weltlichen Strafrecht (§15 StGB i. V. m. dem Rechtsgedanken aus §276 Abs. 2 BGB) zu verbessern.

Literatur

Lüdicke, K., Dolus u. culpa im Codex Iuris Canonici: Iuri Canonici Promovendo (FS Schmitz), hg. v. W. Aymans – K.-Th. Geringer, Regensburg 1994, 359-371; KanR IV, 101; Lüdicke, K.: MKCIC c. 1321, Rn. 14 f.

Matthias Pulte

© 2019, DOI: 10.30965/9783506786388_0006

Fakultät, theologische

→Theologische Fakultät, Hochschuleinrichtung

Fakultätentag, theologischer – Katholisch

1. Der Kath.-Theol. F. ist der Zusammenschluss u. das Repräsentativorgan von 18 Theol. Fak. (→Theologische Fakultät, Hochschuleinrichtung) bzw. Fachbereichen an staatl. Universitäten od. in kirchl. Trägerschaft in der BRD sowie von 33 Inst. für Kath. Theologie zur Ausbildung von →Religionslehrern an staatl. →Hochschulen, die im F. über ihre acht Regionalverbünde vertreten sind. Ordentliche Mitglieder sind die Fak. bzw. Fachbereiche, die das staatl. u. kirchl. Promotionsrecht zum Dr. theol. (→Promotion) besitzen. Außerordentliche Mitglieder sind die Einrichtungen zur wiss. Ausbildung von Religionslehrern, die in andere universitäre Fachbereiche integriert sind u. m. diesen meist den →akademischen Grad Dr. phil. verleihen können, sowie die Arbeitsgemeinschaft der Studierenden der Kath. Theologie in Deutschland. Gaststatus haben die Kath.-Theol. Fak. aus der Schweiz u. aus Österreich.

2. Der F. steht in der Rechtsnachfolge der seit 1920 bestehenden Arbeitsgemeinschaft der Kath.-Theol. Fak. u. Lehranstalten Deutschlands u. hat sich unabhängig davon am 13.03.1958 in Frankfurt – Sankt Georgen gegr. Eine erste Satzung erhielt der F. auf der Jahresversammlung 1967 in Tübingen; diese wurde 1981 u. 1994 geänd. Am 06.07.2012 hat sich der F. in Bonn als e. V. neu gegr. u. so erstmals eine (staatl.) Rechtsform gegeben. Die geltende Satzung wurde bei der Jahresversammlung 2013 in St. Augustin beschlossen.

3. Gem. der Satzung ist das vordringliche Ziel des F. die Beratung u. nach Möglichkeit einheitliche Ordnung aller die Fak. betr. Angelegenheiten u. die Wahrnehmung gemeinsamer Interessen im hochschulpolitischen Bereich, v. a. der ständige Kontakt m. der HRK, der →Deutschen Bischofskonferenz, dem →Apostolischen Stuhl u. dem ev. F. Der F. engagiert sich in der wiss. Fort- u. Weiterbildung u. in der Qualitätssicherung von Studium u. Lehre u. hat die Reform des →Theologiestudiums im Rahmen des →Bologna-Prozesses maßgeblich mitgeprägt. Zu gemeinsam betr. Angelegenheiten gibt der F. Erkl. ab.

Quellen

Allg. Informationen u. Satzung des Kath.-Theol. Fakultätentags: http://kthf.de/ [Zugriff: 15.05.2019].

Literatur

Schmitz H., Kath.-Theol. Fakultätentag. Entstehung, Struktur, Satzung: ZRG.K 80 (1994), 422-450; Riedel-Spangenberger, I., Art. Fakultätentag, II. Kath.: LKStKR Bd. 1, 677-679; Hallermann, H., Was ist eine Kath.-Theol. Fakultät? – Versuch einer Begriffsbestimmung: KuR 2005, 63-73; ders., Kath. Theologie im Bologna-Prozess. Gesetze, Dokumente, Berichte, Paderborn – München – Wien – Zürich 2011 (KStKR 13); ders., Die Kath.-Theol. Fakultäten u. das Staatskirchenrecht nach 1945: Entwicklungstendenzen des Staatskirchen- u. Religionsverfassungsrechts, hg. v. Th. Holzner – H. Ludyga, Paderborn – München – Wien – Zürich 2013 (KStKR 15), 303-341.

Heribert Hallermann

© 2019, DOI: 10.30965/9783506786388_0008

Fakultätentag, theologischer – Evangelisch

1. Die Wurzeln des Ev.-Theol. F. reichen zurück bis zu den seit 1919 stattfindenden Zusammenkünften der →Dekane. Seine heutige Struktur u. Funktion begann sich in den 1960er bzw. 70er J. herauszubilden; Teile früherer Aufgaben gab der F. an die 1973 gegr. Wiss. Gesellschaft für Theologie ab (zur Geschichte vgl. Seebaß).

2. Nach der Wiedervereinigung Deutschlands wurde am 12.10.1991 die Satzung verabschiedet, die in Grundzügen die Arbeit des F. bis heute regelt (zuletzt geänd. am 08.10.2016): Im F. sind dz. 19 Fak. (→Theologische Fakultät, Hochschuleinrichtung) u. drei Kirchl. →Hochschulen vertreten. „Der F. berät alle Angelegenheiten, die in die Zuständigkeit evangelisch-theologischer Fakultäten fallen und von gemeinsamem Interesse und Belang sind... Die Beschlüsse des F., die sich an die Mitglieder wenden, ergehen in Form von Empfehlungen." (§2). Beschließendes Organ ist die einmal pro J. tagende Plenarversammlung, an der neben je zwei Delegierten der Mitgliedsinstitutionen zwölf Vertreter der Inst. für ev. Theologie teilnehmen, die von der 2013 konstituierten Konferenz der Inst. für Ev. Theologie entsandt werden u. – geregelt durch einen Kooperationsvertrag – über auch sie betr. Themen mitbeschließen. Zwischen den Plenarversammlungen wird der F. durch den zweiköpfigen Vorstand vertreten.

3. Dem F. kommen gegenwärtig folgende Aufgaben zu: Meinungsbildung unter den Mitgliedsinstitutionen, Normensetzung v. a. im Blick auf Lehre u. Studium, Interessensvertretung wiss. Theologie u. ihrer Institutionen nach außen, Vernetzung u. a. m. den Fakultätentagen anderer Disziplinen (Kath.-Theol. Fakultätentag, Phil. Fakultätentag, Allg. Fakultätentag), m. Hochschul- u. Forschungsförder-Einrichtungen (z. B. HRK u. DFG) u. nicht zuletzt m. der Ev. Kirche.

Literatur

Seebaß, G., Art. Fakultätentag: LKStKR Bd.1, 675-677; Heinig, H. M. – Vogel, V., Hochschulbildung: HevKR, 748-774.

Bernd Schröder

© 2019, DOI: 10.30965/9783506786388_0008

Falschanzeige – Katholisch

Die F. stellt eine Behauptung dar, die nicht der Wahrheit entspricht, die aber m. →Vorsatz u. trotz besseren Wissens vorgenommen wird. Die geltende Rechtsordnung unterscheidet in c. 1390 §1 zwischen der F. (falsa denuntiatio) eines →Beichtvaters, d. h. eines →Priesters m. Beichtvollmacht, bei einem kirchl. Oberen über den Versuch einer Sünde gegen das sechste Gebot im Rahmen bzw. unter dem Vorwand einer →Beichte gem. c. 1387 bzw. c. 1458 CCEO u. in c. 1390 §2 einer F. (calumniosa denuntiatio) wegen anderer Straftaten gegenüber einem kirchl. Oberen od. einer Schädigung des gem. c. 220 bzw. c. 23 CCEO verbürgten Grundrechts auf →guten Ruf der Gläubigen. Dies zeigt, dass unrechtmäßige Verletzungen des Grundrechts auf guten Ruf u. die eigene →Intimsphäre strafbewehrt sind. Der CCEO kennt die entspr. Straftatbestände des c. 1390 §1 in c. 1454 CCEO u. c. 1390 §§2 u. 3 in cc. 1454 u. 1457 CCEO. Die Person, die einen Beichtvater einer Sünde gegen das sechste Gebot im Rahmen einer Beichte od. unter deren Vorwand fälschlicherweise bezichtigt, wird m. der →Tatstrafe des →Interdikts belegt, im Falle eines →Klerikers zudem m. der Suspension (→Suspendierung). Die F. kann entweder darin bestehen, dass die behauptete Tat unwahr ist od. es kann die falsche Person der Tat bezichtigt werden. Gem. c. 982 bzw. c. 731 CCEO darf die Person, die eine F. vorgenommen hat – dies kann der →Pönitent od. eine dritte Person sein –, erst absolviert werden, wenn die F. widerrufen wurde (in schriftlicher Form od. vor zwei Zeugen) u. der Schaden wiedergutgemacht wurde (→Schadenersatz). O. Widerruf u. Wiedergutmachung des Schadens wäre die Absolution im Fall einer ansonsten rechten Disposition des Gläubigen gem. c. 987 unerlaubt, aber gültig. Die geltende Rechtsordnung kennt nicht mehr die in diesem Fall gem. can. 894 zum Nachlass dem Apost. Stuhl vorbehaltene Sünde (vgl. zum damaligen Straftatbestand can. 2363). Der zu Unrecht beschuldigte Beichtvater kann sich aufgrund des in den cc. 983 §1 u. 984 verbürgten absoluten Schutz des →Beichtgeheimnisses nur schwer verteidigen. Im Fall der Rufschädigung bzw. Verleumdung od. übler Nachrede einer Person od. der F. einer Person wegen einer →Straftat gegenüber dem kirchl. Oberen ist c. 1390 §2 zufolge eine →gerechte Strafe zu verhängen, „eine →Beugestrafe nicht ausgenommen". Cc. 1390 §3 i. V. m. 128 handeln über eine etwaige Verpflichtung des Verleumders zur Wiedergutmachung des entstandenen Schadens.

Literatur

Wirth, P., Art. Falschanzeige: LKStKR Bd. 1, 679-680; Hallermann, H., Zwischen Anzeige u. Strafprozess – Die „vorprozessuale" Phase nach den Leitlinien der DBK: Der Strafanspruch der Kirche in Fällen von sexuellem Missbrauch, hg. v. H. Hallermann, Würzburg 2012 (WTh 9), 137-184; Althaus, R.: MKCIC c. 982; Lüdicke, K.: MKCIC c. 1390.

Thomas Meckel

© 2019, DOI: 10.30965/9783506786388_0009

Falschanzeige – Jüdisch

F. ist ein Begriff im Strafrechtssystem u. bez. normalerweise eine absichtliche Lüge od. Wahrheitsleugnung. Durch eine Widerlegung von zwei →Zeugen od. eine andere Art entgegenstehender →Beweis gilt eine Anzeige als falsch u. daraus wird das Jüd. Gericht (Beit Din) die Schlusfolgerungen ziehen. Um die Konsequenzen der F. zu vermeiden, bemüht sich die Halacha, die Anzeige so gut wie möglich zu untersuchen. Im Bereich der Todesstrafe u. Schlagstrafe (Malkut) sind die tiefgehenden Untersuchungen (Hakirot) strenger als in Zivilrechtsprozessen. In Fällen, in denen ein Verdacht auf F. besteht, hat Beit Din das Recht, den Fall tiefer zu untersuchen od. sogar zurückzuweisen. Die Zeugen müssen entspr. strafrechtliche Kriterien erfüllen, die Beweise müssen gültig sein u. alle Elemente des Falles sollen dem Richter so transparent wie möglich sein. Die rechtliche Präsumtion ist, dass die Menschen keine F. ablegen, daher müssen sowohl der Kläger als auch der Angeklagte u. alle entspr. Aspekte des Falles tiefgehend untersucht werden. Manchmal ist die Anzeige falsch u. widersprüchlich an sich (Edut Muchcheschet), was zu ihrer endgültigen Ablehnung führt. Die Schwere der F. wird streng genommen u. kann ggf. sogar zur Todesstrafe führen (Edim Somemmim). Weitere Konsequenzen der F. m. →Eid sind Schlagstrafe u. Disqualifikation als Zeuge. Eine Anzeige, die das Gericht als falsch beurteilt, ruiniert den Status des Strafregisterauszuges (Heskat Kaschrut).

Quellen

Mishnah, Sanhedrin 3:6; 4:5; MeDeRaI 8, 233 (Horovitz-Rabin Edition); Babylonischer Talmud, Ketubbot 19a; Sanhedrin 27a; 29; 37; Maimonides, Mishneh Torah, Edut, 17:2; Sanhedrin 12:3; Schewuot 8:13; Scheluchin weShutafin 3:9; Sefer Hamitzwot des Maimonides, Lawin, 285; Hinuch 524 u. 37; SeMaG 35; 216; SeMaK 235; Schulhan Aruch, Hoshen Mishpat 28:7; Sefer Hassidim (Frag.): Genusot – Kowetz Et Lignusot Rishonim, hg. v. M. Herschler, Jerusalem 1984, 148.

Literatur

Kasher, Torah Shelema, Talmudic: Midrashic Encyclopedia of the Pentateuch Vol. 18, 153; Elon, M., Jewish Law – History, Sources, Principles, Vol. 3, Jerusalem 1973, 1424 f.; Shochetman, E., Civil Procedure in Rabbinical Courts, Vol. 2, Jerusalem 1988, 901-902; Hilchot Edut Halacha Psukah – Berur Halacha, Hoschen Mishpat 32-34, Jerusalem 2005, 130-134; 262-263.

Neri Ariel

© 2019, DOI: 10.30965/9783506786388_0009

Falscheid

→Eid

Fälschungen

→Rechtsfälschungen

Fälschungsdelikt – Katholisch

Bereits früh hat die Kirche die Fälschung von Maß, Gewicht u. Ware (X.3.17.2) sowie von päpstlichen →Reskripten (X.5.20.7) bestraft.

Der CIC enthält einen eigenen Titel über F. (IV. De crimine falsi; vgl. cann. 2326; 2360-2363; 2405 u. 2406), näherhin die →Falschanzeige eines →Beichtvaters wegen angeblicher Verführung (c. 1390 §1; c. 1454 CCEO; →Sollicitatio: c. 1387; c. 1458 CCEO; →Absolutio complicis), die verleumderische →Anzeige einer →Straftat u. die Schädigung des →guten Rufs (c. 1390 §2; c. 1454 CCEO) sowie den Missbrauch einer →Urkunde (c. 1391, 1°-3°; c. 1455 CCEO). Die Falschanzeige eines Beichtvaters hat die →Tatstrafe des →Interdikts, bei →Klerikern zusätzlich die →Suspendierung zur Folge (cc. 1390 §1 i. V. m. 982; vgl. cc. 1454 i. V. m. 731 CCEO). Zum Schutz der →Ehre u. des guten Rufs (c. 220; c. 23 CCEO) kann die verleumderische Anzeige einer Straftat bei einem kirchl. Oberen od. eine andere Rufschädigung m. einer →gerechten Strafe bzw. einer →Beugestrafe geahndet (c. 1390 §2; vgl. c. 1454 CCEO) u. eine angemessene →Wiedergutmachung gefordert werden (c. 1390 §3; c. 1452 CCEO). Im Interesse der Echtheit von Dokumenten u. des Dokumentenbeweises werden Urkundenfälschung, -vernichtung u. -unterdrückung, die Verwendung gefälschter od. veränderter nichtkirchlicher Urkunden in einer kirchl. Angelegenheit sowie falsche Angaben in öff. kirchl. Dokumenten je nach Schwere der Straftat m. einer gerechten Strafe bedroht (c. 1391, 1°-3°; c. 1455 CCEO). Der neue Strafrechtsentwurf formuliert klarer u. verschärft zugl. Auch das weltliche Recht kennt F. (§§164; 185-200 u. 267-282 StGB; vgl. §§223 u. 297 ÖStGB).

Literatur

Gawlik, A., Fälschungen. A. Lat. Westen: LMA Bd. 4, 246-251; Cirkovic, S., Fälschungen, B. Byzantinischer Bereich: LMA Bd. 4, 251f.; Rees, W., Die Strafgewalt der Kirche. Das geltende kirchl. Strafrecht – dargestellt auf der Grundlage seiner Entwicklungsgeschichte, Berlin 1993 (KStT), 467-470; KanR IV, 236-239; Rees, W., Einzelne Straftaten: HbkathKR³, 1615-1643, 1632f.; Lüdicke, K.: MKCIC cc. 1390f.

Wilhelm Rees

© 2019, DOI: 10.30965/9783506786388_0012

Fama, bona

→Guter Ruf

Familiaris Consortio – Katholisch

P. Johannes Paul II. veröff. infolge der Bischofssynode über die →Familie (1980) am 22.11.1981 das apost. Schreiben Familiaris Consortio, das keine Rechtsquelle, sondern eine lehramtliche Quelle darstellt, die durch das nachsynodale apost. Schreiben →Amoris Laetitia von P. Franziskus fortgeschrieben wurde. FC widmet sich in einem ersten Teil der Situation der Familie z. Z. der Abfassung des Apost. Schreibens, in einem zweiten Teil der theol. Verortung von u. der kirchl. Lehre über die →Ehe u. die Familie, in einem dritten Teil ausführlich den Aufgaben der chr. Familie u. deren Sendung in Kirche u. Welt u. in einem vierten Teil der Familienpastoral. Dieser vierte Teil fand neben der kirchl. Ehelehre u. der verfassungsrechtlichen Verortung der Familie als Hauskirche gem. LG 11 in der Kirchenrechtswissenschaft bes. Rezeption, da er sich den Stufen, Aufgaben u. Trägern einer umfassenden →Ehevorbereitung u. -begleitung u. der Familienpastoral in schwierigen Situationen widmet u. in der Frage des Mindestglaubens für die Ehe (Nr. 68) die Tatsache der Eingliederung durch die Taufe als ausreichend betrachtet. Die Nr. 77-85 widmen sich versch. bes. schwierigen Situationen, darunter auch Menschen o. Familie. Darin behandelt FC auch die Kritik an Ehen auf Probe, freien Verbindungen, nur zivil verheirateten Katholiken, den Getrennten od. Geschiedenen o. Wiederheirat u. den →wiederverheiratet Geschiedenen. FC nimmt die Hirten der Kirche in die Pflicht, die Situation jedes Einzelnen genau anzusehen u. gut zu unterscheiden u. Menschen in bes. Situationen pastoral beizustehen. Im Fall wiederverheirateter Geschiedener sah Nr. 84 FC die Möglichkeit zum Empfang des Bußsakraments u. der Eucharistie, wenn die betroffenen Personen in der zweiten Verbindung ein enthaltsames Leben (→Cohabitatio fraterna) versprachen. Amoris Laetitia schreibt FC fort u. knüpft in der pastoralen Wahrnehmung u. Unterscheidung der Situation eines einzelnen an FC an. In Amoris Laetitia wird in Nr. 298 Fn. 329 darauf hingewiesen, dass die Aufl. der Josefsehe die Treue in der neuen Verbindung gefährden könnte. P. Franziskus macht in Amoris Laetitia deutlich, dass es für die versch. komplexen Situationen keine generelle gesetzliche Norm geben kann, die in allen Fällen ungeachtet der Umstände anwendbar wäre. Der P. sieht hier die Gefahr einer „unerträglichen Kasuistik“ (Amoris Laetitia Nr. 304), die die zu schützenden Werte in Gefahr bringen könnte. Es geht demnach weder um eine generelle u. unterschiedslose Verweigerung noch um eine generelle Zulassung zu den Sakramenten. Jeder Einzelfall muss in seinen Umständen gesehen u. eine Gewissensentscheidung des Gläubigen pastoral im forum internum begleitet werden. In der Fn. 351 zu Amoris Laetitia Nr. 300 wird die Bedingung des enthaltsamen Zusammenlebens für den eventuellen Sakramentenempfang nicht exklusiv genannt: „In gewissen Fällen könnte es auch die Hilfe der Sakramente sein.“

Quellen

Vat II, LG; Johannes Paul II., Apost. Schreiben Familiaris consortio vom 22. Januar 1981: VApSt 33; Franziskus, Nachsynodales Apost. Schreiben Amoris laetitia vom 19. März 2016: VApSt 204.

Literatur

Martin, N., „Familiaris Consortio“ im Licht des Glaubens: IKZ 11 (1982), 258-270; Schick, L., Die Stellung der wiederverheirateten Geschiedenen in der Kirche nach „Familiaris Consortio“: ÖAKR 33 (1982), 418-435; Puza, R., Kan. Ansätze zur Frage der Rechtsstellung wiederverheirateter Geschiedener: ThQ 165 (1985), 308-313; Riedel-Spangenberger, I., Die Rechtsstellung der in kirchl. ungültiger Ehe lebenden Katholiken. Kirchenrechtliche Aspekte u. Lösungsangebote zum Problem von Scheidung u. Wiederheirat: Geschieden. Wiederverheiratet. Abgewiesen? Antworten der Theologie, hg. v. Th. Schneider, Freiburg u. a. 1995, 236-253; Grimm, B., Art. Familiaris Consortio: LKStKR Bd. 1, 680-681; Ihli, S., Die Lehre der Kirche zur Frage der Wiederverheiratung Geschiedener: Nach Scheidung im Recht. Die Rechtsstellung wiederverheirateter Geschiedener in der kath. Kirche. Ein ortskirchlicher Entwurf, hg. v. R. Puza, Tübingen 2001, 71-97; Stockmann, P., Ehevorbereitung zwischen kirchenrechtlichem Anspruch u. pastoraler Wirklichkeit: DPM 8/II (2001), 111-135; Zwischen Jesu Wort u. Norm: kirchl. Handeln angesichts von Scheidung u. Wiederheirat, hg. v. M. Graulich – M. Seidnader, Freiburg 2014 (QD 264); Ganz familiär. Die Bischofssynode 2014/2015 in der Debatte, hg. v. J. Knop – J. Loffeld, Regensburg 2016; Amoris laetitia – Wendepunkt für die Moraltheologie?, hg. v. St. Goertz – C. Witting, Freiburg 2016 (Katholizismus im Umbruch 4); Rita, N., Fondamenti e prospettive della Teologia della Famiglia nei documenti Familiaris Consortio e Gratissimam Sane di Giovanni Paolo II. Applicazione alla Nuova Evangelizzazione in Albania, Pult 2017.

Thomas Meckel

 DOI: 10.30965/9783506786388_0014

Familie – Katholisch

Der nicht mehr geltende CIC/1917 enthielt zwar familienrechtliche Normen, aber, wie auch das heutige Recht, kein systematisiertes

→Familienrecht. Die ekklesiologische Stellung u. Bedeutung der F. wurde erst durch das Vat II ausführlich entfaltet. Da der CIC/1917 primär als Klerikerrecht gestaltet war, war auch die F. nicht im Blick des kirchl. →Verfassungsrechts.

Das Vat II verwendet den Begriff der F. zunächst in einem weiten Sinn. So bez. LG Art. 28 das →Volk Gottes als familia Dei, in Art. 51 als familia in Christo, situiert innerhalb der Menschheitsfamilie (familia humana) gem. GS Art. 2, 3 u. 40. Ferner gebraucht das Vat II den Begriff der F. im ersten Kap. des zweiten Teils der Konst. GS unter der Überschrift: „Förderung der Würde der Ehe und der Familie" u. sieht in Art. 47 GS „[d]as Heil der Person und der menschlichen und christlichen Gesellschaft ... eng mit der günstigen Situation der ehelichen und familiären Gemeinschaft" verbunden u. die F. in Art. 52 GS als „eine Art Schule reicherer Menschlichkeit" u. als „Grundlage der Gesellschaft". GS Art. 48 spricht bzgl. des →Ehestandes bei sakramentalen →Ehen gleichsam von einer Weihe der Eheleute „für die Pflichten und die Würde ihres Standes". Das Laiendekret AA Art. 11 sieht in Ehe u. F. Vollzugsformen eines bes. →Apostolats bzw. einer bes. →Sendung in Kirche u. Welt, das durch den Ehestand zum Apostolat des Grundstatus aller Gläubigen hinzutritt u. bez. die F. als „häusliches Heiligtum" bzw. „domesticum sanctuarium Ecclesiae". LG Art. 11 qualifiziert die F. sodann gleichsam („velut") als eine „Hauskirche" bzw. „Ecclesia domestica", in der die Eltern gegenüber ihren Kindern die tria munera (→Tria-Munera-Lehre) ausüben u. zeigt demnach die hohe verfassungsrechtliche Bedeutung von F. u. Ehestand auf.

Der geltende CIC hat zwar als bedeutenden Teil eines Familienrechts ein →Eherecht u. eine detaillierte →Eheprozessordnung, aber kein systematisch geordnetes Familienrecht. Vielmehr gibt es zahlreiche verstreute familienrechtliche Bestimmungen, sodass die Rechte u. Pflichten der F. sich nur aus der Kompilation der Rechte u. Pflichten der Eltern, der Eheleute u. der Kinder als Familienrecht gewinnen lassen. Der alte wie der geltende Codex enthalten keine Legaldefinition der F., indes geht das geltende Recht implizit von den Eltern u. deren Nachkommen u. damit von der F. zweier Generationen aus. Durch die fehlende Legaldefinition lässt die Rechtsordnung allerdings Raum für sog. unvollständige F. z. B. m. (noch) fehlender →Eheschließung od. o. einen Elternteil etc. Der alte Codex kannte noch die Erwähnung der Großfamilie u. deren Angehörige. Das geltende Recht kennt in diesem Zusammenhang nur noch etwa das →Ehehindernis der →Blutsverwandtschaft nach c. 1091 bzw. c. 808 CCEO od. der →Adoption nach c. 1094 bzw. c. 812 CCEO od. den Ausschluss von Blutsverwandten des Bf. bis zum vierten Grad für spezielle Ämter wie z. B. nach c. 478 § 2 für die Ämter des →Generalvikars od. →Bischofsvikars (vgl. für die Ämter des Protosynkellos od. des Synkellos c. 247 § 3 CCEO) sowie nach c. 492 § 3 für das Amt des →Diözesanökonoms (vgl. c. 263 § 3 CCEO).

Aufgrund der Hinordnung der Ehe auf Nachkommenschaft u. deren Erziehung (→Elternrecht) gem. GS Art. 48 u. c. 1055 § 1 bzw. c. 776 § 1 CCEO ist die regelmäßige Basis der F. die Gemeinschaft der Eltern in der Ehe, die durch die Wesenseigenschaften der Unauflöslichkeit u. der Einpaarigkeit nach c. 1056 bzw. c. 776 § 3 CCEO geschützt wird, wie es auch in c. 226 bzw. c. 627 § 1 CCEO zum Ausdruck kommt. C. 1134 spricht sogar in Rezeption von Vat II GS 48 bzgl. des Ehestandes bei sakramentalen Ehen gleichsam von einer Weihe („veluti consecrantur") der Eheleute „für die Pflichten und die Würde ihres Standes" („status") (vgl. auch c. 776 § 2 CCEO). Die im Wesenselement des →Gattenwohls gründende Gleichberechtigung von Mann u. Frau in der Ehe gem. cc. 1055 § 1 i. V. m. 1135 (vgl. cc. 776 § 1 i. V. m. 777 CCEO) ist auch Grundlage für das Familienleben u. das Verhältnis zwischen Vater u. Mutter. Daher ist die Rede von der Kirche als Hauskirche nur analog zu verstehen, da der Vater nicht als Vertreter des hierarchischen Elements der F. verstanden werden kann. Das Verhältnis der Eltern zu Ihrem Kind beruht in der Wurzel entweder auf Zeugung od. auf Adoption gem. c. 110. Die Adoptivfamilie ist der F. in allem gleichgestellt, außer im Rahmen der Ehehindernisse.

Die chr. F., die auf der sakramentalen Ehe aufbaut u. das Taufapostolat entfaltet, ist von der natürlichen F. noch einmal zu unterscheiden. Die F. ist eine nur beschränkt dauerhafte Institution, da sie durch den Tod der Eltern od. der Kinder erlischt bzw. vom kirchl. Recht her nur bis zur →Volljährigkeit bzw. bis zum Erreichen bestimmter →Altersgrenzen im Blick ist. Die beschränkte Dauer ist auch einer der Gründe, die F. nicht als jur. Person zu normieren, was während der Codexrevision vorgeschlagen, aber nicht weiter verfolgt wurde.

Eltern kommt gegenüber ihren Nachkommen gem. cc. 226 § 2 i. V. m. 793, 1136 (vgl. sinngemäß c. 627 §§1-2 CCEO) die Pflicht u. das erstrangige Recht zur Erziehung zu. Insofern gehört auch die Erziehung als Aufgabe der Eltern in der Lebensgemeinschaft, die i. d. R. eine Wohngemeinschaft ist, zur F., wenngleich diese Pflicht u. das Recht zur Erziehung nicht in der Ehe, sondern unmittelbar in der →Elternschaft wurzeln. M. dem Elternrecht u. der elterlichen Pflicht zur Erziehung korrespondiert das Grundrecht des Kindes auf chr. Erziehung gem. c. 217 bzw. c. 20 CCEO, die zur Entwicklung u. Reife der Person, zu Kenntnissen der kirchl. Lehre u. einer entspr. Lebenspraxis bzw. zur Ausübung des in Taufe wurzelnden Apostolats verhelfen soll.

In den familienrechtlichen Normen findet sich keine Nennung des Theologumenons der Hauskirche gem. LG Art. 11. C. 226 §1 normiert allerdings im Rahmen des Katalogs der Pflichten u. Rechte der christifideles laici, dass „[d]ie im Ehestand leben, … gemäß ihrer eigenen Berufung die besondere Pflicht [haben], durch Ehe und Familie am Aufbau des Volkes Gottes mitzuwirken“. (Vgl. c. 407 CCEO). Das Mitwirken am „Aufbau des Volkes Gottes“ gem. c. 226 §1 ist letztlich die Realisierung u. Entfaltung des gem. c. 204 §1 bzw. c. 7 §1 CCEO in der Taufe grundgelegten Apostolats, die drei munera Christi in eigenem Namen u. in eigener Verantwortung auszuüben. C. 226 müsste um den Terminus der ecclesia domestica ergänzt werden, um die bes. Sendung der F. verfassungsrechtlich zu würdigen, von der auch die am 22.10.1983 veröff. Charta der Familienrechte spricht, wenn sie „von der unersetzlichen Sendung der Familie“ (Johannes Paul II., 1983, Vorwort, 4) handelt, die ausgehend von ihrer naturrechtlichen präpositiven Begründung „aus sich heraus Rechte besitzt“ (Johannes Paul II., 1983, Präambel, D).

Der in c. 226 §1 bzw. c. 407 CCEO genannte „Aufbau des Volkes Gottes“ ist vornehmlich dem →Leitungsdienst zuzuordnen, die communio der Kirche zu bewahren, deren Entfaltung zu fördern u. damit das Volk Gottes mehr u. mehr aufzubauen, dass es seine Sendung in der Welt immer mehr erfüllt. Durch die chr. Erziehung ihrer Kinder haben die Eltern c. 835 §4 zufolge bes. Anteil an der Verwirklichung des munus sanctificandi (→Heiligungsdienst) der Kirche. Nach c. 774 §2 bzw. c. 618 CCEO sind im Bereich des munus docendi (→Verkündigungsdienst) die Eltern od. diejenigen, die „die Stelle der Eltern einnehmen“, gleichsam die ersten Katecheten ihrer Kinder, sodass diese den Glauben in Wort u. Tat bezeugen. C. 768 spricht im Kontext des Predigtrechts davon, dass zu den Inhalten der Predigt auch die „Einheit und Festigkeit der Familie und deren Aufgaben“ gehört (vgl. sinngemäß c. 616 CCEO).

Legitimierte nichteheliche Kinder od. adoptierte Kinder sind ehelichen Kindern gem. cc. 110, 1139 u. 1140 rechtlich gleichgestellt. Die Unehelichkeit von Kindern hat im geltenden universalkirchlichen Recht keine Folgen mehr.

Das KR weist zahlreiche Schutznormen für die F. auf. Die cc. 774 i. V. m. 776 (vgl. sinngemäß cc. 618 i. V. m. 624 CCEO) enthalten die Notwendigkeit der Familienkatechese. Nach cc. 528 u. 529 (vgl. c. 289 CCEO) soll der →Pfarrer F. besuchen u. dafür sorgen, dass diese sich dem familiären Gebet widmen. Nach c. 231 §2 haben christifideles laici, die in einem kirchl. Dienstverhältnis stehen, „Recht auf eine angemessene Vergütung", sodass sie für ihre „Familie in geziemender Weise sorgen können" (vgl. c. 409 § 2 CCEO). Die Parallelnorm für verheiratete Diakone findet sich in c. 281 § 3 (vgl. für verheiratete Kleriker c. 390 § 1 CCEO). Das kirchl. Eherecht mahnt im Rahmen der Trauverbote (→Trauungsverbot) gem. c. 1071 § 1 3° die Erfüllung der natürlichen „Verpflichtungen gegenüber einem anderen Partner oder gegenüber Kindern aus einer früheren Verbindung" an (vgl. c. 789 3° CCEO). Die Rechtsgunst der Ehe nach c. 1060 bzw. c. 779 CCEO ist auch eine Schutznorm für die F. u. deren regelmäßige Grundlage. Ferner verpflichten die cc. 1063, 1064 u. 1128 (vgl. cc. 783 u. 816 CCEO) die Hirten u. die Gemeinschaft der Gläubigen zur bes. →Seelsorge für Eheleute u. die F.

Quellen

Vat II, LG; Vat II, AA; Vat II, GS; Johannes Paul II., Charta der Familienrechte vom 22. Oktober 1983: VApSt 52.

Literatur

La famiglia nella nonnativa canonica e civile. Atti del XII Congresso Canonistico-Pastorale (15-18 sett. 1980), Chieti 1981; Heimerl, H., Die Familie im Kirchenrecht: ThPQ 130 (1982), 328-339; Herrera, F. J., Estructura juridica de la familia: Persona y Derecho 10 (1983), 353-366; Mussinghoff, H., Familienrecht im Codex luris Canonici: ÖAKR 34 (1983-84), 96-130; Eisenring, G., Die eheliche Lebensgemeinschaft u. das Kindesverhältnis in der kath. Rechtsordnung. Beitrag zu einem Systematisierungsversuch eines Familienrechts in der Kirche, Fribourg 1992; Vries, J., Die chr. Familie aus kanonistischer Sicht: luri Canonico Promovendo (FS Schmitz), hg. v. W. Aymans – K. Th. Geringer, Regensburg 1994, 97-125; Riedel-Spangenberger, I., Familie als „Schule reich entfalteter Humanität". Theol. Grundlegung u. Ausgestaltung eines kirchl. Familienrechts: Familie leben. Herausforderungen für kirchl. Lehre u. Praxis, Düsseldorf 1995, 127-149; Boekholt, P., Kinder u. Jugendliche in der kirchl. Rechtsordnung: Justitia et Modestia (FS Socha), hg. v. P. Boekholt – I. Riedel-Spangenberger, München 1998, 139-156; Riedel-Spangenberger, I., Art. Familie: LKStKR Bd. 1, 681-683; Allard, P., Thomas More: Marriage, Family and Education (c. 1136): StCan 43 (2009), 521-546; Escrivá-Ivars, J., Derecho natural, matrimonio y familia: Ius divinum (2010), 1279-1297; Knittel, R., Anmerkung zur „Familienkatechese" im CIC 1983: Weg, Wahrheit, Leben. Im Dienst der Verkündigung (FS Küng), hg. v. J. Kreiml u. a., Regensburg 2010, 313-324; Fattori, G., Matrimonio e famiglia. L'efficaccia civile delle nullità matrimoniali canoniche. Il ruolo giuda della Cassazione e le dinamiche di delibazione nella nuova giurisprudenza di legittimità: Il diritto ecclesiastico 121, 1-2 (2010), 297-338; Riondino, M., Famiglia e minori. Temi giuridici e canonici, Vatikanstadt 2011; Sciotti, M., Elementi filosofico-antropologici della realtà matrimoniale e familiare come realizzazione dell'amore e nell'amore: PRMCL 100 (2011), 551-558; Hrehová, H., The good of the child – the good of the family, the church and society: Ecumeny and law 3 (2015), 43-56; Sangiani, F., Comunnità di Famiglie: Nuovo orrizonte dell'associazionismo nella chiesa, Rom 2016 (Tesi Gregoriani 102); Meckel, T., Ad intra et ad extra – Kirchenrechtliche (Nicht-)Rezeptionslinien von Lumen Gentium u. Gaudium et Spes: Das Verhältnis von Kirche u. Welt, die Sendung der Familie u. die Ehevorbereitung u. -begleitung: Ius semper reformandum. Reformvorschläge aus der Kirchenrechtswissenschaft, hg. v. T. Meckel – M. Pulte, Paderborn – München – Wien – Zürich 2018 (KStKR 28), 55-84.

Thomas Meckel

© 2019, DOI: 10.30965/9783506786388_0015

Familie – Evangelisch

Die ev. Kirche betrachtet F. als Gabe des Schöpfers, in der die Berufung zur chr. Liebe auf elementare Weise gelebt werden kann. Dabei hat sie die F. nicht zum Gegenstand eigener kirchenrechtlicher Ordnung gemacht, sondern allenfalls im Zusammenhang der frühneuzeitlichen konsistorialen Ehegerichtsbarkeit (→Konsistorium) auf diese regelnd eingewirkt, in der Juristen u. Theologen in den jeweiligen → Landeskirchen kooperiert haben. In neuerer Zeit wurden im Rahmen der Bestimmungen des Pfarrerdienstrechtes u. der kirchl. → Lebensordnungen der jeweiligen LK verbindliche Regelungen vorgenommen, in denen es um grds. (selten justiziable) Erwartung verantwortungsvoller Lebensführung geht, die von chr. Amtsträgern u. Gemeindegliedern auch im häuslichen Umfeld erwartet werden.

Luthers Lehre der Freiheit von den Werken führte zu einer generellen Aufwertung des Alltagslebens sowohl gegenüber der ma. Hochschätzung des klösterlichen u. klerikalen Lebens als auch gegenüber den zahlreichen Eheverboten des weltlichen u. kan. Rechts, die für die Mehrheit der Bevölkerung die Gründung einer F. erheblich erschwerten.

Theol. galt Luther die F. als schöpfungsgemäße Form des Lebens, die prinzipiell allen offenstehen sollte. Im Hintergrund stand die Lehre von den drei Ständen (ecclesia, politia, oeconomia), die dem Reformator als zusammen m. dem Menschen geschaffen galten (WA 40 III, 222, 35 f.). Familiäres Leben bildete dabei den Kern der oeconomia, des Haushalts als Lebens- u. Wirtschaftseinheit, stand aber auch in Bezug zu den beiden anderen Ständen: i. S. der F. als „Hauskirche", in der Eltern als „Pfarrherrn und Bischöfe" ihrer Kinder fungieren, u. als Ursprungsort politischer Autorität. Die letztere Bestimmung, wonach alle Obrigkeit „aus der Eltern Oberkeit fließe" (BSLK, 596), ist in der Neuzeit (K. Marx, H. Marcuse) als Inbegriff „protestantischer Obrigkeitsgesinnung" kritisiert worden. Tatsächlich hat Luther kein patriarchalisches Familienmodell vertreten, sondern ein partnerschaftliches Verständnis der „Regierung" innerhalb der Familie durch Vater u. Mutter („Herr Käthe"). Elterliche Autorität sollte sich am Vatersein Gottes orientieren, der durch Liebe u. Barmherzigkeit regiert u. nicht durch Gewalt wie weltliche Fürsten.

Wichtig war dem Reformator auch die Achtung der natürlichen „Mitgift" leiblicher Elternschaft, einer leidensbereiten bedingungslosen Liebe, die dem Kind durch konfliktbeständiges Umfeld eine Entwicklung zur Eigenständigkeit ermöglichte. Die Frage, warum das Elterngebot oben auf der Tafel der Sozialgebote steht, beantwortete Luther damit, dass in diesem zugl. das Halten der anderen Gebote auf elementare Weise eingeübt wird: die Achtung vor dem Recht auf Leben, auf Eigentum u. auf guten Leumund.

Im weiteren Verlauf der Geschichte hat die von Luther (auch biographisch) begr. Institution des gebildeten, kinderreichen ev. Pfarrhauses über drei Jh. die Vorstellungen der idealen F. geprägt. Der soziale Druck auf die Pfarrfamilien („Pfarrers Kinder, Müllers Vieh, gedeihen immer oder nie") dürfte dabei ebenso stark gewesen sein wie die Impulse für die Kulturentwicklung der Gesellschaft, welche von dieser Institution ausgingen. Beispielhaft steht Schleiermachers Beschreibung der „Weihnachtsfeier" (1806), in dem sich die idyllische Konzeption der prot.-bürgerlichen Kleinfamilie widerspiegelt.

Seit den 1960er J. bricht sich in der ev. Theologie die Kritik an der Idealisierung der F. u. ihren normativen Rollenbildern Bahn. Die an deren Stelle tretende Orientierung an der empirischen Realität von F. wirft die Frage auf, wie sich die Schriftbindung ev. Lehre zu den normierenden Größen einer Massengesellschaft verhält, in der sich gesellschaftlicher Wandel nicht einfach vollzieht, sondern im Lichte des Evangeliums krit. zu beurteilen ist. Diese grds. Frage steht hinter einer Reihe von gegenwärtig kontrovers geführten Diskussionen um die Definition von F., ihrer normativen Verbindung zur → Ehe, der Frage, ob Kindern ein Recht auf Eltern beiderlei Geschlechts u. natürliche Zeugung zugebilligt werden sollte, od. ob eine Pluralität von Familienformen u. ein Recht auf ein Kind theol. anzuerkennen sind, solange darin Verantwortung übernommen wird. Zu fragen bleibt (etwa im Hinblick auf neuere Stellungnahmen aus der EKD wie „Zwischen Autonomie und Angewiesenheit", 2013), inwieweit

m. der Propagierung von familialer Diversität nicht neue Idealisierungen Einzug halten, die heute ebenso unkritisch rezipiert werden wie überkommene Familienbilder in der Vergangenheit.

Während in ev. Kirchen der südlichen Hemisphäre u. solchen, die dem evangelikalen Spektrum zugeordnet werden, häufig eine traditionelle Rollenverteilung innerhalb der F. unter dem Vater als „Oberhaupt" biblisch (Eph 5, 22f.) legitimiert wird, stehen in ev. Kirchen insb. Westeuropas ethische Fragen nach der → Gerechtigkeit im Vordergrund: Gleichberechtigung der Geschlechter, gerechte Verteilung der häuslichen Erziehungsleistungen für beide Elternteile, Generationen-Gerechtigkeit hinsichtlich des Ressourcenverbrauchs der Eltern- gegenüber der Kindergeneration, Gerechtigkeit zwischen Familien u. Kinderlosen, etwa im Hinblick auf den sog. Generationenvertrag im Rentensystem.

Zu beobachten ist eine Tendenz zur Thematisierung der F. unter dem Aspekt ihrer einzelnen Glieder als Rechtsträger (Frauenrechte, Elternrechte, Kinderrechte). So wichtig die Anerkennung dieser Individualrechte ist, so birgt jene Tendenz doch die Gefahr, die Sozialgestalt F. als Träger eigener Würde u. Rechts (ius familiae) zu verkennen u. zu einem Forum konkurrierender Rechtsansprüche von Individuen zu machen (Höver u. a., 2008).

Quellen

Luther, M., Werke (WA), Weimar 1883-2000; Schleiermacher, F. D. E., Das Weihnachtsfest. Ein Gespräch, Berlin 1826; Die Bekenntnisschriften der ev.-luth. Kirche (BSLK), Göttingen [12]1998.

Literatur

Gottes Gabe u. persönliche Verantwortung. Zusammenleben in Ehe u. Familie, hg. v. Rat der EKD, Gütersloh 2000; Ulrich-Eschemann, K., Lebensgestalt Familie – miteinander werden u. leben. Eine phänomenologisch-theol. Betrachtung, Münster 2005 (Ethics in theological discourse 11); Waters, B., The Family in Christian Social and Political Thought, Oxford 2007 (Oxford Studies in Theological Ethics); Die Freiheit der Familie. Familie im neuen Europa. Ethische Herausforderungen u. interdisziplinäre Perspektiven, hg. v. G. Höver – O. O'Donovan – G. de Kruiff – B. Wannenwetsch, Münster 2008, 61-122; Wannenwetsch, B., „Von feiner, zarter, lustger Oberkeit". Luthers politisches Verständnis der Familie. Wohlfahrt u. langes Leben. Luthers Auslegung des 4. Gebots in ihrer aktuellen Bedeutung, hg. v. F. Scharbau, Erlangen 2008 (Veröffentlichungen der Lutherakademie Sondershausen-Ratzeburg 5), 68-88; ders., Eigenrecht u. Emanzipation der Familie. Anstöße zur Ent-ideologiesierung. Familie gestalten in einer sich wandelnden Umwelt – Familienpolitik in Ev. Perspektive, Frankfurt 2009 (EPD Dokumentation 16), 24-35; Rat der EKD, Zwischen Autonomie u. Angewiesenheit. Familie als verlässliche Gemeinschaft stärken. Eine Orientierungshilfe des Rates der Ev. Kirche in Deutschland, Gütersloh 2013; Schirrmacher, Th. – Vogt, T., „Ein neues normatives Familienmodell" als „normative Orientierung" – eine soziologische u. theol. Kritik des Familienpapiers der EKD, Bonn 2014.

Bernd Wannenwetsch

© 2019, DOI: 10.30965/9783506786388_0015

Familie – Orthodox

Das Verständnis der Kirche/chr. Gde. als alternativer Familienverband hat neutestamentliche Wurzeln (z. B. 1Tim 3, 14-15), wobei sich das patriarchalen Strukturen entgegengesetzte Konzept einer vaterlosen F. gleichberechtigter Brüder u. Schwestern (z. B. Mk 10, 35-45 et parr.) selbst im asketischen Kontext (monastische Gemeinschaft als künstlicher Familienverband) nicht wirklich durchzusetzen vermochte u. der → Bischof in seiner → Eparchie (Diözese) bzw. der Abt od. die Äbtissin im hinsichtlich Geschlechterrollen egalitärer strukturierten monastischen Kontext in vielerlei Hinsicht in die Rolle eines pater familias als Familienoberhaupt eintrat. Wie im Westen verfestigten sich auch in der östlichen kirchenrechtlichen Entwicklung hierarchische Strukturen in Fortschreibung der antiken Haustafelethik sowohl im verfassungsrechtlichen u. monastischen Kontext als auch bzgl. normaler F. Obwohl für letztere das hierarchisch-patriarchale Konzept heute nicht mehr von allen orth. Christinnen u. Christen o. weiteres als schlechterdings normativ erachtet wird, wird es durchaus (kontrafaktisch zu den sozialen u. weltlich-rechtlichen Entwicklungen des 20. Jh.) weiterhin gern als Ideal beschworen.

Die einschlägigen Schlüsselbegriffe des alten kan. Rechts in Bezug auf traditionelle F. sind v. a. →Ehe bzw. versch. Formen von Verwandtschaft, die ggf. in mehreren Graden in Bezug auf →Ehehindernisse rechtserheblich sein kann. Neben Blutsverwandtschaft, Schwägerschaft u. Annahme an Kindesstatt spielt die geistl. Verwandtschaft durch Patenschaft u. Trauzeugenschaft (koumpara) traditionell eine wichtige Rolle. Nicht immer unumstritten war eine weitere Form der Erweiterung des familiären Beziehungsgeflechts, die adelphopoiesis/adelphopoiia (Verbrüderung, Vergeschwisterung), für die die alten Euchologien einen eigenen Ritus vorsahen, der rezent – wohl fälschlicher Weise – gelegentlich i. S. einer kirchl. Segnung homosexueller Partnerschaften interpretiert wurde.

Das Konzil von Kreta (2016) bez. die Ehe als „die Grundlage der Familie und die Familie" als „die Realisierung der Ehe" (Konzil von Kreta, I, 8). Letztere wird als nur zwischen Mann u. Frau schließbarer Bund verstanden, der als „älteste Einrichtung göttlichen Rechtes" (ebd. I, 2) im chr. Kontext „eine kleine Kirche, das Bild der Kirche" (ebd. I, 4) bildet. Vor dem Hintergrund der als „ungünstig für das Mysterion der Ehe und die geheiligte Einrichtung der Familie" (ebd. I, 7) bewerteten „heutigen Umstände" werden Gefahren insb. für die Kinder geortet. Auch wenn dieses Dokument nicht panorthodox rezipiert ist, darf man davon ausgehen, dass dem Familienbild des Konzils heute ein breiter, wenngleich nicht gänzlich unhinterfragter, die Öffnung des F.- bzw. Ehebegriffs für gleichgeschlechtliche Partnerschaften negativ bewertender, orth. Konsens zu Grunde liegt. Das nicht zuletzt in den Formularen zur Segnung einer Ehe zum Ausdruck kommende, bis in die Gegenwart stark auf Kinder hin ausgerichtete orth. Eheverständnis spielt dabei genauso eine Rolle wie die in die biblische Tradition zurückreichende Assoziation gleichgeschlechtlicher Sexualbeziehungen m. Sünde.

Die alten Quellen östlicher u. westlicher Provenienz stehen einander in der Bestimmung der Ehezwecke wohl vielfach näher als manche orth. Theologen heute gerne eingestehen, sexuelle Beziehungen werden aber in der heutigen orth. Theologie i. d. R. nicht erst durch ihre Ausrichtung auf Kinder gerechtfertigt. Es gibt auch in Bezug auf Fragen der Familienplanung kein Humanae vitae vergleichbares Dokument panorthodoxer Relevanz. Sofern sich einzelne Bf. od. Theologen entspr. geäußert haben od. Dokumente auf lokalkirchlicher Ebene erlassen wurden, dürfen diese also nicht für sich beanspruchen, die orth. Position schlechthin zu vertreten. Die theol. Sinnhaftigkeit einer Differenzierung zwischen sog. natürlichen u. künstlichen Methoden der Empfängnisverhütung wird vielfach auch kritisch hinterfragt u. die Position vertreten, dass Fragen der Familienplanung unter der Voraussetzung einer grds. Offenheit für Kinder u. verantwortlicher Elternschaft eine ggf. m. dem Beichtvater abzuklärende Sache persönlicher Gewissensentscheidung der Ehepartner darstellen müssen: „Verheiratete Paare dürfen ihre Liebe in der sexuellen Vereinigung ausdrücken, ohne immer die Empfängnis eines Kindes anzustreben, aber nur solche Methoden zur Empfängniskontrolle in der Ehe sind akzeptabel, die nicht einem bereits empfangenen Fötus Schaden zufügen" (Holy Synod of Bishops of the Orthodox Church in America, 1992).

Quellen

The Holy Synod of Bishops of the Orthodox Church in America, Synodal Affirmations on Marriage, Family, Sexuality and the Sanctitity of Life (1992): http://oca.org/holy-synod/statements/holy-synod/

synodal-affirmations-on-marriage-family-sexuality-and-the-sanctity-of-life#Procreation [Zugriff: 15.05. 2019]; Ehe u. Mönchtum im orth. kan. Recht. Eine Kanonsammlung m. den Kanones der Lokalsynoden u. der Kirchenväter, hg. v. A. Anapliotis, Berlin 2010 (Forum Orth. Theologie 10); Konzil von Kreta, Das Mysterion der Ehe u. seine Hindernisse: Synek, E., Das „Heilige und große Konzil" von Kreta, Freistadt 2017, 80-84.

Literatur

Stavropoulos, A. M., Mariage et famille dans la théologie et la pastorale de l'église orthodoxe: Nouvelle revue théologique 103 (1981), 238-246; Guroian, V., An Ethic of Marriage and Family Life: From Christ to the World: Introductory Readings in Christian Bioethics, hg. v. W. G. Boulton u. a., Grand Rapids 1994, 322-330; Chryssavagis, J., Love, Sexuality, and the Sacrament of Marriage, Brookline ²1998; O gamos sten Orthodoxe Ekklesia. Praktika D'Panelleniou Leitourgikou Symposiou, Athen 2004; Synek, E., Oikos-Ecclesiology and Church Order in Eastern Christianity: Households, Women, and Christianities in Late Antiquity and the Middle Ages, hg. v. A. B. Mulder-Bakker – J. Wogan-Browne, Turnhout 2005, 37-70 (Medieval Women: Texts and Contexts 14); Lorgus, A. – Maksimov, G., Familie orth., Handwörterbuch Theol. Anthropologie. Röm.-kath. – Russisch-orth. Eine Gegenüberstellung, hg. v. B. Stubenrauch – A. Lorgus, Freiburg – Basel – Wien 2012, 233-239; The Christian Family. Familia creştina, hg. v. C. Rus – E.-I. Roman, Iaşi 2013; Potz, R. – Synek, E., Orth. Kirchenrecht. Eine Einführung, Freistadt ²2014, 471-508 (KuR 28) (m. w. N.); „For I am Wonderfully Made". Texts on Eastern Orthodoxy and LGBT Inclusion, hg. v. M. Cherniak – O. Gerassimenko – M. Brinkschröder, o. O. 2016; Rapp, C., Brother-Making in Late Antiquity and Byzantium. Monks, Laymen, and Christian Ritual, Oxford 2016; Synek, E., Das „Heilige und große Konzil" von Kreta, Freistadt 2017 (KuR 29).

Eva Synek

© 2019, DOI: 10.30965/9783506786388_0015

Familie – Jüdisch

Unter F. wird im Judentum eine durch Verwandtschaftsbeziehungen od. Heirat verbundene Gruppe von Menschen verstanden. Grds. unterscheidet man zwischen einer Großfamilie, d. h. die Gemeinschaft aller blutsverwandter (u. angeheirateter) Personen, die ihre Herkunft auf einen gemeinsamen Ahnen zurückführen, u. einer Kleinfamilie, welche nur die Eltern u. ihre Kinder umfasst. Die Bibel verwendet zur Bez. einer F. eine Reihe von unterschiedlichen Begriffen, die in ihrer Bedeutung nicht immer ganz deutlich voneinander abgegrenzt werden können. So wird die Herkunft der zwölf Stämme (sheveṭ, Pl. shevaṭim) Israels auf die zwölf Söhne Jakobs zurückgeführt. Die Stämme bestehen weiterhin aus einzelnen F. (mishpaḥa, Pl. mishpaḥot, vgl. Num 26). Eine Großfamilie wird zuweilen auch als bet av – das Haus des Vaters bez. (vgl. Num 1). Eine kleinere Familiengemeinschaft wird meist m. bayit (Haus) bez. (Gen 17, 23). Im Modernhebräischen wird für F. im Allg. der Begriff mishpaḥa gebraucht.

Die hist. Grundlagen einer jüd. F. werden bereits durch die Bibel festgelegt, in welcher die Geschichte des jüd. Volkes zunächst als die Geschichte der F. Abrahams geschildert wird. Die Auffassung, wonach das gesamte jüd. Volk als eine F. angesehen wird, behält bis auf den heutigen Tag ihre Gültigkeit: Als Jude gilt derjenige, der sich (nach der gültigen Halacha: matrilinear) zu den Nachkommen eines der zwölf Söhne Jakobs zählen darf. Konvertiten (→Konversion) werden im übertragenen Sinne als Kinder Abrahams u. Saras betrachtet.

Die klassische jüd. F. ist patriarchal. Das Familienoberhaupt verfügt über eine Reihe von Vorrechten in Bezug auf andere Familienmitglieder (vgl. →Elternrecht). Andererseits wird bereits in der Bibel der Mutter in der F. eine wichtige, zuweilen zentrale Rolle zugeschrieben (Sara, Rebekka). →Polygamie war rechtlich erlaubt u. manchmal – wie im Fall der →Leviratsehe – vorgeschrieben, jedoch nicht als ein Idealzustand angesehen. Seit dem 11. Jh. ist Polygamie für europäische Juden verboten. Eine ideale jüd. Kleinfamilie umfasst Mutter, Vater u. ihre gemeinsamen Kinder (vgl. Ps 128).

Eine Frau verlässt nach der Hochzeit das Haus ihres Vaters u. gehört ab diesem Moment der F. ihres Schwiegervaters an. Wird die →Ehe geschieden od. stirbt der Ehemann kinderlos wobei kein Fall der Leviratsehe (vgl. Dtn 25, 5-10) eintritt, kehrt die Frau in das Haus ihres Vaters zurück.

Die Herkunft aus einer vornehmen F. – insb. einer F. von Gelehrten – war eine Voraussetzung für eine gute Hochzeitspartie (mTaan 4,8). Insb. legten – wie dies bereits von Josephus (Ant. 13, 10) bezeugt wird – die Priesterfamilien Wert auf eine detaillierte genealogische Überlieferung. Auch genetische Besonderheiten sind zu beachten: So rät der →Talmud davon ab, in eine F. hinein zu heiraten, in welcher mehrere Fälle von Epilepsie o. Aussatz bekannt sind (bYev 64b).

Die Beziehungen zwischen den Mitgliedern der F. werden durch das →Familienrecht reglementiert. In erster Linie gehören dazu die zahlreichen Bestimmungen, die das Heiraten unter Personen bis zu einem bestimmten Verwandtschaftsgrad untereinander einschränken (Lev 18 u. 20). Ferner kommen innerhalb der F. die Vorschriften aus dem Bereich des Heirats-, Scheidungs- u. Erbrechts zur Anwendung. Im Vordergrund steht jedoch das Konzept der gegenseitigen Vorsorge, welcher durch die Vorschriften hinsichtlich eines Erlösers (go'el) – eines Verwandten, welcher u. A. das Vorrecht hat, das Land, welches von seinem Verwandten veräußert wurde, innerhalb einer bestimmten Frist zu erwerben – zum Ausdruck kommt (Lev 25, 25).

Das Heiraten u. Zeugen von Kindern werden als ein göttliches Gebot erachtet. Im Namen des Rabbi Ḥanilai wird der Spruch überliefert: „Jeder Mann, der keine Ehefrau hat, verweilt ohne Freude, ohne Segen, ohne Gutes" (bYev 62b). Hingegen weile Gott in einer harmonischen Ehe (bSot 17a). Obwohl die Ehe als ein eigenständiges Gebot gilt, wird der Zweck der Ehe erst durch die Geburt der Kinder erfüllt. Daher soll lt. der rabb. Vorschrift eine während zehn J. kinderlos gebliebene Ehe geschieden werden (bYev 64a); jedoch kommt diese Vorschrift meist nicht zur Anwendung. Es gibt eine Meinungsverschiedenheit bzgl. der Frage, ab wann die Verpflichtung, Kinder in die Welt zu bringen als erfüllt gilt: Laut der Schule Shammai ist dies nach der Geburt zweier Söhne der Fall. Halachische Gültigkeit hat jedoch die Meinung der Schule Hillel, wonach das Gebot durch die Geburt eines Sohnes u. einer Tochter als erfüllt gilt (mYev 6,6).

F. gilt als die wichtigste Instanz zur Vermittlung jüd. Erziehung u. Tradition. Neben den Verpflichtungen, die aus dem Eltern- u. →Erziehungsrecht hervorgehen, sind es die zahlreichen religiösen Vorschriften u. Bräuche (Schabbat, →Feiertage, insb. die Seder-Nacht), die vornehmlich im familiären Umfeld zur Anwendung kommen.

Literatur

Kaufmann, K. – Guttmann, A., Family and family life: Jewish Encyclopaedia Bd. 6, 336-338; Rabinowitz, L. I., Family: EJ² Bd. 6, 690-695; Schereschewsky, B., Family Law in Israel, Jerusalem ⁴1992.

Vladislav Slepoy

Familie – Islamisch

Ist von F. im islam. Kontext die Rede, bezieht sich das gleichzeitig auf die →Ehe. Die Ehe gilt in der Tradition als die kleinste Einheit der Gesellschaft u. als Voraussetzung für F. Ehe u. F. stehen unter bes. Schutz.

Heirat u. Familiengründung gelten zwar nicht als geboten, aber dringend empfohlen. Dabei spielt der Aspekt der Sexualität eine wichtige Rolle. Intimität u. partnerschaftliche Beziehung finden i. d. R. ausschließlich in der Ehe statt. Die Ehe gilt zugl. als stabilisierender Faktor der religiösen Gemeinschaft. Ungeachtet allg. sozialer Regeln der Enthaltsamkeit werden bes. religiös begr. Praktiken von (auch sexueller) Askese (arabisch zuhd) im Islam als in Widerspruch zur menschlichen Natur stehend abgelehnt.

Eine heiratsfähige Person dabei zu unterstützen, einen passenden Partner zu finden u. eine F. zu gründen, gilt als gemeinschaftliche Aufgabe (arabisch farḍ kifāya). Die Anthropologie des Islams berücksichtigt den schöpfungstheologischen Gedanken, dass Gott die natürlichen Geschöpfe in Paaren erschaffen hat, damit sie einander ergänzen u. gemeinsam Vollkommenheit in Form eines Ganzen erlangen (vgl. im Koran 13:3, 4:1).

Der soziale Prozess der Annäherung von Frau u. Mann u. ihrer Beziehungsanbahnung wird als familiäre u. als Aufgabe des sozialen Umfelds verstanden. Prozesse der Beziehungsanbahnung, die von außen unterstützt werden, sind von sog. Zwangsehen u. Zwangsverheiratungen strikt zu trennen. Letztere werden von muslimischen Gelehrten abgelehnt u. in den Bereich der verbotenen Traditionen verortet. Da die Ehe im Islam generell auf einem →Ehevertrag beruht, werden für die Gültigkeit der Ehe Mündigkeit u. Einverständnis beider Partner vorausgesetzt. Sexualität ist im islam. Kontext zudem nicht primär an den Gedanken der Fortpflanzung gekoppelt. Kinder sind hier jedoch ein zentraler Bestandteil des Ideals. Pflegekinder haben einen gesonderten Status, wobei die formale Adoption nach klassischer islam. Rechtsauffassung nicht vorgesehen ist.

In der Ehe sind islam. Tradition gem. Verhütungsmittel erlaubt. Überliefert ist etwa der seit der Antike praktizierte coitus interruptus, auch moderne Kontrazeptiva sind weit verbreitet. Schwangerschaftsabbrüche (→Abtreibung) sind gängiger Auffassung nach nur dann erlaubt, wenn Gefahr für das Leben u. die Gesundheit der schwangeren Frau besteht. Die Zeiten der Schwangerschaft, des Gebärens u. des Stillens werden im →Koran als bes. Phasen im Leben einer Frau beschrieben (19:23, 31:14).

In der F. haben Frauen u. Männer nach gängiger Vorstellung unterschiedliche Rechte u. Pflichten. Dazu gehört vor allen Dingen die Erwerbs- u. Unterhaltspflicht des Mannes (4:34). Frauen in der F. haben die Sorge der häuslichen u. inneren Stabilität sowie die Gewährleistung von Geborgenheit u. eines harmonischen Heims zu tragen. Dieses Modell basiert auf der binären Geschlechterdifferenz u. wird heute vielfach in Frage gestellt, da es weder angesichts der tatsächlichen Geschlechterbeziehungen in der Geschichte des Islams aufrecht zu erhalten ist, noch m. Blick auf die Rollen von Frau u. Mann in modernen arbeitsteiligen Gesellschaften. Insb. die erste Ehe Muhammads m. der mekkanischen Unternehmerin Chadīdscha bint Chuwailid gilt hier als beispielhaft dafür, überkommene Stereotype zu durchbrechen. Betont werden muss dabei aber auch, dass gem. diesem Denkmodell Frauen u. Männer als vor Gott gleich gelten, auch wenn unterschiedliche Rollenmodelle angesprochen werden (vgl. 4:124).

Im islam. Recht wird für Fragen der Gestaltung der F. u. des Geschlechterverhältnisses zwischen den zentralen Quellen (→Sunna, Koran, →Hadith), kulturellen Traditionen, rechtlichen Gepflogenheiten, realen Lebenssituationen, Gemeinwohl u. Bedürfnissen der Betroffenen unterschieden. Das führt zu einer großen Vielfalt muslimischer Lebensstile zwischen patriarchalen, matrifokalen, matrilokalen u. anderen Ausprägungen von F. u. Partnerschaft zwischen Rabat, Surabaya, Kairo u. Kasan. Aus theol. u. sozialethischer Sicht gelten dabei die Gerechtigkeit (ʿadl) u. die Gnade (raḥma) als spirituelle Bezugsgrößen für den liebevollen Umgang (mawadda) u. als Basis der Partnerschaft (Sure 30:20-21).

Einzelne Texte zu Ehe u. F. in Koran u. Hadith können zueinander in Widerspruch geraten, was auf den sozialen u. den hist. Kontext der Entstehungszeit des Islams zurückzuführen ist, auf interne Konflikte in der Gemeinschaft, auf ältere jüdische u. chr. Motive (z. B. die Darstellung der Eva) u. auf patriarchalische Strukturen, in denen der Islam seine Ausformung zu einer Lehre i. S. von Bekenntnis u. Schrift gefunden hat. Die Meinungen zwischen islam.-theol. Schulen in Vergangenheit u. Gegenwart u. muslimische Gegenwartskulturen können mitunter hart aufeinander treffen, was die gesellschaftliche Verhandlung zukunftsfähiger Modelle von Partnerschaft u. F. im Islam angeht. Einige verweisen gerade dort, wo es um Geschlechtergerechtigkeit geht, bevorzugt auf den Koran als prioritäre Referenz; andere verlegen sich eher auf die Sunna, mithin auf die religiöse Figuration Muhammads und die Bedeutung von Religion in ihrer erinnerten u. gelebten Kulturform.

Ein weiterer Bezugspunkt für die Einordnung der F. im islam. Kontext ist die sog. Mehrehe (→Polygamie). Sie diente trotz des Ideals der Einehe (4:3) zunächst der Versorgung von verwitweten u. geschiedenen Frauen (4:20-21), ungeachtet der Warnung vor Ungerechtigkeit gegenüber einer der Partnerinnen. Auch die Gefahr der emotionalen Ungleichbehandlung wird in der islam. Tradition thematisiert. Die Mehrehe besitzt jedoch auch eine weiterführende rechtliche Dimension. Durch sie wurden die Rechte für die weitere(n) Ehefrau(en) u. die gemeinsamen Kinder gewährleistet (4:12). In einem illegitimen Status, bspw. einer außerehelichen Beziehung, war der rechtliche Schutz für die betroffene Frau u. die gemeinsamen Kinder nicht gewährleistet. Von ihnen konnten im Falle einer Trennung keinerlei rechtliche Versorgungsansprüche geltend gemacht werden. Im Vgl. zur vorislamischen Zeit wurden m. der Ausbreitung des Islams mögliche Mehrehen für Frauen sowie matrilineare Verteilungs- u. Erziehungsmodelle verdrängt. Auch zum gegenwärtigen Zeitpunkt werden Interpretationen über Mehrehen im islam. Kontext kritisiert u. kontrovers debattiert.

Einen gesonderten Aspekt nimmt die →Eheschließung zwischen Muslimen u. Nichtmuslimen sowie die religiöse Erziehung deren Kinder ein. Die moderne islam. Auslegung geht davon aus, dass das in der Spätantike vorherrschende Bild vom Mann als Patronus u. Versorger, so wie es Eingang in die muslimischen Kodierungen gefunden hat, in der heutigen Zeit nicht mehr als normativ für die religiöse Bestimmung komplementärer Geschlechterverhältnisse angenommen werden darf, sondern dass das im Koran angelegte Ideal der Partnerschaftlichkeit überwiegt.

Literatur

Lehmann, K., Mann u. Frau als Problem der theol. Anthropologie. Systematische Erwägungen: Mann u. Frau. Grundproblem theol. Anthropologie, hg. v. E. Gössmann – T. Schneider, Freiburg u. a. 1989, 53-72; Bechmann, U. – Demir, S. – Egler, G., Frauenkulturen: Chr. u. muslimische Frauen in Begegnung u. Gespräch, Ostfildern 2001; Khoury, A. T., Der Koran. Erschlossen u. kommentiert, Düsseldorf 2007; Wadud, A., Inside the Gender Jihad. Women's Reform in Islam, Oneworld Publication, Oxford 2008; Amirpur, K., Den Islam neu denken. Der Dschihad für Demokratie, Freiheit u. Frauenrecht, München 2013; Asad, M., Die Botschaft des Koran, Ostfildern 2015; Al-Buhari: Die Sammlung der Hadithe, hg. v. D. Ferchl, Stuttgart 2016.

Meltem Kulaçatan

© 2019, DOI: 10.30965/9783506786388_0015

Familienrecht – Staatlich

1. a) Das staatl. F. im engeren Sinne erfasst die privatrechtlichen, im 4. Buch des BGB normierten Bereiche des →Eherechts, des Rechts der Verwandtschaft, insb. des Kindschaftsrechts, sowie des Vormundschafts-, Betreuungs- u. Pflegschaftsrechts. Es besteht in der Gesamtheit der Rechtsnormen, die die personen- u. vermögensrechtlichen Beziehungen der Mitglieder der Familie regeln. Eine enge Verbindung weist das F. zu dem im 5. Buch des BGB geregelten Erbrecht auf, das in weiten Teilen an familienrechtliche Regelungen anknüpft.

b) Neuerdings gewinnt das F. auch als öff.-rechtliches Rechtsgebiet an Konturen. Statt der innerfamiliären Beziehungen betrifft dieses die spezifischen rechtlichen Rahmenbedingungen, unter denen Ehen u. Familien gegr. werden u. Ehe- u. Familienleben stattfindet. Das so verstandene öff. F. umfasst die wachsende Zahl an Normen, durch die z. B. auf Fragen der Familiengründung, der innerehelichen u. innerfamiliären Aufgabenverteilung sowie der →Kindererziehung u. -betreuung Einfluss genommen wird. Als Querschnittsrechtsgebiet erfasst es Normen versch. Rechtsgebiete, v. a. des Steuer- u. Sozialrechts. Gesteuert wird nicht durch klassisches Ordnungsrecht, sondern durch Anreize u. die Schaffung von Infrastruktur.

2. a) Verfassungsrechtlich ist für das F. der Art. 6 Abs. 1 GG zentral, nach dem Ehe u. Familie „unter dem besonderen Schutze der staatlichen Ordnung" stehen. Als Freiheitsrecht verbürgt dieser ein Abwehrrecht, das die spezifische Privatsphäre von Ehe u. Familie vor Eingriffen schützt (BVerfGE 6, 55, 81). Zugl. enthält er ein an den Staat gerichtetes Fördergebot zugunsten von Ehe u. Familie (BVerfGE 6, 55, 76). Die Unterscheidung zwischen Eingriff u. Fördermaßnahme ist im Einzelfall oft umstritten. So werden z. B. Ehegattensplitting u. Elterngeld z. T. als Verletzung des Gebots staatl. →Neutralität gewertet, z. T. dagegen als Förderung der individuellen Entscheidungs- u. Gestaltungsfreiheit. Schließlich wird Art. 6 Abs. 1 GG auch als spezieller Gleichheitssatz verstanden, der u. a. die Benachteiligung von Eltern gegenüber Kinderlosen u. die Diskriminierung Alleinerziehender verbietet.

b) Als verfassungsrechtliche Maßstäbe des F. von spezifischer Relevanz sind außerdem der Auftrag zur Förderung der tatsächlichen Durchsetzung der →Gleichberechtigung zwischen Männern u. Frauen (Art. 3 Abs. 2 GG), das Prinzip der Gleichberechtigung der Geschlechter (Art. 3 Abs. 3 GG), der allg. Gleichheitssatz (Art. 3 Abs. 1 GG) u. das Sozialstaatsprinzip (Art. 20 Abs. 1, 28 Abs. 1 S. 1 GG).

3. a) Orientierung bei der u. U. auch kontextabhängigen Auslegung des Begriffs der Familie im einfachen Recht bietet der verfassungsrechtliche Familienbegriff, der mangels Definition im GG insb. durch die Rspr. des BVerfG geprägt wird.

b) Familie ist danach insb. „die tatsächliche Lebens- und Erziehungsgemeinschaft zwischen Kindern und Eltern, die für diese Verantwortung tragen" (BVerfGE 108, 82, 112). Blutsverwandtschaft muss nicht bestehen; erfasst sind auch Stief-, Adoptiv- u. Pflegekinder. Bei leiblichen Kindern ist heute unerheblich, ob sie ehelich od. nichtehelich geb. wurden (BVerfGE 108, 82, 112). Überhaupt ist es keine Voraussetzung von Familie, dass die Eltern miteinander verheiratet sind. Zwar bez. das BVerfG nur die eheliche als „vollständige Familie" (BVerfGE 24, 119, 123). Auch alleinerziehende u. getrenntlebende Elternteile m. ihren Kindern werden jedoch als Familien i. S. des GG anerkannt: „Lebt ein Kind nicht mit beiden Eltern zusammen, weil diese sich getrennt haben, hat das Kind zwei Familien, wenn beide Elternteile trotz ihres Getrenntlebens tatsächlich für das Kind Verantwortung tragen: die mit der Mutter und die mit dem Vater" (BVerfGE 127, 263, 287).

c) Auch wenn es um die Frage geht, ob u. inwieweit die „Generationen-Großfamilie" verfassungsrechtlich geschützt ist, kommt es nach der Rspr. des BVerfG auf die tatsächliche Lage an. Während früher nur die Kleinfamilie in den Schutzbereich des Art. 6 Abs. 1 GG fallen sollte (BVerfGE 48, 327, 339), können heute auch Beziehungen zwischen Enkeln u. Großeltern sowie zwischen engen Verwandten in der Seitenlinie am Schutz der Familie partizipieren. Das BVerfG stellt insofern darauf ab, ob „tatsächlich von familiärer Verbundenheit geprägte engere Bindungen" bestehen (BVerfGE 136, 382, 389).

4. Auf Ebene des Europarechts bestimmen die wortgleichen Art. 7 GRCh u. Art. 8 Abs. 1 EMRK, dass jede Person das Recht auf Achtung ihres Familienlebens hat. Geschützt sind dadurch Beziehungen zwischen Eltern u. Kindern, aber auch familiäre Beziehungen im weiteren Sinne (EGMR: NJW 1979, 2449, 2452). Ebenfalls geschützt sind, jedenfalls grds., Paarbeziehungen o. Kinder, seien die Partner

verschieden- od. gleichgeschlechtlich, verheiratet od. unverheiratet. Indem Art. 7 GRCh u. Art. 8 Abs. 1 EMRK das Eheleben schützen, ergänzen sie den Schutz durch Art. 9 GRCh u. 12 EMRK, die nur das Recht zur Eingehung der Ehe gewährleisten.

Literatur

Di Fabio, U., Der Schutz von Ehe u. Familie: Verfassungsentscheidung für die vitale Gesellschaft: NJW 2003, 993-998; Seiler, Ch., Entwicklung der Bevölkerung u. Familienpolitik: HSR Bd. IV, § 81; Firsching, K. – Schmid, J., Familienrecht 1. Hb., München [7]2010; Gernhuber, J. – Coester-Waltjen, D., Familienrecht, München [6]2010; Brosius-Gersdorf, F., Demografischer Wandel u. Familienförderung, Tübingen 2011; Schwab, D., Familienrecht, München [25]2017.

Johanna Wolff

 DOI: 10.30965/9783506786388_0016

Familienrecht – Katholisch

Ein F. i. S. einer systematischen Slg. von Normen, welche das Leben u. die Interaktionen der →Familie betreffen, fehlt in den Codices u. in den anderen Normen des universalen KR. Während das →Eherecht systematisch ausgebaut ist, gibt es nur wenige Normen über die Wirkungen der →Ehe u. das Familienleben. Vermutlich wurde die Kompetenz für Fragen der Familie eher im Bereich der Moral od. der Soziallehre gesehen od. aber die Normierung des F. weitgehend der staatl. Gesetzgebung überlassen.

Dennoch gibt es in den Codices einige Normen, welche die Beziehungen innerhalb der Familie betreffen u. v. a. die Rechte u. Pflichten: Sie finden sich auf die versch. Bücher bzw. Titel verteilt u. kommen daher nur selten als F. in den Blick. Innerhalb der Familie unterstehen die Kinder, sofern nicht das göttliche Recht (→Ius divinum) betroffen ist od. die Rechtsordnung etwas anderes vorsieht, der elterlichen Gewalt (vgl. c. 98 § 2; c. 910 § 2 CCEO). Sie werden durch die →Taufe der Kirche eingegliedert, der auch ihre Eltern angehören, od. für die diese sich entscheiden (vgl. c. 111 § 1; c. 29 § 1 CCEO). Die Eltern haben für eine Taufe in den ersten Lebenswochen des Kindes Sorge zu tragen (vgl. c. 867 § 1; c. 686 § 1 CCEO).

Die Erziehung der Kinder (→Kindererziehung) ist Recht u. schwerwiegende Pflicht der Eltern, die ihren Kindern das Leben geschenkt haben. „Daher ist es vor allem Aufgabe der christlichen Eltern, für die christliche Erziehung ihrer Kinder gemäß der von der Kirche überlieferten Lehre zu sorgen" (c. 226 § 2; vgl. cc. 793 § 1, 1136 u. cc. 627 § 1, 783 § 1 CCEO). Zur Erfüllung dieser Aufgabe können Eltern jene „Mittel und Einrichtungen wählen, mit denen sie je nach den örtlichen Verhältnissen bessere für die katholische Erziehung ihrer Kinder sorgen können" (c. 793 § 1; c. 627 § 1 CCEO), auch solche Mittel, welche die Zivilgesellschaft zur Verfügung stellt (vgl. c. 793 § 2; c. 627 § 2 CCEO). Bei der Wahl der →Schulen soll den Eltern Freiheit gewährt werden (vgl. cc. 796 § 1; 797; cc. 631 § 1; 632). „Die Eltern sollen ihre Kinder jenen Schulen anvertrauen, in denen für die katholische Erziehung gesorgt wird; wenn sie das nicht können, sind sie verpflichtet, dafür zu sorgen, dass deren erforderliche Erziehung außerhalb der Schule geschieht" (c. 798; vgl. c. 633 § 3 CCEO).

Die in den Familien zu leistende Erziehung „muss die umfassende Bildung der menschlichen Person im Hinordnung auf ihr letztes Ziel und zugleich auf das →Gemeinwohl der Gesellschaft anstreben; daher sind die Kinder und Jugendlichen so zu bilden, dass sie ihre körperlichen, moralischen und geistigen Anlagen hormonisch zu entfalten vermögen, tieferes Verantwortungsbewusstsein und den rechten Gebrauch der Freiheit erwerben und befähigt werden, am sozialen Leben aktiv teilzunehmen" (c. 795; vgl. c. 629 CCEO).

Chr. Erziehung hat immer auch Glaubenserziehung zu sein. Dadurch werden die Familien auch am →Heiligungsdienst der Kirche beteiligt, indem die Eltern „ihr Eheleben in christlichem Geiste führen und für die christliche Erziehung ihrer Kinder sorgen" (c. 835 § 4). Bei dieser Aufgabe hat der → Pfarrer die Eltern zu unterstützen u. „die Vertiefung eines christlichen Lebens in der Familie" (c. 529 § 1; vgl. c. 289 § 3 CCEO) genauso zu fördern, wie die katechet. Aufgaben der Eltern in der Familie (vgl. c. 776; c. 624 CCEO), durch welche die Eltern „durch Wort und Beispiel ihre Kinder im Glauben und in der Praxis christlichen Lebens bilden" (c. 774 § 2; vgl. c. 618 CCEO). Dies gilt v. a. im Hinblick auf den Empfang der → Sakramente (→ Sakramentenempfang) (vgl. z. B. cc. 890 u. 914).

Auf Anregung der 1980 gefeierten → Bischofssynode über die Familie veröff. der Hl. Stuhl am 22.10.1983 die Charta der F., um gegenüber der Öffentlichkeit u. den politisch Verantwortlichen das Bewusstsein für die wesentlichen Rechte der Familien zu stärken u. ein Modell für Gesetzgebung u. Familienpolitik anzubieten.

Im Bereich des intern. Rechts setzt sich der Hl. Stuhl dafür ein, der Tendenz entgegenzuwirken, dass das F. im staatl. Bereich durch Bestimmungen ausgehöhlt wird, welche dem Subjektcharakter der Familie widersprechen. So wurde bei der Unterzeichnung der Kinderrechtskonvention der UN der Vorbehalt formuliert, dass die Rechte der Kinder immer im Kontext der Familie u. unter Berücksichtigung der i. d. R. vorrangigen → Elternrechte zu interpretieren sind.

In einer zunehmend säkularisierten Gesellschaft ist es heute weder möglich noch angebracht, das F. ganz der zivilen Gesetzbegung zu überlassen. Es stellt sich daher die dringende Aufgabe, aus dem Corpus der kirchl. Lehraussagen jene Bestimmungen u. Strukturen herauszuarbeiten, welche ein echtes F. darstellen u. sie entspr. systematisch in die Codices bzw. die Normen des universalen KR zu integrieren. Dieses F. hätte auch dem Subjektcharakter der Familie im Hinblick auf die → Sendung der Kirche Rechnung zu tragen.

Quellen

Hl. Stuhl, Charta der Familienrechte vom 22. Oktober 1983: VApSt 52.

Literatur

Mussinghoff, H., Familienrecht im Codex Iuris Canonici: ÖAKR 34 (1983/84), 96-130; Eisenring, G., Die eheliche Lebensgemeinschaft u. das Kindesverhältnis in der kath. Rechtsordnung, Fribourg 1992; Graulich, M., Tra storia e attuazione. La Familiaris Consortio e la Carta die diritti della famiglia: Salesianum 69 (2007), 749-770; Zuanazzi, I., Per un diritto di famiglia della Chiesa: i rapporti tra genitori e figli: Ius-Eccl 25 (2013), 409-430; ders., La famiglia come „soggetto" nel diritto della Chiesa: EIC 55 (2015), 405-423.

Markus Graulich

© 2019, DOI: 10.30965/9783506786388_0016

Familienrecht – Jüdisch

F. umfasst all jene religiösen u. jur. Normen, welche die Verhältnisse der Mitglieder einer → Familie regulieren. Diese beinhalten: 1. → Eherecht (Gesetze bzgl. der → Eheschließung; Gesetze, welche die moralischen u. wirtschaftlichen Verhältnisse zwischen den Eheleuten während der → Ehe regeln, Gesetze bzgl. der Ehescheidung; → Leviratsehe etc.); 2. → Elternrecht u. → Erziehungsrecht sowie Gesetze über Vormundschaft (vgl. → Adoption) u. 3. Erbrecht. Die Grundlagen des F. werden bereits in der Bibel festgelegt, deren Vorschriften durch die rabb. Überlieferung erklärt, erweitert u. präzisiert werden. Die wichtigsten → Rechtsquellen des jüd. F. sind – wie auch in anderen Bereichen des Jüd. Rechts – die rabb. Bibelauslegung, der → Talmud u. seine Erkl., die Responsenliteratur sowie die maßgeblichen Kodizes. In vielen Bereichen des F. spielt der Brauch (Minhag) eine wichtige Rolle. Die 3. Ordnung der Mischna (Nashim – Frauen) sowie die dazugehörigen Traktate des Babylonischen u. Jerusalemer Talmuds befassen sich nahezu vollständig m. den versch. Facetten des F. Systematisch wird das jüd. F. in den

Abt. Even ha-ʿezer u. Ḥoshen Mishpaṭ des ʿArbaʿa Ṭurim (Jakob b. Asher, 14. Jh.) sowie des Shulḥan ʿArukh (Yosef Qaro, 16. Jh.) behandelt. Die Rspr. im Bereich des F. liegt im Kompetenzbereich rabb. Gerichte. Das Gesetz Über die Gerichtsbarkeit rabb. Gerichte von 1953 sieht vor, dass die Rspr. im Bereich der Eheschließungen u. →Scheidungen unter jüd. Bewohnern des Staates Israel durch die rabb. Gerichte geschieht. Im Rahmen seiner Entscheidungen wird das rabb. F. im heutigen Staat Israel rezipiert.

Der primäre Bereich, in welchem das F. zu Tragen kommt, sind die Beziehungen zwischen Mann u. Frau innerhalb einer nach dem jüd. Recht geschlossenen Ehe. Eine Ehe kann nur zwischen einem Mann u. einer Frau erfolgen, die dem jüd. Glauben angehören u. in keiner Beziehung zueinander stehen, die eine Ehe zwischen ihnen unmöglich machen würde (z. B. verbotene Verwandtschaftsbeziehungen nach Lev 18). Nach dem geltenden Recht ist jegliche Form von →Polygamie untersagt. Gültig ist nur eine Ehe, die nach dem jüd. Recht geschlossen wurde. Alle anderen Formen von Partnerschaft werden rechtlich nicht als Ehe anerkannt. Ob eine zivile Ehe zwischen zwei Menschen, die nach dem jüd. Recht miteinander hätten heiraten können, als Ehe betrachtet werden kann, hängt von zahlreichen weiteren Faktoren ab u. muss im Einzelfall getrennt geprüft werden.

Durch die Schließung einer gültigen Ehe treten Mann u. Frau in eine rechtliche Beziehung zueinander. Die Verpflichtungen des Ehemannes gegenüber der Ehefrau in u. nach der Ehe bilden im Wesentlichen den Inhalt des Heiratsbriefes (Ketubba) (→Heiratsurkunde), der bei der Eheschließung in Anwesenheit von Zeugen von dem Bräutigam der Braut überreicht wird. So wird im Heiratsbrief u. A. ein Betrag festgelegt, der der Ehefrau im Falle einer Scheidung od. des Todes des Ehemannes zusteht. Eine Ehescheidung ist grds. gestattet, bedarf jedoch – nach dem gültigen Recht – des Einverständnisses beider Eheleute. Wenn einer der Ehepartner seinen aus der Ehe hervorgehenden Verpflichtungen nicht nachkommt, kann die Ehescheidung erzwungen werden.

F. umfasst ferner die moralische u. rechtliche Seite der Beziehungen zwischen Eltern u. Kindern (Eltern- u. Erziehungsrecht). Dazu gehört die Pflicht zur elterlichen Fürsorge u. Erziehung, die beiden Elternteilen zufällt. Einen Sonderfall des F. stellt die Vormundschaft für minderjährige Kinder dar, die aus einem Pflegeverhältnis (z. B. Adoption) entspringt.

Das jüd. Erbrecht regelt die Übertragung/Teilung des Vermögens eines Verstorbenen unter seinen Verwandten nach einer bestimmten Reihenfolge: Ehemann (gegenüber Ehefrau), Söhne (u. deren Nachkommen), Töchter (u. deren Nachkommen), Vater, Brüder (u. deren Nachkommen), Schwestern (u. deren Nachkommen), der Großvater, Brüder des Vaters (u. deren Nachkommen), die Schwestern des Vaters (u. deren Nachkommen). Die Ehefrau erbt nicht von ihrem Ehemann, erhält jedoch aus seinem Vermögen die ihr nach der Ketubba zustehende Geldsumme, ihr in die Ehe mitgebrachtes Vermögen u. behält zeitlebens od. bis zur Wiederheirat das Recht auf Lebensunterhalt. Die Töchter erben nicht von ihrem Vater, wenn dieser noch Söhne hat. Der erst geb. Sohn erhält den doppelten Anteil vor den anderen Söhnen. Nichtsdestotrotz hat der Vater das Recht, sein Vermögen bereits zur Lebenszeit unter seiner Familie nach seinem Willen aufzuteilen. Das jüd. Erbrecht war im Laufe seiner Geschichte Gegenstand zahlreicher VO, die dieses an andere veränderte Lebensbedingungen anpassten. Im heutigen Staat Israel dürfen nach § 155 des Erbrechts (1965) die Erbangelegenheiten durch ein religiöses (jüd., muslimisches, chr. od. drusisches) Gericht geregelt werden, wenn alle betroffenen Seiten schriftlich ihr Einverständnis dazu geben.

Literatur

Kaufmann, K. – Guttmann, A., Family and family life: Jewish Encyclopaedia Vol. 6, 336-338; Schereschwski, B., Family Law in Israel, Jerusalem [4]1992; Rabinowitz, L. I., Family: EJ² Vol. 6, 690-695; Shilo, Sh. – Elon, M., Succession: EJ² Vol. 19, 284-290.

Vladislav Slepoy

Familienrecht – Islamisch

Das islam. F. ist neben dem Erbrecht die Materie, die in den Primärquellen (→Koran u. →Sunna) am ausführlichsten behandelt wird. Es wird auch als Herzstück der →Scharia bez. u. umfasst insb. Regelungen zu →Ehe, →Scheidung, Unterhalt u. Sorgerecht (→Erziehungsrecht). Die versch. →Rechtsschulen variieren bzgl. Auslegung u. Anwendung. Inzwischen existieren in den meisten islam. geprägten Ländern Kodifizierungen des F. Diese beruhen jedoch zumeist auf dem klassischen islam. F., worauf zudem zur Lückenfüllung verwiesen wird. Während das islam. F. im Vergleich zur vorislamischen Zeit eine Stärkung der Stellung der Frau brachte, steht es heute häufig in der Kritik.

1. Im klassischen islam. F. der Scharia betreffen zentrale Regelungen die Ehe (nikāḥ). Diese wird geschlossen durch formlosen, zivilrechtlichen Vertrag zwischen den Eheleuten bei Anwesenheit von zwei Zeugen. Ggf. muss noch der Vormund (walī) sein Einverständnis geben. Es existieren diverse →Ehehindernisse (z. B. Verwandtschaft). Zentrales Element ist die Brautgabe (mahr), die der Bräutigam der Braut verspricht. Diese ist grds. fällig m. →Eheschließung, wird aber oft auf Scheidung bzw. Tod gestundet. Der →Ehevertrag kann weitere Regelungen enthalten (z. B. Ausgestaltung der Ehe, erleichtertes Scheidungsrecht der Frau) sofern sie dem →Koran nicht widersprechen.

Traditionell herrscht in der Ehe Gütertrennung. Sowohl die Brautgabe als auch ihr Einkommen stehen allein der Frau zu, Familienunterhalt (nafaqa) wird nur vom Mann geschuldet. Die Frau schuldet dem Mann im Gegenzug Gehorsam.

Polygynie (→Polygamie) ist erlaubt; ein Mann hat die Möglichkeit, bis zu vier Frauen zu heiraten. Voraussetzung dafür ist, dass er alle Ehefrauen gleich behandelt.

Nach schiitischem Recht, insb. im Iran, ist zudem eine Ehe auf Zeit (mutʿa) möglich. Eine solche wird vertraglich unter Vereinbarung einer Entschädigung für eine festgelegte Zeit zwischen einem (verheirateten) Mann u. einer unverheirateten Frau geschlossen. Weitere Ansprüche entstehen nicht, Kinder sind aber legitim.

Die Ehe endet durch Tod od. Scheidung. Die wichtigsten Formen der Scheidung sind Verstoßung, Loskaufscheidung u. gerichtliche Auflösung.

Dem Mann steht das Recht zu, seine Frau einseitig durch Ausspruch der Scheidungsformel (ṭalāq) zu verstoßen; grds. ist dies o. Zeugen, Angabe von Gründen od. Wissen der Frau möglich. Es folgt eine zwingende Wartezeit (ʿidda) von drei Menstruationszyklen bis die Scheidung wirksam wird, während derer der Mann zu Unterhalt verpflichtet ist u. die Scheidung widerrufen kann. So wird sichergestellt, dass die Frau nicht schwanger ist. Nach Ablauf der Wartezeit ist die Scheidung unwiderruflich.

Die Frau hat die Möglichkeit der Loskaufscheidung (khulʿ). Bei dieser kann sie die Zustimmung des Mannes zur Scheidung gegen Zahlung einer Entschädigung erwirken, i. d. R. bis zur Höhe der Brautgabe. Eine gerichtliche Eheauflösung od. Annullierung ist je nach Rechtsschule bei Vorliegen bestimmter Gründe wie →Apostasie od. Impotenz möglich.

Über Familienunterhalt u. den Unterhalt während der Wartezeit hinaus gibt es grds. keine Unterhaltsansprüche der Frau. Väter haben eine Unterhaltspflicht gegenüber ihren Kindern.

Nur eheliche Kinder sind legitim. Eine Adoption ist nicht erlaubt. Möglich ist eine Art Pflegschaft (kafāla) bzw. ein Legitimanerkenntnis (iqrār). Das z. T. anerkannte Inst. der schlafenden Schwangerschaft fingiert einen Schlaf des Embryo im Mutterleib u. ermöglicht es, teils bis zu fünf J. nach Ende einer Ehe ein Kind noch als ehelich u. damit legitim anzusehen.

Bzgl. des Sorgerechts wird unterschieden zwischen Personensorge (ḥaḍāna), die zunächst bis zu einem gewissen Alter der Kinder (je nach Rechtsschule für Jungen zwischen zwei J. u. Volljährigkeit, bei Mädchen zwischen sieben J. u. Volljährigkeit bzw. Ehe) der Mutter zusteht u. Vermögenssorge, bzw. Vormundschaft (wilāya), die traditionell der Vater ausübt. Bei einer Wiederheirat der Mutter verliert sie i. d. R. das Sorgerecht.

2. Moderne od. an westlichen Normen orientierte Regeln wurden im F. in vielen islam. geprägten Ländern kaum geschaffen – im Gegensatz zu anderen Rechtsgebieten wie etwa dem Wirtschaftsrecht. Ausnahme ist z. B. die Türkei m. weitgehender Übernahme des schweizerischen ZGB. In zahlreichen Ländern gab es aber Reformen, insb. um rechtliche Ungleichheiten zu verringern, etwa durch Anhebung des Heiratsmindestalters u. Beschränkung der Ehevormundschaft, Formalisierung u. Registrierung der Eheschließung, Erschwerung von Polygynie u. einseitigem Scheidungsrecht des Mannes (durch Ausgleichszahlung, Registrierung od. gerichtliche Mitwirkung), gesetzliche Verankerung von Scheidungsrechten der Ehefrau, Einführung der gerichtlichen Scheidung, längere Unterhaltsdauer, stärkere Berücksichtigung des Kindeswohls od. Erlaubnis der Adoption.

Dem stehen in den letzten J. verstärkt Tendenzen der (Re)Islamisierung des F. gegenüber, die sich auch auf die Gesetzgebung u. (Rückgängigmachung von) Reformen niederschlagen.

Literatur

Pearl, D. – Menski, W., Muslim Family Law, London ³1998; Ruthven, M., Der Islam. Eine kurze Einführung, Stuttgart 2000; Esposito, J., Women in Muslim Family Law, Syracuse ²2001; Shah-Kazemi, S. N., Untying the Knot. Muslim Women, Divorce and the Shariah, London 2001; Büchler, A., Das islam. Familienrecht: Eine Annäherung, Bern 2003; Halm, H., Der Islam – Geschichte u. Gegenwart, München 2004; Encyclopedia of Women & Islamic Cultures, hg. v. S. Joseph, Leiden 2005; Mattson, I., Art. Family Law, 7th-Late 18th Centuries: Encyclopedia of Women & Islamic Cultures Bd. 2, 450-457; Tucker, J., Women, Family, and Gender in Islamic Law, Cambridge 2008; Bleisch-Bouzar, P., Islam. Recht: Religionsrecht. Eine Einführung in das jüd., chr. u. islam. Recht, hg. v. R. Pahud de Mortanges – P. Bleisch Bouzar – D. Bollag – C. Tappenbeck, Zürich – Basel – Genf 2010, 253-349; Rohe, M., Das islam. Recht. Geschichte u. Gegenwart, München ³2011; The Oxford Encyclopedia of Islam and Women, hg. v. N. Delong-Bas, New York 2013; Yassari, N., Die Brautgabe im Familienvermögensrecht: innerislamischer Rechtsvergleich u. Integration in das dt. Recht, Tübingen 2014; Voorhoeve, M., Art. Divorce: Oxford Encyclopedia of Islam and Women Bd. 1, 205-219; Bergmann, A. – Ferid, M. – Henrich, D., Internationales Ehe- u. Kindschaftsrecht, Frankfurt – Berlin 2017 (224. ErgLfg.).

Verena Kühnel

© 2019, DOI: 10.30965/9783506786388_0016

Farḍ – Islamisch

F. steht für eine Handlung, die dem jur. Verantwortlichen verbindlich zu vollziehen auferlegt wird. In Form von farīḍa (Pl. farā'iḍ) wird F. auch i. S. v. Erbrecht verwendet. Wird F. erfüllt, wird Lohn erhalten. Bei Unterlassung wird eine →Sünde begangen. Nach der Mehrheit gilt, dass F. m. wāǧib wiedergegeben werden kann. Wörtlich bedeutet wāǧib „obligatorisch" bzw. „notwendig sein". Daher sei es nach der Mehrheitsmeinung passender, Verpflichtungen als wāǧib zu bez., denn F. bedeute wörtlich „bestimmen", was Empfehlungen nicht ausschließe. V. a. Hanafiten unterscheiden F. von wāǧib. Demnach ist F. die Verpflichtung, die von einem Hinweis abgeleitet wird, der erkenntnistheoretisch auf der Stufe des Definitiv-Seins (qaṭʿ) ist, d. h. wenn eine Aufforderung zum Handlungsvollzug im →Koran od. in mutawātir-→Hadithen vorkommt. Ist eine Aufforderung in Einzeltraditionen zu finden, liegt wāǧib vor, da Einzeltraditionen erkenntnistheoretisch eine Präsumtion darstellen. Diese Differenzierung dient zur Unterscheidung, ob jemand vom →Glauben abfällt, wenn er eine Verpflichtung als solche aberkennt. Hanafiten gehen davon aus, dass die Leugnung eines F. zum Unglauben führt, wohingegen die Leugnung eines wāǧib nicht diese Konsequenz hat. Wahrscheinlich führte die folgende theol. Haltung aus dem 2./8. Jh. zu dieser Unterscheidung: Der Glaube ist zwar nur eine innere Überzeugung, jedoch muss ein Minimum an von den Quellen klar zu entnehmenden Handlungen, als Indizien darauf, dass man gläubig ist, vollzogen werden. Die Mehrheit stimmt den Hanafiten darin zu, dass Verpflichtungen definitiv u. präsumtiv erweisbar unterteilt werden können, was aber terminologisch weitestgehend ignoriert wird.

Quellen

az-Zarkašī, B., al-Baḥr al-muḥīṭ fī uṣūl al-fiqh, Kuwait ²1992; at-Tahānawī, M., Art. farḍ u. wuǧūb: Kaššāf Iṣṭilāḥāt al-Funūn, Beirut 1996; at-Taftazānī, S., Šarḥ at-Talwīḥ ʿalā t-Tawḍīḥ li-matn at-Tanqīḥ fī uṣūl al-fiqh, Beirut 2005.

Literatur

Juynboll, Th. W., Art. Farḍ: EI² Bd. 2, 790; Šaʿbān, Z., Uṣūl al-fiqh al-islāmī, Bengasi 1995; Krawietz, B., Hierarchie der Rechtsquellen im tradierten sunnitischen Islam, Berlin 2002; Reinhart, A. K., „Like the Difference Between Heaven and Earth": Ḥanafī and Shāfiʿī Discussions of Farḍ and Wāǧib in Theology and Uṣūl: Studies in Islamic Legal Theory, hg. v. B. G. Weiss, Leiden – Boston – Köln 2002, 205-234; Kamali, M. H., Principles of Islamic Jurisprudence, Cambridge 2003.

Serdar Kurnaz

© 2019, DOI: 10.30965/9783506786388_0017

Fasten – Katholisch

Das F. (ieiunium) ist neben der →Abstinenz (Verzicht auf Fleischkonsum od. auf eine andere von der jeweiligen →Bischofskonferenz festgelegte Speise) u. dem Bußgebet eine Ausdrucksform der →Buße u. Trauer über begangene Sünden u. dient der Vorbereitung auf die Begegnung m. Gott sowie auf bes. religiöse Ereignisse. Durch das Vat II kam es zu einer vollständigen Neuordnung der Fasten- u. Bußdisziplin (SC 109, 110), die durch die ApK Paenitemini (1966) rechtlich umgesetzt u. in den CIC/1983 (cc. 1249-1253) aufgenommen wurde. Das F. ist an allen Werktagen der österlichen →Bußzeit angeraten, doch als verbindliche Fasttage (→Bußtage) gelten nur der Aschermittwoch u. der Karfreitag, an denen zugl. Abstinenz zu halten ist. F. bedeutet, dass lediglich eine Sättigung am Tag sowie morgens u. abends eine Stärkung erlaubt sind (ApK Paenitemini III, III § 2). Dazu sind alle Gläubigen zwischen 18 u. 60 J. verpflichtet. Ausgenommen sind Kranke, Reisende u. Menschen, die durch schwere körperliche Arbeit am F. gehindert sind. Die Vorschriften zu F. u. Abstinenz sollen gem. cc. 1251, 1253 die BK für ihren jeweiligen Bereich genauer bestimmen, wobei die örtlichen Lebensbedingungen zu beachten sind. In den kath. Ostkirchen sind die Fastenvorschriften durch die jeweiligen →Ecclesiae sui iuris zu regeln (c. 882 CCEO). Zusätzlich zum körperlichen F. soll jeder Christ jährlich ein spürbares Geldopfer für Hungernde u. Notleidende geben (Fastenopfer).

Quellen

Vat II, SC; Paul VI., ApK Paenitemini vom 17. Februar 1966: AAS 58 (1966), 177-198; Weisungen der Dt. Bischöfe vom 24. November 1986 zur kirchl. Bußpraxis: AfkKR 155 (1986), 491-497; Partikularnormen der DBK zu cc. 1251 u. 1253: AfkKR 164 (1995), 461.

Literatur

Beykirch, U., Fasten: LKR, 286; dies., Fasten. VI. Kirchenrechtlich: LThK³ Bd. 3, 1191f.; Sebott, R., Geheiligte Zeiten: HbkathKR³, 1115-1119; Siebenbrunner, B., Die Problematik der kirchl. Fasten- u. Abstinenzgesetzgebung. Eine Untersuchung zu dem im Zuge des Zweiten Vatikanischen Konzils erfolgten Wandel, Frankfurt u. a. 2001 (EHS 736); Reinhardt, H.: MKCIC cc. 1249-1253.

Sabine Konrad

Fasten – Islamisch

Mit dem F. (arabisch ṣawm/ṣiyām) verbinden die Muslime eine fest umrissene Ritualgestalt. Der Fastende verzichtet von Sonnenauf- bis -untergang auf die Einnahme jeglicher Nahrung (technisch gesprochen muftirāṭ, d. h. Substanzen, welche das F. ungültig machen) u. beendet möglichst unmittelbar im Anschluss daran das F. m. einer Mahlzeit (faṭūr).

Von überragender Bedeutung ist das F. im Monat →Ramaḍān. Es gilt als vierter Pfeiler des rituellen Handelns (arkān al-islām) u. wurde nach der Hiğrā implementiert, der Überlieferung zufolge im Monat Šawwāl des zweiten Auswanderungsjahrs. Zuvor soll die noch kleine Prophetengemeinde eine unverbindliche, aber rigidere Form des F. praktiziert haben. Der urspr. Gebrauch des Begriffs ṣawm kann m. Enthaltung od. Ruheposition widergegeben werden. Im →Koran wird der Begriff in einer seiner Derivationen an lediglich acht versch. Stellen verwendet. Bei der ältesten Erwähnung in der mittelmekkanischen Sure Maryam (19:26) u. in 33:35 ist die urspr. Konnotation noch maßgeblich. In 19:26 wird der ob ihrer wundersamen Schwangerschaft verzweifelten Maria ein dreitägiges Schweige-Gelübde auferlegt, was Assoziationen an das chr. Schweigefasten weckt (Berg, 94). Überhaupt verstehen die Muslime das islam. Fastengebot als eine Neugestaltung einer kontinuierlichen biblischen Fastenpraxis (s. Koran 2:183). Im Zuge der Institutionalisierung wurde der individuell-asketische Charakter des F. in ein zeremonielles Gesamtereignis m. gemeinschaftsstärkender Funktion überführt, dessen kleinster gemeinsamer Nenner der Verzicht auf Essen u. Trinken darstellt, das aber erst in Begleitung von gemeinschaftlichen Ritualen u. ethischen Prinzipien (öff. →Gebete u. Koranrezitation, das gemeinsame Fastenbrechen, soziale Solidarität, Harmoniestreben) seine volle Entfaltung erfährt.

Den Kern des Fastengebots im Ramaḍān bilden die Koranverse 2:183-185 sowie 187. An einer markanten Stelle wird eine enge Verknüpfung zwischen dem F. u. dem Koran hergestellt: „[Die Rede ist vom] Monat Ramadan, in dem der Koran als Recht-Leitung für die Menschen herabgesandt wurde, mit klaren Weisungen zur Recht-Leitung und [als Instrument zur rechten] Entscheidung" (Übers. des Autors). Mehr Details für den praktischen Vollzug der Fastenriten finden sich in den Hadithkompendien (→Hadith). Die meist kurzen Überlieferungsberichte, die häufig auf den Propheten od. seine Gefährten zurückgeführt werden, enthalten neben technisch-normativen Inhalten auch zahlreiche Sprüche zur spirituellen Erbauung (Bsp. „jede Handlung des Sohn Adams ist für ihn selbst bestimmt, mit Ausnahme des Fastens! Das ist für MICH [d. h. Gott] bestimmt und ICH entlohne es"). Ein mächtiges Narrativ stellt die magische Nacht des Schicksals (layla al-qadr) dar, welche im kollektiven Bewusstsein der Muslime als Manifestation der göttlichen Sündenvergebung verankert ist. Sie wird gewöhnlich in der 27. Ramaḍān-Nacht andächtig gefeiert. Da Gott das genaue Datim der qadr-Nacht verschleiert haben soll (Ṣaḥīḥ al-Buḫārī, 11), gelten jedoch sämtliche letzten zehn Ramaḍān-Nächte als eine bes. Gelegenheit zur inneren Einkehr (iʿtikāf).

Der normative Rahmen des Fastenritus kann hier nur angerissen werden: Der Ramadan beginnt als neunter Monat des islam. Mondkalenders je nach Mondsichtung nach dem 29. od. 30. Tag des Monats Šaʿbān u. endet analog nach dem 29. od. 30. Fastentag. In jüngster Zeit werden zunehmend auch technische u. mathematische Hilfsmittel zur Sichtung (ruʾya) akzeptiert, was allg. die Planungssicherheit erhöht (Bakhtiar, 1995, 149 f.). Praktisch beinhaltet das F. neben dem Verzicht auf Essen u. Trinken prinzipiell den Verzicht auf Tabak sowie zahlreiche Medikamente versch. Verabreichungsform (bes. solche, die geschluckt werden). Zum F. ist jede muslimische Person verpflichtet, die das Reifealter erreicht hat (bāliġ), geistig zurechnungsfähig ist (ʿāqil) u. keine ernsthaften körperlichen Schäden befürchten muss. Aus diesem Grund sind kranke Menschen, menstruierende, gebärende u. ggf. stillende Frauen, u. U. auch Reisende od. körperlich schwer arbeitende Personen vom Fastengebot befreit. Verpasste Fastentage sind nachzuholen (qaḍāʾ). Chronisch Kranke u. Hochbetagte sind davon gegen die Entrichtung einer täglichen Ersatzleistung (kaffāra) ausgenommen. Über das Mindestalter existieren versch. Ansichten, prinzipiell sollen Kinder möglichst früh, aber m. Nachsicht an das F. herangeführt werden. Neben dem obligatorischen Fastenmonat gibt es eine Reihe erwünschter (mustaḥabb), aber freiwilliger (taṭawwuʿ) Fastentage sowie Tage, an denen das F. verboten (ḥarām, bspw. an den beiden großen Festen) od. unerwünscht (makrūh, bspw. am →Freitag) ist. Im Anschluss an den Monat des Gottes-Dienstes wird das dreitägige Fest des Fastenbrechens (ʿīd al-fiṭr) gefeiert, das m. dem Festgebet eingeläutet wird u. an dem alle Muslime unabhängig von Geschlecht u. Alter teilnehmen sollen. Bedürftige erhalten zu diesem Zweck eine spezifische Abgabe (zakāt al-fiṭr).

Literatur

Ṣawm: Handwörterbuch des Islam, hg. v. A. J. Wensinck – J. H. Kramers, Leiden 1941, 650-654; Fasten, islam. od. ev., hg. v. C. Höpfner, Breklum 1977; Lech, K., Das ramaḍān-Fasten: Geschichte des islam. Kultus, Wiesbaden 1979; Ṭanṭāwī, M., Risālat aṣ-ṣiyām, Kairo 1987; Bakhtiar, L, Encyclopedia of islamic Law, Chicago 1995, 133-150; Ṣawm: EI Bd. 9, hg. v. C. C. Berg, 94 f.; Ṣaḥīḥ al-Buḫārī, hg. v. Maktaba Dār as-Salām, Riad 1999; Grünert, A. – Becker-Rau, C., Ramadan – Fasten m. allen Sinnen, München 2001; Reidegeld, A., Handbuch Islam – Die Glaubens- u. Rechtslehre der Muslime, Kandern im Schwarzwald 2005, 549-575.

Peter Spiewok

© 2019, DOI: 10.30965/9783506786388_0018

Fastenordnung

→Fasten

Fatwa

→Rechtsgutachten

Favor fidei

→Eheauflösung, →Privilegium Paulinum, →Privilegium Petrinum

Favor iuris – Katholisch

1. Begriff u. Bedeutung: F. bez. das dem kan. Recht immanente Rechtsinstitut der rechtlichen Begünstigung von Rechtsinstituten, bestehenden Rechtsverhältnissen, Rechtsgütern od. →Personen in bestimmten Situationen (causae favorabiles). Generell zählt dazu, was dem bonum publicum (→Gemeinwohl) od. der →salus animarum dient (vgl. c. 1452 § 1; c. 1110 § 1 CCEO), z. B. die causae piae (cc. 121-123, 1267 § 3, 1299-1310; cc. 929 f., 1016 § 1, 1043-1054 CCEO), darüber hinaus zahlreiche Einzelbestimmungen m. mitunter grundsätzlicher Bedeutung, wie cc. 4, 18, 36, 124 § 2; cc. 5, 1500, 1512, 931 § 2 CCEO). Der F. ist in der traditio canonica fest verwurzelt: z. B. „odia restringi et favores convenit ampliari" (Regulae Iuris 11; vgl. Regulae Iuris 15 u. 65 in VI°). Normen u. Prinzipien, die Ausdruck des F. sind, finden sich in zahlreichen Vorschriften sowohl des materiellen als auch des Verfahrensrechts. Explizit erwähnt wird er im CIC nur dreimal: cc. 1060, 1150, 1608 § 4; sowie in cc. 779, 861, 1291 § 4, 1492 CCEO. Der F. gilt für alle Ebenen der Rechtsfindung, von der Rechtsetzung über

die Auslegung (→Interpretation, Auslegung) bis hin zur Anwendung (→Rechtsanwendung) im Einzelfall. Eines der wichtigsten Instrumente zur Verwirklichung des F. ist die Rechtsvermutung, welche die Beweislast der nicht begünstigten Seite zuweist. Es kann zwischen einem F. antecedens u. subsequens unterschieden werden, je nachdem er sich auf die Wahrnehmung von Rechten (z. B. Eheschließungsfreiheit) od. den Eintritt nachteiliger Rechtsfolgen (z. B. Unschuldsvermutung im Strafrecht) bezieht; od. ob er Ausdruck des Schutzes bestehender Rechte u. Rechtsverhältnisse ist (z. B. →favor matrimonii, Schutz der →iura quaesita).

2. F. im →Eherecht u. Eheprozessrecht: Die Eheschließungsfreiheit wird ausdrücklich anerkannt (cc. 1058, 219; cc. 778, 22 CCEO) u. geschützt durch enge Auslegung der →Ehehindernisse (c. 18; c. 1500 CCEO); durch die Dispensierbarkeit bestimmter Hindernisse u. der Formpflicht; daduch, dass im Zweifel über das Vorliegen eines Hindernisses die →Ehe nicht zu verweigern ist (ausgenommen c. 1085 §2; c. 802 §2 CCEO); durch die Noteheschließung (c. 1116; c. 832 CCEO). Der F. subsequens äußert sich vornehmlich darin: Die Ehe erfreut sich des F. An der →Ehegültigkeit ist bis zum Beweis der Nichtigkeit (→Ehenichtigkeit) festzuhalten (cc. 1060, 124 §2, vgl. auch c. 1101 §1; c. 779 CCEO); der →Ehekonsens wird als fortbestehend vermutet (c. 1107, c. 827 CCEO); der Nichtigkeitsprozess ist geprägt durch den favor veritatis (verkörpert durch die Rolle des →Ehebandverteidigers u. die Anforderung der moralischen →Gewissheit der Nichtigkeit für das affirmative Urt.); durch die Rechtsinstitute der einfachen Vergültigung u. der →sanatio in radice; durch die Vermutung der Verzeihung im Falle des →Ehebruchs (c. 1152 §2; c. 863 §2 CCEO); durch die Anforderungen an die Todeserklärung (c. 1707; c. 1383 CCEO). Eine Sonderbehandlung erfährt der favor fidei, welcher im Zweifel dem favor matrimonii vorgeht (c. 1150; c. 861 CCEO): dabei geht es um Fälle einer nicht sakramentalen u. daher kraft →Privilegium Paulinum (cc. 1143-1147; cc. 854-860 CCEO) u. →Privilegium Petrinum (Glaubenskongregation, Instr. Potestas Ecclesiae vom 30.04.2001) lösbaren Ehe. Der →Zweifel könnte sich bes. beziehen auf den erfolgten od. gültigen Taufempfang, auf das Vorliegen eines ausreichenden Dispensgrundes; nicht jedoch darauf, ob ein matrimonium ratum et consummatum vorliegt. Der favor fidei führt zur Begünstigung der gültigen Ehe m. einem getauften Partner bzw. zugungsten der Vergültigung der neuen Ehe m. einem gläubigen Partner.

3. Der F. im →Strafrecht u. Strafprozessrecht: Dieses Rechtsgebiet ist durchgehend vom F. des Beschuldigten u. restriktiver Strafanwendung (vgl. c. 1341) beherrscht. Dem potentiellen Täter kommen rechtliche Begünstigungen zu sowohl vor als auch nach erhobener →Anklage, u. a.: Anklageberechtigt ist nur der Promotor iustitiae (→Kirchenanwalt) (c. 1721; c. 1472 CCEO). Bis zum Beweis der →Schuld gilt die Unschuldsvermutung (vgl. c. 1526 §1; 1207 §1 CCEO). →Gesetze, die eine →Strafe festlegen, unterliegen strikter Interpretation (c. 18; cc. 1404 §1, 1500 CCEO; vgl. Regulae Iuris 49 in VI°) u. dem Analogieverbot (c. 19; c. 1501 CCEO). Wird nach Begehung der Tat das Gesetz geänd., ist die für den Täter günstigere Norm anzuwenden (c. 1313 §1; c. 1412 §2 CCEO). Setzt ein späteres Gesetz ein früheres od. dessen Strafandrohung außer Kraft, so entfällt die Strafe sofort (c. 1313 §2; c. 1412 §3 CCEO). Bestrafung erfolgt i. d. R. nur bei →Vorsatz (c. 1321 §2; c. 1414 CCEO); Strafausschließungs- u. -milderungsgründe werden in weitem Umfang berücksichtigt (cc. 1322-1324; vgl. c. 1415 CCEO). Der Beschuldigte hat das Recht auf Rechtsbeistand u. auf das letzte Wort (cc. 1723, 1725; cc. 1474, 1478 CCEO), ist nicht zum Geständnis verpflichtet (c. 1728 §2; c. 1478 §2 CCEO) u. hat das Berufungsrecht (c. 1727; c. 1481 CCEO). Den Strafen insgesamt eignet im Verständnis der orient. Kirchen Bußcharakter (anstatt des Sühneaspekts); sie sind daher exklusiv auf Heilung des Täters gerichtet.

Literatur

Lega, M. – Bartoccetti, V., Commentarius in iudicia ecclesiastica iuxta Codicem Iuris Canonici, II, Rom 1950, 933-944; Navarrete, U., Favore del diritto (Favor iuris): NDDC, 492-500; Sánchez-Gil, A. S., Il „favor matrimonii" e la presunzione di validità del matrimonio: appunti per la loro chiarificazione concettuale: IusEccl 16 (2004), 325-344; ders., Favor iuris: DGDC Vol. III, 927-931; Bosch, J., Favor de la fe [Disolución del matrimonio en]: DGDC Vol. III, 925-927; Bañares, J. I., Favor matrimonii: DGDC Vol. III, 931-935; Ortner, M., Die Entwertung des Gesetzlichkeitsprinzips u. des Analogieverbotes durch die Generalnorm des Kanon 1399 des CIC/1983, Hamburg 2017.

Helmuth Pree

© 2019, DOI: 10.30965/9783506786388_0022

Favor matrimonii – Katholisch

Manchmal glaubt od. meint man, eine bestimmte →Ehe sei aufgrund eines →Ehehindernisses, eines Konsensmangels (→Ehekonsensmängel) od. eines Formmangels ungültig. In rechtlicher Hinsicht ist eine solche Meinung od. Annahme völlig irrelevant, denn die einmal in kan. Form (→Eheschließungsform) (od. bei →konfessionsverschiedenen Ehen od. →religionsverschiedenen Ehen die m. →Dispens von der kan. Formpflicht) geschlossene Ehe erfreut sich der Rechtsgunst (favor iuris od f.); deshalb ist im Zweifelsfall an der Gültigkeit der Ehe (→Ehegültigkeit) festzuhalten u. zwar so lange, bis das Gegenteil erwiesen ist, so die in c. 1060, c. 779 CCEO u. can. 1014 übereinstimmend enthaltene Beweisregel. Das Gegenteil (also die Ungültigkeit der Ehe) ist erst durch die m. moralischer →Gewissheit erfolgte u. in Rechtskraft erwachsene Feststellung der Nichtigkeit der Ehe (→Ehenichtigkeit) durch das zuständige kirchl. Gericht erwiesen. Im Rahmen eines kirchl. →Ehenichtigkeitsverfahrens ist also nicht die Gültigkeit einer Ehe zu beweisen sondern die Ungültigkeit der Ehe. Das Gesetz gewährt hier der Institution der Ehe u. faktisch auch den →Ehegatten Schutz gegenüber der willkürlichen od. auch begründeten Bestreitung der Gültigkeit der Ehe od. gegenüber einem →Zweifel daran. Der Grundsatz in dubio pro reo bedeutet somit im kirchl. Ehenichtigkeitsverfahren in dubio pro matrimonio, denn die Ehe erfreut sich der Rechtsgunst.

Literatur

Heimerl, H. – Pree, H., Kirchenrecht – Allg. Normen u. Eherecht, Wien – New York 1983, 177 f.; Huber, Ch., Favor iuris: LThK³ Bd. 3, 1202; Prader, J., Marriage (cc. 776-866): A Guide to the Eastern Code, A Commentary on the Code of Canons of the Eastern Churches, hg. v. G. Nedungatt, Rom 2002 (Kanonika 10), 544 f.; KanR III, 514; Althaus, R. – Prader, J. – Reinhardt, H. J. F., Das kirchl. Eherecht in der seelsorglichen Praxis, Essen ⁵2014, 62; Schöch, N., § 84 Die Ehe in der kirchl. Rechtsordnung: HbkathKR³, 1265; Lüdicke, K.: MKCIC c. 1060.

Elmar Güthoff

© 2019, DOI: 10.30965/9783506786388_0023

Febronianismus – Historisch

Der Begriff F. geht unmittelbar zurück auf das Pseudonym (Justinus) Febronius, unter dem der Trierer WBf. Johann Nikolaus von Hontheim 1763 seine programmatische Schrift De statu Ecclesiae et legitima potestate Romani Pontificis liber singularis, ad reuniendos dissidentes in Religione Christianos compositus veröff. hat. U. dementsprechend bildete sich der Begriff F. inhaltlich in Orientierung an den in der genannten Schrift (von theol. Standpunkt her) entwickelten, hauptsächlich kirchenpolitischen Thesen u. Ideen heraus, in denen vornehmlich gallikanisch-konziliaristische (→Gallikanismus u. →Konziliarismus) u. episkopalistische Tendenzen (→Episkopalsystem) rezipiert waren. So plädierte Febronius, auf zahlreiche Autoritäten gestützt, in Anknüpfung an die spätmittelalterlichen Reformkonzilien von Konstanz u. Basel für eine tiefgreifende Reform der kirchl. Verf. nach Maßgabe der synodal verfassten ecclesia primitiva der ersten acht Jhh. (vor dem Einfluss der falsae Isidori Decretales) m. dem die ecclesia universalis repräsentierenden allg. →Konzil als suprema potestas u. dem →Papst in seiner zwar primatialen, jedoch nicht monarchischen, sondern auf seine (allein legitimen) subsidiären Funktionen als centrum unitatis u. custos et executor canonum beschränkten Sonderstellung. Indem Febronius konsequent zwischen dem Apost. Stuhl u. den Anmaßungen der päpstlichen Kurie unterschied, bekämpfte er deren überhandnehmende jurisdiktionellen Ansprüche (zumal im Zuge der Durchsetzung der tridentinischen Reform in ihrer päpstlich-kurialen, auch jesuitischen Interpretation) sowie die widerrechtlich konkurrierenden jurisdiktionellen Ein- u. Übergriffe der m. Sondervollmachten ausgestatteten päpstlichen Nuntien (nachtridentinisch neuen Stils) in die althergebrachten Rechte der →Bischöfe, denen in ihren →Diözesen eine unmittelbare Jurisdiktion zukomme, abgeleitet aus ihrer direkten Apostelnachfolge (ein Argument, das auch gegen die neuerdings päpstlich beanspruchte, von den Bf. jeweils zu erbittende Verleihung der →Quinquennalfakultäten sowie gegen die Annaten u. die vielfältigen klösterlichen u. stiftischen Exemtionen gerichtet war). Zugl. erhoffte sich Febronius von einer Verfassungsreform nach dem Leitbild der alten Kirche, in seiner idealisierenden Sicht, u. der Abstellung widerrechtlich angemaßter päpstlich-kurialer Prärogativen u. sonstiger Mißstände m. Hilfe u. unter dem Schutz der Landesfürsten eine Rückkehr der Protestanten in den Schoß der kath. Kirche, u. in diesem Sinn verband er m. seiner Schrift ein ök. Anliegen. Obwohl von Rom umgehend (27.02.1764) indiziert, erfuhr die Schrift durch zahlreiche Übersetzungen alsbald weiteste Verbreitung u. in der Folge, konfessionsübergreifend, positive Aufnahme, aber auch scharfe Kritik, u. Hontheim konnte, obwohl als Autor durch Indiskretion bekannt geworden, solange er von den Trierer Kurfürsten (Johann Philipp von Walderdorff u. Clemens Wenzeslaus von Sachsen) gedeckt wurde, sein Werk, m. Anhängen u. Erl. seu refutationes nonnullorum opusculorum versehen, auch wiederholt auflegen, bis 1774 im Umfang von vier Bde. 1777 vermochte er noch eine straffer systematische u. im Ton entschärfte Zusammenfassung u. d. T. Justinus Febronius abbreviatus et emendatus zu publizieren, ehe er 1778 auf der Grundlage von 16 ihm vorgegebenen kurialistischen Sätzen zum Widerruf gezwungen wurde, jedoch o. seine Gesinnung zu ändern.

Zumal in der Reichskirche fanden die im Grunde moderat episkopalistischen Ideen des Febronius, lebhafte, zumeist positive Aufmerksamkeit. Trotz der Aufforderung Clemens' XIII., gegen das Werk, das zum Sturz des röm. Stuhls u. damit zum Umsturz der ganzen Kirche auffrufe, vorzugehen (14.03.1764), publizierten immerhin 16 der 24 Reichsbischöfe die päpstliche Indizierung der Febronius-Schrift nicht. U. noch im selben J. forderten die Kurfürsten von Mainz, Trier u. der Pfalz in einem Kollegialschreiben Joseph II. ganz i. S. des Febronius auf, vor seiner Wahl zum röm. König alle Appellationen u. Evokationen an die Nuntien u. röm. Gerichtshöfe zu unterbinden, was dann auch, jedoch o. praktische Auswirkung, in die kaiserliche Wahlkapitulation einging. Doch fehlte dem reichskirchlichen Interesse an Febronius dessen ök. Zielsetzung. Das galt sowohl für die durch den Kölner Nuntiaturstreit 1769 ausgelösten 31 Art. der Koblenzer Gravamina der drei geistl. Kurfürsten von Mainz, Köln u. Trier, an deren Formulierung Hontheim als Trierer Vertreter beteiligt war, als auch für die aus Anlass der Errichtung der Münchener Nuntiatur (1785 für Kurbayern u. Kurpfalz) auf dem Emser Kongress der vier Ebf. des Reiches 1786 beschlossene Emser Punktation wie für die josephinisch (→Josephinismus) beeinflussten Reformen der Synode von Pistoia im selben J. Den vier Metropoliten der Reichskirche ging es v. a. um die Wiederherstellung der Rechte u. Freiheiten der dt. Reichskirche, unter Berufung auf die Mainzer Akzeptation von 1439 u. das Wiener Konk. von 1448.

Doch es blieb bei der Kampfansage. Joseph II. versagte der Umsetzung der Emser Punktation im Reich seine kaiserliche Unterstützung; denn eine Stärkung der Metropolitangewalt im Reich vertrug sich weder m. seiner zentralistischen Reichspolitik noch m. seiner an Febronius orientierten rigorosen Staatskirchenpolitik in seinen Erblanden. Auch die Reichsbischöfe verwahrten sich dagegen, einem mächtigen Metropoliten in unmittelbarer Nähe ausgeliefert zu werden, u. zudem veranlassten den Trierer Kurfürsten Clemens Wenzeslaus seine reichskirchlichen Karrierebestrebungen zum Ausscheren aus den Emser Beschl. Schließlich machte der Ausbruch der Franz. Revolution 1789 samt ihren unmittelbaren Folgen alle febronianisch inspirierten Anstrengungen zunichte. Nach dem Untergang der Ecclesia gallicana in der Revolution versank in der Säkularisation von 1802/03 auch die dt. Reichskirche. Karl Theodor von Dalberg (1744-1817), seit 1802 Kurfürst u. Erzbischof von Mainz, Reichserzkanzler u. Fürstprimas, der letzte, kurze Zeit noch überlebende geistl. Reichsfürst, der sich m. seinem Konstanzer Generalvikar Ignaz Heinrich von Wessenberg (1774-1860) im Zuge der territorial-staatl. Umgestaltung des Reiches zur Rettung reichskirchlicher Tradition u. einer gewissen nationalkirchlichen Eigenständigkeit um den Abschluss eines RK m. Rom bemühte, scheiterte an den landeskirchlichen Bestrebungen der souverän gewordenen dt. Fürsten u. am Widerstand der röm. Kurie, die in seinen Vorschlägen nur Häresie u. Schisma witterte u. ihm unterstellte, „als blindes Werkzeug höllischer Umtriebe" sich zum „Papst in Deutschland" machen zu wollen. Noch 1814 (02.11.) wurden er u. Wessenberg in einem Breve Pius' VII. als Vertreter, genauer als „Relikte" der aus röm. Sicht glücklich überwundenen reichskirchlich-episkopalistischen Tradition in unerhörter Weise gemaßregelt u. die Säkularisation der Reichskirche als die gerechte Strafe des Himmels für „den in Deutschland in den letzten Jahren gegen die Rechte des Apostolischen Stuhls so wütend und hartnäckig geführten Krieg" bez. Fortan galt jede auch nur entfernt als episkopalistisch od. nationalkirchl. deutbare Regung im dt. Episkopat nach röm. Urt. als verderblicher F., so bspw. Verhandlungspositionen der an der Gründung der Oberrheinischen Kirchenprovinz beteiligten Südweststaaten, auf die auch Wessenberg Einfluss nahm, od. das Gesuch der 1848 in Würzburg versammelten ersten dt. BK um die päpstliche Genehmigung zur Einberufung einer dt. Nationalsynode, wie sie der Münchener Kirchenhistoriker Ignaz von Döllinger als Konferenzberater in Anknüpfung an einstige Anliegen Dalbergs u. Wessenbergs, o. deren Namen auch nur andeutungsweise zu erwähnen, in Vorschlag gebracht hatte. Das Gesuch wurde in Rom rundweg abgelehnt, d. h. die Entscheidung darüber von Pius IX. ad Kalendas Graecas verschoben.

Quellen

Justini Febronii J[uris]C[onsul]ti de statu ecclesiae et legitima potestate Romani Pontificis liber singularis ad reuniendos in religione dissidentes Christianos compositus, Bullioni 1783; weitere Bde. II 1770, III 1772, IV/1-2 1773/74, Justinus Febronius abbreviatus et emendatus. Id est de statu ecclesiae tractatus ex sacra scriptura, traditione et melioris notae catholicis scriptoribus adornatus, ab auctore ipso in hoc compendium redactus, Köln – Frankfurt 1777; Justini Febronii JCti commentarius in suam retractationem Pio VI. Pont. Max. Kalendis Novemb. an. MDCCLXXVIII submissam, Frankfurt 1781 (beide Ausgaben im Faksimile-Nachdr., hg. u. eingel. v. U. L. Lehner, Nordhausen 2008).

Literatur

Stigloher, M., Die Errichtung der päpstlichen Nuntiatur in München u. der Emser Congreß. Eine hist.-kirchenrechtliche Abhandlung [m. Quellenanhang], Regensburg 1867; Mejer, O., Febronius. Weihbischof Johann Nikolaus von Hontheim u. sein Widerruf, Tübingen 1880, ^{2}1887; Raab, H., Der reichskirchliche Episkopalismus von der Mitte des 17. bis zum Ende des 18. Jahrhunderts: Handbuch der Kirchengeschichte VI, hg. v. H. Jedin, Freiburg 1970, 477-507; Frowein, P. – Janson, E., Johann Nikolaus von Hontheim – Justinus Febronius: Archiv für mittelrheinische Kirchengeschichte 28 (1976), 129-153 (Lit., auch über Kontroversschriften); Pitzer, V., Justinus Febronius. Das Ringen eines kath. Irenikers um die Einheit der Kirche im Zeitalter der Aufklärung, Göttingen 1976 (KuK 20) (Lit.); ders., Febronius/Febronianismus: TRE Bd. 11, 67-69; Reinhardt, R., Episkopalismus: LThK^3 Bd. 3, 726-728; Burkard, D., Staatskirche, Papstkirche, Bischofskirche. Die „Frankfurter Konferenzen" u. die Neuordnung der Kirche in Deutschland nach der Säkularisation, Rom – Freiburg – Wien 2000 (RQ. Suppl. 53); Vanysacker, D., Der Widerruf des „Febronius" u. Kardinal Giuseppe Garampi in Rom. Eine aufklärerische ultramontane Bekämpfung des Febronianismus 1764-1792: Kurtrierisches Jahrbuch 43 (2003), 125-141; Klueting, H., Febronius (Johann Nikolaus von Hontheim)/Febronianismus: Lexikon zum aufgeklärten Absolutismus, hg. v. H. Reinalter, Wien 2005, 207-209, 209-213; Weitlauff, M., Der Siegeszug des Papalismus. Von Febronius bis in die Gegenwart. Zu zwei Febronius-Streitschriften des Trierer Weihbischofs Johann Nikolaus von Hontheim (1701-1790): Zeitschrift für Kirchengeschichte 121 (2010), 223-243.

Manfred Weitlauff

© 2019, DOI: 10.30965/9783506786388_0024

Feier

→ Gottesdienst, → Sakramente, → Sakramentalien

Feiertage – Staatlich

F. u. der normative Feiertagsschutz bilden an allen Orten u. zu allen Zeiten ein Gemeingut der Menschheitsgeschichte. Seit der Entstehung u. Ausbreitung des Christentums kann zwischen dem Sonntags- u. dem Feiertagsschutz unterschieden werden. Der Schutz der Sonntagsruhe geht bis auf ein Edikt Kaiser Konstantins des Großen aus dem J. 321 zurück. I. Ü. entwickelte sich der Feiertagsschutz seit dem 5. Jh. Nach einem erheblichen numerischen Anstieg der F. im MA aufgrund der zunehmenden Heiligenverehrung kam es m. der Reformation u. der Aufklärung sowie in der Industriellen Revolution zu einer deutlichen Reduktion. Im weiteren Verlauf des 19. Jh. trafen sich die Interessen der Kirchen u. der Arbeiterbewegung in der Forderung nach einer Ausweitung des Sonn- u. Feiertagsschutzes, die sich etwa in der GewO niederschlug. Eine erste u. europaweit singuläre verfassungsrechtliche Verankerung des Sonn- u. Feiertagsschutzes wurde dann in Art. 139 WRV aufgenommen, der über Art. 140 GG auch in das → Grundgesetz inkorporiert wurde. Im Zuge der Säkularisierung u. Singularisierung, der religiösen Pluralisierung, der Kommerzialisierung des → Sonntags u. der F. sowie des veränderten Freizeitverhaltens weiter Teile der Gesellschaft ist der Sonn- u. Feiertagsschutz gegen Ende des 20. Jh. zunehmend unter (wirtschafts-)politischen Druck geraten, der auf eine Relativierung dieser Tage als Tage der Besinnung abzielt.

Der rechtliche Schutz der Sonn- u. F. vollzieht sich auf mehreren Ebenen. In Art. 140 GG i. V. m. Art. 139 WRV „bleiben" sie „als Tage der Arbeitsruhe und der seelischen Erhebung" grundgesetzlich geschützt. Diese Vorschrift steht zunächst in einem bes. Näheverhältnis zur Garantie der → Menschenwürde aus Art. 1 Abs. 1 GG, weil – so das BVerfG – der Sonn- u. Feiertagsschutz „dem ökonomischen Nutzdenken eine Grenze zieht und dem Menschen um seiner selbst willen dient." Zudem handelt es sich hier auch um eine bes. Ausprägung des Sozialstaatsprinzips, denn Sonn- u. Feiertage ermöglichen die persönliche Erholung ebenso wie die Pflege familiärer u. sonstiger sozialer Kontakte. Schließlich besteht eine enge Verbindung zum Grundrecht auf → Religionsfreiheit, da m. den Sonn- u. zumindest den meisten F. auch die jeweils eigene Religiosität gepflegt werden kann. Dieser grundgesetzliche Sonn- u. Feiertagsschutz ist i. Ü. europarechtskonform u. als ausdrücklich im GG verankerte Wertentscheidung auch kein verfassungswidriges → Verfassungsrecht wegen eines vermeintlichen Verstoßes gegen das religiösweltanschauliche Neutralitäts- u. Paritätsprinzip.

Das Landesverfassungsrecht ist hinsichtlich des Sonn- u. Feiertagsschutzes nicht einheitlich. Neben einer Regelungsabstinenz finden sich ausdrückliche Bezugnahmen auf Art. 140 GG i. V. m. Art. 139 WRV u eigenständige, z. T. gegenüber dem GG inhaltliche beschränkte Garantien.

Der Sonn- u. Feiertagsschutz ist Regelungsmaterie zumindest der meisten religionsverfassungsrechtlichen Verträge.

Die Gesetzgebungskompetenz liegt nach Maßgabe der einschlägigen Kompetenzvorschriften des GG grds. bei den Ländern. Sie haben ausnahmslos umfassende Sonn- u. Feiertagsgesetze sowie Ladenöffnungsgesetze erlassen. Der Bund hat für die Festlegung von F. (nur) eine Kompetenz kraft Sachzusammenhangs bzw. kraft Natur der Sache. Auf diesem Wege wurde etwa der 3. Oktober (Tag der Dt. Einheit) als gesetzlicher F. in Art. 2 Abs. 2 Einigungsvertrag verankert. Daneben ergeben sich Kompetenzen aus Art. 73 f. GG etwa für einschlägige Schutzbestimmung im Gewerbe-, im Arbeitsschutz-, im Straßenverkehrs- u. im Verfahrensrecht.

M. dem Sonntag als chr. konnotiertem F. ist zugl. die gesellschaftlich synchrone Sieben-Tage-Woche m. dem Sonntag als arbeitsfreiem Tag geschützt. Der Schutz des Sonntags selbst ist auch in seiner religiösen Dimension nicht auf die Zeiten der Hauptgottesdienste beschränkt. Vielmehr unterfällt der Tag als ganzer dem (verfassungs-)rechtlichen Schutz.

In den Feiertagsgesetzen der Länder lassen sich zudem drei Klassen von F. ausmachen. Die öff. F. sind den Sonntagen gleichgestellt. In dieser Kategorie sind in allen Bundesländern übereinstimmend anerkannt der Neujahrstag, der Karfreitag, der Ostermontag, der 1. Mai (Tag der Arbeit), Christi Himmelfahrt, der Pfingstmontag u. der 1. u. 2. Weihnachtsfeiertag. Vereinzelt werden darüber hinaus u. a. der 6. Januar (Epiphanias), Fronleichnam u. der 1. November (Allerheiligen) geschützt. Als bes. Kategorie von Sonn- u. öff. F. gelten die sog. stillen Sonn- u. F. (Karfreitag, Totensonntag, Volkstrauertag), an denen bestimmte öff. Aktivitäten untersagt sind. Neben den öff. werden in einigen Ländern kirchl. bzw. religionsgemeinschaftliche F. geschützt, die nicht den Status gesetzlicher F. besitzen, sondern (nur) den Anspruch auf Arbeitsbefreiung zum Besuch von Gottesdiensten bzw. entspr. Veranstaltungen von → Religionsgemeinschaften vermitteln. Schließlich stehen in den meisten Bundesländern die geschützten Tage aufgrund ihres engen Zusammenhangs m. chr. Festen unter einem eingeschränkten Schutz. Dies gilt etwa für den 24. Dezember (Hl. Abend), den Gründonnerstag u. den Karsamstag. Die Anerkennung weiterer, insb. nicht-chr. F. ist in das Ermessen des Gesetzgebers gestellt, der die religiöse Repräsentativität der F. zu beachten hat.

Sachlich werden an den Sonn- u. F. die Arbeitsruhe u. die seelische Erhebung geschützt. Der Begriff der Arbeitsruhe impliziert, dass sich diese Tage in ihrem Charakter grundlegend von den Werktagen abheben müssen. Nach dem maßgeblichen Regel-Ausnahme-Verhältnis hat an Sonn- u. F. grds. die werktägliche Betätigung zu ruhen. Die erforderlichen gesetzlichen Schutzkonzepte im Feiertags- u. Ladenöffnungsrecht der Bundesländer müssen daher festlegen, dass diese Tage i. d. R. Tage der Arbeitsruhe sind.

Der Begriff der seelischen Erhebung beschreibt die Erholung von der beruflichen Tätigkeit i. S. eines physischen u. psychischen Ausgleichs. Die Sonn- u. F. dienen als Angebot zur gesamtheitlichen personellen Regeneration. Die tatsächliche Nutzung dieser Tage kann der freiheitlich-demokratische Verfassungsstaat – natürlich – nicht vorschreiben.

Der Schutz der Sonn- u. F. ist berührt, wenn einzelnen dieser Tage die Anerkennung entzogen wird, so etwa bei der Abschaffung des Buß- u. Bettages als gesetzlichem F. im J. 1994. Eine Beeinträchtigung der Sonn- u. Feiertagsruhe liegt zudem vor im Fall der Zulassung einer werktäglichen Betätigung. Von bes. Bedeutung sind die Ladenöffnungen an diesen Tagen, die in od. aufgrund der Ladenöffnungsgesetze der Länder in divergierender Anzahl erfolgen können.

Wegen der verfassungsrechtlichen Verankerung des Sonn- u. Feiertagsschutzes in Art. 140 GG i. V. m. Art. 139 WRV sind Beeinträchtigungen nur zulässig, wenn im Wege einer Abwägung festgestellt wird, dass sie durch gegenläufige Grundrechte Dritter od. Rechtsgüter m. Verfassungsrang gerechtfertigt bzw. verhältnismäßig sind. Zulässig ist jedenfalls die Arbeit trotz Sonn- u. F., so etwa unaufschiebbare Arbeiten in der Landwirtschaft, zur Aufrechterhaltung der medizinischen Versorgung u. zur Gefahrenabwehr (Polizei, Feuerwehr etc). Dies gilt auch für die Arbeit für den Sonn- u. F., die eine individuelle Gestaltung dieser Tage als Tage der Arbeitsruhe u. der seelischen Erhebung erst ermöglicht. Betroffen ist hier z. B. die Gastronomie.

Für den Schutz einzelner F. gilt, dass der Entzug der Anerkennung als gesetzlicher F. auch durch gegenläufige finanzpolitische od. volkswirtschaftliche Erwägungen verfassungsrechtlich gerechtfertigt sein kann. Einen absoluten Schutz einzelner F. gibt es daher nicht.

Literatur

Mattner, A., Sonn- u. Feiertagsrecht, Köln [2]1991; Stollmann, F., Der Sonn- u. Feiertagsschutz nach dem Grundgesetz, Stuttgart 2004; Schiepek, H., Der Sonntag u. kirchl. gebotene Feiertage nach kirchl. u. weltlichem Recht, Frankfurt u. a. [2]2009 (AIC 27); Unruh, P., Religionsverfassungsrecht, Baden-Baden [4]2018.

Peter Unruh

© 2019, DOI: 10.30965/9783506786388_0026

Feiertage – Katholisch

1. Festlegung: Seit der Auferstehung Jesu ist jeder Tag ein F. (feria). Einen bes. Rang nehmen jedoch die Drei Österlichen Tage, der →Sonntag als wöchentliche Osterfeier u. bestimmte gebotene, d. h. verpflichtend zu haltende F. ein (c. 1246 §1). Für die ganze Kirche verbindlich kann nur der →Apostolische Stuhl F. einführen, verlegen od. aufheben, die →Diözesanbischöfe können dies im Einzelfall kraft →Verwaltungsakt für die gesamte Diözese od. einzelne Orte verfügen (c. 1244).

Hatte es Jhh. hindurch regional verschiedene (u. oft eine Vielzahl von) F. gegeben, so enthielt can. 1247 §1 einen Katalog für die →Gesamtkirche. Dieser fand (erst in der redaktionellen Endfassung) wie das gesamte Recht der F. (cann. 1244-1249) o. tiefgreifende Änderungen Eingang in den CIC/1983 (cc. 1244-1248). Als gebotene F. (m. unterschiedlichen hist. Wurzeln) für die gesamte Kirche listet c. 1246 §1 auf (geordnet nach Herren-, Marien-, Heiligenfesten u. →Kirchenjahr, jedoch o. Angabe des Datums): Weihnachten (25.12.), Erscheinung des Herrn (06.01.), Christi Himmelfahrt (40 Tage nach Ostern), Fronleichnam (Donnerstag nach dem Dreifaltigkeitssonntag), Hochfest der Gottesmutter (01.01.), Unbefleckte Empfängnis Mariens (08.12.), Mariä Aufnahme in den Himmel (15.08.), hl. Joseph (19.03.), hll. Petrus u. Paulus (29.06.), Allerheiligen (01.11.). Die →Bischofskonferenz kann m. →Approbation des Hl. Stuhls einige dieser F. aufheben od. auf einen Sonntag verlegen (c. 1246 § 2). Unbeschadet bestehender Gewohnheiten (c. 28), v. a. hinsichtlich der Verlegung von F., gewährleistet dies Flexibilität in Bezug auf die jeweiligen Verhältnisse, v. a. im Blick auf staatl. Schutz u. Arbeitsruhe an solchen Tagen.

2. Partikularrecht: Die Partikularnormen der Schweizer u. der →Deutschen Bischofskonferenz zeugen von der Spannung zwischen kirchl. u. staatl. Rechtsordnung. Sie rezipieren letztere u. verzichten damit auf eine einheitliche Regelung für ihr Konferenzgebiet. Während die SBK allg. nur in den Kantonen u. Orten einen F. vorschreibt, wo staatl. Schutz besteht, u. sonst nur einen feierlichen Gottesdienst empfiehlt (SKZ 153 [1985], 473), enthält

die Partikularnorm der DBK (1985, 1996) eine kasuistische Aufzählung, welche F. in welcher (od. welchem Teil einer) Diözese geboten sind. In allen Diözesen gelten nur Weihnachten, das Hochfest der Gottesmutter u. Christi Himmelfahrt als gebotene F., zusätzlich der 2. Weihnachtstag, Ostermontag u. Pfingstmontag, in keiner Diözese die Hochfeste Unbefleckte Empfängnis Mariens, hl. Joseph, hll. Petrus u. Paulus. Dies birgt die Gefahr in sich, dass das Bewusstsein für die Bedeutung der übrigen in c. 1246 § 2 genannten F. schwindet, da eine Verlegung expressis verbis nicht vorgeschrieben ist. In Österreich schützen staatskirchenrechtliche Vereinbarungen die o. genannten kirchl. F. (außer hl. Joseph, hll. Petrus u. Paulus).

3. Pflichten der Gläubigen: Das Gebot der Feier gebotener F. umfasst (analog zum Sonntag) die Verpflichtung zur Mitfeier der hl. Messe, hilfsweise eines →Wortgottesdienstes, zumindest zum persönlichen →Gebet (c. 1248) u. der Enthaltung jener Arbeiten u. Geschäfte, die die Gott gebührende Verehrung, die dem Tag (des Herrn) eigene Freude od. die Geist u. Körper geschuldete Erholung verhindern (c. 1247). Welche Verrichtungen hierzu zählen, dürfte nach Ort u. Zeit verschieden zu beurteilen sein.

Von der Verpflichtung eines gebotenen F. können aus gerechtem Grund (→Grund, gerechter) dispensieren od. in andere fromme Werke umwandeln: der Diözesanbischof, im Einzelfall gem. den Vorschriften des Diözesanbischofs der →Pfarrer, ferner der klerikale Obere eines Inst. des geweihten Lebens od. einer Gesellschaft des apost. Lebens päpstlichen Rechts hinsichtlich seiner Untergebenen u. der Tag u. Nacht im Hause Lebenden (c. 1245). Das Gebot der Teilnahme an der →Eucharistiefeier bringt Pflichten für die geistl. Amtsträger m. sich: Der Diözesanbischof soll an diesen Tagen in der Kathedrale od. einer anderen Kirche der Eucharistie vorstehen (c. 389), beim Pfr. zählt die feierliche Zelebration zu den →Amtspflichten (c. 530, 7°). Ferner haben Diözesanbischof u. Pfr. für die →Homilie zu sorgen (cc. 386 § 1, 528 § 1, 767 § 2) u. die Messe zu applizieren (cc. 388 § 1, 534). Bei Priestermangel kann der Ortsordinarius aus gerechtem Grund die →Bination od. →Trination erlauben (c. 905 § 2).

4. CCEO: Dieser enthält in cc. 880-881 zumeist inhaltlich übereinstimmende Normen, allerdings m. reduziertem Katalog (es fehlen: Fronleichnam, Hochfest der Gottesmutter, Unbefleckte Empfängnis Mariens, hl. Joseph); die Regelungskompetenz liegt bei der →Ecclesia sui iuris (c. 880 § 3).

5. →Liturgisches Recht: Dieses unterscheidet gem. dem Rang für die liturgische Feier: Hochfest (solemnitas), Fest (festum) u. gebotener bzw. nicht gebotener Gedenktag (memoria obligatoria bzw. non obligatoria). Das Calendarium Romanum von 1969 regelt in einer detaillierten Ordnung, die auch den Rang der Sonntage u. der festfreien Tage in den geprägten Zeiten des Kirchenjahres berücksichtigt, den jeweiligen Vorrang.

Quellen

DBK, Partikularnorm zu c. 1246 § 2 (1985): Schmitz, H. – Kalde, F., Partikularnormen der deutschsprachigen Bischofskonferenzen, Metten 1990 (SICA 2), 74-76; DBK, Partikularnorm zu c. 1246 § 2 (1996): Schmitz, H. – Kalde, F., Partikularnormen der DBK, Metten 1996 (SICA 5), 51-54.

Literatur

Harnoncourt, Ph. – Auf der Maur, H., Feiern im Rhythmus der Zeit I u. II.1, Regensburg 1983 u. 1994 (Gottesdienst der Kirche Bde. 5, 6.1); Feller, H., Sonn- u. Feiertage im Recht von Staat u. Kirche, Frankfurt 1990; Schwendenwein, H., Österr. Staatskirchenrecht, Essen 1992 (BzMKCIC 6), 167-169, 589-591; Kästner, K.-H., Der Sonntag u. die kirchl. Feiertage: HbStKR[2] Bd. 2, 336-368; Abad, J. A., Comentario Exegetico Vol. 3.2, Pamplona [2]1997, 1888-1905; Heutger, V., Das Recht auf Sonn- u. Feiertage, Wien 1999 (Publikationen des Instituts für kirchl. Zeitgeschichte, Serie II, 32); Althaus, R., Die Rezeption des Codex Iuris Canonici von 1983 in der Bundesrepublik Deutschland, Paderborn 2000 (PaThSt 28), 941-952; KanR III, 593-599; Schiepek, H., Der Sonntag

u. kirchl. gebotene Feiertage nach kirchl. u. weltlichem Recht. Eine rechtshistorische Untersuchung, Frankfurt ²2009 (AIC 27); Hirnsperger, J., Das Sonn- u. Feiertagsgebot im CIC/1983 u. das Arbeitsruhegesetz vom 3. Feber 1983: Ausgewählte Beiträge zum kan. Recht, hg. v. J. Hirnsperger, Metten 2011, 177-196; Sebott, R., § 74 Geheiligte Zeiten: HbkathKR³, 1115-1119; Althaus, R.: MKCIC cc. 1244-1248.

Rüdiger Althaus

Feiertage – Evangelisch

Das ev. KR kennt kein einheitliches verbindliches Feiertagsrecht. Fest- u. F. sind Teil der liturgischen Ordnungen der jeweiligen Einzelkirchen. Die hier gültigen →Agenden u. Gottesdienstordnungen legen die Ordnung der kirchl. F. im →Kirchenjahr fest u. haben insofern kirchenrechtlich bindenden Status. Dabei kommen konfessionell bestimmte regionale Besonderheiten vor.

Die reformatorischen Theologen haben sich m. unterschiedlichen Schwerpunkten für eine radikale Veränderung der kath. Fest- u. F.-tradition eingesetzt. Von einem grundsätzlichen Verständnis des F.-gebotes aus dem Primat der Wortverkündigung heraus wurden der ausufernde Marien- u. Heiligenkult u. Zeremonien sowie deren Ablassrelevanz abgelehnt. Nur biblisch begr. F. sollten als echte F. neben den →Sonntagen gefeiert werden. Grds. sind nach ev. Verständnis diese F. als reine Gedenktage Anlass zum →Gottesdienst u. zur →Verkündigung. Ein religiöser Eigenwert i. S. einer hl. Zeit wird ihnen nicht zugestanden.

Insofern sind die überwiegende Zahl ev. F. heute Sonntage m. einem bes. theol. Inhalt. Marien- u. Heiligengedenktage werden an naheliegenden Sonntagen begangen. Regional spielen einzelne Heiligengedenktage eine Rolle (Michaelis, St. Martin, Johannis, zunehmend der Valentinstag). Darüber hinaus haben wichtige chr. F., die nicht an einem Sonntag gefeiert werden, Eingang in das staatl. Recht gefunden u. sind über die F.-gesetze der Länder staatl. geschützt. Umgekehrt können staatl. Fest- u. Gedenktage u. regionale Ereignisse Anlässe für Gottesdienste darstellen (01.05., Tag der Dt. Einheit, Volkstrauertag, Kirchweih, Kirmes, regionale Feste, 27.01.: Holocaustgedenktag, 09.11.: Progromnacht). Der Buß- u. Bettag am Mittwoch nach dem Volkstrauertag, der urspr. als staatl. angeordneter öff. Bußtag gesetzlicher F. war, wird inzwischen lediglich als religiöser F. wahrgenommen.

Die folgenden F. sind nach ev. Verständnis aufgrund biblisch begr. Ereignisse agendarisch zu berücksichtigen: Weihnachten (Heiligabend, 1. u. 2. Weihnachtstag), Beschneidung Chr. (die heutige Prägung liegt auf Neujahrstag), Epiphanias, Ostern (Karfreitag, Ostersonntag u. -montag), Chr. Himmelfahrt, Pfingsten (Pfingstsonntag u. -montag), Trinitatis. Weitere F. haben sich daneben aus bürgerlich-gesellschaftlichen Bedarfen als Dank- u. Erinnerungstag entwickelt. Hierzu zählen Silvester, Erntedankfest, Dankgottesdienste zur Erinnerung an die Reformation (31.10.), Totensonntag (letzter Sonntag im Kirchenjahr).

Literatur

Merkel, H., Feste u. Feiertage IV. Kirchengeschichtlich: TRE Bd. 11, 115-132; Grube, A., Art. Feiertagsrecht: RGG Bd. 3, 56-57; Bieritz, K.-H., Das Kirchenjahr – Feste, Gedenk- u. Feiertage in Geschichte u. Gegenwart, neu bearb. von C. Albrecht, München ⁹2014.

Anne-Ruth Wellert

Feiertage – Orthodox

F. bzw. Feste bilden in der orth. Kirche die Grundlage des Kirchenjahres, dessen Struktur aus mehreren Zyklen besteht. Das heutige liturgische J. im byzantinischen Ritus ist das Ergebnis einer langen gesch. Entwicklung, in der sich altkirchliche, Jerusalemer, nachikonoklastische Konstantinopolitaner u. andere national-kirchl. Elemente verschmolzen haben. Es ist auf dem luni-solaren Kreis der beweglichen Feste (vom Osterdatum abhängig), den auf dem solaren J. basierenden Kreis der unbeweglichen Feste (m. einem fixierten Datum) u. dem Wochenzyklus aufgebaut. Das entspr. gottesdienstliche Material (Hymnographie, Lektionar, Euchologie u. a.) ist auf versch. liturgische Bücher verteilt. Die Festordnungen der liturgischen Zyklen u. ihre Koinzidenz (nach oft komplizierten Regeln) werden im Typikon (unterschiedlich in der griech. u. slaw. Tradition) geregelt. Jede autokeph. orth. Kirche (→Autokephalie) hat darüber hinaus Besonderheiten, die dem lokalen Brauch folgen u. ihren Niederschlag in versch. liturgischen Anordnungen finden.

Der Osterkreis fängt m. drei Vorfastenwochen an, denen die große Fastenzeit (sechs Wochen bis zum Palmsonntag u. die große [= Kar]Woche) folgen; die Gottesdienstordnung u. die liturgischen Texte sind im (Fasten-)Triodion enthalten. Das Osterfest dauert bis Chr. Himmelfahrt u. das entspr. liturgische Buch, das Pentekostarion (bzw. Blumen-Triodion), schließt m. dem Allerheiligenfest (am Sonntag nach Pfingsten) ab. Die Ordnungen der Herren-, Marien- u. Heiligenfeste des unbeweglichen Kreises sind in zwölf Menaion (Menologion) enthalten. Die gottesdienstliche Texte für Sonn- u. Wochentage (von denen auch jeder sein eigenes Gedächtnis hat) wiederholen sich im achtwöchigen Rhythmus u. befinden sich im Oktoechos. Neben dem Osterfest als Zentrum des Kirchenjahres werden zwölf Hauptfeste gezählt (Mariä Geburt am 08.09., Kreuzerhöhung am 14.09., Mariä Darstellung im Tempel am 21.11., Geburt Chr. am 25.12., Taufe Chr. am 06.01., Darstellung des Herrn am 02.02., Mariä Verkündigung am 25.03., Palmsonntag, Chr. Himmelfahrt, Pfingsten, Verklärung Chr. am 06.08., Mariä Entschlafung am 15.08.). Bei einigen Herren- u. Marienfesten gibt es auch Vor- u. Nachfeiern. Im MA entstanden versch. Varianten der Klassifizierung der Feste ihrer liturgischen Bedeutung nach (seit dem 11. Jh. unterscheidet man große, mittlere u. kleinere Feste m. entspr. liturgischen Besonderheiten). Das Kirchenjahr fängt formell am 01.09. an (Beginn der byzantinischen Indiktion). Nicht nur dem Osterfest, sondern auch einigen anderen Festen gehen Fastenzeiten voraus (40 Tage vor Weihnachten, 14 Tage vor Mariä Entschlafung, vom Allerheiligensonntag bis zum Petrus- u. Paulusfest am 29.06.). Mittwoch u. Freitag gelten als wöchentliche Fastentage u. einige jährliche Feiern m. Fastencharakter (Enthauptung Johannes' des Täufers am 29.08., Kreuzerhöhung am 14.09., Vortag der Epiphanie am 05.01.) kommen dazu. Die jüngste panorthodoxe Fastenregelung wurde auf dem Konzil von Kreta 2016 verabschiedet (Dokument Die Bedeutung des Fastens u. seine Einhaltung heute).

Bis jetzt bleibt innerorthodox (aber auch ök.) die Frage nach einer gemeinsamen liturgischen Zeitrechnung u., damit verbunden, der Festdatierung ungelöst. Der staatl. (aber astronomisch fehlerhafte) julianische Kalender des Röm. Reiches bildete die Grundlage des Kirchenjahres bis zur gregorianischen Reform 1582, die von orth. Seite auf dem Konzil von Konstantinopel 1583 verworfen wurde. Seit Beginn des 20. Jh. wird die Kalenderfrage in den orth. Kirchen diskutiert, was m. der Einführung des gregorianischen Kalenders im staatl. Leben der orth. Länder verbunden war. Auf dem Panorthodoxen Kongress 1923 (an dem aber nur eine geringe Zahl orth. Kirchen teilgenommen hat) wurde der neujulianische Kalender eingeführt (der bis 2800 m. dem gregorianischen zusammenfällt). Diese Entscheidung wurde im Laufe des 20. Jh. aber nur teilweise umgesetzt: Die Kirchen von Jerusalem, Russland, Georgien u. Serbien (auch die Athos-Klöster) haben den alten julianischen Kalender bis jetzt beibehalten (die orth. Kirche in Polen ist 2014 zu ihm zurückgekehrt). Der Unterschied zwischen dem alten u. neuen Kalender beträgt zurzeit 13 Tage (deswegen kann z. B. Weihnachten am 25.12. bzw. 07.01. gefeiert werden) u. wird sich weiter vergrößern (14 Tage ab 2100 usw.). Die Kalenderreform führte zu Schismen m. Altkalendariern in versch. Ländern (Griechenland, Rumänien, Bulgarien usw.), die teilweise bis heute bestehen.

Die gemeinsame Osterfeier war schon seit dem 2. Jh. (Quartodecimanerstreit) eine gesamtkirchliche Herausforderung, deren kan. Lösung man auf dem Konzil von Nicaea (325) u. später (Apost. Kan. 7, Konzil von Antiochien, Kan. 1) zu treffen versuchte. Wegen der versch. komputistischen Zugänge im Westen u. Osten bestanden aber Differenzen bis zur Einf. der alexandrinischen Ostertafeln von Dionysius Exiguus in 525 (gemeinsame Osterfeier bis zur Reform 1582). Obwohl der Panorthodoxe Kongress 1923 beschloss, das Osterfest astronomisch zu berechnen (am Sonntag nach dem ersten Vollmond nach dem Frühlingsäquinoktium), wurde diese Entscheidung nicht rezipiert. Die Moskauer Konferenz der orth. Kirchen 1948 entschied, dass alle Ostern gemeinsam (gem. dem julianischen Kalender u. nach den alexandrinischen Ostertafeln) feiern, für die unbeweglichen Feste aber jede autokeph. Kirche den je in ihr geltenden Kalender benutzen solle, wobei die Kleriker u. Laien der Regelung jener Kirche unterliegen, auf deren Territorium sie wohnen. Im Rahmen der heute geltenden Regeln kommt es gelegentlich zur Koinzidenz m. der westlichen Osterfeier, die Differenz beträgt aber meistens eine, vier od. fünf Wochen (die einzige Ausnahme ist die Finnische Orth. Kirche, die seit den 1920er J. zuerst ausnahmsweise, dann regelmäßig Ostern nach dem gregorianischen Kalender feiert). Das Thema des gemeinsamen Festkalenders wurde im Rahmen der Panorthodoxen Konsultationen der 1960er bis 80er J. mehrmals erörtert, aber von der Agenda des Hl. u. Großen Konzils auf Kreta 2016 ausgeklammert. Es gibt somit keinen panorthodoxen Konsens in der Frage, sie bleibt aber ein zukünftiges Desiderat.

Obwohl die kirchl. F. bzw. Fastenzeiten in Byzanz unter staatl. Schutz standen (Verbot von Gerichtsverhandlungen, öff. Festlichkeiten usw.), ist die heutige Lage in den orth. Ländern sehr unterschiedlich (z. B. sind in Griechenland 10 kirchl. F. gesetzlich geschützt, in Russland dagegen nur Weihnachten). Die Situation war u. bleibt sehr von den nationalen kirchenstaatlichen bzw. politischen Verhältnissen geprägt (z. B. versuchte der sowjetische Staat in den 1930er J. die 5- bzw. 6-tägige Woche in die Wirtschaft einzuführen u. die 7-Tage-Woche zu verdrängen; in der Ukraine gibt es seit 2017 doppelte Weihnachten, weil sowohl der 25.12. als auch der 07.01. staatl. F. sind). M. einigen kirchl. F. sind auch nationalgeschichtliche Ereignisse verbunden, die ihnen einen bes. gesellschaftlichen Rang geben (z. B. in Griechenland der 25.03. – Beginn der Nationalrevolution 1821, in Russland der Gedenktag der Kazaner Ikone am 04.11. – Tag der Volkseinheit, in Erinnerung an die Befreiung Moskaus von den polnischen Truppen 1612). Kirchl. F. können auch Anlass für neuere staatl. Feste sein (z. B. in Russland der 08.07., das Fest der hl. Petrus u. Fevronja – seit 2008 der Tag der Familie, Liebe u. Treue).

Literatur

Schulz H.-J., Liturgie, Tagzeiten u. Kirchenjahr des byzantinischen Ritus: Handbuch der Ostkirchenkunde Bd. II, hg. v. W. Nyssen – H.-J. Schulz – P. Wiertz, Düsseldorf 1989, 30-100; Plank, P., Zeitrechnung u. Festdatierung als ök. Problem: Handbuch der Ostkirchenkunde Bd. II, hg. v. W. Nyssen – H.-J. Schulz – P. Wiertz, Düsseldorf 1989, 182-191; Ein Mönch der Ostkirche, Das Jahr der Gnade des Herrn. Eine Einführung in das orth. liturgische Jahr, Münster 2011; Gemeinsame Kommission der DBK u. der Orth. Kirche in Deutschland, Das Kirchenjahr in der Tradition des Ostens u. des Westens (I. der Sonntag – „Urfeiertag" der Christen. M. einleitenden Anmerkungen zum Stichwort „Kirche und Zeit"; II. Ostern – Das Hauptfest der Kirche in Ost u. West; III. Weihnachten – Die Feier der Menschwerdung Gottes in Jesus Christus; IV. Christus feiern m. Gottesmutter u. allen Heiligen): http://texte.obkd.de/ [Zugriff: 15.05.2019].

Vladimir Khulap

© 2019, DOI: 10.30965/9783506786388_0026

Feiertage – Jüdisch

Jüdinnen u. Juden begehen gegenwärtig zweierlei F.: die im 20. Jh. entstandenen ethnischen F. sowie die spätestens im fünften bzw. zweiten vorchristlichen Jh. entstandenen religiösen F. Unter den ethnischen F. sind zu nennen der Tag der Ausrufung des Staates Israel am 14. Mai, der Holocaustgedenktag, der Jahrestag der Befreiung von Auschwitz am 27. Januar bzw. der Jom HaShoah sowie einige Tage später der Jom ha Sikaron, der der gefallenen israelischen Soldaten gedenkt sowie – v. a. im ehemals sowjetischen Bereich bzw. in Bereichen, in denen sowjetische Juden bzw. deren Nachkommen leben – der 9. Mai, der an den Sieg über Hitlerdeutschland erinnert. Davon sind strikt zu unterscheiden die auf biblischen bzw. nachbiblischen, v. a. talmudischen Schr. beruhenden religiösen F., die im Laufe des liturgischen J. zu begehen sind.

Das liturgische J., im Judentum ein Mondjahr, beginnt gem. biblischer Überlieferung m. dem Neujahrsfest, Rosh ha Shana (dem Haupt des J.), das urspr. ein Erntedankfest gewesen sein mag u. seit mehr als zweitausendjähriger Überlieferung im Herbst begangen wird. Es ist in Lev 23, 24-25 sowie in Num 29, 1-6 bezeugt.

Nach zehn weiteren, den sog. „furchtbaren" Tagen, die der Buße u. Umkehr gewidmet sind, um nach ihrem Ablauf in den höchsten jüd. F., den Versöhnungstag, den Jom ha Kippurim zu münden. So heißt es in Lev (16, 29-30): „Am zehnten Tage des siebenten Monats sollt ihr fasten und keine Arbeit tun, weder ein Einheimischer noch ein Fremdling unter euch. Denn an diesem Tage geschieht eure Entsühnung, dass ihr gereinigt werdet; von allen euren Sünden werdet ihr gereinigt vor dem Herrn."

Das am Mondumlauf orientierte jüd. J., das den Beginn eines jeden Monats als F. begeht – Rosh Chodesh, das Haupt des Monats, der Tag des Neumonds wird erstmals in Num 28, 11 erwähnt – fällt jedoch dadurch auf, dass der nach dem Versöhnungstag zweithöchste F., der →Sabbat zugl. der häufigste F. ist, der jede Woche begangen wird – in Form eines strikten Arbeitsverbots, an dessen Stelle an diesem Tag weisungsgemäß →Gebet u. Lernen der →Tora treten. Die Bedeutung dieses F. wird bereits daran deutlich, dass er als einziger F. als verbindliche Weisung in den zehn Geboten erwähnt wird: in Ex 20, 8; Dtn 5, 12.

So wie das jüd. J. ein Mondjahr ist, so ist auch der jüd. Tag ein Mondtag: er beginnt m. dem Aufgehen des Mondes am Vorabend u. endet nach Sonnenuntergang am kommenden Tag, nach Ablauf des F. Im liturgischen J. m. seinen Monaten Tishri im ersten Septemberdrittel sowie den folgenden Monaten Kheshwan, Kislew, Tevet, Shevat, Adar, Nisan, Ijar, Sivan, Tamus, Aw, bis zum Monat Elul in der zweiten Augusthälfte rundet sich das Jahr.

So folgt im liturgischen J. auf das Versöhnungsfest das Laubhüttenfest Sukkoth, das biblisch im Dtn 16, 13-17 erwähnt wird u. an den vierzigjährigen Aufenthalt Israels in der Wüste erinnert. Biblisch ist auch dieses Fest ein Erntedankfest: „Wenn nicht nur die Getreide-, sondern auch die Weinernte eingebracht ist, sollt ihr sieben Tage lang das Laubhüttenfest feiern. Begeht es als Freudenfest mit euren Söhnen und Töchtern, euren Sklaven und Sklavinnen und mit den Leviten in eurer Stadt, den Fremden, die bei euch leben, den Waisen und Witwen." Darauf folgt das Fest der Torafreude, Simchat Tora. Dieses Fest ist nicht biblisch begr., sondern entstand wahrscheinlich in der rabb. Spätantike, um schließlich im MA kanonisiert zu werden.

Ebenso unbiblisch ist das annähernd zeitgleich m. Weihnachten gefeierte, hoch beliebte achttägige Lichterfest, das Chanukkafest, das in den nichtkanonischen Makkbäerbüchern erwähnt wird u. eine rabb. Erwähnung gefunden hat, so in den Traktaten der Mischna: Bikkurim 1:6, Rosh HaShanah 1:3, Taanit 2:10, Megillah 3:4 u. 3:6, Moed Katan 3:9 u. Bava Kama 6:6.

Im Frühjahr wird zunächst ein kleiner F., das in der Mischna erwähnte Geburtstagsfest der Bäume – Tu bi Schwat begangen – v. a. aber wird nach dem Lichterfest – z. Z. der sich anbahnenden Tag- u. Nachtgleiche – das ebenfalls biblisch nicht belegte, mehrtägige, nicht kan. Fest der Lose „Purim" gefeiert: ein Fest der Verkleidung u. des Mummenschanzes, das auf das nicht kan. Buch Ester zurückgeht – auf ein Buch, in dem anstelle des Begriffs biblischen Israel für dieses Volk der Begriff „Jehudim" verwendet wird; ein Buch, das zum ersten Mal zum erstenmal Judenfeindschaft als Judenfeindschaft thematisiert, aber zugl. Gott u. seinen Namen m. keiner Z. erwähnt.

Auf das Purimfest folgt schließlich das wohl beliebteste u. am intensivsten begangene jüd. Fest, das Passahfest, das Fest der ungesäuerten Brote, das an den Exodus Israels aus Ägypten erinnert, und eben auch u. v. a. ein häuslicher F. für die ganze Familie ist u. das sich über acht Tage erstreckt. In Ex 23,14 heißt es: „Dreimal im Jahr sollst du mir ein Fest feiern. Du sollst das Fest der Ungesäuerten Brote halten. Im Monat Abib sollst du zur festgesetzten Zeit sieben Tage lang ungesäuertes Brot essen, wie ich es dir geboten habe. Denn in diesem Monat bist du aus Ägypten ausgezogen."

Religionshistorisch wird seit einigen J. erörtert, ob nicht das Passahfest, das im Christentum auf Jesu letztes Abendmahl zurückgeht, nicht seinerseits in der konkreten hist. Ausformung der jüd. Liturgie als Reaktion auf das chr. Abendmahl zu werten ist.

Der Logik der Exoduserzählung folgt im liturgischen J. des Judentums das Wochenfest „Schawuoth", das des Empfangs der Tora am Sinai dankend gedenkt. Obwohl urspr. ein in der Tora erwähntes Erntedankfest (Ex 34, 22) wird es seit rabb. Zeit als Fest der Gabe der Tora (Matan Tora) begangen u. stellt nach Sukkot u. Pessach das dritte der in hist. Zeit – als der zweite Tempel noch stand – begangenen Wallfahrtsfeste nach Jerusalem dar. Die damit verbundenen Weisungen sind im talmudischen Trakat Chagiga erläutert.

Monate später folgt seit der Zerstörung des zweiten Tempels der Trauer- u. Fasttag „Tisch a be Aw", der talmudisch, nicht biblisch im Traktat Taanit begr. wird. Darauf folgt schließlich – womit sich das Mondjahr rundet – wieder das Neujahrsfest Rosh ha Shana.

Lässt man zunächst die Thematik säkularer jüd. F. beiseite u. beschränkt sich auf die religiösen F. des liturgischen J., so zeichnen sie sich dadurch aus, dass sie – hist. gesehen – auf den Jahresrhythmus der Dankesfeste einer agrarischen Kultur zurückgehen, die aber bald – spätestens seit dem babylonischen Exil der judäischen Oberschicht im sechsten Jh. – geschichtstheologisch umgedeutet wurden u. so – spätestens in der späten Antike der rabb. Zeit – kanonisiert wurden. Dadurch, dass das jüd. J. ein Mondjahr ist u. – daraus folgend – auch der Tag ein Mondtag ist, liegt eine gänzlich andere Rhythmisierung vor: indem Tage u. somit – eben u. v. a. auch – F. bereits am Abend – m. Sonnenunter- u. Mondaufgang – beginnen, gewinnt die Nacht als gleichsam umhüllende Zeitform eine, wenn auch nicht immer bewusste Bedeutung als Ursprung: In Gen 1, 5 heißt es: „Es wurde Abend, es wurde Morgen: ein Tag".

Es war Franz Rosenzweig, der in seinem Werk „Stern der Erlösung" dem linearen chr., in der Philosophie Hegels gipfelnden Geschichtsverständnis ein jüd. entgegensetzte: Während das Christentum auf einen eschatologischen Endzustand hinsteuere, befinde sich das Judentum bereits dort: nämlich in der zeitlosen Zirkularität des liturgischen J., in dem der hist. Ablauf der Geschichte Israels zur Feier einer ewigen Wiederkehr, die die lineare Geschichte in sich aufgehoben hat, wird (Rosenzweig, 1993, 369).

Literatur

Petuchowski, J., Feiertage des Herrn: die Welt der jüd. Feste u. Bräuche, Freiburg 1987; Elbogen, I., Jewish Liturgy: A comprehensive History, Philadelphia – Jerusalem 1993; Rosenzweig, F., Der Stern der Erlösung, Frankfurt 1993; Galley, S., Das jüd. Jahr: Feste, Gedenk- u. Feiertage, München 2003; Yuval, I., Zwei Völker in deinem Leib. Gegenseitige Wahrnehmung von Juden u. Christen, Göttingen 2007.

Micha Brumlik

© 2019, DOI: 10.30965/9783506786388_0026

Feiertage – Islamisch

Islam. Fest- u. F. richten sich nach dem aus zwölf Mondmonaten bestehendem lunaren Kalender. M. 354 bzw. 355 Tagen ist das islam. J. kürzer als das Sonnenjahr. Da der Sonnenlauf nicht (mehr) durch Schaltmonate berücksichtigt wird, verschieben sich islam. F. gegenüber dem solaren Kalender jährlich um zehn bis elf Tage nach vorne. Festtage werden astronomisch berechnet, od. durch Mondsichtung festgelegt.

Im →Islam existieren zwei kanonische F. (koranischen Ursprungs) u. eine Vielzahl nicht-kanonischer F. Anlassgebende Ereignisse wurzeln überwiegend im Leben des Propheten Muhammads. Die kanonischen F., das Opferfest (ʿīd al-aḍḥā) u. das Fest des Fastenbrechens (ʿīd al-fiṭr) zum Ende des Fastenmonats →Ramadan, werden von den versch. islam. →Konfessionen u. Strömungen übergreifend gefeiert. Nicht-kanonische F. u. Gedenktage werden in unterschiedlicher Verbreitung begangen. Strenggläubige Muslime (z. B. saudische Wahhabiten) lehnen nicht-kanonische F. z. T. als unerlaubte Neuerungen ab.

Durch die weitläufige Verbreitung des islam. Glaubens u. die Abwesenheit einer singulären autoritativen Instanz bzw. eines allseits anerkannten u. institutionalisierten religiösen Oberhauptes, ist die Beschaffenheit der islam. F. von Region zu Region stark unterschiedlich. Lokales Brauchtum prägt die religiöse Praxis der kanonischen u. insb. nicht-kanonischen F.: Entspr. vielfältig sind Ablauf u. Bedeutung der F., Fest- u. Gedenktage. In Ländern m. großen muslimischen Bevölkerungen sind die kanonischen F. sowie eine Anzahl nicht-kanonischer F. als staatl. F. verankert. In Deutschland besteht in manchen Bundesländern die Möglichkeit, dass sich muslimische Schüler u. Arbeitnehmer an den höchsten F. freinehmen.

Das islam. Kalenderjahr beginnt m. einem F. am 1. Muḥarram (das iranisch/kurdische Neujahrsfest Nauruz wird o. islam. Bezug am 20. bzw. 21. März gefeiert). Den →Schiiten gilt der ganze Monat Muḥarram als wichtiger Trauermonat in welchem der Aschura Tag am 10. Muḥarram eine bes. Stellung einnimmt. Zahlreichen Ereignissen wird an diesem Tag gedacht: U. a. sei Adam erschaffen worden, Moses habe gefastet, Noah verließ die Arche. Für Schiiten von bes. Bedeutung ist der Tod von Muhammads Enkel Husain b. ʿAlī am gleichen Tag. Dieser starb als →Märtyrer in einer der wichtigsten Auseinandersetzungen der islam. Frühzeit, der Schlacht von Kerbala.

Der Geburts- u. Todestag des Propheten folgt am 12. Tag des 3. Mondmonats (Rabiʿ al-awwal). Dieser Tag wird je nach Schwerpunkt auf Geburts- od. Todesdatum m. Festlichkeiten begangen, od. aber der Koranrezitation u. Almosenvereitlung gewidmet. Die Nacht der Himmelsreise des Propheten (lailat al-miʿrāğ bzw. lailat al-isrāʾ) findet am 27. des 7. Monat Rağab statt. In dieser Nacht soll Muhammed auf Geheiß des Erzengel Gabriels erst Jerusalem u. dann das Himmelsreich bereist haben. Im folgenden Monat Šaʿbān findet die Nacht der Vergebung (lailat al-bara'a) statt. In dieser Nacht erlässt nach der gängigsten Überlieferung Gott den Muslimen die Sünden des vergangenen J.

Untrennbar sind der neunte Monat des islam. J., der Fastenmonat Ramadan, u. das Fest des Fastenbrechens (auch ʿīd al-saġīr bzw. das „kleine Fest"; im türkischen „Zuckerfest") zu Ende der Zeit der Besinnlichkeit, der Enthaltung u. des →Fastens. Aus kanonischer Sicht zwar von geringerer Bedeutung als das Opferfest, wird es vielerorts bes. lebhaft u. ausgelassen gefeiert. Das Fest des Fastenbrechens beginnt m. der Sichtung der Neumondsichel (brauchtumsgemäß durch zwei zuverlässige

Zeugen) zu Ende des Monats Ramadan u. dauert die ersten drei Tage des 10. Monats Šawwal an. Sollte die Sichtung am astronomisch berechnetem Datum wetterbedingt nicht eintreten, so verschiebt sich das Fest um einen weiteren Tag. Entspr. kann das Fest des Fastenbrechens von Region zu Region an unterschiedlichen Tagen beginnen. Am Abend des 30. Tages ist der Ramadan jedoch in jedem Fall zu Ende. Gemeinschaftsgebete, Verwandtenbesuche, Festessen u. die Verrichtung der Almosensteuer (Lebensmittel od. Geld) gehören zu den Hauptriten des Festes des Fastenbrechens.

Während des Ramadans finden mehrere weitere F. statt. Dabei markiert der Abend des 27. Ramadans den wichtigsten Gedenktag des Fastenmonats. In der Nacht der Bestimmung (lailat al-qadr) empfing Muhammad lt. theol. Überlieferung die erste Offenbarung des →Korans.

Der höchste islam. F. ist das Opferfest (auch ʿīd al-kabīr bzw. das „große Fest") im letzten Monat des islam. Mondjahres (Ḏū l-ḥiǧǧa). Das weltweit gefeierte Fest gehört zu den Hauptritualen der jährlich von bis zu 2, 5 Mio. Muslimen begangenen großen →Pilgerfahrt. Am dritten Tage der Hadsch nach Mekka beginnt das drei Tage währende Opferfest. Es wird der Bereitschaft Abrahams gedacht, seinen Sohn aus Gottestreue zu opfern (im Islam Abrahams erstgeborener Sohn Ismael). Neben →Predigten u. →Gebeten nimmt das traditionelle Schlachten bzw. Schächten von Schafen, ggf. auch Rindern, Ziegen u. Kamelen einen zentralen Stellenwert ein. Dem nach Mekka gewandten gesunden u. wohlgenährten Opfertier wird unter Ausspruch eines Gebets die Halsschlagader u. Luftröhre durchtrennt. Das Fleisch des Tieres wird unter der Familie, Nachbarn u. Bedürftigen aufgeteilt.

Im Laufe des islam. Kalenderjahres finden eine Vielzahl weiterer religiöser Fest- u. Gedenktage statt, die z. T. nur von einzelnen Konfessionen bzw. religiösen Strömungen od. nur in bestimmten Regionen gefeiert werden.

Literatur

Kappert, P., Art. Festtage: Lexikon der islam. Welt Bd. 1, 175; Hermelink, H., Art. Kalendersysteme: Lexikon der islam. Welt Bd. 2, 78; Meyer, E., Art. Tieropfer: Lexikon der islam. Welt Bd. 3, 138; Fuchs, H., Art. Mawlid: Handwörterbuch des Islam, 468(2)-471(2); Lammens, H., Art. al-Ḥusain b. ʿAlī: Handwörterbuch des Islam, 177(2)-178(2); Mittwoch, E., Art. ʿĪd al-aḍḥā: Handwörterbuch des Islam, 195(1-2); ders., Art. ʿĪd al-fiṭr: Handwörterbuch des Islam, 195(2); Plessner, M., Art. Muḥarram: Handwörterbuch des Islam, 540(2)-541(2); ders., Art. Ramaḍān: Handwörterbuch des Islam, 610(2)-611(2); Wensinck, A. J., Art. ʿĀshūrāʾ: Handwörterbuch des Islam, 59(2)-60(1); Schimmel, A., Das islam. Jahr, München ²2002 (Becksche Reihe).

Katharina Nicolai

© 2019, DOI: 10.30965/9783506786388_0026

Feldmesse – Katholisch

F. bez. die Feier einer Hl. Messe unter freiem Himmel (sub divo). Die Tradition der F. reicht bis in karolingische Zeit zurück, dem Beginn einer geordneten →Militärseelsorge. F. sind dort fester Bestandteil der →Seelsorge, werden aber auch von Milizen u. Vereinen gepflegt. F. bedurften gem. cann. 822 §§ 2 u. 4 der Genehmigung des →Ordinarius aus einem gerechten u. vernünftigen Grund. Für die Feier der Eucharistie (→Eucharistiefeier) war früher stets ein Altarstein m. eingelassener Reliquie erfoderlich. Missionaren verlieh der →Apostolische Stuhl seit dem 16. Jh. das →Indult, einen Tragaltar aus Holz, gefertigt m. einem kleinen Stein m. innen liegender Reliquie, zu verwenden. Später genügte ein Antemensium, eine in ein Corporale eingenähte Reliquie. Damit waren die Minimalanforderungen an eine erlaubte Zelebration erfüllt. Nach dem Vat II änderten sich die liturgischen Vorschriften, die für den lat. Ritus in den cc. 931-933 (cc. 705, 707 CCEO) rezipiert worden sind. Danach ist die Feier der Hl. Messe an jedem würdigen Ort gestattet. Bes. Anforderungen an den

→Altar gibt es nicht mehr, c. 932 §2. Ansonsten gelten die cc. 1235-1239. Gem. den Vorschriften der →Militärordinariate, hat der Zelebrant →liturgische Kleidung zu tragen, in Einsätzen aber mind. den Schutzanzug m. einer Stola in der betr. liturgischen Farbe. Seit den 1970er J. haben sich zu festlichen Anlässen, wie Chr. Himmelfahrt, Fronleichnam, Wallfahrten, Eucharistische Kongresse, Weltjugendtage, Papstvisiten u. auch weltlichen Festen immer mehr open air →Gottesdienste etablieren können. In einzelnen Diözesen gibt es Ordnungen für F. Das Ostkirchenrecht kennt keine F. für die Göttliche Liturgie.

Quellen

Kongr. für die Sakramentenordung, Instr. vom 26. Juli 1914: AAS 16 (1924), 370; Kongr. für die Sakramentenordung, Instr. vom 26. März 1929: AAS 21 (1929), 636; Bischof von Feldkirch, Ordnung für Berg- u. Feldmessen: AfkKR 160 (1991), 155.

Literatur

Koeniger, A. M., Die Militärseelsorge in der Karolingerzeit. Ihr Recht u. ihre Praxis, München 1918; Heinz, A., Feldmesse: LThK³ Bd. 3, 1215.

Matthias Pulte

© 2019, DOI: 10.30965/9783506786388_0027

Fernsehen

→Medien

Fernstehende – Katholisch

F. ist kein kan. Fachbegriff u. erfährt als pastoraltheologische Kategorie zunehmend Kritik. In Anlehnung an c. 383 §1 gelten als F. jene Katholiken, die von der religiösen Praxis abständig geworden sind. Eine genaue Abgrenzung ist nicht möglich u. es handelt sich um keinen bestimmten Rechtsstatus. Davon zu unterscheiden sind jedoch →Apostasie, →Schisma, der staatl. →Kirchenaustritt u. die schwere →Sünde (vgl. cc. 915f., 1184 §1 3°). Die Vernachlässigung der Pflichten gem. cc. 920, 989 u. 1247 zieht keine rechtlichen Sanktionen nach sich. Um F. nicht zu diskriminieren, ist zu beachten, dass sie in der →communio plena stehen (c. 205), die gleiche Würde haben (c. 208) u. die Rechte aller Gläubigen (→Grundrechte und Grundpflichten der Christen) genießen, insb. das Recht auf die geistl. Güter (c. 213). F. behalten die moralischen Pflichten, nach Heiligkeit (c. 210) u. Wahrheit (c. 748 §1) zu streben. Sie sind der bes. pastoralen Aufmerksamkeit der →Bischöfe (c. 383 §1) u. →Pfarrer (c. 528 §1) anvertraut. Die Verkündigung muss ihre Situation berücksichtigen (cc. 769, 771 §1, Evangelii nuntiandi 56, KatDir/1997 258 lit. b, Evangelii gaudium 95). Manche Tatbestände werden von F. eher, aber keineswegs automatisch erfüllt wie z. B.: mangelnde →Disposition zum →Sakramentenempfang (c. 843 §1), →Taufaufschub (c. 868 §1 °1), bestimmte →Ehenichtigkeitsgründe (cc. 1099, 1101 §2, vgl. Art. 14 §1 Ratio procedendi von MIDI), mangelnde Eignung für bestimmte →Ämter (z. B. cc. 804 §2, 874 §1 ° 3). Keine Einschränkung besteht bzgl. des karitativen Wirkens der Kirche für F., bei dem nur die Bedürftigkeit zählt (vgl. c. 1254 §2). In der →Römischen Kurie ist der Päpstliche Rat zur Förderung der Neuevangelisierung zuständig.

Quellen

Paul VI., Apost. Schreiben Evangelii nuntiandi vom 8. Dezember 1975: AAS 68 (1976), 5-76; Kongr. für den Klerus, Allg. Direktorium für die Katechese vom 15. August 1997: VApSt 130; Benedikt XVI., MP Ubicumque et semper. Pontificium Consilium de nova evangelizatione promovenda constituitur vom 21. September 2010: AAS 102 (2010), 788-792; Franziskus, Apost. Schreiben Evangelii Gaudium vom 24. November 2013: AAS 105 (2013), 1019-1137.

Literatur

Napolitano, E., L'azione evangelizzatrice del parroco: Ius Missionale II (2008), 115-132; Baumgartner, I.,

Sakramente für Fernstehende? Plädoyer für eine bedingungslos sakramentale Pastoral: ThGl 101 (2011), 121-136.

Burkhard Josef Berkmann

© 2019, DOI: 10.30965/9783506786388_0029

Ferntrauung
→Eheschließungsform

Feuerbestattung
→Bestattung

Filialkirche – Katholisch

Die F. ist wie die →Pfarrkirche, der sie i. d. R. zugeordnet ist, ein dem →Gottesdienst gewidmetes Gebäude, zu dem →Gläubige freien Zugang zum Zwecke der öff. →Gottesverehrung haben müssen (c. 1214). →Kirchenrektor (c. 556) der F. ist der →Pfarrer (c. 519) od. ein anderer hierzu vom →Diözesanbischof frei ernannter →Priester, z. B. ein →Pfarrvikar (c. 542 § 2). Die Rechte u. Pflichten des Kirchenrektors einer F. richten sich nach dem →Partikularrecht, dem →Ernennungsschreiben des Diözesanbischofs u. den Weisungen des für die F. zuständigen Pfr. (c. 548 § 2). →Amtshandlungen nach c. 530, 1°-6°, die in der F. stattfinden sollen, bedürfen in jedem Fall der Zustimmung des zuständigen Pfr. Wird eine F. von einer bestimmten Gruppe von Gläubigen genutzt, erscheint es ratsam, die Aufgabe des Kirchenrektors dem →Cappellanus (c. 570) zu übertragen, dem für diese Gläubige die →Seelsorge anvertraut ist (c. 564). Dem Kirchenrektor kommt die Aufgabe zu, für die Instandhaltung der F. u. Beachtung der liturgierechtlichen Normen bei der Feier der Liturgie zu sorgen. Für die →Vermögensverwaltung ist der pfarrliche Vermögensverwaltungsrat (c. 537) der →Pfarrei zuständig, auf dessen Gebiet die F. liegt od. die F.-→Kirchengemeinde nimmt diese Aufgabe selbst wahr (Art. 13 RK). So sind in den bayer. (Erz-)Diözesen die F.-Kgde. →Körperschaften des öffentlichen Rechts. Die Filialkirchenstiftung (Art. 5 Abs. 1 Nr. 1 KiStiftO) ist sowohl jur. Person (→Juristische Person, kirchliche) nach kan. Recht als auch nach staatl. Recht eine rechtsfähige Stiftung des öff. Rechts (Art. 1 Abs. 3 KiStiftO). Auf Zukunft wird die F. eine wichtige Rolle spielen, da durch die Zusammenlegung von Pfarreien zu einer →Großpfarrei aus vielen ehem. Pfarrkirchen F. werden.

Literatur

Strigl, R., Die Vicaria Perpetua als Ersatzform des kan. Rechts, München 1964 (MThS.K 19); Beyer, A., Filialkirche: LKStKR Bd. 1, 695; Calvi, M., C'è posto per una chiesa sussidaiari in parrochia?: QDE 29 (2016), 70-78.

Thomas Schüller

© 2019, DOI: 10.30965/9783506786388_0032

Filiation – Katholisch

Urspr. bez. F. (= Sohnwerdung) die Abstammung des Sohnes vom Vater u. wurde in dieser Bedeutung auf Chr. angewandt. Im Bereich des Abstammungsrechtes wird F. für das Verhältnis von Eltern zu ihren Kindern gebraucht. Dabei wird zwischen legitimer u. illegitimer F. unterschieden, je nachdem ob die Eltern miteinander verheiratet sind od. nicht. Die Klage auf Anerkennung der Vaterschaft wird auch Filiationsklage genannt.

→Ordensrecht: Im monastischen Bereich wird m. F. das Verhältnis zwischen einem Mutterkloster (→Kloster) u. dem von diesem gegr., besiedelten od. monastisch geformten Tochterkloster bez. Während in der Reformbewegung, die von der Abtei Gorze in Lothringen ausging, die F. keine jur. Bindungen m. sich brachte u. lediglich durch die „Gemeinsamkeit der Regel, der Bräuche und das Band der Gebetsverbrüderung" (Dammertz, 1963, 14) geprägt war, wurde für die von Cîteaux ausgehende Reformbewegung die Rechtsform der F. in der Charta Caritatis (1114) grundgelegt. Die neugegründeten

Abteien blieben in allen wesentlichen Angelegenheiten auton. u. die Rechte des Mutterklosters auf Visitation u. Sorge um die rechte Oberservanz beschränkt, wenn auch in den ersten Jhh. des Bestehens des Zisterzienserordens der →Abt des Mutterklosters u. die Äbte der F. bestimmte Mitwirkungsrechte bei der Bestellung eines neuen Abtes hatten. Später wurde die Rechtsform der F. von anderen Zweigen der benediktinischen Ordensfamilie z. T. übernommen u. bis hin zu Besitzverhältnissen umgestaltet.

Literatur

Naz, R., Art. Filiation: DDC Vol. V, 849-851; Dammertz, V., Das Verfassungsrecht der benediktinischen Mönchskongregation, St. Ottilien 1963; Haering, S., Die Bayerische Benediktinerkongregation 1684-1803, St. Ottilien 1989, 72 f.; Georges, K. E., Der neue Georges, Ausführliches Handwörterbuch: Lat.-Dt. Bd. 1, Darmstadt 2013, 2127.

Michael Benz

© 2019, DOI: 10.30965/9783506786388_0033

Finanzausgleich – Katholisch

1. Arten des F.: Der F. setzt als Mittel der innerkirchlichen Finanzverteilung versch. (hierarchische) Verfassungsebenen voraus; für den kirchl. F. kommen neben der →Gesamtkirche bes. die Ebenen der →Teilkirche, die eine Schlüsselrolle für den Aufbau der Gesamtkirche spielt (vgl. c. 368), u. der →Pfarrei, die ordentliche Gliederungsform der einzelnen Teilkirche (vgl. c. 374 § 1), in Frage.

Nach der Verteilungsrichtung lassen sich drei Arten unterscheiden: Der vertikale F. betrifft die finanziellen Beziehungen zwischen Gebilden unterschiedlicher Verfassungsebenen (z. B. zwischen →Diözese u. Pfarrei), der horizontale findet auf ders. Ebene statt (z. B. interdiözesaner F.); beide Formen können in der Praxis verfahrenstechnisch zusammenfallen. Beim diagonalen F. gehen die Zahlungen nicht an ein Gebilde einer Verfassungsebene, sondern an eine Einrichtung außerhalb od. neben der kirchl. Verfassungsstruktur (z. B. an kirchl. Werke od. Versorgungskassen). Im Unterschied zum vertikalen u. horizontalen F., deren Mittel grds. in zwei Richtungen fließen können, ist der diagonale F. unidirektional. Die konkrete Ausgestaltung des F. wird von den drei Größen Aufgabenverteilung, Finanzbedarf u. Finanzkraft determiniert.

2. Rechtliche Ausgestaltung: Eine Finanzausgleichsregelung fehlt im CIC/1917. Das Vat II gab Anregungen dazu, insb. für einen interdiözesanen F. (z. B. CD 6, AG 38); diese wurden von der nachkonziliaren Gesetzgebung aufgegriffen u. fanden Eingang in den CIC/1983.

Der CIC/1983 enthält Ansätze für einen vertikalen F. zwischen Gesamtkirche u. Teilkirchen bzw. zwischen Teilkirche u. Pfarreien. Die →Bischöfe haben nach c. 1271 gem. den Möglichkeiten ihrer Diözese zur Besorgung der Mittel beizutragen, die der →Apostolische Stuhl entspr. den Zeitverhältnissen braucht, um seinen Dienst gegenüber der ganzen Kirche ordnungsgemäß zu leisten. Eine umfassende Regelung eines vertikalen F. zwischen Teilkirche u. Pfarrei ist im CIC/1983 nicht enthalten; lediglich ein Bereich, die Umgestaltung des Benefizialwesens, kann angeführt werden (vgl. c. 1272). Sonstige vertikale F. sind nicht vorgeschrieben, in c. 1274 § 4 ist aber die Möglichkeit eines überdiözesanen F. eröffnet.

Ein horizontaler F. zwischen Teilkirchen ist am Ende des c. 1274 § 3 nur als Möglichkeit vorgesehen, indem reichere Diözesen aus ihrem diözesanen Vermögensfonds ärmere unterstützen können (vgl. c. 1021 § 3 CCEO). In c. 791 n. 4 findet sich ein Ansatz für einen vertikalen F. m. horizontalem Effekt; in den einzelnen Diözesen ist jährlich ein angemessener Geldbetrag für die Missionen an den Hl. Stuhl zu senden.

Die partikularrechtliche Ausgestaltung des F. nimmt häufig konkretere Formen an; beispielhaft seien einige Regelungen aus dem Bereich der dt. Diözesen angeführt. In Deutschland geht es, da die Diözesen als Gläubiger der →Kirchensteuer über den Großteil der Einnahmen verfügen, v. a. um die gerechte Ausgestaltung eines vertikalen F., über den die Pfarreien die nötigen finanziellen Mittel erhalten; dies geschieht über ein unidirektionales Zuweisungssystem. Das Zuweisungssystem kann als Schlüsselzuweisungssystem gestaltet sein, wobei als Schlüssel die Zahl der Katholiken einer Pfarrei etc. dienen, erg. durch Bedarfs- u. Sonderzuweisungen (vgl. z. B. Erzdiözese Freiburg, Erzdiözese Köln) od. als Bedarfsdeckungssystem, das sich am tatsächlichen Bedarf orientiert (bis in die 2000er J. in den bayer. Diözesen).

Ein F. zwischen den dt. Diözesen findet über den →Verband der Diözesen Deutschlands statt (vertikaler F. m. horizontalem Effekt). Auch die Finanzierung des VDD selbst geschieht über ein Finanzausgleichsverfahren; nach § 11 Abs. 2 lit. l bzw. n der Satzung des VDD entscheidet die Vollversammlung m. Einstimmigkeit über die Festsetzung der Verbandsumlage u. über die Änderung des Verteilungsschlüssels für die Umlage auf die einzelnen Diözesen u. diesen gleichgestellten Körperschaften. Interdiözesane F. finden auch unterhalb der Ebene der →Bischofskonferenz statt, z. B. durch den Überdiözesanen Fonds Bayern, der gemeinsame Aufgaben der bayer. Diözesen finanziert.

Quellen

Vat II, AG 38; Vat II, CD 6; Bsp. für teilkirchen(verband)liche Regelungen: Satzung des Verbandes der Diözesen Deutschlands i. d. F. vom 22. August 2016: KABl. für die Erzdiözese Paderborn 159 (2016), 211-216; Richtlinien zur Aufstellung der Haushaltspläne der Kath. Kirchengemeinden des Erzbistums Freiburg für die J. 2016 u. 2017: ABl. der Erzdiözese Freiburg (2016), 328-345; Zuweisungsordnung für die Kirchengemeinden u. Kirchengemeindeverbände in den Seelsorgebereichen des Erzbistums Köln: ABl. des Erzbistums Köln 149 (2009), 100 f. (m. Ausführungsbestimmungen: ebd., 106-108).

Literatur

Schwickerath, W., Die Finanzwirtschaft der dt. Bistümer, Breslau 1942 (Beiträge zur kirchl. Verwaltungswissenschaft 1); Scharnagl, A., Der kirchl. Finanzausgleich: Klerusblatt 29 (1949), 210-212; Hessler, H. D., Kirchl. Finanzausgleichssysteme in der Bundesrepublik Deutschland: Finanzwissenschaftliche Aspekte von Religionsgemeinschaften: 23. Hochschulkurs des Instituts für Finanzwissenschaft an der Universität Innsbruck, hg. v. C. Rinderer, Baden-Baden 1989 (Schriften zur öff. Verwaltung u. öff. Wirtschaft 117), 167-192; Paarhammer, H., Grundlagen u. Grundsätze der kirchl. Finanzwirtschaft auf der Ebene der Diözese: Kirchl. Finanzwesen in Österreich. Geld u. Gut im Dienste der Seelsorge, hg. v. dems., Thaur 1989, 269-301; Hessler, H. D. – Strauß, W., Kirchl. Finanzwirtschaft. Bd. 1, Berlin 1990 (Finanzwissenschaftliche Forschungsarbeiten, NF 57); Kellerhals, A. C., Die öff.-rechtliche Anerkennung von Kirchen u. Religionsgemeinschaften im Kanton Solothurn, Freiburg/Schweiz 1991 (Freiburger Veröff. aus dem Gebiete von Kirche u. Staat 32), bes. 243-255; Heimerl, H. – Pree, H., Handbuch des Vermögensrechts der kath. Kirche unter bes. Berücksichtigung der Rechtsverhältnisse in Bayern u. Österreich, Regensburg 1993; Kalde, F., Kirchl. Finanzausgleich. Kanonistische Aspekte zu einem gesamtkirchlich neu entdeckten Mittel kirchl. Finanzverteilung, Würzburg 1993 (FzK 16); Fahr, F. – Schlief, K. E., Der kirchl. Finanzausgleich. Anmerkungen zur gegenwärtigen Praxis der kath. Kirche in Deutschland: KuR 3 (1997) 17-28 = 410, 27-38; Kräßig, S., Der Verband der Diözesen Deutschlands, Pfaffenweiler 1995 (Rechtswissenschaft 175), bes. 115-132; Wendtner, H., Der Haushalt des Verbandes der Diözesen Deutschlands: Die Kirchenfinanzen, hg. v. E. Gatz, Freiburg – Basel – Wien 2000 (Geschichte des kirchl. Lebens in den deutschsprachigen Ländern seit dem Ende des 18. Jh. 6), 486-497; Wiemeyer, J., Sozialethische Überlegungen zur Krise der Kirchenfinanzen: Kirchenrecht u. Theologie im Leben der Kirche (FS Reinhardt), hg. v. R. Althaus – K. Lüdicke – M. Pulte, Essen 2007 (BzMKCIC 50), 591-608, bes. 595 f.; Attila, J. Y., Péréquation Financière: un défi pour l'autosuffisance économique des Jeunes Églises, Venedig 2011 (Facoltà di Diritto Canonico San Pio X, Monografie 9); Korioth, St., Finanzausgleich, I. Verfassungsrechtlich: Staatslexikon[8] Bd. 2, 698-704; Döring, Th., Finanzausgleich, II. Ökonomisch: Staatslexikon[8] Bd. 2, 704-707; Althaus, R.: MKCIC c. 127; Schulz, W.: MKCIC c. 1271.

Franz Kalde

© 2019, DOI: 10.30965/9783506786388_0034

Finanzausgleich – Evangelisch

1. Ziel u. Arten des F.: In jedem öff.-rechtlichen Mehrebenensystem (Körperschaften auf unterschiedlichen Ebenen sind miteinander verbunden) ist die Klärung der Mittelbeschaffung u. deren Verteilung eine wesentliche Fragestellung. Ziel ist die Ausstattung m. den jeweils notwendigen Mitteln für die jeweils vorgesehenen Aufgaben. Systematisch unterschieden werden der vertikale F. zwischen Körperschaften auf unterschiedlichen Ebenen (Bsp. Bund-Land) u. der horizontale F. zwischen Körperschaften der gleichen Ebene (Bsp. Länder).

2. Rahmenbedingungen des F.: Typischerweise fließen die Einnahmen zu einer od. zu mehreren Ebenen nur grob od. auch gar nicht passend zur konkreten Aufgabenerfüllung. Erst m. der anschließenden internen Verteilung der Finanzmittel auf die Ebenen kommt sowohl die grundlegende Vorstellung der Verfasstheit des Systems zum Ausdruck als auch der Wille zur aktuellen Gestaltung der Gesamtheit. Die Verteilung ist damit kein mathematischer, sondern ein politischer Prozess, dessen Regelung konkreter rechtlicher Inhalts- u. Verfahrensvorschriften bedarf. Im staatl. Bereich gibt es dazu, ausgehend von der Finanzverfassung im GG u. in den Länderverfassungen, etliche gesetzliche Regelungen für den F. zwischen Bund, Ländern u. Kommunen.

3. F. in der Ev. Kirche: Orientiert an der Öff. Finanzwirtschaft des Staates wird auch in der Ev. Kirche vermittels von Zuweisungen die Verteilung der Einnahmen der versch. Körperschaften festgelegt. Völlig versch. zur staatl. Ordnung ist die Einnahmesituation. Die Souveränität in Finanzfragen liegt allein bei den →Gliedkirchen. Allein diese besitzen das →Besteuerungsrecht u. damit den Zugang zur entscheidenden Größe der Finanzeinnahmen (→Kirchenfinanzierung).

Liegt im staatl. Bereich das Fundament aller Finanzverfassung im GG, so kann davon in der GrO der →Evangelischen Kirche in Deutschland keine Rede sein. Durch den Verfassungsausschuss 1947/48 wurde die Finanzverfassung aus den Hauptabschnitten der früheren Verf. des →Deutschen Evangelischen Kirchenbundes u. der Dt. Ev. Kirche verdrängt. Seitdem ist sie verborgen in einem einzigen Art. der GrO im letzten Abschnitt m. dem sprechenden Titel „Besondere und Übergangsbestimmungen". Entspr. mager war der Wille zur eigenständigen Finanzausstattung der EKD ausgeprägt. Bis heute ist diese im vertikalen F. auf eine jährlich festzulegende Umlage angewiesen, was von manchem gern als Kostgängerprinzip bez. wird. Die Reform der GrO im J. 1974, die der EKD einen Anteil an den gliedkirchlichen Einnahmen sichern sollte, scheiterte. Damit bleibt die Einnahmesituation der EKD rechtlich fragil. Entscheidend sind bis heute die jährlichen Vorgaben der Gliedkirchen, wie sie in den Empfehlungen des Finanzbeirates entwickelt werden. Immerhin folgen diese seit nunmehr vielen J. deutlich einem stabilen Grundkurs in der Haushaltspolitik der EKD.

Die finanzverfassungsrechtliche Hoheit der Gliedkirchen findet einen weiteren Ausdruck in der Vielgestalt ihrer F. Die landeskirchlichen Finanzausgleichsgesetze weisen zwar Parallelen auf durch kombinierte Zuweisungssysteme, sind aber im Detail höchst unterschiedlich. Fast allen gemeinsam sind Schlüssel- u./od. Bedarfszuweisungen seitens der →Landeskirchen für die →Kirchenkreise u. die Mittelebene. In jüngerer Zeit wird tendenziell der Anteil der Schlüsselzuweisungen erhöht. Dies stärkt die Verantwortung der anderen Ebenen u. dient insb. als Motivator für die im Rahmen der Mitgliedschaftsentwicklung notwendige Stärkung des Fundraisings.

Ausnahmen im F. sind die verfassungsrechtlichen Schwesterkirchen Rh u. Westf. Vom Urprinzip der presbyterial-synodalen Ordnung her kommend, liegt in der →Kirchengemeinde als Kern der Kirche auch die Kirchensteuerhoheit. Die Mittelebene u. die LK erhalten Umlagen, was die Einflussmöglichkeiten der KGde. grds. stärkt, was aber auch zu nicht sachgerechten Auswirkungen geführt hat. Diese werden in letzter Zeit durch synodale Reformprojekte verändert wie Verwaltungsstrukturreformen od. das Neue Kirchl. Finanzmanagement (NKF).

Zwischen den LK gab es von 1970 bis 1992 einen horizontalen F. Die nach der Wiedervereinigung enormen finanziellen Aufwendungen für die Gliedkirchen in den fünf neuen Bundesländern führten zum Ende des Systems. Erst im J. 1996 wurden die Hilfen systematisiert im zwischenkirchlichen F. Dies geschah o. gesetzliche Regelung, aber bis heute als wiederholte Zusage. Deutliche Summen werden geleistet, die eine wesentliche Stütze der Einnahmen der betroffenen Gliedkirchen sind. Damit wird die hist. Entwicklung der ev. Kirche solidarisch getragen.

Literatur

Bauer, D., Kirchl. Finanzausgleich: KuR 1997, 410, 47-73; Lohse, Fr., Der zwischenkirchliche Finanzausgleich in der EKD im Vergleich m. dem Länderfinanzausgleich: ZevKR 48 (2003), 58-69; Schilberg, A., Ev. Kirchenrecht in Rheinland, Westfalen u. Lippe, Stuttgart 2003, 106-108 u. 175; Begrich, T., Eigenverantwortung u. Solidarität. Eckpfeiler kirchl. Finanzpolitik: Grunewald, K.-D. – Nethöfel, W., Kirchenreform strategisch!, Glashütten 2007, 298-307; Kupke, A., Finanzverwaltungsrecht: HevKR, 898-925; EKD, Finanzausgleich in der EKD: www.kirchenfinanzen.de [Zugriff: 15.05.2019].

Arne Kupke

© 2019, DOI: 10.30965/9783506786388_0034

Finanzierung der Kirchen

→Kirchenbeitrag, →Kirchensteuer, →Vermögensverwaltung, →Kirchenvermögen, →Vermögensrecht, kirchliches

Finanzkontrolle – Katholisch

Während im staatl. Bereich Bundes- u. Landesrechnungshöfe die richtige, ordnungsgemäße u. wirtschaftliche Umgangsweise der Mittelbewirtschafter von öff. Geldern kontrollieren, kennt die röm.-kath. Kirche solche Instrumente in dieser Form nicht. Dennoch existieren vermögens- u. verfassungsrechtliche Normen, die Kontrolle beim Umgang m. kirchl. Vermögen absichern sollen. Partikularrechtlich sind in jüngster Zeit Instrumente des Controllings, der Innenrevision u. der Einhaltung von Compliancestandards bei der operativen Umsetzung von Finanzentscheidungen partikularrechtlich etabliert worden. Einzelne deutschsprachige →Diözesen sind hier entschlossene Schritte zu einer größeren Transparenz bei der Verwaltung kirchl. Vermögens gegangen. Controlling meint im operativen Sinn die Steuerung der Wirtschaftlichkeit sowie Liquidität der Diözese. M. Compliance ist die Überprüfung der prozeduralen u. materialen Normen der →Vermögensverwaltung angesprochen, zu denen u. a. das Vier-Augen-Prinzip gehört, was Entscheidungen kirchl. Rechtsträger m. finanziellen Implikationen angeht.

Dem →Bischof kommt nach c. 1276 die Aufgabe zu, gewissenhaft die Verwaltung des gesamten kirchl. Vermögens der ihm unterstellten öff. jur. Personen (→Juristische Person, kirchliche) wie etwa →Pfarreien zu überwachen. Der Bf. kann sich dabei der Hilfe des →Diözesanökonomen bedienen (c. 1278), dem er hierzu entspr. Aufgaben der Kontrolle überträgt. Dabei sind die partikularrechtlichen Normen zu beachten, die der Bf. für die Verwaltung des Vermögens auf der Ebene der Diözese erlassen hat (c. 1276 §1). Bei der in c. 1276 §1 dem Bf. zugewiesenen Aufgabe der →Aufsicht ist in eine vorgängige u. eine nachgängige Aufsicht bei der Vermögensverwaltung zu differenzieren. Akte der vorgängigen Aufsicht sind etwa die Genehmigung des Etats u. die Akte der außerordentlichen Vermögensverwaltung, die nach den Normen der →Bischofskonferenz der vorgängigen Genehmigung (→Genehmigungsvorbehalt, kirchenaufsichtlicher) des zuständigen Bf. bedürfen. Zu den Akten der nachgängigen Aufsicht wird man die Entgegenahme von Rechenschaftsberichten od. die angekündigte z. B. vorgängige Verwaltungsvisitation zur Vorbereitung der Pastoralvisitation des Bf. der Pfarreien (c. 396 §1) od. unangemeldete →Visitation bei einer der Aufsicht des Bf. unterstellten öff. jur. Person rechnen dürfen. Ziel dieser Aufsicht ist es, den rechtmäßigen u. sachgerechten Umgang m. kirchl. Vermögen zu prüfen, ggf. Missstände zu identifizieren u. deren Behebung einzufordern. In diesem Kontext der Visitation spielen die in den meisten bfl. Kurien direkt beim →Generalvikar angesiedelten Stabsstellen der Innenrevision eine wichtige Rolle.

Auf der Ebene der Diözese m. seinen drei vermögensrechtlich relevanten Rechtspersonen Bistum, →Bischöflicher Stuhl u. →Domkapitel, die jeweils eigene Haushalte zu bewirtschaften haben, trägt der Bf. die Verantwortung in der Kontrolle des richtigen, ordnungsgemäßen u. wirtschaftlichen Umgangs m. kirchl. Vermögen. Hinzu kommt die Aufgabe der diözesanen Kirchensteuerräte, über den weitgehend kirchensteuerfinanzierten Haushaltsplan der Diözese u. damit verbunden den Stellenplan u. die Abnahme der Jahresrechnung zu entscheiden. Dabei werden zunehmend vorgängig vor deren Entscheidung unabhängige Wirtschaftsprüfer beauftragt, die Jahresrechnungen inzwischen meistens nach dem Handelsgesetzbuch (HGB) zu prüfen u. ein Testat auszustellen.

Den Bf. unterstützen bei dieser Aufgabe der →Diözesanvermögensverwaltungsrat (c. 494), dessen Mitglieder auf jeweils fünf J. ernannt werden, u. die in wirtschaftlichen Fragen u. im weltlichen Recht wirklich erfahren (c. 492 §1) u. von Bf. weisungsunabhängig sein sollten. Insb. bei risikobehafteten u. der vorgängigen Genehmigung vorzulegenden finanziellen Rechtsgeschäften, die unter die in c. 1277 genannten Akte der außerordentlichen Vermögensverwaltung fallen, ist die Zustimmung dieses Rates gefordert. Hinzu tritt als zweites Kontrollgremium in diesen Fallkonstellationen das →Konsultorenkollegium (c. 502), das aus Mitgliedern des →Priesterrates besteht, die gewählt u. auf fünf J. ernannt werden (c. 502 §1), wobei in Deutschland nach einer Entscheidung der BK diese Aufgabe von den Domkapiteln (c. 502 §3) wahrgenommen wird. Auch sie prüfen unabhängig vom Votum des DVVR die bez. Fälle u. entscheiden über sie.

Die dt. Bf. sind in jüngster Zeit aufgrund entspr. negativer Ereignisse dazu übergegangen, stärker auf eine personelle Entflechtung bei der Besetzung der beiden Kontrollgremien zu achten. Insb. dürfen Mittelbewirtschafter in der diözesanen Kurie (→Diözesankurie) nicht mehr sich selbst in diesen Gremien kontrollieren.

Quellen

Generalvikar von Aachen, Geschäftsordnung der Internen Revision des Bistums Aachen als Körperschaft des öff. Rechts (KöR) vom 14. Juni 2016: KABl. Aachen 86 (2016), 94.

Literatur

Schüller, T., Kirchl. Vermögens- u. Finanzverwaltung unter Legitimations- u. Transparenzdruck: KuR 2, 2013, 168-177; ders., Der Diözesanbischof u. das Kirchenvermögen: Zwischen Vollmacht u. Ohnmacht. Die Hirtengewalt des Diözesanbischofs u. ihre Grenzen, hg. v. S. Demel – K. Lüdicke, Freiburg 2015, 208-228; ders., Kirchenrechtliche Perspektiven für eine transparente Vermögensverwaltung der kath. Kirche: Geld, Gott u. Glaubwürdigkeit, hg. v. K. Abmeier, Paderborn 2016 (Religion – Staat – Gesellschaft 3), 309-320; Althaus, R.: MKCIC c. 1276, Rn. 5.

Thomas Schüller

Finanzkontrolle – Evangelisch

1. Finanzen in der Kirche: Anvertraute Gelder sind in bes. Maße zu schützen u. sorgfältig zu behandeln. Die der Kirche anvertrauten Gelder u. deren Verwendung stehen seit je in bes. Weise im Fokus der Öffentlichkeit. Denn hier gilt es als Gemeinschaft der gerechtfertigten Menschen in der Welt die chr. Botschaft zu bezeugen. Da wird der Umgang m. Finanzen zu Recht einem hohen Maßstab unterworfen.

2. Aktuelle Fälle: Dank etlicher Zuweisungen, aber v. a. dank der → Kirchensteuer sind die Kirchen in Deutschland m. vielfältigen Finanzmitteln gesegnet (→ Kirchenfinanzierung). Diese Beträge bedürfen einer professionellen Verwaltung, sowohl in der Frage der effektiven u. effizienten Mittelverwendung als auch in der Frage der Verhinderung von bewusstem Missbrauch einzelner.

In letzter Zeit gab es prominente Fälle von kirchl. Versagen im Finanzbereich: Im ev. Stadtdekanat München wurden Gelder in ökologische Spekulationsmodelle investiert. Das war wohl gut gemeint, entsprach aber nicht den Regeln sicherer Finanzanlage. Im Bereich der Ev. Kirche im Rheinland wurden zur Rettung einer unterfinanzierten GmbH vermeintliche Zinswunderanlagen gezeichnet, die es damals wie heute grds. nicht gibt. Ähnlich ging es vor einigen J. dem Bistum Magdeburg u. jüngst auch dem Bistum Eichstätt, welches hohen Zinsversprechen bei ungesicherten Immobiliengeschäften in den USA geglaubt hatte. Die Fälle von persönlicher Bereicherung sind eher selten. Zu nennen ist hier der in der Tat spektakuläre Fall des Bf. von Limburg, der unter Umgehung kirchenrechtlicher Vorschriften eine bes. u. unangemessen teure Ausstattung seines Dienstsitzes durchsetzte. Insgesamt ist auffällig, dass allen Fällen der offenbar zu spät erkannte Verstoß gegen geltendes kirchl. Recht zu Grunde liegt. Damit ist die Frage nach der Kontrolle der Finanzen in der Kirche gestellt.

3. F. in der Ev. Kirche: Eine effektive F. in der Kirche setzt rechtliche Regelungen u. entspr. Kontrollmechanismen voraus. Grds. ist die Haushaltswirtschaft (→ Haushaltswesen) der Ev. Kirche anders als die der Kath. Kirche an die staatl. Öff. Haushaltswirtschaft angelehnt. Damit gelten klare Regeln für die Haushaltsplanung u. -führung, für die → Rechnungslegung u. für die → Rechnungsprüfung. Die Vorschriften sind regelmäßig in Verwaltungs- u. Kassenordnungen m. vielen Details festgehalten. Die Prinzipien der Finanzverwaltung werden abstrakt definiert u. konkret festgesetzt wie Haushaltsklarheit, Haushaltswahrheit, Wirtschaftlichkeit, Vier-Augen-Prinzip, Beteiligung der Gremien u. Veröff. Ausführliche Vorschriften gibt es für den sowohl bes. missbrauchsgefährdeten als auch ethisch zu verantwortenden Bereich der Vermögensanlage. Ein gutes Bsp. sind die Handreichungen des Arbeitskreises kirchl. Investoren (AKI). Wer die Vorschriften beachtet, nutzt Finanzinstrumente des Marktes in einem Rahmen, der der Kirche angemessen ist.

4. Transparenz: Am Ende der Kette sind schließlich Haushaltspläne u. Haushaltsabschlüsse öff. u. damit Finanzfragen grds. öff. Fragen. Transparenz ist der Kern jeder F. Diese fängt im kleinen m. dem Vier-Augen-Prinzip in Finanzverwaltungen an. Krimineller Missbrauch ist im kirchl. Bereich weniger durch Habgier als durch Notlagen motiviert, wie z. B. bei Alkohol- od. Spielsucht. Das Vier-Augen-Prinzip ist hier ein wirksames Mittel. Wenn es um erhebliche Entscheidungen geht, wird Transparenz wirksam durch Einbeziehung von Gremien u. bei Kernentscheidungen durch die Einbeziehung der kirchl. wie der allg. Öffentlichkeit.

5. Rechnungsprüfung: Viele Prozesse liegen unterhalb dieser Schwelle u. erblicken zu Recht nicht das Licht der Öffentlichkeit. Eine Landessynode sollte z. B. nicht die Unmengen von Buchungsbelegen sehen u. prüfen müssen, die zu dem Haushalt führen, der zur Entlastung ansteht. Diese Aufgabe übernimmt die auch aus dem staatl. Bereich übernommene Rechnungsprüfung. Diese ist auf allen Ebenen eingerichtet u. geschulten haupt- u. eh-

renamtlichen Mitarbeitenden m. Fachkenntnissen anvertraut. So vielgestaltig die Rechnungsprüfung der →Landeskirchen u. die der →Evangelischen Kirche in Deutschland ist, so eint sie neben Eigenständigkeit u. Unabhängigkeit der gemeinsame Auftrag. Geprüft werden neben der ordnungsgemäßen Kassenführung z. B. auch Wirtschaftlichkeit, Organisationformen, kirchl. Beteiligungen, Baumaßnahmen u. Zuwendungen an Dritte. Die Rechnungsprüfung hat unbedingtes Zugangsrecht zu Unterlagen u. ist neben der Nachprüfung sinnvollerweise im laufenden Geschäft begleitend u. beratend tätig. Damit ist sie ein Teil des notwendigen kontinuierlichen Anpassungs- u. Verbesserungsprozesses kirchl. Verwaltung u. F. Deren Herausforderungen werden perspektivisch weiter zunehmen durch steigende gesetzliche Anforderungen u. fortschreitende Digitalisierung der Arbeitsprozesse.

Literatur

Schüller, T., Kirchl. Vermögens- u. Finanzverwaltung unter Legitimations- u. Transparenzdruck. Was man aus dem „Fall Limburg" lernen kann: KuR 2013, 168-177; Waldhoff, Chr., Schwarze Kassen bei der Kirche?, Finanzen u. Haushalt in der kath. u. in der ev. Kirche: KuR 2014, 171-187; Kupke, A., Finanzverwaltungsrecht: HevKR, 898-925; Arbeitsgemeinschaft der Leitungen der kirchl. Rechnungsprüfungseinrichtungen in der EKD, Warum gibt es eine Rechnungsprüfung: www.kirpage.de [Zugriff: 15.05.2019].

Arne Kupke

© 2019, DOI: 10.30965/9783506786388_0036

Findelkind – Katholisch

Als F. wird ein Kind bez., das alleine aufgefunden wurde, nachdem es entweder verloren od. ausgesetzt wurde, u. dessen Eltern u. Herkunft unbekannt sind. Die Fallkonstellationen u. Gründe für das Verlieren od. Aussetzen des Kindes durch die Eltern od. – im Falle von Waisen – anderen Personen können je nach hist. Hintergrund u. sozialem Umfeld sehr unterschiedlich sein. Dazu gehören etwa Naturkatastrophen, Kriegssituationen, wirtschaftliche Notlagen, sozialer Druck sowie psychische Ursachen. Die kath. Kirche bemühte sich aufgrund der zahlreichen Fälle von Kindstötungen schon in den ersten Jhh. um die Versorgung von F., indem sie Findelhäuser einrichtete, in die diese Kinder aufgenommen u. in denen sie getauft wurden. P. Innozenz III. (1198-1216) soll in einem Findelhaus in Rom erstmals eine Drehlade (heute als Babyklappen in auf Neugeborene spezialisierte Kliniken bekannt) zur anonymen Abgabe von Kindern eingeführt haben.

Bis heute sieht das KR vor, dass F. getauft werden sollen, sofern nicht nach sorgfältiger Prüfung die →Taufe bereits feststehen sollte (c. 870; c. 681 CCEO). Das betrifft sowohl ausgesetzte (expositi) als auch aufgefundene (inventi) Kinder. Der CIC/1917 sah in diesen Fällen noch ausdrücklich die Taufe sub condicione vor (can. 749), die auch nach geltendem Recht im Zweifelsfall bereits durch die Regelung des c. 869 für F. vorgesehen ist.

Gem. c. 101 § 2 gilt als Herkunftsort des F. der Ort, an dem es aufgefunden wurde, solange die Eltern u. deren Herkunftsort unbekannt sind.

Literatur

Benedict, H.-J., Waisenhaus: TRE Bd. 35, 379-388; Pree, H.: MKCIC c. 101, Rn. 6; Althaus, R.: MKCIC c. 870.

Sabine Konrad

© 2019, DOI: 10.30965/9783506786388_0037

Finnland, Staat und Religion – Staatlich

1. Staat; politisches System; Statistik: Der finnische Staat ist weder konfessionell noch konfessionslos. Es bestehen jedoch enge institutionelle u. legislative Verbindungen zwischen dem Staat u. der luth. Kirche. Als zentrales Merkmal für die öff.-rechtliche Stellung der finnischen ev.-luth. Kirche wird die bes. Erwähnung des KG in der Verf. (§ 76) u. in der Reichstagsordnung angesehen. Für die Stellung der Ev.-Luth.

Kirche Finnlands ist der Weg der Gesetzgebung des KG (KG 2, Abs. 2 Art. 1) wesentlich, der das alleinige Initiativrecht der Kirchensynode sowie die Nichteinmischung der gesetzgebenden Organe des Staates in den Inhalt der Kirchengesetzanträge der Synode enthält. In der Praxis bedeutet dies, dass das eigene Organ der Kirche, die Synode, die Macht hat, Initiativen über den Erlass des KG u. Änderungen im Gesetzestext zu ergreifen. Das das Gesetz endgültig absegnende Parlament hat lediglich das Recht, einen Kirchengesetzvorschlag anzunehmen od. abzulehnen.

Angehörige von Minderheitsreligionen u. Personen, die keiner Religionsgemeinschaft angehören, haben ein verfassungsmäßiges Recht auf Befreiung von der Religionszugehörigkeit. Innerhalb des Schulsystems bedeutet dies eine getrennte Erziehung in der betr. Minderheitsreligion, in Ethik od. die völlige Befreiung.

Der finnische Staat ist in Religionsfragen neutral, u. die luth. Kirche ist rechtlich u. verwaltungsmäßig gegenüber dem Staat sehr unabhängig. Das KG der luth. Kirche ist jedoch eine Parlamentsakte, obwohl weder der Präsident noch das Parlament den von der Generalversammlung der Kirche vereinbarten Wortlaut ändern darf. Das KG enthält Bestimmungen m. klarem konfessionellem Charakter.

Zu Beginn des 21. Jh. war Finnland immer noch ein relativ religiös homogenes Land, obwohl sich der Wandel durch den Multikulturalismus leicht auch in der Entwicklung der Zugehörigkeit zu Denominationen u. Religionsgemeinschaften widerspiegelte. Finnland hat die gleichen Tendenzen wie in den anderen nordischen Ländern, wenn auch langsamer.

Über die finnische Mitgliedschaft in registrierten Religionsgemeinschaften in den J. 1990, 2000 u. 2015 s. Tabelle der Konfessionen im Statistischen Jahrbuch von Finnland: http://www.stat.fi/til/vaerak/2015/01/vaerak_2015_01_2016-09-23_tau_006_fi.html [Zugriff: 15.05.2019].

2. Zugehörigkeit zu Menschenrechtszusammenschlüssen: Die Republik F. hat zahlreiche intern. Verträge zum Schutz der Religions- u. Glaubensfreiheit unterzeichnet. F. trat 1989 dem Europarat bei u. ratifizierte die Europäische Konvention zum Schutze der Menschenrechte u. Grundfreiheiten (→ Europäische Menschenrechtskonvention) (EMRK) im folgenden J. am 10.05.1990. F. hatte jedoch relativ enge Beziehungen zum Europarat aufgebaut, bevor es sich formell daran beteiligte. F. hatte das Europäische Allg. Kulturabkommen 1970 unterzeichnet, so dass es das erste von ihm ratifizierte allg. Rahmenabkommen des Europarates wurde, u. es hatte zahlreiche andere derartige Abkommen unterzeichnet, bevor es ein volles Ratsmitglied wurde. Einige dieser Abkommen hatten erheblichen Einfluss auf die Entwicklung der innerstaatlichen Rechtsvorschriften des Landes.

3. Grundsätzliche Darstellung des Verhältnisses zwischen Staat u. Religionsgemeinschaften: Das neue Gesetz über Religionsfreiheit (453/2003) enthält Bestimmungen, die die Mitgliedschaft in religiösen Vereinigungen, das Verfahren beim Eintritt od. Austritt aus einem religiösen Verein, den Eid u. die Bestätigung u. die Anwendung des Versammlungsgesetzes auf die öff. Ausübung der Religion betreffen. Genauer gesagt, das Gesetz regelt detailliert u. ausführlich den rechtlichen Status u. die Grundlagen, Rechte u. Pflichten von Kirchen u. eingetragenen religiösen Vereinigungen:

a) Der Status der ev.-luth. Kirche im öff. Recht ist im GG verankert.

b) Im neuen GG gibt es keine direkte Bestimmung für die Orth. Kirche Finnlands, um ihre Position in der Gesellschaft zu regulieren. In dieser Hinsicht unterscheidet sich der legislative Status der orth. Kirche von dem der luth. Kirche. Die orth. Kirche ist Gegenstand des neuen Gesetzes über die orth. Kirche von 2007 (HE 985/2006).

c) In F. ist eine eingetragene religiöse Vereinigung jedoch eine bes. Art von Gemeinschaft.

Seine Gründung u. sein Rechtsstatus sind in Abs. 2 des Religionsgesetzes verankert. Ein solches religiöses Gremium erhält den Status einer jur. Person, d. h., es kann Eigentum erwerben, Verpflichtungen eingehen u. vor Gericht u. m. anderen Behörden streiten, sobald es im Register der religiösen Vereinigungen eingetragen ist.

Hinsichtlich der Registrierung gibt es keine regionalen Unterschiede in der Rechtsstellung der religiösen Körperschaften, da es in F. kein föderales System gibt.

4. Modus der Anerkennung von Religionsgemeinschaften u. tatsächlich anerkannte Religionsgemeinschaften: Unter dem neuen Religionsgesetz sind die ev.-luth. u. orth. Kirchen auch religiöse Vereinigungen in dem Sinne, wie es in der VO gemeint ist, im Bezug auf Vereinigungen, für die zusätzliche spezielle kirchl. Gesetze erlassen sind.

Die Registrierung als Religionsgemeinschaft hat jedoch u. a. Einfluss auf das Recht auf Religionsunterricht. Darüber hinaus wirkt sich die Registrierung auf die Besteuerung, den Strafvollzug u. die Möglichkeit aus, das Recht auf Eheschließung zu beantragen. Unter diesem Gesichtspunkt ist die Beurteilung des Zwecks u. der Art der Tätigkeit der Organisation für die Behörden wichtig (das nationale Patent- u. Registeramt).

Wenn ein religiöser Verein (od. eine andere Einrichtung) nicht registriert ist, kann er den Status einer vollwertigen jur. Person nicht erhalten u. keine Rechte od. Pflichten erwerben. Personen, die im Auftrag einer solchen nicht registrierten Einrichtung handeln, sind persönlich für alle ihre Verpflichtungen verantwortlich.

5. Verhältnis zwischen Mehrheits- u. Minderheitsreligionen: Für die finnische Religionslandschaft ist es charakteristisch, dass trotz der Dominanz von zwei großen Kirchen – luth. u. orth. Kirchen – die meisten der Weltreligionen, die ihren Weg nach Kontinentaleuropa gefunden haben, in F. Anhänger haben, aber nur in sehr geringer Zahl. In den letzten J. hat die steigende Zahl von Flüchtlingen u. Asylbewerbern zu einer zunehmenden religiösen Vielfalt geführt.

6. Situation der chr. Kirchen u. insb. der Minderheitsreligionen: Bei der Beobachtung des gegenwärtigen Rechtsstatus religiöser Einrichtungen in F. muss nicht nur auf Fragen der Religionsfreiheit geachtet werden, sondern auch auf die religionspolitischen Realitäten. Von diesen sind am wichtigsten das hist. Erbe – einerseits die Bedeutung des Luthertums in der Geschichte F. (seit 1527) u. Orthodoxie, u. andererseits der starke staatskirchliche Einschlag in der finnischen Luth. Kirche u. darüber hinaus der skandinavischen Tradition – sowie die Aufstellung des konfessionellen u. religiösen Spektrums der Bevölkerung.

Religiöse Gemeinschaften sind auch Gegenstand des finnischen Rechts. Daher geht es nicht nur um einen Status, der einer Kirche, Religionsgemeinschaften od. Minderheitsreligionen nach dem Religionsfreiheitsgesetz (453/2003), zusteht, sondern vielmehr um gesetzliche Vorschriften, die die Verpflichtung zu allg. Gesetzen bedeuten. Jede Religionsgemeinschaft regelt u. verwaltet ihre Angelegenheiten selbstständig im Rahmen des allg. Rechts. Dieses Selbstbestimmungsrecht ist unabhängig von der Rechtsstellung der Religionsgemeinschaft gültig. Die Bürger haben auch das Recht auf Religion u. ihre Gemeinschaftspraxis (eine positive Interpretation der Religionsfreiheit).

Quellen

Perustuslaki (Grundgesetz Finnlands von 2000): https://www.finlex.fi/fi/laki/ajantasa/1999/19990731 [Zugriff: 15.05.2019]; Uskonnonvapauslaki (Gesetz über die Religionsfreiheit von 2003): https://www.finlex.fi/fi/laki/ajantasa/2003/20030453 [Zugriff: 15.05.2019]; Statistisches Jahrbuch von Finnland 2018: http://www.stat.fi/til/vaerak/2015/01/vaerak_2015_01_2016-09-23_tau_006_fi.html [Zugriff: 15.05.2019].

Literatur
Scheinin, M., Omantunnon ja uskonnonvapaus (Die Freiheit der Religion u. des Gewissens): Hallberg, P. – Karapuu, H. – Scheinin, M. – Tuori, K. – Viljanen, V.-P., Perusoikeudet (Die Grundrechte), Juva 1999, 253-386; Kotiranta, M., Kirche, Staat u. Religionsfreiheit in Finnland: ZevKR 45 (2000), 1, 233-256; Religious Freedom in the European Union, hg. v. A. Emilianides, Leuven – Paris – Dudley 2011 (Religionsfreiheit in der Europäischen Union, hg. v. A. Emilianides, Löwen – Paris – Dudley, 2011); Kotiranta, M., The Application of the Freedom of Religion Principles of the European Convention on Human Rights in Finland:Religious Freedom in the European Union, hg. v. A. Emilianides, Leuven – Paris – Dudley 2011, 129-152 (Die Anwendung der Grundsätze der Religionsfreiheit der Europäischen Menschenrechtskonvention in Finnland: Religionsfreiheit in der Europäischen Union, hg. v. A. Emilianides, Löwen – Paris – Dudley 2011, 129-152); Religion and Criminal Law/Religion et Droit Pénal, hg. v. M. Kotiranta – N. Doe, Leuven – Paris – Dudley 2013 (Religions- u. Strafrecht. Religion et Droit Pénal, hg. v. M. Kotiranta – N. Doe, Leuven – Paris – Dudley 2013); Kimmo, N., Religion in the Criminal Law of Finland: Religion and Criminal Law/Religion et Droit Pénal, hg. v. M. Kotiranta – N. Doe, Leuven – Paris – Dudley 2013 (Religions- u. Strafrecht. Religion et Droit Pénal, hg. v. M. Kotiranta – N. Doe, Leuven – Paris – Dudley 2013), 63-75; Kotiranta, M., Finland: Brill's Encyclopedia of Law and Religion Vol. 4: http://dx.doi.org/10.1163/2405-9749_elr_COM_00000037; ders., State and Church in Finland: State and Church in the European Union, hg. v. G. Robbers, Baden-Baden ³2019.

Matti Kotiranta

© 2019, DOI: 10.30965/9783506786388_0038

Fiqh – Islamisch

→Methodenlehre, →Rechtswissenschaft

Firmpate

→Pate

Firmung – Katholisch

Die F. ist nach der →Taufe das zweite →Sakrament der chr. →Initiation (c. 842 §1). Sie schenkt den →Gläubigen die bes. Kraft des Hl. Geistes u. verstärkt die Zugehörigkeit zur Kirche; sie verpflichtet sie noch mehr dazu, sich in Wort u. Tat als Zeugen Chr. zu erweisen sowie den Glauben auszubreiten u. zu verteidigen (c. 879). Wie die Taufe ist die F. nicht wiederholbar (c. 845 §1; c. 672 §1 CCEO). Taufe u. F. sind das Fundament des allg. →Apostolates der Gläubigen. Der Empfang der F. ist Voraussetzung für die Aufnahme in das →Noviziat (c. 645 §1), für den →Weiheempfang (c. 1033) u. den Empfang des →Ehesakramentes (c. 1065 §1), jedoch in allen Fällen nicht hinsichtlich der →Gültigkeit.

Die F. wird in der Lat. Kirche gespendet durch die →Salbung m. Chrisam auf der Stirn unter →Handauflegung u. durch die in den approbierten →liturgischen Büchern vorgeschriebenen Worte (c. 880 §1). Der Chrisam muss von einem konsekrierten →Bischof geweiht sein, auch wenn das Sakrament von einem →Priester gespendet wird (c. 880 §2). In den Ostkirchen wird nicht nur die Stirn gesalbt. Die Myronsalbung wird zusammen m. der Taufe gespendet (c. 695 CCEO). Die F. soll in einer Kirche u. innerhalb der →Eucharistiefeier gespendet werden (c. 881).

Ordentlicher Spender der F. ist in der Lat. Kirche der geweihte Bf. od. auch ein Priester, der durch das allg. Recht od. m. einer eigenen →Vollmacht von der zuständigen kirchl. Autorität dazu ausgestattet ist (c. 882). Von Rechts wegen erfreuen sich dieser Vollmacht: a) diejenigen, die vom Recht dem →Diözesanbischof gleichgestellt werden, d. h. die →Äbte u. →Prälaten einer →Territorialabtei bzw. →Territorialprälatur (c. 370), die →Apostolischen Vikare, →Apostolischen Präfekte u. →Apostolischen Administratoren (c. 371) innerhalb der Grenzen ihrer Gebiete; b) im Hinblick auf die betr. Person ein Priester, der aufgrund seines →Amtes od. eines rechtmäßig erteilten Auftrags des Diözesanbischofs einen Erwachsenen od. einen Minderjährigen nach vollendetem siebten Lj. tauft od. einen bereits Getauften in die volle Gemeinschaft m. der kath. Kirche aufnimmt; c) wenn ein Getaufter in →Todesgefahr schwebt (Notfirmung), wobei der →Pfarrer eine gewisse Präferenz hat (c. 883). Die Firmvollmacht der Priester ist i. d. R. örtlich u. zeitlich begrenzt, u. zwar m. der Wirkung, dass die Vollmacht außerhalb dieser Grenzen nicht gültig ausgeübt werden kann, außer es handelte sich um eine Notfirmung (c. 887). Darüber hinaus können Priester auf dem Weg der →Delegation durch einen eigenen →Verwaltungsakt zur Firmspendung bevollmächtigt werden (c. 884). In den Ostkirchen sind die Priester die ordentlichen Spender der F., die sie bei der Taufe in der Myronsalbung vollziehen (c. 696 §1 CCEO).

Zuständig für die F. ist der Diözesanbischof innerhalb seines Bistums. Er spendet die F. in seiner Diözese rechtmäßig auch an Gläubige, die ihm nicht unterstehen, sofern deren Oberhirt dies nicht ausdrücklich verboten hat (c. 886 §1). Ein →Titularbischof, der nicht Vorsteher einer →Teilkirche ist, bedarf zur erlaubten Firmspendung immer der →Erlaubnis des Vorstehers der Teilkirche.

Jeder u. nur der bereits Getaufte, der noch nicht gefirmt wurde, ist fähig, das Sakrament der F. zu empfangen (c. 889 §1). Zum erlaubten Empfang der F. ist aber außerhalb der Todesgefahr gefordert, dass der Firmling, wenn er den →Vernunftgebrauch besitzt, hinreichend unterrichtet, innerlich in rechter Weise vorbereitet ist u. das Taufversprechen erneuern kann (c. 889 §2). Die Eltern u. die →Seelsorger, insb. die Pfr., sollen dafür sorgen, dass die Gläubigen auf den Empfang in rechter Weise vorbereitet werden u. sie zur rechten Zeit empfangen (c. 890). In der Lat. Kirche sollen die Gläubigen die F. in dem Alter empfangen, in dem sie die eigene Entscheidungsfähigkeit erlangen (c. 891). Unter diesem Gesichtspunkt legt sich ein Alter zwischen 12 u. 18 J. nahe.

Nach uraltem chr. Brauch soll wie bei der Taufe auch bei der F. ein →Pate beigezogen werden, wenn es sich ermöglichen lässt. Er hat dafür zu sorgen, dass der Gefirmte ein Leben führt, das ihn als wahren Zeugen Chr. ausweist, u. die m. dem Sakrament verbundenen Pflichten getreu erfüllt (c. 892). Für die Übernahme der Firmpatenschaft gelten die gleichen Bedingungen wie für die Taufpatenschaft, d. h. der Pate muss dazu ausgewählt u. bereit sein, er muss das 16. Lj. vollendet haben, er muss kath. u. gefirmt sein sowie die Eucharistie bereits empfangen haben, er darf m. keiner kan. Strafe belegt sein u. er darf nicht Vater od. Mutter des Firmlings sein (cc. 893 i. V. m. 874).

Die Namen der Gefirmten sind m. Angabe des Firmspenders, der Eltern u. Paten, von Ort u. Tag der Firmspendung in das Firmregister der Diözesankurie od. in das im Pfarrarchiv aufzubewahrende Firmungsbuch einzutragen (c. 895). Außerdem ist die erteilte F. im Taufbuch entspr. c. 535 §2 zu vermerken.

Quellen

Ordo Confirmationis. Editio typica, Vatikan 1971; m. Dekr. der Kongr. für den Gottesdienst vom 22. August 1971 promulgiert u. in Kraft gesetzt: AAS 64 (1972), 77; Die Feier der Firmung in den kath. Bistümern des dt. Sprachgebietes, hg. im Auftrag der Bischofskonferenzen Deutschlands, Österreichs u. der Schweiz u. der Bischöfe von Bozen-Brixen u. von Luxemburg, Einsiedeln u. a. 1973; Benedikt XVI., MP Summorum Pontificum vom 7. Juli 2007: VApSt 178, bes. Art. 9 §2; ders., De usu extraordinario antiquae formae Ritus Romani: AAS 99 (2007), 777-781, 780; dt.: AfkKR 176 (2007), 524.

Literatur

Neumann, J., Der Spender der Firmung in der Kirche des Abendlandes bis zum Ende des kirchl. Altertums, Meitingen 1963; Müller, H., Zum Spender des Firmsakramentes auf Grund des Zweiten Vatikanischen Konzils: ThPQ 118 (1970), 349-353; ders., Der Bischof als minister originarius des Firmsakramentes: EIC 37 (1981), 113-134; Ahlers, R., Firmung: Ecclesia a sacramentis, hg. v. R. Ahlers – L. Gerosa – L. Müller, Paderborn 1992, 37-52; Hauke, M., Die Firmung, Paderborn 1999; Hierold, A. E., Die Firmung: HbkathKR³, 1164-1169; Althaus, R., Das Sakrament der Firmung: MKCIC cc. 879-894.

Alfred Hierold

© 2019, DOI: 10.30965/9783506786388_0041

Föderation – Katholisch

1. Begriff u. Geschichte: Unter F. (lat. foedus = Bund, Bündnis, Verbindung) ist ein Zusammenschluss von zwei od. mehreren Partnern zur Zusammenarbeit u. zur Verfolgung gemeinsamer Interessen zu verstehen; dabei wird die Eigenständigkeit der Beteiligten grds. nicht beeinträchtigt. Eine F. kann in vielen Bereichen (z. B. staatl.-politische od. wirtschaftliche Zusammenschlüsse) gebildet werden. In der kath. Kirche ist dieses Inst. bes. im Ordenswesen gebräuchlich.

Bereits im frühen MA begegnen lose Zusammenschlüsse rechtlich selbständiger →Klöster, die auf der gemeinsamen Regel u. Lebensweise bzw. einem gemeinsamen Auftrag gründeten. Prägende Gründungsklöster wie Cluny od. Citeaux bauten auch rechtlich strukturierte Klosterverbände auf. Die Kanonistik des hohen MA u. die Gründung neuer, zentralistisch organisierter Orden (Franziskaner, Dominikaner u. a.) begünstigten die Bildung von Verbandsstrukturen auch bei den monastischen Klöstern. Gesamtkirchlich wurde diese Entwicklung durch das IV. Laterankonzil (1215) gefördert, welches regelmäßige Äbteversammlungen auf der Ebene einer →Kirchenprovinz vorschrieb (c. 12). Auch das Konzil von Trient (1546-1563) verfolgte das Ziel klösterlicher Verbandsbildung u. schrieb für die Mönchsklöster Kongr. vor. P. Pius XII. empfahl in der ApK Sponsa Christi (1950) die Bildung von F. der rechtlich selbständigen →Nonnenklöster; die Kongr. für die Religiosen erließ in der zugehörigen Instr. Inter praeclara dazu Detailbestimmungen (AAS 43 [1951], 18-19, 41-44). Auch das Vat II förderte die Bildung von F. rechtlich selbständiger Klöster derselben Ordensfamilie (PC 22).

2. Geltendes Recht: Im →Ordensrecht des CIC wird die F. berücksichtigt (c. 582), während der CCEO diesen Begriff nicht verwendet. Die F. von Klöstern od. Ordensgemeinschaften ist im geltenden Recht strikt zu unterscheiden von der monastischen bzw. kanonikalen Kongr. u. von der Konföderation. Gem. c. 582 erfolgt die Errichtung einer F. u. auch deren Aufhebung ausschließlich durch den →Apostolischen Stuhl; zuständig ist die →Kongregation für die Institute des geweihten Lebens und die Gesellschaften des apostolischen Lebens (Art. 106 § 2 PastBon). Das rechtliche Inst. der F. dient vornehmlich dazu, die Zusammenarbeit von Nonnenklöstern zu fördern. Der Apost. Stuhl kann der F. den Status einer öff. jur. Person (→Juristische Person, kirchliche) verleihen. Durch die →Statuten, die vom Apost. Stuhl approbiert werden, werden Struktur, Aufgaben u. Organe der F. näher bestimmt. Den Organen der F. kommt regelmäßig keine kirchl. Leitungsvollmacht über die zugehörigen Klöster u. Inst. zu; die Nonnenklöster behalten vielmehr ihren auton. Status gem. c. 615.

P. Franziskus wendet in der ApK Vultum Dei quaerere (2016) über die kontemplativen Frauenklöster den F. bes. Aufmerksamkeit zu. Er sieht die Aufgabe der F. darin, „das kontemplative Leben in den dazugehörenden Klöstern gemäß den Erfordernissen des eigenen Charismas zu fördern und durch den Austausch von Nonnen und das Teilen von materiellen Gütern Hilfe bei der Anfangsausbildung und der Weiterbildung sowie bei konkreten Bedürfnissen zu gewährleisten“ (Nr. 30). Nonnenklöster müssen i. d. R. einer F. angehören (Art. 9 §1) u. innerhalb der F. einander bzgl. der Bildung sowie personell u. materiell unterstützen (Art. 3 §2; 9 §3). Wenn der Fortbestand eines Klosters gefährdet ist, haben die F. u. deren Organe wichtige Funktionen im Prozess entw. zur Wiederbelebung od. zur Schließung wahrzunehmen (Art. 8 §§ 2 u. 3). Die Instr. Cor orans (2018) der

Kongr. für die Inst. des geweihten Lebens u. die Gesellschaften des apost. Lebens enthält dazu Ausführungsbestimmungen.

Quellen

Pius XII., ApK Sponsa Christi: AAS 43 (1951), 5-24; Vat II, PC; Johannes Paul II., ApK Pastor Bonus vom 28. Juni 1988: AAS 80 (1988), 841-930; Franziskus, ApK Vultum Dei quaerere vom 29. Juni 2016: AAS 108 (2016), 835-861; dt.: Ordenskorrespondenz 57 (2016), 465-488; VApST 208, Bonn 2016; Kongr. für die Inst. des geweihten Lebens u. die Gesellschaften des apost. Lebens, Instr. Cor orans vom 1. April 2018: VApSt 214.

Literatur

Deshusses, J., Art. Fédérations des monastères de moniales: DDC Vol. V, 825-827; Mandelli, J., Art. Foederationes statuum perfectionis: DMC Vol. II, 434-437; Luisi, C., Art. Federazioni di monasteri femminili: DIP Vol. III, 1433-1438; Dortel-Claudot, M., Quaestiones hodiernae de fusionibus, unionibus ac foederationibus institutorum vitae consecratae: PRMCL 79 (1990), 663-683; Primetshofer, B., Art. Föderation: LKStKR Bd. 1, 702-704; Jiménez Echabe, A., Art. Federación monástica: DGDC Vol. III, 950 f.; McDermott, R., External and Internal Reconfiguration of Religious Institutes (Canons 582 and 581 CIC): Commentarium pro religiosis et missionariis 86 (2005), 57-81; Häring, S., Kommentar zu „Vultum dei quaerere“: Ordenskorrespondenz 57 (2016), 489-504; Bauer, N., Vultum Dei Quaerere: New Norms for Nuns: Jurist 76 (2016), 379-414; Sheridan, S. O., To Seek the Face of God: The Cloister and Renewal of Women's Contemplative Monasteries: Jurist 76 (2016), 415-446; Meier, D. M., Die Apost. Konst. „Vultum Dei quaerere“. Die Aufgabe der Föderation: EuA 94 (2018), 91-94.

Stephan Haering

© 2019, DOI: 10.30965/9783506786388_0042

Foedus

→Ehebund

FÖJ

→Freiwilligendienste

Förderung

→Subvention

Form

→Eheschließungsform, →Rechtsförmlichkeit

Formaler Akt – Katholisch

Der CIC/1983 enthält an versch. Stellen den Verweis auf bestimmte Förmlichkeiten, welche z. B. bei der Ausfertigung eines →Dekretes od. anderer →Verwaltungsakte zu berücksichtigen sind. Bis zur Änderung der cc. 1086, 1117 u. 1124 war im CIC/1983 auch vom f. A. des Abfalls von der Kath. Kirche die Rede (actus formalis defectionis ab Ecclesia catholica), welcher im →Eherecht bestimmte Rechtsfolgen hatte (→Defektionsklausel). Auch nach Wegfall dieser Rechtsfolgen bleibt die Möglichkeit des f. A. des Abfalls von der kath. Kirche weiterhin bestehen.

Entspr. einer Erkl. des Päpstlichen Rates für die Gesetzestexte (→Päpstlicher Rat für die Interpretation von Gesetzestexten) vom 13.03.2006 liegt ein f. A. des Abfalls von der Kath. Kirche dann vor, wenn a) eine innere Entscheidung, die kath. Kirche zu verlassen, vorliegt, b) diese Entscheidung durch einen rechtlich gültigen, f. A. äußerlich kundgetan u. c) die Entscheidung von seiten der kirchl. Autorität angenommen wird. Es muss sich demnach um einen rechtlich gültigen Akt handeln, der von einer kan. rechtsfähigen →Person (→Rechtsfähigkeit) gesetzt wird, in Übereinstimmung m. der kan. Norm, die ihn regelt (vgl. cc. 124-126). Dieser Akt muss persönlich, bewusst u. frei getätigt werden. Der Betroffene hat diesen f. A. schriftlich vor der zuständigen kirchl. kath. Autorität (→Ordinarius od. →Pfarrer) zu bekunden, dem allein das

Urt. darüber zusteht, ob wirklich der Wille vorliegt, sich von der Kath. Kirche zu trennen.

Um von einem f. A. des Abfalls von der Kath. Kirche sprechen zu können, müssen alle drei Bedingungen erfüllt sein; ansonsten hat der Akt keine strafrechtlichen Folgen.

Quellen

Päpstlicher Rat für die Gesetzestexte, Lett. circ. Quoad verba actus formalis defectionis ab ecclesia catholica vom 13. März 2006: Comm. 38 (2006), 170-172; Benedikt XVI., MP Omnium in mentem vom 26. Oktober 2009: AAS 102 (2010), 8-10.

Literatur

Graulich, M., Ist der Kirchenaustritt ein actus formalis defectionis ab Ecclesia catholica? Ein Beitrag zur Diskussion: KuR 2008, 1-16 (550); Gruber, G., Actu formali ab Ecclesia catholica deficere. Zur Problematik des vor staatl. Stellen vollzogenen Kirchenaustritts vor dem Hintergrund des Zirkularschreibens des Päpstlichen Rates für die Gesetzestexte vom 13. März 2006 u. der Erklärung der Österr. Bischofskonferenz zum Kirchenaustritt vom März 2007, Bonn 2009.

Markus Graulich

© 2019, DOI: 10.30965/9783506786388_0046

Formpflicht

→Eheschließungsform

Forschung – Katholisch

Was m. dem Begriff F. gemeint ist, wird in den lehramtlichen Dokumenten u. in den kirchl. Rechtsnormen nicht erläutert, sondern als bekannt vorausgesetzt. Der häufigste im Lat. verwendete Ausdruck ist investigare/investigatio. Daneben finden sich auch die Ausdrücke pervestigare/pervestigatio, inquirere/inquisitio sowie indagare/indagatio. Soweit sich diese Ausdrücke auf die wiss. F. beziehen, sind zwischen ihnen keine Bedeutungsunterschiede feststellbar.

Die vom 17. bis 19. Jh. tendenziell von Misstrauen geprägte Haltung der Kirche gegenüber der neuzeitlichen Wissenschaft u. insb. ihrem auton., emanzipatorischen F.-Begriff ging damit einher, dass sich das kirchl. →Lehramt m. diesem Thema kaum auseinandersetzte u. die kirchl. →Gesetzgeber dazu keine Rechtsnormen erließen. Nachdem ansatzweise bereits das Vat I zu einer positiven Wertung auch der methodisch-auton. F. gefunden hatte (vgl. DenzH 3019), zählte die ApK Deus scientiarum Dominus vom 24.05.1931 die Einf. der Studenten in die wiss. F. zu den Aufgaben der Kirchl. Universitäten u. Fak., allerdings o. dass die F. selbst bereits als eine der wesentlichen Aufgaben der kirchl. →Hochschulen angesehen worden wäre. Ein tiefgreifender Wandel hin zu einer Wertschätzung der wiss. F. setzte seit der Mitte des 20. Jh. u. v. a. seit dem Vat II ein. Diese Wertschätzung galt insb. auch der F. auf dem Gebiet der Theologie u. der m. ihr verwandten Wissenschaften. Das Vat II hob die wiss. F. als eine wichtige Aufgabe der kirchl. Hochschulen hervor (vgl. GE 10). Die nachkonziliaren Normen zur Reform des kirchl. Hochschulwesens anerkannten die Freiheit der F. u. Lehre (Normae quaedam, vom 20.05.1968, Principia, Abschnitt II).

Die geltenden Codices erwähnen in den Katalogen der Pflichten u. Rechte aller Gläubigen die gebührende Freiheit der F. derer, die sich den theol. Wissenschaften widmen (c. 218; c. 21 CCEO; →Forschungsfreiheit); insb. wird dem →Diözesanbischof aufgetragen, bei seinem Einsatz für den Schutz der →Glaubenslehre eine gerechte Freiheit für die weitere Erforschung der Wahrheiten anzuerkennen (c. 386 §2). Die F. der Theologen soll dazu dienen, die Gemeinschaft der Gläubigen aufzuerbauen u. m. den Bf. in deren Lehramt klug zusammenzuarbeiten (c. 606 §2 CCEO). I. Ü. kommt die F. in den Normen über die →katholischen Universitäten (c. 809; cc. 640-641 CCEO), die Kirchl. Fak. (cc. 815, 820; c. 647,

1° CCEO) u. die →Priesterseminare (cc. 251, 254 § 2; c. 349 § 2 CCEO) zur Sprache.

Zu den geltenden rechtlichen Dokumenten, die das Thema F. ausführlicher behandeln, gehören v. a. die ApK Ex corde Ecclesiae (EcE) über die Kath. Universitäten u. die ApK Veritatis gaudium (VG) über die Kirchl. Universitäten u. Fak. Beide ApK gehen sowohl in ihren Einl. als auch in ihren Rechtsnormen auf das Thema F. ein. Die ApK EcE betont bes. die enge Beziehung zwischen F. u. Lehre (Teil I Nr. 20), den durch die F. geleisteten Dienst an Kirche u. Gesellschaft (Teil I Nr. 10, 31-37), die Bedeutung der Zusammenarbeit auf dem Gebiet der F. (Teil I Nr. 35; Teil II Art. 7 § 1), die Freiheit der F. (Teil II Art. 2 § 5) sowie die bei der F. zu beachtende ethische Dimension, sowohl was die Wahl der zu untersuchenden Probleme als auch was die Durchführung der F.-projekte angeht (Teil I Art. 18; Teil II Art. 4 § 3). Die ApK VG betont die Inter- u. Transdisziplinarität der F. (Einl. Nr. 4 c) u. regt die Schaffung von F.-einrichtungen an, die Lösungsvorschläge für die Menschheitsprobleme der Gegenwart zu entwickeln suchen (Einl. Nr. 4-5). Einerseits hebt die ApK die Freiheit der F. hervor; andererseits erklärt sie, dass diese sich auf die überzeugte Annahme des Wortes Gottes gründen u. von einer Haltung des →Gehorsams gegenüber dem Lehramt der Kirche begleitet sein muss (Art. 38 § 1). Nur wahrscheinliche Meinungen u. persönliche Ansichten, die sich aus neueren F. herleiten, sollen in Bescheidenheit als solche vorgetragen werden (Art. 73). Die Befähigung eines Kandidaten zur wiss. F. gehört zu den Eignungskriterien für die Aufnahme in das Kollegium der festangestellten Dozenten (Art. 25 § 1, 3°); die Durchführung von F.-projekten ist ein Kriterium für ihre Beförderung (Art. 28). Die Dozenten sollen von anderen Aufgaben frei sein, die sich m. ihrem F.-auftrag nicht vereinbaren lassen (Art. 29). Unter den drei Zyklen, die zu den →akademischen Graden des Bakkalaureats, des →Lizentiats u. des →Doktorats führen, wird die Anleitung zur F. als Teil des zweiten u. des dritten Zyklus gesehen (Art. 39 b), beim Studium der Phil. auch schon als Teil des ersten Zyklus (Art. 74 b u. 82 a). Zu den für die F. wichtigen Hilfsmitteln gehören die angemessen ausgestattete Bibliothek (Art. 53 § 1), die EDV-Ausstattung (Art. 56 § 1), die Herausgabe von Zs., wiss. Slg. sowie wiss. Kongresse u. alle anderen geeigneten Formen wiss. Zusammenarbeit (OrdVG Art. 2). Das DirOec/1993 empfiehlt den Hochschulen bei ihrer F.-tätigkeit eine ök. Zusammenarbeit (Nr. 191-203).

Quellen

Pius XI., ApK Deus scientiarum Dominus vom 24. Mai 1931: AAS 23 (1931), 241-262; Vat II, GE; Johannes Paul II., ApK Ex corde Ecclesiae vom 15. August 1990: AAS 82 (1990), 1475-1509; Päpstlicher Rat zur Förderung der Einheit der Christen, Dir. zur Ausführung der Prinzipien u. Normen über den Ökumenismus vom 25. März 1993: VApSt 110; Franziskus, ApK Veritatis gaudium vom 08. Dezember 2017: http://w2.vatican.va/content/francesco/de/apost_constitutions/documents/papa-francesco_costituzione-ap_20171208_veritatis-gaudium.html [Zugriff: 15.05.2019]; Kongr. für das Kath. Bildungswesen, Ordinationes zur richtigen Anwendung der ApK Veritatis gaudium vom 27. Dezember 2017: http://w2.vatican.va/content/francesco/de/apost_constitutions/documents/papa-francesco_costituzione-ap_20171208_veritatis-gaudium.html [Zugriff: 15.05.2019].

Literatur

Thivierge, G.-R., La recherche à l'Université Catholique. Service de société, service d'Église: Seminarium 50 (2010), 801-821; Pudumai Doss, J., Freedom of Enquiry and Expression in the Catholic Church: A Canonico-Theological Study, Bangalore 2007; ders., Freedom of enquiry and expression of Christifideles? Some juridical considerations starting from canon 218: StCan 44 (2010), 31-52; Comotti, G., Libertad de investigación [Derecho a la]: DGDC Vol. V, 144-148.

Ulrich Rhode

© 2019, DOI: 10.30965/9783506786388_0048

Forschungsfreiheit – Staatlich und Evangelisch

1. Die F. ist ein Teilgehalt der Wissenschaftsfreiheit, die zudem die →Lehrfreiheit erfasst. Von hist. Herkommen her zielt die F. auf Autonomie der Wissenschaft gegenüber den Funktionslogiken u. Eigeninteressen von Politik u. Religion. Die Wissenschaft sollte vor unbotmäßigen Übergriffen aus Staat u. Kirche geschützt werden. Nach einer kanonisierten Definition des BVerfG ist Wissenschaft jede Tätigkeit, die „nach Inhalt und Form als ernsthafter planmäßiger Versuch zur Ermittlung der Wahrheit anzusehen ist" (BVerfGE 35, 79, 113). Spötter kommentieren, die Ermittlungstätigkeit der Kriminalpolizei sei dann Wissenschaft. Doch um die Tautologie Wissenschaft ist Wissenschaft für das Recht sinnvoll zu entfalten, bietet die Definition des BVerfG einen brauchbaren Ansatzpunkt. Sie geht auf eine Formulierung Rudolf Smends zurück: Unter Forschung im verfassungsrechtlichen Sinne fällt nach Smend jeder „ernsthafte Versuch zur Ermittlung ... wissenschaftlicher Wahrheit". Ins Zentrum des Interesses rücken damit die Begriffe „ernsthafter Versuch" u. „wissenschaftliche Wahrheit" (Smend, 1928).

2. Weitere Annäherungen müssen nach der Funktion des Grundrechts fragen: Es dient dem Schutz der freien Entscheidung des Grundrechtsträgers über die wiss. Fragestellung u. Themensetzung, die wiss. Methoden u. Vorgehensweisen sowie die Präsentation u. Verbreitung der wiss. Erkenntnisse. Forschung im grundrechtlichen Sinne zielt auf einen Erkenntnisgewinn auf Grundlage methodischen Vorgehens, orientiert sich an der Leitunterscheidung Wahrheit/Unwahrheit u. weist sich durch rational nachvollziehbare Begründungen aus. Von der F. geschützt ist gleichermaßen Grundlagenforschung u. anwendungsorientierte F.

Die so verstandene F. schützt den wiss. Streit um das angemessene Wissenschaftsverständnis u. damit auch um Wissenschaftstheorien, es will diesen Streit aber nicht m. der Autorität des Rechts entscheiden. Deshalb ist F. eben jur., nicht wissenschaftstheoretisch zu definieren. Freilich ist der Unterschied zwischen Schutzvoraussetzung u. Schutzwirkung der F. graduell bestimmt: Um überhaupt von Forschung sprechen zu können, muss diese grds. ergebnisoffen betrieben werden. Forschung setzt zudem eine gewisse Eigenverantwortung in den Entscheidungen über Erkenntnisziele u. -methoden voraus, erst dann wird diese Eigenverantwortung in den Entscheidungen durch die F. garantiert. Die Grenze zwischen Nichtforschung u. schlechter wiss. Praxis ist nicht immer einfach zu ziehen.

2. In personeller Hinsicht schützt die F. nicht nur das forschende Individuum, sondern auch Forschungseinrichtungen. Adressat des Grundrechts ist die staatl. Gewalt (nicht aber Private u. auch nicht die ev. Kirche, die öff.-rechtliche Körperschaft sui generis ist). Die F. begr. zudem eine objektiv-rechtliche Verpflichtung des Staates u. verpflichtet diesen zu kulturstaatlichen Aktivitäten.

3. Wiss. betriebene Theologie an staatl. →Hochschulen wird in ihren Charakteristika u. m. ihrem Gepräge durch die F. ebenso geschützt wie jede andere akademische Disziplin. Teilweise bestehen für einzelne theol. Forschungseinrichtungen (Fak.) bes. staatskirchenvertragliche Bestandsgarantien. Besonderheiten ergeben sich aus dem die Theologie konstituierenden Bekenntnisbezug. Damit Hochschulen in Trägerschaft des religiös-weltanschaulich neutralen Staates bekenntnisbezogene Forschung betreiben können, müssen sie institutionelle Sicherungen dieser Neutralität vorsehen. Der Staat kooperiert deshalb m. →Religionsgemeinschaften, deren →Selbstbestimmungsrecht zudem betroffen ist. Dieses Selbstbestimmungsrecht verstärkt die F. in der universitär betriebenen Theologie, kann ihrer institutionellen Einhegung aber auch Grenzen setzen. In der Theologie begegnen sich das Wissenschafts- u. Religionssystem. Theologie wirkt als Reflexion religiöser Praxis auf

diese zurück; sie hat zudem für die Ausbildung geistl. Personals in Religionsgesellschaften zentrale Bedeutung. Daraus ergeben sich staatskirchenrechtliche Besonderheiten. Will jemand in seinem Forschungsprogramm den Bekenntnisbezug der Theologie abstreifen u. andere Formen der Religionsforschung betreiben, bleibt er von der F. geschützt, muss aber im Rahmen der Verhältnismäßigkeit institutionelle Konsequenzen wie eine Umsetzung od. den Verlust bestimmter Prüfungsrechte in Kauf nehmen (BVerfGE 122, 89 ff. zur causa Lüdemann).

4. Innerhalb des ev. KR finden sich gelegentlich Bezüge u. Hinweise auf die F. Bestimmungen im Recht des kirchl. Archivwesens zur Forschung an kirchl. Archivalien tragen der F. Rechnung. Nach Art. 7 ihrer GrO kommt der EKD die Aufgabe der Forschungsförderung zu. In Satzungen u. Ordnungen versch. von der ev. Kirche getragener Forschungsinstitute wird deren wiss. Unabhängigkeit garantiert (so etwa für die Ev. Arbeitsgemeinschaft für kirchl. Zeitgeschichte od. für das Inst. für Altertumswissenschaften des Hl. Landes). Doch auch o. eine solche ausdrückliche Regelung geht m. der kirchenrechtlichen Charakterisierung einer kirchl. als wiss. Einrichtung eine Garantie ihrer F. einher. Denn wiss. ist eine Einrichtung nur, wenn ihr Entscheidungsfreiheit über Forschungsfragen u. -methoden zukommt u. ihr Forschungsprozess sich durch Ergebnisoffenheit auszeichnet.

Literatur

Smend, R., Das Recht der freien Meinungsäußerung (1928): ders., Staatsrechtliche Abhandlungen, Berlin 1994, 89-118; Heinig, H. M. – Munsonius, H. – Vogel, V., Organisationsrechtliche Fragen der Theologie, Tübingen 2013; Heinig, H. M., Theologie an staatl. Universitäten: ders., Die Verfassung der Religion, Tübingen 2014, 279-299.

Hans Michael Heinig

© 2019, DOI: 10.30965/9783506786388_0049

Forschungsfreiheit – Katholisch

1. Begriff der F. im Allg.: →Forschung ist die m. wiss., rational nachvollziehbarer Methode betriebene, krit. hinterfragende, systematische Suche nach neuer Erkenntnis, m. den Wesensmerkmalen der Objektivität (frei von gegenstandsfremden Interessen u. Einflüssen), der Offenheit der Ergebnisse gegenüber der Kritik der Fachwelt u. der F. Letztere besteht in dem Recht des Forschers, Erkenntnisziele, Inhalte u. Methoden eigenverantwortlich auswählen u. entwickeln zu können, o. dass die Ergebnisse einer Zensur bzw. Rechenschaftspflicht unterliegen. Vat II anerkennt die rechte Freiheit u. Eigengesetzlichkeit der Wissenschaften: GS 36, 59. Die F. bildet zusammen m. der Lehrfeiheit die Wissenschaftsfreiheit. Diese ist als →Menschenrecht (Art. 15 Intern. Pakt über wirtschaftliche, soziale u. kulturelle Rechte vom 19.12.1966; Art. 13 GRCh der EU) u. als Grundrecht garantiert (z. B.: Art. 33 S. 1 ital. Verf.; Art. 5 Abs. 3 GG; Art. 17 österr. StGG), kirchenrechtlich für die Dozenten an →katholischen Universitäten („scientifica autonomia": c. 809; vgl. GE 10) (→Autonomie): „... je nach den Grundsätzen und Methoden einer jeden Disziplin, wenn nur die Rechte der einzelnen Person und die der Gemeinschaft geschützt werden innerhalb des Anspruchs der Wahrheit und des Gemeinwohls" (EcE, Teil II Art. 2 § 5).

2. F. der Theologen: F. genießt, wer in dem betr. Fachgebiet über entspr. Kenntnis verfügt u. ein Problem in der genannten Art bearb. Der Theologe hat drei Adressaten: die Welt der Wissenschaft, das kirchl. →Lehramt, die Gemeinschaft der →Gläubigen. Das rechtliche Verhältnis zu diesen drei Gruppen ist unterschiedlich. Wer sich der Theologie widmet, besitzt die gebührende Freiheit („iusta libertate"; vgl. c. 386 § 2) der Forschung u. der klugen Äußerung unter Wahrung des dem Lehramt geschuldeten →Gehorsams („debito obsequio"; vgl. DV 10/2; Donum Veritatis, Nr. 22-24): c. 218; c. 21 CCEO. GS 62 spricht von der „ius-

ta libertas inquirendi, cogitandi necnon mentem suam in humilitate et fortitudine aperiendi". Die Äußerungsmöglichkeit in Fachkreisen ist der Wissenschaft wesentlich, in der breiten Öffentlichkeit aber soll dies m. Klugheit („prudenter") geschehen, z. B. um Verwirrung od. Ärgernis unter den Gläubigen zu vermeiden. „Iusta" bezieht sich einerseits auf die Beachtung der wiss. Methode, andererseits auf das Verhältnis zum Lehramt, worin sich die Kirchlichkeit der Theologie u. ihr Charakter als Glaubenswissenschaft manifestiert: In der Wahl von Begriffen u. Methoden findet sie „das letzte normgebende Prinzip in der geoffenbarten Lehre" (nicht in profanen Wissenschaften); Theologie u. Lehramt haben zwei unterschiedliche, für die Kirche lebenswichtige Aufgaben, die sich gegenseitig durchdringen u. bereichern (Donum Veritatis, Nr. 21 u. 40). Kraft des mandatum sowie →Glaubensbekenntnis u. →Treueid (c. 833) übernimmt der Theologe rechtsverbindlich u. amtl. die Aufgabe, „mit aller Genauigkeit und unverkürzt die Lehre des Glaubens vorzulegen und zu erklären" (Nr. 22). Das Lehramt hat die Aufgabe, die Einheit des Glaubens zu wahren u. daher eine Aufsichtskompetenz, welche, sofern sie ihre sachlichen Grenzen nicht überschreitet, als gegenstangsadäquat, u. folglich nicht als illegitime Beschneidung der F. zu bez. ist. „Die Freiheit der Forschung, an der die Gemeinschaft der Wissenschaftler mit Recht als einem ihrer kostbarsten Güter festhält, bedeutet die Bereitschaft, die Wahrheit so anzunehmen, wie sie sich am Ende einer Forschungsarbeit darbietet, bei der kein Element Einfluss gewinnt, das den Erfordernissen einer dem studierten Objekt entsprechenden Methode fremd ist. In der Theologie ist diese Freiheit der Forschung innerhalb eines rationalen Wissens anzusetzen, dessen Gegenstand von der Offenbarung gegeben wird, wie sie in der Kirche unter der Autorität des Lehramtes übermittelt, ausgelegt und vom Glauben angenommen wird. Diese Elemente, die den Rang von Grundsätzen haben, beiseite zu lassen, würde bedeuten, dass man aufhört Theologie zu treiben" (Donum Veritatis, Nr. 12). Die Verantwortung des kirchl. Lehramtes beinhaltet die Kompetenz, im Falle einer Gefährdung der Einheit u. Unverfälschtheit der Glaubens- u. Sittenlehre durch Veröff. eines Theologen (über seine Fachwelt hinaus) gegen diesen ein Lehrprüfungsverfahren durchzuführen, an dessen Ende äußerstenfalls auch strafrechtliche Sanktionen stehen können. Für die Bestimmung der gebührenden Freiheit („iusta libertas") u. des schuldigen Gehorsams („debitum obsequium") ergibt sich aus diesem Zusammenhang: die beiden unbestimmten Gesetzesbegriffe können nicht je für sich erklärt werden, sondern bestimmen sich gegenseitig. Die nähere Bestimmung ist nur im Einzelfall möglich, wobei zwei Hauptkriterien heranzuziehen sind: 1. um welche Art von Lehre, bezogen auf ihren Verbindlichkeitsgrad (cc. 750-753; cc. 598-600 CCEO), es sich handelt, u. 2. welchem Adressatenkreis gegenüber die Äußerung erfolgt, insb. der Fachwelt od. der allg. Öffentlichkeit gegenüber.

Quellen

Vat II, GE; Vat II, DV; Vat II, GS; Johannes Paul II., ApK Ex Corde Ecclesiae vom 15. August 1990: AAS 82 (1990), 1475-1509; Kongr. für die Glaubenslehre, Instr. Donum Veritatis vom 24. Mai 1990: AAS 82 (1990), 1550-1570; ders., Agendi ratio doctrinarum examine vom 29. Juni 1997: AAS 89 (1997), 830-835; abgedr.: AfKKR 166 (1997), 142-147; Franziskus, ApK Veritatis Gaudium vom 8. Dezember 2017: http://w2.vatican.va/content/francesco/de/apost_constitutions/documents/papa-francesco_costituzione-ap_20171208_veritatis-gaudium.html [Zugriff: 15.05.2019].

Literatur

Kasper, W., Wissenschaftliche Freiheit u. lehramtliche Bindung der kath. Theologie: Essener Gespräche zum Thema Staat u. Kirche 16 (1982), 12-42; Finkenstaedt, T. – Zimmermann, B. – Höffe, O., Forschung: Staatslexikon[7] Bd. 2, 638-649; Hünermann, P., Wissenschaftsfreiheit u. Lehrbindung der kath.-theol. Hochschullehrer: EvStL Bd. 2, 4095-4098; Kasper, W.,

Theologie: Staatslexikon[7] Bd. 5, 450-457 (453-455); Kewenig, W. A., Wissenschaftsfreiheit: Staatslexikon[7] Bd. 5, 1100-1104; Torfs, R., Estructura eclesiástica y responsabilidad independiente. Reflexiones en torno a los cánones 212 § 3 y 218 del CIC de 1983: REDC 47 (1990), 663-694; Schouppe, J. P., Le droit d'opinion et la liberté de recherche dans les disciplines ecclésiastiques (cann. 212 et 218: nature et portée): ACan 37 (1994), 155-184; Hollerbach, A., Wissenschaftsfreiheit in der Kirche: LThK[3] Bd. 4, 113-115; Mussinghoff, H., Forschung, V. Kirchenrechtliche Aspekte: LThK[3] Bd. 3, 1361; Hollerbach, A., Freiheit der Wissenschaft in der Kirche: LKR, 303-306; Comotti, G., Libertad de investigación (derecho a la): DGDC Vol. V, 144-188.

Helmuth Pree

Forschungsfreiheit – Islamisch

Ob sich Aspekte säkular gedachter F. überhaupt m. einem bestimmten religiösen Signum verbinden lassen, ist fraglich. Den →Islam betrifft zunächst nur bedingt eine m. dem Christentum vergleichbare Konfliktgeschichte um kirchl. u. staatl. Institution, konfessionelle u. territoriale Demarkationen od. wiss. Deutungshoheit zwischen europäischer Renaissance u. Moderne. Die geistigen u. kulturellen Errungenschaften der wechselnden arabischen, persischen od. andalusischen Blütezeiten im MA führen vor Augen, dass der Islam nicht per se dem analytisch-forschenden Denken im Wege stand. Differente Ausprägungen aufklärerischer Erkenntnis- u. Diskursfähigkeit haben in den damals entstehenden Wissensdisziplinen des Islams zunächst ungehindert Tritt fassen können.

Was die als islam. im religiösen Sinn markierbaren Wissenstraditionen angeht, ist zunächst auf die Rationalität der koranischen Kosmogonie zu verweisen. Die Zentralschrift des Islams bietet Inhalte u. Narrative einer Natur- od. Universalphilosophie an. Sie erweist sich schon früh als Ressource spiritueller Neugier auf die Welt, die Menschheit, die Natur der Dinge u. die Grundlagen der Religion. Die exegetischen Traditionen des →Korans gründeten in drei grundlegenden Befunden. Erstens ist die hl. Schrift des Islams eine Slg. von Texten, die sich nicht genealogisch, thematisch od. chronologisch gliedert, sondern typologisch. Sie begr. damit eine Kultur des Beobachtens u. Denkens gleichsam gegen den Strich u. bricht Sehgewohnheiten auf. Zweites reflektiert sie sich selbst an Hand funktionaler Kriterien u. verzichtet auf die Trennung von sakraler u. profaner Weltwahrnehmung. Drittens transportiert der Koran, ähnlich der Scharnierfunktion von Talmud u. Midrasch zwischen der mündlichen u. schriftlichen →Torah, das religionskritische Saeculum als Element der eigenen Tradition. Viertens führt die koranische Rede i. d. R. vom Partikularen zum Universalen (die Suren 4, 25, 30, 36, 55 u. a.): „Warum nehmt ihr den Koran nicht auseinander und prüft nach? ... Durchstoßt den Himmel wenn ihr könnt ... Alles Lebendige kommt aus dem Wasser ... Das süße und das salzige Wasser sind eigene Massen ... Pflanzen und Tiere sind geschlechtlich erschaffen ... Alle Gestirne folgen festgelegten Bahnen ... Die Vielfalt menschlicher Hautfarben und Sprachen ... Studiert die Geschichte der früheren Völker ... Betrachtet euren Körper ... In alledem liegen Zeichen für Leute, die mit Verstand hinsehen und nachdenken ..."

Die Denkfigur des freigesetzten u. reflexionsfähigen Menschen (anthropologische Extrapositionalität) ist für die F. in der islam. Ideen- u. Kulturgeschichte eine wichtige Voraussetzung. Die Konvergenz von Spiritualität u. Ästhetik einerseits sowie Neuplatonismus u. Aristotelik andererseits begünstigt geistige Kreativität derart, dass sich trotz konfliktreicher Ausprägung islam. Dogmatiken u. Dynastien schon in der sehr frühen islam. Zeit F. als bereichsübergreifendes Prinzip etabliert – institutionell gerahmt von der Entstehung höherer Anstalten allumfassenden u. allg. zugänglichen Wissens (Universitäten) in Damaskus (Bayt al-Ḥikma), später Kairo (al-Azhar), sowie neuer Vervielfältigungstechniken (Papierherstellung, Hochdruckverfahren) ab der Regentschaft des siebten abbasidischen Kalifen al-Ma'mūn (Almanon; 8.-9. Jh.). M. Almanon verbindet sich aber paradoxerweise auch die erste zwanghaft rationalistische Vereinheitlichung einer Lehrmeinung u. damit die Beschneidung der F. u. die harte Verfolgung (miḥna) dissidenten Denkens.

Wissenschaft im islam. Verständnis versucht, zur Beschreibung von Wirklichkeit u. Verhandlung von Wahrheit beizutragen (Ermittlungs- u. Vermittlungsaufgabe). Forschung zielt deshalb darauf ab, planvoll neue Erkenntnisse zu gewinnen. Das wurde in Deutschland in jüngerer Zeit auch von islam. Theologie als neuem Fach im Kanon universitärer Disziplinen in einer Weise formuliert, die sich in das Wissenschaftsverständnis von Moses Mendelssohn od. Abraham Geiger einreiht: Die Glaubensverunsicherung durch wiss. Dekonstruktion vertieft die religiöse Erkenntnis, ermöglicht die Traditionskritik u. unterstützt die Kernbereiche religiöser Identität wie etwa das Gottes- u. Menschenbild, Liturgie, Ethik u. Morallehre. Damit wird F. zu einem zentralen Argument dafür, islam.-religiöses Kultuspersonal an Universitäten auszubilden. Hierin gründet, was einen so bez. Islam als westlich, europäisch od. dt. auszeichnet: Es sind nicht der Bruch m. seinen Traditionen od. seine ethische od. systematische Umkodierung hin auf Zeitgeist u. Nachrede, sondern die wiss.-methodische Regelleitung, die Kritikfähigkeit im interdisziplinären u. intern. Kontext. Damit ist F. (auch außer-universitär) die unabdingbare Voraussetzung für heutige islam.-theol. Grundlagenforschung.

Offen bleibt in Deutschland dz. noch, inwieweit Fragen der gesellschaftlichen Relevanz (Nützlichkeit) auf die islam. F. Einfluss nehmen, z. B. durch die Förderung über öff. Gelder. Der überwiegende Anteil der gegenwärtig in der islam. Theol. besetzten Stellen wird über die 2010 gestartete Förderung durch das BMBF erhalten. Hier wird krit. angefragt, worin (über die Anschlussperspektive beruflicher Sparten wie Gemeindeführung od. Lehramt hinaus) der gesellschaftliche Mehrwert islam. Theol. liegt – u. wie sie die Divergenzen zwischen der wiss. Grundlagenforschung, religiöser Selbsthermeneutik u. kulturpolitischem Ertrag für die gesellschaftlischen Leitbilddiskurse künftig bearbeiten wird.

Literatur

Özsoy, Ö. – Shahin, E., Fundamente der islam. Theologie in Deutschland: Handbuch Christentum u. Islam in Deutschland, hg. v. M. Rohe u. a., Freiburg 2014, 422-434; Behr, H., Wem gehört der Islam?: HK Spezial 69 (2015), 50-53; Schulze, R., Der Islam als Objekt u. Subjekt der Wissenschaft: Frankfurter Zeitschrift für Islam.-Theol. Studien 2 (2015), 99-125; Der inspizierte Muslim: Zur Politisierung der Islamforschung in Europa, hg. v. S. Amir-Moazami, Berlin 2018.

Harry Harun Behr

© 2019, DOI: 10.30965/9783506786388_0049

Fortbildung – Katholisch

F. meint die Fortführung u. Vertiefung der in einer Ausbildung erworbenen Kenntnisse u. Fähigkeiten (→Bildung). Ein bes. Anliegen der F. liegt – neben der weiterführenden Vermittlung der neuesten wiss. Erkenntnisse – in der Verbindung von wiss. Vorbildung u. Erfordernissen der beruflichen Praxis.

1. F.-verpflichtung der →Kleriker: Das Recht der kath. Kirche weist schon seit langer Zeit Normen auf, welche die Kleriker zu einer beständigen F. verpflichten. So forderte schon P. Pius IX. in seiner Enz. Nemo certe ignorat an die Ebf. u. Bf. von Irland vom 25.03.1852, dass die Kleriker das Studium, v. a. der theol. Disziplinen, m. Klugheit pflegen sollen. Ähnliche Anweisungen seitens der P. ergingen auch in der Folgezeit u. führten zu der Regelung des can. 129, durch den die F.-verpflichtung der Kleriker allg. festgeschrieben wurde. Neben der persönlichen Verpflichtung der Kleri-

ker zur F. wurde seitens der Kirche eine organisierte F. angeboten, sog. Pastoralkonferenzen (vgl. can. 131) u. die mind. in den ersten drei J. nach der →Priesterweihe verpflichtend abzulegenden Jahresprüfungen (vgl. can. 130). Nachdem das Zweite Vatikanische Konzil im Dekr. über Dienst u. Leben der Priester Presbyterorum ordinis dazu aufgefordert hatte, die →Priester zu motivieren, ihre theol. u. Allgemeinbildung zu vervollständigen, um so für das Gespräch m. den Menschen vorbereitet zu sein, u. ihnen Hilfsmittel in Gestalt von Kursen u. Kongressen anzubieten (PO 19), hat der CIC von 1983 in c. 297 die Verpflichtung zur beständigen F. als Grundpflicht der Kleriker normiert (→Klerikerpflichten). Sie müssen – auch nach dem Empfang der Priesterweihe noch – die Studien in den theol. Wissenschaften („studia sacra") fortsetzen, wobei sie „weltliche Moden in der Ausdruckweise und Scheinwissenschaften" zu vermeiden haben (c. 279 §1). Die Priester sind zudem verpflichtet, speziell eingerichtete pastorale Vorlesungen u. andere F.-veranstaltungen zu besuchen; das Nähere ist partikularrechtlich geregelt (c. 279 §2). Nach Partikularrecht können auch die (Ständigen) →Diakone verpflichtet sein, an F.-veranstaltungen teilzunehmen (vgl. z. B. RO für Ständige Diakone in den Bistümern der Bundesrepublik Deutschland, Teil I, 4.3.2 u. 4.4.2). Schließlich haben die Priester auch die Kenntnis in anderen, v. a. m. der Theologie verbundenen, Wissenschaften zu vertiefen, um so ihre pastoralen Kompetenzen zu verbessern (c. 279 §3). Das Gesetzbuch für die kath. Ostkirchen normiert zutreffenderweise die Verpflichtungen zur F. u. zum Besuch von F.-veranstaltungen grds. als eine Verpflichtung aller Kleriker (c. 372 CCEO). Das Dir. für Dienst u. Leben der Priester vom 11.02.2013 betont v. a. die Bedeutung von Einkehrtagen u. Exerzitien für die „angemessene und dauernde Fortbildung des Klerus" (n. 103). Die wissenschaftliche F. ist hier nicht im Blick. Auch die Ratio fundamentalis institutionis sacerdotalis, die von der Kongr. für den Klerus am 08.12.2016 erlassen wurde, behandelt unter der Überschrift „Ständige Fortbildung" v. a. die spirituelle, jedoch kaum die wissenschaftliche F.

2. F. von kirchl. Laienbediensteten: Das allgemeinkirchliche Recht sieht eine F.-verpflichtung von Laienbediensteten der Kirche nicht ausdrücklich vor, es sei denn, man sähe sie in der Norm des c. 229 §1 angesprochen, wonach →Laien „verpflichtet und berechtigt" sind, Kenntnis der chr. Lehre zu erwerben, damit sie dieser entspr. leben, sie verkündigen u. nötigenfalls verteidigen u. „in der Ausübung des Apostolats ihren Teil beizutragen imstande sind". Diese Norm gilt jedoch für alle Christgläubigen in ders. Weise u. nicht nur für kirchl. Mitarbeiter. Spezielle Regelungen für die F. von Laienbediensteten gibt es nur in jenen Teilkirchen, in denen es aufgrund der materiellen Möglichkeiten der Kirche Laienbedienstete geben kann. So garantiert die von den Dt. Bf. in der Fassung vom 27.04.2015 erlassene GrO des kirchl. Dienstes im Rahmen kirchlicher Arbeitsverhältnisse (→Grundordnung für den kirchlichen Dienst) in Art. 9 den Anspruch der Mitarbeiterinnen u. Mitarbeiter auf berufliche Fort- u. Weiterbildung, welche nicht nur die fachlichen Erfordernisse, sondern ebenso die ethischen u. religiösen Aspekte ihres Dienstes umfasst. Die Diözesen bieten für die einzelnen Berufsgruppen (z. B. Pfarrsekretärinnen, Kirchenmusiker, Erzieher, PastAss., PastRef., GemRef., Leitungspersonen) spezielle F.-programme an, die zumeist aus diözesanen Mitteln gefördert werden.

In einer Zeit sich schnell wandelnder Verhältnisse in Kirche u. Gesellschaft sind F. u. Weiterbildung von entscheidender Bedeutung, wenn es der Kirche u. ihren Amtsträgern gelingen soll, „auf die von den heutigen Menschen erörterten Fragen die rechte Antwort zu geben" (OT 19, 1).

Quellen

Pius IX., Enz. Nemo certe ignorat vom 25. März 1852: Pii IX Pontificis Maximi Acta Vol. I/I, Graz 1971, 353-360; Vat II, PO; Vat II, OT; DBK, Grundordnung des kirchl. Dienstes im Rahmen kirchl. Arbeitsverhältnisse vom 27. April 2015: DDB 95A, Bonn [4]2012; DBK, Rahmenordnung für Ständige Diakone in den Bistümern der BRD vom 19. Mai 2015: DDB 101, Bonn 2016; Kongr. für den Klerus, Ratio Fundamentalis Institutionis Sacerdotalis vom 8. Dezember 2016: VApSt 209, Bonn 2017.

Literatur

Groß, H. J., Fort- u. Weiterbildung von Seelsorgern. Ein Entwurf aus der Sicht der praktischen Theologie, Würzburg 1989; Althaus, R., Die Aus- u. Fortbildung der Kleriker: HbkathKR[3], 372-387.

Ludger Müller

Forum externum et internum – Katholisch

1. Bedeutung: Da das Heilshandeln der Kirche auch u. gerade das Innerste des Menschen betrifft, erreichen ihre Rechtsakte um der →salus animarum willen auch jene Sphäre, die sich äußerer Feststellbarkeit u. Beweisbarkeit entzieht u. wo der Mensch in seinem →Gewissen Gott gegenübersteht. Der →Gläubige hat ein Recht darauf, dass er o. unnötige Beschwernis Zugang zu den Heilsmitteln erhält, u. daher bei Vorliegen der Mindestvoraussetzungen von →Schuld u. anderen Lasten befreit wird, o. Nachteile bzw. eine Schädigung seines Rufes befürchten zu müssen: cc. 213, 220, 843 §1; cc. 16, 23, 381 §2 CCEO. Deshalb unterscheidet die Kirche, ob die Leitungsgewalt (potestas regiminis) →öffentlich (z. B. →Gesetz, →Errichtung einer →Pfarrei, →Amtsenthebung) od. →geheim (z. B. im Bußsakrament [→Beichte]) ausgeübt wird. F. e. ist die öff., f. i. die geheime Ausübungsweise. Letztere ist entweder f. i. sacramentale, wenn sie im Rahmen des Bußsakraments, od. extrasacramentale, wenn sie außerhalb desselben ausgeübt wird. Die Differenzierung zwischen f. e. u. i. bedeutet nicht: a) zwei versch. Gewalten; dieses Missverständnis wurde u. wird durch den Wortlaut von can. 196 CIC/1917 u. c. 980 §1 CCEO („alia – alia") nahegelegt; b) das f. e. als Rechtsbereich, das f. i. als nicht rechtlicher (moralischer) Gewissensbereich; Hintergrund ist die seit dem MA gebräuchliche Bez. des f. i. als f. conscientiae, auch noch in can. 196 CIC/1917; c) f. e. als amtl., f. i. als privater Bereich; d) Rechtswirkungen der Akte im f. e. auf die äußere Sphäre beschränkt – jene des f. i. nur im Gewissen. In Wahrheit verpflichten Akte des f. e. grds. auch im Gewissen, u. solche des f. i. entscheiden die Sache vollständig (lediglich die Beweisbarkeit ist eingeschränkt).

2. Anwendungsgrundsätze: Kirchl. Leitungsgewalt wird an sich öff. (beweisbar) ausgeübt; Rechtswirkung u. Verbindlichkeit beschränken sich aber nicht auf das Äußere, sondern verpflichten auch innerlich, es sei denn, rechtlich relevante geheime Sachverhalte (z. B. geheimer Willensvorbehalt) stünden der Wirksamkeit entgegen. Bisweilen wird potestas regiminis aber geheim ausgeübt m. der Folge, dass die Rechtswirkungen zwar vollständig gegeben sind, jedoch mangels Beweisbarkeit nicht öff. anerkannt werden können (non recognoscantur), außer wo dies vorgesehen ist. Für das f. i. sacramentale ist dies absolut ausgeschlossen. Sollte später der Sachverhalt bekannt werden, bedarf es eines neuerlichen Rechtsaktes im f. e. (jedoch nur des →Beweises wegen). Bei Akten im f. i. extrasacramentale (z. B. →Dispens von einem geheimen Privatgelübde od. einem geheimen →Ehehindernis gem. c. 1079 §3) hingegen ist die Überführung in das f. e., wenn später der Fall bekannt wird, grds. möglich, z. T. ausdrücklich vorgesehen: cc. 74, 1079 §3; 1132 f.; cc. 796 §2, 840 §§2-3, 1527 §2 CCEO. Die Lossprechungsgewalt (cc. 966-976; cc. 722-726 CCEO) ist dem Grunde nach m. der →Priesterweihe gegeben, bedarf jedoch zur →Gültigkeit der Ausübung einer eigenen facultas, welche entziehbar ist u. im lat. KR (im orient. KR gibt es keine →Tatstrafen) die Gewalt zum Nachlass von →Kirchenstrafen in gewissem Umfang beinhaltet (cc. 508, 566 §2, 1355 §2, 1357 §1). Auf die facultas finden cc. 130 u. 144 (cc. 980, 994 CCEO) Anwendung.

Was öff. bekannt (beweisbar) ist, ist im f. e. zu erledigen (vgl. z. B. cc. 1158 § 1, 1159 § 3, 1674 § 1, 2°; cc. 845 § 1, 846 § 3, 1360, 2° CCEO). Was geheim ist u. voraussichtlich auch geheim bleiben wird, kann – u. soll, sofern es dem Wohl des Betroffenen dient – im f. i. geregelt werden (vgl. z. B. cc. 1048, 1079 § 3, 1340 § 2; cc. 767 § 3, 796 § 2 CCEO). In das f. i. fällt es auch, wenn ein Gläubiger einem →Beichtvater seine →Sünden bekennt, jedoch eine Lossprechung nicht erfolgt. Der Gläubige hat ein Recht darauf, dass seine (nicht öff. bekannte) Angelegenheit wenigstens im f. i. extrasacramentale behandelt wird, wenn ein legitimes Interesse an der Geheimhaltung vorliegt, z. B. weil m. der öff. Vorgehensweise die Gefahr einer vermeidbaren (u. daher unrechtmäßigen) Rufsschädigung verbunden wäre (vgl. c. 220; c. 23 CCEO). Die Ausübung der potestas regiminis im f. e. ist die Regel, jene nur im f. i. die Ausnahme.

Trotz des Prinzips der bestmöglichen Koordinierung der beiden fora (Principium Nr. 2 der CIC-Reform aus 1967) kann es im Einzelfall zu einer Divergenz zwischen rechtlicher Entscheidung (in foro interno) u. der öff. Rechtslage kommen.

3. Zuständigkeit: Wer Leitungsgewalt für das f. e. besitzt, hat sie auch für das f. i. u. kann sie grds. auch allein für diesen Bereich ausüben. Wer hingegen Leitungsgewalt nur für das f. i. besitzt, wie der →Bußkanoniker (c. 508) od. die →Apostolische Pönitentiarie (c. 64; Art. 118 PastBon), ist in der Ausübung auf das f. i. beschränkt.

Quellen

Johannes Paul II., ApK Pastor Bonus vom 28. Juni 1988: AAS 80 (1988), 841-930.

Literatur

Mörsdorf, K., Der Rechtscharakter der iurisdictio fori interni: MThZ 8 (1957), 161-173; Saraceni, G., Riflessioni sul foro interno. Nel quadro generale della giurisdizione della Chiesa, Padova 1961 (Neudr.: Padova 2002); Mostaza Rodríguez, A., „Forum internum – Forum externum". En torno a la naturaleza jurídica del fuero interno: REDC 23 (1967), 253-331; ders., „Forum internum-Forum externum". Naturaleza de la jurisdicción del fuero interno: REDC 24 (1968), 339-364; McManus, F. R., The Internal Forum: Acta Conventus Internationalis Canonistarum, hg. v. Pontificia Commissio Codici Iuris Canonici Recognoscendo, Vatikanstadt 1970, 251-261; De Paolis, V., Natura e funzione del foro interno: Investigationes theologico-canonicae, hg. v. U. Navarrete, Rom 1978, 115-142; Coccopalmerio, F., Ecclesiologia Vaticani II et iuridicitas fori interni qua fori remissionis peccatorum: PRMCL 69 (1980) 163-189; De Paolis, V., Coordinatio inter forum internum et externum in novo iure poenali canonico: PRMCL 72 (1983), 403-433; Pucher, E., Zum Verhältnis von Forum externum u. Forum internum bes. in der Ausbildung der Kleriker: ÖAKR 38 (1989), 494-504; Urrutia, F. J., Foro giuridico (Forum iuridicum): NDDC, 536-539; Pree, H., Forum externum u. Forum internum. Zu Sinn u. Tragweite einer Unterscheidung: Gnade u. Recht (FS Holotik), hg. v. S. Haering – J. Kandler – R. Sagmeister, Frankfurt u. a. 1999, 497-512; ders., Forum externum u. Forum internum. Zur Relevanz des Gewissensurteils im kan. Recht: AfKKR 168 (1999), 25-50; Pommarès, J. M., Le deuxième principe pour la réforme du droit canonique du Synode des Évêques de 1967, la coordination de fors dans le droit canonique revisité trente ans après: I principi per la revisione del Codice di diritto canonico. La ricezione giuridica del Concilio Vaticano II, hg. v. J. Canosa, Mailand 2000, 103-126; May, G., Forum: LKR, 302 f.; Erdö, P., Foro interno e foro esterno nel Diritto canonico. Questioni fondamentali: PerRCan 95 (2006), 3-35; Arrieta, J. I., The Internal Forum. Notion and Juridical Regime: StCan 41 (2007), 27-45; Peña García, C., Fuero externo: DGDC Vol. IV, 137-139; Arrieta, J. I., Fuero interno: DGDC Vol. IV, 139-144; Busso, A. D., Algunas cuestiones canónicas surgidas de la complejidad de la división de los fueros interno y externo: AADC 19 (2013), 11-37; Pree, H., § 13 Die Ausübung der Leitungsvollmacht: HbkathKR[3], 207-233 (207-209); Socha, H.: MKCIC c. 130.

Helmuth Pree

© 2019, DOI: 10.30965/9783506786388_0051

Forum iudiciale – Katholisch

1. Der Begriff f. i. taucht in der ersten Hälfte des 13. Jh. im Zusammenhang m. der Trennung von Buß- u. Gerichtswesen als Gegenglied zu → forum poenitentiale auf. Er bez. den Rechtsbereich, in dem die Kirche strafgerichtlich tätig wird. Thomas von Aquin verwendet f. exterius sinngleich für f. i. u. trägt zur Entwicklung des Begriffs f. externum (→ Forum externum et internum) bei, in dem Leitungsgewalt öff. ausgeübt wird. Der CIC/1917 (can. 990 § 1) verwendet f. i. anlässlich der → Dispens von → Weihehindernissen i. S. v. Gericht bzw. Gerichtsbereich. Im CIC/1983 (cc. 1047 § 1, 1049 § 1) u. im CCEO (cc. 767 § 1 n. 1, 768 § 1) findet sich der Ausdruck im gleichen Zusammenhang u. Sinn.

2. Sowohl hist. als auch aktuell verweisen die Begriffe f. u. noch deutlicher f. i. auf den Bereich der Rspr., m. dem die Frage der absoluten od. relativen gerichtlichen Zuständigkeit bzw. Unzuständigkeit eng verbunden ist. In den genannten kirchl. Gesetzbüchern erscheinen die hierzu einschlägigen Normen i. d. R. u. d. T. „De foro competenti" u. sind gesetzessystematisch v. a. im → Prozessrecht u. in den Bestimmungen über bes. Arten von Verfahren, wie z. B. Eheprozesse, verortet. Für die → Ehenichtigkeitsverfahren haben das MP → Mitis Iudex Dominus Iesus u. das MP Mitis et misericors Iesus die Kompetenzen neu geregelt (cc. 1672, 1673 § 6; cc. 1358, 1359 § 6 CCEO). Kodikarischen Zuständigkeitsregeln gem. werden gerichtliche Foren u. a. unterschieden in gesetzliche od. vereinbarte, ordentliche od. außerordentliche, klage- od. prozessbedingte, ausschließliche od. konkurrierende, personale od. dingliche (cc. 1404-1416; cc. 1058-1085 CCEO).

Quellen

Franziskus, MP Mitis et misericors Iesus vom 15. August 2015: AAS 107 (2015), 946-957; ders., MP Mitis Iudex Dominus Iesus vom 15. August 2015: AAS 107 (2015), 958-970.

Literatur

Olivares, E., Art. Foro competente (Forum competens): NDDC, 534-536; Gehr J., Art. Forum iudiciale: LKStKR Bd. 1, 710; Graulich, M., Art. Zuständigkeit: LKStKR Bd. 3, 912-914; García, C. P., Art. Fuero competente: DGDC Vol. IV, 127-134; KanR IV, 276-294; Lüdicke, K.: MKCIC Terminologische Einführung vor 1400; vor 1404; cc. 1672-1673.

Josef Gehr

© 2019, DOI: 10.30965/9783506786388_0052

Forum poenitentiale – Katholisch

1. Der Begriff f. taucht in der ersten Hälfte des 13. Jh. im Zusammenhang m. der Trennung von Buß- u. Gerichtswesen auf (Gegenglied: → forum iudiciale). Er umfasst die private u. die damals noch bestehende öff. Buße. Thomas von Aquin verwendet den Ausdruck forum conscientiae im institutionellen Sinn von f. In nachtridentinischer Zeit wird erkannt, dass das forum conscientiae das hoheitliche Handeln der Kirche innerhalb u. außerhalb des Bußsakramentes (→ Beichte) umschließt u. als forum internum (→ Forum externum et internum) bez. werden kann. Die kirchl. Gesetzbücher knüpfen an diese Entwicklung an u. unterscheiden innerhalb des forum internum zwei Bereiche: einen sakramentalen, „früher auch f. poenitentiale genannt" (Mörsdorf, 1937, 111), u. einen nichtsakramentalen (can. 1044; c. 1079 § 3; c. 796 § 2 CCEO).

2. Aus diesen Beobachtungen kann gefolgert werden, dass m. Blick auf das geltende kirchl. Recht das f. dem forum internum entspricht u. innerhalb dieses Rechtsbereichs eine bes. Nähe zum forum internum sacramentale aufweist. In den genannten Bereichen handelt die Leitungsgewalt (c. 130; c. 980 § 2 CCEO) zugunsten des Seelenheils u. des → guten Rufes (c. 220; c. 23 CCEO) geheim. Das Vorgehen im forum internum sacramentale ist an die strengen Geheimhaltungspflichten des → Beichtgeheimnisses gebunden. Zu der in ihm auszuübenden Leitungsgewalt zählt die Be-

fugnis, die zur gültigen Absolution erforderlich ist (c. 966 § 1; c. 722 § 3 CCEO). Leitungsgewalt nur für den inneren Bereich besitzen die →Apostolische Pönitentiarie (c. 64), der →Bußkanoniker (c. 508) u. →Beichtväter (z. B. cc. 976, 1079 § 3, 1357 § 1; cc. 725, 796 § 2 CCEO). Nachweisbare Rechtswirkungen beschränken sich auf das forum internum non sacramentale (cc. 1082, 1133; cc. 799, 840 § 3 CCEO).

Literatur

Mörsdorf, K., Die Rechtssprache des Codex Iuris Canonici, Paderborn 1937; Urrutia, F. J., Art. Foro giuridico (Forum iuridicum): NDDC, 536-539; Pucher, E., Art. Forum externum et internum: LKStKR Bd. 1, 708-710; Gehr J., Art. Forum poenitentiale: LKStKR Bd. 1, 711; Arrieta, J. I., Art. Fuero interno: DGDC Vol. IV, 139-144; Pree, H., Die Ausübung der Leitungsvollmacht: HbkathKR³, 207-233.

Josef Gehr

© 2019, DOI: 10.30965/9783506786388_0053

Fotokopie

→Urkunde

Fragen

→Interrogatorien

Frankreich, Staat und Religion – Staatlich

1. F. ist gem. seiner Verf., die in ihrem Kern auf das J. 1958 zurückgeht, eine präsidentielle Republik. Sie versteht sich als „unteilbar, laizistisch [„laique"], demokratisch und sozial" (Art. 1). Dieses Selbstverständnis reicht – m. gewichtigen Unterbrechungen – bis in die Zeit der Franz. Revolution zurück. M. der Erkl. der Menschen- u. Bürgerrechte (1789) u. der Abschaffung der Monarchie (1793) hat F. eine Pionier- u. Initialrolle im Blick auf die Genese des freiheitlichen, demokratischen Rechtsstaates gespielt. In der gegenwärtigen sog. Fünften Republik, die 1958 auf ihre Vorgänger aus den J. 1793, 1848, 1871 u. 1946 folgte, spielt der Staatspräsident eine herausragende Rolle; er nimmt repräsentative u. maßgebliche exekutive Aufgaben wahr, darunter die politische Richtlinienkompetenz. Das in Art. 1 der Verf. an prominenter Stelle verankerte Prinzip des →Laizismus hat ebenfalls eine Vorgeschichte in der Revolutionszeit, wurde indes erst in der Dritten Republik, 1905, durch das Gesetz zur Trennung von Religion u. Staat in der bis heute prägenden Form implementiert.

Seit 01.01.2016 ist F. in 18 Regionen gegliedert (davon liegen fünf in Übersee). Durch diese Reform sollte u. a. das Gewicht der Landesteile außerhalb der traditionellen demografischen, politischen, wirtschaftlichen u. kulturellen Metropole, Paris, gestärkt werden. Nach wie vor lebt ein knappes Fünftel der Bevölkerung F. im Großraum Paris (ca. 12,5 von 67 Mio. Einwohnern; 2017). Im Blick auf die Religionszugehörigkeit der Franzosen liegen keine staatl. Statistiken vor; Angaben basieren auf Auskünften der Religionsgemeinschaften selbst. Ohne Gewähr ergeben sich in etwa folgende Mitgliederzahlen (2017) – Röm.-kath. Kirche: 32 Mio.; Prot. Kirchen: 900.000; Judentum: 500.000; Islam: 5 Mio.; Buddhismus: 500.000 Mitglieder. (Das große Gewicht des Islam u. auch des Buddhismus speist sich aus der kolonialen Vergangenheit F.) Mehr als ein Drittel der Franzosen dürfte demnach keiner Religionsgemeinschaft angehören.

2. F. ist Gründungsmitglied der Vereinten Nationen – es hat einen ständigen Sitz im UN-Sicherheitsrat inne –, der NATO sowie der EU (u. seiner Vorgängerinstitutionen), es ist Mitglied in OSZE u. Europarat. Den „Internationalen Pakten über bürgerliche und politische Rechte" sowie „wirtschaftliche, soziale und kulturelle Rechte" ist F. beigetreten.

3. Religionsgeschichtlich gilt F. als älteste Tochter der kath. Kirche, doch seit der Franz. Revolution ist das Verhältnis zwischen Staat u. Kirche gebrochen. In ihrer radikalen Blütephase schaffte die Revolution das Christen-

tum ab u. ersetzte es durch einen Kult der Vernunft (1794). Schon in der Ära Napoleons wurde diese militante Religionsfeindlichkeit revidiert; 1802 anerkannte der frz. Staat in den sog. Organischen Art. die kath., die ref. u. die luth. Kirche (1808 folgte das Judentum) – bis heute bilden diese vier die cultes reconnus. In der Dritten Republik wurde zunächst das staatl. Schulwesen auf die Trennung von Staat u. Religion verpflichtet; am 09.12.1905 schrieb das o. genannte Gesetz den Laizismus des Staates insgesamt fest (das allerdings in den Departments Haut-Rhin, Bas-Rhin, Moselle, die zu jener Zeit zum Dt. Reich gehörten, nicht zur Anwendung kommt). Die Ausübung von Religion wird aus öff. Institutionen verbannt; der Staat unterstützt u. privilegiert keine der Religionsgemeinschaften. Auswirkungen hat dies insb. in wirtschaftlicher Hinsicht u. im Bildungssektor: Religionsgemeinschaften bzw. Staat erheben keine →Kirchensteuer; religiöses Leben einschließlich der Gehälter kirchl. Mitarbeiter ist spendenfinanziert. Im Raum der Schule ist das demonstrative Tragen religiöser Insignien verboten, es gibt keinen (konfessionellen) →Religionsunterricht u. keine öff. Schulseelsorge – Ausnahmeregelungen gelten für private Schulen u. Elsaß-Lothringen. Ungeachtet dessen lässt sich eine tiefgreifende kulturelle Prägung F. durch Religionen, namentlich durch das kath. Christentum, beobachten.

4. Seit mehr als 200 J. ist die Zahl der staatl. anerkannten Kultusgemeinschaften auf vier beschränkt (s. o.). Im Blick auf den Islam gab es starke politische Bestrebungen, eine franz. Repräsentanz aufzubauen – im Zuge dessen entstand 2002 der Conseil français du culte musulman (CFCM), der jedoch bis heute weder alle ethnischen noch alle religiösen Strömungen vertritt. Unbeschadet dessen setzt F. immer wieder Zeichen paritätischer Berücksichtigung versch. Religionsgemeinschaften – so wurden ihnen Sendezeiten staatl. Fernsehsender zugesprochen –, aber auch der Äquidistanz – so betrifft das Verbot, religiöse Zeichen im öff. Raum z. B. der Schule zu tragen, alle Religionen gleichermaßen. Spannungsvoll ist das Verhältnis des Staates zu sog. Sekten.

5. Unter den Bedingungen des Laizismus hat sich unter den traditionsreichen Religionsgemeinschaften ein Verhältnis der Koexistenz u. Toleranz entwickelt – allerdings ist ein öff. wahrnehmbarer interreligiöser Dialog, u. a. mangels entspr. Institutionen der Erwachsenenbildung, verglichen m. anderen europäischen Ländern nur relativ schwach ausgeprägt. Das Verhältnis des Staates wie auch der Zivilgesellschaft zum Islam wurde auf die Probe gestellt durch islamistische Anschläge (v. a. am 07.01. sowie am 13.11.2015 in Paris u. am 14.07.2016 in Nizza); in diesem Verhältnis geht es indes nicht primär um Religion, sondern in hohem Maße um die nationale u. soziale Integration von Immigranten.

6. F. entwickelt sich zu einer mehr u. mehr konfessionslosen Gesellschaft, ist aber zugl. multireligiös. Die laizistische Ordnung des Gemeinwesens gesteht Religionsgemeinschaften keine signifikante zivilgesellschaftliche Rolle zu. Insofern Religion weder als Gestaltungsfaktor noch als Thema von Bildung zur Geltung kommt, hat sich cum grano salis eine „laicité d'incompetence [religieuse]" (Regis Debray) herausgebildet.

Literatur

Schröder, B., Religion(en) u. Schule in Frankreich: Theo-web. Zeitschrift für Religionspädagogik 4 (2005), H. 2, 44-66; Religion im öff. Raum – dt. u. franz. Perspektiven, hg. v. B. Schröder – W. Kraus, Bielefeld 2009; Schröder, B., Religionen in Frankreich: Handbuch der Religionen der Welt, hg. v. M. Porsche-Ludwig – J. Bellers, 5 Bde., Nordhausen 2012, Bd. 1, 195-204; Religion in France – belief, identity and laicité: French cultural studies 28 (2017), 1; Almeida, D., Laizität im Konflikt. Religion u. Politik in Frankreich, Wiesbaden 2017.

Bernd Schröder

 DOI: 10.30965/9783506786388_0056

Frauenraub – Katholisch

Die Entführung einer Frau od. das Festhalten gegen ihren Willen zum Zweck der →Eheschließung bewirkt ein in der Praxis kaum relevantes →Ehehindernis: Zwischen einem Mann u. einer Frau, die im Hinblick auf eine Eheschließung m. ihr entführt od. wenigstens gefangen gehalten wird, kann es eine gültige →Ehe nicht geben, außer die Frau wählt, nachdem sie von dem Entführer getrennt u. an einen sicheren u. freien Ort gebracht wurde, von sich aus die Ehe (c. 1089, vgl. can. 1074). Die Entführung od. das Festhalten eines Mannes gegen seinen Willen zum Zweck der Eheschließung fällt nicht unter den Tatbestand dieses Ehehindernisses. Auch im →Eherecht der kath. Ostkirchen, das vor dem Inkrafttreten des CCEO galt (Pius XII., MP Crebrae allatae vom 22.02.1949, c. 64: AAS 31 [1949], 89-117) findet man das Ehehindernis in dieser Form. In der CIC- u. in der CICO-Reformkommission wurde heftig diskutiert, ob dieses Hindernis zu streichen sei. Es wurde beibehalten, weil es eine entführte od. gegen ihren Willen festgehaltene Frau auch dann schützt, wenn der Tatbestand des c. 1103 bzw. c. 825 CCEO nicht gegeben ist. In c. 806 CCEO findet man eine geschlechtsneutrale Formulierung des Hindernisses: M. einer Person, die im Hinblick auf die Eheschließung m. ihr entführt od. wenigstens gefangen gehalten wurde, kann die Eheschließung nicht gültig gefeiert werden, außer die Person wählt, nachdem sie später von der Person, die sie entführte od. festhielt, getrennt u. an einen sicheren u. freien Ort gebracht wurde, von sich aus die Ehe. Die geschlechtsneutrale Formulierung stellt keine Besonderheit der kath. Ostkirchen, sondern einen Erkenntnisfortschritt des →Gesetzgebers dar.

Literatur

Heimerl, H. – Pree, H., Kirchenrecht – Allg. Normen u. Eherecht, Wien – New York 1983, 205; Demel, S., Entführung: LThK^3 Bd. 3, 680; Prader, J., Marriage (cc. 776-866): A Guide to the Eastern Code, A Commentary on the Code of Canons of the Eastern Churches, hg. v. G. Nedungatt, Rom 2002 (Kanonika 10), 555; KanR III, 449 f.; Althaus, R. – Prader, J. – Reinhardt, H. J. F., Das kirchl. Eherecht in der seelsorglichen Praxis, Essen ^{5}2014, 108; Lüdecke, N., § 86 Die rechtliche Ehefähigkeit u. die Ehehindernisse: HbkathKR^3, 1306; Lüdicke, K.: MKCIC c. 1089.

Elmar Güthoff

Freie Abtei

→Territorialabtei

Freie Prälatur

→Territorialprälatur

Freie Wohlfahrtspflege – Staatlich

a) W. ist der erst nach Entstehung der BRD gebräuchlich gewordene Begriff für die Synthese aus freigemeinnütziger Armenpflege u. Wohlfahrt. Begrifflich ist sie kaum von der Fürsorge zu unterscheiden, die heute als Sozialhilfe u. Grundsicherung bez. wird. Nach eigenem Selbstverständnis der Wohlfahrtsverbände ist f. W. die Gesamtheit aller sozialen Hilfen, die auf freigemeinnütziger Grundlage u. in organisierter Form in Deutschland geleistet werden. Sie grenzt sich auf der einen Seite von der öff. Wohlfahrt, d. h. der Fürsorge bzw. der Sozialhilfe, auf der anderen Seite von gewerblichen, auf Gewinnerzielung ausgerichteten Angeboten ab. Träger der f. W. sind nichtöffentliche, nichtgewerbliche, freigemeinnützige Anbieter sozialer Dienstleistungen. F. W. versteht sich als ein pluralistisches, auf das →Gemeinwohl ausgerichtetes Konzept, das parteilich für hilfebedürftige Menschen Dienstleistungen organisiert u. sicherstellt. b) Aufgabe. Die Verbände der f. W. sind wegen ihres Wirkens auf dem Gebiet der sozialen Arbeit u. ihrer Leistungen für das Gemeinwesen ein maßgeblicher Teil des Sozialstaates. Die Bedeutung der Arbeit drückt sich nicht nur darin aus, dass 1, 5 Mio. Personen hauptamtlich für Einrichtungen u. Dienste der f. W. arbeiten, sondern v. a. darin, dass sich über 2, 5 Mio. Menschen ehrenamtlich in der sozialen Arbeit der f. W. engagieren. Trotz ihrer sehr unterschiedlichen Prägung durch religiöse u. weltanschauliche Werte u. Ziele bildet der Zusammenschluss der Verbände in der Bundesarbeitsgemeinschaft der f. W. eine relative homogene u. sozialpolitisch gewichtige Stimme. In der f. W. werden entspr. Angebote für Kinder u. Jugendliche (Kindertagesstätten u. Jugendtreffs), Hilfen für Familien u. Alleinerziehende, Ehe- u. Schwangerschaftsberatung, Lebensberatung, Familienpflege, Hilfen für alte Menschen, Mahlzeiten- u. Besuchsdienste, Alten- u. Pflegeheime, Dienste für Menschen m. Behinderungen, einschließlich Frühförderung, →Kindergärten u. →Schulen, Berufsförderungs- u. Berufsbildungswerke, Tagesstätten u. Wohnheime, Pflege von Kranken in Krankenhäusern, Tageskliniken, Tagespflegeeinrichtungen, Angebote für Migranten u. Migrantinnen sowie Menschen m. Fluchthintergrund sowie Ausländersozialberatung, psychosoziale Zentren für Flüchtlinge, Hilfen für Menschen in sozialen Notlagen wie Obdachlosenunterkünfte, Schuldnerberatung, Bahnhofsmission, Telefonseelsorge vorgehalten. c) Rechtliche u. gesellschaftspolitische Stellung. Ihre Aufgaben nimmt die f. W. im sog. →Dritten Sektor wahr u. platziert sich damit in einem Bereich neben Staat u. Markt. Die Wahrnehmung der Aufgaben ist verfassungsrechtlich u. einfachgesetzlich gesichert. Soweit es um kirchl. Caritas u. Diakonie sowie die jüd. Wohlfahrt geht, gewährt das BVerfG den Verbänden als Einrichtungen der verfassungsrechtlich geschützten Religionsgesellschaften über das Staatskirchenrecht einen weitgehenden Schutz vor Eingriffen des Staates in die eigenen Angelegenheiten. Ist dieser Schutz auch in der öff.-rechtlichen Dogmatik immer wieder in Frage gestellt worden u. im Einzelfall bezogen auf einzelne Aktivitäten fraglich, so genießen die religiös geprägten Verbände jedenfalls in der Rechtspraxis unter den Sozialverbänden eine gewisse Sonderstellung. Auf einfachrechtlicher Ebene enthalten das Kinder- u. →Jugendhilfe sowie das Sozialhilferecht Vorschriften, in denen die öff. Träger zur Zusammenarbeit m. den Verbänden der f. W. verpflichtet werden. Die Stellung, Aufgabe u. sozialpolitische Stellung der f. W. in Deutschland ist in Europa einmalig u. deshalb auch aus dieser Perspektive umstritten. Bedeutungszuwachs in volkswirtschaftlicher u. gesellschaftspolitischer Hinsicht erfährt die f. W. durch die aktuell höheren Einnahmen der Sozialversicherungen u. öff. Kassen u. wegen der Auswirkungen des demographischen Wandels, m. dem insb. Morbidität u. Pflegebedürftigkeit zunehmen, sowie jüngst durch die starke Zuwanderung. Je mehr sich ein Wettbewerbs- u. Marktverständnis im Sachbereich der sozialen Arbeit durchgesetzt, desto weniger ist allerdings die soziale Arbeit ausschließlich unter dem Dach der f. W. zu finden. Einzelne Bereiche wie der der stationären Sorge um behinderte Menschen sind zwar nach wie vor weit überwiegend von Einrichtungen der f. W. geprägt. Im Bereich Pflege befinden sich demgegenüber z. B. inzwischen über 42 % der Einrichtungen u. Dienste in privatgewerblicher Hand u. damit unter Berücksichtigung der öff. Träger allenfalls die Hälfte unter dem Dach der f. W. (vgl. im Einzelnen Gesundheitsberichterstattung in Deutschland: http://www.gbe-bund.de/ [Zugriff: 15.05.2019]). Diskussionspunkte sind zudem die Bindung an die Tarife im öff. Dienst u. in den Religionsgesellschaften sowie die →Gemeinnützigkeit der Leistungserbringung. d) Verbände u. Einrichtungen. Die Diakonie Deutschland – Ev. Werk für Diakonie u. Entwicklung (DW) umfasst die 17 →Diakonischen Werke der Landeskirchen der EKD, elf Freikirchen sowie 69 Fachverbände. Die Träger des DW betreiben etwa 31.500 ambulante u. stationäre Dienste m. mehr als 525.000 Mitarbeiterinnen u. Mitarbeitern sowie etwa 700.000 freiwillig Engagierten. Der Dt. →Caritasverband (DCV) m. Sitz in Freiburg ist der Wohlfahrtsverband der kath. Kirche. Die Caritas ist dezentral strukturiert u. gliedert sich in 27 Diözesan-Caritasverbände m. 539 Regional- u. Orts-Caritasverbänden u. 17 Fachverbänden. Dem DCV sind 24.391 Einrichtungen m. über 1.060.410 Betten bzw. Plätzen angeschlossen. In diesen Einrichtungen sind mehr als 617.000 Voll- u. Teilzeitbeschäftigte tätig. Rund 500.00 Menschen engagieren sich freiwillig. Die Zentralwohlfahrtsstelle der Juden in Deutschland (ZWST) wurde 1917 als →Dachverband für 17 Landesverbände u. 7 selbständige Gde. m. insgesamt 105 jüd. Gde. (2016:98.594 Mitglieder) u. 1952 – nach der zwischenzeitlichen Zwangsauflösung – neu gegr. Zu den Verbänden der f. W. zählt im Weiteren die 1919 gegr. Arbeiterwohlfahrt (AWO). Die AWO m. 211.727 Beschäftigten in über 13.000 sozialen Diensten u. Einrichtungen sowie 333.121 Mitgliedern u. ca. 65.629 Ehrenamtliche ist föderativ organisiert m. 30 Landes- u. Bezirksverbänden, über 411 Kreisverbänden u. 3.514 Ortsvereinen. Der Paritätische Gesamtverband (Der Paritätische), 1924 gegr., ist Dachverband von über 10.000 eigenständigen Organisationen, Einrichtungen u. Gruppierungen im Sozial- u. Gesundheitsbereich. Zu ihm gehören 15 Landesverbände u. mehr als 280 Kreisgeschäftsstellen. Insgesamt engagieren sich im Paritätischen mehr als eine Mio. Menschen freiwillig. Das Dt. Rote Kreuz (DRK) als Teil der Intern. Rotkreuz- u. Rothalbmondbewegung, zu der Gesellschaften in 190 Ländern der Erde gehören, verfügt über rund 165.000 hauptberuflich, 400.000 ehrenamtlich Tätige sowie knapp drei Millionen Mitgliedern in 19 Landes-, 500 Kreisverbänden, 4.500 Ortsvereinen u. dem Verband der Schwesternschaften. Entstanden ist das Rote Kreuz 1863 aus der Hilfe für Kriegsopfer. Anders als die anderen Verbände der f. W. existiert unter dem Dach des DRK ein eigenständiger Jugendverband (Jugendrotkreuz), in dem rund 140.000 Kinder, Jugendliche u. junge Erwachsene in etwa 5.500 Jugendrotkreuzgruppen u. über 2.500 Schulsanitätsgruppen aktiv sind. e) Die Finanzierung der Dienstleistungen der f. W. erfolgt heute in weit überwiegendem Maße durch Leistungsentgelten, Beitr. u. Pflegesätzen. Neben den aus öff. Quellen fließenden Einnahmen setzen die Verbände nach wie vor Geld- u. Sachspenden aus der Bevölkerung, Sammlungen, Schenkungen, Vermächtnissen, Bußgeldern u. Stiftungen sowie Lotterien u. aus dem Verkauf von Wohlfahrtsmarken. Diakonie u. Caritas u. Zentralwohlfahrtsstelle der Juden erhalten schließlich von ihren Kirchen Geld aus Kirchensteuermitteln.

Literatur

Boeßenecker, K.-H. – Vilain, M., Spitzenverbände der Freien Wohlfahrtspflege. Eine Einführung in Organisationsstrukturen u. Handlungsfelder sozialwirtschaftlicher Akteure in Deutschland, Weinheim [2]2013; Schroeder, W., Konfessionelle Wohlfahrtsverbände im Umbruch. Fortführung des dt. Sonderwegs durch vorsorgende Sozialpolitik?, Wiesbaden 2017.

Jonathan Fahlbusch

© 2019, DOI: 10.30965/9783506786388_0060

Freier Zusammenschluss – Katholisch

1. Das →Vereinsrecht des CIC/1917 bez. nur solche Vereine als kirchl., die von der kirchl. Autorität entweder errichtet od. wenigstens approbiert waren (can. 686), d. h. sie hingen hinsichtlich ihrer rechtlichen Existenz in allem von der kirchl. Autorität ab. Vereine, die zwar kirchl. Zielsetzungen verfolgten, aber von Gläubigen frei gegr. wurden, galten demnach als nichtkirchliche od. außerkirchliche Vereine. Die Konzilskongregation hat m. Entscheid Corrienten vom 13.11.1920 die →Autonomie solcher Vereine anerkannt u. auf diese Weise den Typus des sog. →katholischen Vereins geschaffen, der zwar eine kirchl. Zwecksetzung verfolgte, aber in der Kirche nicht korporativ anerkannt war u. auch nicht der kirchl. Jurisdiktion unterstand.

2. Das Vat II wollte diesen Typ von Vereinen in die kirchl. Rechtsordnung integrieren. Sie sollten als sog. freie apost. Initiativen in

der Kirche bestehen o. ein eigenes Rechtssubjekt zu bilden, von den Gläubigen in freier Initiative gegr. u. von diesen selbständig geleitet werden, damit sie auf diese Weise das ihnen eigene →Apostolat gemeinschaftlich verwirklichen könnten (AA 15, 16 u. 18). Bei der Revision des kirchl. Vereinsrechts wurde zwar die vom Konzil deklarierte →Koalitionsfreiheit der Gläubigen beibehalten, der Autonomiebereich der Vereine aber wesentlich eingeschränkt, indem alle kan. Vereine, auch die privaten, korporativ der kirchl. Jurisdiktion unterstellt wurden. Um die Koalitionsfreiheit der Gläubigen praktisch zur Geltung zu bringen, muss daher die Rechtsfigur des F. postuliert werden als ein Verein, der in der Kirche besteht, apost. Ziele verfolgt u. seine rechtliche Existenz in der Kirche ausschließlich dem freien Vereinigungswillen der Gläubigen verdankt.

3. Der F. besteht im CIC innerhalb des weiten Rahmens der gemeinrechtlich geschützten Vereinigungsfreiheit (c. 215; c. 18 CCEO) als →consociatio, d. h. als kirchl., nicht aber als kan. Verein. Von diesen unterscheidet sich der F. dadurch, dass er nicht den Bestimmungen des kan. Vereinsrechts (cc. 298-329) unterliegt, in der Kirche nicht korporativ anerkannt ist u. auch nicht über ein →Statut i. S. der cc. 94 u. 299 §3 (vgl. c. 573 §2 CCEO) verfügt. Er unterliegt allerdings, wie die einzelnen Gläubigen u. alle übrigen kirchl. Vereine auch, der Bindung an das kirchl. →Gemeinwohl (cc. 209 u. 223; cc. 12 u. 26 CCEO). Der F. kann seine rechtliche Organisationsform in allem frei bestimmen; wählt er eine weltlich-rechtliche Vereinsform, ist er an diesbezügliche Vorgaben gebunden. Das universale KR räumt der kirchl. Autorität keinerlei →Mitwirkungsrechte im F. ein; dem F. steht es aber frei, der kirchl. Autorität entspr. Rechte einzuräumen, kann diese aber auf dem satzungsmäßigen Weg auch wieder rückgängig machen. Nur wenn sich ein F. als kath. bez. will, bedarf er dafür der Zustimmung der zuständigen kirchl. Autorität (c. 216; c. 19 CCEO). Mitglied in einem F. kann grds. jeder Gläubige i. S. der cc. 96 u. 204 (vgl. c. 7 CCEO) sein, d. h. jeder getaufte Gläubige; die jeweilige Satzung eines F. kann diesbezüglich Näheres bestimmen.

4. M. Hilfe der Rechtsfigur des F. können alle sog. kath. Vereine, die nach den Kriterien des CIC/1917 als nichtkirchliche Vereine galten, in die geltende kirchl. Rechtsordnung integriert werden, o. dabei das hohe Maß an Autonomie zu verlieren, das sie auszeichnet. Für viele Jugend- u. Erwachsenenverbände in der BRD würde die ausdrückliche Übernahme der Rechtsform des F. sogar den Raum der Autonomie wesentlich erweitern u. absichern, weil der kirchl. Autorität im Lauf der Geschichte aus versch. Gründen diesen gegenüber sehr weitgehende Mitwirkungsrechte zugewachsen sind, die zum geltenden Vereinsrecht im offenen Widerspruch stehen. Die Rechtsfigur des F. kann auch für die sog. Bewegungen (→Bewegung, kirchliche) von wesentlicher Bedeutung sein, insofern diese zwar das Gemeinrecht der Koalitionsfreiheit in Anspruch nehmen, aber nicht einfachhin als kan. Vereine qualifiziert werden können bzw. wollen. Insb. an der Frage der Statuten u. der dort zu regelnden Materie werden die Differenzen zu den kan. Vereinen deutlich. So bietet die Rechtsfigur des F. den Bewegungen zum einen den notwendigen Freiraum u. sichert zum anderen auch deren rechtliche Existenz in der Kirche.

Quellen

Konzilskongregation, Entscheid Corrienten vom 13. November 1920: AAS 13 (1921), 135-144.

Literatur

KanR II, 473-477; Hallermann, H., Die Vereinigungen im Verfassungsgefüge der lat. Kirche, Paderborn – München – Wien – Zürich 1999, 31 ff., 145-163, 210 ff., 304-312, 374-386; Martínez Sistach, L., Die Vereine von Gläubigen, Paderborn – München – Wien – Zürich 2008 (KStKR 8), 21-35.

Heribert Hallermann

© 2019, DOI: 10.30965/9783506786388_0061

Freikirche – Evangelisch

Frei im Wort F. bedeutet zum einen das Verhältnis der Kirche zur politischen Realität (Staat, Regierung). Kirche soll von kirchenfremden Einflüssen frei sein, so dass F. von Staats-, National- od. Volkskirche abweichen. Das in der Kirche versammelte Volk Gottes ist vom Staatsvolk zu unterscheiden, was ein zweites Merkmal verdeutlicht: In eine F. treten Personen freiwillig ein; die →Kirchenmitgliedschaft wird nicht zugeschrieben, sondern erworben. Im dt. Kontext unterscheiden sich die F. grds.-strukturell von den sog. Großkirchen.

Das freikirchliche Organisationsmodell verweist auf zumindest vier Tatbestände: 1. Ein kirchl. Monopol durch (Zwangs-)Uniformität (vgl. die Uniformitätsakte von 1662 in England od. der Ausschluss der →Sekten im Westfälischen Frieden) weicht im Zuge neuzeitlicher Ausdifferenzierung einem kirchl. Pluralismus, was keine Relativierung der Wahrheit meint, weil die Erkenntnisse jeder F. als wahr gelten. Die Erkenntnisse dürfen nur m. dem Schwert des Geistes, nicht m. Zwang durchgesetzt werden. 2. Jeder staatl. Eingriff in die Kirche muss unterbleiben. Ein →Caeseropapismus, die Ehe von Thron u. Altar od. ein kirchl. Establishment widersprechen aus freikirchlicher Sicht dem Wesen der Kirche. 3. Umgekehrt müssen alle klerikalen Ansprüche gegenüber dem Staat abgewiesen werden. Freie Kirchen sollen sich in einem freien Staat verwirklichen. 4. Eine Verschränkung der Struktur- u. Inhaltsfrage zeigt sich bei den unterschiedlichen Kriterien zum Erwerb der Mitgliedschaft, z. B. Glaubensbekenntnis, Gläubigentaufe, bes. Aufnahmeakt. Eine Analogie zu einem Vereinsbeitritt verbietet sich; denn Aufnahme neuer Mitglieder geschieht unter Wirkung des Hl. Geistes u. bedeutet zugl. die Gliedschaft am universalen Leib Christi. Eine distanzierte Mitgliedschaft ist die Ausnahme; kennzeichnend ist eine finanzielle Haushalterschaft, (oft 10 % des Einkommens), ehrenamtliche Tätigkeiten auf unterschiedlichen Feldern sowie die Durchführung des Missionsbefehls (Mt 28) in vielen missionarischen, evangelistischen u. diakonischen Aktivitäten.

Das Wort F. begegnet zuerst in reformierter Umgebung. In Schottland kam es 1843 zum Bruch (disruption), als über 200 Pastoren unter Führung von Thomas Chalmers (1780-1847) die Kirk verließen u. die Free Church gründeten, weil angl. Kirchenpatrone gegen den Willen der Gde. deren Pastoren ernannten. In der Schweiz kämpfte Alexandre Vinet (1779-1847) für die Freiheit der Kirche, was 1847 zur Eglise libre im Waadtland führte. Weder Patrone od. Territorialfürsten, noch Kaiser od. Könige u. deren Beamte dürfen die Kirche bevormunden. Dieses Modell wurde seit den 1640er J. in der Kolonie Rhode Island unter dem zeitweiligen Baptisten Roger Williams (1603-1683) u. dem baptistischen Arzt u. Pastor John Clarke (1609-1676) sowie später in der Kolonie des Quäkers William Penn (1644-1718) verwirklicht. Nach Williams soll es eine „Hecke od. Mauer zwischen dem Garten der Kirche u. der Wildnis der Welt" geben. Die Metapher veranschaulicht die hohe Bedeutung der Kirche, die trotz aller Schwächen dem „Garten" Eden gleicht u. von der Welt getrennt sein muss. Um die „Wildnis" der Welt menschlich zu gestalten, muss die Regierungsform demokratisch sein (democracy or popular government), was damals nicht positiv konnotiert war. Hier wird das freikirchliche Staat-Kirche Modell auf der Grundlage der →Gewissensfreiheit u. →Religionsfreiheit (full liberty in religious concernments) zum ersten Mal praktiziert.

Das Bild von der Trennmauer wurde nach der amerikanischen Revolution von Thomas Jefferson (1743-1826; Präsident der USA von 1801-1809) aufgegriffen, der zudem gegen kgl. Willkür den Satz prägte, dass in den USA das Gesetz der König sei. Sein Freund James Madison (1757-1836; Präsident von 1809-1817) verfasste die zehn Zusätze (Bill of Rights) zur Gottlosen amerikanischen Verf. Der erste Zusatz, in dem Madison Ideen des baptistischen Ältesten John Leland (1754-1841) aufnahm, untersagt dem Kongress, ein Gesetz zu verabschieden, das eine etablierte Religion schafft od. die freie Religionsausübung verbietet. Die moderne Debatte um die Menschenrechte m. Religions- u. Gewissensfreiheit als Herzstück beginnt m. dem Aufkommen der F. eineinhalb Jh. vor der franz. Revolution. Das nonkonformistische Modell der Religionsfreiheit, das in den USA Schule machte, ist nicht primär Freiheit von, sondern für die Kirchen/Religionen. Der Franzose Alexis de Tocqueville (1805-1859) schrieb, dass er im Gegensatz zu den USA in Frankreich den Geist der Religion u. den Geist der Freiheit stets in entgegengesetzte Richtungen habe marschieren sehen. Das ließe sich auch für dt. Länder sagen u. erklärt, warum dt. F. m. dem hergebrachten Obrigkeitsdenken in Konflikt gerieten, was bis zur Gegenwart Auswirkungen hat. Dagegen schuf das freikirchliche Modell in den USA ein günstiges Klima, so dass die Religionssoziologen R. Finke u. R. Stark die Jahre der Republik als The Churching of America kennzeichnen, weil immer mehr Menschen von Kirchen u. Religionen gewonnen werden konnten. Ungeachtet aller modernen Säkularisierungstendenzen ist die öff. Rolle der Religionsgemeinschaften bedeutend ausgeprägter als im weitgehend säkularisierten West- u. Nordeuropa.

In England bildeten die F. unter Leitung des baptistischen Pastors Dr. John Clifford (1835-1923) 1892 einen Freikirchenrat (National Free Church Council) u. erhoben ab diesem Zeitpunkt den Anspruch, neben der Kirche von England auch legitime Kirchen zu sein.

F. weisen unterschiedliche Modelle der KirchVerf. auf. Mennoniten, Baptisten, die Freien ev. Gde. u. die meisten Pfingst- u. Heiligungskirchen sind kongregationalistisch verfasst. Der Methodismus kennt eine bfl. Verf., ist in Konferenzen organisiert u. weltweit durch das connexionale System verknüpft. Ähnlich sind die Heilsarmee u. die Siebenten-Tags-Adventisten weltweit strukturiert, erstere wie eine Armee m. einem kommandierenden General bzw. einer Generalin an der Spitze. Es finden sich auch presbyteriale u. synodale Strukturen od. Kombinationen dieser Möglichkeiten. Von allen wird die Unabhängigkeit von staatl. Stellen u. der freiwillige Verzicht auf Privilegien betont, die als gravierende Benachteiligung der F. bewertet werden u. deren Inanspruchnahme durch ev. →Landeskirchen u. röm.-kath. →Diözesen von den F. als wenig zeitgemäß angesehen wird.

F. lassen sich typologisch u. nach Schwerpunkten aufgliedern in:

1. Täuferische F.: Mennoniten, Baptisten, Adventisten u. Freie ev. Gde. Letztere praktizieren die Gläubigentaufe als Regeltaufe, machen sie aber nicht verpflichtend, sondern wollen für jeden bekehrten Menschen offen stehen. Die Evangelisationstätigkeit ist ausgeprägt, u. die einzelnen Gde. verfolgen betont evangelikale Positionen. Der Baptismus (in Deutschland: Bund Ev.-Freikirchlicher Gde.) ist durch Mission u. Evangelisation zu kennzeichnen (bekannt ist Billy Graham, 1918-2018). Der Ruf zu Chr. ist Ruf zu seiner Gde. Die Gde. können sehr verschieden sein, weil sowohl die charismatische Bewegung als auch der Fundamentalismus Eingang gefunden haben. Im Kampf für weltweite soziale Gerechtigkeit sticht der afroamerikanische Pastor u. Friedensnobelpreisträger Martin Luther King (1929-1968) hervor. Die Mennoniten u. Quäker (offizieller Name: Gesellschaft der Freunde) gehören m. der Kirche der Brüder (Church of the Brethren) zu den Friedenskirchen, die Kriege u. Gewaltanwendung als m. dem Geist Jesu Christi u. der Nachfolge unvereinbar ablehnen u. Ersatzdienste organisieren. Oft wird auch der Eid abgelehnt („eure Rede sei ja, ja oder nein, nein"). Mit ihrem Zeugnis haben sie in der →Ökumene andere Kirchen angeregt. Der Name der Siebenten-Tags-Adventisten verweist auf Sabbatheiligung u. Naherwartung. Sie entfalten auf den Gebieten Gesundheitsreform, medizinische Versorgung u. Prävention durch medizinische Hochschulen u. Krankenhäuser, schulische Bildung sowie Mission ausgeprägte Aktivitäten.

2. Kirchen der wesleyanischen-methodistischen Tradition, die auf den angl. Pfr. u. Uni-

versitätslehrer John Wesley (1703-1791) zurückgehen. Sein Anliegen war es, die schriftgemäße Heiligung zu verbreiten. Sie folgt aus der Predigt von der Rechtfertigung des Sünders allein aus Gnade u. aus Glauben u. bedeutet Wachstum der Christen in der Liebe zu Gott u. den Menschen m. dem nur für wenige erreichbaren Ziel der chr. Vollkommenheit. In Deutschland gibt es die Ev.-methodistische Kirche. Die Betonung der Heiligung hat den Blick für Arme, Entrechtete u. Vernachlässigte der Gesellschaft geöffnet. Bereits 1908 wurde ein immer wieder überarbeitetes Soziales Bekenntnis (social creed) entworfen. Aus dem Methodismus gingen wegen der Heiligung die Heilsarmee u. Heiligungskirchen wie Kirche des Nazareners u. der Freikirchliche Bund der Gde. Gottes hervor. Die Heilsarmee wandte sich an das Industrieproletariat in den Elendsvierteln der Großstädte im Gefolge der Industrialisierung. Das machte sie zu einer Arbeiterreligion. Ihr soziales Engagement ist trotz Verspottungen u. Anfeindungen („Seife, Suppe, Seelenrettung") vorbildhaft.

3. Aus dem Methodismus sind die weltweit am stärksten wachsenden Pfingstkirchen hervorgegangen, in Deutschland der Bund Freikirchlicher Pfingstgemeinden u. die Gde. Gottes – Urbach. Sie betonen die Gaben des Hl. Geistes, insb. die Sprachenrede (Glossolalie), als auf die Bekehrung nachfolgende Zeichen. Das Pochen auf Erweckung u. Bekehrung sowie das Verlangen nach einem höheren chr. Leben in der Heiligung wird als Erfahrung des ganzen od. vollen Evangeliums u. als Taufe im Hl. Geist gedeutet.

4. Eine Besonderheit bildet die Ev. Brüderunität (Herrnhuter Brüdergemeinde), die sich auf die hussitische Bewegung in Böhmen u. Mähren u. auf den Reichsgrafen Nikolaus von Zinzendorf (1700-1760) zurückführt. Bekannt ist sie durch das Andachtsbuch Die Losungen (288. Ausg. i. J. 2018). Sie ist der →Evangelischen Kirche in Deutschland angegliedert u. arbeitet gleichzeitig in der Vereinigung Ev. F. mit.

5. Eine Sonderstellung nimmt die Gesellschaft der Freunde (Quäker) ein; sie ist eine Gemeinschaft o. Dogmen u. Sakramente. Das ganze Leben der Christen soll ein Sakrament sein. Ihre Gottesdienste vollziehen sich zumeist in schweigenden Andachten. Die Quäker haben zur Abschaffung der Sklaverei, zu Reformen des Gefängniswesens u. der Wirtschaft sowie zu Friedensdiensten wesentlich beigetragen.

6. In den letzen Jahren hat sich die bislang als Sondergemeinschaft eingestufte Neuapostolische Kirche den anderen Kirchen gegenüber geöffnet u. so ihren Ausschließlichkeitsanspruch ansatzweise überwunden. Sie ist seit 2019 Gastmitglied der →Arbeitsgemeinschaft Christlicher Kirchen (ACK). Ihre Besonderheit ist die Naherwartung u. der damit einhergehende Versuch, die Endkirche der Urkirche gleich werden zu lassen. Daher muss es Apostel geben u. einen Stammapostel, der dem Petrus gleichen soll.

7. In Deutschland gibt es zudem zwei konfessionelle F., die Selbständig Ev.-Luth. Kirche u. die Ev.-altreformierte Kirche in Niedersachsen. Beiden geht es um Wahrung der urspr. konfessionsspezifischen Bekenntnis- u. Lehrbildungen, u. beide sind im 19. Jh. in Opposition zu Kirchenunionen u. kirchl. Liberalismus entstanden. Die freikirchliche Existenzweise ergab sich aus der gesch. Situation, ist aber weniger gewollt.

Seit 1926 arbeiten die traditionellen F. – Methodisten, Baptisten u. Freie ev. Gde. – in der Vereinigung Ev. F. (VEF) zusammen. Sie wollten gegenüber dem demokratischen Staat u. den ev. LK gemeinsame Anliegen wirksam vertreten. Die VEF ist der älteste ök. Zusammenschluss auton. Kirchen in Deutschland. Heute gehören zur VEF zwölf Voll- u. drei Gastmitglieder, die zusammen mehr als 250.000 Gemeindemitglieder repräsentieren. Die Präambel der Ordnung der VEF betont die Gemeinsamkeiten, was ök. bedeutsam ist, weil die VEF so ein Modell abgibt, wie unterschiedliche Verf., versch. theol. Inhalte u. andersartige Formen der Frömmigkeit in versöhnter Verschiedenheit miteinander arbeiten können.

In Deutschland sind die F. Minderheitskirchen u. werden in der Öffentlichkeit oft m. religiösen Sondergemeinschaften verwechselt. Einige gehören zu großen Weltweiten Chr. Gemeinschaften (Pfingstkirchen, Baptisten, Methodisten, Adventisten) u. sind in das intern. Netz zwischenkirchlicher Dialoge eingespannt. Das entspricht freikirchlicher Tradition, weil F. sich selten absolut gesetzt haben, sondern sich als Teil der weltweiten Kirche Jesu Christi verstanden u. die konfessionsübergreifende Gemeinschaft gesucht haben. F. vertraten oft die Zweigtheorie: Kirche ist wie ein Baum m. Israel als Wurzel u. den Zweigen als den unterschiedlichen Kirchen (vgl. Röm 11, 17ff.). So konnten sie die Unterscheidung von Kirche u. Sekte durch den wertneutralen Begriff der Denomination überwinden. Freikirchler gehörten zu den Pionieren der Ev. Allianz u. der ök. Bewegung. Der methodistische Laie u. Friedensnobelpreisträger John Mott (1865-1955) war ein Pionier der Ökumene. Nach dem Zweiten Weltkrieg drängten Vertreter der F. in Deutschland auf Bildung eines Nationalen Kirchenrates, doch war die EKD zurückhaltend, so dass es nur zur Bildung der Arbeitsgemeinschaft Christlicher Kirchen (ACK) in Deutschland kam. Die meisten F. gehören als Voll- od. Gastmitglieder zur ACK; viele auch zum →Ökumenischen Rat der Kirchen od. zur →Konferenz Europäischer Kirchen.

Die Trennung von Staat u. Kirchen bedeutet keine staatsfeindliche Haltung. Allerdings ging während der ns. Gewaltherrschaft von den F. wenig Widerstand aus, wie es ihrem Wesen entsprochen hätte. Heute besitzen fast alle F. den Status einer →Körperschaft des öffentlichen Rechts; einige sind eingetragene Vereine. Alle verzichten auf Rechte, die m. den Körperschaftsrechten verbunden sind, einschließlich des Rechts, →Kirchensteuern zu erheben. Nach ihrer Meinung sind die beiden Großkirchen durch die Kirchensteuer als Annexsteuer zur Einkommensteuer in eine Steuerfalle geraten, weil jede Steuerreform i. S. einer Entlastung der Bürger ihren Interessen zuwiderläuft, während F. eine Erhöhung der Beitr. erwarten, wenn Bürger über mehr Geld verfügen. Die Weitergabe personenbezogener Daten aus den Steuerlisten an Banken u. Versicherungen erscheint aus freikirchlicher Sicht äußerst problematisch.

In aufwendigen Akkreditierungsverfahren durch den Wissenschaftsrat wurden die Theol. Seminare der Methodisten in Reutlingen, der Baptisten in Wustermark-Elstal, der Freien ev. Gde. in Dietzhölztal-Ewersbach u. der Adventisten in Friedensau zu staatl. anerkannten Theol. Hochschulen. Der Wissenschaftsrat hat empfohlen, dass sich die Dozierenden an diesen Hochschulen durch eine Habil. weiter qualifizieren. Die Hochschulen der F. sind nicht habilitationsberechtigt, so dass eine solche Habil. nur an den theol. Fak. der staatl. Hochschulen möglich wäre. Diese sind aber aufgrund von Konfessionsklauseln dazu nicht bereit. Konfessionell-gebundene Staatsämter sind nach Ansicht der F. in einem religiös neutralen Staat anachronistisch.

Das Amtsverständnis der freikirchlichen Pastorinnen u. Pastoren ist von den unterschiedlichen Aufgaben der Gde. her, also rein funktional, bestimmt. Erst der im Zuge der charismatischen Bewegung aufgekommene Gedanke der geistl. Leiterschaft kann Elemente unkontrollierter geistl. Herrschaft eintragen.

Flüchtlings- u. ethnische Wanderbewegungen sowie Arbeitermigration schufen zahlreichen Gemeindegründungen, weil sich die betroffenen Menschen aufgrund sprachlicher u. kultureller Verschiedenheiten nicht in bestehende Gde. integrieren mochten. Baptistische u. mennonitische Aussiedlergemeinden, aber auch pfingstliche u. charismatische Gde. afrikanischen od. asiatischen Ursprungs stehen neben konservativ-evangelikalen od. bibelfundamentalistischen Gruppen. Gelegentlich findet man auch Kombinationen dieser Traditionen. Einige haben sich in losen Bünden organisiert, andere bilden völlig independente Gde.

Zu ök. Kontakten kommt es selten. Noch ist nicht abzusehen, welche Entwicklungen diese Gde. nehmen werden.

F. zeigen, dass man nicht von einer traditionellen prot. Demokratieunfähigkeit sprechen sollte. Sie ist in Deutschland traditionell, weil das landesherrliche Kirchenregiment (→Kirchenregiment, landesherrliches) die Monarchie als gottgewollte Staatsform erscheinen ließ, gilt aber im weltweiten Protestantismus nicht, weil hier das freikirchliche Strukturmodell vorherrschend ist.

Literatur

Heinrichs, W. E., Freikirchen – eine moderne Kirchenform. Entstehung u. Entwicklung von fünf Freikirchen in Wuppertal, Gießen ²1990; FreikirchenForschung, Münster 1999ff. m. umfangreicher Bibliogr.; Henkel, R., Atlas der Kirchen u. der anderen Religionsgemeinschaften in Deutschland – eine Religionsgeographie, Stuttgart 2001; Hempelmann, R., Die ‚neuen' ev. Freikirchen: MD der EZW 2002, 161-167; Freikirchenhandbuch, hg. v. VEF, Wuppertal 2004; Voigt, K. H., Freikirchen in Deutschland (19. u. 20. Jahrhundert), Leipzig 2004; Finke, R. – Stark, R., The Churching of America 1776-2005: Winners and Losers in Our Religious Economy, New Brunswick 2005; Voigt, K. H., Schuld u. Versagen der Freikirchen im ‚Dritten Reich', Frankfurt 2005; Geldbach, E., Freikirchen – Erbe, Gestalt u. Wirkung, Göttingen 2005 (neu bearb. Aufl.); ders., Streiflichter auf einige staatskirchenrechtliche Probleme aus der Sicht eines Dissidenten: Mit welchem Recht?, hg. v. K. Funkschmidt, Berlin 2014 (EZW-Texte 234), 40-73; Voigt, K. H., Ökumene in Deutschland, 2 Bde., Göttingen 2014/15.

Erich Geldbach

© 2019, DOI: 10.30965/9783506786388_0062

Freimaurer – Katholisch

Die am 24.06.1717 durch den Zusammenschluss von vier Londoner Bauhütten (engl. Lodges) gegr. moderne Freimaurerei erfuhr durch die Bulle In eminenti P. Clemens XII. 1738 ihre erste amtl. kath. Ablehnung. Die Interessen der auch durch die F. getragenen europäischen Aufklärung schienen dem P. geeignet, einfache Menschen in die Irre zu führen, die im engl. Deismus begr. Egalisierung des Bekenntnisses zu fördern u. somit die Vorrangstellung der chr. Lehre als der einzig seligmachenden zu gefährden. Durch die als →Tatstrafe angedrohte →Exkommunikation sollten Katholiken von einer Mitgliedschaft bei den F., die auch wegen ihres geheimen Tuns per se für verdächtig gehalten wurden, abgehalten werden.

M. dem Erstarken des sich von der religiös neutralen engl. F. abwendenden dezidiert antikirchlich orientierten Grand Orient de France (1877), der v. a. in Südeuropa Einfluss auf die Politik zu nehmen vermochte u. die gesellschaftliche Bedeutung der chr. Religion zurückdrängte, verschob sich die Begründung für die kirchl. Ablehnung der F. auf die v. a. von ihr ausgehende Kirchenfeindlichkeit (s. Bulle Humanum Genus, P. Leo XIII., 1884). Der CIC/1917 sanktionierte die Mitgliedschaft bei den F. m. der Strafe der von selbst eintretenden Exkommunikation (can. 2335) u. verbot u. a. den Besitz u. die Verbreitung freimaurerischer Lit. (can. 1399), die Eheschließung m. F. (can. 1065) u. deren kirchl. Begräbnis (can. 1240).

Seit ihrem Entstehen boten meist die von F. initiierten od. mitgetragenen antikirchlichen Aktionen auf dem europäischen Kontinent den Anlass für die etwa 20 Verurteilungen des →Apostolischen Stuhls bis zum →Zweiten Vatikanischen Konzil. Im Zuge der Konzilserklärung über die →Religionsfreiheit suchte die Kirche mittels des vom Wiener Kard. König geleiteten Sekretariats für den Dialog m. den Nichtglaubenden den versöhnlichen Austausch m. den F., der m. der von Freimaurerseite verfassten Lichtenauer Erkl. von 1970 endete u. eine differenzierte Sicht auf die F. postulierte. Eine weltweite Abfrage der Glaubenskongregation führte 1974 zu der vorläufigen Feststellung, dass für Katholiken nur die Mitgliedschaft in den kirchenfeindlichen Logen verboten sei. Eine von der DBK eingesetzte Dialogkommission, die neben dem Ritual auch freimaurerische Selbstaussagen (Intern. F. Lexikon) kritisch prüfte, stellte am 12.05.1980 abweichend fest, dass eine gleichzeitige Mitgliedschaft in der kath. Kirche u. bei den F. unvereinbar sei, weil durch sie die Grundlagen chr. Existenz infrage gestellt würden.

Im CIC/1983 u. im CCEO wird die F. nicht mehr erwähnt. Eine Abstimmung der Codexreformkommission darüber, ob die Tatstrafe der Exkommunikation für kath. F. im lat. KR beibehalten werden sollte, war zugunsten der umfassenderen Norm in c. 1374 entschieden worden. Am 26.11.1983 veröffentliche die Glaubenskongregation jedoch eine Erkl., die die Mitgliedschaft von Katholiken bei den F. als schwere →Sünde qualifizierte u. kath. F. vom Empfang der Kommunion ausschloss. Bislang war die Mitgliedschaft als F. nicht moralisch qualifiziert worden. Schwere Sünde setzt allerdings nicht nur die Erfüllung eines objektiven Tatbestandes voraus, sondern auch als subjektives Element das willentliche Zurückweisen Gottes, (P. Johannes Paul II., Apost. Schreiben Reconciliatio et Paenitentia, 1984, n. 952), was nicht jedem kath. F. unterstellt werden kann.

Eine inhaltliche Auseinandersetzung des Apost. Stuhls m. den F. hat seit 1983 nicht mehr stattgefunden.

Unabhängig von der Frage der kirchenfeindlichen Agitation bzw. einer pauschalen Differenzierung zwischen den glaubensfreundlichen engl. u. den glaubensfeindlichen franz. F. u. unbeschadet der persönlichen Integrität einzelner F. gehören zu den Hauptkritikpunkten der F. kirchlicherseits der zu ihrem Selbstverständnis gehörende Relativismus, der jede objektive Wahrheitserkenntnis verneint u. die versch. Religionen als bloß konkurrierende Versuche versteht, die letztlich unerreichbare Gotteswahrheit auszusagen, sowie die in ihr geübte Toleranz gegenüber jeder Auffassung, die die Glaubenstreue des Katholiken gefährde.

In der Infragestellung der Grundlagen chr. Existenz durch die F. liegt das Motiv für die sie ablehnende Position der Kirche. Zu fragen bleibt, ob die Qualifizierung der Mitgliedschaft bei den F. als schwere Sünde auch dann statthaft ist, wenn der kath. F. willentlich keinen kath. Glaubensinhalt verneint, sondern im Gegenteil das kath. Glaubensgut vollumfänglich bejaht u. selbst keinen Widerspruch in der gleichzeitigen Zugehörigkeit zur kath. Kirche u. zu den F. erkennt.

Die objektive u. zurechenbare Erfüllung von den Glauben betr. Straftatbeständen (c. 1364 §1) od. die Mitgliedschaft in einer nachweislich kirchenfeindlichen Vereinigung (c. 1374) rechtfertigen eine kirchenrechtliche Sanktion. Die Qualifizierung einer Sünde gehört in das Forum Internum (→Forum externum et internum).

Quellen

Clemens XII., Bulle In eminenti vom 28. April 1738: DenzH 2511-2513; Leo XIII., Bulle Humanum Genus vom 20. April 1884: ASS 16 (1883-1884), 417-433; Johannes Paul II., Apost. Schreiben Reconciliatio et Paenitentia vom 2. Dezember 1984: AAS 77 (1985), 185-275; Erkl. der DBK zur Frage der Mitgliedschaft von Katholiken in der Freimaurerei: Beschl. der DBK, Partikularnormen u. weitere Gesetze, hg. v. R. Wenner, Sankt Augustin 1999 ff., Nr. 745; Glaubenskongregation, Erkl. Quaestium est: de associationibus massonicis vom 16. November 1983: AAS 76 (1984), 300.

Literatur

Sebott, R., Die Freimaurer u. die DBK: StZ 199 (1981), 75-87; Kottmann, K., Die Freimaurer u. die Kath. Kirche, Frankfurt 2009 (AIC 45); Digruber, K., Die Freimaurer u. ihr Ritual, Berlin 2011 (KStT 57).

Klaus Kottmann

© 2019, DOI: 10.30965/9783506786388_0063

Freispruch

→Prozessrecht, →Schadenersatz, →Urteil

Freitag – Katholisch

→Bußtage

Freitag – Islamisch

Der F. wird im Arabischen Tag der Versammlung (yawm al-ǧumʿa, od. al-ǧumaʿa, od. al-ǧumuʿa) genannt, Erwähnung findet er in →Koran 62:9. Wahrscheinlich war diese Namensgebung bereits vor der Entstehung des Islams bekannt, sicher ist jedoch, dass der F. in der vorislamischen Zeit üblicherweise als yawm al-ʿarūba bez. wurde, was dem Hebräischen entlehnt ist u. sich sinngemäß als Vorabend des Sabbats übersetzen lässt. Sollte der F. nun tatsächlich bereits vor dem Islam als Tag der Versammlung bez. worden sein, so bezieht sich dieser Name offensichtlich nicht auf die Versammlung der Menschen zum →Freitagsgebet. Der Ursprung des Namens ist dann vielleicht damit zu erklären, dass auf der arabischen Halbinsel üblicherweise mehrere Wochenmärkte am F. stattfanden, an denen die Menschen aus versch. Gegenden zusammenkamen. Laut der muslimischen Tradition bez. die Paradiesbewohner den F. als Tag der Zugabe (yawm al-mazīd), denn immer freitags wird ihnen die größte Wohltat, die einem im Paradies zukommen kann, gewährt: Gottes Angesicht wird enthüllt, sodass die Paradiesbewohner es erblicken dürfen. Das 50. Kap. des Korans, der nach der gängigen Interpretation diese Zugabe im 35. Vers anspricht, soll vom Propheten daher auch des Öfteren in der →Predigt des Freitagsgebetes rezitiert worden sein.

Wie jeder andere Wochentag auch, erstreckt sich der F. von Sonnenuntergang bis Sonnenuntergang, also in diesem Falle von Donnerstag- bis Freitagabend. Zudem gilt er als →Feiertag (ʿīd), was nun nicht bedeuten muss, dass er einen Ruhetag darstellt. Im Gegenteil, manche Gelehrte betrachteten es gar als eine unerlaubte Nachahmung jüd. u. chr. Sitten bzgl. des Samstags bzw. des Sonntags, am F. die Arbeit ruhen zu lassen. Ausgenommen ist hierbei die Zeit des Freitagsgebets, in der das Treiben von Handel nach allg. Auffassung verboten ist. In den meisten Ländern der islam. Welt bleiben aber tatsächlich zumindest staatl. Einrichtungen am F. geschlossen.

Zahlreiche Prophetenworte, von denen jedoch innerhalb der Gelehrsamkeit viele als nicht gesichert eingestuft wurden, betonen die herausragende Stellung u. Vorzüglichkeit des F. So heißt es z. B. in einer als zuverlässig eingestuften Aussage des Propheten Muhammad: „Der beste aller Tage, über den die Sonne aufgegangen ist, ist der Freitag. An ihm wurde Adam erschaffen, an ihm wurde er in den (Paradies-)Garten hereingeführt, an ihm wurde er aus dem (Paradies-)Garten vertrieben, und der Jüngste Tag wird an keinem anderen als dem Freitag stattfinden" (Muslim, 2000, Bd. 1, 330).

Die muslimische Gebotenlehre kennt neben dem Freitagsgebet einige Riten, die aufgrund der Ehrwürdigkeit des F. begangen werden. Diese beginnen bereits am Donnerstag, an dem man sich spirituell durch →Gebete u. Gottesgedenken auf den F. vorbereiten soll. Nach Sonnenaufgang am F. ist es dann empfohlen, eine Gesamtwaschung durchzuführen, den Körper zu pflegen u. zu parfümieren, sowie frische Kleidung anzuziehen. Zum Freitagsgebet in der →Moschee sollte man sich möglichst früh begeben, nach dessen Beendigung ist es bes. verdienstvoll, dort weiter bis nach der Verrichtung des Nachmittagsgebets zu bleiben. Da es lt. der prophetischen Tradition am F. eine Zeitspanne (sāʿa, die Übers. als Stunde i. S. v. 60 Minuten ist gängig, aber falsch) gibt, in der Gott die Bittgebete annimmt, jedoch nicht weiter erläutert wurde, zu welchem Zeitpunkt des Tages dies der Fall ist, ist es empfohlen, möglichst viele Bittgebete über den Tag verteilt zu halten. Darüber hinaus sollte am F. jeder Muslim bzw. jede Muslima das 18. Kap. des Korans ganz od. zumindest seinen Anfang lesen.

Der F. hat in der islam. Welt auch eine politische u. sozial-aktivistische Funktion. So werden Demonstrationen, Kundgebungen u. Protestaktionen oft auf den F. gelegt. Diese können religiös-motivierte Anliegen verfolgen, jedoch ist das keineswegs zwingend so. Anschaulich beschreibt dies der libanesische Politikwissenschaftler u. Historiker Ḫālid Ziyāda in einem literarisch-autobiographischem Werk u. fügt an, wobei er sich dabei auf die sechziger J. des vergangenen Jh. bezieht: „An Freitagen sind wir erwachsen geworden" (zitiert nach Wild, 2005, 405).

Quellen

al-Ġazālī, A. Ḥ., Iḥyā' 'ulūm ad-dīn, o. Hg., 4 Bde., Kairo 1937-38, Bd. 1, 320-339; Muslim, Ṣaḥīḥ Muslim, 2 Bde., hg. v. Thesaurus Islamicus Foundation, Vaduz 2000.

Literatur

'Alī, Ǧ., al-Mufaṣṣal fī tārīḫ al-'arab qabla al-islām, o. Hg., 10 Bde., Beirut – Bagdad 1976, Bd. 8, 464-70; Goitein, S., Beholding God on Friday: Islamic Culture 34 (1960), 163-168; ders., Art. Djum'a (Yawm al-): EI² Bd. 2, 592b-594a; Wild, S., Alle Tage ist kein Freitag – Bemerkungen zu Freitag, Feiertag u. Alltag in der islam. Welt: Alltagsleben u. materielle Kultur in der arabischen Sprache u. Literatur (FS Grotzfeld), hg. v. Th. Bauer – U. Stehli-Werbeck, Wiesbaden 2005, 399-410; Hawary, M., Shabbat and Friday in Judaism and Islam: A history of Jewish-Muslim relations – from the origins to the present day, hg. v. A. Meddeb – B. Stora, Princeton – Oxford 2013, 720-25.

Farid Suleiman

© 2019, DOI: 10.30965/9783506786388_0065

Freitagsgebet – Islamisch

Das F. (→Freitag) wird in dem in der medinensischen Phase (622-632) offenbarten Koranvers 62:9 erwähnt, soll aber bereits in Mekka (610-622) verpflichtend gewesen sein, wo man es jedoch als Minderheit unter Polytheisten noch nicht praktizieren konnte. Das F. ist Pflicht für jeden erwachsenen, männlichen, freien, zurechnungsfähigen, ortsansässigen (d. h. nichtreisenden) Muslim, der sich nicht weiter als knapp sechs Kilometer vom Ort des F. befindet. Nach einem Prophetenwort versiegelt Gott das Herz desjenigen, der das F. aus Geringschätzung drei Mal in Folge unterlässt. Frauen u. Kindern ist die Teilnahme freigestellt. Das F. muss in einer öff. →Moschee verrichtet werden, in der die täglichen fünf →Gebete abgehalten werden; nach anderen kann es auch an freien Plätzen u. in abgeschlossenen Räumen stattfinden (z. B. Betriebsgelände einer Firma). Damit das F. zustande kommt, müssen nach weitläufiger Meinung mind. 40 Personen versammelt sein. Nach manchen Ḥanafiten entfällt das F. bei Abwesenheit eines Sultans od. seines Stellvertreters; nach manchen →Schiiten bis zur Wiederkehr der in der Verborgenheit lebenden messianischen Gestalt des zwölften →Imams. Das F. ersetzt nach Mehrheitsmeinung das Mittagsgebet u. wird innerhalb derselben Zeitspanne (s. →Gottesdienst – islam.) verrichtet, nach den Ḥanbaliten darf es ab 30 Minuten nach Sonnenaufgang bis zum Sonnenuntergang verrichtet werden. Das F. besteht aus zwei Teilen: Zuerst hält der Vorbeter eine →Predigt, hernach wird ein Gebet aus zwei Einheiten (s. Gottesdienst – islam.) verrichtet. Verspätet man sich u. hat daher an weniger als einer Einheit des Gebets teilgenommen, hat man das F. verpasst u. verrichtet das Mittagsgebet.

Quellen

Ibn Rušd, Bidāyat al-muǧtahid wa-nihāyat al-muqtaṣid, hg. v. 'A. Mu'awwaḍ – 'Ā. 'Abd al-Mawǧūd, Bd. 2, Beirut 2007, 323-356.

Literatur

Wizārat al-awqāf wa-š-šu'ūn al-islāmiyya, Art. ṣalāt al-ǧum'a: Mawsū'a al-fiqhiyya al-kuwaytiyya Bd. 27, 192-211; Katz, M., Art. Friday Prayer: EI³ Bd. 5, 60-63.

Farid Suleiman

© 2019, DOI: 10.30965/9783506786388_0066

Freitagsgebot

→Fasten

Freitagsopfer
→Fasten

Freiwilligendienste – Staatlich

F. sind staatlicherseits organisierte u. gestaltete altruistisch, d. h. freiwillig u. unentgeltlich erbrachte Betätigungen von Männern u. Frauen im sozialen u. ökologischen Bereich. Sinn der gesetzlichen Ausgestaltung u. Regulierung eines zunächst rein intrinsisch motivierten mitmenschlichen Handelns ist die Ermöglichung einer finanziellen Unterstützung bzw. Flankierung der Freiwilligkeit, v. a. aber die Herstellung eines sozial- u. arbeitsschutzrechtlichen Status der freiwillig tätigen Männer u. Frauen im Rahmen der Dienstverhältnisse. Die gesetzliche Ausgestaltung folgt freilich auch der politischen Notwendigkeit, für die Sozialwirtschaft die Lücken zu schließen, die im Zuge der Abschaffung der Wehrpflicht wegen des damit ebenfalls eingestellten Zivildienstes entstanden sind. F. kommen aktuell in vier Ausprägungen vor, als Bundesfreiwilligendienst, Bundesfreiwilligendienst m. Flüchtlingsbezug, Jugendfreiwilligendienst u. intern. Jugendfreiwilligendienst. Im Bundesfreiwilligendienst leisten aktuell (Datenstand 01.03.2018) knapp 44.000, in den Jugendfreiwilligendiensten über 60.000 Menschen einen freiwilligen Dienst. Die staatl. Freiwilligendienste beruhen auf der Ausgestaltung durch das Bundesfreiwilligendienstegesetz (BFDG) vom 28.04.2011 (BGBl. I, 687) u. dem Jugendfreiwilligendienstegesetz (JFDG) vom 16.05.2008 (BGBl. I, 842). Durchgeführt u. überwacht werden die Dienste vom Bundesamt für Familie u. zivilgesellschaftliche Aufgaben in zugelassenen Einsatzstellen. Den F. ist gemeinsam, dass darin in sozialen od. ökologischen Tätigkeitsfeldern freiwilliger Dienst o. Erwerbsabsicht u. außerhalb einer Berufsausbildung für die Dauer von i. d. R. 12 Monaten geleistet wird. Der Bundesfreiwilligendienst wird i. d. R. ganztägig als überwiegend praktische Hilfstätigkeit in gemeinwohlorientierten Einrichtungen geleistet, insb. in Einrichtungen der Kinder- u. →Jugendhilfe, Jugendbildung u. für Jugendarbeit, in Einrichtungen der Wohlfahrts-, Gesundheits- u. Altenpflege, der Behindertenhilfe, der Kultur u. Denkmalpflege, des Sports, der Integration, des Zivil- u. Katastrophenschutzes u. in Einrichtungen, die im Bereich des Umweltschutzes einschließlich des Naturschutzes u. der Bildung zur Nachhaltigkeit tätig sind. Der F. soll arbeitsmarktneutral ausgestaltet sein, also keine regulären Arbeitsverhältnisse verdrängen od. ersetzen. „Bufdi" kann sein, wer die Vollzeitschulpflicht erfüllt hat u. sich zu dem Dienst in Vollzeit od. vergleichbar einer Teilzeitbeschäftigung von mehr als 20 Stunden pro Woche auf Grund einer Vereinbarung verpflichtet. Für den Dienst dürfen in Abgrenzung zur Erwerbsarbeit nur unentgeltliche Unterkunft, Verpflegung u. Arbeitskleidung sowie ein angemessenes Taschengeld od. anstelle von Unterkunft, Verpflegung u. Arbeitskleidung entspr. Geldersatzleistungen von den Einsatzstellen erbracht werden. Für das angemessene Taschengeld, das die Freiwilligen für ihren Dienst erhalten können, gilt eine Grenze von 6 % der Beitragsbemessungsgrenze in der allg. Rentenversicherung, das sind dz. (2018) 390 EUR monatlich. Das konkrete Taschengeld sowie z. B. die Leistung von unentgeltlicher Unterkunft, Verpflegung u. Arbeitskleidung wird m. der jeweiligen Einsatzstelle vereinbart. Die Dienstleistenden unterliegen der Sozialversicherungspflicht, die Sozialversicherungsbeiträge zur gesetzlichen Kranken-, sozialen Pflege-, gesetzlichen Renten- u. Arbeitslosenversicherung einschließlich der Beiträge zur gesetzlichen Unfallversicherung werden ebenfalls von der Einsatzstelle gezahlt. Auch Bezieherinnen u. Bezieher von Leistungen der Grundsicherung für Arbeitsuchende – dem sog. Arbeitslosengeld II – können am Bundesfreiwiliggendienst od. freiwilligen sozialen Jahr (FSJ)/freiwilligen ökologischen Jahr (FÖJ) teilnehmen. Bei Bezug von Arbeitslosengeld II werden grds. alle Einnahmen in Geld od. Geldeswert angerechnet. Zur Begründung eines Dienstverhältnisses schließt das Bundesamt u. die od. der Freiwillige vor Beginn des Dienstes auf gemeinsamen Vorschlag der od. des Freiwilligen u. einer für den Bundesfreiwilligendienst anerkannten Einsatzstelle eine schriftliche Vereinbarung ab, in der die gegenseitigen Rechte u. Pflichten geregelt werden. Von der Einsatzstelle sind die ggf. notwendigen ärztlichen Untersuchungen u. Vorsorgemaßnahmen zu veranlassen u. die hierfür entstehenden Kosten zu übernehmen. Dies betrifft insb. Einsatzstellen im Bereich der Humandienstleistungen, wo bes. gesundheitliche Anforderungen u. Voraussetzungen zu beachten sind. Bei einer Tätigkeit im Bundesfreiwilligendienst sind die Arbeitsschutzbestimmungen, das Jugendarbeitsschutzgesetz u. das Bundesurlaubsgesetz entspr. anzuwenden. Auch Ausländer/innen können am Bundesfreiwilligendienst teilnehmen. Voraussetzung hierfür ist, dass sie über einen Aufenthaltstitel verfügen, der sie zur Erwerbstätigkeit berechtigt. Ein Aufenthaltstitel darf i. d. R. nur erteilt werden, wenn der Lebensunterhalt gesichert ist. Freiwilligen aus dem Ausland kann grds. auch speziell für die Teilnahme am Bundesfreiwilligendienst eine Aufenthaltserlaubnis erteilt werden. Eine Einrichtung, die BFD-Freiwillige beschäftigen möchte, muss sich zuvor vom Bundesamt als „Einsatzstelle im Bundesfreiwilligendienst" anerkennen lassen (§ 6 BFDG). Die Einsatzstelle ist die soziale, kulturelle od. ökologische Einrichtung, in der die freiwillige Person eingesetzt werden soll. Die Einsatzstelle hat die Freiwilligen bei ihren Tätigkeiten anzulernen m. dem Ziel, soziale, ökologische, kulturelle u. interkulturelle Kompetenzen zu vermitteln u. das Verantwortungsbewusstsein für das →Gemeinwohl zu stärken. Sie regelt zusammen m. der Zentralstelle den Ablauf der pädagogischen Begleitung der Freiwilligen u. deren Bezahlung. Die Einsatzstellen werden von natürlichen od. jur. Personen betrieben, die verantwortlich für Aufgabenstellung u. Organisationsstruktur sowie Personal- u. Finanzausstattung der Einrichtungen sind. Einsatzstellen u. ihre Rechtsträger sind darüber hinaus in sog. Zentralstellen organisiert, deren Aufgaben in der administrativen, pädagogischen u. organisatorischen Unterstützung der Einsatzstellen liegt. Ein Bundesfreiwilligendienst m. Flüchtlingsbezug (vgl § 18 BFDG) liegt vor, wenn die Tätigkeitsbeschreibung eines Einsatzplatzes einen Bezug zur Unterstützung von Asylberechtigten, Personen m. intern. Schutz, Personen m. Anrecht auf subsidiären Schutz od. Asylbewerbern erkennen lässt od. wenn ein Asylberechtigter, eine Person m. intern. Schutz od. ein Asylbewerber, bei dem ein rechtmäßiger u. dauerhafter Aufenthalt zu erwarten ist, diesen absolviert. Jugendfreiwilligendienste i. S. des JFDG sind das FSJ u. das FÖJ. Jugendfreiwilligendienste sollen die Bildungsfähigkeit der Jugendlichen fördern u. gehören zu den bes. Formen des bürgerschaftlichen Engagements. Auch das FSJ wird ganztägig als überwiegend praktische Hilfstätigkeit, die an Lernzielen orientiert ist, in den gleichen gemeinwohlorientierten Einrichtungen wie der Bundesfreiwilligendienst geleistet. Das FSJ wird pädagogisch von einer zentralen Stelle eines zugelassenen Trägers des Jugendfreiwilligendienstes begleitet m. dem Ziel, soziale, kulturelle u. interkulturelle Kompetenzen zu vermitteln u. das Verantwortungsbewusstsein für das Gemeinwohl zu stärken. Das FSJ kann als Intern. Jugendfreiwilligendienst auch im Ausland, insb. auch als Dienst für Frieden u. Versöhnung geleistet werden. Das FÖJ wird nach den gleichen Grundsätzen u. Regeln in Stellen u. Einrichtungen geleistet, die im Bereich des Natur- u. Umweltschutzes einschließlich der Bildung zur Nachhaltigkeit tätig sind. Im FÖJ sollen insb. der nachhaltige Umgang m. Natur u. Umwelt gestärkt u. Umweltbewusstsein entwickelt werden, um ein kompetentes Handeln für Natur u. Umwelt zu fördern.

Literatur

Krüger, C. G., Dienstethos, Abenteuerlust, Bürgerpflicht. Jugendfreiwilligendienste in Deutschland u.

Großbritannien im 20. Jahrhundert, Göttingen 2016; Lexikon des freiwilligen Engagements, hg. v. P. Zängl, Baden-Baden 2018.

Jonathan Fahlbusch

© 2019, DOI: 10.30965/9783506786388_0069

Freiwilliges Soziales Jahr
→ Freiwilligendienste

Freiwilliges Ökologisches Jahr
→ Freiwilligendienste

Fremde – Katholisch

1. Begriffsbestimmung u. Legaldefinition: Wer über einen → Wohnsitz u./od. Nebenwohnsitz verfügt, heißt an Orten außerhalb seines Wohn- od. Nebenwohnsitzes (c. 102) F. („peregrinus", cc. 100 i. V. m. 1 u. 96). Eine ähnliche Legaldefinition kennt c. 911 CCEO: Eine → Person wird F. in einer Eparchie genannt, die von der versch. ist, in der sie Wohn- od. Nebenwohnsitz hat. Der Unterschied zwischen CIC u. CCEO in der Legaldefinition des F. besteht darin, dass sich im CIC der Begriff sowohl auf die → Teilkirche wie auch auf die → Pfarrei bezieht, während der CCEO nur einen Verweis auf die Eparchie, jedoch nicht auf die Pfarrei vornimmt.

Unter Ort (locus) ist in diesem Zusammenhang die Pfarrei (c. 515 bzw. die → Quasipfarrei – c. 516) bzw. die Teilkirche (c.368) od. Eparchie (c. 912 CCEO) zu verstehen. Der CIC verwendet für den F. synonym die Begriffe peregrinus (cc. 13 § 2, 91, 102, 136, 1196 1°) u. extraneus (c. 508 § 1). Auch sind begrifflich bisweilen unter F. die nicht untergebenen Gläubigen (fideles non subditi – c. 886 § 1) zu verstehen.

2. Bedeutung der Rechtsfigur des F. im CIC u. CCEO: Der Begriff F. spielt im kodikarischen Recht eine Rolle, wenn es darum geht, die Verpflichtungskraft von → Partikulargesetzen od. territorialen → Gesetzen (c. 13 § 3; c. 1491 § 3 CCEO), die Ausdehnung der Dispensgewalt (c. 91; c. 1539 CCEO) u. der ausführenden Gewalt (c. 136; c. 986 CCEO) od. die Möglichkeit der → Dispens von privaten → Gelübden zu bestimmen (c. 1196 1°; c. 893 § 1 1° u. 2° CCEO). Es geht dabei immer um die Festlegung der → Zuständigkeit kirchl. Autoritäten gegenüber Personen, die nicht innerhalb des Bereichs der territorialen → Vollmacht dieser Autoritäten Wohn- od. Nebenwohnsitz haben. In c. 508 (Zuständigkeit des Bußkanonikers) wird der Begriff „extraneus" als Synonym von „peregrinus" verwendet u. wäre sinnvollerweise durch letzteren zu ersetzen. In c. 886 § 1 (Spendung der Firmung durch den Diözesanbischof) hat der Ausdruck „fideles non subditi" die Bedeutung von „peregrini" u. könnte durch letzteren ersetzt werden. Auch im CCEO finden sich bisweilen Formulierungen m. den Begriffen „subditus" bzw. „non subditus" (c. 696 § 3 CCEO); hier ist die Verwendung allerdings dadurch gerechtfertigt, als sich „peregrinus" gem. der Legaldefinition in c. 911 CCEO nur auf die Eparchie, nicht jedoch auf die Pfarrei bezieht u. eine Regelung nicht nur für Eparchial-F., sondern auch für Nicht-Pfarrangehörige getroffen wird.

3. Rechtsfolgen: a) Zuständigkeit des → Pfarrers od. Ortsordinarius bzw. Ortshierarchen (→ Ordinarius): Die Zuständigkeit des Ortspfarrers u. des Ortsordinarius bzw. Ortshierarchen (CCEO) ergibt sich sowohl aus dem Wohn- als auch aus dem Nebenwohnsitz (c. 107 § 1; c. 916 § 1 CCEO). Daran ändert eine vorübergehende Abwesenheit vom Wohnsitz od. Nebenwohnsitz nichts. Im Umkehrschluss ergibt sich, dass der Ortsordinarius bzw. Ortshierarch u. in der Terminologie des CIC auch der Ortspfarrer für F. nicht od. nur unter bestimmten Umständen zuständig ist. Dies betrifft u. a. die Zuständigkeit für gewisse Sakramente, für den Erlass von Dekr. u. Verwaltungsbefehlen für Einzelfälle sowie für Dispensen.

b) Verpflichtungskraft von → Partikularrecht: Der F. ist an jene Gesetze des Gebietes, in welchem er sich aufhält, gebunden, die für die öff. Ordnung sorgen od. Rechtsförmlichkeiten bestimmen od. die in dem Gebiet gelegene unbewegliche Sachen betreffen (c. 13 § 2 2°; c. 1491 § 3 2° CCEO). Kath. Orientalen sind in der Fremde an Gesetze des →ius commune (gemeinsames Recht der Universalkirche u. aller orient. auton. →Rituskirchen; c. 1493 § 1 CCEO) u. an Gesetze des Partikularrechts ihrer eigenen auton. Rituskirche gebunden. Diese Bindung ist personal: F. sind durch die Gesetze des Partikularrechts ihrer eigenen auton. Rituskirche auch außerhalb des Gebiets ihrer eigenen Rituskirche gebunden, außer die Verpflichtungskraft dieser Gesetze des Partikularrechts sei örtlich eingeschränkt u. am Aufenthaltsort in der Fremde nicht gegeben (c. 1491 § 3 3° CCEO).

c) Im Bereich der →Sakramentenspendung u. Sakramentalienspendung: Der F. kann die →Sakramente erlaubt bzw. gültig empfangen, für die keine bes. Zuständigkeit des Ortspfarrers od. des Ortsordinarius bzw. des Ortshierarchen aufgrund des Wohnsitzes od. Nebenwohnsitzes besteht (z. B. Eucharistie, Beichte). Im Rechtsbereich des CIC ist die Eheschließungsassistenz des Ortsordinarius u. des Ortspfarrers bei F. gültig (c. 1109), m. →Erlaubnis („licentia") des Wohnsitzordinarius bzw. des Wohnsitzpfarrers eines der Nupturienten auch erlaubt (c. 1115). Im Rechtsbereich des CCEO benedizieren der Ortshierarch bzw. der Ortspfarrer innerhalb ihres Gebietes überall eine Eheschließung gültig, sofern wenigstens ein Partner der jeweiligen eigenberchtigten Kirche angehört (c. 829 § 1 CCEO). Der Ortsbischof spendet auch F. die Firmung erlaubt, außer es steht ein ausdrückliches Verbot des eigenen Oberhirten entgegen (c. 886 § 1).

Literatur

Walser, M., Die Bedeutung des Wohnsitzes im kan. Recht. Eine Untersuchung zu cc. 100-107 CIC, St. Ottilien 1993 (Diss. Kan. Reihe 9); Delgado Galindo, M., El domicilio canónico, Pamplona ²2006; MKCIC zu den genannten Canones.

Markus Walser

© 2019, DOI: 10.30965/9783506786388_0072

Freundschaftsklausel – Staatlich

Unter einer F. (lat.: clausula amicabilis) wird eine Regelung in u. a. religionsrechtlichen Verträgen verstanden, m. der sich die Vertragspartner gegenseitig versichern, später etwa auftretende Meinungsverschiedenheiten durch gleichberechtigte Verh. einer friedlich-schiedlichen Lösung zuzuführen. Die F. bindet beide Parteien an Einvernehmlichkeit sowohl hinsichtlich des Bestandes als auch ggf. der Auflösung od. Modifikation bestehender Regelungen. Sie enthält aber keinen Einigungszwang, wenn die Versuche zur Beilegung des Streites scheitern. Die F. schließt auch nicht andere Formen der Streitbeilegung aus, wie die Anrufung einer Schlichtung od. eines →Schiedsgerichts. Selbst die Anrufung staatl. Gerichte ist nicht per se ausgeschlossen. Allerdings dürfte dies die ultima ratio sein, wenn alle anderen Versuche erschöpft sind, eine Einigung zu erzielen. Die F. ist Ausdruck der ständigen Gesprächsbereitschaft der Vertragsschließenden, m. dem Ziel einer Einigung in allen grundlegenden Fragen der Beziehungen zwischen Staat u. →Religionsgemeinschaften. Daher verbietet die F. eine einseitige Auslegung od. Handhabung des Vertragsinhalts, sowohl insgesamt, als auch hinsichtlich einzelner Bestimmungen. Auch wenn kein Einigungszwang besteht, verpflichtet die F. zu der Bereitschaft, sich jederzeit auf Verh. über die strittigen Fragen einzulassen. Dabei sind die Verhandlungsziele offen. Sie können auf eine Änderung, Anpassung od. auch Aufhebung des Vertrages gerichtet sein.

Eine bes. Wertigkeit besitzen die F. der völkerrechtlichen Verträge. Zu diesen zählen auch die Vereinbarungen zwischen dem →Apostolischen Stuhl u. den Staaten. Die F. des Art. 33 →Reichskonkordat von 1933 m. dem Wortlaut: „Sollte sich in Zukunft wegen der Auslegung oder Anwendung einer Bestimmung dieses Konkordates irgendeine Meinungsverschiedenheit ergeben, so werden der Heilige Stuhl und das Deutsche Reich im gemeinsamen Einvernehmen eine freundschaftliche Lösung herbeiführen", findet sich in sprachlichen Abwandlungen auch in den Länderkonkordaten. Teilweise reicht sie auch über die Frage der Beilegung von Meinungsverscheidenheiten hinaus u. erstreckt sich auf die Frage der Anwendbarkeit des Vertrages, wie z. B. in Art. 31 des TH.K. Eine zusätzliche F. enthält Art. 18 RK, der einen Einvernehmenszwang hinsichtlich des verfassungsrechtlichen Gebots der Ablösung von →Staatsleistungen an die kath. Kirche aus Art. 140 GG i. V. m. 138 Abs. 1 WRV enthält. Aufgrund dieser F. u. des verfassungsrechtlichen Paritätsgrundsatzes (→Parität) muss in dieser Frage auch Einvernehmen m. den anderen betr. Religionsgemeinschaften hergestellt werden.

F. finden sich heute auch in Verträgen m. nichtchristlichen Religionsgemeinschaften, wie z. B. der Wiesbadener Integrationsvereinbarung m. muslimischen Verbänden (→Islamische Verbände) von 2007 (hier § 9 Abs. 1) od. dem →Staatsvertrag m. dem →Zentralrat der Juden in Deutschland von 2011 (Art. 8).

Die F. ist die stärkste Waffe der Staatskirchenverträge, weil die einseitige Missachtung derselben u. der folgende Vertragsbruch den Vertragsbrüchigen intern. desavouiert. Kein Staat der Welt hat ein Interesse daran, in solcher Weise am Pranger der Völkergemeinschaft zu stehen, schon gar nicht im Zeitalter der Globalisierung, wo es auf Vertragstreue noch weit mehr ankommt, als in früheren Jhh. Befristungs- u. Kündigungsklauseln wie in Art. 20 des Konk. m. Lettland (1922) bzw. in Art. 23 Abs. 2 des Konk. m. Rumänien (1927) machen eine F. ggf. überflüssig. Derartige Klauseln sind aber in Staatskirchenverträgen ungewöhnlich. Die Beendigung eines Konk. erfolgt aufgrund der F. in ordentlicher Weise durch gegenseitige Übereinkunft. In außerordentlicher Weise kann das Konk. aus versch. Gründen unbeachtlich einer F. erlöschen, z. B. wegen Untergangs eines Vertragspartners, wegen Herausbildung eines gegenteiligen Gewohnheitsrechts od. dauernder Nichtanwendung (→desuetudo).

Literatur

Kriewitz, J., Die Errichtung theol. Hochschuleinrichtungen durch den Staat, Tübingen 1992 (Jus Ecclesiasticum 42), 58; Anke, H. U., Die Neubestimmung des Staat-Kirche-Verhältnisses in den neuen Ländern durch Staatskirchenverträge, Tübingen 2000 (Jus Ecclesiasticum 62), 198-201; Hermes, Chr., Konkordate im vereinigten Deutschland, Ostfildern 2009.

Matthias Pulte

© 2019, DOI: 10.30965/9783506786388_0073

Friedhof – Staatlich

1. Begriff: Ein F. ist ein zentraler Begräbnisplatz unter freiem Himmel. Er findet Verwendung für die →Bestattung von Leichnamen u. von Ascheresten, die bei der Kremierung von Leichnamen übriggeblieben sind. Der F. kann eine Trauerhalle zur Aufbahrung von Toten, eine Kirche (→Kirchengebäude), Kapelle od. sonstige Einrichtung zur Verrichtung religiöser Riten, ggf. sogar ein eigenes Krematorium, Grabbauten, wie Grüfte u. Schreine, sowie Denkmäler für Verstorbene umfassen.

2. Funktionen: Der F. erfüllt Funktionen im öff. u. im privaten Interesse. Er ist zunächst Ort der Grablege, an dem die Verwesung toter Körper sowie die Verwahrung von Ascheresten u. von mumifizierten Leichnamen abgeschieden von den Wohn- u. Arbeitsbereichen der Lebenden erfolgt. Insofern dient der F. der öff. Hygiene u. dem Gesundheitsschutz der Bevölkerung, mithin der Gefahrenabwehr.

Der F. m. seinen Grabstätten bietet als letzte Ruhestätte für die Verstorbenen den Hinterbliebenen einen Ort der Trauer u. des Totengedenkens. Er hat darüber hinaus die Funktion eines kulturellen u. oft auch siedlungsgeschichtlichen Gedächtnisses, indem er

Auskunft nicht nur über die früheren Bewohner der Gegend, sondern auch über die Bestattungs- u. Erinnerungskultur früherer Generationen gibt.

Der F. stellt einen Raum dar, der ein kollektives Gedenken an bestimmte Verstorbene od. Gruppen von Verstorbenen fördert u. damit zur Weitergabe u. Ausprägung kultureller od. sozialer Identität beiträgt. Der F. bietet Raum für eine architektonische od. landschaftsarchitektonische, oft auch künstlerische Gestaltung, die sich in der Anlage od. in einzelnen Grabstellen entfaltet. Damit korrespondiert oftmals eine Unterschutzstellung unter das Denkmalschutzregime (→Denkmalschutz).

Schließlich kommt dem F., sofern er begrünt ist, als Ausgleich zum verdichteten Umfeld eine klimatische od. ökologische Funktion zu. Er stellt bisweilen ein Rückzugsgebiet für Wildtiere dar u. übernimmt Teilfunktionen eines Naherholungsgebiets für die Bevölkerung.

3. Rechtliche Regelungen: Die Errichtung, der Betrieb u. die Benutzung eines F. gehören zu den ältesten Rechtsmaterien. So bestimmte bereits Tafel 10 der um das Jahr 450 v. Chr. geschaffenen röm. Leges duodecim tabularum in Anlehnung an die Solonischen Gesetze m. Rücksicht auf die Freihaltung bewohnbaren Raumes von Kultstätten sowie aus sanitären u. feuerpolizeilichen Erwägungen, dass ein Toter in der Stadt weder begraben noch verbrannt werden durfte.

Während die Bestattung zunächst eine private u. in Folge der Christianisierung zunehmend eine kirchl. Angelegenheit war, begannen die politischen Gde. einige Jahrzehnte nach dem Ende des 30jährigen Kriegs, eigene F. zu errichten. Anlass waren die Ausbreitung von auf mangelnde Hygiene zurückzuführenden Krankheiten in den rasch wachsenden Städten u. wiederholte Streitigkeiten über die Inanspruchnahme kirchl. F. durch Andersgläubige, ungeachtet der in den Westfälischen Friedensverträgen von 1648 niedergelegten Regelung, dass Protestanten nicht von öff. Kirchhöfen u. ehrlichen Begräbnissen ausgeschlossen werden dürfen.

Ab dem Ausgang des 18. Jh. erließen die dt. Staaten generelle, z. T. einschneidende Vorschriften zur Ordnung des Begräbniswesens. Umfassende Regelungen enthielt das →Allgemeine Landrecht für die Preußischen Staaten von 1794. Es legte aus gesundheitspolizeilichen Erwägungen fest, dass „[i]n den Kirchen, und in bewohnten Gegenden der Städte, ... keine Leichen beerdigt werden" sollen (§ 184 II 11); zudem sollten „[o]hne Anzeige bey den geistlichen Obern ... Leichen anderswo, als auf einem öffentlichen Kirchhofe, nicht begraben werden" (§ 186 II 11). Nach diesem Vorbild wurde der Friedhofszwang auch in allen anderen dt. Staaten gesetzlich verankert.

Im Verlauf des 19. Jh. wurde das Leichen-, F.- u. Bestattungswesen in weiten Bereichen bürokratisiert u. dem Recht der Gefahrenabwehr als einer Kernmaterie des öff. Rechts unterstellt. Hingegen setzte im Verlauf des 20. Jh. eine fortschreitende Individualisierung u. Diversifizierung auch im Bereich der Bestattungsmodalitäten ein.

Heutzutage tritt der F. zunehmend in Konkurrenz zu anderen Orten des Totengedenkens u. der Bestattung selbst. Zum einen suchen sich viele Hinterbliebene andere Räume für die Pflege der Erinnerung an die Verstorbenen u. für den Umgang m. der Trauer, wobei diese Räume immer häufiger lediglich virtuell sind. Zum anderen ist in einer Reihe von Bundesländern mittlerweile ausdrücklich eine Beisetzung von Urnen in Kirchen u. eine Ausstellung von Urnen in →Kolumbarien gestattet, die sich in Kirchen u. privaten Bestattungshäusern befinden.

Literatur

Brunner, W., Das Friedhofs- u. Bestattungsrecht, Berlin 1927; Dornseiff, O., Die rechtliche Gestaltung des Friedhofs- u. Bestattungswesens in den politischen Gemeinden Preußens: Fischers Zeitschrift für Verwaltungsrecht 65 (1930), 145-233; Sörries, R., Ruhe sanft. Kulturgeschichte des Friedhofs, Kevelaer

2009; Gaedke, J., Handbuch des Friedhofs- u. Bestattungsrechts, Köln [12]2018.

Diana zu Hohenlohe

Friedhof – Katholisch

F. sind nach kodikarischem Recht →Heilige Orte, die durch Segnung (benedictio) für das Begräbnis von →Gläubigen bestimmt sind (vgl. c. 1205). Etymologisch leitet sich der Begriff F. von Umfriedung ab. Das kennzeichnet den F. als umgrenzten u. abgeschlossenen Platz. Der CIC/1983 weist gegenüber dem CIC/1917 bzgl. der F. einen deutlich reduzierten Normenbestand auf u. ordnet die Materie rechtssystematisch neu. Während sich die cc. zum Begräbnis im CIC/1983 (cc. 1176-1185) bei den „sonstigen gottesdienstlichen Handlungen" finden, stellen die cc. zum F. ein Kap. im Titulus „Heilige Orte" dar (cc. 1240-1243). Der CCEO hingegen fasst die Bestimmungen „De coemeteriis et de exsequiis ecclesiasticis" in einem einzigen Abschnitt zusammen (cc. 874-879 CCEO). Die Beschränkung des Friedhofsrechtes auf wenige grundlegende Normen ist sicher auch der Tatsache geschuldet, dass →Bestattungen heute in die Zuständigkeit des Staates fallen. Hatte Jone im Komm. zu can. 1206 §1 noch daran erinnert, dass die Kirche eine societas perfecta darstelle, die als solche gegenüber dem Staat ein ausdrückliches Recht auf eigene F. beansprucht, enthält c. 1240 §1 nur noch die Aufforderung, an kircheneigenen F. festzuhalten bzw. auf weltlichen F. Bereiche für das Begräbnis der Gläubigen zu reservieren u. diese unter Beachtung des →liturgischen Rechtes ordnungsgemäß zu benedizieren. Es geht nicht in erster Linie darum, überkommene Rechte gegenüber dem Staat zu behaupten, sondern deutlich zu machen, dass eine „wirkkräftige" u. bleibende Gemeinschaft m. den verstorbenen Gläubigen besteht (vgl. KKK 1684 u. 1690). Dies erklärt auch die Bestimmung von c. 1180 §1, wonach die verstorbenen Gläubigen, so dieser existiert, i. d. R. auf dem pfarreigenen F., also in der Nähe zur Gottesdienst feiernden Gde., zu bestatten sind. Eine anderslautende Verfügung des Verstorbenen od. der Hinterbliebenen ist damit keineswegs ausgeschlossen (c. 1180 §§1-2). Das Recht, auf einem pfarreigenen F. bestattet zu werden, kommt primär den Pfarrangehörigen zu, aber auch denen, die im Gebiet der →Pfarrei verstorben sind (abgeleitet aus c. 1177 §3). →Nichtkatholische Christen od. →Ungetaufte können dann auf einem kirchl. F. begraben werden, wenn es sich bspw. um einen Familienangehörigen handelt od. der F. in kirchl. Trägerschaft der einzige in der Kommune ist, d. h. ein Monopolfriedhof i. S. des weltlichen Rechts. Näheres ist in der entspr. Friedhofssatzung bzw. -ordnung zu regeln (c. 1243). Da die geltenden Codices nur wenige Aspekte des Friedhofsrechtes betreffen, sind solche Friedhofssatzungen eine zentrale Rechtsquelle für das Friedhofsrecht in der kath. Kirche. Sie legen Arten u. Gestaltungsmöglichkeiten von Grabstätten fest, Ruhezeiten, Verhaltensregeln auf dem F., Benutzung der Leichenhalle, ferner die Schließung u. Entwidmung des F., u. a. mehr. Anfallende Gebühren werden i. d. R. in einer eigenen Gebührenordnung festgesetzt.

Träger kirchl. F. können gem. c. 1241 §§1-2 nicht nur Pfarreien (bzw. →Kirchengemeinden als →Körperschaft des öffentlichen Rechts) sein, sondern auch alle Religioseninstitute. Andere jur. Personen (→Juristische Person, kirchliche) der Kirche u. →Familien können Sonder-F. unterhalten, wobei die Entscheidung über die →Benediktion solcher Begräbnisstätten dem Ortsordinarius zukommt. Das Recht, in einer Kirche bestattet zu werden, kommt gem. c. 1242 nur dem P., den Kard. u. den (emeritierten) Diözesanbischöfen (hier in der eigenen Kathedrale) zu.

Die wenigen kodikarischen Bestimmungen zum Friedhofsrecht lassen kaum erahnen, dass der kirchl. Gesetzgeber vor großen Herausforderungen steht. Vor dem Hintergrund einer sich dramatisch wandelnden Bestattungskultur erscheint das von der kath. Kirche präferierte Erdbegräbnis auf dem pfarreigenen F. eher als Ausnahme denn als Normalfall. Nicht nur von kirchenfernen Gläubigen werden neue Arten u. andere Orte der Bestattung nachgefragt. Zu beobachten ist eine Zunahme von Bestattungen in ehem. Kirchen, die nach → Profanierung gem. c. 1222 zu Kolumbarien umgewidmet wurden. Die DBK befürwortet diese nicht uneingeschränkt, da eine Bestattung im → Kolumbarium immer eine Kremation des Leichnams voraussetzt. Zu bedenken sind hier nicht nur theol. sondern auch ökonomische Aspekte. Eine weitere Entwicklung stellen naturnahe Bestattungen im Wald od. neuerdings im Weinberg dar. Solche Begräbnisstätten sind i. S. v. c. 1240 § 1 als coemeteria civilia zu bewerten, da für diese entspr. zivile Friedhofssatzungen gelten. Eine Benedizierung des Begräbniswaldes ist lt. DBK (DDB Nr. 97, 18) nicht möglich, wird aber dessen ungeachtet praktiziert.

Es bleibt zu hoffen, dass kirchl. F. trotz ökonomischer Zwänge u. gesellschaftlicher Veränderungen auch zukünftig als „vorbildliche Orte von christlicher Trauer und Hoffnung" (DDB Nr. 81, 64) bestehen können.

Quellen

Tote begraben u. Trauernde trösten. Bestattungskultur im Wandel aus kath. Sicht (20. Juni 2005), hg. v. Sekretariat der DBK, Bonn ³2017 (DDB 81); „Der Herr vollende an Dir, was er in der Taufe begonnen hat". Kath. Bestattungskultur angesichts neuer Herausforderungen (1. November 2011), hg. v. Sekretariat der DBK, Bonn 2011 (DDB 97); Benediktionale: Studienausgabe für die kath. Bistümer des dt Sprachgebietes, hg. v. den Liturgischen Inst. Freiburg (Schweiz) – Salzburg – Trier – Freiburg u. a. ¹⁷2014, Nr. 37; Muster einer Friedhofssatzung kath. Kirchengemeinden für den im Land Nordrhein-Westfalen gelegenen Anteil des Erzbistums Paderborn: KABl. für die Erzdiözese Paderborn 158 (2015), 73-82; Kongr. für die Glaubenslehre, Instr. Ad resurgendum cum Christo über die Beerdigung der Verstorbenen u. die Aufbewahrung der Asche im Fall der Feuerbestattung vom 15. August 2016: http://www.vatican.va/roman_curia/congregations/cfaith/documents/rc_con_cfaith_doc_20160815_ad-resurgendum-cum-christo_ge.html [Zugriff: 15.05.2019].

Literatur

Jone, H., Gesetzbuch des kan. Rechtes. Erklärung der Kanones Bd. 2, Paderborn 1940, 391-396; Fahrnberger, G., Art. Friedhof: LKR, 306-308; Lehmann, K., Die Häuser der Toten. Grundsätzliche Überlegungen zu Grab u. Friedhof: Una Sancta 61 (2006), 216-225; KanR III, 590-592; Schüller, T., Die Umnutzung von Pfarreien zu Grabeskirchen. Kirchenrechtliche Aspekte: Tot in die Kirche?: Rechtliche u. liturgische Aspekte der Profanierung von Kirchen u. ihre Umnutzung zu Kolumbarien, hg. v. C. Leonhard – T. Schüller, Regensburg 2012, 261-278; Kandler-Mayr, E., Friedhof – Recht u. Ordnung. Kanonistische Erwägungen zu aktuellen Fragen des Friedhofsrechts: In mandatis meditari (FS Paarhammer), hg. v. S. Haering u. a., Berlin 2012 (KStT 58), 603-618; Neimes, K., Friedwaldbestattungen. Kirchenrechtliche Untersuchung einer alternativen Bestattungsform, Essen 2013 (BzMKCIC 64); Barber, J. D. G., El proceso de redacción de los Cánones acerca de los cementerios: Apollinaris 88 (2015), 9-57; Reinhardt, H. J. F., § 73 Geweihte Stätten: HbkathKR³, 1107-1114; ders.: MKCIC cc. 1240-1243.

Karl Neimes

© 2019, DOI: 10.30965/9783506786388_0074

Friedhof – Evangelisch

Im ev. Verständnis ist der F. ein Ort, an dem die → Gemeinde ihre Mitglieder zur letzten Ruhe bettet, u. der den Hinterbliebenen ein ungestörtes, würdiges Totengedenken ermöglicht. Aus theol. Sicht ist das Betreiben eines F. keine Pflichtaufgabe der Kirche, da chr. Totenbegleitung u. chr. Totengedenken auch auf einem kommunalen F. möglich sind. Alle LK sehen aber vor, dass kirchl. F. angeboten werden können. Denn die Friedhofsträgerschaft ermöglicht es, den Ort der → Bestattung von Gemeindegliedern, des Totengedenkens u. der

Erinnerung an das eigene Sterben so auszugestalten, dass in ihm Jesu Sieg über Sünde u. Tod, die Hoffnung auf die Auferstehung u. Zusammengehörigkeit der chr. Gde. über den Tod hinaus sichtbar zum Ausdruck kommt. Der kirchl. F. kann auf „Gottes Ruf zum ewigen Leben (weisen)" u. dadurch „Trost (geben)" (zit. nach Lebensordnung Bestattung Bad). Wegen dieser Möglichkeit gilt er als bedeutender Teil kirchl. Arbeit in den Gde. (s. nur § 1 II 2 Han Durchführungsbestimmungen zur RVO über die Verwaltung kirchl. F.). Die Kirchen nehmen damit nach ihrem Selbstverständnis eigene, nicht staatl. Aufgaben wahr. In der Praxis befinden sich (m. starken regionalen Schwankungen) ca. ein Viertel der dt. F. in ev. Trägerschaft.

Das kirchl. Friedhofsrecht ist Recht der LK: Sowohl der Charakter der einschlägigen →Rechtsquellen als auch die Regelungsdichte variieren beträchtlich: Manche LK regeln das Friedhofsrecht durch (mehr od. weniger umfassende) KG, die meisten durch RVO, einzelne beschränken sich sogar auf Verwaltungsvorschriften. Daneben, vereinzelt auch ausschließlich, finden sich knappe Aussagen in den kirchl. →Lebensordnungen (z. B. B. 3. Nr. 9 LkL.VELKD) u. einschlägige (nicht rechtsverbindliche) Handreichungen. Einzelregelungen sind z. T. auch in allg. Normen, z. B. der KGO od. im Recht der Vermögensverwaltung, enthalten. Das Verhältnis zwischen Kirche u. Staat im Friedhofsrecht ist Gegenstand vieler Staatskirchenverträge (→Konkordat, Kirchenvertrag). Im Rahmen der landeskirchlichen Bestimmungen werden Einzelheiten zu Benutzung u. Betrieb eines konkreten F. (zu den zulässigen Arten von Grabstätten, zur Gestaltung der Grabstätten u. anderen Anl., zum Verhalten auf dem F. usw.) vom Träger durch eine (der aufsichtlichen Genehmigung bedürfenden) Friedhofsordnung (Satzung) geregelt (für die i. d. R. mehr od. weniger verbindliche Vorgaben aus einer Musterordnung gelten).

Trotz dieser unterschiedlichen normativen Ausgestaltung stimmt das Friedhofsrecht der LK in der Sache weitgehend überein: Friedhofsträger sind traditionell u. (noch) überwiegend die →Kirchengemeinden. Im Interesse einer effizienteren Ressourcenverwaltung sind inzwischen allerdings i. d. R. weitere kirchl. →Körperschaften des öffentlichen Rechts, insb. →Gemeindeverbände (z. B. spezialisierte Zweckverbände) als Friedhofsträger zugelassen. Der kirchl. F. ist eine öff. Einrichtung, weil er dem gemeinschaftlichen Totengedenken dient. Er erhält seinen Charakter durch →Widmung u. verliert ihn durch Entwidmung. Er hat die Rechtsform einer unselbständigen →Anstalt des öff. Rechts u. wird i. d. R. durch den →Kirchenvorstand (bzw. das entspr. Organ eines Gemeindeverbandes) als Sondervermögen außerhalb des allg. Haushalts verwaltet. Die Anl. u. Erweiterung eines F., genauso wie seine Schließung u. Entwidmung, bedürfen der aufsichtlichen Genehmigung. Zur Finanzierung des F. werden aufgrund einer durch den Träger erlassenen (der aufsichtlichen Genehmigung bedürftigen u. i. d. R. durch eine Musterordnung vorgeprägten) →Gebührenordnung Benutzungsgebühren durch kirchl. Verwaltungsakte erhoben. Die Friedhofsträger werden auf das Prinzip der Kostendeckung verpflichtet – eine Finanzierung aus allg. kirchl. Mitteln ist grds. nicht vorgesehen. Der chr. Charakter des F. wird durch die Gestaltung der allg. Anl. u. durch die Benutzungsordnung gesichert, sowie durch die Vorgabe, dass die Gestaltung der Grabstätten der Bestimmung des F. als Ort chr. Verkündigung entsprechen (z. B. § 13 I VO für das Friedhofswesen in der Rh, der Westf u. in der Li), od. zumindest nicht widersprechen dürfen (z. B. § 38 I 3 FriedhG EKBO, was religionsverfassungsrechtlich auch in Monopolfriedhöfen zulässig ist).

Unterschiedlich regeln die LK den Zugang zu kirchl. F. (v. a. infolge der regional stark schwankenden Anteile der Kirchenmitglieder an der Gesamtbevölkerung): Manche LK beschränken das Bestattungsrecht grds. auf Mitglieder der örtlichen KGde., u. lassen Ausnahmen davon nur in Grenzen, z. T. nur für Einzelfälle zu, sofern der F. nicht den Charakter eines Monopolfriedhofs hat, für den (in Rücksichtnahme auf das staatl. Recht) uneingeschränkter Zugang vorgesehen ist. Andere LK eröffnen grds. allen Ortsansässigen den Zugang, erlauben aber Beschränkungen durch den Friedhofsträger, sofern der F. keine Monopolstellung hat. Wieder andere überlassen die Entscheidung generell dem örtlichen Friedhofsträger. Sofern F. o. Monopolstellung Personen aufnehmen, die nicht der örtlichen KGde. angehörten, werden die Friedhofsträger z. T. zur Erhebung von Andersgläubigenzuschlägen ermächtigt.

Unterschiedlich ist auch die Haltung zu modernen Bestattungsformen: Während manche LK (z. B. Bay, EKM) auch F. im weiteren Sinne in Form von Bestattungswäldern zulassen, lehnen andere das Bestattungswaldkonzept ab (Sa[D]). Anonyme Bestattungen werden in vielen LK ausdrücklich abgelehnt, die ErK dagegen lässt sie zu (§ 9 II Musterfriedhofsordnung).

Quellen

Herausforderungen ev. Bestattungskultur – Ein Diskussionspapier, hg. v. Kirchenamt der EKD, Hannover 2004.

Literatur

Sperling, E., Art. Friedhof, ev.: LKStKR Bd. 1, 726-728; de Wall, H., Art. Friedhof, II. Friedhofsrecht: RGG[4] Bd. 3, 371-372; Ziekow, A., Kirchl. Friedhöfe: Eine rechtliche Bestandsaufnahme: KuR 2009, 254-271; Penßel, R., Bestattung u. Friedhöfe: HevKR, § 24; Gaedke, J., Handbuch des Friedhofs- u. Bestattungsrechts, Köln [11]2016.

Renate Penßel

© 2019, DOI: 10.30965/9783506786388_0074

Friedhof – Orthodox

F. sind Orte, die für die → Bestattung der verstorbenen Angehörigen der Orth. Kirche bestimmt sind. Wie die Bestattung selbst, wurzelt auch die Praxis bzgl. der Gräber u. Begräbnisplätze in der altkirchlichen u. byzantinischen Tradition sowie in lokalen Bräuchen.

Trotz der gemeinsamen dogmatischen Sichtweise in Hinblick auf die Bestattung u. der gemeinsamen liturgischen Tradition gibt es keine gesamtorthodoxen Vorgaben für F. Auch existieren national u. regional unterschiedliche Ausprägungen in Bezug auf die konkrete Gestaltung von F. (vgl. die Bestattungstradition des Athos). Das F.-Wesen richtet sich insgesamt weniger an konfessionell-kirchl., sondern an länderweise sehr unterschiedlichen u. daher hier nicht ausgeführten staatl. (meist kommunalen) Vorgaben.

Orth. Gräber sind m. einem Kreuz versehen u. (nach Möglichkeit) m. Blickrichtung nach Osten ausgerichtet. F. stehen teilweise i. V. m. Kirchengebäuden od. sind (aus praktischen Gründen) m. solchen ausgestattet. In den Kirchen bzw. an den Gräbern werden an bestimmten Tagen Totengedenken abgehalten; auch existieren in einigen orth. Kirchen Segensformulare für F. u. Grabkreuze.

In Deutschland bestehen dz. (zumindest) 3 orth.-konfessionelle F. (m. Kirchen), die zur RussOK gehören: auf dem Neroberg in Wiesbaden (seit 1856), in Berlin-Tegel (seit 1894) sowie in Hamburg (seit 2014). Orth. Abt. auf kommunalen F. sind in Wien seit dem frühen 19. Jh. dokumentiert (auf dem St. Marxer Friedhof; der 1874 eröffnete Zentralfriedhof kennt nationalkirchliche Unterabteilungen), sie existieren bis heute auch in zahlreichen Städten Deutschlands. In Berlin-Mariendorf existiert ein griech.-orth. F.-Bereich auf dem ev. F. zum Hl. Kreuz.

Literatur

Petrakakos, D. A., Die Toten im Recht nach der Lehre u. den Normen des orth. morgenländischen Kirchenrechts u. der Gesetzgebung Griechenlands, Leipzig 1905; Emmanuelides, N. E., To dikaio tes taphes sto Byzantio, Athen 1989 (Forschungen zur byzantinischen Rechtsgeschichte: Athener Reihe 3), 176-531; Havlik, M. M., Der Sankt Marxer Friedhof. Die griech.-orth. Abteilung, Phil. Diplomarbeit, Univ. Wien 2006.

Thomas Németh

© 2019, DOI: 10.30965/9783506786388_0074

Friedhof – Jüdisch

1. Der Name: Die Geschichte des jüd. F. in Deutschland (Wirsching, 2002) spiegelt sich einerseits in den zerstörten, verwaisten, wieder instand gesetzten u. neu errichteten F. wider, andererseits in den Veröff. einer hist. Bestandsaufnahme des Phänomens. Das hebr. Wort dafür steht in einer für die Sprache eigentümlichen grammatischen Konstruktion (bet ha-kwarot; Grammatisch gesehen bringt diese Wortzusammensetzung anstelle des dt. Genitivgebrauchs in der hebräischen Construktus-Verbindung die feste Zusammengehörigkeit von mind. zwei Nomina zum Ausdruck. Die beiden Wörter bilden eine feste Sprech- u. Sinneinheit, wobei der Status absolutus des letzten Wortes die volle Verantwortung trägt) u. bedeutet Haus der Gräber. Im Judentum heißt es (bet ha-olam) Haus der Ewigkeit, (bet ha-chajim) Haus des Lebens od. (makom tob) Gutort, der gute Ort. Die Bibel erinnert an Begräbnisplätze der Könige, angesehener Israeliten, Familiengräber u. das einfache Grab.

2. Die Glaubenswirklichkeit Grab: Abgesehen vom zweiten Buchstaben im hebräischen Alphabet u. Zahlenwert Zwei hat das Haus (bajit/bet) auch die Bedeutung Aufenthaltsort der Unterwelt, Grab, das schöne Haus der Ewigkeit. Es erweist sich gegenüber dem Zelt u. der Höhle als ein komplexer, Leben u. Sterben umfassender Wirklichkeitsraum (Hiob 30, 23): „Denn ich weiß du wirst mich dem Tod überantworten; da ist das bestimmte Haus aller Lebendigen." Es betrifft Geburt, →Ehe u. Elternschaft, Sterben, Tod u. Trauer u. ist der Raum, in dem der Familienkult gepflegt wird. Die →Bestattung u. das Grab gehören zur Lebenswelt. Die Trennung vom Toten im Schattenreich u. von Gott dagegen nicht mehr. Das gebetete Zidduk-ha-din (Dtn 32, 4, Jer 32, 19, Ps 92, 16, Hiob 1, 21, Ps 78, 38, Jes 25, 8) besteht aus lauter Gotteslob, das sein gerechtes Handeln anerkennt. Die archäologischen Funde stellen den „Wohnhauscharakter des Grabes" (Quell, 1925) sicher.

3. Das Grab in biblischen Zeiten: Die Geschichte des jüd. F. beginnt in bibl. Zeit. Den euphemistisch anmutenden Bestattungsformeln der Genesis, „er starb alt und lebenssatt und wurde zu seinen Vätern versammelt", u. der Königsbücher, „er legte sich zu seinen Vätern", stehen vereinzelte archäologische Funde gegenüber. Der Geschichte von Abrahams Grabkauf der Höhle von Machpela (Gen 23, 1-20) u. ihrer späteren paarweisen Belegung durch Ahnherren u. Ahnfrauen kommt paradigmatische Bedeutung zu (Auch Jakob gebot seinen Söhnen in Ägypten, ihn in der Machpela-Höhle beizusetzen. Joseph begrub seinen Vater in Machpela (Gen 59, 29-33; 50, 1-14). Als es m. ihm an der Zeit war, nahm auch er seinen Brüdern in Ägypten das Versprechen ab, ihn im verheißenen Lande zu begraben (Gen 22-26). Beim Exodus aus Ägypten führten sie seine Gebeine m. sich (Ex 13, 19), um ihn schließlich auf dem Lande bei Sichem, das Jakob einst gekauft hatte, beizusetzen [Jos 24, 32]): Sara stirbt im Land Kanaan, ihr Mann unterbricht die Trauerriten, um sie ehrenvoll bestatten zu können. Dazu erwirbt er von dem Hethiter Ephron die Höhle von Machpela m. einem dazugehörigen Flurstück. Es kommt zu einer ganz weltläufigen Kaufgeschichte m. handlungsüblichem Silber, deren Verlauf an eine „babylonische Zwiegesprächsurkunde" (H. Petschow/G. M. Tucker) erinnert. Der Verhandlungsort: das Stadttor von Hebron, 36 km südlich von Jerusalem. Die Erzählung dieses Unterpfandes der Verheißungen Gottes trägt profane Züge. Das Grab bleibt über Generationen hinweg ein bes. Ort zukünftiger Begräbnisse: Die Urgeschichte eines der drei Grundrituale Geburt, Hochzeit, Begräbnis der Väterzeit.

4. Der jüd. F.: M. dem Sesshaftwerden des Stämmeverbandes Israel in der ägyptischen Provinz Kanaan ist Gottes Zusage für alle Wirklichkeit. In der Diasporasituation – vor u. nach der Zerstörung des Salomonischen (587 v. Chr.) u. Herodianischen Tempels (70 n. Chr.) – stellte sich die Frage nach der jüd. Autonomie in nichtjüdischer Umwelt. Die jüd. Gemeinschaften hatten bis ins 19. Jh. kein Recht auf Landbesitz, doch sie unterhielten Gebetsstätten (Bet- u. Lehrhäuser, →Synagogen) u. F. Sie trieben die Kopfsteuer für die Obrigkeit u. den eigenen Unterhalt selbst ein. Im 10. Jh. entstanden m. den Fried-(Kirch-)Höfen die jüd. F. (Aufgrund der Grabsteinfunde gelten der jüd. F. in Worms [1058/59], Ulm [1281], Mainz [1286] u. Prag [1354] als die ältesten F. in Europa). M. den Vertreibungen der Juden sind ihre F. verwüstet, die Grabsteine als Baumaterial verwendet worden. Die Wegweisung (Halacha) des Talmuds bestimmt für den jüd. F. die ewige Ruhe der Toten. Das Tabu der Unreinheit (Lev 5, 2f.) schützt den F. Bis ins 18. Jh. waren die Gräber nach Jerusalem ausgerichtet, später in Reihen im Mindestabstand von 0, 56 Meter bis 0, 14 Meter. Bes. Bürger (Priester, Rabbiner, u. a.) fanden eigene Gräber; ebenso andere (Übeltäter, Selbstmörder). Es wurde nicht nach der Familienzugehörigkeit, sondern nach der zeitlichen Inanspruchnahme auf dem F. der Väter (keber abot) beerdigt. Der aus Osteuropa rührende Brauch der Stelen u. der aus Spanien u. Portugal liegender Grabsteine kennzeichnet die Gräber. Seit jeher ist der jüd. F. ein Ort der Erinnerung u. des Gedenkens; ein kleiner Kiesel bezeugt den Grabbesuch.

5. Grabsteinzeichen: Die Grabsteinbeschriftung umrahmt an der oberen Kante, „hier ist begraben" bzw. „hier ist geborgen", u. an der unteren „möge seine/ihre Seele eingebunden sein in ein Bündel des Lebens." Seit dem 16. Jh. ist der Leuchter (Menora) ein Grabsymbol: „Eine Leuchte des Herrn ist des Menschen Geist" (Spr 20, 27). Die segnenden Hände deuten auf die Abstammung aus aaronitischer Priesterschaft (Kohen) hin, die Leviten- u. Deckelkanne auf die levitische Herkunft. Der Davidstern – erstmals 1354 im Wappen der jüd. Gde. in Prag – ist das Symbol Israels u. des Judentums. Seit dem 19. Jh. ehren zwei Toratafeln den Lehrer. Die Krone auf dem Grabstein deutet auf eine rabb. Spruchweisheit (4, 17): die Krone der →Tora, der Priesterschaft, des Königtums, des guten Namens. Pflanzen- od. Tierdarstellungen leiten Namen ab: Weinstock, Rebe, Traube, Palme, Pinie, Taube, Rind, Hirsch, Bär, Löwe. Seit dem 17. Jh. werden die Berufe hervorgehoben: →Kantor (Buch), Beschneider (Messer), Musiker (Geige, Leier), Hauswirt (Wappentier). Die verlöschende Fackel, Kränze, Girlanden, Sanduhr, der Schmetterling sind aus der Antike. Der gefallene Baum, die geknickte Blume, die abgebrochene Säule unterstreichen das junge Lebensalter des Verstorbenen.

Literatur

Quell, G., Die Auffassung des Todes in Israel, Leipzig 1925 = Darmstadt ²1967; Grotte, A. – Joseph, M., Friedhof: Jüd. Lexikon Bd. II, Berlin (1927) = ²1987, 814-819; Cohn, G., Der jüd. Friedhof. Seine gesch. u. kulturgeschichtliche Entwicklung, Frankfurt 1930; Cohn, G., Grab: II. Grab u. Grabstätten: EJ Bd. 7, 609-614; Buber, M., Dom u. Friedhof (1933): Werke Bd. 9, Gütersloh 2011, 175; Jüd. Fest. Jüd. Brauch, hg. v. F. Thieberger, Königstein 1937 = ³1985, 439-446; Hoffner, H. A., Bet: Theol. Wörterbuch zum Alten Testament Bd. I, Stuttgart u. a. 1973, 629-638; Roth, C. – Wigod., G., NSJE, London 1975, 368-371; Lanczkowski, G., Haus I. Religionsgeschichtlich: TRE Bd. XIV, 474-476; Werner, F., Haus II. Judentum: TRE Bd. XIV, 476-477; Westermann, C., Genesis: Biblischer Kommentar Altes Testament I/2, Neunkirchen-Vlyn 1981; Gesenius, W., Hebräisches u. aramäisches Handwörterbuch über das AT, Berlin u. a. ¹⁸1987; Dexinger, F., Judentum: TRE Bd. XVII, 331-377; Rottzoll, D., Rabbin. Kommentar zum Buch Gen. SJ. XIV, Berlin u. a. 1994; Kuhnen, H.-P., Bestattung II. Archäologisch 2.: RGG⁴ Bd. 1, 1364-1365; Wenning, R., Bestattung III. AT: RGG⁴ Bd. 1, 1365; Hachlili, R.: RGG⁴ Bd. 1, 1365; Seebass, H., Gen II. Vätergeschichte II (23,1-36,43), Neunkirchen-Vluyn 1999; Hüttenmeister, F.-

G., Friedhof V. Judentum: RGG⁴ Bd. 3, 372-374; Wirsching, A., Jüd. Friedhöfe in Deutschland 1933-1957: Vierteljahreshefte für Zeitgeschichte 50 (2002), 1-40; Enzyklopädie Jüd. Geschichte u. Kultur, Bd. 1, hg. v. D. Diner, Stuttgart u. a. 2011, 213 f.

Klaus Dirschauer

© 2019, DOI: 10.30965/9783506786388_0074

Friedhof – Islamisch

Der souveräne Umgang m. dem Tod beansprucht in der islam. Welt einen zentralen Platz. Seine Rituale haben Theologie, Dichtung u. Gartenkultur wichtige Impulse gegeben. Sie sollen in fünf Schritten dargelegt u. anschließend soll ein Einblick in die Probleme gegeben werden, die in Deutschland das islam. Begraben begleiten.

Wenn ein Muslim im Sterben liegt, spricht sich die Nachricht meistens in Windeseile herum. Sie veranlasst viele Menschen (Familie, Freunde, Nachbarn, Kollegen) hinzugehen, um sich zu verabschieden. Man geht ins Sterbezimmer, hebt die Handpalmen, u. sagt, „ich vergebe Dir" (Helal olsun). Auch das →Glaubensbekenntnis (Schahadah) wird rezitiert. Das Ritual sorgt meist dafür, dass die Sterbenden ruhig werden u. loslassen können.

Nachdem der Tod eingetreten ist, wird der Leichnam rituell gewaschen. Auf dem Land wird das zuhause od. in der →Moschee getan. In der Stadt – u. dazu gehören auch die Ballungsgebiete in denen die meisten Muslime in Deutschland wohnen – findet die Waschung stets auf dem F. statt. Dabei wird der Leichnam nach u. nach entblößt, m. parfümiertem Wasser begossen u. anschließend in ein Leichentuch gewickelt.

Das Ritual, das den letzten Gang gestaltet, heißt Djenaza. Es umfasst das Totengebet, das die Männer der Gde. draußen auf dem Friedhofsplatz vor dem Sarg stehend verrichten. Frauen halten sich davon abseits. Es folgt der Gang zum Grab, bei dem alle Männer kurz den Bier (in Deutschland den Sarg) mitanfassen. Am Zuschütten des Grabes beteiligen sich auch Frauen u. Kinder. Die Erde wird dazu m. Schaufeln u. Händen angehäuft, bis ein kleiner Hügel über die Grabstelle wölbt. Danach kniet die Trauergesellschaft nieder u. der →Imam spricht den letzten Segen. Dann gehen alle leise auseinander.

Das Grab ist der Fokus intensiver Jenseitsvorstellungen. Ihnen zufolge erscheint gleich nach der Grablegung der Todesengel Izrafil, der dem Menschen die Seele wegnimmt u. über sie richtet. Dem Toten wird dazu eine Buchrolle m. guten u. schlechten Taten um den Hals gehängt u. ihm werden vier Fragen gestellt: Wer ist dein Gott? (Allah); Wer ist dein Prophet? (Muhammad); Welche ist deine Religion? (Islam); Welche ist deine Gebetsrichtung? (Mekka). Wer die richtigen Antworten kennt, bekommt ein Fenster im Grab m. Aussicht auf das Paradies. Wer sie nicht kennt, wird umgehend bestraft. Es folgt die Phase des Wartens bis zum endgültigen Gericht. Dann wird der Engel die Posaune blasen u. alle werden sterben. Gott wird sie wieder aufwecken, um das letzte Urt. sprechen. Danach erst kommen die Verdammten in die Hölle, die Gerechten aber in das Paradies.

In der Gestaltung des Grabes wird das Dilemma sichtbar, das die tiefe Spannung zwischen der islam. Regel (→Scharia) u. der Tradition zum Ausdruck bringt. So schreibt die Scharia ein schlichtes, nur durch eine Erhöhung gekennzeichnetes Grab vor. In den Bestattungsregeln des Rabitat al-Islam, dem Bund der Islam. Welt, der unter sunnitischen Muslimen (→Sunniten) große Autorität genießt, ist lediglich von einem flachen Hügel die Rede. Dieser darf zwar m. einem Stein kenntlich gemacht werden, es ist den Gläubigen jedoch verboten, Grabmäler zu errichten, das Grab zu schmücken od. auch nur zu bepflanzen. Trotzdem entwickelte sich in vielen islam. Ländern eine reiche Grabkunst. V. a. auf dem Territorium des ehem. Osmanischen Reiches kam rund um den Tod eine große Grab- u. Gartenkultur zum Erblühen. Osmanische Gräber umfassten stets Grabplatten, Stelen u. Inschriften. In Stein gehauene Turbane u. Blumen verweisen auf den sozialen Status der Familie. Ein Brunnen od. ein Wasserhahn lädt zum Trinken ein. Nicht zufällig enthält die türkische Sprache bis heute ein äußerst reiches Vokabular für Totenklagen, Gräber, Grabschmuck, Grababdeckungen, Inschriften, Säulen, Mausoleen u. Denkmale.

Vor zwanzig J. wurden muslimische Tote in Deutschland noch überwiegend in ihren Heimatsländern bestattet. Zurück blieben nur Frühgeburten u. Kleinkinder. Seitdem hat ein Umdenken stattgefunden, weil die Nachkommen überwiegend in Deutschland wohnen blieben. Auf den städtischen F. wurden bereits an die 2.000 islam. Abt. eingerichtet. Dort gibt es eine kleine Halle für die rituelle Waschung u. einen Vorplatz, um das Totengebet zu sprechen. Friedhofswärter stellen meist Schaufeln bereit, damit sich alle am Zuschütten des Grabes beteiligen können. Dennoch gehen die islam. Grabtraditionen u. das dt. Bestattungsrecht in einigen Aspekten auseinander. Laut Gesetz sollen Grabstellen nach 30 J. geräumt u. Leichen nicht im Tuch, sondern im Sarg bestattet werden. Das schienen zunächst unüberwindliche Hürden. Aber Beisetzungen (→ Bestattung) o. Sarg sind in Hessen seit 2014 zulässig. In Wuppertal wurde ein islam. F. eingerichtet, wo die Toten liegen bleiben können. Für das Gefühl, hierhin zu gehören, sind das wichtige Schritte, gilt doch die alte Regel: Heimat ist da, wo die Toten sind.

Literatur

Jonker, G. – Höpp, G., In fremder Erde. Zur Geschichte u. Gegenwart der islam. Bestattung in Deutschland, Berlin 1996.

Gerdien Jonker

© 2019, DOI: 10.30965/9783506786388_0074

Friedwald

→ Bestattung

Frist – Katholisch

Rechtswirkungen hängen oftmals von einer Zeitbestimmung ab, wobei diese auf → Gesetz, richterliche Anordnung od. Vereinbarung der → Parteien beruhen kann. Die Vorgabe solcher Zeitspannen stellt einen Mittelweg dar, um das Spannungsfeld zwischen Geschwindigkeit u. → Gerechtigkeit einer sachgerechten Lösung zuzuführen.

Begriffsbestimmung: Unter einer F. versteht man eine abgegrenzte, bestimmte od. bestimmbare (nicht notwendig zusammenhängende) Zeitspanne, die bestimmt ist durch die Angabe eines Zeitpunktes od. Zeitraumes, in der → Rechtshandlungen zu setzten sind u./od. in der Rechtsfolgen eintreten können.

Unterscheidungen: Kirchl. u. staatl. Recht kennen gesetzliche F. (unmittelbar durch Gesetz festgelegte) u. richterliche F. (durch den → Richter m. Rücksicht auf bes. Erfordernisse bzw. Beschaffenheit eines Falles bestimmt), die grds. auch verlängert od. verkürzt werden können, ausgenommen die sog. Notfristen.

Einheits- u. → Nutzfrist: Von Bedeutung ist die Unterscheidung zwischen tempus continuum u. tempus utile. Unter tempus continuum od. Einheitsfrist (c. 201 § 1; c. 1544 § 1 CCEO) versteht man eine F., die kontinuierlich abzulaufen hat u. keine Unterbrechung zulässt; wenn eine Unterbrechung eintritt, muss die F. ihren Lauf von neuem beginnen. Unter tempus utile od. Nutzfrist (c. 201 § 2; c. 1544 § 2 CCEO) versteht man eine Zeit, die jemanden, der sein Recht ausübt od. geltend macht, so zugemessen ist, dass sie im Falle der → Unkenntnis od. Behinderung für ihn nicht läuft. Die Nutzfrist läuft nur für den, der von ihrem Lauf weiß u. handeln kann. Nutzfristen können also auch unterbrochen werden, wobei für den Fristenlauf nur Zeiten angerechnet werden, die frei von Hinderungsgründen sind.

Berechnung von F.: Der Gesetzgeber stellt in c. 203 (in Anlehnung an cann. 34 § 2, 2°-4°) u. in c. 1546 CCEO Regeln für die Behandlung des

Anfangs- u. Endtages bei der Berechnung von F. auf. Nach c. 203 § 1; c. 1546 § 1 CCEO wird bei einer F. der erste Tag (dies a quo) grds. nicht mitgezählt, sofern im Recht nicht etwas anderes ausdrücklich vorgesehen ist. Bei dem Tag, auf den das für den Fristbeginn entscheidende rechtserhebliche Ereignis fällt, kann es sich z. B. um eine Geburt, eine Urteilsverkündung, die Mitt. der Entlassung aus dem Orden usw. handeln. Nach c. 203 § 2 u. c. 1546 § 2 CCEO wird bei einer F. der letzte Tag (dies ad quem) mitgezählt, wenn nichts Gegenteiliges festgesetzt wird. Wenn die F. aus einem od. mehreren Monaten od. J. bzw. aus einer od. mehreren Wochen besteht, endet sie m. Ablauf des letzten Tages ders. Zahl od., wenn der Monat einen Tag ders. Zahl nicht hat, m. Ablauf des letzten Tages des Monats. Der Tag, an dem eine hinsichtlich einer Rechtstatsache od. eine Rechtshandlung eingeräumte Zeitspanne abläuft, wird bei der Berechnung der F. also grds. mitgezählt, so dass sie erst m. seinem vollständigen Verstreichen endet.

F. im → Prozessrecht: Das Prozessrecht kennt gesetzliche Ausschlussfristen (fatalia legis, c. 1465 § 1; c. 1124 § 1 CCEO), „deren Eigenart es ist, Rechte der Parteien durch Zeitablauf erlöschen zu lassen" (Lüdicke, 62), richterliche F. (termini iudiciales; c. 1465 § 2; c. 1124 § 2 CCEO) u. vereinbarte F. (termini conventionales, c. 1465 § 2; c. 1124 § 2 CCEO). Die dem Richter eingeräumte → Befugnis, F. zu verlängern od. zu verkürzen, stellt keine Ausnahme von den Grundsatznormen der cc. 201-203; c. 1544-1546 CCEO dar. Eine Verkürzung der F. bedarf der Zustimmung der Parteien, deren Verteidigungsrecht andernfalls beeinträchtigt werden könnte. In c. 1466 u. c. 1125 CCEO wird der Richter verpflichtet, F. für die Vornahme von Prozesshandlungen festzusetzten; diese können von den in den cc. 201-203 u. c. 1544-1546 CCEO genannten Grundsatznormen abweichen.

Literatur

Heimerl, H. – Pree, H., Allg. Normen u. Eherecht, Wien 1983, 147 f.; KanR I, 509-513; Kandler, J., Frist: LThK³ Bd. 4, 160; Güthoff, E., Gerichtsverfassung u. Gerichtsordnung: HbkathKR³, 1661-1672, 1670 f.; Socha, H.: MKCIC cc. 201-203; Lüdicke, K.: MKCIC cc. 1465-1467.

Elmar Güthoff

© 2019, DOI: 10.30965/9783506786388_0076

Fronleichnam

→ Feiertage

Fruchtbarkeit, sakramentale – Katholisch

Die Frage der s. F. berührt sowohl die Anforderungen zur gültigen Spendung der → Sakramente (→ Sakramentenspendung) als auch die rechte → Disposition des Empfängers.

Gem. c. 841 (c. 669 CCEO) besitzt allein die höchste kirchl. Autorität die → Vollmacht, zu beurteilen u. festzulegen, was zur gültigen Spendung der Sakramente erforderlich ist. Dafür müssen nach kirchl. Lehre drei Voraussetzungen gegeben sein: 1. die Materie (z. B. das Wasser bei der → Taufe), 2. die Form (z. B. bei der Taufe die Worte „Ich taufe dich im Namen des Vaters und des Sohnes und des Heiligen Geistes") u. 3. der rechtmäßige Spender, der das Sakrament in der rechten Weise vollzieht (rite et recte) u. von der Absicht geleitet sein muss, das zu tun, was die Kirche tut (intentio Ecclesiae). Der Spender im originären Sinne ist Jesus Chr. selbst, in dessen Sendung u. mittels der in der Weihe übertragenen Vollmacht die → Bischöfe, → Priester u. → Diakone sakramentale Handlungen vollziehen (unbeschadet der Bestimmungen zur Spendung der Taufe in c. 861 § 1 u. zur Assistenz bei der Eheschließung [→ Eheassistenz] in cc. 1108-1112). → Gültigkeit u. Wirksamkeit der Sakramente sind jedoch nicht abhängig von der Rechtgläubigkeit u. von der persönlichen Heiligkeit des Spenders (DenzH 1612). Die Sakramente wirken ex opere operato, d. h. aufgrund der Handlung selbst, welche die wirkmächtige Vergegenwärtigung des „ein für allemal vollbrachten Heilswerkes Christi“ (KKK 1128) darstellt. Zugl. werden die →Kleriker aber an die Verantwortung für den eigenen sakramentalen Lebensvollzug erinnert, der durch den Einklang von sakramentaler Vollmacht u. persönlicher Heiligung geprägt sein soll. Im Weihegebet der →Priesterweihe spricht deshalb der Bf.: „Allmächtiger Vater, wir bitten dich: gib deinem Diener die Würde des Priestertums. Erneuere in ihm den Geist der Heiligkeit. Das Amt, das er aus deiner Hand, o Gott, empfängt, die Teilhabe am Priesterdienst, sei ihm Anteil für immer. So sei sein Leben für alle Vorbild und Richtschnur“. P. Johannes Paul II. betont in Übereinstimmung dazu die Verbindung von priesterlicher Heiligkeit u. sakramentalem Vollzug u. entfaltet die daraus abzuleitenden geistl. Haltungen (PDV 21 u. 22).

In Bezug auf den Empfänger der Sakramente sieht die Kirche die s. F. ausdrücklich in einer Abhängigkeit zu dessen innerer Verf. (KKK 1128). Grds. bedeutet das zunächst, dass Sakramente nur von lebenden Menschen bzw. Getauften bis hinein in die Sterbephase empfangen werden können, nicht jedoch von bereits Verstorbenen. Unter Beachtung der Norm des c. 843 §1 (c. 381 §2 CCEO) ist für den gültigen Empfang des Sakramentes die rechte Absicht des Empfängers erforderlich, für den würdigen u. fruchtbaren Empfang darüber hinaus ein lebendiger Glaube u. eine rechte Disposition (Bereitung) für die sakramentale Gnade. Bei der Taufe muss der Taufglaube u. die Reue über die →Sünden gegeben sein. Auf dieser Grundlage empfängt der Mensch durch die Taufe die „heiligmachende Gnade“ (gratia sanctificans od. iustificans), die ihn durch die Gleichgestaltung m. Chr. u. die Eingliederung in seine Kirche (c. 849; c. 675 §1 CCEO) aus der Todesverfangenheit erlöst. Er wird ein Kind Gottes u. gelangt zu seiner Rechtfertigung, d. h. zur Gerechterklärung im Urt. Gottes. Die Taufgnade wird in der Gotteskindschaft fruchtbar, die sich in einem geisterfüllten Leben der Tugenden (Glaube, Hoffnung, Liebe) erweist. Die heiligmachende Gnade der Taufe kann aber nur dann fortwirken, wenn sich der Getaufte ihr gegenüber beständig öffnet u. m. ihr zusammenwirkt. Ihre lebendige Gegenwart ist daher die innere Voraussetzung für den Empfang der übrigen Sakramente. Sie bez. jenen Stand der Gnade, in dem der Getaufte die Sakramente auf fruchtbare u. damit wachsende Weise (vgl. Mk 4, 30-32) empfangen kann.

S. F. besteht folglich gem. kirchl. Lehre darin, dass „der Geist der Gotteskindschaft den →Gläubigen Anteil an der göttlichen Natur schenkt, indem er sie mit dem einzigen Sohn, dem Erlöser lebendig vereint“ (KKK 1129). Ist sich daher der Getaufte einer schweren Sünde bewusst, soll er vor dem weiteren →Sakramentenempfang beichten (cc. 916, 987 u. 988; c. 711 CCEO). Die Reue über seine Sünden ist somit bereits Frucht der sakramentalen Gnade, die selbst im Raum der Sünde zu wirken vermag. Empfängt jedoch ein Getaufter ein Sakrament auf unwürdige Weise, erinnert die paulinische Mahnung daran, dass das Sakrament in diesem Fall nicht das Heil, sondern das Gericht wirkt (vgl. 1Kor 11, 27-29). Daher bleibt der Getaufte aufgefordert, sich auf rechte Weise für den Empfang der Sakramente zu bereiten, d. h. durch Gebet, Unterrichtung, Besinnung u. Buße. Die s. F. ist somit Ausweis dafür, dass Sakramente nicht magische Handlungen, sondern immer „Zeichen und Mittel“ sind, „durch die der Glaube ausgedrückt und bestärkt“ wird (c. 840) u. durch die Chr. selbst die Menschen „in der Kraft des Heiligen Geistes“ heiligt (c. 667 CCEO).

Quellen

Konzil von Trient, Dekr. über die Rechtfertigung: DenzH 1520-1583; Konzil von Trient, Dekr. über die Sakramente: DenzH 1600-1630; Johannes Paul II., Adhortatio Apostolica Postsynodalis Pastores dabo vobis vom 25. März 1992: AAS 84 (1992), 657-804; dt. Übersetzung: VApSt 105.

Literatur

Reinhold, G., Die Streitfrage über die physische od. moralische Wirksamkeit der Sakramente. Nach ihrer hist. Entwicklung krit. dargestellt, Stuttgart 1899; Olschewski, J., Das Recht auf Sakramentenempfang: Zur Entwicklung eines Fundamentalrechtes der Gläubigen vom Konzil von Trient bis zur Gegenwart, Frankfurt 1998 (AIC 6); Janßen, K., Glaube u. Sakrament – Wie wirken Sakramente?, München 2004; Ratzinger, J., Die sakramentale Begründung chr. Existenz: JRGS 11, Regensburg 2008, 197-214; ders., Zum Begriff des Sakramentes: JRGS 11, Regensburg 2008, 215-232; Faber, E.-M., Einführung in die kath. Sakramentenlehre, Darmstadt ²2009, bes. 59-65; Hoping, H., Heil erfahren in den Sakramenten, Freiburg 2009; Menke, K.-H., Sakramentalität: Wesen u. Wunde des Katholizismus, Regensburg 2012, bes. 114-121; Chauvet, L.-M., Symbol u. Sakrament. Eine sakramentale Relecture der chr. Existenz, Regensburg 2015, bes. 143-149.

Christoph Ohly

© 2019, DOI: 10.30965/9783506786388_0078

Frühehe – Katholisch

Die F. soll im kan. →Eherecht verhindert werden. Hierzu hat der Gesetzgeber in c. 1083 (inhaltlich entspr.: c. 800 CCEO) das →Ehehindernis des Mindestalters (→Heiratsalter) normiert. Gem. c. 1083 §1, dessen Wortlaut m. can. 1067 §1 übereinstimmt, ist die Frau m. vollendetem 14. Lj. u. der Mann m. vollendetem 16. Lj. ehemündig. Die BK können gem. c. 1083 §2 ein höheres Alter für die →Eheschließung festlegen. Dieses Ehehindernis soll die reifungsbedingte u. geistig-seelische →Ehefähigkeit garantieren. Der naturrechtliche Kern des Ehehindernisses ist die zur Eheschließung notwendige physische u. psychische Ehefähigkeit der Eheleute. Da die genauen Altersgrenzen positiv-rechtlicher Natur sind, kann der Ortsordinarius davon dispensieren, sofern die nötige Reife bei den Nupturienten bereits vor Erreichen der Altersgrenze vorliegt u. keine anderweitigen Ehehindernisse od. →Ehekonsensmängel bestehen.

In Verbindung damit steht c. 1072, nach welchem den Hirten vor der Eheschließung das pastorale Bemühen darüber aufgetragen ist, „Jugendliche von der Eheschließung ab[zuhalten], solange sie nicht jenes Alter erreicht haben, in welchem die Ehe nach Landessitte geschlossen zu werden pflegt", worunter in den meisten Fällen das Mindestalter für die Eheschließung nach der weltlichen Rechtsordnung gemeint ist. Sollte jene einer Eheschließung entgegenstehen, ist nach c. 1071 2° (vgl. c. 789 2° CCEO) für die →Eheassistenz eine Erlaubnis des Ortsordinarius erforderlich.

Um F. entgegenzuwirken, wird den BK gem. c. 1083 §2 das Recht eingeräumt, für die Eheschließung ein höheres Alter festzulegen, was unter den deutschsprachigen BK die SBK getan u. das Ehemindestalter an die Regelung des schweiz. Zivilrechts – gem. Art. 94 ZGB müssen die Eheleute das 18. Lj. vollendet haben – angeglichen hat. Diese Bestimmung betrifft jedoch nur die →Erlaubtheit der Eheschließung u. hat „den Charakter eines partikularrechtlichen Eheverbotes" (KanR III, 444).

Zudem erschwert das in c. 1071 §1 6° (vgl. c. 789 4° CCEO) normierte →Trauungsverbot die Schließung von F. Außer im Notfall ist es dem trauungsbefugten Geistlichen o. Erlaubnis des Ortsordinarius gem. cc. 1071 §1 6° i. V. m. 97 §1 verboten, einer Ehe zu assistieren, bei der ein Nupturient unter 18 J. ist u. gegen den Willen od. o. Wissen der Erziehungsberechtigten heiraten möchte.

Quellen

SBK, Partikularnormen vom 3. Juli 1985: AfkKR 154 (1985), 543.

Literatur

Lopez Alarcon, M., El matrimonio des los menores (cc. 1071.1,6, 1072 y 1083.2): El matrimonio. Cuestiones de derecho administrativo canonico, Salamanca

1990, 153-181; Zapp, H., Art. Frühehe: LKStKR Bd. 1, 733-734; Sebott, R., Das neue kirchl. Eherecht, Frankfurt [3]2005; KanR III, 419-422; 443 f.; Althaus, R. – Prader, J. – Reinhardt, H. J. F., Das kirchl. Eherecht in der seelsorgerischen Praxis, Essen [5]2014; Althaus, R., § 85 Die Vorbereitung der Eheschließung: HbkathKR[3], 1268-1281; Lüdecke, N., § 86 Die rechtliche Ehefähigkeit u. die Ehehindernisse: HbkathKR[3], 1282-1314; Lüdicke, K.: MKCIC cc. 1071, 1072, 1083.

Vincent Jünger

© 2019, DOI: 10.30965/9783506786388_0079

FSJ
→ Freiwilligendienste

Führungszeugnis, kirchliches – Katholisch

Ein kirchl. F. dient der Dokumentation personenbezogener Auskünfte über eine Person. Die Vorlage eines F. wird regelmäßig gefordert bei der Bewerbung um eine Anstellung im kirchl. Dienst, bei der Aufnahme des Studiums an einer kirchl. → Hochschule od. der Beantragung einer kirchl. Unterrichtserlaubnis (→ Missio canonica). Das Begriffsbestandteil Führung deutet hierbei darauf hin, dass Aussagen über das Verhalten u. den Leumund der betr. Person getroffen werden sollen, die über die Dokumentation von → Kirchenzugehörigkeit, → Firmung u. ggf. kirchl. → Eheschließung hinaus gehen, wobei die letztgenannten Sachverhalte über einen aktuellen Taufbuchauszug bestätigt werden könnten. Anstelle eines F. wird in den o. genannten Zusammenhängen oftmals die Vorlage eines pfarramtlichen Zeugnisses gefordert, o. dass ausdrücklich geregelt wäre, über welche Themenstellungen darin eine Aussage zu treffen ist. Dass dgl. Zeugnisse mehr leisten können als ein nihil obstat i. S. einer Fehlanzeige offenkundiger Probleme, muss bezweifelt werden.

Hinzu kommt, dass sich das kirchl. Engagement u. die Teilnahme am kirchl. Leben oftmals außerhalb der Wohnsitzpfarrei ereignen. Von daher dürften Auskünfte des Wohnsitzpfarrers nur eine begrenzte Aussagekraft besitzen. Diesem Befund wird verschiedentlich in der Weise begegnet, dass statt eines F. Gutachten od. Referenzen kirchl. Stellen od. Persönlichkeiten gefordert werden. Dass sich kirchl. Verwaltungen der Ambivalenz der Forderung derartiger Referenzen bewusst sind, kann etwa dem Merkblatt für Missio-Bewerbungen des Bistums Mainz entnommen werden: „Der/die Bewerber/in benennt Persönlichkeiten, wovon einer katholischer Priester sein soll, die Referenzen abgeben können. Dieser Vorgang ist keine misstrauische Nachforschung, sondern ein Beitr. zur Festigung des notwendigen Zusammenhangs von Religionsunterricht und kirchlicher Gemeinschaft." Große praktische Bedeutung besitzt zudem das polizeiliche F. (→ Führungszeugnis, polizeiliches).

Quellen

Dezernat Schulen u. Hochschulen im Bfl. Ordinariat Mainz, Merkblatt für Missio-Bewerbungen: https://schule.bistummainz.de/medien/8b5c9cb8-63a6-4fa1-b80c-a07a0fdb391d/Microsoft-Word---10-MERKBLATT-FÜR-MISSIO.pdf [Zugriff: 15.05.2019].

Peter Platen

© 2019, DOI: 10.30965/9783506786388_0081

Führungszeugnis, polizeiliches – Katholisch

Für die Bewerbung für bestimmte kirchl. Dienste wird über ein kirchl. F. (→ Führungszeugnis, kirchliches) hinaus ein polizeiliches F. verlangt. Insb. im Zusammengang der Prävention gegen sexualisierte Gewalt an Minderjährigen u. erwachsenen Schutzbefohlenen sind in den dt. Diözesen die Vorlage eines erw. F. wie die Unterzeichnung einer sog. Selbstverpflichtungserklärung als Instrumente der Prävention etabliert. Auf der Grundlage der von den dt. Bf. im J. 2010 erlassenen u. im J. 2013 neugefassten Präventions-RO ist es in vielen dt. Diözesen zum Erlass diözesaner Präventionsordnungen gekommen, in denen für die in den jeweiligen Ordnungen benannten Personengruppen die Vorlage eines erw. F. verpflichtend vorgeschrieben wird. Neben Bf., Priestern, Diakonen u. Weihekandidaten sowie Laien im hauptberuflichen pastoralen Dienst einschließlich der Anwärter auf diese Berufe werden zur Vorlage eines erw. F. diejenigen Mitarbeiter verpflichtet, die im Rahmen ihrer dienstlichen Tätigkeit regelmäßigen Kontakt zu Kindern haben od. haben können. Nach dem Inkrafttreten des Bundeskinderschutzgesetzes zum 01.01.2012 u. diesbezüglich getroffener Vereinbarungen zwischen Trägern der öff. Jugendhilfe u. Trägern der freien, z. B. kirchl., Jugendhilfe unterfallen dann auch →Ehrenamtliche im kirchl. Dienst m. Kontakt zu Kindern u. Jugendlichen der Verpflichtung zur Vorlage eines erw. F. Das Erzbistum Köln hat in diesem Zusammenhang im Mai 2014 „Empfehlungen zur Einordnung ehrenamtlicher Tätigkeit hinsichtlich einer verpflichtenden Vorlage eines erw. Führungszeugnisses für kirchenamtliche Felder im Erzbistum Köln" vorgelegt.

Die diözesanen Präventionsordnungen sehen vor, dass die erw. F. nach einer festgelegten Frist erneut zu beantragen u. der zur Einsicht in das erw. F. befugten Stelle vorzulegen sind. Verschiedentlich ist es auch zum Erlass von Ausführungsbestimmungen gekommen, die die näheren Abläufe bei der Beantragung, Vorlage, Prüfung u. Aufbewahrung des erw. F. regeln u. auch Aussagen darüber treffen, wie m. dem Befund der Eintragung von anderen als in der Präventionsordnung benannten Straftaten verfahren wird.

Quellen

Generalvikar des Bischofs von Limburg, Ausführungsbestimmungen zur Präventionsordnung vom 19. Mai 2011: ABl. Limburg 2011, 65-66; Rahmenordnung – Prävention gegen sexualisierte Gewalt an Minderjährigen u. erwachsenen Schutzbefohlenen im Bereich der DBK vom 26. August 2013: ABl. Limburg 2013, 604-608; Bischof von Speyer, Gesetz zur Regelung des Umgangs m. Erweiterten Führungszeugnissen für Ehrenamtlich Tätige im Bistum Speyer vom 31. Oktober 2014: KABl. Speyer 107 (2014), 260-262; Empfehlungen zur Einordnung ehrenamtlicher Tätigkeit hinsichtlich einer verpflichtenden Vorlage eines erweiterten Führungszeugnisses für kirchenamtliche Felder im Erzbistum Köln: http://www.erzbistum-koeln.de/export/sites/ebkportal/thema/praevention/.content/.galleries/downloads/Pruefraster_EFZ_Ehrenamtlich_Taetige.pdf [Zugriff: 15.05.2019]; Bischof von Rottenburg-Stuttgart, Bfl. Gesetz zur Vorlage von erweiterten Führungszeugnissen im Rahmen der Prävention von sexuellem Missbrauch in der Diözese Rottenburg-Stuttgart vom 22. Oktober 2015: KABl. Rottenburg-Stuttgart 59 (2015), 462-464; Generalvikar des Bischofs von Aachen, Ausführungsbestimmung zur Vorlage eines erweiterten Führungszeugnisses gem. § 5 der Ordnung zur Prävention gegen sexualisierte Gewalt an Minderjährigen u. schutz- od. hilfebedürftigen Erwachsenen (Präventionsordnung) für Mitarbeiterinnen u. Mitarbeiter im pastoralen, schulischen u. allg. Bistumsdienst des Bistums Aachen vom 01. Dezember 2016: KABl. Aachen 87 (2017), 4; Bfl. Generalvikariat Trier, Erweiterte Führungszeugnisse nach dem Bundeskinderschutzgesetz für Ehrenamtliche im Saarland vom 29. Januar 2018: KABl. Trier 2018, 103.

Peter Platen

© 2019, DOI: 10.30965/9783506786388_0082

Führungszeugnis, polizeiliches – Staatlich

Ein F. ist gem. § 30 Abs. 1 S. 1 BZRG ein Zeugnis über den eine Person betr. Inhalt des Bundeszentralregisters. Das BZRG verwendet die hist. u. bis heute geläufige Bez. als polizeiliches F. nicht, sondern unterscheidet zwischen einfachem, erw. (§ 30a Abs. 1 BZRG) u. Europäischem F. (§ 30b Abs. 1 S. 1 BZRG). Die Erteilung eines F. erfolgt gem. § 30 Abs. 1 S. 1, Abs. 2 S. 1 BZRG grds. auf Antrag des Betroffenen bei der Meldebehörde. Ein F. kann für eigene Zwecke (sog. Privatführungszeugnis, bspw. zur Vorlage bei einem privaten Arbeitgeber) od. zur Vorlage bei einer Behörde (§ 30 Abs. 5 S. 1 BZRG) erteilt werden; die Erteilung an eine Behörde ist (nur) unter den Voraussetzungen des § 31 Abs. 1 S. 1 BZRG zulässig. Wird ein F. zur Vorlage bei einer od. an eine Behörde erteilt (F. für Behörden), ist dem Betroffenen auf Verlangen Einsicht in das F. zu gewähren. Das einfache F. enthält gem. § 32 Abs. 1 S. 1 BZRG die in §§ 4 bis 16 BZRG bez. Registereintragungen, d. h. insb. Angaben über rechtskräftige strafgerichtliche Verurteilungen, verhängte Strafen u. etwaige Vollstreckungsaussetzungen zur Bewährung. Von der Aufnahme ausgenommen sind allerdings die in § 32 Abs. 2 BZRG aufgeführten Eintragungen; (Rück-)Ausnahmen hiervon gelten wiederum gem. § 32 Abs. 1 S. 2 BZRG bei Verurteilungen wegen einer Straftat nach §§ 174 bis 180, 182 StGB, gem. § 32 Abs. 3 u. 4 BZRG bei Erteilung eines F. für Behörden u. gem. § 32 Abs. 5 BZRG bei Erteilung eines erw. F. Grds. nicht (mehr) aufgenommen werden Verurteilungen auch nach Ablauf einer bestimmten Frist, deren Länge von der jeweils verhängten Strafe u. der Art des erteilten F. abhängt (s. §§ 33 ff. BZRG).

Literatur

Wojtech, M., Ewiges Gedächtnis der Justiz – das Bundeszentral- u. andere Register: NJW-Spezial 2011, 696; Joussen, J., Das erweiterte Führungszeugnis im Arbeitsverhältnis: NZA 2012, 776-780; Krumm, C., Praxisprobleme des Bundeszentralregisters: Strafverteidiger Forum 2012, 165-170.

Nils Schulz

© 2019, DOI: 10.30965/9783506786388_0082

Fundamentalismus

Im Zuge fortschreitender Ausdifferenzierung der gesellschaftlichen Teilsysteme in der Moderne verlor die religiöse Deutung der Wirklichkeit ihre zentrale Stellung. Eben dies meint Säkularisierung: Wissenschaft, Kunst, Wirtschaft u. Politik folgen einer eigenen, ihnen immanenten Logik jenseits religiöser Vorgaben. Daraus folgt jedoch nicht schon, dass Religion verschwindet; sie muss sich jedoch m. dem Status eines Teilsystems begnügen. Diese Differenzierung prägt wesentlich moderne Gesellschaften (→ Gesellschaft, weltliche), wobei sie in → Demokratien auch normativ ausgestaltet wird: etwa in der rechtlichen, funktionalen u. institutionellen Trennung von Staat u. Religion (→ Trennung von Staat und Kirche). So sind Religionsgemeinschaften gezwungen, sich innerhalb der Moderne (auch als krit. Stimme) zu situieren, die eigene Tradition einer Relecture zu unterziehen – od. den Säkularisierungsprozess zu verwerfen.

Letzteres kennzeichnet die fundamentalistischen Richtungen nicht nur der monotheistischen Religionen. Der Begriff leitet sich ab von der zwischen 1910 u. 1915 publizierten Schriftenreihe The Fundamentals: A Testimony to the Truth, hg. v. A. C. Dixon u. a. Ziel der Reihe war es, die Grundlagen des (prot.) Christentums gegen Anfechtungen der Moderne zu verteidigen. Zu diesen fundamentals gehören bis heute das Modell der Verbalinspiration, die mosaische Autorschaft des Pentateuch, ein instruktionstheoretisches Offenbarungsverständnis sowie ein traditionelles Bild von Familie u. Gesellschaft. Diesen Grundlagen stehen für den F. die modernen verführerischen Feinde gegenüber: die hist.-kritische Erforschung der Schrift u. der Dogmengeschichte, die Evolutionstheorie Darwins u. nicht zuletzt die Problematisierung überlieferter Genderrollen u. der Sexualmoral. Angesichts dieser Bedrohung kommt es dem F. darauf an, ein Bollwerk von theol. wie moralischen Grundsätzen zu errichten. Dies kennzeichnete auch den kath. Antimodernismus des 19. u. 20. Jh., der sich um das Papstamt scharte u. in Abgrenzung zur modernen Gesellschaft eigene Schutzräume u. Sozialformen ausbildete.

Fundamentalistische Gemeinschaften betrachten sich als exiliert, ausgegrenzt von einem Mainstream, der von der Wahrheit abgewichen ist. Dies trifft auch auf die unterschiedlichen Richtungen des jüd. Fundamentalismus zu m. seinen ausgeprägten Tendenzen zur Selbstghettoisierung. Ähnlich ist die Bewusstseinslage des Islamismus, der oft im

Gewand eines postkolonialen Diskurses auftritt u. die Opferrolle der Muslime hervorhebt (u. vom →Kalifat träumt): Objekte imperialer Strategien u. Okkupationen seit Napoleon, verführt von westlichen Konsum- u. Lebensformen, den religiösen Quellen schon lange entfremdet, bietet sich als Lösung nur der Rückweg an zum (imaginierten) urspr. →Islam u. seiner Gesellschaftsordnung.

Die Exklusion des Zweifels ist das allg. Merkmal des F.; sie steht im Dienste petrifizierter Identität. Paradox soll lebensweltliche Evidenz repristiniert werden durch hohe soziale Kontrolle u. v. a. im willkürlichen – dadurch aber die beanspruchte Verbindlichkeit entwertenden – Akt der Unterwerfung unter die religiöse Autorität. Als Gegenleistung darf man sich zur Avantgarde zählen, die für die Sache Gottes kämpft: Die nonkonformistische Attitüde des F., der das kontrafaktische, krit. Potential religiöser Traditionen für sich beansprucht, spricht geschwächte Individuen an u. wertet sie auf. Aber die Unterdrückung des Zweifels ist ein hoher Preis: ein Akt der Gewalt – zunächst gegen sich selbst u. sodann gegen andere, die an diesen Zweifel erinnern. Der Feind im Inneren u. im Äußeren soll bekämpft werden m. Suggestion, Mahnungen, Mission, politischer Einflussnahme u. – seltener – m. Gewalt. Die antimoderne Rhetorik darf nicht darüber hinwegtäuschen, dass moderne Techniken der Propaganda u. Manipulation über Printmedien u. Internet souverän genutzt werden. Dazu gehören auch professionell gemanagte Massenveranstaltungen m. charismatischen Führerfiguren. So ist der F. als Reaktion sowohl auf den Zerfall überlieferter Autorität, Moral u. Sozialformen als auch auf die Krisen u. uneingelösten Verheißungen der Moderne zu begreifen. Die Schwächung des Individuums, das seinen Wert primär als Marktwert erfährt, macht anfällig für schlichte Erkl. u. fixe Ersatzidentitäten. Darum genügen Aufklärung u. Bildung als Prävention nicht; es bedarf einer Gesellschaft, in der Freiheit u. Würde zum Bestandteil der Alltagserfahrung werden.

Literatur

The Fundamentalism Project, 5 Bde., hg. v. M. E. Marty – R. S. Appleby, Chicago 1993-2004; Türcke, Chr., Fundamentalismus – maskierter Nihilismus, Hannover 2003; Neuner, P., Der Streit um den kath. Modernismus, Frankfurt – Leipzig 2009; Tibi, B., Islamism and Islam, New Haven – London 2012; Buchholz, R., Falsche Wiederkehr der Religion. Zur Konjunktur des Fundamentalismus, Würzburg 2017.

René Buchholz

© 2019, DOI: 10.30965/9783506786388_0083

Fundamentalnorm – Katholisch

Beide geltenden Gesetzbücher der kath. Kirche weisen sog. F. bzw. theol. Leitsätze auf (vgl. z. B. im CIC/1983: cc. 204; 205; 208; 330; 331; 336; 375; 381; 515; 747; 834; 840; 849; 879; 879-899; 959; 998; 1008; 1009 u. 1055; vgl. z. B. im CCEO/1990: cc. 7; 8; 11; 42; 43; 49; 178; 279; 595; 667; 675 §1; 692; 698; 718; 737; 743 u. 776). Sie prägen auf der Grundlage der Ekklesiologie des Vat II insb. das →Verfassungsrecht u. das Heiligungsrecht. Die theol. Leitsätze bzw. F. dienen dem in →Sacrae Disciplinae Leges formulierten Ziel „... die Normen ... auf ein solides rechtliches, kanonisches und theologisches Fundament zu stützen" (SDL, XXI) u. „... grundlegende Richtlinien, von denen der neue Codex insgesamt bestimmt wird, innerhalb des ihm eigenen Inhalts und seiner Sprache, die mit diesem Inhalt zusammenhängt ...", (SDL, XIX) zu verankern. Theol. Leitsätze bzw. F. sind nach c. 7 gültig erlassene →Gesetze u. unterliegen damit den Auslegungsregeln des c. 17 (→Interpretation, Auslegung). Die F. bzw. theol. Leitsätze rezipieren insb. die Dokumente des Vat II u. bieten damit gem. c. 17 einen innerkodikarischen →Kontext m. deutlichem Konzilsbezug. Sie stehen häufig zu Beginn eines Kap. u. geben somit die theol. Optik bzw. Matrix u. das theol. Fundament vor, in der die Folgenormen zu interpretieren sind. Sie zeigen, dass der Codex ein Codex anderer Art i. S. eines theol. grundgelegten Gesetzbuchs ist, o. seinen jur. Charakter zu relativieren, insofern er theol. Lehren des Konzils in seinen Canones rezipiert u. so eine Auslegung des neuen Codex ausschließlich i. S. des CIC/1917 verhindern möchte. Im Unterschied zum CIC/1917 wurde von Johannes XXIII. die Ankündigung des Vat II m. der Reform des CIC/1917 in nuce verknüpft, sodass von Beginn an der neue Codex dieses Konzil rechtlich umzusetzen versucht. Theol. Leitsätze bzw. F. sind daher als wichtiger Teil des in der ApK SDL formulierten Anliegens zu werten, die Ekklesiologie des Vat II in geltendes KR zu übersetzen, eingedenk dessen, dass diese Transformation nie vollständig u. suffizient geschehen kann (→Hermeneutik des Kirchenrechts). Die theol. Leitsätze bzw. F. sind wie der Codex stets verbesserungsfähig. Nach c. 6 §2 sollen nur Gesetze, die ius vetus wiedergeben, u. damit nicht alle Gesetze auch eine Würdigung durch die kan. Tradition erfahren. Dabei ist zu beachten, dass selbst Normen, die wortwörtlich aus dem CIC/1917 übernommen wurden, im neuen CIC/1983 durch einen veränderten gesetzessystematischen Kontext als auch durch den Interpretationskontext des Konzils eine völlig neue Bedeutung erlangen können.

Quellen

Johannes Paul II., ApK Sacrae Disciplinae Leges vom 25. Januar 1983: AAS 75 (1983) Pars II, VII-XIV; dt. Übers.: Codex Iuris Canonici, lat.-dt. Ausgabe, Kevelaer [5]2001, X-XXIII.

Literatur

Müller, L., Theol. Aussagen im kirchl. Gesetzbuch. Sinn – Funktion – Problematik: MThZ 37 (1986), 32-41; Krämer, P., Theol. Leitsätze zum Sakrament der Versöhnung. Rechtsvergleichende Überlegungen: Iudicare inter fideles (FS Geringer), hg. v. W. Aymans, St. Ottilien 2002, 223-235; Meckel, T., Konzil u. Codex. Zur Hermeneutik der Kirchenrechtswissenschaft am Beispiel der christifideles laici, Paderborn – München – Wien – Zürich 2017 (KStKR 18), insb. 81-88.

Thomas Meckel

© 2019, DOI: 10.30965/9783506786388_0084

Fünfergericht

→Kollegialgericht

Funktionentrennung – Katholisch

In der Kirche gibt es keine Gewaltenteilung wie im Staat, sondern nur eine Unterscheidung der Gewaltfunktionen (→Gewaltenunterscheidung). Die Leitungsgewalt, die auf der Weihegewalt aufbaut, wird im Blick auf die Gewaltfunktionen unterschieden in gesetzgebende, ausführende u. richterliche Gewalt (c. 135 §1; c. 985 §1 CCEO). Der Inhaber der oberhirtlichen Gewalt hat alle drei Gewaltfunktionen inne, auf der Ebene der Vertretungsorgane dagegen werden diese i. d. R. getrennt u. versch. Trägern zugewiesen.

Die →Gesetzgebung kommt neben dem →Papst für die →Gesamtkirche u. dem →Diözesanbischof für seine →Diözese auch →Konzilien zu, in Einzelfällen auch der →Bischofskonferenz. Der →Gesetzgeber unterhalb der höchsten Autorität in der Kirche kann seine →Gesetzgebungsvollmacht nicht gültig delegieren (c. 135 §2; c. 985 §2 CCEO).

Die →Rechtsprechung hat die Aufgabe, aufgrund eines Antrags in einem konkreten Fall das Recht zu verwirklichen. Ein Urt. muss aufgrund von Recht u. Gesetz gefällt werden. Der P. ist für die Gesamtkirche u. der →Bischof für seine Diözese der zuständige →Richter, übt die Rechtsprechungsgewalt in ordentlicher Weise durch sein Gericht aus, kann aber ggf. Entscheidungen auch an sich ziehen.

Die →Verwaltung hat die Aufgabe, das Leben der Rechtsgemeinschaft durch Entscheidungen in Einzelfällen u. durch Verwaltungserlasse zu gestalten. Sie bewegt sich im Rahmen von Recht u. Gesetz, kann aber in einem hohen Maße gestaltend wirksam sein. P. u. Bf. haben Vertreter für den Bereich der Verwaltung, z. B. die Röm. Kongregationen u. Räte bzw. das Generalvikariat od. Ordinariat. Wichtigere Verwaltungsentscheidungen nimmt der P. bzw. der Bf. persönlich vor.

Literatur

Mörsdorf, K., Rechtsprechung u. Verwaltung im Kan. Recht, Freiburg 1941, 1-27; ders., Die Regierungsaufgaben des Bischofs im Lichte der kan. Gewaltenunterscheidung [1949]: Mörsdorf, K., Schriften zum Kanonischen Recht, hg. v. W. Aymans – K.-Th. Geringer – H. Schmitz, Paderborn – München – Wien – Zürich 1989, 370-390; KanR I, 422-425; Eicholt, B., Gewaltenunterscheidung statt Gewaltentrennung im Kan. Verfassungsrecht: Folia Canonica 5 (2002), 179-204; Pree, H., Die Ausübung der Leitungsgewalt: HbkathKR³, 207-233; Baura, E., La divisione di funzioni nella Curia romana: EIC 58 (2018), 23-49.

Ludger Müller

© 2019, DOI: 10.30965/9783506786388_0086

Furcht und Zwang – Katholisch

Als F. (lat. metus) wird bereits im →römischen Recht das Zittern des Geistes vor einer bevorstehenden Gefahr genannt (Ulpian, D 4, 2, 1: „Metus est instantis vel futuri periculi causa mentis trepidatio"). F. kann von außen durch Drohung einer frei handelnden Person eingeflößt werden od. von innen kommen, d. h. einem psychischen Zustand entspringen. F. ist absolut, wenn sie bei jeglichem Menschen hervorgerufen wird, relativ, wenn sie nur bedingt durch →Alter od. Umstände wirkt.

Grds. bleibt ein auf Grund von außen eingeflößter schwerer F. vorgenommener Rechtsakt als solcher ein →Willensakt u. rechtswirksam (vgl. c. 125 § 2). Auf Antrag der geschädigten →Partei od. ihrer Rechtsnachfolger, aber auch von Amts wegen, kann durch richterliches →Urteil dessen Aufhebung erfolgen. Nur in gesetzlich vorgesehenen Ausnahmefällen sind die unter schwerer F. getätigten Rechtsgeschäfte o. weiteres nichtig, wie etwa die →Eheschließung, selbst wenn sie zwischen nichtkatholischen od. ungetauften Partnern erfolgte (→Ehekonsensmängel). Die Erkl. der →Nichtigkeit erfolgt durch ein richterliches Feststellungsurteil.

Im →Strafrecht führt schwere F. nach c. 1323, Nr. 4 zur Straffreiheit, sofern die Tat nicht in sich schlecht ist od. zum Schaden der Seelen gereicht, weil sie dann nach c. 1324 § 1, Nr. 4 nur einen Milderungsgrund darstellt. Im →Prozessrecht begr. F. ein Recht zur Verweigerung der Aussage (→Aussageverweigerungsrecht) (vgl. c. 1548 § 2, Nr. 2).

Von der F. ist der Z. (lat. vis) zu unterscheiden. Der physische Z. durch Gewaltanwendung, welchem der Betroffene nicht widerstehen kann, macht jegliche →Rechtshandlung ungültig (vgl. c. 125). Moralischer Z. besteht in der Androhung eines Übels, welche im Betroffenen schwere F. hervorruft, der den Willen beeinflusst. Er ist im Dienst der kirchl. Sendung in den gesetzlich vorgesehenen Fällen legitim (vgl. c. 1311; c. 1401 CCEO).

Quellen

PCI, Responsiones ad proposita dubia vom 23. April 1987: AAS 79 (1987), 1132.

Literatur

Lüdicke K., Ehekonsensmangel Furcht u. Zwang. Wie neu ist c. 1103 CIC/1983?: Iustitia et Modestia (FS Socha), hg. v. P. Boekholt – I. Riedel-Spangenberger, München 1998, 209-222; D'Auria, A., Il timore grave nell'attuale legislazione canonica, Rom 2003; Schöch, N., La vis vel metus e le sue qualificazioni: Gravità e estrinsecità: La „vis vel metus" nel consenso matrimoniale canonico (can. 1103) hg. v. P. A. Bonnet – C. Gullo, Vatikanstadt 2006 (Studi giuridici 71), 225-245; García Faílde, J. J., Der freie Akt des Ehekonsenses aus personalistischer Sicht: DPM 15/16 (2008/09), 83-103; Nelles, M., Der Ehekonsens: HbkathKR³, 1335-1337; Pree, H.: MKCIC c. 125, Rn. 3-5.

Nikolaus Schöch

© 2019, DOI: 10.30965/9783506786388_0087

Fürstenkonkordate

→Konkordat, Kirchenvertrag

G

Gallikanismus – Historisch

Der im 19. Jh. geprägte Begriff fasst eine Vielzahl von Theorien u. Praktiken zusammen, welche die Freiheit u. Eigenständigkeit der franz. Kirche gegenüber dem universalen Jurisdiktionsanspruch des Papsttums begründen u. durchsetzen wollten. Unterschieden werden können stärker theol. argumentierende episkopale G., welche die territorialkirchliche Unabhängigkeit von der Würde des Bischofsamtes herleiten, u. eher jur. ausgerichtete politische G., in denen die Kirche von Frankreich als Nationalkirche u. somit als vornehmlicher Machtbereich des gottgeweihten franz. Königs geltend gemacht wurde. Charakteristisch bei der Begründung der Sonderstellung Frankreichs ist für beide Spielarten der hist. Rekurs auf die alten Rechte der frühkirchlichen ecclesia gallicana.

Auch wenn die Wurzeln des G. bis in die Merowinger- u. Karolingerzeit zurückreichen, wird der 1294 ausgebrochene Konflikt Philipps IV. des Schönen m. Bonifatius VIII. u. die daraus erwachsene Zurückweisung des päpstlichen Anspruches auf plenitudo potestatis als sein Ursprungsereignis betrachtet. Für die weitere theoretische Fundierung des G. kommt dem →Konziliarismus des 15 Jh. große Bedeutung zu. Seinen hist. Höhepunkt erreichte der G. 1682, als Ludwig XIV. auf der Generalversammlung des Pariser Klerus die vier gallikanischen Art. proklamierte: Im ersten Art. wird auf der Grundlage der Lehre vom Gottesgnadentum die Unabhängigkeit der weltlichen Souveränität von der geistl. begr.; Art. zwei hebt m. dem Konstanzer Dekr. Haec sancta die Superiorität des →Konzils über den →Papst hervor; drittens wird die Beschränkung der päpstlichen Jurisdiktionsgewalt durch die Kanones der →Gesamtkirche u. die anerkannten Traditionen der Kirche Frankreichs betont; schließlich legt der vierte Art. explizit fest, dass päpstlichen Lehrentscheidungen erst durch die nachträgliche Bestätigung der Kirche endgültige Verbindlichkeit zukommt.

Literatur

Wassilowsky, G., Gallikanismus: Enzyklopädie der Neuzeit Bd. IV, 135-137 (dort weitere Lit.).

Günther Wassilowsky

© 2019, DOI: 10.30965/9783506786388_0090

Gatten

→Ehegatten

Gattenmord – Katholisch

G. bez. im kan. Recht heute das →Ehehindernis des Verbrechens (c. 1090), das in can. 1075, 1° noch den sog. qualifizierten →Ehebruch (m. Eheversprechen od. →Eheschließungsversuch) umfasste. Es schließt keine gültige →Ehe:

1. Wer seinen eigenen Gatten od. den einer anderen Person durch eigene Hand, Anstiftung od. wesentliche Beihilfe tötet, um m. dieser eine Ehe zu schließen (§1; der zusätzliche Tatbestand des Ehebruchs gem. can. 1075, 2° wird nicht mehr gefordert). Entscheidend ist das Motiv, das einer Heirat entgegenstehende →Eheband zu beseitigen (vgl. c. 1085 §1); ein anderer Grund (z. B. Tötung des Partners im Streit) ist unerheblich, auch wenn dies ein Eheband i. S. des c. 1085 beseitigt. Das Ehehindernis des G. hat also präventiven Charakter.

2. Wer durch physisches od. moralisches Betreiben m. einer anderen Person den Tod eines Gatten verursacht (§2: gemeinsamer G.). Hierbei kommt es nicht auf das Motiv an; das Ehehindernis besteht immer, wenn eine Person m. einer anderen den eigenen Partner od. den des anderen getötet hat (z. B. aus

Habgier) u. beide erst später eine gemeinsame →Eheschließung beabsichtigen. Der Tatbestand ist auch erfüllt, wenn der Gatte m. psychischen Mitteln (z. B. Drohungen) in den Tod getrieben wurde, bei gemeinsamer Vorbereitung od. Anstiftung des einen Täters durch den anderen. Das Ehehindernis verfolgt einen repressiven Zweck, denn eine Eheschließung könnte als Belohnung einer schlechten Tat erscheinen.

Die durch G. beendete Ehe braucht weder vollchristlich noch vollzogen zu sein, doch setzt das Ehehindernis die vollendete Tötung (nicht lediglich die Planung) eines Gatten voraus. Auch bei Unkenntnis verhindert das Ehehindernis eine gültige Ehe (vgl. c. 15 §1), weil es keinen strafrechtlichen Charakter hat; in diesem Fall wäre eine schwerwiegende Zurechenbarkeit gefordert. Da das Ehehindernis (G. u. gemeinsamer G.) rein kirchl. Rechts ist, kann grds. →Dispens erteilt werden, doch ist eine solche wegen der Schwere des Delikts dem →Apostolischen Stuhl vorbehalten (c. 1078 §2, 2°), in offenkundigen Fällen der →Kongregation für den Gottesdienst und die Sakramentenordung, in geheimen der →Apostolische Paenitentiarie. In →Todesgefahr eines Nupturienten u. im Dringlichkeitsfall können Ortsordinarius u. ggf. →Priester od. →Diakon dispensieren (cc. 1079, 1080). – In c. 807 CCEO liegt eine sachlich übereinstimmende Vorschrift vor.

Literatur

Alwan, H., Gli impedimenti: Il matrimonio nel codice dei canoni delle chiese orientali, Vatikan 1994 (Studi giuridici 32), 127-185; Navarrete, U., „Aetas" (can. 1083), „raptus" (can. 1089), „crimen" (can. 1090): Diritto matrimoniale canonico, Bd. 1, hg. v. P. A. Bonnet – C. Gullo, Vatikan 2002 (Studi giuridici 56), 393-416; KanR III, 450 f.; Peters, E. N., On the impugnation of a marriage by a promotor of Justice on the basis of crimen: PerRCan 100 (2011), 65-129, hier 80-85; Althaus, R. – Reinhardt, H. J. F., Das kirchl. Eherecht in der seelsorglichen Praxis, Essen [5]2014, 108; Lüdecke, N., §86 Die rechtliche Ehefähigkeit u. die Ehehindernisse: HbkathKR[3], 1282-1314, hier 1306 f.; Lüdicke, K.: MKCIC c. 1090.

Rüdiger Althaus

Gattenwohl – Katholisch

1. Allg.: Dem G. (bonum coniugum) als Thema des kan. →Eherechts liegt der personalistische Ehebegriff zugrunde, den das Vat II in seiner Beschreibung der ehelichen Liebe grundgelegt hat: „Diese Liebe als eminent menschliche, da sie von der Person auf die Person gerichtet wird durch den Affekt des Willens, umgreift das Wohl der ganzen Person und vermag so den Ausdrucksformen des Leibes und der Seele eine besondere Würde zu verleihen und sie als Elemente und besondere Zeichen der ehelichen Freundschaft zu adeln" (GS 49, 1). Diese beschreibende Aussage wird normativ durch die Übernahme in eine Beschreibung der →Ehe im CIC/CCEO (s. unten 2), u. sie wird gültigkeitsrelevant durch Judikatur u. Doktrin, die von der Tradition geprägt sind, Zielsetzungen der Ehe als zu ihrem Wesen gehörig zu verstehen (s. unten 3.).

2. Übernahme in den CIC/CCEO: Fragestellung am Anfang der Codex-Reform war die nach der Ablösung des Verständnisses der Ehe als Vertrag (→Ehevertrag) (contractus, can. 1012 §1) u. der Rolle der Ehezwecke (fines contractus, vgl. can. 1013): Erster Grund u. Sinn der Ehe solle die Gemeinschaft des Lebens u. der Liebe zwischen Mann u. Frau sein, die ihrer natürlichen Eigenart auf die Zeugung u. Erziehung von Nachkommen (→Bonum prolis) ausgerichtet sei (29.10.1966, vgl. Comm. 32 [2000], 224). Aufgrund der Konsultation über das Sakramentenrechtsschema von 1975 wurde can. 1008 §2 Schema/1980 red.: „Der →Ehebund, durch den Mann und Frau unter sich die Gemeinschaft des ganzen Lebens begründen, die ihrer natürlichen Eigenart nach auf das Wohl der Gatten und auf die Zeugung und Erziehung von Nachkommen ausgerichtet ist, wur-

de von Christus dem Herrn zur Würde eines Sakramentes zwischen Getauften erhoben." Einem Einwand, die Hinordnung auf das bonum coniugum könne nicht akzeptiert werden, denn ein finis sei immer extra essentiam rei, das bonum coniugum gehöre aber zur essentia; ferner könne einem Sein nicht mehr als ein wesentlicher Zweck zugeordnet werden, antwortete die Kommission, die „definitio seu descriptio" der Ehe könne nicht gestrichen werden, weil es dazu einen Beschl. der Plenaria 1977 gebe (vgl. Comm. 9 [1977], 79-80). Die Hinordnung auf das bonum coniugum sei wesentliches Element des Ehebundes, o. dass eine Zweckehierarchie statuiert werden solle, denn in GS 48 heiße es: „Gott selbst aber ist Urheber der Ehe, die mit verschiedenen Gütern und Zielen (variis bonis ac finibus) ausgestattet ist" (vgl. Relatio ad can. 1008 §1 Schema/1980). In der Folge heißt es in c. 1055 §1, das „matrimoniale foedus" sei „indole sua naturali ad bonum coniugum atque ad prolis generationem et educationem ordinatum" (c. 776 §1 CCEO: „... ac ad filiorum generationem ...").

3. Begriff u. Relevanz: Anders als die im kan. Eherecht geläufigen (von Augustinus' Ehelehre herrührenden) bona matrimonii bez. die lat. Fassung des G. kein Ehegut (bonum matrimonii), sondern das Wohl(-Ergehen) der Gatten. Es betrifft also nicht die Ehe als Institution, sondern die Lebensform der →Ehegatten.

Weil die Zeugung u. Erziehung von Nachkommen in can. 1013 §1 als erster Ehezweck (finis primarius) bez. worden war, woraus Doktrin u. Judikatur nahezu einhellig einen ehevernichtenden Konsensmangel (→Ehekonsensmängel) abgeleitet haben, u. dieser Ehezweck nun als naturalis ordinatio des Ehebundes in c. 1055 §1 wiederzukehren scheint, war die Frage unvermeidlich, ob sich auch aus der ordinatio ad bonum coniugum ein für die Gültigkeit der Ehe (→Ehegültigkeit) relevanter Konsensmangel ableiten lasse. Damit dieses Bemühen Erfolg haben kann, ist zu klären, was G. inhaltlich bedeutet (s. unten 4.) u. wie die Hinordnung der Ehe auf dieses G. in der Systematik des Eherechts zu verorten ist (s. unten 5.).

4. Versuche einer inhaltlichen Füllung des Begriffs G.: Das Bemühen in Judikatur u. Doktrin um eine inhaltliche Konkretisierung des G. kann an Bsp. gezeigt werden, die die Variationsbreite der erörterten Ansätze zeigen. In der Judikatur der →Römischen Rota finden sich u. a. diese Formeln für den Inhalt des G.: wechselseitige wesenhafte psychosexuelle Integration (Pinto, 1982), Schicksalsgemeinschaft des ehelichen Lebens (Huot, 1986), psychosexuelle Komplementarität, o. die die eheliche Schicksalsgemeinschaft nicht bestehen kann (Pinto, 1987), Recht auf die Gemeinschaft des Lebens (Pompedda, 1988), Fähigkeit, m. dem künftigen Gatten eine wenigstens erträgliche interpersonale Beziehung zu knüpfen (Bruno, 1990), Errichtung der Gemeinschaft des Lebens u. der Liebe (Colagiovanni, 1991), grundlegende menschliche Würde der Person des Gatten (Civili, 2000). Bisher hat sich in der Judikatur der RR keine Formel für die inhaltliche Füllung des G. durchgesetzt.

In der Lit. finden die Autoren ebenfalls versch. Formulierungen für die Notwendigkeit, das G. zu erstreben u. realisieren zu können, wobei die gegenseitige (geschlechtliche) Selbsthingabe (Bonnet, 1999), die Annahme einer sexuellen Partnerschaft, die ausschließlich, dauerhaft u. offen für das Leben ist (Burke, 1998), die gegenseitige Schenkung, gegenseitige Hilfe, Dienst aneinander, wechselseitige Heiligung (Branchereau, 1994), die Annahme des anderen Gatten als Schicksalsgefährte (Garcia Faílde, 2000), die Bereitschaft, den Partner in seinen gleichermaßen berechtigten sittlich legitimen Erwartungshaltungen u. Ansprüchen im Bereich der wesentlichen ehelichen Sinngehalte zu respektieren (Lüdecke, 1995), das Anerkennen der menschlichen Würde u. der Grundrechte des anderen Menschen (Primetshofer, 2003), die Gleichheit der Gatten in →Menschenwürde u. Rechten (Banjo, 2010) als Konkretisierungen genannt werden. Lüdicke ist der Auffassung, dass die Bedeutung des

G. nicht auf der inhaltlichen Ebene gefunden werden könne, sondern auf der strukturellen gesucht werden müsse: In den Kategorien des Rechtes, u. darum allein handele es sich, bestehe die Pflicht der Gatten, das Wohl des Partners zu verwirklichen, in der Anerkennung von dessen Rechtsgleichheit in der Ehe, wofür er auf c. 1135 (ähnlich c. 777 CCEO) verweist.

5. Systematische Einordnung des G.: In der Doktrin zeigt sich eine gewisse Konvergenz der Meinungen in der Richtung, dass das G. ein Ziel des Ehebundes sei, die Hinordnung auf dieses Ziel ein finis operis: Burke spricht von „end", Pfnausch von einem „institutional end", Pompedda von „finalità istituzionale", Althaus – Prader – Reinhardt von einem „Sinnziel". Dieses Ziel sei als solches elementum essentiale (Burke, Pompedda, García Faílde). Zusammenfassend wird man also sagen können: Das G. ist (ein) Ziel der Ehe, die Hinordnung auf das G. ist ein Wesenselement i. S. des c. 1101 § 2/c. 824 § 2 CCEO.

6. Fazit: Das G. ist ein Ziel, m. einem weniger vorbelasteten Begriff bez.: eine Aufgabe der Ehe. Die natürliche Ausrichtung der Ehe auf diese Aufgabe ist ein Wesenselement. Es wird im Ehewillen anerkannt, wenn die gleiche Berechtigung des jeweils anderen Partners akzeptiert wird (Theorie Lüdicke). Eine Ehe ist nichtig, wenn ein Partner zur Anerkenung dieser Gleichberechtigung nicht in der Lage (c. 1095, 2° od. 3°, c. 818, 2° u. 3° CCEO) od. dazu nicht bereit ist (c. 1101 § 2/c. 824 § 2 CCEO durch Ausschluss eines Wesenselementes der Ehe). Folgt man anderen begrifflichen Füllungen des G., muss man sich der Schwierigkeit stellen zu entscheiden, welcher Ausschlusswille od. welche psychisch bedingte Unfähigkeit zur Nichtigkeit der Ehe (→Ehenichtigkeit) führen.

Quellen

Vat II, GS; RR coram Pinto, 12. Februar 1982: RRDec 1982, 67; RR coram Huot, 2. Oktober 1986: RRDec 1986, 503; RR coram Pinto, 20. Februar 1987: IusEccl 1989, 573; RR coram Pompedda, 11. April 1988: RRDec 1988, 202; RR coram Bruno, 23. Februar 1990: RRDec 1990, 140; RR coram Colagiovanni, 23. April 1991: RRDec 1994, 227-238; RR coram Burke, 26. März 1998: RRDec 1998, 259-281; RR coram Civili, 8. November 2000: RRDec 2000, 609-620.

Literatur

Branchereau, P., Consortium totius vitae, Bonum conjugum. Quelques éléments de réflexion: ACan 37 (1994), 99-116; Lüdecke, N., Der Ausschluß des bonum coniugum. Ein Ehenichtigkeitsgrund mit Startschwierigkeiten: DPM 2 (1995), 117-192; Pfnausch, E. G., The Good of the Spouses in Rotal Jurisprudence: New Horizons?: Jurist 56 (1996), 527-556; Burke, C., Married Personalism and the „Good of the Spouses": Angelicum 75 (1998), 255-269; Bonnet, P. A., Das Wesen der Ehe und das Bonum Coniugum – Eine Perspektive: DPM 6 (1999), 27-37; García Faílde, J. J., El bien de los cónyuges: XIX jornadas de la Asociación Española de Canonistas, Madrid 7-9 abril 1999, hg. v. J. L. Santos Diez, Salamanca 2000, 127-151; Primetshofer, B., Ausschluss des Gattenwohls als Ehenichtigkeitsgrund: ÖARR 50 (2003), 348-367; Boccafola, K. A., Reflections of a Rotal Auditor on the Bonum Coniugum: Studies in Church Law 3 (2007), 53-71; Banjo, M. A., The Relevance of Marital Equity to the Realization of the Bonum Coniugum, Rom 2010; Lüdicke, K., Bonum coniugum in Bezug auf cc. 1095 u. 1101 CIC: DPM 19/20 (2012/2013), 329-355; Althaus, R. – Prader, J. – Reinhardt, H. J. F., Das kirchl. Eherecht in der seelsorglichen Praxis. Orientierungshilfen für die Ehevorbereitung u. Krisenberatung. Hinweise auf die Rechtsordnungen der Ostkirchen u. das islam. Eherecht, Essen [5]2014; Lüdicke, K., Die Nichtigerklärung der Ehe, Essen [2]2014 (BzMKCIC 62), 22-24, 151-158; AA.VV., Il bonum coniugum. Rilevanza e attualità nel diritto matrimoniale canonico, Vatikanstadt 2016 (Annales II); Vogel, B., Der Ausschluss des Gattenwohls als Ehenichtigkeitsgrund, Würzburg 2017 (FzK 40).

Klaus Lüdicke

© 2019, DOI: 10.30965/9783506786388_0093

Gebäude

→Kirchengebäude

Gebet – Staatlich

Das G. als Anrufung Gottes ist ein Element diverser Weltreligionen wie dem Christentum, dem Judentum od. dem Islam. Als religiös-rituelle Handlung unterfällt es dem Schutzbereich der →Religionsfreiheit. Soweit das G. im privaten Bereich od. im Rahmen von →Gottesdiensten praktiziert wird, ist es (religionsverfassungs-)rechtlich unproblematisch. Probleme ergeben sich aber bei der Berührung m. der öff. bzw. staatl. Sphäre, weil der Ausführung des G. hier Grundrechte Dritter od. Rechtsgüter m. Verfassungsrang entgegenstehen können. So besteht kein Anspruch darauf, das G. an jedem beliebigen Ort durchzuführen.

Bes. problematisch sind die Konstellationen, in denen es um das G. in staatl. Bildungseinrichtungen – etwa der →Schule od. dem →Kindergarten – geht. Das →Schulgebet, das zwar von der Schule angeregt, aber außerhalb des Unterrichts stattfindet, ist keine unzulässige Identifikation des Staates m. einer Religion, sondern eine gemeinsam m. dem Lehrer ausgeübte religiöse Handlung. Sie ist i. Ü. nur dann zulässig, wenn Schüler u. Lehrer, die sich auf ihre negative Religionsfreiheit berufen, in zumutbarer Weise, d. h. o. Diskriminierung von einer Teilnahme Abstand nehmen können. Entspr. gilt für das Tischgebet im Kindergarten. Zudem ist auf eine Gleichbehandlung der Religionen zu achten. Wird gegenüber einer staatl. Bildungseinrichtung der Anspruch auf ein individuelles G. erhoben, so hat der Staat diesem Anspruch aufgrund seiner Schutzpflicht aus Art. 4 Abs. 1 u. 2 GG grds. nachzukommen. Die Grenze bilden u. a. ein unverhältnismäßiger Eingriff in die negative Religionsfreiheit Dritter od. eine konkrete Gefährdung des Schulfriedens.

Literatur

Classen, C. D., Religionsrecht, Tübingen ²2015; Unruh, P., Religionsverfassungsrecht, Baden-Baden ⁴2018.

Peter Unruh

© 2019, DOI: 10.30965/9783506786388_0095

Gebet – Katholisch

G. als Dialog zwischen Mensch u. Gott wird dort rechtlich normiert, wo sein Gemeinschafts- u. Kirchenbezug relevant ist, eine kan. Definition fehlt naturgemäß. Dazu kommt, dass unterschiedliche lat. Termini des CIC/1983 im Dt. m. G. übers. werden (z. B. liturgia horarum – Stundengebet [→Brevier], prex eucharistica – →Hochgebet). Die konkrete Bedeutung des Begriffs G. erschließt sich daher aus dem jeweiligen rechtlichen Kontext. C. 230 hebt das liturgische G. vom allg. G. ab. C. 907 nennt i. V. m. →liturgischen Büchern G., bes. das Hochgebet, die dem zelebrierenden →Priester vorbehalten sind u. deren Verwendung den →Diakonen od. →Laien verboten ist. C. 839 § 2 verpflichtet die Ortsordinarien, für die Übereinstimmung von nichtliturgischen G. m. den Normen der Kirche zu sorgen. Das Stundengebet wird in cc. 1173-1175 zu den gottesdienstlichen Handlungen gezählt. C. 851 2° fordert zur Vorbereitung der Kindertaufe das gemeinsame G. von Eltern, Paten u. Taufspendern. Wo die Mitfeier der sonntäglichen →Eucharistiefeier nicht möglich ist, empfiehlt c. 1248 das persönliche G. bzw. das G. in der →Familie od. im Familienverband. In unterschiedlichen Kontexten ist das G. ferner Mittel zur religiösen Formung u. Reifung: Vor der Messe betet der Priester (c. 909). Zu den Pflichten des →Pfarrers gehört die Förderung des G. in den Familien (c. 528). Für Novizen ist das G. ein Weg zur Vervollkommnung (c. 652). C. 663 kennzeichnet das Ordensleben als ständige Verbindung m. Gott im G. C. 938 verlangt für den Tabernakel einen Platz, der zum G. geeignet ist. C. 937 sieht die Öffnung der Kirchen m. Tabernakel für mind. eine Stunde täglich vor, damit die →Gläubigen dem G. obliegen können. Um die Einheit der Christen wiederherzustellen, empfiehlt das DirOec/1993 den Katholiken das gemeinsame G. m. den anderen Christen (Nr. 108-115). Bei interreligösen Treffen kann in Gegenwart einer anderen Religion aus der je eigenen Tradition heraus gebetet werden, das gemeinsame G. ist aufgrund der trinitarischen Prägung des chr. G. jedoch nicht möglich.

Quellen

Päpstlicher Rat zur Förderung der Einheit der Christen, Dir. zur Ausführung der Prinzipien u. Normen über den Ökumenismus vom 25. März 1993: VApSt 110; Leitlinien für das Gebet bei Treffen von Christen, Juden u. Muslimen. Eine Handreichung der dt. Bischöfe vom 24. Juni 2008, hg. v. Sekretariat der DBK, Bonn ^{2}2008 (Arbeitshilfen 170), 32-39.

Literatur

Gerosa, L., Laien u. Heilungsdienst in der Kirche. Kanonistische Aspekte: AfkKR 170 (2001), 383-401; Berger, R., Art. Gebet: Pastoralliturgisches Handlexikon^5, 132f.; Reinhardt, H. J. F.: MKCIC c. 230; Ahlers, R.: MKCIC c. 528; Henseler, R.: MKCIC cc. 652; 663; Althaus, R.: MKCIC cc. 839; 851; 907; 909; 937-938; 1173-1175; 1248.

Andreas Bieringer

© 2019, DOI: 10.30965/9783506786388_0095

Gebet – Evangelisch

Das G. ist das zentrale Phänomen chr. Religion. Es ist anthropologisch in der Bedürftigkeit des Menschen angelegt, die sich im Wünschen, Bitten u. Danken äußert.

Schon im AT begegnen vielfältige Formen des G. Sie werden im NT aufgenommen, wobei das Fürbittengebet an Bedeutung gewinnt. Das Vaterunser (Mt 6, 9-13) wurde zum chr. Mustergebet.

Gegenüber einem werkgerechten Gebetsverständnis betonten die Reformatoren dessen kommunikativen Charakter. Dabei war ihnen – entgegen der lat. Gebetspraxis in der röm. Kirche – die Verständlichkeit für alle wichtig. Luther gab seinem Kleinen →Katechismus m. dem Morgen- u. Abendsegen zwei G. bei, die lange ev. Frömmigkeit u. deren Tagesrhythmus bestimmten. Calvin widmete dem G. in seiner Institutio Christianae religionis den längsten Abschnitt (Institutio III, 20) u. unterstrich so dessen Bedeutung für ref. Frömmigkeit. Katechet. waren feste Gebetszeiten u. das Memorieren grundlegender G. (neben dem Vaterunser v. a. Psalmen) elementar.

Eine neue Herausforderung stellen die sog. interreligiösen G. dar. Sie ergeben sich aus der Konvivenz von Menschen unterschiedlicher Religionszugehörigkeit. Wichtige Unterscheidungen zwischen liturgischer Gastfreundschaft, Multireligiösen bzw. Interreligiösen Feiern sowie Religiösen Feiern für alle schlägt die Liturgische Konferenz vor, verbunden m. rechtlichen Hinweisen (Mit Anderen Feiern, 2006, 29).

Quellen

Mit Anderen Feiern – gemeinsam Gottes Nähe Suchen. Eine Orientierungshilfe der Liturgischen Konferenz für chr. Gemeinden zur Gestaltung von religiösen Feiern m. Menschen, die keiner chr. Kirche angehören, Gütersloh 2006.

Literatur

Grethlein, C., Praktische Theologie, Berlin ^{2}2016, 545-552.

Christian Grethlein

© 2019, DOI: 10.30965/9783506786388_0095

Gebet – Orthodox

Die enge Bindung zwischen Theologie u. G. in der Orth. spiegelt sich im asketischen Spruch wider: „Wenn du ein Theologe sein willst, wirst du wahrhaft beten und wenn du wahrhaft betest, bist du ein Theologe" (Nil of Sinai, De Oratione 60: PG 79, 1180). Das persönliche G. als die intensivste Begegnung des Gläubigen m. Gott erfährt im sog. Herzensgebet nicht nur seine kürzeste u. prägnanteste Form, sondern auch seine mystische Tiefe: „Herr Jesus Christus [Sohn Gottes] erbarme dich meiner [des Sünders]". Dieses G., auch als Jesusgebet bekannt, kann nicht nur überall praktiziert, sondern auch o. Lippenbewegung, in der Tiefe des Herzens ausgesprochen werden; damit spürt der Betende die Einheit m. dem Herrn im Geist, denn das Herzensgebet wird zugl. als ein Gnadenakt erfahren: Der Geist ist es, der in uns betet (vgl. Röm 8, 26). Oft wird dieses kurze G. m. Hilfe einer Gebetsschnur (vgl. Rosenkranz) begleitet. Die Ordnung der G. ist sonst in der Orthodoxie kirchl. festgelegt, dies gilt auch für die Tischgebete, wobei das Vaterunser die häufigste Form des kirchl. G. darstellt. Als Gipfel des G. wird das doxologische G. betrachtet: Die Lobpreisung Gottes bildet das Zentrum orth. kirchl. Frömmigkeit, wie diese insb. im gottesdienstlichen Leben ihren Ausdruck findet. Kontrovers wird zwischen Orth. über die Zulässigkeit des interkonfessionellen G. diskutiert, wenn nach alten Kanones das G. m. Häretikern untersagt sei. Die Orth. Kirche beteiligt sich jedoch bei vielen sog. ök. G., wenn auch unter Voraussetzungen, wie sie von einer Sonderkommission des ÖRK (2002) festgelegt wurden. Als kirchl. unzulässig gilt das interreligiöse G., obschon sich bei der Form des Friedensgebets von Assisi auch orth. Hierarchen beteiligen.

Quellen

Evdokimov, P., Das Gebet der Ostkirche: m. der Liturgie des Hl. Johannes Chrysostomos, Graz u. a. 1986.

Literatur

Jungclaussen, E., Das Jesusgebet: Anleitung zur Anrufung des Namens Jesus von einem Mönch der Ostkirche, Regensburg 1976; Heitz, S., Mysterium der Anbetung Bd. 1-3, Köln 1986-1988; Klein, C., Das Gebet in der Begegnung zwischen westlicher u. ostkirchlicher Theologie u. Frömmigkeit: KuD 34 (1988), 232-250; Knechten, H. M., Das Jesusgebet bei russischen Autoren, Waltrop 2006; Munteanu, D., Das Herzensgebet in der Orth. Spiritualität: Orth. Forum 22 (2008), 201-212; Larentzakis, G. – Skouteris, K. – Fidas, V., Das Zusammenbeten m. Heterodoxen nach der Orth. theol. Tradition, Thessaloniki 2011 (griech.); Bobert-Stützel, S., Jesus-Gebet u. neue Mystik: Grundlagen einer chr. Mystagogik, Schwarzach ²2012.

Athanasios Vletsis

© 2019, DOI: 10.30965/9783506786388_0095

Gebet – Jüdisch

Die wichtigste liturgische u. literarische Form jüd. G. ist der Segen (bracha), der typischerweise Gottes Anrede u. Königssein betont („Gesegnet bist Du, Herr, König der Welt…“) u. das Thema od. den Grund des Segens ausdrückt. Nur die amida (ein Hauptteil der Liturgie) benutzt die Formulierung: „Gesegnet bist Du, Herr, unser Gott und Gott unserer Väter: Abrahams Gott, Isaaks Gott und Jakobs Gott…“.

Einzelne Segen spricht man bei Erfüllung einer religiösen Pflicht bzw. eines Gottesgebots (mizwa), z. B. beim Entzünden der Sabbatkerzen, od. um Gott zu loben bzw. Ihm zu danken, z. B. beim ersten Anziehen eines neuen Kleidungsstücks bzw. vor dem Essen. Liturgische Abschnitte wie das Tischgebet nach einer Mahlzeit bzw. die Hauptbestandteile der →Gottesdienste haben als Grundstruktur eine Reihenfolge von Segen.

Segen sind versch. Längen. Der Segen vor dem Brotessen besteht z. B. aus nur einer Z. m. zehn Worten. Am Schabbat-Morgen jedoch enthält der mittlere Segen der amida (über die Heiligkeit des Tags) vier Abschnitte, während der Lichtsegen sogar eine Hymne einschließt.

Gebetstexte, die die Segen ergänzen od. begleiten, zitieren häufig die →Tora bzw. andere Teile der hebräischen Bibel. Längere Zitate, wie z. B. wschamru (Ex 31, 16-17), das Lied am Schilfmeer (Ex 14, 30-15, 19) u. einige komplette Psalmen befinden sich auch im ssiddur (Gebetbuch). Rabb. Lit. wird ebenso gelegentlich zitiert.

Viele Gebetstexte erhalten poetische Elemente wie Akrosticha, eine klassische hebräische Versmetrik m. 4 Hebungen od. stilistische Wiederholungen. Dichterische Hymnen (pijutiem) gehören auch dazu, bes. an den größten →Feiertagen.

Literatur

Donin, C. H., Jüd. Gebet Heute. Eine Einführung zum Gebetbuch u. zum Synagogengottesdienst, übers.

von Naftali Bar-Giora-Bamberger, Zürich 1986; Elbogen, I., Der jüd. Gottesdienst in seiner gesch. Entwicklung, Hildesheim ^{3}1995; Siddur Schma Kolenu (jüd. Gebetbuch m. dt. Übersetzung), Basel – Zürich ^{9}2011.

Daniel Katz

© 2019, DOI: 10.30965/9783506786388_0095

Gebet – Islamisch

Der →Islam kennt versch. Formen des G. Das rituelle G. (arabisch salât) ist eine der fünf kultischen →Pflichten im Islam u. gilt für alle mündigen u. geistig gesunden Muslime. Das rituelle G. erfordert die bewusste Absicht (arabisch niyya), das G. als Dienst an Gott zu vollziehen, ferner rituelle →Reinheit durch Waschungen sowie den vorangehenden →Gebetsruf (arabisch adhân). Es wird zu fünf festgelegten Tageszeiten auf Arabisch gesprochen: zur Morgendämmerung (subh od. fadschr. 2 raka), mittags (dhuhr, 4 raka), nachmittags (asr, 4 raka), zur Abenddämmerung (maghrib, 3 raka) sowie bei Einbruch der Nacht (ischâ; 4 raka). Das G. kann an jedem Ort stattfinden, nur das G. am Freitagmittag ist Moschee-gebunden (→Freitagsgebet).

Der Betende richtet sich beim G. nach Mekka (arabisch qibla) aus. Durch die Formel „Allâhu akbar!“ (Gott ist größer!) tritt er in den Weihezustand (arabisch ihrâm) ein u. beginnt das G. Die Rezitation der ersten Sure (al-Fâtiha) sowie einer anderen kurzen Sure (od. mind. drei Verse einer langen Sure) folgen. Nach einer Verneigung spricht man aufrecht die Formel „Allah hört auf den, der Ihn lobt“, dann kniet man nieder m. Prostration (arabisch sidschda): Stirn, Nase u. Zehen berühren den Boden. Erneutes aufrechtes Knien, danach die zweite Prostration, gefolgt vom Aufstehen. Ein G. besteht aus mind. zweier solcher Einheiten (arabisch raka). Das G. findet seinen Abschluss m. dem gesprochenen →Glaubensbekenntnis (arabisch schahâda) u. dem Segen über den Propheten Muhammad sowie m. dem nach rechts u. links gesprochenen Friedensgruß „assalâmu alaikum“ (Friede sei m. Euch).

Freiwillige G. (arab. duâ) zu versch. Anlässen u. Zwecken sind verbreitet.

Literatur

Monnot, G., Art. Salât: EI^2 Bd. 8, 925a-934a; Schimmel, A., Die Religion des Islam, Stuttgart 2003.

Jörn Thielmann

© 2019, DOI: 10.30965/9783506786388_0095

Gebet- und Gesangbücher, Herausgabe der – Katholisch

1. Hist.: Volkssprachiger Gemeindegesang war in der röm. Liturgie bis zur jüngsten Liturgiereform aus systemischen Gründen nicht vorgesehen, u. der lat. Liturgiegesang lag weithin in den Händen ausgebildeter Sängerscholen. Die ältesten dt. Kirchenlieder (sog. Leisen) etablierten sich seit dem Hochmittelalter im Randbereich des gottesdienstlichen Geschehens; so ist etwa „Christ ist erstanden“ seit dem 12. Jh. im Rahmen der visitatio sepulchri, eines liturgischen Spiels am Ostersonntagmorgen, bezeugt. Eine neue Bedeutung wuchs dem Volksgesang im Rahmen der Reformation zu: Für Luther galt volkssprachiger Gesang als notwendiger Ausdruck der Glaubensfreude u. zentrale Artikulationsweise des Evangeliums. Er betrachtete ihn als wesentliche Ausdrucksform des Taufpriestertums u. mithin als zwingende Voraussetzung deutschsprachiger Liturgie. Der Erfolg reformatorischer Gesangbücher forderte eine kath. Konkurrenzproduktion heraus, die zunächst auch paraliturgischen Gesang während der Messfeier propagierte. Ab dem Ende des 16. Jh. gewann die kath. Gesangbuchproduktion explizit gegenreformatorische Züge, was sich in einer Konzentration auf →Andachten u. der Betonung typisch kath. Frömmigkeitsformen (Eucharistieverehrung, Heiligenfrömmigkeit) niederschlug. Während der Barockzeit kam den Jesuiten eine maßgebliche Rolle für die Kon-

zeption u. Verbreitung kath. Gesangbücher zu. Einen Aufschwung erfuhr der dt. Messgesang, verstanden als Begleitvollzug, nicht als eigentlicher Bestandteil der Liturgie, erneut in der Zeit der Aufklärung, die auch den kombinierten Typus des G.- u. G. hervorbrachte. Die Herausgabe von Gesangbüchern beruhte bis zum 18. Jh. wesentlich auf Privatinitiativen, die freilich mitunter bfl. gutgeheißen u. diözesan rezipiert wurden. Einen Sonderfall stellt der →Josephinismus m. dem staatl. implementierten „Normalmeßgesang" (1783) dar. Zum flächendeckenden Durchbruch kam das Phänomen der Diözesangesangbücher, deren Herausgabe nun teilweise direkt durch die Bf. veranlasst wurde, im 19. Jh.; gleichzeitig wurde ab der Jahrhundertmitte unter dem Eindruck der Säkularisation u. des Untergangs des Hl. Röm. Reiches dt. Nation die Idee eines kath. Einheitsgesangbuchs diskutiert. 1916 u. 1947 kam es zur Verabschiedung von 23 bzw. 74 Einheitsliedern durch die dt. Bf. Obwohl nach dem Zweiten Weltkrieg noch eine neue Generation von Diözesangesangbüchern ersch. war, beschloss die DBK 1963, ein Einheitsgesangbuch zu entwickeln; die österr. Bf. schlossen sich 1966 an. Das Ergebnis war das 1975 ersch. „Gotteslob", hg. v. den Bf. Deutschlands, Österreichs u. der Diözesen Bozen-Brixen, Lüttich u. Luxemburg, das 2013 durch eine Neuausgabe, hg. durch die Bf. Deutschlands, Österreich u. von Bozen-Brixen, abgelöst wurde. In der deutschsprachigen Schweiz hingegen ist das 1998 im Auftrag der SBK herausgegebene „Katholische Gesangbuch" im Gebrauch.

2. Kontroversen im Zusammenhang des „Gotteslob" 2013: Während der Erarbeitung des neuen „Gotteslob" kam es zu Unklarheiten im Hinblick auf die Instr. →Liturgiam authenticam (2001), wo in Art. 108 „ein Direktorium oder eine Sammlung der für den liturgischen Gesang bestimmten Texte" verlangt wird, das der Gottesdienstkongregation zur →recognitio vorzulegen sei. Als Instr. (die gem. c. 34 §§1 u. 2 lediglich Gesetze erklärt u. Vorgehensweisen ihrer Ausführung definiert, nicht jedoch selbst Gesetze modifizieren u. ergänzen kann) zur ordnungsgemäßen Ausführung von SC 36 bezieht sich Liturgiam authenticam definitionsgemäß auf volkssprachliche Übersetzungen vom Apost. Stuhl herausgegebener lat. →liturgischer Bücher. In diese Kategorie fällt das „Gotteslob" nicht, bei dem es sich im kan. Sinn vielmehr um ein Gebetbuch (liber precum) für den öff. od. privaten Gebrauch nach c. 826 §3 handelt, dessen Herausgabe dort an die Erlaubnis des Ortsordinarius gebunden wird. Als Hg. eines solchen Buches kommt daher jedwede Person in Frage, die m. Erlaubnis des Ortsordinarius handelt; eine recognitio durch den Apost. Stuhl ist nicht vorgesehen. Die (nach dem Vorbild des bereits zuvor rekognoszierten ital. Repertoriums) für das „Gotteslob" 2013 gewählte Lösung, Gesänge bestimmter Rubriken, die später im Gesangbuch m. „Li" versehen wurden (= „zur Feier der Liturgie geeignet"), unabhängig davon, ob es sich um Übersetzungen lat. Texte aus liturgischen Büchern handelt od. nicht, als Slg. gem. Liturgiam Authenticam 108 zur recognitio vorzulegen, ist daher als zwar von der Gottesdienstkongregation verlangter, aber rechtlich im strikten Sinn nicht erforderter Kompetenzverzicht der beteiligten Bf. zu bewerten. Durch das MP Magnum principium vom 03.09.2017 wird die gem. c. 838 ohnehin nur die Herausgabe liturgischer Bücher im engen Sinn betr. recognitio deutlich auf von der →Bischofskonferenz approbierte Anpassungen innerhalb liturgischer Bücher bezogen.

Quellen

Kongr. für den Gottesdienst u. die Sakramentenordnung, Instr. Liturgiam authenticam vom 28. März 2001: AAS 93 (2001), 685-726; Franziskus, MP Magnum principium vom 3. September 2017: Comm. 49 (2017), 255-261.

Literatur

Geschichte des kath. Gesangbuchs, hg. v. D. Fugger – A. Scheidgen, Tübingen 2008 (Mainzer Hymnologische Studien 21); Franz, A., Die Idee des Einheitsgesangbuches. Theologie, Geschichte, Aktualität, Zukunft: The Future of the Hymnbook / Die Zukunft des Gesangbuchs, hg. v. F. K. Praßl – P. Tarlinski, Graz – Opole 2012 (I.A.H. Bull. 40), 29-46; Hallermann, H., Gott loben – nur m. röm. Genehmigung?: Lebendige Seelsorge 64 (2013), 297-302; Vogel, W. H., Aufgabe u. Tätigkeit der Unterkommission Gemeinsames Gebet- u. Gesangbuch zur Erstellung des Gotteslob-Stammteils 2013. Darstellung u. Kritik, Diss. Mainz 2016.

Alexander Zerfaß

Gebetsgottesdienst

→Andacht, →Gebet, →Gottesdienst, →Wortgottesdienst

Gebetsort – Katholisch

Als Grundvollzug des Glaubens ist das →Gebet an keinen Ort gebunden. Die Tagzeitenliturgie (Stundengebet) gilt seit den liturgischen Reformen des Vat II als gottesdienstliche Versammlung der gesamten Gde. (SC 83; c. 1173), o. dass sie zwingend an einen bestimmten Ort gebunden wäre. Der CIC/1983 kennt jedoch geweihte Stätten (cc. 1205-1213), an denen Gebete öff. wie privat vollzogen werden können. Durch Weihung (→Dedikation) od. Segnung (→Benediktion) werden Kirchen, →Kapellen u. →Friedhöfe zu geweihten od. →heiligen Orten. Da sie für den →Gottesdienst od. die →Bestattung der Gläubigen bestimmt sind (c. 1205), ist jede Nutzung, die ihrem Charakter widerspricht, verboten (c. 1210). Ferner unterscheidet der CIC/1983 drei Arten von →Kirchengebäuden, die in bes. Weise der Liturgie u. dem Gebet dienen: Kirchen (cc. 1214-1222), Kapellen bzw. Privatkapellen (cc. 1223-1229) u. Heiligtümer (cc. 1230-1234). Kirchen sind hl. u. für den öff. Gottesdienst bestimmte Gebäude, die für Gläubige frei zugänglich sein müssen (c. 1214). Als Kapellen werden Orte bez., an denen sich eine Gemeinschaft od. ein dort zusammenkommender Personenkreis m. Erlaubnis des Ordinarius zum Gottesdienst versammelt (c 1223). Im Unterschied dazu sind Privatkapellen Orte, an denen m. Erlaubnis des Ortsordinarius Gottesdienste von einzelnen od. mehreren physischen Personen gefeiert werden dürfen (c. 1226). Ferner sind Heiligtümer Kirchen od. andere hl. Orte, zu denen zahlreiche Gläubige aus Motiven bes. Frömmigkeit m. Einverständnis des Ortsordinarius pilgern (c. 1230). Ök. Gebete können in Kirchen od. anderen Orten stattfinden, wenn sie angemessen eingerichtet sind u. die nötige Andacht ermöglichen (DirOec/1993, Nr. 112). Interreligiöse Treffen sollen dagegen nicht in Sakralräumen, sondern an neutralen Orten abgehalten werden. Beten die einzelnen Religionen getrennt voneinander, kann der Ort frei gewählt werden.

Quellen

Vat II, SC; Päpstlicher Rat zur Förderung der Einheit der Christen, Dir. zur Ausführung der Prinzipien u. Normen über den Ökumenismus vom 25. März 1993: VApSt 110; Leitlinien für das Gebet bei Treffen von Christen, Juden u. Muslimen. Eine Handreichung der dt. Bischöfe vom 24. Juni 2008, hg. v. Sekretariat der DBK, Bonn ^{2}2008 (Arbeitshilfen 170), 41.

Literatur

Gerosa, L., Laien u. Heilungsdienst in der Kirche. Kanonistische Aspekte: AfkKR 170 (2001), 383-401; Berger, R., Art. Gebet: Pastoralliturgisches Handlexikon^5, 132 f.; Reinhardt, H. J. F., Geweihte Stätten: HbkathKR^3, 1107-1112; ders.: MKCIC cc. 1205-1234.

Andreas Bieringer

Gebetsort – Evangelisch

Biblisch stehen G. in der Spannung zwischen der Einsicht in Gottes Unfassbarkeit – so Salomo bei der Einweihung des Tempels (1 Kön 8, 27) – u. der Bindung von Menschen an Raum u. Zeit. Für ev. Frömmigkeit wurde dabei die

Mahnung Jesu prägend, sich zum →Gebet ins „stille Kämmerlein" (Mt 6, 6) zurückzuziehen. Dadurch wird eine rechtfertigungstheologisch bedenkliche Werkgerechtigkeit vermieden.

Tatsächlich entstanden im Protestantismus unterschiedliche G.: Luthers Morgen- u. Abendsegen, dem Kleinen →Katechismus beigegeben, vollziehen sich im intimen Raum des Betts u. dienen zugl. der Strukturierung des Tages. Das Tischgebet, obgleich auch individuell praktizierbar, gehört dagegen ins Esszimmer einer Familie. Lange Zeit waren – katechet. ausgerichtet – die →Schulen, nicht nur im Religionsunterricht, G. Schließlich u. v. a. gelten die →Kirchengebäude als G., wie Luther in Torgau predigte (WA 49, 588). Dem entsprechen heute die Forderungen nach sog. offenen Kirchen, neben manchen Gemeindekirchen in City-, Autobahn- u. Radwegekirchen verwirklicht. In einer Zeit von Hektik u. Unruhe sollen sie – auch jenseits des →Gottesdienstes – Orte der Stille sowie inneren Aufmerksamkeit u. damit des Gebets sein (Gebetbücher, -wände, -kerzen u. a.).

Ein neuer G. eröffnet sich – über Rundfunk- u. Fernsehgottesdienste hinaus – im Internet. Hier lösen sich die Distinktionen zwischen privatem u. öff. Gebet auf. Raum- u. zeitübergreifend wird – jenseits traditioneller konfessioneller u. teilweise religiöser Trennungen – gebetet.

Literatur

Gottesdienst-Orte. Hb. Liturgische Topologie, hg. v. G. Fermor u. a., Leipzig 2007; Grethlein, C., Praktische Theologie, Berlin ²2016, 517-527.

Christian Grethlein

© 2019, DOI: 10.30965/9783506786388_0098

Gebetsort – Orthodox

Die ersten Christen verrichteten ihre gemeinsamen →Gebete zunächst in Privathäusern, der Bau von Gotteshäusern (Kyriakon) als G. wurde insb. nach der sog. konstantinischen Wende kultiviert, so dass allmählich Kirche (Ekklesia) u. Tempel (Naos) zu Synonymen werden. Für die Orth. Kirche wurden die Maßstäbe sowohl für den Kirchenbau als auch für die Gestaltung der →Gottesdienste in der byzantinischen Zeit gelegt. War in der Spätantike die röm. Basilika noch die vorherrschende architektonische Form der Kirchen, so entwickelte u. etablierte sich zunehmend (ab dem 8. Jh.) eine genuin byzantinische Form, die Kreuzkuppelbasilika. G. konnten erst nach ihrer Einweihung durch den Ortsbischof in kirchl. Verwendung angenommen werden, dabei achtete der Bf. auf den Einbau von Reliquien im Altartisch: sie sollten daran erinnern, dass die Kirche auf dem Blut ihrer Märtyrer aufgebaut ist. Die Liturgie wird auf dem Antimension (= an Stelle des Grabes) gefeiert, einem viereckigen Tuch auf dem Altartisch m. der Darstellung der Grablegung Jesu Chr., in dessen oberen Teil in einem Säckchen Reliquien von Heiligen eingenäht sind. Das Antimension, urspr. eingeführt für die Kirchen, die „vom Bischof persönlich nicht geweiht werden konnten" (Milasch, 1905, 572), wird vom Bf. geweiht u. trägt seine Unterschrift, kann auch außerhalb des Kirchengebäudes, für die Feier der Liturgie in anderen Räumen verwendet werden. →Sakramente können auch außerhalb von festgelegten G. gefeiert werden, in dazu eingerichteten privaten Häusern bzw. Kapellen, erst aber nach Genehmigung des Ortsbischofs (Quin. 31). Geweihte G. dürfen nicht profaniert werden, sie werden sogar im Fall ihrer Entweihung neu geweiht (Milasch, 1905, 573). Ebenso streng wird die Verwendung von G. für nicht kirchl. Veranstaltungen geregelt.

Quellen

Ohme, H., Concilium Constantinopolitanum a. 691/2 in Trullo habitum (Concilium Quinisextum), Berlin – Boston 2013.

Literatur

Milasch, N., Das Kirchenrecht der morgenländischen Kirche, Mostar 1905, Kap. 174: Von den gesegneten Orten, 567-572; Walter, C., Art and ritual of the Byzantine Church, London 1982; Onasch, K., Lexikon Liturgie u. Kunst der Ostkirche: unter Berücksichtigung der alten Kirche, Berlin – München 1993; Buchwald, H., Form, style and meaning in Byzantine church architecture, Aldershot u. a. 1999; Altripp, M., Architektur u. Liturgie: Akten des Kolloquiums vom 25. bis 27. Juli 2003 in Greifswald, Wiesbaden 2006; Alfejew, I., Orthodox Christianity Volume III: The Architecture, Icons and Music of the Orthodox Church, New York 2014; Patricios, N. N., The sacred architecture of Byzantium: art, liturgy and symbolism in early Christian churches, London u. a. 2014; Denysenko, N. E., Theology and form: contemporary Orthodox architecture in America, Notre Dame, Indiana 2017.

Athanasios Vletsis

© 2019, DOI: 10.30965/9783506786388_0098

Gebetsort – Jüdisch

Das jüd. Gotteshaus, das häufig als Gemeindesitz u. G. dient, heißt auf Hebräisch Bet Knässet u. auf Dt. →Synagoge, d. h. Begegnungsstätte. Der Begriff Bet midrasch kennzeichnet ein Lehrhaus, das auch als gemütlicherer Gebetsraum dienen kann. Im Judentum ist es nicht verlangt, nur an einem bestimmten Ort zu beten. Man könnte unter Bedingungen fast überall beten. In einem Fall ist es sogar traditionell, nicht in der Synagoge zu beten: Während der ersten Woche nach einer Beerdigung (→Bestattung) (der Schiwwa-Woche), finden die →Gottesdienste an Wochentagen bei der trauenden Familie zu Hause statt (am Schabbat, dem →Sabbat, geht man doch in die Synagoge). Auch Riten wie der Pessah-Sseder u. die Sabbat-Mahlzeiten, die →Gebete einschließen, finden üblicherweise zu Hause statt.

Minimal braucht man nur Kopfbedeckungen u. Gebetbücher, um einen Gottesdienst zu veranstalten. Eine eingerichtete Synagoge wird jedoch auch andere Gegenstände haben, darunter: ein nerr tamihd (ewiges Licht), das immer brennt (Ex 27, 20); einen aron hakodesch (hl. Schrank) für die →Tora-Rollen; ein Lesepult u. einen Lesetisch; genügend Sitzplätze (in orth. Synagogen haben die Frauen u. Männer getrennte Sitzbereiche); gedr. Gebetbücher u. Tora- bzw. Bibelexemplare auf Hebräisch u. in der Landessprache (zumeist in zweisprachiger Ausg., häufig m. Komm.); taléhssimm bzw. talitót (Gebetsschals); jarmulkes bzw. kippot (kleine Kopfbedeckungen) u. Gedenktafeln.

Die traditionelle Gebetsrichtung (für den Vorbeter sowie die →Gemeinde) ist nach Jerusalem (wenn man in Jerusalem ist, wäre sie nach dem Standort des zerstörten hl. Tempels); in Europa ist sie etwa nach Osten. Anders als in der Kirche sind Orgeln u. künstliche Darstellungen in traditionellen Synagogen nicht üblich.

Literatur

Rudnick, U. – Wermke, W., Geborgen unter Gottes Flügeln. Ein Lese- u. Studienbuch zum Pessachfest, zu Schabbat, Synagoge u. Gottesdienst, hg. v. Religionspädagogisches Institut Loccum, Rehburg-Loccum 1997 (Arbeitshilfen Gymnasium 9); Levine, L. I., The Ancient Synagogue: The First Thousand Years, New Haven 2000; Rothschild, W. L., Der Honig u. der Stachel. Das Judentum – erklärt für alle, die mehr wissen wollen, Gütersloh 2009, 25-34.

Daniel Katz

© 2019, DOI: 10.30965/9783506786388_0098

Gebetsort – Islamisch

Im Prinzip können fast alle Orte im →Islam als G. dienen. Dies ergibt sich praktisch auch durch die kultische →Pflicht des →Gebets zu festgelegten Zeiten sowie durch das stets mögliche freie Gebet. Der rituelle G. muss aber nach außen abgegrenzt sein, um Störung während des Gebets zu vermeiden, nach Mekka ausgerichtet sein (arabisch qibla) u. kultische →Reinheit (arabisch tahâra) besitzen. Die Reinheit des Bodens kann auch durch eine Zeitung od. Kleidungsstück hergestellt werden. Der G. darf nicht m. Schuhen betreten werden.

Auch wenn Muslime bis auf das sog. →Freitagsgebet ihr Gebet alleine verrichten können, ist das kollektive Gebet verdienstvoller, so dass sich sehr bald G. bildeten, die →Moschee (arabisch masdschid, „der Ort, wo man sich niederwirft", türkisch mescit) genannt werden. Die Moschee ist m. Teppichen ausgelegt, besitzt eine sog. Gebetsnische (arabisch mihrâb) in qibla-Richtung u. meist ein Minarett (arabisch manâra) für den →Gebetsruf. Der G. kann aber auch ein für das Gebet genutzter umgewandelter Laden etc. od. eine Ecke in einer Wohnung sein.

Findet dort das Freitagsgebet statt, kommen eine Predigtkanzel (arabisch minbar) u., je nach Ort, eine Abschrankung (arabisch maqsûra) um den Platz des Herrschers od. seines Vertreters hinzu. Dieser G. wird arabisch dschâmiʿ, türkisch cami, genannt. Jeder größere Ort soll über eine dschâmiʿ verfügen. I. d. R. besitzen islam. G. über außerhalb des G. gelegene Waschgelegenheiten für die rituelle Reinigung (arabisch wudûʾ).

Gebete zu den islam. Festen, zu denen viele Menschen kommen, finden oft im Freien auf einem dafür eingerichteten offenen G. (arabisch musallâ) statt.

Literatur

Hillenbrand, R., Art. Masdjid, Part I: EI² Bd. 6, 644b-688b; Monnot, G., Art. Salât: EI² Bd. 8, 925a-934a; Korn, L., Die Moschee – Architektur u. religiöses Leben, München 2012.

Jörn Thielmann

© 2019, DOI: 10.30965/9783506786388_0098

Gebetsruf – Staatlich

Der G. des Muezzins gehört zu den bes. Kennzeichen des Islam. Durch ihn werden die Muslime zu den vorgeschriebenen →Gebeten – z. T. lautsprecherverstärkt – aufgerufen. Inhaltlich bringt der G. ein kurzes islam. Glaubensbekenntnis zum Ausdruck. Damit unterfällt der G. in Deutschland dem Schutzbereich der Bekenntnisfreiheit nach Art. 4 Abs. 1 GG als auch der Religionsausübungsfreiheit des Art. 4 Abs. 2 GG (→Kultusfreiheit, staatl.). Grundrechtsträger sind der Muezzin selbst (wenn der G. nicht vom Tonband abgespielt wird) sowie die jeweilige Moscheegemeinde. Probleme entstehen mitunter im Hinblick auf den Lärmschutz bei Protesten einer nichtislamisch geprägten Nachbarschaft, die sich vom G. (z. T. in ihrem religiösen Empfinden) gestört fühlt. Privatrechtlich kommen Unterlassungs- u. Duldungsansprüche gem. §§1004, 906 BGB in Betracht. Geht es um die Einschränkung des G. durch staatl. Behörden, werden in der Praxis v. a. die Immissionsschutzgesetze des Bundes u. der Länder, das Straßenverkehrsrecht sowie die negative Glaubensfreiheit (→Glaubensfreiheit, staatl.) der Nachbarn bemüht. Da aber nach der Rspr. des BVerfG die Verbürgungen des Art. 4 GG nicht gem. Art. 140 GG i. V. m. Art. 136 Abs. 1 WRV unter dem Vorbehalt der allg. Gesetze stehen, kann ein Verbot nur gerechtfertigt sein, wenn Grundrechte Dritter (z. B. die körperliche Unversehrtheit aus Art. 2 Abs. 2 GG) od. andere Verfassungsgüter beeinträchtigt sind. Stets kommt es auf die Umstände des Einzelfalls an. Eine pauschale Beurteilung des G. in Parallele zum →Glockengeläut von KGde. erscheint angesichts erheblicher Unterschiede nicht sachgerecht.

Literatur

Muckel, S., Streit um den Gebetsruf: NWVBl. 1998, 1-6.

Stefan Muckel

© 2019, DOI: 10.30965/9783506786388_0099

Gebetsruf – Islamisch

Der islam. G. (arabisch aḏān: Ankündigung, Ausrufung) erklingt zu den fünf Gebetszeiten u. zum →Freitagsgebet. Urspr. rief der Muʾaḏḏin (Muezzin ist eine Verballhornung) vom Moscheedach od. vom Minarett, heute erschallt der G. meist aus Lautsprechern.

Bei den →Sunniten lautet der aḏān wie folgt (I. d. R. wird jede Formel einmal wiederholt): „Gott ist größer [akbar], Gott ist größer, Ich bezeuge, dass es keinen Gott neben [w. außer] Gott gibt, Ich bezeuge, dass Muḥammad ein Gesandter Gottes ist, Auf zum →Gebet! Auf zur Erlösung! Das Gebet [d. h. die Gebetszeit] hat eingesetzt, Allahu akbar [am Frühmorgen: „Das Gebet ist besser als der Schlaf"], kein Gott [existiert] neben Gott." Die Zwölferschiiten (→Schiiten) ergänzen „Auf zum Gutes tun!", verzichten auf die Sonderform am Morgen u. bezeugen die Gottesfreundschaft Alis, einem Cousin des Propheten.

Der im →Koran verwendete Begriff lautet nidā' (Ruf, bspw. Koran 62:9), aḏān ist dagegen der prophetischen →Sunna entnommen. Anekdoten der Prophetenüberlieferung lassen vermuten, dass der aḏān als Resultat von Konsultation des Propheten m. Gefährten über eine angemessene genuine islam. Form der Gebetsankündigung entstand (Muṣannaf, 1982, 455-457). Als ersten Gebetsrufer erkor der Prophet den dunkelhäutigen Äthiopier Bilāl al-Ḥabašī aus, eine viel gelittene Symbolfigur der prophetischen Urgemeinde.

Im Westen ist der islam. G. eine hochsensible Angelegenheit u. darf nur in wenigen →Moscheen nach außen ertönen, in Deutschland z. B. in Düren. Der Sehnsucht vieler Muslime nach mehr Sichtbarkeit ihrer Religion in der Öffentlichkeit stehen hier Überfremdungsängste in der Mehrheitsgesellschaft gegenüber (Rohe, 2016, 87).

Literatur

Ṣawm: Handwörterbuch des Islam, hg. v. A. J. Wensinck – J. H. Kramers, Leiden 1941, 17; Muṣannaf ʿAbdarraḥmān aṣ-Ṣanʿānī, hg. v. H. al-ʿAẓamī, Beirut 1982, 455-457; Juynboll, Th. W., Adhan: EI Bd. 1, 187f.; Bakhtiar, L., Encyclopedia of islamic Law, Chicago 1995, 83-87; Reidegeld, A., Handbuch Islam – Die Glaubens- u. Rechtslehre der Muslime, Kandern im Schwarzwald 2005, 259-264; Rohe, M., Der Islam in Deutschland – Eine Bestandsaufnahme, München 2016, 87; Kid, M., Und täglich grüßt der Muezzin: https://www.deutschlandfunk.de/dueren-und-taeglich-gruesst-der-muezzin.1773.de.html?dram:article_id=353605 [Zugriff: 15.05.2019].

Peter Spiewok

© 2019, DOI: 10.30965/9783506786388_0099

Gebiet

→Territorium, →Zuständigkeitsbereich

Gebietsabtei

→Territorialabtei

Gebietskörperschaft

→Teilkirche, →Pfarrei

Gebietsprälatur

→Territorialprälatur

Gebot

→Kirchengebot

Gebühren

→Abgaben, →Gerichtsgebühren, →Stolgebühren

Gebührenfreiheit – Staatlich

1. Allg.: Die abgabenrechtliche Förderung von →Religionsgemeinschaften ist nicht auf Steuern beschränkt, sondern erfasst auch sonstige Abgaben, insb. die Gegenleistungsabgaben (→Steuer- und Abgabenrecht, Religionsgemeinschaften). Die G. knüpft dabei an den Status der Religionsgemeinschaften als →Körperschaften des öffentlichen Rechts an. Diese sind wie staatl. Verwaltungsträger in vielen Fällen von Gerichts- u. Verwaltungsgebühren befreit. Daneben finden sich Gebührenbefreiungen für gemeinnützige Körperschaften, in deren Ge-

nuss so auch privatrechtlich verfasste Religionsgemeinschaften bzw. deren Umfeldorganisationen kommen, soweit sie nach Maßgabe der §§52ff., 61a AO von der Finanzverwaltung als gemeinnützige Körperschaften anerkannt sind. Rechtsgrundlagen der G. sind i. d. R. die landesrechtlichen Gebühren- u. Abgabengesetze. Die Befreiung von Gerichtsgebühren wird durch eine Öffnungsklausel in §2 Abs. 3 GKG bundesrechtlich ermöglicht.

2. Einzelheiten: Im Gerichtskostenrecht des Bundes sind Kirchen u. Religionsgemeinschaften grds. nicht von der Zahlung der Kosten befreit. §2 Abs. 3 S. 2 GKG lässt aber landesrechtliche Bestimmungen zu sachlichen od. persönlichen Befreiungen von Kosten in Verfahren vor den ordentlichen Gerichten u. den Gerichten der Finanz- u. Sozialgerichtsbarkeit unberührt. Für die Verfahren der freiwilligen Gerichtsbarkeit u. der Notariate übernimmt §2 Abs. 2 GNotKG diese Regelung. Schließlich gelten nach Maßgabe des §2 Abs. 4 GKG die Vorschriften des Bundes- od. des nach §2 Abs. 3 S. 2 GKG grds. beachtlichen Landesrechts über eine persönliche Kostenfreiheit vor den Gerichten der Verwaltungsgerichtsbarkeit u. den Gerichten für Arbeitssachen nicht. In den hiernach in den bundesrechtlich präformierten Verfahren nur begrenzt wirkmächtigen Kostengesetzen der Länder finden sich zahlreiche Gebührenbefreiungen zu Gunsten von Religionsgemeinschaften. Neben den an den Körperschaftsstatus anknüpfenden persönlichen Gebührenbefreiungen bestehen in der Mehrzahl der Bundesländer sachliche Befreiungsnormen zu Gunsten von Körperschaften, die gemeinnützigen od. mildtätigen Zwecke i. S. der §§51ff. AO dienen. Ein entspr. Übergewicht des Normmaterials auf Landesebene findet sich auch im Bereich der Befreiung von Religionsgemeinschaften im Verwaltungsgebührenrecht. Auf Bundesebene enthält §91 Abs. 1 Nr. 3 GNotKG eine nach dem Gegenstandswert gestaffelte Gebührenermäßigung für Religionsgemeinschaften, die als Körperschaften des öff. Rechts verfasst sind, soweit die gebührenbegründende Angelegenheit nicht deren wirtschaftliche Unternehmen betrifft. In den meisten Ländern bestehen an den Körperschaftsstatus anknüpfende persönliche Gebührenbefreiungen zu Gunsten der Kirchen u. Religionsgemeinschaften des öff. Rechts. Neben diesen Gebührenbefreiungen enthält auch das Verwaltungskostenrecht Befreiungsnormen für gemeinnützige Körperschaften i. S. des §51ff. AO. Nur eine geringe Rolle im Rahmen der Förderung von Religionsgemeinschaften spielen Beitr.

3. Legitimation u. Gewährleistung: Die G. ist ein Instrument der abgabenrechtlichen Förderung von Religion u. Religionsgemeinschaften. Religionsverfassungsrechtlich lässt der Neutralitätsgrundsatz als Prinzip wohlwollender →Neutralität dem säkularen Verfassungsstaat weite Spielräume zur Förderung der Religion u. Weltanschauung seiner Bürger. Die →Religionsfreiheit des Art. 4 Abs. 1, 2 GG rechtfertigt auch, die G. als Akt der Grundrechtsförderung zu legitimieren. Sie stehen damit auch unter dem Vorbehalt einer paritätischen Ausgestaltung. Die Religionsfreiheit rechtfertigt insoweit auch Durchbrechungen des Äquivalenzprinzips u. der in Art. 3 Abs. 1 GG wurzelnden Abgabengerechtigkeit. Weil sich aus dieser objektiv-rechtlichen Grundrechtsdimension regelmäßig keine subjektiven öff. Rechte der Religionsgemeinschaften auf spezifische Fördermaßnahmen ableiten lassen, verbleibt ihre steuerliche Behandlung weitgehend in der Verantwortung des Abgabengesetzgebers. Diesen trifft von Verfassungs wegen keine Pflicht, Gebühren-, Kosten- u. Beitragsbefreiungen zu Gunsten von Religionsgemeinschaften aufrechtzuerhalten od. sie zu erweitern. Eine Bestandsgarantie der bestehenden Befreiungsvorschriften lässt sich nicht der Absicherung von →Staatsleistungen nach Art. 138 Abs. 1 WRV i. V. m. Art. 140 GG entnehmen. Gebühren- u. Abgabenbefreiungen sind wegen ihrer Unstetigkeit u. ihres Bezuges zu konkreten staatl. Gegenleistungen keine dauerhaften Elemente der Alimentation von Religionsgemeinschaften u. damit keine Kompensation für

Säkularisationsverluste (BVerfGE 19, 1 [14 f.]). Dies gilt auch für Gerichtskostenbefreiungen auf Bundesebene. Die Befreiungen der Religionsgemeinschaften von nicht steuerlichen Abgaben sind damit keine negativen Staatsleistungen i. S. des Art. 138 Abs. 1 WRV i. V. m. Art. 140 GG.

Für den Fortbestand der G. konstitutiv sind damit die staatskirchenvertraglichen Garantien der bestehenden Befreiungsnormen auf Länderebene. Auch die Staatskirchenverträge, die in den sog. neuen Ländern geschlossen worden sind, haben entspr. Abreden zum Fortbestand landesrechtlicher Abgabenbefreiungen aufgenommen. Neben der Bindung der Landesabgabengesetzgeber können vertragliche Abreden zudem die G. dann konstitutiv begründen, wenn sie die zu Gunsten der öff. Hand bzw. des Landes bestehende Abgabenfreiheit vertraglich auf Religionsgemeinschaften erstrecken.

Literatur

Marré, H., Kirchenfinanzierung in Kirche u. Staat der Gegenwart, Essen [4]2005; Kube, H., Staatl. Religionsförderung durch Steuer- u. Abgabenrecht: Grund u. Grenzen staatl. Religionsförderung, hg. v. M. Pulte – A. Hense, Paderborn – München – Wien – Zürich 2014, 143 ff.; Droege, M., Förderung der Kirchen u. anderen Religionsgemeinschaften im Abgabenrecht: HbStKR[3], § 73 (im Erscheinen).

Michael Droege

© 2019, DOI: 10.30965/9783506786388_0106

Gebührenordnungen – Katholisch

Gebühren sind durch die zuständige Autorität festgesetzte Abgaben für bestimmte Leistungen der öff. Verwaltung od. die Inanspruchnahme öff. Einrichtungen. In einer G. sind die für bestimmte Leistungen (z. B. Erstellung von → Urkunden, Rechtsberatung) od. die Nutzung bestimmter Einrichtungen (z. B. Archive [→ Archive, kirchliche], → Friedhof) zu entrichtenden Gebühren festgelegt.

Gebühren können nach lat. Recht für bestimmte → Verwaltungsakte, für Akte der freiwilligen Rechtspflege des → Apostolischen Stuhls sowie für die Ausführung päpstlicher Gnadenbescheide erhoben werden. Wenn keine andere rechtliche Regelung getroffen ist, hat die Versammlung der Bf. der → Kirchenprovinz die entspr. G. zu erlassen. G. für die Durchführung der → Reskripte des Apost. Stuhl od. die Ausführung päpstlicher Gnadenbescheide bedürfen der Genehmigung durch den Apost. Stuhl (c. 1264 1°).

In den Ostkirchen liegt die Kompetenz zum Erlass von G. beim jeweiligen Eparchialbischof (c. 1013 § 1 CCEO). Dieser ist jedoch verpflichtet, sich m. den Oberhirten der anderen eigenberechtigten Kirchen, die auf dems. Gebiet ihre Vollmacht ausüben, zu beraten u. so dafür zu sorgen, dass dies. Normen für Gebühren festgesetzt werden (c. 1013 § 2 CCEO).

Die Erstellung von G. für die kirchl. Gerichtsbarkeit (→ Gerichtsgebühren) steht in der Kompetenz des zuständigen Gerichtsherrn (c. 1649, 303 DC; c. 1070 CCEO).

In bestimmten Fällen ist für den Erlass einer G. nicht nur kirchl., sondern auch staatl. Recht zu beachten. So ist für den Erlass einer Friedhofsordnung der Träger des Friedhofs zuständig. Bei einem Friedhof in kirchl. Trägerschaft wird dies in den meisten Fällen das für die jeweilige jur. Person auf Ebene der → Pfarrei gebildete Organ, in BY etwa die → Kirchenverwaltung, sein. I. d. R. wird es für solche Materien aus Gründen der Rechtssicherheit u. der Einheitlichkeit von den Diözesen ausgearbeitete u. m. den Nachbardiözesen abgestimmte Muster-G. geben.

In Österreich sind die Ordinariatstaxen abgeschafft; die Gebühren für Reskripte des Apost. Stuhls werden von den Ordinariaten ausgelegt u. von Begünstigten zurückgefordert (ABl. der ÖBK, Nr. 1 vom 25.01.1984, 10, Nr. 22). Auch im Gebiet der DBK werden für die Ausführung von Reskripten des Apost. Stuhls keine eigenen Gebühren verlangt; lediglich die von den röm. Stellen erhobenen Gebühren, die

i. d. R. im Reskript angegeben sind, werden dem Begünstigten in Rechnung gestellt (ABl. der Diözese Speyer 93, 2000, 280).

Die im dt. Sprachraum vorzufindenden G. regeln sehr unterschiedliche Materien. So ermächtigt die auch vom VDD übernommene Anordnung über die Sicherung u. Nutzung der Archive der kath. Kirche (Kirchl. Archivordnung – KAO) in § 14 zur Erhebung von Gebühren für die Nutzung der Archive (ABl. für das Erzbistum München u. Freising 2015, 337-345, 345), in der Erzdiözese Freiburg gibt es neben der Gebührenordnung für das Erzbischöfliche Archiv (Rechtssammlung der Erzdiözese Freiburg, Nr. 970) auch eine Gebührenordnung für die Tätigkeit der Erzbischöflichen Orgelinspektoren (Rechtssammlung der Erzdiözese Freiburg, Nr. 971).

Um G. eigener Art handelt es sich bei den Ordnungen für →Stolgebühren u. →Messstipendien. Der gesamtkirchliche Gesetzgeber vermeidet sowohl in c. 1264 2°/c. 1013 § 1 CCEO als auch in c. 945/c. 715 CCEO den Ausdruck taxae u. spricht von oblationes, um so zum Ausdruck zu bringen, dass es sich nicht um Gebühren im eigentlichen Sinn, sondern allenfalls um ein Richtmaß für die Höhe der Gabe handelt. Dessen ungeachtet wird im deutschsprachigen Raum weiterhin von Stolgebühren gesprochen. Es ist verboten, für die →Sakramentenspendung od. die Spendung von Sakramentalien mehr zu fordern als festgesetzt ist, es ist jedoch erlaubt, freiwillige Gaben anzunehmen (cc. 848, 952; c. 716 CCEO). Die Spendung der Sakramente darf nicht verweigert werden, wenn Gläubige die Stolgebühr nicht aufbringen können, da sowohl c. 848 wie auch c. 945 § 2/c. 716 CCEO die Spender ausdrücklich verpflichtet bzw. ermahnt, darauf zu achten, dass Bedürftigen nicht die Hilfe der Sakramente vorenthalten wird.

Quellen

Rechtssammlung der Erzdiözese Freiburg, bearb. von G. Neureither, Essen, Stand Mai 2017.

Literatur

Heimerl, H. – Pree, H., Hb. des Vermögensrechts der kath. Kirche unter bes. Berücksichtigung der Rechtsverhältnisse in Bayern u. Österreich, Regensburg 1993, 180-188, 287-292, 608-621; KanR IV, 26 f.; Pree, H., § 101 Der Erwerb von Kirchenvermögen, II. Verpflichtende Abgaben: HbkathKR³, 1509-1514; Reinhardt, H. J. F., § 94 Das kirchliche Begräbnis, II. Bestattung: HbkathKR³, 1441; Schulz, W.: MKCIC cc. 1263 u. 1264.

Michael Benz

Gebührenordnungen – Evangelisch

1. G. sind Normen des ev. KR, die meist auf kirchengesetzlicher Grundlage für die konkrete Inanspruchnahme einer kirchl. Gegenleistung eine Gebühr auferlegen. Gebühren sind auch im ev. KR Verwaltungspreise öff.-rechtliche Geldleistungen, die aus Anlass individuell zurechenbarer öff. Leistungen dem Gebührenschuldner auferlegt werden u. dazu bestimmt sind, in Anknüpfung an diese Leistungen deren Kosten ganz od. teilweise zu decken. Sie sind Instrumente der Wahrnehmung kirchl. Vermögensverantwortung u. Folge einer Rechtsformenwahl. Ihr Äquivalent ist ein privatrechtlicher Vertrag, der die Inanspruchnahme einer Leistung von einem Entgelt als Gegenleistung abhängig macht.

2. Typologisch lassen sich Benutzungs- u. Verwaltungsgebühren auf Grundlage von G. unterscheiden. Benutzungsgebühren finden sich verbreitet im kirchl. Vermögensrecht (→Vermögensrecht, kirchliches) bei der Nutzung kirchl. Einrichtungen. Sie werden für die Nutzung kirchl. Liegenschaften, kirchl. →Friedhöfe, aber auch kirchl. Bibliotheken u. Archive (→Archive, kirchliche) erhoben. Auch das Schulgeld in kirchl. Schulen kann auf Grundlage von G. als Benutzungsgebühr qualifiziert werden. Verwaltungsgebühren fallen für die Vornahme kirchl. →Amtshandlungen, wie etwa Beglaubigungen, an. G. werden von

dem jeweils zuständigen Vertretungsorgan des kirchl. Vermögens- bzw. Verwaltungsträgers, der die benutzte Einrichtung unterhält od. die gebührenpflichtige Verwaltungshandlung erbracht hat, erlassen. G. sind auf der Ebene der →Kirchengemeinde als Satzungen zu finden u. unterliegen ggf. einer Genehmigungspflicht durch die kirchl. Mittelebene. Im Friedhofsrecht u. bei G. im Rahmen der Nutzung sozial-karitativer Einrichtungen m. staatl. institutioneller Förderung finden sich auch staatl. Genehmigungs- od. Anzeigevorbehalte. Diese beruhen z.T. auch auf kirchenvertraglichen Regelungen.

3. Aus der Perspektive des staatl. →Verfassungsrechts nehmen G. an den allg. Gewährleistungen kirchl. →Vermögensverwaltung teil. Die Rahmenbedingungen der Nutzung kirchl. Einrichtungen u. der Inanspruchnahme kirchl. Verwaltungsleistungen unterfallen als eigene Angelegenheiten in den Grenzen des für alle geltenden Gesetzes dem kirchl. →Selbstbestimmungsrecht aus Art. 137 Abs. 3 WRV i. V. m. Art. 140 GG. Wegen des in Art. 137 Abs. 5 WRV gewährleisteten Körperschaftsstatus ist den verfassten Religionsgemeinschaften die Erhebung öff.-rechtlicher →Abgaben u. der Erlass von G. garantiert. Im Rahmen des staatl. Rechts sind G. deshalb als öff.-rechtliche Normen zu qualifizieren.

4. Die Ausgestaltung der G. ist auch als Gehalt des kirchl. Selbstbestimmungsrechts durch die Anforderungen des für alle geltenden Gesetzes beschränkt. G. müssen daher den Mindeststandard der materiellen Anforderungen des Abgabenrechts erfüllen. Dies heißt zunächst, dass Grund u. Umfang der Gebührenpflicht u. damit der Abgabentatbestand hinreichend bestimmt u. die jeweils verfolgten Abgabenzwecke tatbestandlich vorgezeichnet sein müssen. G. müssen zudem auf einer hinreichenden kirchenrechtlichen Ermächtigungsgrundlage beruhen u. unterliegen dem Publizitätsgebot. Sie sind also so bekannt zu machen, dass jeder potentielle Adressat von ihrem Regelungsgehalt Kenntnis nehmen kann. In materieller Hinsicht wird die Ausgestaltung der G. gerade in Bezug auf die Gebührenhöhe durch das Äquivalenzprinzip bestimmt. Das Äquivalenzprinzip ist der basale materielle Grundsatz des Gebühren- u. Beitragsrechts. Es nutzt die diesen Vorzugslasten eigene Gegenleistungsabhängigkeit als Maßstab der Inanspruchnahme der Abgabepflichtigen, ist dem Begriff der Gebühr immanent u. verlangt, dass Gebühren nicht völlig unabhängig von den tatsächlichen Kosten der gebührenpflichtigen Leistung festgesetzt werden dürften (vgl. auch zum staatl. Recht nur: BVerfGE 108, 1ff.). Für die Gebührenbemessung wird eine unterscheidungskräftige Legitimation in Form zulässiger Gebührenzwecke verlangt. Als legitime Gebührenzwecke werden die Grundsätze der Kostendeckung u. der Vorteilsabschöpfung anerkannt. Vorteilsabschöpfung koppelt letztlich als Ausfluss der Verhältnismäßigkeit der Abgabenerhebung deren Höhe an den gestifteten Nutzen. Das Kostendeckungsprinzip hingegen fixiert keine starre Grenze der Globaläquivalenz, sondern lässt Durchbrechungen zu. Als Anforderung der Abgabengerechtigkeit sind Abweichungen von der Belastungsgleichheit allerdings m. hinreichenden sachlichen Gründen zu rechtfertigen. Diese können auch aus der Auftragsbindung kirchl. Vermögens folgen u. so Zuschläge für Gebührenschuldner rechtfertigen, die nicht der jeweiligen Kirche nicht angehören. G. folgen zwar damit grds. nicht dem Leistungsfähigkeitsprinzip, das für die Steuererhebung maßgeblich ist. Unterhalb der Grenze der Kostendeckung können aber Gesichtspunkte der Leistungsfähigkeit m. Rücksicht auf soziale Gründe in G. aufgenommen werden u. so Gebühren nach Gesichtspunkten des Einkommens gestaffelt werden (soziale Staffelung). Hierbei sind die Grenzen der Gebührengerechtigkeit u. insb. der Folgerichtigkeit zu beachten.

Literatur

Mainusch, R., Grundfragen des kirchl. Gebührenrechts: ZevKR 43 (1998), 297-332; Renck, L., Grundlagen des kirchl. Gebührenrechts: DÖV 1999, 458-463; Ehlers, D., Grundfragen kirchl. Gebührenerhebungen: ZevKR 54 (2009), 186-204; Droege, M., Förderung der Kirchen u. anderen Religionsgemeinschaften im Abgabenrecht: HbStKR³, § 73.

Michael Droege

© 2019, DOI: 10.30965/9783506786388_0107

Gefahr

→ Necessitas, → Todesgefahr

Gefangenschaft – Katholisch

Der Begriff der G. ist im KR in zweierlei Kontext von bes. Bedeutung. 1. G. ist einer der in c. 412 genannten Gründe der tatsächlichen Amtsbehinderung des → bischöflichen Stuhls, neben Ausweisung, Exil od. → Unfähigkeit. Dabei ist ein in G. geratener → Diözesanbischof erst dann vollständig an der Ausübung seines Hirtenamtes gehindert, wenn zudem dauerhaft bzw. über einen längeren Zeitraum hinweg keine Möglichkeit des Schriftverkehrs m. den Angehörigen seiner → Diözese gegeben ist. Dies ist deshalb das entscheidende Kriterium, da alle rechtlichen Entscheidungen des Diözesanbischofs der → Schriftlichkeit bedürfen (vgl. c. 474). Auch in den kath.-orient. Kirchen gehört die G. zu den Amtsbehinderungsgründen (vgl. c. 233 CCEO).

2. Im → Eherecht zählt G. zu den → Ehehindernissen (c. 1089), das der CIC/1917 in can. 1074 als „raptus" bez. Wenn eine Frau von einem Mann zum Zwecke der → Eheschließung entführt od. gefangen gehalten wird (→ Frauenraub), kann keine gültige Ehe zustande kommen. Die Entführung od. Gefangennahme muss die Eheschließung zum Motiv haben. Das Hindernis besteht solange die Freiheitsberaubung anhält, bis die Frau vom Entführer getrennt u. an einen sicheren u. freien Ort gebracht wurde. Im Unterschied zum CIC/1983 sieht das Recht der kath.-orient. Kirchen die Möglichkeit des umgekehrten Falles vor, indem ebenso eine Frau als Entführer des Mannes in Frage kommen könnte (vgl. c. 806 CCEO). Das Hindernis ist kirchl. Rechts. Da es die Freiheit des Eheschließungswillens betrifft, kann es keine → Dispens geben.

Literatur

KanR II; KanR III; D'Auria, A., Il matrimonio nel diritto della chiesa, Rom ²2007 (Quaderni in Apollinaris 8); Bier, G.: MKCIC c. 412; Lüdicke, K.: MKCIC c. 1089.

Andrea Michl

© 2019, DOI: 10.30965/9783506786388_0109

Gefängnisseelsorge

→ Anstaltsseelsorge

Gefreiter Abt – Katholisch

→ Territorialabt

Gefreiter Prälat – Katholisch

→ Territorialprälat

Gegenbeweis

→ Beweis

Gegenpartei

→ Partei

Gegenüberstellung von Zeugen

→ Zeuge

Geheim – Katholisch

Dem dt. Wort g. entsprechen im Latein des CIC/1983 die Ausdrücke occultus (urspr. versteckt) od. das häufiger vorkommende secretus (urspr. abgesondert) m. dem Substantiv secretum (Geheimnis). Der Ausdruck clandestinus kommt im CIC nicht vor, obwohl er gerade in der Verbindung m. matrimonium rechtsgeschichtlich bedeutsam ist. Bei der CIC-Revision wurde der Vorschlag gemacht, occultus nur i. S. v. nicht beweisbar (Gegenbegriff: publicus) zu verwenden, secretus hingegen nur i. S. v. nicht bekannt (Gegenbegriff: notus), doch konnte sich der Vorschlag nicht generell durchsetzen (Comm. 32 [2000], 236). Lediglich für die Verbindung „impedimentum occultum“ enthält c. 1074 (c. 791 CCEO) eine entspr. →Legaldefinition.

Vom objektiven Faktum, dass eine Sache g. ist, hebt sich die subjektive Pflicht ab, sie g. zu halten. Diese kann aus der →Natur der Sache od. aus einem →Versprechen hervorgehen, das ausdrücklich gegeben wird od. implizit z. B. m. der Ausübung eines →Amtes verbunden ist. Sie spielt im KR wegen dessen bes. Aufmerksamkeit für das forum internum (→Forum externum et internum) eine wichtige Rolle u. dient z. B. dem Schutz der Privatsphäre (→Intimsphäre) (cc. 220), der Freiheit von →Wahlen (cc. 172 §1 2°, 699 §1), der ungestörten Entscheidungsfindung (cc. 127 §3, 269 2°, 645 §4, 377 §§2 u. 3) od. dem Vertrauen in bestimmte Amtsträger (→Amtsträger, kirchlicher) (cc. 471 2°, 983 §2, 1388 §2, 1455 §1, 1457 §1, 1548 §2 1°). Die →Geheimhaltungspflicht kann unterschiedliche Strengegrade aufweisen: vom absolut unverbrüchlichen →Beichtgeheimnis bis hin zu Fällen, in denen sie bei wichtigen entgegenstehenden Interessen od. einem Recht auf Information entfällt (z. B. c. 1132).

Literatur

Martens, K., Le secret dans la religion catholique: RDC 52 (2002), 259-274; Meckel, T., Das Beichtgeheimnis u. das Seelsorgegeheimnis im Spiegel der Grundrechte der Christgläubigen: AfkKR 181 (2012), 444-466; Coronelli, R., Il significato ecclesiale del segreto: QDE 26 (2013), 9-54.

Burkhard Josef Berkmann

© 2019, DOI: 10.30965/9783506786388_0116

Geheimarchiv – Katholisch

Neben dem Verwaltungsarchiv (Registratur) u. dem hist. Archiv (→Archive, kirchliche) ordnet c. 489 für die →Diözesankurie die Einrichtung eines G. an, in dem die geheimzuhaltenden Dokumente aufzubewahren sind (→Geheimhaltungspflicht). Während c. 489 einerseits Bestimmungen über die Beschaffenheit des G., andererseits eine Vorschrift zur →Kassation von Dokumenten enthält, regelt c. 490 den Zugang zum G. u. statuiert, dass aus dem G. kein Dokument herausgegeben werden darf. Das G. ist wenigstens ein fest verschließbarer Schrank od. ein eigenes Fach u. so zu sichern, dass eine Entfernung vom Standort nicht möglich ist. Nicht vorgeschrieben, aber sinnvoll dürften neben einer Einbruchshemmung auch eine Sicherung vor sonstigen äußeren Einflüssen (Feuer, Wasserschaden) sein. Im G. aufzubewahren sind der Nachweis über die außerhalb der →Beichte erteilte →Dispens von einem →geheimen →Ehehindernis (c. 1082); das Buch, in dem die geheimen →Eheschließungen verzeichnet sind (c. 1133); Schriftstücke, durch welche die Erteilung einer Mahnung od. eines Tadels beurkundet wird (c. 1339 §3); Vorermittlungsakten in Strafverfahren u. alle vorausgehenden Vorgänge, die im Strafverfahren nicht benötigt werden (c. 1719); sämtliche Prozessunterlagen in Sittlichkeitsverfahren (vgl. c. 489 §2). Zum anderen entscheidet der →Diözesanbischof über die Aufnahme weiteren Schriftguts in das G. Nach c. 490 §1 darf nur der Diözesanbischof den Schlüssel zum G. besitzen – nach can. 379 §3 war ein zweiter Schlüssel für den →Generalvikar bzw. den →Kanzler der Kurie vorgesehen – u. während der →Sedisvakanz darf das G. nur im Falle wirklicher Notwendigkeit durch den →Diözesanadministrator geöffnet werden. Aus der gegenüber dem Diözesanadministrator abw. Formulierung ergibt sich, dass es in die Verantwortung des Diözesanbischofs gestellt ist, wen er erforderlichenfalls m. der Einsichtnahme in die Unterlagen des G. betraut, während der Diözesanadministrator im Fall wirklicher Notwendigkeit nur höchst persönlich das G. öffnen darf. Abgesehen von der Frage, wer während der Sedisvakanz, insb. in der kurzen Zeit bis zur Wahl eines Diözesanadministrators, den Schlüssel zum G. in Besitz hat, ist für den Fall vorzusorgen, dass der Schlüssel verloren geht od. – etwa im Todesfall des →Bischofs – unauffindbar ist. Der →Gesetzgeber hat es unterlassen, detaillierte Normen für die Nutzung des G. aufzustellen. Auch wenn die Führung eines Registers für das G. nicht vorgeschrieben ist, setzt die in c. 489 § 2 verpflichtende jährliche Durchsicht des G. durch den Diözesanbischof voraus, dass dieser einen Überblick über die dort aufbewahrten Unterlagen hat. O. eine inhaltliche Erfassung u. Erschließung der Gegenstände des G. wird es aber weitgehend nutzlos für den Leitungsdienst des Bf. sein. Nur für die Prozessunterlagen über Strafsachen in Sittlichkeitsverfahren findet sich in c. 489 § 2 eine Bestimmung über die – allerdings nicht vollständige – Kassation des entspr. Archivmaterials. Aus dem Schweigen des Gesetzgebers über die Aufbewahrungsfrist sonstigen Materials des G. ist der Schluss zu ziehen, dass die sonstigen Unterlagen dauerhaft aufzubewahren sind. Um den Aufwand des Diözesanbischofs bei der Handhabung des G. zu minimieren, sollten dort nur diejenigen Schriftstücke aufbewahrt werden, die nach Vorschrift des CIC im G. aufbewahrt werden müssen. Durch die Einrichtung von Zugriffsbeschränkungen kann für darüber hinaus geheim aufzubewahrendes Schriftgut eine angemessene Vorsorge getroffen werden, dies gilt neben den Urteilsvoten der →Richter eines →Kollegialgerichts (vgl. c. 1609 § 2) auch für die Liste der Vertreter eines amtsbehinderten Diözesanbischofs (vgl. c. 413 § 1), deren Aufbewahrung im G. unzweckmäßig ist. Entspr. ist für das G. in cc. 259 u. 260 CCEO aufgestellt.

Literatur

McKenna, K., Confidential Clergy Matters and the Secret Archives: StCan 26 (1992), 191-207; Longhitano, A., Gli archivi ecclesiastici: IusEccl 4 (1992), 649-667; Haering, S., Zur rechtlichen Ordnung des kirchl. Archivwesens: AfkKR 171 (2002), 442-457; Shea, P. T., Records Management and Canon 489. Part One: Civil Law Concerns: CLSA Proceedings 72 (2010), 168-175; Taylor, C., Records Management and Canon 489. Part Two: Canon 489, A Contemporay Review: CLSA Proceedings 72 (2010), 175-180; Treanor, J. T., Records Management and Canon 489. Part Three: Canon 489 From an Archivist/Records Manager Perspective: CLSA Proceedings 72 (2010), 180-184; Viera, M., Records Management and Canon 489. Part Four: The Tribunal Archive: CLSA Proceedings 72 (2010), 184-189; Schüller, T., Das kirchl. Archivwesen im geltenden kan. Recht: Pragmatische Quellen der kirchl. Rechtsgeschichte, hg. v. H. P. Neuheuser, Wien u. a. 2011 (Rechtsgeschichtliche Schriften 26), 309-334; Haering, S. – Platen, P., Handreichung zum Geheimarchiv der Kurie (vom 01. März 2013): Päpstliche Kommission für die Kulturgüter der Kirche: Die pastorale Funktion der kirchl. Archive. Anhang: Dokumente zum kirchl. Archivwesen für die Hand des Praktikers, hg. v. Sekretariat der DBK, Bonn 2016 (Arbeitshilfen 142), 128-134.

Peter Platen

© 2019, DOI: 10.30965/9783506786388_0117

Geheimehe – Katholisch

Gem. c. 1130 (c. 840 CCEO) kann der Ortsordinarius aus schwerem u. drängendem Grund erlauben, dass eine →Ehe →geheim geschlossen wird. Für die Gültigkeit (→Ehegültigkeit) gelten jedoch die Anforderungen der kan. →Eheschließungsform (Trauung vor einem →Priester od. →Diakon u. zwei →Trauzeugen, c. 1108, anders c. 828 CCEO, wonach dem Diakon keine →Traubefugnis zukommt u. die Gültigkeit der Trauung vom Brautsegen durch den Hierarchen des Ortes, den Ortspfarrer od. einem von ihm beauftragten Priester abhängt) (→Eheassistenz). Die →Erlaubnis zur geheimen →Eheschließung umfasst gem. c. 1131, 1°, dass die Nachforschungen, die vor der Ehe anzustellen sind, geheim erfolgen; 2° dass die Geheimhaltung der geschlossenen Ehe vom Ortsordinarius, dem Assistenten, den Zeugen und den Eheleuten gewahrt wird (vgl. dazu c. 840 §1 CCEO). Diese letztgenannte →Geheimhaltungspflicht erlischt für den Ortsordinarius, „wenn schweres Ärgernis oder schweres Unrecht gegen die Heiligkeit der Ehe aus der Beachtung der Geheimhaltung zu entstehen droht" (c. 1132; c. 840 §2 CCEO). Ein solcher Fall kann z. B. eintreten, wenn die geheim gehaltene Ehe gescheitert ist u. eine erneute kirchl. Eheschließung von einem od. beiden Partnern beabsichtigt wird. Die geheim geschlossene Ehe wird nur im geheimen Ehebuch der bfl. Kurie eingetragen (c. 1133; c. 840 §3 CCEO), jedoch nicht in den Matrikeln der zuständigen →Pfarrämter (Tauf- u. Wohnsitzpfarrei sowie Traupfarrei). In der BRD steht der Möglichkeit einer geheimen kirchl. Eheschließung nicht mehr das Erfordernis einer vorausgehenden Zivileheschließung (→Zivilehe) entgegen, weil die diesbezügliche Änderung im Personenstandsgesetz vom 01.01.2009 nunmehr eine rein kirchl. Eheschließung zulässt.

Literatur

Primetshofer, B., §87 Die Eheschließung: HbkathKR², 948-965, hier 965; Lüdicke, K.: MKCIC zu cc. 1131-1133.

Beatrix Laukemper-Isermann

© 2019, DOI: 10.30965/9783506786388_0118

Geheimhaltungspflicht – Katholisch

1. Die G. (secretum servandum) umfasst nicht nur das →Dienstgeheimnis, insb. auch das →Beichtgeheimnis (cc. 983-984 u. 1388; cc. 733-734 u. 1456 CCEO), sondern darüber hinaus vielfältige Vorgänge, die wegen der Wichtigkeit der Angelegenheit (negotiorum gravitas; c. 127 §3; c. 934 §4 CCEO) od. des erforderlichen Schutzes der Personen u. ihrer →Intimsphäre (intimitas tuenda; c. 220; c. 23 CCEO) von Rechts wegen od. durch Anordnung der zuständigen kirchl. Autorität der Geheimhaltung unterliegen.

2. Allen Personen, denen ein →Beispruchsrecht od. ein →Mitwirkungsrecht zukommt, sind an die G. gebunden, wenn es die Wichtigkeit der Angelegenheit verlangt (c. 127 §3; c. 934 §4 CCEO); vom zuständigen Oberen kann die G. noch bes. eingeschärft werden. →Akten u. →Urkunden der →Diözesankurie, die der G. unterliegen, müssen in einem →Geheimarchiv aufbewahrt werden. Dieses muss inamovibel sein u. den Schlüssel dafür darf nur der Bf. haben (cc. 489 §1 u. 490 §1; cc. 259 §1 u. 260 §1 CCEO).

3. Im →Prozessrecht spielt die G. eine bes. Rolle. →Richter u. andere Gerichtspersonen sind in Strafsachen stets, in Streitsachen u. bestimmten Bedingungen zur Wahrung des Amtsgeheimnisses verpflichtet (secretum officii servandum). Die G. gilt immer bzgl. der Erörterungen zwischen den Richtern eines →Kollegialgerichts vor der Urteilsfällung. Auch →Zeugen, →Sachverständigen, →Parteien u. deren →Anwälten od. →Prozessbevollmächtigten kann vom Richter eidlich die Einhaltung der G. auferlegt werden (cc. 1455 i. V. m. 1609 §2; inhaltlich entspr.: cc. 1113 i. V. m. 1292 §2 CCEO). Schriftsätze der Verteidigung können der G. unterliegen u. sind dann bes. zu schützen (c. 1602 §2; c. 1285 §2 CCEO). Es besteht keine Verpflichtung zur Vorlage von Urkunden, wenn diese einer G. unterliegen (c. 1546 §1; c. 1227 §1 CCEO). →Kleriker sind hinsichtlich dessen, was ihnen in Ausübung ihres Amtes bekannt geworden ist, Beamte, Ärzte, Hebammen, Anwälte, →Notare u. auch andere Personen, die zur Wahrung des Amtsgeheimnisses (secretum officii) verpflichtet sind, bzgl. aller Angelegenheiten, die der G. unterliegen, von der Pflicht zur Aussage als Zeugen befreit (c. 1548 §2, 1°; c. 1229 §2, 1° CCEO). Richter, die das Amtsgeheimnis (secreti lex) verletzen, können m. entspr. →Strafen bis zur →Amtsenthebung bestraft werden (c. 1457 §1; c. 1115 §1 CCEO).

Strafsachen bzgl. → delicta graviora unterliegen gem. Normae Art. 30 der G. des → secretum pontificium, dessen Verletzung angemessen zu bestrafen ist.

4. Alle Personen, die zu einem Amt in der Diözesankurie berufen werden, müssen das Amtsgeheimnis in dem Maß wahren, wie es vom Recht od. vom Bf. festgelegt ist (c. 471, 2°; c. 244 § 2, 2° CCEO). Gem. RGCR Art. 16 § 2 müssen alle Mitarbeiter der → Römischen Kurie entweder bei ihrer Ernennung od. ihrem Amtsantritt vor dem Leiter des → Dikasteriums od. dem Höheren Prälaten eidlich die Beachtung der G. versprechen u. Verwendung einer eigenen Eidesformel. Alle Mitarbeiter der Kurie sind gem. RGCR Art. 38 § 1 gehalten, die G. streng zu beachten. M. bes. Aufmerksamkeit muss gem. § 2 das secretum pontificium nach den Weisungen der Instr. Secreta continere beachtet werden. Die Verletzung der einfachen G. wird gem. Art. 69, 5 RGCR m. der Suspension vom Amt, die Verletzung des secretum pontificium gem. Art. 73 § 1, 3 m. der Entlassung aus dem Amt bestraft.

5. Gem. Ordo Synodi Episcoporum celebrandae Art. 20 unterliegen alle Teilnehmer an einer → Bischofssynode der G., u. zwar sowohl im Hinblick auf die Vorbereitungsarbeiten als auch auf die Beratungen wie auch auf die Voten u. Beschl. der Synode.

6. Bei dem → Informativprozess zur Vorbereitung einer Bischofsernennung (c. 364, 4°) ist gem. MP SOE Nr. VI, 2. von allen Beteiligten, auch von den um Auskunft ersuchten Klerikern u. Laien, eine bes. G. zu beachten. Auch die im Rahmen des relativen wie des absoluten → Listenverfahrens gem. c. 377 § 2 i. V. m. dem geltenden Konkordatsrecht vorgeschlagenen Namen möglicher Kandidaten für das Bischofsamt unterliegen der G.

7. Eine bes. strenge G. besteht bzgl. der Wahl eines P. Gem. ApK Universi Dominici Gregis Nr. 12 müssen alle Kard. in einer der ersten vorbereitenden Kongr., die in der Zeit zwischen Eintritt der Vakanz des Apost. Stuhls u. dem Einzug ins Konklave stattfinden, die Einhaltung der bes. G. beeiden. Alle Personen, die neben den Wahlberechtigten gem. Nr. 46 als Helfer am Konklave teilnehmen, müssen m. einer eigenen Eidesformel die Beachtung der G. bekräftigen (vgl. auch Benedikt XVI., MP Normis nonnullis, Nr. 46-48). Unmittelbar nach dem Einzug ins Konklave beeiden die Wahlberechtigten gem. Nr. 52-53, dass sie bzgl. aller Vorgänge um die Wahl u. der Ergebnisse unbedingtes Stillschweigen wahren. Die erw. Bestimmungen zum Konklave in Nr. 55-61, d. h. die Abschirmung des Wahlkollegiums u. das strikte Kommunikationsverbot, sichern die Beachtung der G. ab. Die strikte G. bei der → Papstwahl soll v. a. eine freie Wahl o. jeden Einfluss von Dritten ermöglichen.

Quellen

Paul VI., MP Sollicitudo Omnium Ecclesiarum vom 24. Juni 1969: AAS 61 (1969), 473-484; ders., Instruktion Secreta continere vom 4. Februar 1974: AAS 66 (1974), 89-92; SecrStat, RGCR vom 4. Februar 1992: AAS 84 (1992), 201-267; Johannes Paul II., ApK Universi Dominici Gregis vom 22. Februar 1996: AAS 88 (1996), 305-343; Benedikt XVI., Ordo Synodi Episcoporum celebrandae vom 29. September 2006: AAS 98 (2006), 755-779; Kongr. für die Glaubenslehre, Normae de gravioribus delictis vom 21. Mai 2010: AAS 102 (2010), 419-430; Benedikt XVI., MP Normis nonnullis vom 22. Februar 2013: AAS 105 (2013), 253-257.

Literatur

Rengier, R., Art. Berufsgeheimnis: Staatslexikon[7] Bd. 1, 691-695; Maritz, H., Art. Informativprozess: LThK[3] Bd. 5, 492; Arrieta, J. I. – Canosa J. – Miñambres, J., Legislazione sull'organizzazione centrale della Chiesa, Mailand 1997; Del Re, N., La Curia Romana. Lineamenti storico-giuridici, Rom [4]1998, 459-494; Schwendenwein, H., § 28 Der Papst: HbkathKR[3], 447-468; Schmitz, H., § 38 Der Diözesanbischof: HbkathKR[3], 593-611; Güthoff, E., § 109 Gerichtsverfassung u. Gerichtsordnung: HbkathKR[3], 1661-1672.

Heribert Hallermann

© 2019, DOI: 10.30965/9783506786388_0119

Geheimhaltungspflicht – Evangelisch

1. Die G. ist religiös begründbar als unmittelbar zum Kultus gehörende Verpflichtung der →Gläubigen, gegenüber Außenstehenden über Ablauf von Ritus u. Formeln der Glaubensgemeinschaft zu schweigen. Religiöse Geheimbünde erhalten ihr Gepräge aus solchen G. Konstitutive G. sind zuerst aus dem vorchristlichen Athen bekannt (Eleusis); konsequent stand ihr Bruch dort unter strenger Strafandrohung. Auch in der chr. Theologie ist eine G. angelegt. Sie ist jedoch nicht konstitutiver Inhalt der chr. Lehre, vielmehr schützt sie als unselbstständige Begleitpflicht deren inhaltliches Mysterium. So beschreibt Paulus die chr. Offenbarung als Geheimnis, das der menschlichen Erkenntnis nicht zugänglich ist (1 Kor 2, 13), u. insb. →Taufe u. Abendmahl (→Abendmahl, Eucharistie) als →Sakramente m. Mysteriencharakter (Röm 6, 2-5; 1 Kor 11, 17-27). Freilich standen die Ansätze eines sakramentalen Mysterienkults wirkungsgeschichtlich von Anfang an in Spannung m. dem weltumspannenden Anspruch des Christentums, das auf →Mission u. also auf Außenwirkung u. Öffentlichkeit angelegt ist. In der frühen Kirche spielte die G. – als sog. Arkandisziplin (der Begriff stammt erst aus dem 17. Jh) – hinsichtlich des Tauf- u. Abendmahlsritus eine bedeutende Rolle. Dies dürfte sich herleiten lassen aus der sozialen Befindlichkeit u. staatskirchenrechtlichen Situation der Christen als einer verfolgten Minderheit, die aus der Öffentlicheit gedrängt wurde u. Unterstellungen ausgesetzt war. Andererseits aber gab gerade der Mysterienkult weiteren Anstoß für Verdächtigung u. Verfolgung, was zu seiner Aufweichung führte.

M. der Konstantinischen Wende im 4. Jh. änderte sich die staatskirchenrechtliche Situation; es verblieb jedoch zunächst der weitere Zweck der G., einer Profanisierung u. Trivialisierung chr. Rituale (v. a. der Sakramente) vorzubeugen. In der religiösen Konkurrenzsituation bis zur endgültigen Durchsetzung des Christentums als homogener Staatsreligion im fünften Jh. wurde das pädagogische Motiv bestimmend, durch die G. Missdeutungen zu vermeiden u. das Proprium des Sakraments, seine Heiligkeit, zu bewahren. Dass die Arkandisziplin aber stets in Spannung zum theol. Öffentlichkeitsanspruch des Christentums stand, wird bereits daraus deutlich, dass Strafandrohungen für den Bruch der G. im Christentum anders als in der griech. Antike nicht bekundet sind. In der späteren chr. Tradition sind kultische G. denn auch Randerscheinungen geblieben (Züge von Geheimbünden tragen etwa dualistisch geprägt chr. Randgruppen wie z. B. Gnostiker, Manichäer u. Katharer). Das Schutzgut der G. verlagerte sich im Gefolge von der Integrität der Kirche u. ihrer Lehre hin zur Integrität des (personalen) Bekenntnisses des einzelnen Gläubigen in der Kirche u. (durch die →Bekenntnisfreiheit u. →Gewissensfreiheit) gegenüber dem Staat. Die →Reformation, die das religiöse Gewissen des einzelnen Gläubigen aufwertete, indem sie jede dazwischen geschaltete irdische Macht in Frage stellte, bestärkte diese Tendenz.

2. Kirchenrechtlich: Relevant wird als Sonderfall einer allg. Amtsverschwiegenheit v. a. das →Beichtgeheimnis, das – auch in der prot. Kirche – die Unmittelbarkeit der persönlichen Gottesbeziehung in der →Beichte institutionell absichert. Das Beichtgeheimnis korrespondiert deshalb zwar m. der Diesseitigkeit u. Vorläufigkeit der Kirche u. ihrer Amtsträger, greift jedoch in seiner Begründung über sie hinaus. Im Beichtgeheimnis wird zugl. aber auch das Mysterium der Absolution geschützt.

3. Staatskirchenrechtlich: Dem hat auch der weltanschaulich neutrale Staat der BRD Rechnung getragen. In allen Prozessordnungen (§§ 53 Abs. 1 Nr. 1 StPO, 383 Abs. 1 Nr. 4 ZPO) steht den →Geistlichen über das, was ihnen als Seelsorger anvertraut od. bekannt geworden ist, ein →Zeugnisverweigerungsrecht zu. Der Tatbestand ist funktionell auszulegen, er betrifft nur, aber auch alle Tatsachen, die unter dem Schutz der →Seelsorge offenbart

worden sind. Art. 9 RK vom 20.07.1933 ist unmittelbar geltende lex specialis (BVerfGE 6, 309) u. gewährt aus Gleichbehandlungsgründen prot. u. kath. Geistlichen weiter gehende u. gleiche Rechte. Das Zeugnisverweigerungsrecht ist demgemäß nicht disponibel; Geistliche können sich gegenüber allen Behörden auf ihre seelsorgerliche Amtsverschwiegenheit berufen. Vor dem Hintergrund des o. genannten Schutzguts konsequent ist §139 Abs. 2 StGB, der Geistliche von der Pflicht zur Anzeige geplanter Straftaten gegenüber Behörden befreit. In engen Ausnahmefällen erscheint allerdings (kirchenrechtlich) ein Recht zur Anzeige denkbar. Dienstrechtlich kommt dann eine kirchl. Genehmigungsbedürftigkeit in Betracht. Ein Recht zur Geheimhaltung für Jedermann regelt schließlich Art. 140 GG i. V. m. Art. 136 Abs. 3 WRV, wonach niemand verpflichtet ist, seine religiöse Überzeugung zu offenbaren. Dieses Grundrecht konkretisiert die negative →Glaubensfreiheit u. steht in enger Beziehung zu der in Art. 33 Abs. 3 GG unabhängig von dem religiösen Bekenntnis garantierten staatsbürgerlichen Gleichheit.

Literatur

Smend, R., Zu den Grenzen des Beichtgeheimnisses: Kirchenrechtliche Gutachten in den Jahren 1946-1969: Jus Ecclesiasticum 14 (1972), 198-200; Stromberg, E., Über das Zeugnisverweigerungsrecht u. die Genehmigungsbedürftigkeit von Zeugenaussagen kirchl. Bediensteter: MDR 1974, 892-895; Stein, A., Wo liegen die Grenzen des seelsorgerlichen Aussageverweigerungsrechts?: ZevKR 19 (1974), 138-144; ders., Das strafprozessuale Schweigerecht von Seelsorgehelfern: ZevKR 21 (1976), 418-422; ders., Schweigepflicht u. Rederecht in der Seelsorge: ZevKR 43 (1998), 387-400; de Wall, H., Der Schutz des Seelsorgegeheimnisses: ZevKR 56 (2011), 4-26; Graf, F. – Wischmeyer, W., Art. Arkandisziplin: RGG[4] Bd. 1, 743-746; Hempelmann, R., Art. Geheimbünde/Geheimgesellschaften: RGG[4] Bd. 3, 546-548.

Wolf Reinhard Wrege

© 2019, DOI: 10.30965/9783506786388_0119

Gehör, rechtliches
→Anhörungsrecht

Gehorsam – Katholisch

1. Begriff: G., genauer gesagt: kirchl. G. (obsequium, oboedientia), ist die Einordnung in die kirchl. Gemeinschaft, die allen Christen abverlangt wird, welcher Stellung u. welchen Standes auch immer. Der G. stellt die Haltung desjenigen dar, der im Hören des Wortes Gottes zum →Glauben kommt (oboedientia von audire, hören) u. der in Glauben u. Leben dem Vorbild Chr. folgt (obsequium von sequi, folgen). Kirchl. G. besteht darin, Chr. in dessen G. gegenüber dem Vater nachzufolgen. Die Pflicht zur Einordnung in die kirchl. Gemeinschaft betrifft grds. alle Kirchenglieder, →Kleriker wie →Laien, →Ordensangehörige u. solche Christen, die in der Welt leben. Deshalb ist die G.-pflicht zu Recht unter den Pflichten u. Rechten aller →Gläubigen (→Grundrechte und Grundpflichten der Christen) normiert. Konkret kann diese Pflicht zwar je anders ausgestaltet sein, für alle Christgläubigen aber gilt die Verpflichtung, „stets die Gemeinschaft mit der Kirche zu wahren“ (c. 209 §1; c. 12 §1 CCEO).

2. Unterscheidungen: C. 212 §1 (ähnlich c. 15 §1 CCEO) verlangt sowohl G. in dem, „was die geistlichen Hirten als Lehrer des Glaubens erklären“, als auch in dem, was sie „als Leiter der Kirche bestimmen“. In materieller Hinsicht ist daher der G. in Glaubensdingen vom disziplinären G. zu unterscheiden.

Eine weitere Unterscheidung betrifft den Adressaten der G.-pflicht: Neben dem a) „allgemeinchristlichen“ G. (bes. c. 212 §1; c. 15 §1 CCEO) gibt es bes. Ausgestaltungen b) im Amtsgehorsam v. a. der Kleriker (c. 273; c. 370 CCEO) – dass. gilt jedoch für alle, die ein KA innehaben, was in den kirchl. Gesetzbüchern aber nicht ausdrücklich normiert ist, c) im G. der Theologen gegenüber dem kirchl.

→Lehramt (c. 218; c. 221 CCEO), u. d) im spirituell begr. G. der Religiosen (c. 573 § 2; c. 410 CCEO).

Allen Arten des kirchl. G. ist gemeinsam, dass der G. nicht unbegrenzt gefordert werden kann. Er findet seine Grenze in der Rechtsordnung (daher die traditionelle Bez. kan. G. für den Amtsgehorsam der Kleriker) u. in der eigenen Verantwortung der Gläubigen, wie c. 212 § 1 bzw. c. 15 § 1 CCEO deutlich machen („... im Bewusstsein ihrer eigenen Verantwortung ..."). Andererseits kann die Verpflichtung zum kirchl. G. nicht verjähren (vgl. c. 199 7°; c. 1542 7° CCEO); das Ende der G.-pflicht liefe auf die Beendigung der kirchl. Gemeinschaft hinaus (vgl. auch c. 209 § 1; c. 12 § 1 CCEO).

3. G. in Glaubensdingen: Nach der formalen Qualifizierung einer vorgelegten Lehre ist zu unterscheiden zwischen a) →Glaubenszustimmung, b) festem Annehmen u. Bewahren u. c) religiösem Gehorsam des Verstandes u. des Willens (→Verstandes- und Willensgehorsam).

a) Glaubenszustimmung (assensus fidei) od. auch Glaubensgehorsam im engeren Sinne ist jene Haltung eines Christgläubigen, die einer als unfehlbar vorgelegten Lehre angemessen ist. Eine solche →Glaubenslehre ist kraft göttlichen u. kath. Glaubens zu glauben; ihr widersprechende Lehren müssen die Gläubigen meiden (c. 750 § 1; c. 598 § 1 CCEO). Die beharrliche Leugnung einer solchen Wahrheit od. der beharrliche Zweifel daran ist →Häresie, auf welche die Kirche m. der →Sanktion der (großen) →Exkommunikation reagiert (cc. 751, 1364; c. 1436 CCEO).

b) Fest anzunehmen u. zu bewahren ist eine Glaubens- u. Sittenlehre, die von der Kirche als endgültig zu halten vorgelegt worden ist. Wer als endgültig zu haltende Sätze ablehnt, widersetzt sich der Lehre der kath. Kirche (c. 750 § 2; c. 598 § 2 CCEO) u. soll m. einer angemessenen Sanktion belegt werden (c. 1371 1°; c. 1436 § 2 CCEO). Hierbei erscheint nach der Gesetzessystematik des Gesetzbuchs der Lat. Kirche ein Verstoß gegen die G.-pflicht nach c. 750 § 2 als gegen die Autorität der Kirche gerichtete Handlung (vgl. die Überschrift des Titels, in dem sich c. 1371 findet, u. den Zusammenhang zwischen c. 1371 1° u. 2°).

c) Religiöser G. ist einer Lehre in Glaubens- od. Sittenfragen entgegenzubringen, die nicht in unfehlbarer od. endgültiger Weise vom →Papst, dem →Bischofskollegium od. den →Bischöfen, „sei es als einzelne, sei es auf Bischofsversammlungen oder Partikularkonzilien versammelt" (c. 753; ähnlich c. 600 CCEO) verkündet wird. Die Leugnung einer nicht als unfehlbar od. endgültig vorgelegten Lehre wird von den Gesetzbüchern der kath. Kirche in ders. Weise wie die Leugnung einer als endgültig vorgelegten Lehre m. einer unbestimmten Sanktion bedroht (vgl. c. 1371 1°; c. 1436 § 2 CCEO).

4. Disziplinärer G.: Der disziplinäre G. meint die Unterordnung unter die kirchl. Autorität. Problematisch ist in diesem Zusammenhang allerdings die Bez. G., wenn es um die rechtlich-moralische Ordnung geht. Wenn m. diesem Wort auch die personale Beziehung zwischen dem Autoritätsträger u. dem Gehorchenden angesprochen sein soll, kann dies u. U. in Analogie zur Beziehung zwischen Eltern u. Kindern missverstanden werden, was ein Bild des unmündigen Christen m. sich brächte. Vom disziplinären G. sollte daher nicht mehr gesprochen werden; die Christgläubigen haben die rechtmäßig erlassenen – u. d. h. auch die nicht erkennbar gegen höheres Recht (wie z. B. göttliches Recht) verstoßenden – Normen zu befolgen; es geht nicht darum, dass die Glieder der Kirche der Person des Autoritätsträgers gehorchen müssen. Die Befolgung der rechtmäßig erlassenen Normen ist in jeder Rechtsgemeinschaft unverzichtbar, wenn die Rechtsordnung wirksam sein soll.

Die Verweigerung des G. gegenüber der rechtmäßigen kirchl. Autorität u. das Verharren im Ungehorsam ist in c. 1371 (ähnlich c. 1446 CCEO) als Delikt gegen die kirchl. Autoritäten m. einer gerechten Sanktion bedroht; eine dauerhafte Haltung des Ungehorsams ist als „Verweigerung der Unterordnung unter den Papst oder der Gemeinschaft mit den diesem untergebenen Gliedern der Kirche", d. h. als →Schisma anzusehen u. gem. cc. 1364 i. V. m. 751 m. der von selbst eintretenden Sanktion der Exkommunikation bedroht; c. 1437 CCEO sieht für diese Handlungsweise trotz kan. Mahnung die Sanktionierung m. der großen Exkommunikation vor.

5. Communio-Struktur des kirchl. G.: Als Mittel, das der kirchl. →Communio dient, muss der kirchl. G. auch der Struktur dieser Communio entsprechen. V. a. sind die Inhaber kirchl. Autorität an Vorgaben der Offenbarung gebunden, wenn sie etwas in Stellvertretung Chr. als Lehrer des Glaubens erklären od. als Leiter der Kirche bestimmen u. hierfür den G. der Gläubigen in Anspruch nehmen. Im Blick auf den G. in Glaubensdingen ist des Weiteren auf das Beziehungsverhältnis von Lehramt u. sensus fidei fidelium (→Glaubenssinn der Gläubigen) hinzuweisen: Der Inhaber des Lehramts muss auch dadurch auf das Wort Gottes hören (ihm gehorsam sein), dass er auf den Glaubenssinn aller Gläubigen achtet. Bzgl. des disziplinären G. ist auf das Miteinander von →Gesetzgeber u. gesetzesfähiger Gemeinschaft zu verweisen, das sowohl bei der Entstehung von Gesetzes- als auch von →Gewohnheitsrecht herrschen muss. Aus dem Spannungsverhältnis von →Gesetzgebung u. (notwendiger) →Rezeption des →Gesetzes durch die Rechtsgemeinschaft ergibt sich eine gewisse Unklarheit: Handelt es sich um die Verweigerung des disziplinären G., die nicht legitim ist, od. um eine (legitime) non-receptio legis seitens der passiv gesetzesfähigen Gemeinschaft? Klar ist aber, dass keine Einzelperson u. auch nicht jede kleine Gemeinschaft von Gläubigen in der Lage ist, die Wirksamkeit des rechtmäßig promulgierten Gesetzes durch Nicht-Rezeption zu verhindern. Dem Gesetzgeber steht jedenfalls die Möglichkeit zu Gebote, die Einhaltung des Gesetzes zu urgieren.

Literatur

Müller, A., Das Problem von Befehl u. Gehorsam im Leben der Kirche, Einsiedeln 1964; Aymans, W., Apost. Autorität im Volke Gottes: TrThZ 87 (1977), 279-295; Müller, G. L., Was ist kirchl. Gehorsam?: Catholica (1990), 26-48; Heim, M., Obsequium religiosum intellectus et voluntatis: MThZ 42 (1991), 359-370; Schmitz, R. M., Der Begriff des Gehorsams im Ordensrecht nach dem CIC/1983: Ordenskorrespondenz 36 (1995), 441-454; Müller, L., „Im Bewußtsein der eigenen Verantwortung ..." Die Gehorsamspflicht im kanonischen Recht: AfkKR 165 (1996), 3-24; Wachs, J. M., Obsequium. Why and how it is still possible to demand and offer: PerRCan 103 (2014), 417-445; Koch, K., Gehorsam als gereinigte Freiheit. Reflexionen über die chr. Spiritualität des Gehorsams: Geist – Kirche – Recht (FS Gerosa), hg. v. L. Müller – W. Rees, Berlin 2014 (KStT 62), 19-37; Rambacher, St., Das Gehorsamsversprechen des Klerikers – Rechtsgeschichte eines Instituts: Ius canonicum in communione christifidelium (FS Hallermann), hg. v. M. Graulich – T. Meckel – M. Pulte, Paderborn 2016 (KStKR 23), 495-518.

Ludger Müller

© 2019, DOI: 10.30965/9783506786388_0121

Gehorsam – Evangelisch

1. Begriff: G. bez. ein Verhalten od. eine Haltung, welche Gebote u. Verbote durch Handeln u. Unterlassen befolgt. Man ordnet sich einer überlegenen Autorität unter. Die Autorität, der man sich im G. unterstellt, kann sehr unterschiedlich sein. Es kann die Autorität einer Person sein, welche G. verlangt u. ihre Forderung erforderlichenfalls m. Macht u. Gewalt durchsetzen kann. Referenzgrößen sind dabei Eltern, Erzieher, Vorgesetzte, staatl. Amtsträger. Die Forderung kann sich auch an Gott u. Gottes Willen orientieren. Auch gegenüber einer Idee kann man sich zum G. verpflichtet fühlen. Auch das eigene →Gewissen kann G. beanspruchen. G. ist also ein relationaler Begriff.

Zu unterscheiden ist ferner zwischen einem freiwillig übernommenen G. u. einem erzwungenen, unfreiwilligen. Ebenso ist zu unterschieden zwischen einem bewussten, freien G., welcher die Folgen u. Gründe des G. bedenkt

u. einem blinden, o. eigenes Urt. praktizierten G. „Unbedingter Gehorsam setzt Unwissenheit bei den Gehorchenden voraus." (Montesquieu, Vom Geist der Gesetze, IV, 3).

Gegenbegriff zu G. ist einmal Ungehorsam, bewusste od. faktische Verweigerung der Befolgung. Der andere Gegenbegriff ist Selbstbestimmung, eigene Verantwortung. Man spricht dann von einem mündigen G. G. umfasst ein vielschichtiges Verhältnis. Die Gestalten u. Erscheinungsformen sind sehr unterschiedlich. G. geschieht in einem Spannungsverhältnis von Autorität u. Freiheit.

2. Geschichte: In der dt. Sprache hat das Wort G. einen Bedeutungszuwachs durch den Reformator Martin Luther erfahren. Das dt. Wort ist Übers. des Griech. hypakoe, hypakouein – so fordert der Apostel Paulus: „Jedermann sei untertan der Obrigkeit, die Gewalt über ihn hat" (Röm 13, 1 in Luthers Übers.) – u. des lat. oboedientia.

Zum griech. Daseinsverständnis gehört es, den Leben bestimmenden Mächten zu gehorchen, den Vätern, dem König, den Göttern. Dahinter steht das Prinzip einer Lebensorientierung: „Erhalte die Ordnung der Natur", der Grundsatz der Einordnung in die Ordnung des Kosmos. Angestrebt wird eine Homologie von Seele u. Polis, Staat. Sokrates (Platon, Apologie 29d) zieht Grenzen des G., wenn er sagt, dass er zwar den Athenern zugetan sei, aber Gott mehr gehorchen werde als euch, den Athenern. Die Stoa erweitert das Verständnis des G. um eine neue Perspektive: G. äußert sich als Unterwerfung unter das Schicksal (heimarmene, fatum), weil sich im Schicksal das ewige Gesetz (lex aeterna et perpetua) manifestiert. Der Mensch kann durch G. u. Gelassenheit der Natur einen Sinn abgewinnen, weil die Natur alles bestimmt. Von der Unterordnung unter dieses Weltgesetz hängen Tugend u. Glückseligkeit ab. Für den Römer Cicero ist es Pflicht des guten Mannes, den Gesetzen zu gehorchen (Cicero, Über den Staat, Stuttgart 1956 [2011], 103). Auch Augustin nennt den G. die „Mutter und Wächterin der Tugenden" (De Civitate Dei 14, 12).

In der Philosophiegeschichte hat Thomas Hobbes einerseits die Notwendigkeit des G. gegen den staatl. Souverän betont. Der Grund dafür ist nicht die Einsicht in die Sinnhaftigkeit des G. u. in die unverzichtbare Autorität des Trägers der Souveränität. Vielmehr erlischt der blinde u. strikte G, wenn der Souverän die Macht zu schützen verliert. Die Gehorsamspflicht des Bürgers hängt von der Funktionsfähigkeit der politischen Autorität ab. G. ist für Hobbes das Resultat eines Staatsvertrags.

Bei Kant ist G. ein zentraler ethischer Grundbegriff. Im Zentrum seines Verständnisses von G. stehen die Begriffe Gesetz u. Pflicht. G. hat moralische Bedeutung. Der Kategorische Imperativ ist nämlich durch keine Bedingung eingeschränkt. Er gilt absolut u. kann ganz eigentlich ein Gebot heißen. „Gebote sind Gesetze, denen gehorcht, d. i. auch wider Neigung, Folge geleistet werden muss." (Grundlegung zur Metaphysik der Sitten, Akademische Ausg. 4, 416). Aus solcher unbedingten Anerkennung des G. folgt die Unmöglichkeit des Ungehorsams u. des gewaltsamen Widerstandes gegen die Staatsgewalt (Akademische Ausg. 8, 289 ff.).

Auch bei Hegel ist G. diejenige Hochschätzung des Willens, welche die Sphären der Moralität u. der Sittlichkeit ausmacht. „Die Entäußerung der unwesentlichen Willkür macht das Moment des wahren Gehorsams aus" (Werke, hg. v. H. Glockner 3, 110 f.). In der Philosophie der Geschichte behauptet Hegel, dass „nur der Wille, der dem Gesetze gehorcht, frei ist, denn er gehorcht sich selbst und ist bei sich selbst und frei." (Werke 11, 71).

Das phil. Programm der Krit. Theorie sieht hingegen jede mehr od. weniger erzwungene Unterwerfung unter die jeweilige Autorität krit. Sie sucht nach einem Mittelweg zwischen der autoritären Unterordnung, die auf Unterwerfung beruht, u. einem antiautoritären Anarchismus. In der Neuzeit, v. a. im 20. Jh., ist die Hochschätzung des G. als menschliche u. bürgerliche Haltung teilweise geringer geworden, sogar in Verruf geraten. Denn totalitäre Systeme haben den G. des Bürgers u. Beamten zu inhumanem Handeln ausgenutzt. Betont wird inzwischen der repressive Charakter des blinden G.

3. G., theol.: G. wird in unterschiedlichen Lebenszusammenhängen eingefordert. Es gibt den spezifischen G. des Soldaten aufgrund eines Befehls, den G. des Beamten. In der Erziehung von Kindern u. Jugendlichen spielt der G. eine große Rolle. Auch in Theologie u. Religion ist G. ein Leitbegriff.

In der Kirchen- u. Theologiegeschichte bildeten sich eigene Ausformungen der Gehorsamspflicht heraus. Eine Grundforderung ist G. im Mönchtum. In der Benediktinerregel, Kap. 5 wird vom Mönch der Verzicht auf eigenes Urt. u. Wünschen verlangt. „Sie schreiten voran nach Ermessen und Befehl anderer." Unter dem Einfluss Benedikts spricht P. Gregor der Große vom G. als einzigartiger Tugend, welche die anderen Tugenden beschützt. G. wird zur umfassenden Form der Reflexion der Moral. Der Jesuitenorden wurde i. d. R. der Gesellschaft Jesu von Ignatius von Loyola auf strikten G. gegen den P. verpflichtet, so dass sogar von einem Kadavergehorsam gesprochen wird.

In der Theologie spielt der Begriff G. eine zentrale Rolle. Er bezieht sich auf versch. theol. Aussagenkomplexe u. Sachverhalte. a) Erkenntnistheoretisch geht es um die Erkenntnis der Offenbarung u. die Anerkennung des Willens Gottes. Gott soll als der einzige Herr anerkannt werden (z. B. Ex 20, 2; Dtn 5, 29; Hebr 11, 8-11). b) Theol. wird die Entäußerung Jesu Chr. als Sohn Gottes im Kreuzestod als Akt des G. interpretiert (Phil 4, 8; Hebr 5, 8 f.): „Christus ist für uns gehorsam geworden bis zum Tode". c) In der Ekklesiologie, im Verständnis von Kirche, werden die Christen ermahnt, sich in die → Gemeinde einzufügen. d) U. in den ethischen Mahnungen ist G. eine grundlegende Ermahnung. Die theol. Tradition der chr. Lebensführung ist ausgerichtet auf die Orientierung an Gottes Willen.

Luthers Überlegungen zum G. sind durchweg theol. Er bezieht seine Überlegungen stets auf Gottes Umgang m. der Welt. Stärker noch als Luther betont Melanchthon die Bedeutung des G. Er ist gleichrangig m. der spontanen Liebe (CA VI, Apologie 27, 21). Das Leben aus dem → Glauben wird von Melanchthon als „nova oboedientia", auch als „inchoata nova oboedientia" gekennzeichnet (Commentarii in Epistolam Pauli ad Romanos, 1540: CR 15, 587). Auch für Calvin ist G. fundamental. Das Leben des Christen soll geschehen im G. gegen Gottes Gesetz, Gottes Willen.

Erneut einen bes. Stellenwert gewinnt die Forderung nach G. in der ev. Theologie des 20. Jh. Rudolf Bultmann wie Karl Barth deuten den Glauben als G. Glaube ist G. gegenüber dem Anruf, der Anrede des Kerygmas (Bultmann, Glaube u. Verstehen I, 37). Bultmann kann sogar erklären: „Die etwaige Rückfrage nach der Berechtigung des Anspruchs der Verkündigung ist schon ihre Ablehnung". Auch für Barth ist der Glaube Entscheidung zum G. In diesem Verständnis von Glauben tritt freilich Glaube als Vertrauen, als Einsicht u. Überzeugung ungebührlich zurück.

4. Zur Ethik des G.: Der Überblick über Begriffsgeschichte u. theol. Verwendung zeigt, dass G. ein relationaler Begriff ist. Er wird in unterschiedlichen Lebensgebieten verwendet, in der Erziehung, in der staatl. Ordnung u. Verwaltung, im militärischen Bereich. Beamte sind weisungsgebunden. Dazu kommt die theol. Weltdeutung u. religiöse Praxis. Das Verständnis von G. ist im kulturellen Kontext veränderbar u. gesch. wandelbar. G. ist ferner immer abhängig vom politischen System, davon, wie weit es dem Einzelnen Freiheit u. Selbstbestimmung gewährt. Deshalb ist einerseits nachzudenken über die Unverzichtbarkeit von G. Ohne Rechtgehorsam ist menschliches Zusammenleben nicht möglich. G. ist dabei im Bezug auf die Verbindlichkeit des Gesetzes u. die Freiheit der Bürger jeweils zu analysieren, krit. zu prüfen u. zu bewerten. Andererseits sind Grenzen des G. zu bedenken. Sokrates wie der Apostel Petrus – Apg 5, 29 „man muss Gott mehr gehorchen als den Menschen" – verwei-

sen auf Gottes Gebot. Denn die Berufung auf eine Forderung des G. kann benutzt werden als Entschuldigungsgrund für menschliches Versagen u. nicht praktizierte Verantwortung. Neben Hörigkeit statt verantwortetem G. gibt es auch einen vorauseilenden G., der Erwartungen vorwegnimmt. Die Inanspruchnahme von G. kann sogar zum repressiven Argument werden. Dann stellt sich die Frage der Gehorsamsverweigerung u. im äußersten Falle des Widerstands u. des Widerstandsrechts. Die eigentliche Form der Verweigerung ist der passive Widerstand (od. leidender Ungehorsam). Die Grenzen von G. sind im Rahmen von Widerstand u. Widerstandsrecht zu erörtern.

G. kann auch aufgrund von Einsicht in die Erwartung einer Verpflichtung aus Solidarität wahrgenommen werden; dann wird sie zum freiwilligen Dienst. Dabei geschieht G. aus Verpflichtung gegenüber einer Ordnung der Freiheit u. gegenüber Institutionen, sofern u. soweit sie Einrichtungen der Freiheit sind. G. ist in dieser Perspektive zu verstehen als Dienst am Lebensrecht des Menschen. Damit stellt sich die Frage nach dem Verhältnis von Freiheit u. G. Jede Gehorsamsforderung ist nämlich eingefügt in Verantwortung für Mitmenschen, Umwelt, Kultur. Daher sind die Prioritäten zu klären. G. ist immer teleologisch ausgerichtet. Er ist zielbezogen. Es geht jeweils um etwas, das o. ihn nicht zu erreichen wäre. Zugl. geht es immer auch um Herrschaft u. Macht. Die Situation ist zudem in der Moderne komplizierter geworden, wenn Maßstäbe, Normen u. Werte sich nicht mehr von selbst verstehen. Umso stärker beansprucht werden persönliche Urteilskraft, individuelle Verantwortung u. reflektiertes Handeln. Damit wird reflektierter G. zur Selbstdisziplin, zur bewussten Einstimmung ins soziale Gefüge. Nur so kann die Bewältigung der Spannung zwischen einem subjektivistischen, verabsolutierten Freiheitsverständnis, das zur Beliebigkeit wird, u. einer autoritären Unterordnung unter einem fremdbestimmten G. gelingen.

Literatur

Barth, K., Kirchl. Dogmatik I, 1, Zürich 1932 § 8, 9, Neuausgabe 1986; Bultmann, R., Theologie des Neuen Testaments, Tübingen 1953, m. Literaturergänzung, hg. v. O. Merk, 1984; Müller, A., Das Problem von Befehl u. Gehorsam im Leben der Kirche, Einsiedeln 1964; Sölle, D., Phantasie u. Gehorsam, Stuttgart u. a. 1968; Hammer, F., Autorität u. Gehorsam, Düsseldorf 1977; Walther, Ch., Art. Gehorsam: TRE Bd. 12, 148-157 (Lit.); Wirth, M., Distanz des Gehorsams. Theorie, Ethik u. Kritik einer Tugend, Tübingen 2016.

Martin Honecker

© 2019, DOI: 10.30965/9783506786388_0121

Gehorsam – Jüdisch

Wie in jedem rechtlichen System spielt auch in der jüd. Jurisprudenz G. u. Akzeptanz der Regeln eine wichtige Rolle. G. bedeutet eine freiwillige Beteiligung an der gläubigen Gemeinschaft. G. ist auch entscheidend nicht nur für die Gehorsamkeit, sondern auch im weiteren Sinne für die Zugehörigkeit zur Jüd. Gemeinschaft (Klal Israel), da bestimmte rebellische Akte od. sogar Meinungen in der Halacha als Ketzerei aufgefasst werden. Daraus folgen sowohl theol. als auch rechtliche Konsequenzen, so wie die Exkommunikation (Herem). Diese Thematik wird im Lauf der Tradition m. den Gebote-Erkl. (Ta'amej haMitzwot) verbunden: Wenn der Gläubige eine religiöse Tat (eine Mitzwa) aus utilitaristischen Absichten begeht, erfüllt dies für manche jüd. Autoren nicht einen Befehl Gottes. Wohingegen andere der Auffassung sind, dass solche Absichten keine Hindernisse bei der religiösen Tat u. damit Ausdruck des G. sind. Diese Diskussion ist m. der Thematik der Tendenz u. Intention der religiösen Tat verbunden (z. B. ob Mitzwot Zerichot Kawana). Im liturgischen → Gebet u. in gebräuchlichen Sprüchen wird auch oft erwähnt: „der du uns geheiligt hast durch die Gebote und uns geboten hast…". Dem Gebot folgt die Verpflichtung zum G. Rabbiner Saadia Gaon sinnierte über einen Unterschied zwischen Gesetzen, die ein Mensch versteht (Mischpatim bzw. Mitzwot Sichlijot) u. Befehlen (Hukim bzw. Mitzwotz Schimijot), die göttlich sind u. die ein Mensch als solche nicht nachvollziehen kann. Auch bei Angelegenheiten, die rational unsinnig erscheinen, haben die Kommentatoren sich bemüht, sie nach gewissen Interpretationsrichtlinien (Kabbala, Sod, Pardes) verständlich zu machen.

Quellen

Sifra Achrej Mot 9:10; Kdoschim 10:22; Bavli Kiduschin 33b; Bereschit Raba, Lech Lecha, Parasha 44; Raw Seadia Gaon, Emunot Wedeot, 3. Teil; Moses Maimonides, Führer der Unschlüssigen (More Newuchim) 3:26, Acht Kapitel (Shmona Prakim), K. 8; Raw, A., I Hakohen Kook, Shemen Raanan, 1, Orot Hamitzwot.

Literatur

Leibowitz, Y., Commandments: Contemporary Jewish religious thought: original essays on critical concepts, movements, and beliefs, hg. v. A. A. Cohen – P. Mendes-Flohr, New York 1987, 67-81; Sagi, A., Models of Authority and the Duty of Obedience in Halakhic Literature: AJS Review 20/1 (1995), 1-24; Hazut, T., Ideological Disobedience in Jewish Law, PhD Diss., Haifa 2014.

Neri Ariel

© 2019, DOI: 10.30965/9783506786388_0121

Gehorsam – Islamisch

Dem Begriffsfeld G. lassen sich unterschiedliche Semantiken des →Islams zuordnen. G. (samaᶜa; hören) u. Treue (ṭāᶜa), Folgsamkeit u. Respekt (ittibāᶜ; nachlaufen, einem Vorbild folgen) bzw. Obedienz (taqlīd; Nachahmung) in Fragen der islam. Normenlehre (šarīᶜa) (→Scharia) beziehen sich auf die handlungsleitende Autorität Muhammads, der religiösen Lehre od. allg. Standards von Moral u. Anstand (maᶜrūf). Sie finden im →Koran oft in erzieherischen bzw. familialen Kontexten Verwendung (vgl. 3:31, 4:46 od. 31:15).

In der Kosmogonie des Islams bezieht sich G. auch auf die Natur, die als grds. beseelt gilt: Was zwischen Himmel u. Erde existiert, beugt sich in Anbetung vor Gott (yasǧudu) – freiwillig (ṭauᶜan) od. widerwillig (karhan; zornig; vgl. 13:15); die natürlichen Geschöpfe folgen gleichsam nativ der Weisung ihres Herrn (16:68). Der Mensch wird im Koran dagegen auf einen Modus der krit. Folgsamkeit hin angelegt – beispielhaft im Narrativ des jungen Moses, dessen intellektueller u. ethischer Zweifel am Ende der gemeinsamen Wanderung dazu führt, dass er seinem Lehrer Melchizedek nicht mehr weiter folgen kann (18:60-82). Bes. in erzieherischen Kontexten entwirft der Koran den krit. Zweifel junger Menschen als Entwicklungsnotwendigkeit, die zu Unfolgsamkeit gegenüber den Eltern führen kann, etwa i. S. rechtfertigender Gewissensnot (31:15, 45:18), auch m. bes. Bezug zu Wachsamkeit gegenüber Demagogie u. ideologischer Verführung (68:10).

Die fachliche Signatur von Obedienz (taqlīd) gegenüber religiöser Tradition u. Autorität wird konterkariert durch einen Begriff wie iǧtihād i. S. v. religiöser Gelehrsamkeit als diskursives u. intellektuelles Unterfangen. Beide Zugänge berufen sich trotz ihrer Gegensätzlichkeit auf eine gemeinsame These: Der Konsens der →Gelehrten (iǧmāᶜ) schützt vor Irrtum – ein blinder Fleck, der z. B. säkulare Hadithkritik von theol. Hadithkritik unterscheidet (→Hadith). Grundlage dafür ist ein auf Muhammad zurückgeführter, indes nicht gesicherter Aphorismus, demzufolge der gelehrte Meinungsstreit ein Segen für seine Gemeinschaft sei (iḫtilāfi ᶜulamā'i ummatī raḥmatun). Auch die heutige Expertise muslimischer Religionsgelehrsamkeit spiegelt diese Disparität zwischen traditionalistischer u. progressiver Lesart als Teil des geistigen Erbes des Islams. Selbst moderne Segmente islam. Theologie wie z. B. feministische Theologie sind hier polarisiert.

Ähnlich spannungsvoll verhält es sich m. der Frage von Obedienz gegenüber der politischen Führung. Islam. Tradition gem. ist die religiöse Gemeinschaft der Verwirklichungsrahmen der sozialen Utopie des Islams. Gleichzeitig bildet die politische Gemeinschaft die Rahmung für die Verwirklichung der religiösen Vision des Islams. Ein Begriff wie die Frömmigkeit des Subjekts (birr; Festland, Stand, Haltung; 2:177) verweist damit auch auf die Stabilität der Loyalitätsgemeinschaft (3:103, 110; 13:11). In diesem Sinne wird immer wieder auf die staatsbürgerliche Gesinnung (al-muwāṭin al-ṣāliḥ) als religiöses Erfordernis verwiesen. Gegen das damit implizierte despotische Missbrauchspotenzial führen muslimische Intellektuelle das religiöse Erfordernis der menschlichen Verantwortungsethik (al-insān al-ṣāliḥ) ins Feld u. begründen damit u. a. das politisch agitative Widerstandsrecht. Die Korrespondenz von staatl. Repression u. bürgerlicher Reaktanz befeuerte den Arabischen Frühling u. bewirkte über den arabischen Raum hinaus in Transformationsgesellschaften wie China, Indien, Brasilien od. Israel neue systemkritische Dynamiken.

Eine bes. problematische Semantik von G. (ṭā^c^a) u. Widerspenstigkeit (nušūz) im Zusammenhang m. ehelichem Frieden u. häuslicher Gewalt zeichnet der Koran in 4:34 an. Der nachfolgende Vers 35 konterkariert das mutmaßliche Patronusrecht aus Vers 34 durch das Recht beider Ehepartner, jeweils eigene Schlichter (ḥakam) zu bestimmen. Die Auslegungen pendeln hier zwischen normativem u. deskriptivem bzw. affirmativem u. traditionskritischem Verständnis. Zur Disparität zwischen Folgsamkeit u. Widerständigkeit gegenüber der eigenen religiösen Tradition gehört mithin die kontroverse Auslegung solcher Stellen zwischen diversen Lesarten (literal, allegorisch, hist., intentional usw.) des Korans.

Literatur

Asad, M., The Principles of State and Government in Islam, Berkley – Los Angeles 1961; al-Alwani, T. J., Ijtihâd, Herndon (Virginia) – London 1993; Ende, W. – Steinbach, U., Der Islam in der Gegenwart, München 1996; Motzki, H., Wie glaubwürdig sind die Hadithe? Die klassische islam. Hadithkritik im Lichter moderner Wissenschaft, Wiesbaden 2013.

Harry Harun Behr

© 2019, DOI: 10.30965/9783506786388_0121

Geisteskrankheit – Katholisch

Der Begriff G. wird in den cann. 1089 §3 u. 1982 sowie in den cc. 689 §3; 1041, 1° u. 1044 §2, 2° m. „amentia“ bzw. „amens“, im c. 1678 §3 des MP →Mitis Iudex Dominus Iesus m. „mentis morbus“ widergegeben. Er umfasst sämtliche geistigen Störungen, welche einen vollständigen u. dauerhaften Mangel des →Vernunftgebrauchs bewirken. Dieser führt zur →Unfähigkeit, einen actus humanus, d. h. eine von der geistig-seelischen Verantwortung getragene Entscheidung zu setzen. Geisteskranke fallen unter die in c. 99 enthaltene Tatbestandsformulierung „quicumque usu rationis habitu caret“ u. sind handlungsunfähig (vgl. c. 124 §1; c. 171 §1, 1°), den Gesetzen u. Geboten der Kirche nicht unterworfen (vgl. c. 11) u. weder ehe- (vgl. c. 1095) noch deliktfähig (vgl. c. 1322).

Im Bereich von Medizin u. Psychologie ist der Begriff G. überholt, während er sowohl im Bereich der kirchl. als auch der staatl. Rechtsordnung auf Psychosen, wie etwa die Schizophrenie, od. schwere Formen von Demenz Anwendung findet. In fortgeschrittenem Stadium fallen auch die Alzheimer-Krankheit sowie der chronische Alkoholismus u. andere Intoxikationen durch Sucht- od. Rauschmittel unter den Begriff G. im jur. Sinne.

G. sind von Geistesstörungen vorübergehender Natur, wie z. B. Volltrunkenheit, Hypnose od. Fieberwahn (vgl. cc. 1324 §1, 2°; 1325; 1345) sowie jenen zu unterscheiden, die zwar dauerhaft sind, den Vernunftgebrauch aber nicht vollständig nehmen u. unter den Begriff „Geistesschwäche“ od. „Geistestrübung“ (vgl. cc. 1324 §1, 2°; 1478 §4 u. „mentis infirmitas“ in c. 1741, 2°) fallen. Die Diagnose der G.

muss durch einen →Sachverständigen erfolgen (vgl. cc. 1041 1°; 1044 §2, 2°; 1678 §3 MP MIDI).

Quellen

Franziskus, MP Mitis et Misericors Iesus vom 15. August 2015: AAS 107 (2015), 946-957; ders., MP Mitis Iudex Dominus Iesus vom 15. August 2015: AAS 107 (2015), 958-970.

Literatur

Anuth, B. S., Eheschließung von Menschen m. geistiger Behinderung nach dem CIC/1983: DPM 9 (2002), 155-209; Zuanazzi, G., Psicologia e psichiatria nelle cause matrimoniali canoniche, Vatikanstadt 2006 (Studi giuridici 73); Gruber, G., Iudex est iudex peritorum. Zum Sachverständigengutachten im kirchl. Ehenichtigkeitsprozess, Essen 2008 (BzMKCIC 52); Zuanazzi, G., A proposito dei lucida intervalla: StRot 19 (2009), 163-171; Stockmann, P., Defectus sufficientis usus ationis (C. 1095, 1° CIC). Doktrin u. Judikatur: DPM 21/22 (2014/15), 297-334; Klösges, J., Ehenichtigkeitsverfahren bei psychisch bedingten Konsensmängeln. Der Sachverständigenbeweis, Paderborn 2015 (KStKR 21); Pree, H.: MKCIC 99, Rn. 2-3.

Nikolaus Schöch

© 2019, DOI: 10.30965/9783506786388_0122

Geistesschwäche

→Geisteskrankheit

Geistliche Dinge – Katholisch

G. (res spirituales, →bona spiritualia) bez. die immateriellen Güter, die der Kirche zur Verwirklichung ihrer überzeitlichen Sendung, die Menschen zu Gott u. zur unvergänglichen Gemeinschaft m. ihm zu führen, von ihm anvertraut sind: v. a. Wort Gottes u. Lehre der Kirche, →Sakramente u. →Sakramentalien einschließlich →Gelübde u. →Eid, kirchl. Jurisdiktion. Damit unterscheiden sich die G. (vgl. can. 726) von den irdischen bzw. zeitlichen (res temporales, bona temporalia) u. den gemischten Dingen (res mixtae). Auch vor dem Hintergrund staatskirchlicher od. paternalistischer Bestrebungen weltlicher Autoritäten, die G. näher zu regeln, beansprucht die Kirche →Vollmacht in Bezug auf G., so hinsichtlich →Leitungsdienst (cc. 331, 375, 381; cc. 43, 178 CCEO), →Heiligungsdienst (cc. 834 §2, 1167; c. 668 §2 CCEO), →Verkündigungsdienst (c. 747 §2; c. 595 §2 CCEO), Inst. des geweihten Lebens (c. 573 §2; c. 410 CCEO), was sich auch in Staatskirchenverträgen verankert findet. Betreffen G. auch den weltlichen Rechtsbereich (z. B. Taufe als Begründung der Kirchenmitgliedschaft, kirchl. Eheschließung m. Wirkung im staatl. Bereich, Präsenz der Kirche in öff. Medien), sind Vereinbarungen m. der weltlichen Autorität anzuzielen.

Da die Gläubigen zur Heiligung ihres Lebens u. dadurch auch der Kirche verpflichtet sind (c. 210; c. 13 CCEO), haben sie einen Anspruch, von den geistl. Hirten aus den geistl. Gütern der Kirche, insb. dem Wort Gottes u. den Sakramenten, Hilfe zu empfangen (c. 213; c. 16 CCEO), so auch auf die Feier des →Gottesdienstes (c. 214; c. 17 CCEO). So dürfen die Amtsträger (→Amtsträger, kirchlicher) die Sakramente i. d. R. nicht verweigern (c. 843 §1; c. 381 §2 CCEO). Eine →Beugestrafe (cc. 1331-1333; cc. 1432-1434 CCEO) wie (möglicherweise) eine →Sühnestrafe entzieht dem Bestraften ein geistl. Gut (c. 1312 §2). Da die Kirche ihre überzeitliche Sendung in dieser Welt erfüllt, bedarf sie zu deren Verwirklichung neben G. auch zeitlicher Güter (z. B. Bibel, →liturgische Bücher, Brot u. Wein). Eine Gesamtheit G. kann als Sachgesamtheit eine jur. Person (→Juristische Person, kirchliche) bilden (c. 115 §3). G. können zudem Gegenstand eines kirchl. Gerichtsverfahrens (→Gerichtsverfahren, kirchliches) sein (c. 1401, 1°).

Literatur

Naz, R., Art. Res: DDC Vol. VII, 598-602, v. a. 601-602; Palazzini, I., Art. Res: DMC Vol. IV, 91-94, v. a. 93-94; Prieto, V., Cose spirituali e annesse alle spirituali. La

„ratio peccati" (can. 1401): IusEccl 15 (2003), 39-77; Pree, H., § 100 Grundfragen kirchl. Vermögenrechts: HbkathKR³, 1471-1504, v. a. 1487-1488.

Rüdiger Althaus

© 2019, DOI: 10.30965/9783506786388_0124

Geistliche Gewalt
→ Vollmacht

Geistliche Kleidung – Katholisch

Als G. bez. man vornehmlich die im Alltag getragenen Gewänder u. Abzeichen, die ihren Träger als → Kleriker od. Ordensmitglied kenntlich machen. In einem weiteren Sinn umfasst G. auch die gottesdienstlichen Kleidungsstücke der kirchl. Amtsträger (→ Amtskleidung). Die Anfänge einer G. reichen bis in die Spätantike zurück. Die kirchl. Gesetzgebung befasste sich damit im Lauf der Geschichte in unterschiedlichem Ausmaß; vorherrschend war die Tendenz, ein schlichtes Auftreten der → Geistlichen in der Öffentlichkeit zu erreichen.

Die geltenden Gesetzbücher der kath. Kirche legen in allg. Weise fest, dass Kleriker u. Religiosen eine G. zu tragen haben, überlassen Detailregelungen jedoch dem → Partikularrecht bzw. dem Eigenrecht der Ordensverbände (cc. 284, 669; cc. 387, 476, 540 CCEO). Wenn ein → Ordensinstitut kein eigenes Ordenskleid kennt, sind die klerikalen Mitglieder des Verbandes auf die entspr. Vorschriften für Weltgeistliche verpflichtet (→ Klerikerpflichten). Die DBK hat festgelegt, dass Kleriker, ausgenommen die Ständigen Diakone m. Zivilberuf, als kirchl. Kleidung in der Öffentlichkeit Kollar od. ausnahmsweise dunklen Anzug m. Kreuz zu tragen haben. Ergänzend schreibt ein allg. Dekr. der DBK zu c. 831 § 2 vor, dass Weltgeistliche u. Ordensleute in Fernsehsendungen als solche erkennbar sein müssen; das bedeutet i. d. R., dass sie Kleriker- bzw. → Ordenskleidung tragen. Für Österreich gilt bzgl. des Auftretens von Geistl. in der Öffentlichkeit eine ähnliche kirchenrechtliche Regelung.

Die G. wird in Deutschland konkordatsrechtlich (Art. 10 RK) u. vom staatl. Recht geschützt. Ihr Missbrauch gilt als Straftat (§ 132a StGB) od. als Ordnungswidrigkeit (§ 126 OWiG). Auch in Österreich erfährt die G. rechtlichen Schutz durch das Konk. (Art. XXI österr.K).

Quellen

Allg. Dekrete der DBK zu cc. 284 u. 831 § 2: Schmitz, H. – Kalde, F., Partikularnormen der Deutschen Bischofskonferenz. Text u. Kommentar, Metten 1996 (SICA 5), 39 f., 45 f.; Allg. Dekret der ÖBK zu c. 284: ABl. ÖBK Nr. 6 vom 9. Dezember 1991, 3.

Literatur

Pugliese, A., Art. Habitus ecclesiasticus et religiosus: DMC Vol. II, 515-518; Borrás, A. – Thier, L., Ursprung u. gesch. Entwicklung der Priesterkleidung: ThPQ 118 (1970), 353-363; Colombás, G. M. u. a., Art. Abito religioso: DIP Vol. I, 50-79; Trichet, L., Le costume du clergé. Ses origines et son évolution en France d'après les règlements de l'Église, Paris 1986; KanR II, 162 f.; Recchi, S., L'abito (can. 669 § 1): QDE 8 (1995), 345-348; Rothe, W. F., De obligatione deferendi habitum ecclesiasticum. Die kirchl. Bekleidungsvorschriften für Kleriker nach c. 284 CIC: AfkKR 170 (2001), 23-50; Haering, S., Art. Geistl. Kleidung: LKR, 317 f.; Sastre Santos, E., Art. Hábito religioso: DGDC Vol. IV, 285-287; De Santi, M., Art. Traje eclesiástico: DGDC Vol. VII, 633-636; Rothe, W. F., Die außerliturgische Klerikerkleidung nach Can. 284 CIC. Eine rechtsgeschichtliche, rechtssystematische u. rechtskritische Untersuchung, St. Ottilien 2014 (MThS.K 68); Althaus, R., Art. Ordenskleid: 100 Begriffe aus dem Ordensrecht, hg. v. D. M. Meier – E. Kandler-Mayr – J. Kandler, St. Ottilien 2015, 321-323; Bauer, N., The Religious Habit in Church Law from 1917 to the Present: StCan 52 (2018), 45-80; Del Pozzo, M., Il valore e il significato dell'abito clericale: problematiche giuridiche: IusEccl 30 (2018), 201-234.

Stephan Haering

© 2019, DOI: 10.30965/9783506786388_0126

Geistliche Kleidung – Evangelisch

→Amtskleidung, Amtstracht

Geistliche Kleidung – Orthodox

Als g. K. wird v. a. die im Alltag getragene K. der Kleriker sowie der Mönche u. Nonnen bez., welche ihre Träger als solche kenntlich macht; im weiteren Sinn bez. g. K. auch die gottesdienstlichen Gewänder (→Amtskleidung, Amtstracht). Im Osten ist seit ca. 7. Jh. eine von der Kleidung der Nichtkleriker (→Laien) unterschiedliche g. K. belegt. C. 27 Quin. besteht darauf, dass Kleriker „die für sie bestimmte Kleidung" tragen u. bestraft das Tragen „unangemessener Kleidung" m. einer Woche Zelebrationsverbot. C. 16 des 7. Ök. Konzils schreibt den Klerikern schlichte K. vor u. verbietet jeglichen Luxus, darunter auch bunte u. prunkvolle Gewänder. Seit ca. 10. Jh. ist die g. K. vorwiegend schwarz. In traditionell orth. Ländern tragen Kleriker i. d. R. auch im Alltag die g. K.: den Talar (auch nichtgeweihte Kirchendiener), Rhason u. Brustkreuz (nur geweihte Amtsträger) sowie die Kopfbedeckung (z. B. Skuphos/Skuphija, Kamelaukion, Klobuk); insb. die Form bzw. Gestaltung der letzteren unterscheidet sich je nach Tradition der Lokalkirche. In der orth. Diaspora können Kleriker auch weltliche Kleidung tragen, wobei sie ihren Status i. d. R. durch Kreuzanstecker, Kollarkragen o. Ä. kenntlich machen. Mönche u. Nonnen tragen immer schwarze g. K.

Quellen

Dekrete der ök. Konzilien, Bd. 1: Konzilien des ersten Jahrtausends, hg. v. G. Alberigo u. a., Paderborn [3]1973, 150 f.; Concilium Quinisextum. Das Konzil Quinisextum. Griech.-Dt. Übersetzung u. Einleitung, hg. v. H. Ohme, Turnhout 2006 (FC 82), 217.

Literatur

Lorgus, A. – Dudko, M., Orth. Glaubensbuch: Eine Einf. in das Glaubens- u. Gebetsleben der RussOK, Würzburg [2]2001; Concilium Quinisextum. Das Konzil Quinisextum. Griech.-Dt. Übersetzung u. Einleitung, hg. v. H. Ohme, Turnhout 2006 (FC 82), 133 f.

Anna Petrova

© 2019, DOI: 10.30965/9783506786388_0126

Geistliche Verwandtschaft – Katholisch

Bereits in der frühen Kirche entstand die Auffassung, dass bei der →Taufe als dem →Sakrament der Wiedergeburt (vgl. z. B. Joh 3, 5; Tit 3, 5) zwischen dem Taufspender u. den Taufpaten (pater vel mater spiritualis) einerseits u. dem Getauften (filius vel filia spiritualis) anderseits ein ähnliches Verhältnis besteht wie zwischen den Eltern u. deren leiblichen Kindern (vgl. z. B. 1 Kor 4, 15; Phlm 10). Dieses Verhältnis wurde als G. (cognatio spiritualis) bez. Später begr. auch das Firm- (→Firmung) u. das Bußsakrament (→Beichte) sowie der der Taufe vorausgehende Unterricht (→Katechumenat) eine G. Das Trid. legte fest, dass nur aus Taufe u. Firmung eine G. entstehen kann (sess. XXIV de ref. matr. c. 2). Der CIC/1917 rezipierte diese Bestimmung in den cann. 768 u. 797. Rechtliche Auswirkungen hat die G. auf die →Eheschließung gehabt. Eine Ehe zwischen geistl. Verwandten widersprach der chr. Sitte; die G. galt aufgrund von →Gewohnheitsrecht als →Ehehindernis. In Form eines Reichsgesetzes verbot Kaiser Justinianos I. im J. 530 die Ehe zwischen einem Getauften u. seinem →Paten. Das Ehehindernis der G. wurde im Laufe der Zeit durch die kan. →Kasuistik weiter umschrieben. Erst der CIC/1917 sah das dispensable trennende Ehehindernis der G. nur noch m. der gültigen Taufe gegeben, u. zwar zwischen dem Getauften einerseits u. dem Taufspender u. den Taufpaten anderseits (cann. 1079 i. V. m. 768). Seit dem CIC/1983 gibt es in der lat. Kirche das Ehehindernis der G. nicht mehr. In den orient. Kirchen besteht das trennende Ehehindernis der G. weiterhin zwischen den Paten einerseits u. dem Getauften u. seinen Eltern anderseits (vgl. c. 811 § 1 CCEO).

Literatur

Bernard, F., Art. Geistl. Verwandtschaft: LThK³ Bd. 4, 396 (Lit.); Mitterauer, M., Hist. Verwandtschaftsforschung, Wien – Köln – Weimar 2013, 27-50.

Felix Bernard

© 2019, DOI: 10.30965/9783506786388_0127

Geistlicher – Staatlich

Der Begriff des G. ist im staatl. Recht nicht definiert. Das dt. Religionsverfassungsrecht schließt das als Folge der Säkularität u. religiös-weltanschaulichen →Neutralität des vom GG geformten Staates aus. Das staatl. Recht verwendet den Begriff des G. daher nicht materiell-institutionell u. stellt keine inhaltlichen Anforderungen an die Qualifikation des von dem Begriff erfassten Personenkreises. Das staatl. Recht versteht den Begriff vielmehr in einem funktional-formalen Sinne. Dabei geht der Staat von einem typisierenden Verständnis des G. aus, das hist. m. Blick auf das Verständnis der chr. Kirchen entstanden ist. Heute ist aber die religionsverfassungsrechtliche →Parität für alle →Religionsgemeinschaften zu beachten. Alle haben nach Art. 140 GG i. V. m. Art. 137 Abs. 3 WRV das Recht, ihre Angelegenheiten selbst zu ordnen u. zu verwalten.

Soweit das staatl. Recht hierauf Rücksicht nimmt, G. etwa von der Geltung einzelner Vorschriften des staatl. Rechts ausnimmt u. ihnen so Vergünstigungen gewährt, handelt es sich nicht mehr um Privilegien einzelner Religionsgemeinschaften, namentlich der chr. Kirchen. Das Ziel der gesetzlichen Vergünstigungen für G. besteht vielmehr darin, die grundrechtlich geschützte Religionsausübungsfreiheit (Art. 4 Abs. 2 GG) in einzelnen, überwiegend staatl. geordneten Bereichen zu schützen u. so nicht nur dem religiösen Wirken des G. Rechnung zu tragen, sondern auch u. v. a. dem der Religionsgemeinschaften u. ihrer Mitglieder, denen das seelsorgerliche Handeln der G. zugutekommt. Im Vordergrund steht dabei die seelsorgerliche Verschwiegenheit. So sind G. zur Verweigerung des Zeugnisses im Strafprozess berechtigt über das, was ihnen in ihrer Eigenschaft als →Seelsorger anvertraut worden od. bekannt geworden ist (§ 53 Abs. 1 Nr. 1 StPO), im Zivilprozess über das, was ihnen anvertraut worden ist (§ 383 Abs. 1 Nr. 4 ZPO). Im Verwaltungsprozess findet nicht nur die Regelung über das →Zeugnisverweigerungsrecht aus dem Zivilprozessrecht Anwendung (§ 173 VwGO), G. u. „Religionsdiener" haben zudem das Recht, ihre Berufung zum Amt eines ehrenamtlichen Richters abzulehnen (§ 23 Abs. 1 Nr. 1 VwGO). Für den Strafprozess dürfen „Religionsdiener" schon gar nicht zum Amt eines Schöffen berufen werden (§ 34 Abs. 1 Nr. 6 GVG). Damit soll nach verbreiteter Auffassung zum Ausdruck gebracht werden, dass nicht nur die G. solcher Religionsgemeinschaften erfasst sind, die →Körperschaften des öffentlichen Rechts sind, sondern auch die aller anderen, privatrechtlich organisierten Religionsgemeinschaften. Eine solche Unterscheidung überzeugt aber nicht. Auch dort, wo in Vorschriften staatl. Rechts nur von G. die Rede ist (z. B. in § 53 Abs. 1 Nr. 1 StPO), sind nicht nur die Seelsorger korporierter Religionsgemeinschaften gemeint. Der Körperschaftsstatus für Religionsgemeinschaften nach Art. 140 GG i. V. m. Art. 137 Abs. 5 WRV dient der Entfaltung der →Religionsfreiheit (BVerfGE 102, 370, 387). Er drückt nicht eine bes. Würdigkeit der korporierten Religionsgemeinschaften aus. Das staatl. Recht schützt m. den genannten Ausnahmebestimmungen das bes. Vertrauensverhältnis eines Seelsorgers zu Gläubigen (im kirchl. Kontext: das →Beichtgeheimnis). Damit trägt das staatl. Recht der Religionsfreiheit nach Art. 4 GG Rechnung. Auf die Rechtsform der Religionsgemeinschaften od. gar eine staatl. Anerkennung (die das dt. Recht als solche für Religionsgemeinschaften nicht kennt) kann es nicht ankommen. Das gilt aus den gleichen Gründen auch für § 139 Abs. 2 StGB, wonach ein G. nicht verpflichtet ist, die in § 138 StGB genannten schweren Straftaten anzuzeigen, soweit ihm etwas in seiner Eigenschaft als Seelsorger anvertraut worden ist.

Noch nicht abschließend geklärt ist die Frage, ob ein G. i. S. der Vorschriften des staatl. Rechts nur eine Person ist, die aufgrund einer Weihe, Ordination od. eines ähnlichen Beauftragungsakts eine herausgehobene Position in der Gde. innehat. Richtigerweise ist nicht ein kirchenrechtliches od. nach sonstigem religionsgemeinschaftlichen Recht zu beurteilendes Amtsverständnis entscheidend. Maßgeblich ist allein ein säkulares, funktionales Verständnis der der betr. Person zukommenden Aufgabe als Seelsorger. Wer von einer Religionsgemeinschaften hauptamtlich damit beauftragt ist, seelsorglich zu arbeiten, ist G. i. S. d. staatl. Rechts (BVerfG, Beschl. vom 25.01.2007 – 2 BvR 26/07: NJW 2007, 1865, 1866). Das BVerfG hat offen gelassen, ob das für Seelsorger generell zutrifft. Richtigerweise ist die Frage zu bejahen, so dass es auf eine hauptamtliche Beschäftigung od. Beauftragung nicht ankommt. Unabhängig davon ist im staatl. Recht der Begriff des Religionsdieners dem des G. vorzuziehen, da ihm keine Beschränkung auf chr. Kirchen innewohnt (so bereits von Tilling, 22).

Literatur

von Tilling, P., Art. Geistlicher, III. Staatl.: LKStKR Bd. 2, 21-22; de Wall, H., Der Schutz des Seelsorgegeheimnisses (nicht nur) im Strafverfahren: NJW 2007, 1856-1859.

Stefan Muckel

© 2019, DOI: 10.30965/9783506786388_0128

Geistlicher – Katholisch

1. Inter christifideles, d. h. inmitten der Gemeinschaft der →Gläubigen, gibt es kraft göttlicher Weisung →Laien u. G. od. geistl. Amtsträger (c. 207 §1; c. 323 CCEO). Das gemeinsame u. unauslöschliche sakramentale Merkmal aller Gläubigen ist der Empfang der →Taufe, das die G. differenzierende Merkmal der Empfang des →Weihesakraments (c. 1008; c. 323 CCEO). Die G. sind dazu bestimmt, entspr. ihrer Weihestufe, d. h. als →Diakone, →Priester od. →Bischof dem →Volk Gottes zu dienen (c. 1008; c. 323 CCEO). Im Unterschied zu can. 107 betonen cc. 207 §1 u. 1008 i. S. v. LG 10, 2 die in der Taufe begr. Gemeinschaft aller Gläubigen u. die dienende Bezogenheit der G. auf die übrigen Gläubigen. Der Begriff G. wird als dt. Übers. von minister sacer verwendet u. gibt v. a. m. der Übers. geistl. Amtsträger den Bedeutungsgehalt des lat. Begriffs nur inadäquat wieder. Nur solche G. sind Amtsträger (→Amtsträger, kirchlicher), die ein KA (c. 145; c. 936 CCEO) innehaben, aber nicht alle Amtsträger sind G.; die Begriffe G. u. Amtsträger sind nicht synonym. Der Begriff G. darf auch nicht i. S. einer →Reservation von geistl. Angelegenheiten verstanden werden, weil alle Gläubigen kraft der Taufe Träger des gemeinsamen Priestertums (→Allgemeines bzw. Gemeinsames Priestertum) sind (c. 204 §1; c. 7 §1 CCEO) u. ein geistl. Leben führen (c. 214; c. 17 CCEO). Synonym sind hingegen die Begriffe G. u. →Kleriker als der entspr. dt. u. lat. Rechtsbegriff (c. 207 §1; c. 323 CCEO). G. gehören innerhalb der Gemeinschaft der Gläubigen einem Sonderstatus an, der kraft der Weihe ergänzend zum Grundstatus der Gläubigen (cc. 204 §1 i. V. m. 96; c. 7 §1 CCEO) hinzutritt u. bes. Pflichten (→Klerikerpflichten) u. Rechte (→Klerikerrechte) begr., die über die allen Gläubigen aufgrund von Taufe u. →Firmung zukommenden Befugnisse hinausreichen (cc. 247 §2 u. 273-289; cc. 367-393 CCEO), diese aber nicht aufheben.

2. Ein Gläubiger wird zum G. durch den Empfang der →Diakonatsweihe, zugl. erfolgt die →Inkardination in einen geistl. Heimatverband (cc. 266 §1 u. 1008; cc. 358 u. 743 CCEO). Zur Gültigkeit der Weihe geforderte Voraussetzungen sind der Empfang der Taufe u. die Zugehörigkeit zum männlichen →Geschlecht (c. 1024; c. 754 CCEO). Frauen können demnach weder G. noch einer der drei Weihestufen eingegliedert werden. P. Johannes Paul II. hat in Nr. 26 seines apost. Schreibens Mulieris Dignitatem argumentiert, Jesus hätte in frei-

er Entscheidung nur Männer als Apostel ausgewählt u. hat die Erkl. der Glaubenskongregation Inter insignores bekräftigt, wonach die Kirche sich nicht berechtigt sieht, Frauen zur →Priesterweihe zuzulassen. Mit dieser Erkl., die i. S. v. c. 750 § 2 u. c. 598 § 2 CCEO zu qualifizieren ist, wird die Priesterweihe u. folglich auch die →Bischofsweihe, nicht aber die Diakonatsweihe für Frauen explizit ausgeschlossen. In seinem apost. Schreiben Ordinatio sacerdotalis hat P. Johannes Paul II. in Nr. 4 bekräftigt: „Damit also jeder Zweifel bezüglich der bedeutenden Angelegenheit, die die göttliche Verfassung der Kirche selbst betrifft, beseitigt wird, erkläre ich kraft meines Amtes, die Brüder zu stärken (vgl. Lk 22,32), dass die Kirche keinerlei Vollmacht hat, Frauen die Priesterweihe zu spenden, und dass sich alle Gläubigen der Kirche endgültig an diese Entscheidung zu halten haben." Theol. ist diese Aussage trotz des intendierten Anklangs an c. 749 § 1 u. 597 § 1 CCEO als eine Stellungnahme des ordentlichen u. nicht des außerordentlichen u. unfehlbaren Lehramtes zu interpretieren.

Trotz der allg. u. umfassenden Formulierung in c. 277 § 1 ist die zölibatäre Lebensweise nicht essentiell u. unabdingbar für G.; sie gilt in der lat. Kirche nicht für die ständigen Diakone, die als Verheiratete geweiht werden (c. 1031 § 2) u. im Einzelfall kann der P. auch Priester von der Zölibatsverpflichtung dispensieren (cc. 290, 3° u. 291). In den kath. Ostkirchen soll die Tradition verheirateter G. in Ehren gehalten werden (cc. 373 u. 758 § 3 CCEO); nur für die Bf. wird von Rechts wegen der →Zölibat verlangt (c. 180, 3° CCEO).

3. Die dienende Beziehung zwischen den G. u. den übrigen Gläubigen wird beschrieben durch wechselseitige Rechte u. Pflichten: So haben alle Gläubigen das Recht, von den G., die Hirten sind, Hilfe aus den geistl. Gütern der Kirche, insb. aus Wort u. →Sakrament zu empfangen (c. 213; c. 16 CCEO). Dem entspr. sollen alle G. den Predigtdienst hochschätzen u. den Dienst am Wort ausüben (cc. 763 u. 836) bzw. den G. wird als ersten die Aufgabe des Dienstes am Wort zugewiesen, wobei die übrigen Gläubigen aktiv daran teilhaben (c. 608 CCEO). Bei der Feier der Sakramente sind die G., aber auch alle anderen Gläubigen verpflichtet, m. Ehrfurcht u. Sorgfalt vorzugehen (c. 840; c. 667 CCEO) u. die G. dürfen denen die Sakramente nicht verweigern, die entspr. darum bitten, recht disponiert u. rechtlich nicht daran gehindert sind (c. 843 § 1). Die G. haben die bes. Aufgabe, in Form des Stundengebets (→Brevier) im Namen der Kirche regelmäßig für das ganze Volk Gottes u. für die ganze Welt zu beten (cc. 246 § 2 u. 276 § 2, 3°; cc. 346 § 2, 3° u. 377 CCEO).

Quellen

Kongr. für die Glaubenslehre, Erklärung Inter insignores vom 15. Oktober 1976: AAS 69 (1977), 98-116; Johannes Paul II., Apost. Schreiben Mulieris Dignitatem vom 18. August 1988: AAS 80 (1988), 1653-1729; ders., Apost. Schreiben Ordinatio sacerdotalis vom 22. Mai 1994: AAS 86 (1994), 545-548.

Literatur

Chiappetta, L., Dizionario del nuovo Codice di Diritto Canonico, Neapel ²1986, 615 f.; Riedel-Spangenberger, I., Art. Kleriker: Grundbegriffe des Kirchenrechts, Paderborn – München – Wien – Zürich 1992, 150; Ghirlanda, G., Art. Chierico: NDDC, 152-160; KanR II, 60-69; Mödl, L., Art. Zölibat, II. Kath.: LKStKR Bd. 3, 911 f.; Hallermann, H., Christifideles, laici, clerici u. religiosi als Subjekte der kirchl. Rechtsordnung. Ein Rechtsvergleich zwischen dem CIC/1983 u. dem CCEO/1990: Clarissimo Professori Doctori Carolo Giraldo Fürst. In memoriam Carl Gerold Fürst, hg. v. E. Güthoff – S. Korta – A. Weiß, Frankfurt 2013 (AIC 50), 191-219; Reinhardt, H. J. F.: MKCIC c. 207.

Heribert Hallermann

© 2019, DOI: 10.30965/9783506786388_0128

Geistlicher – Evangelisch

1. In den ev. Kirchen findet G. als Bez. für ordinierte →Pfarrer m. Betonung ihres bes. geistl. Dienstes noch selten Anwendung. An ein geistl.

Amt göttlicher Stiftung binden sich zur Erfüllung ihres Verkündigungsauftrags ev.-luth. u. unierte Kirchen in ihren →Bekenntnisschriften (CA V). Dieses eine Amt in der Kirche (ministerium ecclesiasticum) verdankt sich keiner Delegation durch die →Gemeinde; es ist auf die Kirche als Versammlung der →Gläubigen bezogen, indem ihr die öff. Ausübung dieses Amtes gilt (CA VII). Wesentliche Aufgabe des Amtes ist nach CA V die Wortverkündigung u. →Sakramentsverwaltung (ministerium docendi evangelii et porrigendi sacramenta). Zu diesem Amt ist nach ev. Verständnis grds. jeder Gläubige kraft der →Taufe berufen (§1 [1] PfDG.EKD), vorbehalten ist die Amtsausübung aus Gründen der kirchl. Ordnung u. der Publizität einer verantwortbaren →Verkündigung nur einer bes. Berufsgruppe speziell kultisch-funktionaler Disposition. Die Berufung in das Amt begr. keine geistl. Exklusivität für eine eigene Korporation innerhalb der Kirche. Seine Autorität gewinnt das geistl. Amt faktisch von seinem Auftrag her, nicht durch die Person des Amtsträgers. Diese wird deshalb nach ev. Verständnis nur insofern als G. bez., als dass ihr Dienst am Evangelium u. an den →Sakramenten ausgerichtet ist, durch die nach CA V der Hl. Geist wirkt. Darüber hinaus ist dem Amt eine geistl. Leitungsfunktion inhärent, die im Unterschied zur weltlichen Macht korrektive u. normative Macht allein durch das Wort erhält (CA XXVIII). In diesem funktionalen Sinne ist der Begriff des G. auf alle Ordinierten übertragbar. Rechtstexte in ev. Körperschaften vermeiden weitestgehend den Begriff G., sie unterscheiden nach ordinierten Pfr. u. nichtordinierten (ggf. beauftragten) kirchl. Mitarbeitern.

2. Die Kirche hat den Auftrag, Diener am Wort Gottes zu bestellen (Apologia Confessionis Augustanae XIII). Das Recht u. den Auftrag zur öff. Verkündigung des Evangeliums u. der Sakramentsdarreichung darf niemand wahrnehmen, der nicht ordentlich berufen wurde (CA XIV). Die Übertragung des geistl. Amtes vollzieht sich durch die Ordination (→Ordination, Weihe) (§1 [1] PfDG.EKD), die eine Indienstnahme unter Anrufung des Hl. Geistes darstellt. Die Kirche vertraut die Ausübung der Wortverkündigung u. Sakramentsverwaltung befähigten weiblichen u. männlichen Pfr. an (§4 [1] PfDG.EKD). Die öff. Verpflichtung auf die Bereitschaft zur gewissenhaften Ausübung der Amtsaufgaben u. auf Wahrung des →Seelsorgegeheimnisses (seelsorgerliche Verschwiegenheit u. Unverbrüchlichkeit des →Beichtgeheimnisses) mittels des liturgischen Vollzugs der Ordination leistet Gewähr für die konstitutiven Funktionen geistl. Lebens in der →Kirchengemeinde. Sie ist abhängig von einem geordneten Dienstauftrag der Ordinanden (§1 [2] PfDG.EKD). Ordinierte stehen i. d. R. als Pfr. in einem Dienst- u. Treueverhältnis. In einem kirchl. Dienstverhältnis ergeben sich Rechte u. Pflichten Ordinierter zugl. aus ihrem Beschäftigung- od. Bedienstetenverhältnis (§3 [3] PfDG.EKD), ehrenamtliche Pfr. bleiben in ihrem öff. Wirken u. Lebensführung an ihre Ordinationsverpflichtung gebunden (§111 [6] PfDG.EKD). Die Ordinationsagende der VELKD u. der UEK betont für alle →Gliedkirchen den geistl. Charakter des kirchl. Amtes u. verpflichtet Ordinierte zu einer geistl. Lebensführung (Agende, 44-48). Aus der auf geistl. Handlungen ausgerichteten Funktionalität des Amtes ergeben sich Vorgaben für die Amts- u. Lebensführung, die eine Bindung des Amtsträgers an den anvertrauten Dienst u. an die Kirche erkennen lassen (§24 [3] PfDG.EKD). Im Bereich der EKD regeln die Gliedkirchen bes. Rechte u. Pflichten als Folge der Ordination im →Pfarrdienstgesetz (Teil 5 des PfDG.EKD). Durch einen uneinheitlichen Zugang zum geistl. Amt ist die Abstellung auf die Ordination nicht abschließend geklärt. Die Ordination von →Prädikanten u. gemeindepädagogischen Angestellten in einzelnen →Landeskirchen (EKM, Rh) hebt den Konnex von Ordination u. Pfarramt auf. Die Parallelität geistl. Indienstnahme sowohl durch Ordination als auch durch Beauftragung sowie Funktionskongruenz zwischen berufenen

Diensten (Pfarramt, Diakonat, Prädikantendienst) bestimmt gegenwärtig eine uneinheitliche Praxis auf dem Gebiet der EKD.

3. Ev. Kirchen der reformierten Tradition kennen eine Funktionsverteilung auf mehrere Ämter. Auf das Pastoren- u. →Lehramt verteilen sich kultische u. seelsorgerliche Aufgaben (im Rahmen der Kirchenzucht), dem Amt der Ältesten obliegt m. dem Pastorenamt die geistl. Leitung in der KGde. (siehe § 45 Verf. der Ev.-Ref. Kirche). Das ref. Bekenntnis betont die göttliche Einsetzung geistl. Ämter (Confessio Helvetica posterior XVIII), vermeidet aber die Bez. ihrer Träger als G. In den meisten ev. →Freikirchen des dt. Sprachraums ist der Begriff des G. nicht (mehr) verbreitet.

Quellen

Berufung, Einführung, Verabschiedung. Neu bearb. vom Liturgischen Ausschuss der Vereinigten Ev.-Luth. Kirche Deutschlands (VELKD) u. vom Liturgischen Ausschuss der Union Ev. Kirchen in der EKD (UEK), Hannover 2012.

Literatur

Wendebourg, D., The ministry and ministries: LuthQ 15 (2001), 159-194; Wenz, G., „Nisi rite vocatus" (CA XIV). Aspekte reformatorischer Lehre vom ordinationsgebundenen Amt: Ordination – mehr als eine Beauftragung?, hg. v. K. Huber – A. Vonach, Wien – Münster 2010, 245-255; de Wall, H., Der Schutz des Seelsorgegeheimnisses u. das Seelsorgegeheimnisgesetz der EKD (SeelGG EKD): ZevKR 56 (2011), 4-26; Munsonius, H., Das Amt (in) der Kirche, Aachen 2011; Grethlein, C., Ev. Kirchenrecht. Eine Einführung, Leipzig 2015, 153-169; Das Geistl. Amt im Wandel. Entwicklungen u. Perspektiven, hg. v. H. Kerner – J. Rehm – H.-M. Weiss, Leipzig 2017.

Alexander Proksch

© 2019, DOI: 10.30965/9783506786388_0128

Geistlicher – Orthodox

Zwar wird im dt. Sprachraum G. auch orthodoxerseits durchaus analog zum kath. Sprachgebrauch i. S. v. Kleriker verwendet, das griech. Äquivalent hat aber eine spezifischere Bedeutung. Unter pneumatikos (pater) wird der Beichtvater verstanden.

Der Terminus erinnert daran, dass in der byzantinischen Geschichte lange vielfach die Mönche (u. in einem gewissen Ausmaß auch Nonnen) als die wahren G. (pneumatische Christen) galten u. die moderne Form der Privatbeichte ihre Wurzeln v. a. im monastischen Kontext hat, wo die Frage der geistl. Qualifikation des Beichtvaters (bzw. ggf. auch der Beichtmutter) im Vordergrund stand. d. h. wichtiger als seine (ihre) amtl. Kompetenz waren seine (ihre) eigene geistl. Erfahrung, seine (ihre) Fähigkeit zur Unterscheidung der Geister u. seine (ihre) Fähigkeit zur Interzessio für den Sünder bei Gott.

Im Zuge der verstärkten Rezeption monastischer Praktiken durch →Laien optierten die Kanonisten allerdings i. d. R. für die Rückbindung der privaten Beichte an die altkirchlich-kan. Bußkompetenz des →Bischofs bzw. eines von ihm bevollmächtigten →Priesters, was nicht zuletzt dazu führte, dass Nonnen inkl. Äbtissinnen die Bußkompetenz generell abgesprochen wurde. Generell können die Folgen der Verschmelzung der privaten Beichte m. der altkirchlich-kan. Bußdiziplin als in sich widersprüchlich beschrieben werden: Der Verrechtlichungsschub brachte zwar einen Teilaspekt der ekklesialen Komponente der Buße durch die Betonung der bfl. Autorität zur Einsetzung von Beichtvätern zurück, die Ablösung der Bußdisziplin vom altkirchlichen Gemeindebezug wurde aber nicht wirklich rückgängig gemacht u. der Sakralisierungsschub (insofern die Frage nach der →Priesterweihe des pneumatikos in den Vordergrund trat) bedeutete nicht, dass die im monastischen Bereich geformten Anforderungen o. weiteres sistiert wurden. M. anderen Worten: Es wurde durchaus weiterhin gefordert, dass der Beichtvater nicht bloß als amtl. kirchl. Vertreter u. rituell bewanderter Heilsspezialist, sondern als geistl. kompetenter Seelenarzt agiert, wofür aus kirchenamtlicher Sicht freilich die gute Kenntnis der kirchl. Vorschriften u. die Befähigung zu einer der individuellen Situation des einzelnen Pönitenten angemessenen Dosierung des Epitimions (Bußauflage) wichtiger war als charismatische Fähigkeiten u. persönliche Heiligkeit.

Bis heute wird in manchen orth. Kirchen wie z. B. der Kirche von Griechenland od. der Kirche von Rumänien die Beichtfakultät, die zur formellen Rekonziliation eines Pönitenten berechtigt, grds. nur restriktiv bes. qualifizierten Priestern erteilt, während in anderen Kirchen im Prinzip davon ausgegangen wird, dass die Priesterweihe auch zur Administration des Bußsakramentes berechtigt. Zugl. hielt sich in der Praxis eine gewisse Vorliebe für die Beichte bei Mönchen, denen auch heute noch oft mehr Kompetenz als geistl. Begleitern zugebilligt wird, als dem Pfarrklerus. Damit kann es im Fall, dass der monastische Beichtvater nicht Priester ist, zu einem Auseinanderfallen von geistl. Begleitung u. formeller kirchenamtlicher Rekonziliation kommen.

Literatur

Hörmann, J., Untersuchungen zur griech. Laienbeicht. Ein Beitrag zur allg. Bußgeschichte, Donauwörth 1913; Amato, A., Il sacramento della penitenza nella teologia greco-ortodossa. Studi storico – dogmatici (sec. XVI–XX), Thessaloniki 1982; Mélia, E., L'acte écclésial de la réconciliation dans l'Église orthodoxe: RDC 34 (1984), 336-348; Koder, J., Normale Mönche u. Enthusiasten: Der Fall des Symeon Neos Theologos: Religiöse Devianz. Untersuchungen zu sozialen, rechtlichen u. theol. Reaktionen auf religiöse Abweichung im westlichen u. östlichen Mittelalter, hg. v. D. Simon, Frankfurt 1990 (Ius Commune. Sonderheft 48), 97-117; Erickson, J. H., The Challenge of Our Past. Studies in Orthodox Canon Law and Church History, Crestwood, NY 1991, 23-38; Synek, E., Rechtsgeschichtliche Anmerkungen zur Bußdisziplin im CCEO: Ius canonicum in Oriente et Occidente (FS Fürst), hg. v. H. Zapp – A. Weiß – St. Korta, Frankfurt 2003 (AIC 25), 385-402; Condorelli, O., Dalla penitenza pubblica alla penitenza privata, tra occidente latino e oriente bizantino: Percorsi e concezioni a confronto: La disciplina della penitenza nelle chiese orientali, hg. v. G. Ruyssen, Rom 2013 (Kanonika 19), 29-88; Potz, R. – Synek, E., Orth. Kirchenrecht. Eine Einführung, Freistadt ²2014 (KuR 28), v. a. 101-102; 409-516; Krausmüller, D., 'Monks who are not priests do not have the power to bind and loose': The debate about confession in eleventh- and twelfth-century Byzantium: Byzantinische Zeitschrift 109 (2016), 739-767.

Eva Synek

© 2019, DOI: 10.30965/9783506786388_0128

Geistlicher – Jüdisch

In der biblischen Zeit hatten die Leviten, traditionell die Nachkommen des Stammes Levi, u. die Kohaniten, traditionell die Nachkommen Arons, die Position der geistl. Leitung, der Lehre u. der Aufrechterhaltung religiöser Traditionen u. des → Gottesdienstes inne. Nach der Zerstörung des ersten Tempels begann ein allmählicher Wandel, u. am Ende der zweiten Tempelperiode wurde die religiöse u. spirituelle Leitung von → Rabbinern übernommen.

Übersetzt bedeutet der Titel Rabbi mein Meister u. beschreibt die Entscheidungskompetenz dieser gem. jüd. Recht. In der talmudischen Zeit entstanden zwei Haupttitel, die bis heute in traditionellen orth. Gde. gelten: Jore-Jore – Rabbiner, die berechtigt sind, über Fragen zum Ritualrecht zu entscheiden u. diese zu beantworten; Jadin-Jadin – Rabbiner, die berechtigt sind, als → Richter in rabb. Gerichten über Zivil- u. → Familienrecht zu entscheiden u. zu handeln. Die Ordination wird von ordinierten Rabbinern durchgeführt, wodurch eine Kette von Traditionen entsteht.

In jüngster Zeit hat sich der rabb. Titel mehr zur Beschreibung der religiösen Führung entwickelt, die viele Themen wie → Seelsorge, Beratung in versch. Lebenslagen, Lehre u. Erziehung umfasst. In traditionellen, orth. Gde. haben aufgrund der nur Männern vorbehaltenen Entscheidungsgewalt in halachischen Fragen auch nur Männer einen rabb. Titel. Einige Gemeinschaften, die sich als modern orth. od. offen orth. bez., stellen auch Frauen als G. ein, was traditionelle orth. Gemeinschaften nicht tun. Ref. u. konservative Gemeinschaften ordinieren Frauen m. rabb. Titeln.

Literatur

Art. Rav, Rabbanim, Rabanut: Károly Jólesz – Zsidó hitéleti kislexikon, Budapest 1985, 182; Art. Rabbi, Rabbinate: EJ² Vol. 17, 11.

Zsolt Balla

© 2019, DOI: 10.30965/9783506786388_0128

Geistlicher – Islamisch

Auch wenn gemeinhin die Ansicht vertreten wird, der Islam kenne keine G., sind doch die nach gängiger Auffassung zu einer Religion gehörigen Aufgaben bzgl. Gemeinschaft, Ritual, Normen u. Moral institutionalisiert. Diese G. können als Sondergruppe unter den →Gelehrten verstanden werden, insofern als der Begriff ʿālim (Pl. ʿulamāʾ) auch die religiösen Funktionsträger in der Gesellschaft m. einem gewissen Maß an religiösem u. islamrechtlichem Wissen umfasst; dazu gehören u. a. Vorbeter u. Prediger (imām, ḫaṭib, wāʿiẓ), Rechtsgutachter (muftī) (→Rechtsgutachten, →Mufti) u. Gebetsrufer (muʾaḏḏin) (→Gebetsruf); →Seelsorge ist begrifflich erst neu hinzugekommen.

Eine zentrale Rolle kommt traditionell dem imām zu (nicht zu verwechseln m. dem politisch-religiösen Führer sowohl in der sunnitischen [→Sunniten] wie auch schiitischen [→Schiiten] Staatslehre), der das (bes. Freitags-)→Gebet (→Freitagsgebet) leitet u. die Freitagspredigt (ḫuṭba) hält; in großen →Moscheen kann ihn ein ḫaṭib vertreten od. unterstützen. Von diesem zu unterscheiden ist der wāʿiẓ, dessen →Predigten nicht auf die Moschee beschränkt sind. Nach klassischer Lehre übernehmen Männer m. einem Studium islam. Wissenschaften diese Funktionen. In einigen muslimischen Ländern wie Marokko u. der Türkei werden seit einigen J. Frauen als Predigerinnen (arabisch wāʿiẓa/türkisch vaize) u. für andere geistl. Tätigkeiten für Frauen ausgebildet.

In Europa sind muslimische G. (bes. →Imame u. Prediger) seit Beginn der 2000er J. als Thema der Integration u. der Sicherheit ins Blickfeld von Politik, Medien u. Öffentlichkeit gerückt. Zur besseren Ausbildung von G. wurden Weiterbildungsprogramme u. ab 2010 islam.-theol. Studiengänge eingerichtet, in denen auch das soziale Feld (u. a. Seelsorge) berücksichtigt wird.

Literatur

Pedersen, J., Art. Khaṭīb: EI² Bd. 4, 1109b-1011a; Radtke, B. – Jansen, J. J. G., Art. Wāʿiẓ: EI² Bd. 11, 56a-57a; El-Haitami, M., Restructuring Female Religious Authority: State-Sponsored Women Religious Guides (Murshidāt) and Scholars (ʿĀlimāt) in Contemporary Morocco: Mediterranean Studies 20 (2012), 227-240; Engelhardt, J. F., Islam. Theologie an dt. Universitäten – Genese, Verständnisse, Aufgaben u. Herausforderungen: Lebensraum Hochschule: Grundfragen einer sozial definierten Bildungspolitik, hg. v. H.-U. Erichsen – D. Schäferbarthold – H. Staschen – J. E. Zöllner, Siegburg 2012, 443-451; Aslan, E., Islam. Theologie in Österreich: Institutionalisierung der Ausbildung von Imamen, SeelsorgerInnen u. TheologInnen, Frankfurt 2013 (Wiener Islamstudien 2); Schönfeld, A., Regulierung durch Wissensproduktion – Staatl. Versuche einer Institutionalisierung der Ausbildung von Imamen in Deutschland: Demokratie u. Islam, hg. v. A. Cavuldak – O. Hidalgo – P. W. Hildmann – H. Zapf, Wiesbaden 2014, 399-423.

Mark Chalîl Bodenstein

© 2019, DOI: 10.30965/9783506786388_0128

Geistlicher Vorbehalt – Historisch

Der auch als reservatum ecclesiasticum bez. §18 des Augsburger Reichsabschieds legte fest, dass abw. vom →ius reformandi in den reichsunmittelbaren geistl. Territorien der Regent beim Übertritt zur →Confessio Augustana alle KA, Pfründen, Reichslehen u. Territorialherrschaften verliert. Die Reichsstände der CA lehnten deshalb die Aufnahme des G. als eine den Katholizismus begünstigende Ausnahmeregelung in den Religionsfrieden ab, so dass Ferdinand I. sich gezwungen sah, diesen kraft kaiserlicher Vollmacht einseitig u. o. Zustimmung der neugläubigen Reichsstände in den Reichsabschied einzufügen. Der jur. Kampf der Protestanten gegen die Wirksamkeit des G. schloss an diesen bes. Umstand an. Um zum Zeitpunkt der Reichstagsverhandlungen trotzdem die Zustimmung der sich verweigernden prot. Reichsstände zum Religionsfrieden zu erreichen, gewährte ihnen Ferdinand I. eine Kompensation, die jedoch nicht in den Reichsabschied aufgenommen wurde (Declaratio Ferdinandea). Beide Regelungen machen den fragilen Kompromisscharakter des Religionsfriedens deutlich. Die Wirksamkeit des G. setzte sich schließlich nicht im ganzen Reich durch. Gerade am Wortlaut u. an der Auslegung des G. entspannen sich nach 1555 rechtliche u. auch gewaltsame Auseinandersetzungen, u. a. in Köln u. Straßburg. So bestritten die Protestanten schon auf dem Reichstag von Regensburg 1556/57 die rechtliche Verbindlichkeit des G. u. beantragten dessen Aufhebung durch den Kaiser. Im Westfälischen Frieden (Art. V §15) erfolgte die Anerkennung des G. auch von prot. Seite auf der Basis des Normaljahres 1624. Eine kath. Mehrheit im Kurfürstenrat blieb so dauerhaft bis zum Ende des Reiches gesichert.

Quellen

Dt. Geschichte in Quellen u. Darstellung. Bd. 3: Reformationszeit 1495-1555, hg. v. U. Köpf, Stuttgart 2001, 471-484; Dt. Reichstagsakten, hg. v. d. Hist. Kommission bei der Bayer. Akademie der Wissenschaften durch E. Wolgast. Jüngere Reihe: Deutsche Reichstagsakten unter Kaiser Karl V. Bd. 20: Der Reichstag zu Augsburg 1555, München 2009.

Literatur

Heckel, M., Deutschland im konfessionellen Zeitalter, Göttingen [2]2001; Lanzinner, M., Konfessionelles Zeitalter 1555-1618, Stuttgart [10]2001 (Gebhardt. Handbuch der dt. Geschichte 10); Gotthard, A., Der Augsburger Religionsfrieden, Münster 2004, 143-155, 264-271, 393-400.

Rene Schlott

GEKE

→Gemeinschaft Evangelischer Kirchen in Europa

Gelehrter – Islamisch

„G. sind die Erben der Propheten, die ihnen Wissen hinterlassen haben", heißt es in einer Überlieferung, die in zahlreichen sunnitischen (→Sunniten) u. schiitischen (→Schiiten) Traditionssammlungen zu finden ist. Damit einher geht die Verengung der Bez. ʿālim (Pl. ʿulamāʾ) auf G. religiöser Wissensgebiete wie Recht (fakīh u. muftī) (→Mufti), Koranexegese (mufassir) (→Interpretation, Auslegung) u. Theologie (mutakallim), aus denen bes. der muḥaddiṯ als G. der Prophetenüberlieferungen (ḥadīṯ) (→Hadith) hervorgehoben wird. So gelten G. bes. im sunnitischen Islam als Hüter, Vermittler u. Interpreten von religiösem Wissen, Glaubenslehre u. Recht, die damit eine Gemeinschaftsverpflichtung (farḍ kifāya) erfüllen, womit sie über dem gemeinen Gläubigen stehen. Darin eingeschlossen sind jeweils bes. qualifizierte religiöse Funktionsträger wie →Richter, Prediger (→Predigt) u. →Imame. Bedeutsam hierfür war die möglichst lückenlose, persönlich verbürgte Überlieferungskette bis zum Propheten u. deren Weiterführung durch Schülerschaft. Auch dem G.-Konsens (iǧmāʿ) kam eine zentrale Rolle zu, m. dem zumindest die Grenzen des religiösen Diskurses bestimmt u. somit eine gewisse Einheitlichkeit u. Kontinuität gewährleistet werden konnte – der Streit um Orthodoxie u. Heterodoxie sowie zwischen Traditionalismus u. Reform zeugt seit jeher von diesem Prozess der Grenzziehung.

Seit den frühen Eroberungszügen im 7. Jh. zogen G., zuerst Prophetengefährten (ṣaḥāba), deren Nachfolger (tābiʿūn) u. dann ʿulamāʾ, durch die Herrschaftsgebiete bis hin nach Spanien u. Zentralasien auf der Suche nach u. zur Verbreitung von religiösem Wissen; diese Wanderungen u. Netzwerkbildung prägte lange die Ausbildungsphase von G. u. führte zu einem intern. Netzwerk muslimischer Gelehrsamkeit. Die Reputation eines G. bemaß sich u. a. nach Anzahl u. Prominenz der Lehrer sowie der Zahl der Schüler u. Zuhörer bei Vorlesungen, wobei in jeder Generation zwei bis drei G. als bes. herausragend galten, u. man nahm oftmals lange Wege auf sich, um bei ihnen zu hören od. zu studieren. Aus dieser Vernetzung entstand eine eigenständige religiöse Elite, die zuerst aus wenigen, zumeist ökonomisch unabhängigen G. bestand, sich erst ab dem 10./11. Jh. m. Lehreinrichtungen (bes. madrasa) institutionalisierte u. sich zunehmend durch Schüler, Förderer am Hofe u. →Stiftungen (waqf) finanzierte. Hinzu kam die Bestellung in staatl. Ämter wie Richter (qāḍī), Berater u. Diplomaten. Eine ambivalente Haltung zur Herrschaft setzt sich bis heute fort u. ihre oftmals vermittelnde Position zwischen Untertanen u. Hof trug entscheidend zu Anerkennung u. Popularität bei. Dabei wurden die Posten in Lehreinrichtungen u. versch. Dynastien mal vom Hof bestimmt, mal von der Gelehrtenschaft selbst. Diese zeigte auch Tendenzen der Selbstreproduktion, sodass immer wieder auch G.-Dynastien zu finden sind u. selbst staatl. Richterämter vererbt wurden. Zudem kam es m. der Entwicklung hin zur politischen, urbanen Elite zu Fällen von Ämterhäufung, wofür sie von anderen G. wegen Gier u. Weltlichkeit kritisiert wurden. Gleichzeitig wurden, je nach Finanzlage der madrasa, Professuren in halbe u. viertel Stellen geteilt, um so die versch. Bereiche abdecken zu können. Bes. Bedeutung kam hier neben dem Ḥadīṯ dem Recht zu; jeder →Rechtsschule (maḏhab) war ein Professor zugeordnet, der, wie in anderen Bereichen auch, Hilfs- od. Vertretungsprofessoren u. versch. Assistenten beschäftigte.

Über die rein akademische Hierarchie hinaus entstanden im sunnitischen Islam versch. Stufen von Rechts-G. u. bes. Rechtsgutachtern (muftī) (→Rechtsgutachten) nach fachlicher Qualifikation m. dem (von Rechtsschulen) unabhängigen muǧtahid an der Spitze. Im Osmanischen Reich wurde eine solche Hierarchie m. dem muftī von Istanbul als shayḫ al-islām an der Spitze etabliert; dieses Modell setzt sich in der Gegenwart in den meisten muslimischen Staaten m. jeweils nationalen Obermuftis fort.

Wenn auch im sunnitischen Islam vom Laien mehrheitlich gefordert wird, sich in Rechtsfragen nach dem Gelehrtesten zu richten (aʿlamīya), so gilt doch der zwölferschiitische Islam, wo dieses Konzept seit dem 11. Jh. zu finden ist, als hierarchischer organisiert, obwohl dies eher Ergebnis neuzeitlicher Entwicklungen ist. An der Spitze der (jur.) Gelehrsamkeit steht dort seit dem 16. Jh. erst der ṣadr, als Leiter der von den Safawiden neu eingerichteten staatl. religiösen Einrichtungen, dann der šayḫ al-eslām in den Großstädten u. in der Hauptstadt als primus inter pares. Gegenwärtig rangiert der marǧaʿ-i taqlīd (Quelle der Nachahmung) vor den Ayatollahs, die ihn aus ihren Reihen bestimmen; diese wiederum gelten als die besten der muǧtahidīn.

Neben den bis heute mehrheitlich männlichen G. sind in den letzten J. vermehrt auch weibliche G. verschiedenster Disziplinen in den Fokus der Forschung gerückt, die demnach nicht nur als Schülerinnen, sondern teils auch als Lehrerinnen später bekannter u. herausragender G. eine größere Rolle gespielt haben als lange angenommen.

Literatur

Gilbert, J. E., Institutionalization of Muslim Scholarship and Professionalization of the ʿUlamāʾ in Medieval Damascus: Studia Islamica 52 (1980), 105-134; Makdisi, G., The Rise of Colleges, Edinburgh 1981; Gilliot, C. u. a., Art. ʿUlamāʾ: EI² Bd. 10, 801b-810b; Calder, N., Al-Nawawī's Typology of Muftīs and Its Significance for a General Theory of Islamic Law: Islamic Law and Society 3 (1996), 137-

64; Stewart, D. J., Islamic legal orthodoxy: twelver Shiite responses to the Sunni legal system, Salt Lake City 1998; Zaman, M. Q., The Ulama in Contemporary Islam: Custodians of Change, Princeton, NJ 2002; Brunner, R., Art. SHIʿITE DOCTRINE ii. Hierarchy in the Imamiyya: Encyclopaedia Iranica, 2010: http://www.iranicaonline.org/articles/shiite-doctrine-ii-hierarchy-emamiya [Zugriff: 15.05.2019]; Sayeed, A., Women and the transmission of religious knowledge in Islam, New York 2013.

Mark Chalîl Bodenstein

© 2019, DOI: 10.30965/9783506786388_0131

Geltung – Katholisch

1. Rechtstheoretisch: Die Frage nach der G. (dem Verbindlichkeitsanspruch) des Rechts ist zugl. die Frage nach dem Grund der G. Recht u. G. bedingen sich gegenseitig. Was G. ist, hängt entscheidend vom zugrundegelegten Rechtsbegriff ab, u. was richtiges Recht ist u. wie dieses erkannt u. gefunden werden kann, hängt entscheidend vom Grund seiner G. ab. Es ist das Grundproblem der Rechtsphilosophie m. erheblichen Auswirkungen auf die →Rechtsanwendung. Je nachdem, ob Recht unter dem Gesichtspunkt der sozialen Wirksamkeit, der inhaltlichen Richtigkeit od. der ordnungsgemäßen Gesetztheit betrachtet wird, unterscheidet die Rechtstheorie drei G.-Begriffe: a) einen faktischen od. soziologischen: etwas gilt, wenn es befolgt wird u. die Nichtbefolgung sanktioniert ist, also eine Chance auf Durchsetzung hat. Problematisch ist dabei, dass Befolgung u. Durchsetzbarkeit in beliebiger Abstufung gegeben sein können. Die Abstraktion von inhaltlichen Kriterien offenbart einen positivistischen Rechtsbegriff. b) einen moralischen (ethischen): etwas gilt, weil es inhaltlich den moralischen Anforderungen (z. B. der kath. Moral, einer bestimmten Naturrechtslehre od. einem Menschenrechtsethos) gerecht wird. c) einen jur.: etwas gilt, weil es vom zuständigen Organ ordnungsgemäß erlassen worden ist. Wird dabei die inhaltliche Richtigkeit völlig ausgeblendet, liegt ein rein positivistischer Rechtsbegriff zugrunde. Jedoch muss auch eine positivistisch verstandene Rechtsordnung das Problem bewältigen, wie sie m. Rechtsnormen umgeht, die jeder Wirksamkeit (Befolgung u. Durchsetzung) entbehren u./od. eklatant ungerecht sind. d) Anerkennung durch die Rechtsgemeinschaft, sofern diese als konstitutiv für die G. verstanden wird (nicht als bloßes Faktum). Im kath. KR konzentriert sich die Diskussion über die G. hauptsächlich auf die theol. G.-Begründung (Kirchenrechtstheologie), während die rechtstheoretische G.-Begründung des KR als Recht bzw., rechtsphilosophisch, als Ordnung kommunikativer Freiheit (Luf, 2015) noch in den Kinderschuhen steckt. Von zentraler Bedeutung ist das sog. →ius divinum, da dieses für das geltende KR als legitimierende Grundlage, als inhaltlich Richtung weisend u. als Grenze verstanden wird.

2. Die G. des CIC: Der persönliche G.-Bereich ist bestimmt durch die Ecclesia latina (c. 1), in der durch menschliches KR grds. nur →Katholiken verpflichtet werden (auch wenn sie von der Kirche abgefallen sind), die hinreichenden →Vernunftgebrauch besitzen u. das 7. Lj. vollendet haben (c. 11). In sachlicher Hinsicht bestehen Vorbehalte zugunsten des →liturgischen Rechts (c. 2) u. des Konkordats-Rechts (→Konkordat, Kirchenvertrag) (c. 3). Differenziert geregelt ist die G. im Verhältnis zu früherem Gesetzes- u. →Gewohnheitsrecht sowie zu bestehenden Rechtsverhältnissen (cc. 4-6). Die G. erstreckt sich nur auf Zukünftiges (Ausnahmen sind möglich, c. 9). Bei partikularen →Gesetzen spricht die Vermutung für deren territoriale (nicht personale) G. (c. 13).

3. Die G. des CCEO: Er gilt für alle kath. Ostkirchen als gemeinsames Rahmenrecht, das diese m. dem ihrer Tradition entspr. →Partikularrecht auszugestalten haben. Von der Synode der Bf. erlassene Gesetze od. Entscheidungen gelten nur im Territorium der betr. Kirche, außer es handelt sich um liturgische Gesetze od. Gesetze bzw. Entscheidungen, die

vom →Apostolischen Stuhl approbiert sind (c. 150 §§ 2-3 CCEO). C. 1492 CCEO bestimmt, unter welchen Voraussetzungen von der höchsten Autorität erlassene Gesetze, die keine Aussage über die G. für die Orientalen enthalten, auch für diese gelten. Die persönliche Verpflichtung auf das menschliche KR (c. 1490), die Vorbehalte zugungsten des liturgischen (c. 3 CCEO) u. des konkordatären Rechts (c. 4 CCEO) ebenso wie der Schutz bestehender →iura quaesita (c. 5 CCEO) u. die grds. G. der Gesetze pro futuro (c. 1494 CCEO) sind gleich wie im CIC. Ungleich stärker als im CIC ist die Kontinuität m. dem ius antiquum, das grds. Interpretationsmaxime ist (c. 2 CCEO). Das Verhältnis zu früherem Gesetzes- u. Gewohnheitsrecht ist vergleichbar wie im CIC geregelt (c. 6 CCEO).

4. Interekklesiales Recht (bisher teilweise interrituelles Verkehrsrecht): In all jenen Materien, in denen mehrere orientalische →Ecclesiae sui iuris od. diese u. zugl. die lat. Kirche berührt sind, wie z. B. →Sakramentenspendung durch einen lat. Amtsträger an einen Angehörigen einer orient. Kirche, Wechsel der Zugehörigkeit od. der →Inkardination von der lat. zu einer orient. Kirche, Vereine aus Gläubigen der lat. u. orient. Kirchen, bedarf es eines Kollisionsrechts. Derartige Normen sind im CCEO ungleich häufiger anzutreffen als im CIC. Bestimmungen des CCEO gelten auch für die lat. Kirche, wenn sie dies ausdrücklich sagen (c. 1 CCEO) od. es sich aus der →Natur der Sache ergibt. Bsp.: cc. 111 f. i. V. m. 29-38 CCEO; 1109, 829 CCEO; 780 CCEO; c. 1015 § 2, cc. 678, 696, 748 § 2 CCEO. – Die G. des nichtkatholischen KR wird für die getrennten orient. Kirchen anerkannt (Vat II, UR 16), für die anderen getrennten Kirchen stillschweigend vorausgesetzt, stets m. dem Vorbehalt, dass kein Widerspruch zum ius divinum vorliegt.

Quellen

Vat II, UR; Franziskus, MP De Concordia inter Codices vom 31. Mai 2016: AAS 108 (2016), 602-606; abgedr. auch: Comm. 48 (2016), 326-330.

Literatur

Müller, H., Rezeption u. Konsens in der Kirche. Eine Anfrage an die Kanonistik: ÖAKR 27 (1976), 3-21; Potz, R., Die Geltung kirchenrechtlicher Normen. Prolegomena zu einer krit.-hermeneutischen Theorie des Kirchenrechts, Wien 1978; Berlingò, S., Giustizia e carità nell'economia della Chiesa. Contributi per uns teoria generale del diritto canonico, Turin 1991; KanR I, 159-192; Zippelius, R., Recht u. Gerechtigkeit in der offenen Gesellschaft, Berlin 1994, 133-146; Alexy, R., Begriff u. Geltung des Rechts, Freiburg – München [2]1994; Primetshofer, B., Konfessionsübergreifende Jurisdiktion?: Ars boni et aequi. Ges. S. von Bruno Primetshofer, hg. v. J. Kremsmair – H. Pree, Berlin 1997, 249-270; ders., Die interkonfessionelle Geltung des kan. Rechts: Ars boni et aequi. Ges. S. von Bruno Primetshofer, hg. v. J. Kremsmair – H. Pree, Berlin 1997, 311-325; ders., Interrituelles Verkehrsrecht im CCEO: Ars boni et aequi. Ges. S. von Bruno Primetshofer, hg. v. J. Kremsmair – H. Pree, Berlin 1997, 273-294; Lo Castro, G., Il mistero del diritto, I, Turin 1997; Madey, J., Quellen u. Grundzüge des Codex Canonum Ecclesiarum Orientalium, Essen 1999; A Guide to the Eastern Code. A Commentary on the Code of Canons of the Eastern Churches, hg. v. G. Nedungatt, Rom 2002; Lorusso, L., Gli orientali cattolici e i pastori latini. Problematiche e norme canoniche, Rom 2003; Esposito, B., L'ambito d'applicazione del Codice di Diritto canonico latino. Commento sistematico al can. 1 del CIC/83: Angelicum 80 (2003), 437-461; ders., Il rapporto del Codice di Diritto canonico latino con le leggi liturgiche. Commento esegetico-sistematico al can. 2 del CIC/83: Angelicum 82 (2005), 139-186; Errázuriz M., C. J., Corso fondamentale sul diritto nella Chiesa, I, Mailand 2009, 3-48 u. 119-179; Kaufmann, A., Problemgeschichte der Rechtsphilosophie: Einführung in die Rechtsphilosophie u. Rechtstheorie der Gegenwart, hg. v. A. Kaufmann – W. Hassemer – U. Neumann, Heidelberg u. a. 2011, 26-147; Cristiani orientali e pastori latini, hg. v. P. Gefaell, Mailand 2012; Otaduy, J., Lex canónica: DGDC Vol. V, 63-75; Rüthers, B. – Fischer, C. – Birk, A., Rechtstheorie mit Jur. Methodenlehre, München [7]2013, 201-383; Szabó, P., L'„antiqua traditio" fonte „vigente" di diritto? Ermeneutica del can. 2/CCEO sull'interpretazione: Eastern Canon Law 2 (2013), 201-232; Ghirlanda, G., Introduzione al diritto ecclesiale. Lineamenti per una teologia del diritto nella Chiesa, Rom 2013, 9-63; Luf, G., § 4 Rechtsphilosophische Grundlagen des Kirchenrechts: HbkathKR³, 42-56; Pree, H., § 5 Theorie des kan. Rechts: HbkathKR³, 57-69; Potz, R., § 7 Der Codex Canonum Ecclesiarum Orientalium: HbkathKR³, 101-116.

Helmuth Pree

Geltung – Evangelisch

1. Die G. ist auch für das ev. KR auf Wirksamkeit durch Anerkennung u. Durchsetzung ausgerichtet. Sie setzt dafür sowohl die Legitimationsgründe als auch die Entstehensgründe für wirksames KR (→Rechtsquellen) durch Normsetzung (→Gesetzgebung) od. gewohnheitsmäßige Überlieferung (→Gewohnheitsecht) voraus. Die Fragen der G. hängen eng m. den Grundlagenfragen nach dem Verständnis u. der Funktion von Recht für das zu ordnende Gemeinwesen zusammen. Das Recht hat in der ev. Kirche im Vergleich zu Staat u. anderen Religionsgemeinschaften weder kennzeichnende Prägekraft noch Heilsbedeutung, aber eine wesentliche Hilfsfunktion, um dem Verkündigungsauftrag in der Welt zur Wirksamkeit zu verhelfen: Es soll „zu Frieden und guter Ordnung in der Kirche dienen" (CA XV).

2. Auch diese Hilfsfunktion setzt für ihre Wirksamkeit voraus, dass ev. KR gilt, dass es nach verlässlichen Kriterien u. Verfahrensweisen von allen Akteuren als verbindlich anerkannt u. beachtet wird. Denn seine ordnende u. friedensstiftende Funktion kann das Recht auch in der ev. Kirche nur entfalten, wenn es von allen Gliedern, Organen u. Ämtern befolgt wird. Nur so kann es überflüssigem Streit vorbeugen u. helfen, dass sich der Dienst in der Kirche auf die →Verkündigung von Gottes Wort u. den Dienst am Nächsten konzentrieren kann. Das aber setzt Verbindlichkeit u. damit zusammenhängende Standards von Rechtssicherheit im Umgang m. den kirchl. Rechtsquellen voraus.

3. Zu unterscheiden sind versch. Dimensionen der G. Hier helfen Kollisionsregelungen, die G. genau zu bestimmen, wenn sich Geltungsbereiche von Normen überlagern, z. B. der Geltungsvorrang der ranghöheren Norm, der jüngeren Norm vor der älteren u. der spezielleren vor der allg. Neben den genannten zeitlichen u. sachlichen sind weitere Geltungsbereiche zu differenzieren: a) territorial: Ev. KR ist partikulares, von den jeweiligen Körperschaften, in erster Linie den →Landeskirchen, für die G. in ihrem Territorium verfasstes Recht. Dieses wird von ihren Gliederungen weiter ausgestaltet. Dazu kommt das Recht der landeskirchlichen Zusammenschlüsse (z. B. der EKD), das im Rahmen der übertragenen Kompetenzen wirksam die G. des landeskirchlichen Rechts überlagert. b) personal: Ev. KR gilt nur für Personen m. einer Sonderbeziehung zur Kirche, d. h. für Kirchenmitglieder, kirchl. jur. Personen (→Juristische Person, kirchliche) u. deren Organe, Behörden u. Amtsträger, der Kirche zugeordnete Werke u. Einrichtungen sowie weitere Personen, die sich freiwillig in den kirchl. Rechtskreis begeben, z. B. als Mitarbeitende od. Nutzer von Einrichtungen. c) Die G. ist schließlich nach den unterschiedlichen Rechtskreisen zu differenzieren: Die ev. Kirche setzt ihr Recht aus eigener Kompetenz zur eigenen Ordnung u. Gestaltung der Wahrnehmung ihres Auftrags. Dies akzeptiert der Staat auch für seinen Rechtskreis im Rahmen des sog. kirchl. →Selbstbestimmungsrechts nach Art. 140 GG i. V. m. Art. 137 Abs. 3 S. 1 WRV. Damit respektiert der Staat grds. das von der Kirche gesetzte Recht u. misst ihm Wirksamkeit auch für den staatl. Rechtsverkehr bei. Für Sachverhalte des weltlichen Rechts m. Religionsbezug stellt er den säkularen Rechtsrahmen zur Verfügung u. lässt diesen von den Religionsgemeinschaften nach deren religiösen Vorgaben m. G. für das staatl. Recht ausgestalten. Zugl. begrenzt der Staat im Hinblick auf sei-

ne eigenen Friedens-, Ordnungs- u. Ausgleichsfunktionen die kirchl. selbstbestimmte Rechtsetzung durch die Schranke des für alle geltenden Gesetzes. Danach sind Kollisionen zwischen kirchl. u. staatl. Recht je nach Perspektive unterschiedlich zu lösen: Aus Sicht des Staates kommt dem für alle geltenden Gesetz Vorrang vor widerstreitenden kirchl. Rechtsnormen jedweden Ranges zu, d. h. dem kirchl. Recht wird die G. für die staatl. Rechtsordnung versagt. Für die kirchl. Rechtsordnung aber bleibt es in G. u. ist darauf hin zu überprüfen, ob an ihm aus geistl. Verantwortung trotz Widerspruchs zur staatl. Rechtsordnung festzuhalten ist.

4. Wirksam wird KR, weil u. soweit alle Akteure sich daran halten. Entscheidend ist dafür, dass die G. von allen anerkannt wird. Die sog. Demokratiedenkschrift der EKD (1985, 24f.) hat dies m. einer „Ethik der Rechtsbefolgung" begr., die „für den Christen innerhalb und außerhalb der Kirche eine Form von Nächstenliebe" bedeute. Die konsequente Bindung an das KR wird durch die kirchl. Gerichtsbarkeit (→Gerichtsbarkeit, kirchliche bzw. religiöse) befördert. Sie überprüft kirchl. Handeln am Maßstab des Rechts. Zwangsmittel zur Durchsetzung stellt das KR selbst nicht zur Verfügung, sieht man von den begrenzten Mitteln der Kirchenzucht ab. Allerdings stehen auch für Streitigkeiten innerhalb der Kirche die Durchsetzungsmöglichkeiten des Rechtsstaates offen, soweit kirchl. Recht in der staatl. Rechtsordnung wirksam ist. Wichtige Anwendungsfelder sind etwa Vermögens- u. Statusstreitigkeiten im kirchl. Arbeits- u. Dienstrecht (→Arbeitsrecht, kirchliches) sowie Kirchensteuer- u. Gebührenforderungen (→Kirchensteuer).

Literatur

Pirson, D., Zum personalen Geltungsbereich kirchl. Rechtsvorschriften: ZevKR 27 (1982), 115-133; Ev. Kirche u. freiheitliche Demokratie. Der Staat des Grundgesetzes als Angebot u. Aufgabe. Eine Denkschrift der EKD, hg. v. Kirchenamt der EKD, Gütersloh 1985, 24f.; Dehnen, D., Kirchenverfassung u. Kirchengesetz: Das Recht der Kirche, Bd. I: Zur Theorie des Kirchenrechts, hg. v. G. Rau – H. R. Reuter – K. Schlaich, Gütersloh 1997, 448-473; Robbers, G., Staatl. Recht u. Kirchenrecht: Das Recht der Kirche, Bd. I: Zur Theorie des Kirchenrechts, hg. v. G. Rau – H. R. Reuter – K. Schlaich, Gütersloh 1997, 474-496; Heun, W., Das Gesetz in Staat u. Kirche: ZevKR 49 (2004), 443-464; Traulsen, Chr., Rechtsstaatlichkeit u. Kirchenordnung. Überlegungen zur Rechtsstaatsbindung von Religionsgemeinschaften unter bes. Berücksichtigung der ev. Landeskirchen, Tübingen 2013, insb. 221-236 u. 258-273; Munsonius, H., Wen bindet u. berechtigt das ev. Kirchenrecht?: ZevKR 59 (2014), 257-278; Anke, U., Rechtsquellen u. kirchl. Gesetzgebung: HevKR, § 4 insb. Rn. 1-5, u. 21-41.

Ulrich Anke

© 2019, DOI: 10.30965/9783506786388_0132

Gelübde – Katholisch

Unter G. versteht man im kath. KR gem. c. 1191 § 1; c. 889 § 1 CCEO ein gegenüber Gott abgegebenes →Versprechen, das vom Streben nach chr. Vollkommenheit motiviert ist u. sich auf ein bestimmtes Tun od. Unterlassen richtet, das gleichsam Gott als Opfergabe dargebracht wird. Das Versprochene muss menschenmöglich sein; für den Versprechenden eine sittlich gute Leistung (bonum melius) darstellen; u. ist von ihm kraft der Tugend der →Gottesverehrung zu erfüllen.

Das KR klassifiziert G. unter versch. Gesichtspunkten. Das innere G. ist →geheim, das äußere G. ist Dritten bekannt. Das amtl. (→öffentliche) G. wird von einem rechtmäßigen Oberen entgegengenommen, das private G. nicht (vgl. c. 1192 § 1). Das feierliche G., das von der Kirche ausdrücklich anerkannt ist, wird vom einfachen G. abgegrenzt (c. 1192 § 2); can. 488 2° hatte hieran die begriffliche Unterscheidung zwischen Orden u. Kongr. angeknüpft. Gem. c. 1192 § 3 lassen sich persönliche G., m. denen eine persönliche Leistung versprochen wird, dingliche G., m. denen eine Sachleistung versprochen wird, sowie gemischte G. unterscheiden. Da gem. c. 1193; c. 890 CCEO ein G. höchstpersönlich verpflichtet, geht auch bei dinglichen G. die rechtliche Erfüllungspflicht nicht vom Gelobenden auf dessen Erben über (anders noch can. 1310 § 2). Ferner lassen sich G. einteilen in bedingte u. unbedingte, befristete u. unbefristete, sowie m. Blick auf etwaige Befreiungen in nicht vorbehaltene, d. h. innerhalb eines kan. Lebensverbands vom dortigen Oberen dispensierbare, u. vorbehaltene, d. h. nur vom →Diözesanbischof od. vom →Apostolischen Stuhl dispensierbare.

Ein G. muss überlegt u. frei versprochen werden (c. 1191 § 1; c. 889 § 1 CCEO). Das Ablegen eines G. setzt somit einen in Relation zum Inhalt des Versprechens angemessenen →Vernunftgebrauch voraus (vgl. c. 1191 § 2; c. 889 § 2 CCEO). Daher kann ein Kind (c. 97 § 2; c. 909 § 2 CCEO) ein G. nicht wirksam ablegen, während cc. 656 1°, 658 2° für das Ablegen der G. in einem Religionsverband, womit zugl. eine weitreichende Lebensentscheidung verbunden ist, ein Mindestalter von 18 bzw. 21 J. verlangen (vgl. auch c. 450 4° CCEO). Kommt ein G. infolge schwerer u. ungerechter Weise hervorgerufener Furcht (→Furcht und Zwang) od. aufgrund einer →arglistigen Täuschung zustande, so ist es von Rechts wegen nichtig (→Nichtigkeit) (c. 1191 § 3; c. 889 § 3 CCEO).

Ein unerfülltes G. kann den Gelobenden in seinem →Gewissen schwer belasten. Auch deshalb kennt das KR eine Reihe von Mechanismen, die zum Erlöschen, der Hemmung, der Umwandlung sowie der Befreiung von einem G. führen. Ein befristetes G. erlischt durch Zeitablauf; ein dingliches G. bei wesentlicher Veränderung der gelobten Sache; ein bedingtes G. durch den (Nicht-)Eintritt der gesetzten →Bedingung; sowie ein zweckgebundenes G. dadurch, dass die Zweckbestimmung nicht mehr erreicht werden kann (vgl. c. 1194; c. 891 CCEO). Die Erfüllung eines G. kann aufgeschoben werden, solange die sofortige Erfüllung nachteilig wäre (vgl. c. 1195; c. 892 CCEO; ferner c. 1198; c. 894 CCEO). Gem. c. 1197 kann der Inhalt eines privaten G. vom Gelobenden selbst in eine gleichwertige od. bessere Leistung umgewandelt werden, sowie von einem Dispensbevollmächtigten i. S. des c. 1196 auch in eine schlechtere Leistung. Kirchl. Autoritäten können gem. c. 1196 von privaten G. vollständig befreien, sofern hierdurch wohlerworbene Rechte Dritter nicht verletzt werden u. ein gerechter Grund für die Befreiung (→Dispens) vorliegt. Zuständig sind der Apost. Stuhl, der Ortsordinarius, der →Pfarrer sowie – falls es sich um einen klerikalen Verband päpstlichen Rechts handelt – der Obere (→Ordensoberer) des Religioseninstituts bzw. der →Gesellschaft des apostolischen Lebens. Die Befreiung von öff. G. ist im →Ordensrecht näher geregelt (vgl. cc. 686-688; 691-693; 701).

Von bes. Bedeutung für das geistl. Leben der Kirche sind die öff. G. (Profess) der Ordensleute (→Ordensangehörige), wie auch – sofern das jeweilige Eigenrecht G. statt sonstiger hl. Bindungen i. S. des c. 573 § 2 vorsieht – der Angehörigen der →Säkularinstitute u. Gesellschaften des apost. Lebens, der geweihten Jungfrauen, u. der →Eremiten. Sie verpflichten sich durch diese G. nicht nur auf die →evangelischen Räte der Keuschheit, der Armut u. des Gehorsams (vgl. c. 573 § 2), sondern treten zugl. in den Stand des geweihten Lebens ein u. werden (im Falle der Ordensleute) in einen kan. Lebensverband inkorporiert. Daher suspendiert c. 1198 von Rechts wegen von irgendwelchen vor einer →Ordensprofess abgelegten G., solange der Gelobende im Orden verbleibt. Zu evtl. weiteren G., die über die ev. Räte hinaus auf ein bestimmtes Charisma des jeweiligen Ordens verpflichten, vgl. Gerhartz, 1966. Das öff. u. ewige (unbefristete) G., das in einem →Ordensinstitut abgelegt wird, ist in das Taufbuch einzutragen (c. 535 § 2); es stellt gem. c. 1088 ein →Ehehindernis dar. Ein Weihekandidat, der durch G. einem klerikalen Ordensinstitut eingegliedert ist, bedarf keiner Admissio (→Zulassung unter die Weihekandidaten;

c. 1034 §1). Seit 1990 entbindet aufgrund der Bestimmungen des Pontifikale Romanum u. entgegen dem Wortlaut des c. 1037 ein ewiges Keuschheitsgelübde in einem Ordensinstitut nicht mehr davon, bei der →Diakonenweihe den →Zölibat zu versprechen.

Die rechtliche Ordnung des G. in cc. 889-894 CCEO entspricht weitgehend jener im CIC/1983. Jedoch übernimmt c. 889 §4 CCEO von den aus c. 1192 bekannten Kategorien nur die Unterscheidung von öff. u. privaten G. Die Zuständigkeit für Befreiungen ist unterschiedlich konzipiert, vgl. c. 1196 m. c. 893 §§1-2 CCEO (u. a. keine Erwähnung des →Papstes; Dispensbefugnis des →Beichtvaters pro foro interno). C. 1197 bleibt o. Entsprechung, obwohl c. 891 CCEO auch die Umwandlung erwähnt.

Quellen

Kongregation für den Gottesdienst u. die Sakramenteordnung, Decretum quo editio altera Pontificalis Romani de ritu ordinationes episcopi, presbyterorum et diaconorum promulgatur et typica declaratur vom 29. Juni 1989: AAS 82 (1990), 826f.

Literatur

Lederer, J., Der Dispensbegriff des kan. Rechtes unter bes. Berücksichtigung der Rechtssprache des CIC, München 1957 (MThS.K 8), 89-106; Gerhartz, J. G., „Insuper promitto ...“. Die feierlichen Sondergelübde kath. Orden, Rom 1966 (Analecta Gregoriana 153); Euart, S., Religious Institutes and the Juridical Relationship of the Members to the Institute: The Jurist 51 (1991), 103-118; Torres, J., La dispensa dai voti e dal giuramento: I procedimenti speciali nel diritto canonico, Vatikanstadt 1992, 357-370; Meier, D. M., Die Rechtswirkungen der klösterlichen Profeß. Eine rechtsgeschichtliche Untersuchung der monastischen Profeß u. ihrer Rechtswirkungen unter Berücksichtigung des Staatskirchenrechts, Frankfurt 1993 (EHS 23, 486); Sebott, R., Ordensrecht. Kommentar zu den Kanones 573-746 des Codex Iuris Canonici, Frankfurt 1995, bes. 21-26 u. 168-175; Kowal, J., „Impedimentum voti“ e dimissione dall'istituto religioso: PerRCan 88 (1999), 29-60; Walsh, M. B., The authority to „dispense“ from vow or solemn pledge: The Jurist 59 (1999), 263-269; Pellegrino, P., L'impedimento del voto pubblico perpetuo di castità in un istituto religioso nel nuovo diritto matrimoniale canonico (can. 1088 CIC; can. 805 CCEO): IusCan 40 (2000), 73-98; Riedel-Spangenberger, I., Art. Gelübde IV. Christentum: RGG[4] Bd. 3, 607f.; dies., Art. Gelübde II. Kath.: LKStKR Bd. 2, 26-28; Henseler, R., Art. Gelübde: LKR, 321f.; Bamberg, A., Proteccion de los votos y nuevas realidades eclesiales: IusCan 49 (2009), 603-614; Horta, J., Art. Dispensa de los votos: DGDC Vol. III, 412-415; González Izquierdo, J., Art. Renovación de los votos: DGDC Vol. VI, 918-920; Pettinato, C. M., Art. Voto: DGDC Vol. VII, 971-974; Bahillo, T., Art. Votos públicos en IVC: DGDC Vol. VII, 980-953; Althaus R.: MKCIC vor 1191 u. zu cc. 1191-1198.

Martin Rehak

© 2019, DOI: 10.30965/9783506786388_0133

Gelübde – Evangelisch

Jedes ev. Verständnis von G. muss sich m. Luthers radikaler Kritik auseinandersetzen, der nur die →Taufe als unüberbietbaren Bund zwischen Gott u. Mensch gelten lassen wollte. Die ev. →Kommunitäten haben sich deshalb in ihrer ersten gemeinsamen Veröff. „Profess u. Kirche“ m. diesem Thema auseinandergesetzt u. festgestellt: a) In der Profess bekennt ein Christ öff. die Einwilligung in seine Berufung, unter den sog. Ev. Räten zu leben; b) diese Lebensform ist ein Charisma u. hat keinerlei Verdienstcharakter; c) das Nebeneinander versch. Lebensformen ist Ausdruck unterschiedlicher Berufungen; d) die Profess wurzelt in der Taufe u. kann wie diese nur in die Kirche hinein führen. So gesehen sind ev. G. die verbindliche persönliche Antwort auf einen Ruf Gottes. Sie können nach 1Kor 7, 37 nur freiwillig abgelegt werden, wenn jemand in seinem Herzen überzeugt ist, in Freiheit handelt u. nicht unter Zwang steht. Sie begründen keinen besseren Heilsweg, sondern sind eine mögliche u. gültige Form der allen aufgetragenen Nachfolge Chr. Durch sie werden andere Formen der Nachfolge in keiner Weise (ab)gewertet. Da die ev. Kirchen kein Ordensrecht kennen, gibt es dort auch keine rechtliche Einordnung ev. G. Sie haben den Charakter freiwilliger Verpflichtungen u. können o. kirchenrechtliche Folgen wieder gelöst werden.

Quellen

Luther, M., Iudicium de votis monsaticis: WA 8 (1889), 577-669; Profess u. Kirche. Theol. Reflexionen ev. Kommunitäten: Una Sancta 34 (1979), 93-95, wieder abgedruckt: Halkenhäuser, J., Kommunitäten u. Kirche. Engagement u. Zeugnis II, Schloss Schwanberg 1993, 17-22.

Literatur

Lohse, B., Mönchtum u. Reformation. Luthers Auseinandersetzung m. dem Mönchsideal des Mittelalter, Göttingen 1963; Lanczkowski, G. u. a., Art. Gelübde: TRE Bd. 12, 300-316; Halkenhäuser, J., Kirche u. Kommunität. Ein Beitrag zur Geschichte u. zum Auftrag der kommunitären Bewegung in den Kirchen der Reformation, Paderborn ²1985 (Konfessionskundliche u. kontroverstheologische Studien 42), 13-81, 258-331; ders., Engagement u. Zeugnis. Christsein in Kommunitäten. Lehrpredigt zu CA 27 (Über die Klostergelübde): ders., Kommunitäten u. Kirche. Engagement u. Zeugnis II, Schloss Schwanberg 1993, 59-67; ders., Zur Bewertung u. Beurteilung von CA 27 aus der Sicht ev. Kommunitäten: ders., Kommunitäten u. Kirche. Engagement u. Zeugnis II, Schloss Schwanberg 1993, 51-57; Schwarz, K., Gelübde: EKL³ Bd. 2, 44-46; Joest, Ch., Gelübde: Ev. Lexikon für Theologie u. Gemeinde Bd. 2, 697 f.; ders., Spiritualität ev. Kommunitäten. Altkirchlich-monastische Tradition in ev. Kommunitäten von heute, Göttingen 1995, 157-185.

Christoph Joest

© 2019, DOI: 10.30965/9783506786388_0133

Gelübde – Jüdisch

Das ausgesprochene Wort spielt im jüd. Rechtssystem (Halacha) eine bedeutende Rolle u. hat unterschiedliche Verzweigungen u. umfassende Bedeutungen. Die Quellen sehen einen großen Wert im Festhalten an der ausdrücklichen Aussage u. vice versa wird die Annulierung eines G. ernst genommen, weil die Glaubhaftigkeit des Sprechers in Frage gestellt wird u. v. a. weil die Erwähnung des Gottesnamens umsonst war. G. (hebräisch Neder, vgl. →Eid, Schwua) wird als eine mündliche Aussage definiert, in der ein Mensch freiwillig ein Objekt in Verbotrelation zu sich stellt (Issur). Es gibt weitere Arten von G. (Nidre Hekdesch, Serusin/Mitzwa, Nesirut, Taanit). Mit G. ist eine rechtliche Verpflichtung verbunden, die eigenen Worte zu erfüllen. Jemand, der sein eigenes Verbot annulliert, begeht eine Sünde (Lo Yachel), wird aber nicht m. Schlagsanktion bestraft. Die entspr. psychologischen Aspekte der G. wie z. B. die Intention sind ein integraler Teil des theol.-jur. Diskurses über die Gültigkeit eines ausgesprochenen G. Im Altertum waren die G. im religiösen Leben üblich, u. a. ist deswegen der Traktat Nedarim in der Ordnung Naschim der Temathik der G. gewidmet. Es gibt etliche Situationen, in denen G. annuliert werden dürfen, z. B. wenn die Person sie bereut od. ein Weiser eine passende Erlaubnis findet (Heter, Petach). U. a. aus diesem Grund macht man am Tag vor Beginn des Versöhnungstags (Jom Kipur) Hatarat Nedarim: die Aufhebung u. das Lösen der G. Auch das bekannte →Gebet Kol Nidrej am Anfang desselben Tages handelt vom Lösen der Gelübde als Versöhnung u. Verzeihung der Israeliten.

Literatur

Cohen, M., Neder: Jüd. Lexikon – Ein enzyklopädisches Handbuch des Jüd. Wissens in vier Bänden Bd. 4, Berlin 1930, 443-446; Belkin, S., Dissolution of Vows and the Problem of Anti-Social Oaths in the Gospels and Contemporary Jewish Literature: Journ. of Biblical Literature 55, 3 (1936), 227-234; Munk, E., Die Welt der Gebete – Kommentar zu den Werktags-, Sabbat-, u. Festtagsgebeten nebst Übersetzung, Frankfurt 1938, 250-257; Falk, Z. W., On Talmudic Vows: The Harvard Theological Review 59, 3 (1966), 309-312; Friedman, M. A., Annulling the Bride's Vows: A Palestinian Ketubba Clause: The Jewish

Quart. Review 61, 3 (1971), 222-233; Hubert, T., Gelübde als Bekenntnis: Eine Studie zu den Gelübden im Alten Testament, Freiburg 2001; Zigler, Y., The Oath in Biblical Narrative, Bar Ilan University (Diss.) 2006; Rabinowitz, L. I., Vows and Vowing: EJ² Vol. 20, 585-586.

Neri Ariel

© 2019, DOI: 10.30965/9783506786388_0133

Gelübde – Islamisch

Das G. (naḏr, Pl. nuḏūr) ist konzeptuell vom Schwur (yamīn; wörtlich: rechte Hand; die Namensgebung rührt daher, dass Schwüre bei Pakten u. Abmachungen gängig waren, wobei sich die Vertragsparteien die rechte Hand gaben) zu trennen. Das G. wird definiert als ein freiwilliges, in Worten gegenüber Gott ausgedrücktes Versprechen einer erwachsenen u. zurechnungsfähigen Person (Zugehörigkeit zum →Islam ist keine Bedingung), eine an sich nicht-obligatorische Handlung durchzuführen od. zu unterlassen. Das G. wird also immer für Gott geleistet, der Schwur jedoch bei Gott. Sagt eine Person, dass sie – bei Gott – morgen fasten werde, handelt es sich um einen Schwur; verpflichtet sie sich hingegen für Gott morgen zu fasten, um ein G. (s. Ibn Qayyim al-Ǧawziyya, 2002, 3/360-2). Auch wenn die Ausdrücke naḏr u. yamīn in der Lit. oftmals synonym verwendet werden, ist es wichtig, sie zu unterscheiden, da die hinter ihnen liegenden rechtlichen Bestimmungen voneinander abweichen.

Das Aussprechen eines G. ist erlaubt, strittig ist aber, ob es eine empfohlene od. verpönte Tat darstellt. Das G. kann an Bedingungen geknüpft werden (z. B. wenn Gott einem eine bestimmte Wohltat zukommen lässt, spendet man). Das Bedingte muss jedoch aus Dankbarkeit gegenüber Gott für die Erfüllung der Bedingung erfolgen, nicht als Tauschhandel m. Gott. In Fällen, in denen das G. nicht abgeleistet werden kann, ist die gleiche Sühnehandlung (kaffāra) abzuleisten, die für das Brechen von Schwüren vorgesehen ist. Dabei hat man die Wahl, zehn Arme zu speisen od. zu bekleiden, od. einen Sklaven freizulassen. Ist man zu keinem dieser Dinge fähig, fastet man drei Tage (s. Koran 5:89).

Quellen

Ibn Qayyim al-Ǧawziyya, Iʿlām al-muwaqqiʿīn ʿan rabb al-ʿālamīn, hg. v. M. Āl Salmān, Dammam 2002.

Literatur

Wizārat al-awqāf wa-š-šuʾūn al-islāmiyya, Art. naḏr: Mawsūʿa al-fiqhiyya al-kuwaytiyya Bd. 40, 136-223; Gottschalk, W., Das Gelübde nach älterer arabischer Auffassung, Berlin 1919; Brunschvig, R., Voeu ou serment? Droit comparé du Judaisme et de l'Islam: Hommage à Georges Vajda – Études d'histoire et de pensée juives, hg. v. G. Nahon – C. Touati, Löwen 1980 (Collection de la Rev. des Études Juives 1), 125-134.

Farid Suleiman

© 2019, DOI: 10.30965/9783506786388_0133

Gemeinde – Staatlich

G. ist eine politisch u. territorial bestimmte Form menschlichen Zusammenlebens auf der untersten Stufe des Staatsaufbaus. Die Idee der gemeindlichen Selbstverwaltung wurde zunächst in den sog. Stein-Hardenberg'schen Reformen (1808), in § 184 der Paulskirchenverfassung (1849) sowie Art. 127 WRV (1919) u. ist heute in Art. 28 Abs. 2 GG verankert. Die weiteren Rechtsgrundlagen finden sich in Bundesgesetzen, den landesrechtlichen Gemeindeordnungen, sowie in Fachgesetzen u. gemeindlichen Satzungen. Die aktuelle faktische Gemeindelandschaft geht auf die Gebietsreformen zwischen 1967 u. 1978 in den westlichen u. die Kreisgebietsreform von 1993/94 in den ostdeutschen Bundesländern zurück.

G. sind Teil des Staates, allerdings in der Form der mittelbaren Staatsverwaltung. Sie bilden neben dem staatl.-hierarchischen Organisationsaufbau eine dezentralisierte Sphäre partizipativer Verwaltung m. eigener demokratischer Legitimation. Sie sind der vollziehenden Gewalt u. im dualistischen Staatsaufbau (Bund/Länder) dem Organisationsbereich der Bundesländer zuzuordnen. G. sind Gebietskörperschaften des öff. Rechts, d. h. sie sind auf ein bestimmtes Territorium bezogene, mitgliedschaftliche organisierte, m. Rechts- u. Dienstherrenfähigkeit ausgestattete Verbände des öff. Rechts, die hoheitliche Aufgaben selbstverantwortlich, jedoch unter staatl. Aufsicht wahrnehmen.

In Art. 28 Abs. 2 GG ist die verfassungsrechtliche Garantie der kommunalen Selbstverwaltung verankert. Danach muss den G. das Recht gewährleistet sein, alle Angelegenheiten der örtlichen Gemeinschaft im Rahmen der Gesetze in eigener Verantwortung zu regeln. Diese Garantie umfasst ihrerseits zumindest drei Schutzdimensionen. Die Rechtssubjektsgarantie gebietet, dass es überhaupt die G. als Elemente des staatl. Verwaltungsaufbaus geben muss. Damit unterfällt zwar nicht der Bestand jeder einzelnen G., wohl aber die kommunale Ebene als solche dem Schutz des Art. 28 Abs. 2 GG. Die Garantie der eigenverantwortlichen Wahrnehmung der gemeindlichen Aufgaben gewährleistet, dass die kommunale Selbstverwaltung nicht ausgehöhlt wird. Sie zerfällt in die (All-)Zuständigkeitsvermutung der G. in örtlichen (nicht allgemeinpolitischen) Angelegenheiten, die Eigenverantwortlichkeit der Aufgabenwahrnehmung inkl. der Gebiets-, der Satzungs-, der Personal- u. der Finanzhoheit sowie dem Gesetzesvorbehalt für Einschränkungen. Schließlich besteht eine subjektive Rechtsschutzgarantie für die kommunale Selbstverwaltung; deren Kern bildet die Kommunalverfassungsbeschwerde gem. Art. 93 Abs. 1 Nr. 4b GG, §§ 13 Nr. 8a, 91 BVerfGG. Der Schutz aus Art. 28 Abs. 2 GG wird u. a. flankiert durch finanzverfassungsrechtliche Gewährleistungen in Art. 106 GG u. landesverfassungsrechtliche Garantien der kommunalen Selbstverwaltung. Zudem ist eine Beeinträchtigung durch das m. einem Anwendungsvorrang vor dem mitgliedstaatlichen Recht versehene Unionsrecht ausgeschlossen. Gem. Art. 4 Abs. 2 EUV achtet die Union die jeweilige nationale Identität der Mitgliedstaaten, zu der auch die Strukturen der regionalen u. lokalen Selbstverwaltung gehören. Eine entspr. Bezugnahme findet sich in Art. 5 Abs. 3 EUV (→ Subsidiaritätsprinzip).

Das System der kommunalen Aufgaben ist geprägt von einem Aufgabendualismus, der (freiwillige u. pflichtige) Selbstverwaltungs- u. Auftragsangelegenheiten umfasst. Letztere sind staatl. Aufgaben, die vom Staat übertragen werden (übertragener Wirkungskreis). Die Erfüllung der Selbstverwaltungsaufgaben unterliegt einer auf die Prüfung der Rechtmäßigkeit beschränkten Kommunalaufsicht. Die Erfüllung der Aufgaben im übertragenen Wirkungskreis unterliegt einer um die Zweckmäßigkeitskontrolle erg. Fachaufsicht.

Für die Binnenorganisation der G. hat sich eine allen Gemeindeordnungen gemeinsame dualistische Struktur herausgebildet, in der sich eine gem. Art. 28 Abs. 1 S. 2 GG aus allg., unmittelbaren, freien, gleichen u. geheimen Wahlen hervorgegangene Gemeindevertretung (Rat, Gemeinderat) einem ebenfalls durch Wahl legitimierten Hauptverwaltungsorgan in Gestalt eines Bürgermeisters (in Hessen: kollegialer Gemeindevorstand) gegenübersteht. Während die Gemeindevertretung die wesentlichen Entscheidungsbefugnisse der G. – etwa die Satzungshoheit – wahrnimmt, liegt der Schwerpunkt der Kompetenzen des Bürgermeisters im administrativen Bereich. Bei Streitigkeiten zwischen den Organen od. Organteilen kann ein sog. Kommunalverfassungsstreit vor dem VerwG angestrengt werden. Den Einwohnern stehen neben Mitwirkungsrechten bei der Organbildung u. Entscheidungsfindung auch Ansprüche auf – ggf. entgeltliche – Zulassung zu den gemeindlichen öff. Einrichtungen (Schulen, Schwimmbäder, etc.) zu. Vielfach besteht zudem ein Anschluss- u. Benutzungszwang für bestimmte öff. Einrichtungen (Wasserversorgung, Straßenreinigung etc.).

Literatur

Brüning, Chr., Kommunalverfassungsrecht: Bes. Verwaltungsrecht, Bd. 3, hg. v. D. Ehlers u. a., Heidelberg 2013; Röhl, H. Chr., Kommunalrecht: Bes. Verwaltungsrecht, hg. v. F. Schoch, Berlin – Boston [15]2013.

Peter Unruh

© 2019, DOI: 10.30965/9783506786388_0134

Gemeinde – Katholisch

1. V. a. durch die Pastoraltheologie u. beratende Institutionen wie Gemeindeberatung u. Gemeindeentwicklung hat der urspr. in der prot. KirchVerf. gebräuchliche Begriff G. Eingang in die kath. Theologie u. kirchl. Praxis gefunden. Er tritt in diesen Bereichen oft unreflektiert an die Stelle des verfassungsrechtlichen Begriffs →Pfarrei u. wird weithin undifferenziert zur Bez. versch. Sozial- u. Organisationsformen in der Kirche verwendet. Dem Begriff G. eignet oft eine antijuridische u. antiinstitutionelle Konnotation u. er enthält soziologisch bedingte Aspekte der Gemeinschaftlichkeit, Freiwilligkeit, Offenheit, Pluralität, Dynamik u. demokratischer Willensbildung. Abgesehen von solchen idealisierenden Leitvorstellungen findet G. eine gewisse Entsprechung im lat. Begriff communitas, der im CIC als Sammelbegriff für versch. Formen kirchl. Gemeinschaften, aber auch als Synonym für ganz bestimmte kirchl. Gemeinschaftsformen u. Gliederungen verwendet wird. Kirchen u. kirchl. Gemeinschaften werden m. den Begriffen communitas (z. B. cc. 23, 381 §2, 516 §1; c. 1506 §1 CCEO), communitas universa christiana (c. 233 §1; c. 329 §1 CCEO), communitas ecclesiastica (c. 1063), communitas ecclesialis (z. B. cc. 364, 6°, 463 §3, 713 §2; c. 238 §3 CCEO) bez. Unter Berücksichtigung der Lehre von der unterschiedlichen Verwirklichung der elementa Ecclesiae (UR 3) verwendet der CIC zur Bez. der →nichtkatholischen Kirchen oft den Doppelbegriff Ecclesiae vel communitates ecclesiales. Nichtkatholische Kirchen werden als communitates non catholicae bez. Ordensrechtliche Gemeinschaften, die nicht zu den Strukturen der KirchVerf. sondern zum vereinigungsrechtlichen Bereich der Kirche gehören, werden oft als communitas (localis) bez. (z. B. cc. 567 §1, 608, 619, 630 §3, 631 §3; cc. 475 §1, 539 §2 CCEO).

2. Die Rede von der G. ist in der kath. Kirche legitim, weil das Vat II die Kirche als →Volk Gottes u. als von Gott zusammengerufene Versammlung derer versteht, die an Jesus Chr. glauben u. durch die Taufe zu ihr gehören. In dem nach Maßgabe des Konzils erneuerten KR erscheint die Kirche als eine personal bestimmte Gemeinschaft, in ihrer Gesamtheit u. in ihren Gliederungen auf allen Ebenen der KirchVerf. Bereits im Leitsatz Nr. 8 zur Codexreform von 1967 wurde das personale Element als Gliederungsprinzip der KirchVerf. bestimmt, das territoriale Element sollte nur noch einen rein determinativen Charakter haben.

3. Dennoch ist der unspezifische Begriff G. kein Fachbegriff der lat. KirchVerf. u. stellt auch keine eigene Verfassungsebene dar. Verfassungsebenen sind die Universalkirche (→Gesamtkirche), die diözesane →Teilkirche u. die Pfarrei. Sie zeichnen sich gegenüber der G. dadurch aus, dass sie von Rechts wegen jeweils einen eigenen Hirten (pastor) besitzen, dem in Zusammenarbeit m. den zugehörigen →Gläubigen die Verwirklichung der umfassenden →Hirtensorge (vgl. cc. 528-529; c. 289 CCEO) aufgetragen ist. Eine G. bleibt nach dem allg. KR sowohl hinsichtlich ihrer Aufgabenstellung als auch ihrer Struktur unbestimmt. P. Paul VI. spricht in seinem Apost. Schreiben Evangelii Nuntiandi in Nr. 58 von Basisgemeinden, die v. a. dort entstehen, wo der Mangel an Priestern (→Priestermangel) ein normales pfarrliches Leben nicht zulässt u. betont zugl., dass solche G. als Teile von Teilkirchen zu verstehen sind. Heribert Schmitz hat vorgeschlagen, den Begriff G. als Synonym für lat. pars (c. 374 §1) u. somit als Oberbegriff für alle Organisationsformen der Hirtensorge zu verwenden; die Pfarrei wäre dann die rechtlich nor-

mierte Grundform einer G. u. die unterste Verfassungsebene in der kath. Kirche.

4. Im Zuge der Errichtung von →Großpfarreien, bei der bislang bestehende Pfarreien aufgelöst u. zu einer neuen, größeren Pfarrei vereinigt werden, bildet sich ein neuer Begriff von G. heraus, der sich von dem der Pfarrei unterscheidet: G. ist demnach eine Untergliederung od. ein Teil einer kan. errichteten Pfarrei, der in personaler od. territorialer Hinsicht den bislang bestehenden Einzelpfarreien od. anderen Gruppen entspr. kann. M. der Betonung der G.-Struktur als Gliederungsprinzip einer Pfarrei soll einer Anonymisierung der Pastoral entgegengewirkt u. den Gläubigen ein Ort angeboten werden, an dem sie ihr eigenes →Apostolat ortsnah verwirklichen können. Im Unterschied zur Pfarrei, der solche G. als Teil zugehören, haben G. nicht die umfassende Hirtensorge in allen drei munera sondern nur Teile davon zu verwirklichen, wobei die konkreten Aufgaben von den örtlichen Ressourcen u. Charismen abhängen. Im Idealfall ergänzen sich die einzelnen G. einer Pfarrei m. den von ihnen verantworteten Aufgaben zur Realisierung der umfassenden Hirtensorge, die vom →Pfarrer der Pfarrei zu verantworten u. zu leiten ist. Die Leitung einer einzelnen G. ist in diesem Konzept nicht an einen Pfr. od. einen anderen →Priester od. an sog. Hauptamtliche (z. B. →Diakon, →Gemeindereferent u. →Pastoralreferent) gebunden, sondern die für den Zusammenhalt der G. erforderliche Gemeindeleitung kann in versch. Formen von den Gläubigen selbst wahrgenommen werden. Während einzelne dt. →Diözesen für Teile od. Untergliederungen von Pfarreien den Begriff G. verwenden, sprechen andere von Kirchorten, Orten kirchl. Lebens u. ä. u. bleiben bzgl. der wahrzunehmenden Aufgaben, der Strukturen u. der Zuordnung zur Pfarrei sehr unbestimmt. Es ist zu wünschen, dass die partikularkirchliche Gesetzgebung den Begriff G. im genannten Sinn präzisiert u. so eine rechtlich vertretbare Zuordnung von Pfarrei u. G. vornimmt.

Quellen

Vat II, UR; Principia quae Codicis iuris canonici recognitionem dirigant: Comm. 1 (1969), 77-85; Paul VI., Apost. Schreiben Evangelii Nuntiandi vom 8. Dezember 1975: AAS 68 (1976), 5-76.

Literatur

Schmitz, H., Pfarrei u. Gemeinde: AfkKR 148 (1979), 48-71; Wiedenhofer, S. – Mette, N., Art. Gemeinde III. u. IV.: LThK³ Bd. 4, 420-422; Hallermann, H., Art. Communitas fidelium: LKStKR Bd. 1, 357-359; Aymans, W., § 26 Gliederungs- u. Organisationsprinzipien: HbkathKR³, 430-441; Hallermann, H., § 48 Pfarrverband u. Pfarreiengemeinschaften: HbkathKR³, 746-759; ders., Gemeindeleitung durch Laien? Kirchenrechtliche Perspektiven: Klerusblatt 97 (2017), 62-65; Ahlers, R.: MKCIC c. 515, Rn. 3.

Heribert Hallermann

© 2019, DOI: 10.30965/9783506786388_0134

Gemeinde – Evangelisch

1. Der Begriff G. wird im allg. Sprachgebrauch mehrdeutig verwendet. Je nach Kontext kann eine theol., empirische od. rechtliche Größe gemeint sein. Im theol. Sinne ist G. eine Gemeinschaft von Menschen, in der das Evangelium rein verkündigt u. die →Sakramente einsetzungsgemäß gefeiert werden (Art. 7 CA). Durch diesen Vollzug gewinnt geistl. Gemeinschaft leibliche Gestalt u. bewirkt der Hl. Geist Glauben (Art. 5 CA), aus dem „gute Früchte und Werke" der Gläubigen u. Lebensäußerungen der Kirche hervorgehen (Art. 6 CA). Nach reformatorischem Verständnis ist G. synonym m. dem neutestamentlichen Begriff der Kirche. Das Wort ecclesia ist deshalb von Martin Luther regelmäßig m. G. übers. worden. Dadurch wird die versammelte G. enorm aufgewertet, weil deutlich wird, dass die G. zugl. – als universale ebenso wie als partikulare od. örtliche Gemeinschaft – stets Kirche u. die Kirche zugl. stets G. ist. Auf eine bestimmte rechtliche Gestalt od. Organisationsform kommt es in diesem Zusammenhang nicht an. Insofern

ist der theol. Gemeindebegriff weit gespannt u. umfasst i. S. des Perspektivpapiers der EKD „Kirche der Freiheit" grds. „alle Orte, an denen sich Menschen um das Evangelium versammeln" von der Ortsgemeinde bis hin zu bes. Gemeindeformen für bestimmte Zielgruppen (z. B. Jugendliche, Studierende, Soldaten, gebärden- od. fremdsprachige Gemeindeglieder), od. in diakonischen Einrichtungen, Schulen u. Akademien. Entscheidend ist allein, dass die Grundvollzüge der Kirche nach Art. 7 CA regelmäßig, verlässlich u. ordnungsgemäß stattfinden. Dabei ist es nicht erforderlich, dass die Feier der Sakramente ständig erfolgt. Die Regelmäßigkeit ihres Vollzugs kann vielmehr genügen. Andererseits kann eine Gemeinschaft nicht als G. verstanden werden, wenn die Feier der Sakramente generell nicht möglich od. vorgesehen ist; Medien, wie z. B. das Internet sind somit zwar wirksame Wege u. Mittel der →Verkündigung, aber nicht unmittelbar der Gemeindebildung.

2. In den Verf. u. Kirchen(gemeinde)ordnungen der →Landeskirchen finden sich nur vereinzelt grundlegende Aussagen über den Begriff der G. Eindrücklich ist die Definition in Art. 4 Abs. 2 der →Kirchenverfassung der Bay. „Die Gemeinde ist die Gemeinschaft der Menschen, die durch Wort und Sakrament zur Einheit des Glaubens, der Liebe und Hoffnung gesammelt werden und dazu berufen sind, Jesus Christus als den Herrn und Heiland vor der Welt zu bezeugen." Bezeichnend für eine luth. Verf., für die die sorgsame Ausgestaltung des Gegenüber u. Miteinander von (Predigt-)Amt u. G. eine maßgebliche Determinante ist, ist dabei der Regelungszusammenhang m. dem →Amt der Kirche: „In der Evangelisch-Lutherischen Kirche in Bayern sind unter dem Auftrag zur öffentlichen Wortverkündigung und →Sakramentsverwaltung Gemeinde und Amt einander zugeordnet und aneinander gewiesen" (Art. 4 Abs. 1 Bay.KirchVerf). Vom theol. Begriff der G. ist der Rechtsbegriff der durch einen feststellbaren Kreis ihrer Mitglieder bestimmten →Kirchengemeinde als →Körperschaft des öffentlichen Rechts u. des kirchl. Rechts zu unterscheiden.

3. Von Beginn der Kirchengeschichte an hat es unterschiedliche Formen einer G.-Organisation gegeben. Allerdings erfordern der Versammlungscharakter u. das gottesdienstliche Geschehen als Grundmerkmale der G. regelmäßig eine räumlich bestimmte Ausprägung. Dies hat durchgängig zur Folge gehabt, dass sich G. dort herausbildeten, wo innerhalb eines politischen Gemeinwesens Christen beieinander wohnten. Die räumliche Bindung der chr. G. an die vorfindliche soziale Umgebung hat somit zur Bildung territorial abgegrenzter örtlicher G. geführt, denen alle in ihrem Bereich wohnenden Christen angehörten. Bereits in der Alten Kirche sind aber Gegentendenzen zur territorialen Orientierung festzustellen, insb. im Mönchtum als gemeinschaftlicher Lebensform, die auf persönlicher Wahl beruhte. Im MA verstärkte sich die territoriale Orientierung. Allerdings vollzog sich diese nicht in der Bildung von m. Rechtsfähigkeit ausgestatteten u. durch eigene Organe repräsentierten Personenverbänden (Körperschaften), sondern in der Ausformung des →Parochialsystems (Pfarrzwangs), wodurch die Gemeindeglieder einem bestimmten →Pfarrer zugeordnet wurden. Diese Zuordnung diente einerseits der Sicherung der chr. Unterweisung u. der Kontrolle der Gläubigen hinsichtlich der Erfüllung der kirchl. Pflichten, andererseits dem Lebensunterhalt des Pfr. durch die ihm für die Vornahme von →Amtshandlungen an seinen Gemeindegliedern zustehenden →Stolgebühren.

Unbeschadet der hohen Wertschätzung der G. durch Martin Luther, die in bes. Weise in seiner Schrift „Dass eine christliche Versammlung oder Gemeine Recht und Macht habe, alle Lehre zu beurteilen und Lehrer zu berufen, ein- und abzusetzen; Grund und Ursach aus der Schrift" (WA 11, 408-416) zum Ausdruck kommt, gibt es bei ihm – anders als bei Calvin – nur wenige Impulse für ihre konkrete Organisationsform u. Rechtsgestalt; erwähnenswert für den Bereich der → Vermögensverwaltung ist indes seine Einführung zur „Ordnung eines gemeinen Kastens" für die Stadt Leisnig von 1523 (WA 12, 1-10). I. Ü. wurde, zumal bürgerliche u. chr. G. weitestgehend identisch waren, die äußere G.-Ordnung der Obrigkeit überlassen. So behielten in Deutschland die ev. örtlichen G. bis in das 19. u. 20. Jh. hinein weiterhin den rechtlichen Status bloßer, ausschließlich vom jeweiligen geistl. Amtsträger geleiteter Seelsorgesprengel (→ Pfarreien) unter Beibehaltung der ma., auf stiftungsrechtlichen Grundsätzen beruhenden Ordnung des örtlichen → Kirchenvermögens durch die → Kirchenstiftung einerseits u. die Pfründestiftung andererseits.

Quellen

Arnoldshainer Konferenz, Thesen für ein Muster „Kirchengesetz über besondere Gemeindeformen": ABl. EKD 2001, 255; Kirche der Freiheit – Perspektiven für die ev. Kirche im 21. Jahrhundert, hg. v. Rat der EKD, Hannover 2006, 36 ff. u. 54 ff.

Literatur

Brunotte, H., Grundsatzfragen zu einer ev.-luth. Kirchenverfassung: ZevKR 8 (1961), 137-156; Frost, H., Strukturprobleme ev. Kirchenverfassung, Göttingen 1972, 32-155; Möller, Chr., Art. Gemeinde/I. Chr. Gemeinde: TRE Bd. 12, 316-335; Link, Chr., Die Gemeinde u. ihre Vertretung: Zur Aktualität des Alten Testaments (FS Sauer), hg. v. S. Kreuzer – K. Lüthi, Frankfurt u. a. 1991, 281-290; Rosenstock, S., Die Selbstverwaltung ev. Kirchengemeinden, Bern u. a. 2000; Rauhaus, M., Das kirchenrechtliche Gemeindeprinzip u. seine Auswirkungen auf die kirchl. Verfassungsgestaltung, Bern u. a. 2005; Munsonius, H., Das undeutliche Wort „Gemeinde": ZevKR 53 (2008), 61-67; Muckel, St. – de Wall, H., Kirchenrecht, München [5]2016, 291-296 u. 323-328; Hübner, H.-P., Entwicklung, Herausforderungen u. Perspektiven der ev. Gemeindeverfassung in Thüringen: Evangelium ecclesiasticum (FS Kähler), hg. v. C. Böttrich – H.-P. Hübner – K. Voigt – D. Wiegand, Leipzig 2009, 159-199; ders., Gemeindeleitung in der Ev.-Luth. Kirche in Bayern – Verfassungsgeschichtliche Entwicklung u. aktuelle Fragestellungen: ZRG.K 100 (2014), 495-533; ders., § 10 Gemeinde u. Kirchengemeinde: HevKR, 402-436, 415 ff.

Hans-Peter Hübner

© 2019, DOI: 10.30965/9783506786388_0134

Gemeinde – Jüdisch

Jüd. G. gibt es seit der Formierung des nachexilischen Judentums im Land Israel u. in der → Diaspora. Bis zur Zerstörung des Zweiten Tempels um 70 n. Chr. war dieser der Mittelpunkt des Judentums. Die Bedeutung der G. nahm danach erheblich zu. Nur durch sie konnte die jüd. Religion überhaupt überleben. Für Mesopotamien in der rabb. Zeit sind Gemeindestrukturen durch den → Talmud belegt, die stark durch die dortigen Talmudhochschulen u. deren Vorsteher dominiert waren. Reiseberichte erzählen von großen jüd. G. etwa in Alexandria/Ägypten. Inwieweit nichtjüdische Vorbilder den Gemeindeaufbau beeinflusst haben, ist wenig geklärt. M. der Ansiedlung nördlich der Alpen u. der Entstehung des aschkenasischen Judentums im 10./11. Jh. beginnen sich differenzierte Gemeindestrukturen auszubilden. Als einzige nichtchristliche Minderheit in Westeuropa trug sie wesentlich zum Erhalt der Tradition bei. Zu einer ma. jüd. G. gehörte ein → Friedhof od. eine rechtliche Beziehung zu einem regionalen Friedhof, je nach Größe eine Herberge (Hekdesch), die als Spital diente u. Ortsarmen Unterkunft anbot. Eine → Synagoge od. ein Betsaal boten Platz für gemeinschaftliche → Gebete. Es wurden Spenden für Arme ges., Hilfe zur Selbsthilfe ermöglicht, arme Bräute ausgestattet, Kranke besucht, Lehrer eingestellt, die oft als Vorbeter amtierten, u. wo möglich wurden junge Männer weiter ausgebildet. In den Hl. drei G. Speyer, Worms u. Mainz entstanden Gelehrtenschulen, charismatische → Rabbiner scharten Studenten auch an anderen Orten um sich. Die Familienvorstände entschieden über wichtige Angelegenheiten, die Vorstände (Parnassim) wechselten sich ab. Das Magdeburger Städterecht scheint teilweise von jüd. G. in Mitteleuropa übernommen worden zu sein. Im muslimischen Andalusien entwickelten sich ähnliche jüd. Gemeindestrukturen, hier sprach man von „juderia" für das Judenviertel u. „ma'amad" für den Vorstand. Ein „rab de la corte" war Ansprechpartner für die Fürsten.

M. der Vertreibung der Juden aus den meisten dt. Städten im 15. u. frühen 16. Jh. fanden jüd. Familien Zuflucht auf dem Land. Hier wurden die ma. Gemeindestruktur in reduzierter Form weitergeführt. Jetzt entstanden Beerdigungsbruderschaften. Größere städtische G. gab es im Königreich Polen-Litauen, die sich zu einem lockeren Gemeindebund von vier hist. polnischen Landschaften zur Vier-Länder-Synode zusammenschlossen. Unter den Habsburgern gab es Versuche, jüd. G. unter Landesrabbinern zusammenzufassen (Nikolsburg). Die Landesjudenschaften des 17. u. 18. Jh. waren mehr fiskalisches Instrument für die Territorialherren. Hier hatten die wohlhabenden Honoratioren, nicht Rabbiner, das Sagen. M. der Franz. Revolution kam die →Religionsfreiheit. Ein Austritt aus einer G. o. Konversion zum Christentum wurde in vielen Staaten möglich. M. der zunehmenden gesellschaftlichen Integration u. der Säkularisierung verloren jüd. G. bes. in Westeuropa viel an Bedeutung. Preußen regulierte im Judengesetz von 1847 den Rechtsstatus jüd. G. sehr detailliert. Viele Regierungen erwarteten, dass die Juden ein eigenes Schul- u. Sozialwesen unterhielten. Interne Debatten über die Moderne führten in den 1840er J. zur Entstehung von drei religiösen Strömungen. Die liberale befürwortet Kürzungen u. inhaltliche Änderungen der Liturgie, sowie die Orgel. Dies führte zu einer Austrittsbewegung aus liberal dominierten G. (Samson Raphael Hirsch), die etwa in Baden 1868 u. in Preußen 1876 gesetzlich geregelt wurde. Eine Massenbewegung wurde der Austritt im deutschsprachigen Raum allerdings nicht. Säkulare Zionisten übten Kritik an den religiösen Funktionen jüd. G. u. wollten diese v. a. als Fürsorge- u. Kulturinstitutionen sehen. Dies ist vor dem Hintergund der Westwanderung hunderttausender verarmter osteuropäischer Juden nach 1900 zu verstehen. In der NS-Zeit bildeten die jüd. G. in Deutschland wiederum einen wichtigen Bezugspunkt, auch wenn sie 1938 ihres Körperschaftsstatus beraubt u. nur noch als Vereine bez. wurden.

Nach der Schoah wurden jüd. G. neu gegr. u. spielen auch heute im jüd. Leben Europas eine zentrale Rolle. Neu sind landesweite Vereinigungen, so etwa der CRIF in Frankreich od. der →Zentralrat der Juden in Deutschland. Auch auf europäischer Ebene kam es zu Zusammenschlüssen von G.-Dachorganisationen. Aus den islam. Ländern wurden die meisten Juden vertrieben (Algerien, Tunesien, Ägypten, Irak, Jemen etc.) od. wanderten unter politischem Druck aus (Marokko), sodass die orient.-jüd. Gemeindeorganisation nur noch in Istanbul od. Teheran vorhanden ist. Durch Zuwanderung im 19. Jh. ist die amerikanisch-jüd. Gemeinschaft auf heute fast sechs Mio. Personen gewachsen. Die Synagogengemeinden sind getrennt vom Staat organisiert. Nur etwa die Hälfte aller Juden ist in ihnen Mitglied. Auch hier gibt es religiöse Dachverbände. Mäzene haben das Sagen bei der Förderung jüd. →Hochschulen u. Rabbinerseminare.

Literatur

Auerbach. L., Das Judentum in Preußen u. in den anderen dt. Bundesstaaten, Berlin 1890; Bloch, P., Die Generalprivilegien der polnischen Judenschaft, Posen 1891; Weinberg, M., Die Organisation der jüd. Ortsgemeinden in der talmudischen Zeit: Monatsschrift für Geschichte u. Wissenschaft des Judentums 1897, H. 13, 588-604; Baron, S. W., The Jewish Community: its history and structure to the American Revolution, 3 Bde., Philadelphia o. J. (1942); Finkelstein, L., Jewish Self-Government in the Middle Ages, Westport 1972; Gemeinde, jüd.: Jüd. Lexikon Bd. II, 959-1007; Takkana: Jüd. Lexikon Bd. IV/2, 834 f.; Elazar, D., People and Polity: Organizational Dynamics of World Jewry, Detroit 1989; Chanes, J., A portrait of the American Jewish community, Santa

Barbara 1998; Community, Jewish: EJ Bd. 5, Detroit 2007, 101-121; Takkanot ha-Kahal: EJ Bd. 19, Detroit 2007, 453-460.

Uri-Robert Kaufmann

© 2019, DOI: 10.30965/9783506786388_0134

Gemeinde – Islamisch

Islam. G. sind in Deutschland als e. V. organisiert, die Aḥmadīya Muslim Jamaat (→Ahmadiyya-Gemeinschaft) als →Körperschaft des öffentlichen Rechts. In den größeren Städten gibt es oft mehrere →Moscheen, die sich national bzw. ethnisch sortieren. Davon zu unterscheiden sind niederschwellig organisierte Studierendengemeinden, die oft aktive Dialogarbeit m. den chr. Hochschulgemeinden betreiben u. über den Campus hinaus in die Stadtgesellschaft hineinwirken können. Ableger islam.-religiöser Vergemeinschaftung sind z. B. muslimische Jugendorganisationen.

Bzgl. Alltagskultur u. Verkehrssprache ihrer Besucher handelt es sich oft um Organisationen (Kulturvereine), die zwischen migrantischen u. religiösen Bedürfnissen vermitteln. Sie beherbergen neben der Möglichkeit des gemeinschaftlichen →Gebets (→Freitagsgebet) weitere Angebote wie religiösen Unterricht, Bibliotheken, Hausaufgabenhilfe, →Jugendarbeit, Erwachsenenbildung, →Seelsorge, kleine Läden, Friseure, Cafés u. sonstige soziale Formate. Inzwischen hat sich auch in Deutschland ein eigener Dienstleistungssektor entwickelt, z. B. Sterbeversicherungen, Beerdigungen u. Rückführungen od. Wallfahrten nach Mekka. Einige G. betreiben Öffentlichkeitsarbeit in ihren Kommunen (Tage der offenen Tür, ehrenamtliches Engagement), um zum Abbau von Vorurteilen beizutragen. Die islam. G. leisten damit ihren Beitr. zur gesellschaftlichen Integration.

I. d. R. steht hinter einer Moschee ein Träger, der das Gebäude bewirtschaftet u. einen haupt- od. nebenamtlichen →Imām als Leiter der religiösen Riten anstellt. In vielen G. werden zunehmend religionsbeauftragte Frauen (imāma, muršida) angestellt, die zwar nicht m. der Leitung des Gebets od. der Freitagspredigt beauftragt sind, aber m. bes. gemeindepädagogischen Aufgaben. Es handelt sich bei den G. um wenig finanzkräftige Initiativen – auch bei solchen Vereinen, die eine konsularische Betreuung in Organisation u. Bestellung des Kultuspersonals erhalten. Erschwerend tritt oft hinzu, dass es sich um theol. Laienorganisationen handelt. Die Fragen der basalen religiösen Versorgung der Menschen vor Ort haben Vorrang vor der Teilnahme am öff. Diskurs. Dies u. die Sprachbarriere, aber auch stereotype Wahrnehmungen (Hinterhofmoschee) tragen dazu bei, dass islam. G. als der Öffentlichkeit wenig zugewandt markiert werden.

Das hat sich durch versch. Entwicklungen geänd.: die gefestigte Bleibeperspektive der Nutzer (Nachhaltigkeit), die Entstehung von Superstrukturen (sog. Dachverbände wie der →Zentralrat der Muslime in Deutschland ZMD, der Koordinationsrat der Muslime in Deutschland KRM od. der →Islamrat) u. die Etablierung islam. Theologie an dt. Universitäten (Akademisierung). Die Einführung islam. →Religionsunterrichts an den öff. Schulen zeigt das Gefüge von religiösem Versorgungsbedarf muslimischer Familien, religiös-institutionellem Gestaltungsanspruch islam. G., Deutungsanspruch wiss. Theologie u. kultur- u. ordnungspolitischer Erwartungshorizonte.

Um die Dynamiken islam. G. zu verstehen, kann in Fragen muslimisch-religiöser Vergemeinschaftung zwischen traditionellen (idealen, spirituellen) u. situativen (pragmatischen, sozialen) Aspekten unterschieden werden. In den Zentralschriften des Islams findet sich für G. die Vokabel →umma. Über Ableitungen im →Koran werden Vergleiche zur Tierwelt gezogen, z. B. m. Blick auf die lenkende Hand Gottes (Vögel in 6:38; vgl. Mt 6, 26). Muslime verstehen unter umma die religiöse Solidargemeinschaft u. messen ihr ungeachtet unterschiedlicher regionaler Ausformungen transnationale

u. transzendentale Bedeutung bei. Überlieferte Weisheiten Muhammads erwähnen Aussagen wie „meine Gemeinschaft" (ummatī) als Ausdruck für die G. der Muslime insgesamt.

Auch die G. früherer Gottesgesandter, die im Koran als Volk, Stamm, Land, Welt(en), Territorium od. Familie erfasst werden (qaum, āl, ahl, balad, balda, ᶜalam, aqṭār u. ä.), sind umma im religiösen Sinn. Deshalb kann der Leiter einer G., der im Koran als Imām bez. wird (wörtlich Vorbild; 2:124 od. 25:74), prophetische Gestalt, Vaterfigur, Hirte, Regent, Lehrer od. einfach nur Leiter einer Gebetsgemeinschaft sein (ǧamāᶜa; das abgeleitete türkische Wort cami bedeutet Versammlungsort). Das dt. Wort Moschee stammt über das spanische mesquita vom arab. masǧid (Ort der Verneigung) ab.

Der Koran bez. seine Adressaten in der medinensischen Phase zwischen 620 u. 632 als „die beste Gemeinschaft" (ḫaira ummatin), die zum Guten aufruft, das Rechte tut u. das Schlechte abwehrt – m. Bezug zum Glauben wie in 3:111, aber auch o. wie in 3:104. Präskriptiv interpretiert meint das den Auftrag, sich zu solch einer Gemeinschaft zu entwickeln (faltakun minkum; „aus euch soll werden"). Deskriptiv verstanden (kuntum; „ihr seid") bez. das die Auszeichnung durch das islam. Bekenntnis. Der Koran entwickelt in Texten wie 4:82-83 auch säkulare Zugänge zu sozialen Verwirklichungsformaten islam. Werte. Deshalb gibt es keine durch die islam. Tradition festgelegte Organisationsform von Staat od. religiöser G. – die bleibt stets Verhandlungssache.

Ähnlich oszilliert das Begriffspaar ummat al-islāmiya (G. im qualitativen Sinn) u. ummat al-muslimīn (G. im personalen Sinn). Ersteres schließt variablere u. vom Bekenntnis unabhängige Zugehörigkeiten ein (inklusiv), während letzteres exklusiv zu verstehen ist. Es hatte zur Konsequenz, dass Nicht-Muslime als Schutzgemeinschaft (ḏimma) eine bes. Steuer (ǧizya) an das Gemeinwesen zu entrichten hatten, die sie vom Wehrdienst befreite od. (ähnlich der muslimischen Abgabe an Bedürftige; zakā) zur allg. Wohlfahrtspflege eingesetzt wurde (der Begriff Kopfsteuer ist sachlich falsch).

Das hat Auswirkung auf Fragen der religiösen Pluralitätsfähigkeit islam. Herrschaftsbestellung u. Gemeinschaftlichkeit in säkularer Rahmung. I. d. R. gilt aus Sicht islam. Religionsgelehrsamkeit, sich wo immer möglich an der offeneren Auslegung zu orientieren. Denker der andalusischen Epoche des Islams im 12. Jh. wie Ibn Rušd (Averroës) stellten die Legitimität der ǧizya in Frage. Immerhin verweist der Koran auf Juden u. Christen (u. einige andere) als in religiöser u. nicht nur sozialer G. m. Muslimen stehend (ahl al-kitāb; 3:64). Auch als Widerstandsgemeinschaft in antikolonialen Befreiungskonflikten in Asien od. Afrika konnte sich das Verständnis von umma über das konfessionelle Geviert auf andere Religionsangehörige erstrecken (vgl. die Verteidigungsgemeinschaft des Kurden Salāḥuddīn Ayyūbi: Ein Drittel seines gegen die Kreuzfahrer stehenden Heeres waren orient. Christen; heute dienen dt. Muslime bei Bundeswehreinsätzen in Afghanistan, in Mali od. am Horn von Afrika).

Ob die soziale Struktur muslimischen Zusammenlebens m. der religiösen Struktur identisch sein muss, ob es eine territoriale Konstruktion muslimischer Gemeinschaftlichkeit überhaupt geben darf u. ob Herrschaftsbestellung religiöse Gelehrsamkeit voraussetzt, wurde bereits seit der Frühzeit des Islams kontrovers diskutiert u. zieht sich zwischen Republikanismus u. Kalifatsfantasien durch heutige Kontroversdebatten muslimischer Denkwelten. Das lässt sich auch an der sozialen u. ideologischen Signatur islam. G. in Deutschland ablesen. Hier steht gegenwärtig die Verbindung zwischen einer G. wie der DITIB in Deutschland u. der türkischen Religionsbehörde DIYANET im Fokus, was weniger über das theol. Profil dieser G. aussagt als über das Verständnis des türkischen Staates bzgl. der Frage, für wie zuständig er sich für die sog. Auslandstürken wähnt. Auch die Schwierigkeit, Religion erst in kirchenähnlichem Gewand (der Islam kennt keine konfessionelle Abgrenzung od. Mitgliedschaft) als Struktur u. Funktion jur. Trägerschaft begreifbar zu machen, trägt zu solchen Verschiebungen zwischen Selbst- u. Fremdwahrnehmung bei.

Literatur

al-ᶜAlwānī, T. J., Ijtihâd. International Institute of Islamic Thought publications (IIIT), Herndon (Virginia) – London 1993; Gözaydin, I., A Religious Administration to Secure Secularism: The Presidency of Religious Affairs of the Republic of Turkey: Marburg Journ. of Religion 11, 1 (2006); Spielhaus, R., Wer ist hier Muslim? Die Entwicklung eines islam. Bewusstseins in Deutschland zwischen Selbstidentifikation u. Fremdzuschreibung, Würzburg 2011; Berger, P., The Many Altars of Modernity. Toward a Paradigm for Religion in a Pluralist Age, Berlin 2014; Asad, M., The Principles of Government and State in Islam, Eastford 2016; Chbib, R., Die Organisation des Islams in Deutschland: Diversität, Dynamiken u. Sozialformen, Würzburg 2018.

Harry Harun Behr

© 2019, DOI: 10.30965/9783506786388_0134

Gemeinde anderer Sprache und Herkunft – Katholisch

Die G. sind Strukturen der Migrantenpastoral innerhalb des Zuständigkeitsbereichs der DBK in unterschiedlicher rechtlicher Ausprägung. Deutschsprachige Gde. im Ausland werden i. d. R. als →Auslandsgemeinden bez.

1. Die Rechtsordnung des CIC/1917 ging strikt vom →Territorialprinzip aus u. stand der Errichtung von National- u. Sprachpfarreien ablehnend gegenüber. So bestimmte can. 216 § 4, dass Sprach- od. Nationalpfarreien o. ausdrückliches apost. →Indult nicht errichtet werden dürfen. Mörsdorf Lb. Bd. 1 kommentiert dazu: „Grundsätzlich ist die Errichtung solcher Pfarreien unerwünscht und verboten; denn die Kirche ist übernational und alle Katholiken sollen sich als ‚Brüder im Herrn‘ betrachten. Die Kirche kann und will dem Übergreifen des Nationalismus auf das kirchliche Gebiet keinen Vorschub leisten.“ (Mörsdorf, 1959, 350). Dennoch hatte P. Pius XII. in der ApK Exsul familia vom 01.08.1952 unter Nr. 4 erklärt, dass die Konsistorialkongregation gem. can. 216 § 4 ein apost. Indult gewähren könne, damit Sprach- od. Nationalpfarreien zum Wohl der Auswanderer gebildet werden können. Zugunsten des Wohls der Migranten wird demnach eine Ausnahme vom strikten Territorialprinzip ermöglicht. Auf dieser Grundlage hat sich die Rechtsform der →missio cum cura animarum entwickelt, die beschrieben werden kann als ein vom Ortsordinarius fest umgrenzter Seelsorgebezirk, in dem ein Missionar für die Migranten die →Seelsorge für die ihm anvertrauten →Gläubigen einer bestimmten Sprache od. Nation in Unterordnung unter den Ortsordinarius ausübt. Der Missionar ist bzgl. seiner Rechte u. Pflichten i. d. R. dem →Pfarrer gleichgestellt, o. selbst Pfr. zu sein. Seine →Vollmacht ist personaler Natur u. erstreckt sich auf die ihm zugeordneten Gläubigen. Die Mission ist zeitlich auf zwei Generationen befristet u. dient v. a. der Seelsorge der ersten Immigrantengeneration. Bei dauerhafter Immigration müsste sie in eine →Personalpfarrei umgewandelt werden.

2. Das Vat II geht nicht explizit auf die Rechtsform der missio cum cura animarum ein, sondern führt in CD 23, 3 aus: „Unter ähnlichen Voraussetzungen werde ebenso für die Gläubigen einer anderen Muttersprache gesorgt, sei es durch Priester oder →Pfarreien dieser Sprache, sei es durch einen bischöflichen Vikar, der diese Sprache beherrscht und gegebenfalls auch mit der Bischofsweihe ausgestattet ist, sei es schließlich auf eine andere sachdienliche Weise.“ Im Zuge der nachkonziliaren Gesetzgebung erhalten die →Bischöfe mit ES Nr. 32 § 3 die Vollmacht, Pfarreien, auch Personalpfarreien, nach eigener Entscheidung zu errichten. Die Instr. über die Migrantenpastoral Nemo est vom 22.08.1969 nennt in Nr. 33 sowohl die Personalpfarrei als auch die missio

cum cura animarum als mögliche Strukturen der Migrantenpastoral auf der untersten Ebene der KirchVerf.

3. Mit c. 383 §1 verpflichtet der CIC den →Diözesanbischof in allg. Form auch zur Sorge für die Migranten. Für diese Gläubigen kann er gem. c. 518 Personalpfarreien errichten od. gem. c. 516 §2 deren →Hirtensorge auf andere Weise strukturell absichern, z. B. indem er für sie einen →Cappellanus gem. c. 564 ernennt. Im geltenden CIC wird die missio cum cura animarum nicht erwähnt, sie ist aber durch c. 6 §1 auch nicht abrogiert u. kann als eine Organisationsform der gem. c. 516 §2 alio modo zu sichernden Hirtensorge verstanden werden. DirH Nr. 206 nennt unter den Personen(gruppen), für die eine bes. pastorale Zuwendung erforderlich ist, an erster Stelle die intern. Migranten. Die Bf. sollen m. den Bf. des Herkunftslandes der Migranten zusammenarbeiten, ggf. sollen von dort Priester, Diakone u. andere Gläubige zur Begleitung der Migranten entsandt werden. In den Diözesen sollen bes. Bildungszentren eingerichtet od. personal bestimmte Pastoralstrukturen geschaffen werden.

3. Die DBK weist in ihrer aktuellen Statistik etwa 3, 5 Mio. Katholiken m. ausl. Staatsangehörigkeit aus, die aus über 170 versch. Ländern kommen. I. d. R. sprechen sie eine andere Muttersprache als dt. Sie werden in etwa 450 G., die 35 Sprachgruppen zugeordnet werden können, von fast 500 Priestern u. Ordensleuten betreut, die von ihren Heimatbischöfen od. Ordensoberen als Migrantenseelsorger entsandt sind.

Quellen

Pius XII., ApK Exsul familia vom 1. August 1952: AAS 44 (1952), 649-704; Vat II, CD; Paul VI., MP Ecclesiae Sanctae vom 6. August 1966: AAS 58 (1966), 757-787; Kongr. für die Bischöfe, Instr. Nemo est vom 22. August 1969: AAS 61 (1969), 614-643; Kongr. für die Bischöfe, Direktorium für den Hirtendienst der Bischöfe. Übersetzung u. Kommentar von H. Hallermann, Paderborn – München – Wien – Zürich 2006 (KStKR 7); Kath. Kirche in Deutschland. Zahlen u. Fakten 2015/16: Arbeitshilfen 287, hg. v. Sekretariat der DBK, Bonn 2016, 51.

Literatur

Mörsdorf, K., Lehrbuch des Kirchenrechts auf Grund des Codex Iuris Canonici Bd. 1, München – Paderborn – Wien [9]1959, 349-351; Holkenbrink, G., Die rechtlichen Strukturen für eine Migrantenpastoral. Eine rechtshistorische u. rechtssystematische Untersuchung, Vatikan 1995 (Päpstlicher Rat für die Migranten u. Menschen unterwegs); Molina, C. F., Kath. Gemeinden anderer Muttersprache in der Bundesrepublik, Berlin 2005.

Heribert Hallermann

© 2019, DOI: 10.30965/9783506786388_0135

Gemeindeassistent(in)

→Gemeindereferent(in)

Gemeindediakon

→Diakon

Gemeindeglied

→Kirchenmitgliedschaft, →Kirchenzugehörigkeit

Gemeindehelfer(in)

→Pfarrhelfer(in)

Gemeindeleitung – Katholisch

1. Die Frage nach der G. wird zunehmend im Kontext der Errichtung von →Großpfarreien gestellt. Dabei wird oft die These zugrunde gelegt, dass viele →Priester nicht fähig seien, in komplexen Strukturen die G. zu leisten, andererseits wollen viele Priester →Seelsorger u. nicht Manager sein. G. wird demnach weithin m. Verwaltung, Organisation u. Management gleichgesetzt u. m. der Möglichkeit, Entwick-

lungsziele von →Gemeinden vorgeben u. kontrollieren zu können. Dabei bleibt i. d. R. unbestimmt, was im Kontext der KirchVerf. m. Gde. u. was m. →Leitung bez. wird. Für Theorien der G., die i. d. R. von verfassungsrechtlichen Nichtfachleuten in kirchl. Gemeindeberatung u. Organisationsentwicklung vorgelegt werden, fehlt insofern ein belastbares Fundament m. entspr. Folgen für die darauf fußenden Theorien.

2. Wenn wie so oft Gde. als Synonym von →Pfarrei verwendet wird, ist die Frage nach der G. von Rechts wegen beantwortet: Das der Pfarrei zugehörige Leitungsamt ist das des →Pfarrers, der als Hirte (pastor) der Pfarrei gemeinsam m. den zugehörigen →Gläubigen die umfassende →Hirtensorge verwirklichen u. persönlich gewährleisten muss (cc. 515 §1, 519 u. 528-529; cc. 279, 281 §1 u. 289 CCEO). Gem. c. 150 kann das KA des Pfr. als →Amt m. umfassender Hirtensorge nur einem gültig geweihten Priester übertragen werden, der zudem über die von Rechts wegen geforderten weiteren Voraussetzungen verfügen muss (cc. 521 §§2-3 u. 524; c. 285 CCEO). Insofern kann weder jeder Priester noch ein Nichtpriester wie →Diakon, →Gemeindereferent, →Pastoralreferent od. ein anderer Gläubiger Pfr. sein. Unverantwortlich u. rechtswidrig ist es, wenn solche Personen seitens des →Bischofs in die Situation gebracht werden, während einer z. T. lang andauernden Vakanz faktisch Aufgaben eines Pfr. wahrnehmen zu müssen, selbst wenn die Rechtswidrigkeit m. einem erfundenen Begriff wie Vakanzverwalter bemäntelt wird.

3. Der Pfr. nimmt die Aufgabe der G. wahr, indem er die einzelnen Gläubigen in Wort u. →Sakrament zu einer Gemeinschaft zusammenführt u. die pfarrliche Gemeinschaft beständig aufbaut, stärkt u. als solche bewahrt. Das setzt voraus, dass der Pfr. den eigenen Anteil der Gläubigen an der →Sendung der Kirche anerkennt, fördert u. stützt (c. 529 §2). G. ist demnach in einer Pfarrei eine geistl. u. ekklesiogene Aufgabe u. kann nicht auf Verwaltung u. Mangament reduziert werden od. auf die Frage, wer wann das letzte Wort hat.

4. Wenn m. Gde. allerdings ein Teil od. eine Substruktur einer Pfarrei beschrieben wird, ist die Aufgabe der G. universalrechtlich nicht festgeschrieben. Eine Gde. hat nämlich nicht die umfassende Hirtensorge zu verwirklichen, sondern je nach den vorhandenen Ressourcen u. →Charismen nur Teile daraus, so dass die Aufgabe der G. in versch. Weise wahrgenommen werden kann. Gem. dem ekklesiologischen Grundsatz von LG 9, 1, dass Gott die Menschen nicht einzeln, unabhängig von wechselseitigen Verbindungen, sondern als Gemeinschaft seines Volkes retten wollte, müssen Gde. als Teile von Pfarreien ein Mindestmaß an Struktur besitzen, das es ermöglicht, dass die Gläubigen sich selbst als Gde. erleben u. von anderen als solche erfahren werden. G. ist eine Grundfunktion, die jede Gemeinschaft benötigt als Dienst für Aufbau, Zusammenhalt u. Stärkung der kirchl. →Communio. G. muss Charismen erkennen, das eigene →Apostolat der Gläubigen motivierend aktivieren u. alles zum gemeinsamen Bemühen i. S. des Aufbaus einer lebendigen Kirche zusammenführen. Das paulinische Bild vom Leib m. den vielen Gliedern (1 Kor 12, 12-27) gibt hier Orientierung. G. ist eine gemeinschaftsbezogene Aufgabe, was auch in den entspr. Strukturen zum Ausdruck kommen soll. So können in Gde. z. B. kleine Teams gemeinsam die Aufgaben der G. leisten. Diakone, GemRef. u. PastRef. sollten in Gde. nicht die G. wahrnehmen, sondern die Teams der G. qualifizieren, begleiten u. unterstützen. G. sollte partizipativ u. demokratisch legitimiert sein, z. B. durch regelmäßige Wahl (vgl. GSyn I, 655-657). Weil die Legitimation für die G. von der Gde. ausgeht, bedarf es dazu keiner bfl. Beauftragung.

5. Unterhalb der Verfassungsebene der Pfarrei eröffnet das Konzept der G. ein hohes Maß an Mitverantwortung der Gläubigen für das pfarrliche Leben, indem sie ihre eigene Gde. als Teil der Pfarrei gestalten u. lebendig halten u. m. anderen Teilen ders. Pfarrei in Aus-

tausch u. Kooperation treten. Voraussetzung ist zum einen, dass Pfarrei u. Gde. u. die dort jeweils wahrzunehmenden Aufgaben konzeptionell unterschieden werden, zum anderen, dass ein partikularrechtlicher Rahmen für diese G. eröffnet u. entspr. ausgestaltet wird.

Quellen

Vat II, LG; GSyn I, Beschluss Räte u. Verbände. 3. Bedingungen für die Mitverantwortung, 655-657.

Literatur

Neufeld, T. – Baumgartner, K., Art. Gemeindeleitung: LThK³ Bd. 4, 426 f.; Kasper, W., Der Leitungsdienst in der Gemeinde, Bonn 1994 (Arbeitshilfen 118); Pfarrei in der Postmoderne? Gemeindebildung in nachchristlicher Zeit (FS Karrer), hg. v. A. Schifferle, Freiburg – Basel – Wien 1997; Die Platzhalter. Erfahrungen von Gemeindeleiterinnen u. Gemeindeleitern, hg. v. N. Schuster – M. Wichmann, Mainz 1997; Hallermann, H., Die Verantwortung gemeinsam tragen. Erfahrungen m. der kooperativen Pastoral im Bistum Mainz, Mainz 1999 (Mainzer Perspektiven – Berichte u. Texte aus dem Bistum 13); ders., § 48 Pfarrverband u. Pfarreiengemeinschaften: HbkathKR³, 746-759; ders., Gemeindeleitung durch Laien? Kirchenrechtliche Perspektiven: Klerusblatt 97 (2017), 62-65.

Heribert Hallermann

Gemeindeleitung – Evangelisch

1. Die G. obliegt nach dem →Verfassungsrecht der →Landeskirchen dem →Pfarrer u. einem kollegialen Leitungsorgan (→Kirchengemeinderat, →Kirchenvorstand, →Presbyterium); dabei ist →Gemeinde nicht nur im theol., sondern auch i. S. der rechtlich verfassten →Kirchengemeinde zu verstehen. Auf der Ebene der örtlichen KGde. wie auf allen anderen Ebenen kirchl. Tätigkeit (LK, Mittelstufenverband) bildet die geistl. Leitung durch öff. Wortverkündigung (→Verkündigung) u. →Sakramentsverwaltung durch das öff. Predigtamt (ministerium verbi divini) den Kernbereich der G. bzw. →Kirchenleitung i. S. v. Art. 28 CA. Neben die geistl. G. tritt die äußere G., die nicht durch Wortverkündigung u. Sakramentsverwaltung, sondern v. a. durch kirchl. Ordnungen u. ihren Vollzug geschieht u. der Erfüllung des kirchl. Verkündigungsauftrags m. einem mehr (z. B. Gottesdienstordnung, Pfarrstellenbesetzungsrecht) od. weniger unmittelbaren Bezug (z. B. Vorschriften zur Vermögensverwaltung) dient. Während die geistl. G. auf göttlicher Einsetzung beruht (Art. 5 CA), beruhen die Ordnungen der äußeren G. auf menschlichem Recht u. sind insofern unter Zweckmäßigkeitsgesichtspunkten entspr. den jeweils gegebenen partikular- bzw. ortskirchlichen u. temporären Erfordernissen auszugestalten. Die äußere G. ist keine notwendige Funktion des öff. Predigtamtes, kann aber m. ihm nach menschlichem Recht verbunden werden.

2. G. ist nach allg. ev. Verständnis in unaufgebbarer Einheit geistl. u. rechtlicher Dienst (Art. 7 GrO Bad). Dies bedeutet zweierlei: a) Die Gde./Kirche ist kein hierarchischer Herrschaftsverband. Vielmehr stehen alle Kirchenmitglieder aufgrund ihrer Teilhabe am Priestertum aller Gläubigen (sacerdotium) (→Allgemeines bzw. Gemeinsames Priestertum) dienend unter dem Auftrag, „Gottes Heil in Jesus Christus in der Welt zu bezeugen" (Grundartikel der Verf. der Bay). b) Auf allen kirchl. Ebenen hat Leitungshandeln zugl. eine geistl. u. eine rechtliche Dimension. Z. B. vollzieht sich geistl. G. durch das öff. Predigtamt insofern in einem rechtlichen Rahmen, als dessen Übertragung gem. Art. 14 CA einer ordnungsgemäßen Berufung bedarf, die kirchenrechtlich zu ordnen ist. Umgekehrt dürfen Vollzugshandlungen der äußeren G. nicht „wider das Evangelium" (Art. 28 CA) sein. Vielmehr gilt i. S. der dritten These der →Barmer Theologischen Erklärung u. der korrespondierenden Erkl. zur Rechtslage (1934), dass die Kirche auch m. ihrer äußeren Ordnung Zeugnis von ihrem Herrn gibt; demgemäß ist eine „Scheidung der äußeren Ordnung vom Bekenntnis nicht möglich."

3. Die geistl. G. obliegt kraft der Ordination (→Ordination, Weihe) dem Pfr. Seine Aufgabe ist es in erster Linie, den Dienst der geistl. G. durch Wortverkündigung u. Sakramentsverwaltung in →Gottesdiensten u. bei →Amtshandlungen, in der →Seelsorge u. im Unterricht in der KGde. auszuüben. In Konsequenz des allg. Priestertums aller Gläubigen trägt die (Kirchen-)Gde. dafür durch das von ihr bestimmte kollegiale Leitungsorgan Mitverantwortung. So beschließt dieses unter Beachtung der landeskirchlich eingeführten →Agenden u. der Befugnisse des geistl. Amtes etwa über die Gestaltung der Gottesdienste u. liturgischen Handlungen sowie über die Festsetzung von Gottesdienstzeiten u. ist nach Maßgabe der Anwendungsgesetze zu den Leitlinien des kirchl. Lebens zu Entscheidungen des Pfr. über die Gewährung u. Versagung von Amtshandlungen zu hören. Das kollegiale Leitungsorgan ist damit keineswegs nur i. S. äußerer G. für Verwaltungs- od. Managementaufgaben, insb. Personal-, Finanz- u. Baufragen u. Öffentlichkeitsarbeit zuständig. An diesen Aufgaben ist wiederum auch der Pfr. als dessen Mitglied u. i. d. R. als dessen Vorsitzender bzw. stellvertretender Vorsitzender verantwortlich beteiligt. G. vollzieht sich damit insgesamt im Zusammenwirken der Pfr. m. dazu gewählten od. berufenen Kirchengemeindemitgliedern. Unbeschadet der bes. Verantwortung der Pfr. für die Einheit der Gde. u. der Kirche in Lehre u. Leben wird auf diese Weise institutionell zum Ausdruck gebracht, dass in der ev. Kirche Gde. u. →Amt einander zugeordnet u. aneinander gewiesen sind.

Literatur

Brunotte, H., Grundsatzfragen zu einer ev.-luth. Kirchenverfassung: ZevKR 8 (1961/62), 137-156 (147 ff.); Frost, H., Strukturprobleme ev. Kirchenverfassung, Göttingen 1972, 76 ff.; Weber, H., Kirchenleitung u. Gemeindeleitung: ZevKR 35 (1990), 155-175; Link, Chr., Die Gemeinde u. ihre Vertretung: Zur Aktualität des Alten Testaments (FS Sauer), hg. v. S. Kreuzer – K. Lüthi, Bern u. a. 1991, 281-290; ders., Leiten in der Kirche – Grundsätzliche Anmerkungen aus jur. Sicht: Leiten in der Kirche, hg. v. H.-J. Abromeit, Bern u. a. 2006, 31-50.

Hans-Peter Hübner

Gemeindemission – Katholisch

Die G. besitzt ihren Ausgangspunkt in der Bulle Regiminis militantis ecclesiae von P. Paul III. (1540), der dem neu gegr. Jesuitenorden die beständige Glaubenserneuerung u. -vertiefung des chr. Volkes anvertraute. Unter Rückgriff auf can. 1349 §1 verpflichtet c. 770 die →Pfarrer, zu bestimmten Zeiten (certis temporibus) u. gem. den Vorschriften des →Diözesanbischofs bes. Predigten zu organisieren, die als geistl. Exerzitien, Volksmissionen (sacras missiones) od. in anderen wirksamen Formen durchgeführt werden. Die Norm des c. 615 CCEO, die den Begriff „missio sacra“ durch „specialis series sacrae praedicationis“ ersetzt, weist als Ziel der Predigtreihen ausdrücklich die geistl. Erneuerung der →Gläubigen auf. Der Gesetzgeber schreibt dafür keinen zeitlichen Abstand mehr vor (anders der Zehn-Jahre-Rhythmus in can. 1349 §1), denkt aber zugl. an eine sinnvolle Regelmäßigkeit, die ihre Legitimation in der Notwendigkeit einer beständigen Vertiefung des Glaubens findet. In den 1980er J. wurde der Begriff Volksmission weitestgehend durch den der G. ersetzt, um die Konzentration der Verkündigung auf die Personen u. Gruppierungen der →Gemeinde hervorzuheben (innere Mission). Neben der G. als Form der Selbstevangelisierung wird heute jedoch wieder zunehmend das Erfordernis der →Evangelisierung bzw. →Neuevangelisierung betont (äußere Mission), die die →Pfarrei u. ihre Glieder in ihrer eigenen u. indispensablen missionarischen Berufung aufwecken möchte (vgl. Evangelii Gaudium 27-33). Ein Träger der G. ist bis heute die Arbeitsgemeinschaft für missionarische Dienste der Orden (AMDO). Hinzu kommen Initiativen aus den Neuen Geistl. Gemeinschaften u. Bewegungen, die erkennbar geistl.-sakramentale, katechet. u. caritative Züge tragen.

Quellen

Paul III., Bulle Regiminis militantis ecclesiae vom 27. September 1540: Monumenta Historica Societatis Iesu, Constitutiones, Vol. 1, Rom 1934, 24-32; Johannes Paul II., Adhortatio Apostolica Catechesi Tradendae vom 16. Oktober 1979: AAS 71 (1979), 1277-1340; dt. Übersetzung: VApSt 12; ders., Enz. Redemptoris missio vom 7. Dezember 1990: AAS 83 (1991), 249-340; dt. Übersetzung: VApSt 100; Franziskus, Apost. Schreiben Evangelii Gaudium vom 24. November 2013: AAS 105 (2013), 1019-1137, dt. Übersetzung: VApSt 194.

Literatur

Knobloch, St., Volksmission, Gemeindemission: LThK³ Bd. 10, 868-869; Klosterkamp, Th., Kath. Volksmission in Deutschland, Leipzig 2002 (EThSt 83); Ohly, Ch., Der Dienst am Wort Gottes. Eine rechtssystematische Studie zur Gestalt von Predigt u. Katechese im Kan. Recht, St. Ottilien 2008 (MThS.K 63), bes. 618-640; Cabello Martínez, M., Las misiones parroquiales. Una propuesta de futuro: REDC 66 (2009), 519-550; Ratzinger, J., Von der Kirche u. ihrer immerwährenden Erneuerung: JRGS 8/2, Regensburg 2010, 1216-1230; Berzosa Martínez, R., Misiones populares: DGDC Vol. V, 435-437; Evangelium – Stadt – Kirche. Stadt- u. Gemeindemissionen im säkularen Umfeld, hg. v. M. L. Hermann – H. Schönemann, Regensburg 2014; Ohly, Ch., Die Verkündigung in Predigt u. Katechese: HbkathKR³, 922-934, bes. 930; Ratzinger, J., Evangelisierung, Katechese u. Katechismus: JRGS 9/2, Regensburg 2016, 1024-1048; Meiers, A. E., „Wir können unmöglich schweigen über das, was wir gesehen und gehört haben" (Apg 4,20). Streiflichter zur Wiederentdeckung der missionarischen Dimension der Kirche: Reform an Haupt u. Gliedern. Impulse für eine Kirche „im Aufbruch", hg. v. H. Hallermann – T. Meckel – S. Meckel-Pfannkuche – M. Pulte, Würzburg 2017 (WTh 14), 149-180.

Christoph Ohly

© 2019, DOI: 10.30965/9783506786388_0141

Gemeindemission – Evangelisch

Der Begriff G. ist vornehmlich im röm.-kath. Raum gebräuchlich (vgl. Oblaten, Redemptoristen). Im ev. Raum kommt der Begriff insb. bei nicht landeskirchlich orientierter Gemeindegründung vor (vgl. z. B. Konferenz für Gemeindegründungen). Den rheinischen Gemeindemissionaren waren (es gibt kaum noch Anwendungsfälle) vornehmlich die Erfüllung volksmissionarischer Aufgaben übertragen.

Der Missionsbegriff (→Mission) hat in den letzten 200 J. mehrfache Wandlungen erlebt, die insb. durch die EKD-Synode 1999 bestätigend befördert wurde (Vgl. Conring, 2016, Rn. 1ff., zur EKD-Synode 1999: Rn 25). Die G. kann nach außen gerichtet sein od. nach innen. Im ersten Fall wird die Außengrenze der Sozialgestalt →Gemeinde überschritten, im zweiten Fall fällt der Blick auf die geistl. Kraft der Sozialgestalt Gde. durch konkrete Ansprache der die Gde. bildenden Personen selbst. In beiden Konstellationen gilt der Gedanke der missio dei (vgl. fünfte Weltmissionskonferenz 1952 in Willingen). Das Spektrum von Gde.-Wachstumsbewegung (church growth) bis zu neuen Ausdrucksformen (fresh expression, Gde.-Formen) ist breit u. beweglich. Das hist. Gemeindebild eines E. Sulze im Rücken brechen heute viele Menschen – oft erfrischend unbekümmert – auf zu eigenen Formexperimenten (vgl. Conring, 2016, Rn. 32-34). Eine wesentliche Herausforderung der G. ist u. bleibt ihre reflektierte u. erfahrbare Verhältnisbestimmung zur Gesamtkirche.

Quellen

Kirchengesetz über das Amt des Gemeindemissionars in der Ev. Kirche im Rheinland (Gemeindemissionarsgesetz) i. d. F. der Bekanntmachung vom 4. April 1974: KABl. 1974, 109; 1979, 149; geänd. durch Art. 4 des Kirchengesetzes zur Angleichung von Kirchengesetzen an die Neufassung der Kirchenordnung vom 9. Januar 1980: KABl. 1980, 25 u. das Kirchengesetz vom 16. Januar 1987: KABl. 1987, 22.

Literatur

Sulze, E., Die ev. Gemeinde, Leipzig ²1912; Bucher, R., Die Gemeinde nach dem Scheitern der Gemeindetheologie. Perspektiven einer zentralen Sozialform der Kirche: „Mit euch bin ich Mensch…" (FS Schleinzer), hg. v. G. Ritzer, Wien 2008, 19-46; Conring, H. T., Art. Mission: HevKR, Tübingen 2016, 681-701; Hübner, H.-P., Art. Gemeinde u. Kirchengemeinde: HevKR, Tübingen 2016, 402-436.

Hans-Tjabert Conring

© 2019, DOI: 10.30965/9783506786388_0141

Gemeindeordnung – Evangelisch

1. Begrifflich lässt sich G. i. S. einer Gemeindeverfassung als die Gesamtheit der Bestimmungen definieren, die Auftrag, Rechtsstellung, Leitung u. Organisation der →Kirchengemeinde, ihre Zuordnung zu den anderen kirchl. Ebenen, die ortskirchliche Mitgliedschaft sowie das ortskirchliche Finanz- u. →Haushaltswesen einschließlich der →Vermögensverwaltung regeln. Die wesentlichen Grundlagen der G. finden sich in den Verf. u. GrO der →Landeskirchen. Ergänzend bestehen umfassende KGO sowie weitere einfachgesetzliche Regelwerke, wie z. B. Kirchenvorstandswahlgesetze, u. landeskirchliche Mustergeschäftsordnungen. Die KGde. kann ortskirchliche Satzungen erlassen.

2. Erste Ansätze einer chr. G. werden in der Jerusalemer Urgemeinde sichtbar. Nach den Aposteln entstehen Ämter (1. u. 2. Tim, Tit); Älteste übernehmen Leitungsaufgaben. Im zweiten u. dritten Jh. erwächst aus der presbyterialen Gemeindeverfassung der monarchische Episkopat; die örtliche →Gemeinde wird zur Parochie i. S. des Zuständigkeitsbereichs eines Amtsträgers. Die Reformation führt das im MA im einzelnen ausgebildete →Parochialsystem fort, das gleichermaßen der Sicherung der flächendeckenden pastoralen Versorgung wie des Lebensunterhalts der →Pfarrer durch →Stolgebühren für die Vornahme von Amtshandlungen an ihren Gemeindegliedern diente. Allerdings wurde dieses insofern radikal umgekehrt, als die örtliche Gde. nun „nicht mehr an der untersten Stelle einer hierarchischen Ordnung der Kirche" stehen sollte (Möller). Vielmehr bildet sie als gottesdienstliche Versammlung der Gläubigen die zentrale Grundeinheit der Kirche. Von Martin Luther wird ihr in Konsequenz des allg. Priestertums aller Gläubigen (→Allgemeines bzw. Gemeinsames Priestertum) das Recht zugewiesen, →Predigt u. Lehre des Evangeliums zu beurteilen u. ihre Pfr. zu berufen (WA 11, 408-416). In seiner Schrift zur Dt. Messe u. Ordnung des →Gottesdienstes (WA 19, 72-113) gibt er Impulse nicht nur zur Neuordnung des Gottesdienstes, sondern auch für den Gemeindeaufbau. Für die konkrete Organisationsform u. Rechtsgestalt der Gde. entwickelte er nur wenige Vorgaben; erwähnenswert für den Bereich der Vermögensverwaltung ist indes seine Einführung zur Ordnung eines gemeinen Kastens für die Stadt Leisnig von 1523 (WA 12, 1-10). I. Ü. überließ er angesichts der damals weitgehenden Identität von bürgerlicher u. chr. Gde. die äußere G. der Obrigkeit.

Demgegenüber hat Calvin m. der Genfer KO von 1541 (Ordonnances Ecclésiastiques) u. dem Genfer Katechismus von 1542 die Basis für eine Presbyterialverfassung in der Gde. gelegt. Danach wird die Gde. nicht allein durch den →Geistlichen, sondern durch das →Presbyterium als Kollegialorgan geleitet. Diesem gehören unter Berufung auf urchristliche Vorbilder neben den Pastoren als den Dienern an Wort u. Sakrament (pasteurs) u. den von der Gde. gewählten Ältesten (anciens, →Presbyter), denen abgesehen von der Vermögensverwaltung insb. die Aufsicht über den Lebenswandel u. die Ausübung der Zucht in der Gde. aufgetragen ist, die theol. Lehrer (docteurs) u. die Diakone für karitative Dienste (diacres) an, wobei das Amt des Pastors u. das Amt des Lehrers teilweise als ein Amt u. teilweise als zwei Ämter angesehen werden. Die kirchl. Amtsträger sind einander gleich gestellt. Da eine Ämterhierarchie nicht besteht, sind die kirchl. Amtsträger unmittelbar als Diener Chr.

u. Gottes, nicht aber als Beauftragte od. Vertreter der Kirche od. der Gde. zu verstehen. Diese Konzeption hat allerdings in Deutschland vorerst nur in den Gde. unter dem Kreuz am Niederrhein Realisierung erfahren.

So behielten in Deutschland ganz überwiegend die örtlichen Gde. bis in das 19. u. 20. Jh. hinein weiterhin den rechtlichen Status bloßer, ausschließlich vom jeweiligen geistl. Amtsträger geleiteter Seelsorgesprengel (→Pfarreien) unter Beibehaltung der ma., auf stiftungsrechtlichen Grundsätzen beruhenden Ordnung des örtlichen →Kirchenvermögens durch die →Kirchenstiftung einerseits u. die Pfründestiftung andererseits.

Zu einer grundlegenden Neuausrichtung der G. kam es im 19. Jh. aufgrund der durch die im Zuge zunehmender konfessioneller Mischung sich ergebenden Notwendigkeit, Christen- u. Bürgergemeinde klar voneinander abzugrenzen, u. der aus der bürgerlichen Verfassungsbewegung kommenden Erwartung, die Gemeindeglieder an der Gestaltung des kirchl. Lebens zu beteiligen. Demzufolge wurden eigene kollegiale Organe eingesetzt, denen zunächst die Verwaltung des ortskirchlichen Vermögens übertragen war u. allmählich auch Aufgaben der inneren Gemeindeleitung zuwuchsen. Die z. B. in Hannover 1848 u. in Bayern 1850 erstmals eingesetzten →Kirchenvorstände waren in den luth. Kirchen etwas Neues u. unter dem Gesichtspunkt der Repräsentation der Gde. gegenüber dem Pfarramt auch etwas grundlegend anderes als die altreformierten Presbyterien. M. der Befähigung, im Rechtsverkehr zu handeln, ging für die ortskirchlichen Gde. ihre Anerkennung als eigene Rechtspersönlichkeit unter dem Begriff der KGde. einher.

3. Wesentliche Determinanten einer G. sind die Zuordnung von Gde. u. (Predigt-) Amt (→Amt, ev.) u. das Verhältnis von Gde. u. (Landes-)Kirche. In der Kirchenrechtslehre des 19. Jh. war dieses heftig umstritten. Für die Vertreter eines damals kongregationalistisch verstandenen Gemeindeprinzips waren allein die örtlichen KGde. ecclesia u. die übergreifenden Ebenen nur lockere Zweckverbände o. ekklesiologischen Eigenwert, während die Vertreter des Kirchenprinzips in den Einzelgemeinden lediglich Verwaltungsbezirke der gesch. gewordenen LK als den umfassenderen kirchl. Einheiten sahen. Demgegenüber ist heute allg. Auffassung, dass die KGde. zwar ganz Kirche, aber nicht die ganze Kirche ist u. KGde. u. LK als Erscheinungsformen des einen Leibes Jesu Chr. i. S. einer Dienst- u. Zeugnisgemeinschaft aufeinander angewiesen sind u. einander ergänzen. Die Austarierung des rechten Maßes zwischen der Eigenverantwortung der KGde. u. ihrer Einbindung in die landeskirchlichen Ordnungen bleibt indes eine zentrale Gestaltungsaufgabe des kirchl. Gemeinde- u. →Verfassungsrechts.

Literatur

Brunotte, H., Grundsatzfragen zu einer ev.-luth. Kirchenverfassung: ZevKR 8 (1961/62), 137-156, 147 ff.; Möller, Chr., Art. Gemeinde/I. Chr. Gemeinde: TRE Bd. 12, 316-335; Frost, H., Strukturprobleme ev. Kirchenverfassung, Göttingen 1972, 33 ff.; Rauhaus, M., Das kirchenrechtliche Gemeindeprinzip u. seine Auswirkungen auf die kirchl. Verfassungsgestaltung, Frankfurt u. a. 2004, 21 ff.; Hauschildt, E. – Pohl-Patalong, U., Art. Gemeinde, kirchl.: EvStL, 696 ff.; Hübner, H.-P., Gemeindeleitung in der Ev.-Luth. Kirche in Bayern – Verfassungsgeschichtliche Entwicklung u. aktuelle Fragestellungen: ZRG.K 100 (2014), 495-533; de Wall, H. – Muckel, St., Kirchenrecht, München [5]2016, 292 ff.; Link, Chr., Kirchl. Rechtsgeschichte, München [3]2017, 8 ff., 87 ff.

Hans-Peter Hübner

© 2019, DOI: 10.30965/9783506786388_0142

Gemeindeprinzip – Evangelisch

Das G. ist im langen 19. Jh. ein kirchenpolitischer Begriff u. betont die rechtliche Eigenständigkeit der →Gemeinde sowie deren gesicherte Mitwirkung an der Regierung einer sich schrittweise vom Staat ablösenden

u. verfassungsrechtlich eigenständig werdenden →Landeskirche. Typischerweise wird diese Gemeindeorientierung eher der ref. als der luth. Tradition zugeschrieben. Gleichwohl prägt v. a. das Gemeindebild des luth. Pfr. Emil Sulze (1832-1914) die Gemeindewirklichkeit in der →Evangelischen Kirche in Deutschland bis heute. Nach dem Ende der →Staatskirche (Art. 137 WRV) erhält der Begriff G. kirchenverfassungsrechtliche Deutungen (Hildebrandt, 1951; Rosenstock, 2000; Rauhaus, 2004) u. wird ingesamt als kirchenverfassungsrechtliches Gemeingut erkannt (Unruh, 2016, 386; Hübner, 2016, 413). Eine Orientierung der Kirchenorganisation an Gde. findet sich auch in der presbyterial-synodalen Ordnung (vgl. u. a. Art. 118 Abs. 2 e) KO.Westf. u. Art. 126 Abs. 3 KO.Rh) u. verwandten Prinzipien.

Jede →Kirchengemeinde ist ganz Kirche aber nicht die ganze Kirche (de Wall, 2017, § 27 Rn. 6; de Wall, 2016, 26; Unruh, 2016, 385). Die Gde. ist die Grundeinheit des lokalen kirchl. Lebens, weshalb auch die KGde. im ev. Verfassungsaufbau eine bes. Stellung genießt (de Wall, 2017, § 27 Rn 3). Die grds. Fragestellung nach einem führenden Organisationsprinzip im Kirchenverfassungsrecht (→Kirchenverfassung) wird auch in landeskirchlicher Perspektive gestellt, nämlich danach, „welche rechtliche Bedeutung die Einheit der Landeskirche letztlich hat“ (Smend, 1959/60, 280).

Ein kongregationalistisches Verständnis, bei dem nur der KGde., aber keiner überörtlichen Organisationseinheit ein umfänglicher Rechtsstatus zugebilligt würde, müsste konsequent auf verfassungsmäßig organisierte Kirchen m. →Kirchenkreisen u. KGde. verzichten. Im hist. Kontext der Ablösung aus der Staatskirche diente das G. als Hebel kirchl. Organisationsentwicklung. Heute wird das G. i. S. eines dynamischen Verhältnisses von (Einzel)Gde. u. (Landes)Kirche (Frost, 1972, 35; Hübner, 2016, 413 f.) als Zuständigkeitsvermutung zugunsten einer sich selbst verwaltenden KGde. im Rechtsgefüge einer ihre eigenen Angelegenheiten regelnden (Landes)Kirche verstanden. Statt eines unversöhnlichen Gegeneinanders von G. u. Kirchenprinzip wird vermittelnd von einem dynamischen Verhältnis von (Einzel)Gde. u. (Landes)Kirche gesprochen.

Das G. findet radikalen Niederschlag im § 1 Abs. 3 KirchVerf.Brm. Dabei kommen unterschiedliche theol. u. organisationssoziologische Vorstellungen zum Tragen. Rosenstock nutzt die begründende Metapher „eigenständiger genetischer Information“, die nur der „Keimzelle Kirchen-Gemeinde“ eigne (Rosenstock, 2000, 167). Hier kommt es entscheidend auf die theol. u. jur. Deutungsdimension von „Kirchen-Gemeinde“ an (Munsonius, 2008, 66 f.). Wenn KirchVerf. festhalten, dass die Kirche sich aus der Gde. aufbaue, liegt darin ein prinzipielles Bekenntnis zu einer sich in lokalen Zusammenkünften von Christenmenschen bildenden geistl. Kraft, o. die größere Kirchenorganisationen ihren Fokus u. Zweck verlören. Das meinen Bonhoeffer u. Barth, wenn sie von Chr. als Gde. existierend sprechen (Bonhoeffer, 1960, 92; Barth, 1950, 738). Umgekehrt braucht die einzelne Gde. die Gesamtgemeinde/LK (Unruh, 2016, 385). Der Verweis auf die Grundeinheit Gde. dient als christenmenschliche Qualitätssicherung der Kirchenorganisation, die nicht sich selbst, sondern Gott die Ehre zu geben hat u. mittelbar u. unmittelbar dem Vollzug des Evangeliums dient. Diese inhaltliche, theol. begr. Ankerfunktion des G. ist zu unterscheiden von der Frage der innerorganisatorischen Machtverteilung u. einer rechtlichen Gestaltung des kirchl. Lebens in Gesellschaft u. Staat.

Das G. hat differierende Funktionen in der Kirche als Sozialgestalt (Kirchenorganisation), als persönliches Sinnsystem (Kirche als Interaktionsraum, geistl. Heimat u. Impulsgeber), als gesellschaftliche Kraft (Kirche als Akteur in Staat u. Kommune) (vgl. Bucher, 2008, 29). Das G. adressiert in der Organisation Kompetenz- u. Zuständigkeitsfragen. Im persönlichen Interaktionsraum wirkt das G. als Regulativ für gelingende Kommunikation wobei auch die Skala von Homogenität u. Heterogenität angesprochen wird bzw. die heute altmodisch anmutende Kirchenzucht thematisiert wird. Im gesellschaftlichen Raum kann das G. die Überzeugungskraft u. Verwurzelung staatskirchenrechtlicher Akteure festigen, wenn seine kongregationale Dynamik die Bildung eines repräsentativen Ansprechpartners gegenüber dem Staat erlaubt.

Die lebendige Qualität existiert allerdings nicht nur in der traditionellen lokalen KGde., sondern kann überall vorkommen, wo zwei od. drei in seinem Namen versammelt sind. Das G. dient so verstanden weniger einem binnenorganisatorischen Machtverteilungsanspruch von o. nach unten, sondern wirkt als theol. Qualitätssicherung kirchl. Governance.

Literatur

Sulze, E., Die ev. Gemeinde, Leipzig [2]1912; Barth, K., Kirchl. Dogmatik IV, 1, Biel 1950; Hildebrandt, W., Das Gemeindeprinzip der chr. Kirche, Zürich 1951; Smend, R., Rechtliche Bedeutung u. Rechtsprobleme heutiger landeskirchlicher Einheit: ZevKR 7 (1959/60), 279-288; Bonhoeffer, D., Sanctorum Communio, München [3]1960; Frost, H., Strukturprobleme ev. Kirchenverfassung. Rechtsvergleichende Untersuchung zum Verfassungsrecht der dt. ev. Landeskirchen, Göttingen 1972; Klostermann, F., Gemeinde – Kirche der Zukunft. Thesen, Dienste, Modelle, Bd. I, Freiburg – Basel – Wien 1974; Link, Chr., Die „unbeschränkte" Glaubens-, Gewissens- u. Lehrfreiheit der Gemeinden im bremischen Kirchenrecht: ZevKR 26 (1981), 216-263; Müller-Volbehr, J., Die Autonomie der Kirchengemeinden im Bremischen Verfassungsrecht: ZevKR 32 (1988), 612-627; Schoenauer, G., Kirche lebt vor Ort. Wilhelm Loehes Gemeindeprinzip als Widerspruch gegen kirchl. Großorganisation, Stuttgart 1990; Rosenstock, S., Die Selbstverwaltung ev. Kirchengemeinden, Frankfurt – Berlin – Bern – Brüssel – New York – Oxford – Wien 2000; Müller, P., Gemeinde: Ernstfall von Kirche. Annäherungen an eine hist. u. systematisch verkannte Wirklichkeit, Innsbruck 2004; Rauhaus, M., Das kirchenrechtliche Gemeindeprinzip u. seine Auswirkungen auf die kirchl. Verfassungsgestaltung, Frankfurt 2005 (Schriften zum Staatskirchenrecht 23); Bucher, R., Die Gemeinde nach dem Scheitern der Gemeindetheologie. Perspektiven einer zentralen Sozialform der Kirche: „Mit euch bin ich Mensch..." (FS Schleinzer), hg. v. G. Ritzer, Wien 2008, 19-46; Munsonius, H., Das undeutliche Wort „Gemeinde": ZevKR 53 (2008), 61-67; Schmiedeke, R., Unter eigener Leitung u. Ordnung. Die Kirchenordnung der Ev. Kirche im Rheinland, systemtheoretisch untersucht, Neukirchen-Vluyn 2009; Schilberg, A., Kirchengemeinde u. Landeskirche: ZevKR 55 (2010), 92-100; Reuter, H.-R., Botschaft u. Ordnung. Beiträge zur Kirchentheorie, Leipzig 2009, 92-98 (Öff. Theologie 22); de Wall, H. – Germann, M., § 1. Grundfragen des ev. Kirchenrechts: HevKR, 3-80; Unruh, P., § 9. Grundlagen u. Grundzüge ev. Kirchenverfassung: HevKR, 361-401; Hübner, H.-P., § 10. Gemeinde u. Kirchengemeinde: HevKR, 402-436; de Wall, H. – Muckel, S., Kirchenrecht, München [5]2017.

Hans-Tjabert Conring

© 2019, DOI: 10.30965/9783506786388_0143

Gemeindereferent(in) – Katholisch

1. Seit der →Gemeinsamen Synode bez. G. im Bereich der DBK einen pastoralen Beruf in der Kirche, der von Frauen u. Männern ausgeübt werden kann. Der Beruf G. gründet theol. in der Lehre des Vat II über die aus →Taufe u. →Firmung erwachsende Berufung (→Berufung, geistliche) der →Laien zur Beteiligung an der Ausübung der →Sendung der Kirche (LG 30-38; AA 2-3) sowie der daraus resultierenden Möglichkeit, dass Laien sowohl zur Mitarbeit am →Apostolat der Hierarchie als auch zu gewissen kirchl. →Ämtern herangezogen werden können, die geistl. Zielen dienen (LG 33). Der Beruf G. ist sakramental in Taufe u. Firmung begr. u. leitet sich nicht vom ordinierten Amt in der Kirche ab. Er erstreckt sich grds. auf die Aufgabenbereiche aller drei →Munera, soweit diese nach Maßgabe des Rechts von Laien ausgeübt werden können. Zur Ausübung dieses Berufes bedarf es der kan.

Sendung (→Missio canonica) durch die zuständige kirchl. Autorität.

2. In cc. 204 §1, 208, 211 u. 228 wird diese grundlegende Befähigung aller Getauften u. Gefirmten normiert. Gem. c. 228 §1 können Laien, die als geeignet befunden werden, von den geistl. Hirten zu jenen kirchl. Ämtern u. Aufgaben herangezogen werden, die sie nach Maßgabe des Rechts wahrzunehmen vermögen. Laien, die als G. ein kirchl. Amt i. S. des c. 145 übernehmen sollen, müssen in voller Gemeinschaft m. der Kirche stehen, also kath. Christen sein, u. sie müssen für die Übernahme dieses Amtes geeignet sein (cc. 149 §1 i. V. m. 205). Ferner dürfen ihre Gliedschaftsrechte nicht durch die Spruchstrafe der →Exkommunikation beeinträchtigt sein (c. 1331 §2, 4°). Schließlich sind sie gehalten, sich die hierfür erforderliche →Bildung anzueignen (c. 231 §1). Universalrechtlich wird der Beruf G. nicht normiert.

3. Partikularkirchlich wurde bereits m. dem Sb Dienste u. Ämter versucht, den Beruf G. in ein Gesamtkonzept des kirchl. Dienstes einzuordnen. Demgegenüber unterscheidet die Ordnung der pastoralen Dienste von 1977 gem. c. 145 §1 zwischen dem nicht bevollmächtigten →Dienst (munus) der G. als einem KA im weiteren Sinn u. dem bevollmächtigten Amt im engeren Sinn (officium). Im Anschluss an diese Ordnung wurde der Beruf G. in den einzelnen dt. Bistümern dauerhaft eingerichtet. Die geltende RO legt entspr. Rahmenrichtlinien für Ausbildung, Berufseinführung u. Fortbildung der G. fest u. bildet m. der GrO des kirchl. Dienstes, den RL über persönliche Anforderungen, dem Beschl. der DBK Der pastorale Dienst in den Pfarrgemeinden sowie den entspr. diözesanen Ordnungen u. Statuten die partikularrechtliche Grundlage für den Beruf G.

4. Der Beruf G. ist entspr. der Definition in c. 145 §1 als ein KA (officium) zu verstehen, das kraft kirchl. Anordnung in den einzelnen dt. Bistümern auf Dauer eingerichtet ist. Der Versuch, weiterhin zwischen Dienst u. Amt unterscheiden u. G. in diesem Sinne als bloßen Dienst qualifizieren zu wollen, wie dies auch in der RO von 2011 noch geschieht (DDB 96, 15), hat vor dem Hintergrund des c. 145 jede Berechtigung verloren. Die Pflichten u. Rechte dieses Amtes sind gem. c. 145 §2 zum einen in der RO u. in diözesanen Ordnungen festgelegt, zum anderen werden sie durch die Übertragung entspr. Stellen näher bestimmt. Die Übertragung einer bestimmten Stelle stellt i. V. m. der allg. erteilten Missio Canonica eine Form der bes. kirchl. Sendung dar, durch die für die G. Pflichten u. Rechte begr. werden, die über die allen Gläubigen aufgrund von Taufe u. Firmung zukommenden Befugnisse hinausreichen.

5. Die Ausbildung der G. erfolgt i. d. R. an →Fachhochschulen im Fachbereich Theologie/Praktische Theologie/Religionspädagogik/Kirchl. Bildungsarbeit, an Fachschulen/Seminaren für Gemeindepastoral u. Religionspädagogik, an einem Seminar für G. od. an berufs- bzw. praxisbegleitenden Ausbildungsstätten u. dauert mind. vier J., wozu auch ein berufspraktisches J. zählt. Diese erste Bildungsphase dient dem Erwerb der erforderlichen menschlichen, religiösen, kirchl. u. fachlich-wiss. Voraussetzungen für die Ausübung eines hauptberuflichen pastoralen Dienstes u. die Erteilung des schulischen →Religionsunterrichts. Ein diözesaner Ausbildungsleiter u. eine geistl. Begleitung betreuen die künftigen G. während ihrer Ausbildung. Als zweite Bildungsphase schließt sich in einem befristeten Arbeitsverhältnis die mind. dreijährige fachlich u. geistl. begleitete Berufseinführung an, die zur zweiten Dienstprüfung führt m. dem Ziel der dauerhaften Anstellung. Als dritte Bildungsphase, die m. der unbefristeten Anstellung beginnt u. die gesamte Dauer der Berufstätigkeit als G. umfasst, schließt sich die berufliche Fortbildung an.

6. Im Unterschied zu früheren RO unterscheidet die RO von 2011 nicht mehr zwischen den beruflichen Aufgabenbereichen der G. u. der →Pastoralreferenten. G. können insofern in den nach pastoraltheologischen Kriterien aufgeführten Aufgabenbereichen Verkündigung, Liturgie, Diakonie u. Gemeinschaftsbildung tä-

tig u. in diesen Aufgaben orts- wie aufgabenbezogen eingesetzt werden. Eine generelle od. individuelle Aufgabenbestimmung für G. erfolgt in den einzelnen Diözesen.

Quellen

Vat II, LG; Vat II, AA; GSyn I, Beschluss Dienste u. Ämter, 597-636; Zur Ordnung der pastoralen Dienste vom 2. März 1977, hg. v. Sekretariat der DBK, Bonn 1977 (DDB 11); Rahmenstatuten u. -ordnungen für Diakone u. Laien im pastoralen Dienst vom 25. September 1979, hg. v. hg. v. Sekretariat der DBK, Bonn 1979 (DDB 22); Rahmenstatuten u. -ordnungen für Gemeinde- u. Pastoralreferenten/Referentinnen vom 10. März 1987, hg. v. Sekretariat der DBK, Bonn 1987 (DDB 41); Grundordnung des kirchl. Dienstes im Rahmen kirchl. Arbeitsverhältnisse vom 22. September 1993, hg. v. Sekretariat der DBK, Bonn 1993 (DDB 51); Der pastorale Dienst in der Pfarrgemeinde vom 28. September 1995, hg. v. Sekretariat der DBK, Bonn 1995 (DDB 54); Richtlinien über persönliche Anforderungen an Diakone u. Laien im pastoralen Dienst im Hinblick auf Ehe u. Familie vom 28. September 1995, hg. v. Sekretariat der DBK, Bonn 1995 (DDB 55); Rahmenstatuten u. -ordnungen für Gemeinde- u. Pastoralreferenten/Referentinnen vom 1. Oktober 2011, hg. v. Sekretariat der DBK, Bonn 2011 (DDB 96).

Literatur

Kohl, Ch., Amtsträger od. Laie? Die Diskussion um den ekklesiologischen Ort der Pastoralreferenten u. Gemeindereferenten, Bern – Brüssel – Frankfurt – New York – Oxford – Wien – Warschau 1987; Von Beruf Gemeindereferent. Aufnahme eines Bestandes – Perspektive einer Zukunft, hg. v. J. Hochstaffl, Paderborn 1985; Hochstaffl, J., Art. Gemeindereferentin/Gemeindereferent: LThK³ Bd. 4, 429; Loretan, A., Laien im pastoralen Dienst, Fribourg 1994; Hallermann, H., Kirchl. Ämter o. sakramentale Grundlage? Die Ämter der Pastoral- u. Gemeindereferenten in der kirchl. Rechtsordnung: TrThZ 108 (1999), 200-219; Aymans, W., § 19 Die Träger kirchl. Dienste: HbkathKR³, 313-323.

Heribert Hallermann

© 2019, DOI: 10.30965/9783506786388_0144

Gemeindeschwester

→Caritas, Diakonie, →Diakonie-, Sozialstation

Gemeindeverband – Katholisch

Der G., auch Kirchengemeindeverband (Bsp.: Erzbistum Köln, Bistum Aachen, Bistum Trier, Bistum Essen) genannt, ist ein Zusammenschluss mehrerer →Kirchengemeinden. Er ist wie die Kgde. eine →Körperschaft des öffentlichen Rechts u. kann als jur. Person (→Juristische Person, kirchliche) am Rechtsverkehr teilnehmen. Rechtliche Grundlage für den G. ist das Gesetz über die Verwaltung des kath. →Kirchenvermögens (VVG) vom 24.07.1924, das vom Preußischen LT verabschiedet wurde u. heute z. B. in allen nordrhein-westfälischen Bistümern gilt. Im VVG regeln die §§ 9-21 die rechtliche Struktur des G. erschöpfend.

Für die Bildung eines G. können kirchl. od. kommunale Gebietseinteilungen od. von einem anderen Zweck bestimmte Gesichtspunkte wie z. B. die Übernahme der Trägerschaft einer größeren überörtlichen Einrichtung (z. B. Zweckverband für mehrerer Kindertagesstätten) maßgeblich sein. Im Bistum Essen sind nach den Synodalstatuten (SSE 116) alle Kgde. eines Stadt- u. Kreisdekanates zu einem G. zusammen geschlossen.

Die Bildung eines G. erfolgt durch die bfl. Behörde m. Genehmigung der Staatsbehörde, nachdem vorgängig die →Kirchenvorstände der betroffenen Kgde. zugestimmt haben (§ 23 Abs. 1 VVG). In gleicher Weise gilt dies für die Aufnahme einer weiteren Kgde. in den G. bzw. das Ausscheiden aus dem G. wie für die Auflösung des G.

Der G. ist auf überörtlicher Ebene in die unmittelbare →Kirchenverwaltung m. ihrem Hauhalts- u. Finanzierungssystem einbezogen u. untersteht wie die Kgde. der Rechts- u. Verwaltungsaufsicht der bfl. Behörden. Zu den Aufgaben des G. zählen zum einen die Trägerschaft von Einrichtungen auf überörtlicher

Ebene der dem G. angehörenden Kgde. im sozialcaritativen Bereich u. im Bildungswesen. Zum anderen kann der G. als kirchl. Zentralverwaltung dienen, in dem er die ihm angeschlossenen Kgde. u. deren Einrichtungen bei der Erfüllung ihrer Pflichten v. a. im Bereich des Kassen- u. Rechnungswesens unterstützt u. Personal m. überörtlichem Auftrag anstellt u. vergütet. Zu diesem Zweck können eigene Geschäftsstellen (Bistum Essen) od. Dekanatsrendanturen (Erzbistum Köln) errichtet werden, die diese Aufgaben übernehmen. Strittig ist die Frage, ob der G. selbst eine aufsichtsrechtliche Mittelinstanz für die Kgde. sein kann. Während auf die alleinige Zuständigkeit zur →Aufsicht beim →Bischof bzw. →Generalvikar hingewiesen wird, die nicht delegierbar sei (H. Emsbach), ist das Bistum Essen m. Datum 22.07.1997 in Form der →Delegation dazu übergegangen, den G. m. der Genehmigung von genau umrissenen Rechtsgeschäften u. Rechtsakten der Kgde. v. a. beim Abschluss von Dienst- u. Arbeitsverträgen zu betrauen. Zwar ist unstrittig, dass das Recht zur Aufsicht beim Bf. liegt; wie er aber diese Aufsicht im Einzelfall wahrnehmen lässt, ist seiner freien Entscheidung überlassen. Allerdings muss aus Gründen der Rechtssicherheit eine gesetzliche Grundlage geschaffen werden, die wie im Bistum Essen die Aufsichtsrechte des G. regelt. Eine solche Vorgehensweise entlastet die bfl. Behörde, vereinfacht u. beschleunigt Genehmigungsprozesse u. entspricht dem →Subsidiaritätsprinzip.

Organ des G. ist die Verbandsvertretung (§ 25 VVG), die für die laufende Verwaltung u. Vertretung ihrer Amtsgeschäfte einen Verbandsausschuss bilden kann (§ 26 VGG). Die Verbandsvertretung besteht aus den Vorsitzenden u. je zwei Mitgliedern der Kirchenvorstände, die von diesen für die Dauer ihres Amtes als Mitglied des Kirchenvorstandes gewählt werden. Vorsitzender der Verbandsvertretung ist der ranghöchste →Dekan od. →Pfarrer. Aus ihrer Mitte wählt die Verbandsvertretung einen stellvertretenden Vorsitzenden, einen Schriftführer u. Rendanten, der auch Verbandsgeschäftsführer genannt wird. Die Verbandsvertretung wird nach der Konstituierung der neu gewählten Kirchenvorstände einberufen. Zu den Aufgaben der Verbandsvertretung gehören die Beschlussfassung über den Haushaltsplan, die Haushaltsrechnung u. z. B. die Übernahme der Trägerschaft einer Einrichtung. Ausdrücklich wird in entspr. Verwaltungsvorschriften für die Gesamtverbände im Bistum Essen vom 30.07.1999 darauf hingewiesen (§ 8 Abs. 3), dass die genannten Materien nicht dem Verbandsausschuss übertragen werden sollen. Damit werden Chancen u. Grenzen des Verbandsausschusses deutlich. Er ist kein rechtlich eigenständiges Organ des G., sondern Ausschuss der Verbandsvertretung, die ihm wegen ihrer Größe u. damit einhergehender Schwerfälligkeit nach Maßgabe ihrer Beschl. Aufgaben zuweist. Ausgeschlossen ist dadurch, dass die Verbandsvertretung ihre gesetzlich geregelte Zuständigkeit vollständig auf den Verbandsausschuss überträgt. Vorsitzender des Verbandsausschusses ist der Vorsitzende der Verbandsvertretung, aus dem die weiteren Mitglieder des Ausschusses gewählt werden.

Auf Zukunft hin wird der G. an Bedeutung gewinnen. Da aufgrund des →Priestermangels zunehmend in den Bistümern dazu übergegangen wird, mehrere Pfarreien zu sog. →Pfarrverbänden, →Seelsorgeeinheiten od. →pastoralen Räumen unter der Leitung meist eines Pfr. zusammenzuführen, steht m. dem Rechtsinstitut des G. auf der Ebene der Kgde. m. ihrer Aufgabe der →Vermögensverwaltung ein Instrument zur Verfügung, auf überörtlicher Ebene die einzelnen Pfarreien u. Pfr. von Verwaltungsaufgaben zu entlasten, Kräfte u. Finanzmittel synergetisch zu bündeln, um so zu einer effizienten Vermögensverwaltung zu kommen.

Quellen

Gesetz über die Verwaltung des kath. Kirchenvermögens (Vermögensverwaltungsgesetz) vom 24. Juli 1924: Preuß. Gesetzessammlung, 585.

Literatur

Emsbach, H. – Seeberger, T., Rechte u. Pflichten des Kirchenvorstandes, Köln [11]2012, 16-22.

Thomas Schüller

© 2019, DOI: 10.30965/9783506786388_0146

Gemeindeverband – Evangelisch

Aufgrund der vielfältigen rechtlich wie sachlich komplexen Aufgaben der →Kirchengemeinden u. ihrer Verwaltung u. der sich verändernden Rahmenbedingungen der Mitglieder-, Finanz- u. Personalsituation sind KGde. unbeschadet ihrer grundsätzlichen Eigenständigkeit gehalten, gemeindeübergreifend zusammenzuarbeiten. Dementsprechend sieht das Recht der →Landeskirchen unterschiedliche Möglichkeiten der Kooperation u. Verbandsbildung vor. Zu den traditionellen Formen der Kooperation zählt die Gemeinschaft der (i. d. R. kleineren) KGde., die unter einem gemeinsamen Pfarramt miteinander verbunden sind; diese werden je nach den landeskirchlichen Ordnungen als Pfarrsprengel, Pfarrbezirke, Pfarrverbände od. →Pfarreien bez. Mitunter ist bestimmt, dass in einem solchen Bezirk m. mehreren KGde. ein gemeinsamer →Kirchenvorstand (→Kirchengemeinderat, →Presbyterium) gebildet werden soll od. die beteiligten Kirchenvorstände jedenfalls regelmäßig zu gemeinsamen Sitzungen zusammentreten sollen. Gem. der KGO der Bay u. dem Gesamtkirchengemeindegesetz der Rh können sich benachbarte KGde. – o. ihre Eigenständigkeit aufzugeben – zu einer →Gesamtkirchengemeinde zusammenschließen, die dadurch definiert ist, dass sie anstelle der beteiligten KGde. Verwaltungsangelegenheiten od. ggf. darüber hinausgehend auch die Zuständigkeit für Grundsatzentscheidungen über Planung, Zielsetzung u. Durchführung der Gemeindearbeit übernehmen; Entspr. gilt für das Kirchspiel in der Sa(D).

Weitere Rechtsformen der Verbandsbildung zwischen KGde. entspr. den in den staatl. Gesetzen über die kommunale Zusammenarbeit geregelten Möglichkeiten. In diesem Sinne dienen die auf der Grundlage kirchenrechtlicher Vereinbarungen von den kirchengemeindlichen Leitungsorganen verabredeten Arbeitsgemeinschaften dazu, Aufgaben u. Planungen der beteiligten KGde. aufeinander abzustimmen od. die arbeitsteilige Zusammenarbeit der zum Dienst im Bereich der Arbeitsgemeinschaft beauftragten Hauptamtlichen zu regeln u. zu gestalten. Auf der Grundlage einer kirchl. Zweckvereinbarung können die beteiligten kirchl. Körperschaften einzelne od. alle m. einem bestimmten Zweck zusammenhängenden Aufgaben auf eine dieser Körperschaften übertragen; eine beteiligte kirchl. Körperschaft kann dabei i. d. R. unter Kostenbeteiligung der anderen die Anstellungsträgerschaft (z. B. für die den beteiligten KGde. gemeinschaftlich zur Verfügung stehende Pfarramtssekretärin) übernehmen od. gestatten, dass die anderen Beteiligten eine von ihr betriebene Einrichtung m. nutzen können (z. B. die Verwaltungseinrichtung, Gemeinderäume). Sofern dagegen ein eigener Rechtsträger erforderlich erscheint, um etwa für die gemeinsame Aufgabenwahrnehmung selbst u. unmittelbar Personal anstellen zu können, so kommt – unbeschadet der Möglichkeit des →Kirchenkreises (Dekanatsbezirkes) als körperschaftlich verfasste (mittlere) Kooperations- u. Koordinationsebene der KGde. seines Bereichs – die Bildung eines kirchl. Zweckverbands in Betracht. Der kirchl. Zweckverband verfügt über eine eigene Rechtspersönlichkeit als Körperschaft des kirchl., i. d. R. zugl. des öff. Rechts (→Körperschaft des öffentlichen Rechts). Er wird i. d. R. in der Weise gebildet, die auch für die Neubildung von KGde., KKreisen (Dekanatsbezirken) usw. maßgeblich ist, nämlich durch Organisationsakt des zuständigen landeskirchlichen Organs u., soweit vorgeschrieben, unter Mitwirkung der zuständigen staatl. Stellen. Von einer Gesamtkirchengemeinde bzw. einem Kirchspiel unterscheidet er sich dadurch, dass ihm nicht ein umfassender Zuständigkeits- u. Aufgabenbereich, sondern die gemeinsame Erfüllung lediglich einer bestimmten Aufgabe od. eines zusammenhängenden Aufgabenkreises übertragen ist (z. B. Trägeraufgaben der kirchengemeindlichen Kindertagesstätten, Friedhöfe od. Verwaltungseinrichtungen). Die Rechtsverhältnisse des kirchl. Zweckverbandes werden dabei im Rahmen der kirchengesetzlichen Bestimmungen durch eine von den Beteiligten zu vereinbarende Verbandssatzung geregelt. Die landeskirchlichen Ordnungen geben dafür einen Rahmen, insb. auch zur Leitungsstruktur vor. Mitunter ist lediglich ein Organ vorgeschrieben (Verbandsvorstand), dessen Mitglieder i. d. R. von den jeweiligen kollegialen Leitungsorganen der beteiligten KGde. (Kirchenvorstände, Kirchengemeinderäte, Presbyterien) gewählt werden. Teilweise sind auch zwei Organe vorgesehen, nämlich eine Verbandsversammlung als Versammlung von Vertretern aller Verbandsgemeinden u. ein Ausschuss (Vorstand), der den kirchl. Zweckverband nach außen gerichtlich u. außergerichtlich vertritt. Für die Geschäftsführung gelten i. d. R. die für das kollegiale Leitungsorgan der KGde. maßgeblichen Bestimmungen entspr. Der kirchl. Zweckverband ist wie die KGde. in das allg. Ordnungsgefüge der LK eingegliedert, insb. untersteht er ebenso der Aufsicht der aufsichtsführenden Stellen der LK, ggf. der mittleren körperschaftlichen Ebene. Der kirchl. Zweckverband hat gegenüber den KGde. keine aufsichtlichen Befugnisse; vielmehr sind die KGde. i. d. R. gegenüber den von ihnen entsandten Mitgliedern der Verbandsorgane weisungsberechtigt. Ein kirchl. Zweckverband kann auch über die Grenzen eines KKreises (Dekanatsbezirkes) hinaus od. zwischen mehreren KKreisen gebildet werden.

Literatur

Frost, H., Strukturprobleme ev. Kirchenverfassung, Göttingen 1972; Hübner, H.-P., § 10 Gemeinde u. Kirchengemeinde: HevKR, 402-436, 432 ff.

Hans-Peter Hübner

© 2019, DOI: 10.30965/9783506786388_0146

Gemeindeversammlung – Katholisch

Nach c. 215 wird allen →Gläubigen das Recht zuerkannt, →Versammlungen für Zwecke der Caritas, der Frömmigkeit u. zur Förderung der chr. Berufung in der Welt abzuhalten. Bezogen auf grundlegende Fragen ist diese Möglichkeit zum Austausch von Argumenten u. Meinungen für alle Gläubigen einer →Pfarrei grds. möglich u. vereinzelt partikularrechtlich bezogen auf die Arbeit des →Pfarrgemeinderates ausdrücklich vorgesehen. Die Einladung zur G. geht also i. d. R. vom Pfarrgemeinderat zusammen m. dem →Pfarrer aus. Aufgaben der G. können sein: den Tätigkeitsbericht des Pfarrgemeinderates entgegenzunehmen, zu diskutieren u. dazu Stellung zu nehmen; Angelegenheiten des Gemeindelebens zu besprechen u. dem Pfarrgemeinderat Empfehlungen für seine zukünftige Arbeit zu geben; über wichtige Fragen des öff. Lebens zu orientieren, zu diskutieren u. dazu Stellung zu nehmen. Denkbar sind auch G. zu Fragen des Neubaus einer Kirche, der Übernahme einer Einrichtung wie Krankenhaus, Schule o. Kindertagesstätten durch die →Kirchengemeinde, zu denen die pfarrlichen Gremien – pfarrlicher Pastoralrat u. Vermögensverwaltungsrat – ein breites Meinungsbild einholen möchten, um Entscheidungen m. breiter Akzeptanz zu schaffen. Im Normalfall dürfte eine G. im J. ausreichend sein, um die wichtigen Fragen des gemeindlichen Alltags zu besprechen.

Quellen

Synodalordnung des Bistums Limburg: ABl. Limburg 1977, 539-559, zuletzt geänd. 2016, 475 f.

Thomas Schüller

© 2019, DOI: 10.30965/9783506786388_0147

Gemeindeversammlung – Evangelisch

Dem Leitbild einer beteiligungsoffenen Gemeindekirche u. dem Kontakt zwischen Gemeindeleitung u. Basis dient es, wenn die Mitglieder der →Kirchengemeinde auch außerhalb von Kirchenvorstandswahlen an der Ausrichtung des Gemeindelebens beteiligt werden, indem ihnen Gelegenheit zur Beratung von wichtigen Gemeindeangelegenheiten u. Fragen des kirchl. Lebens gegeben wird. Durchweg sehen deshalb die landeskirchlichen Ordnungen in Entsprechung zu den Bürgerversammlungen im Kommunalrecht die Einberufung von G. vor. I. d. R. sind die →Kirchenvorstände (→Kirchengemeinderäte, →Presbyterien) gehalten, die wahlberechtigten Gemeindeglieder einmal im J. zu einer G. einzuladen, um dort – neben den Informationen im Gemeindebrief – auch mündlich über ihre Tätigkeit zu berichten u. Rückmeldungen der Gemeindeglieder entgegenzunehmen. Darüber hinaus kann das kirchengemeindliche Leitungsorgan anlassbezogen eine G. einberufen, wenn dort das Gemeindeleben grundlegend berührende Angelegenheiten zur Entscheidung anstehen wie z. B. der Neubau eines Gemeindezentrums, die Übernahme einer Kindertageseinrichtung od. die Regelung der künftigen Zusammenarbeit m. einer benachbarten KGde. In bes. Fällen können auch aufsichtsführende Stellen die Einberufung einer G. verlangen. Die Beratung von Personalangelegenheiten eignet sich unter den Gesichtspunkten des Persönlichkeits- u. Datenschutzes grds. nicht für eine G.

Die G. ist i. d. R. öff. u. wird nach Maßgabe des landeskirchlichen Rechts vom Vorsitzenden des kirchengemeindlichen Leitungsorgans, einer anderen von diesem beauftragten Person od. einer aus der Mitte der G. gewählten Verhandlungsleitung geleitet.

Die G. hat in aller Regel nur beratende Funktion. Sie kann allerdings Anregungen u. Vorschläge an das kirchengemeindliche Leitungsorgan richten, die von diesem vordringlich zu behandeln sind. Sofern die G. darüber durch Beschl. befindet, haben diese den Charakter von Empfehlungen, die das kirchengemeindliche Leitungsorgan nicht binden u. auch nicht dessen gesonderte Beschlussfassung ersetzen; andererseits sollte sich dieses darüber aber auch nicht leichtfertig u. o. gewichtige Gründe hinweg setzen.

Literatur

Grethlein, G. – Böttcher, H. – Hofmann, W. – Hübner, H.-P., Ev. Kirchenrecht in Bayern, München 1994, 471-473.

Hans-Peter Hübner

© 2019, DOI: 10.30965/9783506786388_0147

Gemeinnützigkeit – Staatlich

1. Allg.: Im steuerlichen Gemeinnützigkeitsrecht fördert der Steuerstaat das vom Gemeinsinn getragene, selbstlose Engagement Privater für das →Gemeinwohl. Das steuerliche Gemeinnützigkeitsrecht bildet m. seinen Regelungen im Mantelgesetz der Abgabenordnung (§§ 51ff. AO) dabei einen steuerartübergreifenden organisationsbezogenen Fördertatbestand, der v. a. durch Befreiungsnormen in den Einzelsteuergesetzen durchgeführt wird. Steuerbefreiungen wegen G. finden sich etwa in § 5 Abs. 1 Nr. 9 KStG, § 3 Nr. 6, 20 GewStG, § 4 Nr. 18, 16, 23 UStG, § 12 Abs. 2 Nr. 8 UStG, §§ 13 Abs. 1 Nr. 16 lit. b, 17 ErbStG u. § 3 Abs. 1 Nr. 3 GrStG. Die steuersystematische Legitimation der G. gelingt über die Entlastung des Staates von dessen steuerfinanzierten Aufgaben u. als Förderung bürgerschaftlichen Engagements in der Zivilgesellschaft. In dieser Perspektive erfasst G. auch →Religionsgemeinschaften u. ihre Einrichtungen. Dabei fungiert die G. über den steuerrechtlichen Kontext hinaus als Ausweis der Förderungswürdigkeit u. konturiert den sog. →Dritten Sektor od. auch Nonprofit-Sektor. Dieser umfasst nach der ZiviZ-Studie 2017 gegenwärtig ca. 604.000 e. V., 17.000 rechtsfähige →Stiftungen, 11.000 gGmbH u. weitere über 1000 genossenschaftlich organisierte NPO. Diese Einrichtungen tragen zur Wirtschaftsleistung bei u. spielen in bestimmten Lebensbereichen wie etwa Sport, Kultur, Bildung,

Gesundheits- u. Sozialwesen eine zentrale Rolle (Hüttemann, 2018, 55ff.).

2. Grundstrukturen der G.: Das Gemeinnützigkeitsrecht ist auf die Förderung der Allgemeinheit i. S. des §51 Abs. 1 AO, also auf transpersonale Ziele, ausgerichtet, ist Zweckverwirklichungsrecht. Es arbeitet m. der Erwartung altruistischer Motivation, fügt also dem externen Handlungsziel die Selbstlosigkeit i. S. des §55 AO hinzu. Zudem steht die Qualifikation eines Zweckes als gemeinnützig in Entgegensetzung zu wirtschaftlichen Zwecken, namentlich zum Gewinnstreben. Regelmäßig gehen die gemeinnützigen Körperschaften ihrer Vergünstigungen verlustig, soweit sie wirtschaftliche Geschäftsbetriebe unterhalten, es sei denn, diese dienten als Zweckbetriebe wiederum dazu, die satzungsgemäßen Zwecke der steuerbegünstigten Körperschaft zu verwirklichen (§65 AO). Außerdem ist das Gemeinnützigkeitsrecht rechtsformfixiert. Durch die Anknüpfung an das Körperschaftsteuergesetz steht gemeinnützigen Akteuren nur ein abgeschlossener Kreis an Rechtsformen zur Verfügung (§51 S. 2 AO i. V. m. §1 Abs. 1 KStG); regelmäßig sind sie als Verein, Stiftung, GmbH u. seltener als AG verfasst. Es steht damit auch u. gerade kirchl. gebundenen Organisationen, die selbst nicht als Körperschaften verfasst sind, sondern eigene Rechtspersönlichkeit (zumindest im steuerrechtlichen Sinne) aufweisen, offen. Aus dem weiten Kanon möglicher gemeinnütziger Zwecke i. S. der §§52 Abs. 2, 53 u. 54 AO sollen die wichtigsten Kernbestimmungen für Religionsgemeinschaften hervorgehoben werden. Unmittelbar verfassungsgeleitet ist der Begriff der Förderung der Religion nach Maßgabe des §52 Abs. 2 S. 1 Nr. 2 AO, der alle Erscheinungsformen des Transzendenten erfasst. Im Rahmen des §52 AO können kirchl. Umfeldorganisationen u. Religionsgemeinschaften daneben unterschiedlichste säkulare Gemeinwohlziele verfolgen; kirchl. Hochschulen dienen so der Förderung von Wissenschaft u. Forschung, Einrichtungen der Caritas u. Diakonie dienen der Förderung des Gesundheitswesens, der Jugend u. Altenhilfe, kirchl. Museen können die Förderung von Kunst u. Kultur bezwecken; kirchl. (Konflikt-)Beratungsstellen können der Förderung des Schutzes von Ehe u. Familie i. S. des §52 Abs. 2 S. 1 Nr. 19 AO dienen. Kirchl. Caritas u. Diakonie verfolgt i. d. R. mildtätige Zwecke i. S. des §53 AO u. liegt damit in einem Kernbereich selbstloser Gemeinwohlförderung. Religionsgemeinschaften können aber nicht nur externe Gemeinwohlziele verfolgen, ihre Tätigkeit selbst ist ein Gemeinwohlbelang, den der Steuergesetzgeber fördert. Das institutionelle Arrangement des Religionsverfassungsrechts findet einfachgesetzlich im Steuerrecht (→Steuer- und Abgabenrecht, Religionsgemeinschaften) so in Gestalt des §54 AO u. der Förderung kirchl. Zwecke seine Entsprechung. Nach §54 AO verfolgt eine Körperschaft kirchl. Zwecke, wenn ihre Tätigkeit darauf gerichtet ist, eine Religionsgemeinschaft, die →Körperschaft des öffentlichen Rechts ist, selbstlos zu fördern. M. der Steuerbefreiung wegen G. sind erhebliche Anforderungen an die tatsächliche Geschäftsführung der gemeinnützigen Körperschaften u. an die Bindung ihres Vermögens verbunden. Das Selbstlosigkeitsgebot verlangt nach §55 Abs. 1 S. 1 AO, dass die Körperschaft „nicht in erster Linie eigenwirtschaftliche Zwecke" verfolgt. Dies setzt insb. voraus, dass die zur gemeinnützigen Zweckverfolgung bestimmten Mittel zeitnah verwandt werden (siehe §55 Abs. 1 Nr. 1-5, Abs. 2, 3 AO). Der Grundsatz der Ausschließlichkeit wiederum erfordert, dass eine Körperschaft nur ihre steuerbegünstigten satzungsmäßigen Zwecke verfolgt. Der Gemeinnützigkeitsstatus ist insoweit ein totaler Rechtsstatus. Deswegen sind die notwendig auch egoistischen natürlichen Personen von ihm ausgeschlossen u. werden auf das Spendenrecht verwiesen. Das Unmittelbarkeitsprinzip hingegen ist nur dann erfüllt, wenn die steuerbegünstigte Körperschaft ihre Zwecke selbst verwirklicht, was insb. der Einschaltung von Hilfspersonen im Rahmen des §57 AO u. Ausgliederungsprozessen gemeinnützigkeitsrechtliche Gren-

zen setzt. Schließlich werden diese materiellen Gebote flankiert durch den Grundsatz der gegenwartsnahen Zweckverfolgung, der in § 55 Abs. 1 Nr. 5 S. 1 AO seinen Ausdruck gefunden hat. Diese materiellen Kriterien des Gemeinnützigkeitsrechts werden erg. durch das formelle Kriterium der satzungsmäßigen Vermögensbindung nach Maßgabe des § 60 AO. Die Zuerkennung des Gemeinnützigkeitsstatus, an den auch die Spendenempfangsberechtigung geknüpft ist, erfolgt in einem förmlichen Verfahren der Prüfung der satzungsmäßigen Voraussetzungen nach Maßgabe des § 60a AO. Als wesentliches Strukturmerkmal des Gemeinnützigkeitsrechts ist der Gegensatz zur wirtschaftlichen Betätigung anzuführen. Im Kern der als gemeinnützig anerkannten Tätigkeit liegt die Betätigung innerhalb der Idealsphäre. Diese wird umschlossen von dem Bereich der besteuerungsneutralen reinen Vermögensverwaltung. Betreibt die gemeinnützige Körperschaft jenseits der Vermögensverwaltung wirtschaftliche Betriebe, so unterliegen diese dann keiner Besteuerung, wenn es sich um Zweckbetriebe handelt. Letztere sind in den §§ 65-68 AO nicht immer widerspruchsfrei ausgestaltet u. nur unter den engen Voraussetzungen des § 65 Nr. 1 bis 3 AO anzuerkennen. Ein Zweckbetrieb setzt voraus, dass der Betrieb in seiner Gesamtrichtung dazu dient, den steuerbegünstigten Zweck zu verwirklichen, dass der Zweck nur durch einen solchen Betrieb erreicht werden kann u. dass er zu nicht begünstigten Betrieben derselben od. ähnlicher Art nicht in größerem Umfang in Wettbewerb tritt. In der letzten Schale des Sphärenmodells ist der wirtschaftliche Geschäftsbetrieb angesiedelt. Hier verliert die gemeinnützige Körperschaft für die dem Geschäftsbetrieb zuzuordnenden Besteuerungsgrundlagen die Steuervergünstigung (§ 64 Abs. 1 AO) u. ist insoweit partiell steuerpflichtig.

Eine mittelbare Förderung gemeinnütziger Körperschaften stellt zudem der Steuerfreibetrag für nebenberufliche Tätigkeiten nach Maßgabe des § 3 Nr. 26a EStG u. der sog. Übungsleiterfreibetrag des § 3 Nr. 26 EStG dar. Zudem wird die Vermögensausstattung der Religionsgemeinschaften als K. d. ö. R. u. gemeinnütziger Körperschaften durch das Spendenrecht gefördert. Wie die Steuerbefreiungen, die altruistisches Verhalten zum Wohl der Allgemeinheit steuerlich belohnen, so honoriert das Spendenrecht freiwillige Zuwendungen zu gemeinnützigen Zwecken u. damit altruistische Vermögensopfer. § 10b EStG lässt den Abzug von Zuwendungen „zur Förderung steuerbegünstigter Zwecke im Sinne der §§ 52 bis 54 der Abgabenordnung an eine inländische juristische Person des öffentlichen Rechts oder an eine inländische öffentliche Dienststelle oder an eine nach § 5 Abs. 1 Nr. 9 des Körperschaftsteuergesetzes steuerbefreite Körperschaft, Personenvereinigung oder Vermögensmasse" zu.

Literatur

Droege, M., Gemeinnützigkeit im offenen Steuerstaat, Tübingen 2010; Handbuch der Gemeinnützigkeit, hg. v. S. Schauhoff, München ³2010; Hüttemann, R., Gemeinnützigkeits- u. Spendenrecht, Köln ³2015; Die Besteuerung gemeinnütziger u. öff.-rechtlicher Körperschaften, hg. v. R. Wallenhorst – R. Halaczinsky, München ⁷2017; Hüttemann, R., Empfiehlt es sich, die rechtlichen Rahmenbedingungen für Gründung u. Tätigkeit von Non-Profit-Organisationen übergreifend zu regeln?: Verhandlungen des 72. Dt. Juristentages, Bd. I: Gutachten / Teil F, München 2018; siehe auch Kurzfassung: ders.: NJW-Beil. 2018, 55 ff.

Michael Droege

© 2019, DOI: 10.30965/9783506786388_0148

Gemeinpflichten, -rechte der Gläubigen

→ Grundrechte und Grundpflichten der Christen

Gemeinsame Angelegenheiten – Staatlich

Staat u. → Religionsgemeinschaften verfolgen nicht nur jeweils eigene, sondern auch g.

A. Hiervon sollte nicht bereits dann gesprochen werden, wenn beide Einrichtungen gleiche od. ähnliche Zwecke verfolgen (z. B. Krankenversorgung) respektive tatsächlich zusammenwirken (etwa mittels Einholung von Genehmigungen für kirchl. Bauten). Vielmehr empfiehlt es sich, den Begriff der g. A. nur dann zu verwenden, wenn ein Zusammenwirken gerade m. dem anderen Teil rechtlich notwendig ist, um die von beiden Seiten verfolgten Zwecke durchsetzen zu können. Für den Staat besteht eine solche Notwendigkeit, wenn es ihm gerade auf die Förderung der von einer Religionsgemeinschaft wahrgenommenen religiösen Belange ankommt, für die Religionsgemeinschaften, wenn sie ihre Aufgaben in staatl. Einrichtungen od. unter Zuhilfenahme staatl. übertragener Befugnisse durchsetzen wollen. Sowohl Art. 4 Abs. 1, 2 GG als auch Art. 137 Abs. 1 WRV i. V. m. Art. 140 GG schließen eine staatl. Förderung der Religionsgemeinschaften nicht aus, zumal auch andere Grundrechtsträger eine solche erhalten. Jedoch müssen die Bekenntnisneutralität des Staates u. die Gleichheitssätze beachtet werden. Religionsgemeinschaften werden in staatl. Einrichtungen jedenfalls bei der Erteilung des →Religionsunterrichts in öff. →Schulen (Art. 7 Abs. 3 GG) u. des Unterrichts in öff. →Bekenntnisschulen (Art. 7 Abs. 5 GG), der Forschung u. Lehre in theol. Fak. (→Theologische Fakultät, Hochschuleinrichtung) od. der →Anstaltsseelsorge (Art. 141 WRV i. V. m. Art. 140 GG) tätig. Anderes gilt für die kirchl. (diakonischen od. karitativen) Einrichtungen, mögen diese auch maßgeblich vom Staat finanziert werden. Die herrschende Lehre rechnet ferner das Friedhofs- u. Bestattungswesen zu den g. A. Doch ist der Betrieb kirchl. →Friedhöfe keine staatl. Aufgabe. Staatl. Befugnisse üben die (korporierten) Religionsgemeinschaften insb. bei der Erhebung der →Kirchensteuer aus.

G. A. haben keinen eigengearteten Charakter. Vielmehr nehmen Staat u. Religionsgemeinschaften bei dem Zusammenwirken jeweils eigene Aufgaben wahr, die auseinander gehalten werden müssen. Weder darf sich der Staat religiös betätigen, noch dürfen die Religionsgemeinschaften Staatsgewalt ausüben (von der ausnahmsweise ausdrücklichen Übertragung auf gesetzlicher Grundlage abgesehen). Eine untrennbare Vermischung der Aufgabenwahrnehmung (res mixtae) ist unzulässig. Die Beurteilung der Rechtsfragen bestimmt sich allein danach, ob das staatl. Recht od. das →Selbstbestimmungsrecht der Religionsgemeinschaften für die Behandlung der Angelegenheit maßgebend ist. Demgemäß ist der Begriff der g. A. nur ein heuristischer, kein Rechtsbegriff. Er umschreibt einen tatsächlichen Zustand (Zusammenwirken), sagt aber noch nichts über dessen rechtliche Behandlung aus. Wohl aber sind Staat u. Religionsgemeinschaften bei der Wahrnehmung der g. A. zur Rücksichtnahme auf die rechtlich geschützten Belange des Anderen verpflichtet. Von den eigenen Kompetenzen darf daher nur so Gebrauch gemacht werden, dass der andere Teil (etwa bei der Erteilung des Religionsunterrichts in öff. Schulen od. der Anstaltsseelsorge) keinen Schaden erleidet.

Literatur

Ehlers, D., Die gemeinsamen Angelegenheiten von Staat u. Kirche: ZevKR 32 (1987), 158-185; von Campenhausen, A. – de Wall, H., Staatskirchenrecht, München [4]2006, 196-251.

Dirk Ehlers

© 2019, DOI: 10.30965/9783506786388_0150

Gemeinsame Feier der kirchlichen Trauung – Katholisch

Im Unterschied zum bisweilen umgangssprachlich genutzten Begriff der sog. ök. →Trauung meint die gemeinsame Feier der kirchl. Trauung die durch die →Deutsche Bischofskonferenz u. den →Rat der EKD genehmigten beiden Trauungsformulare für die Trauung eines kath.-ev. Paares entweder nach ev.

Ritus im Beisein des kath. Amtsträgers od. nach kath. Ritus im Beisein des ev. Amtsträgers.

Nachdem das MP Matrimonia mixta (1970) die Bestimmungen für →konfessionsverschiedene Ehen in der kath. Kirche gem. den Vorgaben des Vat II neu geordnet hatte, haben die DBK u. der Rat der EKD 1971 die beiden o. genannten Trauungsformulare erarbeitet, um für die große Zahl der konfessionsverschiedener Ehen zwischen kath. u. ev. Christen der größeren Gemeinsamkeit Rechnung zu tragen. Die Ordnungen wurden 1995 entspr. den neuen liturgischen Texten (ev. Trauagenden, kath. Trauritus) überarbeitet. Aufgrund der bisherigen Erfahrungen wurden z. B. unnötige Doppelungen von Ansprachen u. liturgischen Texten entfernt. Die ev. Ordnung ist für die Trauung in einer ev. Kirche bestimmt, die kath. Ordnung für die Trauung in einer kath. Kirche. Die beteiligten Trauungsberechtigten tragen die in ihrer Kirche vorgeschriebene →liturgische Kleidung. Bei beiden Formularen handelt es sich weder um eine →Doppeltrauung noch um eine Simultantrauung, die gem. c. 1127 § 3 verboten wären, sondern um den gemeinsamen Vollzug eines gemeinsamen Ritus im →Wortgottesdienst. Beide Ordnungen entsprechen der Vorgabe, dass der Katholik auch bei einer konfessionsverschiedenen →Eheschließung an die kan. →Eheschließungsform gebunden ist. Deshalb kann die ev. Trauung m. Beteiligung des kath. Trauungsberechtigten nur nach →Dispens von der Formpflicht (c. 1127 § 2) stattfinden.

Die Wahl der Ordnung trifft das Paar selbst. Die pastorale Einführung des deutschsprachigen Trauungsritus Die Feier der kirchl. Trauung (2. Aufl. 1992) verweist darauf, dass beim Wunsch eines konfessionsverschiedenen Paares die kath. Trauung unter Beteiligung des →Pfarrers der anderen →Konfession gem. der zwischen den versch. Kirchen vereinbarten Ordnung erfolgen kann (n. 34).

Bereits kurz nach dem Erscheinen der gemeinsamen Ordnungen hat die →Gemeinsame Synode der Bistümer in der BRD in ihrem Sb Ökumene von 1974 (7.7.1 u. 7.7.2) geltend gemacht, dass eine Entwicklung auf eine noch größere Gemeinsamkeit hin ebenso wünschenswert sei wie die Erarbeitung ähnlicher Regelungen auch m. anderen Kirchen u. kirchl. Gemeinschaften. Beides ist bis heute deutschlandweit nicht geschehen.

Wohl aber wurde im J. 1974 regional zwischen dem Erzbistum Freiburg, der Ev. LK in Baden, der Herrnhuter Brüdergemeinde, der Ev.-methodistischen Kirche u. der Altkath. Kirche ein drittes, sog. Formular C vereinbart. Dieser gemeinsame Ritus ermöglicht den beteiligten Amtsträgern ein möglichst gleichberechtigtes Zusammenwirken. Die Konsenserfragung erfolgt durch den Trauungsberechtigten der kath. Kirche. Die Wahl des →Kirchengebäudes spielt keine Rolle. Die Trauung wird anschließend in die Kirchenbücher beider Konfessionen eingetragen.

In der deutschsprachigen Schweiz gibt es seit 1973 drei Trauformulare m. Beteiligung des Amtsträgers der jeweils anderen Konfession, für ref., römisch-kath. u. christkatholische, hg. v. der ev.-kath. Arbeitsgemeinschaft für Mischehenseelsorge der dt. Schweiz, die sich Ök. Trauung nennen, den Begriff ök. aber ausdrücklich weit verstanden wissen wollen u. sich als Versuche verstanden, bis offizielle Texte hg. würden. Ein Trauungsgottesdienst wird auch dann als ök. verstanden, wenn eines der drei Formulare verwendet wird, ihm aber nur ein Amtsträger vorsteht. Der Vorstand des Schweiz. Ev. Kirchenbundes, die SBK sowie der Bf. u. Synodalrat der Christkatholischen Kirche der Schweiz haben auf dieser Grundlage 1993 offiziell die Ök. Feier der Trauung hg. (2. korrigierte Aufl. 2001).

In Österreich gibt es wie in Deutschland zwei versch. Trauformulare: Die Trauung kath.-ev. Paare unter Mitwirkung der Bevollmächtigten beider Kirchen, hg. v. Sekretariat der ÖBK u. dem →Evangelischen Oberkirchenrat Augsburgischen u. Helvetischen Bekenntnisses (2. Aufl. 1997).

Eine gemeinsame Feier der kirchl. Trauung bildet, auch durch das Zusammenwirken der →Seelsorger beider Konfessionen, für das konfessionsverschiedene Paar schon zu Beginn der Ehe eine Grundlage, auf der sich Gemeinsamkeit, Konfessionsverbundenheit, entwickeln kann.

Quellen

Paul VI., MP Matrimonia mixta vom 31. März 1970: AAS 62 (1970), 257-262; Gemeinsame Feier der kirchl. Trauung Formular C. Ordnung der Trauung unter Beteiligung der Pfarrer beider Kirchen, hg. v. Erzbistum Freiburg, der Ev. Landeskirche in Baden, der Herrnhuter Brüdergemeine, der Ev.-methodistischen Kirche u. der Altkath. Kirche, Freiburg – Karlsruhe 1974; Gemeinsame Feier der kirchl. Trauung. Ordnung der kirchl. Trauung für konfessionsverschiedene Paare unter Beteiligung der zur Trauung Berechtigten beider Kirchen, hg. v. der DBK u. dem Rat der EKD, Regensburg – Kassel 1995 (²2012).

Literatur

Beykirch, U., Von der konfessionsverschiedenen zur konfessionsverbindenden Ehe? Eine kirchenrechtliche Untersuchung zur Entwicklung der gesetzlichen Bestimmungen, Würzburg 1987 (FzK 2); Hallermann, H., Die Bestimmungen zu Vorbereitung u. Feier von konfessionsverschiedenen Eheschließungen: Ökumene u. Kirchenrecht. Bausteine od. Stolpersteine, hg. v. dems., Mainz 2000, 140-156; ders., Art. Gemeinsame Feier der kirchl. Trauung: LKStKR Bd. 2, 40-41; Alfs, R., Gemeinsame Trauung? Die Ordnung der kirchl. Trauung für konfessionsverschiedene Paare in ihren beiden Ausgaben. Vergleich u. Würdigung: DPM 8/II (2001), 199-213; Bier, G., Die Bedeutung der Assistenz bei kath.-ev. Eheschließung: Dienst an Glaube u. Recht (FS May), hg. v. A Egler – W. Rees, Berlin 2006 (KStT 52), 347-371; Hahn, J., § 89 Die konfessionsverschiedene Ehe: HbkathKR³, 1361-1377.

Ursula Beykirch-Angel

© 2019, DOI: 10.30965/9783506786388_0151

Gemeinsame Synode – Katholisch

1. Anlass: Das Vat II hatte viele Impulse für das kirchl. Leben gegeben, die regionaler Konkretisierung bedurften, u. die Belebung der Institution der →Synoden gewünscht (CD 36). So beschloss die →Deutsche Bischofskonferenz auch angesichts innerkirchlicher Kontroversen (z. B. Holländischer Katechismus, Enz. Humanae Vitae, Mitverantwortung der Laien) in der Vollversammlung vom 24.-27.02.1969 eine G. der Bistümer in der BRD (nach dem Tagungsort kurz Würzburger Synode genannt) abzuhalten, um „die Verwirklichung der Beschlüsse des Zweiten Vatikanischen Konzils zu fördern und zur Gestaltung des christlichen Lebens gemäß dem Glauben der Kirche beizutragen" (Art. 1 Statut der G.). Die Anliegen der Katholiken wurden schriftlich ermittelt. Auch in Holland (Niederländisches Pastoralkonzil 1966-1970), Österreich (Synodaler Vorgang 1973-1974) u. der Schweiz (Synode '72) fanden ähnliche Versammlungen statt.

2. Rechtliche Grundlagen: Für die G., die sich aufgrund der Ekklesiologie des Konzils von →Partikularkonzilien alter Ordnung unterschied, wurde eine eigene Ordnung erarbeitet: Statut (Approbation: Bischofskongregation 14.02.1970, Prot. N. 122/69) u. GO (Beschl.: DBK 22.09.1970). Dabei sollten gem. der Lehre vom Volk Gottes (LG) auch →Priester u. →Laien in Beratung u. Beschlussfassung einbezogen werden. So gehörten der G. an: die Mitglieder der DBK, aus jeder Diözese sieben u. bis zu 40 vom Zentralkomitee der dt. Katholiken gewählte Mitglieder, 22 Ordensleute u. bis zu 40 von der DBK Berufene (Art. 2). Der Vorsitz kam dem Vorsitzenden der DBK zu, der m. vier Vizepräsidenten (darunter zwei Laien) das Präsidium bildete (Art. 6), das (nichtkatholische) Beobachter u. Gäste einladen konnte (Art. 4) u. im Einvernehmen m. der DBK die Beratungsgegenstände festlegte (Art. 11). Die von zehn Sachkommissionen, in die Berater u. Sachverständige berufen wurden (Art. 3), erarbeiteten Vorlagen bedurften der Beratung

der Vollversammlung in wenigstens zwei Lesungen, wozu die DBK Stellungnahmen abgeben konnte (Art. 12). Die Beschlussfassungen erfolgten in der Vollversammlung, in der alle Mitglieder Stimmrecht hatten (Art. 5) m. 2/3-Mehrheit, sofern nicht die DBK Einwände bzgl. der Glaubens- od. Sittenlehre od. der bfl. Gesetzgebungsbefugnis erhob (Art. 13). Die vom Präsidenten der G. bekannt gegebenen Beschl. wurden in den →Amtsblättern der Diözesen veröff.; Anordnungen traten m. ihrer dortigen →Promulgation als →Gesetz der DBK od. als diözesanes Gesetz in Kraft (Art. 14). In den Beschl. enthaltene Anordnungen waren nach →Recognitio u. Promulgation verbindlich, Empfehlungen besaßen keine Rechtskraft, Voten waren an den P. gerichtete Bitten für die Erarbeitung des CIC (Art. 11).

3. Verlauf, Ergebnisse: Der konstituierenden Sitzung vom 03.-05.01.1971 folgten von 1972-1975 acht Vollversammlungen, die insgesamt 18 Beschl. verabschiedeten; zudem liegen sechs Arbeitspapiere (Ergebnisse einzelner Sachkommissionen) vor. Beschl.: Unsere Hoffnung. Ein Bekenntnis zum Glauben in dieser Zeit; Der Religionsunterricht in der Schule; Die Beteiligung der Laien an der Verkündigung; Gottesdienst; Schwerpunkte heutiger Sakramentenpastoral; Ziele u. Aufgaben kirchl. Jugendarbeit; Kirche u. Arbeiterschaft; Der ausl. Arbeitnehmer – eine Frage an die Kirche u. die Gesellschaft; Chr. gelebte Ehe u. Familie; Der Beitr. der kath. Kirche in der BRD für Entwicklung u. Frieden; Schwerpunkte kirchl. Verantwortung im Bildungsbereich; Die Orden u. a. geistl. Gemeinschaften; Die pastoralen Dienste in der Gde.; Verantwortung des ganzen Gottesvolkes für die Sendung der Kirche; RO für die pastoralen Strukturen u. für die Leitung u. Verwaltung der Bistümer in der BRD; Ordnung der Schiedsstellen u. VerwG der Bistümer in der BRD; Pastorale Zusammenarbeit der Kirchen im Dienst an der chr. Einheit; Missionarischer Dienst an der Welt. – Arbeitspapiere: Das katechet. Wirken der Kirche; Die Not der Gegenwart u. der Dienst der Kirche; Sinn u. Gestaltung menschlicher Sexualität; Aufgaben der Kirche in Staat u. Gesellschaft; Kirche u. gesellschaftliche Kommunikation; Dt. Pastoralinstitut. – Bedeutung hat bis heute v. a. der Beschl. zum Religionsunterricht.

Wichtige Punkte waren u. a. die →Laienpredigt (GSyn I, 174 f., 2.3.); Ök. Gottesdienste (GSyn I, 212 f., 5.); Reihenfolge von →Erstbeichte u. →Erstkommunion (GSyn I, 266-268, 9.; 274, 4.6.); →Generalabsolution (GSyn I, 264, 4.3.3.); Rechtliche Stellung der Geschiedenen u. standesamtlich wieder Verheirateter (→Wiederverheiratete Geschiedene) (GSyn I, 449-453, 3.5.); Stellung der Frau in der Kirche (GSyn I, 611 f., 3.2; 616 f., 4.2; 633 f., 7.1.); Stellung laisierter Priester (GSyn I 631, 5.6); →Priesterweihe von viri probati (GSyn I, 628 f., 5.4.6. 634, 7.1). Die Voten an den P. fanden z. T. Beachtung, z. B. psychische Eheunfähigkeit, Eheschließung infolge Täuschung, erschwerte Wiederheirat nach formungültiger Vorehe (GSyn I 453 f., 4.1), Firmspendung durch Priester (GSyn I, 264, E.); nicht realisiert wurden u. a. eine kirchl. Verwaltungsgerichtsbarkeit (GSyn I, 735) sowie regelmäßige landesweite Synoden (GSyn I, 673, IV.2).

4. Die →Pastoralsynode der Katholischen Kirche in der DDR: Weil sich im Vorfeld der Diözesansynode Meißen 1969/70 gezeigt hatte, dass viele Themen die gesamte Kirche in der DDR betraf, beschloss die Berliner Ordinarienkonferenz am 04./05.12.1970 die Abhaltung einer Pastoralsynode aller Jurisdiktionsbezirke, die vom 22.03.1973 bis zum 30.11.1975 in sieben Sitzungsperioden in der Dresdener Hofkirche tagte; die Statuten hatte die Bischofskongregation am 04.03.1972 (Prot. N. 119/71) approbiert (AfkKR 141 [1972], 538-543). Sie diente der Identitätsfindung der Katholiken in konfessioneller u. gesellschaftlicher →Diaspora. Den Synodalen kam die Beratung, den Bf. die Beschlussfassung zu. – Neun Beschl. wurden verabschiedet: Diakonie der Gde.; Aspekte des Verkündigungsdienstes der Gde.; Dienste u. Ordnungen im Leben der Gde.; Ökumene im Bereich der Gde.; Vorbereitung auf die Ehe; Akzente

chr. Lebens in Ehe u. Familie; Der Christ in der Arbeitswelt; Dienst der Kirche für Versöhnung u. Frieden. Die Offizielle Ausg. der Beschl. enthält eine Auflistung der kirchenrechtlichen Verbindlichkeit ders.

Quellen

Vat II, CD; Amtl. Mitteilungen Synode, München 1970-1976; Konzil u. Diaspora. Die Beschlüsse der Pastoralsynode der kath. Kirche in der DDR, Leipzig 1976; Gemeinsame Synode der Bistümer in der Bundesrepublik Deutschland. Offizielle GA, 2 Bde., Freiburg 1976/77; Neuausgabe (in einem Bd.), Freiburg 2012.

Literatur

Schmidtchen, G., Zwischen Kirche u. Gesellschaft. Forschungsbericht über die Umfragen zur Gemeinsamen Synode der Bistümer in der Bundesrepublik Deutschland, Freiburg 1972; Befragte Katholiken. Zur Zukunft von Glaube u. Kirche. Auswertungen u. Kommentare zu den Umfragen für die Gemeinsame Synode der Bistümer in der Bundesrepublik Deutschland, hg. v. K. Forster, Freiburg 1973; Konzil u. Diaspora. Die Beschlüsse der Pastoralsynode der kath. Kirche in der DDR, Leipzig 1976; Nees, A., Die erste Gemeinsame Synode der Bistümer in der Bundesrepublik Deutschland (1971-1975). Ihre innere Rechtsordnung u. ihre Stellung in der Verfassung der kath. Kirche, Paderborn 1978 (Rechts- u. Staatswissenschaftliche Veröff. der Görres-Gesellschaft 28); Hartelt, K., Die Diözesan- u. Regionalsynoden im dt. Sprachraum nach dem Zweiten Vatikanum. Rechtshistorische u. rechtstheologische Aspekte der Verwirklichung des Synodalprinzips in der Struktur der Kirche der Gegenwart, Leipzig 1979 (EThSt 40); Althaus, R., Die Rezeption des Codex Iuris Canonici von 1983 in der Bundesrepublik Deutschland, Paderborn 2000 (PaThSt 28); ders., Die Gemeinsame Synode der Bistümer in der Bundesrepublik Deutschland u. der Codex Iuris Canonici von 1983 – Zwei Rechtsquellen für die Kirche in Deutschland?: Rezeption des Zweiten Vatikanischen Konzils in Theologie u. Kirchenrecht heute (FS Lüdicke), hg. v. D. M. Meier – P. Platen – H. J. F. Reinhardt – F. Sanders, Essen 2008 (BzMKCIC 55), 13-39; Unverbindliche Beratung od. kollegiale Steuerung? Kirchenrechtliche Überlegungen zu synodalen Vorgängen, hg. v. W. Rees – J. Schmiedl, Freiburg 2014 (Europas Synoden nach dem Zweiten Vatikanischen Konzil 2); Voges, S., Konzil, Dialog u. Demokratie: der Weg zur Würzburger Synode 1965-1971, Paderborn 2015; Leibinger, P., Gemeinsame Synode der Bistümer in der Bundesrepublik Deutschland 1971-1975: Synodale Prozesse in der kath. Kirche, hg. v. W. Rees – L. Müller, Innsbruck 2016, 97-124.

Rüdiger Althaus

Gemeinsames Priestertum

→ Allgemeines bzw. Gemeinsames Priestertum

Gemeinschaft

→ Bewegung, kirchliche, → Communio, → Gruppe, → Vereinigung von Gläubigen

Gemeinschaft Evangelischer Kirchen in Europa – Evangelisch

Die GEKE ist 2003 aus der Leuenberger Kirchengemeinschaft (LKG) hervorgegangen; ihr gehören die Signatarkirchen der Konkordie reformatorischer Kirchen (→ Leuenberger Konkordie) von 1973 an. Diese ist das Schlüsseldokument innerprotestantischer → Ökumene, da m. ihr die kirchentrennende Wirkung der Lehrunterschiede für aufgehoben u. die gegenseitigen Lehrverurteilungen der Reformationszeit für heute bedeutungslos erklärt wurden. Sie begr. keine Kircheneinheit, wohl aber volle, auf „Übereinstimmung im Verständnis des Evangeliums" gründende → Kirchengemeinschaft, die sich in → Kanzelgemeinschaft u. Abendmahlsgemeinschaft (→ Abendmahls-, Eucharistiegemeinschaft), Anerkennung der Ordination (→ Ordination, Weihe), → Interzelebration sowie Zeugnis- u. Dienstgemeinschaft ausdrückt. Die GEKE ist institutioneller Ausdruck dieser Communio.

Im Gegensatz zu anderen ök. Organisationen stand der institutionelle Aspekt lange im Hintergrund. Die GEKE ist Körperschaft kirchl. Rechts m. Sitz u. Geschäftsstelle in Wien, aber bislang nicht rechtsfähig; für ihr Handeln im bürgerlichen Rechtskreis ist sie auf Amtshilfe ihrer Mitglieder angewiesen. Für 2018 ist die Anerkennung als →Körperschaft des öffentlichen Rechts (als Einrichtung der Ev. Kirche Augsburgischen u. Helvetischen →Bekenntnisses) vorgesehen (Sb der 9. Session der XIV. Generalsynode). Gleichwohl bleibt die Ausstattung der GEKE im Vergleich etwa zur →Konferenz Europäischer Kirchen gering.

Dies liegt in Geschichte u. Selbstverständnis der GEKE begr. Sie ist aus Lehrgesprächen zwischen den luth., ref. u. den aus ihnen (i. d. R. o. Klärung der theol. Differenzen) in Ausübung des landesherrlichen Kirchenregiments (→Kirchenregiment, landesherrliches) geschaffenen Unionskirchen hervorgegangen. Solche Gespräche fanden ab 1955 auf Anregung des →Ökumenischen Rates der Kirchen, des LWB u. des Ref. Weltbundes (heute: Weltgemeinschaft Ref. Kirchen), ab 1963 für Europa als sog. Schauenburger Gespräche in der Kommission Glaube u. KirchVerf. des →Ökumenischen Rates der Kirchen u. schließlich von 1968-70 auch als luth.-ref. Gespräche innerhalb der →Evangelischen Kirche in Deutschland statt. In diesen Foren zeichnete sich ab, dass Lehreinheit in zentralen dogmatischen Fragen wie Sakramentenlehre, Amts- u. Ordinationsverständnis, Bekenntnisbegriff u. a. nicht erreicht würde. Infolgedessen verschob sich der Schwerpunkt insb. während zweier Tagungen auf dem Leuenberg bei Basel (1969, 1970) auf die Grundfrage, was (gem. CA VII u. Institutio IV, 1.9) nötig sei, um gültig Kirche Chr. zu konstituieren, u. was dem entgegenstehe. Die Thesen zur Kirchengemeinschaft, von den dt. →Landeskirchen 1970 veröff., gaben einen starken Impuls für eine europäische Verständigung. Der erste Entwurf einer Konkordie wurde 1971 in Leuenberg vorgelegt. Nach nur geringen Veränderungen bis 1973 setzten die ersten 50 Signatarkirchen sie im September 1974 in Kraft. Die Konkordie entspricht einem Ökumeneverständnis der Einheit in versöhnter Verschiedenheit: Die Partikularkirchen erkennen einander auf Grundlage ihrer Bekenntnisse, o. Aufgabe ihrer je eigenen konfessionelle Identität als Teil der universellen Kirche an u. erstreben die Verwirklichung dieser geistl. Gemeinschaft durch eine immer engere Kooperation in Zeugnis u. Dienst.

Die Konkordie wurde auch von konfessionsverwandten vor- u. nachreformatorischen Kirchen unterzeichnet, z. B. Waldenser, Böhmische Brüder u. (europäische) Methodisten. Nach der Erstunterzeichnung sind der Gemeinschaft insgesamt 107 Kirchen beigetreten, darunter fünf lateinamerikanische. Aufgrund von Zusammenschlüssen gehören ihr aktuell 94 Vollmitglieder an. Die luth. Kirchen in Skandinavien haben die Konkordie zunächst nicht unterzeichnet, unterhielten aber Arbeitsbeziehungen zur GEKE. Inzwischen sind die Kirchen von Norwegen u. Dänemark beigetreten, die von Schweden, Finnland, Island sowie die Schwedische Missionskirche haben den Status beteiligter Kirchen. Außereuropäische Kirchen werden nicht mehr aufgenommen, die Bildung ev. Kirchengemeinschaften in anderen Regionen aber unterstützt, z. B. des Fellowship of Middle East Evangelical Churches (FMEEC).

Die Organe der GEKE sind die alle sechs J. tagende Vollversammlung u. der Rat, der die Geschäfte der Gemeinschaft zwischen den Vollversammlungen führt. Ein dreiköpfiges Präsidium vertritt Rat u. Gemeinschaft nach Außen. Über eine an die KEK in Brüssel abgeordnete Personalstelle werden seit 2004 engere Arbeitsbeziehungen insb. im Bereich Kirche u. Gesellschaft gepflegt.

Die ök. Kraft der Leuenberger Konkordie kann kaum hoch genug eingeschätzt werden. Dies wird schon darin deutlich, dass selbst die konfessionsverschiedenen →Gliedkirchen der EKD bis zur Unterzeichnung nicht in Kanzel- u. Abendmahlgemeinschaft standen. Die GEKE steht heute vor der Herausforderung, einerseits einer prot. Stimme in Europa Gehör zu verschaffen, andererseits innerprotestantischer Selbstgenügsamkeit zu wehren. Lehrgespräche u. politisch-anwaltschaftliche Zusammenarbeit m. den orth., aber auch angl., altkatholischen Kirchen u. →Freikirchen bleiben ebenso wichtig.

Literatur

Lohff, W., Art. Leuenberger Konkordie: TRE Bd. 21, 33-36; Track, J., Art. Leuenberger Konkordie: EKL Bd. 3, 80-82; Lessing, E., Art. Leuenberger Konkordie: RGG[4] Bd. 5, 290-292; Schnabel, P. R., Geschichte u. Strukturen chr. Vertretungen bei der EU: ÖARR 2007, 238-290; Losansky, S., Öff. Kirche für Europa. Eine Studie zum Beitrag der chr. Kirchen zum gesellschaftlichen Zusammenhalt in Europa, Leipzig 2010 (Öff. Theologie 25), 151ff.

Patrick Roger Schnabel

© 2019, DOI: 10.30965/9783506786388_0155

Gemeinschaftsschule – Staatlich

1. Begriff: G. sind im Unterschied zu →Bekenntnisschulen od. Weltanschauungsschulen staatl. →Schulen, in denen die Schüler m. Ausnahme des bekenntnisgebundenen →Religionsunterrichts i. S. des Art. 7 Abs. 3 GG unabhängig von ihren religiösen od. weltanschaulichen Orientierungen gemeinsam unterrichtet u. erzogen werden. Im staatl. Schulwesen ist die G. o. konfessionelle Bindung die Regel (siehe z. B. Art. 15 Abs. 1 BW.Verf; Art. 135 S. 1 BY.Verf; Art. 56 Abs. 2 HE.Verf; Art. 29 RP.Verf; Art. 27 Abs. 4 S. 1 SL.Verf; Art. 26 Abs. 2 ST.Verf; Art. 12 Abs. 3 SH.Verf; Art. 24 Abs. 2 TH.Verf). In Art. 7 Abs. 5 GG wird sie neben der Bekenntnis- u. der Weltanschauungsschule ausdrücklich als verfassungsrechtlich zulässiger Schultypus genannt (vgl. BVerfG: NVwZ 2018, 156 [157]). In einigen Bundesländern werden G. ausdrücklich als chr. G. bez., in denen die Schüler „auf der Grundlage christlicher und abendländischer Bildungs- und Kulturwerte" (Art. 16 Abs. 1 S. 1 BW.Verf; Art. 12 Abs. 3 NW.Verf; Art. 27 Abs. 4 S. 2 SL.Verf) bzw. „nach den Grundsätzen der christlichen Bekenntnisse" (Art. 135 S. 2 BY.Verf) unterrichtet u. erzogen werden (vgl. auch Art. 32 Abs. 1 HB.Verf; Art. 29 RP.Verf; in Hessen beruht der in Art. 56 HE.Verf normierte Bildungsauftrag gem. § 2 Abs. 1 S. 2 HSchG „auf christlicher und humanistischer Tradition"). Teilweise wird die chr. G. in Konk. der Länder m. den chr. Kirchen geregelt (Art. 6 § 4 BY.K vom 29.03.1924; Art. 9 Abs. 4 Vertrag zwischen dem Bayer. Staate u. der Ev.-Luth. Kirche in Bayern rechts des Rheins vom 15.11.1924; Art. 15 Abs. 1 S. 1 Vertrag der Ev. LK in Hessen m. dem Lande Hessen vom 18.02.1960; Art. 19 S. 1 Vertrag des Landes Rheinland-Pfalz m. den Ev. LK in Rheinland-Pfalz vom 31.03.1962; Art. 6 Abs. 1 Vertrag zwischen dem Land Schleswig-Holstein u. den ev. LK in Schleswig-Holstein vom 23.04.1957), o. dass diese kirchenvertraglichen Regelungen indes den Charakter der staatl. Schule zu bestimmen vermögen.

2. Geschichte: a) Das sich seit dem 16. Jh. in Reformation u. Gegenreformation in Deutschland herausgebildete, nach Konfessionen getrennte Schulwesen wurde durch die →Weimarer Reichsverfassung nur formalrechtlich zugunsten der G. beendet. Zwar sah Art. 146 Abs. 1 S. 2 WRV eine „für alle gemeinsame Grundschule" als Regelschule vor, wohingegen Bekenntnisschulen (u. Weltanschauungsschulen) gem. Art. 146 Abs. 2 S. 1 GG nur auf Antrag der Erziehungsberechtigten eingerichtet werden sollten u. auch nur dann, wenn hierdurch ein geordneter Schulbetrieb nicht beeinträchtigt wird. Die nähere Regelung wurde indes der „Landesgesetzgebung nach den Grundsätzen eines Reichsgesetzes überlassen" (Art. 146 Abs. 2 S. 3 WRV). Da es jedoch nach Art. 174 S. 1 WRV bis zum Erlass eines solchen Reichsgesetzes „bei der bestehenden Rechtslage" bleiben sollte, wandelte sich der Gesetzgebungsauftrag i. V. m. der Sperrklausel jedenfalls dort, wo zuvor schon Bekenntnisschulen bestanden, faktisch in eine Garantie für deren Bestand. Die in den meisten Ländern bestehen-

de Vorherrschaft der Bekenntnisschule wurde so entgegen der verfassungsrechtlichen Regelung konserviert (Richter, 1996, 494 ff., 594 ff.; zum Ausnahmecharakter der Bekenntnisschule nach der WRV: Anschütz, 1965, Art. 146 Anm. 6; Landé, 1975, 48 ff.).

b) Während in den fünf Ländern der Sowjetischen Besatzungszone in Anknüpfung an Ideen einer dt. Einheitsschule der sozialistischen Arbeiterbewegung in der Weimarer Republik bereits 1946 die achtjährige Grundschule in Gestalt der „demokratischen Einheitsschule" eingeführt wurde, die „jedem Kind und Jugendlichen ohne Unterschied des Besitzes, des Glaubens oder seiner Abstammung die seinen Neigungen und Fähigkeiten entsprechende vollwertige Ausbildung geben" sollte (§ 2 Abs. 2 u. § 1 Gesetz zur Demokratisierung der dt. Schule vom Mai/Juni 1946; hierzu: Geißler, 2014, 240 ff.), war die Situation in den westdeutschen Ländern abhängig von den jeweiligen politischen Verhältnissen u. von den bereits vor 1945 bestehenden Schulstrukturen: in einigen Ländern war die G. Regelschule (z. B. NI), in anderen stand sie gleichberechtigt neben der Bekenntnisschule (z. B. NW, SL) u. wieder in anderen Ländern bildete sie die Ausnahme zu der weiterhin als Regelschule fungierenden Bekenntnisschule (z. B. BY). In den 1960er J. setzte sich jedoch die (chr.) G. gegen den Protest insb. der kath. Kirche in allen Bundesländern als Regelschule durch (Scheuner, 1971, 308; zur vorherigen Rechtslage: von Campenhausen, 1967, 167 ff.). Die Gründe hierfür waren vielfältig. Durch die nach dem Zweiten Weltkrieg aus dem Osten in die BRD kommenden Flüchtlinge kam es in vielen Gde. zur Auflösung vormals bestehender konfessioneller Homogenität, was bei Festhalten an der Bekenntnisschule zur Folge hatte, dass an vielen Orten eine kath. u. eine ev. Bekenntnisschule notwendig wurde, für die jedoch wiederum zu wenig Schüler vorhanden waren u. die deshalb zu sog. „Zwergschulen" mutierten (Maurer, 2002, 464; vgl. auch BVerfGE 41, 88 [91]). Hinzu kamen ein schwindender Rückhalt gegenüber der Bekenntnisschule in der Bevölkerung (Böck, 1989, 20 f.) u. eine vom BVerfG in seiner Rspr. aufgegriffene größere Sensibilität gegenüber dem Grundrecht der →Religionsfreiheit aus Art. 4 Abs. 1 u. 2 GG in einer in religiös-weltanschaulicher Hinsicht heterogener werdenden Gesellschaft sowie damit verbundene Zweifel an der zuvor weitgehend bejahten Verfassungsmäßigkeit des Zwanges zum Besuch der Bekenntnisschule für fremd- od. nicht-konfessionelle Schüler (Stein, 1967, 33 f.; BVerfGE 41, 29 [54]). Angetrieben durch bildungspolitische Diskussionen über ein „katholisches Bildungsdefizit" (Erlinghagen, K., Kath. Bildungsdefizit in Deutschland, Freiburg 1965; aus der jur. Diskussion: Püttner, 1990, 283 f.) sowie der Einsicht, dass sich die Unterschiede zwischen Bekenntnisschule u. G. hinsichtlich der Curricula in Grenzen hielten u. die bekenntnismäßige Prägung des Unterrichts weniger von der konkreten Schulform als vielmehr von den Lehrern u. Schülern abhängt, war auf Seiten der Kirchen ferner eine größere Offenheit gegenüber der G. zu beobachten (Feuchte – Dallinger, 1967, 374); insb. in Teilen der kath. Kirche wurden Forderungen nach konfessionellen Schulen im Zuge des Vat II u. GE abgeschwächt (Link, 1995, 3354). Schließlich wurde eine Verpflichtung des Staates zur Errichtung öff. Bekenntnisschulen in weiten Teilen der Bevölkerung dann nicht mehr als zwingend notwendig erachtet, wenn er gleichzeitig chr. bzw. chr. geprägte G. zur Verfügung stellte, da im Hinblick auf die Verwirklichung der Religionsfreiheit u. des →Elternrechts zwischen der Bekenntnisschule u. der chr. G. – anders als zwischen chr. u. rein weltlichen Schulen – in weiten Teilen der Bevölkerung nur graduelle Unterschiede gesehen wurden.

3. Chr. G.: Die Kulturhoheit der Länder erstreckt sich hinsichtlich des in Art. 7 Abs. 1 GG normierten Bildungs- u. Erziehungsauftrages grds. auch auf die religiös-weltanschauliche Gestaltung der staatl. Schule (BVerfGE 6, 309 [346 f., 354 ff.]; 41, 29 [45 f., 51]; 41, 65 [77 f., 87]; 52, 223 [242 f.]; 108, 282 [301 f.]; BVerfGK 8,

151 [154]; BVerwGE 107, 75 [82]). Soweit die Länder die G. jedoch als chr. Schule bestimmen, sind die vom BVerfG im J. 1975 in seinen Entscheidungen zur chr. G. in BW, BY u. NW m. Rücksicht auf das Grundrecht der →Glaubensfreiheit u. →Gewissensfreiheit derjenigen Schüler u. Eltern, die keine religiöse Beschulung wünschen, festgelegten Grenzen zu beachten (BVerfGE 41, 29; 41, 65; 41, 88). Danach darf die chr. G. außerhalb des Religionsunterrichts i. S. des Art. 7 Abs. 3 GG keine missionarische Schule sein u. keine Verbindlichkeit od. gar Absolutheit chr. Glaubensinhalte einschließlich ihrer rituellen Vergegenwärtigung (z. B. →Schulgebet, Morgenandacht) u. symbolischen Darstellung (z. B. Kruzifix) beanspruchen. Daher müssen sich in den profanen Fächern Unterrichts- u. Erziehungsinhalte, soweit sie einen spezifischen chr. Bezug haben, auf das Christentum in seiner gesch.-kulturellen Bedeutung beschränken. In der chr. G. orientiert sich die Enkulturationsfunktion der Schule damit zwar stärker an chr. Inhalten, z. B. indem im Musikunterricht Kirchenliedern ein Schwerpunkt gewidmet wird, die Schüler sich im Kunstunterricht intensiver m. chr. Motiven auseinandersetzen, im Ethikunterricht chr. Werte u. Moralvorstellungen hervorgehoben od. im Geschichtsunterricht die sich über Jhh. erstreckenden Auseinandersetzungen zwischen weltlich-politischem System u. Kirche u. Religion in den Mittelpunkt gestellt werden (siehe auch EGMR: NVwZ 2008, 1217 [Ls. 6, 1219f.]). Als Grundlage u. Gegenstand darf das Christentum aber zum einen nur in einer vollständig säkularisierten, von allen theol. Gehalten, seien sie bekenntnisbezogen od. bekenntnisübergreifend, befreiten Form die Schule prägen. Zum anderen muss die chr. G. im Interesse der Herausbildung einer religiös-weltanschaulichen Autonomie der Schüler offen sein für andere religiös-weltanschauliche Inhalte u. Werte sowie Raum geben für eine sachliche Auseinandersetzung m. allen weltanschaulich-religiösen Auffassungen (BVerfGE 29, 41 [51f., 64]; 41, 65 [78f., 85f.]; 93, 1 [21ff.]; 108, 282 [300f.]; BVerfG: NVwZ 2008, S. 72 [73]; Mückl, 2009, §161 Rn. 24; Renck, 1994, 488). Ob es angesichts dieser verfassungsrechtlich gebotenen Begrenzungen, die das Christliche auf einen vollständig profanisierten Bildungs- u. Kulturfaktor beschränken, der ohnehin Gegenstand schulischer Curricula ist, noch sinnvoll ist, von der chr. G. zu sprechen, wird in Zweifel gezogen (Richter, 2000, 33; Weber, 1983, 2547). Auf Kritik stößt die chr. G. schließlich deshalb, weil sie – wie man in den Auseinandersetzungen um religiös konnotierte Bekleidung in der Schule beobachten kann (Ladeur, 2015, 635; Kästner, 1999, 367f.) – in einer religiös-weltanschaulich pluralistischen Gesellschaft Gefahr läuft, nicht-chr. Kinder u. Jugendliche institutionell-programmatisch zu vernachlässigen u. damit die Integrationsfunktion der Schule zu beeinträchtigen (Britz, 2003, 405ff.; Wißmann, 2012, § 60 Rn. 45; Frankenberg, 1997, 224f.).

Literatur

Anschütz, G., Die Verfassung des Dt. Reiches vom 11. August 1919. Ein Kommentar für Wissenschaft u. Praxis, Bad Homburg von der Höhe 1965 (Nachdr. der 14. Aufl., Berlin 1933), Art. 146 Anm. 6; Erlinghagen, K., Kath. Bildungsdefizit in Deutschland. Fragen, Aufgaben, Ursachen, Tatsachen, Freiburg 1965; von Campenhausen, A., Erziehungsauftrag u. staatl. Schulträgerschaft. Die rechtliche Verantwortung für die Schule, Göttingen 1967; Feuchte, P. – Dallinger, P., Chr. Schule im neutralen Staat – Die Formen der Volksschule im Licht des Verhältnisses von Staat u. Kirche: DÖV 1967, 361-374; Stein, E., Weltanschauung u. Religion im Schulunterricht: RdJB 1967, 29-34; Scheuner, U., Verfassungsrechtliche Fragen der chr. Gemeinschaftsschulen: Festgabe für Theodor Maunz zum 70. Geburtstag am 1. September 1971, hg. v. H. Spanner u. a., München 1971, 307-328; Landé, W., Art. 143-149. Bildung u. Schule: Die Grundrechte u. Grundpflichten der Reichsverfassung. Kommentar zum zweiten Teil der Reichsverfassung, hg. v. H. C. Nipperdey, Dritter Bd., Frankfurt 1975 (Nachdr. der Ausgabe Berlin 1930), 1-98; Weber, H., Gelöste u. ungelöste Probleme des Staatskirchenrechts: NJW 1983, 2541-2554; Böck, K., Die Änderung des Bayer. Konkordats von 1968. Das Ende der Auseinandersetzungen über die Bekenntnisschule u. die rechtliche Sicherung kath. Erziehung in Bayern – Vortrag anlässlich der Verleihung der Ehrendoktorwürde durch die Kath.-Theol. Fakultät der Universität Augsburg am 17. Februar 1989, Augsburg 1989; Püttner, G., Schulrecht u. Schulkämpfe unter dem Grundgesetz: Das akzeptierte Grundgesetz (FS Dürig), hg. v. H. Maurer, München 1990, 279-291; Renck, L., Verfassungsprobleme der chr. Gemeinschaftsschule: NVwZ 1991, 116-120; ders., Aktuelle Probleme der chr. Gemeinschaftsschule – dargestellt am Beispiel des bayer. Schulrechts –: Krit. Justiz 27 (1994), 488-500; Link, Chr., Stat Crux? Die „Kruzifix"-Entscheidung des Bundesverfassungsgerichts: NJW 1995, 3353-3357; Richter, L., Kirche u. Schule in den Beratungen der Weimarer Nationalversammlung, Düsseldorf 1996; Frankenberg, G., Die Verfassung der Republik. Autorität u. Solidarität in der Zivilgesellschaft, Frankfurt 1997; Krappmann, L., Der Einfluß des Christentums auf die Erziehung in Schule u. Familie: Neue Sammlung 37 (1997), 255-269; Kästner, K.-H., Religiös akzentuierte Kleidung des Lehrpersonals staatl. Schulen. Verfassungsrechtliche Erwägungen zum Wunsch einer Muslimin, den Dienst als Lehrerin an öff. Schulen des Landes Baden-Württemberg aus religiösen Gründen ausschließlich mit Kopftuch zu versehen: FS Martin Heckel, hg. v. ders. – K. W. Nörr – K. Schlaich, Tübingen 1999, 359-371; Richter, I., Gemeinschaft als Idee u. Ideologie in der Rechtsgeschichte der Bildung im 20. Jahrhundert – eine Skizze: RdJB 2000, 25-39; Maurer, H., Religionsfreiheit in der multikulturellen Gesellschaft: Der Wandel des Staates vor den Herausforderungen der Gegenwart (FS Brohm), hg. v. C.-E. Eberle – M. Ibler – D. Lorenz, München 2002, 455-474; Britz, G., Kulturelle Rechte in der Schule: RdJB 2003, 393-408; Frisch, M., Zur chr. Gemeinschaftsschule in Baden-Württemberg: VBlBW 2005, 268-274; Stock, M., Viele Religionen in der einen öff. Schule – Der Bildungsauftrag als oberster Richtwert: RdJB 2005, 94-113; Mückl, St., Freiheit kirchl. Wirkens: HSR Bd. VII, hg. v. J. Isensee – P. Kirchhof, Heidelberg ³2009, § 161 Rn. 24; Wißmann, H., Religionsverfassungsrecht im föderalen Mehrebenensystem: Handbuch Föderalismus, Bd. III: Entfaltungsbereiche des Föderalismus, hg. v. I. Härtel, Berlin – Heidelberg 2012, § 60 Rn. 45; Germann, M. – Wiesner, C., Schule u. Religion in der Entwicklung des Schulwesens in Deutschland: RdJB 2013, 396-424; Geißler, G., Schuladministration u. Schulrecht in der DDR: Recht u. moderne Schule, hg. v. S. Reh – H.-P. Füssel, Bad Heilbrunn 2014, 235-250; Ladeur, K.-H., Das islam. Kopftuch in der chr. Gemeinschaftsschule – Zur zweiten Kopftuch-Entscheidung des BVerfG vom 27.1.2015 – 1 BvR 471/10, 1181/10: JZ 2015, 633-637; Jacobs, U. K., Wie viel chr. Prägung ist dem öff. Schulwesen in Baden-Württemberg erlaubt?: VBlBW 2017, 16-19.

Felix Hanschmann

© 2019, DOI: 10.30965/9783506786388_0156

Gemeinschaftsverband – Evangelisch

1. Begriff: Der Begriff G. wird ausschließlich in der Dt. Gemeinschaftsbewegung verwendet u. bez. dort unterschiedliche Zusammenschlüsse von Gruppen, die aus dem Pietismus u. den versch. Erweckungsbewegungen hervorgegangen sind.

2. Geschichtliches: Von Gemeinschaften in diesem Sinne spricht man seit Ende des 19. Jh. Sie sind entstanden aus dem Zusammengehen unterschiedlicher Strömungen: dem südwestdeutschen Pietismus (J. A. Bengel, J. Ch. Blumhardt), der norddeutschen Erweckungsbewegung (J. H. Wichern) u. der angelsächsischen Heiligungs- u. Evangelisationsbewegung (D. L. Moody). Anknüpfungspunkte waren der württembergische Altpietismus, Erweckungsgebiete am Oberrhein (Pilgermission St. Chrischona), im Siegerland, im hessischen Hinterland, im Rheinland, in Hamburg, Berlin, Ostpreußen, Pommern. Schon früh im 19. Jh. gab es Zusammenschlüsse: 1848 die Ev. Gesellschaft für Deutschland (Stadtmission), 1852 der reformiert geprägte Verein für Reisepredigt im Siegerland, der Ev. Brüderverein, die Neukirchener Mission, 1857 der Altpietisti-

sche G., zu Beginn des 20. Jh. der G. der Liebenzeller Mission, seit 1878 der Reichsbrüderbund in Westpreußen, Pommern u. Posen sowie schließlich ab 1899 der Gemeinschaftsdiakonieverband. Evangelisten wie der Dt.-Amerikaner F. von Schlümbach od. E. Schrenk wirkten durch ihre nicht an Kirchenräume gebundenen →Predigten für Kirchenfernstehende. 1883 wurde das Johanneum als Ausbildungsstätte für Evangelisten u. Gemeinschaftspfleger gegr. (seit 1886 bis heute in Wuppertal). Das neue Vereinsrecht in Preußen ermöglichte einen formalen Zusammenschluss all dieser G. 1888 in der Gnadauer Konferenz u. führte zur Gründung des →Gnadauer Gemeinschaftsverbands als Dachorganisation.

3. Anliegen: Das Anliegen Luthers in seiner Vorrede zur Dt. Messe, dass sich diejenigen, „so mit Ernst Christen sein wollen", in Hausgemeinden sammeln sollten, um gemeinsam die Hl. Schrift zu erforschen, hatte der ältere Pietismus aufgegriffen u. – modern gesagt – Hauskreise innerhalb der bestehenden Kirchen gebildet. Die durch die napoleonischen Kriege ausgelöste Gewissheit, in der Endzeit zu leben u. die kurz bevorstehende Wiederkunft Chr. zu erwarten, ließ die Slg. der erweckten Christen dringlich erscheinen. Gemeinschaft hieß in diesem Zusammenhang: gleichberechtigte Gemeinschaft von Laien u. Amtsträgern, gemeinsame →Wortgottesdienste (die Stunde), Gebetsgemeinschaft, Gemeinschaft im diakonischen Dienst an der Gesellschaft. Obwohl es keine einheitliche Theologie der Gemeinschaftsbewegung gibt, zeigen sich einige tragende Pfeiler ihrer Frömmigkeit: a) das Vertrauen in die Bibel als Gottes Wort, das jeden Menschen persönlich angeht, b) die Notwendigkeit der Bekehrung (Wiedergeburt), c) die Heiligung des Lebens in bewusster Gestaltung der Nachfolge Jesu Chr. Ein zentraler Begriff ist Reich Gottes. Im Unterschied zu manchen evangelikalen Strömungen bleiben die G. bewusst in der Kirche, was sich z. B. in Namen wie Landeskirchlicher G. (Bayern) niederschlägt.

4. Die G. heute: Unter dem Dach des Gnadauer G. finden sich heute zahlreiche G. Neben dem bereits genannten Landeskirchlichen G. noch der Hensoltshöher G. (Mittelfranken), der Ev. G. Augsburgischen Bekenntnisses (Baden), der Ev. G. Pfalz, der Mecklenburgische G., der Süddeutsche G. (Baden-Württemberg), der Ev. G. Siegen-Wittgenstein, der Ohofer G. (Niedersachsen), den Verband der Gemeinschaften in der Ev. Kirche in Schleswig-Holstein, den Sächsischen G., den Hessischen G. (m. Sitz in Marburg), den G. in Sachsen-Anhalt, den G. Hessen-Nassau, den Ev. G. Herborn, den Landeskirchlichen G. Vorpommern, den Starkenburger G., den Südwestdeutschen G. (Pfalz), ferner den Sauerländischen G., die Altpietisten (Apis, Württemberg), den Lippischen Gemeinschaftsbund, den Westfälischen G., den Thüringer Gemeinschaftsbund u. den Ev. Ostfriesischen G. Organisationsform ist in aller Regel der eingetragene gemeinnützige Verein e. V.

Quellen

Ohlemacher, J., Die Gemeinschaftsbewegung in Deutschland. Quellen zu ihrer Geschichte 1887-1914, Gütersloh 1977.

Literatur

Ohlemacher, J., Das Reich Gottes in Deutschland bauen. Ein Beitrag zur Vorgeschichte u. Theologie der Dt. Gemeinschaftsbewegung, Göttingen 1986 (Arbeiten zur Geschichte des Pietismus 23); ders., Gemeinschaftsbewegung: EKL^3 Bd. 2, 77-81; Lange, D., Eine Bewegung bricht sich Bahn. Die dt. Gemeinschaftsbewegungen im ausgehenden 19. u. beginnenden 20. Jh. u. ihre Stellung zur Kirche, Theologie u. Pfingstbewegung, Gießen 1979; Cochlovius, J., Gemeinschafsbewegung: TRE Bd. 12, 355-368 (Lit.); Drechsel, J., Das Gemeindeverständnis in der Dt. Gemeinschaftsbewegung, Gießen 1984; Klemm, H., Elias Schrenk. Der Weg eines Evangelisten, Wuppertal ^{2}1986; Morgner, Ch., Geistl. Leitung als theol. Aufgabe. Kirche – Pietismus – Gemeinschaftsbewegung, Stuttgart 2000; Diener, M., Kurshalten in stürmischer Zeit. D. Walter Michaelis – Ein Leben für Kirche u. Gemeinschaftsbewegung, Gießen – Basel

1998; Geldbach, E., Gemeinschaftsbewegung: RGG[4] Bd. 3, 645-649; Beyer, W., Gemeinschaftsbewegung zwischen Volkskirche u. Freikirche: Freikirchen Forschung 12 (2002), 90-106; Brecht, V., Zwischen Landeskirche u. Freikirche. Die Suche der Gemeinschaftsbewegung nach einem eigenen Gemeindeverständnis, Wuppertal 2002; Lüdke, F., Diakonische Evangelisation. Die Anfänge des Dt. Gemeinschafts-Diakonieverbandes 1899-1933, Stuttgart 2003; Lehmann, H., Religiöse Erweckung in gottferner Zeit. Studien zur Pietismusforschung, Göttingen 2010; Hahn-Bruckart, Th., Friedrich von Schlümbach. Erweckungsprediger zwischen Deutschland u. Amerika. Interkulturalität u. Transkonfessionalität im 19. Jahrhundert, Göttingen 2011 (Arbeiten zur Geschichte des Pietismus 56); Bauer, G., Evangelikale Bewegung u. ev. Kirche in der Bundesrepublik Deutschland. Geschichte eines Grundsatzkonfliktes, Göttingen 2012; Voigt, K. H., Der Zeit voraus. Die Gemeinschaftsbewegung als Schritt in die Moderne? Erwägungen zur Vorgeschichte u. Frühgeschichte des Gnadauer Gemeinschaftsverbands, Leipzig 2014.

Christoph Joest

© 2019, DOI: 10.30965/9783506786388_0157

Gemeinwohl – Staatlich

1. Allg.: G. (lat. salus publica, bonum commune) bez. ideengeschichtlich das Wohl, den gemeinen Nutzen od. auch die Wohlfahrt eines Gemeinwesens. Für die Staats- u. Verfassungsgeschichte u. -theorie fungiert in Rezeption der antiken Staatsphilosophie seit der Aufklärung das G. als Kategorie der Finalität u. der Legitimation des Gemeinwesens. Hier wird G. wegen seiner Deutungsvarianz zu einem missbrauchsanfälligen Begriff. Als Widerpart zum Individualinteresse kann G. zur Einschränkung u. zur Delegitimierung privater u. öff. Interessen ge- u. missbraucht werden. Ein Bsp. bildet die Indienstnahme des G. im Rahmen der ns. Gesetzgebung u. Rechtsanwendung. Deshalb setzt die Diskussion um G. als Rechtsbegriff im → Verfassungsrecht der BRD erst relativ spät in den 1960er J. wieder ein. Das G. ist für Staatsrecht u. Staatsrechtslehre eine unbequeme Größe, weil es nichts weniger leisten soll als die Legitimation des Staates u. beide daher vor das Problem der Konkretisierung stellt. Zur Bestimmung des G. i. S. eines guten Zustandes des Gemeinwesens konkurrieren seit jeher eher substanzialistische Ansätze, die G. als Gegenstand der Erkenntnis des Vorgefundenen begreifen, u. solche, die die Verfahrensabhängigkeit u. Prozesshaftigkeit bzw. damit einhergehende Dynamik u. Wandelbarkeit des G. betonen. Im Begriff des G. kann die Verfassungstheorie so auch Anschluss an die Ökonomik u. die dort etablierten Diskurse um optimale Güterallokationen finden. M. dem Wandel seines Bezugspunktes, des Staates, öffnet sich auch das G. für Prozesse der Internationalisierung u. Globalisierung. Folgerichtig lassen sich Diskurse um eine Europäisierung des G. u. v. a. um G. im globalen Kontext festhalten.

2. Im Rahmen der Verf. bez. G. den Legitimationsgrund u. damit das basale Staatsziel des verfassten Gemeinwesens. Es löst damit die traditionellen Staatszwecklehren ab. G. verkörpert die Idee vom guten Zustand des Gemeinwesens, transzendiert also den Staat als Herrschaftsorganisation hin auf das Gemeinwesen. Das politisch verfasste Gemeinwesen, in dem Staat als Herrschaftsorganisation u. Gesellschaft als zwei funktional geschiedene Pole zusammenwirken, ist Horizont des G. Funktional, aber nicht weniger abstrakt, wird G. insoweit als jeweilige Resultante der Wahrnehmung privater u. öff. Interessen beschrieben. Im freiheitlichen Verfassungsstaat ist G. damit nicht vor-, sondern aufgegeben. Das G. ist Gegenstand der politischen Auseinandersetzung, ist zeitgebunden u. stets erneut zu konkretisieren. Der Prozess der Gemeinwohlkonkretisierung führt zur Identifikation öff. Belange in einem auch konstitutionell eingehegten Prozess. Dem sektoralen Verfassungsstaat ist der legitimatorische Selbststand versagt, auch er als ein Hüter des G. sieht sich einem steten u. stets unabgeschlossenen Rechtfertigungsbedarf ausgesetzt. Das offene G., die nicht ab-

schließbare Bestimmungsbedürftigkeit des G., drängt insoweit zur Verf. Diese stellt eben jene nötigen Regeln über die Berechtigung von Gemeinwohldefinitionen u. über die Voraussetzungen ihrer Verbindlichkeit bereit, die notwendig sind, wenn das G. nicht als apriori gesetztes Objekt einer Erkenntnis, sondern dynamisch gedacht wird. Prozedurale Determinanten der Gemeinwohlkonkretisierung sind insb. das grundrechtlich abgesicherte Verfahren der öff. u. pluralistischen Meinungsbildung sowie die Verfahren des demokratischen Willensbildungsprozesses. Der demokratische Konsens ist deshalb Bedingung einer freiheitlichen Gemeinwohlrealisierung. Das G. ist damit in erster Linie prozedural zu begreifen. An die Stelle einer inhaltlichen Aussage u. einer substanzialistischen Festlegung eines Staatszwecks tritt das Vertrauen in die Gerechtigkeit des politischen Prozesses, treten damit prozedurale Gerechtigkeit u. prozedurale, formale Legitimation.

3. Die Gemeinwohlkonkretisierung findet in der Verf. aber auch materiale Anreicherungen: Das →Grundgesetz erlaubt die Inklusion od. Exklusion einzelner Belange als Bestandteile des G. Als Quelle von Gemeinwohlbelangen fungieren insb. die Staatsziele u. Staatszielbestimmungen, aber auch die Grundrechte (→Grundrechte und Grundpflichten). M. Rechts-, Sozial-, Kultur-, Friedens- u. Umweltstaatlichkeit sind Grundstaatsziele benannt, die über die Zuordnung von Unterzielen ein erhebliches Gemeinwohlarsenal erschließen. Die Verf. schließt überdies einige Belange aus dem Prozess der Gemeinwohlkonkretisierung aus. Dies gilt etwa für die Todesstrafe – Art. 102 GG – od. die Führung eines Angriffskrieges – Art. 26 GG. G. entsteht v. a. auch in u. durch die Ausübung individueller u. korporativer Freiheitsrechte. Der Staat hat kein Gemeinwohlmonopol, dieses ist ihm durch die Grundrechte genommen. So tragen Gewerbetreibende in Ausübung ihrer Berufsfreiheit des Art. 12 GG ebenso zum G. bei, wie die Tarifparteien in Ausübung ihrer →Vereinigungsfreiheit nach Art. 9 GG. Der freiheitliche Verfassungsstaat ist um seiner Freiheitlichkeit willen auf die G.-Beitr. seiner Bürger angewiesen. Dies gilt auch für die Ausübung der →Religionsfreiheit des Art. 4 GG u. das Wirken der →Religionsgemeinschaften. Der Öffentlichkeitsauftrag der Religionsgemeinschaften findet jenseits ihres Selbstverständnisses so seine säkulare Übers. im G.

V. a. aber weist die Verf. über Kompetenznormen die Pflege von Gemeinwohlbelangen unterschiedlichen Akteuren zu u. ermöglicht auch dadurch ein System der Kontrolle u. gegenseitigen Balance in der Konkretisierung von Gemeinwohlbelangen. Ihr unverzichtbarer Beitr. liegt aber letztlich darin, verbindliche Verfahren bereitzustellen, Kollisionen u. Konflikte zwischen Gemeinwohlbelangen, zwischen pluralen u. unterschiedlichen Konkretisierungen von G. zu lösen. Im Konflikt- u. Kollisionsfall erweisen sich die grundsätzlichen Gemeinwohlbelange als Prinzipien u. damit als der Abwägung offen. In dieser Funktion setzt das G. v. a. auch Individualrechtsgütern, namentlich den Grundrechten, Schranken. Staatl. Eingriffe in die Grundrechte bedürfen der Rechtfertigung durch „hinreichende Gründe des Gemeinwohls" (zu Art. 12 GG aus der ständigen Rspr. nur: BVerfGE 136, 194 [226]; 115, 276 [304]). In dieser Rolle ist G. auch Begriff des Verfassungstextes u. beschreibt die Pflichtengebundenheit des Privateigentums. Der Gebrauch des Eigentums soll „zugleich dem Wohle der Allgemeinheit dienen" u. sein Entzug durch Enteignung muss dem G. verpflichtet sein (Art. 14 Abs. 2 S. 2, Abs. 3 GG).

4. Als Schranke von Rechten findet sich G. als Rechtsbegriff zudem in zahlreichen Normen des einfachen öff. u. privaten Rechts – etwa: § 49 Abs. 2 Nr. 5 VwVfG, § 60 Abs. 1 S. 2 VwVfG, § 51 GewO, § 18 WHG, § 21 BImSchG, § 62 GmbHG, § 396 AktG, § 80 BGB – u. auf der supranationalen Ebene, dort v. a. zur Umschreibung der Beschränkbarkeit von Grundrechten u. Grundfreiheiten des Europäischen

Unionsrechts. Die Förderung des G. durch Private ist schließlich Ziel des steuerrechtlichen Gemeinnützigkeitsrechts (→Gemeinnützigkeit) (§§51ff. AO), in dem der Steuerstaat durch Steuerbefreiung u. Spendenrecht Anreize zu bürgerschaftlichem Engagement u. zur Gemeinwohlförderung setzt.

Literatur

Häberle, P., Öff. Interesse als jur. Problem, Königstein 1970; Stolleis, M., Gemeinwohlformeln im nationalsozialistischen Recht, München – Berlin – Leipzig 1974; Gemeinwohl u. Gemeinsinn, Hist. Semantiken politischer Leitbegriffe, Bd. I, hg. v. H. Münkler – H. Bluhm, Berlin 2001; Gemeinwohl u. Gemeinsinn, Rhetoriken u. Perspektiven sozial-moralischer Orientierung, Bd. II, hg. v. H. Münkler – H. Bluhm, Berlin 2002; Gemeinwohl u. Gemeinsinn im Recht, Konkretisierung u. Realisierung öff. Interessen, Bd. III, hg. v. H. Münkler – H. Bluhm, Berlin 2002; Gemeinwohl u. Gemeinsinn, Zwischen Normativität u. Faktizität, Bd. IV, hg. v. H. Münkler – H. Bluhm, Berlin 2002; Grimm, D., Gemeinwohl in der Rechtsprechung des Bundesverfassungsgerichts: Gemeinwohl u. Gemeinsinn im Recht, Konkretisierung u. Realisierung öff. Interessen, Bd. III, hg. v. H. Münkler – H. Bluhm, Berlin 2002, 125-139; Gemeinwohl – Auf der Suche nach Substanz, hg. v. G. Schuppert – F. Neidhardt, Berlin 2002; Isensee, W., Gemeinwohl im Verfassungsstaat: HSR^3 Bd. IV, §71; ders., Salus Publica – suprema lex?, Paderborn 2006; Anderheiden, M., Gemeinwohl in Republik u. Union, Tübingen 2006.

Michael Droege

© 2019, DOI: 10.30965/9783506786388_0158

Gemeinwohl – Katholisch

1. Der Begriff G. (lat.: bonum commune) ist ein zentraler Begriff der gesamten abendländisch-chr. Sozial-, Staats- u. Rechtstheorie. Eine bedeutende Rolle spielt der Begriff in der neueren kath. Soziallehre. Diese versteht das bonum commune unter einem doppelten Aspekt, als Selbstwert (Gemeingut) wie als Dienstwert (G.): Als Selbstwert meint das bonum commune die Gesamtheit der zum vollen Menschsein gehörenden Werte, die tatsächliche Verwirklichung u. Entfaltung aller menschlichen Anlagen u. Möglichkeiten, die der Mensch als gesellschaftliches Wesen jedoch niemals isoliert für sich, sondern nur in Gemeinschaft, im Zusammenwirken m. anderen Menschen erreichen kann. Sofern es einerseits nur im Zusammenwirken m. anderen zu erreichen ist u. andererseits für alle Glieder der Gesellschaft eine Bereicherung u. Vervollkommnung ihrer Existenz darstellt, kann es in diesem Sinne auch als „gemeinsames Gut“ bzw. „Gemeingut“ der betr. Sozialgebilde bezeichnet werden (Kerber, 858). Auf das bonum commune als Selbstwert (Gemeingut) ist das bonum commune als Dienstwert (G.) hingeordnet. Als Dienstwert meint es die Gesamtheit derjenigen Bedingungen u. Voraussetzungen, die zur leichteren u. volleren Verwirklichung des Menschseins in Gemeinschaft (Gemeingut) notwendig sind, die aber nicht vom einzelnen Menschen od. von kleineren sozialen Gebilden, etwa der Familie, sondern nur durch gemeinschaftliche Anstrengungen umfassenderer Sozialgebilde erreicht werden können. In diesem Sinne als Möglichkeitsbedingung gelingender menschlicher Existenz in Gemeinschaft verstanden, stellt das bonum commune einen organisatorischen Wert dar, bez. es die durch die zuständige gesellschaftliche Autorität zu regelnde rechte organisatorische Verfasstheit eines sozialen Gebildes (vgl. Kerber, ebd.).

2. In diesem letzteren Sinne sind auch die vom kirchl. →Lehramt vorgetragenen Definitionen des bonum commune zu verstehen. So lehrt etwa das Vat II als Ziel u. Zweck des staatl. Gemeinwesens, um dessentwillen es eingerichtet ist u. in dem es seine letzte Rechtfertigung findet, das bonum commune. Dieses wird definiert als „die Summe aller jener Bedingungen gesellschaftlichen Lebens, die den Einzelnen, den Familien und gesellschaftlichen Gruppen ihre eigene Vervollkommnung voller und ungehinderter zu erreichen gestatten“ (GS 74, 1;

vgl. GS 26, 1). Daneben klingt in anderen Aussagen des Konzils jedoch auch die Bedeutung des bonum commune im erstgenannten Sinne (Gemeingut) an (vgl. z. B. GS 63, 1).

3. Die geltenden Gesetzbücher der kath. Kirche gebrauchen den Begriff bonum commune nur gelegentlich. Er wird hier entweder m. Bezug auf den gesellschaftlich-staatl. Bereich (bonum commune [societatis]: cc. 287 § 2, 795 § 1; cc. 384 § 2, 405 CCEO) od. die Kirche (bonum commune [Ecclesiae]: cc. 223 §§ 1.2, 264 § 2, 323 § 2; cc. 26 §§ 1.2, 140, 322 § 1 CCEO) verwendet. Daneben finden sich weitere begriffliche Bildungen wie bonum Ecclesiae, bonum Ecclesiarum etc. (vgl. Ochoa IC, 57). Vorwiegend im →Prozessrecht findet sich der Begriff bonum publicum (öff. Wohl, öff. Interesse), der als Gegenbegriff zum Begriff bonum privatum, gelegentlich auch in Parallele zum Begriff →salus animarum (vgl. cc. 1201 § 2; 1452 § 1) verwendet wird. – Sachlich verwandt m. dem Begriff bonum commune ist schließlich auch die Wendung „[necessitas aut] utilitas Ecclesiae" (cc. 269 § 1, 270, 610 § 1, 1748).

Die Verwendung von Gemeinwohlformeln in den kirchl. Gesetzbüchern lässt sich letztlich auf eine doppelte gesetzgeberische Absicht zurückführen: Einerseits geht es darum, die →Gläubigen, insb. die zuständigen kirchl. Autoritäten (→Autorität, religiöse), zu einem bestimmten Handeln zu ermächtigen bzw. zu verpflichten (z. B. c. 213 § 3 sowie cc. 223 § 2, 1452 § 1; c. 332 § 1 CCEO), andererseits darum, die zu treffenden hoheitlichen Maßnahmen (z. B. cc. 323 § 2, 334; c. 381 § 3 CCEO), aber auch das Handeln der Gläubigen insgesamt (etwa bzgl. der Ausübung der ihnen eigenen Rechte: c. 223 § 1) inhaltlich zu binden.

Obwohl sie den Begriff bonum commune verwenden, bestimmen ihn die Gesetzbücher inhaltlich nicht genauer. In seiner Anwendung speziell auf den staatl.-gesellschaftlichen Bereich ist der Begriff deshalb i. S. der o. vorgetragenen Auffassungen der kath. Soziallehre, insb. des kirchl. Lehramtes, zu verstehen. Er bez. demnach sowohl die durch Staat u. Gesellschaft in bezug auf den materiellen, kulturellen u. religiösen Bereich zu schaffenden strukturellen Voraussetzungen erfüllten Menschseins in der Gemeinschaft (bes. c. 287 § 2; c. 384 § 2 CCEO) wie auch dessen tatsächliche Verwirklichung (z. B. c. 795 § 1). – Schwieriger ist die Bestimmung des Begriffes bonum commune in seiner Anwendung auf die Kirche. Auszugehen ist dazu von der primären Sendung der Kirche: Die von Chr. der Kirche übertragene →Sendung geht auf „das Heil der Menschen, das im Glauben an Christus und in seiner Gnade erlangt wird" (AA 6, 1; vgl. c. 1752). Ihre Sendung hat die Kirche deshalb auszuüben, indem sie der Welt die Botschaft Chr. bekanntmacht u. dessen Gnade vermittelt (AA 6, 1), die Menschen also gleichsam in das Heilswerk Chr. hineinnimmt, ihnen die Möglichkeit einer Existenz als Christ eröffnet. Dies geschieht „vorzüglich durch den Dienst des Wortes und der Sakramente" (ebd.), letztlich aber durch das gesamte Leben der Kirche selbst (DV 8, 2). Das Konzil bez. die Kirche insofern auch als Sakrament der Einheit Gottes m. den Menschen u. dieser untereinander (LG 1, 1). Diese einheitsstiftende Funktion kann die Kirche nur wahrnehmen, sofern sie selbst communial verfasst ist. Der einzelne Mensch gewinnt demnach Anteil am Heil, d. h. Gemeinschaft m. Christus u. durch diesen im Geist m. dem Vater, indem er durch die →Taufe in die kirchl. →Communio hineingenommen wird u. damit an deren Leben, ihren Heilsmitteln u. der Ausübung ihrer Sendung je auf seine Weise teilhat. Das Leben der kirchl. Communio in getreuer Ausübung der ihr von Jesus Chr. übertragenen Sendung kann folglich als das bonum commune Ecclesiae bestimmt werden (vgl. KanR I, 150), u. zwar im oben aufgewiesenen doppelten Sinn des Wortes als Gemeingut u. G. der Kirche: Das vom Geist getragene Leben der Kirche als Überlieferungsgemeinschaft m. den ihr eigenen Mitteln u. Strukturen eröffnet dem einzelnen allererst die Möglichkeit einer religiösen Lebensposition als Christ (bonum commune als G. bzw. Dienstwert) wie es umgekehrt für den einzelnen zugl. auch die konkrete Form tatsächlicher Anteilhabe an dem durch Chr. begründeten Heil in Gemeinschaft bedeutet (bonum commune als Gemeingut bzw. Selbstwert). Zur Förderung des bonum commune Ecclesiae i. S. einer Optimierung kirchl. Lebens m. Blick auf die der Kirche eigene Sendung sind deshalb je auf ihre Weise alle Gläubigen berufen. Wichtig ist jedoch, dass das bonum commune sowohl als Gemeingut wie als G. der Kirche theol. nicht einfach als Produkt gemeinsamer Anstrengung der Gläubigen, sondern letztlich nur aus der Kraft des in der Glaubensgemeinschaft wirkenden Geistes Gottes heraus zu erklären u. zu verstehen ist.

Quellen

Vat II, LG; Vat II, DV; Vat II, AA; Vat II, GS.

Literatur

Verpaalen, A. P., Der Begriff des Gemeinwohls bei Thomas von Aquin, Heidelberg 1954 (Slg. Politeia 6); Welty, E., Das Gemeinwohl als Rechtsgrundlage: Naturordnung in Gesellschaft, Staat, Wirtschaft (FS Johannes Messner), hg. v. J. Höffner u. a., Innsbruck u. a. 1961; Verdross, A., Abendländische Rechtsphilosophie. Ihre Grundlagen u. Hauptprobleme in gesch. Schau, Wien ²1963; Zezschwitz, F. v., Das Gemeinwohl als Rechtsbegriff, Diss. Marburg 1967; Herzog, R., Art.: Gemeinwohl: Hist. Wörterbuch der Philosophie Bd. III, 248-258; Kerber, W. – Schwan, A. – Hollerbach, A., Art.: Gemeinwohl: Staatslexikon⁷ Bd. II, 857-863; KanR I, 147-152.

Norbert Witsch

© 2019, DOI: 10.30965/9783506786388_0158

Gemeinwohl – Evangelisch

1. Begriff: Die Terminologie von G. ist uneinheitlich. Äquivalente sind Gemeinnutz, Wohl der Allgemeinheit, allg. Interesse, public interest. Es geht um das Gemeinsame, um das Wohl der Gesamtheit. Der griech. Begriff lautet: das der Gemeinschaft Zuträgliche, to koinon sympheron. Die lat. Worte sind bonum commune od. salus publica. Man kann auch die öff. Ordnung als solche m. dem G. gleichsetzen. Für die Ermittlung des G. bedarf es eines Gemeinsinns als gemeinwohlorientiertes Denken, einer Bürgertugend. Im Verständnis des G. besteht heute keine Differenz zwischen Konfessionen. Früher sah man einen Unterschied zwischen kath. Auffassung als ontologischem Prinzip u. einer pragmatischen ev. Sichtweise. Dahinter standen unterschiedliche naturrechtliche Begründungen.

G. beschreibt ein allg. Gut der Gesellschaft. Seine Deutung ist in unterschiedlichen Zusammenhängen verschieden. Das Verständnis ist also abhängig von den Wertvorstellungen einer Gesellschaft. Es gibt zur Erfassung des G. zwei gegensätzliche Zugangsweisen: Ein deduktives, normatives Verständnis geht aus von der Ableitung aus einem allg. vorgegebenen Prinzip. Erkenntnistheoretisch begr. wird dies m. der Berufung auf ein objektiv vorgegebenes Apriori. Der induktive Ansatz hingegen geht aus von der Summe der Einzelinteressen. Das G. entsteht durch die Bündelung der Einzelinteressen.

2. Geschichte: Die Antike geht im griech. Denken aus von einer universalen Ordnung des Ganzen. Aristoteles (Pol. 1253, q. 18-21) gibt dem Ganzen den Vorrang vor dem Teil. Die Polis ist mehr u. repräsentiert mehr als die individuellen Einzelinteressen. Sie ist ausgerichtet auf das Gemeinsame, Koinon. Dies ist eine Forderung der Gerechtigkeit.

Thomas von Aquin, der Aristoteles rezipierte, bestimmt das G. als Endzweck der Gemeinschaft. Daraus folgt der Vorrang vor dem privaten Gut. „Quod bonum commune potius est bono privato." (Thomas STh II, II, 152, 4 ad 3).

Luther betont ebenfalls die Bedeutung des gemeinsamen Wohls. Bedeutsam wurde Luthers Ordnung des gemeinsamen Kastens für die Stadt Leisnig (WA 12, 9-30). Nach ihm ist die staatl. Obrigkeit zuständig für das G. Der Staat wird daher im Luthertum zum Garanten des G. Der Gemeinwohlgedanke wurde im Luthertum zu einer Wurzel des Sozialstaats. Anders verlief die Entwicklung in kath. Territorien. Hier hatte die kirchl. Fürsorge für die Armen, das Almosengeben Vorrang aus religiösen Gründen. Für den luth. Theologen Johann Gerhard (1582-1637) ist der oberste Staatszweck die Ehre Gottes. Das bonum publicum, salus rei publicae, necessitas rei publicae sind diesem religiösen Staatszweck zugeordnet u. nachgeordnet. Das bonum publicum ist nur finis intermedius (Gerhard, J., Loci theologici VI, 329). Christian Wolff (1679-1745) gab als Philosoph u. Vertreter der Aufklärung dem G. eine innerweltliche, rationale Begründung: „Die gemeine Wohlfahrt und Sicherheit ist das höchste und letzte Gesetz im gemeinen Wesen und demnach die Regel, danach man alles im gemeinen Wesen zu entscheiden hat: Thue, was die gemeinsame Wohlfahrt und Sicherheit erhält. Hingegen unterlaß, was die gemeine Wohlfahrt hindert und der gemeinsamen Sicherheit zuwider ist." (Vernünftige Gedanken von dem gesellschaftlichen Leben des Menschen, 1721, 429 ff.). Die Aufklärung verbindet „Wohlfahrt" m. Sicherheit. Das G. soll der Sicherheit der Bürger dienen u. nützen. Die Aufklärung gründet das G. in den Interessen der Bürger. Eine utilitaristische Erkl. formuliert als Grundsatz gesellschaftlichen Handelns das Ziel: das größtmögliche Glück der größtmöglichen Zahl (Jeremy Bentham). Seit den griech. Philosophen Platon u. Aristoteles u. in der Ethik des Thomas von Aquin sowie in der kath. Soziallehre war G. ein ontologisches Prinzip. Die Aufklärung verabschiedet dieses ontologische u. metaphysische Verständnis. Dazu kommt die Ausdifferenzierung der Gesellschaft in auton. soziale Teilsysteme. M. der Wendung zum Subjekt hebt die Aufklärung auf die Differenzierung von privat u. öff. ab.

3. Daraus folgt ein Spannungsverhältnis von Individualinteressen, Gruppeninteressen u. G. Denn G. entsteht nur durch die Summierung der jeweiligen Gruppen- u. Einzelinteressen. Es gibt eine Fülle von Gruppen- u. Einzelinteressen. Moderne Gesellschaften sind in vielerlei Hinsicht pluralistisch. Dem entspricht – erklärlicherweise u. berechtigterweise – der Interessenpluralismus. Die Berufung auf das G. kann dabei der Legitimation von Partikularinteressen dienstbar gemacht werden. Seine Beanspruchung zur Legitimationsbegründung wird zur Ideologie. Man hat daher die formale Berufung auf das G. als Leerformel od. Allerweltsformel bez. Leerformeln können m. beliebigen Inhalten u. Vorstellungen gefüllt werden. Abschreckend wirkt zudem die Formel des NS-Systems: Gemeinnutz geht vor Eigennutz. Sie begr. die totalitäre Vereinnahmung des Bürgers u. setzte Ethik außer Kraft. Die Bestimmung u. eindeutige Beschreibung des G. ist deswegen heute schwieriger u. strittig geworden.

4. Staat u. G.: Ist darum die Garantie des G. Staatsaufgabe? Der Staat ist freilich keinesfalls der Garant des G. schlechthin. Also stellt sich die Frage: Wer definiert das G.? Wird nämlich die Gewährleistung des G. zum Staatszweck erklärt, droht die Gefahr eines politischen Totalitarismus. Es gibt somit keine Instanz, auch nicht den Staat, die definitiv u. durchsetzungsfähig G. definieren könnte. Im Unterschied zu vordemokratischen u. feudalistischen Gesellschaften gibt es keinen Monopolträger des Gemeinwohlgedankens. Im Gegensatz zum statischen Ordnungsdenken u. einem abstrakten Rechtsbegriff ist der Gemeinwohlbegriff dynamisch u. gesch. geworden. Die Gefahr einer pauschalen Berufung auf das G. ist zu bedenken. Notwendig ist ein krit. Umgang m. Gemeinwohlvorstellungen. Sie sind zudem offen u. kontextabhängig. Die moderne u. aufgeklärte Gesellschaft anerkennt die Eigenständigkeit von Lebensgebieten u. Funktionsbereichen. Institutionen wie → Ehe u. → Familie, Wirtschaft, Eigentum, Beruf, Politik, Staat, Recht, Wissenschaft, Bildung u. Kultur sind eigenständig. Sie sind nicht durch einen überwölbenden Gemeinwohlbegriff zu vereinheitlichen. Allerdings besteht die Gefahr einer Verabsolutierung u. Isolierung der jeweiligen Institutionen u. Lebensbereiche. Man nennt dies dann absolute Eigengesetzlichkeit. Die Wirtschaft bspw. lehnt dann Eingriffe von Politik u. Staat ab. Po-

litisches Handeln verschließt sich häufig ökonomischen Einsichten. Es gibt auch durchaus berechtigte Institutionsinteressen von Gruppen u. gesellschaftlichen Teilgebieten. Übersehen werden dabei real existierende Zusammenhänge u. Verbindungen in der Lebenswelt. Aus diesem Grund besteht daher doch Veranlassung zu einer Orientierung am G., am gemeinsamen Nutzen. Es bedarf nämlich der Koordination von Einzel- u. Gruppeninteressen wie von partikularen Ideen u. Ansprüchen. Geboten ist im Interesse des Gemeinsamen eine Schwerpunktbildung u. die Ermittlung von Prioritäten der Interessen. Der Verweis auf das G. dient dabei als regulative Idee, welche die Erfahrung des Sozialen u. das Erfordernis der Solidarität generalisiert u. formuliert. Das Ziel einer Orientierung am G. ist Konsensbildung im Pluralismus. Aber dieser Konsens ist nicht apriori vorgegeben. Die Beachtung des G. ermöglicht einen Interessenausgleich u. Kompromisse zwischen den gesellschaftlichen Kräften. Zugl. ist damit ein radikaler Gegensatz von Kollektivismus u. Individualismus überwunden. Auch werden die Menschenrechte als formal gleiche Freiheitsrechte nicht außer Kraft gesetzt. Verwirklicht werden sie jedoch nur in gesellschaftlicher u. sozialer Interaktion. Der Hinweis auf das G. als regulative Idee schärft die Wahrnehmung der gemeinsamen Ziele im menschlichen Zusammenleben ein. In einer friedvollen, gerechten u. menschlichen Gesellschaft konkretisiert sich das G. als Suche nach einer gemeinsamen Zielvorstellung aller. In diesem Sinn hat die Wirtschaftsdenkschrift der EKD G. u. Eigennutz, 1991, die Verbindung von Verpflichtung auf das G. u. die Berechtigung von Einzelinteressen in der Wirtschaftsordnung als ständige politische, soziale u. ökonomische Aufgabe benannt.

5. Die Zielvorstellung der Integration von Personen u. Gruppen u. der Integration durch ein wohlgeordnetes u. menschliches Zusammenleben wird traditionell m. dem souveränen Staat u. der Nation verbunden. P. Johannes XXIII. hat in Mater et Magistra, 1961, die G.-Verpflichtung über das Nationale ausgeweitet u. spricht von einem universalen G., einem Welt-G. Die ev. Sichtweise betont die situationsbezogene Konkretion des G. u. reflektiert gesch. Veränderungen. Dabei wird die gemeinsame Aufgabe in der Zielvorstellung einer „Verantwortlichen Gesellschaft" (1. Weltkirchenkonferenz Amsterdam 1948) betont. Erforderlich ist also eine gemeinsame globale Verantwortung. Der Universalismus des Gottesgedankens u. der universale, kath., Anspruch des Christentums veranlassen Kirchen dazu, für das G. einzutreten u. Verfahren u. Regeln zur Bestimmung des G. anzumahnen. Gestalt gewinnt das intern. G. im universalen säkularen Menschenrechtsethos (→Menschenrechte).

Quellen

Gemeinwohl u. Eigennutz, Eine Denkschrift der EKD, Gütersloh 1991.

Literatur

Messner, J., Gemeinwohl, Osnabrück 1962; Schrey, H. H., Art. Gemeinnutz, Gemeinwohl: TRE Bd. 12, 339-346 (Lit.); Selbstinteresse u. Gemeinwohl, hg. v. A. Rauscher, Berlin 1985; Kissling, C., Gemeinwohl u. Gerechtigkeit. Ein Vergleich traditioneller Naturrechtsethik u. krit. Gesellschaftstheorie, Freiburg (Schweiz) u. a. 1993; Gemeinwohl – mehr als gut gemeint?, hg. v. J. Fetzer – J. Gerlach, Gütersloh 2001; Münkler, H. u. a., Gemeinwohl u. Gemeinsinn, 3 Bde., Berlin 2001-2002; Gemeinwohl, Od. die gute Ordnung der Gesellschaft, hg. v. B. Vogel, Berlin – St. Augustin 2013.

Martin Honecker

© 2019, DOI: 10.30965/9783506786388_0158

Genehmigung – Katholisch

→Approbatio, →Recognitio

Genehmigung – Evangelisch

1. Die G. ist ein präventives Mittel kirchl. Aufsicht (→Aufsicht, kirchliche). Sie dient dazu, im

Rahmen einer Zweck- u. Rechtmäßigkeitskontrolle konstitutiv bei Rechtsakten nachgeordneter Behörden u. Träger kirchl. Aufgaben mitzuwirken. Die zu genehmigenden Rechtsakte werden erst m. der G. durch die zuständige Aufsichtsbehörde wirksam. Diese rechtsgestaltende Wirkung kommt der G. i. d. R. zugl. für das kirchl. wie für das staatl. Recht zu.

a) Die G. dient dazu, bei ausdifferenzierter Aufgabenzuständigkeit die innere u. äußere Einheit der kirchl. Dienstgemeinschaft sicherzustellen, für die Einhaltung der rechtlichen Vorgaben Sorge zu tragen, Schaden von kirchl. Gliederungen abzuwenden u. eine geordnete →Vermögensverwaltung zu gewährleisten. Kirchl. Gliederungen, denen die eigenverantwortliche Regelung u. Verwaltung ihrer Angelegenheiten aufgegeben ist, bleiben so eingebunden in die gemeinsame Auftragserfüllung der Kirche. Die G. muss dabei einerseits wirksam die ordnungsgemäße Aufgabenerfüllung gewährleisten. Sie muss andererseits aber auch die Eigenverantwortung der betroffenen kirchl. Körperschaften wahren.

b) Im Vergleich zu staatl. Regelungen, insb. zu den Genehmigungsbefugnissen der Kommunalaufsicht, sind die Besonderheiten der kirchl. Aufsicht zu berücksichtigen. So ist bei der G. insb. nicht zwischen sog. eigenem u. übertragenem Wirkungskreis zu unterscheiden. Denn alle kirchl. Aufgabenträger sind zum Zusammenwirken auf den einheitlichen Auftrag der Kirche hin verpflichtet. Auch bleibt eine aufsichtliche Mitwirkung nicht grds. auf eine Rechtmäßigkeitskontrolle beschränkt. Die G. hat auch die Vereinbarkeit m. dem kirchl. Auftrag u. gesamtkirchliche Aspekte zu berücksichtigen.

c) Die G. kann sich grds. auf Rechtsakte aus allen Aufgabenbereichen u. von allen kirchl. Gliederungen wie →Kirchengemeinden, →Kirchenkreisen, Verbänden u. auch kirchl. →Stiftungen erstrecken. Denn bei jedem Rechtsakt nachgeordneter Träger kirchl. Aufgaben können übergreifende bzw. gesamtkirchliche Aspekte von Bedeutung sein, sei es um erhebliche Schäden abzuwehren od. negativer Vorbildwirkung entgegenzuwirken. Auf der anderen Seite muss der Eigenverantwortlichkeit der kirchl. Aufgabenträger rechtlich wie praktisch hinreichend Rechnung getragen werden. Denn das Erfordernis u. ggf. die Versagung einer G. greift in das eigenständige Wirken nachgeordneter kirchl. Aufgabenträger ein. So sind in →Kirchenverfassung bzw. KG der Anwendungsbereich für eine G. durch ausdrückliche Vorbehalte im einzelnen zu konkretisieren, die Zuständigkeiten festzulegen u. das Verfahren für die Erteilung der G. auszugestalten. Gegen eine Versagung der G. steht der betroffenen kirchl. Körperschaft die Überprüfung der Genehmigungsentscheidung durch die kirchl. Gerichtsbarkeit (→Gerichtsbarkeit, kirchliche bzw. religiöse) offen.

d) In kirchl. Reformprozessen wird zunehmend auf die Eigenständigkeit kirchl. Aufgabenträger gesetzt, indem Erfordernisse von G. abgebaut, abschließende Entscheidungsverantwortlichkeiten der jeweiligen Aufgabenträger festgelegt u. stattdessen weniger eingreifende Mittel der Aufsicht u. Unterstützung für kirchl. Gliederungen gestärkt werden. Dazu gehören v. a. einerseits Berichtspflichten u. andererseits Beratungsangebote.

2. Die G. kommt als Instrument zur verlässlichen Mitwirkung bei der Gestaltung von Rechtsakten auch in religionsverfassungsrechtlichen Zusammenhängen zum Zuge. I. d. R. schließt die Garantie kirchl. Selbstbestimmung nach Art. 140 GG i. V. m. Art. 137 Abs. 3 WRV zwar eine staatl. Mitgestaltung bei den eigenen Angelegenheiten der Kirche aus. Der Staat räumt kirchl. Rechtsakten m. weltlichem Bezug generell o. G. Außenwirksamkeit auch für die staatl. Rechtsordnung ein (→Geltung, ev.). Allerdings gelten auch für die Kirche grds. die allg. staatl. Genehmigungsvorbehalte wie bei der Gewerbe-, der Heim- od. der Schulaufsicht. Bei der Bau-, Denkmal- od. Stiftungsaufsicht kann allerdings wiederum die kirchl. Aufsicht auf Grundlage staatskirchenvertraglicher Abstimmung die staatl. weitgehend überlagern.

Darüber hinaus sieht das ev. KR vereinzelt ausdrücklich selbst eine G. kirchl. Rechtsakte auch durch staatl. Behörden vor, insb. dort, wo die kirchl. Auftragswahrnehmung zugl. wesentlich staatl. Kompetenzen berührt. Wichtigstes Bsp. ist das Kirchensteuerrecht, wo die Kirche abgeleitete staatl. Gewalt ausübt. Hier dient die G. dazu, auf der Grundlage staatskirchenvertraglicher Regelungen verlässlich staatl. notwendiger Schrankenziehung gegenüber kirchl. selbstbestimmter Rechtsgestaltung zur Wirksamkeit zu verhelfen. Mit der G. gewährleisten staatl. Behörden, dass die kirchl. Bestimmungen die staatl. Anforderungen erfüllen.

Literatur

Dittrich, J., Die kirchenaufsichtliche Genehmigung in Vermögens- u. Personalangelegenheiten: ZevKR 12 (1962), 100-116; Knüllig, W., Kirchl. Genehmigungsvorbehalte u. Veräußerungsverbote: ZevKR 12 (1962), 116-136; Meyer, Chr., Die Vermögensverwaltung u. das Stiftungsrecht im Bereich der ev. Kirchen: HbStKR² Bd. 1, 907-946; Rosenstock, S., Die Selbstverwaltung ev. Kirchengemeinden, Frankfurt 2000, 282-294; Munsonius, H., Kriterien kirchenaufsichtlicher Genehmigungen: ZevKR 52 (2007), 666-672; Kapischke, M., Kirchenaufsichtliche Genehmigungsvorbehalte im Arbeitsrecht: ZevKR 54 (2009), 205-220; Munsonius, H., Ev. Kirchenrecht, Tübingen 2015, § 24 (189-191); Penßel, R., Bestattung u. Friedhöfe: HevKR, § 24 Rn. 31, 49, 51, 55; Droege, M., Vermögensverwaltungsrecht: HevKR, § 27 Rn. 12, 16, 18 f.; Munsonius, H. – Traulsen, Chr., Aufsicht u. Visitation: HevKR, § 30, Rn. 24, 28-62, insb. 39, 43 f., 49, 51-57, 59 f.; Frisch, M., Bauwesen u. Denkmalpflege: HevKR, § 29, Rn. 16-19.

Ulrich Anke

© 2019, DOI: 10.30965/9783506786388_0159

Genehmigungsvorbehalt, kirchenaufsichtlicher – Katholisch

Der Ausdruck Genehmigungsvorbehalt hat seinen Ursprung nicht in der Kanonistik, sondern in der deutschsprachigen Rechtswissenschaft. Zwar enthält das gesamtkirchliche Recht zahlreiche Vorschriften, die – v. a. unter Verwendung von Ausdrücken wie (ap)probare (→Approbatio) u. recognoscere (→Recognitio) – vergleichbare Mitwirkungsrechte kirchl. Aufsichtsorgane vorsehen; die Lit. verwendet den Ausdruck Genehmigungsvorbehalt in diesen Zusammenhängen aber nur vergleichsweise selten. Weite Verbreitung hat der Ausdruck hingegen im deutschsprachigen →Partikularrecht gefunden, v. a. in den diözesanen Vermögensverwaltungsgesetzen. Mitunter begegnet der Ausdruck auch in Verträgen zwischen dem Hl. Stuhl u. den dt. Bundesländern, die auf die betr. Aufsichtsrechte Bezug nehmen.

Typische Bsp. für Genehmigungsvorbehalte sind Bestimmungen der diözesanen Vermögensverwaltungsgesetze, wonach bedeutendere Beschl. der pfarrlichen Vermögensverwaltungsorgane einer →Genehmigung seitens des bfl. Ordinariats bedürfen, um ihre rechtlichen Wirkungen zu entfalten. Die nötige Genehmigung wird in solchen Fällen also eingeholt, nachdem der betr. Beschl. gefasst wurde, aber bevor er – etwa durch das Abschließen eines Vertrags m. Dritten – in die Tat umgesetzt wird. Bisweilen unterwerfen die diözesanen Gesetze das betr. Rechtsgeschäft (z. B. den Vertragsabschluss) als solches erneut einem Genehmigungsvorbehalt; in einem solchen Fall ist für ein u. dies. Angelegenheit also zweimal eine Genehmigung einzuholen. Solange der betr. Beschl. bzw. das betr. Rechtsgeschäft nicht genehmigt wurde, kann es – wie in der deutschsprachigen Rechtswissenschaft üblich – als schwebend unwirksam bez. werden. Dass in den genannten Fällen der übliche dt. Ausdruck Genehmigungsvorbehalt verwendet wird, würde in die Irre führen, wenn man annähme, dass auf das Genehmigungsverfahren insgesamt die vergleichbaren Bestimmungen des staatl. Rechts Anwendung fänden, z. B. im Hinblick auf die Frist für die Beantwortung eines Antrags auf Genehmigung, die Kriterien für die Erteilung der Genehmigung, die Möglichkeit, die Genehmigung an Bedingungen zu knüpfen, die Möglichkeit der Aufsichtsbehörde, für die betr. Angelegenheit Weisungen zu erteilen, u. die Möglichkeit, eine einmal erteilte Genehmigung zu widerrufen. Für all diese Fragen gilt vielmehr ausschließlich kirchl. Recht, allerdings einschließlich der durch c. 1290; c. 1034 CCEO erfolgten Kanonisierung des jeweiligen staatl. Vertragsrechts (→Lex canonizata).

Ob ein Genehmigungsvorbehalt auch die Wirksamkeit einer Handlung im staatl. Rechtsbereich betrifft, bestimmt sich nach den im jeweiligen Gebiet geltenden staatl. Rechtsnormen, ggf. einschließlich einschlägiger Bestimmungen in den Verträgen zwischen Kirche u. Staat (siehe z. B. NI.K Anl. § 8 Abs. 4; TH.K Art. 21 Abs. 3). Für die Rechtslage in Deutschland gilt: Genehmigungsvorbehalte für Handlungen von Rechtsträgern, die nach staatl. Recht die Stellung einer jur. Person des öff. Rechts haben, wirken o. weiteres in den staatl. Rechtsbereich hinein. Bei Vereinen haben Genehmigungsvorbehalte hingegen nur dann zivilrechtliche Relevanz, wenn sie in der jeweiligen Satzung verankert sind. Die zivilrechtliche Relevanz von Genehmigungsvorbehalten für Stiftungen des privaten Rechts hängt – soweit ein Genehmigungsvorbehalt nicht in der Satzung verankert ist – davon ab, ob das jeweilige Landesrecht der kirchl. Aufsichtsbehörde die Stiftungsaufsicht überlassen hat od. nicht. Durch das Österr. Konk. (Art. XIII §§ 2 u. 3) sind die Genehmigungsvorbehalte in Vermögensangelegenheiten in umfassender Weise auch für den staatl. Rechtsbereich anerkannt.

Auch was die im gesamtkirchlichen Recht vorgesehenen Mitwirkungsrechte kirchl. Autoritäten angeht, verwendet die deutschsprachige Lit. den Ausdruck Genehmigungsvorbehalt v. a. für Mitwirkungsrechte im Bereich des Vermögensrechts (→Vermögensrecht, kirchliches), insb. für Veräußerungen, veräußerungsähnliche Rechtsgeschäfte u. Handlungen der außerordentlichen →Vermögensverwaltung. Dabei ist zu beachten, dass das gesamtkirchliche Recht die betr. Mitwirkungsrechte (im Unterschied zu den typischen Genehmigungsvorbehalten i. S. der dt. Rechtssprache) nicht als nachfolgende Mitwirkung bei einen Beschl. des betr. Verwaltungsorgans, sondern – unter Verwendung von Ausdrücken wie licentia od. facultas – als vorausgehende Mitwirkung bei dem jeweiligen Rechtsgeschäft konzipiert. In diesen Fällen zieht ein Teil der Lit. es vor, das Wort licentia nicht m. →Erlaubnis, sondern m. Genehmigung zu übers., um zu vermeiden, dass die Übers. m. dem Wort Erlaubnis zu der irrigen Meinung führt, die licentia habe keinen Einfluss auf die Rechtswirkungen des betr. Rechtsgeschäfts (vgl. c. 10; c. 1495 CCEO), sondern sei nur für dessen →Erlaubtheit erforderlich. In einem Gebiet, in dem die Forderung des gesamtkirchlichen Rechts nach der einem Rechtsgeschäft vorausgehenden Erlaubnis unbeanstandet über längere Zeit hin dadurch zu erfüllen versucht wird, dass stattdessen die betr. Rechtsgeschäfte m. dem Vorbehalt einer nachfolgenden Genehmigung verbunden werden, kann diese Praxis ggf. zu →Gewohnheitsrecht erstarken.

Literatur

Heimerl, H. – Pree, H., Hb. des Vermögensrechts, Regensburg 1993, 293-351; Rhode, U., Mitwirkungsrechte kirchl. Autoritäten im CIC, Teil II., St. Ottilien 2004, 137-177, 364 f.; Emsbach, H., Rechte u. Pflichten des Kirchenvorstandes, Köln [10]2009; Hense, A., Möglichkeiten u. Grenzen eines Abbaus von Genehmigungsvorbehalten im Vermögensrecht der kath. Kirche – unter bes. Berücksichtigung der Rechtslage in NW: KuR 13 (2007), 168-194; Pree, H. – Primetshofer, B., Das kirchl. Vermögen, seine Verwaltung u. Vertretung, Wien 2010.

Ulrich Rhode

© 2019, DOI: 10.30965/9783506786388_0160

Genehmigungsvorbehalt, kirchenaufsichtlicher – Evangelisch

Die Kirche ist in erster Linie Gemeinschaft unter dem Wort Gottes; alle ihre Glieder sind zur Gemeinschaft verpflichtet. Das Verhältnis der Glieder der Kirche zueinander muss daher in erster Linie von dieser Gemeinsamkeit geprägt sein. Auch soweit Funktionen der Kirche auseinander gegliedert werden, bleibt die gemeinsame Bindung u. Aufgabe erhalten. Gesamtkirche u. →Kirchengemeinde bzw. →Kirchenkreise dienen gemeinsam der →Verkündigung u. →Sakramentsverwaltung. Wie die Glieder der Kirche ausgegliedert werden, ist zunächst eine Frage organisatorischer Zweckmäßigkeit. Dazu kann das Prinzip der Selbstverwaltung m. Eigenverantwortung gehören. Eine Organisation, die sich zur Selbstverwaltung ihrer Glieder entschließt, muss ihnen auch Spielraum u. Vertrauen lassen. Andererseits kann man davon ausgehen, dass die G. der →Kirchenverfassung wichtige Fragen betreffen, an denen auch die Gesamtkirche beteiligt ist. Im Gegensatz zu kirchenaufsichtlichen Maßnahmen (Beratung, Empfehlung, Ermahnung) begr. kirchenaufsichtliche →Genehmigungen Mitwirkungsrechte u. Mitwirkungspflichten. Grds. obliegen Entscheidungen von untergeordneten Verwaltungseinrichtungen dem G., wenn sie von bes., überregionaler od. finanzieller Bedeutung sind. Einer Genehmigungspflicht unterfallen demnach z. B. Rechtsgeschäfte, m. denen eine kirchl. Körperschaft (z. B. →Gemeinde) erhebliche Verpflichtungen eingeht wie z. B. bei der →Vermögensverwaltung, bei Schuldanerkenntnissen, bei langfristigen Verträgen, bei Schenkungen, bei Grundstücksgeschäften, organisationsrechtlichen Maßnahmen, Maßnahmen im Bereich des Bau-, Orgel u. Glockenwesens. Die getroffenen Beschl., Entscheidungen etc. entfalten erst Rechtswirksamkeit durch Erteilung der Genehmigung. Bis dahin sind sie schwebend unwirksam, d. h., ein solcher Akt wird m. der Genehmigung von Anfang an wirksam bzw. unwirksam. Dies gilt sowohl für den innerkirchlichen Bereich, als auch v. a. im Außenverhältnis. Der G. stellt einen nicht unerheblichen Eingriff in die Eigenständigkeit u. Eigenverantwortung von KGde. dar. Er bedarf daher der ausdrücklichen kirchengesetzlichen Bestimmung (z. B. § 66 KGO Hannover). Kirchenaufsichtliche Genehmigungen erteilt die gesetzlich bestimmte kirchl. Behörde, z. B. das →Landeskirchenamt od. der Kirchenkreisvorstand.

Literatur

Dittrich, J., Die kirchenaufsichtliche Genehmigung in Vermögens- u. Personalangelegenheiten: ZevKR 12 (1966/67), 100 ff.; Knilllig, W., Kirchl. Genehmigungsvorbehalte u. Veräußerungsverbote: ZevKR 12 (1966/67), 116 ff.; Blaschke, Anm. zum Urteil des Verfassungs- u. Verwaltungsgerichts der VELKD vom 19. Juli 1983: ZevKR 29 (1984), 473; Urteil OLG Braunschweig vom 25. Juni 1991 – 2W 19/91: ZevKR 37 (1992), 205 ff.; Urteil LG Duisburg vom 9. Juli 1991 – 4TI 32/91: ZevKR 37 (1992), 209 f.; HevKR, Genehmigungspflicht.

Jens Petersen

© 2019, DOI: 10.30965/9783506786388_0160

Generalabsolution – Katholisch

Die G. bez. die sakramentale Absolution, die mehreren →Pönitenten zugl. o. vorausgehendes persönliches Sündenbekenntnis auf eine allg. Weise erteilt wird. Die nachkonziliare Gesetzgebung hat Bestrebungen, Bußandachten (→Bußgottesdienst) generell m. einer G. zu beschließen, eine Absage erteilt u. festgestellt, dass das persönliche Bekenntnis aller →Sünden u. die Lossprechung „nach wie vor" den einzigen u. ordentlichen Weg der Versöhnung der →Gläubigen m. Gott u. der Kirche darstellt (Normae pastorales, I; OPaen, n. 31). Beide kirchl. Gesetzbücher haben diese Bestimmungen übernommen u. nachdrücklich unterstrichen (cc. 961-963; cc. 720 §§ 2 u. 3, 721 CCEO; dazu PCLT, 1996). Demzufolge bleibt die G. „als außerordentlicher Weg ein Mittel geistlicher Nothilfe" u. „ein unselbständiges und abhängiges Bußinstitut, das auf die Einzelbeichte hingeordnet ist" (KanR III, 307, 311). Der geltende

OPaen weist für die G. eine eigene liturgische Ordnung auf (Form C).

Die gesch. Entwicklung der G. ist wesentlich durch die dogmatisch relevante Unterscheidung von sakramentalen u. nicht-sakramentalen Bußvollzügen der Kirche gekennzeichnet. Zunächst letzteren zugeordnet, trat sie durch die Betonung der priesterlichen Absolutionsvollmacht im Zuge des Konzils von Trient in ihrer Bedeutung zunehmend zurück. Insb. Pius XII. begr. den Bezug zur sakramentalen Absolution neu, in dem er durch die Instr. Ut dubia et difficultates der →Apostolischen Pönitentiarie, die als Quelle für die geltende Rechtslage fungiert, eine G. „unter bestimmten Umständen" (bei drohender →Todesgefahr im Krieg) ermöglichte. Das Vat II (LG 11) sowie die päpstlichen Lehrdokumente betonen zugl. die sakramentale u. geistl. Notwendigkeit von Einzelbekenntnis u. individueller Absolution. Johannes Paul II. sieht im Einsatz der Kirche für die Einzelbeichte das Bemühen um den Schutz des Rechts des Gläubigen auf das Bekenntnis seiner Sünden u. den Schutz des Rechts des Erlösers, dem Einzelnen im Sakrament seiner Barmherzigkeit begegnen zu können (Reconciliatio et Paenitentia, 28-34).

Neben der ordentlichen Form des Bußsakraments (→Beichte) (c. 960; c. 720 §1 CCEO) ordnet das universalkirchliche Recht die G. für zwei Ausnahmefälle: 1. bei drohender Todesgefahr, wenn für den od. die →Priester keine ausreichende Zeit besteht, das Einzelbekenntnis der betr. Gläubigen entgegenzunehmen (c. 961 §1 1°; c. 720 §2 2° CCEO); 2. bei Bestehen einer schweren Notlage (gravis necessitas) außerhalb der Todesgefahr, wenn aufgrund der großen Zahl von Pönitenten der od. die anwesenden Priester die Einzelbekenntnisse innerhalb einer angemessenen Zeit nicht ordnungsgemäß hören könnten, so dass der Empfang des Bußsakraments u. der Kommunion längere Zeit entbehrt werden müsste. Die unpräzise Formulierung der Norm findet zwei notwendige inhaltliche Klärungen. Zum einen begr. gem. den Normae pastorales nicht bereits eines der genannten Elemente eine Notsituation (III, 2); ebenso ist diese nicht generell anlässlich eines großen Festes od. einer Wallfahrt gegeben. Zum anderen erinnert der Gesetzgeber an die vornehmliche Pflicht der sacerdotes (→Bischöfe u. Priester), das Bußsakrament in seiner ordentlichen Form verantwortlich zu verwalten (vgl. cc. 978, 986; cc. 732 §2, 735 CCEO).

In formaler Hinsicht weist c. 961 §2 (c. 720 §3 CCEO) die Zuständigkeit für die Beurteilung der Notsituationen dem →Diözesanbischof zu, der unter Berücksichtigung der Kriterien der →Bischofskonferenz generell feststellt, wann diese vorliegen. Die unklare Formulierung „attentis criteriis cum ceteris membris Episcoporum Conferentiae concordatis" ist durch das MP Misericordia Dei zugunsten einer Normkompetenz gem. c. 455 §2 präzisiert worden (n. 6). Für den Bereich der DBK besteht aufgrund der geltenden Partikularnorm vom 01.01.1996 keine schwerwiegende Notlage, so dass die G. allein bei drohender Todesgefahr erteilt werden kann. Die Entscheidung darüber fällt der betr. Priester. Für die ÖBK steht die normative Aktualisierung der Erkl. von 1972 aus, derzufolge bereits eine große Zahl von Pönitenten eine G. legitimiert, über die der absolvierende Priester den Ortsordinarius zu unterrichten hat. Die SBK hat in der nachkonziliaren Zeit die G. zunächst großzügig gewährt u. damit einen erkennbaren Bußtourismus in Grenznähe ausgelöst. Die Partikularnormen von 1989 u. 2009 sind aufgrund der universalkirchlichen Vorgaben durch eine zunehmend restriktive Ausrichtung bestimmt. M. Bezug auf Art. 6 MP Misericordia Dei wird zuletzt festgestellt, „dass in den ihr zugehörigen Diözesen und Gebietsabteien die eine schwere Notlage begründenden Voraussetzungen für die Erteilung der Generalabsolution nicht gegeben sind; die Generalabsolution darf deshalb nur bei drohender Todesgefahr (can. 961, §1, 1°) erteilt werden" (Dekret).

Quellen

Apost. Pöniteniarie, Instr. Ut dubia et difficultates vom 25. März 1944: AAS 36 (1944), 155-156; dt.: DenzH 3832-3837; Vat II, LG; Kongr. für die Glaubenslehre, Normae pastorales circa absolutionem sacramentalem generali modo impertiendam vom 16. Juni 1972: AAS 64 (1972), 510-514; dt: NKD 42; ÖBK, Beschl. vom 7. November 1972: VBl. Diözese Innsbruck vom 24. November 1972, Nr. 10, 69 f.; abgedruckt: Gottesdienst 7 (1973), 20-22; Hl. Kongr. für den Gottesdienst, Ordo Paenitentiae vom 2. Dezember 1973, Vatikanstadt 1974; Johannes Paul II., Apost. Schreiben Reconciliatio et Paenitentia vom 2. Dezember 1984: AAS 77 (1985), 185-275; dt.: VApSt 60; DBK, Partikularnorm Nr. 12 vom 1. Januar 1996: AfkKR 164 (1995), 456-465; PCLT, Nota esplicativa Assoluzione generale senza previa confessione individuale (Circa il canone 961 CIC) vom 8. November 1996: Comm. 28 (1996), 177-181; DBK, Umkehr u. Versöhnung im Leben der Kirche. Orientierungen zur Bußpastoral vom 1. Oktober 1997: DDB 58; Johannes Paul II., MP Misericordia Dei vom 7. April 2002: AAS 94 (2002), 452-459; dt.: VApSt 153; SBK, Partikularnorm vom 15. März 1989: SKZ 36 (1989) 547 m. Revision vom 3. März 2008: SKZ 177 (2009), 40, abgedruckt: AfkKR 178 (2009), 203-205.

Literatur

Merz, R., Die Generalabsolution als außerordentliche Spendeweise des Bußsakramentes. Herkunft, Ortsbestimmung, Grenzen, Freiburg 1992; Messner, R., Generalabsolution: LThK³ Bd. 4, 445 f.; Kursawa, W., Zum Sakrament der Versöhnung – Grundsatzfragen u. neuere Entwicklungen: Kirchl. Recht als Freiheitsordnung. Gedenkschrift für Hubert Müller, hg. v. R. Weigand, Würzburg 1997 (FzK 27), 241-260; Ohly, Ch., Ein Plädoyer für die Belebung einer außerkodikarischen Form des Bußsakraments: AfkKR 170 (2001), 74-105; ders., Das Motu proprio „Misericordia Dei". Perspektiven u. Konsequenzen: AfkKR 171 (2002), 72-92; KanR III, 305-312; Althaus, R.: MKCIC cc. 960-963; Kubiak, P., Absolución colectiva: DGDC Vol. I, 81-87; Ohly, Ch., § 79 Das Bußsakrament: HbkathKR³, 1184-1205, bes. 1190-1194.

Christoph Ohly

© 2019, DOI: 10.30965/9783506786388_0161

Generalkapitel – Katholisch

1. Rechtshistorisch: Das G. ist Resultat einer steten Entwicklung. Bereits Pachomius u. Basilius der Große kennen regelmäßige Zusammenkünfte ihrer Klosterverbände, um bestimmte Angelegenheiten gemeinsam zu beraten u. zu entscheiden. Versammlungen gleichberechtigter → Äbte einer Region od. der Oberen abhängiger → Klöster sind seit dem 9. Jh. bezeugt. Im 12. Jh. entsteht das G. im strengen Sinn. Primär werden Fragen disziplinärer u. wirtschaftlicher Art sowie der Einheit des Verbandes dienende Maßnahmen behandelt. P. u. Bf. fordern wiederholt u. m. Nachdruck die Abhaltung von G. bzw. Provinzkapiteln u. Äbteversammlungen. Die zentral ausgerichtete Verf. der Zisterzienser m. dem G. als der obersten Autorität übt eine breite u. nachhaltige Wirkung aus. Ihrem Bsp. folgen andere Inst. (1130 Prämonstratenser, Cluny 1132, Kartäuser 1141, Franziskaner 1212, Dominikaner 1220).

Im CIC/1917 finden sich vereinzelte Bestimmungen, die einige Aufgaben des G. anführen (vgl. cann. 494 § 2, 587 § 1, 597 § 3 u. 667). Die vom Vat II initiierte Erneuerung des Ordenslebens hat – um angemessen zu sein – auf dem Erbgut des Inst. zu basieren u. die veränderten Zeitumstände zu berücksichtigen. Insb. kommt es dem G. zu, dementsprechende RL u. Gesetze festzulegen bzw. zu erlassen (vgl. PC 2 a-e; 4, 4 u. 14, 4). Die nachkonziliare Gesetzgebung hebt das G. ebenfalls als Garanten einer zeitgemäßen Erneuerung des Ordenslebens hervor (vgl. ES II, 2, 3, 14, 18).

Da CIC/1983 u. CCEO für das G. lediglich die rechtlichen Basics normiert, obliegt es dem G. selbst als zuständigem institutsinternem Organ konkrete, im höherrangigen Eigenrecht verortete Normen zu erlassen. Der dadurch eröffnete Gestaltungsspielraum ermöglicht eine bessere Berücksichtigung der konkreten Gegebenheiten u. Erfordernisse.

2. Begriff: Das G. (bzw. Generalversammlung, Generalkongregation, synaxis generalis) besitzt die höchste Autorität im Inst. Da sich

das G. aus →physischen Personen zusammensetzt, ist es das oberste, kollegiale Leitungsorgan, das zentralistisch u. föderalistisch verfasste Inst. rechtlich vertritt. Sein Handeln erfolgt gem. den Bestimmungen über die kollegiale Willensbildung (vgl. c. 119; c. 956 §§1 u. 2 CCEO). Ihm untersteht auch der oberste Leiter (supremus moderator), der zwar bei versammeltem Kap. von Amts wegen den Vorsitz inne hat, aber lediglich als erster u. Gleichen. Da das G. die höchste institutsinterne Legislative ist, hat sich der oberste Leiter an die von ihm erlassenen Gesetze zu halten. Im Rahmen dieser Gesetze ist er als höchste institutsinterne Exekutive in seinen Entscheidungen frei. Im Unterschied zum G. ist der Rat des obersten Leiters nicht als kollegiales Leitungsorgan konzipiert u. fungiert nicht als Entscheidungsträger. M. Beispruchsrechten (Rat u. Zustimmung) ausgestattet, unterstützt er dessen Entscheidungsfindung.

3. Vollmacht: Das G. hat – ebenso wie der oberste Leiter – über die Mitglieder die Vollmacht, die im allg. Recht u. im Eigenrecht (Konst., Typika) normiert ist. Diese nicht näher bestimmte Vollmacht wurde früher üblicherweise als Dominativgewalt (potestas dominativa) bez. (vgl. c. 596 §§1 u. 3; cc. 441 §1, 511 §1 CCEO u. can. 501 §1). Das G. eines klerikalen Ordensinstitutes päpstlichen Rechts u. einer klerikalen Gesellschaft apost. Lebens päpstlichen Rechts verfügt außerdem über kirchl. Leitungsvollmacht (potestas regiminis) (vgl. cc. 596 §2 u. 732; cc. 441 §1 u. 2, 511 §2 CCEO). Die Vollmacht des G. ist zeitlich befristet u. erstreckt sich von dessen Konstituierung bis zu dessen Beendigung. Das G. tritt entweder als ordentliches Kap. in regelmäßigen Abständen zusammen od. als außerordentliches Kap., um schwerwiegende Gegebenheiten einer baldigen Behandlung zuzuführen.

4. Zusammensetzung: Die Zusammensetzung des G. soll derart sein, dass es das gesamte Inst. repräsentiert u. zu einem wirklichen Zeichen der Einheit u. Liebe wird (vgl. c. 631 §1; c. 512 §1 CCEO). Folglich sollen dessen Mitglieder das Inst. hinsichtlich Proprium, Sendung, Lebensform, Lokalisierung usw. realistisch abbilden. Ein ausgewogenes Verhältnis zwischen ex officio Mitgliedern u. gewählten Mitgliedern fördert ebenfalls die gewünschte Repräsentanz.

5. Aufgaben: Zu den vorrangigen Aufgaben des G. zählen der Schutz des dem Inst. inhärenten geistl. Erbgutes u. die Förderung einer diesem Erbgut entspr. Erneuerung (vgl. cc. 631 §1 i. V. m. 578; c. 424 CCEO). Um dies sicherzustellen, hat es Normen zu erlassen u. Orientierungshilfen zu geben sowie sein Kontrollrecht auszuüben (vgl. PC 2, 4). Seine GO muss Bestimmungen über dessen Zusammensetzung u. Vollmachten sowie über das Wahlprocedere u. die Verhandlungsgegenstände enthalten (Vgl. cc. 587 §1 u. 631 §2). Konkret sind die Voraussetzungen für das passive Stimmrecht, die erforderliche Stimmenmehrheit u. die Dauer der →Amtszeit zu normieren. Zu den „exquisiten" Aufgaben zählt die →Wahl des obersten Leiters u. seiner Räte (vgl. cc. 631 §§1 u. 2, 625 §1; c. 521 §1 CCEO). Die Wahl dieses Leiters bedarf keiner Bestätigung durch eine institutsexterne Autorität (Diözesanbischof bzw. Hl. Stuhl). Das G. hat wichtigere, universalrechtlich nicht näher präzisierte Angelegenheiten zu behandeln u. Normen zu erlassen, denen alle zu gehorchen haben (vgl. c. 631 §§1 u. 2). Diese Angelegenheiten – zumeist Verwaltungsaufgaben wie etwa die Aufhebung einer rechtlich selbstständigen Niederlassung – sind im Eigenrecht anzuführen (vgl. c. 616 §3). Aufgrund der Gesetzgebungskompetenz ist es ihm erlaubt, grundlegende Normen über die Eingliederung, Ausbildung u. Disziplin der Mitglieder sowie über den spezifischen Charakter der hl. Bindungen zu erlassen. Die im höherrangigen Eigenrecht verorteten Normen sind m. einer Zweidrittelmehrheit zu beschließen u. von der zuständigen institutsexternen Autorität (Apost. Stuhl bzw. Diözesanbischof) zu bestätigen. Das niederrangige Recht bedarf keiner institutsexternen Bestä-

tigung u. wird zumeist m. einfacher Mehrheit beschlossen (vgl. cc. 587 § 2 i. V. m. 589 u. 595 § 1). C. 631 § 3 normiert, dass Provinzen, örtliche Kommunitäten u. einzelne Mitglieder ihre Wünsche u. Vorschläge gem. den Normen des Eigenrechts dem G. frei zuleiten können. Diese Bestimmung will nicht nur die Meinungsfreiheit u. Meinungsvielfalt fördern, sondern auch den Vertretern von Minderheitsmeinungen Gehör verschaffen. Das G. hat das Recht Berater, Beobachter u. Auskunftspersonen in Verfahrens- u. Sachfragen beizuziehen, um z. B. die für einen verantwortbaren Entscheidungsprozess erforderlichen Informationen zu erhalten. Da diese Personen keine Mitglieder des G. sind, haben sie weder Antrags- noch Stimmrecht.

Quellen

Vat II, PC; Paul VI., MP Ecclesiae Sanctae vom 06. August 1966: AAS 58 (1966), 757-787.

Literatur

Primetshofer, B., Art. Generalkapitel: LKStKR Bd. 2, 53-55; Maier, P., Die Epoche der General- bzw. Provinzkapitel: Germania Benedictina. Reformverbände u. Kongregationen Bd. 1, hg. v. Bayerischen Benediktinerakademie München i. V. m. Abt-Herwegen-Institut Maria Laach, St. Ottilien 1999, 195-224; Primetshofer, B., Ordensrecht auf der Grundlage des CIC 1983 u. des CCEO unter Berücksichtigung des staatl. Rechts der Bundesrepublik Deutschland, Österreichs u. der Schweiz, Freiburg ⁴2003; Cotter, E. M., The general chapter in a religious institute. With particular reference to IBVM Loreto, Oxford 2008; Mc Dermott, R., Governance in religious institutes. Structures of participation and representation. Canons 631-633: The Jurist 69 (2009), 442-471; Rhode, U., Generalkapitel: 100 Begriffe aus dem Ordensrecht, hg. v. D. Meier – E. Kandler-Mayr – J. Kandler, St. Ottilien 2015, 200-201; Henseler, R.: MKCIC cc. 596, Rn. 1-9; 587, Rn. 1-10; 631, Rn. 1-3.

Peter Koch

© 2019, DOI: 10.30965/9783506786388_0162

Generalklausel – Staatlich

1. Allg.: Zunächst ist unter einer G. eine bes. allg. formulierte Norm zu verstehen. Durch diese Art der Formulierung versucht der Gesetzgeber Sachverhalte zu erfassen, die sich jeglichen (bisher) bekannten u. erdachten Fallkonstellationen entziehen, aber dennoch einer rechtlichen Würdigung bedürfen. Daher sind G. durch einen weiten Anwendungsbereich u. einen gewissen Grad von Unbestimmtheit gekennzeichnet. Abzugrenzen ist eine G. von folgenden Begriffen: Unbestimmte Rechtsbegriffe finden sich i. d. R. auf der Tatbestandsseite einer Norm u. verfügen im Gegensatz zu G. über einen eigenständigen Begriffskern, der sich durch Auslegung ermitteln, konturieren u. präzisieren lässt (z. B. unnötiger Lärm, auffälliges Missverhältnis, →Gemeinwohl, öff. Interesse). Ein Beurteilungsspielraum wird der Exekutive durch den Gesetzgeber in Ausnahmefällen zugebilligt; dann obliegt es jener zu entscheiden, ob ein Tatbestand m. einem unbestimmten Rechtsbegriff als erfüllt anzusehen ist. In diesen Fällen unterliegt die Exekutiventscheidung nur der eingeschränkten gerichtlichen Kontrolle. Beim Ermessen hingegen wird dem behördlichen/gerichtlichen Entscheidungsträger erst auf der Rechtsfolgenseite einer Norm Freiheit bei der Rechtsanwendung in einem gewissen vorgesehenen Rahmen zugestanden.

2. Funktionen: G. erfüllen eine Delegationsfunktion, denn sie stellen eine bewusste Lücke im Gesetzgebungsprozess dar, die durch den Rechtsanwender zu schließen ist. Solche Lücken sind notwendig, da erkannt wurde, dass der Gesetzgeber nicht alle Lebenssachverhalte regeln kann. Außerdem können G. auch Ergebnis eines im Gesetzgebungsverfahren gefundenen Kompromisses sein. Damit erlauben G. es aber zugl., das Recht für einen Wandel im Wertverständnis u. auch den technischen Fortschritt zu öffnen, o. das der Gesetzgeber fortwährend eingreifen u. ggf. korrigieren muss (Rechtsfortbildungs- u. Flexibiliäts-

funktion). Darüber hinaus können G. auch eine Verweisungsfunktion erfüllen, so verweist etwa § 346 HGB auf „die Handelsbräuche". Auch einer gewissen Rezeptionsfunktion können sich G. nicht entziehen, indem sie auf allg. Prinzipien der Rechtsordnung od. außerrechtliche Wertungen abzielen.

3. G. in den einzelnen Rechtsgebieten: Im Zivilrecht werden etwa die §§ 138, 242, 826 BGB als G. verstanden. M. den Begriffen „der guten Sitten" u. „→ Treu und Glauben" bedient sich der Gesetzgeber sog. wertungsausfüllender Begriffe. Damit werden Begriffe beschrieben, die es ermöglichen im normativen Umfeld von Rechtsnormen im Einzelfall auch außergesetzliche – ethische – Wertungen in die Rechtsfindung einfließen zu lassen. Somit handelt es sich um Normen, die rechtsimmanente Wertkonflikte aufzulösen suchen. Durch die Rechtsanwendung werden hierbei im Laufe der Zeit Fallgruppen herausgearbeitet.

→ Öffentliches Recht: Im Öff. Recht hingegen werden als G. Vorschriften bez., die weniger wertungsbedürftig sind als vielmehr eine Art Auffangfunktion gegenüber spezielleren Tatbeständen erfüllen. Als Bsp. seien nur die polizeiliche G. (z. B. §§ 1, 3 PolG BW) od. die G. zur Eröffnung des Verwaltungsrechtsweges, § 40 Abs. 1 S. 1 VwGO, genannt.

Strafrecht: Im Strafrecht muss sich der Gesetzgeber insb. auch am strafrechtlichen Bestimmtheitsgebot „nullum crimen, nulla poena sine lege certa" – Art. 103 Abs. 2 GG – orientieren. Aus diesem Gebot folgt zum einen, dass es die exklusive Aufgabe des parlamentarischen Gesetzgebers ist, über die die Strafbarkeit beeinflussenden Elemente zu entscheiden. Zum anderen soll der Gesetzgeber klar formulieren, welches Verhalten strafbar ist. Ein Verstoß gegen Art. 103 Abs. 2 GG liegt jedoch nicht automatisch vor, wenn ein unbestimmter Rechtsbegriff verwendet wird. Daher ist auch im Strafrecht prinzipiell die Verwendung von unbestimmten Rechtsbegriffen u. G. möglich. Schließlich würde ein gänzliches Verbot auch zu erheblichen Strafbarkeitslücken führen. Dennoch begibt sich der Gesetzgeber hier in ein gewisses Spannungsverhältnis zwischen materieller Gerechtigkeit u. Rechtssicherheit. Das BVerfG lässt im Hinblick auf Art. 103 Abs. 2 GG daher die sog. Bestimmbarkeit der Reichweite einer Norm genügen, um beiden Seiten gerecht zu werden (BVerfGE 48, 48, 56 f.). Damit ist dem strafrechtlichen Bestimmtheitsgebot ausreichend Rechnung getragen, wenn dem unbestimmten Rechtsbegriff bzw. der G. weitere Konturen, insb. durch vorgehende kasuistische Rspr., gegeben werden können (BVerfGE 102, 347, 361).

4. Kritik: Die Verwendung von G. wird durchaus auch krit. gesehen, da sie im politischen Prozess instrumentalisiert werden u. in verfassungsrechtlicher Hinsicht eine zumindest latente Gefahr für die Rechtsstaatlichkeit u. das Gewaltenteilungsprinzip (→ Gewaltenteilung) darstellen kann.

Literatur

Bachof, O., Beurteilungsspielraum, Ermessen u. unbestimmter Rechtsbegriff im Verwaltungsrecht: JZ 1955, 97-102; Engisch, K., Einführung in das jur. Denken, Stuttgart [4]1956, Kap. VI: Juristenrecht. Unbestimmte Rechtsbegriffe, normative Begriffe, Generalklauseln u. freies Ermessen, 106-133; Natelski, K., Unbestimmte Rechtsbegriffe, Generalklauseln u. Revision: GRUR 1968, 545-549; Ohly, A., Generalklausel u. Richterrecht: AcP 201 (2001), 1-47; Rüthers, B., Rechtstheorie, München [2]2005, Rnn. 836, 837; Wißmann, H., Generalklauseln: Verwaltungsbefugnisse zwischen Gesetzmäßigkeit u. offenen Normen, Tübingen 2008; Wallkamm, A., Generalklauseln – Normen im Spannungsfeld zwischen Flexibilität u. Rechtsstaatswidrigkeit: Rechtstheorie 39 (2008), 507-519; Reimer, F., Jur. Methodenlehre, Baden-Baden 2016, Rnn. 264 f., 477; Kramer, E. A., Jur. Methodenlehre, München [5]2016, 72 ff.; 287 ff.; Möllers, T. M. J., Jur. Methodenlehre, München 2017, § 4 Rnn. 77-80; § 9 Rnn. 5-43.

Lisa Kanzler

© 2019, DOI: 10.30965/9783506786388_0163

Generalklausel – Katholisch

Die G. ist eine Norm, welche „einen hohen Abstraktions- und Unbestimmtheitsgrad bzw. ein hohes Maß an Wertauffüllungsbedürftigkeit" (Dreier) aufweist. Sie nimmt in der Rechtssystematik eine herausgehobene Stellung ein u. soll Entscheidungen i. S. einer dem Einzelfall angemessenen Anwendung des Rechts ermöglichen. So gewinnt das Recht eine gewisse Flexibilität, indem es auf die Billigkeit (→aequitas canonica), das →Gemeinwohl u. Werte hin orientiert wird. Ziel der G. ist es, Ermessensspielräume in der →Rechtsanwendung einzuräumen, die es erlauben, die Umstände des Einzelfalls abzuwägen, o. dass sich das →Gesetz in zu viele Detailnormen verlieren muss.

Eine G. kann entweder konditional (Tatbestand u. Rechtsfolge) od. final; evaluativ offen (wertauffüllungsbedürftig) od. empirisch vage (bezogen auf Verhaltensstandards) sein. Um bei der Anwendung des Gesetzes den erforderlichen Ermessensspielraum einzuräumen u. gleichzeitig Beliebigkeit, Unklarheit, Willkür u. Mangel an →Rechtssicherheit zu verhindern, ist die G. immer i. S. des →Glaubens, des bonum commune Ecclesiae u. der Werte auszulegen, auf die hin der →Gesetzgeber orientieren will.

Rechtssicherheit u. Rechtsgerechtigkeit bleiben dadurch gewährleistet, dass in vielen Fällen im Verlauf der Codexreform Bsp. für den Umfang der G. genannt wurden, welche die mens legislatoris erkennen lassen. Auf diese Weise können die G. durch die →Rechtsprechung konkretisiert u. auf den Einzelfall hin angewandt werden.

G. finden sich an vielen Stellen des CIC, wobei v. a. an Formulierungen zu denken ist wie →salus animarum, bona fide (→Guter Glaube), bonum commune (particulare), →necessitas (aut utilitas) (Ecclesiae), gravis necessitas, periculum mortis (→Todesgefahr), iusta (et rationabilis, et proportionata) causa (→Grund, gerechter), gravi de causa (→Grund, schwerwiegender), ratio gravis(sima) ratio pastoralis, pro sua conscientia et prudentia, pro suo prudente arbitrio, idonei, quantum fieri potest, iusta poena puniatur, congruo tempore, ad nutum usw.

Die Elastizität einer Norm, die m. der G. in einem gewissen Grad erreicht wird, ist Ausdruck der pastoralen Sorge des Gesetzgebers um die Erfüllbarkeit des Gesetzes u. stellt ein „pastorales Sicherheitsventil" („pastoral safety valve" [Castillo Lara, 1985]) dar, welches Situationen vermeidet, in denen die wörtliche Anwendung der Norm nicht sinnvoll od. schädlich wäre. Zugl. kommt in der G. das integrale chr. Menschenbild zum Vorschein, das die Freiheit u. Verantwortung des Menschen nicht aus dem Blick verliert u. sie zugl. auf das bonum commune Ecclesiae, das Heil der Seelen u. das Gut des Glaubens hin ausrichtet.

Literatur

Dreier, R., Generalklausel: Staatslexikon[7] Bd. II, 863-866; Castillo Lara, R., Some reflections on the proper way to approach the Code of Canon Law: Comm. 17 (1985), 267-286; Pree, H., Bemerkungen zum Normbegriff des CIC/1983: ÖAKR 35 (1985), 25-61; Olschewski, J., Der Begriff „iusta causa" in der kirchl. Rechtssprache: Theologia et jus canonicum (FS Heinemann), hg. v. H. Reinhardt, Essen 1995, 235-257; Graulich, M., Unterwegs zu einer Theologie des Kirchenrechts. Die Grundlegung des Rechts bei Gottlieb Söhngen (1892-1971) u. die Konzepte der neueren Kirchenrechtswissenschaft, Paderborn 2006 (KStKR 6), 368-373.

Markus Graulich

© 2019, DOI: 10.30965/9783506786388_0163

Generaloberer – Katholisch

1. Begriff: Ein G. ist der oberste Leiter (Supremus Moderator) eines zentralistisch organisierten →Ordensinstitutes (Jesuiten, Franziskaner, Dominikaner, Redemptoristen u. a.), eines →Säkularinstitutes od. einer →Gesellschaft des apostolischen Lebens. Die vom Eigenrecht der einzelnen Institute festgelegte Amtsbe-

zeichnung des G. kann abw. sein, z. B. Generalmagister im Dominikaner- od. Generalminister im Franziskanerorden. In abgekürzter Sprechweise bez. man den G. häufig einfach als General od. Ordensgeneral. Die rechtlichen Bestimmungen für einen G. gelten in gleicher Weise für eine Generaloberin als oberste Leiterin eines weiblichen Instituts, sofern sich nicht aus der Natur der Sache Abweichungen ergeben (vgl. c. 606); so kann etwa ein weibliches Inst. nie klerikalen Charakter besitzen. In den föderalistisch organisierten Ordensinstituten monastischer u. kanonikaler Prägung gibt es keinen G.; die Funktionen des Supremus Moderator werden hier vom →Abtpräses od. Generalabt wahrgenommen.

2. Stellung, Aufgaben u. Befugnisse des G. gem. CIC: Der G. ist ein höherer Oberer (c. 620) u. in den klerikalen Religioseninstituten päpstlichen Rechtes sowie den klerikalen Gesellschaften des apost. Lebens päpstlichen Rechtes auch ein →Ordinarius (c. 134 §1). Als G. hat er →Vollmacht über das ganze Inst. u. alle Mitglieder (c. 622) u. er vertritt das Gesamtinstitut nach außen. Der G. wird durch Wahl des →Generalkapitels gem. dem Eigenrecht bestimmt (cc. 625 §1, 631 §1, 717 §2); seine →Amtszeit ist i. d. R. befristet, kann aber in einzelnen Instituten auch o. Befristung sein (c. 624 §1). In der Amtstätigkeit wird er durch seinen Rat unterstützt (c. 627). Aus dem Amt scheidet der G. entspr. den allg. Bestimmungen über den →Amtsverlust (cc. 184-196). Der →Amtsverzicht eines G. ist gewöhnlich nicht annahmebedürftig.

Nach allg. Recht besitzt der G. eine Reihe von Aufgaben u. Befugnissen, die er teilweise unter Beteiligung seines Rates wahrzunehmen hat. Es kommt dem G. zu, dem Apost. Stuhl regelmäßig über das Ordensinstitut zu berichten u. im →Orden für die Kenntnis u. Befolgung der Verlautbarungen des Apost. Stuhles zu sorgen (c. 592). Er kann Niederlassungen des Instituts aufheben (c. 616 §1) u. Noviziatshäuser errichten, verlegen od. aufheben (c. 647 §1). Hinsichtlich der einzelnen Mitglieder hat der G. einige ausdrücklich benannte Befugnisse. Er hat die Möglichkeit, in Einzelfällen Sonderregelungen bzgl. der Durchführung des →Noviziats zu treffen (c. 647 §2). In bestimmten Instituten kann er den Professen den Vermögensverzicht ermöglichen (c. 668 §4). Er kann einen Ordensübertritt gestatten (cc. 684 §1, 744 §1) u. einem Mitglied das Exklaustrationsindult bis zu drei J. gewähren (cc. 686 §1, 745); aus schwerwiegenden Gründen kann der G. bei der hierarchischen Autorität (Apost. Stuhl bzw. Diözesanbischof) beantragen, einem Mitglied die Exklaustration aufzuerlegen (c. 686 §3). Ferner kann der G. die Wiederaufnahme eines ausgeschiedenen Mitglieds gestatten o. die Verpflichtung, das Noviziat zu wiederholen (c. 690 §1). Er wirkt m. an den Verfahren beim Austritt (cc. 688 §2, 691 §1, 726 §2, 727 §1, 743) u. bei der Entlassung von Mitgliedern (cc. 695 §2, 697-699). Dem G. steht i. d. R. auch das Recht zur →Visitation der Niederlassungen u. Mitglieder zu (c. 628 §1). Weitere Aufgaben u. Befugnisse des G. ergeben sich jeweils aus dem Eigenrecht.

Der G. eines klerikalen Religioseninstitutes päpstlichen Rechtes kann Messverpflichtungen herabsetzen (c. 1308 §§3-5). Er ist →Richter erster Instanz für Streitsachen zweier Provinzen seines Instituts (c. 1427 §2) u. Richter zweiter Instanz, wenn eine Sache in erster Instanz vor dem Provinzoberen verhandelt worden ist (c. 1438 3°).

Seinen persönlichen Gerichtsstand (→Gerichtsstand, kirchlicher) hat der G. eines Religioseninstituts päpstlichen Rechtes bei der RR (c. 1405 §3 2°).

3. Oriental. Recht (CCEO): Der G. hat im kath. Ostkirchenrecht im Wesentlichen dies. Stellung u. dies. Aufgaben wie ein G. im Bereich der lat. Kirche. Besonderheiten bestehen darin, dass ein G., wie alle anderen höheren Oberen, zur Übernahme des Amtes wenigstens zehn Professjahre aufweisen u. darüber hinaus mind. 35 J. alt sein muss (c. 513 CCEO).

4. Weitere Aspekte: Die G. der männlichen u. der weiblichen Verbände sind jeweils in intern. Vereinigungen zusammengeschlossen (AnPont 2017, 1670). Einige G. klerikaler Ordensinstitute nehmen stimmberechtigt an den Generalversammlungen der →Bischofssynode teil (vgl. c. 346).

Quellen

Eigenrecht der einzelnen Ordensverbände.

Literatur

Wesemann, P., Die Anfänge des Amtes der Generaloberin, München 1954 (MThS.K 4); Grajewski, M. J., The Supreme Moderator of Clerical Exempt Religious Institutes. A Historical Conspectus and Canonical Commentary, Washington 1957 (CLSt 369); Pugliese, A., Art. Superior generalis: DMC Vol. IV, 416-419; Systermans, H., Die Vereinigung der Generalobern: Ordenskorrespondenz 21 (1980), 190-196; Pfab, J., Die rechtliche Stellung u. die geistl. Aufgabe der Ordensoberen: Ordenskorrespondenz 32 (1991), 277-287; Lesage, G. – Rocca, G. – de Vogüé, A., Art. Superiori: DIP Vol. IX, 715-737; Nardin, G. – Rocca, G., Art. Unione internazionale delle Superiore generali (UISG): DIP Vol. IX, 1556f.; Systermans, H. – Gendrot, M., Art. Unione dei Superiori generali (USG): DIP Vol. IX, 1586-1588; Andrés, D. J., Los Superiores religiosos de los Religiosos según el Código: Commentarium pro religiosis et missionariis 78 (1997), 95-165, 351-360 (bes. 351-360: Estatuto específico de los supremos Moderadores); Meier, D. M., Die Generaloberin u. ihr Rat. Anmerkungen aus kirchenrechtlicher Sicht: Ordenskorrespondenz 42 (2001), 323-331; Primetshofer, B., Ordensrecht auf der Grundlage des CIC 1983 u. des CCEO unter Berücksichtigung des staatl. Rechts der Bundesrepublik Deutschland, Österreichs u. der Schweiz, Freiburg [4]2003; Haering, S., Art. Generaloberer: LKR, 327f.; Abbass, J., The Consecrated Life. A Comparative Commentary of the Eastern and Latin Codes, Ottawa 2008; Horta, J., Art. Superior general: DGDC Vol. VII, 457-460; Sastre Santos, E., Art. Superiora general: DGDC Vol. VII, 473-476; Gherri, P., Titoli di responsabilità dei superiori generali degli IVC in ambito extracanonico: Commentarium pro religiosis et missionariis 95 (2014), 31-55; Rhode, U., Die Religiosenverbände: HbkathKR[3], 846-878.

Stephan Haering

© 2019, DOI: 10.30965/9783506786388_0164

Generalprokurator – Katholisch

1. Begriff: Als G. (procurator generalis) bez. man den Vertreter eines →Ordensinstituts beim Hl. Stuhl (→Apostolischer Stuhl). Da die geltenden Gesetzbücher (CIC/1983 u. CCEO) keine diesbezüglichen Bestimmungen enthalten, obliegt es dem jeweiligen →Generalkapitel zu prüfen, ob ein solches Inst. errichtet werden soll od. nicht, u. ggf. im Eigenrecht entspr. Normen zu erlassen.

2. Alte Rechtslage: Der CIC/1917 normiert den G. in can. 517 §§ 1 u. 2. Demnach soll jedes männliche Inst. päpstl. Rechts einen G. haben. 1920 ermahnt die Religiosenkongregation säumige Inst. zur Errichtung dieses Inst. u. konkretisiert, dass der G. Mitglied des jeweiligen Inst. sein muss u. in Rom zu residieren hat (vgl. Religiosenkongregation, 04.06.1920; AAS 12 [1920], 301). Die Konst. des jeweiligen Inst. haben das Bestellprozedere u. die Dauer der →Amtszeit zu regeln. Soll der G. vorzeitig seines →Amtes enthoben werden, bedarf es der Rücksprache m. dem Hl. Stuhl (vgl. can. 517 § 2). Der Amtsinhaber kann nach Ablauf der Amtszeit abermals zum G. bestellt werden. Als rechtlicher Vertreter seines Inst. hat der G. dessen Angelegenheiten beim Hl. Stuhl zu verhandeln. Er wickelt den Geschäftsverkehr zwischen Inst. u. Hl. Stuhl ab u. hält Kontakt zu den einzelnen Kongr. u. Behörden. Das Amt des G. ist m. anderen institutsinternen Ämtern wie etwa dem des →Generalvikars konvertibel (vgl. Sacra Congr. Episcoporum et Regularium, 15.01.1907; ASS 40 [1907], 72-73). Für kleinere männliche Inst. päpstl. Rechts besteht die Möglichkeit, eine →Dispens von can. 517 zu erwirken, um das Inst. des G. nicht errichten zu müssen. Weibliche Inst., die grds. nicht verpflichtet sind, einen G. zu haben, können sich entweder des G. jenes

männlichen Inst. bedienen, dem sie rechtlich angeschlossen sind, od. den →Diözesanbischof bzw. den Kardinalprotektor ersuchen, sich für ihre Belage beim Hl. Stuhl einzusetzen. Die Vertreterin eines weiblichen Inst. beim Hl. Stuhl wird als Agens bez.

3. Aktuelle Rechtslage: Im Eigenrecht ist die Rechtsstellung des G. so zu normieren, dass ihm keine eigene Entscheidungskompetenz zukommt u. sich sein Wirkungsbereich auf das forum externum (→Forum externum et internum) beschränkt. Der →Generalobere kann ihn allerdings m. einem →Spezialmandat ausstatten. Gleichsam als Bote des Generaloberen beim Hl. Stuhl handelt er in dessen Auftrag für das gesamte Inst., einen Teil dessen od. einzelne Mitglieder. Einem Mitglied steht es jedoch frei, sich direkt u. o. Vermittlung des G. an den Hl. Stuhl zu wenden (vgl. c. 212 §2; cc. 15 §2, 429 CCEO). Das Amt des G. ist nachwievor m. anderen institutsinternen Ämtern (Generalkonsultor, Generalökonom) konvertibel.

Da viele Generalobere ihren Sitz in Rom haben u. moderne Kommunikationsmittel die Kontaktnahme m. dem Hl. Stuhl erleichtern, hat das Inst. des G. an Bedeutung verloren. Wichtigere, zumeist das ganze Inst. betr. Angelegenheiten werden häufig vom Generaloberen direkt m. den entspr. Behörden des Hl. Stuhls verhandelt.

Literatur

Maroto, Ph., Annotationes: Commentarium pro Religiosis et Missionariis 1 (1920), 358-359; Eichmann, E., Lehrbuch des Kirchenrechts auf Grund des Codex Iuris Canonici, Bd. 1, Paderborn³ 1929; Schönsteiner, F., Grundriß des Ordensrechtes, Wien 1930; Holböck, C., Handbuch des Kirchenrechtes, Bd. 2, Innsbruck – Wien 1951; Jombart, É., Procureur général: DDC Vol. VII, 329-330; Van den Broeck, G. – Rocca, G. Procuratore generale: DIP Vol. VII, 881-883; Primetshofer, B., Art. Generalprokurator: LKStKR Bd. 2, 58.

Peter Koch

© 2019, DOI: 10.30965/9783506786388_0165

Generalsekretär der Bischofskonferenz – Katholisch

1. Der G. wird lediglich in c. 452 §1 als eines der obligatorischen Organe der →Bischofskonferenz neben deren Vorsitzenden u. dessen Stellvertreter erwähnt. Der G. ist also weder →Vorsitzender der Bischofskonferenz noch dessen Stellvertreter. Der G. hat auch nicht eine dem →Generalvikar vergleichbare Stelle, denn im Unterschied zu diesem weist ihm der CIC keine potestas exsecutiva od. irgendeine andere vergleichbare →Vollmacht zu (vgl. cc. 475 §1 u. 479 §1). Die Aufgabe des G. besteht darin, das →Generalsekretariat der Bischofskonferenz zu leiten u. die diesem nach Maßgabe des allg. Rechts, der →Statuten u. der →Geschäftsordnung übertragenen Aufgaben v. a. technisch-organisatorischer Art zu erfüllen.

2. Der G. muss gem. c. 452 §1 weder Mitglied der betr. BK sein noch ist rechtlich gefordert, dass er Priester sein muss. Demnach kann jede Person, die über die für die Leitung des Generalsekretariats erforderliche Qualifikationen verfügt, nach Maßgabe des jeweiligen Statuts zum G. bestellt werden. Das Recht zur Bestellung des G. liegt beim Kollegium der BK u. dem entspr. erfolgt die →Amtsübertragung durch kanonische →Wahl (cc. 164-179). Weil die Wahl zum G. nicht bestätigungsbedürftig ist, erhält der Gewählte das Amt des G. m. der Annahme der gültig durchgeführten Wahl (c. 178).

3. Bei der →Deutschen Bischofskonferenz erlangt der G. sein Amt durch geheime Wahl in der Vollversammlung m. mind. Zweidrittelmehrheit der abgegebenen Stimmen in den ersten beiden Wahlgängen, danach genügt die einfache Mehrheit. Die Wahl erfolgt für die Dauer der Amtszeit des Vorsitzenden (Statut DBK Art. 8 Abs. 2 b; 12; 13 Abs. 4 i. V. m. GO-DBK §17 Abs. 3). Die Bestimmung in Statut DBK Art. 38 Abs. 3, wonach der G. von der Vollversammlung gewählt u. vom Vorsitzenden der DBK ernannt wird, ist rechtlich unzutreffend, weil Wahl u. Ernennung zwei versch. Ar-

ten der kan. Amtsübertragung darstellen u. der Gewählte G. sein Amt m. Annahme der Wahl erlangt.

4. Der G. der DBK, der i. d. R. als Sekretär bez. wird, hat generell die Aufgabe, den Vorsitzenden bei der Erfüllung seiner Aufgaben zu unterstützen. Der G. hat also ein auf den Vorsitzenden bezogenes Hilfsamt inne u. ist bei seiner Arbeit an dessen Weisungen gebunden. Insb. muss der G. die Sitzungen der Vollversammlung u. des Ständigen Rates der DBK (→ Ständiger Rat der Bischofskonferenz) vor- u. nachbereiten. Er ist nicht Mitglied der DBK, nimmt aber an deren Sitzungen m. beratender Stimme teil u. führt dort das Prot. (Statut DBK Art. 2 Abs. 1; 17; 38 Abs. 1; GO-DBK §§ 2 Abs. 1; 3; 5; 8; 10). Zu den Sitzungen der bfl. Kommissionen wird der G. eingeladen u. kann dort m. beratender Stimme teilnehmen; er ist für die Weiterleitung der Protokolle dieser Sitzungen an die Mitglieder der DBK verantwortlich (GO § 14). Der G. hat nicht die Kompetenz, die DBK nach außen zu vertreten; diese liegt allein beim Vorsitzenden od. ggf. bei dessen Stellvertreter (Statut DBK Art. 29 Abs. 1; GO-DBK § 11 Abs. 1).

5. Der G. der DBK leitet das Generalsekretariat (Statut DBK Art. 37 Abs. 2), ihm obliegt die Dienstaufsicht über alle Mitarbeiter im Generalsekretariat (GO-DBK § 17 Abs. 1), das in vier Bereiche sowie die Geschäftsstelle des → Verbands der Diözesen Deutschlands gegliedert ist (GO-DBK § 17 Abs. 6). Der G. der DBK ist in Personalunion Geschäftsführer des VDD (GO-DBK § 17 Abs. 4); seine diesbezüglichen Aufgaben sind in Satzung u. GO des VDD geregelt. Ferner ist er verantwortlich für das Archiv der DBK, in dem alle Akten der DBK u. ihrer Organe sowie des VDD sachgerecht zu archivieren sind, ebenso wie die Dokumente der bfl. Kommissionen (Statut DBK Art. 38 Abs. 1 i. V. m. GO-DBK §§ 16 Abs. 5; 17 Abs. 5). Er ist außerdem, sofern er Priester ist, → Kirchenrektor der zum Sekretariat der DBK gehörenden Hauskapelle.

6. Dem G. der DBK ist ein Stellvertreter zugeordnet, der diesen bei der Erfüllung seiner Aufgaben im Generalsekretariat nach Maßgabe des Statuts unterstützt u. im Fall seiner Verhinderung vertritt (Statut DBK Art. 38 Abs. 2 u. 3). Die dem Stellvertreter des G. zukommenden Rechte u. Pflichten entspr. denen des G. bzw. leiten sich im Vertretungsfall von diesen ab. In jedem Fall hat der Stellvertreter des G. das Recht, an den Sitzungen der DBK m. beratender Stimme teilzunehmen. Die Vertretungsvollmacht des Stellvertreters bezieht sich nach dem Wortlaut des Statuts lediglich auf die Aufgaben des G., nicht aber auf die des Geschäftsführers des VDD, d. h., dass ihm in Haushalts- u. Personalfragen keine Kompetenzen zukommen (vgl. auch Satzung VDD § 9).

7. Für die DBK waren bzw. sind als G. tätig: Karl Forster (1966-1971), Josef Homeyer (1971-1983), Wilhelm Schätzler (1983-1996) u. P. Hans Langendörfer SJ (seit 1996).

Quellen

Dokumente der DBK Bd. 1, hg. v. Sekretariat der DBK, Köln 1998, 46-51; Beschlüsse der DBK. Partikularnormen u. weitere Gesetze. Loseblattsammlung, hg. v. R. Wenner, St. Augustin 1999 ff. (Stand: 12/2016): Statut DBK, 1, 1-11; GO-DBK, 2, 1-12.

Literatur

Gatz, E., Art. Dt. Bischofskonferenz: LThK³ Bd. 3, 120-121; KanR II, 286-287; Hallermann, H., Bischofskonferenzen. Solidarität u. Autonomie: Leitungsstrukturen der kath. Kirche. Kirchenrechtliche Grundlagen u. Perspektiven, hg. v. I. Riedel-Spangenberger, Freiburg – Basel – Wien 2002 (QD 198), 209-228; Rees, W., § 35 Plenarkonzil u. Bischofskonferenz: HbkathKR³, 554-576; Stoffel, O.: MKCIC c. 458.

Heribert Hallermann

© 2019, DOI: 10.30965/9783506786388_0166

Generalsekretariat der Bischofskonferenz – Katholisch

1. Gem. c. 451 müssen im eigenen → Statut jeder → Bischofskonferenz u. a. ein G. sowie weitere für die Arbeit der BK notwendige Ämter u.

Kommissionen vorgesehen werden. d. h., dass das G. m. der Rechtswirksamkeit des betr. Statuts errichtet wird. Die Struktur u. personelle Besetzung des G. bleibt, m. Ausnahme des obligatorischen →Generalsekretärs der Bischofskonferenz (c. 452 §1), den Erfordernissen u. dem Ermessen der jeweiligen Konferenz überlassen. Insofern besteht das G. mind. aus dem Generalsekretär. Als gemeinrechtlich normierte Aufgaben des G. werden in c. 458 genannt: Die Erstellung des Protokolls über die Verh. u. Dekr. der Vollversammlung der BK sowie der Verh. des Ständigen Rates (→Ständiger Rat der Bischofskonferenz); die Versendung der Protokolle an alle Mitglieder der BK; die Erstellung von Akten im Auftrag des →Vorsitzenden der Bischofskonferenz od. des Ständigen Rates; die Information der benachbarten BK durch Übersendung von Akten u. Dokumenten gem. dem Beschl. der Vollversammlung od. des Ständigen Rates.

2. M. der Konstituierung der →Deutschen Bischofskonferenz durch Beschl. des Statuts in der Vollversammlung vom 02.03.1966 wurde zugl. das G. errichtet (Statut/1966 Art. 21 u. 22), das seinen Sitz zunächst in München hatte u. seit 1973 in Bonn besteht. Das G. wird gewöhnlich als Sekretariat der DBK bez. Bei seiner Gründung bestand es „aus dem Sekretär und den notwendigen Hilfskräften." (Statut/1966 Art. 21). Im Zusammenhang m. der Umsiedlung des G. nach Bonn an den damaligen Regierungssitz wurden bereits bestehende bfl. Hauptstellen od. Arbeitsstellen, die sich im Auftrag der →Bischöfe m. bestimmten Sachfragen bzw. Arbeitsbereichen befassten, teils aufgelöst, teils dem G. in unterschiedlicher Form zugeordnet. Gem. Statut DBK/2011 Art. 36-38 gehören aktuell zum G. der Generalsekretär der BK u. sein Stellvertreter, Referenten für bestimmte Sachgebiete, Verwaltungsangestellte sowie die Sekretäre der bfl. Kommissionen, die im G. zugl. als Referenten für den jeweiligen Sachbereich fungieren. Das G. steht unter der Leitung des Generalsekretärs der DBK. Gem. GO-DBK §17 Abs. 4-5 gehört zum G. auch die Geschäftsstelle des →Verbands der Diözesen Deutschlands m. dem Geschäftsführer u. den entspr. Mitarbeitern. Das G. gliedert sich in die Sachbereiche Glaube u. Bildung, Pastoral, Kirche u. Gesellschaft, Weltkirche u. Migration sowie Geschäftsstelle des VDD. Anstellungsträger für alle Mitarbeiter im G. ist der VDD, Diözesankleriker werden von ihren Diözesen für den Dienst im G. freigestellt, Ordensleute m. Gestellungsverträgen für das G. angestellt. Einrichtungen außerhalb des G. leisten Zuarbeit zu versch. bfl. Kommissionen u. Sachbereichen, so z. B. das Johann-Adam-Möhler-Inst. für Ökumene in Paderborn u. das Liturgische Inst. in Trier für den Bereich Glaube u. Bildung, die Arbeitsstelle für Jugendseelsorge der DBK in Düsseldorf für den Bereich Pastoral, der Dt. →Caritasverband für den Bereich Kirche u. Gesellschaft sowie das →Kommissariat der deutschen Bischöfe in Berlin für die Bereiche Kirche u. Gesellschaft sowie Weltkirche u. Migration.

3. Gem. Statut DBK/2011 Art. 36 dient das G. der Unterstützung der Tätigkeit der DBK u. der bfl. Kommissionen. GO-DBK §§13-14 u. 16 verdeutlichen, dass das G. in seiner Tätigkeit auf die Organe der DBK bezogen ist u. eine Funktion ad intra, nicht ad extra erfüllt. Das G. ist an die Weisungen der Vollversammlung, des Ständigen Rates sowie insb. des Vorsitzenden der DBK gebunden.

Quellen

Dokumente der DBK Bd. 1, hg. v. Sekretariat der DBK, Köln 1998, 46-51; Beschlüsse der DBK. Partikularnormen u. weitere Gesetze. Loseblattsammlung, hg. v. R. Wenner, St. Augustin 1999 ff. (Stand: 12/2016): Statut DBK, 1, 1-11; GO-DBK, 2, 1-12.

Literatur

Gatz, E., Art. Dt. Bischofskonferenz: LThK³ Bd. 3, 120-121; KanR II, 286-287; Hallermann, H., Bischofskonferenzen. Solidarität u. Autonomie: Leitungsstrukturen der kath. Kirche. Kirchenrechtliche Grundlagen u. Perspektiven, hg. v. I. Riedel-Spangenberger, Freiburg – Basel – Wien 2002 (QD 198), 209-228; Rees, W.,

§ 35 Plenarkonzil u. Bischofskonferenz: HbkathKR³, 554-576; Stoffel, O.: MKCIC c. 458.

Heribert Hallermann

Generalvikar – Katholisch

In Ablöse der →Archidiakone reicht die Bestellung eines G. (CCEO: Protosyncellus) m. lokal versch. Kompetenz u. Bez. (Procurator, Vices gerens, Vicarius generalis et/vel Offizialis) auf das 12./13. Jh. zurück, damals oft nur für den abwesenden →Bischof. Heute ist es das wichtigste Stellvertretungsamt für den →Diözesanbischof im Bereich der allg. →Verwaltung (CD 26, 27; cc. 475-481; 245-251 CCEO; ApK Ecclesia in Urbe).

Die Bestellung eines G. ist für jede →Diözese zwingend vorgeschrieben; wegen ihrer Größe od. aus pastoralen Gründen können auch mehrere ernannt werden (c. 475; die Eparchialkurie kennt nur einen Protosyncellus u. evtl. mehrere Synkelloi: cc. 245f. CCEO). Ein →Bischofskoadjutor od. →Auxiliarbischof m. Sondervollmachten muss zum G. ernannt werden u. ist vorrangig m. →Spezialmandaten für bfl. Vorbehaltsrechte zu betrauen; sonstige WBf. können zu G. bestellt werden (c. 406; c. 215 CCEO). Die ersatzweise (generelle) Bestellung eines Stellvertretenden G. bei Abwesenheit od. rechtmäßiger Verhinderung des G. ist möglich (c. 477 § 2), der dann ebenfalls Vertreter des Bf., nicht des G. ist.

Außer bei gesetzlicher (bfl.) Amtsinhaberschaft wird der G. vom Diözesanbischof frei ernannt od. abberufen. Als Träger hoheitlicher Leitungsvollmacht sind dafür (CCEO: zölibatäre) →Priester vorgesehen, die das 30. Lj. vollendet, einen →akademischen Grad in Theologie bzw. im KR erworben haben od. über entspr. Kompetenz darin verfügen, u. die sich durch Rechtgläubigkeit, Rechtschaffenheit, Klugheit sowie praktische Verwaltungserfahrung auszeichnen (c. 478 § 1; c. 247 § 2 CCEO). Das →Amt ist inkompatibel m. dem Dienst des →Bußkanonikers u. es darf m. dem Diözesanbischof keine →Blutsverwandtschaft bis zum 4. Grad bestehen (cc. 477f.; c. 247 CCEO). Nur ausnahmsweise kann der G. zugl. →Gerichtsvikar sein (c. 1420 § 1; c. 1086 CCEO).

Es kommt ihm die Pflicht u. das Recht zur (beratenden) Teilnahme am →Partikularkonzil u. der →Diözesansynode zu (cc. 443f.; 462f.; c. 238 CCEO). Er kann m. der Durchführung der bfl. →Visitation beauftragt (c. 396 § 1; c. 205 § 1 CCEO) u. vom Diözesanbischof für seine Vertretung im Verhinderungsfall vorgesehen werden (c. 413 § 1; c. 233 § 1 CCEO).

Der G. ist das alter ego des Diözesanbischofs u. verfügt als Ortsordinarius (c. 134 §§ 1-2; c. 984 § 2 CCEO) kraft Amtes für die ganze Diözese über jene stellvertretende →Vollmacht zur Setzung aller →Verwaltungsakte (potestas ordinaria vicaria exsecutiva), die das allg. Recht od. der →Apostolische Stuhl dem Diözesanbischof gewährt u. diesem nicht ausdrücklich reserviert hat. Er handelt m. →Rechtswirkung für u. gegen den Diözesanbischof, in dessen Sinn er seinen Dienst auszuüben hat u. der über alle wichtigen →Amtshandlungen zu unterrichten ist (c. 480; c. 249 CCEO). Aufgrund dieser Stellvertretungsfunktion kann gegen ein Dekr. des G. kein →Rekurs an den Diözesanbischof eingelegt werden. Im Beschwerdeverfahren kann die nötige Abänderungsbitte somit auch direkt an den Diözesanbischof (c. 1734 § 1; explizit so: cc. 997 § 2, 999 CCEO) u. der hierarchische Rekurs unmittelbar an das zuständige →Dikasterium des Apost. Stuhls gerichtet werden.

Der Kompetenzbereich des G. kann vom Diözesanbischof nur begrenzt werden, indem er sich selbst Angelegenheiten vorbehält od. (kumulativ) bestimmte Verwaltungsbereiche anderen G. od. →Bischofsvikaren zuordnet (c. 479; c. 248 CCEO). Ausgenommen bei Vorbehaltsrechten, handelt er jedoch selbst dann gültig, wenn er o. Einverständnis des Bischofsvikars (od. Bf.) unerlaubt in dessen konkurrierenden (faktisch für ihn ruhenden) Kompetenzbereich eingreift. Zur Koordination der

Verwaltungsaufgaben u. für die Dienstaufsicht in der →Diözesankurie kann der Diözesanbischof vorrangig einen/den G. zum Moderator der Kurie bestellen u. einen →Bischofsrat einsetzen (c. 473).

Der Diözesanbischof kann die Zuständigkeit des G. um bestimmte seiner administrativen Vorbehaltsrechte mittels Spezialmandat erweitern (c. 134 § 3; c. 987 CCEO). Werden diese generell auf Dauer erteilt, zählen sie ebenfalls zur ordentlichen ausführenden Stellvertretungvollmacht. Bei einer speziellen Einzel-Bevollmächtigung handelt der G. jedoch m. delegierter Vollmacht im eigenen Namen. Da sich hier Amtsvollmacht u. →Delegation sehr nahe kommen, wird in der Lehre auch eine Zuordnung des gesamten Amtsbereichs des G. (als dem Bf. unterstellte Autorität: c. 1734 § 3 1°) od. zumindest der Spezialmandate zu einem Handeln m. delegierter Vollmacht vertreten, wodurch sich ein eigener Rechtszug an den Bf. ergeben würde.

Der G. ist an die Weisungen des Diözesanbischofs gebunden, der jederzeit korrigierend in die Geschäftsführung eingreifen kann. Es ist daher niemandem verwehrt, bei ihm vorstellig zu werden u. ihn um Abänderung od. Rücknahme des Verwaltungsaktes des G. zu ersuchen, wobei die negative Entscheidung erwähnt werden muss. Einen vom Diözesanbischof verweigerten Gnadenerweis kann der G. nicht o. dessen Zustimmung gewähren; nach einer Ablehnung des G. darf kein Bischofsvikar eine Genehmigung aussprechen (cc. 47, 58 § 1, 65; cc. 1513 § 3; 1530 CCEO).

Die Amtsvollmacht des G. erlischt m. dessen angenommenem →Amtsverzicht od. der Abberufung, sobald sie mitgeteilt wurde. Sie ruht bei der →Suspendierung des Diözesanbischofs u. erlischt bei Vakanz des →bischöflichen Stuhles, sofern er nicht Auxiliarbischof ist. Dieser behält während der →Sedisvakanz sein Amt, es sei denn, er wird zum →Diözesanadministrator bestellt od. der Apost. Stuhl verfügt anderes. Er handelt dann aber nicht mehr m. potestas ordinaria vicaria, sondern m. vom Recht delegierter Vollmacht (cc. 409 § 2; 418 § 2; 481; cc. 224; 251 CCEO).

Sonderregeln bestehen für den G. der Diözese Rom (Kardinalvikar), der sein Amt in der bfl. Vakanz behält, u. für das Territorium des Vatikan, wofür der Erzpriester der Basilika St. Peter die Funktion eines G. wahrnimmt (ApK Ecclesia in Urbe Art. 9-18).

Quellen

Vat II, CD; Johannes Paul II., ApK Ecclesia in Urbe vom 1. Januar 1998: Ochoa Leges IX, 15405-15416.

Literatur

Kienitz, E. v., Generalvikar u. Offizial, Freiburg 1931; De Paolis, V., La natura della potestà del vicario generale, Rom 1966; Müller, H., Die rechtliche Stellung des Diözesanbischofs gegenüber Generalvikar u. Bischofsvikar: AfkKR 153 (1984), 399-415; Viana, A., Naturaleza canónica de la potestad de gobierno: IusCan 55 (1988), 99-130; ders., Las relaciones jurídicas entre el vicario general y los vicarios episcopales: REDC 45 (1988), 251-260; Faris, J. D., Eastern Catholic Churches, New York 1992, 489 f., 513-524; Salachas, D., Istituzioni di diritto canonico delle Chiese cattoliche orientali, Bologna 1993, 239-242; Perez Diaz, A., Los vicarios generales y episcopales en el derecho canónico actual, Rom 1996; KanR I, 412 f.; II, 372-384; IV, 489-597, 592; Mussone, D., L'ufficio del vicario generale, Rom 2000; Marchetti, G., La curia como organo di partecipazione alla cura pastorale del vescovo diocesano, Rom 2000, bes. 434-463; Brogi, M., Eparchies and Bishops: A Guide to the Eastern Code, hg. v. G. Nedungatt, Rom 2002 (Kanonika 10), 227-247, 237 f.; Hierold, A., Art. Generalvikar, Generalvikariat: LKR, 328-330 (LThK³ Bd. 4, 448 f.); Viana, A., cc. 475-481: Comentario exegético Vol. II/2, 1056-1085; Primetshofer, B., Der Generalvikar (Bischofsvikar) u. die Ordensgemeinschaften in der Diözese: C.R.Y. FS H. Fasching, hg. v. Th. Aigner – G. Auer u. a., St. Pölten 2004, 100-114; Perlasca, A., I vicari generali ed episcopali: QDE 18 (2005), 31-54; Dennemarck, B., Dienstleistungen für Hirten u. Gläubige. Verwaltung in der Diözese: Rechtskultur in der Diözese, hg. v. I. Riedel-Spangenberger, Freiburg 2006 (QD 219), 216-248; Platen, P., Die Ausübung kirchl. Leitungsgewalt durch Laien, Essen 2007 (BzMKCIC 47), bes. 214-233; Montan, A., Art. Vicario general: DGDC Vol. VII, 849-853; Platen, P., Die Diözesankurie: HbkathKR³, 638-651; Ambros, M., Verwaltungsbeschwerde u. Verwaltungsgerichtsbarkeit, Paderborn 2016 (KStKR 22), bes. 193-271; ders., Il vicario generale nel sistema dei ricorsi gerarchici: PerRCan 105 (2016), 435-455; Bier, G.: MKCIC Einführung vor 475-481.

Severin J. Lederhilger

© 2019, DOI: 10.30965/9783506786388_0168

Generalvikariat

→ Diözesankurie

Genossenschaft – Staatlich

Die modernen G. bildeten im 19. Jh. einen zentralen Bestandteil der sozialen u. ökonomischen Reformbemühungen. In allen europäischen Industrienationen entstanden damals kooperative Zusammenschlüsse der durch die Industrialisierung benachteiligten Bevölkerungsgruppen, namentlich von Handwerkern, Kleingewerbetreibenden, Kleinbauern u. Fabrikarbeitern. Angehörige dieser Volksgruppen hatten infolge der Liberalisierung des Wirtschaftslebens zwar ihre persönliche Freiheit erlangt, mussten sich aber im scharfen Wettbewerb der Industrialisierung gegen finanzkräftigere Großbetriebe behaupten. Vielfach konnten sie nur durch die genossenschaftlich organisierte Selbsthilfe die erforderliche Gegenmacht bilden u. ihre wirtschaftliche Existenz u. Selbstständigkeit bewahren. Die G. ist damit ein bes. ideengeprägter Rechts- u. Organisationstyp, weshalb die „Genossenschaftsidee" auch 2016 als erster dt. Beitr. in die UNESCO-Liste des Immateriellen Kulturerbes aufgenommen wurde. Im dt. Rechtskreis hat sich ein freiheitliches, maßgeblich von dem liberalen Sozialreformer Hermann Schulze-Delitzsch (1808-1883) konzipiertes Modell durchgesetzt (Picker, 2019, 14 ff., 37 ff. m. w. N.). Dieser moderne Rechtstyp G. ist nicht zu verwechseln m. dem von Otto von Gierke (1841-1921) universal für das Verbandswesen verwendeten Genossenschaftsbegriff.

Das Gesetz betr. die Erwerbs- u. Wirtschaftsgenossenschaften (Genossenschaftsgesetz – GenG) vom 01.05.1889 (RGBl 55) definiert G. in §1 Abs. 1 legal „als Gesellschaften von nicht geschlossener Mitgliederzahl, deren Zweck darauf gerichtet ist, den Erwerb oder die Wirtschaft ihrer Mitglieder oder deren soziale oder kulturelle Belange durch gemeinschaftlichen Geschäftsbetrieb zu fördern". M. Eintragung ins Genossenschaftsregister erlangen diese G. im materiellen Sinne den Rechtsformstatus eingetragene G. (eG). Heute ist die eG m. 22 Mio. Mitgliedern die mitgliederstärkste wirtschaftliche Organisationsform in Deutschland (DZ Bank Volkswirtschaft, Stand 30.09.2018). Die dt. G. sind in den unterschiedlichsten Wirtschaftsbereichen tätig: Ihr Spektrum reicht von den Kreditgenossenschaften (insb. den Volks- u. Raiffeisenbanken) über landwirtschaftliche u. gewerbliche Absatz- u. Bezugsgenossenschaften bis hin zu Wohnungs- u. Konsumgenossenschaften. Neuerdings sind verstärkt Genossenschaftsneugründungen in innovativen Märkten wie der Energie- u. Gesundheitsversorgung zu beobachten. Dagegen haben Produktivgenossenschaften (bei denen die Mitglieder zugl. Unternehmer u. Mitarbeiter sind u. der eG so ihre Arbeitskraft zur Verfügung stellen) im dt. Rechtskreis nie eine nennenswerte Rolle gespielt. Seit 2006 können Mitglieder aus versch. EU-Mitgliedstaaten zudem in der eigenständigen supranationalen Rechtsform der Soc. Cooperativa Europaea (SCE) grenzüberschreitend kooperieren.

Charakteristisches u. konstitutives Merkmal der eG ist der sog. Förderzweck, wonach die eG ihre Mitglieder (unmittelbar) nutzerbezogen als Kunden zu unterstützen hat u. diese in der Hauptsache nicht nur (mittelbar) kapitalzinswirtschaftlich fördern darf (Beuthien, 2018, Rn. 8 ff.; Picker, 2019, 21 ff. m. w. N.). Ausgehend von den tradierten genossenschaftlichen Grundsätzen der Selbsthilfe, Selbstverwaltung u. Selbstverantwortung hat der Gesetzgeber die eG als „personalistische“ Körperschaft u. damit als einzigartige Mischform von Kapital- u. Personengesellschaft konstruiert u. ihre Organisationsverfassung so auf die Verwirklichung ihres Förderzwecks zugeschnitten. Die eG ist Körperschaft u. wird m. Eintragung in das Genossenschaftsregister zur jur. Person (§ 17 i. V. m. § 13 GenG). Sie ist damit rechtsfähig u. dank eigener Organe – Vorstand, Aufsichtsrat u. Generalversammlung – handlungsfähig. Für die Verbindlichkeiten der eG haftet nur die eG (§ 2 GenG), die gesetzlich nicht über ein Mindestkapital verfügen muss. Die Nachschusspflicht der Mitglieder ist heute regelmäßig statutarisch ausgeschlossen (§ 6 Nr. 3 GenG). Dieses rechtsformspezifische Haftungsdefizit der eG kompensiert die umfassende genossenschaftliche Pflichtprüfung durch einen Prüfungsverband, dem jede eG angehören muss (§§ 53 ff. GenG).

Im Gegensatz zu den Kapitalgesellschaften ist die eG jedoch personalistisch strukturiert. Zunächst ist die Mitgliedschaft in der eG eine persönliche u. keine kapitalistische; entspr. ist der genossenschaftliche Geschäftsanteil so konstruiert, dass spekulative Kapitalgewinne ausgeschlossen sind. Weiter gilt grds. das „demokratische“ Kopfstimmrecht (§ 43 Abs. 3 S. 1 GenG); Mehrstimmrechte sind nur unter engen Voraussetzungen zulässig (§ 43 Abs. 3 S. 2, 3 GenG). Ferner müssen die Mitglieder des Vorstands u. des Aufsichtsrats selbst Genossen sein (§ 9 Abs. 2 S. 1 GenG). Schließlich verfügt die Generalversammlung als Mitgliederorgan über die Satzungs-, Finanz- u. Personalhoheit u. ist oberstes Willensbildungsorgan der eG; förderzweckimmanent müssen die Mitglieder als Nutzer des genossenschaftlichen Unternehmens ggf. bestimmend auf die Geschäftsführung Einfluss nehmen können (Picker, 2019, 93 ff. m. w. N.). Dieser für die förderwirtschaftliche Mitgliederwidmung der eG unverzichtbare Mitgliedereinfluss muss auch in Großgenossenschaften gewährleistet sein. Hier verfügt der Vorstand rechtlich über weitgehende (§ 27 Abs. 1 GenG) u. faktisch typischerweise über umfassende Leitungsmacht; die unzureichende geschäftspolitische Teilhabe der Mitglieder muss u. kann hier jedoch durch eine effektive Förderzweckkontrolle des Vorstands kompensiert werden – intern durch den Aufsichtsrat u. extern durch den Prüfungsverband. Zudem kann die Vertreterversammlung (§ 43a GenG) als Repräsentativorgan in Großgenossenschaften ein geeignetes Substitut für eine handlungsunfähig gewordene Generalversammlung sein.

Literatur

Beuthien, V., Genossenschaftsgesetz m. Umwandlungs- u. Kartellrecht sowie Statut der Europäischen Genossenschaft, München [16]2018; Picker, C., Genossenschaftsidee u. Governance, Tübingen 2019 (Schriften zum Unternehmens- u. Kapitalmarktrecht 59).

Christian Picker

© 2019, DOI: 10.30965/9783506786388_0170

Genossenschaft – Katholisch

1. Im Zusammenhang m. dem → Eigenkirchenwesen sind nicht nur Grundeigentümer, sondern auch G. (Hunderschafts-, Gau- od. Markt-G.) als Eigentümer u. Träger von G.-Kirchen (Gau-, Leut-, Volks-Kirchen; auch Dietkirchen genannt) zu nennen. Die G. unterhielten ihre Kirchen i. V. m. einem Versammlungsplatz od. einer Gerichtsstätte. Der dort tätige → Priester (Leutpriester) wurde von der G. gewählt u. angestellt, die Ordination des Priesters lag stets beim → Bischof.

2. Im → Ordensrecht des CIC/1917 wurde G. in allg. Bedeutung als dt. Übers. des Orden u. Kongr. umfassenden Oberbegriffs religio verwendet. Dt. Hb. wie Jone od. Mörsdorf sprechen von klösterlichen G., religiösen G. od. Ordens-G. Die Bez. G. umfasst gem. can. 488, 1° u. 2° alle Gemeinschaften, in denen entweder die feierlichen (Orden) od. die

einfachen →Gelübde (Kongr.) abgelegt wurden (cann. 487-672). Im speziellen Sinn werden m. G. solche Gemeinschaften von Männern od. Frauen bez., die unter Leitung eines Oberen nach approbierten →Konstitutionen ein gemeinschaftliches Leben führen (cann. 673-681) u. sich von Orden u. Kongr. dadurch unterscheiden, dass sich die Mitglieder nicht durch dreifaches Gelübde, sondern andere Arten von →Versprechen an die Gemeinschaft binden. Solche G. werden auch als ordensähnliche G. bez. Zu ihnen gehören z. B. C. Jesu et Mariae, MAfr, PSS, SAC, SCVP, SDB u. a.

3. Angeregt durch die allg. G.-Bewegung seit Mitte des 19. Jh. haben sich Klerikervereinigungen wie die Pax-Vereinigung kath. Kleriker e. V., Köln (gegr. 1905) u. der →Klerusverband e. V., München (gegr. 1919), gebildet, die im Rahmen der Selbsthilfe Versicherungs-G. sowie Spar- u. Kredit-G. gegr. haben (z. B. LIGA-Bank e. G., bis 2000: LIGA Spar- u. Kredit-G.).

Literatur

Mörsdorf, K., Die Rechtssprache des Codex Iuris Canonici, Paderborn 1937, 165-182; Jone, H., Gesetzbuch der lat. Kirche. Erklärung der Kanones Bd. 1, Paderborn 1950, 386-598; Feine, K. E., Kirchl. Rechtsgeschichte, Bd. 1 Die kath. Kirche, Weimar ^{5}1972, 147-152; 166-171; 184-187; Bonus, H. – Beuthien, V., Art. Genossenschaften: Staatslexikon^7 Bd. 2, 875-884; Weier, J., Genossenschaftskirchen: LThK^3 Bd. 4, 468.

Heribert Hallermann

© 2019, DOI: 10.30965/9783506786388_0170

Geräte, liturgische
→Liturgische Geräte

Gerechte Strafe – Katholisch

1. Die Idee der G. findet sich wohl in allen Kulturen, was konkret unter einer iusta poena zu verstehen ist, variiert nach Zeit u. Ort allerdings erheblich. Durch eine G. sollen Schädigungen behoben od. zumindest entgolten werden. Die →Strafe soll der gerechte Ausgleich für begangenes Unrecht sein. Zuweilen spricht man daher auch von der korrektiven →Gerechtigkeit. Im Unterschied zu modernen demokratischen Rechtsordnungen, die sich an einem abstrakten Gleichheits- u. Gerechtigkeitsideal orientieren u. damit die Rechtsunterworfenen insb. vor richterlicher Willkür schützen sollen, ist für das kan. Recht primär die Einzelfallgerechtigkeit maßgeblich. Bei der kirchl. Strafzumessung ist grds. das Prinzip der →aequitas canonica als „iustitia dulcore misericordiae temperata" zu beachten. M. Lüdicke (MKCIC, Einl. vor 1311, Rn. 15) kann zwar der bei P. Pius XII. (Allocutio vom 05.12.1954 u. vom 05.02.1955) vorherrschende Gedanke der Wiederherstellung der Gerechtigkeit durch eine Sühneleistung des Täters, die eine Art Wiedergutmachung gegenüber der Gemeinschaft darstellt, als überwunden gelten. Ein erneuertes, auf der Grundlage der Lehren des Vat II theol. vertieftes Verständnis der G. bleibt jedoch ein Desiderat kan. Forschung. In c. 1341 werden drei Strafziele angesprochen: Behebung des →Ärgernisses (reparatio scandali), Wiederherstellung der Gerechtigkeit (restitutio iustitiae) u. Besserung des Täters (emendatio rei). Bei der Strafzumessung – etwa in Fällen →sexuellen Missbrauchs durch Kleriker – sind stets die berechtigten Erwartungen der kirchl. Gemeinschaft, bei der zum geistl. Schaden Dritter Ärgernis entstanden ist, das Heil u. die Heilung des Delinquenten, die durch die Strafe nach Möglichkeit befördert werden sollen, sowie (was häufig übersehen wird) der verständliche Wunsch nach Genugtuung bei den unmittelbaren Opfern zu berücksichtigen. Unabdingbare Voraussetzung einer G. ist ein sachgerechtes →Urteil, sodass der Straftatbestand sicher feststeht, sowie alle strafmindernden u. strafverschärfenden Faktoren offen zu Tage liegen. Theoretisch ist die gerechteste Strafe jene, die im Maß ihrer Strenge u. in ihrer Qualität dem jeweiligen Straftäter u. der ihm zur Last gelegten →Straftat am besten angepasst ist. In der Praxis verfügt der kirchl. →Richter bzw. der →Ordinarius od. Hie-

rarch bei der →Strafverhängung zwar über einen großen Ermessensspielraum (vgl. cc. 1326, 1343-1346; cc. 1409, 1415-1416 CCEO), die vom Gesetzgeber vorgegebenen Strafen setzen einer Individualisierung der Strafzumessung jedoch mitunter enge Grenzen. Schließlich kann die Bestimmung des geltenden kirchl. Rechts (c. 1341), wonach kan. Sanktionen grds. nur als ultima ratio zu verhängen sind, wenn alle anderen Wege pastoralen Bemühens ausgeschöpft od. fehlgeschlagen sind, in der Praxis der Forderung nach einer G. zuwiderlaufen.

2. Der Begriff iusta poena dient im CIC/1983 (nicht hingegen im CIC/1917 u. im CCEO) regelmäßig zur Normierung einer unbestimmten Strafdrohung, die ein Charakteristikum des kan. Rechts darstellt. Das aus der säkularen Strafrechtsdoktrin geläufige Bestimmtheitsgebot (nulla poena sine lege certa [→Nulla-Poena-Grundsatz]) gilt hier nur für die Umschreibung des Straftatbestands, nicht aber für die Benennung von Art u. Umfang der Sanktion. Durch die Androhung einer unbestimmten Strafe (poena indeterminata) überlässt es der Gesetzgeber i. S. der Einzelfallgerechtigkeit weitgehend dem Richter bzw. dem Ordinarius, eine angemessene Strafe festzusetzen (c. 1315 § 2). Eine unbestimmte Strafe durch einen →Strafbefehl anzudrohen, ist nach c. 1319 § 1 nicht möglich (u. auch nicht erforderlich, da sich ein Strafbefehl immer an eine od. mehrere Personen richtet, die als Individuen angesprochen werden). An die Stelle einer unbestimmten Strafdrohung in einem Universalgesetz kann durch ein →Partikulargesetz gem. c. 1315 § 3 eine bestimmte Strafe treten. Bei den unbestimmten Strafdrohungen ist zwischen fakultativen u. obligatorischen Strafen zu unterscheiden: Im ersten Fall ist es dem Richter bzw. Ordinarius überlassen, ob er eine Strafe verhängt od. nicht (vgl. c. 1343). Im zweiten Fall ist er an sich verpflichtet, eine Strafe zu verhängen, sofern die Strafbarkeitsvoraussetzungen gegeben sind. Nach c. 1344 kann er aber u. U. trotzdem von einer Bestrafung absehen, die Strafe zur Bewährung aussetzen od. die Strafverhängung auf einen günstigeren Zeitpunkt verschieben. Wenn man zugl. berücksichtigt, dass nach geltendem Recht Strafen in der Kirche stets subsidiären Charakter haben, lässt sich nur in sehr eingeschränktem Maße von einer obligatorischen Strafe sprechen. Für die unbestimmten fakultativen Strafdrohungen gebraucht der CIC/1983 siebenmal die Wendung „iusta poena puniri potest", wobei sich an zwei Stellen präzisierende Zusätze finden (cc. 1328 § 2; 1375; 1384; 1390 § 2 „eine →Beugestrafe nicht ausgenommen"; 1391 „je nach Schwere des Vergehens"; 1393; 1399). Die unbestimmte obligatorische Strafe wird m. der Formel „iusta poena puniatur" ausgedrückt, die im Gesetzbuch achtzehnmal begegnet, davon an sechs Stellen m. Konkretisierungen (cc. 1365; 1366 u. 1385 „mit einer Beugestrafe oder einer anderen G."; 1368; 1369; 1370 § 3; 1371; 1373 „→Interdikt oder andere G."; 1374; 1376; 1377; 1379; 1381 § 1; 1386; 1388 § 2 „die →Exkommunikation nicht ausgenommen"; 1389 § 2; 1395 „ggf. die Entlassung aus dem Klerikerstand nicht ausgenommen"; 1396 „nach erfolgter Verwarnung den Amtsentzug nicht ausgenommen"). Bei allen nicht näher konkretisierten unbestimmten Strafdrohungen ist c. 1349 zu beachten, der für diese Fälle einen (relativ weiten) Strafrahmen vorgibt. Demnach soll i. d. R. auf schwerere Strafe, insb. Beugestrafen verzichtet werden; dauerhafte →Sühnestrafen (wie etwa die Entlassung aus dem Klerikerstand) können bei einer nicht näher konkretisierten unbestimmten Strafdrohung grds. nicht als G. verhängt werden.

3. Im vom PCLT 2011 veröffentlichten Schema zur Reform des →Strafrechts des CIC/1983 wird u. a. vorgeschlagen, den Katalog der Sühnestrafen auszuweiten, die fakultativen Strafandrohungen weitgehend in obligatorische umzuwandeln sowie Anweisungen für den rechten Umgang m. unbestimmten Strafdrohungen in das Gesetzbuch einzufügen. Durch die Einschränkung des Ermessensspielraums der Richter u. Ordinarien soll zukünftig das kirchl. Strafrecht wirksamer u. gerechter werden.

Quellen

Pius XII., Allocutio vom 05. Dezember 1954: AAS 47 (1955), 60-71; dt.: HK 9 (1954/55), 266-270; ders., Allocutio vom 05. Februar 1955: AAS 47 (1955), 72-85; dt.: HK 9 (1954/55), 309-314; Schema recognitionis Libri VI Codicis Iuris Canonici, hg. v. PCLT, Vatikanstadt 2011.

Literatur

Naurois, de L. – Scheuermann, A., Der Christ u. die kirchl. Strafgewalt, München 1964; Pahud de Mortanges, R., Zwischen Vergebung u. Vergeltung. Eine Analyse des kirchl. Straf- u. Disziplinarrechts, Baden-Baden 1992; Pighin, B. F., Diritto penale canonico, Venedig 2008; Papale, C., Art. Pena indeterminada: DGDC Vol. VI, 79-80; Güthoff, E., Ein Überblick über die im ersten Teil des Strafrechts des CIC (cc. 1311-1363) geplanten Änderungen: AfkKR 181 (2012), 75-89; Fabritz, P., Die „iusta poena" im Strafprozess wegen sexuellen Missbrauchs. Ein Werkstattbericht: Der Strafanspruch der Kirche in Fällen von sexuellem Missbrauch, hg. v. H. Hallermann – T. Meckel – S. Pfannkuche – M. Pulte, Würzburg 2012 (WTh 9), 367-377; KanR IV, 78-249; Renken, J. A., The Penal Law of the Roman Catholic Church. Commentary on Canons 1311-1399 and 1717-1731 and Other Sources of Penal Law, Ottawa 2015; Lüdicke, K.: MKCIC Komm. zu den genannten cc.

Rafael Rieger

Gerechtigkeit – Katholisch

Während sich das Wort G. im NT v. a. auf das Verhältnis zwischen Gott u. den Menschen bezieht, geht es in den chr. Traditionen theol. Ethik bei G. fast durchgängig um das Verhalten der Menschen zu ihren Mitmenschen u. – heute vorrangig – um die verfestigten Strukturen dieser sozialen Beziehungen. Inhaltlich gefüllt wird der Begriff insb. durch Rezeption phil. Gerechtigkeitsbegriffe, denen man aber ggf. eine eigene Färbung gibt. Seit dem Hochmittelalter spielt v. a. in der (die kath. Ethik lange Zeit stark dominierenden) thomistischen Tradition das aristotelische Verständnis der G. eine zentrale Rolle. Allg. steht G. bei Aristoteles für die Tugend des einzelnen in seinem Verhältnis zu anderen Menschen, während sie im Besonderen eine Haltung der Gleichbehandlung bez., die teils auf strikte Gleichheit (ausgleichende G., etwa als austauschende G.: Gleichwertigkeit von Leistung u. Gegenleistung, $z_1 = z_2$), teils auf proportionale Gleichheit (Verteilungsgerechtigkeit; z. B. Ausmaß der Ehrung zweier Politiker gem. ihrer Verdienste, $z_1/z_2 = V_1/V_2$) zielt. Unter dem Einfluss u. a. Platons zählt die theol. Ethik die G. gemeinsam m. Mäßigung, Tapferkeit u. Weisheit zu den Kardinal-, d. h. zu den für eine ethische Lebensweise grundlegenden Tugenden. Vermittelt über sie (so die thomistische Lesart) würden das durch Gottes Gnade erwirkte Glauben, Hoffen u. v. a. Lieben des Menschen (die drei theol. Tugenden) sein ganzes Handeln ethisch ausrichten.

Im 19. u. frühen 20. Jh. bezogen Vertreter der Kath. Soziallehre einen Teil der aristotelischen Gerechtigkeitsbegriffe auf ein einfaches Gesellschaftsschema (Obrigkeit, Regierung vs. Untertanen, Gesellschaftsglieder), so dass ein Dreieck von – durch die gesellschaftliche Stellung spezifizierten – Gerechtigkeitsverpflichtungen entstand: Die Gesellschaftsglieder sind gegenüber der Regierung bzw. dem Gemeinwesen insgesamt in der Pflicht, zum → Gemeinwohl beizutragen (allgemeine G., iustitia generalis), d. h. sich an legitime Gesetze u. ethische Regeln zu halten (zugl. legale G., iustitia legalis, schräg nach o. weisende Pfeile als seitliche Schenkel des Dreiecks). Zudem schulden sie sich wechselseitig, bei wirtschaftlichen Transaktionen eine Gegenleistung im Wert der empfangenen Leistung zu erbringen (austauschende G., iustitia commutativa; zweiseitiger Pfeil als Basis des Dreiecks). Schließlich ist die Regierung verpflichtet, m. dafür zu sorgen, dass jedes Gesellschaftsglied über das verfügt, was ihm zusteht (Verteilungsgerechtigkeit, iustitia distributiva, schräg nach unten weisende Pfeile, die die seitlichen Schenkel des Dreiecks verdoppeln).

Als Pius XI. in der Enz. Quadragesimo Anno (1931) den für die Arbeiterbewegung zentralen Begriff „soziale Gerechtigkeit" aufgriff, passte dieses neue – auf eine grundlegende Veränderung der Gesellschaft (→ Gesellschaft, weltliche) zielende – Konzept nicht in das starre System der Gerechtigkeitspflichten von Individuen in einem (relativ) wohlgeordneten politischen Gemeinwesen. Trotzdem gab es diverse Versuche, den sperrigen, da dynamischen u. strukturbezogenen Begriff in das Dreieck der individuellen Gerechtigkeitstugenden einzuordnen. Bes. einflussreich wurde die Identifikation der sozialen m. der allg. od. legalen G. Soziale G. bestand demnach darin, dass die Gesellschaftsglieder ihren Beitr. zum Gemeinwohl bzw. zu einem guten Gemeinwesen leisten. Nach dem II. Weltkrieg wurde soziale G. zum Leitbegriff der (von der Sozialdemokratie u. den Chr.-Sozialen vorangetriebenen) Expansion des Sozialstaates.

Die neuere Gerechtigkeitsdebatte der Politischen Philosophie beginnt m. John Rawls' Buch Eine Theorie der G. Auf das traditionelle Verständnis von G. als individueller Tugend anspielend, aber ein für die Ethik neues, sozialstrukturelles Verständnis von G. begründend, bez. er darin die G. als „die erste Tugend sozialer Institutionen, so wie die Wahrheit bei Gedankensystemen" (Rawls, 1975, 19). Für Rawls ist G. grundlegend (strikte) Gleichheit. Allerdings sind für ihn bei sozioökonomischen Gütern (z. B. Einkommen) Ungleichheiten in dem Maße rechtfertigbar, wie sie langfristig für die Gesellschaft insgesamt, namentlich für die am schlechtesten Gestellten vorteilhaft sind (Differenzprinzip). Rawls' liberale Gerechtigkeitstheorie ist bis heute der zentrale Bezugspunkt der phil. Gerechtigkeitsdebatte, was sich gerade in den Gegenentwürfen der Libertären (u. a. Robert Nozick), der Kommunitaristen (u. a. Michael Walzer) u. Neoaristoteliker (u. a. Martha Nussbaum) sowie der Nonegalistaristen (u. a. Avishai Margalit) zeigt. Darüber hinaus geht es gegenwärtig in den phil. (u. theol.) Gerechtigkeitsdebatten v. a. darum, G. für bestimmte Dimensionen sozialer Beziehungen auszubuchstabieren (u. a. Globale, Generationen-, Geschlechter-, Umwelt-, Raumgerechtigkeit), u. um die Erg. (od. Ersetzung) der Verteilungsgerechtigkeit durch andere Gerechtigkeitsvorstellungen (vgl. u. a. für alle: gute capabilities i. S. realer Entfaltungschancen, Anerkennung, Chancengleichheit, Beteiligung) sowie ggf. um die Verhältnisbestimmung dieser versch. Aspekte von G.

In der kath.-sozialen Tradition ist, wenn es um die ethische Reflexion gesellschaftlicher u. intern. Strukturen (od. auch um die Orientierung des Verhaltens der Einzelnen gegenüber dem Gemeinwesen) geht, nicht die G., sondern das Gemeinwohl der zentrale Begriff. In dem heute dominanten Verständnis ist Gemeinwohl der Inbegriff guter gesellschaftlicher (bzw. intern.) Voraussetzungen für die persönliche Entfaltung aller Gesellschaftsmitglieder (bzw. aller Menschen). Bei der inhaltlichen Füllung von Gemeinwohl ist dann allerdings (z. B. neben den Prinzipien Personalität, Solidarität, Subsidiarität od. der Stabilität u. Effizienz von Institutionen) die G. von zentraler Bedeutung. Bei G. geht es um die gegenüber allen Betroffenen rechtfertigbare Begrenzung von Ansprüchen, wenn diese aus Knappheitsgründen nicht alle in vollem Umfang gedeckt werden können. Hingen bis Anfang des 20. Jh. noch manche kath.-soziale Autoren der Annahme an, dass der Beitr. des Einzelnen zum Gemeinwohl (allg. G.) u. das, was ihm zustehe (Verteilungsgerechtigkeit), jeweils im Verhältnis zu seinem Stand bzw. allg. zu seiner gesellschaftlichen Position zu bestimmen sei, ist es heute auch in der kath. Sozialethik unumstritten, dass für die G. in modernen Demokratien Gleichheit fundamental ist: gleiche Rechte, gleiche (ggf. in Bezug auf die jeweilige Leistungsfähigkeit gleiche) Pflichten, Ziele der Chancengleichheit u. gleichwertiger Entfaltungschancen.

Ab den 1980er J. sorgte in kirchl. Diskursen v. a. die Option für die Armen der lateinamerikanischen Befreiungstheologie für eine neuerliche Dynamisierung des Gerechtigkeitskonzeptes. Schließlich zielt diese nicht nur darauf, dass die Kirche in all ihren Lebensvollzügen die biblisch bezeugte Option Gottes für die Armen nachvollzieht, sondern auch auf die (Unterstützung einer) Subjektwerdung der Armen zu den wichtigsten Akteuren (der Pastoral u.) einer fundamentalen Veränderung der Gesellschaft. Diese befreiungsethische Perspektive, in der es v. a. die kirchl. organisierten Armen selbst sind, die die Gesellschaft verändern, können die (den unteren sozialen Schichten tendenziell entfremdeten) Ortskirchen in den Ländern des globalen Nordens kaum mehr einnehmen. An ihre Stelle tritt häufig eine integrationsethische Sicht, in der es bei der Option für die Armen v. a. darum geht, dass politische Maßnahmen – ähnlich wie beim Rawls'schen Differenzprinzip – vorrangig danach zu bewerten sind, wie sie sich auf die Lebensperspektiven u. Partizipationschancen der am schlechtesten Gestellten auswirken.

Das früheste Bsp. für einen aus dieser integrationsethischen Perspektive verfassten kirchenamtlichen Text ist der Wirtschaftshirtenbrief Economic Justice for All der US-amerikanischen →Bischofskonferenz (1986). Bes. Bedeutung für die kirchl. Gerechtigkeitsdiskussion gewann dieses Dokument dadurch, dass es das Gerechtigkeitsdreieck der thomistischen Tradition wieder aufgriff, soziale G. aber als kontributive G. m. einer zweifachen Verpflichtungsrichtung reformulierte: Jedes Mitglied der Gesellschaft sei verpflichtet, zur Gesellschaft beizutragen, u. zugl. sei die Gesellschaft sowie m. ihr der Staat dazu verpflichtet, es jedem zu ermöglichen, sich am gesellschaftlichen Leben zu beteiligen. Das so fundierte Konzept der Beteiligungsgerechtigkeit, das in demokratischen Arbeitsgesellschaften v. a. auf gesellschaftliche Beteiligung durch faire, auskömmliche Erwerbsarbeit u. auf Partizipation am demokratischen Prozess zielt, wurde in mehreren anderen ortskirchlichen Dokumenten (u. a. im dt. Sozialwort der Kirchen von 1997) aufgegriffen u. avancierte damit in den kath. Kontexten des globalen Nordens zum wichtigsten Gerechtigkeitsbegriff.

Das traditionelle Verständnis von sozialer G. als Verpflichtung, zum Gemeinwohl beizutragen, das aktuell prominente Konzept der Beteiligungsgerechtigkeit, aber auch das →Subsidiaritätsprinzip haben eine gemeinsame Stoßrichtung: Sie betonen, dass es Menschen guttut, Aufgaben zu übernehmen u. sich dadurch in die Gesellschaft einzubringen. Ein Gemeinwesen, das es allen Menschen ermöglicht, sich am gesellschaftlichen Leben zu beteiligen, gibt ihnen die Chance, sich als anerkannt u. ebenbürtig zu erfahren, sich über diese Beitr. zur Gesellschaft persönlich zu entfalten u. so ihre Freiheit zu realisieren. M. dieser Perspektive ergänzen kath. Gerechtigkeitsvorstellungen das dominante liberale Gerechtigkeitsverständnis, dem zu Folge G. primär darin besteht, durch Abwehrrechte u. ausreichende Ressourcenausstattung möglichst große Freiheitsspielräume für alle zu sichern, in denen jeder tun u. lassen kann, was er will.

Quellen

Aristoteles, Nikomachische Ethik. Übers. u. hg. v. U. Wolf, Reinbek bei Hamburg [3]2011; Pius XI., Enz. Quadragesimo Anno vom 15. Mai 1931: Texte zur Kath. Soziallehre. Die sozialen Rundschreiben der Päpste u. andere kirchl. Dokumente, hg. v. Bundesverband der KAB Deutschlands, Bornheim – Kevelaer [8]1992, 61-120; Nationale Konferenz der Kath. Bischöfe der Vereinigten Staaten von Amerika, Gerechtigkeit für alle vom 13. November 1986: Gegen Unmenschlichkeit in der Wirtschaft. Der Hirtenbrief der kath. Bischöfe der USA aus dt. Sicht kommentiert von F. Hengsbach SJ, Freiburg – Basel – Wien 1987, 7-196; Rat der Ev. Kirche in Deutschland – Dt. Bischofskonferenz, Für eine Zukunft in Solidarität u. Gerechtigkeit. Wort des Rates der Ev. Kirche in Deutschland u. der Dt. Bischofskonferenz zur wirtschaftlichen u. sozialen Lage in Deutschland, Hannover – Bonn 1997 (Gemeinsame Texte 9).

Literatur

Rawls, J., Eine Theorie der Gerechtigkeit, Frankfurt 1975; Nell-Breuning, O. v., Gerechtigkeit u. Freiheit. Grundzüge kath. Soziallehre, München ²1985; Boff, C. – Pixley, J., Die Option für die Armen, Düsseldorf 1987; Hengsbach, F., Kommentar. Eine amerikanische Herausforderung: Gegen Unmenschlichkeit in der Wirtschaft. Der Hirtenbrief der kath. Bischöfe der USA „Wirtschaftliche Gerechtigkeit für alle". Aus dt. Sicht kommentiert von F. Hengsbach SJ, Freiburg – Basel – Wien 1987, 199-318; Walzer, M., Sphären der Gerechtigkeit. Ein Plädoyer für Pluralität u. Gleichheit, Frankfurt – New York 1992; Möhring-Hesse, M., Die demokratische Ordnung der Verteilung. Eine Theorie der sozialen Gerechtigkeit, Frankfurt – New York 2004; Nullmeier, F., Soziale Gerechtigkeit – ein Kampfbegriff: Aus Politik u. Zeitgeschichte 47 (2009), 9-14; Schockenhoff, E., Grundlegung der Ethik. Ein theol. Entwurf, Freiburg – Basel – Wien ²2014; Handbuch Gerechtigkeit, hg. v. A. Goppel – C. Mieth – C. Neuhäuser, Stuttgart 2016.

Bernhard Emunds

© 2019, DOI: 10.30965/9783506786388_0173

Gerechtigkeit – Evangelisch

In der ma. Theologie wurde die G. in aristotelischer Tradition als Thema der Tugendlehre behandelt. Dabei trat sie als Tugend der einzelnen Personen ebenso in den Blick wie als Tugend von Institutionen. Demgegenüber nimmt das Nachdenken über G. m. der →Reformation eine strikt theol. Wendung. Die G. Gottes rückt ins Zentrum. Deren Bedeutung entwickelt Martin Luther aus einer Neuinterpretation der entspr. Stellen im Römerbrief des Paulus. Die Datierung dieses neuen Verständnisses ist nach wie vor unsicher. Wenn Luther die Wendung „Gerechtigkeit Gottes" in Röm 1, 17 m. „Gerechtigkeit, die vor Gott gilt" übers., meint er damit gerade nicht eine menschliche G., die vor Gott geltend gemacht werden kann, sondern die vom Menschen her betrachtet passive G., die Gott in Chr. den Menschen zueignet u. im →Glauben schenkt. Diese Glaubens-G. unterscheidet er von der äußeren, ethischen G., die in der Verantwortung des Menschen liegt. Das Verhältnis zwischen beiden wird in das Bild eines Baums gefasst, der gute Früchte bringt. Die Früchte bewirken nicht die Güte des Baums, sondern sind dessen Folge. Die Vorrangstellung der passiven G., die vor Gott gilt, vor den guten Werken irdischer G. ist entscheidend dafür, dass die rechtfertigungstheologische Einsicht, dass vor Gott nur die G. gilt, die Gott selbst schafft u. schenkt, durchgehalten, das Tun von Werken der G. aber gleichwohl nicht vergleichgültigt wird.

Diese Unterscheidung bildet auch die Grundlage dafür, dass – m. Philipp Melanchthon beginnend – die Werke der G. naturrechtlich interpretiert u. auf die Erkenntnis des von Natur aus Guten im Gewissen (Röm 2, 14) zurückgeführt werden. Der Gebrauch des Gesetzes durch die Glaubenden gewinnt als dritter Gebrauch des Gesetzes (tertius usus legis) eine eigenständige Bedeutung u. tritt neben dessen theol., die Sünde aufdeckenden, sowie dessen politischen, die Sündenfolgen beschränkenden Gebrauch. Noch nachdrücklicher als in der luth. wird in der ref. Tradition die G. Gottes als m. allem menschlichen Tun unvergleichlich hervorgehoben; doch zugl. wird die Befolgung des göttlichen Gebots m. allem Nachdruck eingeschärft. Der Pietismus führt diese Art der Betrachtung fort, indem er die Rechtfertigung des Menschen an einen Zuwachs im Bereich der Heiligung bindet.

M. Karl Barth setzt sich eine theol. Perspektive durch, die Gottes G. u. seine Barmherzigkeit als unlöslich miteinander verbunden ansieht u. zugl. die Zusage der göttlichen G. u. der Verantwortung für wechselseitige Achtung m. den Mitteln des Rechts in einem ebenso unauflöslichen wie unumkehrbaren Gefälle zwischen Rechtfertigung u. Recht verankert. Im Vergleich dazu führt Emil Brunners Versuch einer neuen theol. Deutung des Problems der G. in naturrechtliche

Denkformen zurück. Darüber hinaus weisen v. a. Versuche, das Verhältnis zwischen G. u. Liebe neu zu bestimmen. Solche Bemühungen knüpfen an Dietrich Bonhoeffers Hervorhebung des „Blicks von unten“ an; Reinhold Niebuhr dagegen plädiert für einen pragmatischen Umgang m. dem Problem der G., zu dem die Bereitschaft gehört, „tragische Entscheidungen“ zu treffen, in denen einem größeren gegenüber einem kleineren Gut der Vorrang zuerkannt werden muss. Doch gerade gegenüber dieser Welt des Kompromisses haben Befreiungstheologien erneut die Radikalität selbstloser Liebe hervorgehoben. Die Neubewertung der G. unter diesem Gesichtspunkt selbstloser Liebe prägt die neuere ök. Diskussion. Die vorrangige Option für die Armen als entscheidendes Kriterium einer befreiungstheologischen G.-Theorie wirkt sich auf den ethischen Umgang m. dem Thema der G. insgesamt aus. Insb. der konziliare Prozess des →Ökumenischen Rates der Kirchen für Gerechtigkeit, Frieden u. die Bewahrung der Schöpfung ist von dieser Option bestimmt. In diesem Zusammenhang gewinnt zu Recht das Thema der Generationengerechtigkeit an Bedeutung.

Zugl. kommt es zu einer neuen Anknüpfung an die phil. Diskussion. Von großer Bedeutung ist dabei die Aufnahme universalistischer Moralkonzeptionen (Rawls, Dworkin, Habermas); daneben gewinnen aber auch aristotelische Konzeptionen an Bedeutung, denen zufolge Gerechtigkeit sich in der Bereitstellung von Rahmenbedingungen des guten Lebens erweist (Walzer, Nussbaum, Sen). Theol. Konzepte u. kirchenpraktische Bemühungen konvergieren darin, dass sie Gerechtigkeit als Fairness u. Befähigungsgerechtigkeit miteinander verbinden. In beiden Fällen wirkt sich die theol. Verknüpfung von Gerechtigkeit u. Liebe darin aus, dass die bes. Aufmerksamkeit der Solidarität m. marginalisierten u. vulnerablen Bevölkerungsgruppen gilt. Das von Rawls entwickelte Differenzprinzip, das soziale Unterschiede daran prüft, ob diese auch von Unterprivilegierten als vorteilhaft wahrgenommen werden können, u. das – neben Tauschgerechtigkeit u. Verteilungsgerechtigkeit tretende – Kriterium der Beteiligungsgerechtigkeit werden zu wichtigen Maßstäben für die Beurteilung der sozialen Situation u. Vorschlägen für deren Veränderung.

Literatur

Niebuhr, R., Love and Justice, Philadelphia 1957; Rawls, J., Eine Theorie der Gerechtigkeit, Frankfurt 1975; Brunner, E., Gerechtigkeit, Zürich ³1981; Habermas, J., Faktizität u. Geltung. Beiträge zur Diskurstheorie des Rechts u. des demokratischen Rechtsstaats, Frankfurt 1992; Walzer, M., Sphären der Gerechtigkeit, Frankfurt 1992; Lienemann, W., Gerechtigkeit, Göttingen 1995; Forst, R., Kontexte der Gerechtigkeit. Politische Philosophie jenseits von Liberalismus u. Kommunitarismus, Frankfurt 1996; Reuter, H.-R., Rechtsethik in theol. Perspektive. Studien zur Grundlegung u. Konkretion, Gütersloh 1996; Barth, K., Rechtfertigung u. Recht, Zürich ⁵1998; Kriterien der Gerechtigkeit. Begründungen – Anwendungen – Vermittlungen, hg. v. P. Dabrock u. a., Gütersloh 2003; Huber, W., Gerechtigkeit u. Recht. Grundlinien chr. Rechtsethik, Gütersloh ³2006; Nussbaum, M. C., Die Grenzen der Gerechtigkeit. Behinderung, Nationalität u. Spezieszugehörigkeit, Berlin 2010; Sen, A. K., Die Idee der Gerechtigkeit, München 2010; Dabrock, P., Befähigungsgerechtigkeit. Ein Grundkonzept konkreter Ethik in fundamentaltheologischer Perspektive, Gütersloh 2012; Gerechtigkeit, hg. v. M. Witte, Tübingen 2012; Tremmel, J., Eine Theorie der Generationengerechtigkeit, Münster 2012; Müller, W. E., Konzeptionen der Gerechtigkeit. Entwicklungen der Gerechtigkeitstheorie seit John Rawls, Stuttgart 2014; Handbuch der Ev. Ethik, hg. v. W. Huber – T. Meireis – H.-R. Reuter, München 2015, bes. Kap. II u. IV; Heckel, M., Martin Luthers Reformation u. das Recht, Tübingen 2016; Bedford-Strohm, H., Vorrang für die Armen. Auf dem Weg zu einer theol. Theorie der Gerechtigkeit, Leipzig ²2018.

Wolfgang Huber

Gerechtigkeit – Islamisch

Allg.: Im Arabischen bzw. im →Koran werden für G. die Begriffe ʿadl u. qisṭ verwendet. Die gegenteiligen Ausdrücke sind ẓulm (Ungerechtigkeit, Unterdrückung) u. fisq (Sündhaftigkeit, Niederträchtigkeit). Der Koran bez. Gott zwar nicht unmittelbar als gerecht, identifiziert ihn u. sein schöpferisches Anliegen jedoch stets m. G.: Gott steht für G. (3:18), liebt die Gerechten (60:8), befiehlt zum gerechten Handeln (5:8) u. schickt Propheten, damit die Menschen für G. eintreten (57:25). Daher wird Ihm auch im Rahmen der sog. 99 schönsten Namen der Beiname ʿadl bzw. muqsiṭ (gerecht) zugewiesen.

Trotz unterschiedlicher Gewichtung des Begriffs halten alle islam. Theologien Gott u. seine Ordnung für gerecht: Für die in der ersten Hälfte des 8. Jh. gegr. theol. Schule der Muʿtaziliten ist Gott nach menschlicher Einsicht gerecht, weil Er von Seinem Wesen aus nur gerecht handeln kann. Für ihre Gegenspieler, die Aschʿariten, ist Gott gerecht, indem Er allmächtig ist. Alles, was Er tut, ist gerecht, auch wenn die Menschen es als ungerecht empfinden. Für die Hanbaliten kann Gott zwar ungerecht handeln, Er tut es aber nicht, weil sich Gott selbst aus Gnade zu seiner Schöpfung zum gerechten Handeln verpflichtet.

Theologie: Ausgehend von einem grds. gerechten Gott werden theol. Fragen beantwortet. Bei der Determinationsfrage, also ob der Mensch in seinem Handeln frei ist od. von Gott gelenkt wird, bekräftigen die Befürworter der →Willensfreiheit (Qadariten u. später Muʿtaziliten), dass der Mensch in seinem Handeln frei ist, denn ein gerechter Gott könne Menschen nicht für Taten bestrafen, die sie gezwungenermaßen begehen. Ihre Gegner (Dschabriten u. später Aschʿariten) gehen von der Allmacht Gottes aus u. sehen G. als Ausdruck des Willens Gottes an, während die Menschen verpflichtet sind, Gottes Gesetzen zu folgen.

Bei der Frage der Theodizee, also wie ein gerechter Gott Leid u. Unheil zulassen kann, ist die aschʿaritische Sicht die meist verbreitete Meinung u. besagt, dass Gott allmächtig u. gerecht ist u. dass die natürlichen Ereignisse bzw. die tiefe Weisheit der Bestimmung Gottes unergründlich sind (Krawietz, 2008, 41).

Ethik: Insb. haben im Islam die sozialethischen Aspekte der G. die Menschen bewegt. Das Wort ʿadl in frühen religiösen Texten hat meist eine irdische, soziale G. im Sinn. Die oppositionellen Gruppen wie die Charidschiten od. Schiʿiten, aber auch die Muʿtaziliten haben m. ihrer Aufforderung nach G. ihren Protest gegen die Obrigkeit zum Ausdruck gebracht. Auch das Konzept des Mahdi, der während der Endzeit erscheinen u. die Erde m. G. erfüllen wird, ist im Kontext angestrebter sozialer G. zu verstehen (Van Ess, 1997, 507 f.).

M. den sozialethischen Aspekten des Begriffs G. befasst sich insb. der ma. Gelehrte al-Māwardī (972-1058). In seinem ethischen Buch Adab ad-dunyā wa-d-dīn (Verhaltensregeln in der Welt u. der Religion) entwickelt er sein Konzept der umfassenden G. (al-ʿadl aš-šāmil). Ihm zufolge muss es in allen sozialpolitischen Bereichen gerecht zugehen, damit das Gemeinwesen funktioniert. In den meisten modernen Publikationen zum Thema G., u. a. in dem Werk al-ʿAdāla al-iǧtimāʿiyya fī-l-Islām (Soziale Gerechtigkeit im Islam) des Theoretikers der Muslimbrüder, Said Qutb (1906-1966), wird ʿadl ohnehin in erster Linie als sozialpolitisches Postulat im Diesseits verstanden.

Recht: Traditionell kommt das Wort G. im islam. Recht im Zusammenhang m. der Ausübung bestimmter Berufe vor. Von den Rechtsgelehrten, Richtern, Ärzten, Vorbetern u. Gerichtszeugen wird erwartet, gerecht zu sein. In der modernen Zeit wird G. noch in vielen weiteren Bereichen diskutiert, in finanz-, familien-, straf- u. bürgerrechtlichen Bereichen.

Auch wenn G. nicht als ein zentrales Konzept im islam. Recht diskutiert wird, orientiert es sich jedoch grds. am Gerechtigkeitsgebot. Ein wichtiges Rechtsfindungsprinzip im Islam ist das Gemeinwohl (maṣlaḥa). Demnach ist bei der Rechtsfindung nicht der Text, sondern das Wohl der Menschen ausschlaggebend.

Die Rechtsgelehrten stellen in diesem Zusammenhang fest, wer bei der Rechtsermittlung nicht die Bräuche, Gewohnheiten u. Vorteile der Gde. berücksichtigt, sich irrt u. andere in die Irre führt (Poya, 2003, 61 f. u. 102 f.). Rechtsfindungssätze wie aṭ-ṭāʿa bi-ḥasb aṭ-ṭāqa (man ist im Rahmen des Zumutbaren verpflichtet) u. lā-ḍarar wa-lā-ḍirār (niemandem schaden u. keinen Schaden hinnehmen) sorgen dafür, dass Gesetze den bes. Bedürfnissen u. Umständen angepasst werden. M. Bezug auf diese Prinzipien wird bspw. der kranke od. körperlich schwache Mensch von bestimmten religiösen Pflichten befreit od. der Täuschung beim Kauf- u. Mietvertrag ein Riegel vorgeschoben.

M. Blick auf diese grds. Orientierung des Islam an G. sind einige moderne muslimische Denker der Meinung, dass die →Scharia der G. folgt u. nicht umgekehrt. Daher werden heute Fragen wie die Körperstrafen (ḥudūd) od. die Ungleichbehandlung von Frauen beim Erbrecht od. auch die Aufteilung der Bürger in Muslime u. Nichtmuslime im Lichte des Gerechtigkeitsprinzips diskutiert u. dafür zeitgemäße Antworten gefunden. Auch das islamic banking, das insb. nach globaler Banken- u. Finanzkrise ab 2007 m. großem Interesse diskutiert wird, steht in direkter Verbindung m. dem Gerechtigkeitsgebot. Das Modell strebt an, Geld- u. Bankgeschäfte möglichst o. Zinsen (ribā) (→Zinsverbot) u. o. Spekulationen (ġarar) abzuwickeln.

Literatur

Van Ess, J., Theologie u. Gesellschaft im 2. u. 3. Jh. Hidschra, Bd. IV, Berlin 1997; Poya, A., Anerkennung des Iǧtihād – Legitimation der Toleranz. Möglichkeiten innerer u. äußerer Toleranz im Islam am Beispiel der Iǧtihād-Diskussion, Berlin 2003; Kamali, M. H., Equity and fairness in Islam, Cambridge 2005; Krawietz, B., Gerechtigkeit als Leitidee islam. Rechts: Islam u. Rechtsstaat. Zwischen Scharia u. Säkularisierung, hg. v. B. Krawietz – H. Reifeld, Berlin 2008, 37-52; Theodicy and Justice in Modern Islamic Thought. The Case of Said Nursi, hg. v. I. M. Abu Rabi, Edmonton 2010; Sharia and Justice. An Ethical, Legal, Political, and Cross-cultural Approach, hg. v. A. Poya, Berlin 2018.

Abbas Poya

© 2019, DOI: 10.30965/9783506786388_0173

Gerichte, kirchliche – Katholisch

Jesus Chr. ist nicht gekommen, um die Welt zu richten, sondern zu retten (Joh 3, 17). Auf Grund von Streitigkeiten u. Gesetzesverstößen von Getauften nahmen aber schon die Apostel richterliche →Vollmachten wahr. Paulus mahnt, Rechtsstreitigkeiten nur vor die chr. Gde. zu bringen (1Kor 6, 1-6). Bereits im 1. Jh. appellierten ihres →Amtes enthobene Presbyter aus Korinth an Clemens I. von Rom. Seit altchristlicher Zeit war der →Bischof jeder →Diözese auch Gerichtsherr seines Bistums, unter Konstantin dem Großen sogar in weltlichen Zivilstreitigkeiten. Ende des 3. Jh. bezeugt die syr. Didaskalie (→Didaskalie, syrische) die Einrichtung von G., bestehend aus dem Bf. u. einer unbestimmten Zahl von →Priestern u. →Diakonen. Eine Stärkung erfuhr die kirchl. Gerichtsbarkeit (→Gerichtsbarkeit, kirchliche bzw. religiöse) durch Karl den Großen u. die aus der bfl. Visitation hervorgegangenen Sendgerichte. Noch im 10. Jh. war der Bf. in seinem Bistum alleiniger →Richter in Streit- u. Strafsachen. Gegen Ende des Hochmittelalters musste auf Grund der starken Zunahme an Verfahren die Gerichtstätigkeit an entspr. ausgebildete Beamte delegiert werden. Zunächst in Frankreich (Reims), ab Mitte des 13. Jh. auch in Deutschland (Köln, Konstanz, Mainz) u. anderswo (z. B. Canterbury, Krakau) entstanden so das Amt des Offizials u. m. diesem im 14. Jh. das Offizialat als kirchl. G., in Rom nach Bestellung rechtskundiger Kpl. durch Urban II. u. Innozenz III. die durch Johannes XXII. 1336 offiziell errichtete Audientia sacri palatii, die spätere Sacra Romana Rota bzw. RR (→Römische Rota), u. andere päpstliche G. Bereits die Clementinen (Clem. 1.2.2) trennen das Amt des

→Generalvikars klar von dem des officialis foraneus u. somit die G. von der →Verwaltung. Der CIC/1917 unterschied zwischen ordentlichem G. erster u. zweiter →Instanz, ordentlichen G. des →Apostolischen Stuhles u. delegiertem G. (cann. 1569-1607). Dagegen sieht der CIC/1983 nur G. erster u. zweiter I. (diözesan od. überdiözesan) sowie G. des Apost. Stuhles vor (cc. 1419-1445). Der CCEO kennt zudem ein G. der Patriarchalkirche (c. 1063) u. ein Synodalgericht der Bf. des Patriarchates (c. 1062).

1. Richter erster Instanz ist nach c. 1419 § 1 (vgl. c. 1066 § 1 CCEO) für alle vom Recht nicht ausdrücklich ausgenommenen Gerichtssachen der →Diözesanbischof, der seine richterliche Gewalt persönlich od. durch andere ausüben kann. Er ist allerdings gem. c. 1420 § 1 (c. 1086 CCEO) gehalten, einen Judizialvikar (→Gerichtsvikar, Offizial, lat.: Vicarius iudicialis od. Officialis) zu bestellen, der m. ihm ein G. bildet (§ 2) u. dem als Helfer beigeordnete Judizialvikare (Vizeoffiziale, lat.: Vicarii iudiciales adiuncti od. Vice-officiales) beigegeben werden können (§ 3). Zudem sind gem. c. 1421 (c. 1087 CCEO) vom Bf. Diözesanrichter zu ernennen. An Stelle eines →Diözesangerichtes kann nach c. 1423 § 1 (c. 1067 § 1 CCEO) m. Genehmigung des Apost. Stuhles von mehreren Bf. ein einziges G. eingerichtet werden, dem die Zuständigkeit entweder für alle od. nur für einzelne Prozesssachen (z. B. Ehenichtigkeits- od. Strafverfahren) übertragen wird (c. 1423 § 2). Einem →Kollegialgericht von drei Richtern sind gem. c. 1425 § 1 (c. 1084 § 1 CCEO) vorbehalten: Streitsachen betr. das Weihe- od. Eheband u. Strafsachen, die die Entlassung aus dem →Klerikerstand zur Folge haben können od. die Verhängung od. Feststellung der →Exkommunikation zum Ziel haben. Der Vorsitzende des Kollegialgerichtes kann nach c. 1428 (c. 1093 CCEO) einen vom Bf. dazu ermächtigten →Vernehmungsrichter (lat.: Auditor) bestimmen u. muss nach c. 1429 (c. 1091 CCEO) einen Richter des Kollegiums zum →Berichterstatter (lat.: Ponens od. Relator) bestellen. Für Streitsachen, in denen das öff. Wohl gefährdet sein kann, u. für Strafsachen ist nach c. 1430 (c. 1094 CCEO) zur Wahrung dieses Wohles auch ein →Kirchenanwalt (lat.: Promotor iustitiae) zu ernennen, für Weihe- u. Ehenichtigkeitssachen zudem nach can. 1432 (c. 1096) CCEO ein Bandverteidiger (→Ehebandverteidiger u. →Weihebandverteidiger) (lat.: Defensor vinculi). Ein →Notar muss gem. c. 1437 § 1 (c. 1101 § 1 CCEO) in jedem Prozess zur Gültigkeit des Verfahrens mitwirken.

2. G. zweiter Instanz, die gem. c. 1441 (c. 1085 § 3 CCEO) in der gleichen Weise einzurichten sind wie die G. erster Instanz, sind im Geltungsbereich des CIC nach c. 1438: für ein Suffraganbistum i. d. R. das G. der →Metropoliten (→Metropolitangericht) (1°); in Verfahren, die vor dem G. des Metropoliten geführt werden, das G., das der Metropolit m. Genehmigung des Apost. Stuhles für dauernd bestimmt hat (2°); in Prozessen, die vor dem Provinzoberen verhandelt worden sind, das G. des obersten Leiters, in Prozessen vor dem örtlichen →Abt das G. des →Abtpräses der Mönchskongregation (3°). Ist dagegen ein interdiözesanes G. (→Interdiözesangericht) für Bistümer eingerichtet worden, die nicht alle zur selben →Kirchenprovinz gehören, muss die →Bischofskonferenz nach c. 1439 m. Genehmigung des Apost. Stuhles ein od. mehrere G. zweiter Instanz konstituieren. Gleichermaßen zuständig in zweiter Instanz ist gem. c. 1444 § 1, 1° in allen Fällen die RR. Im Recht des CCEO ist als G. zweiter Instanz für Metropoliten od. Eparchen, die unter dem P. keinen anderen Oberen haben, ein m. Genehmigung des Apost. Stuhles dauerhaft eingerichtetes G. vorgesehen (c. 1064 CCEO) bzw. ein von der →Eparchie des Patriarchen versch. G. der Patriarchalkirche zweiter u. dritter Instanz (c. 1063 CCEO).

3. Als G. des Apost. Stuhles gelten die →Apostolische Pönitentiarie, die →Apostolische Signatur u. die RR sowie in entspr. Funktion die →Kongregation für die Glaubenslehre, nicht aber die G. erster u. zweiter Instanz des Vikariats Rom sowie der Vatikanstadt u. die Rota der Apost. Nuntiatur von Madrid.

4. G. bes. Art sind die kirchl. Arbeitsgerichte (→Arbeitsgericht, kirchliches). Diese wurden für den Bereich der DBK durch die Erkl. der dt. Bf. zum kirchl. Dienst vom 22.9.1993 errichtet, u. zwar gem. Art. 10 (2) GrO „für Rechtsstreitigkeiten auf den Gebieten der kirchlichen Ordnungen für ein Arbeitsvertrags- und des Mitarbeitervertretungsrechts", während für Arbeitsverhältnisse, die dem staatl. Arbeitsrecht unterliegen, lt. Art. 12 (1) die staatl. Arbeitsgerichte für den gerichtlichen →Rechtsschutz zuständig sind. Zur Durchführung der Verfahren erließ die DBK am 25.10.2010 die Kirchl. Arbeitsgerichtsordnung (→Arbeitsgerichtsordnung, kirchliche) (KAGO). Erstinstanzliche G. wurden dafür in Deutschland entweder als diözesane (Fulda, Freiburg im Breisgau, Rottenburg) od. als interdiözesane G. (Bayern, Nordrhein-Westfalen, Mitte, Nord-Ost) gegr. Zweite Instanz ist der von der DBK errichtete Kirchl. Arbeitsgerichtshof (→Arbeitsgerichtshof, kirchlicher) (KAGH) m. Sitz in Bonn.

5. Eigene kirchl. G. bestehen in Deutschland auch in Datenschutzangelegenheiten (→Datenschutz). Sie wurden auf Beschl. der DBK u. m. Genehmigung der SignAp durch die Kirchl. Datenschutzgerichtsordnung (KDSGO) vom 24.05.2018 errichtet, u. zwar als interdiözesanes G. erster Instanz durch die dt. Diözesanbischöfe m. Sitz in Köln u. als G. zweiter Instanz durch die DBK m. Sitz in Bonn (§ 1). Diese G. „sind zuständig für die Überprüfung von Entscheidungen der Datenschutzaufsichten der Katholischen Kirche in Deutschland sowie für gerichtliche Rechtsbehelfe der betroffenen Person gegen den Verantwortlichen oder den kirchlichen Auftragsverarbeiter" (§ 2).

6. Eine weitere mögliche Art von Sondergerichten erwähnt der c. 1400 § 2 (nicht dagegen c. 1055 § 2 CCEO) im Hinblick auf Streitigkeiten, die sich aus einer Maßnahme der ausführenden Gewalt ergeben u. die nur einem Oberen od. einem VerwG (lat.: tribunal administrativum) vorgelegt werden können. Einziges bestehendes VerwG ist freilich die zweite Sekt. der SignAp, die gem. c. 1445 § 2 (Art. 123 PastBon) über Fälle, die nach hierarchischem →Rekurs u. Berufung (→Berufung im Prozess) gegen die Entscheidung der entspr. Kongr. des Apost. Stuhles an sie gelangt sind, sowie über ihr vom P. od. einer Kurialbehörde übertragene Streitigkeiten befindet.

Quellen

Johannes Paul II., ApK Pastor Bonus vom 28. Juni 1988: AAS 80 (1988), 841-930; Kirchl. Arbeitsgerichtsordnung (KAGO) i. d. F. des Beschl. der Vollversammlung der DBK vom 25. Februar 2010: Kirchl. Arbeitsrecht, hg. v. Sekretariat der DBK, Bonn ^{2}2015 (DDB 95), 146-178; Grundordnung des kirchl. Dienstes im Rahmen kirchl. Arbeitsverhältnisse i. d. F. des Beschl. der Vollversammlung des VDD vom 27. April 2015: Kirchl. Arbeitsrecht, hg. v. Sekretariat der DBK, Bonn ^{2}2015 (DDB 95), 20-30; Kirchl. Datenschutzgerichtsordnung (KDSGO) vom 14. November 2018: ABl. Hamburg, 100-104.

Literatur

Plöchl Bd. I, 411-413; Bd. II, Wien – München ^{2}1962, 149-152; Feine, H. E., Kirchl. Rechtsgeschichte. Die Kath. Kirche, Köln – Wien ^{5}1972, 370 f.; Arroba Conde, M. J., Diritto processuale canonico, Rom 1993, 117-137; Olivares, E., Art. Tribunale ecclesiastico (Tribunal ecclesiasticum): NDDC, 1066-1069; Gaudemet, J., Église et cité. Histoire du droit canonique, Paris 1994, 514-525; Perghem, R., I tribunali ecclesiastici: REDC 54 (1997), 577-610; Ramos, F. J., I tribunali ecclesiastici. Costituzione, organizzazione, norme processuali, cause matrimoniali, Rom ^{2}2000; Lüdicke, K., Art. Gerichtsaufsicht, kirchl.: LKStKR Bd. 2, 73-75; ders., Art. Gerichtsweg, kirchl., II. Kath.: LKStKR Bd. 2, 88-90; Hülskamp, M., Art. Gerichtsorganisation, kirchl.: LKStKR Bd. 2, 80-82; Wolf, L., Art. Gerichtsverfassung, kirchl.: LKStKR Bd. 2, 84-86; Güthoff, E., Gerichtsverfassung u. Gerichtsordnung: HbkathKR^{3}, 1661-1672; Moneta, P., Art. Tribunal de apelación: DGDC Vol. VII, 663-665; Rodríguez Ocaña, R., Art. Tribunal diocesano: DGDC Vol. VII, 669-674; Hack, M. A., Art. Tribunal interdiocesano: DGDC Vol. VII, 674-676; Thazhath, A., Art. Tribunal ordinario de la Iglesia patriarcal: DGDC Vol. VII, 676-679; ders., Art. Tribunal superior de la Iglesia patriarchal:

DGDC Vol. VII, 679-683; Llobell, J., Art. Tribunales de los circunscripciones personales: DGDC Vol. VII, 683-690; Schöch, N., Art. Tribunales de IVC: DGDC Vol. VII, 690-693.

Stefan Killermann

© 2019, DOI: 10.30965/9783506786388_0174

Gerichte, kirchliche – Evangelisch

1. Entwicklungsgeschichte: Für kirchl. Gerichtsbarkeit (→Gerichtsbarkeit, kirchliche bzw. religiöse) findet sich ein biblischer Anknüpfungspunkt im Abschnitt „Rechtssachen unter Christen" in 1 Kor 6, wonach die Rspr. unter Christen durch Christen erfolgen soll. In der vorreformatorischen Zeit erstreckte sich die kirchl. Gerichtsbarkeit auf weite Gebiete des Lebens, insb. auf Gegenstände m. geistl. Bezug (Ehesachen, Streitigkeiten über geistl. Eigentum, Patronatsrechte etc.). Die Rspr. übten die →Bischöfe aus. Gegen diese bfl. Jurisdiktion wendete sich die →Reformation (s. etwa CA XXVIII), z. T. m. scharfen Angriffen. M. der Loslösung der Kirche vom Staat im Verlauf des 19. Jh. begann eine neue Entwicklung der Gerichtsbarkeit innerhalb der ev. Kirche, zunächst auf dem Gebiet des →Disziplinarrechts. Ausgehend vom Prinzip der Gewaltenteilung i. S. eines Funktionsgliederungssystems löste sich die Gerichtsbarkeit von der kirchl. →Verwaltung. Folgerichtig entstanden m. dem Wegfall des landesherrlichen Kirchenregiments (→Kirchenregiment, landesherrliches) u. der Umsetzung des Prinzips der Trennung von Staat u. Kirche nach 1919 kirchl. Verwaltungs- u. Verfassungsgerichte. Im 20. Jh. löste sich die Behandlung von Verstößen gegen die kirchl. Lehrordnung aus dem Bereich der Disziplinargerichtsbarkeit (→Disziplinarverfahren). Seitdem werden eigenständige →Lehrbeanstandungsverfahren durchgeführt.

2. Staatskirchenrechtlicher Rahmen: Die Eigenständigkeit der kirchl. Jurisdiktion folgt aus dem →Selbstbestimmungsrecht der Kirchen u. Religionsgemeinschaften gem. Art. 140 GG/137 Abs. 3 WRV. Das Recht, die eigenen Angelegenheiten selbständig zu ordnen u. zu verwalten umfasst auch das Recht, eine eigene kirchl. Gerichtsbarkeit einzurichten sowie Verfahrensrecht zu schaffen. Die kirchl. Gerichtsbarkeit ist an die für alle geltenden Gesetze gebunden. Sie schließt wegen der staatl. Justizgewährungspflicht die Zuständigkeit der staatl. Gerichtsbarkeit nicht grds. aus. Die kirchl. Gerichtsbarkeit ist der staatl. Gerichtsbarkeit insoweit vorgeschaltet, sofern zur Entscheidung einer Streitigkeit ein kirchl. Rechtsweg gegeben ist. Die kirchl. Gerichtsbarkeit ist nach ihrem Selbstverständnis keine verbandsrechtliche Schiedsgerichtsbarkeit. Aus kirchengerichtlichen Entscheidungen findet grds. eine Vollstreckung nicht statt.

3. Kirchenrechtliche Gestaltung: Geregelt durch entspr. KG erfüllt die kirchl. Gerichtsbarkeit sowohl in organisatorischer als auch in verfahrensrechtlicher Hinsicht rechtsstaatliche Anforderungen. Die G. entscheiden in richterlicher Unabhängigkeit. Durch ihre Bindung an das kirchl. Recht (→Kirchenrecht) sind sie zugl. an Schrift u. →Bekenntnis gebundenen, die die Grundlage des kirchl. Rechts sind. Zugl. aber sind die kirchl. G. nicht zuständig, in Bekenntnisfragen zu entscheiden.

Kirchl. Gerichtsbarkeit vollzieht sich in mehreren Gerichtszweigen: →Verfassungsgerichtsbarkeit u. →Verwaltungsgerichtsbarkeit, Disziplinargerichtsbarkeit, Gerichtsbarkeit in mitarbeitervertretungsrechtlichen Streitigkeiten. Auf EKD-Ebene ist für die Verfassungsgerichtsbarkeit der VerfGH der EKD gebildet. Für die Verwaltungsgerichtsbarkeit, Disziplinargerichtsbarkeit u. die Gerichtsbarkeit in mitarbeitervertretungsrechtlichen Streitigkeiten sind in erster Instanz die entspr. Kammern des Kirchengerichtes der EKD auch für die Gliedkirchen der EKD zuständig, die die Zuständigkeit des Kirchengerichts der EKD für sich bestimmt haben. In zweiter Instanz sind die entspr. Senate des Kirchengerichtshofs der EKD für diese u. fast alle Gliedkirchen zuständig. →Gerichtsorganisation u. Gerichtsverfahren sind auf EKD-Ebene im Wesentlichen durch das Kirchengerichtsgesetz, das Verwaltungsgerichtsgesetz, das Disziplinargesetz u. das Mitarbeitervertretungsgesetz, das →Verwaltungsverfahren durch das Verwaltungsverfahrens- u. Zustellungsgesetz geregelt (aufrufbar im Fachinformationssystem Kirchenrecht über www.kirchenrecht-ekd.de [Zugriff: 15.05.2019]).

Die Besetzung der Spruchkörper ist unterschiedlich geregelt. Zumindest die jeweiligen Kammer- od. Senatsvorsitzenden müssen i. d. R. über die Befähigung zum Richteramt nach staatl. Recht verfügen. In der Praxis sind die ev. Kirchengerichte oftmals m. hochrangigen, ehrenamtlich tätigen Richterpersönlichkeiten aus der staatl. Gerichtsbarkeit besetzt. Viele Erkenntnisse der ev. Kirchengerichte werden veröff. u. sind u. a. über www.kirchenrecht-ekd.de aufrufbar.

Literatur

Richter, Ä. L. – Dove, R. W. – Kahl, W., Kirchenrecht, Leipzig [8]1886, §§206ff.; Liermann, H., Dt. Ev. Kirchenrecht, Stuttgart 1933, 343ff.; Scheuner, U., Grundfragen einer kirchl. Verwaltungsgerichtsbarkeit: ZevKR 6 (1957/58), 337ff.; Kästner, K.-H., Staatl. Justizhoheit u. religiöse Freiheit, Tübingen 1991 (Jus Ecclesiasticum 41); de Wall, H. – Muckel, S., Kirchenrecht, München [4]2014, 358ff.; Munsonius, H., Ev. Kirchenrecht, Tübingen 2015, 195ff.; Germann, M., Kirchl. Gerichtsbarkeit: HevKR, §31.

Christoph Thiele

© 2019, DOI: 10.30965/9783506786388_0174

Gerichtsakten – Katholisch

Gerichtsverfahren (→Gerichtsverfahren, kirchliches) der kath. Kirche sind schriftliche Verfahren. Alle Äußerungen zur Sache (→Streitgegenstand), zum Prozessverlauf u. zum Abschluss des Prozesses sind auf Bl. (folia) schriftlich festzuhalten. Diese Bl. bilden die G., vgl. c. 1472 §1; c. 1131 §1 CCEO.

Die G. beginnen m. dem Antrag od. dem Auftrag zur Eröffnung eines Verfahrens od. m. einer Strafanzeige (→Anzeige). Sie enthalten die Verfügung zur Zusammensetzung des →Gerichts, die Protokolle von Partei- u. Zeugenvernehmungen (→Vernehmung), →Sachverständigengutachten, Stellungnahmen z. B. des →Ehebandverteidigers, des →Anwalts/Verteidigers, prozessleitende Verfügungen u. Zwischenurteil(e). Sie enden m. einem →Urteil, einem Vergleich od. der Einstellung des Verfahrens u. der Ausfertigung der Entscheidung für die Prozessparteien od. den Angeklagten. Entscheidungen dürfen nur aufgrund von Sachverhalten erfolgen, die sich aus den G. ergeben.

Die Bl. der G. sind zu nummerieren u. m. einem Echtheitszeichen zu versehen, c. 1472 §2, c. 1131 §2 CCEO. Dadurch wird erschwert, dass ein Schriftstück unbemerkt entfernt od. durch eine Fälschung ersetzt wird.

Die Bl. sind gewöhnlich aus Papier. Bl. aus Textil, Pergament, Kunststoff (Folie) od. sonstigen Materialien sind möglich, sofern sie wie Papier Träger von Informationen sind. Mitt. an das Gericht od. zum Prozessgegenstand, die auf anderen Materialien stehen od. auf elektronischen Datenträgern gespeichert sind, gehören nicht zu den G., sondern zu den sonstigen gerichtlichen Dokumenten. Äußerungen auf elektronischen Datenträgern sind auf Bl. zu übertragen durch Ausdrucken der Informationen, durch ein Foto od. durch schriftliche Beschreibung der Informationsträger u. der auf ihnen verkörperten Äußerungen. In c. 1133 §3 CCEO wird bestimmt, dass anonyme Zuschriften sowie Mitt., die eindeutig Ränke enthalten, zu vernichten sind u. nichts davon in den G. zu erwähnen ist.

War dem Gerichtsverfahren ein →Verwaltungsverfahren vorgeschaltet, gehören diese →Akten erst dann zu den G., wenn sie dem Gericht zugestellt worden sind.

Für Berufungsverfahren sind von den G. Kopien anzufertigen u. zu beglaubigen, c. 1474 §1, vgl. auch c. 1315 §2 CCEO. G. dürfen nur m. ausdrücklicher Erlaubnis des → Richters herausgegeben werden, c. 1475 §2, c. 1133 §2 CCEO.

Literatur

KanR IV, 365ff.; Güthoff, E., Das Streitverfahren: HbkathKR³, 1673-1721; Lüdicke, K.: MKCIC c. 1472.

Reinhard Wenner

© 2019, DOI: 10.30965/9783506786388_0175

Gerichtsämter – Katholisch

KA ist jedweder auf Dauer eingerichtete Dienst, der der Wahrnehmung eines geistl. Zweckes dient (c. 145 §1; c. 936 §1 CCEO). Der → Papst ist kraft → Amtes oberster → Richter der Kirche. Der Diözesan(Epiarchal)Bf. ist in seinem Bistum für alle vom Recht nicht ausgenommenen Sachen Richter erster Instanz. Er übt seine richterliche Gewalt persönlich od. durch den → Gerichtsvikar u. Richter aus (c. 1419 §1; c. 1066 §1 CCEO). Er allein entscheidet, beraten von einem → Untersuchungsrichter u. einem Beisitzer im kürzeren Eheprozess (→ Ehenichtigkeitsverfahren) (c. 1683; c. 1369 CCEO).

1. Gerichtsvikar: Der → Diözesanbischof ist gehalten, einen Gerichtsvikar (Offizial) m. ordentlicher richterlicher Gewalt (potestas ordinaria vicaria) zu bestellen, der vom → Generalvikar (außer in kleinen Diözesen) versch. ist (c. 1420 §1; c. 1086 §1 CCEO). Der Gerichtsvikar handelt bei der Rspr. als alter ego des → Bischofs. Er bildet m. dem Bf. ein → Gericht u. leitet in dessen Auftrag die Gerichtsverwaltung (→ Gerichtsverwaltung, kirchliche). Er entscheidet über alle Arten von Verfahren, die sich der Bf. nicht selbst vorbehält (c. 1420 §2; c. 1086 §2 CCEO). Sein → Urteil benötigt keine Bestätigung des Bf., eine Berufung (→ Berufung im Prozess) an den Bf. ist nicht möglich. Der Gerichtsvikar muss → Priester sein, gut beleumundet, 30 J. alt u. Dr. od. zumindest Lizentiat des kan. Rechts sein (c. 1420 §4; ähnlich c. 1086 §2 CCEO). Vor Amtsantritt leistet er (wie das gesamte Gerichtspersonal) den Amtseid, dass er seine Aufgabe vorschriftsmäßig u. treu erfüllt (c. 1454; ähnlich c. 1112 CCEO). Der Gerichtsvikar (wie alle Richter) wird auf Zeit ernannt. Während seiner → Amtszeit kann er nur aus einem rechtmäßigen u. schwerwiegenden Grund vom Bf. amtsenthoben werden (c. 1422; c. 1088 §1 CCEO). Bei → Sedisvakanz bleibt er im Amt, bedarf dann der Bestätigung des nachfolgenden Bf. (c. 1420 §5; c. 1088 §2f. CCEO).

2. Stellvertretende Gerichtsvikare (Vizeoffiziale) können dem Gerichtsvikar beigeordnet werden (c. 1420 §3; c. 1086 §3 CCEO). Diese besitzen ebenfalls ordentliche stellvertretende richterliche → Vollmacht. Für sie (u. die Diözesanrichter; → Kirchenanwalt, → Ehebandverteidiger) gelten die gleichen Voraussetzungen wie für die Gerichtsvikare, ihre Amtszeit unterliegt den gleichen Regelungen. Sie unterstehen dem Gerichtsvikar nur in Fragen der Gerichtsverwaltung.

3. Diözesanrichter (Eparchialrichter): Personenstandssachen (bez. Weihe- od. Eheband) u. bes. Strafsachen sind → Kollegialgerichten vorbehalten (c. 1425; c. 1084 CCEO). Nach Möglichkeit hat der (stellvertretende) Gerichtsvikar den Vorsitz, die Diözesanrichter entscheiden m. Diese sind i. d. R. → Kleriker. Die → Bischofskonferenz (der → Patriarch bzw. → Metropolit) kann erlauben, → Laien als Richter zu bestellen. Bei Kollegialgerichten darf nur ein Richter Laie sein (c. 1421 §2; c. 1087 §2 CCEO), bei Eheverfahren auch zwei (c. 1673 §3; c. 1359 §3 CCEO).

4. Vernehmungs-/Untersuchungsrichter. Der Richter kann einen Kleriker/Laien als Vernehmungsrichter bestimmen, der die Beweiserhebung nach eigenem Ermessen durchzuführen hat. Der Vernehmungsrichter soll sich durch gute Lebensführung, Klugheit u. Fachkenntnisse auszeichnen u. wird vom Bf. zu diesem Dienst eigens zugelassen (c. 1428; c. 1093 CCEO).

5. Beisitzer (→Assessor): Der m. einem Eheprozess betraute Einzelrichter kann zwei vom Bf. zugelassene Beisitzer hinzuziehen. Für sie gelten ähnliche Voraussetzungen wie für die Vernehmungsrichter (c. 1673 § 4; c. 1369 CCEO). Im kürzeren Eheprozess vor dem Bf. muss ein Beisitzer beratend mitwirken (c. 1685; c. 1371 CCEO).

6. →Berichterstatter: Der Vorsitzende des Kollegialgerichtes kann einen Richter des Kollegiums zum Berichterstatter bestellen, der diesem über die Prozesssache zu berichten u. das Urt. schriftlich auszuarbeiten hat (c. 1429; DC Art 47; c. 1091 § 2-4 CCEO).

7. Kirchenanwalt: Für Verfahren, in denen das öff. Wohl gefährdet sein kann u. für Strafsachen ist ein Kirchenanwalt (für einzelne od. für alle Verfahren) zu bestellen (cc. 1430 i. V. m. 1436 § 2; cc. 1094 i. V. m. 1100 § 2 CCEO). Dieser hat in Strafsachen die Rolle des Anklägers (c. 1721; c. 1472 CCEO). Der Kirchenanwalt wird vom Bf. od. gem. den Gerichtsstatuten ernannt (c. 1435; c. 1099 CCEO).

8. Bandverteidiger: Der Bandverteidiger muss bei Weihe- u. Ehenichtigkeitssachen bzw. Verfahren zur Auflösung einer Ehe (→Eheauflösung) von Amts wegen, all das vorzubringen, was gegen die Nichtigkeit (→Ehenichtigkeit u. →Weihenichtigkeit) od. Auflösung vorgebracht werden kann (c. 1432; c. 1096 CCEO). Dies. Person kann Bandverteidiger u. Kirchenanwalt sein, außer in der gleichen Sache (c. 1436 § 1; c. 1100 § 1 CCEO).

9. →Notar: In jedem Prozess muss ein Notar mitwirken, der die Prozessakten anfertigt; fehlt seine Unterschrift, sind diese nichtig (c. 1437 § 1; c. 1101 § 1 CCEO). Von ihm ausgefertigte Schriftstücke genießen öff. Glauben (c. 1437 § 2; c. 1101 § 2 CCEO). Notare müssen unbescholten u. über jeden Verdacht erhaben sein. Wenn der →gute Ruf eines Priesters beeinträchtigt werden könnte, muss er Priester sein (c. 483 § 2; c. 253 § 2 CCEO). Notare können vom Diözesanbischof ihres Amtes frei enthoben werden, vom →Diözesanadministrator m. Zustimmung des →Konsultorenkollegiums (c. 485; c. 255 CCEO).

Quellen

PCLT, Instr. Dignitas Connubii: Comm. 37 (2005), 11-92.

Literatur

Abraham J. D., The Defender of the Bond in the Code of Canon Law, Rom 1997; Bernard, F., Bedeutung u. Anforderungsprofil des Untersuchungsrichters im kirchl. Ehenichtigkeitsprozeß: Iustitia in Caritate (FS Rößler), hg. v. R. Puza – A. Weiß, Frankfurt 1997 (AIC 3), 317-322; Cleve J., Inkompatible Ämter u. Aufgaben im Gerichtswesen der Kirche: DPM 7 (2000), 31-50; Fereira Pena, J., Defensor do Vinculo: Forum Canonicum 3 (2008), 129-133 u. 4 (2009), 205-212; KanR IV, 295-324; Güthoff, E., Gerichtsverfassung u. Gerichtsordnung: HbkathKR³, 1663-1669; Hahn, J., Das kirchl. Richteramt, Essen 2017 (BzMKCIC 74), 345-372; Lüdicke K.: MKCIC, Prozessrecht, Gerichtsverfassung.

Ernst Frhr. von Castell

Gerichtsanhängigkeit – Katholisch

M. der rechtmäßig bekanntgemachten →Ladung (citatio, cc. 1508-1511) od. dem Erscheinen der →Parteien (c. 1507 § 3) vor dem →Richter zur Behandlung ihrer Sache wird diese nach c. 1512, 5° am angerufenen Gericht (→Gerichte, kirchliche) anhängig (litispendentia), sofern jenes eine Zuständigkeit geltend machen kann (Ausnahmen cc. 1406 § 2, 1415, 1417 § 2). Die G. begr. das Prozessrechtsverhältnis zwischen den Parteien u. dem Gericht, nach c. 1517 beginnt nun der →Prozesslauf (litis instantia). Die Parteien können ihre prozessualen Rechte wahrnehmen, d. h. Anträge stellen, →Einreden vorbringen u. Prozessfehler monieren (Bsp. cc. 1459 § 1, 1462 § 1, 1464).

Durch Zitation des röm. Rechtssatzes „lite pendente nihil innovetur" aus dem Liber Extra (Buch II, Tit. XVI) legt c. 1512, 5° als weitere Wirkung der citatio eine Veränderungssperre der in der litis contestatio festgelegten Streitpunkte fest (cc. 1513-1514). Verstöße dagegen sind rechtswidrig u. können nach c. 1622, 5° m. einer →Nichtigkeitsbeschwerde angefochten werden.

Die G. kann auf versch. Weise enden: m. Fällung des Endurteils (sententia definitiva) – eine Berufung dagegen begr. eine neue G. –, durch Verzicht infolge Klagerücknahme (cc. 1524-1525, 1724), durch Erlöschen infolge Untätigkeit od. von Rechts wegen (cc. 1520-1523), u. U. durch Vergleich od. Schiedsvertrag (c. 1713), nicht aber durch das Ausscheiden einer Partei od. ihres Vertreters infolge von Amtsverlust, Personenstandsänderung od. Tod (cc. 1518-1519).

Literatur

Del Pozzo, M., La citazione (artt. 126-134): Il giudizio di nullità matrimoniale dopo l'istruzione „Dignitas Connubii". Parte terza: La parte dinamica del processo, hg. v. P. A. Bonnet – C. Gullo, Vatikanstadt 2008 (Studi giuridici 77), 43-84; Lüdicke, K.: MKCIC c. 1512.

Andreas Weiß

Gerichtsaufsicht, kirchliche – Katholisch

Auf lokaler Ebene wird die G., d. h. die Aufsicht über die ordnungsgemäße Rechtspflege, durch den →Diözesanbischof u. ihm gleichgestellte Vorsteher von →Teilkirchen (vgl. cc. 368 u. 381 § 2) od. bei →Interdiözesangerichten durch die beteiligten →Bischöfe gemeinsam od. durch einen von diesen bestimmten Bf. (vgl. c. 1423 § 1) ausgeübt.

Bei den kath. Ostkirchen kommt gem. CCEO die G. über alle innerhalb des Patriarchats (vgl. c. 1062 § 5) bzw. der Großerzbischöflichen Kirche (vgl. c. 152) gelegenen →Gerichte einschließlich der Metropolitan- u. Eparchialgerichte dem von der Bischofssynode gewählten Generalmoderator für die Gerichtsbarkeit (→Gerichtsbarkeit, kirchliche bzw. religiöse) zu. In der Metropolitankirche sui iuris übt der Metropolit die G. aus (vgl. c. 159, 3°). In anderen Kirchen sui iuris kommt diese Aufgabe einem vom Apost. Stuhl delegierten Hierarchen zu (vgl. c. 175). Die G. über das Eparchialgericht führt der Eparch (vgl. c. 1066 § 1).

Zur G. auf lokaler Ebene gehören die Auswahl u. die Ernennung der wichtigsten Mitarbeiter des Gerichts, die Sorge um deren ständige Fortbildung, die Disziplinaraufsicht, die Zulassung von →Anwälten, die Entscheidung über Befangenheitseinreden gegen den →Gerichtsvikar (vgl. c. 1449 § 2), die Androhung u. die Verhängung von Disziplinarmaßnahmen bis zur Absetzung (vgl. c. 1457; c. 1115 CCEO), die Suspendierung od. der Widerruf der Zulassung von Anwälten.

Gem. c. 1445, Art. 124 PastBon sowie Art. 35 der SignAp.LP ist die →Apostolische Signatur für die G. über alle Gerichte sowohl der lat. als auch der kath. Ostkirchen zuständig. Die SignAp dient der Einheit der →Rechtsprechung durch Ratschläge, →Dekrete u. Gebote, die →Römische Rota hingegen durch ihre →Urteile.

Zur G. der SignAp gehört die Genehmigung der Errichtung von über die →Kirchenprovinz hinausreichenden Interdiözesanen Gerichten (z. B. c. 1423 § 1; c. 1067 § 1 CCEO), die Gewährung von Zuständigkeiten (vgl. Art. 124 PastBon; Art. 35, Nr. 2; 115 § 2 SignAp.LP), die Lösung von Kompetenzkonflikten (vgl. Art. 121 PastBon; Art. 33, Nr. 5 SignAp.LP), die Kontrolle der Qualifikation des Gerichtspersonals sowie die Disziplinaraufsicht über Anwälte u. Prozessvertreter (vgl. Art. 35, Nr. 1 SignAp.LP). Etwa 1300 Gerichte innerhalb der Weltkirche sind aktiv, wobei die Zahl der jährlich ergangenen Urt. teilweise sehr gering ist. Etwa 90 existieren lediglich auf dem Papier.

Die SignAp.LP (vgl. Art. 110, §§ 1-2) verpflichtet alle kirchl. Gerichte der lat. sowie der kath. Ostkirchen dazu, den Ber. über die im vergangenen Kalenderjahr geführten Verfahren m. einem eigenen Formular zu senden, welches vom Statistik-Formular zu unterscheiden ist, das die Ortsordinarien jährlich an das →Staatssekretariat senden.

Die Statistik zeigt Stärken u. Schwachpunkte der einzelnen Gerichte auf, wie das Fehlen der gesetzlich vorgeschriebenen akademischen Titel für Bandverteidiger (→Ehebandverteidiger u. →Weihebandverteidiger) u. →Richter bzw. der →Dispens davon, die Überalterung des Personals, das Missverhältnis zwischen der Zahl der Mitarbeiter u. der Zahl der Fälle, die Verbindung inkompatibler Ämter in ein u. ders. Person, die Fixierung auf nur ein od. zwei Nichtigkeitsgründe, die Verwendung allg. Normen an Stelle der spezifischen Normen für die Konsensmängel, etc.

Da den Diözesanbischöfen die Dispensbefugnis von verfahrensrechtlichen Normen entzogen ist (c. 87 §1), muss der →Moderator des Gerichts vor der Ernennung von Richtern, Ehebandverteidigern u. →Kirchenanwälten, die nicht über den in den cc. 1421 §3 u. 1435 genannten Titel des →Lizentiats im kan. Recht verfügen, die Dispens bzw. deren Verlängerung von der SignAp erbitten (vgl. Art. 121 PastBon bzw. Art. 35, Nr. 2 SignAp.LP). Ein Anwendungsgebiet ist etwa die Befreiung von Ausbildungserfordernissen für das Gerichtspersonal, v. a. in der Zeit bis zur Realisierbarkeit der Anforderungen des Kodex nach cc. 1420, 1421 u. 1435.

Die SignAp empfiehlt dem Moderator bei einer großen Zahl anhängiger Fälle u. einer schleppenden Rechtspflege Maßnahmen, damit die Gerichtsmitarbeiter ihr schwieriges Amt o. unbegründete Verzögerungen für die →Parteien u. unter Berücksichtigung der Erfordernisse für die Gerechtigkeit erfüllen können (vgl. c. 1453).

Bei →Beschwerden u. →Anzeigen von Parteien bittet die SignAp den zuständigen Gerichtsvikar um eine Stellungnahme (vgl. Art. 110 §2 SignAp.LP). In weniger gravierenden Fällen wird die Partei auf ihren Anwalt verwiesen, damit dieser die Verteidigungsmittel u. die vom Gesetz vorgesehenen Anfechtungen von Urt. u. Dekr. (Nichtigkeitsbeschwerde, Ansuchen um Wiederaufnahme, Wiedereinsetzung in den vorigen Stand) verwendet. Verfügt sie noch über keinen Rechtsbeistand, wird ihr geraten, sich an einen solchen zu wenden.

Um das Urt. nicht zu beeinflussen, greift die SignAp.LP nur in sehr gravierenden Fällen in laufende Verfahren ein. Sie dekretiert dann dessen Unterbrechung, fordert die Akten an u. weist den Fall nach einer sorgfältigen Prüfung einem anderen Gericht zu. Art. 111 SignAp.LP sieht die Möglichkeit von Geboten zur künftigen Vermeidung von Fehlern bei der Interpretation u. in der Anwendung von Normen des materiellen u. des Verfahrensrechts vor. Die Wirksamkeit dieser Maßnahmen hängt nicht zuletzt von der Mitarbeit des Moderators des Gerichts ab. In bestimmten Regionen häufiger auftretende Probleme werden auch m. den Bf. bei ihren →Ad-limina-Besuchen bei einzelnen BK diskutiert.

Bei Beschwerden gegen im Rahmen der Rechtspflege ergangene →Verwaltungsakte im Einzelfall wie etwa bei der Entziehung der Zulassung eines Anwalts od. der Amtsenthebung eines Richters, ist zunächst der Widerspruch an den Moderator des Gerichts u. anschließend die Beschwerde an die SignAp zu richten, die in einem solchen Fall als hierarchischer Oberer durch den Präfekten im Kongress entscheidet. Gegen diese Entscheidung besteht noch die selten genutzte Möglichkeit einer Beschwerde an das VerwG (vgl. Art. 114 SignAp.LP).

Quellen

Johannes Paul II., ApK Pastor Bonus vom 28. Juni 1988: AAS 80 (1988), 841-930; Benedikt XVI., MP Antiqua ordinatione vom 21. Juni 2008, quibus Supremi Tribunalis Signaturae Apostolicae lex propria promulgatur: AAS 100 (2008), 513-538; Apost. Signatur, Relatio de statu et activitate Tribunalis pro Ecclesia Latina vom 30. Juli 2016: http://www.vatican.va/roman_curia/tribunals/apost_signat/documents/segnatura-apostolica_schema-ecc-lat_la.pdf [Zugriff: 15.05.2019]; ders., Relatio Annualis de Statu et Activitate Tribunalium pro Ecclesiis Orientalibus vom 30. Juli 2016: http://www.vatican.va/roman_curia/tribunals

/apost_signat/documents/segnatura-apostolica_schema-ecc-orient_la.pdf [Zugriff: 15.05.2019]; ders., Instructions for compiling the annual report on the state and activity of the Tribunal vom 30. Juli 2016: http://www.vatican.va/roman_curia/tribunals/apost_signat/documents/rc_trib_apsig_doc_20161110_istruzioni-relatio_en.html [Zugriff: 15.05.2019]; ders., Circular letter Inter munera vom 30. Juli 2016, prot. n. 51712/16 VT: http://www.vatican.va/roman_curia/tribunals/apost_signat/documents/rc_trib_apsig_doc_20160730_inter-munera_en.html [Zugriff: 15.05.2019]; Kongr. für das Kath. Bildungswesen, Instr. vom 28. April 2018: http://www.vatican.va/roman_curia/congregations/ccatheduc/documents/rc_con_ccatheduc_doc_20180428_istruzione-diritto-canonico_ge.html [Zugriff: 15.05.2019].

Literatur
De Paolis, V., Amministrazione della giustizia e situazione dei tribunali ecclesiastici: Revista española de derecho canónico 64 (2007), 339-377; Schöch, N., Vorstellung der Lex propria, der neuen Verfahrensordnung des Höchstgerichts der Apost. Signatur: DPM 15/16 (2008/2009), 546-551; De Paolis, V., La funzione di vigilanza della Segnatura sulla retta giurisprudenza: La Lex propria del S.T. della Segnatura Apostolica, hg. v. P. A. Bonnet – C. Gullo, Vatikanstadt 2010 (Studi giuridici 89), 213-238; Daneels, F., Die Apost. Signatur u. die korrekte Ausübung der Rechtspflege in der Kirche: ÖARR 57 (2010), 273-285; ders., La prassi della vigilanza sui Tribunali in senso stretto: La Lex propria del S.T. della Segnatura Apostolica, hg. v. P. A. Bonnet – C. Gullo, Vatikanstadt 2010 (Studi giuridici 89), 239-250; ders., La vigilanza sui Tribunali: introduzione al titolo V della Lex Propria: La Lex propria del S.T. della Segnatura Apostolica, hg. v. P. A. Bonnet – C. Gullo, Vatikanstadt 2010 (Studi giuridici 89), 199-212; Malecha, M., Le dispense dalle leggi processuali alla luce di recenti documenti della Segnatura Apostolica. Alcune considerazioni pratiche: IusEccl 25 (2013), 248-260; Vallini, A., La función pastoral del Supremo Tribunal de la Signatura Apostólica en la vigilancia sobre los tribunales eclesiásticos: Ius communionis 1 (2013), 203-220; Daniel, W. L., Commentary on the Forms to be Used by Tribunals in Submitting the Annual Report on their State and Activity: ME 131 (2016), 241-251.

Nikolaus Schöch

© 2019, DOI: 10.30965/9783506786388_0178

Gerichtsbarkeit, kirchliche bzw. religiöse – Staatlich

Die effektive Durchsetzung geltenden Rechts erfolgt in der rechtsstaatlichen Ordnung des →Grundgesetzes letztlich durch Entscheidungen unabhängiger Gerichte – eine Aufgabe, die, worauf auch das BVerfG mehrfach verwiesen hat, der staatl. Judikative obliegt (Art. 92 GG). Außerstaatliche Rspr., wie sie in der gesellschaftlichen Realität (als kirchl. bzw. religiöse G., als Partei-, Vereins-, Verbands-, Betriebsjustiz usw.) durchaus auch Wirksamkeit entfaltet, ist dadurch nicht grds. ausgeschlossen; doch ergibt sich aus der Formulierung der beiden Hs. von Art. 92 GG eindeutig, dass unter Ausübung „rechtsprechender Gewalt" in diesem Sinne lediglich die Judikatur staatl. bzw. zumindest staatsabgeleiteter Gerichte zu verstehen ist. Es besteht ein Rechtsprechungsmonopol des Staates, das es ausschließt, o. Verfassungsänderung abschließende Rechtsprechungsfunktionen an Gerichte außerhalb des staatl. Wirkungskreises zu übertragen. Rechtsschutz, der durch nichtstaatliche Instanzen gewährt wird, enthebt den Staat weder seiner Rechtsschutzkompetenz, noch entbindet er ihn von seiner Rechtsschutzverpflichtung. Die früher teilweise in der wiss. Literatur u. auch von staatl. Gerichten vertretene Auffassung, staatl. Rechtsschutz könne abschließend durch kirchengerichtliche Judikatur ersetzt werden, sofern letztere bestimmten Qualitätserfordernissen entspreche, findet in der geltenden Verf. mithin keine Grundlage.

Zwar existieren in der Röm.-kath. Kirche u. in den ev. Kirchen effiziente kirchengerichtliche Strukturen; insoweit mag man durchaus die Frage stellen, inwieweit diese Gerichte nach Status, Befugnissen, Zusammensetzung u. Verfahren dem allg. rechtsstaatlichen Standard von G. prinzipiell entsprächen. Doch kommt es für ihre Stellung im Rahmen der staatl. Verfassungsordnung darauf letztlich nicht an. Denn kirchl. bzw. religiösen Gerichten fehlt von vornherein das Merkmal der Staatlichkeit bzw. Staatsabgeleitetheit. Wie andere Äußerungsformen religiöser Selbstbestimmung beruhen sie als spezifische Ausprägung des „Verwaltens" auf der Gewährleistung des Art. 140 GG i. V. m. Art. 137 Abs. 3 WRV. Den →Religionsgemeinschaften ist damit die Möglichkeit eingeräumt, für den gesamten Bereich ihrer „eigenen Angelegenheiten" – aber auch nur für diesen Bereich – nach Maßgabe der in Art. 137 Abs. 3 WRV enthaltenen Schrankenklausel frei u. o. staatl. Einflußnahme zu entscheiden, ob sie eigene Gerichte errichten, welche Zuständigkeiten diesen im einzelnen eingeräumt werden, wie ihr Verfahren ausgestaltet wird, usw. Kirchl. bzw. religiöse G. beruht deshalb ausschließlich auf eigenständigem vom Staat anerkanntem kirchl. bzw. religiösem Recht – mag sich ihre Judikatur auch inhaltlich bisweilen auf staatl. Vorschriften beziehen. Mithin verbietet sich von vornherein die Annahme, sie habe eine Qualität als „staatlich" bzw. „vom Staat abgeleitet" u. damit als Rspr. i. S. des Art. 92 GG.

Nach Maßgabe der Säkularisierung des Staates u. der darauf beruhenden prinzipiellen Trennung des staatl. vom religiösen Funktionsbereich haben die Kirchen in Angelegenheiten, die dem staatl. Justizanspruch unterfallen, frühere Kompetenzen zur Ausübung einer „bürgerlich wirksamen" G., d. h. zur im formellen Sinne endgültigen gerichtlichen Dezision, bereits seit langem verloren. Dies verdeutlichte bereits §15 Abs. 3 des Gerichtsverfassungsgesetzes (GVG) i. d. F. vom 27.01.1877, wenn es dort nach einem Verweis auf das staatl. Rechtsprechungsmonopol hieß: „Die Ausübung einer geistlichen Gerichtsbarkeit in weltlichen Angelegenheiten ist ohne bürgerliche Wirkung ..." §15 GVG ist zwar 1950 ersatzlos aufgehoben worden; doch geschah dies nicht, um insoweit eine Änderung der Rechtslage herbeizuführen, sondern deshalb, weil die Aussage der Vorschrift als unter dem GG selbstverständlich bewertet wurde. In der geltenden Verfassungsordnung bedarf es in der Tat keiner normativen Bekräftigung mehr, dass der säkulare Staat die Realisierung der rechtsstaatlichen Justizgewährung ausschließlich seinem eigenen Funktionsbereich zurechnet u. sie nicht den Religionsgemeinschaften überantwortet.

Allerdings bedeutet dies nicht, dass den Entscheidungen kirchl. bzw. religiöser Gerichte jegliche Relevanz im staatl. Rechtskreis abgeht. Denn wie sonstige Rechtsakte des „Ordnens und Verwaltens" der eigenen Angelegenheiten (Art. 140 GG i. V. m. Art. 137 Abs. 3 WRV) auch können ihre Entscheidungen in der staatl. Rechtsordnung Tatbestandswirkung entfalten; sie sind in diesem Rahmen materiell „bürgerlich wirksam". Trotz unterschiedlicher Funktionssphären des Staates u. der Religionsgemeinschaften ist das Verhältnis staatl. u. kirchl. bzw. religiöser G. deshalb nicht als Konkurrenz, sondern eher als Koexistenz zu qualifizieren.

Literatur

Kästner, K.-H., Staatl. Justizhoheit u. religiöse Freiheit, Tübingen 1991 (Jus Ecclesiasticum 41).

Karl-Hermann Kästner

© 2019, DOI: 10.30965/9783506786388_0179

Gerichtsbarkeit, kirchliche bzw. religiöse – Katholisch

Die G. gehört nach dem →Verfassungsrecht der kath. Kirche zu der vollen, eigenständigen u. unmittelbaren →Vollmacht, die der →Papst über die →Gesamtkirche (c. 331; c. 43 CCEO) u. der →Bischof über die →Teilkirche ausübt (c. 381 §1; c. 178 CCEO) u. die zusammen m. der gesetzgebenden u. verwaltenden Gewalt die Leitungsgewalt ausmacht (potestas regiminis, c. 135; c. 985 §1 CCEO). Sie ist diejenige Form der Leitungsgewalt, die durch die autoritative Anwendung des Rechtes auf den Einzelfall definiert ist, u. zwar im Parteienstreit um Rechte od. zum Zwecke der →Strafverhängung.

Die Kirche beansprucht die G. als eigenes u. exklusives Recht in Streitsachen, die geistl. od. m. Geistlichem verbundene Gegenstände betreffen, als auch zur Feststellung der Schuld u. zur Verhängung von Strafen bei Verletzung kirchl. →Gesetze u. in Fällen aufgrund der Sündhaftigkeit eines Verhaltens (c. 1401).

Der Anspruch auf eine eigene, unabhängige G. ergibt sich aus dem Selbstständigkeitsanspruch der kirchl. Rechtsordnung, der auch nach dem Aufgeben eines Kirchenverständnisses der societas perfecta fortbesteht, sowie aus dem Beharren auf dem Rechtscharakter des kirchl. Rechtes trotz z. T. fehlender Sanktionsmöglichkeiten. Die G. gehört wesentlich zur Rechtsordnung, weil sie zu deren Realisierung u. Durchsetzung im Streitfalle erforderlich ist.

Mögliche Gegenstände der G. sind nach c. 1400 u. c. 1055 CCEO die Durchsetzung od. Einforderung von Rechten natürlicher od. jur. Personen (→Juristische Person, kirchliche), die Feststellung von Rechtsverhältnissen u. die Deklarierung od. Verhängung von →Kirchenstrafen. Dabei werden Streitigkeiten, die aus der Ausübung von potestas administrativa bzw. exsecutiva entstanden sind, einem bes. Gerichtsweg (c. 1400 § 2) od. dem Verwaltungsweg zugewiesen (c. 1055 § 2 CCEO).

G. wird i. d. R. durch von den Trägern der kirchl. →Verwaltung (potestas regiminis exsecutiva) getrennte Organe ausgeübt, die in den Gesetzbüchern als tribunalia bez. werden. Die Ausübung richterlicher Gewalt durch Verwaltungsorgane, v. a. die Kongr. der röm. Kurie (→Kongregationen, römische), hat durch Art. 19 § 2 PastBon an Bedeutung verloren u. ist auf die Strafverhängung durch die Glaubenskongregation begrenzt (Art. 52 PastBon).

Zum Aufbau der G. s. →Gerichtsweg, kirchlicher.

Die G. wird nicht durch P. u. Bf. selbst ausgeübt, sondern durch die →Diözesangerichte u. →Metropolitangerichte u. die Gerichte (→Gerichte, kirchliche) des →Apostolischen Stuhles in der lat. Kirche, die Eparchialgerichte sowie die Gerichte der Metropolitan- u. Patriarchalkirchen u. anderen Kirchen sui iuris sowie die Gerichte des Apost. Stuhles in den kath. orient. Kirchen. →Richter in Ordensstreitigkeiten sind die nach c. 1427 bzw. c. 1069 CCEO zuständigen Oberen od. das Diözesan-/Eparchialgericht.

Zur Wahrnehmung seiner richterlichen Aufgabe bestellt der Diözesan- bzw. Eparchialbischof einen Priester zum Judizialvikar od. Offizial (→Gerichtsvikar; vicarius iudicialis, c. 1420 § 1; c. 1086 § 1 CCEO), der m. ihm zusammen ein einziges Gericht bildet. Mitarbeiter des Judizialvikars sind die stellvertretenden Judizialvikare (c. 1420 § 3; c. 1086 § 3 CCEO) u. die Diözesanrichter (iudices dioecesani), die nach orient. Recht →Kleriker (u. damit Männer) sein müssen (c. 1087 § 1 CCEO), während im lat. Recht weibliche u. männliche →Laien zu Diözesanrichtern bestellt werden können, die als erkennende Richter nur im →Kollegialgericht neben zwei Klerikern tätig werden können (c. 1421 §§ 1-2), im Ehenichtigkeitsprozess (→Ehenichtigkeitsverfahren) neben wenigstens einem Kleriker (c. 1673 § 3).

Weiterer Amtsträger an den Diözesangerichten ist der →Kirchenanwalt (promotor iustitiae), der sich für die Interessen des öff. Wohls der Kirche einzusetzen hat (c. 1430; c. 1094 CCEO); ferner der Bandverteidiger (→Ehebandverteidiger u. →Weihebandverteidiger) (defensor vinculi), der in Ehe- u. Weiheverfahren die Aufgabe hat, für den Bestand der Ehe bzw. die Gültigkeit der Weihe einzutreten (c. 1432; c. 1096 CCEO). Als Kirchenanwalt u. Bandverteidiger kommen nach beiden Rechten Kleriker u. Laien in Betracht (c. 1435; c. 1099 CCEO). Sie wie auch alle Richter müssen Doktoren od. wenigstens Lizentiaten des Kan. Rechtes sein (cc. 1420 § 2, 1421 § 2, 1435; cc. 1086 § 4, 1087 § 3, 1099 § 2 CCEO).

Als Urkundsbeamter wirkt an jedem Gericht ein →Notar (kirchl. Rechtes) m. (cc. 1437 u. 483; cc. 1101 u. 253 CCEO). Neben den genannten Richtern können weitere Personen, o. die Voraussetzungen für eines der vorgenannten Ämter erfüllen zu müssen, als →Untersuchungsrichter (auditor, c. 1428; c. 1093 CCEO) beauftragt werden, die Beweisaufnahme in kirchl. Prozessen durchzuführen.

Da in der lat. Kirche die (zweitinstanzlichen) Metropolitangerichte zugl. Diözesangerichte sind, ergeben sich in personeller Hinsicht keine Unterschiede. Die gleiche Rechtslage findet sich bei den Metropolitangerichten innerhalb einer Patriarchalkirche nach c. 1064 § 1 CCEO.

Die Amtsträger am ordentlichen Gericht der Patriarchalkirche als Gericht zweiter →Instanz werden vom Patriarchen m. Zustimmung der Ständigen Synode ernannt (c. 1063 § 2 CCEO). Das oberste Gericht innerhalb einer Patriarchalkirche ist m. der Bischofssynode dieser Kirche gleich; sie bestellt durch Wahl aus ihren Reihen für fünf J. einen Generalmoderator für die G. u. zwei Bf., die m. dem Generalmoderator als Vorsitzendem ein Kollegialgericht bilden (c. 1062 § 2 CCEO).

Quellen

Johannes Paul II., ApK Pastor Bonus vom 28. Juni 1988: AAS 80 (1988), 841-930.

Literatur

Mörsdorf, K., Rechtsprechung u. Verwaltung im kan. Recht, Freiburg 1941; Baura, E., Analisi del sistema canonico di giustizia amministrativa: La giustizia nell'attività amministrativa della Chiesa. Il contenzioso amministrativo, hg. v. E. Baura – J. Canosa, Mailand 2006, 2-58; Daneels, F., La nuova Lex propria del Supremo Tribunale della Segnatura Apostolica: Comm. 40 (2008), 336-341; Sassanelli, I., Il Tribunale della Rota Romana nell'odierno sistema processuale canonico: Apollinaris 88 (2015), 659-685; Baura, E., El desarrollo normativo posterior a la Constitución Apostólica Pastor Bonus de los tribunales de la Curia Romana: IusCan 58 (2018), 87-115; MKCIC zu den betr. cc.

Klaus Lüdicke

© 2019, DOI: 10.30965/9783506786388_0179

Gerichtsbarkeit, kirchliche bzw. religiöse – Evangelisch

1. Die k. G., die heute in der →Evangelischen Kirche in Deutschland m. ihren →Gliedkirchen u. gliedkirchlichen Zusammenschlüssen Rechtsprechungsfunktionen wahrnimmt (→Gerichtsweg, kirchlicher – Ev.; →Gerichtsorganisation, kirchliche – Ev.), ist eine vergleichsweise junge Einrichtung. Disziplinargerichte für die Entscheidung über Amtspflichtverletzungen von →Pfarrern u. Kirchenbeamten entstanden im ausgehenden 19. Jh., um die kirchl. Disziplinargewalt von der staatl. Kirchenhoheit zu emanzipieren u. zugl. m. der Entwicklung des staatl. Disziplinarwesens Schritt halten zu lassen. →Lehrbeanstandungsverfahren wurden aus dem →Disziplinarverfahren herausgelöst, zuerst m. dem Preuß. „Kirchengesetz, betreffend das Verfahren bei Beanstandung der Lehre von Geistlichen" von 1910. VerwG (→Verwaltungsgerichtsbarkeit) bildeten einige →Landeskirchen bald nach der Trennung von Staat u. Kirche durch die WRV 1919, die meisten aber erst zögernd in der zweiten Hälfte des 20. Jh. Verfassungsgerichtliche Zuständigkeiten (→Verfassungsgerichtsbarkeit) sind, wo vorgesehen, zusammen m. den verwaltungsgerichtlichen geregelt worden. Eine kirchl. Arbeitsgerichtsbarkeit folgte m. dem Ausbau des kollektiven kirchl. Arbeitsrechts (→Arbeitsrecht, kirchliches) auf dem →Dritten Weg, v. a. für Streitigkeiten aus dem Mitarbeitervertretungsrecht.

Mit den früheren Formen k. G. haben diese Institutionen kaum etwas zu tun. Die reformatorische Kritik an der Jurisdiktion der röm.-kath. Kirche ihrer Zeit ist oft grds. gegen die Vorstellung gewendet worden, dass Gerichte (→Gerichte, kirchliche) in der Ordnung der ev. Kirche einen Platz haben könnten. Die ev. →Konsistorien, die (u. a.) in die vor der Reformation durch die →Bischöfe wahrgenommenen Aufgaben der Ehegerichtsbarkeit einzutreten hatten, waren Behörden des landesherrlichen Kirchenregiments (→Kirchenregiment, landesherrliches); sie gingen in der allg. Staatsverwaltung auf, bevor →Verwaltung u. →Rechtsprechung funktionell u. institutionell in dem für die moderne G. maßgeblichen Sinn entflochten wurden.

Mit der Verselbständigung der kirchl. von der staatl. Ordnung stellte sich die Frage nach einer kircheneigenen G. neu. Einerseits schien sie die Eigenständigkeit der Kirche unterstützen zu können, sofern sie den Rechtsweg zu den staatl. Gerichten in kirchl. Angelegenheiten zu ersetzen u. zu verdrängen geeignet sei (dazu unten 3.). Andererseits schien die in der Grundlagendiskussion der ersten Jahrzehnte nach dem →Kirchenkampf herausgearbeitete Eigengeartetheit des ev. KR für die Bearbeitung von Konflikten innerhalb der Kirche ein nichtstreitiges Schlichten anstelle des Richtens „nach der Schärfe des Rechts" zu fordern. Die Ansätze zu entspr. Verfahren „brüderlicher Zucht", v. a. im Dienst- u. →Disziplinarrecht, sind nach u. nach einem gelassenen Ausbau der k. G. gewichen. Sie ist heute als ein Merkmal eines nach modernen Erwartungen an Willkürfreiheit, Verlässlichkeit, Verfahrenssicherheit, Korrigierbarkeit u. Konfliktregelung geordneten kirchl. Handelns weithin anerkannt.

2. Die Funktion der k. G. ist die kirchl. →Rechtsprechung, also die fremdinitiierte, externe, abschließende Kontrolle kirchl. Handelns am Maßstab des kirchl. Rechts. Sie verwirklicht die durch die Rechtsbindung vermittelte Verantwortung des kirchl. Handelns in der Gemeinschaft der Getauften über den im Rechtsstreit aufgebrochenen Dissens hinweg. Wie das KR der ev. Kirche hat auch ihre G. keine bes. geistl. Autorität. Ein ev. Kirchengericht ist kein Glaubensgericht.

3. Im Verhältnis zum Recht u. zur G. des Staates sind die kirchengerichtlichen Entscheidungen Ausdruck der kirchl. Selbstbestimmung (→Selbstbestimmungsrecht). Sie beanspruchen bürgerliche Wirksamkeit innerhalb der Schranken des für alle geltenden Gesetzes (Art. 140 GG i. V. m. Art. 137 Abs. 3 WRV). Gegenüber der früher herrschenden Auffassung, dass der kirchl. Rechtsweg den Rechtsweg zu den staatl. Gerichten zu verdrängen imstande sei (s. o. 1.), setzt sich zunehmend eine freiheitsrechtliche Einordnung durch. Danach bleibt es die Aufgabe der staatl. Justizgewährung, das letzte Wort über die Schranken kirchl. Freiheit zu sprechen; die Leistung einer vorauslaufenden kirchengerichtlichen Klärung besteht demgegenüber darin, die für den Ausgleich m. betroffenen bürgerlichen Belangen maßgebliche Plausibilität u. Konsistenz kirchl. Freiheitsentfaltung zu verbessern.

4. Organisatorische Voraussetzung für die Funktion der k. G. ist ihre Unabhängigkeit. Ihre ausschließliche Bindung an das kirchl. Recht schließt die Bindung der richterlichen Rechtserkenntnis an Schrift u. →Bekenntnis ein. Die institutionelle u. rechtliche Sicherung der Unabhängigkeit ist nicht an einem davon abgelösten Schema der Gewaltenteilung zu messen; ebensowenig bringt sie die k. G. in eine gewaltenteilende Konkurrenz zu den kirchenleitenden Organen. Vielmehr gilt sie allein den Funktionsbedingungen der rechtlichen Bindung kirchl. Handelns (s. o. 2.).

5. Die Rechtsgrundlagen der G. der ev. Kirche finden sich in bes. gesetzlichen Regelungen für die einzelnen Gerichtszweige. Die Verf. der meisten Gliedkirchen der EKD u. ihrer Zusammenschlüsse sowie die GrO der EKD treffen grundsätzliche Bestimmungen über Aufgabe u. Stellung der kirchl. Gerichte. Die →Gesetzgebung der EKD hat das kirchl. Gerichtsverfassungs- u. -verfahrensrecht in jüngerer Zeit erheblich zusammengeführt u. vereinheitlicht.

Literatur

Germann, M., Kirchl. Gerichtsbarkeit: HevKR, § 31.

Michael Germann

© 2019, DOI: 10.30965/9783506786388_0179

Gerichtsbarkeit, kirchliche bzw. religiöse – Jüdisch

M. der rechtlichen Gleichstellung jüd. Bevölkerungen in Europa verloren das rabb. Gerichtswesen ebenso wie die säkularen jüd. Entscheidungsgremien die schwankende staatl. Anerkennung als Güte- bzw. Schlichtungsinstanz. Lediglich im religiösen Bereich blieben bis zur Einführung staatl. Regelungen Zuständigkeiten erhalten, so etwa im Nachlass- bzw. →Eherecht. Danach unterlag die Nutzung rabb. Gerichte der persönlichen bzw. innergemeindlichen Entscheidung, wobei die im Rahmen der jüd. Konfessionalisierung entstandenen Reformgruppierungen das Religionsrecht, die Halacha, neu bewerteten, wohingegen die schwindenden orth. Gruppen an dessen zentraler Bedeutung festhielten.

Während das US-amerikanische konservative/massorti Judentum eine eigene Auslegungstradition begr., das liberale/progressive Judentum sich weitgehend von der Rechtstradition ablöste, ging die Orth. im Rahmen der allg. Stärkung von Schlichtungsforen dazu über, eine recht eigenständige, von staatl. Seite anerkannte Rspr. im Personenstands-, Ehe- u. Nachlassrecht, bei →Scheidungen, Gütertrennung, Unterhalts- u. Sorgerecht zu etablieren, dessen Nutzung in fundamentalistischen Kreisen v. a. durch sozialen Druck abgesichert ist. Der orth. Rabbinical Council of America bietet ein kostengünstiges Entscheidungsforum, das zunehmend weitere Bereiche des Privatrechts einbezieht. Dennoch gelingt es kaum, den Prozessparteien selbst zentrale Eigenheiten des Jüd. Rechts, bspw. die strukturelle Benachteiligung von Frauen, zu vermitteln. Entscheidungen in Ritualfragen wie den Speisegesetzen (Kaschrut) finden in der Orth. stets auf Grundlage der orth. Halacha statt.

Der Staat Israel hält die osmanische Regelung aus britischer Mandatszeit der alleinigen Zuständigkeit religiöser Gerichte etwa des zu einer quasi-staatl. Behörde aufgestiegenen sephardischen bzw. aschkenasischen Oberrabbinats bei binnenreligiösen Entscheidungen aufrecht. Dies schließt erhebliche Bereiche des bürgerlichen Rechts m. ein, so sind unter Wahrung religionsrechtlicher Eheverbote nur binnenkonfessionelle →Eheschließungen möglich, Scheidungen sowie Versorgungsregelungen unterliegen ausschließlich religiösem Recht. Erstmals in der jüd. Geschichte entstand hier ein in Ausbildung, Zuständigkeiten u. Hierarchien durchorganisiertes religiöses Rechtswesen.

In der BRD wurden nach dem Holocaust zunächst in einigen jüd. displaced persons-Lagern religiöse Gerichte eingerichtet, die neben rituellen Inhalten u. a. die Zugehörigkeit zum Judentum klärten. In den neuen Gde., den Besatzungszonen u. Bundesländern bildeten sich rabb. Zuständigkeiten aus, bspw. des britischen Oberrabbinats für die britische Besatzungszone. Insgesamt gelang es dem Rabbinat kaum, sich gegen die Verwaltungsgremien der Gde. zu behaupten. Dessen Versuche, ein Rabbinatsgericht für die BRD einzurichten, hatten zudem m. der Ablehnung seitens osteuropäischer →Rabbiner sowie der weltweiten jüd. Gemeinschaft gegenüber der Neugründung jüd. Lebens in Deutschland zu kämpfen. Das zunächst ausschließlich, nach der Einbeziehung liberaler Rabbiner mehrheitlich orth. Gremium wurde in den 1980er J. vom britischen u. israelischen Rabbinat zunehmend in Frage gestellt, was zu dessen Ende führte. Aufgrund der starken Israelorientierung der Gde. bediente man sich in zentralen Entscheidungen ohnedies vermehrt des israelischen Rabbinats; in der Folge stellten diese zunehmend Vertreter dieser ultra-orth. Tradition an. Die Einwanderung von Juden aus Staaten der ehem. Sovietunion in den 1990er J., inzwischen ca. 80% der Gemeindemitglieder, führte zur Einrichtung eines säkularen Schieds- u. Verwaltungsgerichts beim →Zentralrat der Juden in Deutschland, das im Rahmen der Entscheidungsbereiche, die der Staat Religionsgemeinschaften zugesteht, agiert. Diesem ist zwar ein Rabbiner beigeordnet, es stellt jedoch weder ein religiöses Gericht dar, noch entscheidet es nach Jüd. Recht. Um die zahlreichen Personenstandsfragen der Zugewanderten klären zu können, wurden auf Drängen des Zentralrats zwei unabhängige Rabbinerverbände, einer für die kleine liberale Gemeinschaft u. ein orth. m. Rabbinatsgericht eingerichtet. Auf dem Hintergrund wachsender israelischer Vorrangansprüche gegenüber orth. Rabbinerverbänden anderer Staaten arbeitet letzteres in direkter Abhängigkeit vom israelischen Oberrabbinat, um die Anerkennung der Entscheidungen abzusichern. Nach dem J. 2000 wurde ein European Beith Din eingerichtet, das unter dem Einfluss des strikt orth. britischen sowie des israelischen Rabbinats seine Anerkennung bis in die osteuropäischen Länder hinein zu festigen u. seine Zuständigkeit durch staatl. anerkannte Schiedssprüche zu erweitern versucht.

Literatur

Gotzmann, A., Jüd. Recht im kulturellen Prozess. Die Wahrnehmung der Halacha im Deutschland des 19. Jahrhunderts, Tübingen 1997 (Schriftenreihe wiss. Abh. des Leo Baeck Instituts 55); Sturman, R. L., House of Judgement. Alternate Dispute Resolution in the Orthodox Jewish Community: Californian Western Law Review 36 (2000), 417-436; Fried, G., The Collision of Church and State: A Primer to Beth Din Arbitration and the New York Secular Courts: Fordham Urban Law Journ. 31 (2003), 633-655; Barner, L., Von Irmgard zu Irith. Konversionen zum Judentum im Deutschland der 1950er u. 1960er Jahre, MA-Arbeit/Universität München (5. Oktober 2008); Tal, T., Hebrew Law in the Courts of Israel: Jewish Law Association Studies 18 (2008), 1-8.

Andreas Gotzmann

© 2019, DOI: 10.30965/9783506786388_0179

Gerichtsbarkeit, kirchliche bzw. religiöse – Islamisch

Unter islam. G. werden zumeist sog. Scharia-Gerichte (→ Scharia) verstanden. Dabei können versch. Dimensionenen betrachtet werden:

Hist.: In der islam. Tradition wird der Beginn der islam. G. i. d. R. in der Lebenszeit des Propheten Muḥammad (ca. 570-632 n. Chr.) gesehen. Dieser soll einzelne qāḍīs (→ Richter) in verschiedenste Teile der arabischen Halbinsel entsandt haben. Wahrscheinlicher ist jedoch, dass die Einsetzung von Richtern erst m. den Eroberungsfeldzügen unter den nachfolgenden Kalifen erfolgte. Dabei sollen diese proto-qāḍīs (Hallaq, 2005, 34) v. a. in den Garnisonsstädten im heutigen Irak, Syrien u. Ägypten zum Einsatz gekommen sein. Über ihre genaue Funktion ist bisher wenig bekannt, die Funktionsweise der Gerichte lässt sich anhand der Quellen erst ab dem 8. Jh. nachvollziehen.

Ab der Herrschaft der ʿUmayyaden (661-750 n. Chr.) lassen sich Gerichte m. einem vorsitzenden Einzelrichter nachweisen. In den Städten wurde dieser i. d. R. vom lokalen Gouverneur ernannt u. entlassen. Unter den ʿAbbasiden (750-1258 n. Chr.) wurde die Berufung von Richtern zunehmend monopolisiert u. dem Kalifen übertragen. In dieser Zeit lässt sich auch eine Hierarchisierung der islam. G. feststellen. M. der Ernennung von Abū Yūsuf 791 schuf der Kalif Hārūn ar-Rašīd erstmals den Posten des Oberqāḍīs (arabisch: qāḍī l-quḍāt). Der Oberqāḍī war dabei nicht an eine Lokalität gebunden, sondern vielmehr Berater des Kalifen bei rechtlichen u. theol. Fragestellungen, sowie bei der Auswahl der anderen Richter. Dabei wählte der Kalif zumeist einen Richter, welcher der von ihm befolgten → Rechtsschule anhing. Lediglich in den größeren Städten wurden mehrere Richter aus den vier Rechtsschulen eingesetzt, welche aber alle für dass. Gebiet zuständig waren. Diese parallele Einsetzung förderte das forum shopping.

Der Gerichtsbezirk eines qāḍīs umfasste i. d. R. das in einem halben Tagesmarsch zu erreichende Land um seinen Gerichtssitz herum. Alle in diesem Bereich lebenden Personen unterstanden seiner G. Die Beweispflicht lag hierbei bei den jeweiligen Klägern.

Als Streitgegenstände kamen alle Angelegenheiten, die Muslime betrafen, in Betracht. Ein Richter war dazu befugt, seine Anfragen an spezialisierte Personen abzugeben. Hierunter fallen u. a. spezialisierte Richter für Wasserrecht (arabisch: qāḍī l-miyah) od. für → Eherecht (arabisch: qāḍī l-manākiḥ). Obwohl anderen Religionsgemeinschaften eine eigenständige G. erlaubt war, finden sich zahlreiche Hinweise darauf, dass auch ḏimmīs (= geschützte Angehörige von anderen Religionsgruppen) Binnenstreitigkeiten vor islam. Richtern austrugen.

Gerichtsort konnte nach Gusto des Richters jede Örtlichkeit sein. Neben Marktplätzen u. den Heimstätten der Streitparteien, setzte sich im Laufe der Zeit die → Moschee als Gerichtsort durch.

Während zu Beginn ein Schreiber (arabisch: kātib) ausreichend war, wuchs der Beamtenstab m. der Zeit, um Kämmerer (arabisch: ḥāǧib), Ermittler (arabisch: ṣāḥib al-masā'il) u. weitere Berater.

I. d. R. war das → Urteil des qāḍīs endgültig u. bindend. Zur Berichtigung des Urt. war ein anderer qāḍī nur auf Grund fehlerhafter Anwendung, wenn in den hl. Texten od. dem erw. Gelehrtenkonsens gegenteiliges Material gefunden werden konnte. Das Urt. wurde schriftlich festgehalten u. den Streitparteien ausgehändigt. Ein weiteres Exemplar wurde für das Archiv angefertigt.

Moderne: In der Moderne hat die eigenständige islam. G. zunehmend an Bedeutung verloren. Auch wenn sich in ländlichen Gebieten noch Reste des klassischen Dorf-qāḍīs finden lassen, wird die Mehrzahl der gerichtlichen Verfahren heute vor staatl. Richtern geführt. Im Vergleich zu den hist. Streitgegenständen lässt sich festhalten, dass in den meisten modernen Staaten meist nur noch das Personenstandsrecht nach islam. Rechtssätzen abgehandelt wird – allerdings vor einem staatl. Gericht u. einem staatl. Richter. Eine den islam. Gerichten ähnliche Form, allerdings o. bindende Urteilswirkung u. damit m. eher beratendem Charakter, findet sich auch heute noch, wie etwa in Ägypten das Haus des Fatwas (arabisch: dār al-iftā' al-miṣrīya).

In Deutschland: Mehrere neuere Studien beschäftigen sich m. dem Phänomen der islam. G. in der BRD. Zumeist wird hier m. dem Begriff der Paralleljustiz gearbeitet. Im Rahmen der dt. Rechtsordnung ist die außergerichtlich Streitbeilegung aller Art erlaubt u. erwünscht. Als Akteure werden hierbei oft sog. Friedensrichter angeführt. Die Bez. wurde von Seiten der dt. Justiz für arabische Personen eingeführt, die zur Mediation u. Schlichtung bei Auseinandersetzungen eingesetzt wurden (siehe auch: Rohe – Jaraba, 8). Allerdings, so zeigen Studien, handelt es sich hierbei um eine Randerscheinung u. ist nicht zwingend im islam. Kontext zu finden. Die Existenz von Scharia-Gerichten lässt sich nicht belegen, die Bedeutung der sog. Friedensrichter wird überschätzt (ebd.).

Literatur

Tyan, É., Histoire de l'organisation judiciaire en pays d'Islam, Leiden ²1960; Schacht, J., An introduction to Islamic law, Oxford 1982; Hallaq, W. B., The origins and evolution of Islamic law, Cambridge 2005; Tillier, M., Les cadis d'Iraq et l'état abbasside (132/750-334/945), Damascus 2009; ders., Courts of law, historical: EI³: http://dx.doi.org/10.1163/1573-3912_ei3_COM_25583; Rohe, M. – Jaraba, M., Paralleljustiz. Zusammenfassung einer Studie im Auftrag des Landes Berlin, vertreten durch die Senatsverwaltung für Justiz u. Verbraucherschutz: https://www.ezire.fau.de/forschung/abgeschlossene-projekte/ [Zugriff: 15.05.2019].

Tibor Linke

© 2019, DOI: 10.30965/9783506786388_0179

Gerichtsgebühren – Katholisch

Gebühren sind durch die zuständige Autorität festgesetzte pflichtmäßige Abgaben für bestimmte Leistungen einer öff. Verwaltung od. die Inanspruchnahme bestimmter öff. Einrichtungen. Durch die G., die nur einen Teil der gesamten →Gerichtskosten ausmachen, wird die Inanspruchnahme des kirchl. Gerichts (→Gerichte, kirchliche) für ein Verfahren abgegolten. Darin sind die Kosten für die Räume des Gerichts einschließlich aller Nebenkosten, die Personalkosten sowie die Kosten der Gerichtsverwaltung (→Gerichtsverwaltung, kirchliche) wie z. B. Telefon- u. Portokosten sowie die Anfertigung von Kopien für den eigenen Bedarf des Gerichts, enthalten. Die G. beinhalten auch Aufwände der kirchl. Gerichte für die Beweiserhebung einschließlich evtl. notwendiger Verfahrensschritte anderer kirchl. Gerichte im Wege der Rechtshilfe, während die Entschädigung der →Zeugen nicht in den G. enthalten ist. Nicht in den G. enthalten sind auch die Honorare von →Sachverständigen u. →Dolmetschern sowie der evtl. beigezogenen Parteibeistände.

Die G. werden im Regelfall im Rahmen jener Ordnungen (→Gebührenordnungen) festgesetzt, die es bei jedem Gericht geben soll u. in denen das Tragen od. der Ausgleich der Gerichtskosten durch die Parteien, die Honorare für Parteibeistände u. Sachverständige, die Entschädigung der Zeugen, die Hinterlegung von Sicherheiten u. Ähnliches geregelt sind (c. 1649, Art. 303 DC; c. 1335 CCEO). Zuständig für den Erlass dieser Bestimmungen ist in der lat. Kirche der für die Leitung des Gerichts zuständige →Diözesanbischof (cc. 1649, 1423, Art. 303 DC), in den kath. Ostkirchen die Autorität, die das Gericht errichtet hat (c. 1070 CCEO).

Da nicht der Eindruck entstehen soll, dass es im Gebiet der gleichen BK Diözesen gibt, in denen die Verfahren günstiger sind als in anderen Diözesen, war man in Deutschland, Österreich u. der Schweiz immer bemüht, die G. einheitlich zu gestalten. In Deutschland gab der Ständige Rat der DBK zuletzt 1997 eine Empfehlung für eine einheitliche Festsetzung der G. Im Zuge der Währungsumstellung wurden die Gebühren auf 200 EUR für ein Verfahren in erster Instanz u. 100 EUR für ein Verfahren in zweiter Instanz, sowie 50 EUR für ein Urkundenverfahren gem. c. 1686 festgesetzt. Für Verfahren zur Auflösung von Ehen (→Eheauflösung) zu Gunsten des Glaubens, sog. Privilegium fidei Verfahren, u. Verfahren zur Auflösung von Ehen wegen →Nichtvollzugs (→Nichtvollzugsverfahren) werden nur die röm. Gebühren erhoben (ABl. für das Erzbistum München u. Freising, 2001, 156).

Die G. betragen in Österreich 300 EUR für ein Verfahren, für röm. Verfahren nur die röm. Gebühren (ABl. der ÖBK, Nr. 1 vom 25.01.1984, 10, Nr. 22); in der Schweiz 400 Schweizer Franken für ein Verfahren in erster Instanz u. 500 Schweizer Franken für ein Verfahren in zweiter Instanz (Stand: 01.04.2018).

Ungeachtet der Zuständigkeit gem. c. 1649, Art. 303 DC/c. 1335 n. 3 CCEO werden in MP →Mitis Iudex Dominus Iesus u. MP Mitis et miserecors Iesus die BK bzw. die Synoden der Orient. Kirchen aufgefordert, für eine Kostenfreiheit der Ehenichtigkeitsprozesse zu sorgen.

Quellen

PCLT, Instr. Dignitas Connubii: Comm. 37 (2005), 11-92; Franziskus, MP Mitis Iudex Dominus Iesus vom 15. August 2015: AAS 107 (2015), 958-970; ders., MP Mitis et misericors Iesus vom 15. August 2015: AAS 107 (2015), 946-957.

Literatur

Lüdicke, K., „Dignitas connubii“. Die Eheprozeßordnung der kath. Kirche, Essen 2005 (BzMKCIC 42), 387-389; KanR IV, 519-521; Güthoff, E., § 110 Das Streitverfahren, IV. Kostenregelung: HbkathKR³, 1684; Lüdicke, K.: MKCIC c. 1649.

Michael Benz

© 2019, DOI: 10.30965/9783506786388_0180

Gerichtsgewalt

→Gewaltenunterscheidung, →Jurisdiktion

Gerichtskosten – Katholisch

Die G. umfassen sämtliche Aufwendungen des Gerichts (→Gerichte, kirchliche), die zur Durchführung eines Verfahrens notwendig sind. Hierzu zählen die →Gerichtsgebühren, die Honorare von →Sachverständigen u. →Dolmetschern sowie die Entschädigung der →Zeugen.

Es ist Aufgabe des →Richters, im →Urteil die G. festzusetzen (c. 1611 n. 4, Art. 250 DC, 304 DC; c. 1294 n. 4 CCEO), soweit diese nicht bereits aufgrund der Ordnung für die Gerichtsgebühren (→Gebührenordnungen) feststehen. Diese Festsetzung der G. beinhaltet ggf. die Festlegung, von welcher →Partei welche G. zu tragen sind.

Bei der Festsetzung der G. ist der Richter an jene Bestimmungen gebunden, die es bei jedem Gericht geben soll u. in denen das Tragen od. der Ausgleich der G. durch die Parteien, die Honorare für Parteibeistände u. Sachverständige, die Entschädigung der Zeugen, die Hinterlegung von Sicherheiten u. Ähnliches geregelt sind. Ausdrücklich vorgesehen ist eine Regelung für die Gewährung des unentgeltlichen →Rechtsschutzes od. eine Ermäßigung der G. (c. 1649, Art. 303 DC; c. 1335 CCEO). Zuständig für den Erlass dieser Bestimmungen ist in der lat. Kirche der für die Leitung des Gerichts zuständige →Diözesanbischof (cc. 1649, 1423, Art. 303 DC), in den Orient. Kirchen jene Autorität, die das Gericht errichtet hat (c. 1070 CCEO).

Für die Gerichte in Deutschland, Österreich u. der Schweiz gibt es bis jetzt keine Bestimmungen, die umfassend die Frage der G. regeln. Lediglich die Gerichtsgebühren wurden für alle Gerichte festgesetzt, wenn auch nicht immer veröff.

Die Anwaltskosten beruhen i. d. R. auf einer freien Vereinbarung zwischen der jeweiligen Partei u. dem →Anwalt. Die an einzelnen Gerichten vorhandenen Ordnungen für Anwaltsgebühren enthalten deshalb lediglich Richtwerte, die als Empfehlungen zu verstehen sind. Die bekannten Ordnungen für Anwaltsgebühren beruhen in ihrem Kern auf einem Vorschlag, der am 20.03.1997 auf einer Tagung der deutschsprachigen Offizialate in Bensberg unterbreitet worden war. Wird einer Partei unentgeltlicher Rechtsschutz gewährt, erstattet das Gericht höchstens die in der Ordnung für Anwaltsgebühren vorgesehenen Beträge, sofern in →Ehenichtigkeitsverfahren nicht auf Art. 112 § 2 DC zurückgegriffen wird, wonach in der Anwaltsliste des Gerichts verzeichnete Anwälte in diesem Fall den unentgeltlichen Rechtsschutz auf Weisung des Offizials (→Gerichtsvikar) zu gewähren haben. Die Ordnung, die dem Ständigen Rat der DBK vorgelegen hatte, sieht folgende Sätze umgerechnet in Euro vor: Beratung bis 150 EUR, Beratung m. Erstellung der Klageschrift bis 250 EUR, Erhebung des Beweisangebotes bis 150 EUR, Teilnahme an einer Vernehmung bis 100 EUR zuzüglich Fahrtkosten, Defensio bis 250 EUR, jede Erwiderung auf eine Stellungnahme der Gegenpartei od. des Ehebandverteidigers bis 100 EUR u. schließlich die Einreichung der Berufung m. Begründung bis 150 EUR (ABl. der Diözese Speyer 93, 2000, 281). Eine Ordnung der Gebühren für Prozessbevollmächtigte, die nicht zugl. als Anwälte tätig sind, ist nicht vorgesehen.

Den Zeugen steht gem. c. 1571/c. 1252 CCEO Auslagenerstattung zu, die sowohl die für den Zeugen m. der Vernehmung verbundenen Kosten (z. B. Reisekosten) wie auch den Verdienstausfall umfasst. Die Festsetzung dieser Auslagenerstattung ist Aufgabe des Richters, wobei der die vom zuständigen Gerichtsherrn erlassenen Bestimmungen beachten muss.

Unabhängig vom Ausgang des Verfahrens hat in Ehenichtigkeitsverfahren gewöhnlich die klagende Partei die Gerichtsgebühren, jede Seite jedoch ihre Anwaltskosten u. entspr. der o. dargestellten Regelung die von ihr verursachten übrigen G. selbst zu tragen.

In Streitverfahren sind entgegen der in den dt. Diözesen vorgesehenen Ordnung, die offensichtlich nur die Ehenichtigkeitsverfahren im

Blick hat, der unterlegenen Partei sämtliche G. u. Anwaltskosten, auch die der Gegenseite, aufzubürden.

Zu den Kosten eines kirchl. Gerichtsverfahrens (→Gerichtsverfahren, kirchliches), die jedoch keine G. im eigentlichen Sinne sind, zählen die ggf. anfallenden Gebühren der →Apostolischen Signatur für die Gewährung einer dritten Instanz im jeweiligen Land od. Sprachraum. Im Gebiet der DBK wird ein solcher Antrag vereinbarungsgemäß über das Offizialat abgewickelt, das im jeweiligen Verfahren als Gericht erster Instanz tätig war. Eine Entscheidung darüber, wer diese Kosten zu tragen hat, ist deshalb im Urt. dieses Gerichts nicht mehr möglich. Diese Gebühren sind vom Gericht in einem eigenen Bescheid von der begünstigten bzw. beantragenden Partei einzufordern.

Quellen

PCLT, Instr. Dignitas Connubii: Comm. 37 (2005), 11-92.

Literatur

Benz, M., Aufgabe, Stellung u. Kosten eines kirchl. Anwalts in Eheverfahren: AfkKR 165 (1996), 437-456; Lüdicke, K., „Dignitas connubii“. Die Eheprozeßordnung der kath. Kirche, Essen 2005 (BzMKCIC 42), 139 f., 315 f., 387-389; KanR IV, 519-521; Güthoff, E., § 110 Das Streitverfahren, IV. Kostenregelung: HbkathKR³, 1684; Lüdicke, K.: MKCIC cc. 1571 u. 1649.

Michael Benz

© 2019, DOI: 10.30965/9783506786388_0182

Gerichtsnotar

→Notar

Gerichtsordnung, kirchliche – Katholisch

Eine umfassende G., wie DC für die Eheprozesse (→Ehenichtigkeitsverfahren), fehlt im CIC u. CCEO. Die G. in Titel III des VII. Buches des CIC über kan. Prozesse behandelt in fünf Kap. allg. Themen, die im Zusammenhang m. der Prozessführung stehen u. für alle Arten von Prozessen gelten: Die Aufgaben der →Richter u. des Gerichtspersonals (cc. 1446-1457), die Reihenfolge der Untersuchungen (cc. 1458-1464), Termine u. →Fristen (cc. 1465-1467), den Gerichtsort (→Gerichtsort, kirchlicher) (cc. 1468 f.) sowie die Teilnahme am Prozess u. die Aktenführung (cc. 1470-1475). Der CCEO regelt diese Sachverhalte nahezu identisch in den Kap. III bis VI des Titels XXIV über die Gerichtsverfahren (→Gerichtsverfahren, kirchliches) (cc. 1103-1128 CCEO).

Grundmaxime ist die Vermeidung von Prozessen. Alle →Gläubigen sollen bemüht sein, Rechtsstreitigkeiten zu unterlassen, sofern die Gerechtigkeit nicht beeinträchtigt wird. Der Richter soll gem. c. 1446 (c. 1103 CCEO) die Streitparteien auch während des Prozesses ggf. durch Einschaltung Dritter zu einer friedlichen Beilegung des Rechtsstreits bzw. zu einem Vergleich od. Schiedsspruch (cc. 1713-1716; cc. 1168-1184 CCEO) ermutigen. In cc. 1447-1451 (cc. 1105-1109 CCEO) geht es um die Befangenheit des Gerichtspersonals: Wer als Richter, →Kirchenanwalt, Bandverteidiger (→Ehebandverteidiger u. →Weihebandverteidiger), →Prozessbevollmächtiger, →Anwalt, →Zeuge od. →Sachverständiger am Prozess mitgewirkt hat, kann in dieser Sache in keiner weiteren →Instanz Richter od. Beisitzer machen (c. 1447; c. 1105 CCEO). →Blutsverwandtschaft, →Schwägerschaft, persönliche Beziehungen od. möglicher eigener Nutzen sind weitere Befangenheitsgründe für das Gerichtspersonal (c. 1448; c. 1106 CCEO). Enthält sich der Betroffene nicht selbst seines Amtes können die →Parteien diesen ablehnen (c. 1450; c. 1107 CCEO). Die Entscheidung darüber ist auf schnellstem Weg zu treffen, wobei Prozesshandlungen, die der Richter vor der Ablehnung vorgenommen hat, gültig bleiben (c. 1451 § 1; c. 1109 CCEO). Bei Strafsachen, in Fällen, die das allg. Wohl od. das Seelenheil betreffen, gilt die Offizialsmaxime: Der Richter muss von Amts wegen tätig werden, in Streitsachen um das private Wohl darf er nur auf Antrag einer Partei handeln, bei Gefahr eines ungerechten Urt. aber auch auf eigenen Antrieb (c. 1452; c. 1110 CCEO). Verfahren sollen möglichst rasch beendet werden, d. h. erstinstanzliche in einem J., zweitinstanzliche in sechs Monaten (c. 1453; c. 1111 CCEO). Gerichtspersonen müssen einen Amtseid ablegen (c. 1454; c 1112 CCEO). Sie sind von Amts wegen zur Verschwiegenheit verpflichtet, Zeugen, Sachverständige, Parteien, Anwälte u. Prozessbevollmächtigte können eidlich dazu verpflichtet werden (c. 1455; c 1113 CCEO). C. 1457 bzw. c. 1115 CCEO regeln Amtspflichtverletzungen der Gerichtspersonen, die m. entspr. →Strafen einschließlich der →Absetzung vom Amt geahndet werden können. In Kap. II werden wesentliche Bestimmungen zum Prozessablauf aufgeführt: Prozesssachen sind in der Reihenfolge ihres Eingangs zu behandeln (c. 1458; c. 1117 CCEO). →Einreden bzgl. Zuständigkeit (c. 1460; c. 1119 CCEO), prozessausschließende Einreden (c. 1462; c. 1121 CCEO) u. Anträge auf Gewährung unentgeltlichen →Rechtsschutzes (c. 1464; c. 1123 CCEO) sind vor →Streitfestlegung einzubringen, Einreden bzgl. die →Nichtigkeit des Verfahrens bewirkender Prozessfehler sind während des gesamten Verfahrenslaufs möglich (c. 1459; c. 1118 CCEO). Widerklagen können nur bis dreißig Tage nach Streitfestlegung eingebracht werden (c. 1463; c. 1112 CCEO). Vom Gesetz festgelegte Fristen können nicht verlängert u. nur auf Antrag der Parteien verkürzt werden, vom Richter angeordnete nach Anhören der Parteien verlängert u. m deren Zustimmung verkürzt werden (c. 1465; c. 1124 CCEO). Das Gericht (→Gerichte, kirchliche) soll einen ständigen Sitz u. festgelegte Öffnungszeiten haben (c. 1468; c. 1127 CCEO). Bei Beweiserhebung außerhalb des eigenen Zuständigkeitsbereichs bedarf der Richter der Erlaubnis des dortigen Orts(Epiarchal)Bf. (c. 1469 § 2; c. 1128 § 2 CCEO). Es folgen Normen zur Zugangsberechtigung zum Prozess u. zur Aktenführung. Da es sich bei kirchl. Prozessen meist um Personenstands- od. Strafsachen handelt, sind die Persönlichkeitsrechte (insb. d. Privat- u. d. →Intimsphäre) der Betroffenen zu schützen. Es gibt daher keine Öffentlichkeit bei den Verh. Nur jene Personen dürfen im Gerichtssaal zugegen sein, die das Gesetz od. der Richter zur Abwicklung des Verfahrens für erforderlich hält (c. 1470; c. 1129 CCEO). →Parteiaussagen u. Zeugenaussagen geschehen i. d. R. einzeln, nur vor dem Richter, einem →Notar, der Prot. führt, u. ggf. einem →Dolmetscher sowie den Anwälten (cc. 1534; 1559; cc. 1215; 1240 CCEO). Nur im mündlichen Streitverfahren (c. 1663 § 2; c. 1349 § 2 CCEO) od. beim kürzeren Eheprozess (c. 1686; c. 1372 CCEO) dürfen die Parteien anwesend sein. Die fehlende Öffentlichkeit wird durch den Notar u. exakte Aktenführung ausgeglichen; quod non est in actis non est in mundo: Die Urteilsfällung muss ausschließlich aufgrund der Prozessakten erfolgen (c. 1608; c. 1291 § 2 CCEO). Bei den →Gerichtsakten wird zwischen Sachakten (zum Streitinhalt) u. Verfahrensakten (zum Verfahrensablauf) unterschieden; jede Seite muss nummeriert u. vom Notar signiert werden (c. 1472; c. 1131 CCEO). Abschriften sind vom Notar zu beglaubigen u. dürfen nur m. Erlaubnis des Richters weitergeben werden (c. 1475; c. 1133 CCEO).

Quellen

PCLT, Instr. Dignitas Connubii: Comm. 37 (2005), 11-92.

Literatur

Ramos, F. J., I Tribunali Ecclesiatici. Constituzione, organizzazione, norme processuali, cause matrimoniali, Rom [2]2000; Lüdicke, K., „Dignitas Connubii“. Die Eheprozeßordnung der kath. Kirche, Essen 2005 (BzMKCIC 42); Rambacher, S., Im Dienst an der Wahrheit u. am Menschen: DPM 19/20 (2012/2013), 357-369; Neudecker, G., Ius sequitur vitam – Der Dienst des Kirchengerichts an der Lebendigkeit des Rechts, Münster 2013 (TKRSt 13), 201-325; KanR IV, 343-371; Güthoff, E., Gerichtsverfassung u. Gerichtsordnung: HbkathKR[3], 1669-1672; Lüdicke, K.: MKCIC Prozessrecht, Gerichtsordnung.

Ernst Frhr. von Castell

Gerichtsorganisation, kirchliche – Katholisch

Der →Papst ist kraft Amtes oberster →Richter der kath. Kirche. Ihm selbst sind die in c. 1401 angeführten Verfahren von Staatsoberhäuptern, →Kardinälen, →Patriarchen u. Gesandten des Apost. Stuhles (→Gesandter, päpstlicher) sowie Strafsachen gegen →Bischöfe vorbehalten bzw. alle Sachen, die er an sich zieht (c. 1405 §1; c. 1060 CCEO). Jedem Gläubigen steht es frei, seine Streit- od. Strafsache auch bei schon laufendem Prozess dem Hl. Stuhl zur Entscheidung zu übergeben, wobei der Prozesslauf des bereits angegangenen Gerichts nicht unterbrochen wird (c. 1417; c. 1059 CCEO). Der P. kann ein Richteramt selbst ausüben, an einen Richter delegieren od. die ordentlichen Gerichte des Apost. Stuhles, die →Apostolische Signatur u. die →Römische Rota damit beauftragen. Die SignAp hat nominell zwei Sekt.: Die erste Sekt. ist das Kassationsgericht für RR-entscheidungen u. Zuständigkeitskonflikte (c. 1445 §1 bzw. PastBon Art. 122), ihr eingegliedert ist die oberste Gerichtsverwaltungsbehörde (c. 1445 §3). Die zweite Sekt. entscheidet als oberstes u. einziges VerwG der Kirche über Klagen gegen Verwaltungsentscheide der →Römischen Kurie od. deren Kompetenzstreitigkeiten (c. 1445 §2 bzw. PastBon 123). Die RR ist das ordentliche Berufungsgericht des P. (c. 1443). Sie entscheidet über die Bf. in Streitsachen, wenn diese keinem eigenen Patriarchen unterstehen, über oberste Leiter von →Ordensinstituten, →Diözesen od. über Personen, die dem P. direkt unterstellt sind (c. 1405 §3; cc. 1060; 1061 CCEO). Während im Rechtsbereich des CIC (vgl. Buch VII Titel 2 bzw. cc. 1417-1445) der ordentliche Instanzenzug vom →Diözesangericht über das →Metropolitangericht zur RR verläuft, gibt es im Bereich des CCEO (vgl. Titel XXIV Kap. 1 bzw. cc. 1058-1085) auf der Ebene des Patriarchats eigene Gerichte: Die Synode der Bf. der Patriarchatskirche ist deren höchstes Gericht (unterhalb des P.). Die Synode wählt für fünf J. aus ihrer Mitte einen Generalmoderator (Vorsitzender) u. zwei Bf. (Beisitzer), die Streitfälle der Eparchien od. der Bf. entscheiden (Berufung geht direkt an die Synode). Der Generalmoderator hat auch die Vigilanz über die Untergerichte (c. 1062 CCEO). Der Patriarch muss gem. c. 1063 ein eigenes, ordentliches Gericht für die ganze Patriarchatskirche m. eigenem Gerichtspersonal errichten, das als Berufungsgericht bzw. in Sachen, die diesem Gericht gem. c. 1062 §§4 u. 5 vorbehalten sind, entscheidet. Die dort tätigen Vorsitzenden, Richter, →Kirchenanwälte, Bandverteidiger (→Ehebandverteidiger u. →Weihebandverteidiger) werden vom Patriarchen m. Zustimmung der ständigen Synode ernannt (c. 1063 §2 CCEO). Unterhalb der päpstlichen bzw. patriarchalen Gerichtsbarkeit (→Gerichtsbarkeit, kirchliche bzw. religiöse) sind die Gerichtsordnungen (→Gerichtsordnung, kirchliche) in der lat. u. in den orient. Kirchen weitgehend identisch. Die Gerichte sind zur gegenseitigen Rechtshilfe verpflichtet (c. 1418; c. 1071 CCEO), bei Eheprozessen hat der Diözesan-/Eparchialbischof (→Diözesanbischof) das Recht, sich an ein benachbartes Gericht zu wenden (c. 1673 §2; c. 359 §2 CCEO). Mehrere Diözesan-/Eparchialbischöfe können m. Genehmigung des Apost. Stuhles (Patriarchen) ein gemeinsames interdiözesanes Gericht (→Interdiözesangericht) erster Instanz errichten (c. 1423; c. 1067 CCEO). Der Diözesan-/Eparchialbischof ist ansonsten selbst Richter in seinem Gebiet, soll aber einen Priester als →Gerichtsvikar (Offizial) m. ordentlicher richterlicher Gewalt (potestas ordinaria vicaria) bestellen, der vom →Generalvikar (außer in kleinen Diözesen) verschieden ist (c. 1420 §1; c. 1086 §1 CCEO) u. dem auch die Gerichtsverwaltung (→Gerichtsverwaltung, kirchliche) obliegt (c. 1420 § 2; c. 1086 § 2 CCEO). Gerichtsvikar (ebenso Vizeoffiziale, Richter, Kirchenanwälte u. Bandverteidiger) werden auf Zeit ernannt, müssen gut beleumundet u. Doktoren od. zumindest Lizentiaten des kan. Rechts sein (c. 1420 § 4; ähnlich c. 1086 § 2 CCEO). Sie bleiben auch bei Sedisvakanz im Amt, bedürfen dann aber der Bestätigung des nachfolgenden Bf. (c. 1420 § 5; c. 1088 § 2 f. CCEO). Personenstandssachen (bzgl. Weihe- od. Eheband) u. bestimmte Strafsachen sind, auch wenn der Bf. selbst als Richter tätig wird, → Kollegialgerichten vorbehalten (c. 1425; c. 1084 CCEO). Der Bf. bzw. der Gerichtsvikar od. ein Vizeoffizial ist dabei nach Möglichkeit Vorsitzender u. mind. zwei Diözesanrichter wirken als Beisitzer (→ Assessor). Die beisitzenden Richter werden i. d. R. turnusmäßig bestimmt u. können nur aus sehr schwerwiegendem Grund ausgetauscht werden (c. 1425 §§ 3 u. 5; c. 1090 §§ 1 u. 2 CCEO). M. Erlaubnis der → Bischofskonferenz (des Patriarchen bzw. → Metropoliten) kann auch ein Laie als Beisitzer mitentscheiden (c. 1421 § 2; 1087 § 2 CCEO). Bei → Ehenichtigkeitsverfahren muss nur einer von drei Richtern Kleriker sein (c. 1673 § 3; c. 1359 § 3 CCEO). Beim kürzeren Eheprozess (c. 1683; c. 1369 CCEO) entscheidet der Bf., beraten von einem → Untersuchungsrichter u. einem Beisitzer, alleine (c. 1687 § 1; c. 1373 § 1 CCEO). Wo kein Kollegialgericht eingerichtet werden kann, kann die BK (Patriarch bzw. Metropolit) für erstinstanzliche Verfahren dem Bf. erlauben, die Sache einem Kleriker als Einzelrichter zu übertragen, der einen Berater u. einen → Vernehmungsrichter hinzuziehen soll (c. 1425 § 4; c. 1084 § 3 CCEO). Ordentliches Berufungsgericht ist das Metropolitangericht bzw. für dieses ein vom Metropoliten m. Genehmigung des Apost. Stuhles auf Dauer bestimmtes Gericht eines Suffraganbischofs (c. 1438; c. 1064 CCEO). Für Streitsachen zwischen Ordensleuten, Niederlassungen od. Provinzen, bei denen der gemeinsame Obere Leitungsvollmacht besitzt, ist, unbeschadet der Konst., der jeweils zuständige Obere Richter erster Instanz (c. 1427; c. 1069 CCEO). Gericht zweiter Instanz ist dann der höchste Obere/Abtpräses (c. 1438, 3°) bzw. das Partriarchatsgericht (c. 1063 § 4 CCEO). Geht es um einen Rechtstreit m. anderen Personen, entscheidet das Diözesan-/Eparchialgericht (c. 1427 § 3; c. 1069 § 2 CCEO).

Quellen

Johannes Paul II., ApK Pastor Bonus vom 28. Juni 1988: AAS 80 (1988), 841-930.

Literatur

Ramos, F. J., I Tribunali Ecclesiatici, Rom ²2000; Grocholewski, Z., Die leitenden Prinzipien im Buch VII des CIC: DPM 8/1 (2001), 13-40; ders., Das höchste Gericht der Apost. Signatur: DPM 8/2 (2001), 175-197; Schöch, N., Römische Höchstgerichtsbarkeit: ÖARR 52 (2005), 493-522; ders., Befangenheitseinreden gegen eine Gerichtsperson: DPM 14 (2007), 75-105; Killermann, S., Die Rota Romana, Frankfurt ²2012 (AIC 46); KanR IV, 325-342; Güthoff, E., Gerichtsverfassung u. Gerichtsordnung: HbkathKR³, 1661-1669; Hahn, J., Das kirchl. Richteramt, Essen 2017 (BzMKCIC 74), 345-372; Lüdicke, K.: MKCIC Prozessrecht, Gerichtsordnung.

Ernst Frhr. von Castell

Gerichtsorganisation, kirchliche – Evangelisch

Die k. G. ist in versch. KG der → Evangelischen Kirche in Deutschland u. ihrer → Gliedkirchen u. gliedkirchlichen Zusammenschlüsse über die kirchl. Gerichtsbarkeit (→ Gerichtsbarkeit, kirchliche bzw. religiöse) geregelt, zusammen m. den Zuständigkeiten (→ Gerichtsweg, kirchlicher – Ev.) u. den gerichtlichen Verfahren. Einen partiell gemeinsamen Rahmen für die k. G. in der EKD u. ihren Gliedkirchen hat das Kirchengerichtsgesetz der EKD von 2003 geschaffen.

1. a) Gerichte (→ Gerichte, kirchliche) der EKD sind der VerfGH sowie als zwei → Instanz-

en für die →Verwaltungsgerichtsbarkeit, die Disziplinar- u. die Arbeitsgerichtsbarkeit das Kirchengericht u. der Kirchengerichtshof der EKD. I. Ü. bestehen Kirchengerichte bei den Gliedkirchen u. ihren Zusammenschlüssen. b) Für verfassungsgerichtliche Zuständigkeiten in den Gliedkirchen kann der VerfGH der EKD in Anspruch genommen werden, wovon bisher eine Gliedkirche Gebrauch macht. Die Gliedkirchen u. gliedkirchlichen Zusammenschlüsse, die eine →Verfassungsgerichtsbarkeit vorsehen, fassen sie i. Ü. m. der Verwaltungsgerichtsbarkeit in einem Verfassungs- u. VerwG zusammen. c) Das Kirchengericht der EKD wird von einigen Gliedkirchen u. von der →Union Evangelischer Kirchen in der EKD für ihren unmittelbaren Bereich als kirchl. VerwG in Anspruch genommen. Die →Konföderation evangelischer Kirchen in Niedersachsen hat einen Rechtshof als gemeinsames Verwaltungsgericht eingerichtet, die übrigen Gliedkirchen haben ein landeskirchliches VerwG. Revisionsgericht ist das Verfassungs- u. VerwG der →Vereinigten Evangelisch-Lutherischen Kirche Deutschlands od. der Kirchengerichtshof der EKD als VGH. d) Als kirchl. Disziplinargericht erster Instanz (Disziplinarkammer) für den unmittelbaren Bereich der EKD entscheidet das Kirchengericht der EKD. Die Gliedkirchen u. die gliedkirchlichen Zusammenschlüsse erklären die Disziplinarkammer der EKD für zuständig od. bilden eigene od. gemeinsame Disziplinarkammern. Berufungsgericht ist der Kirchengerichtshof der EKD als Disziplinarhof m. einem „Lutherischen Senat" u. einem für ref. u. unierte Kirchen „Gemeinsamen Senat". e) Die mitarbeitervertretungsrechtlichen Kirchengerichte der ersten Instanz sind bei den Gliedkirchen errichtet, etliche davon unter der Bez. Schlichtungsstelle od. Schiedsstelle; zwei Gliedkirchen machen von der Möglichkeit Gebrauch, das Kirchengericht der EKD in Anspruch zu nehmen, andere wirken untereinander zusammen. Gericht zweiter Instanz ist der Kirchengerichtshof der EKD m. zwei Senaten für mitarbeitervertretungsrechtliche Streitigkeiten. f) Für →Lehrbeanstandungsverfahren bildet die VELKD ein für ihre Gliedkirchen zuständiges gemeinsames Spruchkollegium, sonst die einzelne →Landeskirche einen eigenen Spruchkörper.

2. a) Vorrangiges Merkmal der k. G. ist die Unabhängigkeit der Gerichte u. →Richter. Sie dient der ausschließlichen Bindung der →Rechtsprechung an das kirchl. Recht einschließlich der Bindung der richterlichen Rechtsfindung an Schrift u. →Bekenntnis. b) Das Richteramt an den ev. Kirchengerichten ist als ein Ehrenamt ausgestaltet. Es ist auf meist sechs J. befristet bei ausdrücklicher Zulässigkeit der Wiederbestellung. c) In den Spruchkörpern (→Kollegialgericht) wirken nach allen kirchl. Gerichtsgesetzen Juristen u. Theologen zusammen. Für Spruchkörper der meisten Gerichte ist eine Besetzung m. drei od. m. fünf Mitgliedern vorgesehen, von denen ein Jurist zum Vorsitzenden bestellt wird. Die Spruchkollegien für Lehrverfahren haben überwiegend sieben Mitglieder, unter denen – dem Gegenstand des Verfahrens gem. – der →Bischof od. ein anderer Theologe den Vorsitz führt u. auch i. Ü. die Theologen überwiegen. d) Die Bestellung zum Richteramt setzt die Wählbarkeit zu kirchl. Ämtern voraus, insb. die durch Taufe vermittelte Kirchenmitgliedschaft. Die Zugehörigkeit der Richter zur Gemeinschaft der Getauften ist die entscheidende Bedingung dafür, ihre Rechtserkenntnis dem kirchl. Handeln zuzurechnen. Das ist auch für die kirchl. Gerichte m. Zuständigkeiten im kirchl. Arbeitsrecht (→Arbeitsrecht, kirchliches) festzuhalten, in dem zunehmend die bürgerlichrechtliche Interessendurchsetzung gegen die Legitimitätsbedingungen des kirchl. Rechts ausgespielt wird. e) Auf den luth., ref. od. konsensunierten →Bekenntnisstand der Richter kommt es für die k. G. nur ausnahmsweise an. So ist die Senatsgliederung des Disziplinarhofs der EKD darauf eingerichtet, dass die Richter jeweils dems. Bekenntnisstand an-

gehören wie der Beschuldigte. Die Spruchkörper für Lehrbeanstandungsverfahren sind teils auf Übereinstimmung im Bekenntnisstand, teils auf das multiperspektivische Zusammenwirken von Mitgliedern versch. Bekenntnisstände ausgerichtet, jeweils um einen unvoreingenommenen Blick auf das in Rede stehende Verkündigungshandeln zu unterstützen. f) Regelungen über die Inkompatibilität des Richteramtes m. anderen Ämtern sowie über den Ausschluss u. die mögliche Ablehnung von Richtern wegen einer Besorgnis der Befangenheit bieten die üblichen weiteren Vorkehrungen für die Unparteilichkeit der Rspr. g) Die Richter werden für die meisten kirchl. Gerichte entweder von der →Synode gewählt od. von der →Kirchenleitung berufen. Für die Spruchkörper nach dem Mitarbeitervertretungsgesetz (→Mitarbeitervertretungsordnung/-gesetz) spiegelt die Berufung der Richter die paritätische Beteiligung von Dienstgeber- u. Dienstnehmerseite.

Literatur

Germann, M., Kirchl. Gerichtsbarkeit: HevKR, § 31.

Michael Germann

© 2019, DOI: 10.30965/9783506786388_0185

Gerichtsort, kirchlicher – Katholisch

Im Unterschied zur eingehenderen Normierung des CIC/1917 (cann. 1636-1639) legt c. 1468 (DC 84) über den G. lediglich fest, dass der Sitz jedes Gerichtes (→Gerichte, kirchliche) nach Möglichkeit ständig ders. u. zu festgelegten Stunden geöffnet sein soll. So ist weder von der internen räumlichen Ausstattung die Rede noch ausdrücklich von der territorialen Lage auf dem Gebiet des Bistums. Letzteres Erfordernis lässt sich aus dem Kontext der nachfolgenden Norm des c. 1469 (DC 85) über den gewaltsam aus seinem Gebiet vertriebenen →Richter (§1) u. über denjenigen schließen, der zum Zwecke der Beweiserhebung sein Territorium verlassen kann, sofern er zuvor die Parteien diesbezüglich angehört u. der örtlich zuständige →Diözesanbischof die Erlaubnis erteilt u. einen entspr. Ort benannt hat (§2). Während §1 auf can. 1637 zurückgeht, stellt §2 eine Erweiterung der bisherigen →Gesetzgebung dar. Da das Vorliegen der drei einschränkenden Bedingungen keine wesensmäßigen Voraussetzungen für das richterliche Handeln sind, bilden sie nur eine Erlaubtheitsvorschrift u. führen bei vollständiger od. teilweiser Nichtbeachtung nicht zur Ungültigkeit.

Diese knapp gefasste Regelung bzgl. des G. macht zum einen das grundlegende Prinzip der territorialen Zuordnung deutlich, sie lässt aber ebenso erkennen, dass von dieser Grundregel in begr. Ausnahmefällen abgewichen werden kann. Das Volk Gottes ist in seinen →Teilkirchen gem. c. 372 i. d. R. gebietsmäßig umschrieben, jedoch kann Leitungsvollmacht i. S. v. c. 136 in begr. Fällen auch gebietsunabhängig ausgeübt werden (vgl. can. 201). Zu unterscheiden ist zwischen dem G. u. der sich aus den Normen über den kan. Gerichtsstand (→Gerichtsstand, kirchlicher) ergebenden Zuständigkeit eines kirchl. Gerichtes für die Durchführung eines gerichtlichen Verfahrens.

Quellen

PCLT, Instr. Dignitas Connubii: Comm. 37 (2005), 11-92.

Literatur

Hülskamp, M., Art. Gerichtsort, kirchl.: LKStKR Bd. 2, 82; Lüdicke, K., „Dignitas connubii". Die Eheprozessordnung der kath. Kirche. Text u. Kommentar, Essen 2005 (BzMKCIC 42), 109-110; ders., MKCIC cc. 1468, 1469.

Lothar Wächter

© 2019, DOI: 10.30965/9783506786388_0186

Gerichtspersonal

→Anwalt, →Ehebandverteidiger, →Gerichtsämter, →Gerichtsvikar, →Kirchenanwalt, →Notar, →Richter

Gerichtsstand, kirchlicher – Katholisch

Unter dem aus dem dt. Zivilrecht entlehnten Begriff G. wird in der dt. Kirchenrechtssprache gemeinhin die Gerichtszuständigkeit verstanden, d. h. die Normierungen des CIC in den cc. 1404-1416 (De foro competenti) über die →Zuständigkeit, auf Grundlage derer ein kirchl. Gericht (→Gerichte, kirchliche) eine Klage annehmen u. behandeln darf bzw. muss od. ein →Kläger einen Anspruch ableiten kann, ein kirchl. Gericht für sich tätig werden zu lassen aufgrund sachlicher, persönlicher od. territorialer Kriterien, die insb. den Zweck haben, eine geordnete u. nachvollziehbare Zuständigkeitsordnung zu garantieren u. gleichzeitig die nichtklagende Partei vor willkürlicher Wahl eines →Richters zu schützen.

Ausnahmen von den allg. Zuständigkeitsregeln gelten nach c. 1405 z. B. für Staatsoberhäupter, →Kardinäle, Gesandte des Apost. Stuhles (→Gesandter, päpstlicher) u., nur in Strafsachen, für →Bischöfe, die ihren G. beim →Papst persönlich haben; dies gilt auch für alle anderen Verfahren, die der P. aufgrund seines Jurisdiktionsprimates an sich zieht. Der P. selber m. seiner höchsten, vollen, unmittelbaren u. universalen ordentlichen →Vollmacht unterliegt keinerlei Gerichtsbarkeit (→Gerichtsbarkeit, kirchliche bzw. religiöse) (c. 1404), entspr. Rechtshandlungen wären nicht existent („pro infectis“), während Verstöße gegen die anderen Ausnahmetatbestände des c. 1405 eine absolute Unzuständigkeit begründen würden (c. 1406). Alle weiteren Unzuständigkeiten gelten als relativ u. sind insofern unbeachtlich als sie geheilt werden u. ein gültiges →Urteil zustande kommen lassen, es sei denn, Prozessbeteiligte hätten gem. cc. 1459 u. 1460 interveniert.

Sofern nicht eine Sonderzuständigkeit gem. c. 1405 besteht, gilt als Grundregel für die Zuständigkeit in erster →Instanz, dass jemand nur vor dem kirchl. Richter verklagt werden kann, der aus einem der in den cc. 1408-1414 festgelegten Titel zuständig ist (c. 1407 §1). Demgemäß kann jeder vor dem Gericht seines →Wohnsitzes od. Nebenwohnsitzes (vgl. c. 102) verklagt werden (c. 1408) bzw. bei Wohnsitzlosigkeit (→Wohnsitzlose) bei demjenigen des faktischen →Aufenthaltes od. bei dessen Unkenntnis beim für den Kläger zuständigen Gericht (c. 1409). Unter materiellen Gesichtspunkten kann das Gericht des Ortes (→Gerichtsort, kirchlicher) der strittigen Sache zuständig sein (c. 1410), bei Klagen über Verträge der Ort des Vertragsschlusses od. dessen Erfüllung (c. 1411). Weitere Zuständigkeitstitel ergeben sich in Strafsachen (c. 1412; vgl. hierzu Glaubenskongregation, De delictis gravioribus vom 18.05.2001), aus Streitigkeiten über Verwaltertätigkeit od. die aus Erbschaften od. frommen Vermächtnissen herrühren (c. 1413) u. aus Sachzusammenhängen m. Gegenständen, die bereits in einem laufenden Verfahren Relevanz haben (c. 1414).

Bei konkurrierender Zuständigkeit in gleicher Sache angerufener Gerichte liegt das Entscheidungsrecht bei dem Gericht, das die belangte Partei als erste rechtmäßig geladen hat (c. 1415). Zuständigkeitskonflikte sind vor dem ggf. gemeinsamen Berufungsgericht zu entscheiden, ansonsten vor der →Apostolischen Signatur (c. 1416).

Die für →Ehenichtigkeitsverfahren geltenden gesonderten Zuständigkeitsregeln wurden durch das MP →Mitis Iudex Dominus Iesus (lat. Kirche) u. durch das MP Mitis et misericors Iesus (kath. Ostkirchen) vom 15.08.2015 neu geregelt. Gem. c. 1672 (c. 1358 CCEO) ist der G. in erster Instanz bei dem Gericht des (1) Eheschließungsortes begr., des (2) Wohnsitzes od. Nebenwohnsitzes (vgl. c. 102) einer od. beider Parteien od. (3) des Ortes, an dem die meisten →Beweise tatsächlich zu erheben sind. Soll ein sog. kürzerer Ehenichtigkeitsprozess geführt werden, liegt die Zuständigkeit für die Entscheidung bei dem →Diözesanbischof, dessen Gericht nach c. 1672 für das Verfahren zuständig ist. Im Falle der Zuständigkeit eines interdiözesanen Gerichts findet Art. 19 der Ratio procedendi zum MP MIDI (bzw. MP Mitis et misercors Iesus) Anwendung. In begr. Einzelfällen kann durch Dekr. der SignAp die Kompetenz eines (Erz)Bfl. Offizialats einer (Erz)Diözese auf ein anderes Bistum ausgeweitet werden (vgl. z. B. Erzbischöfliches Offizialat Köln).

Quellen

Epistola a Congregatione pro Doctrina Fidei missa ad totius Catholicae Ecclesiae Episcopos aliosque Ordinarios et Hierarchas interesse habentes: de delictis gravioribus eidem Congregationi pro Doctrina fidei reservatis: AAS 93 (2001), 785-788; PCLT, Instr. Dignitas Connubii: Comm. 37 (2005), 11-92; Dekr. der Apostolischen Signatur über die Ausweitung der Kompetenz des Erzbischöflichen Offizialates Köln für den Bereich des Bistums Essen vom 30. Januar 2009: AfkKR 178 (2009), 206; Franziskus, MP Mitis iudex Dominus Iesus vom 15. August 2015: AAS 107 (2015), 958-967; hierzu: Ratio procedendi in causis ad matrimonium nullitatem declarandam: AAS 107 (2015), 967-970; ders., MP Mitis et misericors Iesus vom 15. August 2015: AAS 107 (2015), 946-954; hierzu: Ratio procedendi in causis ad matrimonium nullitatem declarandam: AAS 107 (2015), 954-957.

Literatur

KanR IV, 276-289; Ramos, F. J., I Tribunali ecclesiastici. Costituzione, organizzazione, norme processuali, cause matrimoniali, Rom ²2000; Hülskamp, M., Art. Gerichtsstand, kirchl.: LKStKR Bd. 2, 82-83; Lüdicke, K., „Dignitas connubii". Die Eheprozessordnung der kath. Kirche. Text u. Kommentar, Wingen 2005 (BzMKCIC 42); ders.: MKCIC cc. 1404-1416.

Lothar Wächter

Gerichtsverfahren, kirchliches – Katholisch

G. bez. das gesetzlich geregelte Vorgehen (der Dispensgewalt des →Diözesanbischofs entzogen: c. 87; c. 1537 CCEO), durch das unter Beschreitung des kirchl. Gerichtswegs (→Gerichtsweg, kirchlicher) (im Unterschied zum administrativen Vorgehen) ein m. einer →Klage vorgebrachtes Begehren von der kirchl. Gerichtsbarkeit (→Gerichtsbarkeit, kirchliche bzw. religiöse) behandelt wird. Das G. dient dem →Rechtsschutz, der Feststellung von Tatsachen, aber auch der Bestrafung. Das kan. Recht kennt versch. Arten von G., die dem Gegenstand des gerichtlichen Streits angepasst sind: Streitverfahren, Strafverfahren u. Verwaltungsstreitverfahren.

1. Das Streitverfahren, als Grundstruktur eines G. im CIC u. CCEO in einer ordentlichen (schriftlichen) u. einer vereinfachten (mündlichen) Variante detailliert geregelt (cc. 1501-1670; cc. 1185-1356 CCEO), behandelt eine Streitigkeit i. d. R. zweier →Parteien, die dem Gericht (→Gerichte, kirchliche) ihre kontroversen Rechtsauffassungen u. Forderungen vortragen u. vom →Richter eine autoritative Entscheidung erhalten. Die wichtigsten Schritte dieses Verfahrens sind: Klage, Benennung des →Einzelrichters od. des Gerichtshofes, Annahme der Klage, →Ladung der Gegenpartei, Festlegung des formalisierten →Streitgegenstandes (dubium, Prozessfrage o. ä. genannt) durch richterliches Dekr., Beweisaufnahme (nach der Parteienmaxime m. Amtsermittlung zur Vermeidung eines ungerechten →Urteils), Offenlegung der Akten, Abschluss der Beweisaufnahme, Erörterung der Angelegenheit, richterliches Urt. Die Struktur des Urt. richtet sich entspr. dem Streitgegenstand entweder auf eine Leistung der verurteilten Partei od. auf Feststellung eines rechtlichen Sachverhalts (z. B. Ungültigkeit einer Ehe). Das Urt. wird rechtskräftig, d. h. geltendes Recht zwischen den Parteien, wenn es nicht durch Berufung (→Berufung im Prozess) angefochten wird. In diesem Falle schließt sich ein gleiches Verfahren zweiter →Instanz an, dessen Urteil unanfechtbar wird, wenn es m. dem der Vorinstanz übereinstimmt. Anderenfalls ist weitere Berufung möglich. – Ist das →Gemeinwohl der Kirche betroffen, ist der →Kirchenanwalt am Verfahren zu beteiligen.

Nach den Normen des ordentlichen Streitverfahrens werden auch →Ehenichtigkeitsverfahren u. Weihenichtigkeitsverfahren behandelt, bei denen nicht ein Streit zwischen Parteien das Verfahren charakterisiert, sondern das Interesse eines (od. beider) →Ehegatten bzw. eines →Klerikers, dass die kirchl. Autorität den Nichtbestand des Ehe- bzw. Weihesakraments feststellt (sog. Feststellungsverfahren). Für beide Gegenstände enthalten die Gesetzbücher wenige Sondernormen (Ehe: cc. 1671-1691; cc. 1357-1377 CCEO; Weihe: cc. 1708-1712; cc. 1385-1387 CCEO). In einem solchen Verfahren wirkt von Amts wegen stets ein Bandverteidiger (→Ehebandverteidiger u. →Weihebandverteidiger) m., der gegen das Klagebegehren argumentiert (d. h. das Ehe- bzw. Weiheband verteidigt). In diesen u. anderen Personenstandsverfahren gibt es keine endgültigen Entscheidungen, also keine →Rechtskraft im förmlichen Sinne. – Nach Neuordnung des Eheprozesses durch P. Franziskus 2015 wird die Bestätigung eines affirmativen Urt. durch eine weitere Instanz (die sog. duplex sententia conformis) nicht mehr verlangt, doch kann eine Partei od. der Bandverteidiger innerhalb von 15 Tagen nach Erhalt des Urt. Berufung einlegen. Bleibt diese Frist ungenutzt, dekretiert der Richter die Anwendbarkeit des Urt., ansonsten übersendet er die Akten an das Berufungsgericht. Bezweckt die Berufung offenkundig nur eine Verschleppung, ist die Sache von vornherein abzuweisen, andernfalls zur Verhandlung auf dem Weg des ordentlichen Verfahrens (analog zum Verfahren erster Instanz) anzunehmen u. zu entscheiden. – Soll eine →Ehenichtigkeit aufgrund von →Urkunden bewiesen werden, kann ein verkürztes Verfahren durchgeführt werden (cc. 1688-1690; cc. 1374-1376 CCEO).

2. Das Strafverfahren (cc. 1717-1719, 1721-1731; cc. 1468-1485 CCEO) dient der Feststellung, ob von einem Angeklagten eine nach kirchl. Recht strafbare Handlung begangen wurde u. wie diese zu ahnden ist; die administrative Form des Strafverfahrens (c. 1720; cc. 1486-1487 CCEO) fällt indes nicht unter den Begriff der G. Das Verfahren beginnt m. der auf Weisung des Ordinarius erhobenen Anklage des Kirchenanwalts u. folgt soweit möglich dem Verlauf des ordentlichen Streitverfahrens (c. 1728 §1; c. 1471 §1 CCEO). Das Strafverfahren endet m. einem Urt., das auf Freispruch, auf Feststellung des schon erfolgten Eintritts einer →Kirchenstrafe (poena latae sententiae, c. 1314; dem CCEO unbekannt) od. auf Verhängung einer →Strafe (poena ferendae sententiae) lauten kann. Gegen das Urt. ist Berufung möglich.

3. Ein Verwaltungsstreitverfahren, das aus einem Akt ausführender Gewalt (potestas regiminis exsecutiva) entsteht, wurde während der Reform des CIC zwar konzipiert, aber nicht umgesetzt, obgleich cc. 149 u. 1400 §2 eigene VerwG voraussetzen. Mangels Regelung finden Verwaltungsstreitverfahren nicht statt; lediglich die →Apostolische Signatur behandelt Klagen, die aus der Entscheidung eines röm. →Dikasteriums resultieren (Art. 34 der Lex specialis von 2008). – Eine eigene Form des Verwaltungsverfahrens stellt die Kirchl. Arbeitsgerichtsordnung – KAGO – der DBK i. d. F. vom 25.02.2010 dar, deren Gegenstand Rechtsstreitigkeiten des allg., nicht aber des individuellen Arbeitsrechts (→Arbeitsrecht, kirchliches) sind.

4. Verfahren auf dem Verwaltungsweg (also ein Akt der ausführenden, nicht der richterlichen Gewalt), gehören nicht zu den G., obgleich vom Geschäftsverteilungsplan der Bfl. Kurie mitunter dem kirchl. Gericht zugewiesen od. von dessen Mitarbeitern behandelt. Die notwendige Untersuchung (Instruktionsverfahren) wird auf diözesaner Ebene durchgeführt u. z. T. auch dort eine Entscheidung gefällt (Verfahren zur Feststellung der Nichtigkeit einer Ehe wegen Formmangels, zum →Privilegium Paulinum, zur Todesfeststellung od. →Strafverhängung durch Dekr. des Ordinarius); oftmals kommt indes die Entscheidung einer röm. Kongr. bzw. (als Gnadenerweis) dem →Papst zu (Verfahren zum →Nichtvollzug einer Ehe, zum →Privilegium Petrinum, zur Versetzung eines Klerikers in den Laienstand [→Laisierung], →Seligsprechungsverfahren u. →Heiligsprechungsverfahren). Den Charakter der Straffeststellung od. -verhängung durch die

Glaubenskongregation klären weder Art. 52 PastBon noch Art. 1 §1 Normae de gravioribus delictis.

Quellen

Johannes Paul II., ApK Pastor Bonus vom 28. Juni 1988: AAS 80 (1988), 841-930; Franziskus, MP Sacramentorum sanctitatis tutelam vom 30. April 2001: AAS 93 (2001), 737-739; m. Normae de gravioribus delictis Congregationi pro Doctrina Fidei reservatis i. d. F. v. 21. Mai 2010: AAS 102 (2010), 419-430; ders., MP Mitis Iudex Dominus Iesus vom 15. August 2015: AAS 107 (2015), 958-970; ders., MP Mitis et misericors Iesus vom 15. August 2015: AAS 107 (2015), 946-957.

Literatur

Korta, St., Grundprinzipien des kan. Prozessrechts: Ius Canonicum in Oriente et Occidente (FS Fürst), hg. v. H. Zapp – A. Weiß – St. Korta, Frankfurt – Berlin – Bern u. a. 2003 (AIC 25), 897-913; Althaus, R., Die Feststellung der Nichtigkeit der Erteilung einer hl. Weihe vor dem Hintergrund der Neuordnung des Verwaltungsverfahrens vom 16. Oktober 2001: DPM 11 (2004), 23-43; Rhode, U., Die Ziele des kan. Ehe- u. Eheprozessrechts: DPM 12 (2005), 29-47; Kapfelsperger, V., Eheverfahren u. Eheprozesse in Staat u. Kirche, Frankfurt 2014 (AIC 52); Althaus, R. – Lüdicke, K., Der kirchl. Strafprozess nach dem Codex Iuris Canonici u. Nebengesetzen. Normen u. Kommentar, Essen ²2015 (BzMKCIC 61); Weiß, A., §108 Grundfragen kirchl. Gerichtsbarkeit: HbkathKR³, 1647-1660; Güthoff, E., §109 Gerichtsverfassung u. Gerichtsordnung: HbkathKR³, 1661-1672; ders., §110 Das Streitverfahren: HbkathKR³, 1673-1686; Rambacher, St., §111 Die Eheverfahren: HbkathKR³, 1687-1721; Kingata, Y., §112 Das Weiheverfahren: HbkathKR³, 1722-1732; Ihli, St., §113 Das Strafverfahren: HbkathKR³, 1733-1748; KanR IV, 250-588; m. ErgBd.; Lüdicke, K.: MKCIC cc. 1500-1731.

Rüdiger Althaus

© 2019, DOI: 10.30965/9783506786388_0189

Gerichtsverfassung, kirchliche – Katholisch

Unter G. versteht man jene →Gesetze, welche grds. die Zuständigkeit der Gerichte (→Gerichte, kirchliche), ihre Organisation (→Gerichtsorganisation, kirchliche) u. Zusammensetzung, die Gerichtsordnung (→Gerichtsordnung, kirchliche), die Stellung der Prozessparteien u. ihrer Beistände sowie die prozessualen Kampfmittel regeln. Aufgrund der Reform des kirchl. →Ehenichtigkeitsverfahrens durch P. Franziskus im J. 2015 gelten für Ehenichtigkeitsverfahren einerseits u. andere Streit- sowie für die Sanktionsverfahren andererseits etwas andere Regelungen.

Zur Verwirklichung des Rechts in einem konkreten Einzelfall hat der →Papst u. haben die →Bischöfe richterliche Gewalt, die im Regelfall in ihrer Stellvertretung durch dafür vorgesehene Gerichte ausgeübt wird. Gelegentlich wirken Gerichte aber nicht nur in Prozessen, sondern auch in solchen Verfahren m., die nicht m. einem →Urteil, sondern m. einer Verwaltungsentscheidung, z. B. einem Gnadenakt enden. Bzgl. der Zuständigkeit des Gerichts wird zwischen ordentlichem u. außerordentlichem Gerichtsstand (→Gerichtsstand, kirchlicher) unterschieden.

In ordentlicher Weise stellt das Gericht des →Diözesanbischofs die erste →Instanz (→Diözesangericht), jenes des →Metropoliten die zweite Instanz (→Metropolitangericht) u. das höchste ordentliche Gericht der kath. Kirche, die →Römische Rota, die dritte u. ggf. höhere Instanz dar. M. Genehmigung der →Apostolischen Signatur können mehrere →Diözesen ein gemeinsames Gericht erster Instanz (→Interdiözesangericht) einrichten.

Die Zuständigkeit des Gerichts ist unterschiedlich je nachdem, ob es sich um ein Ehenichtigkeitsverfahren bzw. um ein Verfahren zur Trennung der Ehegatten (→Ehetrennung), um ein anderes Streitverfahren od. ein Sanktionsverfahren handelt. Außer im Falle eines Eheverfahrens gilt in erster Linie die Zuständigkeit des Gerichts des →Wohnsitzes od. Quasi-Wohnsitzes (c. 1408; c. 1074 CCEO) bzw. des tatsächlichen Aufenthaltsortes (c. 1409 §1; c. 1075 §1 CCEO) (→Aufenthalt) der nichtklagenden Partei; sollten weder Wohnsitz noch tatsächlicher Aufenthaltsort bekannt sein u. sollte kein anderer Zuständigkeitsgrund bestehen, ist das Gericht des Wohnsitzes des →Klägers zuständig. In Ehenichtigkeitssachen gelten gleichberechtigt die Zuständigkeit des Gerichts des Eheschließungsortes, des Wohnsitzes od. Quasi-Wohnsitzes bzw. des tatsächlichen Aufenthaltsortes der klagenden bzw. der nichtklagenden Partei od. jenes Ortes, an dem die meisten Beweise zu erheben sind (c. 1672; c. 1358 CCEO). Bes. (ordentliche) Zuständigkeiten gelten bei →Klagen hinsichtlich der belegenen Sache, hinsichtlich eines Vertrages, hinsichtlich Verpflichtungen aus einem anderen Rechtstitel, bei Sanktionsverfahren, Streitigkeiten aus einer Verwaltertätigkeit, aus Erbschaften od. frommen Vermächtnissen (vgl. cc. 1410-1413; cc. 1076-1079 CCEO). Für die Entgegennahme des Antrags auf Auflösung der nichtvollzogenen Ehe (→Nichtvollzugsverfahren) ist der Bf. des Wohnsitzes od. Quasi-Wohnsitzes des Bittstellers bzw. der Bittstellerin zuständig (c. 1699 §1).

Einen außerordentlichen Gerichtsstand beim P. haben Staatsoberhäupter, nach dem Recht der Lat. Kirche →Kardinäle u. Gesandte des Apost. Stuhles (→Gesandter, päpstlicher), nach orient. Recht die →Patriarchen, des weiteren Bf. in Sanktionssachen; außerdem kann der P. Fälle an sich ziehen (c. 1405 §1; c. 1060 §1 CCEO). Den außerordentlichen Gerichtsstand bei der RR haben nach Lat. Recht Bf. in Streitsachen – ausgenommen Fälle von Rechten u. Vermögenswerten vom Bf. vertretener jur. Personen (→Juristische Person, kirchliche) –, →Abtprimas od. →Abtpräses einer monastischen Kongr. u. der oberste Leiter eines →Ordensinstituts päpstlichen Rechts sowie Diözesen od. sonstige natürliche u. jur. Personen, die keinen Oberen unterhalb des P. haben (c. 1405 §3). Nach dem CCEO gelten z. T. andere Zuständigkeiten (vgl. cc. 1060 §2; 1061-1062, 1063 §4 CCEO).

Das Diözesangericht wird vom →Gerichtsvikar (gemeinhin Offizial genannt) geleitet, dem auch die Akte der Gerichtsverwaltung (→Gerichtsverwaltung, kirchliche) zukommen, sofern sie nicht dem Bf., der Gerichtsherr ist, vorbehalten sind (wie z. B. die Zulassung von →Anwälten). Entspr. der vom Vat II gelehrten Einheit der Kirchengewalt sind die →Richter des kirchl. Gerichts grds. →Kleriker (c. 1421 §1; c. 1087 §1 CCEO); die →Bischofskonferenz kann aber die Mitwirkung eines →Laien im →Kollegialgericht erlauben (c. 1421 §2; ähnlich c. 1087 §2 CCEO); in Ehenichtigkeitssachen können sogar zwei der drei Richter Laien sein, wobei der Vorsitz einem Kleriker vorbehalten ist (vgl. c. 1673 §3; c. 1359 §3 CCEO). Die übrigen Mitarbeiter des Gerichts können Kleriker od. Laien sein: der →Ehebandverteidiger, der die Aufgabe hat, alles vorzubringen, was gegen die Ungültigkeit der Ehe bzw. gegen ihre Auflösung spricht; der →Weihebandverteidiger, der eine ähnliche Aufgabe bzgl. des Weihebandes hat; der →Kirchenanwalt, der in Streit- u. Sanktionsverfahren in Abstimmung m. dem Ordinarius das Interesse der Kirche vertritt; der →Vernehmungsrichter, dem die Durchführung der Vernehmungen m. den dafür notwendigen Rechtshandlungen zukommt; der →Notar, dessen Mitwirkung in Gerichtsverfahren (→Gerichtsverfahren, kirchliches) vorgeschrieben ist, damit die gerichtlichen Akten öff. Glauben genießen; in Sachen, in denen der gute Ruf eines Priesters in Gefahr geraten könnte, muss der Notar jedoch Priester sein.

Die SignAp ist zum einen Gerichtsverwaltungsbehörde, zum anderen aber auch höchstes außerordentliches Gericht der kath. Kirche u. VerwG gegen Entscheidungen der →Römischen Kurie.

Neben der gesamtkirchlich vorgesehenen ordentlichen Gerichtsbarkeit (→Gerichtsbarkeit, kirchliche bzw. religiöse) gibt es auch durch partikulares KR geordnete bes. Gerichte, z. B. die Arbeitsgerichte (→Arbeitsgericht, kirchliches) od. die Datenschutzgerichte im Bereich der DBK.

Literatur

Ramos, F. J., I tribunali ecclesiastici. Costituzione, organizzazione, norme processuali, cause matrimoniali, Rom ²2000; Arroba Conde, M. J., Diritto processuale canonico, Rom ⁶2012; KanR IV, 276-402; Güthoff, E., Gerichtsverfassung u. Gerichtsordnung: HbkathKR³, 1661-1672; Müller, L., Das kirchl. Ehenichtigkeitsverfahren nach der Reform von 2015, Paderborn 2017; MKCIC cc. 1400-1500.

Ludger Müller

© 2019, DOI: 10.30965/9783506786388_0190

Gerichtsverwaltung, kirchliche – Katholisch

Die G. hat ähnlich wie die staatl. Justizverwaltung die Aufgaben, den Gerichtsbetrieb 1. personell wie 2. sachlich zu organisieren, 3. die Dienstaufsicht über die an der Rechtspflege Beteiligten auszuüben, 4. die vorgeschriebenen Registrierungen, Dokumentationen, Archivierungen/→Kassationen durchzuführen bzw. zu veranlassen u. 5. die geforderten Ber. aufzustellen. Sie obliegt i. d. R. dem Offizial (→Gerichtsvikar) als dem zuständigen Vertreter des →Bischofs (vgl. c. 1423 §1). Ihre Wahrnehmung ist weitgehend der allg. Verwaltung der →Diözesankurie übertragen (Personalmanagement, Personalentwicklung, internes u. exernes Rechnungswesen, Informationstechnik, Gebäudewirtschaft). Zu 1.: Die von der zuständigen Autorität zu ernennenden (cc. 1420 f., 1430, 1432, 483) od. zuzulassenden (cc. 1428 §2, 1483) Personen müssen den gesetzlichen Anforderungen entsprechen od. davon →Dispens erlangen, in ihre Aufgaben eingeführt, begleitet u. fortgebildet werden. Bei der Aufstellung der Geschäftsverteilungspläne ist das Prinzip des gesetzlichen →Richters (c. 1425 §3) zu beachten. Zu 2.: Der effiziente Betrieb eines Gerichts (→Gerichte, kirchliche) setzt eine angemessene räumliche u. technische Ausstattung voraus; er erfordert die ständig zu aktualisierende Organisation eines vielfältigen sachlichen Bedarfs; dies kann auch die Aufstellung u. Überwachung eines eigenen Budgets beinhalten. Zu 3.: Nicht nur die korrekte u. zügige Abwicklung der Verfahren innerhalb der gesetzlichen Richtzeiten (c. 1453) ist – immer unter Wahrung des Prinzips der richterlichen Unabhängigkeit – möglichst zu gewährleisten, ggf. sind auch disziplinarische Maßnahmen bei Amtspflichtverletzungen der Mitarbeiter (cc. 1455-1457) bzw. Ahndung von Dienstmissbrauch u. Fehlverhalten der →Anwälte/Prozessvertreter (cc. 1488 f.) zu ergreifen. Für eine gerechte Stellenbewertung u. Besoldung ist ebenso zu sorgen (cc. 231 §2, 281 §1) wie für die Beachtung zunehmend komplexer arbeitsrechtlicher u. datenschutzrechtlicher Vorschriften. Eine angemessene Kommunikationskultur ist zu schaffen u. zu pflegen. Zu 4.: Hier ist nicht nur das Prozessbuch zu nennen, in das alle Verfahren zur Wahrung des Reihenfolgeprinzips (c. 1458) u. der Dokumentation der wichtigsten Prozessdaten einzutragen sind, sondern auch die Anwaltsliste (c. 1488). Ferner müssen die Eintragungen in die Matrikelbücher veranlasst werden (c. 1682 §2). Auch die Archivierung/Kassation der →Akten ist zu regeln (vgl. Supremum Signaturae Apostolicae Tribunal, Decr. generale vom 13.08.2011: AAS 103 [2011], 626-628). Zu 5.: Jährliche Berichte erwarten die →Apostolische Signatur (Litterae circulares de statu et activitate Tribunalium vom 30.07.2016 Prot.N. 51712/16 VT) u. das →Staatsekretariat (für das Ufficio Statistico). Auch gegenüber dem zuständigen Bf. besteht eine Berichtspflicht (DC 38 §3). Nicht vorgeschrieben, aber von der Sache her geboten i. S. der öff. Wahrnehmung der Arbeit u. als Hinweis auf die Zugänglichkeit der Gerichte (c. 1468) ist ein Kontakt m. den Medien bzw. die Pflege einer eigenen Internet-Präsentation.

Quellen

PCLT, Instr. Dignitas Connubii: Comm. 37 (2005), 11-92.

Literatur

Grocholewski, Z., Die kirchl. Gerichte in Deutschland u. Österreich.: ÖAKR 44 (1995-97), 37-58; ders., Pregi e difetti nell'attuale amministrazione della Giustizia nella Chiesa: La Giustizia nella Chiesa, Vatikanstadt 1997 (Studi giuridici 45), 167-175; Reform der Justizverwaltung, hg. v. W. Hoffmann-Riem, Baden-Baden 1998; Hoffmann, H., Behördliche Schriftgutverwaltung, München [2]2000; Roth, T., Das Grundrecht auf den gesetzlichen Richter, Berlin 2000; Vismann, C., Akten, Frankfurt 2000; Assenmacher, G., Art. Gerichtsverwaltung, kirchl.: LKStKR Bd. 2, 86-87; Wittreck, F., Die Verwaltung der Dritten Gewalt, Tübingen 2006 (Jus Publicum 143); von Bernstorff, A., Die Gerichtsverwaltung in Deutschland u. England, Berlin 2018 (Studien zum vergleichenden Öff. Recht 2).

Günter Assenmacher

© 2019, DOI: 10.30965/9783506786388_0191

Gerichtsvikar – Katholisch

Der G. (vicarius iudicialis), auch Offizial genannt, ist der Stellvertreter des →Diözesanbischofs in der Rspr. (c. 1420; c. 1086 CCEO). Er besitzt ordentliche, d. h. aufgrund seines →Amtes gegebene richterliche Gewalt, die er als Vikar des →Bischofs ausübt. Jeder Diözesanbischof ist gehalten, für sein Bistum einen G. zu bestellen, der i. S. der Gewaltenunterscheidung vom →Generalvikar als Vertreter des Bf. im Bereich der Administration verschieden sein soll, sofern nicht die geringe Größe der →Diözese anderes nahelegt. Der Bf. als Gerichtsherr u. sein G. bilden ein einziges Gericht (→Gerichte, kirchliche), d. h. der Bf. spricht durch seinen G. Recht, sofern jener sich nicht bestimmte Fälle zur Entscheidung vorbehält. Daher gibt es gegen →Urteile des G. keine Berufung an den Diözesanbischof, sondern im Rahmen des Rechts nur an die nächste Gerichtsinstanz. Anders als der Generalvikar in der Exekutive ist der G. in der Ausübung seiner richterlichen Gewalt allein an →Recht u. →Gesetz gebunden, nicht an Weisungen des Bf.

Der G. muss →Priester sein, gut beleumundet, Dr. od. wenigstens Lizentiat des kan. Rechts u. mind. 30 J. alt. Dies. Voraussetzungen gelten auch für die beigeordneten G. od. Vizeoffiziale, welche der Diözesanbischof im Bedarfsfall als Helfer des G. bestellen kann. G. wie beigeordnete G. werden auf bestimmte Zeit ernannt (meist fünf J.) u. können nur aus einem rechtmäßigen u. schwerwiegenden Grund ihres Amtes enthoben werden (c. 1422).

M. Eintritt der →Sedisvakanz endet das Amt des G. nicht; er bedarf jedoch der Bestätigung durch den neuen Bf.

Der G. ist Leiter der Gerichtsverwaltung (→Gerichtsverwaltung, kirchliche); sie umfasst die Organisation der Gerichtstätigkeit u. die Aufsicht über das gesamte Gerichtspersonal. Insb. zur Behandlung von Ehenichtigkeitssachen, welche die Haupttätigkeit der →Diözesangerichte ausmachen, beruft der G. für jeden einzelnen Fall ein Kollegium von drei →Richtern nach Turnus, sofern der Bf. diese Verfahren nicht in erster →Instanz mangels richterlichen Personals einem →Kleriker als →Einzelrichter übertragen hat (cc. 1425, 1673 § 4). Wenn möglich, führt der G. bzw. ein Vizeoffizial den Vorsitz im →Kollegialgericht.

Die Reform der →Ehenichtigkeitsverfahren durch MP →Mitis Iudex Dominus Iesus für die lat. Kirche bzw. Mitis et misericors Iesus für die kath. Ostkirchen vom 15.08.2015 hat die Rolle des G. in Ehesachen erw. Er leitet die gesamte Einführungsphase des Prozesses von der Frage der Zulassung der →Klageschrift über die Einholung der Stellungnahme der nichtklagenden →Partei u. des →Ehebandverteidigers bis zur Festsetzung der Streitpunktformel, d. h. der zu untersuchenden Prozessfrage, aus welchem Grund bzw. welchen Gründen die Nichtigkeit der angefochtenen Ehe (→Ehenichtigkeitsgründe) feststeht od. nicht. Diese Prozessfrage bestimmt der G. per Dekr. Nur in den seltenen Fällen, in denen die Nichtigkeit der Ehe wegen eines trennenden Hindernisses (→Ehehindernisse) od. eines Mangels der →Eheschließungsform zweifelsfrei aus einer →Urkunde hervorgeht, können der Diözesanbischof, der G. od. ein dafür bestellter Richter nach den Normen des vereinfachten Urkundenverfahrens (→Urkundenprozess) (c. 1688) vorgehen. Ansonsten entscheidet der G. in o. genanntem Dekr. zugl. darüber, ob der Fall im Wege eines ordentlichen Verfahrens od. des kürzeren Verfahrens vor dem Bf. zu behandeln ist, sofern für letzteres die Voraussetzungen gem. c. 1683 vorliegen. Entspr. setzt er in dems. Dekr. für den ordentlichen Prozess i. d. R. ein Richterkollegium ein bzw. ernennt für das kürzere Verfahren vor dem Bf. den →Untersuchungsrichter u. Beisitzer (→Assessor) u. lädt zugl. zu der in c. 1685 vorgesehenen gemeinsamen Sitzung zur Beweissammlung innerhalb von 30 Tagen. Die novellierten Normen sehen nicht vor, dass der Bf. die Zuweisung einer Sache für das Kurzverfahren durch seinen G. ablehnen könnte. Er kann nur nach Prüfung der Beweislage, wenn er keine moralische →Gewissheit über die behauptete →Ehenichtigkeit erlangt, die Sache nach c. 1687 §1 zur Behandlung auf den ordentlichen Verfahrensweg verweisen.

Quellen

Franziskus, MP Mitis et misericors Iesus vom 15. August 2015: AAS 107 (2015), 946-957; ders., MP Mitis Iudex Dominus Iesus vom 15. August 2015: AAS 107 (2015), 958-970.

Literatur

KanR IV, 298 f.; KanR IV ErgBd.; Lüdicke, K.: MKCIC cc. 1420, 1422, 1425, 1426, 1676, 1685, 1688.

Stefan Rambacher

© 2019, DOI: 10.30965/9783506786388_0192

Gerichtsweg, kirchlicher – Katholisch

1. Abgrenzung zum Verwaltungsweg: Unter den drei Formen der Ausübung von Leitungsgewalt (potestas regiminis) kommen die verwaltende u. die richterliche Gewalt darin überein, dass erstere auch, letztere nur rechtsanwendend ist. Während die →Verwaltung in weitgehend freiem Vorgehen selbst Recht für den Einzelfall setzen kann, ist die Ausübung von Leitungsgewalt auf dem G. durch formalisierte Verfahrensabläufe gekennzeichnet u. durch die Bindung des →Richters an das geltende Recht. Das sog. →Prozessrecht gehört zu den Disziplinargesetzen, die der Dispensgewalt (→Dispens) des →Diözesanbischofs entzogen sind (c. 87 §1; c. 1537 CCEO).

2. Struktur des G.: Die Organisation des G. beruht auf der verfassungsmäßigen Gerichtsgewalt des →Papstes u. der Diözesanbischöfe für jeweils ihren Amtsbereich (cc. 331, 381, 391; cc. 43, 178, 191 CCEO). Für alle Gerichtssachen, die nicht aufgrund ihres Gegenstandes einem anderen Gericht (→Gerichte, kirchliche) zugewiesen sind, ist erste →Instanz das Gericht des Diözesanbischofs bzw. Eparchen (cc. 1419 §1, 1420 §2, cc. 1066 §1, 1086 §2 CCEO), soweit nicht nach c. 1423 od. cc. 1067 u. 1068 CCEO gemeinsame Gerichte erster Instanz bestehen; letzte Instanz sind die Gerichte des P., der selbst keiner Gerichtsbarkeit (→Gerichtsbarkeit, kirchliche bzw. religiöse) unterliegt (c. 1404; c. 1058 CCEO).

a) Ordentlicher G.: Der ordentliche G. wird durch Anrufung des zuständigen Diözesanbischofs/Eparchialbischofs od. seines Gerichts beschritten. Die Zuständigkeit bestimmt sich allg. nach dem →Wohnsitz od. Quasiwohnsitz der Gegenpartei, wozu hilfsweise od. alternativ andere Zuständigkeitskriterien hinzutreten: →Aufenthalt, Belegenheit der Streitsache, Vertragsort, Erfüllungsort, Tatort u. a. (cc. 1408-1413; cc. 1074-1079 CCEO). Bei Fehlen anderer Zuständigkeitstitel wird nach c. 1080 CCEO ein Richter zuständig, wenn sein Gerichtsherr u. die →Parteien zustimmen.

Das Gericht zweiter Instanz (zur Behandlung von →Beschwerde u. Berufung [→Berufung im Prozess]) ist in der lat. Kirche entweder das des →Metropoliten, dessen →Kirchenprovinz das Gericht erster Instanz zugehört, od. die →Römische Rota (cc. 1438, 1° u. 1444 § 1, 1°). Ist das →Metropolitangericht in erster Instanz tätig geworden, ist ein anderes →Diözesangericht m. Billigung des Apost. Stuhles als zweite Instanz bestimmt (c. 1438, 2°).

Für die kath. Ostkirchen gilt: In den Patriarchalkirchen ist das ordentliche Gericht der Patriarchalkirche die zweite Instanz (c. 1063 § 3 CCEO). Das gilt analog für die Großerzbischöflichen Kirchen (c. 152 CCEO). In den Metropolitankirchen sui iuris besteht ein m. dem lat. Recht übereinstimmendes System (c. 1064 CCEO).

Dritte Instanz im G. der lat. Kirche ist die RR (c. 1444 § 1, 2°). Die →Apostolische Signatur ist gegenüber der RR Revisionsgericht (c. 1445 § 1, Art. 122 PastBon). Nach dem CCEO ist der Apost. Stuhl dritte Instanz (c. 1065 CCEO), innerhalb einer Patriarchalkirche aber deren ordentliches Gericht (c. 1063 § 3 CCEO).

In erster u. zweiter Instanz können an die Stelle der Diözesan- od. Metropolitangerichte Regionalgerichte treten (cc. 1423 u. 1439; cc. 1067 u. 1086 CCEO).

b) G. für →Bischöfe: Strafsachen von Bf. sind dem P. vorbehalten (c. 1405 § 1, 3°; c. 1060 § 1, 2° CCEO). Nach lat. Recht sind Streitsachen gegen Bf. der RR vorbehalten (c. 1405 § 3, 1°). Ist der Bf. Vertreter einer jur. Person, ist in erster Instanz das nach c. 1438 zu bestimmende Berufungsgericht zuständig (c. 1419 § 2). Nach dem Recht des CCEO entscheidet über Streitsachen gegen einen Bf. innerhalb des Gebietes einer Patriarchalkirche das Gericht der Bischofssynode der Patriarchalkirche (c. 1062 § 3 CCEO) m. Berufungsmöglichkeit an die Synode selbst (ebd. § 4). Außerhalb der Patriarchalkirche ist für Streitsachen gegen Bf. ein vom P. bez. Gericht zuständig (c. 1060 § 2 CCEO). Für jur. Personen, die durch den Eparchialbischof vertreten werden, ist das Berufungsgericht erstinstanzlich anzugehen (c. 1066 § 2 CCEO).

c) G. in Ordenssachen: Die Rechtsstreitigkeiten zwischen Ordensleuten versch. Inst. od. dess. klerikalen Instituts bfl. Rechts od. dess. laikalen Inst. od. zwischen einem/r Religiosen u. einem →Weltkleriker, einem →Laien od. einer nicht-religiosen jur. Person sind beim Diözesangericht nach den allg. Regeln anhängig zu machen (c. 1427 § 3) m. dem entspr. Instanzenzug.

Für Rechtsstreitigkeiten innerhalb eines klerikalen Inst. päpstlichen Rechtes ist vorbehaltlich der Konst. der Provinzial od. der örtliche →Abt Richter erster Instanz (c. 1427 § 1). Zwischen zwei Provinzen entscheidet der Oberste →Moderator, zwischen zwei →Klöstern sui iuris der höhere Abt der monastischen Kongr., jeweils vorbehaltlich der Konst. (c. 1427 § 3).

Das Ostkirchenrecht enthält in c. 1069 § 2 CCEO eine dem c. 1427 § 3 vergleichbare Regelung, während die Gerichtszuständigkeit für Streitigkeiten innerhalb von Inst., deren Obere Leitungsgewalt besitzen, durch das Eigenrecht festzulegen ist (c. 1069 § 1 CCEO) u. Sachen der Inst. päpstlichen Rechts u. ihrer Oberen vor das ordentliche Gericht der Patriarchalkirche zu bringen sind (c. 1063 § 4, 3° u. 4° CCEO).

d) G. in Ehesachen: Für Klagen auf Nichtigerklärung einer Ehe (→Ehenichtigkeitsverfahren) gelten zunächst die Normen über den ordentlichen G. (vgl. o. 2a) sowie die Instr. des PCLT Dignitas connubii vom 25.01.2005. M. den MP vom 15.08.2015 →Mitis Iudex Dominus Iesus für die lat. (AAS 107 [2015], 958-970) u. Mitis et misericors Iesus für die östlichen Kirchen (ebd., 946-957) hat P. Franziskus einen weiteren G. eingeführt, der sich an den Diözesanbischof selbst als Richter wendet, dessen Entscheidung durch einen →Untersuchungsrichter vorbereitet u. m. diesem u. einem Beisitzer beraten wird (cc. 1683-1687; cc. 1369-1373 CCEO).

e) Verwaltungs-G.: Während nach c. 1055 § 2 CCEO Streitigkeiten aufgrund eines Aktes der Verwaltungsgewalt (potestas regiminis exsecutiva) nur im Verwaltungsweg (vgl. o. 1) behandelt werden können, verweist c. 1400 § 2 zusätzlich auf die Möglichkeit, ein VerwG (tribunal administrativum) anzugehen. Die →Verwaltungsgerichtsbarkeit der kath. Kirche besteht gegenwärtig nur aus der sog. zweiten Sekt. der SignAp, bei der nach Beschreiten des Verwaltungsweges bis zu den →Dikasterien des Ap. Stuhles gegen deren Entscheidung eine gerichtliche Klage eingereicht werden kann (c. 1445 § 2, Art. 123 PastBon).

f) Weitere Ausnahmeregelungen: Sonderzuständigkeiten bestehen ferner für Regierende, →Kardinäle u. päpstliche →Legaten (c. 1405 § 1; für die Regierenden c. 1060 § 1, 3° CCEO), bestimmte →Ordensobere, →Diözesen (c. 1405 §§ 2-3) u. Personen, die unter dem P. keinen Oberen haben (c. 1405 § 3; c. 1064 § 2 CCEO), für dem →Patriarchen direkt unterstehende Personen (c. 1063 § 4, 2° CCEO) u. Exarchen u. Delegaten des Patriarchen, die nicht Bf. sind (c. 1063 § 4, 1° CCEO).

g) Kirchl. Arbeits-G. in Deutschland: Kraft →Partikularrechts (Beschl. der DBK vom 25.02. 2010) besteht in Deutschland ein G. zu kirchl. Arbeitsgericht (→Arbeitsgericht, kirchliches), die für Streitigkeiten aufgrund der Ordnungen des kirchl. Arbeitsrechts (→Arbeitsrecht, kirchliches) zuständig sind, nicht aber für Streitigkeiten aus dem Arbeitsverhältnis (§ 2 KAGO). Die erstinstanzlichen Kirchl. Arbeitsgerichte können diözesan od. mehr-diözesan errichtet sein (§ 14 KAGO), die Revision richtet sich an den KAGH (→Arbeitsgerichtshof, kirchlicher) m. Sitz in Bonn (§ 21 KAGO).

Quellen

Johannes Paul II., ApK Pastor Bonus vom 28. Juni 1988: AAS 80 (1988), 841-930; PCLT, Instr. Dignitas Connubii: Comm. 37 (2005), 11-92; Kirchl. Arbeitsgerichtsordnung, in Kraft seit 1. Juli 2010: DDB 95.

Literatur

Lüdicke, K., „Dignitas connubii". Die Eheprozessordnung der kath. Kirche. Text u. Kommentar, Essen 2005 (BzMKCIC 42); Baura, E., Analisi del sistema canonico di giustizia amministrativa: La giustizia nell'attività amministrativa della Chiesa. Il contenzioso amministrativo, hg. v. E. Baura – J. Canosa, Mailand 2006, 2-58; Hierold, A., Die Arbeitsgerichtsbarkeit der Kath. Kirche in der Bundesrepublik Deutschland: In mandatis meditari (FS Paarhammer), hg. v. S. Haering u. a., Berlin 2012, 671-680; MKCIC zu den betr. cc.

Klaus Lüdicke

© 2019, DOI: 10.30965/9783506786388_0193

Gerichtsweg, kirchlicher – Evangelisch

Einen k. G. sieht das geltende Recht der →Evangelischen Kirche in Deutschland, ihrer →Gliedkirchen u. ihrer gliedkirchlichen Zusammenschlüsse in unterschiedlicher Reichweite für die Bereiche des kirchl. →Verfassungsrechts, →Verwaltungsrechts, →Disziplinarrechts u. kollektiven Arbeitsrechts (→Arbeitsrecht, kirchliches) vor. Auch das gerichtsförmige →Lehrbeanstandungsverfahren kann als k. G. verstanden werden. Die k. G. unterscheiden sich in ihrer Ausgestaltung nach Rechtsgrundlagen, Gegenständen, Verfahren u. Gerichtsorganisation (→Gerichtsorganisation, kirchliche), teilen aber gemeinsame Merkmale als Zweige einer kirchl. Gerichtsbarkeit (→Gerichtsbarkeit, kirchliche bzw. religiöse).

1. Eine kirchl. →Verfassungsgerichtsbarkeit ist heute in knapp der Hälfte der Gliedkirchen der EKD, in der EKD selbst u. in der →Vereinigten Evangelisch-Lutherischen Kirche Deutschlands eingerichtet. Sie eröffnet einen k. G. im wesentlichen für Organstreitigkeiten u. – teilweise – die Normenkontrolle. Föderale Streitigkeiten zwischen der EKD u. ihren Gliedkirchen od. gliedkirchlichen Zusammenschlüssen sind bei sinngemäßem Verständnis von der Zuständigkeit des VerfGH der EKD erfasst. In der VELKD hingegen ist die verfassungsgerichtliche Entscheidung über föderale Streitigkeiten nicht vorgesehen. In der Praxis sind verfassungsgerichtliche Verfahren selten.

2. Die kirchl. →Verwaltungsgerichtsbarkeit ist inzwischen in allen Gliedkirchen der EKD anerkannt, teils durch Zustimmung zum Verwaltungsgerichtsgesetz der EKD von 2010, i. Ü. durch eigene Verwaltungsgerichtsgesetze. Die Zuständigkeitsregelungen zeigen überwiegend noch die Zurückhaltung der kirchl. Gesetzgeber gegenüber einer vollständigen Eröffnung des k. G. für alle Streitigkeiten aus dem kirchl. Verwaltungsrecht. Eine ausdrückliche Generalklausel gilt nur in wenigen Gliedkirchen. Das Verwaltungsgerichtsgesetz der EKD gibt stattdessen eine Enumeration vor, die den k. G. nur für kirchenrechtliche Streitigkeiten aus dem Recht der kirchl. Aufsicht u. solche aus dem öff. Dienstrecht der Kirche eröffnet. Damit sind immerhin die praktisch wohl bedeutsamsten Gegenstände erfasst. In den übrigen kirchl. Verwaltungsgerichtsgesetzen kommt eine Bestimmung der Zuständigkeit für alle Klagen, die auf die Feststellung des Bestehens od. Nichtbestehens eines kirchl. Rechtsverhältnisses gerichtet sind, erst recht ein Auffangtatbestand für (sonstige) „öffentlich-rechtliche Streitigkeiten des Kirchenrechts", im Ergebnis einer Generalklausel zumindest nahe. Durchweg ausgeschlossen ist der k. G. aber in Streitigkeiten über liturgische →Amtshandlungen wie →Taufe, →Konfirmation, kirchl. →Trauung u. kirchl. →Bestattung; teilweise sind auch Entscheidungen der →Synode – ungeachtet dessen, dass sie dem Verwaltungshandeln zugehören können – generell dem k. G. entzogen. Ansonsten gleichen die Zulässigkeitsvoraussetzungen denen des staatl. Verwaltungsprozessrechts. Der kirchl. Verwaltungsrechtsweg hat in zwei Gliedkirchen nur eine →Instanz, in den übrigen ist gegen die erstinstanzlichen Entscheidungen des kirchl. VerwG das Rechtsmittel der Revision zum VGH der EKD od. zum Verfassungs- u. Verwaltungsgericht der VELKD gegeben.

3. Die kirchl. Disziplinargerichtsbarkeit ist seit 2010 – nach längerer Vorgeschichte – für alle Gliedkirchen u. gliedkirchlichen Zusammenschlüsse einheitlich im Disziplinargesetz der EKD geregelt. Danach entscheiden die Disziplinarkammern über Disziplinarmaßnahmen wegen Amtspflichtverletzungen von Personen, die in einem öff.-rechtlichen Dienstverhältnis zur Kirche stehen, insb. von →Pfarrern u. Kirchenbeamten. Der k. G. schließt sich an das behördliche →Disziplinarverfahren an, wenn die disziplinaraufsichtführende Stelle Disziplinarklage erhebt od. wenn sie eine Disziplinarverfügung erlassen hat u. der Beschuldigte hiergegen eine Anfechtungsklage erhebt. Gegen Entscheidungen der Disziplinarkammern ist das Rechtsmittel der Berufung zum Disziplinarhof der EKD gegeben.

4. Die Kammer für mitarbeitervertretungsrechtliche Streitigkeiten des Kirchengerichts der EKD u. die entspr. Spruchkörper (als Schiedsstellen o. ä. bez.) in den Gliedkirchen sowie als zweite Instanz der Kirchengerichtshof der EKD (m. zwei Senaten für mitarbeitervertretungsrechtliche Streitigkeiten) bilden eine kirchl. Arbeitsgerichtsbarkeit. Sie entscheiden über Rechte u. Pflichten der Mitarbeitervertretungen u. der Dienststellenleitungen aus der Anwendung der Mitarbeitervertretungsgesetze (→Mitarbeitervertretungsordnung/-gesetz), außerdem über Streitigkeiten aus dem Recht der Arbeitsrechtsregelung im Geltungsbereich des Arbeitsrechtsregelungsgrundsätzegesetzes der EKD. Der k. G. ist damit für Streitigkeiten aus dem kollektiven Arbeitsrecht eröffnet. Dagegen sind Streitigkeiten aus dem individuellen Arbeitsrecht o. vorgeschalteten k. G. der staatl. Arbeitsgerichtsbarkeit überlassen.

5. In den meisten Gliedkirchen der EKD können Streitigkeiten darüber, ob das Verkündigungshandeln eines Ordinierten in einen entscheidenden Widerspruch zur Grundlage der kirchl. →Verkündigung in Schrift u. →Bekenntnis getreten ist, in einem Lehrbeanstandungsverfahren von einem Spruchkollegium behandelt werden. Gegenstand ist nicht ein disziplinarischer Vorwurf, sondern ein Zweifel an der inhaltlichen Bedingung dafür, dass das Verkündigungshandeln des

Ordinierten dem der ganzen Kirche anvertrauten Amt der öff. Wortverkündigung u. →Sakramentsverwaltung zugerechnet werden kann. Die Entscheidung darüber bedarf eines theol. Erkenntnisverfahrens. Wegen dieser Eigenart des Lehrbeanstandungsverfahrens ist seine Einordnung als k. G. umstritten. Doch neben seiner Gerichtsförmigkeit ist es seine Bindung an die Lehrzurechnungsnorm u. die Einfassung der theol. Erkenntnis in deren Tatbestand, die eine solche Einordnung begr. So ist zugl. der Verwechslung m. einem autoritativen Lehramt, wie es der ev. Kirche fremd wäre, vorgebeugt. Ein Lehrbeanstandungsverfahren ist bisher nur sehr selten durchgeführt worden.

Literatur

Germann, M., Kirchl. Gerichtsbarkeit: HevKR, § 31.

Michael Germann

Germanisches Recht – Historisch

Die Forschungsprobleme des g. R. sind komplex: Ethnogenese der germanischen Verbände, Illiteralität; mehrfach gebrochene Quellenlage; das Verhältnis zu anderen Rechtskreisen. Heutige Kenntnis g. R. beginnt m. tendenziöser Darstellung röm. Autoren (z. B. Tacitus); um 475 initiieren Germanen als röm. Föderaten eigene Rechtsaufzeichnungen in Latein, leges barbarorum. In deren älteren Textschichten findet sich g. R. bei Franken – hier auch volkssprachliche Glosseme –, Goten, Burgundern, um 643 Langobarden; sowie bei Angelsachsen in Volkssprache u. bereits kirchl. Belange berücksichtigend; jetzt vom g. R. stricto sensu zu scheiden (Siems, 2009). Über die →Leges des 8. Jh von Alamannen u. Bayern wird bei zunehmender Verchristlichung ein Perspektivenwechsel in den mehrfach auf Geheiß Karls des Großen erfolgten Aufzeichnungen u. Emendationen für Alamannen, Bayern, Franken, Sachsen, Friesen u. Thüringer erreicht. Im g. R. ist keine modernen Rechtsgebieten vergleichbare Struktur erkennbar, noch reichen moderne Begriffe ins Frühmittelalter zurück, ebenso wenig finden sich Sachinhalte →römischen Rechts in germanischen Termini (Koebler, 1971). Die Wissenschaft vom g. R. beginnt m. dem →Humanismus rechtshistorisch, wird im 17. Jh deutschrechtlich. Bereits im 18. Jh wird das g. R. als einheimisches in zeitgenössischer Systematik u. im 19. Jh als Gegenpart zum röm. Recht verstanden – eine Überforderung. Von Germanistentagen ausgehend wird das g. R. nun Objekt des Chauvinismus bis hin zur Nutzung durch die NS-Ideologie. Erst die Auflösung des Konnexes Germanen = Deutsche ermöglicht unvoreingenommenere Interpretationen.

G. R. ist zunächst oral, „Rechtsgewohnheit" (Dilcher, 2007, Kroeschell, 1973) im Kontext von Ritualen (Ebel, 1975), daher nur im Verfahren fassbar. So bleibt es als statisch wahrnehmbar, ist zugl. jedoch situationsbedingt flexibel. Seine Geltung ist personal u. nicht territorial (aA d'Ors, 1956), folgt den Wanderungen der sich bildenden germanischen Stämme, deren Kohärenz es stärkt (Ubl, 2017). Umgekehrt mindern Fortleben röm. Rechts, justinianische Rekuperationen, slaw. u. muslimische Expansion seine Präsenz. In Mitteleuropa ändert u. erg. sich das g. R. m. der Ausbildung neuer Herrschaftsstrukturen sowie in Wechselwirkung m. neuartigem Beicht- u. Bußverständnis der Verchristlichung. Das Recht der davon äußerlich unberührten Nordgermanen ist wegen des späten Datums seiner Aufzeichnung von diesen Entwicklungen beeinflusst, d. h. als Beleg urspr. g. R. zu verwerfen. Die kulturelle Entwicklungsstufe zeitigt die urspr. Formstrenge des g. R., ebenso die gesteigerte Bedeutung der Publizität bei Rechtsakten, die sich z. B. in den erhöhten Sanktionen bei heimlicher Tat äußert.

Träger von Rechten ist der mündige Freie, jedoch schützt das Recht z. T. Frauen u. Abhängige. Familie, Sippe sowie Gefolgschaft erscheinen als jeweils dem Recht nicht zugängliche Gewaltverhältnisse. Erst deren Konflikte untereinander bzw. Eingriffe Dritter führen zur Sichtbarwerdung von Rechtsanwendung in Gau od. Stamm. Gemeinsames Handeln bei Rechtsfindung, bei der Wahl der Anführer, ferner bei Landvergabe, bei Zuzug sowie später z. T. bei der Strafverfolgung lassen sich als leitendes genossenschaftliches Prinzip lesen; vielleicht daher der vermeintliche Stammesname Salier (= Rechtsgenosse, Springer, 1997). Die Verf. zeigt eine kriegerische, z. T. adelige, über Gefolgschaft verfügende Elite, die m. Einbeziehung der Freien auf Thingen den Stamm führt.

Einige Bsp.: Der Prozess stellt sich nach Tacitus u. Lex Salica möglicherweise so dar: Nach Hegung der Thingstätte als Gerichtsort, finden die dort zu gebotenem od. ungebotenem Thing zusammen gekommenen Freien den Parteien auf deren Aufforderung hin das vom verfahrensleitenden Richter zu verkündende Recht. Bei Richtern geht die Entwicklung vom sakralen Richter über den Thunginus (Häuptling, Kleinkönig?), hin zum kgl. Kommissar od. Grafen; daneben sind zur Leitung von Verfahren im Gau vorab gewählte Richter fassbar. Bei den Urteilern folgen der Gesamtheit der Rechtsgenossen, Umstand, die in frühen Texten der Merowingerzeit genannten (sieben) Rachinburgen, dann die über das MA hinaus reichenden Schöffen der Gerichtsreform Karls des Großen. Die nicht obrigkeitlichen Urteiler entstammen i. d. R. dems. Stand u. Stamm wie die Beklagten – was z. B. noch Lehns- od. Landgericht zeigen. Bei den Rachinburgen besteht eine strafbewehrte Pflicht zur Urteilsfindung. I. d. R. ergehen zweizüngige Urt., für die Beweise von den Parteien auch durch Reinigungseide m. Helfern (vgl. purgatio canonica) od. → Gottesurteil, z. B. in Form eines Zweikampfes, angeboten werden. In Anerkennung des Urt. leistet der Verurteilte einen Eid auf Erfüllung u. es folgt – in früher Merowingerzeit fassbar – die vom Thunginus mehrstufig organisierte Exekution durch Rachinburgen u. Grafio. Einen Instanzenzug gibt es nicht, wohl die Urteilsschelte vor Ort, i. d. R. durch Ordal entschieden; ein letztentscheidendes Königtum ist jünger.

Zunächst findet sich nur ein Unrechtsausgleich m. typisierten Tatbeständen u. katalogisierten Bußen ausgebildet, dem Wergeld, das auch für schwerste Delikte in Vieh od. Geld entrichtet zum überwiegenden Teil an die Sippe, zum kleineren Teil an den Richter od. den Gerichtsherrn od. den Stamm fließt. Die Sippe ist eher als Friedens- denn als Verwandtschaftsverband zu verstehen. Zweck ist die Eindämmung der den Stamm gefährdenden Rache u. Fehde. Todesstrafe bei Freien scheint es nur für wenige Delikte u. v. a. auf Kriegszügen gegeben zu haben. Die Theorie eines germanischen Erfolgsstrafrechts od. einer germanischen Friedlosigkeit ist nicht haltbar. Die Staffel der Bußen ermöglicht Rückschlüsse auf die Sozial- u. Wirtschaftsstruktur sowie deren Dynamik. M. dem Auftreten größerer statusminderer Bevölkerungsteile nehmen im Frühmittelalter die Kapitalstrafen zu; es kommt der hoheitliche Zwangscharakter des Rechts zum Tragen, was o. Königtum u. Kirche nicht denkbar u. zunächst nur bei einzelnen Königen tendenziell fassbar ist (z. B. decretio Childeberti 596; Pippini cap. Ital. 782/6).

Die praktizierte Wirtschaftsform der Feldgraswirtschaft dürfte Grund der irrigen Ansicht eines Agrarkommunismus bei den frühen Germanen sein; den leges sind Grundstücksübertragungen bekannt. Das Erbrecht kennt urspr. kein Testament. Das Auftreten der letztwilligen Verfügung ist wohl nur über die zunehmende Bedeutung des Seelgeräts u. somit der Kirche erklärbar. Bei Veräußerungen des (patrilinearen) Familienbesitzes gilt ein Vorbehalt der Erben, Erbenlaub.

Literatur

Eichhorn, K. F., Dt. Staats- u. Rechtsgeschichte, Göttingen [5]1843; Mittermaier, C., Grundsätze des gemeinen dt. Privatrechts, Regensburg [7]1847; Heusler, A., Institutionen des Dt. Privatrechts, Leipzig 1886; Grimm, J., Dt. Rechtsalterthümer, Leipzig 1899; Brunner, H., Dt. Rechtsgeschichte, 1, Darmstadt ²1906; Beyerle, F., Das Entwicklungsproblem im germanischen Rechtsgang: Sühne, Rache u. Preisgabe in ihrer Beziehung zum Strafprozeß der Volksrechte, Heidelberg 1915; Schröder, R. – von Künßberg, E., Lehrbuch der Dt. Rechtsgeschichte, 1, Leipzig ⁶1919; von Amira, K. – Eckhardt, K. A., Germanisches Recht, Berlin ⁴1960; d'Ors i Perez-Peix, A., Estudios visigóticos, 1, Rom 1956; von See, K., Altnordische Rechtswörter, Tübingen 1964; Köbler, G., Das Recht im frühen Mittelalter. Untersuchungen zu Herkunft u. Inhalt frühmittelalterlicher Rechtsbegriffe im dt. Sprachgebiet, Köln u. a. 1971; Ebel, W., Recht u. Form. Vom Stilwandel im dt. Recht, Tübingen 1975; Nehlsen, H., Art. Buße: LMA Bd. 2, 1144-51; Schäferdiek, K., Art. Germanisierung des Christentums: TRE Bd. 12, 521-524; Beck, H., Germanenprobleme in heutiger Sicht, Berlin 1986; Dilcher, G., Mittelalterliche Rechtsgewohnheiten als methodisch-theoretisches Problem: ders., Gewohnheitsrecht u. Rechtsgewohnheiten im Mittelalter, Berlin 1992, 21-66; Líndal, S., Law and Legislation in the Icelandic Commomwealth: Scandinavian Studies in Law 1993, 55-93; von See, K., Barbar, Germane, Arier, Heidelberg 1994; Kroeschell, K., Studien zum frühen u. mittelalterlichen dt. Recht, Berlin 1995; Recht im frühmittelalterlichen Gallien, hg. v. H. Siems – K. Nehlsen von Stryk – D. Strauch, Köln 1995; Springer, M., Gab es ein Volk der Salier?: Nomen et gens, Zur hist. Aussagekraft frühmittelalterlicher Personennamen, hg. v. D. Geuenich u. a., Berlin 1997, 58-63; Cordes, A. – Kannowski, B., Rechtsbegriffe im Mittelalter, Frankfurt 2002; Dilcher, G., Mittelalterliches Recht u. Ritual in ihrer wechselseitige Beziehung: Frühmittelalterliche Studien 41 (2007), 297-316; Siems, H., Die Entwicklung von Rechtsquellen zwischen Spätantike u. Mittelalter: Von der Spätantike zum frühen Mittelalter, Kontinuitäten u. Brüche, Konzeptionen u. Befunde, hg. v. T. Kölzer – R. Schieffer, Ostfildern 2009, 245-285; Kalb, H., Rechtswissenschaften, Rechtsgeschichte u. der Gesetzesbegriff im Mittelalter: Das Gesetz, The Law, La Loi, hg. v. A. Speer – G. Guldentops, Berlin 2014, 3-38; Ubl, K., Sinnstiftungen eines Rechtsbuchs. Die Lex Salica im Frankenreich, Ostfildern 2017.

Jörg Müller

© 2019, DOI: 10.30965/9783506786388_0194

Gesamtheit von Personen oder Sachen

→Juristische Person, kirchliche, →Stiftung, →Vereinigung von Gläubigen

Gesamthochschule

→Hochschule

Gesamtkirche – Katholisch

Der Begriff G. (Ecclesia universa od. universalis) wird sowohl in Texten des Vat II als auch in den beiden kirchl. Gesetzbüchern CIC/1983 für die →lateinische Kirche u. CCEO für die kath. Ostkirchen verwendet, o. dabei legal definiert zu werden. Daher ist der Bedeutungsgehalt des Begriffs G. nicht immer eindeutig. Unabhängig davon ist er ein zentraler Begriff des kirchl. →Verfassungsrechts.

1. Der Begriff G. in Texten des Vat II: Wird G. in der Liturgiekonstitution SC verwendet, ist, wie der sachliche Zusammenhang zeigt, meist die lat. Kirche gemeint (vgl. z. B. SC 26, 89, 111, 112). Die dogmatische Konst. über die Kirche LG verwendet den Begriff G. meist dann, wenn es um die →Kirchenverfassung i. S. des Ineinander u. Miteinander von G. u. →Teilkirchen geht. Insofern ist m. G. meist die kath. Weltkirche als die Gesamtheit der kath. →Gläubigen zusammen m. ihren jeweiligen Hirten gemeint (vgl. z. B. LG 22, 23, 25, 45). Im Dekret über die kath. Ostkirchen OE bez. G. insb. die Vielfalt u. die Gemeinschaft der versch. kath. →Rituskirchen (vgl. z. B. OE 1, 3, 5). Allerdings wird in OE 10 G. (universa Ecclesia) zur Bez. einer Teilkirche od. einer Rituskirche verwendet. M. der Beifügung cuidam wird deutlich, dass es in dieser Perspektive nicht nur eine, sondern viele (kath.) G. gibt.

2. Der Begriff G. in den geltenden Codices: In den verfassungsrechtlichen Normen über die höchste Autorität in der Kirche wird m. dem Begriff G. die m. c. 1 u. c. 1 CCEO gegebene exklusive Limitierung der kodikarischen Normen auf den lat. bzw. den kath.-orient. Rechtskreis transzendiert. In cc. 331, 333 §1, 335, 336 u. 337

§1 sowie in cc. 43, 45 §§1 u. 2, 47, 49 u. 50 §1 CCEO wird m. G. jeweils die Gesamtheit der einen u. einzigen kath. Kirche bez., die gem. LG 23, 1 in u. aus den – i. d. R. bfl. geleiteten (c. 368) – Teil- u. Rituskirchen besteht u. deren Verantwortung dem →Bischofskollegium gemeinsam m. dessen Haupt übertragen ist (c. 336; c. 49 CCEO). In c. 392 §1 hingegen, der jeden →Bischof um der Wahrung der Einheit der G. willen zur Förderung u. Beachtung aller kirchl. Gesetze verpflichtet, wird m. G. die Gesamtheit der lat. Kirche bez., m. c. 201 §1 CCEO hingegen die jeweilige →ecclesia sui iuris. Aufgrund von OE 1 u. 4 darf der in c. 529 § 2 verwendete Begriff G. wohl i. S. der einen u. einzigen kath. Kirche verstanden werden.

3. Der Begriff G. in der →Lex Ecclesiae Fundamentalis: In can. 2 §1 LEF/Textus emendatus war der Begriff G. i. S. der einzigen Kirche Jesu Christi, die im →Glaubensbekenntnis als die eine, hl., kath. u. apost. Kirche bekannt wird, beschrieben worden als „Corpus Ecclesiarum, quae singulae sunt portio Populi Dei, sub Episcopo proprio und cum presbyterio per Evangelium in Spiritu congregata, in qua vere inest, operatur et crescit und, sancta, catholica et apostolica Ecclesia." Dieses umfassende u. ök. geprägte Verständnis von G. als Kirche Jesu Christi ist in c. 368 nicht übernommen worden.

4. Der Begriff G. hat aus kath. Perspektive zentrale Bedeutung für das kirchl. Verfassungsrecht u. das Verständnis der KirchVerf. Die m. LG 23 begr. u. in c. 368 übernommene ekklesiologische Kurzformel, wonach die kath. G. in u. aus Teilkirchen besteht, besagt, dass die G. „weder ein auf freiwilligem Zusammenschluss beruhender Kirchenbund ist noch umgekehrt als eine einzige Superdiözese verstanden werden kann, in der den einzelnen Diözesen (Teilkirchen) die bloße Funktion von praktisch notwendigen Verwaltungsbezirken zufiele. ... Die Gesamtkirche besteht in den Teilkirchen, insofern sich in jeder Teilkirche das gesamte Leben der Kirche in Wort und Sakrament vollzieht (vgl. LG 26, 1). Die Gesamtkirche tritt konkret in der Teilkirche in Erscheinung; ... Zugleich besteht die Gesamtkirche aus den Teilkirchen. ... Die Teilkirche ist Konstitutivelement der Gesamtkirche; sie macht diese in ihrem ganzen Wesen aber nur dann präsent, wenn sie in der ‚communio plena' mit allen anderen Teilkirchen verharrt." (KanR II, 15-16). Abw. davon verwendet HbkathKR³ den Begriff G. wie schon die Vorgängerausgaben lediglich zur Bez. der höchsten Autorität der Kirche u. unterscheidet davon die →Teilkirchenverbände u. die Teilkirchen.

Dem Begriff G. eignet stets auch ein ök. Charakter, denn er weist auch auf das Verhältnis hin, „das zwischen der katholischen Kirche und den getrennten Kirchen und kirchlichen Gemeinschaften sakramental grundgelegt ist und verfassungsrechtlich jedenfalls anfanghaft besteht." (KanR II, 6).

Quellen

Vat II, SC; Vat II, LG; Vat II, UR; Vat II, OE.

Literatur

KanR II, Teil I; Kremsmair, J., Art. Gesamtkirche: LKStKR Bd. 2, 92-94; HbkathKR³, §§ 27-34.

Heribert Hallermann

Gesamtkirchengemeinde – Katholisch

Vergleichbar dem Gesamtverband (→Gemeindeverband) ist die G. v. a. in den (Erz-)Bistümern Freiburg u. Rottenburg-Stuttgart eine eigene →Körperschaft des öffentlichen Rechts (vgl. §24 Abs. 3 KiStG BW) u. stellt den Zusammenschluss mehrerer rechtlich eigenständig bleibender →Kirchengemeinden zu einer G. in einer Kommune, größeren Stadt od. neuen →Seelsorgeeinheit m. mehreren KGde. dar (vgl. z. B. §6 Abs. 1 KGO Rottenburg-Stuttgart). Organe der G. sind der Gesamtkirchengemeinderat (§29 Abs. 1 KGO Rottenburg-Stuttgart), der aus den Vorsitzenden u. deren Stellvertreter der einzelnen KGde. u. i. d. R. einem Viertel der gewählten Mitglieder der einzelnen →Kirchengemeinderäte besteht u. dem Geschäftsführenden Ausschuss, der die laufenden Geschäfte der G. führt. In ihm sind Vertreter aller die G. bildenden KGde. tätig. Dieser Ausschuss ist dem Gesamtkirchengemeinderat in regelmäßigen Abständen berichtspflichtig. In einer Ortssatzung (§29 Abs. 5 KGO Rottenburg-Stuttgart) werden die Aufgaben der G. festgelegt. V. a. die Trägerschaft von Kindertagestätten (→Kindergarten) u. weiteren Sozialeinrichtungen wie →Krankenhäusern od. Sozialstationen (→Diakonie-, Sozialstation) gehört zu den Aufgaben der G. Diese Satzung muss vom Bfl. Ordinariat genehmigt werden.

Ziel des G. ist die synergetische Bündelung von Aufgaben in der →Vermögensverwaltung, die auf Ebene der G. effizienter gestaltet werden können wie in den einzelnen KGde. Zudem kann die G. gegenüber den Kommunen m. stärkerem Handlungsmandat auftreten. Die KGde., aus denen die G. besteht, bleiben Eigentümer ihrer Grundstücke u. Immobilien u. können sich durch die Entlastung durch die G. auf die konkreten Aufgaben vor Ort konzentrieren.

Quellen

Gesetz über die Erhebung von Steuern durch öff.-rechtliche Religionsgemeinschaften in Baden-Württemberg (Kirchensteuergesetz) i. d. F. vom 15. Juni 1978: GBl., 370, zuletzt geänd. durch Gesetz vom 14. Oktober 2008: GBl., 335; Bischof von Rottenburg-Stuttgart, Ordnung für die Kirchengemeinden u. ortskirchliche Stiftungen (Kirchengemeindeordnung) vom 1. Juni 2002: KABl. Rottenburg-Stuttgart 2002, 113ff. u. 175f., zuletzt geänd. am 1. März 2014: KABl. Rottenburg-Stuttgart 2014, 289f.

Thomas Schüller

© 2019, DOI: 10.30965/9783506786388_0198

Gesamtkirchengemeinde – Evangelisch

Die G. ist ein Zusammenschluss von benachbarten →Kirchengemeinden innerhalb eines →Kirchenkreises (Dekanatsbezirks) zum Zwecke der Erfüllung gemeinsamer ortskirchlicher od. zweckmäßigerweise in Gemeinschaft wahrzunehmender Aufgaben. Anstelle der in ihr miteinander verbundenen, indes eigenständig bleibenden KGde. übernimmt sie deren ortskirchliche Aufgaben bzw. unterstützt diese bei deren Wahrnehmung. Wie die einzelne KGde. besitzt auch die G. Rechtspersönlichkeit nach kirchl. u. staatl. Recht als →Körperschaft des öffentlichen Rechts. Die G. ist insofern ein verdichteter kirchl. Zweckverband, als ihr nicht nur einzelne Aufgaben od. alle m. einem bestimmten Zweck zusammenhängenden Aufgaben (z. B. Verwaltung der Kindertageseinrichtungen), sondern eine Vielzahl ortskirchlicher Aufgaben übertragen werden können. Die Bandbreite der möglichen Aufgabenübertragung auf die G. ist in den Ordnungen der →Landeskirchen unterschiedlich bestimmt. In der Bay entlastet die G. die örtlichen KGde. als gemeindlicher Steuerverband u. bei Wahrnehmung ihrer verwaltungsmäßigen Aufgaben, insb. in Personalangelegenheiten, der →Vermögensverwaltung, des Haushalts-, Kassen- u. Rechnungswesens sowie in Bauangelegenheiten; dabei sind Maßnahmen, die für das Leben der einzelnen KGde. von grundlegender Bedeutung sind (z. B. Neubau von Gebäuden) im Einvernehmen m. dieser zu treffen. Dem gegenüber obliegen der G. nach dem Recht der Rh auch Grundsatzentscheidungen über Planung, Zielsetzung u. Durchführung der Gemeindearbeit. Die Aufgaben der G. u. die Rechtsbeziehungen zwischen ihr u. den einzelnen KGde. werden durch Satzung geregelt, die im Einvernehmen m. den beteiligten KGde. vom Leitungsorgan der G. (Gesamtkirchenverwaltung, Gesamtpresbyterium) beschlossen wird u. der Genehmigung durch die →Kirchenleitung (→Landeskirchenrat) bedarf. Dem Leitungsorgan der G. gehören →Pfarrer u. (in unterschiedlich geregelter Mehrzahl) Kirchenvorsteher der beteiligten KGde. an. Es wird turnusgemäß im Anschluss an die Neuwahl der →Kirchenvorstände (→Kirchengemeinderäte,

→Presbyterien) neu gebildet. Den Vorsitz führt i. d. R. der →Dekan (Bay) bzw. ein aus seiner Mitte gewähltes Mitglied des Gesamtpresbyteriums (Rh).

Literatur

Frost, H., Strukturprobleme ev. Kirchenverfassung, Göttingen 1972, 260-263; Grethlein, G. – Böttcher, H. – Hofmann, W. – Hübner, H.-P., Ev. Kirchenrecht in Bayern, München 1994, 474-477.

Hans-Peter Hübner

© 2019, DOI: 10.30965/9783506786388_0198

Gesamtverband
→Gemeindeverband

Gesandter, päpstlicher – Katholisch

Der CIC unterscheidet in c. 363 §1 je nach Aufgabenstellung zwischen zwei Arten von ständigen päpstlichen G. Es gibt →Legaten, die nur zu den →Teilkirchen u. andere, die darüber hinaus auch zu den Staaten entsendet werden. Unter diese Kategorie fallen päpstliche Nuntien. Sie sind G. im Bischofsrang. Als Nuntien werden gem. Art. I Abs. 2 MP Sollicitudo omnium ecclesiarum (= MP SOE) nur G. bez., die bei einer Ortskirche u. zugl. diplomatische Vertreter des Hl. Stuhls bei einer Staatsregierung sind. Der Titel des Pronuntius, der 1965 für päpstliche G., denen das Doyenat im diplomatischen Corps nicht zukam, eingeführt wurde, ist inzwischen ausdrücklich durch das Regolamento per la Rappresentanze Pontificie vom 22.02.1994 in Art. 6 Abs. 2 abgeschafft. Außerdem kommen noch diejenigen hinzu, die gem. c. 362 §2 als →Geistliche od. →Laien im Auftrag des →Papstes an intern. Organisationen, Konferenzen u. Kongressen teilnehmen. Diese hochrangigen päpstlichen Diplomaten, die nicht zwingend Mitglieder des →Bischofskollegiums sind, „werden Delegaten oder Beobachter genannt, je nachdem, ob der Hl. Stuhl als Mitglied der Konferenz mit oder ohne Stimmrecht teilnimmt" (MP SOE II, 1) (→Apostolischer Delegat). Auch →Kardinäle gehören zu den päpstlichen G., wenn sie gem. c. 358 als „legati a latere" od. als Sondergesandte vom P. m. bestimmten Aufgaben betraut werden.

1. Rechtsstellung des päpstlichen G.: Grds. sind apost. Nuntien Titularerzbischöfe (vgl. c. 376). Von Rechts wegen genießen sie seit dem Wiener Kongress gleichzeitig das →Privileg, auch Doyen des diplomatischen Corps zu sein. Allerdings besteht bei den akkr. Staaten keine Verpflichtung, sich daran zu halten. Gem. c. 450 §2 gehören päpstliche G. im Bischofsrang nicht von Rechts wegen zu den Mitgliedern der →Bischofskonferenz. Innerhalb ihres Amtsbereiches genießen sie das Recht der Präzedenz vor den Erzbischöfen u. →Bischöfen, nicht jedoch vor den Mitgliedern des →Kardinalskollegiums. Das Gleiche gilt für die →Patriarchen der Ostkirchen sowohl in deren Gebieten, wie auch, wenn sie – außerhalb ihres Gebietes – im eigenen Ritus zelebrieren (Art. XII MP SOE). Es gibt zusätzlich noch Rechte u. Privilegien, die den päpstlichen G. m. Rücksicht auf den bes. Charakter ihrer Mission verliehen werden. Wegen des bes. Charakters der Aufgaben des Apost. Legaten (c. 364 n. 2) genießt der Sitz der päpstlichen Gesandtschaft im gesamten Gebiet des Diözesanbischofs eine Exemtion, so dass der G. in der Residenz der päpstlichen Vertretung gleichsam „Ortsordinarius" ist u. über ordentliche sowie stellvertretende Gewalt verfügt. M. Ausnahme von Eheschließungen unterstehen die Legaten nicht der Leitungsgewalt des zuständigen Ortsoberhirten (c. 366 n. 1; Art. XII MP SOE).

2. Aufgaben der päpstlichen G.: Die innerkirchliche Dienstfunktion des päpstlichen G. besteht gem. c. 364 darin, die Bande der Einheit zwischen dem Hl. Stuhl u. den →Teilkirchen ständig zu stärken u. wirksam zu gestalten. Insofern hebt sich aus kirchl. Sicht die geistl. Natur dieses Amtes von den übrigen diplomatischen Vertretungen ab. Die päpstlichen G.

sind damit an erster Stelle die Vertreter des P. bei den Teilkirchen u. erst in zweiter Linie, soweit ihnen in den einzelnen Staaten diese Funktion zukommt, diplomatische Vertreter des →Apostolischen Stuhls.

Darüber hinaus wird innerkirchlich auf die Aufgaben gegenüber den Bf., der BK, den Lebensverbänden der ev. Räte sowie auf die Ernennung von Bf., in Bezug auf das Wohl sowie den Frieden des Landes hingewiesen. Päpstliche G. dürfen nicht unmittelbar in die Leitung der Diözese eingreifen. Sie sollen die Arbeit der Bf. in vielfältiger Weise fördern u. sie m. brüderlichem Rat unterstützen.

Die Aufgaben des päpstlichen G. im diplomatischen Dienst kristallisieren sich in den Beziehungen zwischen dem Hl. Stuhl u. den staatl. Autoritäten heraus (c. 365 § 1 n. 1), wobei der Fokus auf der Förderung des Verhältnisses von →Kirche und Staat, insb. bei Konkordatsabschlüssen u. Verträgen zwischen der Teilkirche, dem Hl. Stuhl u. der Staatsregierung liegt. Hierfür besteht die Arbeit des päpstlichen G. darin, zu vermitteln u. zu verhandeln (c. 365 § 1 n. 2 u. § 2). Ferner ist auf die diplomatischen Beziehungen des Hl. Stuhls zu den intern. Organisationen hinzuweisen, deren offizielle Regelungen erstmals im MP SOE erfolgten u. in c. 363 § 2 kodifiziert sind. Insgesamt gibt es vier Rechtsformen der Teilnahme des Apost. Stuhls an den intern. Organisationen: Der Vertreter ist entweder Vollmitglied, Beobachter, ständiger Vertreter, der mitarbeitet, od. ein Vertreter, der nur gelegentlich beteiligt ist. Diese in aller Knappheit genannten u. in c. 364 kodifizierten Aufgaben der päpstlichen G. werden explizit u. detailliert im MP SOE (Art. II, X, XI MP SOE) geregelt.

3. Das Ausscheiden aus dem Dienst: Grds. endet das Amt des päpstlichen G. gem. c. 367 m. der Erfüllung des Auftrags, m. der dem G. mitgeteilten Abberufung sowie m. dem vom P. angenommenen →Amtsverzicht, wobei seit dem MP Imparare a congerdarsi vom 12.02.2018 die Rücktrittserklärung aus Altersgründen auch für Nuntien nicht automatisch greift (vgl. ORdt vom 23.02.2018). Hinsichtlich der →Altersgrenze sind die päpstlichen G. in ordentlicher Weise gebeten, m. Vollendung des 75. Lj. ihren Amtsverzicht anzubieten. Darüber müsse jedoch der P. entscheiden u. könne sogar noch nach mehreren Monaten diesbezüglich befinden. Das Amt des päpstlichen Legaten erlischt jedoch nicht m. Vakanz des Apost. Stuhls, wenn dies nicht im päpstlichen Ernennungsschreiben ausdrücklich vorgesehen ist.

Quellen

Paul VI., MP Sollicitudo omnium ecclesiarum vom 24. Juni 1969: AAS 61 (1969), 473-484.

Literatur

Walf, K., Gesandtschaftswesen, kirchl.: LThK³ Bd. 4, 545-547; Puza, R., Gesandtschaften beim Hl. Stuhl: RGG⁴ Bd. 3, 762; Breitbach, U., Gesandter, päpstlicher: LKStKR Bd. 2, 94 f.; Schulz, W., Gesandtschaftswesen: LKR, 341-347; ders., Geltendes Recht: LThK³ Bd. 4, 547-548; KanR II, 265-269; Schmitz, H., Kommentar zu dem MP über die päpstlichen Gesandten: Motuproprio über die Aufgaben der Legaten des röm. Papstes, hg. v. K. Ganzer – H. Schmitz, Trier 1970, 17-38; Köck, H. Fr., Die völkerrechtliche Stellung des Hl. Stuhls, Berlin 1975; ders., Die multilaterale Diplomatie des Hl. Stuhls: ÖAKR 32 (1981), 204-226; Rees W., Päpstliche Legaten: Leitungsstrukturen der kath. Kirche, hg. v. I. Riedel-Spangenberger, Freiburg 2002, 145-178; Buonomo, V., Brevi annotazioni: IusEccl 29 (2007), 671-688; Sommeregger, A., Soft Power u. Religion, Wiesbaden 2011; Kingata Y., Das päpstliche Gesandtschaftswesen u. die Nuntiatur in der Demokratischen Republik Kongo, St. Ottilien 2013; ders., Die päpstlichen Gesandten: HbkathKR³, 529-537; ders., Hl. Stuhl u. Vereinte Nationen: Ius quia iustum, hg. v. E. Güthoff – St. Haering, Berlin 2015, 1019-1034; Stoffel, O.: MKCIC cc. 362-367.

Yves Kingata

© 2019, DOI: 10.30965/9783506786388_0200

Gesandtschaftswesen – Katholisch

1. Gesch. Entwicklung: Die Geschichte des päpstlichen G. lässt sich bis in die frühkirchliche Zeit zurückverfolgen. Bereits im 4. Jh. ließen sich die →Päpste auf →Konzilien u. →Synoden durch Gesandte (→Gesandter, päpstlicher) vertreten. Ebenso wurde schon im selben Jh. ein →Apostolisches Vikariat in Illyrien unterhalten, das die Bf. von Thessaloniki innehatten. Neben ihrer Gewalt als Ortsordinarien kam ihnen die Befugnis zu, →Metropoliten zu weihen, →Partikularkonzilien einzuberufen sowie als Schlichter bei Differenzen zwischen einzelnen Bf. zu fungieren u. zu entscheiden. Insofern steht die Entstehung des Gesandtschaftsrechts des P. in einem engen Zusammenhang m. der Ausgestaltung sowie der Sicherung des päpstlichen Jurisdiktionsprimats. Zudem bleibt es m. der Sendung der Kirche u. deren Heilsauftrag wesentlich verbunden. Denn dem P. kommt als Pontifex Maximus (vgl. c. 362) der kath. Kirche u. Oberhaupt des →Vatikanstaats aufgrund seiner höchsten, vollen, unmittelbaren u. universalen ordentlichen →Vollmacht (vgl. c. 331) die Aufgabe zu, Brücken zwischen den →Teilkirchen zu bauen u. die →Gesamtkirche zu leiten. Daraus leitet sich auch der Auftrag ab, Beziehungen zu allen Völkern, Kulturen u. Traditionen zu pflegen. Um die fruchtbare Zusammenarbeit zwischen →Kirche und Staat im Dienst am →Gemeinwohl zu fördern, bedient sich der P. der bilateralen u. multilateralen Beziehungen zwischen dem Hl. Stuhl u. den Staaten sowie versch. intern. Organisationen u. Institutionen. Hierfür wird dem Hl. Stuhl eine Sonderstellung im diplomatischen Verkehr zuerkannt.

2. Geltendes Recht: Die geltenden Bestimmungen zum päpstlichen G. sind grds. in cc. 362-367 verankert. Dieses Rahmenrecht ist jedoch durch andere Regelungen des Codex (vgl. cc. 377 § 3; 450 § 2; 1401; 1405 § 1 n. 3) zu ergänzen. Der CCEO beschränkt sich auf einen Canon (c. 46 § 1), der die päpstlichen →Legaten lediglich beiläufig erwähnt. Überdies kommt den im MP Sollicitudo omnium Ecclesiarum (MP SOE) sowie in der ApK PastBon (Art. 45-46) geregelten Normen wesentliche Bedeutung zu. Die in PastBon verankerten Erste u. Zweite Sekt. des →Staatssekretariats, die den regelmäßigen Kontakt m. den →Nuntiaturen abwickelt (Erste Sekt.) u. die Beziehungen zu den Staaten unterhält (Zweite Sekt.), sind seit November 2017 durch eine Dritten Sekt. verstärkt. Es handelt sich um die Sekt. für das Personal des Diplomatischen Dienstes des Hl. Stuhls. Diese neue Sekt. befasst sich m. allen Fragen, die m. dem diplomatischen Personal zu tun haben: die Auswahl, die Ausbildung u. Weiterbildung, die Lebens- u. Dienstbedingungen, die Beförderungen sowie das örtliche Personal. Darüber hinaus braucht man die im Regolamento generale della Curia Romana (Art. 8 § 1), im Regolamento per la Rappresentanze Pontificie, im Grundgesetz des Staates der Vatikanstadt vom 26.11.2000 (Art. 2) sowie im Wiener Übereinkommen über diplomatische u. konsularische Beziehungen (WÜD) festgehaltenen Normen, um das päpstliche G. ausführlich zu erschließen.

3. Die Grundbestimmung des päpstlichen G.: C. 362 ist die grundlegende Norm des päpstlichen Gesandtschaftsrechts. Diese entscheidende Regelung, die auf can. 265 zurück geht u. in Art. III MP SOE übernommen worden ist, weist deutlich eine Kontinuität auf. Als ein „→ius nativum et independens" bestimmt sie das Recht des P., Gesandte zu ernennen u. zu entsenden. Sie bezieht sich auf das Papstamt, dessen Inhaber oberster Hirte der kath. Kirche ist u. als →moralische Person bez. wird (vgl. c. 113 § 1). Das dem P. zugestandene „ius nativum et independens" im G. drückt zwar das kirchl. Selbstverständnis aus, genügt im völkerrechtlichen Verkehr jedoch nicht allein. Denn die Rechtssubjektivität des Hl. Stuhls im Völkerrecht ist nicht „ex ipsa ordinatione divina". Vielmehr liegt sie darin begr., dass der kath. Kirche, als einziger Religionsgemeinschaft, Völkerrechtssubjektivität

zugesprochen wird. Sie ist dem Hl. Stuhl aufgrund seiner moralischen Autorität, seines Einsatzes für den Frieden u. seiner Neutralität zuerkannt. Diese Rechtsstellung geht tatsächlich auf ein urspr. m. dem P. verbundenes Recht zurück, das ihm kraft seiner weltweiten Mission zukommt. Innerkirchlich sowie völkerrechtlich beruht das originär eigene Recht des Bf. von Rom nicht auf Zugeständnissen u. Genehmigungen seitens des Staates bzw. der Staaten.

Ernennung, Entsendung, Versetzung od. Abberufung der päpstlichen Gesandten erfolgen frei. Allerdings gibt es im Völkerrecht den Vorbehalt, dass der P. sich an die entspr. Normen halten muss, wenn es sich um eine diplomatische Mission bei Staatsregierungen handelt. Hierbei geht es nicht um eine rechtliche Selbstbindung, die das „ius nativum et independens" beeinträchtigt, sondern um zwei voneinander zu unterscheidende Bereiche, nämlich das Völkerrecht u. die Jurisdiktionsgewalt. Letztere ist dem P. als Primatialgewalt für die Universalkirche gegeben (vgl. CD 2). Das heißt: Das Recht, päpstliche Gesandten zu den Regierungen zu entsenden – aktives Gesandtschaftsrecht – sowie Legaten der Staaten bei sich zu empfangen – passives Gesandtschaftsrecht –, wird gem. c. 362 nicht nur durch die kirchenrechtlichen Bestimmungen geregelt, sondern es wird hierfür auch das intern. Recht herangezogen.

Quellen

Vat II, CD; Paul VI., MP Sollicitudo omnium ecclesiarum vom 24. Juni 1969: AAS 61 (1969), 473-484; Johannes Paul II., ApK Pastor Bonus vom 28. Juni 1988: AAS 80 (1988), 841-930; Regolamento Generale della Curia Romana (RGCR): AAS 91 (1999), 629-699.

Literatur

Walf, K., Gesandtschaftswesen, kirchl.: LThK³ Bd. 4, 545-547; Puza, R., Gesandtschaften beim Hl. Stuhl: RGG⁴ Bd. 3, 762; Breitbach, U., Gesandter, päpstlicher: LKStKR Bd. 2, 94 f.; Schulz, W., Gesandtschaftswesen: LKR, 341-347; ders., Geltendes Recht: LThK³ Bd. 4, 547-548; KanR II, 265-269; Ganzer, Kl., Das päpstliche Gesandtschaftswesen: Motuproprio über die Aufgaben der Legaten des röm. Papstes, hg. v. K. Ganzer – H. Schmitz, Trier 1970, 9-16; Schmitz, H., Kommentar zu dem MP über die päpstlichen Gesandten: Motuproprio über die Aufgaben der Legaten des röm. Papstes, hg. v. K. Ganzer – H. Schmitz, Trier 1970, 17-38; Köck, H. Fr., Die völkerrechtliche Stellung des Hl. Stuhls, Berlin 1975; ders., Die multilaterale Diplomatie des Hl. Stuhls: ÖAKR 32 (1981), 204-226; Rees W., Päpstliche Legaten: Leitungsstrukturen der kath. Kirche, hg. v. I. Riedel-Spangenberger, Freiburg 2002, 145-178; Buonomo, V., Brevi annotazioni: IusEccl 29 (2007), 671-688; Sommeregger, A., Soft Power u. Religion, Wiesbaden 2011; Kingata Y., Das päpstliche Gesandtschaftswesen u. die Nuntiatur in der Demokratischen Republik Kongo, St. Ottilien 2013; ders., Die päpstlichen Gesandten: HbkathKR³, 529-537; ders., Hl. Stuhl u. Vereinte Nationen: Ius quia iustum, hg. v. E. Güthoff – St. Haering, Berlin 2015, 1019-1034; Stoffel, O.: MKCIC cc. 362-367.

Yves Kingata

Geschäftsfähigkeit – Katholisch

G. (Handlungsfähigkeit) bez. die →Fähigkeit, sich selbst durch eigenes rechtsgeschäftliches Handeln zu berechtigen od. zu verpflichten (c. 124; c. 931 CCEO). Spezielle Formen der G. sind u. a. die Fähigkeit, Sakramente zu empfangen u. zu spenden u. die Prozess-, Partei-, Delikts- u. Straffähigkeit.

Voraussetzung ist zumeist der Empfang der →Taufe u. die Mitgliedschaft in der kath. Kirche (c. 96). Volle G. erlangt eine →physische Person m. Vollendung des 18. Lj. (c. 97; vgl. c. 909 CCEO). Ein Minderjähriger besitzt →Rechtsfähigkeit, d. h. er ist Träger von Rechten u. Pflichten, untersteht aber in der Ausübung der Rechte gewöhnlich dem gesetzlichen Vertreter (c. 98; vgl. c. 910 CCEO). Ausnahmsweise besteht eine niedrigere →Altersgrenze (z.

B. Nebenwohnsitz: c. 105 § 1; c. 915 § 1 CCEO; →Noviziat: c. 643 § 1 n. 1; vgl. cc. 450 n. 4, 517 § 1 CCEO; Taufempfang: c. 852 § 1; vgl. c. 682 CCEO; Patenamt [→Pate]: c. 874 § 1 n. 2; vgl. c. 685 § 2 CCEO; →Eheschließung: c. 1083; c. 800 § 1 CCEO) od. ein höheres Alterserfordernis (z. B. Bischofsamt: c. 378 § 1 n. 3; c. 180 n. 4 CCEO; ewige Profess: c. 658 n. 1; →Weiheempfang: c. 1031; vgl. c. 759 CCEO).

Die G. kann dauernd od. vorübergehend fehlen (fehlender →Vernunftgebrauch: c. 99; c. 909 § 3 CCEO; absoluter Zwang: c. 125 § 1; c. 932 § 1 CCEO) bzw. durch Rechtsvorschrift od. →Kirchenstrafe eingeschränkt sein. Bei völligem Fehlen d. Habilität, wird ein Nichtakt gesetzt, gründet der Hinderungstatbestand im positiven Recht, ein ungültiger Akt, der Rechtswirkungen erzeugen kann.

Die jur. Person (→Juristische Person, kirchliche) handelt durch physische Personen als deren rechtmäßige Organe (c. 118). Diese bilden nach Maßgabe der Rechtsvorschriften den rechtsgeschäftlichen Willen für die jur. Person nach innen od. handeln als deren Vertretungsorgan nach außen. Das Handeln der Organe bindet die jur. Person in den Rechten u. Pflichten. Bei Fehlen der erforderlichen Vollmacht ist deren Handeln ungültig, kann aber Haftungen begründen (cc. 1281 § 3, 1296; vgl. cc. 1024 § 3, 1040 CCEO).

Literatur

Michiels, G., Principia generalia de personis in ecclesia, Paris [2]1955; KanR I, bes. 283-289, 321-323; Walser, M., Die Rechtshandlung im kan. Recht. Ihre Gültigkeit u. Ungültigkeit gem. dem Codex Iuris Canonici, Göttingen 1994; Althaus, R., Art. Handlungsfähigkeit: LKStKR Bd. 2, 210-211; Ferrer Ortiz, J., Art. Capacidad de obrar: DGDC Vol. I, 816-820; Otaduy, J., Art. Capacidad jurídica: DGDC Vol. I, 820-823; Morán Bustos, C. M., Capacidad procesal: DGDC Vol. I, 823-826; Kaptijn, A., § 11 Rechtspersönlichkeit u. rechtserhebliches Geschehen: HbkathKR[3], 183-198; Pree, H.: MKCIC bes. cc. 96-99, 118, 124.

Johann Hirnsperger

© 2019, DOI: 10.30965/9783506786388_0202

Geschäftsordnung – Katholisch

Unter G. versteht man Regelungen, die bei Zusammenkünften von Personen, seien sie angeordnet od. von Gläubigen frei einberufen, sowie beim Abhalten anderer Veranstaltungen zu beachten sind. Die G. bestimmt, was zu Verfassung, Leitung u. Vorgehensweise gehört, u. verpflichtet alle, die an der →Versammlung bzw. Veranstaltung teilnehmen (c. 95 §§ 1 u. 2).

Im engeren Sinn bez. G. Normen, welche die Durchführung von Zusammenkünften regeln, deren Hauptaufgabe im Beraten, Beschließen u./od. Wählen besteht.

Als G. nur bzgl. einiger Teilaussagen bzw. im uneigentlichen Sinn gelten Regelungen, die Personen- u. Sachgesamtheiten über die Versammlungen hinaus umfassend in Existenz, Aufbau u. Wirken normieren, z. B. Regolamento della Sacra Congregazione per le Cause dei Santi, Rom 1983; G. des →Priesterseminars od. →Pfarrgemeinderats.

G. existieren für Zusammenkünfte von verfassungsrechtlichen Gremien, z. B. →Ökumenisches Konzil (c. 338 § 2; c. 51 § 2 CCEO), →Bischofssynode (c. 344 n. 4), →Dikasterien der →Römischen Kurie (Art. 37-38 PastBon), →Partikularkonzil (cc. 441 n. 4, 442 § 1 n. 3), →Bischofskonferenz (c. 451), →Priesterrat (c. 496; vgl. c. 265 CCEO), →Domkapitel (c. 506 § 1), →Diözesanpastoralrat (c. 513 § 1; vgl. c. 274 § 1 CCEO), Pfarrpastoralrat (c. 536 § 2), Pfarrvermögensverwaltungsrat (c. 537; vgl. c. 295 CCEO) u. für Versammlungen von öff. u. privaten Vereinen u. Anstaltsleitungen (cc. 115, 116; vgl. cc. 920, 922 CCEO) od. nicht rechtsfähigen Vereinigungen (c. 309). G. regeln den Ablauf von Adhoc-Versammlungen z. B. von →Katholikentagen u. werden bei freien Zusammenkünften vereinbart.

G. sind hoheitlicher od. nichthoheitlicher Art u. von rechtlich unterschiedlicher Qualität u. Verbindlichkeit. Vielfach besteht Geschäftsordnungsautonomie. G. stellen nachgeordnetes Recht dar u. bilden ein flexibles Element in der kirchl. Rechtsordnung.

Quellen

Johannes Paul II., ApK Pastor Bonus vom 28. Juni 1988: AAS 80 (1988), 841-934.

Literatur

Wächter, L., Gesetz im kan. Recht. Eine rechtssprachliche u. systematisch-normative Untersuchung zu Grundproblemen der Erfassung des Gesetzes im kath. Kirchenrecht, St. Ottilien 1989 (MThS.K 43); KanR I, bes. 219-220; Ciáurriz, M. J., Art. Reglamento: DGDC Vol. VI, 841-845; Schmitz, H., § 6 Codex Iuris Canonici: HbkathKR³, 70-100; Socha, H.: MKCIC c. 95.

Johann Hirnsperger

© 2019, DOI: 10.30965/9783506786388_0203

Geschäftsordnung – Evangelisch

In der ev. Kirche werden G. wie in anderen öff. u. privaten Organisationen als Regelungsform genutzt. G. sind alle RL u. Regelungen, die sich Gremien u. Organe zur Regelung ihrer eigenen internen Arbeitsabläufe geben (Geschäftsordnungsautonomie) bzw. die von anderen Organen für sie erlassen werden. Sie haben reine Innenwirkung für das jeweilige Gremium. Abzugrenzen sind G. von Rechtsnormen, die das Gremium od. Organ konstituieren u. insb. die Funktion, Aufgaben u. Zusammensetzung des Organs definieren. Typische Regelungsgegenstände von G. sind Einladung, Fristen, Sitzungsleitung, Sitzungsprotokoll, Ordnungsbefugnisse, Vertretungsregelungen.

Es finden sich regelmäßig G. u. a. für die kirchenleitenden Organe auf gesamtkirchlicher Ebene (z. B. → Synode, → Kirchenleitung, → Landeskirchenamt, → Bischofskonferenzen) sowie auf mittlerer u. auf Gemeindeebene (Kirchenkreis-/Dekanatssynoden, → Kirchenvorstände, → Presbyterien etc.).

Literatur

Anke, H.-U., § 4 Rechtsquellen u. kirchl. Gesetzgebung: HevKR, 162-198 Rn. 47.

Anne-Ruth Wellert

© 2019, DOI: 10.30965/9783506786388_0203

Geschehen, rechtserhebliches – Katholisch

Die deutschsprachige Kanonistik verwendet in Lehr- u. Handbüchern den Ausdruck G. als zusammenfassenden Begriff für rechtlich relevante Tatsachen u. rechtserhebliches Handeln (→ Handeln, rechtserhebliches). Während Eduard Eichmann in seinem Lehrbuch des Kirchenrechts auf Grund des Codex Iuris Canonici (bis einschließlich in der 4. Aufl. 1934, 124-130) den betr. Abschnitt m. „Rechtstatsachen und → Rechtshandlungen“ überschrieben hatte, hat Klaus Mörsdorf im Zuge seiner Neubearbeitung die Überschrift „Das rechtserhebliche Geschehen“ eingeführt (zum ersten Mal in der 6. Aufl. 1949, 200-231), die auch in allen folgenden Ausg. erhalten geblieben ist (zuletzt in KanR I, 329-384). Das Buch Grundriß des nachkonziliaren Kirchenrechts (Regensburg 1980) u. die bislang drei Aufl. des HbkathKR enthalten einen Paragraphen m. der Überschrift „Rechtspersönlichkeit und rechtserhebliches Geschehen“. In allen genannten Lehr- u. Handbüchern wurde darauf verzichtet, eine Definition des Ausdrucks G. vorzulegen; d. i. plausibel, da eine genaue Abgrenzung o. rechtliche Folgen bliebe.

Der Ausdruck G. dient als Oberbegriff für Rechtshandlungen, andere Arten rechtserheblichen Handelns sowie die unabhängig von menschlichem Handeln bestehenden Tatsachen, die rechtliche Folgen haben. Zu solchen Tatsachen gehören etwa Vorgänge, die im Wesentlichen durch das Wirken der Natur herbeigeführt werden (z. B. Geburt u. Tod, → Geschlecht, Vorhandensein od. Fehlen von → Vernunftgebrauch), der Zeitablauf sowie die → Ersitzung u. → Verjährung. Schwierigkeiten bei der Einordnung in die versch.

Arten G. bereiten die →Sakramente, weil sie zwar menschliches Handeln erfordern, zugl. aber – u. v. a. – von Gott selbst gewirkt werden.

Literatur

KanR I, 329-384; Kaptijn, A., Rechtspersönlichkeit u. rechtserhebliches Geschehen: HbkathKR³, 183-198; Pree, H.: MKCIC cc. 124-128.

Ulrich Rhode

Geschiedene

→Ehefähigkeit, →Ehescheidung, →Wiederverheiratete Geschiedene

Geschlecht – Katholisch

Gem. c. 208 (c. 11 CCEO) besteht unter allen →Gläubigen (christifideles) aufgrund ihrer →Taufe eine wahre Gleichheit in ihrer Würde u. Tätigkeit (→Gleichheit aller Gläubigen). Hinsichtlich ihrer Stellung u. Aufgabe in der Kirche gibt es allerdings geschlechtsspezifische Unterschiede. Gem. c. 1024 (c. 754 CCEO) kann nur der getaufte Mann das Sakrament der Weihe (→Ordination, Weihe) (Diakonat, Presbyterat, Episkopat) gültig empfangen. Eng m. dieser Norm verbunden ist auch der Vorbehalt in c. 230 §1, dass nur männliche Laien für die dauerhaften Dienste des →Lektors u. →Akolythen bestellt werden können. Früher galten diese Dienste als niedere Weihen, die in Vorbereitung auf die →Diakonenweihe bzw. →Priesterweihe erteilt wurden (can. 1035 §1). Die zeitliche Beauftragung zum Lektorenamt, die Aufgaben des →Kommentators u. →Kantors stehen jedoch allen kath. Christgläubigen, Männern wie Frauen offen (c. 230 §2). Das betrifft auch den Ministrantendienst (vgl. PCI vom 11.7.1992 i. V. m. Gottesdienstkongregation vom 15.03.1994: AAS 86 [1994], 541f.). Der Vorbehalt von →Ämtern zugunsten des männlichen G. betrifft grds. alle Aufgaben, zu deren Ausübung die Weihe vorausgesetzt ist (vgl. c. 274 §1). Transsexuelle Frauen gelten im kirchl. Recht weiterhin als ihrem biologischen G. zugehörig, nur der Phänotyp wandelt sich durch entspr. Eingriffe von Frau zu Mann. Eine Zulassung zur Weihe od. →Eheschließung ist in diesem Fall nicht möglich. Für intersexuelle Personen, die beide Geschlechtsanlagen von Geburt an zeigen, ist diese Frage schwerer zu beantworten (sog. Drittes G.).

Ein Kind orient.-kath. Eltern, das das 14. Lj. noch nicht vollendet hat, wird durch die Taufe der Rituskirche des Vaters zugeschrieben (c. 29 §1 CCEO). Ist allerdings nur die Mutter kath. od. beide Eltern wünschen es übereinstimmend, wird das Kind in die Rituskirche der Mutter eingegliedert. In abgeschwächter Form findet sich die sog. Vaterregel in c. 111 §1: Bei fehlender Übereinstimmung ritusverschiedener kath. Eltern wird deren Kind m. der Taufe dem →Ritus des Vaters zugeschrieben.

Im →Ordensrecht sind geschlechtsspezifische Regelungen, v. a. die Ordensfrauen betr., weggefallen. Unterschiede ergeben sich allerdings auch hier aus dem Vorbehalt der Weihe für das männliche G.

Die →Ehe kann nur von Personen versch. G. geschlossen werden (cc. 1055 §1 i. V. m. 1057 §2; c. 776 §1 CCEO). In einem Schreiben der Glaubenskongregation vom 28.05.1991 an den Vorsitzenden der DBK (Prot.-Nr. 284/83) wird die →Ehefähigkeit eines Transsexuellen verneint m. dem Hinweis, dass die erfolgte Geschlechtsumwandlung nur den Phänotyp, nicht aber das biologische G. verändere; der Transsexuelle würde daher eine Person heiraten, die biologisch dem eigenen G. zugehört (abgedruckt: DPM 2 [1995], 315). Ein Problem für die kirchl. Matrikelführung wird sich ergeben, sobald das Personenstandsgesetz bzgl. der Intersexualität von einem Dritten G. o. Ä. sprechen sollte.

Die →Altersgrenze für die Ehefähigkeit (→Heiratsalter) ist für Männer u. Frauen unterschiedlich geregelt (c. 1083 §1; c. 800 §1 CCEO). Im Recht der lat.-kath. Kirche gibt es das →Ehehindernis des →Frauenraubs (c. 1089), das im Recht der orient.-kath. Kirche geschlechtsunspezifisch formuliert ist (c. 806 CCEO) u. damit der Gleichstellung von Mann u. Frau mehr entspricht.

Literatur

Puza, R., Art. Frau: LKStKR Bd. 1, 714-716 (Lit.!); ders., Die kirchenrechlichen Grundlagen des männlichen Priesteramts: ThQ 189 (2009), 29-45; Demel, S., Frauen u. kirchl. Amt. Grundlagen – Grenzen – Möglichkeiten, Freiburg 2012; Baumann, K., Ad ministerium. Diakonat von Männern ja, von Frauen nein?: HK 67 (2013), 83-87; Anuth, B., Frauendiakonat in der kath. Kirche? Aktueller Stand u. Perspektiven in kanonistischer Sicht: Iustitia est constans et perpetua voluntas ius suum cuique tribuendi, hg. v. T. Schüller – M. Zumbült, Essen 2014, 37-85; ders., Gottes Plan für Frau u. Mann. Beobachtungen zur lehramtlichen Geschlechteranthropologie: Gender studieren. Lernprozess für Theologie u. Kirche, hg. v. M. Eckholt, Ostfildern 2017, 171-188; Reinhardt, H. J. F.: MKCIC Literaturverzeichnis vor 204.

Beatrix Laukemper-Isermann

Geschlecht – Evangelisch

Eine spezifisch prot. Definition des Geschlechtsbegriffes gibt es nicht. Und doch werden im biblischen Schöpfungsbericht der Genesis zwei Aussagen zum Menschen gemacht, die für das ev. Verständnis des G. grundlegend sind.

Zum Einen: Der Mensch wird von Gott als ihm ebenbildlich geschaffen (Gen 1, 27 Alt. 1). Zum Zweiten: Der Mensch wird zweigeschlechtlich, als Mann u. Frau, geschaffen (Gen 1, 27 Alt. 2). Diese Zweigeschlechtlichkeit, bei der Erschaffung der Tiere im Schöpfungsbericht als unerwähnenswert vorausgesetzt, wird beim Menschen bes. hervorgehoben. Andere Textstellen in der Bibel leiten aus diesem Faktum der Zweigeschlechtlichkeit des Menschen sich teilweise widersprechende Aussagen in Bezug auf die Stellung der zwei G. untereinander ab: So wird die Frau als „Hilfe" des Mannes verstanden (Gen 2, 18), der seinerseits der Herr der Frau sein soll (Gen 3, 16). Die der Frau zugedachte Rolle ist es, einerseits zu „schweigen" u. sich „unter[zu]ordnen" (1 Kor 14, 34), andererseits ist ihre selbstbestimmt agierende Rolle als Richterin (Ri 4-5) u. Prophetin (2 Kön 22, 14-20) biblisch verbrieft. In der Bibel gibt es folglich keine geschlossene Lehre zur Stellung der G. untereinander. Welchen Aspekten in der biblisch begr. Sozialordnung der Zweigeschlechtlichkeit des Menschen der Vorrang eingeräumt wird, ist somit nicht nur eine Frage biblischer Hermeneutik. Sondern für die Bestimmung des Verhältnisses zwischen den G. ist immer auch relevant, wie hoch die Bereitschaft des jeweiligen Bibellesenden ist, die theol. bipolar angelegte Geschlechtskonstruktion in Frau u. Mann durch anderweitige sozial- od. kulturwissenschaftliche Erkenntnisse zu ergänzen.

In der Geschichte der Reformation herrschten bis in das 20. Jh. hinein polar konstruierte Geschlechtervorstellungen vor, die die Begriffe Männlichkeit u. Weiblichkeit klar typisierten u. ihnen Eigenschaften zuordneten, die als typisch männlich bzw. weiblich galten. Von Kirche, Theologie u. sozialreligiösem Lebensvollzug gestützt, wurden durch die so konstruierten Geschlechterordnungen dann Handlungsoptionen für die G. begr. od. verwehrt. Gleichwohl durchbrachen einige Einsichten der luth. Reformation diese starren Geschlechterklischees: So schuf die m. dem Priestertum aller Gläubigen (→Allgemeines bzw. Gemeinsames Priestertum) vorgenommene Neujustierung der theol. Laien für die reformatorischen Flugschriftenautorinnen neue Freiräume, bspw. Argula von Grumbach, Katharina Schütz-Zell od. Ursula Weyda. Daneben war es Luther selbst, der 1521 konstatierte, dass Paulus trotz seiner Aussage zum weiblichen Schweigegebot im Gottesdienst (1 Kor 14, 34) davon ausging, dass Frauen ebenfalls beten u. prophetisch reden dürfen (1 Kor 11, 5). So habe Gott biblisch verbrieft Prophetinnen berufen wie bspw. Mirjam (Ex 15, 20), Hulda (2 Kön

22, 14ff.) u. Debora (Ri 4, 6). Folglich wäre es vonnöten, so meinte Luther, dass „weyber predigeten", wenn kein Mann da wäre.

Daneben tat die reformatorische Einführung der Priesterehe u. die damit einhergehende Aufwertung der Frau als Ehe- u. →Pfarrfrau ihr Übriges, Frömmigkeit nicht als spezifisch weiblich od. männlich zu definieren. Vielmehr wurde es eine Aufgabe des aus der Priesterehe abgeleiteten Hausvaters, die Familie neben seiner Ehefrau zu Bibellesen u. Gebet anzuleiten. Diese spezifisch prot. Entwicklungen haben m. dazu beigetragen, dass die Geschlechterfrage heute in Deutschland auf wissenschaftstheoretischer Ebene theol. u. kirchenrechtlich betrachtet als erledigt gelten darf. Denn die ev. Landeskirchen haben m. der in den 1950er J. begonnenen Einführung der Frauenordination anerkannt, dass Frauen – entgegen dem in c. 1024 niedergelegten kath. Amtsverständnis – zum Empfang der Ordination (→Ordination, Weihe) ebenso wie Männer berechtigt sind u. somit auch Bischofsämter übernehmen dürfen. Nach ev. Amtsverständnis sind alle Christen gleich u. durch die →Taufe zu Gliedern der Kirche u. zur Priesterschaft berufen.

Trotz der kirchenrechtlichen Gleichstellung von Mann u. Frau sieht die Geschlechterpraxis in den ev. Landeskirchen anders aus: So sind Frauen in kirchl. Leitungsämtern zwar existent, aber weiterhin rar. Die wechselseitigen Beziehungen zwischen den G. stehen somit bis heute auch im Protestantismus in vielfältigen Spannungsfeldern: Ekklesiologie, Soziologie sowie poststrukturalistische Geschlechtertheorien entscheiden m. darüber, wie die biblisch gegr. Aussagen zur Geschlechtlichkeit des Menschen heute zu verstehen sind. Ob diese Differenzen im Ergebnis in Chr. Jesus als eschatologisch aufgehoben u. über die gemeinsame Mensch-Seins-Perspektive als miteinander versöhnt zu betrachten sind (Gal 3, 28) od. nicht, ist jedoch nicht nur eine Frage des Glaubens. Sondern die Geschlechterfrage steht stets im Kontext anderer sozialer Hierarchien, die durch Jesus Chr. ebenfalls geistl. in Frage gestellt werden bzw. als in ihm theol. aufgehoben gelten sollten.

Quellen

Luther, M., Vom Mißbrauch der Messe (1521): WA 8, 1889, 497, 19-498, 14; vgl. 424, 20-425, 6; Kammer der EKD für Theologie, Frauenordination u. Bischofsamt vom 20. Juli 1992: https://www.ekd.de/ekd_de/ds_doc/Frauenordination_und_Bischofsamt_EKDTexte_44.pdf [Zugriff: 15.05.2019].

Literatur

Pasero, U., Wandlungsprozesse im Arrangement der Geschlechter: Frauenforschung in universitären Disziplinen, hg. v. U. Pasero – F. Braun, Heidelberg 1993, 21-37; Globig, C., Frauenordination im Kontext luth. Ekklesiologie, Göttingen 1994; Müller, H. M., Art. Ordination VI: TRE Bd. 25, 366-367; Gause, U., Kirchengeschichte u. Genderforschung. Eine Einführung in prot. Perspektive, Tübingen 2006; Walz, H., „Nicht mehr männlich noch weiblich"? Ekklesiologie u. Geschlecht in ök. Horizont, Frankfurt 2006; Kaufmann, Th., Geschichte der Reformation in Deutschland, Berlin 2009; Gause, U., Reformation u. Genderforschung: Frauen u. Reformation, Handlungsfelder, Rollenmuster, Engagement, hg. v. M. Schattkowsky, Leipzig 2016 (Schriften zur Sächsischen Geschichte u. Volkskunde 55), 21-37.

Viola Vogel

© 2019, DOI: 10.30965/9783506786388_0206

Geschlecht – Orthodox

Neutestamentlich gesehen, sind alle getauften →Gläubigen o. Unterscheidung, Männer u. Frauen, Glieder des Leibes Chr., Kinder Gottes u. Erben seiner Verheißungen. Somit gibt es „weder Mann noch Frau" (vgl. Gal 3, 28) u. nach Ioannis Karmiris „[sind] alle eingeladen, in harmonischer Zusammenarbeit den Aufbau und das Anwachsen der Kirche – des Leibes Chr. – und die Erfüllung ihres erlösenden Werkes in der Welt zu ermöglichen". Bei der Menschwerdung Gottes ging es nicht um die Frage der

Mann- od. Frauwerdung, vielmehr handelte es sich um die hypostatische Einigung der göttlichen m. der menschlichen Natur u. das Heil der ganzen Menschheit, von Männern u. Frauen. Frauen wie Männer haben dogmatisch u. soteriologisch gesehen dies. Pflichten u. Rechte in der Kirche. Kirchenrechtlich bleibt jedoch die Frage der Gleichberechtigung offen, u. das obwohl die Gottesmutter in der Orthodoxie sehr verehrt wird u. obwohl Frauen seit jeher eine wichtige Rolle in der Verwaltung der Gde. u. bei diakonischen u. karitativen Tätigkeiten der Orth. Kirche spielen. Viele liturgische Schlechterstellungen, wie der Ausschluss vom Kommunionempfang für menstruierende Frauen od. das Verbot für Frauen als Taufpaten u. Trauzeugen zu fungieren, wurden in manchen Kirchen inzwischen beseitigt, es bleiben jedoch überall Unterschiede zwischen Männern u. Frauen insb. in Bezug auf die Weihe u. im liturgischen Kontext.

Laut altkirchlicher Tradition wurden seit jeher nur Männer zu →Priestern u. →Bischöfen geweiht. Das Amt der Diakonin ist dagegen kirchenrechtlich im c. 15 Chalcedon sowie im c. 14 Abs. 2 Quin. geregelt. Letzterer besagt, dass eine Frau, welche das 40. Lj. erreicht hat, in das Amt der Diakonin ordiniert werden kann. Insgesamt zeigen die Erwähnungen des Amtes der Diakonin in den beiden altkirchlichen Konzilstexten, dass das Amt der Diakonin z. Z. der Alten Kirche durchaus anerkannt u. praktiziert wurde u. keine neuzeitliche Erfindung darstellt. Es gibt versch. Auffassungen bzgl. der Sakramentalität der Diakoninnenweihe; die vorherrschende, die auf die Forschungen von Theodorou zurückgeht, ist, dass es sich um ein Sakrament ähnlich der →Diakonenweihe (cheirotonia) handelte u. nicht um einen einfachen Segensakt bzw. um eine Weihe eines niederen Klerikers (cheirothesia).

Bereits seit dem 19. Jh. gab es in der Orth. Kirche immer wieder Bestrebungen, das Diakonat der Frau wiederzubeleben, einzelne Frauen wurden auch in der Russischen u. Griech. Kirche tatsächlich zu Diakoninnen geweiht. 2004 bekräftigte die Kirche von Griechenland im Rahmen einer Synodalentscheidung, dass „die Institution der Diakoninnen [und die oben erwähnten Kanones] nie außer Kraft gesetzt wurde" u. es so den Bf. seither freisteht, einzelne Nonnen, welche die Gelübde bereits abgelegt haben, in das Amt der Diakonin zu ordinieren. Im Gegensatz hierzu hat die Russische Kirche dies am Landeskonzil 1917/18 zwar diskutiert, jedoch bleiben Frauen als Diakoninnen od. Ministrantinnen umstritten. Das →Patriarchat von Alexandrien hat im J. 2016 beschlossen, konkrete Pläne zur Wiederbelebung des Diakonats der Frau zu erarbeiten.

Neben dem Diakoninnenamt wird oft auch die Zulassung von Frauen zum Weiheamt des Priesters diskutiert. Hierzu führen panorthodoxe Dokumente (wie das Dokument von Rhodos, welchem eine Interorthodoxe Theol. Tagung [1988] voranging od. die Tagung in Thessaloniki [2015]) auf, weshalb Weiheämter sakramentaler Art Männern vorbehalten seien u. deshalb die Frauen nicht gültig geweiht werden könnten: Manche paulinische Stellen sprechen gegen eine →Priesterweihe von Frauen, wie 1 Kor 14, 33 (Wie in allen Gde. der Heiligen sollen die Frauen in den Gemeindeversammlungen schweigen; denn es ist ihnen nicht gestattet zu reden, sondern sie sollen sich unterordnen). Weitere Argumente gegen die Frauenordination sind demnach, dass Chr. selbst keine Frauen zu Aposteln ausgewählt hat u. v. a. das Bsp. der Gottesmutter (Theotokos), die in der Kirche keine sakramental priesterliche Funktion ausgeübt hat, u. dass, wenn es Frauen gestattet wäre das Amt des Priesters zu bekleiden, es von der Theotokos zuerst ausgeübt worden wäre.

Insgesamt scheint die Mehrheit der Orthodoxen gegen eine Ordination von Frauen zum Amt des Priesters od. Bf. zu sein. In Bezug auf die Wiedereinführung des Diakonats der Frau sind die Meinungen geteilt. Kirchenrechtlich gesehen bleibt jedoch die Frage offen, wie kann, wenn eine sakramentale Diakonsweihe für Frauen gestattet wird, angesichts der Einheit des Sakraments der Weihe ihre Beförderung zum Priester verboten werden. Eine Antwort wäre die Praxis der Alten Kirche, die Frauen offenbar nur zum Amt des Diakons zugelassen hat. Auch im Rahmen der eucharistischen Ekklesiologie nimmt der Priester die Stelle Chr. in der Liturgie als männliche Person ein, so dass die orth. altkirchlichen Liturgien m. einer weiblichen Zelebrantin schwer od. gar nicht vorstellbar sind.

Quellen

The Place of the Woman in the Orthodox Church and the Question of the Ordination of Women. Inter-Orthodox Theological Consultation, Rhodos, Greece 30 Oct.-7 Nov. 1988, hg. v. Ecumenical Patriarchate Constantinople, Katerini 1992; dt.: Orth. Forum 3 (1989), 93-102.

Literatur

Theodorou, E., I „Cheirotonia" i „Cheirothesia" ton diakonisson, Diss. Athen 1954; Theodorou, E. – Nikolaou, Th. Das Amt der Diakoninnen in der kirchl. Tradition: Una Sancta 33 (1978), 162-172; Behr-Sigel, E. – Ware, K., L'ordination des femmes dans l'Eglise orthodoxe, Paris 1998; Women and the Priesthood, hg. v. Z. Hopko, Crestwood (NY) ²1999; Mutter, Nonne, Diakonin. Frauenbilder im Recht der Ostkirchen, hg. v. C. Fürst – R. Potz, Egling a. d. Paar 2000 (Kanon 16); Die Stellung der Frau in der Kirche u. die Frage der Frauenordination, hg. v. Inst. für Orth. Theologie, München, St. Ottilien 2002 (Orth. Forum 16); Frauenrollen u. Frauenrechte der Europäischen Orthodoxie, hg. v. E. Synek, Egling 2005 (Kanon 17); Synek, E., Wer aber nicht völlig rein ist an Seele und Leib..., München u. a. 2006 (KANON Sonderheft 1); Diakonat u. Diakonie in frühchristlicher u. ostkirchlicher Tradition, hg. v. A. Jensen – G. Larentzakis, Graz 2008 (GrThS 23); Diakonat der Frau. Befunde aus biblischer, patristischer, ostkirchlicher, liturgischer u. systematisch-theol. Perspektive, hg. v. D. Winkler, Wien u. a. 2010 (Orientalia patristica 2); Potz, R. – Synek, E. M., Orth. Kirchenrecht. Eine Einführung, Freistadt ²2014 (KuR 28), ausführliche Literaturliste 360-361; Diakonisses, Cheirotonia ton gynaikon kai orthodoxi theologia, Praktika diethnous epistimonikou synedriou, hg. v. P. Vassiliadis – E. Amoiridou – M. Gkoutzioudis, Thessaloniki 2017; engl.: Deaconesses, the Ordination of Women and Orthodox Theology, hg. v. P. Vassiliadis – N. Papageorgiou – E. Kasselouri-Hatzivassiliadi, Cambridge 2017; Synek, E., Diakonat der Frau in der orth. Tradition. Kirchenrechtliche Grundlagen: Pro Oriente-Magazin 6 (Wien 2017), 5-6.

Anargyros Anapliotis

Geschlecht – Jüdisch

G. ist ein aufgeladenes u. konfliktträchtiges Thema in der westlichen Kultur- u. Rechtstheorie. 1. Es ist es auch in der jüd. Tradition, v. a. traditionell in Bezug auf die Stellung der Frau. So steht in der Mitte der sechs Sedarim des tannaitischen u. amoraitischen Kanons die dritte Ordnung Seder Naschim (wörtlich: Frauen), die verschiedenste Bereiche des G. thematisiert. Die unterschiedlichen Beziehungen zwischen heterosexuellen G. kommen in kategorisierten Traktaten vor (hauptsächlich in Jewamot – m. wem darf man [keinen] Geschlechtsverkehr haben; Kiduschin – →Eheschließung; Ketubbot – Heiratsverträge; Gittin – Beendigung der →Ehe, nämlich →Scheidung bzw. Tod). In dieser Ordnung werden rechtliche Verpflichtungen, die sich aus den unterschiedlichen Bereichen des G. ergeben, elaboriert geschildert. Diese Diskussionen basieren im Grunde genommen auf dem Begriff der jüd. →Familie u. regeln die Beziehungen zwischen dem männlichen u. weiblichen G. G. entscheidet u. a. über die Art u. Weise der Verbundenheit m. Gott u. hat praktische Auswirkungen. Die rechtliche Verpflichtung ist asymmetrisch: Frauen dürfen/durften bestimmte offizielle-religiöse Rollen im Judentum nicht ausüben, daher rührt auch ihre begrenzte Verpflichtung auf Mitzwot (Gebote/Befehle; z. B. Mitzwot sch-Ha-Zman Geraman; m. sieben Ausnahmegruppierungen von Mitzwot, wie im Abudarham steht z. B. Schabbat [→Sabbat], Hohe →Feiertage, Hannukah etc.). Sie unterliegen aber praktisch denselben Verhaltensverboten wie Männer (Mischnah, Kiduschin 1:7).

Für diesen Unterschied gibt es diverse Erkl., wie z. B.: Frauen waren (bzw. sind) mehr für den Haushalt zuständig, daher gibt es auch rechtliche Erleichterungen bei ihren alltäglichen Verpflichtungen, damit sie ihre Rolle als Frauen an der Seite ihrer Männer verwirklichen können (Abudraham, Tefilot, 3. Teil). Die Problematik dieser Rolle hat sowohl Forscher als auch traditionelle Gelehrte beschäftigt. Manche haben vorgeschlagen, dass es um die Heiligkeit der Frau geht, da Frauen diese Verpflichtungen für ihre persönliche Aufgeklärtheit nicht brauchen, weil sie sie bereits in ihren Geschöpfen verkörpern (Hirsch, Lev. 23:43). Das Rollenbild ruft die Problematik der Gleichberechtigung der G. ebenso auf wie die Frage nach der Rolle bzw. Funktion der Frau in der Halakha. Manche traditionellen Rollen u. theol. Tätigkeiten sind m. dem Leitbild der Frau in der Halakha typischerweise verbunden (z. B. Niddah, Ḥallah, Kerzenanzünden), jedoch finden sich in der Geschichte der Halakha Bsp. für die Erfüllung anderer Rollen wie beim Schlachten (Shochatot) u. bei →Beschneidungen (Mohalot).

Es gab unterschiedliche Auseinandersetzungen, um die hier angedeuteten Schwierigkeiten zu überwinden, manche schon in rabb. Kreisen im MA u. manche bei modernen feministischen Bewegungen. Versch. Theorien in der Forschung haben die Problematik der Begrifflichkeit, der Lexikographie u. weitere jur. Probleme aufgelistet. Nicht nur in schriftlichen Quellen sondern auch in der Praxis entdeckt man bestimmte Bestandteile, die für das moderne Leben nicht nachvollziehbar od. schwer zu interpretieren sind; daraus entstanden unterschiedliche Lösungen u. egalitäre Bewegungen finden sich heutzutage nicht nur im liberalen od. konservativen Judentum, sondern sogar in der Orthodoxie. Eines der großen Streitthemen in der modernen Halakha ist die Rolle der Frau im öff. →Gottesdienst, insb. als Präsentatorin in →Synagogen, höheren Instanzen u. jüd. Gerichten etc. Darüber hinaus gibt es Diskussionen über das Lernen (Limmud) der →Torah, die Sprache der Religion, von Frauen. Diese sind zu sehen als weitere gesellschaftliche Entwicklung in die Richtung der Gleichberechtigung. Die Ultraorthodoxie kämpft gegen diese Bemühungen u. verteidigt das traditionelle Bild der Frau als Mutter des Volkes, wobei Frauen wie Sarah Schenirer, die Beit Jaakow begr., es geschafft hatten, beide Idealbilder zu kombinieren.

2. Schwule Homosexualität ist von der Torah strengstens verboten, wird als Gräuel bez. u. steht im literarischen Kontext von Inzest (Arajot, Lev 18, 22). Geschlechtsverkehr zwischen Männern ist ggf. m. Todesurteil zu bestrafen (heutzutage nicht mehr aktuell, weil die Sanhederin nicht mehr in Existenz ist). Für Geschlechtsverkehr zwischen lesbischen Frauen gibt es kein explizites Verbot u. keine expliziten strafrechtlichen Konsequenzen, er gilt jedoch als Prostitution (BT Jeb. 76a; Mishne Tora, Isurej Biah 21:8). Eine gleichgeschlechtliche Ehe ist von der Halakha demzufolge ausgeschlossen; deshalb ist dies auch herausfordernd sowohl für praktizierende Juden, die homosexuelle Beziehungen haben, als auch für die Posqim, die sich in der heutigen Lebenswelt m. der Halakha auseinandersetzen u. rechtliche Entscheidungen treffen. Manche moderne Forscher (u. a. Boyarin, Kosman) finden auch Hinweise für homosexuelle Tendenzen im Talmud, sogar zwischen Rabbinern (→Rabbi, Rabbiner).

3. Es gibt keine expliziten Ausdrücke für Transgender in der Halakha, aber die Posqim haben über Geschlechtsänderung diskutiert, u. das Verbot dafür wird von der Kastrierung abgeleitet. Ein Mann darf keine Kleidung von einer Frau anziehen u. umgekehrt (Dtn 22, 5); dies ist ein explizites Verbot von Cross-Dressing. Die Psychologie seit Freud hat die Kultur u. Lit. in verschiedensten Fachbereichen sehr verändert u. moderne Poskim müssen sich

m. diesen Gendervorstellungen auseinandersetzten. Manche verändern die Gesetze od. weichen von der Halakha ab, u. werden dafür von der Seite der Orthodoxie stark kritisiert.

4. Außer Mann u. Frau gibt es auch die rechtlichen Zwischenkategorien Tumtum (keine Geschlechtsteile) u. Androginus (Androgynie, beide Geschlechtsteile, Intersexuell). Sie haben einen problematischen geschlechtlichen Status, u. im Zweifel (Safek) müssen ihre halakhischen Verpflichtungen für beide G. gelten, d. h. i. d. R. sind sie sowohl für die Verpflichtungen für die geschlechtliche Rolle des Mannes als auch für die Verpflichtungen der Frau verantwortlich (z. B. impliziert für Trumah, Arachin usw.). Androgine dürfen Frauen heiraten bzw. sie müssen sich nicht von ihnen scheiden lassen, aber sind aber als Partner für Männer strengstens verboten.

5. G. ist ein zentrales Thema im Judentum, weil es m. der tiefsten Sehnsucht des Menschen nach Liebe u. Anerkennung zu tun hat. Der Forschungsbeitrag dieses Gebietes zum Verstehen des Judentums ist äußerst bedeutsam. Die Vorhautbeschneidung (Brit Milah) ist eine Verkörperung der symbolisierten Liebe zwischen Gott u. Israel. In der Kabbala werden auch weibliche Aspekte der Gottheit (Schechinah bzw. Nukba) durch vielfältige Symbole systematisiert. Die geregelte u. systematisierte heterosexuelle Monogamie in der Halakha dient dem Anspruch auf Heiligkeit u. auf Bescheidenheit, damit wurde die Polygamie u. andere Lebensformen durch die Halakha kritisiert. Für Selbstbefriedigung bzw. Masturbation gibt es ein eigenes Verbot (hotza't Sera Lewatala), da der Mensch seinen Samen umsonst reduziert u. dadurch das natürliche Bevölkerungswachstum schädigt. Dieses Verbot flankieren auch Hilfsmethoden wie Shmirat Haejnaim u. das Verbot außerehelicher körperlicher Kontakte (Shmirat Negia'a). Aus diesem Grund sind Schwangerschaftsverhütungsmittel für das männliche G. verboten, wobei sie für das weibliche G. – für manche Posqim u. unter manchen Bedingungen – erlaubt sind.

Literatur

Boyarin, D., Carnal Israel, Reading sex in Talmudic culture, Berkeley – Los Angeles 1993; ders., Unheroic Conduct, The Rise of Heterosexuality and the Invention of the Jewish Man, California 1997; Har-Shefi, B., Women and Halakha in the Years 1050-1350 C.E. – Between Law and Custom, Hebrew University 2002; Ilan, T., Jewish Woman's Studies: The Oxford Handbook of Jewish Studies, Oxford 2002, 770-796; Grossman, A., Pious and Rebellious, Jewish Woman in Europe in the Middle Ages, Jerusalem 2003; Schremer, A., Male and Female He Created Them – Jewish Marriage in the Late Second Temple, Mishnah and Talmud Periods, Jerusalem 2003; Greenberg, S., Wrestling with God and Men: Homosexuality in the Jewish Tradition, Madison 2004; Fonrobert, C. E., Regulating the Human Body: Rabbinic Legal Discourse and the Making of Jewish Gender: The Cambridge Companion to Talmud and Rabbinic Literature, hg. v. C. E. Fonrobert – M. S. Jaffee, Cambridge 2007, 270-294; Kosman, A., Woman's Tractate – Wisdom, Love, Faithfulness, Passion, Beauty, Sex, Holiness, Jerusalem 2007; Ross, T., Expanding the Palace of Torah – Orthodoxy and Feminism, Tel-Aviv 2007; Sperber, D., Ways of Pesika – Methods and Approaches for Proper Halakhic Decision Making, Ramat Gan 2008; Zvi, I. R., Demonic Desires – Yetzer Hara and the Problem of Evil in Late Antiquity, Philadelphia 2011; Puterkovsky, M., Following her Halakhic way, Tel Aviv 2014; Kiel, Y., Sexuality in the Babylonian Talmud: Christian and Sasanian contexts in late antiquity, New York 2016; Münz-Manor, O., On title page verso: Gender and sexuality in Rabbinic culture, Raanana 2017; Lamm, N., Homosexuality in Judaism: Encyclopaedia of Judaism: http://dx.doi.org/10.1163/1872-9029_EJ_COM_0078; Neusner, J., Masculine and Feminine in Judaism: Encyclopaedia of Judaism: http://dx.doi.org/10.1163/1872-9029_EJ_COM_0118.

Neri Ariel

© 2019, DOI: 10.30965/9783506786388_0206

Geschlecht – Islamisch

Ist vom G. im islam. Kontext die Rede, bezieht sich das zunächst auf die menschliche

Gattung u. die Entstehung des Menschen nach der Befruchtung im Uterus. Das G. wird i. S. der biologischen Gattung als gleichwertig definiert (Sure 49:13). Die binäre Geschlechterkodierung schließt sich an die spirituelle Einheit des Menschen als ein Wesen in Partnerschaftlichkeit an (4:1, 30:21) u. erfolgt als Ansprache an die gläubigen Frauen u. Männer im → Koran (33:35). Eine pauschale Abwertung des weiblichen G. entlang patriarchalischer Vorstellungen geht damit nicht einher, auch wenn sich der Koran in Zügen auf das spätrömische Patronusrecht bezieht (4:35 f.). Ist von Geschlechterbeziehungen im → Islam die Rede, so dominieren dennoch vielfältige patriarchalische Narrative u. andozentrische Interpretationen. Der Mann u. das Männliche werden in das Zentrum der Lebens- u. Weltanschauung gestellt. Allerdings gibt es auch hierzu krit. Interpretationen u. Stimmen. Genderrelevante Fragen u. gegenwärtige Konstruktionen von Männlichkeit u. Andozentrismus beschäftigen den sog. islam. Feminismus sowie die islam. → Rechtswissenschaft (fiqh). Die Wahrnehmung des Islams als vermeintlich patriarchalische u. misogyne Religion kann deshalb unter Musliminnen zu Irritationen führen, weil sie die → Gerechtigkeit Gottes (ʿadl) i. V. m. der Gleichwertigkeit aller Menschen setzen u. deshalb Geschlechtergerechtigkeit als im Islam per se gegeben rekonstruieren (Sure 4:135).

Es lassen sich mind. zwei Perspektiven auf das soziale G. (Gender) im Kontext des Islams beschreiben. Einerseits gibt es die spirituelle u. ethische Ebene, die als Universalie im Islam verankert ist u. für alle Menschen unabhängig ihres G. od. ihrer religiösen Verortung gilt. Andererseits spielt die soziale u. rechtliche Ebene eine Rolle, welche die Lebensgestaltung der religiösen Gemeinschaft seit der Frühzeit des Islams geprägt hat u. die für die partikulare Gestaltung der Geschlechterbeziehungen maßgeblich ist. Ausschlaggebend für die Umsetzung rechtlicher u. sozialer Standards für Frauen u. Männer sind die jeweiligen geographischen Räume u. Gegebenheiten, in denen sich der Islam entwickelt, m. anderen Praktiken vermengt u. kulturell differenziert hat. M. Blick auf das G. im Islam sowie die Geschlechterbeziehungen wird davon ausgegangen, dass in der vorislamischen Zeit im sechsten u. siebten Jh. versch. Formen der Heirats-, Scheidungs- u. Ehepraktiken gängig waren. Es handelt sich dabei um fluide u. nicht institutionalisierte Formen habitueller Praktiken der Familiengestaltung u. Beziehungsanbahnungen. Diese reichten von matrilinearen bis zu patrilinearen Formen sowie der Vielehe für Frauen u. Männer. Eine durchgängig als Standard für die gesamte arabische Halbinsel gültige patrilineare Norm hingegen war nicht gegeben. Auch die Familie des Propheten Muhammads kannte die unterschiedlichen Formen der Ehelichungs- u. Scheidungspraktiken. Festgehalten werden muss jedoch auch, dass sich bereits in dieser Zeit nach u. nach patrilineare Institutionalisierungen u. Legitimationen der Geschlechterbeziehungen durchsetzten. Das lag an versch. Einflüssen in der Konsolidierungsphase eines ersten politisch gerahmten muslimischen Gemeinwesens, die auf die benachbarten jemenitischen, sassanidischen ostafrikanischen u. byzantinischen Kulturräume u. auf diverse jüd., chr. u. zoroastrische Narrative u. Gepflogenheiten zurückführbar sind. Auch die spätere islam. Rezeption des Aristotelismus trug dazu bei, Frauen etwa als Trägerinnen von Gelehrsamkeit zu marginalisieren.

Neu am Geschlechtsverständnis im Islam sowie an den Geschlechterbeziehungen war, dass sowohl Frauen als auch Männer im Koran konkret adressiert wurden u. die ethischen Maßstäbe sowie die soziale Gerechtigkeit für beide G. für gültig erklärt wurden (4:124). Der Koran ist das einzige bekannte Werk der Antike, das sprachlich gendert (33:35). Den Frauen kamen aktive Rollen in der Gemeinschaft zu. Inwieweit sie als Vorbeterinnen in gemischt geschlechtlichen Räumen fungierten, bleibt angesichts der dürftigen Quellenlage umstritten. Die Wahrscheinlichkeit ist groß, dass das anfangs gang u. gäbe war u. dann schrittweise verdrängt wurde. Ein Indiz dafür ist das Bemühen späterer Denkschulen, dieses Erbe zu reaktivieren. Gut belegt ist hingegen, dass Frauen Funktionen der Gestaltung u. Entscheidung in der Verwaltung in der medinensischen neuen Polis einnahmen. Erst nach dem Tod Muhammads i. J. 632 n. Chr. unter seinem ersten Nachfolger Abu Bakr wurde den Frauen die →Pilgerfahrt (Hadsch) sowie die Aufgabe als Vorbeterin entzogen, was zu Konflikten u. einer verstärkten Zusammenarbeit unter den Witwen des Propheten Mohammed führte.

Eine auch unter feministisch orientierten islam. Theologen u. Muslimen kritisierte Praxis ist die Vielehe Muhammads nach dem Tod seiner ersten Frau Khadidscha. Mit ihr war er rund 20 J. in monogamer →Ehe verheiratet. Aus diesem Bsp. heraus wurde die Geschlechterasymmetrie zum Nachteil von Frauen u. Mädchen als soziale Norm abgeleitet u. patriarchalisch verankert, was zu kontroversen Diskussionen führte. Für beide G. gültige spirituelle u. ethische Ebenen rückten dadurch in den Hintergrund. Andere Glaubensrichtungen im Islam wie der Sufismus od. die schiitischen Qarmaten distanzierten sich davon u. lehnten bspw. die →Polygamie ab.

Zum gegenwärtigen Zeitpunkt werden die Interpretationen über das G. im Islam im Kontext des sozialen G., des islam. Feminismus sowie der Homosexualität erforscht u. diskutiert. Dazu gehört auch die Bezugnahme auf die globalisierte Welt hinsichtlich der gerechten Gestaltung der sozialen Umverteilung, der Debatten über Muslime in Einwanderungsgesellschaften u. der weltweiten Fluchtmigration.

Literatur

Ahmed, L., Women and Gender in Islam. Historical roots of a modern debate, Yale – New Haven – London 1992; Mernissi, F., Der politische Harem. Mohammed u. die Frauen, Freiburg 1992 (Herder-Spektrum 4104); Safi, O., Progressive Muslims on Justice, Gender and Pluralism, London 2003; Asad, M., Die Botschaft des Koran, Ostfildern 2015; Ghandour, A., Lust & Gunst. Sex u. Erotik bei den muslimischen Gelehrten, Norderstedt 2015; Ali, K., Sexual Ethics and Islam. Feminist Reflections on Qur'an, Hadith and Jurisprudence, London 2016.

Meltem Kulaçatan

© 2019, DOI: 10.30965/9783506786388_0206

Gesellschaft des Apostolischen Lebens – Katholisch

Eine G. ist ein kan. Lebensverband von Frauen od. Männern, die nach der Vollkommenheit der Liebe streben u. dazu – i. d. R. o. förmliche →Ordensgelübde – in Gemeinschaft leben u. gem. der verbandseigenen Lebensordnung eine gemeinsame apost. Zielsetzung verfolgen (c. 731 §§1 u. 2). Seit dem Inkrafttreten des CCEO finden sich G. sowohl in den unierten Ostkirchen als auch in der lat. Kirche.

Die Ursprünge einzelner G. reichen bis in das ausgehende 16. Jh. zurück. Die Mehrzahl der im AnPont von 2017 für die lat. Kirche verzeichneten 38 männlichen u. 12 weiblichen G. päpstl. Rechts entstanden allerdings erst im 19. od. 20. Jh. Die rechtliche Ordnung der G. lässt sich nur auf dem hist. Hintergrund verstehen. Für ihre primär apost. Zielsetzung erwiesen sich die zeitgenössischen Bestimmungen insb. zur →Ordensprofess u. für Frauen zur →Klausur als hinderlich. Aus formalen Gründen wurde der Weltcharakter anfangs in den Verfassungsurkunden der G. stark betont. Durch das ihnen eigene Gemeinschaftsleben u. die spezifische apost. Sendung unterscheiden sie sich jedoch von den später entstandenen →Säkularinstituten. M. den cann. 673-681, die unter dem (treffenden) Titel „De societatibus sive virorum sive mulierum in communi viventium sine votis" standen, fanden die G. erstmals gemeinrechtliche Anerkennung. Die CIC-Reform nach dem Vat II war lange Zeit von dem (zutreffenden) Leitgedanken bestimmt, dass die Religiosenverbände, die G. u. die Säkularinstitute drei eigenständige, aber ebenbürtige Ausdrucksformen des geweihten Lebens verwirklichen. Da durch eine gemeinsame Normierung einerseits eine Säkularisierung der Religiosenverbände u. andererseits eine Vereinnahmung der G. befürchtet wurde, kam es im CIC/1983 letztlich zur Aufteilung der p. III des liber II in zwei Sekt., wobei die Sekt. II (cc. 731-746) dem Recht der G. gewidmet ist. In der Lit. wird diese Gesetzessystematik (m. E. zurecht) vielfach als missglückt u. verfehlt bez. Für die G. in der lat. Kirche sind außer den 16 cc. der Sekt. II ca. 200 weitere cc. v. a. aus dem Recht der Religiosenverbände zu beachten, auf die in mehren Blöcken (cc. 732 [ordensrechtliche Grundnormen]; 734 [Leitung]; 735 §2 [Zulassung]; 736 §2 [Studienordnung u. Weiheempfang nach dem Recht für Weltkleriker]; 738 §2 [Apostolat]; 741 §1 [Vermögen]; 743 [Episcopus benevolus]; 746 [Entlassung]) verwiesen wird u. die in analoger Weise anzuwenden sind. Bei den G. kommt dem jeweiligen Eigenrecht, insb. den Konst., eine große Bedeutung zu; im CIC/1983 findet sich nur ein Rahmenrecht.

Formal lassen sich die G. – ebenso wie die Inst. des geweihten Lebens – einteilen: a) nach ihrer inneren Struktur in zentralistische u. föderalistische Verbände, b) aufgrund der Approbation in Gesellschaften bfl. u. päpstlichen Rechts, c) nach der Zielsetzung in laikale u. klerikale Gesellschaften. Die höheren Oberen der klerikalen G. päpstlichen Rechts sind Ordinarien (c. 134 §1).

Die einzelnen G. weisen in ihrer inneren rechtlichen Ordnung sowie bzgl. des Apostolats u. der Spiritualität große Unterschiede auf. Grds. lassen sich drei Arten unterscheiden (vgl. Socha, 1996): a) G. (z. B. Oratorianer, Eudisten, Missionare vom Kostbaren Blut), deren Mitglieder keine förmlichen Gelübde ablegen, die aber implizit nach den →Evangelischen Räten leben, b) G. (z. B. Lazaristen, Pallottiner) m. in den Konst. festgelegter Verpflichtung auf die Ev. Räte (c. 731 §2) u. c) die Missionsgesellschaften (z. B. Weiße Väter, Maryknoller Missionsgesellschaft, Missionsgesellschaft Bethlehem Immensee), die eine exklusive missionarische Zielsetzung haben, deren Mitglieder sich als Weltpriester verstehen, die z. T. in ihren Heimatdiözesen inkardiniert sind, u. die nicht der →Kongregation für die Institute des geweihten Lebens und für die Gesellschaften des Apostolischen Lebens, sondern der →Kongregation für die Evangelisierung der Völker unterstehen. Eine Sonderrolle nehmen die Priesterbruderschaft vom hl. Petrus (Fraternitas sacerdotalis S. Petri) u. das Inst. du Bon Pasteur ein, die sich von der traditionalistischen Priesterbruderschaft St. Pius X. um Erzbischof M. Lefebvre abgespalten haben. Beide Gemeinschaften, die ausschließlich die Liturgie in der außerordentlichen Form des sog. tridentischen Ritus feiern, wurden von der Päpstlichen Kommission Ecclesia Dei als G. errichtet.

Für die unterschiedlichen Verbände, die im CIC/1983 pauschal als G. bez. werden, wurde im CCEO eine bessere Systematik gefunden: Ausdrückliche Erwähnung finden G. nur in c. 572 CCEO, der sie als Lebensverbände o. Rätebindung m. spezifischer apost. Zielsetzung definiert u. ihre rechtliche Ordnung vollständig dem Partikularrecht der jeweiligen eigenberechtigten Kirche od. einem Statut des Apost. Stuhls überlässt. Inst., deren Mitglieder die Ev. Räte durch irgendeine geistl. Bindung (→Eid, →Versprechen etc.) übernehmen, o. förmliche Ordensgelübde abzulegen, werden im Ostkirchenrecht als „ordensähnliche Gesellschaften des gemeinsamen Lebens" (societates vitae communis ad instar religiosorum) bez. Diesen ordensähnlichen Gesellschaften ist im XII. Titel (cc. 410-572 CCEO), der das Recht der Inst. des geweihten Lebens normiert, das 2. Kap. (cc. 554-562 CCEO) gewidmet. Dort finden sich die für sie notwendigen allg. Regelungen m. einzelnen Verweisen auf das Recht der →Orden u. Kongr. im 1. Kap. des Titels sowie auf die jeweiligen Statuten. Die Säkularinstitute werden gesondert im 3. Kap. (cc. 563-569 CCEO) behandelt. Das abschließende 4. Kap. (cc. 570-572 CCEO) ist m. „de aliis formis vitae consecratae atque de societatibus vitae apostolicae" überschrieben, wodurch deutlich wird, dass sich die G. o. Rätebindung den versch.

Formen des geweihten Lebens lediglich „annähern“ (accedere – c. 572 CCEO; vgl. cc. 604 u. 731), während die G. m. Rätebindung neben den Orden, Kongr. u. Säkularinstituten als eine eigenständige, aber ebenbürtige Ausdrucksform der vita consecrata anzusehen sind.

Quellen

Annuario Pontificio, Vatikanstadt 2017, 1452-1462, 1666 f.

Literatur

Socha, H., Die Gesellschaften des Apost. Lebens im neuen Kirchenrecht: AfkKR 152 (1983), 76-106; Rocca, G., Art. Società di vita apostolica: DIP Vol. VIII, 1738-1744; Gambari, E., Le società di vita apostolica e la vita consacrata: Commentarium pro religiosis et missionarii 70 (1989), 227-262; Recchi, S., Verbum accedere in canonibus 604 et 731 Codicis. Quaesita et interpretatio: PRMCL 78 (1978), 453-476; Stoffel, O., Der Weltpriestercharakter der Missionsgesellschaften: Iuri canonico promovendo (FS Schmitz), Regensburg 1994, 507-528; Socha, H., Die grundlegende Natur u. die Charakteristika einer Gesellschaft des Apost. Lebens unter bes. Berücksichtigung ihrer drei Arten: AfkKR 165 (1996), 372-413; ders., Rechtlicher Kommentar zum Gesetz der Gesellschaft des kath. Apostolats, Rom 2000; Kalb, H., Art. Gesellschaft des Apost. Lebens: RGG⁴ Bd. 3, 839; Sebott, R., Art. Gesellschaft des Apost. Lebens: LKStKR Bd. 2, 101 f.; Primetshofer, B., Streiflichter zum Ordensrecht des CCEO: Flexibilitas iuris canonici (FS Puza), hg. v. A. Weiß – S. Ihli, Frankfurt u. a. 2003 (AIC 28), 241-258; Primetshofer, B., Ordensrecht auf der Grundlage des CIC 1983 u. des CCEO unter Berücksichtigung des staatl. Rechts der BRD, Österreichs u. der Schweiz, Freiburg ⁴2003, 329-341; Primetshofer, B., Art. Gesellschaft des Apost. Lebens: LKR, 350 f.; Andrés, D., Le forme di vita consacrata. Commentario telologico-giuridico al Codice del Diritto Canonico, Rom ⁵2005, 745-773; Salachas, D., La vita consacrata nel Codice dei Canoni delle Chiese Orientali, Bologna 2006; Bonfils, J., Art. Sociedad de vida apostólica: DGDC Vol. VII, 369-377; Okulik, L., Art. Sociedad de vida común ad instar religiosorum: DGDC Vol. VII, 377-379; Henseler, R., § 60 Die Gesellschaft des Apost. Lebens: HbkathKR³, 890-900; Henseler, R. – Meier D. M.: MKCIC cc. 731-746.

Rafael Rieger

Gesellschaft, kirchliche

→ Communio, → Societas

Gesellschaft, weltliche – Katholisch

1. In kirchl. Dokumenten bez. G. „eine Gruppe von Personen, die organisch durch ein Einheitsprinzip verbunden sind, das über den Einzelnen hinausgeht“ (KKK 1880). Die G. hat ihren anthropologischen Grund in der menschlichen Sozialnatur (vgl. KKK 1882). Keimzelle der G. ist die → Familie (vgl. GS 47; AA 11).

Im Zentrum der kirchl. Lehre über die G. steht die Kategorie der Personalität (Kompendium der kirchl. Soziallehre, 106): die Person m. ihrer Würde u. ihren Rechten sowie Sozialbeziehungen zwischen Personen u. Personenvereinigungen. Das Wohl der Person u. das → Gemeinwohl aller werden als Ziele der G. identifiziert. Das Wohl dient dem Heil: Vergesellschaftung soll die menschliche Beziehung m. Gott fördern. Daher ist die G. Gegenstand der kirchl. Sozialverkündigung, u. zwar in ihrer konkreten Gestalt, wie sich z. B. in päpstlichen Lehräußerungen zur Arbeitsgesellschaft zeigt (vgl. Johannes Paul II., Laborem exercens).

2. Zugl. ist die G. Adressatin kirchl. Verkündigung u. Ort, an dem Kirche ihren Sendungsauftrag erfüllt. Es ist Aufgabe der Kirche, die G. u. ihre differenzierten Teilsysteme (Politik, Wirtschaft, Recht, Kultur) m. der Botschaft des Evangeliums zu durchsäuern (vgl. GS 40). Hiermit geht eine Lokalisierung von Kirche einher, die nicht frei von Ambivalenzen ist, insoweit Kirche als Teil von Welt verstanden (Kirche in der Welt, GS 40), jedoch zugl. in Distanz zur Welt gesetzt wird. Die hierin angedeutete Dualisierung von Kirche u. G. hat

teils paradoxe Folgen: Sie spiegelt sich in einer problematischen Differenzierung des Gottesvolkes („Weltcharakter“ u. Weltdienst der Laien [vgl. LG 31; AA 13], Heilsdienst der Kleriker u. Ordensleute) u. ermöglicht die Anwendung differenter Rationalitäten in Kirche u. G. (Kirche als Anwältin der Grund- u. Menschenrechte in der G., während einschlägige Rechte wie Religionsfreiheit u. Gleichberechtigung der Geschlechter binnenkirchlich uneingelöst bleiben).

3. Die Kirche betont die Autonomie der irdischen Wirklichkeiten (vgl. GS 36; AA 7), nimmt jedoch in Anspruch, die weltliche G. mitzugestalten: „Immer und überall aber nimmt sie das Recht in Anspruch, in wahrer Freiheit den Glauben zu verkünden, ihre Soziallehre kundzumachen, ihren Auftrag unter den Menschen unbehindert zu erfüllen u. auch politische Angelegenheiten einer sittlichen Beurteilung zu unterstellen, wenn die Grundrechte der menschlichen Person oder das Heil der Seelen es verlangen“ (GS 76; vgl. auch c. 747). Die Gestaltung der G. hat sich an den Prinzipien der Subsidiarität (→Subsidiaritätsprinzip), Solidarität u. →Gerechtigkeit zu orientieren. Als rechter Aufbau der G. (vgl. GS 3) gilt nur eine Ordnung, die die menschliche Gottesbeziehung fördert. Quelle von Konflikten in pluralen u. säkularen G. ist, dass dies aus kirchl. Sicht eine Berücksichtigung des kath. Verständnisses vom →Naturrecht verlangt (vgl. Benedikt XVI., Deus caritas est 28a). Hierüber kann in modernen G. gleichwohl keine Einigkeit erzielt werden.

4. Die kirchl. Ambition auf Gestaltung der G. wird gegenüber dem Staat m. dem Anspruch vorgetragen, der Kirche den hierfür erforderlichen Freiraum zu gewährleisten. Die weltliche G. wird als Raum gedeutet, der von Staat u. Kirche gestaltet wird, so dass es einer Verhältnisbestimmung bedarf, die das auton. Wirken beider Größen wahrt. Dieses Selbstverständnis bezieht sich auf die im 19. Jh. entfaltete kirchl. Gesellschaftstheorie, die Kirche u. Staat als zwei vollkommene G. (societates perfectae) einander zuordnete u. in ihren Wirkungsbereichen voneinander abgrenzte. Ähnlich betont auch Benedikt XVI. in der Enz. Deus caritas est die Zuständigkeit von Staat u. Kirche für die Gestaltung einer gerechten G., bei je unterschiedlichen Aufgaben (vgl. 28a).

In der modernen pluralen u. säkularen G. verliert das →societas perfecta-Modell, das Staat u. Kirche als duale Gestaltungsmächte der G. in Beziehung setzt, allerdings zunehmend an Plausibilität. Heute gilt es vielmehr, die Kirche als Teil der Zivilgesellschaft zu begreifen. „Was sind die Kirchen heute?“, fragt R. Torfs, „völlig gesonderte Gesellschaften, die sich selbst ... als eine autonome, kulturelle und gesellschaftliche Gegenkraft betrachten“, od. nicht eher „ein Teil der civil society, wenn auch unter dem besonderen Schutz, den ihnen die Religionsfreiheit bietet?“ (Torfs, 2003, 42). Während das kirchl. →Lehramt die Zivilgesellschaft positiv würdigt (vgl. Benedikt XVI., Caritas in veritate, 38, 39), fällt eine kirchl. Selbsteinordnung in sie offenkundig schwer. Hierfür ist nicht zuletzt die neuscholastische Neigung verantwortlich, die G. in ihrer Kulturalität u. Geschichtlichkeit als Ort der Relativierung u. Banalisierung zu verstehen (vgl. Kompendium der kirchl. Soziallehre, 223); entspr. Diskurse verbinden sich m. den Schlagworten Relativismus, Indifferenz u. Zeitgeist. Entgegen der hiermit indizierten Abgrenzungsbewegung ist es Aufgabe moderner Ekklesiologie, die Rollenveränderung von Kirche in modernen G. konstruktiv aufzugreifen u. den Ort von Kirche in der Zivilgesellschaft neu zu bestimmen.

Quellen

Vat II, LG; Vat II, AA; Vat II, GS; Johannes Paul II., Enz. Laborem exercens vom 14. September 1981: AAS 73 (1981), 557-647; Katechismus der Kath. Kirche. Neuübersetzung aufgrund der Editio typica Latina, München 2003; Kompendium der Soziallehre der Kirche, hg. v. Päpstlicher Rat für Gerechtigkeit u. Frieden, Freiburg im Breisgau – Basel – Wien ²2006;

Benedikt XVI., Enz. Deus caritas est vom 25. Dezember 2005: AAS 98 (2006), 218-252; ders., Enz. Caritas in veritate vom 29. Juni 2009: AAS 101 (2009), 641-709.

Literatur
Anzenbacher, A., Art. Gesellschaft: LKStKR Bd. 2, 100-101; Torfs, R., Warum das EU-Recht für Kirchenjuristen immer wichtiger wird: ÖARR 50 (2003), 21-42; Kowatsch, A., Freiheit in Gemeinschaft – Freiheit der Gemeinschaft. Das geltende Kirchenrecht u. die alte Lehre von der ‚libertas Ecclesiae' – Zugleich ein kan. Beitrag zur Einordnung der Institutionalität der Kirche in die Communio-Ekklesiologie, Münster 2015 (KRB 17); Muckel, St., Die Lehre der Kirche über das Verhältnis von Kirche u. Staat: HbkathKR³, 1769-1790; Wiemeyer, J., Art. Gesellschaft: Das Wissenschaftlich-Religionspädagogische Lexikon: www.bibelwissenschaft.de/stichwort/100200 [Zugriff: 15.05.2019].

Judith Hahn

Gesellschaft, weltliche – Evangelisch

G. ist ein moderner Begriff für das Zusammenleben der Menschen jenseits der direkten personalen Kommunikation u. der staatl. Ordnungen. Anthropologisch ist er in der für Menschen konstitutiven Sozialität begr.

Bereits im AT begegnen unterschiedliche Formen, diese Sozialität zu gestalten: Sippe, Stamm u. schließlich das vom König beherrschte Volk. Im NT finden sich primär kleine soziale Formen, wobei sich im Begriff der Oikumene bereits ein über direkte personale Kommunikation hinausreichendes Sozialkonzept andeutet (z. B. Mt 24, 14). Dabei stellen die →Taufe u. die m. ihr gegebene Verbindung zu Chr. den Zusammenhang her. M. dem Eintreten des Christentums in die Funktion des cultus publicus im 4. Jh. ergab sich die Aufgabe, den Zusammenhang zwischen Kirche u. dem Röm. Reich zu formulieren. Augustins Unterscheidung der civitas terrena, in der es unter den Bedingungen des Sündenfalls um die irdischen Dinge (einschließlich den Frieden) geht, u. der civitas Dei, die nach der Einheit m. Gott strebt, erwies sich im Weiteren als wirkmächtig. Gegenüber dem zwischenzeitlich erhobenen päpstlichen – u. damit kirchl. – Machtanspruch u. einer stufenweisen Zuordnung von Kirche u. Staat entwickelte der – ehem. Augustiner-Mönch – Luther 1523 eine modifizierte Form von Unterscheidung der beiden Regimente Gottes. Damit wurde – anders jedenfalls zu Beginn als in der an der Königsherrschaft Jesu Chr. orientierten ref. Theologie – das Ketzerrecht grds. beendet (Herms, 831). De facto kam es aber zu einer Eingliederung der ev. Kirchen in die jeweiligen Obrigkeiten. Erst die Ausdifferenzierungen der Moderne, die dann auch zur Soziologie als der Theorie der G. führten, machten auf die Problematik dieser Konstruktion aufmerksam, die sich im 16. Jh. pragmatisch ergeben hatte.

Versuche einer Neubestimmung durch Konzepte wie die der Schöpfungsordnungen od. Geschichtsmächte erwiesen sich im →Kirchenkampf als anfällig für Missbrauch. Demgegenüber grenzte die – von Vertretern der versch. ev. Konfessionen gemeinsam verabschiedete – →Barmer Theologische Erklärung die Kirche klar vom Staat ab (These 5). Vordringlich stellte sich nach 1945 die Aufgabe, Kirche in der sich im demokratischen Staat bildenden pluralistischen G. zu positionieren. Zum einen war Abschied vom früheren Modell einer chr. G. zu nehmen. Zum anderen warnte der Religionssoziologe J. Matthes eindrücklich vor der „Emigration der Kirche aus der Gesellschaft" u. markierte zutreffend bedenkliche Tendenzen des Rückzugs auf kirchl. Binnenkommunikation.

Inzwischen hat die EKD ab 1962 m. der Gattung der →Denkschriften ein – in sich wiederum differenziertes – Format entwickelt, um theol. Beitr. in den allg. Gesellschaftsdiskurs einzubringen (s. auch die metareflexive Denkschriften-Denkschrift: Aufgaben u. Grenzen kirchl. Äußerungen zu gesellschaftlichen

Fragen, Gütersloh 1970). Sie werden in m. Theologen u. jeweiligen Experten besetzten Kammern bzw. Kommissionen erarbeitet u. nach der Approbation durch den →Rat der EKD öff. präsentiert. Wichtige Vorarbeiten leisten dazu v. a. Vertreter ev. Ethik (s. Huber u. a., 2015).

Zugl. setzt sich ev. Kirche m. gesellschaftlichen Prozessen auseinander. Die nach über dreißigjährigem Diskussionsprozess 1991 in allen dt. LK abgeschlossene Einführung der Frauenordination kann auch als Resultat der gesellschaftlichen Entwicklung zur Gleichberechtigung der Geschlechter verstanden werden. Ähnliches scheint sich gegenwärtig für die Anerkennung homosexueller Lebensführung zu vollziehen, die neben ethischen sowohl liturgische als auch pastoraltheologische Fragen berührt.

Entspr. sich gegenwärtig vollziehender Globalisierung ist das bisher noch stark auf nationale G. konzentrierte ev. kirchl. Handeln u. theol. Reflektieren zu erweitern. Soziologische Analysen wie die von der „Metamorphose der Welt" (Beck, 2017) zeigen dies eindrücklich. Das neutestamentliche Konzept der Oikumene eröffnet theol. dafür den Rahmen. G. bez. dann den sozialen Zusammenhang aller gegenwärtig lebender Menschen. Die Digitalisierung der Kommunikation macht diese Ausweitung für jeden Einzelnen erlebbar, enthält aber zugl. neue ethische Herausforderungen. Traditionelle Institutionen – wie die ev. LK – verlieren an Bedeutung; zivilgesellschaftliche Organisationsformen – wie v. a. im diakonischen Bereich – gewinnen an Gewicht u. Anerkennung. So wirft die gesellschaftliche Entwicklung wichtige kirchentheoretische Fragen auf, die den Rahmen der gegenwärtigen staatsanalogen Institutionsform überschreiten u. zivilgesellschaftliche Organisationsformen nahe legen.

Quellen

Luther, M., Von weltlicher Obrigkeit, wie weit man ihr Gehorsam schuldig sei (1523): WA 11, 245-281.

Literatur

Matthes, J., Die Emigration der Kirche aus der Gesellschaft, Hamburg 1964; Herms, E., Gesellschaft IV. Christentum: RGG⁴ Bd. 3, 830-833; Handbuch der Ev. Ethik, hg. v. W. Huber – T. Meireis – H.-R. Reuter, München 2015; Beck, U., Die Metamorphose der Welt, Berlin 2017.

Christian Grethlein

© 2019, DOI: 10.30965/9783506786388_0209

Gesellschaft, weltliche – Jüdisch

Die Bezüge von Juden zur allg. G. unterscheiden sich abhängig von Raum u. Zeit. Das Spektrum des Geltungsbereichs des Jüd. Rechts reicht von staatl. Souveränität zu biblischen Zeiten über eine relative Rechtsautonomie unter griech. od. röm. Einfluss in der Antike bis hin zu einer nur einige Teilbereiche umfassenden rechtlichen Eigenständigkeit in der →Diaspora. Der Staat, der über ein institutionelles Monopol bzgl. der Rechtsetzung u. Rspr. verfügt, ist ein vergleichsweise junges Phänomen: In der Antike u. in den muslimischen u. chr. Staatswesen des MA blieben eine Vielzahl von Rechtsbereichen den einzelnen religiösen, ethnischen, sozialen od. ökonomischen Gemeinschaften überlassen. Das änderte sich m. der Herausbildung des modernen Staates in der Neuzeit u. dann v. a. m. der Franz. Revolution: In ihrem Gefolge trat auch außerhalb Frankreichs die moderne bürgerliche G. an die Stelle der alteuropäischen ständischen G. Während der Franz. Revolution wurde von der Nationalversammlung die Gleichberechtigung der Juden verkündet (1790). In Preußen wurde das Emanzipations-Edikt vom 11.03.1812, das die Juden als Staatsbürger anerkannte, später rechtlich u. praktisch wieder eingeschränkt. 1869 bzw. 1871 war die Emanzipation in Deutschland dann tatsächlich erreicht. Eine Konsequenz dieser Entwicklung bestand darin, dass die jüd. Gde., so wie andere Rechtspersonen auch, das Maß an jur. Autonomie verloren, das sie zuvor genossen hatten. Rechtsbereiche, die zuvor nach dem Jüd. Recht verhandelt wurden, gelangten unter die Gerichtsbarkeit des Staates. Dadurch, dass der moderne Staat im 19. Jh. seinen ausschließlichen Anspruch auf die Gesetzgebung konsequent durchsetzte u. – über die Einführung eines allg., für alle geltenden Zivilrechts hinaus – auch die rechtliche Gestaltung von →Ehe u. →Familie mehr als bisher an sich zog, wurde das Jüd. Recht (ähnlich wie das Kan. Recht der kath. Kirche) in seiner praktischen Anwendung u. Anwendbarkeit stark zurückgedrängt.

Seit dem Babylonischen Exil leben Juden in der Diaspora u. damit in anderen Rechtssystemen. Im 3. Jh. vor der Zeit formulierte der babylonische Gelehrte Samuel das Prinzip Dina de-malchuta dina – aramäisch für Das Gesetz des Landes ist Gesetz. Es hat vier klassische Belegstellen im Talmud: Nedarim 28a, Gittin 10b, Bava Kama 113a, Bava Batra 54b-55a. Als biblische Belegstellen, dass Juden die Gesetze ihrer nichtjüdischen Obrigkeit beachten sollten, wird nachträglich Neh 9, 37 herangezogen (vgl. auch Jer 29, 4). Es bedeutet, dass sich Juden in zivilen Angelegenheiten (dinim) – jedoch nicht bei rituellen Verboten (issurim) – der Rspr. des Landes, in dem sie leben, unterwerfen, soweit es nicht im Widerspruch zu den religiös-sittlichen Gesetzen des Judentums steht. Diese Anerkennung der jeweiligen staatl. Gesetze galt zunächst v. a. für das Vermögensrecht u. insb. für die Steuergesetzgebung. Später weitete sich die Bedeutung des Grundsatzes Dina de-malchuta dina auf weite Bereiche des täglichen Lebens aus.

Dennoch kommt das Jüd. Recht innerhalb der Gde. bis zum heutigen Tage zur Anwendung. Im Generalreglement für die Juden in Preußen, das Friedrich der Große 1750 erließ, war noch ausdrücklich vorgesehen, dass für bestimmte innerjüdische Angelegenheiten nach den Bestimmungen des mosaischen Gesetzes zu entscheiden sei. Auch das Allg. bürgerliche Gesetzbuch Österreichs (ABGB) sowie das frühere russische Gesetzbuch sahen die Anwendung des Jüd. Rechts vor, u. zwar ausdrücklich auch auf dem Gebiet des →Eherechts. Ex negativo können jüd. Gerichte zurückweisen, was das Landesgesetz erlaubt; sie können aber nicht gestatten, was das Landesgesetz verbietet. Infolge der gesellschaftlichen Umbrüche u. politischen Entwicklungen seit der Aufklärung u. bes. im Laufe des 19. Jh. hat das rabb. Recht also einen erheblichen Teil seiner praktischen Wirksamkeit verloren – teils dadurch, dass sein Anwendungsbereich beschnitten wurde, teils dadurch, dass der alternative Rückgriff auf das staatl. Recht auch für Mitglieder der jüd. Gemeinschaft zur Option gemacht wurde.

Quellen

Babylonischer Talmud, Nedarim 28a, Gittin 10b, Bava Kama 113a, Bava Batra 54b-55a.

Literatur

Shilo, S., Art. Dina de-malkhuta dina: EJ Bd. 6, 515; Homolka, W., Das Jüd. Eherecht, Berlin 2009.

Walter Homolka

© 2019, DOI: 10.30965/9783506786388_0209

Gesellschaft, weltliche – Islamisch

In der Rekonstruktion der tribalen G. des frühen →Islam (7. Jh. n. Chr.) stellt sich die Position des Propheten Muhammad als Anführer, Mediator u. religiöse Autorität (→Autorität, religiöse) noch als natürliche Einheit dar. Der Bund m. Gott emanzipierte das Individuum von der Bindung an Sippe u. Stamm. Gestärkt durch religiöse Loyalitäten, entstand eine untrennbare Verbindung von G. u. Religion, wobei der Islam als Ordnung das Diesseits zum Jenseits hinwendet. Der zwischen mekkanischen Muslimen sowie Muslimen (u. Juden) aus Medina geschlossene Bündnisvertrag stabilisierte diese neue Konföderation.

Vor dem Hintergrund der Expansions- u. Migrationserfahrungen nachfolgender Jhh., dem Zerfall einheitlicher Machtstrukturen u. m. dem Zugang zu den Konzepten der antiken Philosophie wurde eine Auseinandersetzung m. dem Verhältnis Islam, Staat u. G. angeregt. Es differenzierte sich ein weites Spektrum epochenspezifischer, komplexer G.-Ordnungen aus, weshalb keine einheitliche islam. Lehre über die G. identifiziert werden kann.

Seit dem 8. Jh setzen sich islam. Rechtsgelehrte m. Theorien zum idealen Gemeinwesen auseinander. Abu Nasr Muhammad al-Farabi (um 872-950) entwirft das utopische Modell einer vortrefflichen G., eine Idealstadt nach dem Vorbild Platons, welche Gemeinschaften auf versch. Ebenen vereint. Er beschreibt einen durch die G. der Muslime (→Umma) legitimierten Imam als moralischen Herrscher, der Zugang zu göttlichem Wissen besitzt u. diese Wahrheiten verständlich in religiösen Symbolen vermittelt. Harmonisches u. gerechtes Leben in G. sei aber, abw. von der vorherrschenden Lehrmeinung seiner Zeit, über den Gebrauch der Logik auch für Nicht-Muslime erreichbar. Darüber hinaus entwickelte die islam. →Rechtswissenschaft schon früh Bestimmungen für einen eingeschränkten Rechtsstatus (Dhimma) ausgewählter nicht-muslimischer Gemeinschaften im islam. Herrschaftsbereich. Dieser Schutz war m. finanziellen Abgaben an die Muslime verbunden.

Im 10. u. 11. Jh. stellten Rechtsgelehrte erstmals grundlegende Betrachtungen zum Herrschaftsmodell des →Kalifats an. Der Schafiit Abu Hasan al-Mawardi (972-1058) beschreibt in seiner theoretischen Abh. die Wahl des Kalifen als Souverän durch die Rechtsgelehrten. Als Bester unter den Muslimen soll er die Umma als Oberhaupt in religiösen wie weltlichen Angelegenheiten leiten. Durch die Delegation von Aufgaben übertrug sich die politische Macht in der Folgezeit faktisch aber auf Wesire, Emire u. andere Amtsinhaber, bis nach dem Mongolensturm u. der Eroberung Bagdads (1258) der politische Einfluss der abbasidischen Kalifen erlosch. Im 14. Jh. stellte Ibn Khaldun (1332-1406) fest, die Kalifatsstaatsidee sei gescheitert, die Herrscher von den Prinzipien des wahren Glaubens abgekommen.

Auch wenn sich eine Institutionalisierung in kirchenähnliche Strukturen nicht etablieren konnte u. kein paralleler Prozess der umfassenden, rechtlichen unten genannten Säkularisierung nach europäischen Vorbild stattfand, ist letzterer doch Teil hist. Erfahrungen. Als Reaktion auf die Vormacht kolonialer Herrschaftssysteme kristallisierte sich im 19. Jh. die Politisierung des Islam heraus, welche, vor dem Narrativ des genannten Niedergangs durch Entfremdung, Reformprozesse anstieß u. dem Islam eine neue ideologische Funktion zuwies. Elemente moderner Staatlichkeit wurden in islam. G. importiert, Begriffe wie Staat od. Nation zum Gegenstand der Debatte erhoben.

Erstmals entstand so die Idee des Ideals einer Einheit von Staat u. Religion u. einer damit verbundenen, authentischen islam. G.-Ordnung. Der hanbalitische →Gelehrte Ibn Taimiyya (1263-1328) wurde im 18. Jh. m. seiner Forderung, dass Recht immer auf →Koran u. →Sunna zu beruhen habe, Inspirator für versch. salafistische Strömungen. Sayyid Qutb (1906-1966), ein Vordenker der ägyptischen Muslimbruderschaft, mahnt, dass der Staat die Durchsetzung des islam. Rechts zu garantieren habe u. eine islam. G. erst durch einen islam. Staat realisiert werden könne. Daneben haben andere islam. Vordenker auch europäisch inspirierte Staats- u. G.-Modelle adaptiert. Ali Abd ar-Raziq (1887/88-1966) wies die Einheit von Religion u. Politik zu Gunsten eines säkularisierten Staates entschieden zurück, da nach dem Tod des Propheten eine religiöse Legitimation politischer Herrschaft nicht mehr möglich sei. Seine Position erscheint damit säkularer, als die Reformideen Muhammad Abduhs (1849-1905) od. Rashid Ridas (1865-1935). Beide lehnen hist. bedingte Rechtsnormen ab u. fordern einen Rückgriff auf Koran u. Sunna, auf deren Basis der Mensch als Stellvertreter Gottes auf Erden die Welt gestalten müsse.

Literatur

Nagel, T., Staat u. Glaubensgemeinschaft im Islam. Geschichte der politischen Ordnungsvorstellungen der Muslime. Von den Anfängen bis ins 13. Jahrhundert, Bd. 1, Zürich – München 1981; ders., Staat u. Glaubensgemeinschaft im Islam. Geschichte der politischen Ordnungsvorstellungen der Muslime. Vom Spätmittelalter bis zur Neuzeit, Bd. 2, Zürich – München 1981; Johansen, B., Islam u. Staat: abhängige Entwicklung, Verwaltung des Elends u. religiöser Antiimperialismus, Berlin 1982 (Argument-Studienheft Nr. 54); ders., Staat, Recht u. Religion im sunnitischen Islam – Können Muslime einen religionsneutralen Staat akzeptieren: Essener Gespräche zum Thema Staat u. Kirche 20 (1986), 13-60; Eickelman, D. F. – Piscatori, J., Muslim Politics, Princeton 1996; Jung, D., Religion u. Politik in der islam. Welt: Aus Politik u. Zeitgeschichte 42-43 (2002), 31-38; Crone, P., Medieval Islamic Political Thought, Edinburgh 2005; Ferrari, C., Die Prinzipien der Ansichten der Bewohner der vortrefflichen Stadt, Stuttgart 2009; Khorchide, M., Staat u. Religion im Islam. Der Beitrag des Islam zur politischen Kultur der Demokratie: Staat u. Islam. Interdisziplinäre Perspektiven, hg. v. U. Hunger – N. J. Schröder, Wiesbaden 2016, 71-87; Albrecht, S., Dar al-Islam Revisited. Territoriality in Contemporary Islamic Legal Discourse on Muslims in the West, Leiden 2018 (Muslim Minorities 29).

Nina Nowar

© 2019, DOI: 10.30965/9783506786388_0209

Gesetz – Staatlich

Im Recht wird unter G. in einem allg. (rechtstheoretischen) Sinne die „von einem Organ des Gemeinwesens gesetzte Regel verstanden, die rechtsverbindlich und zukunftsgerichtet das Zusammenleben ordnet“. Normalfall ist „dabei die Allgemeinheit des Gesetzes, d. h. die abstrakte Formulierung der Regel für unbestimmt viele Sachverhalte und Personen“ (so die noch heute treffende Definition der Brockhaus Enzyklopädie). G., die nur einen Einzelfall betreffen (sog. Maßnahmegesetze), sind damit freilich nicht von vorneherein ausgeschlossen.

Wer in welchem Verfahren u. m. welcher Rechtswirkung G. in diesem Sinne erlassen darf, lässt sich nur anhand einer konkreten Rechtsordnung beantworten. Im →Grundgesetz ist der Gesetzesbegriff an keiner Stelle definiert. Die dt. Staatsrechtslehre geht traditionell von einem doppelten Gesetzesbegriff aus, der zwischen dem G. im formellen u. im materiellen Sinne unterscheidet: G. im formellen Sinne ist jeder in dem verfassungsrechtlich vorgeschriebenen Gesetzgebungsverfahren zustande gekommene Willensakt der gesetzgebenden Organe. In der parlamentarischen →Demokratie des GG sind das die von BT u. BR bzw. von den Landtagen verabschiedeten G. G. im materiellen Sinne ist dagegen jede Rechtsnorm, also neben dem G. im formellen Sinne auch die RVO, die auton. Satzung u. das Gewohnheitsrecht. Traditioneller Lehre entspricht es, gewisse Gesetzgebungsakte – etwa die Feststellung des Haushaltsplans durch G. u. die Zustimmungsgesetze zu völkerrechtlichen Abkommen – als nur formelle G. zu betrachten. Dabei wird freilich übersehen, dass auch bei solchen G. „in demokratischer Legitimität, in demokratischen Verfahren und unter weitgehender Beteiligung der Exekutive über wichtigste Fragen des Gemeinwesens entschieden“ wird u. nur eine „abstrakte und wirklichkeitsferne Betrachtung diesem grundlegenden Vorgang materielle Bedeutung absprechen“ kann; was die „nur materiellen“ G. (also die untergesetzlichen Rechtsnormen) betrifft, so können diese „bei ihren Namen (RVO, Satzung) genannt werden“. Insgesamt spricht danach vieles dafür, die traditionelle Unterscheidung zwischen formellem u. materiellem G. aufzugeben u. den Begriff des G. dem parlamentarischen G. vorzubehalten. G. wäre dann „jede Anordnung der gesetzgebenden Körperschaften im Gesetzgebungsverfahren und in der Form des Gesetzes“ (Hesse, 1995, dort alle Zitate). Man muss sich dabei jedoch darüber im klaren sein, dass das GG selbst mitunter – etwa bei der Bindung des Richters an „Gesetz und Recht“ (Art. 20 Abs. 3 GG) – den Begriff G. in einem weiteren, auch nur-materielle G. umfassenden Sinne versteht (anders z. B.

die auf förmliche G. beschränkte Regelung der Gesetzgebungskompetenzen in Art. 70 Abs. 1 GG).

Wesentlich bedeutsamer als die begriffliche Unterscheidung zwischen formellem u. materiellem G. ist die Frage, welche Materien unter dem GG dem Parlamentsgesetz vorbehalten sind, also nicht durch untergesetzliche Rechtsnorm geregelt werden dürfen. Ein solcher Gesetzes- (u. damit zugl. Parlaments-)Vorbehalt ist in zahlreichen Fällen ausdrücklich im GG enthalten. Ein „umfassender, durch den Vorbehalt des Gesetzes gekennzeichneter Bereich ist der grundrechtlich-rechtsstaatlich geschützte Bereich des Individuums. Er darf, soweit Eingriffe in Rede stehen, nur durch Parlamentsgesetze geregelt werden, soweit Eingriffe in Rede stehen, es sei denn, es sind durch die Formulierung ‚aufgrund eines Gesetzes' ausdrücklich auch RVO zugelassen oder es handelt sich um unwesentliche gesetzesausführende Regelungen" (Stern, 1980, I 4b). Darüber hinaus hat das BVerfG in ständiger Rspr. die These entwickelt, dass der „Gesetzgeber verpflichtet ist – losgelöst vom Merkmal des ‚Eingriffs' – in grundlegenden normativen Bereichen, zumal im Bereich der Grundrechtsausübung, soweit diese staatlicher Regelung zugänglich ist, alle wesentlichen Entscheidungen selbst zu treffen" (ständige Rspr., Zitat aus BVerfGE 49, 89 [126 f.], sog. Wesentlichkeitstheorie). Das Problem dabei besteht „darin, im konkreten Fall zu bestimmen, was ‚wesentlich' ist". Dabei dürfte „weitgehend Einigkeit darüber bestehen, dass es kaum gelingen wird, generelle Kriterien zu entwickeln, die ein verlässliches Urteil über die ‚Wesentlichkeit' einer Entscheidung ermöglichen" (Ossenbühl, § 101 Rn. 56; krit. gegenüber der Wesentlichkeitstheorie daher z. B. Lerche, Rn. 69 f.).

(Förmliche) G. im oben definierten Sinne sind auch die Verf. u. verfassungsändernde G. Sie gehen den übrigen förmlichen G. allerdings im Rang vor (so wie alle förmlichen G. höheren Rang gegenüber G. im [nur] materiellen Sinne haben: Vorrang des G.).

Literatur

Roellecke, G., Der Begriff des positiven Gesetzes u. das Grundgesetz, Mainz 1969; Starck, Ch., Der Gesetzesbegriff des Grundgesetzes, Baden-Baden 1970; Stern, K., Das Staatsrecht der Bundesrepublik Deutschland, Bd. II, München 1980, § 37; Hesse, K., Grundzüge des Verfassungsrechts der Bundesrepublik Deutschland, Heidelberg [20]1995, § 14 I; Ossenbühl, F., Gesetz u. Recht. Die Rechtsquellen; Vorrang u. Vorbehalt des Gesetzes: HSR Bd. V, § 100 bzw. 101; Kirchhof, G., Die Allgemeinheit der Gesetze, Tübingen 2009; Lerche, P., Vorbehalt des Gesetzes u. Wesentlichkeitstheorie: HGR Bd. III, § 62; Kloepfer, M., Verfassungsrecht Bd. I, München 2011, § 10 Rn. 92-138; § 21 Rn. 23-32.

Hermann Weber

© 2019, DOI: 10.30965/9783506786388_0210

Gesetz – Katholisch

Der CIC enthält ebenso wenig wie der CIC/1917, der CCEO u. die staatl. Gesetzbücher eine Definition des G. Es wird jedoch im CIC ein Gesetzesbegriff vorausgesetzt, der insoweit als unbestimmter Rechtsbegriff bez. werden kann u. dessen Erschließung u. nähere Bestimmung der kanonistischen Doktrin überlassen ist. Die im CIC enthaltenen Anhaltspunkte für eine Umschreibung wesentlicher Merkmale des G., für das im CIC nicht durchgängig der Terminus lex Verwendung findet, werden nicht nur in den explizit auf die lex bezogenen Normen (Lib. I Tit. I CIC; vgl. auch Tit. XXIX, Cap. I CCEO) erkennbar, sondern auch an vielen anderen Stellen, wobei den Normen zur consuetudo (Lib. I Tit. II CIC; vgl. auch Tit. XXIX, Cap. II CCEO) u. den im Vergleich zum CIC/1917 neuen ausdrücklichen gesetzlichen Bestimmungen zu versch. Arten des gesatzten Rechts, die zugl. wichtige Ansätze für eine Typologie der – vom G. zu unterscheidenden – Arten der Rechtsetzung (insb. decretum generale exsecutorium, instructio, statutum, ordo) enthalten (vgl. Lib. I, Tit. III bis V CIC; vgl. Tit. XXIX, Cap. III CCEO; der für die Abgrenzung zum G. wichtige

Normenbereich des Lib. I, Tit. III u. V CIC fehlt jedoch gänzlich im CCEO), eine gewichtige Bedeutung zukommt.

In der kanonistischen Doktrin wurde bisher häufig in einem formalen u. allg. Sinn, dem man für das weltliche u. kirchl. G. gleichermaßen →Gültigkeit zusprach, das G. in Anlehnung an die klassischen Gesetzesdefinitionen des Thomas von Aquin (STh 1, 2 qu. 90. a. 4 c: G. als vernunftgemäße Anordnung, die von der zuständigen Autorität zum Zwecke der Verwirklichung des →Gemeinwohles erlassen u. verkündet worden ist) u. des Francisco Suárez (De legibus I c. 12 n. 5: G. als allg. Anordnung, die zur Verwirklichung der →Gerechtigkeit auf Dauer erlassen u. verkündet worden ist) umschrieben. Es ist jedoch heute umstritten, ob die Voraussetzungen für eine allgemeingültige Definition des weltlichen u. zugl. des kirchl. G. in dem herkömmlichen klassischen Sinn noch gegeben sind. Unter Einbeziehung der zunehmenden Bemühungen um eine theol. Begründung u. Entfaltung des KR, die v. a. die vom Vat II angestoßenen neueren ekklesiologischen Erkenntnisse berücksichtigt, kann das kan. G. in weitgehender Anlehnung an W. Aymans definiert werden als eine m. den Mitteln der Vernunft gestaltete, auf die Förderung des Lebens der →Communio ausgerichtete im Glauben zu erkennende allg. rechtsverbindliche Ordnung/Weisung, die von der zuständigen kirchl. Autorität für eine passiv gesetzesfähige Gemeinschaft erlassen u. ordnungsgemäß promulgiert ist.

Die v. a. bei deutschsprachigen Autoren anzutreffende kanonistische Doktrin unterscheidet im Gesetzesbegriff äußere u. innere Merkmale. Die äußeren Merkmale (vgl. cc. 29 i. V. m. 7; vgl. c. 1488 CCEO; für c. 29, der die decreta generalia, welche im eigentlichen Sinn G. sind, normiert, enthält der CCEO keine vergleichbare Norm) sind: a) das G. muss von einer für die →Gesetzgebung zuständigen Autorität, d. h. einem personal, territorial u. sachlich zuständigen →Gesetzgeber, erlassen sein (→Gesetzgebungsvollmacht); b) das G. muss sich an eine passiv gesetzesfähige Gemeinschaft (→Gesetzesfähigkeit) (vgl. cc. 25, 29; c. 1507 §1 CCEO) richten, d. h. an einen stabilen Personenkreis, dessen Rechtsverhältnisse einer dauerhaften Regelung zugänglich sind. (Ebenso wie der CIC/1917 gibt auch der CIC u. der CCEO keine nähere Bestimmung der passiv gesetzesfähigen Gemeinschaft. Die inhaltliche Präzisierung solcher Gemeinschaften wird der kanonistischen Doktrin überlassen.); c) es muss ordnungsgemäß promulgiert sein (vgl. cc. 7 u. 8; cc. 1488 u. 1489 CCEO). Der ordnungsgemäßen →Promulgation kommt für die Geltung des G. (→Gesetzesgeltung) ebenso wie die amtl. Publikation beim weltlichen G. eine konstitutive Bedeutung zu.

Als innere Merkmale des G. werden in der kanonistischen Doktrin benannt: a) das G. muss eine rechtsverbindliche Regelung generell-abstrakter Natur sein (im Unterschied zu Rechtsetzungsarten, die auf Einzelfälle ausgerichtet sind, wie z. B. ein decretum singulare); b) während der Inhalt des weltlichen G. durch die Vernunft zu ermitteln (ordinatio rationis) u. zu gestalten ist, muss der Inhalt des kan. G. aufgrund des Glaubensgutes der Kirche ermittelt werden (ordinatio fidei). Erkenntnisquelle ist allein die Offenbarung, d. h. es geht um die gesetzliche Konkretisierung des göttlichen Rechts, an dem die G. menschlichen KR Maß zu nehmen haben (vgl. →ius divinum u. →ius humanum). Das auch im CIC enthaltene Erfordernis, dass das G. rationabilis sein muss (vgl. c. 24 §2; c. 1507 §§1 u. 2 CCEO), beinhaltet, dass der Vernunft beim kan. G. die Rolle des Gestaltungsmittels zukommt; c) das Ziel des kan. G. ist nicht irgendein Gemeinwohl, sondern die Förderung des Lebens der Communio (→Gesetzeszweck). Die in der kanonistischen Doktrin, insb. nach dem Vat II unternommenen, vielfältigen Bemühungen um das inhaltliche Verständnis der inneren Merkmale des G. stehen in engem Zusammenhang m. den allg. Bemühungen um eine theol. Begründung des KR insgesamt.

Das G. entfaltet seine Verpflichtungskraft (→Gesetzesverpflichtung) aus sich selbst. Es bedarf zum Inkrafttreten keiner Gutheißung, Zustimmung od. Annahme (acceptatio) von Seiten der →Normadressaten, wohl aber der →Rezeption (receptio).

Im Unterschied zum weltlichen Recht kennt das kan. Recht keinen formellen Gesetzesbegriff, wonach zur Gültigkeit eines G. ein durch die Verf. bestimmtes Erlass- bzw. →Gesetzgebungsverfahren u. bes. Formerfordernisse (wie z. B. eine bestimmte Bez. des G., Unterschrift, Datierung) vorgeschrieben sind. Das kan. Recht legt umso stärkeres Gewicht auf die materiellen Voraussetzungen, an die die von der zuständigen Autorität als G. erlassene Rechtsnorm gebunden ist. In der universal- u. teilkirchlichen Gesetzgebungspraxis wird zur Bez. des G. der Begriff lex bzw. G. selten verwendet. Vielmehr findet sich eine Vielzahl von Bez. für G. (z. B. im universalkirchlichen Bereich: Const. Apostolica [→Apostolische Konstitution], →Motu Proprio; im teilkirchlichen Bereich: →Ordnung, →Statut), die jedoch auch für andere Arten der Rechtsetzung Verwendung finden, so dass aus der Bez. eines Erlasses meist nicht zweifelsfrei auf den Rechtscharakter eines G. geschlossen werden kann. Es ist daher zur Bestimmung des Rechtscharakters eines G. auf Inhalt u. Form zu rekurrieren. Auch wenn in den CIC eine gegenüber dem CIC/1917 klarere u. konsequenter durchgeführte Unterscheidung der drei Gewaltfunktionen (Gesetzgebung, →Verwaltung u. →Rechtsprechung) Eingang gefunden hat, die ihre direkte Verwirklichung in c. 135 §1 (c. 985 CCEO) findet, so ist es im kan. Recht aufgrund des in den entscheidenden →Ämtern gegebenen Prinzips der Gewalteneinheit im Unterschied zum weltlichen Recht i. d. R. nicht möglich, den Gesetzescharakter eines Erlasses formell vom erlassenden Organ her zu bestimmen.

Literatur

Wächter, L., Gesetz im kan. Recht. Eine rechtssprachliche u. systematisch-normative Untersuchung zu Grundproblemen der Erfassung des Gesetzes im Kath. Kirchenrecht, St. Ottilien 1989 (MThS.K 43); Corecco, E., „Ordinatio rationis“ od. „Ordinatio fidei“. Anmerkungen zur Definition des kan. Gesetzes: Eugenio Corecco, Ordinatio fidei. Schriften zum kan. Recht, hg. v. L. Gerosa – L. Müller, Paderborn 1994, 17-35; KanR I, 142-192; Gerosa, L., Die kanonistische Methode. Krit. Erwägungen zur Methodologie von Eugenio Corecco: AfkKR 163 (1994), 11-27; Müller, L., Ordo Ecclesiae. Theol. Grundlegung u. Theorie des Kan. Rechts nach Eugenio Corecco: AfkKR 163 (1994), 96-120; Aymans, W., Art. Gesetz: LThK³ Bd. 4, 588-589; Riedel-Spangenberger, I., Grundbegriffe des Kirchenrechts, Paderborn u. a. 1992, 123-124; Grote, H., Was verlautbart Rom wie? Eine Dokumentarkunde für die Praxis, Göttingen 1995 (BensH 75); Listl, J., Die Rechtsnormen: HbkathKR², 102-116; Althaus, R., Die Rezeption des Codex Iuris Canonici von 1983 in der Bundesrepublik Deutschland unter bes. Berücksichtigung der Voten der Gemeinsamen Synode der Bistümer in der Bundesrepublik Deutschland, Paderborn u. a. 2000, 50-82; Demel, S., Art. Gesetze, kirchl.: Handbuch Kirchenrecht, Grundbegriffe für Studium u. Praxis, Freiburg 2010, 255-260; Hallermann, H., Kunst kommt vom Können. Betrachtungen zur Gesetzgebungskunst am Beispiel der Leitlinien zum Umgang m. sexuellem Missbrauch im Bereich der Deutschen Bischofskonferenz: AfkKR 182 (2013), 386-425, bes. 390-392; Althaus, R., Kirchenrecht contra Pastoral? Anmerkungen zum Selbstverständnis einer mitunter verkannten Disziplin: Iustitia est constans et perpetua voluntas ius suum cuique tribuendi. 20 Jahre Studiengang Lizentiat im Kan. Recht an der Westfälischen Wilhelms-Universität Münster (FS Lüdicke), hg. v. Th. Schüller – M. Zumbült, Essen 2014 (BzMKCIC 70), 15-35; Rees, W., Die Rechtsnormen: HbkathKR³, 136-157; Müller, L., Recht u. Kirchenrecht: HbkathKR³, 12-31; Pree, H., Theorie des Kirchenrechts: HbkathKR³, 57-69; Socha, H.: MKCIC cc. 7-21.

Lothar Wächter

© 2019, DOI: 10.30965/9783506786388_0210

Gesetz – Evangelisch

Der Begriff des G. ist für das ev. KR in zweierlei Hinsicht u. mit unterschiedlicher Bedeutung von grundlegender Bedeutung. Zum einen in der theol.-dogmatischen Gegenüberstellung von G. u. Evangelium (1.), zum anderen als „Kirchengesetz" für die Rechtsquellenlehre (→Rechtsquellen) (2.).

1. Die dogmatische Unterscheidung von G. u. Evangelium bezieht sich auf die Funktion des Rechts überhaupt u. betrifft daher nicht nur das kirchl. G. Sie gehört zu den Grundlagen des ev. Rechtsverständnisses bzw. der sog. →Rechtstheologie.

Sie betrifft die Frage, wie das göttliche Gebot, das G. gegenüber dem Menschen wirkt. Mit G. ist bei der Unterscheidung von G. u. Evangelium nicht das weltliche, zivile bzw. staatl. G. gemeint, sondern das göttliche G., wie es in den Weisungen der Bibel überliefert ist, die insb. im AT, namentlich im →Dekalog enthalten sind. Zwar wurde durchaus in Frage gestellt, ob man die im AT enthaltenen Anweisungen (zunächst) an das Jüd. Volk, dieses G., „auch bei den Christen treiben" solle. Die große Mehrheit der Reformatoren, namentlich Luther, hielt aber an der Lehre u. „Geltung" des G. fest.

Seine Gebote verdeutlichen einen einheitlichen Rechtswillen Gottes für die ganze Welt. „Du sollst nicht töten" ist eine Forderung an jeden Menschen. Dieses G. ist etwas, das Gott von den Menschen fordert. Es ist damit zu unterscheiden von dem, was Gott an den Menschen durch das Evangelium bewirkt, nämlich Vergebung u. Erlösung, die dem Glaubenden aus Gottes Gnade zuteil werden. Der Wille Gottes wirkt also in zweierlei Gestalt: Im G. enthält er Erwartungen, Weisungen an den Menschen. Als Evangelium wirkt er nicht wie ein Befehl, sondern als erlösender Zuspruch der Vergebung, durch den der Mensch als Sünder die Gerechtigkeit Gottes als Gnadengabe im Glauben erfährt.

Das G., der göttliche Rechtswille, hat nun seinerseits unterschiedliche Funktionen bzw. Wirkweisen gegenüber den Menschen. Im usus politicus legis dient es dem Erhalt der Welt. Es ist gegeben, um „dadurch eusserliche zucht wider die wilden, ungehorsamen [zu] erhalten". Das entspricht dem üblichen Verständnis u. dem üblichen Gebrauch einer Rechtsnorm, die m. „äußerlicher Zucht" – →Gehorsam – ihre friedensstiftende Wirkung entfalten soll. Im usus politicus legis geht es aber nicht um die Wirkung von m. weltlichem obrigkeitlichen Zwang bewehrten staatl. Rechtsnormen, sondern darum, was das göttliche Gebot im u. für den Menschen bewirkt – im usus politicus also „äußerliche Zucht" zur Erhaltung einer friedlichen Ordnung, die durch das Predigen der Strafen u. die Androhung des Zornes Gottes dem Menschen abgezwungen wird.

Das ist aber nicht die einzige Wirkweise u. Funktion des göttlichen G. Denn es bewirkt daneben in seinem usus theologicus od. elenchthicus, dass die Menschen erkennen, dass sie unfähig sind zu tun, was gut u. recht, was Gottes Gebot ist. Das G. bewirkt in diesem Gebrauch also die Erkenntnis der →Sünde. Da der Mensch erkennt, dass er in seiner Unvollkommenheit das G. Gottes nicht erfüllen kann, erfährt er dadurch auch seine Angewiesenheit auf die Gnade Gottes.

Unter den Reformatoren umstritten war die Frage, ob es neben diesen beiden „Gebräuchen" des G. noch einen dritten gibt, wie ihn namentlich Philipp Melanchthon formuliert. Nach diesem dritten „usus in renatis" wirkt das G. gegenüber den wahrhaft Glaubenden, die noch in dieser sündhaften Welt stehen, als Richtschnur zur Erkenntnis des Willens Gottes.

Für das ev. Rechtsverständnis ist die Unterscheidung von G. u. Evangelium deshalb von entscheidender Bedeutung, weil sie verdeutlicht, dass allein die Erfüllung des göttlichen G. nicht zur Erlösung führt. Diese wird dem Glaubenden vielmehr allein durch die Gnade Gottes zuteil. Damit wird der Stellenwert des G. relativiert, o. dass es aufgehoben wird. Für die weltliche Obrigkeit, deren Herrschaftsmittel das weltliche Recht ist, ist das G. so verpflichtend wie für andere Menschen auch. Sie hat auch die weltliche Rechtsordnung am G. auszurichten. Auch dann, wenn sie die Gebote der zweiten Tafel des Dekalogs m. den Mitteln des weltlichen Regiments beachtet u. umsetzt, bleibt es aber bei der beschränkten Wirkung des G. Einer theol. Überhöhung des weltlichen G. ist damit entgegengewirkt.

2. Im ev. KR ist ein KG eine von der →Synode als dem Gesetzgebungsorgan der gesetzgebenden Körperschaft – →Landeskirche od. gesamtkirchlicher Zusammenschluss (→Evangelische Kirche in Deutschland, →Vereinigte Evangelisch-Lutherische Kirche Deutschlands, →Union Evangelischer Kirchen in der EKD) – im →Gesetzgebungsverfahren erlassene kirchenrechtliche Regelung. Die Gesetzesform wird von den Verf. der jeweiligen Kirchen für bestimmte Materien angeordnet, z. B. für Verfassungsänderungen, für das Dienstrecht, für die Ordnung der Gde., für Regelungen des Kirchensteuerrechts usw. Wo solche Vorbehalte nicht bestehen, können kirchenrechtliche Regelungen – anders als im staatl. Bereich – nach Maßgabe der Verf. z. T. auch o. gesetzliche Ermächtigung durch andere Organe in anderen Rechtsformen getroffen werden, z. B. durch →Verordnungen. Daneben kennen die →Kirchenverfassungen in dringlichen Fällen auch gesetzesvertretende Notverordnungen durch andere kirchenleitende Organe. Dies beruht darauf, dass die Synoden nicht ständig tagen. Solche Notverordnungen bedürfen aber der späteren Bestätigung durch die Synode.

Hieran wird deutlich, dass die ev. kirchl. Rechtsquellenlehre sich nicht unerheblich von der staatl. unterscheidet. Zwar gilt der Grundsatz des Vorrangs des G. vor anderen Regelungen auch im ev. KR. Der aus dem staatl. Recht bekannte Grundsatz des Vorbehalts des G. für alle Eingriffe in Rechte des Bürgers u. für alle wesentlichen Entscheidungen ist aber nicht übertragbar. Ein Gesetzesvorbehalt besteht nur für die Fälle, in denen er durch die KirchVerf. angeordnet ist.

Im dt. ev. KR liegt die Gesetzgebungskompetenz grds. bei den LK. Daneben u. davon abgeleitet haben auch die EKD u. die gliedkirchlichen Zusammenschlüsse VELKD u. UEK Gesetzgebungskompetenzen. Wichtige Bereiche der →Gesetzgebung der EKD m. Wirkung für die LK sind z. B. das Dienstrecht der Pfarrer u. Kirchenbeamten, das Mitgliedschaftsrecht, das Datenschutzrecht (→Datenschutz) u. die →Militärseelsorge. Diese übergeordneten G. bedürfen z. T. noch der ergänzenden Ausfüllung durch die landeskirchliche →Gesetzgebung.

Die Grenzen der Gesetzgebungsgewalt der Synoden ergeben sich zum einen aus den Verf., die wie im staatl. Bereich im Range über den einfachen G. stehende, erschwert abänderbare G. sind. Zum anderen sind die Synoden bei der Gesetzgebung an Schrift u. →Bekenntnis gebunden.

Der Begriff des ev. KG ähnelt dem des staatl. Parlamentsgesetzes. Er ist auch in engem hist. Zusammenhang damit entwickelt worden. Zur Abgrenzung der von der parlamentarischen Mitwirkung abhängigen Gesetzgebung gegenüber den dem Monarchen vorbehaltenen sonstigen Staatsfunktionen wurde in der konstitutionellen Lehre des 19. Jh. das Parlamentsgesetz als Voraussetzung eines Eingriffs in Freiheit od. Eigentum der Bürger verstanden. Dies ist der Hintergrund des materiellen Gesetzesbegriffs im staatl. Recht. Dieser ist aber auf die kirchl. Rechtsetzung ebensowenig übertragbar wie die „Allgemeinheit" einer Regelung als Element des Gesetzesbegriffs. Daher ist auch die im staatl. Bereich geläufige Unterscheidung von G. im formellen u. im materiellen Sinn auf das ev. KR nicht einfach übertragbar.

Quellen

Konkordienformel (1577) – Epitome V, VI: Die Bekenntnisschriften der Ev.-Luth. Kirche, hg. v. I. Dingel, Göttingen 2014, 1246 ff.

Literatur

Liermann, H., Ev. Kirchenrecht, Stuttgart 1933, § 7; Barth, K., Evangelium u. Gesetz, München 1935; Grundmann, S., Das Gesetz als Kirchenrechtliches Problem (1961): ders., Abhandlungen zum Kirchenrecht, Köln – Wien 1969, 53-67; Schlink, E., Gesetz u. Evangelium als kontroverstheologisches Problem: KuD 7 (1961), 1-35; Nörr, K. W., Typen von Rechtsquellen u. Rechtsliteratur als Kennzeichen kirchenrechtlicher Epochen: ZevKR 13 (1967/68), 225-238; Gesetz u. Evangelium. Beiträge zur gegenwärtigen theol. Diskussion, hg. v. E. Kinder – K. Haendler, Darmstadt ²1968; Barth, H.-M., Gesetz u. Evangelium. Systematisch-theol.: TRE Bd. 13, 126-142; Schlaich, K., Kirchenrechtsquellen II: TRE Bd. 19, 45-51; Peters, A., Gesetz u. Evangelium, Gütersloh ²1994; Barth, Th., Elemente u. Typen landeskirchlicher Leitung, Tübingen 1995; Dehnen, D., Kirchenverfassung u. Kirchengesetz. Das Recht der Kirche Bd. I, hg. v. G. Rau – H.-R. Reuter – K. Schlaich, Gütersloh 1997, 448-473; Wenz, G., Theologie der Bekenntnisschriften der ev.-luth. Kirche, Bd. 2, Berlin – New York 1998; Schwöbel, Chr., Gesetz u. Evangelium: RGG⁴ Bd. 3, 862-867; Anke, H.-U., § 4 Rechtsquellen u. kirchl. Gesetzgebung: HevKR, 162 ff.; de Wall, H., § 1 Grundfragen des ev. Kirchenrechts: HevKR, 20 ff.; deWall, H. – Muckel, St., Kirchenrecht, München ⁵2017.

Heinrich de Wall

© 2019, DOI: 10.30965/9783506786388_0210

Gesetz – Orthodox

Die Terminologie für kirchl. G. war u. ist schwankend (griech.: ekklesiastikoi nomoi, thesmoi, kanones, ...) u. kennt keinen formellen Gesetzesbegriff wie das moderne staatl. Recht.

Für die orth. Gesetzeslehre ist die Unterscheidung hinsichtlich des Geltungsbereichs von fundamentaler Bedeutung. Die für den Bereich der Gesamtkirche erlassenen Normen werden allg. G. genannt. Es handelt sich hier v. a. um die von →Ökumenischen Konzilien verabschiedeten, weiters grds. auch um die durch ein Ök. Konzil rezipierten Hl. Kanones (Balsamon: genikoi kanones). Dazu kamen nach traditionellem Verständnis die in die →Nomokanones rezipierten byzantinischen Kaisergesetze (nomoi). Die für Ortskirchen od. anders bestimmte Einheiten der Kirche erlassenen Normen werden als bes. G. (Balsamon: idikoi kanones in Bezug auf das Synodalrecht) bez. Die Bedeutung dieser Unterscheidung im orth. KR ergibt sich aus der Tatsache, dass der →Gesetzgeber der allg. G. schon sehr lange nicht tätig geworden war (zu der aktuellen Diskussion um das Hl. u. Große Konzil von Kreta im J. 2016 siehe →Gesetzgebung). Als Ök. Konzil ist seit der durch Photios getroffenen Festlegung keine weitere →Synode mehr rezipiert worden. M. dem Untergang des byzantinischen Kaisertums fiel dann auch jene weltliche Instanz endgültig weg, die gewohnheitsrechtlich ebenfalls allg. Kirchengesetzgebungsgewalt beanspruchte u. diese kirchlicherseits grds. auch zugebilligt bekam.

Formerfordernisse für neue kirchl. G. sind nicht generell geregelt. Auch die Promulgation (demosieusis) ist durch das allg. KR nicht formell vorgeschrieben, sie wird aber in der Lehre durchgehend verlangt, wobei heute meist auf die Regeln des staatl. Rechts verwiesen wird. Von der Promulgation ist das Inkrafttreten der G. zu unterscheiden. Wenn das promulgierte G. erst nach einer bestimmten Frist in Kraft tritt, dann spricht man von Legisvakanz. Diese dient dem allg. Bekanntwerden des neuen G. Ein ordnungsgemäß promulgiertes G. kann, auch wenn es noch nicht in Kraft getreten ist, vom Gesetzgeber nur durch ein neues G. abgeändert od. aufgehoben werden.

Die verpflichtende Kraft eines G. steht i. S. eines materiellen Gesetzesverständnisses unter einer Reihe von inhaltlichen Voraussetzungen.

G. müssen sich am Geist der Kanones orientieren u. in die Orthopraxie der Kirche einfügen: „Das Maß der kirchlichen Gestaltung ist also nicht der Buchstabe des Kanons, sondern das lebendige Zeugnis der Überlieferung der

Kirche, wie es sich ihrem Leben und ihrer Praxis eingeprägt hat" (Maximos von Sardes). Diese sehr offene u. schwierig zu handhabende Voraussetzung eines kan. Bewusstseins korrespondiert m. dem Erfordernis der Vernünftigkeit der G. im →byzantinischen Recht (logismos) u. der westlichen Tradition (rationabilitas).

Was die allg. Normen betrifft, so ist hier auf die grds. Diskussion um die Veränderbarkeit von genikoi kanones zu verweisen. Hinsichtlich der bes. G. auf ortskirchlicher Ebene stellt das in den Kanones enthaltene allg. Recht als höherrangiges Recht grds. eine inhaltliche Grenze dar (siehe Gesetzgebung). Es ist zu beachten, dass in der kirchl. Rechtsordnung kein Bedingungszusammenhang zwischen Normen versch. Ebenen i. S. der Lehre vom Stufenbau der Rechtsordnung besteht. Wenn etwa durch Hl. Kanones ein Bereich nicht geregelt wurde, so steht die Regelung dem ortskirchlichen Gesetzgeber offen, der dabei jedoch in kan. Bewusstsein der Tradition verpflichtet ist. Aufgrund der spezifischen kirchenrechtlichen Derogationsregeln besteht allerdings de facto ein Stufenbau aufgrund der derogatorischen Wirkungen. Diese ergeben sich teils aus der hierarchisch höheren Rechtserzeugungsautorität (etwa gesamtkirchlich gegenüber ortskirchlichem Recht), teils aus der Art der Rechtserzeugung (Gesetzesrecht, →Gewohnheitsrecht od. Verwaltungsakte), teils aus den allg. Derogationsregeln.

Insb. müssen sich kirchl. Normen am Seelenheil, dem Wohl u. dem geistl. Fortschritt der Gläubigen ausrichten. Schlüsseltexte für dieses Erfordernis finden sich in den cc. 2 u. 12 Quin. / Trullanum. So umschreibt c. 2 das maßgebliche Ziel kirchl. Rechts als „Heilung der Seelen und Behandlung der Leidenschaften".

Quellen

Conc. Quinisextum – Das Konzil Quinisextum. Übers. u. eingel. von H. Ohme, Turnhout 2006 (FC 82);

Literatur

Milasch, N., Das Kirchenrecht der morgenländischen Kirche, Mostar ²1905, 44-46, 451-459; Troianos, S. N., Nomos u. Kanon in Byzanz: Kirche u. Staat im chr. Osten, hg. v. C. G. Fürst – R. Potz, Wien 1991 (Kanon 10); Rodopoulos, P., An Overview of Orthodox Canon Law, Rollinsford 2007; Potz, R. – Synek, E., Orth. Kirchenrecht, Freistadt ²2014, 346-348.

Richard Potz

© 2019, DOI: 10.30965/9783506786388_0210

Gesetz – Jüdisch

1. Begriff u. Wesen: Der Ursprung des Begriffs Halakha des rabb. religiösen Rechts (die Weisen der Mishna u. des →Talmud) ist wahrscheinlich ein aramäisches Nomen m. der Wurzel halach (bedeutet in Hebräisch u. Aramäisch gehen). Die Bibel erwähnt jene, die auf dem Weg Gottes (Ex 18, 20) u. seiner G. (Lev 26, 3) gehen. Hiervon wurde der Begriff Halakha als G. u. Brauch während der Periode des Tannaim entwickelt (vgl. Urbach, 1996, 238). Der Auffassung ist populär, dass die Halakha auf rabb. Interpretation der Bibel basiert, aber faktisch weicht die halachische Interpretation oftmals von der einfachen Bedeutung der der Bibel ab. Z. B. ist die halachische Bedeutung des biblischen Verses „Auge für Auge" (Ex 21, 24; Lev 24, 20) Schadenersatz, Geld zahlen (Mekhilta, 1931, 277; im Allgemeinen zu dieser Frage Halivni, 1998).

2. Hist. Entwicklung u. Einteilung in Perioden: Die rabb. Interpretation der Halakha ist ein Teil des „mündlichen G.". Der Ursprung des Begriffs „mündliches G." basiert auf der Tatsache, dass es in früheren Zeiten verboten war, es niederzuschreiben u. dass deshalb diese Traditionen mündlich weitergegeben wurden. Die Weisen glaubten, dass diese Interpretation vom Himmel gegeben wurde, aber literaturwissenschaftliche Untersuchungen zeigen Prozesse von Weiterentwicklung u. Wandel (zur diesbezüglichen theol. Frage vgl. Heschel,

1995). Die unter Historikern akzeptierte Einteilung der halachischen Perioden ist folgendermaßen:

a) Die Bibel (diese alte Periode kann verstanden werden als eine Art antiker Halakha. Z. B. wurden Bräuche von Trauer u. Freude in Geschichten erwähnt, die gem. der Tradition der →Torah vorausgingen [Gen 50, 10])

b) Die Schreiber (Sofrim). Dieser Begriff ist möglicherweise falsch, da es keinen Beweis gibt, dass es in dieser Periode einen Kreis von Menschen gab, die als „Die Schreiber" bekannt waren (vgl. Urbach, 2002, 50-60). Diese Periode begann m. der Rückkehr der Juden nach Zion (ab 539 v. Chr.) u. endete in der Mitte des zweiten Jh. v. Chr. Die mündliche Torah wurde früh gelehrt seit den Tagen von Esra, wie es in Neh 8, 8 heißt: „Man las aus dem Buch, der Weisung Gottes, in Abschnitten vor und gab dazu Erklärungen, sodass die Leute das Vorgelesene verstehen konnten." Einige der frühen Apokryphen gehören zu dieser Periode u. sie spiegeln oftmals eine äußerliche Halakha wider, die von den Rabbinern (→Rabbi, Rabbiner) nicht akzeptiert wurde. Es ist wichtig festzuhalten, dass die rabb. Halakha nur ein Zweig ist, der einen zentralen Platz nur nach der Zerstörung des Tempels (70 n. Chr.) einnahm. Ihr voraus gingen versch. Rechtssysteme von vielen Sekten (zum G. in den Apokryphen, bei Philo von Alexandrien, Josephus, den frühen Christen u. Qumran vgl. Shiffman, 1993).

c) Paare (Zugot). Von der Mitte des zweiten Jh. v. Chr. bis zum Beginn der chr. Zählung. Zum ersten Mal trifft man hier auf Namen in der halachischen Tradition. Kontroversen u. Gesetzgebungen sind ebenfalls erhalten. Die Leiter des Gerichts der halachischen Weisen sind erhalten in der Tradition von Simeon, dem Gerechten u. Antigonus von Sokho (Mishnah Avot 1, 4).

d) Tannaim. Vom Beginn der chr. Zählung bis zur Mitte des dritten Jh. Die Tage der Ausarbeitung der kan. Slg.: die Mishnah. Das Verb Tanna (Aramäisch) od. Shanah (welches die Basis für Mishnah ist) bedeuten wiederholen (was beigebracht wurde) u. sollen lernen bedeuten. Die Tannaim waren die Rabbis, die in einem Prozess die Mishna-Lit. erstellten, die andauern im kan. Werk der Mishnah. Rabbi Akiva hatte einen großen Einfluss auf die Bearbeitung der Materialien im zweiten Jh., aber der letzte Schritt des Prozesses, der uns mehrere Slg. von zahlreichem halachischem Material hinterließ, (wie z. B. die Toseftah) wurde von Judah dem Patriarchen am Ende dieser Periode red. Nur diese Version wird von hier an Mishnah genannt.

e) Die Amoraim u. die Savoraim. Von der zweiten Hälfte des dritten Jh. bis zum siebten Jh. Die Tage der Ausarbeitung der zwei talmudischen Slg. als Komm. zur Mishnah: Der Jerusalem Talmud, manchmal als palästinensischer Talmud bez. (der kanonisiert wurde um 450 n. Chr.) u. der Babylonische Talmud (der kanonisiert wurde um 550 n. Chr.). Die kurze Savoraim Periode (ca. 550-650 n. Chr.) ist noch immer schwer zu fassen u. wir wissen nicht viel über sie. Wahrscheinlich wurden einige ihrer Ableger dem Talmud hinzugefügt (vielleicht sogar im Nachhinein), obwohl das Werk anscheinend viel früher komplett fertig gestellt wurde.

f) Die Geonim (650-1040). Gaon war der Titel des Oberhaupts der Lesehallen in Babylon u. des Landes Israel während dieser Periode. Die Quelle des Namens ist unklar (wahrscheinlich eine Abkürzung von „Das Oberhaupt des Gaon Yaakov yeshiva", nach Psalm 47, 5). Während dieser Periode wurde der Prozess der Kodifikation verstärkt – um ein einheitliches System der Halakha für die in der →Diaspora verstreuten Gemeinschaften zu schaffen. Die Babylonische Halakha wurde akzeptiert, als die Macht der israelitischen Lesehallen verringert wurde, v. a. während der byzantinischen Periode. Diese Periode endete m. dem Tod der letzten bedeutenden Figur der babylonischen Lesehallen, Hai Gaon (1038).

g) Die rabb. Periode: Rishonim (die Früheren [frühere Weise]). Endete in der Mitte des

16. Jh. In diesen Tagen bemühte man sich, die versch. Systeme der Halakha, die in den zahlreichen Zentren der Diaspora praktiziert wurden, zu vereinheitlichen. Diese Anstrengung mündete im letzten kanonisierten Werk der Halakha: Shulchan Aruch von Josef Karo, welches geschrieben wurde in Safed im Land Israel. Zu diesem Werk wurde eine Liste von Korrekturen (z. B. Anpassungen an das Halakha-System der europäischen Juden) erg. von Moshe Isserles aus Krakau.

Shulchan Aruch ist das letzte Buch in der Jüd. Geschichte, das m. einem generellen Abkommen unterzeichnet wurde – u. es wurde akzeptiert von allen in den versch. jüd. Gemeinschaften. Seit dieser Periode gibt es einen neuen Typus rabb. Schr., der Sheelot uTeshuvot genannt wurde, z. B. Slg. von Responsas der Dezisoren, z. B. der Poskim (Pl.). Posek (Sing.) ist ein Rechtsgelehrter, der die Halakha auslegt in Rechtsfragen, in denen frühere Autoritäten ergebnislos blieben od. zu denen kein halachischer Vorgänger existiert.

h) Die rabb. Periode: Acharanonim (die Letzten). Vom 16. Jh. bis jetzt. Im Mittelpunkt des Interesses finden sich die Diskussionen um den Text des Shulchan Aruch u. die Regelungen, die von ihm stammen.

3. Der in der Halakha inkludierte Rechtsrahmen u. sein Bestand: Das System der Halakha umfasst alle Bereiche des Lebens. Es behandelt die G. zwischen dem Menschen u. seinem Mitmenschen u. solche zwischen dem Mensch u. Gott u. die Institution der Gesellschaft im Allgemeinen.

Die grundlegende Unterscheidung ist zweigeteilt: eine positive u. eine negative Liste von Geboten. Gem. der akzeptierten Zählung beträgt die Zahl der allg. Gebote 613. Diese können in fünf Kategorien unterschieden werden: Mitzvah (= Verpflichtung), eine gute Tat, ein Akt m. Erlaubnis, ein unschicklicher Akt u. ein verbotener Akt. Diese Unterscheidung wurde später im Islam entwickelt, aber sie existierte in ihrem Kern bereits im Talmud.

Literatur

Mekhilta of Rabbi Ishmael, Horowitz-Rabin edition, Frankfurt 1931; Schiffman, L. Y., Halakhah, Halikhah u-meshiḥiyut be-khat Midbar Yehudah, Jerusalem 1993 (Law, Custom and Messianism in the Dead Sea Sect); Heschel, A. J., Torah min hashamayim ba-aspaklaria shel Hadorot, Vol. 2, Jerusalem 1995; Urbach, E. E., The Halakha: Its Sources and Development, Tel Aviv 1996; Halivni, D. W., Peshat and Derash: Plain and Applied Meaning in Rabbinic Exegesis, New York – Oxford 1998; Urbach, E. E., The world of the Sages: Collected Studies, Jerusalem 2002.

Admiel Kosman, Ronen Pinkas

© 2019, DOI: 10.30965/9783506786388_0210

Gesetz – Islamisch

Der →Islam wird wie das Judentum häufig als Gesetzesreligion beschrieben. Zutreffend daran ist, dass die Geltung religiöser wie auch rechtlicher Normen nach traditioneller Auffassung letztlich auf Gott als Normengeber zurückgeführt wird. Dennoch kennt auch der Islam die Trennung der Sphären von Religion u. Recht. Religiöse →Normen über die Ritualpraxis (z. B. Ritualgebet u. seine Voraussetzungen, →Fasten im Monat →Ramadan, →Pilgerfahrt nach Mekka) weisen primär eine Jenseitsorientierung auf. Der arabische Fachterminus für den entspr. Regelungsbereich heißt ibadat, was m. gottesdienstlichen Handlungen übers. werden kann. Im Gegensatz dazu stehen die sog. mu'amalat, also Handungen, die primär den zwischenmenschlichen Bereich im Diesseits betreffen u. die im Gegensatz zu ersteren m. diesseitigen Konsequenzen versehen sind. Sie entsprechen dem heutigen Verständnis von Recht u. G. In der traditionellen Lit. werden Ritualgebote u. jur. Themen unter dem Oberbegriff des fiqh zusammengefasst, oft als Jurisprudenz übers. Der Dichotomie von Religion u. Recht entspricht eine parallele Beurteilung menschlicher Handlungen einerseits nach jenseitsorientierten Kriterien (z. B. Sündiges, →haram, Verpöntes, makruh, od. Empfohlenes, mandub od. mustahabb), andererseits nach diesseitigen Wirkungen (z. B. Nichtiges, batil, bzw. Anfechtbares, fasid). Handlungen, welche aus religiöser Sicht verboten (sündig) sind, können dennoch rechtswirksam sein.

Fiqh wiederum gliedert sich in zwei Bereiche: Zum einen die Einzelvorschriften (sog. furu'-al fiqh, wörtlich Äste, Verzweigungen der Jurisprudenz), zum anderen das System der Quellenlehre u. -interpretation (sog. usul al-fiqh, wörtlich Wurzeln der Jurisprudenz). Beide Bereiche wiederum sind Bestandteile des islam. Normensystems (→Scharia). Während die Scharia nach herkömmlichem Verständnis gottgegeben u. unveränderlich ist, gilt der fiqh als Menschenwerk. Insb. die jur. Anteile (mu'amalat) unterliegen nach fast allg. Auffassung den Umständen von Ort u. Zeit, sind also grds. veränderlich.

Die Ausformung des islam. Rechts erfolgte im Wesentlichen durch eine größere Zahl von sunnitischen (→Sunniten) u. schiitischen (→Schiiten) →Rechtsschulen bis zum 10./11. Jh. Das betrifft die Rechtsquellenlehre (→Rechtsquellen) ebenso wie die Einzelvorschriften. Je nach Dichte der Quellen wurden manche Rechtsbereiche wie das →Familienrecht u. Erbrecht, das Vertrags- u. Gesellschaftsrecht, Teile des →Strafrechts u. des Verfahrensrechts detailliert geregelt, andere wie das Staats- u. Verwaltungsrecht hingegen nur in vagen Ansätzen. Hier waren die Entscheidungen der Herrscher maßgeblich, denen man auch eine entspr. Verwaltungskompetenz (siyasa-Kompetenz) zubilligte. Das Abgabenrecht entsprach weithin nicht den islam-rechtlichen Vorgaben, sondern diente schlicht der Füllung der Staatskassen. Da sich der Islam als Fortführung u. Korrektur der Vorgängerreligionen Judentum u. Christentum versteht, wurden auch Regelungen dieser Religionen weitergeführt, soweit sie nicht als durch den Islam abrogiert galten. Zudem wurden vorislamisches →Gewohnheitsrecht od. inhaltlich neutrale Regelungen wie das weithin wichtige Wasserrecht fortgeschrieben. Pluralität innerhalb der u. zwischen den Schulen u. Flexibilität sind durchaus Markenzeichen des islam. Rechts.

Es bestand lange Zeit Uneinigkeit darüber, wer letztlich Normen für verbindlich erklären u. anwenden u. damit zum G. im engeren Sinne machen konnte. Die seit dem 7. Jh. sukzessiv entwickelte Gerichtsbarkeit (→Gerichtsbarkeit, kirchliche bzw. religiöse) wurde vom jeweiligen Machthaber kontrolliert, wobei Vertreter unterschiedlicher Schulen je nach örtlicher Verteilung als →Richter ernannt wurden. Staatl. Gesetzgebungsverfahren i. S. einer Kodifikation begannen systematisch erst seit dem 16. Jh. m. den osmanischen qanun-namehs u. breit angelegten Gutachtensammlungen (Fatwa-Sammlungen) im indischen Moghulreich u. im osmanischen Reich, denen faktisch Gesetzeskraft zukam.

Im 19. Jh. setzte ein umfangreicher u. anhaltender Kodifikationsprozess m. Festlegungen auf bestimmte Schulmeinungen sowie Neuschöpfungen in bislang ungeregelten Bereichen ein, der teils durch interne Initiativen, teils durch Kolonialherrschaft ausgelöst wurde. Nunmehr gelten in den meisten islam. geprägten Staaten geschriebene G., daneben in Territorien m. schwach ausgeprägter Staatlichkeit (z. B. Afghanistan, Teil Pakistans, Sudan, Jemen) Gewohnheitsrecht, welches nicht selten im Widerspruch zum islam. Recht steht, aber hingenommen wird. Parallel zur Kodifikation erfolgte in vielen Staaten eine Institutionalisierung der Rechtsanwendung u. der Juristenausbildung. Als →Gesetzgeber gilt heute weitgehend der Staat bzw. seine legislativen Institutionen, die sich freilich nach vielen Verf. zumindest im Kernbereich des islam. Rechts (insb. Familien- u. Erbrecht) an den vorhandenen Grundlagen orientieren müssen.

Literatur

Kamali, M. H., Principles of Islamic Jurisprudence, Pataling Jaya ²1999; Rohe, M., Das islam. Recht: Geschichte u. Gegenwart, München ³2011; The Ashgate Research Companion to Islamic Law, hg. v. R. Peters – P. Bearman, Farnham 2014; Emon, A. – Rumee, A., The Oxford Handbook of Islamic Law, Oxford 2018.

Mathias Rohe

Gesetz und Evangelium

→Gesetz, →Rechtstheologie

Gesetzblatt – Katholisch

Auch wenn im Hinblick auf die Kirchl. →Amtsblätter vereinzelt in der kan. Lit. missverständlich von G. gesprochen wird (Walf, 1984, 50), ist hinsichtlich des für den universalkirchlichen Bereich für →Gesetze i. d. R. verwendete Promulgationsorgans (→Promulgation) der →Acta Apostolicae Sedis sowie hinsichtlich der für bfl. Gesetze i. d. R. verwendeten Promulgationsorgane der KABl. im Bereich der DBK zu beachten, dass es sich bei diesen ABl. – im Unterschied zum weltlichen Recht – nicht um reine Gesetz- u. Verordnungsblätter handelt. Die benannten KABl. wurden bei ihrer Einrichtung nicht als reine G. konzipiert. Auch wenn vom Zeitpunkt der Einrichtung der KABl. an in deren umfassender Zweckbestimmung zugl. einschlussweise die spezielle Zweckbestimmung enthalten war, sie als i. d. R. einzuhaltenden Promulgationsmodus zu verwenden, gibt es bis heute weder in den AAS noch in den KABl. im Bereich der →Deutschen Bischofskonferenz eine eigene Rubrik bzw. einen von den übrigen (nicht gesetzlichen bzw. nicht rechtsrelevanten) veröff. Materien abgesonderten Teil, unter dem ausschließlich Gesetze promulgiert werden. Die Zweckbestimmung der ABl. als i. d. R. einzuhaltender Promulgationsmodus für Gesetze hat sich bisher nicht in der wünschenswerten Klarheit der inhaltlichen Strukturierung der ABl. wie auch in der begrifflichen Erfassung der Gesetze u. deren äußeren amtl. Veröffentlichungsform in den ABl. niedergeschlagen.

Literatur

Walf, K., Einführung in das neue kath. Kirchenrecht, Zürich 1984, 50; Wächter, L., Gesetz im kan. Recht. Eine rechtssprachliche u. systematisch-normative Untersuchung zu Grundproblemen der Erfassung des Gesetzes im Kath. Kirchenrecht, St. Ottilien 1989 (MThS.K 43), 59, 321-322; Kalde, F., Art. Acta Apostolicae Sedis: LThK³ Bd. 1, 119; Wächter, L., Die kirchl. Amtsblätter als ordentlicher Promulgationsmodus diözesaner Gesetze im Bereich der DBK. Rechtliche Einrichtung u. Zweck der Amtsblätter: Saluti hominum providendo (FS Hentze), hg. v. R. Althaus – F. Kalde – K. H. Selge, Essen 2008 (BzMKCIC 51), 369-389, 384-389.

Lothar Wächter

Gesetzblatt – Evangelisch

→Amtsblatt

Gesetzbücher

→Codex Iuris Canonici (CIC), →Codex Canonum Ecclesiarum Orientalium (CCEO)

Gesetzesanalogie – Katholisch

Die G. stellt neben der Anwendung allg. Rechtsprinzipien (sog. →Rechtsanalogie) – wobei die →aequitas canonica beachtet werden muss –, der Rechtsauffassung u. -praxis der →Römischen Kurie (sog. stilus curiae) u. der gemeinsamen u. beständigen kan. Lehre das wichtigste Mittel zur Auffüllung von →Gesetzeslücken dar. C. 19 sieht für den Fall, dass in einer bestimmten Frage eine klare Rechtslage aufgrund von Gesetzes- od. →Gewohnheitsrecht fehlt, die Heranziehung von →Gesetzen vor, die für ähnliche gelagerte Fälle erlassen worden sind („leges latae in similibus"). Durch die Mittel zur Auffüllung von Gesetzeslücken können die Nachteile der abstrakten →Kodifikation ausgeglichen werden, die darin begr. sind, dass es dem Gesetzgeber nicht möglich ist, jede auch nur denkbare künftige Fallgestaltung zu erahnen u. im Vorhinein eine gesetzliche Regelung hierfür zu treffen.

Die Anwendung der G. ist ausgeschlossen in Strafsachen (c. 19), bei irritierenden u. inhabilitierenden Gesetzen (vgl. c. 10) u. bei Gesetzen, welche die freie Ausübung von Rechten einschränken od. eine Ausnahme vom Gesetz enthalten (vgl. c. 18). Voraussetzung für die Anwendung der G. ist des weiteren, dass die Übereinstimmung zwischen dem vorliegenden Fall, der in G. behandelt werden soll, u. dem in der analog heranzuziehenden Rechtsquelle geregelten Fall wesentlich, der Unterschied dagegen unwesentlich ist.

Der CCEO (vgl. c. 1501 CCEO) kennt die G. nicht, sondern nur die Rechtsanalogie sowie die Berücksichtigung der kirchl. Rechtsauffassung, der gemeinsamen u. beständigen kan. Lehre sowie v. a. der traditionellen Quellen des orient. KR, nämlich der Canones der Synoden u. der Kirchenväter.

Literatur

KanR I, 185-187; May, G. – Egler, A., Einführung in die kirchenrechtliche Methode, Regensburg 1986, 229-249.

Ludger Müller

© 2019, DOI: 10.30965/9783506786388_0214

Gesetzesänderung – Katholisch

Eine G. wird ab extrinseco, durch Intervention des → Gesetzgebers vorgenommen. Sie kann ein → Gesetz als Ganzes od. nur teilweise betreffen, ausdrücklich (expresse) od. stillschweigend (tacite) erfolgen.

Für die ausdrückliche G. sind zwei Formen denkbar: sie wird expresse et explicite (nominatim et aperte) vorgenommen, wenn das zu ändernde Gesetz klar u. eindeutig erwähnt wird (vgl. MP Mitis Iudex: „decernimus ac statuimus Libri VII Codex Iuris Canonici, Partis III, Tituli I, Caput I De causis ad matrimonium nullitatem declarandam (cann. 1671-1691) ... integre substiui prouit sequitur“: AAS 107 [2015], 961), expresse et implicite (generatim et aequivalenter), wenn die Bezugnahme in allg. Derogationsklauseln (→ Derogation) (vgl. c. 38; c. 1515 CCEO) erfolgt wie „contrariis quibuscumque non obstantibus; contrariis quibuslibet etiam speciali (specialissima) mentione dignis minime obstantibus“ usw. Die stillschweigende G. erfolgt, wenn ein neues Gesetz dem früheren „unmittelbar entgegengesetzt ist, oder die ganze Materie des früheren Gesetzes umfassend neu ordnet“ (c. 20; vgl. c. 1502 CCEO).

Gerade bei der stillschweigenden G. kann es Zweifel über die erfolgte Änderung geben. In diesem Fall gilt nach c. 21 (vgl. c. 1503 CCEO) die Vermutung, dass das frühere Gesetz weiter gültig ist. Quantum fieri potest, sollen die Normen in Einklang gebracht werden.

Zuständige Autorität für die G. ist der Gesetzgeber, der das frühere Gesetz erlassen hat od. dessen Nachfolger, wobei Partikular- u. Eigenrecht nur dann von einer Änderung des allg. Gesetzes betroffen werden, wenn dies ausdrücklich erwähnt wird. Durch allg. Ausführungsdekrete u. Instr. (vgl. cc. 31-34) wird keine G. vorgenommen, wenn nicht eine bes. → Approbation des → Papstes vorliegt (vgl. RGCR, Art. 125-126: AAS 91 [1999], 679).

Literatur

May, G., Derogationsformeln: AfkKR 161 (1992), 11-42; Otaduy, J., Comentario a los cann. 20-21: Comentario exegético al Código de Derecho Canónico, Vol. I, Pamplona ^{2}1997, 399-419; Socha, H.: MKCIC cc. 20 u. 21.

Markus Graulich

© 2019, DOI: 10.30965/9783506786388_0215

Gesetzesauslegung

→ Hermeneutik des Kirchenrechts, → Interpretation, Auslegung, → Kirchenrecht

Gesetzesbefehl – Katholisch

G. bez. im kan. Recht die Willenserklärung des →Gesetzgebers, ein vorliegender Gesetzesentwurf solle als →Gesetz verbindlich sein u. in Kraft treten; erteilt wird der G. durch die Unterschrift, ggf. verbunden m. einer ausdrücklichen Sanktionsklausel, wie z. B. für den CIC „vim legis habere posthac pro universa Ecclesia latina iubemus ...“ (SDL, 13). Die Codices sehen kein →Gesetzgebungsverfahren vor, sondern sprechen nur von dessen letztem, für das Inkrafttreten konstitutiven Akt, der →Promulgation (cc. 7f.; cc. 1488f. CCEO) als amtl. Kundmachung. Diese setzt jedoch voraus, dass der Gesetzgeber den Prozess der Festlegung des Inhaltes beendet u. m. Unterschrift anordnet, der vorliegende Text solle als Gesetz verbindlich werden (Gesetzessanktion). Damit steht lediglich intern der Inhalt verbindlich fest, das Gesetz ist aber vor seiner Promulgation noch nicht rechtlich existent. Bei kollegialen Gesetzgebungsorganen wie der →Synode der Bf. (c. 110 §1 CCEO) od. einem →Partikularkonzil (cc. 445f.) liegt der G. in der Verabschiedung des Gesetzes u. die Zuständigkeiten für den G. u. für die Promulgation können auseinandertreten; so obliegt die Promulgation der Gesetze der Synode der Bf. dem →Patriarchen (c. 112 §1 CCEO).

Einen Sonderfall stellen die →Dekrete des →Bischofskollegiums dar: sie werden nur verbindlich, wenn sie zusammen m. den Konzilsvätern vom →Papst genehmigt (approbata), von diesem bestätigt (confirmata) u. auf seine Anordnung hin promulgiert worden sind (c. 341 §1; c. 54 §1 CCEO). In der →Approbation handelt der P. als Haupt des →Konzils, der Beschl. wird zu einem solchen des Konzils; in der Bestätigung handelt er als P. u. legt den Inhalt nach innen verbindlich fest (G.).

Quellen

Johannes Paul II., ApK Sacrae Disciplinae Leges vom 25. Januar 1983: AAS 75 (1983) II, VII-XIV.

Literatur

Gillet, P., De lege data et nondum promulgata: Ius Pontificium 8 (1928), 216-218; Michiels, G., Normae generales iuris canonici, I, Paris u. a. [2]1949, 155-180; Mörsdorf, K., Die Promulgationsformel des Zweiten Vatikanischen Konzils: AfkKR 147 (1978), 465-462; Pellegrino, P., La promulgazione quale struttura esterna della legge nell'ordinamento canonico: Il Diritto Ecclesiastico 94 (1983), 1, 147-205; Arrieta, J. I., Diritto dell'organizzazzione ecclesiastica, Mailand 1997, 254-259; Otaduy, J., Comentario Exegético Vol. I, Pamplona [2]2003, c. 8; ders., Ley canónica: DGDC Vol. V, 63-75 (66-70); Socha, H.: MKCIC c. 7.

Helmuth Pree

© 2019, DOI: 10.30965/9783506786388_0217

Gesetzesfähigkeit – Katholisch

Kirchl. →Gesetze müssen bestimmte inhaltliche Voraussetzungen (Wesenselemente) erfüllen, o. die sie nicht zustande kommen bzw. bei Wegfall erlöschen. Näherhin nennt c. 29 als Wesenselemente eines Gesetzes neben dem zuständigen →Gesetzgeber u. der Allgemeinverbindlichkeit auch die passiv gesetzfähige Gemeinschaft, o. dass diese von CIC u. CCEO genauer definiert wird. Gemeint ist jedoch ein beständiger Personenkreis, der fähig ist, ein Gesetz zu einer dauerhaften Regelung zu empfangen (communitas legis recipiendae capax; →Normadressaten). Solche Gemeinschaften sind jene, deren oberste Leitungsorgane →Gesetzgebungsvollmacht besitzen, wie die →Gesamtkirche, die →Teilkirchenverbände u. die →Teilkirchen (→Diözese). Hinzu kommen Gemeinschaften m. →Satzungsautonomie, d. h. solche, die →Statuten (c. 94) erlassen können, wie u. a. →Bischofskonferenzen, →Domkapitel u. Universitäten, →private Vereine u. →öffentliche Vereine (c. 304 §1) sowie Personengesamtheiten, wie u. a. Kongr. u. Gerichtshöfe der →Römischen Kurie, das →Kardinalskollegium, die →Bischofssynode, →Pfarreien, →Dekanate, →Pfarrverbände, →Diakone, →Pastoralreferenten u. →Pfarrgemeinderäte. G. besitzen auch die Institute des geweihten Lebens u. die →Gesellschaften des Apostolischen Lebens (cc. 587; 596 §2; 608-611; 631f.; 732-734; MKCIC). G. ist auch für die Entstehung von →Gewohnheitsrecht gefordert (c. 25; c. 1507 §1 CCEO). Nur die Gemeinschaft, nicht eine Einzelperson bzw. Personengruppe kann Adressat sein.

Literatur

Heimerl, H. – Pree, H., Kirchenrecht. Allg. Normen u. Eherecht, Wien – New York 1983 (Springers Kurzlehrbücher der Rechtswisenschaft), 31, 51 u. 77; Schwendenwein, H., Das neue Kirchenrecht. Gesamtdarstellung, Graz – Wien – Köln 1983, 74f.; Aymans, W., Lex Canonica. Erwägungen zum kan. Gesetzesbegriff: AfkKR 153 (1984), 337-353, 341; May, G. – Egler, A., Einführung in die kirchenrechtliche Methode, Regensburg 1986, 155f.; Wächter, L., Gesetz im kan. Recht. Eine rechtsprachliche u. systematisch-normative Untersuchung zu Grundproblemen der Erfassung des Gesetzes im kath. Kirchenrecht, München 1989 (MThS.K 43), 175f.; KanR I, 156; Mühlsteiger, J., Rezeption – Inkulturation – Selbstbestimmung. Überlegungen zum Selbstbestimmungsrecht kirchl. Gemeinschaften: ZKTh 105 (1983), 261-289, 285; abgedr.: Tradition – Wegweisung in die Zukunft (FS Mühlsteiger), hg. v. K. Breitsching – W. Rees, Berlin 2001 (KStT 46), 987-1024, 1018f.; Schwendenwein, H., Die Kath. Kirche. Aufbau u. Organisation, Essen 2003 (BzMKCIC 37), 91; Primetshofer, B., Ordensrecht auf der Grundlage des CIC 1983 u. des CCEO unter Berücksichtigung des staatl. Rechts der Bundesrepublik Deutschland, Österreichs u. der Schweiz, Freiburg [4]2003; Rees, W., Die Rechtsnormen: HbkathKR[3], 127-162, 137f. u. 161; Meier, D. M., Art. Eigenrecht: 100 Begriffe aus dem Ordensrecht, hg. v. D. M. Meier – E. Kandler-Mayer – J. Kandler, St. Ottilien 2015, 150-155; Socha, H.: MKCIC cc. 25 u. 29.

Wilhelm Rees

© 2019, DOI: 10.30965/9783506786388_0218

Gesetzesgeltung – Katholisch

Kirchengesetze sind für alle Menschen verbindlich, soweit sie inhaltlich göttliches Recht (→Ius divinum) zum Gegenstand haben. Die rein kirchl. →Gesetze (leges mere ecclesiasticae) dagegen verpflichten nur diejenigen, die in der kath. Kirche getauft od. in sie aufgenommen worden sind u. die ferner den →Vernunftgebrauch besitzen u., sofern im Recht nicht ausdrücklich etwas anderes vorgesehen ist, das siebente Lj. vollendet haben (c. 11; c. 1490 CCEO). Im Unterschied zu can. 12 hat der CIC (ebenso CCEO) somit den Geltungsanspruch gegenüber den →nichtkatholischen Christen im Bereich der leges mere ecclesiasticae aufgegeben. Die im CIC zunächst in den cc. 1086 §1, 1117 u. 1124 (nicht im CCEO) enthaltene Norm, welche in einigen Punkten sogar kath. Christen von Bestimmungen rein kirchl. Gesetze freistellte, wenn diese sich in einem →formalen Akt (actu formali) von der Kirche losgesagt haben, entfiel m. der durch das MP →Omnium in mentem vom 26.10.2009 m. Wirkung vom 08.04.2010 normierten Streichung der Klausel „actu formali ab Ecclesia deficere". Darüber hinaus kennt das kan. Recht im Unterschied zum weltlichen Recht eine großzügig gehandhabte Dispenspraxis, die im Einzelfall von der Verpflichtungskraft eines rein kirchl. Gesetzes befreit (vgl. cc. 85-93; vgl. cc. 1536-1539 CCEO).

Der CIC regelt den Geltungsbereich der Gesetze näher in den cc. 12 u. 13 (zu den diesbezüglich teilweise unterschiedlichen Regelungen im CCEO vgl. insb. cc. 1491-1493). Universalkirchliche Gesetze (leges universales) verpflichten überall den Personenkreis, für den sie erlassen worden sind (c. 12), mögen es allg., d. h. für alle Gläubigen geltende (leges generales), od. bes., d. h. für bestimmte Personengruppen geltende (leges speciales) Gesetze sein. Bei teilkirchlichen Gesetzen (leges particulares) ist der Unterschied zwischen gebietlicher u. persönlicher Umschreibung des Verpflichtungsbereichs bedeutsam, unabhängig davon, welcher zuständige →Gesetzgeber das Gesetz erlassen hat (vgl. c. 13 §§1-3). Die Rechtsvermutung steht für den gebietlichen Charakter der teilkirchlichen Gesetze (c. 13 §1). Das partikulare territoriale Gesetz verpflichtet alle, die in dem betr. Gebiet ihren →Wohnsitz od. Quasiwohnsitz haben u. sich dort tatsächlich aufhalten (c. 12 §3). →Fremde (peregrini) sind im Unterschied zu den →Wohnsitzlosen (vagi) an teilkirchliche Gesetze ihres Aufenthaltsortes i. d. R. nicht gebunden (c. 13 §§2 u. 3).

Das ordnungsgemäß zustande gekommene Gesetz entfaltet seine Verpflichtungskraft aus sich (zur Gesetzesverpflichtung bei Zweifeln u. Unkenntnis des Gesetzes vgl. cc. 14 u. 15; cc. 1496 u. 1497 CCEO). Das Gesetz bedarf vonseiten der Gemeinschaft nicht der Gutheißung, wohl aber der Aufnahme (receptio). Ein rein kirchl. Gesetz, das nicht od. nicht mehr rezipiert wird (→desuetudo), verliert seine Verpflichtungskraft (→Gewohnheitsrecht).

Quellen

Benedikt XVI., MP Omnium in mentem vom 26. Oktober 2009: AAS 102 (2010), 8-10.

Literatur

KanR I, 159-171; Listl, J., Die Rechtsnormen: HbkathKR², 102-118, 108-113; Rees, W., Die Rechtsnormen: HbkathKR³, 127-162, 141-150; Socha, H.: MKCIC cc. 11-13.

Lothar Wächter

© 2019, DOI: 10.30965/9783506786388_0219

Gesetzesinterpretation – Katholisch

Die G. ist der entscheidende Schritt des methodisch geleiteten Verstehens u. damit das Erheben der Bedeutung bzw. des Sinns des Gesetzestexts, um dann die Rechtsanwendung vorzunehmen, in dem ein Sachverhalt unter einen entspr. Tatbestand subsumiert werden kann. Das kath. KR unterscheidet im Rahmen der nichtamtlichen G. die private, wiss., doktrinelle G. durch die Fachgelehrten nach dem Grundsatz Tantum valet quantum probat u. die usuelle G. durch die Rechtsgemeinschaft. Die amtl. G. wird in →authentische Interpretation u. forensische G. (durch Urteil od. Verwaltungsakt) unterschieden. Vgl. dazu ausführlich die Art. →Interpretation, Auslegung u. authentische Interpretation.

Thomas Meckel

© 2019, DOI: 10.30965/9783506786388_0220

Gesetzesirrtum – Katholisch

Obwohl →Irrtum (error) als falsches Urt. über die Wirklichkeit, →Unkenntnis (ignorantia) als dauerhaftes Nichtwissen u. inadvertentia als vorübergehendes →Nichtwissen (Unbedachtheit) begrifflich zu unterscheiden sind, werden sie im KR bzgl. ihrer Rechtsfolgen grds. gleich behandelt, sind aber vom →Zweifel (dubium) zu unterscheiden. Der Irrtum kann unüberwindbar (stets unverschuldet) od. überwindbar (i. d. R. verschuldet) sein. Der G. bezieht sich auf die Existenz, die Natur, den Geltungsbereich od. Inhalt gesetzlicher Regeln. Als Form des Rechtsirrtums steht er dem Tatsachenirrtum gegenüber. Die Rechtsordnung muss davon ausgehen, dass promulgierte →Gesetze den Adressaten bekannt sind; jedoch wird die Kenntnis nicht gesetzlich vermutet. Vielmehr wird Unkenntnis eines Gesetzes od. einer →Strafe lediglich nicht vermutet (c. 15 §2; c. 1497 §2 CCEO). Mangels gesetzlicher Vermutung liegt die Beweislast bei dem, der sich auf G. beruft. Für den Tatsachenirrtum bestehen gesetzliche Vermutungen (c. 15 §2; c. 1497 §2 CCEO). Ob u. inwieweit dem G. rechtliche Relevanz bzw. entschuldigende Wirkung zukommt, ist differenziert geregelt. Der G., sei er verschuldet od. nicht, betr. irritierende od. inhabilitierende Gesetze behindert den Eintritt ihrer Rechtsfolge (Nichtigkeit) nicht (c. 15 §1; c. 1497 §1 CCEO). Ebensowenig befreit die Unkenntnis von →Irregularitäten u. →Weihehindernissen von diesen (c. 1045; c. 765 CCEO). Bei der Setzung von Rechtsakten kann der G. zu einem wesentlichen Irrtum (c. 126; c. 933 CCEO) m. der Folge der →Nichtigkeit führen. Im →Strafrecht ist schuldlose Unkenntnis des übertretenen Gesetzes od. Verwaltungsbefehls ein Strafausschließungsgrund (c. 1323, 2°; vgl. c. 1414 §1 CCEO); Unkenntnis lediglich der Strafdrohung ein Strafmilderungsgrund (c. 1324 §1, 9°).

Literatur

Van Hove, A., De legibus ecclesiasticis, Mecheln – Rom 1930, 238-245; Michiels, G., Normae Generales Iuris Canonici, I, Paris u. a. [2]1949, 442-462; KanR I, 173-176; Otaduy, J., Comentario Exegético Vol. I, Pamplona [2]2003, c. 15; Granado Hijelmo, I., Error: DGDC Vol. III, 661-669; De Paolis, V. – D'Auria, A., Le Norme Generali, Commento al Codice di Diritto Canonico, Vatikanstadt [2]2014, 149-156; Socha, H.: MKCIC c. 15.

Helmuth Pree

© 2019, DOI: 10.30965/9783506786388_0221

Gesetzeskonkurrenz – Staatlich

Bei der G. (von lat. concurrere) geht es um das Zusammentreffen versch. Normen in Bezug auf dass. Geschehen. Sie ist abzugrenzen von der Gesetzeskollision, bei der sich widersprechende od. wechselseitig ausschließende Rechtsfolgen zusammenstoßen. G. tritt in allen Teilrechtsgebieten u. rechtsgebietsübergreifend auf: Im Zivilrecht kann sich ein Anspruch aus mehreren Anspruchsgrundlagen ergeben, im Strafrecht können durch eine Handlung mehrere Tatbestände erfüllt u. im öff. Recht kann ein Hoheitsakt in den Schutzbereich mehrerer Grundrechte eingreifen. Man unterscheidet zwischen Ideal- (Tateinheit: eine Handlung erfüllt mehrere Tatbestände) u. Realkonkurrenz (Tatmehrheit: mehrere Handlungen verwirklichen mehrere Tatbestände od. denselben Tatbestand mehrfach). Ideal- bzw. Realkonkurrenz tritt nur auf, wenn anwendbare Normen nicht über Konkurrenzregeln ausgesondert werden. Gesetzlich fixierte Regeln (z. B. Art. 103 Abs. 3 GG) sind selten u. zumeist als Normen anzutreffen, die ausdrücklich das Zurücktreten eines bestimmten Tatbestands anordnen (formelle Subsidiarität: §839 Abs. 1 S. 2 BGB; §145d Abs. 1 StGB). Ungeschriebene Konkurrenzregeln sind a) Spezialität: von mehreren Normen, die nach ihrem Wortlaut auf denselben Sachverhalt zutreffen, kommt nur die Speziellere zur Anwendung, b) materielle Subsidiarität: das Gesetz ordnet das Zurücktreten einer Norm nicht explizit an, dieses ergibt sich aber aus Wertungsgesichtspunkten im Hinblick auf den Normzweck u. c) Konsumtion: insb. im Strafrecht, wenn ein Delikt neben einem anderen üblicherweise (nicht notwendigerweise) mitverwirklicht ist, sodass es keine eigenständige Bedeutung mehr besitzt (typische Begleittat).

Literatur

Röhl, K. F. – Röhl, H. Chr., Allg. Rechtslehre, München [3]2008, §76; Barczak, T., Normenkonkurrenz u. Normenkollision: Juristische Schulung (JuS) 55 (2015), 969-977.

Tristan Barczak

© 2019, DOI: 10.30965/9783506786388_0222

Gesetzeskonkurrenz – Katholisch

1. Definition: G. liegt vor, wenn ein u. ders. Tatbestand unter versch. →Gesetze fällt bzw. den dafür verwendeten abstrakten Tatbeständen entspricht. Der Sachverhalt ist in der jur. Praxis von Bedeutung u. wird durch etliche Normen des universalkirchlichen Rechts geregelt, auch wenn der Begriff selbst in der Gesetzgebung u. in der kan. Lit. selten verwendet wird. Am ausgeprägtesten dürfte die Beschäftigung m. der G. im Bereich des kirchl. →Strafrechts stattfinden (Delikts- od.Verbrechenskonkurrenz).

Im engen Sinn geht es bei der G. um Rechtsnormen, die dem gleichen rechtspolitischen Zweck dienen. Die Tötung eines Kindes im Mutterleib gegen Entgelt erfüllt sowohl die Tatbestandsmerkmale des →Mordes wie der →Abtreibung (cc. 1397 u. 1398), wobei i. S. der

G. nicht beide Strafnormen gleichzeitig zur Anwendung kommen, obwohl beide dem Lebensschutz dienen, sondern nur die speziellere. Wenn jedoch ein bestimmter Tatbestand in unterschiedliche Rechtsbereiche fällt, liegt keine eigentliche G. vor. Z. B. kann nur der gültig geweihte Priester die Eucharistie feiern (c. 900 §1; c. 699 §1 CCEO – →Sakramentenrecht); wer o. Priesterweihe das eucharistische Opfer zu feiern versucht, zieht sich die →Tatstrafe des →Interdikts (bzw. bei Klerikern der Suspension [→Suspendierung]) zu (c. 1378 §2 1° bzw. c. 1443 CCEO – Strafrecht). Die sakramentenrechtliche Norm u. die strafrechtliche Schutzbestimmung dürfen sich inhaltlich nicht widersprechen, stehen jedoch nicht in eigentlicher G. hinsichtlich eines konkreten Tatbestandes.

In einem weiteren Sinn ist die G. ein für die →Gesetzgebung wichtiger Aspekt. Der Gesetzgeber soll(te) sich vor dem Erlass neuer Normen m. der Frage auseinandersetzen, welche Rechtsnormen von der Gesetzgebungstätigkeit betroffen sind: Gibt es übergeordnetes Recht, dessen Rahmen verbindlich ist (c. 135 §2; c. 985 §2 CCEO)? Gibt es gleichrangige Normen, die durch das neue Gesetz außer Kraft gesetzt werden sollen? Präzise Formulierungen könn(t)en Unklarheiten u. Konflikte aufgrund nicht eindeutiger Geltung sich teilweise widersprechender Rechtsnormen vermeiden u. dadurch der →Rechtssicherheit u. dem Rechtsfrieden dienen. Dies bedingt eine sachliche u. logischschlussfolgernde Sichtweise.

2. Regeln zur G.: a) Vorrang des spezielleren Gesetzes: Ein allg. Gesetz hebt kein partikulares od. bes. Recht auf, sofern nicht etwas anders im Recht ausdrücklich vorgesehen ist (c. 20), wobei ein untergeordneter Gesetzgeber kein Gesetz gültig erlassen kann, das übergeordnetem Recht widerspricht (c. 135 §2; c. 985 §2 CCEO). Die Spezialität eines Gesetzes wird bisweilen ausdrücklich erwähnt, z. B. in c. 1379, der generell die Vortäuschung einer →Sakramentenspendung unter Strafe stellt, jedoch auf die speziellere Norm für die Vortäuschung der Eucharistie od. der sakramentalen Lossprechung in c. 1378 §2 verweist (im CCEO nur eine Norm o. G.: c. 1443). Im →Eherecht werden für die Gültigkeit des Konsenses von den Allg. Normen abw. Regeln aufgestellt (cc. 1095-1107 bzw. 124-128; cc. 817-827 bzw. 931-935 CCEO). Das Gegenteil wäre sinnwidrig: Die bes. Vorschrift wäre inhaltlos. Würden jedoch beide nebeneinander zur Anwendung kommen, so entständen sinnlose Unklarheiten.

b) Vorrang des späteren Gesetzes: I. d. R. hebt ein späteres Gesetz ein früheres auf, wenn es dies ausdrücklich bestimmt od. ihm unmittelbar widerspricht od. die ganze Materie des früheren Gesetzes neu ordnet (c. 20; c. 1502 CCEO). Dies kommt in c. 6 bzw. c. 6 §1 CCEO zum Ausdruck, m. dem der Gesetzgeber neben dem früheren Codex auch alle allg. u. partikularen Gesetze außer Kraft setzte, die den Vorschriften des Codex widersprachen od. eine Materie betreffen, die im Codex neu geordnet wurde, außer es wäre im Einzelfall etwas anderes ausdrücklich vorgesehen. M. c. 5 bzw. c. 6 §2 CCEO hob der Gesetzgeber zudem alles →Gewohnheitsrecht auf, das den Normen des CIC bzw. CCEO widersprach, außer im Kodex selbst wäre dies im Einzelfall anders geregelt od. es handelte sich um hundertjährige od. unvordenkliche Gewohnheiten, die nach dem Urt. des Ordinarius nicht beseitigt werden können. Als Ausnahmen sind zu erwähnen: völkerrechtliche Verträge (auch wenn ihre Normen dem allg. Recht widersprechen – c. 3; c. 4 CCEO); wohlerworbene Rechte u. vom Apost. Stuhl gewährte →Privilegien, es sei denn, sie werden ausdrücklich widerrufen (c. 4; c. 5 CCEO).

Der Rechtssicherheit zuträglich ist es, wenn der Gesetzgeber bei neuen Gesetzen angibt, welche bestehenden Rechtsnormen dadurch außer Kraft gesetzt werden. Dies ist nicht immer der Fall. Z. B. hat es der höchste Gesetzgeber versäumt, bei der Novellierung der eheprozessrechtlichen Canones im CIC durch das MP MIDI anzugeben, ob od. in welchen Teilen die Instr. DC noch in Kraft ist.

c) Delikts- od. Verbrechenskonkurrenz: Mehrere Deliktstatbestände können durch eine Handlung (Idealkonkurrenz) od. mehrere Taten (Realkonkurrenz) erfüllt sein. Für die Strafbemessung u. damit zur Auflösung der G. durch den →Richter gelten die entspr. kodikarischen Regeln, insb. cc. 1326 u. 1346; cc. 1409 § 1 3° u. 1416 CCEO.

Quellen

PCLT, Instr. Dignitas Connubii: Comm. 37 (2005), 11-92; Franziskus, MP Mitis iudex Dominus Iesus vom 15. August 2015: AAS 107 (2015), 958-970.

Literatur

KanR I u. IV; MKCIC zu den angegebenen cc.

Markus Walser

Gesetzeskonkurrenz – Evangelisch

Auch im Ev. KR tritt der Fall auf, dass ein Sachverhalt die Tatbestände mehrerer →Normen erfüllt. Wenn deren Rechtsfolgen nicht nebeneinander bestehen können (Gesetzeskollision) stellt sich die weitergehende Frage, welche Norm vorgeht u. anwendbar ist u. welche Norm zurücktritt. Sofern dafür keine bes. Anordnung in den →Gesetzen selbst getroffen werden, können die für G. u. Gesetzeskollisionen entwickelten, allg. u. auch im staatl. Recht geltenden Regeln wegen der weitgehenden Ähnlichkeit der Rechtsquellenlehre u -hierarchie zwischen dem Ev. KR u. dem staatl. Recht übernommen werden. Auch im Ev. KR gelten daher die Sätze, dass das spätere Gesetz dem früheren vorgeht (lex posterior-Regel) u. dass das spezielle Gesetz dem allg. vorgeht (lex specialis-Regel). Die bes. für das staatl. →Strafrecht wichtigen Regeln zur Real- od. Idealkonkurrenz u. zur Konsumtion haben aber mangels eines kirchl. Strafrechts im ev. KR keine praktische Bedeutung.

Besonderheiten gelten im Verhältnis der Rechtes der →Evangelischen Kirche in Deutschland zu dem ihrer →Gliedkirchen (→Landeskirchen) u. deren Zusammenschlüsse: Zwar entspricht Art. 2 II GrO-EKD, wonach das gliedkirchliche Recht dem gesamtkirchlichen nicht widersprechen darf, der allg. Vorschrift des Art. 31 GG (Bundesrecht bricht Landesrecht). Der Gesetzgebungskompetenz der EKD m. Wirkung für die Gliedkirchen u. deren Zusammenschlüsse in Art. 10a GrO-EKD liegt also der Vorrang der EKD-Gesetze über diejenigen der Gliedkirchen u. gliedkirchlichen Zusammenschlüsse zugrunde. Allerdings sieht Art. 10a III GrO-EKD vor, dass den Gliedkirchen u. Gliedkirchlichen Zusammenschlüssen in einem solchen KG der EKD die Möglichkeit eingeräumt werden kann, das betr. Gesetz der EKD für sich außer Kraft zu setzen. Daneben besteht die Möglichkeit zur Einräumung von Ermächtigungen zum Erlass ausführender Regelungen (Art. 10b GrO-EKD). Das Recht der EKD kennt überdies den Erlass von RL (Art. 8 GrO-EKD), die der Umsetzung u. Ausfüllung durch die Gliedkirchen bedürfen, u. von Anregungen für die Gliedkirchen, die zwar keine strikte Verbindlichkeit besitzen, aber jedenfalls eine Prüfung u. Erwägung durch die Gliedkirchen erfordern.

Literatur

Guntau, B., Das (neue) Gesetzgebungsrecht in der Grundordnung der Ev. Kirche in Deutschland: ZevKR 47 (2002), 639-669; Claessen, H., Grundordnung der EKD – Kommentar u. Geschichte, Stuttgart 2007; Anke, H. U., § 4 Rechtsquellen u. kirchl. Gesetzgebung: HevKR, 162-198.

Heinrich de Wall

Gesetzeskonkurrenz – Jüdisch

In der →Torah ist das Idealbild einer jüd. Gesellschaft in einem Staat nach jüd. Recht vorgesehen. Die hist. Entwicklung des jüd. Rechts ist jedoch durch die Abwesenheit eines eigenen Staates geprägt. In der Rechtswirklichkeit gab es seit der Zerstörung des Tempels 70 n. Chr. keine od. nur eine eingeschränkte Autonomie des jüd. Rechts. M. dem Verlust der Autonomie u. der darauf folgenden Zerstreuung des jüd. Volkes in der →Diaspora war das jüd. Recht der Herausforderung ausgesetzt, sich in bestehende Herrschaftssysteme einzuordnen. Seitdem stehen die Bereiche der religiösen Rechtstradition, die die äußere Ordnung betreffen, in einem Spannungsverhältnis zu den jeweils territorial geltenden Rechtsordnungen u. bedürfen dementsprechend eines Kollisionsrechts.

In der talmudischen Zeit wurde eine Kollisionsnorm eingeführt, nach der im Fall einer Rechtskollision m. dem Recht der Territorialherrschaft grds. das fremde Recht gilt u. das jüd. Recht dahinter zurücktritt. Dieses sehr allg. formulierte u. ausfüllungsbedürftige Prinzip wird aus dem talmudischen Ausdruck das Recht des Landes ist das Recht (Dina de-Malkhuta Dina) hergeleitet.

Da das jüd. Recht als göttliche Ordnung einen absoluten Geltungsanspruch besitzt, gibt es versch. Ansätze, die Geltung der fremden Rechtsordnung aus der eigenen Ordnung herzuleiten. Je nach Begründung ergibt sich ein unterschiedlicher Geltungsumfang des fremden Rechts. Im Wesentlichen dienen zwei Ordnungen in der orth. Tradition des jüd. Rechts als Legitimationsgrundlage für die Akzeptanz fremden Rechts. In der Torah werden neben den religiösen sinaitischen →Gesetzen noch zwei weitere Rechtssysteme erwähnt: Zum einen das Recht des Königs, das urspr. die Befugnisse eines ernannten Königs der Juden festschrieb. Die Hauptfunktion des Königsrechts ist die Aufrechterhaltung der öff. Ordnung. Zum anderen die noachidischen Gesetze. Darunter ist eine Grundsatzordnung zu verstehen, die für alle Nichtjuden gilt, wobei umstritten ist, ob die Gesetze nur für die Nichtjuden im jüd. Herrschaftsgebiet, für alle Nichtjuden od. ob sie unter Einschluss der Juden als eine Art →Naturrecht für die gesamte Menschheit gelten. Diese biblische Grundordnung schreibt den Nichtjuden den Aufbau u. die Einhaltung einer Rechtsordnung m. minimalen inhaltlichen Anforderungen vor.

Wird das Kollisionsprinzip vom Königsrecht abgeleitet, kann damit analog die Aufrechterhaltung der öff. Ordnung legitimiert werden. Dazu passt aus orth. Sicht ein von dem Rabbiner Ritva vermittelter Disput über die Legitimität der Strafhoheit über die Juden eines fremden Herrschers, in dem die Gewalt des fremden Königs m. der Gewalt des jüd. Königs David verglichen u. legitimiert wird.

Weitreichendere Folgen ergeben sich, wenn die Legitimität einer Fremdherrschaft aus den noachidischen Gesetzen hergeleitet wird. Eines der sieben Gesetze für Nichtjuden ist es, eine Ordnung zu schaffen, die zumindest grundlegende Verbote umfasst. So schließt der Rabbiner Raschi in seiner Kommentierung des →Talmuds über die Legitimität fremder Ordnungen, dass ein Urt. eines staatl. Gerichts von Juden deshalb anerkannt werden müsse, weil die jeweilige Herrschaftsordnung das noachidische Gesetz der Aufrechterhaltung einer Ordnung erfülle. Die Legitimation der fremden Ordnung über die noachidischen Gesetze umfasst ein größeres Spektrum fremder Regelungen als der relativ fest gefügte Rahmen der Kompetenzen eines Königs. Unumstritten ist, dass alle vermögensrechtlichen Bereiche einer fremden Ordnung bis hin zur Steuergesetzgebung zu akzeptieren sind, da diese selbst im jüd. Recht dispositiv von den Rabbinern gesetzt werden können. Dass ein fremder Herrscher die äußere Ordnung bestimmen kann, bedroht den Kern der religiösen Regelungen nicht in ihrem Selbstverständnis. Denn die öff. Ordnung bezieht sich im Wesentlichen auf äußere Angelegenheiten, die die rituellen Bereiche nicht berühren. Über den Umgang m. nichtvermögensrechtlichen Regelungen, die der Torah inhaltlich widersprechen, besteht weitgehend Einigkeit. Grds. darf ein Gesetz den Regelungen der Torah nicht widersprechen. Konflikte gibt es m. dem fremden Recht v. a.

im →Strafrecht, da das Strafrecht den rituellen Angelegenheiten zugerechnet wird, deren Voraussetzungen nicht unterschritten werden dürfen.

Für das Kollisionsprinzip existiert somit keine eindeutige Doktrin, die vorgibt, welche Rechtsbereiche aus der Perspektive des jüd. Rechts an einen fremden Souverän abtretbar sind. Insofern muss der Rückgriff, etwa auf die Einbettung des Kollisionsprinzips in eine analoge Anwendung des Königsgesetzes od. der noachidischen Gesetze auch als pragmatische Vereinbarkeit des jüd. Rechts m. anderen, staatl. Rechtssystemen gesehen werden, um aus sich heraus die Integrität des eigenen Rechts zu bewahren.

Quellen

Babylonischer Talmud, Gittin 10b; Baba Kamma 113a; Nedarim 28a; Baba Batra 54b; Baba Mecia 83b.

Literatur

Shilo, Sh., Dina De-Malkhuta Dina: EJ Vol. 6, 51-55; Bleich, D., Jewish Law and the State's Authority to Punish Crime: Cardozo Law Review 12 (1991), 829-858; Kirschenbaum, A. – Trafimow, J., The Sovereign Power of the State: A Proposed Theory of Accommodation in Jewish Law: Cardozo Law Review 12 (1991), 925; Stone, S., Sinaitic and Noahide Law: Legal Pluralism in Jewish Law: Cardozo Law Review 12 (1991), 1157; Elon, M., Jewish Law – History, Sources, Principles, Vol. 1, Philadelphia 2003; von Daniels, J., Religiöses Recht als Referenz, Tübingen 2009.

Justus von Daniels

© 2019, DOI: 10.30965/9783506786388_0222

Gesetzeskonkurrenz – Islamisch

Fragen der G. treten auf, wenn →Normen ganz od. teilweise identische Sachverhalte m. unterschiedlichen Ergebnissen behandeln. Wie jede Normenlehre muss auch das Islam. Recht die Fragen der G. unter drei Aspekten lösen: In welchem hierarchischen Verhältnis stehen Normen zueinander? Werden frühere Normen durch später geschaffene verdrängt? Stehen Normen im Verhältnis von speziell zu allg. zueinander?

Grds. wird Gott als Gesetzgeber verstanden, dessen Normen (→Scharia) allerdings stets durch Menschen interpretiert werden müssen. Auf der Grundlage erster bahnbrechender Werke der Gründungspersönlichkeit der schafiitischen Schule (Muhammad b. Idris al-Schafi'i, gest. 820) entwickelte sich über ca. drei Jhh. die Lehre der G. Die (wenigen) Rechtsnormen im →Koran genießen danach die höchste Autorität, gefolgt von den Worten u. Taten des Propheten des Islam Muhammad, die auf seine Eigenschaft als Prophet (u. nicht als gewöhnlicher Mensch) zurückgehen (sog. →Sunna des Propheten). Teilweise werden dazu auch noch die entspr. Worte u. Taten der Prophetengefährten u. teils auch ihrer unmittelbaren Nachfolger gezählt. Alle weiteren →Rechtsquellen gelten als nachrangig, wobei dem Gelehrtenkonsens (Idschma') u. Schlussverfahren wie Analogie u. argumentum e contrario (Qiyas) im sunnitischen Islam (→Sunniten) bes. Bedeutung zukommen, während die meisten →Schiiten den Qiyas als Institution (nicht als Argumentationsmethode) ablehnen. Die Konkurrenz zwischen den weiteren Rechtsquellen ist zwischen den einzelnen sunnitischen u. schiitischen Schulen, aber auch innerhalb der Schulen in vielen Fällen umstritten. Meinungspluralität ist deshalb ein Charakteristikum des islam. Rechts seit seiner Entstehung. Ein erkennbarer Unterschied zeigt sich hierbei zwischen der Auslegung (→Interpretation, Auslegung) religiöser Normen insb. der Ritualpraxis einerseits u. von Rechtsnormen andererseits. Während erstere als grds. ewiggültig angesehen werden, unterliegt die Interpretation u. Anwendung von Rechtsnormen den Umständen von Ort u. Zeit, ist also wandelbar.

In vielen Einzelfragen streitig ist das Verhältnis zwischen früherer koranischer Offenbarung u. späterer Prophetentradition. Hinsichtlich Koran u. Sunna gilt, dass spätere Offenbarungen bzw. Aussagen/Handlungen frühere abrogieren (sog. Nasḫ). Im Koran wird zwischen den früheren mekkanischen u. den späteren medinensischen Offenbarungen unterschieden. Rechtliche Regelungen finden sich nur in letzteren aus der Entstehungszeit des islam. Gemeinwesens. Die zuvor große Offenheit gegenüber anderen Religionen, insb. Judentum u. Christentum, wurde durch deutliche Abgrenzungen u. Herrschaftsansprüche modifiziert; insofern wurde meist eine Abrogation angenommen. Hier setzen moderne Neuinterpretationen an. Sie verstehen die medinensischen Regelungen aus einer Zeit, in welcher das noch fragile islam. Gemeinwesen in seiner Existenz bedroht war, als speziell für diese Zeit geltende Regelungen, welche die allg., offeneren mekkanischen Offenbarungen nicht verdrängten. Argumentationslogisch sind beide Interpretationen möglich; es kommt deshalb maßgeblich auf Vorverständnis u. intellektuelle Offenheit der Interpreten an.

Seit dem 19. Jh. wurde das islam. Recht in großem Umfang kodifiziert. Konkurrenzfragen wurden dabei weitgehend gelöst, indem eine der bestehenden Schulmeinungen zum geltenden Recht erklärt wurde. Anpassungen an geänd. Verhältnisse erfolgten zudem durch die partielle Übernahme anderer Schulmeinungen (z. B. zur Erweiterung von Frauenrechten), wobei auch neue Normen durch Kombinationen unterschiedlicher Schulmeinungen geschaffen wurden. Häufig wird in Kodifikationen für gesetzlich nicht geregelte Fragen die Auffassung einer bestimmten, im jeweiligen Staat dominierenden Schule für verbindlich erklärt. So wurde die Bedeutung der einzelnen Schulen zwar deutlich geschmälert, aber nicht völlig beseitigt.

Neue Konkurrenzfragen traten m. der Gesetzgebung von Kolonialmächten auf. So bestehen bis heute vielerorts Spannungen u. Formelkompromisse zwischen säkularer Gesetzgebung u. Verweisen auf den Islam bzw. bestimmte normative Prinzipien der Scharia als Quelle der Gesetzgebung. Dasselbe gilt für die Übernahme menschenrechtlicher Übereinkommen wie der CEDAW. Während extremistische Richtungen auf eine Abschaffung säkularer Gesetzgebung u. eine Re-Islamisierung drängen (die meist eine erfundene Vergangenheit beschwört), sehen andere moderne → Gesetze im Lichte eines dynamisch interpretierten Islam als die islam. Lösung für die Gegenwart an.

Von Muslimen, die außerhalb islam. Staaten leben, fordert die traditionelle Lehre wegen des auch für sie bestehenden Rechtsschutzes die Einhaltung dieser Gesetze. Wer sie nicht anerkennen will, müsse auswandern. Zeitgenössische Gelehrte sehen Muslime schlicht als normalen Teil der Bevölkerung, für den selbstverständlich die örtlichen Gesetze gelten. Nur Extremisten wollen all dies nicht anerkennen.

Literatur

Coulson, N. J., A History of Islamic Law, Edinburgh 2005 (Nachdr.); An-Na'im, A., Islam and the Secular State, Cambridge/Mass 2008; Hallaq, W. B., Sharī'a: Theory, Practice, Transformations, Cambridge 2009; Rohe, M., Das islam. Recht, München ³2011; The Ashgate Research Companion to Islamic Law, hg. v. R. Peters – P. Bearman, Farnham 2014; Emon, A. – Rumee, A., The Oxford Handbook of Islamic Law, Oxford 2018.

Mathias Rohe

© 2019, DOI: 10.30965/9783506786388_0222

Gesetzeslehrer – Jüdisch

Als G. im weiten Sinn bez. die jüd. Tradition: 1. Figuren od. Gruppen der hebräischen Bibel, welche die in der → Torah (Weisung, Lehre) enthaltenen → Gesetze (Halacha) lehren od. auslegen. 2. In der schriftlichen u. mündlichen Torah ausgebildete Weise od. ordinierte Gelehrte (→ Rabbi, Rabbiner), denen die Autorität der religiösen Wissensvermittlung, Auslegung u./od. der praktischen Rspr. zugesprochen wird. 3. Autoren jüd.-gesetzlicher Werke (Dezisoren, hebräisch Poskim), bes. der Kodizes des jüd. Rechts sowie die Autoren von Responsen (hebräisch Sche'elot u-Teshuwot).

Die Aufgabe der G. beschränkt sich nicht auf die Übermittlung der Überlieferung. Die Auslegung der Gesetze für die Praxis u. die Rspr. fordert vom G. die Einbeziehung eigener Erwägungen u. das kontinuierliche Studium der Halacha. Ab dem 2. Jh. n. Chr. wirken G. häufig im Schulwesen, dessen Institutionen das Ethos des spätantiken-rabb., ma. u. modernreligiösen Judentums prägen. Eine Ausnahme bildet der in Qumran-Texten erwähnte Lehrer der Gerechtigkeit (hebräisch More ha-Zedeq), der wohl auf eine konkrete hist. Figur des zadokidischen Priestergeschlechts m. Kompetenz zur umfassenden Gesetzesauslegung verweist.

Als G. im engeren Sinn gelten Figuren, denen die Erneuerung des göttlichen Rechts im Volk zugesprochen wird. G. par excellence ist Esra. Er wird in den Büchern Esra-Nehemia nach dem babylonischen Exil z. Z. des Perserkönigs Artaxerxes I. (465-425 v. Chr.) als Archetyp für die Rückführung des Volkes zum Gesetz eingeführt (Esra 7, 6.10.25). Esra ruft die große Volksversammlungen ein (Neh 8-10) u. wird im nachbiblischen jüd. Schrifttum m. Mose verglichen (4 Esr 14; bSan 21b).

In der hebräischen Bibel werden Mose, die Priester u. Propheten in unterschiedlicher Form als G. präsentiert. Als erster G. ist Gott anzusehen, der Mose die Torah zur Weitergabe an das Volk übergibt (Ex 24, 12; Dtn 1, 3). Gott ist Subjekt der Verbwurzel „lehren" (lamad im Pi'el, Jer 32, 33; Ps 25, 5 u. Ps 71, 17). Mose fungiert als erster Empfänger u. Vermittler der Torah.

Auch biblische Propheten lehren das Gesetz der Torah. Der Terminus Lehrer (hebräisch More) i. S. einer Unterweisung findet sich z. B. in Jes 30, 20; Joel 2, 23; Hiob 36, 22; Spr 5, 13. Jeremia nähert sich durch die Verschriftlichung der von ihm verkündeten Worte (Jer 36) dem Berufsbild eines Lehrers, o. dabei explizit als G. in Erscheinung zu treten. Während in der Bibel die Propheten das Vergessen der Gesetze Gottes im Volk anmahnen (z. B. Hos 4, 6), kritisieren rabb. Texte zuweilen die ausbleibende Gesetzeslehre religiös-politischer Repräsentanten der rabb. Bewegung (u. a. Talmud Yerushalmi Pesachim 6, 1 33a u. Sifre Zuta 19, 3 in Bezug auf Hillel, der als Patriarch, hebräisch Nasi, definiert wird). Erwähnung finden G. auch in den Makkabäer-Büchern (1 Makk 7, 12; 2 Makk 6, 18).

Die Bibel fordert m. der religiösen Unterweisung der Söhne durch den Vater auch eine individuelle Lehrtätigkeit (Dtn 11, 19). Dieser obliegt wesentlich die Weitergabe des Gesetzes an die folgende Generation (Dtn 4, 9; 31, 13). Auch wenn diese Aufgabe ab der Zeitenwende mehr u. mehr von Gelehrten (Rabbiner) u. vom organisierten Schulbetrieb übernommen wurde, gilt die Vater-Sohn-Beziehung häufig als Abbild eines Lehrer-Schüler-Verhältnisses (Spr 22, 17).

Die Rabbinen bez. neben Esra auch die Männer der großen Versammlung (hebräisch Anshe Knesset ha-Gedola), welche die Zeit Propheten m. den Pharisäern verbinden, als Soferim (Schriftgelehrte). Daraus lässt sich jedoch keine organisierte Lehrtätigkeit ableiten. Auch für die Schulen von Hillel u. Schammai (hebr. Beit Hillel u. Beit Shammai), einer der Paare der großen Versammlung im ersten Jh. n. Chr., ist ein organisierter Schulunterricht letztlich nicht nachweisbar.

Die Lehre des Gesetzes ist als Hauptgegenstand jüd. Lernens wesentlicher Grundpfeiler des Judentums. Nach rabb. Idealvorstellung beginnt das Lernen für jüd. Knaben im frühen Alter von fünf J. m. der Bibel, traditionell m. dem Buch Leviticus, später folgt die Mischna u. der → Talmud (Mischna Avot 5, 12). Für den bedeutenden G. des MA, Moses Maimonides (1138-1204), war religiöses Wissen gar Voraussetzung für die Erlangung ewiger Seligkeit. Organisierte Institutionen jüd.-religiösen Lernens für Kinder u. die Etablierung des Berufstandes des Lehrers sind bereits für das das erste Jh. n. Chr. wahrscheinlich (Talmud Yerushalmi Ketubbot 8, 11 32c; babylonischer Tamud Baba Batra 21a). Im zweiten Jh. etablierte sich der Elementarunterricht (hebräisch Beit Sefer, Haus des Buches, Avot de-Rabbi Natan A6, 10; babylonischer Talmud Hagiga 9b), später kamen Talmudschulen (Jeschiwot) hinzu. Es ist davon auszugehen, dass G. in tannaitischer Zeit (Tanna, von hebräisch shana, wiederholen, lernen) Schülerkreise an sich zogen.

Ab dem 3. Jh. bilden sich um das Patriarchat in Palästina rabb. Schulen in Galiläa (bes. Sepphoris u. Tiberias), die im Babylonischen Talmud bereits ab dem 3. Jh. datierten Akademien Sura, Nehardia u. Pumbedita in Babylonien sind in islam. Zeit zu verorten. Als G. traten in Babylonien ab dem 4. Jh. die Exilarchen m. gelehrten Vorträgen in Erscheinung, ab dem 8. Jh. verfassten G. zahlreiche halachische Abhandlungen, später kamen wichtige Kodizes hinzu (z. B. Mischne Torah von Moses Maimonides, 1135-1138 u. der zentrale Kodex Schulchan Aruch von Josef Karo, 1488-1575). Die Autoren der heute florierenden (u. sich bereits vor ca. 1000 J. entwickelnden) Responsenliteratur sind als G. zu bez., da ihnen die Autorisierung halachischer Entscheidungen zugesprochen wird.

Literatur

Gerhardsson, B., Memory and Manuscript. Oral Tradition and Written Transmission in Rabbinic Judaism and Early Christianity, Uppsala 1961; Goodblatt, D. M., Rabbinic Instruction in Sasanian Babylonia, London 1975; Stemberger, G., Das klassische Judentum. Kultur u. Geschichte der rabb. Zeit (70 n. Chr. bis 1040 n. Chr.), München 1979; Maier, J., Der Lehrer der Gerechtigkeit. Franz-Delitzsch-Vorlesung 1995, Münster 1996; Hezser, C., The Social Structure of the Rabbinic Movement in Roman Palestine, Tübingen 1997 (TSAJ 66); Hayes, C. E., What's Divine About Divine Law? Early Perspectives, Princeton – New Jersey 2015.

Alexander Dubrau

© 2019, DOI: 10.30965/9783506786388_0223

Gesetzeslücke – Katholisch

Eine G. (lacuna legis) liegt vor, wenn für eine zu entscheidende Sache weder eine ausdrückliche Norm des universalen od. partikularen noch des →Gewohnheitsrechts existiert (c. 19); gem. c. 1501 CCEO bereits dann, wenn eine ausdrückliche Gesetzesvorschrift fehlt. Dieses Fehlen kann darin begr. sein, dass die Sache im rechtsfreien Raum liegt, d. h. o. Rechtsfolgen bleiben soll (unechte Lücke). Das trifft zu auf Materien des bes. Teiles des →Strafrechts, auf irritierende u. inhabilitierende →Gesetze (c. 10; c. 1495 CCEO), auf solche, die eng auszulegen sind (c. 18; c. 1500 CCEO) u. taxative Aufzählungen. Widerspricht hingegen das Fehlen der inneren Teleologie des Gesetzes selbst (z. B. dieses ordnet eine Handlung an, regelt aber nicht, wie u. innerhalb welcher Frist sie zu setzen ist) od. liegt ein dubium iuris gem. c. 14/c. 1496 CCEO vor, so handelt es sich um eine echte Lücke u. es ist im lat. KR zur Findung der Entscheidung auf folgende vier Mittel zurückzugreifen, deren Aufzählung taxativ ist, aber keine Rangfolge ausdrückt: 1. Heranziehung von Regelungen ähnlicher Tatbestände (sog. →Gesetzesanalogie) nach dem Grundsatz „ubi eadem ratio, ibi eadem debet esse iuris dispositio"; z. B. des Absetzungs- u. Versetzungsverfahrens von Pfr. (cc. 1740-1747; cc. 1388-1400 CCEO) auf die Absetzung u. Versetzung bei anderen Ämtern. 2. Heranziehung der allg. Rechtsprinzipien unter Beachtung der →aequitas canonica (sog. →Rechtsanalogie). Die Prinzipien können genuin kan. sein (z. B. →salus animarum, bfl. →Kollegialität) od. andere (z. B. pacta sunt servanda, impossibilium nulla est obligatio), jedoch muss ihre Anwendung in jedem Falle der aequitas canonica als einem obersten Auslegungs- u. Anwendungsprinzip entsprechen. 3. Heranziehung der „iurisprudentia et praxis" der →Römischen Kurie, sowohl der Gerichtsbarkeit als auch der Verwaltung. Für das materielle Recht in Ehenichtigkeitssachen ist ausschließlich die Rspr. der →Römischen Rota i. S. v. c. 19 maßgeblich: AAS 85 (1993), 140-143. 4. die beständige Fachmeinung der Gelehrten, die nicht notwendig einhellig, aber von den profiliertesten Fachvertretern begr. geteilt sein muss.

Im CCEO treten an die Stelle der Gesetzesanalogie folgende zwei Mittel: die „Canones Synodorum et sanctorum Patrum" sowie die rechtmäßige Gewohnheit; anstelle der iurisprudentia et praxis der Röm. Kurie tritt die iurisprudentia ecclesiastica ganz allg., damit auch jene anderer →Ecclesiae sui iuris (c. 1501 CCEO).

Literatur

Michiels, G., Normae Generales Iuris Canonici I, Paris u. a. ²1949, 580-641; Ravà, A., Il problema delle lacune dell'ordinamento giuridico e della legislazione canonica, Mailand 1954; Bender, L., Legum ecclesiasticarum interpretatio et suppletio, Rom u. a. 1961; Canaris, C. W., Die Feststellung von Lücken im Gesetz. Eine methodologische Studie über Voraussetzungen u. Grenzen der richterlichen Rechtsfortbildung praeter legem, Berlin 1964; Gonzalez del Valle, J. M., La plenitud del derecho canónico, Pamplona 1965; Feliciani, G., L'analogia nell'ordinamento canonico, Mailand 1968; Barberena, T. G., Norma en sentido material y en sentido formal: La norma en el Derecho Canónico. Actas del III Congreso Internacional de Derecho Canónico I, Pamplona 1979, 655-678; May, G. – Egler, A., Einführung in die kirchenrechtliche Methode, Regensburg 1986, 229-249; KanR I, 185-189; Schüller, T., Die Barmherzigkeit als Prinzip der Rechtsapplikation in der Kirche im Dienste der salus animarum, Würzburg 1993 (FzK 14), 314-432; Vitale, A., Il valore della „communis constansque doctorum sententia": Il diritto della Chiesa. Interpretazione e prassi, Vatikanstadt 1996, 83-93; Arrieta, J. I., Il valore giuridico della prassi nella Curia Romana: Il diritto della Chiesa. Interpretazione e prassi, Vatikanstadt 1996, 95-109; Gonzales del Valle, J. M., Dottrina, giurisprudenza e prassi nella costruzione del sistema canonico: Metodo, Fonti e soggetti del diritto canonico, hg. v. J. I. Arrieta – G. P. Milano, Vatikanstadt 1999, 391-415; De Paolis, V., Laws, Customs, Administrative Acts (cc. 1488-1539): A Guide to the Eastern Code, hg. v. G. Nedungatt, Rom 2002, 809-842 (823-825); Otaduy, J., Comentario Exegético Vol. I, Pamplona ²2003, c. 19; Pree, H., Generalia Iuris Principia im CIC/1983 u. ihre Bedeutung für das Kan. Recht: AfkKR 172 (2003), 38-57; Bydlinski, F., Jur. Methodenlehre u. Rechtsbegriff, Wien – New York ²2011, 472-500; ders., Grundzüge der jur. Methodenlehre, Wien ²2012, 76-102; Berlingò, S., Laguna de ley: DGDC Vol. IV, 941-949; De Paolis, V. – D'Auria, A., Le Norme Generali. Commento al Codice di Diritto Canonico, Vatikanstadt ²2014, 168-171; Berlingò, S., Nel silenzio del diritto. Risonanze canonistiche, Bologna 2015, 229-273; Serra, B., Sull'equità canonica quale oggetto di una pretesa giuridicamente esigibile: www.statoechiese.it (Nr. 36/2017) [Zugriff: 15.05.2019]; Socha, H.: MKCIC c. 19.

Helmuth Pree

© 2019, DOI: 10.30965/9783506786388_0224

Gesetzespositivismus

→Positivismus

Gesetzesreligion – Jüdisch

→Gesetz, →Gesetzeslehrer

Gesetzessammlung – Historisch

Heute tritt im kontinental-europäischen Rechtskreis Recht überwiegend in Form staatl. Setzung als →Gesetz auf. Dazu korrespondiert das moderne Verständnis von G., womit eine →Kodifikation gemeint ist, eine nach systematischen Gesichtspunkten zusammenfassende →Gesetzgebung für ein großes Sachgebiet.

Voraussetzungen für eine G. sind Gesetze. Obwohl es die abschließende Definition von Gesetz auch heute noch nicht gibt, kommt dem auf Paul Laband zurückgehenden dualistischen Gesetzesbegriff eine gewisse Verständigungsfunktion zu. Danach sind Gesetze im materiellen Sinne generell-abstrakte Rechtsnormen. „Generell" bezieht sich auf den nach generellen Merkmalen umschriebenen Adressatenkreis, „abstrakt" zielt auf eine unbestimmte Anzahl von Sachverhalten. Der formelle Gesetzesbegriff stellt auf das Zustandekommen der Gesetze ab u. erfasst alle Normen, die von den zuständigen Gesetzgebungsorganen erlassen werden, die Äußerung des gesetzgeberischen Willens begr. die Verbindlichkeit der Gesetze.

Die Grundlagen für die G. im modernen Sinn wurden im Hochmittelalter geschaffen. Die Idee der Veränderbarkeit von Recht durch autoritative Rechtsetzung wurde durch die Kirche tradiert u. kulminierte im Anspruch →Papst Gregors VII., zum Zwecke der Kirchenreform bestehende Rechtsgewohnheiten zu ändern u., wenn nötig, neues Recht zu setzen. Dieser Anspruch auf Setzung neuen Rechts wurde von der Kanonistik zum umfassenden Gesetzgebungsanspruch des P. ausgebaut. Parallel dazu wurde auf der Grundlage des →Corpus Iuris Civilis im Kaiser der rechtmäßige Nachfolger der antiken Imperatoren gesehen, der das Recht als lex animata sichtbar darstellte u. als conditor et interpres legum die Einheit von Recht u. Reich gewährleistete. M. dem Dekretalenrecht schuf die Kirche ein europäisches Modell einer modernen Gesetzgebung u. G. (→Liber Extra, →Liber Sextus). Die europäischen Juristen des gelehrten Rechts – federführend waren hier die Kanonisten – erarbeiteten die Grundlagen einer Gesetzgebungslehre, boten das rechtstheoretische Fundament für die lex positiva u. damit die G. i. S. einer Kodifikation. Dazu korrespondierend entwickelte sich Ende des 12. Jh. u. während des 13. Jh. eine gesamteuropäische Rechtsdokumentationswelle. Es machte sich ein Hang zu (privaten wie amtl.) schriftlichen Rechtsaufzeichnungen bemerkbar. Sie sind in erster Linie Zustandsbilder partikularer Rechtsgewohnheiten u. geben als solche die Zersplitterung des spätmittelalterlichen Rechts wieder, enthalten aber auch ernstzunehmende Versuche der Rechtsvereinheitlichung u. Rechtsfortbildung. Unter den privaten Rechtssammlungen erwarben sich die Land- u. Lehnrechtsbücher (seit dem 13. Jh.) bes. Ansehen, da sie die einzig greifbaren geschlossenen Rechtsdarstellungen waren u. damit zur unmittelbaren Erkenntnisquelle für die Rechtsanwendung wurden. Eine Zusammenfassung gesetzgeberischer Tätigkeit in einer Kodifikation wurde im MA nur in einem Teil der europäischen Länder erreicht. Die erste Kodifikationswelle setzt im 13. Jh. ein, u. betraf v. a. Länder, die im Gebiet des Röm. Reiches lagen. Eine zweite Kodifikationswelle – insb. in den Königreichen des Nordens u. Ostens – ging um die Mitte des 14. Jh. über Europa hinweg, eine dritte, eine Reihe von systematischen Statutensammlungen, die als Ganzes die gesetzliche Sanktion erhielten, fand im 15. Jh. statt.

In der Zeit der absoluten Monarchie wird die Gesetzgebung zu einer ausschließlichen Funktion des Herrschers. So stützt etwa Jean Bodin (gest. 1596) seinen einflussreichen Souveränitätsbegriff auf die potestas legibus soluta u. sieht im Gesetz, das nach staatl. Zweckmäßigkeitserwägungen geänd. werden kann, „le commandement de celuy qui a la souveraineté".

Die Verbindung von Aufklärung u. Absolutismus zielte auf eine G. i. S. einer Kodifikation neuen Typs: Systematische u. vollständige Regelung zentraler Rechtsmaterien unter Aufhebung des bisher geltenden Rechts, „a complete body of law" (J. Bentham).

Die großen G. der Neuzeit sind geprägt durch das Vernunftrecht der Aufklärung m. ihrer streng systematischen Erfassung von Recht u. der Vorstellung, Gerechtigkeit durch systematische Verknüpfung u. folgerichtige sachlogische Deduktion verwirklichen zu können. Dazu korrelierten die politischen Rahmenbedingungen wie staatl. Monopolisierung der Gesetzgebung, das Bemühen nach territorialstaatlicher Rechtseinheit (z. B. →Allgemeines Landrecht für die Preußischen Staaten von 1794, Code Civil 1804, ABGB 1811). Durch das Programm der Hist. Rechtsschule trat der Kodifikationsgedanke in den Hintergrund, lebte aber in der „zweiten europäischen Kodifikationswelle" (F. Wieacker) wieder auf (z. B. BGB 1900).

Literatur
Gagnér, S., Studien zur Ideengeschichte der Gesetzgebung, Stockholm 1960; Cortese, E., La norma giuridica, 2 Bde., Varese 1962-1964; Quaritsch, H., Staat u. Souveränität, Frankfurt 1970; Wolf, A., Gesetzgebung: Coing, H., Handbuch der Quellen u. Literatur der neueren europäischen Privatrechtsgeschichte, München 1973, 517-800; Wyduckel, D., Princeps Legibus Solutus, Berlin 1979; Landau, P., Kanones u. Dekretalen, Goldbach 1997; Caroni, P., Gesetz u. Gesetzbuch, Basel – Genf – München 2003; Mertens, B., Gesetzgebungskunst im Zeitalter der Kodifikationen, Tübingen 2004; Mohnhaupt, H., Grundlinien in der Geschichte der Gesetzgebung auf dem europäischen Kontinent vom 16. bis 18. Jh.: ZNR 28 (2006), 124-174; Kalb, H., Gesetz, Satzungen: Enzyklopädie des Mittelalters, Bd. 1, hg. v. G. Melville – M. Staub, Darmstadt 2008, 196-198; Canale, D., The Many Faces of the Codification of Law in the Civil Law World: A History of the Philosophy of Law in the Civil Law World (1600-1900), hg. v. dems. – P. Grossi – H. Hofmann, Heidelberg – London – New York 2009, 135-183; Mertens, B., Gesetzgebung: HRG² Bd. 2, 302-315; Kroppenberg, I., Kodifikation: HRG² Bd. 2, 1918-1930; Kalb, H., Rechtswissenschaften, Rechtsgeschichte u. der Gesetzesbegriff im Mittelalter: Das Gesetz – The Law – La Loi, hg. v. A. Speer – G. Guldentops, Berlin – Boston 2014, 3-18.

Herbert Kalb

Gesetzesschwebe – Katholisch

G. (vacatio legis) bez. die Zeitspanne zwischen →Promulgation u. Inkrafttreten eines →Gesetzes. Dieses ist m. der Promulgation zwar existent (c. 7; c. 1488 CCEO), entfaltet jedoch während der G. noch nicht seine verpflichtende Kraft, grds. unabhängig davon, ob sein Inhalt begünstigend od. belastend ist. Die G. hat den Zweck, die tatsächliche Kenntnisnahme des Gesetzes sowohl durch die Rechtsanwendungsorgane als auch durch die →Normadressaten zu ermöglichen sowie seine Anwendung vorzubereiten.

Universelle bzw. vom Apost. Stuhl erlassene Gesetze treten nach Ablauf von drei Monaten ab dem Erscheinungsdatum der betr. Nummer der →Acta Apostolicae Sedis in Kraft, es sei denn das Gesetz selbst legt ausdrücklich keine od. eine kürzere od. längere G. fest, od. das sofortige Inkrafttreten ergibt sich aus der Natur der Sache (c. 8 §1; c. 1489 §1 CCEO). Letzteres trifft insb. zu auf authentische Feststellungen von Normen des ius divinum positivum od. naturale (vgl. c. 1075 §1) bzw. auf Normen, welche Glaubens- od. Sittenlehren zum Inhalt haben; aber auch auf rein erklärende authentische Interpretationen von „verba in se certa" m. rückwirkender Kraft gem. c. 16 §2 S. 2; c. 1498 §2 S. 2 CCEO. Manche Autoren zählen dazu auch Gesetze, die ausschließlich begünstigend od. rein klarstellend sind od. der raschestmöglichen Abwendung von Gefahren u. Missbräuchen dienen.

Bei partikularen Gesetzen beträgt die G. im lat. KR einen Monat ab dem Tag der Promulgation, es sei denn, im Gesetz selbst ist eine andere Festlegung getroffen (c. 8 §2); gem. c. 1489 §2 CCEO ist für alle Gesetze unterhalb des Apost. Stuhles die Regelung der G. dem →Gesetzgeber überlassen.

Literatur
Van Hove, A., De legibus ecclesiasticis, Mecheln – Rom 1930, 139-142; Michiels, G., Normae generales iuris canonici, I, Paris u. a. ²1949, 285-289; Urrutia, F. J., De quibusdam quaestionibus ad librum primum Codicis pertinentibus: PRMCL 73 (1984), 293-328 (293-297); KanR I, 157-159; De Paolis, V., Laws, Customs, Administrative Acts (cc. 1488-1539): A Guide to the Eastern Code, hg. v. G. Nedungatt, Rom 2002, 809-842 (811-813); Otaduy, J., Comentario Exegético Vol. I, Pamplona ²2003, c. 8; Socha, H.: MKCIC c. 8, Rn. 16-18.

Helmuth Pree

Gesetzessystematik – Katholisch

Die G., eine Frucht des kontinentaleuropäischen Kodifikationsdenkens, steht unter dem Anspruch, den Rechtsstoff nach einheitlichen, sach-logischen Kriterien systematisch zu ordnen u. diese Kriterien im gesamten Gesetzeswerk konsequent durchzuhalten. Sie dient der Übersichtlichkeit u. erleichtert die Erkennbarkeit des Gesetzesinhalts, ist Mittel der Auslegung (→Interpretation, Auslegung) (systematisch-logische Interpretation: „in contextu": c. 17; c. 1499 CCEO), u. ist, durch die gewählten Bez. der Überschriften sowie die aus der Systematik erkennbaren Schwerpunktsetzungen, insb. im Falle einer umfassenden →Kodifikation Ausweis des rechtlichen Selbstverständnisses u. Profils der Rechtsgemeinschaft.

Die Fünf-Bücher-Einteilung des CIC/1917 (→Allgemeine Normen, Personen-, Sachen-, →Prozessrecht u. →Strafrecht) erinnert nur in der Fünfzahl, nicht aber in der Stoffgliederung, an die seit Bernhard von Pavia (Compilatio I) gebräuchliche Gliederung des Dekretalenrechts (Iudex, Iudicium, Clerus, Connubia, Crimen); sie folgt maßgeblich dem von G. P. Lancellotti (1522-1590) entwickelten →Institutionensystem, das viergliedrig ist, indem es der röm.-rechtlichen Trias „personae, res, actiones" (Gaius, Institutiones I, 8) das Strafrecht hinzufügt: De personis, De rebus, De iudiciis, De criminibus et poenis. Der CIC/1917 hat nach dem Vorbild der Zivilrechtskodifikationen lediglich einen Allg. Teil, die Normae generales, vorangestellt. Diese G. wurde, bes. nach dem Vat II, als der Materie u. dem Eigenwesen des KR kaum entspr. kritisiert; z. B. wurde im Liber II (De personis) das →Verfassungsrecht nahezu ausschließlich als Ämterrecht der →Kleriker geregelt; welche Rechte z. B. der →Laie hatte, musste aus den Pflichten der Amtsträger (→Amtsträger, kirchlicher) erschlossen werden; als Personenrecht konzipiert, kam die Verf. als Struktur der Kirche kaum in den Blick. Liber III (De rebus) enthielt die Normen über das →Lehramt, die →Sakramente u. das Vermögen (→Vermögensrecht, kirchliches) der Kirche nebeneinander.

Der zehnte der von der Bischofssynode 1967 approbierten Leitsätze für die CIC-Reform verlangte eine grundlegend erneuerte Systematik i. S. des Vat II u. der Erkenntnisse der Kanonistik (Comm. 1 [1969], 85). Einer der Vorschläge plädierte für die Gliederung nach dem Triamunera-Schema (munus docendi, sanctificandi, regendi): vgl. Comm. 9 (1977), 230. Dem wurde insofern Rechnung getragen, als die Materien des früheren Liber II nunmehr auf drei →Bücher aufgeteilt sind (III-V); dem munus regendi ein eigenes Buch zu widmen erwies sich als nicht durchführbar. Dem Kodifikationsmodell folgend, blieb als erstes Buch jenes m. den Allg. Normen, welches zugl. eine erhebliche inhaltliche Ausweitung erfuhr, indem mehrere im CIC/1917 verstreut geregelte Materien zusammen gezogen wurden (o. dass ein einheitliches systematisches Kriterium erkennbar ist). Auf diese Weise weist der CIC/1983 eine Einteilung in sieben Bücher (m. Unter-Einteilungen in Teile, Sekt., Kap. u. a.) auf: Allg. Normen, Volk Gottes, Lehramt, →Heiligungsdienst, →Kirchenvermögen, Strafrecht, Prozessrecht. Die neue Systematik entspricht wesentlichen Postulaten der Reform; einzelne Punkte geben Anlass zur Diskussion, wie etwa die Zuordnung des →Vereinsrechts (cc. 298-329) im Verhältnis zum →Ordensrecht (cc. 573-746), die adäquate Positionierung der Bestimmungen über die →Personalprälatur (cc. 294-297) od. die Bez. des Liber II „De populo Dei" (als ob es in den anderen Büchern des CIC nicht um das Volk Gottes ginge). Insgesamt bleibt die G. des CIC auch künftig ein aktuelles Problem. Sie darf nicht als geschlossenes, unbewegliches System verstanden werden, sondern als ein offenes u. flexibles.

Die G. des CCEO unterscheidet sich grundlegend von jener des CIC. Sie lehnt sich an die Tradition der systematischen Slg. des byzantinischen KR an. Die Entscheidung zugunsten der Gliederung des orient. KR in Titel wurde bereits von Pius XI. (1937) getroffen u. von Pius XII. (1945) bestätigt (vgl. Nuntia 26, 82 f.). Die G. des CCEO verkörpert daher eine Verbindung von orient. KR-Tradition u. dem diesem grds. fremden, nur in der westlichen Rechtstradition entstandenen Kodifikationsmodell. Der CCEO gliedert sich in sechs einleitende, den Geltungsbereich betr. Canones u. 30 Titel, welche in Kap. u. Art. untergliedert sind. Diese Titel regeln z. T. Materien, die im CIC nicht anzutreffen sind, z. B. Titel 4-6: Arten der → Ecclesiae sui iuris (cc. 55-176 CCEO); Titel 17: Konversion getaufter Nichtkatholiken (cc. 896-901 CCEO). Was im CIC in den Normae generales als Liber I vorangestellt ist, begegnet im CCEO verteilt auf die Titel 19-21 (cc. 909-995 CCEO) u. 29-30 (cc. 1488-1546 CCEO). Die Materie Verfassungsrecht findet sich in mehreren Titeln. Titulus I (cc. 7-26 CCEO) ist dem Christifidelis u. den allen Getauften gemeinsamen Rechten u. Pflichten (in dieser Reihenfolge) gewidmet.

Literatur

Michiels, G., Normae Generales Iuris Canonici I, Paris u. a. [2]1949, 15-31; Schmitz, H., Die Gesetzessystematik des Codex Iuris Canonici, Liber I-III, München 1963 (MThS.K 18); Mörsdorf, K., Zur Neuordnung der Systematik des Codex Iuris Canonici: AfkKR 137 (1968), 3-38 (Schr. 823-858); Schmitz, H., De ordinatione systematica novi CIC recogniti: PRMCL 68 (1979), 171-200; Gonzales del Valle, J. M., La sistemática del nuevo Código de Derecho Canónico: IusCan 25 (1985), 12-28; L'ordine sistematico dello Schema Codicis Iuris Canonici Orientalis nella sua evoluzione, hg. v. Pontificia Commissio Codici iuris Canonici Orientalis Recognoscendo: Nuntia 26 (1988), 17-99; KanR I, 132-140; Hierold, A. E., Die Systematik des Codex Canonum Ecclesiarum Orientalium: AfkKR 160 (1991), 337-345; Canosa, J., Considerazioni sull'ordine sistematico del Codice latino a trenta anni dalla formulazione dei „Principia quae Codicis Iuris Canonici recognitionem dirigant": I principi per la revisione del Codice di Diritto Canonico. La ricezione giuridica del Concilio Vaticano II, hg. v. J. Canosa, Mailand 2000, 709-747; Herranz, J., Génesis y elaboración del nuevo Código de derecho canónico: Comentario Exegético Vol. I, Pamplona [2]2003, 157-205; Schmitz, H., Codex Iuris Canonici: HbkathKR[3], 70-100 (91-93); Potz, R., Der Codex Canonum Ecclesiarum Orientalium: HbkathKR[3], 101-116 (109 f.).

Helmuth Pree

© 2019, DOI: 10.30965/9783506786388_0229

Gesetzesverkündung

→ Promulgation

Gesetzesverletzung – Katholisch

G. (violatio legis, c. 1401) ist jedes Handeln od. Unterlassen, das dem Norminhalt eines → Gesetzes zuwider geschieht, sei dieser gebietender, verbietender, rechtsfeststellender od. rechtsgewährender Art. Die Verletzung des gebietenden Gesetzes geschieht durch Unterlassen (Bsp.: Unterlassen der applicatio pro populo [→ Applikationspflicht] durch den → Pfarrer entgegen c. 534 § 1), die des verbietenden durch Handeln (Bsp.: Verrat des Büßers u. der Sünde [→ Beichtgeheimnis] gegen c. 983 § 1; c. 733 § 1 CCEO). Ein positiv rechtsfeststellendes Gesetz wird dadurch verletzt, dass dem darin konstatierten Recht zuwidergehandelt wird (z. B. Ausübung von Druck auf die Standeswahl gegen c. 219; c. 22 CCEO). Ein negativ rechtsfeststellendes Gesetz wird dadurch verletzt, dass das darin als nichtbestehend festgestellte Recht in Anspruch genommen wird (z. B. Inanspruchnahme entscheidenden Stimmrechts durch WBf. bei der Abstimmung über die Statuten der Bischofskonferenz gegen c. 454 § 2 S. 2). Ein rechtsgewährendes Gesetz wird dadurch verletzt, dass das gewährte Recht dem Träger bestritten wird (z. B. Verweigerung der → Sakramentenspendung gegen c. 843).

Jede G. wird als rechtswidrig vermutet, doch kann sich aus dem Gesamt der Rechtsordnung auch die Rechtmäßigkeit einer G. ergeben (z. B. Notwehr u. Nothilfe nach c. 1323, 5°).

Die G. wird von der Rechtsordnung m. der Nichtigkeitssanktion, m. Strafdrohung od. m. beidem beantwortet. Der →Gesetzgeber kann auf eine →Sanktion allerdings auch verzichten (Bsp.: Erlaubnispflichtigkeit der →konfessionsverschiedenen Ehe; das Nichteinholen der →Erlaubnis hat keine Folgen). Im Falle der Nichtigkeitssanktion (lex minus perfecta) kommt das unter G. vorgenommene Handeln nicht zum Erfolg (z. B. Eheschließungsversuch eines Verheirateten, c. 1085 §1; c. 802 §1 CCEO). Im Falle der Strafdrohung (lex perfecta) ist die →Gültigkeit des gesetzeswidrigen Verhaltens nicht infrage gestellt, die G. zieht aber die Strafbarkeit nach sich (z. B. →Bischofsweihe o. päpstlichen Auftrag, c. 1382; c. 1459 §1 CCEO). Bei doppelter Sanktion (lex plus quam perfecta) wird sowohl der Erfolg vereitelt als auch das Handeln m. →Strafe bedroht (z. B. →Eheschließungsversuch eines Geweihten gegen cc. 1087 u. 1394 §1; cc. 804 u. 1453 §2 CCEO). Während die Nichtigkeitssanktion in jedem Falle unabhängig vom Wissen u. Wollen des Handelnden wirkt, ist die Strafbarkeit einer G. von der →Schuld (→Vorsatz od. →Fahrlässigkeit, c. 1321 §2; c. 1414 §1 CCEO) abhängig u. wird durch strafausschließende Gründe od. Umstände der Tat od. des Täters aufgehoben od. modifiziert (cc. 1323-1327; cc. 1413, 1414-1416 CCEO).

Die G. durch einen Akt der Verwaltungsgewalt (potestas regiminis exsecutiva) kann nach Ausschöpfung des Verwaltungsbeschwerdeweges als Begründung einer verwaltungsgerichtlichen Klage bei der →Apostolischen Signatur angeführt werden (Art. 123 §1 PastBon).

Quellen

Johannes Paul II., ApK Pastor Bonus vom 28. Juni 1988: AAS 80 (1988), 841-930.

Literatur

Wächter, L., Gesetz im kan. Recht, St. Ottilien 1989 (MThS.K 43); Huysmans, R. G. W., Algemene Normen van het Wetboek van Canoniek Recht, De normis generalibus, Leuven 1993 (Novum Commentarium Lovaniense in Codicem Iuris Canonici 1).

Klaus Lüdicke

© 2019, DOI: 10.30965/9783506786388_0231

Gesetzesverpflichtung – Katholisch

Im Unterschied zum göttlichen Recht (→ius divinum), dem alle Menschen unterliegen, verpflichten kirchl. →Gesetze nur noch diejenigen, die in der kath. Kirche getauft od. in diese aufgenommen worden sind, →Vernunftgebrauch besitzen u. das siebente Lj. vollendet haben (vgl. cc. 11 i. V. m. 97 §2 u. 99; cc. 1490 i. V. m. 909 §§2 u. 3 CCEO; anders: can. 12). Voraussetzung ist, dass das Gesetz ordnungsgemäß u. promulgiert ist (c. 7; c. 1488 CCEO). Eine ausdrückliche Annahme ist nicht erforderlich. Allg. Gesetze verpflichten überall diejenigen, für die sie ergangen sind (c. 12 §1; c. 1491 §1 CCEO), partikulare Gesetze diejenigen, für die sie erlassen wurden, sofern sie in dem Gebiet →Wohnsitz od. Nebenwohnsitz haben u. sich dort tatsächlich aufhalten (c. 12 §3; c. 1491 §2 CCEO). →Fremde sind – im Unterschied zu →Wohnsitzlosen – an partikulare Gesetze des Aufenthaltsorts nicht gebunden (c. 13 §§2 u. 3; c. 1491 §§3 u. 4 CCEO). Der →Unkenntnis eines Gesetzes sowie dem →Gesetzesirrtum wird großes Gewicht beigemessen (c. 15 §§1 u. 2; c. 1497 §§1 u. 2 CCEO). Im Fall von Strafgesetzen hat Unkenntnis entschuldigende Wirkung (vgl. cc. 1323, 2°; 1324, 9°; 1325). Kein Gesetz besitzt rückwirkende Kraft (c. 9; c. 1494 CCEO). Bei einem Rechtszweifel besteht keine G., ebenso bei irritierenden od. inhabilitierenden Gesetzen. Bei einem Tatsachenzweifel gilt das Gesetz uneingeschränkt, →Dispens ist jedoch möglich (c. 14; c. 1496 CCEO). Im Fall von →Epikie findet ein Gesetz keine Anwendung. Zudem kennt die Kirche eine großzügige Dispenspraxis. Jedoch befreit ein →Kirchenaustritt nicht von G. Sofern kirchl. Recht auf weltliche Gesetze verweist, sind diese einzuhalten (c. 22; c. 1504 CCEO).

Literatur

Heimerl, H. – Pree, H., Kirchenrecht. Allg. Normen u. Eherecht, Wien – New-York 1983 (Springers Kurzlehrbücher der Rechtswissenschaft), 11-13, 15-18, 31-49; Schwendenwein, H., Das neue Kirchenrecht. Gesamtdarstellung, Graz – Wien – Köln 1983, 74-78; Wächter, L., Gesetz im kan. Recht. Eine rechtssprachliche u. systematisch-normative Untersuchung zu Grundproblemen der Erfassung des Gesetzes im Kath. Kirchenrecht, St. Ottilien 1989 (MThS.K 43); Sobanski, R., Zur Verbindlichkeit der kirchl. Gesetze: Recht im Dienste des Menschen (FS Schwendenwein), hg. v. K. Lüdicke – H. Paarhammer – D. A. Binder, Graz 1986, 533-545; KanR I, 159-178; ders., Die Kath. Kirche. Aufbau u. rechtliche Organsiation, Essen 2003, 90-93; Rees, W., Die Rechtsnormen: HbkathKR³, 127-162, 141-150; Socha, H.: MKCIC cc. 9-15; 22.

Wilhelm Rees

© 2019, DOI: 10.30965/9783506786388_0232

Gesetzesvollzug – Katholisch

Dem G. dienen im Interesse des einzelnen Katholiken u. der kirchl. Gemeinschaft →Verwaltung u. Gerichtsbarkeit (→Gerichtsbarkeit, kirchliche bzw. religiöse), die sich von der →Gesetzgebung unterscheiden.

Die Vollziehung des Rechts erfolgt durch allg. Ausführungsdekrete u. →Verwaltungsakte für Einzelfälle, wie Einzeldekret, →Reskript, →Privileg u. →Dispens (cc. 31-93; cc. 1510-1539 CCEO). Allg. Ausführungsdekrete (cc. 31-33) bestimmen näher die Art u. Weise der Anwendung eines →Gesetzes od. schärfen dessen Beobachtung ein. Ausführungsbestimmungen (c. 34 §§1-3; instructiones) richten sich verpflichtend an diejenigen, die für die Ausführung von Gesetzen Verantwortung tragen. Sie erklären Gesetze u. geben Weisungen zum G. Bes. →Verwaltungsverfahren sind das →Strafdekretverfahren (cc. 1342 i. V. m. 1720; cc. 1402 §2 i. V. m. 1486 u. 1487 CCEO), das →Lehrbeanstandungsverfahren u. das Verfahren zur →Laisierung.

Aufgabe der richterlichen Gewalt ist die Anwendung einer allg. abstrakten Rechtsnorm auf einen individuellen Fall, um Rechtsverhältnisse zu klären, Rechtsansprüche durchzusetzen u. Rechtsverletzungen zu ahnden. Als kirchl. Gerichtsverfahren (→Gerichtsverfahren, kirchliches) finden sich das Streitverfahren (cc. 1501-1670; cc. 1185-1356 CCEO), das →Ehenichtigkeitsverfahren (cc. 1671-1707; cc. 1357-1384 CCEO) u. das Weihenichtigkeitsverfahren (cc. 1708-1712; cc. 1385-1387 CCEO) sowie der →Strafprozess (cc. 1717-1731; cc. 1468-1485 CCEO; vgl. Art. 52 PastBon). Geregelt sind auch die Verfahren zur →Amtsenthebung od. →Versetzung von →Pfarrern (cc. 1740-1752; cc. 1389-1400 CCEO) sowie →Verwaltungsbeschwerde (cc. 1732-1739; cc. 996-1006 CCEO) u. -gerichtsbarkeit.

Quellen

Johannes Paul II., ApK Pastor Bonus vom 28. Juni 1988: AAS 80 (1988), 841-930.

Literatur

Heimerl, H. – Pree, H., Kirchenrecht. Allg. Normen u. Eherecht, Wien – New York 1983 (Springers Kurzlehrbücher der Rechtswissenschaft), 54-76; KanR I, 225-282; May, G. – Egler, A., Einführung in die kirchenrechtliche Methode, Regensburg 1986, 250-268; KanR IV, 252-617; Rees, W., Die Rechtsnormen: HbkathKR³, 127-162; Kalb, H., Verwaltungsakt u. Verwaltungsverfahren: HbkathKR³, 163-182; Weiß, A., Grundfragen kirchl. Gerichtsbarkeit: HbkathKR³, 1647-1660; Ihli, S., Die Strafverfahren: HbkathKR³, 1733-1748; Lüdicke, K., Verwaltungsbeschwerde u. Verwaltungsgerichtsbarkeit: HbkathKR³, 1749-1759; Güthoff, E., Das Streitverfahren: HbkathKR³, 1673-1686; Rambacher, S., Die Eheverfahren: HbkathKR³, 1687-1721; Kingata, I., Die Weiheverfahren: HbkathKR³, 1722-1732.

Wilhelm Rees

© 2019, DOI: 10.30965/9783506786388_0233

Gesetzeszweck – Katholisch

Der G. (finis legis, ratio legis) begegnet als innerer Zweck (finis intrinsecus; finis operis), auf den das →Gesetz von sich aus objektiv hingeordnet ist (z. B. hat eine Fastenvorschrift von sich aus den inneren Zweck der Buße), u. als äußerer (finis extrinsecus; finis operantis), den der →Gesetzgeber m. dem Gesetz konkret angestrebt hat (die causa motiva, z. B. die Motive für den Erlass einer konkreten Fastenvorschrift). Der G. hat Bedeutung für die (teleologische) Interpretation (→Interpretation, Auslegung). Der innere G. ist immer maßgeblich; primär auf den äußeren bezieht sich das Interpretationsmittel des c. 17/c. 1499 CCEO („legis finem"). Entgegen dem Wortlaut der zit. Canones handelt es sich nicht um ein subsidiäres, nur bei zweifelhaftem Wortlaut („si dubia vel obscura manserit") heranzuziehendes Auslegungsmittel. Dies deshalb nicht, weil es eine „propria verborum significatio" nicht gibt, u. weil sich die Zweifel nicht aus dem Wortlaut od. Text ergeben (ist dieser bereits in sich unverständlich od. unsinnig, kann er von vorneherein keine Geltung beanspruchen), sondern aus der Anwendung, d. h. aus der Konfrontation des Lebenssachverhaltes (des Falles) m. der Norm. Deshalb handelt es sich beim finis extrinsecus um ein Auslegungsmittel, das grds. immer m. zu berücksichtigen ist. Jedoch hängen die Brauchbarkeit u. der argumentative Wert dieses Auslegungsmittels im Einzelfall davon ab, ob bzw. m. welcher Sicherheit der äußere G. festgestellt werden kann (z. B. weil der Gesetzgeber ihn explizit nennt) u. wie sich das Ergebnis zu den m. den anderen Auslegungsmitteln gewonnenen Interpretationsergebnissen verhält. Der Grundsatz „ratio legis non est lex" behält daher seine Berechtigung.

Literatur

Van Hove, A., De legibus ecclesiasticis, Mecheln – Rom 1930, 268-272; Michiels, G., Normae generales I, Paris u. a. ^{2}1949, 533-554; May, G. – Egler, A., Einführung in die kirchenrechtliche Methode, Regensburg 1986, 215-220; Lo Castro, G., Conoscenza e interpretazione del diritto, in: Il diritto della Chiesa. Interpretazione e prassi, Vatikanstadt 1996, 11-36; Otaduy, J., Comentario Exegético Vol. I, Pamplona ^{2}2003, c. 17; ders., Interpretación de la ley: DGDC Vol. IV, 720-730; Lo Castro, G., Interpretación del derecho: DGDC Vol. IV, 737-747; Socha, H.: MKCIC c. 17, Rn. 14.

Helmuth Pree

© 2019, DOI: 10.30965/9783506786388_0234

Gesetzeszweifel – Katholisch

Der G. (dubium iuris; c. 14 S. 1; c. 1496 S. 1 CCEO) kann sich auf die Existenz, die Rechtsnatur, den Geltungsbereich od. den Inhalt einer Rechtsnorm (nicht notwendig ein →Gesetz im technischen Sinn) beziehen. Nach einhelliger Lehre muss es sich um einen positiven u. wahrscheinlichen (auf solide Argumente gestützten) objektiven (nicht rein subjektiven, sondern in von jedem Fachkundigen anzuerkennenden Gründen beruhenden) →Zweifel handeln, der m. den Mitteln u. Methoden der Auslegung nicht behebbar ist. Bsp.: nicht behebbarer Normenwiderspruch. Die Rechtsfolge (non urgent) ist, dass die betr. Norm, selbst wenn es sich um eine irritierende od. inhabilitierende handelt (c. 10; c. 1495 CCEO), in dem Umfang, auf den sich der G. bezieht, nicht verbindlich ist. Bsp.: Solange zweifelhaft war, ob die allg. Durchführungsdekrete von c. 455 §1 erfasst sind, war nur deren Rekognoszierungsbedürftigkeit suspendiert. Erstreckt sich der G. nur auf die →Sanktion (z. B. →Nichtigkeit, →Strafe), so wird nur diese ausgesetzt, nicht das Gebot od. Verbot. Ist der Inhalt der zweifelhaften Norm eine →Erlaubnis od. Gewährung, so wird diese im Falle des G. nicht beseitigt. Beide Canones betr. nur Normen des menschlichen KR. Tritt ein G. bei einer Norm auf, die →ius divinum enthält, so ist nach der kan. Tradition im Einzelfall der sicherere Weg (via tutior) zu wählen.

Einen Sonderfall des G. stellt der zweifelhafte →Widerruf eines früheren Gesetzes insb. in Fällen eines stillschweigenden Widerrufs bzw.

im Zweifel darüber, ob die spätere Regelung als eine solche „ex integro" (c. 20; c. 1502 §1 CCEO) zu werten ist od. darüber, ob die Derogationsklausel (→Derogation) ein bestimmtes früheres Gesetz erfasst, dar. Für diese Fälle ist auf c. 21 (c. 1503 CCEO) als lex specialis gegenüber c. 14 (c. 1496 CCEO) zurückzugreifen.

Literatur

Van Hove, A., De legibus ecclesiasticis, Mecheln – Rom 1930, 233-236; Michiels, G., Normae generales iuris canonici I, Paris u. a. ²1949, 419-427; Naz, R., Doute: DDC Vol. IV, 1437-1445; Bender, L., Dubium in CIC, Rom 1962; Urrutia, F. J., Les normes générales. Commentaire des canons 1-203, Paris 1994, Nr. 190-197; Otaduy, J., Comentario Exegético Vol. I, Pamplona ²2003, c. 14; Sériaux, A., Duda: DGDC Vol. III, 500-503; De Paolis, V. – D'Auria, A., Le Norme Generali. Commento al Codice di Diritto Canonico, Vatikanstadt ²2014, 147 f.; Socha, H.: MKCIC c. 14, Rn. 2-9.

Helmuth Pree

 DOI: 10.30965/9783506786388_0235

Gesetzgeber – Katholisch

G. ist derjenige, der befugt ist, →Gesetze für eine bestimmte Gemeinschaft zu erlassen. Der G. hat nicht automatisch auch Promulgationsvollmacht: das →Bischofskollegium hat →Gesetzgebungsvollmacht, der →Papst jedoch Promulgationsvollmacht; die Patriarchalsynode hat Gesetzgebungsvollmacht, der →Patriarch Promulgationsvollmacht.

Wenn das höhere Recht nichts anderes vorsieht, steht es einem niedrigeren G. frei, ein Gesetz zu erlassen. Die gesetzgebende Gewalt ist jedoch auf die im Recht vorgeschriebene Weise auszuüben, d. h. u. a., dass ein Gesetz von einem untergeordneten G. nicht gültig erlassen werden kann, wenn dieses einem höheren Recht widerspricht. Auch können – m. Ausnahme des höchsten G. – andere G. ihre gesetzgebende Gewalt nicht gültig delegieren, es sei denn, das Recht sieht ausdrücklich etwas anderes vor (c. 135; c. 985 CCEO). In bestimmten Fällen ist trotz →Befugnis zuerst eine →recognitio od. eine →Annahme durch den →Apostolischen Stuhl erforderlich.

Die Gesetzgebungsbefugnis reflektiert zutiefst ein ekklesiologisches Verständnis der Zuordnung der versch. Organe zueinander in der Kirche. Dies wirkt sich auf die Frage aus, wer für welche Ebene befugt ist, Gesetze zu erlassen. Die G. für die →Gesamtkirche sind der P. (c. 331; c. 43 CCEO) u. das Bischofskollegium (c. 336; c. 49 CCEO), das seine →Vollmacht entweder auf einem →ökumenischen Konzil od. durch einen wirklichen →kollegialen Akt ausüben kann (c. 337 §1-2; c. 50 CCEO). Der P. kann die →Bischofssynode m. gesetzgebender Gewalt ausstatten (c. 343). Diese G. können ihre Gewalt jedoch auch für einen bestimmten Teil der Gesamtkirche ausüben (z. B. der CIC für die lat. Kirche u. der CCEO für die Orient. Kirchen). Der Päpstliche Rat für die gesetzgebenden Texte sowie einige Verwaltungsorgane (insb. einige Kongr. der →Römischen Kurie), die vom P. ausdrücklich dazu bevollmächtigt sind, sind an der gesetzgebenden Vollmacht des P. beteiligt (vgl. PastBon, Art. 18).

In der lat. Kirche ist der →Diözesanbischof G. für die →Diözese. Er ist befugt, Gesetze zu erlassen, wenn die betr. Materie nicht einer anderen Autorität vorbehalten ist (cc. 381 §1, 391 §1). Die Vorsteher einer Gebietsprälatur (→Territorialprälatur), einer Gebietsabtei (→Territorialabtei), eines →Apostolischen Vikariates od. einer →Apostolischen Präfektur u. die dauerhaft errichtete →Apostolische Administratur sind ebenfalls für ihren Zuständigkeitsbereich G. Bei Vakanz hat der Administrator Gesetzgebungsvollmacht, jedoch darf er diese nur beschränkt ausüben (cc. 427 §1, 428 §1). Erfolgt →Gesetzgebung im Rahmen einer →Diözesansynode, ist der Diözesanbischof allein G. Unklar ist, ob der Vorsteher einer →Personalprälatur G. für diese ist.

In den →Teilkirchenverbänden ist die →Bischofskonferenz G., wenn ihr vom Recht od. durch Anordnung durch den Apost. Stuhl die Vollmacht übertragen wurde (c. 447, 455 §1).

Ein → Plenarkonzil ist G. für das Territorium der BK (c. 439, 445). Für die → Kirchenprovinz ist der G. das → Provinzialkonzil (cc. 440, 445). Vor der → Promulgation eines Gesetzes dieser Kirchenverbandsorgane ist eine recognitio seitens des Apost. Stuhls erforderlich (cc. 446, 455 § 2), was jedoch theol. u. rechtlich diskutiert wird.

Unklar ist die Gesetzgebungsvollmacht bei den → Orden, → Säkularinstituten u. → Gesellschaften des Apostolischen Lebens.

In den orient. Kirchen sui iuris (→ Ecclesiae sui iuris) ist für die Teilkirche der Eparchialbischof bzw. der → Exarch G. (c. 191; c. 313 CCEO).

Die Bischofssynoden der Patriarchalkirchen u. Großerzbischofskirchen sind G. für ihre ganze Kirche (c. 110 §1; c. 152 CCEO). Promulgiert werden die Gesetze allerdings vom Patriarchen od. vom → Großerzbischof (c. 112 §1; c. 152 CCEO). Falls die Gesetze liturgisches Recht betreffen, gelten sie überall auf der Welt; falls es sich um disziplinäre Gesetze od. um andere Entscheidungen der → Synode handelt, gelten sie nur innerhalb des Territoriums der Patriarchalkirche od. der großerzbischöflichen Kirchen; wenn der Apost. Stuhl sie jedoch genehmigt hat, gelten sie ebenfalls überall auf der Welt. Sonst soll außerhalb des Territoriums der Eparchialbischof diesen Gesetzen u. Entscheidungen Rechtskraft einräumen (c. 150 §§ 2-3; c. 152 CCEO). In der → Metropolitankirche sui iuris ist der → Hierarchenrat G. Der → Metropolit promulgiert die Gesetze, jedoch erst nachdem er vom Apost. Stuhl die Annahme des Gesetzes bestätigt bekommen hat (c. 167 §§ 1-2 CCEO). Für die übrigen auton. Kirchen ist gem. der Bestimmung des Apost. Stuhls deren Hierarch der G. (c. 176 CCEO).

Der G. selbst steht über dem Gesetz: er kann es aufheben od. ändern. Wenn der G. eine Körperschaft ist (z. B. ein Konzil od. eine BK), sind die einzelnen Mitglieder auch an die Gesetze gebunden. Ist der G. eine Einzelperson (P., Diözesanbischof), kann er nicht zur Gesetzerfüllung gezwungen werden, ist aber moralisch an sie gebunden.

Quellen

Johannes Paul II., ApK Pastor Bonus vom 28. Juni 1988: AAS 80 (1988), 841-930.

Literatur

KanR I, 142-192; Huysmans, R., Algemene Normen van het Wetboek van Canoniek Recht, Leuven 1993, 289-297; Faris, J., The Eastern Catholic Churches: Constitution and Governance according to the Code of Canons of the Eastern Churches, Brooklyn, NY 1993; Wijlens, M., Gesetzgebung für das Volk Gottes: Vollmacht u. Auftrag des Diözesanbischofs: Rechtskultur in der Diözese: Grundlagen u. Perspektiven, hg. v. I. Riedel-Spangenberger, Freiburg 2006 (QD 219), 249-275.

Myriam Wijlens

© 2019, DOI: 10.30965/9783506786388_0236

Gesetzgeber – Evangelisch

Die gesetzgebende Gewalt wird in den dt. ev. → Landeskirchen u. den kirchl. Zusammenschlüssen (→ Evangelische Kirche in Deutschland, → Union Evangelischer Kirchen in der EKD, → Vereinigte Evangelisch-Lutherische Kirche Deutschlands) durch deren → Synoden ausgeübt. Dass die → Kirchenverfassungen die Mitwirkung anderer Organe im → Gesetzgebungsverfahren, Einspruchsrechte gegen Gesetzesbeschlüsse od. die Möglichkeit gesetzesvertretender Notverordnungen durch andere Organe vorsehen, ändert daran nichts.

Die gesetzgebende Gewalt ist nach ev. Verständnis nicht etwa Teil einer Klerikern vorbehaltenen Leitungsgewalt, die m. dem geistl. → Amt verbunden wäre. Sie wird nicht aus einer auf göttlichem Recht beruhenden Kirchengewalt, potestas ecclesiastica, abgeleitet. Die Verteilung u. Ausgestaltung der → Gesetzgebung obliegt als Teil der äußeren, rechtlichen → Kirchenleitung vielmehr menschlicher Gestaltungsmacht u. ist damit weitgehend eine Frage der Zweckmäßigkeit. Eine Grenze folgt freilich aus der Erkenntnis der Bekenntnissynode von Barmen 1934, dass „die Kirche die Gestalt ihrer Botschaft und ihrer Ordnung (nicht) ihrem Belieben oder dem Wechsel der jeweils Herrschenden weltanschaulichen und politischen Überzeugung überlassen" darf, sondern an ihrem Auftrag auszurichten hat.

Angesichts dieser großen Gestaltungsfreiheit widersprach es dem ev. Verständnis der Kirche nicht von vornherein, dass unter dem landesherrlichen Kirchenregiment (→Kirchenregiment, landesherrliches) die Gesetzgebungsgewalt über die Kirche beim jeweiligen Territorialherren lag. Auch sind die Synoden, bei denen heute die gesetzgebende Gewalt liegt, nicht deren einzig denkbarer Inhaber. Es dient aber der Teilhabe aller am kirchl. Leben Beteiligten, dass die →Gesetze als Entscheidungen über grundlegende kirchenrechtliche Regelungen durch Versammlungen getroffen werden, in denen die wesentlichen Elemente der Kirche durch gewählte u. berufene Synodale repräsentiert sind: das geistl. Amt dadurch, dass ein bestimmter Anteil der Synodalen ordinierte →Pfarrer sein müssen, u. die →Gemeinden. Daneben sind z. T. auch andere – wie z. B. die theol. Fak. (→Theologische Fakultät, Hochschuleinrichtung) od. kirchl. Werke – durch Synodale repräsentiert. Die Synoden der ev. Kirchen sind schon wegen dieses ständischen Elements nicht m. den aktuellen staatl. Parlamenten gleichzusetzen.

Die Zersplitterung der ev. Kirchen in zahlreiche National-, Landes- u. Freikirchen etc. – selbst bei gleichem →Bekenntnis – bedingt, dass es keinen übergreifenden, universalkirchlichen G. gibt. Sofern Zusammenschlüssen von Kirchen wie der EKD Gesetzgebungsrechte eingeräumt sind, beruht das auf der Übereinkunft der Mitgliedskirchen. Auf übernationaler Ebene wird die innerevangelische →Ökumene durch lockere Zusammenschlüsse u. Kooperationen der einzelnen Kirchen o. eigene Gesetzgebungskompetenz geprägt.

Die Vorstellung eines göttlichen Gesetzes i. S. von den Menschen unverfügbaren Regeln ist ev. Verständnis zwar nicht völlig fremd. Jedoch stellt sich im KR wie allg. für das ev. Rechtsverständnis die Frage, ob das →Ius divinum, das als „Gottes Befehl" zu verstehen ist u. nach Luther „apud nos in sacra scriptura regnat" (bei uns in der Hl. Schrift herrscht), wirklich als Rechtsbefehl, als Gesetz im jur. Sinne verstanden werden kann.

Literatur

Grundmann, S., Verfassungsrecht in der Kirche des Evangeliums, Abhandlungen zum Kirchenrecht, Köln 1969, 68-126; Frost, H., Strukturprobleme ev. Kirchenverfassung, Göttingen 1972, 341-343, 457-462, 508-510; Honecker, M., Kirchenrecht II: TRE Bd. 18, 724-749; Bielitz, K., Probleme heutiger Synodalpraxis: Das Recht der Kirche Bd. III, hg. v. G. Rau – H.-R. Reuter – K. Schlaich, Gütersloh 1994, 349-369; Barth, Th., Elemente u. Typen landeskirchlicher Leitung, Tübingen 1995; Dehnen, D., Kirchenverfassung u. Kirchengesetz: Das Recht der Kirche Bd. I, hg. v. G. Rau – H.-R. Reuter – K. Schlaich, Gütersloh 1997, 448-473; Heckel, Ch., § 11 Die Verfassung der ev. Landeskirchen: HevKR, 470-482; de Wall, H. – Muckel, S., Kirchenrecht, München [5]2017, 269-271, 345-349.

Heinrich de Wall

© 2019, DOI: 10.30965/9783506786388_0236

Gesetzgeber – Orthodox

Die Orth. Kirche gliedert sich in vierzehn selbstständige (autokeph.) Kirchen (→Autokephalie), die wiederum in →Metropolien, Erzbistümer od. Bistümer unterteilt sind. Deshalb kennt die Orth. Kirche eine strikte Unterscheidung in der Gesetzgebungskompetenz auf panorthodoxer, regionaler u. lokaler Ebene.

Auf panorthodoxer Ebene sind die Hl. Kanones der →Ökumenischen Konzilien od. die Kanones, die von einem Ök. Konzil als solche anerkannt worden sind (vgl. c. 2 Quin.), für alle Orthodoxen bindend. Die Gesetzgebungskompetenz auf panorthodoxer Ebene ist synodal u. liegt beim Ök. Konzil. Ök. Konzilien waren außerordentliche Ereignisse im Leben der chr. Welt. Als Versammlung von Hirten u. Lehrern der Kirche kommt das Konzil zusammen, um gemeinschaftlich Entscheidungen über Angelegenheiten der Gesamtkirche zu treffen. Erste Bedingung ist die Teilnahme sämtlicher Partikularkirchen, welche persönlich durch ihre Kirchenvorsteher, durch deren Vertreter od. in einem bes. Sendschreiben vertreten werden. Neben den →Bischöfen sind an den Konzilien auch →Priester u. →Diakone teilnahmeberechtigt – allerdings nur m. beratender Stimme. Die einzige Ausnahme sind jene Presbyter u. Diakone, die von ihrem Bf. eine entspr. Vollmacht erhalten haben u. in dessen Vertretung am Konzil teilnehmen. Das in c. 28 des IV. ök. Konzils u. in c. 36 des Quin. hierarchisch verankerte Recht des Vorsitzes u. der Leitung der Verh. kommt demjenigen Bf. zu, der vor den übrigen Bf. der Gesamtkirche den Ehrenvorrang hat.

Wichtige Voraussetzung für die Ökumenizität eines Konzils ist die Annahme seiner Entscheidungen durch die Gesamtkirche – bei Klerus u. Kirchenvolk (die sog. Rezeption). Die Orth. Kirche definiert sich als Leib Chr., wo der Hl. Geist den gesamten Körper der Kirche zusammenhält, deshalb ist das Mitwirken des gesamten Leibes (Klerus u. Volk) bei einem Konzil erforderlich. Ök. Synoden, die als solche einberufen worden sind u. vom Volk nicht rezipiert sind, gelten trotzdem nicht als ök., wie die sog. Räubersynode von Ephesos 449. Ein späteres Konzil prüft, ob die Rezeption eines Konzils abgeschlossen ist u. bestätigt synodal diese Rezeption.

Es bleibt noch offen, ob analog eine →Panorthodoxe Synode (wie die auf Kreta d. J. 2016) m. einem Ök. Konzil gleichberechtigt betrachtet werden kann u. welche normative Kraft seine Entscheidungen besitzen.

Die entscheidende Regelung für die Gesetzgebungskompetenz auf regionaler Ebene ist der c. 34 der Apostel: Nach diesem Kanon ist der oberste G. einer autokeph. (d. h. regionalen) Kirche ihr Bischofskonzil (Versammlung aller Bf.) unter dem Vorsitz ihres Oberhauptes (protos/→Patriarch, Erzbischof, →Metropolit). Fast jede autokeph. Kirche verfügt über ein →Statut, das die meisten Angelegenheiten dieser Kirche regelt, wie die kirchl. Organe u. ihr Verhältnis zueinander. Einzelmaterien, wie die Gerichtsorganisation, werden meistens in speziellen Satzungen behandelt.

Zu der Hauptregelung, dass die ganze Gesetzgebungskompetenz auf der Ebene einer autokeph. Kirche beim Bischofskonzil liegt, gibt es manche Ausnahmen, welche eine gewisse (schwache) Teilnahme von →Laien u. Klerikern in die Gesetzgebungskompetenz einbezieht. Nach dem Statut der RussOK ist z. B. der oberste G. in manchen, ganz wichtigen Angelegenheiten ein erw. Organ, das Landeskonzil, dem die Bf. (ex officio), (gewählte) Vertreter des Klerus, des →Mönchtums sowie Laien angehören. Die gesetzgeberischen Kompetenzen des Landeskonzils sind z. B. Entscheidungen in Bezug auf Autonomie u. Selbstverwaltung von Teilbereichen der RussOK od. die Bestätigung des Statuts.

Neben den Statuten auf der Ebene einer autokeph. Kirche gibt es oft weitere Statuten auf der Ebene einer auton. bzw. einer selbstverwaltenden Kirche (wie z. B. das Statut der ROKA, der Ukrainischen auton. Kirche des Moskauer Patriarchates). In diesem Fall liegt die Gesetzgebungskompetenz bei ihrer Bischofssynode, die Statuten bedürfen jedoch meistens einer Genehmigung seitens der autokeph. Kirchen, der sie angehören.

Auf lokaler Ebene (d. h. der Ebene einer Diözese) ist der Diözesan-Bf. der oberste G. Ihn können als beratende (Verwaltungs-)Organe eine Diözesanversammlung od. ein Diözesanrat unterstützen, die aber nur eine beratende Funktion wahrnehmen. Jeder einzelne Bf. hat das Recht, notwendige Anordnungen zu erlassen, um die Angelegenheiten seiner Kirche selbst zu regeln. Hierbei hat er freilich i. S. der ihm übergeordneten →Synode zu handeln. Falls der Klerus diese Anordnungen nicht berücksichtigt, kann der Bf. disziplinarrechtliche Maßnahmen ergreifen bis hin zur Absetzung. Vor dem Erlass einer VO wird meistens die Meinung des Diözesanrates (früher Kons.) eingeholt. Außerdem verwirklicht der Bf. die Leitung in der Diözese, indem er zivilrechtliche Statuten der Pfarrgemeinden, →Klöster u. anderer Unterabteilungen der Diözese bestätigt.

Quellen

Conciliorum oecumenicorum decreta. Konzilien des ersten Jahrtausends, vom Konzil von Nizäa (325) bis zum vierten Konzil von Konstantinopel (869/70), hg. v. J. Wohlmuth, Paderborn – München – Wien – Zürich 1998; Akanthopoulos, P., Kodikas ieron kanonon kai ekklisiastikis nomothesias tis ekklisias tis Ellados, Thessaloniki ²2006; Concilium Quinisextum – Das Konzil Quinisextum, übers. u. eingel. von H. Ohme, Turnhout 2006 (FC 82); Hl. Kanones der hl. u. hochverehrten Apostel, Zusammengestellt, übers. u. eingel. von A. Anapliotis, St. Ottilien 2009 (Liturgische Texte u. Studien 6); Organisations- u. Funktionsstatut der Rumänischen Orth. Kirche (2011), hg. v. Rumänische Orthodoxe Metropolie für Deutschland, Zentral- u. Nordeuropa, Hermannstadt/Sibiu – Bonn 2012; Kallis, A., Auf dem Weg zu einem Hl. u. Großen Konzil. Ein Quellen- u. Arbeitsbuch zur orth. Ekklesiologie, Münster 2013 (Orth. Perspektiven 10); Die Statuten der Russischen Orth. Kirche (2013), der Russischen Orth. Kirche im Ausland u. der Dt. Diözese der ROKA, hg. v. A. Anapliotis, München 2015.

Literatur

Milasch, N., Das Kirchenrecht der morgenländischen Kirche nach den allg. Kirchenrechtsquellen u. nach den in den autokeph. Kirchen geltenden Spezial-Gesetzen, Mostar 1905; Troianos, S., Die Synode der Hierarchie als höchstes Verwaltungsorgan der einzelnen autokeph. orth. Kirchen: Plöchl, W. – Potz, R., Kanon. Jahrbuch der Gesellschaft für das Recht der Ostkirchen, Bd. 2, Wien 1974, 192-216; Ware K., The ecumenical councils and the conscience of the church: Plöchl, W. – Potz, R., Kanon. Jahrbuch der Gesellschaft für das Recht der Ostkirchen, Bd. 2, Wien 1974, 217-233; Nikolaou, Th., Zur „Theologie" des ök. Konzils am Beispiel des zweiten ök. Konzils von Konstantinopel (381): Mneme Synodou Hagias B' Oikoumenikes, hg. v. Patriarchat von Konstantinopel, Thessaloniki 1983, 289-309; Boumis, P., Das Kirchenrecht der Orth. Kirche: Handbuch der Ostkirchenkunde, Bd. III, hg. v. W. Nyssen u. a., Düsseldorf 1997, 143-179; Anapliotis, A., Primus u. Synode in den gegenwärtigen Statuten der Orth. Kirche am Beispiel des Ök. u. des Moskauer Patriarchates: Autorität u. Synodalität. Eine interdisziplinäre u. interkonfessionelle Umschau nach ök. Chancen u. ekklesiologischen Desideraten, hg. v. C. Böttgheimer – J. Hofmann, Frankfurt 2008, 275-296; Kirchenverfasssungen, hg. v. C. G. Fürst – R. Potz, Eichenau 2006 (Kanon 19); The History of Byzantine and Eastern Canon Law to 1500, hg. v. W. Hartmann – K. Pennington, Washington D.C. 2012; Potz, R. – Synek, E. M., Orth. Kirchenrecht. Eine Einführung, Freistadt ²2014 (KuR 28); Anapliotis, A., Die Teilnahme der Laien, an der Kirchenverwaltung der Orth. Kirche am Beispiel des Russischen, Rumänischen u. Bulgarischen Patriarchates: Unverbindliche Beratung od. kollegiale Steuerung? Kirchenrechtliche Überlegungen zu synodalen Vorgängen, hg. v. W. Rees – J. Schmiedl, Freiburg 2014, 231-245; ders., Grundzüge der Zentral- u. Diözesanorganisation der Orth. Kirche in Griechenland: Orth. Forum 30 (2016), 37-48; Synek, E. M., Das „Heilige und große Konzil" von Kreta, Freistadt 2017; Das Hl. u. Große Konzil der Orth. Kirche (Kreta 2016): Orth. Forum 31 (2017).

Anargyros Anapliotis

© 2019, DOI: 10.30965/9783506786388_0236

Gesetzgeber – Jüdisch

In der Hebräischen Bibel ist Gott G. (s. z. B. Hos 8, 12). In der zweiten Tempelzeit, im hellenistischen u. ma. Judentum wird Moses als G. par excellence angesehen. Auch das rabb. Judentum kennt Mose als G., betont aber den göttlichen Ursprung der →Torah. Darüber hinaus wird auch anderen biblischen Figuren (Esra) u. Gruppen (Propheten) die Kompetenz zur Gesetzgebung zugesprochen.

In der Hebräischen Bibel fungieren Mose u. in gewisser Weise auch Esra als Gesetzesvermittler m. enger Bindung an Gott. M. der Bez. G. für Mose kann eine gewisse Spannung in Bezug auf die Stellung Gottes herausgelesen werden, etwa, wenn in Jos 8, 31 u. später in den Prophetenbüchern auf die Torah Moses (hebr. Torat Moshe) verwiesen wird. Moses Offenbarung ist einmalig, die Vermittlung des →Dekalogs, aus dem weitere →Gesetze u. VO folgen, fundiert Moses Status als G. Mose erklärt den göttlichen Willen u. steht in direktem Kontakt m. Gott (Num 12, 8; Ex 33, 11). Esra wird in der Bibel als Sachverwalter von Moses Gesetz eingeführt (Esra 7, 6). Seine Funktion besteht darin, die göttliche Ordnung in Jerusalem wiederzubeleben (Esra 7, 12-26).

Das Bild von Mose als G. findet sich auch in den Apokryphen u. bes. bei jüd.-griech. Autoren (Jesus Sirach 45, 5; Aristeasbrief, §§131, 139). Für Philo von Alexandrien ist Moses nicht nur G., sondern auch Prophet, Philosoph, König u. Priester (De vita Mosis 2, 2-7). Josephus vergleicht Moses m. G. antiker Kulturen, die sich auf göttlichen Ursprung berufen (Contra Apionem 2, 161; 2, 154, 279), wobei Mose das Alleinstellungsmerkmal als ältester G. zukommt. Nach Josephus hat Mose dem Volk Israel eine Verf. gegeben, vergleichbar m. der griech. Polis (Antiquitates 4, 194-196). Die Texte aus Qumran (u. a. 1QS5, 8; 1Q22) bez. neben Mose, der häufig Torah-Gebote einleitet („Mose sagte", Damaskus-Dokument 5, 8), auch die Propheten der Bibel als G.

Auch die rabb. Lit. verweist m. Bezug auf den biblischen Terminus mehoqeq (in Gen 49, 10; Num 21, 18; Dtn 33, 21; Ps 60, 9 = 108, 9 Einschreiber, Anführer, Zepter), der als G. verstanden wurde, auf die Stellung Moses in der Gesetzgebung (Avot de-Rabbi Natan B 25; babylonischer →Talmud Bava Batra 15a). Die Rabbinen (→Rabbi, Rabbiner) stellen jedoch auch m. Blick auf die biblische Wendung der Torah Moses den göttlichen Ursprung der Offenbarung heraus (babylonischer Talmud Shabbat 89a; Mechilta de-Rabbi Simeon bar Johai BeShallah 1; babylonischer Talmud Berachot 11b). Als erstes Glied der Traditionskette u. Bindefunktion zwischen Gott u. dem Volk Israel gibt Mose die schriftliche u. mündliche Torah an die nächste Generation weiter (Mischna Avot 1, 1). Auch wenn Mose die für den Menschen höchste Gottesnähe erreichte (babylonischer Talmud Sota 12, 2; Exodus Rabba 1, 1) u. einzigartig ist (Genesis Rabba 24, 5; Tosefta Sanhedrin 3, 7) ist Mose für die Rabbinen ein Mensch u. damit auch fehlbar. Eine Offenbarung Gottes durch Engel u. Mittlerwesen (s. Apg 7, 53) wird in der rabb. Lit. u. in den Targumim negiert.

Für jüd. Philosophen des MA fungiert Mose als Figur des idealen Philosophen, Königs u. G. (Isaac Ibn Latif, gest. um 1290; Shem Tov Ibn Falaquera, gest. 1296; Johanan Alemanno, geb. ca. 1433; Isaac Abarbanel, 1437-1508). Die Kombination von Prophet u. G. in der ma. jüd. Philosophie ist der platonischen Vorstellung entnommen, wonach der Philosoph sowohl Herrscher als auch G. ist. Nach Moses Maimonides (1138-1204) besitzt die Prophetie Moses eine eigene Qualität (Führer der Unschlüssigen, 2, 35). Moses Rolle als G. erklärt sich nach Maimonides bes. aus Ex 6, 3 u. Dtn 34, 10-12.

Neben Mose kennt das nachbiblische Judentum weitere G.: Esra, der dem Volk in der Zeit nach dem babylonischen Exil das Gesetz vorlas, wird nach Mose als „zweiter G." tituliert (4 Esra 14; babylonischer Talmud Sanhedrin 21b). Auch der Prophet Elijah wird m. Moses in Beziehung gesetzt (Pesiqta Rabbati 4), da er nach seiner Wiederkehr Gesetzesentscheidungen treffen wird (babylonischer Talmud Shabbat 108a; Maimonides, Mishne Torah, Hilchot Mechirah 20, 2). Nach Moses Tod ist Josua als Nachfolger Anführer der Israeliten u. auch G. König Salomon, der vollkommene König Israels, wird ebenfalls als zukünftiger G. betrachtet.

Literatur

Reines, A. J., Maimonides' Concept of Mosaic Prophecy: Hebrew Union College Annual 40 (1969), 325-61; Williamson, H. G. M., The Torah and History in Presentations of Restoration in Ezra-Nehemiah: Reading the Law (FS Wenham), hg. v. J. G. McConville – K. Möller, New York – London 2007 (The Library of Hebrew Bible/Old Testament Studies 461), 156-170; Jassen, A. P., The Presentation of the Ancient Prophets as Lawgivers at Qumran: Journ. of Biblical Literature 127 (2008), 307-337; Römer, T., Moses, the Royal Lawgiver: Remembering Biblical Figures in the Late Persian and Early Hellenistic Periods, hg. v. D. Edelman – E. Ben Zvi, Oxford 2013, 81-94; Kreisel, H. T., The Prophecy of Moses in Medieval Jewish Philosophy: Illuminating Moses: A History of Reception from Exodus to the Renaissance, hg. v. J. Beal, Leiden – Boston 2014, 117-141; Sommer, B. D., Revelation and Authority: Sinai in Jewish Scripture and Tradition, New Haven 2015; Hayes, C. E., What's Divine About Divine Law? Early Perspectives, Princeton – New Jersey 2015; Stemberger, G., Moses in der Rabb. Tradition, Freiburg 2016; Hagedorn, A. C., Sacred Law, Lawgivers and Codification: Perspectives from the Hebrew Bible, Gortyn and Selinus: Law Codes and Sacred Laws. Codes et lois sacrées, hg. v. D. Jaillard – C. Nihan, Wiesbaden 2016 (Beihefte zur Zeitschrift für Altorientalische u. Biblische Rechtsgeschichte 19), 1-24.

Alexander Dubrau

© 2019, DOI: 10.30965/9783506786388_0236

Gesetzgeber – Islamisch

G. (šāriʿ, auch šarʿ, was auch synonym für Recht steht) ist in der muslimischen Tradition einhellig Gott. Man beruft sich dabei u. a. auf Q 6:57. Im übertragenen Sinne (maǧāzan) ist auch Prophet Muḥammad G., da er die Botschaft Gottes verkündet, die ebenfalls besagt, dass Muḥammad Reines für erlaubt u. Unreines für verboten erklärt (Q 7:157). Zudem soll ihm Folge geleistet werden (Q 4:59). Der Prophet kann demnach selbst Recht finden u. dies als Regel für die Muslime bestimmen. G. wird dabei nicht wirklich als aktiver G. verstanden: Die Gelehrten legen die Aussagen des G. aus, um →Normen abzuleiten, weshalb das Recht von den →Gelehrten nicht als ius divinum bez. wird. In der Lit. wird G. auch m. dem Wort ḥākim (der Urteilende, Normsetzende) wiedergegeben. Daher wird ḥukm (Norm) auch unter vielen Gelehrten so definiert, dass es die Ansprache Gottes (ḫiṭāb aš-šarʿ) sei. Dies wird damit begr., dass man sich in der Definition darauf konzentriert, auf wen die Normen, die von →Rechtsquellen eigentlich abgeleitet werden, bezogen werden. Hinweise darauf, was sich bei Gott befindet – denn dies ist dem Menschen verschlossen – beinhalten die Rechtsquellen, etwa der →Koran u. die →Sunna. Daher werden die Rechtsquellen als dalīl (Hinweis, pl. adilla) bez. U. a. aus diesem Grund definieren v. a. die Hanafiten Normen als Resultat der Ansprache Gottes u. unterscheiden damit Norm u. Ansprache Gottes voneinander. Demnach sind es die Gelehrten, die das Recht von den Quellen ableiten. Sie versuchen aber nur das, was sich bei Gott als mögliche Norm befindet, zu erkennen. Nach dieser Theorie wäre nur eine Lösung unter vielen möglichen die korrekte u. alle anderen wären hinfällig. Diejenigen, die sich dieser Theorie anschließen, werden muḫaṭṭiʾa genannt. Nach einer anderen Theorie befindet sich bei Gott keine direkte Lösung, sondern die Lösung, die Gott formuliert hätte, fügt sich dem, was der Gelehrte als Lösung aus den Quellen nach eingehender Analyse (sog. iǧtihād) vorschlägt. Das ist die Haltung der sog. muṣawwiba. Nach dieser Theorie wären alle Lösungen in rechtlichen Fragen korrekt, da es sich im Bereich des Rechts um präsumtives Wissen handelt. Eine weitere Annahme hierunter besagt, dass eine Lösung unter vielen die besser begr. ist u. dem nahe kommt, was sich bei Gott befindet od. befunden hätte (sog. al-qawl bi-l-ašbah). Die Gelehrten sind sich dessen bewusst, dass sie Recht u. a. aus Koran u. Sunna ableiten müssen. Dass Gott aber G. ist, wird aus theol. Gründen angenommen. Es geht nämlich um die Frage, ob der Mensch selbst in der Lage ist, das Gute u. Böse zu erkennen. Ziel des Rechts ist, das Nützliche u. Gute herbeizuführen u. das Schädliche u. Böse abzuwenden. Entspr. muss der Gelehrte Normen aus den Quellen ableiten u. bestimmen. Nach ascharitischer Haltung ist der Mensch nicht in der Lage, unabhängig von den Quellen das Gute u. Böse zu erkennen. Dem widersprechen die Mutaziliten u. Schiiten. Ihrer Meinung nach ist der Mensch in der Lage, das Gute u. Böse unabhängig von der Offenbarung zu erkennen u. entspr. zu handeln. Auch wenn von einigen Ascharriten den beiden Gruppen hier vorgeworfen wird, den Menschen als wirklichen G. auch im ontologischen Sinne zu bestimmen, sagen viele ascharitische u. selbst muʿtazilitische Gelehrte, dass Muʿtaziliten u. Schiiten dennoch Gott als den wirklichen G. bestimmen. Die Vernunft kann aber auch o. die Hilfe des G. Normen erkennen, was für die Ascharriten ausgeschlossen ist. Maturiditen gehen einen Mittelweg u. sagen, dass der Mensch in der Lage ist, das Gute u. Böse zu erkennen, jedoch der Hilfe der Offenbarung bedarf, um Irrtümer auszuschließen. Daher gibt es für hanafitisch-maturiditische Gelehrte zwei Typen von Normen: Zum einen sind Normen vorhanden, die der Mensch auch o. eine Offenbarung erkennen kann (sog. afʿāl ḥissiyya, zu Dt. etwa sinnlich wahrnehmbare Handlungen). Hierzu gehört z. B. die Bewertung des Totschlags. Daneben sind Normen vorhanden, die nur durch Offenbarung erkannt werden können (sog. taṣarrufāt šarʿiyya, zu Dt. etwa rechtliche Handlungen), wie etwa die Gültigkeit eines Kaufvertrags. Solche Normen sind nur zu erkennen, wenn ein Recht besteht bzw. eine Offenbarung sagt, wie solche Handlungen zu bewerten sind. Diese wiederum müssen per Auslegung (→Interpretation, Auslegung) von den Gelehrten aus den Quellen abgeleitet werden. Es kann also gesagt werden, dass, ungeachtet der Erkenntnisfähigkeit des Menschen bzgl. des Guten u. Bösen, schließlich die Rechtgelehrten gewissermaßen die G. sind, zumindest sind sie die Normbestimmenden. Da aber von offenbarten u. autoritativen Texten ausgegangen wird, wird die Gesetzgeberschaft auf Gott bezogen, die Normbestimmungskompetenz aber den Gelehrten bzw. dem iğtihād übertragen. Letzteres soll gewährleisten, dass mittels Auslegungsmethoden, unabhängig davon, welcher Gelehrter Auslegung betreibt, objektive Lösungen, also Normen formuliert werden. Dies setzt voraus, dass die Auslegungsmethoden ebenso objektiv bestimmt wurden. Von dieser problematischen Annahme geht die Mehrheit der Gelehrten aus. Werden Richter vom Herrscher ernannt, wird das Gelehrtenrecht in der jeweiligen rechtsschulischen Ausprägung zum geltenden Recht, wobei der Herrscher selbst auch →Gesetze, unabhängig vom Gelehrtenrecht, erlassen kann, wie etwa die qānūn-nāmeh (etwa: Gesetzbuch) osmanischer Sultane, die im Idealfall dem von Gelehrten abgeleiteten Recht nicht widersprechen u. sie ergänzen, wie etwa im Bereich des öff. Rechts.

Quellen

al-Ġazālī, M., Mustaṣfā min ʿilm uṣūl al-fiqh, Medina (o. J.); Qāḍī ʿAbdalğabbār, al-Muġnī fī abwāb at-tawḥīd wa-l-ʿadl, Bd. VI, Kairo 1962-1965; az-Zarkašī, B., al-Baḥr al-muḥīṭ fī uṣūl al-fiqh, Ġardaqa 1992; as-Saraḫsī, Š., Uṣūl as-Saraḫsī, Beirut 1993; Ibn ʿAqīl, ʿA., al-Wāḍiḥ fī uṣūl al-fiqh, Riyad 2008; aš-Šāṭibī, I., al-Muwāfaqāt fī uṣūl al-fiqh, Kairo 2011.

Literatur

Calder, N., Art. Sharīʿa: EI² Bd. 9, 321-326; Poya, A., Anerkennung des Iğtihād – Legitimation der Toleranz. Möglichkeiten innerer u. äußerer Toleranz im Islam am Beispiel der Iğtihād-Diskussion, Berlin 2003; Weiss, B., The Search for God's Law. Islamic Jurisprudence in the Writings of Sayf al-Dīn al-Āmidī, Utah 2010; Kurnaz, S., Who is the Lawgiver? The Hermeneutical Grounds of the Methods of Interpreting Qur'an and Sunna (istinbāṭ al-aḥkām): Oxford Journ. of Law and Religion 6/2 (2017), 347-371; İnanlcık, H., Art. Ḳānūnāme: EI² Bd. 4, 562-566.

Serdar Kurnaz

© 2019, DOI: 10.30965/9783506786388_0236

Gesetzgebung – Katholisch

Die G. ist wichtigster Bestandteil der im göttlichen Recht (→Ius divinum) grundgelegten (vgl. c. 129; c. 979 CCEO) hoheitlichen Hirten- bzw. Leitungsvollmacht (potestas regiminis), die in gesetzgebende, ausführende u. richterliche Gewalt unterschieden wird (c. 135; c. 985 CCEO). Die G. geht ausschließlich von jenen kirchl. Autoritäten aus, die über →Gesetzgebungsvollmacht (potestas legislativa) verfügen u. kann – außer vom höchsten →Gesetzgeber – nicht delegiert werden (c. 135 §2; c. 985 §2 CCEO). Bei →Papst u. →Diözesanbischöfen besteht grds. eine Einheit der Leitungsvollmacht; eine funktionale Trennung od. Unterscheidung ist jedoch teils verpflichtend, teils fakultativ vorgeschrieben. Die G. kann unterhalb der höchsten Autorität nicht von Verwaltungsorganen ausgehen. In altchristlicher Zeit wurde die kirchl. G. vorwiegend durch die auf →Synoden versammelten →Bischöfe ausgeübt; daran halten die Ostkirchen noch heute fest.

Weder der CIC noch der CCEO bietet eine explizite Aufzählung der in der Kirche zuständigen Gesetzgebungsorgane. Es finden sich jedoch an versch. Stellen beider Gesetzbücher Normen, in denen die den einzelnen Ämtern u. Organen zukommende →Vollmacht (wenn auch nicht immer m. hinreichender Klarheit) umschrieben wird.

Höchste Gesetzgeber für die →Gesamtkirche u. alle ihre Teilbereiche sind der P. (c. 331; c. 43 CCEO) u. das →Bischofskollegium (c. 336; c. 49 CCEO), das seine Gewalt in feierlicher Weise auf dem →Ökumenischen Konzil (c. 337 §1; c. 50 §1 CCEO), aber u. U. auch außerhalb einer solchen Versammlung durch einen wirklich →kollegialen Akt ausüben kann (c. 337 §2; c. 50 §2 CCEO). Die päpstliche G. hat einen hervorgehobenen Ausdruck für die lat. Kirche im CIC u. für die kath. Ostkirchen im CCEO gefunden. Die →Bischofssynode kann ausnahmsweise in bestimmten Fällen vom P. m. Gesetzgebungsvollmacht ausgestattet werden (c. 343). Die päpstliche Kommission für die Interpretation der Gesetzestexte (PCLT) u. jene Verwaltungsorgane (hauptsächlich die röm. Kurialkongregationen), die vom P. ausdrücklich bevollmächtigt sind (vgl. hierzu cc. 30 i. V. m. 135 §2 u. die vom P. in Einzelfällen gegebene approbatio specifica), nehmen an der Gesetzgebungsvollmacht des P. im Rahmen des Rechts teil.

Auf der teilkirchlichen Ebene sind die Gesetzgeber in der lat. Kirche u. in den kath.-orient. Kirchen zu unterscheiden:

a) In der lat. Kirche sind Gesetzgeber auf der Ebene der →Bischofskonferenz das →Plenarkonzil (cc. 439, 445) u. – in eingeschränktem Maße – die BK selbst (cc. 447, 455) sowie für die →Kirchenprovinz das →Provinzialkonzil (cc. 440, 445); deren →Gesetze bedürfen zur Rechtswirksamkeit vor der →Promulgation der rechtlichen Überprüfung (→recognitio) durch den →Apostolischen Stuhl (cc. 446, 455 §2). Für seine →Diözese ist ausschließlich der Diözesanbischof (cc. 381 §1, 391 §1) u. entspr. für eine jede sonstige →Teilkirche deren Vorsteher (→Prälat einer Gebietsprälatur bzw. →Abt einer Gebietsabtei: c. 370 m. c. 381 §2; →Apostolischer Vikar bzw. →Apostolischer Präfekt: c. 371 m. c. 381 §2; →Apostolischer Administrator: c. 371 §2 m. c. 381 §2) zuständiger Gesetzgeber. Bei Behinderung des bfl. Stuhls od. Sedisvakanz kommt dem interimistischen Leiter der Teilkirche eine eingeschränkte (vgl. c. 428 §1) Gesetzgebungsgewalt zu (vgl. cc. 370, 414, 420, 427 §1). Das allg. Recht lässt nicht m. hinreichender Klarheit erkennen, ob in der den höheren Oberen u. Kapiteln der klerikalen Ordensverbände päpstlichen Rechts (vgl. cc. 596 §2, 732) u. dem Prälaten einer →Personalprälatur (cc. 294-297) zukommenden jurisdiktionellen Leitungsgewalt Gesetzgebungsgewalt enthalten ist.

b) In den kath.-orient. Kirchen kommt die G. für die ganze Partikularkirche u. die ganze Großerzbischofskirche exklusiv der betr. Bischofssynode zu (cc. 110 §1, 152 CCEO; Erlangung der Rechtskraft gem. c. 150 §§2 u. 3 CCEO); hierüber besteht Informationspflicht gegenüber dem Apost. Stuhl (c. 111 §3 CCEO). Auch wenn die Bischofssynode Form u. Zeit der Promulgation der Gesetze bestimmt (c. 11 §1 CCEO), kommt die Promulgation der Gesetze dem →Patriarchen od. dem →Großerzbischof zu (cc. 112 §1, 152 CCEO). Der →Hierarchenrat (= Bischofssynode) ist für die G. der Metropolitankirche eigenen Rechts zuständig. Seine

Gesetzgebungsgewalt erstreckt sich auf die im Recht ausdrücklich genannten sowie jene Fälle, in denen der CCEO eine Sache allg. dem Partikularrecht einer Kirche eigenen Rechts überlässt (cc. 167 §1, 169 CCEO); die rechtsgültige Promulgation kann erst erfolgen, wenn dem →Metropoliten vom Apost. Stuhl schriftlich der Eingang der Akten bestätigt ist (c. 167 §2 CCEO). Die G. in den übrigen auton. Rituskirchen als solchen kommt dem Hierarchen zu, jedoch in Bindung an die Zustimmung des Apost. Stuhls (c. 176 CCEO). Der Eparchialbischof bzw. der →Exarch ist zuständiger Gesetzgeber für seine Teilkirche (cc. 191, 313 CCEO).

Die unter dem allein an das göttliche Recht sachlich gebundenen höchsten Gesetzgeber stehenden Gesetzgebungsorgane sind in örtlicher u. persönlicher Hinsicht auf die ihnen zugeordneten bzw. anvertrauten Gebietskörperschaften u. in sachlicher Hinsicht neben dem göttlichen Recht durch das gesamte jeweils übergeordnete, insb. das allg. Recht der Kirche beschränkt (vgl. neben den genannten Canones zu den einzelnen teilkirchlichen Gesetzgebungsorganen c. 135 §2; c. 985 §2 CCEO). Das kan. Recht sieht gegen Akte der universellen G. keine Rechtsmittel vor. Soweit die Anwendung gesamtkirchlicher Gesetze unpassend od. schädlich sein könnte, haben jedoch z. B. die Diözesanbischöfe das Recht u. die Pflicht, das ius remonstrandi einzuwenden. Ein Normenkontrollverfahren i. S. einer Verfassungsgerichtsbarkeit nach dem Muster des staatl. Rechts ist dem kan. Recht weitgehend fremd. Es erstreckt sich nicht auf die Prüfung universalkirchlicher Gesetze, sondern nur auf Gesetzgebungsakte, die von Gesetzgebern unterhalb der höchsten Autorität ausgehen.

Der CIC normiert zwar in den cc. 7-21 (cc. 1488-1503 CCEO) einige wichtige Kriterien der Verfahrensweise für die G., er bietet aber im Unterschied zum weltlichen Recht keine nähere Regelung des →Gesetzgebungsverfahrens bzw. der Gesetzgebungsstadien des kirchl. Gesetzes. Allein das Gesetzgebungsstadium der Promulgation ist im CIC in c. 8 in allg. Weise eigens normiert. Sofern nicht im Einzelfall anderes festgelegt wird, erfolgt die Promulgation universalkirchlicher (auch gesamtlateinischer bzw. orient.) Gesetze in den →Acta Apostolicae Sedis, partikularer Gesetze in einer vom jeweiligen Gesetzgeber bestimmten Form (vgl. z. B. ABl.) m. Gesetzesschwebe von einem Monat bzw. eigens festzulegender Schwebefrist (c. 8; c. 1489 CCEO).

Literatur

Mörsdorf, K., Art. Gesetzgebung: LThK² Bd. 4, 830-831; Wächter, L., Gesetz im kan. Recht, St. Ottilien 1989 (MThS.K 43), 173-175, 307-319; KanR I, 152-159, 161-162; Aymans, W., Art. Gesetzgebung. Kirchl.: LThK³ Bd. 4, 595; Primetshofer, B., Approbatio in forma specifica. Überlegungen zur Normentypik im kan. Recht: AfkKR 169 (2000), 408-432; Pree, H., Kirchl. Leitungsgewalt. Aspekte ihrer Reichweite u. Anwendung: AfkKR 181 (2012), 39-56; Rees, W., Die Rechtsnormen: HbkathKR³, 127-162; Krämer, P., Die Vollmachten des Diözesanbischofs nach dem CIC/1983: Zwischen Vollmacht u. Ohnmacht. Die Hirtengewalt des Diözesanbischofs u. ihre Grenzen, hg. v. S. Demel – K. Lüdicke, Freiburg u. a. 2015, 112-129; Ihli, St., Der Diözesanbischof als Gesetzgeber: Zwischen Vollmacht u. Ohnmacht. Die Hirtengewalt des Diözesanbischofs u. ihre Grenzen, hg. v. S. Demel – K. Lüdicke, Freiburg u. a. 2015, 256-276; Socha, H.: MKCIC cc. 7, 29.

Lothar Wächter

© 2019, DOI: 10.30965/9783506786388_0237

Gesetzgebung – Evangelisch

Das →Gesetz ist nach ev. Verständnis nicht etwa Ergebnis einer Klerikern vorbehaltenen Leitungsgewalt, die m. dem geistl. →Amt verbunden wäre. Die Befugnis zur G. wird nicht aus einer auf göttlichem Recht beruhenden Kirchengewalt, potestas ecclesiastica, bzw. deren spezieller Ausprägung als potestas regiminis abgeleitet. Das Gesetz ist nicht Mittel des geistl. Amtes, das nach ev. Verständnis vielmehr lediglich in der Wortverkündigung

(→Verkündigung), →Sakramentsverwaltung u. der Handhabung der →Schlüsselgewalt besteht, die sine vi sed verbo, d. h. allein durch das Wort, o. alle menschliche Gewalt u. d. h. o. Mittel rechtlichen Zwangs ausgeübt werden (Art. 28 CA). Das Gesetz ist vielmehr in der ev. Kirche Mittel der rechtlichen →Kirchenleitung, im Staat Mittel der weltlichen Obrigkeit. Die Verteilung u. Ausgestaltung der G. obliegt als Teil der äußeren KL menschlicher Gestaltungsmacht u. ist damit weitgehend eine Frage der Zweckmäßigkeit. Eine Grenze der G. folgt freilich aus der Erkenntnis der Bekenntnissynode von Barmen 1934 (→Barmer Theologische Erklärung), dass „die Kirche die Gestalt ihrer Botschaft und ihrer Ordnung (nicht) ihrem Belieben oder dem Wechsel der jeweils Herrschenden weltanschaulichen und politischen Überzeugung überlassen" darf, sondern an ihrem Auftrag auszurichten hat (These III Barmer Theol. Erklärung). Grenzen der G. ergeben sich aus der Bindung der Kirche an Schrift u. →Bekenntnis. Das Bekenntnis selbst ist nicht Gegenstand der G. In der konkreten Ausgestaltung der G. durch das ev. KR wird die Befugnis zur G., deren rechtlicher Rahmen u. das →Gesetzgebungsverfahren durch die Verf. der →Landeskirchen bzw. deren Zusammenschlüsse (→Evangelische Kirche in Deutschland, →Union Evangelischer Kirchen in der EKD, →Vereinigte Evangelisch-Lutherische Kirche Deutschlands) geregelt.

Einen Sonderfall stellt die Beschlussfassung über Gesetzesvorschriften dar, die – wie typischerweise die Verfassungspräambeln – das Bekenntnis der Kirche wiedergeben. Ebenso wie das Bekenntnis sind auch solche Vorschriften in ihrer konkreten Formulierung nicht unwandelbar, auch wenn das Bekenntnis der G. entzogen ist. Die Änderung solcher Vorschriften ist nicht normale G., sondern gesetzgeberischer Nachvollzug des genuin theol. Vorgangs der Bekenntnisbildung. Ebenso wie bei diesem bedarf es für die gesetzesförmige Feststellung des Bekenntnisses des „magnus consensus", der nur durch Zusammenwirken aller kirchenleitenden Organe u. unter Einbeziehung der Gde. hergestellt werden kann. Bes. Fälle der G. sind ferner die Beschlussfassung über →Lebensordnungen sowie der Erlass u. Änderungen der →Kirchenverfassungen.

Literatur

Anke, H. U., § 4 Rechtsquellen u. kirchl. Gesetzgebung: HevKR, 162-198; Heckel, Ch, § 11 Die Verfassung der ev. Landeskirchen: HevKR, 450-482; Reisgies, J., Ev. Kirchenrechtsetzung, Göttingen 2017; de Wall, H. – Muckel, St., Kirchenrecht, München [5]2017, 259-262, 266-273.

Heinrich de Wall

© 2019, DOI: 10.30965/9783506786388_0237

Gesetzgebung – Orthodox

Die G. in der orth. Kirche ist grds. synodal konzipiert. Auf die Notwendigkeit der regelmäßigen Einberufung von →Synoden zur Klärung von Fragen, aber auch zur Rechtsetzung wird bereits früh verwiesen u. diese sowohl von allg. Konzilien als auch von Partikularsynoden immer wieder eingemahnt. Die einzelnen →Bischöfe können im Rahmen der synodal gesetzten Normen in den ihnen anvertrauten Kirchen Recht setzen, das jedoch in keiner Beziehung von der Synodalgesetzgebung abweichen darf. Schließlich können auf ortskirchlicher Ebene in lokalen Synoden gem. den Vorgaben der Hl. Kanones u. den jeweiligen Statuten auch Mitwirkungsrechte von Klerikern u. Laien vorgesehen werden.

1. Die allg. kirchl. G.: Gesamtkirchlicher →Gesetzgeber ist das →Ökumenische Konzil. Nach herrschender Meinung ist zu unterscheiden zwischen den auf den Glauben Bezug nehmenden Beschl. der anerkannten sieben Ök. Konzile u. den rein disziplinären Kanones, die überwiegend nicht als völlig unabänderlich gesehen werden u. dem universalen kirchl. Gesetzgeber, also einem Ök. Konzil, zur Disposition stünden. Dass ein als solches rezipiertes Konzil im zweiten Jahrtausend nie getagt hat,

erwies sich im Zuge der politischen u. sozialen Veränderungen der Neuzeit immer mehr als Handicap für die Rechtsfortbildung.

Vor diesem Hintergrund entstand Anfang des 20. Jh. eine synodale Bewegung, die auf die Abhaltung eines panorthodoxen Konzils (→ Panorthodoxe Synode) zielte. 1961 wurde die konkrete Vorbereitungsarbeit aufgenommen. Auf den folgenden vier Präkonziliaren Panorthodoxen Konferenzen (1976 bis 2009) konnte in einigen in der Praxis wichtigen Fragen, wie z. B. den Umgang m. → Ehehindernissen (soweit diese nicht von Ök. Konzilien vorgegeben sind), Lösungen gefunden werden, die jedoch in der Folge nicht von allen Kirchen mitgetragen wurden. Ungeachtet der langen vorbereitenden Verh. blieben das 2016 abgehaltene Große u. Hl. Konzil von Kreta u. seine Beschl. zwischen den Kirchen umstritten. Das Konzil hat jedenfalls keine Änderungen gegenüber den alten Kanones beschlossen, inwieweit hier ein panorthodoxer Rezeptionsprozess in Gang gesetzt wurde, ist dz. nicht vorhersehbar.

2. Die bes. kirchl. G.: Die bes. kirchl. G. ist auf der Ebene von ortskirchlichen Verbänden synodal konzipiert u. auf ortskirchlicher Ebene episkopal. Kanon 39 Trullanum garantiert die in den Kanones verankerten Privilegien der betr. Ortskirchen u. Kanon 2 Konstantinopel II bestimmt, dass die Angelegenheiten jedes einzelnen Kirchengebietes von der betr. Synode zu besorgen sind.

Von den Kanones wird auch den einzelnen Bf. die Rechtsetzungsbefugnis in den ihnen anvertrauten Ortskirchen zugestanden. Kanon 9 Antiochia u. Kanon 6 Nikaia II bestimmen den Wirkungskreis der Synoden, räumen aber gleichzeitig jedem einzelnen Bf. das Recht ein, i. S. der Anordnungen der ihm übergeordneten Synode die Angelegenheiten der ihm anvertrauten Kirche selbständig zu besorgen u. die für die gute Verwaltung derselben notwendigen Bestimmungen zu erlassen.

a) Die Partikular-Synoden: Die gesetzgebende Gewalt der Partikular-Synoden erstreckt sich daher auf durch die allg. G. der Kirche nicht ausdrücklich normierten Angelegenheiten, welche einer Normierung bedürfen. Gesamtorthodox gesehen hat sich v. a. seit dem 19. Jh. der Schwerpunkt der G. auf die Ebene der Bischofssynoden der autokeph. (→ Autokephalie) u. auton. (→ Autonomie) Kirchen verlagert.

b) Die gesetzgebende Gewalt der Bf.: Die rechtliche Grundlage für die Ausübung der gesetzgebenden Gewalt seitens des Bf. hat ihren Ursprung in seinem hierarchischen Rang als Nachfolger der Apostel. Da der Episkopat als Nachfolger des Apostelkollegiums ein geistl. untrennbares Ganzes bildet, hat der Bf. bei seiner Rechtsetzung allerdings die Pflicht, die Verbindung m. den übrigen Bf. u. Kirchen zu erhalten. Die gesetzgebende Gewalt des Bf. wird in der orth. Tradition auf die ersten Jhh. zurückgeführt. Im 4. Jh. findet diese Tradition in den Kanones ihren Niederschlag. Die Bestimmung des 34. Apost. Kanon über das Recht der Bf., die Angelegenheiten der ihnen anvertrauten Kirchen selbständig zu besorgen u. die einschlägigen Verfügungen zu erlassen, wurde durch den 9. Kanon der Synode von Antiochia erneuert, welcher die Grenzen der kirchl. Regierungsgewalt u. insb. der Gewalt des Eparchialbischofs bestimmt.

Das Gesetzgebungsrecht des Bf. erstreckt sich innerhalb der Grenzen der ihm anvertrauten Kirche auf alle die Kirche betr. Angelegenheiten. Sie dienen der Umsetzung des höherrangigen synodalen Rechts auf die bes. Verhältnisse der betr. → Eparchie. Theoretisch sind dem höherrangigen Synodalrecht widersprechende Bestimmungen – soweit sie nicht als Anwendungsfall von → Oikonomia begr. werden – absolut nichtig u. entfalten keine Verpflichtungskraft.

Grds. ist der Eparchialbischof angehalten, sich bei seiner Rechtsetzung an der pastoral-belehrenden Sprache der Sendschreiben der Kirchenväter zu orientieren, die von ihm erlassenen Anordnungen zu begr., ihre Verankerung in den Kanones darzustellen u. ihre Zweckmäßigkeit zu rechtfertigen.

Literatur

Milasch, N., Das Kirchenrecht der morgenländischen Kirche, Mostar ²1905, 44-46, 451-459; Rodopoulos, P., An Overview of Orthodox Canon Law, Rollinsford 2007; Potz, R. – Synek, E., Orth. Kirchenrecht, Freistadt ²2014, 346-348.

Richard Potz

© 2019, DOI: 10.30965/9783506786388_0237

Gesetzgebungsverfahren – Katholisch

Es findet sich im kan. Recht weder eine Definition des Begriffs G. noch ein allg. rechtlich vorgeschriebenes G. Die Eigenart des kan. Rechts, dass bei den entscheidenden →Gesetzgebern (→Papst, →Bischofskollegium, →Diözesanbischof) die drei Gewaltfunktionen (potestas legislativa, exsecutiva u. iudicialis; vgl. c. 135 §1) zusammenfallen u. dem KR somit im Unterschied zum Staatsrecht der modernen freiheitlichen Demokratie eine Gewaltenteilung bzw. -trennung weitgehend fremd ist, ist ein wichtiger Grund dafür, dass es ein geordnetes Verfahren zum Erlass von →Gesetzen im kirchl. Recht nicht gibt u. eine von daher abgeleitete Unterscheidung zwischen dem Gesetz im formellen u. materiellen Sinn nicht möglich ist. Der Gesetzgeber normiert zwar m. den cc. 7-21 einige wichtige Kriterien der Verfahrensweise für die →Gesetzgebung, er bietet aber keine nähere Regelung des G. u. damit des Werdeganges des kirchl. Gesetzes. Es gibt somit nicht wie in staatl. Rechtsordnungen ein verfassungsrechtlich vorgeschriebenes G. m. entspr. Initiativ- u. Mitwirkungsrechten.

Als allg. u. für jeden kirchl. Gesetzgeber verbindliche Norm enthält der allein in c. 7 die Aussage, dass das kirchl. Gesetz m. seiner →Promulgation ins Dasein tritt. Damit ist zugl. ein Stadium des faktischen G. genannt. Soweit Fragen des G. in der kanonistischen Doktrin überhaupt Berücksichtigung finden, werden hinsichtlich des faktischen G. folgende Gesetzgebungsstadien unterschieden: a) Gesetzesinitiative (sie muss nicht vom Gesetzgeber selbst ausgehen, sondern kann auch von Gläubigen ausgehen, an die sich das Gesetz wendet, od. von rechtlich formierten Organen od. Gremien; im Bereich der DBK geht im arbeitsrechtlichen Bereich die Initiative meist von denen aus, denen weitgehende Beispruchsrechte hinsichtlich der Erarbeitung des Gesetzesinhalts zukommen); b) Erarbeitung u. Festlegung des Gesetzesinhalts; c) →Gesetzesbefehl bzw. Ausfertigung (hierunter versteht die Kanonistik jenen Akt, m. dem der zuständige Gesetzgeber die Gesetzesurkunde unterfertigt u. damit verbindlich anordnet, dass der Inhalt der →Urkunde als Gesetz verpflichten soll; die Rechtsförmlichkeiten zur Gesetzesausfertigung wie z. B. Schriftlichkeitsprinzip, Ortsangabe, Datierung, Amtssiegel, sind im CIC nur rudimentär normiert); d) Promulgation; der i. d. R. einzuhaltende Promulgationsmodus ist für den universalkirchlichen Gesetzgeber in c. 8 §1 normiert, für partikulare Gesetze bleibt die Bestimmung des Promulgationsmodus dem jeweiligen Gesetzgeber (wie z. B. dem Diözesanbischof) überlassen.

Auch wenn der kirchl. Gesetzgeber hinsichtlich der Erarbeitung des Gesetzesinhalts nicht rechtlich gebunden ist, einen bestimmten Verfahrensweg einzuhalten, schließt das nicht aus, dass er sich an einen bestimmten Verfahrensweg binden kann, der eine Beratung u. Mitwirkung derer sicherstellen kann, die von dem zu erarbeitenden Gesetz betroffen sind. Dies muss dem Gesetzgeber insoweit ein wichtiges Anliegen sein, als die receptio legis durch die gesetzesbetroffene Gemeinschaft ein wesentliches Anliegen des Gesetzgebers ist. In der kanonistischen Doktrin finden sich versch. Vorschläge zur Einbeziehung der →Normadressaten hinsichtlich der Erarbeitung u. Festlegung des Gesetzesinhalts, die verdeutlichen, dass Rechtsetzung u. Rechtswerdung in der Kirche keine rein einseitigen Vorgänge, sondern ein „kommuniales Geschehen“ (Schmitz) ist, das Formen des „dialogischen Mitwirkens“ (Althaus) einbeziehen muss, die sich materiell am Wesen der Kirche als communio u. an der Bedeutung des sensus fidelium orientieren. Im Hinblick auf die Erarbeitung des Gesetzesinhalts diözesanbischöflicher Gesetze ist dies in den unter Nr. 67 benannten „Kriterien für die Ausübung der gesetzgebenden Vollmacht" (→Gesetzgebungsvollmacht) des von der Kongr. für die Bischöfe am 22.02.2004 herausgegebenen DirH Apostolorum Successores ausdrücklich empfohlen.

Quellen

Kongr. für die Bischöfe, Dir. für den Hirtendienst der Bischöfe vom 22. Februar 2004: VApSt 173.

Literatur

Wächter, L., Gesetz im kan. Recht. Eine rechtssprachliche u. systematisch-normative Untersuchung zu Grundproblemen der Erfassung des Gesetzes im Kath. Kirchenrecht, St. Ottilien 1989 (MThS.K 43), 113-114; Puza, R., Art. Gesetzgebungsverfahren, Kath.: LKStKR Bd. 2, 124-125; Pree, H., Art. Gesetzesbefehl: LKStKR Bd. 2, 108; KanR I, 157-159; Althaus, R., Die Rezeption des Codex Iuris Canonici von 1983 in der Bundesrepublik Deutschland unter bes. Berücksichtigung der Voten der Gemeinsamen Synode der Bistümer in der Bundesrepublik Deutschland, Paderborn u. a. 2000, 62-82; Schmitz, H., Rescriptum ex Audientia SS.mi. Ein Beitrag zur Formtypik kirchl. Erlasse: H. Schmitz, Studien zur Rechtskultur, Würzburg 2005 (FzK 34), 31-56, 52-54; Riedel-Spangenberger, I., Ortskirche od. Teilkirche? Das vom Bischof geleitete Volk Gottes der Diözese: Rechtskultur in der Diözese. Grundlagen u. Perspektiven, hg. v. I. Riedel-Spangenberger, Freiburg u. a. 2006 (QD 219), 14-49, 24-28; Wijlens, M., Gesetzgebung für das Volk Gottes. Vollmacht u. Auftrag des Diözesanbischofs: Rechtskultur in der Diözese. Grundlagen u. Perspektiven, hg. v. I. Riedel-Spangenberger, Freiburg u. a. 2006 (QD 219), 249-274, 251-268; Hallermann, H., Kunst kommt vom Können. Betrachtungen zur Gesetzgebungskunst am Beispiel der Leitlinien zum Umgang m. sexuellem Missbrauch im Bereich der Dt. Bischofskonferenz: AfkKR 182 (2013), 386-425, bes. 400-408; Weber, J., Die Rechtsstellung des Diözesanbischofs in der Gestaltung der Arbeitgeber-Arbeitnehmer-Beziehungen, Stuttgart u. a. 2014 (Boorberg WissenschaftsForum 24), bes. 28-46; Zeller, K., Rechtsförmlichkeiten bei der kirchl. Gesetzgebung, insb. bei der Ausfertigung teilkirchlicher Gesetze: Geist – Kirche – Recht (FS Gerosa), hg. v. L. Müller – W. Rees, Berlin 2014, 49-69; Rees, W., Die Rechtsnormen: HbkathKR[3], 127-162, 139-141; Wächter, L., Die gesetzgebende Gewalt übt der Bischof selbst aus (c. 391 § 2 CIC). Beteiligung am Werdegang eines kirchl. Gesetzes am Beispiel des „Grundstatuts für Pastoralverbünde im Bistum Fulda": Thesauris in vasis fictilibus – „Schatz in zerbrechlichen Gefäßen" (2 Kor 4,7), hg. v. B. Willmes – Chr. G. Müller, Freiburg u. a. 2018 (Fuldaer Studien 22), 530-553; Socha, H.: MKCIC c. 7, Rn. 2.

Lothar Wächter

© 2019, DOI: 10.30965/9783506786388_0238

Gesetzgebungsverfahren – Evangelisch

Das Verfahren der →Gesetzgebung in den →Synoden als den gesetzgebenden Organen (→Gesetzgeber) ist in den Verf. der ev. →(Landes)kirchen u. der gesamtkirchlichen Zusammenschlüsse (→Evangelische Kirche in Deutschland, →Union Evangelischer Kirchen in der EKD, →Vereinigte Evangelisch-Lutherische Kirche Deutschlands) u. in den GO der Synoden geregelt. Es ist z. T. den Gepflogenheiten der staatl. Parlamente nachgebildet, darüber hinaus aber durch kirchl. Besonderheiten vielfach geprägt.

Das Verfahren lässt sich in drei Abschnitte einteilen: erstens Gesetzesinitiative, zweitens Gesetzesberatung m. Gesetzesbeschluss u. drittens Ausfertigung u. Verkündung.

In allen Kirchen können Gesetzesentwürfe aus der Mitte der Synoden eingebracht werden. Daneben hat meist die institutionelle →Kirchenleitung (KL, →Kirchensenat, →Landeskirchenrat, →Oberkirchenrat etc.) das Recht der Gesetzesintiative, z. T. darüber hinaus auch die Kreissynoden.

Ähnlich wie bei den staatl. Parlamenten ist die zwei- od. dreimalige Lesung von Gesetzesentwürfen u. eine Beratung in den Ausschüssen der Synoden vorgesehen. Bei der Beschlussfassung gilt das Mehrheitsprinzip. Die Synoden tagen öff. Dies sichert ein hohes Maß an Diskussion u. Transparenz. Insofern hat die Anlehnung an parlamentarische Vorbilder auch in der Kirche ihren guten Sinn. Allerdings sind die Synoden anders zusammengesetzt als die Parlamente u. es besteht auch ein dem parlamentarischen vergleichbares Fraktionswesen noch nicht.

Eine Besonderheit kirchl. Gesetzgebung stellen die versch. Einspruchsrechte anderer kirchenleitender Organe gegen Synodalbeschlüsse dar. Diese stehen z. T. den →Bischöfen, z. T. den Verwaltungsorganen od. (meist) der institutionellen KL zu. Insb. dann, wenn ein Veto (nur) m. der Begründung erhoben werden kann, dass ein Synodalbeschluss verfassungs- od. bekenntniswidrig ist, ist es nur erschwert od. gar nicht zu überwinden. In der Han bedarf jedes →Gesetz der Zustimmung des Kirchensenats, gegen deren Verweigerung sich die Synode nur m. der verfassungsändernden Zwei-Drittel Mehrheit durchzusetzen vermag.

Besonderheiten ergeben sich in verwaltungsunierten Kirchen (→Unierte Kirche) aus dem unterschiedlichen Bekenntnisstand der Gde. Da das →Bekenntnis nicht Gegenstand der Gesetzgebung ist u. da nicht m. Mehrheit darüber entschieden werden kann, können z. T. bekenntnismäßige Minderheiten die Einführung synodaler Beschl. für ihren Bereich verhindern, z. T. steht auch einzelnen Gde. ein solches Vetorecht zu. In manchen LK findet in bekenntnisrelevanten Fragen im Konfliktfall der Versuch einer Einigung innerhalb der Synode im Wege einer „itio in partes" der Synodalen der unterschiedlichen Bekenntnisse statt.

Gesetze werden nach ihrem Zustandekommen zumeist durch andere kirchenleitende Organe ausgefertigt u. im Gesetzes- bzw. →Amtsblatt der jeweiligen Kirche verkündet.

Da die Synoden nicht ständig tagen, ist in den →Kirchenverfassungen meist auch die Möglichkeit zum Erlass von gesetzesvertretenden VO für Eilfälle (sog. Notverordnungen) durch die institutionellen KL vorgesehen. Allerdings bedürfen diese Notverordnungen entweder der nachträglichen Genehmigung durch die Synoden od. können durch diese aufgehoben werden.

Ein Sonderfall der Gesetzgebung ist die Änderung der KirchVerf. od. anderer Gesetze m. Verfassungsrang, die zumeist der 2/3 Mehrheit in der Synode bedarf. Einen Sonderfall stellt auch die Beschlussfassung über Gesetzesvorschriften dar, die – wie typischerweise die Verfassungspräambeln – das Bekenntnis der Kirche wiedergeben.

Literatur

Frost, H., Strukturprobleme ev. Kirchenverfassung, Göttingen 1972, 341-343, 457-462, 508-510; Bielitz, K., Probleme heutiger Synodalpraxis: Das Recht der Kirche Bd. III, hg. v. G. Rau – H.-R. Reuter – K. Schlaich, Gütersloh 1994, 349-369; Barth, Th., Elemente u. Typen landeskirchlicher Leitung, Tübingen 1995; Dehnen, D., Kirchenverfassung u. Kirchengesetz: Das Recht der Kirche Bd. III, hg. v. G. Rau – H.-R. Reuter – K. Schlaich, Gütersloh, 448-473; Heckel, Ch., Die Verfassung der ev. Landeskirchen: HevKR, 470-482.

Heinrich de Wall

Gesetzgebungsvollmacht – Katholisch

Die G. (potestas legislativa) ist als die erste Rechtsquelle des KR wichtigster Bestandteil der im göttlichen Recht (→Ius divinum) grundgelegten (vgl. c. 129) hoheitlichen Hirten- bzw. Leitungsvollmacht (potestas regiminis), die in gesetzgebende, ausführende u. richterliche Gewalt unterschieden wird (c. 135; c. 985 CCEO).

Allein ein zuständiger →Gesetzgeber hat die →Vollmacht, ein →Gesetz zu erlassen. Der auf Montesquieu zurückgehende Grundsatz der Gewaltenteilung bzw. -trennung, der die →Gesetzgebung, →Rechtsprechung u. →Verwaltung auch zur Kontrolle (Normenkontrolle) gegeneinander abgrenzt, ist dem KR weitgehend fremd, da in den entscheidenden →Ämtern u. Organen (→Papst, →Bischofskollegium, →Diözesanbischof) die drei Gewaltfunktionen zusammenfallen, wodurch jedoch eine funktionale →Gewaltenunterscheidung (teils verpflichtend, teils fakultativ) kirchenrechtlich nicht ausgeschlossen ist.

G. kommt den m. voller oberhirtlicher Vollmacht ausgestatteten Ämtern u. Organen zu u. darf grds., ausgenommen bei Vorliegen einer ausdrücklichen Rechtsvorschrift, nicht delegiert werden (vgl. c. 135 § 2; c. 985 § 2 CCEO). Zuständige Gesetzgeber m. G. für die →Gesamtkirche sind der P. u. das Bischofskollegium (z. B. im →Ökumenischen Konzil), für die →Diözese der Diözesanbischof. Synodale G. besitzen neben dem Ök. Konzil die →Partikularkonzilien (General- u. →Provinzialkonzil), die →Bischofskonferenzen u. als am Gesetzgebungsverfahren beteiligt die →Diözesansynode. Diözesanbischöfe dürfen keine Gesetze erlassen, die dem gesamtkirchlichen Recht widersprechen (vgl. c. 135 § 2).

Abgesehen vom obersten Gesetzgeber (P., Bischofskollegium) müssen die gesetzlich festgelegten Gesetzgebungsorgane ihre G. persönlich ausüben. Der CIC/CCEO kennt keinen Fall, in dem Gesetzgebern unterhalb des obersten Gesetzgebers die in c. 30 u. c. 135 § 2 (c. 985 § 2 CCEO) normierte Möglichkeit der →Delegation von G. eingeräumt wird. Im Hinblick auf den Diözesanbischof wird in c. 391 § 2 die höchstpersönliche Ausübung der G. ausdrücklich betont. Dem →Generalvikar eines Diözesanbischofs kann somit keine G. zukommen.

Den Röm. Kongr. (→Kongregationen, römische), Organe m. stellvertretender u. Verwaltungsvollmacht, kann trotz der durch die ApK PastBon (bes. Art. 18) im Unterschied zum MP Cum iuris (1917) gegebenen stärkeren Kompetenzbegrenzung auf den Bereich der Verwaltung insb. hinsichtlich der Änderung u. Erg. von Gesetzen bei Vorliegen außergewöhnlicher Umstände entweder aufgrund einer Delegation gem. c. 30 bzw. 135 § 2 G. od. durch die m. der ApK PastBon vom 28.06.1988 (Art. 18; hierzu Art. 125 u. 126 des RGCR vom 30.04.1999) eröffnete Möglichkeit der approbatio specifica durch den P. eine Beteiligung an der G. zukommen. Ein exzessiver Gebrauch dieser Möglichkeit würde nicht der mens des Gesetzgebers (→Mens legislatoris) des CIC/1983 entsprechen, da es dem bereits in den Reformarbeiten zum CIC/1983 formulierten Anliegen einer Unterscheidung der Gesetzgebung von der Verwaltung (vgl. Leitsatz 7 der Principia quae Codicis Iuris Canonici recognitionem dirigant) widerspricht.

Quellen

Benedikt XV., MP Cum iuris vom 15. September 1917: AAS 9 (1917), 483-484; Principia quae Codicis Iuris Canonici recognitionem dirigunt: Comm. 2 (1969), 77-85; Johannes Paul II., ApK Pastor bonus vom 28. Juni 1988: AAS 80 (1988), 841-923; SecrStat, Regolamento generale della Curia romana vom 30. April 1999: AAS 91 (1999), 629-699.

Literatur

Schmitz, H., Gesetzgebungsbefugnis u. Gesetzgebungskompetenzen des Diözesanbischofs nach dem CIC von 1983: AfkKR 152 (1983), 62-75; Wächter, L., Gesetz im kan. Recht, St. Ottilien 1989 (MThS.K 43), 173-175, 307-319; KanR I, 152-159, 161-162, 385-425; Aymans, W., Art. Gesetzgebung. Kirchl.: LThK³ Bd. 4, 595; Primetshofer, B., Approbatio in forma specifica. Überlegungen zur Normentyppik im kanonischen Recht: AfkKR 169 (2000), 408-432; Pree, H., Kirchl. Leitungsgewalt. Aspekte ihrer Reichweite u. Anwendung: AfkKR 181 (2012), 39-56; Krämer, P., Die Vollmachten des Diözesanbischofs nach dem CIC/1983: Zwischen Vollmacht u. Ohnmacht. Die Hirtengewalt des Diözesanbischofs u. ihre Grenzen, hg. v. S. Demel – K. Lüdicke, Freiburg u. a. 2015, 112-129; Ihli, St., Der Diözesanbischof als Gesetzgeber: Zwischen Vollmacht u. Ohnmacht. Die Hirtengewalt des Diözesanbischofs u. ihre Grenzen, hg. v. S. Demel – K. Lüdicke, Freiburg u. a. 2015, 256-276; Socha, H.: MKCIC cc. 7, 29, 135.

Lothar Wächter

© 2019, DOI: 10.30965/9783506786388_0239

Gesetzliche Verwandtschaft

→Adoption

Gesetzmäßigkeit – Katholisch

G. ist die Übereinstimmung des Handelns od. Verhaltens gesetzesunterworfener natürlicher (vgl. auch consuetudo secundum legem/→Gewohnheitsrecht) od. jur. Personen (→Juristische Person, kirchliche) m. dem →Gesetz. Ausdrücklich sind in c. 135 (vgl. c. 985 CCEO) →Gesetzgebung, →Rechtsprechung u. →Verwaltung an das Gesetz gebunden; dadurch soll Rechtssicherheit geboten u. willkürliche Rechtsanwendung in Rechtsprechung u. Verwaltung verhindert werden. Bzgl. der Gesetzgebung darf der untergeordnete Gesetzgeber höhere Gesetze nicht verletzen. Die Rechtsprechung bewegt sich im Rahmen der Gesetze (vgl. auch c. 221; c. 24 CCEO). Die Verwaltung verfügt über einen gewissen Ermessensspielraum, ist aber grds. an das Gesetz gebunden; z. B. ist nach c. 38 (vgl. c. 1515 CCEO) ein →Verwaltungsakt unwirksam, wenn er einem Gesetz widerspricht u. die zuständige Autorität keine Derogationsklausel (→Derogation) beigefügt hat (vgl. auch cc. 33 § 1, 34 § 2, 48, 49).

Im →Strafrecht bedeutet G., dass auf die Verletzung eines Gesetzes od. →Verwaltungsbefehls abgestellt ist (vgl. c. 1321; vgl. auch c. 1414 § 1 CCEO); →Strafen dürfen nur nach Maßgabe des Gesetzes verhängt werden (vgl. c. 221 § 3; c. 24 § 3 CCEO). Dem liegt der Grundsatz nulla poena sine lege (→Nulla-Poena-Grundsatz) (keine Strafe o. Gesetz) zugrunde, der aber durch c. 1399 (bes. schwere Rechtsverletzung u. Verhütung od. Behebung von →Ärgernissen) durchbrochen wird; im CCEO fehlt eine Parallele zu c. 1399.

Literatur

Diz Pintado, M. E., El principio de legalidad penal en el derecho canónico: en el Código de 1917 y en el de 1983: REDC 42 (1985), 401-419; Heimerl, H., Die Bindung der Verwaltung an das Gesetz im CIC/1983: Im Dienst von Kirche u. Staat. In memoriam Carl Holböck, hg. v. F. Pototschnig – A. Rinnerthaler, Wien 1985 (KuR 17), 421-443; Köck, H. F., Zum Verhältnis von Legalität u. Legitimität kirchl. Rechtsakte: Scientia canonum (FS Pototschnig), hg. v. H. Paarhammer – A. Rinnerthaler, München 1991, 155-181; Zuanazzi, I., Il principio di legalità nella funzione amministrativa canonica: IusEccl 8 (1996), 37-69; Amann, Th. A., Der Verwaltungsakt für Einzelfälle. Eine Untersuchung aufgrund des Codex Iuris Canonici, St. Ottilien 1997 (MThS.K 54), bes. 16 f.; Isensee, J., Art. Legalität: LThK[3] Bd. 6, 739-741; Fornés, J., Legalidad y flexibilidad en el ejercicio de la potestad eclesiástica: IusCan 38 (1998), 119-145; Eicholt, B., Geltung u. Durchbrechungen des Grundsatzes „Nullum crimen nulla poena sine lege" im kan. Recht, insb. in c. 1399 CIC/1983, Frankfurt 2006 (AIC 39); Pree, H., Die Ausübung der Leitungsgewalt: HbkathKR[3], 207-233, bes. 225 f.; Rees, W., Grundfragen des kirchl. Strafrechts: HbkathKR[3], 1569-1590, bes. 1578 f.; Santos Diez, J. L., Legalidad penal (principio de): DGDC Vol. IV, 1006-1008; Zuanazzi, I., Legalidad (principio de): DGDC Vol. IV, 1002-1006; Socha, H.: MKCIC c. 135; Lüdicke, K.: MKCIC c. 1399.

Franz Kalde

© 2019, DOI: 10.30965/9783506786388_0241

Gestaltungsordnung

→Friedhof

Geständnis – Katholisch

1. Das gerichtliche u. das außergerichtliche G. sind →Parteiaussagen. Anders als der CIC/1917 (cann. 1742-1746, 1750-1753) vereinigt der CIC /1983 das G. u. die Parteierklärungen, die keine G. sind, in einem Kap. (cc. 1530-1538) u. erkennt sie als Beweismittel (→Beweis) in Verfahren öff. Interesses an, definiert jedoch nur das gerichtliche G. Es ist eine schriftliche od. mündliche Erkl. einer privaten Prozesspartei über eine Tatsache hinsichtlich der Streitmaterie, die vor dem zuständigen →Richter, d. h. im Zuge eines laufenden Verfahrens, aus eigenem An-

trieb od. auf richterliches Befragen gegen sich selbst abgegeben worden ist (c. 1535). Im Unterschied zum gerichtlichen erfolgt das außergerichtliche G. nicht vor dem zuständigen Richter. Gem. kirchl. Ehejudikatur ist das G. nicht gegen das prozessuale Parteiinteresse gerichtet, sondern eine Erkl., durch die eine →Partei eine eigene Tatsache gegen die Gültigkeit der Ehe (→Ehegültigkeit) kundgibt (Art. 179 § 2, 181 DC).

2. In Verfahren privater Angelegenheiten befreit das gerichtliche G. die Gegenpartei von der Beweislast (c. 1536 § 1). Ist das öff. Wohl betroffen, wird dem G. Beweiskraft zuerkannt, die vom Richter zusammen m. den Fallumständen zu würdigen ist. Durch zusätzliche Beweiselemente kann es volle Beweiskraft erlangen (cc. 1536 § 2, 1537). Beruht das G. auf einem Tatsachenirrtum od. ist es unter dem Einfluss von Zwang od. schwerer Furcht zustande gekommen, entbehrt es jeder Beweiskraft (c. 1538). Das MP →Mitis Iudex Dominus Iesus hat die Würdigung der Beweiskraft des gerichtlichen G. in →Ehenichtigkeitsverfahren verändert (c. 1678 § 1). Der CCEO weist terminologische nicht jedoch sachliche Veränderungen auf (cc. 1216-1219, 1364 § 1).

Quellen

PCLT, Instr. Dignitas Connubii: Comm. 37 (2005), 11-92, bes. Art. 179 § 2, 181; Franziskus, MP Mitis Iudex Dominus Iesus vom 15. August 2015: AAS 107 (2015), 958-970.

Literatur

Gehr, J., Art. Geständnis: LKStKR Bd. 2, 127-128; Lüdicke, K., Dignitatis connubii. Die Eheprozessordnung der kath. Kirche, Essen 2005 (BzMKCIC 42); Montini, G. P., Confesión judicial: DGDC Vol. II, 497-501; Lüdicke, K.: MKCIC Einführung vor 1671; vor 1671; c. 1678.

Josef Gehr

© 2019, DOI: 10.30965/9783506786388_0243

Geständnis – Jüdisch

G. ist ein jur. Begriff im Prozessrecht, der bez., dass ein Mensch etwas zugibt (vgl. Widuy: Bekenntnis, u. vgl. auch Bedanken: Hoda'ah bzw. Hodaja). Eine Aussage, die man selbst tätigt, hat vor dem Gericht (Beit Din) die gleiche rechtliche Gültigkeit wie ein starker →Beweis bzw. zwei od. mehr →Zeugen – obgleich man in diesem Fall nicht als Zeuge seine Aussage macht, weil man gegenüber sich selbst m. Vorurteilen belastet ist. Daher wird das G. auch ernsthaft geprüft. Ein G. ist verpflichtend u. hat ggf. zivilrechtliche, jedoch keine strafrechtlichen Folgewirkungen im Strafregister gem. der halachischen Regel, dass man sich nicht als eine boshafte u. sündige Persönlichkeit darstellen darf (E'in Adam Messim Atzmo Rascha). Obwohl man sich selbst am nächsten steht u. am vertrautesten ist (Karow), gilt eine reflektive Aussage als verpflichtend. Dem G. können deshalb zivilrechtliche Rechtsfolgen anhaften, z. B. im Falle, dass ein Angeklagter nur einen Teil der Anklage zugibt, muss er ggf. Schadensersatz in Bezug auf den Teil der Anklage zahlen, den er zugibt; jedoch verpflichtet die Aussage auf einen weiteren →Eid (Modeh Bemiktzat). Die Aḥronim haben sich intensiv m. dem Prinzip des G. beschäftigt, um die Funktion der subjektiven Glaubwürdigkeit u. persönlichen Verpflichtung zu klären. Das Gericht hat die Gründe eines G. zu untersuchen, um auszuschließen, dass es an Willensmängeln leidet.

Quellen

Bavli, Kiduschin 66b; Bava Mezia 3b-4a, Schewuot 39b; Ktzot HaHoschen, 34:4.

Literatur

Hodaat Baal Din: Talmudic Encyclopedia Vol. VIII, hg. v. M. Berlin (Bar Ilan) – S. J. Zevin – J. Hutner, Jerusalem 1957, 392-435; De Vries, B., The Testimony of Witnesses and the Instantaneous Delivery of the Confessed Amount – Heilach weHoda'at Edim: Tarbiz 34/4 (1965), 346-350; ders., Hoda'ah Bemiktzat: Tarbiz 36/3 (1967), 229-238; Steinfeld, Z. A., Modeh

Be-Miktzat – Partial Admission in Talmudic Law, Ramat Gan 1979; Kirschenbaum, A., The Criminal Confession in Jewish Law, Jerusalem 2004; Shochetman, E., Civil Procedure in Rabbinical Courts, Vol. II, Jerusalem 2011, 788-789.

Neri Ariel

© 2019, DOI: 10.30965/9783506786388_0243

Gesundheitszeugnis, kirchliches – Katholisch

1. Das G. ist ein vom allg. KR vorgeschriebener Bestandteil des →Skrutiniums über die Eigenschaften eines →Weihebewerbers. Es dient dem positiven Nachweis der →kanonischen Eignung in gesundheitlicher Hinsicht (cc. 1051 u. 1052) u. der Urteilsbildung des zuständigen Oberen, die das G. einbeziehen muss, durch dieses aber nicht erübrigt wird.

2. Bei der Aufnahme in das →Priesterseminar muss entspr. der Ordnung für die Priesterbildung die physische u. psychische Gesundheit des Kandidaten durch geeignete →Urkunden bewiesen werden (c. 241 §§1 u. 2; RO DBK, Art. 63 u. 187). Die entspr. Untersuchung muss durch einen Arzt u. ggf. einen Psychologen od. Psychiater erfolgen. Dabei müssen auch evtl. von der Familie ererbte Anl. beachtet werden (OT 6; RFIS/2016, Nr. 189-196). Eine hinreichende leibliche u. seelische Gesundheit gilt als eines der Kriterien zur Beurteilung der Eignung für den Priesterberuf (RO DBK, Art. 69).

3. Ein weiteres G., das nach einer Untersuchung des physischen u. psychischen Gesundheitszustands des Weihebewerbers ausgestellt sein muss, ist als eine Zulassungsvoraussetzung zum Empfang der Weihe (→Weiheempfang) rechtlich gefordert. Diese Norm bindet den Inkardinationsordinarius (c. 1051, 2°). Der →Weihespender ist verpflichtet, sich Gewissheit zu verschaffen, dass das Skrutinium vorschriftsmäßig durchgeführt wurde (c. 1052 §1) u. folglich auch das G. für den Weihebewerber vorliegt.

4. Der Nachweis der erforderlichen Gesundheit gilt gem. cc. 642 u. 735 §2 auch als Zulassungsvoraussetzung zum →Noviziat, allerdings ist die Ausstellung eines G. nur fakultativ geregelt. Dabei wird auf den in c. 220 (c. 23 CCEO) verankerten Schutz der persönlichen →Intimsphäre hingewiesen, der auch bei der Aufnahme ins Seminar u. der Zulassung von Weihebewerbern zu beachten ist.

5. Einem G. kann v. a. auch in →Ehenichtigkeitsverfahren m. dem Klagegrund der →Impotenz od. des Konsensmangels wegen →Geisteskrankheit entscheidende Bedeutung zukommen, wenn der Richter ein entspr. Gutachten von →Sachverständigen (→Sachverständigengutachten) einholt.

Quellen

Vat II, OT; Rahmenordnung für die Priesterbildung vom 12. März 2003, hg. v. Sekretariat der DBK, Bonn 2003 (DDB 73); Kongregation für den Klerus, Das Geschenk der Berufung zum Priestertum. Ratio Fundamentalis Institutionis Sacerdotalis vom 8. Dezember 2016, Vatikanstadt 2016.

Literatur

Althaus, R., §23 Die Aus- u. Fortbildung der Kleriker: HbkathKR³, 372-387; Reinhardt, H. J. F.: MKCIC c. 241; Althaus, R.: MKCIC cc. 1051-1052; Henseler, R. – Meier, D.: MKCIC c. 642.

Heribert Hallermann

© 2019, DOI: 10.30965/9783506786388_0244

Get – Jüdisch

→Scheidung, →Scheidungsurkunde

Gewalt – Islamisch

G. ist nach der vieldiskutierten These des Ägyptologen J. Assmann möglicherweise genuin Teil monotheistischer Religionen u. Resultat des Wahrheitsanspruchs des Glaubens an nur einen Gott. Seit den 1990er J. ist religiöse G. in der öff. Wahrnehmung in Europa meist m. dem

→Islam verknüpft. Dabei wird Bezug genommen auf den →Koran u. die Prophetentradition (arabisch →sunna). Es ist aber zu unterstreichen, dass zwischen hl. Schr. einer Religion, ihrer exegetischen Praxis u. v. a. der hist. Praxis ihrer Gläubigen zu unterscheiden ist. Die Geschichte der meisten Religionen ist durch Politik etc. gewaltbetont, ihre Ethiken hingegen meist friedfertig.

G. ist im Koran kein ethisches Prinzip. Im Koran werden Sanftmut u. Friedfertigkeit gepriesen. Im Jenseits ist Friedfertigkeit das oberste Gebot. Namen od. Titel wie „Schwert des Islam" (arabisch „Saif al-Islam") o. Ä. werden in Teilen der islam. Theologie als Ausdruck einer Herrschermacht verstanden, die den Islam als Friedensordnung nicht akzeptiert.

G. wird in der islam. Tradition durch Regeln eingehegt. So ist im Prinzip G. zwischen Muslimen verboten (nach Q 4:92). Denn in der Theorie sollen Muslime eine Gemeinschaft unter einer Herrschaft bilden. Die Vollstreckung der Blutrache als eine legale Form der G. ist an strikte Regeln gebunden. Die Annahme einer Entschädigungszahlung (Blutgeld, arabisch diya) statt der Vergeltung (talio, arabisch qisâs) wird empfohlen. Auch gegenüber Nichtmuslimen besteht zunächst ein Tötungsverbot (so Q 17:33, 6:151). Sie sollen zur Annahme des Islam od. zur vertraglich geregelten Unterwerfung aufgefordert werden, bevor gegen sie m. G. vorgegangen werden darf. Vorrang vor der G. hat daher immer der →Vertrag. Recht wird als legitime u. legale Gewalt verstanden, bes. in den sog. koranischen →Strafen (arabisch hudûd): Handabhacken bei Diebstahl, Auspeitschung od. Steinigung bei →Ehebruch bzw. bei falscher Anklage wegen Ehebruch, Auspeitschen bei Weintrinken, Kreuzigung bei Wegelagerei m. Tötungsdelikt.

Vorislamisch war G. durch ständige Auseinandersetzungen zwischen den Stämmen der arabischen Halbinsel gängige Praxis (arabisch harb, Krieg). Der Islam erklärte diese Praxis aber als illegal. Legitim u. legal ist nur der sog. →Dschihad. Dieses arabische Wort meint wörtlich Sich-Abmühen u. kann auch für nicht m. G. verbundene Aktivitäten benutzt werden. Der Dschihad als gerechter, jedoch nicht als hl. Krieg kann nur durch die legitimen Autoritäten erklärt werden. Die Aneignung von Territorium eines Feindes ist dann rechtmäßig u. geschieht durch legale G. (arabisch anwa). O. eine solche Rechtmäßigkeit ist G. illegal.

Seit dem 10./11. Jh. wird theol. zwischen dem sog. Kleinen Dschihad (dem Kampf m. der Waffe) u. dem sog. Großen Dschihad (dem Kampf gegen die eigenen Triebkräfte) unterschieden. Stirbt ein „Kämpfer auf dem Weg Gottes" (arabisch mudschâhid fi sabîli Llâh) im Kampf, tritt er als →Märtyrer (arabisch schahîd) ins Paradies ein. Nur bei der frühislamischen Splittergruppe der Khâridschiten galt der Dschihad als sechste Glaubenspflicht (→Pflichten) für jeden Muslim. Sonst ist er zunächst eine „Pflicht der genügenden Menge" (arabisch fard kifaya), d. h., eine, die durch die reguläre Armee eines muslimischen Herrschers erfüllt wird. Erst wenn Feinde in ein islam. Land eindringen, wird der Dschihad als Verteidigung zur individuellen Pflicht (arabisch fard ʿayn). Die generelle Pflicht zum Dschihad endet nach allg. Auffassung am Jüngsten Tag. Dschihad als legitime G. kann nur gegen Nichtmuslime geführt werden. Soll er gegen Muslime gehen, müssen diese erst zu Apostaten erklärt werden (→Apostasie). Zwar bilden sich ab dem 18. Jh. Gruppen, die ihre Auffassung des Islam als Konfession in den Dienst des Staates stellen u. die bis dahin allg. Ethik der Toleranz aufgeben, wie die Wahhabiten auf der arabischen Halbinsel in ihrem Bündnis m. den Al Saʿud, aus dem das Königreich Saudi-Arabien entstehen sollte. Doch erst im 20. Jh. vertraten radikale Gruppen die Auffassung, erst im Dschihad, also durch G., würde der Islam realisiert. Er sei ein →Gottesdienst u. wichtiger als das →Gebet. G. soll so eine Tugendordnung durchsetzen, auch gegen andere Muslime u. den muslimischen Staat, die als Ungläubige (arabisch kuffâr, sing. kâfir) angesehen werden. Muslim zu sein bedeutet für diese Gruppen, mudschâhid, Krieger, zu sein. Das Friedensgebot gilt hier nur für die richtige, d. h. i. d. R., eigene islam. Gruppe, nicht für die Welt als Ganze u. auch nicht für alle Muslime.

Literatur

Noth, A., Hl. Krieg u. Hl. Kampf in Islam u. Christentum. Beiträge zur Vorgeschichte u. Geschichte der Kreuzzüge, Bonn 1966; Der Islam – Religion u. Politik, hg. v. H. Waldenfels – H. Oberreuter, Paderborn 2004 (Politik- u. Kommunikationswiss. Veröff. der Görres-Gesellschaft 23); Schulze, R., Islam. Puritanismus u. die religiöse Gewalt: Im Zeichen der Religion, hg. v. C. Abbt – D. Schoeller, Frankfurt – New York 2008, 34-56; ders., Über Religion, Wahrheit u. Gewalt: Die Gewalt des einen Gottes. Die Monotheismus-Debatte zwischen Jan Assmann, Micha Brumlik, Rolf Schieder, Peter Sloterdijk u. a., hg. v. R. Schieder, Berlin 2014, 324-360; Assmann, J., Totale Religion. Ursprünge u. Formen puritanischer Verschärfung, Wien 2016; Gewalt u. Gewaltfreiheit in Judentum, Christentum u. Islam, hg. v. M. Thurau, Göttingen 2019.

Jörn Thielmann

© 2019, DOI: 10.30965/9783506786388_0246

Gewalt, geistliche

→Vollmacht

Gewaltenkontrolle – Staatlich

Den Verfassungsstaaten der Gegenwart ist als gemeinsame Überlieferung das Prinzip der →Gewaltenteilung gemeinsam. Dieser Begriff wird dafür verwandt, dass ein Staat unterschiedliche Grundfunktionen (Gesetzgebung, Vollziehung, Rspr.) erfüllt u. diese Funktionen versch. Organen (Parlamente, Exekutivorgane, Gerichte) zugeordnet sind. Die Funktionentrennung wird nicht strikt durchgehalten; vielmehr nehmen Parlamente in beschränktem Maße exekutivische Aufgaben wahr, sind Exekutivorgane in weiten Bereichen rechtsetzend tätig (VO, Satzungen) u. erfüllen Gerichte vielfach Verwaltungsaufgaben (Grundbuch, Handelsregister usw.), so dass es zu einer Funktionenverschränkung kommt. Neben der Funktionentrennung u. -verschränkung ist die G. (checks and balances) ein wesentlicher Bestandteil des Gewaltenteilungsprinzips.

Als verfassungsrechtlicher Begriff bez. Kontrolle die Befugnis eines Staatsorgans, Handlungen eines anderen Organs zu überprüfen u. ggf. aufzuheben bzw. zu ersetzen. Grds. ist deshalb zwischen der Prüfungsbefugnis u. der Aufhebungsbefugnis zu unterscheiden. Die Kontrolle kann innerhalb einer Staatsfunktion ausgeübt werden – sich also als intrafunktionell darstellen – od. zwischen Organen unterschiedlicher Funktionen stattfinden u. somit als interfunktionell bez. werden. Die klassische Kontrollfunktion gegenüber der Regierung kommt den Parlamenten (BT, Landtage) zu. In der Staatspraxis wird die Kontrolle im Wesentlichen durch die Oppositionsfraktionen wahrgenommen, weil Regierungen u. die sie stützenden Fraktionen eine Handlungseinheit bilden, die als Staatsleitung bez. wird. Die Parlamente haben eine Reihe von Kontrollinstrumenten (Kleine u. Große Anfragen, Fragestunde, Untersuchungsausschüsse), die von einem bestimmten Quorum der Abgeordneten od. von einzelnen Abgeordneten genutzt werden können. Auch die in Plenardebatten geäußerte Kritik an Regierungshandlungen stellt sich als Mittel parlamentarischer Kontrolle dar.

Die entscheidende Kontrollfunktion fällt dem BVerfG zu. Die Einrichtung des BVerfG, dem zwei ausführliche Art. im →Grundgesetz gewidmet sind (Art. 93, 94) stellt die bedeutsamste Neuerung im Verfassungsgefüge dar. Der Normtext lässt allerdings nicht erkennen, zu welcher Bedeutung das Gericht im Laufe der mehr als sechs Jahrzehnte seines Bestehens gelangt ist. Im Gegensatz zur Verwaltungsgerichtsbarkeit, deren Zuständigkeit durch eine →Generalklausel bestimmt ist (§ 40 Abs. 1 VwGO), sind die Verfahrensarten des

BVerfG im Einzelnen benannt (Art. 93 sowie in einzelnen Bestimmungen des GG). Das BVerfG hat die ihm durch die einzelnen Verfahrensarten (abstrakte u. konkrete Normenkontrolle, Organstreitigkeit, Verfassungsbeschwerde usw.) zugewiesene Kontrollfunktion durch extensive Interpretation von Grundrechten u. grundrechtsähnlichen Bestimmungen erheblich erw. Die Kontrolle wird sowohl gegenüber Gerichten als auch gegenüber den „übrigen" Verfassungsorganen (§ 1 BVerfGG) ausgeübt. Über die Annahme von Verfassungsbeschwerden entscheiden sog. „Kammern", die sich aus jeweils drei Richtern der beiden Senate zusammensetzen (§ 93 b BVerfGG), ihnen aber auch stattgeben können, es sei denn, dass die Beschwerde sich gegen ein Gesetz richtet (§ 93 c BVerfGG). Durch extensive Auslegung der Grundrechte, insb. i. V. m. dem ubiquitären Verhältnismäßigkeitsprinzip, nimmt das BVerfG in Gestalt seiner Kammern die Funktion einer Kontrollinstanz auch gegenüber den obersten Gerichtshöfen des Bundes ein.

Ein weiterer Schritt zur Ausdehnung der Kontrollbefugnisse ist die Subjektivierung von objektivem →Verfassungsrecht, die insb. bei Verfassungsbeschwerden gegen Zustimmungsgesetze zu Vertragsänderungen der EU geübt worden ist. Im Ergebnis räumt das BVerfG einzelnen Beschwerdeführern ein subjektives Recht auf Einhaltung objektiven Verfassungsrechts ein u. nutzt die Beschwerdeverfahren dazu aus, RL für die Integrationspolitik von BReg u. BT bzw. BR zu entwickeln. Auch auf anderen Sachgebieten werden für zukünftige Gesetzgebung Direktiven gegeben. Aufgrund der stets ausufernden Entscheidungsbegründungen ist die vom Gericht selbst betonte Grenze zwischen tragenden Gründen u. obiter dicta fließend geworden. Von in der Rechtspraxis entscheidender Bedeutung ist der Rechtsschutz u. damit die Kontrolle staatl. Handelns durch die Verwaltungsgerichtsbarkeit. Art. 19 Abs. 4 GG enthält eine Rechtsweggarantie u. gewährleistet damit einen umfassenden Rechtsschutz gegen Handlungen der öff. Gewalt. Der Verwaltungsrechtsweg wird durch eine Generalklausel eröffnet (§ 40 Abs. 1 VwGO); nur in Ausnahmefällen sind die Zivilgerichte zuständig. Akte der öff. Gewalt der Bundesrepublik unterliegen hinsichtlich ihrer Vereinbarkeit m. dem Unionsrecht bzw. der →Europäischen Menschenrechtskonvention auch der Kontrolle durch den EuGH u. den Europäischen Gerichtshof für Menschenrechte. Der Zugang zu diesen Gerichtshöfen ist durch Verträge geregelt.

Bes. Kontrollfunktionen üben der Bundesrechnungshof für den Bund u. die Landesrechnungshöfe für die Länder aus. Nach Art. 114 Abs. 2 GG prüft der Bundesrechnungshof, dessen Mitglieder richterliche Unabhängigkeit besitzen, die Rechnung sowie die Wirtschaftlichkeit u. Ordnungsmäßigkeit der Haushalts- u. Wirtschaftsführung des Bundes. Nach § 1 BRHG ist der Bundesrechnungshof eine oberste Bundesbehörde u. als unabhängiges Organ der Finanzkontrolle nur dem Gesetz unterworfen. Die Aufgaben des Bundesrechnungshofs u. die Einzelheiten der Prüfung sind in der Bundeshaushaltsordnung geregelt (§§ 88-104 BHO). Im Gegensatz zu anderen Formen der G. hat der Bundesrechnungshof zwar eine Prüfungsbefugnis, nicht jedoch weitergehende Gestaltungskompetenzen. Die Prüfung der Haushaltswirtschaft des Bundes wird in Ber. zusammengefasst (§ 96 BHO), die ggf. „Bemerkungen" enthalten können (§ 97 BHO). Die Prüfberichte sind zu veröffentlichen (§ 97 Abs. 5 BHO) u. entfalten stets eine gewisse Resonanz in den Medien. Sofern nach seiner Auffassung Schadensersatzansprüche geltend gemacht werden können, macht der Bundesrechnungshof der zuständigen Stelle unverzüglich Mitteilung (§ 98 BHO). Weitergehende Befugnisse kommen dem Bundesrechnungshof nicht zu.

Literatur

Di Fabio, U., § 27 Gewaltenteilung: HSR Bd. II, Heidelberg [3]2004, 613-658; Heun, W., EvStL, 800 ff.; Schulze-

Fielitz, H.: Grundgesetz Kommentar, hg. v. H. Dreier, Tübingen ³2015, Art. 20 R Rn. 67 ff.

Jörn Ipsen

© 2019, DOI: 10.30965/9783506786388_0248

Gewaltenteilung – Staatlich

G. meint die Trennung der drei grundlegenden Staatsfunktionen Exekutive, Legislative u. Judikative sowie deren Zuweisung zu institutionell-organisatorischen sowie personell unabhängigen Staatsorganen zur Verhinderung von Machtmissbrauch u. rechtsstaatlicher Sicherung individueller bürgerlicher Freiheiten.

1. Hist. Entwicklung: Die G. findet ihre Wurzeln bereits in der Antike m. dem geistigen Entwurf der gemischten Verf. (Herodot, Platon, Aristoteles m. der Unterscheidung zwischen beratender Gewalt, Magistratur u. Rechtspflege, Polybios u. Cicero), welche über das MA bis in die Neuzeit hinein diskutiert wurde u. Geltung fand.

2. Moderne Gewaltenteilungslehre: a) Geistesgeschichtliche Tradition: In der Neuzeit wurde die G. als notio der Aufklärung zuerst von John Locke diskutiert (1690 Two Treatises of Government), der zunächst beschränkt auf die Trennung von ausführender u. gesetzgebender Gewalt, die G. als Strukturprinzip einer modernen Verf. forderte. In De lésprit des lois erg. Montesquieu dieses Modell um die rechtsprechende Gewalt u. prägte m. seinem Gedanken einer gegenseitigen Verschränkung u. Beteiligung der drei Staatsgewalten zu einem System kontrollierenden Gleichgewichts (checks and balances, → Gewaltenkontrolle) ganz entscheidend die Vorstellung der neuzeitlich liberalen Gewaltenteilungslehre, als deren Urheber er gilt. Die G. wurde zum Leitbild konstitutioneller u. parlamentarisch-demokratischer Verf., was sich in der amerikanischen Unionsverfassung von 1787 (1787-1788 Federalist Papers) u. der franz. Verf. von 1789 niederschlug. In Deutschland setze sich die G. erst m. der → Weimarer Reichsverfassung (1919) als zentrales Verfassungsprinizip durch. In der ns. Diktatur wurde die G. im Zuge des Prozesses der Gleichschaltung wieder beseitigt.

b) G. im → Grundgesetz: Im GG ist die G. in Art. 20 Abs. 2 S. 2 u. Abs. 3 GG verankert u. wird durch Art. 1 Abs. 3 GG bes. hervorgehoben. Beide Vorschriften sind durch die Ewigkeitsklausel in Art. 79 Abs. 3 GG gegen GG-Änderungen geschützt. In der staatsrechtlichen Diskussion wird die G. m. großer Selbstverständlichkeit zum tragenden Prinzip der freiheitlich demokratischen Grundordnung erklärt (BVerfGE 2, 1 u. 5, 85), welches als Ordnungsprinzip das Treffen richtiger Entscheidungen gewährleisten soll sowie der rechtsstaatlichen Sicherung bürgerlicher Freiheiten dient. Konkretisierungen erfährt die G. in den einzelnen Organisationsnormen u. Aufgabenzuweisungen des GG.

3. Entwicklung u. Problematik der G. in der Realität des gegenwärtigen Verfassungsstaats: a) Ausgangslage in der parlamentarischen → Demokratie: In modernen Darstellungen der G. findet sich die These, dass die G. in der parlamentarischen Demokratie europäischer Prägung nicht mehr zwischen Parlament u. Exekutive verwirklicht wird, sondern zwischen der parlamentarischen Mehrheit u. der von dieser getragenen Regierung einerseits u. der Opposition andererseits. Dabei kommt das Modell der parlamentarischen Demokratie der Lage der G. im GG näher, trifft dies. aber weder im normativen Ausgangspunkt noch in der Realität völlig. Die G. wird weniger durch den Wortlaut des Art. 20 Abs. 2 S. 2 GG bestimmt, als etwa durch Art. 21 GG (Rolle der politischen Parteien), Art. 63, 65, 67 GG (notwendige Mehrheiten in der Kanzlerdemokratie), Art. 50, 77 GG (Mitwirkung des Bundesrates an der Gesetzgebung), Art. 83, 84 GG (starke Stellung der Landesverwaltungen) u. Art. 93 GG (Installation eines m. umfassenden Kontrollkompetenzen ausgestatteten BVerfG). Auch die starke verfassungsrechtliche Stellung der Medien (Art. 5 GG), die vielseitig als vierte Gewalt

proklamiert werden, darf nicht außer Betracht bleiben. Bereits hierin wird deutlich, dass es bei der G. anders als im als Antwort auf den Absolutismus konzipierten klassischen Modell nicht mehr um die Teilung einer monistischen u. urspr. Staatsgewalt geht, sondern um Gewaltermöglichung, Gewaltenbalancierung u. Gewaltenkontrolle. Legitime Gewalt zur Findung u. Durchsetzung hoheitlicher Entscheidungen kann heute nicht schlicht vorausgesetzt werden. Die Entscheidungs- u. Steuerungsfähigkeit des Staates setzt vielmehr komplexe Mechanismen der Mehrheitsfindung unter Einbeziehung unterschiedlicher öff. u. privater Kräfte voraus. Dies gilt umso mehr im Hinblick auf die Herausforderungen, die durch die immer weitere Bereiche erfassenden europäischen Vorentscheidungen u. der wachsenden Macht global wirkender Wirtschaftskräfte entstehen. Das Bedürfnis nach diesen Mechanismen besteht indes nicht nur für die auf detaillierten Koalitionsvereinbarungen geltende Regierungsbildung, sondern auch für Einzelvorhaben der Legislative.

b) Wichtige Problemfelder u. Anwendungsfälle: Gewaltenteilungsprobleme im klassischen Sinne stellten sich in jüngerer Vergangenheit etwa im Hinblick auf die parlamentarische Kontrolle der Atomenergie (BVerfGE 49, 89, 124) u. beim Streit um den Einsatz der Bundeswehr bei intern. Friedensmissionen (BVerfGE 90, 286, 344). Auch die Frage nach der Reichweite des Gesetzesvorbehalts gegenüber Entscheidungen der Exekutive u. der Selbstverwaltung spielen in diesem Kontext eine Rolle (BVerfGE 33, 125, 152). Diskussionen zuletzt genannter werden aber weniger unter dem Blickwinkel der G. als vielmehr im Zeichen des Grundrechtsschutzes (parlamentarische Legitimation für grundrechtswesentliche Entscheidungen) geführt.

Literatur

Hippe, E. v., Gewaltenteilung im modernen Staat, Köln 1950; Imboden, M., Montesquieu u. die Lehre von der Gewaltenteilung (FS Huber), Berlin 1961; Montesquieu, Vom Geist der Gesetze, hg. v. E. Forsthoff, Tübingen [2]1992; Stern, K., Das Staatsrecht der Bundesrepublik Deutschland. Bd. II, München 1980, § 36; Schmidt-Aßmann, E., Der Rechtsstaat: HSR Bd. I, § 24; Gewaltenteilung heute, hg. v. J. Isensee, Heidelberg 2000.

Jacqueline Desiree Debus

© 2019, DOI: 10.30965/9783506786388_0249

Gewaltentrennung – Staatlich

→ Gewaltenteilung

Gewaltenunterscheidung – Katholisch

In Kongruenz m. den staatstheoretischen Überlegungen von Montesquieu (1689-1755) gründet die Mehrheit aller modernen demokratischen Staaten auf dem bereits der ma. Kanonistik bekannten Prinzip der Gewaltenteilung, um die jeweilige Gewalt im Zaum zu halten (Le pouvoir arrête le pouvoir) u. die staatsbürgerlichen Freiheiten zu sichern. Das kirchl. → Verfassungsrecht hat demgegenüber in Folge des Vat II (LG 19-21) den Gedanken der Gewalteneinheit gefördert. Es spricht von der sacra potestas (Hl. Gewalt od. → Vollmacht), wenngleich die traditionelle Unterscheidung von Weihe- u. Leitungsgewalt nicht aufgegeben wird, um die Befähigung zur Übernahme von Leitungsgewalt von ihrer sakramentalen Grundlage her (Empfang des → Weihesakraments) zu begründen (vgl. cc. 129, 274 § 1; c. 979 CCEO). Danach besitzen → Papst (c. 331; c. 43 CCEO), → Bischofskollegium (c. 336; c. 49 CCEO) u. → Diözesanbischöfe sowie die ihnen rechtlichen Gleichgestellten (c. 381; cc. 178, 313 CCEO) in ihrem jeweiligen Zuständigkeitsbereich die für ihren → Leitungsdienst erforderliche volle u. unteilbare Gewalt (hoheitliche Leitungsgewalt). In Abgrenzung dazu kommt den Vorstehern kleinerer kirchl. Gemeinschaften (z. B. → Pfarrern gem. c. 519) nur eine einfache Leitungsvollmacht zu. Der Grund für die Divergenz zwischen Staat u. Kirche hinsichtlich der Gewaltenfrage wird in den Unterschieden bzgl. ihres Ursprungs, Charakters u. Ziels offenkundig. Der eigenständige „Existenzgrund in der bevollmächtigten Sendung des Herrn an die Apostel“ u. der damit verbundene Auftrag, die „→Sendung des Herrn durchzuführen und sicherzustellen“, verbietet eine Teilung der Sendung in versch., einander hemmende Gewaltenfunktionen (KanR I, 423).

Die kirchl. Gewalteneinheit fordert aber zugl. gem. LG 27, 1 u. dem siebten Prinzip der Codexreform eine sachgerechte Unterscheidung der Gewaltenfunktionen im Bereich der Leitungsgewalt (potestas regiminis od. iurisdictionis). Nach c. 135 (c. 985 CCEO) umfasst sie die gesetzgebende, ausführende u. richterliche Gewalt. Die begriffliche Unterscheidung ermöglicht nicht nur die notwendige Abgrenzung zwischen den Funktionen u. ihren jeweiligen Trägern, sondern dient zugl. dem geordneten Vollzug des Gerichts- u. Verwaltungsverfahrens sowie dem →Rechtsschutz u. der →Rechtssicherheit. Eine inhaltliche Gleichsetzung m. der formal ähnlichen staatl. Gewaltenteilung verbietet sich jedoch aufgrund ihres konstitutiven Charakters, namentlich im Dienst am Heilsauftrag der Kirche in Wort, →Sakrament u. Caritas (→Caritas, Diakonie).

Die gesetzgebende Funktion der Leitungsgewalt (potestas legislativa) umfasst die Normsetzung durch den Erlass allgemeinverbindlicher Regelungen, die auf die Förderung des Zusammenlebens u. -wirkens der Christgläubigen ausgerichtet sind (cc. 7-22, 29). Träger der Gesetzgebungsgewalt (→Gesetzgebungsvollmacht) sind neben P., Bischofskollegium, Diözesanbischöfen auch →Bischofskonferenzen (c. 455), →Partikularkonzilien (c. 445) sowie →Generalkapitel u. Provinzialkapitel in klerikalen →Ordensinstituten u. →Gesellschaften des apostolischen Lebens päpstlichen Rechts (cc. 596 § 2, 631-632, 732 u. 734). M. Ausnahme des obersten →Gesetzgebers (P., Bischofskollegium) können Gesetzgebungsorgane ihre Gewalt nicht gültig delegieren (→Delegation), „wenn nicht im Recht ausdrücklich etwas anderes vorgesehen ist“ (c. 135 § 2; c. 985 § 2 CCEO). Die Normenhierarchie folgt dem hierarchischen Aufbau der Kirche (m. Ausnahme von c. 20 u. c. 1502 CCEO). Demnach ist ein dem höheren Recht widersprechendes →Gesetz ungültig (c. 135 § 2; c. 985 § 2 CCEO).

Die richterliche Gewalt (potestas iudicialis) zielt auf die Umsetzung des Rechts durch die verbindliche Entscheidung von Einzelfällen in Rechtsstreitigkeiten (ius facit inter partes), um der Verfolgung od. dem Schutz subjektiver Rechte, der Feststellung rechtlich relevanter Sachverhalte (c. 1400 § 1 1°; c. 1055 § 1 1° CCEO) od. der Verhängung bzw. Feststellung von →Sanktionen (c. 1400 § 1 2°; c. 1055 § 1 2° CCEO) zu dienen. P. u. Diözesanbischöfe bedienen sich dafür der →Richter u. Richterkollegien (→Römische Rota; →Apostolische Signatur; Offizial als vicarius iudicialis [→Gerichtsvikar]; Diözesanrichter), welche die Gewalt nicht gültig delegieren können, außer zur Vornahme von Handlungen im Bereich der Vorbereitung eines →Dekrets od. →Urteils (c. 135 § 3; c. 985 § 3 CCEO).

Die Verwaltung bez. die handelnde bzw. ausführende Gewalt (potestas exsecutiva). Inhaltlich kann sie durch die Setzung von Akten im Rahmen des Gesetzes beschrieben werden, die den Erfordernissen der kirchl. Gemeinschaft gerecht werden (cc. 135 § 4 i. V. m. 30-95, 136-144). Im Dienst der päpstlichen bzw. diözesanbischöflichen Vollmacht stehen insb. die →Römische Kurie u. die bfl. Verwaltung (Generalvikariat, →Generalvikar).

Die Träger hoheitlicher Leitungsgewalt können sich Angelegenheiten jederzeit persönlich vorbehalten u. die Zuständigkeit der betr. Vertretungsorgane für den Einzelfall beenden. In Verbindung dazu steht das Recht des P. (u. in begrenzter Weise das des Diözesanbischofs), eine Sache aus eigenem Antrieb (ius evocandi gem. c. 1405 § 1 4°) od. auf Bitte hin (ius reclamandi gem. c. 1417) an sich zu ziehen (→affectio papalis).

Die G. in den drei Funktionen der potestas regiminis verhindert prinzipiell aber keine Überschneidungen, die im Gesetz vorgesehen sind bzw. vorausgesetzt werden, z. B. die Gerichtsverwaltung (→Gerichtsverwaltung, kirchliche) im Bereich der potestas iudicialis (vgl. Pree, Ausübung, 225).

Quellen

Vat II, LG 18-27; Principia quae Codicis Iuris Canonici recognitionem dirigant: Comm. 1 (1969), 77-85.

Literatur

Baron de Montesquieu, De l'esprit des loix, 1748, dt.: Vom Geist der Gesetze, Stuttgart 1994; Mörsdorf, K., Die Regierungsaufgaben des Bischofs im Lichte der kan. Gewaltenunterscheidung: Ders., Schriften zum Kan. Recht, hg. v. W. Aymans – K.-Th. Geringer – H. Schmitz, Paderborn – München – Wien – Zürich 1989, 370-390; KanR I, 385-444; Rudiger, A., Die Leitungs- u. Machtfrage in der kath. Kirche. Dogmatische Erwägungen zur amtl. Gemeindeleitung (munus regendi) u. zur hl. Vollmacht (sacra potestas) im Spiegel der Gewaltenkonzeption Klaus Mörsdorfs, Freiburg 2002; Weiß, A., Potestas regiminis. Kan. Erwägungen zur Struktur der kirchl. Leitungsvollmacht: Dienst an Glaube u. Recht (FS May), hg. v. A. Egler – W. Rees, Berlin 2006 (KStT 52), 657-671; Pree, H., Kirchl. Leitungsgewalt, Aspekte ihrer Reichweite u. Anwendung: AfkKR 181 (2012), 39-56; Hansen, F., The threefold power of governance: StCan 48 (2014), 373-410; Nelles, M., § 12 Die geistl. Vollmacht: HbkathKR³, 199-206; Pree, H., § 13 Die Ausübung der Leitungsgewalt: HbkathKR³, 207-233; Müller, L. – Ohly, C., Kath. Kirchenrecht. Ein Studienbuch, Paderborn 2018 (utb 4307), 53-60; Socha, H.: MKCIC cc. 129-144.

Christoph Ohly

© 2019, DOI: 10.30965/9783506786388_0251

Gewaltenunterscheidung – Evangelisch

Welches Verhältnis die Verfassungsorgane in der ev. →Kirchenverfassung zueinander haben, ist nur zu verstehen, wenn zwei hist. Ausgangspunkte berücksichtigt werden: Zum einen übernahmen die KirchVerf., welche in den ev. →Landeskirchen nach dem Ende des landesherrlichen Kirchenregiments (→Kirchenregiment, landesherrliches) im J. 1918 erlassen wurden, die staatl. Strukturen der repräsentativen →Demokratie m. getrennten Verfassungsorganen (→Synoden, Kirchenbehörden u. leitenden →Geistlichen). Zum anderen gaben sich nach dem Ende des NS viele LK neue KirchVerf., um den Erfahrungen des →Kirchenkampfs rechtliche Gestalt zu geben u. die unauflösliche Bindung der äußeren Ordnung an das →Bekenntnis zum Ausdruck zu bringen. Schlüssel für das rechte Verständnis der G. ist seitdem die 4. These der →Barmer Theologischen Erklärung von 1934: „Die verschiedenen Ämter in der Kirche begründen keine Herrschaft der einen über die anderen, sondern die Ausübung des der ganzen Gemeinde anvertrauten und befohlenen Dienstes." Dies wird heute verfassungsrechtlich dadurch umgesetzt, dass die Kirchenleitungsorgane „in arbeitsteiliger Gemeinschaft und gegenseitiger Verantwortung zusammenwirken" (z. B. Art. 54 Abs. 1 EKM.KirchVerf.).

Daher passen die säkularen Gewaltenteilungskonzepte nur begrenzt zur Kirche. Gegen deren Übertragung auf die Kirche wird eingewendet, dass der Aspekt der Machtkontrolle u. -balance dem kirchl. Bereich fremd sei. Die Aufteilung der Staatsgewalt diene der Begrenzung menschlicher Machtfülle, um Freiheit zu sichern. Das Grundmotiv kirchl. Ordnung sei hingegen nicht das Misstrauen gegenüber der menschlichen Natur, sondern das grds. Vertrauen in das Urt. des Mitchristen u. das kirchl. Handeln in der gemeinschaftlichen Verantwortung der Getauften. Allerdings wird dabei nicht immer ausreichend berücksichtigt, dass auch in der Kirche Macht ausgeübt wird u. deshalb begrenzt u. kontrolliert werden muss.

Hieraus folgt, dass das Miteinander der Verfassungsorgane ein allg. Grundsatz der ev. KirchVerf. ist. Unter dieser Prämisse ist die funktionale Aufteilung der hoheitlichen Gewalt in die drei Funktionen der Legislative, Exekutive u. Judikative auch für den kirchl. Bereich adäquat. Insofern kann vom Prinzip einer kirchenspezifischen Demokratie u. Gewaltenteilung gesprochen werden. Auf dieser Grundlage haben sich in der Kirche unterschiedlichere Verfassungstypen ausgebildet als im Staat, der nur die Formen der parlamentarischen u. der Präsidialdemokratie kennt.

Zu den kirchl. Besonderheiten gehört auch, dass der leitende Geistliche (→Bischof, →Präses u. a.) nicht ganz in das Schema der G. passt. Er nimmt in erster Linie ein Verkündigungsamt in der ganzen LK wahr u. hat – jedenfalls theol. gesehen – nur in zweiter Linie rechtliche Leitungsaufgaben.

Relativ klar strukturiert ist die gesetzgebende Gewalt. Die →Gesetzgebung liegt überall bei der Synode als Repräsentationsorgan, weist aber einige Besonderheiten auf. Da die Synode rein ehrenamtlich arbeitet, ist sie stärker auf die Zuarbeit der →Kirchenverwaltung angewiesen. Die →Kirchenleitung hat ein weitergehendes Verordnungsrecht als die staatl. Exekutive. Aus Bekenntnisgründen od. zum Schutz der Verf. gibt es häufig ein Einspruchs- od. Vetorecht der anderen Verfassungsorgane.

Viele KirchVerf. unterscheiden – anders als die Staatsverfassung, unter der die Zweite Gewalt rechtlich nicht in Regierung u. Verwaltung aufgeteilt wird, sondern die Regierung auch für die ihr nachgeordnete Verwaltung verantwortlich ist – zwischen der Kirchenleitung u. der Kirchenverwaltung. Diese LK haben als eigenes Verfassungsorgan eine KReg., die sich aus Mitgliedern der anderen Verfassungsorgane (Synode, Kirchenbehörde u. dem leitenden Geistlichen) zusammensetzt. In diesen LK wirkt die Synode m. dem leitenden Geistlichen u. dem Kollegialorgan in einem weiteren Verfassungsorgan, der KReg., zusammen.

I. Ü. gibt es zwei große Strukturprinzipien, das Einheits- u. das Trennungsprinzip. Beim Einheitsprinzip liegt die ganze Leitungsgewalt bei der Synode. Kirchenleitung ist das Synodalpräsidium, leitender Geistlicher ist der Synodalpräses. Die Vertreter des Einheitsprinzips lehnen im Blick auf Christus als das eine Haupt der Kirche jede Gewaltenteilung ab. Beim Trennungsprinzip stehen sich Kirchenleitung u. Synode als getrennte Verfassungsorgane gegenüber. Der leitende Geistliche ist in diesen LK zugl. Vorsitzender der Kirchenleitung bzw. -verwaltung.

Strikt gewahrt ist die Gewaltenteilung bei der Unabhängigkeit kirchl. Gerichte (→Gerichte, kirchliche). Auch wenn die Begründung hierfür im Einzelnen differiert u. umstritten ist, haben alle LK kirchl. Gerichte, v. a. VerwG (→Verwaltungsgerichtsbarkeit), zur Kontrolle kirchl. Exekutivhandelns gebildet, deren Unabhängigkeit durch Verf. od. Gesetz garantiert ist.

Literatur

Barth, T., Elemente u. Typen landeskirchlicher Leitung, Tübingen 1995; Winter, J., Art. Kirchenverfassung: EvStL (Neuausgabe), 1236-1245; Heckel, Ch., § 11 Die Verfassung der ev. Landeskirchen: HevKR, 437-514; Unruh, P., § 9 Grundlagen u. Grundzüge ev. Kirchenverfassung: HevKR, 361-401.

Christian Heckel

© 2019, DOI: 10.30965/9783506786388_0251

Gewand, liturgisches

→Liturgische Kleidung

Geweihte Orte

→Heilige Orte

Gewerbe

→Handelsgeschäfte, Kleriker

Gewerkschaft – Katholisch

1. Grundlagen: G. sind tariffähige Arbeitnehmerkoalitionen u. unterfallen dem Schutzbereich des Art. 9 Abs. 3 GG. Koalitionen sind freiwillige auf Dauer angelegte Zusammenschlüsse von Arbeitgebern od. Arbeitnehmern m. einer organisierten Willensbildung, die unab-

hängig vom sozialen Gegenspieler, dem Staat, der Kirche u. von Parteien sind u. deren Zweck in der Wahrung u. Förderung der Arbeits- u. Wirtschaftsbedingungen besteht. Sie müssen sich zur freiheitlich demokratischen Ordnung bekennen u. eine demokratische Willensbildung verfolgen. Zweck der G. ist es, der Schutzbedürftigkeit der Arbeitnehmer zu begegnen, indem ihre Interessen durch ein mächtigeres Kollektiv vertreten werden. Bereitschaft zum Arbeitskampf ist nicht zwingende Voraussetzung für eine G.

2. Geschichte der konfessionellen G.: Als Gegengewicht zu den eng m. der SPD verflochtenen freien G. wurden Ende des 19. Jh. von den Kirchen unabhängige chr. G. von kath. u. ev. Arbeitern gegr. Sie traten für die gleichwertige Eingliederung der Arbeiter in Staat u. Wirtschaft ein u. lehnten den Klassenkampf ab. Anfang des 20. Jh. bildeten die chr. G. – vereint im Gesamtverband der chr. G. Deutschlands – die zweitgrößte Arbeiterorganisation nach den freien G. Sie bildeten den Kern des 1918/19 gegr. Dt. Gewerkschaftsbundes (DGB). Mitte der 1920er J. gingen die Mitgliederzahlen der chr. G. deutlich zurück. Nach dem Zweiten Weltkrieg engagierten sich die chr. Gewerkschafter beim Aufbau von CDU u. CSU. Zur Vertretung der Arbeitnehmerinteressen wurde 1946 die Chr.-Demokratische Arbeitnehmerschaft (CDA) gegr. Die chr. G. schlossen sich nach 1945 den Einheitsgewerkschaften an. Daneben kam es zur Gründung der chr. Gewerkschaftsbewegung sowie des Gesamtverbandes der chr. G. Deutschlands.

3. G. in der kath. Soziallehre: Im Kompendium der Soziallehre der kath. Kirche heißt es – eine Vielzahl von Enz. seit Rerum Novarum zusammenfassend: „Das Lehramt erkennt die grundlegende Bedeutung der Arbeitnehmergewerkschaften an, deren Daseinsberechtigung in dem Recht der Arbeitnehmer besteht, Vereinigungen und Verbände zu gründen, um die lebenswichtigen Interessen derer zu schützen, die in den verschiedenen Bereichen beschäftigt sind." Mehr noch: Die G. sind „unverzichtbarer Bestandteil des gesellschaftlichen Lebens" (Kompendium der Soziallehre, Nr. 305). Das Streikrecht wird gewogen u. das Ultima ratio-Gebot der dt. Rechtsprechung bestätigt: Auch die Gemeinwohlbindung des Streiks kennt die Soziallehre: Widerspricht der Streik dem →Gemeinwohl, so wird er „sittlich unannehmbar" (ebd., Nr. 304).

4. Besonderheiten im →Dritten Weg: Im Bereich der kath. Kirche ergeben sich für die G. durch die Organisation der Arbeitsrechtsregelung im Rahmen des sog. Dritten Wegs einige Besonderheiten. Der Abschluss von Tarifverträgen wird als m. dem Gedanken der Dienstgemeinschaft unvereinbar angesehen. Die Arbeitsrechtsregelung erfolgt durch paritätisch besetzte AK (→KODA) unter Ausschluss des Arbeitskampfes (Art. 7 Abs. 2 →Grundordnung für den kirchlichen Dienst). Das BAG hat prinzipiell den Dritten Weg bestätigt, jedoch zur Wahrung des Grundrechts aus Art. 9 Abs. 3 GG die Beteiligung der G. gefordert. Hinsichtlich der Ausgestaltung der Beteiligung haben die Kirchen einen Gestaltungsspielraum. Die Mitwirkung von G. im Rahmen des Dritten Weges ist für den kath. Bereich zwingend vorgegeben (vgl. Art. 6 Abs. 3 GrO) u. ergibt sich im Einzelnen aus § 6 i. V. m. § 9 Rahmen-KODA-Ordnung. Die Anzahl der G.-vertreter richtet sich nach der Organisationsstärke der G. im jeweiligen Zuständigkeitsbereich. Die Entsendung erfolgt unmittelbar durch die G. Voraussetzung ist, dass die G. im kirchl. Bereich tätig sind (§ 9 Abs. 2 Rahmen-KODA-O). Im Bereich der kath. Kirche hat sich die Interessenvertretung durch die MAV (→Mitarbeitervertretungsordnung) bewährt, sodass bisher G. eine untergeordnete Rolle spielten. Umstritten ist, ob Arbeitsgemeinschaften der kirchl. MAV (Diözesan-/Bundesarbeitsgemeinschaft) die Voraussetzungen einer G. gem. Art. 9 Abs. 3 GG erfüllen können. Hiergegen spricht, dass diese kirchengesetzlich generiert sind. Die Voraussetzungen des G.-begriffs könnten aber angesichts

der Besonderheiten des kirchl. Arbeitsrechts (→ Arbeitsrecht, kirchliches) abw. zu beurteilen sein.

5. Betätigung: Art. 6 GrO gewährleistet den Zusammenschluss von Mitarbeitern des kirchl. Dienstes in Ausübung ihrer → Koalitionsfreiheit in Vereinigungen zur Beeinflussung der Gestaltung ihrer Arbeits- u. Wirtschaftsbedingungen (Abs. 1). Der umfassende Schutz aus Art. 9 Abs. 3 GG umfasst eine Bestandsgarantie inkl. eines Rechts auf Mitgliederwerbung u. den Schutz jeglicher koalitionsspezifischer Betätigung. Das gilt auch im kirchl. Bereich (vgl. Art. 6 Abs. 2 GrO). Insofern haben G. ein Zutrittsrecht in kirchl. Einrichtungen. G.-Vertreter können u. U. auch als sachkundige Dritte bei Sitzungen der MAV hinzugezogen werden.

6. Im kath. Raum aktive G.: Nur wenige Mitarbeiter sind in G. organisiert. Die weltlichen G. lehnen häufig das Verfahren des Dritten Wegs ab u. fordern die Anwendung des BetrVG u. den Abschluss von Tarifverträgen. Im Bereich der verfassten Kirche u. der Caritas sind versch. G. aktiv, so die Vereinte Dienstleistungsgewerkschaft, die G. Erziehung u. Wissenschaft, die Kirchengewerkschaft (vormals Verband kirchl. Mitarbeiter Deutschlands) sowie der Marburger Bund.

Quellen

BAG, Beschl. vom 21. April 1971 – GS 1/68: NJW 1971, 1668; BAG, Urt. vom 24. April 1985 – 4 AZR 457/83: NZA 1985, 602; BVerfG, Beschl. vom 14. November 1995 – 1 BvR 601/92: NZA 1996, 381; BAG, Urt. vom 20. November 2012 – 1 AZR 611/11: NZA 2013, 448; Päpstlicher Rat für Gerechtigkeit u. Frieden, Kompendium der Soziallehre der kath. Kirche, Freiburg 2014.

Literatur

Uertz, R., Christentum u. Sozialismus in der frühen CDU. Grundlagen u. Wirkungen der chr.-sozialen Ideen in der Union 1945-1949, Stuttgart 1981; Schneider, M., Die Chr. Gewerkschaften 1894-1933, Bonn 1982; Thüsing, G., Tarifautonomie u. Gemeinwohl: FS 50 Jahre Bundesarbeitsgericht, hg. v. H. Oetker – U. Preis – V. Rieble, München 2004, 885-908; Oetker, H., Kirchl. Unabhängigkeit als konstitutive Voraussetzung für die Tariffähigkeit von Arbeitgeber- u. Arbeitnehmervereinigungen u. deren Koalitionseigenschaft: FS für Reinhard Richardi, hg. v. H. Wißmann – G. Annuß – E. Picker, München 2007, 929-941; Richardi, R. – Wißmann, H. – Wlotzke, O. – Oetker, H., Münchener Handbuch zum Arbeitsrecht, München [3]2009; Joussen, J., Das Zutrittsrecht der Gewerkschaften zu kirchl. Einrichtungen: ZAT (2013), 45-49; Reichold, H., Gewerkschaften im Dritten Weg – Können Kirchenautonomie u. Koalitionsfreiheit zusammen kommen?, Berlin – Münster – Wien – Zürich – London 2014; Reichold, H. – Korstock, U., Das Arbeits- u. Tarifrecht der kath. Kirche, München 2014; Eder, J., Die Beteiligung von Koalitionen im Dritten Weg: ZTR (2015), 122-128; Richardi, R., Arbeitsrecht in der Kirche, München [7]2015; Flanagan, P., Sustaining the Import of Labor Unions: A Common Good Approach: Journ. of Catholic Legal Studies 50 (2017), 205-226; Müller-Glöge, R. – Preis, U. – Schmidt, I., Erfurter Kommentar zum Arbeitsrecht, München [18]2018.

Gregor Thüsing, Regina Mathy

Gewerkschaft – Evangelisch

1. Begriff: Eine G. ist eine Vereinigung i. S. des Art. 9 Abs. 1 GG u. zudem eine Koalition i. S. v. Art. 9 Abs. 3 GG. Aus dieser Zuordnung ergeben sich die wesentlichen, im Einzelnen zwar an vielen Stellen umstrittenen, aber im Kern einheitlich verfolgten Kriterien zur Klassifizierung einer Vereinigung als G., die im ev. Raum in gleicher Weise gelten wie im säkularen Rechtsraum. Es muss sich insofern um eine freiwillige, privatrechtliche u. auf Dauer angelegte Vereinigung handeln, der eine Organisationsform m. einer Gesamtwillensbildung zugrunde liegt. Sie muss als wesentlichen Vereinigungszweck die Wahrung u. Förderung der Arbeits- u. Wirtschaftsbedingungen verfolgen. Darüber hinaus muss sie allg. unabhängig sein, d. h. gegnerunabhängig u. überbetrieblich, sie muss sich zur freiheitlichen Ordnung bekennen u. eine

demokratische Willensbildung verfolgen. Bes. umstritten ist allerdings, ob der G. zudem eine gewisse soziale Mächtigkeit zukommen muss.

Eine G. muss, um zugl. eine arbeitsrechtlich relevante Koalition (→Arbeitsrecht, kirchliches) zu sein, einen bes. Vereinszweck verfolgen. Denn das Spezifikum des Koalitionsbegriffs liegt gerade darin, dass der zwingende Zweck der Vereinigung sich klar aus Art. 9 Abs. 3 GG ergibt: Er muss auf die Wahrung u. Förderung der Arbeits- u. Wirtschaftsbedingungen gerichtet sein. Unter diesem als funktionale Einheit zu verstehenden Begriffspaar ist, bei aller Divergenz im Detail, die Gesamtheit der Bedingungen zu verstehen, unter denen abhängige Arbeit geleistet u. eine sinnvolle Ordnung des Arbeitslebens ermöglicht wird. Unter der Begrifflichkeit „Wahrung und Förderung der Arbeitsbedingungen" lässt sich daher zusammenfassen, dass es das Ziel der Vereinigung sein muss, Arbeitsbedingungen zu gestalten sowie die einmal erlangten Positionen zu verteidigen bzw. neue Positionen auch durchzusetzen.

Unklar war lange, ob der Vereinigungszweck zugl. auch die Bereitschaft umfassen muss, bestimmte Mittel zur Durchsetzung anzuwenden, insb., ob auch die Bereitschaft zum Abschluss von Tarifverträgen vorliegen muss. Z. T. wurde darauf hingewiesen, Tarifvertrag u. Arbeitskampf stellten die geeignetsten u. gebräuchlichsten Mittel der Gestaltung u. Durchsetzung von Arbeitsbedingungen dar, u. nur, wer diese anwenden wolle, bilde eine ernsthafte Gefahr für den Gegner u. sei damit ein adäquater Verhandlungspartner. Unter Hinweis darauf sowie auf die hist. Entwicklungen wurde z. T. darauf abgestellt, dass der Wille, diese Mittel auch anzuwenden, ein notwendiger Bestandteil des Vereinigungszweckes sein müsse.

Dem ist jedoch weder das BVerfG noch die überwiegende Lehre gefolgt. Stattdessen greift der Schutz des Art. 9 Abs. 3 GG schon vorher ein u. wirkt auch außerhalb tariflicher Auseinandersetzungen. Die Festlegung auf die Bereitschaft, bestimmte Koalitionsmittel anzuwenden od. bestimmte Ziele, etwa den Abschluss eines Tarifvertrages, zu verfolgen, kann damit kein wesentliches Element des Vereinigungszweckes einer G. sein. Der bes. Schutz der →Koalitionsfreiheit resultiert nicht aus der Wahl bestimmter Mittel, sondern eben allein daraus, dass bestimmte Zwecke, wie in Art. 9 Abs. 3 GG niedergelegt, verfolgt werden. Der Koalitionsbegriff muss daher auch frei von jeglicher Vorfestlegung auf bestimmte Mittel sein. Eine G. muss daher nicht zwingend bereit zu einem Arbeitskampf sein.

Gleiches gilt im Hinblick auf das Erfordernis vorhandener sozialer Mächtigkeit: Es kann mithin nicht verlangt werden, dass nur solche Vereinigungen, die aufgrund einer bestimmten Mitgliederstärke spürbaren Druck auf den Gegenspieler ausüben können, als Koalition bzw. G. gelten können. Dies folgt schon daraus, dass ein Grundrechtsschutz nicht von der Durchsetzungsfähigkeit des Grundrechtsträgers abhängen kann. Anders kann dies jedoch im Hinblick auf die Tariffähigkeit i. S. des TVG einzuschätzen sein.

Beide zuletzt genannten Aspekte sind insb. auch für die G. im ev. Bereich bedeutsam, wo der Arbeitskampf verfassungsrechtlich legitim ausgeschlossen ist.

2. Zutrittsrechte: Da die Koalitionsfreiheit auch für die Beschäftigten in den kirchl. u. diakonischen Einrichtungen gilt u. zudem aus ihr das Recht folgt, sich in G. zu organisieren, gilt auch für den kirchl. Bereich, dass die organisierten Beschäftigten sich i. S. ihrer Organisationen in der Dienststelle engagieren u. für diese werben dürfen. Nach langer Unsicherheit ist mittlerweile davon auszugehen, dass die G. auch ein Zutrittsrecht in kirchl. Betrieben haben, selbst wenn sie dort bis dahin noch nicht vertreten sind. Betriebsfremde G.-Mitglieder dürfen daher zu Werbezwecken eine kirchl. Einrichtung betreten.

3. Im ev. Raum tätige G.: Im kirchl. u. diakonischen Bereich sind versch. G. aktiv, etwa die Vereinte Dienstleistungsgewerkschaft, die G.

Kirche u. Diakonie, die G. Erziehung u. Wissenschaft (für pädagogische Mitarbeiterinnen u. Mitarbeiter z. B. in Kindertagesstätten u. Schulen), der Verband kirchl. Mitarbeiter Deutschlands sowie der Marburger Bund (für Ärztinnen u. Ärzte).

Quellen

BAG, Urt. vom 20. November 2012 – 1 AZR 179/11 = AP Nr. 179 zu Art 9 GG Arbeitskampf: BAGE 143, 354 u. 1 AZR 611/11 = AP Nr. 180 zu Art 9 GG Arbeitskampf. BAGE 144, 1.

Literatur

Dietz, H., Das Arbeitsrechtsregelungsgesetz der ev. Kirche u. die Tarifautonomie: RdA 1979, 79-86; Birk, R., Koalitionsfreiheit u. Tarifautonomie im Bereich der Kirchen u. ihrer Einrichtungen: AuR 1979, Sonderheft Kirche u. Arbeitsrecht, 9-21; Oetker, H., Kirchl. Unabhängigkeit als konstitutive Voraussetzung für die Tariffähigkeit von Arbeitgeber- u. Arbeitnehmervereinigungen u. deren Koalitionseigenschaft: FS für Reinhard Richardi, hg. v. G. Annuß, München 2007, 929-941; Joussen, J., Das Zutrittsrecht der Gewerkschaften zu kirchl. Einrichtungen: ZAT 2013, 45-49; Richardi, R., Arbeitsrecht in der Kirche, München [7]2015; Eder, J., Die Beteiligung von Koalitionen im Dritten Weg: ZTR 2015, 122-128; Joussen, J., § 7 Das Arbeitsrecht in der Kirche: HevKR, 276-341; Strake, M., Ausschluss des Streikrechts in karitativen Einrichtungen der Ev. Kirche durch den Dritten Weg: RdA 2017, 245-249.

Jacob Joussen

© 2019, DOI: 10.30965/9783506786388_0255

Gewinn – Katholisch

G., vom althochdeutschen giwinnan, „durch Anstrengung, Arbeit oder Kampf zu etwas gelangen, schaffen, erringen, erlangen“ (Duden), bez. in der Wirtschaft die Differenz zwischen Erlösen u. Kosten, wobei es in manchen Systemen auf Maximierung u. Optimierung des G. ankommt, was ethisch zu hinterfragen ist.

Die Kirche sieht G. grds. positiv. So nennt Paulus das Leben einen Wettkampf, um den Siegeskranz zu gewinnen (1 Kor 9, 24 f.), u. das Sterben G. (Phil 1, 21). Auch das Hören des Wortes Gottes u. der Empfang von →Sakramenten (→Sakramentenempfang) u. →Sakramentalien bedeutet für das geistl. Leben einen G.; der CIC spricht vom Gewinnen (lucror) eines →Ablasses (c. 994). Auch in Bezug auf irdische Güter erscheint G. nicht als in sich schlecht: Ordensinstitute sollen lediglich unmäßigen G. (lucrum immoderatum) vermeiden (c. 634 § 2); als Straftatbestand gilt unrechtmäßiger G. (quaestum illegitime) aus →Messstipendien (c. 1385). Ein →Zeuge hat Anspruch auf Erstattung seines G.-Ausfalls (lucrum, quod amiserit: c. 1571; c. 1252 CCEO), das Gerichtspersonal hat sich u. a. bei Erwartung eines G. (lucrum faciendum) als befangen seines Amtes zu enthalten (c. 1448; c. 1106 CCEO). In Bezug auf eigene irdische Güter verpflichtet die Kirche nicht zu absoluter materieller Armut. Vielmehr basiert das kirchl. Vermögensrecht (→Vermögensrecht, kirchliches) seit jeher darauf, dass die Kirche m. ihren irdischen Gütern (→Kirchenvermögen) G. erwirtschaftet, um m. diesem ihre Sendung zu verwirklichen (c. 1254 § 2; c. 1007 CCEO): Feier des Gottesdienstes m. Unterhalt des →Kirchengebäudes (→Kirchenfabrik), →Lebensunterhalt der Kleriker u. anderer Bediensteter (→Benefizium, Stellenvermögen; die Kirche hat den in ihrem Dienst Stehenden angemessenen u. gerechten Lohn zu zahlen: cc. 281, 1286; cc. 390, 1030 CCEO) sowie Werke des Apostolates u. der Caritas, v. a. gegenüber den Armen (z. B. soziale Stiftungen). Die Glaubwürdigkeit verlangt jedoch ein verantwortungsvolles Wirtschaften, das nicht auf Maximierung des G. abzielt, sondern stets die Armen u. Bedürftigen, die Bewahrung der Schöpfung u. Nachhaltigkeit im Blick hat. So geht es um eine Bedarfsdeckungswirtschaft, obgleich moderate Rücklagen zur Absicherung finanzieller Verpflichtungen erforderlich sind (vgl. c. 1283 § 2, 6°; c. 1028 § 2, 5° CCEO). Da aber die Kirche, „ihre Amtsträger und jedes ihrer Glieder durch ihre Berufung dazu angehalten sind, das Elend der Leidenden ... nicht nur aus dem ‚Überfluss', sondern auch aus dem ‚Notwendigen' zu lindern" (Johannes Paul II., Enz. Sollicitudo Rei Socialis, 30. Dezember 1987: VApSt 82, n. 31) bedarf es stets eines sorgsam reflektierten Umgangs m. Besitz u. G., damit nicht der Anschein einer reichen Kirche, die sich selbst genügt, entsteht.

Literatur

Heimerl, H. – Pree, H., Handbuch des Vermögensrechts der kath. Kirche, Regensburg 1993, 1/46-50; Chmielewicz, K. – Ritzmann, F., Art. Gewinn: Lexikon der Wirtschaftsethik, Freiburg 1993, 373-380; Klemmer, P., Art. Gewinn: LThK³ Bd. 4, 619-620; Cansier, D., Art. Gewinn: RGG⁴ Bd. 3, 898-899; Duden: Das Herkunftswörterbuch, Berlin ⁴2006: Gewinnen.

Rüdiger Althaus

© 2019, DOI: 10.30965/9783506786388_0256

Gewissen – Katholisch

1. Begriff: „Das Gewissen ist die verborgenste Mitte und das Heiligtum im Menschen, wo er allein ist mit Gott, dessen Stimme in diesem seinem Innersten zu hören ist" (GS 16). Daher kann das G. nicht m. dem Selbstbewusstsein des Menschen gleichgesetzt werden. Das G. ist Berührung m. der Wahrheit von Gott her, Mitwissen um diese Wahrheit. Ihm eignet eine responsorische Struktur, insofern im G. der Anruf Gottes an den Menschen vernommen u. beantwortet wird. Als hermeneutischer Ort sittlicher Verpflichtung ist das G. im Menschen grundgelegt u. ihm zur Entfaltung aufgetragen; es ist Einsichts-, Entscheidungs- u. Kontrollinstanz in einem.

Notwendigerweise wird zwischen einem Urgewissen (synteresis) u. einem Situationsgewissen (conscientia) unterschieden: Das Urgewissen meint das eingestiftete, den ganzen Menschen betr. Bewusstsein um das Wahre, d. h. das Gute, das zu tun u. das Böse, das zu unterlassen ist. Hier ist bereits eine Vorstellung umfassend gelungenen Lebens grundgelegt, in deren Licht Situationen konkreten Handelns (vom Situationsgewissen) interpretiert u. beurteilt werden. Gottes Anspruch, sein Gesetz verstehend u. deutend verantwortet das G. die Lebensgeschichte des Einzelnen u. hilft ihm, im Raum dialogisch-responsorischer Gottesbeziehung Gutheit in Richtigkeit handelnd umzusetzen.

Im G., das auf diese Weise zur norma proxima moralitatis cuiusque hominis wird, entscheidet sich das Gelingen der Lebensgeschichte des Menschen vor Gott. Jeder hat sein G. als norma proxima zu bilden u. es, da es norma normanda bleibt, immer mehr auf Gottes Willen auszurichten. Im Bemühen, Gottes Willen zu erkennen u. zu tun, treffen sich positives Gesetz u. G., wobei weder das Gesetz das G. ersetzen noch das G. das Gesetz o. Grund übergehen kann.

2. G. u. KR: In ihrer Funktion, „Bestand, Identität und Sendung der →Communio zu schützen sowie an deren Heilswirken teilzunehmen" (Socha) regeln die Gesetze der Kirche menschliches Handeln u. betreffen das Beziehungsgefüge der Menschen untereinander u. zu Gott, wobei sie sich nicht nur auf äußeres Verhalten, sondern mitunter (z. B. beim →Ehekonsens) auch auf innere Einstellungen (Intentionen) beziehen. Auch wenn auf Aussagen über den Verpflichtungsgrad des kirchl. Rechts im G. verzichtet wurde, stellen die Normen der Codices – bes. dann, wenn sie auf göttlichem Gesetz aufruhen – einen Teil der den Menschen im G. bindenden Ordnung dar (vgl. Comm. 15 [1984], 144). Wo das KR auf Zwang zu seiner Durchsetzung verzichtet, will es im G. bejaht u. umgesetzt werden. Da aber der Gesetzgeber – u. dies trifft v. a. im Hinblick auf das rein kirchl. Recht zu – nicht alle möglichen eintretenden Fälle u. Situationen berücksichtigen kann, stehen →Aequitas Canonica, →Dispens, →Epikie u. →Generalklauseln im Dienst am G. der Christen, für die das KR Geltung hat.

3. G. im KR: Neben den Canones der Codices, die sich auf die →Gewissensfreiheit be-

ziehen od. das G. indirekt betreffen, wenn es um das forum internum (→Forum externum et internum) geht, nimmt das KR an versch. Stellen auch direkt Bezug auf das G. Hierbei geht es zunächst um den Schutz der Person u. ihrer Freiheit: Alle Menschen sollen die Wahrheit suchen, aber „niemand hat jemals das Recht, Menschen zur Annahme des katholischen Glaubens gegen ihr Gewissen durch Zwang zu bewegen" (c. 748 §2; c. 586 CCEO). Gleiches gilt auch bei der Wahl des Lebensstandes, o. dass dabei ausdrücklich auf das G. Bezug genommen wird (vgl. c. 219; c. 22 CCEO). Das elterliche Sorge- u. Erziehungsrecht (→Elternrecht) (vgl. cc. 226 §2, 1136; c. 627 CCEO) umfasst das Bemühen, dass „in der weltlichen Gesellschaft die Gesetze über die Bildung der Jugendlichen auch deren religiöse und sittliche Erziehung nach dem Gewissen der Eltern in den Schulen selbst vorsehen" (c. 799). Ebenfalls dem Schutz der Person u. ihres G. dienen die Normen, in denen die freie Wahl des →Beichtvaters (vgl. cc. 240 §1, 630 §§1, 4, 985, 991; cc. 339 §2, 474 §2, 734 §3 CCEO) od. des geistl. Begleiters (vgl. cc. 246 §4, 719 §4; c. 346 §§2, 4 CCEO) garantiert werden, insofern dies Rückwirkungen auf die Gewissensbildung u. Gewissensführung (conscientiae moderamen) hat. Niemand darf angehalten werden, einem anderen sein G. zu eröffnen (vgl. z. B. c. 630 §5).

Eine zweite Gruppe von Normen, die m. der ersten in Zusammenhang steht, betrifft die Zuordnung von G. u. Bußsakrament (→Beichte). Dem Empfang des Bußsakramentes soll eine sorgfältige Gewissenserforschung vorausgehen (vgl. c. 988), die für Ordensleute auch täglich empfohlen wird (vgl. c. 664). Indirekt nimmt auch c. 916 (vgl. c. 711 CCEO) auf das G. Bezug: „Wer sich einer schweren Schuld bewußt ist, darf ohne vorherige sakramentale Beichte die Messe nicht feiern und nicht den Leib des Herrn empfangen, außer es liegt ein schwerwiegender Grund vor und es besteht keine Gelegenheit zur Beichte." Hier tritt die Gewissensentscheidung des Einzelnen an die Stelle einer rechtlichen Regelung.

Weitere direkte Bezüge auf das G. liegen da vor, wo Ermessensspielräume eingeräumt werden. So kann der Vollzieher eines →Reskripts „nach seinem klugen und gewissenhaften Ermessen den Gnadenerweis gewähren oder verweigern" (c. 70; vgl. c. 1522 §2 CCEO). Der →Richter kann im Fall fakultativer Strafandrohung „nach seinem Gewissen und seinem klugen Ermessen auch die Strafe mildern oder an ihrer Stelle eine Buße auferlegen" (c. 1343) od. unter bestimmten Umständen eine zu verhängende Strafe verschieben, mildern, aussetzen od. in eine Buße umwandeln (vgl. c. 1344; c. 1409 CCEO). Bei der Formulierung eines →Urteils hat der Richter die ihm vorliegenden Beweise „nach seinem Gewissen zu würdigen" (c. 1608 §3; vgl. c. 1606; cc. 1291 §3, 1289 CCEO).

Quellen

Vat II, GS.

Literatur

Demmer, K., Deuten u. handeln. Grundlagen u. Grundfragen der Fundamentalmoral, Freiburg 1985 (Studien zur theol. Ethik 15), 36-66; Golser, K., Das Gewissen als „verborgenste Mitte im Menschen.": Grundlagen u. Probleme der heutigen Moraltheologie, hg. v. W. Ernst, Würzburg 1989, 113-137; ders., Art. Gewissen: Neues Lexikon der chr. Moral, 278-286; Demmer, K., Gottes Anspruch denken. Die Gottesfrage in der Moraltheologie, Freiburg 1993 (Studien zur theol. Ethik 50), 71-88; Der Streit um das Gewissen, hg. v. G. Höver – L. Honnefelder, Paderborn 1993; Schockenhoff, E., Wie gewiß ist das Gewissen? Eine ethische Orientierung, Freiburg 2003; Demmer, K., Selbstaufklärung theol. Ethik. Themen-Thesen-Perspektiven, Paderborn 2014; Fornalé, F., Il ruolo della coscienza nell'esercizio del governo secondo il Codex Iuris Canonici del 1983, Venedig 2018; Socha, H.: MKCIC Einführung vor 7.

Markus Graulich

© 2019, DOI: 10.30965/9783506786388_0257

Gewissen – Evangelisch

1. Begriff: Der griech. Begriff der Syneidis (Synesis, lat. conscientia) bez. urspr. die Fähigkeit zur (nachträglichen) Bewertung eigener Handlungen, zunächst moralisch wertfrei als Kontrolle ihrer Zweckmäßigkeit. Später reicherte der Maßstab sich durch eine krit. Orientierung an Gut u. Böse moralisch an (conscientia subsequens). Dem lag zu Grunde die Vorstellung eines dem Inneren eingepflanzten kognitiven Bewusstseins um die kosmische Ordnung, die religiös auch als göttliches Gesetz interpretiert werden konnte. Die Stoa erkannte die wesentliche Aktivität des G. bereits vor der Handlung u. wies ihm damit ethische Weisungsfunktion zu (conscientia antecedens). Damit sind die drei noch im modernen Verständnis wesentlichen Aspekte des G. benannt: Das G. setzt eine sittliche Grundbildung voraus; diese realisiert sich in krit. Selbstbeurteilung o. äußeren Anlass von selbst; das Ergebnis schließlich ist ein Akt personaler Entscheidung

Damit unterscheidet sich das G. einerseits von einem bloß reflektierbaren Normbewusstsein. Nicht lediglich die Aktivierbarkeit einer subjektiven Werteordnung, sondern deren unbedingter krit. Selbstvollzug in Anbetracht des eigenen Handelns vor einem forum internum macht die Schärfe des G.-Phänomens aus. Schuld(gefühl), Reue u. Scham folgen unmittelbar aus einem negativen Gewissensurteil u. lassen das G. praktisch werden (schlechtes Gewissen). Das Bewusstsein um (kollektive od. individuelle) Werte ist dabei lediglich die Grundlage eines Prozesses, der in seiner Gesamtheit die personale Identität des individuellen Menschen prägt. Durch das G. wird der Mensch sich seiner selbst bewusst. Das G. als solches ist daher nicht kollektivierbar. Es ist auch als normativ-generalisierender – u. damit etwa jur. – Bewertungsmaßstab für menschliches Handeln nach seinem materiellen Gehalt ungeeignet. Denn am Maßstab rationalethischer Reflexion od. kollektivierbarer Werte kann das G. irren, jedenfalls intersubjektiv nicht vermittelbar sein. Nicht zuletzt dieser Befund hat das G. als Gegenstand der empirischen (sozial- u. naturwissenschaftlichen, insb. tiefenpsychologischen) Forschung interessant werden lassen. Das G. unterscheidet sich durch seine Wertegrundlage aber andererseits auch von Willkür u. Beliebigkeit. Daraus folgt seine Offenheit für Bildungsbemühungen u. seine (moral-)pädagogische Zugänglichkeit.

2. Theol.: Das G. steht in engem Zusammenhang m. dem →Bekenntnis. Wie in diesem drückt sich in jenem eine unhintergehbare personale Stellungnahme aus, die im inneren Konflikt um die eigene u. die göttliche Autorität gewonnen wird. Indem das G. die Selbstverantwortung der Person in Anbetracht der göttlichen Berufung konstituiert, findet die Gottesebenbildlichkeit des Menschen im G. ihren sinnhaften Ausdruck. Insb. das NT vermittelt in den Berufungserzählungen der Jünger Jesu wie in den paulinischen Briefen ein solches Menschenbild. Freilich ist das Gewissensurteil vorläufig u. fehlbar; die Letztverantwortung bleibt dem Gericht Gottes vorbehalten (1Kor 4, 4). Dieser Vorbehalt schließt ein ungebrochenes Verständnis des Gewissensurteils als göttlicher Weisung aus. Das Gewicht des Gewissensurteils resultiert vielmehr gerade daraus, dass das G. auf Grund eines defizienten Normbewusstseins schwach u. daher Exponent für die Person als fehlbare ist (1Kor 8, 7-13).

In luth. Sicht ergeben sich hier Berührungspunkte zur Rechtfertigungslehre. Das chr. G. weiß nicht lediglich um seine moralische Verantwortung, sondern auch um seine transmoralische (theonome) Begrenztheit, die aus der gnadenhaften Zuwendung Gottes zum sündigen Menschen herrührt. Im G. fokussiert sich das Bewusstsein, simul iustus et peccator zu sein. Nicht zuletzt das Wissen um seine Grenzen kennzeichnet die existentielle Dimension des G., indem ihm ein bleibend individuell-situatives u. damit schöpferisches Element eignet, das sich jeder auch metaethischen Begründungsstrategie verschließt. Gerade seine letzte

Undefinierbarkeit lässt die theol. Deutung des G. als göttliche Anrufung zu.

Die Gewissensentscheidung in der konkreten Lebenssituation fordert nicht lediglich eine rationale Abwägung bestimmbarer Werte, sondern eine originäre u. (unter den Bedingungen der Vorläufigkeit) letztgültige Stellungnahme. Der äußere Zwang, gegen das G. zu handeln, führt zum Handeln gegen die eigene personale Identität. Der weltanschaulich neutrale Staat der BRD hat daher die →Gewissensfreiheit u. →Bekenntnisfreiheit wie die →Glaubensfreiheit umfassend geschützt (Art. 4 GG). Nicht nur das Haben einer ernsthaft an Gut u. Böse orientierten Überzeugung wird geschützt (forum internum). Garantiert wird vielmehr jedermann als subjektives Recht, sein gesamtes Verhalten an dieser Überzeugung auszurichten (forum externum).

Literatur

Welzel, H., Vom irrenden Gewissen, Tübingen 1949, Neudr.: Wege der Forschung Bd. 37; Tillich, P., Das transmoralische Gewissen: ders., GW, Bd. 3, Stuttgart 1965, 56-70; Mokrosch, R., Das religiöse Gewissen, Stuttgart 1979; Reiner, H., Art. Gewissen: Hist. Wörterbuch der Philosophie Bd. 3, 574-592; Koch, T., Autonomie des Gewissens als Prinzip einer ev. Ethik: Zeitschrift für ev. Ethik 29 (1985), 306-332; Kuhn, H. – Furger, P. – Loschelder, W., Art. Gewissen/Gewissensfreiheit: StL[7] Bd. 2, 1050-1059; Härle, W., Art. Gewissen, IV. Dogmatisch u. ethisch: RGG[4] Bd. 3, 902-906; ders., Art. Gewissen: EvStL[3], 1144-1150; di Fabio, U., Gewissen, Glaube, Religion, Berlin 2008; Goos, Chr., Gewissensauseinandersetzungen in der Gesellschaft – Gewissensfreiheit im Recht: ZevKR 59 (2014), 69-95.

Wolf Reinhard Wrege

© 2019, DOI: 10.30965/9783506786388_0257

Gewissen – Orthodox

In der orth. Theologie sind die Begriffe Bewusstsein u. G., aufgrund der sprachlichen u. philosophiegeschichtlichen Entwicklung schwer zu trennen. Der auf Notker III. zurückgehende (u. später von Luther geprägte) Begriff G. findet, wie in zahlreichen anderen Sprachen, in denen in der Ostkirche gebräuchlichen kein deckungsgleiches Äquivalent. Die Entwicklungen der Scholastik, des Humanismus, der Reformation u. der Aufklärung, die den Begriff maßgeblich mitbestimmten, wurden im Osten nicht mitgetragen u. finden erst in der Neuzeit eine Rezeption. Quellen der Definitionsbestimmung aus orth. Sicht sind daher die →Heilige Schrift, die Tradition der Kirche u. ggf. moderne (Rechts-)Quellen.

1. Allg. Begriffsbestimmung: Im orth. Gebrauch wird einerseits zwischen einem ethischen Bewusstsein, dem am ehesten die dt. Bedeutung von G. gleichkommt, u. andererseits einem (in diesem Art. nicht berücksichtigten) psychologischen Bewusstsein i. S. des Selbstbewusstseins unterschieden.

Der griech. Begriff syneidesis setzt sich aus syn u. eidenai zusammen u. bez. (schon in der vorchristlichen Antike) einerseits das von einem Kollektiv geteilte Bewusstsein i. S. eines Mitwissens (so auch das m. dem Griech. verwandte lat. conscientia), andererseits auch den Ausdruck des Bewusstseins über, vorrangig das eigene, sittlich, im Positiven wie im Negativen, bewertete Verhalten.

Im AT (Septuaginta) neigt sich die Bedeutung von G. mehr zu einem inneren Aspekt, u. Philon von Alexandrien betrachtete das G. als Beweismittel göttlichen Ursprunges für das eigene Verhalten. Auch das NT kennt das G. i. S. eines Mitwissens (Sündenbewusstsein, Hebr. 10, 2 u. 1. Petr 2, 19) u. gleichzeitig als Mitwissen u. als inneres Zeugnis für die sittliche Bewertung des eigenen Verhaltens u. zudem als Instanz einer Selbstrechtfertigung/-bewertung (Röm 2, 14-15), nicht nach einer Norm, sondern auf Grundlage einer eigenen Befähigung zur Unterscheidung zwischen Gut u. Böse.

In der Patristik pendelt die Bedeutung von G. zwischen einer autoritären, i. S. eines Einhaltens von Geboten (vgl. Apost. Väter), u. einer höchsten moralischen Beurteilungsinstanz des (eigenen) Handelns (Augustinus, Chrysostomus, Philokalie) hin u. her.

Zudem findet man in der spirituellen u. Erbauungsliteratur der orth. Kirche häufig den Begriff des kirchl. Bewusstseins, i. S. eines Erinnerungsvermögens der Kirche. Die Bedeutung heute findet sich also vorrangig in der Betonung eines gemeinsamen Bewusstseins i. S. eines Mitwissens (als gemeinsames Ethos) od. einem kollektiven Erinnerungsvermögen, u. weniger in der Vorstellung der Entfaltung einer persönlichen Bewertungsinstanz des (eigenen) Handelns.

2. Staatskirchenrecht: Entspr. der Begriffsbestimmung heißt die Gewissensfreiheit im Sprachgebrauch der östlich-orth. Länder Freiheit des religiösen Bewusstseins. Eine Beeinflussung durch die liberté de conscience der franz. Revolution ist unverkennbar. Gem. Art. 13 Abs. 1 Griech. Verf. ist die „Freiheit des religiösen Gewissens/Bewusstseins unantastbar". Auch die Verf. Rumäniens spricht in ihrem Art. 29 Abs. 2 von einer garantierten, aber nicht näher spezifizierten, Gewissensfreiheit (libertate de conștiință).

Religiöse Freiheit, religiöse Toleranz u. Freiheit des religiösen G. wurden lange Zeit in der Lit. synonym genutzt u. auch so verstanden.

Eine Gewissensfreiheit o. religiöse Komponente ist dem griech. Gesetzgeber als Formulierung in der Verf. unbekannt, sie scheint aber der Freiheit des religiösen Bewusstseins, manchen Kommentatoren nach, bereits vorausgesetzt, da sie einen konstitutiven Bestandteil der Menschenwürde darstellt, den die griech. Verf. in Art. 2 Abs. 1 als von der Politik zu schützen bez.

Die Freiheit des religiösen Bewusstseins schützt das Recht des Einzelnen (als persönliches Recht) auf Verehrung der Religion seiner Wahl, auf die Änderung seiner religiösen Überzeugungen, auf den Ausdruck, der Verbreitung, der Zusammenkunft, des Zusammenschließens, der Gleichwertigkeit der Bekenntnisse u. auf Gleichbehandlung der Person, unabhängig seiner religiösen Zugehörigkeit.

Zudem findet der Begriff G. seine weiterführenden Erg. durch den Art. 18 der Allg. Erkl. der Menschenrechte u. Art. 9 EMRK. Die Konnotation von Bewusstsein m. G. i. S. des Staatskirchenrechts scheint eine importierte, von den genannten Rechtsquellen beeinflusste, Formulierung zu sein.

3. Moderne Stellungnahmen: Das panorthodoxe Konzil von Kreta 2016 betonte mehrmals die Freiheit des G. u. die → Religionsfreiheit als schützenswertes, fundamentales Menschenrecht, deren Mangel als „tragische Folgen des Bösen in der Welt" bez. wird.

Die im J. 2000 verabschiedete Sozialdoktrin der RussOK kennt das G. als eine höchste Instanz persönlicher Verantwortung, gleichzeitig gekoppelt an das Bewusstsein der Kirche, das im Falle eines Interessenskonfliktes höher gewichtet wird als das Interesse des Staates. Da die freie Willensäußerung notwendig für den Weg zu od. von Chr. weg ist, muss dem Menschen die Freiheit zur Entfaltung des G. geboten werden (Sozialdoktrin, IV. 6).

In Abgrenzung dazu sieht die Sozialdoktrin in dem jur. Terminus der Gewissensfreiheit, der im „18.-19. Jahrhundert formuliert wurde", die Reduktion der Religion zur Privatsache u. darin einen „Beweis für den Zerfall des geistigen Wertesystems" u. die Herabsetzung des Staates zu einer irdischen, „an keine religiöse Verpflichtung gebundene Institution" (Sozialdoktrin, III. 6). Dies ist aber mehr als Abwehrhaltung vor sog. „westliche[n] Einflüssen", wie u. a. auch den Menschenrechten, zu interpretieren (Delikostantis, 2008, 91 f.), denn als Aussage dogmatischen Charakters.

Quellen

Die Grundlagen der Sozialdoktrin der Russisch-Orth. Kirche. Dt. Übersetzung m. Einführung u. Kommentar, hg. v. J. Thesing – R. Uertz, Sankt Augustin 2001; Hallensleben, B., Einheit in Synodalität. Die offiziellen Dokumente der Orth. Synode auf Kreta 18. bis 26. Juni 2016, Münster 2016.

Literatur

Fragkos, K. D., Art. Syneidesis: Threskeutiké kaí ethiké Egkyklopaideía Bd. 11, 560-563; Reiner, H., Art. Gewissen: Hist. Wörterbuch der Philosophie Bd. 3, 574-592; Troinas, Sp., Eleutheria threskeutikes Syneideses kai epikratousa threskeia: Threskeutika Eleutheria kai epikratousa threskeia, hg. v. Etaireia Nomikon Boreiou Ellados, Athen 2000 (Etaireia Nomikon Boreiou Ellados 38); Papastathis, Ch. K., He threskeutiké Eleutheria sten Hellada: Politeia, Orthodoxe Ekklesia kai threskeumata sten Hellada, hg. v. Ch. K. Papastathis – G. D. Papathomas, Katerini 2006 (Nomokanonike Bibliotheke 16), 289-326; Delikostantis, K., Die Menschenrechte aus orth. Sicht: Politik u. Theologie in Europa. Perspektiven ök. Sozialethik, hg. v. I. Gabriel, Ostfildern 2008, 81-98.

Konstantin Mallat

© 2019, DOI: 10.30965/9783506786388_0257

Gewissen – Jüdisch

Der Lehre vom G. unterliegt im Judentum i. S. eines allg. Begriffes vom (moralischen) Bewusstsein bis hin zu dem sich regenden menschlichen G. keiner einheitlichen Wort- u. Begriffsdefinition. Ein Äquivalent zum Terminus G. fehlt im Hebräischen. Dem in der nichtjüdischen Tradition vieldeutigen u. häufig uneinheitlich verwendeten Begriff G. ist sich damit mittels biblischer u. rabb. Vorstellungen u. Konzepte zu nähern.

M. dem Begriff G. verbinden sich zentrale moralische Fragestellungen (Mussar, d. h. Ethik, Moral, zum Begriff bereits Dtn 11, 2), die an das Handeln des Individuums u. die menschliche →Willensfreiheit geknüpft sind. Verantwortung für die Taten des Menschen können nur vor Gott eingestanden werden (Ps 139, 23). Das G. als Zentrum u. Sitz der Empfindungen des Menschen wird im Herzen (Chovot ha-Lev), im Inneren des Menschen verortet (Ps 16, 7, Jisruni Kil'iotai), wo es als Regulativ menschlicher Abwägung über das eigene Tun wirkt (Mussar ha-Kelai'ot). Sprachlich findet diese Erfahrung bereits in der Bibel ihren Ausdruck, wo das „schlagende Herz" auf ein „schlechtes Gewissen" zielt, was den Menschen anklagt (1 Sam 24, 6; 2 Sam 24, 10). Gott prüft Nieren u. Herz (Jer 11, 20), Worte werden „ins Herz geschrieben" (Dtn 6, 6).

Die Schlüsselbegriffe zum Verständnis von G. sind Teshuva (Umkehr, Reue), Lev (Herz), Kawana (Intention) u. Mazpun (Verborgenes, G.) ebenso wie das rabb. Ideal des „weit innerhalb des Gesetzes bleiben", Hasidut od. Lifnim mi-Shurat ha-Din. Der biblische Terminus Mazpun (Ov 1, 6, verborgene Dinge) wird erst in der ma. jüd. Philosophie m. dem Herz verbunden. So heißt es bei Jehuda he-Levi (ca. 1075-1141) im letzten Abschnitt seines religionsphilosophischen Werkes Kusari: „Gott ... lasse dir reichen Lohn zukommen für die Lauterkeit deines Herzens und deines Gewissens" (5, 28). Dem G. i. S. der Lehre vom Herzen bzw. Herzenspflichten widmen sich eine Reihe von Abhandlungen: Bachia ibn Paquda (Spanien 11. Jh.) in Über die Herzenspflichten (Chowoth ha-Levavot), Jona Gerondi (Spanien, 13. Jh.) in Die Pforten der Umkehr (Scha'arei Teshuva) u. Mosche Chaims Luzzatto (Italien, 18. Jh.) in Der Pfad der Aufrechten (Messilat Jesharim).

Im Prozess der Reue kommt dem G. als innere Dimension menschlicher Existenz eine zentrale Bedeutung zu. Das G. verhilft intellektuellen, emotionalen u. moralischen Ressourcen zu neuem Bewusstsein, um das Ziel, die vollständige Umkehr (Teshuva Gemura), zu erreichen. Dieser Prozess umfasst nach Auffassung vieler jüd. Autoritäten folgende Schritte: Das Anerkennen der eigenen →Sünden (Hakarat ha-Chet), die Einsicht des G. (Charata), die Unterlassung der Sünde (Azivat ha-Chet) u. das Bekenntnis (Vidui) (vgl. Maimonides, Mischne Tora, Hilchot Teshuva 2, 2). Das Anerkennen der eigenen Sünden als solche obliegt dem moralischen G., die Einsicht ist das Bedauern über das Scheitern des eigenen (moralischen) Anspruchs. Die Unterlassung der Sünde beinhaltet nicht nur die Unterlassung sündigen Handelns u. die möglichst umfassende Wiedergutmachung (z. B. durch Rückgabe von Diebesgut), sondern eine innere Haltung, dieses Vergehen selbst bei sich wiederholender Gelegenheit unter den gleichen Bedingungen nicht nochmals zu begehen. Das Bekenntnis ist Bestandteil der zu verrichtenden →Gebete, ein persönliches Bekenntnis kann als individuelles Eingeständnis der Sünde vor Gott an entspr. Stellen im Gebet eingeschaltet werden.

Das Herz (Lev) weist ebenso wie die Intention (Kawana, von der Wurzel Kuf-Waw-Nun; zielen, beabsichtigen) auf die Beziehung des Menschen zu Gott. Die Intention des Herzens (Kawanat ha-Lev) umfasst alle Lebensbereiche, zielt aber hauptsächlich auf die Absicht u. Hingabe beim Erfüllen der biblisch u. rabb. postulierten Ge- u. Verbote u. dabei v. a. auf das Gebet. In rabb. Abhandlungen wird z. B. diskutiert, welche Gebete eine bes. Intention des Herzens erfordern (u. a. Babylonischer Talmud, Berachot 13b), wie diese erreicht werden kann (ebd. 15a) od. m. welchen Maß an Intention die Pflicht zum Gebet erfüllt ist (z. B. Tosefta, Rosh ha-Shana 2, 7).

Eine Lehre vom G. formuliert Philo von Alexandrien auf Grundlage biblischer Aussagen u. unter dem Einfluss der hellenistischen Philosophie in seinen Ausführungen zum menschlichen Fehlverhalten. Nach Philo dient das G. der Besserung des Menschen, da G. Fehlverhalten aufzeigt, den Menschen belehrt u. ihn zur Sühne führt (z. B. SpecLeg I, 235-238). Für Josephus ist das Zeugnis des G. die Belohnung des Menschen für seine Treue zur →Tora (Apion 2, 217). Für die ma. Philosophen leitet sich aus der Erkenntnis der Einheit Gottes die sittliche Entscheidungsfindung des Menschen ab. Dies zeigt sich bes. in den zentralen Aussagen im Schmah-Israel-Gebet: „Höre, Israel, der Ewige ist unser Gott, der Ewige ist einzig" sowie „Du sollst lieben den Ewigen, deinen Gott, mit deinem ganzen Herzen, mit deiner ganzen Seele und mit deiner ganzen Kraft" (dazu Maimonides zum zweiten Glaubensartikel im Mischna-Komm. zu Sanhedrin, Pereq Cheleq). M. Herausstellung eines strikten jüd. Monotheismus u. den Bezug auf die ethischen u. moralischen Aspekte des Judentums entwickelten jüd. Reformer im 19. Jh. im deutschsprachigen Raum die Theologie des Reformjudentums, in der dem G. eine zentrale Rolle zukommt.

Quellen

Maimonides, Mishneh Tora, Hilchot Teshuva, übers. u. kommentiert von E. Touger, New York – Jerusalem 1987.

Literatur

Die Lehren des Judentums. Nach den Quellen. Erster Teil: Die Grundlagen der jüd. Ethik, hg. v. L. Baeck u. a., Berlin 1920; Werblowsky, R. I. Z., Das Gewissen in jüd. Sicht (1958): Das Gewissen in der Diskussion, hg. v. J. Blühdorn, Darmstadt 1976 (Wege der Forschung 37), 21-49; Landman, L., Gesetz u. Gewissen aus jüd. Sicht: Das Gewissen in der Diskussion, hg. v. J. Blühdorn, Darmstadt 1976 (Wege der Forschung 37), 50-73; Soloveitchik, J., On Repentance, hg. v. P. Peli, New York 1984; Rosen-Zvi, I., Demonic Desires: Yetzer hara and the Problem of Evil in Late Antiquity, Philadelphia 2011.

Alexander Dubrau

© 2019, DOI: 10.30965/9783506786388_0257

Gewissen – Islamisch

Der arabische Begriff ḍamīr bez. das Gespür eines Individuums, in Entscheidungssituationen (Normenkollisionen) das Richtige zu tun. Es wurzelt in dem Gefühl, dass es einen beobachtenden Mitwisser gibt. Das wird auf die Stimme Gottes (ṣaut al-lāh; vgl. Koran 35:38), die des Herzens (ṣaut al-qalb; 22:46) od. die der Mitmenschen (ṣaut al-nās; 3:103) bezogen. Als paradigmatisch für G. im Kontext von Versagen u. Reue gelten im →Koran Figuren wie Adam (7:23), Jonas (21:87) od. Kain (5:31).

Muhammad wies darauf hin, dass das G. als schmerzhaftes Weben in der Brust in Erscheinung tritt. Mit dem arabischen Begriff der Umkehr (tauba; 25:71) wird heute ein Ansatz der Begleitung durch eine persönliche Krise verbunden, der auf das heilende Potenzial spiritueller Ressourcen von Klienten abhebt. Das gründet in der seelsorgerlichen Tradition des Islams, über das Zwiegespräch m. Gott, m. sich selbst u. m. einem Mitmenschen des Vertrauens Auswege aus der Krise zu finden (naṣīḥa; den anderen nicht aufgeben).

G. muss i. V. m. dem islam.-anthropologischen Begriff von Freiheit u. Würde (karāma; Unbestechlichkeit; 17:70) (→Menschenwürde) u. damit menschlicher Verantwortungsfähigkeit (mas'ūliya) gelesen werden. Hierin gründet auch die islam. Kosmogonie des Jenseits als einem Szenario, in welchem der Mensch von Gott nach seinen Haltungen u. Absichten befragt wird. Der Koran hebt hier auf Entscheidungsfähigkeit u. Freiheit ab (4:97 f.). Deshalb gelten im Islam Dinge als verboten, die zu Abhängigkeiten u. Kontrollverlust führen (Alkohol, Drogen, Glücksspiel, Wahrsagerei u. ä.).

Das G. spielt in der Verhandlung von Autorität eine wichtige Rolle (vgl. Abraham; 6:74-83): Die Haltung (istiqāma; Standpunkt) tritt als korrektiver Modus der autoritativen Kraft von Ermächtigung (sulṭa; Amt, Mandat) u. Argument (ḥuğğa; Debatte) entgegen. Alle drei Aspekte sollen idealerweise zum Diskurs (bayān, istinbāṭ; 4:83) zusammengeführt werden, um sachliche, soziale, emotionale u. spirituelle Verwerfungen zwischen Subjekt u. Kollektiv zu überwinden u. Handlungsfähigkeit i. S. v. Allgemeinwohl (istiṣlāḥ) herzustellen. Damit steht im Koran das G. nicht alleine für sich, sondern integriert in eine Diskurstheorie.

Über die Philosophie Ibn al-Arabis (12./13. Jh.) wird G. in den Kontext von Liebe u. ästhetischer Theorie gestellt: Das Gute ist geschöpfliches Dispositiv (fiṭra; 30:30) menschlicher Existenz u. bringt sich über das G. zum Ausdruck. Das hängt ab vom persönlichen Entwicklungsstand (takāmul) hinsichtlich Wissen (taᶜlīm), sozialer Reife (ta'dīb) u. Empathiefähigkeit (mawadda). Das G. bedarf Bildung u. Schulung (tazkiya) vom Zustand des getriebenen (al-nafs al-ammāra; 12:53) über das reflektierende (al-nafs al-lawāma; die klagende Seele; 75:2) hin zum befreiten Selbst (al-nafs al-muṭma'inna; die zufriedene Seele; 89:27), welches das Gute tut, weil es das Gute tun will – in Anknüpfung an die tautologische Figuration des Bösen in den Psalmen, welches das Böse tut, weil es das Böse tun will.

Ein aktueller Bezug zu gegenwartstheologischen Fragen des Islams in Deutschland besteht hinsichtlich der islam. →Seelsorge – insb. in Gefängnissen (→Anstaltsseelsorge). Es wird kontrovers diskutiert, inwieweit im Islam eine Rechtspflicht zur Verschwiegenheit in der seelsorgerlichen Situation gilt u. inwieweit sich das Zeugnisverweigerungsrecht so bez. Geistlicher auch auf muslimische Seelsorger übertragen lässt (u. zwar m. Blick auf den rechtlichen Status der mandatsgebenden Religionsgemeinschaft; vgl. § 53 Abs. 1 S. 1 Nr. 1 StPO, die Geltung des Rechtfertigungsgrundes nach § 139 Abs. 2 StGB u. das Privileg, im Vollzug keinerlei Offenbarungspflichten zu unterliegen).

Literatur

Ende, W. – Steinbach, U., Der Islam in der Gegenwart, München 1996; Pargament, K., The Psychology of Religion and Coping. Theory, Research and Practice, New York 1997; Saphir 5/6 Religionsbuch für junge Musliminnen u. Muslime, hg. v. L. Kaddor – R. Müller – H. H. Behr, München 2008; Ibn al-Arabi, Abhandlungen über die Liebe: Aus den Mekkanischen Eröffnungen (Futūḥāt al-Makkiyyah), Zürich 2009; Behr, H. H., Menschenbilder im Islam: Handbuch Christentum u. Islam in Deutschland. Grundlagen, Erfahrungen u. Perspektiven des Zusammenlebens, hg. v. M. Rohe – H. Engin – M. Khorchide – Ö. Özsoy – H. Schmid, Freiburg 2014, 489-529; ders., Du u. Ich. Zur anthropologischen Signatur des Korans: Zwischen Himmel u. Erde. Bildungsphilosophische Verhältnisbestimmungen von Text u. Geist, hg. v. H. H. Behr – F. Ulfat, Münster 2014, 11-29; Kermani, N., Gott ist schön: Das ästhetische Erleben des Koran, München 2015; Zwischen Gewissen u. Norm. Autonomie als Leitkategorie religiöser Bildung im Islam u. im Christentum, hg. v. T. Badawia – H. Schmid, Münster 2016 (Islam u. Bildung 3).

Harry Harun Behr

© 2019, DOI: 10.30965/9783506786388_0257

Gewissensbereich
→Forum externum et internum

Gewissensehe
→Eheschließungsform

Gewissensentscheidung
→Gewissen

Gewissenserforschung
→Beichte, →Gewissen

Gewissensfreiheit – Staatlich

1. Allg.: Die G. ist ein in Art. 4 Abs. 1 GG geschütztes Grundrecht u. steht nach heutiger Ansicht selbständig neben der ebenfalls von Art. 4 Abs. 1 GG geschützten →Religionsfreiheit, →Glaubensfreiheit u. Bekenntnisfreiheit. Die G. ist nicht auf dt. Staatsbürger beschränkt; sie ist ein sog. Menschenrecht. Sie ist jedoch lediglich ein Individual- u. kein Kollektivfreiheitsrecht.

2. Schutzgehalt: Geschützt wird durch die G. zunächst der gesamte Gewissensbildungsprozess u. die Gewissenentscheidung als solche (forum internum). Eine Gewissensentscheidung ist jede ernsthafte Auseinandersetzung des Entscheidungsträgers, welche sich an den Kategorien von Gut u. Böse orientiert u. die durch den Entscheidungsträger als bindend u. für sich verpflichtend erachtet wird (BVerfGE 12, 45). Daraus folgt, dass der Einzelne o. eine solche Entscheidung nicht o. Gewissensnöte handeln könnte. Dementsprechend sind diese Entscheidungen für den Einzelnen von einem unausweichlichen Charakter u. stellen sich für den konkreten Entscheidungsträger als sittliches Gebot dar, welches einer inneren Warnung vor dem Bösen gleicht u. zugl. dem Guten Rechnung tragen soll. Daneben ist auch das Nachaußentreten des Gewissensbildungsprozesses geschützt (forum externum), d. h. die Freiheit, nach der konkreten Gewissensentscheidung zu handeln (Freiheit der Gewissensverwirklichung). Darunter wird jedwedes gewissensrelevante Verhalten, also solches Verhalten, welches die Integrität u. die Identität der Persönlichkeit des Betreffenden in existenzieller Art u. Weise betrifft, gefasst. Aus diesem Recht der Gewissensverwirklichung folgen das Recht zur Gehorsamsverweigerung, wenn der staatl. Gehorsam m. der Gewissensentscheidung des Bürgers kollidiert, sowie das Recht zur Ablehnung ganzer Normenkomplexe, wie etwa das Recht zur →Kriegsdienstverweigerung (s. u.).

3. Grundrechtsadressaten: Grds. fungiert die G. als Abwehrrecht des Bürgers gegen den Staat, sodass zuvörderst unmittelbar der Staat u. alle jur. Personen des öff. Rechts gebunden sind. Darüber hinaus kann jedoch die G., aufgrund des auch in Art. 4 Abs. 1 GG verbürgten Menschenwürdekerns (→Menschenwürde), der staatl. eben zu schützen ist (Art. 1 Abs. 1 S. 2 GG), mittelbare Drittwirkung für Privatrechtssubjekte entfalten. Insb. im Arbeitsrecht hat die G. als möglicher Kündigungsgrund an Einfluss gewonnen.

4. Grenzen: Die G. unterliegt weder einem einfachen noch einem qualifizierten Gesetzesvorbehalt. Dementsprechend gehört sie zu den vorbehaltlos gewährleisteten Grundrechten. Dies bedeutet jedoch nicht, dass die G. grenzenlos ausgeübt werden kann, vielmehr bestimmen sich die Grenzen der G. nach den Grundrechten Dritter sowie anderen Verfassungsgütern (sog. kollidierendes →Verfassungsrecht).

5. Der Sonderfall der Kriegsdienstverweigerung: Das Recht auf Kriegsdienstverweigerung aus Art. 4 Abs. 3 GG stellt eine bes. Ausformung der G. dar. Demnach darf niemand gegen sein Gewissen zum Kriegsdienst m. der Waffe gezwungen werden. Damit wird dem Grundrechtsträger ein Recht zur Abwehr eines gegen ihn erhobenen staatl. Anspruchs zugestanden. Anders als die G. kennt das Recht

auf Kriegsdienstverweigerung keine negative Komponente, aus der dann gleichsam ein Anspruch auf Ableistung des Kriegsdiensts an der Waffe bestünde. Obgleich das Nähere durch ein Bundesgesetz zu regeln ist, steht Art. 4 Abs. 3 GG nicht unter einem Gesetzesvorbehalt, sondern lediglich unter einem auszufüllenden Verfahrensvorbehalt. Art. 4 Abs. 3 ist lex specialis zu Art. 4 Abs. 1 GG.

6. Das Problem der Beweislast: Die G. findet ihren Bezugspunkt allein in subjektiven Erwägungen des Einzelnen. Dadurch entsteht jedoch eine Situation, die es im Anwendungsfall praktisch unmöglich werden lässt, das Vorliegen einer Gewissensentscheidung zu beweisen od. zu widerlegen. In einer solchen sog. non liquet-Situation geht i. d. R. der Rechtsstreit zulasten desjenigen, der die Beweislast zutragen hat. Bürde man bei Streitigkeiten um die G. dem sich auf sie berufenden Bürger die Beweislast für einen Nachweis auf, der praktisch nicht zu führen ist, bedeute dies letztlich den Schutzgehalt der G. zu unterminieren. Träge hingegen der Staat die Last nachzuweisen, dass eine Gewissensentscheidung gerade nicht vorlag, bedeutete dies in tatsächlicher Hinsicht, dass die G. zu einem uneingeschränkten Verweigerungsrecht eines jeden Einzelnen gegenüber dem Staat führte. Es bleibt daher gewissermaßen bei einer Patt-Situation. Eine Regel zur Beweislastverteilung bei Fragen die G. betr. lässt sich daher nicht aufstellen, vielmehr müssen die Besonderheiten des jeweiligen Einzelfalls berücksichtigt werden; ggf. müssen die Anforderungen an die Beweisqualität abgestuft werden.

Literatur

Luhmann, N., Die Gewissensfreiheit u. das Gewissen: AöR 90 (1965), 257-286; Bäumlin, R., Das Grundrecht der Gewissensfreiheit: VVDStRL 28 (1970), 3-32; Böckenförde, E.-W., Das Grundrecht der Gewissensfreiheit: VVDStRL 28 (1970), 33-88; Scheuner, U., Die verfassungsmäßige Verbürgung der Gewissensfreiheit: ZevKR 15 (1970), 242-257; Lisken, H., Das Ende der Gewissensfreiheit?: NVwZ 1982, 664-666; Muckel, S., Die Grenzen der Gewissensfreiheit: NJW 2000, 689-692; Ladiges, M., Das BVerwG u. die Gewissensfreiheit der Soldaten: NJW 2006, 956-958; Bethge, H., Gewissensfreiheit: HSR Bd. VII, 663-709; Herzog, R., Art. 4 GG: Maunz, T. – Dürig, G., Grundgesetz Kommentar, 81. ErgLfg. September 2017, Rn. 122 ff.

Lisa Kanzler

© 2019, DOI: 10.30965/9783506786388_0262

Gewissensfreiheit – Katholisch

I. V. m. der →Religionsfreiheit bildet die G. das ethische Fundament der Staatsverfassungen der Moderne. Georg Jellinek stellte 1895 die These von der Glaubens- u. G. als Urgrundrecht od. Urrecht auf, doch ist dieser Befund weder in hist. Perspektive, noch in einer substantiellen Deutung überzeugend. Unbestritten ist aber die G. ein zentrales Grundrecht, der EGMR sieht in der in Art. 9 EMRK gewährleisteten Gedanken-, Gewissens-, u. Religionsfreiheit eine der wesentlichen Grundlagen einer demokratischen Gesellschaft.

Die Bibel enthält Elemente einer ideengeschichtlichen Fundierung – Gottebenbildlichkeit des Menschen –, doch erfolgte die Anerkennung der Menschen- u. Grundrechte u. insb. der Glaubens- u. G. gegen den Widerstand der kath. Kirche. Die kath. Kirche hat in ihren Lehräußerungen das Prinzip der G. ausdrücklich abgelehnt. Das Recht der Wahrheit wurde über das Recht der Person gestellt – keine Freiheit für den Irrtum. In scharfer Ablehnung der franz. Revolution u. der daraus hervorgegangenen Menschen- u. Bürgerrechte bez. P. Pius VI. 1791 im Breve Quod aliquantum die Glaubensfreiheit als unvereinbar m. der Vernunft u. Offenbarung. Weitere entschiedene Verurteilungen erfolgten durch die P. Pius VII. (Post tam diuturnas, 1814), Gregor XVI. (Mirari vos, 1832), Pius IX. (Quanta cura u. Syllabus, 1864) sowie Leo XIII. (Libertas praestantissimum, 1888). Bei Leo XIII. findet sich die Aussage, wonach der Irrtum prinzipiell kein gleichrangiges Recht neben der Wahrheit beanspruchen könne, eine Duldung um der höheren Rechtsgüter willen (→Gemeinwohl, staatl. Rechtsfrieden) sei aber zulässig. In der Folge findet eine sehr zaghafte Annäherung der Kirche an Grund- u. →Menschenrechte sowie →Demokratie u. Republik als Staatsformen statt, Bollwerk der traditionellen Ablehnung war das KR. So bez. Klaus Mörsdorf in seinem einflussreichen Kirchenrechtslehrbuch m. Verweis auf den Syllabus von Pius IX. noch 1964 den religiös neutralen Staat der Neuzeit als „nationale Apostasie" (Mörsdorf, 1964, 63). Die Kirche könne dem Irrtum keine Rechte einräumen u. müsse daher Bekenntnis- u. Kultusfreiheit ablehnen. Ansätze, o. aber den prinzipiellen Standpunkt aufzugeben, finden sich bei Papst Pius XII. (Toleranzansprache von 1953), den entscheidenden Schritt vom Recht zur Wahrheit zum Recht der Person vollzog P. Johannes XXIII. Die Neuorientierung erfolgte in der Enz. PT von 1963, die endgültige kopernikanische Wende vollzog das Vat II 1965. Die Erkl. über religiöse Freiheit DH wurde nach heftigen Auseinandersetzungen verabschiedet u. ist von der bisherigen Lehre „nicht nur graduell, sondern prinzipiell" abgerückt (Böckenförde, 1990, 63). Danach ist das Recht auf religiöse Freiheit ein unverlierbares Recht der menschlichen Person zur privaten u. öff., individuellen u. gemeinschaftlichen Ausübung der Religionen entspr. den Forderungen des eigenen →Gewissens. Recht auf religiöse Freiheit ist demnach nicht in einer subjektiven Verfassung der Person, sondern in ihrem Wesen selbst begr. u. besteht unabhängig von der objektiven Wahrheit der religiösen Überzeugung des Einzelnen u. unabhängig vom subjektiven Bemühen um diese Wahrheit (DH Nr. 2).

Aus diesen theol. Prämissen ergeben sich Konsequenzen für das kirchl. Recht. In der rechtsförmigen Rezeption der Ergebnisse des Vat II wird in c. 748 – systematisch als zentrale Norm des Verkündigungsrechts konzipiert – in Anlehnung an DH die Verpflichtung u. das Recht aller Menschen angesprochen, in Fragen, die Gott u. seine Kirche betreffen, die Wahrheit zu suchen u. diese aus der Verpflichtungskraft des göttlichen Gesetzes anzunehmen u. zu bewahren (§1). C. 748 §2 legt fest, niemand habe jemals das Recht, Menschen zur Annahme des kath. Glaubens gegen ihr Gewissen durch Zwang zu bewegen. Diese Berücksichtigung betrifft die Glaubensannahme, unberücksichtigt geblieben ist die Freiheit der Bewährung im Glauben, die Gewährleistung, dass niemand gezwungen werden darf, seinen Glauben gegen sein Gewissen zu bewahren.

Quellen

Pius VI., Breve Quod aliquantum vom 10. März 1791: Collectio brevium atque instructionum Pii Papae VI. Pars I, Augsburg 1796, 24-25; Pius VII., Post tam diuturnas vom 29. April 1814: Die kath. Sozialdoktrin in ihrer gesch. Entwicklung Bd. 1, hg. v. A. F. Utz – B. von Galen, Aachen 1976, 463-467; Gregor XVI., Enzyklika Mirari Vos vom 18. September 1832: Die kath. Sozialdoktrin in ihrer gesch. Entfaltung Bd. 1, hg. v. A. Utz – B. v. Galen, Aachen 1976, 136-159; Pius IX., Enzyklika Quanta Cura vom 8. Dezember 1864: ASS 3 (1867), 160-167; Leo XIII., Enzyklika Libertas praestantissimum: ASS 20 (1887), 593-613; Pius XII., Ansprache beim fünften Nationalkongress des Verbandes kath. Juristen vom 6. Dezember 1953: AAS 45 (1953), 794-802; Johannes XXIII., Enzyklika Pacem in terris vom 11. April 1963: AAS 55 (1963), 257-304; Vat II, DH.

Literatur

Jellinek, G., Die Erklärung der Menschen- u. Bürgerrechte. Zur Geschichte der Erklärung der Menschenrechte, hg. v. R. Schnur, Darmstadt 1964, 1-77 (Nachdr. der 4. Aufl.); Mörsdorf, K., Lehrbuch des Kirchenrechts auf Grund des Codex Iuris Canonici, Bd. 1, München – Paderborn – Wien – Zürich [11]1964; Böckenförde, E.-W., Einleitung zur Textausgabe der „Erklärung über die Religionsfreiheit". Zur Geschichte der Toleranz u. Religionsfreiheit, hg. v. H. Lutz, Darmstadt 1977, 401-421 (Erstdruck 1968); Schwartländer, J., Modernes Freiheitsethos u. chr. Glaube, München – Mainz 1981; Punt, J., Die Idee der Menschenrechte, München – Paderborn – Wien – Zürich 1987; Isensee, J., Die kath. Kritik an den Menschenrechten. Der liberale Freiheitsentwurf in der

Sicht der Päpste des 19. Jh. Menschenrechte u. Menschenwürde, hg. v. E.-W. Böckenförde – R. Spaemann, Stuttgart 1987; Böckenförde, E.-W., Religionsfreiheit. Die Kirche in der modernen Welt, Freiburg – Basel – Wien 1990; Hilpert, K., Die Menschenrechte. Geschichte, Theologie, Aktualität, Düsseldorf 1991; Hafner, F., Kirchen im Kontext der Grund- u. Menschenrechte, Fribourg 1992; Schockenhoff, E., Gewissensfreiheit: LThK³ Bd. 4, 628-629; Borowski, M., Die Glaubens- u. Gewissensfreiheit des Grundgesetzes, Tübingen 2006; Gabriel, K. – Spieß, Ch. – Winkler, K., Die Anerkennung der Religionsfreiheit auf dem Zweiten Vatikanischen Konzil, Paderborn 2013; Gewissen. Dimensionen eines Grundbegriffs medizinischer Ethik, hg. v. F.-J. Bormann – V. Wetzstein, Berlin – Boston 2014; Luf, G., Glaubensfreiheit u. Glaubensbekenntnis: HbkathKR³, 964-973; Pabel, K. – Grabenwarter, Ch., Europäische Menschenrechtskonvention, München – Basel ⁶2016, 359-380.

Herbert Kalb

© 2019, DOI: 10.30965/9783506786388_0262

Gewissensfreiheit – Evangelisch

Die Freiheit des →Gewissens ist nach ev. Verständnis zuerst als die Freiheit des von Gott befreiten Gewissens zu begreifen: als Freiheit von dem Urt. des schlechten Gewissens, in dem der Mensch das Verfehlen seiner ethischen Bestimmung eingestehen muss, als Freiheit zum Handeln im neuen Gehorsam, dessen Gelingen der gerechtfertigte Sünder der Gnade Gottes anvertrauen darf. Wenn also das KR Vorkehrungen zum Schutz von Gewissensentscheidungen trifft, dann lässt sich das nicht nach den Prämissen der säkularen G. begründen, die das auton. Gewissen als höchste u. unbedingte moralische Instanz zur Essenz der →Menschenwürde rechnen. Die Differenz des Freiheitsverständnisses ist gleich gelagert wie bei der →Glaubensfreiheit (Ev.).

Dessen unbeschadet kennt das ev. KR eine Grenze für rechtliche Verpflichtungen, wenn der Verpflichtete zu ihrer Erfüllung gegen sein Gewissen handeln müsste. Praktisch bedeutsame u. auch im geltenden Recht eigens berücksichtigte Konfliktlagen können sich bes. aus den →Amtspflichten der →Pfarrer bei Wortverkündigung (→Verkündigung) u. →Sakramentsverwaltung ergeben. Denn dieses Amt kann nicht anders ausgeübt werden als m. einem gewissenhaften Bewusstsein davon, was angezeigt ist. Aus diesem Grund wird einer Lehrbeanstandung nicht wie einem disziplinarischen Vorwurf nachgegangen; aus dems. Grund wird eine →Amtshandlung, deren Vornahme der zuständige Pfr. für unverantwortbar hält, deren Verweigerung aber nach der im KR getroffenen Entscheidung ebensowenig verantwortet werden kann, einem anderen Pfr. aufgetragen; aus dems. Grund schließlich wurden Pfr., die die Entscheidung zur Frauenordination aus Bekenntnisgründen nicht mitzuvollziehen vermochten, für eine (z. T. überraschend kurze) Übergangszeit von der Pflicht zur unmittelbaren Zusammenarbeit m. weiblichen Pfr. ausgenommen.

Mit dem Respekt vor dem Gewissen macht das ev. KR deutlich, dass es prinzipiell nicht letztgültig zwischen dem „richtigen" u. dem „falschen" Handeln zu entscheiden beanspruchen kann. Ein subjektives Recht auf G. allerdings kann sich im ev. KR nicht auf ein Residuum vorrechtlicher Gewissensautonomie stützen (s. o.). Es lässt sich stattdessen nur so begründen, dass die kirchenrechtliche Norm denjenigen, dem sie das betr. Handeln zumuten will, zugl. für zuständig erklärt, die Begrenztheit ihres Verbindlichkeitsanspruchs geltend zu machen.

Literatur

Smend, R., Glaubensfreiheit als innerkirchliches Grundrecht: ZevKR 3 (1953/54), 113-125; Heckel, M., Zum Sinn u. Wandel der Freiheitsidee im Kirchenrecht der Neuzeit: ZRG.K 55 (1969), 395-436; auch in: ders., Ges. S., Bd. I, Tübingen 1989, 447-483; Link, Chr., Die „unbeschränkte" Glaubens-, Gewissens- u. Lehrfreiheit der Gemeinden im bremischen Kirchenrecht: ZevKR 26 (1981), 217-263; Honecker, M., Religionsfreiheit u. ev. Glaubensüberzeugung: Der

Staat 23 (1984), 481-499; ders., Einführung in die theol. Ethik, Berlin u. a. 1990, § 8.

Michael Germann

© 2019, DOI: 10.30965/9783506786388_0262

Gewissheit – Katholisch

G. von →Glaubenslehren: G. bez. den Grad der →Verbindlichkeit einer theol. Lehre u. damit deren Wahrheitsqualität. Im KR folgt daraus die gestuft erwartete Antworthaltung der →Gläubigen: Wahrheiten, die „kraft göttlichen und katholischen Glaubens" zu glauben sind (c. 750 § 1; c. 598 § 1 CCEO); „alle und jede einzelne" Frage der Glaubens- u. Sittenlehre, die vom kirchl. →Lehramt definitiv vorgelegt wurden u. wie Dogmen →Glaubenszustimmung („assensus fidei") verlangen (c. 750 § 2; c. 598 § 2 CCEO); nicht endgültig festgelegte, aber authentische Lehren des →Papstes od. →Bischofkollegiums in Glaubens- u. Sittenfragen, denen religiöser →Verstandes- u. Willensgehorsam entgegenzubringen ist (c. 752; c. 599 CCEO); Lehren des authentischen Lehramtes der →Bischöfe, denen m. religiösem →Gehorsam (Folgsamkeit aufgrund der Anerkennung ihrer Autorität) zu folgen ist (c. 753; c. 600 CCEO).

Richterliche G.: C. 1608 § 1 u. c. 1291 § 1 CCEO fordern für das richterliche →Urteil, das dem in der →Klage erhobenen Anspruch ganz od. teilweise stattgibt, eine moralische G. des →Richters über die zu entscheidende Frage. Dieser Begriff – seit P. Pius XII. (Ansprachen vom 03.10.1941 u. 01.10.1942) im kan. →Prozessrecht beheimatet – grenzt sich ab von der physischen u. metaphysischen G. einerseits u. dem „überwiegenden Gewicht" der vorliegenden Beweise u. Hinweise (Art. 12 Ratio Procedendi zu MIDI; Art. 247 § 2 DC; preponderance of evidence im anglo-amerikanischen Prozessrecht) andererseits. Sie ist eine objektiv begr., d. h. auf die Anträge u. die Würdigung aller →Beweise des Verfahrens unter Beachtung der Beweisregeln gestützte Gesamtüberzeugung, die die bloße Möglichkeit des Gegenteils nicht ausschließen kann, aber auch keinen vernünftig begr. →Zweifel an ihrer Richtigkeit hat.

Quellen

PCLT, Instr. Dignitas Connubii: Comm. 37 (2005), 11-92; Franziskus, MP Mitis Iudex Dominus Iesus vom 15. August 2015: AAS 107 (2015), 958-970.

Literatur

Lüdecke, N., Die Grundnormen des kath. Lehrrechts, Würzburg 1997 (FzK 28); Scheffczyk, L., Art. Qualifikationen: LThK[3] Bd. 8, 755-757; Hubert, P., „Ad certitudinem moralem iure necessariam…". La question des preuves à la lumière du Motu proprio Mitis Iudex Dominus Jesus: RDC 67 (2017), 107-119; Lüdicke, K.: MKCIC zu den betr. Canones.

Andreas Weiß

© 2019, DOI: 10.30965/9783506786388_0263

Gewohnheitsrecht – Staatlich

Als G. wird in der allg. Rechtslehre Recht bez., das nicht von einem Normgeber (Gesetzgeber) gesetzt wird, sondern das durch Anerkennung einer →Norm als Recht durch eine entspr. Übung bzw. Gewohnheit in einer Rechtsgemeinschaft entsteht. Voraussetzung der Entstehung von G. ist also – erstens – die Anwendung bzw. das sich Halten an eine Norm über einen längeren Zeitraum (longa consuetudo) u. – zweitens – die Überzeugung, dass diese Norm rechtlich verbindlich ist (opinio iuris sive necessitatis). G. ist dadurch gekennzeichnet, dass es nicht gesetztes u. geschriebenes Recht ist, sondern aus ungeschriebenen Normen besteht, die als rechtlich verbindlich verstanden werden. Lokal begrenztes G. wird als →Observanz bez.

Die Existenz von G. wird in der geltenden dt. Rechtsordnung anerkannt. So sind gem. Art. 20 Abs. 3 GG vollziehende Gewalt u. Rspr. nicht nur an das →Gesetz, sondern auch an sonstiges Recht gebunden, was das G. einschließt.

Für das dt. Privatrechtecht erkennt § 293 ZPO die Existenz von G. ausdrücklich an; es wird ferner von Art. 2 des Einführungsgesetzes zum BGB umfasst, wonach Gesetz i. S. des BGB jede Rechtsnorm ist, also nicht nur die geschriebene. Auch im → öffentlichen Recht (sowohl → Verfassungsrecht als auch Verwaltungsrecht), im Europarecht u. im Völkerrecht (s. z. B. Art. 38 I lit. b IGH-Statut) ist G. eine anerkannte Rechtsquelle. Im → Strafrecht ist dagegen die Existenz von G. wegen der strengen Gesetzesbindung problematisch – auf keinen Fall darf eine → Strafe auf der Grundlage von G. verhängt werden (Nulla-Poena-Grundsatz). Im Staatskirchen- bzw. Religionsrecht hat das G. insb. im Recht der → Baulasten praktische Bedeutung.

In der Rechtspraxis wird das G. bes. dadurch wirksam, dass es von Gerichten anerkannt u. deren → Urteilen in Rechtsstreitigkeiten zugrunde gelegt wird. Insofern gehen G. u. Richterrecht ineinander über. Letzteres kann allerdings nur den Anspruch erheben, vorhandenes Recht zu erkennen, wohingegen G. eine eigenständige Quelle des Rechts ist. Insb. im Öff. Recht wird das G. durch den in den letzten Jahrzehnten immer weiter ausgedehnten Vorbehalt des Gesetzes in Frage gestellt: Nicht nur Eingriffe in Rechte des Bürgers, sondern auch andere wesentliche Regelungen bedürfen danach einer Grundlage in einem formellen (Parlaments)Gesetz, was G. ausschließt. Unklar ist, ob das für alle den Bürger belastenden Regelungen gilt. G. verliert ferner durch die immer umfangreichere Tätigkeit der Gesetzes-, Verordnungs- u. Satzungsgeber auf allen Rechtssetzungsebenen an Bedeutung.

Literatur

Puchta, G. F., Das Gewohnheitsrecht, 2 Bde., Erlangen 1828, 1837; Freitag, H. O., Gewohnheitsrecht u. Rechtssystem, Berlin 1976; Ostertun, D., Gewohnheitsrecht in der Europäischen Union, Berlin u. a. 1996; Menschenrechtsschutz durch Gewohnheitsrecht, hg. v. E. Klein, Berlin 2003; Krebs, K. – Becker, M., Entstehung u. Abänderbarkeit von Gewohnheitsrecht: Jur. Schulung 2013, 97-103; Krause, H. – Köbler, G., Gewohnheitsrecht: HRG² Bd. 2, 363-375; Wittreck, F., Gewohnheitsrecht: Staatslexikon Bd. II, Freiburg ⁸2018, 1362-1365; Landau, P., § 13 Das Gewohnheitsrecht im Staatskirchenrecht: HbStKR³.

Heinrich de Wall

© 2019, DOI: 10.30965/9783506786388_0264

Gewohnheitsrecht – Katholisch

Die Gewohnheit (consuetudo) gilt im Bereich des ius mere ecclesiasticum als zweite gleichwertige Rechtsquelle neben der → Gesetzgebung sowie als beste Interpretin der → Gesetze (c. 27; c. 1508 CCEO). Bes. in der frühen Kirche war die Normbildung durch Gewohnheit maßgebend. Die ersten Versuche zur Systematisierung des Rechtsinstituts des G. unternahm bereits Gratian. Doch erst der CIC/1917 regelte die Entstehung von G. umfassend (cann. 25-30). Im geltenden Recht finden sich in den cc. 23-28 sowie cc. 1506-1509 CCEO Aussagen zum G.

G. (ius consuetudinarium) ist die durch Genehmigung des zuständigen → Gesetzgebers od. durch ununterbrochenen Fristenlauf zu Recht erstarkte Rechtsgewohnheit (consuetudo iuris). Dagegen ist eine Rechtsgewohnheit eine Übung, ein Brauch od. eine Gewohnheit, die zu G. erstarken kann, aber noch nicht G. ist (consuetudo facti).

Die Rechtsgewohnheit muss durch eine passiv gesetzesfähige Gemeinschaft von Gläubigen (z. B. die → Gesamtkirche, eine → Teilkirche, eine → Pfarrei, eine kirchl. Universität) m. der Absicht, Recht einzuführen, geübt werden (c. 25; c. 1507 § 1 CCEO). Wird die Rechtsgewohnheit aus anderen Gründen (z. B. aus Ungehorsam od. Unwissen) geübt, kann sie nicht zu G. werden. Je nachdem, um welche passiv gesetzesfähige Gemeinschaft von Gläubigen es sich handelt u. welcher Gesetzgeber entspr. für die Genehmigung zuständig ist, kann das G. universal od. partikular gelten. Der zuständige Gesetzgeber ist entspr. der → Papst, der

→Bischof od. der →Ordensobere, wobei auch die territorialen u. personalen Strukturen berücksichtigt werden müssen.

Die Genehmigung der Rechtsgewohnheit kann stillschweigend (Feststellung durch den Rechtsanwender) od. ausdrücklich (durch den Gesetzgeber z. B. durch einen →Verwaltungsakt, durch ein Gesetz, durch eine lehramtliche Äußerung) erteilt werden. Die Genehmigung gilt als stillschweigend erteilt (allg. Legalkonsens), wenn eine Rechtsgewohnheit von Seiten des Gesetzgebers unwidersprochen den vom Gesetz geforderten ununterbrochenen Fristenlauf vollendet hat. Der Fristenlauf (c. 26; c. 1507 § 3 CCEO) beträgt bei einer außergesetzlichen (consuetudo praeter legem) od. dem Gesetz widersprechenden (consuetudo contra legem) Gewohnheit 30 J. Die gesetzmäßige Gewohnheit (consuetudo segundum legem) bedarf keines Fristenlaufs, um G. zu werden. Wenn eine auf die Zukunft gerichtete verbietende Klausel (Prohibitionsklausel, pro futuro) vorliegt, beträgt der Fristenlauf 100 J. od. eine Übung von unvordenklicher Zeit (c. 26; c. 1507 § 3 CCEO). Der Fristenlauf wird auch unterbrochen, wenn ein gegenteiliges Gesetz in Kraft gesetzt wird, kann aber bei Fortsetzung der Gewohnheit wieder von vorn beginnen.

Ein weiteres Wesensmerkmal für das Entstehen von G. ist die Vernünftigkeit (rationalibilitas) der Gewohnheit. Diese ist für die consuetudo praeter legem u. contra legem vorgeschrieben. Das bedeutet, dass die Gewohnheit nicht die kirchl. Ordnung gefährden u. ebenso wenig gegen Glaube u. Sitte, die Gerechtigkeit u. allg. Rechtsprinzipien verstoßen darf. Zudem soll die Gewohnheit das kirchl. Leben u. Heilswirken der Gemeinschaft, die sie übt, fördern. Die Vernünftigkeit des Gesetzes ist nicht gegeben, wenn das Gesetz eine →Reprobationsklausel enthält (c. 24 § 2; c. 1507 § 2 CCEO), wie z. B. in den cc. 396 § 2, 526 § 2, 1425 § 1. Für die consuetudo secundum legem ist die Vernünftigkeit nicht ausdrücklich verlangt, da sie durch das Gesetz, auf das sie sich bezieht, bereits vernünftig ist.

Läuft eine Rechtsgewohnheit dem →ius divinum zuwider, wird sie niemals Gesetzeskraft erlangen (c. 24 § 1; c. 1506 § 2 CCEO).

Außerkrafttreten des G.: Ein G. secundum legem tritt zusammen m. dem Gesetz, auf das es sich bezieht, außer Kraft. Dagegen erlöscht G. praeter od. contra legem durch →Widerruf durch ein gegenteiliges Gesetz (möglicherweise auch m. Verbot od. Reprobationsklausel versehen), gegenteiliges G., Nichtübung der Gewohnheit (desuetudo) od. Wegfall seines Zwecks. Ein Gesetz kann kein hundertjähriges od. unvordenkliches G. u. kein universales G. widerrufen, außer es wird im Gesetz ausdrücklich erwähnt (c. 28; c. 1509 CCEO).

Vorkodikarisches G.: Jedes gesetzeswidrige G. (universal od. partikular), das bis zum Inkrafttreten des CIC/1983 in Kraft war, aber durch dessen Canones verworfen wird, ist gänzlich aufgehoben u. kann niemals wieder aufleben (c. 5; kommt zur Anwendung in: cc. 396 § 2, 423 § 1, 526 § 2, 1076, 1287 § 1, 1425 § 1). Ebendieses gilt für das übrige G., ausgenommen hundertjähriges od. unvordenkliches G. od. sofern das Gesetz nicht ausdrücklich etwas anderes vorsieht. Wenn der zuständige →Ordinarius dieses G. unter der Berücksichtigung der jeweiligen Situation o. größere Nachteile für die Gemeinschaft abschaffen kann, ist er gehalten, dies zu tun. Anderenfalls werden diese Gewohnheiten weiterhin toleriert. Bis zum Widerruf des G. od. zum Eintreten anderer Erlöschensgründe bleibt das G. in Kraft.

Literatur

Heimerl, H. – Pree, H., Kirchenrecht. Allg. Normen u. Eherecht, Wien – New York 1983; KanR I; Rhode, U., Kirchenrecht, Stuttgart 2015 (KStBTh 24); Rees, W., Die Rechtsnormen: HbkathKR³, 127-162; Socha, H.: MKCIC cc. 5, 23-28.

Sabine Konrad

© 2019, DOI: 10.30965/9783506786388_0264

Gewohnheitsrecht – Evangelisch

Das ev. KR kennt keine dem →Codex Iuris Canonici vergleichbare Regelung des G. als →Rechtsquelle. Allerdings ist die Möglichkeit von G. durchweg anerkannt. In Parallele zum staatl. Bereich hat es aber gegenüber kirchl. →Gesetzen, →Verordnungen u. →Satzungen untergeordnete Bedeutung. Darin kommt u. a. die umfassende Tätigkeit der gesetzgebenden kirchl. Körperschaften zum Ausdruck. Auch in der aktuellen ev. Kirchenrechtslehre wird das G. kaum diskutiert. Fortgeltende Bedeutung hat das G. insb. in traditionellen, überkommenen Rechtsinstituten des ev. KR, etwa im Recht der →Baulasten u. der →Patronate.

Vom Ansatz her ist aber ev. Rechtsverständnis dem G. nicht feindlich. So enthält schon die →Confessio Augustana (1531) in Art. 15 u. 26 die Aussage, dass →Kirchenordnungen u. Traditionen (wie gottesdienstliche Formen u. Zeiten od. →Feiertage), obwohl sie nicht heilsnotwendig sind, um der Ordnung willen beibehalten werden können. Ältere kirchenrechtliche Werke enthalten dementsprechend Ausführungen zum G. (J. H. Böhmer). Im Anschluss an die hist. →Rechtsschule haben einzelne ev. Kirchenrechtslehrer des 19. Jh. versucht, eine eigenständige Lehre vom G. zu entwickeln (A. v. Scheurl; W. Kahl). Bis heute kann die (mittlerweile praktisch unbedeutende) Fortgeltung einzelner Vorschriften des →Corpus Iuris Canonici im ev. KR als G. begr. werden.

Literatur

Stein, A., Art. Gewohnheit/Gewohnheitsrecht IV.: TRE Bd. 13, 254 ff.; Landau, P., Die Theorie des Gewohnheitsrechts im kath. u. ev. Kirchenrecht des 19. u. 20. Jahrhunderts: ZRG.K 77 (1991), 156 ff.; Lindner, Th., Baulasten an kirchl. Gebäuden, Tübingen 1995, 119 ff.; Stumpf, Chr., Kirchenrecht als Bekenntnisrecht, München 1999, 246 ff.; Anke, H.-U., Rechtsquellen: HevKR, § 4; de Wall, H. – Muckel, St., Kirchenrecht, München [5]2017, § 25.

Heinrich de Wall

© 2019, DOI: 10.30965/9783506786388_0264

Gewohnheitsrecht – Orthodox

G. hat ganz allg. im KR breiten Raum, u. zwar sowohl, was gesetzesergänzendes als auch was gesetzeswidriges G. betrifft. Im nichtkodifizierten orth. KR spielt die Erg. des Gesetzesrechts durch G. traditionell eine bes. große Rolle, auch wenn G. auf ortskirchlicher Ebene in vielen Fragen sukzessive durch Gesetzesrecht verdrängt u. überlagert wurde. Doch kann es durch Veränderungen der Rahmenbedingungen für eine Autokeph. Kirche (→Autokephalie) zu einer Renaissance von G. kommen, wenn bestehendes Gesetzesrecht nicht mehr anwendbar ist u. neues nicht erlassen wird. Das signifikanteste Bsp. dafür ist in Ermangelung eines formal anwendbaren Statuts die Verf. des →Ökumenischen Patriarchats nach dem Ende des Osmanischen Reiches.

Man unterscheidet gesetzesergänzendes u. gesetzesänderndes G. Gesetzesergänzendes G. ist der zentrale Anwendungsbereich. Wo kein geschriebenes Recht vorhanden ist, ist den etablierten Gewohnheiten zu folgen. Für gesetzeskonformes G. gilt i. S. der röm.-byzantinischen Rechtstradition, dass die Gewohnheit die beste Auslegerin der →Gesetze ist. Gesetzesänderndes G. ist im kan. Recht prinzipiell gestattet, obwohl dies der Tradition des →byzantinischen Rechts grds. widerspricht. Der →Nomokanon in 14 Titeln (I, 3) lässt ein strenges Gesetz, weil zu belastend für die Gläubigen, von einer humaneren Gewohnheit verdrängen. Ob bzw. in welchem Ausmaß damit die gesetzesändernde Gewohnheit in die Nähe der Anwendung von →Oikonomia rückt, ist umstritten.

In den byzantinischen Quellen finden sich eine größere Anzahl von Begriffen im Bedeutungsfeld Brauch – Gewohnheit – G. Am häufigsten u. m. relativ klarem Inhalt wird ethos für G. u. chresis für Brauch verwendet. Häufiger gebraucht wird daneben noch synetheia m. einer zwischen diesen beiden Begriffen schillernden Bedeutung.

Ethos (entspricht consuetudo in der westlichen Tradition) meint im Regelfall das durch lange bestehende, ununterbrochene Gewohnheit od. Rspr. entstandene Recht. Eine klassische Verwendung findet sich in c. 6 Nikaia 325, wo bzgl. der Rechte der Großkirchen u. späteren →Patriarchate von Alexandreia, Rom u. Antiocheia von alten Gewohnheiten (archaia ethe) gesprochen wird. Chresis meint im Regelfall Brauch. Unter Brauch versteht man das von den Menschen laufend ausgeübte (Wohl-)Verhalten, dem grds. zwar keine rechtliche Bedeutung zugemessen wird (Tischsitten, Brauchtum), das jedoch in manchen Fällen zu G. erstarken kann. Synetheia wird manchmal synonym m. ethos verwendet, manchmal bedeutet der Begriff jedoch nur Brauch i. S. v. chresis. Synonym m. ethos wird er etwa in c. 2 Konstantinopel 379 verwendet, wo es heißt, dass die Kirchen Gottes, die unter den Barbarenvölkern sind, „nach der Gewohnheit (synetheia) verwaltet werden" sollen, „die von den Vätern in Kraft gesetzt worden ist". In c. 15 Nikaia 325 ist synetheia dagegen als Brauch (chresis) zu verstehen, der, weil im Widerspruch zu den Kanones stehend, abgeschafft werden soll.

Die zentralen Texte für eine Theorie des G. finden sich in der (in zweiter Aufl.) von Photios herausgegebenen Version des Nomokanon in 14 Titeln (I, 3), nach dem die ungeschriebene kirchl. Gewohnheit (ethos) wie ein Gesetz (nomos) zu beachten sei, u. bei Matthaios Blastares (Syntagma V, 2), der das ungeschriebene G. unter Zitierung von Basileios dem Gesetzesrecht gleichstellt.

Für das Entstehen von G. unterscheidet man allg. Übungstheorie u. Gestattungstheorie. Im orth. KR finden sich beide Theorien verwirklicht. Einerseits kann eine Gewohnheit gem. der Gestattungstheorie durch die Approbation des Gesetzgebers zu Recht erstarken, andererseits aber auch gem. der Übungstheorie durch lange u. breit gestreute Übung. Für das Entstehen von G. i. S. der Übungstheorie werden folgende Voraussetzungen verlangt:

1. Ableitung von einer kirchl. Autorität: Basileios weist in seinem sog. c. 87 im Zusammenhang m. einer eherechtlichen Frage darauf hin, dass eine Gewohnheit Gesetzeskraft habe, da sie von „Hl. Männern" hergeleitet werde. Er betont auch, dass die angeführte Übung „von Anfang an" vorhanden gewesen sei. Inwieweit diese Voraussetzungen für spätere Zeiten generalisiert werden können, muss allerdings offen bleiben.

2. Alle Quellen weisen auf die Bedeutung einer lang andauernden Übung in einer Gemeinschaft hin, es werden jedoch keine expliziten Fristen verlangt, wie im kath. KR im Gefolge der Normierung des G. durch die päpstliche Dekretalengesetzgebung im Hochmittelalter.

3. Die Übung muss stabil u. ununterbrochen sein. Dabei ist auch zu beachten, dass es sich um einen wiederholbaren Sachverhalt handelt.

4. Die Vernünftigkeit (logismos) der Gewohnheit u. die Absicht zur Rechtserzeugung, wie sie üblicherweise in der Gewohnheitsrechtstheorie u. auch im byzantinischen Recht verlangt werden, wird man m. Kotsonis auch für das orth. KR als gegeben annehmen müssen. Hier wird v. a. auch an das schwierig zu handhabende Erfordernis der Kompatibilität m. dem kan. Bewusstsein zu denken sein.

G. kann durch Ausbildung anderen G. od. durch Gesetz aufgehoben werden.

Literatur

Zhishman, J., Das Eherecht der orient. Kirche, Wien 1864, 79-86; Kotsonis (Cotsonis), H. (I., J.), Usage in Modern Canon Law, its Nature, its Influence, its Relationship with Custom: Ve Congrès international de droit comparé 1958, hg. v. Centre interuniversitaire de droit comparé, Brüssel 1960, 67-82; Polyzoides, K., To ethimon eis to plaision tes orthodoxou Ekklesias (dt.: Das Gewohnheitsrecht im Rahmen der Orth. Kirche), Thessaloniki 1986; Potz, R. – Synek, E., Orth. Kirchenrecht, Freistadt 22014, 346-348.

Richard Potz

© 2019, DOI: 10.30965/9783506786388_0264

Gewohnheitsrecht – Islamisch

G. (arabisch: ʿurf = Gewohnheit, Sitte, Brauch, abgeleitet vom arabischen Verb für wissen; od. ʿāda = Gewohnheit, Sitte, Brauch), welches den Zielen u. Regelungen des islam. R. nicht entgegensteht, wird nach dem →Koran, den Prophetenüberlieferungen (arabisch: →sunna), der Gelehrtenübereinkunft (arabisch: iǧmāʾ) u. dem Analogieschluss (arabisch: qiyās) als sekundäre →Rechtsquelle gezählt u. ist bei rechtlichen Entscheidungen zu beachten. Dabei dient G. i. d. R. als Werkzeug für die Flexibilität des Rechts.

Im Regelfall wird als Basis für rechtserhebliches ʿurf eine kollektive Gepflogenheit vorausgesetzt, wohingegen persönliche – u. weniger rechtserhebliche – Gewohnheiten i. d. R. m. ʿāda identifiziert werden.

Seinen Ursprung findet das islam. G. in Q 7:199. Im Kontext dieses Verses wird ʿurf von den Exegeten zumeist als Gottesfurcht u. Einhaltung seiner Ge- u. Verbote ausgelegt. Ebenso finden sich in der Sunna des Propheten Hinweise auf den ʿurf. Eine weitere Ableitung des G. folgt daraus, dass der Prophet Muḥammad weite Teile des heidnischen G. im vorislamischen Arabien übernommen hat – freilich o. Verweis auf einen Terminus technicus.

Weg des G. in das islam. Recht: Neben durch den Propheten aktiv anerkannten wurden auch durch ihn stillschweigend anerkannte (arabisch: sunna taqrīrīya) vor-islam. Bräuche als G. anerkannt. Daneben fand das G. seinen Weg in das islam. Recht über den Weg des Für-Gut-Befindens (arabisch: al-istiḥsān), der Berücksichtigung des allg. Nutzens (arabisch: al-maṣlaḥa) u. des Konsenses der →Gelehrten (arabisch: al-iǧmāʿ), od. aber seine Anwendung wurde schlicht als Notwendigkeit (arabisch: ḍarūra) betrachtet. Innerhalb der mālikitischen →Rechtsschule werden zudem speziell die Gewohnheiten der Bewohner von Medina als G. gesehen.

Trotz seiner großen Anwendungsbreite, kann das G., auch bei vielfacher Wiederholung der infrage stehenden Handlung, nicht über die primären Rechtsquellen gestellt werden u. bei m. diesen entschiedenen Sachverhalten nicht als Gegenargument verwendet werden. G. wird dabei innerhalb der vier großen islam. Rechtsschulen in unterschiedlichem Maße anerkannt u. angewendet. Die beiden Rechtsschulen m. der größten Anerkennung für G. sind die der Mālikiten u. die der Ḥanafiten.

Generell müssen vier Bedingungen für eine rechtsgültige Anwendung von ʿurf erfüllt sein: Der Rechtsbrauch darf keinem erwiesenen Textbeleg widersprechen, er muss ununterbrochen bestanden haben u. in einer Mehrheit der Fälle im rechtlichen Umgang von Menschen Anwendung gefunden haben, die Parteien dürfen keine Abweichung von ihm vereinbart haben u. letztlich muss er bereits als gängige Praxis etabliert gewesen sein.

Daneben werden weitere Einschränkungen für die Anwendung von G. vorgebracht. So wird ein räumlich-zeitlicher Zusammenhang zwischen dem Anwendungsfall u. dem gewohnheitsrechtlichen Vergleichsfall verlangt. Im Falle eines Widerstreits unterliegt das G. einer vertraglichen Vereinbarung, bzw. kann nur bei einer Regelungslücke vorgebracht werden.

Zudem werden versch. Formen des G. in Verwendung gebracht. Es wird unterschieden zwischen mündlich akzeptiertem (arabisch: qaulī) u. durch Handlung akzeptiertem (arabisch: fiʿlī) G. Für beide Arten finden sich weitere Untergliederungen, wie etwa das allgemeingültige (arabisch: ʿurf al-ʿāmm) u. das spezielle G. (arabisch: al-ʿurf al-ḫāṣṣ). Während es sich bei ersterem um einen zeit- u. ortsübergreifenden Brauch handelt, fallen lokal u. temporal beschränkte Bräuche unter den zweiten Begriff.

Auch in der arabisch-islam. →Rechtswissenschaft sind sich die Gelehrten einig, dass G. einen großen Anteil an der Flexibilität des islam. Rechts hat.

Literatur

Ziadeh, F., Urf and law in Islam: The world of Islam. Studies in honor of Philip Hitti, hg. v. J. Kritzeck – R. Bayly Winder, London 1960, 60-7; Kamali, M. H., Principles of Islamic Jurisprudence, Cambridge 1991; Krawietz, B., Hierarchie der Rechtsquellen im tradierten Sunnitischen Islam, Berlin 2002; Rohe, M., Das islam. Recht, München ³2003, 68-70; Bederman, D., Custom as a source of law, Cambridge 2010; Shabana, A., Custom in Islamic law and legal theory. The development of the concepts of ʿurf and ʿadah in the Islamic legal tradition, New York 2010.

Tibor Linke

© 2019, DOI: 10.30965/9783506786388_0264

Glaube – Katholisch

G. bez. das Ganze der Selbstmitteilung des dreifaltigen Gottes als Wahrheit u. Leben des Menschen u. ihre umfassende (implizite u. explizite) Annahme im Verstand u. Willen seitens des Hörers des Wortes (fides ex auditu) u. des Empfängers der Gnade des Hl. Geistes (Vat I: DenzH 3008; Vat II: DV 5). Gegenüber dem (Semi-)Pelagianismus gilt, dass G. ein Geschenk ist u. damit sein Anfang (initium fidei), Wachstum u. seine Vollendung, sowie der Grund seiner Glaubwürdigkeit (credulitatis affectus) vom Hl. Geist bewirkt sind (lumen fidei). Die Einsicht in die von der Kirche vorgelegte doctrina fidei, die m. göttlichem u. kath. G. anzunehmen ist (de fide divina et catholica od. nur de fide ecclesiastica) wird durch Chr., den inneren Lehrer der Wahrheit in Person (Joh 14, 6), vermittelt (Konzil von Orange, cc. 3-25: DenzH 373-395). Der heilsvermittelnde G. unterscheidet sich von bloßer Information über seine Inhalte (fides informis; historica) u. ist aufgrund von Offenbarung u. Gnade wesentlich mehr als nur eine phil. u. existentielle Grundoption. Nach dem Pilgerstand geht der G. in die Schau Gottes über, o. dass der Mensch dessen Wesen begreifen, d. h. in die Kategorien der geschaffenen Vernunft einschließen könnte.

Wenn wir auch durch die begrifflichen Erkenntnisformen (Symbolum, Lehre der Kirche, Glaubwürdigkeit seiner Zeugen u. Lehrer) zur Erkenntnis Gottes gelangen (fides quae creditur), so sind doch nicht diese an sich Ziel u. Inhalt des Glaubensaktes (fides qua creditur), sondern Gott selbst (Thomas von Aquin, STh II-II q. 1 a. 2; In Ioan 4, lect. 5). G. richtet sich formaliter auf Gott als veritas prima et absoluta, die durch die heilsgeschichtliche Offenbarung materialiter in der Vielheit der einzelnen Offenbarungswahrheiten im Credo der Kirche präsent ist (Mt 16, 16; Röm 10, 9 f.). Die dialogische Kommunikation m. Gott vollzieht sich als personaler Akt aufgrund der eingegossenen göttlichen Tugenden von G., Hoffnung u. Liebe.

Die Synthese von Unmittelbarkeit zu Gott u. menschlicher Vermittlung im Akt u. Inhalt des G. wird getragen von der Einheit der göttlichen u. menschlichen Natur in der göttlichen Person des Fleisch gewordenen WORTES, das uns „die Herrlichkeit des einzigen Sohnes vom Vater, voll Gnade und Wahrheit" (1 Joh 1, 14) zu sehen gab. Dem inkarnatorischen Grund des G. entspricht seine sakramentale Vergegenwärtigung: beginnend in der →Taufe, entfaltend u. spezifizierend in den anderen „→Sakramenten des Glaubens" (SC 59; DenzH 1600). Die vernünftige Gewissheit von Gottes Dasein (credere Deum), das bedingungslose Vertrauen in ihn (credere Deo) u. die volle Hinwendung zu ihm als Ursprung u. Ziel des ganzen Seins (credere in Deum) setzt die Erkenntnisfähigkeit der menschlichen Vernunft u. die Hingabekraft des Willens voraus, erhebt u. vollendet sie (vgl. Röm 1, 20; Hebr 11, 1.6), so dass G. ein „cogitare cum assensione" (Augustinus, De praedestinatione sanctorum II, 5) ist. Da das Heil durch den menschlichen Willen Chr. im „Gehorsam bis zum Tod am Kreuz" (Phil 2, 8) gesch. verwirklicht wurde, vollzieht sich der G. als freier Gehorsam zu Gottes Wort u. seinen Geboten. Nach dem Vorbild „Abrahams, des Vaters im Glauben" (Gal 4, 12; Gen 15, 6) ist G. ein Akt des Vertrauens (Röm 1, 5; 16, 26; 2 Kor 10, 5 f.) u. damit das Gegenteil von blinder Unterwerfung, weil er „uns zur Freiheit und Herrlichkeit der Kinder Gottes befreit." (Röm 8, 21; vgl. Gal 5, 1-26). Der G. begr. u. fordert das Gott gefallende moralische, karitative u. Kultur schaffende Handeln zum →Gemeinwohl, weil u. sofern er „in der Liebe wirksam ist – fides caritate formata" (Gal 5, 6). Das Trienter Konzil betont bei der Rechtfertigung des Sünders wie Luther den G. als Vertrauen auf die Verdienste Chr., weist aber seine Reduktion auf einen Fiduzialglauben zurück (DenzH 1562). Vertrauen o. Liebe ist ebenso unmöglich, wie Gehorsam gegenüber Gott, o. seine Gebote zu erfüllen (DenzH 1568). Der G. ist „Anfang, Fundament und Wurzel des menschlichen Heils" (DenzH 1532), dem ein Leben im Geiste Chr. entsprechen muss.

Angesichts der Beschränkung des Wissens auf empirisch überprüfbare Fakten u. Funktionen u. damit der Abwertung des geoffenbarten G. als bloßer Meinung über prinzipiell die Erkenntnisfähigkeit des menschlichen Verstandes übersteigende natürliche u. übernatürliche Wahrheiten od. gegenüber der Reduktion des G. auf ein Motiv für moralisches Handeln (I. Kant) in der neuzeitlichen Subjektphilosophie betonte das →Lehramt einerseits gegenüber dem Rationalismus die Übernatürlichkeit des G. u. andererseits gegenüber dem Traditionalismus u. religiösen Irrationalismus die innere u. äußere Vernünftigkeit des G. aufgrund der Analogie des Seins u. damit der gnadenhaften u. übernatürlichen Vollendung der natürlichen Ausrichtung der Vernunft u. des Willens in der Wahrheit u. Liebe Gottes (Vat I: DenzH 3015-3020; Vat II: DV 6).

Quellen

Vat II, SC; Vat II, DV.

Literatur

Lubac, H. d., Glauben aus der Liebe, Einsiedeln 1970; Rahner, K., Grundkurs des Glaubens, Freiburg 1976; Beinert, W., Ich hab da eine Frage ... Auskunft zum Glauben der Christen, Regensburg 2002; Matena, A., Das Credo. Einführung in den Glauben der Kirche, Paderborn 2009; Egger, P., Kleine Einführung in das Christentum, Wilhering 2012; Keller, A., Grundkurs des chr. Glaubens. Alte Lehren neu betrachtet, hg. v. A. R. Batlogg – N. Klein, Freiburg 2012; Ratzinger, J., Einführung in das Christentum. Bekenntnis-Tauf-Nachfolge, Freiburg 2014 (JRGS 4); ders., Glaube in Schrift u. Tradition. Zur Theol. Prinzipienlehre, Freiburg 2016 (JRGS 9).

Gerhard Ludwig Müller

© 2019, DOI: 10.30965/9783506786388_0265

Glaube – Evangelisch

G. ist nach ev. Auffassung die Lebensform unbedingten Vertrauens (fiducia) auf Gott, die sich im Feld weltlicher Erfahrungen u. Grenzsituationen zu bewähren hat. Im G. wird Gottes Verheißung (promissio) ergriffen, den sündigen Menschen allein aus Gnade (sola gratia) zu rechtfertigen. Seine kontrafaktische Zuspitzung erhält der G. durch die Hoffnung darauf, dass Gott das, was er als Schöpfer angefangen u. als Erlöser in seinem Sohn Jesus Chr. fortgeführt hat, auch zur eschatologischen Aufhebung aller Zweifel führen wird. So aber markiert der G. das Ende aller menschlichen Versuche, sich den Stand vor Gott am Jüngsten Tage durch eigene verdienstvolle Werke zu sichern, u. befreit zugl. zum tätigen Dienst der Nächstenliebe in den mannigfachen Kontexten dieser Welt. Diese sind aus Glaubensperspektive ebenso grundlegend als gute Schöpfung Gottes zu bejahen wie der Mensch in seiner Leiblichkeit u. Sozialität.

Dieses Glaubensverständnis wird nach seinen existenziellen wie lebenspraktischen Dimensionen von den Reformatoren popularisiert, u. a. dadurch, dass sie es als ein erneutes Ernstnehmen des biblischen u. insb. des neutestamentlichen Zeugnisses beschreiben (vgl. etwa Joh 8, 32; Röm 3, 28; Hebr 11, 1). Zugl. lässt es deutlich die Spuren der theol. Diskussionslage des 16. Jh. erkennen. In dieser werden die Themen, die den Einzelnen betreffen u. permanent beunruhigen, wie →Sünde, Rechtfertigung, Gnade u. Prädestination stets in enger Verbindung nicht nur m. der Thematik der Heilsvermittlung durch die Kirche, sondern auch m. Fragen des →Gemeinwohls debattiert.

Dabei kommt es innerevangelisch zu durchaus differenten Schwerpunktsetzungen in der Glaubensauffassung: Es überwiegen einmal die eher existenziell-innerlichen, ein andermal die eher auf die weltlichen Folgen eines geheiligten Lebenswandels zielenden Akzente. Diese Unterschiede dürfen freilich keineswegs – trotz partieller Berechtigung dieser Zuschreibung – allzu pauschal m. dem Luthertum u. dem Calvinismus identifiziert werden. Immerhin stimmen zwei so unterschiedliche theol. Charaktere wie Luther u. Calvin darin überein, den G. nicht als Werk des Menschen, sondern als Werk Gottes aufzufassen. Mit seinen guten Werken ist der gläubige Mensch dabei Kooperator im Heilsplan des alleinwirksamen Gottes.

Im engen Zusammenhang m. dem ev. Glaubensverständnis steht eine Bestimmung des Verhältnisses von Individuum u. religiöser Institution, die sich gerade gegenüber dem spätmittelalterlichen Katholizismus neu ausnimmt u. die deshalb große sozial- wie kulturgeschichtliche Veränderungen in Gang setzt. Nach prot. Auffassung kann sich der G. des Einzelnen nicht in der bloßen Kenntnisnahme der Kirchenlehre sowie in der Zustimmung zu ihr erschöpfen. Vielmehr steht m. der Glaubensthematik stets die von Gott zum Gelingen gebrachte Aneignung des Evangeliums in seinem individuell relevanten Heilsgehalt im Zentrum. Niemals darf also die kirchl.-rituelle sowie die fachtheologisch-dogmatische Seite des G. so über das Gemüt des Menschen dominieren, dass dieser meint, sich teilnahmslos auf diese Seite verlegen zu können. Umgekehrt kann sich jedoch ein existenzbestimmendes Vertrauen jenseits subjektivistischer Zirkel nur dann entwickeln, wenn klar ist, worauf das Vertrauen denn eigentlich gründet. Subjektiver Glaubensakt (fides qua creditur) u. objektiver Glaubensinhalt (fides quae creditur) gehören also untrennbar zusammen. Insofern stehen in reformatorischer Perspektive →Bekenntnisschriften als Lehrurkunden, die einen Verbindlichkeitsanspruch für die jeweiligen prot. Kirchen besitzen, in denen sie gelten, nicht im Widerspruch zur angestrebten Aufwertung der personalen, existenziellen u. sittlich-alltagsbezogenen Aspekte im Glaubensverständnis.

Im Horizont von Aufklärung u. Moderne muss sich die Diskussion um das rechte Glaubensverständnis gerade im ev. Bereich notwendig verschärfen. Nun wird die inhaltlich-objektive Seite zwar nicht obsolet, aber doch durch zwei grundsätzliche Entwicklungstendenzen angegriffen, in denen man durchaus Folgewirkungen des freiheitlichen Glaubensverständnisses des Protestantismus sehen kann: einerseits durch die Verselbständigung der Sphären von Staat, Religion u. privater Frömmigkeit, die in dem Maße eine flächendeckende gesellschaftliche Einheitlichkeit in Fragen der Lebensorientierung unmöglich macht, in dem sie zugl. den Einfluss der bekenntnisgebundenen Theologie auf Politik, Gemeinwesen u. Bildungswelt zurückdrängt; anderseits durch das Aufkommen eines hist. Bewusstseins, was dazu führt, dass allg. anerkannte Forschungspraktiken nun vorbehaltlos auch auf die biblischen Erzählungen u. das →Glaubensbekenntnis angewendet werden. So hat sich gegenwärtig das an der Rechtfertigungslehre orientierte Wirklichkeitsverständnis des G. im offenen Diskurs der pluralistischen Gesellschaft zu bewähren. Die hierzu von der modernen Ev. Theologie beigesteuerten erfahrungs- sowie existenztheologischen Ansätze versprechen dabei wohl am ehesten, den fiduzialen Zentralgehalt des ev. G. in die neue Zeit hinüberzuretten.

Literatur

Bultmann, R., Theologie des NT (1953), Tübingen ^{9}1984; Ebeling, G., Das Wesen des chr. Glaubens, Tübingen ^{4}1977; Dalferth, I. U., Existenz Gottes u. chr. Glaube, München 1984; Slenczka, R., Art. Glaube VI. Reformation/Neuzeit/Systematisch-theol.: TRE Bd. 13, 318-365; Dalferth, I. U., Art. Glaube 3. systematisch-theol.: EKL^{3} Bd. 2, 193-202; Jüngel, E., Gott als Geheimnis der Welt, Tübingen ^{6}1992; Herms, E., Offenbarung u. Glaube, Tübingen 1993;

Pannenberg, W., Systematische Theologie, Bd. 3, Göttingen 1993 (Neuausg. 2015), 156-194; Jüngel, E., Art. Glaube V. Systematisch-theol.: RGG⁴ Bd. 3, 953-974.

Julius Trugenberger

© 2019, DOI: 10.30965/9783506786388_0265

Glaube – Orthodox

Abgesehen davon, dass von vielen Orth. einfach jede Glaubenslehre, d. h. jede Konfession, als orth., ev. od. kath. G. bez. werden kann, dient vielen orth. Theologen Hebr 11 als wichtigste Hilfe für eine Definition des G.: Er ist „eine gewisse Zuversicht des, das man hofft, und ein Nichtzweifeln an dem, das man nicht sieht". Dies wird von keinem orth. Autor als ein bloßes Fürwahrhalten, als nur kalte Anerkennung od. gar nur wahrscheinliche Vermutung verstanden. So betrifft der G. in orth. Verständnis alle Kräfte der Seele, er ist eine keiner künstlichen logischen Beweise bedürftige Überzeugung von der Wahrhaftigkeit dessen, worin wir leben, uns bewegen u. sind. Deshalb kann G. auch als „Vereinigung der menschlichen Seele mit Gott" verstanden werden. D. Stăniloae formuliert, der G., von dem der Apostel Paulus redet, sei jener, „durch den wir uns den Zustand der Gerechtigkeit Christi zueigen machen" u. ist deshalb in gewissem Sinne identisch m. der Liebe zu Chr. Eigentlicher Gegensatz zum G. ist nicht das Nicht-G., sondern die Sünde.

Das sind schon Aussagen, die den wirklichen G. von dem unterscheiden, was Jak 2, 4 als „toten" G. bez. Dieser ist identisch m. dem G. der Teufel, die auch glauben u. zittern, d. h. denen der G. kein Heil u. keine Rettung bringt. Dennoch hat sich die orth. Theologie wiederholt auf den Jakobusbrief bezogen u. sich mehrheitlich für die Lehre entschieden, dass G. u. Werke notwendig seien zur Rettung. Bei der Art, wie in den zit. Bsp. vom G. die Rede ist, wäre das grds. nicht notwendig. Offensichtlich ist die einseitige Bestimmung des G. durch den Jakobusbrief als ein Nein zur Theologie der Reformation zu verstehen, während die Beziehung von G. u. Werken die frühen Väter der Orth. Kirche kaum interessiert hat. Ein erstes Bsp. für die Prägung der orth. Definition des G. ist das Gespräch von Car' Ivan Groznyj (dem Schrecklichen) m. dem Vertreter der böhmischen Brüder Jan Rokita im J. 1570, ein weiteres die Antwort des Patriarchen Jeremias II. auf Art. IV der Augsburgischen Confession. Vermutlich war es die prot. Ablehnung der Askese, die orth. Gesprächspartner in der Frage der Beziehung von G. u. Werken einseitig auf die Aussagen des Jakobusbriefs pochen ließen. Denn obwohl nicht bezweifelt werden kann, dass auch prot. Theologen, einschließlich Martin Luther, über die Bedeutung des geistl. Lebens u. das Wachsen im G. sprechen konnten, erscheint der orth. Theologie der Aspekt geistl. Wachstums im Protestantismus fast durchgehend unterbelichtet. Die Benutzung eines luth. asketischen Werkes wie Johann Arndts Vier Bücher vom wahren Christentum durch orth. Theologen hat an der dogmatischen Bewertung der Aussagen prot. Theologie zu dem Problem des Verhältnisses von G. u. Werken nichts geänd. Die Bez. des Jakobusbriefes als „rechte stroherne Epistel" durch Martin Luther erscheint orth. Theologen im höchsten Maße provozierend. Das wirkte sich dahingehend aus, dass auch orth. Theologen, die in ihrem Gesamtwerk eher prot. als kath. Positionen vertraten, sich in der Bewertung der Frage nach dem Verhältnis von G. u. Werken oft der kath. Position näher fühlten. Das gilt so z. B. für die Katechismen der →Metropoliten Platon (Levšin) u. Filaret (Drozdov).

Die neuere orth. Theologie urteilt hier differenzierter. Der orth. liturgischen Tradition entspricht eine einseitige Festlegung auf den Jakobusbrief nicht. In Wirklichkeit vertritt die Orth. Kirche eine grds. eher paulinische Erlösungslehre, weil sie seit dem zweiten Sonntag nach Pfingsten bis kurz vor Ostern an allen Sonntagen aus den Briefen des Apostels Paulus (einschließlich des Hebräerbriefes) liest. In diesen Apostol-Lesungen wird zunehmend häufig von der Gerechtigkeit aus dem G. u. nicht ein einziges Mal von der Notwendigkeit guter Werke gesprochen. Die Alternative gerettet durch den G. od. gerettet durch G. u. Werke wird von vielen orth. Theologen der Gegenwart als verfehlt u. als typisches Produkt des abendländischen Juridismus u. insofern als Missverständnis der Lehre der Apostel (sowohl des Apostels Paulus als auch des Apostels Jakobus) betrachtet. Eines der orth. Morgengebete sagt: „Der Glaube möge mir anstelle von Taten angerechnet werden, mein Gott, denn Du wirst keine Taten an mir finden, die mir zur Rechtfertigung gereichen können". Trotz des Wortes Rechtfertigung sind solche Aussagen nur möglich, wenn nicht juridisch gedacht wird. So schreibt Ebf. Paul von Finnland: „The relationship between faith and good works becomes a ‚problem' only when justification is understood as an outward legal process between God and man". A. Andreev formuliert, die Aussage „allein durch den Glauben" sei nur ein anderer Ausdruck für die Lehre vom Empfang der Rettung umsonst. Ders. Autor hält i. Ü. die Lehre von G. u. Werken in der orth. Theologie für ein noch nicht entfaltetes Desiderat der Theologie.

Literatur

Mitr. Makarij (Bulgakov), pravoslavno-Dogmatičeskoe Bogoslovie, Vol. II, St. Petersburg 1883, bes. 298-313; Wort u. Mysterium. Der Briefwechsel über Glauben u. Kirche 1573-1581 zwischen den Tübinger Theologen u. dem Patriarchen von Konstantinopel, Witten 1958; Hauptmann, P., Die Katechismen der Russisch-orth. Kirche. Entstehungsgeschichte u. Lehrgehalt, Göttingen 1971; Ebf. Paul von Finnland, The Faith We hold, Crestwood NY 1980; Staniloae, D., Orth. Dogmatik II, Gütersloh 1990; Felmy, K. Ch., Einführung in die orth. Theologie der Gegenwart, Münster – Berlin 2014, Kap. 6.

Karl Christian Felmy

© 2019, DOI: 10.30965/9783506786388_0265

Glaube – Jüdisch

Das Judentum wird gern als orthopraktische Kultur beschrieben, in der das Tun im Vordergrund steht. Prinzipiell ist dies zumindest für weite Strecken der Tradition richtig, doch spielt auch das Element des G. eine zu wenig beachtete Rolle. In der rabb. Lit. wird des Öfteren der G. als Kriterium betont, so etwa in der Mechilta de Rabbi Jischmael Beschallach 4 zu Ex 14, 15, wo Gott u. a. wegen des G. Israel durch das Meer führt. Der hebräische Begriff für G. (emuna) hat eng m. Vertrauen zu tun. Dieses Vertrauen auf Gott v. a. als Beschützer u. Retter Israels wird bereits biblisch betont u. rabb. eingeschärft. Israels Erfahrung m. Gott geht der phil.-theol. Begründung voraus u. findet auch Ausdruck in der Liturgie. Als Bekenntnisformel ist das damit verbundene amen geläufig. Aber auch emet, das die Konnotation Wahrheit in sich trägt, kommt aus derselben Wurzel. Israels Antwort auf Gottes Zuwendung u. Erwählung besteht schließlich in Opfer, → Gebet, im Handeln nach der → Tora, die am Sinai gegeben wurde, in der Weitergabe der Lehre. Nach der Zerstörung des Tempels von Jerusalem (70 n. Chr.) ersetzen Gebet, gutes Handeln u. v. a. die Lehre der Tora die Funktion des Tempels. In der Mischna Sanhedrin 10 werden gewisse Glaubensgrundsätze wie die Anerkennung der Tora vom Sinai u. die Auferstehung erwähnt, die sich v. a. gegen innerjüdische Gegner richten. In den versch. Festen u. → Feiertagen wird die glaubensmäßige Bindung an Gott, den Schöpfer, den Retter, den Stifter der Tora, den König, den Vater, den Barmherzigen, betont. Für die antike u. rabb. Welt sind G. u. das Handeln nach Geboten (→ Gesetz) keine Gegensätze, sondern gehören zusammen. Bei der Suche nach einer Quintessenz der Gebote wird im babylonischen Talmud Makkot 24a Hab 2, 4 zit. („Der Gerechte wird aus dem Glauben leben").

Das MA setzt die Beschäftigung m. dem G. in systematisierender Weise fort. In Saadja Gaons (882-942) Kitāb al-Amānāt wal-iʿtiqādāt (Sefer ha-emunot we-haddeot) werden in 10 Kap.

Grundlagen des G. besprochen, von der Schöpfung bis zur Auferstehung. Auf den Ansätzen in der rabb. Tradition (mSanhedrin 10.1) aufbauend werden Glaubenssätze erstellt, so bes. von Moses Maimonides (1138-1204) in seinem Komm. zu Sanhedrin 10, die konstitutiven Charakter für die Zugehörigkeit zum Judentum haben sollen. Als poetischer u. oft musikalisch umgesetzter Teil des → Gottesdienstes wird der Text des Maimonides m. „Ich glaube mit vollständigem Glauben" („ani maamin be-emuna schlema") eingel. O. je eine ausgefeilte Dogmatik entwickelt zu haben, werden bestimmte Grundsätze über die Jhh. betont u. eingeschärft, so der Monotheismus od. die Funktion der Tora, die Belohnung des Guten, Auferstehung der Toten etc. Im MA wird auch die Diskussion um G. als Vergewisserung der Existenz Gottes virulent (z. B. dazu Jakob ben Scheschets Sefer ha-emuna we-ha-bitachon). Die Beziehung von G. u. Vernunft wird umfassend diskutiert.

In mystisch-chassidischen Quellen wird G. m. der Anhaftung (Devekut) an Gott verbunden (etwa beim Bescht, dem eigentlichen Begründer des Chassidismus), in anderen – Rabbi Nachman von Bratzlaw – als Zentrum der Religion beschrieben. Die Unzulänglichkeit der Vernunft würde dadurch überschritten, die Gottesferne überwunden. In der jüd. Aufklärung wird G. zum wichtigen Thema. Für den Naturwissenschaftler Mordechai Gumpel Schnaber Levison (1741-1797) werden emet u. emuna zu bedeutenden Begriffen für die Wahrheit (emet), die durch Sinneswahrnehmung erkannt wird u. den G. (emuna) als Fundament der Religion, die auf vertrauenswürdigen Zeugen u. Traditionen beruht. Saul Ascher (1767-1822) forciert den in der Neuzeit aufbrechenden Gegensatz von Gesetz u. G. u. plädiert für den G. als Voraussetzung von Offenbarung. Er ist eine Erkenntnisweise für sich u. eine notwendige Erg. zur Vernunft, die Wahrheit nie ganz erfassen kann. Religiöser G. ist für alle Menschen Bedingung u. Bedürfnis. Ascher wertet das Gesetz gegenüber dem G. deutlich ab u. plädiert für eine Dogmatik, ein Lehrgebäude. Damit tritt er in Gegensatz zur aufkommenden Orthodoxie u. auch Neoorthodoxie (Samson Raphael Hirsch), die das gültige jüd. Recht in den Mittelpunkt stellt u. auf aktuelle Weise begr. u. erläutert.

Die phil. Reflexion über Gott, Mensch u. Israel führt auch in jüngerer Zeit zu einer Auseinandersetzung m. dem G. Eine Reihe von Werken tragen G. im Titel (z. B. Michael Wyschogrods The Body of Faith, Joseph B. Soloveitchiks Lonely Man of Faith; Martin Bubers G. der Propheten, Louis Jacobs' Faith od. Milton Steinbergs Anatomy of Faith).

Literatur

Stemberger, G., Glaube im rabb. Judentum: Theol. Literaturzeitung 139 (2014), 1113-1129; Grözinger, K. E., Jüd. Denken. Theologie, Philosophie, Mystik. 4 Bde., Frankfurt – New York 2004-2015.

Gerhard Langer

© 2019, DOI: 10.30965/9783506786388_0265

Glaube – Islamisch

Ist vom G. im islam. Kontext die Rede, bezieht sich das i. d. R. auf das arabische Nomen imān. Das Wort bez. grundlegende Inhalte der islam. Glaubenslehre, die einschlägigen Texten des → Korans (2:177, 2:285) od. der prophetischen Weisheitssprüche (hadīṯ) (→ Hadith) entstammen. Diese Inhalte finden als quasi pan-islam. Konsens (die sog. Säulen od. Art. des Glaubens; arkān al-īmān) allg. Verbreitung, z. B. als kleiner Katechismus (tam ilmihal) in türkischen Moscheen, aber auch in Islam-Kap. dt. Schulbücher für den Ethik- od. chr. → Religionsunterricht an den Grund- u. weiterführenden Schulen. Zu den Säulen des G. zählen sechs Art.: der G. an Gott, seine Engel, seine Schr., seine Gesandten, die Auferweckung am Tage des Gerichts u. die Bestimmung. Dabei gilt es zu beachten, dass es sich um den sunnitischen Kanon handelt. Der hat sich in dieser Form erst ab dem 9. Jh. zur Norm entwickelt, u.

zwar nicht zuletzt in Abgrenzung zu rationalistischen u. phil. Positionen innerhalb der islam. Theol. (kalām-Schulen). Im Koran selbst, aber z. B. auch im schiitischen Islam fehlt das sechste Element. Das hat m. dem Streit um die Frage zu tun, inwieweit sich die Wechselbeziehung zwischen menschlicher Freiheit u. Bindung anthropologischer u. bzgl. der Gotteslehre tarieren lässt. Ferner spiegelt die Kontroverse um die Sache m. der Bestimmung einige der frühislam. Debatten um die Rechtfertigung göttlichen Handelns (Theodizee) sowie um die Natur des Korans als zeitliches Produkt od. aber zeitloses Prädikat der Geschichte.

Im Koran finden sich auch Texte, die bekenntnisartig Positionen des G. i. S. v. confessiones fidei formulieren u. die über das einfache Zeugnis (šahāda) od. die o. genannten Art. hinausweisen. Sie deuten meistens auf Wesen u. Amt Muhammads, was sie entlang der Traditionslinie (milla) altprophetischer Figuren wie Noah, Moses od. Abraham entfalten. Diese als ismailitisch od. hagaritisch in Abgrenzung zum jüd. Narrativ um Isaak od. Sarah abzugrenzen, fällt aber eher in die Provenienz pan-arabischer Identitäts- u. Territorialitätskonstruktion; der Koran selbst zieht hier keine klaren Grenzen zwischen den Religionen. Die islam.-theol. Signatur von G. wird im Koran nicht partikular, d. h. über die Zugehörigkeit zur →Konfession angelegt, sondern über die Denomination des Subjekts. Im Mittelpunkt stehen dort die Befähigung des Menschen zum G. u. sein Bedürfnis nach G. i. S. einer anthropologischen, transkulturellen u. interreligiösen Universalie (3:64, 5:44, 5:46, 36:11, 49:13 u. ä.).

So ist auch die Eröffnung der Narrationen des Korans m. Sure 2 zu verstehen (die erste Sure al-Fātiḥa ist eine Präambel). Das Genesis-Narrativ, von dem zu erwarten wäre, dass es die Schrift eröffnet, beginnt erst ab 2:30. M. den Versen 2:1-29 wird stattdessen eine Art Vorrede zur Natur des Menschen u. zur Natur des G. vorgeschaltet. Damit rückt die Haltung der Person (G. als Achtsamkeit im Verborgenen; 36:11) in den Vordergrund, nicht seine Dogmatik. Das ist einer der Gründe, warum muslimische Intellektuelle wie Talal Asad den Islam nicht als Religion bez., sondern als Diskurs. Aus diesem Grund müssen andere theol. Zentralbegriffe hinzugezogen werden, um die Dimension des G. präziser zu treffen u. das muslimische Verständnis menschlicher Glaubensdisposition zu erweitern. Ein koran. Begriff wie yaqīn (vgl. ᶜayn al-yaqīn, ᶜilm al-yaqīn, ḥaqq al-yaqīn; 56:95, 69:51, 102:5, 102:7) bringt die Gewissheit des inneren Sehens zum Ausdruck (die Abraham-Sequenz in 6:74-83, bes. 6:75). Eine Vokabel wie burhān, abgeleitet vom seltenen Stammverb barhana für beweisen, bez. die menschliche Fähigkeit, auch o. Anschauung des empirisch Konkreten zur Einsicht, Wahrheit, Erleuchtung od. Erkenntnis zu gelangen (G. i. S. v. Platons Ideenlehre; 12:24).

M. Begriffen wie mu'min für Gläubiger u. kāfir für Ungläubiger finden sich im Koran auch scheinbare Verdinglichungen auf Personengruppen, die jeweils in das Heil eingeschlossen od. ausgegrenzt werden. Das ist v. a. eine gemeindepädagogische u. reliogionsdidaktische Herausforderung dort, wo auf Deutschland als Land der vermeintlich Ungläubigen od. Christen geblickt wird, etwa aus der Empfindung dominanzgesellschaftlicher Ausgrenzung od. aber muslimisch-religiösem Chauvinismus heraus. Auch die radikale Rede (im Salafismus) bedient sich dieses Stereotyps. Hier gilt es allerdings zu beachten, dass ein sog. mu'min nicht nur jeder ist, der sich gem. 49:14 zum Islam als Symbolbestand, Deutungssystem u. sozialem Format (→umma) positioniert, sondern zu seinen Normen u. Werten (nicht jeder Muslim ist zwangläufig mu'min, u. gläubig i. S. des Worts kann auch ein Nicht-Muslim sein). M. kāfir ist eigentlich der Verweigerer od. der Undankbare gemeint, der sich wider Einsicht u. besseren Wissens gegen das Gute u. Wahre u. gegen den G. entscheidet (auch ein Muslim kann folglich kāfir sein). Die erste Person, die im Koran als kāfir bez. wird, ist i. Ü. der

Satan (2:34), u. von Unglauben kann bei ihm als Augenzeuge u. Antagonist göttlichen Wirkens nicht die Rede sein.

Literatur

Asad, T., Formations of the Secular, Stanford 2003; Behr, H., Wer sind denn die Ungläubigen? Eine Antwort aus muslimischer Perspektive: Zeitschrift für die Religionslehre des Islam (ZRLI) 3 (2008), Jg. 2, 26-32; ders., Die Abrahamkonstruktion im Koran: Der andere Abraham, hg. v. H. Behr – D. Krochmalnik – B. Schröder, Berlin 2011, 109-145; Esposito, J., Who speaks for Islam?, New York 2017.

Harry Harun Behr

© 2019, DOI: 10.30965/9783506786388_0265

Glaubensabfall

→Apostasie, →Fernstehende, →Häresie

Glaubensbekenntnis – Katholisch

Der Ausdruck G. (→Professio fidei) meint im KR meist die formelhaften Zusammenfassungen des chr. →Glaubens wie das Apost. u. das Nizäno-Konstantinopolitanische G., ggf. m. weiteren Zusätzen. Der Ursprungsort der G. ist die Liturgie, insb. die Feier der →Taufe, zu der schon in frühchristlicher Zeit das G. der →Katechumenen gehörte. In der Liturgie ist das Sprechen des G. in Form von Fragen u. Antworten od. in Form eines zusammenhängenden Textes möglich. Nach den geltenden liturgischen Normen des Röm. Ritus gehört das G. zur Liturgie der Taufe, der →Firmung, der Aufnahme gültig Getaufter in die volle Gemeinschaft der kath. Kirche u. der →Eucharistiefeier an Sonntagen u. Hochfesten sowie bei anderen festlichen Anlässen. Im Hinblick auf die Aufnahme von Mitgliedern der →nichtkatholischen Kirchen des Ostens in die volle Gemeinschaft der kath. Kirche hatte das Vat II bestimmt, dass dazu das einfache Bekenntnis des kath. Glaubens genügt (OE 25); diese Bestimmung ist als c. 897 CCEO in das geltende Recht eingegangen. Für die Feier der Wiederaufnahme (im Dt. oft als →Rekonziliation od. Reversion bez.) derer, die von der kath. Kirche bzw. vom kath. Glauben abgefallen sind, gibt es keinen gesamtkirchlich vorgeschriebenen Ablauf; i. d. R. gehört das G. auch zum Ablauf der betr. durch diözesanes Recht geordneten Feier.

Darüber hinaus hat die Kirche im Laufe der Zeit begonnen, von einzelnen Personen aus bes. Anlässen wie der Teilnahme an →Konzilien u. →Synoden sowie anlässlich der Übernahme neuer Aufgaben – insb. auch bei wichtigen Aufgaben im Bereich des kirchl. →Verkündigungsdienstes – die Ablegung des G. zu verlangen. Naturgemäß ist das G. dabei persönlich abzulegen; Stellvertretung ist ausgeschlossen. Es wird vor der in den Normen zumeist näher bez. zuständigen kirchl. Autorität abgelegt; dabei handelt es sich stets um einen Priester. Nach geltendem Recht ist der verpflichtete Personenkreis in der lat. Kirche (cc. 380, 542, 833) erheblich größer als in den kath. Ostkirchen (cc. 76 §1, 153 §3, 187 §2, 220, 4° CCEO). Durch die im J. 1983 für Deutschland u. Österreich erlassenen →Akkommodationsdekrete wurde bestimmt, dass die Pflicht zur Ablegung des G. auch für diejenigen gilt, die innerhalb der staatl. Universitäten an den Kath.-Theol. Fak. (→Theologische Fakultät, Hochschuleinrichtung) u. Inst. lehren. Nach früherem Recht machte sich strafbar, wer die vorgeschriebene Ablegung des G. schuldhaft unterließ (can. 2403); d. i. nach geltendem Recht nicht mehr der Fall.

Für die Ablegung des G. aus bes. Anlässen u. bei der Übernahme bestimmter Ämter hatte das Konzil von Trient im J. 1564 an das nizänokonstantinopolitanische G. einen längeren Zusatz angefügt, der auf spezifisch kath. Lehren einging (vgl. DenzH 1862-1863). Diese Professio Fidei Tridentina war später auch an den Anfang des CIC/1917 gestellt worden (unmittelbar vor can. 1). Im J. 1967, also kurz nach dem Vat II, wurde der lange Zusatz durch eine neue Formulierung ersetzt, die nur noch aus einem einzigen Satz bestand, der in pauschaler Form auf die vom →Lehramt vorgelegten Lehren Bezug nahm; s. AAS 59 (1967), 1058. Diese Formulierung wurde im J. 1989 durch einen dreiteiligen Zusatz ersetzt; er bezieht sich erstens auf die in unfehlbarerer Weise als von Gott offenbart vorgelegten Glaubensinhalte, zweitens auf andere als endgültig vorgelegte Lehren u. drittens auf diejenigen Lehren, die in Ausübung des authentischen Lehramts verkündet werden, o. dass sie endgültig als verpflichtend erklärt werden. Während es für die erste u. die dritte Ebene einschlägige Bestimmungen im CIC u. im CCEO gab (vgl. c. 750 §1; c. 598 §1 CCEO u. c. 752; c. 599 CCEO), bestand hinsichtlich der zweiten Ebene in den Codices eine Lücke. Das hat Johannes Paul II. veranlasst, im J. 1998 durch das MP Ad tuendam fidem einschlägige Rechtsnormen in die beiden Codices aufzunehmen (c. 750 §2; c. 598 §2 CCEO), einschließlich einer Klarstellung, wonach unter strafrechtlicher Rücksicht die Ablehnung von Lehren der zweiten Ebene nicht wie bei den Lehren der ersten Ebene m. der Strafe der →Exkommunikation wegen →Apostasie od. →Häresie, sondern wie bei den Lehren der dritten Ebene m. der Verhängung einer gerechten bzw. angemessenen Strafe (→Gerechte Strafe) zu ahnden ist (c. 1371, 1°; c. 1436 §2 CCEO). Das genannte MP wurde begleitet von einem lehrmäßigen Schreiben der Glaubenskongregation zur Schlussformel der Professio fidei, in der die Bedeutung der drei Ebenen näher erläutert wurde. Von dem bei der Übernahme neuer Aufgaben abzulegenden G. ist die Verpflichtung zu unterschieden, verbunden damit auch einen →Treueid abzulegen.

In einem weiteren, nicht auf einen bestimmten Wortlaut bezogenen Sinn wird der Begriff G. verwendet, wenn als Kriterien dafür, dass jemand voll in der Gemeinschaft der kath. Kirche steht, die drei Bande des G., der →Sakramente u. der kirchl. →Leitung (→Tria-Vincula-Lehre) genannt werden (c. 205; c. 8 CCEO); in diesem Sinn wird das Band des G. im Lat. auch als vinculum symbolicum bez.

Quellen

Vat II, OE; Kongregation für die Glaubenslehre, Professio fidei et iusiurandum fidelitatis in suscipiendo officio nomine Ecclesiae exercendo vom 9. Januar 1989: AAS 81 (1989), 104-106 = AAS 90 (1998), 542-544; dt.: VApSt 144, 6-10; Johannes Paul II., Motu Proprio Ad tuendam fidem vom 18. Mai 1998: AAS 90 (1998), 457-461; dt.: VApSt 144, 11-15; Kongregation für die Glaubenslehre, Nota doctrinalis professionis fidei formulam extremam enucleans vom 29. Juni 1998: AAS 90 (1998), 544-551; dt.: VApSt 144, 17-25; ÖBK, Beschluss der dt. Formeln für Glaubensbekenntnis u. Treueid vom 12. März 1991: AfkKR 160 (1991), 119-121; DBK, Beschluss zum Verzicht auf eine eigene Übersetzung von „professio fidei" u. „Iusiurandum fidelitatis" u. zur Verwendung der von Rom vorgegebenen Texte vom 14. März 2000: AfkKR 169 (2000), 139-141; DBK, Erläuterungen zur Schlussformel des Glauensbekenntnisses – zum Versprechen gem. dem Zweiten Vatikanischen Konzil (LG 25) u. zum „Iusiurandum fidelitatis": AfkKR 169 (2000), 141-144.

Literatur

Schmitz, H., „Professio fidei" u. „iusiurandum fidelitatis". Glaubensbekenntnis u. Treueeid. Wiederbelebung des Antimodernisteneides?: AfkKR 157 (1988), 353-429; De Fleurquin, L., The Profession of Faith and the Oath of Fidelity: A Manifestation of Seriousness and Loyalty in the Life of the Church (Canon 833): StCan 23 (1989), 485-499; Örsy, L., The Profession of Faith and the Oath of Fidelity. A Theological and Canonical Analysis, Wilmington 1990; Pagé, R., Le document sur la profession de foi et le serment de fidélité: StCan 24 (1990), 51-68; McManus, F. R., The Profession of Faith and the Oath of Fidelity: Proceedings of the CLSA (1991), 190-220; Urrutia, F. J., Professione di Fede: NDDC, 868 f.; Cito, D., Professione di fede e giuramento di fedeltà: La funzione di insegnare della Chiesa, hg. v. Gruppo italiano docenti di Diritto Canonico, Mailand 1994 (Quaderni della Mendola 1), 119-132; Monti A., L'obbligo di emettere la professione di fede. Studio teologico-giuridico del can. 833, Rom 1998; Aymans, W., Glaubensbekenntnis u. Treueid: Iudicare inter fideles (FS Geringer), hg. v. W. Aymans – S. Haering, St. Ottilien 2002, 23-37; Zuzek, I., La „professio fidei" e il CCEO: Ius Canonicum in Oriente et Occidente (FS Fürst), hg. v. H. Zapp – A. Weiß, Frankfurt 2003 (AIC 25), 643-662; Riedl, G., Die Rechtsverbindlichkeit des Glaubensbekenntnisses. Hist. Praxis, theol. Begründung, kan. Geltung: Recht in Kirche u. Staat, hg. v. W. Rees, Berlin 2004, 341-367; Caspani, P., Battesimo e professione di fede: Rassegna di Teologia 50 (2009), 455-486; Luf, G., Glaubensfreiheit u. Glaubensbekenntnis: HbkathKR³, 964-973; Mussinghoff, H. – Kahler, H.: MKCIC Einführung vor c. 833; c. 833.

Ulrich Rhode

© 2019, DOI: 10.30965/9783506786388_0267

Glaubensbekenntnis – Evangelisch

Entspr. dem in der →Reformation profilierten Verständnis des →Glaubens als Vertrauen ist ein G. nicht einfach eine Behauptung über die Existenz od. Verfasstheit von etwas, sondern wesentlich Ausdruck des commitment einer Person od. einer Gemeinschaft, die sich als zugehörig zu Jesus Chr. bzw. zum dreieinigen Gott u. damit als Teil der Gemeinschaft (Kirche) Jesu Chr. zu erkennen gibt. Die Urform des G. ist die Wendung „Jesus ist der Christus" bzw. „Jesus ist der Herr" (Mk 8, 27-30; Mt 10, 32 f.; Phil 2, 11; 1 Kor 12, 3; Apg 2, 36 etc.), die einen propositionalen Gehalt m. einer Selbstverpflichtung verbindet. Soweit hat das G. proklamatorischen Charakter u. ist öff.

Nach prot. Verständnis ist zu unterscheiden zwischen einem G., das in einer Situation, in der es um das Bekennen od. Verleugnen der Zugehörigkeit zu Jesus Chr. geht, ausgesprochen wird (aktuelles Bekennen), u. einem Lehrbekenntnis, durch das verbindlich u. meistens in Auseinandersetzung m. Häresien der Lehrstand der Kirche fixiert wird. Beides ist allerdings nicht scharf zu trennen: Die klassische Situation des aktuellen Bekennens ist in der Alten Kirche die →Taufe, in der die Katechumenen ein trinitarisch strukturiertes, unbeliebig vorgegebenes G. sprachen od. auf Vorhalt bejahten; diese G. sind dann etwa in Nizäa 325 bzw. Konstantinopel 381 m. den entspr. Präzisierungen als gesamtkirchlich verbindliche Lehrbekenntnisse synodal rezipiert worden. Während diese altkirchlichen G. noch die Situation des Bekennens u. Verleugnens Jesu Chr. offenhalten u. gottesdienstlich verwendet wurden, ist der Sitz im Leben etwa des Athanasianum formal u. inhaltlich der Unterricht. Entspr. ist die Auslegung des G. in der Alten Kirche ein Teil des Katechumenenunterrichts; dies nehmen die →Katechismen aller Konfessionen auf.

Wieder einen anderen Sitz im Leben haben →Bekenntnisse der Reformationszeit, die zwar in einigen Fällen im Aufbau noch an den gottesdienstlichen G. orientiert sind, im Sprachgestus (→Confessio Augustana 1: „Erstlich wird einträchtiglich gelehrt und gehalten") u. schon im Blick auf den immer weiter wachsenden Umfang u. die detaillierte Präzision der Lehrentscheidungen nicht mehr für den Vollzug eines aktuellen Bekennens geeignet sind. Genauer ist die Funktion apologetisch einerseits: Es wird in einer kontroverstheologischen Auseinandersetzung die Übereinstimmung m. dem Glauben der Kirche (trotz Abweichung vom Glaubensverständnis des Bf. zu Rom: →Corpus Iuris Civilis dist 1) ausgewiesen; andererseits fixieren die Lehrbekenntnisse die Entscheidung in Streitigkeiten über die in den Kirchen geltenden Lehre, die in der Folge als Lehrverpflichtung an der Geistlichkeit der eigenen Gemeinschaft durchgesetzt wird.

In dieser Funktion einer Selbstverpflichtung werden die altkirchlichen G. ebenso wie die reformatorischen Lehrbekenntnisse in den Grundartikeln der →Kirchenordnungen fast aller ev. →Landeskirchen als Bekenntnisgrundlage u. in den entspr. Verfassungsartikeln als Grundlage der Verpflichtung bei der Übernahme eines kirchl. →Amtes zusammenfassend od. explizit aufzählend genannt. Die Texte gelten dabei als Zeugnis für das in der Schrift verkündigte Evangelium von Jesus Chr.; damit wird zugl. ein hermeneutisches Zentrum der Bindung an die Schrift u. die Bekenntnisse erkennbar, die grundlegend eine Bindung an das Evangelium darstellt, u. insofern wieder in die Situation des Bekennens u. Verleugnens weist (Gal 1, 8f. u. Röm 1, 16). Andererseits wird damit der Geltungsanspruch der Bekenntnisse fokussiert u. limitiert. Damit ist das Bekennen inhaltlich an das Evangelium von Jesus Chr. gebunden, also grds. ein Bekenntnis zu Jesus Chr. als dem exklusiven Ursprung der Erlösung des Menschen u. seines Heils.

Der urspr. Ort u. Sitz im Leben des G. ist der →Gottesdienst. Weltweit haben die meisten ev. Kirchen, jedenfalls aber die dt. LK, den Grundaufbau des Messgottesdienstes übernommen, in dem nach der Evangeliumslesung od. nach der →Predigt das gemeinsame Sprechen des G. liturgisch vorgesehen ist. Die hermeneutische Konzentration des G. auf das Evangelium von Jesus Chr. erlaubt hinsichtlich der konkreten Formulierungen, mittels derer dieses Bekenntnis gesprochen wird, eine gewisse Variationsmöglichkeit, die in vielen prot. Kirchen inzwischen auch wahrgenommen wird. Während in den kirchenrechtlich verpflichtenden →Agenden des 19. Jh. der gottesdienstliche Gebrauch des Apostolikums kirchenrechtlich vorgeschrieben war u. daneben nur das Bekenntnis von Nizäa u. Konstantinopel gottesdienstliche Verwendung fand, treten seit der zweiten Hälfte des 20. Jh., unbeschadet der grds. Verbindlichkeit der Verwendung des Apostolikum od. des Bekenntnisses von Nizäa u. Konstantinopel, auch andere Bekenntnisse od. Bekenntnislieder (Ev. Gesangbuch 183 od. 184) an deren Stelle; die Grenze dieser Wahl zieht das Kriterium des Evangeliums von Jesus Chr.

Die gottesdienstliche Verwendung der geformten Bekenntnisse der Alten Kirche war in den prot. Kirchen der Neuzeit immer wieder Gegenstand von Auseinandersetzungen um die Frage, ob die Aussagen der Texte sich für einen gegenwärtigen Bekenntnisvollzug eignen (Apostolikumstreit). Allerdings ist für das gottesdienstliche Bekenntnis ebenso wie für das bei einer Taufe gesprochene Bekenntnis zu berücksichtigen, dass sich im Einstimmen in ein nicht auf die partikulare →Gemeinde beschränktes Bekenntnis das Bewusstsein manifestiert, dass der Glaubende u. die jeweilige Gde. m. dem G. Teil einer die Zeiten u. Räume übergreifenden, einsinnig sich zu Jesus Chr. bekennenden Gemeinschaft der Glaubenden ist.

Quellen

Glaubensbekenntnisse für unsere Zeit, Gütersloh 1971; Ev. Bekenntnisse, hg. v. R. Mau, 2 Bde., Bielefeld 1997; Die Bekenntnisschriften der Ev.-Luth. Kirche. Vollständige Neuedition, hg. v. I. Dingel, Göttingen 2014.

Literatur

Kelly, J. N. D., Altchristliche Glaubensbekenntnisse, Göttingen 1972 (Early Christian Creeds, London u. a. ²1952); Pannenberg, W., Das Glaubensbekenntnis – ausgelegt u. verantwortet vor den Fragen der Gegenwart, Gütersloh ⁴1984 u. öfter; Staats, R., Das Glaubensbekenntnis von Nizäa-Konstantinopel, Darmstadt 1996; Plasger, G., Die relative Autorität des Bekenntnisses bei Karl Barth, Neukirchen 2000; Slenczka, N., Der Glaube u. sein Bekenntnis: ders., Der Tod Gottes u. das Leben des Menschen. Glaubensbekenntnis u. Lebensvollzug, Göttingen 2003, 21-38; Kaufmann, Th., Das Bekenntnis im Luthertum des konfessionellen Zeitalters: ZThK 105 (2008), 281-314.

Notger Slenczka

© 2019, DOI: 10.30965/9783506786388_0267

Glaubensbekenntnis – Orthodox

Für orth. Christen ist das persönliche G. zwar auch von hoher Bedeutung, aber es ist stets fest eingebunden in den →Glauben der Kirche. Individuelle Abweichungen u. persönliche Formulierungen mag es geben (z. B. hat Dostojevskij ein sehr persönliches Bekenntnis zu Chr. formuliert); solche Bekenntnisse werden aber i. d. R. nicht als G. bez. Streng genommen, ist das orth. G. nach Inhalt u. Wortlaut identisch m. dem Symbol von Nizäa u. Konstantinopel (325 u. 381). Ein anderes gibt es nicht. Da sich der orth. Glaube auch auf mündliche Traditionen, insb. auch auf die →Sakramente, bezieht, umfasst er aber mehr als das allein als G. bez. Bekenntnis von Nizäa u. Konstantinopel. Als einziges offizielles Bekenntnis kommt ihm jedoch sowohl in der Orth. Kirche der Sieben →Ökumenischen Konzilien als auch in den Kirchen der Zwei u. Drei Ök. →Synoden eine einzigartige Bedeutung zu. Das sog. Apostolicum lernen Orthodoxe dagegen bestenfalls im Theologiestudium beiläufig kennen. Das sog. Athanasianum findet sich zu Beginn einiger liturgischer Bücher, wird aber ebenso wie das Apostolicum weder im Privatgebet noch im kirchl. →Gottesdienst gebraucht.

Der Text des Glaubenssymbols von Konstantinopel als Zufügung zum G. von Nizäa ist erstmals in den Akten der Synode von Chalkedon (451) bezeugt, wobei der zweite Teil des G. als das hl. G., das die hl. 150 Väter (in Konstantinopel 381) festsetzten, welches übereinstimmt m. der hl. großen Synode in Nicäa (325) bez. wird. Der erste größere Teil des Bekenntnisses von Konstantinopel erinnert zwar an wesentlichen Punkten an das Nizänum (325), weicht aber an mehreren Stellen im Wortlaut von diesem ab, so dass es sich bei ihm nicht einfach um eine überarbeitete Fassung des Nizänum handeln kann. In hymnischer Sprache, angereichert m. phil. Termini (wie z. B. das viel umstrittene homoousios) wird die Einheit u. wesentliche Gleichheit von Gott dem Vater u. Gott dem Sohn bezeugt. Die aufgeführten Fakten aus der neutestamentlichen Heilsgeschichte sind weitgehend, aber nicht durchgehend dies., die auch im Apostolicum bekannt werden. Die zweite Hälfte ist stilistisch wesentlich vorsichtiger formuliert als die erste. Vom Hl. Geist wird weder gesagt, dass er m. dem Vater wesenseins noch dass er „wahrer Gott vom wahren Gott" sei. Doch wird seine Gottheit bezeugt, indem es heißt, er werde „mit dem Vater und dem Sohn zusammen angebetet und gepriesen". Mehrheitlich sieht man in diesen bestimmten, aber dennoch vorsichtig formulierten Wendungen den Einfluss des hl. Basilius des Großen.

In seiner Gesamtheit ist das G. von Nizäa u. Konstantinopel das einzige in allen Kirchen des Westens u. des Ostens gültige G. m. allenthalben fast unveränderlich gleichem Wortlaut. Soweit Formulierungen unterschiedlich sind, sind sie nicht eigentlich umstritten. Eine Ausnahme bietet der Passus zum Glauben an den Hl. Geist: „und an den Heiligen Geist, den Herrn und Lebenspender, der aus dem Vater hervorgeht, der mit dem Vater und Sohn zugleich angebetet und zugleich gepriesen wird, der durch die Propheten gesprochen hat". In nicht ganz durchdachter Frontstellung gegen den Arianismus, aus dem Christen, die sich m. der Kath. Kirche vereinigt hatten, die Gottheit der zweiten Hypostase der Trinität betonen wollten, wurde in der Einfügung der Formulierung „der aus dem Vater und dem Sohn (ex Patre Filioque) hervorgeht", eine Stütze der Lehre von der vollen Gottheit Chr. gesehen. Nicht umsonst wurde die Lehre vom Ausgang des Hl. Geistes ex Patre Filioque erstmals auf der III. Synode von Toledo (589) in antiarianischer Ausrichtung propagiert u. das Filioque selbst wenig später in Spanien in das Nizänokonstantinopolitanum eingefügt. Obwohl die Päpste der Folgezeit unter dem Einfluss Augustins das Filioque de facto lehrten, haben sie sich lange gegen die Veränderung des Wortlauts des G. verwahrt. P. Leo III., durchaus ein Anhänger der Lehre des Filioque, ließ in St. Peter in Rom zwei silberne Schilde m. dem unveränderten urspr. Text anbringen.

Da heute im Osten nur das Bekenntnis von Nizäa u. Konstantinopel offiziell als G. anerkannt wird, wurde das Wort G. zur Bez. anderer dogmatisch verpflichtender Texte vermieden. Die Glaubensformel der IV. Ök. Synode von Chalkedon wurde deshalb nicht G., sondern horos genannt. Die theol. Definition des Dritten Konstantinopler (VI. Ök.) Konzil wurde Ekthesis pisteos – Darlegung des Glaubens – genannt, während die dogmatische Definition der II. Ök. Synode von Nizäa zur Bilderverehrung wieder wie die von Chalkedon als horos bez. wurde.

Spätere Zeiten orientierten sich großzügiger, möglicherweise an einem in westlicher Praxis geübten Gebrauch des Wortes G. Patriarch Gennadios (um 1405–nach 1472) formulierte eine homologia pisteos, Metrophanes Kritopoulos (1589-1639) verfasste eine Confessio catholicae et apostolicae in Oriente Ecclesiae; ebenso schufen Metropolit Petr Mogila (1596-1646) u. Patriarch Dositheos von Jerusalem (1641-1707) als homologia bez. Bekenntnisse, die zu ihrer Zeit allg. rezipiert wurden, heute aber umstritten sind. Der calvinisierenden homologia des Patriarchen Kyrillos Loukaris (1570-1638) blieb dagegen jede Anerkennung in der Orthodoxie versagt.

Quellen

Dogmatica et symbolica momumenta Orthodoxae catholicae Ecclesiae Bd. I, II, hg. v. I. Karmiris, Graz 1968.

Literatur

Ritter, A. M., Dogma u. Lehre in der Alten Kirche: HDThG Bd. 1, 99-283; Hauschild, W.-D., Art. Nicäno-Konstantinopolitanisches Glaubensbekenntnis: TRE Bd. 24, 444-456; Staats, R., Das Glaubensbekenntnis von Nizäa-Konstantinopel, Darmstadt 1996; Oberdorfer, B., Filioque, Göttingen 2001.

Karl Christian Felmy

© 2019, DOI: 10.30965/9783506786388_0267

Glaubensbekenntnis – Jüdisch

Ein zentrales Bekenntnis wird in dem auf die biblischen Texte Dtn 6, 4-9; 11, 13-21 u. Num 15, 37-41 basierenden Schma Jisrael (Höre Israel) ausgedrückt, das morgens u. abends gesprochen wird. Die Gebetsriemen (Tefillin), die Männer anlegen, können als wörtliche Auslegung des Gebots, die Worte des Schma an Armen u. Stirn zu befestigen, verstanden werden. Das Schma enthält nicht nur ein Bekenntnis zum einen u. einzigen Gott, sondern wurde in der jüd. Tradition auch als Vergewisserung des Zusammenhalts des jüd. Volkes verstanden, als Ausdruck seiner Bundes-Beziehung zu Gott, als Zeichen der Treue auch in Verfolgungszeiten. Dies. Bibelverse befinden sich auch in der Mesusa, einer häufig kunstvoll ausgeführten Kapsel, die sich am Türstock in jüd. Häusern befindet. Im Schma u. seinen Erweiterungen im →Gebet werden auch der Schöpfergott, die Toragabe, die Erwählung des Volkes, Gottes in der Geschichte präsenten Zuwendungen u. ein Blick auf die endzeitliche Erlösung behandelt.

Einen Überblick über zentrale Inhalte jüd. →Glaubens findet man auch im täglich gesprochenen Achtzehn-Bitten-Gebet (Amida od. auch Schmone Esre genannt). Darin bekennt man sich zu Gott, dem Herrn über Natur u. Schöpfung, zur →Tora, der Auferstehung u. Erlösung, zur Abwehr der Frevler, dem Erbarmen Gottes, dem Kommen des Messias, der Sammlung der Zerstreuten, der Aufrichtung des Zion, der Wiedererrichtung des Tempels. Trotz Ansätzen in der rabb. Lit. fehlt aber bis ins MA eine klar definierte Festlegung auf bestimmte zu glaubende Inhalte.

Saadja Gaon (882-942) betont in seinem Sefer ha-emunot we-haddeot den bedingungslosen Glauben an die Schöpfung der Welt u. den Schöpfer, der eine Einheit ist. Die Natur der Offenbarung, der Tora u. der Prophetie werden erläutert, die Stellung des Menschen, Lohn u. Strafe, Körper u. Seele, die Auferstehung des Leibes, die Erlösung Israels u. die Neuschöpfung der Welt.

Jehuda ha-Levi (1075-1141) lässt in seinem Kusari (I,11) den jüd. Meister ein G. sagen, das den Gott der Väter, die Herausführung aus Ägypten, die Gabe des Landes, Mose, die Propheten, die Befolgung der Tora, Lohn u. Strafe u. die Gültigkeit der gesamten Tora betont.

Abraham ibn Dauds (1110-1180) phil. Abhandlung emuna ha-rama le-Rabad (der erhabene Glaube) integriert den Aristotelismus in das jüd. Denken. Dabei spielen sechs Grundsätze eine wichtige Rolle, der Glaube an die Wurzel des Glaubens, an die Einzigartigkeit Gottes, an den Schöpfer, an die Schöpfung als Taten Gottes, an die Propheten u. Prophezeiungen, an das Jenseits. Dieses Buch wurde bald von den auf Mischna Sanhedrin 10 beruhenden 13 Glaubensregeln des Maimonides (1138-1204) überschattet. Seine Glaubensregeln, die als Ikkarim (Grundsätze, Prinzipien) bez. werden, haben große Bedeutung erlangt u. sind auch in die jüd. Gebetbücher eingegangen. Sie behandeln das Dasein Gottes, seine Einheit, seine Unkörperlichkeit u. Ewigkeit, Anbetung, Prophetengabe, Prophetie des Mose, Offenbarung, Unabänderlichkeit der Lehre, das Allwissen Gottes, Lohn u. Strafe, den Messias u. die Auferstehung. Maimonides hielt das Bejahen dieser Ikkarim für unabdingbare Voraussetzungen einer Zughörigkeit zum Judentum. Sie waren v. a. Wegmarken für Juden in einem islam. (u. chr.) Umfeld. Chasdai Crescas (1340-1410) legt in Or ha-Schem eine Zusammenstellung von Glaubensregeln vor u. schreibt ein Werk, in dem er sich krit. m. chr. Glaubensvorstellungen auseinandersetzt. Josef Albo (1380-1444) stellt in seinen Sefer ha-Ikkarim auf Maimonides aufbauend u. diese systematisierend drei zentrale Grundlehren auf, die Existenz Gottes, die Offenbarung u. göttliche Herkunft der Tora u. das Prinzip von Lohn u. Strafe. Sie sind phil., denkerische Prinzipien, aus denen sich wiederum acht Folgesätze ergeben, die u. a. die Unkörperlichkeit Gottes, die Prophetengabe od. die göttliche Vorsehung betreffen. In der Neuzeit hat der bedeutende → Gesetzeslehrer u. -kompilator Moses Isserles (1525/30-1572) die traditionellen Glaubenssätze ges. u. Willens-/Wahlfreiheit, den Glauben an die Tradition u. das alleinige Dienen Gottes zu Albos Sätzen hinzugefügt. Der Aufklärer Saul Ascher (1767-1822) betont den Vorrang der Glaubenslehren vor dem Gesetz. Moderne Gelehrte wie Louis Jacobs haben sich m. den Prinzipien des Glaubens intensiv auseinandergesetzt.

Über die Jhh. gab es aber auch immer wieder Kritik an festgelegten Glaubenssätzen u. einzelnen ihrer Inhalte, so z. B. bei Isaak Abravanel (1437-1508) (Rosch amana), Uriel da Costa, vielen Aufklärern.

Quellen

Saadja Gaon, Sefer ha-emunot we-haddeot, urspr. arabisch (Ausg. nach Landauer, digitalisiert: https://archive.org/details/kitbalamntoosaaduoft [Zugriff: 15.05.2019]); hebräische Ausg. nach Ibn Tibbon, Leipzig 1859 (Digitalisiert: http://reader.digitale-sammlungen.de/de/fs1/object/display/bsb10995047_00208.html [Zugriff: 15.05.2019]); neue Ausg.: Berkeley 2012 (Bd. 1); Jehuda ha-Levi, Der Kusari (übers. von D. Cassel), Leipzig 1869, Basel 1990 (hebräisch, dt.), digitalisiert: https://archive.org/details/DasBuchKusari [Zugriff: 15.05.2019]; Abraham ibn Daud, Sefer ha-emuna ha-rama le-Rabad: Ibn Da'ud, Abraham, The Exalted Faith, hg. v. N. Samuelson – G. Weiss, übers. von N. Samuelson – N. Cranbury, New York 1986; Maimonides, 13 Glaubensregeln, dt. Text: http://www.hagalil.com/judentum/rambam/ben-maimon-xxx.htm [Zugriff: 15.05.2019]; Chasdai Crescas, Or Hashem, hg. v. S. Fisher, Jerusalem 1990; ders., Refutation of the Christian Principles, translated with an introduction by D. J. Lasker, Albany 1992; ders., Sefer Bittul Iqqarei Ha-Nozrim, übers. von J. Ben Shem Tov, hg. v. D. J. Lasker, Jerusalem 2002; Albo, J., Sefer ha-Ikkarim, kommentierte Ausgabe von Jacob ben Samuel Koppelman, Ohel Ya'akob, Freiburg 1584, digitalisiert: http://www.seforimonline.org/seforimdb/pdf/234.pdf [Zugriff: 15.05.2019], Hebräisch: http://www.daat.ac.il/daat/mahshevt/ikarim/shaar-2.htm [Zugriff: 15.05.2019]; Buch Ikkarim [Sefer ha-Ikkarim]. Grund- u. Glaubenslehren der Mosaischen Religion, hg. v. J. Albo – W. Schlessinger – L. Schlesinger, Berlin ²1922; Moses Isserles, Torat ha-Olah, Lemberg 1858, digitalisiert: https://archive.org/details/torathaolah00isseuoft [Zugriff: 15.05.2019]; Isaak Abravanel, Caput fidei. Rosch amana; engl. Übersetzung: Kellner, M., Principles of Faith. Rosh Amanah, London 2004; Saul Ascher, Leviathan od. über Religion in Rücksicht des Judenthums, Berlin 1792, digitalisiert: https://archive.org/details/bub_gb_tYReAAAAcAAJ [Zugriff: 15.05.2019].

Literatur
Jacobs, L., Principles of the Jewish Faith. An Analytical Study, New York 1964; Kellner, M., Dogma in Medieval Jewish Thought: From Maimonides to Abravanel, Oxford 1986; ders., Must a Jew Belief Anything, London ²2006; Grözinger, K. E., Jüd. Denken. Theologie, Philosophie, Mystik. 4 Bde., Frankfurt – New York 2004-2015.

Gerhard Langer

© 2019, DOI: 10.30965/9783506786388_0267

Glaubensbekenntnis – Islamisch

Für das islam. G. steht i. d. R. die arabische Vokabel šahāda Pate, dt. die Schahada, wörtlich Zeugnis od. Zeugenschaft, abgeleitet vom Stammverb šahida für anwesend sein od. sehen. Das G. bez. den Satz „Ich bezeuge, dass es keinen Gott gibt außer Gott, und ich bezeuge, dass Muhammad Gottes Gesandter ist" (ašhadu al-lā ilāha illa-llāh wa ašhadu anna muḥammadan rasūlul-lāh).

Das G. ist gem. der theol. Systematik des →Islams nicht Bekenntnis, sondern Zeugnis. Es birgt zunächst eine Falschaussage, denn m. dem G. wird ausgesagt, man habe Gott gesehen. Hier verweist das G. auf den →Koran: In 3:18 legt Gott als auktorialer Redner Zeugnis über seine Existenz ab: Gott bezeugt, dass es keinen Gott gibt außer Ihm (šahidal-lāhu annahu lā ilāha illā hū). Dafür steht in der islam. Tradition die Vokabel tauḥīd (gelegentlich übers. m. Monotheismus).

Islam. Tradition nach wird das G. vor mind. zwei Zeugen hörbar ausgesprochen, z. B. bei einer religiösen →Konversion. Auch in säkular verfassten Staaten wie z. B. Indonesien, wo Teile des zivilen Rechts religiös dekliniert sein können, stellt das Aussprechen des G. mitunter einen rechtswirksamen Akt dar, etwa im Zuge der →Eheschließung. Eine entspr. formalisierte Austrittsformel ist nicht bekannt. Das kann dort zu Problemen führen, wo es um die Rechtsverwirklichung der positiven od. negativen →Bekenntnisfreiheit geht, z. B. durch § 295 des Pakistan Penal Code für die Aḥmadīya Gemeinschaft (→Ahmadiyya-Gemeinschaft). Ihr wurde angelastet, durch die Verwendung des G. Muhammad zu beleidigen, da sie streng konservativer Auffassung nach einer häretischen Prophetenlehre anhänge.

Das G. gehört zu den empfohlenen Sprüchen, die den Ablauf des rituellen Pflichtgebets rhythmisieren. Dort wird es in der sitzenden Position ausgesprochen: Die Hände ruhen auf den Oberschenkeln, wobei je nach kultischer Tradition kurz der Zeigefinger der rechten Hand angehoben wird. Das G. ist Bestandteil des Islams i. S. seines Symbolbestands als formalisierte Religion u. wird neben →Gebet (ṣalā), →Fasten im Monat →Ramadan (ṣaum), Pflichtabgabe an die Bedürftigen (→Almosen) (zakā) u. Wallfahrt nach Mekka (→Pilgerfahrt) (ḥaǧǧ) den sog. fünf Säulen des Islams (arkān al-islām) zugerechnet. M. der arabischen Vokabel islām ist Religion in ihrer formalen Gestalt (ᶜaqīda) beschrieben, die der Koran von den Glaubensinhalten (imān), der inneren Herzensbewegung (niyya), dem →Gewissen (istiqāma) od. der Normen- u. Methodenlehre (širᶜa wa minhāǧ) unterscheidet (49:14 od. 5:48). Diese Unterscheidung wurde von bestimmten theol. Schulen des Islams abgelehnt, z. B. der Karrāmīya (Afghanistan).

Die Verhältnisbestimmung des ersten, auf Gott bezogenen, u. des zweiten, auf Muhammad bezogenen Teils des G. wird in unterschiedlichen muslimischen Traditionen kontrovers diskutiert. Man spricht dort streng genommen von den beiden Zeugnissen (al-šahādatain). Der erste Teil ist älteren, möglicherweise samaritanischen Ursprungs u. somit Teil des mosaischen bzw. hebräischen Erbes. Er findet sich im Koran in 37:35 od. 47:19 sowie in einigen Narrativen früherer Propheten wie etwa Noah. Stellen wie 3:144, 48:29, 53:40 od. 63:1 im Koran deuten auf die theol. Zentralität des zweiten Teils.

Unterschiedliche Verwendungskontexte schon z. Z. Muhammads belegen, dass sich Verständnis u. Form des G. kontextabhängig entwickelt haben. Selbst innerhalb der islam. Rechtswissenschaft wird von einer dogmatischen Ontologisierung abgesehen, zumal es zu Abweichungen kommen kann, z. B. durch die Erg. „Ali ist der Wahrer Gottes" (ᶜalī walīyullāh) in Teilen des schiitisch geprägten Islams (auch in alevitischen Bezügen). In mystischen Traditionen findet sich die verkürzte Form so wie oben in 3:18: „Es gibt keinen Gott außer Ihm" (lā ilāha illā hū), gelegentlich auch nur ein emphatisches hū für „Er". Das ist der Grund dafür, dass nach Auffassung vieler Religionsgelehrter des Islams keine bestimmte Form des G. Pflichtteil des Gebets ist, sondern nur empfohlen. Damit wird Rücksicht auf die vorfindliche Pluralität muslimischer Glaubensauffassungen genommen.

Eine frühe Inschrift des arabischen G. aus dem 7. Jh. befindet sich auf dem Felsendom in Jerusalem, m. der Einfügung „Der in Seiner Einheit keinen Teilhaber neben Sich hat" (waḥdahu lā šarīka lahu; 6:163). Das G. findet sich auch auf umayadischen Münzen. Als kalligrafischer Schriftzug, manchmal aber auch nur die Ligatur des Wortes für Gott (Allāh), hat das G. Eingang in die Kunst der Frührenaissance gefunden, z. B. in die Mariendarstellungen des florentinischen Malers Tommaso di Ser Giovanni di Monte Cassai, kurz Masaccio (frühes 15. Jh.), u. als Arabeske in abendländischer Ornamentik. Auf dieser ikonografischen Ebene findet sich das G. gelegentlich als Schriftzug auf Amuletten, ähnlich der sog. Hand Fatimas. Als Motiv hat der Begriff Schahada in Lit. (Shahada von Susan Marie) u. Film (Shahada von Burhan Qurbani) Eingang gefunden. Als Tauhid-Finger bez. die deutschprachige Presse unlängst den gereckten Zeigefinger des Berliner Attentäters Anis Amri.

Das G. findet sich auch als Bestandteil der Nationalflaggen Saudi Arabiens, der Republik Somaliland od. Afghanistans, dort nebst Gebetsnische (miḥrāb) u. Moscheekanzel (mimbar). Es ist zudem zentraler Schriftzug des Schwarzen Banners des sog. Islam. Staates (der weiße Schriftzug auf schwarzem Grund geht auf eine paschtunische Militärtradition zurück), wobei der zweite Teil der Schahada als schwarzer Schriftzug in weißem Kreis erscheint u. den Siegelring Muhammads imitiert.

Literatur

Ende, W. – Steinbach, U., Der Islam in der Gegenwart, München ^{4}1996; Kermani, N., Gott ist schön: Das ästhetische Erleben des Koran, München ^{5}2015.

Harry Harun Behr

© 2019, DOI: 10.30965/9783506786388_0267

Glaubensentscheidung

→ Glaube, → Glaubenslehre, → Lehramt

Glaubensfreiheit – Staatlich

Die G. gehört zu den grundrechtlichen Verbürgungen in Art. 4 Abs. 1 GG. Das BVerfG sieht in Art. 4 Abs. 1 u. 2 GG – m. Ausnahme der → Gewissenfreiheit – ein einheitliches Grundrecht der → Religionsfreiheit, bei dem, erg. um eine Plausibilitätskontrolle, das Selbstverständnis des Rechtsträgers entscheidend ist. Angesichts fortschreitender Pluralisierung u. Individualisierung religiösen Lebens erscheint jedoch eine möglichst objektive Differenzierung zwischen den einzelnen Verbürgungen des Art. 4 GG angezeigt, um kreativ vorgetragenen Selbstverständnissen u. der damit verbundenen Möglichkeit des Missbrauchs des Grundrechts entgegenzuwirken. Inhaltlich verbürgt die daher als eigenständiges Teilgrundrecht zu betrachtende G. das forum internum, d. h. die Freiheit der inneren Überzeugung, der Gedanken in Fragen des Glaubens. So ist es dem Staat verwehrt, durch Zwangsmaßnahmen Einfluss auf die Bildung von Glaubensüberzeugungen zu nehmen, etwa durch Suggestion, Indoktrination u. Ähnliches. Die G. schützt auch die Bildung eines Glaubens, ggf. m. den dazu notwendigen Hilfsmitteln, insb. Schr. Die negative Seite der G. umfasst das Recht, einen Glauben nicht bilden zu müssen.

Geschützt sind auch bewusst areligiöse od. antireligiöse Einstellungen wie auch nur indifferente Haltungen ggü. Religion u. Weltanschauung. Thematisch berührt war die negative Seite der G. z. B. durch das staatl. angeordnete Kreuz in Klassenräumen bayer. Schulen (BVerfGE 93, 1). Träger der G. können nur natürliche Personen sein. Auf europäischer Ebene ist die G. von Art. 10 GRCh u. Art. 9 Abs. 1 EMRK geschützt.

Literatur

Muckel, S., Schutz von Religion u. Weltanschauung: HGR Bd. IV/I, § 96, Rn. 66-68; Sachs, M., Verfassungsrecht II. Grundrechte, Berlin [3]2017, Abschnitt 16, Rn. 1-34.

Stefan Muckel

Glaubensfreiheit – Katholisch

G. als ein Element der →Religionsfreiheit ist die Freiheit, eine Glaubensüberzeugung zu haben, zu äußern u. zu befolgen. DH bejaht die G. u. fordert sie vom Staat, lässt aber die Frage der innerkirchlichen Geltung offen, die bis dato strittig ist. Die sowohl naturrechtliche (Würde der menschlichen Person als Freiheitswesen, DH 1) als auch theol. Begründung (Glaube als freiwillige Antwort des Menschen auf Gottes Offenbarung, DH 10) des Grundrechts der G. lässt erkennen, dass sie jedem Menschen als solchem zukommt u. jeder positiven Rechtsordnung inkl. der kirchl. vorausgeht. Da die Kirche aber anderer Natur ist als der Staat, ergeben sich für sie teilweise andere Pflichten aus der G. Der neutrale Staat muss sich einer Bewertung der →Glaubenslehren enthalten u. eine Änderung od. Aufgabe des individuellen →Glaubens zulassen. Für die Kirche als Glaubensgemeinschaft ist ein bestimmter gemeinsamer Glaube hingegen konstitutiv. Indem sie ihre Pflicht erfüllt, die Glaubenslehre zu verkünden (c. 747 § 1), den Glauben ihrer Angehörigen zu fördern u. ihnen Mittel zur Glaubensausübung zu bieten (c. 213), ermöglicht sie ihnen die positive Wahrnehmung der G. In negativer Hinsicht darf sie keinen Zwang – einschließlich aller ungehöriger Mittel (AG 13, c. 586 CCEO) – zur Annahme des Glaubens anwenden (c. 748 § 2). Sie darf von ihren Angehörigen aber die Bewahrung des Glaubens verlangen (cc. 750-754) u. prüfen, ob dieser noch vorliegt. Den Glaubensabfall kann sie nicht freistellen, darf ihn aber nicht m. Gewalt verhindern, sondern stellt als →Sanktion die →Exkommunikation fest (c. 1364). Im Grundlagenvertrag m. Israel verpflichtete sich der Hl. Stuhl allg. zur Achtung der G. (Art. 1 § 2).

Quellen

Vat II, AG; Vat II, DH; Hl. Stuhl/Staat Israel, Fundamental Agreement (30.12.1993): AAS 86 (1994), 716-729.

Literatur

Krämer, P., Menschenrechte – Christenrechte. Das neue Kirchenrecht auf dem Prüfstand: Ministerium iustitiae (FS Heinemann), hg. v. A. Gabriels – H. Reinhardt, Essen 1985, 169-177; Reinhardt, H. J. F., Religionsfreiheit aus kan. Sicht: Neue Positionen des Kirchenrechts, hg. v. K. Lüdicke – H. Paarhammer – D. A. Binder, Graz 1994, 181-201; Böhnke, M., Recht der Wahrheit – Recht der Freiheit. Überlegungen zur dogmatischen Begründung des personalen Rechts auf Glaubensfreiheit: Freiheit Gottes u. der Menschen (FS Pröpper), hg. v. M. Böhnke – M. Bongardt – G. Essen – J. Werbick, Regensburg 2006, 503-526; Religionsfreiheit im Kontext der Grundrechte, hg. v. A. Loretan, Zürich 2011 (Religionsrechtliche Studien 2); Kirchschläger, P., Religionsfreiheit – ein Menschenrecht im Konflikt: Freiburger Zeitschrift für Philosophie u. Theologie 60 (2013), 353-374; Klappert, S., Die Religionsfreiheit aus Sicht der Kirche: Eine krit. Würdigung aus Anlass von 50 Jahren DH: KuR 130 (2015), 16-32.

Burkhard Josef Berkmann

Glaubensfreiheit – Evangelisch

Von der Freiheit des →Glaubens ist nach ev. Verständnis immer als von der Freiheit aus dem Glauben zu sprechen: der von Gott dem Sünder geschenkten Freiheit aus dem von Gott im Sünder gewirkten Glauben. Sie ist Freiheit von der Aporie jedes menschlichen Versuchs, sich „seinen Sinn selbst zu stiften", u. Freiheit zum Dienst am Nächsten. Sie ist damit verschieden von der G. nach den Begriffen des säkularen Rechts. Der Glaube ist keine Option menschlichen Dafürhaltens, Entscheidens u. Handelns, an die das ev. KR wie an einen Tatbestand anknüpfen könnte. Als eine Freiheit der selbstbestimmten Wahl zwischen dem Glauben u. dem Unglauben, zwischen dem wahren u. dem falschen Glauben, einem rezipierten od. selbstkonzipierten Glauben hat die G. keinen Ort im ev. KR.

Ebenso fremd ist dem ev. KR eine rechtsverbindliche Entscheidungsgewalt in Glaubensfragen. KR ist die Form, in der sich die Getauften über kirchl. Handeln verständigen. Die in dieser Form getroffenen Entscheidungen haben allerdings auch danach zu unterscheiden, wie sich das Handeln zum →Bekenntnis verhält. Kirchenrechtliche Normen können Rechtsfolgen an ein Handeln (auch ein Lehren u. Bekennen) knüpfen, das den daraufhin getroffenen Entscheidungen widerspricht. Hiergegen gibt es im ev. KR keinen Abwehranspruch nach Art der säkularen G. u. →Religionsfreiheit. So kann sich ein Pfr. gegen eine Lehrbeanstandung u. die daraus folgende Amtsenthebung nicht auf die G. berufen.

Den Schutz der G. als einer säkularen Freiheit überlässt das ev. KR dem Staat. Nur wo kirchl. u. staatl. Recht nicht getrennt sind, kann die G. als „innerkirchliches" Grundrecht in Erscheinung treten. Dieses Erbe des Staatskirchentums ist in Resten z. B. noch in der G. der Gde. nach der Bremischen KirchVerf. od. im KR einiger schweizerischer Kantone zu spüren. Unter dem →Grundgesetz (GG) der BRD hat die Kirche an der staatl. Hoheitsgewalt nicht teil u. ist deshalb auch nicht an das Grundrecht der G. nach Art. 4 GG gebunden. Ihr eigenes →Selbstbestimmungsrecht aus Art. 140 GG i. V. m. Art. 137 Abs. 3 der WRV schützt sie davor, ein ihr fremdes Verständnis der G. rezipieren zu müssen.

Literatur

Smend, R., Glaubensfreiheit als innerkirchliches Grundrecht: ZevKR 3 (1953/54), 113-125; Heckel, M., Zum Sinn u. Wandel der Freiheitsidee im Kirchenrecht der Neuzeit: ZRG.K 55 (1969), 395-436; auch in: ders., Ges. S., Bd. I, Tübingen 1989, 447-483; Link, Chr., Die „unbeschränkte" Glaubens-, Gewissens- u. Lehrfreiheit der Gemeinden im bremischen Kirchenrecht: ZevKR 26 (1981), 217-263; Honecker, M., Religionsfreiheit u. ev. Glaubensüberzeugung: Der Staat 23 (1984), 481-499.

Michael Germann

© 2019, DOI: 10.30965/9783506786388_0269

Glaubensgehorsam

→Glaube, →Gehorsam

Glaubensgut

→Depositum fidei

Glaubenskongregation

→Kongregation für die Glaubenslehre, →Kongregationen, römische, →Römische Kurie

Glaubenslehre – Katholisch

Der biblisch-chr. →Glaube als radikale Übergabe des Menschen an das sich selbst mitteilende Geheimnis Gottes ist von Anfang an auch ein Phänomen lehrhaften Inhaltes gewesen. Glaube ist demnach zwar propositional, also in Form von Lehrsätzen darstellbar (fides quae creditur), eigentlicher Gegenstand des Glaubens bleibt jedoch die Wirklichkeit Gottes in ihrem pro nobis, in der Art u. Weise, wie Gott sich in seiner Schöpfung, in der Geschichte u. in Chr. offenbart: „[D]er Glaubensakt hat seinen Zielpunkt nicht bei der Aussage, sondern beim Inhalt; denn wir bilden Aussagen nur, um durch sie zur Erkenntnis der Inhalte zu gelangen, wie im Wissen, so auch im Glauben" (Thomas von Aquin, STh, II-II, q. 1, a. 2, ad 2). Einzelne G. u. -sätze sind somit ein Medium, um den Zugang zum Gegenstand des Glaubens – Gott – zu ermöglichen, jedoch nicht der Gegenstand selbst. Urspr. bez. die aus der Tradition stammende Rede von der Glaubens- u. Sittenlehre (fides et mores) das Gesamt der von der Kirche angenommenen Lehre u. Gebräuche, insb. des liturgischen u. sakramentalen Lebens, unterläuft aber seit dem 16. Jh. einen Bedeutungswandel dahingehend, dass die Formel G. u. Sittenlehre einen primär doktrinalen Gehalt erhält u. sich auf Bedingungen für die Inanspruchnahme päpstlicher →Unfehlbarkeit bezieht (DenzH 3074), wobei fides auf die formal in der Offenbarung enthaltenen Wahrheiten, mores auf moralische Prinzipien abzielt. Das Vat II betont, dass die Unfehlbarkeit der Kirche soweit reiche, „wie die Hinterlage der göttlichen Offenbarung, welche rein bewahrt und getreulich ausgelegt werden muss, es erfordert" (LG 25). Hinsichtlich des Verbindlichkeitsgrades von Glaubensaussagen wird unterschieden (Johannes Paul II, MP Ad tuendam fidem [1998]) zwischen jenen G., die 1. „[k]raft göttlichen und katholischen Glaubens (fides divina et catholica) … im geschriebenen oder überlieferten Wort Gottes als dem einen der Kirche anvertrauten Glaubensgut enthalten ist und zugleich als von Gott offenbart vorgelegt wird sei es vom feierlichen →Lehramt oder vom ordentlichen und allgemeinen Lehramt" (vgl. c. 750 §1; c. 598 §1 CCEO); 2. jenen G., die nicht unmittelbar im Wort Gottes enthalten sind, jedoch „zur unversehrten Bewahrung und zur getreuen Darlegung des Glaubensgutes erforderlich" u. die m. kirchl. Glauben (fides ecclesiastica) anzunehmen sind (vgl. c. 750 §2; c. 598 §2 CCEO); 3. Lehraussagen, die nicht feierlich definiert od. vom ordentlichen u. allg. Lehramt als endgültig vorgetragen werden, jedoch als wahr u. sicher gelten u. denen „religiöse[r] Gehorsam des Willens und Verstandes" (→Verstandes- und Willensgehorsam) (LG 25) zu leisten ist (vgl. c. 752; c. 599 CCEO). Diese lehramtlichen Unterscheidungen weisen hin auf eine inhaltliche Differenzierung innerhalb der G., die das Vat II im Blick auf den ök. Dialog mittels der Vorstellung der „Hierarchie der Wahrheiten" (UR 11) expliziert, in deren Mitte das christologische u. trinitarische Geheimnis steht. Es gibt demnach offenbarte Wahrheiten, die fundamentalen Charakter haben, u. solche, die auf diese zurückgeführt werden können. Die in Propositionen gefasste G. hängt bzgl. ihrer formalen Struktur zudem von sprachlichen u. verstandesmäßigen Konventionen ab u. ist an bestimmte gesch. Kontexte gebunden. Entspr. betont Vat II die tatsächliche Entwicklung in der G.: „Diese apostolische Überlieferung kennt in der Kirche unter dem Beistand des Heiligen Geistes einen Fortschritt …, denn die Kirche strebt im Gang der Jahrhunderte ständig der Fülle der göttlichen Wahrheit entgegen, bis an ihr sich Gottes Worte erfüllen" (DV 8). Die damit verbundene Relativität u. Wandelbarkeit der G. u. dogmatischer Formulierungen wird durch die Erkl. der Glaubenskongregation Mysterium Ecclesiae (1973) zum Ausdruck gebracht: „Außerdem geschieht es manchmal, dass eine dogmatische Wahrheit zuerst auf unvollkommene, jedoch nicht falsche Weise ausgedrückt wird, und hernach, im weiteren Zusammenhang des Glaubens und der menschlichen Erkenntnisse betrachtet, vollständiger und vollkommener verdeutlicht wird" (DenzH 4539). In der G. vergewissert sich die Kirche ihrer chr. Identität. Auch die sprachlichen Identitätsvergewisserungen, hinter die der Glaube nicht mehr zurückgehen kann, werden in versch. Kontexten neu zum Ausdruck gebracht u. können eine neue Bedeutung gewinnen. Die G. ist nicht selber das Bezeugte u. zu Bezeugende, sondern dient dem Zeugnis Gottes.

Quellen

Vat II, LG; Vat II, DV; Vat II, UR; Kongregation für die Glaubenslehre, Erkl. Mysterium Ecclesiae vom 24. Juni 1973: DenzH 4530-4541; Johannes Paul II., MP Ad tuendam fidem vom 18. Mai 1998: AAS 90 (1998), 457-461.

Literatur

Fransen, P., A short History of the Meaning of the Formula „Fides et Mores": Louvain Studies 7 (1978), 270-301; Seckler, M., Art. Glaube. IV. Systematisch-theol. u. theologiegeschichtlich: LThK³ Bd. 4, 672-685; Valentini, D., Art. Glaubens- u. Sittenlehre, kirchl.: LThK³ Bd. 4, 717-718; Herscik, D., Der Glaube. Eine kath. Theologie des Glaubensaktes, Würzburg 2007; Böttigheimer, Ch., Glauben Verstehen. Eine Theologie des Glaubensaktes, Freiburg 2012; Werbick, J., Theol. Methodenlehre, Freiburg 2015.

Klaus Vechtel

© 2019, DOI: 10.30965/9783506786388_0273

Glaubensprivileg

→ Eheauflösung

Glaubenssinn der Gläubigen – Katholisch

1. Lehramtliche Bestätigung: Auf der Grundlage bibl. Aussagen (vgl. 1 Petr 2, 9 i. V. m. 1 Kor 2, 16; Joh 14, 17; 16, 13; Eph 1, 18; Kol 1, 9) sowie der Lehrentwicklung in der Kirchen- u. Theologiegeschichte (von den Kirchenvätern bis zu Yves Congar) hat sich erstmals das Vat II der Lehre vom G. zugewandt u. ihn als institutionelles Element in die Struktur der Kirche integriert (bes. LG 12, 1). Der G. bez. ein allen Christgläubigen durch → Taufe u. → Firmung zukommendes → Charisma der inneren Übereinstimmung m. dem Gegenstand des kirchl. → Glaubens. Als „eine Art geistlicher Instinkt" (Intern. Theol. Kommission, 2014, 49) ist der G. als sensus fidei dem → Gläubigen geschenkt, der dadurch befähigt wird, „spontan zu beurteilen, ob eine besondere Lehre oder Praxis mit dem Evangelium und mit dem apostolischen Glauben übereinstimmt oder nicht" (ebd.). Als solcher steht er unaufgebbar m. dem Glauben der Kirche in Verbindung u. ist in seiner Ausprägung abhängig sowohl vom Inhalt (Lehre) als auch vom Vollzug (Tugend) des Glaubens. Hineingestellt in die Kirche als hierarchisch strukturierter Gemeinschaft der Gläubigen verbindet er sich als sensus fidelium zu einer einmütigenden Übereinstimmung im Glauben aller Gläubigen. Gegen subjektivierende u. beliebige Glaubensauffassungen bedarf es zur Feststellung der Authentizität des im G. bekundeten Glaubens der prüfenden Instanz des apost. → Lehramtes (→ Papst u. → Bischofskollegium). Dabei verwirklicht sich die qualitativ versch. Teilhabe der Gläubigen (→ Laien u. → Kleriker) an der kirchl. Verkündigungsaufgabe (cc. 204 § 1, 208, 211, 225, 759; cc. 7 § 1, 10, 14, 401, 406 CCEO) im strukturierten Zusammenwirken von apost. Lehramt u. G. Durch die Verbindung der beiden konstitutiven Elemente bezeugt das Vat II schließlich, dass die Gesamtheit der Gläubigen, d. h. die gesamte Kirche, kraft der Salbung m. dem Hl. Geist im Glauben nicht irren kann (infallibilitas in credendo). Diese bes. Eigenschaft macht sie durch den G. als sensus fidei fidelium dann kund, „wenn sie ‚von den Bischöfen bis zu den letzten gläubigen Laien' ihre allgemeine Übereinstimmung in Sachen des Glaubens und der Sitten äußert" (LG 12, 1). Das gemeinsame Festhalten am so überlieferten Glauben in Bekenntnis u. Verwirklichung bezeugt einen einzigartigen u. beständigen „Einklang ... zwischen Vorstehern und Gläubigen" (DV 10, 1).

2. Dimension der kirchl. → Communio-Struktur: Das Vat II u. die Intern. Theol. Kommission legen Wert darauf, dass „es keine einfache Identifizierung zwischen dem sensus fidei und der öffentlichen Mehrheitsmeinung geben kann" (Intern. Theol. Kommission, 2014, 118), da der innere Bezugspunkt des G. der kirchl. Glaube ist. Zugl. wird hervorgehoben, dass es im G. nicht allein um die Bekräftigung u. Durchdringung bestehender Glaubenswahrheiten geht, sondern dem G. in den dynamischen Vorgängen kirchl. Lebens auch das

Charisma theol. Wahrheitsfindung zukommt (vgl. Intern. Theol. Kommission, 2014, 127). Hier kann sich der G. als Grundlage eines neuen Glaubenszeugnisses in der → Volksfrömmigkeit (z. B. Fronleichnam, Herz-Jesu-Verehrung) od. einer vertieften Glaubenserkenntnis in Theologie u. Glaubenspraxis der Kirche (z. B. Maria Immaculata, Aufnahme Mariens in den Himmel) erweisen. Die Authentizität des Glaubenszeugnisses wird durch das qualifizierte Zusammenwirken von Gläubigen u. Trägern der apost. Vollmacht (P. u. → Bischöfe) gesichert, das auf Dauer zu einem Consensus im Glauben durch lehramtliche Approbation erwächst (vgl. Intern. Theol. Kommission, 2014, 74-80). Darin wird zugl. das Ganze der kirchl. Communio-Struktur erkennbar. Danach bedarf die lehramtliche Verkündigung der Rezeption in der kirchl. Gemeinschaft, um eine gestaltende Kraft im Leben der Kirche zu gewinnen. Umgekehrt kann aus dem G. ein authentisches Zeugnis des Glaubens erwachsen, das seine Legitimation durch die lehramtliche Autorisierung gewinnt u. verdeutlicht, dass „die Träger des hoheitlichen Lehramtes Mitträger des sensus fidelium sind“ (KanR I, 211).

3. Kriterien zur Feststellung authentischer Manifestationen: Unter Anerkennung, „dass der sensus fidei eine kirchliche Wirklichkeit ist, an der die einzelnen Gläubigen teilhaben“ (Intern. Theol. Kommission, 2014, 87), bietet das kirchl. Lehramt (Vat II u. Intern. Theol. Kommission) eine Kriteriologie von Dispositionen, die als Grundlage für eine authentische Manifestation des G. vorauszusetzen sind. Dazu gehören a) die Partizipation am Leben der Kirche, b) die Hörbereitschaft gegenüber dem Wort Gottes, c) die Offenheit gegenüber der Vernunft (fides et ratio), d) die Anerkennung des kirchl. Lehramtes, e) die geistl. Tugenden (Heiligkeit, Demut, Freiheit, Freude) sowie f) das Streben nach dem Aufbau der Kirche. Die Dispositionen im Glauben dienen dem Bemühen, eine generelle Gleichsetzung von G. u. öff. bzw. veröff. Mehrheitsmeinung zu vermeiden, um den Glauben als zentralen Fluchtpunkt des G. zu schützen u. zu fördern. Kan. diskutiert werden die Fragen nach möglichen Rezeptionsverweigerungen od. konträren Meinungen im Bereich der kirchl. → Glaubenslehre u. Sittenlehre. Die Auffassungen reichen von einer theol. Relevanz der Rezeptionsverweigerung bis hin zur fehlenden Einwirkungsmöglichkeit auf die kirchl. Lehrverkündigung.

4. Desiderat einer kodikarischen Norm: Die Lehre vom G. ist nicht ausdrücklich in das geltende Gesetzbuch aufgenommen worden, wohl aber findet sich in c. 750 §1 ein indirekter Verweis. Danach erweist sich das ordentliche u. allg. Lehramt der Gemeinschaft aller Bf. m. dem P. auch darin, dass die Gläubigen unter der Führung des Lehramtes an dessen in Wort u. Verhalten beständig u. übeinstimmend bezeugten Glauben der Kirche festhalten. Der G. gleicht hier einem symphonischen Echo gegenüber dem kirchl. Glauben, der im Leben der Gläubigen Gestalt gewinnt. M. der kan. Durchdringung des G. werden darüber hinaus Reformvorschläge präsentiert, die das Desiderat einer expliziten normativen Berücksichtigung der Lehre vom G. einzulösen versuchen (vgl. Ohly, 1999, 77-82). Ein solches kodikarisches Bekenntnis zum G. bestärkt zugl. das Recht auf Beachtung der Glaubenszeugnisse im Bereich des konsultativen Elements der kirchl. Verf., das in der Kirche des MA durch das röm. Rechtsprinzip Quod omnes tangit, ab omnibus tractari et approbari debet gefördert wurde u. in den einschlägigen Normen Beachtung findet (z. B. cc. 212 §§2 u. 3, 443, 463, 512, 536).

Quellen

Vat II, LG 12, 35-37; Vat II, DV 8-10; Vat II, PO 9; Johannes Paul II., Nachsynodales Apost. Schreiben Christifideles Laici vom 30. Dezember 1988: AAS 81 (1989), 393-521; dt.: VApSt 87; Kongr. für die Glaubenslehre, Instr. Donum Veritatis vom 24. Mai 1990: AAS 82 (1990), 1550-1570; dt.: VApSt 98; Intern. Theol. Kommission, Sensus Fidei u. Sensus Fidelium im Leben der Kirche vom 5. März 2014: VApSt 199.

Literatur

Der Glaubenssinn des Gottesvolkes – Konkurrent od. Partner des Lehramts?, hg. v. D. Wiederkehr, Freiburg 1994 (QD 151); Ohly, C., Der Glaubenssinn der Gläubigen. Ekklesiologische Anmerkungen zum Verständnis eines oft mißverstandenen Phänomens im Beziehungsverhältnis von Dogmatik u. Kanonistik: AfkKR 168 (1999), 51-82; ders., Sensus fidei fidelium. Zur Einordnung des Glaubenssinnes aller Gläubigen in die Communio-Struktur der Kirche im gesch. Spiegel dogmatisch-kan. Erkenntnisse u. der Aussagen des II. Vaticanum, St. Ottilien 2000 (MThS.K 57); Burghardt, D., Institution Glaubenssinn. Die Bedeutung des sensus fidei im kirchl. Verfassungsrecht u. für die Interpretation kan. Gesetze, Paderborn 2002; Ohly, C., Glaube. Glaubensgut. Glaubenssinn: LKR, 362-367; Miralles, A., Sensus fidei: DGDC Vol. VII, 250-253; Hahn, J., Lehramt u. Glaubenssinn. Kirchenrechtliche Überlegungen zu einem spannungsreichen Verhältnis – aus aktuellem Anlass: Glaube in Gemeinschaft. Autorität u. Rezeption in der Kirche, hg. v. M. Knapp – Th. Söding, Freiburg 2014, 182-121; Aymans, W., § 62 Begriff, Aufgabe u. Träger des Lehramts: HbkathKR³, 911-921; Der Spürsinn des Gottesvolkes. Eine Diskussion m. der Intern. Theol. Kommission, hg. v. Th. Söding, Freiburg 2016 (QD 281).

Christoph Ohly

Glaubenssinn der Gläubigen – Evangelisch
→ Rechtstheologie

Glaubensverkündigung, authentische – Katholisch

Die G. bez. die autoritativ-bevollmächtigte Verkündigung, Bezeugung u. Gegenwärtigsetzung des Heils, das Gott in der Menschwerdung, im Leben u. Sterben sowie in der Auferstehung u. Geistsendung Jesu Chr. gewirkt hat. Als solche stellt sie die beständige Erfüllung des Sendungsauftrags an die Apostel dar (vgl. Mt 28, 19-20), durch den die göttliche Heilsbotschaft „zu allen Menschen aller Zeiten auf der ganzen Welt" gelangen soll (DV 7; c. 211; c. 14 CCEO). Die Kirche erweist sich dafür als vom Herrn selbst m. Autorität ausgestattetes Subjekt der Verkündigung: Sie ist „in ihrer Doppelgestalt als schon gegründete und als zu gründende Ort der Verkündigung. Darin beruht die innere Offenheit und Dynamik der Verkündigung ebenso wie ihre Endgültigkeit und Verlässigkeit" (Ratzinger, Kirche, 894). Die Verkündigung des Wortes Gottes, deren Authentizität in der empfangenen Autorität gründet, wirkt daher sowohl kirchenbildend (äußere Mission) als auch kirchenerhaltend (innere Mission). Durch die Anbindung der Verkündigung an das lebendige → Lehramt u. an den in Schrift u. Tradition gründenden → Glauben der Kirche ist dem Glaube die geistgewirkte Irrtumslosigkeit (infallibilitas in credendo), d. h. das Bleiben in der Wahrheit (Joh 8, 32 u. 17, 19), verheißen (LG 12, 1).

Die Kirche als ganze nimmt teil am prophetischen Amt Chr. (LG 12, 1). Die Teilhabe vollzieht sich im Dienst am Wort Gottes, der sich in der Erfüllung des Auftrags Jesu vollzieht, das Glaubensgut (→ depositum fidei) als die ihr anvertraute Offenbarungswahrheit hl. zu bewahren, tiefer zu erforschen u. treu zu verkündigen u. auszulegen (LG 24-25; DV 7-10; c. 747 § 1; c. 595 § 1 CCEO). Der theol. häufig kritisierte Begriff charakterisiert in Anlehnung an das röm. Depositalrecht die getreue u. unversehrte Bewahrung u. Rück- wie Weitergabe der anvertrauten Heilswahrheit (vgl. 1 Tim 6, 20; 2 Tim 1, 12.14; DV 10, 1; LG 25, 3; GS 33, 2, 62, 2; UR 6, 1; c. 747 § 1; c. 595 § 1 CCEO). Aufgrund von → Taufe u. → Firmung begründen alle → Gläubigen die gemeinsame Trägerschaft der kirchl. Verkündigung, die sich vornehmlich mitten in der Welt, herausragend in der chr. → Ehe u. → Familie, vollzieht (LG 35, 2 u. 3; cc. 226 u. 774 § 2; cc. 407, 618, 627 § 1 CCEO).

Von der allg. Verkündigungsaufgabe der Kirche unterscheidet sich die amtl. Lehrverkündigung, die im apost. Amt der Kirche einen über Taufe u. Firmung hinausgehenden eigenständigen Existenzgrund besitzt (LG 19, 21). Das Glaubensgut umfasst als „Hinterlage der göttlichen Offenbarung" (LG 25, 3) alle im geschriebenen od. sonstwie (z. B. im Verhalten) überlieferten Wort Gottes (verbo Dei scripto vel tradito) unmittelbar geoffenbarten Wahrheiten des Glaubens u. der Sitten (c. 750 §1; c. 598 §1 CCEO). Als solche werden sie durch das außerordentliche (feierliche) Lehramt des →Papstes u. des →Bischofskollegiums (ex-cathedra-Entscheidung; →Konzil) od. durch das ordentliche (allg.) Lehramt des P. u. aller →Bischöfe als gemeinsames Festhalten aller Gläubigen an den Glaubenswahrheiten unter Leitung des Lehramtes (sensus fidei fidelium) vorgelegt (cc. 749 §§1 u. 2 i. V. m. 750 §1; cc. 597 §§1 u. 2 i. V. m. 598 CCEO). Ihnen ist m. Glaubensgehorsam (de fide credenda) zu begegnen. Schwerwiegende Verfehlungen bestehen in →Häresie, →Apostasie u. →Schisma (c. 751), die sanktionsrechtlich m. der →Exkommunikation bewehrt sind (c. 1364; cc. 1436 §1, 1437 CCEO). In Verbindung dazu stehen die vom Lehramt der Kirche als mittelbar in der Offenbarung gründenden u. definitiv vorgelegten Glaubenswahrheiten, die gem. c. 750 §2 (c. 598 §2 CCEO) fest anzunehmen u. zu bewahren sind (firmiter amplectenda ac retinenda). Eine hartnäckige Ablehnung begr. einen Verstoß gegen die Kirche als Glaubensgemeinschaft, der m. einer →gerechten Strafe sanktioniert ist (c. 1371 1°; c. 1436 §2 CCEO).

Dem authentischen, aber nicht definitiven Lehramt des P. u. des Bischofskollegiums (c. 752; c. 599 CCEO) sowie der einzelnen →Diözesanbischöfe u. der bfl. Kollegialorgane (z. B. →Bischofskonferenzen) (c. 753; c. 600 CCEO) kommt religiöser →Gehorsam (religiosum obsequium) zu, der damit unvereinbare Auffassungen zu meiden sucht (c. 752; c. 599 CCEO). Dieser umfasst zugl. die Bereitschaft, Weisungen in lehramtlichen Schreiben zu befolgen (c. 754; c. 10 CCEO). Eine hartnäckige Ablehnung soll ebenfalls nach c. 1371 1° (c. 1436 §2 CCEO) m. einer gerechten Strafe belegt werden.

Aufgrund der empfangenen Weihe (→Ordination, Weihe) u. der kan. →Sendung erhalten →Priester u. →Diakone Anteil an der amtl. Lehrverkündigung der Bf., vornehmlich durch den Dienst am Wort Gottes in →Katechese (cc. 773-780; cc. 617-626 CCEO) u. →Predigt als liturgische Verkündigung (PO 4, LG 28, 29; cc. 528 §1, 757, 764, 767; cc. 289 §1, 610 §§2 u. 3, 614 CCEO). Über das in Taufe u. Firmung gründende generelle →Glaubenszeugnis hinaus können →Laien, insb. auch Mitglieder kan. Lebensverbände, zum kirchenamtlichen →Verkündigungsdienst im Auftrag des Bf. u. im Namen der Kirche durch eine kan. Sendung berufen werden (cc. 758, 759, 766; c. 610 §4 CCEO).

Das Zusammenwirken von apost. Lehramt u. →Glaubenssinn der Gläubigen in der G. ist im Gegensatz zu den Vorstellungen einer unvermittelten Über- od. Unterordnung vielmehr Ausdruck der lebendigen u. das Verfassungsgefüge der Kirche konstituiernden →Communio-Struktur, die unter Beachtung der Verschiedenheit in der Teilhabe zu einem gemeinsamen Zeugnis des Glaubens erwächst: „Der einfache Glaube der lebendigen Kirche ist Instanz für die Verkündigung, sofern und weil er den Glauben der Gesamtkirche verkörpert, das eigentliche Subjekt des Credo: die eine und ganze Kirche aller Zeiten zu Wort bringt" (Ratzinger, Maßstäbe, 911).

Quellen

Vat II, LG 12, 19, 21, 24-25, 28-29, 35; Vat II, DV 7-10; Vat II, GS 33, 2, 62, 2; Vat II, UR 6, 1; Vat II, PO 4; Johannes Paul II., MP Ad tuendam fidem vom 18. Mai 1998: AAS 90 (1998), 457-461; dt.: AfkKR 167 (1998), 154-157; Johannes Paul II., MP Apostolos suos vom 21. Mai 1998: AAS 90 (1998), 641-658; dt.: AfkKR 167 (1998), 158-177.

Literatur

Riedel-Spangenberger, I., Verkündigungsdienst u. Lehrautorität der Kirche: Iuri Canonico Promovendo (FS Schmitz), hg. v. W. Aymans – K.-Th. Geringer, Regensburg 1994, 153-174; Lüdecke, N., Die Grundnormen des kath. Lehrrechts in den päpstlichen Gesetzbüchern u. neueren Äußerungen in päpstlicher Autorität, Würzburg 1997 (FzK 28); KanR III, 9-23; Aymans, W., § 62 Begriff, Aufgabe u. Träger des Lehramts: HbkathKR³, 911-921; Ratzinger, J., Kirche als Ort der Verkündigung: JRGS 9/2, Regensburg 2016, 888-900; ders., Maßstäbe der Evangeliumsverkündigung heute: JRGS 9/2, Regensburg 2016, 901-915; Müller, L. – Ohly, Ch., Kath. Kirchenrecht. Ein Studienbuch, Paderborn 2018 (utb 4307), 71-79.

Christoph Ohly

Glaubenszeugnis – Katholisch

Unter dem G. wird allg. das Bekunden des →Glaubens in Wort u. Tat verstanden. Inhaltlich bezieht es sich auf die Aussagen des kirchl. Glaubens, der in der Liebe tätig wird (vgl. Gal 5, 6). In Bezug auf seinen Träger stellt das G. den →Gläubigen in den Mittelpunkt. Biblisch gründet das G. im Missionsbefehl Jesu (vgl. Mt 28, 19-20). Alle Christgläubigen, die durch die →Taufe Chr. gleichgestaltet u. in die Kirche eingegliedert sind (c. 849; c. 675 §1 CCEO), haben Anteil am prophetischen Amt Chr. (c. 204 §1; c. 7 §1 CCEO) u. sind zur indispensablen Mitwirkung an der kirchl. →Sendung gerufen (c. 211; c. 14 CCEO). Die →Firmung stärkt sie dazu u. verpflichtet sie, sich als „Zeugen Christi zu erweisen" (cc. 879, 892; c. 692 CCEO). Ausdrücklich werden die →Laien als „Zeugen des Evangeliums" (c. 759) durch Wort u. Bsp. bez. Die Mitglieder der kan. Lebensverbände legen kraft ihrer Weihe „in besonderer Weise Zeugnis vom Evangelium" ab (cc. 758, 607 § 3, 673). Die →Bischöfe werden, ähnlich wie die →Priester u. →Diakone (vgl. cc. 244-248; c. 346 CCEO), daran erinnert, dass sie Zeugen der Liebe u. Wahrheit Chr. sind (vgl. c. 383 § 4). Da die Erneuerung der Kirche wesentlich durch das G. der Gläubigen geschieht (Porta fidei 6; Verbum Domini 97), ist für die →Neuevangelisierung nach P. Franziskus „ein deutlicheres Zeugnis für das Evangelium" (Evangelii gaudium 121) vonnöten.

In der Liturgie (bes. →Eucharistiefeier) ist neben einer Statio auch ein G. möglich, „das ... an besonderen Tagen ... in Eucharistiefeiern vorgetragen wird, wenn dies zur Veranschaulichung der vom zelebrierenden Priester regulär gehaltenen Homilie objektiv angebracht erscheint" (Ecclesiae de Mysterio, Art. 3 § 2).

Das G. gewinnt eine verbindliche Authentizität im Dienst des →Papstes u. des →Bischofskollegiums, wenn diese im ordentlichen od. außerordentlichen →Lehramt tätig werden (cc. 749-752; cc. 597-598 CCEO). Es bildet keine neue Offenbarung, sondern gibt zu erkennen, was definitiv zum verbindlichen Glaubensgut gehört, das im geschriebenen od. ansonsten überlieferten Wort Gottes mind. einschlussweise enthalten ist. O. den Anspruch auf →Unfehlbarkeit, jedoch als „authentische Künder und Lehrer des Glaubens" (c. 753; c. 600 CCEO), legen die Bf. das G. kraft ihres Amtes in den →Teilkirchen ab.

Quellen

Johannes Paul II., Nachsynodales Apost. Schreiben Christifidelis Laici vom 30. Dezember 1988: AAS 81 (1989), 393-521; dt.: VApSt 87; DBK, Ordnung für den Predigtdienst von Laien vom 24. Februar 1988: AfkKR 157 (1988), 192-193; Kongr. für den Klerus u. a., Instr. Ecclesiae de mysterio vom 15. August 1997: AAS 89 (1997), 852-877; dt: VApSt 129; Benedikt XVI., Nachsynodales Apost. Schreiben Verbum Domini vom 30. September 2010: AAS 102 (2010), 681-787; dt.: VApSt 187; Benedikt XVI., MP Porta fidei vom 11. Oktober 2011: AAS 103 (2011), 723-734; dt.: VApSt 191; Franziskus, Apost. Schreiben Evangelii Gaudium vom 24. November 2013: AAS 105 (2013), 1019-1137, dt.: VApSt 194.

Literatur

Steinke, A., Chr. Zeugnis als Integration von Erfahrung u. Weitergabe des Glaubens. Der Zeugnisbegriff in der deutschsprachigen theol. Literatur nach dem Zweiten Vatikanischen Konzil, Würzburg 1997 (Bonner dogmatische Studien 23); KanR III, 9-23; Ohly, Ch., Der Dienst am Wort Gottes. Eine rechtssystematische Studie zur Gestalt von Predigt u. Katechese im Kan. Recht, St. Ottilien 2008 (MThS.K 63), 451-505; Lagges, P. R., Testigo: DGDC Vol. VII, 567-571; Aymans, W., § 62 Begriff, Aufgabe u. Träger des Lehramts: HbkathKR^3, 911-921.

Christoph Ohly

© 2019, DOI: 10.30965/9783506786388_0277

Glaubenszustimmung – Katholisch

Die in c. 752 u. c. 599 CCEO erwähnte G. (assensus fidei) bez. die von allen →Katholiken (i. S. v. c. 11 bzw. c. 1490 CCEO) erwartete, rechtlich normierte Antworthaltung auf spezifische Äußerungen des unfehlbaren →Lehramtes der Kirche bzgl. der Glaubens- u. Sittenlehre. Theoretisch lassen sich drei Erkenntnisebenen unterscheiden, denen drei unterschiedliche Verpflichtungsgrade zugeordnet sind: a) An oberster Stelle stehen die Glaubensdogmen, die im schriftlichen od. tradierten Wort Gottes enthalten sind u. zugl. vom unfehlbaren Lehramt, sei es in außerordentlicher od. in ordentlicher u. allg. Form (vgl. c. 749 §§ 1-3; c. 597 §§ 1-3 CCEO), vorgelegt wurden. Diesen Glaubenswahrheiten ist nach c. 750 § 1 bzw. c. 598 § 1 CCEO aufgrund des Glaubens an die Autorität des Wortes Gottes vollständige u. unwiderrufliche G. entgegenzubringen. Eine beharrliche Leugnung od. ein beharrlicher →Zweifel an einer solchen Glaubenswahrheit erfüllt den Tatbestand der →Häresie (c. 751) u. zieht entspr. strafrechtliche →Sanktionen (c. 1364 §§ 1 u. 2; c. 1436 § 1 CCEO) nach sich. b) An zweiter Stelle stehen die endgültig vorgelegten Lehren des sog. Sekundärbereichs. Sie sind nicht unmittelbar in der Offenbarung enthalten, aber nach dem Urt. der höchsten kirchl. Autorität notwendig, damit die Kirche das ihr anvertraute Glaubensgut (→depositum fidei) unversehrt bewahren u. getreu auslegen kann. Auch auf diese endgültigen Lehrvorlagen des Sekundärbereichs ist m. vollständiger u. unwiderruflicher G. zu antworten, wie durch die m. dem MP Ad tuendam catholicam fidem erfolgte Erg. der Gesetzbücher (c. 750 § 2 u. c. 598 § 2 CCEO) klargestellt wurde. Gegenüber dem Primärbereich speist sich die G. jedoch hier aus einer anderen Quelle. Sie liegt im Glauben an den Beistand des Hl. Geistes begr., der dem obersten Lehramt das Charisma der →Unfehlbarkeit verleiht. Wer endgültig vorgelegte Lehren des Sekundärbereichs ablehnt, widerspricht der Lehre der kath. Kirche u. soll gem. c. 1371, 1° bzw. c. 1436 § 2 CCEO m. einer gerechten, d. h. angemessenen Strafe (→Gerechte Strafe) belegt werden, sofern er als zur amtl. Verkündigung Beauftragter nach Mahnung durch die zuständige Autorität die betr. Lehre weiterhin hartnäckig (pertinaciter) zurückweist. c) Auf alle übrigen offiziellen Erkl. der Kirche im Bereich der Glaubens- u. Sittenlehre ist nicht m. G. zu antworten; vielmehr ist der lehrenden Autorität hier religiöser →Gehorsam (obsequium religiosum) zu leisten u. den vorgetragenen Lehren nur m. religiöser Zustimmung (assensus religiosus) zu begegnen, die nicht absolut u. unbedingt ist, sondern je nach Organ u. Art der vorgelegten Lehre Abstufungen zulässt (vgl. cc. 752-754; cc. 599 f. CCEO). Bei authentischen, nicht definitiven Lehräußerungen der höchsten kirchl. Autorität entsprechen die Strafdrohungen allerdings denen des Sekundärbereichs unfehlbarer Lehren (c. 1371, 1°; c. 1436 § 2 CCEO), sodass die theoretisch bedeutsame Unterscheidung zwischen G., die allein der göttlichen Offenbarung gebührt, u. der religiösen Zustimmung m. Verstand u. Willen zu rein kirchl. Lehren in der geltenden Rechtsordnung verblasst.

Quellen

Johannes Paul II., MP Ad tuendam catholicam fidem vom 18. Mai 1998: AAS 90 (1998), 457-461.

Literatur

Schmitz, H., „Professio fidei“ u. „Iusiurandum fidelitatis“. Glaubensbekenntnis u. Treueid – Wiederbelebung des Antimodernisteneides?: AfkKR 157 (1988), 353-429; Seckler, M., Art. Assensus fidei: LThK^3 Bd. 1, 1088 f.; Lüdecke, N., Die Grundnormen des kath. Lehrrechts in den päpstlichen Gesetzbüchern u. neueren Äußerungen in päpstlicher Lehrautorität,

Würzburg 1997 (FzK 28); Primetshofer, B., „Assensus" u. „Dissensus". Überlegungen zur ApK „Ad tuendam fidem": Plenitudo legis dilectio (FS Zubert), hg. v. A. Debiński – E. Szczot, Lublin 2000, 573-593; Riedel-Spangenberger, I., Art. Glaubenszustimmung: LKStKR Bd. 2, 153f.; KanR III, 5-23; Gahona Fraga, L., Art. Asentimiento al magisterio: DGDC Vol. I, 496-499; Romano, F., Il dovere fondamentale del fedele di obbedienza al Magistero come „fidei assensus" e „religiosum obsequium" (cc. 212 §1; 748-753): Teresianum 64 (2013), 195-233.

Rafael Rieger

© 2019, DOI: 10.30965/9783506786388_0278

Glaubenszwang

→Gewissensfreiheit, →Glaubensfreiheit

Glaubenszweifel

→Häresie

Gläubige – Katholisch

1. Im CIC/1917 waren die →Kleriker Hauptsubjekte der kirchl. Rechtsordnung u. die →Laien die Untergebenen u. Empfangenden. Das Vat II hat die Kirche neu als →Communio fidelium bestimmt; dem entspr. sind nun die G. (christifideles) das Hauptsubjekt des KR. An die Stelle der auf Gratian (Decr. Gratiani C. 129 q. 1 c. 7: „Duo sunt genera christianorum ...") fußenden Unterscheidung in can. 107 („Ex divina institutione sunt in Ecclesia clerici a laicis distincti ...") ist vor aller späteren Differenzierung bzgl. der versch. →Rechtsstellung u. Dienste die Lehre von der in der →Taufe begr. →Gleichheit aller Gläubigen getreten (cc. 204 §1 i. V. m. 96; 208; cc. 7 u. 11 CCEO).

2. Gem. c. 204 u. c. 7 CCEO sind die G. bestimmt durch a) die Taufe, die die Eingliederung in Chr. bewirkt; b) ihre Verfasstheit als →Volk Gottes; c) die daraus resultierende Teilhabe am dreifachen Dienst Chr. (→Tria-Munera-Lehre); d) die in der Taufe sakramental begr. Berufung (→Berufung, geistliche), entspr. der je eigenen Rechtsstellung zur Erfüllung der →Sendung der Kirche in der Welt beizutragen. Der Mensch wird durch die Taufe zum G. u. der Kirche Jesu Chr. eingegliedert (c. 96; c. 7 CCEO) u. steht gem. den Kriterien des c. 205 u. c. 8 CCEO in einer mehr od. weniger vollen Gemeinschaft m. der kath. Kirche, in der die Kirche Jesu Chr. zwar verwirklicht ist (subsistit), die aber nicht m. ihr identisch ist (LG 8, 2; 14 u. 15; UR 2, 2; 3, 1; 22). Der Begriff G. bez. trotz aM. einzelner Kanonisten nicht nur die Katholiken, sondern alle auf den Namen des dreifaltigen Gottes getauften Christen (vgl. Comm. 12 [1980], 60).

3. Die Taufe ist nicht nur ein sakramentaler Akt der Eingliederung in die Kirche, sondern auch ein grundlegender Rechtsakt, der für den G. unmittelbar Rechte u. Pflichten begr. Durch die Taufe wird der Mensch in der Kirche zur →Person (c. 96), d. h. zu einem Rechtssubjekt m. Rechten u. Pflichten, die den G. gem. ihrer jeweiligen Rechtsstellung u. der mehr od. weniger vollen Verwirklichung der Communio zu eigen sind. Die in der Taufe begr. u. wie diese unverlierbaren Rechte u. Pflichten sind im CIC u. CCEO nicht systematisch u. taxativ zusammengefasst, ihr Grundbestand ist aber in den sog. Grundrechten u. Grundpflichten (→Grundrechte und Grundpflichten der Christen) der cc. 208-223 u. cc. 7-26 CCEO zu sehen. Für →nichtkatholische Christen folgt aus der nicht voll verwirklichten Communio eine Einschränkung der in der Taufe begr. Rechte u. Pflichten, aber nicht bzgl. ihres Besitzes, sondern bzgl. ihrer Ausübung. Auch wenn nichtkatholische G. gem. c. 11 u. c. 1490 CCEO durch rein kirchl. Gesetze (ius mere ecclesiasticum) nicht verpflichtet werden, gelten für sie doch die Rechte u. Pflichten, die im →ius divinum begr. sind od. ihnen ausdrücklich von Rechts wegen, z. B. kraft der gültigen Taufe, zukommen. Weitere Modifikationen bzgl. der Ausübung der in der Taufe vermittelten Rechte u. Pflichten ergeben sich aus den persönlichen Lebensverhältnissen der G. m. un-

terschiedlichen rechtserheblichen Eigenschaften u. Umständen wie →Alter, →Geschlecht, →Rituszugehörigkeit etc. (cc. 97-112; cc. 909-919 CCEO) sowie aus den versch. Lebensständen der G. wie als Laien, Eheleute, Kleriker od. Ordensleute.

4. Durch die Taufe (c. 204 §1 u. c. 7 §1 CCEO „hac ratione") wird der G. dazu berufen, aktiv die Sendung m. auszuüben, die der Kirche von Chr. anvertraut ist. Der G. ist nicht in erster Linie Objekt der →Seelsorge, sondern Hauptsubjekt der Sendung, die der Kirche von Gott übertragen ist. Es ist eine einzige Sendung, die von den einzelnen G. je auf ihre Weise (suo modo) ausgeübt wird. Die Differenzierung innerhalb der einen Sendung ergibt sich aus der versch. sakramentalen Prägung der Sendungsträger z. B. durch Taufe, →Firmung od. Weihe (→Ordination, Weihe) (Laien, Kleriker), u. aus versch. Lebensformen (z. B. Ordensleute od. Verheiratete), die jeweils eine eigene Berufung (vocatio) zur Ausübung der einen Sendung haben, sowie ggf. durch eine spez. kirchl. Sendung (→Missio canonica) od. die Übertragung eines →Amtes od. einer →Befugnis, sofern Rechte u. Pflichten begr. werden sollen, die über die allen G. zukommenden Befähigungen u. Obliegenheiten hinausreichen. Die G. können die ihnen in der Taufe übertragene Sendung sowohl als einzelne wie auch zusammengeschlossen in Vereinigungen ausüben (AA 15; cc. 215-216 u. 298-329; cc. 18-19 u. 573-583 CCEO). Die vom Konzil theol. begr. →Koalitionsfreiheit der G. hat ihren Ursprung in der Taufe u. in der damit verbundenen Berufung der G. zum →Apostolat.

Quellen

Vat II, LG; Vat II, UR; Vat II, AA.

Literatur

Riedel-Spangenberger, I., Sendung in der Kirche. Die Entwicklung des Begriffs „missio canonica" u. seine Bedeutung in der kirchl. Rechtssprache, Paderborn – München – Wien – Zürich 1991; Gänswein, G., Kirchengliedschaft. Vom II. Vatikanischen Konzil zum Codex Iuris Canonici. Die Rezeption der konziliaren Aussagen über die Kirchenzugehörigkeit in das nachkonziliare Gesetzbuch der Lat. Kirche, St. Ottilien 1995 (MThS.K 47); KanR II, 49-125; Hallermann, H., Die Vereinigungen im Verfassungsgefüge der lat. Kirche, Paderborn – München – Wien – Zürich 1999, 323-347; ders., Die Rechtsstellung nichtkatholischer Christen im Codex von 1983: Ökumene u. Kirchenrecht – Bausteine od. Stolpersteine?, hg. v. H. Hallermann, Mainz 2000, 30-48; ders., Christifideles, laici, clerici u. religiosi als Subjekte der kirchl. Rechtsordnung. Ein Rechtsvergleich zwischen dem CIC/1983 u. dem CCEO/1990: Clarissimo Professori Doctori Carolo Giraldo Fürst. In memoriam Carl Gerold Fürst, hg. v. E. Güthoff – S. Korta – A. Weiß, Frankfurt 2013 (AIC 50), 191-219; Meckel, T., Konzil u. Codex. Zur Hermeneutik des Kirchenrechts am Beispiel der christifideles laici, Paderborn – München – Wien – Zürich 2017 (KStKR 18).

Heribert Hallermann

© 2019, DOI: 10.30965/9783506786388_0281

Gläubige – Evangelisch

Anders als im röm.-kath. KR besitzt die Begrifflichkeit der G. im ev. Verständnis keine rechtliche Bedeutung. Das positivierte ev. KR, insb. das KG über die Kirchenmitgliedschaft sowie die neueren →Kirchenverfassungen u. GrO der →Landeskirchen, knüpfen stattdessen an die jur. bestimm- u. überprüfbare Dimension der Kirchenmitgliedschaft eines Einzelnen an, um dessen →Rechtsstellung zur Kirche zu beschreiben u. verbindlich festzulegen. Dabei baut die Kirchenmitgliedschaft als jur. Zuordnung zu einem konkreten Kirchenwesen (→Kirchenzugehörigkeit), d. h. zu einer LK als ecclesia particularis, zwar als strukturelle Folge des mehrschichtigen Kirchenbegriffs metajuristisch auf der durchaus theol. geprägten Dimension zur geistl. Gemeinschaft (ecclesia spiritualis) u. zur m. dem Taufsakrament begr. u. in der Gemeinschaft vollzogenen Gliedschaft zur Kirche Jesu Chr. i. S. der einen wahren Kirche des dritten Glaubensartikels (ecclesia universalis) auf (vgl. CA 7). Weitergehende Bezüge auf den individuellen →Glauben u. seine Vollzüge will das ev. KR aber in Luth. Tradition bewusst nicht nehmen. Hiernach gehört es zum Kern ev. Überzeugung, dass der Glaube des anderen den übrigen Subjekten des kirchl. Handelns verborgen bleibt (vgl. WA 6, 301, 1). Die Begrifflichkeit der G. würde im ev. KR letztlich theol. kaum verantwortbare Glaubensbewertungen voraussetzen. Sie impliziert Abgrenzungen von Nicht-G. u. drängt damit zu personellen Exklusionen, die der ev. Dogmatik diametral zuwiderlaufen.

Johannes Kuntze

© 2019, DOI: 10.30965/9783506786388_0281

Gläubige – Orthodox

In der Orth. Kirche werden nicht alle Menschen, die sich subjektiv zum chr. orth. →Glauben bekennen, tatsächlich o. weiteres als G. bez. Nach alter gottesdienstlicher Tradition ist dieses Wort vielmehr den getauften Christen vorbehalten, die auch die Myronsalbung (Firmung) empfangen haben u. so zum Empfang der hl. Kommunion berechtigt sind. Das spiegelt sich v. a. in der Tradition der Liturgie. Die Göttliche Liturgie, d. h. die Eucharistiefeier, beginnt m. einer Proskomidie genannten Vorbereitungshandlung, an der die Gde. nur indirekt beteiligt ist. Der folgende erste Teil des Gemeindegottesdienstes heißt Liturgie der Katechumenen. Dieser war urspr. einfacher gestaltet u. bestand im Wesentlichen aus Lesungen (Apostel u. Evangelium) u. der urspr. stets innerhalb der Liturgie gehaltenen Predigt. An diesem Teil des →Gottesdienstes durften i. d. R. alle, die den Gottesdienst u. die Glaubensinhalte kennenlernen wollten, auf jeden Fall die Taufbewerber, teilnehmen. Vor dem eigentlichen eucharistischen Teil, der Liturgie der G., wurden die Nicht-Getauften aus der Kirche gewiesen. Dieser Entlassung der Nicht-Getauften, v. a. der Katechumenen (Taufbewerber), gehen Entlassungsgebete voraus, gefolgt von der Aufforderung: „Alle Katechumenen, geht hinaus; ihr Katechumenen, geht hinaus; alle Katechumenen, geht hinaus! Dass niemand der Katechumenen [noch bleibe]! Die wir Gläubige sind, lasst uns wieder und wieder zum Herrn beten". In der Liturgie der Vorhergeweihten Gaben wird kurz vor Ostern, dem altkirchlichen Tauftermin, zusätzlich noch differenziert zwischen denen, deren Katechumenat nach Ostern noch fortgesetzt werden wird u. denen, deren Erleuchtung durch die Taufe unmittelbar bevorsteht, die sog. photizomenoi: „Alle, die ihr [euch] zur Erleuchtung [vorbereitet], geht hinaus; ihr Katechumenen, geht hinaus ... Die wir Gläubige sind, lasst uns wieder und wieder zum Herrn beten".

Die Entlassung der Katechumenen u. Taufbewerber hat, ungeachtet ihrer eindeutigen Klarheit, heute ihren praktischen Sinn verloren. Niemand verlässt das Gotteshaus, auch Nicht-Getaufte nicht, obwohl sie dazu aufgefordert werden. Deswegen werden die bes. →Gebete für die Katechumenen u. deren Entlassung in manchen orth. Kirchen, z. B. in der Mehrzahl der griech. Pfarreikirchen, nicht mehr gesprochen. Der für liturgische Reformen grds. offene russ.-amerikanische Theologe Alexander Schmemann rechtfertigt dagegen die Beibehaltung der Katechumenen-Entlassung, weil sie die Berufung der Kirche bezeugt, das neue Volk Gottes darzustellen, u. ihre hl. Bestimmung in der Welt u. vor der Welt Zeugnis für Chr. abzulegen, den Leib Chr. darzustellen, der von der Welt unterschieden ist. In der Katechumenen-Ektenie u. der Entlassung der Katechumenen vor der Liturgie der G. sieht Schmemann einen Ausdruck des missionarischen Charakters der Kirche u. eine Erinnerung an das Wesen der Kirche als einer geschlossenen Versammlung der Heiligen, einen Ausdruck des Unterschiedes zwischen Kirche u. Welt, zwischen Getauften u. Ungetauften.

Indem die orth. Theologie, der orth. liturgischen Praxis folgend, den Ehrentitel eines G. den Getauften vorbehält, hält sie daran fest, dass Glaube mehr ist als unverbindliche subjektive Gläubigkeit. Er steht vielmehr in einer unauflöslichen Beziehung zu dem Glauben der Kirche als des Volkes Gottes u. des Leibes Chr., der in der hl. Eucharistie sein Zentrum hat.

Quellen

Mysterium der Anbetung, hg. v. S. Heitz, Köln 1986; Die Göttliche Liturgie des Hl. Johannes Chrysostomus m. den bes. Gebeten der Basilius-Liturgie im Anhang, H. A, B, C, hg. v. F. v. Lilienfeld, Erlangen ²2000.

Literatur

Schmemann, A., Eucharistie: Sakrament des Gottesreichs, Einsiedeln 2005; Felmy, K. Ch., Einführung in die orth. Theologie der Gegenwart, Berlin – Münster ³2014.

Karl Christian Felmy

Gläubige – Jüdisch

Das Judentum ist per se keine Glaubensgemeinschaft od. (ausschließlich) religiöse Entität. Der hebräische Begriff für Juden, (ha-)Jehudim bzw. das Aramäische Jehudaje wird in den biblischen Schr. erst in exilisch-nachexilischer Zeit verwendet u. bez. die ins babylonische Exil (586-538 v. Chr.) geführten (Jer 52, 28-30; Dan 2, 25; 3, 8.12; 5, 13; 6, 14; 13, 4) u. aus dem Exil zurückgekehrten Bewohner der Provinz Judäa, im Esterbuch die im persischen Reich lebenden judäischen Abkömmlinge des Exils. Judentum hat daher sowohl m. dem Land als auch der ethnischen Zugehörigkeit zu tun. Als ethnische Gemeinschaft teilt das Judentum die Vorstellung eines gemeinsamen Ursprungs, einer gemeinsamen Geschichte, einer gemeinsamen Kultur (wozu auch Religion gehört) u. gemeinsamen Werten sowie eine tiefgreifende Solidarität der Gruppenmitglieder untereinander. Judentum kann daher von seinem Ursprung als Volk bez. werden. Als Selbstbezeichnung des Judentums ist jedoch Israel (sehr lange) gebräuchlicher als Jude, wodurch man sich auf die biblische Tradition des Zwölf-Stämme-Volkes zurückbezieht. Die vielleicht erst ab der rabb. Zeit – unter Einfluss des röm. Rechts – üblich gewordene rechtlich gültige Definition der Zugehörigkeit zum Judentum über die Mutter unterstreicht den Charakter einer Volksgemeinschaft (hebräisch am). In liberalen Gde. wird allerdings auch die Abstammung vom Vater als Zugehörigkeit zum Judentum akzeptiert. Durch die Möglichkeit der →Konversion können (hist. ab der späten biblischen Periode) auch Nichtjuden in die jüd. Gemeinschaft eingegliedert werden. Dazu wird im Laufe der Zeit ein eigenes Ritual entwickelt. Äußeres Zeichen der Zugehörigkeit zum Judentum ist die →Beschneidung der Knaben m. acht Tagen. Religion spielt für die jüd. Identität eine zentrale Rolle im Rahmen des kulturellen Selbstverständnisses. Nach Ester Rabba 6.2 (u. öfter) wird der Begriff Jude als „jechidi" (Einzigmacher) Gottes interpretiert, womit der Monotheismus als wichtiges Kennzeichen des Judentums herausgestrichen wird. Zu zentralen Glaubenselementen siehe unter →Glaube u. →Glaubensbekenntnis. Als Ausdruck der Zugehörigkeit zur Erwachsenenwelt ist die Bar Mitzwa m. 13 J. für Knaben üblich, ein Ritual, bei dem aus der Bibel gelesen u. interpretiert wird. Für Mädchen wurde im 20. Jh. eine Bat Mitzwa eingeführt. Erst in der Neuzeit wird die Unterscheidung zwischen Judentum als Religion u. Judentum als Volk virulent. Liberale Gruppierungen betonen dabei den religiösen Charakter ihrer Zugehörigkeit. Eine Diskussion, wer Jude ist u. wodurch sich Judentum definiert, wird über die Jhh. immer wieder geführt. Dabei ist Religion nur ein Aspekt. Linker u. rechter Zionismus, eine jüd. Arbeiterbewegung, säkulares Judentum jenseits von Religion spielen hist. eine wichtige Rolle, ebenso wie das Verständnis einer Schicksalsgemeinschaft. Zu vermerken ist auch, dass man unter religiös (hebräisch dati) bzw. gläubig im Judentum i. d. R. die praktische Ausübung versteht, also das Leben nach der →Tora. Eine grobe Einteilung des Judentums in Aschkenasim (Mitteleuropa), Sefardim (von der Iberischen Halbinsel stammend) u.

Mizraschim (Asien, Afrika, v. a. arabische Länder) ist gebräuchlich. In ihr spiegeln sich nicht nur herkunftsmäßige, sondern auch soziologische u. das Brauchtum u. die Liturgie betr. Unterschiede. Das religiöse Spektrum des Judentums reicht von der Ultraorthodoxie über diverse (modern-)orth. Strömungen hin zu konservativen u. Reformjudentum bis zu extrem liberalen Gruppierungen, die jeweils eigene Bildungsstätten u. Synagogen verwalten. Nur in Amerika ist auch die kleine Reconstructionist-Bewegung, die auf Mordecai Kaplan zurückgeht, aktiv. Viele Juden praktizieren nur einzelne religiöse Gebräuche, feiern etwa das Pesachfest od. zünden einen Chanukkaleuchter an. Ähnlich vielfältig ist das Bild in Bezug auf die Einhaltung religiöser Vorschriften wie etwa der Speisegebote. Versch. Gruppierungen sind auch durch unterschiedliche Gebräuche erkennbar, so in der Wahl der Kleidung, der Kopfbedeckung (in der Orthodoxie geboten), der Sprache etc.

Nach einem Ber. des Jerusalemer Jewish People Policy Institute (JPPI) lebten 2015 weltweit rund 14, 2 Mio. Juden. Vor der Schoah waren es etwa 16, 6 Mio. Die meisten leben heute in Israel (6, 1 Mio.). Darauf folgen die USA m. 5, 7 Mio., Frankreich m. 475.000, Kanada m. 385.000, Großbritannien m. 290.000 u. Russland m. 186.000; in Deutschland leben etwa 118.000. Andere Schätzungen gehen von rund 200.000 Juden in Deutschland aus. Viele Juden sind nicht in den Kultusgemeinden registriert, was eine Erhebung erschwert. In Österreich bekannten sich bei der Volkszählung der Statistik Austria 2001 8.140 Personen zum Judentum. Rund 7.000 davon leben in Wien. Die Israelitische Religionsgesellschaft geht allerdings von etwa 15.000 Juden in Österreich aus.

Wie hoch der Anteil der einzelnen religiösen Gruppierungen am Gesamtjudentum ist, lässt sich schwer genauer ermitteln. In den USA wurden 2013 unter den Synagogenmitgliedern 38 % Reformjuden, 33 % Konservative u. 22 % Orthodoxe gezählt, dazu rund 2 % Rekonstruktionisten. In Israel wurden demografisch rund 12 % aller Juden der Ultraorthodoxie zugerechnet, allerdings bez. sich nur 9 % selbst so, 44 % sehen sich als säkular, 11 % allg. als religiös. Konservative u. liberale Strömungen spielen eine viel geringere Rolle als in Amerika.

Quellen

Israelisches Zentralbüro für Statistik, Social Survey 2009: http://www.cbs.gov.il/www/skarim/social_surv/seker2009_e.pdf [Zugriff: 15.05.2019]; PEW Research Center, Survey of U.S. Jews, A Portrait of Jeweis Americans: http://www.pewforum.org/2013/10/01/chapter-1-population-estimates/ [Zugriff: 15.05.2019]; Jewish People Policy Institute: http://jppi.org.il/new/en/ [Zugriff: 15.05.2019].

Literatur

Cohen, Sh. J. D., The Beginnings of Jewishness: Boundaries, Varieties, Uncertainties, Berkeley 2001; ders., The Significance of Yavneh and Other Essays in Jewish Hellenism, Tübingen 2010 (TSAJ 136).

Gerhard Langer

© 2019, DOI: 10.30965/9783506786388_0281

Gläubige – Islamisch

→ Glaube

Glaubwürdigkeitszeugen – Katholisch

Gem. c. 1678 (vgl. c. 1364 § 1 CCEO) können in kirchl. → Ehenichtigkeitsverfahren das gerichtliche → Geständnis od. die Parteierklärungen durch G. gestützt werden u. so volle Beweiskraft (→ Beweis) erlangen. Auch bei der Würdigung von Zeugenaussagen können G. herangezogen werden: Der → Richter hat, ggf. nach Einholen von Zeugnissen, die persönlichen Verhältnisse u. die sittliche Lebensführung des → Zeugen zu beachten (c. 1572 1°; c. 1253 1° CCEO). G. sind keine Sachzeugen, die direktes Wissen bzgl. des beklagten → Ehenichtigkeitsgrundes haben, sondern indirekte Zeugen, die spezifische Kenntnisse bzgl. der Aufrichtigkeit u. Zuverlässigkeit der

→Parteien/Zeugen besitzen. Die G. sollen aufgrund persönlicher Kenntnis über Fakten, Erfahrungen u. Ä. berichten, die dem Gericht (→Gerichte, kirchliche) bei der Beurteilung der „Credibilitas" der Parteien/Zeugen helfen. Sie sind daher nach subjektiven (Charakter; Ehrlichkeit, Wahrheitsliebe) wie objektiven Komponenten (Gedächtnis, Urteilsvermögen bzgl. des Klagegrundes, religiöse Einstellung) der Glaubwürdigkeit der Parteien/Zeugen zum Zeitpunkt ihrer Aussage zu befragen. G. sind Beweisstützen, die aber zur moralischen Gewissheit des Richters führen können, sofern das gerichtliche Geständnis, die Parteierklärungen u. die erhobenen Indizien u. Beweisstützen zwar plausibel u. sachdienlich sind, aber von sich aus noch nicht ausreichen u. nicht andere Elemente hinzukommen, die sie abschwächen. Im can. 1975 war d. sog. Siebenhändereid von je sieben G. beider Parteien vorgeschrieben, wenn der Klagegrund geschlechtliches Unvermögen nicht anders bewiesen werden konnte.

Literatur

Margelist, S., Die Beweiskraft der Parteiaussagen im Ehenichtigkeitsverfahren, Rom 1997, 145 ff.; Guida, M., Il teste di credibilità: Apolinaris 76 (2003), 475-501; KanR III, 242 f.; Weiß, A., Glaubwürdigkeitszeugen im Ehenichtigkeitsprozess: DPM 19/20 (2012/2013), 431-459; Rambacher, S., Die Eheverfahren: HbkathKR³, 1696 f.; Lüdicke, K.: MKCIC c. 1679.

Ernst Frhr. von Castell

© 2019, DOI: 10.30965/9783506786388_0282

Gleichbehandlung der Religionen und Weltanschauungen

→Parität

Gleichberechtigung – Staatlich

Der Begriff bezieht sich auf die Behandlung der Geschlechter. Heute ist das Gebot der G. in Art. 3 Abs. 2 GG verankert; daneben enthält Art. 3 Abs. 3 GG das Verbot, niemanden wegen seines Geschlechts zu benachteiligen. Im Vergleich zur WRV, die die G. der Geschlechter nur für die staatsbürgerlichen Rechte vorsah, ist die Norm umfassend angelegt. Der damit verbundene notwendige Umbau der Rechtsordnung, insb. im Familien- u. Arbeitsrecht, war 1949 durchaus gesehen worden, wie die insoweit vier J. ansetzende Übergangsvorschrift des Art. 119 GG zeigt. Dieser Umbau erwies sich jedoch als ausgesprochen komplexe Aufgabe u. dauerte deswegen deutlich länger.

Zugl. wurde die rechtspolitische Entwicklung lange Zeit durch die naturrechtlich geprägte Vorstellung von unterschiedlichen Rollen von Männern u. Frauen in der Familie u. der Gesellschaft mitgeprägt. In der Judikatur wurden daher Ausnahmen vom Gebot, Männer u. Frauen gleich zu behandeln, nicht nur bei biologischen, sondern auch bei funktionalen Unterschieden zwischen den Geschlechtern zugelassen. Praktisch standen v. a. Fragen des →Familienrechts zur Entscheidung an wie die Untersagung des väterlichen Stichentscheides in der →Kindererziehung od. später die Gleichstellung im Namensrecht.

Seit den 1990er J. hat das BVerfG seine Aufmerksamkeit stärker auch dem Arbeits- u. Sozialrecht gewidmet. Grund hierfür dürfte nicht zuletzt die 1976 einsetzende Rspr. des EuGH sein, die wichtige Impulse auch für die Weiterentwicklung des →Verfassungsrechts gegeben hat. So lässt das BVerfG in seiner jüngeren Judikatur Ausnahmen vom Gleichstellungsgebot nur noch zu, wenn diese Fragen betreffen, die sich nur bei einem Geschlecht stellen (wie der Mutterschutz), od. wenn sie durch kollidierendes Verfassungsrecht gerechtfertigt sind. V. a. aber betont das Gericht seit 1992, dass sich der Gleichberechtigungsauftrag nicht nur auf die Rechtsordnung, sondern auch auf die gesellschaftliche Wirklichkeit bezieht u. insoweit über das →Diskriminierungsverbot des Art. 3 Abs. 3 GG hinausgeht. 1994 wurde dies ausdrücklich in Art. 3 Abs. 2 S. 2 GG klarstellend anerkannt. Dementsprechend ist eine Förderung von Frauen zulässig, doch geht es um Chancen-, nicht Ergebnisgleichheit. Zugl. ist m. Blick auf das Diskriminierungsverbot des Art. 3 Abs. 3 GG die Verhältnismäßigkeit zu wahren; zwischen beiden Geboten ist ein schonender Ausgleich herzustellen. Dementsprechend sind Quoten, die m. einer automatischen Bevorzugung von Frauen verbunden sind, unzulässig, eine Berücksichtigung des Umstandes, dass in bestimmten Situationen Frauen strukturell benachteiligt sind u. insoweit eine gewisse Kompensation geboten ist, hingegen durchaus möglich.

Zugl. hat das Europarecht so die Einsicht befördert, dass aus dem Gleichstellungsgebot die Pflicht des Staates folgt, einer Benachteiligung von Frauen im privaten Bereich entgegenzutreten. Insoweit setzen anderweitige Garantien des →Grundgesetzes dem staatl. Auftrag allerdings ebenfalls Grenzen. Zu nennen ist etwa die →Religionsfreiheit u. das →Selbstbestimmungsrecht der Kirchen, weswegen diese – aus der Perspektive des staatl. Rechts – Frauen benachteiligen dürfen. Wichtigstes Gesetz, dass der Verwirklichung der europa- wie verfassungsrechtlichen Zielsetzung dient, ist das →Allgemeine Gleichbehandlungsgesetz.

Schließlich geht das mittlerweile ebenfalls vom BVerfG für das Verfassungsrecht übernommene Konzept der mittelbaren Diskriminierung auf die europäische Rechtsentwicklung zurück. Während bei einer unmittelbaren Diskriminierung eine Ungleichbehandlung unmittelbar an das Geschlecht anknüpft, knüpfen bei der mittelbaren Diskriminierung die Regelungen an ein anderes Merkmal an, treffen aber faktisch klar überwiegend od. typischerweise – die Judikatur ist hier nicht eindeutig – v. a. ein Geschlecht. Musterbeispiel ist die Teilzeitarbeit. Diese wird zwar nicht allein, aber doch überwiegend von Frauen in Anspruch genommen. Weil zunächst nur faktisch ein Zusammenhang zur Gleichberechtigung besteht, wird gefragt, ob nicht sachliche Gründe eine solche dem ersten Anschein nach benachteiligende Regelung rechtfertigen können, die m. dem Geschlecht nichts zu tun haben. Dabei kommt aber nicht nur entgegenstehendes Verfassungsrecht zum Zuge. Vielmehr kann im Rahmen der Verhältnismäßigkeit jeder sachliche Grund rechtfertigend wirken. Dies ist etwa für die sozialrechtlichen Sonderregelungen für Mini-Jobs angenommen worden, weil deren Inhaber regelmäßig sozialrechtlich anderweitig abgesichert sind.

In jüngster Zeit hat sich die Perspektive noch erw. durch die Annahme des BVerfG, dass es für intersexuelle Personen jedenfalls personenstandsrechtlich einer Regelung für Personen bedürfe, die weder klar als Männer noch als Frauen anzusehen seien.

Literatur

Richter, D., Gleichberechtigung von Mann u. Frau: HGR Bd. V, §126, 943 ff.; Di Fabio, U., Die Gleichberechtigung von Mann u. Frau: AöR 122 (1997), 404-443; Classen, C. D., Wie viele Wege führen zur Gleichberechtigung von Männern u. Frauen: JZ 1996, 921-930.

Claus Dieter Classen

© 2019, DOI: 10.30965/9783506786388_0284

Gleichheit aller Gläubigen – Katholisch

1. Bevor CIC u. CCEO in einem 15 Canones umfassenden Katalog fundamentale Pflichten u. Rechte aller →Gläubigen (→Grundrechte und Grundpflichten der Christen) aufzählen (cc. 209-223; cc. 10; 12-26 CCEO) u. so das Gemeinstatut der christifideles normieren, betonen sie in c. 208 u. c. 11 CCEO die wahre G. (vera aequalitas), die sich aus der vom Vat II gelehrten Einheit des →Volkes Gottes ergibt (vgl. LG Art. 9-17 u. 32, 2: „Unus est ergo Populus Dei electus …"). Diese Einheit, die sich in der G. spiegelt, umfängt jegliche Unterscheidung innerhalb des Volkes Gottes u. geht dieser voraus. Deshalb gibt es in der Kirche Jesu Chr. keine inaequalitas aufgrund von Rasse od. Nation, sozialer Stellung od. Geschlecht (LG 32,

2), u. auch die aufgrund göttlichen Rechts in der Kirche gegebene Unterscheidung zwischen den →Geistlichen (ministri sacri) u. den übrigen Gläubigen begr. eine Verbundenheit u. enge Beziehung untereinander (LG 32, 3). M. der Lehre von der Einheit des Gottesvolkes u. der daraus resultierenden G. überwindet das Vat II die Vorstellung von der Kirche als einer societas inaequalis (can. 107), in der „die Laien mehr nur als Schutzgenossen und allein die Kleriker als Vollgenossen erscheinen" (Stutz, 1918, 83).

2. Urspr. wurde der Grundsatz von der G. innerhalb der →Lex Ecclesiae Fundamentalis (LEF) formuliert, indem eine umfangreiche Textpassage aus LG 32, 2-3 in can. 10 Schema LEF/69 u. 70 übernommen wurde, die im Unterschied zu c. 208 u. c. 11 CCEO noch den Hinweis auf die unter den Gläubigen bestehende Brüderlichkeit u. die Gleichheit bzgl. Rasse od. Nation, sozialer Stellung od. Geschlecht enthielt. M. der Aufgabe des Projekts der LEF u. der Übernahme des Gemeinstatuts in CIC u. CCEO haben c. 208 u. c. 11 CCEO zwar ihre urspr. formalrechtliche Höherrangigkeit gegenüber den übrigen Normen verloren, nicht aber ihre für den Aufbau der Kirche grundlegende materielle Bedeutung. Sie ist jedoch gegenüber der Vorgabe des Vat II in LG 32, 2 modifiziert worden.

3. Die G. ist grundgelegt im Empfang der →Taufe u. erwächst unmittelbar aus der Wiedergeburt in Chr., wird also weder zusätzlich zur Taufe verliehen noch kann sie aufgrund des →character indelebilis der Taufe verloren gehen. Alle Gläubigen erhalten also in gleicher Weise Anteil am Erlösungswerk Chr. u. diesbezüglich bestehen keine Unterschiede zwischen Frau u. Mann, →Kleriker od. →Laie; keiner ist schon aufgrund seines Standes od. seiner Rechtsstellung in der Kirche dem Heil näher als der andere.

4. Diese G. wird spezifiziert im Hinblick auf die Würde (dignitas) u. die Tätigkeit (actio) der Gläubigen. Die dignitas christiana, die in LG 32, 2 als Würde der Gliedschaft am Leib Chr., als Gnade der Kindschaft, als Berufung zur Vollkommenheit sowie als ein Heil, eine Hoffnung u. eine ungeteilte Liebe beschrieben wird, ist Grundlage u. Ausgangspunkt aller kirchl. Gemeinrechte der Gläubigen. Diese gleiche Würde u. die Geschwisterlichkeit zwischen allen Gläubigen wird auch durch spezifische Beziehungen, die sich in der Kirche aufgrund ihres hierarchischen Charakters ergeben, weder gemindert noch aufgehoben.

5. Die G. wird auch im Hinblick auf das Handeln der Gläubigen ausgesagt. Grds. gilt, dass alle christifideles aufgrund der Taufe dazu berufen sind, mitzuwirken an der universalen →Sendung der Kirche, die Chr. seiner Kirche aufgetragen hat (c. 204 §1; c. 7 §1 CCEO). Alle Gläubigen sind also aktive Subjekte in der Ausübung des →Apostolats. Folglich können nicht mehr bestimmte Gläubige ausschließlich als aktiver, austeilender od. lehrender u. andere ausschließlich als passiver, empfangender u. gehorchender Teil der Kirche bestimmt werden. Vielmehr gilt aufgrund der G. das umfassende Prinzip der cooperatio, das in c. 208 u. c. 11 CCEO verankert ist u. in dem die aequalitas in actione wirksam zum Ausdruck kommt.

6. Die G. in Würde u. Tätigkeit hat aber nicht die Gleichheit in den Aufgaben zur Folge u. hebt auch nicht die verfassungsmäßige Unterscheidung zwischen Laien u. Klerikern (c. 207 §1; cc. 323 u. 399 CCEO) auf. Vielmehr wird die G., die sich auf die Teilhabe aller Christen an der Heilssendung der Kirche aufgrund von Taufe u. →Firmung bezieht u. zum aktiven u. eigenverantwortlichen Apostolat in Kirche u. Welt im eigenen Namen berechtigt, modifiziert u. erg. durch die je spezifische →Rechtsstellung u. Aufgabe der Gläubigen, die ihnen aufgrund apost., sakramentaler u./od. kan. Sendung (→Missio canonica) zukommt, z. B. durch den Empfang der Weihe (→Weiheempfang), die zum →Hirtendienst befähigt, durch Übertragung eines KA od. durch eine Beauftragung zum Handeln im Namen der Kirche. Die Unterschiedlichkeit in Rechtsstellung u. Aufgabe hebt die G. in der cooperatio zum Aufbau des Leibes Chr. nicht auf. d. h., dass

alle unterschiedlichen Dienste, die von Gläubigen zum Aufbau des Leibes Chr. u. zur Verwirklichung der Sendung der Kirche geleistet werden, gleich wichtig u. gleich berechtigt sind u. dass jeder dieser Dienste für das Leben der Kirche unverzichtbar ist.

Quellen

Vat II, LG.

Literatur

Stutz, U., Der Geist des CIC, Stuttgart 1918; Riedel-Spangenberger, I., Sendung in der Kirche. Die Entwicklung des Begriffs „missio canonica" u. seine Bedeutung in der kirchl. Rechtssprache, Paderborn – München – Wien – Zürich 1991; KanR II, 70-90; Hallermann, H., Die Rechtsstellung nichtkatholischer Christen im Codex von 1983: Ökumene u. Kirchenrecht – Bausteine od. Stolpersteine?, hg. v. H. Hallermann, Mainz 2000, 30-48; 323-347; ders., Christifideles, laici, clerici u. religiosi als Subjekte der kirchl. Rechtsordnung. Ein Rechtsvergleich zwischen dem CIC/1983 u. dem CCEO/1990: Clarissimo Professori Doctori Carolo Giraldo Fürst. In memoriam Carl Gerold Fürst, hg. v. E. Güthoff – S. Korta – A. Weiß, Frankfurt 2013 (AIC 50), 191-219; Ahlers, R., § 17 Die rechtliche Grundstellung der Christgläubigen: HbkathKR³, 289-301; Reinhardt, H. J. F.: MKCIC Einführung vor 208.

Heribert Hallermann

© 2019, DOI: 10.30965/9783506786388_0285

Gleichheit aller Gläubigen – Evangelisch

1. Das ev. Verständnis der G. geht zurück auf M. Luthers Auseinandersetzung m. der röm.-kath. Kirche. In den großen Schr. von 1520, bes. in der sog. Adelsschrift, kritisiert Luther die ma. Überordnung eines geistl. Standes über andere, weltliche Stände: Alle Christen sind „wahrhaftig geistlichen Standes, ... allesamt gleich geistliche Priester vor Gott ... Was aus der → Taufe gekrochen ist, das mag sich rühmen, dass es schon zu Priester, Bischof und Papst geweiht sei" (WA 6, 407).

Die Metapher vom geistl. od. allgemeinen Priestertum (→ Allgemeines bzw. Gemeinsames Priestertum) entnimmt Luther der neutestamentlichen Übertragung von Ex 19, 6 – „ihr sollt mir ein Königreich von Priestern und ein heiliges Volk sein" – auf die chr. Gde. (1 Petr 2, 5.9; Offb 5, 19), die durch das eine, endgültige Selbstopfer Chr., als „Hohepriester" (Hebr 4-10), fortan keines bes. priesterlichen Dienstes mehr bedarf.

Die Rede vom Priestersein aller Christen entfaltet Luther zum Einen hinsichtlich der Gottesbeziehung: Durch Taufe u. → Glauben, durch die Rechtfertigung in Chr. können sich alle Christen direkt, o. menschliche Vermittlung an Gott wenden; u. sie sind alle gleichermaßen zum gehorsamen „Selbstopfer" im Glauben verpflichtet (WA 6, 368). – Dieses besteht, zum Anderen, in der priesterlichen Sorge für das Heil des Nächsten: durch Fürbitte, durch gegenseitige → Seelsorge, auch → Beichte, u. durch die → Verkündigung des Evangeliums. Es ist das Recht wie die Pflicht jedes Christen, im familiären, beruflichen u. gesellschaftlichen Kontext das Wort Gottes zu predigen. Hierauf bezieht sich (nach mehrheitlicher Meinung) auch die Rede von der göttlichen Einsetzung des „Predigtamtes" in CA 5. – Zum allg. Priestertum gehört schließlich das unveräußerliche Recht, die Lehre aller Anderen, insb. der Amtsträger, auf ihre Übereinstimmung m. dem Evangelium zu beurteilen.

Die geistl. Gleichheit aller Christen findet ihre Grenze in der kirchl. (nicht: in der gesellschaftlichen) Öffentlichkeit. Weil hier nicht alle zugl. predigen können, beruft die Gde. Einzelne zum öff. → Amt der Verkündigung, der Taufe u. der Spendung des Abendmahls (→ Abendmahl, Eucharistie) (CA 14). Dieses ordinationsgebundene Amt steht aber nicht im Gegenüber zum allg. Priestertum, sondern stellt nur eine bestimmte, funktionale Form des gleichen Standes aller Christen dar. Die ev.-ref. Tradition betont diese basale Gleichheit noch deutlicher, indem sie – zuerst bei

Calvin – ein vierfaches kirchl. Amt ausbildet, zu dem teilweise auch →Laien Zugang haben.

Die G. betrifft nach reformatorischer Auffassung die Gottes- u. dann auch die Nächstenbeziehung; im weltlichen Leben soll jedoch jeder in seinem Stand bleiben. Die radikalen Reformatoren, bes. die Täuferbewegung, haben das allg. Priestertum auch als politische Maxime verstanden; diese Auffassung hat in versch. ev. Reformbewegungen, v. a. im angelsächsischen Raum weitergewirkt.

2. Seit dem 17. Jh. hat das Motiv des allg. Priestertums diverse innerkirchliche Reformen inspiriert, etwa in Ph. Speners Pia desideria (1675), der v. a. die Kompetenz aller Glaubenden zur Auslegung der Bibel betont, od. bei Joh. H. Wichern, der damit seit 1844 das chr. Engagement in der Gesellschaft begr., v. a. in karitativen u. sozialen Vereinen jenseits der verfassten Kirche. Von M. Rade stammt – am Ende des Staatskirchentums, 1918 – der radikale Vorschlag, das Recht der Taufe, der Leitung des Herrenmahls u. der öff. →Predigt unterschiedslos jedem Christen zu übertragen. In anderer Weise wird die geistl. Gleichheit der Christen in der IV. Barmer These (→Barmer Theologische Erklärung) betont: „Die verschiedenen Ämter in der Kirche begründen keine Herrschaft der einen über die anderen, sondern die Ausübung des der ganzen Gemeinde anvertrauten und befohlenen Dienstes."

3. In der Gegenwart begr. die Rede vom allg. Priestertum die ev. Überzeugung, dass der chr. Glaube in der Öffentlichkeit nicht nur von kirchl. Amtsträgern, sondern m. gleicher Autorität von jeder Christin u. jedem Christen artikuliert werden kann (u. soll). Bzgl. der kirchl. Organisation resultiert aus dem allg. Priestertum, dass die Leitung – auf gemeindlicher wie auf regional- u. gesamtkirchlicher Ebene – stets durch nichtordinierte u. ordinierte Amtsträger gemeinsam ausgeübt wird, bes. in →Synoden u. in den →Kirchenämtern. Nur in genuin geistl. Fragen, bes. bei der Zulassung zu Taufe u. Abendmahl sowie in ihrer Predigt, sind die Ordinierten nicht an diese gemeinsame Leitung gebunden.

Innerkirchlich realisiert sich die G. seit dem 19. Jh. zudem in einer wachsenden Vielfalt von Berufen, Beauftragungen u. haupt- wie ehrenamtlichen Diensten. Dabei ist gelegentlich die Tendenz zu beobachten, ein (auch rechtliches) Primat der Laien in der ev. Kirche zu behaupten. Damit wird aber verkannt, dass das allg. Priestertum die Rechte (u. Pflichten) aller Christen – eben nicht nur der Laien – akzentuiert.

Quellen

Luther, M., De instituendis ministris ecclesiae, 1523: WA 12, 169-196; ders., Dass eine chr. Versammlung od. Gemeinde Recht u. Macht habe, alle Lehre zu urteilen u. Lehrer zu berufen, ein- u. abzusetzen. Grund u. Ursach aus der Schrift, 1523: WA 11, 408-416; Spener, Ph., Pia desideria, 1675; Rade, M., Das königliche Priestertum der Gläubigen u. seine Forderung an die ev. Kirche unserer Zeit, Tübingen 1918.

Literatur

Barth, H.-M., Einander Priester sein. Allg. Priestertum in ök. Perspektive, Göttingen 1990; Goertz, H., Allg. Priestertum u. ordiniertes Amt bei Luther, Marburg 1997; Goertz, H. – Härle, W., Art. Allg. Priestertum II/1. Systematisch-theol.: TRE Bd. 27, 402-410.

Jan Hermelink

© 2019, DOI: 10.30965/9783506786388_0285

Gliedkirche – Evangelisch

Die Entscheidung über die Annahme der →Reformation sowie ggf. die reformatorisch-konfessionelle Ausrichtung u. die Leitung der jeweiligen Kirche wurden spätestens m. dem AR von 1555 auf die Reichsstände übertragen. Folge dieses landesherrlichen Kirchenregiments (→Kirchenregiment, landesherrliches) war u. ist bis heute die Organisation des dt. Protestantismus in territorial begrenzte u. konfessionell weitgehend homogene

→Landeskirchen. Durch Veränderung der territorialen Abmessungen u. zahlreiche Fusionen speziell im 20. u. 21. Jh. haben sich die Anzahl u. die territoriale Ausdehnung dieser LK seit dem 16. Jh. stark verändert.

G. bez. die Mitgliedschaft u. den Status einer Partikularkirche bzw. LK in einem Zusammenschluss prot. Kirchen. So ist die →Vereinigte Evangelisch-Lutherische Kirche Deutschlands gem. Art. 1 Abs. 2 ihrer Verf. „ein Zusammenschluss von evangelisch-lutherischen Kirchen (Gliedkirchen)". G. der →Union evangelischer Kirchen in der EKD sind gem. Art. 1 Abs. 1 ihrer GrO die G. der →Evangelischen Kirche in Deutschland, „deren Leitungen bisher in der →Arnoldshainer Konferenz vertreten waren", also unierte LK. G. der EKD sind gem. Art. 21 ihrer GrO „die bestehenden Landes- und Provinzialkirchen", also die Gesamtheit der luth., ref. u. unierten LK auf dem Gebiet der BRD.

M. dem Status als G. werden die LK nicht zu Untergliederungen der gliedkirchlichen Zusammenschlüsse. Auch eine Analogie zum Verhältnis Bund/Länder od. EU/Mitgliedstaaten im staatl. Bereich ist verfehlt. Die G. bleiben in ihrer rechtlichen Selbstständigkeit u. Finanzhoheit erhalten. Eine Bindung an Entscheidungen der gliedkirchlichen Zusammenschlüsse – etwa an KG – entsteht nur im Rahmen der von den G. übertragenen Kompetenzen.

Literatur

Müller, K., Staatsgrenzen u. ev. Kirchengrenzen, Tübingen 1988; Campenhausen, O. von, Die Organisationsstruktur der ev. Kirche: HbStKR[2] Bd. 1, 383-415; Claessen, H., Grundordnung der Ev. Kirche in Deutschland. Kommentar u. Geschichte, Stuttgart 2007; Unruh, P., § 9 Grundlagen u. Grundzüge ev. Kirchenverfassung: HevKR, 361-401; Wellert, A., § 13 Kirchl. Zusammenschlüsse: HevKR, 540-570.

Peter Unruh

© 2019, DOI: 10.30965/9783506786388_0286

Gliedschaft

→Gläubige, →Kirchenzugehörigkeit

Glocken – Staatlich

Die G. aus Metall ist ein kelchförmiges Gefäß m. klingendem Rand u. stummen Scheitel u. besitzt im europäischen Kontext eine charakteristische Form. Rechtlich sind die G. als körperliche Gegenstände eine Sache i. S. § 90 BGB. Ob die G. wesentlicher Bestandteil eines →Kirchengebäudes (§ 94 Abs. 2 BGB) od. bloßes Zubehör (§ 97 BGB) ist, wird unterschiedlich beurteilt. Im weltlichen Rechtskreis erfahren die G., die öff.-rechtlich organisierten Religionsgesellschaften (Art. 140 GG/137 Abs. 5 WRV) durch einen expliziten Akt zu (öff.) Zwecken widmen, einen bes. rechtlichen Schutz. Als öff. Sache (res sacra) partizipiert die G. an einer bes. Zwecksicherungsfunktion, die sie u. a. als res extra commercium qualifiziert. Hist. hat die Widmung der G. u. die Schutzfunktion des Rechtregimes Öff. Sachenrecht sie nicht davor geschützt, dass sie von staatl. Seite zu Kriegszwecken beschlagnahmt u. ggf. auch eingeschmolzen wurden. Die nicht eingeschmolzenen G. wurden nach dem Zweiten Weltkrieg nach Möglichkeit an die urspr. →Kirchengemeinden zurückgegeben bzw. als sog. Leihglocken anderen KGde. zur Verfügung gestellt. G. können Gegenstand von →Denkmalschutz u. -pflege sein. Ungeachtet möglicher diffiziler Kooperationsaspekte zwischen staatl. Denkmalpflege u. Kirche wurde gerade in den letzten J. – nicht zuletzt durch Forschungen des Europäischen Kompetenzzentrums für G. an der Hochschule Kempten/Allgäu – das denkmalschutzgerechte Vorgehen bei Reparatur od. Restaurierung von G. verfeinert.

Literatur

Hense, A., Glockenläuten u. Uhrenschlag, Berlin 1998 (SKRA 32), 24-27, 172 f., 285-294; ders., Das Schicksal der Kirchenglocken im Ersten u. Zweiten Weltkrieg: Eine rechtshistorische Reminiszenz u. zugl. ein Beitrag zum Rechtsstatus der sog. Leihglocken als aktuelles Problem des Öff. Sachenrechts: Kirche u. Religion im sozialen Rechtsstaat (FS Rüfner), hg. v. S. Muckel, Berlin 2003, 227-296; Blumer, R.-D., Prinzipien der Denkmalpflege bei der Sanierung von Kirchenglocken: 2. Glockensymposium ECC-ProBell, hg. v. A. Rupp – M. Plitzner, Göttingen 2018 (Schriftenreihe der Hochschule Kempten 5), 21-28.

Ansgar Hense

© 2019, DOI: 10.30965/9783506786388_0288

Glocken – Katholisch

Die (einzelne) G. bzw. das Glockenensemble waren früh Gegenstand kircheneigener Rechtsregelungen. Die G. an sich werden seit jeher durch die sog. Glockenweihe als kirchl. Gegenstände in bes. Weise hervorgehoben. Die Weihe der G. erfolgte m. Chrisam, Öl u. Weihwasser u. war urspr. dem Bf. vorbehalten. Durch die Weihe wurde die G. zur gottesdienstlichen Sache u. konnte nur noch für kirchl. Zwecke genutzt werden. Im CIC/1917 fanden sich ausdrückliche Regelungen zum Glockenwesen. Grds. sollte demnach eine Kirche über G. verfügen, die die Gläubigen zum →Gottesdienst u. anderen frommen Übungen einladen sollten, o. dass hieraus eine absolute Verpflichtung zur Anschaffung resultierte (can. 1169 §1). Nach can. 1169 §2 war gem. den →liturgischen Büchern die Konsekration der G. bzw. ihre einfache Segnung vorgeschrieben. Im CIC/1983 entfielen zwar explizite Regelungen zu den Kirchenglocken. Die Materie Glockenwesen galt eher als liturgische Fragestellung u. sollte den liturgischen Büchern vorbehalten bleiben. Mittelbar ist die G. aber Regelungsgegenstand des kirchl. Vermögensrechts (→Vermögensrecht, kirchliches). Darüber hinaus ist die Glockenweihe eine liturgisch-rituelle Handlung i. S. v. c. 1166, die entweder als Dedikation (→Dedicatio) od. →Benediktion qualifiziert werden kann, je nachdem, ob sie m. einer Ölsalbung verbunden ist (c. 1169 §1). Beides ist als Widmung zur res sacra (→Heilige Sachen) zu verstehen, wodurch die G. zweckfremdem od. profanem Gebrauch kirchenrechtlich entzogen werden.

Literatur

Hense, A., Glockenläuten u. Uhrenschlag, Berlin 1998 (SKRA 32), 58-101; Gerhards, A., Klang – Ein Weg durch Räume u. Zeiten der Liturgie, Regensburg 2016, 26 f.

Ansgar Hense

© 2019, DOI: 10.30965/9783506786388_0288

Glocken – Evangelisch

G. u. ihr Geläut haben in Kirchen u. Religionen unterschiedliche Bedeutung u. finden unterschiedliche Verwendung. Sie werden von Menschen, z. B. bei Ritualen, getragen, v. a. aber finden sie sich in u. an Gebäuden, insb. Türmen (→Kirchturm). G. u. ihr Klang symbolisieren Herrschermacht, Harmonie u. Zusammenhalt, werden aber auch in apotropäischer (Schaden u. böse Mächte abwehrender) Absicht in Gebrauch genommen. Im buddhistischen Ritual ruft die G. zum Erwachen u. zur Erleuchtung. Im Hinduismus u. im Christentum signalisiert der Glockenklang einen Höhepunkt im religiösen Ritual.

→Glockengeläut strukturiert in vielen Kulturen den Tagesablauf.

Das frühe Christentum hatte aufgrund der heidnischen Verwendung von G. zunächst Vorbehalte gegen die Verwendung von G. in religiöser Bedeutung. Erst ab dem 6./7. Jh. breiten sie sich in Europa aus. Seit karolingischer Zeit werden Turmglocken in Gebrauch genommen.

Kirchenglocken befinden sich in aller Regel im Besitz u. im Eigentum von →Kirchengemeinden. Die G. sind durch die Verf. u. das staatl. Recht in bes. Weise geschützt. Sie haben Teil an den allg. Grundrechtsgewährleistungen der →Religionsfreiheit u. des Eigentumsschutzes. G. u. ihr Gebrauch fallen unter das kirchl. →Selbstbestimmungsrecht (GG Art. 140) u. die sog. Kirchengutsgarantie, welche die religiöse Funktion der kirchl. Güter schützt. G. sind res sacrae, was sie aufgrund ihrer als dauerhaft anerkannten kirchl. Widmung vor einer zwangsweisen Säkularisierung schützt.

Die KGde. als Eigentümerinnen sind für den Erhalt u. den Gebrauch der Kirchenglocken zuständig u. verantwortlich. Sie sorgen für die Belange der Sicherheit der G. u. der sie tragenden (Kirch-)türme u. erlassen für ihren Gebrauch Ordnungen (Läuteordnungen), die teilweise auf landeskirchlichen Musterordnungen od. der Ordnung der VELKD von 1956 fußen. Durch ihren liturgischen Gebrauch sind die G. in die Gesetzgebung für die →Gottesdienste u. deren Ordnungen (→Agenden) einbezogen.

In jüngster Zeit stellt sich das rechtliche u. theol.-ethische Problem von Kirchenglocken, die m. Symbolen der NS-Diktatur (Hakenkreuzen; Inschriften) gezeichnet sind. Fälle von solchen G. in ev. Kgde. sind z. B. aus Berlin (EKBO), der Ev.-luth. LK Hannovers u. der Ev. Kirche in der Pfalz bekannt. Entscheidungen über den Umgang m. solchen G. sind an das Recht des Staates u. der LK gebunden.

Literatur

Jahrbuch für Glockenkunde Bd. 1-28, Greifenstein 1989-2016; Hense, A., Glockenläuten u. Uhrenschlag, Berlin 1998; Classen, C.-D., Religionsrecht, Tübingen 2006, 118-121; Frisch, M., § 29 Bauwesen u. Denkmalpflege: HevKR, 1013 f.

Klaus Grünwaldt

© 2019, DOI: 10.30965/9783506786388_0288

Glockengeläut – Staatlich

Der Gebrauch der Kirchenglocken (→Glocken) ist im staatl. Rechtskreis Ausübung der verfassungsrechtlich verbürgten →Religionsfreiheit. Welche Arten des Glockengebrauchs religiös bzw. zu kirchl. Zwecken bestimmt sind, richtet sich nach dem Selbstverständnis der jeweiligen Kirche bzw. Religionsgesellschaft. Dies betrifft auch die ebenso fragwürdige wie jur. anerkannte Unterscheidung von liturgischem Glockenläuten u. vermeintlich profanem Zeitschlagen. Der Gebrauch der Kirchenglocken als nichtgenehmigungsbedürftige Anl. unterfällt bei einer Kollision m. dem Ruhebedürfnis der Nachbarn od. anderen Rechtsgütern dem Konfliktschlichtungsprogramm nach §§ 22 ff. BImSchG, das eine normativ-situative Zumutbarkeitsprüfung fordert. Grds. ist eine Glockenanlage so zu errichten u. zu betreiben, dass schädliche Umwelteinwirkungen (§ 3 Abs. 2 BImSchG) vermieden werden, die nach Art, Ausmaß u. Dauer geeignet sind, erhebliche Belästigungen für die Allgemeinheit od. die Nachbarschaft hervorzurufen (§ 3 Abs. 1 BImSchG). Die Zumutbarkeitmaßstäbe des BImSchG entsprechen den zivilrechtlichen Maßstäben (§ 906 BGB). Bei der Austarierung der widerstreitenden Rechtspositionen spielen technische Regelwerke eine wesentliche Rolle (z. B. TA Lärm). Grds. sind diese aber wegen der prinzipiellen Besonderheiten des Glockengebrauchs als Ausdruck der öff. Religionsausübungsfreiheit nicht schematisch anzuwenden, zumal die immissionsschutzrechtliche Bewertung des Glockengebrauchs einige technische Beurteilungsprobleme birgt. Die Rspr. zieht zur wertenden Gesamtbetrachtung der Zumutbarkeitsprüfung darüber hinaus noch zusätzliche Maßstabselemente wie Herkömmlichkeit, soziale Adäquanz u. allg. Akzeptanz heran. Für Nachbarklagen gegen den liturgischen Gebrauch von Kirchenglocken, die als öff. Sache der Religionsgesellschaft anzusehen sind, ist der Verwaltungsrechtsweg eröffnet (§ 40 Abs. 1 VwGO); für den – vermeintlich profanen – Kirchturmuhrschlag wird etwas anderes angenommen (strittig).

Literatur

Hense, A., Glockenläuten u. Uhrenschlag, Berlin 1998 (SKRA 32), 309-365; Schwerdtfeger, H., Kontroversen zum Rechtsweg bei Entscheidungen zum kirchl. Glockengeläut: ZevKR 46 (2001), 319-324; Troidl, T., Zwischen Kirchturm u. Minarett: der Lärm

Gottes – dürfen Glocken lauter läuten als Muezzine rufen können?: DVBl. 2012, 925-933.

Ansgar Hense

© 2019, DOI: 10.30965/9783506786388_0289

Glockengeläut – Katholisch

Der widmungsgemäße Gebrauch der →Glocken manifestiert sich insb. im G.; i. d. R. wird zwischen dem Läuten der Glocken u. dem Uhrenschlag differenziert. Nachdem es keine universalkirchenrechtliche Regelung im kirchl. Gesetzbuch mehr gibt, ist das Läuterecht zum einen in die →liturgischen Bücher abgewandert; zum anderen finden sich ggf. diözesane od. kirchengemeindliche Regelungen (z. B. Läuteordnungen). Grds. lassen sich nach kath. Verständnis vier liturgische Funktionen des G. differenzieren: die invitatorische (einladende), signifikative (anzeigende), adhortative (mahnende) u. die prädikative (verkündende u. preisende) Funktion. Invitatorisch ist das Glockenläuten, wenn es einen →Gottesdienst ankündigt u. die Gemeinschaft der Gläubigen einlädt. Das Läuten der Glocken ist signifaktiv, wenn es eine wichtige Lebensstation des Gläubigen (insb. bei den sog. Übergangsriten: Taufe, Erstkommunion, Firmung, Trauung, Weihe, Tod u. a.) markiert od. bestimmte Stellen des Gottesdienstes (z. B. Wandlung) nach außen hin wahrnehmbar klanglich hervorhebt. Adhortativ ist das Glockenläuten, wenn es die Gläubigen etwa im Angelusläuten zu bestimmten Tageszeiten an das persönliche Gebet erinnert. Schließlich manifestiert sich im G. auch der prädikative Charakter, weil die Glocken ein Instrument zur Verkündigung der Frohen Botschaft u. des Heilwerks Gottes an den Menschen sind. Die Funktionstypik des Glockenläutens kann bei einzelnen Arten des Glockengebrauchs Überschneidungen aufweisen. Prinzipiell kann auch dem Kirchturmuhrschlag ein sakraler Grundgehalt zugemessen werden. Die Zeitansage muss insofern nicht als vollständig profaniert gelten.

Literatur

Fuchs, G., Zum neuen Ritus der Glockenweihe: Hl. Dienst 40 (1986), 98-105; Hense, A., Glockenläuten u. Uhrenschlag, Berlin 1998 (SKRA 32), 29-57, 58-101; Koch, J. J., Verstummendes Kulturerbe?: HK 68 (2014), 411-415; Gerhards, A., Klang – Ein Weg durch Räume u. Zeiten der Liturgie, Regensburg 2016, 22-27; Hörst Du nicht die Glocken? – Ein Leitfaden, hg. v. Beratungsausschuss für das Dt. Glockenwesen, Hannover 2017.

Ansgar Hense

© 2019, DOI: 10.30965/9783506786388_0289

Glockengeläut – Evangelisch

Das Läuten der →Glocken hat in den ev. Kirchen versch. Funktionen. Diese Funktionen u. RL für die Praxis des Läutens sind in Läuteordnungen festgehalten, die die ev. →Landeskirchen u. ihre →Kirchengemeinden für ihren Geltungsbereich erlassen. Eine Muster-Läuteordnung ist die Ordnung der VELKD von 1956.

Der Schlag der Stunden weist darauf hin, dass das Leben in Gottes Hand liegt: „Meine Zeit steht in deinen Händen" (Ps 31, 16). Das Ausläuten von verstorbenen Gemeindegliedern ist weniger Information als vielmehr ein memento mori: „Herr lehre uns bedenken, dass wir sterben müssen, auf dass wir klug werden." (Ps 90, 12). Die →Agende (Ev. Gottesdienstbuch), die in manchen ev. LK als KG eingeführt ist, sieht vor, dass sich die Gde. unter G. zum →Gottesdienst versammelt. G. ist also Teil der Liturgie bzw. des Gottesdienstes. Während des Gottesdienstes läutet beim →Gebet des Herrn die Vater-Unser-Glocke: einen Schlag bei jeder Gebets-Bitte.

Tagsüber kann die Glocke (morgens, mittags u. abends) zum Gebet einladen. Der →Sonntag u. das neue J. werden eingeläutet. Hinzu kommt das Läuten zu bestimmten Fest- u. Gedenktagen u. aus Anlässen von Dank.

Für den Stundenschlag gilt aus rechtlicher Perspektive, dass die weltliche Bedeutung hinter seine liturgische u. seelsorgliche Bedeutung zurücktritt u. nach diesem Zweck beurteilt werden sollte. Es gibt allerdings auch verwaltungsgerichtliche Rspr., die den Stundenschlag gleichwohl grds. als profan beurteilt.

Literatur

Zum Lobe seines Namens – Liturgie u. Glocken, hg. v. Beratungsausschuss für das Dt. Glockenwesen, Kevelaer 2008; De Wall, H. – Muckel, S., Kirchenrecht, München [5]2017, 277-279.

Klaus Grünwaldt

© 2019, DOI: 10.30965/9783506786388_0289

Glossa ordinaria – Historisch

Als G. o. wird jener →Glossenapparat bez., der sich in der Überlieferung (Handschriften u./od. Druckausgaben) bes. Autorität erworben u. daher als Standard durchgesetzt hat. Dabei hat die G. o. in der handschriftlichen Überlieferung ältere Glossierungen (→Glossen) z. T. in der Weise verdrängt, dass der Schreiber mittels Rasur der älteren Randbemerkungen Platz für die G. o. geschaffen hat.

Als G. o. zum →Decretum Gratiani ist der um 1215 verfasste Glossenapparat des Johannes Teutonicus anerkannt. Sie hat Mitte des 13. Jh. eine aktualisierende Überarbeitung durch Bartholomäus von Brescia erfahren u. wurde in dieser Fassung schon den frühen, vor 1500 gefertigten Druckausgaben (Inkunabeln, Wiegendrucke) des Dekr. beigefügt.

Was die fünf bedeutenden Dekretalensammlungen aus der Zeit zwischen 1179 u. 1234 (sog. compilationes [comp.] antiquae) anbelangt, so stammt die G. o. zu den comp. I-III von Tankred von Bologna (1210-1220); zu der comp. IV von Johannes Teutonicus (1216/17); zu der comp. V von Jacobus de Albenga (nach 1226). Was die späteren Teile des →Corpus Iuris Canonici anbelangt, so erarbeitete Bernhard von Botone (Bernhard von Parma) bis 1266 in vier Rezensionen die G. o. zur Dekretalensammlung Gregors IX. (→liber extra), während die G. o. zum →liber sextus u. zu den Clementinen von Johannes Andreae (um 1301 bzw. 1322) verfasst wurde.

Literatur

Gillmann, F., Die Entstehungszeit der Glossa ordinara zum Gratianschen Dekret: ders., Zur Lehre der Scholastik vom Spender der Firmung u. des Weihesakraments, Paderborn 1920, 184-220 = Weigand, R., Ges. S. zur klassischen Kanonistik von Franz Gillmann, Bd. 1, Würzburg 1988 (FzK 5), Nr. 12, 184-220; Kuttner, S., Repertorium der Kanonistik (1140-1234). Prodromus corporis glossarum, Vatikanstadt 1937 (Studi e testi 71), hier 93-122; ders. – Smalley, B., The Glossa ordinaria to the Gregorian Decretals: The English Historical Review 60 (1945), 97-105; Kuttner, S., Notes on the Glossa ordinaria of Bernard of Parma: Bull. of Medieval Canon Law 11 (1981), 86-93; Weigand, R., Art. Glosse, kan.: TRE Bd. 13 (1984), 457-459; ders., Art. Glossa ordinaria 2. Kan. Recht: LMA Bd. 4, 1503f.; Rommel, M., Art. Glossa ordinaria: LKStKR Bd. 2, 163f.; Weigand, R., The Development of the Glossa ordinaria to Gratian's Decretum: The History of Medieval Canon Law in the Classical Period, 1140-1234. From Gratian to the Decretals of Pope Gregory IX., hg. v. W. Hartmann – K. Pennington, Washington 2008 (History of Medieval Canon Law 6), 55-97; Viejo-Ximénez, J. M., Art. Glosa: DGDC Vol. IV, 201-220.

Martin Rehak

© 2019, DOI: 10.30965/9783506786388_0290

Glossatoren – Historisch

Im kan. Kontext werden als G. jene Rechtsgelehrte bez., die in der Epoche der klassischen Kanonistik von ca. 1140 (Abfassung des →Decretum Gratiani) bis 1348 (Tod des Johannes Andreae) kirchenrechtliche Texte u. Slg. mittels →Glossen kommentiert haben. Da wohl alle frühen Kanonisten glossiert haben, kann der Begriff auch speziell die →Dekretisten aus der zweiten Hälfte des 12. Jh. bez. Viele G. sind unbekannt, so z. B. die Autoren der beiden ersten Glossenkompositionen zum Decr. Gratiani; andere sind namentlich bekannt bzw. ihre Glossen anhand von Siglen identifizierbar. Z. T. sind Glossen auch von späterer Hand aus den Summen namhafter Kanonisten exzerpiert worden.

Glossen zum Dekr. Gratians stammen u. a. von Paucapalea; Raymond des Arènes, genannt Cardinalis (Siglen: h., r.d.h., C., Car.); Rolandus von Bologna (Sigle: Ro); Gandulphus von Bologna (Sigle: G.); Guibert de Bornado (Sigle: g.); Rufinus von Bologna (Sigle: R.); Stephan von Tournai (Siglen: S., S.S., St., Ste.); Petrus Hispanus; Johannes Faventinus (Sigle: Jo.); Simon von Bisignano (Siglen: s., si., sy.); Bazianus (Siglen: Bar., baz., B., Ba.); Huguccio (Siglen: H., N., hu., U., uğ., ȳğ.); Bernhard von Pavia (Sigle: b.); Laurentius Hispanus (Siglen: Lau., Laur., la.). Zu weiteren G. der franz. u. anglonormannischen Schule vgl. Weigand (1989a); Viejo-Ximénez.

In der Folgezeit betätigten sich als G. bzw. – offenbar begünstigt durch die relative Kürze der späteren Slg. – als Verf. von →Glossenapparaten zu den sog. compilationes [comp.] antiquae u. den späteren Teilen des →Corpus Iuris Canonici u. a. Bernhard von Pavia (comp. I); Petrus Hispanus (comp. I); Vincentius Hispanus (comp. I-III, →liber extra); Tankred von Bologna (comp. I-III), Bernard von Botone (liber extra), Goffredus von Trani (liber extra); Guido de Baysio (→liber sextus); Jean le Moine (liber sextus); sowie Johannes Andreae (liber sextus; clementinae).

Literatur

Schulte, J. F. v., Die Glosse zum Decret Gratians von ihren Anfängen bis auf die jüngsten Ausgaben, Wien 1872; Gillmann, F., Die Abfassungszeit der Dekretglosse des Clm. 10244: AfkKR 92 (1912), 201-224 = Weigand, R., Ges. S. zur klassischen Kanonistik von Franz Gillmann, Bd. 1, Würzburg 1988 (FzK 5), Nr. 9, 5-34; ders., Des Petrus Hispanus Glosse zur Compilatio prima auf der Würzburger Universitätsbibliothek: AfkKR 102 (1922), 68-73 = Weigand, R., Ges. S. Schriften zur klassischen Kanonistik von Franz Gillmann, Bd. 2, Würzburg 1993 (FzK 5), Nr. 19, 68-73; ders., Magister Albertus Glossator der Compilatio II: AfkKR 105 (1925), 122-191 = Weigand, R., Ges. S. zur klassischen Kanonistik von Franz Gillmann, Bd. 2, Würzburg 1993 (FzK 5), Nr. 23, 3-77; ders., Johannes Galensis als Glossator, insb. der Compilatio III: AfkKR 105 (1925) 488-565 = Weigand, R., Ges. S. zur klassischen Kanonistik von Franz Gillmann, Bd. 2, Würzburg 1993 (FzK 5) Nr. 24, 17-94; Juncker, J., Summen u. Glossen. Beiträge zur Literaturgeschichte des kan. Rechts im zwölften Jahrhundert: ZRG.K 14 (1925), 384-474; ders., Die Summa des Simon von Bisignano u. seine Glossen: ZRG.K 15 (1926), 326-500; Gillmann, F., Magister Silvester als Glossator: AfkKR 106 (1926), 149-155, nebst Nachtrag: AfkKR 112 (1932), 99-110 = Weigand, R., Ges. S. zur klassischen Kanonistik von Franz Gillmann, Bd. 2, Würzburg 1993 (FzK 5), Nr. 17, 3-9 bzw. Nr. 18, 99-110; ders., Ricardus Anglicus als Glossator der Compilatio I: AfkKR 107 (1927), 575-655 = Weigand, R., Ges. S. zur klassischen Kanonistik von Franz Gillmann, Bd. 2, Würzburg 1993 (FzK 5), Nr. 20, 3-88; Kuttner, S., Repertorium der Kanonistik (1140-1234). Prodromus corporis glossarum, Vatikanstadt 1937 (Studi e testi 71); Gillmann, F., Petrus Brito u. Martinus Zamorensis. Glossatoren der Compilatio I: AfkKR 120 (1940), 60-64 = Weigand, R., Ges. S. zur klassischen Kanonistik von Franz Gillmann, Bd. 2, Würzburg 1993 (FzK 5), Nr. 22, 60-64; Kessler, P.-J., Untersuchungen über die Novellen-Gesetzgebung Papst Innocenz' IV.: ZRG.K 31 (1942), 142-320; 32 (1943), 300-383; 33 (1944), 56-128; Kuttner, S., Bernardus Compostellanus Antiquus. A study in the glossators of the canon law: Traditio 1 (1943), 277-340; ders., Johannes Teutonicus, das vierte Laterankonzil und die Compilatio quarta: Miscellaena Giovanni Mercati, hg. v. A. M. Albareda, Bd. 5, Vatikanstadt 1946 (Studi e testi 125), 608-634; Lefebvre, Ch., Recherches sur les manuscrits des glossateurs de la Compilatio I[a]: l'oeuvre de Richardus Anglicus: Congrès de Droit Canonique Médiéval, hg. v. S. Kuttner – H. Wagnon – G. Fransen, Louvain 1959, 137-148; García y García, A., Observaciones sobre los apparatus de Damaso Húngaro: Traditio 18 (1962), 469-471; Kuttner, S., Joannes Andreae and his Novella on the Decretals of Gregory IX: Jurist 24 (1964), 393-408; Weigand, R., Neue Mitteilungen aus Handschriften: Traditio 21 (1965),

480-491; Lefebvre, Ch., Les gloses à la „Compilatio prima“ et les problèmes qu'elles soulèvent: Proceedings of the Second International Congress of Medieval Canon Law, hg. v. S. Kuttner – J. J. Ryan, Vatikanstadt 1965 (Monumenta Iuris Canonici, C 1), 63-70; Nörr, K. W., Die kan. Literatur: Handbuch der Quellen u. Literatur der neueren europäischen Privatrechtsgeschichte, Bd. I, hg. v. H. Coing, München 1973, 365-382, hier 370-374; Weigand, R., Die Glossen des Cardinalis (Magister Hubald?) zum Dekret Gratians, bes. zu C.27 q.2: Bull. of Medieval Canon Law 3 (1973), 73-95; ders, Frühe Glossen zu D.12 cc.1-6 des Dekrets Gratians: Bull. of Medieval Canon Law 5 (1975), 35-51; Lefevbre, Ch., Les gloses à la „Compilatio Ia“ du Ms. Pal. Lat. 652 de la Bibliothèque Vaticane: Studia Gratiana 20 (1976), 135-156; Weigand, R., Bazianus- u. B.-Glossen zum Dekret Gratians: Studia Gratiana 20 (1976), 453-495; ders., Gandulphusglossen zum Dekret Gratians: Bull. of Medieval Canon Law 7 (1977), 15-48; Gouron, A., Le cardinal Raymond des Arènes: Cardinalis?: RDC 28 (1978), Nr. 2-4, 180-192; Weigand, R., Frühe Glossen zu D. 11 pr. – c. 6 des Dekrets Gratians: ZRG.K 64 (1978), 73-94; Landau, P., Studien zur Appendix u. den Glossen in frühen systematischen Dekretalensammlungen: Bull. of Medieval Canon Law 9 (1979), 1-21; ders., Die Glossen der Collectio Cheltenhamensis: Bull. of Medieval Canon Law 11 (1981), 9-28; Weigand, R., Paucapalea u. die frühe Kanonistik: AfkKR 150 (1981), 137-157; García y García, A., Glosas de Juan Teutónico, Vicente Hispano y Dámaso Húngaro a los Arbores Consanguinitatis et Affinitatis: ZRG.K 68 (1982), 153-185; Ochoa, J., El glosador Vincentius Hispanus y titulos comunes „de foro competenti“ canonico: Apollinaris 55 (1982), 677-736; Weigand, R., Romanisierungstendenzen im frühen kan. Recht: ZRG.K 69 (1983), 200-249; Kuttner, S., Gratian and the schools of law: 1140-1234, London 1983; Weigand, R., Art. Glosse, kan.: TRE Bd. 13, 457-459; Bertram, M., Angebliche Originale des Dekretalenapparats Innozenz' IV.: Proceedings of the Sixth Internantional Congress of Medieval Canon Law (Monumenta Iuris Canonici, C 7), hg. v. S. Kuttner – K. Pennington, Vatikanstadt 1985, 41-47; Weigand, R., W.-Glossen zum Dekret Gratians: Ministerium iustitiae (FS Heinemann), hg. v. A. Gabriels – H. J. F. Reinhardt, Essen 1985, 151-159; ders., Studien zum kan. Werk Stephans von Tournai: ZRG.K 72 (1986), 349-361; ders., Die Glossen des Cardinalis – Raimundus de (H)arenis – zu C. 16: Recht im Dienste des Menschen (FS Schwendenwein), hg. v. K. Lüdicke – H. Paarhammer – D. A. Binder, Graz 1986, 267-283; ders., Glossen des Magister Rolandus zum Dekret Gratians: Miscellanea Rolando Bandinelli Papa Alessandro III, hg. v. F. Liotta, Siena 1986, 389-423; ders., Art. Dekretisten, Dekretistik: LMA Bd. 3, 661-664; van de Wouw, H., Art. Dekretalisten, Dekretalistik: LMA Bd. 3, 658-661; Höhl, N., Die Glossen des Johannes Faventinus zur Pars I des Decretum Gratiani. Eine literargeschichtliche Untersuchung, Würzburg (Diss.) 1987; Johannessen, R. M., Cardinal Jean Lemoine and the authorship of the glosses to Unam sanctam: Bull. of Medieval Canon Law 18 (1988), 33-41; Weigand, R., Die Glossen des Johannes Faventinus zur Causa 1 des Dekrets u. ihr Vorkommen in späteren Glossenapparaten: AfkKR 157 (1988), 73-107; Kann, B., Die Rufinglossen zu den Causae 27-30 des Decretum Gratiani: Ius et historia (FS Weigand), hg. v. N. Höhl, Würzburg 1989, 121-142; Weigand, R., Art. Glossatoren. 2. Kan. Recht: LMA Bd. 4, 1506 f.; ders., Art. Glossen. 2. Kan. Recht: LMA Bd. 4, 1507 f.; ders., Die Dekret-Abbreviatio Omnebenes u. ihre Glossen: Recht als Heilsdienst (FS Kaiser), hg. v. W. Schulz, Paderborn 1989, 271-287; ders., Frühe Kanonisten u. ihre Karriere in der Kirche: ZRG.K 76 (1990), 135-155; ders., Die Dekretabbreviatio „Quoniam egestas“ u. ihre Glossen: Fides et Ius (FS May), hg. v. W. Aymans – A. Egler – J. Listl, Regensburg 1991, 249-265; ders., Die Glossen zum Dekret Gratians: Studien zu den frühen Glossen u. Glossenkompositionen: Studia Gratiana 25-26 (1991); ders., Die Glossen des Simon von Bisignano: AfkKR 161 (1992), 362-395; ders., Die ersten Jahrzehnte der Schule von Bologna: Wechselwirkungen von Summen u. Glossen: Proceedings of the Ninth Internantional Congress of Medieval Canon Law, hg. v. P. Landau – J. Müller, Vatikanstadt 1997 (Monumenta Iuris Canonici, C 10), 445-465; ders., Bazianus u. sein Werk: Iuri canonico promovendo (FS Schmitz), hg. v. W. Aymans – K.-Th. Geringer, Regensburg 1994, 709-727; ders., Die Dekretalenabbreviation „Exceptiones Ecclesiasticarum Regularm“ u. ihre Glossen: Cristianità ed Europa. Miscellanea di studi in onore di Luigi Prosdocimi, Bd.

1/2, hg. v. C. Alzati, Rom – Freiburg – Wien 1994, 511-529; ders., Die Glossen des Johannes Faventinus zum Wahl- u. Weiherecht u. ihre Rezeption in den westlichen Schulen: AfkKR 164 (1995), 54-75; Weigand, R., Glossatoren des Dekrets Gratians, Goldbach 1997; Clarke, P. D., The Collection of Gilbertus and the French Glosses in Brussels, Bibliothèque royale, MS 1407-09, and an Early Recension of Compilatio secunda: ZRG.K 117 (2000), 132-184; Rommel, M., Art. Glossatoren: LKStKR Bd. 2, 164; Weigand, R., Art. Glosse: LKR, 369-371; Landau, P., Magister Silvester, die Collectio Estensis u. die Compilatio secunda. Eine Studie zu den Dekretalensammlungen am Anfang des 13. Jahrhunderts: ZRG.K 93 (2007), 154-181; ders., Die Phi.-Glossen der „Collectio Cassellana": Medieval Church law and the origins of the Western legal tradition. A Tribute to Kenneth Pennington, hg. v. W. P. Müller – M. E. Sommar, Washington 2008, 159-169; ders., The Development of the Glossa ordinaria to Gratian's Decretum: The History of Medieval Canon Law in the Classical Period, 1140-1234. From Gratian to the Decretals of Pope Gregory IX., hg. v. W. Hartmann – K. Pennington, Washington 2008 (History of Medieval Canon Law 6), 55-97; Larrainzar, C., La glosa tradicional a la Bula „Rex Pacificus" de 1234: REDC 169 (2010), 549-579; Viejo-Ximénez, J. M., Art. Glosa: DGDC Vol. IV, 201-220.

Martin Rehak

© 2019, DOI: 10.30965/9783506786388_0291

Glossen – Historisch

Seit der Spätantike wird das erklärende Wort (Lemma) u. sein Interpretament auch zusammen als G. bez. Die volkssprachigen G. des dt. Sprachraumes – in über 1250 Handschriften (u. einer Inkunabel) werden rund 250000 Einzelwortbelege tradiert – markieren den Beginn deutschsprachiger Schriftlichkeit u. sind wichtige Zeugnisse einer volkssprachigen Rezeption (spät)antiker, frühchristlicher Traditionen auf der Folie missionarischer u. bildungspolitischer Intentionen der Karolingerzeit. Aus Textglossierungen werden früh glossae collectae, textfolgenbezogene sowie alphabetische (nach lat. Stichworten) geordnete Glossare erarbeitet, das älteste Zeugnis ist der nach dem ersten lat. Stichwort benannte Abrogans, entstanden in der Domschule von Freising im Umkreis Bischof Arbeos (764-783).

Wichtigen Einblick in den Rechtsalltag des MA vermitteln die G. zu den frühmittelalterlichen Volksrechten. „Wirkmächtigste Rechtsschöpfung" (Schlosser, 2017, 17) ist die zwischen 507 u. 511 entstandene Lex Salica m. den malbergischen G. (in mallobergo – auf dem Gerichtshügel). Diese Einschübe dienten als Übersetzungshilfe, sollten Sinnbezüge zwischen Begriffen der fränkischen Gerichtssprache u. dem lat. Text herstellen.

Zu Beginn der Wiedergeburt der europäischen Rechtswissenschaft im 12. Jh. erfolgte die jur. Auseinandersetzung m. den normativen Texten des →römischen Rechts u. →kanonischen Rechts mittels G. Es handelt sich um Erl. zum Rechtstext, die man entweder zwischen die Zeilen (interlinear) od. an den Rand (marginal) schrieb. In der Frühzeit stehen primär Hinweise auf Parallel- bzw. Konträrstellen im Vordergrund (Allegationen), die in der Folgezeit durch Lösungsvorschläge scheinbar widersprechender Normtexte (solutiones contrariorum) erg. werden, gelegentlich wird aus der glossierten Stelle eine Rechtsregel (argumentum) entwickelt. Aus den Glossierungen entwickelten sich später z. T. eigenständige Literaturgattungen z. B. die Brocarda, in denen entgegengesetzte Argumente zusammengestellt wurden. Eine bes. Form der G. sind die Quaestionen, die schon früh zu eigenen Slg. zusammengefasst wurden. Die Überlieferung der G. präsentiert sich in den Manuskripten inhomogen. Finden sich in manchen Manuskripten nur Allegationen, werden in anderen Manuskripten Worterklärungen etc. zu Glossenkompositionen gebündelt. Dabei umfasst der →Glossenapparat in der Frühzeit des gelehrten Rechts auch die „sich verändernde Glossierung im Archetyp" (Dolezalek, 1985,

41) i. S. eines texte vivant. Die Entstehungsgeschichte der legistischen u. kan. → Glossae ordinariae verdeutlichen das Phänomen eines sich fortschreibenden Textes, dessen Abschlusszeitpunkt nur mühsam zu bestimmen ist. Die Tradierung der G. erfolgte einerseits durch berufsmäßige Schreiber, aber auch durch Notat während des Unterrichts, d. h. die Glossenkomposition korreliert zur Unterrichtsmethode. Die wiss. Aufarbeitung des überwiegend ungedruckten Materials (Glossenmassen, Glossenschichten etc.) ist nur mittels Einsatz von EDV sinnvoll möglich. Für den legistischen Bereich, der Tradition des → Corpus Iuris Civilis, ist das von G. Dolezalek u. H. van de Wouw 1972 publizierte Verz. der Handschriften zum röm. Recht bis 1600 grundlegend, für den kan. Bereich ist auf die wirkmächtigen Arbeiten von R. Weigand zu den G. des → Decretum Gratiani zu verweisen. So finden sich bereits in den frühen Dekretmanuskripten G. Die → Dekretisten verfassten G. (→ Glossatoren), die teilweise in ihre Dekretsummen eingingen. So integrierte etwa Rufinus seine Solutionsglossen in seine Dekretsumme. Stephan von Tournai setzte sich nach Abfassung seiner Summa (1166/69) in Form von G. m. aktuellen Neuentwicklungen auseinander. Ab etwa 1160 wurden die G. der einzelnen Autoren konsequent m. einer Namenssigle gekennzeichnet, den Anfang markieren die G. des C (Cardinalis). Um ca. 1180 erfolgte unter Mitwirkung Huguccios eine Standardisierung m. dem Apparat Ordinaturus Magister. Auch zu den Dekretalensammlungen wurden G. verfasst, die bald durch zusammenhängende Apparate abgelöst wurden. Markiert die jeweilige Glossa ordinaria als Standardglosse, die den Manuskripten u. Druckausgaben der Rechtsquellen bis zum Anfang des 17. Jh. regelmäßig beigefügt wurde, einen gewissen Endpunkt des Glossierens, so wurden aber auch danach G. einzelner Lehrer eingetragen od. aus anderen Werken exzerpiert (z. B. im 14. Jh. aus dem weitverbreiteten Rosarium des Guido de Baysio).

Literatur

van de Wouw, H. – Dolezalek, G., Verzeichnis der Handschriften zum röm. Recht bis 1600, Frankfurt 1972; Dolezalek, G. – Weigand, R., Das Geheimnis der roten Zeichen. Ein Beitrag zur Paläographie jur. Handschriften des 12. Jh.: ZRG.K 69 (1983), 143-199; Dolezalek G., Repertorien zur Frühzeit der gelehrten Rechte, 2 Bde., Frankfurt 1985; Weigand, R., Die Glossen zum Dekret Gratians, 2 Bde., Rom 1996; ders., Glossen (kirchenrechtlich): LThK³ Bd. 4, 754; ders., Glossatoren des Dekrets Gratians, Goldbach 1997; Radding, Ch. – Ciarelli, A., The Corpus Iuris Civilis in the Middle Ages: Manuscripts and Transmission from the Sixth Century to the Juristic Revival, Leiden 2007; Jur. Buchproduktion im Mittelalter, hg. v. V. Colli, Frankfurt 2007; Bergmann, R. – Stricker, S., Die althochdeutsche u. altsächsische Glossographie, Berlin 2009; Meineke, B., Glossen: HRG² Bd. 2, 412-415; Bertram, M., Kanonisten u. ihre Texte (1234 bis Mitte 14. Jh.), Leiden 2013; Schlosser, H., Neuere Europäische Rechtsgeschichte, München ³2017, Kap 4.

Herbert Kalb

© 2019, DOI: 10.30965/9783506786388_0292

Glossenapparate – Historisch

Als G. bez. man die gesamte Glossierung einer Rechtssammlung, insofern sie in der handschriftlichen bzw. gedr. Überlieferung als eine aus der jeweiligen Vorlage von Anfang an feststehende Erg. dem Quellentext beigesetzt wurde. G. verdanken sich somit teils der Standardisierung von Einzelglossen im Zuge eines Prozesses der Benutzung u. Überlieferung, bei dem sich der G. aus zunächst noch variablen Glossenkompositionen herauskristallisiert; teils der Glossierung eines Werkes durch einen individuellen → Glossator. Das Aufkommen von G. hat dazu geführt, dass die Autorenschaft der einzelnen → Glosse nicht mehr durch Siglen gekennzeichnet wurde. Einzelne G. werden anhand ihrer Anfangsworte (Incipit) identifiziert, andere durch Nennung des Verf. in den Handschriften selbst (z. B. „Incipit apparatus N.", „Explicit apparatus N."). Der

G., der sich in der Überlieferung als Standard durchgesetzt hat, wird als →Glossa ordinaria bez.

Als ältester G. zum →Decretum Gratiani gilt die Komposition Ordinaturus magister, die wohl um 1180 unter dem Einfluss Bernhards von Pavia u. Huguccios in Bologna red. wurde u. von der zwei Rezensionen überliefert bzw. rekonstruierbar sind. Laurentius Hispanus gilt als Verf. der Glossa palatina (um 1210-1218). In der franz. Schule entstanden zum Decr. Gratiani die G. Ecce vicit Leo (um 1200-1215; in zwei Rezensionen überliefert) u. Animal est substantia (um 1206-1216; in der Summa Bambergensis als Apparatsumme o. Quellentext überliefert).

Einzelglossen zu den versch. späteren Dekretalensammlungen wurden rasch durch G. abgelöst.

Literatur

Gillmann, F., Der Codex Halensis Ye 52, Glossenbruchstück zur Compilatio I: AfkKR 108 (1928), 482-536 = Weigand, R., Ges. S. zur klassischen Kanonistik von Franz Gillmann, Bd. 2, Würzburg 1993 (FzK 5), Nr. 21, 3-57; Kuttner, S., Repertorium der Kanonistik (1140-1234). Prodromus corporis glossarum, Vatikanstadt 1937 (Studi e testi 71), 59-122 u. 322-385; Gillmann, F., Des Johannes Galensis Apparat zur Compilatio III in der Universitätsbibliothek zu Erlangen: AfkKR 118 (1938), 174-222 = Ges. S. zur klassischen Kanonistik von Franz Gillmann, Bd. 2, Würzburg 1993 (FzK 5), Nr. 25, 3-57; ders., Des Laurentius Hispanus Apparat zur Compilatio III auf der Staatl. Bibliothek zu Bamberg, Mainz 1935 = Ges. S. zur klassischen Kanonistik von Franz Gillmann, Bd. 3, Würzburg 1993 (FzK 5), Nr. 29, 1-144; ders., Bruchstücke des Laurentius Hispanus Apparats zur Comp. III in der Landesbibliothek zu Kassel: AfkKR 117 (1937), 436-452 = Ges. S. zur klassischen Kanonistik von Franz Gillmann, Bd. 3, Würzburg 1993 (FzK 5), Nr. 30, 37-54; Post, G., The Authorship of the Glosses to the Compilatio III in MS lat. 15398, fol. 106-202: AfkKR 117 (1937), 418-429; Gillmann, F., Des Johannes Galensis Apparat zur Compilatio III in der Universitätsbibliothek Erlangen: AfkKR 118 (1938) 174-222; revidiert erneut in: Ges. S. zur klassischen Kanonistik von Franz Gillmann, Bd. 2, Würzburg 1993 (FzK 5), Nr. 25, 3-53; Post, G., Additional Glosses of Johannes Galensis and Silvester Hispanus in the Early Tancred or so-called Laurentius Apparatus to Compilatio III: AfkKR 119 (1939), 365-375; Gillmann, F., Tankreds od. Laurentius Hispanus' früherer Apparatus zur Compilatio III in der Staatl. Bibliothek zu Bamberg?: AfkKR 120 (1940), 201-224 = Ges. S. zur klassischen Kanonistik von Franz Gillmann, Bd. 3, Würzburg 1993 (FzK 5), Nr. 31, 201-224; Post, G., The So-called Laurentius Apparatus to the Decretals of Innocent III: The Jurist 2 (1942), 5-31; Van Hove, A., Prolegomena, Mecheln – Rom ²1945, 426-432, 443-447, 473-476; Gillmann, F. (hg. v. E. Rösser), Der Prager Codex XVII A 12 (früher I B I) u. der Dekretapparat des Laurentius Hispanus: AfkKR 126 (1953-54) 3-43; erneut in: Ges. S. zur klassischen Kanonistik von Franz Gillmann, Bd. 1, Würzburg 1988 (FzK 5), Nr. 15, 3-43; Stickler, A. M., Alanus Anglicus als Verteidiger des monarchischen Papsttums: Salesianum 21 (1959), 346-406; Zacour, N. P., Stephanus Hugoneti and his „Apparatus" on the Clementines: Traditio 17 (1961), 527-530; Nörr, K. W., Der Apparat des Laurentius zur Compilatio III: Traditio 17 (1961), 542 f.; Kejř, J., La genèse de l'apparat „Ordinaturus" au Décret de Gratien: Proceedings of the Second International Congress of Medieval Canon Law, hg. v. S. Kuttner – J. J. Ryan, Vatikanstadt 1965 (Monumenta Iuris Canonici, C 1), 45-53; Stickler, A. M., Il decretista Laurentius Hispanus: Studia Gratiana 9 (1966), 461-549; ders, Die „Glossa Duacensis" zum Dekret Gratians (Cod. Ms. 592 der Bibl municipale Douai): Speculum iuris et ecclesiarum (FS Plöchl), hg. v. H. Lentze – I. Gampl, Wien 1967, 385-392; ders., Zur Entstehungsgeschichte u. Verbreitung des Dekretapparats „Ordinaturus Magister Gratianus": Studia Gratiana 12 (1967), 111-141; Kejř, J., Apparat au Décret de Gratien „Ordinaturus". Source de la „Summa decretorum" de Huguccio: Studia Gratiana 12 (1967), 143-164; Stickler, A. M., Die Zweigliedrigkeit der Kirchengewalt bei Laurentius Hispanus: Ius Sacrum (FS Mörsdorf), hg. v. G. May, München 1969, 181-206; Weigand, R., Neue Mitteilungen aus Handschriften: Traditio 21 (1965), 480-491; ders., Glossenapparat zur Compilatio Prima aus der Schule des Petrus Brito in St. Omer 107: Traditio 26 (1970), 449-457; ders., Welcher Glossenapparat zum Dekret ist der erste?: AfkKR 139 (1970), 459-481; ders., Der erste Glossenapparat zum Dekret: „Ordinaturus Magister“: Bull. of Medieval Canon Law 1 (1971), 31-41; Maffei, D., Alberico di Metz e il suo Apparato sulle Clementine: Bull. of Medieval Canon Law 1 (1971), 43-56; Stickler, A. M., Ergänzungen zur Traditionsgeschichte der Dekretistik: Bull. of Medieval Canon Law 1 (1971), 73-79; Bertram, M., Der Dekretalenapparat des Goffredus Tranensis: Bull. of Medieval Canon Law 1 (1971), 79-83; Pennington, K., A Study of Johannes Teutonicus's theories of Church government and of the relationship between Church and State, with an edition of his apparatus to Compilatio tertia, Ann Arbor 1972, Bd. 2 (Edition); ders., The Manuscripts of Johannes Teutonicus's Apparatus to Compilatio tertia. Considerations on the Stemma: Bull. of Medieval Canon Law 4 (1974), 17-31; Dolezalek, G., Another Fragment of the Apparatus „Militant siquidem patroni“: Bull. of Medieval Canon Law 5 (1975), 130-132; Weigand, R., Zur Handschriftenliste des Glossenapparats „Ordinaturus Magister“: Bull. of Medieval Canon Law 8 (1978), 41-47; Cantelar Rodríguez, F., El apparatus de Bernardo Raimundo al Libro Sexto de Bonifacio VIII: Proceedings of the Fifth International Congress of Medieval Canon Law, hg. v. S. Kuttner – K. Pennington, Vatikanstadt 1980, 213-258; Weimar, P., Art. Apparatus glossarum: LMA Bd. 1, 802 f.; Pennington, K., Johannis Teutonici Apparatus glossarum in Compilationem tertiam, Bd. 1, Vatikanstadt 1981 (Monumenta Iuris Canonici, A 3) (Teiledition); García y García, A., Constitutiones Concilii quarti Lateranensis una cum Commentariis glossatorum, Vatikanstadt 1981, hier 175-458 (Monumenta Iuris Canonici, A 2) (Editionen); Dolezalek, G. – Weigand, R., Das Geheimnis der roten Zeichen: ZRG.K 69 (1983), 143-199; Kejř, J., Der Apparat zu den Klementinen von Bernardus Maynardi: Bull. of Medieval Canon Law 13 (1983), 49-56; Izbicki, T. M., Guido de Baysio's unedited gloss on „Clericis laicos“: Bull. of Medieval Canon Law 13 (1983), 62-64; Lenherr, T., Der Einschub in die Huguccio-Handschrift der Kapitelsbibliothek von Verona: AfkKR 153 (1984), 56-76; Weigand, R., Art. Glosse, kan.: TRE Bd. 13 (1984), 457-459; ders., Huguccio u. der Glossenapparat Ordinaturus Magister: AfkKR 154 (1985), 490-520; ders., Frühe Glossenkompositionen zum Dekret Gratians u. der Apparat „Ordinaturus Magister“: Proceedings of the Sixth Internantional Congress of Medieval Canon Law, hg. v. S. Kuttner – K. Pennington, Vatikanstadt 1985 (Monumenta Iuris Canonici, C 7), 29-39; ders., Die Glossen des Johannes Faventinus zur Causa 1 des Dekrets u. ihr Vorkommen in späteren Glossenapparaten: AfkKR 157 (1988), 73-107; ders., Paleae u. andere Zusätze in Dekrethandschriften mit dem Glossenapparat „Ordinaturus Magister“: AfkKR 159 (1990), 448-463; McManus, B. J., The Ecclesiology of Laurentius Hispanus and his Contribution to the Romanization of Canon Law Jurisprudence, with an Edition of the „Apparatus glossarum Laurentii Hispanii in Compilationem tertiam“, Syracuse University 1991; Weigand, R., Die Glossen zum Dekret Gratians: Studien zu den frühen Glossen u. Glossenkompositionen: Studia Gratiana 25-26 (1991); ders., Hat Johannes Teutonicus seinen Glossenapparat zum Dekret Gratians in mehreren Fassungen publiziert?: Vom mittelalterlichen Recht zur neuzeitlichen Rechtswissenschaft. Bedingungen, Wege u. Probleme der europäischen Rechtsgeschichte, hg. v. N. Brieskorn – P. Mikat – D. Müller – D. Willoweit, Paderborn u. a. 1994 (Rechts- u. staatswissenschaftliche Veröff. der Görres-Gesellschaft NF 72), 147-166; Rommel, M., Art. Glossenapparate: LKStKR Bd. 2, 165 f.; Weigand, R., The Development of the Glossa ordinaria to Gratian's Decretum: The History of Medieval Canon Law in the Classical Period, 1140-1234. From Gratian to the Decretals of Pope Gregory IX., hg. v. W. Hartmann – K. Pennington, Washington 2008 (History of Medieval Canon Law 6), 55-97; Lefebvre-Teillard, A., Petrus Brito, auteur de l'apparat Ecce vicit Leo?: Tijdschrift voor Rechtsgeschiedenis / Revue d'histoire du droit / The legal history review 77 (2009), 1-21; Coppens, E. C., L'auteur d'Animal est substantia. Une hypothèse: Mélanges en l'honneur d'Anne Lefebvre-Teillard, hg. v. B. d'Alteroche u. a., Paris 2009, 289-298; Viejo-Ximénez, J. M., Art. Glosa: DGDC Vol. IV, 201-220.

Martin Rehak

© 2019, DOI: 10.30965/9783506786388_0293

Gnadauer Gemeinschafts-Verband – Evangelisch

1. Name: Der G. (seit 1991: Ev. G.) wird nach dem Ort Gnadau bei Magdeburg benannt, an dem 1888 die erste Pfingstkonferenz der sich später in diesem Dachverband zusammenschließenden Gemeinschaftsbewegungen stattfand.

2. Entstehung u. Wurzeln: Unter der Gemeinschaftsbewegung versteht man die gegen Ende des 19. Jh. gebildeten Zusammenschlüsse von ev. Laien u. Theologen, die als Erben des Pietismus u. der Erweckungsbewegung innerhalb der Ev. LK ein intensives Gebets- u. Gemeinschafsleben förderten (→ Bewegung, kirchliche).

Die Wurzeln liegen a) in der → Reformation m. ihrem vierfachen Allein: „allein Christus, allein die Schrift, allein aus Gnade, allein durch Glauben“ sowie Luthers „dritter Weise“ des Gottesdienstes (Vorrede zur Dt. Messe 1526: WA 19, 75); b) im älteren Pietismus, der eben diese Empfehlung Luthers aufgegriffen u. Hauskreise (sog. Konventikel) gebildet hatte; c) in den Erweckungsbewegungen vom Anfang des 19 Jh., deren „kirchensoziologisches Hauptmerkmal“ darin bestand, „zu einer weitgehend innerkirchlichen Erweckung, also zu einer Erneuerung von Gemeinden innerhalb der bestehenden kirchlichen und gemeindlichen Strukturen“ geführt zu haben (Cochlovius); d) in der angelsächsischen Heiligungsbewegung der 2. Hälfte des 19. Jh.; e) in der Evangelisationsbewegung (Einfluss von D. L. Moody [1837-1899] auf F. Schlümbach [1842-1901] u. E. Schrenk [1831-1930]; Dt. Zeltmission, gegr. 1902 von J. Vetter [1872-1918] u. bis heute wirkend).

Die Beobachtung der Entkirchlichung der Massen u. der wachsenden sozialen Spannungen im Gefolge der industriellen Revolution verstärkte den Eindruck, in der Endzeit vor Christi Wiederkunft zu leben. Solche Zeichen der Zeit wurden heilsgeschichtlich gedeutet u. ließen die Slg. der Gläubigen m. der Bitte um die endzeitliche Geistausgießung (vgl. Joel 3), der Bemühung um Heiligung des eigenen Lebens u. dem Verlangen, das Evangelium im eigenen Land u. in aller Welt zu verkündigen (Innere Mission, Weltmission), dringlich erscheinen.

Regionale Verbindungen gab es in den Kernlanden des alten Pietismus, also in Württemberg, am Oberrhein, im Siegerland, in Wuppertal, am Niederrhein, aber auch in Hamburg (Wicherns Rauhes Haus), Berlin, Ostpreußen, Schlesien, Pommern u. anderswo. Als Vorläufer eines übergreifenden Zusammenschlusses wurde bereits 1883 in Bonn das Johanneum als Schule für Evangelisten u. Gemeinschaftspfleger gegr. (seit 1886 u. bis heute in Wuppertal).

Durch die erste überregionale Pfingstkonferenz in Gnadau 1888 fand die Gemeinschaftsbewegung ihre „organisatorische Sammlung“ (Ohlemacher, 1986). Die Gründung des Dachverbandes erfolgte 1897, nachdem das neue Vereinsrecht in Preußen den Zusammenschluss formal möglich gemacht hatte. Den eigentlichen Anstoß dazu hatten Th. Christlieb (1833-1889), E. Graf Pückler (1853-1924), J. v. Oertzen (1833-1893), A. Graf Bernstorff (1844-1907) u. E. Schrenk (1831-1913), der erste große dt. Evangelist, gegeben.

3. Wirken u. Anliegen: Manchen schon damals spürbaren freikirchlichen Tendenzen stand die Parole entgegen: „In der Kirche, wenn möglich mit der Kirche, aber nicht unter der Kirche“, die Th. Christlieb zugeschrieben wird u. die Arbeit des G. als innerkirchlich definiert. So entstand ein freies missionarisches Werk in den LK, rechtlich als ein e. V. konstituiert, das heute 38 Regionalverbände m. → Landeskirchlichen Gemeinschaften, Stadtmissionen usw. vor Ort, zehn Bibelschulen, acht Missionsgesellschaften u. 16 Diakonissen-Mutterhäuser umfasst. Dazu ist fernerhin der Dt. Jugendverband EC zu zählen, das Blaue Kreuz, die Dt. Zeltmission, der Ev. Sängerbund u. a. mehr.

Überregional sammeln die Pfingstkonferenzen die Bewegung, anfangs alle zwei J., seit 1906 bis heute jährlich, m. der Absicht, die Gemeinschaft zu stärken u. Lehrfragen auf dem Niveau der Laien zu klären. Dazu traten nach dem Zweiten Weltkrieg dezentrale Herbstkonferenzen. Auf Ortsebene dient die Stunde neben den landeskirchlichen Gottesdiensten der Zurüstung ihrer Teilnehmer durch Bibelarbeit u. Gebetsgemeinschaft.

Das Anliegen lässt sich m. folgenden acht Punkten umreißen: 1. der Ruf zur Bekehrung; 2. die Lehre von der Wiedergeburt als dem Wirken allein des Hl. Geistes; 3. die Gemeinschaft der Glaubenden durch das gemeinsame Hören auf die →Heilige Schrift u. den Dienst der Liebe; 4. die Pflege des gemeinsamen →Gebets; 5. der Ruf zur Heiligung als Konkretion der Nachfolge Chr.; 6. die Beteiligung der Laien an der Wortverkündigung (Priestertum aller Gläubigen) (→Allgemeines bzw. Gemeinsames Priesertum); 7. die Anerkennung der Hl. Schrift als alleinigem u. verbindlichem Maßstab für Glaube u. Leben; 8. der Standort innerhalb der LK (nach Morgner).

4. Entwicklung im 20. Jh.: Die erste Zerreißprobe erstand durch die aufkommende Pfingstbewegung, die einerseits eine Antwort auf die Bitte um Geistausgießung zu sein schien, andererseits zu manchen enthusiastischen Entgleisungen führte u. v. a. durch ihre Neigung zu einem Zwei- od. Mehr-Stufen-Heilsweg auch theol. problematisch erschien. Unter Führung des damaligen Vorsitzenden des G., Pastor W. Michaelis (1866-1953), wurde 1909 m. der Berliner Erkl. die schmerzliche, aber notwendig erscheinende Trennung vollzogen. 1933/34 setzte Michaelis den Beschl. durch, dass Mitgliedschaft im G. u. bei den ns. Dt. Christen unvereinbar ist. Dadurch ergaben sich neue Trennungen, aber der G. als ganzer wurde auf klarem Kurs in die Nähe der →Bekennenden Kirche geführt.

Nach dem Krieg zwang die Teilung Deutschlands auch dem G. eine Trennung auf, die 1991 rückgängig gemacht werden konnte.

Mittlerweile hat der G. m. fast allen LK Vereinbarungen über die Möglichkeit eigener →Amtshandlungen (Sakramentenspendung) getroffen, die ein eigenständiges, aber nicht losgelöstes Arbeiten innerhalb der Kirchen ermöglichen. Die wachsende Kritik an der Universitätstheologie, der zunehmenden Politisierung der →Verkündigung u. dem Pluralismus in zentralen ethischen Fragen (Reizworte: Gender, Ehe für alle) in den LK hat jüngst die freikirchliche Frage wieder neu aufbrechen lassen u. zu intensiven Diskussionen um den Kurs des G. geführt. Nach der anderen Seite hin nimmt auch die Auseinandersetzung m. den fundamentalistischen Vertretern der evangelikalen Bewegung zu.

Quellen

Ohlemacher, J., Die Gemeinschaftsbewegung in Deutschland. Quellen zu ihrer Geschichte 1887-1914, Göttingen 1977.

Literatur

Heimbucher, K., Ev. Gemeindelexikon, hg. v. E. Geldbach – H. Burkhardt – K. Heimbucher, Wuppertal 1978, 212, 214-227; Lange, D., Eine Bewegung bricht sich Bahn. Die dt. Gemeinschaftsbewegungen im ausgehenden 19. u. beginnenden 20. Jh. u. ihre Stellung zur Kirche, Theol. u. Pfingstbewegung, Gießen 1979; Ohlemacher, J., Das Reich Gottes in Deutschland bauen. Ein Beitrag zur Vorgeschichte u. Theologie der Dt. Gemeinschaftsbewegung, Göttingen 1986 (Arbeiten zur Geschichte des Pietismus 23); ders., Gemeinschaftsbewegung: EKL^3 Bd. 2, 77-81; Cochlovius, J., Gemeinschafsbewegung: TRE Bd. 12, 355-368 (Lit.); Drechsel, J., Das Gemeindeverständnis in der Dt. Gemeinschaftsbewegung, Gießen 1984; Klemm, H., Elias Schrenk. Der Weg eines Evangelisten, Wuppertal ^{2}1986; Giese, E., Und flickten die Netze. Dokumente zur Erweckungsgeschichte des 20. Jh., Metzingen – Lüdenscheid ^{2}1987; Gemeinsam unterwegs, hg. v. Gnadauer Gemeinschafts-Verband, Dillenburg 1993; So gehen wir weiter. 100 Jahre Gnadauer Gemeinschafts-Verband, hg. v. Gnadauer Gemeinschafts-Verband, Dillenburg 1997; Morgner, Ch., Gnadauer Gemeinschafts-Verband: Ev. Lexikon für Theol. u. Gemeinde Bd. 1, 574-575; Diener, M., Kurshalten in stürmischer Zeit. D. Walter Michaelis – Ein Leben für Kirche u. Gemeinschaftsbewegung, Gießen – Basel 1998; Morgner, Ch., Geistl. Leitung als theol. Aufgabe. Kirche – Pietismus – Gemeinschaftsbewegung, Stuttgart 2000; Gäbler, U., Der Pietismus im 19. u. 20. Jahrhundert. Geschichte des Pietismus III, Göttingen 2000; Beyer, W., Gemeinschaftsbewegung zwischen Volkskirche u. Freikirche: Freikirchen Forschung 12 (2002), 90-106; Brecht, V., Zwischen Landeskirche u. Freikirche. Die Suche der Gemeinschaftsbewegung nach einem eigenen Gemeindeverständnis, Wuppertal 2002; Lüdke, F., Diakonische Evangelisation. Die Anfänge des Dt. Gemeinschafts-Diakonieverbandes 1899-1933, Stuttgart 2003; Vetter, E., Jahrhundertbilanz – erweckungsfasziniert u. durststreckenerprobt. Ein Beitrag zur Erweckungsgeschichte im 20. Jahrhundert u. zur Entstehung der Pfingstbewegung in Deutschland, Bremen 2009; Lehmann, H., Religiöse Erweckung in gottferner Zeit. Studien zur Pietismusforschung, Göttingen 2010; Hahn-Bruckart, Th., Friedrich von Schlümbach. Erweckungsprediger zwischen Deutschland u. Amerika. Interkulturalität u. Transkonfessionalität im 19. Jahrhundert, Göttingen 2011 (Arbeiten zur Geschichte des Pietismus 56); Bauer, G., Evangelikale Bewegung u. ev. Kirche in der Bundesrepublik Deutschland. Geschichte eines Grundsatzkonfliktes, Göttingen 2012; Die neue Welt u. der neue Pietismus. Angloamerikanische Einflüsse auf den dt. Neupietismus, hg. v. F. Lüdke – N. Schmidt, Berlin 2012; Voigt, K. H., Der Zeit voraus. Die Gemeinschaftsbewegung als Schritt in die Moderne? Erwägungen zur Vorgeschichte u. Frühgeschichte des Gnadauer Gemeinschaftsverbands, Leipzig 2014.

Christoph Joest

© 2019, DOI: 10.30965/9783506786388_0294

Gnadenakt – Staatlich

Das sich in der Form eines G. niederschlagende staatl. Begnadigungsrecht, aus monarchischer Tradition kommend, steht in den meisten Staaten dem Staatsoberhaupt zu (unter dem →Grundgesetz nach Art. 60 Abs. 2 für den Bund dem BPräs; nach den Landesverfassungen zumeist den Ministerpräsidenten). Begnadigung ist der Erlass eines Teils od. der ganzen Kriminalstrafe im Einzelfall. Demgegenüber ergeht die Amnestie durch →Gesetz u. ist damit gerade nicht einzelfallbezogen. In Deutschland erstreckt sich das Begnadigungsrecht auch auf Disziplinarmaßnahmen. Bedeutung u. Funktion von G. hängen eng m. dem jeweiligen strafrechtlichen System zusammen. Als Korrektiv gegen Rechtsrigorismus u. großzügige Verhängung der Todesstrafe od. drakonischer Freiheitsstrafen besitzen G. etwa im US-amerikanischen Rechtssystem eine zentrale u. wichtige Funktion, sind allerdings auch Missbrauchsgefahren ausgesetzt.

In Deutschland sind die meisten Funktionen des Inst. der Gnade inzwischen in das geltende Straf- bzw. Strafvollzugsrecht eingegangen. Das alte Rechtssprichwort „Gnade vor Recht" hat sich zu „Gnade im Recht" fortentwickelt. Das Gnadenverfahren ist inzwischen durch die Einbeziehung von Staatsanwaltschaft u. Justizbehörden weitgehend bürokratisiert u. durch Gnadenordnung zumindest pseudoverrechtlicht. Nach – freilich umstrittener – Rspr. des BVerfG sind G. nicht justiziabel, wohl aber Widerrufe derselben. Dies ist mangels rechtlicher Maßstäbe für Gnade einerseits plausibel, reibt sich andererseits aber m. der Tendenz der Rechtsordnung zu voller Justiziabilität jeglicher staatl. Akte. Insgesamt gehören G. nach wie vor zum geltenden Recht, stehen jedoch m. so gut wie allen Grundprinzipien im demokratischen Verfassungsstaat in einem Spannungsverhältnis.

Literatur

Merten, D., Rechtsstaatlichkeit u. Gnade, Berlin 1978; Schätzler, J.-G., Handbuch des Gnadenrechts, München [2]1992; Böllhoff, C., Gnade u. Delegation, Berlin 2012; Birkhoff, H., Gnadenrecht, München 2012; Gnade vor Recht – Gnade durch Recht?, hg. v. C. Waldhoff, Berlin 2014.

Christian Waldhoff

© 2019, DOI: 10.30965/9783506786388_0295

Gnadenakt – Katholisch
→ Reskript

Gnadenerweis – Katholisch
→ Indult

Gottesbezug – Staatlich

Unter G. wird der im Einzelnen in unterschiedlichen Formen vorkommende Hinweis auf Gott in Rechtstexten verstanden, wie er insb. in Präambeln von Verf. u. funktional vergleichbaren Texten vorkommt. In einigen ausl. Verf., in denen eine echte invocatio dei zu finden ist, kommt ihm eine gewisse Legitimationsfunktion zu. Wenn hingegen das → Grundgesetz u. ähnlich einige ältere, aber auch neuere Landesverfassungen von der „Verantwortung vor Gott und den Menschen" sprechen, steht Gott als Symbol für die Relativierung staatl. Herrschaft. 1949 hat zwar wohl dem Parlamentarischen Rat der chr. Gott vor Augen gestanden. Würde man aber dem Hinweis auf Gott eine religiöse od. religionsrechtliche Funktion zuweisen, stünde dies in klarem Gegensatz zu den religionsrechtlichen Grundentscheidungen des GG, insb. dem Verbot der → Staatskirche nach Art. 137 Abs. 1 WRV.

Im weiteren Sinne ist in diesem Kontext auch die Bezugnahme u. a. auf das religiöse Erbe Europas in europäischen Texten zu nennen. Bei der Verabschiedung der Grundrechtecharta 2000 wehrte sich Frankreich weitgehend erfolgreich gegen eine solche Aussage; sie fand sich damals nur in der dt. Fassung. Im Verfassungsvertrag (2004) u. im Vertrag von Lissabon (2007) löste eine ähnliche Formulierung dann keinen Widerstand mehr aus. Umgekehrt konnte sich aber auch nicht der Wunsch durchsetzen, in Anlehnung an die polnische Verf. bei einem Hinweis auf die Menschen Bezug zu nehmen „sowohl auf diejenigen, die an Gott als die Quelle der Wahrheit, Gerechtigkeit, des Guten und des Schönen glauben, als auch diejenigen, die diesen Glauben nicht teilen".

Literatur

Weinholt, W., Gott in der Verfassung. Studie zum Gottesbezug in Präambeltexten der dt. Verfassungstexte des Grundgesetzes u. der Landesverfassungen, Frankfurt 2001 (EHS.T 723); Naumann, K., Eine religiöse Referenz in einem Europäischen Verfassungsvertrag, Tübingen 2008; Mahrenholz, E. G., „Verantwortung vor Gott und dem Menschen". Gedanken zur Präambel des Grundgesetzes: JöR 57 (2009), 61-70.

Claus Dieter Classen

Gottesdienst – Staatlich

Der G. ist für viele → Religionsgemeinschaften, so auch für die chr. Kirchen, die zentrale Ausdrucksform des jeweiligen Glaubens. Das Recht des G., d. h. das ius liturgicum, gehört daher zu den wichtigen Regelungsgegenständen des internen Rechts der Religionsgemeinschaften bzw. des KR. Es ist für die röm.-kath. Kirche im CIC/1983 u. für die ev. Kirchen in (z. T. durch die gliedkirchlichen Zusammenschlüsse) synodal beschlossenen Agenden u. Gesangbüchern geregelt.

Der G. wird auf versch. Ebenen der staatl. Rechtsordnung geschützt. Im Völkerrecht wird der G. in Art. 18 der Allg. Erkl. der Menschenrechte von 1948 ausdrücklich als Element der → Religionsfreiheit aufgeführt: „Dieses Recht umfasst ... die Freiheit, seine Religion oder Weltanschauung einzeln oder gemeinsam mit anderen öffentlich oder privat durch Gottesdienst, Unterricht, Bräuche und Riten zu bekennen." Supranational, d. h. im Recht der EU findet der G. eine entspr. Erwähnung in Art. 10 GRCh. Unter dem → Grundgesetz fällt der G. in den Schutzbereich der Religionsfreiheit aus Art. 4 GG, von dem alles Handeln gem. der eigenen religiösen Überzeugung u. demnach auch die → Kultusfreiheit umfasst ist.

Der G. ist demnach ein wesentliches Element der Religionsausübungfreiheit. Einschränkungen können sich aus den Schranken der Religionsfreiheit, d. h. aus gegenläufigen Grundrechten Dritter od. sonstigen Rechtsgütern m. Verfassungsrang ergeben. Dazu zählen insb. Einschränkungen zur Gefahrenabwehr, etwa zum Seuchen- u. Feuerschutz etc., aber auch die StVO u. weitere der Sicherheit dienende Regelungen, die in der Abwägung den Schutz des G. od. dem konkreten Modus seiner Durchführung überwiegen. Eine staatl. Einflussnahme auf die Inhalte des G. nach dem Vorbild des Kanzelparagrafen (§130a StGB von 1871) ist hingegen ausgeschlossen. Grds. gilt der G. nicht als Versammlung i. S. v. Art. 8 GG; gleichwohl sind ggf. – etwa bei G. unter freiem Himmel – die allg. Regeln für Versammlungen als Schranken der Religionsfreiheit anwendbar. Im Kontext der kollektiven bzw. korporativen Religionsfreiheit gehören der G. u. das ius liturgicum zu den Regelungsmaterien, die dem →Selbstbestimmungsrecht der Religionsgemeinschaften gem. Art. 140 GG i. V. m. Art 137 Abs. 3 WRV unterfallen. M. der Festlegung von Regeln für den G. ordnen die Religionsgemeinschaften originär eigene Angelegenheiten. Für die Rechtfertigung von Einschränkungen für Ort u. Art der Durchführung der G. kommt auch hier nur kollidierendes Verfassungsrecht in Betracht.

Neben diesem verfassungsrechtlichen genießt der G. auch einen vielfältigen einfachgesetzlichen Schutz. Auf der Ebene des Bundesrechts werden etwa eine absichtliche u. grobe Störung des G. od. einer gottesdienstlichen Handlung sowie „beschimpfender Unfug" an einem Ort, der dem G. einer Religionsgemeinschaft gewidmet ist, gem. §167 StGB unter Strafe gestellt. Gem. §243 Abs. 1 Nr. 4 StGB liegt ein bes. schwerer Fall des Diebstahls vor, wenn eine Sache betroffen ist, „die dem Gottesdienst gewidmet ist". Für den Strafvollzug gewährleistet §54 StVollzG das Recht der Gefangenen, an G. in der Strafvollzugsanstalt teilzunehmen, sofern nicht überwiegende Gründe der Sicherheit u. Ordnung dagegen sprechen. Im Baurecht wird der G. gem. §1 Abs. 6 Nr. 6 BauGB, denn danach sind bei der Aufstellung der Bauleitpläne „die von den Kirchen und Religionsgesellschaften des öffentlichen Rechts festgestellten Erfordernisse für Gottesdienst und Seelsorge" zu berücksichtigen. Auf der Ebene des Landesrechts wird der G. zunächst in den Sonn- u. Feiertagsgesetzen bes. geschützt. Z. T. wird hier zwischen Haupt- u. weiteren G. (etwa Abend-G.) unterschieden. Gemeinsam ist allen Regelungen, dass alle Handlungen, die den G. stören, verboten sind. Auch im Landesrecht zum →Denkmalschutz wird Gebäuden, die dem G. gewidmet sind, ein bes. Schutz zuteil. Hier sind Gebäude, die dem G. dienen, zumeist vorrangig zu beachten u. Denkmalschutzmaßnahmen m. den betroffenen Religionsgemeinschaften abzustimmen. Insgesamt werden Grund u. Bedeutung des G. im staatl. Recht angemessen wahrgenommen u. in Abwägung m. gegenläufigen Verfassungsrechtsgütern adäquat geschützt.

Literatur

de Wall, H. – Muckel, St., Kirchenrecht, München [5]2017; Unruh, P., Religionsverfassungsrecht, Baden-Baden [4]2018.

Peter Unruh

Gottesdienst – Katholisch

1. Begriff u. Wesen des G.: Der dt. Begriff G., eine Übertragung von lat. opus Dei, bringt m. dem zwischen objectivus u. subjectivus schillernden Genitiv (Gottes bzw. Dei) ein wechselseitiges Geschehen zum Ausdruck: Dienst Gottes am Menschen u. Dienst des Menschen an Gott. In diesem Sinne definiert auch der CIC im Anschluss an SC 7 die Liturgie (liturgia fungiert im lat. Westen seit dem 18. Jh. als Sammelbegriff für gottesdienstliche Handlungen; in der Ostkirche wird dagegen exklusiv die →Eucharistiefeier als [Göttliche] Li-

turgie bez., weswegen das Substantiv auch im CCEO entspr. reserviert ist): Als „Ausübung des priesterlichen Dienstes Jesu Christi", des Mittlers zwischen Gott u. Menschen (1 Tim 2, 5), wird darin zugl. „die Heiligung der Menschen durch sinnenhafte Zeichen bezeichnet und in der diesen je eigenen Weise bewirkt sowie von dem mystischen Leib Jesu Christi, von Haupt und Gliedern, der unverbrüchliche amtl. Gottesdienst (cultus Dei publicus) vollzogen" (c. 834 §1). Diese theol. bedeutsame Wechselseitigkeit von katabatischer, von Gott zum Menschen hinabsteigender, u. anabatischer, vom Menschen zu Gott hinaufsteigender Linie eignet dem griech. Terminus leitourgia schon von seiner etymologischen Wurzel (von leitos = zum Volk gehörig, u. ergon = Werk): Als Volkswerk wurden in den griech. Stadtstaaten Dienstleistungen reicher Bürger an der Stadtgemeinschaft bez., die insofern zugl. Werk des Volkes wie Werk am Volk waren; die einschlägige religiöse Rezeption des Begriffs, zunächst für den Tempelkult, setzt in der Septuaginta ein. Der CIC gebraucht die Termini liturgia u. cultus (Dei) weithin synonym; dabei ist zu bedenken, dass cultus (von lat. colere = pflegen, verehren) streng genommen nur die anabatische Dimension von liturgia bez. Träger des G. sind auf je spezifische Weise alle Getauften (c. 835), die kraft ihrer in der →Taufe erlangten Teilhabe am Priestertum Chr. zur tätigen Teilnahme an der Liturgie ebenso berechtigt wie verpflichtet sind (SC 14; zum Recht der →Gläubigen auf Liturgie vgl. bes. cc. 214, 1214, speziell zu den →Sakramenten cc. 213, 843 §1).

2. Liturgia, sacra exercitia u. pia exercitia: Während der dt. Ausdruck G. häufig in einem weiten Sinn für alle Formen gemeinschaftlicher →Gottesverehrung gebraucht wird, differenziert sich das Phänomen in kirchenrechtlicher Hinsicht in drei Kategorien: Von der Liturgie im engeren Sinn, die Feiern nach universalkirchlichen →liturgischen Büchern (lat. editiones typicae bzw. darauf beruhende volkssprachige authentische Ausg.) umfasst, sind sacra exercitia (gottesdienstliche Feiern der →Teilkirchen, z. B. Fronleichnamsprozession) u. pia exercitia (volksfromme Übungen wie →Andachten aller Art) zu unterscheiden (SC 13; c. 839 §2). Diese Kategorisierung hat Konsequenzen für eine unterschiedlich gestaffelte Zuständigkeits- u. Regelungskompetenz: Während die Ordnung der Liturgie u. die Herausgabe der lat. liturgischen Bücher des Röm. Ritus dem →Apostolischen Stuhl obliegen (c. 838 §2; zu den orient. Riten vgl. c. 657 CCEO), haben die →Bischofskonferenzen die im Rahmen rechtlich festgelegter Grenzen angepassten →Übersetzungen der liturgischen Bücher in die Volkssprachen zu besorgen (c. 838 §3). Der →Diözesanbischof kann in seinem Zuständigkeitsbereich Normen für die Liturgie erlassen (c. 838 §4); den Ortsordinarien ist die Sorge um die Übereinstimmung der Praxis der sacra u. pia exercitia m. den kirchl. Normen aufgetragen (c. 839 §2).

3. Quellen des liturgischen Rechts: Daraus ergibt sich die Vielgestaltigkeit der Quellen des liturgischen Rechts. Für die Rahmenbedingungen u. für die Durchführung liturgischer Feiern des Röm. Ritus sind neben den einschlägigen Canones des CIC (insb. in Buch IV; für die orient. Riten vgl. analog CCEO tit. XVI) zunächst die Einl. u. Rubriken der liturgischen Bücher maßgeblich. Auf universalkirchlicher Ebene sind darüber hinaus die Verlautbarungen der P. u. der zuständigen Dikasterien des Apost. Stuhls, bis 1969 insb. der Ritenkongregation u. des Cons. ad exsequendam Constitutionem de Sacra Liturgia, seither der Kongr. für den Gottesdienst (ab 1988, ähnlich bereits 1975-1984: →Kongregation für den Gottesdienst und die Sakramentenordnung), einschlägig. Die wichtigsten Dokumente finden sich sukzessive in den Arbeitsausgaben Enchiridion documentorum instaurationis liturgicae (EDIL; Originalsprachen, regelmäßig lat.) bzw. Dokumente zur Erneuerung der Liturgie (DEL; dt. Übers.) zusammengestellt. Partikularrechtlich werden einerseits, i. d. R. im Auftrag der BK, zusätzliche Bücher für den gottesdienstlichen Gebrauch hg. (im dt. Sprach-

raum bspw. die versch. Ausg. zur Wort-Gottes-Feier od. die Gebet- u. Gesangbücher Gotteslob bzw. Kath. Gesangbuch [Schweiz]) (→Gebet- und Gesangbücher, Herausgabe der) u. ist andererseits die bfl. Gesetzgebung zu berücksichtigen.

Quellen

Vat II, SC; Enchiridion documentorum instaurationis liturgicae, hg. v. R. Kaczynski, Turin 1976 ff.; Dokumente zur Erneuerung der Liturgie, hg. v. H. Rennings – M. Klöckener, Kevelaer 1983 ff.

Literatur

Haering, S., Liturgie u. Recht: Theologie des Gottesdienstes. 2: Gottesdienst im Leben der Christen. Chr. u. jüd. Liturgie, hg. v. M. Klöckener – A. A. Häußling – R. Meßner, Regensburg 2008 (Gottesdienst der Kirche 2,2), 403-454; Hallermann, H., Lex orandi – Verpflichtende Norm od. unverbindliche Empfehlung? Zur Verbindlichkeit Liturgischen Rechts aus kan. Perspektive: Ostern feiern. Zwischen normativem Anspruch u. lokaler Praxis, hg. v. B. Leven – M. Stuflesser, Regensburg 2013 (Theologie der Liturgie 4), 254-273.

Alexander Zerfaß

Gottesdienst – Evangelisch

1. Begriff: G. kommt als Begriff nicht im NT vor. Vielmehr tritt dort bereits in der Begriffswahl ein kultkritischer Grundzug hervor. Erst seit dem 13. Jh. bez. G. (gods dienst) die „Gottesverehrung im allgemeinen und deren Äußerungen in religiösen Akten" (Meyer, 1989, 43). M. Luther nimmt dann den neuen Begriff als Bez. für das gemeinschaftliche Hören u. Feiern von Gottes Wort auf, wobei er kultisches u. ethisches Handeln spannungsvoll verbindet.

2. Gesch. Entwicklung: Grundlegend für ev. Gottesdienstverständnis sind drei Einsichten, die Luther programmatisch 1523 in seiner Schrift „Von Ordnung Gottesdienstes in der Gemeinde" entfaltete: In Kritik an den damals üblichen Tagzeitengebeten fordert er die verständliche, also in der Volkssprache gehaltene →Predigt. Gegen die damals beliebten Heiligenlegenden stellt er Chr. u. damit biblische Lesungen ins Zentrum. Schließlich weist er rechtfertigungstheologisch die Ansicht zurück, liturgisches Handeln sei verdienstvoll. Denn ihm geht die Gnade Gottes voraus. Diese Position führte zu praktischen Veränderungen: die Umstellung von Latein auf die Volkssprache; Stärkung des →Sonntags u. der Christusfeste; Abschaffung des kirchl. Finanzsystems (m. finanzierten Messen); Verschwinden der Seitenaltäre. Dazu führte Luther beim Abendmahl (→Abendmahl, Eucharistie) den →Laienkelch ein u. strich die opferbezogenen Passagen der Kanongebete. Auch kritisierte er die Firmung u. betonte demgegenüber die →Taufe. Die Seelenmessen u. die m. ihnen zusammenhängenden Riten im Umfeld der →Bestattung wichen der Auferstehungspredigt.

Noch radikaler agierte H. Zwingli. Er folgte den drei genannten Einsichten Luthers, reduzierte dann aber i. d. R. den Sonntagsgottesdienst auf den (oberdeutschen) Predigtgottesdienst (Pronaus) u. schaffte die Bilder sowie Musik in den Kirchen ab. J. Calvin betonte dazu die Pflicht zur Gottesdienstteilnahme. Hinsichtlich des Singens ließ er nur Psalmen zu.

Bereits im 17. Jh. gab es deutliche Anzeichen für eine Krise der im Zentrum der ev. G. stehenden (langen) Predigten. Fromme Aufbrüche riefen demgegenüber Zusammenkünfte ins Leben (Stunden), in denen die Emotionen (das Herz) stärker einbezogen wurden. Aufklärerische Theologen bemühten sich um konkrete Lebenshilfen.

Im 19. Jh. kam es – ausgehend von Preußen – zu Bemühungen um eine Union von Reformierten u. Lutheranern. In der vom preuß. König Friedrich Wilhelm III. vorgelegten →Agende war das Abendmahl nur noch ein selten begangener fakultativer Appendix. Demgegenüber strebten liturgische Reformer seit dem Ende des 19. Jh. eine Wiedergewinnung der Messform an, was schließlich in der 1954 bzw. 1959 eingeführten sog. Agende 1 – in restaurativer Weise – gelang.

3. Gegenwärtige Entwicklungen: Nicht zuletzt die stark zurückgehenden Teilnehmerzahlen an ev. Sonntagsgottesdiensten seit den sechziger J., aber auch ök. Kontakte führten zu vielfältigen liturgischen Innovationen (Jazzgottesdienste, Familiengottesdienst, Politisches Nachtgebet, Meditationsgottesdienst usw.). 1973 eröffnete die → Leuenberger Konkordie grds. die → Kanzelgemeinschaft u. Abendmahlsgemeinschaft (→ Abendmahls-, Eucharistiegemeinschaft) zwischen luth., ref. u. unierten Kirchen. Das um Profilierung u. Einheitsstiftung bemühte sog. Strukturpapier leitete 1974 einen umfangreichen agendarischen Reformprozess ein, der – über die sog. Erneuerte Agende (1990) – zum Ev. Gottesdienstbuch (1999) für die luth. u. unierten Gde. in Deutschland führte. Ihm folgten eine Reform des Gesangbuchs, bis heute dauernde Reformen von Kasualagenden u. eine soeben erprobte Revision der Perikopenordnung. Die ref. Kirche entwickelte eine eigene Ref. Liturgie (1999). Doch alle diese Bemühungen verhindern bis heute ein weiteres Absinken der Teilnehmerzahlen am sonntäglichen G. nicht.

Von daher stellt sich die Frage, ob die in den früheren → Kirchenordnungen selbstverständlich gesetzte Zentralstellung des Sonntagsgottesdiensts aufrechterhalten werden kann (s. Fechtner – Friedrichs, 2008). Demgegenüber ist die Partizipation bei → Kasualien teilweise recht hoch. Teilweise bilden sich hier neue Formate, die sich durch einen bes. Biografiebezug auszeichnen (z. B. Schulanfangs- bzw. -entlassgottesdienste; Konfirmationsjubiläen; Tauffeste; G. angesichts von Katastrophen). Dazu treten G. in Rundfunk u. Fernsehen. Sie erfreuen sich – v. a. bei Älteren u. im Winterhalbjahr – hoher Einschaltquoten. In asiatischen u. den angelsächsischen Ländern kommen dazu vermehrt Internetgottesdienste. Bei diesen Formen treten die konfessionellen Unterschiede zurück.

Quellen

Luther, M., Von Ordnung Gottesdiensts in der Gemeine, 1523: WA 12, 35-37; Ev. Gottesdienstbuch. Agende für die EKU u. die VELKD, Berlin 1999; Versammelte Gemeinde. Struktur u. Elemente des Gottesdienstes, hg. v. der Luth. Liturgischen Konferenz Deutschlands, Hamburg 1974.

Literatur

Meyer, H. B., Eucharistie. Geschichte, Theologie, Pastoral, Regensburg 1989 (Gottesdienst der Kirche 4); Grethlein, C., Grundfragen der Liturgik. Ein Studienbuch zur zeitgemäßen Gottesdienstgestaltung, Gütersloh 2001; Normalfall Sonntagsgottesdienst. Gottesdienst u. Sonntagskultur im Umbruch, hg. v. K. Fechtner – L. Friedrichs, Stuttgart 2008.

Christian Grethlein

© 2019, DOI: 10.30965/9783506786388_0298

Gottesdienst – Orthodox

Der G. als kirchl.-liturgischer Akt prägt sowohl das kirchl. als auch das profane Leben aller Orthodoxen im Laufe eines ganzen Kirchenjahres. Der jährliche Festkreis in der Orth. Kirche eröffnet den → Gläubigen ein stets andauerndes liturgisches Erlebnis, indem alle 365 bzw. 366 Tage d. J. zahlreichen Heiligen u. kirchl. Ereignissen gewidmet sind. Jahreskranz der Güte Gottes nennt die Orth. Kirche deshalb das liturgische Gedächtnis, die hl. Feiern, welche die in der Geschichte gewirkten Heilstaten im Kirchenjahr vergegenwärtigen. Die Gläubigen nehmen am Christusleben teil, indem sie die Sonntage u. Feste des Kirchenjahres mitfeiern. Das Kirchenjahr heiligt die Zeit u. entfaltet im Kranz der Sonntage u. Feste das Mysterium des in der Person Jesu Chr. erschienenen Erbarmens Gottes.

Der orth. → Glaube findet seinen stärksten Ausdruck in der liturgischen Feier der versch. G. Der Kranz der liturgischen Jahresfeiern gliedert sich in einen dreifachen Kreis: a) Zunächst umgibt der Kranz der Sonntage u. Wochengeheimnisse das Osterfest u. enthält die von diesem Fest datumsmäßig abhängigen Feste, die als beweglich bez. werden. b) Der andere Kreis umfasst diejenigen Sonn- u. Wochentage, die kalendarisch unabhängig von der Osterzeit sind. Es handelt sich hierbei um die unbeweglichen Feste, die sich am weltlichen Kalender orientieren. Beide parallelen Kreise bilden einen Doppelzyklus, der als Zentrum das Auferstehungsfest hat u. somit die österliche Fülle entfaltet.

Außer den zwei Jahreskreisen zeichnet sich das liturgische Geschehen der Orthodoxie durch einen dritten engeren Kreis aus, der m. dem alltäglichen liturgischen Verlauf im Leben der Kirche, der sich vom Abend eines Tages bis zum Abend des nächsten Tages erstreckt, untrennbar verbunden ist. An den täglichen Stunden der jüd. Tradition (Ex 29, 39f.) orientiert sich entspr. der dritte tägliche Kreis. Deshalb beginnt ein liturgischer Tag bereits am Abend des vorangegangenen Tages m. der sog. Vesper. Dieser Tageszyklus enthält folgende G., die wohl ausschließlich in den →Klöstern täglich vollständig u. durchgehend gefeiert werden: a) Stundengebete (1., 3., 6., 9. Stunde); b) Vesper od. Abendgottesdienst; c) Apodeipnon (Komplet); d) Mesonyktikon (Nokturn od. Mitternachtsgottesdienst); e) Orthros (Matutin od. Morgenamt); f) Göttliche Liturgie.

Den Mittelpunkt aller orth. G. während des Tag-Nacht-Zyklus u. des ganzen Kirchenjahres schlechthin stellt allerdings die Göttliche Liturgie m. der Feier der Hl. Eucharistie dar, welche das theol.-theoretische, aber auch liturgisch-praktische Zentrum der ganzen Orthodoxie ist. Die Liturgie bringt das Heilsgeschehen in seiner ganzen Tiefe u. Breite zum Ausdruck. Sie ist zuerst einmal ein Bekenntnis des Glaubens der betenden Gde.; darüber hinaus ist sie eine Danksagung für die ihr geschenkte Erlösung u. eine Gabe der Gläubigen an Gott selbst. In ihr u. für alle Zeiten u. alle Orte findet die vorgegebene Einheit, die hier u. jetzt durch die Gnade Gottes in Jesus Chr. u. in der Kraft des Hl. Geistes lebendig ist, ihren Ausdruck. Gleichzeitig ist sie aber auch Ausdruck einer lebendigen Hoffnung auf das Sichtbarwerden dieser Einheit, auf die Fülle des Heils.

Im liturgischen Leben der Orthodoxen haben sich durch die Jhh. hindurch einige konkrete Liturgie-Formulare herauskristallisiert. Die in der ganzen orth. Welt am häufigsten gefeierte Liturgieform geht auf Johannes Chrysostomos (gest. 407) zurück. Die Basileios-Liturgie steht i. V. m. dem theol. Werk von Basileios dem Großen (gest. 379) u. wird nur zehnmal im Laufe des Kirchenjahres zelebriert. Darüber hinaus wird die Liturgie der Vorgeweihten Gaben an den Wochentagen der vorösterlichen Großen Fastenzeit gefeiert. In der liturgischen Tradition der Orthodoxie gibt es zwei weitere Liturgieformen, die einen direkten apost. Charakter aufweisen. Es handelt sich hierbei um die sog. Jakobus-Liturgie u. die Markus-Liturgie. Die erstere, die unter den Orthodoxen mehr bekannt u. weiter verbreitet ist als die des Evangelisten Markus, wird dem Herrenbruder Jakobus zugeschrieben u. hauptsächlich in den Gde. des Orth. Patriarchats von Jerusalem am Patroziniumstag des hl. Jakobus (23.10.) u. noch an wenigen anderen Tagen d. J. vollzogen. Die Markus-Liturgie, deren ältere Form sehr beliebt in den Altorientalischen Kirchen ist, stammt der Überlieferung nach vom Paulus-Begleiter Johannes Markus u. wird hauptsächlich in dem vom selben Apostel gegr. Patriarchat von Alexandrien zelebriert.

Jeder orth. G. weist ein gewisses kirchenrechtliches Interesse auf, zumal alle liturgischen Handlungen der Orth. Kirchen durch zwei wichtige Quellen des KR geprägt, strukturiert u. gestaltet sind: die →Heilige Schrift u. die Tradition.

Quellen

Rhalles, G. – Potles, M., Syntagma ton theion kai hieron kanonon, 6 Bde., Athen 1859; Liturgie – Die Göttliche Liturgie der Orth. Kirche: Dt.-Griech.-Kirchenslawisch, hg. u. erl. von A. Kallis, Mainz 1989; Agapios, Priestermönch – Nikodemos, Hagiorites, Pedalion tes noetes neos tes mias katholikes ton Orthodoxon Ekklesias, Thessaloniki 1998 (Nachdr. von

1864); engl. Übers.: Cummings, D., The Rudder (Pedalion) of the Metaphorical Ship of the one Holy Catholic and Apostolic Church of the Orthodox Christians or All the Sacred and Divine Canons, Chicago 1957; Conc. Quinisextum – Das Konzil Quinisextum, übers. u. eingel. von H. Ohme, Turnhout 2006 (FC 82); Hl. Kanones der hl. u. hochverehrten Apostel, zusammengestellt, übers. u. eingel. von A. Anapliotis, St. Ottilien 2009 (Liturgische Texte u. Studien 6).

Literatur

Konstantelos, D. I., The Holy Scriptures in Greek Orthodox Worship: Greek Orthodox Theological Review 12 (1966), 7-83; Die Eucharistie der Einen Kirche. Eucharistische Ekklesiologie – Perspektiven u. Grenzen, hg. v. A. Rauch, München 1983 (Regensburger Ök. Symposion 1981); Ware, T., The Orthodox Church, New York 1983; Metallinos, G. D., He theologike martyria tes ekklesiastikes latreias, Athen 1996; Galitis, G. – Mantzaridis, G. – Wiertz, P., Glauben aus dem Herzen. Eine Einführung in die Orthodoxie, München [4]2000; Nikolakopoulos, K., Die Göttliche Liturgie der Orthodoxie: Struktur – Theologie: Una Sancta 56 (2001), 308-313; Zizioulas, J., Eucharist, Bishop, Church: The Unity of the Church in the Divine Eucharist and the Bishop During the First Three Centuries, Brookline (Mass.) 2001; Felmy, K. Chr., Einführung in die orth. Theologie der Gegenwart, Berlin 2011; Nikolakopoulos, K., Funktion u. Hermeneutik der Heiligen Schrift in der orth. Liturgie: Hl. Dienst 72 (2018), 30-40.

Konstantin Nikolakopoulos

 DOI: 10.30965/9783506786388_0298

Gottesdienst – Jüdisch

Im jüd. G. werden die entspr. liturgischen Texte nach Gelegenheit (Werktag, →Feiertag od. Schabbat) u. Tageszeit (Abend, Morgen od. Nachmittag) gelesen. Nach traditioneller Auffassung sind alle männlichen Juden nach dem 13. Geburtstag verpflichtet, dreimal am Tag zu beten. Ein kompletter öff. G. findet nur statt, wenn ein minjan, eine Gruppe von zehn od. mehr Verpflichteten, anwesend ist. Liberale bzw. egalitäre Juden lassen auch Frauen beim minjan zu. O. einen minjan fallen einige liturgische Handlungen aus.

Im G. benutzt man drei versch. persönliche Gegenstände: Kopfbedeckungen (jarmulkes bzw. kippot), Gebetsschals (talléhssimm bzw. talitót) u. Gebetsriemen (tfillinn bzw. tfillíhn). Bes. Männer, auch nicht-jüd. Männer, sollen immer Kopfbedeckungen im G., in der →Synagoge bzw. am →Friedhof tragen. Nur Juden (bei Orthodoxen, nur jüd. Männer) tragen Gebetsschals (Num 15, 37-41) u. Gebetsriemen (Dtn 6, 8) zum Morgengebet: Gebetsschals fast täglich u. Gebetsriemen an Werktagen u. einigen Kleinfesten. Gebetsschals gehören auch zum Jom-Kippur-Abend. Der Vorbeter trägt jedoch den Gebetsschal fast immer.

Die Liturgie hat 7 liturgische Bestandteile, aber nur wenige G. bestehen aus allen. Sie sind: 1. eine Einl., 2. shma m. ihren Segenssprüchen, 3. die amida, 4. hallel, 5. die →Tora-Lesung, 6. mussaf u. 7. der Schlussteil. Nrn. 2 u. 3 sind die allerwichtigsten Teile. Der genaue Wortlaut variiert nach Tag, Tageszeit u. Tradition.

1. Fast jeder G. hat eine Einl. Sie kann sehr kurz sein: An Werktagabenden besteht sie aus nur 2 Psalmversen. Morgens kann sie jedoch ca. eine halbe Stunde dauern u. schließt 15 kurze Morgensegen, sowie eine Reihenfolge von Psalmen u. anderen Textstellen, die sich zwischen einem Anfangs- u. einem Schlusssegen befindet, ein. Die zumeist aus Psalmen bestehende Einl. am Freitagabend, die Kabbalat Schabbat (Schabbat-Empfang) heißt, ist ein Höhepunkt der wöchentlichen Liturgie. Am Jom-Kippur-Abend gehört auch der berühmte Kol nidre zur Einl.

2. Shma Jisraël („Höre, Israel", Dtn 6, 4) ist der Anfangsvers von 3 biblischen Zitaten, die, selbst dem Text gem. (Dtn 6, 7), abends u. morgens gelesen werden. Hiermit wird Gottes Einheit betont. Dazu gehören der Licht- u. der Liebessegen, die unmittelbar vorher kommen, u. der Erlösungssegen danach. Nr. 2 beginnt m.

dem Ruf Barchu („Segne Sie") als offizielle Eröffnung des Kerns der Liturgie.

3. Die amida (Steh-→Gebet) besteht aus sieben Segen an Schabbat u. den meisten Feiertagen u. aus 19 an Werktagen. Die ersten drei behandeln immer die biblischen Patriarchen, Gottes Macht, die Toten zu beleben, u. Gottes Heiligkeit; die letzen drei den Tempeldienst, die Dankbarkeit u. den Frieden. In der Mitte gibt es entweder viele kurze Bitgebete an Werktagen bzw. an Sondertagen einen längeren Segen über den Tag. In der traditionellen Liturgie sprechen zuerst alle die amida still u. einzeln für sich, dann wiederholt sie der Vorbeter laut (außer Abends). Bei der Wiederholung hat der dritte Segen (Gottes Heiligkeit), als Höhepunkt der Liturgie, eine erw. Form, die k'duscha (Heiligkeit) heißt.

4. Hallel (Lob): an vielen Feiertagen kommt eine Reihenfolge von Psalmen m. einem Anfangs- u. einem Schlusssegen vor.

5. Am Montag-, Donnerstag- u. Samstagmorgen, am Samstagnachmittag u. an Feiertagen liest man aus der Tora-Rolle. Dazu gibt es zusätzliche Lesungen u. Gebete. Das ist fast das einzige Zeremoniell im G.

6. Mussaf (Zusatz) ist eine zusätzliche amida an denjenigen Tagen, die im Altertum ein zusätzliches Tieropfer hatten. (Tieropfer gibt es nicht mehr im Judentum seit fast 2.000 J.)

7. Man endet m. mind. einem Schlusslied u. dem Gebet der Trauernden (kaddisch bzw. Kaddiesch; dieses Gebet dient auch als Trennung zwischen den Teilen der Liturgie).

Der Abendgottesdienst (ma'ariew bzw. arawiet) besteht aus Nrn. 1-3 u. 7, der Morgengottesdienst (Schachariet) aus 1-3 (gelegentlich auch 4-6) u. 7 u. der Nachmittagsgottesdienst (mincha) aus 1, 3 (gelegentlich auch 5) u. 7.

Im traditionellen G. wird die ganze Liturgie samt Bibellesungen auf Hebräisch gesungen. Liberale →Gemeinden benutzen häufig auch die Landessprache. Bestimmte musikalische Modi, Motive bzw. Melodien werden gem. Tag, Tageszeit u. Tradition vorgeschrieben. Im dt. u. osteuropäischen Ritus herrscht ein ununterbrochener Stil des Vorbetens; hier singt der Vorbeter laut nur den Anfang u. das Ende eines Abschnitts; den Rest liest jeder für sich still bzw. murmelt halblaut. Nur der Wiederholung der amida (Nrn. 3, 6) gehört der durchgehende Stil, bei dem jedes Wort laut gesungen wird. Das Vorbeten im spanischen Ritus ist durchaus durchgehend. Der Vorbeter darf Laie od. →Geistlicher sein. Es ist eine bes. Pflicht u. Ehre, am Todestag eines nahen Verwandten vorzubeten. Ein professionell als Experte für die Liturgie u. ihre musikalischen Traditionen ausgebildeter Vorbeter heißt chasn bzw. chasan (→Kantor) u. gilt als Geistlicher. Eine Predigt bzw. ein Gespräch über die Tora-Lesung könnte auch im G. stattfinden.

Literatur

Donin, C. H., Jüd. Gebet Heute. Eine Einführung zum Gebetbuch u. zum Synagogengottesdienst, übers. von Naftali Bar-Giora-Bamberger, Zürich 1986; Elbogen, I., Der jüd. Gottesdienst in seiner gesch. Entwicklung, Hildesheim ³1995; Rudnick, U. – Wermke, W., Geborgen unter Gottes Flügeln. Ein Lese- u. Studienbuch zum Pessachfest, zu Schabbat, Synagoge u. Gottesdienst, hg. v. Religionspädagogisches Institut Loccum, Rehburg-Loccum 1997 (Arbeitshilfen Gymnasium 9); Katz, D. S., „Il cantore ashkenazita nel suo ambiente rituale": Riv. Internazionale di Musica Sacra 20/1 (1999), 27-46; Die Tora in jüd. Auslegung. Autorisierte Übersetzung u. Bearbeitung von A. Böckler, 5 Bde., hg. v. W. G. Plaut, Gütersloh, 1999-2004; Katz, D. S., „Gottesdienste der Synagoge": „Was macht den Menschen ganz und heil?" Menschen als Gottesgeschöpfe im Judentum, Christentum u. Islam. III. Interreligiöse Sommeruniversität, hg. v. S. Fritsch-Oppermann – F. E. Anhelm, Rehburg-Loccum 2002 (Loccumer Protokolle 28/01), 225-232; Trepp, L., Der jüd. Gottesdienst. Gestalt u. Entwicklung, Stuttgart ²2004; Rothschild, W. L., Der Honig u. der Stachel. Das Judentum – erklärt für alle, die mehr wissen wollen, Gütersloh 2009; Siddur Schma Kolenu (jüd. Gebetbuch m. dt. Übersetzung), Basel – Zürich ⁹2011.

Daniel Katz

© 2019, DOI: 10.30965/9783506786388_0298

Gottesdienst – Islamisch

1. Begriff: Der Ausdruck ʿibāda (Pl.: ʿibādāt; Wurzel: ʿ-b-d) findet sich i. S. v. G. an sechs Stellen im →Koran, an dreien i. S. v. Götzendienst. An 266 Stellen finden sich weitere Ableitungen der Wurzel.

2. Systematische Verortung: Grds. stellt jede erlaubte Handlung, m. der Gottes Wohlgefallen angestrebt wird, einen G. dar, womit eine Unterscheidung zwischen sakralen u. profanen Taten hinfällig wird. Während im Koran der Begriff G. unspezifisch ist, verwendet ihn die spätere Rechtsliteratur hingegen, allerdings ausschließlich in der Pluralform, als Sammelbezeichnung für das →Gebet (ṣalāh), das →Fasten (ṣiyām), die Almosenabgabe (→Almosen) (zakāh), die →Pilgerfahrt (ḥağğ) sowie für damit in Verbindung stehende Themen. Davon abgegrenzt werden die muʿāmalāt, also Handlungen, die in den zwischenmenschlichen Bereich fallen (z. B. Handel, →Ehe, Erbrecht etc.). Diese nicht immer aufrechtzuerhaltende Unterscheidung lässt sich an drei weiteren Kriterien festmachen, die v. a. für den G. gelten: Erstens, eine Bedingung der Gültigkeit des G. ist die Absicht (niyya) des Handelnden (Powers, 2006); zweitens, alle Handlungen innerhalb des G. gelten als verboten, solange Gegenteiliges unbewiesen ist (aš-Šāṭibī, 1997, 2/583); u. drittens, Gebote, die den G. betreffen, haben i. d. R. keine (erkennbare) ratio legis (ʿilla), sodass man die Gebote in Analogieschlüssen (Sing. qiyās) nicht als Ausgangspunkt zur Ermittlung neuer Rechtsurteile heranziehen kann (al-Ġazālī, 1971, 202 f.).

3. Übersicht über Kernelemente des G.: Die nachfolgende Darstellung beschreibt die sunnitische (→Sunniten) Orthopraxie, die schiitische (→Schiiten) ist indes ähnlich (Momen, 1985, 101-103). Der G. ist allg. im Koran beschrieben, detailliert in Prophetenworten.

Der G. sollte in erster Linie von Demut u. Liebe gegenüber Gott begleitet sein, nachrangig auch m. Angst vor der Strafe Gottes u. der Hoffnung auf Seine Vergebung. Letztgenannte Emotionen gewichten sich nach einem apokryphen, aber doch inhaltlich akzeptierten Prophetenwort wie folgt: „Wöge man die Angst und die Hoffnung des Gläubigen, so fände man sie im Gleichgewicht" (weitere Ansichten bei Berger).

Das Gebet: Nur die Durchführung der täglichen fünf Gebete (morgens, mittags, nachmittags, abends u. nachts) ist für alle erwachsenen u. zurechnungsfähigen Muslime verpflichtend; vorzugsweise werden sie in der Gemeinschaft verrichtet. Daneben gibt es, je nach Meinung, etwa 15 weitere Gebete, die entweder empfohlen od. nur für manche Muslime eine Pflicht sind u. entweder zu bestimmten Zeiten (z. B. Fest- u. →Freitagsgebet), bei bes. Vorkomnissen (z. B. Totengebet) od. bei Anliegen (z. B. Gebet um Vergebung od. Eingebung) verrichtet werden. Die Ausführung der Gebete ist überwiegend gleich (Ausnahme: Totengebet), zudem zieht Erschwernis Erleichterungen nach sich (z. B. Gebet auf Reise od. bei Krankheit). Das Gebet besteht aus mehreren Einheiten (Sing. rakʿa), diese wiederum aus einer definierten Handlungsabfolge: Stehen, Verbeugung, zwei Niederwerfungen u. bei jeder zahlenmäßg geraden u./od. abschließenden Einheit Sitzen. Das Gebet endet m. dem Friedensgruß nach rechts u. links. Bei den Handlungen werden Koranverse od. bestimmte Lobpreisungen/Bittgebete auf Arabisch aufgesagt, optional auch etwas in beliebiger Sprache Selbstformuliertes.

Das Fasten: Das Fasten im →Ramadan (9. Monat im islam. Kalender), das durch ein Gelübde selbstauferlegte Fasten, das Fasten als Sühnehandlung (kaffāra) u. (nach mancher Meinung) das Zuendebringen eines angefangenen freiwilligen Fastentages sind für erwachsene u. zurechnungsfähige Muslime verpflichtend. Ausgenommen davon sind Frauen z. Z. der Menstruation od. des Wochenflusses u. ggf. auch Kranke, Schwangere, Stillende, Greise etc. Hinzu kommen empfohlene Fastenarten (z. B.

montags u. donnerstags) u. welche, die verboten sind (z. B. Fasten an den Festtagen). Das Fasten stellt den Verzicht auf Essen, Trinken, Rauchen u. Geschlechtsverkehr von der Morgendämmerung bis zum Sonnenuntergang dar.

Die Almosenabgabe: Nach der Mehrheitsmeinung müssen alle freien Muslime für almosenabgabepflichtige Wertgegenstände (z. B. Kapital u. Handelsgüter) die Almosen entrichten, sofern diese Gegenstände einen bestimmten Wert (z. B. den von 85 Gramm Gold) übersteigen u. sie länger als ein Mondjahr das volle Eigentum darstellen (bei Agrarprodukten sofort nach Ernte u. bei Bodenschätzen sofort nach Förderung). Bei den Empfangsberechtigten handelt es sich um acht Personengruppen (Koran 9:60), darunter Arme, Sklaven zwecks Freikauf sowie in Not geratene Reisende.

Die Pilgerfahrt: Sie geht lt. Koran auf Abraham zurück (Koran 22:26-9) u. beinhaltet eine Reihe kultischer Handlungen, die an den Tagen zwischen dem 8.-13. Ḏū l-Ḥiǧǧa (12. Monat) in Mekka u. Umgebung ausgeführt werden. Alle freien, gesunden u. finanziell entspr. ausgestatteten Muslime sind verpflichtet, die Pilgerfahrt einmal im Leben durchzuführen.

Quellen

al-Ġazālī, M., Šifāʾ al-ġalīl fī bayān aš-šabah wa-l-muḫīl wa-masālik at-taʿlīl, hg. v. Ḥ. al-Kabīsī, Bagdad 1971; aš-Šāṭibī, I., al-Muwāfaqāt, hg. v. M. Ibn Ḥasan, 7 Bde., al-Chubar 1997.

Literatur

Momen, M., An Introduction to Shiʿi Islam: The History and Doctrines of Twelver Shiʿism, New Haven – London 1985; Sabiq, A., Fiqh us-Sunna, 5 Bde., übers. ins Engl. von M. Dabas u. J. D. Zarabozo, Indianapolis ca. 1986-92; Powers, P., Intent in Islamic Law: Motive and Meaning in Medieval Sunnī Fiqh, Leiden – Boston 2006 (Studies in Islamic Law and Society 25); Berger, L., Art. Fear of God and Hope (for God's Mercy) (in Ṣūfism): EI³ Bd. 4, 102b-104a; DeLong-Bas, N., The Five Pillars of Islam, Oxford Bibliographies Online: http://www.oxfordbibliographies.com/view/document/obo-9780195390155/obo-9780195390155-0062.xml [Zugriff: 15.05.2019].

Farid Suleiman

© 2019, DOI: 10.30965/9783506786388_0298

Gottesdienstgemeinschaft

→Abendmahl, Eucharistie, →Abendmahls-, Eucharistiegemeinschaft, →Communicatio in sacris, →Gottesdienst, →Interzelebration

Gottesdienstkongregation

→Kongregation für den Gottesdienst und die Sakramentenordnung

Gottesdienstsperre

→Interdikt

Gottesfriede

→Treuga Dei

Gotteshaus

→Kapelle, →Kirchengebäude, →Moschee, →Synagoge

Gotteshausvermögen

→Kirchenstiftung

Gotteslästerung – Staatlich

G. beschreibt eine Äußerung od. ein Kunstwerk (→Kunstfreiheit), welche/s sich auf einer Skala von krit. über spöttisch bis respektlos/verunglimpfend m. Gott, religiösen Wahrheiten etc. – kurz: m. dem für den gläubigen Rezipienten als unantastbar Heiligen – auseinandersetzt u. deshalb bei letzterem auf Unverständnis stößt. Ausgangspunkt u. Maßstab jeglicher staatl. Reaktion auf das Phänomen der G. durch Private muss das Grundrecht der Meinungsfreiheit aus Art. 5 Abs. 1 GG sein, welches der Gotteslästerer einer etwaigen staatl. Unterbindung seiner Äußerung entgegenhalten kann. Der Schutzbereich dieses Freiheitsrechts umfasst Äußerungen auch dann, wenn sie beleidigend, polemisch od. verletzend sind (BVerfGE 33, 1, 15) u. verbietet dem Staat aus Respekt vor der Subjektivität des Einzelnen eine Inhaltskontrolle nach dem Muster gut od. schlecht. Die Meinungsfreiheit kann jedoch staatlicherseits beschränkt werden durch allg. Gesetze u. u. a. das Recht der persönlichen Ehre (Art. 5 Abs. 2 GG). Auf der Ebene der Schranken erst ist der Platz für eine Abwägung zwischen widerstreitenden Interessen. An dieser Stelle kommt nun der Gläubige ins Spiel, der sich durch G. verletzt fühlt u. ggf. den Staat um Einschreiten ersucht. Um die Auflösung eines Spannungsverhältnisses zwischen der Meinungsfreiheit des Gotteslästerers u. der →Religionsfreiheit auf Seiten des Gläubigen geht es jedoch nicht: Eine G. wird kaum je einen Übergriff in den Schutzbereich der Religionsfreiheit bedeuten, welcher die Ausrichtung des gesamten Verhaltens des Gläubigen an religiösen Glaubenssätzen schützt (ständige Rspr., BVerfGE 32, 98, 106), nicht jedoch vor Irritation u. Infragestellung religiöser Wahrheiten in einer multikulturellen u. individualisierten Gesellschaft. Auch das allg. Persönlichkeitsrecht in der Ausprägung des Rechts der persönlichen Ehre gibt dem Gläubigen kein durchgreifendes Argument an die Hand, vom Staat Unterbindung einer G. zu verlangen: Denn hierfür müsste die als G. inkriminierte Äußerung einen hinreichend individuellen Bezug zu einer Person od. einer eingegrenzten Personenmehrheit erreichen, was bei allg. gehaltener Kritik an Gott, religiösen Glaubenssätzen od. Verletzung religiöser Tabus nicht der Fall ist. Ein evtl. eigenes staatl. Interesse an der Unterbindung von G. kann jedenfalls nicht darin liegen, den Schutz des Heiligen um seiner selbst willen zu bewirken, da sich der nach dem →Grundgesetz verfasste Staat der BRD nicht auf eine bestimmte religiöse Wahrheit festlegt. Wohl aber lässt sich darüber nachdenken, ob der Schutz des religiösen Friedens u./od. die innere Integration solche Rechtsgüter darstellen, die – in Form eines allg. Gesetzes – eine Beschränkung der Meinungsfreiheit rechtfertigen. Dass Anhänger eines bestimmten Bekenntnisses nicht ausgegrenzt u. dass G. nicht in Gewaltexzesse – sei es von Seiten der Gläubigen, sei es von Seiten der sich Äußernden bzw. deren Sympathisanten – mündet: An der Verhinderung solcher Szenarien hat der säkulare Staat um seines eigenen Bestandes willen u. als Inhaber des Gewaltmonopols ein vitales Eigeninteresse. Geht es um den Schutz des öff. Friedens als Abwesenheit von Gewalt, wird sich der Staat m. der Unterbindung einer G. schwer tun, weil sich ein Wertungswiderspruch auftut: Die G. kann sich auf grundrechtlichen Schutz aus Art. 5 GG berufen, während der Gläubige durch seine gewaltsame Reaktion die bürgerliche Friedenspflicht verletzt. Daneben darf nicht außer Betracht bleiben, dass jede von Gläubigen als G. verstandene Äußerung einer Vielfalt von Deutungsvarianten zugänglich ist, was bei der staatl. Reaktion darauf ebenfalls eine Rolle spielt. Weit vorgelagert vor dem Bereich der Abwesenheit von Gewalt lässt sich innere Integration begreifen als Schutz der Beteiligungsmöglichkeiten aller Gesellschaftsmitglieder am öff. Diskurs: Wer wenigstens die Möglichkeit hat, seine Argumente zu Gehör zu bringen, wird eher bereit sein, auch ein für sich selbst unliebsames Ergebnis des demokratischen Prozesses zu akzeptieren. Im freiheitlichen Verfassungsstaat erweist sich die Unterbindung von G. m. einer solchen Begründung als zweischneidiges Schwert. Grundrechte schützen in erster Linie die Subjektivität des Einzelnen, haben aber auch Effekte für das Funktionieren der freiheitlich-demokratischen Grundordnung, die vom grundrechtlichen Wettbewerb u. dem freien Austausch von Meinungen lebt. Letzteres ist essentiell für den Weg der Wahrheitsfindung, auf dem der Verlust einzelner Argumente dem Ergebnis abträglich sein kann. Insb. religiöse Geltungsansprüche müssen sich dem Diskurs stellen. Nur der freie Austausch von Positionen ermöglicht Solidarisierungsprozesse von unten, die viel nachhaltiger sind als staatl. verordnete Integrationsversuche. Es fördert die Freiheitsfähigkeit einer Gesellschaft, dem Diskurs möglichst seinen Lauf zu lassen, mag er auch robust geführt werden. Dies entspricht auch dem vom GG vorausgesetzten Menschenbild.

Literatur

Hassemer, W., Religionsdelikte in der säkularisierten Rechtsordnung: Christentum, Säkularisation u. modernes Recht, hg. v. L. Lombardi Vallauri – G. Dilcher, Baden-Baden 1981, 1309-1330; Fischer, T., Die Eignung, den öff. Frieden zu stören – zur Beseitigung eines „restriktiven" Phantoms: NStZ 1988, 159-165; Fischer, T., Das Verhältnis der Bekenntnisbeschimpfung (§ 166 StGB) zur Volksverhetzung (§ 130 StGB): Goltdammer's Archiv für Strafrecht 1989, 445-468; Grabenwarter, C., Filmkunst im Spannungsfeld zwischen Freiheit der Meinungsäußerung u. Religionsfreiheit. Anmerkung zum Urteil des Europäischen Gerichtshofs für Menschenrechte vom 20. September 1994 im Fall Otto-Preminger-Institut: ZaöRV 55 (1995), 128-165; Hillgruber, C., Die Religion u. die Grenzen der Kunst: Essener Gespräche zum Thema Staat u. Kirche 36 (2002), 53-89; von Becker, B., „Gegen Grosz und Genossen". Der Gotteslästerungsprozess gegen George Grosz: NJW 2005, 559-562; Akyürek, M. – Kneihs, B., Die Karikatur im Spannungsfeld zwischen Religions- u. Meinungsfreiheit – eine provokante Skizze: JRP 2006, 79-83; Holoubek, M., Meinungsfreiheit u. Toleranz. Von den Schwierigkeiten einer Verantwortungsteilung zwischen Staat u. Gesellschaft für einen vernünftigen Umgang miteinander: JRP 2006, 84-87; Luf, G. – Schinkele, B., Kommunikationsfreiheit u. der Schutz religiöser Gefühle. Überlegungen aus Anlass des „Karikaturenstreits": JRP 2006, 88-92; Stelzer, M., Der Karikaturenstreit. Versuch einer grundrechtlichen Entgrenzung: JRP 2006, 98-103; Steinbach, A., Die Beschimpfung von Religionsgesellschaften gem. § 166 StGB. Eine Würdigung des Karikaturenstreits nach dt. Strafrecht: JR 2006, 495-499; Religionsbeschimpfung – der rechtliche Schutz des Heiligen, hg. v. J. Isensee, Berlin 2007; Censorial Sensitivities – Free Speech and Religion in a Fundamentalist World, hg. v. A. Sajó, Utrecht 2007 (Issues in Constitutional Law 4); Enders, C., Zwischen Kritik u. Beschimpfung – Das Verhältnis der Meinungs- u. Kunstfreiheit zum Schutz von Glauben u. religiöser Empfindung im Wandel der Zeiten u. Gesetzgebung: KuR 2007, 40-53; Heller, S. – Goldbeck, N., Mohammed zu Gast in Popetown – Religiöse (Bild-)Satire im Spannungsfeld von medienrechtlicher Fremdkontrolle u. medienethischer Selbstregulierung: ZUM 2007, 628-641; Frenz, W. – Casimir-van den Broek, E., Religionskritische Äußerungen u. Art. 10 EMRK in der Spruchpraxis des Europäischen Gerichtshofs für Menschenrechte: ZUM 2007, 815-818; Mückl, S., Meinungsäußerungsfreiheit versus Religionsfreiheit. Anforderungen aus menschenrechtlicher Sicht: Meinungsäußerungsfreiheit versus Religions- u. Glaubensfreiheit, hg. v. E. Klein, Berlin 2007, 81-116; Grimm, D., Nach dem Karikaturenstreit – Brauchen wir eine neue Balance zwischen Pressefreiheit u. Religionsschutz?: Jur. Studiengesellschaft Karlsruhe, Jahresband 2007, Heidelberg 2008, 21-36; Berkmann, B. J., Von der Blasphemie zur „hate speech"? – Die Wiederkehr der Religionsdelikte in einer religiös pluralen Welt, Berlin 2009; Koch, S., Die strafbare Beschimpfung von Bekenntnissen, Religionsgesellschaften u. Weltanschauungsvereinigungen, Hamburg 2009; von Ungern-Sternberg, A., Öff. Auseinandersetzung um Religion zwischen Freiheit u. Sicherheit. Vom Blasphemieverbot zur Bekämpfung der Hassrede: Freiheit – Sicherheit – Öffentlichkeit, Tagungsband zur 48. Assistententagung Öff. Recht, hg. v. F. Arndt – N. Betz – A. Farahat – M. Goldmann – M. Huber – R. Keil – P. L. Láncos – J. Schaefer – M. Smrkolj – F. Sucker – S. Valta, Baden-Baden 2009, 61-82; Keller, H. – Cirigliano, L., Die Krux m. der Blasphemie. Analyse zweier richterlicher Lösungsansätze: ZaöRV 70 (2010), 403-431; Voßkuhle, A., Religionsfreiheit u. Religionskritik. Zur Verrechtlichung religiöser Konflikte: EuGRZ 2010, 537-543; Rox, B., Schutz religiöser Gefühle im freiheitlichen Verfassungsstaat?, Tübingen 2012; Hörnle, T., Strafbarkeit anti-islamischer Propaganda als Bekenntnisbeschimpfung: NJW 2012, 3415-3418; Rox, B., Vom

Wert der freien Rede – Zur Strafwürdigkeit der Blasphemie: JZ 2013, 30-34; Isensee, J., Meinungsfreiheit im Streit m. der Religion – „Gotteslästerung" heute: AfP 2013, 189-199; Cornils, M., Gefühlsschutz, negative Informationsfreiheit od. staatl. Toleranzpflege. Blasphemieverbote in rechtlicher Begründungsnot: AfP 2013, 199-211; Kann man Gott beleidigen – Zur aktuellen Blasphemie-Debatte, hg. v. T. Laubach, Freiburg 2013; Hörnle, T., Bekenntnisbeschimpfung (§ 166 StGB). Aufheben od. Ausweiten?: JZ 2015, 293-297; Steinberg, R., Charlie Hebdo: Ist Blasphemie schützenswert? – Meinungsfreiheit u. der Schutz religiöser Gefühle in westlichen Verfassungsstaaten: DVBl 2016, 1281-1289; Britz, G., Strafrecht, Religion u. Blasphemie. Wie viel Strafrecht brauchen wir?: juris – die Monatsschrift 2017, 343-348.

Barbara Rox

© 2019, DOI: 10.30965/9783506786388_0305

Gottesurteil – Historisch

Ein G. (iudicium Dei, Ordal) ist eine gleichermaßen rechtlich wie auch religiös legitimierte Ritualhandlung, die der Wahrheitsfindung dient. Das G. basiert auf dem Grundgedanken, dass in Rechtsfällen, in denen die menschliche Urteilskraft an ihre Grenzen gelangt, Gott bzw. eine Gottheit als Zeuge angerufen u. um ein Votum zum Streitfall gebeten werden kann. Als berufenes G. ist es von unberufenen G. abzugrenzen. Nachweisbar in einer Vielzahl von Kulturen u. Religionen gewinnt das G. bes. Bedeutung im europäischen MA chr. Prägung. Hier wird es in den frühmittelalterlichen Leges des 5. bis 9. Jh. erstmals schriftlich fassbar u. zeigt bereits die für G. insgesamt charakteristische Formenvielfalt, die insb. unter kirchl. Einfluss um einige Varianten erw. wird. Differenziert werden kann dabei zwischen ein- u. zweiseitigen G.: Bei den einseitigen G., die v. a. bei Unfreien Anwendung fanden, wird ein Delinquent in einer Art Probe der Macht der Naturgewalten ausgesetzt (Elementordal), indem er z. B. ein glühendes Eisen tragen muss od. gefesselt ins Wasser geworfen wird. Verläuft die Probe wie erwartet, d. h. trägt der Proband Brandwunden davon, die wieder verheilen, od. sinkt er unter Wasser, gilt seine Unschuld als erwiesen. Gibt es jedoch eine unerwartete Wendung, sei es, dass keine äußerlichen Verletzungen sichtbar werden, sich die Heilung verzögert od. das Wasser den Gefesselten nicht aufnimmt, wird dies gem. dem leiblichen Rechtsverständnis des MA als göttliches Zeichen für die Schuld des Betreffenden gedeutet. Zweiseitige G. setzen hingegen auf die direkte Konfrontation der Streitparteien, z. B. in Form des gerichtlichen Zweikampfs (duellum, iudicium pugnae), der innerhalb des Systems der G. eine Sonderstellung einnimmt. Der Sieg in solch einer Auseinandersetzung gilt zugl. als Beleg für die Rechtmäßigkeit der Aussagen der siegreichen Streitpartei, während der Überwundene als schuldig angesehen wird. Formal firmiert das G. im Prozess also nicht als Strafe, sondern als Beweismittel. Dessen Anwendung war jedoch seit jeher umstritten. Neben frühen theol. Kritikern wie Avitus von Vienne, Petrus Cantor od. Agobard von Lyon positionierte sich v. a. das Vierte Laterankonzil von 1215 gegen diese Form der Beweiserhebung. Im weltlichen Bereich setzte ab dem 11. Jh. zunächst im städtischen Recht eine allmähliche Zurückdrängung der G. ein, gefolgt von diversen herrschaftlichen Stellungnahmen, wie den 1231 erlassenen Konst. von Melfi Friedrichs II. od. der Ordonnanz Ludwigs IX. von 1260. Die vorgebrachten Kritikpunkte reichten von pragmatischen Argumenten wie der zeit- u. kostenintensiven Ausgestaltung des G. über den theol. Vorwurf, das G. stelle als berufenes Wunder eine Versuchung Gottes dar, bis hin zu dem Verweis auf den Erfahrungswert, dass bereits Unschuldige im Elementordal nicht bestehen konnten od. Schuldige im Zweikampf den Sieg davon getragen hätten, das G. mithin insgesamt kein verlässliches Instrument zur Ermittlung der Wahrheit sei. Diese Diskussion um die Rechtmäßigkeit des G. ist eingebunden in zeitgenössische Debatten um die Herstellung von Glaubwürdigkeit u. die damit verbundene Suche nach probaten gerichtlichen Beweismitteln, die seit Mitte des 12. Jh. Urkundenbeweis, Tatzeugen u. Geständnis stärkt. Gleichwohl konnte sich die von geistl. u. weltlichen Autoritäten angestrebte Zurückdrängung der G. nur schleppend durchsetzen: So hielt sich z. B. der Adligen vorbehaltene gerichtliche Zweikampf bis weit ins 15. Jh. u. die Elementordale lebten teils noch in den Zauber- u. Hexereiverfahren des 16. u. 17. Jh. fort (→Hexenverfolgung). Das Beharrungsvermögen der G. illustriert auch, dass sie aller Kritik zum Trotz durchaus als effektiv angesehen u. m. Bedacht u. keineswegs irrationalen Prinzipien gehorchend angewendet wurden. Diese Effektivität des G. liegt auch in seinem Ritualcharakter u. der diesem inhärenten kommunikativen Struktur begr.: Umgeben m. einer Vielzahl rechtlicher u. liturgischer Regelungen, wie sie z. B. in kirchl. Ordines, in weltlichen Rechtstexten wie dem Sachsenspiegel od. in erzählenden Quellen greifbar werden, entfaltete sich das G. als langwieriges Procedere, das vor seiner eigentlichen Durchführung Verhandlungsspielräume eröffnete, dem Geständnis od. einer gütlichen Einigung den Weg bahnen konnte u. insofern als kommunikatives Band sowohl zwischen Mensch u. Gott als auch zwischen den Streitparteien fungierte. In welchem Maße dabei der religiöse Charakter des G., pragmatische Erwägungen od. aber – wie beim gerichtlichen Zweikampf – adeliges Prestigedenken eine Rolle spielten, ist jeweils im Einzelfall zu prüfen. Das G., das sich per se im Spannungsfeld von subjektiven Rechtsansprüchen, weltlichen Rechtsnormen u. Vorstellungen vom Wirken göttlicher Gerechtigkeit bewegt, zeichnet sich also gerade durch seine Mehrdeutigkeit aus, die ihm jenseits seiner rechtlichen Position einen festen Platz in der Kultur des MA u. auch der Neuzeit sichert.

Quellen

Ordines iudiciorum Dei, hg. v. K. Zeumer, Hannover 1886 (Formulae Merovingici et Karolini Aevi); Leges Alamannorum, hg. v. K. Lehmann, Hannover 1888 (MGH Leges nationum Germanicarum 5.1); Leges Burgundionum, hg. v. L. R. v. Salis, Hannover 1892 (MGH Leges nationum Germanicarum 2.1); Lex Baiuwariorvm, hg. v. E. v. Schwindt, Hannover 1926 (MGH Leges nationum Germanicarum 5.2); Sachsenspiegel. Land- u. Lehnrecht, hg. v. K. A. Eckhardt, Hannover 1933 (MGH Fontes iuris Germanici antiqui, nova series 1); Agobardi Lugdunensis, Opera Omnia, hg. v. L. van Acker, Turnhout 1981 (Continuatio Mediaevalis 52); Die Konstitutionen Friedrichs II. für das Königreich Sizilien, hg. v. W. Stürner, Hannover 1996 (MGH Leges Vol. 2 Suppl.).

Literatur

Leitmaier, Ch., Die Kirche u. die Gottesurteile. Eine rechtshistorische Studie, Wien 1953 (Wiener Rechtsgeschichtliche Arbeiten 2); Nottarp, H., Gottesurteilstudien, München 1956 (Bamberger Abhandlungen u. Forschungen 2); Baldwin, J., The Intellectual Preparation for the Canon of 1215 against Ordeals: Speculum 36 (1961), 613-636; Colman, R., Reason and Unreason in Early Medieval Law: Journ. of Interdisciplinary History 4.4 (1974), 571-591; Chabas, M., Le duel judiciaire en France (XIIIe-XVIe siècles), Saint-Sulpice de Favières 1978; Barthélemy, D., Présence de l'aveu dans le déroulement des ordalies (IXe-XIIIe siècle): L'aveu. Antiquité et moyen-âge, Rom 1986 (Collection de l'École Française de Rome 88), 191-214; Bartlett, R., Trial by Fire and Water. The Medieval Judicial Ordeal, Oxford 1986; Barthélemy, D., Diversité des ordalies médiévales: Rev. Historique 280 (1988), 3-25; Schmoeckel, M., Ein sonderbares Wunderwerck Gottes. Bemerkungen zum langsamen Rückgang der Ordale nach 1215: Ius Commune 26 (1999), 123-164; ders., Humanität u. Staatsraison. Die Abschaffung der Folter in Europa u. die Entwicklung des gemeinen Strafprozeß- u. Beweisrechts seit dem hohen Mittelalter, Köln – Wien – Graz 2000 (Norm u. Struktur 114); ders., Neminem damnes, antequam inquiras veritatem. Die Entwicklung eines hohen Beweisstandards als Vorgeschichte der Verdachtsstrafe: ZRG.K 87 (2001), 191-225; Barthélemy, D., Chevaliers et miracles, Paris 2004; Friedrich, U., Die ‚symbolische Ordnung' des Zweikampfs im Mittelalter: Gewalt im Mittelalter. Realitäten – Imaginationen, hg. v. M. Braun –

C. Herberichs, München 2005, 123-158; Dinzelbacher, P., Das fremde Mittelalter. Gottesurteil u. Tierprozess, Essen 2006; Neumann, S., Der gerichtliche Zweikampf: Gottesurteil – Wettstreit – Ehrensache, Ostfildern 2010 (Mittelalter-Forschungen 31); Kirakosian, R., ‚Hoc iudicium creavit omnipotens Deus'. Über die Ritualität von Gottesurteilen: Francia 39 (2012), 263-283; Schild, W., Art. Gottesurteil: HRG[2] Bd. 2, 481-491; Clauss, M., Der Krieg als Mittel u. Thema der Kommunikation. Die narrative Funktion des Gottesurteils: Gottes Werk u. Adams Beitrag. Formen der Interaktion zwischen Mensch u. Gott im Mittelalter, hg. v. Th. Honegger – G. Huber-Rebenich – V. Leppin, Berlin 2014 (Das Mittelalter – Beih. 1), 128-141; Frenschkowski, M., Art. Ordal (Gottesurteil): RAC Bd. 26, 365-398; Israel, U., Sehnsucht nach Eindeutigkeit? Zweikampf u. Ordal im Mittelalter: Ambiguität im Mittelalter. Formen zeitgenössischer Reflexion u. interdisziplinärer Rezeption, hg. v. O. Auge – Ch. Witthöft, Berlin – Boston 2016 (Trends in Medieval Philology 30), 287-304.

Sarah Neumann

© 2019, DOI: 10.30965/9783506786388_0306

Gottesverehrung – Katholisch

Der Begriff der G. bez. öff. u. private bzw. amtl. u. nicht-amtl. liturgische Handlungen der Kirche. Sprachlich wird G. im CIC/1917 u. CIC/1983 zumeist m. liturgia bzw. cultus umschrieben, wobei beachtet werden muss, dass insb. cultus im CIC/1983 eine große Bedeutungsvielfalt zukommt.

Im CIC/1917 unterscheidet der Gesetzgeber in can. 1256 zwischen öff. u. privatem Kult. Die öff. G. ist hier definiert als amtl. →Gottesdienst, der durch rechtmäßige u. von der Kirche eingerichtete Personen, worunter nicht ausschließlich →Kleriker zu verstehen sind, durchgeführt wird u. Gott, den Heiligen u. den Seligen gilt. Jede andere Form der G. wird vom Gesetzgeber im CIC/1917 als „privatus" bez.

Das Vat II bez. in SC 7 die Liturgie als Fortführung u. Vollzug des Priestertums Christi. Sie wird von den Konzilsvätern vorzügliche Form der G. genannt, wobei auch weiteren Formen der G. ihre Berechtigung zugesprochen wird. Zudem wird in SC 7 festgehalten, dass der Träger der Liturgie die ganze Kirche ist, die aus allen →Gläubigen besteht. In der Liturgie übt das gesamte Volk Gottes den priesterlichen Dienst Chr. aus. Dementsprechend wird die Liturgie als Form der G. in SC 10 als Quelle u. Höhepunkt allen kirchl. Tuns bez.

In c. 834 §1, dem ersten theol. Leitsatz des Liber IV des CIC/1983, in dem der Gesetzgeber SC 7 rezipiert, findet sich eine Beschreibung der Liturgie als bes. Form der Ausübung des →Heiligungsdienstes. Demnach übt die Kirche – gem. c. 204 alle christifideles – das munus sanctificandi bes. in der Liturgie als vorzüglicher Form der G. aus. Gem. c. 835 sind alle christifideles Träger der Liturgie. C. 835 befasst sich in §1 m. den →Bischöfen, in §2 m. den →Priestern, in §3 m. den →Diakonen u. in §4 m. den übrigen christifideles als Trägern des Heiligungsdienstes. Gesetzessystematisch ist hierbei krit. anzumerken, dass der Gesetzgeber auf Grundlage der Ekklesiologie des Vat II u. der Lehre vom gemeinsamen Priestertum (→Allgemeines bzw. Gemeinsames Priestertum), das allen Gläubigen durch den Empfang der →Taufe zuteil wird u. durch das sie Anteil an den tria munera Chr. (→Tria-Munera-Lehre) haben, die grundlegende Trägerschaft der Liturgie durch die christifideles laici analog zum kan. →Verfassungsrecht, in dem der Gesetzgeber zunächst die Gläubigen behandelt, bevor er sich der kirchl. Hierarchie widmet, den Paragraphen über die bes. Formen der Teilhabe der Bf., Priester u. Diakone hätte voranstellen sollen. Dementsprechend wird in c. 836 hervorgehoben, dass die Liturgie eine Form der Ausübung des gemeinsamen Priestertums aller Gläubigen darstellt. Dieser Gottesdienst wird in c. 834 §1 als „cultus Dei publicus" bez. Die Kriterien, anhand derer die Liturgie von anderen Formen der G. unterschieden werden kann, werden in c. 834 §2 dargelegt, welcher wesentlich auf can. 1256 zurück geht. So muss jene G. immer im Namen der Kirche von dafür rechtmäßig beauftragten Personen durch Handlungen durchgeführt werden, die i. V. m. c. 838 „von der kirchlichen Autorität gebilligt sind", d. h. durch →liturgische Bücher. Gem. c. 838 §1 liegt die rechtliche Organisation der Liturgie beim →Apostolischen Stuhl u. beim →Diözesanbischof nach Maßgabe des Rechts (vgl. c. 838 §4). Der Hl. Stuhl ist gem. c. 838 §2 für die Herausgabe der liturgischen Bücher zuständig. Nach dem MP →Magnum Principium vom 03.09.2017 ist der Hl. Stuhl nicht mehr für die →recognitio der von den →Bischofskonferenzen erstellten Übersetzungen zuständig (c. 838 §2 aF), sondern nur für die Rekognoszierung etwaiger weitergehender Anpassungen. Gem. c. 838 §3 nF ist bzgl. der Herausgabe der liturgischen Bücher für die eigene Region durch die BK von einer vorausgehenden →confirmatio durch den Apost. Stuhl (c. 838 §3 aF: recognitio) die Rede, was lediglich eine „rechtliche Bekräftigung einer vorangehenden Rechtshandlung bzw. Rechtstatsache dar[stellt]" (Bieringer – Meckel, 2018, 34), u. somit die Kompetenz der BK in liturgischen Fragen stärkt.

Es handelt sich beim cultus publicus gem. c. 834 §2 folglich um ein kirchenamtliches Handeln, nicht um eine G. einzelner Gläubiger. Dieses amtl. Handeln setzt eine deputatio voraus, wie sie gem. c. 228 §1 auch →Laien empfangen können. Für die Kleriker ist bes. c. 1008 zu beachten, der von der consecratio zum Priester spricht u. zudem die Notwendigkeit einer deputatio festlegt, um die Vollmacht auszuüben. Auch das Stundengebet (→Brevier), zu dem gem. c. 1174 §2 alle Gläubigen ausdrücklich eingeladen sind, zählt nach diesen Kriterien ausdrücklich zum cultus publicus u. ist somit eine vorzügliche Ausdrucksweise der G. Alle weiteren Formen der G. sind dem Bereich der privaten, nicht-amtl. G. zuzuordnen, auch wenn c. 834 dies nicht wie can. 1256 explizit betont. I. d. S. spricht der Gesetzgeber in c. 837 davon, dass die „liturgischen Handlungen ... nicht private Handlungen, sondern Feiern der Kirche selbst" sind. Gem. c. 840 sind die Feiern der →Sakramente ein ebenfalls hervorzuhebendes Mittel der G.

Der Gesetzgeber erwähnt in c. 839 Formen der G., die sich nicht dem cultus Dei publicus gem. c. 834 zuordnen lassen, aber dennoch vollwertige Ausübungsformen des munus sanctificandi darstellen. Im Hintergrund dessen steht c. 204 §1, gem. dem alle Gläubigen aufgrund ihres in der Taufe erlangten gemeinsamen Priestertums Anteil an den tria munera haben u. somit die G. als Form des Heiligungsdienstes auch außerhalb der Liturgie ausüben. Als Bsp. für die nicht-amtl. G. nennt der Gesetzgeber in c. 839 §1 „→Gebete ... [und] Werke der Buße und der Caritas". Die Wichtigkeit des Gebets spiegelt sich in weiteren Normen des CIC/1983 wieder (vgl. c. 246 §3 für die Priesterausbildung, c. 276 §2 °5 für die Pflicht der Kleriker zum Gebet, cc. 577, 663 §3 u. 673 bzgl. der Religiosen u. c. 937 m. der starken Empfehlung, die Kirchen für die Gläubigen zum Gebet zu öffnen). Ergänzend zu den Werken der Buße u. der Caritas müsste unter den Formen der nicht-amtl. G. auch die Führung einer chr. →Ehe u. die Erziehung der Kinder (→Kindererziehung) im chr. Glauben erwähnt werden. Das Fehlen dieses Elements in c. 839 lässt sich m. dessen Erwähnung in c. 835 §4 erklären. C. 839 zeigt den hohen Stellenwert der privaten G., da diese als vollwertige Ausübung des Heiligungsdienstes betrachtet u. deswegen in die kirchl. Rechtsordnung integriert wird. Dementsprechend ist es gem. c. 839 §2 auch die Aufgabe der Ordinarien, dafür Sorge zu tragen, dass „die Gebete sowie die frommen und heiligen Übungen des christlichen Volkes mit den Normen der Kirche voll übereinstimmen."

Quellen

Vat II, SC; Franziskus, MP Magnum principium vom 3. September 2017: Comm. 49 (2017), 255-261.

Literatur

Rau, S., Die Feiern der Gemeinde u. das Recht der Kirche. Zu Aufgabe, Form u. Ebenen liturgischer Gesetzgebung in der kath. Kirche, Altenberge 1990; McManus, F., Book IV. The Sanctifying Function of the church. Introductory Canons (cc. 834-839): New Commentary on the Code of Canon Law, New York – Mahwah 2000, 1004-1017; Zapp, H., Art. Gottesverehrung: LKStKR Bd. 2, 174; Stubenrauch, T., Wer ist Träger der Liturgie? Zur Rezeption des II. Vatikanischen Konzils im Codex Iuris Canonici von 1983, Trier 2002 (Trierer Theol. Studien 68); Tejero, E., Cc. 834-839: Exegetical Commentary on the Code of Canon Law Volume III/1, Chicago 2004, 359-399; KanR III, 174-178; Haering, S., Liturgie u. Recht: Gottesdienst der Kirche. Handbuch der Liturgiewissenschaft. Teil 2 Theologie des Gottesdienstes, Regensburg 2008, 403-454; Bärsch, J., Populo congregato. Die Feier der Liturgie als Ausdrucksform der Ekklesiologie: Von der Trennung zur Einheit. Das Bemühen um die Pius-Bruderschaft, hg. v. H. Hallermann – T. Meckel – B. Dennemarck, Würzburg 2011 (WTh 7), 111-143; Müller, L., § 71 Begriff, Träger u. Ordnung der Liturgie: HbkathKR^3, 1086-1094; Bieringer, A. – Meckel, T., Wer hat das letzte Wort?: HK 72,1 (2018), 31-34; Althaus, R.: MKCIC cc. 834-839; 1174.

Vincent Jünger

© 2019, DOI: 10.30965/9783506786388_0307

Gottesvolk

→ Gläubige, → Kirche, Begriff, → Volk Gottes

Göttliches Recht

→ Ius divinum

Grab

→ Bestattung

Grade

→ Akademische Grade, → Verwandtschaft

Gratian, Johannes – Historisch

G., der Kompilator der als → Decretum Gratiani bekannten Concordia discordantium canonum, bleibt auch nach einer in den letzten Jahrzehnten intensivierten Forschungsarbeit immer noch die enigmatische Persönlichkeit, als die ihn Stephan Kuttner bez. Seine Biographie liegt nach wie vor weitgehend im Dunkeln, zumal auch die ältesten Manuskripte des Decr., v. a. die Manuskripte der sog. ersten Rezension, keine Angaben zum Verf. machen u. die Zuschreibung „quod a quodam Gratiano compositum" erst in späteren Handschriften zu finden ist.

Über Zeit u. Ort der Geburt G. ist nichts Gesichertes bekannt. Als Herkunftsorte werden Orvieto, Chuisi u. Carara di Ficulle genannt. Wie eine Chronik nahelegt, könnte G. einen Teil seiner Ausbildung in der Pariser Abtei St. Viktor erhalten haben, was auch den Einfluss franz. Texte auf das Decr. erklären würde. Als gesichert kann gelten, dass der Verf. der Concordia discordantium canonum in den 30er u. 40er J. des 12. Jh. an der Universität von Bologna (→ Bologna, Schule von) tätig war u. sich sowohl für Fragen des Rechts, als auch der Theologie interessierte, was die vielen Bezüge auf Texte der Patristik im Decr. erklärt.

Immer, wenn ein Bezug auf G. auftaucht, wird er als Magister bez., was eine Lehrtätigkeit nahelegt. Dies würde auch die Fragestellung der Causae des Decr. erklären, deren Anlage mehr akademisch ist u. weniger der Gerichtspraxis entstammt.

In einer ma. Chronik des Robert von Toigny wird G. als Episcopus Clusinus (Chiusi, Italien) bez. u. erscheint als solcher auch als Teilnehmer am Provinzialkonzil von Reims 1131. Über ihn wird gesagt: „coadunavit decreta valde utilia ex decretis, canonibus, doctoribus, legibus Romanis, sufficientia ad omnes ecclesiasticas causas decidendas, que frequentatur in Curia Romana et aliis curiis ecclesiasticis." In dieser Zuschreibung wird eine Anspielung auf die Concordia discordantium canonum gesehen.

Auch neun Manuskripte des Decr. vom Ende des 12./Anfang des 13. Jh. bez. G. als Episcopus (o. aber eine Diözese zu benennen). Eine solche Bez. findet sich erstmals in einer →Glosse aus der Zeit um 1160. Während diese kirchl. Laufbahn G. lange als Legende bez. wurde, geht man nach den neueren Forschungen zum Dekr. eher vom Wahrheitsgehalt dieser Angabe aus.

In Frage gestellt wird heute hingegen die Annahme, G. sei Camaldulensermönch im Kloster St. Felix u. Nabor gewesen.

Über Zeit u. Ort seines Todes ist nichts bekannt.

Literatur

Winroth, A., The Making of Gratian's Decretum, Cambridge 2000; De León, E., La biografia di Graziano: IusEccl 14 (2002), 415-423; Wei, J. C., Gratian the Theologian, Washington 2016 (Studies in Medieval and Early Modern Canon Law 13).

Markus Graulich

© 2019, DOI: 10.30965/9783506786388_0312

Grenzen

→Territorium, →Zuständigkeitsbereich

Griechenland, Staat und Religion – Staatlich

Die Verf. G. enthält in ihrem ersten Teil, unter der Titel „Grundbestimmungen", im zweiten Abschnitt unter der Rubrik „Beziehungen zwischen Kirche und Staat" (Art. 3) die wichtigsten Bestimmungen über das Verhältnis zwischen Staat u. Kirche. Im zweiten Teil enthält die Verf., unter dem allg. Titel „Individuelle und soziale Rechte" (Art. 13) Begriff, Inhalt u. Schranken der Religionsfreiheit.

1. Gem. Art. 13 der griech. Verf. ist die Freiheit des religiösen Gewissens unverletzlich. Die Ausübung der individuellen u. politischen Rechte hängt nicht von den religiösen Anschauungen eines jeden ab. Der Kultus jeder bekannten Religion kann ungehindert unter dem Schutz der Gesetze ausgeübt werden, vorausgesetzt, dass er die öff. Ordnung u. die guten Sitten nicht verletzt. Außerdem ist freilich die Religionsfreiheit anerkannt durch versch. intern. Verträge, welche auch in G. ratifiziert sind; so etwa durch Art. 9 der EMRK. Laut Art. 28 §1 der griech. Verf. sind die intern. Verträge Bestandteil des inneren griech. Rechtes u. gehen jeder entgegenstehenden Gesetzesbestimmung vor. Bekannte Religion ist nach überlieferter Auffassung die, deren Lehre u. Kultus offenkundig, d. h. nicht geheim sind, u. die nicht in Widerspruch zu der Rechtsordnung u. den guten Sitten stehen. Der Begriff bekannte Religion ist nicht i. S. einer vom Staat durch Gerichtsentscheidung konkret anerkannten Religionsgemeinschaft zu verstehen. Eine Gerichtsentscheidung nach den Bestimmungen des Zivilgesetzbuches über die jur. Personen bedürfen jedoch die bekannten Religionen, um Rechtsfähigkeit zu erwerben. Für alle anderen bekannten Religionen gilt das Prinzip der Selbstverwaltung, das, obwohl es in der griech. Verf. nicht ausdrücklich verankert ist, jedoch aus dem verfassungsgesetzlich gewährleistetem Recht der Religionsfreiheit resultiert.

2. Laut der griech. Verf. ist die herrschende Religion in G. diejenige der Östlich-Orth. Kirche Chr.; sie ist bzgl. des Dogmas ebenso untrennbar m. der Großen Kirche in Konstantinopel wie m. allen anderen Kirchen gleichen Bekenntnisses verbunden. Art. 3 §1 lautet: „Die herrschende Religion in Griechenland ist diejenige der Östlich-Orthodoxen Kirche Christi. Die Orthodoxe Kirche Griechenlands erkennt unseren Herrn Jesus Christus als Haupt an und ist bezüglich des Dogmas untrennbar mit der Großen Kirche Konstantinopels sowie allen anderen Kirchen gleichen Bekenntnisses verbunden, wie jene bewahrt sie unverrückbar die heiligen Apostolischen und Konzilskanones sowie die heiligen Überlieferungen. Sie ist Autokephal und wird geleitet von der Hl. Synode der amtierenden Bischöfe sowie von der aus deren Mitgliedern gebildeten Ständigen Hl. Synode, die gemäß der Grundordnung der Kirche gebildet wird, unter Einhaltung der Be-

stimmungen des Patriarchaltomos vom 29. Juni 1850 und des Synodalakts vom 4. September 1928".

3. Eine nähere Erörterung der einzelnen Bestimmungen zeigt, dass die Absicht des verfassungsgebenden Gesetzgebers doch eine Liberalisierung der Beziehungen zwischen Staat u. Kirche war. Die drei Absätze des ersten Paragraphen des Art. 3 nennen die drei Grundlagen dieses Verhältnisses: die herrschende Religion, die Bewahrung der Hl. Kanones u. die Selbstverwaltung der Kirche von G. Nach der Verf. muss das Staatsoberhaupt (Präsident der Republik) nicht mehr der Orth. Kirche angehören; der Eid, den der Präsident nur vor dem Parlament u. nicht mehr vor der Hl. Synode leisten muss, umfasst auch nicht mehr den Schutz der herrschenden Religion u. der Proselytismus ist allg. verboten, also auch, wenn er gegen andere Konfessionen od. Religionen – u. nicht nur gegen die herrschende Kirche – gerichtet ist. Infolgedessen ist unter dem Begriff herrschende Religion kein Recht zur Herrschaft über andere Religionsgemeinschaften zu verstehen, sondern der Begriff hat einen vorwiegend deklaratorischen Sinn, nämlich dass die weit überwiegende Mehrheit der Griechen dieser Kirche angehört u. dass staatl. Festlichkeiten nur nach dem Ritus dieser Kirche begangen werden. Andererseits begr. er auch die Möglichkeit einer bes. Unterstützung durch den griech. Staat, die hist. wohl erklärbar ist, in Form z. B. von staatl. Besoldung des orth. Klerus, staatl. Religionsunterricht, usw.

4. Der gem. Art. 3 § 2 der griech. Verf. in einigen Gebieten des Staates bestehende Kirchenstatus widerspricht nicht den Bestimmungen des Art. 3 §1. Damit sind die kirchl. Sonderformen auf der Insel Kreta, dem Hl. Berg Athos u. Dodekanes gemeint, Gebiete, die dem → Patriarchat von Konstantinopel unterstehen.

Quellen

Konidaris, I., Gesetzliche Bestimmungen über die Beziehungen zwischen Staat u. Religionen [in Griechenland]. Texte u. Kommentar (auf griech.), Athen – Thessaloniki ³2016 (Bibliothek des Kirchenrechts; Quellen, 1).

Literatur

Nanakos, S., Staat u. Kirche in der griech. Orthodoxie: Ostkirchliche Studien 6 (1957), 268-281; Tsatsos, Th., Die verfassungsmäßige Gewährleistung der Religionsfreiheit in Griechenland: FS für C. Schmitt zum 70. Geburtstag, hg. v. H. Barion – E. Forsthoff – W. Weber, Berlin 1959, 221-251; Podskalsky, G., Kirche u. Staat in Griechenland: TrThZ 76 (1967), 298-322; Poulitsas, P., Die Beziehungen zwischen Staat u. Kirche in Griechenland: Die orth. Kirche in griech. Sicht, hg. v. P. Bratsiotis, Stuttgart ²1970, 244-254; Basdekis, A., Die Beziehungen zwischen Kirche u. Staat in Griechenland nach der Verfassung vom 9. Juni 1975: ÖR 25 (1976), 381-393; Konidaris, I., Die orth. Kirchen in Griechenland nach der neuen Grundgesetzgebung: ZevKR 23 (1978), 189-201; Spyropoulos, Ph., Die Beziehungen zwischen Staat u. Kirche in Griechenland unter bes. Berücksichtigung der orth. Kirche, Athen 1981; Troianos, S., Die Beziehungen zwischen Staat u. Kirche in Griechenland: Orth. Forum 6 (1992), 221-231; Konidaris, I., Lehrbuch des Kirchenrechts (auf griech.), Athen – Thessaloniki ³2016; ders., Kirchl. Sonderformen im griech. Staat (auf griech.), Athen – Thessaloniki ²2017.

Ioannis Konidaris

© 2019, DOI: 10.30965/9783506786388_0314

Großbritannien, Staat und Religion – Staatlich

1. Einl.: Das Vereinigte Königreich ist, aus verfassungsrechtlicher Perspektive, kein säkularer Staat. Vielmehr umfasst es vier separate Staatsgebiete: England, Nordirland, Schottland u. Wales (die Kanalinseln u. die Isle of Man sind selbstverwaltete Schutzgebiete der Krone außerhalb des Vereinigten Königreichs). Gesetze für das ganze Vereinigte Königreich u. für England selbst werden vom Parlament des Vereinigten Königreichs in Westminster erlassen; darüber hinaus haben Nordirland, Schottland

u. Wales eigene inländische Gesetzgebungsorgane, jede m. versch. Befugnissen – obwohl bei Verfassen dieses Art. die Versammlung von Nordirland aufgelöst ist, weil ihre Mitglieder nicht in der Lage waren, eine Exekutive zu bilden.

Überdies gibt es drei versch. Gerichtsstände: England u. Wales, Nordirland sowie Schottland – obgleich dies das Ergebnis der letzten Runde der gesetzgeberischen Dezentralisierung ist, wird sich Wales allmählich zu einer eigenständigen Jurisdiktion entwickeln – der Terminus des „walisischen Rechts" ist bereits weitgehend anerkannt. Über den drei Gerichtsständen thront der Oberste Gerichtshof des Vereinigten Königreichs: das letzte innerstaatliche Berufungsgericht von England u. Wales sowie Nordirland, in zivilen Angelegenheiten auch von Schottland (nicht aber in schottischen Kriminalangelegenheiten außer bzgl. der „Devolution Issues" – Fragen der Dezentralisierung [Scotland Act 1998, Schedule 6, 1]).

2. Die Rechtsstellung der Kirchen: Die Rechtsstellung der Kirchen ist vor dem Hintergrund dieser verfassungsrechtlichen u. jurisdiktionellen Ausgangslage in den vier Territorien unterschiedlich. In England ist die Church of England von Gesetzes wegen errichtet („established by law"). Mit dem Act of Supremacy von 1558 wurde festgeschrieben, dass der Souverän der oberste Gouverneur des Reiches sowohl in allen geistl. u. kirchl. als auch in zeitlichen Angelegenheiten ist („the Supreme Governor of the Realm in all spiritual and ecclesiastical causes as well as temporal"). Diese Bestimmung wurde inzwischen aufgehoben; aber Canon A7 (der Royal Supremacy) erkennt den Monarchen unverändert als größten Herrscher nach Gott in dessen Königreich an, u. dieser hat die allg. Befehlsgewalt, sowohl in kirchl. als auch in zivilen Angelegenheiten („the highest power under God in his kingdom, and has supreme authority over all persons in all causes, as well ecclesiastical as civil"). Gem. der Bestimmungen des Paragraphen III des Act of Settlement von 1700/1701 muss der Monarch in die Gemeinschaft der staatl. verfassten Church of England eintreten u. versprechen, diese zu bewahren – folglich wird seitdem ein röm. Katholik auf dem Thron ausgeschlossen.

Die Generalsynode der Kirche hat die Befugnis, Gesetzesrecht („statute law" – gesetzliche Maßnahmen) zu erlassen, welches Teil des allg. Rechts von England ist: Nach annehmenden Beschl. durch die Parlamente werden die gesetzlichen Maßnahmen in gleicher Weise wie das weltliche Recht vom König genehmigt. Auch neue od. ergänzende Canones der Church of England müssen vor ihrer Promulgation royale Zustimmung erhalten, im Gegensatz zu statutarischem Recht sind sie jedoch kein Gegenstand parlamentarischer Abstimmungen. Das kan. Recht ist Teil des allg. Rechts von England u. die Rspr. ist Teil des allg. Gerichtssystems – sodass z. B. der Dean of the Arches and Auditor (der vorsitzende Kirchenrichter in England) nach der Zustimmung der Krone von zwei Ebf. ernannt wird. Zudem muss er gem. Paragraph 71 des Courts and Legal Services Act von 1990 seit 10 J. für das Richteramt am High Court befähigt sein.

Die Ebf. von Canterbury u. York, die Bf. von London, Durham u. Winchester u. die restlichen 21 rangältesten Diözesanbischöfe haben Sitze im House of Lords – dem Oberhaus im Parlament. Die Bf. werden von der Krone auf Vorschlag des Premierministers ernannt, welcher heute nur noch die Namen weiterleitet, die von der Church's Crown Appointments Commission vorgelegt werden.

In Schottland ist die Church of Scotland (welche reformiert ist, nicht angl.) die Nationalkirche, die den chr. Glauben des schottischen Volkes repräsentiert (vgl. Art. III der Articles Declaratory, die enthalten sind im Church of Scotland Act von 1921). Die Kirche ist in geistl. Angelegenheiten unabhängig vom Staat; ob sie rechtlich anerkannt ist, ist eine umstrittene Frage. Rein rechtlich gesehen, ist sie zumindest qualitativ von jeder anderen religiösen Gemeinschaft in Schottland zu unterscheiden. Z. B. verlangt der Act of Union von 1707 vom neuen Souverän beim ersten Treffen des Kronrats unmittelbar nach Amtsantritt, eine Erkl. abzugeben u. einen Eid abzulegen, die Church of Scotland zu erhalten, u. dass die Gerichte der Kirche öff. Foren u. keine privaten Tribunale sind.

In Nordirland gibt es keine staatl. verfasste Religion. Die Church of Ireland wurde durch den Irish Church Act von 1869 vom Staat getrennt (in beiden Teilen der irischen Insel, das Gesetz ist älter als die Teilung).

Auch in Wales wurden die Diözesen der Church of England als Folge des Welsh Church Act von 1914 ab März 1920 größtenteils vom Staat getrennt u. zu einer unabhängigen Institution: der Church in Wales. Paragraph 3 Abs. 1 des Welsh Church Act von 1914 bestimmt, dass kirchl. Gesetze der Church in Wales keine Gesetzesgeltung mehr beanspruchen sollen; dennoch behielt sie wenige verbliebene Sonderrechte ihres ehemals anerkannten Status: insb. erwähnenswert ist das gewohnheitsrechtlich anerkannte Recht von Gemeindemitgliedern, in der Pfarrkirche zu heiraten, unabhängig davon, ob sie Mitglieder der Kirche sind.

3. Die Interaktion zwischen Religion u. Staat: Abgesehen von öff. Zeremonien wie der Krönungszeremonie u. dem jährlichen Gedenken am Mahnmal in Whitehall, gibt es vier grundlegende Bereiche, in denen Religion einen bes. Status besitzt.

Der erste Bereich ist das Schulwesen. England u. Wales haben ca. 7.000 staatl. finanzierte „Glaubensschulen“ (von denen die meisten von der Church of England, der Church in Wales u. der röm.-kath. Kirche betrieben werden). In Schottland gibt es ca. 370 Konfessionsschulen (fast alle röm.-kath.). Obwohl sie formal m. religiösen Organisationen verbunden sind u./od. in ihren Lehrplänen religiöse Erziehung enthalten, müssen sie in England dem staatl. Lehrplan folgen u. werden gem. Paragraph 48 des Education Act von 2005 von sog. registrierten Kirchen-Inspekteuren – unter Beaufsichtigung der Regierung – untersucht. In Nordirland erhalten nahezu alle Schulen staatl. Unterstützung: über 90 % der Schüler besuchen überwiegend prot. od. röm.-kath. staatl. Schulen.

Zum zweiten ist die Gefängnisseelsorge zu nennen. So muss in England u. Wales gem. Paragraph 7 des Prison Act von 1952 jedes Gefängnis einen Gouverneur, einen Kpl. u. einen Amtsarzt haben u. der Kpl. muss ein Kleriker der Church of England od. der Church in Wales sein. Gefängnis-Kapläne werden auch für Nicht-Anglikaner u. Nicht-Christen bereitgestellt, aber diese Kapläne sind nicht gesetzlich zu ernennen.

Zum dritten ist das Verfahren zur Registrierung eines Gottesdienstortes zu nennen. Das engl. Gesetz verpflichtet eine religiöse Gruppe grds. nicht, ihren Gebetsort zu registrieren, an dem hauptsächlich Gottesdienste abgehalten werden; aber wenn er benutzt wird, um Trauungen zu vollziehen u. um eine vollständige Befreiung von der lokalen Grundsteuer zu erhalten, muss eine religiöse Gruppe ihr Gebäude gem. dem Places of Worship Registration Act von 1855 registrieren. Die Church of England u. die Church in Wales sind von diesen Bestimmungen befreit.

Zum vierten bestehen Exemtionen im Eherecht in Bezug auf gleichgeschlechtliche Ehen. Der Marriage (Same Sex Couples) Act von 2013, der die zivile u. religiöse Heirat von gleichgeschlechtlichen Paaren in England u. Wales einführte, enthält das, was die Regierung als den „Quadruple Lock“ beschreibt: Keine religiöse Organisation od. einzelne Amtsträger dürfen gezwungen werden, gleichgeschlechtliche Paare zu verheiraten. Religiöse Organisationen, die eine solche Trauung durchführen wollen, müssen sich dafür entscheiden; keine Antidiskriminierungsklage darf gegen religiöse Organisationen od. einzelne Amtsträger vorgebracht werden, die die Trauung gleichgeschlechtlicher Paare ablehnen – die Church of England u. die Church in Wales sind explizit ausgeschlossen von diesen Bestimmungen.

4. Schluss: Die staatl. Verfasstheit der Church of England u. die verfassungsrechtlichen Regelungen bzgl. der Religionen im Ver-

einigten Königreich sind zweifellos einzigartig. In der Praxis wird die Religionsfreiheit durch zwei Dinge garantiert: Im Urt. Attorney General v Guardian Newspapers Ltd (No 2) [1990] 1 AC 109 at 178 f wurde festgestellt, dass dem inländischen Recht der Gedanke zugrundeliegt, dass jeder Bürger das Recht hat, das zu tun, was er möchte, solange es nicht durch Gewohnheitsrecht od. durch Statuten u. den Human Rights Act von 1998, welcher Art. 9 EMRK (→Europäische Menschenrechtskonvention) an inländischen Gerichten zur Durchsetzbarkeit verhilft, beschränkt wird. Daneben ist nicht weniger bedeutend die staatl. Verfasstheit zu nennen, wie sie im Urt. Macfarlane v Relate Avon Ltd [2010] EWCA Civ 880 [22] von Lord Justice Laws ausgedrückt wurde:

„The promulgation of law for the protection of a position held purely on religious grounds cannot … be justified; it is irrational, as preferring the subjective over the objective, but it is also divisive, capricious and arbitrary … The law of a theocracy is dictated without option to the people, not made by their judges and governments. The individual conscience is free to accept such dictated law, but the State, if its people are to be free, has the burdensome duty of thinking for itself."

Quellen

Act of Supremacy 1558: http://www.legislation.gov.uk/aep/Eliz1/1/1/section/VIII [Zugriff: 15.05.2019]; Act of Settlement 1700/01: http://www.legislation.gov.uk/aep/Will3/12-13/2 [Zugriff: 15.05.2019]; Act of Union 1707: http://www.rahbarnes.co.uk/Union/UnionWithScotlandAct.php [Zugriff: 15.05.2019]; Places of Worship Registration Act 1855: http://www.legislation.gov.uk/ukpga/Vict/18-19/81 [Zugriff: 15.05.2019]; Irish Church Act 1869: http://www.legislation.gov.uk/ukpga/1869/42/contents/enacted [Zugriff: 15.05.2019]; Welsh Church Act 1914: http://www.legislation.gov.uk/ukpga/Geo5/4-5/91/contents [Zugriff: 15.05.2019]; Church of Scotland Act 1921: http://www.legislation.gov.uk/ukpga/Geo5/11-12/29/contents [Zugriff: 15.05.2019] – Articles Declaratory: http://www.legislation.gov.uk/ukpga/Geo5/11-12/29/schedule [Zugriff: 15.05.2019]; Prison Act 1952: https://www.legislation.gov.uk/ukpga/Geo6and1Eliz2/15-16/52/contents [Zugriff: 15.05.2019] – Section 7: http://www.legislation.gov.uk/ukpga/Geo6and1Eliz2/15-16/52/section/7 [Zugriff: 15.05.2019]; Courts and Legal Services Act 1990: http://www.legislation.gov.uk/ukpga/1990/41/contents [Zugriff: 15.05.2019] – Section 71: http://www.legislation.gov.uk/ukpga/1990/41/section/71 [Zugriff: 15.05.2019]; Attorney General v Guardian Newspapers Ltd (No 2) [1990] 1 AC 109: http://www.bailii.org/uk/cases/UKHL/1988/6.html [Zugriff: 15.05.2019]; Scotland Act 1998: http://www.legislation.gov.uk/ukpga/1998/46/contents [Zugriff: 15.05.2019] – Schedule 6 para 1: http://www.legislation.gov.uk/ukpga/1998/46/schedule/6 [Zugriff: 15.05.2019]; Education Act 2005: http://www.legislation.gov.uk/ukpga/2005/18/contents [15.05.2019] – Section 48: http://www.legislation.gov.uk/ukpga/2005/18/section/48 [15.05.2019]; Macfarlane v Relate Avon Ltd [2010] EWCA Civ 880: http://www.bailii.org/ew/cases/EWCA/Civ/2010/880.html [Zugriff: 15.05.2019]; Church of England Canon A7 (Of the Royal Supremacy): https://www.churchofengland.org/more/policy-and-thinking/canons-church-england/section-a#b7 [Zugriff: 15.05.2019].

Frank Cranmer

Großerzbischof – Ostkirchlich

G. (archiepiscopus maior) wird der Ersthierarch m. supra-metropolitaner Vollmacht einer kath. Kirche sui iuris orient. Tradition genannt, der (noch) nicht →Patriarch ist (c. 151 CCEO). Die erst seit P. Pius XII. gebräuchliche Bez., die auf c. 8 des Konzils von Ephesus zurückgeht (Unabhängigkeit der Kirche Zyperns von Antiochia), unterscheidet den G. als Vater u. Haupt seiner Kirche eigenen Rechts von einem gewöhnlichen Ebf. (archiepiscopus minor) u. →Metropoliten. G. u. großerzbischöfliche Kirchen folgen im Rang den Patriarchen bzw. patriarchalen Kirchen gem. der Reihenfolge, in der die Kirche, der sie vorstehen, als großerzbischöflich erhoben wurde (c. 154 CCEO). G. sind diesen gleichgestellt m. der Ausnahme, dass ihre Wahl der Bestätigung durch den P. bedarf (c. 153 § 2 CCEO), während der Patriarch den P. nur um die Gewährung der kirchl. Gemeinschaft (→ communio) bittet (c. 76 § 2 CCEO).

Dz. gibt es im kath. Bereich vier großerzbischöfliche Kirchen: in Kyiv-Halyč die Ukrainische Griech.-Kath. Kirche (byzantinische Tradition), in Ernakulam-Angamaly die Syro-Malabarische Kirche (ostsyrisch-chaldäische Tradition), in Trivandrum die Syro-Malankarische Kirche (antiochenische Tradition) sowie in Făgăraș u. Alba Iulia die Rumänische Griech.-Kath. Kirche (byzantinische Tradition).

In der Orth. Kirche ist der Titel unbekannt, G. finden sich jedoch der Sache nach in den autokeph. nichtpatriarchalen Kirchen (→ Autokephalie) von Nea Justiniana u. ganz Zypern (seit 431), von Athen u. ganz Griechenland (seit 1850) sowie in der von Tirana u. ganz Albanien (seit 1937).

Quellen

Pius XII., MP Cleri sanctitati vom 2. Juni 1957: AAS 49 (1957), 433-603; Vat II, OE; Annuario Pontificio, Vatikanstadt 2017.

Literatur

Orioli, G., Gli Arcivescovi Maggiori. Origine ed Evoluzione Storica fino al Secolo Settimo: Apollinaris 58 (1985), 615-627; Faris, J. D., Eastern Catholic Churches. Constitution and Governance, New York 1992, 366-372; Madey, J., Einige Anmerkungen zum Titel u. zur Stellung des Großerzbischofs (archiepiscopus maior) in den kath. Kirchen östlicher Tradition: Kirchenrecht u. Theologie im Leben der Kirche (FS Reinhardt), hg. v. R. Althaus – K. Lüdicke – M. Pulte, Essen 2007 (BzMKCIC 50), 333-345.

Andreas Weiß

© 2019, DOI: 10.30965/9783506786388_0316

Großkanzler

→ Magnus Cancellarius

Großpfarrei – Katholisch

1. Der Begriff G. wird von Kritikern einer Neuordnung der pfarrlichen → Hirtensorge manchmal verwendet, um entspr. Veränderungen zu diskreditieren u. um den status quo zu erhalten. Unstrittig ist, dass der → Diözesanbischof gem. c. 515 § 2 (vgl. c. 280 § 2 CCEO) nicht nur das Recht, sondern gem. Nr. 214 des DirH auch die Pflicht hat, zu kleine → Pfarreien rechtlich aufzulösen u. zu neuen, größeren Pfarreien zu vereinigen. Der rechtliche Maßstab hierfür ist gem. c. 374 die Verwirklichung der umfassenden Hirtensorge.

2. Nach der Einrichtung v. a. von sog. → Pfarreiengemeinschaften, → pastoralen Räumen, Seelsorgebezirken o. Ä., d. h. rechtlich i. d. R. nicht definierten Gebilden in den 1980er u. 1990er J. gehen → Diözesen nun dazu über, eine rechtliche Neuordnung der Strukturen pfarrlicher Hirtensorge durchzuführen. Während vorher der status quo von Pfarreien, → Pfarrkuratien, → Filialkirchen, Rektoratskirchen o. Ä. unangetastet blieb u. deshalb z. T. rechtswidrig dauerhafte Vakanzen (vgl. c. 151) u. unüberschaubar komplexe Strukturen der Koordination u. Kooperation in Kauf genommen wurden, werden nun m. der Auflösung überholter u. der Errichtung neuer Strukturen z. T. die Maßgaben des KR umgesetzt. Die sog. G., die i. d. R. aus mehreren früheren (zu) kleinen Pfarreien neu errichtet wird, ist eine kan. Pfarrei m. den zugehörigen KA des → Pfarrers, des → Pfarrvikars u. a. wie z. B. → Gemeindereferenten u. → Pastoralreferenten gem. cc. 515-552. Phantasiebezeichnungen wie etwa Pfarrei neuen Typs sind daher unangemessen.

3. Bei der Errichtung von G. werden z. T. Verwaltungsstrukturen zur Entlastung des Pfr. geschaffen. Es darf aber nicht aus dem Blick geraten, dass der Zweck der G. nicht die bessere Organisation der Verwaltung, sondern die Ermöglichung u. Verwirklichung der Hirtensorge i. S. der cc. 528-529 (vgl. c. 289 CCEO) ist. So sollten G. i. d. R. in → Gemeinden substrukturiert

werden, damit der Primat der Hirtensorge für die Gläubigen erfahrbar bleibt.

Quellen

Kongregation für die Bischöfe, Direktorium für den Hirtendienst der Bischöfe. Übersetzung u. Kommentar von H. Hallermann, Paderborn – München – Wien – Zürich 2006 (KStKR 7).

Literatur

Hallermann, H., Strukturen kooperativer Seelsorge im Codex von 1983: KuR 2000, 33-42; ders., Seelsorgliche Raumplanung als Teil der bfl. Hirtensorge: AfkKR 173 (2004), 384-408; ders., Die rechtliche Vereinigung von Pfarreien, Kirchengemeinden u. Kirchenstiftungen: KuR 2005, 145-159; ders., Was ist eine „rechtlich selbstständig bleibende Pfarrei"? Kanonistische Anmerkungen zu laufenden strukturellen Veränderungen in dt. Diözesen: AfkKR 176 (2007), 394-418; ders., Leitender Pfarrer od. leidender Pfarrer? Überlegungen zum Dienst des Pfarrers in einer Pfarreiengemeinschaft: Menschendiener – Gottesdiener. Anstöße – Ermutigungen – Reflexionen, hg. v. H. Hallermann, Würzburg 2010 (WTh 4), 141-171; ders., § 48 Pfarrverband u. Pfarreiengemeinschaften: HbkathKR³, 746-759.

Heribert Hallermann

© 2019, DOI: 10.30965/9783506786388_0318

Großpönitentiar

→Apostolische Pönitentiarie

Grund, gerechter – Katholisch

Der G. (iusta causa) rechtfertigt die Abweichung von einer Norm des allg. Rechts. Die Codices sehen den G. als Voraussetzung für eine Ausnahme von der allg. Regel, z. B. im Fall der →Dispens (vgl. c. 90; c. 1536 CCEO).

Der G. ist gekennzeichnet durch 1. Verhältnismäßigkeit zwischen dem Ziel der Norm bzw. dem von ihr geschützten Gut u. der Ausnahme, welche im Hinblick auf eine höhere Gerechtigkeit gemacht wird (iusta et proportionata causa); 2. Objektivität (die Voraussetzungen für eine Ausnahme müssen i. d. R. objektiv, d. h. nachvollziehbar u. ggf. nachprüfbar sein, weshalb auch vom gerechten u. vernünftigen G. (iusta et rationabili causa) gesprochen wird u. 3. den Ausnahmecharakter, denn die Abweichung von der allg. Norm soll dem →salus animarum od. dem bonum commune (→Gemeinwohl) dienen u. nicht die Rechtsordnung aushöhlen.

Nur ausnahmsweise (vgl. cc. 1293 § 1, 1536 § 2; c. 1035 CCEO) werden Bsp. für den G. genannt (dringende Notwendigkeit, offenbarer Nutzen, Frömmigkeit, geistl. Nutzen des Einzelnen, Werke der Caritas od. ein anderer gewichtiger pastoraler Grund), i. d. R. muss das Vorliegen des G. aber vom Hl. Stuhl, dem Diözesanbischof, dem Ordensobern od. dem Ortsordinarius von Fall zu Fall beurteilt werden, denn ein G., der in einem Fall anerkannt wird, muss unter anderen Umständen nicht zwingend auch Anerkennung finden. Daher sind bei der Beurteilung des Vorliegens eines G. immer die Bedeutung des →Gesetzes u. die konkreten Umstände zu berücksichtigen. Ob ein G. vorliegt, kann auch auf dem Weg der →Verwaltungsbeschwerde geklärt werden.

Literatur

Olschewski, J., Der Begriff „iusta causa" in der kirchl. Rechtssprache: Theologia et jus canonicum (FS Heinemann), hg. v. H. Reinhardt, Essen 1995, 235-257; KanR I, 279-280; Baura, E., Sub c. 90: Comentario Exegetico Vol. I, Pamplona ²1997, 694-698; Canosa, J., Causa justa: DGDC Vol. I, 966-968; Socha, H.: MKCIC sub c. 90.

Markus Graulich

© 2019, DOI: 10.30965/9783506786388_0320

Grund, kanonischer – Katholisch

Unter den Begriff des G. (causa canonica) fällt all das, was von Rechts wegen eine Handlung ge- od. verbietet. Ein G. kann →öffentlich od. →geheim sein, es handelt sich in jedem Fall um den G. für eine →Rechtshandlung od. deren Unterlassung, der ausdrücklich vom Recht der Kirche vorgesehen wird u. dessen Vorliegen Voraussetzung dafür ist, dass ein gültiges u. erlaubtes Handeln zustande kommt.

Zwar kommt der Begriff G. nur einmal ausdrücklich im CIC vor (vgl. c. 1030; der entspr. c. 755 CCEO verlangt stattdessen eine causa gravissima), ist aber auch immer dann gemeint, wenn von einer causa legitima od. causa iure statuta die Rede ist.

Ebenfalls unter den Begriff des G. fallen z. B. die Gründe, welche die Entlassung aus einem Orden zur Folge haben (vgl. c. 694; cc. 497, 551 u. 562 § 3 CCEO), sie rechtfertigen (vgl. c. 695) od. ermöglichen (vgl. c. 696 § 1); die G. für die →Amtsenthebung eines →Pfarrers (vgl. c. 1741; c. 1390 CCEO); die G. für die →Profanierung einer Kirche (vgl. c. 1222; c. 873 CCEO); die G., welche ein vom allg. Recht abw. Vorgehen beim Verhängen einer Strafe rechtfertigen (vgl. c. 1344; c. 1409 § 1 CCEO); die trennenden →Ehehindernisse (vgl. cc. 1083-1094; cc. 801-812 CCEO); die Konsensmängel (→Ehekonsensmängel), die →Irregularitäten u. andere Hindernisse für den Empfang u. die Ausübung der Hl. Weihen (→Weihehindernisse) (vgl. cc. 1040-1049; cc. 763-767 CCEO); die G. für den Verlust eines KA (vgl. cc. 184-186; cc. 965-966 CCEO), usw.

Die Aufzählung der G. ist nicht immer erschöpfend u. lässt ausdrücklich dem Eigenrecht die Möglichkeit, weitere Gründe für bestimmte Handlungen od. Unterlassungen festzulegen.

Literatur

Cenalmor, D., Sub can. 1030: Comentario exegético al Código de Derecho Canónico, Vol. 3.1, Pamplona [3]2002, 955-957; KanR III, 243.

Markus Graulich

© 2019, DOI: 10.30965/9783506786388_0321

Grund, schwerwiegender – Katholisch

Der G. ist ein Umstand od. eine Voraussetzung, welche ein Vorgehen rechtfertigt, das vom allg. →Gesetz abweicht. Er hat die gleichen Voraussetzungen wie der gerechte Grund (→Grund, gerechter) (Verhältnismäßigkeit, Objektivität u. Ausnahmecharakter), aber bei der Bewertung des G. kommt v. a. im Hinblick auf die Verhältnismäßigkeit der Schwere bes. Bedeutung zu, da die Abweichung von der allg. Norm Gesetze betrifft, die für die Kirche u. ihre Ordnung eine bes. Bedeutung haben.

Je schützenswerter die Güter sind, desto schwerer muss der G. wiegen, durch dessen Vorliegen eine Abweichung von der Norm gerechtfertigt ist, o. den allg. Charakter des Gesetzes in Frage zu stellen. So ist ein G. z. B. erforderlich, um die Eucharistie (→Abendmahl, Eucharistie) außerhalb einer Kirche od. Kapelle aufzubewahren (vgl. c. 938 § 4; c. 714 CCEO); eine Kirche zu profanieren (vgl. c. 1222 § 2; c. 873 CCEO) od. am Sonntag die →Eucharistiefeier durch einen →Wortgottesdienst zu ersetzen (vgl. c. 1248). „Die Übertragung eines Amtes, das der Seelsorge dient, darf ohne schwerwiegenden Grund nicht aufgeschoben werden" (c. 151). Ebenso ist es nur aus einem G. möglich, die Exklaustration zu genehmigen od. aufzulegen (vgl. c. 686 §§ 1, 3; cc. 489-490 CCEO) od. ein Austrittsindult zu gewähren (vgl. cc. 688 § 2, 691 § 1; cc. 495, 496, 546 CCEO). Auch die Entlassung aus dem Orden erfordert einen G. (c. 696 § 1; c. 498 CCEO), während für die →Dispens vom →Zölibat für Diakone ein G., für Priester ein sehr schwerwiegender Grund gefordert wird (vgl. c. 290 3°; c. 394 CCEO).

Der Inhalt dessen, was einen G. ausmacht, wird nur selten angegeben; die inhaltliche Füllung des Begriffs wird der Lehre u. der →Rechtsprechung überlassen.

Literatur

Canosa, J., Causa grave: DGDC Vol. I, 958-959.

Markus Graulich

© 2019, DOI: 10.30965/9783506786388_0322

Grundgesetz – Staatlich

Das G. für die BRD (GG) vom 23.05.1949 ist als „Verfassung der Deutschen" (BVerfGE 123, 267, 344) die rechtliche u. politische Grundordnung der BRD.

1. Begriff: Der Begriff G. schließt an den seit dem 16. Jh. gebräuchlich gewordenen Terminus der leges fundamentales (lois fondamentales) an. Als G. werden im rechtshistorischen Kontext insb. bestimmte Normen des Hl. Röm. Reiches Dt. Nation bez., welche die rechtliche Begründung, Ordnung u. Begrenzung von Herrschaft zum Gegenstand hatten (Bsp.: Goldene Bulle, AR, →Reichsdeputationshauptschluss). In die Dt. Bundesakte, ihrerseits gem. Art. 3 der Wiener Schlussakte das „erste Grundgesetz" des Dt. Bundes, hat der Begriff als allg. Bez. für ein die Grundordnung des Bundes betr. Regelwerk Eingang gefunden (Art. 6, 7, 10), ebenso in die revidierte preuß. Verf. von 1850 (Verkündungsformel: Verf. als „Staatsgrundgesetz").

2. Entstehung: Die Entstehung des GG – u. damit der BRD – hat ihren Ursprung in den Frankfurter Dokumenten vom 01.07.1948, die Ausgangspunkt für das Zusammentreten des Parlamentarischen Rates im September 1948 waren. Die Erarbeitung des GG erfolgte v. a. in den Ausschüssen des Parlamentarischen Rates auf Grundlage eines durch den Herrenchiemseer Konvent im August 1948 formulierten Verfassungsentwurfs. Das am 08.05.1949 vom Parlamentarischen Rat beschlossene GG trat nach Genehmigung durch die Alliierten u. Annahme durch die Volksvertretungen der Länder der westlichen Besatzungszonen (Ausnahme: Bayern) m. Ablauf des 23.05.1949 in Kraft. In der Präambel u. in Art. 146 GG i. d. F. vom 23.05.1949 zeigt sich die Intention des Parlamentarischen Rates, m. dem GG ein Transitorium zu schaffen, das seine Gültigkeit m. Vollendung der Einheit u. Freiheit Deutschlands zeitnah verlieren sollte. Aus dieser Absicht erklärt sich der Verzicht auf die Bez. als Verf.; die Wahl der Bez. GG geht auf die Koblenzer Beschl. vom 10.07.1948 zurück.

3. Legitimität: Da das dt. Volk an der Kreation des Parlamentarischen Rates nur indirekt beteiligt war u. ein Plebiszit über die Geltung des GG zu keiner Zeit stattgefunden hat, leidet das GG an einem originären Legitimitätsdefizit. Eine stete nachträgliche Legitimation erfährt das GG indes durch die Teilnahme des (Wahl-)Volkes an den in Art. 20 Abs. 2 S. 2, Art. 38 Abs. 1 S. 1 GG zum zentralen Beteiligungsakt bestimmten BT-Wahlen u. durch seine mehrheitliche Anerkennung als bewährtes u. sich bewährendes Instrument zur Ordnung des dt. Gemeinwesens.

4. Inhalt u. Struktur: a) Leitideen: Das GG konstituiert die BRD als Gegenentwurf zum ns. Unrechtsstaat, d. h. als einen um des Menschen willen existenten (Präambel, Art. 1 Abs. 1), freiheitlich-demokratischen (insb. Art. 2 bis 19, Art. 20 Abs. 1 u. 2), gewaltengegliederten (Art. 20 Abs. 2 S. 2), föderal organisierten (Art. 20 Abs. 1) u. völkerrechtsfreundlichen (Art. 23 bis 26) Rechts- u. Sozialstaat (Art. 20 Abs. 1 u. 3). Inhaltlich u. strukturell trägt das GG überdies den negativen Erfahrungen m. der →Weimarer Reichsverfassung Rechnung, deren Mangelhaftigkeit als mitursächlich für den Niedergang der Weimarer Republik angesehen wurde. b) Struktur: Das GG ist in 15 Abschnitte gegliedert, denen eine Präambel vorangestellt ist. Es enthält einen grundrechtlichen u. einen staatsorganisationsrechtlichen Teil, der wiederum in organ- u. funktionsbezogene Bestimmungen untergliedert ist, sowie Übergangs- u. Schlussbestimmungen. c) Grundrechte (→Grundrechte und Grundpflichten): Die in Art. 1 bis 19, 33, 38 u. 101 bis 104 verbürgten Grundrechte gewähren dem Einzelnen subjektive Rechte gegen den Staat u. entfalten als die gesamte Rechtsordnung durchdringende Wertentscheidungen zugl. objektiv-rechtliche Wirkung. Neben die originäre abwehrrechtliche u. eine leistungs- u. teilhaberechtliche Dimension der Grundrechte treten dementsprechend eine verfahrens- u. organisationsrechtliche sowie eine Schutzpflichtendimension;

zudem fungieren die Grundrechte als Einrichtungsgarantien. Die objektiv-rechtlichen Gehalte wurzeln in der „primären Bedeutung“ der Grundrechte als subjektive Rechte (BVerfGE 50, 290, 337). d) Organe: Oberste Staatsorgane sind die Verfassungsorgane, d. h. BT (Art. 38 ff.), BR (Art. 50 ff.), Gemeinsamer Ausschuss (Art. 53a, 115e), Bundesversammlung (Art. 54), BPräs (Art. 54 ff.), BReg (Art. 62 ff.) u. BVerfG (Art. 93 f.), sowie die obersten Bundesgerichte (Art. 95), die Bundesbank (Art. 88) u. der Bundesrechnungshof (Art. 114 Abs. 2). Das Volk ist einerseits pouvoir constituant (Präambel, Art. 146) u. übt andererseits gem. Art. 20 Abs. 2 S. 2 als verfassungsunterworfenes „allgemeines Organ“ Staatsgewalt in Wahlen u. Abstimmungen aus. Politische Parteien (Art. 21) stehen im „Rang einer verfassungsrechtlichen Institution“ (BVerfGE 2, 1, 73), sind aber keine Staatsorgane. e) Funktionen: Die in Art. 1 Abs. 3 u. Art. 20 Abs. 2 S. 2 angelegte Unterscheidung der (Haupt-)Staatsfunktionen in Gesetzgebung (Art. 70 ff.), vollziehende Gewalt (Art. 83 ff.) u. Rspr. (Art. 92 ff.) entspricht der bis in die Antike zurückreichenden Idee einer (Drei-)Teilung der Herrschaftsgewalt (→ Gewaltenteilung). Sie bezweckt eine gegenseitige Kontrolle, Hemmung u. Mäßigung der Gewalten u. dient damit dem Schutz der Freiheit des Einzelnen. Die Wahrnehmung der Staatsfunktionen erfolgt gem. Art. 20 Abs. 2 S. 2 durch bes. Organe; die Gesetzgebung ist grds. dem Parlament (BT), die vollziehende Gewalt der Regierung (BReg) u. die Rspr. den Gerichten zugewiesen.

5. Verfassungsänderungen u. -wandel: Änderungen des GG sind (nur) nach Maßgabe des Art. 79 Abs. 1 S. 1, Abs. 2 u. in den Grenzen des Art. 79 Abs. 3 zulässig. Sie setzen insb. eine Änderung des Verfassungstextes voraus (Art. 79 Abs. 1 S. 1) u. unterscheiden sich darin vom sog. Verfassungswandel, der sich in Gestalt einer Um- od. Neuinterpretation einzelner Verfassungsnormen o. Textänderung vollzieht. Bes. Bedeutung kommt insoweit der Rspr. des BVerfG zu, das als letztverbindlicher Interpret u. Hüter des GG dazu berufen ist, den Ordnungs- u. Begrenzungsanspruch der Verf. auch u. gerade im Wandel gesellschaftlicher Umstände durchzusetzen.

Literatur

Diestelkamp, B. – Stern, K., Art. Grundgesetz: Staatslexikon[7] Bd. 2, 1093-1108; Herzog, R., Art. Grundgesetz: EvStL[3] Bd. 1, 1204-1212; Badura, P., 50 Jahre Grundgesetz: Krit. Vierteljahresschrift 1999, 428-443; Schneider, H.-P., 50 Jahre Grundgesetz – Vom westddeutschen Provisorium zur gesamtdeutschen Verfassung: NJW 1999, 1497-1504; Grimm, D., Das Grundgesetz nach 50 Jahren: DRiZ 2000, 148-159; Art. Grundgesetz: Brockhaus-Enzyklopädie[21] Bd. 11, 501-502; Kühne, J.-D., Art. Grundgesetz: EvStL Neuausgabe, 903-909; Möllers, C., Vom Altern einer Verfassung – 60 Jahre Grundgesetz: Aus Politik u. Zeitgeschichte 18-19/2009, 5-7; Oppermann, T., Deutschland in guter Verfassung? – 60 Jahre Grundgesetz: JZ 2009, 481-491.

Nils Schulz

Grundgesetz der Kirche

→ Lex Ecclesiae Fundamentalis

Grundordnung

→ Kirchenverfassung

Grundordnung für den kirchlichen Dienst – Katholisch

1. Grundlegendes: Die G. bildet die Grundlage der Arbeitsrechtsverfassung der kath. Kirche in Deutschland. Grundlage für den Erlass der G. ist das verfassungsrechtlich garantierte → Selbstbestimmungsrecht in Art. 140 GG i. V. m. Art. 137 Abs. 3 WRV. Die Formulierung des kirchl. Propriums obliegt den Kirchen (2 BvR 1703/83, 2 BvR 1718/83, 2 BvR 856/84). Ähnliche Regeln für die EKD (insb. zu → Loyalitätsobliegenheiten) enthält

die RL nach Art. 9b der GrO der EKD. Die G. basiert auf der Erkl. dt. Bf. zum kirchl. Dienst vom 22.09.1993 u. setzt diese normativ um. Bei der G. handelt es sich mangels Gesetzgebungskompetenz der DBK nicht um ein unmittelbar für alle →Diözesen geltendes →Gesetz. Die Beschl. der DBK gelten als Empfehlung. Der einzelne →Diözesanbischof muss die G. jeweils für seine Diözese als Diözesangesetz in Kraft setzen (c. 455 § 4). Zuletzt wurde die G. m. Beschl. des →Verbands der Diözesen Deutschlands vom 27.04.2015 geänd. Die Umsetzung in den 27 Diözesen erfolgte zum 01.08.2015 bzw. 01.01.2016.

2. Regelungsinhalt: Die zehn Art. der G. regeln im Wesentlichen die Loyalitätsanforderungen an die Mitarbeiter kath. Einrichtungen, bilden die Grundlage für den sog. →Dritten Weg, die Beteiligung von G. in kirchl. Einrichtungen u. die Einrichtung von MAV. In der Präambel werden die (verfassungsrechtlichen) Grundlagen des kirchl. Arbeitsrechts (→Arbeitsrecht, kirchliches) benannt sowie die Hintergründe u. Motive für den Erlass der Ordnung. Wesentlich für das kirchl. Arbeitsrecht ist das Leitbild der Dienstgemeinschaft (vgl. Art. 1 S. 1 G.). Den Geltungsbereich der G. bestimmt Art. 2: Unmittelbar gilt die G. in allen Einrichtungen, die der bfl. Gesetzgebungsgewalt des jeweiligen Diözesanbischofs unterliegen (Abs. 1). Andere kirchl. Rechtsträger sind verpflichtet, die G. verbindlich in ihr Statut zu übernehmen (Abs. 2). Andernfalls können sie sich nicht auf das verfassungsrechtlich garantierte Selbstbestimmungsrecht berufen. Art. 3 G. richtet sich in erster Linie an den kirchl. →Dienstgeber. Dieser ist verpflichtet, bei der Begründung von Arbeitsverhältnissen darauf zu achten, dass die Mitarbeiter die Eigenart des kirchl. Dienstes bejahen (Abs. 1). Pastorale, katechet. sowie i. d. R. erzieherische u. leitende Aufgaben können nur an Personen übertragen werden, die der kath. Kirche angehören (Abs. 2). Darüber hinaus kann der kirchl. →Dienstgeber die Zugehörigkeit zur kath. Kirche nur fordern, wenn es für die Art der Tätigkeit od. die Umstände ihrer Ausübung objektiv geboten ist (vgl. C 414/16 zur Auslegung von Art. 4 Abs. 2 RL 2000/78/EG). Durch Festsetzung der entspr. Anforderungen muss der kirchl. Dienstgeber sicherstellen, dass die Mitarbeiter ihren bes. Auftrag glaubwürdig erfüllen können (Abs. 3). Insb. muss der kirchl. Dienstgeber vor Abschluss des Arbeitsvertrags über die geltenden Loyalitätsobliegenheiten aufklären (Abs. 5). Die konkreten Loyalitätsobliegenheiten von Mitarbeitern im kirchl. Dienst statuiert Art. 4 G. Dabei wird zum einen zwischen kath. Mitarbeitern, nicht kath. chr. Mitarbeitern sowie nichtchristlichen Mitarbeitern differenziert. Bes. Anforderungen gelten zudem für Mitarbeiter im pastoralen u. katechet. Dienst sowie für Mitarbeiter, die aufgrund einer →Missio canonica od. einer sonstigen schriftlich erteilten bfl. Beauftragung tätig sind. Diese erhöhten Anforderungen betreffen i. d. R. auch leitende Mitarbeiter sowie Mitarbeiter im erzieherischen Dienst (Abs. 1). Wie im Falle von Verstößen gegen Loyalitätsobliegenheiten zu verfahren ist, regelt Art. 5 G. Wie in Art. 4 G. erfolgt auch hier eine Differenzierung nach Konfessionszugehörigkeit u. konkreter Tätigkeit. Art. 6 G. regelt den Inhalt u. die Reichweite der →Koalitionsfreiheit im kirchl. Dienst. Die Grundsätze für die Beteiligung der Mitarbeiter an der Gestaltung ihrer Arbeitsbedingungen finden sich in Art. 7 G. (Dritter Weg). Aus dem Selbstbestimmungsrecht folgt ferner die Ausklammerung der →Religionsgemeinschaften u. ihrer karitativen u. erzieherischen Einrichtungen aus dem Geltungsbereich des staatl. Betriebsverfassungs- (§ 118 Abs. 2 BetrVG) u. Personalvertretungsrechts (§ 112 BPersVG). Art. 8 G. enthält eine Regelung zum (kirchl.) Mitarbeitervertretungsrecht m. Verweis auf die jeweils geltende (diözesane) MAVO (→Mitarbeitervertretungsordnung/-gesetz). Die diözesanen Ordnungen orientieren sich dabei stark an von der DBK erlassenen RO für eine Rahmen-MAVO. Einen Anspruch auf Fort- u. Weiterbildung der Mitarbeiter enthält Art. 9 G. Art. 10 G. regelt den gerichtlichen →Rechtsschutz. Grds.

sind staatl. Arbeitsgerichte zuständig (Abs. 1), für Rechtsstreitigkeiten auf den Gebieten des →KODA-Rechts u. des Mitarbeitervertretungsrechts sind unabhängige kirchl. Gerichte zuständig (Abs. 2). Näheres hierzu regelt die KAGO (→Arbeitsgerichtsordnung, kirchliche).

Quellen

BAG, Urt. vom 20. November 2012 – 1 AZR 179/11, AP Nr. 179 zu Art. 9 GG Arbeitskampf: BAGE 143, 354 u. 1 AZR 611/11, AP Nr. 180 zu Art. 9 GG Arbeitskampf: BAGE 144, 1; BVerfG, Beschl. vom 22. Oktober 2014 – 2 BvR 661/12: BVerfGE 137, 273; Kirchl. Arbeitsgerichtsordnung (KAGO) i. d. F. des Beschl. der Vollversammlung der DBK vom 25. Februar 2010: Kirchl. Arbeitsrecht (DDB 95), hg. v. Sekretariat der DBK, Bonn [2]2015, 146-178; Grundordnung des kirchl. Dienstes im Rahmen kirchl. Arbeitsverhältnisse i. d. F. des Beschl. der Vollversammlung des VDD vom 27. April 2015: Kirchl. Arbeitsrecht (DDB 95), hg. v. Sekretariat der DBK, Bonn [2]2015, 20-30; EuGH, Urt. vom 17. April 2018 – C 414/16: BeckRS 2018, 5386.

Literatur

Kiel, H. – Lunk, S. – Oetker, H., Münchner Handbuch zum Arbeitsrecht, München [3]2009; Reichold, H. – Korstock, U., Das Arbeits- u. Tarifrecht der kath. Kirche, München 2014; Sekretariat der DBK, Kirchl. Arbeitsrecht, Bonn 2015 (DDB 95); Richardi, R., Arbeitsrecht in der Kirche – Staatl. Arbeitsrecht u. kirchl. Dienstrecht, München [7]2015; Tiling, C., Blick ins Kirchenarbeitsrecht: Die neue Grundordnung für das Arbeitsrecht der kath. Kirche: öAT (2015), 227-230; Thüsing, G., Die bes. Loyalitätspflichten des kirchl. Dienstes zwischen verfassungsrechtlichem Schutz u. europarechtlicher Infragestellung: ÖARR (2016), 88-120; Ascheid, R. – Preis, U. – Schmidt, I., Kündigungsrecht, München [5]2017.

Gregor Thüsing, Regina Mathy

© 2019, DOI: 10.30965/9783506786388_0326

Grundrechte und Grundpflichten – Staatlich

1. Grundrechte sind die dem Einzelnen in einer konkreten Rechtsordnung durch positives Recht (meist die Verf.) verbürgten Elementarrechte gegenüber der öff. Gewalt. Inhaltlich besteht in aller Regel in weiten Bereichen Übereinstimmung m. den – zumindest in Teilen (auch in Art. 1 Abs. 2 GG) als vorstaatlich verstandenen – Menschenrechten, wie sie etwa in der Allg. Erkl. der Menschenrechte der Vereinten Nationen von 1948 postuliert worden sind.

In Deutschland werden die Grundrechte durch den detaillierten Grundrechtekatalog in dem – in bewusstem Gegensatz zur →Weimarer Reichsverfassung dem organisatorischen Teil vorangestellten – Grundrechtsteil des →Grundgesetzes (Art. 1-19) gewährleistet. Nach ausdrücklicher Verfassungsregelung (Art. 1 Abs. 3 GG) binden sie – wiederum im Gegensatz zur WRV – „Gesetzgebung, vollziehende Gewalt und Rechtsprechung als unmittelbar geltendes Recht". Ergänzend treten neben diesen Grundrechtekatalog die sog. Justizgrundrechte in den Art. 101-104 GG (Recht auf den gesetzlichen Richter, keine Todesstrafe, Anspruch auf rechtliches Gehör, strenge Voraussetzungen für Beschränkung u. Entziehung der persönlichen Freiheit). In ihrem Menschenwürdegehalt dürfen die Grundrechte nach der sog. „Ewigkeitsklausel" des Grundgesetzes (Art. 79 Abs. 3 GG) auch durch den verfassungsändernden Gesetzgeber nicht beeinträchtigt werden. Parallele Grundrechtekataloge finden sich in den meisten Verf. der dt. Bundesländer. Nach Art. 142 GG bleiben deren Bestimmungen „ungeachtet der Vorschrift des Art. 31 GG" („Bundesrecht bricht Landesrecht") auch insoweit in Kraft, als sie „in Übereinstimmung mit den Artikeln 1-18 dieses GG Grundrechte gewährleisten". Die Grundrechtsgewährleistungen der Landesverfassungen bleiben freilich auch insoweit Landesrecht, als sie sich auf eine Verweisung auf den Grundrechtekatalog des GG beschränken, u. binden als solches nur die öff. Gewalt des jeweiligen Bundeslandes. Nicht übersehen werden darf, dass die dt. Staatsgewalt darüber hinaus – freilich nur bei der Anwendung von EU-Recht – an die GRCh u. – generell – an die EMRK gebunden ist, der im dt. Recht zwar nur der Charakter einfachen Rechts zukommt, die aber vom BVerfG bei der Interpretation der dt. Grundrechte ebenso herangezogen wird wie die einschlägige Rspr. des EGMR. Im Einzelnen stellen sich hier schwierige, noch nicht abschließend gelöste Abgrenzungsprobleme zwischen den versch. Ebenen der Grundrechtegewährleistungen.

Grundrechtsberechtigt nach dem GG sind in erster Linie natürliche Personen u. inländische jur. Personen des Privatrechts, soweit die Grundrechte ihrem Wesen nach auf sie anwendbar sind (Art. 19 Abs. 3 GG), nicht dagegen nach ständiger Rspr. des BVerfG jur. Personen des öff. Rechts. Ausnahmen gelten nur für einige der Justizgrundrechte sowie generell für die als →Körperschaften des öffentlichen Rechts anerkannten (korporierten) →Religionsgemeinschaften u. einige öff.-rechtliche Rechtsträger, die – wie die Rundfunkanstalten u. die Universitäten – die Aufgabe haben, „in einem grundrechtlichen Lebensbereich, dem sie unmittelbar zugeordnet sind, bestimmte Grundrechtsinteressen der Bürger sicherzustellen" (Sachs, Art. 19 Rn. 95). Grundrechtsverpflichtet nach dem GG ist die staatl. Gewalt in allen ihren Formen, also nicht nur der Staat selbst (unmittelbare Staatsgewalt), sondern auch die selbständigen Verwaltungsträger des öff. Rechts (Körperschaften, →Anstalten u. →Stiftungen des öff. Rechts, mittelbare Staatsgewalt). Für die korporierten Religionsgemeinschaften gilt das nur insoweit, als sie im Einzelfall m. hoheitlichen Mitteln in der Art eines Beliehenen m. hoheitlichen Mitteln Staatsaufgaben wahrnehmen od. aber von den ihnen m. der Korporationsqualität angebotenen hoheitlichen Befugnissen Gebrauch machen. Eine Grundrechtsbindung Privater (u. m. ihnen der privatrechtlichen Religionsgemeinschaften) gibt es nur bei ausdrücklicher verfassungsrechtlicher Anordnung (wie in Art. 9 Abs. 3 GG zugunsten der →Koalitionsfreiheit) u. mittelbar über das einfache Gesetzesrecht (s. →Grundrechtsbindung).

2. Einen Katalog von – den Grundrechten reziproken – Grundpflichten, wie er im Ansatz noch in der WRV enthalten war, gibt es im GG nicht; auch der Begriff der Grundpflicht taucht – anders als noch in einigen älteren Landesverfassungen – dort nicht auf. Immerhin gibt es eine Reihe von Pflichten, die entweder – wie die Pflicht der Eltern zur Pflege u. Erziehung der Kinder (Art. 6 Abs. 2 S. 1 GG), die allg. Wehrpflicht (Art. 12a GG), die Treuepflicht der Beamten (Art. 33 Abs. 4 GG) u. – als sozialstaatliche Pflicht – die Sozialpflichtigkeit des Eigentums (Art. 14 Abs. 2 GG) unmittelbar im GG geregelt od. aber – wie die Pflicht zum Gesetzesgehorsam u. die Steuerpflicht – indirekt aus ihm abzuleiten sind u. in ihrer Gesamtheit als Grundpflichten bez. werden können. In der staatsrechtlichen Diskussion spielen die Grundpflichten im Gegensatz zu den Grundrechten seit jeher nur eine eher marginale Rolle. Daran hat sich auch durch die – jüngst von A. Assmann wiederaufgenommene – intern. Diskussion über den Entwurf einer Allg. Erkl. der Menschenpflichten des InterAction Council von 1997 (krit. zu dieser Luchterhandt, 1999) nichts Wesentliches geänd.

Literatur

Grundpflichten als verfassungsrechtliche Dimension: VVDStLR 41 (1983) m. Referaten Götz, V., 7-41 u. Hoffmann, H., 42-86, sowie Aussprache, 87-149; Stern, K., Staatsrecht Bd. 3, Allg. Lehren der Grundrechte, 2 Bde., München 1988/1994; Luchterhandt, O., Grundpflichten als Verfassungsproblem in Deutschland. Gesch. Entwicklung u. Grundpflichten unter dem Grundgesetz, Berlin 1998; ders., Die „Allg. Erklärung der Menschenpflichten" des InterAction Council u. Art. 29 AEMR: FS Listl, hg. v. J. Isensee – W. Rees – W. Rüfner, Berlin 1999, 967-1002; HGR Bd. 1, Entwicklung u. Grundlagen; Bd. 2 u. 3, Allg. Lehren; Bd. 4 u. 5, Einzelgrundrechte; Bd. 6/1 u. 2, Europa; Bd. 8, Landesgrundrechte in Deutschland; Randelzhofer, A., Grundrechte u. Grundpflichten: HGR Bd. 2, 595-624; Hoffmann, H., Grundpflichten u. Grundrechte: HSR³ Bd. 9, 699-730; Assmann, A., Menschenrechte u. Menschenpflichten. Auf der Suche nach einem neuen Gesellschaftsvertrag, Wien 2017; Sachs, M., Grundgesetz. Kommentar, München [8]2018.

Hermann Weber

© 2019, DOI: 10.30965/9783506786388_0327

Grundrechte und Grundpflichten der Christen – Katholisch

1. Erstmals enthalten cc. 208-223 u. cc. 11-26 CCEO einen Katalog von fundamentalen Pflichten u. Rechten, die allen →Gläubigen kraft der →Taufe zukommen. Vor jeder Differenzierung in →Laien, →Kleriker u. Ordensleute (→Ordensangehörige) (c. 207; c. 399 CCEO) soll damit die gemeinsame Existenzweise als christifidelis rechtlich umschrieben werden. Ergänzend kommen die für Laien spezifischen elementaren Pflichten u. Rechte hinzu (cc. 224-231; cc. 399-409 CCEO), die z. T. aber auch für →Diakone gelten. Theol. Grundlage für die G. ist die Lehre des Vat II über das gemeinsame Priestertum aller Gläubigen (→Allgemeines bzw. Gemeinsames Priestertum), die als aktive u. eigenverantwortliche Träger der →Sendung der Kirche beschrieben werden (LG 10 u. 31), u. die Lehre von der Kirche als →Communio, die als geordnete Struktur der vielfältigen Beziehungen zwischen den Getauften rechtlich u. sozial bestimmt ist u. so nach außen sichtbar wird (LG 8). Die G. der Gläubigen sind G. in der Kirche u. nicht gegenüber der Kirche u. zielen darauf ab, dass der Grundstatus des Gläubigen in der Kirche realisiert werden kann. G. können auch als Freiheitsrechte in der Kirche verstanden werden, die es den Gläubigen ermöglichen wollen, ihrer eigenen Berufung (→Berufung, geistliche) zu folgen.

2. M. dem Verzicht auf das Projekt der →Lex Ecclesiae Fundamentalis u. der Einarbeitung der G. in CIC u. CCEO haben die entspr. Normen ihren formalen Vorrang als Grundrecht od. Verfassungsrecht verloren. Wegen ihrer Verankerung im →ius divinum u. der unmittelbaren Begründung der G. in der Taufe haben diese Normen aber fundamentale Bedeutung für den Aufbau u. die Ordnung der Kirche. Als in der Taufe begr. G. gelten sie nicht nur für die kath. Christen, sondern für alle, die durch die Taufe der Kirche Jesu Chr. eingegliedert wurden, u. zwar entspr. ihrer →Rechtsstellung u. dem Maß, in dem die Communio verwirklicht ist (cc. 204 §1 u. 205; cc. 7 §1 u. 8 CCEO).

3. Nach der einleitend betonten →Gleichheit aller Gläubigen (c. 208; c. 11 CCEO) werden die einzelnen G. normiert: a) Die Verpflichtung zur Wahrung der →Kirchengemeinschaft (c. 209; c. 12 CCEO) zielt auf die chr. Existenz u. die Aktualisierung der Kirchengemeinschaft ab u. bezieht sich auf die →Gesamtkirche u. die eigene →Teilkirche. b) Gem. c. 210 u. c. 213 CCEO müssen die Gläubigen m. dem Streben nach →Heiligkeit dazu beitragen, dass sie selbst u. die ganze Kirche immer mehr dem Maß Jesu Chr. entspr. (LG 39-42). c) Der von allen Gläubigen geforderte Beitr. zur Verkündigung der Frohbotschaft (c. 211; c. 14 CCEO) gründet in ihrer Teilhabe am munus propheticum Chr. u. ist Recht u. Pflicht zugl. d) Der von den Gläubigen geforderte verantwortliche →Gehorsam (c. 212; c. 15 CCEO) umfasst die unvertretbar eigene Verantwortung der Gläubigen, ihr Hören auf die geistl. Hirten, das Eröffnen v. a. ihrer geistl. Anliegen u. Wünsche u. die Kundgabe ihrer Meinung bzgl. des bonum commune der Kirche. e) Das Recht auf Empfang der geistl. Güter (c. 213; c. 16 CCEO) umfasst alle geistl. Mittel, die für ein chr. Leben erforderlich sind, insb. Wort u. →Sakramente u. setzt voraus, dass die Gläubigen die erforderliche →Disposition mitbringen u. die jeweils geforderten Voraussetzungen erfüllen. f) Das Recht auf die ordnungsgemäße Feier des →Gottesdienstes u. die eigene Form des geistl. Lebens (c. 214; c. 17 CCEO) realisiert, dass die Gläubigen versch. →Riten angehören können u. stellt auch einen Schutz vor Willkür bei der Feier des amtl. Gottesdienstes dar; im privaten Bereich kann jeder Gläubige seiner Form des geistl. Lebens folgen, wenn es m. der Lehre der Kirche übereinstimmt. g) Die Gläubigen besitzen →Koalitionsfreiheit

zur gemeinsamen Erreichung kirchl. Zwecke (c. 215; c. 18 CCEO). h) Das Recht, apost. Unternehmungen in Gang zu setzen u. zu unterhalten (c. 216; c. 19 CCEO) beruht auf der aktiven Teilhabe aller Gläubigen an der Sendung der Kirche entspr. ihrer jeweiligen Rechtsstellung. Vereine u. Unternehmungen dürfen nur m. Zustimmung der kirchl. Autorität (→Autorität, religiöse) die Bez. kath. führen. i) Das Recht auf chr. Erziehung (c. 217; c. 20 CCEO) gründet in der Berufung zu einem Leben nach dem Evangelium u. zielt auf die menschliche u. chr. Vervollkommnung ab; der Rechtsanspruch richtet sich primär an die chr. Eltern (c. 226 § 2; c. 627 CCEO) u. sekundär an die Kirche (c. 794; c. 628 CCEO). j) Wer sich den theol. Wiss. widmet, genießt →Forschungsfreiheit u. die Freiheit der Meinungsäußerung (→Meinungsäußerungsfreiheit) (c. 218; c. 21 CCEO); Sachkenntnis, Klugheit u. der schuldige Gehorsam gegenüber dem →Lehramt der Kirche werden vorausgesetzt. k) Der jeweilige Lebensstand kann frei gewählt werden (c. 219; c. 22 CCEO). l) Der →gute Ruf u. die →Intimsphäre der Gläubigen müssen geschützt bleiben (c. 220; c. 23 CCEO). m) Die Gläubigen haben Anspruch auf umfassenden →Rechtsschutz (c. 221; c. 24 CCEO); sie können die eigenen Rechte in der Kirche geltend machen u. verteidigen, →Kirchenstrafen dürfen nur nach Maßgabe des Rechts verhängt werden. n) Die Beitragspflicht u. die Sozialpflicht der Gläubigen (c. 222; c. 25 CCEO) bezieht sich auf die finanzielle Unterstützung der Kirche, damit sie über die nötigen Mittel für Gottesdienst, →Apostolat u. Unterhalt der Bediensteten verfügt, auf die Förderung der sozialen Gerechtigkeit u. die Unterstützung der Armen. o) Bei der Ausübung ihrer Rechte sind die Gläubigen an das →Gemeinwohl der Kirche, die Rechte Dritter u. die eigenen Pflichten gebunden; die kirchl. Autorität hat Recht u. Pflicht, die Ausübung der Rechte zu regeln, o. sie aufheben zu können.

Quellen

Vat II, LG.

Literatur

Corecco, E., Considerazioni sul problema dei diritti fondamentali del cristiano nella Chiesa e nella società: Les Droits Fondamentaux du Chrétien dans l'Église et dans la Société, hg. v. E. Corecco – N. Herzog – A. Scola, Fribourg 1981, 1207-1234; Aymans, W., § 6 Das Projekt einer Lex Ecclesiae Fundamentalis: HbkathKR[1], 65-71; KanR II, 70-115; Hallermann, H., Die Vereinigungen im Verfassungsgefüge der lat. Kirche, Paderborn – München – Wien – Zürich 1999, 229-255; 323-347; Ahlers, R., § 17 Die rechtliche Grundstellung der Christgläubigen: HbkathKR[3], 289-301; Reinhardt, H. J. F.: MKCIC cc. 208-223.

Heribert Hallermann

© 2019, DOI: 10.30965/9783506786388_0328

Grundrechte und Grundpflichten der Christen – Evangelisch

Die Frage nach G. in der ev. Kirche stellt sich in zwei Richtungen: einmal als Frage nach der Akzeptanz der Gewährleistung von Grundrechten (od. – wie in diesem Zusammenhang meist formuliert wird – von →Menschenrechten u. Bürgerrechten) u. Grundpflichten im weltlichen Bereich durch die Kirche, zum anderen als Frage, ob u. in welchem Umfang innerkirchliche Grundrechte od. grundrechtsähnliche Gewährleistungen bzw. Grundpflichten existieren (od. existieren sollten):

1. Die „Freiheit eines Christenmenschen" (M. Luther) meint nicht die pluralistischen u. relativierten säkularen Grundrechtsgarantien des staatl. Rechts; ev. Freiheit i. S. Luthers ist vielmehr gebunden an die „Verkündigung des wahren, unverfälschten Wortes Gottes durch das Predigtamt der wahren Kirche gemäß der Offenbarung in der Heiligen Schrift" (Heckel, 2010) u. damit in der Wurzel versch. von säkularen Menschenrechtsgarantien (insb. der Garantie der →Religionsfreiheit). Auf der Grundlage dieses Verständnisses ev. Freiheit haben ev. Kirche u. ev. Theologie – nicht anders als die kath. Kirche – über lange Zeit Schwie-

rigkeiten gehabt, die Menschenrechte (u. m. ihnen die Religionsfreiheit) uneingeschränkt zu akzeptieren. Zu einer endgültigen Wende hat hier erst die Praxis der konfessionellen Weltbünde, v. a. aber des →Ökumenischen Rates der Kirchen geführt, der sich bereits kurz nach seiner Gründung unter Führung angelsächsischer Theologen aktiv an der UNO-Menschenrechtserklärung von 1948 beteiligt u. diese Haltung auf der fünften Vollversammlung 1975 in Nairobi nochmals ausdrücklich bestätigt hat. In neuerer Zeit wird – v. a. unter dem Einfluss der Weltethos-Erklärung des 1993 in Chicago zusammengetretenen Parlaments der Weltreligionen – der Einsatz für die Menschen- u. Bürgerrechte erg. durch den Einsatz auch kirchl. Kreise für einen Katalog allg. Menschenpflichten, wie er – parallel zu Diskussionen in der dt. Staatsrechtslehre über Grundpflichten als verfassungsrechtliche Dimension – in dem Entwurf einer Allg. Erkl. der Menschenpflichten des InterAction Council von 1997 Ausdruck gefunden hat, s. dazu →Grundrechte und Grundpflichten, staatl.).

2. Auch als Folge der Akzeptanz der Menschen- u. Bürgerrechte im weltlichen Bereich (also nach außen) ist – in Abkehr von älteren Auffassungen, die unter Berufung v. a. auf die Zwei-Reiche-Lehre Luthers u. den Liebescharakter kirchl. Ordnung eine Rezeption von Menschen- u. Bürgerrechten in die kirchl. Ordnung abgelehnt haben – gegen Ende des 20. Jh. zunehmend auch die Existenz innerkirchlicher Grundrechte in der ev. Kirche diskutiert u. zunehmend bejaht worden. Einer Auffassung, die solche Grundrechte zwar in Analogie zum weltlichen Recht, aber doch primär unter Berufung auf das ev. →Kirchenverständnis u. die biblische Weisung (in ihrer Auslegung v. a. durch die dritte Barmer These) begründen will (Huber), steht dabei ein Verständnis gegenüber, nach dem die Grundrechte der Rechtsordnung, in der die jeweilige Teilkirche lebt (in Deutschland also die des GG), soweit sie ihrem Wesen nach auf die Kirche anwendbar sind, kraft auton. begr. Rezeption durch die Kirche o. ausdrückliche Normierung zum Bestandteil auch der kirchl. Rechtsordnung werden: Rechtsgrundlage für ihre Geltung ist danach die – innerkirchliche, auf eigenem Selbstverständnis beruhende – Bereitschaft der Kirche zur Gewährleistung eines Minimums an Übereinstimmung m. den Grundprinzipien der sie umgebenden Rechtskultur (Weber; krit. dazu Bartwig). Über solche – ungeschriebenen – innerkirchlichen Grundrechte hinaus hat es in einzelnen Gliedkirchen der EKD erste Versuche einer Positivierung unterschiedlicher, primär oft auf Teilhabe am kirchl. Leben gerichteter innerkirchlicher Grundrechte gegeben (§ 2 der Verf. der Ev.-ref. Kirche von 1988, Art. 10, 11 der Bay.KirchVerf. von 1999, Art. 9 der Bad.GrO von 2007, Art. 10 u. 11 der EKM.KirchVerf. von 2008 u. Art. 2 Abs. 2, Art. 127 der NK.Verf.). In neuester Zeit freilich ist in Lit. (Munsonius, 2015; Heckel, 2016 u. 2018; de Wall u. Arning, beide 2017) u. kirchl. →Gesetzgebung eher wieder eine gewisse – v. a. m. der nur beschränkten Übertragbarkeit der Idee der staatl. Grundrechte auf die Kirchen begr. – Zurückhaltung gegenüber solchen Tendenzen zu beobachten; so ist in den ev. LK in Wü u. in HN entgegen einschlägigen Initiativen bewusst auf die Aufnahme kirchl. Grundrechte in die →Kirchenverfassungen verzichtet worden.

Eine – der Diskussion zu allg. Menschenpflichten im weltlichen Recht entspr. – Diskussion über innerkirchliche Grundpflichten hat jedenfalls in Deutschland bisher kaum stattgefunden.

Literatur

Heckel, M., Art. Religionsfreiheit. Geschichte u. Grundsatzfragen: Staatslexikon[7] Bd. 4, 820-825; Weber, H., Art. Religionsfreiheit: EKL[3] Bd. 3, 1550-1551; Erklärung zum Weltethos, hg. v. H. Küng – K.-J. Kuschel, München 1993 (m. dt. Text der Erklärung des Parlaments der Weltreligionen); Huber, W., Gerechtigkeit u. Recht. Grundlinien chr. Rechtsethik, Göttingen 1996, 431-445; Weber, H., Bindung der Kirchen an staatl. u. innerkirchliche Grundrechte u. das Verhältnis der Grundrechtsgewährleistungen zueinander: ZevKR 42 (1997), 282-318; Huber, W., Grundrechte in der Kirche: Das Recht der Kirche, Bd. 1. Zur Theorie des Kirchenrechts, hg. v. G. Rau – H.-R. Reuter – K. Schlaich, Gütersloh 1997, 518-544 (insb. 530-544); Barwig, G., Die Geltung der Grundrechte im kirchl. Bereich, Frankfurt 2004; Robbers, G., Menschenrechte aus der Sicht des Protestantismus: HGR Bd. 1, 387-410; Heckel, Ch., Synodenbericht Grundrechte in der Kirche? Zu einem Antrag auf Einführung kirchl. Grundrechte in die württembergische Kirchenverfassung: KuR 2010, 123-126; Munsonius, H., Ev. Kirchenrecht, Tübingen 2015, 97-99; Heckel, Ch., Die Verfassung der ev. Landeskirchen: HevKR, § 11 Rn. 40-44; de Wall, H. – Muckel, S., Kirchenrecht, München [5]2017, § 25 Rn. 6 f.; Arning, M., Grundrechtsbindung in der kirchl. Gerichtsbarkeit, Baden-Baden 2017; Heckel, Ch., Grundrechte in ev. Kirchenverfassungen: ZevKR 63 (2018), 233-262.

Hermann Weber

© 2019, DOI: 10.30965/9783506786388_0328

Grundrechtsbindung – Staatlich

1. Unter G. versteht man die Frage, wer an die – i. d. R. in den Grundrechtskatalogen der staatl. Verf., in Deutschland im Grundrechtsteil des GG u. der meisten Landesverfassungen positivierten – Grundrechtsgewährleistungen gebunden ist. Grundrechtsverpflichtet in diesem Sinne ist primär die staatl. Gewalt in allen ihren Formen (s. → Grundrechte und Grundpflichten, staatl.). Nicht unmittelbar grundrechtsgebunden sind dagegen nach heute ganz herrschender Lehre – sofern nicht eine Bindung im Einzelfall (wie etwa in Art. 9 Abs. 3 GG zugunsten der → Koalitionsfreiheit) ausdrücklich angeordnet ist – Privatpersonen einschließlich der jur. Personen des Privatrechts. Einer solchen unmittelbaren Drittwirkung der Grundrechte bedarf es schon deswegen nicht, weil der Schutz grundrechtlicher Positionen gegenüber Eingriffen gleichgeordneter Rechtssubjekte durch das einfache Recht gewährleistet wird (das gleichzeitig auch die in Frage stehenden grundrechtlichen Positionen gegenüber entgegenstehenden Grundrechten Dritter abgrenzt). In diesen Bereich mittelbarer Drittwirkung der Grundrechte gehört auch der Grundrechtsschutz über die → Generalklauseln des allg., insb. des bürgerlichen Rechts: Bei der Festlegung solcher Generalklauseln verzichtet der Gesetzgeber bewusst auf abschließende Grenzziehungen u. lässt dem Interpreten (insb. dem Richter) weiten Spielraum für eigene Abwägungen u. Wertungen u. in diesem Rahmen für die gegenseitige Abgrenzung der in Frage stehenden Grundrechtsgewährleistungen.

2. Eine uneingeschränkte G. der → Religionsgemeinschaften besteht zunächst da, wo sie in Randbereichen (etwa im Friedhofsrecht od. im Berechtigungwesen im Privatschulrecht) in der Art von beliehenen Unternehmen noch einzelne Staatsaufgaben m. hoheitlichen Mitteln wahrnehmen. I. Ü. ist zwischen privatrechtlich organisierten u. solchen Religionsgemeinschaften zu unterscheiden, denen nach Art. 140 GG i. V. m. Art. 137 Abs. 5 WRV die Eigenschaft einer → Körperschaft des öffentlichen Rechts verliehen worden ist.

a) Für die privatrechtlich organisierten Religionsgemeinschaften gilt im Grundsatz nichts anderes als für sonstige Rechtspersonen des privaten Rechts: Auch ihnen gegenüber wird der Grundrechtsschutz Dritter – vorbehaltlich einer ausdrücklich abw. Regelung (wie in Art. 9 Abs. 3 GG) – nicht durch direkte Anwendung der Grundrechtsgarantien des GG, sondern durch das allg. staatl. Recht (insb. durch eine grundrechtskonforme Auslegung der Generalklauseln) gewährleistet. Zu berücksichtigen ist dabei freilich, dass den Grundrechtspositionen Dritter insoweit die → Religionsfreiheit u. das → Selbstbestimmungsrecht der jeweils betroffenen Religionsgemeinschaft gegenüberstehen, die durch Annahme einer undifferenzierten Grundrechtsbindung nicht ausgehebelt werden dürfen. Dem ist Rechnung zu tragen durch die Freistellung des religiös-geistl. Kernbereichs religionsgemeinschaftlichen Wirkens (etwa: Gewährung od. Versagung von Sakramenten, Ordnung des → Gottesdienstes, Gestaltung von Lebensordnungen) von jeder staatl. Ingerenz (u. damit auch von jeder Bindung an staatl. Grundrechte) u. durch die Berücksichtigung des religionsgemeinschaftlichen Selbstbestimmungsrechts u. der Religionsfreiheit bei Auslegung der die G. realisierenden staatl. Gesetze im Wege der Güterabwägung. Wie das BAG in seinen Urteilen zum Streikrecht in kirchl. Einrichtungen (BAGE 143, 354 u. 144,1) herausgearbeitet hat, gilt das Erfordernis einer solchen Abwägung auch bei Anwendung des Art. 9 Abs. 3 GG auf Religionsgemeinschaften.

b) Z. T. anders liegen die Dinge bei den öff.-rechtlich organisierten (sog. korporierten) Religionsgemeinschaften: Auch für sie gilt zwar die Freistellung des religiös-geistl. Kernbereichs religionsgemeinschaftlichen Wirkens von jeder staatl. Ingerenz; insoweit existiert auch bei ihnen keine (wie auch immer eingeschränkte) G. kraft staatl. Rechts. Parallelen bestehen auch, soweit diese Religionsgemeinschaften außerhalb des ihnen übertragenen Bereichs hoheitlicher Befugnisse in den durch das allg. Gesetz definierten Bereich weltlichen Rechts hinausgreifen: Insoweit sind sie zwar, wie das BVerfG in seinem Zeugen-Jehovas-Urteil vom 19.12.2001 (BVerfGE 102, 370) klargestellt hat, nicht direkt an die vom Grundgesetz gewährleisteten Grundrechte gebunden. Die Geltung einzelner Grundrechte kraft ausdrücklicher gesetzlicher Regelung u. die mittelbare Grundrechtswirkung über die Anwendung des für alle geltenden Gesetzes sind damit freilich ebenso wenig ausgeschlossen wie bei den privatrechtlich organisierten Religionsgemeinschaften. Eine weitergehende G. besteht, soweit die korporierten Religionsgemeinschaften bei der Wahrnehmung eigener Angelegenheiten von den ihnen staatlicherseits m. der Korporationsqualität angebotenen Hoheitsbefugnissen Gebrauch machen (so auch das BVerfG in dem genannten Urteil, wenn es eine Bindung der Religionsgemeinschaften an die einzelnen Grundrechte nur insoweit verneint, als diese „außerhalb des ihnen übertragenen Bereichs hoheitlicher Befugnisse handeln“). Insoweit sind die Religionsgemeinschaften nach zutreffender – freilich nur für das →Besteuerungsrecht unbestrittener – Auffassung grds. in gleicher Weise an die Grundrechte gebunden wie die staatl. Hoheitsgewalt. Auch hier ist freilich dem Selbstbestimmungsrecht der fraglichen Religionsgemeinschaft u. der Religionsfreiheit im Einzelfall im Wege der Güterabwägung Rechnung zu tragen.

3. Von der Bindung der Religionsgemeinschaftem an die staatl. Grundrechte zu unterscheiden ist die – für jede Religionsgemeinschaft aufgrund ihres eigenen Rechts zu beantwortende – Frage, ob u. in welchem Umfang nach innerreligionsgemeinschaftlichem Recht Grundrechte od. grundrechtsähnliche Gewährleistungen existieren od. existieren sollten (s. Grundrechte u. Grundpflichten ev.).

Literatur

Schwabe, J., Die sog. Drittwirkung der Grundrechte, München 1971; Weber, H., Grundrechtsbidung der Kirchen u. Religionsgemeinschaften: HbStKR[2] Bd. 2, 573-587; ders., Bindung der Kirchen an staatl. u. innerkirchliche Grundrechte: ZevKR 42 (1997), 282-318; Jean d'Heur, B. – Korioth, St., Grundzüge des Staatskirchenrechts, Stuttgart – München – Hannover – Berlin – Weimar – Dresden 2000, 151-155; Papier, H.-J., Drittwirkung der Grundrechte: HGR Bd. 2, 1331-1361; Kempen, B., Grundrechtsverpflichtete: HGR Bd. 2, 1293-1330 (1327-1329); Rüfner, W., Grundrechtsadressaten: HSR[3] Bd. 9, 793-842 m. w. N.; Unruh, P., Religionsverfassungsrecht. Baden-Baden [3]2015, 115-117.

Hermann Weber

 DOI: 10.30965/9783506786388_0329

Grundwerte – Katholisch

Unter G. werden die fundamentalen normativen Orientierungen verstanden, die eine Gesellschaft braucht, um ihr Zusammenleben zu regeln. Dabei leiden die G. an der Unbestimmtheit des urspr. aus der Ökonomie kommenden Wertbegriffs, m. dem sowohl materielle Werte, moralische Normen, Sozialprinzipien, sinnvolle Ziele, ethische Tugenden od. moralische Rechte u. Pflichten gemeint sein können, v. a., wenn ganz allg. von Werteverlust od. Wertewandel gesprochen wird. Bes. in der politischen Rhetorik dienen G. sowohl dazu, wichtige gemeinsame Werte zu bekräftigen, als auch, die einer Gruppe od. Kultur vermeintlich eigenen G. von denen anderer Gruppen od. Kulturen abzugrenzen, wie dies bspw. häufig in Debatten über eine dt. Leitkultur geschieht. Sicher ist, dass moderne od. spätmoderne Gesellschaften, die durch Prozesse der Individualisierung, Pluralisierung u. Globalisierung geprägt sind, nicht mehr durch eine gemeinsame Religion, Weltanschauung od. substanzielle Werte zusammengehalten werden, weshalb G. gesucht werden müssen, die sich auch unabhängig von solchen Quellen als gültig erweisen lassen. Genannt werden dabei häufig Freiheit, →Gerechtigkeit, Friede, →Demokratie, soziale Sicherheit u. gesunde Umwelt. Wegen ihrer notorischen Unbestimmtheit können G. keine große Hilfe in konkreten ethischen Entscheidungssituationen sein, haben aber doch eine wichtige orientierende Funktion für das Gemeinwesen, wie die seit den 1970er J. immer wieder aufbrechenden Debatten um die Bedeutung der G. zeigen.

Im Kompendium der Soziallehre der Kirche werden als „letzte Werte“ od. „höchste Werte“ so versch. Dinge wie Wahrheit, Freiheit, Gerechtigkeit u. Liebe genannt, außerdem Respekt vor dem Leben u. zentrale Werte der →Familie, der Friede, das →Gemeinwohl od., m. Bezug auf GS 61 die „Totalität der menschlichen Person ..., die vor allem durch die Werte der Vernunft, des Willens, des Gewissens und der Brüderlichkeit bestimmt ist.“ (Kompendium der kath. Soziallehre, Nr. 558). In der traditionellen kath. Denktradition sieht man die G. als objektiv dem Menschen durch das durch die menschliche Vernunft erkennbare natürliche Sittengesetz gegeben an. In moderneren moraltheologischen u. sozialethischen Ansätzen wird man sie jedoch auch nicht als Ergebnis rein kontingenter hist. u. sozialer Entwicklungen betrachten, sondern verallgemeinerbare Werte als diskursiv u. reziprok zu rechtfertigen ansehen. Deshalb lassen sich G. auch nicht vermitteln, allenfalls lassen sie sich in einer verständigungsorientierten Wertekommunikation als plausibel erweisen.

Versucht man eine so begr. Systematisierung der versch. G., so wird man von der gleichen Würde aller Menschen ausgehen u. daraus Freiheits-, politische u. soziale Teilhaberechte sowie kulturelle Rechte u. Pflichten gegenüber zukünftigen Generationen ableiten. Damit können die G. durchaus m. den Grundrechten des dt. GG od. den zentralen Gehalten der versch. Menschenrechtserklärungen od. -konventionen in Verbindung gebracht werden.

Insofern auch die kath. Kirche dem Gemeinwohl verpflichtet ist, ist es ihre Aufgabe, für die G. einzutreten, ihre Realisierung zu fördern u. sie gegen mögliche Gefährdungen zu verteidigen. Aber auch für die inneren Verhältnisse der Kirche, insb. das KR, sind die G. relevant. Ein zentraler G. für die Kirche ist das im KR verankerte „Heil der Seelen“ (→Salus animarum) (c. 1752). Aber auch G. wie die →Glaubensfreiheit u. →Gewissensfreiheit (c. 748) sind ins KR aufgenommen worden. Die Geschichte zeigt, dass manche G. wie die →Religionsfreiheit erst durch einen mühsamen Rezeptionsprozess auch von der Kirche anerkannt u. als m. dem Evangelium vereinbar, ja sogar als direkte Folgerung aus ihm erkannt wurden. Dort, wo die Kirche selbst zentralen G. zuwiderhandelt, entstehen massive Glaubwürdigkeitsprobleme. Realistischerweise wird man davon auszugehen haben, dass dort, wo zentrale Normvorstellungen der Kirche nach wie vor von den Freiheits- u. Gleichheitsansprüchen moderner u. spätmoderner Gesellschaften abw., wie dies bspw. bei der konsequenten Gleichstellung von Frauen u. Männern od. von Menschen m. unterschiedlichen sexuellen Orientierungen nach wie vor der

Fall ist, diese Spannung bereits in naher Zukunft zugunsten der modernen G. aufgelöst werden muss, wenn die kath. Kirche nicht in ein gesellschaftliches Abseits abgedrängt werden möchte, aus dem heraus sie ihrem Auftrag der → Evangelisierung nicht mehr gerecht werden kann.

Quellen

Vat II, GS; Päpstlicher Rat für Gerechtigkeit u. Frieden, Kompendium der Soziallehre der kath. Kirche, Freiburg 2014.

Literatur

Grundwerte u. Gottes Gebot. Gemeinsame Erklärung, hg. v. Rat der EKD – DBK, Gütersloh [2]1979; Grundwerte für eine gerechte Weltordnung. Eine Denkschrift der Grundwertekommission der SPD zur intern. Politik. Sozialdemokratische Partei Deutschlands, hg. v. W. Thierse, Frankfurt 2003; Mathwig, F. – Stückelberger, C., Grundwerte. Eine theol.-ethische Orientierung, Zürich 2007 (Beiträge zu Theologie, Ethik u. Kirche 3); Mandry, C., Europa als Wertegemeinschaft, Baden-Baden 2009 (Denkart Europa, 9); Reihe „Grundwerte Europas", hg. v. C. Sedmak, Darmstadt (bisher erschienen: Solidarität 2010, Freiheit 2012, Gleichheit 2013, Gerechtigkeit 2014, Toleranz 2015, Frieden 2016).

Gerhard Kruip

© 2019, DOI: 10.30965/9783506786388_0330

Gruppe – Katholisch

1. Die G. gilt als bes. „Sozialisationsfaktor im Prozess der Tradierung des Christentums" u. als „zentraler Ort sozialen Lernens" (Blasberg-Kuhnke, 1081). M. G. werden Aspekte wie Homogenität, Überschaubarkeit, Vertrautheit der Mitglieder u. die Möglichkeit zu zwischenmenschlicher Begegnung verbunden. Die G. gilt oft als Idealbild chr. → Gemeinde u. wird z. B. der → Pfarrei als angeblich unpersönlicher Verwaltungseinheit gegenübergestellt.

2. Der CIC wendet den G. von → Gläubigen (coetus christifidelium) bes. Aufmerksamkeit bzgl. ihrer → Seelsorge zu. Die G. ist T. einer Personengesamtheit (z. B. cc. 294; 545 § 2; 647 § 3 [vgl. c. 522 § 2 CCEO]; 714; 1248) u. bedarf der rechtlichen Determinierung z. B. gem. c. 518, 2. HS (vgl. c. 280 § 1 CCEO) (Ritus, Sprache, Nationalität od. andere Gesichtspunkte), damit sie von anderen G. unterscheidbar ist. Nur wenn die G.-Seelsorge in Verfassungsstrukturen organisiert wird (→ Personalprälatur: c. 294; Personaldiözese: c. 372 § 2; → Personalpfarrei: c. 518, 2. HS), muss die Determinierung durch die kirchl. Autorität erfolgen, sonst ergibt sie sich aus den unterscheidenden Kriterien der versch. G., die auch als kirchl. Vereine verfasst sein können. Die Mitglieder der G. unterliegen wie alle Gläubigen der Aufsicht durch die kirchl. Autorität. Nur wenn sie gem. cc. 114-123 als jur. Person (→ Juristische Person, kirchliche) verfasst ist, kann eine G. korporativ Träger von Rechten u. Pflichten in der Kirche sein.

3. Die Seelsorge für G. von Gläubigen kann einem → Bischofsvikar (c. 479 § 2), → Pfarrvikar (c. 545 § 2; c. 301 § 2 CCEO), od. → Cappellanus als spezifischem Gruppenseelsorger (c. 564) u. bei Vereinen dem geistl. Assistenten od. Berater (cc. 317 §§ 1 u. 3; 324 § 2) übertragen werden. G. können eigene → Gottesdienste in Kirchen abhalten, denen ein → Kirchenrektor vorsteht (c. 560; c. 307 CCEO) u. eigene Kirchen od. Kapellen haben (cc. 570 u. 1223). Dort übt der Cappellanus i. d. R. das Amt des Kirchenrektors aus. Spezifische G. können Ziel der Missionstätigkeit der Kirche sein (c. 786).

4. Als hist. Bsp. für eine rechtlich strukturierte G.-Seelsorge gilt die am 14.03.1957 gegr. Mission Ouvrière, die von der m. einem am 24.07.1941 gegr. → Priesterseminar u. Inkardinationsrecht versehenen u. am 15.08.1954 von P. Pius XII. errichteten Praelatura nullius (→ Territorialprälatur) der Mission de France getragen wurde.

Quellen

Pius XII., ApK Omnium Ecclesiarum: AAS 46 (1954), 567-574; Vat II, PO 10.

Literatur
Blasberg-Kuhnke, M., Art. Gruppe. II. Praktisch-theol.: LThK³ Bd. 4, 1081; KanR II, 736-755; Siefer, G., Art. Mission de France: LThK³ Bd. 7, 295 f.; ders., Art. Mission Ouvrière: LThK³ Bd. 7, 296; Pree, H., § 49 Kirchenrektor u. Seelsorger für bes. Gemeinschaften: HbkathKR³, 760-767; Henseler, R.: MKCIC c. 294.

Heribert Hallermann

© 2019, DOI: 10.30965/9783506786388_0331

Gruppe – Evangelisch

Als G. wird eine Mehrzahl von Menschen bez., die durch gemeinsame Merkmale von anderen unterschieden werden kann u. zwischen denen soziale Kontakte bestehen. Eine G. ist gekennzeichnet durch die Möglichkeit direkter u. wiederholter unmittelbarer Kommunikation zwischen den Mitgliedern. Ihre Erscheinungsformen sind vielfältig u. reichen von der →Familie über den Kreis von Arbeitskollegen, die Chatgruppe im Internet, Bürgerinitiativen bis hin zu →Sekten od. Geheimbünden. G. ist kein rechtlicher, sondern ein soziologischer Begriff. G. können sehr unterschiedliche rechtliche Formen u. Gestaltungen haben.

Auch innerhalb der ev. Kirchen sind unterschiedliche Formen der Gruppenbildung zu verzeichnen. Dabei kann man zwischen Richtungsgruppen u. Initiativgruppen unterscheiden, von denen man als dritte Kategorie die synodalen Gruppen abgrenzen kann (Daur).

Richtungsgruppen stellen innerhalb der Kirchen eine Möglichkeit dar, bestimmte Formen u. Traditionen der Spiritualität, religiöser Richtungen od. Gebräuche usw. zusammenzufassen. Initiativgruppen bilden sich dagegen im Zusammenhang m. bestimmten, z. B. ök. od. sozialethischen, Themen wie z. B. Friedens- u. Dritteweltgruppen u. dgl. Die Grenzen zwischen diesen beiden Formen sind fließend. Als G. lassen sich z. B. auch Hauskreise od. kirchl. →Bruderschaften u. →Kommunitäten erfassen. Damit wird auch deutlich, dass neben rechtlich nicht bzw. kaum strukturierten G. auch solche m. durchaus festgefügten organisatorischen Strukturen innerhalb der Kirche treten. Dabei sind die möglichen Formen vielfältig.

Auch die →Seelsorge an G. kann unterschiedlich ausgestaltet sein. Seelsorge an G. kann innerhalb der gemeindlichen Seelsorge betrieben werden. Auch denkbar u. geläufig ist, dass für bestimmte G. von Gläubigen Spezialpfarrämter errichtet werden, bspw. bei der Studierendenseelsorge (→Studentengemeinde) od. der Seelsorge an bestimmten Berufsgruppen (→Militärseelsorge, →Polizeiseelsorge); es können aber auch spezielle Anstalts- od. →Personalgemeinden für bestimmte G. innerhalb der Kirche gebildet werden.

Für G. im kirchl. Bereich ist es auch möglich u. nicht unüblich, dass die Grenzen der Kirchen überschritten werden u. G. sowohl aus Kirchenmitgliedern als auch aus Nichtkirchenmitgliedern bestehen. Auch ök., kirchen- u. religionsübergreifende G. sind möglich u. geläufig.

Synodale G. sind Zusammenschlüsse von Mitgliedern der →Synoden der Kirchen, die der Vorstrukturierung der synodalen Willensbildung dienen u. in denen sich in bestimmter Hinsicht gleichgesinnte Synodale als Gesprächskreis od. dgl. zusammenschließen. Sie haben damit z. T. ähnliche Funktionen wie die Fraktionen in den staatl. Parlamenten. Von diesen unterscheiden sie sich aber durch den geringeren Organisationsgrad einerseits u. durch das Fehlen von Parteien bzw. Kirchenparteien als außersynodaler Basis andererseits.

Literatur
Stöhr, M., Gruppen in der Kirche: Das Recht der Kirche Bd. III, hg. v. G. Rau – H.-R. Reuter – K. Schlaich, Gütersloh 1994, 259-287; Dahm, K.-W., Gruppe: Ev. Soziallexikon, hg. v. M. Honecker u. a., Stuttgart 2001, 668-672; Daur, M., Gruppe: LKStKR Bd. 2, 190-192; von Trotha, T., Gruppe: EvStL, 930-935.

Heinrich de Wall

© 2019, DOI: 10.30965/9783506786388_0331

Gruppenmesse – Katholisch

Neben der Sonn- u. Feiertagsmesse kannte die Kirche seit früher Zeit →Eucharistiefeiern im kleinen Kreis. Als Legitimation gilt das Abschiedsmahl Jesu, sowie Mt 18, 20. Ferner dienen die frühchristlichen Hausgemeinden (1Kor 16, 19; Röm 16, 5) als Vorbild. Im Gefolge der liturgischen Reformen des Vat II wurde die G. pastoral neu akzentuiert, um kleinen Kreisen eine intensivere Erfahrung des Gemeinschafts- u. Mahlcharakters der Messe zu ermöglichen. Die Gottesdienstkongregation erließ dazu am 15.05.1969 die Instr. Actio Pastoralis, DBK (24.09.1970), ÖBK (01.06.1971) u. SBK (22.09.1971) reagierten m. RL für Messfeiern kleiner Gemeinschaften/Personenkreise. Die →Gruppen werden so weit gefasst, dass unterschiedliche Personenkreise, wie vorgegebene Gruppen (Familien- u. Nachbarschaftskreise, Jugendgruppen, Schulklassen, Hochschulgemeinden) od. Kreise, die sich zu bestimmten Anlässen od. regelmäßig versammeln (→Trauung, Beerdigung, →Exerzitien, Messe im Krankenzimmer, Werktagsmesse) darunter gefasst sein können. Die RL ermöglichen Anpassungen an die Gruppensituation: Der Ort der G. muss nicht die Kirche sein, →liturgische Geräte u. Gewandung (→Liturgische Kleidung) können vereinfacht werden. Um der Lebenssituation u. Vorstellungswelt der Teilnehmer gerecht zu werden, sind auch rituelle Angleichungen möglich: Vereinfachung der Eröffnung, Variationen bei den Orationen, freiere Wahl der Schriftlesungen, geistl. Gespräch statt →Homilie, frei formulierte Fürbitten, Verwendung eines einzigen Brotes, aktuelle Dankmotive durch die Teilnehmer bei der Präfation, Kelch für alle (→Laienkelch), vom Personenkreis verfasste Kommuniongebete. Die kirchenamtlichen Dokumente warnen jedoch vor einer zu großen Entfernung vom Gemeindegottesdienst u. betonen, dass die Struktur der Messe unbedingt zu wahren ist. Die Gruppen sind dabei nicht von der Befolgung der liturgischen Normen ausgenommen (Redemptionis Sacramentum, Nr. 114). Den Teilnehmern muss bewusst bleiben, dass die G. nicht nur Mahl, sondern auch Opfer ist, in dem das Heilshandeln Chr. gegenwärtig gesetzt wird. Die G. beschränkt sich auf Werktage, der →Sonntag bleibt für die Gemeindemesse reserviert. Die Verbindung m. der Ortskirche (→Teilkirche) u. →Gesamtkirche soll in der G. stets sichtbar werden.

Quellen

Actio pastoralis vom 15. Mai 1969: AAS 61 (1969), 806-811; dt.: DEL Bd. 1, Nr. 1843-1857; Richtlinien der DBK für Meßfeiern kleiner Gemeinschaften (Gruppenmessen) vom 24. September 1970: Die Messfeier – Dokumentensammlung Auswahl für die Praxis, hg. v. Sekretariat der DBK, Bonn [12]2015 (Arbeitshilfen 77), 163-172; Liturgische Kommission für Österreich in Übereinstimmung m. der ÖBK, Meßfeiern kleiner Gemeinschaften (Gruppenmessen), Richtlinien der ÖBK vom 1. Juni 1971, Salzburg [3]1992 (Texte der Liturgischen Kommission für Österreich 1), 61-73; Liturgische Kommission der Schweiz, Messfeier für bestimmte Personenkreise u. in Gruppen, Zürich 1971, 5-19; Directorium de missis cum pueris vom 1. November 1973: AAS 66 (1974), 30-46; dt.: DEL Bd. 1, Nr. 3115-3169; Instr. Redemptionis Sacramentum vom 25. März 2004: VApSt 164.

Literatur

Nikolasch, F., Die Feier der Messe im kleinen Keis: LJ 20 (1970), 40-52; Rennings, H., Meßfeiern kleiner Gemeinschaften: Gottesdienst 4 (1970), 145-148; Hauseucharistie. Gedanken u. Modelle, hg. v. H. Reifenberg m. Beitr. von Otto Dietz, München 1973; Kaczynski, R., Gruppenmeßdirektorien: Gottesdienst 16 (1982), 41-44; Meyer, H. B., Eucharistie. Geschichte, Theologie, Pastoral, Regensburg 1989 (Gottesdienst der Kirche 4), 481; Wagner, J., Altchristliche Eucharistiefeiern im kleinen Kreis, Diss. Bonn 1949, Trier 1993; Hahne, W., Art. Gruppengottesdienst: LThK[3] Bd. 4, 1082; Reifenberg, H., Familienmesse – Gruppengottesdienst – Hauseucharistie: Liturgie semper reformanda (FS Schlemmer), hg. v. A. Bilgri – B. Kirchgessner, Freiburg 1997, 70-80; Gerhards, A. – Bongartz, C., Art. Gruppenmesse: LKStKR Bd. 2,

193 f.; Pacik, R., Messen m. Schüler/-innen. Richtlinien für Gruppenmessen: Hl. Dienst 67 (2013), 181-183; Berger, R., Art. Gruppenmesse: Pastoralliturgisches Handlexikon[5], 152 f.

Andreas Bieringer

© 2019, DOI: 10.30965/9783506786388_0332

Gültigkeit – Katholisch

Während der →Gesetzgeber bzgl. der →Erlaubtheit keine direkte Definition aufweist, sondern diesen Terminus implizit verwendet, wird die G. eines Rechtsaktes im Rahmen des ersten Buchs über die →allgemeinen Normen in c. 124 u. in ähnlicher Weise in c. 931 CCEO (weitere Normen in cc. 125-128 u. cc. 932-935 CCEO) näher beschrieben, sodass die G. des Rechtsakts die entspr. gewollten →Rechtswirkungen zeitigt. Im Unterschied zum CIC/1917 wird die G. eines Rechtsaktes in der geltenden Rechtsordnung positiv formuliert u. nicht wie in can. 1680 §1 von der →Nichtigkeit eines Rechtsaktes her.

C. 124 sieht für die G. eines Rechtsaktes vor, dass „sie von einer dazu befähigten →Person vorgenommen wurde und bei ... [dem Akt] gegeben ist, was diese[n] selbst wesentlich ausmacht und was an Rechtsförmlichkeiten und Erfordernissen vom Recht zur Gültigkeit ... [des Aktes] verlangt ist." (Vgl. ebenso c. 931 CCEO, der von einer „befähigten und zuständigen Person" spricht).

Der Rechtsakt beinhaltet eine →Rechtshandlung u. keine Rechtstatsachen od. nichtrechtliche Handlungen. Daher ist zum einen die m. der notwendigen rechtlichen Habilität ausgestattete Person, sei es eine →physische Person gem. c. 96 od. das handlungsfähige Organ einer jur. Person (→Juristische Person, kirchliche) gem. c. 118 (vgl. zum →kollegialen Akt c. 119 bzw. c. 924 CCEO), zum gültigen Rechtsakt erforderlich. Dies meint die →Rechtsfähigkeit u. →Handlungsfähigkeit (→Geschäftsfähigkeit u. Deliktsfähigkeit) u. bei amtl. Rechtsakten zudem die für den Rechtsakt notwendige →Amtsgewalt bzw. die entspr. →Zuständigkeit, wie z. B. gem. c. 1108 der Eheschließungsassistent (→Eheassistenz), der in diesem Bereich qua →Amt od. qua →Delegation über die →Trauungsbefugnis verfügen muss. Eine Voraussetzung des gültigen Rechtsaktes ist zudem, dass er hinreichend bestimmbar ist u. die angestrebte Rechtsfolge auch möglich ist.

Ferner muss gem. c.124 bzw. c. 931 §1 CCEO das vorliegen, was die Rechtshandlung „wesentlich [essentialiter] ausmacht", d. h. die indispensablen Anforderungen für den Rechtsakt, die entweder im Ius divinum positivum (→Ius divinum), im Ius divinum naturale (→Naturrecht) od. im →Ius ecclesiasticum gründen. Dies umfasst den Geschäftswillen u. die Bestimmung des Objekts. Fehlen die wesentlichen Elemente, spricht man von einem nicht existierenden Akt (actus non existens), der auch nicht geheilt werden kann u. nicht der Gültigkeitspräsumtion des c. 124 §2 unterfällt. Die →Rechtsförmlichkeiten (sollemnia) gem. c. 124 §1 meinen die äußere Form des Setzens des Willens, z. B. die →Schriftlichkeit gem. z. B. cc. 189 §1 u. 1281 §1 od. die Notwendigkeit der Unterschrift gem. z. B. c. 474 od. die Notwendigkeit von →Zeugen u. amtl. Zeugen wie z. B. gem. c. 1108. Die Rechtserfordernisse (requisita) gem. c. 124 §1 meinen qualitative Erfordernisse an den Gegenstand od. an die Person des Rechtsakts wie z. B. der Ausschluss von Zukunftsbedingungen bei der →Eheschließung gem. c. 1102 §1, →Beispruchsrechte gem. c. 127 bzw. c. 934 CCEO od. die freie →Wahl gem. c. 170 etc. Fehlen bei einem Rechtsakt die Rechtsförmlichkeiten od. die Rechtserfordernisse, ist der Akt nichtig (actus nullus; actus invailidus; actus irritus), kann aber u. U. geheilt od. vernichtet werden.

Ein Rechtsakt kann privat im eigenen Namen (z. B. Gründung eines →freien Zusammenschlusses) od. amtl. im Namen der Kirche erfolgen, sei es auf hoheitliche Weise (z. B. →Amtsübertragung) od. nichthoheitliche Weise (z. B. Anschaffung der Inneneinrichtung

richtung von Büroräumen). Die hoheitlichen Akte sind entweder Akte der Legislative, der Exekutive od. der Judikative (etwa →Gesetze, →Verwaltungsakte od. gerichtliche Akte). Private Rechtsakte können auch einen Bezug zum hoheitlichen Tun bzw. die Mitwirkung der kirchl. Autorität haben, z. B. die →Präsentation einer Person für ein bestimmtes KA u. deren →Einsetzung durch die zuständige Autorität.

Der Rechtsakt kann einseitig sein, insofern er nicht empfangsbedürftig ist wie z. B. das →Testament od. empfangsbedürftig wie z. B. eine →Ladung vor Gericht. Ein zweiseitiger Rechtsakt gründet in der Erkl. eines Geschäftswillens von zwei od. mehr Personen, sei es in der Form einer Vereinbarung z. B. in Form eines →Vertrages, in der Form einer Erkl. von mehreren Personen m. dem gleichen Geschäftswillen od. in der Form eines Beschl. einer Personengesamtheit z. B. gem. der Beispruchsrechte in c. 127 bzw. c. 934 CCEO, der zusätzlich zum lat. Pendant in c. 934 § 3 CCEO die Auskunftspflicht der beispruchsbedürftigen Autorität u. die Sicherstellung der freien Meinungsäußerung (→Meinungsäußerungsfreiheit) normiert. Rechtsakte können formgebunden u. nicht formgebunden sein, sowie in →Stellvertretung (procurator) od. via Delegation gesetzt werden. Der Stellvertreter handelt im fremden Namen, der Delegat handelt kraft fremder Vollmacht, aber im eigenen Namen.

Zum Wesen eines Rechtsakts gehört, dass sie als rechtsgeschäftliches Handeln auch durch einen entspr. Geschäftswillen (voluntas actualis) m. dem Ziel eines rechtlichen Erfolges bzw. einer rechtlichen Wirkung herbeigeführt wird. Ein tatsächlicher Wille ist entscheidend, ein rein habitueller Wille (voluntas habitualis) ist nicht hinreichend. Der Wille muss aus der notwendigen Kenntnis hervorgehen. Dieser Wille ist ein innerer subjektiver Tatbestand, der durch die Erkl. als objektiver u. äußerer Tatbestand geäußert wird, eingedenk der Rechtswirkungen, die gem. c. 130 bzw. 980 § 2 CCEO nur im forum internum ihre Wirkung entfalten (→Forum externum et internum). Dieser Wille kann explizit in mündlicher od. schriftlicher Form geäußert werden, implizit durch entspr. Handlungen od. stillschweigend, wenn daraus auf den Willen geschlossen werden kann u. der Betroffene sich hätte erklären können. Gem. c. 10 bzw. c. 1495 CCEO sind Gesetze nur inhabilitierend (→Lex inhabilitans) od. irritierend (→Lex irritans), wenn dies in einem Gesetz explizit festgelegt ist (vgl. ferner cc. 14 u. 15 bzw. cc. 1496 u. 1497 CCEO). Insgesamt ist die kirchl. Rechtsordnung gültigkeitsfreundlich, da eine Rechtshandlung nach c. 124 § 2 bzw. c. 931 § 2 CCEO stets gesetzlich als gültig präsumiert wird, wenn sie im Hinblick auf ihre äußeren Elemente rechtmäßig durchgeführt wurde (Erklärungstheorie). Der Gesetzgeber präsumiert damit gesetzlich, dass i. d. R. vom Übereinstimmen des inneren Willens u. der äußeren Willensbekundung auszugehen ist. Wenn dies nicht übereinstimmt, hat dies gem. der Willenstheorie, der die Kirche i. S. des →Römischen Rechts folgt, ggf. Auswirkungen auf die G. des Rechtsaktes.

Im Unterschied zur Unerlaubtheit führt die Ungültigkeit den Rechtsakt nicht zu den gewollten Rechtswirkungen. Fehlt das, was den Rechtsakt wesentlich ausmacht, spricht man von einem nichtexistenten Rechtsakt, der auch nicht geheilt werden kann u. für den auch die Gültigkeitspräsumtion des c. 124 § 2 nicht gilt. So kann bei fehlendem →Ehekonsens keine →Sanatio in radice vorgenommen werden, da die Radix bzw. die Wirkursache der Ehe, der Ehekonsens gem. c. 1057, fehlt. Daher müsste im Rahmen der →Convalidatio simplex gem. cc. 1156 u. 1159 der Rechtsakt neu vorgenommen werden. Davon zu unterscheiden sind ungültige, aber existente Rechtsakte, bei denen kein konstitutives Element, sondern eine weitere Gültigkeitsvoraussetzung (sollemnia od. requisita) fehlt. Manche ungültigen Akte, bei denen die vom Recht verlangten Gültigkeitsanforderungen fehlen, können geheilt werden, sei es durch das Suppletionsprinzip (→Suppletion) gem. c. 144 od. z. B. im Bereich des →Eherechts durch die Sanatio in radice gem. cc. 1161-1165.

Eine Heilung kann auch durch nachträgliche Genehmigung durch die den Rechtsakt setzende Person, durch nachträgliche Verbesserung od. durch Zeitablauf im Fall von Fristen z. B. der →Verjährung od. des Zeitablaufs erfolgen. Ein nicht gültiger Rechtsakt kann z. B. im Fall der →Putativehe dennoch gem. c. 1137 die Rechtswirkung der Ehelichkeit der aus ihr hervorgegangenen Kinder bewirken. I. d. R. ist auf dem Klageweg auch die Vernichtung eines urspr. wirksamen Rechtsaktes möglich (c. 1491); in manchen Fällen ist dies gem. c. 149 § 2 od. c. 166 § 2 auch durch die zuständige Autorität möglich. Ferner gibt es in manchen Fällen die Möglichkeit der Umdeutung eines nichtigen Rechtsaktes in einen Rechtsakt, der der Intention der ihn setzenden Person besser entspricht u. er ihn angesichts der Nichtigkeit des urspr. Aktes auch gewählt hätte. Darüber hinaus gibt es auch Rechtsakte, bei denen nur die Unwirksamkeit vorliegt, weil zwar das Wesentliche des Rechtsakts gegeben ist, aber eine von außen hinzukommende Bedingung nicht erfüllt ist (z. B. im Fall der →Umkardination gem. c. 267 wird die →Exkardination erst wirksam m. der →Inkardination in eine andere →Teilkirche).

Direkter, von außen bewirkter, unwiderstehlicher Zwang (vis) führt gem. c. 125 § 1 bzw. c. 932 § 1 CCEO aufgrund der fehlenden Möglichkeit zur Bildung eines Geschäftswillens dazu, dass der Rechtsakt als nicht vorgenommen betrachtet wird. Im Fall →arglistiger Täuschung (dolus) od. „widerrechtlicher eingeflößter Furcht" (metus) ist gem. c. 125 § 2 der Rechtsakt zunächst wirksam, es sei denn, dass das Recht anderen Orts etwas anderes vorsieht (vgl. auch c. 932 § 2 CCEO) wie z. B. im Eherecht in c. 1103 od. der Rechtsakt wird auf dem Klageweg rückwirkend für nicht wirksam bzw. nichtig erklärt. Bezieht sich →Unkenntnis (ignorantia) od. →Irrtum (error) auf Wesentliches des Rechtsaktes od. auf eine conditio sine qua non ist dieser gem. c. 126 bzw. c. 933 CCEO nicht rechtswirksam; falls Irrtum od. Unkenntnis sich nicht auf Wesentliches des Rechtsakts beziehen, ist er rechtswirksam, wenn rechtlich nichts Gegenteiliges vorgesehen ist. Dann wäre der Rechtsakt auf dem Weg der →Klage aufhebbar. Gültige Rechtsakte sind zudem widerrufbar durch einen späteren entspr. Rechtsakt. Es besteht gem. c. 128 bzw. c. 935 CCEO Schadenersatzpflicht, wenn jemand durch einen Rechtsakt entspr. widerrechtlich Schaden entstanden ist (→Schadenersatz).

Literatur

Hughes, M., A New Title in the Code: On Juridical Acts: StCan 14 (1980), 391-403; KanR I, 329-384; Güthoff, E., „Consensus" u. „consilium" in c. 127 CIC/1983 u. c. 934 CCEO, Würzburg 1994; Walser, M., Die Rechtshandlung im Kan. Recht. Ihre Gültigkeit u. Ungültigkeit gem. dem Codex Iuris Canonici, Göttingen 1994 (Lit.); Serrez Lopez de Guerenu, R., „Error in condicionem sine qua non" (Can. 126), Rom 1997; Benz, M., C. 127 CIC als Paradigma für das Zusammenwirken von gesamt- u. teilkirchlicher Gesetzgebung: Justitia in caritate (FS Rößler), Frankfurt 1997, 511-525; Zapp, H., Art. Gültigkeit: LKStKR Bd. 2, 195-196; Kaptijn, A., § 11 Rechtspersönlichkeit u. rechtserhebliches Geschehen: HbkathKR³, 184-198; Pree, H.: MKCIC cc. 124-128.

Thomas Meckel

© 2019, DOI: 10.30965/9783506786388_0333

Gültigmachung der Ehe

→Convalidatio simplex, →Sanatio in radice

Gunsterweis

→Indult

Gustav-Adolf-Werk – Evangelisch

Das GAW begann seine Tatigkeit 1832 als Ev. Verein der Gustav-Adolf-Stiftung (Gustav-Adolf-Verein). Zweck der Stiftung waren „die brüderliche Unterstützung bedrängter Glaubensgenossen und die Erleichterung der Not, in welche durch die Erschütterung der Zeit und durch andere Umstände protestantische

Gemeinden in und außer Deutschland mit ihrem kirchlichen Zustand geraten sind, wenn sie im eigenen Vaterlande keine ausreichende Hilfe finden". Gegr. wurde der Verein aus Anlass des 200. Todestages des Schwedenkönigs Gustav II. Adolf auf Initiative des Leipziger Theologieprofessors u. Stadtsuperintendenten Christian Gottlob Leberecht Großmann. Großmann wollte den Verein als lebendiges Denkmal für den Namensgeber verstanden wissen, der bes. im 19. Jh. vielen als Retter des Protestantismus galt.

1946 wurde aus dem Gustav-Adolf-Verein das GAW. Es wurde von der Ev. Kirche als ihr Werk anerkannt, behielt aber die Organisation eines selbständigen Vereins bei. Durch die dt. Teilung wurde es selbst in zwei Werke geteilt, die 1992 wieder zusammengeführt werden konnten. Das GAW firmiert jetzt als GAW e. V. Diasporawerk der → Evangelischen Kirche in Deutschland.

Nach dem Wort Gal 6, 10, „Lasst uns Gutes tun an jedermann, allermeist aber an des Glaubens Genossen", das schon dem Gustav-Adolf-Verein als biblischer Leitspruch diente, will das GAW gem. §1 Abs. 1 seiner Satzung in der aktuellen Fassung den ev. Minderheitskirchen helfen. Dies geschieht „zur Stärkung der Gemeinschaft des Glaubens in ökumenischer Verantwortung durch geistliches und materielles Miteinanderteilen". In Erfüllung des satzungsgemäßen Auftrags unterstützt das GAW Projekte von Partnerkirchen in Europa, Zentralasien, Lateinamerika u. im Nahen Osten. Schwerpunkt der materiellen Hilfen ist die Bezuschussung des Neubaus, der Erweiterung od. der Renovierung von Kirchen, Gemeindezentren, Pfarrhäusern, Heimen u. Schulen. Finanziell gefördert werden außerdem sozialdiakonische u. missionarische Aufgaben in Gde., die Aus- u. Weiterbildung von kirchl. Mitarbeitern sowie die Anschaffung od. Reparatur von Kraftfahrzeugen zur Bewältigung diakonischer u. seelsorgerischer Aufgaben in den teilweise extrem großflächigen Gde. Das GAW ermöglicht es ferner bis zu zehn Stipendiatinnen u. Stipendiaten aus den Partnerkirchen, während zwei Semestern an der Theol. Universität Leipzig ihr → Theologiestudium zu vertiefen. Immaterielle Hilfe wird z. B. in Form von Beratung in organisatorischen Fragen geleistet.

Mitglieder das GAW sind seine (dz. 21) Hauptgruppen u. die Arbeitsgemeinschaft der Frauenarbeit, bestehend aus (momentan 19) Frauengruppen. Bei den Hauptgruppen handelt es sich um die GAW in den → Landeskirchen. Organe des GAW sind die Vertreterversammlung u. der Vorstand. Die Vertreterversammlung setzt sich aus jeweils zwei Vertretern der Hauptgruppen u. den Mitgliedern des Vorstands zusammen, die nicht zugl. Hauptgruppenvertreter sind. Der Vorstand besteht aus zehn von der Vertreterversammlung gewählten Personen unter dem Vorsitz einer Präsidentin/eines Präsidenten.

Zu den Aufgaben der Vertreterversammlung gehört es, über die Grundsätze der Arbeit des GAW u. den Katalog der zu fördernden Projekte zu entscheiden. Ausgehend von einem finanziellen Rahmen, der für 2018 1, 6 Mio. EUR beträgt, weist der Katalog unterschiedlich hohe Zuschüsse für einzelne von den Partnerkirchen angemeldete Projekte (125 in 2018) aus. Die Rahmensumme wird erfüllt, indem die Haupt- u. Frauengruppen finanzielle Beitr. in von ihnen selbst bestimmter Höhe beisteuern. Aufgebracht werden die Beitr. durch → Spenden, die m. → Kollekten, GAW-Jahresfesten, (Gemeinde-)Veranstaltungen u. Vorträgen ges. werden müssen. Das → Kirchenamt der EKD beteiligt sich m. einem jährlichen Zuschuss. Die Haupt- u. Frauengruppen dürfen auch eigene Projekte verfolgen u. fördern.

Ausführendes Organ des Vorstandes u. Dienstleister für die Hauptgruppen u. die Frauenarbeit ist die Zentrale des GAW unter der Leitung eines von der Vertreterversammlung jeweils für sechs J. gewählten Generalsekretärs. Die Zentrale stellt u. a. in Abstimmung m. dem Vorstand den Entwurf des Projektkatalogs zusammen, der der Vertreterversammlung zur Beschlussfassung vorgelegt wird. Sie ist auch für die Auszahlung der bereitgestellten Mittel u. die Prüfung der Verwendungsnachweise zuständig. Sitz der Zentrale ist das vereinseigene Franz-Rendtorff-Haus in Leipzig, das 1930 als Heim für Theologiestudenten aus der →Diaspora eingeweiht worden war u. inzwischen auch wieder für die Unterbringung der Stipendiaten genutzt wird.

Literatur

Scholder, K., Das Gustav-Adolf-Werk u. die ev. Kirche, Kassel 1982.

Stephan Gatz

© 2019, DOI: 10.30965/9783506786388_0336

Gutachten – Katholisch

1. Begriff: G. sind begr. Beurteilungen von Tatsachen od. Vorgängen durch →Sachverständige. Die im Auftrag der →Bischöfe des dt. Sprachgebiets erstellte →Übersetzung des CIC/1983 verwendet G. für die folgenden lat. Begriffe: relatio (c. 1577 f.: Ber. der Sachverständigen), conclusiones (c. 1609 §2: Schlussfolgerungen der →Richter für die Urteilssitzung) u. votum (cc. 1681, 1704 u. 1705 §3: Votum des Gerichts bzw. des Bf. bzgl. →Nichtvollzugs). In der dt. Rechtssprache wird G. aber vorwiegend für Bewertungen verwendet, die nicht von den Entscheidungsträgern selbst stammen, sondern von Fachleuten (periti, peritia) bestimmter Spezialgebiete u. nur aus deren Perspektive einen Beitr. zur Entscheidungsfindung leisten. Im Folgenden wird G. in diesem Sinne verwendet.

2. Einsatzgebiete: G. sieht der CIC/1983 auf folgenden Gebieten vor: Aufnahmevoraussetzungen für das →Noviziat (c. 642), Austritt erkrankter →Ordensangehöriger (c. 689 §2), psychische Erkrankung als Weiheirregularität (→Irregularität) (cc. 1041 1° u. 1044 §2 2°), Restaurierung wertvoller Bilder (c. 1189), Bau u. Wiederherstellung von Kirchen (c. 1216), Schätzung eines zu veräußernden Kirchenguts (c. 1293 §1 2°), als Beweismittel im Gerichtsprozess (c. 1574), insb. im →Ehenichtigkeitsverfahren (c. 1678 §3). Außerhalb des CIC sind G. z. B. in Kanonisationsverfahren vorgesehen.

3. Arten: Zu unterscheiden sind gerichtliche u. außergerichtliche, obligatorische u. optionale sowie öff. u. private G. Im Gerichtsprozess sind G. von Rechts wegen od. aufgrund einer richterlichen Entscheidung einzuholen (c. 1574). Demgegenüber bedürfen Privatgutachten der Billigung des Richters (c. 1581). Das G. stellt eine spezielle Art von Beweismitteln dar. Während sich der Zeugenbeweis auf die eigene, außergerichtliche Wahrnehmung stützt, enthält das G. eine aufgrund technischer Kenntnisse vorgenommene Bewertung.

4. Notwendigkeit bei bestimmten Klagegründen: Vor Inkrafttreten von MIDI verlangte c. 1680 ein G. in Ehenichtigkeitsprozessen m. dem Klagegrund der →Impotenz od. des Konsensmangels wegen →Geisteskrankheit. Der Bereich der Geisteskrankheit wurde bei enger Auslegung nur auf c. 1095 1° bezogen, doch war lt. RR u. SignAp auch in den Fällen des c. 1095 2° u. 3° ein G. notwendig, was schließlich durch Art. 203 DC bestätigt wurde. Seit Inkrafttreten von MIDI verlangt c. 1678 §3 ein G. außer bei Impotenz bei den Konsensmängeln wegen Geisteskrankheit od. der →Anomalie psychischer Natur. Jedenfalls bezieht sich die Geisteskrankheit auf c. 1095 1° u. die Anomalie auf c. 1095 3°. Noch ungeklärt ist, ob m. der neuen Formulierung die gesetzliche Begutachtungspflicht im Falle des c. 1095 2° entfallen sollte od. ob auch dieser Tatbestand umfasst ist. Selbst wenn hier ein G. vom Gesetz nicht mehr gefordert sein sollte, wird es i. d. R. von der Sache her gefordert sein, da die diffizile Einschätzung des →Urteilsvermögens der Nupturienten die Fachkompetenz der Richter übersteigt. Sowohl nach alter als auch nach neuer Rechtslage kann auf das G. verzichtet werden, wenn es aufgrund der Umstände als offenkundig zwecklos erscheint. Zwecklos kann es dann sein, wenn die Anhaltspunkte für eine Nichtigkeit von vornherein zu schwach sind od. wenn umgekehrt – etwa aufgrund der frü-

heren Krankheitsgeschichte – schon ein ausreichendes G. vorliegt. Wenn bereits ärztliche Dokumente vorhanden sind, die den fehlenden →Vernunftgebrauch (c. 1095 1°) erweisen, ist an einen kürzeren Prozess zu denken (Art. 14 Ratio procedendi von MIDI). In den anderen Fällen, in denen ein G. erst erstellt werden muss, werden die Voraussetzungen für den kürzeren Prozess (c. 1683 1°) nicht gegeben sein.

5. Inhalt: Inhaltlich muss das G. auf die vom Richter (od. von sonstigen Auftraggebern) gestellten Fragen Antwort geben. DC gibt detaillierte Anweisungen zur Stellung der Fragen in Fällen von Impotenz (Art. 208) u. in Fällen des c. 1095 (Art. 209). Überdies muss das G. angeben, auf welchen →Urkunden es beruht, auf welche Weise Gewissheit über Personen, Sachen u. Örtlichkeiten gewonnen wurde, welcher Methode es sich bedient u. auf welche Gründe sich die Schlussfolgerungen hauptsächlich stützen (c. 1578 § 2). Ein reines Aktengutachten (votum) wiegt lt. SignAp weniger als ein G., das auf persönlicher Exploration beruht (peritia).

6. Würdigung durch die Richter: G. unterliegen der freien Beweiswürdigung (cc. 1579 § 1 u. 1608 § 3). Einerseits ist den Sachverständigen bzgl. ihrer Fachkompetenz grds. Glauben zu schenken, andererseits sind ihre Schlussfolgerungen nicht m. dem →Urteil gleichzusetzen, denn sie besitzen keine Rechtsverbindlichkeit u. beruhen nicht auf Jurisdiktionsgewalt. Vom Richter sind zu prüfen: die im G. angewandte Methode, das zugrundeliegende (chr.) Menschenbild, die Nachvollziehbarkeit u. die Gewissheit des Ergebnisses. Wenn →Zweifel bleiben, kann der Richter den Sachverständigen laden, um Erl. ersuchen (c. 1578 § 3) od. ein neues G. bzw. Obergutachten einholen.

Quellen

SignAp, Quaesitum de usu periti in causis nullitatis matrimonii (16.06.1998), Prot.N. 28252/97VT: PerRCan 87 (1998), 619-622; RR coram Huber (24.04. 2002): RRDec 94 (2010), 266-276; RR coram Ferreira Pena (22.11.2002): RRDec 94 (2010), 679-691; RR coram Stankiewicz (19.12.2002): RRDec 94 (2010), 797-811; RR coram McKay (07.10.2004): RRDec 96 (2012), 578-582; PCLT, Instr. Dignitas Connubii: Comm. 37 (2005), 11-92; RR coram Jaeger (03.05.2012): Ius Communionis 3 (2015), 305-327; Franziskus, MP Mitis iudex Dominus Iesus vom 15. August 2015: AAS 107 (2015), 958-970.

Literatur

Pulte, M., Zur Frage des Erfordernisses von Sachverständigengutachten in den Fällen eines gravis defectus discretionis iudici gem. c. 1095 n.2 CIC/1983 – prozessuale u. materiell-rechtliche Aspekte: DPM 9 (2002), 263-280; Jorgensen, G. T., Use of Expert and/or Expert Report in Penal Trial or Administrative Action: Roman Replies and CLSA Advisory Opinions (2005), 91-94; Gruber, G., Iudex est iudex peritorum. Zum Sachverständigengutachten im kirchl. Ehenichtigkeitsprozess, Essen 2008; Garcia Faílde, J. J., Criterios para entender y valorar los peritajes psicológicos y psiquiátricos en las Causas de nulidad matrimonial: Apollinaris 85 (2012), 169-194; Stockmann, P., Probatio Rigorosa sit. Beweismittel, Beweiserhebung u. Beweiswürdigung im Spiegel der neueren Rota-Judikatur: DPM 19/20 (2012/2013), 385-409; Palombi, R., Il Giudice e la valutazione delle Perizie: Apollinaris 88 (2015), 59-111; Klösges, J., Ehenichtigkeitsverfahren bei psychisch bedingten Konsensmängeln. Der Sachverständigenbeweis, Paderborn 2015; Jenkins, R. E., Applying Article 14 of the Mitis Iudex Dominus Iesus to the Processus Brevior in Light of the Church's Constant and Common Jurisprudence on Nullity of Consent: Jurist 76 (2016), 231-265.

Burkhard Josef Berkmann

© 2019, DOI: 10.30965/9783506786388_0337

Gutachten – Evangelisch

Auch im Bereich des ev. KR werden als G. begr. Beurteilungen von Tatsachen od. Vorgängen durch Sachverständige verstanden. Allg. Regelungen für G. bestehen aber nicht. Wie im staatl. Recht wird auch im kirchl. →Verwaltungsrecht u. →Prozessrecht häufig nicht der

Begriff des G. verwendet, sondern auf deren Autor, den Sachverständigen, abgestellt u. die Einvernahme bzw. Äußerung von Sachverständigen als Beweismittel im →Verwaltungsverfahren u. im Prozess geregelt (s. z. B. §14 VVZG.EKD, § 31 VwGG.EKD). In speziellen Verwaltungsbereichen wie dem Pfarrdienstrecht (→Pfarrdienstgesetz) u. dem Kirchenbeamtenrecht (→Beamtenrecht) sind ärztliche G. Voraussetzungen für dienstrechtliche Entscheidungen (z. B. §91 PfDG.EKD u. §61 KBG.EKD für die Feststellung der Dienstunfähigkeit). Auch im Glocken- od. Orgelwesen spielen G. von Sachverständigen nach Maßgabe der jeweiligen VO od. Verwaltungsanordnungen der LK eine wichtige Rolle, z. B. für Entscheidungen über die Anschaffung od. die Pflege von →Glocken bzw. Orgeln.

Im Recht der ev.-theol. Fak. (→Theologische Fakultät, Hochschuleinrichtung) wird in vielen Staatskirchenverträgen (→Konkordat, Kirchenvertrag) das Recht der ev. LK zur Zustimmung bzw. Ablehnung eines zu berufenden →Hochschullehrers lediglich als Recht zur gutachterlichen Stellungnahme formuliert – im scheinbaren Gegensatz zur Rechtslage bei den kath.-theol. Fak., bei denen dieses Recht als bindendes Votum ausgestaltet ist (→Nihil obstat). In der Wissenschaft bestand u. besteht aber weitgehende Einigkeit darüber, dass auch die Stellungnahme des zuständigen Organs der ev. LK als Konsequenz des kirchl. →Selbstbestimmungsrechts grds. als bindend zu behandeln ist. In neueren KV ist dies in den Formulierungen deutlicher zum Ausdruck gekommen (z. B. Art. 3 Abs. 2 TH.KV). In seiner Lüdemann-Enscheidung kommt auch das BVerfG zu diesem Ergebnis. Danach schließt die Formulierung eines bloßen Gutachtensrecht der ev. Kirchen „weder die Pflicht des Staates aus, … das Selbstbestimmungsrecht der Kirche über die Bekenntnismäßigkeit der Lehre ihrer Theologie zu achten, noch das Recht der Kirche, beim Staat auf Abhlife zu dringen, wenn sie diese Bekenntnismäßgkeit als verletzt ansieht“ (BVerfGE 122, 89 [114]).

Literatur

de Wall, H., Die Staatskirchenrechtliche Stellung der Theologie an staatl. Hochschulen u. die Reichweite der kirchl. Mitwirkungsrechte: Organisationsrechtliche Fragen der Theologie, hg. v. H.-M. Heinig – H. Munsonius – V. Vogel, Tübingen 2013, 47-58.

Heinrich de Wall

Gutachten – Islamisch
→Rechtsgutachten

Gutachter – Katholisch

G. ist ein Spezialist, der auf seinem Gebiet (Wissenschaft, Kunst, Beruf) ausgebildet u. erfahren ist u. dessen Expertise für die Beurteilung von Fakten od. Vorgängen notwendig od. nützlich ist. Die im Auftrag der Bf. des dt. Sprachgebiets erstellte Übersetzung des CIC/1983 verwendet G. nur in c. 830 für das lat. Wort „censor“ im Zusammenhang m. der Prüfung von →Büchern. Indessen entspricht dem dt. G. eher das lat. Wort „peritus“.

Je nachdem, um welche Sachfrage es sich handelt, kommen folgende Berufsgruppen in Betracht: Ärzte (Gynäkologen, Psychiater), Psychologen (Psychotherapeuten, Psychoanalytiker), Graphologen (zur Schriftbestimmung), Chemiker, Molekulargenetiker (Vaterschaftsnachweis), Kunstsachverständige, Bauingenieure od. Architekten (Immobiliengutachter), →Juristen (bzgl. staatl. od. nichtkath. religiösen Rechts).

Für alle Bereiche stellt die fachspezifische Kompetenz (idoneitas) ein Eignungskriterium dar, o. dass das allg. KR konkrete Qualifikationen wie etwa Ausbildungsabschlüsse od. Dauer der Berufserfahrung verlangen würde. Als persönliche Eigenschaften kommen in →Ehenichtigkeitsverfahren die Ehrenhaftigkeit u. Religiosität hinzu (Art. 205 §1 DC). Bei einem Klagegrund gem. c. 1095 ist zudem darauf zu achten, dass die →Sachverständigen den Prinzipien der chr. Anthropologie anhangen (Art. 205 § 2 DC). Nicht verlangt ist, dass die G. kath. od. getauft sein müssten.

Der →Richter kann Sachverständige selbst ernennen, von →Parteien beantragte Sachverständige bestellen, bereits erstellte →Gutachten anerkennen (c. 1575) od. einen Privatsachverständigen genehmigen (c. 1581 §1). Ein G. kann aus denselben Gründen wie ein →Zeuge abgelehnt werden (cc. 1576 i. V. m. 1555).

Quellen

PCLT, Instr. Dignitas Connubii: Comm. 37 (2005), 11-92.

Literatur

Breitenbeck, M., The Requirements for Experts in Church Law: Jurist 50 (1990), 257-288; Katzinger, G., Der Sachverständige im kan. Eheprozessrecht u. die Bedeutung von Gutachten in der Beweiserhebung u. bei der Urteilsfällung: Kirche u. Staat (FS Ojnika), hg. v. B. Holcman – G. Kocher, Maribor 2007, 83-102; Gullo, C., I Periti e le perizie (artt. 203-213): Il giudizio di Nullità Matrimoniale dopo l'istruzione „Dignitas Connubii". Parte terza: la parte dinamica del processo, hg. v. P. A. Bonnet – C. Gullo, Rom 2008 (Studi Giuridici 77), 425-440; Bianchi, P. G., Principi deontologici riguardanti i periti: Deontologia degli operatori dei tribunali ecclesiastici, Rom 2011 (Studi giuridici 92), 159-168.

Burkhard Josef Berkmann

© 2019, DOI: 10.30965/9783506786388_0338

Gutachter – Evangelisch

Die Gerichte (→Gerichte, kirchliche) der kirchl. Gerichtsbarkeit (→Gerichtsbarkeit, kirchliche bzw. religiöse) in der →Evangelische Kirche in Deutschland, ihren Gliedkirchen u. gliedkirchlichen Zusammenschlüssen können sich so, wie es aus dem staatl. Prozessrecht bekannt ist, zur Ermittlung u. zum Beweis von Tatsachen eines Sachverständigengutachtens bedienen. Darüber hinaus sehen einige kirchl. Gerichtsgesetze vor, dass das Gericht in Fragen des Verständnisses von Schrift u. →Bekenntnis eine theol. Stellungnahme der →Kirchenleitung od. ein theol. →Gutachten beizieht. Darin tragen sie der Bindung des kirchl. Rechts u. der kirchl. Gerichte an Schrift u. Bekenntnis Rechnung, die eine eigene theol. Urteilsbildung erfordert. Weder der theol. G. noch das eigene theol. Urt. des →Richters formulieren dabei so etwas wie eine rechtsverbindliche od. sonst autoritative Auslegung von Schrift u. Bekenntnis, sondern sie vermitteln die Rechtserkenntnis u. ihre Begründung m. der theol. Kommunikation über Wirklichkeit u. Auftrag der Kirche.

Michael Germann

© 2019, DOI: 10.30965/9783506786388_0338

Güter

→Vermögensrecht, kirchliches

Guter Glaube – Katholisch

G. (bona fides) bez. die persönliche Überzeugung von der Rechtmäßigkeit, Richtigkeit bzw. Legitimität des eigenen Handelns. Im KR genießt der urspr. im →römischen Recht verankerte Begriff explizite Bedeutung für Fälle, in denen ein normwidriges Verhalten (Tun od. Unterlassen) vorliegt, der Akteur aber überzeugt ist u. darauf vertraut, dass das eigene Handeln rechtens ist. Das KR schützt damit die persönliche Überzeugung angesichts von objektiver Rechtswidrigkeit: Einerseits kann G. negative Rechtsfolgen mildern od. aufheben, indem er vor →Strafen bewahren od. sie mildern kann (cc. 1321, 1323, 1324). Andererseits kann G. Rechtsvorteile bewirken, indem er fehlende Leitungsvollmacht ersetzt (c. 144) od. die Voraussetzung für →Ersitzung u. →Verjährung (c. 198), bestimmte Möglichkeiten von →Dispens (c. 1049 §1) sowie die →Putativehe (cc. 1061 § 3, 1137, 1139) ist.

Die kirchenrechtliche Relevanz des G. gründet in der Anerkennung des Willens des Einzelnen, recht u. gerecht zu handeln, u. somit in einem ethischen Anspruch, der sich in der Bedeutung des → Gewissens verdichtet. So wird in einer langen Tradition der moraltheologischen Gewissenslehre das Gewissensurteil als persönlich verbindlich betrachtet, selbst wenn das sorgfältig gebildete Gewissen schuldlos einem → Irrtum unterliegt. Dem eigenen Gewissensurteil nicht zu folgen bedeutet, sich als sittliches Subjekt zu verfehlen u. daher moralisch schuldig zu werden. Auch das Handeln gem. dem irrenden Gewissen erfolgt im G., denn das Subjekt ist von der Richtigkeit bzw. moralischen Erlaubtheit überzeugt. Der G. schützt vor sittlicher Schuld, aber vor rechtlichen Folgen nur in Fällen, in denen er gesetzlich zum Tragen kommt.

Literatur

Kaiser, M., Der gute Glaube im Codex Iuris Canonici, München 1965 (MThS.K 22); Virt, G. – Hartelt, K., Art. Bona fides: LThK³ Bd. 2, 568 f.; Schuster, J., Art. Bona fides: LKStKR² Bd. 1, 293.

Edeltraud Koller

© 2019, DOI: 10.30965/9783506786388_0340

Guter Ruf – Katholisch

Der CIC/1917 kannte das in c. 220 u. c. 23 CCEO normierte Grundrecht aller Gläubigen (→ Grundrechte und Grundpflichten der Christen) auf g. R. u. den Schutz der eigenen → Intimsphäre noch nicht, regelte aber die sog. → Infamie, die als Ehrverlust im → Strafrecht u. → Prozessrecht des CIC/1917 verankert war. Es wurde gem. can. 2293 § 1 die infamia iuris, die für bestimmte Fälle rechtlich vorgesehene → Sühnestrafe, von der infamia facti gem. can. 2293 § 3 unterschieden, die gegeben war, wenn eine Person faktisch bei Gläubigen aufgrund strafrechtlicher Verstöße od. eines unmoralischen Lebenswandels einen nicht mehr g. R. hatte. Der CIC/1917 hatte nicht die Verankerung eines Grundrechts auf g. R. für alle Gläubigen, sondern vielmehr die autoritative Erklärung des Verlusts des g. R. als Strafmittel der Kirche vorgesehen.

Durch die Enz. PT hat Johannes XXIII. die → Menschenrechte zum integralen Bestandteil lehramtlicher Verkündigung gemacht u. in der Enz. wird das Recht auf g. R. aus der menschlichen Natur u. damit als präpositives Recht abgeleitet. Das Vat II hat insb. in DH u. GS auf die Menschenrechte Bezug genommen u. in Art. 26 GS explizit das Recht auf g. R. („ius ad bonam famam") u. auf Schutz der eigenen Privatsphäre („ius ad vitae privatae protectionem") genannt. Als Menschrechte kommen beide Grundrechte allen Menschen zu.

Das Recht auf g. R. war in den Entwürfen der Codexreformgeschichte schon früh verankert, während Johannes Paul II. erst nach dem Schema/1982 in der Red. des Sommers 1982 das Grundrecht auf die eigene Intimsphäre hinzufügte. Die geltende Rechtsordnung integriert nun diese beiden naturrechtlich begr. präpositiven Grundrechte auf g. R. u. die eigene Intimsphäre in c. 220 u. c. 23 CCEO im Kontext des Katalogs über die Pflichten u. Rechte der Gläubigen.

C. 220 formuliert das Grundrecht auf g. R. in Verbotsform, dass von niemandem der g. R. einer Person unrechtmäßig geschädigt werden darf. Der g. R. muss von keiner Person erst erworben od. von einer Autorität festgestellt od. zugestanden werden, sondern ist ihr bereits als Person eigen als „positive Wertschätzung ..., die einer einzelnen Person oder einer Gemeinschaft in ihrer sozialen Umgebung zukommt" (Krämer, 467). Das Grundrecht auf g. R. darf weder durch Verleumdungen, Gerüchte od. üble Nachrede unrechtmäßig geschädigt werden.

Eine unrechtmäßige Verletzung des g. R. bzw. eine Diffamierung ist nach c. 1390 § 2 strafbewehrt u. kann m. einer → gerechten Strafe sanktioniert werden. Diese Verletzung kann in geschriebener, mündlicher od. in realer Form erfolgen, wie z. B. durch eine → Amtsenthebung. Ferner wird sie bewertet nach der Natur ihres Inhalts u. ob sie direkt od. indirekt, d. h. mittelbar, die Rufschädigung bewirkt. Als gerechte Strafen gem. c. 1390 § 2 kann die Rücknahme des diffamierenden Aktes gefordert werden, bei schriftlichen Rufschädigungen etwa in einer Zeitung durch eine entspr. Gegendarstellung in diesem Medium. Ferner kommen die Übernahme der →Gerichtskosten, bei →Klerikern, die den Ruf einer anderen Person unrechtmäßig geschädigt haben, etwa die Suspension (→Suspendierung) in Betracht. Nach c. 1390 § 3 kann jemand, der jemandes g. R. geschädigt hat, zur Wiedergutmachung verpflichtet werden bzw. gem. cc. 128 i. V. m. 1729-1731 eine Schadensersatzklage (→Schadenersatz) führen.

Die in c. 220 erwähnte rechtmäßige Schädigung ist der kirchl. Autorität etwa durch eine nach Maßgabe des Rechts erfolgte Feststellung od. Verhängung (→Strafverhängung) einer kirchl. →Strafe vorbehalten. Selbst wenn eine Person eine rechtmäßige Rufschädigung erfahren hat, bleibt ihr Grundrecht auf g. R. gem. c. 220 bestehen, wenn auch der g. R. dieser Person selbst gegenwärtig nicht besteht.

Für manche Ämter sieht die Rechtsordnung einen nicht geschädigten g. R. (bona existimatio) vor (vgl. c. 378 § 2 2° Bischofsamt [→Bischof]; c. 483 § 2 →Kanzler u. →Notare; c. 1420 § 4 Offizial [→Gerichtsvikar] u. Vizeoffizial; c. 1421 § 3 Diözesanrichter [→Richter]; c. 1435 →Kirchenanwalt u. Bandverteidiger [→Ehebandverteidiger u. →Weihebandverteidiger]; c. 1483 →Prozessbevollmächtigter u. →Anwalt). C. 483 § 2 weist eine zusätzliche Schutzbestimmung für →Priester auf, da „... in den Fällen, in denen der gute Ruf eines Priesters beeinträchtigt werden könnte, ... der Notar Priester sein“ muss.

Ein Überrest der Infamiebestimmungen des CIC/1917 besteht noch in c. 1741 3° im Kontext des Amtsenthebungsverfahrens von →Pfarrern, der von einer „bonae existimationis amissio“ des Pfr. bei „rechtschaffenen und angesehenen Pfarrangehörigen“ ausgeht, die andauernden Charakter hat. Der Schutz des g. R. findet sich ebenso in c. 1048, der es ermöglicht, im Dringlichkeitsfall von der →Irregularität der Ausübung der Weihe abzusehen. Nach c. 1352 § 2 ist bei Gefahr einer Schädigung des g. R. die Beachtung der Rechtsfolgen einer →Tatstrafe teilweise od. gänzlich ausgesetzt. In c. 1361 § 3 findet sich eine weitere Schutzbestimmung, dass ein →Straferlass od. eine Bitte um Straferlass nur insoweit bekannt wird, „als es zur Sicherung des Rufes des Täters dienlich oder zur Behebung eines →Ärgernisses notwendig ist“. Während c. 1548 § 2 1° im Rahmen der Zeugenaussagen das Amtsgeheimnis von Klerikern normiert u. diese von der Pflicht zur Beantwortung der bei der Vernehmung gestellten Fragen befreit, regelt c. 1548 § 2 2°, dass man selbst, die Ehepartnerin bzw. der Ehepartner, nächste Verwandte u. Verschwägerte nicht zur Aussage verpflichtet sind. Nach c. 1717 § 2 soll im Rahmen einer Voruntersuchung (→Voruntersuchung, kanonische) verhindert werden, das der g. R. einer Person beschädigt wird.

Quellen

Johannes XXIII., Enzyklika Pacem in terris vom 11. April 1963: AAS 55 (1963), 257-304; Vat II, DH; Vat II, GS.

Literatur

Kaspery, A., Das Recht auf guten Ruf: „Alle Katholiken haben das Recht ...“. Freiheitsrechte in der Kirche, hg. v. L. Swidler – P. Connor, München 1990, 80-82; Provost, J., Vindication and Defense of Good Reputation: Roman Replies and CLSA Advisory Opinions 1998, hg. v. S. F. Pedone – J. I. Donlon, Washington D. C. 1998, 47-49; Schwendenwein, H., Der Einfluss der öff. Meinungsbildung auf rechtsgestaltende Maßnahmen: DPM 6 (1999), 117-144; Mogavero, D., Diritto alla buona fama e alla riservatezza e tutela dei dati personali: IusEccl 12 (2000), 589-610; Krämer, P., Art. Ruf, guter: LKStKR Bd. 3, 467; Vitalone, A., Buona fama e riservatezza in diritto canonico (il civis-fidelis e la disciplina della privacy): IusEccl 14, 1 (2002), 261-280; Bradley, M., The evolution of the right to privacy in the 1983 Code. Canon 220: StCan 38 (2004), 527-574; Price, D., A person's rights in canon law: Canon Law Society of Great Britain

& Ireland. Newsletter 144/2005, 12-18; Franitza, A., „Lasset uns lästern. Wir sind hier zusammengekommen, um übereinander herzuziehen!" Kirchenrechtliche Überlegungen zu can. 220 CIC/1983: „Lebendige Gemeinde". Beiträge aus biblischer, hist., systematischer u. praktischer Theologie, hg. v. M. Neubrand, Regensburg 2005, 237-253; Skonieczny, P., La tutela della buona fama del chierico accusato degli abusi sessuali su minori: un modo di procedere nel caso concreto in base al can. 220 CIC/83: Angelicum 87, 4 (2010), 923-941; Rees, W., Rechtsschutz im kirchl. Strafrecht u. in kirchl. Strafverfahren: Rechtsschutz in der Kirche, hg. v. L. Müller, Wien – Berlin – Münster 2011 (KRB 15), 75-105; Krämer, P., Das Recht auf den Schutz der Intimsphäre. Kirchenrechtliche Anmerkungen zu c. 220 CIC: TrThZ 121 (2012), 286-302; Meckel, T., Das Recht auf die eigene Intimsphäre u. den guten Ruf. Genese u. Geltung zweier Grundrechte aller Christgläubigen: Der Strafanspruch der Kirche in Fällen von sexuellem Missbrauch, hg. v. H. Hallermann – T. Meckel – S. Pfannkuche, Würzburg 2012, 279-306; ders., Das Beichtgeheimnis u. das Seelsorgegeheimnis im Spiegel der Grundrechte der Christgläubigen: AfkKR 181, 2 (2012), 444-466.

Thomas Meckel

Güterrecht, eheliches

→Eheliches Güterrecht

Habilitas

→Befähigung, rechtliche

Habilität

→Befähigung, rechtliche

Habilitation – Katholisch

Das gesamtkirchliche →Hochschulrecht kennt keine H. Vielmehr wird die Lehrbefähigung für Kirchl. Universitäten u. Fak. durch das →Doktorat festgestellt (VG Art. 50 §1), für →Priesterseminare durch das Doktorat od. das →Lizentiat (c. 253 §1). Soweit die H. aber vom jeweiligen staatl. Recht als erforderliche Qualifikation für die selbständige Lehre od. als einer der möglichen Zugangswege zur Berufung auf eine Professur vorgesehen ist, finden die betr. staatl. Bestimmungen auch auf die Kath.-Theol. Fak. (→Theologische Fakultät, Hochschuleinrichtung) an den staatl. Universitäten Anwendung. I. d. R. werden die betr. Bestimmungen auch an den staatl. anerkannten Kirchl. Fak. in kirchl. Trägerschaft angewandt, insb. um die für die staatl. Anerkennung erforderliche Gleichwertigkeit sicherzustellen. Habilitationsberechtigt sind sowohl die Kath.-Theol. Fak. der staatl. Universitäten als auch die Kirchl. Fak. in kirchl. Trägerschaft.

Für die H. in Kath. Theologie bestehen in Deutschland u. Österreich partikularrechtliche Bestimmungen. Die DBK hat im J. 1972 ein noch im selben J. vom Apost. Stuhl bestätigtes →Dekret über die H. u. Berufung von Nichtpriestern beschlossen; dessen Geltung wurde 1983 durch das →Akkommodationsdekret bekräftigt, das auch in den seitdem abgeschlossenen Verträgen zwischen Kirche u. Staat als geltend anerkannt wurde. Mehrere Bestimmungen des Dekr. von 1972 wurden in der Folgezeit allerdings der Sache nach geänd.: Der Erwerb →akademischer Grade wurde durch c. 229 §2; c. 404 §2 CCEO auch →Laien uneingeschränkt ermöglicht. Die Dauer der als Voraussetzung für die H. erforderlichen pastoralen Erfahrung von Laien wurde durch die vom Apost. Stuhl am 25.03.2010 für Deutschland erlassenen Normen zum →Nihil obstat auf ein J. verkürzt; zudem wurde die Anwendbarkeit des Dekr. auf Diakone außer Kraft gesetzt. In ihrem Dekr. über die kirchl. Anforderungen an →Juniorprofessuren vom 25.09.2003 hat die DBK erklärt, die H. habe sich „als Nachweis der zusätzlichen wissenschaftlichen Leistungen ... in der Theologie bewährt".

Die ÖBK hat am 10.11.1994 ein Dekr. über die H. u. Berufung von Prof. an den Kath.-Theol. Fak. erlassen; dessen Bestimmungen über die H. gelten für →Priester u. Nichtpriester gleichermaßen. Als Voraussetzung für die H. wird u. a. von allen Bewerbern ein mind. einjähriger praktischer Einsatz in der Pastoral verlangt.

Quellen

DBK, Habilitation u. Berufung von Nichtpriestern an den Kath.-Theol. Fak. u. Phil.-Theol. Hochschulen, vom 21.-24. Februar 1972: Kath. Theol. u. Kirchl. Hochschulrecht, Bonn ²2011 (Arbeitshilfen 100), 440-444; Kongr. für das Kath. Bildungswesen, Normen zur Erteilung des Nihil obstat bei der Berufung von Prof., vom 25. März 2010: Kath. Theol. u. Kirchl. Hochschulrecht, Bonn ²2011 (Arbeitshilfen 100), 388-399; DBK, Kirchl. Anforderungen an Juniorprofessuren in der Kath. Theologie: Kath. Theol. u. Kirchl. Hochschulrecht, Bonn ²2011 (Arbeitshilfen 100), 445-449; ÖBK, Dekret über die Habilitation u. Berufung von Prof. an den Kath.-Theol. Fak. an den staatl. Universitäten Österreichs vom 10. November 1994: ABl ÖBK Nr. 15 (1995), 2f.

Literatur

Müller, L., Kleriker u. Laien als Prof. der Kath. Theologie: Recht in Kirche u. Staat (FS Listl), hg. v. W. Rees, Berlin 2004 (KStT 48), 231-249; Schmitz, H. – Rhode, U., Einf.: Kath. Theol. u. Kirchl. Hochschulrecht, Bonn [2]2011 (Arbeitshilfen 100), 85 f., 183-185.

Ulrich Rhode

Habilitation – Evangelisch

Das ev. KR setzt sich in zweierlei Hinsicht m. der H. auseinander: 1. Es regelt sie unmittelbar, soweit einer →Hochschule in kirchl. Trägerschaft ein Habilitationsrecht zusteht. 2. Außerdem sind im KR – zu dem auch das staatskirchenvertraglich vereinbarte u. daraufhin in KR transformierte Recht zu rechnen ist – Rechte auf Mitwirkung an Habilitationsverfahren formuliert, die an Ev.-Theol. Fak. staatl. Universitäten (→Theologische Fakultät, Hochschuleinrichtung) auf der Grundlage staatl. Rechts durchgeführt werden.

1. Gegenwärtig bestehen zwei nichtstaatliche ev. Hochschulen m. eigenem Habilitationsrecht: Die Augustana-Hochschule Neuendettelsau u. die Kirchl. Hochschule Wuppertal/Bethel. Kirchenrechtliche Regelungen des Habilitationsrechts der Augustana-Hochschule Neuendettelsau finden sich in deren Hochschulsatzung u. der auf deren Grundlage erlassenen Habilitationsordnung. Das Habilitationsrecht der Kirchl. Hochschule Wuppertal/Bethel ist in deren GrO u. zwei Habilitationsordnungen (für die an ihr vertretenen Fächer Theologie u. Diakoniewissenschaft) ausgestaltet. Entscheidende Besonderheit des kirchl. Habilitationsrechts ist, dass es die H. an konfessionelle Voraussetzungen knüpft: Die Habilitationsordnungen der Kirchl. Hochschule Wuppertal/Bethel verlangen die Mitgliedschaft in einer Kirche m. ev. →Bekenntnisstand, die Habilitationsordnung für die Augustana-Hochschule verlangt grds. die Zugehörigkeit zu einer Kirche, die Mitglied des →Ökumenischen Rates der Kirchen ist. Diese Sonderregelungen sollen das konfessionelle Profil der universitären theol. Forschung u. Lehre gewährleisten u. sind entspr. vom religionsgemeinschaftlichen →Selbstbestimmungsrecht (Art. 140 GG i. V. m. Art. 137 Abs. 3 WRV) u. auch von der korporativen →Religionsfreiheit (Art. 4 Abs. 1, 2 GG) geschützt.

2. Die Mitwirkungsrechte der ev. Kirchen bei der Durchführung von Habilitationsverfahren an staatl. ev.-theol. Fak. sind in Staatskirchenverträgen geregelt: Neuere Verträge sehen i. d. R. ein – unterschiedlich weit gehendes – kirchl. Mitwirkungsrecht beim Erlass von Habilitationsordnungen vor (z. B. Art. 4 I NW.KV; Art. 3 III 1 SN.KV; Art. 3 IV BW.KV), während ältere Verträge dazu schweigen. Ein Recht auf Mitwirkung bei der Durchführung von konkreten Habilitationsverfahren ist bisher nur vereinzelt geregelt (z. B. Art. 3 III 2 BB.KV). Eine Beteiligung bei der Verleihung der Lehrbefugnis, die manche Landesrechte von der H. im engeren Sinne (als Feststellung der Lehrbefähigung) unterscheiden, die aber gleichwohl das Habilitationsverfahren abschließt, gewährleistet bisher nur das bayer. Recht (Art. 2 II Bay.KV, Art. 65 XI BayHSchG). Gleichwohl stellen sich – allerdings rechtlich unverbindliche – kirchenamtliche Texte auf den Standpunkt, dass Habilitationsordnungen generell nur m. kirchl. Mitwirkung erlassen werden dürfen (KA der EKD, 2009, II. 1.) u. außerdem die Zugehörigkeit zum ev. →Bekenntnis Habilitationsvoraussetzung ist (KA der EKD, 2007/2008, 7.). In der Kirchenrechtslehre wird vertreten, dass zusätzlich die Verleihung der Lehrbefugnis der kirchl. Mitwirkung bedarf, weil sie das Recht vermittelt, die Lehre der Kirche öff. zu vertreten (Christoph, 2009, 82 f.; de Wall, 2013, 55). Diese kirchl. Rechtsauffassungen werden durch das Verfassungsrecht bestätigt: Dessen Vorgaben für die Reichweite der kirchl. Mitwirkungsrechte ergeben sich aus dem kirchl. Selbstbestimmungsrecht (Art. 140 GG i. V. m. Art. 137 Abs. 3 WRV) u. der Religionsfreiheit auf der einen u. der Wissenschaftsfreiheit der Hochschule bzw. ihrer Fak. (Art. 5 Abs. 3 GG) auf der anderen Seite. Daraus ist zu folgern, das über spezifisch bekenntnisgeprägte Fragen, z. B. über die konfessionellen Voraussetzungen für eine Annah-

me als Habilitand od. die Eignung einer bestimmten Person, das Bekenntnis der Kirche zu wahren, nicht o. Mitwirkung u. gegen den Widerspruch der Kirche entschieden werden darf (allg. u. grundlegend Heckel, 1986, 25 ff.; konkret de Wall, 2013, 54-56), sofern nicht eine kirchen(vertrags)rechtliche Regelung im Einzelfall diese Rechte der Fak. überträgt.

Quellen

Satzung für die Augustana-Hochschule vom 9. April 1998: KABl., 111, ber. 226, zuletzt geänd. durch Satzung vom 20. Juli 2017, § 2 V-VII; Habilitationsordnung für die Augustana-Hochschule Neuendettelsau vom 23. Mai 2005: KABl. 2007, 129; Habilitationsordnung (für die Fächer der Theologie) der Kirchl. Hochschule Wuppertal/Bethel vom 7. Februar 2011: http://www.kiho-wb.de/wp-content/uploads/2015/01/Habilitationsordnung-neu-2011-f%C3%BCr-Homepage.pdf [Zugriff: 15.05.2019]; Habilitationsordnung Diakoniewissenschaft der Kirchl. Hochschule Wuppertal/Bethel vom 25. Juni 2015: https://kiho-wb.de/wp-content/uploads/2015/02/Habilitationsordnung-DW-Endfassung.pdf [Zugriff: 15.05.2019]; Kirchenamt der EKD, Das Zusammenwirken von Landeskirchen u. Theol. Fakultäten in Deutschland – Empfehlungen, 2007/2008, II. 5., 7.; abgedruckt: Christoph, J. E., Kirchen- u. staatskirchenrechtliche Probleme der Ev.-theol. Fakultäten, Tübingen 2009, Anl. 13; Kirchenamt der EKD, Zur Zulassung von Mitgliedern der in der Vereinigung Ev. Freikirchen zusammengeschlossenen Freikirchen u. Institutionen zu Promotionen u. Habilitationen an Ev.-theol. Fakultäten, 2009; abgedruckt: Christoph, J. E., Kirchen- u. staatskirchenrechtliche Probleme der Ev.-theol. Fakultäten, Tübingen 2009, Anl. 14.

Literatur

Solte, E. L., Theologie an der Universität, München 1971, 7. Abschnitt, 2. Kap.: Die theol. Fakultäten im ev. Kirchenrecht; von Campenhausen, A., Rechtsprobleme der Habilitation im Fach Theologie: FS für Friedrich Berber zum 75. Geburtstag, hg. v. D. Blumenwitz – A. Randelzhofer, München 1973, 127-138; Heckel, M., Die theol. Fakultäten im weltlichen Verfassungsstaat, Tübingen 1986, z. B. 232-269, 286-290; Christoph, J. E., Kirchen- u. staatskirchenrechtliche Probleme der Ev.-theol. Fakultäten, Tübingen 2009, z. B. 75, 82 f.; Heckel, M., Theologie zwischen Staat u. Kirche im freiheitlichen Verfassungsrecht: Ges. S., Bd. VI, Tübingen 2013, 419 (450-462); de Wall, H., Die Staatskirchenrechtliche Stellung der Theologie an staatl. Hochschulen u. die Reichweite kirchl. Mitwirkungsrechte: Organisationsrechtliche Fragen der Theologie, hg. v. H. M. Heinig – H. Munsonius – V. Vogel, Tübingen 2013, 54-56; Classen, C. D., Organisationsrechtliche Fragen der Theologie: JZ 2014, 111 (115); Heinig, H. M. – Vogel, V., Hochschulbildung: HevKR, § 21 Rn. 13-24.

Renate Penßel

© 2019, DOI: 10.30965/9783506786388_0345

Hadith – Islamisch

H. bedeutet wörtlich Nachricht u. Ber. In der muslimischen Wissenschaftstradition sind H. überlieferte Aussagen, Handlungen u. Billigung Muhammads. Die zwölferschiitische Tradition (→Schiiten) erw. im Gegensatz zu den →Sunniten H. um die Aussagen, Handlungen u. Billigung der →Imame. Unumstritten ist, dass ein H. aus zwei Elementen besteht: 1. Überliefererkette (isnād) u. 2. Text (matn). Die Kette gibt Aufschluss darüber, inwiefern die von/über Muhammad überlieferte Nachricht auf ihn zurückführbar ist. Entspr. der Kette werden H. als ununterbrochen bzw. unterbrochen klassifiziert. Klassifiziert werden H. zudem entspr. der Überlieferungsquantität. Liegt ein H. in solch einer Masse vor, bei der eine falsche Zuschreibung auf Muhammad ausgeschlossen ist, so bez. man diese Überlieferung als mutawātir. Solche H. sind definitiv (qaṭʿī) auf Muhammad zurückführbar u. sind in der Rspr. zu berücksichtigen. Alle weiteren H. – m. Ausnahmen unter einigen →Rechtsschulen – sind Einzeltraditionen (āḥād): Sie sind wahrscheinlich auf Muhammad zurückführbar. Um diese Wahrscheinlichkeit zu ermitteln, wird v. a. die Kette analysiert. Dabei wird betrachtet, auf welche Art u. Weise ein H. übertragen wurde u. ob die Tradenten gewisse Bedingungen erfüllen, um einen H. korrekt wieder- u. weiterzugeben. Wenn die Tradenten vertrauenswürdige u. rechtschaffene Personen sind, die den H. korrekt aufnehmen u. weitergeben können, u. wenn die Kette ununterbrochen bis Muhammad führt, wird die Kette als gesund (ṣaḥīḥ) bez.: Der H. stammt m. hoher Wahrscheinlichkeit von Muhammad. Solche H. werden in die Rspr. einbezogen. Sind diese Bedingungen nicht gegeben, so wird je nach erkanntem Problem in der Kette der H. kategorisiert. Z. B. gilt ein H. als schwach (ḍaʿīf), wenn sich in der Kette nicht vertrauenswürdige Personen befinden. Dies bedeutet nicht zugl., dass der H. verworfen wird, sondern der Inhalt kann je nach Fall berücksichtigt werden. Die Schwäche bezieht sich auf die Kette: Es kann nicht m. Sicherheit ermittelt werden, ob die Überlieferung auf Muhammad zurückgeht. Solche Kategorisierungen sind nur für Einzeltraditionen vorgesehen, da Einzeltradition wahrscheinlich (ẓannī) auf Muhammad zurückführbar sind. Für die Authentizitätskontrolle haben die Rechtsschulen unterschiedliche Mechanismen entwickelt, was dazu führt, dass unterschiedliche H. zu einem Rechtsfall herangezogen wurden. Neben der Kette sind auch einige Methoden vorhanden, den Text zu analysieren, wie etwa durch vergleichende Analyse zu ermitteln, ob dem H. etwas hinzugefügt wurde. Wie genau die frühe Entwicklung der H. war, die zur beschriebenen Systematisierung geführt hat, ist umstritten. Die muslimische Gelehrsamkeit nimmt Folgendes an: Wenn ermittelt werden kann, dass die Tradenten direkten Kontakt zueinander hatten u. vertrauenswürdige Personen sind, so sind die Ketten ein Hinweis darauf, dass Muhammad selbst etwas gesagt od. getan hat. Die H. werden somit zu den Lebzeiten Muhammads datiert. Es wird zudem als Bestätigung dessen berichtet, dass bereits Prophetengefährten H. schriftlich festgehalten hätten. In der westlichen Islamforschung wurde v. a. in Anlehnung an Goldziher, Schacht u. Juynboll die Auffassung vertreten, dass H. im 2./8. u. 3./9. Jh. entstanden sind. Muslime hätten demnach Lösungen für Probleme der genannten Zeit gefunden, die sie auf Muhammad zurückführten u. von ihm autorisieren ließen. Festgemacht wird dies von Goldziher v. a. am Inhalt der H. Schacht u. Juynboll hingegen analysieren zudem die Ketten der H. Sie kommen zum Schluss, dass fast jeder H. in seinen eigenen Überlieferungsvarianten einen „common link" (Sammelpunkt, fortan: cl.) habe, der den H. erfunden u. in Umlauf gebracht habe. Somit wären H. im 2./8. Jh. entstanden. Tatsächlich geht auch die muslimische Gelehrsamkeit davon aus, dass m. dem Ende des 1./7. u. Anfang des 2./8. Jh. H., die hauptsächlich mündlich im Umlauf waren, kodifiziert u. quasi parallel hierzu nach Themen od. Tradenten klassifiziert wurden. Dies zeige nicht die Entstehung der H., sondern ihre systematische Aufarbeitung. Sezgin begr. seinen Ansatz u. a. in dieser Haltung u. versucht mittels der Analyse der Überlieferungstechnik, die in den Ketten genannt werden, herauszufinden, ob die mündliche Überlieferung der H. von der Frühzeit bis in das 2./8. Jh. m. schriftlichen Unterlagen unterstützt wurde. Er kommt zum Ergebnis, dass bereits kurz nach Muhammads Tod schriftliches H.-Material vorlag. Motzki u. Schoeler widersprechen beiden Ansätzen. Sie berücksichtigen für die Datierung den Text u. die Kette der H. (isnād-cum-matn-Analyse). Dabei verstehen sie den cl. als denjenigen, der den H. in Unterrichtszirkeln in Umlauf gebracht hat. Es ist aber für sie durchaus möglich, dass der H. vor dem cl. schon im Umlauf war, aber der cl. diesen hauptsächlich verbreitet hat. Es sei nicht per se ausgeschlossen, dass H. nahe zu Lebzeiten Muhammads entstanden sein könnten. M. dieser Methode wird ermittelt, wann ein H. spätestens in Umlauf gebracht wurde. Es wird nicht die Frage gestellt, ob eine Aussage authentisch von Muhammad stammt. Die Verbindung vom cl. zu Muhammad wird nicht per se als fingiert erachtet. Für die muslimische Gelehrsamkeit gilt, dass schon die Wahrscheinlichkeit der Rückführbarkeit auf Muhammad ausreicht, einen H. zu berücksichtigen, auch wenn ein H. nicht definitiv datiert werden kann.

Quellen

Ibn aṣ-Ṣalāḥ, ʿU., ʿUlūm al-ḥadīṯ, Beirut – Damaskus o. J.

Literatur

Sezgin, F., Geschichte des arabischen Schrifttums – Qurʾānwissenschaften, Ḥadīṯ, Geschichte, Fiqh, Dogmatik, Mystik bis ca. 430 H., Leiden 1967; Schoeler, G., Die Frage der schriftlichen od. mündlichen Überlieferung der Wissenschaften im frühen Islam: Der Islam 62 (1985), 201-230; Schoeler, G., Charakter u. Authentie der muslimischen Überlieferung über das Leben Mohammeds, Berlin – New York 1996; Motzki, H., Dating Muslim Traditions: A Survey: Arabica 52/2 (2005), 204-253; Analysing Muslim Traditions. Studies in Legal, Exegetical and Maghāzī Ḥadīth, hg. v. H. Motzki, Leiden – Boston 2010; Motzki, H., Wie glaubwürdig sind die Hadithe? Die klassische islam. Hadith-Kritik im Licht moderner Wissenschaft, Wiesbaden 2014.

Serdar Kurnaz

© 2019, DOI: 10.30965/9783506786388_0346

Haftung – Katholisch

M. der Rechtsfigur der H. kommt das naturrechtlich begr. Axiom zur rechtlichen Entfaltung, dass derjenige, der einem anderen Schaden zufügt, haftungsrechtlich zur Verantwortung zu ziehen ist. Ethisch korrespondiert H. als Gegensatz zur →Schuld. Diese ist als rechtliches Sollen zu begreifen, H. hingegen ist das Einstehenmüssen für den Fall der Nichterfüllung.

In c. 128 wird festgestellt, dass derjenige, der unrechtmäßig entweder durch eine Rechtshandlung od. durch eine andere m. →Vorsatz (dolus) od. aus →Fahrlässigkeit (culpa) vorgenommene Handlung einem anderen Schaden zufügt, verpflichtet ist, diesen wiedergutzumachen. Neben der Einzelhaftung bei Schadenszufügung durch eine einzelne Person – sei sie getauft od. nicht, sei sie natürliche od. jur. Person (→Juristische Person, kirchliche), handle sie privat od. als Träger öff. Gewalt –, gibt es noch die Organhaftung, wenn ein Schädiger als Organ bzw. im Namen einer →physischen Person od. jur. Person – unabhängig, ob es sich um eine öff. od. private jur. Person handelt – agiert u. die spezielle Ordenshaftung (c. 639), bei der zunächst das Inst. als jur. Person für die von ihr aufgenommenen Schulden u. sonstigen Verbindlichkeiten haftet, während das einzelne Mitglied des Inst. für diejenigen seines eigenen Vermögens haftet, die er m. →Erlaubnis des Oberen eingegangen ist. Im Fall der →Delegation haftet der Delegierte, da er in eigenem Namen handelt, während bei der Ausübung stellvertretender →Vollmacht bei Schäden der Vertretene haftet.

In c. 128 (vgl. auch c. 935 CCEO) als schadensersatzrechtlicher Grundnorm (→Schadenersatz) wird erstmalig festgestellt, dass auch rechtswidrige Akte der hierarchischen Autorität Haftungsansprüche nach sich ziehen können. Diese →Amtshaftung ist eine zu begrüßende Weiterentwicklung des Haftungsrechts im CIC u. CCEO u. entspricht auch der höchstrichterlichen Rspr. in der BRD, die eine Amtshaftung i. S. des § 839 BGB i. V. m. Art. 34 GG der als →Körperschaften des öffentlichen Rechts anerkannten Religionsgesellschaften für grds. möglich erachtet.

Verschuldungsunabhängige Haftungstatbestände sind kodikarisch im Unterschied zur staatl. Gesetzgebung (z. B. Gefährdungshaftung) nicht aufgenommen worden. Über den Wortlaut des c. 128 hinaus ist aber nach herrschender Meinung die H. auch für den Fall des schädigenden Unterlassens anzunehmen bspw. durch pflichtwidrige Unterlassung der Setzung eines Rechtsaktes u. bei der Amtshaftung bes. virulent durch amtsmissbräuchliches Unterlassen (c. 1389 § 2). Hierfür spricht auch Art. 123 § 2 PastBon, der der →Apostolischen Signatur nicht nur die Kompetenz zuweist, über Schadensersatzansprüche im Kontext von →Verwaltungsakten zu entscheiden, sondern auch über alle Schäden, die durch einen unrechtmäßigen Akt entstanden sind.

Rechtswidrigkeit bei der Schadenzufügung liegt dann vor, wenn das den Schaden auslösende Verhalten objektiv geltenden kirchl. Rechtsnormen widerspricht. Bei der Amtshaftung als einer Form der H. ist z. B. an die Verletzung von →Amtspflichten bei Machtmissbrauch od. das Überziehen einer amtl. Vollmacht zu denken.

Das schädigende Verhalten muss bei jeder Form der H. rechtlich zurechenbar sein. Schuldhaft ist es dann, wenn die schädigende Handlung durch Vorsatz od. Fahrlässigkeit evoziert wird. Vorsatz ist anzunehmen, wenn der Schädiger willentlich u. bewusst im Wissen um die Rechtswidrigkeit seiner Handlung, einen Schaden herbeiführt. Demgegenüber meint Fahrlässigkeit die mangelnde Sorgfalt bei einer Handlung, die einen Schaden auslöst.

Als Schadensarten kommen neben finanziellen Schäden auch die an der körperlichen, geistigen, seelischen u. sozialen Integrität von natürlichen Personen in Betracht. Rechtspraktisch kann z. B. bei der Amtshaftung auf die Schäden durch →sexuellen Missbrauch durch Amtsträger, aber auch die Schädigung des →guten Rufs od. vermögensrechtliche Schäden einer kirchl. jur. Person durch ihren Verwalter (c. 1281 § 3) als Beispielfälle verwiesen werden.

In allen Fällen der H. besteht die Pflicht nach möglichst vollständiger Wiedergutmachung, die bes. bei immateriellen Schäden nicht einfach festzustellen ist. Diese Pflicht ist nur dann gegeben, wenn die Ursächlichkeit der Schadenshandlung für den Eintritt des Schadens unzweifelhaft nachgewiesen ist. Die Geltendmachung auf dem Gerichtsweg erfolgt prozedural im Streitverfahren, spezielle Bestimmungen finden sich nur bei Strafverfahren (cc. 1718 § 4, 1729-1731) bei Schäden bedingt durch ein strafrechtliches Delikt. Bei Schäden als Folge von rechtswidrigen Verwaltungsakten steht der hierarchische →Rekurs offen (cc. 1400 § 2, 1732-1739), an dessen Ende nach Rekurs abschließend die SignAp entscheidet (c. 1445 § 2 i. V. m. Art. 123 § 2 PastBon).

Quellen

Johannes Paul II., ApK Pastor Bonus vom 28. Juni 1988: AAS 80 (1988), 841-930.

Literatur

Meier, D. M., Haftung: LKStKR Bd. 1, 204 f.; Eid, V., Art. Haftung: LThK³ Bd. 4, 1140; Heimerl, H. – Pree, H., Handbuch des Vermögensrechts der kath. Kirche, Regensburg 1993, 490-495.

Thomas Schüller

© 2019, DOI: 10.30965/9783506786388_0347

Haftung – Evangelisch

Fügen →Religionsgemeinschaften anderen einen Schaden zu, müssen sie grds. nach Maßgabe des staatl. Rechts – in Ausnahmefällen nach dem Recht der Religionsgemeinschaften (→Amtshaftung, Ev.) – dafür haften.

1. Üben die Religionsgemeinschaften Staatsgewalt aus (wie etwa die Seelsorger in staatl. Einrichtungen), haftet der Staat, es sei denn, die Übertragung der Staatsgewalt dient (wie bei einem Handeln der Kirchensteuerbehörden) primär kirchl. Zwecken.

2. Nehmen die Religionsgemeinschaften eigene Aufgaben wahr, ist zwischen öff.-rechtlicher u. privatrechtlicher H. zu unterscheiden. Erstere kommt nur in Betracht, wenn u. soweit die korporierten Religionsgemeinschaften (wie die ev. →Landeskirchen, ihre Zusammenschlüsse u. Untergliederungen) öff.-rechtlich tätig werden. Nach der Rspr. u. wohl herrschender Lehre richtet sich die deliktische H. dann nach den Amtshaftungsbestimmungen des § 839 BGB i. V. m. Art. 34 GG (BGHZ 22, 383). So soll ein kirchl. Sektenbeauftragter einer korporierten Religionsgemeinschaft, der sich in Wahrnehmung seines kirchl. Auftrags krit. zu anderen Personen äußert, in Ausübung eines öff. Amtes i. S. des Art. 34 GG handeln

(BGHZ 154, 54). Dieser Auffassung ist m. einer verbreiteten Literaturansicht nicht zu folgen, weil die genannten Normen nur die H. des Staates regeln, die korporierten Religionsgemeinschaften i. S. des staatl. Rechts als Grundrechtsberechtigte aber gesellschaftliche Institutionen sind. Auch eine analoge Anwendung der Amtshaftungsvorschriften kommt mangels einer Regelungslücke nicht in Betracht. Vielmehr beurteilt sich die deliktische H. – ebenso wie im Falle der nichtkorporierten Religionsgemeinschaften – i. d. R. nach den privatrechtlichen Bestimmungen der §§ 823 ff. BGB. Haben Organe od. Repräsentanten der Religionsgemeinschaften (wie z. B. die Mitglieder der →Kirchenleitung, →Pfarrer od. Mitarbeiter des Vorstands einer →Kirchengemeinde) den Schaden verursacht, findet § 823 i. V. m. den §§ 31, 89 BGB Anwendung. Für die Verrichtungsgehilfen der Religionsgemeinschaft (z. B. Kirchenbedienstete o. Leitungsfunktion od. ehrenamtlich Tätige, denen keine wesentlichen Aufgaben übertragen worden sind) gilt § 831 BGB. Bei unerlaubten Handlungen haften die Religionsgemeinschaften u. die für sie Handelnden gem. § 840 BGB als Gesamtschuldner. Jedoch haben die öff.-rechtlich handelnden Personen entspr. den §§ 670, 675 BGB, § 37 KBG.EKD, § 51 PfDG.EKD einen Freistellungs- od. Erstattungsanspruch gegen die Religionsgesellschaft, wenn ihnen nicht Vorsatz od. grobe Fahrlässigkeit vorzuwerfen ist. Im Falle der Anwendung des Arbeitsrechts wird nach Maßgabe der Grundsätze des innerbetrieblichen Schadensausgleichs stärker differenziert. Danach kann einerseits bei mittlerer (normaler) Fahrlässigkeit ein Freistellungs- u. Erstattungsanspruch nur z. T. begr. sein, andererseits auch bei grober Fahrlässigkeit teilweise durchgreifen.

3. Neben die deliktische H. der Religionsgemeinschaften tritt die H. aus einem Schuldverhältnis im Falle einer Pflichtverletzung. Ein Schuldverhältnis zeichnet sich durch eine enge Sonderbeziehung (insb. vertraglicher Art) aus. Besteht ein privatrechtliches Schuldverhältnis, richtet sich die H. nach § 280 BGB. Die Vorschrift gilt ihrem Grundgedanken nach auch im öff. Recht. So sind die Nutzungsverhältnisse kirchl. Anstalten (→Anstalt, Staatl.) – wie etwa diejenigen der kirchl. →Friedhöfe – oftmals öff.-rechtlich geregelt. Für Schadenszufügungen muss dann nach öff. Recht gehaftet werden, es sei denn die H. wurde in zulässiger Weise (z. B. durch KG od. Satzung) ausgeschlossen. Nicht zulässig ist eine Haftungsbegrenzung im Falle eines vorsätzlichen od. grob fahrlässigen Verhaltens. Eine rechtmäßige Beschränkung der H. aus einem Schuldverhältnis erstreckt sich auch auf die deliktische H. nach Privatrecht.

4. Schädigt die Religionsgemeinschaft nicht außenstehende Rechtssubjekte, sondern Personen, die im Binnenbereich tätig werden (wie dies z. B. auf die Pfr., Kirchenbeamte, sonstige Bedienstete, Kirchenvorstandsmitglieder od. ehrenamtlich Tätige zutrifft), ändert dies nichts an ihrer haftungsrechtlichen Verantwortlichkeit. Auch diese Personen sind in ihrer personellen Rechtsstellung betroffen. Zudem obliegt der Religionsgemeinschaft diesen Personen gegenüber eine bes. Fürsorgepflicht (Amtshaftung, Ev.), so dass neben der deliktischen stets auch eine H. aus Schuldverhältnis in Betracht kommt. Bei Vorliegen eines Versicherungsfalls der gesetzlichen Unfallversicherung (§ 7 SGB VII) ist die Religionsgemeinschaft nach Maßgabe der §§ 104 ff. SGB VII von der H. freigestellt.

5. Hat die Religionsgemeinschaft einem Dritten Schadensersatz geleistet, ist der Schaden aber von einer Person verursacht worden, die im Binnenbereich der Religionsgemeinschaft tätig wird, kommt ein Regress in Betracht. Jedoch setzt dieser nach den verallgemeinerungsfähigen, den Vorgaben des staatl. Rechts entspr. Regelungen der §§ 33 Abs. 1 KBG.EKD, § 46 Abs. 1 PfDG.EKD wiederum voraus, dass die schadensverursachenden Personen m. Vorsatz od. grober Fahrlässigkeit gehandelt haben. Dies entspricht im Falle einer (ausnahmsweise) kirchl. Amtshaftung Art. 34 S. 2

GG. Findet Arbeitsrecht Anwendung, richtet sich die Haftungsbeschränkung der Bediensteten nach den Grundsätzen des innerbetrieblichen Schadensausgleichs (soweit nicht auf das →Beamtenrecht verwiesen worden ist). Danach wird für einfache Fahrlässigkeit niemals, für grobe Fahrlässigkeit i. d. R., für Vorsatz immer gehaftet. I. Ü. richtet sich der Umfang der H. nach den Umständen des Einzelfalles.

6. Eine H. setzt grds. ein Verschulden voraus. Doch kennt die Rechtsordnung auch eine verschuldensunabhängige Gefährdungshaftung. Die verschuldensunabhängigen Rechtsinstitute des aufopferungsgleichen od. enteignungsgleichen Eingriffs finden auf Religionsgemeinschaften außerhalb der Übertragung von Staatsgewalt keine Anwendung, da sie staatl. Eingriffe voraussetzen. Doch sind die Religionsgemeinschaften z. B. in ihrer Eigenschaft als Halterin eines Kraftfahrzeugs nach § 7 StVG auch o. Verschulden zum Schadensersatz verpflichtet, wenn beim Betrieb des Fahrzeugs Personen verletzt od. Sachen beschädigt werden u. nicht höhere Gewalt vorliegt.

7. I. d. R. haben die Religionsgemeinschaften Schadensversicherungen abgeschlossen, so dass sie einen Schaden nicht selbst begleichen müssen (Amtshaftung, Ev.). Der Rechtsschutz bestimmt sich danach, ob eine öff.-rechtliche, bürgerliche od. arbeitsrechtliche Streitigkeit vorliegt. Je nachdem sind die VerwG, Zivilgerichte od. Arbeitsgerichte zuständig.

Literatur

Achilles, W.-A., Die Aufsicht über die kirchl. Stiftungen der ev. Kirchen in der Bundesrepublik Deutschland, Tübingen 1986; Dehnen, D., Zivilrechtliche Aspekte der Haftung von Kirchenvorständen: ZevKR 44 (1999), 51-70; Ehlers, D., Die Haftung der Religionsgemeinschaften mit öff.-rechtlichem Körperschaftsstatus: ZevKR 44 (1999), 4-50; ders., Anmerkung zu BGH, Urt. vom 20.02.2003 – III ZR 224/01 – (Zur Pflichtentbindung korporierter Religionsgemeinschaften): JZ 2004, 196-199; Feurer, H., Amtshaftung u. Staatskirchenrecht, Bern 2010; Goos, C., Amtshaftung: 100 Begriffe aus dem Staatskirchenrecht, hg. v. H.-M. Heinig – H. Munsonius, Tübingen [2]2015, 4-6; Papier, H.-J.: T. Maunz – G. Dürig, Grundgesetz, Art. 34 Rn. 116 f.

Dirk Ehlers

 DOI: 10.30965/9783506786388_0347

Halacha – Jüdisch

→Gesetz

Halal – Islamisch

H. (ḥalāl) od. mubah (mubāḥ) bedeutet erlaubt, ist das Gegenteil von →Haram (ḥarām; verboten) u. bezieht sich auf alles, was für einen Muslim zulässig ist. Ausgehend von der Annahme, dass Gott alles geregelt hat, teilt das islam. Recht die menschlichen Handlungen in fünf Kategorien ein: →Pflicht (farḍ/wāǧib), wenn sie ausgeführt werden müssen u. deren Unterlassung →Strafen nach sich zieht (bspw. das Ritualgebet). Empfohlen (mandūb/mustaḥabb), wenn das Ausführen gewünscht ist u. das Unterlassen keine Strafe nach sich zieht (bspw. das Gebet bei Mondfinsternis). Verpönt (makrūh), wenn das Unterlassen gewünscht ist u. das Ausführen keine Strafe nach sich zieht (bspw. →Scheidung). Verboten (ḥarām), wenn sie unterlassen werden müssen u. deren Ausführung Strafen nach sich zieht (bspw. Diebstahl). Zulässig (H.), wenn man sie ausführen u. unterlassen kann (bspw. Verzehr von Rindfleisch). Grds. gilt aber: Alles nicht Verbotene ist zulässig (ibāḥa aṣliyya).

Die Kategorie H. kann sich auf alle Lebensbereiche beziehen, auf den Bekleidungs- u. Erziehungssektor sowie auf den Bereich der Wirtschaft u. Finanzen. Heute u. speziell im westlichen Kontext wird sie insb. i. V. m. den islam. Speisevorschriften (sprich H.-Fleisch) diskutiert.

Nicht bei allen Fleischsorten gibt es eine einhellige islam. Meinung. Beim Verzehr von Kaninchenfleisch gehen bspw. die Meinungen auseinander, von H. über makrūh bis zu ḥarām.

Beim Schlachten des H.-Tieres sind einige Bedingungen vorgesehen: der Metzger muss Muslim sein, ein →Gebet sprechen, das Tier Richtung Mekka ausrichten u. die Halsschlagader, Luft- u. Speiseröhre m. einem Schnitt durchtrennen. Einige Muslime sehen jedoch m. Bezug auf eine Koranstelle (5:5) im Verzehren des von Christen od. Juden geschlachteten Tieres kein Problem. Aufgrund steigender Sensibilisierung für den Tierschutz haben einige Muslime auch nichts gegen die Betäubung des Tieres bei der Schächtung, während sie traditionell abgelehnt wird.

Literatur

Al-Qaradawi, J., Erlaubtes u. Verbotenes im Islam, übers. ins Dt. von A. v. Denffer, München 1989; Schrode, P., Sunnitisch-islam. Diskurse zu Halal-Ernährung. Konstituierung religiöser Praxis u. sozialer Positionierung unter Muslimen in Deutschland, Würzburg 2010.

Abbas Poya

Halbteilungsgrundsatz

→Kirchensteuer

Handauflegung – Katholisch

Die H. ist ein sowohl im AT (meist im Zusammenhang von Opferriten, z. B. Lev 1-4, u. von Amtsübertragung, z. B. Num 27, 15-23) als auch im NT bezeugter Gestus, der versch. Bedeutungen annehmen kann. Während im AT keine eindeutige Interpretation vorliegt, drückt dieser Gestus im NT v. a. die Übertragung einer Vollmacht od. eines Amtes (z. B. Apg 6, 1-7; 14, 23; 1Tim 4, 14; 5, 22; 2Tim 1, 6), eine Sendung (Apg 13, 1ff.), einen Segen (z. B. Mk 10, 13-16), Heilung (z. B. Mk 6, 5; 8, 25; Mt 20, 34) sowie Geistmitteilung aus (z. B. Apg 8, 14-18; 19, 3-7). Die chr. Liturgie kennt seit ältester Zeit zum einen individuelle H. auf das Haupt des Einzelnen, zum anderen die kollektive Form durch Handausstreckung (vgl. →Traditio Apostolica, 1. Hälfte 3. Jh., cap. 2. 4. 7f. 20f.); immer wird die H. durch Gebet od. ein Deutewort begleitet. Die H. ist i. d. R. als epikletische Geste zu verstehen, teils aber auch als Geste der Heilung u. Befreiung von Krankheit u. vom Bösen.

In der heutigen röm. Liturgie ist eine individuelle H. vorgesehen im →Katechumenat bei Segnungen der Bewerber u. in Bußfeiern zum Gebet um Befreiung. Bei der Kindertaufe (→Taufe) erfolgt eine H. zur →Salbung m. Katechumenenöl. Die →Firmung wird gespendet „durch die Salbung mit Chrisam unter Auflegen der Hand" (Paul VI., ApK Divinae consortium naturae, 15.08.1971: EDIL/DEL 1, 2600) u. die sakramentalen Worte (vgl. Ordo Confirmationis, Praenotanda Nr. 9: EDIL/DEL 1, 2611; c. 880 §1), während das Ausstrecken der Hände beim zugeordneten anamnetisch-epikletischen Gebet nicht als wesentlich gilt.

Bei der Ordination von →Bischof, Presbyter (→Priester) u. →Diakon (vgl. LG 21 u. 29) legt der hauptzelebrierende Bf. (bei der Bischofsordination nach dem Vorbild der Trad. Apost. 2 auch alle konzelebrierenden Bf.; vgl. SC 76 u. De ordinatione) unter Schweigen dem Ordinanden die Hände zur Geistmitteilung auf; bei der Presbyterordination schließt sich, wiederum nach altkirchlichem Vorbild, das →Presbyterium m. individueller H. als Ausdruck der Kollegialität an, ehe das Ordinationsgebet unter Ausbreiten der Hände folgt. Dass nicht die traditio instrumentorum, sondern H. (Materie) u. Weihegebet (Form) als die wesentlichen sakramentalen Riten gelten, wurde durch Pius XII., ApK Sacramentum ordinis vom 30.11.1947, Nr. 5 (DenzH 3860) verdeutlicht u. durch Paul VI., ApK Pontificalis Romani vom 18.06.1968 (EDIL/DEL 1, 1084-1087) bestätigt. C. 1009 §2 beschränkt sich auf die Regelung, dass die Ordinationen durch H. u. Weihegebet erfolgen (ähnlich c. 744 CCEO), verweist aber für die Details auf die rechtsgültigen →liturgischen Bücher.

Die H. als heilender u. befreiender Gestus ist vorgesehen zur→Krankensalbung unter Schweigen vor dem Lobpreis u. der Anrufung Gottes über dem Öl sowie der Salbung selbst. Beim Großen →Exorzismus steht die H. als Ritus zur Herabrufung der Kraft des Hl. Geistes zwecks Befreiung vom Bösen zwischen Evangelium u. Glaubensbekenntnis u. wird von kurzen Anrufungen Gottes begleitet; sie kann auch durch eine Exsufflatio (Anhauchung) des Vorstehers in das Gesicht des Besessenen ausgestaltet werden (De exorcismis, Nr. 25 u. 53). Fakultativ ist die H. bei Segnungen (Benediktionale, Pastorale Einführung, Nr. 31; De benedictionibus, Nr. 26: EDIL/DEL 3, 4832). Ferner dient die H. des Zelebranten auf die ineinandergelegten u. m. der Stola umwickelten Hände der Brautleute als Bestätigung der →Eheschließung. Kollektives Ausbreiten der Hände geschieht über die Bewerber bei weiteren Katechumenatsriten u. bei allen →Hochgebeten in sakramentlichen Feiern (Firmung, Gebet über Brautleute, Beauftragungen etc.). Individuelles Ausbreiten od. Ausstrecken der Hände über das Haupt der Gläubigen als Stilisierung der H. kennen auch das Bußsakrament (→Beichte) zur Lossprechung, wobei außerhalb des Beichtstuhls eine H. im eigentlichen Sinn möglich ist (jedoch im Ordo paenitentiae nicht explizit erwähnt), die Abts-, Äbtissinnen- u. →Jungfrauenweihe u. die →Ordensprofess. Bei der Weihe des Chrisams (nicht aber bei den anderen Ölen) in der Chrisam-Messe strecken im epikletischen Abschnitt des Weihegebets der Bf. sowie alle konzelebrierenden Bf. u. Presbyter beide Hände zu den Chrisamgefäßen hin aus.

Mit ihrem Vorkommen in zahlreichen liturgischen Feiern u. der differenzierten Bedeutungsfülle zählt die H. in Geschichte u. Gegenwart in der kath. Kirche genauso wie in den Kirchen des Ostens sowie der Reformation zu den aussagekräftigen liturgischen Gesten u. ist teilweise für die →Gültigkeit einer sakramentlichen Handlung erforderlich.

Quellen

a) Aktuelle liturgische Bücher (in Auswahl): Pontificale Romanum ex decreto Sacrosancti Concilii Vaticani II instauratum auctoritate Pauli Pp. VI promulgatum. De ordinatione diaconi, presbyteri et episcopi, Vatikanstadt 1968; dt. Ausgabe: Liber de ordinatione diaconi, presbyteri et episcopi secundum Pontificale Romanum ex decreto sacrosancti Oecumenici Concilii Vaticani II instauratum auctoritate Pauli Pp. VI. promulgatum. Editio linguae germanicae typica, a Conferentiis Episcopalibus regionis linguae germanicae approbata, Freiburg u. a. 1971. – De ordinatione episcopi, presbyterorum et diaconorum. Ed. typica altera, Vatikanstadt 1990; dt.: Die Weihe des Bischofs, der Priester u. der Diakone, Trier ^{2}1994 (Pontifikale für die kath. Bistümer des dt. Sprachgebietes 1); Rituale Romanum ..., Ordo celebrandi matrimonium, Vatikanstadt 1969; dt.: Die Feier der Trauung in den kath. Bistümern des dt. Sprachgebietes, Freiburg u. a. 1975. – Lat. Ed. typica altera 1991; dt.: 1992; Rituale Romanum ..., Ordo baptismi parvulorum, Vatikanstadt 1969; ^{2}1973; dt.: Die Feier der Kindertaufe in den kath. Bistümern des dt. Sprachgebietes, Freiburg u. a. 1971; Rituale Romanum auf Beschluss des Hochheiligen Ök. Zweiten Vat. Konzils erneuert u. unter der Autorität Papst Pauls VI. veröff. Die Feier der Kindertaufe in den Bistümern des dt. Sprachgebietes. Zweite authentische Ausgabe auf der Grundlage der Editio typica altera 1973, Freiburg u. a. 2007; ergänzend: Die Feier der Kindertaufe. Pastorale Einführung [der Bischöfe des dt. Sprachgebietes], hg. v. Sekretariat der DBK, Bonn 2008 (Arbeitshilfen der DBK 220); Pontificale Romanum ..., Ordo Confirmationis, Vatikanstadt 1971, ^{2}1973; dt.: Die Feier der Firmung in den kath. Bistümern des dt. Sprachgebietes, Freiburg u. a. 1973; Rituale Romanum ..., Ordo initiationis christianae adultorum, Vatikanstadt 1972; dt.: Die Feier der Eingliederung Erwachsener in die Kirche nach dem neuen Rituale Romanum. Studienausgabe, Freiburg u. a. 1975, ^{2}1991; Die Feier der Eingliederung Erwachsener in die Kirche. Manuskriptausgabe zur Erprobung. [Teil 1:] Grundform, Trier 2001; Teil II: In bes. Situationen, Trier 2008; Rituale Romanum ..., Ordo unctionis infirmorum eorumque pastoralis curae, Vatikanstadt 1972; dt.: Die Feier der Krankensakramente. Die

Krankensalbung u. die Ordnung der Krankenpastoral in den kath. Bistümern des dt. Sprachgebietes, Freiburg u. a. 1975; völlige Neubearbeitung 1994; Rituale Romanum ..., Ordo paenitentiae, Vatikanstadt 1974; dt.: Die Feier der Buße nach dem neuen Rituale Romanum. Studienausgabe, Freiburg u. a. 1974, [3]1985; Benediktionale. Studienausgabe für die kath. Bistümer des dt. Sprachgebietes, Freiburg u. a. 1978, zahlreiche Nachdr.; lat.: Rituale Romanum ..., De benedictionibus, Vatikanstadt 1984; Caeremoniale Episcoporum, Vatikanstadt 1984; Zeremoniale für die Bischöfe in den kath. Bistümern des dt. Sprachgebietes, Solothurn u. a. 1998; Rituale Romanum ..., De exorcismis et supplicationibus quibusdam, Vatikanstadt 2004; b) Sonstige Quellen: Botte, B., La Tradition Apostolique de saint Hippolyte. Essai de reconstitution, hg. v. A. Gerhards, Münster [5]1989 (LQF 39); Vat II, SC; Vat II, LG; Enchiridion documentorum instaurationis liturgicae, hg. v. R. Kaczynski, 4 Bde., Leumann – Rom 1976-2018; Dokumente zur Erneuerung der Liturgie. Dokumente des Apost. Stuhls, hg. v. (H. Rennings–) M. Klöckener, 3 Bde., Kevelaer – Fribourg 1983-2001 (Bd. 1: [2]2002). Bd. 4 in Vorbereitung.

Literatur

Behm, J., Die Handauflegung im Urchristentum nach Verwendung, Herkunft u. Bedeutung in religionsgeschichtlichem Zusammenhang untersucht, Leipzig 1911; unveränderter Nachdr. Darmstadt 1968; Mayer, R. – Adler, N. – Pascher, J. – Joannou, P., Art. Handauflegung: LThK[2] Bd. 5, 1343-1346; Kleinheyer, B., Die Priesterweihe im röm. Ritus. Eine liturgiehistorische Studie, Trier 1962 (TThSt 12); Auf der Maur, H., Unctio quae fit manus impositione. Überlegungen zum Ritus der Firmsalbung: Zeichen des Glaubens. Studien zu Taufe u. Firmung (FS Fischer), hg. v. H. Auf der Maur – B. Kleinheyer, Zürich 1972, 469-483; Fiala, V. E., Die Handauflegung als Zeichen der Geistmitteilung in den lat. Riten: Mélanges liturgiques offerts au R.P. Dom Bernard Botte O.S.B. de l'abbaye du Mont César à l'occasion du cinquantième anniversaire de son ordination sacerdotale (4 juin 1972), Louvain 1972, 121-138; Ligier, L., La prière et l'imposition des mains. Autour du nouveau Rituel Romain de la confirmation: Gregorianum 53 (1972), 407-486; Kleinheyer, B., Handauflegung zur Geistmitteilung od.: der Geist weht, wo die Kirche feiert: LJ 30 (1980), 154-173; Kleinheyer, B. – Severus, E. v. – Kaczynski, R., Sakramentliche Feiern II, Regensburg 1984 (Gottesdienst der Kirche 8); Hanson, A. T. – Merkel, F., Art. Handauflegung I. Altes Testament/Judentum/Neues Testament/Religionsgeschichtlich II. Kirchengeschichtlich/Praktisch-theol.: TRE Bd. 14, 415-428; Vogel, C., Art. Handauflegung I (liturgisch): RAC Bd. 13, 482-493; Kleinheyer, B., Sakramentliche Feiern I. Die Feiern der Eingliederung in die Kirche, Regensburg 1989 (Gottesdienst der Kirche 7,1); Mauder, A., Art. Handauflegung: EKL[3] Bd. 2, 375 f.; Kleinheyer, B., Studien zur nichtrömisch-westlichen Ordinationsliturgie. Folge 3: Handauflegung zur Ordination im Frühmittelalter: Archiv für Liturgiewissenschaft 32 (1990), 145-160; Meßner, R. – Kaczynski, R., Sakramentliche Feiern I/2. Feiern der Umkehr u. Versöhnung. Feier der Krankensalbung, Regensburg 1992 (Gottesdienst der Kirche 7,2); Steins, G. – Scholtissek, K. – Kaczynski, R., Art. Handauflegung: LThK[3] Bd. 4, 1169-1172; Cavalli, G., L'imposizione delle mani nella tradizione della chiesa latina. Un rito che qualifica il sacramento, Rom 1999 (Studia Antoniana 38); Biehl, P. – Janowski, B. – Lips, H. v. – Mohn, J., Art. Handauflegung: RGG[4] Bd. 3, 1407-1410; Klöckener, M., Art. Impositio manus: Augustinus-Lexikon Bd. 3, 560-564; Decousu, L., Imposition des mains et onction. 1: L'imposition des mains: recherches sur l'adjonction de rites additionnels dans les liturgies baptismales primitives: Ecclesia orans 34 (2017), 11-46.

Martin Klöckener

 DOI: 10.30965/9783506786388_0351

Handauflegung – Evangelisch

Die H. ist konfessionsübergreifende zeichenhafte Handlung an Menschen, biblisch in versch. Kontexten geläufig. Sie vermittelt Segen, Schutz (v. a. im Blick bei Kindertaufe u. Reisesegen), göttlichen Geist (Apg 19, 6), Vollmacht u. Heilung (Lk 4, 40 u. a.). Die vieldeutige Geste bedarf des begleitenden Wortes.

Die Reformatoren fürchteten Aberglauben im Kontext der H., stellten aber ihren Gebrauch frei, i. d. R. flankiert m. Fürbittgebet u. Vaterunser (so z. B. Emder KO, 1571, 16). Der Apologia CA 13, 12 gilt die H. als →Sakrament im weitesten Sinne; sie hat göttlichen Auftrag u. Verheißung. Calvin ist sie alter Brauch zur Ordination (→Ordination, Weihe), der als Merkzeichen die Darbringung des Ordinanden zum Dienst für Gott u. Kirche symbolisiere (Institutio IV, 3,16). Luthers Ordinationsformular (1536) versteht H. epikletisch.

Die H. wird heute zunehmend auch bei Einführungen/Beauftragungen praktiziert (z. B. bei Religionspädagogen/→Religionslehrern, →Prädikanten, Kirchenvorstehern). H. begegnet symbolisch (Ausstrecken der Hände in Richtung →Gemeinde) im Schlusssegen des →Gottesdienstes u. bei der →Beichte. Während schon Luthers Taufbüchlein die H. nach der Lesung von Mk 10, 13-16 vorsieht, erfolgt sie heute auch als Taufsegen nach dem Taufakt. Auch die →Segnung der Eltern od. Mutter geschieht unter H. Bei der →Konfirmation werden nach deutenden Worten die Hände zur Segnung aufgelegt. Bei der →Trauung ist die H. beim Benediktionsgebet vorgesehen. Die H. ist bei der Krankensegnung u. beim Valetsegen vorgesehen. Zudem begegnet H. im symboldidaktischen Lernen, in familiären Ritualen (Abschied, Abendsegen) u. in Gottesdiensten in freierer Form (vgl. Lit.).

Quellen

Agende für ev.-luth. Kirchen u. Gemeinden III. Die Amtshandlungen. 5 Die Bestattung, hg. v. Kirchenleitung der VELKD, Hannover 1996; Agende für ev.-luth. Kirchen u. Gemeinden u. für die Ev. Kirche der Union III. Die Amtshandlungen. 6 Die Konfirmation, neu bearb. Ausgabe, hg. v. Kirchenleitung der VELKD u. im Auftrag des Rates von der Kirchenkanzlei der Ev. Kirche der Union, Bielefeld – Hannover 2001; Agende für ev.-luth. Kirchen u. Gemeinden III. Die Amtshandlungen. 2 Die Trauung, neu bearb. Ausgabe, hg. v. Kirchenleitung der VELKD, Hannover ^{3}2005; Agende für ev.-luth. Kirchen u. Gemeinden III. Die Amtshandlungen. 4 Dienst an Kranken, neu bearb. Ausgabe, hg. v. Kirchenleitung der VELKD, Hannover ^{5}2006; Agende für ev.-luth. Kirchen u. Gemeinden III. Die Amtshandlungen. 1 Die Taufe, neu bearb. Ausgabe, hg. v. Kirchenleitung der VELKD, Hannover ^{3}2008.

Literatur

Brodde, O. – Lohse, E., Art. Handauflegung: EKL Bd. 2, 13-15; Adler, N. – Mayer, R., Art. Handauflegung: LThK Bd. 5, 1343-1345; Hanson, A. T. – Merkel, F., Art. Handauflegung I. Altes Testament/Judentum/Neues Testament/Religionsgeschichtlich II. Kirchengeschichtlich/Praktisch-theol.: TRE Bd. 14, 415-428; Mauder, A., Art. Handauflegung: EKL^{3} Bd. 2, 375 f.; Josuttis, M., Die Einführung in das Leben. Pastoraltheologie zwischen Phänomenologie u. Spiritualität, Gütersloh 1996; Biehl, P. – Janowski, B. – Lips, H. v. – Mohn, J., Art. Handauflegung: RGG^{4} Bd. 3, 1407-1410; Greiner, D., Segen u. Segnen. Eine systematisch-theol. Grundlegung, Stuttgart ^{3}2003; Gottesdienst feiern. Segnen u. gesegnet werden. Anregungen für Gottesdienste m. Segnung u. Salbung, hg. v. Landeskirchenamt der Ev.-Luth. Kirche in Bayern, München 2003.

Andrea Beyer

© 2019, DOI: 10.30965/9783506786388_0351

Handeln, rechtserhebliches – Katholisch

Den Ausdruck H. verwendet die kan. Lit., um alle Handlungen (→Handlung, rechtsgeschäftliche) zusammenzufassen, die in irgendeiner Weise Gegenstand von Rechtsnormen sind. Dabei kann es um ein Tun od. um ein Unterlassen gehen, nicht aber um eine bloße Rechtstatsache (z. B. →Alter, →Geschlecht, Tod, Zeitablauf usw.). Ob ein Verhalten rechtserheblich ist od. nicht, kann nur im Verhältnis zu einer bestimmten Rechtsordnung entschieden werden: Eine Handlung, die für das staatl. Recht rechtserheblich ist, ist nicht notwendigerweise auch für das kan. Recht rechtserheblich; Entspr. gilt auch umgekehrt. Verglichen m. dem Ausdruck H. hat der Begriff actus iuridicus i. S. v. cc. 124-128; cc. 931-935 CCEO eine engere Bedeutung; er meint eine Willensäußerung, die von ihrer Natur her auf das Herbeiführen von → Rechtswirkungen ausgerichtet ist. Bereits das Vorhandensein der genannten Normen über den actus iuridicus beweist, dass dieser stets rechtserheblich ist. Die Formulierung „actu iuridico, immo quovis alio actu" in der Allg. Norm über den → Schadenersatz (c. 128; c. 935 CCEO) lässt erkennen, dass sich das kan. Recht nicht nur m. den actus iuridici, sondern auch m. anderen Handlungen befasst; dazu gehören v. a. solche, die nicht auf das Herbeiführen von Rechtswirkungen, sondern auf einen rein tatsächlichen Erfolg ausgerichtet sind. Solche Handlungen können z. B. insofern rechtserheblich sein, als das Recht sie verbietet, unter Strafe stellt od. m. Rechtswirkungen verknüpft, die unabhängig vom Willen des Handelnden eintreten.

Innerhalb des H. zwischen actus iuridici u. anderen Handlungen zu unterscheiden, bereitet im Dt. Schwierigkeiten, da die betr. dt. Ausdrücke nicht allg. definiert sind u. da sich der kan. Sprachgebrauch im Dt. nicht m. dem der Rechtswissenschaft deckt. Unproblematisch ist die Übers. von actus iuridicus m. Rechtsakt. Problematisch ist hingegen die Übers. von actus iuridicus m. Rechtsgeschäft od. rechtsgeschäftliches Handeln, da diese Ausdrücke i. d. R. nur an Handlungen Privater denken lassen. Bes. problematisch ist die – in der deutschsprachigen Kanonistik allerdings weit verbreitete – Übers. von actus iuridicus m. → Rechtshandlung, da dieser Ausdruck in der Rechtswissenschaft oft für jegliches H. verwendet wird. Für H., an das das Recht unabhängig vom Willen des Handelnden bestimmte Rechtsfolgen knüpft, ist der in der Rechtswissenschaft geläufige Begriff Realakt geeignet; er ist im kan. Sprachgebrauch aber kaum verbreitet.

Literatur

Robleda, O., De conceptu actus iuridici: Periodica 51 (1962), 421-426; Walser, M., Die Rechtshandlung im Kan. Recht, Göttingen 1994, 15-17; Pree, H.: MKCIC Einl. vor 124, Rn. 3.

Ulrich Rhode

Handelsgeschäfte, Kleriker – Katholisch

→ Kleriker sind durch die Weihe (→ Ordination, Weihe) zu Verwaltern der Geheimnisse Gottes u. zum selbstlosen Dienst an seinem Volk bestimmt u. verpflichtet, ein dem entspr. Leben zu führen (cc. 276; 285). Bei der Ausübung ihres Dienstes müssen sie jeden Anschein von Geschäft od. Handel gänzlich fernhalten (c. 947; vgl. auch cc. 282 § 2; 848). Das → Amtseinkommen bzw. der m. der → Inkardination verbundene → Lebensunterhalt bieten die erforderliche materielle Sicherheit.

H. u. Ausübung von Gewerbe sind Klerikern u. Ordensleuten grds. verboten, u. zwar in eigener Person od. durch Dritte, zu eigenem od. fremdem Nutzen (cc. 286; 672; cc. 385 § 2, 427 u. 561 CCEO). Die rechtmäßige kirchl. Autorität, d. h. der Inkardinationsordinarius, → Ordensobere od. Ortsordinarius (→ Ordinarius) einer → Teilkirche, in der ein Kleriker tätig ist (c. 271), kann allerdings die Erlaubnis dazu geben. Ständige Diakone sind unbeschadet partikularkirchlicher Regelungen dem Verbot von H. nicht unterworfen (c. 288). Kleriker u. Ordensleute, die gegen das Verbot verstoßen, sollen je nach Schwere des Falls bestraft werden (c. 1392; c. 1466 CCEO); eine mind. einmalige Verwarnung wird für die gültige Bestrafung vorausgesetzt (c. 1347; c. 1407 CCEO).

Das Verbot betrifft die Kleriker u. Ordensleute persönlich u. nicht etwa die betr. → Pfarrei od. → Ordensgemeinschaft. Es erstreckt sich auf den gewerbsmäßigen An- u. Verkauf von Waren u. Wertpapieren m. der Absicht, daraus Gewinn zu erzielen. Der Verkauf eigener klösterlicher Erzeugnisse zum Unterhalt einer Gemeinschaft od. in caritativer Absicht ist nicht betroffen. Ein bloß der Kapitalanlage u. evtl. der Alterssicherung dienender Aktienerwerb ist gestattet, nicht aber Spekulationsgeschäfte.

Literatur

Heimerl, H. – Pree, H., Handbuch des Vermögensrechts der kath. Kirche, Regensburg 1993, Rn. 2/587 u. 6/230-232; Kalde, F., Art. Handelsverbot für Geistliche: LThK³ Bd. 4, 1175; KanR II, 168f.; Meckel-Pfannkuche, S., Die Rechtsstellung der Kleriker in der Rechtsordnung der lat. Kirche. Rechtsgeschichtliche Entwicklung, theol. Begründung u. rechtliche Kontur, Paderborn – München – Wien – Zürich 2018 (KStKR 24); Bulambo, S. – Decock, W., Towards a Positive Understanding of Business Activities by Clerics (c. 286) especially in Non-Western Contexts: Loretan, A. – Wilfred, F. (Hg.), Revision of the Codes. An Indian-European Dialogue, Zürich 2018 (ReligionsRecht im Dialog 24), 293-394; Reinhardt, H. J. F.: MKCIC c. 286.

Heribert Hallermann

Handelsgeschäfte, Pfarrer – Evangelisch

Die Zulässigkeit von H. für →Pfarrer ist dem Nebentätigkeitsrecht als Teil des Pfarrdienstrechts zuzuordnen. Für das Pfarrdienstverhältnis wie für das ev. Kirchenbeamtenverhältnis gilt der Grundsatz der Hauptberuflichkeit. Pfr. u. Kirchenbeamte stehen in einem öff.-rechtlichen Dienstverhältnis zu ihrer Kirche. Als Grundpflicht in der Amtsführung folgt daraus, dass sie ihre Dienstpflichten „mit vollem persönlichen Einsatz, treu, uneigennützig und gewissenhaft" zu erfüllen haben u. durch ihr dienstliches u. außerdienstliches Verhalten das Vertrauen in ihre pflichtgemäße Amtsführung, in die Glaubwürdigkeit der →Verkündigung u. in die Wahrnehmung des kirchl. Auftrages nicht beeinträchtigen dürfen (vgl. insb. §24 PfDG.EKD). Das Pfarrdienstverhältnis ist ein lebenslanges Treueverhältnis m. Fürsorgepflichten des Dienstherrn, der dem Pfr. einen amtsangemessenen Unterhalt (u. a. in Form einer monatlichen Besoldung, Beihilfe in Krankheitsfällen, Versorgung [→Pfarrbesoldung, Versorgung]) zu gewähren hat, sodass der Pfr. u. seine Familie wirtschaftlich unabhängig u. nicht auf weiteres Einkommen aus zusätzlichen Tätigkeiten angewiesen sind. Diese Besonderheiten des öff.-rechtlichen Dienstverhältnisses führen dazu, dass Pfr. in ihrer privaten Lebensgestaltung nicht völlig frei sind, sondern bei der Ausübung von Nebenbeschäftigungen od. Ehrenämtern Rücksicht auf ihr Hauptamt zu nehmen haben. Sie dürfen solche „Nebentätigkeiten" nur übernehmen, wenn diese m. dem Hauptamt u. der sorgfältigen Erfüllung der Dienstpflichten vereinbar sind u. kirchl. Interessen nicht entgegenstehen (vgl. §63 PfDG.EKD). Die einschlägigen Vorschriften des →Pfarrdienstgesetzes unterscheiden neben angeordneten Nebentätigkeiten (die auf Verlangen des Dienstherrn im kirchl. Interesse zu übernehmen sind) zwischen genehmigungspflichtigen u. genehmigungsfreien Nebentätigkeiten. Danach bedarf die Übernahme von Nebentätigkeiten grds. der →Genehmigung. Der Genehmigungsvorbehalt (→Genehmigungsvorbehalt, kirchenaufsichtlicher) gilt unabhängig davon, ob die Nebentätigkeit ehrenamtlich, gegen Entlohnung od. gegen Gewinnbeteiligung geschieht. Gründe für die Versagung einer Genehmigung liegen insb. dann vor, wenn die Nebentätigkeit nach Art u. Umfang befürchten lässt, dass die sorgfältige Erfüllung der Dienstpflichten behindert wird, dass ein Interessenskonflikt zu den Dienstpflichten entstehen od. das Ansehen der Kirche od. des Amtes beeinträchtigt werden kann (vgl. §65 PfDG.EKD). Praktisch am bedeutsamsten ist dabei der zeitliche Umfang der Nebentätigkeit: I. d. R. darf dieser ein Fünftel eines vollen Dienstumfanges nicht überschreiten (vgl. die nichtamtliche Begründung zum PfDG der EKD: https://www.kirchenrecht-ekd.de/document/15068 [Zugriff: 15.05.2019]). Bei Teildienstverhältnissen od. Beurlaubungen sind außerdem nur solche Nebentätigkeiten zulässig, die dem Zweck der Beurlaubung od. des Teildienstes nicht entgegenstehen (vgl. § 73 PfDG.EKD). Vom Grundsatz der Genehmigungspflicht einer Nebentätigkeit gibt es Ausnahmen: Keiner Genehmigung bedürfen die unentgeltliche Vormundschaft, Betreuung od. Pflegschaft bei Angehörigen des Pfr., eine Testamentsvollstreckung nach dem Tod eines Angehörigen, die Verwaltung des eigenen od. der eigenen Nutznießung unterliegenden Vermögens, die Tätigkeit in Pfarrvereinen od. anderen Berufsverbänden, die Übernahme von Ehrenämtern sowie eine nur gelegentlich ausgeübte schriftstellerische, wiss., künstlerische Tätigkeit, Vortragstätigkeit od. selbstständige Gutachtertätigkeit. Sobald eine solche Gutachtertätigkeit, Vortragstätigkeit, schriftstellerische, wiss. od. künstlerische Betätigung über ein gelegentliches Ausüben hinausgehen, sind sie anzeigepflichtig (vgl. § 66 PfDG.EKD). Die Tätigung von H. ist der →Vermögensverwaltung zuzuordnen. Sie muss erst einen gewissen Umfang erlangt haben, um überhaupt als Nebentätigkeit i. S. der kirchl. Gesetze zu gelten. Maßgeblich ist dabei die steuerliche Vorschrift des § 14 der AO, nach der eine Vermögensverwaltung i. d. R. dann vorliegt, wenn Vermögen genutzt wird (z. B. Kapitalvermögen verzinslich angelegt wird od. Immobilien vermietet od. verpachtet werden) u. dadurch Einnahmen od. andere wirtschaftliche Vorteile erzielt werden, die über den Rahmen einer einfachen Vermögensverwaltung hinaus gehen. Die Regelung ist dabei im Anwendungsbereich auf den Pfr. u. dessen nächste Angehörige begrenzt. Verwaltet ein Pfr. für einen darüber hinaus gehenden Personenkreis ein Vermögen, liegt in jedem Fall eine genehmigungspflichtige Nebentätigkeit vor (vgl. die nichtamtliche Begründung zum PfDG der EKD). Die für Pfr. u. Kirchenbeamte erlassenen Dienstgesetze der EKD lassen den einzelnen →Gliedkirchen die Möglichkeit, durch RVO Ausführungsbestimmungen zum Nebentätigkeitsrecht zu erlassen, insb. zur Abrechnungspflicht u. Abführungspflicht für Vergütungen u. geldwerte Vorteile aus Nebentätigkeiten sowie zur Nutzung dienstlicher Einrichtungen, dienstlichen Personals u. Materials für die Ausübung der Nebentätigkeit. Einige ev. →Landeskirchen haben solche Ausführungsbestimmungen erlassen.

Quellen

Kirchengesetz zur Regelung der Dienstverhältnisse der Pfarrerinnen u. Pfarrer in der Ev. Kirche in Deutschland (Pfarrdienstgesetz der EKD) vom 10. November 2010: https://www.kirchenrecht-ekd.de/document/14992 [Zugriff: 15.05.2019]; Kirchengesetz über die Kirchenbeamtinnen u. Kirchenbeamten in der Ev. Kirche in Deutschland (Kirchenbeamtengesetz der EKD) in der Bekanntmachung der Neufassung vom 4. April 2012, jeweils m. den inzwischen beschlossenen Änderungen: https://www.kirchenrecht-ekd.de/pdf/21408.pdf [Zugriff: 15.05.2019].

Literatur

de Wall, H., § 6 Pfarrer u. Kirchenbeamte: HevKR, 251-252.

Rainer Obrock

© 2019, DOI: 10.30965/9783506786388_0354

Handkommunion

→Eucharistieausteilung, →Kommunionempfang

Handlung, gottesdienstliche

→Gottesdienst

Handlung, liturgische

→Gottesdienst

Handlung, rechtsgeschäftliche – Katholisch

Der Ausdruck H. od. einfach Rechtsgeschäft ist – zusammen m. den Ausdrücken →Rechtshandlung u. Rechtsakt – eine der in der deutschsprachigen kan. Literatur verbreiteten

Übers. für den in cc. 124-128; cc. 931-935 CCEO verwendeten Ausdruck actus iuridicus. Diesen Ausdruck m. H. od. Rechtsgeschäft wiederzugeben, ist insofern problematisch, als diese Ausdrücke in der dt. Rechtssprache nur an Handlungen Privater denken lassen, wohingegen der im kan. Recht verwendete Ausdruck actus iuridicus sowohl privates als auch öff., also im Namen der Kirche vorgenommenes Handeln umfasst. Die in der kan. Literatur weit verbreitete Übers. von actus iuridicus m. Rechtshandlung ist ebenfalls problematisch, weil dieser Ausdruck im Dt. in der →Rechtswissenschaft – anders als der Ausdruck actus iuridicus – i. d. R. jegliches rechtserhebliche Handeln (→Handeln, rechtserhebliches) umfasst, also nicht nur die auf einen rechtlichen Erfolg ausgerichtete Willenserklärung (den Rechtsakt), sondern auch die auf einen rein tatsächlichen Erfolg ausgerichtete Handlung (den Realakt). Am wenigsten missverständlich ist es daher, den Ausdruck actus iuridicus m. Rechtsakt zu übers.

Für die nähere Erl. des Begriffs actus iuridicus u. der einschlägigen Rechtsnormen s. in diesem Lexikon den Art. Rechtshandlung.

Literatur

KanR I, 331-384.

Ulrich Rhode

Handlung, widerrechtliche – Katholisch

Sowohl im Lat. als auch im Dt. gibt es mehrere Adjektive, die zum Ausdruck bringen, dass eine Handlung die für sie geltenden rechtlichen Normen verletzt. Einige dieser Adjektive – wie lat. illicitus, illegitimus u. dt. unrechtmäßig, rechtswidrig, unerlaubt, unzulässig, widerrechtlich – bringen nur die Tatsache der Nichteinhaltung der betr. Normen zum Ausdruck; andere Adjektive – wie lat. prohibitus, vetitus u. dt. verboten, untersagt – enthalten auch den Hinweis, dass die Rechtswidrigkeit der Handlung auf einer entspr. Entscheidung der zuständigen Autorität beruht (z. B. einem verbietenden →Gesetz od. →Verwaltungsakt). Bei den von der H. verletzten Normen kann es um Rechtsnormen jeglicher Art gehen, d. h. um Normen des göttlichen (→Ius divinum) od. des rein kirchl. Rechts (→Ius ecclesiasticum), Normen des →Gewohnheitsrechts od. des geschriebenen Rechts, Gesetze, allg. Verwaltungserlasse od. auch Verbote, die im Einzelfall durch Verwaltungsakt erlassen wurden. Die H. kann in einem Tun od. einem Unterlassen bestehen. Es kommen sowohl private als auch öff., d. h. im Namen der Kirche vorgenommene Handlungen in Frage, u. sowohl Rechtsakte, d. h. auf die Herbeiführung rechtlicher Wirkungen ausgerichtete →Willensakte, als auch Realakte, d. h. auf die Herbeiführung von rein tatsächlichen Wirkungen ausgerichtete Handlungen. Ob eine Handlung rechtswidrig ist, bestimmt sich nach den zum Zeitpunkt ihrer Vornahme bestehenden Normen u. näheren Umständen; eine einmal rechtmäßig vorgenommene Handlung kann nicht im Nachhinein rechtswidrig werden, u. umgekehrt.

Die Rechtswidrigkeit einer Handlung kann weitere rechtliche Folgen nach sich ziehen. Falls jemand durch eine solche Handlung zu Schaden kommt, ist der Handelnde schadenersatzpflichtig (→Schadenersatz) (c. 128; c. 935 CCEO). Für einen Teil der H. hat der kirchl. Gesetzgeber →Strafen od. ähnliche →Sanktionen angedroht (siehe dazu v. a. Buch VI des CIC u. Titel XXVII des CCEO). Falls es bei der H. um einen Rechtsakt geht, kann dessen Rechtswidrigkeit seine →Nichtigkeit (Ungültigkeit) zur Folge haben. Nach geltendem Recht (c. 10; c. 1495 CCEO) ist der kirchl. Gesetzgeber allerdings nichtigkeitsfeindlich eingestellt. d. h., soweit es am rein kirchl. Recht liegt u. nicht ein Wesenselement der Handlung fehlt, führt ihre Rechtswidrigkeit nur dann zur Nichtigkeit, wenn die einschlägige Rechtsnorm das ausdrücklich so bestimmt (→Lex inhabilitans, →Lex irritans). Falls ein Rechtsakt aus Gründen, die nicht in seiner Rechtswidrigkeit liegen, seine →Rechtswirkungen (noch) nicht hervorbringt, spricht man von einer gültigen, aber unwirksamen Handlung (im Lat. etwa m. Hilfe von Ausdrücken wie vis od. effectus).

Literatur

Correco, E., Valore dell'atto contra legem: La norma en el derecho canónico. Actas del III. Congreso Internacional de derecho canónico, I, Pamplona 1979, 839-859; Arias, J., Valor normativo del acto contra legem: La norma en el derecho canónico. Actas del III. Congreso Internacional de derecho canónico, I, Pamplona 1979, 861-875; KanR I, 381-384; Otaduy, J., Ilicitud: DGDC Vol. IV, 427-430; Pree, H.: MKCIC c. 128.

Ulrich Rhode

© 2019, DOI: 10.30965/9783506786388_0359

Handlungsfähigkeit – Katholisch

H. bez. die →Fähigkeit, durch eigenes Handeln Rechtsfolgen zu bewirken. Zu unterscheiden sind →Geschäftsfähigkeit u. Deliktfähigkeit. Voraussetzung ist zumeist der Empfang der →Taufe sowie die Zugehörigkeit zur kath. Kirche (c. 96); →Parteifähigkeit bei Verträgen (c. 1290; c. 1034 CCEO) u. vor Gericht (c. 1476; c. 1134 CCEO) besitzt jeder Mensch. Uneingeschränkte Geschäftsfähigkeit erlangt eine →physische Person m. Vollendung des 18. Lj. (c. 98 §1; c. 910 §1 CCEO). Ein Minderjähriger ist rechtsfähig, d. h. Träger von Rechten u. Pflichten, untersteht aber in der Ausübung von Rechten zum eigenen Schutz gewöhnlich dem gesetzlichen →Vertreter (c. 98; c. 910 § 2 CCEO); ausnahmsweise gilt eine niedrigere (Nebenwohnsitz: c. 105 §1, c. 915 §1 CCEO; →Noviziat: c. 643 §1, 1°, c. 450, 4° CCEO; Taufe: c. 852 §1; →Eheschließung: cc. 1083, 1071, cc. 800, 789 CCEO; Prozessfähigkeit in geistl. Dingen: c. 1478 §3, c. 1136 §3 CCEO) od. höhere →Altersgrenze (v. a. Ablegung der ewigen Profess: c. 658, 1°, c. 450, 4° CCEO; Zölibatsversprechen: cc. 1031 i. V. m. 1037, c. 759 §1 CCEO). Die H. kann dauernd od. vorübergehend fehlen (fehlender →Vernunftgebrauch: c. 99, c. 909 §3 CCEO; absoluter Zwang: c. 125 §1, c. 932 §1 CCEO) bzw. durch Rechtsvorschrift od. →Kirchenstrafe eingeschränkt sein. Fehlt die Habilität völlig, wird ein Nichtakt gesetzt, liegt ein Hinderungstatbestand des positiven Rechts vor, ein ungültiger Akt (c. 124), aus dem Rechtswirkungen resultieren können. Deliktfähig wird eine physische Person m. Vollendung des 16. Lj. (c. 1323, 1°; vgl. c. 1413 §1 CCEO), doch ist bis zur Volljährigkeit u. bei eingeschränktem Vernunftgebrauch eine Strafe zu mindern (c. 1324 §1, 1° u. 4°; vgl. c. 1413 §1 CCEO).

Eine jur. Person (→Juristische Person, kirchliche) handelt durch physische Personen als deren rechtmäßige Organe (c. 118). Diese bilden nach Maßgabe der Vorschriften den rechtsgeschäftlichen Willen für die jur. Person im Innenverhältnis u. handeln als deren Vertretungsorgan im Außenverhältnis, was diese in Rechten u. Pflichten bindet. Handelt ein Organ o. (hinreichende) Vollmacht, ist die →Haftung zu beachten (cc. 1281 §3, 1296; cc. 1024 §3, 1040 CCEO). Eine jur. Person besitzt aktive u. passive Deliktfähigkeit.

Literatur

Michiels, G., Principia generalia de personis in Ecclesia, Paris ²1955; KanR I, 283-289, 321-323; Walser, M., Die Rechtshandlung im kan. Recht, Göttingen 1994; Comentario Exegético Vol. I, Pamplona ²1997, 719-722, 725-727, 798-800; Kaptijn, A., §11 Rechtspersönlichkeit u. rechtserhebliches Geschehen: HbkathKR³, 183-198, hier: 186 f., 193 f.; Pree, H.: MKCIC cc. 96, 98, 118.

Rüdiger Althaus

© 2019, DOI: 10.30965/9783506786388_0360

Haram – Islamisch

H. (ḥarām; verboten, unzulässig od. hl., geheiligt) ist das Gegenteil von →Halal (ḥalāl; zulässig) u. bezieht sich auf alles, was für einen Muslim unzulässig ist. In diesem Sinne wird auch der Begriff im →Koran verwendet (16:116). Etymologisch ist das arabische H. m. dem hebräischen Herem (ḥerem) verwandt. Herem wird in der hebräischen Bibel i. S. der Aussonderung u. Übereignung von Gütern u. Personen an den Gott Israels verwendet u. in der Lutherbibel m. dem Begriff Bann wiedergegeben. Auch die Verwandtschaft m. dem syr. Wort Hrm (ḥrm) i. S. v. Weihen od. Verfluchen ist augenfällig.

Im islam. Recht steht H. als eine der fünf Kategorien menschlicher Handlungen für die nicht erlaubten Taten, welche →Strafen nach sich ziehen. Zu den bekanntesten H.-Taten gehören Mord, unehelicher Sex, Alkoholkonsum, Verzehren von Schweinefleisch, Raub, Betrug, Wucher u. Unterlassung religiöser →Pflichten. Grds. gilt aber: O. explizite Anordnung besteht keine Verpflichtung (barāʾa aṣliyya). Fällt das Verbotene in den Bereich religiöser Riten (ʿibādāt), so sind die Strafen grds. jenseitiger Natur. Gehört es zum Bereich der weltlichen Angelegenheiten (muʿāmalāt), so sind auch diesseitige Strafen vorgesehen. Im zweiten Fall sind die Strafmaßnahmen, obwohl sie z. T. im Koran definiert sind, in der Praxis auslegbar u. den islam. Rechtszwecken (maqāṣid aš-šarīʿa) unterlegen.

H. i. S. v. hl. bezieht sich auf Objekte. Im Koran wird bspw. die Kaaba (5:97) bzw. Kaaba m. der sie umgebenden Anl. (2:144) als H. bez. Der Koran spricht auch von vier hl. Monaten, die er nicht näher benennt (9:36). Die offensichtlich aus der vorislamischer Zeit bekannten vier Mondmonate, in denen kriegerische Unternehmungen verboten sind, heißen ḏū-l-qaʿda, ḏū-l-ḥiǧǧa, muḥarram u. ṣafar.

Aus der gleichen Wurzel stammt der Begriff Harem (ḥarīm), der in der Bedeutung von Heiligem, unverletzlichem Ort, geheiligtem Bereich, weiblichen Familienmitgliedern, Frauen, Ehefrau gebraucht wird.

Literatur

Al-Qaradawi, J., Erlaubtes u. Verbotenes im Islam, übers. ins Dt. von A. v. Denffer, München 1989; Rohe, M., Das islam. Recht: Geschichte u. Gegenwart, München 2011.

Abbas Poya

Häresie – Katholisch

In Kontinuität zur frühen Kirche (1Kor 11, 19) bez. H. die nach der →Taufe erfolgte beharrliche Leugnung einer kraft göttlichen u. kath. →Glaubens zu glaubenden Wahrheit od. einen beharrlichen →Zweifel an einer solchen Glaubenswahrheit (c. 751) bzw. das Anhangen an eine vom kirchl. →Lehramt verurteilte Lehre. Der kirchl. →Gesetzgeber verpflichtet die →Gläubigen, in ihrer Lebensweise immer Gemeinschaft m. der Kirche zu wahren (c. 209 §§1 u. 2; c. 12 §§1 u. 2 CCEO) sowie die kirchl. Pflichten zu erfüllen u. reiht H. neben →Apostasie u. →Schisma unter die →Straftaten gg. die Religion u. die Einheit der Kirche ein. Als Hauptvergehen gegen den Glauben (vgl. c. 750 §1; c. 598 §1 CCEO) hat H. die →Exkommunikation als →Tatstrafe zur Folge (c. 1364 §1), deren Eintritt durch die kirchl. Autorität ausdrücklich festgestellt werden kann (c. 1331 §2). H. bewirkt →Irregularität für den Empfang der Weihe (c. 1041, 2°; c. 762 §1, 2° CCEO) u. hindert die Ausübung der empfangenen Weihestufe (c. 1044 §1, 2°; c. 763, 2° CCEO). Offenkundigen Häretikern ist die kirchl. →Bestattung zu verweigern, wenn sie nicht vor ihrem Tod irgendein Zeichen der Reue gegeben haben (c. 1184 §1, 1°; c. 877 CCEO). Bei →Klerikern können →Sühnestrafen (c. 1336 §1, 1°-5°) hinzukommen, wobei die Entlassung aus dem →Klerikerstand nicht ausgeschlossen ist (c. 1364 §2). Kleriker sind „von Rechts wegen" ihres →Amtes enthoben (vgl. c. 194 §1, 2°; c. 976 §1, 2° CCEO). Maßnahmen finden sich auch in Art. 5 Abs. 2 der →Grundordnung des kirchlichen Dienstes im

Rahmen kirchl. Arbeitsverhältnisse der DBK. Der Eintritt der →Strafe setzt ein schuldhaftes u. hartnäckiges Verharren (pertinacia) voraus. Für bestimmte Personen, u. a. →Kardinäle, →Bischöfe, Päpstliche →Gesandte wurde die Beurteilung u. Ahndung von H. der →Kongregation für die Glaubenslehre zugewiesen (Delicta graviora; vgl. Art. 1 §1 u. Art. 2 §1 Normae 2010 i. V. m. Art. 52 PastBon). Die Leugnung einer anderen vom kirchl. Lehramt vorgelegten Wahrheit erfüllt nicht den Tatbestand der H., kann jedoch ebenfalls einer kirchl. Bestrafung unterliegen (cc. 1371, 1° i. V. m. 750 §2 u. 752; cc. 1436 §2 i. V. m. 598 §2 u. 599 CCEO). Da das KR nur mehr diejenigen verpflichtet, die in der kath. Kirche getauft od. in sie aufgenommen worden sind (vgl. c. 11; c. 1490 CCEO), gilt die Strafandrohung nur für Katholiken (vgl. can. 12 auch für →nichtkatholische Christen; →Ökumene). Der Tatbestand des Häresieverdachts (vgl. cann. 2315 f.) wurde nicht mehr aufrechterhalten, wenngleich der kirchl. Gesetzgeber verbotene Gottesdienstgemeinschaft (c. 1365; c. 1440 CCEO; →Communicatio in sacris), die Veranlassung einer nichtkatholischen Taufe u. Erziehung (c. 1366; c. 1439 CCEO), die Entehrung der eucharistischen Gestalten (c. 1367; c. 1442 CCEO; Sakrileg) u. die Mitgliedschaft in kirchenfeindlichen Vereinigungen (c. 1374; c. 1448 §2 CCEO) nach wie vor unter Strafe stellt. Die dt. u. österr. Bf. haben weithin an alle →Beichtväter die unbefristete →Vollmacht zur Lossprechung von der Strafe erteilt u. die Wiederaufnahme in die volle Gemeinschaft der kath. Kirche erleichtert. Can. 2314 §3 hatte die Absolution im Forum internum dem →Apostolischen Stuhl vorbehalten.

Die Grundrechte der →Religionsfreiheit sowie der →Meinungsfreiheit (c. 212 §3; c. 15 §3 CCEO) u. →Forschungsfreiheit (vgl. c. 218; c. 21 CCEO), die Lehre von der Hierarchie der Wahrheiten (vgl. Vat II UR 11 Abs. 3) sowie die ök. Bewegung (DirOec/1993, Nr. 9-21) erschweren heute das Verständnis einer derartigen →Beugestrafe. Sie kann jedoch nicht als Verletzung der →Gewissensfreiheit verstanden werden, sofern die Kirche jede Form von Zwang sowie die Zuhilfenahme staatl. Hilfe (→brachium saeculare; →Inquisition), wie dies im Lauf der Geschichte aufgrund der Verflechtung der Kirche m. dem Staat der Fall war, ausschließt. Letztlich hat sich der Straftäter durch sein Verhalten bereits selbst von der Gemeinschaft der Kirche, der plena →communio (vgl. c. 205; c. 8 CCEO) entfernt, was durch die Strafe zum Ausdruck gebracht wird. Infolge des Mangels an →Schuld kann die Strafe Überzeugungstäter nicht treffen.

Der vor einer staatl. Behörde erklärte →Kirchenaustritt kann den Tatbestand der H. erfüllen. Der CCEO (c. 1436 §1 CCEO) sieht für H. nach rechtmäßiger Ermahnung die →Spruchstrafe der excommunicatio maior vor. Der Schutz des Glaubens durch →Papst u. →Bischofskollegium u. ebenso jener der Glaubensgemeinschaft, die sich durch diesen Glauben konstituiert u. durch ihn verbunden ist, stehen im Vordergrund. Das KR dringt somit in einen Bereich vor, der staatl. Recht versagt ist. Die geplante Strafrechtsreform hält an Strafmaßnahmen für H. fest.

Quellen

Vat II, UR; Johannes Paul II., ApK Pastor Bonus vom 28. Juni 1988: AAS 80 (1988), 841-930; Päpstlicher Rat zur Förderung der Einheit der Christen, Dir. zur Ausführung der Prinzipien u. Normen über den Ökumenismus vom 25. März 1993: VApSt 110; Kongr. für die Glaubenslehre, Normae de gravioribus delictis vom 21. Mai 2010: AAS 102 (2010), 419-430.

Literatur

Flatten, H., Der Häresieverdacht im Codex Iuris Canonici, Amsterdam 1963 (KStT 21); Geerlings, W., Haeresis u. Schisma in den Canones der nordafrikanischen Konzilien von 325 bis 525: Ministerium iustitiae (FS Heinemann), hg. v. A. Gabriels – H. J. F. Reinhardt, Essen 1985, 161-167; Patschovsky, A., Art. Häresie: LMA Bd. 4, 1933-1937; Sebott, R., Das kirchl. Strafrecht. Kommentar zu den Kanones 1311-1399 des Codex Iuris Canonici, Frankfurt 1992, 157-162; Pahud de Mortanges, R., Zwischen Vergebung u.

Vergeltung. Eine Analyse des kirchl. Straf- u. Disziplinarrechts, Baden-Baden 1992 (Rechtsvergleichende Untersuchungen zur gesamten Strafrechtswissenschaft III, 23), 141-145; Gerosa, L., Schisma u. Häresie. Kirchenrechtliche Aspekte einer neuen ekklesiologischen Begriffsbestimmung: ThGl 83 (1993), 195-212; Rees, W., Die Strafgewalt der Kirche. Das geltende kirchl. Strafrecht – dargestellt auf der Grundlage seiner Entwicklungsgeschichte, Berlin 1993 (KStT), 426-429; Reinhardt, H. J. F., Der Häresiebegriff im CIC/1917 u. im CIC/1983. Ein Vergleich: Theologia et Jus Canonicum (FS Heinemann), hg. v. H. J. F. Reinhardt, Essen 1995, 415-431; Heinemann, H., Art. Häresie: LThK[3] Bd. 4, 1192 f.; Rees, W., Art. Häresie. IV. Kirchenrechtlich: RGG[4] Bd. 3, 1451 f.; Helmholz, R. H., Kan. Recht u. europäische Rechtskultur, Tübingen 2013, 393-397; KanR IV, 197-201; Rees, W., Häresie, Apostasie u. innerchristliche Gewalt in kirchenrechtlicher Sicht: Gewalt gegen Christen. Formen, Gründe, Hintergründe, hg. v. G. Plasger – H.-G. Stobbe, Leipzig 2014, 295-327; Belda Iniesta, J., Il trattamento canonico dell'eretico fino all'epoca medievale: Apollinaris 88 (2015), 441-485; Burczak, K., Das Vergehen des Sakrilegs im Decretum Gratiani: AfkKR 184 (2015), 353-388, 372 f.; Rees, W., Einzelne Straftaten: HbkathKR[3], 1615-1643, 1617-1620; ders., Evolution im Strafrecht der röm.-kath. Kirche m. bes. Blick auf die delicta graviora u. die von Papst Benedikt XVI. in die Wege geleitete Strafrechtsreform: Politik, Religion u. Recht, hg. v. M. Schulte, Berlin 2017 (Wiss. Abhandlungen u. Reden zur Philosophie, Politik u. Geistesgeschichte 88), 165-209; Mussinghoff, H.: MKCIC c. 751; Lüdicke, K.: MKCIC c. 1364.

Wilhelm Rees

© 2019, DOI: 10.30965/9783506786388_0362

Häresie – Orthodox

Als häretisch gelten gem. einer Definition von Basileios dem Großen (gest. 380) jene Gemeinschaften, die in einem „gänzlichen Abbruch und in einer Entfremdung des Glaubens“ leben (Epistola 138: PG 32, 665A). H. setzt demnach das Verbleiben im verfälschten → Glauben voraus, was die Kernsubstanz chr.-kirchl. Lehre tangiert u. notwendigerweise zum Abbruch der Gemeinschaft (→ Schisma) führt. H. wird von Schisma differenziert, wenn das zweite lediglich durch einen Dissens in Fragen der kirchl. Disziplin verursacht wird, was für Basileios prinzipiell als heilbar gilt (ebd.). Das Schisma als Abbruch der Gemeinschaft kann aber auch zu einer H. verfestigt werden, die Grenzen waren jedenfalls in der Geschichte der alten Kirche oft fließend. Der Ök. Patriarch Bartholomaios zit. in seiner Eröffnungsansprache zur → Panorthodoxen Synode (Kreta 2016) den hl. Johannes Chrysostomus, demgemäß „ein Schisma in der Kirche zu stiften kein geringeres Übel [ist], als in Häresie zu verfallen“ (Komm. zum Epheserbrief, 12: PG 62, 87); Patriarch Bartholomaios wies damit auf die Gefahr von innerorthodoxen Schismen hin, die von eifrigen Kreisen der Orthodoxie heute losgetreten werden können.

Nicht nur diese Unterscheidung zwischen H. u. Schisma, sondern auch eine klare Festlegung von Kriterien für die Zuordnung einer Lehre zur H. wird heute kontrovers zwischen Orth. Theologen diskutiert. Es zeichnet sich eine Präferenz ab für die Kriterien, die Theodoros Studites (gest. 826) in seiner Interpretation des o. zit. Satzes von Basileios aufgestellt hat: als „Häretiker im eigentlichen Sinne“ werden diejenigen gehalten, die „über das Herzstück unseres Glaubens an die Dreieinigkeit selbst falsch lehren“; Alle anderen werden „missbräuchlich“ („kata katachrisin“) als Häretiker betrachtet (Epistola 40: PG 99, 1052C-1053B). Diese Regelung scheint dem 95. Kanon des Konzils Quin. (691/92) zu folgen, der die Kriterien für die Wiederaufnahme von Häretikern/Schismatikern festlegt, aufgeteilt in drei Kategorien: Aufnahme durch Taufe, durch Firmung od. lediglich durch Ablehnung der (häretischen) Meinung, analog zur ihrer Abweichung von den triadologischen bzw. christologischen Dogmen der vorangegangenen → Ökumenischen Konzilien (Delidimos, 2002, 36 f.). In den Beschl. von Ök. Konzilien werden nicht bloß H. aufgelistet, die abgelehnt werden, sondern vorerst die

Häresiarchen, d. h. die Personen, die die H. verursachen, werden konkret u. namentlich benannt u. im Falle ihrer Beharrens auf ihrer H. von der Kirche ausgeschlossen. Eine ausführliche Liste der H. hat in der alten Kirche Johannes von Damaskus (gest. 750) erstellt (Liber de Haeresibus: PG 94, 678-782), der sogar den Islam zwischen den H. auflistet (PG 94, 764-774).

Die Kirchen u. Gemeinschaften, die heute nicht in Eucharistie-Gemeinschaft m. der Orthodoxie leben, dürfen nicht o. weiteres unter die Kategorie der H. fallen, zumal der Bruch m. ihnen, in ihrer großen Mehrheit, erst im 2. Jahrtausend, nach der Zeit der alten Ök. Konzilien, verursacht wurde, u. sie bis heute nicht von einem Panorthodoxen Konzil als solche beurteilt wurden (Larentzakis, 2017, 10). Denn als verbindlich gilt in der Orthodoxie erst jene Zuordnung zur H., die von einem Ök. Konzil getroffen wurde. Selbst eine Reihe von orient. Kirchen, die als H. nach dem Bruch m. IV. Ök. Konzil (Chalkedon 451) entstanden sind, werden von vielen Orth. heute, aufgrund der Fortschritte im ök. Dialog, konkret zwischen der Orth. u. der Orth. Orient. Kirchen, nicht als solche (H.) eingestuft. Außerdem wird von den Kirchen, die die Gemeinschaft des →Ökumenischen Rates der Kirchen bilden, die Taufe im Namen des Dreieinen Gottes gespendet, u. von gewichtigen ÖRK-Dokumenten wird das Credo von Nikaia-Konstantinopel (381) als Basis dieser ÖRK-Gemeinschaft formuliert. Die so m. der Orthodoxie nicht geeinten Kirchen werden heute allg. als Heterodoxe (d. h. Andersgläubige) charakterisiert, wobei nicht klar wird, ob u. was konkret von ihren anderen (hetera) theol. Meinungen (doxa) abgelehnt wird: ein von allen Dialogpartnern einvernehmlich anerkannter Katalog von Dissenspunkten, die die Kircheneinheit behindern, existiert trotz des umfangreichen ök. Dialogs bis heute nicht. Daher ist auch die Kategorie der H. hinfällig, wenn nicht konkret gezeigt werden kann, was als solche (H.) charakterisiert wird, od. ob zwischen den H. eine Differenzierung bzgl. ihrer Gewichtung zur Kirchenspaltung vorgenommen werden kann.

Ein anderer strittiger Punkt, der nicht nur innerorthodox kontrovers diskutiert wird, betrifft die Wirkung der Gnade außerhalb der Grenzen der eigenen Kirche: wenn nämlich die Taufe, u. U. auch weitere →Sakramente (Katerelos, 2017, 28), von anderen Kirchen anerkannt werden, welche Konsequenzen können daraus für die Überwindung der Kirchenspaltung gezogen werden? Die Grenzen der Gnade Gottes werden jedenfalls von vielen Orth. nicht m. den Grenzen ihrer eigenen Kirche gleichgesetzt, obschon die Klärung dieser Frage die Erforschung der ekklesiologischen Frage nach dem Kirchesein von anderen Kirchen erforderlich macht, welche vom Panorthodoxen Konzil selbst als noch offene Frage behandelt wird.

Quellen

Basilii Magni, Epistola 138, Amphilochio de Canonibus: Migne, Patrologia Graeca 32, 663-684; Joannis Damaskeni, Liber de Haeresibus: Patrologia Graeca 94, 676-780; Theoderi Studitae, Epistola 40, Naucratio filio: Patrologia Graeca 99, 1050-1058.

Literatur

Hösch, E., Orthodoxie u. Häresie im alten Russland, Wiesbaden 1975; Runciman, S., Häresie u. Christentum, München 1988; Matsoukas, N., Orthodoxie u. Häresie nach den kirchl. Schriftstellern des 4., 5. u. 6. Jh., Thessaloniki 1992 (griech.); Delidimos, E., Einführung in das „Syntagma ton ieron Kanonon", hg. v. G. Ralli – M. Potli, Thessaloniki ^{2}2002, 3-200 (griech.); Edwards, M., Catholicity and heresy in the early Church, Farnham 2009; Rigo, A., Orthodoxy and heresy in Byzantium. The definition and the notion of Orthodoxy and some other studies on the heresies and the non-Christian religions, Rom 2010; Verheyden, J. – Teule, H. G. B., Heretics and Heresies in the Ancient Church and in Eastern Christianity. Studies in Honour of Adelbert Davids, Leuven 2011 (Eastern Christian Studies 10); Royalty, R., The origin of heresy. A history of discourse in Second Temple Judaism and early Christianity, New York – London 2013; Katerelos, K., Orthodoxie u. Häresie im 21. Jh.: Synaxis 143 (2017), 19-32 (griech.); Larentzakis, G., Häresie u. Schisma heute: Synaxis 143 (2017), 5-18 (griech.).

Athanasios Vletsis

© 2019, DOI: 10.30965/9783506786388_0362

Hartnäckigkeit
→Contumacia

Hauptamtliche
→Hauptberufliche

Hauptberufliche – Katholisch

Auf der Wortebene ist der Begriff der H. dem geltenden universalkirchlichen Recht fremd, wenngleich es H. der Sache nach kennt. Im weiteren Sinn sind unter H. alle →Kleriker u. →Laien zu verstehen, die hauptamtlich für die Kirche arbeiten, sei es als Kirchenbeamte od. m. einem kirchl. Arbeitsvertrag. Es können demnach Personen sein, die ein →munus od. officium (→Amt) im Namen der Kirche ausüben. Dies kann aber auch bei →Ehrenamtlichen od. nebenberuflich Tätigen der Fall sein. H. können Inhaber eines KA gem. cc. 228 i. V. m. 145 sein, wie z. B. →GemeindereferentInnen, →PastoralreferentInnen, DiözesanrichterInnen (→Richter), →EhebandverteidigerInnen od. andere MitarbeiterInnen im Bfl. Ordinariat od. auf Pfarreiebene etc. Während bei Klerikern die →Inkardination die Versorgung sicherstellt, weist c. 231 §2 darauf hin, dass bei Laien, die im Dienst der Kirche stehen, eine adäquate Entlohnung zum persönlichen Unterhalt u. dem der Familie m. der entspr. sozialen u. gesundheitlichen Absicherung vorzusehen ist.

Aufgrund der mangelnden Rezeption des weiten Amtsbegriffs gem. cc. 145 i. V. m. 228 wurde in Dokumenten der DBK neben dem Begriff der Ehrenamtlichen i. d. R. nur der Begriff des H. verwendet, obwohl GemRef. u. PastRef. ein KA innehaben u. daher auch der Begriff Hauptamtliche zutreffend ist.

Der Begriff der H. wird zudem in Abgrenzung zum Begriff der Ehrenamtlichen u. der nebenberuflich Tätigen verwendet. Beim Begriff des Ehrenamtlichen ist auf das Missverständnis hinzuweisen, dass Ehrenamtliche nur Aufgaben verrichten würden, die eigentlich Hauptamtliche tun müssten. Ein weiteres Missverständnis wäre, dass nur H. die →Sendung der Kirche verwirklichen würden. Die Sendung der Kirche wird grundlegend u. im eigenen Namen durch Ausübung des in der Taufe begr. gemeinsamen Priestertums (LG 10) aller Gläubigen (→Allgemeines bzw. Gemeinsames Priestertum) verwirklicht, die durch die Eingliederung in das Volk Gottes Anteil am Priestertum Christi u. gem. cc. 204 §1 i. V. m. 96 die Teilhabe an den drei munera Christi (Verkündigen, Heiligen u. Leiten) (→Tria-Munera-Lehre) verleiht. Von diesem nicht delegierten, aus der Taufe unmittelbar resultierenden →Apostolat ist das beauftragte Apostolat gem. c. 228 §1 zu unterscheiden, das den Gläubigen zum Handeln im Namen der Kirche berechtigt.

Quellen

Vat II, LG.

Literatur

Hochschild, M., Komplizen des Unterschieds: die Hauptberuflichen in der Kirche: ThG 47 (2004), 50-56; Schneider, S., Konkurrenz od. Kooperation? Zum Verhältnis von hauptamtlicher u. ehrenamtlicher Seelsorge: ThPQ 153 (2005), 278-285; Gruber-Aichberger, B., Verändertes Berufsbild für hauptamtliche Laien im pastoralen Dienst: Kirche bleiben im Nahbereich. Pfarrgemeindliche Leitungsmodelle m. Beteiligung Ehrenamtlicher, hg. v. M. Udeani – H. Eder – M. Heilmann, Linz 2009, 277-285; Meckel, T., Die Herde am Laufen halten. Lebendige Hirtensorge m. dem Kirchenrecht: Menschendiener – Gottesdiener. Anstöße – Ermutigungen – Reflexionen, hg. v. H. Hallermann, Würzburg 2010 (WTh 4),

181-211; ders., Konzil u. Codex. Zur Hermeneutik der Kirchenrechtswissenschaft am Beispiel der christifideles laici, Paderborn – München – Wien – Zürich 2017 (KStKR 18), insb. 179-233.

Thomas Meckel

© 2019, DOI: 10.30965/9783506786388_0365

Hauptberufliche – Evangelisch

H. üben einen Beruf hauptsächlich aus. Das →Grundgesetz garantiert das Grundrecht der freien Berufswahl, denn alle Deutschen haben das Recht, Beruf, Arbeitsplatz u. Ausbildungsstätte frei zu wählen (Art. 12 Abs. 1 GG). Beruf ist verfassungsrechtlich jede auf Dauer angelegte, der Schaffung u. Erhaltung einer Lebensgrundlage dienende menschliche Tätigkeit. Eine gesetzliche Definition für H. gibt es nicht. Eine Tätigkeit wird hauptberuflich ausgeübt, wenn sie entgeltlich ist, unabhängig von der Arbeitszeit den Schwerpunkt der beruflichen Tätigkeit darstellt, i. d. R. den überwiegenden Teil der Arbeitskraft beansprucht u. dem durch Ausbildung u. Berufswahl geprägten Berufsbild entspricht od. nahekommt (vgl. BVerwG 2 C 20.04, Urt. vom 25.05.2005). Die Arbeitszeit wird u. a. durch das Arbeitszeitgesetz geregelt. H. kann man unterscheiden von Nebenberuflichen u. Neben- od. Ehrenamtlichen.

H. in der Kirche finden sich in öff.-rechtlichen Dienstverhältnissen u. in privatrechtlichen Dienstverhältnissen. Öff.-rechtliche Dienstverhältnisse kircheneigener Art können auf Grund des Körperschaftsstatus nach Art. 140 GG i. V. m. Art. 137 Abs. 5 WRV begr. werden. Dabei handelt es sich in erster Linie um Pfarrdienstverhältnisse, ferner gibt es Kirchenbeamtenverhältnisse. Die anderen Dienstverhältnisse sind privatrechtlicher Art. Neben dem Privatrecht ist zu beachten, dass die Kirche Regelungen für alle Hauptamtlichen auf Grund ihres →Selbstbestimmungsrechts nach Art. 140 GG i. V. m. Art. 137 Abs. 3 WRV, also der Freiheit, ihre Angelegenheiten selbständig innerhalb der Schranken des für alle geltenden Gesetze zu ordnen, trifft. Grundlage kirchl. Dienstes ist die Dienstgemeinschaft. Sie gilt sowohl für öff.-rechtliche Beschäftige (Kleriker, →Ordensangehörige, →Pfarrer, Kirchenbeamte) u. privatrechtliche Dienstverhältnisse unabhängig vom Dienstumfang.

Für öff.-rechtliche Dienstverhältnisse gelten gesteigerte Loyalitätspflichten, die in den jeweiligen Gesetzen geregelt sind. Für privatrechtlich Beschäftigte gelten →Loyalitätsobliegenheiten, die in der kath. GrO des kirchl. Dienstes im Rahmen kirchl. Arbeitsverhältnisse vom 27.04.2015 u. in der ev. Kirche in der RL des Rates über kirchl. Anforderungen der beruflichen Mitarbeit in der EKD u. ihrer Diakonie vom 09.12.2016 geregelt sind. Privatrechtlich Beschäftige haben das Recht auf →Koalitionsfreiheit. Sie sind an der Gestaltung ihrer Arbeitsbedingungen im Rahmen des Arbeitsrechtsregelungsverfahrens (→Dritter Weg) beteiligt. Auf betrieblicher Ebene haben die ev. u. kath. Kirche von den Öffnungsklauseln in § 118 Abs. 2 BetrVG u. § 112 Abs. 2 BPersVG Gebrauch gemacht u. eine eigene Mitbestimmung im ev. Mitarbeitervertretungsgesetz u. in der kath. MAVO (→Mitarbeitervertretungsordnung/-gesetz) geschaffen. In den rechtlichen Grundlagen sowohl im individuellen als auch im kollektiven Arbeitsrecht (→Arbeitsrecht, kirchliches) findet keine Differenzierung zwischen haupt- u. nebenberuflichen Mitarbeitern statt.

Das →Beamtenrecht differenziert zwischen Hauptamt u. Nebentätigkeit. Beamtinnen u. Beamte dürfen eine Nebentätigkeit (Nebenamt, Nebenbeschäftigung od. ein öff. od. kirchl. →Ehrenamt) nur übernehmen, wenn dies m. ihrem →Amt u. m. der sorgfältigen Erfüllung ihrer Dienstpflichten vereinbar ist u. kirchl. Interessen nicht entgegenstehen. Andererseits sind sie verpflichtet, auf Verlangen der od. des Dienstvorgesetzten od. der obersten Dienstbehörde eine Nebentätigkeit im kirchl. Interesse auch o. Vergütung zu übernehmen, soweit sie die erforderliche Eignung dafür besitzen u. die Übernahme ihnen zugemutet werden kann.

Hauptamtliche arbeiten häufig m. Ehrenamtlichen zusammen. Das Ehrenamt steht dabei fachlich u. hierarchisch gleichberechtigt neben dem Hauptamt. Grds. können sich Haupt- u. Ehrenamtliche gegenseitig unterstützen u. ergänzen. Ehrenamtliche können u. sollen Hauptamtliche nicht ersetzen. Insofern ist eine klare Bestimmung der Profile u. Rollen im Horizont u. Bewusstsein der jeweils anderen Gruppe wichtig. Professionelle Arbeit kann auch in ein ehrenamtliches Umfeld eingebettet sein (Das betrifft den von der Klinik organisierten Besuchsdienst im Krankenhaus genauso wie etwa die Zusammenarbeit von Gemeindepfarrerinnen u. -pfarrern m. Gruppen-, Freizeit- u. Projektleitungen in ihrer Gde.).

Der Begriff H. ist in der gesetzlichen Krankenversicherung wichtig, um hauptberuflich selbstständigen Erwerbstätigkeit von Arbeitern, Angestellte u. zu ihrer Berufsausbildung Beschäftigte, die gegen Arbeitsentgelt beschäftigt sind, abzugrenzen. Letztere unterliegen gem. §5 Abs. 1 Nr. 1 od. 5-12 SGB V der Versicherungspflicht in der gesetzlichen Krankenversicherung. Hauptberuflich Selbständige sind gem. §5 Abs. 5 SGB V nicht versicherungspflichtig. Entspr. gilt für den Ausschluss der Mitgliedschaft von Rentenantragstellern nach §189 SBG V. Es ist abzugrenzen zwischen nicht hauptberuflicher Erwerbstätigkeit u. hauptberuflich selbständiger Erwerbstätigkeit.

Arno Schilberg

© 2019, DOI: 10.30965/9783506786388_0365

Hauptsache
→ Prozesslauf

Hauptwohnsitz
→ Wohnsitz

Hausgeistlicher – Katholisch

Der H. gehört zur Gruppe der → cappellani (cc. 564-572) u. ist ein → Priester, dem auf Dauer die → Hirtensorge für eine Gemeinschaft od. einen bestimmten Kreis von → Gläubigen wenigstens z. T. anvertraut ist. Der Dienst des H. ist auf ein bestimmtes Haus bezogen, z. B. die Niederlassung eines laikalen → Ordensinstituts, ein Altenheim, ein → Krankenhaus, ein Bildungshaus o. Ä. Der H. übt seinen Dienst stabili modo, d. h. regelmäßig u. für eine gewisse Zeit aus. Er ist Inhaber eines KA gem. c. 145 §1.

Die vom H. konkret auszuübende → Seelsorge richtet sich nach den Erfordernissen der betr. → Gruppe von Gläubigen u. wird vom allg. u. partikularen Recht z. B. in der Umschreibung seines KA (c. 145 §2) näher bestimmt (cc. 564; 566). Sie umfasst i. d. R. Teile der pfarrlichen Hirtensorge (cura pastoralis). Der H. muss m. allen erforderlichen → Befugnissen ausgestattet sein. Nach allg. KR ist der H. befugt, die → Beichte der ihm anvertrauten Gläubigen zu hören, ihnen das Wort Gottes zu verkündigen, die Wegzehrung u. die → Krankensalbung zu spenden u. in → Todesgefahr die → Firmung. Der H. im Krankenhaus u. im Gefängnis kann von → Beugestrafen absolvieren (cc. 566 §2 i. V. m. 976). Falls m. dem Haus eine Kirche verbunden ist, die nicht → Pfarrkirche ist, muss der H. zugl. der → Kirchenrektor sein (c. 570). Im Rahmen des ihm übertragenen → Amtes ist der H. selbständig, hat aber die gebotene Verbindung m. dem zuständigen → Pfarrer zu halten (c. 571).

Der H. wird vom Ortsordinarius frei ernannt bzw. eingesetzt od. bestätigt u. ebenso frei seines Amtes enthoben (cc. 565; 572 i. V. m. 563). Der H. eines laikalen Ordensinstituts darf nur nach Befragung des Oberen, der ein Vorschlagsrecht hat, ernannt werden. Der H. darf sich nicht in die innere Leitung des Inst. einmischen (c. 567).

Literatur

May, G., Hausgeistlicher: LThK³ Bd. 4, 1215 f.; KanR II, 449-452.

Heribert Hallermann

© 2019, DOI: 10.30965/9783506786388_0368

Hausgewalt – Katholisch

H. (potestas domestica) bez. im kath. KR die →Befugnis zur Regelung u. Überwachung der äußeren Ordnung einer Hausgemeinschaft, wie etwa jene des Klosteroberen gegenüber Gästen in seinem Hause, der Eltern gegenüber volljährigen Kindern im eigenen Hause, des Regenten eines →Priesterseminars gegenüber den Seminaristen, des Leiters eines Bildungshauses über die dort vorübergehend lebenden Teilnehmer an Bildungsveranstaltungen. Die H. ist zu unterscheiden sowohl von der Jurisdiktionsgewalt (c. 129; c. 979 CCEO) als auch von der spezifisch ordensrechtlichen potestas aufgrund der Konst. (c. 596 § 1; 441 § 1, 511 § 1, 557 CCEO, welche in can. 501 § 1 als „potestas dominativa" bez. wurde). Rechtsdogmatisch handelt es sich bei der H. um eine Befugnis gegenüber →Personen (nicht um eine Verfügungsbefugnis über Sachen, welche einer eigenen Rechtsgrundlage bedarf, wie Eigentum od. amtliche Kompetenzen), die in deren freiwilliger Unterwerfung begr. ist. Sie ist daher privatautonomer Natur u. der rechtlichen Eigenart der Befugnis nach gleich der Leitungsbefugnis in privaten kan. Vereinen, die in der Vereinsfreiheit als einem Aspekt der (kirchl.) Privatautonomie wurzelt.

Der Begriff H. wird kirchenrechtlich nicht immer hinreichend klar abgegrenzt u. selten von dem im staatl. Recht geregelten Rechtsinstitut Hausrecht unterschieden od. es wird von der Stellung des Hausherrn gesprochen, o. dass ersichtlich würde, ob damit eine kirchenrechtliche od. eine staatl.-rechtliche Bestimmung gemeint ist. Kirchenrechtlich trägt zur Verunklarung zudem bei, dass m. bestimmten →Ämtern, wie →Pfarrer u. →Kirchenrektor, Befugnisse der H. im beschriebenen Sinn u. darüber hinausgehende amtl.-hoheitliche Befugnisse verbunden sind, wie z. B. die Verantwortung für die Einhaltung der liturgischen Bestimmungen, die →Erlaubnis an fremde Priester zur Feier der Eucharistie, die Verantwortung für die gottesdienstlichen Gebäude u. Räume u. ihre Heiligkeit (Ausstattung, Zutritt, Sauberkeit, Veranstaltungen usw.): vgl. cc. 528, 561, 562, 827 § 4, 1205, 1210 f., 1214, 1220 f.; cc. 289, 308, 309, 665 §§ 1-2, 869, 872 CCEO. Im Unterschied zu den eingangs genannten Befugnissen der H. können diese zuletzt genannten hoheitlichen Zuständigkeiten nicht an beliebige Dritte übertragen werden, sondern sind m. dem jeweiligen Amt untrennbar verbunden.

Das staatl. Rechtsinstitut des Hausrechts, dessen Schutz auch die kirchl. Einrichtungen genießen, ist verfassungsrechtlich im Grundrecht der Unverletzlichkeit der Wohnung, auch gegen Übergriffe durch die öff. Gewalt, verankert (Art. 13 GG). Es besteht in der Befugnis des Berechtigten (z. B. Eigentümer, Mieter) frei zu bestimmen, wer in seine Wohnung, Geschäftsräume od. sonstiges befriedetes Besitztum Zutritt erhalten darf u. ggf. Bedingungen dafür festzusetzen. Auf der Ebene des Privatrechts ist das Hausrecht von der Befugnis des Eigentümers umfasst, m. seiner Sache nach Belieben zu verfahren u. andere von jeder Einwirkung auszuschließen (§ 903 BGB). § 858 BGB schützt gegen verbotene Eigenmacht (Entziehung des Besitzes od. Störung im Besitz). Wird das Eigentum in anderer Weise als durch Entziehung od. Vorenthaltung des Besitzes beeinträchtigt, so hat der Eigentümer einen Beseitigungs- u. Unterlassungsanspruch (§ 1004 BGB). Auf dieser Grundlage kann er z. B. ein Hausverbot aussprechen. Der strafrechtliche Schutz besteht, je nach Lage des Falles, namentlich in den folgenden Strafsanktionen: a) Hausfriedensbruch: „Wer in die Wohnung, in die Geschäftsräume oder in das befriedete Besitztum eines anderen oder in abgeschlossene Räume, welche zum öffentlichen Dienst oder Verkehr bestimmt sind, widerrechtlich eindringt, oder wer, wenn er ohne Befugnis darin verweilt, auf die Aufforderung des Berechtigten sich nicht entfernt, wird mit Freiheitsstrafe bis zu einem Jahr oder mit Geldstrafe bestraft" (§ 123 I StGB; Antragsdelikt). b) Schwerer Hausfriedensbruch: „Wenn sich eine Menschenmenge öffentlich zusammenrottet und in der Absicht, Gewalttätigkeiten gegen Personen oder Sachen mit vereinten Kräften zu begehen, in die Wohnung, in die Geschäftsräume oder in das befriedete Besitztum eines anderen oder in abgeschlossene Räume, welche zum öffentlichen Dienst bestimmt sind, widerrechtlich eindringt, so wird jeder, welcher an dieser Handlung teilnimmt, mit Freiheitsstrafe bis zu zwei Jahren oder mit Geldstrafe bestraft" (§ 124 StGB). c) Störung der Religionsausübung: Absichtlich u. in grober Weise vorgenommene Störung des Gottesdienstes od. einer gottesdienstlichen Handlung, od. Verübung beschimpfenden Unfuges an einem Ort, der dem Gottesdienst gewidmet ist; beide Delikte werden m. Freiheitsstrafe bis zu drei J. od. m. Geldstrafe bestraft (§ 167 I StGB).

Literatur

KanR I, 406; May, G., Das „Hausrecht" des Pfarrers bzw. des Kirchenrektors: Communio in Ecclesiae Mysterio (FS W. Aymans), hg. v. K.-T. Geringer – H. Schmitz, St. Ottilien 2001, 363-387; Henseler, R., Hausgewalt: LexKR, 378; MünchKommStGB, hg. v. W. Joecks – K. Miebach, München ³2017, Bd. III (§§ 123, 124, 167); Bürgerliches Gesetzbuch, hg. v. O. Palandt, München ⁷⁷2018 (§§ 858, 903, 1004).

Helmuth Pree

© 2019, DOI: 10.30965/9783506786388_0369

Haushälterin – Katholisch

Die H., auch als Pfarrhaushälterin od. Pfarrhausfrau od. regional als Wirtschafterin od. Pfarrersköchin bez., ist die Angestellte eines →Priesters für seine hauswirtschaftlichen Belange. Bei Priestern, die als Gemeindepfarrer (→Pfarrer) eingesetzt sind, ist sie zudem oft persönliche Kontakt- u. Ansprechperson im →Pfarrhaus u. ermöglicht die Erreichbarkeit eines Seelsorgers. Der Beruf der H. wird überwiegend von Frauen ausgeübt.

1. Gesamtkirchliche Vorgaben: Da nicht immer nahe Blutsverwandte für die Führung des priesterlichen Haushalts zur Verfügung standen, wurde kirchenrechtlich gestattet, andere unverdächtige Frauen einzustellen. Damit sollte der Ruf des zölibatär lebenden Priesters geschützt, Ärgernis od. Verdächtigungen vermieden u. eine Gefahr für die Enthaltsamkeit des Priesters ausgeschlossen werden.

Das Konzil von Nizäa verpflichtete im J. 325 die →Kleriker, außer engen Verwandten (Mutter, Schwester od. Tante) nur solche Frauen in den Haushalt aufzunehmen, die über jeden Verdacht erhaben sind (c. 3). Dieser Text fand Eingang in das →Decretum Gratiani (D. 32, 16). In der frühen Neuzeit entwickelte sich als Kriterium für die Unverdächtigkeit das fortgeschrittenere →Alter (provectior aetas) der H.; dieser unbestimmte Rechtsbegriff sollte dem teilkirchlichen Gesetzgeber bzw. dem einstellenden Priester einen Beurteilungsspielraum einräumen u. wurde in der Gesetzgebung u. in der kan. Lit. m. ganz unterschiedlichen Altersangaben gefüllt. Das kan. Alter (aetas canonica) wurde zu einem geprägten Begriff.

Can. 133 § 2 regelte, dass Kleriker nur m. Frauen zusammenwohnen dürfen, von denen jeder Verdacht fern liegt, entweder wegen naher Verwandtschaft od. weil ihr Lebenswandel ehrbar ist, u. zwar i. V. m. einem vorgerückteren Alter. Diese Bestimmung hat im CIC/1983 u. im CCEO keine Entsprechung; die Kleriker sind aber zur gebotenen Klugheit gegenüber Personen verpflichtet, deren Gesellschaft die Enthaltsamkeit gefährden od. für die Gläubigen anstößig sein könnte (vgl. c. 277 § 2). Der CIC/1983 fordert, die Vergütung der Kleriker so zu bemessen, dass sie diejenigen, deren Dienste sie benötigen, entspr. entlohnen können (vgl. c. 281 § 1).

2. Rechtliche Stellung auf teilkirchlicher Ebene: Die →Gemeinsame Synode der Bistü-

mer in der BRD hat die Bedeutung des Pfarrhauses u. der H. hervorgehoben: „Das Haus des Priesters soll zugleich ein Haus für die Gemeinde sein... Frauen, die einen Pfarrhaushalt führen, leisten einen kirchlichen Dienst, denn mit ihrer Sorge machen sie den Priester freier für seine pastoralen Aufgaben. Auch durch ihre Präsenz im Pfarrhaus dienen sie der Gemeinde". (Beschl. Die Pastoralen Dienste in der Gemeinde 5.2.3); zugleich werden die gerechte Entlohnung u. die soziale Sicherung der H. angemahnt (ebd., Nr. 7.2.7). Dennoch hat die H., etwa im Unterschied zum/zur →Küster/in, kein KA inne. Es handelt sich um ein privatrechtliches Arbeitsverhältnis zum Priester; es besteht kein Beschäftigungsverhältnis zur →Kirchengemeinde o. ä. Rechtsträgern.

In einigen →Diözesen bestehen Regelungen bzw. RL für die Beschäftigung u. Vergütung der H. Deren Besoldung lehnt sich i. d. R. an andere kirchl. Dienste an. Die Diözesen gewähren Zuschüsse zu den Kosten für die Vergütung der H. und haben Zusatzversorgungskassen eingerichtet; deren Inanspruchnahme ist an die Erfüllung diözesaner Vorgaben gebunden.

Die H. ist kein Ausbildungsberuf. Der Dienst der H. erfordert hauswirtschaftliche Kenntnisse u. Fähigkeiten sowie Sozialkompetenz u. Akzeptanz der priesterlichen Lebensweise.

3. Zusammenschlüsse: Zur Wahrnehmung ihrer beruflichen u. sozialen Interessen, zur Förderung der Weiterbildung u. des religiösen Lebens sind die H. auf diözesaner Ebene zu Berufsgemeinschaften zusammengeschlossen. Deren Aktivitäten werden koordiniert u. unterstützt auf der Ebene eines Bundeslandes (Bayern), auf nationaler (Bundesverband der Pfarrhaushälterinnen Deutschlands, Österr. Arbeitsgemeinschaft der diözesanen Berufsgemeinschaften der Pfarrhaushälterinnen) od. intern. Ebene (Gemeinschaft europäischer Pfarrhaushälterinnen). Die Zusammenschlüsse auf den unterschiedlichen Ebenen haben nicht den Charakter einer MAV.

4. Neuere Entwicklung: Die Anzahl der klassischen Pfarrhaushälterinnen, die über die normale Dienstzeit hinaus im Pfarrhaus präsent sind, nimmt ab; dies ist nicht nur bedingt durch den Rückgang der Priesterhaushalte, sondern auch dadurch, dass (verheiratete) Frauen als gering- od. teilzeitbeschäftigte Zugehfrauen nicht mehr im selben Haushalt wie der Priester leben.

Oft übernehmen die H., je nach Kenntnissen u. Ausbildung, zusätzlich versch. Dienste im Bereich der →Pfarrei od. Pfarrverwaltung (z. B. Telefondienste, Mitarbeit im Pfarrbüro, Küsterdienste, Besuchsdienste in der Pfarrei). Neben dem Arbeitsvertrag m. dem Priester besteht in diesem Fall ein weiterer Vertrag m. dem ortskirchlichen Rechtsträger od. der Diözese als Anstellungsträger.

Quellen

Beispiele für teilkirchenrechtliche Regelungen: Ordnung für den Dienst der Pfarrhaushälterinnen: KABl. Rottenburg-Stuttgart 119 (2012), 52-55; darin: Anl. 1: Beispiele für pfarreiliche Dienste der Pfarrhaushälterin (S. 53), Anl. 2: Arbeitsvertrag (S. 54f.); Ordnung der Berufsgemeinschaft der Pfarrhausfrauen in der Diözese Rottenburg-Stuttgart: KABl. Rottenburg-Stuttgart 121 (2014), 368-371; Zuschüsse zu den Kosten für die Vergütung der Haushälterinnen: KABl. Paderborn 145 (2002), 141-142, letzte Änderung: ebd. 160 (2017), 10; Ordnung für die Zusatzversorgung der Haushälterinnen von Priestern des Erzbistums Paderborn: KABl. Paderborn 156 (2013), 77-79, letzte Änderung: ebd. 160 (2017), 10.

Literatur

Gatz, E., Zur Kultur des priesterlichen Alltages: Der Diözesanklerus, hg. v. dems., Freiburg – Basel – Wien 1995 (Geschichte des kirchl. Lebens in den deutschsprachigen Ländern seit dem Ende des 18. Jh. 4), 282-318, bes. 296-298; Knippenkötter, A., Pfarrhaushälterin: LThK³ Bd. 8, 174f.; Schillab, E. – Hallermann, H., Haushälterin: LKStKR Bd. 2, 214f.; Sohn-Kronthaler, M., Pfarrhaushälterinnen – ein kaum erforschter weiblicher Laienberuf in der kath. Kirche: Laien gestalten Kirche: Diskurse – Entwicklungen – Profile (FS Liebmann), hg. v. M. Sohn-Kronthaler – R. K. Höfer, Innsbruck – Wien 2009

(Theologie im interkulturellen Dialog 18), 241-255; Kalde, F., Das fortgeschrittenere Alter (aetas provectior) der Pfarrhaushälterin: Ein unbestimmter, aber höflicher Rechtsbegriff als Eignungskriterium: In mandatis meditari (FS Paarhammer), hg. v. S. Haering – J. Hirnsperger – G. Katzinger – W. Rees, Berlin 2012 (KStT 58), 415-430; Lederhilger, S., Die Mitarbeiter u. Mitarbeiterinnen des Pfarrers: HbkathKR³, 721-736, bes. 735.

Franz Kalde

Haushaltswesen – Katholisch

Die hinsichtlich Erstellung u. Inhalt rechtlich präzise geordnete, verbindliche, umfassende u. periodenbezogene, nach Einnahmen u. Ausg. geordnete Finanzplanung im Voraus (in Deutschland: öff.-rechtlich organisierter) kirchl. Körperschaften wird – wie im staatl. Bereich – herkömmlich als Haushalt bez., wohingegen öff. Unternehmen zumeist m. Wirtschaftsplänen (bestehend aus Finanz- u. Erfolgsplan, dieser zu gliedern wie eine Gewinn- u. Verlustrechnung) arbeiten. Für die →Diözesen verlangt c. 493 einen jährlichen Haushaltsplan über Einnahmen u. Ausg., den der →Diözesanvermögensverwaltungsrat nach den Weisungen des →Diözesanbischofs aufzustellen hat. Nach c. 494 § 3 hat der →Ökonom gem. diesem Haushaltsplan das Diözesanvermögen unter der Autorität des Bischofs zu verwalten u. aus den festgesetzten Einnahmen die angeordneten Ausg. zu tätigen. Diese Vorgaben des CIC werden durch die Haushaltsordnungen u. entspr. Gesetze der dt. Diözesen präzisiert u. ausgeformt. C. 1284 § 3 enthält als allg. Prinzip kirchl. →Vermögensverwaltung eine dringende Empfehlung an die Verwalter, jährlich Haushaltspläne über Einnahmen u. Ausg. zu erstellen, wobei das →Partikularrecht diese verbindlich anordnen u. Art u. Weise ihrer Aufstellung genauer bestimmen kann, was in den dt. Diözesen in den Ordnungen für die in ihnen bestehenden öff.-rechtlichen jur. Personen (→Kirchengemeinden, →Stiftungen usw.) geschehen ist, wobei deren Haushaltspläne der Mitwirkung bzw. Genehmigung der diözesanen Aufsicht bedürfen. Ihr H. u. dasjenige der Diözesen beruht jedoch hist. nicht auf dem KR, sondern auf den Rechtstraditionen des dt. Staatskirchenrechts (u. damit des Staatskirchentums vor 1918/19), das von kirchl. Körperschaften – parallel zu deren Herausbildung u. Verselbständigung – die Aufstellung von Haushaltsplänen zur Sicherstellung geordneter u. sparsamer Vermögensverwendung forderte; insb. war die →Kirchensteuer zunächst subsidiär u. durfte nur für anderweitig nicht gedeckten Finanzbedarf der Gde. erhoben werden.

Entspr. dieser Entstehung übernahm das kirchl. H. die Grundprinzipien des staatl. Haushaltsrechts (Grundlagen heute: Art. 109-115 GG, Bundeshaushaltsordnung [BHO]), wie Ermächtigung für die Verwaltung, Ausg. zu leisten u. Verpflichtungen einzugehen, jedoch o. Begründung von Ansprüchen od. Verbindlichkeiten durch den Haushaltsplan, Periodizität (jährlich od. für mehrere J., jährl. getrennt), Haushaltswahrheit u. -klarheit, Vollständigkeit (Darstellung sämtlicher Einnahmen u. Ausg.), Notwendigkeit des Haushaltsausgleichs, Grundsatz der Gesamtdeckung, Einheit (bei Aufgliederung in Einzelpläne u. Gesamtplan, in diesem Zusammenfassung der Einnahmen, Ausg. u. Verpflichtungsermächtigungen der Einzelpläne, Haushaltsübersicht), eng gefasste Zulässigkeit über- u. außerplanmäßiger Ausg., sonst Notwendigkeit eines Nachtragshaushalts. Im weiteren Sinn umfasst das Haushaltsrecht auch – zur Sicherstellung haushaltgemäßer Verwendung der Finanzmittel – die Ergebniskontrolle durch →Rechnungslegung u. →Rechnungsprüfung. Aufgrund des dominierenden Anteils der Kirchensteuer auf der Einnahmenseite sind in allen dt. Diözesen Kirchensteuervertretungen (meist Kirchensteuerrat genannt) an der Haushaltsaufstellung beteiligt, der Entwurf des Hauhaltsplanes kann aufgrund seiner Komplexität (wie bei staatl. Körperschaften) nur von der Verwaltung erstellt werden, an dem im weiteren Verfahren eher geringe Modifikationen stattfinden. Insgesamt bildet der Haushaltsplan jedoch das Ergebnis früherer politischer Entscheidungen, deren Realisierung die in ihm vorgesehenen u. festgesetzten Mittel dienen.

In jüngerer Zeit wurde vielfach – ähnlich wie insb. im kommunalen Bereich – zur Verbesserung von Vermögenseinsatz, -steuerung u. -transparenz eine Modernisierung der überkommenen – kameralistischen – Haushaltsplanung u. Rechnungslegung, die sich auf den Nachweis von Einnahmen u. Ausg. unter Beifügung einer Vermögensrechnung zur Rechnungslegung (§§ 80, 86 BHO, § 60 Haushaltsordnung Rottenburg-Stuttgart) beschränkten, gefordert u. durch Haushaltsreformen bewirkt. Sie umfassen zum einen eine verstärkt handelsrechtlichen Grundsätzen verpflichtete, ergebnisorientierte kaufmännische Finanzplanung u. Rechnungslegung (Doppik), die auch eine ressourcenverbrauchsorientierte präzise Beurteilung des aktuellen Vermögensbestandes durch die Berücksichtigung von Abschreibungen für Abnutzung bei Vermögensgütern ermöglicht. Zum anderen beinhalten sie eine Flexibilisierung der Finanzplanung u. Mittelbewirtschaftung durch Budgetierung (teilweise weitgehende wechselseitige Deckungsfähigkeit von Haushaltspositionen u. Übertragbarkeit nicht verbrauchter Mittel in Folgejahre). Dementsprechend ersetzen heute teilweise Begriffe wie Ergebnisplanung od. Wirtschaftsplan den überkommenen des Haushaltsplans; parallel dazu wird die Rechnungsprüfung oft nicht mehr durch öff.-rechtliche Prüfungseinrichtungen (vergleichbar den staatl. Rechnungshöfen), sondern durch externe (auf zivilrechtlicher Grundlage agierende) Wirtschaftsprüfer durchgeführt. Wie weit sich diese Entwicklung, die freilich eine Schwächung des öff.-rechtlichen Charakters kirchl. Körperschaften (Art. 140 GG/137 Abs. 5 WRV) bedeutet u. diese in ihrem Wesen zivilrechtlichen Rechtsformen annähert, fortsetzen wird, muss sich noch zeigen. Soweit die – rechtlich begrenzten Fortentwicklungen – des H. nicht reichen, gelten dessen o. dargestellte Prinzipien weiterhin fort. Gegenwärtig suchen kirchl. Rechtspersonen (insb. die Diözesen) hinsichtlich ihres Haushalts u. ihrer Vermögen Transparenz herzustellen, indem deren Grundzüge u. teilweise auch Details allgemeinverständlich u. breitenwirksam veröff. werden od. Einsichtnahme in Haushaltspläne ermöglicht wird.

Literatur

Gatz, E., Die Kirchenfinanzen: Geschichte des kirchl. Lebens in den deutschsprachigen Ländern seit dem Ende des 18. Jahrhunderts. Die Kath. Kirche, Bd. VI, hg. v. dems., Freiburg – Basel – Wien 2000, 455-497; Hellermann, J., Art. Staatshaushalt, Haushaltsverfassung: EvStL, 2306-2312; Pree, H. – Primetshofer, B., Das kirchl. Vermögen, seine Verwaltung u. Vertretung. Eine Handreichung für die Praxis, Wien – New York ²2010, 63-67; Spier, F., Neues kirchl. Finanzmanagement: Auf dem Weg zu einem Entscheidungsorientierten Rechnungswesen: KuR 17 (2011), 24-32; Steinhauer, P. – Bär, M., Finanz-, Planungs- u. Rechnungswesen der Kirchengemeinden: Handbuch für Verwaltungsräte im Bistum Limburg hg. v. G. Sydow, Limburg ²2012, 91-103; Kirchhof, F., Grundlagen u. Legitimation der dt. Kirchenfinanzierung: Die finanziellen Rahmenbedingungen kirchl. Handelns, hg. v. B. Kämper – H.-W. Thönnes, Münster 2013 (Essener Gespräche zum Thema Staat u. Kirche 47), 7-35; Schon, H. J., Transparenz u. Kontrolle der Kirchenfinanzen. Entwickelt u. dargestellt am Beispiel des Erzbistums Köln: Kirchenfinanzen in der Diskussion. Aktuelle Fragen der Kirchenfinanzierung u. der kirchl. Vermögensverwaltung, hg. v. A. Uhle, Berlin 2015 (Wiss. Abhandlungen u. Reden zur Philosophie, Politik u. Geistesgeschichte 82), 173-194; Kirchmair, R. – van Oers, M. – Krause, P., Die vatikanischen Vorgaben zur Vermögensverwaltung der kath. Orden in der Praxis. Erläuterungen zur Umsetzung der Richtlinien für die Verwaltung der kirchl. Güter der Institute des geweihten Lebens u. der Gesellschaften apost. Lebens in Österreich u. Deutschland, Wien 2017, 68-88.

Felix Hammer

© 2019, DOI: 10.30965/9783506786388_0371

Haushaltswesen – Evangelisch

Die Finanzwirtschaft der Ev. Kirche folgt hist. bedingt traditionell der Öff. Finanzwirtschaft des Staates. Damit sind Rahmenbedingungen zur Feststellung, Bewirtschaftung u. Abwicklung der Haushalte grds. vergleichbar. Im Staat werden durch das Haushaltsgrundsätzegesetz (HGrG) für Bund u. Länder Regelungen getroffen, die für die Bundes- u. Länderhaushaltsordnungen verbindlich sind. Gemeinsam definiert sind Regeln zu den Grundsätzen der Wirtschaftlichkeit u. Sparsamkeit, der Vorherigkeit, der Jährlichkeit, der Gesamtdeckung, der Öffentlichkeit u. der Haushaltswahrheit u. Haushaltsklarheit.

Im Bereich der Ev. Kirche gibt es keine vergleichbare Finanzverfassung. In der GrO der →Evangelischen Kirche in Deutschland existieren lediglich rudimentäre Regelungen im Abschnitt „Besondere und Übergangsvorschriften" (Art. 33 GrO-EKD). Der →Rat der EKD wird darin zum Erlass einer VO für die Ebene der EKD ermächtigt, die sog. VO über das H. u. Rechnungswesen der EKD (Haushaltsordnung – HHO-EKD). Davon unabhängig legen die zwanzig →Landeskirchen für sich u. ihre Untergliederungen die Regeln des H. fest. Typischerweise erfolgt das aufgrund dürrer Vorgaben aus der jeweiligen →Kirchenverfassung durch VO.

Das Ziel einer grundsätzlichen Vereinheitlichung wird durch zwei RL der EKD betrieben. Diese sind jedoch anders als EU-RL nach Art. 9 GrO-EKD keine Gebotsnormen im formellen Sinne, aber kirchenpolitische Leitsätze m. Weisungscharakter. Damit haben sie einen höheren Geltungsanspruch als Anregungen nach Art. 8 GrO-EKD. Letztlich setzen die LK diese Vorgaben tatsächlich mehr od. weniger um.

Einmal handelt es sich um den Gliederungsplan zur EKD-Haushaltssystematik, welcher im Zuge der Einführung der Datenverarbeitung vergleichbare Haushalte schaffen wollte. Dann gibt es die – leider verwirrend nicht RL genannte – Ordnung für das kirchl. Finanzwesen. Hier werden analog den staatl. Regelungen Haushaltsgrundsätze aufgestellt u. Verfahrensfragen geklärt. Im kirchl. Bereich sind zudem Besonderheiten zu berücksichtigen, die einer vom Staat unabhängigen Regelung bedürfen. Bsp. sind Finanzmittel u. Gegenstände, die in bes. Weise gewidmet sind wie →Kirchenvermögen od. →Kirchengebäude.

Die Einführung kaufmännischer Buchführung u. damit verbunden auch verfahrensmäßig gesicherten kaufmännischen Denkens ist erstmals im J. 2005 in der LK Wü erfolgt. Dem waren vorangegangen einige Versuche, auf landeskirchlicher u. auf EKD-Ebene eine Budgetierung u. andere moderne Haushaltsinstrumente einzuführen. Mittlerweile wurde eine neue Zeit für das kirchl. H. eingeläutet u. fast alle LK setzen auf die Doppik od. die erw. Kameralistik. Letztere etabliert m. Nebenrechnungen kaufmännische Elemente im kameralen System. Eine deutliche Veränderung ist die Einführung des Haushaltsbuches als Herzstück des Haushaltsplanes. Hier werden aufgenommen die Ziele der jeweiligen Körperschaft, die Maßnahmen, die für die Zielerreichung erforderlich sind u. die Kennzahlen zur Überprüfung der Zielerreichung. Das Haushaltsbuch soll dazu dienen, die Aufgaben u. die dafür zur Verfügung stehenden Ressourcen transparenter u. öff. zugänglich zu machen. Damit kann das, was in der →Kirchengemeinde, auf der Mittelebene od. in der LK als Konzeption beschlossenen wurde, finanziell hinterlegt werden. Schwerpunkte u. Ziele werden nachvollziehbar. Auf EKD-Ebene ist das Haushaltsbuch im Rahmen des Projektes RESONANZ entwickelt worden (Akronym aus: Rechnungswesen erneuern u. die EKD-HKRO novellieren, so dass wir dadurch neue Steuerungsoptionen unterstützen können, indem wir uns am Output orientieren u. eine Neue Darstellung des kirchl. Wirkens ermöglichen. Das Projekt soll Akzeptanz finden, Nutzen erzeugen u. Zukunft gestalten). Mittlerweile ist es ein etablierter Bestandteil synodaler Arbeit u. der Öffentlichkeitsarbeit der EKD.

Der Einführung kaufmännischer Buchführung an vielen Stellen ist der Ordnung für das Kirchl. Finanzwesen gefolgt u. ermöglicht die Einführung eines Neuen Kirchl. Finanzmanagements (NKF). Dafür wurde die Ordnung für das kirchl. Finanzwesen verdoppelt. Nunmehr stehen eine Ordnung für Doppik u. Kameralistik nebeneinander. Aus der Praxis der die Doppik anwendenden Kirchen kommt es immer wieder zu Diskussionen u. Veränderungen der Ordnung für Doppik. Dies zeigt den trotz allem vorhandenen Willen, letztlich auf vergleichbare Lösungen zu kommen. Das wird jedoch erst m. einer gesetzlichen Regelung auf EKD-Ebene erreicht werden können. Bis dahin werden die kirchl. Haushalte nicht vergleichbar sein. In ihrer eigenen jeweiligen Ausgestaltung sind sie aber auch jetzt probate Mittel verantwortlicher u. transparenter Haushalterschaft.

Quellen

EKD, Projekt „RESONANZ“: www.kirchenfinanzen.de [Zugriff: 15.05.2019].

Literatur

Blaschke, K., Kirchl. Finanz- u. Haushaltsrecht: ZevKR 27 (1982), 45-83; Kupke, A., Finanzverwaltungsrecht: HevKR, 898-925.

Arne Kupke

© 2019, DOI: 10.30965/9783506786388_0371

Hauskapitel – Katholisch

Das H. als Einrichtung des →Ordensrechts bez. die Zusammenkunft der stimmberechtigten Mitglieder eines rechtlich selbständigen →Klosters od. einer unselbständigen →Ordensniederlassung.

Kapitel (capitula) – im Recht der kath. Ostkirchen „synaxes“ (Versammlungen, vgl. cc. 441 ff., 511 ff. CCEO) genannt – gibt es auf versch. Ebenen der Inst. des geweihten Lebens u. der →Gesellschaften des apostolischen Lebens. Ihnen kommt im Allg. die Funktion eines kollegialen Leitungsorganes im Gegensatz zum Oberen (→Ordensoberer) als dem personalen Leitungsorgan zu. Entscheidungen des Kapitels werden nach den Grundsätzen kollegialer Willensbildung getroffen (c. 119; cc. 956 §1, 924 CCEO).

Verbindlich vorgeschrieben ist gem. c. 631 §1 nur das →Generalkapitel (synaxis generalis, c. 512 §1 CCEO) als oberstes Leitungsorgan eines Verbandes. Dieses hat v. a. normsetzende Funktion. Die Einrichtung von Kapiteln unterhalb dieser Ebene u. deren Regelung (Beschaffenheit, Autorität, Zusammensetzung, Vorgangsweise, Zeit der Abhaltung) bleibt gem. c. 632 dem Eigenrecht überlassen. In zentralistischen Verbänden (z. B. Jesuiten, Redemptoristen usw.) finden sich diese auf der Ebene der →Ordensprovinz (Provinzkapitel) u. der einzelnen Niederlassung (H., auch Hausversammlung od. -zusammenkunft genannt).

Dem H. kommt bes. Bedeutung bei monastischen Verbänden u. rechtlich selbständigen Klöstern (monasterium sui iuris) zu. Im Unterschied zu zentralistischen Verbänden, wo das H. i. d. R. nur vereinzelte Funktionen hat, weist das Eigenrecht monastischer Klöster (z. B. Konst. der Benediktinerkongregation von St. Ottilien) dem H. zahlreiche Beteiligungs- u. Beratungsfunktionen zu, nicht zuletzt in bedeutsamen wirtschaftlichen Angelegenheiten.

Literatur

Henseler, R., Mitbestimmungsrechte der Mitglieder zentralistischer klösterlicher Verbände, St. Ottilien 1980 (MThS.K 140); Berzdorf, F., Die Mitwirkung der Mönchskapitel an der Leitung ihres Klosters: Ius et Historia (FS Weigand), hg. v. N. Höhl, Würzburg 1989, 397-409; Primetshofer, B., Ordensrecht, Freiburg ^{4}2003; Rhode, U., Die Religiosenverbände: HbkathKR^{3}, 846-878.

Noach Heckel

© 2019, DOI: 10.30965/9783506786388_0372

Hausordnung
→Hausgewalt

Haustaufe – Katholisch

Die H. bez. die Spendung der →Taufe in privaten Häusern. Sie ist i. d. R. verboten, da die Taufe keine private Feier ist, sondern ihr als „Eingangspforte" (c. 849) zur Kirche u. den →Sakramenten ein ekklesialer Charakter eignet u. aufgrund der Eingliederung (→Initiation) in die Kirche durch die Taufe, durch die man gem. c. 96 in der Kirche „zur →Person mit Pflichten und Rechten" wird, der vorgesehene Taufort gem. c. 857 §1 „eine Kirche oder eine →Kapelle" ist. Sie ist nur erlaubt, sofern sie vom Ortsordinarius aus einem schwerwiegendem Grund (→Grund, schwerwiegender) gestattet wurde od. ein Notfall vorliegt (vgl. cc. 857 §1, 860 §1, 867 §2 sowie Die Feier der Kindertaufe, Nr. 12).

Der vorgesehene liturgische Taufort ist gem. cc. 857 §1 i. V. m. 858 §1 „eine Kirche oder eine Kapelle" m. einem Taufbrunnen. Gem. c. 857 §2 ist der ordentliche Ort der Taufe i. d. R. die eigene →Pfarrkirche bzw. die Pfarrkirche der Eltern außer ein gerechter Grund (→Grund, gerechter) empfiehlt anderes (vgl. c. 687 §1 CCEO). Gem. c. 858 §2 kann der Ortsordinarius nach Anhörung des Pfr. erlauben, dass es einen weiteren Taufbrunnen auf dem Pfarreigebiet – ebenfalls in einer Kirche od. Kapelle – gibt. Die Spendung der Taufe ist gem. c. 859 „in einer anderen, näher gelegenen Kirche oder Kapelle oder auch an einem anderen geziemenden Ort" möglich, sofern der Täufling nicht o. ernste Schwierigkeiten u. nur unter großer Beschwernis zu den vorgesehenen Örtlichkeiten gelangen kann. Der Gesetzgeber nennt hierzu in c. 859 die unzumutbare „Entfernung" als Bsp. Unter „geziemenden Ort[en]" sind Privathäuser generell nicht zu verstehen. Nur in Fällen dringender Notwendigkeit u. bei Erlaubnis des Ortsordinarius bei Vorliegen eines schwerwiegenden Grundes dürfen diese der Taufort sein. In jenen Fällen kann lt. der cc. 857 §1, 860 §§1-2 u. 867 §2 die Taufe an jedem Ort, auch in Krankenhäusern, gespendet werden (vgl. c. 687 §1 CCEO sowie Die Feier der Kindertaufe, Praenotanda Nr. 13). Nach c. 687 §2 CCEO gilt für die kath. Ostkirchen, dass die H. nach Maßgabe des Partikularrechts bzw. m. Erlaubnis des Ortsordinarius durchgeführt werden kann.

Quellen

Ordo baptismi parvulorum vom 15. Mai 1969: AAS 61 (1969), 548; dt. Übersetzung: Die Feier der Kindertaufe in den Bistümern des dt. Sprachgebiets, hg. im Auftrag der Bischofskonferenzen Deutschlands, Österreichs u. der Schweiz u. der Erzbischöfe von Luxemburg u. Vaduz, Freiburg u. a. ²2007.

Literatur

Riedel-Spangenberger, I., Art. Haustaufe: LKStKR Bd. 2, 219; dies., Die Sakramente der Initiation in der kirchl. Rechtsordnung. Eine Untersuchung zur ekklesialen u. rechtlichen Bedeutung von Taufe, Firmung u. Eucharistie in den Dokumenten des Zweiten Vatikanischen Konzils u. in der nachfolgenden Rechtsentwicklung, Rom 2000; KanR III, 208-210; Hierold, A., §77 Taufe u. Firmung: HbkathKR³, 1152-1169; Althaus, R.: MKCIC cc. 857-860.

Vincent Jünger

© 2019, DOI: 10.30965/9783506786388_0374

Haustaufe – Evangelisch

Zwar setzt das Taufbüchlein M. Luthers (WA 19, 537-541) wohl die Kirche als Taufort voraus. Doch kam es in zwei unterschiedlichen Kontexten zu H. Zum ersten war die H. eng m. der Nottaufe verbunden. So waren die Hebammen entspr. ausgebildet u. tauften bei Lebensgefahr des Kindes. Zum zweiten erfreuten sich H. in adeligen Kreisen – in Städten auch bei den Honoratioren – großer Beliebtheit. Sie hatten entspr. Räumlichkeiten u. eine Taufschale zur Verfügung. V. a. die m. der Aufklärung verbundene Familisierung u. Kasualisierung der →Taufe förderten eine entspr. Praxis. Demgegenüber weisen →Kirchenordnungen durchgehend auf den Zusammenhang von Taufe u. →Gemeinde hin u. folgern daraus die Pflicht zur Taufe im →Kirchengebäude. Als Ausnahme sehen sie nur die Nottaufe u. evtl. ausdrücklich zu erteilende Dispensationen vor, letztere oft verbunden m. erhöhten →Stolgebühren. Trotzdem hielt sich die Sitte der H. Noch 1975 wehrte sich der Landeskirchenvorstand der Ev.-Ref. Kirche gegen die H. u. dem m. ihr gegebenen „individualistischen Missverständnis der Taufe" (Beschl. vom 16.05.1975).

Im Zuge der biblisch begr. Aufwertung der multilokalen Mehrgenerationenfamilie als Gde. im theol. Sinn stellt sich im Kontext der lebensweltlichen Marginalisierung von →Kirchengemeinden die Frage nach der H. neu. M. ihr ist u. a. eine bes. Möglichkeit zur familiären Tauferinnerung gegeben.

Literatur

Ellwardt, K., Taufe zwischen Familienfest u. Policey-Ordnung: Tausend Jahre Taufen in Mitteldeutschland, hg. v. B. Seyderhelm, Regensburg 2006, 94-105; Grethlein, C., Taufpraxis in Geschichte, Gegenwart u. Zukunft, Leipzig 2014.

Christian Grethlein

Heidelberger Katechismus – Historisch

Die Entstehung des H. K. geht zurück auf das Bestreben der kurpfälzischen Kurfürsten, nach dem AR die →Reformation in ihrem Gebiet m. Hilfe einer KO u. einer Unterweisung im Glauben konsequent durchzuführen. Traditionell galten Zacharias Ursinus u. Caspar Olevianus als die Verf. Nach heutigen Erkenntnissen ist der H. K. aber wesentlich als theol. Leistung des kurpfälzischen Hoftheologen Ursinus anzusehen, der auf Wunsch von Friedrich III. von der Pfalz 1562 m. der Summa theologiae u. der Catechesis minor zwei wesentliche Vorarbeiten lieferte, die in der catechesis publica zusammengeführt wurden. Das Theologengremium, das in der Vorrede erwähnt wird, dürfte um Stellungnahme gebeten worden sein, war aber vermutlich bei der Abfassung nicht maßgeblich beteiligt. Unklar ist, in welchem Umfang Olevianus an der Gestaltung des Textes mitgewirkt hat.

Nach der Annahme durch Kurfürst u. Theologengremium wurde der →Katechismus 1563 in Heidelberg gedr., was ihm den Namen H. K. eintrug. In seiner vierten Fassung ging er 1563 in die KO der Kurpfalz ein. Er umfasst in seiner urspr. Fassung 129 Fragen in drei Teilen. Der erste Teil „Von des Menschen Elend" vermittelt die Erkenntnis der Sünde u. Erlösungsbedürftigkeit des Menschen u. hat darin elenchtische Funktion. Der zweite Teil handelt „Von des Menschen Erlösung" u. erschließt das Wirken Gottes in Jesus Chr. u. in der Kraft des Geistes zur Rettung des Menschen. Der dritte Teil „Von des Menschen Dankbarkeit" beschreibt das der in der Erlösung erfahrenen Gnade Gottes entspr. Leben des Christenmenschen. Während der H. K. die versch. theol. Ansätze von Johannes Calvin, Ulrich Zwingli u. Philipp Melanchthon ausgleichend vermittelt, unterstreicht die erst im Frühjahr 1563 erg. Frage 80 über den „Unterschied zwischen dem Abendmahl des Herrn und der päpstlichen Messe" die Abgrenzung vom röm. Katholizismus. Auf der Dordrechter Synode 1618/19 wurde der H. K. ausdrücklich zur →Bekenntnisschrift erhoben u. ist zum intern. am weitesten verbreiteten ref. →Bekenntnis geworden.

Literatur

Der Heidelberger Katechismus in seiner urspr. Gestalt, hg. nebst der Geschichte seines Textes i. J. 1563, hg. v. A. Wolters, Bonn 1864, 1-96; Der Heidelberger Katechismus u. vier verwandte Katechismen. M. einer hist.-theol. Einl., hg. v. A. Lang, Leipzig 1907; Goeters, J. E. F., Entstehung u. Frühgeschichte des Katechismus: Hb. zum Heidelberger Katechismus, hg. v. L. Coenen, Neukirchen-Vluyn 1963, 3-23; Henss, W., Der Heidelberger Katechismus im konfessionspolitischen Kräftespiel seiner Frühzeit, Zürich 1983; Strohm, Chr., Entstehung des Heidelberger Katechismus, theol. Profil u. Forschungsgeschichte: Ev. Theologie 72 (2012), 406-419; ders., Der Heidelberger Katechismus u. die Konfessionalisierung in Europa, hg. v. B. J. Hilberath – A. Holzem – V. Leppin, Vielfältiges Christentum. Dogmatische Spaltung – Kulturelle Formierung – Ök. Überwindung?, Leipzig 2016, 25-44.

Friederike Nüssel

© 2019, DOI: 10.30965/9783506786388_0375

Heil

→Salus animarum

Heilige

→Heiligenverehrung

Heilige Öle – Katholisch

Öl spielte im mediterranen Kulturraum der Antike eine wichtige Rolle als Lebensmittel, Heilmittel, Kosmetikum, für die →Salbung der Ringkämpfer u. als Brennmaterial für die Lampen. M. Öl wurde in der Antike in den Mittelmeerländern die Salbung von Würdenträgern, Opfergaben, kultischen Gegenständen u. Teilen von Kultgebäuden vorgenommen, weil man dem Öl übernatürliche Kraft zuschrieb u. meinte, den Segen der Götter dabei erwirken zu können. Im AT brachte die ausgesandte Taube Noachs einen Ölzweig zurück (Gen 8, 11), Könige (z. B. 1Sam 9, 16; 16, 13.12f.; 2Sam 2, 4.7; 23.1f.; 1 Kön 1, 39; 2 Kön 9, 3.6.12) u. (Hohe-)Priester (z. B. Ex 28, 41; 29, 7; 30, 30; 40, 15; Lev 4, 3.5.16) wurden m. Öl gesalbt (1Sam 9, 16; 16, 13.12f.; 2Sam 2, 4.7; 23,1f.) – wogegen eine Prophetensalbung als ungesichert gilt –, auch Kultgeräte u. -stätten salbte man (Gen 28, 18; 31,13; Ex 29, 36; 40, 9-15; Lev 8, 10f.; Num 7, 1), das Öl wurde als „Öl der Freude" (Ps 45, 8; vgl. Jes 61, 3; Koh 9, 8) u. als Zeichen der Fruchtbarkeit (Ps 128, 3) sowie der Segensfülle (Ps 133, 2) verstanden; Jesus wird als Messias (aramäisch: M^{e}shiha), d. h. der Gesalbte (griech.: Christos) des Herrn, bez. (vgl. Lk 4,18 u. ö.). Im NT wird von Salbungen m. Öl im Zusammenhang m. Kranken berichtet (Mk 6, 13; Jak 5, 14). Die frühchristliche KO, die dem Hippolyt zugeschriebene sog. →Traditio Apostolica (Beginn des 3. Jh.), kennt bei der →Initiation (Trad. Apost. 21) bereits die Weihe von zwei Ölen durch den →Bischof, das Öl des Exorzismus (das spätere Katechumenenöl für die präbaptismale Salbung) u. das Öl der Danksagung (das spätere Chrisam für die zweiteilige postbaptismale Salbung).

Entspr. der im Altertum bekannten heilenden Wirkung des Öls ist die m. →Gebet verbundene Salbung von Beginn an sakramentales Zeichen der →Krankensalbung (Jak 5, 14f.). Das Öl zum heilsamen Gebrauch wurde am Ende des Eucharistischen →Hochgebets vom Bf. gesegnet (vgl. Trad. Apost. 5 m. einem kurzen Segensgebet als Modelltext) u. durfte nicht nur von den →Priestern, sondern von allen Christen benutzt werden, wie ein Antwortbrief von Innozenz I. an Bf. Decentius von Gubbio (416) belegt (DenzH 216), bis die Salbung der Kranken im Gefolge der karolingischen Reform (8./9. Jh.) den Priestern vorbehalten wurde u. sich im Westen bis zum 12. Jh. i. V. m. →Buße u. Eucharistieempfang (viaticum) zum Sterbesakrament entwickelte (Letzte Ölung; extrema unctio).

Von diesem allg., im MA zunehmend auf die Krankensalbung eingeschränkten Krankenöl (oleum infirmorum) m. seinem urspr. alltäglichen Gebrauch ist das Katechumenenöl (oleum infirmorum) abzuheben, das bei den Salbungen in der Taufvorbereitung zur Unterstützung im Kampf gegen das Böse gebraucht wurde. Aus diesem Umfeld heraus wurden gelegentlich auch Büßer bei der (Häretiker-)→Rekonziliation m. Öl gesalbt (erster Beleg bei Origenes im 3. Jh. [In Lv. 2, 4; 8, 11]; für Gallien u. Spanien ist im 5. Jh. auch eine Chrisam-Salbung bezeugt).

Der Ausdruck Chrisam (sanctum chrisma/oleum) verengte sich im Laufe der Zeit immer mehr auf das ranghöchste der drei Salböle, m. dem die Neugetauften nach dem Wasserritus übergossen wurden (vgl. Trad. Apost. 21). Die Griechen bez. dieses Öl als Myron. Dieses kgl. Öl wird m. kostbaren Duftstoffen versetzt (gem. der Anweisung von Ex 30, 23-25), in den Ostkirchen in einem recht aufwändigen Ritus m. vielen Ingredienzien eigens bereitet u. oft nur im vieljährigen Abstand zumeist vom Oberhaupt der einzelnen autokeph. Kirchen (je nach Partikularrecht der →Patriarch, Katholikos, →Großerzbischof od. →Erzbischof) gewöhnlich in der Hl. Woche geweiht (c. 693 CCEO). Im röm. Ritus wird dem Öl meistens lediglich Balsam beigefügt (erstmals bezeugt bei Beda Venerabilis im 8. Jh.), obwohl reichlich Duftstoffe erwünscht sind (so im dt. Faszikel: Weihe der Öle, Nr. 4).

In karolingischer Zeit wurde dem Ritual der Herrscherweihe eine eigene Salbung (Kaiser- u. Königssalbung) beigefügt, die zur herkömmlichen Krönung hinzutrat. Hauptmotiv war das alttestamentliche Vorbild; bei der Salbung der Herrscherfrauen auf die Brust spielte wohl auch das Motiv der Fruchtbarkeit eine Rolle. Im altgallisch-fränkischen Raum wurden dann im 7. Jh. die aus dem keltischen od. altspanischen Bereich stammenden, aber Rom zunächst völlig fremden, Ordinationssalbungen auch bei der Priester- u. →Bischofsweihe hinzugefügt (bei der →Priesterweihe die Hände, seit dem 13. Jh. bis zur Liturgiereform m. Katechumenenöl; bei der Bischofsweihe die Salbung der Hände, des rechten Daumens u. des Hauptes, letztere auch heute noch, m. Chrisam). Bei der →Firmung salbt der Bf. (od. ein vom ihm beauftragter Priester) die Stirn des Firmlings in Kreuzesform, während er die seit 1971/73 aus dem byzantinischen Bereich stammende Begleitformel spricht.

Wurden Chrisam u. Katechumenenöl urspr. noch unmittelbar vor deren Gebrauch gesegnet, werden im röm. Ritus die H. in einer eigenen Ölweihe- od. Chrisam-Messe (missa chrismatis) am Morgen des Gründonnerstags od. an einem anderen geeigneten Tag der Hl. Woche, vorzugsweise in der Kathedrale (Ordo benedicendi oleum, Nr. 9f.; CaerEp 2008, Nr. 275f.), geweiht. Im c. 847 sind die allg. Bestimmungen zu den H. geregelt: sie müssen aus Oliven od. anderen Pflanzen gewonnen u. i. d. R. vom Bf. in der unmittelbar vorangehenden Chrisam-Messe geweiht od. gesegnet worden sein; ältere Öle dürfen nur im Notfall benutzt werden (§ 1). Der →Pfarrer muss die H. von seinem Bf. erbitten, was auch durch einen Boten erfolgen kann, u. sie an einem würdigen Ort sorgfältig aufbewahren (§ 2), in manchen Kirchen in einem Schrein in der Nähe des Taufbrunnens. Herkömmlicherweise erfolgt die Segnung des Krankenöls (benedictio olei infirmorum) am Ende des Eucharistischen Hochgebets, die des Katechumenenöls (benedictio olei catechumenorum) u. die Weihe des Chrisams (consecratio chrismatis) nach dem Schlussgebet der Chrisam-Messe, aus pastoralen Gründen ist es jedoch erlaubt, alle drei H. gemeinsam bereits am Ende des →Wortgottesdienstes zu weihen (Ordo benedicendi oleum, 11f.; CaerEp 2008, Nr. 277).

Während die Weihe des Chrisams ausschließlich dem Bf. vorbehalten bleibt (vgl. c. 880 § 2), kann das Krankenöl im Notfall vom spendenden Priester m. der gleichen Formel gesegnet werden (vgl. c. 999, n. 2; Feier der Krankensakramente, 17 [Nr. 21], 92 [Nr. 27], 142 [Nr. 18], 239); Katechumenenöl kann aus pastoralen Gründen bei der Feier der Eingliederung Erwachsener in der entspr. Katechumenatsfeier gesegnet werden (Ordo benedicendi oleum, Nr. 8; Die Feier der Eingliederung Erwachsener, Nr. 196, 205, 214, 236, 298). In den Ostkirchen gehört die Segnung des Krankenöls durch den Priester zur jeweiligen Feier des Sakraments (vgl. c. 741 CCEO).

Die Verwendung der H. geschieht in der nach dem Vat II erneuerten Liturgie unter strenger Berücksichtigung ihres jeweiligen Charakters. Das Krankenöl wird bei der Krankensalbung benutzt, wobei der Priester zunächst über das vom Bf. geweihte Öl ein Dankgebet spricht u. danach dem Kranken die Stirn u. Hände salbt, indem er die entspr. Spendeformel spricht (im Notfall genügt eine einzige Salbung auf der Stirn od. einer anderen Körperstelle). Um die Spendung der Salbung auch in unvorhergesehenen Fällen zu erleichtern, darf jeder Priester das Krankenöl bei sich tragen (c. 1003 §3). Das Katechumenenöl wird bei der mehrstufigen Initiation von Erwachsenen verwendet, bei der Säuglingstaufe kann diese Salbung (nach Maßgabe der jeweiligen → Bischofskonferenz) jedoch auch unterbleiben. Die Salbung m. Chrisam erfolgt heute bei Taufe (postbaptismale Salbung des Scheitels) u. Firmung (Stirn), bei Priesterweihe (Hände) u. Bischofsweihe (Haupt) sowie bei dem aus dem altgallisch-fränkischen Raum stammenden, reich entfalteten Ritual der Altar- u. Kirchweihe (Salbung der Mensa u. Kirchwände) u. ggf. bei der Glockenweihe (vgl. CaerEp 2008, Nr. 274; Benediktionale, 164). Früher wurden auch Kelch u. Patene bei ihrer Segnung m. Chrisam gesalbt sowie die beiden Tauföle bei der Taufwasserweihe der Osternachtsfeier in das Wasser eingegossen (so noch heute in der außerordentlichen Form des röm. Ritus; vgl. Pontificale Romanum 1962, 276f.; MRom 1962, 291, 1084f.).

Übrig gebliebene H. des Vorjahres werden üblicherweise entweder im Osterfeuer verbrannt od. im Sakrarium entsorgt.

Quellen

Missale Romanum. Editio typica 1962, Vatikan 2007 (Monumenta Liturgica Piana 1); Pontificale Romanum. Editio typica 1961-1962, Vatikan 2008 (Monumenta Liturgica Piana 3); Ordo benedicendi oleum catechumenorum et infirmorum et conficiendi chrisma, Vatikan 1971; Die Feier der Firmung, Einsiedeln u. a. 1973, 34f. (Nr. 10-15); Benediktionale, Freiburg u. a. 1981, 160-166; Caeremoniale Episcoporum, Vatikan 2008 (1984); dt. Ausg.: Zeremoniale für die Bischöfe, Solothurn u. a. 1998; Die Feier der Krankensakramente, Freiburg u. a. ²1994, 17 (Nr. 21), 92 (Nr. 27), 142 (Nr. 18), 239; Die Weihe der Öle: Pontifikale. Handausgabe m. pastoralliturgischen Hinweisen, Bd. 4, Freiburg 1994, 169-191; Die Feier der Eingliederung Erwachsener in die Kirche, Trier 2001, Nr. 196, 205, 214, 236, 298; Die Feier der Kindertaufe, Freiburg u. a. ²2007, Nr. 50, 65, 93, 108, 150, 180.

Literatur

de Saint-Palais d'Aussac, F., La Réconciliation des Hérétiques dans l'Église Latine, Paris 1943 (Études de Science Religeuse 2); Hofmeister, Ph., Die hl. Öle in der morgen- u. abendländischen Kirche. Eine kirchenrechtlich-liturgische Abhandlung, Würzburg 1948 (Das östliche Christentum 6/7); Kutsch, E., Salbung als Rechtsakt im AT u. im Alten Orient, Berlin 1963 (Beih. zur Zs. für die alttestamentliche Wissenschaft 87); Segelberg, E., The Benedictio Olei in the Apostolic Tradition of Hippolytus: OrChr 48 (1964), 268-281; Maier, P., Die Feier der Missa chrismatis. Die Reform der Ölweihen des Pontificale Romanum vor dem Hintergrund der Ritusgeschichte, Regensburg 1990 (Studien zur Pastoralliturgie 7); Berger, R., Das Öl: Gestalt des Gottesdienstes. Sprachliche u. nichtsprachliche Ausdrucksformen, Regensburg ²1990 (Gottesdienst der Kirche 3), 269-273; Kaczynski, R., Feier der Krankensalbung: Sakramentliche Feiern I/2, Regensburg 1992 (Gottesdienst der Kirche 7/2), 241-343; Hollerweger, H., Weihe, Aufbewahrung u. Gebrauch der Hl. Öle: Manifestatio Ecclesiae. Studien zu Pontifikale u. bfl. Liturgie, hg. v. W. Haunerland u. a., Regensburg 2004 (Studien zur Pastoralliturgie 17), 399-417; Heinz, A., Art. Hl. Öle: LKStKR Bd. 2, 221-223; Kranemann, B., Art. Krankenöl: RAC Bd. 21, 915-965.

Hans-Jürgen Feulner

Heilige Orte – Katholisch

1. Begriff: Alle Religionen kennen H. als meist territorial umgrenzte (seltener als Wanderheiligtümer, wie Bundeslade u. Bundeszelt als Wohnort Jahwes) u. bleibende Stätten der Verehrung der Gottheit u. der Versammlung der Menschen. In der kath. Kirche werden H. durch Weihung (→ dedicatio) od. Segnung (→ Benediktion) auf Dauer dem profanen Gebrauch entzogen u. ausschließlich

einer religiösen Zielsetzung bestimmt, nämlich der Feier des →Gottesdienstes od. der →Bestattung der Gläubigen (c. 1205). Aufgrund dieser Zweckbestimmung beansprucht die Kirche dort die freie Ausübung ihrer Vollmachten u. Aufgaben (c. 1213).

2. Arten: H. werden seitens der kirchl. Autorität errichtet, doch kann dem gerade bei Wallfahrtsstätten ein faktisches Zusammenkommen der Gläubigen vorausgehen. Der CIC zählt zu den H. →Kirchengebäude (cc. 1214-1222), →Kapellen (cc. 1223-1229), Heiligtümer (cc. 1230-1234), →Altäre (cc. 1235-1239) u. →Friedhöfe (cc. 1240-1243) u. stellt diesen Institutionen allg. Vorschriften voran (cc. 1205-1213).

3. Weihung, Segnung: Die Weihung eines H. steht dem →Diözesanbischof zu, der hiermit einen anderen →Bischof u. ausnahmsweise einen →Priester beauftragen kann (c. 1206), die Segnung einer Kirche dem Diözesanbischof, die eines anderen H. dem →Ordinarius, doch können beide einen Priester beauftragen (c. 1207). (Zumindest) die Weihung od. Segnung einer Kirche u. die Segnung eines Friedhofs sind zu beurkunden (c. 1208) u. können i. d. R. durch einen einzigen Zeugen bewiesen werden (c. 1209).

4. Nutzung: Da ein H. auf Dauer aus dem Profanen ausgesondert ist, darf dort nur zugelassen werden, was der Ausübung od. Förderung von Gottesdienst, Frömmigkeit u. →Gottesverehrung dient; verboten ist, was m. der Heiligkeit des H. nicht vereinbar ist. Der Ordinarius kann im Einzelfall einen anderen Gebrauch gestatten, der aber nicht der Heiligkeit des H. entgegenstehen darf (c. 1210). Ein H. wird geschändet (violatio) durch eine Handlung, die schwer verletzend, m. →Ärgernis für die Gläubigen verbunden u. nach dem Urt. des Ortsordinarius so schwer u. der Heiligkeit des Ortes entgegenstehend ist, dass eine Feier des Gottesdienstes an ihm nicht mehr erlaubt ist (eine Auflistung von Tatbeständen wie in can. 1172 §1 kennt das geltende Recht nicht mehr, so dass es auf die Beurteilung des Ortsordinarius ankommt), bis die Schändung durch einen liturgischen Bußritus (reconciliatio) behoben ist (c. 1211 spricht von iniuriam reparare; can. 1173 von reconciliare). Einen solchen beschreibt das CaerEp (editio typica 1984, nn. 1070-1092) bzw. das Zeremoniale für die Bf. (1998, nn. 1085-1107), enthält aber kein eigenes Formular.

5. →Profanierung: Ein H. verliert seine Weihung od. Segnung, wenn er zu einem großen Teil (magna ex parte) zerstört od. durch Dekr. des Ordinarius od. durch tatsächliche Nutzung auf Dauer profanem Gebrauch zugeführt wird (c. 1212). Sollte eine solche Stätte wieder als H. genutzt werden, bedarf er der erneuten Weihung od. Segnung.

6. CCEO: Gem. c. 868 CCEO sind H. für den Gottesdienst bestimmt u. können nur m. Erlaubnis des Eparchialbischofs errichtet werden, sofern das allg. Recht nicht ausdrücklich etwas anderes vorsieht. Nähere Regelungen finden sich nur zu Kirchen (cc. 869-873) u. Friedhöfen (c. 874).

Quellen

Caeremoniale Episcoporum. Editio typica, Vatikan 1984 ([2]1995); Zeremoniale für die Bischöfe in den Kath. Bistümern des dt. Sprachgebietes, Einsiedeln 1998.

Literatur

Schnizer, H., Zum Recht der Wallfahrt: Iustitia in caritate (FS Rößler), hg. v. R. Puza – A. Weiß, Frankfurt 1997 (AIC 3), 655-667; KanR III, 568-592; Reinhardt, H. J. F., §73 Geweihte Stätten: HbkathKR[3], 1107-1114; ders.: MKCIC cc. 1205-1243.

Rüdiger Althaus

© 2019, DOI: 10.30965/9783506786388_0378

Heilige Sachen – Katholisch

H. (res sacrae) sind materielle Dinge (res temporales, bona temporalia), die durch Weihung (→dedicatio) od. Segnung (benedictio constitutiva; →Benediktion) auf Dauer für den →Gottesdienst (liturgischer Gebrauch) bestimmt sind (c. 1171); sie können im Eigentum einer öff. od. privaten jur. Person (→Juristische Person, kirchliche) in der Kirche od. einer Privatperson stehen. In einem weiteren Sinne gehören zu den H. auch →Heilige Orte (loca sacra): Kirchen, →Kapellen, Heiligtümer, →Altäre u. →Friedhöfe. Die Weihung od. Segnung erfolgt i. d. R. durch einen →Priester (ausnahmsweise einem →Bischof reserviert) durch die im Benediktionale vorgeschriebenen Gebete u. Riten. H. sind ehrfürchtig zu behandeln u. dürfen nicht zu profanem od. ihnen fremden Gebrauch verwendet werden, auch wenn sie im Eigentum einer privaten Person stehen (c. 1171). Zu den H. zählen liturgische Gefäße (vasa sacra: v. a. Kelch, Monstranz, Hostienschale) u. →liturgische Geräte (v. a. Ambo, Glocken, Orgel, Tabernakel, Taufbecken), →liturgische Kleidung (Paramente: v. a. Messgewänder) u. →heilige Öle, nicht aber Gegenstände, die lediglich praktisch gottesdienstlichen Zwecken dienen (z. B. Messkännchen, Weihrauchfass). Im Kontext des →Kirchengebäudes begegnet die (wohl grundsätzliche) Pflicht, zum Schutz der H. für deren Erhaltung zu sorgen u. geeignete Sicherungsmaßnahmen anzuwenden (c. 1220 §2, vgl. c. 562; c. 872 §2, vgl. c. 309 CCEO), was einen angemessenen Gebrauch einschließt. Daher haben →Diözesanbischof (c. 397 §1; c. 205 §2 CCEO) u. Dechant (c. 555 §1, 3°; c. 278 §1, 3° CCEO) H. zu visitieren. Zudem unterliegen H. Erwerbsbeschränkungen hinsichtlich der →Ersitzung (praescriptio): Stehen sie im Eigentum einer öff. Rechtsperson in der Kirche, können sie nur von einer solchen ersessen werden, ansonsten auch von einer privaten physischen od. jur. Person, der aber ein profaner Gebrauch untersagt ist, sofern die H. nicht ihre Weihung od. Segnung verloren haben (c. 1269; c. 1018 CCEO). Da der CIC letzteres nicht regelt, sind die Vorschriften zur →Profanierung hl. Orte analog anzuwenden: aufgrund wesentlicher Zerstörung (magna ex parte), kraft Dekr. des zuständigen Ordinarius od. durch ständigen faktischen profanen Gebrauch (c. 1212). Wer jedoch eine H. unrechtmäßig entweiht (profanare), soll m. einer →gerechten Strafe belegt werden (c. 1376; c. 1441 CCEO). Weil H. aufgrund ihrer gottesdienstlichen Widmung oft kunstvoll u. aufwendig gestaltet sind, gehören sie damit auch zu den kostbaren Sachen (res pretiosae), sind aber sachlich davon zu unterscheiden. – Im dt. Staatskirchenrecht genießen H. dens. Schutz wie öff. Sachen; sie fallen unter die Kirchengutsgarantie des Art. 140 GG i. V. m. Art. 138 Abs. 2 WRV u. Art. 17 RK.

Literatur

Naz, R., Art. Res: DDC Vol. VII, 598-602, v. a. 601; Palazzini, I., Art. Res: DMC Vol. IV, 91-94, v. a. 91-92; Endrös, A., Finis rerum sacrarum 11.8.1919? Zur Entstehungsgeschichte der Art. 137 V u. 138 II der Weimarer Reichsverfassung: ZEvKR 33 (1988), 285-301; Renck, L., Grundfragen des Rechts der res sacra: DÖV 43 (1990), 333-336; Heimerl, H. – Pree, H., Handbuch des Vermögensrechts der kath. Kirche, Regensburg 1993, 1/81, 95, 97, 132-133, 5/471, 1094-1101, 1251, 1253; Schütz, D., Res sacrae: HbStKR² Bd. 2, 3-18; Axer, P., Der verfassungsrechtliche Schutz der res sacrae durch die Kirchengutsgarantie (Art. 140 GG i. V. m. 138 Abs. 2 WRV). Zugleich ein Beitrag zum öff.-rechtlichen Sonderstatus der res sacrae: Recht in Kirche u. Staat (FS Listl), hg. v. W. Rees, Berlin 2004 (KStT 48), 553-572; Pree, H., Grundfragen kirchl. Vermögenrechts: HbkathKR³, 1471-1504, v. a. 1487-1488; Althaus, R.: MKCIC c. 1171.

Rüdiger Althaus

© 2019, DOI: 10.30965/9783506786388_0379

Heilige Schrift – Katholisch

1. Begriff: H. S. bez. in der kath. Kirche das in Selbstmitteilung ergangene u. als authentisch geglaubte verschriftete Wort Gottes, das das Konzil von Trient sowohl inhaltlich als auch hinsichtlich seiner textlichen Gestalt definiert hat (DenzH 1501-1508), nachdem seit der Alten Kirche zuvor schon jahrhundertelang diesbezüglich Konsens bestanden hatte. Das lat. bib-

lia scheint dabei vor dem 12. Jh. nicht üblich gewesen zu sein, während seit Johannes Chrysostomus im Osten ta biblía geläufig war. Vertraut u. verbreitet waren vielmehr Ausdrücke wie divinum eloquium, sacra scriptura, sacra pagina u. bibliotheca, welche – sei es im Sing. od. im Pl. – in der Alten Kirche zunächst spezifisch das AT meinten, später mehr u. mehr jeweils die Gesamtheit der das AT u. das NT umfassenden einen H. S. der Christen benannten.

2. Umfang: In einer allmählichen Entwicklung hatte sich in der Alten Kirche der materiale Umfang der H. S. herausgebildet, wobei ein vergleichbarer Abgrenzungsprozess in bezug auf die Hebräische Bibel auch im Judentum stattfand. Unter dem Einfluss Augustins u. der kappadozischen Kirchenväter (Basilius der Große, Gregor von Nazianz, Gregor von Nyssa) gewann das AT der Septuaginta unter den Christen größte Anerkennung. Damit zählten insb. die allein in Griech. überlieferten Schr. (u. a. Buch der Weisheit, Jesus Sirach) zum chr. AT. Erst im Gefolge der neuen lat. Übers. des Hieronymus aus dem Hebräischen wurde die Frage der alttestamentlichen Apokryphen von neuem virulent (Prol. Galeatus: „canon hebraicae veritatis"). Ebenso entstanden in der Frühen Christenheit zahlreiche Texte, welche keine kan. Anerkennung erlangten u. später nicht in die Kanonlisten des NT aufgenommen wurden. Über den chr. Kanon der einen H. S. in zwei Testamenten bestand hinsichtlich seines materialen Umfangs u. seiner inneren Ordnung der Bücher etwa ab dem 4. Jh. Konsens. Das gesamte MA hindurch unterschieden sich jedoch Kanonlehre u. Kanonpraxis erheblich voneinander, da die Bibelhandschriften oftmals die Einzelbücher von AT wie NT individuell zusammenstellten, offensichtlich entspr. den theol. u. religiösen Intentionen der Handschrifteneigner od. -urheber. Ab dem 13. Jh. ist eine allmähliche Angleichung von Kanonlehre u. Kanonpraxis in den Handschriften zu beobachten. Ma. Autoren (u. a. Gratian, Petrus Lombardus, Thomas von Aquin) bemühten sich, die Rolle der Kirchenväter für die Entstehung der Bibel u. der theol. Entwicklung des Christentums zu bestimmen, indem sie diese bspw. als den letzten, in die Zeit der Kirche hineinreichenden Teil des NT verstanden (Hugo von Sankt Viktor).

3. Bibeltext: Nachdem im MA infolge eines Jh(h). währenden, niemals zentral gesteuerten Prozesses als allgemeingültige Fassung des biblischen Textes die lat. Übers. des Hieronymus unter der Bez. editio vulgata autoritative Geltung erlangen konnte, definierte das Konzil von Trient diesen Text als die authentische Bibelausgabe der Kirche im neuen Druckmedium, nicht o. den Druckern bes. Sorgfalt ob des kostbaren Gutes zu empfehlen (DenzH 1506-1508). Dabei gilt es zu beachten, dass Korrekturen u. (Neu-)Übers. des Bibeltextes in ihrer gesch. Genese sowie in ihrem Verlauf seit den Kirchenvätern immer untrennbar miteinander einhergingen. Wenn auch die Verbreitung der H. S. in der lat. Textfassung im MA alternativlos war, so blieb man sich doch ihrer Eigenart als Übers. bewusst.

4. Auslegung: Das NT legt das AT aus, so lautet die hermeneutisch-theol. Grundeinstellung der neutestamentlichen Autoren, der Kirchenväter sowie der ma. Autoren. In der Alten Kirche bildete sich die chr. Lehre heraus mittels der Auslegung der H. S.

Die Kirchenväter haben die christologischen u. ekklesiologischen Auslegungen alttestamentlicher Bücher entwickelt, indem sie die Texte gem. den Schriftsinnen erklärten. Dabei kamen sowohl die viergliedrige (wörtlicher od. Literalsinn, allegorischer, tropologischer, anagogischer Sinn) als auch die dreigliedrige Formel (hist., allegorischer, moralischer Sinn) zur Anwendung. V. a. Origenes u. Augustinus hoben in ihren Auslegungen des AT darauf ab, dass ein u. dass. Wort in unterschiedlichen Perspektiven gesehen werden kann.

Wenn auch die biblische Hermeneutik ihre rhetorischen Quellen in der außerchristlichen Antike gefunden hatte, so stellten doch die Lehre von den Schriftsinnen u. ihre Anwendung in den Komm. eine genuine Leistung chr.

Exegeten dar. Ein anderes methodisches Element stammte aus der jüd. Exegese, nämlich der Grundsatz, dass die Bibel sich selbst auslegt (sacra scriptura sui ipsius interpres). Zwar wurde die Auslegung gem. den Schriftsinnen auch im Kontext der ma. Universitäten (insb. Paris, Oxford, Salamanca) praktiziert, ihr Einfluss auf die universitären Bibelkommentare ging jedoch deutlich zurück, so dass sich in der Neuzeit die hist. Kritik durchgesetzt hat.

5. KR: Das →Decretum Gratiani eröffnet seine Darlegungen m. einer Stellungnahme zur Frage des Schriftkanons. Auch Ivo von Chartres bedient sich in seinen Gesamtdarstellungen des kan. Rechts des schriftbasierten Zentralbegriffs der Christenheit (fides). Erst allerdings das codifizierte Recht der Kirche verzichtet, abgesehen von einzelnen Verweisen (bspw. cc. 252 §2, 253 §2 u. 760), auf die solcherart strukturelle Bezugnahme auf die H. S., womit zumal die Rezeption der heilsgeschichtlichen Theologie des →Zweiten Vatikanischen Konzils, die organisch verstanden werden will (DV 21-26; LG 1-8), womöglich erschwert wird.

Quellen

Stegmüller, F., Repertorium biblicum medii aevi, 11 Bde., Madrid 1951-1980; Vat II, LG; Vat II, DV.

Literatur

Lubac, H. de, Exégèse médiévale, 4 Bde., Paris 1959-1964; Bible de tous les temps, hg. v. Ch. Kannengiesser, 8 Bde., Paris 1984-1989; Hebrew Bible/Old Testament. The History of Its Interpretation, hg. v. M. Saeboe, 3 Bde., Göttingen 1996-2015; Ocker, C., Biblical Poetics before Humanism and Reformation, Cambridge 2002; Arnold J. – Berndt, R. – Stammberger, R. M. W. i. V. m. Feld, C., Väter der Kirche. Ekklesiales Denken von den Anfängen bis in die Neuzeit, Paderborn 2004; Forme e modelli della tradizione manoscritta della bibbia, a cura di P. Cherubini, Vatikanstadt 2005 (Littera antiqua 13); The New Cambridge History of the Bible, 4 Bde., Cambridge 2006-2015; Bibel u. Exegese. Form u. Funktion eines Grundtextes im europäischen Rahmen, Münster 2009 (Corpus Victorinum. Instrumenta 3); Berndt, R. – Tischler, M. M., Art. Bibel: Enzyklopädie des Mittelalters, hg. v. G. Melville – M. Staub, Darmstadt 2009, 2017, 337-340; Tischler, M. M., Die Bibel von Saint-Victor in Paris. Das Buch der Bücher als Gradmesser für wissenschaftliche, soziale u. ordensgeschichtliche Umbrüche im europäischen Hoch- u. Spätmittelalter, Münster 2012 (Corpus Victorinum. Instrumenta 6); Dusil, St., Fides als normatives Konzept in Kanonessammlungen: Das Mittelalter 20 (2015), 251-265; Berndt, R., Die päpstliche Bibliothek als Fingerabdruck: Der Papst u. das Buch im Spätmittelalter (1350-1500). Bildungsvoraussetzung, Handschriftenproduktion, Bibliotheksgebrauch, Münster 2018 (Erudiri Sapientia 13), 23-40.

Rainer Berndt

© 2019, DOI: 10.30965/9783506786388_0380

Heilige Schrift – Evangelisch

1. Theol.: Das Christentum ist eine Buchreligion, die chr. Theologie eine Schriftwissenschaft. Ihre Grundlagen sind die Schr. des biblischen Kanons, die göttlichen Ursprungs sind. Hinter dem Begriff H. steht die Vorstellung, dass der hl. Geist die biblischen Texte verfasst habe, sie also in einem wörtlichen Sinne Wort Gottes seien. Seit der Aufklärung findet die (prot.-orth.) Lehre von der Verbalinspiration keinen Rückhalt mehr. Denn das Verständnis der H. als Wort Gottes schließt nicht eine wichtige Beteiligung des Menschen bei ihrer Entstehung aus. Die Bez. H. wird daher heute weitgehend aus traditionellen Gründen benutzt. Alle „Worte, durch die der göttliche Geist spricht, sind ‚Wort Gottes' oder abgekürzt ‚das Wort'" (Tillich, 1966). Um die göttliche Essenz der H. – insofern kann von der Mitte der Schrift gesprochen werden – zu heben, bedarf es freilich einer Methode der Schriftauslegung (Exegese). Aus der Methodenfrage folgt ein Autoritätsproblem. Zu allen Zeiten entstehen auslegende Schr., denen teilweise selbst normativer, ja göttlich inspirierter Charakter beigemessen wird (→Bekenntnisschriften).

Es entspricht ev. Verständnis, bei jeder Auslegung die Unterscheidung von Schrift (i. S. v. H.) u. Tradition bewusst zu halten (sola scriptura). Nach kath. Auffassung sind freilich Auslegung u. (kirchl.) Tradition nicht od. nicht eindeutig trennbar. Hingewiesen wird insb. auf die Kanonisierung der biblischen Bücher, die aus einem hist. Prozess unter der Autorität der Kirche erwachsen sei. Die Kirche sei daher unmittelbar m. ihrer Lehrgrundlage verbunden. Das ev. sog. formale Schriftprinzip ist demgegenüber streng christozentrisch (solus Chr.) u. erkennt allein Chr. als die Mitte der Schrift an. Dieser Ansatz schließt verbindliche Bekenntnisschriften nicht aus, die aber stets in ihrer hist. u. inhaltlichen Relativität zur H. zu sehen sind. Der qualitative Vorrang des biblischen Wortes Gottes (als norma normans) vor der Bekenntnisschrift (als norma normata) wird so gewahrt. Insofern ergibt sich eine Autoritätspyramide, die jedoch nicht institutionell bzw. kompetenziell hierarchisch (→Lehramt) geschichtet ist, sondern sich aus der Bedingung der Möglichkeit von Verbindlichkeit speist. Das hermeneutische Problem löst die ev. Theol. pneumatologisch auf: Die geistgewirkte Auslegung der H. mündet – insb. vermittels der gottesdienstlichen →Predigt – in den Konsens der Auslegenden (Selbstauslegung/Selbsterschließung der H.). Folge ist nicht etwa eine Institutionenblindheit; vielmehr wird die Kirche nach ev. Auffasssung befreit aus der Bindung in ihre eigene Weltlichkeit. Es liegt auf der Hand, dass sich hinter dem methodischen Zugang zur H. ein jeweils spezifisches Verständnis der Ekklesiologie m. kirchenrechtlichen Strukturentscheidungen verbirgt, das wiederum die jeweilige Auslegungsmethode hervorbringt. Der methodisch-exegetische Zugang zur H. ist daher grundlegend für das Selbstverständnis einer Glaubensdenomination. Insofern wirkt die H. nicht nur integrierend, sondern auch konfessionsbildend.

Auf Grund der konfessionellen Vielfalt u. der Geschichte u. Qualität der hist. u. wiss. Beschäftigung ist die H. der wohl am intensivsten erschlossene Text der Menschheitsgeschichte. Unter der Vielzahl der Forschungsgegenstände ist hinzuweisen u. a. auf die dogmengeschichtliche Forschung. Dabei bestätigt v. a. die Erforschung der Kanonbildung die Auslegungsbedürftigkeit der H. im o. genannten Sinne.

2. Rechtstheologisch: M. der Frage, ob sich die Verbindlichkeit der H. auch als (Kirchen-) →Rechtsquelle, die unmittelbar in weltliche Ordnungen hinein wirksam ist, verstehen lässt, befasst sich die Rechtstheologie (s. auch →ius divinum). Wegen der eschatologischen Ausrichtung der H. scheidet ein Verständnis ihrer als ungebrochener Rechtsquelle freilich aus. Der Natur- bzw. Vernunftrechtslehre in kath. Überlieferung – in ihr steht die auf einer analogia entis beruhende, dem Heilswillen Gottes entspr. lex naturae m. der ratio humana in fruchtbarer Spannung – entsprechen im ev., insb. ref. Verständnis Versuche, aus der H. über eine Analogie des Glaubens (analogia fidei, K. Barth) weltliche Ordnungsstrukturen abzuleiten. Diese bleiben jedoch aus der Sicht der weltlichen, jur. Methodenlehre zu vage, um – als göttliches Recht – handhabbar zu sein. Im luth. Rechtsverständnis leitend geworden ist die Zwei-Regimente-Lehre, die den eschatologischen Vorbehalt betont. Auch aus der grundsätzlichen Trennung der Regimente muss allerdings kein dualistisches Nebeneinander eines geistl. u. eines weltlichen Lebensbereichs folgen. Die luth. Reformation hat vielmehr das ev. →Bekenntnis u. durch dieses die Offenbarung Gottes im Evangelium als Grund u. Grenze allen menschlichen Rechts verstanden (M. Heckel). Einiges ist schon gewonnen, wenn es gelingt, aus der theol. Ehtik heraus Ansätze für regulative Moralwerte zu erkennen, aus denen sich universell geltende Grundnormen m. rechtlichem Prinzipiencharakter verdichten lassen. In materieller Hinsicht sind dies etwa Menschenrechte, in prozeduraler gewisse grundlegende Verfahrensgrundsätze. I. Ü. ist der Ordnung von Kirche u. Staat ein weiter Spielraum weltlicher Gestaltungsfreiheit zuzubilligen.

Literatur
Barth, K., Rechtfertigung u. Recht, Zürich 1938; ders., Christengemeinde u. Bürgergemeinde, Zürich 1946, beides nachgedruckt: Theol. Studien Bd. 104, Zürich 1970; Wolf, E., Ordnung der Kirche, Frankfurt 1961; Tillich, P., Systematische Theologie, Bd. III, Stuttgart 1966; Ebeling, G., Wort Gottes u. Tradition, Göttingen ²1966; von Campenhausen, H., Die Entstehung der chr. Bibel, Tübingen 1968; Ebeling, G., „Sola Scriptura" u. das Problem der Tradition: Das Neue Testament als Kanon, hg. v. E. Käsemann, Göttingen 1970, 282-335; Heckel, J., Lex Charitatis, Köln – Wien ²1973; Liermann, H., Art. Kirchenrecht, C. Die rechtstheologischen Grundlagenentwürfe: EvStL³, 2818-2849; ders., Art. Bekenntnis, VI. Rechtlich: RGG⁴ Bd. 1, 1265-1267; Mehlhausen, J., Art. Bekenntnis (Bekenntnisschriften): EvStL³, 188-198; Drecoll, V. H., Art. Hl. Schriften, III. Christentum: RGG⁴ Bd. 3, 1550; Schmid, H. H. – Mehlhausen, J., Sola scriptura, Gütersloh 1991; Dohmen, Chr. – Oeming, M., Biblischer Kanon – Warum u. wozu?, Freiburg 1992; Wrege, W. R., Die Rechtstheologie Paul Tillichs, Tübingen 1995; Schöpsdau, W., Sola scriptura u. kirchl. Tradition: Materialdienst des Konfessionskundlichen Instituts Bensheim 1/2001, 11-13; Germann, M., Staatskirchenrecht u. Kirchenrecht, Halle 2006; Jansen, N. – Oestmann, P., Gewohnheit. Gebot. Gesetz, Tübingen 2011.

Wolf Reinhard Wrege

© 2019, DOI: 10.30965/9783506786388_0380

Heilige Schrift – Orthodox

Für die orth. Christen gilt die H. als eine wertvolle Grundlage u. Quelle ihres Glaubens. Sie ist Ausgangspunkt u. Richtschnur für den einzelnen → Gläubigen, für die Glaubensverkündigung der Kirche wie für das Bemühen der Theologie. Für die orth. Kirche u. Theologie umfasst die H. die zwei bekannten Teile, nämlich die 49 alttestamentlichen (es geht hierbei um den sog. breiteren Kanon des AT) u. die 27 neutestamentlichen Schr. In den vielgestaltigen Texten des AT u. NT offenbart sich Gott im Wort, das von Menschen niedergeschrieben worden ist. In der geschriebenen Bibel begegnet das Göttliche dem Menschlichen.

Die gesamte Bibel besitzt eine enorme Bedeutung für alle orth. Gläubigen, u. a. aufgrund der Tatsache, dass sie nicht unabhängig od. außerhalb, sondern innerhalb u. in lebendiger Verbindung m. dem kirchl. Leben u. der kirchl. Tradition entstanden ist. Den zentralen Ausgangspunkt für das orth. Verständnis bildet nämlich die reichhaltige kirchl. Tradition od. m. anderen Worten das Leben innerhalb der Kirche, welche den geistigen Schoß darstellt, aus dem alle Entfaltungen des chr. Lebens, d. h. auch die H. hervorgegangen sind. Im orth. Verständnis besitzt also nur die Kirche, die vom Hl. Geist geführt wird, die volle Autorität, die ihr geoffenbarte u. in der H. niedergeschriebene göttliche Wahrheit zu interpretieren u. sie der Erlösung der Gläubigen dienstbar zu machen. Der geeignete Ort der H. ist die Kirche selbst, denn die Kirche existierte lange vor der Entstehung der Schrift. Den Weg der ununterbrochenen orth. Tradition bzgl. der Bedeutung, des Wertes u. der Auslegung der H. können uns insb. die Kirchenväter zeigen. Diese lebendigen Zeugen der apost. Überlieferung weisen m. ihrer Auslegung auf die eindeutige pädagogische Funktion der H. hin. Aufgrund ihrer Schriftinterpretation erweisen sich die Kirchenväter als Wegweiser für das richtige, geistig tiefere Verständnis der in der Bibel geoffenbarten Wahrheiten. In diesem Zusammenhang bildet die in der patristischen Theologie stets hervorgehobene Kontinuität zwischen dem AT u. dem NT ein unentbehrliches Axiom, das für das Nachvollziehen der orth. Theologie sehr wertvoll zu sein scheint.

Außerordentlich wichtig ist darüber hinaus die Stellung der H. in der liturgischen Praxis der orth. Kirche. Das Wort Gottes hat eine absolut zentrale u. wesentliche Funktion bei jedem Aspekt des orth. Lebens, insb. des Kultus. Die liturgischen → Gebete u. Hymnen der Orthodoxie samt ihrer Sprache u. den dazu gehörigen Symbolen sind zum größten Teil durch die biblischen Texte inspiriert.

Aus der Sicht des orth. KR gehört die H. zu den sog. Alten Quellen, die nicht kodifizert sind. Grundlegend im orth. Kirchenrechtsverständnis ist jedes schriftliches Zeugnis, hier in erster Linie jeder biblische Text, in dem der Wille seines göttlichen Urhebers niedergeschrieben ist. Der ältere Text der H., nämlich das AT, dient grds. als Quelle des orth. KR, zumal das gottinspirierte AT als pädagogische Vorbereitung der Gläubigen für Chr. (paidagogos eis Christon, Gal 3, 24) jeher angesehen wird. Konkrete Teile, wie die zehn Gebote Gottes (Ex 20, 2-17) od. einige Vorschriften der mosaischen Gesetzgebung, die sich nicht ausschließlich auf das jüd. Volk beziehen, sind bis heute im orth. KR von Bedeutung. Selbstverständlich hat Jesus Chr. selbst kein vollständig geregeltes System zur Funktion seiner Kirche hinterlassen. Die H. des NT ist dennoch voll m. Geboten u. moralischen Anweisungen unseres Herrn sowie m. das kirchl. Leben betr. Vorschriften der Apostel u. Autoren des NT, so dass in erster Linie solche Texte des biblischen Kanons für die Alte u. Orth. Kirche gesetzesmäßig bindend sind. Stellvertretend könnten hier erwähnt werden die Gebote über den Dienst der Apostel (Mt 18, 18; Joh 20, 23), über die Taufe u. Eucharistie (Mt 28, 19; Mk 16, 16; Luk 22, 19; Joh 3, 5; 1Kor 11, 23-25), über die →Ehe (Mt 5, 32; 19, 3), über die kirchl. Gerichtsbarkeit (Mt 18, 15-17), über das Verhältnis zum Staat (Mt 22, 17-22; Luk 20, 22-26) od. über den Eid (Mt 5, 83). Außerdem sollte man Vorschriften berücksichtigen, die seitens der Apostel erlassen wurden, wie über den Gehorsam gegen die Priester (Hebr 13, 7; 17, 1; 1 Petr 5, 5), über gottesdienstliche Handlungen (1Kor 11, 20; 14, 26-29; 16, 2; Jak 5, 14), über die →Synodalität (Apg 15, 6-29), über die Kirchenvorsteher (1Tim 3, 1-7; 4, 14; 5, 22; 2Tim 1, 6; Tit 1, 5), über die Beziehungen zu den Sündern od. Nichtchristen (1Kor 5, 9-13) od. über die Beschwerden gegen die Presbyter (1Tim 5, 19). Der biblische Kanon, der die authentische Stimme der Apostel zum Ausdruck bringt, enthält unentbehrliche Kriterien, auf denen auch das KR beruht.

Quellen

Septuaginta: Das Alte Testament Griech., hg. v. A. Rahlfs, Stuttgart ²2014; Novum Testamentum Graece (Nestle-Aland), Stuttgart ²⁸2012.

Literatur

Milasch, N., Das Kirchenrecht der morgenländischen Kirche, übers. von A. R. v. Pessic, Mostar ²1905; Konstantelos, D. I., The Holy Schriptures in Greek Orthodox Worship: Greek Orthodox Theological Review 12 (1966), 7-83; Vassiliadis, P., Scriptural Authority in Early Christian Hermeneutics: Mneme (FS Anastasiou), Thessaloniki 1982, 103-108; Ware, T., The Orthodox Church, New York 1983; Basarab, M., Die Kirche als Verkünderin u. Auslegerin der Hl. Schrift: Orth. Forum 2 (1988), 43-49; Breck, J., Scripture in Tradition: The Bible and Its Interpretation in the Orthodox Church, Crestwood, NY 2001; Nikolakopoulos, K., Das Neue Testament in der Orth. Kirche. Grundlegende Fragen einer Einführung in das Neue Testament, Berlin – Münster ²2014 (Lehr- u. Studienbücher Orth. Theologie 1); Potz, R. – Synek, E., Orth. Kirchenrecht. Eine Einführung, Freistadt ²2014; Nikolakopoulos, K., Verständnis u. Interpretation der Hl. Schrift in der Orth. Kirche: Sola Scriptura. Die Hl. Schrift als heiligende Schrift, hg. v. N. Hamilton, Leipzig 2017 (Beih. zur ÖR 116), 129-144.

Konstantin Nikolakopoulos

Heilige Schrift – Jüdisch

Definition: Als H. S. werden alle Texte des biblischen Judentums bis vor Erschließung des offiziellen Kanons bez., der durch einen langen Rezeptionsprozess entstand. Für bestimmte Bücher gibt es unterschiedliche Datierungsmöglichkeiten u. daher ist auch unklar, wann genau der Kanon vor der Zerstörung des zweiten Tempels erschlossen wurde.

Im prä-rabb. Judentum gab es einige Sekten, die biblische Schr. weiter kreiert haben, während sie die Fortsetzung der Prophezeiung behaupteten (Isiiten, Tzadokim usw.). Die Schr. wurden durch Kanonisierungsprozesse ins traditionelle Judentum (Pruschim bzw. rabb. Judentum) übernommen u. von der gläubigen →Gemeinde geheiligt. Die Problematik der Kanonisierung kommt bereits in der rabb. Lit. vor, u. die Weisen haben einige Werke in Frage gestellt, wegen ihres problematischen Charakters wie z. B. Ben Sira. Letztendlich, jur.-halachisch gesehen, sind nur die 24 (vgl. Josephus: 22) kanonisierten Bücher als hl. u. rechtlich verpflichtend zu sehen. Eine der Folgen dieser Definition ist, dass die H. S. die Hände desjenigen, der die Texte ergreift, verunreinigen (Mishna, Jadajim 3:2). Das bedeutet, dass derjenige, der die Schr. anfasst, andere Objekte nicht berühren darf. Die grundsätzliche Idee, die dahintersteckt, ist, dass die Umgebung der H. S. rein u. so sauber wie möglich bleiben sollten. Eine weitere Implikation des Heiligtums der Schr. ist es, dass sogar am Schabbat (→Sabbat) Bücher H. S. vor Verbrennung gerettet werden dürften, auch wenn man dadurch Feuer ausmachen muss (BT, Schabbat 16a). Die Annahme des Heiligtums impliziert, dass alle H. S. durch die Offenbarung Gottes gegeben wurden. Die H. S. werden in drei Kategorien eingeteilt: →Torah, Propheten u. Schr. (Abk.: TaNaCh), dementsprechend signalisieren die H. S. eine Offenbarung durch Prophezeiung, u. die drei Kategorien sind drei versch. Niveaus von Heiligkeit. Nach der überlieferten Tradition wurde die Torah direkt von Gott gegeben, die Propheten prophezeiten u. die Schr. wurden durch göttliche Inspiration überliefert.

Das Heiligtum der Schr. drückt sich in zwei weiteren Aspekten aus: Zum ersten gibt es ab der Erschließung der Bibel keine Prophezeiung mehr, u. nur die Bücher, die davor geschrieben wurden, wurden unter hl. Inspiration geschrieben. Spätere Autoren haben diesen Kanon akzeptiert, u. nach dieser endgültigen Rezeption die H. S. nur weiter interpretiert. Zum zweiten ist der Status dieser Schr. rechtlich verpflichtend. Die H. S. müssen nach intensiver Verwendung u. Alterung in Würde u. Achtsamkeit behandelt u. dementsprechend in „Genisa" aufbewahrt werden. Im Vergleich zu manchen Kulturen, die versch. Weisen der Wiederverwendung od. Auslöschen der Schrift haben, ist es im Judentum verpflichtend, die H. S. zu begraben bzw. aufzubewahren. Ein bes. Phänomen findet sich im ma. Aschkenas, eine Wiederverwertung bzw. Recycling von H. S., hauptsächlich für Buchbindungen. Dieses ist ein Zeugnis von Gewalt gegen jüd. Gde. u. ihre H. S., genauer ihre literarischen Schätze.

In Vorlesungen vor Publikum (Keriat ha-Torah/ „Leinen") während der Tefilah u. in der Liturgie werden hauptsächlich die H. S. verwendet, wobei Haftarot i. d. R. aus einer vollen Bibel vorgelesen werden. Manchmal werden nicht nur die Megilot, sondern auch die Haftarot aus Rollen gelesen. Die H. S. dürfen auch nicht direkt angefasst werden, u. werden m. Behälter (Etz Haim) u. einem Zeigefinger verwendet. Die jüd. Gde. ist verpflichtet, die H. S. zu lernen u. dies den weiteren Generationen beizubringen (Limmud von Kitvey haKodesch, Dtn. 6:7). So ist auch eine lange Tradition der Interpretation der H. S., deren Inhalte u. Kontextualisierung in die Tiefe gelernt u. überliefert wurde, entstanden u. wurde später schriftlich kodifiziert (Torah shBeal Peh). Die Ernsthaftigkeit, m. der die H. S. gelesen u. interpretiert werden, erlaubt jedoch dem Leser eine gewisse Freiheit, wobei sie begrenzt ist auf die Methoden, m. denen diese Texte nach der Tradition respektvoll beachtet werden sollten. Manche Kritiker u. Interpretatoren werden daher verachtet od. sogar als Ketzer bestraft.

Die Strömungen innerhalb des Judentums akzeptieren die Einteilung der 24 Bücher, u. sind in pragmatischen u. ideologischen Fragen bzgl. Interpretation der H. S. zu unterscheiden. Wegen Meinungsverschiedenheiten bzgl. der Interpretation der H. S. sind z. B. noch erwähnenswert die Dispute zwischen den Karäern u. den Rabbaniten im MA (hauptsächlich) u. so unterscheiden sich auch bis heute u. a. die Orthodoxie, die konservative Bewegung, u. das liberale Judentum in allen Formen (Rekonstruktionismus etc.).

Literatur

Frensdorff, S., Die Massora Magna, 1876, Nachdr.: New York 1968, 14 (bzgl. der Verwendung von TaNaCh); Shrira, S., Mawo leKitwej HaKodesch, Jerusalem 1954; Encyclopedia Biblica, Thesaurus Rerum Biblicarum Alphabetico Ordine Digestus, Ediderunt Institutum Bialik Procurcurationi Iudaicae Pro Israel (Jewish Agency) Addictum et Museum Antiquitatum Iudaicarum ad Universitatem Hebraicam Hierosolymitanam Pertinens, Tomus Quintus: Memuchan ad Sithri, Jerusalem 1968, 362-367; Sarna, N. M. – Snaith, N. H. – Greenspoon, L. J. – Harkins, F. T. – Harkins, A. G. – Grossfeld, B., Bible: EJ² Vol. 3, 572-679; Rofé, A., Introduction to the literature of Hebrew Bible, Jerusalem 2007; Haran, M., The Biblical Collection Its Consolidation to the End of the Second Temple Times and Changes of Form to the End of the Middle Ages, Jerusalem 2008; Canon and holy scriptures, hg. v. Y. Shavit, Tel-Aviv 2009; Ilan, T., The term and concept of TaNaKh: What is Bible? (2012), 219-234; Keil, M., Zeugen von Gewalt – Mittelalterliche hebräische Fragmente in Niederösterreichischen Bibliotheken: Quellen zur jüd. Geschichte Niederösterreichs, hg. v. E. Loinig – M. Keil, St. Pölten 2013, 13-36; Green, W. S., Scripture in Classical Judaism: Encyclopaedia of Judaism: http://dx.doi.org/10.1163/1872-9029_EJ_COM_0168.

Neri Ariel

Heilige Schrift – Islamisch

→Koran

Heilige Zeiten – Katholisch

H. bez. alle Tage u. Zeitabschnitte, die dazu bestimmt sind, in bes. Weise das Gedächtnis des in Jesus Chr. geschenkten Heils zu begehen. Zu ihnen zählen die gebotenen →Feiertage (→Sonntage u. Festtage) sowie die →Bußtage. Im weiteren Sinn gilt das ganze →Kirchenjahr m. seinem Festkalender sowie generell die Zeit als von Gott geheiligte Geschichte als H. Zusammen m. den abzuleitenden Verpflichtungen werden sie in cc. 1244-1253 normiert. Der CCEO verwendet den Begriff nicht, sondern fasst die Normen unter der Rubrik De diebus festis et paenitentiae zusammen (cc. 880-883 CCEO).

Universalkirchliche H. können allein durch die höchste kirchl. Autorität eingeführt, verlegt od. aufgehoben werden (c. 1244 §1), während der →Diözesanbischof im Einzelfall teilkirchliche H. für die →Diözese od. spezifische Orte festlegen kann (§2). Die Dispensvollmacht zur Befreiung von Verpflichtungen besitzt der Diözesanbischof (c. 87), bei Vorliegen eines gerechten Grundes auch der →Pfarrer u. Obere eines klerikalen Verbandes päpstlichen Rechts (c. 1245). Die →Bischofskonferenz kann nach →Approbation des →Apostolischen Stuhls einige der gebotenen Feiertage aufheben od. auf einen Sonntag verlegen (c. 1246 §2).

Gem. apost. Tradition gilt der Sonntag als urspr. Feiertag (c. 1246 §1). Ihm tritt für die →Gesamtkirche eine Reihe von gebotenen Feiertagen hinzu, die c. 1246 §2 taxativ aufzählt. Wo Sonn- u. Feiertage zugl. unter dem Schutz der weltlichen Rechtsordnung stehen, wird die Verpflichtungserfüllung erleichtert. Zunehmend sind aber Vorgänge zu beobachten, die insb. den Sonntagsschutz auszuhöhlen versuchen (z. B. verkaufsoffene Sonntage). Die →Deutsche Bischofskonferenz hat eine eigene Feiertagsregelung beschlossen, die unterschiedliche Länderregelungen berücksichtigt (Partikularnorm, 1996). Die Sonn- u. Feiertagspflicht besteht in der Teilnahme an der Messfeier u. in der Enthaltung von allen dem Feiertag abträglichen Tätigkeiten (cc. 1247, 1248 §1). Bei Vorlage von Gründen, welche die Mitfeier der Eucharistie (→Eucharistiefeier) verunmöglichen, verweist c. 1248 §2 auf Behelfslösungen.

Die Bußtage (Freitage u. Österliche →Bußzeit, außer an Hochfesten) zielen darauf ab, die Gesinnung der Buße u. Umkehr für alle Gläubigen durch →Gebet, →Fasten u. Werke der Caritas im Bewusstsein präsent zu halten (cc. 1248 u. 1249). Das Abstinenzgebot (Fleisch od. andere Speisen) gilt für die Freitage u. bindet alle, die das 14. Lj. vollendet haben. Verbunden m. dem Fasten, zu dem alle Volljährigen bis zum 60. Lj. verpflichtet sind, ist die →Abstinenz an Aschermittwoch u. Karfreitag zu halten (c. 1251). Die BK kann dazu Sonderregelungen treffen (c. 1253).

Quellen

Unsere Verantwortung für den Sonntag. Gemeinsame Erklärung der DBK u. des Rates der EKD, Bonn – Hannover 1988; DBK, Partikularnorm zu c. 1246 § 2 CIC (Feiertagsregelung) u. Partikularnorm zu cc. 1251, 1253 CIC (Bußordnung) vom 1. Januar 1996: AfkKR 164 (1995), 460-462; Johannes Paul II., Apost. Schreiben Dies Domini vom 31. Mai 1998: AAS 90 (1998), 713-766; dt.: VApSt 133.

Literatur

Kaspar, P. P., Geheiligte Zeiten. Zeichen u. Symbole im Jahreskreis, Innsbruck ²1999; Schiepek, H., Der Sonntag u. kirchl. gebotene Feiertage nach kirchl. u. weltlichem Recht. Eine rechtshistorische Untersuchung, Frankfurt u. a. 2003 (AIC 27); KanR III, 593-601; López-Sidro López, Á., Tiempos sagrados: DGDC Vol. VII, 586-592; Ahlers, R., Die Sonntagspflicht in moderner Zeit: Geist – Kirche – Recht (FS Gerosa), hg. v. L. Müller – W. Rees, Berlin 2014 (KStT 62), 227-238; Sebott, R., § 74 Geheiligte Zeiten: HbkathKR³, 802-806; Lumma, L. O., Feiern im Rhythmus des Jahres. Eine kurze Einführung in chr. Zeitrechnung u. Feste, Regensburg 2016; Althaus, R.: MKCIC cc. 1244-1253.

Christoph Ohly

© 2019, DOI: 10.30965/9783506786388_0381

Heiligenverehrung – Katholisch

Die H. hat ihren Ursprung in der Alten Kirche u. gilt seit Polykarp (um 160) zuerst Märtyrern. Im Hintergrund stehen die jüd. Wertschätzung der verstorbenen Gerechten sowie der pagane Totenkult, der von den Christen teils zurückgewiesen, teils neu interpretiert u. bei den Heiligen in gesteigerter Form in das kirchl., v. a. liturgische Leben eingebunden wird. Die Märtyrerverehrung ist weithin lokal geprägt, an bestimmte Orte (Altar über dem Grab) gebunden u. integriert seit dem 4. Jh. auch den aufkommenden Reliquienkult. Seit der 1. Hälfte des 4. Jh. sind kalendarische Verz. bezeugt. Bf. wie Augustinus, Johannes Chrysostomus u. a. bemühen sich um eine theol. verantwortete Feier der Heiligen in Liturgie u. anderen religiösen Ausdrucksformen. Eine Bedeutungsdifferenzierung der Feste schlägt sich etwa in der Abhaltung von Vigilien od. in der in einigen Kirchen (z. B. Nordafrika, Gallien) geübten Verlesung von Märtyrerpassionen in der Liturgie nieder, was durch einzelne Konzilien rechtlich geregelt wird (vgl. Urner, 1952).

Die liturgischen Quellen der ausgehenden Spätantike u. des Frühmittelalters verzeichnen Heiligengedenktage in wachsender Zahl u. Systematisierung. Der Fortgang des MA kennt eine erhebliche Ausweitung der H., verbunden m. einer veränderten Sicht der Rolle der Heiligen im Heilsmysterium; oft haben sie auch soziale, gesellschaftliche u. politische Funktionen. Die Liturgie, d. h. primär das →Kirchenjahr m. dem Kalender, die Messe (→Eucharistiefeier) u. das Stundengebet (→Brevier), bleibt der vorrangige Träger der H. Gleichzeitig entwickeln sich in der Frömmigkeit des Volkes (→Volksfrömmigkeit) andere Ausdrucksformen, bei denen die Heiligen v. a. als Schutzpatrone gesehen werden. Viele Kulte werden m. Wallfahrten (häufig nach Auffindung u. Erhebung von Gebeinen od. Translation von Reliquien), →Prozessionen, speziellen Gebetsformen usw. begangen.

Das Konzil von Trient hat gegen die Angriffe der Reformatoren, die die H. in ihren herkömmlichen Formen ablehnten, die H. gerechtfertigt u. theol. dahingehend umschrieben, dass den Heiligen ein Kult dargebracht werden darf, der letztlich auf Gott selbst ausgerichtet ist; auch dürfen die Heiligen um ihre Fürsprache bei Gott angerufen werden (sess. XXII, Dekr. über Anrufung, Verehrung u. Reliquien der Heiligen u. die hll. Bilder: DenzH 1821-1825; vgl. Lehre u. Canones über das

Messopfer, cap. 3: Messen zu Ehren von Heiligen u. can. 5: DenzH 1744, 1755). Ein universalkirchlich gültiger Kalender erscheint erstmals im post-tridentinischen Breviarium Romanum (1568) u. MRom (1570); Proprien von Diözesen u. Orden werden aber weiterhin zugelassen.

Das Vat II stellt die H. in den Zusammenhang der Communio-Ekklesiologie (→ Communio), in der die Kirche als Gemeinschaft des Heils begriffen wird (LG 48-69). In SC 103-104 wird die liturgische Feier der Heiligen vom Pascha-Mysterium her begr., was ihre Unterordnung unter die Christusfeste rechtfertigt: „die Feste der Heiligen künden die Wunder Christi in seinen Knechten“ (SC 111). Bes. empfohlen wird die Verehrung der Gottesmutter Maria.

Vorrangiger Ort der H. bleibt die Liturgie (Kirchenjahr, Messe, Stundengebet). Kalendarien m. unterschiedlicher Erstreckung (SC 111) für die Universalkirche (Calendarium Romanum, 21.03.1969; vgl. EDIL/DEL 1, 1268-1332), für Teilkirchen (im dt. Sprachgebiet der Regionalkalender), für Diözesen u. Orden drücken die Relevanz der H. für bestimmte Gebiete u. Kulturen aus (vgl. Instr. Calendaria particularia, 24.06.1970; EDIL/DEL 1, 2093-2143). Als Festränge sind heute Hochfeste (sollemnitas), Feste (festum), gebotene u. nicht-gebotene Gedenktage (memoria) vorgesehen. Die Normen für den Universalkalender regeln die Einbindung der Heiligenfeste (Sanctorale) in das Herrenjahr m. seinen am Christusmysterium orientierten Festen u. Zeiten (Temporale) sowie dessen Vorrang bei Festkollisionen. Das Messbuch u. das Stundenbuch bieten für Hochfeste u. Feste von Heiligen i. d. R. eigene Formulare, für Gedenktage überwiegend eine Oration, teils andere Elemente; teils sind diese auch dem Commune Sanctorum zu entnehmen. Versch. Segnungen sind an bestimmte Heiligenfeste gebunden (vgl. Benediktionale).

→ Patrozinien gehen auf die Widmung von Kirchen, Kapellen u. Altären an einen Heiligen zurück. Darüber hinaus umfasst die H. unverändert viele andere Ausdrucksformen. Das Dir. über die Volksfrömmigkeit u. die Liturgie (17.12.2001) beschreibt u. begr. sie auf universalkirchlicher Ebene (bes. Kap. 5 u. 6), kann jedoch nicht alle regionalen u. lokalen Phänomene erfassen. Die H. drückt sich auch in Bildern aus, schreibt den Heiligen bestimmte Attribute zu u. wählt sie als Patrone für Lebenssituationen, Berufe, Vereinigungen od. Gebiete, womit ihre Vorbild- u. Schutzfunktion unterstrichen, aber auch Identitäten geschaffen werden. Die Wahl eines chr. Vornamens, wie sie der Ordo initiationis christianae adultorum (Nr. 88, 203; Die Feier der Eingliederung Erwachsener in die Kirche. Grundform, Nr. 220 f., 234) als Möglichkeit vorsieht, wenn ein Taufbewerber keinen chr. Namen trägt, od. die in manchen Orden übliche Wahl eines neuen Namens beim Ordenseintritt bezeugen die Bedeutung der Heiligen für das Leben der Christen.

Der CIC empfiehlt in c. 1186 in Übereinstimmung m. dem Vat II die Verehrung Mariens u. der anderen Heiligen, die als Vorbild u. Fürsprecher dienen. Laut c. 1187 dürfen nur die Diener Gottes öff. verehrt werden, die in das Verz. der Heiligen u. Seligen aufgenommen wurden. Der Bf. hat über die kirchl. Ordnung der H. zu wachen (c. 392 § 1). Im Seminar ist bes. die Verehrung Mariens zu fördern (c. 246 § 3). Unter einem feststehenden Altar sollen weiterhin Reliquien von Märtyrern od. anderen Heiligen beigesetzt werden (c. 1237 § 2), was auf den Ordo dedicationis ecclesiae et altaris (cap. 2, n. 5: „opportune“; vgl. CaerEp, n. 866) zurückgeht, der auch eine theol. Begründung bietet (cap. 4, n. 5). Diese Bestimmung wird einschränkend formuliert in Die Weihe der Kirche u. des Altares, Kap. 2, Nr. 5 („soweit angebracht“); die dt. Ausg. verlangt einen Platz „unterhalb der Altarmensa“ (nicht des Altares). Der CCEO cc. 884-888 regelt die H. in ähnlicher Weise, behandelt aber darüber hinaus die Weitergabe, die Restaurierung u. den Verkauf von Ikonen (c. 887 f.).

Eine formelle Kanonisation ist erst seit 1234 Voraussetzung für die H. in der Liturgie. Das

Kanonisationsverfahren (→ Heiligsprechungsverfahren) ist durch die ApK Divinus perfectionis magister (25.01.1983; AAS 75 [1983], 349-355; EDIL/DEL 2, 4749-4754) u. Ausführungsbestimmungen geregelt. Benedikt XVI. ist zur dezentralisierten Praxis zurückgekehrt, Beatifikationen durch einen Beauftragten (z. B. Bf.) in der betr. Diözese od. an einem anderen passenden Ort vorzunehmen. Das Martyrologium Romanum (nachkonziliare Ausg. 2001/2004) stellt das Verz. aller in der kath. Kirche anerkannten Heiligen u. Seligen dar.

Ein spezifisches Problem der H. in der Liturgie besteht epochenübergreifend (MA, zwischen Trid. u. Vat II sowie erneut seit Vat II) in der fortwährenden Anreicherung der versch. Heiligenkalender aufgrund neuer Kanonisationen u. Beatifikationen, wobei die vom Vat II (SC 111) vorgegebenen Kriterien oft nicht beachtet werden. Trotz einiger gegenläufiger Tendenzen hat die H. in den letzten Jahrzehnten im allg. kirchl. Leben u. im Bewusstsein der Gläubigen stark an Bedeutung verloren; ihre gesellschaftliche Prägekraft ist geschwunden.

Quellen

a) Liturgische Bücher: Breviarium Romanum. Editio princeps (1568). Edizione anastatica, Introduzione e Appendice a cura di M. Sodi – A. M. Triacca, Vatikanstadt 1999 (Monumenta liturgica Concilii Tridentini 3); Missale Romanum. Editio princeps (1570). Edizione anastatica, Introduzione e Appendice a cura di M. Sodi – A. M. Triacca, Vatikanstadt 1998 (Monumenta liturgica Concilii Tridentini 2); Martyrologium Romanum. Editio Princeps (1584). Edizione anastatica, Introduzione e Appendice a cura di M. Sodi – R. Fusco, Vatikanstadt 2005 (Monumenta liturgica Concilii Tridentini 6); Calendarium Romanum ex decreto sacrosancti Oecumenici Concilii Vaticani II instauratum auctoritate Pauli PP. VI. promulgatum. Editio typica, Vatikanstadt 1969; dt.: Der Röm. Kalender gem. Beschluß des Zweiten Vat. Konzils erneuert u. von Papst Paul VI. eingeführt. Lat. – dt., hg. v. den Liturgischen Instituten in Salzburg, Trier u. Zürich, Trier 1969 (NKD 20); Rituale Romanum ex decreto sacrosancti Oecumenici Concilii Vaticani II instauratum auctoritate Pauli PP. VI promulgatum. Ordo initiationis christianae adultorum, Vatikanstadt 1972; dt.: Die Feier der Eingliederung Erwachsener in die Kirche. Manuskriptausgabe zur Erprobung. [Teil 1:] Grundform, Trier 2001; Pontificale Romanum ex decreto ... Ordo dedicationis ecclesiae et altaris. Editio typica, Vatikanstadt 1977; dt.: Die Weihe der Kirche u. des Altares, Trier ²1994 (Pontifikale für die kath. Bistümer des dt. Sprachgebietes 4); Benediktionale. Studienausgabe für die kath. Bistümer des dt. Sprachgebietes, Freiburg u. a. 1978, zahlreiche Nachdr.; lat.: Rituale Romanum ..., De benedictionibus, Vatikanstadt 1984; Caeremoniale Episcoporum, Vatikanstadt 1984; dt.: Zeremoniale für die Bischöfe in den kath. Bistümern des dt. Sprachgebietes, Solothurn u. a. 1998; Martyrologium Romanum ex decreto sacrosancti oecumenici Concilii Vaticani II instauratum auctoritate Ioannis Pauli PP. II promulgatum. Editio typica, Rom 2001; Ed. typica altera 2004 (erheblich erw.). b) Sonstige Quellen: Vat II, SC; Vat II, LG; Enchiridion documentorum instaurationis liturgicae, hg. v. R. Kaczynski, 4 Bde., Leumann – Rom 1976-2018; Dokumente zur Erneuerung der Liturgie. Dokumente des Apost. Stuhls, hg. v. (H. Rennings–) M. Klöckener, 3 Bde., Kevelaer – Fribourg 1983-2001 (Bd. 1: ²2002), Bd. 4 in Vorbereitung; Kongregation für den Gottesdienst u. die Sakramentenordnung, Direktorium über die Volksfrömmigkeit u. die Liturgie. Grundsätze u. Orientierungen, Bonn 2001 (VApSt 160).

Literatur

Kellner, K. H. A., Heortologie od. die gesch. Entwicklung des Kirchenjahres u. der Heiligenfeste von den ältesten Zeiten bis zur Gegenwart, Freiburg ³1911; Delehaye, H., Sanctus. Essai sur le culte des saints dans l'antiquité, Brüssel 1927; Urner, H., Die außerbiblische Lesung im chr. Gottesdienst. Ihre Vorgeschichte u. Geschichte bis zur Zeit Augustins, Göttingen 1952 (Veröffentlichungen der Ev. Gesellschaft für Liturgieforschung 6); Pascher, J., Das liturgische Jahr, München 1963; Harnoncourt, Ph., Gesamtkirchliche u. teilkirchliche Liturgie. Studien zum liturgischen Heiligenkalender u. zum Gesang im Gottesdienst unter bes. Berücksichtigung des dt. Sprachgebiets, Freiburg 1974 (Untersuchungen zur praktischen Theologie 3), 61-245; Torsy, J., Die Eigenkalender des dt. u. niederländischen Sprachgebietes m. bes. Berücksichtigung der Erzdiözese Köln, Siegburg 1977 (Studien zur Kölner Kirchengeschichte 14); Lanczkowski, G. – Larsson, G. – Hausberger, K. – Hannick, C. – Schulz, F., Art. Heilige/Heiligenverehrung: TRE Bd. 14, 641-672; Jounel, P., Le renouveau du culte des saints dans la liturgie romaine, Rom 1986 (Bibliotheca Ephemerides Liturgicae: Subsidia 36); Müller, G. L., Gemeinschaft u. Verehrung der Heiligen. Gesch.-systematische Grundlegung der Hagiologie, Freiburg 1986; Baumeister, Th. – Uytfanghe, M. v., Art. Heiligenverehrung: RAC Bd. 14, 96-183; Schulz, W., Das neue Selig- u. Heiligsprechungsverfahren, Paderborn 1988; Beinert, W., Art. Heiligenverehrung: EKL³ Bd. 2, 440-446; Veraja, F., Heiligsprechung. Kommentar zur Gesetzgebung u. Anleitung für die Praxis, übers. u. hg. v. Andreas Resch, Innsbruck 1998 (ital.: Le Cause di Canonizzazione dei Santi. Commento alla legislazione e guida pratica, Vatikanstadt 1992); Vauchez, A. – Daxelmüller, C. – Jászai, G., Heilige A. Westkirche: LMA Bd. 4, 2014-2020; Belting, H., Bild u. Kult. Eine Geschichte des Bildes vor dem Zeitalter der Kunst, München ²1991; Brown, P., Die Heiligenverehrung. Ihre Entstehung u. Funktion in der lat. Christenheit, Leipzig 1991 (engl: The Cult of the Saints, London u. a. 1981); Angenendt, A., Heilige u. Reliquien. Die Geschichte ihres Kultes vom frühen Christentum bis zur Gegenwart, München 1994; Harnoncourt, Ph. – Auf der Maur, H., Feiern im Rhythmus der Zeit II/1. Der Kalender. Feste u. Gedenktage der Heiligen, Regensburg 1994 (Gottesdienst der Kirche 6,1); Baumeister, Th. – Müller, G. L. – Maritz, H. – Harnoncourt, Ph. – Plank, P. – Angenendt, A., Art. Heiligenverehrung: LThK³ Bd. 4, 1296-1304; Belting-Ihm, C. – Scheuer, M. – Woelk, M., Heiligenbilder: LThK³ Bd. 4, 1289-1293; Harnoncourt, Ph., Heiligenfeste: LThK³ Bd. 4, 1293-1295; Sieger, M., Die Heiligsprechung. Geschichte u. heutige Rechtslage, Würzburg 1995 (FzK 23); Klöckener, M., Festa sanctorum et martyrum: Augustinus-Lexikon Bd. 2, 1281-1305; Dell'Oro, F., Beatificazione e canonizzazione. „Excursus" storico-liturgico, Rom 1997 (Bibliotheca Ephemerides Liturgicae: Subsidia 89); Bergunder, M. – Köpf, U. – Müller, G. L. – Ivanov, V. – Barth, H.-M. – Schwemer, A. M. – Paul, J., Art. Heilige/Heiligenverehrung: RGG⁴ Bd. 3, 1539-1546; A cloud of witnesses. The cult of saints in past and present, hg. v. M. Barnard – P. Post – E. Rose, Leuven u. a. 2005 (Liturgia condenda 18); Angenendt, A., Die Gegenwart von Heiligen u. Reliquien, eingel. u. hg. v. H. Lutterbach unter Mitarbeit von S. Eck, Münster 2010; Goñi Beásoain de Paulorena, J. A., La reforma del año litúrgico y del calendario romano tras el Concilio Vaticano II, Rom 2011 (Bibliotheca Ephemerides Liturgicae: Subsidia 157; Liturgica Opera Prima 5); Bieritz, K.-H., Das Kirchenjahr. Feste, Gedenk- u. Feiertage in Geschichte u. Gegenwart, neu bearb. u. erw. von C. Albrecht, München ⁹2014 (Beck'sche Reihe 447); Siehe außerdem die Literaturberichte: Limburg, H. J., Heilige in der Liturgie: Archiv für Liturgiewissenschaft 40 (1998), 182-256; Langenbahn, S. K. – Limburg, H. J., Heilige im Kontext von Liturgie u. Liturgiewissenschaft: Archiv für Liturgiewissenschaft 54 (2012), 380-416; 55 (2013), 384-396; 56 (2014), 352-390 (wird fortgesetzt).

Martin Klöckener

© 2019, DOI: 10.30965/9783506786388_0383

Heiligenverehrung – Evangelisch

H. gibt es auf ev. Seite nur im weiten Sinn des Heiligengedenkens (memoria sanctorum). Die Reformatoren übten harsche Kritik an der zeitgenössischen Haltung (H. als „grausame Abgötterei" bei Melanchthon, Confessio Saxonica, CR 23, 89; als „der endchristlichen Missbräuche einer" in Luthers ASm. II/2; vgl. Calvins Institutio I, 12, 1; III, 20, 21-27). Die Anrufung von Heiligen wird luth. wie ref. abgelehnt, Bucer schaffte auch die Heiligentage ab. Im Hintergrund stehen die Gefährdung der Rolle Chr. als einzigen Mittlers u. die Berufung auf das neutestamentliche Verständnis, das alle Christen als durch die →Taufe geheiligte ansieht, die dem im Lebenswandel entsprechen sollen (Röm 1, 7; 15, 12 f.; 1 Kor 1, 2; Phil 2, 5; 4, 8; Kol 1, 12 u. öfter); in diesem Sinn wird auch die „Gemeinschaft der Heiligen" im Credo verstanden. Die CA weist dementsprechend in Art. 21 der memoria sanctorum positiv die Aufgabe der Festigung im →Glauben zu: Heilige sind exempla, Vorbilder des Glaubens u. guter Werke (vgl. Apologia CA 21, 37).

Das Gedenken an die Glaubenszeugen u. -vorbilder, etwa in Predigten, blieb im Luthertum bes. im Pietismus, den Erweckungsbewegungen u. bis in die Gegenwart relevant u. verbindet die chr. →Ökumene. Den altkirchlichen u. ma. Heiligen wurden (Vor-)Reformatoren u. Glaubenszeugen späterer Zeiten zugesellt. Ev. Lehrpläne berücksichtigen Heilige als Vorbilder des Glaubens (Elisabeth von Thüringen; Martin von Tours; Nikolaus von Myra u. a.). Ev. →Agenden enthalten einzelne Gedenktage (Stephanus, Maria, Maria Magdalena, Johannes der Täufer, Apostel, Evangelisten), die Selbständige Ev.-Luth. Kirche (→Freikirche) begeht am 01.11. den Gedenktag der Heiligen.

Literatur

Bardtke, H. – Nitschke, K. – Onasch, K., Art. Heiligenverehrung: EKL Bd. 2, 58-64; Lackmann, M., Versuch einer luth. Lehre von den Heiligen, Stuttgart 1958; Hannick, C. – Hausberger, K. – Lanczkowski, G. – Larsson, G. – Schulz, F., Art. Heilige/Heiligenverehrung: TRE Bd. 14, 644-677; Beinert, W., Art. Heiligenverehrung: EKL³ Bd. 2, 440-446; Anderson, H. G. – Burgess, J. A. – Stafford, J. F., The One Mediator, the Saints, and Mary, Augsburg Fortress (MN) 1992 (Lutherans and Catholics in Dialogue 8); Knodt, G., Leitbilder des Glaubens. Die Geschichte des Heiligengedenkens in der ev. Kirche, Stuttgart 1998 (Calwer theol. Monographien C, Praktische Theologie u. Missionswissenschaft 27); Barth, H.-M., Art. Heilige/Heiligenverehrung 3. Ev. Verständnis: RGG⁴ Bd. 3, 1544 f.; Bilaterale Arbeitsgruppe der DBK u. der Kirchenleitung der VELKD, Communio Sanctorum. Die Kirche als Gemeinschaft der Heiligen: https://www.dbk.de/fileadmin/redaktion/diverse_downloads/communio_sanctorum.pdf [Zugriff: 15.05.2019].

Andrea Beyer

© 2019, DOI: 10.30965/9783506786388_0383

Heiligenverehrung – Islamisch

Innerhalb des →Islams existiert kein kodifiziertes Verfahren der Heiligsprechung; die Verehrung bestimmter islam. Gründerfiguren, biblischer Propheten od. lokalkultureller Autoritäten als Freunde Gottes (awliyāʾ) beruht vielmehr auf einem Common Sense in der gelebten Religion. Als Träger der göttlichen Segenskraft (baraka) bilden diese Entitäten eine Brücke zu Gott (Allāh) sowie zur verborgenen Welt (al-ġayb), die sie zu übernatürlichen Wundertaten bemächtigt. Diese finden Eingang in zahlreiche Narrative, die die hl. Personen m. bestimmten Wirkungsstätten in Verbindung bringen. Typische rituelle Handlungen im Kontext der islam. H. bilden u. a. das mehrmalige Umrunden u. Küssen eines Grabes (welches nicht zwangsläufig die leiblichen Überreste des Hl. beherbergt, sondern ein Symbol für dessen metaphysische Anwesenheit darstellt); das Hinterlassen von Geldspenden, Bildern u. Ausstattungsgegenständen in den Grabkammern; das Ablegen von Eidesleistungen, die m. der Verknotung eines Stoffstreifens besiegelt werden; Vollzug von Schlachtopfer (insb. Schafe, Hühner) sowie Rituale der Selbsterniedrigung od. der ethnisch-religiösen Grenzüberschreitung. Seit Anbeginn des Islam gilt die H. als theol. umstritten, da sich der Prophet Mohammad für einen strikten Monotheismus aussprach, in dem das Prinzip der Transzendenz ausschließlich Gott alleine zufällt. V. a. in der hanbalitischen →Rechtsschule, die in Saudi-Arabien beheimatet u. gegenwärtig für jihadistische Gruppierungen richtungsweisend ist, gilt die H. als unzulässige Neuerung (bidʿa). So werden selbst von →Sunniten frequentierte Heiligengräber immer wieder durch sunnitische Extremisten zerstört.

Literatur

Goldziher, I., Die Heiligenverehrung im Islam, Halle 1888 (Muhammedanische Studien II), 277-378; Kahle, P., Gebräuche bei den moslemischen Heiligtümern in Palästina: Palästinajahrbuch 8 (1912), 139-178; Kriss, R. – Kriss-Heinrich, H., Volksglaube im Bereich des Islam, Bd. 1: Wallfahrtswesen u. Heiligenverehrung, Wiesbaden 1960; Gellner, E., Saints of the Atlas, London 1969; Gonnella, J., Islam. Heiligenverehrung im urbanen Kontext am Beispiel Aleppo, Berlin 1995 (Islamkundliche Untersuchungen 190); Franke, P., Begegnung m. Khidr. Quellenstudien zum Imaginären im traditionellen Islam, Beirut – Stuttgart 2000; Fartacek, G., Pilgerstätten in der syrischen Peripherie. Eine ethnologische Studie zur kognitiven Konstruktion sakraler Plätze u. deren Praxisrelevanz, Wien 2003 (Österr. Akademie der Wissenschaften – Sitzungsberichte der phil.-hist. Klasse 700. Bd.); Stauth, G., Ägyptische hl. Orte II. Zwischen den Steinen des Pharao u. islam. Moderne. Konstruktionen, Inszenierungen u. Landschaften der Heiligen im Nildelta: Fuwa – Sa al-Hagar (Sais) – Bielefeld 2008; Hundhammer, M., Prophetenverehrung im Ḥaḍramaut. Die Ziyāra nach Qabr Hūd aus diachroner u. synchroner Perspektive, Berlin 2010; Fartacek, G. – Nigst, L., Conforming to and Breaking with Social Norms: Two Contrary Modes of baraka: Beiruter Texte u. Studien 122 (2016); Nigst, L., Eine Wirklichkeit unter anderen: Zur Sicht südtunesischer Rechtsgelehrter auf Glaube u. Heiligkeit: International Forum on Audio-Visual Research 7 (2016).

Gebhard Fartacek

© 2019, DOI: 10.30965/9783506786388_0383

Heiliger Stuhl

→Apostolischer Stuhl

Heiliges Offizium

→Kongregationen, römische

Heiligkeit – Katholisch

Die Hl. Schrift versteht unter H. die Eigenschaft Gottes, die seine Erhabenheit gegenüber der Welt u. zugl. seinen Heilswillen für alle Menschen (vgl. 1Tim 2, 4) ausdrückt. Durch den →Heiligungsdienst des menschgewordenen Sohnes Gottes (vgl. 1Kor 1, 30) u. die Ausgießung des Hl. Geistes (vgl. Röm 5, 5; 1 Petr 1, 2) wird die Berufung des Menschen zur H. u. damit zur Teilnahme am Leben Gottes (vgl. Eph 4, 24) begr., die ihre sakramentale →Initiation in der →Taufe findet: „Die Anhänger Christi sind … in der Taufe des Glaubens wahrhaft Kinder Gottes und der göttlichen Natur teilhaftig und so wirklich heilig geworden" (LG 40, 1). Diese ontologische H. als „Zugehörigkeit zu Gott" öffnet den Blick auf ihre geistl. u. caritative Verwirklichung (Johannes Paul II., Christifideles Laici 16), die sich gem. der je eigenen Berufung (→Berufung, geistliche) vollzieht (vgl. LG 41, 1). Alle Getauften sollen demzufolge „die Heiligung, die sie empfangen haben, mit Gottes Gnade im Leben bewahren und zur vollen Entfaltung bringen" (LG 40, 1) und „zum Wachstum und zur ständigen Heiligung der Kirche" (LG 33, 1) beitragen. Die Berufung zur H. sowie ihre vielfältige Verwirklichung sind daher allein im Kontext der Kirche u. des →Glaubens verortet (H. der Kirche), unbeschadet der Präsenz vielfältiger „Elemente der Heiligung und der Wahrheit" (LG 8, 2) außerhalb ihrer institutionellen Verfasstheit.

Die normative Beachtung findet die Berufung zur H. im Gemeinstatut der Rechte u. Pflichten aller Christgläubigen (→Grundrechte und Grundpflichten der Christen) (c. 210; c. 13 CCEO). Wenn zum allg. Rechtsbegriff u. a. die Kriterien Interpersonalität, Feststellbarkeit, Erfüllbarkeit u. Judiziabilität gehören (vgl. Müller, 1997, 473-477), handelt es sich dabei folglich nicht um eine Rechtspflicht, sondern um eine moralische Verpflichtung. Dies begr. sich im Verständnis der H. als Wirklichkeit Gottes, an der der Mensch durch die Taufgnade u. im Leben der Kirche Anteil gewinnt, deren Vollendung sich jedoch allein durch das Handeln Gottes selbst vollziehen kann. Zugl. erinnert die Verpflichtung aber den Getauften daran, sich um ein dieser Gnadengabe Gottes entspr. Leben zu bemühen.

Quellen

Vat II, LG 39-42; Johannes Paul II., Nachsynodales Apost. Schreiben Christifideles Laici vom 30. Dezember 1988: AAS 81 (1989), 393-521; dt.: VApSt 87; ders., Apost. Schreiben Novo millenio ineunte vom 6. Januar 2001: AAS 93 (2001), 266-309; dt.: VApSt 150; Franziskus, Apost. Schreiben Gaudete et Exsultate vom 19. März 2018: VApSt 213.

Literatur

Müller, L., Streben nach Heiligkeit – eine Rechtspflicht? Über Möglichkeiten u. Grenzen rechtlicher Ordnung in der Kirche: AfkKR 166 (1997), 468-480; Gutiérrez, J. L., La llamada universal a la santidad en el estatuto jurídico del fiel cristiano: IusCan 42 (2002), 491-512; Koch, K., Zur Heiligkeit sind alle Getauften berufen, Solothurn 2008; Heiligkeit u. Apostolizität der Kirche, hg. v. Th. Hainthaler – F. Mali – G. Emmenegger, Innsbruck 2010; Schlosser, M., Berufen zur Heiligkeit in der communio sanctorum. Anmerkungen zum 5. Kapitel von „Lumen gentium": IKZ 40 (2013), 448-459; Ohly, C., Berufung zur Heiligkeit. Ein Anliegen des II. Vat. Konzils im Licht der kirchl. Gesetzbücher u. ihrer Wirkungsgeschichte: Ius canonicum in communione christifidelium (FS Hallermann), hg. v. M. Graulich – T. Meckel – M. Pulte, Paderborn 2016 (KStKR 23), 167-185; Brüning, M., Ermunterung zur Heiligkeit. Die Tugenden im Leben der Heiligen u. Seligen, Kißlegg 2016; Gerosa, L., Mitbürger der Heiligen (Eph 2,19). Das Fördern der Heiligkeit der Kirche als Verpflichtung: Ein Paradigma für die kan. Hermeneutik: Theologia Iuris Canonici (FS Müller), hg. v. Ch. Ohly – W. Rees – L. Gerosa, Berlin 2017 (KStT 67), 53-64; Würges, St., Die allg. Berufung zur Heiligkeit im Zweiten Vat. Konzil. Werdegang u. Systematik, Berlin 2018 (Theologie des geistl. Lebens 2).

Christoph Ohly

© 2019, DOI: 10.30965/9783506786388_0386

Heiligsprechungskongregation

→Kongregation für die Selig- und Heiligsprechungsprozesse, →Kongregationen, römische, →Heiligsprechungsverfahren

Heiligsprechungsverfahren – Katholisch

1. Heilige u. Selige: Als Abbild Gottes (Gen 1, 26) sind alle Menschen zur →Heiligkeit berufen. Durch die Taufe in die hl. Kirche eingefügt, sind alle Christen als Glieder des Leibes Chr. in der Nachfolge Jesu in bes. Weise zum Streben nach persönlicher Vollkommenheit berufen. „Heilige" sind jene Gläubige, „die, durch Gottes vielfältige Gnade zur Vollkommenheit geführt, das ewige Heil bereits erlangt haben, Gott im Himmel das vollkommene Lob singen und Fürsprache für uns einlegen" (SC 104). Während die Heiligen verehrt werden, kommt Anbetung allein Gott zu.

Der Verehrung der Heiligen (→Heiligenverehrung) kommt in der Kirche in mehrfacher Hinsicht Bedeutung zu: 1. Die Heiligen sind Vorbilder gelungenen chr. Lebens u. erinnern an die Bestimmung des Menschen, Gott zu loben. 2. Die Verehrung der Heiligen verbindet die irdische Kirche m. der himmlischen u. trägt so zur Einheit der Kirche bei. 3. Die Heiligen sind in bes. Weise Fürsprecher bei Gott. Wegen dieser bes. Rolle der Heiligen im Leben der Kirche legt der gesamtkirchliche Gesetzgeber in c. 1187 (vgl. c. 885 CCEO) fest: „Öffentlich verehrt werden dürfen nur Diener Gottes, die durch die Autorität der Kirche in das Verzeichnis der Heiligen und Seligen aufgenommen worden sind."

Die Kanonisation ist die höchste Verherrlichung eines Dieners Gottes seitens der Kirche, der zur Ehre der Altäre erhoben wird. Die Selig- bzw. Heiligsprechung ist der feierliche Abschluss des geordneten Verfahrens, in dem die Kirche in liturgischer Form kirchenamtlich bestätigt, dass der Selige bzw. Heilige während seines Lebens, seines Todes u. nach dem Tod im Ruf der Heiligkeit stand u. steht, indem er auf heroische Weise alle chr. Tugenden lebte, od. im Ruf des Martyriums stand, weil er dem Herrn Jesus Chr. in bes. Weise folgte u. ihm daher sein Leben im Martyrium opferte, sein Leben für den Glauben hingab. Männer u. Frauen, die sich durch Nächstenliebe u. andere ev. Tugenden auszeichnen, werden so vom Apost.

Stuhl den Gläubigen zur Nachahmung, Verehrung u. Anrufung vor Augen gestellt. Während die Heiligsprechung sich auf die Aufnahme in das Verz. der Heiligen bezieht u. aufgrund dessen die amtl. Verehrung in der ganzen Kirche ermöglicht, ist die vorausgehende Seligsprechung die päpstliche Genehmigung für eine begrenzte amtl. Verehrung (z. B. für eine Ortskirche, Ordensgemeinschaft, für ein Land u. Ähnliches).

2. Rechtsentwicklung: In frühchristlicher Zeit wurden die Begriffe Heilige (sancti) u. Selige (beati) synonym gebraucht. Diese unspezifische Verwendung finden wir auch heute noch in der Liturgie, wenn etwa im Schuldbekenntnis von der seligen Jungfrau Maria gesprochen wird od. im Ersten Kanon des Messbuches in der editio typica von den Beatorum Apostolorum. Im MA wurde dann Sancti nur noch für die päpstlich kanonisierten Heiligen verwendet, während die nach wie vor von Bf. Approbierten Selige (Beati) genannt wurden.

Wurden die Apostel u. Blutzeugen bereits in frühchristlicher Zeit verehrt, dehnte sich der Kult seit der zweiten Hälfte des 4. Jh. auch auf andere im Ruf der Heiligkeit Gestorbene aus. Später wurden Verteidiger des wahren Glaubens gegen die Irrlehren als Bekenner (confessores) einbezogen. Äußeres Zeichen der Verehrung war die Erhebung der Gebeine zur Ehre der Altäre. Fragen hinsichtlich der Integrität u. Orthodoxie der Verehrten veranlassten Ende des 8. Jh. die Bf. als Einzelne od. durch kollegialen Akt auf Synoden, der approbatio cultus auf teilkirchlicher u. regionaler Ebene mehr Gewicht zu verleihen. In der Folgezeit wurde den Entscheidungen durch Einbeziehung des Apost. Stuhls zusätzliche Autorität verliehen. Seit P. Eugen III. (1145-1153) entwickelte sich ein päpstliches Vorbehaltsrecht, das von P. Alexander III. (1159-1181) im Dekretale Audivimus festgeschrieben u. 1234 durch die Aufnahme in die Dekretalen Gregors IX. allg. Recht wurde (c. 5 X 3,45), aber erst im Zusammenhang m. der Errichtung der Ritenkongregation durch die ApK Immensa Aeterni Dei Papst Sixtus V. vom 22.01.1588 durchgesetzt werden konnte. Durch das Breve Urbans VII. Coelestis Hierusalem vom 05.07.1634 wurde das Verfahren zur Heiligsprechung erneuert u. bei der Kodifikation im Wesentlichen unverändert in den cann. 1999-2141 übernommen. Um den Anforderungen der krit. Wissenschaft besser entsprechen zu können, errichtete P. Pius XI. 1930 eine Hist. Sekt. bei der Ritenkongregation u. erließ 1939 Normen, die bei der Durchführung ordentlicher Prozesse in hist. Fällen zu beachten sind. In Folge des Vat II straffte P. Paul VI. durch das MP Sanctitatis clarior vom 19.03.1969 das Verfahren u. schuf am 08.05.1969 eine eigene Kongregation für H. (→Kongregation für die Selig- und Heiligsprechungsprozesse).

Gem. der Verweisnorm in c. 1403 §1 (vgl. c. 1057 CCEO) ordnete P. Johannes Paul II. durch die ApK Divinus Perfectionis Magister vom 25.01.1983 das Verfahren zur Selig- u. Heiligsprechung unter Derogation bisherigen Rechts umfassend neu. Entspr. der vor 1975 üblichen Praxis verfügte P. Benedikt XVI. im J. 2005, dass die Seligsprechungsfeiern wieder in den prozessführenden Diözesen durchgeführt werden.

Zuletzt wurde das Verfahren zur Heiligsprechung m. der Instr. Sanctorum Mater vom 17.05.2007 modifiziert. Darin wird u. a. definiert, für wen ein →Seligsprechungsverfahren bzw. H. durchzuführen ist u. was unter dem Ruf der Heiligkeit, Ruf des Martyriums u. Ruf der Wundertätigkeit zu verstehen ist. Ziel der neuen Verfahrensordnung ist es, die Diözesanbischöfe u. die ihnen durch das Recht gleichgestellten Hierarchen in größerem Umfang als bisher an der Durchführung dieser Verfahren zu beteiligen u. durch die Vereinfachung der Verfahrensvorschriften diese zu beschleunigen. Sache des Diözesanbischofs ist es, in seinem Bereich Erhebungen hinsichtlich des Lebens, der Tugenden od. des Martyriums wie auch einer seit alters bestehenden Verehrung eines Dieners Gottes durchzuführen, wobei die Tugenden od. das Martyrium getrennt von den geltend gemachten Wundern zu untersuchen sind.

3. Geltende Verfahrensordnung: Die Selig- u. Heiligsprechung erfolgt entspr. der dargestellten Sondergesetzgebung in einem geordneten Verfahren in mehreren Schritten. Zunächst erfolgt das diözesane Verfahren, gefolgt von einem Verfahren an der Kongr. für Selig- u. Heiligsprechungen. Abgeschlossen wird das Verfahren durch Entscheidung des P. u. die Heiligsprechung im Rahmen einer Papstmesse, in der der Selige in den Kanon der Heiligen der Kirche aufgenommen wird (Kanonisation). Anders als eine Seligsprechung ist eine Heiligsprechung eine definitive Entscheidung des höchsten kirchl. →Lehramtes, die vom →Glaubenssinn der Gläubigen angeregt u. getragen wird. Auch wenn die geltenden Verfahrensordnungen darüber schweigen, gilt die päpstliche Entscheidung über die Kanonisation deshalb als unfehlbar u. irreversibel.

4. Kirchenlehrer: Kirchenlehrer (doctor Ecclesiae) ist ein Titel, den der P. für herausragende Leistungen in der Theologie u. in der Glaubensweitergabe verleiht. Der Titel entwickelte sich ab dem 13. Jh. aus dem Titel Kirchenvater. Im Gegensatz zu diesem ist der Titel Kirchenlehrer nicht auf das chr. Altertum beschränkt. Die Kirchenlehrer bringen den Menschen ihrer Zeit u. oftmals auch späterer Zeiten die Lehre des eigentlichen Kirchenlehrers Jesus Chr. auf bes. Weise nahe u. sind damit Zeugen der Glaubenslehre der Kirche.

Gem. der Festlegung durch P. Benedikt XIV. sind vier Merkmale erforderlich, damit jemand als Kirchenlehrer bzw. Kirchenlehrerin geehrt werden kann: a) Rechtgläubigkeit der Lehre (doctrina orthodoxa), verstanden als Lehrgemeinschaft m. der Kirche, nicht als Irrtumslosigkeit in einzelnen theol. Lehrmeinungen; b) Heiligkeit des Lebens (sanctitas vitae), Anerkennung des vorbildlichen Lebens durch die Verehrung bzw. ausdrückliche Anerkennung der Kirche; c) herausragende Lehre (doctrina eminens); nicht nur die streng wiss. Theologie ist hier gemeint, sondern auch der Aspekt der mystisch-spirituellen Erfahrung u. Wegweisung; d) Anerkennung bzw. offizielle Ernennung durch die Kirche (expressa ecclesiae declaratio).

I. d. R. wurden m. dem Titel Kirchenlehrer bestimmte ausgewählte Heilige der Kirche geehrt; in seltenen Ausnahmen, zuletzt bei Hildegard von Bingen, erfolgte die Heiligsprechung zugl. m. der Erhebung zum Kirchenlehrer. Wird bei der Erhebung zur Kirchenlehrerin dabei auf ein förmliches Verfahren (canonicatio formalis) zur Heiligsprechung verzichtet, spricht man von einer canonizatio aequipollens. Diese Entscheidung wird jedoch nicht m. der gewöhnlichen Heiligsprechungsformel verkündet, sondern durch ein Dekr., das die ganze Kirche verpflichtet, jenen Diener Gottes in der den kanonisierten Heiligen vorbehaltenen Form zu verehren.

Quellen

Sixtus V., ApK Immensa Aeterni Dei vom 22. Januar 1588: Bullarum diplomatum et privilegiorum Sanctorum Romanorum Pontificum Taurinenses editio, Turin 1857-1872, Vol. VIII, 985-999; Vat II, SC; Vat II, LG; Paul VI., MP Sanctitatis clarior vom 19. März 1969: AAS 61 (1969), 149-153; Johannes Paul II., ApK Divinus Perfectionis Magister vom 25. Januar 1983: AAS 75 (1983), 349-355; Kongr. für die Selig- u. Heiligsprechungsprozesse, Sanctorum Mater. Instr. bzgl. des Ablaufs der diözesanen od. eparchalen Ermittlungsverfahren im Falle von Heiligsprechungsprozessen vom 17. Mai 2007: AAS 99 (2007), 465-510; ders., Instr. Die Reliquien in der Kirche. Echtheit u. Aufbewahrung vom 5. Dezember 2017: http://www.vatican.va/roman_curia/congregations/csaints/documents/rc_con_csaints_doc_20171208_istruzione-reliquie_ge.html#_ftnref2 [Zugriff: 15.05.2019].

Literatur

Schulz, W., Das neue Selig- u. Heiligsprechungsverfahren, Paderborn 1988; Sieger, M., Die Heiligsprechung. Geschichte u. heutige Rechtslage, Würzburg 1995 (FzK 23); Veraja, F., Heiligsprechung. Kommentar zur Gesetzgebung u. Anleitung für die Praxis, übers. u. hg. v. A. Resch, Innsbruck 1998; Gerosa, L., Die Heiligsprechungspraxis der Kirche u. die theol. Grundlagen des kan. Prozessrechts: W. Schulz in memoriam. Schriften aus Kanonistik u. Staatskirchenrecht, hg. v. C. Mirabelli, Frankfurt u. a. 1999 (AIC 8), 327-341; Palazzini, P., Normen für die Bischöfe zu den Erhebungen bei Heiligsprechungsverfahren: Heiligkeit als Herausforderung, hg. v. J. Mikrut, Wien 1999, 213-223; Mikrut, J., Die Diözesanerhebung bei Kanonisationsverfahren, Personen u. Dokumente, Praktische Hinweise: Heiligkeit als Herausforderung, hg. v. J. Mikrut, Wien 1999, 121-135; Mette, A., Kanonisationsverfahren, zur Praxis der Selig- u. Heiligsprechung: Diakonia 31 (2000), 95-101; Gänswein, G., „Das ist es, was Gott will: Eure Heiligung". Anmerkungen zum Selig- u. Heiligsprechungsverfahren: Iudicare inter fideles (FS Geringer), hg. v. W. Aymans – H. Schmitz – St. Haering, St. Ottilien 2002, 93-108; Marckhoff, U., Das Selig- u. Heiligsprechungsverfahren nach kath. Kirchenrecht, Münster – Hamburg – London 2002 (Münsteraner Studien zur Rechtsvergleichung 89); Aimone-Braida, P., Die kan.-theol. Qualifikation päpstlicher Selig- u. Heiligsprechungen: Freiburger Zeitschrift für Philosophie u. Theologie 50 (2003), 481-511; Wetzstein, Th., Heilige vor Gericht, Das Kanonisationsverfahren im europäischen Spätmittelalter, Köln – Weimar – Wien 2004 (Forschungen zur kirchl. Rechtsgeschichte u. zum Kirchenrecht 28); Schulz, W., Art. Heiligsprechung: LKR, 383-389; Primetshofer, B., Die Wunder bei Selig- u. Heiligsprechungen, eine krit. Anfrage: Orientierung 70 (2006), 95 f.; Gresser, G., Päpstliche Kanonisationspolitik im 11. Jahrhundert: In Dienst von Kirche u. Wissenschaft (FS Hierold), hg. v. W. Rees – S. Demel – L. Müller, Berlin 2007, 97-112; Witwer, T., Die Verehrung der Heiligen: ihr Zeugnis in seiner Bedeutung für die Berufungspastoral: Studia missionalia 61 (2012), 171-194; Dennemarck, B., Die Selig- u. Heiligsprechung: HbkathKR³, 1447-1453; Moll, H., Ist die päpstliche Heiligsprechung ein Ausdruck des unfehlbaren Lehramtes? Gesch. u. theol. Erörterungen: Forum Kath. Theologie 32 (2016), 56-74.

Bernd Dennemarck

© 2019, DOI: 10.30965/9783506786388_0388

Heiligsprechungsverfahren – Orthodox

Die Heiligsprechung in der orth. Kirche gründet auf dem Verständnis von Hl. u. deren Verehrung in der Christenheit des ersten Jahrtausends u. insb. in der byzantinischen Kirche. Für die amtl. Aufnahme von Personen in die Gemeinschaft der Hl. lauten die griech. Begriffe anakeryxis (Verlautbarung), anagnorisis (Anerkennung), hagiokatataxis (Aufnahme in die Schar der Hl.) sowie entaxis eis to heortologion (Einreihung in den Kirchenkalender). Der Begriff Kanonisation (russisch kanonizacija, rumänisch canonizarea) ist wohl jüngeren Ursprungs.

Maßgeblich für die Erlangung des Status eines/einer Hl. war im Christentum des 1. Jahrtausends die Verehrung im Kirchenvolk; die kirchl. Anerkennung fand in der Aufnahme in Heiligenverzeichnissen od. Vitensammlungen ihren Abschluss (vgl. c. 63 Trullanum zur Verwendung unerlaubter Martyrologien). Das Synaxarion (Slg. von Kurzviten) Konstantinopels (10./11. Jh.) verzeichnet über 2000 Hl., das Menologion (Vitensammlung) des Symeon Metaphrastes (11. Jh.) 148 Texte. Ein offizieller Heiligsprechungsakt u. eine gewisse Formalisierung sind im → Ökumenischen Patriarchat im 13. u. 14. Jh. an Verfahrenselementen der synodalen Kanonisierungen erkennbar.

Die im erwähnten Synaxarion (bzw. im Heortologion) verzeichneten Hl. bilden bis heute den Grundbestand der Menäen (gottesdienstliche Monatsbücher) der Kirchen byzantinischer Tradition, die für jeden Tag entspr. Offizien enthalten. Doch wurden u. werden die Menäen in den einzelnen orth. Kirchen auch durch neuzeitliche u. zeitgenössische Personen erw., sodass meist mehrere Gedächtnisse pro Tag zur Verfügung stehen.

In der RussOK ist im 16. Jh. eine Verrechtlichung der Heiligsprechung erkennbar. 1989 wurde eine Synodalkommission für H. eingerichtet. In den letzten Jahrzehnten wurden von dieser Kirche ca. 1800 Opfer der kommunistischen Kirchenverfolgung kanonisiert. In jüngerer Zeit werden in der Orthodoxie vermehrt auch westkirchliche Hl. aus der Zeit vor 1054 rezipiert (z. B. König Stephan von Ungarn im J. 2000 durch das Ök. Patriarchat u. 2007 durch die RussOK).

In der Kanonisierungspraxis spiegeln sich nicht selten gesellschaftliche u. politische Verhältnisse sowie nationale Aspekte wider. Als amtl. anerkannte Vorbilder kommt Hl. oft auch die Funktion der Zeugenschaft für eine best. Ausprägung der kirchl. Tradition zu.

Zu den wichtigsten Gruppen der Hl. zählen – neben der Gottesgebärerin Maria, Johannes dem Täufer, Engeln, Propheten, Aposteln u. weiteren biblischen Personen (darunter mehr alttestamentliche als in der lat. Tradition) – Hierarchen (→Bischöfe), Märtyrer(innen) u. Mönche/Nonnen bzw. Asketen(innen). Darüber hinaus existieren weitere Zuordnungen, z. B. Bekenner, Anargyren (uneigennützige Ärzte), Narren in Chr., Apostelgleiche, Gerechte sowie Kombinationen zwischen Heiligengruppen. Frauen sind insgesamt deutlich in der Minderheit. Der Begriff Neumärtyrer findet sich bereits im Zusammenhang m. dem Bilderstreit, bezieht sich im griech.-byzantinischen Raum v. a. aber auf das Martyrium unter osmanischer, in der RussOK insb. auf jenes unter kommunistischer Herrschaft. Für die Orthodoxie in Deutschland bedeutsam ist die 2012 erfolgte lokale Kanonisierung (s. unten) von Alexander Schmorell (1917-1943, Mitglied der Widerstandsgruppe Weiße Rose) durch die RussOK im Ausland.

Für die Heiligsprechung von Märtyrern ist neben Rechtgläubigkeit ihr Märtyrertod von primärer Bedeutung. Bei den übrigen gelten insb. tugendhafte Lebensführung, Dienst an der Kirche, Wundertätigkeit u. die (über eine längere Zeit dokumentierte) Verehrung im Volk als als wesentliche Kriterien. Vorgaben u. Verfahren differieren teilweise zwischen den einzelnen autokeph. Kirchen. Wie auch in anderen Fällen der Ausübung religiöser →Autorität, die in der Orthodoxie amtl. Festlegungen übersteigt, entscheidet letztlich die Rezeption durch die Kirche.

Das H. ist Sache der autokeph. Kirche, der der Hl. angehörte. Im Ök. Patriarchat werden beim H. berücksichtigt: 1. das (panorthodox maßgebliche) Bewusstsein des Kirchenvolkes, das die Hl. erkennt u. bestätigt; 2. die Bestätigung der zuständigen kirchl. (bfl.) Autorität, die sich an das →Patriarchat wendet; 3. einen Ber. der kan. Kommission; 4. die Entscheidung der Hl. →Synode durch Verabschiedung eines Dokuments (Tomos) der Anerkennung. Eine amtl. Bestätigung kann in der Orthodoxie insgesamt aber durchaus wesentlich später erfolgen als die Verehrung im Volk.

Die RussOK kennt – im Unterschied zu anderen autokeph. Kirchen – neben der gesamtkirchlichen Kanonisation, für die das Bischofskonzil zuständig ist, auch eine Heiligsprechung zur lokalen Verehrung (auf Ebene von selbstverwalteten Kirchen, überdiözesanen Verbänden u. Diözesen). Diese wird auf Antrag des entspr. kirchl. Organs u. eines Beschl. des Hl. Synod durch den Bf. (bzw. die Bf.) vorgenommen (vgl. Statut III.5.d, V.25 f.; Hl. Synod, Beschl. 66, 15.07.2016). Trotz einer gewissen Entsprechung zwischen dieser lokalen Heiligsprechung u. der kath. Seligsprechung kennt die Orthodoxie keine formale Unterscheidung zwischen Hl. u. Seligen. Heiligsprechungen äußern sich in der Ablösung des Totengedenkens durch eine liturgische Verehrung. Es gibt auch einige Fälle der „Entkanonisierung".

Die RumOK hat 2002 Regelungen für ihr H. erlassen, das eine Bestätigung durch den Hl. Synod u. eine feierliche Proklamation vorsieht. Zwischen den einzelnen autokeph. Kirchen differiert der liturgische Akt (der teilweise entfallen kann). Neue Hl. werden grds. von den anderen orth. Schwesterkirchen anerkannt u. teilweise auch in den eigenen Kalender aufgenommen. Im Zusammenhang m. der Heiligsprechung werden Ikonen u. gottesdienstliche Offizien für Liturgie, Stundengebet sowie Bittgottesdienste u. eine Vita angefertigt. Eine wichtige Rolle spielt auch die Reliquienverehrung.

Die Hl. werden auf vielfältige Weise als Fürbitter angerufen u. verehrt. In der eucharistischen Liturgie kommt in der Nennung von Hl. bei der Gabenbereitung (Prothesis) u. im Hochgebet (Anaphora) der umfassende Gemeinschaftscharakter der Kirche zum Ausdruck, im Kommunionruf (Das Hl. den Hl.) die allg. chr. Berufung zur Heiligkeit u. der Bedarf an Heiligung. Das theol. Verständnis der Hl. als Manifestation der Heiligkeit Gottes bzw. des Hl. Geistes zeigt sich in der häufigen Heranziehung von Ps 67, 36 (LXX): Wunderbar ist Gott in seinen Hl.

Quellen

Synaxarium ecclesiae Constantinopolitanae e codice Sirmondiano nunc Berolinensi adiectis synaxariis selectis, hg. v. H. Delehaye, Brüssel 1902 (Nachdr. 1985); ders., Novum Auctarium Bibliothecae Hagiographica Graecae, Brüssel 1984 (Subsidia hagiographica 65); Tsetses, G., He entaxis ton hagion sto heortologio, Katerine [1991], 167-206; Das Synaxarion. Die Leben der Heiligen der Orth. Kirche, hg. v. Kloster des Hl. Johannes des Vorläufers, Ormylia (Chalkidike), 2 Bde., Chania 2005/06; Lucrările Sfântului Sinod al Bisericii Ortodoxe Române, Temei nr. 4255/2002, 5095/2002 (25.11.2002): Biserica Ortodoxă Română 120 (2002), H. 10-12, 367-370; Minäen. Sämtliche Vespertexte aus den griech. Minäen in dt. Sprache, übers. von P. Plank, 4 Bde., Aschaffenburg 2010; Statut Russkoj Pravoslavnoj Cerkvi (2000, i. d. F. v. 02.12. 2017): http://www.patriarchia.ru/db/document/133114/ [Zugriff: 15.05.2019]; Heiliger Synod der RussOK, Beschluss Nr. 66, 15.07.2016: Žurnal Moskovskoj Patriarchii 2016, H. 8, 11f.; Christian Novels from the Menologion of Symeon Metaphrastes, ed. u. übers. von S. Papaioannou, Cambridge, MA 2017 (Dumbarton Oaks Medieval Library 45); Russkaja Pravoslavnaja Cerkov. Moskovskij Patriarchat. Sinodal'naja komissija po kanonizacija Svjatych: http://kanonkom.ru/ [Zugriff: 15.05.2019].

Literatur

Alibizatos, A. S., He anagnorisis ton hagion en te Orthodoxo Ekklesia: Theologia 19 (1941-1948), 18-52; The Byzantine Saint, hg. v. S. Hackel, London 1981; Halkin, F., Bibliotheca Hagiographica Graeca (BHG), 3 Bde., Brüssel ^{3}1957 (Subsidia hagiographica 8a) m. BHG Auctarium u. BHG Novum Auctarium, Brüssel 1969, 1984 (Subsidia hagiographica 47, 65); Macrides, R., Saints and Sainthood in the Early Palaiologian Period: The Byzantine Saint, hg. v. S. Hackel, London 1981, 67-87; Konstantinos (Charisiades), Metropolites Derkon, He anagnorisis hagion en te Orthodoxo Ekklesia kata ten taxin tou Oikoumenikou Patriarcheiou: Epistemonike parousia Hestias Theologon Chalkes 1 (1987), 225-232; Tsetses, G., He entaxis ton hagion sto heortologio, Katerine [1991], 17-163; Talbot, A.-M., Art. Canonization: Oxford Dictionary of Byzantium Bd. 1, 372; Hannick, Chr., Heilige/Heiligenverehrung VI. Die orth. Kirche: TRE Bd. 14, 660-664; Plank, P., Heiligenverehrung V. In den Ostkirchen: LThK^{3} Bd. 4, 1300f.; Enciclopedia dei santi. Le chiese orientali, 2 Bde., Rom 1998f. (Bibliotheca sanctorum orientalium); The Ashgate Research Companion to Byzantine Hagiography, hg. v. St. Efthymiades, 2 Bde., Farnham, UK – Burlington, VT 2011, 2014; Larentzakis, G., Die orth. Kirche. Ihr Leben u. ihr Glaube, Wien – Berlin – Münster ^{3}2012 (orientalia – patristica – oecumenica 4), 85-90; Mitsiou, E., Heilige u. Mönche in Byzanz: Außenseiter od. Leitfiguren?: Ostkirchliche Studien 59 (2010), 215-238; „Kanonizacija svjatych v Russkoj Pravoslavnoj Cerkvi". Doklad mitropolita Krutickogo i Kolomenskogo Juvenalija, predsedatelja Sinodal'noj komissii po kanonizacii svjatych, na ceremonii otkrytija XII Roždestvenskich čtenij (25.01.2004): https://mospat.ru/archive/2004/01/6302/ [Zugriff: 15.05.2019]; Tsames, D., Hagiologia tes Orthodoxes Ekklesias, Thessalonike 2010; Brusanowski, P., Über das Leben des Metropoliten Andrei Freiherr von Şaguna anläßlich seiner Heiligsprechung in der Rumänisch-orth. Kirche: Ostkirchliche Studien 60 (2011), 235-254, 236-239; Németh, Th., Heilige u. Heiligenverehrung in der Orthodoxie: HeiligSEIN u. SeligSPRECHEN. Reflexionen zur Heiligenverehrung anlässlich der Seligsprechung von Georg Häfner, hg. v. W. Weiß, Würzburg 2012 (WTh 8), 129-145; Tkačev, E. V., Art. Kanonizacija: Pravoslavnaja Ėnciklopedija Bd. 30, 269-359, 269-326, 354-359; Igumen Damaskin (Orlovskij), Kriterii i porjadok kanonizacii svjatych v Russkoj Pravoslavnoj Cerkvi (05.02.2015): http://ruskline.ru/analitika/2015/02/05/kriterii_i_poryadok_kanonizacii_svyatyh_v_russkoj_pravoslavnoj_cerkvi/ [Zugriff: 15.05.2019].

Thomas Németh

© 2019, DOI: 10.30965/9783506786388_0388

Heiligtum
→Heilige Orte

Heiligungsdienst – Katholisch

Der H. stellt ein →munus der →Tria-Munera-Lehre neben dem →Verkündigungsdienst u. →Leitungsdienst dar, die das lat. →Kirchenrecht in seiner Makrostruktur (Buch II, II u. IV) sowie in seiner Mikrostruktur (Teilhabe aller →Gläubigen an den drei munera gem. c. 204 §1 u. dann je nach Status Ausübung in unterschiedlichen Handlungsqualitäten) prägt. Die Überschrift des vierten Buchs des CIC/1983 lautet programmatisch „De Ecclesiae munere sanctificandi". Der H. wird in der geltenden Rechtsordnung entweder m. munus sacerdotale (in c. 204 §1 bzw. c. 7 §1 CCEO auf die Teilhabe aller Gläubigen bezogen; in c. 1173 auf Chr. bezogen; in c. 1384 auf den Dienst der →Priester bezogen), munus sanctificandi (cc. 375 §2, 519, 834, 835 u. c. 289 §2 CCEO) od. munus sanctificationis (c. 839 §1) bez. Ferner wird der Begriff der sanctificatio in den cc. 210, 245 §1, 276 §2 5°, 710, 713 §3, 834 §1, 840, 1186 u. cc. 13, 401, 884 CCEO verwendet. Die Wendung ministerium sanctificandi findet sich zudem in c. 255 u. das Verb sanctificare ferner in c. 835 §2 u. in cc. 743 u. 867 §1 CCEO. M. sanctificare wird die Verehrung Gottes (→Gottesverehrung) u. die Heiligung der Gläubigen ausgedrückt.

Unter den Formen des H. wird in c. 834 §1 in Rezeption von SC 7 u. 10 die Liturgie hervorgehoben, der cultus Dei publicus, der nach c. 834 §2 vorliegt, wenn er „im Namen der Kirche von rechtmäßig beauftragten Personen und durch Handlungen dargebracht wird, die von der kirchlichen Autorität gebilligt sind" (vgl. auch c. 668 §1 CCEO, der von cultus divinus spricht, da im CCEO m. Liturgie stets die →Eucharistiefeier gemeint ist), wie z. B. in der Feier der →Sakramente, der →Sakramentalien od. des Stundengebets (→Brevier). C. 667 CCEO eröffnet den Titel XVI →Gottesdienst, insb. Sakramente direkt m. Aussagen zu den Sakramenten u. geht nicht wie der lat. Codex in c. 834 auf den H. allg. ein. Zum H. gehören darüber hinaus nach c. 839 §1 auch alle privaten Formen des →Gebets, Bußwerke, die auch ein Handeln innerhalb der Kirche darstellen, wenngleich sie nicht nomine Ecclesiae ausgeübt werden, u. das umfassende caritative Wirken der Kirche verbunden m. der Sorgepflicht der Ortsordinarien in c. 839 §2, dass die pia exercitia u. Gebete, die das →Volk Gottes ausübt, in Übereinstimmung m. den kirchl. rechtlichen Vorgaben sind.

Gem. c. 204 §1 bzw. c. 7 §1 CCEO sind alle Gläubigen durch die →Taufe Rechtssubjekte der Kirche, unter denen auf der Ebene des Taufpriestertums gem. c. 208 bzw. c. 11 CCEO eine „Gleichheit in Würde und Tätigkeit" (→Gleichheit aller Gläubigen) waltet, u. so ist jeder Gläubige als aktives Subjekt der →Sendung der Kirche alle drei munera entspr. seiner jeweiligen condicio in Kirche u. Welt auszuüben berechtigt u. verpflichtet. Aufgrund des Taufpriestertums üben alle Gläubigen den H. im eigenen Namen u. eigener Verantwortung aus, was vom Handeln im Namen der Kirche zu unterscheiden ist. Während →Bischöfe u. Priester unter ihrer Autorität in persona Christi capitis u. →Diakone in der Person Jesu Christi als Diener handeln können, ist es christifideles laici (→Laien) möglich, durch eine Form z. B. der Beauftragung durch die kirchl. Autorität im Namen der Kirche zu handeln. Hier ist stets zu bedenken, dass auch →Kleriker nach wie vor aufgrund der Unauslöschlichkeit der Taufe stets auch als Gläubige im eigenen Namen handeln. C. 836 betont in Rezeption von LG 10, dass im „cultus christianus" das „sacerdotium commune christifidelium“ zur Verwirklichung kommt. LG 10 wird der Sache nach in zentralen theol. Leitsätzen (→Fundamentalnorm) des →Verfassungsrechts z. B. in cc. 204, 207 u. 208 rezipiert, erscheint aber nur in c. 836 als Zitat auf der Wortebene. Die unterschiedliche Ausübung des H. wird in c. 835 differenziert nach Bf., Priestern, Diakonen u. christifideles laici m. der Hervorhebung von Eltern u. Eheleuten. Verfassungsrechtlich konsequent müsste c. 835 m. den christifideles beginnen u. dann weiter differenzieren. Dies wird nämlich in c. 837 §1 in Rezeption von SC 26 deutlich, der gem. der eucharistischen Teilkirchenekklesiologie i. V. m. c. 369 die Feier der Liturgie m. dem inmitten des Volkes Gottes stehenden Hirten bzw. Bf. als gemeinsame Feier aller Glieder des Gottesvolkes qualifiziert, die „gemäß der Verschiedenheit der Weihen, Aufgaben und der tatsächlichen Teilnahme“. So betont c. 837 §2, dass aus ekklesiologischen Gründen aus dem Wesen der Liturgie heraus die gemeinschaftliche Feierform erfordert, so dass die participatio actuosa der Gläubigen gefördert wird (vgl. auch c. 673 CCEO).

C. 838 widmet sich der Regelungskompetenz der Liturgie u. wurde zuletzt durch das am zum 01.10.2017 in Kraft getretene MP →Magnum Principium von P. Franziskus bzgl. der Kompetenz der →Bischofskonferenzen zur →Approbation der →Übersetzungen der →liturgischen Bücher geändert. C. 838 §1 sieht in Rezeption von SC 22 §1 die Regelungskompetenz der Liturgie beim →Apostolischen Stuhl u. „nach Maßgabe des Rechts, beim →Diözesanbischof“. Sachgemäß hätte in c. 838 §1 die BK ebenfalls als zuständige Autorität genannt werden müssen. C. 838 §2 sieht in der nach dem MP Magnum Principium nF nach wie vor das Ordnungsrecht des Apost. Stuhls bzgl. der Liturgie u. die Herausgabe der editio typica der liturgischen Bücher sowie die →recognitio der durch die BK vorgenommenen Anpassungen vor. In c. 838 §2 entfällt aber nun die recognitio des Apost. Stuhls für die von der BK approbierten Übersetzungen liturgischer Bücher. Die entscheidende Änderung wird dann in c. 838 §3 normiert, so dass die Übersetzungen der liturgischen Bücher nicht nur auf Ebene der BK erstellt, sondern auch in Rezeption von SC 34 §4 approbiert werden u. der Apost. Stuhl nur eine →confirmatio u. keine recognitio mehr erteilt. Zum einen wird die Aufgabe der getreuen u. angemessenen Übersetzung betont u. zum anderen wird nicht mehr der Begriff der recognitio, sondern in Rezeption von SC 34 §3 der Begriff der confirmatio verwendet, durch die die Approbation der BK ratifiziert wird. P. Franziskus hat festgelegt, dass es nun Aufgabe der BK u. nicht mehr der Gottesdienstkongregation (→Kongregation für den Gottesdienst und die Sakramentenordnung) sei, Wort für Wort die getreue Übersetzung zu prüfen, u. nur bei offenkundigen Bedenken im Dialog m. der BK eine Lösung zu finden sei. Art. 64 §3 der ApK →Pastor Bonus u. andere →Gesetze u. damit auch die Instr. →Liturgiam Authenticam sind nach Aussage des MP Magnum Principium nun gem. der neuen Rechtslage zu interpretieren. Zur Ordnungskompetenz im CCEO vgl. ebd. cc. 657 u. 668 §2.

Quellen

Vat II, SC; Vat II, LG; Johannes Paul II., ApK Pastor Bonus vom 28. Juni 1988: AAS 80 (1988), 841-930; Kongr. für den Gottesdienst u. die Sakramentenordnung, Instr. Liturgiam authenticam vom 28. März 2001: AAS 93 (2001), 685-726; Franziskus, MP Magnum Principium vom 3. September 2017: Comm. 49 (2017), 255-261.

Literatur

Che Chen-Tao, V., Il „Munus sanctificandi“ nel nuovo Codice di diritto canonico 1983: La nuova legislazione canonica, hg. v. AA. VV., Rom 1983 (Studia Urbaniana 19), 261-282; Damizia, G., Rapporto tra „munus docendi“ e „munus sanctificandi“: Lo stato giuridico dei ministri sacri nel Codice di Diritto Canonico, hg. v. AA. VV., Vatikan 1984 (Studi Giuridici 7), 100-121; Rau, S., Die Feiern der Gemeinden u. das Recht der Kirchen. Zu Aufgabe, Form u. Ebenen liturgischer Gesetzgebung in der kath. Kirche, Altenberge 1990; Joyce, M., The Ministry of the Priest in the Exercise of the Munus Sanctificandi as it Pertains to the Eucharist, Washington D. C. 1992 (CLSt 539); Perlasca, A., I laici e il Munus sanctificandi Ecclesiæ: I laici nella ministerialità della Chiesa. XXVI Incotro di Studio Centro Dolomiti „Pio X" – Borca di Cadore 28 giugno – 3 luglio 1999, Mailand 2000, 219-263; Stubenrauch, T., Wer ist Träger der Liturgie? Zur Rezeption des II. Vatikanischen Konzils im Codex Iuris Canonici von 1983, Trier 2002; Pree, H., Die Caritas im CIC u. im CCEO: Ius Canonicum in Oriente et Occidente (FS Fürst), hg. v. H. Zapp – A. Weiß – S. Korta, Frankfurt – Berlin – Bern u. a. 2003 (AIC 25), 117-133; Pérez de Heredia y Valle, I., Anotaciones a los cánones iniciales del libro IV del CIC: de Ecclesiae Munere Sanctificandi: Anuario de Derecho Canonico 2 (2012), 11-44; Müller, L., Begriff, Träger u. Ordnung der Liturgie: HbkathKR³, 1086-1094; Bieringer, A. – Böhler, D. – Meckel, T., Heilsame Dezentralisierung? Papst Franziskus u. die Zuständigkeit für die Übersetzung liturgischer Texte: StZ 236 (2018), 133-144.

Thomas Meckel

© 2019, DOI: 10.30965/9783506786388_0390

Heilssendung

→Apostolat, →Sendung

Heilung der Ehe

→Sanatio in radice

Heimatpfarrei – Katholisch

Der Begriff H. findet sich zwar nicht explizit, doch lassen sich die Termini domicilium (→Wohnsitz), paroecia propria (eigene →Pfarrei) bzw. originaria (Herkunftspfarrei) zuordnen. Nach dem →Territorialprinzip knüpft die Rechtsstellung einer Person zur Wahrnehmung bestimmter Rechte u. Zuordnung von Pflichten an den Aufenthalt in einem kirchl. Gebietssprengel (Pfarrei/→Quasipfarrei) ihrer Ritus-Kirche an. →Gläubige erwerben die Seelsorgezuständigkeit am Ort ihrer zentralen Lebensvollzüge (Heimat) als Einwohner durch einen frei u. dauerhaft gewählten Wohnsitz, als Zugezogene durch einen interimistischen Quasi-Wohnsitz, als →Wohnsitzlose durch den faktischen →Aufenthalt od. durch eine gesetzliche Zuordnung aufgrund des →Personenstandes (Minderjährige, Eheleute, Religiosen, Vormundschafts- od. Pflegschaftsverhältnis). M. dem (Quasi-)Wohnsitz in einer Pfarrei, der erst m. dem Weggang o. Intention der Rückkehr aufgegeben wird, steht man in Beziehung zu einer bestimmten Gemeinschaft von Gläubigen u. erhält den eigenen →Pfarrer (u. diözesanen Ortsordinarius) zur Sicherstellung pastoraler Aufmerksamkeit (cc. 100-107; cc. 911-917 CCEO). Außerhalb des Gebietes einer →Ecclesia sui iuris ist dafür ein Pfr. der lokalen Rituskirche zu bestimmen (c. 916 § 4 CCEO). Kumulativ zur territorialen H. können auch personale Zuständigkeiten (z. B. →Militärpfarrei) bestehen.

Bedeutung erhält der (Quasi-)Wohnsitz in der H. m. dem Trienter Konzil (Decr. →Tametsi, 1563) bes. im →Eherecht, da zur Vermeidung klandestiner Ehen die Eheschließung u. a. vor dem →Heimatpfarrer bzw. einem von ihm Delegierten zur Gültigkeit eingeführt wurde. An der H. od. am Aufenthaltsort knüpfen auch Wahlrechte (cc. 166 § 1, 498 § 2; cc. 948 § 1, 267 n. 2 CCEO), Beichtvollmacht (cc. 967 § 2, 975; cc. 722 § 4, 726 § 3 CCEO), Weihezuständigkeit für Diakone (c. 1016; c. 748 § 1 CCEO), Dispensvollmacht (→Dispens) für private →Gelübde (c. 1196) od. das Recht auf Exequien in der eigenen Pfarrei (c. 1177) an. Gleiches gilt für die Bestimmung des Gerichtsstandes (→Gerichtsstand, kirchlicher) (c. 1409; c. 1075 CCEO), die Adresse von Beklagten u. →Zeugen (cc. 1504 n. 4, 1552 § 1; cc. 1187 n. 4, 1233 § 1 CCEO), Angaben im →Urteil (c. 1612 § 1; 1295 § 1 CCEO) sowie die Zuständigkeit für den →Straferlass (cc. 1354-1356; cc. 1419-1420 CCEO). M. MP MIDI u. Mitis et misericors Iesus besteht Zuständigkeit für Ehenichtigkeitsprozesse (→Ehenichtigkeitsverfahren) aufgrund des Gerichts des (Quasi-)Wohnsitzes eines od. beider Parteien (c. 1672 n. 2; c. 1358 n. 2 CCEO). Dispensbitten im →Nichtvollzugsverfahren sind an den Diözesanbischof des (Quasi-)Wohnsitzes des Bittstellers zu richten (c. 1699 § 1).

Quellen

Conc. Trid., Dekr. Tametsi vom 11. November 1563: DenzH 1813-1816; Franziskus, MP Mitis Iudex Dominus Iesus vom 15. August 2015: AAS 107 (2015), 958-970; ders., MP Mitis et misericors Iesus vom 15. August 2015: AAS 107 (2015), 946-957.

Literatur

KanR I, 299-303; Theriault, M., Canonical questions brought about by the presence of Eastern Cantholics in Latin Areas in the Light of the CCEO: IusEccl 3 (1991), 201-232; Gefaell, P., L'ambito territoriale della giurisdizione die patriarchi orientali. Riflessi sulla forma canonica del matrimonio: IusEccl 5 (1993), 245-268; Walser, M., Die Bedeutung des Wohnsitzes im kan. Recht, St. Ottilien 1993 (Diss. Kan. Reihe 9); Prader, J., La forma di celebrazione del matrimonio: Il matrimonio nel codice die canoni delle chiese orientali, Vatikan 1994 (Studi Giuridici 32), 283-300; Navarro, L., Persons, Juridical Acts (cc. 902-908): A Guide to the Eastern Code, hg. v. G. Nedungatt, Rom 2002, 619-633 (622-626); Hallermann, H., Pfarrei u. pfarrliche Seelsorge, Paderborn u. a. 2004 (KStKR 4), 195-202; 268-341; Walser, M., Domizil: LKR, 210; Sabbarese, L., Girovaghi, migranti, forestieri e naviganti nella legislazione ecclesiastica, Vatikan 2006; Delgado Galindo, M., El domicilio canónico, Pamplona 2006; ders., Art. Cuasidomicilio: DGDC Vol. II, 833-834; ders., Art. Domicilio: DGDC Vol. III, 473-476; Fuenmayor, A. de, Comentario Exegético Vol. I, 730-751; Kaptijn A., § 11 Rechtspersönlichkeit u. rechtserhebliches Geschehen: HbkathKR³, 183-198 (188 f.); Hallermann, H., § 44 Die Pfarrei: HbkathKR³, 665-680; Rehak, M., Das kan. Territorium in der kirchl. Rechtspraxis: Theologia Iuris Canonici (FS Müller), hg. v. C. Ohly – W. Rees – L. Gerosa, Berlin 2017, 249-282; Pree, H.: MKCIC cc. 100-107.

Severin J. Lederhilger

© 2019, DOI: 10.30965/9783506786388_0393

Heimatpfarrer – Katholisch

Mit Begründung des (Quasi-)→Wohnsitzes erhalten die →Gläubigen ihren H. (parochus proprius), der für dieses Territorium pastoral zuständig ist; für →Wohnsitzlose ist dies der →Pfarrer des Aufenthaltsortes (parochus loci; c. 107; c. 916 §§ 1-3 CCEO). Gläubige einer auton. Rituskirche, die keine →Pfarrei am Aufenthaltsort hat, erhalten ersatzweise den Pfr. einer anderen →Ecclesia sui iuris zugeordnet (cc. 193 §§ 2-3, 916 § 4 CCEO).

Das konziliare Verständnis von der umfassenden →Hirtensorge des Pfr. geht noch davon aus, dass dieser „die eigene Herde" kennenlernen kann (CD 30), was hist. früher durch den verbindlichen →Sakramentenempfang vom eigenen Pfr. gewährleistet war. Angesichts heutiger struktureller Veränderungen sowie der Individualität u. Mobilität der Gläubigen stellt dies eine bes. Herausforderung an die Präsenz der →Seelsorge dar.

Durch den Empfang der →Taufe wird man in eine bestimmte Rituskirche aufgenommen u. erhält m. der Eingliederung in die →Teilkirche einen vom Wohnsitz bestimmten territorial zuständigen H. einer (Quasi-)Pfarrei (c. 111; cc. 29-30 CCEO). Der H. ist zuständig für die Vorbereitung zur →Erstkommunion (c. 914), für das Viaticum u. die →Krankensalbung (cc. 530 n. 1, 911, 1003 § 2; cc. 290 § 2, 739 § 2 CCEO) sowie die Dispens von privaten Gelübden (c. 1196; c. 893 § 1 CCEO). Die →Heimatpfarrei ist Ort der Exequien, doch können diese anderswo erfolgen, wenn der H. des Verstorbenen verständigt worden ist (c. 1177 § 2).

War im CIC/1917 (can. 1023) das →Aufgebot zur →Eheschließung noch in der eigenen Pfarrei auszuhängen, ist dies nun von der BK zu regeln (c. 1067). Der Ortspfarrer, der nicht der H. des Brautpaares sein muss, assistiert gültig einer Trauung im eigenen Pfarrgebiet kraft Amtes sowohl für Pfarrangehörige wie →Fremde, sofern diese der eigenen Rituskirche angehören (c. 1109; cc. 828 § 1, 829 § 1 CCEO). Er kann dafür einen anderen Priester od. Diakon delegieren (c. 1108; c. 828 §1 CCEO). Bei konfessions- od. religionsverschiedenen Ehen m. Dispens von der Formpflicht hat der H. des kath. Partners den Ledigenstand zu prüfen u. die erfolgte Eheschließung zu dokumentieren (c. 1121 §3). Wenn Ehen nicht am (Quasi-)Wohnsitz od. (einmonatigem) Aufenthaltsort geschlossen werden, kann dies m. Erlaubnis des eigenen Pfr. anderswo erfolgen (c. 1115; c. 831 CCEO; in Ostkirchen ist der Pfr. des Bräutigams bevorzugt: c. 831 §2 CCEO). Bei Wohnsitzlosen ist zuvor die Erteilung einer Lizenz nötig (c. 1071 n. 1; c. 789 n. 1 CCEO). Da Gläubige einer Rituskirche o. Pfarrei in diesem Gebiet keinen eigenen Pfr. haben, muss der Ortspfarrer der lokalen Rituskirche für die gültige Eheschließung eine Delegation vom Hierarchen des Brautpaares erbitten.

Quellen

Vat II, CD.

Literatur

Theriault, M., Canonical questions brought about by the presence of Eastern Cantholics in Latin Areas in the Light of the CCEO: IusEccl 3 (1991), 201-232; Gefaell, P., L'ambito territoriale della giurisdizione die patriarchi orientali. Riflessi sulla forma canonica del matrimonio: IusEccl 5 (1993), 245-268; Walser, M., Die Bedeutung des Wohnsitzes im kan. Recht, St. Ottilien 1993; ders., El domicilio canónico: IusCan 34 (1994), 617-638; Prader, J., La forma di celebrazione del matrimonio: Il matrimonio nel codice die canoni delle chiese orientali, Vatikanstadt 1994 (Studi Giuridici 32), 283-300; KanR II, 415, 418-436; Hallermann, H., Pfarrei u. pfarrliche Seelsorge, Paderborn u. a. 2004 (KStKR 4); Sabbarese, L., Girovaghi, migranti, forestieri e naviganti nella legislazione ecclesiastica, Vatikanstadt 2006; Delgado Galindo, M., El domicilio canónico, Pamplona 2006; Lederhilger, S., §45 Der Pfarrer: HbkathKR³, 681-720.

Severin J. Lederhilger

© 2019, DOI: 10.30965/9783506786388_0394

Heimatverband, geistlicher

→Inkardination

Heiratsalter – Staatlich

→Ehefähigkeit

Heiratsalter – Katholisch

Der kirchl. →Gesetzgeber gibt ein H. i. S. eines Ehemündigkeitsalters vor: Frauen müssen das 14., Männer das 16. Lj. vollendet haben, um gültig heiraten zu können (c. 1083 §1; c. 800 §1 CCEO). Gem. den Normen zur Zeitberechnung (c. 203; c. 1546 CCEO) ist eine →Eheschließung ab dem Tag nach dem 14. bzw. 16. Geburtstag möglich (→Ehefähigkeit).

Im MA galt im Anschluss an das →römische Recht (→Codex Iustinianus 5, 4, 24) ein niedrigeres H.; entscheidend war die geistige Reife, die m. Eintritt der Geschlechtsreife bei Frauen ab dem vollendeten 12., bei Männern ab dem vollendeten 14. Lj. unterstellt wurde. War die Geschlechtsreife od. die geistige Reife früher belegt, war eine →Ehe möglich.

Durch den CIC/1917 wurde das H. absolut fixiert u. auf 14 bzw. 16 festgelegt. Im Zuge der CIC-Revision wurde eine Erhöhung diskutiert, jedoch als unangemessene Beschränkung des →Naturrechts auf Ehe u. unter Hinweis auf das niedrige H. in manchen Ländern abgelehnt. Auch partikularrechtlich darf ein höheres H. nur zur →Erlaubtheit der Eheschließung festgelegt werden (c. 1083 §2; c. 800 §2 CCEO). Gefragt wird, ob die Kirche nicht entschiedener gegen Kinderehen vorgehen müsste.

Das H. ist eine Vorgabe kirchl. Rechts, d. h. es gilt nur für kath. Brautleute, u. eine →Dispens ist möglich. Entfaltet die Eheschließung staatl. Rechtswirkung, ist die Dispens meist ausgeschlossen, weil das staatl. H. i. d. R. über dem kan. liegt (Übersicht bei Althaus, 2015, 102). In der BRD sind Ehen von Minderjährigen seit 2017 aufhebbar bzw. bei Beteiligung von unter 16jährigen unwirksam (§§1303, 1314 BGB); soweit sie m. rein kirchl. Wirkung möglich wären, bedürfen sie der → Erlaubnis des Ortsordinarius.

Literatur

Giraudo, A., L'impedimento di età nel matrimonio canonico (can. 1083). Evoluzione storica e analisi delle problematiche attuali della dottrina e della prassi, Rom 2007 (Tesi gregoriana 74); Althaus, R. – Prader, J. – Reinhardt, H. J. F., Das kirchl. Eherecht in der seelsorglichen Praxis, Essen [5]2014; Lüdecke, N., § 86 Die rechtliche Ehefähigkeit u. die Ehehindernisse: HbkathKR[3], 1282-1314; Lüdicke, K.: MKCIC c. 1083.

Georg Bier

© 2019, DOI: 10.30965/9783506786388_0396

Heiratsalter – Islamisch

Nach traditionellem Islam. Recht wird das H. entweder nach der tatsächlich erreichten körperlichen u. geistigen Reife od. aber entspr. Vermutungen festgelegt, wann diese Reife erreicht ist. Letzteres dürfte der Regelfall gewesen sein, soweit rechtliche Bestimmungen überhaupt berücksichtigt wurden. Insgesamt hat sich – bei Abweichungen in versch. → Rechtsschulen – die verbreitete Meinung herausgebildet, dass Mädchen m. neun J., Jungen m. neun bis 12 J. das H. erreichen; m. 15 J. wird es unwiderleglich vermutet.

In vielen dem Islam. Recht folgenden Staaten wurde das H. seit dem 20. Jh. deutlich höher festgelegt, meist zwischen 15 u. 20 J. m. Abweichungen nach unten bei Frauen. Häufig sind gerichtliche Ausnahmegenehmigungen für Minderjährige möglich, welche die Altersgrenze um wenige J. unterschreiten. In einzelnen Staaten wurde im Zuge der Re-Islamisierung (z. B. Iran nach 1979) das H. wieder herabgesetzt, nun jedoch wieder deutlich erhöht. Im Jemen scheiterte die Initiative, nach schrecklichen bekanntgewordenen Fällen das H. von neun J. anzuheben, u. a. am Widerstand extrem traditionalistischer → Gelehrter.

In nicht wenigen Staaten herrschen zudem soziale bzw. gewohnheitsrechtliche Regeln der Verheiratung Minderjähriger entgegen dem gesetzlichen H. Gesetzgeber z. B. in Ägypten u. Indonesien versuchen, solche Praktiken einzudämmen, indem derartigen gewohnheitsrechtlichen → Ehen keine durchsetzbaren Rechtswirkungen zugebilligt werden. Damit verbindet sich die Hoffnung, dass die Eltern zum Schutz ihrer Kinder von solchen Eheschließungen absehen, was jedoch bei extremem Wohlstandsgefälle (gleichsam Verkauf minderjähriger Mädchen) illlusorisch bleibt. Generell problematisch bleibt das verbreitete soziokulturelle Anliegen, Frauen zur Wahrung der Familienehre möglichst früh zu verheiraten, um damit sozial akzeptierte Verhältnisse zu schaffen.

Mathias Rohe

© 2019, DOI: 10.30965/9783506786388_0396

Heiratsurkunde – Jüdisch

Der Ehevertrag (ketubba) ist ein Dokument, das die sich aus der Heirat ergebenden Rechte u. Pflichten regelt. Zu den Pflichten des Ehemannes gehört auch die Verpflichtung, seiner Ehefrau im Falle der → Scheidung od. seines Todes einen bestimmten Geldbetrag zu übereignen, u. die Bez. für diesen Betrag lautet ebenfalls ketubba. Eheverträge gab es wahrscheinlich bereits in biblischer Zeit. Ein Grund für diese Annahme ist, dass die Hebräische Bibel zwar keinen Ehevertrag, jedoch in Dtn 24, 3 ein Scheidungsdokument (→ Scheidungsurkunde) erwähnt, u. es ist unwahrscheinlich, dass das Zweite o. das Erste existiert hat. Eheverträge werden auch bereits im Kodex des Hammurabi (um 1700 vor der Zeit) erwähnt. Der älteste erhaltene Text einer ketubba stammt aus der Zeit um 440 vor der Zeit aus Ägypten u. belegt dessen Verwendung lange vor rabb. Zeit; er gehört zu den Papyri von Elephantine (Yeb), einer jüd. Militärkolonie in Südägypten. Die aramäischen Formeln in diesem Papyrus, der in der Lit. als Papyrus G von Assuan bez. wird, entsprechen vielen späteren Formeln im →Talmud. So gibt der Bräutigam gegenüber dem Vater der Braut die folgende Erkl. ab: „Ich kam in Dein Haus, damit Du mir Deine Tochter Mibtachja zur Ehe gibst… Sie ist mein Weib, und ich bin ihr Mann, von heute an bis in die Ewigkeit." Der Ehekontrakt von Assuan regelt auch bereits die Möglichkeit der Ehescheidung.

Ketubbot waren z. Z. des Zweiten Tempels in jedem Fall üblich u. werden im apokryphen Buch Tobit 7, 14 erwähnt. Im Talmud ist umstritten, ob die ketubba als biblische od. als rabb. Anordnung zu betrachten ist (bT Ket 10a, 56a). Zu Beginn der rabb. Zeit führte Simon ben Schetach (um 120-140 vor der Zeit) als Vorsitzender des Sanhedrins eine wichtige Neuerung ein: Bisher war es üblich gewesen, im Ehevertrag die Summe festzulegen, die als Kaufpreis für die Braut an deren Vater zu zahlen war. Jetzt trat an die Stelle dieses Brautpreises (mohar) eine Art Pfand, nämlich ein ebenfalls genau bestimmter Geldbetrag, welcher der Frau ausbezahlt werden musste, wenn der Mann starb od. sich von ihr scheiden ließ. Spätestens seit dem 1. Jh. vor der Zeit diente der Heiratsvertrag v. a. dem Schutz der Frau. Da sich Männer jederzeit scheiden lassen konnten, erachtete es der Sanhedrin für notwendig, die betroffenen Frauen finanziell abzusichern. Der hauptsächliche Zweck der damals neu eingeführten Regelungen bestand darin, zu verhindern, dass die Männer sich leichtfertig von ihren Frauen trennten (bT Jeb. 89a, MT Ischut 10, 7). Diese Reform spiegelt zugl. das Bemühen wider, die Frau besser zu schützen, sowie die Tatsache, dass ihr Status sich verbessert hatte. Die im Falle von Tod od. Scheidung zu zahlende Geldsumme, die als ikkar ketubba (wesentlicher Teil der ketubba) bez. wurde, betrug mind. 200 susim, wenn die Braut noch Jungfrau war (MT Ischut 10, 7), sonst mind. 100 susim (M Ket 1, 2). Vom Bräutigam wurde jedoch erwartet, dass er diese Mindestsumme noch freiwillig um einen zusätzlichen Betrag vermehrte, der als tossefet ketubba (Zusatz zur ketubba) bez. wurde. Er entsprach im Allg. dem Wert der Mitgift der Braut: nedunia (MT Ischut 10, 7; ShA, EH 66, 7). In talmudischer Zeit konnte die in der ketubba festgesetzte Summe nur aus dem Grundbesitz des Mannes geschöpft werden; doch die Geonim setzten die Regel durch, dass es auch aus seinen beweglichen Gütern entnommen werden durfte.

Der Ehevertrag wird traditionell zwischen Antrauung (kidduschin) u. Heirat (nissuin) verlesen u. vom Bräutigam u. zwei Zeugen unterschrieben. Als Antrauungs- u. Hochzeitszeremonie miteinander kombiniert wurden, wurde es üblich, die ketubba unmittelbar vor der kombinierten Zeremonie zu unterzeichnen u. sie zwischen den beiden Teilen der kombinierten Zeremonie verlesen zu lassen. Sie muss daher noch vor der Hochzeit fertiggestellt sein. Dass sie laut vorgelesen wird, ist in orth. Synagogen bis heute üblich, aber für ihre Rechtsgültigkeit nicht wesentlich. Traditionell wird die ketubba in aramäischer Sprache verfasst. Der eigentliche Text hat im Laufe der Geschichte eine gewisse Anzahl an Veränderungen durchlaufen u. variiert auch in den einzelnen Gde. leicht. in der liberalen jüd. Tradition wird die ketubba auch von der Braut unterschrieben. Wenn auch einst festgelegt wurde, dass der Mann nicht einmal eine Stunde o. ketubba m. seiner Frau leben dürfe (MT Ischut 10, 10; ShA, EH 66, 3) u. bei ihrem Verlust eine neue ketubba erstellt werden müsse, muss betont werden, dass die Gültigkeit der →Ehe i. S. des religiösen Inst. nicht von der Existenz einer ketubba abhängt.

Quellen

Mischna, Traktat Ketubbot 1; Babylonischer Talmud, Traktate Ketubbot 10a, 56a u. Jebamot 89a; Moses Maimonides, Abschnitt Hilchot Ischut; Josef Karo, Schulchan Aruch, Teil Even ha-Ezer; Epstein, L. M., Jewish Marriage Contract – A Study in the Status of the Woman in Jewish Law, New York 1927.

Literatur

Homolka, W., Das Jüd. Eherecht, Berlin 2009.

Walter Homolka

© 2019, DOI: 10.30965/9783506786388_0397

Hermeneutik des Kirchenrechts – Katholisch

Wie Hermeneutik allgemein ist auch die H. d. K. als Lehre vom Verstehen zu qualifizieren. Die H. d. K. als Lehre vom Verstehen des kirchl. Rechts, sei es positiv gesetztes od. durch Gewohnheit begr. Recht (→Gewohnheitsrecht), ist der Horizont, m. dem der Kirchenrechtswissenschaftler an sein Materialobjekt herantritt u. sodann die Methodik des →Kirchenrechts (→Methodenlehre) anwendet, indem er nach der Interpretation (→Interpretation, Auslegung) des Rechts etwa durch →Subsumtion des Sachverhalts unter den entspr. Tatbestand zur →Rechtsanwendung schreitet, die recht u. billig ist u. die zugl. der →salus animarum des Einzelnen u. dem bonum commune Ecclesiae dient. Die H. d. K. bezieht sich auf das objektive Recht u. damit auf die gesamte Rechtsordnung der Kirche i. S. der Gesamtheit aller Rechtsnormen, seien sie schriftlich fixiert od. gewohnheitsrechtlich, die zum einen das Verhältnis der Glieder der Kirche zueinander regelt sowie zum anderen deren Verhältnis zu den Vollmachtsträgern bzw. deren Verhältnis untereinander. Zugl. widmet sich die H. d. K. dem subjektiven Recht u. damit den Rechten u. Pflichten bzw. Rechtspositionen des Einzelnen, die sich aus dem objektiven Recht ergeben.

Eine bes. Rolle für die Wiederbelebung der H. d. K. war das →Zweite Vatikanische Konzil, da sich das Fach KR nach Erscheinen des CIC/1917 zunehmend codizistisch Einzelfragen der Auslegung des CIC/1917 widmete u. vor dem Hintergrund der sozialphilosophischen Rechtsbegründung u. der entspr. hierarchologisch eng geführten Societas-Perfecta-Ekklesiologie (→Societas perfecta) die ekklesiologische Verortung u. theol. Begründung des KR aus dem Blick verlor. Vor dem Hintergrund der Communio-Ekklesiologie (→Communio) des Vat II u. der ekklesiologischen Begründung des KR aus dem Wesen der Kirche, die nach LG 8 untrennbar aus sichtbarer u. unsichtbarer Dimension als communio fidelium et hierarchica besteht, erscheint das KR begr. einerseits aus der sichtbaren Dimension als strukturierendes Instrument der societas sui generis, das aber andererseits zugl. im Dienst der unsichtbaren Dimension steht, indem es den Rahmen für die Verwirklichung der →Charismen in der Kirche bietet, o. m. diesen in eins zu fallen. Die Frage nach dem Verhältnis von Vat II u. dem CIC/1983 ist die zentrale Fragestellung für die Hermeneutik der →Kirchenrechtswissenschaft. Die ApK →Sacrae Disciplinae Leges ist die einschlägige →Rechtsquelle, die auf die Frage nach dem Verhältnis von →Konzil und Codex zu antworten vermag.

Nach SDL ist das Konzil das vorrangige Bsp., auf das sich der Codex als Abbild stets beziehen muss. Der Codex ist der Versuch, die Ekklesiologie des Vat II in die →Rechtssprache zu übersetzen, was aufgrund der unterschiedlichen Sprachebenen theol. u. rechtlicher Sprache nie restlos u. vollkommen gelingen kann (vgl. SDL, XIX). Daher ist u. bleibt der Codex stets nur ein unvollkommenes u. damit verbesserungsfähiges Abbild seines konziliaren vorrangigen Bsp. Das Vat II stellt daher die norma normans für den Codex als norma normata dar. Daher bleibt die Rechtsordnung als norma normata auf die norma normans des Vat II stets bezogen, sodass das geltende Recht im Licht u. in der Optik des Konzils zu interpretieren ist (Johannes Paul II., Allocutio ad Praelatos Auditores S. Romanae Rotae coram admissos vom 26.01.1984: AAS 76 [1984], 643-649), da nur so überprüft werden kann, ob dieser Übersetzungsprozess gelungen ist. Der Codex ist daher nicht letztes Dokument als gleichsam einmal vorgenommene unabänderliche Konzilsdeutung des →Gesetzgebers, sondern vor dem Hintergrund seiner Verbesserungsfähigkeit eher vorletztes Dokument des Konzils. Der Codex ist als complementum Ergänzung des Konzils nicht in einem additiven, sondern in einem konsekutiven Sinn. Er ist daher nicht zu idolisieren, sodass Legitimität u. Legalität u. damit die jur. u. die theol. Ebene in eins fallen. Durch diese Idolisierung würde die Kirchenrechtswissenschaft die theol. Bewertungsebene für die Legitimität des Rechts u. der Codex seinen Charakter als Instrument verlieren, da er nur den Rahmen für die Entfaltung von Glaube, Liebe u. Charismen aufspannen, diese aber nicht ersetzen kann (vgl. SDL, XVII). Der Codex ist insofern ein pastorales Instrument, das zugl. Instrument zur Verwirklichung der Ekklesiologie des Vat II sein möchte. Er kann nicht aus dem Rezeptionsprozess des Konzils herausgenommen werden. Die Kirchenrechtswissenschaft ist den theol. Grundlagen des Codex verpflichtet u. daher genuin m. anderen theol. Disziplinen vernetzt u. auf diese ver- u. angewiesen. Die H. d. K. ist in der →Rechtstheologie u. der theol. Begründung des KR verortet u. steht daher im intradisziplinären Gespräch m. anderen theol. Disziplinen wie z. B. der Dogmatik, der Moraltheologie sowie der biblischen u. hist. Theologie sowie im interdisziplinären Gespräch m. der Rechtswissenschaft.

Für die Interpretation des Codex gilt, dass er nach dem Willen des Gesetzgebers in der Optik des Konzils zu interpretieren ist, da er das vorrangige Bsp. für den Codex darstellt, der stets ein unvollkommenes Abbild des Konzils ist. Das Konzil stellt daher den →Kontext der philologischen Methode gem. c. 17 dar, da sich Kontext gem. c. 17 nicht nur auf den innerkodikarischen Kontext bezieht. Die theol. Leitsätze bzw. →Fundamentalnormen stellen zusätzlich einen innerkodikarischen Kontext, insofern sie Konzilstexte wörtlich zitieren. Sie stehen häufig zu Beginn eines Kap. u. geben somit die theol. Optik bzw. Matrix vor, in der die Folgenormen zu interpretieren sind. Sie zeigen, dass der Codex ein Codex anderer Art ist, insofern er theol. Lehren des Konzils in seinen Canones rezipiert u. so eine Auslegung des neuen Codex ausschließlich i. S. des CIC/1917 verhindern möchte.

Die theol. Verhältnisbestimmung von Konzil u. Codex, die der Gesetzgeber selbst in der ApK SDL vorgenommen hat, legt das lehramtlich begr. Fundament für eine theol. grundgelegte Hermeneutik der Kirchenrechtswissenschaft, die weder in das Extrem eines Rechtspositivismus (→Positivismus) noch in das einer Theologisierung bzw. Spiritualisierung des KR verfällt.

Quellen

Vat II, LG; Johannes Paul II., ApK Sacrae Disciplinae Leges vom 25. Januar 1983: AAS 75 (1983), VII-XIV; ders., Allocutio ad Praelatos Auditores S. Romanae Rotae coram admissos vom 26.01.1984: AAS 76 (1984), 643-649.

Literatur

Potz, R., Die Geltung kirchenrechtlicher Normen. Prolegomena zu einer krit.-hermeneutischen Theorie des Kirchenrechts, Würzburg 1979; Riedel-Spangenberger, I., Communio als Strukturprinzip der Kirche u. ihre Rezeption im CIC/ 1983: TrThZ 97 (1988), 217-238; Maier, E. M., Zum Zusammenhang von „Theologisierung" u. Positivismus im kirchl. Recht. Aktuelle Tendenzen kirchenrechtlicher Lehre u. Entscheidungspraxis: ÖAKR 38 (1989), 37-51; La controversia ermeneutica, hg. v. G. Nicolaci, Mailand 1989; Bertolino, R., Il nuovo diritto ecclesiale tra coscienza dell 'uomo e istituzione. Saggi di diritto costituzionale canonico, Turin 1989; Gadamer, H.-G., Wahrheit u. Methode. Grundzüge einer phil. Hermeneutik, Tübingen [6]1990; Redaelli, R., Il concetto di diritto della Chiesa nella riflessione canonistica tra Concilio e Codice, Mailand 1991; Jeanrond, W. G., Theological Hermeneutics, London 1991; Il diritto della Chiesa. Interpretazione e prassi, Vatikanstadt 1996; Riedel-Spangenberger, I., Art. Hermeneutik des Kirchenrechts: LKStKR Bd. 2, 235-236; Graulich, M., Zwischen Anpassung u. Neugestaltung. Die Reform des Kirchenrechts als Konzilsrezeption: Glaube in Gemeinschaft. Autorität u. Rezeption in der Kirche, hg. v. M. Knapp – T. Söding, Freiburg 2014, 372-388; Gerosa, L., Die neue kan. Hermeneutik Johannes Paul II: Johannes Paul II. – Gesetzgeber der Kirche, hg. v. L. Müller, Paderborn u. a. 2017, 11-25;

Meckel, T., Konzil u. Codex. Zur Hermeneutik des Kirchenrechts am Beispiel der christifideles laici, Paderborn u. a. 2017 (KStKR 18).

Thomas Meckel

© 2019, DOI: 10.30965/9783506786388_0398

Hermeneutik des Koran – Islamisch
→ Interpretation, Auslegung, → Koran

Herrschaft
→ Autorität, religiöse, → Vollmacht

Hexenverfolgung – Historisch

Hexe ist als Sammelname im europäischen Kontext verwurzelt u. erst seit dem 15. Jh. nachweisbar. Ein kulturübergreifender Gebrauch verdeckt die eindeutig chr.-europäischen Konnotationen. In der Figur der Hexe vermengen sich in der Umbruchsituation des 15. Jh. die ma. Vorstellungen der (Schaden-) Zauberin u. die gelehrten Konstruktionen des Ketzers m. den frühneuzeitlichen Rationalisierungsbestrebungen. Erst der gelehrte kumulative Hexenbegriff der Renaissance wurde zum Auslöser der europäischen H. Zum Hexenstereotyp gehören konstitutiv Teufelspakt/Teufelsbuhlschaft, Hexenflug, Hexensabbat u. Schadenzauber. Während die Theologen gerade der satanischen Komponente die größte Aufmerksamkeit widmeten, zählte für die Bevölkerung der agrarischen Gesellschaft v. a. der Schadenzauber, gerichtet gegen Mensch u. Tier, zu den gefürchtetsten Bedrohungen. Hatten die ma. Theologen noch überwiegend Magie als Aberglauben verurteilt, so wandelten sich in der Krisenzeit des Spätmittelalters die Ansichten. Klimaverschlechterung u. deren massive Folgen für die ländlich geprägte Gesellschaft u. die zunehmende Instabilität des chr. Weltbildes, das durch die aufkommenden Naturwissenschaften u. neue Entdeckungen ebenso in Frage gestellt wurde wie durch die Schwächung der institutionellen kirchl. Einheit durch Schisma u. aufkommende → Reformation, bereiteten den Boden für zunehmende apokalyptische Naherwartungen im Zeichen des AntiChrist. Als dessen teuflische Abgesandte u. Helfer galten die Hexen. Die Zuspitzung des Hexenstereotyps auf Frauen erfolgte m. dem berüchtigten Malleus Maleficarum des Dominikaners Heinrich Institoris 1487, der im dritten Teil seines Buches verstärkt die Einbindung der weltlichen Macht in die Prozesse forderte. Um sein Anliegen autoritativ abzusichern, hatte er bereits 1484 den P. im fernen Rom überzeugt, angesichts der bedrohlichen Zustände im Reich die Bulle Summis desiderantes herauszugeben, die er seinem Malleus voranstellte. Zudem nannte er seinen gelehrten Ordensbruder Jakob Sprenger als Mitverfasser u. besorgte sich ein gefälschtes Gutachten der Kölner Theol. Fak. All dies belegt, dass Insitoris auf Widerstand traf. Zieht man die Bedeutung des Malleus für die H. u. die Ordenszugehörigkeit von Institoris in Betracht, könnten die Dominikaner, Spezialisten in der Häresiebekämpfung, evtl. selbst m. beigetragen haben an der Vertiefung der satanischen Komponente, hatten sie doch schon gegen die ketzerischen Teufelsdiener gekämpft, als die v. a. die Katharer klassifiziert wurden.

Der Malleus zeigt, dass der Hexenprozess in der Tradition des Ketzerprozesses stand, wobei dessen summarische Teile verstärkt wurden u. die ohnehin bedeutsamen Einschränkungen der Verteidigungsmöglichkeiten der Angeklagten weiter begrenzt wurden, unter Verweis auf den Ausnahmecharakter des Delikts: Es ging um ein crimen exceptum, gleichzeitig auch ein crimen mixtum, da durch den Schadenzauber auch weltliches Recht tangiert war. Dazu kam die Verschärfung der Bestimmungen bzgl. Folter u. das Zurückgreifen auf Beweismittel wie → Gottesurteile – nun Hexenproben genannt –, da ein Geständnis um jeden Preis erzielt werden sollte. Auch die weltlichen Gerichte wendeten inzwischen den Inquisitionsprozess an u. wurden führend in der H. Rechtliche Grundlage in den weltlichen Verfahren waren die Partikularrechte, die flankiert wurden vom Reichsgesetz der Const. Criminalis Carolina (CCC, bes. Art. 109). Die Verfahren wurden sowohl durch Obrigkeiten wie auch durch Druck von unten eingel.; für die Bevölkerung war v. a. Angst vor Schadenzauber ausschlaggebend.

Die H. begannen m. den Verfahren gegen Waldenser im franz.-ital.-schweiz. Grenzgebiet. Zyklisch verbreitete sich die H. in fast ganz Europa, selbst in den Kolonien (Neu-England). Höhepunkte waren die Krisenepochen um 1450-1480, 1530-1560 u. 1630; als Kernzone kristallisierte sich das Gebiet von Lothringen über Kurtrier, Westfalen, über Sachsen u. die Fürstbistümer Bamberg, Eichstätt, Augsburg bis zur Schweizer Grenze heraus. In Europa waren Frankreich, Norditalien, die Alpenländer, Deutschland, Benelux u. Schottland Kernländer, d. h. prot. wie kath. Gebiete. Die H. ebbt im 17. Jh ab, zuletzt wurden 1775 in Kempten u. 1782 in Glarus Frauen als Hexen hingerichtet. Wegbegleitend gab es auch immer krit. Stimmen, gerade im Jesuitenorden, neben Adam Thanner v. a. auch Friedrich von Spee m. seiner Cautio Criminalis, worin er v. a. die Verfahrensmissbräuche anprangert. Seit der Öffnung der Vat. Archive zeigt sich, dass auch die Kurie krit. eingestellt war u. die H. im Kirchenstaat weitgehend unterband. Für die Beendigung der H. war letztlich die Änderung im Beweisrecht entscheidend: Das Geständnis verlor seine Monopolstellung u. konnte durch Indizien ersetzt werden. Der H. dürften zwischen 50.000 u. 80.000 Menschen. zum Opfer gefallen sein, wovon ca. 80 % Frauen waren.

Quellen

Hansen, J., Quellen u. Untersuchungen zur Geschichte des Hexenwahns, Bonn 1901; Witchcraft. Catalogue of the Witchcraft Collection in Cornell University Library, hg. v. M. J. Crowe, Millwood 1977; Malleus Maleficarum 1487 (Hexenhammer): Mit Bulle u. Approbatio: Nachdr. Des Erstdruckes m. Bulle Und Approbatio, hg. v. G. Jerouschek, Hildesheim 1992 (Rechtsgeschichte, Zivilationsprozess, Psychohistorie – Quellen u. Studien); Hexen u. Hexenprozesse, hg. v. W. Behringer, München 1988; Friedrich von Spee, Cautio Criminalis od.: Rechtliches Bedenken wegen der Hexenprozesse, übers. u. hg. v. J.-F. Ritter, München ^{8}2007.

Literatur

Midelford, H. C. E., Witch Hunting in Southwestern Germany 1562-16884, Stanford 1972; Cohn, N., Europe's Inner Demons. An Enquiry Inspired by the Great Witch Hunt, London 1975; Kieckhefer, R., Euopean Witch Trials. Their Foundation in Popular and Learned Culture, 1300-1500, Berkeley – Los Angeles 1976; Ginzburg, C., Die Benandanti, Frankfurt 1980; Henningson, G., The Witches' Advocate. Basque Witchcraft and the Spanish Inquisition, 1609-1614, Reno 1980; Schormann, G., Hexenprozesse in Deutschland, Göttingen 1981; Ketzer, Zauberer, Hexen. Die Anfänge der europäischen Hexenverfolgung, hg. v. A. Blauert, Frankfurt 1990; Ginzburg, C., Hexensabbat. Entzifferung einer nächtlichen Geschichte, Berlin 1990; Harmening, D., Zauberei im Abendland. Vom Anteil der Gelehrten am Wahn der Leute; Skizzen zur Geschichte des Aberglaubens, Würzburg 1991; Labouvie, E., Zauberei u. Hexenwerk. Ländlicher Hexenglaube in der Frühen Neuzeit, Frankfurt 1991; Decker, R., Die Päpste u. die Hexen. Aus den geheimen Akten der Inquisition, Darmstadt 2003; Roper, L., Hexenwahn. Geschichte einer Verfolgung, München 2007; Müller, D., Gott u. seine zwei Frauen. Wie aus Katharerinnen Hexen wurden: dies., Frauen u. Häresie. Europas chr. Erbe, Münster 2015, 148-164; Behringer, W., Hexen: Glaube, Verfolgung, Vermarktung, München 2016 (C. H. Beck Wissen); Quensel, St., Hexen, Satan, Inquisition. Die Erfindung des Hexenproblems, Wiesbaden 2017.

Daniela Müller

Hierarchenrat – Ostkirchlich

Der H. (Cons. Hierarcharum, cc. 164-171 CCEO) ist das Synodalorgan einer metropolitanen →Ecclesia sui iuris u. stellt als solches das Pendant zur →Synode der →Bischöfe patriarchaler u. großerzbischöflicher Kirchen dar. Der

→Metropolit einer metropolitanen Kirche sui iuris (in der Folge: Metropolit) wird vom H. in der Leitung der Kirche unterstützt (c. 155 §1 CCEO). Die Verwendung des aus OE 23 stammenden Terminus H. ist sachlich problematisch, da sich das Organ einerseits nicht aus Hierarchen, sondern aus Bf. zusammensetzt, u. als ein (primär gesetzgebendes) Leitungsorgan materiell kein „cons.", sondern eine Synode darstellt.

Dem H. gehören alle u. nur die Bf. der jeweiligen Kirche sui iuris an (c. 164 §1 CCEO). Entscheidendes Stimmrecht haben Eparchialbischöfe u. Koadjutoren; die übrigen Bf. nur, wenn das Partikularrecht dieser Kirche entspr. vorsieht (c. 164 §2 CCEO; anders c. 102 §2 für die Synode der Bf.). Die (strenge) Teilnahmepflicht u. erforderliche Mehrheiten sind in c. 165-166 CCEO geregelt. Der H. tagt mind. einmal jährlich sowie bei bes. Umständen od. bei rechtlichem Handlungsbedarf. Er hat eigene →Statuten aufzustellen, die dem Apost. Stuhl zu übermitteln sind (c. 170-171 CCEO). Einberufung, Auflösung, Vorsitz u. Tagesordnung des H. sind Sache des Metropoliten (c. 159, 2° CCEO).

Einzelne legislative Kompetenzen des H. finden sich im →ius commune. Die gesetzgebende Gewalt ergibt sich auch aus der partikularrechtlichen Regelungskompetenz gem. c. 167 §1 CCEO. Klärungsbedürftig bleibt aber, ob der H. auf Grundlage von c. 169 CCEO (der ihm die Sorge für pastorale Bedürfnisse auch durch entspr. Bestimmungen aufträgt) eine generelle (somit nicht taxativ beschränkte) Gesetzgebungskompetenz besitzt. Dies wird in der neuesten Lit. überwiegend bejaht (Begründungen bei Szabó, 1996, 495-499; 2007, 451); demnach bestünde der Unterschied zur legislativen Kompetenz der Synode der Bf. – abgesehen ggf. vom Stimmrecht – nur darin, dass die Promulgation der →Gesetze u. Normen einer vorherigen Bestätigung ihres Empfanges durch den Apost. Stuhl bedarf (c. 167 §2 CCEO). Die Gesetze u. Entscheidungen des H. werden durch den Metropoliten promulgiert bzw. bekanntgemacht (c. 167 §3 CCEO).

Im Bereich der Verwaltung besitzt der H. einzelne Kompetenzen, insb. Zustimmungsrechte zu bestimmten Akten des Metropoliten (c. 167 §4 CCEO). Auch erstellt der H. für den Apost. Stuhl Kandidatenlisten für die Ernennung des Metropoliten u. der Bf. (c. 168 CCEO), besitzt aber im Unterschied zur Synode der Bf. weder ein Bischofswahlrecht noch richterliche Gewalt.

Quellen

Vat II, OE.

Literatur

Indice generale della Collana „Nuntia": Nuntia 31 (1990), 49; Žužek, I., Index analyticus Codicis Canonum Ecclesiarum Orientalium, Rom 1992 (Kanonika 2), 70f.; Szabó, P., La questione della competenza legislativa del Consiglio dei gerarchi (Consilium Hierarcharum). Annotazioni all'interpretazione dei cc. CCEO 167 §1, 169 e 157 §1: Apollinaris 69 (1996), 485-515; Salachas, D., De Ecclesiis metropolitanis ceterisque Ecclesiis sui iuris [Komm zu cc. 155-176 CCEO]: Commento al Codice dei Canoni delle Chiese Orientali, hg. v. P. V. Pinto, Vatikanstadt 2001 (CorpIC 2), 149-162, 154-160; Faris, J., Metropolitan Churches and other Churches sui iuris (cc. 155-176): A Guide to the Eastern Code, hg. v. G. Nedungatt, Rom 2002 (Kanonika 10), 207-226, 214-222; Szabó, P., Competenza governativa e fisionomia degli organi sinodali. L'integrità della potestà episcopale nel sistema degli organi sinodali di carattere permanente: IusEccl 29 (2007), 445-456, 450f.; Marti, F., The Legislative Power of the Council of Hierarchs in the Metropolitan Church sui iuris: Folia Canonica 13 (2010), 71-84; Abbas, J., A Legislative History of the Eastern Canons on Synods of Bishops and Councils of Hierarchs: Strutture sovraepiscopali nelle Chiese orientali, hg. v. L. Sabbarese, Vatikanstadt 2011 (StCan 59), 41-74, 67-74; Marti, F., Il Consilio dei Gerarchi. Natura giuridica e potestà: Strutture sovraepiscopali nelle Chiese Orientali, hg. v. L. Sabbarese, Vatikanstadt 2011 (StCan 59), 143-186; Gefaell, P., La capacità legislativa delle Chiese orientali in attuazione del CCEO: Il Codice delle Chiese Orientali. La storia, le legislazioni particolari, le prospettive ecumeniche, Vatikanstadt 2011, 137-155, 142-143; Szabó, P., Art. Consejo de Jerarcas: DGDC Vol. II, 577-579.

Thomas Németh

© 2019, DOI: 10.30965/9783506786388_0402

Hierarchie – Katholisch

Der Begriff geht zurück auf zwei Werke des Pseudo-Dionysius Areopagita, Über die himmlische H. u. die kirchl. H. (6. Jh.) u. bedeutet wörtlich Ursprung aus dem Heiligen. In der westlichen Rezeption seit Johannes Eriugena (9. Jh.) entwickelte sich das Wort in der lat. Mystik u. Scholastik zum theol. terminus technicus in der Angelologie, der Spiritualität (stufenweiser Aufstieg der Seele zu Gott bis zur unio mystica) u. der Lehre von der Verf. der Kirche. H. wird lat. m. sacer principatus wiedergegeben (Thomas von Aquin, STh q. 108 a. 1).

Im Unterschied zum heutigen profanen Gebrauch von H. i. S. einer feudalen Ständeordnung od. der Ausübung politischer u. administrativer Gewalt (Beamtenhierarchie) od. der Befehlskette in militärischen od. sonstigen Organisationen (flache H.), in der Religionssoziologie (H. als Herrschaftsstruktur), u. der Wissenschaftstheorie (A. Comtes Drei-Stadien-Gesetz), liegt beim Areopagiten die neuplatonische Idee der Emanation des wesenhaft Guten in die versch. Ordnungen des Seins zugrunde, die dann triadisch zurückvermittelt werden zur Einheit m. Gott. Der →Bischof hat den höchsten Rang in der Kirche, weil er „der gotterfüllte Mann ist, der alles hierarchischen Wissens (d. h. der Taufe, Myronsalbung und Eucharistie) kundig ist und in welchem auch die ganze ihm unterstehende Hierarchie als in ihrer reinen Spitze kulminiert und erkannt wird.“ (Über die kirchl. Hierarchie, I. Kap. § 3). Unabhängig von der neuplatonischen Einkleidung bez. in der kath. u. orth. Theologie H. die sakramentale Verf. der Kirche (→Kirchenverfassung), die zutiefst in der Inkarnation des Logos gründet. So wie die angenommene menschliche Natur Chr. der Person des göttlichen Logos als Heilsorgan dient, so dient analog die sichtbare Kirche als „die mit hierarchischen Organen ausgestattete Gesellschaft“ (LG 8) der Vermittlung der Heilsgemeinschaft m. Gott. Die kirchl. H., durch die Chr. als Haupt der Kirche wirkt, insofern der →Papst, die Bf. u. →Priester das →Volk Gottes lehren, heiligen u. leiten (LG 21), steht der Gleichheit u. Würde aller Christen (→Gleichheit aller Gläubigen) in der Teilhabe an der prophetischen, priesterlichen u. kgl. →Sendung der Kirche u. ihrer Vollendung in Gott nicht entgegen, sondern bestätigt sie (LG 10; 12). Denn die Bf. „vermitteln nicht kausaliter die Gnade Christi, sondern nur instrumentaliter die Sakramente der Gnade.“ (Thomas von Aquin, STh Suppl. q. 36 a. 3). Die H. ist nichts anderes als die sakramentale Verf. der Kirche, die sich in den kraft →apostolischer Sukzession legitimierten Weiheämtern des Bf., der Presbyter u. der →Diakone darstellt (LG 18-29). In einem engeren Sinn versteht man unter H. das universale Lehr- u. Leitungsamt des →Bischofskollegiums (corpus, ordo episcoporum) „in hierarchischer Gemeinschaft mit dem Papst“ (NEP 2; LG 18). Die kirchl. H. begr. die hl. u. heilsvermittelnde Ordnung der sakramentalen →Ämter, der kirchl. Stände u. der vielfältigen →Charismen aufgrund des gemeinsamen Priestertums aller Gläubigen (→Allgemeines bzw. Gemeinsames Priestertum). H. ist Diakonia (LG 24), die nicht weltliche Herrschaft über andere, sondern das übernatürliche Heil der anderen zum Ziel hat.

Aufgrund der Rechtfertigung des Sünders allein aus dem →Glauben (u. nicht durch die von der geistl. →Vollmacht der Priester abhängigen →Sakramente) u. der Neudeutung des kgl. Priestertums der Kirche (1 Petr 2, 5.9) als allg. Priestertum hatte Luther die H. als „Herrschaft des Klerus über die Laien“ abgelehnt (WA 6, 564). Im Glauben u. →Gewissen ist der Christ unmittelbar zu Gott u. bedarf nicht der Vermittlung durch die H. Die äußere KO liegt in der Hand des Fürsten od. kirchl. Gremien. Gelegentlich noch bez. H. bei ihm die von Gott etablierten ökonomischen, politischen u.

kirchl. Ordnungsmächte gegen die Zerstörungswut des Teufels (WA 39/II, 32, 3f.). Dagegen hält das Trienter Konzil an der Existenz eines von Chr. eingesetzten →Weihesakramentes fest (DenzH 1771) u. damit an der H., „die in der katholischen Kirche aus Bischöfen, Presbytern und Dienern besteht und durch göttliche Anordnung (divina ordinatione) eingesetzt ist." (DenzH 1776). H. mutierte seit der →Reformation zur antiklerikalen Kampfparole gegen die Herrschaftsansprüche das Papsttums u. der kath. Kirche, die vermeintlich die Emanzipationsprozesse von geistl. Bevormundung, vorwissenschaftlichen Weltbildern u. freiheitsfeindlichen Gesellschaftsordnungen bedrohten. Die kirchl. H. schien unvereinbar m. einer demokratischen Beteiligung aller u. der Gewaltenteilung im modernen Staat. Abw. vom klassischen Sprachgebrauch von H. als sakramentale Verf. der Kirche ist im Ökumenismus-Dekr. des Vat II die Rede von „einer Rangordnung oder Hierarchie der Wahrheiten, je nach der verschiedenen Art ihres Zusammenhangs mit dem Fundament des christlichen Glaubens." (UR 11).

Quellen

Pseudo-Dionysius Areopagita, Über die himmlische Hierarchie. Über die kirchl. Hierarchie, eingel., übers. u. m. Anm. versehen von G. Heil, Stuttgart 1986 (Bibliothek der griech. Literatur 22); Vat II, LG; Vat II, NEP; Vat II, UR.

Literatur

Wiedenhofer, S., Das kath. Kirchenverständnis, Graz 1992; Müller, G. L., Mit der Kirche denken. Bausteine u. Skizzen zu einer Ekklesiologie der Gegenwart, Würzburg ³2007; Ratzinger, J., Kirche – Zeichen unter den Völkern. Schriften zur Ekklesiologie u. Ökumene, Freiburg 2010 (JRGS 8); Müller, G. L., Der Papst. Sendung u. Auftrag, Freiburg 2017; Menke, K.-H., Sakramentalität. Wesen u. Wunde des Katholizismus, Freiburg ²2018.

Gerhard Ludwig Müller

© 2019, DOI: 10.30965/9783506786388_0403

Hierarchie – Ostkirchlich

1. Begriff u. Grundlegung: Der Terminus H. (lat. hierarchia) kommt von griech. hieros (heilig) u. arche (Amt, Herrschaft, Ursprung, Anfang) u. gelangte wohl über Pseudo-Dionysius Areopagita im 6. Jh. in den kirchl. Sprachgebrauch. Im Bereich des institutionell gestuften hierarchischen Amtes kommt jede kirchl. Gewalt grds. von oben, sodass auch die Verantwortung primär übergeordneten Autoritäten – u. letztlich Gott – gegenüber besteht. H. bedeutet auch Rangordnung.

Im westl. MA entwickelte sich H. im Zusammenhang m. dem ordo-Gedanken als rechtliches Strukturprinzip zu einem Bestandteil der Ämterlehre u. des Ämterrechts der kath. Kirche. Das westliche Konzept einer Zweiteilung in eine Weihe- u. Jurisdiktions-H. (erstere auf dem Trid. formuliert) fand auch Eingang in c. 38 § 3 Cleri sanctitati, der gegenüber cann. 108 u. 109 die Dichotomisierung verstärkte. Im Zuge der ekklesiologischen Neuorientierungen auf Vat II wurde die Zwei-Gewalten-Lehre von der →tria-munera-Lehre (vgl. z. B. CD 11) zwar zurückgedrängt; der CIC/1983 lässt die potestas-Kategorien aber wieder stärker erkennen. Im CCEO, der sich im Aufbau an byzantinischen KR-Slg. orientiert, wird diese Zweiteilung deutlicher vermieden, materielle Elemente davon finden sich aber in Titel X (→Kleriker) u. XXI (Leitungsgewalt). In Folge von Vat II wird bei →Bischöfen der Zusammenhang von Weihe (→Ordinaton, Weihe) u. →Amt betont (vgl. NEP, Nr. 2; c. 375 § 2). Das Verhältnis von munus u. potestas u. somit auch das Konzept von H. u. ihre innere Struktur bedürfen aber theol. u. kan. Klärung.

In der kath. Terminologie seit Vat II wird H. bzw. hierarchisch insb. auf die →Kirchenverfassung, auf Amtsträger (→Amtsträger, kirchlicher) u. auf Kleriker angewendet. Im CCEO wird H. nicht definiert; das Substantiv kommt in unterschiedlichen Zusammenhängen in cc. 27 u. 590 (kirchl. H.) u. 348 § 2 (H. der Wahrheiten) vor. Das Adjektiv hierarchicus bezieht sich in cc. 49, 92 §1 u. 324 CCEO auf die hierarchische Gemeinschaft (→communio hierarchica), in c. 85 §1 auf den hierarchischen Rang. Der Ausdruck hierarcha (Hierarch) findet sich 243 Mal; darunter im Zusammenhang m. dem →Hierarchenrat sowie dem Konvent der Hierarchen mehrerer →Ecclesiae sui iuris (c. 322 CCEO).

2. Kirchverf.: Auf Grundlage von OE 2, wonach die Gläubigen der kath. Kirche „durch ihre Hierarchie zu verschiedenen Gemeinschaften zusammengeschlossen" sind, besteht für die kath. Ostkirchen ein dreigestuftes Verfassungskonzept, das sich auf den Ebenen →Gesamtkirche, Kirche sui iuris u. Ortskirche verwirklicht. Der Begriff communio hierarchica, demgemäß die Bf. ihren Dienst in Gemeinschaft m. dem →Papst u. untereinander ausüben, beinhaltet eine „organische Wirklichkeit, die eine rechtliche Gestalt verlangt" (NEP, Nr. 2).

a) Die höchste Autorität der Kirche bilden P. u. das m. ihm – kraft sakramentaler Weihe u. hierarchischer Gemeinschaft – verbundene →Bischofskollegium (cc. 42-54 CCEO).

b) Kirchen sui iuris: Die Formulierung „hierarchia … iunctus" bildet in c. 27 CCEO einen Bestandteil der Definition dieser Kirchen u. verweist damit auf die Funktion der H., eine sichtbare Verbindung der entspr. Gemeinschaft zu gewährleisten. Der CCEO kennt ein System m. vier Kategorien dieser Kirchen, die sich auch im Verhältnis des Ersthierarchen zum P. unterscheiden (cc. 76 §2, 153 §2 u. 156 §1 CCEO).

Kontrovers ist, ob u. inwiefern neben dem Episkopat u. dem päpstlichen Primat auch die Patriarchatsebene (vgl. LG 23) dem →ius divinum zuzuordnen sei, was insb. m. dem Verständnis des letzteren zusammenhängt. Bis heute andauernde Diskussionen um die Art des ekklesialen Charakters der Kirchen sui iuris weisen auf Klärungsbedarf hinsichtlich der Rolle dieser Kirchen für die gesamtkirchliche Communio hin.

Das im lat. KR nur partiell Entsprechung besitzende Synodalsystem des CCEO drückt den kollegialen Charakter des Episkopats auch auf der Ebene zwischen Gesamt- u. Ortskirche deutlich aus. Die →Synodalität ist insb. in der →Synode der Bf. patriarchaler u. großerzbischöflicher Kirchen sowie (schwächer) im Hierarchenrat metropolitaner Kirchen sui iuris verwirklicht.

c) Die ortskirchliche Ebene ist verwirklicht in den →Eparchien u. Exarchien (→Exarch) (cc. 177-321 CCEO).

3. Amtsträger: Wie im CIC bildet das Bischofsamt (vgl. LG 18-27; CD) das Paradigma für das hierarchische Amt. Der Begriff Hierarch entspricht (bei Beachtung der Eigenheiten des Ost-KR) grds. dem lat. →Ordinarius u. erstreckt sich nicht auf alle Amtsträger, die vom Begriff H. erfaßt sind. Einzelne Hierarchen werden in c. 984 CCEO §1 beispielhaft genannt; unter ihnen gibt es Ortshierarchen, wie z. B. Eparchialbischöfe, Exarchen, Apost. Administratoren u. (Proto)synkellen (§2). Die höheren Obereren der Inst. des geweihten Lebens (§3; vgl. c. 418 §1 CCEO) sind Hierarchen, aber nicht Ortshierarchen. Auch existieren ostkirchliche Ordinariate bei Hierarchen anderer Kirchen sui iuris; bei Fehlen eines eigenen Hierarchen sind die Ortshierarchen einer anderen Kirche sui iuris (faktisch zumeist der lat. Kirche) für die ostkirchlichen Gläubigen zuständig (c. 916 §5 CCEO; vgl. auch §4, cc. 38, 192 §1 u. 193 CCEO sowie c. 383 §2).

4. Kleriker: Die Überwindung einer problematischen Dichotomisierung von Klerus u. →Laien in LG 32 kommt in c. 11 CCEO (fast wortgleich zu c. 208) zum Ausdruck, sowie in der konzeptionellen Dreiteilung zwischen Klerikern, Religiosen u. den übrigen Christgläubigen. Das hierarchische Prinzip erfährt eine theol. Korrektur u. Erg. sowohl durch das synodale Prinzip als auch durch die fundamentale Gleichheit aller Getauften im gemeinsamen Priestertum (→Allgemeines bzw. Gemeinsames Priestertum), dessen rechtlicher Ausdruck die allen Getauften gleichermaßen zustehenden Rechte u. Pflichten sind (cc. 7-26 CCEO).

Gem. c. 323 CCEO bildet das Weihesakrament die Grundlage für den Stand der Kleriker; sie sind „durch das in der Weihe empfangene Geschenk des Hl. Geistes dazu bestimmt ..., durch die Teilhabe an der → Sendung u. → Vollmacht des Hirten Chr. Amtsträger der Kirche zu sein" u. unterscheiden sich „kraft göttlicher Weisung von den übrigen Christgläubigen". Gem. c. 324 CCEO stehen die Kleriker „untereinander in hierarchischer Gemeinschaft" u. „nehmen auf verschiedene Weise an dem einen kirchlichen, göttlich eingesetzten Dienst teil".

In c. 325 CCEO über die 3 Stufen des Klerus (Episkopat, Presbyterat u. Diakonat) wird im Unterschied zu c. 38 § 3 Cleri sanctitati der Ausdruck H. nicht genannt. Gem. 327 CCEO können niedere Weihestufen bestehen, die im Partikularrecht der Kirchen sui iuris geregelt werden. Die einzelnen ostkirchlichen Traditionen kennen unterschiedliche Bez. für Hierarchen bzw. Kleriker, die nur beschränkt Eingang in die Terminologie des CCEO gefunden haben.

Quellen

Pius XII., MP Cleri sanctitati vom 02. Juni 1957: AAS 49 (1957), 433-603; Vat II, LG; Vat II, NEP; Vat II, OE; Vat II, CD; Kongr. für die Glaubenslehre, Schreiben Communionis notio vom 28. Mai 1992: AAS 85 (1993), 838-850; Kongr. für die orient. Kirchen, Oriente Cattolico, 3 tomi, Rom ^{5}2017; Annuario Pontificio, Vatikanstadt 2018, 1126-1129.

Literatur

Pujol, C., Art. Hierarcha: DMC Vol. 2, 535-542; Nedungatt, G., Ecclesia universalis, particularis, singularis: Nuntia 2 (1976), 75-78; Indice generale della Collana „Nuntia": Nuntia 31 (1990), 47-61 passim; Faris, J. D., The Eastern Catholic Churches: Constitution and Governance. According to the Code of Canons of the Eastern Churches, New York 1992; Žužek, I., Alcune note circa la struttura delle Chiese orientali: Ders., Understanding the Eastern Code, Rom 1997 (Kanonika 8), 136-148; ders., The Authority and Jurisdiction in the Oriental Catholic Tradition: Ders., Understanding the Eastern Code, Rom 1997 (Kanonika 8), 136-148; Nedungatt, G., Clerics (cc. 323-398): A Guide to the Eastern Code, hg. v. dems., Rom 2002 (Kanonika 10), 255-327; Morrisey, F. G., Power of Govenance (cc. 979-995): A Guide to the Eastern Code, hg. v. G. Nedungatt, Rom 2002 (Kanonika 10), 657-674; Pree, H., „Lex divinitatis est, infima per media in suprema reduci" (X vag. comm. 1,8,1). Überlegungen zum hierarchischen Amtsverständnis: ZRG.K 88 (2002), 411-442; Salachas, D. – Sabbarese, L., Chierici e ministero sacro nel Codice latino e orientale. Prospettive interecclesiali, Vatikanstadt 2004 (StCan 50); Gefaell, P., Le Chiese sui iuris: „Ecclesiofania" o no?: Le Chiese sui iuris. Criteri di individuazione e delimitazione, hg. v. L. Okulik, Venedig 2005, 7-26; Salachas, D., Nitkiewicz, K., Rapporti interecclesiali tra cattolici orientali e latini. Sussidio canonico-pastorale, Rom 2007; Strutture sovraepiscopali nelle Chiese orientali, hg. v. L. Sabbarese, Vatikanstadt 2011 (StCan 56); Cristiani orientali e pastori latini, hg. v. P. Gefaell, Milano 2012 (Pontificia Università della Santa Croce. Monografie giuridiche 42); Salachas, D., Orient et institutions. Théologie et discipline des institutions des Églises orientales catholiques selon le Nouveau Codex canonum Ecclesiarum Orientalium, Paris 2012; Kaufhold, H., Zum ostkirchlichen Charakter der Rechtssprache des Codex Canonum Ecclesiarum Orientalium (CCEO): Ius quia iustum (FS Pree), hg. v. E. Güthoff – St. Haering, Berlin 2015 (KStT 65), 221-245.

Thomas Németh

© 2019, DOI: 10.30965/9783506786388_0403

Hierarchie – Orthodox

M. kirchl. H. sind in der orth. Theologie alle Stufen des Klerus gemeint, allg. des oberen u. des niederen Klerus (Milasch, 1905), konkreter aber das dreigliedrige Amt des Altardienstes: d. h. Bischofs-, Priester- u. Diakonatsstand. Hierarch wird als synonym für das Bischofsamt verwendet u. zwar unabhängig davon, ob der → Bischof einer Diözese (→ Metropolie) bevorsteht od. lediglich ein Titularbischof (WBf.) ist; oft wird aber in den → orthodoxen Kirchen spezifisch für die Bf. die Bez. Hoherpriester (griech.: Archiereús, russisch: Archiereĭ, in Anlehnung an das Hohepriesteramt Jesu Chr., vgl. Hebr 3, 1; 4, 14; 5, 5) verwendet. H. wird in diesem Kontext auch für die Zeit der konkreten Ausübung des Bischofsamtes verwendet. Im engeren Kontext des orth. KR wird m. H. die Gesamtheit der Bf. (Hierarchen) einer orth. Kirche bez.; insb. in der griechischsprachigen Orthodoxie ist m. H. die institutionalisierte Versammlung gemeint, d. h. die beschlussfähige Zusammenkunft von allen amtierenden Bf. als oberstes Verwaltungsorgan einer LK (Autokeph. [→Autokephalie] od. auch Auton. [→Autonomie]). In den slavisch-orth. Kirchen wird für die Angehörigen des Bischofsstandes allg. von Episkopat gesprochen.

Als theol. Fundierung der H. dient das Werk des (Pseudo-)Dionysius Areopagita (Über die himmlische H., u. Über die kirchl. H.). Areopagita kann den Begriff der H. sehr weit fassen, als die Gesamtheit aller Heilsmomente u. aller Heilsmittel („diakosmisin ton ieron"), „in welcher der göttliche Hierarch ... an all dem Hochheiligen, was zu seinem Amt gehört, Anteil haben wird. Trägt ja seinen Namen von der Hierarchie" (Kirchl. H. 3, 1). Areopagita sieht als „Ausgangspunkt [Arche] der Hierarchie die Dreieinigkeit" (ebd.), wobei er in einem umfassenden System der Abstufungen, von der H. der Engel bis zu sinnlicher Abbildung der himmlischen H. in den Geschöpfen, den Weg des Emporsteigens zur höchsten Nachahmung (Homoiosis) Gottes (vgl. Kirchl. H. 3, 1) in triadischen Formeln minutiös als Läuterung (Katharsis), Erleuchtung (Fotismos) u. Vergöttlichung (Theosis) beschreibt. Dieses Werk hat evtl. die Tendenz zu einem starken hierarchischen Denken mitgeprägt (vgl. Loudovikos, 2011), vorhanden in allen orth. Kirchen. Viele attestieren demnach der Orthodoxie eine totale Unterwerfung der „königlichen Priesterschaft" (vgl. 1 Petr 2, 5-10) aller Gläubigen unter die bes. hierarchische Priesterschaft des geweihten Priester- u. insb. Bischofsamtes. Bei aller Hervorhebung der Wichtigkeit des Bischofsamtes für das Leben der Kirche darf wiederum sein mystagogisch-sakramentaler Charakter „an Stelle und als Abbild" (eis Topon – als Typos) Chr. nicht vergessen u. dieses als eine Nachahmung einer rein profanen hierarchischen Rangordnung verwechselt werden. Die kirchl. H., d. h. die Gesamtheit aller drei Stände des geweihten Amtes, als Abbild einer himmlischen H., wie diese v. a. im Werk Areopagitas ausgeprägt wurde, soll lediglich dem liturgischen Leben der Kirche u. dem Weg der Gläubigen zu ihrer Vergöttlichung (Theosis) dienlich sein.

Eine direkte Ableitung einer H. zwischen Bischofsstühlen od. zwischen orth. Kirchen aus dem Leben des Dreieinen Gottes, was sogar die Vorrechte od. gar eine Machtstellung dieser Kirchen stützen kann, wie einige orth. Interpretationen einzuführen scheinen (Lambriniadis, 2014), bedeutet nicht nur die Verletzung der apophatischen Grenzen der orth. Trinitätslehre; zugl. wird die Struktur u. die Gemeinschaft des ekklesialen Lebens der Orth. Kirchen auf eine harte Probe gestellt bzw. sie unmöglich gemacht. Die Frage einer H. zwischen orth. Kirchen, wie diese v. a. in ihren Diptychen (Namensliste m. den Primassen aller Autokeph. Kirchen) erfasst wird, wurde im Vorfeld der Hl. u. Großen Synode der orth. Kirche (Kreta 2016) kontrovers diskutiert; der Punkt konnte nicht auf die Tagesordnung des Panorthodoxen Konzils (→Panorthodoxe Synode) gelangen. Die Konkretisierung der Vorrechte (presbeia) des ersten Bischofsstuhls in dieser H. der Kirchen, die in der heutigen Orthodoxie vom →Ökumenischen Patriarchat von Konstantinopel ausgeübt werden, kann nicht konsensfähig von allen orth. Kirchen beschlossen werden, was u. a. immer wieder zu Spannungen u. Spaltungen zwischen ihnen führt. Eine H. der Kirchen überhaupt scheint jedoch der orth. Theologie nicht gänzlich fremd zu sein, wovon bereits das Werk von N. Afanassieff Zeugnis abliefert: „Wenn es eine Hierarchie der einzelnen Kirchen gibt, so muss es auch eine Kirche geben, die an der Spitze dieser Hierarchie steht, und folglich den ersten Platz einnimmt"

(Afanassieff, 1961, 31). Afanassieff sieht den Vorrang in einer H. der Kirchen in der „Autorität des Zeugnisses“ begr. u. nicht in einer „Macht über die anderen Kirchen“. Die orth. Kirche vertritt in ihrer Lehre keine H. der Wahrheiten, wie die röm.-kath. Kirche. In ihrer Praxis übt sie jedoch eine Art solcher H. aus, konkret in ihrem kan. Leben, wenn durch das Prinzip der →Oikonomia zwischen der genauen (akribischen) u. der gemäßigten Oikonomia-Anwendung von Kirchenkanones differenziert wird.

Quellen

Corpus Dionysiacum II., Pseudo-Dionysius Areopagita. De Coelesti Hierarchia, De Ecclesiastica Hierarchia, De Mystica Theologia, Epistulae, hg. v. G. Heil – A. M. Ritter, Berlin – Boston 2012.

Literatur

Milasch, N., Das Kirchenrecht der morgenländischen Kirche, Mostar ²1905, Kap. I: Zusammensetzung der Hierarchie, 236-251; Afanassieff, N., Das Hirtenamt der Kirche. In der Liebe der Gemeinde vorstehen: Der Primat des Petrus in der orth. Kirche, hg. v. B. Bobrinskoy – O. Clément – B. Fize – J. Meyendorff, Zürich 1961, 7-65; Vletsis, A., Der Bischof als Typos od. Topos Christi? Bischofsamt zwischen Liturgie u. Verwaltung: Ekklesiologie u. Kirchenverfassung. Die institutionelle Gestalt des episkopalen Dienstes, hg. v. G. Wenz, Münster – Hamburg – Berlin – London 2003, 79-98; Drews, F., Methexis, Rationalität u. Mystik in der Kirchl. Hierarchie des Dionysius Areopagita, Berlin – Münster 2011; Loudovikos, N., Eikon and mimesis eucharistic ecclesiology and the ecclesial ontology of dialogical reciprocity: International Journ. for the Study of the Christian Church 11 (2011), 2/3, 123-136; Sakvarelidze, N., Hierarchie als Symphonie. Die Taxis des areopagitischen Kosmos: Orth. Forum 25 (2011), 139-152; Lambriniadis, E., Primus sine paribus. Eine Antwort auf den Text des Moskauer Patriarchats zum Primat: KNA – ök. Informationen 4 vom 21.01.2014, I-IV: http://www.unifr.ch/iso/assets/files/KNA_Elpidophoros.pdf [Zugriff: 15.05.2019]; Langpape, W., Hierarchie der Wahrheiten als ök. Modell: Potentiale interkonfessioneller Verständigung ausgehend von den trinitarischen Dogmatiken Edmund Schlinks u. Dumitru Staniloaes, Göttingen 2018.

Athanasios Vletsis

© 2019, DOI: 10.30965/9783506786388_0403

Hilfsämter

→Amt, →Pfarrvikar, →Vertreter

Hilfsgeistlicher

→Domvikar, →Mitarbeitender Priester, →Subsidiar, →Pfarrvikar

Hindernis

→Ehehindernisse, →Rechtshindernis

Hirte

→Pastor animarum

Hirtenamt

→Pastor animarum, →Pastor proprius

Hirtendienst – Katholisch

1. Aus dem archetypischen Bild des Hirten hat sich schon in vorbiblischer Zeit die Vorstellung entwickelt, dass Götter u. Könige H. für die Menschen leisten. M. dem H. verbinden sich Aspekte der Fürsorge, des Schutzes, der Beheimatung u. der Verlässlichkeit des Hirten sowie der Slg. der ihm Anvertrauten in sicherer Gemeinschaft. AT u. NT beziehen den Hirtentitel auf Gott u. auf Jesus Chr. Den Leitern frühchristlicher Gde. wird der H. als kennzeichnende Aufgabe zugeschrieben, zu dessen Ethos Uneigennützigkeit u. Vorbildlichkeit, die bes. Sorge für die Armen u. Kleinen u. der Aufbau des Leibes Chr. gehören (vgl. z. B. Apg 20, 28; Eph 4, 11; 1 Petr 5, 1-4). Der CIC übernimmt das biblische Bild des Hirten m. dem Nomen Pastor, dem Adjektiv pastoralis u. dem Verb pascere, ordnet ihm als Komplementärbegriff aber

nicht die Herde (vgl. z. B. Joh 10, 16; Apg 20, 28; 1 Petr 5, 2-3) od. die Schafe zu (vgl. z. B. Joh 10, 11-16; 1 Petr 2, 25), die missdeutend oft als ungebildet u. unmündig dargestellt werden, sondern die →Gläubigen, die i. S. v. cc. 204 §1, 208, 216 (cc. 7 §1, 11, 19 CCEO) u. a. als mündig, selbstbewusst sowie verantwortlich u. mitverantwortlich begriffen werden müssen. Von daher geht der CIC nicht von einem bevormundenden, sondern von einem kooperativen Verhältnis zwischen Hirten u. Gläubigen aus, dem eine wahre Gleichheit in Würde u. Tätigkeit (→Gleichheit aller Gläubigen) eignet.

2. Die sakramentale Befähigung (→Befähigung, rechtliche) u. Bestimmung (consecratio et deputatio) zum H. wird gem. c. 1008 durch das Sakrament der Weihe (→Weihesakrament) vermittelt, das auch zur Übernahme von potestas regiminis seu iurisdictionis befähigt (c. 129; c. 979 CCEO). Die →Bischofsweihe vermittelt die apost. od. hoheitliche →Vollmacht u. gliedert in das →Bischofskollegium ein (c. 336; c. 49 CCEO), die →Priesterweihe vermittelt die Befähigung u. Bestimmung zur Teilhabe an der apost. →Sendung u. Weihe sub auctoritate Episcopi (cc. 515 §1, 519, 533 §3, 540 §1). Die →Diakonatsweihe bezieht sich auf die Teilhabe am bfl. Dienst u. vermittelt die Vollmacht, dem Volk Gottes in der Diakonie der Liturgie, des Wortes u. der Liebe zu dienen. Entspr. der jeweiligen Weihestufe (Diakonat, Presbyterat, Episkopat; vgl. c. 1009 §1) erhalten die Geweihten also in unterschiedlichen Graden (pro suo quisque gradu) Anteil an der Aufgabe, dem Volk Gottes zu dienen. →Bischöfe u. →Priester erhalten die Sendung u. Befähigung, in diesem Dienst am Volk Gottes in persona Christi pastoris et capitis (vgl. Joh 10; c. 1009 §3) zu handeln. Sie sind gem. c. 150 durch die Weihe befähigt, ein KA zu übernehmen, dessen Inhalt die →Hirtensorge ist u. das der Verwirklichung des H. dient. Gem. dem biblischen Leitbild vom Hirten wird der H. im KR aber nicht schlechthin allen Priestern zugeordnet, sondern nur denjenigen unter ihnen, die kraft eines KA die →Leitung einer Kirche od. →Pfarrei innehaben u. so gemeinsam m. den ihnen anvertrauten Gläubigen für den Aufbau, die Stärkung u. die Bewahrung der jeweiligen →Communio verantwortlich sind.

3. Der auch als munus pastoris od. munus pastorale bez. H. (z. B. cc. 381 §1; 383 §1; 412; 539; 541 §1; 544) wird vornehmlich von den Bf. geleistet, die durch die Bischofsweihe in der Kirche als Hirten (Pastores) bestellt sind, um den ihnen anvertrauten Gläubigen in Stellvertretung Chr. als authentische Lehrer des Glaubens, Priester des hl. Gottesdienstes u. Diener der Leitung (c. 375 §1) zur Verfügung zu stehen (c. 383 §1; c. 192 §1 CCEO). Der H. der Bf. ist demnach i. S. der Hirtensorge stets umfassend; er bezieht sich sowohl auf alle drei Aufgabenbereiche des →Verkündigungsdienstes, des →Heiligungsdienstes u. des →Leitungsdienstes als auch auf die drei Funktionen der Legislative, Exekutive u. Judikative (c. 391; c. 191 CCEO). Der →Diözesanbischof leistet den H. in einer →Teilkirche in Zusammenarbeit m. seinem →Presbyterium (c. 369; c. 177 §1 CCEO) u. besitzt kraft seines KA in dem ihm anvertrauten Bistum die ganze, ordentliche, eigenberechtigte u. unmittelbare Vollmacht, die zur Ausübung seines H. erforderlich ist (c. 381 §1; c. 178 CCEO; vgl. auch CD 8). Der →Pfarrer ist der eigene Hirte (pastor proprius) der ihm anvertrauten Gemeinschaft von Gläubigen einer Pfarrei u. übt dort in Teilhabe u. unter der Autorität des Diözesanbischofs den m. seinem KA verbundenen H. m. den u. für die ihm anvertrauten Gläubigen aus. Das gilt auch für das →Priesterteam, das gem. c. 517 §1 eine od. mehrere Pfarreien in solidum leitet. Bei der Ausübung seines H. ist der Pfr. notwendig auf die kooperierende Mithilfe u. Mitverantwortung anderer Gläubiger angewiesen (vgl. cc. 519 u. 528-529; c. 289 CCEO). Der →Papst ist Bf. der Kirche von Rom u. als solcher Hirte der →Gesamtkirche; er verfügt kraft seines KA über höchste, volle, unmittelbare u. universale ordentliche Vollmacht, die er immer frei ausüben kann (c. 331; c. 43 CCEO) sowie über einen Vorrang ordentlicher Vollmacht gegenüber den Teilkirchen u. deren

Hirten (c. 333 § 1; c. 45 § 1 CCEO). Bei der Ausübung seines H. steht er in Gemeinschaft m. den übrigen Bf. u. m. der ganzen Kirche (c. 333 § 2; c. 45 § 2 CCEO). Andere Priester, →Diakone u. →Laien können nach Maßgabe des Rechts an der Ausübung des H. des P., des Bf. od. des Pfr. beteiligt werden (z. B. cc. 228; 358; 360; 403; 460; 469; 495; 502; 517 § 2; 519; 528-529; 536-537; 540 § 1; 545 § 2; 571; 676; 1282; 1419).

Quellen

Vat II, CD.

Literatur

Ochoa IC, 286 u. 335-336; Willmes, B. – Zmijewski, J. – Zelinka, U. – Nitz, G. – Ott, R., Art. Hirt, Guter Hirt I.-V.: LThK³ Bd. 5, 155-159; Freitag, J., Art. Hirtenamt: LThK³ Bd. 5, 160; Hallermann, H., Priesterliche Identität gewinnen in Abgrenzung od. in Kooperation?: Diakonia 29 (1998), 91-96; Riedel-Spangenberger, I., Seelsorge u. Sendung in der kirchl. Rechtsordnung: Iustitia et modestia (FS Socha), hg. v. P. Boekholt – I. Riedel-Spangenberger, München 1998, 54-74; Stenger, H., Im Zeichen des Hirten u. des Lammes. Mitgift u. Gift biblischer Bilder, Innsbruck – Wien ²2000.

Heribert Hallermann

© 2019, DOI: 10.30965/9783506786388_0409

Hirtengewalt

→Vollmacht, →Weihesakrament

Hirtensorge – Katholisch

1. Die H. od. cura pastoralis (auch munus pastoris od. pastorale: cc. 381 § 1; 383 § 1; 412; 539; 541 § 1; 544; 571) ist ein spezifischer Begriff des KR u. unterscheidet sich von der allg. Bez. →Seelsorge zum einen dadurch, dass er m. dem →Hirtendienst der pastores u. folglich m. den Verfassungsstrukturen der Kirche verbunden ist, u. zum anderen dadurch, dass er sich stets auf alle drei Aufgabenbereiche (→munera) des →Verkündigungsdienstes, →Heiligungsdienstes u. →Leitungsdienstes bezieht. Die H. kann daher als eine spezifische u. bes. qualifizierte Form der Seelsorge (cura animarum) beschrieben werden. Entgegen dem allg. Sprachgebrauch z. B. in pastoraler Praxis u. in Dokumenten der DBK müssen beide Konzepte trotz sachlicher u. begrifflicher Nähe unterschieden werden. Die unreflektiert übernommene Aussage „Beide Begriffe sind i. d. R. synonym oder deckungsgleich verwendet" (Schmitz, 1985, 128) gilt nur für eine frühe Phase der CIC-Revision, nicht aber für den promulgierten Text; auch die dt. Übers. des CIC zeigt bei den jüngeren Aufl. eine deutliche Differenzierung. Der Versuch, unter Berufung auf c. 150 die Begriffe Seelsorge u. →Seelsorger exklusiv für →Priester reservieren u. z. B. →Gemeindereferenten u. →Pastoralreferenten die Bez. Seelsorger verbieten zu wollen, zeugt sowohl von einer mangelnden Differenzierung als auch von einem nicht dem Vat II entspr. Kirchenbild.

2. Die H. dient generell dazu, den in c. 213 (c. 16 CCEO) normierten Rechtsanspruch der →Gläubigen auf geistl. Hilfe zu erfüllen, der sich an die →Geistlichen (ministri sacri) richtet. Die H. kann nicht auf die in c. 530 genannten sog. →Amtshandlungen des →Pfarrers reduziert werden. Ihr Umfang u. ihr umfassender Ansatz wird, exemplarisch dargestellt am →Amt des Pfr., in cc. 528-529 (vgl. c. 289 CCEO) ersichtlich. Dort wird in beispielhafter, also nicht taxativer Aufzählung, gegliedert nach den Aufgabenbereichen des Verkündigungsdienstes (c. 528 § 1; c. 289 § 1 CCEO), des Heiligungsdienstes (c. 528 § 2; c. 289 § 2 CCEO) u. des Leitungsdienstes (c. 529 §§ 1-2; c. 289 § 3 CCEO) die H. des Pfr. normiert, die sich nicht in der Feier von Gottesdiensten u. in Verwaltungsaufgaben erschöpft. Dabei fällt auf, dass auch die Aufgaben der sog. →Kategorialseelsorge zum Aufgaben- u. Verantwortungsbereich des Pfr. gehören, was eine Spezialisierung u. eine Übertragung auf andere Personen aber nicht ausschließt. Dennoch bleibt der Pfr. Gewährleistungsträger auch für diese Bereiche der H.

3. Der Text u. v. a. die Formulierungen der Verben in cc. 528-529 (vgl. c. 289 CCEO) machen deutlich, dass der in c. 519 normierte Grundsatz, wonach der Pfr. sein Amt nur in Kooperation m. anderen Gläubigen wahrnehmen kann, für die H. insgesamt gilt: Wenn der Pfr. für bestimmte Aufgaben sorgen bzw. Sorge tragen muss, schließt das die Mitsorge u. die aktive Beteiligung von anderen Gläubigen für dies. Aufgabe ein u. nicht aus. Die Zusammenarbeit m. anderen Gläubigen ist insofern konstitutiver Bestandteil der H. (vgl. z. B. cc. 228; 333 § 2; 336; 337; 358; 384; 394; 403; 407; 469; 517 § 2; 519; 529 § 2; 545; 571; 676; 1282; 1419-1421).

4. Die H. m. ihren umfassenden Aufgaben in allen drei munera ist der kennzeichnende Inhalt der KA der →Pastores animarum auf allen drei Ebenen der →Kirchenverfassung: Des →Papstes für die →Gesamtkirche, des →Bischofs für die →Teilkirche u. des Pfr. für die im anvertraute →Pfarrei. Weil diese Ämter – ebenso wie zugeordnete Hilfsämter wie z. B. das des →Pfarrvikars (c. 545; c. 301 CCEO) – der Verwirklichung der H. dienen, können sie gem. c. 150 nur den Gläubigen gültig übertragen werden, die die →Priesterweihe empfangen haben u. somit wesentliche Teile der H. selbst gewährleisten können. Ämter, die nicht der H. sondern nur Teilen der H. od. anderen Aufgaben der Seelsorge dienen, können, abhängig von den zu erfüllenden Aufgaben, je nachdem Priestern, →Diakonen od. →Laien übertragen werden.

5. Die H. macht die Gläubigen nicht zu Objekten, sondern zu Partnern der priesterlichen Seelsorge, zum einen, weil die Beziehung zwischen den Geistlichen u. den übrigen Gläubigen in c. 1008 als ein Dienst der →Kleriker am →Volk Gottes normiert ist, u. zum anderen, weil die H. nur in Kooperation m. anderen Gläubigen realisiert werden kann, die entweder in bestimmten Aufgabenbereichen ihr eigenes →Apostolat verwirklichen od. die aufgrund einer spezifischen →Sendung im Namen u. im Auftrag der Kirche tätig werden u. in diesen Bereichen eigene Verantwortung tragen.

Literatur

Schmitz, H., Officium animarum curam secumferens. Zum Begriff des seelsorgerischen Amtes: Ministerium Iustitiae (FS Heinemann), hg. v. A. Gabriels – H. J. F. Reinhardt, Essen 1985, 127-137; Hallermann, H., Priesterliche Identität gewinnen in Abgrenzung od. in Kooperation?: Diakonia 29 (1998), 91-96; Riedel-Spangenberger, I., Seelsorge u. Sendung in der kirchl. Rechtsordnung: Iustitia et modestia (FS Socha), hg. v. P. Boekholt – I. Riedel-Spangenberger, München 1998, 54-74; Hallermann, H., Pfarrei u. pfarrliche Seelsorge. Ein kirchenrechtliches Handbuch für Studium u. Praxis, Paderborn – München – Wien – Zürich 2004 (KStKR 4), 267-275; Meckel, T., Die Herde am laufen halten. Lebendige Hirtensorge m. dem Kirchenrecht: Menschendiener – Gottesdiener. Anstöße – Ermutigungen – Reflexionen, hg. v. H. Hallermann, Würzburg 2010 (WTh 4), 181-211.

Heribert Hallermann

© 2019, DOI: 10.30965/9783506786388_0411

Hochgebet – Katholisch

1. Begriff: Der Terminus eucharistisches H. zur Bez. des zentralen Gebetsvollzugs der →Eucharistiefeier (lat. prex eucharistica) hat sich im dt. Sprachraum seit dem frühen 20. Jh. verbreitet, zunächst unter dem Einfluss der Vergleichenden Liturgiegeschichtsforschung Anton Baumstarks. Im lat. Westen erübrigte sich zuvor ein Gattungsbegriff, da die röm. Liturgie bis zur Reform nach dem Vat II lediglich ein einziges Gebetsformular kannte: den textlich im Wesentlichen stabilen Canon Romanus (veränderlich nur eine sinkende Zahl von zuletzt 16 Präfationen sowie zwei anlassbezogen variable Passagen im Communicantes u. im Hanc igitur). Für die H. der orient. Riten, die jeweils mehrere Formulare besitzen, wird der Ausdruck Anaphora verwendet.

2. Wesenszüge: Das H. od. Eucharistiegebet ist ein groß angelegtes Dankgebet (griech. eucharistia = Danksagung) über die Gaben von Brot u. Wein. Wie alle Kerngebete (→Gebet) der

sakramentlichen Feiern (z. B. Taufwasserweihegebet, Ordinationsgebet) gliedert es sich in einen anamnetischen, die Heilsgeschichte lobpreisend u. danksagend vergegenwärtigenden u. einen epikletischen, bittenden Teil, der sich hier klassischer Weise auf die Herabkunft des Hl. Geistes auf die Gaben (im Supplices te rogamus des Canon Romanus in einem umgekehrten Bild um das Hinauftragen der Gaben durch den Engel auf den himmlischen Altar) u., vermittels der Teilhabe an den Gaben, auf die Kommunikanten bezieht. Um diese zentrale Bitte lagerten sich im Laufe der Zeit weitere (Für-)Bitten (→Interzessionen) an. Spezifisch für die meisten H. quer durch die chr. Ritenfamilien ist weiterhin die Darbringungsaussage, die – i. d. R. im Anschluss an den Einsetzungsbericht – die Darbringung der eucharistischen Gaben als Ausdruck der Selbsthingabe der Gläubigen reflektiert, die sich der liturgisch vergegenwärtigten Selbsthingabe Chr. anschließt. Die lat. Sakramententheologie hat sich seit dem frühen MA auf die Rezitation der Einsetzungsworte als Zeitpunkt der Konsekration (seit der Hochscholastik als Transsubstantiation definiert) festgelegt, was zur Hervorhebung dieses Moments sowohl auf der Ebene des rituellen Ablaufs (Elevation, Wandlungsläuten) als auch auf jener der frommen Andacht führte. Die Entscheidung der röm. Instanzen von 2001, die ostsyrische Anaphora von Addai u. Mari, die keinen Einsetzungsbericht enthält, anzuerkennen, rückt demgegenüber erneut die konsekratorische Wirkung des gesamten H. ins Bewusstsein.

3. Die H. des Röm. Ritus: Im Zuge der Liturgiereform nach dem Vat II wurde eine textliche Revision des Canon Romanus erwogen. Im Sommer 1966 entschied Paul VI., dass stattdessen zwei od. drei Alternativformulare geschaffen werden sollten. Entspr. wurden 1968 drei neue H. (sowie zunächst acht neue Präfationen) veröff., die auch in das erneuerte MRom von 1970 eingingen, das zudem die Zahl der Präfationen auf über 80 vermehrte. H. II beruht auf dem Eucharistiegebet der sog. →Traditio Apostolica (cap. 4); H. III schließt sich an Grundgedanken des Canon Romanus an; H. IV ist an den Duktus orient. Anaphoren, insb. der ägyptischen Basilius-Anaphora, angelehnt u. verfügt deshalb über eine feststehende, nicht austauschbare Präfation (seine Verwendung ist daher nur in Messen vorgesehen, die keine eigene Präfation haben; vgl. die Hinweise zur Auswahl des H. in AEM 322/GORM 365). In den folgenden J. gab es Tendenzen zur (regionalen) Ausweitung des Repertoires an H., denen die Gottesdienstkongregation zunächst partiell aufgeschlossen gegenüberstand, wobei ein Rundschreiben vom 27.04.1973 die teilkirchliche Approbation neuer H. strikt an die Zustimmung der Kongr. band. Diese wurde jedoch in mehreren Fällen erteilt (zuletzt noch 1988 für den Zaïre), bis die Sorge vor privatem Wildwuchs eine zunehmend restriktive Haltung hervorrief. In die editio typica tertia des MRom von 2002 gingen dessen unbeschadet folgende zwischenzeitlich eingeführte H. ein: zwei Votivhochgebete zum Thema Versöhnung (entstanden anlässlich des Hl. Jahres 1975, zunächst ad experimentum, seit 1981 allg. zugelassen; im dt. Sprachgebiet wurde bislang nur das zweite, das auf einer dt. Vorlage beruht, rezipiert); das in vier Variationen vorliegende H. für Messfeiern für bes. Anliegen (die Urfassung wurde 1974 anlässlich der Schweizer „Synode 72" geschaffen u. zugelassen, daher die gebräuchliche Bez. Schweizer H.; eine lat. Fassung wurde am 06.08.1991 von der Gottesdienstkongregation veröff., auf der wiederum die seit 1994, nun für den ganzen dt. Sprachraum, zugelassene dt. Version beruht); drei H. für Messfeiern m. Kindern. In Deutschland ist darüber hinaus ein H. für Messfeiern m. Gehörlosen in Gebrauch (1980 zusammen m. dem Votivhochgebet Versöhnung u. den drei H. für Messfeiern m. Kindern im Faszikel „Fünf Hochgebete" publiziert).

Quellen

Kongr. für den Gottesdienst, Rundschreiben Eucharistiae participationem: AAS 65 (1973), 340-347;

Päpstl. Rat zur Förderung der Einheit der Christen, Richtlinien für die Zulassung zur Eucharistie zwischen der Chaldäischen Kirche u. der Assyrischen Kirche des Orients: OR(D) 33 (2003) Nr. 47 (23.11.2001), 9.

Literatur

Bugnini, A., Die Liturgiereform 1948-1975. Zeugnis u. Testament. Dt. Ausgabe hg. v. J. Wagner unter Mitarbeit von F. Raas, Freiburg u. a. 1988, 479-519; Gratias agamus. Studien zum eucharistischen Hochgebet (FS Fischer), hg. v. A. Heinz – H. Rennings, Freiburg u. a. 1992; Mazza, E., The Eucharistic Prayers of the Roman Rite, Collegeville, Minn. 2004.

Alexander Zerfaß

© 2019, DOI: 10.30965/9783506786388_0412

Hochschule – Staatlich

H. ist das, was der Gesetzgeber als H. bez. od. anerkennt. Es fehlt an einer Legaldefinition von H. Es finden sich lediglich in den HG Aufgabenumschreibungen unterschiedlicher Hochschularten u. -typen (vgl. z. B. § 3 Abs. 1 u. 2 HZG NW). H. wird als Begriff vorausgesetzt. Der formalistische, vom Gesetzgeber abhängige Hochschulbegriff setzt sich in der Ausdifferenzierung unterschiedlicher Hochschularten u. -typen fort. Insb. die Universität teilt dieses Schicksal. Auch Universität ist das, was der Gesetzgeber als Universität bez. Damit genießt die Universität mangels Definition nur eingeschränkten rechtlichen Schutz. Der Gesetzgeber kann bspw. jederzeit Fachhochschulen in Universitäten umwandeln. Vergleichbare Effekte lassen sich durch die rechtlich kaum zu beanstandende Verleihung des Promotionsrechtes an Fachhochschulen erzielen.

Keine Definitionsmacht erzeugt der Ansatz, H. als Einrichtungen zu bez., die nicht →Schulen sind, aber i. d. R. auf Schulbildung aufbauen. Als Schulen gelten Einrichtungen, die auf gewisse Dauer ausgerichtet sind u. ein zusammenhängendes Unterrichtsprogramm in einer Mehrzahl von Fächern bieten. Das trifft auf H. in ähnlicher Weise zu. Im Rechtssinn sind H. aber keine Schulen. Sie unterfallen nicht dem Schulbegriff von Art. 7 Abs. 1 GG (BVerfGE 37, 314, 320).

Im Bildungsbereich wird staatl. auch als Gegenpol zu privat verstanden. Diese Unterscheidung deutet auf unterschiedliche Trägerschaft u. unterschiedliche Rechtsregime von staatl. u. privat hin. Allerdings ist auch die private H. eine staatl. lizensierte. Ihre Betriebserlaubnis orientiert sich wiederum an den Regelungen für staatl. H. Das gilt i. Ü. für Schulen in gleicher Weise. Insofern ist der Grundgedanke, dass private u. staatl. H. nicht nur wettbewerblich konkurrieren, sondern der Staat den privaten H. mehr Experimentierfreiheit lässt, um später selbst davon profitieren zu können, nur in einem sehr eingeschränktem Maße Wirklichkeit geworden. Der Staat hat mithin der Homogenität, Durchlässigkeit u. Vergleichbarkeit den Vorzug vor einer Diversifizierung gegeben. Da es im Bildungsrecht auch um die (beruflichen) Lebenschancen von Menschen geht, wird das nicht notwendigerweise zu kritisieren sein. Umstritten ist, ob sich die H. als staatl. Einrichtung auf die Wissenschaftsfreiheit (Art. 5 Abs. 3 GG) unmittelbar berufen kann. Das BVerfG lässt das ausdrücklich offen (BVerfGE 35, 79, 115 ff.). Immerhin wird die akademische Selbstverwaltung der H. durch die Landesverfassungen geschützt (z. B. Art. 16 Landesverfassung NW). Die Freiheit der Wissenschaft u. die Hochschulautonomie sind miteinander verschränkt. Das eine scheint nicht o. das andere möglich zu sein.

Die Selbstverwaltungsgarantie kann ihre Wirkung am besten in einer körperschaftlich strukturierten H. entfalten. Es ist eine umstrittene Grundsatzfrage staatl. H., ob sie m. einer körperschaftlichen Grundstruktur alle staatl. Aufgaben erfüllen können. Traditionell erfüllen die H. staatl. Aufgaben im engeren Sinn – also insb. die Personal- u. Haushaltsverwaltung, aber auch die Bau- u. Auftragsverwaltung, die der Staat jenseits der von der H. selbst wahrzunehmenden Selbstverwaltungsaufgaben (z. B. Berufung, Graduierung, Notenvergabe) auf die H. delegieren kann –, organisationsrechtlich als →Anstalt. Für die Rechtsform der H. folgt daraus in fast allen Bundesländern eine rechtssystemische Janusköpfigkeit: H. sind für delegierte staatl. Aufgaben Anstalt u. zugl. für Selbstverwaltungsaufgaben →Körperschaften des öffentlichen Rechtes. Diese Dichotomie hat schon insofern Bedeutung, als die Körperschaft nur der Rechtsaufsicht, die Anstalt aber der Rechts- u. Fachaufsicht unterliegt. Fachaufsicht erlaubt einzelne Weisungen nach Maßgabe von Zweckmäßigkeitserwägungen; die übergeordnete Fachlichkeit derogiert mithin die Fachlichkeit vor Ort. Die Rechtsaufsicht darf demgegenüber nur eingreifen, wenn die übergeordnete Organisationseinheit (z. B. Ministerium) die Verletzung von formellen u. materiellen Rechts durch die untergeordnete Organisationseinheit rügt. Rechtsaufsichtliche Maßnahmen sind im Gegensatz zu fachaufsichtlichen grds. verwaltungsgerichtlicher Kontrolle zugänglich.

Die überwiegende Mehrzahl der Bundesländer konstituiert die staatl. H. als K. d. ö. R. u. zugl. als Anstalt. Dieses zwiegespaltene Modell der H. ist in NW durch ein ausschließlich körperschaftsrechtliches Modell ersetzt worden. Die H. in NW unterliegen ausschließlich der Rechtsaufsicht. Sie regeln im Rahmen ihrer Satzungsautonomie – aber auch im Rahmen des HG –, ihre Aufgaben in Forschung, Lehre u. Selbstverwaltung selbst. Dafür haben sie eigene Beamte u. Angestellte, weil ihnen das Land konsequenterweise auch die Dienstherreneigenschaft übertragen hat. Bei aller Zustimmung zu diesem von anderen, mehr etatistisch aufgestellten Bundesländern bislang noch nicht nachvollzogenen Grundmodell für die staatl. H. darf nicht vergessen werden, dass durch das Steuerungsmodul Zielvereinbarung u. durch eine Mittelzuweisung, die an dezidierte Ziele geknüpft wird, in allen Bundesländern andere Mechanismen an die Stelle von gesetzlichen Vorgaben getreten sind (s. →Hochschulrecht, Staatl.). Auf landesgesetzlicher Grundlage können H. auch als →Stiftung des öff. Rechtes (vgl. Stiftungsmodell in NI), als Aktiengesellschaft od. als (gemeinnützige) GmbH organisiert u. errichtet werden, solange die verfassungsrechtlichen Vorgaben individueller u. institutioneller Freiheit nicht verletzt werden.

Literatur

Handbuch des Wissenschaftsrechts, Bd. 1, hg. v. C. Flämig u. a., Berlin – Heidelberg – New York ²1996; Gärditz, F., Hochschulorganisation u. verwaltungsrechtliche Systembildung, Tübingen 2009; Grundgesetz Kommentar, hg. v. V. Epping – C. Hillgruber, München ²2013; Jarass, H. – Pieroth, B., Grundgesetz für die Bundesrepublik Deutschland, München ¹⁴2016.

Michael Hartmer

Hochschule – Katholisch

Soweit Normen des kath. KR auf alle Universitäten u. sonstigen H. (nicht nur diejenigen m. einer bes. Beziehung zur kath. K) eingehen, z. B. im Hinblick auf die Hochschulreife (c. 234 § 2; c. 344 § 3 CCEO) od. die Hochschulseelsorge (c. 813; c. 645 CCEO), setzen sie den Begriff der H. als bekannt voraus (s. auch c. 812). Im Lat. werden dafür die Ausdrücke universitas u. institutum studiorum superiorum verwendet. Die meisten der auf H. bezogenen Normen des kath. KR befassen sich jedoch m. H., die m. der kath. Kirche in einer bes. Beziehung stehen, sei es weil sie in kirchl. Trägerschaft stehen u. als kath. H. anerkannt sind, od. weil sie sich der kath. Theologie u. den m. ihr verwandten Wissenschaften widmen. Um unter derartigen Einrichtungen auf H. im Unterschied zu anderen (nicht akademischen) Bildungseinrichtungen (→Bildung) Bezug zu nehmen, verwenden die Normen im Lat. entweder den Ausdruck höhere Studien (studia superiora) od. sprechen von der akademischen Natur (condicio academica) der betr. Studien. Demgegenüber wird der lat. Ausdruck studia als solcher auch für die Studien in →Priesterseminaren (cc. 235-264; cc. 328-356 CCEO) verwendet. Diese gehören – zumindest, falls sie nicht durch eine →Affiliation m. einer Kirchl. Fak. (→Theologische Fakultät, Hochschuleinrichtung) verbunden sind (s. u.) – nicht zum kirchl. Hochschulwesen; gleichwohl soll auch in ihnen eine Einführung in die Forschung u. die wiss. Arbeit erfolgen (c. 254 § 2).

Die Förderung wiss. →Forschung u. Lehre sieht die kath. Kirche seit langem als Teil ihres Sendungsauftrags an. Zwar haben die im MA aus dem chr. Bildungsideal hervorgegangenen Universitäten ihre kirchl. Prägung im Zeitalter der Säkularisation weitgehend verloren. Im Zuge der zunehmenden Trennung von Kirche u. Staat hat die Kirche aber v. a. seit dem 19. Jh. bis in die Gegenwart hinein zahlreiche neue Universitäten u. H. gegr. Für deren rechtliche Kategorisierung ist die Unterscheidung zwischen →Katholischen Universitäten (universitates catholicae; cc. 807-813; cc. 640-645 CCEO) bzw. vergleichbaren H. (cc. 814; cc. 640 § 2 CCEO) einerseits u. Kirchl. Universitäten u. Fak. (universitates et facultates ecclesiasticae; cc. 815-820; cc. 646-650 CCEO) andererseits grundlegend. Bei der Bez. einer H. als päpstlich handelt es sich hingegen nur um einen vom Apost. Stuhl verliehenen Ehrentitel, der keine rechtlichen Folgen hat.

Als Kath. Universitäten bzw. vergleichbare H. werden diejenigen H. bez., an denen – in einer vom Glauben der Kirche geprägten Weise – alle möglichen wiss. Disziplinen betrieben werden, ebenso wie an anderen Universitäten. Diese H. verleihen →akademische Grade entspr. den jeweiligen nationalen Gegebenheiten; sie haben nicht an dem vom Apost. Stuhl geschaffenen Graduierungssystem teil. Im J. 2018 hat der Hl. Stuhl die Gesamtzahl dieser Art von H. m. 1.365 angegeben (Pressekonferenz vom 29.01.2018 zur Vorstellung der ApK VG). Von ihnen sind – wie aus der im AnPont veröff. Liste hervorgeht – 50 als Kath. Universitäten anerkannt. Von den Kath. Universitäten u. vergleichbaren H. haben sieben ihren Sitz in Deutschland (insb. die Kath. Universität Eichstätt-Ingolstadt) u. fünf in Österreich.

Als Kirchl. Universitäten u. Fak. werden solche H. bez., an denen die Theologie u. die m. ihr verwandten Wissenschaften (disciplinae sacrae vel cum sacris conexae, c. 815; vgl. c. 646 CCEO) betrieben werden. Sie werden vom Hl. Stuhl errichtet od. anerkannt u. verleihen akademische Grade in seiner Autorität. Im J. 2018 gab es 289 Kirchl. Fak., davon 160 für Theologie, 49 für Philosophie, 32 für KR sowie 40 für andere Disziplinen (Pressekonferenz vom 29.01.2018). Um die Rechtsstellung einer Kirchl. Universität zu erhalten, sind mind. vier Kirchl. Fak. erforderlich (VG Art. 62 § 2); sieben solche Kirchl. Universitäten gibt es in Rom. Als Mischform besteht auch die Möglichkeit einer Kirchl. Fak. als Teil einer Kath. Universität; Bsp. dafür sind in Deutschland die Theol. Fak. in Eichstätt u. Vallendar. V. a. in Mittel- u. Osteuropa gibt es Kirchl. Fak., die in staatl. Universitäten eingegliedert sind (gegenwärtig 40 Fak. in 14 versch. Staaten).

M. den Kirchl. Fak. sind weitere 503 Bildungseinrichtungen verbunden (Pressekonferenz vom 29.01.2018). Dazu gehören zum einen die H. für religiöse Wissenschaften (c. 821). Sie bedürfen der Anbindung an eine Theol. Fak. (VG Art. 65). Gem. der Istruzione sugli Istituti Superiori di Scienze Religiose vom 28.06.2008 gelten sie als akademische Einrichtungen. Die meisten von ihnen befinden sich in Italien u. Spanien u. dienen der Religionslehrerausbildung; in den deutschsprachigen Ländern gibt es diese Art von H. nicht. Zum anderen besteht die Möglichkeit, dass eine Bildungseinrichtung auf dem Wege der Affiliation, →Aggregation od. →Inkorporation an eine Kirchl. Fak. angebunden wird u. dann in deren Namen akademische Grade verleihen kann. Einige wenige Bsp. dafür gibt es auch im deutschsprachigen Raum. Die durch Aggregation (Normae de instituti theologici aggregatione, II 5) u. a fortiori auch die durch Inkorporation verbundenen Einrichtungen haben akademischen Charakter. Die durch Affiliation verbundenen Einrichtungen (dabei handelt es sich faktisch meist um Priesterseminare) nehmen eine Zwischenstellung an: Die einschlägigen Normen sprechen dabei zwar von höheren Studien; es handle sich aber nicht um Studien akademischer Art (Notio affiliationis theologicae, II 4 a; Notio affiliationis philosophicae, II 4 a).

Allen von der Kirche als akademisch anerkannten Einrichtungen ist gemeinsam, dass für die Einschreibung als ordentlicher Studierender dies. Hochschulzugangsberechtigung erforderlich ist wie bei nichtkirchlichen Universitäten im selben Gebiet u. dass die Berufung von festangestellten Lehrenden das Doktorat (→Doktorat, theologisches) voraussetzt, unbeschadet etwaiger weiterer akademischer Voraussetzungen gem. Partikularrecht u. staatl. Recht. Zu den kirchl. Rechtsnormen für die versch. Arten von H. s. den Art. →Hochschulrecht.

Quellen

Pius XI., ApK Deus scientiarum Dominus vom 24. Mai 1931 u. zugehörige Ordinationes vom 12. Juni 1931: AAS 23 (1931), 241-284; Kongr. der Seminare u. Universitäten, Instr. zur Durchführung der ApK Deus scientiarum Dominus an den Theol. Fak. der dt. Universitäten vom 7. Juli 1932: AfkKR 125 (1951-53), 262-267; Kongr. für das Kath. Bildungswesen, Normae quaedam ad Const. Ap. „Deus scientiarum Dominus", de studiis academicis ecclesiasticis, recognoscendam vom 20. Mai 1968: Seminarium 20 (1968), 765-787; DBK, Habil. u. Berufung von Nichtpriestern an den Kath.-Theol. Fak. u. Phil.-Theol. Hochschulen vom 21.-24. Februar 1972: Arbeitshilfen 100, Bonn ²2011, 440-444; Johannes Paul II., ApK Sapientia christiana vom 15. April 1979 u. zugehörige Ordinationes vom 29. April 1979: AAS 71 (1979), 469-521; Kongr. für das Kath. Bildungswesen, Akkommodationsdekrete I u. II für Deutschland vom 1. Januar 1983: AAS 75 (1983), 336-341, dt.: Arbeitshilfen 100, Bonn ²2011, 371-387; Kongr. für das Kath. Bildungswesen, Akkommodationsdekret für Österreich vom 1. November 1983: AAS 76 (1984), 616-621; dt.: Arbeitshilfen 100, Bonn 1992, 185-227 = ABl. ÖBK Nr. 2 (1984), 22-24; Kongr. für das Kath. Bildungswesen, Normen über die Affiliation an eine Theol. Fak. vom 1. August 1985, die Aggregation an eine Theol. Fak. vom 23. Juni 1993 u. die Affiliation an eine Phil. Fakultät von 2013: http://www.educatio.va/content/cec/it/documentazione-e-materiali/documenti-della-congregazione.html [Zugriff: 15.05.2019]; Kongr. für das Kath. Bildungswesen, Normativa per l'Istituto Superiore di Scienze Religiose vom 12. Mai 1987: Seminarium 1 (1991), 194-201; Johannes Paul II., ApK Ex corde Ecclesiae vom 15. August 1990: AAS 82 (1990), 1475-1509; ÖBK, Dekret über die Habil. u. Berufung von Prof. an den Kath.-Theol. Fak. an den staatl. Universitäten Österreichs vom 10. November 1994: ABl. ÖBK Nr. 15 (1995), 2 f.; DBK, Kirchl. Anforderungen an Juniorprofessuren in der Kath. Theologie vom 25. September 2003: Arbeitshilfen 100, Bonn ²2011, 445-449; Kongr. für das Kath. Bildungswesen, Sieben Rundschreiben zum Bologna-Prozess vom 3. Februar 2004 bis zum 12. Juni 2009: Hallermann, H., Kath. Theologie im Bologna-Prozess, Paderborn 2011, 278-330; Kongregation für das Kath. Bildungswesen, Index. Universitates et alia Instituta Studiorum Superiorum Ecclesiae Catholicae, Vatikanstadt 2005; Benedikt XVI., Chirograph über die Agenzia della Santa Sede per la Valutazione e la Promozione della Qualità delle Università e Facoltà Ecclesiastiche (AVEPRO) sowie Statuten vom 19. September 2007: AAS 101 (2009), 12-20; Kongr. für das Kath. Bildungswesen, Instruktion über die Istituti superiori di scienze religiose vom 28. Juni 2008: Comm. 40 (2008), 307-321; DBK, Partikularnormen zur ApK Ex corde Ecclesiae vom 22. bis 25. September 2008: VApSt 99, Bonn ²2010, 48-59; Kongr. für das Kath. Bildungswesen, Normen zur Erteilung des Nihil obstat bei der Berufung von Prof. der Kath. Theologie an den staatl. Universitäten im Bereich der DBK vom 25. März 2010: Arbeitshilfen 100, Bonn ²2011, 388-399; DBK, Kirchl. Anforderungen an die Religionslehrerbildung vom 23. September 2010: Arbeitshilfen 100, Bonn ²2011,466-509; Franziskus, ApK Veritatis gaudium vom 8. Dezember 2017 u. zugehörige Ordinationes vom 27. Dezember 2017: VApSt 211, Bonn 2018.

Literatur
KanR III, 135-162; Schmitz, H., Studien zum kirchl. Hochschulrecht, Würzburg 1990 (FzK 8); ders., Neue Studien zum kirchl. Hochschulrecht, Würzburg 2005 (FzK 35); Baldus, M., Kirchl. Hochschulen: HbStKR² Bd. 2, 601-637; Rhode, U. – Rüfner, W., Kirchl. Hochschulen, Berlin 2011, 27-50; Esposito, B., Instituto de estudios superiores: DGDC Vol. IV, 644-646; Rhode, U., Die Hochschulen: HbkathKR³, 1049-1085; Mussinghoff, H. – Kahler, H.: MKCIC, Einführung vor 807 u. 807-821.

Ulrich Rhode

© 2019, DOI: 10.30965/9783506786388_0413

Hochschule – Evangelisch

Eine mit dem röm.-kath. Hochschulwesen u. dem eigenständigen kirchl. →Hochschulrecht vergleichbare Situation besteht in der ev. Kirche nicht. Ort der Hochschulausbildung der ev. →Pfarrer waren seit der Reformation die Theol. Fak. (→Theologische Fakultät, Hochschuleinrichtung) an den landesherrlichen bzw. staatl. Universitäten. Dabei ist es bis heute in Deutschland ganz überwiegend geblieben. Allerdings sind seit dem 20. Jh. in Deutschland auch H. in der Trägerschaft von →Landeskirchen od. anderen ev.-kirchl. Rechtsträgern gegr. worden – erstmals in Bethel, wo 1905 eine Ev.-Theol. H. errichtet wurde. Deren Akzent lag in der krit. Begleitung der Diakonie der von Bodelschwinghschen Anstalten. Die kirchl. H. in Wuppertal u. Berlin waren 1935 Gründungen der →Bekennenden Kirche im →Kirchenkampf. Die Augustana-H. Neuendettelsau wurde 1947 u. a. m. dem Profil der bes. Nähe zu den →Kirchengemeinden, der Diakonie u. der Mission gegr. Die als kirchl. Ausbildungsstätten in der DDR (im Gegenüber zu den weiterhin bestehenden staatl. theol. Fak.) existierenden Einrichtungen in Berlin, Leipzig u. Naumburg wurden nach der dt. Wiedervereinigung aufgegeben; die 1948 gegr. kirchl. H. Hamburg ist in der staatl. Theol. Fak. aufgegangen. Heute bestehen als wiss. H. in ev.-kirchl. Trägerschaft noch die seit 2007 fusionierte H. Wuppertal/Bethel u. die Augustana-H. Neuendettelsau. Dazu kommen sechs kirchl. H. für →Kirchenmusik (Bayreuth, Dresden, Halle, Heidelberg, Herford, Tübingen). Aktuell zehn bzw. elf →Fachhochschulen in kirchl. Trägerschaft bilden heute den Schwerpunkt des ev. kirchl. Hochschulwesens. Ihre Tätigkeitsfelder liegen insb. auf pädagogischen u. sozialen Fächern. Außerhalb der →Gliedkirchen der EKD existiert eine freikirchliche Luth. Theol. H. in Oberursel, daneben weitere als H. od. Fachhochschulen anerkannte Einrichtungen von →Freikirchen.

Die Gründung u. Unterhaltung von Ausbildungstätten für das kirchl. Personal, insb. der Theologen, ist vom kirchl. →Selbstbestimmungsrecht gem. Art. 137 Abs. 3 WRV i. V. m. Art. 140 GG umfasst u. damit verfassungsrechtlich geschützt. Dass dies auch in Form von H. geschehen kann, wird in einigen Länderverfassungen für die Ausbildung von Theologen ausdrücklich hervorgehoben (z. B. Art. 150 Abs. 1 BY.Verf., Art. 16 Abs. 2 NW.Verf). Die KV (→Konkordat, Kirchenvertrag) enthalten z. T. spezielle Garantien für das ev. Hochschulwesen od. einzelne H. Die kirchl. H. sind i. Ü. in den rechtlichen Rahmen des staatl. Hochschulrechts für die nichtstaatlichen H. eingefügt; z. T. existieren für sie Spezialregelungen, etwa bei der staatl. Förderung. I. Ü. gilt hier, wie allg. für nichtstaatliche H., dass nicht nur die Wissenschaftsfreiheit der Lehrenden zu berücksichtigen ist, sondern auch die Rechte des Trägers, die bei kirchl. H. ggf. durch das Selbstbestimmungsrecht der Kirche u. deren →Religionsfreiheit verstärkt werden. Diese Rechte sind auch bei der staatl. Aufsicht u. bei der →Akkreditierung von Studiengängen zu achten.

Ein allg. ev. Hochschulrecht besteht nicht. Im ev. →Kirchenrecht finden sich, abgesehen von den Gründungsnormen u. den auton. gesetzten Satzungen u. Ordnungen der kirchl. H., die in einem weiteren Sinne ebenfalls kirchl. Recht sind, nur wenige Bestimmungen über die kirchl. H. Die für das kirchl. Amt qualifizierenden Prüfungen werden auch bei den beiden ev.-kirchl. wiss. H., die der Ausbildung der Pfr. dienen (Wuppertal/Bethel u. Neuendettelsau), von kirchl. Prüfungsbehörden abgenommen; es gelten die Prüfungsordnungen der LK, die sich nach der RO für die Erste Theol. Prüfung/die Diplomprüfung in Ev. Theologie der EKD von 2010 richten. Beide H. sind auch Mitglieder des Ev.-theol. Fakultätentags (→ Fakultätentag, theologischer). Für die Studiengänge der Fachhochschulen gelten teils von der H. selbst, teils im Zusammenwirken m. dem Träger erlassene, gelegentlich auch landeskirchliche Prüfungsordnungen.

Literatur

Baldus, M., Kirchl. Hochschulen: Handbuch des Wissenschaftsrechts, Bd. 1, hg. v. C. Flämig – O. Kimminich u. a., Berlin u. a. ²1996, 1131-1156; ders., Hochschulen, kirchl.: RGG⁴ Bd. 3, 1805-1808; Ruhbach, G., Hochschulen, Kirchl.: TRE Bd. 15, 423-435; Wissenschaftsrat, Empfehlungen zur Weiterentwicklung von Theologien u. religionsbezogenen Wissenschaften an dt. Hochschulen, 2010: https://www.wissenschaftsrat.de/download/archiv/9678-10.pdf [Zugriff: 15.05.2019]; Heinig, H. M. – Vogel, V., Hochschulbildung: HevKR, § 21; de Wall, H., Staatskirchenrechtliche Grundlagen: Hochschulrecht im Freistaat Bayern, hg. v. M.-E. Geis, Heidelberg ²2017, 71-86; Penßel, R., Nichtstaatliche Hochschulen: Hochschulrecht im Freistaat Bayern, hg. v. M. E. Geis, Heidelberg ²2017, 573-599.

Heinrich de Wall

© 2019, DOI: 10.30965/9783506786388_0413

Hochschule – Jüdisch

→ Rabbiner Abraham Geiger hatte bereits 1830 die Errichtung einer jüd.-theol. Fak. (→ Theologische Fakultät, Hochschuleinrichtung) gefordert. Auch Rabbiner Ludwig Philippson (1811-1889) richtete kurz danach eine eindringliche „Aufforderung an alleIsraeliten Deutschlands zu Subscriptionen, um eine jüdische Facultät und ein jüdisches Seminar für Deutschland zu begründen" (Philippson, 1837). Die Forderung nach einer jüd.-theol. Fak. blieb auf staatl. Seite jedoch o. Resonanz, nicht zuletzt wegen der ablehnenden Haltung der ev. Kirche. 1854 wurde unter der Leitung des Dresdner Rabbiners Zacharias Frankel das Jüd.-Theol. Seminar in Breslau eröffnet, das zur geistigen Bildungsstätte der konservativen Richtung im Judentum werden sollte. 1931 gestattete die preuß. Regierung dem Breslauer Seminar, den Zusatz H. für Jüd. Theologie zu führen; im November 1938 wurde von den Nationalsozialisten seine Schließung erzwungen. Abraham Geigers Idee einer Kombination der Rabbinerausbildung m. einem akademischen Studium konnte erst 1872 umgesetzt werden, als die H. für die Wissenschaft des Judentums in Berlin eröffnet wurde. Durch die Übernahme des bürgerlichen Bildungsideals revolutionierte die H. das traditionelle Konzept jüd. Lernens, wie es in den Talmudschulen (Jeschiwot) praktiziert wurde. Vorrangig war die Ausbildung von Rabbinern, Predigern u. Religionslehrern, doch konnte auch eine rein wiss. Abschlussprüfung o. praktisches Ziel abgelegt werden, u. als erste Institution ihrer Art ließ die H. auch Frauen u. Nichtjuden zum Studium zu. Zur Lehranstalt degradiert, wurde die H. 1942 von den Nationalsozialisten geschlossen.

Seit Mitte der fünfziger J. hatten Ernst Ludwig Ehrlich (1921-2007; einer der letzten Schüler an der H. für die Wissenschaft des Judentums), Hermann Levin Goldschmidt (1914-1998), Johann Maier (geb. 1933) u. Jacob Taubes (1923-1987) zu unterschiedlichen Themen der Wissenschaft des Judentums Lehrveranstaltungen an der Freien Universität Berlin angeboten. 1963 mündete dies in die Gründung eines Seminars für Judaistik. Der Berliner Lehrstuhl war urspr. als Weltanschauungslehrstuhl neben den Seminaren für kath. u. ev. Theologie konzipiert u. wurde erstmals m. Jacob Taubes besetzt, der ihm eine judaistische Ausrichtung gab.

1979 wurde auf Initiative des badischen Landesrabbiners Nathan Peter Levinson (1921-

2016) sowie des Vorsitzenden des →Zentralrats der Juden in Deutschland, Werner Nachmann (1925-1988) die H. für Jüd. Studien in Heidelberg gegr. Die H. sollte sich in der Folge zu einem bedeutendem Zentrum judaistischer Forschung u. Lehre entwickeln, das durch seine Ausbildung von Religionslehrern auch positiv in die jüd. Gde. hineinwirkt. Die Idee zur erneuten Gründung eines Rabbinerseminars in Deutschland selbst entstand jedoch erst in der zweiten Hälfte der 1990er J. Das Abraham Geiger Kolleg wurde 2001 als ein An-Inst. der Universität Potsdam eingerichtet. 2006 erfolgte die Akkreditierung durch die Central Conference of American Rabbis, die 2011 verstetigt wurde. Im September 2006 waren in Dresden die ersten drei Absolventen als erste Rabbiner in Deutschland seit der Schoa ordiniert worden. Seit 2008 bildet das Kolleg zudem →Kantoren u. Kantorinnen aus. 2010 gab der Wissenschaftsrat m. seinen Empfehlungen „zur Weiterentwicklung von Theologien und religionsbezogenen Wissenschaften an deutschen Hochschulen" die Möglichkeit zur Weiterentwicklung. M. der 2013 gegr. School of Jewish Theology der Universität Potsdam entstand erstmals in Deutschland eine jüd.-theol. Forschungseinrichtung m. Fakultätscharakter. Die konfessionsspezifische Ausbildung von Rabbinern u. Kantoren findet seitdem im Rahmen des Zentrums für das jüd.-geistl. Amt am Abraham Geiger Kolleg statt. Für die konservative Denomination trat an die Seite des Abraham Geiger Kollegs 2013 das Zacharias Frankel College, das ebenfalls die akademischen Ressourcen der School of Jewish Theology nutzt. M. der Einrichtung des Faches Jüd. Theologie an der Universität Potsdam u. der Berufung von acht bekenntnisbezogenen Professuren hat sich seit 2013 nun auch Abraham Geigers Forderung nach der Gleichberechtigung des Judentums m. den chr. Konfessionen erfüllt.

Daneben bietet die Chabad Lubawitsch-Bewegung in ihren Jeschiwot in Berlin seit 2007 u. in Hamburg seit 2014 Rabbinerausbildung an. Das Rabbinerseminar zu Berlin e. V., das von der amerikanischen Ronald S. Lauder Foundation gemeinsam m. dem Zentralrat der Juden in Deutschland getragen wird, sieht sich in der Tradition des 1873 in Berlin errichteten orth. Rabbiner-Seminars von Esriel Hildesheimer. Die vierjährige praktische Ausbildung wird inzwischen von einem B.A.-Studiengang in Jüd. Sozialarbeit an der Fachhochschule Erfurt begleitet.

Quellen

Philippson, L., „Aufforderung an alle Israeliten Deutschlands zu Subscriptionen, um eine jüdische Fakultät und ein jüdisches Seminar für Deutschland zu begründen": Allg. Zeitung des Judentums 1 (1837), 349-351; Wissenschaftsrat, Empfehlungen zur Weiterentwicklung von Theologien u. religionsbezogenen Wissenschaften an dt. Hochschulen, Köln 2010.

Literatur

Navé, P., Zur Einrichtung der Wissenschaften vom Judentum in Heidelberg: Ruperto-Carola, Zeitschrift der Vereinigung der Freunde der Studentenschaft der Universität Heidelberg e. V. Jg. 19 (1967), Bd. 42, 18 ff.; Wiese, C., Wissenschaft des Judentums u. protestantische Theologie im wilhelminischen Deutschland. Ein Schrei ins Leere?, Tübingen 1999; Homolka, W., „Der lange Weg zur Errichtung des Fachs Jüdische Theologie an einer deutschen Universität": Theologie(n) an der Universität, hg. v. W. Homolka – H.-G. Pöttering Berlin 2013; ders., „Jüdische Theologie – Zur Institutionalisierung eines Faches im Haus der Wissenschaft": Theol. Literaturzeitung 140, 3 (2015), 163-180; ders., Jüd. Theologe – Wiss. Beschäftigung mit dem Judentum im religiösen Kontext: Judaistik im Wandel – Ein halbes Jahrhundert Forschung u. Lehre über das Judentum in Deutschland, hg. v. A. Lehnardt, Berlin 2017, 73-80; ders., Zur Institutionalisierung jüd. Theologie an der dt. Hochschule: Zur Zukunft der Theologie in Kirche, Universität u. Gesellschaft, hg. v. G. Krieger, Freiburg 2017, 267-285.

Walter Homolka

© 2019, DOI: 10.30965/9783506786388_0413

Hochschule – Islamisch

Inwiefern eine H. im intern. Vergleich als islam. bez. werden kann, u. was damit über ihr Profil ausgesagt wird, führt zu heterogenen Befunden. Die sog. Liga der islam. H. (Rābiṭat al-Ǧāmiᶜāt al-islāmiyya) m. Sitz in Kairo verzeichnet rund 160 Mitgliedsuniversitäten, ist aber nicht repräsentativ. Höhere islam.-theol. Lehranstalten verweisen oft auf ihre lange Tradition, herausragende Gelehrte (z. B. Ibn Ḫaldūn) u. ihre Verankerung in der islam. Ideen- u. Kulturgeschichte. In diese Kategorie fallen z. B. die Ǧāmiᶜat al-Qarāwīyīn in Fès, Marokko, gegr. 859 als Madrasa (Schule der praktischen Jurisprudenz), od. die Ǧāmiᶜat al-Zaytūna in Tunis, gegr. 737. Die heute weltweit vorfindlichen Studiengänge in islam.-theol. Studien bilden inzwischen mehr od. weniger die hist. gewachsene Vielfalt muslimischer Denktraditionen ab. Der abbasidische Regent Abū Ǧaᶜfar al-Mustanṣir gründete i. J. 1234 m. der Madrasa al-Mustanṣiriya (die Namensgeberin der 1963 in Bagdad gegr. Universität) erstmals eine Lehranstalt für angewandtes Recht (fiqh), die in allen vier damals prominenten (Rechts-)Schulen (→ Rechtsschulen) des Islams ausbildete.

Das Merkmal islam. verweist auf eine religiöse Signatur i. S. einer theol. H. in öff. od. privater Trägerschaft, gelegentlich m. Schwerpunkten auf bestimmten theol. Schulen. Eine solche H. m. intern. Breitenwirkung ist z. B. die Ǧāmiᶜat al-Azhar in Kairo, die in jüngerer Zeit – obwohl eine fatimidische u. damit schiitische Gründung i. J. 975 – nur wenig Innovatives zu islam. Gegenwartstheologie jenseits des neosunnitischen Mainstrams (ahlus-sunna wal-ǧamāᶜa) beizutragen hat. Unbeschadet ihrer in der islam. Welt als konservativ wahrgenommenen Ausrichtung genießt sie nach wie vor einen guten Ruf, wenn es um Imamausbildung od. islam. Recht geht. Einem ihrer prominenten ehem. Rektoren, Maḥmūd Šaltūt, wurde vorgeworfen, zu progressiv zu sein. Seine Bemühungen, die Azhar zu reformieren u. damit z. B. zur Annäherung zwischen sunnitischen u. schiitischen Positionen od. zu einer Humanisierung des islam. Rechts beizutragen, dürfen im Rückblick als gescheitert gelten. Die ambivalente Rolle der Azhar während des Arabischen Frühlings od. der Machtergreifung durch General ᶜAbd al-Fattāḥ al-Sīsī trägt in jüngerer Zeit zur Erosion ihres guten Rufs bei. In diesem Zusammenhang sind ihre Vorstöße in Richtung einer Beteiligung an der islam. Theologie in Deutschland m. äußerster Zurückhaltung zu betrachten (ähnliche Kooperationen in Österreich haben sich nicht bewährt).

Im Vergleich zu sunnitischen Lehranstalten gelten H. wie Najaf im Irak od. Ghom im Iran als Hort schiitischer Gelehrsamkeit, die allerdings, wie nur wenige sunnitisch-islam. H., phil.-rationale Kritik vertreten u. schulen. Bei einer H. wie der Ǧāmiᶜat Umm al-Qurā in Mekka wird vermutlich eine streng religiöse, wenn nicht gar wahhabitische Kaderschmiede erwartet, was aber nicht zutrifft: Sie hat ihre Schwerpunkte in Medizin, Lehramtsausbildung u. Islam im Rahmen gesellschaftswissenschaftlicher Disziplinen; theol. Fächer werden eher in Medina belegt. Dem gegenüber machen der islam.-theol. Fak. der Universität Sarajevo die diversen ideologischen Verortungen ihrer Studierenden mehr zu schaffen als mancher Universität in Saudi Arabien od. im Iran.

Die Bez. islam. kann für eine H. auch dann namensgebend sein, wenn sie sich komplett auf das Ingenieurwesen verlegt u. gar keine Religion betreibt, z. B. die Islamic University of Technology in Dhaka (islam. bedeutet dann soviel wie national). Daneben gibt es technische H., die keine Theologie anbieten, aber durch eine engagierte Studierendenschaft m. muslimisch artikulierter Herrschaftskritik u. religiöser Reform identifiziert werden, z. B. das Inst. Teknologi in Bandung, Indonesien u. die an der Campusmoschee angesiedelte Stiftung Yayasan Salman unter ihrem früheren charismatischen Leiter Bang Imad Dr. Abdurrahim Imaduddin, Prof. für Elektrontechnik. Solche Entwicklungen haben m. islam. Bezugshorizonten postkolonial-krit. Intellektualität zu tun:

Viele muslimische Akademiker jenseits der islam. Theologie werden auch in Islamfragen als public intellectuals wahrgenommen, so dass sich das religiöse Orientierungsinteresse von Studierenden nicht zwangsläufig an dezidiert islam. H. adressiert. Das hat auch damit zu tun, dass die religiösen Lehranstalten gegenwärtig kaum öff. wahrgenommene Intellektualität hervorbringen.

Berühmte islam. H. in Afrika u. Asien haben sich aus dem antikolonialen Widerstand heraus entwickelt u. gelten in ihren jeweiligen nationalen Kontexten als Ausweis der Unabhängigkeit, z. B. die 1866 gegr. Dār ul-ᶜUlūm Deoband in Indien, nach der Azhar in Kairo die zweitgrößte islam. H. weltweit. Auch andere Länder wie China od. Russland, die nicht primär m. dem islam. Kulturraum identifiziert werden, beherbergen nicht nur große muslimische Minoritäten, sondern eine Vielzahl an islam. H. Die meisten H. stehen im Kontext der Ausbildung religiösen Kultuspersonals einer bestimmten religiösen (Rechts-)Schule, z. B. die Nordkaukasische Islam. Universität →Imam Abu Hanifa in Naltschik, russische Teilrepublik Kabardino-Kalbarien. Entspr. schafiitisch ausgerichtet ist die Nordkaukasische Islam. Universität Scheich Muhammad Arif in Machatschkala, Dagestan. Türkisch islam.-theol. Fak. (İlahiyat Fakültesi) stehen weit gehend im Geviert der türkischen Religionsbehörde DIYANET u. damit in gewisser Spannung zwischen osmanisch-hegemonialen u. republikanisch-laizistischen Traditionslinien. Die Cordoba University in Ashburn, Virginia (USA) wird von der Graduate School of Islamic and Social Sciences (GSISS) u. der Cordoba School of Professional Studies betrieben u. bildet im Auftrag des US-Departments of Defense Militär-Imame aus.

Zu einer ersten krit. Bestandaufnahme der Situation islam. H. kam es 1977 in der intern. ausgerichteten Tarbiya-Konferenz zu Gesellschaft u. Erziehung in Mekka. Auslöser war ein erstarkendes Krisenbewusstsein, dass sich die nationalen Systeme der islam. Welt in Bereichen wie Bildung, Kultur, Wirtschaft u. Politik zwar zunehmend modernisierten, davon aber weite Teile der Bevölkerung, v. a. Frauen, abgeschnitten seien. Es ging dabei nicht zuletzt um die Tarierung von Modernisierung u. Islamisierung, u. damit um die Frage, wie islam.-religiöse Werte, technologischer Fortschritt, soziale Mobilität u. Wissenschaft aufeinander zu bewegt werden könnten. Es galt zu vermeiden, dass eine substanzlose Islamisierung am Ende dem Fortschritt der islam. Welt mehr schadet als nützt. Zudem wurden Neubewertungen der islam. Tradition gefordert, um die starren Schranken zwischen religiösen u. weltlichen Wissensbeständen aufzubrechen u. sich in zwei Richtungen zu bewegen: eine ergebnisoffenere Befassung m. dem Islam u. der Eintrag islam. Wissensbestände in die als westlich markierten Wissenschaften. Der damit verbundene Innovationsschub richtete sich neben den nationalen Erziehungssystemen v. a. auf intern. agierende islam. H. u. deren Reformpotential. M. den Neugründungen der beiden intern. Universitäten Malaysia (ab 1983) u. Islamabad (ab 1989) trugen intern. Bachelor- u. Master-Studiengänge in engl. Sprache zu einem neuen Profil islam. Theologie bei. Sie traten in Korrespondenz u. Kooperation m. islamwissenschaftlich ausgerichteten Inst. an prominenten europäischen (Sorbonne), afrikanischen (Durban) u. US-amerikanischen (Harvard) Universitäten.

M. Blick auf neuere islam. H. in Europa u. ähnliche Inst. in den USA wird zum Problem, dass sie sich nicht deutlich genug wiss. positionieren. Das liegt zum einen daran, dass sie sich auf eine Identitätsbildung verlegen, bei der die Demarkationslinie zwischen Religion u. Migration nicht klar genug gezogen wird; diese Einrichtungen wirken ähnlich wie die →Moscheen ethnisch monopolisiert. Zum anderen handelt es sich bei ihnen oft um Institutionen, denen zur Last gelegt wird, ausl. od. von islam. Organisationen finanziert zu werden u. Wissenschaftlichkeit zum Zwecke der politischen Propaganda od. religiösen Indoktrination zu missbrauchen. Hier ist v. a. 2017 das Berliner Mustafa-Inst., ein Ableger der 1979 gegr. Al-Mustafa-Universität in Ghom, in die Kritik geraten. Dem Inst. Européen des Sciences Humaines in Château-Chinon wird zur Last gelegt, eine Dependenz der ägyptischen Muslimbruderschaft zu sein. Auch Mitarbeiter der 1988 als Islam. Religionspädagogische Akademie gegr. IRPA in Wien (Privater Studiengang für das Lehramt für Islam. Religion an Pflichtschulen in Wien) stehen in der Kritik, kreationistische u. damit fundamentalistische Ansichten zu vertreten, die Vielfalt an islam. Theol.- u. Denkschulen abzulehnen sowie sich demokratiefeindlich, antisemitisch u. frauenfeindlich positioniert zu haben. Die 2001 gegr. Islamitische Universiteit Europa in Rotterdam ist mehr durch Razzien, Waffenfunde u. innere Querelen in Erscheinung getreten als durch wiss. Publikationen u. Nachwuchs.

Die von Muslimen in Deutschland immer wieder ins Spiel gebrachte Idee, eine islam. H. ähnl. der H. für Jüd. Studien in Heidelberg zu gründen, scheitert bislang nicht einfach nur am visionären, finanziellen u. organisatorischen Stehvermögen islam. →Gemeinden als mögliche Träger, sondern am Zivilisationskonflikt zwischen ambivalenten Positionen religiös-muslimischer Gelehrsamkeit zu Wissenschafts-, Kunst- u. Pressefreiheit, religiöser Pluralität, Demokratie od. Gleichberechtigung. Zwar stünde in Deutschland eine krit. Masse an muslimischen Akademikern zur Verfügung, um eine solche H. zu gründen, aber die bewegen sich persönlich u. wiss. kaum in als religiös markierbaren Sektoren. Das könnte sich aber durch die zunehmend politisch u. öff. an Muslime adressierten Fremdheitszuschreibungen in den kommenden J. ändern.

Literatur

Rahman, F., Islam and Modernity, Chicago 1982; Foroutan, N., Kulturdialoge zwischen dem Westen u. der Islam. Welt: Eine Strategie zur Regulierung von Zivilisationskonflikten, Wiesbaden 2004.

Harry Harun Behr

© 2019, DOI: 10.30965/9783506786388_0413

Hochschulgemeinde – Katholisch

1. Die H. stellt eine der möglichen, im Bereich der DBK die bevorzugte institutionalisierte Form dar, in der die gem. c. 813 (c. 645 CCEO) den →Bischöfen aufgetragene Aufgabe der →Hochschulpastoral verwirklicht wird. Sie ist eine Einrichtung der Kirche u. keine Einrichtung der →Hochschule u. ist von dieser unabhängig. Die H. hat keine bestimmte Verfassungsform, sondern kann versch. Rechtsformen annehmen, die vom jeweiligen Bf. m. der Errichtung festgelegt werden u. grds. geeignet sein müssen, um die kirchenamtliche Aufgabe der Hochschulpastoral verwirklichen zu können. Nicht unter den Begriff der H. fallen Rechtsformen wie Vereinigungen, Verbindungen od. Bewegungen, die aus eigener Initiative Teilaufgaben aus dem Bereich der Hochschulpastoral verwirklichen.

2. Im 18. Jh. hat der Freiburger Pastoraltheologe Carl Schwarzel (1746-1809) erstmals vorgeschlagen, für die →Seelsorge an Universitätsangehörigen eine eigene Universitätspfarrei m. allen Merkmalen einer kan. →Pfarrei zu errichten. Ihr sollten alle Universitätsangehörigen zugeschrieben sein u. die Universitätskirche sollte zu der nach damaligem Recht obligatorischen →Pfarrkirche umgewandelt werden. Die praktisch auf eine territoriale Determination beschränkte Pfarrstruktur (vgl. can. 216 §§1 u. 4) hat bis zum Vat II die Errichtung von H. in Form von kan. Pfarreien weitgehend verhindert. Der Gedanke der H. kam nach dem Ersten Weltkrieg wieder auf, als der Berliner Studentenseelsorger Franziskus Stratmann 1918 ausführte: „Das Ideal einer gut organisierten Studentenseelsorge dürfte die mit allen Mitteln moderner Pfarrseelsorge arbeitende, unter einheitlicher Oberleitung geschlossen da-

stehende Studentengemeinde sein" (Benkart-Ruf, 1965, 34). Das bewegende Moment liegt dabei im Gedanken der Einheit u. der priesterlichen Oberleitung als Alternative zu der Vielfalt vereinsrechtlich organisierter Gruppen in der Studentenseelsorge. Bei der Weiterentwicklung dieser Überlegungen spielte die Einsetzung von hauptamtlichen Studentenseelsorgern (Studentenpfarrer) eine ebenso wesentliche Rolle wie die liturgische Bewegung m. dem Ideal der →Gemeinde vom Altar her sowie der spätere Druck im Dritten Reich, der zur Auflösung der vereinsrechtlichen Träger u. zur Veramtlichung der Studentenseelsorge führte. Nach dem Zweiten Weltkrieg gab es unter priesterlicher Leitung Studentengemeinden, denen alle kath. Studierenden zugeordnet wurden. Vereinigungen u. Verbindungen wurden als Gruppen innerhalb der H. betrachtet, für die eine Art →Pfarrzwang postuliert wurde. Nach 1968 wurde der Begriff H. m. sozialen u. politischen Aspekten (v. a. Demokratisierung u. Partizipation) angereichert. Der Beschl. der →Gemeinsamen Synode zur Hochschulpastoral konnte für die H. keine verfassungsrechtliche Klärung leisten.

3. Gem. c. 813 (c. 645 CCEO) stellt die Hochschulpfarrei die bes. institutionelle Form zur Verwirklichung der Hochschulpastoral dar. Daneben werden Universitätszentren genannt, denen eine umfassende Aufgabe der Bildung, Beratung u. sozialen Unterstützung zugewiesen wird. Die H. finden ihre Entsprechung in solchen Hochschulzentren. Weder m. dem Begriff der H. noch m. dem des Universitätszentrums ist eine bestimmte Rechtsform verbunden. Rechtlich können H. m. den jeweils dazu gehörenden Seelsorgeämtern errichtet werden: a) als Pfarrei od. →Quasipfarrei m. territorialer od. personaler Determination (cc. 515 u. 518) u. den zugehörigen →Ämtern des →Pfarrers (c. 519), des →Priesterteams m. →Moderator (c. 517 §1), des Pfarrmoderators u. des an der Ausübung der →Hirtensorge beteiligten Nichtpriesters (c. 517 §2) u. ggf. des →Pfarrvikars, von →Diakonen u. →Gemeindereferenten od. →Pastoralreferenten als Mitarbeiter des Pfr. (cc. 519 u. 545); b) als Untergliederung einer Pfarrei m. dem dafür zuständigen Pfarrvikar (c. 545); c) als →öffentlicher Verein m. einem →Laien als Vorsitzendem u. einem →Priester als →cappellanus bzw. einem Laien, Diakon od. Priester als Vereinsseelsorger (cc. 317 §3 i. V. m. 228 §1 u. 564); d) als Seelsorgestelle gem. c. 516 §2 m. entspr. Seelsorge- od. Leitungsämtern für Laien, Diakone od. Priester.

4. Im deutschsprachigen Bereich sind nur die H. St. Albertus in Mainz m. Urkunde vom 21.12.1962 als territorial determinierte →Pfarrkuratie u. die Universitätspfarrei Innsbruck seit 20.09.1980 als kan. →Personalpfarrei errichtet. Für die übrigen H. fehlt weithin eine rechtliche Bestimmung ihrer Verfassungsstruktur u. der dazugehörigen Ämter. Betont wird lediglich die Bindung der H. an den Bf.

5. Die Zusammenarbeit der H. wurde auf dem Studententag 22.-24.03.1947 initiiert, als die Kath. Dt. Studenteneinigung (KDSE) aus freier Initiative als Zusammenschluss aller kath. H. nach dem Modell der →Katholischen Aktion ins Leben gerufen wurde. Nach Konflikten um das Verständnis von Gde. wurde die KDSE am 01.12.1973 durch die DBK aufgelöst. Zugl. wurde die Arbeitsgemeinschaft der kath. Studenten- u. H. (AGG) von der DBK als „subsidiäres Organ zur Erfüllung des kirchlich-pastoralen Auftrags der Hochschulgemeinden" vorläufig, am 16.01.1978 bis auf weiteres anerkannt. Am 08.-11.03.1961 wurde aus freier Initiative die Einigung kath. Studenten an Ingenieur- u. höheren Fachschulen (EKSI) gegr., die sich bei der Tagung 29.09.-02.10.1971 in Einigung kath. Studenten an Fachhochschulen (EKSF) umbenannte. Bei der Tagung 21.-24.11.1996 erfolgte die Umbenennung in Arbeitsgemeinschaft kath. H. an Fachhochschulen (AKHF). Beide Vereinigungen gingen auf Druck der DBK im Forum Hochschule u. Kirche e. V. auf, dessen Satzung am 15.03.2010 von der DBK genehmigt wurde. Die Konfliktgeschichte zwischen der DBK u. den H. hat ihre Ursache u. a. darin, dass es die dt. Bf. bis heute versäumt haben, die

rechtliche Form der H. zu bestimmen u. daraus die entspr. Konsequenzen zu ziehen.

Quellen

Pius XI., ApK Deus scientiarum Dominus vom 24. Mai 1931: AAS 23 (1931), 241-262; Beschl. Schwerpunkte kirchl. Verantwortung im Bildungsbereich: GSyn I, 511-548; Johannes Paul II., ApK Ex Corde Ecclesiae vom 15. August 1990: AAS 82 (1990), 1475-1509.

Literatur

Benkart, P. – Ruf, W., Kath. Studentenseelsorge. Geschichte u. Gestalt, Paderborn 1965; Gleich, J. M. – Junkmann, W., Kirche u. Hochschule – Zur Lage der Hochschulpastoral in den 90er Jahren, München 1996; Hallermann, H., Präsenz der Kirche an der Hochschule. Eine kirchenrechtliche Untersuchung zur Verfassung u. zum pastoralen Auftrag der kath. Hochschulgemeinden in Geschichte u. Gegenwart, München 1996; ders., Neuanfang m. Fragezeichen. Zur geplanten Neustrukturierung der Hochschulpastoral: HK 54 (2000), 47-50; Straube, P.-P., Kath. Studentengemeinden in der DDR als Ort eines außeruniversitären Studium generale, Leipzig 1996 (EThSt 70); Hierold, A. E., § 51 Schul- u. Hochschulseelsorge: HbkathKR³, 776-777.

Heribert Hallermann

© 2019, DOI: 10.30965/9783506786388_0414

Hochschulgemeinde – Evangelisch

→ Studentengemeinde

Hochschullehrer – Staatlich

Zu den H. zählen die Prof. u. (durch das fünfte Gesetz zur Änderung des HochschulRG 1998 nach dem Vorbild der assistant professors in den USA eingeführten) Juniorprofessuren. Auch die PD, die außerplanmäßigen Prof. sowie die Honorarprofessoren sind H. Merkmal aller dieser Gruppen ist die bes. wiss. Qualifikation über die Promotion hinaus, die früher (fast) ausschließlich durch eine Habil. nachgewiesen wurde u. die dazu (ggf. i. V. m. einer separat erteilten Lehrbefugnis) berechtigt, ein wiss. Fach in Lehre u. Forschung eigenverantwortlich zu vertreten. Die frühere Rspr. prägte dafür den Begriff des „Hochschullehrers im materiellen Sinn" (vgl. BVerfGE 64, 323), der durchaus ideologisch zur Abgrenzung von nichthabilitierten Prof. an Fachschochschulen u. an den in den 70er J. geschaffenen Gesamthochschulen (sog. 1b-Prof.) verwendet wurde. Letztere wurden wegen ihrer überwiegenden Lehraufgaben u. eher marginaler Forschung nicht als gleichwertig gesehen (vgl. noch Thieme, 2004, Rn. 416, 463, 734). Mittlerweile zählt das BVerfG auch die Fachhochschul-Professoren zu den „Hochschullehrern im materiellen Sinn" (BVerfGE 126, 1); auch die Hochschulgesetze differenzieren insoweit nicht mehr. Allerdings zeichnet die besoldungsrechtliche Einordnung des Amtes noch einen Unterschied nach: An Universitäten gibt es W3-Prof. (früher: Lehrstuhlinhaber, Ordinarien, Besoldungsgruppe C4), W2-Prof. (früher: Inhaber einer Professur, Extraordinarius, Besoldungsgruppe C3) u. W1-Prof. (JProf.). Tradtionell entsprach das Amt eines C4-Prof. in der Wertigkeit einem Amt der Besoldungsgruppe B3 (Ministerialrat). An Fachhochschulen gibt es i. d. R. keine W3-Ämter u. keine Mitarbeiterausstattung. Die Professorenbesoldungsreform 2002 hat allerdings die Grundbesoldung z. T. erheblich abgesenkt u. durch ein individuelles Zulagensystem erg.

Regelvoraussetzung der Einstellung ist ein erfolgreich durchlaufenes Berufungsverfahren (vgl. BVerfGE 35, 79); dabei wird in einem Auswahlverfahren unter Beachtung des Art. 33 Abs. 2 GG eine Dreierliste erstellt, aus der Ministerium od. Hochschulleitung einen Kandidaten/eine Kandidatin beruft. Üblicherweise soll dabei die Reihenfolge eingehalten werden, eine Abweichung ist aus strategischen Gründen (Profilbildung) möglich. Die Anforderungen an die Qualifikation sind vom Hochschultyp abhängig. Generell ist ein abgeschlossenes einschlägiges Hochschulstudium u. die pädagogische Eignung erforderlich, was im Berufungsverfahren zu prüfen ist. An Universitäten u. wiss. →Hochschulen wird weiterhin eine qualifizierte Promotion (summa cum laude od. magna cum laude) verlangt, die die bes. Befähigung zu wiss. Arbeit belegt. Daneben sind zusätzliche wiss. Leistungen verlangt, die in einer Habil. (auch als Sammel-Habil.), einer habilitationsgleichen Leistung, einer erfolgreich evaluierten Juniorprofessur od. in der Leitung einer Nachwuchsforschergruppe (auch an außeruniversitären Forschungseinrichtungen) bestehen kann. In den medizinischen Fächern ist zusätzlich die Anerkennung als Facharzt notwendig. Für eine Juniorprofessur ist (als Surrogat der Habil.) eine herausragende Promotion (summa cum laude) erforderlich. An Fachhochschulen ist statt dessen neben der Promotion eine mind. 5-jährige Berufserfahrung notwendig. Prof. an Kunsthochschulen bedürfen statt dessen einer bes. künstlerischen Eignung, eine Graduierung ist nicht zwingend erforderlich.

H. an staatl. Hochschulen sind regelmäßig Beamte; daher ist das →Beamtenrecht im Hinblick auf die allg. Voraussetzungen der Verbeamtung (Altersgrenzen, EU-Bürgerschaft) anwendbar. Seit der Föderalismusreform sind dafür die Länder zuständig. Die grundgesetzlich verbürgte Freiheit von Forschung u. Lehre (Art. 5 Abs. 3 GG) führt allerdings zu erheblichen dienstrechtlichen Privilegierungen, die von der Weisungsfreiheit in wiss. Angelegenheiten bis zu Lockerungen im Nebentätigkeitsrecht reichen. Ist eine Verbeamtung nicht möglich, sind diese Privilegierungen in einem Arbeitsvertrag entspr. abzubilden. Bei den Dienstaufgaben sind die sog. Primärpflichten (Forschung, Lehre, Mitwirkung an der Selbstverwaltung) u. die Sekundärpflichten (Weiterbildung, Förderung des wiss. Nachwuchses, Wissens- u. Technologietransfer) zu unterscheiden. Nur die Verletzung der ersteren kann zu Dienstpflichtverletzungen führen, eine Nichterfüllung von Sekundärpflichten höchstens zu Besoldungsnachteilen. H. sind grds. frei in der Wahl ihrer Forschungsgegenstände, der verfolgten Methoden u. der Publikationsmedien; eine Verpflichtung, in bestimmten Medien zu publizieren, insb. eine dienstliche Verpflichtung zur Teilnahme am open access, auch als Zweitverwertung, ist daher verfassungsrechtlich bedenklich u. zudem urheberrechtswidrig (vgl. VGH BW: ZUM 2018, 211). Im Bereich der Lehre hat der H. Lehrveranstaltungen im Rahmen der Studienordnung u. der Vollständigkeit des Studienangebots einschließlich Prüfungstätigkeit zu erbringen. Der Staat legt den Umfang der zu erbringenden Lehre durch Lehrverpflichtungsverordnungen fest; dagegen besteht Freiheit in der didaktischen Stoffvermittlung. Doch muss dem H. in ausreichendem Maß Freiheit zur Forschung verbleiben (VGH BW: VBlBW 2006, 464).

Quellen

Hochschulrahmengesetz vom 26. Januar 1976: BGBl. I, 185; Viertes Gesetz zur Änderung des Hochschulrahmengesetzes vom 25. August 1998: BGBl. I, 2190; Fünftes Gesetz zur Änderung des Hochschulrahmengesetzes vom 16. Februar 2002: BGBl. I, 693; Professorenbesoldungsreformgesetz vom 16. Februar 2002: BGBl. I, 686.

Literatur

Walter, H., § 42 HRG: Hochschulrecht in Bund u. Ländern Bd.1, hg. v. M.-E. Geis u. a., Heidelberg (Stand 1989); Thieme, W., Dt. Hochschulrecht, Köln u. a. ³2004; Detmer, H., Das Recht der (Universitäts-)Professoren: Hochschulrecht, hg. v. M. Hartmer – H. Detmer, Heidelberg ³2017, 4. Kap., 139 ff.; Grzeszick, B., Hochschullehrer: Hochschulrecht im Freistaat Bayern, hg. v. M.-E. Geis, Heidelberg ²2017, 3. Kapitel, II.1., 420 ff.

Max-Emanuel Geis

Hochschullehrer – Katholisch

Je nachdem, um welche Art von Universität od. →Hochschule es geht, ist die Regelungsdichte des KR (→Hochschulrecht) hinsichtlich der Rechtsstellung der H. sehr unterschiedlich.

1. Über die H. an →Katholischen Universitäten u. vergleichbaren Hochschulen gibt es – soweit sie nicht eine theol. Disziplin vertreten (s. u.) – vergleichsweise wenige Normen. Die betr. H. müssen sich neben ihrer wiss. Qualifikation u. didaktischen Eignung auch durch Rechtgläubigkeit u. untadeliges Leben auszeichnen; falls sie diese Voraussetzungen nicht mehr erfüllen, müssen sie abberufen werden (c. 810). Was die Verpflichtung auf die kath. Lehre angeht, sind Abstufungen je nach der Konfession der H. vorgesehen (ApK Ex corde Ecclesiae Art. 4 §§ 3-4). Bei ihrer Ernennung müssen die H. über den kath. Charakter der Hochschule informiert werden (ebd. Art. 4 § 2). Die nichtkatholischen H. sollen im Lehrkörper nicht die Mehrheit bilden (ebd. Art. 4 § 4). Nähere Einzelheiten können durch das Partikularrecht festgelegt werden. Die Partikularnormen der DBK vom September 2008 bestimmen, dass die Mehrheit der hauptamtlichen H. kath. sein muss (§ 8 Abs. 1). Sie verlangen auch, dass für die Kernfächer der an der Hochschule eingerichteten Studiengänge Professuren bestehen, die grds. m. hauptberuflich nur an dieser Hochschule lehrenden Vollzeitkräften zu besetzen sind (§ 8 Abs. 5).

2. Über die H. an Kirchl. Universitäten u. Fak. (→Theologische Fakultät, Hochschuleinrichtung) gibt es ein enges Normengeflecht. Es betrifft die Unterscheidung der versch. Arten von H. (VG Art. 23; OrdVG Art. 18 § 1), die Anstellungsvoraussetzungen (VG Art. 25; OrdVG Art. 19-20 u. 25), die Mindestzahl von festangestellten H. in den einzelnen Fak. (OrdVG Art. 18), die Verpflichtung der H. zu vorbildlichem Leben, Integrität der Lehre u. zur Wahrung der Gemeinschaft m. dem kirchl. →Lehramt (VG Art. 26), die Ernennung durch die kirchl. Autorität u. ggf. die Beteiligung des Apost. Stuhls dabei (VG Art. 27; OrdVG Art. 21), die Verpflichtung zum Ablegen des →Glaubensbekenntnisses bei →Amtsantritt (c. 833, 7°; VG Art. 27 § 1), die Beförderungen (VG Art. 28; OrdVG Art. 22), die Freistellung von konkurrierenden Aufgaben (VG Art. 29; OrdVG Art. 23 § 2), den Eintritt in den →Ruhestand sowie die Möglichkeit der →Suspendierung u. →Amtsenthebung (VG Art. 30; OrdVG Art. 24). Nach gesamtkirchlichem Recht wird die Lehrbefähigung durch das Doktorat (→Doktorat, theologisches) erworben (VG Art. 25 § 1, 2°). Dabei benötigen H. der Theol. u. der Kirchenrechtlichen Fak. ein kan., d. h. ein an einer Kirchl. Fak. erworbenes Doktorat od. zumindest, zusammen m. einem nicht-kan. Doktorat, ein kan. →Lizentiat (OrdVG Art. 19 § 2). Dass. wird an der Phil. Fak. zumindest für die Mehrheit der H. verlangt (OrdVG Art. 67 §§ 3-4). Da zu den Zielen der Theol. Fak. die Ausbildung von Priesterkandidaten gehört, soll eine angemessene Anzahl der dort tätigen H. Priester sein (VG Art. 76 § 1). In diesem Zusammenhang haben die DBK u. die ÖBK Normen über die Habil. u. Berufung von Prof. an den Theol. Fak. erlassen; allerdings bedürfen diese Normen seit dem Erlass der ApK VG einer Überarbeitung. Die DBK hat zudem Normen über kirchl. Anforderungen an →Juniorprofessuren erlassen (25.09.2003). Wer in Fachbereichen unterrichtet, die Glaube od. Moral betreffen, benötigt die →Missio canonica des Großkanzlers; die übrigen benötigen die von ihm erteilte Lehrerlaubnis (Licentia docendi; VG Art. 27 § 1). Bevor ein H. entweder fest angestellt wird od. zur obersten Stufe der Lehrbefähigung befördert wird – od. auch in jedem dieser beiden Fälle je nach den Bestimmungen der Statuten –, muss das →Nihil obstat des Hl. Stuhles eingeholt werden (VG Art. 27 § 2). Dazu wurde für Deutschland von der →Kongr. für das kath. Bildungswesen am 25.03.2010 eine bes. Verfahrensordnung erlassen. An den Kath.-Theol. Fak. der staatl. Universitäten in Deutschland u. Österreich erfolgt die Bestellung der H. entspr. den auch sonst für die jeweilige Universität geltenden Normen; die Ernennung setzt dabei entspr. den Verträgen zwischen Kirche u. Staat sowie den →Akkommodationsdekreten das Nihil obstat des Diözesanbischofs voraus (das sog. bfl. Nihil obstat); es beinhaltet die Missio canonica. Ähnlich ist die Rechtslage auch an den Theol. Fak. der staatl. Universitäten in der Schweiz.

3. Die Anforderungen an die H. der Hochschulen für religiöse Wissenschaften (Istituti superiori di scienze religiose; c. 821) entsprechen denen an Kirchl. Fak. Nach gesamtkirchlichem Recht (vgl. Kongr. für das Kath. Bildungswesen, Istruzione sugli istituti superiori di scienze religiose, vom 28.06.2008, Art. 14) ist für ihre Ernennung die Einholung eines Nihil obstat des Hl. Stuhls nicht erforderlich; ggf. ist sie jedoch in den Statuten der jeweiligen Hochschule verlangt.

4. Von den Lehrenden eines →Priesterseminars sollen, wenn dieses durch →Affiliation m. einer Kirchl. Fak. verbunden ist, einige ein kan. Doktorat haben; die übrigen benötigen zumindest ein kan. Lizentiat (Kongr. für das Kath. Bildungswesen, Normae servandae ad affiliationem theologicam exsequendam, vom 01.08.1985, Art. 4).

5. Abgesehen von den voranstehend genannten Normen für die einzelnen Arten von Hochschulen u. Einrichtungen benötigen alle, die an irgendeiner Art von Hochschule eine theol. Disziplin vertreten, ein Mandatum der zuständigen kirchl. Autorität (c. 812; c. 644 CCEO). In Deutschland wird diese Bestimmung dadurch konkretisiert, dass auf die H. für kath. Theologie, die außerhalb der Kath.-Theol. Fak. tätig sind – v. a. an den Inst. für die Religionslehrerausbildung –, dies. Normen Anwendung finden wie auf die H. der Kath.-Theol. Fak. (s. dazu insb. das Akkommodationsdekret II vom 01.01.1983).

Quellen

Pius XI., ApK Deus scientiarum Dominus vom 24. Mai 1931 u. zugehörige Ordinationes vom 12. Juni 1931: AAS 23 (1931), 241-284; Kongr. der Seminare u. Universitäten, Instr. zur Durchführung der ApK Deus scientiarum Dominus an den Theol. Fak. der dt. Universitäten vom 7. Juli 1932: AfkKR 125 (1951-53), 262-267; Kongr. für das Kath. Bildungswesen, Normae quaedam ad Const. Ap. „Deus scientiarum Dominus", de studiis academicis ecclesiasticis, recognoscendam vom 20. Mai 1968: Seminarium 20 (1968), 765-787; DBK, Habil. u. Berufung von Nichtpriestern an den Kath.-Theol. Fak. u. Phil.-Theol. Hochschulen vom 21.-24. Februar 1972: Arbeitshilfen 100, Bonn ²2011, 440-444; Johannes Paul II., ApK Sapientia christiana vom 15. April 1979 u. zugehörige Ordinationes vom 29. April 1979: AAS 71 (1979), 469-521; Kongr. für das Kath. Bildungswesen, Akkommodationsdekrete I u. II für Deutschland vom 1. Januar 1983: AAS 75 (1983), 336-341, dt.: Arbeitshilfen 100, Bonn ²2011, 371-387; Kongr. für das Kath. Bildungswesen, Akkommodationsdekret für Österreich vom 1. November 1983: AAS 76 (1984), 616-621; dt.: Arbeitshilfen 100, Bonn 1992, 185-227 = ABl. ÖBK Nr. 2 (1984), 22-24; Kongr. für das Kath. Bildungswesen, Normen über die Affiliation an eine Theol. Fak. vom 1. August 1985, die Aggregation an eine Theol. Fak. vom 23. Juni 1993 u. die Affiliation an eine Phil. Fakultät von 2013: http://www.educatio.va/content/cec/it/documentazione-e-materiali/documenti-della-congregazione.html [Zugriff: 15.05.2019]; Kongr. für das Kath. Bildungswesen, Normativa per l'Istituto Superiore di Scienze Religiose vom 12. Mai 1987: Seminarium 1 (1991), 194-201; Johannes Paul II., ApK Ex corde Ecclesiae vom 15. August 1990: AAS 82 (1990), 1475-1509; ÖBK, Dekret über die Habil. u. Berufung von Prof. an den Kath.-Theol. Fak. an den staatl. Universitäten Österreichs vom 10. November 1994: ABl. ÖBK Nr. 15 (1995), 2 f. DBK, Kirchl. Anforderungen an Juniorprofessuren in der Kath. Theologie vom 25. September 2003: Arbeitshilfen 100, Bonn ²2011, 445-449; Kongr. für das Kath. Bildungswesen, Sieben Rundschreiben zum Bologna-Prozess vom 3. Februar 2004 bis zum 12. Juni 2009: Hallermann, H., Kath. Theologie im Bologna-Prozess, Paderborn 2011, 278-330; Benedikt XVI., Chirograph über die Agenzia della Santa Sede per la Valutazione e la Promozione della Qualità delle Università e Facoltà Ecclesiastiche (AVEPRO) sowie Statuten vom 19. September 2007: AAS 101 (2009), 12-20; Kongr. für das Kath. Bildungswesen, Instruktion über die Istituti superiori di scienze religiose vom 28. Juni 2008: Comm. 40 (2008), 307-321; DBK, Partikularnormen zur ApK Ex corde Ecclesiae vom 22. bis 25. September 2008: VApSt 99, Bonn ²2010, 48-59; Kongr. für das Kath. Bildungswesen, Normen zur Erteilung des Nihil obstat bei der Berufung von Prof. der Kath. Theologie an den staatl. Universitäten im Bereich der DBK vom 25.

März 2010: Arbeitshilfen 100, Bonn ²2011, 388-399; DBK, Kirchl. Anforderungen an die Religionslehrerbildung vom 23. September 2010: Arbeitshilfen 100, Bonn ²2011, 466-509; Franziskus, ApK Veritatis gaudium vom 8. Dezember 2017 u. zugehörige Ordinationes vom 27. Dezember 2017: VApSt 211, Bonn 2018.

Literatur

KanR III, 135-162; Schmitz, H., Studien zum kirchl. Hochschulrecht, Würzburg 1990 (FzK 8); ders., Neue Studien zum kirchl. Hochschulrecht, Würzburg 2005 (FzK 35); Baldus, M., Kirchl. Hochschulen: HbStKR² Bd. 2, 601-637; Rhode, U. – Rüfner, W., Kirchl. Hochschulen, Berlin 2011, 27-50; Esposito, B., Instituto de estudios superiores: DGDC Vol. IV, 644-646; Rhode, U., Die Hochschulen: HbkathKR³, 1049-1085; Mussinghoff, H. – Kahler, H.: MKCIC, Einführung vor 807 u. 807-821.

Ulrich Rhode

© 2019, DOI: 10.30965/9783506786388_0415

Hochschullehrer – Evangelisch

H. können sowohl an staatl. Universitäten wie auch an nichtstaatlichen, kirchl. →Hochschulen tätig sein. Als kirchl. Hochschulen gelten dem Wissenschaftsrat nach alle Hochschulen, die unmittelbar od. mittelbar von einer od. mehreren (ev.) Kirchen m. dem Status einer →Körperschaft des öffentlichen Rechts betrieben werden. Innerhalb dieses ev. hochschulrechtlichen Binnenbereichs werden drei unterschiedliche kirchl. Hochschultypen unterschieden, an denen H. agieren: Die kirchl. Hochschulen m. Promotionsrecht, die kirchl. (Fach-)Hochschulen o. Promotionsrecht u. die Hochschulen für Kirchenmusik.

Die Art u. der Inhalt der Anstellungsverhältnisse der kirchl. H. richten sich nach den rechtlichen Vorgaben des Trägers der jeweiligen kirchl. Hochschule (bspw. →Landeskirche, →Stiftung des öff. od. privaten Rechts od. kirchl. Körperschaft). Hinsichtlich der geforderten Zugangsvoraussetzungen zum →Lehramt an den kirchl. Hochschulen ist neben den binnenkirchlichen Anforderungen das Privathochschulrecht des Staates zu beachten. Weil die kirchl. Träger über § 70 Abs. 2 HochschulRG gehalten sind, m. Blick auf ihre universitäre Ausbildung eine Gleichwertigkeit zu den staatl. Hochschulen zu gewährleisten (Homogenitätsgebot), um als nichtstaatliche Bildungseinrichtung staatl. anerkannt zu werden, orientieren sie sich hinsichtlich der Zulassungsvoraussetzungen ihres Lehrpersonals an den staatl. Hochschulen.

Einstellungsvoraussetzungen für staatl. H. sind nach § 44 HochschulRG neben bes. zusätzlichen wiss. Leistungen grds. ein abgeschlossenes Hochschulstudium, pädagogische Eignung sowie die bes. Befähigung zu wiss. Arbeit. Diese Befähigung ist i. d. R. durch den Abschluss einer Promotion nachgewiesen. Obwohl die →Habilitation für die Lehrtätigkeit an kirchl. Hochschulen somit nicht vorausgesetzt wird, dürfen an kirchl. Hochschulen tätige H. den Titel Prof. (→Theologieprofessor) tragen.

H. an den ev. landeskirchlichen Hochschulen m. Promotionsrecht Wuppertal/Bethel u. Neuendettelsau, an denen der volltheologische Studiengang zum Pfarramt im Zentrum des Studienangebots steht, sind ebenso wiss. qualifiziert wie die H. an den Ev.-Theol. Fak. an den staatl. Universitäten (→Theologische Fakultät, Hochschuleinrichtung), also im Regelfall habilitiert. H., die an kirchl. (Fach-)Hochschulen o. Promotionsrecht lehren, haben i. d. R. neben beruflicher Praxisnähe bes. Leistungen vorzuweisen in der Anwendung od. Entwicklung wiss. Methoden im Ausbildungskern der (Fach-)Hochschulen, dem Bereich des Sozialwesens. Hiervon werden auch die Bereiche des Pflege- u. Sozialmanagements, der Gesundheit sowie der Religions-, Gemeinde-, Heil- u. Frühpädagogik erfasst. H. an kirchl. Musikhochschulen haben die jeweilige künstlerische u. musikalische Befähigung nachzuweisen.

Neben diesen den staatl. Anforderungen nachgebildeten fachlichen Anforderungen an die H. kann der kirchl. Träger noch spezifisch ev. Anforderungen an sein Lehrpersonal stellen. Dies dient der Sicherstellung des kirchl. Profils der jeweiligen Hochschule u. ist religionsverfassungsrechtlich über das in Art. 140 GG i. V. m. Art. 137 Abs. 3 WRV geregelte kirchl. → Selbstbestimmungsrecht abgesichert. Konkret spezifiziert sich dieses Recht der Kirchen bspw. in der Forderung gegenüber dem H., vor der Berufung einen Nachweis der Kirchenmitgliedschaft der jeweiligen LK od. in der → Arbeitsgemeinschaft Christlicher Kirchen in Deutschland (ACK) zu erbringen. Zudem kann der ev. Träger bspw. die Ordination (→ Ordination, Weihe) des Theologie lehrenden H. voraussetzen u. erwarten, dass der H. einen dem → Bekenntnis des Trägers entspr. Lebenswandel führt u. ihm die Bekenntnisgebundenheit seiner Lehre trotz bestehender Wissenschaftsfreiheit bewusst ist. Das gilt auch für die an kirchl. Musikhochschulen Lehrenden. Denn → Kirchenmusik wird aus dem Selbstverständnis der ev. LK als elementarer Teil des Verkündigungsauftrags verstanden. Die Kirchenmusik hat daher neben der fachlich-didaktischen Kenntnisvermittlung immer auch eine geistl. Dimension.

Die an den Ev.-Theol. Fak. der staatl. Universitäten sowie staatl. → Fachhochschulen tätigen H. stehen im Gegensatz zu ihren an kirchl. (Fach-)Hochschulen tätigen Kollegen in keinem kirchl. od. privatrechtlichen, sondern in einem staatl. Dienstverhältnis. Dieses ist jedoch insofern kirchl. überformt im Wege eines gemeinsamen Zusammenwirkens zwischen Staat u. Kirche, als den ev. LK in den jeweiligen Staatskirchenverträgen Mitwirkungsrechte bei der Berufung der H. eingeräumt werden. Diese beziehen sich weniger auf die fachspezifischen Voraussetzungen der Berufung als auf die Bereiche von Lehre, Lebenswandel u. Bekenntnis des jeweils zu berufenden H.

Literatur

Heckel, M., Die theol. Fakultäten im weltlichen Verfassungsstaat, Tübingen 1986; Baldus, M., Kirchl. Hochschulen: HbStKR² Bd. 2, 601-637; ders., Kirchl. Hochschulen: Handbuch des Wissenschaftsrechts Bd. 1, hg. v. C. Flämig u. a., Berlin – Heidelberg ²1996, 1131-1156; Private u. kirchl. Hochschulen aus Sicht der institutionellen Akkreditierung (Drs. 2264-12), hg. v. Wissenschaftsrat, Bremen 2012, 13 f.: https://www.wissenschaftsrat.de/download/archiv/2264-12.pdf [Zugriff: 15.05.2019].

Viola Vogel

© 2019, DOI: 10.30965/9783506786388_0415

Hochschullehrer – Islamisch

Thema sind nicht H. in Deutschland, die als Wissenschaftler zufälligerweise Muslime sind, sondern solche m. Stellen in den islam.-religiösen (theol.) Studien, die profilbildend auf ein Fach m. einer noch sehr jungen Geschichte einer bislang nur diffus ausgebildeten Fachkultur wirken. Eine erste Berufung erfolgte 2004 u. hielt bis 2010: Sven Kalisch, Jurist u. ordentlicher Prof. für Religion des → Islam am Centrum für Religiöse Studien (CRS) der WWU Münster, geriet bzgl. seiner radikalkritischen Dekonstruktion islam. Traditionsbestände in Konflikt m. den assoziierten muslimischen Beiräten. Er wurde in die Philologie, Schwerpunkt Geistesgeschichte im Vorderen Orient in nachantiker Zeit umgesetzt. Zur Islamwissenschaft besteht bes. seit den Empfehlungen des Dt. Wissenschaftsrats zur Neuordnung der religionsbezogenen Fächer vom Januar 2010 eine gewisse Kluft, was die Deutungshoheit über einen akademischen u. disziplinär verdinglichten Islam angeht.

Eine Art wiss. Befangenheit ist in den letzten J. dadurch entstanden, dass bisher fast alle Berufungen auf islam.-theol. Professuren in Deutschland fachfremd erfolgten. Erst nach u. nach steht wiss. Nachwuchs aus dem Fach selbst zur Verfügung, angeschoben z. B. durch Stiftungen. Was die Ungebundenheit islam. H. angeht, geschieht eine erste Einschränkung der thematischen Gestaltungsfreiheit durch die akademische Selbstkontrolle. In einem weiteren Schritt treten curriculare Einschränkungen dort auf den Plan, wo sich die Universität (→Hochschule) zur Berufsausbildung verpflichtet hat (Lehramt für die öff. Schulen). Ferner ist zu berücksichtigen, dass die Kollision m. Konsens u. Konvention fachnaher Disziplinen wie Islam-, Religionswissenschaft, Orientalistik, Arabistik od. den anderen Theologien zu Diskurszwängen führen kann. Hier sind islam. H. gegenwärtig in bes. Maße zur Selbstbehauptung aufgefordert, v. a. was ihre →Forschungsfreiheit angeht.

Was die positiven u. negativen religiösen Freiheitsrechte angeht, ist es in Deutschland jüngst zu weiteren krit. Entwicklungen gekommen. Gemeint ist zum Einen der Versuch muslimisch-religiöser Organisationen, durch die Diskreditierung von H. Einfluss auf die Gestaltung islam. Theologie zu nehmen. Dafür lagen versch. Gründe vor: die Sorge der →Gemeinden, religiöse Deutungshoheit zu verlieren, ihr Ringen um innere Konsolidierung zwischen Migration u. Religion sowie ihr Bemühen um Anerkennung eines kirchenähnlichen Status u. der damit verbundenen hoheitlichen Berufungsrechte (nihil obstat; islam. Lehrbefugnis iğāza [→Idschaza]). Auch mangelnde wiss. Professionalität einiger muslimischer H. sowie das Fehlen einer eingespielten Kommunikations- u. Streitkultur trugen zu dem Konflikt bei.

Um islam.-theol. Studien nicht von vornherein ungangbar zu machen, haben sich versch. Modelle der Beteiligung zwischen Universität u. islam. Gde. herausgebildet. Die Goethe Universität Frankfurt bspw. forderte 2014 für die Besetzung einer Professur für Erziehungswissenschaft m. Schwerpunkt Islam das nihil obstat der beiden in Hessen anerkannten islam. Gde. ein, da die Ausbildung von Lehrkräften für den islam. →Religionsunterricht an den öff. Schulen in das Mandat der Stelle fällt. Dass der Stelleninhaber die Versicherung der Unbedenklichkeit erhielt, o. in einer den beiden Gde. Mitglied zu sein, belegt nicht nur den Pragmatismus, sondern das Interesse der Gde. an wiss. Forschungsergebnissen. Das ist auch der Grund dafür, warum Stellen für islam. Theol. weit gehend o. Bezugnahme zu einer bestimmten konfessionellen Verortung ausgeschrieben werden; das wird in den meisten Fällen als Vertrautheit m. muslimischen Binnenperspektiven verklausuliert.

Zum Anderen wird das Fach in statu nascendi durch den Versuch politischer Einrede dort belastet, wo es nicht in dem ihm zugedachten Revier der Imam-, Religionslehrerausbildung bleibt, sondern seine Vertreter sozial engagiert u. systemkritisch agieren. In jüngster Zeit artikulieren sich islam. H. bereichsübergreifend zu Zusammenhängen von Rassismus, Migration, Bildung, Gender u. Religion in der Migrationssituation. Damit geraten sie mehrfach ins Visier. Ihnen wird vorgehalten, über öff. Engagement ihre wiss. Neutralität aufs Spiel zu setzen. Dann müssen sie sich gegenüber den islam. Gde. behaupten, die m. islam. H. eigene Agenden der gesellschaftlichen Akkreditierung verbinden. Ferner wird von nationalistisch, völkisch u. islamophob verorteten Akteuren gefordert, nicht nur die islam. Theologie abzuwickeln u. den islam. Religionsunterricht abzuschaffen, sondern generell das Wissenschaftsfreiheitsgesetz zu beschneiden. An dieser Stelle fällt akademische Forschungs- u. Redefreiheit nicht selten der Selbstzensur diskursverunsicherter islam. H. anheim, die Angst davor haben, dem Vorwurf islamistischer Positionalität ausgesetzt zu werden (Hyperassimilation).

Längerfristiges Ziel solcher Angriffsprogrammatiken könnte es sein, Berufungen auf Professuren m. der Signatur Islam nicht mehr durch die Universitäten vornehmen zu lassen, sondern durch Ministerien m. neuen Zuständigkeitskombinationen (Migration, Bildung, Heimat, Sicherheit). Als Vorläufer gilt hier ein ähnlicher Vorstoß in Dänemark. Daraus ergibt sich die paradox anmutende Situation, dass erst eine gefestigte islam. Gde., deren Mitwirkungsrechte voll implementiert sind, ihrerseits dafür Sorge tragen kann, dass sich die theol. Denk- u. Redefreiheit islam. H. o. ordnungspolitische Bevormundung entfalten kann – ebenso wie die im GG gewährleistete Wissenschaftsfreiheit ihre Merkmals- u. Mandatsträger vor klerikaler Übergriffigkeit schützt. Diese Balance ist gegenwärtig gefährdet u. muss sich für die muslimischen H. in Deutschland noch bewähren u. einspielen.

Literatur

Dt. Wissenschaftsrat, Empfehlungen zur Weiterentwicklung von Theologien u. religionsbezogenen Wissenschaften an dt. Hochschulen (Drs. 9678-10), Berlin 2010.

Harry Harun Behr

© 2019, DOI: 10.30965/9783506786388_0415

Hochschulpastoral – Katholisch

1. Als H. wird die gesamte, von der Kirche wahrzunehmende erzieherische, bildende u. pastorale Aufgabe für die u. m. den Hochschulangehörigen bez. Die H. ist eine bes. u. die umfassende →Hirtensorge ergänzende →Seelsorge, die v. a. auf die Verbindung von Intellekt u. Spiritualität, Wissenschaft u. Glaube abzielt. Die H. will den Hochschulangehörigen bes. Hilfen geben, damit sie für ihr chr. Leben an den →Hochschulen gestärkt werden u. in der Lage sind, Studium u. außerakademische Bereiche m. den religiösen u. sittlichen Grundsätzen u. so das Leben m. dem Glauben zu verbinden. Der Begriff H. wird in den Bistümern der BRD allg. seit der →Gemeinsamen Synode in Würzburg verwendet, vorher u. in den Bistümern der ehem. DDR war die Bez. Studentenseelsorge üblich. M. dem Begriffswechsel war i. d. R. auch ein Wechsel im Adressatenkreis der H. verbunden, so dass nicht mehr nur Studierende sondern alle Hochschulangehörigen angesprochen werden sollten. Die H. kann in versch. institutionellen Formen verwirklicht werden, unter denen den →Hochschulgemeinden von Rechts wegen eine bes. Bedeutung zukommt.

2. Die Studentenseelsorge in den ma. Bursen u. den seit 1563 von Jesuiten gegr. Marianischen Kongr. zielte auf die Bildung religiöser Eliten durch wiss. Ausbildung u. Seelsorge ab. Die seit 1847 gegr. kath. studentischen Korporationen (UV 1847; CV 1856; KV 1866) versuchten, die wiss. Ausbildung sowie die gesellschaftspolitische u. kirchl. Einstellung ihrer Mitglieder zu fördern u. lebenslange freundschaftliche Verbindungen zu begr. Die Studentenseelsorge des beginnenden 20. Jh. war m. der Vergabe von Stipendien u. der Bereitstellung von Wohnräumen stark sozial-caritativ ausgerichtet. V. a. m. Rücksicht auf die zunehmende Zahl weiblicher Studierender galt das Interesse der Bewahrung chr. Sitte u. Moral. Die Studentenseelsorge war i. d. R. vereinsrechtlich organisiert u. ging auf die freie Initiative von →Laien u. →Priestern zurück. Seit 1910 befasste sich die Fuldaer BK wiederholt m. der Studentenseelsorge u. regte die Bestellung je eigener →Seelsorger für die männlichen u. weiblichen Studierenden an.

3. Gem. cann. 1376 f. stellte die →katholische Universität das eigentliche seelsorgliche Angebot für kath. Studierende dar. Die Studentenseelsorge konnte vorzüglich in den Formen der Schulseelsorge, aber auch in vereinsrechtlichen Formen verwirklicht werden. Die ApK Deus scientiarum Dominus vom 24.05.1931 erwähnt die Studentenseelsorge in Art. 2 nur in allg. Form. Das Vat II spricht in GE 10, 4 die Studentenseelsorge ausdrücklich an u. macht sie zur Pflichtaufgabe der einzelnen Bf., die sie in institutionalisierter Form an allen, nicht nur an den kath. Hochschulen verwirklichen sollen. Dabei zielt das Konzil auf eine umfassende menschliche, wiss., religiöse, geistl. u. sittliche Bildung der Studierenden. Sie sollen zur Übernahme wichtiger Aufgaben im öff. Leben u. zur Zeugenschaft für den chr. Glauben befähigt werden. Die Gemeinsame Synode hat sich im Rahmen des Beschl. über Schwerpunkte kirchl. Verantwortung im Bildungsbereich m. der H. befasst (8.3) u. sie m. den Schwerpunkten Verkündigung u. (politische) Diakonie als vordringliche Aufgabe der Kirche bez. Die etwa zeitgleich tagende →Pastoralsynode der katholischen Kirche in der DDR hat die Aufgabe der H. nicht diskutiert u. lediglich deren struktu-

relle Verwirklichung in der Studentengemeinde als eine Substruktur der → Pfarrei erwähnt.

4. Der c. 813 (c. 645 CCEO) verpflichtet jeden Bf., in dessen Bistum eine Hochschule liegt, zur bes. Seelsorge an den Studierenden. Die Studentenseelsorge ist cura non plena u. kann nach Maßgabe des Rechts von Priestern od. von Nichtpriestern ausgeübt werden. Zu ihrer Verwirklichung soll der Bf. bevorzugt eine Pfarrei errichten od. wenigstens Priester dauerhaft dafür bestellen. Daneben ist der Bf. zur Errichtung von Universitätszentren verpflichtet, die m. einem umfassenden Angebot von Bildung, Beratung, geistl. Begleitung u. sozialer Hilfe zur Bildung einer chr. Persönlichkeit beitragen sollen. Solche Universitätszentren können auch der Ort sein, an dem die H. institutionell angesiedelt ist. Die ApK Ex Corde Ecclesiae vom 15.08.1990 hat als Ausführungsgesetz zu c. 813 (c. 645 CCEO) den Adressatenkreis der H. auf alle Hochschulangehörigen ausgeweitet u. nennt neben den Priestern auch Ordensfrauen, Ordensmänner u. Laien als mögliche bfl. Beauftragte für die H., die auch als Aufgabe des → Laienapostolats von Vereinigungen u. Bewegungen verwirklicht werden kann. Im Bereich der DBK sind die universalkirchlichen Normen zur H. nur ungenügend umgesetzt worden.

Quellen

Pius XI., ApK Deus scientiarum Dominus vom 24. Mai 1931: AAS 23 (1931), 241-262; Vat II, GE; Beschluss Schwerpunkte kirchl. Verantwortung im Bildungsbereich: GSyn I, 511-548; Johannes Paul II., ApK Ex Corde Ecclesiae vom 15. August 1990: AAS 82 (1990), 1475-1509; Kongregation für das kath. Bildungswesen – Päpstlicher Rat für die Laien – Päpstlicher Rat für die Kultur, Gemeinsames Schreiben Die Präsenz der Kirche an der Universität u. in der universitären Kultur vom 22. Mai 1994: VApSt 118, Bonn 1994.

Literatur

Benkart, P. – Ruf, W., Kath. Studentenseelsorge. Geschichte u. Gestalt, Paderborn 1965; Gleich, J. M. – Junkmann, W., Kirche u. Hochschule – Zur Lage der Hochschulpastoral in den 90er Jahren, München 1996; Hallermann, H., Präsenz der Kirche an der Hochschule. Eine kirchenrechtliche Untersuchung zur Verfassung u. zum pastoralen Auftrag der kath. Hochschulgemeinden in Geschichte u. Gegenwart, München 1996; ders., Neuanfang m. Fragezeichen. Zur geplanten Neustrukturierung der Hochschulpastoral: HK 54 (2000), 47-50; Straube, P.-P., Kath. Studentengemeinden in der DDR als Ort eines außeruniversitären Studium generale, Leipzig 1996 (EThSt 70); Hierold, A. E., § 51 Schul- u. Hochschulseelsorge: HbkathKR³, 776-777.

Heribert Hallermann

© 2019, DOI: 10.30965/9783506786388_0416

Hochschulrecht – Staatlich

Die Gesamtheit aller Normen, die Studium, Forschung, Lehre, Selbstverwaltung u. Organisation von → Hochschulen regeln u. gestalten, bildet das staatl. H.

Die Bedeutung des staatl. H. ergibt sich bereits daraus, dass das nicht staatl. H. quantitativ u. inhaltlich zu vernachlässigen ist. In Deutschland ist alles, was Wissenschaft im weitesten Sinne betrifft, vom Staat geregelt. Der Staat gewährt u. gewährleistet → Bildung u. Wissenschaft in → Schule u. Hochschule, er organisiert, administriert u. regelt sie auch. Seine Gestaltungsmittel sind → Gesetze, VO u. Satzungen. Im Zuge des New Public Management sind Kontrakte (z. B. Zielvereinbarungen u. Pakte) hinzugekommen. Soweit letztere die Vorstellung erzeugen, dass sie vertragsähnliche Paritäten u. Verh. umfassen, ist dies ein Irrtum. Das Kontraktmanagement ist häufig lediglich ein Surrogat für Rechtsnormen. Sie haben für den Staat im Vergleich zu Normen den Vorteil, Einzelfälle u. Details regeln zu können. Zudem sind sie als exekutives Mittel der parlamentarischen Kontrolle weitgehend entzogen.

Die Definition des Staatl. kommt im vorliegenden Zusammenhang m. dem Hinweis aus, Teil des → öffentlichen Rechtes zu sein. Das öff. Recht ist derjenige Bereich der Rechtsordnung, der das Verhältnis zwischen dem Staat als Träger öff. Gewalt u. den einzelnen Rechtssubjekten, insb. den Bürgern, regelt. Im modernen Rechts- u. Verfassungsstaat muss jeder Akt der öff. Gewalt auf einer gesetzlichen Ermächtigung fußen, wenn in Grundrechte (→Grundrechte und Grundpflichten) eingegriffen wird. Die seit der Föderalismusreform 2006 geltende Zuweisung gibt den Bundesländern eine umfassende Regelungskompetenz für das Bildungswesen u. die Hochschulen (s. Hochschule, Staatl.). Die generelle Kompetenzzuweisung an die Länder, die Rechtsverhältnisse an Schulen u. Hochschulen zu regeln, wird für die Bundeswehr-Universitäten, die Hochschulen des Bundes u. durch die Regelungskompetenz des Bundes für Hochschulzulassung u. Hochschulabschlüsse (Art. 74 Abs. 1 Ziffer 33 GG) durchbrochen. Bei Letzterem ist allerdings zu berücksichtigen, dass die einzelnen Bundesländer zu diesen Regelungsmaterien abw. u. damit letztverbindliche Gesetze erlassen können.

Die Dominanz des Staatl. im Bildungssystem allg. u. im Hochschulwesen im Besonderen ist eine Grundentscheidung, die v. a. das Ergebnis der europäischen Geschichte ist. Der Staat hat nach der Säkularisation ein Monopol für die hohe Bildung beansprucht. Vor diesem Hintergrund ist die dogmatische Grundkonzeption der Grundrechte als Abwehrrechte gegen den Staat u. als Freiheitsgrundrechte gegenüber staatl. Ingerenz zu verstehen. Moderne Verfassungsinterpretationen sehen aber die Staatlichkeit darüber hinaus auch als eine Gewährleistungsgarantie u. als einen Auftrag an den Gesetzgeber, ein funktionierendes Bildungssystem zur Verfügung zu stellen. Ein Recht auf Bildung, das einer rechtspraktischen Durchschlagskraft aber weitgehend entbehrt, weist in diese Richtung.

Die Normendominante des staatl. H. ist Art. 5 Abs. 3 GG: „Kunst und Wissenschaft, Forschung und Lehre sind frei". Das BVerfG sieht darin eine „objektive, das Verhältnis von Wissenschaft, Forschung und Lehre zum Staat regelnde wertentscheidende Grundsatznorm" (BVerfGE 101, 333, 353). Das Grundrecht gilt wie alle Grundrechte nicht schrankenlos. Es kann eingeschränkt werden durch Grundrechte Dritter, durch kollidierendes →Verfassungsrecht od. durch das Gebot zur Verfassungstreue.

Im modernen Rechtsstaat nimmt die Regelungsdichte laufend zu. Das ist gerade für den Hochschulbereich eindrucksvoll zu belegen. Bis in die 70er J. hinein gab es kaum kodifiziertes H. Ein staatl. H. gab es gleichwohl. Es war v. a. Satzungsrecht der Hochschulen selbst. Die Politisierung der Hochschulen blieb nicht o. Einfluss auf das H. Es wurde Schauplatz u. Instrument gesellschaftlicher Auseinandersetzungen u. führte zur bis heute geltenden Gruppenuniversität (BVerfGE 35, 79 ff.). Daneben ist das staatl. H. auch ein Spiegel eines expandierenden, sich verzweigenden u. zunehmend komplexer werdenden Wissenschaftssystems. Hinzu tritt die organisatorische Diversifikation der Wissenschaft in Hochschularten u. -typen, außeruniversitäre Forschungseinrichtungen, Ressortforschung usw. Aber auch der Fortschritt der wiss. Erkenntnis selbst hat die Zahl von Normen u. Normierungsnotwendigkeiten erhöht. Viele Fortschritte der Lebenswissenschaft bedürften z. B. einer ethischen Einhegung durch Normsetzung.

Wesentliche Felder staatl. H. sind: Verfassungsrechtliche Freiheitsgewährungen insb. für Wissenschaftler u. Studierende, Gestaltung der Hochschullandschaft, Typisierung von Hochschularten, Lizensierung von nicht in staatl. Trägerschaft stehenden Hochschulen, das gesamte Dienstrecht für alle Beschäftigten der Hochschule, die Rechte u. Pflichten der Studierenden, die innere Organisation der Hochschulen, das Prüfungsrecht, der Zugang zum Studium (Voraussetzungen für die Aufnahme eines Studiums), die Zulassung zum Studium (also die chancengerechte Verteilung des Mangel), die Organisation des Studiums (z. B. der →Bologna-Prozess) u. das Urheberrecht, soweit es wiss. Autoren betrifft.

Literatur
Kempen, B., Vor der großen Strukturreform? – Die Entwicklung des Hochschulrechts 1997: Forschung & Lehre 1998, 131-134; Hochschulrecht – Ein Handbuch für die Praxis, hg. v. M. Hartmer – H. Detmer, Heidelberg ^{3}2016; Hochschulgesetz Nordrhein-Westfalen, Bd. 1, hg. v. D. Leuze – V. Epping, Bielefeld ^{15}2017; Muckel, S., Kirchenrecht, München ^{5}2017; Hochschulrecht in Bund u. Ländern, hg. v. M.-E. Geis, Heidelberg ^{50}2018.

Michael Hartmer

© 2019, DOI: 10.30965/9783506786388_0417

Hochschulrecht – Katholisch

Die kath. Kirche besitzt kein für alle ihr zugeordneten Universitäten u. sonstigen →Hochschulen in gleicher Weise geltendes H., sondern jeweils separate Rechtsnormen für die versch. Arten von Hochschulen u. ihnen zugeordneten Bildungseinrichtungen. Man kann fünf Arten unterscheiden: 1. Kirchl. Universitäten u. Fak.; 2. Hochschulen für religiöse Wissenschaften; 3. Einrichtungen, die m. einer Kirchl. Fak. durch →Affiliation, →Aggregation od. →Inkorporation verbunden sind; 4. →Katholische Universitäten u. vergleichbare Hochschulen; 5. sonstige Hochschulen, an denen Kath. Theol. gelehrt wird; dazu gehören insb. die nicht in eine Kirchl. Fak. eingegliederten Inst. u. Lehrstühle für Kath. Theol. an staatl. Universitäten.

1. Zwar enthielt bereits der CIC/1917 einige Normen hochschulrechtlicher Art (cann. 1376-1378). Von einem kirchl. H. als eigenem Rechtsgebiet kann aber erst seit der ApK Deus scientiarum Dominus vom 24.05.1931 gesprochen werden. Sie richtete sich an die Universitäten u. Fak. für kirchl. Studien (Universitates et Facultates studiorum ecclesiasticorum), also an diejenigen Hochschulen, die sich der Theologie u. den m. ihr verbundenen Wissenschaften widmen u. die darin →akademische Grade m. kan. Wirkungen verleihen, die also an dem vom Apost. Stuhl geschaffenen Graduierungssystem teilhaben. Einige Tage nach Promulgation der ApK erließ die zuständige Kurienkongregation unter der Bez. Ordinationes ein Dokument m. Ausführungsbestimmungen; dass. geschah später auch für die nachfolgenden ApK von 1979 u. 2017. Nach dem Vat II wurden die bis dahin geltenden Normen überarbeitet (Normae quaedam vom 20.05.1968). Vollständig ersetzt wurden alle genannten Normen durch die ApK Sapientia christiana vom 15.04.1979 u. die zugehörigen Ordinationes; diese beiden Dokumente wurden in den nachfolgenden Jahrzehnten mehrfach geänd. Die geltenden Codices enthalten für die genannte Art von Hochschulen, die sie als Kirchl. Universitäten u. Fak. (universitates et facultates ecclesiasticae) bez., nur einige grundlegende Normen (cc. 815-820; cc. 646-650 CCEO). Nach dem Beitritt des Hl. Stuhls zum →Bologna-Prozess zur Schaffung eines einheitlichen europäischen Hochschulraums hat die →Kongregation für das Katholische Bildungswesen von 2004 bis 2009 dazu in sieben Rundschreiben nähere Anweisungen an die genannten Hochschulen erteilt. Ebenfalls im Zuge des Bologna-Prozesses errichtete der Hl. Stuhl im J. 2007 für diese Hochschulen eine eigene Qualitätssicherungsagentur, die Agenzia della Santa Sede per la Valutazione e la Promozione della Qualità delle Università e Facoltà Ecclesiastiche (→AVEPRO). Eine erneute Reform der Rechtsnormen für die Kirchl. Universitäten u. Fak. erfolgte durch die ApK Veritatis gaudium vom 08.12.2017 u. die zugehörigen Ordinationes. Für die Kirchl. Universitäten u. Fak. sind außerdem, was die von ihnen verliehenen akademischen Grade angeht, vier multilaterale Konventionen über die gegenseitige Anerkennung akademischer Grade von Bedeutung, denen der Hl. Stuhl seit 1977 beigetreten ist.

Bereits im J. 1932 erließ der Hl. Stuhl eine Instr. zur Anpassung der gesamtkirchlichen Normen an die bes. Situation der Kath.-Theol. Fak. (→Theologische Fakultät, Hochschuleinrichtung) an staatl. Universitäten in Deutschland. Dass. geschah im J. 1983 durch den Erlass der →Akkommodationsdekrete für Deutschland u.

Österreich. Im J. 2010 erließ der Hl. Stuhl für alle Kath.-Theol. Fak. in Deutschland eine Verfahrungsordnung für die Erteilung des →Nihil obstat des Hl. Stuhls, das eine Voraussetzung für die Berufung zum Prof. (→Theologieprofessor u. →Hochschullehrer) darstellt (s. jetzt ApK VG Art. 27 § 2). Die DBK erließ u. a. – inzwischen überarbeitungsbedürftige – Normen über die →Habilitation u. Berufung von Nichtpriestern (1972) sowie Normen über die kirchl. Anforderungen an →Juniorprofessuren (2003) u. an die Religionslehrerbildung (2010). Für die Qualitätssicherung und Akkreditierung kan. Studiengänge in Deutschland wurde im J. 2008 die „Agentur für Qualitätssicherung und Akkreditierung kanonischer Studiengänge in Deutschland e.V. (AKAST)" gegr. (→Akkreditierung theologischer Studiengänge). Die ÖBK erließ ein Dekr. über die Habil. u. Berufung von Prof. (1995).

Entspr. ihrer Eigenart als gemeinsame Angelegenheit von Kirche u. Staat sind die Kath.-Theol. Fak. an den staatl. Universitäten, v. a. in den deutschsprachigen Ländern, Gegenstand etlicher Verträge zwischen Kirche u. Staat. Grundlegend sind RK Art. 19 m. Schlussprotokoll u. Österr. Konk. Art. V. m. ZusP.; beide Konk. anerkennen die Geltung der einschlägigen kirchl. Vorschriften auch für den staatl. Rechtsbereich. Hinzu kommen Verträge m. den einzelnen dt. Bundesländern. In der Schweiz wurden für die einzelnen Kath.-Theol. Fak. an den staatl. Universitäten Verträge m. dem jeweiligen Kanton abgeschlossen.

2. Die v. a. in Italien u. Spanien bestehenden Hochschulen für religiöse Wissenschaften (Istituti superiori di scienze religiose), die v. a. der Ausbildung von →Religionslehrern dienen, werden im CIC nur kurz erwähnt (c. 821). Die Kongr. für das Kath. Bildungswesen hat für diese Art von Hochschulen erstmals im J. 1987 u. erneut im J. 2008 eigene Normen erlassen.

3. Die Möglichkeit, eine Bildungseinrichtung auf dem Wege einer Affiliation, Aggregation od. Inkorporation so m. einer Kirchl. Fak. zu verbinden, dass sie in deren Namen akademische Grade verleihen kann, wurde erstmals in der ApK SapChrist erwähnt (vgl. heute VG Art. 63-64). In der Folgezeit erließ der Hl. Stuhl nähere Bestimmungen über die Affiliation an eine Theol. Fak. (1985), die Aggregation an eine Theol. Fak. (1993) sowie die Affiliation an eine Phil. Fak. (2013).

4. Über die Kath. Universitäten u. vergleichbare Hochschulen, die sich ähnlich wie sonstige Universitäten u. Hochschulen allen möglichen Wissenschaften widmen können, enthalten die geltenden Codices einige grundlegende Bestimmungen (cc. 807-814; cc. 640-645 CCEO). Am 15.08.1990 wurde auch für diese Art von Hochschulen durch die ApK Ex corde Ecclesiae erstmals ein Spezialgesetz erlassen. Da diese Art von Hochschule nicht der Errichtung seitens des Apost. Stuhls bedürfen u. auch nicht an dem von ihm geschaffenen Graduierungssystem teilhaben, sondern sich für die Verleihung akademischer Grade an den Gegebenheiten des jeweiligen Landes orientieren, beschränkt sich die ApK in ihrem normativen Teil auf sehr wenige grundlegende Normen. Was die Beziehungen zu den kirchl. Autoritäten angeht, werden die Universitäten u. Hochschulen vornehmlich an die jeweilige BK od. den Diözesanbischof verwiesen. Die BK wurden aufgefordert, zu der ApK Partikularnormen zu erlassen; die DBK ist dieser Aufforderung im J. 2008 nachgekommen.

5. Gem. c. 812 benötigt jeder, der an irgendeiner Art von Hochschule eine theol. Disziplin vertritt, ein Mandatum der zuständigen kirchl. Autorität. Das gilt auch für Hochschulen, die zu keiner der unter 1.-4. genannten Arten gehören, insb. für die nicht in Kath.-Theol. Fak. eingegliederten Inst. u. Lehrstühle für kath. Theologie an den staatl. Universitäten in Deutschland. Aufgrund der einschlägigen für Deutschland erlassenen Normen, insb. des Akkommodationsdekrets II vom 01.01.1983, besteht an diesen Einrichtungen, was die Rechte des Diözesanbischofs u. die Rechtsstellung der Lehrenden angeht, dies. Rechtslage wie an den Kath.-Theol.

Fak. der staatl. Universitäten in Deutschland. Dass. gilt auch aufgrund der einschlägigen Verträge zwischen Kirche u. Staat.

Quellen

Pius XI., ApK Deus scientiarum Dominus vom 24. Mai 1931 u. zugehörige Ordinationes vom 12. Juni 1931: AAS 23 (1931), 241-284; Kongr. der Seminare u. Universitäten, Instr. zur Durchführung der ApK Deus scientiarum Dominus an den Theol. Fak. der dt. Universitäten vom 7. Juli 1932: AfkKR 125 (1951-53), 262-267; Kongr. für das Kath. Bildungswesen, Normae quaedam ad Const. Ap. „Deus scientiarum Dominus", de studiis academicis ecclesiasticis, recognoscendam vom 20. Mai 1968: Seminarium 20 (1968), 765-787; DBK, Habil. u. Berufung von Nichtpriestern an den Kath.-Theol. Fak. u. Phil.-Theol. Hochschulen vom 21.-24. Februar 1972: Arbeitshilfen 100, Bonn ²2011, 440-444; Johannes Paul II., ApK Sapientia christiana vom 15. April 1979 u. zugehörige Ordinationes vom 29. April 1979: AAS 71 (1979), 469-521; Kongr. für das Kath. Bildungswesen, Akkommodationsdekrete I u. II für Deutschland vom 1. Januar 1983: AAS 75 (1983), 336-341, dt.: Arbeitshilfen 100, Bonn ²2011, 371-387; Kongr. für das Kath. Bildungswesen, Akkommodationsdekret für Österreich vom 1. November 1983: AAS 76 (1984), 616-621; dt.: Arbeitshilfen 100, Bonn 1992, 185-227 = ABl. ÖBK Nr. 2 (1984), 22-24; Kongr. für das Kath. Bildungswesen, Normen über die Affiliation an eine Theol. Fak. vom 1. August 1985, die Aggregation an eine Theol. Fak. vom 23. Juni 1993 u. die Affiliation an eine Phil. Fakultät von 2013: http://www.educatio.va/content/cec/it/documentazione-e-materiali/documenti-della-congregazione.html [Zugriff: 15.05.2019]; Kongr. für das Kath. Bildungswesen, Normativa per l'Istituto Superiore di Scienze Religiose vom 12. Mai 1987: Seminarium 1 (1991), 194-201; Johannes Paul II., ApK Ex corde Ecclesiae vom 15. August 1990: AAS 82 (1990), 1475-1509; ÖBK, Dekret über die Habil. u. Berufung von Prof. an den Kath.-Theol. Fak. an den staatl. Universitäten Österreichs vom 10. November 1994: ABl. ÖBK Nr. 15 (1995), 2 f. DBK, Kirchl. Anforderungen an Juniorprofessuren in der Kath. Theologie vom 25. September 2003: Arbeitshilfen 100, Bonn ²2011, 445-449; Kongr. für das Kath. Bildungswesen, Sieben Rundschreiben zum Bologna-Prozess vom 3. Februar 2004 bis zum 12. Juni 2009: Hallermann, H., Kath. Theologie im Bologna-Prozess, Paderborn 2011, 278-330; Benedikt XVI., Chirograph über die Agenzia della Santa Sede per la Valutazione e la Promozione della Qualità delle Università e Facoltà Ecclesiastiche (AVEPRO) sowie Statuten vom 19. September 2007: AAS 101 (2009), 12-20; Kongr. für das Kath. Bildungswesen, Instruktion über die Istituti superiori di scienze religiose vom 28. Juni 2008: Comm. 40 (2008), 307-321; DBK, Partikularnormen zur ApK Ex corde Ecclesiae vom 22. bis 25. September 2008: VApSt 99, Bonn ²2010, 48-59; Kongr. für das Kath. Bildungswesen, Normen zur Erteilung des Nihil obstat bei der Berufung von Prof. der Kath. Theologie an den staatl. Universitäten im Bereich der DBK vom 25. März 2010: Arbeitshilfen 100, Bonn ²2011, 388-399; DBK, Kirchl. Anforderungen an die Religionslehrerbildung vom 23. September 2010: Arbeitshilfen 100, Bonn ²2011, 466-509; Franziskus, ApK Veritatis gaudium vom 8. Dezember 2017 u. zugehörige Ordinationes vom 27. Dezember 2017: VApSt 211, Bonn 2018.

Literatur

KanR III, 135-162; Schmitz, H., Studien zum kirchl. Hochschulrecht, Würzburg 1990 (FzK 8); ders., Neue Studien zum kirchl. Hochschulrecht, Würzburg 2005 (FzK 35); Baldus, M., Kirchl. Hochschulen: HbStKR² Bd. 2, 601-637; Rhode, U. – Rüfner, W., Kirchl. Hochschulen, Berlin 2011, 27-50; Esposito, B., Instituto de estudios superiores: DGDC Vol. IV, 644-646; Rhode, U., Die Hochschulen: HbkathKR³, 1049-1085; Mussinghoff, H. – Kahler, H.: MKCIC, Einführung vor 807 u. 807-821.

Ulrich Rhode

© 2019, DOI: 10.30965/9783506786388_0417

Hochschulrecht – Evangelisch

Ein gesamtevangelisches H. sucht man in Deutschland vergebens. Das Recht der ev. kirchl. →Hochschulen ist vielmehr landeskirchlich zersplittert u. entspr. divers. Und doch prägen die ev. →Landeskirchen das dt. H. insofern mit, als ihnen § 70 HochschulRG die Freiheit garantiert, selbst kirchl. Hochschulen zu betreiben, sofern das Landesrecht dies vorsieht. Dieses Recht der LK ist nicht nur einfachgesetzlich festgeschrieben. Es findet daneben sowohl über das in Art. 140 GG i. V. m. Art. 137 Abs. 3 WRV kodifizierte kirchl. →Selbstbestimmungsrecht wie auch über Art. 4 Abs. 1 u. 2, 5 Abs. 3 GG u. über die Landesverfassungen seine religionsverfassungsrechtliche Grundlage. Die Staatskirchenverträge u. die landesrechtlichen Hochschulgesetze wie auch einzelvertragliche Vereinbarungen zwischen Kirche u. Staat konkretisieren sodann die Rechte u. Pflichten der Beteiligten. Dabei sind das religiöse Selbstverständnis der ev. LK u. ihre jeweilige Bekenntnisbindung seitens des religiös-weltanschaulich neutralen Staates zu berücksichtigen. Folge davon ist u. a., dass der Staat kirchl. Hochschulen keine Vorgaben hinsichtlich ihrer Rechtsgestalt u. ihrer Trägerschaft macht.

1. Arten ev. Hochschulen: Der Wissenschaftsrat klassifiziert kirchl. Hochschulen in drei Kategorien: kirchl. Hochschulen m. Promotionsrecht, kirchl. (Fach-)Hochschulen o. Promotionsrecht u. Hochschulen für Kirchenmusik. So existieren in Deutschland drei ev. Hochschulen in landeskirchlicher bzw. freikirchlicher Trägerschaft, die das Promotions- u. Habilitationsrecht besitzen: die Augustana Hochschule Neuendettelsau, die Kirchl. Hochschule Wuppertal/Bethel sowie die Luth. Theol. Hochschule Oberursel.

Daneben gibt es 20 kirchl. (Fach-)Hochschulen o. Promotionsrecht (→Fachhochschule), die sich schwerpunktmäßig in die Bereiche Theologie u. Sozialwesen/Gesundheit sowie Religions- u. Gemeinde-, Heil- u. Frühpädagogik aufspalten. Je nach Entstehungsgeschichte u. landeskirchlicher Entscheidung sind die Hochschulen als kirchl. →Körperschaften des öffentlichen Rechts, rechtlich unselbständige Einrichtungen der LK od. als →Stiftungen des öff. od. privaten Rechts verfasst.

Darüber hinaus garantieren sechs ev. Hochschulen für Kirchenmusik bundesweit die Ausbildung des kirchenmusikalischen Nachwuchses. Sie sind Einrichtungen einer od. mehrerer LK.

Bzgl. ihres Selbstverwaltungsrechtes können sich kirchl. Hochschulen u. die an ihr wirkenden →Hochschullehrer dem Staat gegenüber neben Art. 5 Abs. 3 GG auf ihr kirchl. Selbstbestimmungsrecht berufen. Die kirchl. Hochschulen sind im Rahmen der landesrechtlichen Bestimmungen frei in der Ausgestaltung des Verfahrens zur Studienplatzvergabe. Die Leitung der kirchl. Hochschule erfolgt durch einen Rektor od. Präsident sowie – je nach Verfasstheit der Hochschule – durch eines od. mehrere Beschlussorgane (Senat, Fakultätskonferenz, Hochschulrat). Die jeweilige Hochschule ist funktionell m. dem kirchl. Träger verbunden durch ein gemischt besetztes Organ (Kuratorium), das hochschulinterne Mitwirkungsrechte wahrnimmt. Neben der wiss. Eignung können die kirchl. Träger zusätzliche Eignungskriterien fordern, etwa die Mitgliedschaft in einer chr. Kirche.

2. Voraussetzungen für die staatl. Anerkennung von kirchl. Hochschulen: Das in Art. 140 GG i. V. m. Art 137 Abs. 3 WRV niedergelegte kirchl. Selbstbestimmungsrecht ist nicht schrankenlos gewährleistet. Es findet seine Schranken in dem „für alle geltenden Gesetz", hier in Gestalt des § 70 HochschulRG. Dieser Paragraph definiert die Anforderungen, die Einrichtungen nach näherer Bestimmung des Landesrechts erbringen müssen, um die Eigenschaft einer staatl. anerkannten Hochschule zu erhalten (sog. Homogenitätsgebot). Neben den in § 7 HochschulRG genannten Zielen sind eine Mehrzahl von nebeneinander bestehenden od. aufeinander folgenden Studiengängen Voraussetzung. Daneben müssen die Anforderungskriterien der kirchl. Hochschule m. denen der staatl. Hochschule vergleichbar sein, d. h., die Studienbewerber müssen die Voraussetzungen für die Aufnahme in eine entspr. staatl. Hochschule erfüllen, etwa die Hochschulreife. Voraussetzung ist ferner, dass die hauptberuflich Lehrenden die

Einstellungsvoraussetzungen erfüllen, die für entspr. Tätigkeiten an staatl. Hochschulen gefordert werden. Schließlich müssen die Angehörigen der Einrichtung an der Gestaltung des Studiums in sinngemäßer Anwendung der für staatl. Hochschulen geltenden Grundsätze mitwirken. §70 Abs. 2 HochschulRG lässt von diesen Anforderungen Ausnahmen zu, die das Landesrecht ausgestaltet. Ob die kirchl. Hochschulen das Recht zur Verleihung → akademischer Grade erhalten, hängt von den jeweiligen hochschulrechtlichen landeskirchlichen Bestimmungen u. von dem Anerkennungsbescheid ab. Die kirchl. Hochschule unterliegt der Staatsaufsicht, die sich insb. auf die Sicherstellung des Homogenitätsgebots erstreckt.

Literatur

Sollte, E.-L., Theologie an der Universität, München 1971; Pirson, D., Die kirchl. Fachhochschulen als Gegenstand des Staatskirchenrechts: ZevKR 30 (1985), 1-28; Heckel, M., Die theol. Fakultäten im weltlichen Verfassungsstaat, Tübingen 1986, 349-385; Baldus, M., Kirchl. Hochschulen: HbStKR[2] Bd. 2, 601-637; ders, Kirchl. Hochschulen: Handbuch des Wissenschaftsrechts Bd. 1, hg. v. C. Flämig u. a., Berlin – Heidelberg [2]1996, 1131-1156; Heinig, H. M. – Vogel, V., Hochschulbildung: HevKR, § 21 Rn. 22 f.; Wissenschaftsrat, Private u. kirchl. Hochschulen aus Sicht der institutionellen Akkreditierung: https://www.wissenschaftsrat.de/download/archiv/2264-12.pdf [Zugriff: 15.05.2019].

Viola Vogel

© 2019, DOI: 10.30965/9783506786388_0417

Hochschulseelsorge

→ Hochschulgemeinde, → Hochschulpastoral, → Studentengemeinde

Hochzeit

→ Eheschließung

Hodegetik – Historisch

Unter H. versteht man:

1. die Lehre von der Erziehung des menschlichen Charakters in der → Schule u. in der Universität (→ Hochschule) sowie

2. die Anweisung zum Studium eines bestimmten Wissensgebietes, wodurch das Studium u. die Methodik des wiss. Arbeitens optimiert werden soll.

Der Begriff H. (Lehre von der Weg-Führung, von hodegetikos, anleitend, wegweisend) entstammt dem pädagogischen Konzept des Herbartianers Karl Volkmar Stoy (1815-1885). Stoy war der Auffassung, dass die Schule neben einer geordneten Wissensvermittlung (Didaktik) u. der Anleitung zur gesunden Lebensführung (Diätetik) auch die Aufgabe der ethischen Persönlichkeitsbildung hat. Von Bedeutung war die H. v. a. im Rahmen der Frage nach einer adäquaten Pädagogik des Hochschulstudiums im 18. u. 19. Jh.

Literatur

Stary, J., Hodegetik od. „Ein Mittel gegen das Elend der Studierunfähigkeit": Das Hochschulwesen 43 (1994) 4, 160-164; Frielingsdorf, K., Hodegetik: LThK[3] Bd. 5, 194; Kern, M., Hodegetik: Hist. Wörterbuch der Rhetorik, Bd. 3, Tübingen 1996, 1450-1454; Assmann, A., Im Dickicht der Zeichen Hodegetik – Hermeneutik – Dekonstruktion: Dt. Vierteljahrsschrift für Literaturwissenschaft u. Geistesgeschichte (1996) 4, 12-24.

Elmar Güthoff

© 2019, DOI: 10.30965/9783506786388_0420

Hoheitsgewalt

→ Autorität, religiöse, → Vollmacht

Homilie – Katholisch

1. Die H. wurde in can. 1344 § 1 als Verpflichtung des → Pfarrers bez., ein rechtlich klares Bild der H. gab es nicht. Eine → Predigt unter-

brach die hl. Messe od. sie fand vorher od. nachher statt. Beliebt waren Predigtreihen zur Glaubensunterweisung. SC 52 hat die H. als Teil der Liturgie selbst in die Feier der Eucharistie integriert. Gem. SC 56 bilden →Wortgottesdienst u. →Eucharistiefeier einen einzigen zusammenhängenden Kultakt. Der c. 767 (inhaltlich entspr.: c. 614 §§1-2, 4 CCEO) wurde in enger Anlehnung an SC 52 formuliert, der keine Aussage über den Prediger der H. enthält.

2. Der c. 767 bietet keine Legaldefinition der H. Die Definitionselemente können dem Gesetzestext u. dem →liturgischen Recht entnommen werden: a) Die H. ist eine Form der Predigt, so dass für sie auch cc. 768 u. 769 (vgl. cc. 616 u. 626 CCEO) über Inhalt u. Adressatenorientierung gelten. Die hervorragende Stellung der H. erklärt sich aus den folgenden Definitionselementen. b) Die H. ist integraler Bestandteil der Liturgie, d. h. gem. c. 767 §§2 u. 3 der Feier der Eucharistie. c) Die H. ist bezogen auf den hl. Text als Predigtquelle, d. h. auf die biblischen u. a. liturgischen Texte der Tagesmesse. d) In der H. sollen den Gläubigen, ausgehend vom hl. Text, die Glaubensgeheimnisse u. Normen für das chr. Leben dargelegt werden.

3. Die in das erste Definitionselement erst spät eingeschobene Reservation der H. für →Priester u. →Diakone ist kein Definitionselement der H., sondern aus dem liturgischen Recht übernommene willentliche Festlegung des Gesetzgebers. Dass die H. Teil der Liturgie ist, kann die Reservation nicht begr., ebensowenig das Verständnis der Messe als einheitlicher Kultakt (SC 56), weil sonst alle Teile der Messe Priestern u. Diakonen reserviert sein müssten (vgl. aber SC 26 u. 28).

4. Die H. ist in allen Messen an →Sonntagen u. →Feiertagen, die von Gläubigen mitgefeiert werden, verpflichtend (c. 767 §2) u. in allen anderen Messen, auch während der Woche, bes. aber in der Advents- u. Fastenzeit sowie bei bes. Anlässen, empfohlen, wenn eine größere Zahl von Gläubigen die Messe mitfeiert. Pfr. u. →Kirchenrektor müssen in ihren Kirchen für die Beachtung dieser Normen sorgen (c. 767 §4).

5. Die Normen zur H. geben dem Recht der Gläubigen auf Auslegung der hl. Texte (vgl. c. 213: c. 16 CCEO) großes Gewicht. Insb. die Reservation der H. u. das Verbot des PCI (→Predigtverbot), davon zu dispensieren, hindern daran, diesem Rechtsanspruch in der Situation des →Priestermangels entspr. zu können.

Quellen

Vat II, SC; PCI, Responsiones ad proposita dubia: AAS 79 (1987), 1249.

Literatur

Ohly, Ch., Der Dienst am Wort Gottes. Eine rechtssystematische Studie zur Gestalt von Predigt u. Katechese im Kan. Recht, St. Ottilien 2008 (MThS.K 63); ders., § 63 Die Verkündigung in Predigt u. Katechese: HbkathKR³, 922-934; Hallermann, H., „... dass nur öffentlich predige, wer gesandt ist." Kanonistische Nachfragen u. Perspektiven zum Verbot der „Laienpredigt", Paderborn – München – Wien – Zürich 2017 (KStKR 26); ders., Prendere la parola nella liturgia: Donne e uomini: il servizio nella liturgia. Atti della XLV Settimana di Studio dell'Associazione Professori di Liturgia, Verona, 28-31 agosto 2017, hg. v. A. Grillo – E. Massimi, Rom 2018, 213-228.

Heribert Hallermann

© 2019, DOI: 10.30965/9783506786388_0422

Homosexualität – Katholisch

Als homosexuell (hs.) werden Frauen u. Männer bez., die sich sexuell zu Menschen des eigenen Geschlechts hingezogen fühlen. Kirchenamtlich wird unterschieden zwischen hs. Veranlagung u. hs. Handlungen (KKK 2357-2359).

1. Hs. Veranlagung. Die sexuelle Präferenz der →Gläubigen ist nicht Gegenstand kirchenrechtlicher Bestimmungen. Der Begriff H. fin-

det sich im CIC nicht. Hs. Frauen u. Männer sind – wie alle Katholikinnen u. Katholiken – berufen, in ihrem Leben den Willen Gottes zu erfüllen (KKK 2358). Sie sollen – wie alle Katholikinnen u. Katholiken – gem. der ihnen eigenen Stellung die →Sendung ausüben, die Gott der Kirche anvertraut hat (c. 204 §1). Aufgrund der Taufe besteht eine wahre Gleichheit m. den übrigen Gläubigen (→Gleichheit aller Gläubigen) hinsichtlich Würde u. Tätigkeit, kraft der alle je nach Stellung u. Aufgabe am Aufbau des Leibes Chr. mitwirken (c. 208). Die Spezifizierung nach Stellung u. Aufgabe lässt Raum für Ungleichbehandlungen hs. kath. Personen.

a) Zulassung hs. Männer zur Weihe (→Ordination, Weihe): Nach humanwissenschaftlichem Kenntnisstand ist H. nicht eine psychische Erkrankung, die gem. c. 1041 n. 1 irregulär (→Irregularität) macht. Es gibt auch keine Hinweise darauf, hs. Priestern könnte die Einhaltung des Zölibatsversprechens (→Zölibat) schwerer fallen als heterosexuellen. Daher wurde überwiegend angenommen, die Weihe hs. Männer sei dem Ermessen des Diözesanbischofs überlassen (c. 1025 §1). 2005 hat die Kongr. für das kath. Bildungswesen in einer Instr. indes klargestellt, die Kirche könne jene nicht zur hl. Weihe zulassen, die „tief verwurzelte homosexuelle Tendenzen aufweisen oder eine sogenannte homosexuelle Kultur unterstützen. Die genannten Personen befinden sich nämlich in einer Situation, die in schwerwiegender Weise daran hindert, korrekte Beziehungen zu Männern und Frauen aufzubauen." (Instr. Nr. 2) Eine Ausnahme sei nur möglich, wenn die hs. Veranlagung lediglich ein vorübergehendes „Problem" darstelle u. spätestens drei Jahre vor der Diakonenweihe eindeutig überwunden sei. Instr. binden die Gesetzesanwender (c. 34 §1); dem Diözesanbischof bleibt daher kein Ermessensspielraum. Die Vorgabe der Kongr. ist wegen der eigenwilligen Terminologie, des Fehlens einer plausiblen Begründung u. der Nichtberücksichtigung fachwissenschaftlicher Erkenntnisse kritisiert worden. Gleichwohl wurde sie wörtlich in die RFIS/2016 übernommen (Nr. 199f.) u. als verbindlich bekräftigt. Von Rechts wegen darf hs. Männern die Weihe also nicht gespendet werden.

b) H. u. →Ehenichtigkeit: Die kan. →Ehe ist eine umfassende Lebensgemeinschaft (→Lebensgemeinschaft, eheliche) zwischen Mann u. Frau (c. 1055 §1) u. als solche gekennzeichnet durch eine bes. physische, emotionale u. geistige Nähe der Partner. Eine eindeutige hs. Veranlagung steht der Verwirklichung einer so verstandenen heterosexuellen Beziehung i. d. R. entgegen u. macht die für eine gültige Ehe charakteristische Ganzhingabe der Partner (c. 1057 §2) unmöglich. Nach herrschender Lehre u. Rspr. können Männer u. Frauen m. entschiedener hs. Neigung daher wesentliche Verpflichtungen der Ehe nicht übernehmen (c. 1095 §3) u. deshalb eine gültige Ehe nicht eingehen.

c) Gleichgeschlechtliche Ehen?: Seit 1989 wurde in zahlreichen Staaten für hs. Personen zunächst die Möglichkeit eröffnet, untereinander amtl. registrierte u. rechtlich anerkannte Partnerschaftsverhältnisse zu begründen. 2001 führten die Niederlande als weltweit erster Staat die gleichgeschlechtliche Ehe ein, weitere Staaten auf allen fünf Kontinenten folgten. In der BRD ist die Ehe für alle seit 2017 möglich, in Österreich soll sie spätestens 2019 eingeführt werden. Für den röm.-kath. Rechtsbereich bleibt dies folgenlos. Die gleichgeschlechtliche Ehe ist weder eine Gemeinschaft zwischen Mann u. Frau noch auf Nachkommenschaft hingeordnet; sie kann daher nach kath. Verständnis nicht eine Ehe sein. Eine kirchl. →Eheschließung kommt insoweit nicht in Betracht. Diskutiert wird, ob hs. Partnerschaften in anderer Form, z. B. durch Segnung (→Segnung homosexueller Partnerschaften), anerkannt werden könnten; m. Hinweis auf die kirchl. Lehre zur H. wird dies mehrheitlich abgelehnt.

2. Hs. Handlungen: Unter Berufung auf Hl. Schrift u. kirchl. Überlieferung erklärt das

kirchl. Lehramt, hs. Handlungen seien „in sich nicht in Ordnung" (Persona Humana Nr. 8). „Sie verstoßen gegen das natürliche Gesetz, denn die Weitergabe des Lebens bleibt beim Geschlechtsakt ausgeschlossen. ... Sie sind in keinem Fall zu billigen" (KKK 2357). Sie gelten als →Sünde gegen das sechste Gebot des →Dekalogs (vgl. die entspr. Zuordnung von KKK 2357-2359). Strafrechtlich sanktioniert sind sie nur für Kleriker als Verstoß gegen die Zölibatspflicht m. Strafen bis hin zur Entlassung aus dem Klerikerstand (cc. 1387, 1395).

Quellen

Kongr. für die Glaubenslehre, Erkl. Persona Humana: AAS 68 (1976), 77-96; Kongr. für das kath. Bildungswesen, Instr. über Kriterien zur Berufungsklärung von Personen m. homosexuellen Tendenzen: AAS 97 (2005), 1007-1013; Kongr. für den Klerus, Ratio Fundamentalis Institutionis Sacerdotalis vom 8. Dezember 2016: VApSt 209.

Literatur

Bier, G., Die Ehefähigkeit von Homosexuellen: Bonn-Budapest, hg. v. P. Erdö, Würzburg 1998 (FzK 30), 53-104; Rees, W., „Geh zu Jesus, er vergibt Dir." Zur Frage theol. u. kirchenrechtlicher Neuansätze im Fall von „Scheitern" in der röm.-kath. Kirche: Geist – Kirche – Recht (FS Gerosa), hg. v. L. Müller – W. Rees, Berlin 2014 (KStT 62), 295-326, bes. 311-313; Bondolfi, A., Zu den rechtlichen Regulierungen gleichgeschlechtlicher Partnerschaften in Europa: „Wer bin ich, ihn zu verurteilen?" Homosexualität u. kath. Kirche, hg. v. S. Goertz, Freiburg 2015 (Katholizismus im Umbruch 3), 351-368; Brinkschröder, M., Neue Offenheit od. alte Ängste? Homosexualität u. gleichgeschlechtliche Partnerschaften als Thema der Familiensynode: „Wer bin ich, ihn zu verurteilen?" Homosexualität u. kath. Kirche, hg. v. S. Goertz, Freiburg 2015 (Katholizismus im Umbruch 3), 413-444; Goertz, S., Zwischen „himmelschreiender Sünde" u. „Geschenk der Liebe". Konzepte u. Bewertungen von Homosexualität in der Moraltheologie u. im römischen Lehramt: „Wer bin ich, ihn zu verurteilen?" Homosexualität u. kath. Kirche, hg. v. S. Goertz, Freiburg 2015 (Katholizismus im Umbruch 3), 175-236; Müller, W., Neubewertung von Homosexualität?: StZ 141 (2016), 208-210.

Georg Bier

© 2019, DOI: 10.30965/9783506786388_0423

Homosexualität – Evangelisch

Zwischen biologischer Disposition zur H., geschlechtlichem Identitätsbewusstsein, sexueller Orientierung (Begehren) u. sozialer Rolle ist zu unterschieden. Angesichts der Vielfalt der Phänomene ist angemessener von H. im Pl. zu reden.

1. Jur. stellen sich m. der Thematisierung von H. Fragen nach dem gesetzlichen Regelungsbedarf privater Lebensformen u. der rechtlichen Absicherung kulturell-gesch. geformter Realisierungen von Sexualität u. Beziehungsleben (Lemke, 2017) sowie nach dem Verhältnis von staatl. Rechtsetzung u. kirchl. Recht u. Moralvorstellungen (Müller, 2006). Im Kontext der teils durch Rekurs auf Menschenrechte (Leicht, 2015) fundierten Antidiskriminierungsgesetzgebung ist deren Anwendung auf den Bereich der von Kirchen beanspruchten Regelung des Privatlebens von Mitarbeitenden zu klären (Gleich, 2013). 1994 wurde in Deutschland die strafrechtliche Diskriminierung homosexueller Personen durch Wegfall des § 175 StGB beendet, 2001 trat das Gesetz über die Eingetragene Lebenspartnerschaft (LPartG) in Kraft u. 2017 wurde die →Ehe für gleichgeschlechtliche Paare geöffnet.

2. In der ev. theol.-ethischen Diskussion um H. lassen sich versch. Begründungsstränge zur (Dis-)Qualifizierung von H. benennen (Überblicke bei Steinhäuser, 1998; Porsch, 2008; Krohn, 2011):

a) Schöpfungstheologisch u. naturrechtliche Begründungen heben auf eine biblisch offenbarte, übergeschichtlich gültige, gottgewollte binäre u. heterosexuell formatierte Schöpfungsordnung ab, in der die Zuordnung von Mann u. Frau vorrangig der Fortpflanzung u.

damit dem Erhalt des Menschengeschlechts dient. H. erscheint dann als Störung bzw. Perversion dieser Ordnung u. als Sünde i. S. eines Verstoßes gegen Gottes guten Schöpferwillen (so heute noch große Teile der evangelikalen Ethik).

b) Biblizistische Rekurse auf einzelne Bibelstellen (wie Lev 18, 22; 20, 13; Röm 1, 26 f.; 1 Kor 6, 9-11; 1 Tim 1, 10; dazu im Überblick: Spilling-Nöker, 2006, 40-55) verlängern die hist. Verurteilung gleichgeschlechtlicher Sexualpraktiken ins Heute, o. die spezifischen kontextuellen Bedingungsfaktoren zu berücksichtigen (u. unterlaufen damit die heutigen Standards der wiss. Bibel-Hermeneutik).

c) Seit den 1960er J. wechselt die Einschätzung vom Sündenparadigma zum Paradigma von Krankheit od. Abweichung, teils (in evangelikalen Kreisen) auch m. dem Ziel der Umerziehung od. Therapierung. Teils ermöglicht dieser Zugriff aber auch positivere Sichtweisen unabänderlicher konstitutiver Formen von H., zu deren verantwortlicher Gestaltung u. Anerkennung dann geraten wird, auch wenn der Abstand zu heterosexuellen Lebensformen u. der Ehe bewusst gefordert wird u. homosexuelle Amtsträger wegen ihrer orientierenden Werbewirkung abgelehnt werden.

d) Ab den 1980er J. finden sich demgegenüber Argumentationen, die auf die Anerkennung gleichgeschlechtlicher Sexualität u. Lebensformen auch in der ev. Kirche dringen: I) rechtfertigungstheologisch gewonnene Überzeugungen, die die sexuelle Orientierung als nachrangig qualifizieren u. daher auch homosexuelle Beziehungsformen tolerieren wollen, o. sie der heterosexuellen Sexualität gleichzuordnen; II) christologische Begründungsfiguren, die von der paulinischen Aufhebung menschlicher Differenzen in Christus ausgehend (Gal 3, 18) christologisch gewonnene Leitkriterien der Gestaltung von Sexualität u. Beziehungsleben gleichermaßen auf homo- u. heterosexuelle Lebensgestaltung anwenden (Dabrock, 2016, 42-76); III) schöpfungstheologische, anthropologisch-freiheitstheologische od. geisttheologische Argumentationen, die in homosexueller Orientierung u. Praxis eine gottgegebene Schöpfungsvariante od. ein Charisma unter vielen sehen u. daher für die Diversität unterschiedlicher Lebensformen eintreten (Steinhäuser, 1998).

3. In der ev. innerkirchlichen Diskussion um H. (Überblick über die rechtlich relevanten Entwicklungen bei de Wall, 2017) war lange das EKD-Dokument Mit Spannungen leben (EKD, 1996) diskursprägend, das einerseits anerkennt, dass in homosexuellen Beziehungsformen etliche Kriterien für heterosexuelle Lebensformen bzw. analog zur Ehe erfüllt sein können (Freiwilligkeit, Ganzheitlichkeit, Verlässlichkeit, Dauerhaftigkeit, Partnerschaftlichkeit), andererseits wegen der fehlenden Offenheit für Nachkommenschaft homosexuelle Beziehungen der heterosexuellen Ehe nicht gleichstellen wollte. Durch das rahmende PfDG.EKD (2010) u. der konkretisierenden Übernahme ins VELKD-Recht (Pfarrdienstrechtsneuordnungsgesetz 2012) wurde dann jedoch das Zusammenleben homosexueller Paare im Pfarramt/Pfarrhaus ermöglicht. Inzwischen sind auch in den meisten LK öff. Segnungsrituale für verpartnerte bzw. verheiratete Paare möglich (→ Segnung homosexueller Partnerschaften). Um der Wahrung der Kircheneinheit willen gilt für diejenigen, die sich aus Gewissensgründen nicht in der Lage sehen, solche Rituale durchzuführen, i. d. R. ein Gewissensschutz, der von der Pflicht der Durchführung entbindet.

Quellen

Kirchenamt der Ev. Kirche in Deutschland (EKD), Mit Spannungen leben. Eine Orientierungshilfe des Rates der Ev. Kirche in Deutschland zum Thema „Homosexualität und Kirche“, Hannover 1996.

Literatur

Steinhäuser, M., Homosexualität als Schöpfungserfahrung. Ein Beitrag zur theol. Urteilsbegründung, Stuttgart 1998; Spilling-Nöker, C., Wir lassen Dich nicht, Du segnest uns denn. Zur Diskussion um Segnung u. Zusammenleben gleichgeschlechtlicher Paare im Pfarrhaus, Berlin 2006; Porsch, H., Sexualmoralische Verstehensbedingungen. Gleichgeschlechtliche PartnerInnenschaften im Diskurs, Stuttgart 2008 (Forum Systematik 30); Müller, J., Religion u. Strafrecht. Chr. Einflüsse auf Normenbestand, Dogmatik u. Argumentationsstrukturen des deutschen Strafrechts, Berlin 2008; Krohn, W., Das Problem kirchl. Amtshandlungen an gleichgeschlechtlichen Paaren. Sozialwissenschaftliche, theol., ethische, poimenische u. liturgiewissenschaftliche Perspektive, Göttingen 2011; Gleich, C., Arbeitsrechtliche Privilegien der Religionsgemeinschaften als Ausnahme vom allg. Gleichbehandlungsgrundsatz. Ein Rechtsvergleich zwischen dem dt. Allg. Gleichbehandlungsgesetz u. dem engl. Equality Act 2010, Göttingen 2013; Leicht, I., Sexuelle Selbstbestimmung als Menschenrecht: Homosexualität u. Schule. Handlungsfelder – Zugänge – Perspektiven, hg. v. M. Breckenfelder, Opladen – Berlin – Toronto 2015, 17-35; Dabrock, P., Warum die Bibel für die ev.-theol. Ethik viel, aber nicht alles bedeutet. Überlegungen angesichts der noch immer nicht verstummten Debatte um die Anerkennung homosexueller Orientierung: Traut euch. Schwule u. lesbische Ehe in der Kirche, hg. v. E. Harasta, Leipzig 2016, 42-76; Trauung, Segnung, Hochzeitsfeier?, hg. v. P. Bubmann – S. Jühne – A.-L. Mauer, Erlangen 2017; de Wall, H., Darf es in den ev. Kirchen Deutschlands „homosexuelle Trauungen" geben?: Trauung, Segnung, Hochzeitsfeier, hg. v. P. Bubmann – S. Jühne – A.-L. Mauer, Erlangen 2017, 7-23; Regulierungen des Intimen. Sexualität u. Recht im modernen Staat, hg. v. U. Lemke, Wiesbaden 2017 (Geschlecht u. Gesellschaft 60).

Peter Bubmann

Honorar

→Anwalt, →Gutachter

Hörfunk

→Medien

Hostie – Katholisch

Der Begriff H. wird im CIC/1983 lediglich in c. 939 verwendet, der regelt, dass genügend konsekrierte H. für die →Gläubigen in einem Ziborium aufzubewahren sind u. dass sie häufig erneuert werden müssen, nachdem die alten konsumiert wurden. Der Sache nach ist die H. auch dann gemeint, wenn von der heiligsten Kommunion od. der Kommunion in der Gestalt des Brotes gesprochen wird. CIC/1983 u. IGMR³/AEM verlangen nach alter Tradition der lat. Kirche, dass das Brot für die Messfeier (→Eucharistiefeier) aus reinem Weizenmehl bestehen, frisch gebacken u. ungesäuert sein muss (cc. 924 §1, 926; IGMR³/AEM n. 320/282). Der CCEO spricht dagegen lediglich von reinem u. frisch zubereiteten Weizenbrot, um östliche Traditionen zu berücksichtigen, die auch gesäuertes Brot als Opfergabe kennen (c. 706 CCEO). Eine andere Materie, egal ob es sich um Getreide handelt od. um Brot, dem eine vom Weizen versch. Substanz in größerer Menge beigemischt ist, sodass es nach allg. Wahrnehmung nicht mehr als Weizenbrot bez. werden kann, ist keine gültige Materie für den Vollzug des →Sakramentes. Ferner gilt es als schwerer Missbrauch, Zusatzstoffe wie z. B. Früchte, Zucker od. Honig hinzuzufügen (Redemptionis Sacramentum, Nr. 48). Brot, das überhaupt kein Gluten enthält, ist ebenso ungültige Materie. Der zuständige →Ordinarius kann jedoch einzelnen Gläubigen od. →Priestern die Verwendung von H. m. wenig Gluten erlauben. Ihr Anteil muss jedoch so hoch sein, dass die Zubereitung o. fremde Zusätze möglich ist u. o. Rückgriff auf Vorgangsweisen, die dem Brot seinen natürlichen Charakter rauben. Die Erlaubnis kann auf Dauer od. solange gewährt werden, bis die zugrundeliegende Situation andauert. Gentechnisch veränderte Organismen (Weizenmehl), die für die Herstellung des Brotes verwendet werden, gelten als gültige Materie. Im Unterschied zu c. 925 bez. die IGMR³ den →Kommunionempfang unter beiden Gestalten als die vollere Form, da in ihr das Zeichen des eucharistischen Mahles deutlicher hervortritt (n. 281-287). Streng verboten ist hingegen, die eine Gestalt o. die andere od. auch beide Gestalten außerhalb der Messe zu konsekrieren (c. 927). Für die Aufbewahrung der konsekrierten H. gelten strenge u. umfangreiche Bestimmungen (cc. 934-944; IGMR³/AEM n. 314-317/276-277).

Quellen

Kongr. für die Glaubenslehre, Lit. circ. circa l'uso del pane con poca quantità di glutine e del mosto come materia eucaristica vom 24. Juli 2003: AfkKR 172 (2003), 475-478; Kongr. für den Gottesdienst u. die Sakramentenordnung, Instr. Redemptionis Sacramentum vom 25. März 2004: VApSt 164; Kongr. für den Gottesdienst u. die Sakramentenordnung, Rundbrief an die Bischöfe über das Brot u. den Wein für die Eucharistie vom 15. Juni 2017: http://www.vatican.va/roman_curia/congregations/ccdds/documents/rc_con_ccdds_doc_20170615_lettera-su-pane-vino-eucaristia_ge.html [Zugriff: 15.05.2019].

Literatur

Panis angelorum – Das Brot der Engel. Kulturgeschichte der Hostie, hg. v. O. Seifert, Ostfildern 2004; Berger, R., Art. Brot: Pastoralliturgisches Handlexikon⁵, 60 f.; ders., Art. Hostie: Pastoralliturgisches Handlexikon⁵, 171; ders., Art. Prosphora: Pastoralliturgisches Handlexikon⁵, 352; Ahlers, R., Aufbewahrung u. Verehrung der Eucharistie: HbkathKR³, 1181 f.; Althaus, R.: MKCIC cc. 924-927; 939.

Andreas Bieringer

Humanismus

Anliegen eines jeden H. ist die humanitas, d. h. das, was den Menschen als Menschen auszeichnet, die wahre Menschlichkeit. Weil humanitas immer schon m. einem bestimmten Anspruch verbunden ist, steht H. auch für eine Aufgabe od. ein Programm.

1. Der H. als Strömung in der Geistesgeschichte: Die Frage, worin die wahre Menschlichkeit besteht, beantwortet der H. der Renaissance, der im 14. Jh. in Italien beginnt (Petrarca) u. sich bis ins 16. Jh. hinein in ganz Europa entfaltet (Erasmus, Melanchthon), m. dem Rückgang auf das Bildungsideal der griech.-röm. Antike. Das zeigt sich v. a. in der Wiederbelebung der klassischen Sprachen u. in der Einheit von Beredsamkeit, Weisheit u. rechter Lebensführung in krit. Distanz zu scholastischer Abstraktheit u. Spekulation. Bezugspunkt dieser geistigen Bewegung ist v. a. Cicero: In dem von ihm geprägten Begriff humanitas fließen die beiden griech. Begriffe paideia (→Bildung) u. philanthrôpia (Menschenliebe), u. damit sowohl ein geistiges als auch ein politisch-praktisches Element, zusammen. Die wahre Menschlichkeit besteht zum einen in der lebenslangen Formierung u. Perfektionierung des menschlichen Geistes durch entspr. Studien (studia humanitatis: Grammatik, Rhetorik, Poetik, Geschichte, Moralphilosophie), zum anderen im Wohlwollen, Mitleid u. in der Milde dem anderen Menschen gegenüber unter Anerkennung der gemeinsamen Würde (→Menschenwürde). Eine Fortsetzung m. einer bes. Hinwendung zur griech. Antike findet diese geistesgeschichtliche Strömung im Neu-H. des 18. u. 19. Jh. (Herder, Humboldt, Goethe, Schiller) sowie im Dritten H. des 20. Jh. (Jaeger).

2. Der H. als geistige Haltung: In einem allg. Sinn bez. H. eine geistige Haltung, die den Menschen ins Zentrum von Weltbetrachtung u. Weltumgang rückt, u. zwar seine spezifischen Anl. u. seine Bestimmung, seine Freiheit u. seine Würde. Grundlegend ist hier das delphische „Erkenne dich selbst!“: Im frühen Griechentum noch als Aufforderung zur Anerkenntnis der eigenen Sterblichkeit in ihrem unüberbrückbaren Abstand zu den unsterblichen Göttern verstanden, wird dieser Satz im Hellenismus u. Neuplatonismus zur Aufforderung, die eigene, göttliche Natur zu entdecken u. auf die Sphäre des Geistigen hin zu überschreiten. Pro-

grammatisch ist hier das platonische Motiv der Angleichung an Gott; es beruht auf der Annahme, dass das Menschsein letztlich etwas Transitorisches ist, zwischen Tierheit u. Gottheit angesiedelt. Im chr. Aristotelismus fließen zwei Elemente zusammen: zum einen das aristotelische Axiom, dass die (menschliche) Seele irgendwie alles ist, d. h. sie kann sich aufgrund ihres Vernunftvermögens auf die gesamte Wirklichkeit beziehen; zum anderen die biblische Lehre vom Menschen als dem Bild Gottes, insofern der Mensch ein freies Entscheidungsvermögen u. Macht über seine Werke besitzt. All diese Bestimmungen des Menschen bewegen sich im Rahmen der klassischen Metaphysik, die von einer vorgegebenen Natur des Menschen sowie von der Vorrangstellung des Geistigen gegenüber dem Materiellen ausgeht. M. Kants kopernikanischer Wende wird das Anliegen des H. auch im Praktischen auf eine neue Grundlage gestellt. Kant unterscheidet zwischen zwei Betrachtungsweisen: „Der Mensch im System der Natur (homo phaenomenon, animal rationale) ist ein Wesen von geringer Bedeutung ... Allein der Mensch als Person betrachtet, d. i. als Subjekt einer moralisch-praktischen Vernunft, ist über allen Preis erhaben ... besitzt eine Würde" (Kant, 1968, VI, 434f.). Die Moralfähigkeit ist der Grund dafür, den Menschen als Zweck an sich selbst zu behandeln: „Also ist Sittlichkeit und die Menschheit, sofern sie derselben fähig ist, dasjenige, was allein Würde hat" (Kant, 1968, IV, 435). Auch Marxismus, Pragmatismus (F. C. S. Schiller) u. Existenzialismus (Sartre) nehmen für sich den Begriff H. in Anspruch u. prägen ihn auf ihre Weise um. Der H. ist nicht notwendig areligiös: Im 20. Jh. gibt es vielversprechende Entwürfe eines chr. H. (Maritain, Wojtyla).

3. Jenseits des H.: Im Zuge des rasanten Fortschritts in den Naturwissenschaften entsteht im 20. Jh. in der Tradition evolutionären u. naturalistischen Denkens (evolutionärer H.) die Bewegung des Trans-H.: Diesem geht es um die Verbesserung u. letztlich um die Überwindung der biologischen Natur des Menschen durch Einsatz neuester Enhancement-Technologien, womit der Mensch seine weitere Entwicklung selbst in die Hand nimmt. Ziel dieser Selbstverbesserung ist eine verlängerte Spanne gesunden Lebens. Der Trans-H. basiert auf einem dezidiert naturalistischen Weltbild: Von anderen natürlichen Wesen unterscheidet sich der Mensch nur graduell; eine immaterielle Seele wird abgelehnt. Der Trans-H. kann sich m. einem Utilitarismus verbinden, insofern es ihm um die maximale Steigerung menschlichen Wohlbefindens geht.

Quellen

G. Pico della Mirandola, Über die Würde des Menschen, Hamburg 1990; Kants Werke, Akademie-Textausgabe, Berlin 1968.

Literatur

Reiser, M., Erkenne dich selbst! Selbsterkenntnis in Antike u. Christentum: TrThZ 101 (1992), 81-100; Leinkauf, Th., Grundriss Philosophie des Humanismus u. der Renaissance (1350-1600), 2 Bde., Hamburg 2017; Designobjekt Mensch. Die Agenda des Transhumanismus auf dem Prüfstand, hg. v. B. P. Göcke – F. Meier-Hamidi, Freiburg 2018.

Stephan Herzberg

© 2019, DOI: 10.30965/9783506786388_0427

Humanistische Union

Die H., vereinigt m. der Gustav Heinemann-Initiative, ist eine bundesweit tätige Bürgerrechtsorganisation. Sie wurde 1961 in München, veranlasst durch Dr. Gerhard Szczesny, damals Abteilungsleiter beim Bayer. Rundfunk, gegr. Das Verbot einer Aufführung von Mozarts Figaro wegen des „unsittlichen Bühnenbildes" auf Veranlassung der kath. Kirche motivierte Szczesny zu einem Gründungsaufruf, in dem er „von dem immer unverhüllter und anmaßender zutage tretenden Wunsch, eine Gesellschaft, die nur zu einem Teil aus gläubigen Christen besteht, dem totalen Machtanspruch einer christlichen Sprach-, Denk- und Verhaltensregelung zu unterwerfen" sprach. „Die Erlösung des Denkens aus der Vormundschaft der Theologie, die Befreiung des Menschen aus den Fesseln obrigkeitsstaatlicher und klerikaler Bindungen, die Verkündung der Menschenrechte und Menschenpflichten, der Ausbau von Erziehungs-, Bildungs- und Fürsorgeeinrichtungen, die allen Bürgern offen stehen, die Entfaltung einer freien Wissenschaft, Presse, Literatur und Kunst" seien „nicht Entartungen, sondern Grundbedingungen des Lebens in einer zivilisierten Gesellschaft." (Szczesny, 1961). Zu den Gründungsmitgliedern gehörten der hessische Generalstaatsanwalt Dr. Fritz Bauer, sowie die Prof. Dr. Alexander Mitcherlich, Dr. René König sowie Dr. Walter Fabian.

Die H. engagiert sich für das Recht auf freie Entfaltung der Persönlichkeit u. wendet sich gegen jede unverhältnismäßige Einschränkung dieses Rechts durch Staat, Wirtschaft od. Kirchen. Sie ist religiös wie weltanschaulich neutral u. versteht ihren →Humanismus ausdrücklich nicht als (Gegen-)Entwurf einer sinnstiftenden Ordnung, nicht als Ersatzreligion od. Weltanschauung. Im Gründungsaufruf von 1961 heißt es dazu: „Diese ‚Humanistische Union' sollte eine Vereinigung sein, die die Solidarität unseres menschlich bürgerlichen Lebens ebenso entschieden pflegt und fördert wie die Pluralität unseres individuellen Daseins und Glaubens; sie hätte über das Bekenntnis zu einer demokratischen und pluralistischen Gesellschaftsordnung hinaus weder ein bestimmtes politisches noch ein bestimmtes weltanschauliches Programm zu vertreten." (Szczesny, 1961). In ihrem religiös/weltanschaulichem Selbstverständnis unterscheidet sich die H. deshalb grundlegend von anderen humanistischen Verbänden wie dem →Humanistischen Verband, die ihren Mitgliedern weltanschauliche Angebote unterbreiten. Die H. agiert ausschließlich als politisch tätige Vereinigung, als Bürgerrechtsorganisation. Der Organisation gehören deshalb neben Atheisten u. Atheistinnen u. Agnostiker u. Agnostikerinnen auch zahlreiche Christen u. Christinnen sowie Mitglieder verschiedenster Glaubensrichtungen an. Sie eint die Forderung nach einer vollständigen Trennung von Staat u. Religionsgemeinschaften, nach staatl. Neutralität in Glaubensdingen, nach staatl. Gleichbehandlung aller Religionen u. Weltanschauungen sowie die Forderung nach Verwirklichung von positiver wie negativer Religions- u. Weltanschauungsfreiheit. Gläubige aller Religionen sollen ebenso wie Religionsfreie ihre geistigen u. geistl. Kräfte frei entfalten u. nach ihren eigenen Vorstellungen leben können. Der Staat soll diese Freiheiten schützen. Er darf jedoch weder einzelne Religionsgemeinschaften od. Weltanschauungen privilegieren, noch seine Macht m. ihnen teilen.

Religionspolitisch setzt sich die H. insb. ein für die Ablösung der →Staatsleistungen an die Kirchen, damit der seit 1919 bestehenden Verfassungsauftrag, diese Zahlungen einzustellen (Art. 140 GG i. V. m. Art. 138 Abs. 1 WRV) erfüllt wird; sowie u. a. für die Abschaffung des kirchl. Sonderarbeitsrechts, damit die Grenzen des kirchl. →Selbstbestimmungsrechts aus Art. 140 GG i. V. m. Art. 137 Abs. 3 der WRV eingehalten werden („Jede Religionsgesellschaft ordnet und verwaltet ihre Angelegenheiten selbständig innerhalb der Schranken des für alle geltenden Gesetzes."); für die Ausgestaltung des konfessionellen →Religionsunterrichts nach dem Berliner Modell, nach dem Religionsgemeinschaften Räumlichkeiten an staatl. Schulen für konfessionell gebundenen Religionsunterricht zur Verfügung gestellt werden; für die Wahrung der individuellen →Religionsfreiheit auch von Muslimen u. deren grundsätzliches Recht, Kopftuch u. Gesichtsschleier zu tragen; für die Lockerung des Bestattungsrechts hin zur Möglichkeit, Urnen auch in heimischen Gärten zu bestatten;

Die H. ist in Landesverbände untergliedert. 2018 zählt sie ca. 1250 Mitglieder. Sitz des Bundesvorstandes u. der Geschäftsstelle ist in Berlin. Jährlich trifft sie sich zur Mitgliederversammlung, zweijährlich wird der Bundesvorstand gewählt. Sie ehrt zweijährlich Menschen, die „unbequem und unerschrocken der Gerechtigkeit und Menschlichkeit Geltung verschaffen" m. dem Fritz-Bauer-Preis. Preisträger 2018 ist Hans-Christian Ströbele. Unregelmäßig veranstaltet sie die Berliner Gespräche zu Staat u. Kirche.

Quellen

Szczesny, G., Aufruf zur Gründung einer Humanistischen Union vom 6. Juni 1961: http://www.humanistische-union.de/nc/wir_ueber_uns/geschichte/geschichtedetail/back/geschichte/article/aufruf-zur-gruendung-einer-humanistischen-union/ [Zugriff: 15.05.2019].

Literatur

Hofmann, J., Die Humanistische Union, München 1967; Groschopp, H., Wie der Humanismus in die „säkulare Szene" kam: Worüber reden wir eigentlich? (FS Will), hg. v. M. Plöhse, 2016, 518-527.

Kirsten Wiese

© 2019, DOI: 10.30965/9783506786388_0428

Humanistischer Verband

Der H. V. Deutschlands (HVD), gegr. im Januar 1993 in Berlin, versteht sich als →Weltanschauungsgemeinschaft u. Interessenorganisation von konfessionsfreien u. nichtreligiösen Menschen. Sieben Vereinigungen m. freireligiösen u. freidenkerischen Traditionen schlossen sich zu einem Bundesverband zusammen, dem heute zwölf Landesverbände in 13 Bundesländern angehören. Die Dachorganisation ist privatrechtlich organisiert, zahlreiche Landesverbände sind →Körperschaften des öffentlichen Rechts (BW, BY, NI, NW, seit 2018 auch BE). Auf der Grundlage einer Weltanschauung, die „weltlich ... ohne Bezugnahme auf einen Gott oder auf andere metaphysische Instanzen" bestimmt ist – bekenntnisfrei u. zugl. von humanistischen Traditionen geprägt (u. a. Selbstbestimmung, Eigenverantwortlichkeit, Menschenrechtsorientierung), soll ein praktischer →Humanismus Gestalt gewinnen. Gefordert wird die Abschaffung der „Privilegierung der großen Kirchen", eine thematische Beschränkung auf Kirchen- u. Religionskritik wird zugl. abgelehnt. Der HVD tritt dafür ein, alle Möglichkeiten staatl. Förderung durch die verfassungsmäßig gewährte Gleichstellung von →Religionsgemeinschaften u. Weltanschauungsgemeinschaften zu nutzen u. ein Dienstleistungsangebot für Konfessionsfreie aufzubauen.

Arbeitsfelder u. Angebote des praktischen Humanismus sind kontinuierlich ausgeweitet worden. Den das gesellschaftliche Leben prägenden kirchl. Einrichtungen von Caritas u. Diakonie werden humanistische Varianten zur Seite gestellt, wenn auch nicht flächendeckend, sondern regional begrenzt (v. a. in Berlin-Brandenburg, Nürnberg-Fürth, Hannover u. Bremen): Kindertagesstätten, Akademien, Passageriten: Namensfeier, Jugendweihen bzw. -feiern, Hochzeiten (bzw. Zeremonien für gleichgeschlechtliche Paare), Trauerfeiern etc. In Berlin war u. ist der HVD v. a. m. seinem Angebot der Humanistischen Lebenskunde an öff. Schulen erfolgreich, m. stetig wachsenden Schülerzahlen u. zahlreichen Lehrkräften. In Kontexten forcierter Säkularität u. religiöser Vielfalt präsentiert sich der HVD als chancenreicher Anbieter für eine „weltanschaulich humanistische Kultur".

Zum Bundesverband gehören ca. 20.000 bis 25.000 Mitglieder, wobei innerhalb des HVD eine Referenz auf Mitgliedszahlen als problematisch angesehen u. organisationsbezogene Kirchenförmigkeit abgelehnt wird. Verwiesen wird darauf, dass ein die formelle Mitgliedschaft begr. Initiationsritual wie die Taufe nicht praktiziert wird. Der explizit od. implizit erhobene Anspruch, zahlreiche konfessionslose Menschen in Deutschland (mehr als ein Drittel der Bevölkerung) zu repräsentieren, ist wesentlich für das Selbstverständnis des HVD. Damit wird zugl. ein Führungsanspruch im Spektrum atheistischer Initiativen erhoben.

Angesichts der Pluralität atheistischer Bewegungen ist das Bemühen um Stärkung u. Gestaltung interner Kommunikation charakteristisch. Der HVD ist auf intern. Ebene Mitglied der 1952 in Amsterdam gegr. International Humanistic and Ethical Union (IHEU), die für einen wiss. Humanismus, die strikte → Trennung von Staat und Kirche u. weltliche Riten als Religionsersatz eintritt. Auf europäischer Ebene agiert der HVD als Mitglied in der Europäischen Humanistischen Föderation (EHF, die 1991 in Brüssel gegr. wurde). In Deutschland schlossen sich 2008 elf säkulare Verbände in Berlin zu einer politischen Interessenvertretung zusammen. Im Koordinierungsrat säkularer Organisationen (KORSO) kooperiert der HVD m. dem dt. Freidenkerverband, dem Intern. Bund der Konfessionslosen u. Atheisten (IBKA), dem Verein Jugendweihe Deutschland, der Giordano Bruno Stiftung u. a.

Obgleich die Gründung des HVD m. einer Distanzierung vom Selbstverständnis freidenkerischer Verbände der alten Bundesrepublik einherging, spielen Motive dieser Bewegung weiterhin eine Rolle: u. a. die Propagierung einer nichtreligiösen, szientistisch geprägten Weltanschauung, Kirchen- u. Religionskritik, Forderung einer deutlicheren Trennung von Staat u. Kirche, Etablierung einer weltlichen Fest-, Feier- u. Gedenkkultur. Der HVD sieht sich als diskriminierte Minderheit u. fordert eine weltanschauliche Ordnungspolitik (u. a. Verzicht auf religiöse Bildungsziele, humanistische Lehrstühle, Begabtenförderung, humanistischer Werteunterricht), die den Humanismus als Äquivalent zu den Religionen versteht.

Hinsichtlich der religionspolitischen Zielperspektiven des HVD bleibt uneindeutig, ob positive od. negative Gleichbehandlung gefordert wird, ob eine stärkere Beteiligung im Bildungs- u. Sozialbereich anzustreben ist od. die strikte Trennung zwischen Staat u. Kirche. Eine kirchenförmige Organisiertheit passt nicht zum Plädoyer für einen laizistischen Staat. Der Abbau von Kirchenprivilegien, ihre gleichzeitige Inanspruchnahme unter befristetem Vorbehalt bzw. die bewusste Inanspruchnahme von Privilegien sollen gleichzeitig praktiziert werden. Bez. wird dieses spannungsvolle Konzept m. der religionspolitischen Chiffre der kooperativen Laizität. Begrifflichkeit u. Sache sind klärungsbedürftig wie auch die schillernde Rezeption des Humanismusbegriffs.

Literatur

Humanismus ist die Zukunft. FS Hundert Jahre Humanistischer Verband Berlin, hg. v. M. Isemeyer, Berlin 2006; Kahl, J., Weltlicher Humanismus. Eine Philosophie für unsere Zeit, Berlin 2007; Dialog u. Auseinandersetzung m. Atheisten u. Humanisten, hg. v. R. Hempelmann, Berlin 2011 (EZW-Texte 216); Baab, F., Was ist Humanismus? Geschichte des Begriffes, Gegenkonzepte, säkulare Humanismen heute, Regensburg 2013; Humanismus u. Humanisierung, hg. v. H. Groschopp, Aschaffenburg 2014; Humanismus: Grundbegriffe, hg. v. H. Cancik – H. Groschopp – F. O. Wolf, Berlin 2016; Groschopp, H., Pro Humanismus. Eine zeitgeschichtliche Kulturstudie. Mit einer Dokumentation, Aschaffenburg 2016; Zonker, N., Kirchenkritisch u. kirchenähnlich. Dem Humanistischen Verband fehlt eine plausible Zielsetzung: StZ 6/2018, 395-404.

Reinhard Hempelmann

© 2019, DOI: 10.30965/9783506786388_0429

I

Idschaza – Islamisch

Das arabische Wort iǧāza (dt. Idschaza, engl. ijazah) bedeutet Erlaubnis, Befugnis, Berechtigung od. Lizenz. Es bez. i. d. R. ein Zeugnis, m. dem ein Lehrer seinem Schüler beurkundet, seine Lehrinhalte weiterzugeben, seine Schr. zu kopieren u. zu ergänzen, dezidiert in seinem Namen zu lehren u. eine bestimmte Schule zu vertreten. Bes. im sunnitischen →Islam, aber auch in der 12er-Schia hat sich die I. zu einem festen Bestandteil organisierter religiöser wie nicht-religiöser Wissenstradition entwickelt. Der islam.-religiöse Bezug steht m. einem Begriff wie iǧāzat al-tadrīs wal-iftā' (die Befugnis, zu lehren u. eine Rechtsmeinung zu äußern; licentia docendi; vgl. →Habilitation) allerdings im Vordergrund.

Ein für die Entstehung der I. entscheidender Bezugshorizont liegt bereits in dem zu Lebzeiten Muhammads ausgetragenen Streit um die Verhältnisbestimmung der mündlichen u. schriftlichen Tradierung (Kitāba-Debatte). Von Muhammad ist überliefert, dass er ^{c}Abdullāh ibn Amr ibn al-^{c}Ās die Erlaubnis zum Schreiben erteilte, womit der Reigen der sog. vorkanonischen Ḥadīṯ-Sammler (→Hadith) eröffnet wurde. Bes. für die Kodifizierung des →Korans spielte die Gruppe der ṣuffa (Veranda, Sofa) eine zentrale Rolle – gem. dem Historiographen Šams ad-Dīn al-Saḫāwī (15. Jh.) rund 100 namentlich u. biografisch identifizierte Personen, die als arm (al-Saḫāwī: „nās fuqarā'"), aber bildsam galten. Sie fanden sich täglich unter einem Schattendach (ẓulla) im nördlichen Teil der Prophetenmoschee in Medina ein. Dort lehrten i. Ü. auch Frauen, z. B. Ḥafṣa bint ^{c}Umar, die m. ihren Schülern an Hand von Koranfragmenten das Diktat (imla'), das Lesen (qura') u. Rhetorik (sama^{c}) einübte.

Der Mentor der Gruppe, ^{c}Abd Šams bin Saḫīr (alias Abū Huraira), fungierte als Rektor der ṣuffa u. stellte die I. für das Kopieren v. a. von prophetischen Weisheitssprüchen (ḥadīṯ) aus, z. B. seinem jemenitischen u. v. a. im jüd.-chr. Erzählgut beheimateten Schüler Hammām ibn Munabbih. Ihm wurde es gestattet, zum Zwecke der Verbreitung rund 80 Kopien einer einschlägigen kleinen Ḥadīṯ-Sammlung zur islam. Glaubenslehre (al-Ṣaḥīfa al-Ṣaḥīḥa) anzufertigen, von denen heute noch zwei Exemplare (Damaskus, Tübingen) existieren. Damit war die Bedeutung für die oralen Tradentenketten von Gewährsleuten m. gutem Leumund (isnād) grundgelegt, die für die spätere Ḥadīṯ-Wissenschaft von Bedeutung sein würden. Die Sache m. dem guten Ruf wurde aber bereits von Anfang an zum Problem: Unter der Regentschaft von ^{c}Umar ibn al-Ḫaṭṭāb war Abū Huraira zeitweise Gouverneur von Baḥrain. Ihm wurde vorgeworfen, Steuereinnahmen gehortet zu haben. Sein Dienstherr verzichtete möglicherweise auf eine Strafverfolgung, weil er um die Bedeutung der Tradentenkette u. der I. wusste. Zwar werden deshalb immer wieder Verlässlichkeit u. Authentizität der Überlieferungen von Abū Huraira in Frage gestellt. Andererseits sind diese Vorgänge ein Beleg für die damalige Reflexionsfähigkeit bzgl. der Macht des Schreibens u. der Bedeutung der I. als autoritatives Regelinstrument.

Diese erste Anwendung der I. bezog sich zunächst auf Ḥadīṯe m. rechtswirksamen Aussagen Muhammads (aḥkām-Ḥadīṯe), was dazu führte, dass sich die I. als Inst. für die Lehrbefugnis in den folgenden Bereichen der islam. Lehre etablierte: Rechtslehre (fiqh), Normen- u. Methodenlehre (šarī^{c}a) (→Scharia), prophetische Weisheitlichkeit (ḥadīṯ), Koranauslegung (tafsīr) u. Ä., bis hin zur Ausformung von (Rechts-)Schulen (maḏāhib) (→Rechtsschulen). M. der Entwicklung höherer Lehranstalten differenzierten sich unterschiedliche Bez. für Berufe religiöser Gelehrsamkeit, die an eine I. gebunden waren: Lehrherr gutachterlicher Rechtswissenschaft (muftī), Meister der angewandten Jurisprudenz (faqīh), od. Dozierender des Rechts (mudarris). Einigen kontrovers diskutierten hist. Analysen zufolge liegt hier die Grundlage für die spätere lat. Systematik akademischer Titel wie Magister, Prof. u. Dr. (→Akademische Grade). Zudem hat nach u. nach eine Entwicklung weg von der personalisierten Erlaubnis durch einen Lehrer hin zur Befähigung durch einen curricular standardisierten Studiengang eingesetzt, u. damit eine Differenzierung nach fachlicher, pädagogischer u. persönlicher Eignung des I.-Trägers i. S. des akademischen Abschlusses. In den islam. Rechtswissenschaften wird die I. bis heute durch eine abschließende große Disputation zu einem Rechtsfall erworben. Im Laufe der Zeit traten andere Sachgebiete wie Kalligrafie, Literatur-, Naturwissenschaft, Philologie, Historiografie u. die Handwerke zum Berechtigungssystem der I. hinzu. Eine Abwandlung vom Sachgebiet hin auf die Seniorität des Ältesten (šayḫ) erfährt die I. in den mystischen Orden (tasauf). M. der osmanischen İcazetname tritt im Zuge der Tanzimat-Reformen (osmanisch tanẓimāt; Neuordnung des Zivilrechts) zwischen 1839 u. 1876 die I. als säkulares Berufungsinstrument (Diplom) des türkischen Beamtenstands hinzu.

Die I. ist in Deutschland im Zusammenhang m. der Lehrbefugnis muslimischer Religionslehrkräfte (wie →vocatio, →missio canonica) bzw. von →Hochschullehrern (wie →Nihil obstat) in die Kontroverse geraten. Muslimische Religionsvereine bemühten ihren Anspruch auf Erteilung der I. im Zusammenhang m. ihrem Ringen um Akkreditierung u. Nobilitierung als Ansprechpartner des Staates. In der Debatte um den islam. →Religionsunterricht zwischen Dogmatik u. Diskursivität schossen sie über das Ziel hinaus, indem sie Lehrkräften die I. nur auf Grundlage der Prüfung von religiösem Lebensstil u. Gesinnung erteilen wollten. Aus Österreich häufen sich Klagen, dass sich das zunehmend rigidisiert. Das ist vermutlich der Reaktanz seitens der Islam. Glaubensgemeinschaft in Österreich (IGGÖ) auf das dortige Islamgesetz von 2015 zuzuschreiben, das nicht im Geiste des Islamgesetzes von 1912 (RGBl Nr. 159/1912) steht u. als erheblicher Rückbau des gegenseitigen Vertrauens zwischen islam. →Gemeinde u. Staat wahrgenommen wird. Das hat sich in Deutschland auf niederschwellige Prüfkriterien (Zugehörigkeit zum islam. Bekenntnis, fachliche u. pädagogische Eignung, akademischer Abschluss) u. pragmatische Formate (feierliche Übergabe einer I.-Urkunde) eingepegelt.

Literatur

Daniel, N., Review of The Rise of Colleges. Institutions of Learning in Islam and the West by George Makdisi: Journ. of the American Oriental Society 104, 3 (1984), 586-588; Makdisi, G., Scholasticism and Humanism in Classical Islam and the Christian West: Journ. of the American Oriental Society, 109, 2 (1989), 175-182; Behr, H., Zur Diskussion um die muslimische Lehrbefugnisordnung: Zeitschrift für die Religionslehre des Islam (ZRLI) 11 (2012), Jg. 6, 13-25; EI², Glossary and Index of Terms, Leiden 2012; Kocina, E. im Gespräch m. Carla-Amina Baghajati zu Islam-interner Konflikt um Kopftuchgebot vom 7. März 2017: https://diepresse.com/home/panorama/oesterreich/5179731/Islaminterner-Konflikt-um-Kopftuchgebot [Zugriff: 15.05.2019].

Harry Harun Behr

© 2019, DOI: 10.30965/9783506786388_0430

Idschtihad – Islamisch
→Interpretation, Auslegung

IGMG – Islamisch
→Islamische Gemeinschaft Milli Görüs

Ignorantia – Katholisch
→Unkenntnis

Ikhtilaf al-Fuqaha – Islamisch
→Lehrfreiheit, →Rechtsschulen

Illegitimität – Katholisch

Der Begriff I. (Unrechtmäßigkeit, Widerrechtlichkeit) bez. den Sachverhalt, dass sich ein Zustand, eine Institution o. eine Handlung entweder keiner Zustimmung seitens der kirchl. Gemeinschaft bzw. des kirchl. →Gesetzgebers erfreut od. geltendem Recht entgegensteht. Von I. als Negation von Legitimität wird aus rechtstheologischer u. rechtsphilosophischer Perspektive gesprochen, wenn das kirchl. Recht das unmittelbare Gott-Mensch-Verhältnis rechtlich zu bestimmen versucht, sich über das Recht auf religiöse Freiheit erhebt u. dieses verletzt od. außer Kraft setzt od. aber seine Aufgabe der Verwirklichung von Glaubenspraxis u. des Schutzes des Glaubensinhalts verfehlt.

Der kirchl. Gesetzgeber verwendet I. im CIC vorwiegend im Kontext von Handlungen u. Rechtsakten, die entweder äußerlich-formal gegen eine konkrete gesetzliche Ordnung verstoßen od. der inneren substantiellen Konformität m. dem kirchl. Recht im umfassenden Sinne entbehren. Illegitime Handlungen sind immer auch unerlaubt (→Erlaubtheit), nicht aber zwangsläufig ungültig (→Gültigkeit).

Nur m. Blick auf uneheliche Kinder wird I. im CIC auf natürliche Personen angewendet u. deren Ursprung bzw. das Fehlen der einzig innerhalb einer gültigen od. vermeintlichen →Ehe legitimen Zeugung als illegitim bez. (c. 1137). Zwar hält der Gesetzgeber an der Unterscheidung zwischen legitimen u. illegitimen Kindern fest, hat aber die im CIC/1917 enthaltenen einschränkenden Rechtsfolgen der I. (Nicht-Zulassung zu den Weihen u. zu gewissen Ämtern) nicht rezipiert. Dies ist Ausdruck der grundlegenden Gleichheit aller Menschen u. der gleichen Würde aller Christen (c. 208) (→Gleichheit aller Gläubigen). Die Legitimation illegitim unehelicher Kinder ist durch nachfolgende →Eheschließung der Eltern od. →Reskript des →Apostolischen Stuhls möglich (c. 1139). Der CCEO enthält keine entspr. Ausführungen.

Literatur

Heimerl, H. – Pree, H., Kirchenrecht. Allg. Normen u. Eherecht, Wien 1983 (Springers Kurzlehrbücher der Rechtswissenschaft), 257-258; Köck, H., Zum Verhältnis von Legalität u. Legitimität kirchl. Rechtsakte: Scientia canonum (FS Pototschnik), hg. v. H. Paarhammer – A. Rinnerthaler, München 1991, 155-181; Krämer, P., Kirchenrecht I. Wort, Sakrament, Charisma, Stuttgart 1992 (KStBTh 24,1), 23-27; Holkenbrink, G., Art. Illegitimität: LKStKR Bd. 2, 276-277; Pree, H.: Rechtshandlungen, MKCIC cc. 124-128.

Michael Karger

© 2019, DOI: 10.30965/9783506786388_0435

Imam – Islamisch

1. Etymologie: Das Wort I. stammt von der Wurzel ʾ-m-m m. der Grundbedeutung vorangehen, (beispielhaft) anführen, vorbeten u. ist m. Vorbeter, Führer, Anführer, Meister, Richtschnur zu übersetzen. Im Kontext islam. Theologie wird der Begriff I. für drei versch. Bedeutungen verwendet, nämlich a) Vorbeter, b) herausragender Religionsgelehrter u. c) Träger politisch-religiöser Autorität. Im →Koran kommt das Wort einmal im Zusammenhang m. der religiösen Führungsrolle Abrahams vor (2:124), an mehreren anderen Stellen bezieht sich der Begriff auf Personen, die einer Gruppe Menschen als Anführer dienen (z. B. 17:71 u. 21:73) bzw. auf die Thora (die Schrift von Moses) als „Vorbild (Imam) und Barmherzigkeit" (46:12).

2. I. als Vorbeter: Jede Person, die eine Gruppe von Menschen im rituellen Gemeinschaftsgebet anführt, ist in dieser Situation I. Dies ist – abgesehen von grundlegenden orthopraktischem Kenntnissen u. Rezitationsfähigkeiten – an keine bes. Bedingungen gebunden, die Rolle des I. in diesem Sinn endet al-

so m. dem Ende des jeweiligen → Gebets. Davon zu unterscheiden ist der I., der von einer bestimmten Gde. als Vorbeter eingesetzt wird. Diese Funktion kann entweder ehrenamtlich od. im Rahmen einer haupt- od. nebenberuflichen Tätigkeit ausgefüllt werden. In diesem Fall wird der Vorbeter zum Vorstehenden (einer Gde.). Dies bezieht sich auf die meisten I. in Moscheegemeinden, welche u. U. über eine gewisse geistige bzw. institutionelle Autorität verfügen, aber dennoch eine bloße Funktion u. kein sakrales Amt ausfüllen. Die Aufgaben eines hauptberuflichen I. in Deutschland sind vielfältig: Er leitet die Gemeinschaftsgebete, hält die Freitagsansprache, unterrichtet die Gde. in unterschiedlichen Bereichen (bes. wichtig ist dabei die Unterweisung in Koranrezitation), betreut die Gemeindemitglieder bes. in Krankheits- u. Todesfällen, leitet Trauerrituale u. führt u. U. psychosoziale Beratungen in Konfliktsituation u. ä. durch. Die Ausbildungslage bei I. in Deutschland ist höchst heterogen: Grds. kommen folgende Qualifizierungen infrage: a) Hochschulstudium an einer islam. Universität, b) nach der Implementierung islam. Theologie in Deutschland auch ein Studium hierzulande (welches aber per se keine Imamausbildung darstellt), c) Absolvierung eines Studiums an einer nichtakademischen Bildungsorganisation, d) Abschluss einer sog. I.-Hatib-Schule (eines Gymnasiums, welches Vorbeter u. I. ausbildet) od. e) autodidaktisches Selbststudium. Zur Rolle von Frauen in dieser Funktion ist zu sagen, dass die meisten der erwähnten Funktionen, welche I. in Moscheegemeinden zukommt, auch von Frauen ausgeführt werden. Die oft polarisierte Diskussion um Imaminnen beschränkt sich auf den Aspekt der Leitung des gemeinschaftlichen Gebets: Es gibt Hinweise auf die Rolle von Vorbeterinnen in der frühislamischen Gde., wobei aber die Mehrheitsmeinung unter Rechtsgelehrten die ist, dass sich dies nicht auf gemischtgeschlechtliche Gruppen bezogen hat, sondern nur auf Zusammenkünfte von weiblichen Betenden.

3. I. als Träger religiöser Autorität (→ Autorität, religiöse): In sunnitischen Diskursen ist es üblich, den Namen bestimmter → Gelehrter, denen ein bes. Rang zugeschrieben wird, m. dem Titel I. zu versehen. So werden die Begründer der → Rechtsschulen, der Glaubensschulen, die Sammler kanonisierter Hadithwerke, die Autoritäten der Koranüberlieferung u. a. als I. bez. Diese Betitelung scheint sich schon relativ früh durchgesetzt zu haben – so wird überliefert, al-Shafii (gest. 820 n. Chr.) habe über Ahmad bin Hanbal gesagt, dieser sei ein „Imam in acht Eigenschaften, nämlich in den Wissenschaften des Hadith, des Fiqh, in der Sprachlehre, in (den Wissenschaften des) Koran, sowie in Armut, Askese, Gottesfurcht und der prophetischen Lebensweise." (Abū Yaʿlā, 1987 Bd. 1, 5). Zuweilen wird auch im sunnitischen Schrifttum der Begriff I. für die Rolle des Herrschers bzw. Khalifen verwendet.

4. I. als Träger politisch-religiöser Autorität: Im schiitischen Islam setzte sich ein Konzept durch, dass nach dem Tod des Propheten dessen leibliche Nachkommen eine bes. Form der Stellvertretung in religiösen u. politischen Angelegenheiten innehaben. Diese endet nach mehreren Generationen einer genealogischen Abfolge, die m. Sündlosigkeit u. dem Anspruch auf politisch-religiöse Führung verbunden wird. Die am stärksten verbreitete Ausprägung dessen ist die Zwölferschia: Diese geht davon aus, dass die Abfolge m. dem zwölften I. endete, der aber bis heute im Verborgenen leben u. gem. vielschichtigen eschatologischen Vorstellungen am Ende der Zeit wieder zurückkehren soll. Diese Entwicklung derartiger Konzepte fanden in einem komplexen hist. Zusammenspiel unterschiedlicher politisch-religiöser Strömungen statt u. haben bis heute eine wesentliche Bedeutung für die Dynamik schiitischer Lehren.

Literatur

Wehr, H., Arabisches Wörterbuch für die Schriftsprache der Gegenwart, Wiesbaden 1985; Abū Yaʿlā,

A., Ṭabaqāt al-Ḥanābila, Beirut 1987; Berger, L., Islam. Theologie, Wien 2010; Ceylan, R., Imame – wer sie sind u. was sie wirklich wollen, Bonn 2010; Decker, D., Frauen als Trägerinnen religiösen Wissens – Konzeptionen von Frauenbildern in frühislamischen Überlieferungen bis zum 9. Jahrhundert, Stuttgart 2013; Madelung, W., Art. Imāma: EI[2]: http://dx.doi.org/10.1163/1573-3912_islam_COM_0369.

Martin Kellner

© 2019, DOI: 10.30965/9783506786388_0436

Imbreviatur – Historisch

Die I. ist die Aufzeichnung eines →Notars über eine →Rechtshandlung, die in seiner Gegenwart stattfand, u. zwar in gekürzter Form u. m. Abk. ([im-/ab-]breviatura). Auf der Grundlage der I. fertigte der Notar eine →Urkunde od. (z. B. bei deren Verlust) weitere Urkunden aus. Die I. hatte öff. Beweiskraft u. wurde vom Notar, manchmal auch in einem Archiv od. bei Gericht, aufbewahrt. Zur Erhöhung der Rechtssicherheit wurden seit dem 12. Jh., ausgehend von Italien, I. in I.-Büchern aufgezeichnet. Seit dem 13. Jh. wurden die Notare in vielen Städten Ober- u. Mittelitaliens verpflichtet, solche Bücher anzulegen; seit dem 14. Jh. sind sie vermehrt überliefert. I. sind auch für die Kanonistik wichtige hist. Quellen, z. B. wenn ein Notar für ein kirchl. Gericht tätig war.

Literatur

Gawlik, A., Imbreviatur, -bücher: LMA Bd. 5, 384; Wunderlich, St., Imbreviatur: HRG[2] Bd. 2, 1171-1173.

Franz Kalde

© 2019, DOI: 10.30965/9783506786388_0437

Immunität – Historisch

I. ist ein Recht, das sowohl Güter der Kirche als auch der →Kleriker von bestimmten Abgaben (z. B. Grundsteuern) bzw. Aufgaben (z. B. Kriegsdienst) befreit (Pirhing, 1695, ad X 3, 49). Im etymologischen Sinne bedeutet I. die Freiheit von Lasten (munera). Im modernen Sinne ist I. ein Aspekt der breiteren Frage nach dem Verhältnis von Kirche u. Staat. Drei Arten der I. werden seit der frühneuzeitlichen Kanonistik unterschieden (Pirhing, 1695; Murillo Velarde, 1743; Magnin, 1922): 1. lokale I., d. h. I. bestimmter der Kirche verbundener Orte, inkl. →Kirchenasyl; 2. sachliche I., d. h. I. von Gütern, die der Kirche od. Klerikern gehören, insb. Steuerimmunität; 3. persönliche I., d. h. die den Klerikern zukommende I., v. a. das Gerichtsstandsprivileg (privilegium fori). Für die Spätantike wird unter Verweis auf →Codex Theodosianus 16, 2 die Abgabebefreiung für Besitzungen der Kleriker u. der Kirchen festgestellt. Freilich hat Valentinian III. im J. 441 die Steuer-I. der Kleriker aufgehoben. Ansätze zum Gerichtsstandsprivileg seien in einigen spätkaiserlichen Konst. erkennbar (Const. Sirmondiana 2 u. 3). In der fränkischen Zeit wächst die Bedeutung der kirchl. I., indem der König die von ihm privilegierten Kirchen (ecclesiae) gegen Eingriffe des Adels u. lokaler Machthaber schützen will. Die Erteilung von I.-Privilegien gilt als Instrument der Reichskirchenpolitik. Kirchenfreiheit wird vom König gewährt u. beinhaltet die freie Wahl des Abtes, die Gewährleistung der kan. Lebensweise u. die wirtschaftliche Unabhängigkeit (Willoweit). Die Herausbildung der I. i. S. einer generellen Freiheit der Kirche (libertas ecclesiae) vollzieht sich erst m. der Reformbewegung des P. Gregor VII. In der Auslegung der libertas ecclesiae-Debatte des 11. Jh. spielt der in Rom geläufige Bedeutungszusammenhang zwischen libertas, immunitas u. civitas eine wichtige Rolle. Tatsächlich wurde im röm. Reich I. als Synonym für Freiheit (libertas) verwendet, in deren Genuss einzelne Personen etwa nach Erwerb des röm. Bürgerrechts (civitas) kamen. Nach L. Waelkens war eine der Hauptbestrebungen der Cluniazensichen bzw. Gregorianischen Reform den Erwerb von Bürgerrecht, inkl. Rechtsgeschäftsfähigkeit, für die Kirche (Ecclesia) als auton. jur. Person. Auf jeden Fall wurde die Formel libertas ecclesiae jetzt im Sing. verwendet, als Freiheit der →Gesamtkirche (Ecclesia) vom Einfluss der →Laien, nicht mehr im Pl., als Freiheit mehrerer einzelner Ortskirchen (ecclesiae) von lokalen Herrschaften (Szabo-Bechstein, 1985; Willoweit). An die Stelle des Königsschutzes einzelner Ortskirchen trat der vom P. gewährte Schutz der Gesamtkirche vor Eingriffen sowohl lokaler als auch kgl. Herrschaft. Im Dekr. Gratians (→Decretum Gratiani) wurde das privilegium fori verfestigt (z. B. C. 2 q. 7; C. 11 q. 1), Verletzungen der Kleriker-I. m. →Exkommunikation bzw. Interdiktion bestraft. Die Steuerimmunität der Kirchengüter den Landesherren u. den Städten gegenüber wurde auf dem III. u. IV. Laterankonzil gefordert, u. im Dekretalenrecht (→Dekretalen) festgeschrieben (X 3,49,4 u. 7; VI 3,20,4; VI 3,23,1; Clem. 3,13,3). Durch den aufstrebenden Machtanspruch weltlicher Obrigkeiten im Spätmittelalter u. den Aufschwung absolutistischer Staaten in der Frühen Neuzeit, kam die Kirchenfreiheit allmählich unter Druck. Auf dem Trienter Konzil beharrte die kath. Kirche zwar auf ihre I.-Privilegien (Konzil von Trient., Sess. 25: DenzH 1820-1835, c. 20), in der Praxis hatte der Zerfall der Kirchenfreiheit längst begonnen. Um den Zuflut von I.-Streitigkeiten in den Griff zu bekommen, gründete P. Urban VIII. am 22.06.1626 m. der Bulle Inscrutabile die Sacra congregratio immunitatis, eine Sonderkongregation für die Kirchenfreiheit, die 1879 durch P. Leo XIII. in die Hl. Konzilskongregation aufgenommen wurde. Eine Auswahl der Entscheidungen der Hl. I.-Kongr. wurde 1708 von Pierre André Ricci, Generalabt der Zisterzienser, veröff. Vor dem Hintergrund des Triumphs des modernen Staates u. des Zusammenschrumpfens des Kirchenstaates in Italien, versuchte der CIC/1917 nur noch wenige Elemente der persönlichen u. lokalen I. zu regeln (z. B. can. 120 über das privilegium fori u. can. 1160 über die Befreiung hl. Orte von weltlicher Jurisdiktion). Je nach Land ist die Effektivität dieser Bestimmungen jedoch unterschiedlich zu bewerten (Minnerath, 2012).

Quellen

Pirhing, E., Synopsis pirhingiana seu compendiaria canonum doctrina, Augsburg – Dillingen 1695; Ricci, P. A., Synopsis, decreta et resolutiones Sacrae Congregationis Immunitatis super controversiis jurisdictionalibus complectens, Praeneste 1708; Murillo Velarde, P., Curso de derecho canonico hispano e indiano, Madrid 1743.

Literatur

Génestal, R., Le Privilegium fori en France du décret de Gratien à la fin du XIVe siècle, 2 Bde, Paris 1921-1924; Magnin, E., Art. Immunités ecclésiastiques: Dictionnaire de théologie catholique, Bd. 7, Paris 1922, 1218-1262; Szabo-Bechstein, B., Libertas ecclesiae. Ein Schlüsselbegriff des Investiturstreits u. seine Vorgeschichte 4.-11. Jahrhundert, Rom 1985; Diestelkamp, B., Das privilegium fori des Klerus im Gericht des Dt. Königs während des 13. Jahrhunderts: FS für Hans Thieme, hg. v. K. Kroeschell, Sigmaringen 1986, 109-125; Latini, C., Il privilegio dell'immunità. Diritto d'asilo e giurisdizione nell'ordine giuridico dell'età moderna, Mailand 2002; Banfi, A., Habent illi iudices suos. Studi sull'esclusività della giurisdizione ecclesiastica e sulle origini del privilegium fori in diritto romano e bizantino, Mailand 2005; Waelkens, L., Libertas ecclesiae herbekeken: Recht in geschiedenis. Een bundel bijdragen over rechtsgeschiedenis van de Middeleeuwen tot de hedendaagse tijd aangeboden aan prof. dr. Fernand Vanhemelryck, hg. v. J. Ockeley u. a., Leuven 2006, 497-504; Martín de Agar, J. T., Art. Libertad de la Iglesia: DGDC Vol. V, 148-152; Minnerath, R., L'Église catholique face aux États. Deux siècles de pratique concordataire 1801-2010, Paris 2012; Isenmann, E., Die dt. Stadt im Mittelalter 1150-1550, Köln 2014, 605-668; Rico Aldave, H., Art. Inmunidades eclesiásticas: DGDC Vol. IV, 593-600; Willoweit, D, Art. Immunität: HRG² Bd. 2, 1180-1192.

Paolo Astorri, Wim Decock

© 2019, DOI: 10.30965/9783506786388_0438

Impotenz – Katholisch

Unter I. versteht die kath. Kirche (Glaubenskongregation, Dekr., 13.05.1977) das Unvermögen zur geschlechtlichen Vereinigung, die Beischlafunfähigkeit (impotentia coeundi). Bei dauerhaftem Vorliegen vor der →Eheschließung (antecedens et perpetua) wirkt sie vom →Naturrecht her (ex ipsa eius natura) als trennendes →Ehehindernis, von dem nicht dispensiert werden kann. Die Unterscheidung zwischen angeborener u. erworbener, dem Partner bekannter u. ihm unbekannter, absoluter u. relativer (jedwedem od. einem bestimmten Partner gegenüber), durch organische (z. B. Missbildungen), psychische (z. B. Erektionsunfähigkeit, Vaginismus) od. funktionelle (z. B. Störungen des zentralen Nervensystems) Ursachen ausgelöster I. dient der klaren Beweisführung. Bei Rechts- od. Tatsachenzweifel kann die →Ehe nicht verweigert u. eine bestehende Ehe nicht für ungültig erklärt werden. Eine wegen I. gescheiterte Ehe kann m. dem Beweismaterial (stets unter Hinzuziehung der Ärzte u. →Sachverständigen) u. der Stellungnahme des Gerichtes u. des Ortsbischofs (bes. über die Seriosität der Beweisführung u. der nicht zu erwartenden Gefahr eines →Ärgernisses bei den Gläubigen) dem →Dekan der →Römischen Rota m. den eigens ernannten Sonderkommissionen vorgelegt werden zur Prüfung der Möglichkeit einer päpstlichen →Dispens von der nicht vollzogenen Ehe. Ein bereits laufendes →Ehenichtigkeitsverfahren kann auf ein Dispensverfahren umgestellt werden. Die Kommissionen in Rom treffen ihre Beurteilungen i. d. R. innerhalb von drei Monaten. Einzig der P. selbst als Stellvertreter Chr. u. an Chr. statt kann die Dispens gewähren u. damit ggf. die Möglichkeit einer neuen kirchl. Ehe eröffnen.

Quellen

Kongr. für die Glaubenslehre, Dekr. circa impotentiam quae matrimonium dirimit vom 13. Mai 1977: AAS 69 (1977), 426.

Literatur

Wirth, P., Art. Impotenz: LThK³ Bd. 5, 440; A Guide to the Eastern Code, hg. v. G. Nedungatt, Rom 2002, 553, 775 f.; Wirth, P., Art. Impotenz: LKR, 400-402; KanR III, 444-446, ErgBd., 61-64; Lüdicke, K., Die rechtliche Ehefähigkeit u. die Eheheindernisse: HbkathKR³, 1297-1301; Lüdicke, K.: MKCIC c. 1084, 1678 § 3-4.

Heinz-Meinolf Stamm

Imprimatur – Katholisch

Als I. (übers.: Es möge gedruckt werden) wird die kirchl. Druckerlaubnis gem. cc. 822-832 (cc. 651-666 CCEO) bez., die m. Namen, Ort u. Datum im betr. Druckerzeugnis verzeichnet wird (PCLT, 1987). Sie findet ihren hist. Ausgang im 16. Jh. in der Bücheraufsicht der Kirche (→Zensur) durch den →Index librorum prohibitorum, der 1966 durch die Kongr. für die Glaubenslehre aufgehoben wurde. Gem. der geltenden Neuregelung stellt die Druckerlaubnis einen Ausdruck des bfl. Aufsichtsrechts über Druckerzeugnisse (vornehmlich →Bücher) m. dem Ziel dar, „die Unversehrtheit der Glaubenswahrheiten und der Sittenlehre zu bewahren" (c. 823 § 1; c. 652 § 2 CCEO). Für die Urteilsfindung bedient sich der Ortsordinarius i. d. R. der Hilfe von Gutachtern, die er persönlich bestellt od. aus einem eigenen Gutachterverzeichnis der BK auswählt (c. 830; c. 664 CCEO). Eine Ablehnung, die allein aus schwerwiegenden Gründen erfolgen kann, muss gegenüber dem Autor des Werkes begr. werden. Dieser kann gegen die Entscheidung →Rekurs beim Apost. Stuhl einlegen. Das I. gestattet die Veröff. in dem Sinne, dass ihr nichts im Wege steht. Zu den davon betroffenen Büchern zählen private Übersetzungen der Hl. Schrift (c. 825 § 2), Gebetbücher (c. 826 § 3), Schr. in Kirchen u. Kapellen (c. 827), Slg. von Dekr. od. Akten (c. 828), Beitr. in Zeitungen u. Zs. (c. 831 § 1), Veröff. durch Ordensangehörige (c. 832).

Eine →Approbation als zustimmende Beurteilung ist vorgeschrieben für die authentische Herausgabe der Hl. Schrift u. ihrer Übersetzungen (c. 825 §1), für →liturgische Bücher u. deren Übersetzungen (cc. 826 §1, 838 §3; c. 656 §2 CCEO) sowie deren erneuter Herausgabe (cc. 826 §2, 828), für →Katechismen u. katechet. Schr. (c. 827 §1; c. 658 §1 CCEO) u. für Bücher des →Religionsunterrichts (c. 827 §2; c. 658 §2 CCEO).

Quellen

PCLT, Resp. vom 20. Juni 1987: AAS 79 (1987), 1249; Kongr. für die Glaubenslehre, Instr. über einige Aspekte des Gebrauchs der sozialen Kommunikationsmittel bei der Förderung der Glaubenslehre vom 30. März 1992: Comm. 24 (1992), 18-27; dt.: VApSt 106.

Literatur

Ritter, J. O. – Bour, H., Imprimatur: LThK³ Bd. 5, 441; Bettencourt, J. A., The imprimatur. Ecclesial tradition, canonical basis and contemporary function, Rom 1999; May, G., Die Aufhebung der kirchl. Bücherverbote: Schriften zum Kirchenrecht. Ausgewählte Aufsätze von Georg May, hg. v. A. Egler – W. Rees, Berlin 2003 (KStT 47), 389-414; Katzinger, G., Streiflichter auf dem Weg zur Entwicklung eines kirchl. Medienrechts: In mandatis meditari (FS Paarhammer), hg. v. St. Haering – J. Hirnsperger – G. Katzinger – W. Rees, Berlin 2012 (KStT 58), 25-66; González Artente, J., Imprimatur: DGDC Vol. IV, 449 f.; Müller, L. – Ohly, C., Kath. Kirchenrecht. Ein Studienbuch, Paderborn 2018 (utb 4307), 122-125.

Christoph Ohly

© 2019, DOI: 10.30965/9783506786388_0440

Imputatio

→Zurechenbarkeit

Index librorum prohibitorum – Historisch

Der I. war ein Versuch des Papsttums, das Presse- u. Buchwesen einheitlich in der gesamten kath. Welt gesetzlich zu regulieren. Vorausgegangen waren päpstliche (1487, 1501) bzw. konziliare Verfügungen (1515), wodurch der Buchdruck sowohl auf Produzenten- wie auch auf Konsumentenebene der kirchl. Kontrolle u. Gerichtsbarkeit unterworfen wurde (s. →Imprimatur). Der erste I. m. universaler Geltung wurde 1558/59 auf Veranlassung Pauls IV. durch die röm. Inquisitionsbehörde erstellt. Er wurde abgelöst durch den auf dem Trid. ausgearbeiteten I., der 1564 in Rom gedr. wurde. 1596 ersch. unter Clemens VIII. ein gründlich überarbeiteter I. Weitere Revisionen kamen 1664 (Alexander VII.), 1758 (Benedikt XIV.), 1900 (Leo XIII.) u. 1929 (Pius XI.) zum Abschluss. Für die amtl. Red. des I. an der →römischen Kurie war die von 1571 bis 1917 bestehende Indexkongregation zuständig, später (wie auch vorher) die Inquisitionsbehörde, die auch parallel zur Indexkongregation eigene Indizierungen verfolgte. Zu einem I. gehörten i. d. R. drei Komponenten: Das Einführungsdekret u. die Vorrede m. Hinweisen zur Benutzung, die Indexregeln (allg. Pressegesetze) sowie die eigentliche Verbotsliste (→Zensur). Auf Letzterer sind einzelne Werktitel wie auch Namen von Autoren zu finden, deren Gesamtwerk verboten war. Wegen der kontinuierlichen Überarbeitung der Liste, der Existenz zahlreicher Themenverbote u. weil nicht alle röm. Bücherverbote in den I. übernommen wurden, ist die Gesamtzahl der Bücherverbote schwierig zu beziffern. Die letzte Ausg. des I. ersch. 1948. Zwei Dekr. der röm. →Kongregation für die Glaubenslehre setzten den I. 1966 außer Kraft. Neben dem universalen I. gab es regional gültige I. (z. B. den Spanischen I.).

Quellen

Index des Livres Interdits, hg. v. J. M. de Bujanda, 11 Bde., Sherbrooke 1984-2002; Röm. Inquisition u. Indexkongregation. Grundlagenforschung, hg. v. H. Wolf, bislang 13 Bde., Paderborn 2005 ff.; Quellen zur päpstlichen Pressekontrolle in der Neuzeit (1487-1966), hg. v. J. Hasecker, Paderborn 2017 (Röm. Inquisition u. Indexkongregation 19).

Literatur
Reusch, F. H., Der Index der Verbotenen Bucher. Ein Beitrag zur Kirchen- u. Literaturgeschichte, 2 Bde., Bonn 1883-1885; Wolf, H., Index. Der Vatikan u. die verbotenen Bücher, München ²2006; Rebellato, E., La fabbrica dei divieti. Gli indici dei libri proibiti da Clemente VIII. a Benedetto XIV., Mailand 2008; De Bujanda, J. M., Art. Indici dei libri proibiti, Roma: Dizionario storico dell'Inquisizione Bd. 2, Pisa 2010, 780-783.

Jyri Hasecker

Indizienbeweis – Katholisch

Der I. ist eine Form der richterlichen Beweisauswertung (→Beweis), die bereits in hellenistisch-röm. Gerichtspraxis greifbar ist, dann auch vom kan. Recht rezipiert wurde. Aus sicheren Indizien wird beim I. indirekt eine Mutmaßung über einen strittigen Sachverhalt abgeleitet. Das kirchl. Recht (c. 1586; c. 1265 CCEO) spricht nur von der aus Indizien abgeleiteten richterlichen Vermutung. Sie ergibt meist eine gestufte Basis der Wahrscheinlichkeit, selten kann auch volle Beweiskraft aus ihr erwachsen.

Naturgemäß sind Mutmaßungen äußerst fragil. Der kirchl. →Gesetzgeber hat deswegen genaue Kriterien für die Anwendung des I. erlassen: Ein geeignetes Indiz als Vermutungsbasis kann lt. c. 1586 (c. 1265 CCEO) nur jener Sachverhalt sein, der prozessual abgesichert u. der zudem auch konkret umgrenzt ist. Zudem fordert c. 1586, im Unterschied zu c. 1265 CCEO, einen unmittelbaren Zusammenhang m. dem strittigen Sachverhalt, womit Analogien od. Übertragungen im weiteren Sinn ausgeschlossen bleiben. Die Anwendung der Gesetze der Logik u. allg. Erfahrungssätze bilden zudem vom →Richter her Kriterien der Gültigkeit einer Vermutung. Die Rückbindung an die Rspr. der →Römischen Rota, die ständige Vermutungen ausformt, soll dabei unterstützend absichern (vgl. DC Art. 216 § 2).

Bes. Relevanz gewinnt der I. in →Ehenichtigkeitsverfahren zu →Ehekonsensmängeln, wo aus äußeren Indizien Vermutungen auf rein innerliche Vorgänge gezogen werden (v. a. bei Total- od. Partialsimulation [→Simulation] in c. 1101 § 2, sodann bei den in den cc. 1095, 1097 § 2, 1098, 1102 § 1, 1103 bez. Konsensmängeln).

Literatur
Motzenbäcker, R., Die Rechtsvermutung im kan. Recht, München 1958 (MthS.K 10); Psiuk, E., Moralische Gewißheit allein aus Indizien? Zur Theorie des kan. Indizienbeweises: Iustus Iudex (FS Wesemann), hg. v. K. Lüdicke – H. Mussinghoff – H. Schwendenwein, Essen 1990, 597-612; Hubert, P., De praesumptionibus iurisprudentiae: Zur Entwicklung ständiger richterlicher Vermutungen in der neueren Rota-Rechtsprechung u. deren Anwendung an untergeordneten Gerichten, Rom 2009 (Tesi Gregoriana. Serie Diritto canonico 82); KanR IV, 462-463; Güthoff, E., § 110 Das Streitverfahren: HbkathKR³, 1680; Lüdicke, K.: MKCIC c. 1584, Rn. 1-3; c. 1585, Rn. 1; c. 1586, Rn. 1-2.

Reinhard Knittel

Indult – Katholisch

I. ist ein von einem Träger hoheitlicher Leitungsgewalt bewilligtes Ausnahmerecht von einer gesetzlichen Bestimmung für eine →physische Person od. jur. Person (→Juristische Person, kirchliche); es ist dem →Privileg ähnlich, z. T. gleichbedeutend. Das I. ist i. d. R. zeitlich begrenzt u. besteht (im Unterschied zum Privileg) meist eher in der Nachsicht von einer Pflicht als in einer positiven Vergünstigung.

Im CIC/1983 ist I. nicht definiert; es begegnet v. a. als Säkularisierungs-, Exklaustrations- od. Austritts-I. bei den →Ordensinstituten (vgl. cc. 684-693), →Säkularinstituten (vgl. cc. 726-728) u. →Gesellschaften des Apostolischen Lebens (vgl. cc. 743-745), ferner in den Bestimmungen über die Vereine (c. 320 § 2), die →Ablässe (vgl. c. 995 § 2) u. die →Weihespendung (vgl. cc. 1015

§ 2, 1019 § 2, 1021). Bsp. für die Verwendung von I. außerhalb des CIC finden sich im Schreiben der Gottesdienstkongregation zur Tridentinischen Messe vom 03.10.1984 (AAS 76 [1984], 1088 f.) sowie in dem 1984 auf Antrag der DBK erlassenen I. Johannes Pauls II., das gestattet, dass das Alleinvertretungsrecht des Pfarreivermögens durch den Pfr. nach c. 532 in Deutschland nicht eingehalten werden muss (vgl. ABl. des Erzbistums Köln 124 [1984], 142 f.).

Literatur

Mörsdorf, K., Die Rechtssprache des Codex Juris Canonici. Eine krit. Untersuchung, Paderborn 1937, unveränderter Nachdr. 1967 (Görres-Gesellschaft. Veröff. der Sektion für Rechts- u. Staatswissenschaft 74), 48, 50 f.; Dumas, A., Indult: DDC Vol. V, 1352-1358; Kulaneck, C., Indult: DMC Vol. II, 693 f.; Wächter, L., Art. Indult: LThK³ Bd. 5, 487; Amann, Th. A., Der Verwaltungsakt für Einzelfälle. Eine Untersuchung aufgrund des Codex Iuris Canonici, St. Ottilien 1997 (MThS.K 54), bes. 109, 142, 145 f.; McCormack, A., The Terme „Privilege". A Textual Study of its Meaning and Use in the 1983 Code of Canon Law, Rom 1997 (Tesi Gregoriana, Serie Diritto Canonico 23), bes. 229-236; Huels, J. M., Privilege, Faculty, Indult, Derogation: Diverse Uses and Disputed Questions: The Jurist 63 (2003), 213-252, bes. 238-244; González Ayesta, J., Indulto: DGDC Vol. IV, 554 f.; Rhode, U., Die Religiosenverbände: HbkathKR³, 846-878, bes. 874-876.

Franz Kalde

© 2019, DOI: 10.30965/9783506786388_0444

Infamie – Historisch

I. war im kirchl. Recht die Bez. für eine Minderung od. den Verlust der → Ehre u. des → guten Rufs u. hatte eine Beschränkung der → Rechtsstellung eines Kirchengliedes zur Folge. Aus dem → römischen Recht übernommen, stand I. u. a. im Zusammenhang m. Vergehen gegen den → Glauben, die guten Sitten u. m. → Fälschungsdelikten. I. galt als → Sühnestrafe u. war oft m. der → Exkommunikation bzw. dem persönlichen → Interdikt verbunden. Wie → Gratian u. die → Dekretisten unterschied der CIC/1917 (vgl. cann. 2293-2295) zwischen tatsächlichem (infamia facti) u. rechtlichem Ehrverlust (infamia iuris). I. facti war gegeben, wenn ein Kirchenglied wegen einer → Straftat od. auf Grund des Lebenswandels bei den Gläubigen den guten Ruf eingebüßt u. der zuständige Obere den Verlust ausgesprochen hatte (can. 2293 § 3). Folge war der Ausschluss vom kirchl. Begräbnis (→ Bestattung) (can. 1240 § 1, 6°), von der Zulassung zu den Weihen (→ Ordination, Weihe) (can. 987, 7°), von Würden, → Ämtern od. → Benefizien, von liturgischen Diensten u. kirchl. Ehrendiensten (can. 2294 § 2) sowie von wesentlichen Gliedschaftsrechten, wie u. a. vom Patendienst (→ Pate) (vgl. cann. 693 § 1; 766, 2°; 796, 3°; 855 § 1; 1066). I. iuris kam nur für die im Gesetz vorgesehenen Straftaten (vgl. cann. 2314 § 1, 2° u. 3°; 2320; 2328; 2343 § 1, 2°; 2351 § 2; 2356; 2357 § 1; 2359 § 2) in Betracht (can. 2293 § 2) u. hatte → Irregularität (can. 984, 5°), die Unfähigkeit zur Erlangung von Benefizien, Pensionen, Ämtern u. Würden, zur Übernahme kirchl. Ehrendienste (can. 2256, 2°) u. zur Ausübung liturgischer Dienste (can. 2294 § 1) zur Folge. → Straferlass war jeweils möglich (cann. 2295 u. 2237 § 1, 3°). Der CIC/1983 erwähnt I. nicht mehr, achtet jedoch guten Ruf u. Ehre (→ Amtsenthebung).

Literatur

Löbmann, B., Der kan. Infamiebegriff in seiner gesch. Entwicklung. Unter bes. Berücksichtigung der Infamielehre des Franz Suarez, Leipzig 1956 (EThSt 1); May, G., Die Infamie im Strafmittelsystem des CIC, Kan. Habil. München 1957; ders., Die Infamie bei Benedikt Levita: ÖAKR 11 (1960), 16-36; ders., Die Infamie im Decretum Gratiani: AfkKR 129 (1960), 389-408; abgedr.: May, G., Schriften zur Rechtsgeschichte. Ausgewählte Aufsätze, hg. v. A. Egler – W. Rees, Berlin 2014 (KStT 64), 309-330; ders., Die Anfänge der Infamie im kan. Recht: ZRG.K 47 (1961), 77-94; ders., Die Bedeutung der pseudo-isidorischen Sammlung für die Infamie im kan. Recht: ÖAKR 12 (1961), 87-

113 u. 191-207; ders., Die Belegung kirchl. Vergehen m. Infamie durch den Staat im röm. u. westgotischen Reiche: ÖAKR 15 (1964), 177-188; Landau, P., Die Entstehung des kan. Infamiebegriffs von Gratian bis zur Glossa Ordinaria, Köln – Graz 1966 (FKRG 5); Merzbacher, F., Art. Infamie: HRG Bd. 2, 358-360; Weigand, R., Art. Infamie: LMA Bd. 5, 412; Cauteruccio, A., Il diritto alla buona fama ed alla intimità. Analisi e Commento del Canone 220 (1): Commentarium pro religiosis 73, 39-81; Rees, W., Die Strafgewalt der Kirche. Das geltende kirchl. Strafrecht – dargestellt auf der Grundlage seiner Entwicklungsgeschichte, Berlin 1993 (KStT 41), bes. 221 f.; 397; May, G., Art. Infamie: LThK³ Bd. 5, 489 f.; Becker, H.-J., Art. Infamie: HRG² Bd. 2, 1212-1214.

Wilhelm Rees

© 2019, DOI: 10.30965/9783506786388_0445

Informationsfreiheit – Staatlich

1. Bedeutung: Als durch Art. 5 Abs. 1 S. 1 Hs. 2 geschütztes Grundrecht (→ Grundrechte und Grundpflichten) gewährleistet die I. jedem Bürger, sich aus allg. zugänglichen Informationsquellen ungehindert u. o. staatl. Beschränkungen unterrichten zu dürfen. Die I. gehört zu den wesentlichen Voraussetzungen des demokratischen Willensbildungsprozesses u. ist für die Meinungsfreiheit sowie Meinungsäußerungsfreiheit notwendiges Erfordernis, woraus sich zwei wesensbestimmende Bezugspunkte der I. ergeben. Auf der einen Seite zum Demokratieprinzip (→ Demokratie), da ein demokratischer Staat nicht o. freie u. möglichst gut informierte Bürger bestehen kann u. auf der anderen Seite zu einer aus der → Menschenwürde, Art. 1 GG, hergeleiteten individualrechtlichen Komponente, da es zu den elementaren menschlichen Bedürfnissen gehört, sich auf der Grundlage gewonnener Informationen eine Meinung zu bilden u. sich als individuelle Persönlichkeit entfalten zu können.

2. Hist. Entwicklung: Als Reaktion auf staatl. Informationsbeschränkungen, insb. in der ns. Diktatur (etwa das Verbot, ausl. Radiosender zu empfangen), fand das Grundrecht auf I. in Deutschland erst nach dem Zweiten Weltkrieg Eingang in das → Grundgesetz u. die Verf. der Länder. Intern. sind Beobachtungen zur Entwicklung der I. im J. 1766 in Schweden zu verzeichnen (Einf. von Öffentlichkeitsprinzipien). Im Zuge der Demokratiebewegung in den USA ermöglicht der Freedom of Information Act seit 1966 den Zugang zu behördlichen Akten. In einigen europäischen Ländern wurden Anfang der 1970er J. nach schwedischem Vorbild IFG erlassen (Dänemark u. Norwegen 1970, Frankreich 1978 u. Belgien 1994). Die EU kodifizierte am 30.05.2001 (EG 1049/2001) durch VO den Zugang der Öffentlichkeit zu Dokumenten des Europäischen Parlaments, des Rates u. der Kommission.

3. Verfassungsrechtliche Grundlagen u. Abgrenzung an anderen Vorschriften: Die verfassungsrechtliche Garantie der I. wird neben der Meinungsfreiheit u. der Pressefreiheit durch Art. 5 Abs. 1 GG als eigenständiges Grundrecht gewährleistet. Im Gegensatz zur Meinungsfreiheit stellt die I. eine Input-Freiheit, keine Output-Freiheit (Meinungsäußerungsfreiheit) dar. Demgegenüber besteht zum Grundrecht der Pressefreiheit ein Konkurrenzverhältnis.

4. Inhalt u. Umfang der I.: Der Schutzbereich umfasst die aktive Beschaffung sowie den schlichten Empfang von Informationen aus allg. zugänglichen Quellen. Auch die Informationsaufbereitung, Informationsspeicherung sowie Beschaffung u. Benutzung etwaig erforderlicher Hilfsmittel werden vom Schutzbereich umfasst. Geschützt ist darüber hinaus auch die sog. negative I., also sich gerade nicht aus allg. zugänglichen Quellen zu informieren. Zu den allg. zugänglichen Quellen zählen insb. Massenkommunikationsmittel wie Zeitung, Fernsehen, Hörfunk sowie diverse Internetdienste, wobei es nicht darauf ankommt, ob die Informationen als solche Meinungen od. Tatsachen beinhalten od. ob sie öff. od. private Vorgänge thematisieren. Allg. zugänglich ist eine Informationsquelle dann, wenn sie technisch geeignet u. bestimmt ist, der Allgemeinheit bzw.

der Öffentlichkeit, also einem unbestimmbaren Personenkreis, Informationen zu beschaffen. Dabei kommt es nicht darauf an, ob es sich um Privatpersonen od. Vertreter der Medien handelt. Keine allg. zugänglichen Quellen wären etwa der Polizeifunk od. private bzw. betriebliche Aufzeichnungen, die gerade nicht zur Veröff. bestimmt sind. Nach der Rspr. des BVerfG (vgl. BVerfGE 103, 44 [61ff.]) ist der Schutzbereich der I. nur dann eröffnet, wenn es sich um zugängliche Informationsquellen handelt, was sich wiederum nach dem jeweiligen Bestimmungsrecht über die Information richtet. Träger des Grundrechts ist jede natürliche od. jur. Person. Zu beachten ist ferner, dass es sich bei der I. um ein Abwehrrecht handelt, sodass weder ein Anspruch auf die Verschaffung von Informationen besteht noch auf die Eröffnung od. den Bestand einer bestimmten Informationsquelle. Die I. findet ihre Grenzen in den Schranken des Art. 5 Abs. 2 GG, mithin in den allg. Gesetzen, den gesetzlichen Bestimmungen zum Schutze der Jugend u. dem Recht der persönlichen Ehre.

5. IFG: Ein allg. Rechtsanspruch auf Zugang zu amtl. Informationen von Bundesbehörden besteht in Form des IFG-Bund erst seit dem 01.01.2006 (erlassen am 05.09.2005), wenngleich auf Ebene der Bundesländer teilweise bereits zuvor entspr. Rechte kodifiziert wurden (BE, BB, SH u. NW). Der Anspruch wird voraussetzungslos gewährt u. darf nur aus wichtigen Gründen versagt werden (mögliche wichtige Gründe sind etwa der →Datenschutz, der Schutz von Betriebs- u. Geschäftsgeheimnissen od. Belange der inneren u. äußeren Sicherheit). Liegt ein Informationsanspruch vor, obliegt es der Behörde eine Auskunft zu erteilen, Akteneinsicht zu gewähren od. die Informationen in sonstiger Weise zur Verfügung zu stellen.

Literatur

Degenhart, C., Art. 5 GG: Bonner Kommentar zum Grundgesetz, Heidelberg 1950ff.; Herzog, R., Art. 5 Abs. 1, 2 GG: Maunz, T. – Dürig, G., Grundgesetz: Kommentar, München 1958ff.; Windheimer, H., Die „Information" als Interpretationsgrundlage für die subjektiven öff. Rechte des Art. 5 Abs. 1 GG, Berlin 1968; Rehbinder, M., Informationsftreiheit u. innere Organisation der Presseunternehmen: DÖV 1972, 450ff.; Paschke, M., Medienrecht, Berlin u. a. 2001; Epping, V., Grundrechte, Berlin u. a. 2004.

Jacqueline Desiree Debus

© 2019, DOI: 10.30965/9783506786388_0446

Informativprozess – Katholisch

Im Ernennungsverfahren von Bf. (→Bischofsernennung) bzw. gleichgestellten →Ordinarien in der kath. Kirche gibt der jeweilige Päpstliche Gesandte (→Gesandter, päpstlicher) zu den vorgeschlagenen (c. 377 §§2-4 u. konkordatäres Recht) od. ihm geeignet erscheinenden Kandidaten dem zuständigen →Dikasterium (→Staatssekretariat, →Kongregation für die Orientalischen Kirchen od. →Kongregation für die Bischöfe, vgl. →Pastor Bonus Art. 47; 56; 77f.) eine Stellungnahme ab (MP SOE 40-67, Art. VI; NormPEM; c. 364 §1 4°; vgl. c. 182 CCEO), für die er Priester, Ordensleute u. Laien, die den Betreffenden mutmaßlich gut kennen, befragt u. sie unter strenger Geheimhaltung (RGCR Art. 36 §2) u. schwerer Verantwortung bittet, o. Begünstigung nach Wahrheit u. Billigkeit über dessen Befähigung u. Tauglichkeit für das fragliche →Amt Auskunft zu geben. In diesem I. werden neben Einschätzungen zur Person u. Persönlichkeit (c. 378, hist. vgl. Trid. sess. 24 c. 1, CoD³/Dekr. der Ök. Konzilien Bd. 3, 759ff.) das menschliche u. priesterliche Verhalten, (theol.) Bildung, Rechtgläubigkeit, Einhaltung der Disziplin, seelsorgerliche Eignung u. Erfahrung, Führungs- u. Verwaltungsfähigkeiten u. die öff. Wertschätzung erfragt, inzwischen auch der Umgang m. Fällen von sexuellem Missbrauch. Neben einem allg. Urt. können auch weitere Personen, die ein zuverlässiges Urt. abgeben könnten, angegeben werden. Wenn auch zum Schutz der Personen u. des Amtes die vertrauliche Einholung von

Referenzen unumgänglich ist, wird der I. bzgl. der Angemessenheit der inhaltlichen Schwerpunktsetzungen, der prozedural intransparenten Eigendynamik sowie der verfahrenserheblichen Rolle der Päpstlichen Gesandten diskutiert.

Quellen

Paul VI., MP Sollicitudo omnium Ecclesiarum vom 24. Juni 1969: AAS 61 (1969), 473-484; dt.-lat.: NKD 21, Trier 1970, 40-67 (zit. MP SOE); Rat für die Öff. Angelegenheiten der Kirche, Normae de promovendis ad episcopale ministerium in ecclesia latina vom 15. August 1972: AAS 64 (1972), 534-540; dt.-lat.: NKD 38, Trier 1977, 132-151 (zit. NormPEM); Johannes Paul II., ApK Pastor Bonus vom 28. Juni 1988: AAS 80 (1988), 841-930; Regolamento Generale della Curia Romana (RGCR): AAS 91 (1999), 629-699.

Literatur

Il processo di designazione dei vescovi: storia, legislazione, prassi: atti del X Symposium canonistico-romanistico, 24-28 aprile 1995, hg. v. D. J. A. Gutiérrez, Rom 1996; Rüfner, W., Art. Informativprozess: LKStKR Bd. 2, 283-284; Bier, G.: MKCIC c. 378.

Christian Hermes

© 2019, DOI: 10.30965/9783506786388_0447

Initiation – Katholisch

I. (griech. Myesis; lat. Initiatio) wird im weiten Sinn als Übergang eines Menschen in einen neuen Status bzw. in eine neue Lebensform begriffen u. als Begriff der Religionsgeschichte der Antike als Einweihung in die Mysterien u. der Eingliederung als Schritt zur Zugehörigkeit der Mysteriengemeinschaft verwendet. I. ist zumeist ein punktuelles u. ein prozesshaftes Geschehen eigen.

Im chr. Kontext wird die Einführung in den chr. Glauben durch die Aufnahme in den →Katechumenat u. sodann der Weg der sakramentalen u. rechtlichen Eingliederung in das →Volk Gottes als I. bez., der durch die Spendung der →Taufe, der →Firmung u. der Eucharistie (→Abendmahl, Eucharistie) begangen wird u. auf das Hineinwachsen in das Glaubensleben u. auf die Bewährung in diesem zielt. Es wird zwischen einer katechumenalen u. einer sakramentalen I. unterschieden. I. hat eine personale Dimension im Hinblick auf den Weg des Einzelnen zum Glauben u. eine soziale Dimension im Hinblick auf seine Eingliederung in die Gemeinschaft der →Gläubigen.

Während im CIC/1917 die drei →Sakramente der Taufe, der Firmung u. der Eucharistie selbstverständlich rechtlich geregelt wurden (vgl. cann. 737-869), ist ihm der Begriff der I. fremd. Die Sakramente wurden getrennt gespendet u. ihr innerer ekklesialer Zusammenhang der I. wurde nicht deutlich. Im Kontext der grundsätzlichen Betonung der ekklesialen Dimension der Sakramente durch das Vat II legte SC 64 die Wiederherstellung des Katechumenats fest (vgl. auch AG 14) u. SC 71 forderte eine Überarbeitung des Ritus der Firmung, „damit der innere Zusammenhang dieses Sakraments mit der gesamten christlichen Initiation klarer zum Vorschein kommt" (vgl. zur Taufe SC 67). Den Dokumenten des Vat II war der Weg der Einverleibung in das Volk Gottes u. damit der I. ein wichtiges Anliegen (vgl. z. B. LG 11; AG 36).

Die cc. 788, 851 1° u. 865 widmen sich der katechumenalen I. Der CIC/1983 verwendet den Begriff der initiatio od. das Verb initiare in den cc. 842 §2, 851 1°, 872, 879, 920 §1; der CCEO in den cc. 290 §2, 684, 685 §1, 697. C. 842 §2 betont den engen Zusammenhang bzw. die enge Verbindung (coalescere) der Initiationssakramente, die zur vollen I. führen u. für diese notwendig sind. Die Sakramente der I. werden unterschieden, aber nicht getrennt, sondern stellen die Stufen der I. dar. Die volle I. wird für die Übernahme des Patendienstes (→Pate) gem. cc. 872, 874 u. 893 vorausgesetzt. Der Wegcharakter der I. wird im theol. Leitsatz (→Fundamentalnorm) zur Firmung sehr deutlich durch die Wendung „iter initiationis christianae prosequentes". Taufe u. Firmung sind durch ihre gem. c. 845 §1 im

→character indelebilis gründende Unwiederholbarkeit im wahrsten Sinn des Wortes als Sakramente der I. zu bez., während die Eucharistie im Fall der →Erstkommunion Initiationssakrament ist u. danach ein Wiederholungssakrament darstellt. Während in den getrennten orth. Kirchen u. den kath. Ostkirchen die Sakramente der I. auch im Fall der Kindertaufe wie in der Alten Kirche i. d. R. direkt in einer Feier gespendet werden (vgl. bzgl. der Myronsalbung c. 694 CCEO u. bzgl. der Eucharistie cc. 697 u. 710 CCEO; zur getrennten Spendung im Ausnahmefall cc. 694 u. 696 § 1 CCEO), ist in der lat. Kirche bei Kindern die separate Spendung der Taufe, der Firmung u. der Eucharistie vorgesehen, die der CIC in dieser Reihenfolge vorsieht. In manchen Ländern, so in den deutschsprachigen, erfolgt die I. in der Reihenfolge: Taufe, Eucharistie u. Firmung. Im Fall der Kindertaufe sind gem. c. 851 2° die Eltern u. Paten entspr. zu unterrichten. Im Fall der Taufe von Erwachsenen od. denen, die gem. c. 852 § 1 zum Vernunftgebrauch gekommen sind, ist gem. cc. 851 1° i. V. m. 865 eine hinreichende →Katechese über Glauben u. Christenpflichten sowie eine Bewährung im chr. Leben im Katechumenat erforderlich. Gem. dem auf der Grundlage von c. 788 § 3 zuletzt zum 01.01.1996 in Kraft gesetzten Beschl. der DBK zur Ordnung des Katechumenats ist auf pfarrlicher od. überpfarrlicher Ebene ein Katechumenat gem. dem Erwachsenentaufrituale durchzuführen. Dieses sieht gem. c. 788 ein Praekatechumenat m. dem Antrag als Taufbewerber u. dessen Annahme durch die Kirche vor, dem folgt die Zulassung zum Katechumenat, das in ein längeres entfernteres Katechumenat m. entspr. Glaubensunterweisung u. ab der Fastenzeit des J. der Taufe in ein engeres Katechumenat zu unterteilen ist. Die Feier der Eingliederung folgt m. Spendung aller Initiationssakramente i. d. R. gem. c. 856 in der Osternacht, der sich dann die Vertiefung des chr. Glaubens anschließt (vgl. c. 789). Nach c. 866 soll die Spendung der Initiationssakramente in einer Feier geschehen, außer bei Vorliegen eines schwerwiegenden Grundes. Das Rituale für Kinder im Schulalter sieht eine altersadäquate Taufvorbereitung vor u. kennt neben der Regel der Spendung in einer Feier die Ausnahmen, dass entweder die Firmung od. die Eucharistie zusammen m. den anderen Gleichaltrigen gespendet wird od. in dieser Feier auch die Taufe bzw. die Spendung der weiteren Sakramente stattfindet. Die →Katechumenen genießen gem. cc. 206, 1170 u. 1183 bereits das Vorrecht, gesegnet u. beerdigt zu werden.

Die Taufe stellt die rechtliche Eingliederung in das Volk Gottes dar, die gem. cc. 96 u. 204 die Anteilhabe am gemeinsamen Priestertum Christi (→Allgemeines bzw. Gemeinsames Priestertum) u. dementsprechend zur Ausübung der drei munera der Kirche (Verkündigen, Heiligen u. Leiten) (→Tria-Munera-Lehre) im eigenen Namen verpflichtet u. berechtigt. Ohne die gültige Taufe können weitere Sakramente gem. c. 842 § 1 nicht gültig gespendet werden, insofern ist sie die entscheidende sakramentale Grundlage auch der weiteren I. Die Firmung lässt in Rezeption von LG 11 gem. c. 879 die Gläubigen auf dem Weg der I. weitergehen u. „verbindet sie vollkommener mit der Kirche" u. verpflichtet sie zugl., sich nun stärker „in Wort und Tat als Zeugen Christi zu erweisen sowie den Glauben auszubreiten und zu verteidigen". Nach c. 865 ist die I. von Erwachsenen u. Personen, die das siebte Lj. vollendet haben, „mindestens aber derer, die das vierzehnte Lebensjahr vollendet haben, ... dem Diözesanbischof anzutragen", der dies aber wieder zurückdelegieren kann. Ihren Höhepunkt findet die I. im Empfang der Eucharistie; denn gem. c. 897 „ist [sie] für den gesamten Gottesdienst und das gesamte christliche Leben Gipfelpunkt und Quelle; durch dieses Opfer wird die Einheit des Volkes Gottes bezeichnet und bewirkt".

Quellen

Vat II, SC; Vat II, LG; Vat II, AG; Rituale Romanum ex decreto Sacrosancti Oecumenici Concilii Vaticani II instauratum auctoritate Pauli PP. VI promulgatum. Ordo initiationis Christianae Adultorum, Typ. Pol. Vat. 1972, Nachdr. 1974: Die Eingliederung von Kindern im Schulalter in die Kirche. Studienausgabe, hg. v. den Liturgischen Instituten Salzburg – Trier – Zürich, Eichstätt u. a. 1986; Die Feier der Eingliederung Erwachsener in die Kirche nach dem neuen Rituale Romanum. Studienausgabe, hg. v. den Liturgischen Instituten Salzburg – Trier – Zürich, Eichstätt u. a. 1975; Die Feier der Kindertaufe in den Bistümern des dt. Sprachgebietes. Zweite authentische Ausgabe auf der Grundlage der Editio typica altera 1973, Freiburg u. a. 2007.

Literatur

Schmitz, H., Taufe, Firmung, Eucharistie. Die Sakramente der Initiation u. ihre Rechtsfolgen in der Sicht des CIC von 1983: AfkKR 152 (1983), 369-407; Saxer, V., Les Rites de L'lnitiation Chretienne du lle au Vle Siecle. Esquisse historique et signification d'apres leurs principaux temoins, Spoleto 1988; Bruckert, W., Antike Mysterien, München 1990; Kleinheyer, B., Die Feiern der Eingliederung: Gottesdienst der Kirche. Hb. der Liturgiewissenschaft, Teil 7, 1: Sakramentale Feiern, hg. v. H. B. Meyer u. a., Regensburg 1983 ff., 171-266; Salachas, D., L'iniziazione cristiana nei Codici orientale e latina, Bologna – Rom 1991; Riedel-Spangenberger, I., Art. Initiation: LKStKR Bd. 2, 284-288; Loda, N., I sacramenti dell'iniziazione cristiana tra CIC e CCEO nella missione e nell'evangelizzazione da parte della Chiesa: Folia Canonica 6 (2003), 83-100; Woestman, W., Sacraments. Initiation, Penance, Anointing of the Sick. Commentary on Canons 840-1007, Ottawa 2004; Borobio, D., La Iniciación Cristiana y el catucumenado: REDC 61, 156 (2004), 9-39; Chiramel, J., Sacraments of Initiation in the Latin and Eastern Codes. A Comparative Study: Studies in Church Law 3 (2007), 327-349; Riedel-Spangenberger, I., Die Sakramente der Initiation in der kirchl. Rechtsordnung. Eine Untersuchung zur ekklesialen u. rechtlichen Bedeutung von Taufe, Firmung u. Eucharistie in den Dokumenten des Zweiten Vatikanischen Konzils u. in der nachfolgenden Rechtsentwicklung, Paderborn – München – Wien – Zürich 2009 (KStKR 10); San José Prisco, J., Actualidad de la iniciación cristiana en la parroquia: REDC 66, 167 (2009), 587-614; Sabbarese, L., L'Eucaristia nella successione dei sacramenti dell'iniziazione cristiana: PerRCan 101, 1-2 (2012), 67-102.

Thomas Meckel

© 2019, DOI: 10.30965/9783506786388_0448

Inkardination – Katholisch

1. Das Vat II hat in PO 10, 2 gefordert, dass das alte Rechtsinstitut der I. beibehalten u. zugl. den aktuellen pastoralen Bedürfnissen besser angepasst werden solle. Damit wurde implizit auf den in CD 6 u. PO 10, 1 geäußerten Wunsch Bezug genommen, dass →Priester aus der eigenen →Diözese in Missionsgebiete od. in Diözesen m. →Priestermangel wechseln sollten. P. Paul VI. hat dem entspr. m. dem MP ES vom 06.08.1966, I, 2-3 Normen zur besseren Verteilung des Klerus erlassen, auf denen die geltende Gesetzgebung in cc. 265-272 bzw. 357-366 CCEO beruht. Während der CIC/1983 m. Ausnahme der Überschrift vor c. 265 („De clericorum adscriptione seu incardinatione") durchgängig von der I. spricht, verwendet der CCEO den Begriff Askription (ascriptio). Das Vat II hatte bzgl. der I. nur Priester im Blick, während das geltende KR von →Klerikern spricht u. so die →Diakone m. einbezieht.

2. Gem. c. 265 u. c. 357 §1 CCEO muss jeder Kleriker inkardiniert sein, so dass es clerici acephali seu vagi in keiner Weise geben darf (c. 265). Als inkardinationsberechtigte Verbände nennen cc. 265-266 die →Teilkirchen gem. c. 368, die →Personalprälaturen (cc. 294-297), die Inst. des geweihten Lebens (c. 573), die das Recht zur I. besitzen, die zur I. berechtigten →Gesellschaften des apostolischen Lebens (c. 731) u. →Säkularinstitute (c. 710) m. dem Recht zur I. Hinzu kommt ggf. das →Militärordinariat. C. 357 §1 CCEO nennt als mögliche geistl. Heimatverbände →Eparchie, Exarchie, Religioseninstitute, ordensähnliche Gesellschaften des gemeinsamen Lebens sowie

Institute od. Vereinigungen, die das Recht zur I. vom Apost. Stuhl od. vom Patriarchen erhalten haben.

3. Begr. wird die I. für →Weltkleriker durch den Empfang der →Diakonatsweihe (c. 266 §1; c. 358 CCEO), wobei in den kath. Ostkirchen auch eine vorgängige I. möglich ist (c. 358 CCEO). Der betr. teilkirchliche Inkardinationsverband ist identisch m. dem künftigen Dienstverband u. hängt nicht von der Herkunft des Klerikers ab; insofern kann jeder seinen geistl. Heimatverband frei wählen. Die I. von Mitgliedern von →Ordensinstituten u. Gesellschaften des apost. Lebens erfolgt nach deren endgültiger Bindung an das betr. Inst. durch den Empfang der Diakonatsweihe, so dass der eigene Lebensverband u. der Inkardinationsverband identisch sind (c. 266 §2). Mitglieder von Säkularinstituten werden durch die Diakonatsweihe entweder der Teilkirche inkardiniert, für deren Dienst sie geweiht sind, od. dem Inst. selbst, wenn dieses das Recht zur I. hat (c. 266 §3).

4. Die I. begr. die dienstliche Verwendung des Klerikers, die geistl. u. geistige Betreuung, die wirtschaftliche Versorgung u. die Sicherung der damit verbundenen Rechte (cc. 271 §1; 274 §2, 279, 281). Durch die I. erhält jeder Kleriker seinen eigenen →Ordinarius (c. 265; c. 357 §1 CCEO).

5. Die I. in eine Teilkirche darf nur erfolgen, wenn die in c. 269 u. c. 366 §1 CCEO genannten gesetzlichen Bedingungen gegeben sind: Notwendigkeit od. Nutzen für den geistl. Heimatverband unter Beachtung der Unterhaltsverpflichtungen (→Lebensunterhalt) des inkardinierenden →Bischofs, die schriftliche Erkl. des betr. Klerikers, den Dienst in der Diözese nach Maßgabe des Rechts auszuüben sowie im Fall einer →Umkardination die Vorlage eines rechtmäßigen Dokuments über die genehmigte →Exkardination u. die positive Auskunft über Leben u. sittliche Führung sowie Zeugnisse über ein erfolgreiches Studium durch den exkardinierenden →Diözesanbischof.

6. Ein Wechsel des Inkardinationsverbands kann durch eine Exkardination (c. 270; c. 364 CCEO) od. durch eine Transmigration, d. h. durch einen zeitlich begrenzten, aber verlängerbaren Wechsel zu einem anderen Dienstordinarius bei fortbestehender I. im eigenen Heimatverband erfolgen. Die Transmigration bedarf der Erlaubnis des Diözesanbischofs bzw. des Eparchialbischofs, der m. dem aufnehmenden Bf. eine schriftliche Vereinbarung abschließen muss, um die Rechte (→Klerikerrechte) u. Pflichten (→Klerikerpflichten) des betr. Klerikers u. der beiden Parteien zu sichern (c. 271 §1; c. 360 §1 CCEO). Im eigenen Heimatverband muss der betr. Kleriker rechtlich stets so gestellt sein, als ob er seinen Dienst ständig dort geleistet hätte (c. 271 §2; c. 362 §2 CCEO). Das Verhältnis der Transmigration kann unter Beachtung der gesetzlichen Bestimmungen sowohl vom Inkardinations- als auch vom Dienstordinarius beendet werden (c. 271 §3; c. 362 §1 CCEO). Den Wunsch des betr. Klerikers vorausgesetzt, erfolgt nach fünf J. von Rechts wegen die I. in den Dienstverband, wenn keiner der beiden Bf. innerhalb von vier Monaten diesem Wunsch widerspricht (c. 268 §1; c. 360 §2 CCEO).

7. Ein →Generalvikar od. →Bischofsvikar kann i. d. R. weder I. noch Exkardination noch Transmigration vornehmen (c. 134 §3); →Diözesanadministratoren u. Administratoren von Patriarchatskirchen od. Eparchien besitzen diesbezüglich eingeschränkte Rechte (c. 272; c. 363 CCEO).

Quellen

Vat II, PO; Vat II, CD; Paul VI., MP Ecclesiae Sanctae vom 06. August 1966: AAS 58 (1966), 757-787; Johannes Paul II., ApK Spirituali militum curae vom 21. April 1986: AAS 78 (1986), 481-486.

Literatur

Steinbach, J., Das Inkardinationsrecht: Eine rechtsvergleichende Untersuchung der kodikarischen Normen des CIC u. des CCEO aufgrund der konziliaren Lehre, Würzburg 1996; KanR II, 126-146; Hallermann, H., Christifideles, laici, clerici u. religiosi als Subjekte der kirchl. Rechtsordnung. Ein Rechtsvergleich zwischen dem CIC/1983 u. dem CCEO/1990: Clarissimo Professori Doctori Carolo Giraldo Fürst. In memoriam Carl Gerold Fürst, hg. v. E. Güthoff – S. Korta – A. Weiß, Frankfurt 2013 (AIC 50), 191-219; Schwendenwein, H., § 21 Die Zugehörigkeit zu einem geistl. Heimatverband: HbkathKR³, 342-354; Reinhardt, H. J. F.: MKCIC cc. 265-272.

Heribert Hallermann

© 2019, DOI: 10.30965/9783506786388_0449

Inklusion – Staatlich

I. zielt auf eine vollständige gesellschaftliche Teilhabe von Menschen m. Behinderung in allen gesellschaftlichen Teilbereichen. Im Unterschied zur →Integration geht I. davon aus, dass Menschen m. Behinderung nicht gleichsam nachträglich in vorgegebene gesellschaftliche Strukturen integriert werden, aus denen sie zuvor exkludiert worden sind. Vielmehr fordert I., dass die in der Gesellschaft vorhandenen einstellungs- u. umweltbezogenen Bedingungen so gestaltet werden, dass Menschen m. Behinderung von vornherein selbstverständlich zur Gesellschaft dazu gehören. Damit verweist I. auf einen Begriff von Behinderung, der Behinderung nicht nur medizinisch-biologisch definiert, sondern auch als einen gesellschaftlichen Prozess versteht, bei dem Behinderung erst durch das Aufeinandertreffen von Menschen m. körperlichen u./od. geistigen Einschränkungen m. solchen gesellschaftlichen Barrieren entsteht, die der vollständigen Teilhabe dieser Menschen am sozialen Leben entgegenstehen (Hirschberg, 2011).

In Bezug auf das Bildungswesen hat sich die BRD m. der Ratifizierung des Übereinkommens der Vereinten Nationen über die Rechte von Menschen m. Behinderung z. B. verpflichtet, unter Ausschöpfung der verfügbaren staatl. Mittel schrittweise ein inkl. Bildungssystem auf allen Ebenen zu gewährleisten (Art. 24). Daraus folgt für den Bereich der schulischen Bildung, dass Kinder u. Jugendliche m. Behinderung nicht lediglich in den Unterricht an einer Regelschule integriert werden, sondern der Unterricht im Hinblick auf Lehrpläne, Schulorganisation, räumliche Gestaltungen, technische Ausstattung u. Lehrerausbildung entspr. verändert wird (Degener, 2012). Grenzen des Rechts auf inkl. Bildung können sich m. Rücksicht auf das Wohl des Kindes m. Behinderung ergeben, wenn eine inkl. Beschulung selbst bei Ausnutzung aller verfügbaren Unterstützungsmaßnahmen nicht geeignet ist, die Persönlichkeit, Begabung u. Kreativität des Kindes voll zur Entfaltung zu bringen. Dem Recht auf inkl. Beschulung können aber auch die Rechte der Mitschüler (z. B. Gesundheit, Bildung) entgegenstehen, wobei im Rahmen einer Abwägung zunächst zu fragen ist, ob die Rechte der Mitschüler nicht durch geeignete Unterstützungsmaßnahmen gesichert werden können (vgl. BVerfGE 96, 288 [306 ff.]).

Quellen

BVerfGE 96, 288 (306 ff.).

Literatur

Schmahl, St., Menschen m. Behinderung im Spiegel des internationalen Menschenrechtsschutzes. Überlegungen zur neuen UN-Behindertenkonvention: Archiv des Völkerrechts 45 (2007), 517-540; Poscher, R. – Rux, J. – Langer, Th., Von der Integration zur Inklusion. Das Recht auf Bildung aus der Behindertenrechtskonvention der Vereinten Nationen u. seine innerstaatliche Umsetzung, Baden-Baden 2008; Hirschberg, M., Behinderung: Neues Verständnis nach der Behindertenrechtskonvention, hg. v. Deutsches Institut für Menschenrechte – Monitoring-Stelle zur UN-Behindertenrechtskonvention, Berlin 2011; Degener, Th., Das Recht auf inkl. Beschulung als Menschenrecht: Krit. Justiz 45 (2012), 405-419; Handbuch Behindertenrechtskonvention. Teilhabe als Menschenrecht – Inklusion als gesellschaftliche Aufgabe, hg. v. Th. Degener – E. Diehl, Bonn 2015; Siehr, A. – Wrase, M., Das Recht auf inkl. Schulbildung als Strukturfrage des dt. Schulrechts – Anforderungen aus Art. 24 BRK u. Art. 3 Abs. 3 S. 2 GG: RdJB 2015, 161-182; Handbuch schulische Inklusion, hg. v. T. Sturm –

M. Wagner-Willi, Opland – Toronto 2018; Kuhlmann, C. – Mogge-Grotjahn, H. – Balz, H.-J., Soziale Inklusion. Theorien, Methoden, Kontroversen, Stuttgart 2018.

Felix Hanschmann

Inkonsummation – Katholisch
→ Nichtvollzug

Inkorporation – Katholisch

Der Begriff I. hebt im kath. KR auf drei differente Gegebenheiten ab, deren Gemeinsamkeit es ist, Resultat einer rechtlichen Verbindung zu sein.

1. Verfassungs- u. sakramentenrechtlich bez. I. die Eingliederung des Menschen in Chr. bzw. in die Kirche Chr. mittels → Taufe. Als rechtsfähige Person gehört der → Gläubige dem Volk Gottes an u. hat gem. seiner eigenen Stellung Anteil am priesterlichen, prophetischen u. kgl. Amt Chr. Die Taufe ist Grundvoraussetzung, um andere → Sakramente zu empfangen; wegen ihres unauslöschlichen Charakters (→ Character indelebilis) ist sie weder widerrufbar noch wiederholbar; sie verleiht dem Gläubigen → Rechtsfähigkeit u. die damit verbundenen Rechte u. Pflichten (vgl. cc. 96, 204 §1 u. 849 sowie cc. 7 §1 u. 675 §1 CCEO).

2. Ordensrechtlich meint I. die Eingliederung eines Gläubigen in ein → Ordensinstitut, ein → Säkularinstitut od. eine → Gesellschaft des apostolischen Lebens mittels → Gelübde od. Bindungen anderer Art. M. der I. (Professbindung) übernimmt das Mitglied die Rechtsordnung des Inst. bzw. der Gesellschaft u. das Inst. bzw. die Gesellschaft trägt Sorge, dass das Mitglied das Ziel seiner Berufung erreicht (vgl. cc. 654, 670, 723 §§1-4, 731, 736, 737). Die → Inkardination ist ein weiteres Inst. der Eingliederung u. von der I. zu unterscheiden. Jeder → Kleriker muss einem geistl. Heimatverband (→ Teilkirche, → Personalprälatur, Ordensinstitut, Säkularinstitut od. Gesellschaft des apost. Lebens) inkardiniert sein, um klerikales Vagantentum zu vermeiden u. die Ausübung des geistl. Dienstes unter einem hierarchischen Haupt sicherzustellen. Kleriker wird man durch den Empfang der → Diakonenweihe (cc. 265 i. V. m. 266 §1). Wer einem Ordensinstitut od. einer klerikalen Gesellschaft des apost. Lebens definitiv inkorporiert ist, wird diesem Inst. bzw. dieser Gesellschaft durch den Empfang der Diakonenweihe inkardiniert (c. 266 §2; c. 428 CCEO). Die Inkardination in das Ordensinstitut od. die inkardinationsberechtigte Gesellschaft setzt also die I. voraus. Das Mitglied eines Säkularinstituts wird durch den Empfang der Diakonenweihe jener Teilkirche inkardiniert, für deren Dienst es geweiht ist, wenn es dem Inst. nicht kraft Gewährung des Apost. Stuhls selbst inkardiniert wird (c. 266 §3).

3. Als I. wird auch die Einverleibung bzw. Vereinigung einer jur. Person (→ Juristische Person, kirchliche) kirchl. Rechts in eine andere Person kirchl. Rechts bez. (vgl. cann. 452 §§1 u. 2; 1419, 1423 §§1 u. 2; 1425 §§1 u. 2 usw.). Häufig ist einem → Kloster ein Pfarrbenefizium inkorporiert worden. Das Wesen der I. suchen Eigentumstheorie u. Nutzungstheorie rechtlich zu fassen. Die Eigentumstheorie sieht das → Benefizium im Eigentum des Inkorporationsträgers. Die Nutzungstheorie vertritt die Auffassung, dass das Benefizium dem Inkorporationsträger lediglich zur Nutzung übertragen ist. Diese Theorie findet Eingang in den CIC/1917 u. ist modifiziert in can. 1425 §1 normiert. Es gibt zwei Formen der I., nämlich die halbe I. (incorporatio ad temporalia tantum minus plena) u. die volle I. (incorporatio pleno iure). Bei der halben I. kommt es zur Splittung der beiden benefizialen Wesenselemente Vermögensmasse u. KA. Die Vermögensmasse wird der jur. Person zur Verwaltung u. zum Nießbrauch übertragen. Das KA wird einer anderen Rechtsperson – beim Pfarrbenefizium einem Diözesanpriester – anvertraut. Bei der vollen I. unterbleibt diese Splittung; der jur.

Person werden Vermögensmasse u. KA übertragen. Als parochus habitualis ist sie jedoch nicht fähig, die aus dem Pfarramt resultierenden Verpflichtungen zu erfüllen. Deshalb sind diese Verpflichtungen einem Priester, dem vicarius paroecialis bzw. parochus actualis, zu übertragen. Um der →salus animarum willen qualifiziert das Vat II die →Pfarrei als communitas christifidelium, die dem eigenen →Pfarrer als pastor proprius anvertraut ist (vgl. SC 42; LG 26, 1; AG 37, 1; AA 10 u. CD 30, 1). Der Grundsatz, die cura pastoralis darf nur einer →physischen Person anvertraut sein, findet Eingang in den CIC/1983 (vgl. cc. 515 § 1; 510 §§ 1 u. 2 sowie 520). Dieses Verbot generiert keine generelle Aufhebung der I., sondern eine grundlegend rechtliche Veränderung. Weil das Pfarramt nur mehr einem Priester übertragen werden darf, besteht das Rechtsinstitut I. – wie etwa in Österreich – in modifizierter Weise weiter.

Quellen

Vat II, SC; Vat II, LG; Vat II, CD; Vat II, AA; Vat II, AG; Paul VI., MP Ecclesiae Sanctae vom 06. August 1966: AAS 58 (1966), 757-787.

Literatur

Primetshofer, B., Inkorporation u. Inkardination von Ordensklerikern: Ars boni et aequi. Ges. S. von Bruno Primetshofer, hg. v. J. Kremsmair – H. Pree, Berlin 1997, 605-621; Riedel-Spangenberger, I., Art. Inkardination: LKStKR Bd. 2, 288-289; Haering, St., Die rechtliche Bindung des Ordensklerikers an seine Gemeinschaft: ÖARR 56 (2009), 182-200; Koch, P., Die Ordenspfarre. Entstehung, Herausforderungen u. Perspektiven, Paderborn – München – Wien – Zürich 2014 (KStKR 20); Lederhilger, S. J., Die inkorporierten Pfarren der Klöster. Nostalgische Besitzstandwahrung im Kontext aktueller Seelsorgestrukturen?: Recht – Religion – Kultur (FS Potz), hg. v. H. Schinkele u. a., Wien 2014, 369-400; Pree, H., Die pleno iure inkorporierte Pfarre: ÖARR 61 (2014), 125-141; Althaus, R., Inkardination: 100 Begriffe aus dem Ordensrecht, hg. v. D. Meier – E. Kandler-Mayr – J. Kandler, St. Ottilien 2015, 215-218; ders., Inkorporation: 100 Begriffe aus dem Ordensrecht, hg. D. Meier – E. Kandler-Mayr – J. Kandler, St. Ottilien 2015, 218-221; Pree, H.: MKCIC c. 96, Rn. 1-10; Reinhardt, H.: MKCIC c. 204, Rn. 1-7; c. 265, Rn. 1-6.; c. 266, Rn. 1-15; Stoffel, O.: MKCIC c. 510, Rn. 1-4; Ahlers, R.: MKCIC c. 520, Rn. 1-7; c. 849, Rn. 1-7; Henseler, R. – Meier, D.: MKCIC c. 654, Rn. 1-3; c. 736, Rn. 1-3; Meier, D.: MKCIC c. 670, Rn. 1-13; Henseler, R.: MKCIC c. 723, Rn. 1-3; c. 737, Rn. 1-2.

Peter Koch

© 2019, DOI: 10.30965/9783506786388_0452

Inkorporation – Evangelisch

Von einer I. als Einverleibung einer (Pfarr-)Kirche (→Pfarrkirche) in eine kirchl. Rechtsperson (etwa ein →Kloster od. ein Stift) nach kan. Recht konnten auch ev. Kirchen betroffen sein, etwa wenn in einem Territorium die →Reformation eingeführt wurde. Wenn danach ein Kloster durch einen Landesherrn säkularisiert wurde, gerieten die Rechte aus der I. in die Hand des Landesherrn. So kam es auch dazu, dass die Differenzierungen zwischen landesherrlichen →Patronaten u. Inkorporationsrechten verwischten. Auf I. beruhende →Baulasten an kirchl. Gebäuden spielen bis heute eine Rolle. Im übrigen kennt das geltende ev. KR die I. nicht.

Literatur

Landau, P., Inkorporation: TRE Bd. 16, 163-166; Böttcher, H., Inkorporation: LKStKR Bd. 2, 291; de Wall, H., Inkorporation: HRG² Bd. 2, 1224 f.

Heinrich de Wall

© 2019, DOI: 10.30965/9783506786388_0452

Innere Angelegenheiten – Staatlich

→Religionsgemeinschaften pflegen die Menschen ganzheitlich anzusprechen u. hierbei nicht nur sakrale, sondern auch profane Zwecke zu verfolgen. Die für die Abgrenzung zum Staat entwickelte Bereichslehre – die in mancher Hinsicht Berührungspunkte zur Unterscheidung von ius in sacra u. ius circa sacra aufweist – zielt darauf ab, die eigenen Angelegenheiten danach einzuteilen, ob sie den Innen- od. Außenbereich betreffen. Der Innenbereich (zu dem etwa das Amtsrecht gezählt wird) soll dem staatl. Recht schlechthin unzugänglich sein, während die äußeren Angelegenheiten den in Wechselwirkung m. der → Religionsfreiheit zu interpretierenden Schranken des staatl. Gesetzes gem. Art. 137 Abs. 3 S. 1 WRV i. V. m. Art. 140 GG unterfallen. Die Bereichslehre ist über Jahrzehnte in der Rspr. u. Lit. auch vom BVerfG (zuletzt BVerfG [K]: NJW 2009, 1195 ff.) vertreten worden. Indessen ist dieser räumlichen Betrachtungsweise nicht zu folgen. Die Schrankenbestimmung des Art. 137 Abs. 3 S. 1 WRV bezieht sich auf alle religionsgemeinschaftlichen Angelegenheiten u. nicht nur auf die äußeren. Freiheitsgewährleistung u. Schrankenvorbehalt betreffen demnach die Gesamtheit religionsgemeinschaftlichen Wirkens einschließlich der innerkirchlichen Angelegenheiten. Die durch sie geschützten Rechtsgüter können daher nur im Einzelfall im Wege der Abwägung einander zugeordnet werden. Eine schematische Abgrenzung von inneren u. äußeren Angelegenheiten lässt sich ohnehin nicht durchhalten. Bspw. gehören gottesdienstliche Handlungen zu den ureigenen Angelegenheiten der Religionsgemeinschaften, rechtfertigen aber z. B. keine Beleidigungen von der Kanzel herab od. Taufen von Kleinkindern o. Zustimmung der gesetzlichen Vertreter, verbleiben also nicht ein für alle Mal im internen Bereich. Soweit eine religionsgemeinschaftliche Maßnahme im Einzelfall keine weltliche Wirkung hat (wie theol. Erkl. od. Verkündigungsvorgänge), kann eine staatl. Beschränkung von vornherein nicht verfassungsgemäß sein. Dementsprechend wird sowohl in der Fachgerichtsbarkeit als auch im Schrifttum heute ganz überwiegend die Abwägungs- statt der Bereichslehre vertreten.

Literatur

Ehlers, D., Staatl. Rechtsschutz in kirchl. Angelegenheiten: Juristische Schulung 1989, 364-373; von Campenhausen, A. – de Wall, H., Staatskirchenrecht, München ^{4}2006, 309-326; Classen, C. D., Religionsrecht, Heidelberg ^{2}2015, Rn. 255-274.

Dirk Ehlers

Innere Mission – Evangelisch

→ Caritas, Diakonie

Innovatio – Katholisch

→ Veränderung

Inquisition – Historisch

I. von lat. inquirere, erforschen i. S. v. Untersuchung von Fragestellungen. Konkret ist eine von der kath. Kirche eingesetzte außerordentliche Behörde gemeint, deren konstitutives Kennzeichen ein spezielles Verfahren zur Aufspürung u. Aburteilung von → Häresie war.

Verfahren: Das Verfahren entstand zu Beginn des 13. Jh., wobei entscheidende Schritte im Zuge der Rationalisierung von Recht u. Theologie schon von Innozenz III. ab 1199 grundgelegt wurden. Das von ihm geschaffene kan. Verfahren per inquisitionem hatte primär die Reform der (höheren) Kleriker im Auge u. wurde dann zum Ketzer-I.-Prozess ausgebaut. Neben den Antiketzergesetzen Kaiser Friedrichs II. – wodurch Folter u. Todesstrafe ihren Einzug ins Strafsystem des MA finden – spielte auch die ma. Rezeption des späten Augustinus eine Rolle. Konflikte m. Kaiser u. Bf. u. konkrete Krisensituationen (Albigenserkreuzzug) erhöhten den Handlungsdruck auf die kirchl. Autoritäten. Merkmal der I. ist die Beauftragung eines zumeist vom P. delegierten Richters, der selbständig das Verfahren durchführt. Die Einl. fand meist per denuntiationem statt. Zunächst wurden v. a. notorisch bekannte Verdachtspunkte, die eine mala fama belegen konnten, untersucht. Die Möglichkeit einer Gnadenfrist sollte zu Selbstanzeigen im Vorfeld des Verfahrens durch Zuerkennung milderer Bußen ermutigen. Anonymität der Denunzianten, Geheimhaltungspflicht der schriftlich fixierten Zeugenaussagen, gezielte Verhörformulare, Beugehaft u. Folter sind Kernelemente. Am Ende standen Bußübungen (Fasten, Selbstkasteiung od. auch bewaffneter Kreuzzug), das stigmatisierende Tragen von gekennzeichneter Kleidung, Güterkonfiskation, Gefängnisstrafe, →Exkommunikation u., im Falle bekehrungsunwilliger od. rückfälliger Ketzer, die Überstellung an den weltlichen Arm zur Verbrennung. Die damit verbundene Bitte um Schonung des Lebens war archaische Reminiszenz an frühere Zeiten, als die Kirche noch generell die Todesstrafe ablehnte. Als bes. abstoßend wurde von der Bevölkerung die posthume Ketzerverbrennung wahrgenommen.

Überlappungen m. dem sich entwickelnden scholastischen Bußsystem sind nicht zu übersehen. Da nicht primär die körperliche Bestrafung des Ketzers das Ziel war, sondern seine seelische Besserung u. die Unterbindung der Ausbreitung der Häresie, trat der Inquisitor nicht nur als Richter (in ermittelnder, anklagender u. urteilender Funktion) auf, sondern gleichzeitig als Beichtvater, der den Missetäter zur inneren Umkehr bringen wollte. Im Verhör ging es um confessio im eigentlichen Sinn des Wortes. Selbst die Folteranwendung kann auf dem Hintergrund augustinischer Abschreckungspastoral verstanden werden als letztes Mittel, um über die körperlichen Schmerzen die verstockte Seele zu erreichen. Die Urteilsverkündung fand in einem feierlichen sermo generalis statt.

I. im MA: Ab 1231 werden örtliche Inquisitoren – unabhängig von den Bf. – den ordentlichen Richtern bei Häresie vom P. delegiert, um v. a. die Katharer u. Waldenser zu bekämpfen. Waren dies zunächst Weltgeistliche, wie Konrad von Marburg, wird die Aufgabe schnell dem Dominikanerorden übertragen, ab 1246 auch dem Franziskanerorden. Konflikte um die Zuständigkeit blieben nicht aus, v. a. m. den Bf. In den Anfangsjahren fallen unkoordinierte Beauftragungen, unklare Regeln u. uneinheitliche Handlungspraxis auf. Gegen das Urt. war keine Appellation möglich. Bald war fast überall in Europa die I. zu finden, o. zentral gesteuert zu sein. 1252 regelt Innozenz IV. in der Konst. Ad extirpanda die Häretikerverfolgung u. erlaubt die Folter zur Geständniserzwingung. Nun erst ist von einem Amt auszugehen. Das Verfahren wird spezifisch beschrieben in den Handbüchern der Inquisitoren (B. Gui, N. Eymeric).

Die spanische I.: Zwar bestanden in Aragon Ende des 15. Jh. noch Reste der ma. I., doch erst durch Ferdinand u. Isabella wurde die I. zu einem Instrument staatl. Macht. M. Blick auf die conversos erließ Sixtus IV. zwischen 1478 u. 1482 auf Bitten der Könige eine Reihe von Bullen. Versuche des P., Kontrolle über die I. zu behalten, waren umsonst. Obwohl aus päpstlicher Vollmacht ins Leben gerufen u. nominell stets unter der Jurisdiktion des P. stehend, war die I. praktisch unter der Aufsicht der spanischen Könige. Nach der Verdrängung der conversos u. moriscos bekämpfte die I. die Protestanten u. Aufklärer u. dehnte ihre Kompetenzen auf alle Bereiche des soz. Lebens aus. Bücherzensur spielte eine wichtige Rolle. Auch in den spanischen Kolonialgebieten wurde die I. etabliert. Definitiv wurde sie erst 1834 aufgehoben.

Die römische I.: Im Kampf gegen die →Reformation wurde 1542 m. der Bulle Licet ab initio von Paul III. die röm. I. eingeführt. Sie blieb praktisch auf den Kirchenstaat beschränkt, auch wenn andere ital. Staaten Tribunale etablierten. Die Untersuchung der Häresie wurde einem Kardinalsgremium übertragen. 1559 erschien der erste Index verbotener Bücher (→Index librorum prohibitorum). 1859 wurde die I. in Italien aufgehoben, nur die Congr. Sancti Officii blieb als Kontrollinstanz des Glaubens gewahrt u. wurde erst 1965 aufgelöst. Die Öffnung des Archivs der röm. I. 1998 vermittelt ein differenziertes Bild der I., das keinesfalls m. der schwarzen Legende übereinstimmt, die im Zeitalter des Konfessionalismus von Protestanten gezielt verbreitet wurde u. immer noch Stoff für manchen Roman u. Film ist.

Quellen
Corpus documentorum inquisitionis haereticae pravitatis Neerlandicae, hg. v. P. Fredericq, Gent – s'Gravenhage 1889-96; Douais, C., S. Raymond de Peñafort et les hérétiques. Directoire à l'usage des inquisiteurs aragonais, 1242: Le Moyen Age 12 (1899), 305-325; ders., Documents pour servir à l'histoire de l'Inquisition dans le Languedoc, 2 Bde., Paris 1900, Nachdr. 1977; Gui, B., Le Manuel de l'inquisiteur, übers. u. hg. v. G. Mollat, 2 Bde., Paris 1964; Le Registre d'Inquisition de Jacques Fournier (1318-23), hg. v. J. Duvernoy, 3 Bde., Toulouse 1965; Eymeric, N. – Peña, F., Le Manuel des Inquisiteurs, übers. u. hg. v. L. Sala Molins, Paris 1973; L'inquisiteur Geoffroy d'Ablis et les Cathares du Comté de Foix (1308-09), hg. v. A. Palès-Gobillard, Paris 1984; Acta S. Officii Bononie ab anno 1291 usque ad annum 1310, 3 Bde., hg. v. L. Paolini – R. Orioli, Rom 1984; Alatri, M. D., Eretici e inquisitori in Italia. Studi e documenti, 2 Bde., Rom 1986-87; Sesma Munoz, J. A., El establecimento de la Inquisicion en Aragón, 1484-86. Documentos para su estudio, Saragossa 1987; Les Hérésies et l 'Inquisition, XII – XII siècles. Documents et Etudes, hg. v. Y. Dossat, Aldershot 1990; The Spanish Inquisition, 1478-1614. An Anthology of Sources, übers. u. hg. v. L. A. Homza, Indianapolis 2006; Inquisitors and Heretics in Thirteenth-Century Languedoc: Edition and Translation of Toulouse Inquisition Depositions 1273-82, hg. v. P. Biller – C. Bruschi – S. Sneddon, Leiden 2011 (Studies in the History of Christian Tradition 147); Heresy and Inquisition in France, 1200-1300. Selected Sources translated and annotated, hg. v. J. Arnold – P. Biller, Manchester 2016.

Literatur
Llorente, J. A., Histoire Critique de l'Inquisition de l'Espagne, 4 Bde., Paris 1817-18; Lea, H. Ch., A History of the Inquisition in the Middle Ages, 3 Bde., New York 1888 (dt.: Geschichte der Inquisition im Mittelalter, Bonn 1905-1913); ders., A History of the Inquisition in Spain, 4 Bde., New York 1906-1907; Dossat, Y., Les Crises de l'Inquisition Toulousaine, Bordeaux 1959; Maisonneuve, H., Etudes sur les Origines de l'Inquisition, Paris ²1960; Kamen, H., The Spanish Inquisition, London 1965 (dt.: Die spanische Inquisition, München 1967/69); Walther, H. G., Häresie u. päpstliche Politik: Ketzerbegriff u. Ketzergesetzgebung in der Übergangsphase von der Dekretistik zur Dekretalistik: The Concept of Heresy in the Middle Ages, hg. v. W. Lourdaux – D. Verhelst, Louvain – Den Haag 1976, 104-143; Grendler, P. F., The Roman Inquisition and the Venetian Press 1540-1605, Princeton 1977; L'Inquisition Espagnole, XVe-XIXe siècles, hg. v. B. Benassar, Paris 1979; Kolmer, L., Ad Capiendas Vulpes, Paris 1982 (Pariser Hist. Studien 19); Trusen, W., Der Inquisitionsprozess: ZRG.K. 74 (1988), 168-230; Tedeschi, J., The Prosecution of Heresy, Binghampton 1991; Die Anfänge der Inquisition im Mittelalter, hg. v. P. Segl, Köln – Weimar – Wien 1993; Bethencourt, F., L'Inquisition à l'époque moderne. Espagne, Portugal, Italie, XVe-XIXe siècle, Paris 1995; Wolf, H., Inquisition, Index, Zensur: Wissenskulturen der Neuzeit im Widerstreit, Paderborn 2001; Parmeggiani, R., I consilia procedurali per l 'inquisizione medievale (1235-1330), Bologna 2011; Müller, D., Der Bischof u. der Inquisitor. Unterschiede u. Gemeinsamkeiten in der Prozessführung von Jacques Fournier u. Geoffroi d'Ablis auf der Basis ihrer Inquisitionsregister: Ketzer u. Kirche, hg. v. ders., Münster 2014, 237-262; dies., Pomponip d'Algieri u. Paul IV. Der Glaube des Einzelnen u. das Räderwerk der Röm. Inquisition: Ketzer u. Kirche, hg. v. ders., Münster 2014, 302-331.

Daniela Müller

Insignien – Katholisch

Die I. sind den liturgischen Stand u. eine kirchl. Verfügungsgewalt kennzeichnende, nur dazu berechtigten Personen zustehende Abzeichen (zusammenfassend bez. als Pontifikalien für die →Bischöfe, →Äbte u. den →Papst, früher auch bes. →Prälaten der Kurie, v. a. den Protonotaren, u. den Dignitäten bedeutender Kapitel in abgestuftem Ausmaß), die nach allg.

Recht u. den liturgischen Vorschriften zu bestimmten →Amtshandlungen verwendet werden (müssen). Die Entwicklung kirchl. bzw. liturgischer I. beginnt bereits im 4. Jh., als die Bf. in dem chr. werdenden Staat eine gewisse gesetzlich anerkannte Vorrangstellung erhielten, die auch in Kleidung u. bes. in Amts-I. zum Ausdruck kam. Gem. SC 130 sind seit 1968 die →Pontifikal-Insignien den Bf. u. den Prälaten m. wirklicher Jurisdiktion vorbehalten (AAS 60 [1968], 374-377; DEL 1, 1089-1098).

Die Stola (orarium, stola), ein schmaler Stoffstreifen, findet sich schon früh als das Ehrenzeichen der Geistlichkeit u. wird zum Zeichen, das Bf., →Priester u. →Diakone von den übrigen Diensten unterscheidet (so auch in den östlichen Kirchen) u. je nach Weihegrad verschieden angelegt wird (vgl. AEM² Nr. 302; IGMR³/GORM Nr. 340; CaerEp 2008, Nr. 66f.). Nach dem Vat II gibt es den Manipel (manipulus, mappula; AAS 59 [1967], 447; DEL 1, 834; urspr. auch als bes. I. des Subdiakons) in der außerordentlichen Form des röm. Ritus sowie im sog. Anglican Use (Divine Worship), dem liturgischen Usus der drei →Personalordinariate.

Wichtige Pontifikal-I. (insignia pontificalia; vgl. CaerEp 2008, Nr. 57) sind heute (bei den liturgischen Funktionen) die Cathedra, die Mitra u. der Bischofsstab (Hirtenstab). Residierende Ebf. u. der P. tragen außerdem das →Pallium. Ring u. das Brustkreuz werden vom Bf. sowie Äbten (u. →Äbtissinnen) dagegen ständig getragen. Nicht mehr üblich sind die früher bedeutsamen Pontifikalstrümpfe u. -schuhe sowie liturgische Handschuhe (vgl. AAS 60 [1968], 409; DEL 1, 1114). Die violette bzw. rote Cappa Magna (o. Hermelin) für Bf. bzw. →Kardinäle (vgl. AAS 61 [1969], 336; DEL 1, 1346) darf nur in der eigenen Diözese u. an höchsten Festen verwendet werden (vgl. CaerEp 2008, Nr. 64, 1200).

Zu den ältesten →Privilegien gehören der eigene ausgezeichnete Sitz des Ortsbischofs, die Cathedra (vgl. AAS 60 [1968] 408f.; DEL 1, 1109-1112; CaerEp 2008, Nr. 42, 47f.), als Zeichen des Lehr- u. Hirtenamtes, zu der dieser bei der Bf.-Weihe od. Amtseinführung in seiner Kathedrale feierlich geleitet wird (CaerEp 2008, Nr. 509, 1145).

Das CaerEp 2008 (Nr. 60) sieht vor, dass der Bf. die Mitra trägt, wenn er sitzt, predigt, Ansprachen od. Einführungen hält, bei Prozessionen, beim feierlichen Segen sowie bei der Kernhandlung sakramentaler Feiern.

Fürsten u. Könige übergaben im 9. Jh. den Bf. die Gewalt über ihr Bistum durch Überreichung des Stabes. Der (Bischofs-)Stab (baculus pastoralis; der Abtsstab ist noch älter) als eines der ältesten Zeichen der Macht u. der Ausübung der Jurisdiktion wurde erst im 13. Jh. auch zur liturgischen I. (heute bei Prozessionen, beim Hören des Evangeliums, bei der →Homilie u. bei der Segensspendung o. Handauflegung; vgl. CaerEp 2008, Nr. 59). Der P. trägt gelegentlich einen Kreuzstab o. Krümmung (Ferula).

Die Bf. benutzten den Ring (anulus pontificalis) zuerst als Amts- u. Siegelzeichen. Er wird seit dem 9. Jh. bei der Bf.-weihe zusammen m. dem Stab übergeben. Das CaerEp 2008 legt großen Wert darauf, dass der Bf. den Ring als Zeichen der bräutlichen Verbindung m. der Kirche, außer am Karfreitag, immer trägt (Nr. 58). Der goldene Kardinalsring gehört seit dem 9. Jh. zu den I. eines Kard. u. wird ihm vom P. überreicht.

Seit dem 12. Jh. gibt es Ber. u. Rubriken, wonach der Bf. ein Brustkreuz (pectorale) m. Reliquien unter dem Messgewand trägt. Erst m. dem MRom 1570 wird das Brustkreuz verpflichtender Teil des bfl. Messornats u. soll über dem Messgewand getragen werden (CaerEp 2008, Nr. 61). Das über der Chorkleidung (an einer grünen, bei Kard. roten, golddurchwirkten Schnur; vgl. CaerEp 2008, Nr. 63, 1199, 1205) u. dem schwarzen (Alltags-)Talar (an einer Kette; vgl. CaerEp 2008, Nr. 1203f.) getragene Brustkreuz wird allg. im 17. Jh. üblich, bei den P. erst im 19. Jh. Zur auszeichnenden Chorkleidung eines Bf. (u. ihm gleichgestellter Prälaten m. bes. Jurisdiktion) zählen Talar, Zingulum, Mozetta, Pileolus u. Birett in violett (beim Kard. in rot).

Gegen 500 scheint das Pallium bereits ein selbstverständliches Amtszeichen des Bf. von Rom zu sein. Der P. verlieh es ab dem 6. Jh. an hervorragende Bf., später an alle Ebf. Das Pallium ist heute eine I. der residierenden Ebf. u. wird bei festlichen Gottesdiensten in dessen Kirchenprovinz über dem Messgewand getragen (cc. 355 § 2, 437; CaerEp 2008, Nr. 62; s. auch c. 156 CCEO). Nach Wegfall der Tiara ist die Auflegung des Palliums zum liturgischen Zeichen für die Übernahme der röm. Cathedra geworden. Den ma. Ersatz für einfache Bf., das Rationale (Superhumerale), gibt es heute nur noch für die Bischofssitze Paderborn, Eichstätt, Krakau u. Toul-Nancy, u. gilt als auszeichnender Schulterschmuck (über dem Messgewand). Das Kreuz des Ebf. kann ihm bei Prozessionen vorangetragen werden, nun m. dem Corpus auf der Vorderseite (vgl. AAS [1968], 410; DEL 1, 1119; CaerEp 2008, Nr. 62).

Zu den päpstlichen I. zählt heute eigentlich nur noch der seit dem 14. Jh. übliche Fischerring (anulus piscatoris), der zu Beginn der Messfeier zur Amtseinsetzung des neuen P. überreicht u. nach seinem Tod (od. Amtsverzicht) unbrauchbar gemacht wird. Die frühere Tiara (triregnum), eine m. drei Kronstreifen geschmückte außerliturgische Kopfbedeckung (zum Gebrauch beim Ein- u. Auszug), die dem P. nach dem Krönungsamt feierlich aufgesetzt wurde, wurde von Paul VI. 1964 symbolisch abgelegt. Der P. trägt Talar, Zingulum u. Pileolus in weiß.

Auch das Recht der kath. Ostkirchen kennt I. (vgl. z. B. cc. 200, 321 § 1, 388, 701 CCEO).

Quellen

Vat II, SC; Caeremoniale Episcoporum. Editio typica, Vatikan 2008 (1984); dt. Ausg.: Zeremoniale für die Bischöfe, Solothurn u. a. 1998; Allg. Einführung ins Messbuch: Die Feier der hl. Messe, Messbuch. Für die Bistümer des dt. Sprachgebietes, Freiburg u. a. ²1988, 23*-73*; Missale Romanum, Editio typica tertia 2002, Grundordnung des Röm. Messbuchs, Vorabpublikation zum Dt. Messbuch, hg. v. Sekretariat der DBK, Bonn ³2007 (Arbeitshilfen 215).

Literatur

Braun, J., Die liturgische Gewandung im Occident u. Orient nach Ursprung u. Entwicklung, Verwendung u. Symbolik, Freiburg 1907 (Nachdr.: Darmstadt 1964 u. ö.), 359-700; Klauser, Th., Der Ursprung der bfl. Insignien u. Ehrenrechte, Krefeld ²1953 (JbAC. Erg.-Bd. 3, Münster 1974, 195-211); Bauerreiß, R., Abtsstab u. Bischofsstab: Studien u. Mitteilungen zur Geschichte des Benediktinerordens u. seiner Zweige 68 (1957), 215-226; Salmon, P., Mitra u. Stab. Die Pontifikal-Insignien im röm. Ritus, Mainz 1960; Labhart, V., Zur Rechtssymbolik des Bischof-Ringes, Köln – Graz 1963 (Rechtshistorische Arbeiten 2); Nußbaum, O., Das Brustkreuz des Bischofs. Zur Geschichte seiner Entstehung u. Gestaltung, Mainz 1964; Schnitzler, Th., Zwei Dekrete im Dienst der Liturgiereform über bfl. Abzeichen u. bfl. Zeremoniell: LJ 19 (1969), 113-120; Sirch, B., Der Ursprung der bfl. Mitra u. päpstlichen Tiara, St. Ottilien 1975 (Kirchengeschichtliche Quellen u. Studien 8); Raddatz, A., Art. Insignien, kirchl.: TRE Bd. 16, 196-202; Berger, R., Liturgische Gewänder u. Insignien: Gestalt des Gottesdienstes. Sprachliche u. nichtsprachliche Ausdrucksformen, hg. v. H. B. Meyer, Regensburg ²1990 (Gottesdienst der Kirche 3), 322-325, 340-344; Emminghaus, J. H., Der gottesdienstliche Raum u. seine Ausstattung: Gestalt des Gottesdienstes. Sprachliche u. nichtsprachliche Ausdrucksformen, hg. v. H. B. Meyer, Regensburg ²1990 (Gottesdienst der Kirche 3), 395-398; Del Re, N., Fischerring: Vatikanlexikon, hg. v. N. Del Re, Augsburg 1998, 222; Gänswein, G., Art. Insignien: LKStKR Bd. 2, 299 f.; Gehr, J., Art. Pontifikal-Insignien: LKStKR Bd. 3, 254.

Hans-Jürgen Feulner

© 2019, DOI: 10.30965/9783506786388_0457

Instanz – Katholisch

I. (lat.: instantia) bez. im kirchl. → Prozessrecht: 1. die rechtliche Anhängigkeit des Verfahrens vor dems. Gericht (→ Gerichte, kirchliche) von der → Ladung an; 2. die Verhandlungsebene; 3. den Antrag einer → Partei im Verfahren.

1. Am zuständigen kirchl. Gericht beginnt die I. gem. c. 1517 nach Annahme der →Klageschrift m. der Ladung der Parteien u. endet m. dem →Urteil od. dem Erlöschen gem. cc. 1521-1525 (cc. 1202-1206 CCEO). Stirbt vor Aktenschluss eine Partei od. ändert sie ihren →Personenstand od. scheidet sie aus dem →Amt, dessentwegen sie vor Gericht handelt, ruht nach c. 1518, 1° (c. 1199, 1° CCEO) die I., bis sie von einem Erben, Nachfolger od. einem, dessen Interessen berührt werden, neu aufgenommen wird. Zum Ruhen der I. kommt es lt. c. 1519 (c. 1200 CCEO) auch durch Ausscheiden des Vormundes, Pflegers od. notwendigen Prozessvertreters bis zur Bestellung eines Nachfolgers. Ein Verzicht auf die I. ist entspr. c. 1524 (c. 1205 CCEO) in jedem Stadium möglich u. lt. c. 1525 (c. 1206 CCEO) m. dens. →Rechtswirkungen verbunden wie das Erlöschen, in der Berufungsinstanz nach c. 1641, 3° (c. 1322, 3° CCEO) m. dem Eintritt des angefochtenen Urt. in Rechtskraft; er wird gem. c. 1594, 2° (c. 1274, 2° CCEO) vermutet, wenn die klagende Partei der zweimaligen Ladung zur →Streitfestlegung nicht Folge leistet.

2. Auf Grund der kirchl. Gerichtshierarchie kann die I. vor einem unter- od. (danach) vor einem übergeordneten →Richter eingel. werden u. somit in erster od. höherer, i. d. R. in zweiter od. dritter I. anhängig sein. In diesem Sinn bez. I. die Verhandlungsebene od. Gerichtsstufe (lat.: gradus iudicii).

Erste I. ist nach c. 1419 §1 (c. 1066 §1 CCEO) i. d. R. der →Diözesanbischof bzw. das →Diözesangericht od. gem. c. 1423 §1 bei gemeinsamer Errichtung durch mehrere →Bischöfe u. entspr. Genehmigung durch die →Apostolische Signatur ein interdiözesanes (z. B. Regional- od.- National-) Gericht (→Interdiözesangericht), dem nach c. 1423 §2 die Zuständigkeit für alle beliebigen od. nur für einzelne Arten von Prozesssachen übertragen werden kann. Im CCEO (c. 1067 §1) steht die Errichtung innerhalb des Patriarchates dem →Patriarchen zu. Nur der →Papst selbst ist gem. cc. 1405 §1 (cc. 1060 §1 CCEO) i. V. m. 1406 §2 (1072 CCEO) in erster I. absolut zuständig für Verfahren sowohl von Staatsoberhäuptern, →Kardinälen, Gesandten des Apost. Stuhles u. Bf. in Strafsachen als auch anderen Angelegenheiten, die er an sich gezogen hat. Der →Römischen Rota ist lt. c. 1405 §3 (vgl. cc. 1060 §2; 1061 CCEO) die Rspr. in erster I. vorbehalten über Bf. in Streitsachen, den →Abtprimas od. den →Abtpräses einer monastischen Kongr. sowie den obersten Leiter von Ordensinstituten päpstlichen Rechtes, Diözesen od. sonstige natürliche od. jur. Personen (→Juristische Person, kirchliche), die keinen Oberen unterhalb des P. haben, u. gem. c. 1444 §2 sonstige Sachen, die der P. von sich aus od. auf Bitten der Parteien an sein Gericht gezogen u. der RR überwiesen hat. Nach Art. 52 der Normen der RR steht das Recht, Fälle in erster I. an die RR zu rufen (lat.: avocare), u. U. auch deren →Dekan zu. Geht es jedoch um Rechte od. Vermögenswerte einer jur. Person, die vom Bf. vertreten wird, entscheidet in erster I. gem. c. 1419 §2 (c. 1066 §2 CCEO) das ordentliche Berufungsgericht. Für Streitsachen zwischen Ordensleuten od. Niederlassungen dess. klerikalen Ordensinstitutes päpstlichen Rechtes ist hingegen lt. c. 1427 §1 (c. 1069 §1 CCEO), sofern in den Konst. nichts anderes vorgesehen ist, der Provinzial od. der →Abt eines rechtlich selbständigen Mönchsklosters Richter erster I., zwischen zwei Provinzen der oberste Leiter od. dessen Delegierter bzw. der Abtpräses (c. 1427 §2).

Zweite I., in →Ehenichtigkeitsverfahren gem. c. 1673 §5 (c. 1359 §5 CCEO) immer ein Kollegium von Richtern, ist für das Gericht des Suffraganbischofs in der lat. Kirche i. d. R. das des →Metropoliten (c. 1438, 1°) u. für dieses das m. Genehmigung des Apost. Stuhles für dauernd vom Metropoliten bestimmte (c. 1438, 3°). Für ein interdiözesanes Gericht, das nicht nur für Suffragandiözesen ders. Erzdiözese besteht, muss die →Bischofskonferenz m. Genehmigung des Apost. Stuhles ein Gericht zweiter I. einrichten (c. 1439 §1); auch mehrere solcher Gerichte sind möglich (§ 2). Wahlweise kann rechtmäßige Berufung (→Berufung im Prozess) in zweiter I. immer auch an die RR eingelegt werden (c. 1444, § 1, 1°), die gem. cc. 1632 § 2 i. V. m. 1415 ggf. als ranghöheres Gericht darüber befindet. Für von der RR in erster I. entschiedenen Sachen kommt dieser ab der zweiten I. gem. c. 1444 § 2 alleinige Zuständigkeit zu. Im CCEO gelten eigene Regelungen (vgl. cc. 1063 § 3; 1064; 1067 § 5; 1068 § 4 CCEO).

Dritte u. höhere I. ist i. d. R. gem. c. 1444 § 1, 2° (vgl. c. 1065 CCEO) die RR, auf Grund von →Privilegien zugl. die Rota von Madrid für Spanien, das Primatialgericht Esztergom-Budapest für Ungarn u. das Offizialat Freiburg für Köln. Die SignAp kann aber auf Antrag ein lokales Gericht beauftragen. Innerhalb seines Gebietes ist stets das Patriarchalgericht dritte I. (c. 1063 § 3 CCEO). Eine Verhandlung in vierter od. höherer I. ist in Personenstandsverfahren möglich, in Ehenichtigkeitsprozessen seit 2015 aber nur mehr nach zweifacher Berufung u. Gewährung einer bzw. mehrerer Wiederaufnahmen. Oberste I. bei →Beschwerden gegen Entscheidungen der RR ist gem. c. 1445 § 1 u. Art. 122 PastBon die SignAp.

3. I. wird im KR auch i. S. v. Antrag, Eingabe od. Mahnung gebraucht (vgl. z. B. cc. 1434, 2°; 1506; 1507 § 2; 1530; 1591; 1616 § 1; 1650 sowie cc. 1098, 2°; 1189; 1190 § 2; 1211; 1271; 1299 § 1 CCEO). Sie kann durch eine der Parteien bzw. deren Prozessvertreter, den →Kirchenanwalt od. den Bandverteidiger (→Ehebandverteidiger u. →Weihebandverteidiger) eingelegt werden. Die I. einer Partei ist lt. c. 1452 § 1 (c. 1110 § 1 CCEO) Voraussetzung für das Tätigwerden des Richters in einer Streitsache, die nur das private Wohl angeht, u. nach c. 1514 (c. 1196 CCEO) für die Änderung der Klagegründe.

Quellen

Röm. Rota, Normae: AAS 86 (1994), 508-540; Johannes Paul II., ApK Pastor Bonus vom 28. Juni 1988: AAS 80 (1988), 841-930; ders., MP Nuntiaturae Apostolicae in Hispania: AAS 92 (2000), 5 f.

Literatur

Bonnet, P. A., I Tribunali nella loro diversità di grado e di specie: Il processo matrimoniale canonico, hg. v. P. A. Bonnet – C. Gullo, Vatikanstadt [2]1994 (Studi giuridici 29), 183-225; Palestro, V., L'istanza della lite: Il processo matrimoniale canonico, hg. v. P. A. Bonnet – C. Gullo, Vatikanstadt [2]1994 (Studi giuridici 29), 539-566; Olivares, E., Art. Istanza giudiziale (Litis instantia): NDDC, 595 f.; ders., Art. Tribunale ecclesiastico (Tribunal ecclesiasticum), II – Gradi: NDDC, 1067-1069; Erdö, P., Das Primatialgericht von Esztergom-Budapest: DPM 6 (1999), 39-53; Glaubitz, E., Art. Instanz: LKStKR Bd. 2, 300 f.; Killermann, S., Die außerordentliche Weiterverfolgung einer Ehenichtigkeitsklage: DPM 17/18 (2010/2011), 165-198; Bonnet P. A., Art. Grados le los tribunales: DGDC Vol. IV, 250-257; Arroba Conde, M. J., Art. Instancia judicial: DGDC Vol. IV, 627-630; Lüdicke, K.: MKCIC Terminologische Einführung vor 1400/5 f.; Einführung vor 1417, Rn. 2-6.

Stefan Killermann

© 2019, DOI: 10.30965/9783506786388_0458

Instanz – Evangelisch

Das ev. KR sieht für den kirchl. Gerichtsweg (→Gerichtsweg, kirchlicher) eine od. zwei I. vor. Verfassungsgerichtliche Entscheidungen fallen immer in einer I., ebenso die Entscheidungen in →Lehrbeanstandungsverfahren. Die kirchl. →Verwaltungsgerichtsbarkeit hat in zwei →Gliedkirchen nur eine I., in den übrigen entscheidet in zweiter I. der Kirchengerichtshof der →Evangelischen Kirche in Deutschland als VGH od. das Verfassungs- u. Verwaltungsgericht der →Vereinigten Evangelisch-Lutherischen Kirche Deutschlands über das Rechtsmittel der Revision. Gegen Entscheidungen der Disziplinarkammern ist das Rechtsmittel der Berufung zum Kirchengerichtshof der EKD als Disziplinarhof gegeben. Auch mitarbeitervertretungsrechtliche Streitigkeiten finden im Kirchengerichtshof der EKD eine zweite I.

Literatur

Germann, M., Kirchl. Gerichtsbarkeit: HevKR, § 31.

Michael Germann

Institut

→Einrichtung

Institut des geweihten Lebens

→Ordensinstitut, →Ordensrecht

Institut für Staatskirchenrecht der Diözesen Deutschlands – Katholisch

Das 1971 errichtete I. ist heute organisatorisch eine unselbständige Dienststelle des →Verbandes der Diözesen Deutschlands K. d. ö. R. u. hat seinen Sitz in Bonn. Es berät die →Deutsche Bischofskonferenz, den VDD, einzelne Diözesen, auch die Orden u. andere kath. Organisationen u. Einrichtungen in kirchen- u. staatskirchenrechtlichen Fragestellungen. Darüber hinaus organisiert das I. sowohl kircheninterne Fortbildungsveranstaltungen (Studienwochen) als auch gesonderte wiss. Fachtagungen. Das I. ist die jüngere Schwester des seit 1946 bestehenden →Kirchenrechtlichen Instituts der EKD in Göttingen.

Die Gründungsgeschichte des kircheneigenen I. ist eng verbunden m. den →Essener Gesprächen zum Thema Staat u. Kirche. Das I. befand sich urspr. in der Trägerschaft des Bistums Essen u. besaß neben dem wiss. Leiter noch zwei Geschäftsführer, denen die laufende Verwaltung oblag u. die den verwaltungstechnischen Aufbau begleiteten. Die Geschäftsführerfunktion wurde in der Gründungsphase bis zum formalen Übergang des I. in die Trägerschaft des VDD im J. 1975 vom Essener Bistumsjustitiar Heiner Marré (1929-2014) u. dem Justitiar des Bistums Münster Karl Eugen Schlief (1930-2014) bekleidet.

Der organisatorische u. wiss. Aufbau ist aber v. a. m. Leben u. Wirken des Jesuiten Joseph Listl (1929-2013) verbunden, der als Jurist u. Theologe nicht nur eine seltene Fächerkombination verkörperte, sondern als erster kath. Priester u. Jesuit in der Vereinigung der dt. Staatsrechtslehrer, eine einzigartige Figur in der Wissenschaftslandschaft war. Listl war der Motor des I. u. das I. bot die Basis für sein Wirken, auch nachdem er 1977 auf den kirchenrechtlichen Lehrstuhl an der Kath.-Theol. Fak. der Universität Augsburg berufen wurde. In seiner Zeit diente das I. v. a. „als Warte zur Beobachtung des Rechtsgeschehens, als Bibliothek und Archiv, als literarische Werkstatt, als Editions- und Redaktionszentrum für Sammelwerke, als Operationsbasis für Beratung und Begutachtung" (Isensee – Rüfner, 1996, XXXI). In den Aufbaujahren wird das I. bes. von Listls wiss. Lehrern u. Mentoren Ulrich Scheuner (1903-1981) u. Ernst Friesenhahn (1901-1984) begleitet u. gefördert. Bildung, Organisationsgeschick u. Meinungsfreude zeichneten den Institutsgründer Joseph Listl aus, der neben einer Reihe von Sammelwerken (HbStKR, HbkathKR, eine zweibändige Edition des Staatskirchenvertragsrechts) nicht wenige Promotionsthemen ebenso anregte wie förderte, die dann anschließend unter seiner Ägide in der Reihe SKRA publiziert wurden.

1998 folgte Joseph Listl im Amt des Institutsdirektors der gerade emeritierte Kölner Staatsrechtler Wolfgang Rüfner nach (geb. 1933), der dieses Amt bis 2010 bekleidete. Wie Listl erfuhr auch Wolfgang Rüfner Ausbildung u. Prägung unter den Bonner Staatsrechtlern Scheuner u. Friesenhahn. Unter Rüfner intensivierte sich die – v. a. – interne wiss. Rechtsberatung der kath. Kirche. U. a. nahm er für sie Stellung in diversen Gerichtsverfahren wie etwa im Rechtsstreit über den Sonntagsschutz u. entfaltete darüber hinaus in einer Vielzahl von staatskirchenrechtlich relevanten Fragen entweder selbst gutachterlich Stellung od. begleitete entspr. Begutachtungs- u. Beratungsprozesse.

Das I. steht von Anfang an bis heute als institutionalisierte, wiss. orientierte Rechtsberatung an der Schnittstelle von Theorie u. Praxis des →Staatskirchenrechts. Dies verbürgt Anwendungsbezogenheit u. Praxisorientierung. Als außeruniversitäre, kircheneigene Einrichtung fungiert das I. als Transmissionsriemen in zweierlei Richtung: Kircheninterne Reflexion weltlich-rechtlicher Entwicklungen in Wechselbezüglichkeit zu staatskirchenrechtlich relevanten kirchl. Selbstverständnissen.

Literatur

Isensee, J. – Rüfner, W., Zu Wirkung u. wiss. Profil von Joseph Listl: Kirche im freiheitlichen Staat Bd. 1, hg. v. J. Isensee – W. Rüfner, Berlin 1996 (SKRA 25, 1), XXVII-XXXVI; Marré, H. – Schlief, K. E., Gründung u. erste Jahre des ‚Instituts für Staatskirchenrecht der Diözesen Deutschlands': Recht in Kirche u. Staat (FS Listl), hg. v. W. Rees, Berlin 2004, 87-100; Meckel, T., Joseph Listl – Jurist, Staatskirchenrechtler, Kanonist: Entwicklungstendenzen des Staatskirchen- u. Religionsverfassungsrechts, hg. v. T. Holzner – H. Ludyga, Paderborn u. a. 2013, 613-638.

Ansgar Hense

Institutentheorie – Historisch

Das Vat II setzt die Vermögensfähigkeit der Kirche voraus, die ein integrierender Bestandteil von deren →Rechtsfähigkeit u. im Charakter der Kirche als persona moralis (→Moralische Person) (c. 113 §1) grundgelegt ist. Damit ist die Frage nach den vermögensrechtlichen Rechtssubjekten in der Kirche aber noch nicht beantwortet. In der hist. Entwicklung wurden unterschiedliche Lösungen über den Träger des Vermögens vertreten, Theorien, die jeweils zeitgebunden von der Auffassung über Natur u. Eigenart kirchl. Vermögens, dem Entwicklungsstand des Sachenrechts (→Sachenrecht, kirchliches) sowie der Grundkonzeption von imperium/regnum – sacerdotium, bzw. neuzeitlich Staat u. Kirche abhingen. So wurde im älteren Recht Gott, Chr. od. ein Heiliger als Gewereinhaber angesehen, im hochmittelalterlichen Armutsstreit wurde – ausgehend vom Zweck des →Kirchenvermögens – in den Armen das Subjekt des Vermögens gesehen. Papalistisch-hierokratische Theorien präsentierten den →Papst als (Ober)Eigentümer des Kirchenvermögens, demgegenüber staatskirchenhoheitliche Ideologien säkulare Gewalten (Staat, Fürsten, politische Gde.) als Träger konzipierten. Aufbauend auf der klassischen Dekretalistik vertraten Wernz – Vidal die Auffassung, dass Eigentümer des Kirchenvermögens i. S. eines dominium directum die einzelnen kirchl. jur. Personen (→Juristische Person, kirchliche) sind. Diesem Ergebnis, der sog. I., ist sowohl der CIC von 1917 als auch von 1983 wie der CCEO verpflichtet. Gem. c. 1256 (can. 1499 §2) u. c. 1008 §2 CCEO steht das →Eigentum an den zeitlichen Gütern der Kirche (dominium bonorum) unter der obersten Autorität des P. jener jur. Person zu, welche dieses Vermögen rechtmäßig erworben hat.

Literatur

Wernz, F. – Vidal, P., Ius Canonicum, IV/1, Rom 1933, 193-202; Wenner, J., Kirchl. Vermögensrecht m. bes. Berücksichtigung der Verwaltung des kath. Kirchenvermögens in Preußen u. in der Ostmark, Paderborn 1940, 34ff.; Kriechbaum, M., Actio, ius u. dominium in den Rechtslehren des 13. u. 14. Jh., Ebelsbach 1996; Pree, H., Handbuch des Vermögensrechts der kath. Kirche, Regensburg 1993, 64f.; ders., §100 Grundfragen kirchl. Vermögensrechts: HbkathKR³, 194-196; Schulz, W. – Althaus, R.: MKCIC c. 1256.

Herbert Kalb

Institutio – Katholisch

Entspr. der bereits für das klassische Latein bezeugten Bedeutungsvielfalt des Begriffs I. bzw.

der Verbform instituere bez. dieser Begriff auch in der kan. → Rechtssprache versch. Sachverhalte. Im CIC/1917 bez. I. als terminus technicus die gebundene Verleihung von KA nach vorgängiger → Präsentation, aber auch die Amtsverleihung allg. (z. B. cann. 148 §1; 320; 332; 455; 456; 1448-1471), die religiöse od. katechet. Unterweisung (z. B. cann. 1333 §1; 1372; 1373), die Ausbildung der → Kleriker u. die der Novizen (z. B. cann. 1352; 559-565). Nachkonziliar wurde im MP P. Paul VI. Sacrum diaconatus vom 18.06.1967 der mehrstufige Vorgang der Einsetzung in den Diakonat instituere genannt u. im MP P. Paul VI. Ministeria Quaedam vom 15.08.1972 bez. I. die förmliche, m. einem liturgischen Ritus vollzogene Beauftragung von → Laien m. den Diensten des → Lektors u. des → Akolythen. Im selben Sinne spricht IGMR[3] 98-99 von ministri instituti. Die Verwendung des Begriffs I. im CIC/1983 folgt weithin der rechtssprachlichen Tradition des CIC/1917 u. bedeutet:

1. Einsetzung od. Vermächtnis zur Bez. der Stiftung od. des Ursprungs: → Ordensgemeinschaften können ex I. Bettelorden sein (c. 1265 §1); das eucharistische Opfer ist von Chr. eingesetzt (c. 899 §3); aufgrund göttlicher Einsetzung (ex I. divina) gibt es in der Kirche Leitungsvollmacht (c. 129 §1; c. 979 §1 CCEO), geistl. Amtsträger (→ Amtsträger, kirchlicher) bzw. Kleriker (c. 207 §1; c. 323 §2 CCEO), → Bischöfe (c. 375 §1) u. das Sakrament der Weihe (→ Weihesakrament) (c. 1008).

2. Einrichtung i. S. einer festen Einrichtung od. eines Werkes: So spricht der CIC von Einrichtungen zur Förderung des geistl. u. geistigen Lebens der → Priester (c. 384; c. 192 §4 CCEO), dem katechet. Amt der → Bischofskonferenz (c. 775 §3), dem institutionalisierten Dialog m. den Nichtglaubenden (c. 787 §1) u. den Missionswerken (c. 792). In diesem Sinn ist auch c. 7 (c. 1488 CCEO) zu verstehen, wonach ein → Gesetz in Geltung tritt (instituitur), indem es promulgiert wird.

3. Einsetzung in ein Amt zur Bez. der bes. Einsetzung von Präsentierten od. auch Einsetzung im allg. Sinn der Amtsverleihung: Die I. ist eine der Formen der provisio canonica (c. 147; c. 939 CCEO) u. setzt allg. die Präsentation voraus (cc. 158 §1; 161 §2; 162; 163). Durch Präsentation u. anschließende I. kann ein Vorsitzender eines → öffentlichen Vereins (c. 317 §1), ein → Pfarrer (c. 525), ein Mitglied eines → Priesterteams (c. 542, 2°), ein → Kirchenrektor (c. 557 §§1-2), ein → Cappellanus (c. 565) u. ein Ordensökonom (c. 636 §1) in sein Amt gelangen.

4. Unterricht, Unterweisung od. Ausbildung im allg. u. im bes. Sinn: So bez. I. die Ausbildung der Kleriker bzw. der Alumnen (Überschrift vor c. 232 [c. 328 CCEO]; cc. 235 §1; 244; 248; 255; 257 §1; 259 §2), die eine humanistische, phil., theol. u. geistl. Bildung umfasst (cc. 234 §1; 251; 252 §2; 295 §2) u. der Ratio I. sacerdotalis, d. h. einer approbierten Ausbildungsordnung folgt (cc. 241 §2; 242 §§1-2; 243; 249; 250; 252 §3; 260; 261 §§1-2). I. bez. auch die Ausbildung von Bewerbern für das Ordensleben, von Novizen u. Ordensmitgliedern (Überschriften vor cc. 641, 646, 648 §2; 651 §3; 652 §4; 659; cc. 587 §1; 650 §1; 651 §2; 659 §§1-3; 660 §§1-2; 724 §1; 722 §2; 724 §2; 735 §§1 u. 3), die Unterweisung der → Katechumenen u. der Neugetauften (cc. 778 §2; 789) sowie der Gläubigen allg. durch → Predigt u. → Katechese (c. 1063, 1°; c. 783 §1, 1° CCEO). Der schulische Unterricht wird ebenfalls als I. bez. (cc. 803 §2; 806 §2; 827 §§2-3), der schulische → Religionsunterricht wird I. religionis genannt (c. 804 §§1-2) u. die katechet. Unterweisung I. catechetica (Überschrift vor c. 773 [c. 617 CCEO]; cc. 386 §1; 528 §1; 761; 777, 2° u. 4°; 778; 779; 827 §1; 843 §2). Auch der sog. → Brautunterricht wird als I. bez. (c. 1112 §2).

5. Im → Prozessrecht wird das Anstrengen einer → Klage (actio) wird m. der Verbform instituere bez. (cc. 639 §4; 1494 §1; c. 468 §3 CCEO).

6. Normen im → liturgischen Recht können ebenfalls als I. bez. werden, so z. B. die I. Generalis Missalis Romanae, die im dt. als AEM bez. wird.

Quellen

Paul VI., MP Sacrum diaconatus vom 18. Juni 1967: AAS 59 (1967), 697-704; ders., MP Ministeria Quaedam vom 15. August 1972: AAS 64 (1972), 529-534.

Literatur

Mörsdorf, K., Die Rechtssprache des Codex Iuris Canonici, Paderborn 1937; Ochoa IC, 227 f., 402; Riedel-Spangenberger, I., Sendung in der Kirche. Die Entwicklung des Begriffes „missio canonica" u. seine Bedeutung in der kirchl. Rechtssprache, Paderborn – München – Wien – Zürich 1991; Georges, H., Ausführliches lat.-dt. Handwörterbuch Bd. 2, unveränderter Nachdr. Darmstadt 1995, 327-329.

Heribert Hallermann

© 2019, DOI: 10.30965/9783506786388_0463

Institution

→ Einrichtung

Institutionenmethode – Historisch

Die I., welche sich bewusst an das → Institutionensystem der röm. Jurisprudenz u. die als Institutiones betitelten Anfängerlehrbücher des Juristen Gaius bzw. des Kaisers Justinian anschloss, stellte im 16. Jh. einen Neuansatz für den Elementarunterricht des KR dar. An die Stelle der umfangreichen Kommentarliteratur zum → Corpus Iuris Canonici traten Kompendien, die sich um eine systematisierte u. didaktisch eingängige Darstellung des Rechtsstoffs bemühten.

Obgleich schon seine Zeitgenossen A. Agustín u. M. A. Cucchi ebenfalls Institutiones publizierten, ist die I. maßgeblich m. dem in Perugia tätigen Rechtsgelehrten G. P. Lancellotti (1522-1599) verbunden. Seine Institutiones iuris canonici ersch. erstmals 1563 im Druck u. waren in vier Bücher (I: Grundfragen, Personenrecht [d. h. → Verfassungsrecht]; II: Sachenrecht (→ Sachenrecht, kirchliches) [d. h. v. a. → Sakramentenrecht]; III: → Prozessrecht; IV: → Strafrecht) unterteilt. Nach Auffassung von C. Fantappiè ist Lancellotti dabei zwar vom → Humanismus beeinflusst, bleibt aber hinsichtlich seiner wiss. Methodik dem mos italicus verhaftet (aA Manti). Die zu den Einzelthemen an sich knappe Darstellung Lancellottis wurde in späteren Druckausgaben seit Ende des 16. Jh. von versch. Autoren (A. Timotheo, G. B. Bartolini, G. L. Riccio u. a.) um ausführliche Anmerkungsapparate erg. Außerdem wurden die Institutiones als Anhang zu den Drucken des CorpIC verbreitet.

In der Folgezeit hat die Literaturgattung der Institutiones die kirchenrechtliche Wissenschaft bis ins 19. Jh. mitgeprägt. Auch die Anordnung des Rechtsstoffs im CIC/1917 folgt dem von Lancellotti etablierten Muster.

Quellen

Lancellotti, G. P., Institutiones iuris canonici, Antwerpen 1566; Lyon 1571; 1577; 1584; 1588; 1606; Frankfurt 1590; 1591; Venedig 1593; 1630; Köln 1609.

Literatur

Schulte, J. F., Geschichte der Quellen u. Literatur des canonischen Rechts von Gratian bis auf die Gegenwart, Bd. III/2-3, Stuttgart 1880, 320-323 u. 352; Van Hove, A., Prolegomena, Mecheln – Rom ²1945, 546-549; Holthöfer, E., Die Literatur zum gemeinen u. partikularen Recht in Italien, Frankreich, Spanien u. Portugal: Handbuch der Quellen u. Literatur der neueren europäischen Privatrechtsgeschichte, hg. v. H. Coing, Bd. II/1, München 1977, 103-499, hier 132 f., 153 u. 203-205; May, G. – Egler, A., Einführung in die kirchenrechtliche Methode, Regensburg 1986, 67 f.; Bernal Palacios, A., Antonio Agustín (1517-1586) y su „Recollecta in ivre canonico": REDC 45 (1988), 487-534; Puza, R., Art. Institutionenmethode: LKStKR Bd. 2, 304 f.; ders., Art. Institutionensystem: LKStKR Bd. 2, 305-307; Sinise, L., Nascita e affermazione di un nuovo genere letterario. La fortuna delle Institutiones iuris canonici di Giovanni Paolo Lancellotii: Riv. di storia del diritto italiano 77 (2004), 53-95; Kandler-Mayr, E., Art. Lancelotti: LKR, 1111 f.; Erdö, P., Geschichte der Wissenschaft vom kan. Recht. Eine Einführung, Berlin 2006, 124; Kondratuk, L., Les Institutiones iuris canonici de G. P. Lancellotti: L'émergence du systématisme moderne en droit canonique (XVIe-XVIIIe siècles), Straßburg (Univ.-Diss.) 2007; Fantappié, C., Chiesa Romana e modernità giuridica, 2 Bde., Mailand 2008, hier 21-30, 327-331, 563-576, 750-782, 1103-1109; ders., Art. „Institutiones Iuris Canonici": DGDC Vol. IV, 635 f.; Miñambres, J., Art. Lancelotti, Giovanni Paolo: DGDC Vol. IV, 970 f.; Kondratuk, L., L'introduction de la masse „personae – res – actiones" dans la science canonique (XVIe siècle): Bibliothèque d'Humanisme et Renaissance 76 (2014), 433-449; Marti, F., Riflessioni sparse sulle Institutiones iuris canonici di Giovanni Paolo Lancellotti nel dibattito giuridico cinquecentesco attraverso la rilettura dell'Istitutionum Iuris Canonici Commentarium: EIC 56 (2016), 561-591.

Martin Rehak

© 2019, DOI: 10.30965/9783506786388_0465

Institutionensystem – Historisch

„Omne autem ius, quo utimur, vel ad personas pertinet vel ad res vel ad actiones" (Inst. Gai. 1,8 = Inst. Just. 1,2,12). Gem. diesem Lehrsatz bez. man als I. od. Gaianisches System eine Systematisierung des (zivilrechtlichen) Rechtsstoffs in personae, res u. actiones (Rechtssubjekte, Rechtsobjekte, subjektive Rechte). Diese Dreiteilung hatte der hochklassische röm. Jurist Gaius in seinen Institutiones, einem um 160 verfassten Lehrbuch des röm. Privatrechts für Studienanfänger, populär gemacht. Ihr lag ein extensiver Sachenbegriff zugrunde, der sowohl körperliche Gegenstände (nebst dinglicher Rechte) als auch reine Rechtsobjekte (Rechtsgeschäfte) umfasste. Das später als →Corpus Iuris Civilis bez. Gesetzgebungswerk Kaiser Justinians von 529/534 beinhaltete ein gleichnamiges Anfängerlehrbuch m. Gesetzeskraft, das, formal in vier Bücher gegliedert, weitgehend dem gaianischen Schema folgte (Buch 1: Rechtsquellenlehre bzw. Grundfragen des Rechts, Personenrecht; Bücher 2-3: Sachenrecht, Rechtserwerbe, Schuldrecht; Buch 4: Delikts- u. Prozessrecht).

Das I. prägt die europäische Rechtskultur bis in die Gegenwart, da es v. a. im 18./19. Jh. zahlreiche →Kodifikationen (Codex Maximilianeus Bavaricus Civilis [1756], Allg. Preuß. Landrecht [1794] [→Allgemeines Landrecht für die Preußischen Staaten von 1794], Code civil [Frankreich, 1804], Allg. BGB [Österreich, 1812], Erstes Buch des BGB [1900]) strukturiert hat.

P. Gasparri hatte 1904 für den CIC/1917 vorgeschlagen, in einem allg. Teil zunächst Grundfragen des KR zu behandeln u. den nachfolgenden bes. Teil – dem I. in der spezifisch kan. Ausprägung gem. der Institutiones des G. P. Lancellotti folgend – in vier Bücher (De personis, De rebus, De iudiciis, De delictis et poenis) zu unterteilen. Schließlich wurde der CIC/1917 formal in fünf Bücher gegliedert: I. Normae generales (→Allgemeine Normen); II. de Personis (→Verfassungsrecht); III. De rebus (→Heiligungsdienst, →Verkündigungsdienst, Vermögensrecht [→Vermögensrecht, kirchliches]); IV. De processibus (→Prozessrecht); V. De delictis et poenis (→Strafrecht).

Quellen

Seckel, E. – Kübler, B., Gai Institutiones, Stuttgart [7]1935 (Nachdr. 1969); Krüger, P., Iustiniani Institutiones: Corpus Iuris Civilis, Bd. 1, hg. v. dems. – Th. Mommsen, Berlin 1872.

Literatur

Affolter, F. X., Das röm. Institutionensystem, sein Wesen u. seine Geschichte, Heidelberg 1897; Sägmüller, J. B., Die formelle Seite der Neukodifikation des kan. Rechts: ThQ 87 (1905), 401-423; Kotz-Dobrž, W. v., Art. Institutiones: Paulys Real-Encyclopädie der classischen Altertumswissenschaft, Bd. 9/1, 1566-1587; Kreller, H., Res als Zentralbegriff des Institutionensystems: ZRG.RA 66 (1948), 572-599; Wieacker, F., Griech. Wurzeln des Institutionensystems: ZRG.RA 70 (1953), 93-126; Weimar, P., Art. Corpus Iuris Civilis: LMA Bd. 3 (1986), 270-277; Kupisch, B., Institutionensystem u. Pandektensystem. Zur Geschichte des Res-Begriffs: The Irish Jurist 25/27 (1990/92), 293-301; Puza, R., Art. Institutionensmethode: LKStKR Bd. 2, 304 f.; ders., Art. Institutionensystem: LKStKR Bd. 2, 305-307; Fantappié, C., Chiesa Romana e modernità giuridica, 2 Bde., Mailand 2008, hier 21-30, 327-331, 563-576, 750-782, 1103-1109; Kaser, M. – Knütel, R., Röm. Privatrecht, München [19]2008, 2-8 u. 27f.

Martin Rehak

© 2019, DOI: 10.30965/9783506786388_0466

Instructio – Katholisch

→Instruktion

Instruktion – Katholisch

1. Die I. i. S. des c. 34 war dem CIC/1917 unbekannt. Dort wurde die Bez. I. verwendet für Gesetzesvorschrift, Anweisung, Prozessvorbereitung, Unterricht u. Unterweisung. In der Rechtspraxis hingegen hatten die I. als eine Form der allg. Normsetzung durch kirchl. Verwaltungsbehörden eine große Bedeutung. P. Benedikt XV. hatte im MP Cum iuris canonici vom 15.09.1917 die I. bestimmt als die von →Gesetzen zu unterscheidenden Erlasse der röm. Kongr. (→Kongregationen, römische) „quae iisdem Codicis praescriptis maiorem et lucem afferant et efficientiam pariant" u. bez. sie als „quaedam explanationes et complementa canonum". Diese rechtliche Bestimmung der I. als Auslegung u. Erl. von Gesetzen (→Interpretation, Auslegung) konnte aber nicht verhindern, dass auch später allg. VwO der →römischen Kurie unter anderen Namen erlassen wurden u. dass als I. bez. Dokumente tatsächlich Gesetze enthielten bzw. Gesetzesänderungen verfügten. Ein Anliegen der Codexreformkommission war es, den Begriff der I. von dem des Gesetzes abzugrenzen u. den rein gesetzeserklärenden u. -ausführenden Charakter der I. herauszustellen.

2. Die Legaldefinition der I. in c. 34 ist durch folgende Elemente bestimmt: a) Die I. erklärt Gesetze, d. h. sie gibt für das Gesetz, dem sie zugeordnet ist, eine nicht authentische Interpretation u. entfaltet u. bestimmt Vorgehensweisen, die bei der Ausführung von Gesetzen zu beachten sind; sie zeigt also Gesichtspunkte auf, die bei der Anwendung des bezogenen Gesetzes zu befolgen sind. Die I. ist ein Verwaltungserlass u. wird in der dt. Lit. auch als Ausführungsbestimmung, DVO, VwO, Verwaltungsvorschrift o. ä. bez.; b) I. werden rechtmäßig nur von den Trägern von potestas executiva, sei diese nun propria, vicaria od. delegata, erlassen, also z. B. von den →Dikasterien der röm. Kurie od. von einer →Bischofskonferenz, u. zwar stets innerhalb ihres sachlich, territorial od. personal bestimmten Kompetenzbereichs (vgl. PastBon Art. 13-14; c. 455); c) Adressaten von I. sind ausschließlich die Verwaltungsorgane, die kraft kirchl. Leitungsvollmacht für die Ausführung der entspr. Gesetze zu sorgen haben. Nur sie werden durch I. bei der Ausführung u. Anwendung der Gesetze rechtlich gebunden, nicht jedoch die Gläubigen, die den entspr. Gesetzen unterstehen; d) Auch für I. gilt gem. c. 34 § 2 der unbedingte Gesetzesvorrang, d. h., dass die Vorschriften von I. weder das Bezugsgesetz noch irgendein anderes Gesetz aufheben od. abändern können. I., deren Weisungen in Widerspruch zu irgendeinem Gesetz stehen, sei dieses von einer über-, neben- od. nachgeordneten Autorität erlassen worden, entbehren jeglicher →Rechtskraft; e) Für die I. gibt es keine allg. Erfordernis der →Promulgation, da sie unmittelbar keine neuen Rechte u. Pflichten auferlegt, jedoch muss sie den betroffenen Verwaltungsorganen in geeigneter Form amtl. zur Kenntnis gebracht werden. Wer die I. erlässt, muss auch über die Form der Bekanntgabe sowie über den Beginn der Rechtskraft der I. entscheiden; f) Die Rechtskraft von I. endet gem. c. 34 § 2 entweder durch ausdrücklichen od. einschlussweisen →Widerruf von Seiten dessen, der die I. erlassen hat, seines hierarchisch Vorgesetzten od. deren Nachfolger, sowie durch den Wegfall des Gesetzes, das durch die I. erklärt werden sollte od. zu dessen Ausführung sie erlassen wurde.

3. Trotz der eindeutigen Klärung des Begriffs u. der Gattung I. ist festzustellen, dass auch nach Inkrafttreten des CIC/1983 von röm. Dikasterien entweder Dokumente als I. veröff. wurden, die nicht den Vorgaben von c. 34 entsprechen, od. wirkliche I. unter einer anderen Bez. veröff. wurden. Im strittigen Fall muss also überprüft werden, ob das betr. Dokument den Kriterien des c. 34 entspricht. In diesem Zusammenhang ist auf die bes. Aufgabe der PCI hinzuweisen, den Dikasterien beim Erlassen u. a. von I. zu helfen, dass diese den Bestimmungen des geltenden Rechts entsprechen u. in der erforderlichen Rechtsform abgefasst werden (PastBon Art. 156).

4. Im →Prozessrecht, namentlich in den Normen über die Eheprozesse sowie über das Verfahren zur →Amtsenthebung od. →Versetzung von Pfr. bez. I. die Erhebung, Untersuchung u. Prozessdurchführung (cc. 1699 §1; 1700; 1702; 1704; 1705 §2; 1742 §2; 1745, 2°). Die prozessuale Beweiserhebung wird als I. causae bez. (cc. 1418; 1428; 1609 §5; 1668; 1677 §4; 1681), die ggf. als bes. Aufgabe dem →Vernehmungsrichter zukommt (c. 1428 §1; c. 1093 §1 CCEO).

Quellen

Benedikt XV., MP Cum iuris canonici vom 15. September 1917: AAS 9 (1917), 483-484; Johannes Paul II., ApK Pastor Bonus vom 28. Juni 1988: AAS 80 (1988), 841-930.

Literatur

KanR I, 223 f.; Wächter, L., Art. Instruktion: LThK³ Bd. 5, 548; Hallermann, H., Ein Maulkorb aus Rom für mündige Christen? Die rechtliche Einordnung der röm. Instruktion über die Diözesansynoden: Diakonia 28 (1997), 390-394; ders., Priesterliche Identität gewinnen in Abgrenzung od. in Kooperation? Zur sog. Laieninstruktion vom 15.08.1997: Diakonia 29 (1998), 195-201; Riedel-Spangenberger, I., Kirchenrechtliche Analyse der röm. Instruktion: Und dennoch ...: die röm. Instructio über die Mitarbeit der Laien am Dienst der Priester. Klarstellung, Kritik, Ermutigungen, hg. v. P. Hünermann, Freiburg 1998, 68-85; Kalb, H., § 10 Verwaltungsakt u. Verwaltungsverfahren: HbkathKR³, 163-182; Socha, H.: MKCIC c. 34; Lüdicke, K.: MKCIC Terminologische Einführung vor 1400.

Heribert Hallermann

© 2019, DOI: 10.30965/9783506786388_0468

Integration – Staatlich

1. Allg.: Der Wortstamm des Begriffs I. ist nicht eindeutig: Wird einerseits auf das lat. integer abgestellt, das soviel wie unversehrt, heil, ganz bedeutet, so werden andererseits die Termini integratio, integrare bemüht, was soviel heißt wie Wiederherstellung eines Ganzen od. Einbeziehung. Je nach Betonung zeigt sich der statische, zielbezogene od. der prozesshafte Charakter von I. I. ist danach die Entstehung einer Einheit, eines Ganzen aus einzelnen Elementen od. die Fertigkeit einer Einheit, den Zusammenhalt der Elemente, aus dem sie besteht, aufrechtzuerhalten.

2. I. findet im Recht zur deskriptiven Beschreibung der Ziele segmentärer Rechtsgebiete Verwendung. So bez. I. das politische Ziel der Einbindung von Zuwanderern u. Ausländern in die dt. Gesellschaft auch m. den Mitteln des Aufenthalts- u. Staatsangehörigkeitsrechts. Gesellschaftliche I. ist auch das Regelungsanliegen des Gesetzes über Rehabilitation u. Teilhabe behinderter Menschen (SGB IX). Schließlich ist auch von I. die Rede, wenn die staatsorganisationsrechtliche Koordination der Verfassungsorgane in einem gewaltenverschränkten, gegenseitigen System der Kontrolle u. Zusammenarbeit (checks and balances), od. aber die föderale Verzahnung der Verfassungsräume von Bund u. Ländern beschrieben werden soll.

3. I. ist über die Deskription hinaus ein Begriff, vermöge dessen der Beitr. der Verf. zur gesellschaftlichen bzw. politischen I., zur Schaffung u. zum Erhalt des gesellschaftlichen Zusammenhalts thematisiert werden kann. Einflussreich u. grundlegend ist die Formulierung

der Integrationsfunktion der Verf. in der Integrationslehre Rudolf Smends. Die gegenwärtige Verfassungslehre bietet ein breites Spektrum, um unter geänd. Bedingungen die Idee einer I. durch Verf. zu entfalten (zur nachfolgenden Systematisierung vgl.: Frankenberg: Vorländer, 2002, 43 ff.). Zum einen kann in der Verf. eine Integrationsordnung unter der Leitidee eines gemeinschaftstragenden Konsenses gesehen werden. I. durch Verf. ist hier bestimmt durch das Integrationsziel des materiellen Konsenses, des materiellen Einigseins. Zum anderen betonen differenztheoretische Modelle die Anerkennung der Verschiedenheit. I. ist dann Ergebnis des freien Spiels der Unterschiede. Die Verf. begrenzt das Spielfeld u. legt die diskursiven Verfahren fest, mittels derer die Auseinandersetzung um die Anerkennung der jeweiligen Anliegen ausgetragen werden kann. Neben die Betonung der verfassungsvorausgesetzten Wertübereinstimmung tritt die Neutralität des den äußeren Frieden garantierenden Staates als alternativer Integrationsfaktor. Schließlich verweisen mehr od. weniger dialektische Spannungs- od. Konflikttheorien auf den Konflikt als Integrationsfaktor in der Zivilgesellschaft u. verweisen die Verf. in den Bereich des Integrationsmanagements. I. im Kontext der Verf. kann so auch eine Verfassungserwartung an die Wahrnehmung eines Beitr. der Kirchen u. → Religionsgemeinschaften zu den von E. W. Böckenförde beschriebenen Voraussetzungen des freiheitlichen Verfassungsstaates, zu einem materialen Grundkonsens od. zum Diskurs der Zivilgesellschaft stützen.

4. Die supranationalen Bezüge der I. lassen sich, neben der völkerrechtlichen Einbindung des Nationalstaates in ein zunehmend dichter geknüpftes Netzwerk intern. Organisationen, insb. an dem Prozess der Europäischen I. veranschaulichen. M. der europäischen I. wird die Herausbildung der EU u. deren Entwicklung von einem einheitlichen Wirtschaftsraum zur politischen Union angesprochen. Insoweit enthält die Integrationsklausel des Art. 23 GG das Staatsziel eines vereinten Europa u. die Verpflichtung von Bund u. Ländern, an diesem Integrationsziel mitzuwirken.

Literatur

Smend, R., Art. Integrationslehre: HdwSozWiss Bd. 5, 299 ff.; ders., Art. Integration: EvStL³, 1354 ff.; Böckenförde, E. W., Die Entstehung des Staates als Vorgang der Säkularisation: ders., Recht, Staat, Freiheit, Berlin 1991, 92 ff.; Isensee, J., Verfassungsstaatliche Erwartungen an die Kirchen: Essener Gespräche 25 (1991), 104 ff.; Smend, R., Staatsrechtliche Abhandlungen, Berlin ³1994; Integration durch Verfassung, hg. v. H. Vorländer, Heidelberg 2002; Frankenberg, G., Autorität u. Integration, Berlin 2004; Droege, M., Art. Integration: EvStL (Neuausgabe), 1017 ff.; Kirchhof, P., Der kirchl. Beitrag zu Freiheit u. Demokratie: Essener Gespräche 48 (2015), 71 ff.

Michael Droege

© 2019, DOI: 10.30965/9783506786388_0469

Intention – Katholisch

I. (lat.: intentio, wörtlich: das Hingerichtetsein) wird in der kirchl. Rechtssprache in drei Bedeutungen verwendet: a) Absicht in einem allg. Sinn (z. B. cc. 597, 874 § 1; cc. 448, 685 § 1 CCEO), sodann speziell: b) I., ein → Sakrament zu spenden (→ Sakramentenspendung) od. zu empfangen (→ Sakramentenempfang), c) das Anliegen, für welches das Messopfer vom Priester dargebracht wird.

1. I. zur Sakramentenfeier: Schon das Konzil von Florenz hat im J. 1439 in seiner Bulle Exsultate Deo die Notwendigkeit der I. zur Spendung des Sakraments gelehrt, d. h. der Absicht, das zu tun, was die Kirche tut, wenn sie das betr. Sakrament feiert (DenzH 1312; vgl. auch Konzil von Trient: DenzH 1611). Da jedoch nach der Lehre des Konzils von Trient die „Heiligung und Erneuerung des inneren Menschen durch die willentliche Annahme der Gnade" (DenzH 1528) geschieht, ist auch die I. zum Empfang des Sakraments erforderlich. Diese

Lehre wird vom KR als selbstverständlich vorausgesetzt u. im CIC im Zusammenhang m. der →Taufe gelegentlich erwähnt (vgl. z. B. c. 861 §2).

2. Mess-I.: Nach bewährtem Brauch der Kirche dürfen Priester ein →Messstipendium annehmen, damit sie die Messe in einer bestimmten I. (Meinung) applizieren (→Applikation) (c. 945 §1; ähnlich c. 715 §1 CCEO). Ein Priester muss für jedes Stipendium, auch wenn es gering ist, eine eigene Messe feiern (→Applikationspflicht); es ist aber dringend empfohlen, dass die Priester auch dann Messen in den Anliegen der Gläubigen feiern, wenn sie dafür kein Stipendium erhalten. Die Weitergabe von Messstipendien zusammen m. den dazu gehörenden I. an einen anderen Priester ist grds. zulässig.

Literatur

Mayer, A., Triebkräfte u. Grundlinien der Entstehung des Meßstipendiums, St. Ottilien 1976 (MThS.K 34); Pompedda, M. F., Intenzionalità sacramentale: Matrimonio e sacramento, Libreria Editrice Vaticana 2004 (Studi giuridici 65), 31-41; Sabbarese, L., Fede intenzione e dignità sacramentale nel matrimonio tra battezzati: PerRCan 95 (2006), 261-306; Carragher, M., Intention of the minister as substantive element of baptism: Folia Canonica 11 (2008), 207-228; KanR III, 276-280.

Ludger Müller

© 2019, DOI: 10.30965/9783506786388_0470

Interdikt – Katholisch

I. zählt neben →Exkommunikation u. →Suspendierung zu den →Beugestrafen. Der CIC hält am persönlichen I., das überwiegend gegen →Laien angedroht wird, jedoch nicht mehr am I. über Orte u. Gemeinschaften fest. Ein I. untersagt jedweden Dienst bei der Feier der Eucharistie od. einem anderen →Gottesdienst, die →Sakramentenspendung u. Spendung der →Sakramentalien sowie den →Sakramentenempfang (cc. 1332 i. V. m. 1331 §1, 1° u. 2°; vgl. c. 1431 §1 CCEO). Nach Verhängung od. Feststellung muss die Person von jeglichem Dienst bei liturgischen Handlungen ferngehalten od. die Feier unterlassen werden (cc. 1332 i. V. m. 1331 §2, 1°). Sie darf weder zum Empfang der Eucharistie (→Kommunionempfang) (c. 915; c. 712 CCEO) noch als Tauf- u. Firmpate (→Pate) (c. 874 §1, 4° u. c. 893 §1; vgl. c. 685 §1, 6° CCEO) zugelassen werden. I. setzt die Trauungsvollmacht aus (c. 1109). Zudem besteht ein →Trauungsverbot (c. 1071 §1, 5°). I. wird als →Tatstrafe angedroht im Fall der Anwendung physischer Gewalt gg. einen Bf. (c. 1370 §2; c. 1445 §1 CCEO; →Realinjurie), der Vortäuschung einer →Eucharistiefeier bzw. der Spendung des Bußsakraments (→Beichte) (c. 1378 §2; c. 1443 CCEO), der →Falschanzeige eines →Beichtvaters wegen Verführung (cc. 1390 §1 i. V. m. 1387; cc. 1454 CCEO i. V. m. 1458 CCEO) sowie eines →Eheschließungsversuchs durch Ordensangehörige, die nicht Kleriker sind (c. 1394 §2; c. 1453 §3 CCEO), als →Spruchstrafe bei Förderung u. Leitung einer kirchenfeindlichen Vereinigung (c. 1374; c. 1448 §2 CCEO), bei Spendung bzw. Empfang eines Sakraments aufgrund von →Simonie (c. 1380; c. 1461 CCEO). I. wird im neuen Strafrechtsentwurf aufrechterhalten, jedoch erg. u. modifiziert.

Literatur

Haas, A., Das Interdikt nach geltendem Recht m. einem gesch. Überblick, Bonn 1929 (KStT 2); Zapp, H., Art. Interdikt: LMA Bd. 5, 466 f.; May, G., Art. Interdikt: TRE Bd. 16, 221-226; Rees, W., Die Strafgewalt der Kirche. Das geltende kirchl. Strafrecht – dargestellt auf der Grundlage seiner Entwicklungsgeschichte, Berlin 1993 (KStT 41), 131-133; 212-215; 388-390; ders., Art. Interdikt: LThK³ Bd. 5, 556 f.; Knittel, R., La pena canonica dell'interdetto. Indagine storico-giuridica, Rom 1998; KanR IV, 180 f.; Müller, L., Zensuren u. Strafen im kan. Recht. Überlegungen zu Grundfragen des Sanktionsrechtes der Lat. Kirche: Geist – Kirche – Recht (FS Gerosa), hg. v. L. Müller – W. Rees, Berlin 2014 (KStT 62), 267-284; Rees, W., Evolution im Strafrecht der röm.-kath. Kirche m. bes. Blick auf die delicta graviora u. die von Papst Benedikt XVI. in die Wege geleitete Strafrechtsreform: Politik, Religion u. Recht, hg. v. M. Schulte, Berlin 2017 (Wiss. Abhandlungen u. Reden zur Philosophie, Politik u. Geistesgeschichte 88), 165-209; ders., Straftat u. Strafe: HbkathKR³, 1591-1614, 1599 f.; Lüdicke, K.: MKCIC c. 1332.

Wilhelm Rees

© 2019, DOI: 10.30965/9783506786388_0471

Interdiözesangericht – Katholisch

Die gesetzliche Grundlage für die Errichtung von I. findet sich in den cc. 1423 u. 1439, welche die Gewährung des nihil obstat vor der Verabschiedung des Errichtungsdekrets durch die beteiligten →Bischöfe u. die darauf folgende →Approbation durch die →Apostolische Signatur vorsehen. Dies gilt ebenso für I. zweiter →Instanz (vgl. c. 1439). Seit dem MP →Mitis Iudex Dominus Iesus ist es den Bf. einer →Kirchenprovinz freigestellt, ein I. m. Berufung an das →Metropolitangericht als zweite Instanz für Ehesachen zu errichten. Es genügt die Mitt. an die SignAp.

Der Kompetenzbereich muss im Errichtungsdekret nicht nur territorial, sondern auch sachlich festgelegt werden (vgl. c. 1423 § 2). Er kann entweder alle Gerichtssachen od. nur bestimmte Bereiche, etwa nur Ehenichtigkeitssachen, Arbeitssachen od. Strafsachen betreffen. Die Gerichtsaufsicht (→Gerichtsaufsicht, kirchliche) über das I. nehmen die errichtenden Bf. entweder gemeinsam wahr od. sie wählen dazu einen Bf. aus ihrem Kreis od. sie binden den Vorsitz an einen bestimmten Bischofssitz. Die Art u. Weise der Bestellung des Gerichtspersonals ist im Errichtungsdekret zu regeln. Es empfiehlt sich, zusätzlich einen →Vernehmungsrichter u. einen →Notar in jeder der beteiligten Diözesen zur Slg. der Beweismittel u. zur Mitt. von Entscheidungen zu ernennen.

Beim durch das MP MIDI neu eingeführten kürzeren Verfahren bestimmt Art. 19 der Ratio procedendi den richtenden Bf. durch Verweis auf c. 1672 sowie das Prinzip der Nähe zwischen →Parteien u. →Richter.

Nach Art. 8 § 2 des MP MIDI kann sich ein Bf. von einem nach der Vorschrift des can. 1423 errichteten I. zurückzuziehen, muss jedoch Vorkehrungen treffen, dass die dort noch anhängigen Fälle zu Ende geführt werden u. für sein →Diözesangericht zumindest ein →Kleriker u. ein Bandverteidiger (→Ehebandverteidiger u. →Weihebandverteidiger) m. dem →Lizentiat im kan. Recht sowie ein Notar zur Verfügung stehen.

In den kath. Ostkirchen können die Bf. mehrerer Eparchien m. Billigung des Apost. Stuhles, Patriarchen m. Zustimmung der beteiligten Bf. od. die Bischofssynode innerhalb einer Patriarchalkirche ein gemeinsames Gericht (→Gerichte, kirchliche) erster Instanz für mehrere Eparchien errichten. Gem. c. 1068 §§ 1-3 CCEO können auch mehrere Eparchen versch. →Ecclesiae sui iuris ein gemeinsames Gericht einführen.

Quellen

Apost. Signatur, Normae pro Tribunalibus interdioecesanis vel regionalibus aut interregionalibus vom 28. Dezember 1970: AAS 73 (1971), 486-492; ders., Alcuni decreti riguardanti i tribunali interdiocesani: IusEccl 24 (2012), 183-191; Franziskus, MP Mitis Iudex Dominus Iesus vom 15. August 2015: AAS 107 (2015), 958-970; ders., MP Mitis et Misericors Iesus vom 15. August 2015: AAS 107 (2015), 946-957; ders., Reskr. vom 7. Dezember 2015: AAS (2016), 5-6; PCLT, Schreiben vom 12. Februar 2016: Prot. Nr. 15291/2016: http://www.delegumtextibus.va/content/dam/testi legislativi/risposte-particolari/Procedure%20per%20la%20Dichiarazione%20della%20Nullit%C3%A0%20matrimoniale/Alcune%20questioni%20sulla%20costituzione%20del%20tribunale%20diocesano.pdf [Zugriff: 15.05.2019]; ders., Schreiben vom 13. Juni 2017, Prot. Nr. 15944/2017: http://www.delegumtextibus.va/content/dam/testilegislativi/risposte-particolari/Procedure%20per%20la%20Dichiarazione%20della%20Nullit%C3%A0%20matrimoniale/Sobre%20la%20constituci%C3%B3n%20 del%20Tribunal%20interdiocesano%20(can.%201673%20%C2%A72%20n.v.%20CIC).pdf [Zugriff: 15.05.2019].

Literatur

Malecha, M., I tribunali interdiocesani alla luce dei recenti documenti della Segnatura Apostolica. Alcune considerazioni pratiche: IusEccl 24 (2012), 192-208; Del Pozzo, M., L'organizzazione giudiziaria ecclesiastica alla luce del m. p. „Mitis iudex": Riv. telematica [www.statoechiese.it], Nr. 36 (2015): http://www.statoechiese.it/images/uploads/articoli_pdf/delpozzo.m._lorganizzazione.pdf?pdf=lorganizzazione-giudiziaria-ecclesiastica-alla-luce-del-m.-p.-mitis-iudex 12-18 [Zugriff: 15.05.2019]; Ganarin, M., I tribunali interdiocesani secondo il m.p. Mitis Iudex Dominus Iesus. Riflessioni circa la ‚sorte' del m.p. Qua cura di Papa Pio XI, in Stato, Chiese e pluralismo confessionale: Riv. telematica [www.statoechiese.it], Nr. 11 [2016]: http://www.statoechiese.it/contributi/i-tribunali-interdiocesani-secondo-il-m.p.-mitis-iudex-dominus-iesus.-rifle 44-94 [Zugriff: 15.05.2019]; Lüdicke, K., MKCIC cc. 1423 u. 1439.

Nikolaus Schöch

© 2019, DOI: 10.30965/9783506786388_0472

Interkommunion – Katholisch

Das geltende Recht kennt weder den Begriff noch ein weites Konzept der I., kennt aber Normen zur →Communicatio in sacris in c. 844 u. c. 671 CCEO in Einzelfällen. Der theol. Hintergrund u. die entspr. Begründung dieser Normen ist die erneuerte Ekklesiologie des Vat II, sodass LG 8 festhält, dass die kath. Kirche die Vollform in der Subsistenz der Kirche Jesu Chr. ist, außerhalb der kath. Kirche aber i. S. der Lehre von der →communio non plena Formen von Kirchlichkeit in →nichtkatholischen Kirchen u. kirchl. Gemeinschaften vorzufinden sind. Durch die →Taufe u. die unauslöschliche Eingliederung in das Volk Gottes besteht eine sakramentale Verbundenheit aller Getauften bzw. Gläubigen, die, wenn sie nicht die drei vincula halten, sich in communio non plena befinden. Nach UR 8 gilt: „Diese Gemeinschaft hängt hauptsächlich von zwei Prinzipien ab: von der Bezeichnung der Einheit der Kirche und von der Teilnahme an den Mitteln der Gnade. Die Bezeichnung der Einheit verbietet meistens eine Gemeinschaft. Die Sorge um die Gnade empfiehlt sie bisweilen." Vor diesem ekklesiologischen Hintergrund ist c. 213 zu verstehen, der normiert, dass alle Gläubigen u. damit alle Getauften durch die Taufe ein Recht auf die Heilsgüter der Kirche besitzen, die sie i. d. R. in ihrer jeweiligen Konfession ausüben. Dieses Recht wird in c. 843 §1 allg. u. in c. 912 auf den Eucharistieempfang (→Kommunionempfang) hin spezifiziert. Auf dieser Grundlage normiert c. 844 §1 bzw. c. 671 §1 CCEO, dass Katholiken erlaubt die Sakramente von kath. Spendern u. nicht in anderen Kirchen od. kirchl. Gemeinschaften empfangen unbeschadet der in den Folgeparagraphen derselben Norm befindlichen Ausnahmen, die in Einzelfällen die Rechtsausübung in einer anderen Konfession erlauben, u. unbeschadet des außerordentlichen Taufspenders gem. c. 861 §2. Gem. c. 844 §2 bzw. c. 671 §2 CCEO ist es im Fall einer Notwendigkeit „oder [wenn] ein wirklicher geistlicher Nutzen dazu rät" möglich, dass ein kath. Gläubiger erlaubt die Krankensakramente (Eucharistie, Buße, Krankensalbung) von einem nichtkatholischen Spender empfängt, in deren nichtkatholischer Kirche diese „Sakramente gültig gespendet werden". Es muss aber Irrtum, dass etwa grds. eine solche Spendung erlaubt sei, od. Indifferentismus, dass es etwa gleich sei, wer wem welche Sakramente spende, ausgeschlossen sein u. es muss unmöglich sein, einen kath. Spender aufzusuchen, entweder aus physischen Gründen z. B. aufgrund großer unzumutbarer Entfernung od. aus moralischen Gründen z. B. aufgrund eines Verwandtschaftsverhältnisses zum Spender etc. C. 844 §3 bzw. c. 671 §3 CCEO sieht vor, dass Spender der kath. Kirche in Einzelfällen Gläubigen in communio non plena aus der orth. Kirche od. vom

Apost. Stuhl als Kirchen m. gültigen Sakramenten anerkannten Kirchen unter der Bedingung einer Sakramentsbitte u. der rechten Disposition die Krankensakramente spenden können. C. 844 § 4 bzw. c. 671 § 4 CCEO sieht vor, dass Gläubige nichtkatholischer kirchl. Gemeinschaften im Fall einer schweren Notwendigkeit od. von →Todesgefahr unter der Bedingung der Sakramentsbitte u. der Bezeugung des kath. Glaubens „bezüglich dieser Sakramente" u. der Unmöglichkeit, einen Spender der eigenen Gemeinschaft aufzusuchen, die Krankensakramente erlaubt von einem kath. Spender empfangen können. Die schwere Notwendigkeit (gravis →necessitas) kann vom Diözesanbischof od. von der BK durch entspr. Gesetzgebung weiter spezifiziert werden. Wenn solche Bestimmungen fehlen, ist gem. Art. 130 des DirOec/1993 „nach den Normen des Direktoriums [zu] urteilen". Im Fall einer konfessionsverschiedenen Eheschließung verweist Art. 160 auf die Prüfung der Anwendung der genannten kodikarischen Normen zur communicatio in sacris im Einzelfall.

Quellen

Vat II LG; Vat II UR.

Literatur

Hallermann, H., Das Problem der eucharistischen Gastfreundschaft: Ökumene u. Kirchenrecht. Bausteine od. Stolpersteine?, hg. v. H. Hallermann, Mainz 2000, 194-214; Riedel-Spangenberger, I., Bedingte Teilhabe nichtkatholischer Christen an der Eucharistie. Kirchenrechtliche Gesichtspunkte zum Verhältnis Eucharistie u. Kirche: Ökumene u. Kirchenrecht. Bausteine od. Stolpersteine?, hg. v. H. Hallermann, Mainz 2000, 167-193; Krämer, P., Interkommunion u. Interzelebration: Stolpersteine od. Wegmarken für die Ökumene? Röm.-kath. Perspektiven: Im Dienst der Gemeinde. Wirklichkeit u. Zukunftsgestalt der kirchl. Ämter, hg. v. S. Demel – L. Gerosa – P. Krämer, Münster 2002 (KRB 5), 187-200; Wyrwoll, N., Aspekte des Interkommunionbegehrens: Ius Canonicum in Oriente et Occidente (FS Fürst), hg. v. H. Zapp – A. Weiß – S. Korta, Frankfurt – Berlin – Bern u. a. 2003 (AIC 25), 791-798.

Thomas Meckel

© 2019, DOI: 10.30965/9783506786388_0473

Interkommunion – Evangelisch

Unter I. wird der gemeinsame Empfang der Abendmahlsgaben durch Mitglieder versch. chr. →Konfessionen bez. Abhängig von der Bedeutsamkeit u. Ausformung der Lehre sind im ev. Bereich versch. Regelungen bzgl. der I. getroffen worden. Bei der Mehrzahl der Konfessionskirchen sind erfolgreich verlaufene Lehrgespräche für eine Vereinbarung über eine gegenseitige Zulassung von Kirchenmitgliedern zum Abendmahlsempfang Grundvorausssetzung. Auch zwischen bekenntnisgleichen, aber organisatorisch selbständigen Kirchen ist oft eine Vereinbarung über eine gegenseitige Zulassung zum Abendmahlsempfang nötig. Vereinbarungen zur Abendmahlsgemeinschaft (→Abendmahls-, Eucharistiegemeinschaft) werden nach zielführenden Lehrgesprächen nicht nur zwischen Kirchen aus dem ev. Spektrum getroffen, sondern auch m. anderen (z. B. →Alt-katholische Kirche).

Dabei gibt es allerdings Abstufungen. Abendmahlsgemeinschaft besteht, wenn →Kirchengemeinschaft erklärt wurde. Eucharistische Gastfreundschaft wird vereinbart, wenn keine kirchentrennenden Unterschiede in der Abendmahlslehre festgestellt werden, andere Lehrinhalte aber weiterhin strittig sind. Noch eine Stufe darunter ist die vereinbarte eucharistische Gastbereitschaft. Hier wird keine allg. Einladung ausgesprochen, Gäste aus der anderen Kirche werden aber nicht abgewiesen. Bei einer Reihe von Kirchen werden alle Getauften zum Abendmahlsempfang eingeladen. Zumeist wird dabei in den Konfessionskirchen der Glaube an die Gegenwart Chr. in Brot u. Wein vorausgesetzt. Im Bereich der Kirchen aus dem prot. Spektrum, die in keiner Konfessionskirche zusammengeschlossen sind, gilt häufig die Regel, dass alle eingeladen sind, die an Jesus als Herrn u. Erlöser glauben. In einigen Kirchen werden auch →Ungetaufte zur Kommunion einladen. Hier wird davon ausgegangen, dass Chr. selbst alle Menschen an seinen Tisch ruft u. folglich die Teilnahme am Abendmahl (→Abendmahl, Eucharistie) durch kirchl. Regelungen nicht unterbunden werden darf. Daneben gibt es auch ev. Kirchen, die eine geschlossene Kommunion praktizieren, also ausschließlich eigene Mitglieder zum Abendmahlsempfang zulassen.

Literatur

Track, J., Interkommunion u. Interzelebration: Stolpersteine od. Wegmarken der Ökumene?: Im Dienst der Gemeinde, Wirklichkeit u. Zukunftsgestalt der kirchl. Ämter, hg. v. S. Demel – L. Gerosa – P. Krämer – L. Müller, Berlin – Münster – Wien – Zürich – London 2002 (KRB 5); Ihsen, F., Eine Kirche in der Liturgie. Zur ekklesiologischen Relevanz ök. Gottesdienstgemeinschaft, Göttingen 2011.

Hanns Kerner

© 2019, DOI: 10.30965/9783506786388_0473

Internet
→Medien

Internuntius – Katholisch

Der Begriff I. greift auf die darin verwendeten Begriffe Inter (= zwischen, unter) sowie nuntiare (= mündlich verkündigen) zurück u. weist darauf hin, dass ein Zwischenträger od. Unterhändler einen Auftrag überbringt. Diesen urspr. von den Gesandten Polens geführten Titel u. von den Türken m. Küçükelçi (= kleiner Gesandter) übersetzten Ausdruck gebraucht z. B. Kaiser Ferdinand II. (1578-1637) erstmals 1627, als sein Gesandter Stephan Balogh die Ratifikation des Friedens von Szöny durch den Kaiser nach Konstantinopel überbrachte. Auch wenn der Kaiser wegen des Waffenstillstandes von 1533 nur einen einstweiligen Vertreter unterhalten durfte, war ihm dennoch wichtig, seinem Gesandten den Vorrang vor den fremden Gesandten zweiter Klasse zu verschaffen, o. ihm den Rang eines Botschafters zu geben. So entschied er sich für jenen Begriff, der den Gesandten als Zwischenträger od. Unterhändler bez. u. zugl. auf den Auftraggeber verweist. So kam auch der Titel I. im 16. Jh. dem kommissarischen päpstlichen Leiter einer →Nuntiatur zu u. bez. einen Gesandten (→Gesandter, päpstlicher) in auton. Teilgebieten. Seit dem 19. Jh. wurde der Begriff bes. für kleine Missionen verwendet, in denen die rechtliche Situation einer päpstlichen Vertretung noch nicht geklärt war. In ders. Weise wie die Akkreditierung des Nuntius u. des Pronuntius beim jeweiligen Staatsoberhaupt erfolgt, wurde auch jene des im Bischofsrang eingesetzten I. durchgeführt. Allerdings räumt das MP SOE in Art. I Abs. 2 den I. nur die zweite diplomatische Rangklasse ein. Dennoch konnten sie nach den diplomatischen Regelungen des Wiener Kongresses (Art. 118) an der Spitze der Gesandten stehen, was dazu führte, dass dem I. faktisch die Stellung eines Doyens des Diplomatischen Korps zukam. Der Begriff I., der nicht mehr vom Hl. Stuhl gebraucht wird, taucht weder im CIC u. CCEO noch in der ApK PastBon auf.

Quellen

Paul VI., MP Sollicitudo omnium ecclesiarum vom 24. Juni 1969: AAS 61 (1969), 473-484.

Literatur

Neumann, L., Handbuch des Consulatwesens m. bes. Berücksichtigung des Österreichischen, Wien 1854, 375 f.; Schmitz, H., Kommentar zu dem MP über die päpstlichen Gesandten: Motuproprio über die Aufgaben der Legaten des röm. Papstes, hg. v. K. Ganzer – H. Schmitz, Trier 1970, 17-38; Köck, H. Fr., Die völkerrechtliche Stellung des Hl. Stuhls, Berlin 1975; Wenner, R., Internuntius: LKStKR Bd. 2, 311-312; KanR II, 265-269; Kingata, Y., Das päpstliche Gesandtschaftswesen u. die Nuntiatur in der Demokratischen Republik Kongo, St. Ottilien 2013, 93;

ders., Die päpstlichen Gesandten: HbkathKR³, 529-537; Stoffel, O.: MKCIC cc. 362-367.

Yves Kingata

Interpellation – Katholisch

Ganz allg. bez. I. eine Unterbrechung od. Störung; so in Nr. 17 des Apost. Schreibens Dies Domini vom 31.05.1989. Im politischen Bereich bez. I. ein parlamentarisches Kontrollmittel, durch das von Regierungsmitgliedern Auskunft über bestimmte Sachfragen verlangt wird.

Im kirchenrechtlichen Kontext wird die Befragung im Verfahren zur →Eheauflösung aufgrund des Paulinischen Privilegs (→Privilegium Paulinum) (cc. 1143-1150; cc. 854-861 CCEO) I. genannt. Durch die Befragung jenes Partners, der nicht bereit ist, die Taufe zu empfangen, soll sichergestellt werden, dass die zwischen zwei Ungetauften geschlossene Ehe nach der Taufe eines Partner nicht aufgelöst wird, obwohl der nichtchristliche Partner bereit wäre, die Ehe unter Achtung des Glaubens fortzusetzen.

Quellen

Johannes Paul II, Apost. Schreiben Dies Domini: AAS 90 (1998), 731-766, 723.

Literatur

Münchner Rechts-Lexikon Bd. 2, München 1987, 509; Fuchs, J., Der Staat. Politisches Grundwissen u. Zusammenhänge, Rothenburg 2000; Georges, K. E., Der neue Georges, Ausführliches Handwörterbuch: Lat.-Dt. Bd. 2, Darmstadt 2013, 2679; Rambacher, R., § 91 Nichtigerklärung, Auflösung u. Trennung der Ehe, IV. Die Auflösung der Ehe von zwei Ungetauften nach dem Paulinischen Privileg: HbkathKR³, 1398-1400; Lüdicke, K.: MKCIC cc. 1144-1146.

Michael Benz

Interpretation, Auslegung – Katholisch

Die I. ist der entscheidende Schritt des methodisch geleiteten Verstehens u. damit das Erheben der Bedeutung bzw. des Sinns des Gesetzestexts, um dann zur →Rechtsanwendung zu kommen, in dem ein Sachverhalt unter einen entspr. Tatbestand subsumiert werden kann. Das kath. KR unterscheidet im Rahmen der nichtamtlichen I. die private, wiss., doktrinelle I. durch die Fachgelehrten nach dem Grundsatz Tantum valet quantum probat u. die usuelle I. durch die Rechtsgemeinschaft. Die amtl. I. wird in →authentische Interpretation u. forensische I. (durch →Urteil od. →Verwaltungsakt) unterschieden.

Die usuelle I. meint die ständige u. einheitliche Übung der Rechtsgemeinschaft in der Anwendung bzw. A. des →Gesetzes i. S. des c. 27, dass „[d]ie Gewohnheit ... die beste Auslegerin der Gesetze“ ist (→Gewohnheitsrecht). C. 17 bzw. c. 1499 CCEO normieren die Methoden der I. C. 17 formuliert die philologische Methode u. damit das Erfassen der Wortbedeutung in Text u. →Kontext als erste Methode der I. Die philologische Methode wird zuweilen auch in grammatikalische u. systematisch-logische Methode nochmals unterschieden. Wenn die Wortbedeutung unklar bzw. dunkel bleibt, ist auf die analoge, die teleologische od. die hist. bzw. genetische Methode zuzugreifen. M. Kontext meint c. 17 den die Norm unmittelbar umgebenden gesetzessystematischen Kontext, aber nicht nur diesen. Der →Gesetzgeber geht, wenn er in c. 17 von der „eigenen Wortbedeutung“ spricht, davon aus, dass es nicht nur eine mögliche jedem Wort zugeordnete Bedeutung gibt, deren Summe dann den Sinn des Satzes ergeben würde. Er spricht in c. 17 von der „... im Text und im Kontext wohl erwogenen eigenen Wortbedeutung ...“ u. zeigt damit, dass ihm bewusst ist, dass Worte auch durch ihren Verwendungskontext eine spezifische Bedeutung erlangen. M. Kontext ist zum einen der gesetzessystematische Kontext der jeweiligen Norm gemeint u. zum anderen ist die kirchl. Rechtsordnung gem. Johannes Paul II. in der Optik des Vat II zu interpretieren (Johannes Paul II., Allocutio ad Praelatos Auditores S. Romanae Rotae coram admissos vom 26.01.1984: AAS 76 [1984], 645), da das Vat II der ApK → Sacrae Disciplinae Leges zufolge das vorrangige Bsp. für den Codex darstellt, der stets nur ein unvollkommenes Abbild des Vat II sein kann (→ Hermeneutik des Kirchenrechts). Das Vat II stellt neben dem gesetzessystematischen Kontext daher den Kontext der philologischen Methode gem. c. 17 dar, sodass das Vat II bei der stets anzuwendenden philologischen Methode eine entscheidende Rolle spielt u. nicht nur bei der hist.-genetischen Interpretationsmethode. C. 6 § 2 verbietet, den gesamten CIC/1983 u. insb. die neuen bzw. erneuerten Normenbestände nur im Licht des CIC/1917 bzw. der kan. Tradition zu interpretieren, sondern erlaubt dies nur in den Fällen, in denen der CIC/1983 ausdrücklich altes Recht (ius vetus) wiedergibt. In diesen Fällen sollen diese Normen gem. c. 6 § 2 „auch [etiam] unter Berücksichtigung der kanonischen Tradition" gewürdigt werden. Die analoge Methode lässt Parallelstellen heranziehen, die entweder dies., eine ähnliche Materie od. denselben Rechtsgrundsatz behandeln. Insb. im Fall von → Gesetzeslücken wird neben der → Gesetzesanalogie gem. c. 19 auf allg. Prinzipien des Rechts, auf die → Rechtsanalogie, auf die Praxis der → Römischen Kurie, auf die anerkannte herrschende doctrina communis der Fachgelehrten u. die → Aequitas Canonica verwiesen. Darüber hinaus ist auch neben der Aequitas Canonica die → Epikie zur Auffüllung von Gesetzeslücken zu beachten. Beide sind aber weniger Teil der I. als vielmehr der Rechtsanwendung. Die teleologische Methode fragt nach der ratio legis bzw. dem objektiven Sinn des jeweiligen Gesetzes u. seinem immanenten Ziel, während die hist.-genetische Methode den Anlass u. die Umstände der Entstehung des Gesetzes in den Blick nimmt, um die mens legislatoris u. damit grundlegende Wertvorstellungen des Gesetzgebers zu erhellen. Die Anwendung der Interpretationsmethoden sollte zur Konvergenz führen. Im Fall unterschiedlicher Auslegungsergebnisse durch die versch. Interpretationsmethoden (Divergenz) ist der I. zu folgen, die der → Natur der Sache, der Aequitas Canonica u. dem Prinzip der → Gerechtigkeit am besten entspricht.

Die authentische I. stellt im Vgl. zum staatl. Recht ein Spezifikum des kirchl. Rechts dar. Nach c. 16 bzw. c. 1498 CCEO erfolgt die authentische I. durch den Gesetzgeber selbst od. durch denjenigen „dem von diesem die Vollmacht zur authentischen Auslegung übertragen worden ist" (c. 16 § 1). Die authentische I. kommt dem Urheber des jeweiligen Gesetzes zu, demnach gem. c. 331 dem → Papst für die von ihm erlassenen Gesetze od. einem Gesetzgeber auf teilkirchlicher Ebene wie dem → Diözesanbischof nach cc. 381 i. V. m. 391, dem → Partikularkonzil gem. c. 445, der → Bischofskonferenz gem. c. 455 od. dem → Generalkapitel nach c. 631 § 2. Auf der Ebene der → Gesamtkirche ist dem → Päpstlichen Rat für die Interpretation von Gesetztestexten (PCLT) gem. Art. 155 PastBon die päpstliche Vollmacht zur authentischen I. übertragen. Die kirchl. Rechtsordnung unterscheidet die authentische I. im Modus des Gesetzes, des Gerichtsurteils u. des → Verwaltungsaktes. Die forensische A. in Form eines gerichtlichen Urt. „oder eines Verwaltungsaktes im Einzelfall hat nicht die Kraft eines Gesetzes und bindet nur die Personen und betrifft nur Sachen, für die sie gegeben worden ist" (c. 16 § 3). Dennoch hat die ständige Rspr. der höchsten Gerichte eine Richtlinienfunktion. Im Unterschied zur forensischen I. werden von den anderen Formen der authentischen I. alle Normadressaten des jeweiligen kirchl. Rechts gleich verpflichtet. Die authentische I., der eine eingehende Beratung vorausgeht, gründet letztlich in der Autorität des Interpreten u. nicht in der Begründung u. Argumentation. Der authentische Interpret ist zudem im Unterschied zur wiss., doktrinellen bzw. privaten I. nicht zwingend an die Interpretationsregeln des c. 17 gebunden (vgl. ausführlich den Art. Authentische I.).

Nach c. 18 unterliegen Strafgesetze u. Gesetze, die die Rechtsausübung einschränken od. eine Ausnahme (ius singulare) vorsehen der engen I. (interpretatio stricta), sodass eine enge Bindung an die Wortbedeutung des Tatbestands m. der entspr. Rechtsfolge gefordert ist, im Unterschied vom Interpretationsspielraum der weiten I. (interpretatio lata). Im kirchl. Recht gilt zudem der Grundsatz, dass die lex specialis im Fall des Widerspruchs der lex generalis vorgeht (vgl. c. 20).

Literatur

Pree, H., Die evolutive Interpretation der Rechtsnorm im Kan. Recht, Wien u. a. 1980; Heimerl, H. – Pree, H., Kirchenrecht. Allgemeine Normen u. Eherecht, Wien u. a. 1983, 43-45; Drößler, B. Th., Bemerkungen zur Interpretationstheorie des CIC/1983: AfkKR 153 (1984), 3-34; May, G. – Egler, A., Einführung in die kirchenrechtliche Methode, Regensburg 1986, 183-228; Castillo Lara, R., Die authentische Auslegung des Kan. Rechtes im Rahmen der Tätigkeit der Päpstlichen Kommission für die Authentische Interpretation des Ius Canonicum: ÖAKR 37 (1987/88), 209-228; Miragoli, E., L'interpretazione autentica delle leggi ecclesiali: I primi cinque anni di attività della Pontificia Commissione: QDE 2, 2 (1989), 211-222; Wächter, L., Gesetz im Kan. Recht. Eine rechtssprachliche u. systematisch-normative Untersuchung zu Grundproblemen der Erfassung des Gesetzes im Kath. Kirchenrecht, St. Ottilien 1989 (MThS.K 43); KanR I, 178-189; Müller, L., Codex u. Konzil. Die Lehre des Zweiten Vatikanischen Konzils als Kontext zur Interpretation kirchenrechtlicher Normen: AfkKR 169, 2 (2000), 469-491; Potz, R., Art. Interpretation: LKStKR Bd. 2, 312-313; Herranz, J., Sull'interpretazione del Diritto Canonico. Spunti di riflessione: Ius Canonicum in Oriente et Occidente (FS Fürst), hg. v. H. Zapp – A. Weiß – S. Korta, Frankfurt – Berlin – Bern u. a. 2003 (AIC 25), 61-76; Lederhilger, S., Repetition od. Innovation? Bemerkungen zu Interpretationsgrundsätzen für den CIC/1983: AfkKR 172, 1 (2003), 58-83; Brown, P., The Interpretation of Canon Law: A Concise History From Gratian to CIC 1983: Apollinaris 76, 1-2 (2003), 203-274; Pack, H., Methodik der Rechtsfindung im staatl. u. kan. Relations- u. Urteilstechnik im kan. Recht, Essen 2004 (BzMKCIC38); Gerosa, L., L'interpretazione della legge nella Chiesa e nello Stato: Il diritto ecclesiastico 116, 4 (2005), 827-849; Cortés Diéguez, M., La interpretación de las leyes en el derecho romano, en el derecho civil y en el derecho canónico: consideraciones sobre sus principios y doctrinas: REDC 65 (2008), 57-107; Ruscazio, M., Fondamenti per un'interpretazione creativa del diritto ecclesiale: Ius divinum (2010), 519-528; Bertolis, O., L'interpretazione nel diritto: Civiltà cattolica 161, 2 (2010), 144-154; Huels, J., Classifying Authentic Interpretations of Canon Law: Jurist 72 (2012), 605-640; Rees, W., Die Rechtsnormen: HbkathKR^3, 127-162; Szuromi, S., Interpretation of the Church's discipline without the former sources?: Folia theologica et canonica 4 (26/18) (2015), 253-266; Socha, H.: MKCIC cc. 6, 16-20.

Thomas Meckel

Interpretation, Auslegung – Evangelisch

Die A. des ev. KR folgt der allg. jur. Methode. Deren Anschlussstellen für die außerrechtlichen Gegebenheiten u. Kontexte öffnen sie insb. für die Wahrnehmung der sozialen u. kulturellen Bedingungen des kirchl. Handelns u. für den interdiziplinären Diskurs m. der Theologie. Darin bildet sich auch die Bindung des ev. KR u. seiner A. an Schrift u. →Bekenntnis ab. Erkennt man das ev. KR als die Form, in der sich die jeweils partikularkirchlich verfasste Gemeinschaft der Getauften im Vertrauen auf die ihr verheißene Gegenwart Gottes darüber verständigt, welches kirchl. Handeln als geistl. angezeigt verantwortet werden soll, dann versteht man die A. u. Anwendung des KR als einen Teil dieses Vorgangs.

Literatur

de Wall, H.: ders. – Muckel, S., Kirchenrecht. Ein Studienbuch, München ^{5}2018, § 25, Rn. 19-23.

Michael Germann

Interpretation, Auslegung – Islamisch

A. u. I. werden m. unterschiedlichen Termini wiedergeben. Im Rechtsdiskurs kommen v. a. iǧtihād, istinbāṭ, ta'wīl, tafsīr u. ra'y in Frage. Der frühe Sammelbegriff für I. scheint zunächst ra'y gewesen zu sein. In den ersten Jhh. überwiegt die Verwendung des ra'y, wenn signalisiert werden soll, dass neben →Koran u. →Sunna eine Lösung vorgeschlagen wird, da in ihnen keine Hinweise für eine Lösung vorliegen. M. der zweiten Hälfte des 2./8. Jh. wird ra'y zunehmend als willkürliche freie Urteilsfindung negativ konnotiert. Der Sammelbegriff für eine akzeptierte I. wird nunmehr iǧtihād (Sich-abmühen) genannt. Im weitesten Sinne ist iǧtihād die Bemühung des Rechtsgelehrten, eine Lösung bzw. Regelung für einen Rechtsfall zu finden. Im engeren Sinne ist iǧtihād die Bemühung, eine Lösung für einen Fall zu finden, der in den Referenztexten nicht erwähnt wird. Wenn wir vom weiteren Sinn des iǧtihād als I. ausgehen, so zeigt er sich v. a. in Form von istinbāṭ. Istinbāṭ bedeutet wörtlich erschließen, entdecken u. herleiten. In der Rechtsmethodik steht er für Methoden, Prinzipien u. Regeln, die die Normderivation bestimmen. Hierzu gehört v. a. die grammatische A. der Referenztexte in den Quellen, wie etwa die A. von Imperativen als Verpflichtung, die Bestimmung dessen, welche Aussagen allg. u. welche spezifisch sind u. welche allg. Aussagen spezifiziert werden können. Daneben werden Methoden erarbeitet, die implizite Bedeutungen zu erfassen erlauben, wie etwa der Umkehrschluss u. das Erst-recht-Argument. Je nach →Rechtsschule kann der Einsatz von Normderivationsmethoden variieren u. unterschiedlichen Bedingungen unterliegen, sodass m. denselben Referenztexten unterschiedliche Regelungen bestimmt werden können. Nach vielen →Gelehrten umfasst istinbāṭ zudem Methoden wie die Analogie (qiyās). Wenn ein Fall nicht im Koran od. in der Sunna genannt ist, aber einen Rechtsgrund m. einem in den Quellen genannten Fall teilt, so wird diese Rechtslücke analog zum in den Quellen genannten Fall geregelt, wie etwa das Verbot des Bierkonsums in Anlehnung an das Verbot des Weinkonsums. In vielen Fällen wird solch ein qiyās zum Syllogismus umformuliert. Neben dem qiyās werden weitere Methoden, wie das Für-Gut-Halten (istiḥsān), u. a. als I. verstanden. O. auf seine hist. Entwicklung einzugehen, kann es nach dem Verständnis aus dem 4./10. u. 5./11. Jh. wie folgt zusammengefasst werden: Es ist die Entscheidung für eine abw. Regelung, da ansonsten die gewöhnliche Regelung zu Mühsal u. großem Übel führen könnte. Daher wird es oft als Billigkeit übers. Der qiyās u. v. a. der istiḥsān sind unter den Gelehrten aller Denktraditionen umstrittene Methoden. So ist es ebenso umstritten, welche Art von qiyās zulässig ist u. nach welchen Bedingungen er gültig ist. Ferner wird diskutiert, in welchen Rechtsbereichen, so etwa in Bezug auf Strafen, qiyās anwendbar ist. Ein dem istinbāṭ angrenzender Begriff ist ta'wīl, der im Rechtsdiskurs eine speziellere Bedeutung als istinbāṭ hat. So etwa ist ta'wīl A. u. Deutung einer Aussage, u. zwar in der Hinsicht, dass eine sekundäre Bedeutung einer Aussage mittels Indizien einer offensichtlichen Bedeutung vorgezogen wird. Sie dient somit zum einen, unklare Aussagen zu deuten, wodurch die gedeutete Aussage als mu'awwal u. mubayyan bez. wird. Auf der anderen Seite dient sie auch zur A. von etwa kollidierenden Hinweisen. So können zwei sich scheinbar widersprechende Aussagen gedeutet u. harmonisiert werden. Dies geschieht aber nicht willkürlich, sondern es müssen Indizien vorliegen, die diese A. rechtfertigen. Wenn die Indizien so stark sind, dass m. einer relativ hohen Wahrscheinlichkeit davon ausgegangen werden kann, dass eine Aussage auf eine gewisse Art u. Weise zu verstehen gilt, so ist im Rechtsdiskurs u. a. die Rede von tafsīr. Aussagen, die m. solch einer Sicherheit ausgelegt werden, werden in manchen Rechtsschulen als mufassar bez. Somit ist tafsīr auch eine Art A. Dieser Gebrauch von ta'wīl u. tafsīr im Recht unterscheidet sich aber von der der Koranexegese. Nach al-Māturīdī wäre tafsīr die A. der Koranverse gem. dem, was die Erstadressaten verstanden haben, wobei ta'wīl für die Entdeckung einer weiteren möglichen Bedeutung verwendet wird. Bei seinen Zeitgenossen, wie etwa bei aṭ-Ṭabarī werden tafsīr u. ta'wīl synonym verwendet, u. zwar als die Entdeckung der Bedeutung, die die Erstadressaten möglicherweise verstanden haben. Bei späteren Gelehrten wird tafsīr im Allg. als A. verstanden u. so weit gefasst, dass ta'wīl darunterfällt u. sich kaum von tafsīr unterscheidet. Alle hier genannten Termini werden durch Koran u. Sunna legitimiert. Sie sind das Instrumentarium der Gelehrten, objektive I. u. A. zu betreiben. Daher muss derjenige, der interpretiert (sog. muǧtahid), gewisse Bedingungen erfüllen, wie etwa des Arabischen mächtig zu sein u. die Rechtsmethodik zu beherrschen. Die detaillierten Bedingungen variieren aber von Rechtsschule zu Rechtsschule.

Quellen

az-Zarkašī, B., al-Baḥr al-muḥīṭ fī uṣūl al-fiqh, Kuwait [2]1992; al-Maḥbūbī al-Buḫārī, Ṣ., at-Tawḍīḥ li-matn at-Tanqīḥ fī uṣūl al-fiqh: Sa'daddīn b. 'Umar at-Taftazānī, Šarḥ at-Talwīḥ 'alā t-Tawḍīḥ, Beirut 2005.

Literatur

Weiss, B., Interpretation in Islamic Law: The Theory of Ijtihād: The American Journ. of Comparative Law 26 (1978), 199-212; Krawietz, B., Hierarchie der Rechtsquellen im Tradierten sunnitischen Islam, Berlin 2002; Hallaq, W., The Origins and Evolution of Islamic Law, Cambridge 2005; Weiss, B., The Search for God's Law – Islamic jurisprudence in the writings of Sayf al-Dīn al-Āmidī, Salt Lake City 2010; Kurnaz, S., Methoden zur Normderivation im islam. Recht, Berlin 2016.

Serdar Kurnaz

© 2019, DOI: 10.30965/9783506786388_0477

Interrogatorien – Katholisch

In kirchl. Gerichtsverfahren (→Gerichtsverfahren, kirchliches) ist im Regelfall mündlich u. nicht schriftlich auszusagen (c. 1566, Art. 171 DC; c. 1247 CCEO). Der →Richter erstellt zur Vorbereitung der Befragungen einen Fragenkatalog, der als I. bez. wird. Die →Parteien, deren →Prozessbevollmächtigte u. →Anwälte, die →Ehebandverteidiger u. →Kirchenanwälte können eigene Fragepunkte für die Befragungen vorlegen (c. 1533; c. 1214 CCEO). Allein der Richter entscheidet über die Aufnahme dieser Fragepunkte in das I. Das I. darf den Befragten nicht vorab mitgeteilt werden, um eine unvoreingenommene, möglichst wahrheitsgemäße Aussage zu gewährleisten (c. 1565 §1; Art. 170 §1 DC; c. 1246 §1 CCEO). Bei der Formulierung der Fragen hat der Richter gem. c. 1564, Art. 169 DC; c. 1245 CCEO darauf zu achten, dass die Fragen kurz u. dem Auffassungsvermögen der zu befragenden Person angepasst sind. Die einzelnen Fragen sollen nicht mehrere Themenbereiche umfassen, nicht suggestiv, verfänglich od. hinterlistig sein, keinesfalls eine Beleidigung enthalten u. sich auf den Verfahrensgegenstand beziehen. Ein nach diesen Kriterien erstelltes I. erleichtert dem Richter die Wahrheitsfindung u. die Einstellung auf die konkrete Person des zu Befragenden in der Vernehmungssituation. Falls erforderlich kann der Richter das I. um Zusatzfragen erweitern (c. 1568, Art. 174 DC; c. 1249 CCEO). Eine Partei, deren Prozessbevollmächtigter od. Anwalt, der Ehebandverteidiger od. der Kirchenanwalt dürfen, sofern sie an der Anhörung teilnehmen, ihre ergänzenden Fragen nicht direkt der zu befragenden Person stellen. Sie müssen ihre Fragen dem Richter vorlegen, der darüber entscheidet, ob u. in welcher Form die Fragen gestellt werden (c. 1561, Art. 166 DC; c. 1242 CCEO).

Quellen

PCLT, Instr. Dignitas Connubii: Comm. 37 (2005), 11-92.

Literatur

Lüdicke, K., „Dignitas connubii". Die Eheprozeßordnung der kath. Kirche, Essen 2005 (BzMKCIC 42), 208-221; KanR IV, 438; Rambacher, S., §111 Die Eheverfahren, I. Der ordentliche Ehenichtigkeitsprozess: HbkathKR³, 1698-1702; Hahn, J., Das kirchl. Richteramt. Rechtsgestalt, Theorie u. Theologie, Essen 2017 (BzMKCIC 74), 539-542.

Michael Benz

© 2019, DOI: 10.30965/9783506786388_0478

Interzelebration – Katholisch

Als I. wird die gemeinsame Zelebration der Eucharistie zwischen einem kath. →Priester u. einem Priester od. Amtsträger einer anderen chr. Kirche od. kirchl. Gemeinschaft bez. Die I. ist gem. c. 908 u. c. 702 CCEO ausdrücklich verboten u. wird als →Straftat gegen die Einheit der Kirche m. einer gerechten (c. 1365) bzw. angemessenen →Strafe (c. 1440 CCEO) bedroht. Die Strafe ist unbestimmt u. tritt nicht als →Tatstrafe von selbst ein, sondern muss als →Spruchstrafe verhängt werden. In Frage kommen die →Beugestrafen der Suspension (→Suspendierung) (c. 1333; c. 1432 CCEO) u., in schwereren Fällen, der →Exkommunikation (cc. 1331 i. V. m. 1318; cc. 1431 u. 1434 CCEO).

Entspr. UR 8 muss jede Art der →Communicatio in sacris zwei Prinzipien beachten: Die Bezeugung der Einheit der Kirche u. die Teilnahme an den Mitteln der Gnade. Die Eucharistie bezeugt u. bewirkt die Einheit in bes. Maß, da sie Höhepunkt u. Quelle des gesamten →Gottesdienstes der Kirche ist (c. 897; c. 698 CCEO), kann aber nicht allg. u. o. Unterscheidung als Mittel zur Wiederherstellung der Einheit angesehen u. praktiziert werden (UR 8). Wegen des unlösbaren Zusammenhangs zwischen der eucharistischen Gemeinschaft u. der vollen kirchl. →Communio u. ihrem sichtbaren Ausdruck im gemeinsamen →Glaubensbekenntnis, in den →Sakramenten u. der kirchl. →Leitung (→Tria-Vincula-Lehre) (c. 205; c. 8 CCEO) gilt generell, dass die gemeinsame Feier der Eucharistie (→Eucharistiefeier) nicht möglich ist, solange nicht die plena communio im sichtbaren Verband besteht (DirOec/93 Nr. 129).

Dies gilt bes. für die Zelebration der Eucharistie, die in persona Christi u. nomine Ecclesiae nur von gültig geweihten Priestern (c. 900 § 1; c. 699 § 1 CCEO), die in hierarchischer Communio m. dem P. u. den Bf. stehen, u. im Zusammenwirken m. den übrigen Gläubigen vollzogen wird (cc. 835-837). Eine I. wäre in Hinblick auf die Kirche, das sacramentum unitatis (c. 837 § 1), wie auch die Eucharistie, die significatio unitatis populi Dei (c. 897; c. 698 CCEO), ein in sich kontradiktorisches Zeichen. Im Vergleich zu den Normen über den Empfang der Krankensakramente u. damit auch der Eucharistie (→Kommunionempfang), die unter bestimmten Voraussetzungen auch Angehörigen →nichtkatholischer Kirchen od. Gemeinschaften gespendet werden kann (c. 844 §§ 3-4; c. 671 §§ 3-4 CCEO), sind die Bestimmungen zur I. enger gefasst.

Quellen

Vat II, UR.

Literatur

Riedel-Spangenberger, I., Die Communicatio in sacris – Zur Korrelation zwischen geistl. u. kirchl. Gemeinschaft in ökumenischen u. rechtsgeschichtlichen Bezügen: Ökumene u. KR – Bausteine od. Stolpersteine?, hg. v. H. Hallermann, Mainz 2000, 63-83; Amann, Th., § 65 Der ök. Auftrag: HbkathKR³, 944-963.

Heribert Hallermann

© 2019, DOI: 10.30965/9783506786388_0479

Interzelebration – Evangelisch

Der Begriff I. wird uneinheitlich gebraucht. Ist der Begriff ausschließlich auf die Abendmahlsfeier (→Abendmahl, Eucharistie) von organisatorisch getrennten Kirchen bezogen, so wird damit entweder die Konzelebration od. der mögliche Austausch der Amtsträger bez. Ist zwischen zwei od. mehreren Kirchen →Kirchengemeinschaft geschlossen worden, so folgt daraus i. d. R. die Möglichkeit der I., die sowohl die Konzelebration wie die Leitung der Abendmahlsfeier in der anderen Kirche beinhaltet. Für manche Kirchen ist ein gemeinsames Abendmahlsverständnis ausreichend, um Konzelebration zu vereinbaren. Grds. gilt, dass einer I. der Amtsträger von Konfessionskirchen bzgl. der → Sakramente immer entspr. kirchenleitende Beschl. vorausgehen müssen. Es ist auch nicht so, dass bei bekenntnisgleichen, aber organisatorisch eigenständigen Kirchen I. selbstverständlich ist. Auch hier bedarf es z. T. der Vereinbarungen.

Wird der Begriff I. weiter gefasst, so ist er nicht nur auf die Feier des Abendmahls, sondern auf gemeinsame Feiern aller Art (Ök. → Gottesdienste, gemeinsame → Trauung etc.) bezogen. Hier wird I. dann ausschließlich in der Form der Konzelebration ausgeübt. Dabei gibt es wieder, je nachdem m. welchen Kirchen diese Feiern stattfinden, unterschiedlichen Regelungsbedarf, der von bi- od. multilateralen Vereinbarungen bis zur freien Entscheidung der Amtsträger bzw. der Ortsgemeinden reicht.

Literatur

Track, J., Interkommunion u. Interzelebration: Stolpersteine od. Wegmarken der Ökumene?: Im Dienst der Gemeinde, Wirklichkeit u. Zukunftsgestalt der kirchl. Ämter, hg. v. S. Demel – L. Gerosa – P. Krämer – L. Müller, Berlin – Münster – Wien – Zürich – London 2002 (KRB 5); Charting Churches in a Changing Europe. Charta Oecumenica and the Process of ecumenical Encounter, hg. v. T. Noble – J. Noble – M. E. Brinkman – J. Hilberath, Amsterdam – New York 2006.

Hanns Kerner

© 2019, DOI: 10.30965/9783506786388_0479

Interzession – Katholisch

Im kan. Recht wird m. dem vom lat. Verb intercedere abgeleiteten Begriff I. in einer weiten Begriffsverwendung das Ein- od. Dazwischentreten eines bestimmten Sachverhaltes (etwa einer zeitlichen Frist od. einer räumlichen Entfernung) verstanden. Daneben wird I. in einem spezifischen Sinn verstanden als Fürsprache, so erscheint I. in den geltenden Kodifikationen als Fürsprache der Heiligen zugunsten der Gläubigen (vgl. c. 1186; c. 884 CCEO). In einem grundsätzlicheren Verständnis meint I. das der Kirche aufgrund ihres Sendungsauftrages u. des Gebotes der Gottes- u. Nächstenliebe aufgegebene Eintreten für den → Rechtsschutz von Fremden, Heimatlosen u. Verfolgten, worin auch der chr. Asylgedanke gründet. So verstanden bildet die chr. Beistandspflicht die konzeptionelle Grundlage des Interzessionsasyls. Im Zusammenspiel m. der auf antiken Vorstellungen beruhenden Unantastbarkeit hl. Stätten, die im Zuge der Christianisierung bald auf die chr. Kirchen ausgedehnt wurde u. unter dem Begriff der reverentia loci zu fassen ist, u. dem alttestamentlich wie chr. fundierten Gedankens des Eintretens für Notleidende, was seit dem 4. Jh. als Pflicht des → Bischofs (u. des Klerus) zur I. betrachtet wird, sich für Notleidende u. Unglückliche einzusetzen, bildete sich im Laufe der Kirchengeschichte ein eigenständiges kirchl. Asylrecht aus (vgl. hier den Kanon 5 des Konzils von Orange aus dem J. 441 = D. 87 c. 6). Abgesehen von seiner normativen Fassung hing die faktische Durchsetzbarkeit des → Kirchenasyls gesch. weitgehend vom jeweiligen Kräfteverhältnis zwischen staatl. u. kirchl. Macht ab. In c. 747 § 2 wurde die Anspruchsgrundlage für die bleibende Gültigkeit eines Interzuessionsrechtes der Kirche innerhalb der weltlichen Ordnung konkludent aufrechterhalten (vgl. Riedel-Spangenberger, 1991, 142), wonach es der Kirche zukommt, immer u. überall die sittlichen Grundsätze auch über die soziale Ordnung zu verkünden wie auch über menschliche Dinge jedweder Art zu urteilen, insoweit die Grundrechte der menschlichen Person od. das Heil der Seelen dies erfordern (vgl. auch Vat II GS 76, 5).

Quellen

Vat II, GS.

Literatur
Landau, P., Art. Asylrecht III. Alte Kirche u. Mittelalter: TRE Bd. 4, 319-325; Henßler, O., Art. Asyl: HRG Bd. 1, 319-326; Jacobs, U. K., Kirchl. Asylrecht. Aspekte zu seiner gesch. u. gegenwärtigen Geltungskraft: ZEvKR 35 (1990), 25-43; Riedel-Spangenberger, I., Der Rechtsschutz des Asyls im Kirchenrecht: TrThZ 100 (1991), 126-142; Robbers, G., Kirchl. Asylrecht?: AöR 113 (1988), 30-51; Schinkele, B., Gewissensgebot u. Normativität des positiven Rechts. Überlegungen unter bes. Berücksichtigung des so genannten „Kirchenasyls": ÖARR 50 (2003), 448-480; Traulsen, C., Barmherzigkeit u. Buße. Zum chr. Gehalt des spätantiken Kirchenasyls: ZSRG.K 93 (2007), 128-153.

Peter Platen

© 2019, DOI: 10.30965/9783506786388_0480

Intimsphäre – Katholisch

Der CIC/1917 verankert nicht wie c. 220 u. c. 23 CCEO der geltenden Rechtsordnung ein explizites Grundrecht aller Gläubigen (→Grundrechte und Grundpflichten der Christen) auf →guten Ruf u. den Schutz der eigenen I., sondern kennt einzelne Normen zum Schutz der I., wie z. B. die Sicherung des Briefgeheimnisses von Ordensleuten gem. can. 611, den Schutz des →Beichtgeheimnisses nach cann. 889-890 i. V. m. 520-522 u. die freie Wahl des →Beichtvaters gem. cann. 566 u. 1361 sowie das Verbot, dass Ordensobere gem. can. 530 Ordensleute nicht zu einer Offenbarung ihres →Gewissens zwingen konnten.

Nach Integration der →Menschenrechte in die lehramtliche Verkündigung durch die Enz. PT von Johannes XXIII. hat das Vat II u. a. in Art. 26 GS explizit das Recht auf guten Ruf („ius ad bonam famam") u. auf Schutz der eigenen Privatsphäre („ius ad vitae privatae protectionem") genannt.

In den Schemata während der Codexrevision gab es Normen zum Briefgeheimnis. In den Schemata von 1980 u. 1982 fand sich aber noch keine Norm, die das Grundrecht auf die eigene I. positiviert, sondern nur can. 642 Schema/1982, der den Schutz der Privatsphäre der Novitiatsbewerber bei der Zulassung durch die zuständigen Oberen regelte. Johannes Paul II. war der Schutz der eigenen I. ein wichtiges Anliegen u. so fügte er in der Endredaktion des Sommers 1982 das Recht auf die eigene I. m. dem des Rechts auf guten Ruf wie im heutigen c. 220 ersichtlich zusammen. Als Menschrechte kommen beide Grundrechte allen Menschen zu. C. 220 spricht beim Recht auf die eigene I. daher von einem „ius cuiusque personae". Die Norm befindet sich im geltenden kirchl. Recht im Kontext der Pflichten u. Rechte aller Gläubigen. Das Grundrecht auf die eigene I. erfährt in c. 220 einen absoluten Schutz u. kennt im Unterschied zum Recht auf guten Ruf auch keine rechtmäßige Ausnahme der Schädigung. Es wird demnach das Gebot verankert, die I. Dritter zu achten u. diese nicht zu verletzen. Der Begriff der intimitas wird nur in c. 220 verwendet. Die I. umfasst die spezifische persönliche I. des jeweiligen Menschen, seinen Gewissensbereich, das sog. forum internum (→Forum externum und internum). Ferner gehört zur I. das informationelle Selbstbestimmungsrecht. Daher schützt das Grundrecht nicht nur vor Eingriffen in die I., sondern garantiert auch das Freiheitsrecht des Einzelnen, darüber zu entscheiden, wann u. wem welche Informationen aus dieser Sphäre übermittelt werden. Daher kann es legitime Eingriffe in die I. nur m. freiwilliger Zustimmung der betroffenen Person geben.

Das Recht auf die eigene I. wird im geltenden Recht in bes. Weise geschützt durch das Amtsgeheimnis, das Beichtgeheimnis gem. cc. 983 u. 984 sowie die entspr. Schutzbestimmungen der cc. 1388 u. 1550 § 2 2°, die datenschutzrechtlichen Bestimmungen (→Datenschutz), das Briefgeheimnis sowie die strafrechtlichen Normen in Fällen von →sexuellem Missbrauch. Im CIC/1983 wird auf das Recht auf die eigene I. ausdrücklich nur in c. 642 verwiesen, der im ordensrechtlichen Kontext der Zulassung zum →Noviziat regelt, dass „... Gesundheit, Charakter und Reife ..., soweit nötig durch hinzugezogene Sachverständige bestätigt werden [sollen], unbeschadet der Vorschrift des can. 220." Hierbei handelt es sich z. B. um ggf. notwendige psychologische Untersuchungen, die die Einwilligung des jeweiligen Kandidaten voraussetzen.

Quellen

Johannes XXIII., Enzyklika Pacem in terris vom 11. April 1963: AAS 55 (1963), 257-304; Vat II, GS.

Literatur

Rinere, E., The Individual's Right to Confidentiality: Selected Issues in Religious Law, hg. v. P. Cogan, Washington 1997, 142-147; Schirmer, F., Art. Intimsphäre: LKStKR Bd. 2, 316-317; Vitalone, A., Buona fama e riservatezza in diritto canonico (il civis-fidelis e la disciplina della privacy): IusEccl 14, 1 (2002), 261-280; Franitza, A., „Lasset uns lästern. Wir sind hier zusammengekommen, um übereinander herzuziehen!" Kirchenrechtliche Überlegungen zu can. 220 CIC/1983: „Lebendige Gemeinde". Beiträge aus biblischer, hist., systematischer u. praktischer Theologie, hg. v. M. Neubrand, Regensburg 2005, 237-253; Krämer, P., Das Recht auf den Schutz der Intimsphäre. Kirchenrechtliche Anmerkungen zu c. 220 CIC: TrThZ 121 (2012), 286-302; Meckel, T., Das Recht auf die eigene Intimsphäre u. den guten Ruf. Genese u. Geltung zweier Grundrechte aller Christgläubigen: Der Strafanspruch der Kirche in Fällen von sexuellem Missbrauch, hg. v. H. Hallermann – T. Meckel – S. Pfannkuche, Würzburg 2012, 279-306; ders., Das Beichtgeheimnis u. das Seelsorgegeheimnis im Spiegel der Grundrechte der Christgläubigen: AfkKR 181, 2 (2012), 444-466; Reinhardt, H.: MKCIC zu c. 220.

Thomas Meckel

© 2019, DOI: 10.30965/9783506786388_0481

Intinktion

→Kommunionempfang

Investigatio praevia

→Voruntersuchung, kanonische

Investitur – Katholisch

1. Im →germanischen Recht bez. die I. (investitura = Einkleidung, Bekleidung) die förmliche Besitzeinweisung einer Person in das Eigentum an einem Grundstück durch den bisherigen Eigentümer, später auch die Einweisung des Lehensmannes in das Lehen, die von der Überreichung bestimmter Symbole begleitet wurde. Im Zusammenhang m. dem →Eigenkirchenwesen wurde die Übertragung einer niederen Kirche durch den Eigenkirchenherren an einen Priester ebenfalls als I. bez.; dabei wurden als Symbole z. B. ein Altartuch, das Kirchenbuch od. ein Glockenseil überreicht. Bzgl. der I. von Bf. u. Reichsäbten durch den König kam es seit der Mitte des 11. Jh. zum →Investiturstreit, der im →Wormser Konkordat (23.09.1122) so gelöst wurde, dass künftig der König bei den neu gewählten Bf. u. Äbten m. dem weltlichen Symbol des Zepters die m. der Lehenshuldigung verbundene Regalieninvestitur vornahm, d. h. den Bf. od. Abt in seinen weltlichen Besitz einwies, u. die geistl. I. m. Ring u. Stab durch den jeweiligen Metropoliten vorgenommen wurde.

2. Im KR wurde u. wird I. z. T. noch als untechnischer Begriff verwendet, um die Besitzeinweisung od. Besitzergreifung als den dritten u. letzten Schritt der →Amtsübertragung nach →Designation u. provisio canonica zu bez., wodurch das →Amt schließlich m. allen Rechten u. Pflichten ausübbar wird. Im bes. wurden u. werden solche Formen der possessio canonica als I. bez., die m. der Übergabe bestimmter Symbole od. →Insignien verbunden sind, wie z. B. die Überreichung von Evangelienbuch, Kelch, Kirchenschlüssel etc. bei der Besitzeinweisung eines Pfr. od. die Übergabe des Kapitelkreuzes an einen Domkapitular. Die Aufnahme neuer Mitglieder in die päpstlich anerkannten Ritterorden (→Ritterorden vom Heiligen Grab zu Jerusalem) wird regelmäßig als I. bez., bei der in einem öff. Akt die Insignien des Ordens überreicht werden. Als

terminus technicus wird I. weder im CIC/1917 noch im CIC/1983 verwendet.

Literatur

Scharnagl, A., Der Begriff der Investitur in den Quellen u. der Literatur des Investiturstreites, Stuttgart 1908; Plöchl Bd. I, 189, 368; Feine, K. E., Kirchl. Rechtsgeschichte, Bd. 1 Die kath. Kirche, Weimar ^{5}1972, 186, 224; Heimerl, H., Art. Investitur: LThK^{3} Bd. 5, 569 f.; Schieffer, R., Art. Investiturstreit: LThK^{3} Bd. 5, 570-573.

Heribert Hallermann

© 2019, DOI: 10.30965/9783506786388_0484

Investiturstreit – Historisch

I. bez. den schweren, zwischen Heinrich IV. u. Gregor VII. im J. 1075 ausgebrochenen Konflikt, der sich an nicht-konsensual vorgenommenen →Investituren ital. Bistümer entzündet hatte. Dieser wurde erst 1122 m. dem →Wormser Konkordat beigelegt, in dem sich Heinrich V. u. Kalixt II. auf die fortan geltenden Modalitäten bei Auswahl u. Bestellung des höheren Klerus im Reich einigten, wobei ähnliche Regelungen früher schon für Frankreich u. England getroffen worden waren. – In einem weiteren Verständnis bezieht der Begriff zusätzlich die etwa zwei vorausliegenden Jahrzehnte ein, in deren Verlauf u. bis ins 12. Jh. hinein ein Corpus an theol.-politischen Streitschriften zum I. entstand. – Heute wird der I. wahrgenommen als Ausdruck einer Reibungsfläche im Prozess der rechtlich-politischen Verhältnisbestimmung zwischen Herrschaft u. Kirche im frühen lat. MA. Waren die Vorzeichen dieser Entwicklung (libertas Ecclesiae) seit der Gründung der Abtei Cluny (910) nicht mehr zu übersehen u. engagierten sich in Rom m. Petrus Damiani u. Humbert von Silva Candida publizistisch führende Kleriker, so brach sich der profunde Gestaltwandel der Kirche Bahn im Spiegel einer im Zuge der Gregorianischen Reform bekräftigten Devise des 3. Jh. („Dominus dicit: ‚Ego sum veritas et vita', non ait ‚Ego sum consuetudo'"). Als Motor dieses Gestaltwandels kann die sich ab der Mitte des 11. Jh. präzisierende Lehre von den →Sakramenten (Siebenzahl Mitte des 12. Jh.) namhaft gemacht werden, was sich unverzüglich in den rechtlich-theol. Konzeptionen Ivos von Chartres niedergeschlagen hat. In Abwehr der eher spiritualisierenden Sichtweise Berengars von Tours auf die Eucharistie hat die Kirche seinerzeit zu einem sakramentalen Selbstverständnis gefunden.

Literatur

Schieffer, R., Die Entstehung des päpstlichen Investiturverbots für den dt. König, Hannover 1981 (MGH. Schriften 28); Vauchez, A., Les laics au moyen âge: pratiques et expériences religieuses, Paris 1987; Schieffer, R., Art. Investiturstreit: LThK^{3} Bd. 5, 570-573; Europa an der Wende vom 11. zum 12. Jahrhundert. Beiträge zu Ehren von Werner Goez, hg. v. K. Herbers, Stuttgart 2001; Hartmann, W., Der Investiturstreit, Stuttgart ^{3}2007; Foulon, J.-H., Église et réforme au Moyen Âge. Papauté, milieux réformateurs et ecclésiologie dans les Pays de la Loire au tournant des XIe-XIIe si cles, Brüssel 2008; Schilling, B., Bemerkungen zu päpstlichen Synoden des hohen Mittelalters: Francia 36 (2009), 285-295; Hamilton, L., A Sacred City. Consecrating Churches and Reforming Society in Eleventh-Century Italy, Manchester 2010 (Manchester Medieval Studies); Keller, H., Über die Rolle des Königs bei der Einsetzung der Bischöfe im Reich der Ottonen u. Salier: Frühmittelalter Studien 44 (2010), 153-174; Schieffer, R., Worms, Rom u. Canossa: Hist. Zeitschrift 292 (2011), 593-612; Berndt, R., Die europäische Gesellschaft zwischen dem ersten u. dem zweiten Jahrtausend: La penitenza tra I e II millennio. Per una comprensione delle origini della Penitenzieria Apostolica, a cura di M. Sodi e R. Salvarani, Vatikanstadt 2012 (Monumenta Studia Instrumenta Liturgica 65), 25-44; Canossa – Aspekte einer Wende, hg. v. W. Hasberg – H.-J. Scheidgen, Regensburg 2012; Golinelli, P., Une hagiographie de combat dans le contexte de la lutte pour les investitures: Hagiographie, idéologie et politique, éd. par M. Goullet (Hagiologia), Turnhout 2012, 243-254; Gouguenheim, S., La Réforme Grégorienne. De la lutte pour le sacré la sécularisation du monde, Paris 2014.

Rainer Berndt

© 2019, DOI: 10.30965/9783506786388_0485

Invocatio Dei

→Gottesbezug

Irland, Staat und Religion – Staatlich

1. Von den 4.761.865 Bewohnern der Republik I. bekennen sich 3.729.115 (78, 30 %) zum Katholizismus, 2, 61 % zur Church of Ireland bzw. Angl. Kirche, 1, 32 % zum Islam u. 4, 95 % zu anderen Konfessionen, 10, 12 % sind konfessionslos (Statistics Ireland – Census 2016). Die röm.-kath. Kirche ist in 4 Kirchenprovinzen u. 26 Diözesen unterteilt.

2. Nach kontinuierlichen Abkoppelungsversuchen seit der 1801 erfolgten Eingliederung in das Vereinte Königreich Großbritannien trat am 06.12.1922 die Verf. des Irischen Freistaates u. m. dem Republic of Ireland Act 1949 die vollkommene Unabhängigkeit in Kraft. I. gehört zur Trad. des Common Law, besitzt eine geschriebene Verf. u. untersteht der Normenkontrolle durch den High Court. Die (angl.) Kirche (→Anglikanische Gemeinschaft) von I. war bis 1871 →Staatskirche. Vor 1829 waren röm.-kath. Christen rechtlich benachteiligt, d. h. von öff. Ämtern ausgeschlossen u. o. staatl. Finanzhilfen. Der Church Act von 1869 brachte die Entstaatlichung der Kirche von I. Art. 16 des engl.-irischen Abkommens vom 06.12.1921, das die Errichtung eines unabhängigen Staates vorsah, gewährte Religionsfreiheit, den uneingeschränkten Zugang zu Bildungseinrichtungen sowie konfessionellen Religionsunterricht, die in Art. 8 der Verf. von 1922 verankert u. unverändert in der Verf. vom 01.07.1937 (in der geltenden Form vom 24.06.2004) aufgenommen wurden.

3. Die rechtliche Hauptgrundlage für die Beziehung zwischen Staat u. Kirche ist Art. 44 der Verf., der einen Gottesbezug enthält, die Achtung von Religion, Gewissens-, Bekenntnis- u. Religionsfreiheit gewährt, keine staatl. finanzielle Unterstützung irgendeiner Religionsgemeinschaft zulässt, jedwede Diskriminierung verbietet, freien Bildungszugang u. konfessionellen Religionsunterricht sichert u. die innere Autonomie der Religionsgemeinschaften, freien Besitzerwerb, finanzielle Verwaltung sowie strukturelle Organisation garantiert. Der Passus über die bes. Stellung der röm.-kath. Kirche u. die Nennung anderer Religionsgemeinschaften wurde 1972 aus der Verf. gelöscht. Vereinbarungen zwischen dem Staat u. Religionsgemeinschaften (z. B. Konkordat), sind nicht vorgesehen. Alle Kirchen u. Religionsgemeinschaften sind rechtlich gleichgestellte, freiwillige Vereinigungen, die nicht automatisch Rechtspersönlichkeit besitzen. Der Erwerb od. Gebrauch von Vermögen erfolgt explizit nach internen Regeln u. Verfahren. Jede Religionsgemeinschaft kann wirtschaftliche Unternehmungen gründen u. unterhalten. Kirchen u. religiöse Körperschaften unterliegen der Mehrwertsteuer, Gehälter von Geistlichen u. Ordensleuten sind einkommenssteuerpflichtig, Einkünfte aus Schenkungen u. wohltätigen Vermächtnissen sowie Kirchengebäude u. gemeinnützige Vereinigungen steuerbefreit.

4. Das Grund- (ca. 90 %) u. höhere Schulwesen (etwa 60 %) ist primär konfessionell organisiert u. vom Staat finanziell unterstützt (Art. 42 Abs. 4 Verf.). Obwohl keine verfassungsrechtliche Verpflichtung dazu besteht (Art. 44 Abs. 4), finanziert der Staat 85 % der Gehälter, der Verwaltung u. des Unterhalts sowie 80 % der Gebäudelast. Nicht-konfessioneller Religionsunterricht besteht seit 1970 an öff. Schulen. Kirchl. Schulen bieten wöchentlich einen zweistündigen konfessionellen Religionsunterricht o. Prüfungsrelevanz an. Universitäten stehen Studierenden aller Bekenntnisse offen. Gem. Art. 44 Abs. 2 Verf. unterstütz der Staat weder Aufgaben, Einrichtungen, Personalkosten od. selbstorganisierte theol. Ausbildung einzelner Religionsgemein-

schaften m. Subventionen od. finanziellen Zuschüssen, noch trägt er die Baulast an Kirchengebäuden.

Im staatl. Eherecht besteht neben der nicht obligatorischen Zivilehe die Möglichkeit der religiösen Eheschließung. Die Heiratsfähigkeit ist m. Vollendung des 18. Lj. gegeben. Das Ehevermögensrecht unterliegt dem Prinzip der Gütertrennung. Der Family Law Act 1995 regelt das gerichtliche Trennungsverfahren, vermögensrechtliche Folgen u. die Eheschließung; der Family Law (Divorce) Act 1996 ermöglicht die Scheidung (Art. 41 Abs. 3 Verf.). M. dem Civil Partnership and Certain Rights and Obligations of Cohabitants Act 2010 wurde die zivile Partnerschaft für gleichgeschlechtliche Personen eingeführt u. Bestimmungen für die nichteheliche Lebensgemeinschaft heterosexueller Paare erlassen. Der Marriage Act 2015 (Art. 2 A) gewährt die Eheschließung gleichgeschlechtlicher Paare (Art. 41 Verf.). Partner einer eingetragenen Lebensgemeinschaft können gem. Art. 102 Children and Family Relationships Act 2015 u. Art. 3 u. 16-19 Adoption Act 2017 Kinder adoptieren. Das Abtreibungsverbot erlangte 1983 als spezifisch kath. Anliegen Verfassungsrang. Aufgrund des Gesellschaftswandels entschied 1995 der Oberste Gerichtshof die Zulassung von Abtreibungen in bestimmten Fällen. 2018 stimmten 66,4% für eine Aufhebung des Schwangerschaftsabbruchverbots. Veröff. od. Äußerungen gotteslästerlicher, aufrührerischer od. unsittlicher Inhalte sind nach Art. 40 Abs. 6 Verf. u. Art. 36 Defamation Act 2009 strafbar. Das Rundfunkgesetz von 2009 verbietet religiöse Werbung in Rundfunk u. Fernsehen (Art. 41), gestattet jedoch die Ausstrahlung rein informeller konfessionsbezogener Inhalte (Art. 25 u. 118). Religiöse Amtsträger u. Ordensmitglieder sind vom Schöffen- u. Geschworenenamt befreit (Juries Act 1976, I. Schedule, Part II).

Literatur

McGrady, A. – Williams, K., Religious Education and State Policy in Ireland: Panorama 7 (1995), 116-132; Riedel-Spangenberger, I., Staat u. Kirche: Irland: LKStKR Bd. 2, 428 f.; Brisbois, I., Staat u. Kirche in der Republik Irland, Trier 2003; Twomey, V., The end of Irish Catholicism?, Dublin 2003; Casey, J., State and Church in Ireland: State and Church in the European Union, hg. v. G. Robbers, Baden-Baden ²2005, 187-208; Weinberger, W., Süd- u. Westeuropäische Länder: Kath. Kirche im neuen Europa, hg. v. W. Rees, Wien – Berlin 2007, 254-344; Garcimartín, C. – Cahill, M., Religion and State in Ireland: Religion and the Secular State, hg. v. D. Thayer, Madrid 2015, 412-432.

Walter Weinberger

© 2019, DOI: 10.30965/9783506786388_0487

Irregularität – Katholisch

I. bez. ein dauerhaftes Hindernis, das →Weihesakrament zu empfangen (c. 1041) od. auszuüben (c. 1044 §1).

Im CIC/1917 wird noch zwischen I. ex defectu u. ex delicto unterschieden. Irregulär für den →Weiheempfang ist gem. c. 1041 wer an einer psychischen →Erkrankung leidet (amentia od. psychica infirmitas, 1°); wer die →Straftat der →Apostasie, →Häresie od. des →Schismas begangen hat (2°); wer durch die →Ehe, Weihe (→Ordination, Weihe) od. ein öff. →Gelübde an der →Eheschließung gehindert od. m. einer bereits verheirateten od. an ein Gelübde gebundenen Frau eine kirchl. Ehe od. →Zivilehe zu schließen versucht hat (→Eheschließungsversuch) (3°); wer vorsätzlich einen Menschen getötet (→Tötungsdelikt) od. eine →Abtreibung vollendet bzw. positiv daran mitgewirkt hat (4°); wer sich od. jemand anderen absichtlich schwer verletzt od. einen Selbstmordversuch unternommen hat (5°); wer trotz fehlendem Weihegrad od. kan. →Spruchstrafe eine Bf. od. Priestern vorbehaltene Weihehandlung vorgenommen hat (6°).

Irregulär zur Ausübung der Weihehandlung u. →Sakramentenspendung (c. 1044 §1) ist: wer das Weihesakrament trotz einer vorliegenden I. unrechtmäßig empfangen hat (1°); wer nach der Weihe öff. die Straftat gem. c. 1041, 2° begangen hat (2°); wer nach der Weihe eine der übrigen in c. 1041, 3°-6° genannten Taten begangen hat (3°).

I. treten erst bei tatsächlich vorhandenem Tatbestand ein, unabhängig vom Wissen od. persönlichen Verschulden des Betroffenen (c. 1045), abgesehen von Notwehr. Mehrfache I. verursachende Tatbestände führen zur Vervielfachung der I., außer die in c. 1041, 2° genannten Straftaten (c. 1046).

Abgesehen von den im →ius divinum begr. I. kann i. d. R. der →Ordinarius (c. 1047 § 4), falls keine päpstliche Reservation vorliegt, eine →Dispens gewähren (c. 1047 § 4). Dem →Apostolischen Stuhl (Gottesdienstkongregation, in geheimen Fällen SignAp) vorbehalten sind gerichtsanhängig begr. Tatbestände (c. 1047 § 1) u. I. (c. 1047 § 2) gem. der nach c. 1041, 2°-3° begangenen öff. Straftaten u. der in c. 1041, 4° genannten Tatbestände, auch wenn sie nicht öff. bekannt sind (§ 3). Regeln für Dispensanträge u. Notfälle enthalten cc. 1048 u. 1049.

Literatur

Olivares, E., Irregolarità e impedimenti per gli ordini sacri: NDDC, 593-595; Riedel-Spangenberger, I., Irregularität: LKStKR Bd. 2, 320 f.; Kaslyn, R. J., The Sacrament of Orders: Irregularities and Impediments: Jurist 62 (2002), 159-194; Hirnsperger, J., § 82 Ordination: HbkathKR³, 1221-1238; Althaus, R.: MKCIC cc. 1040-1049.

Walter Weinberger

© 2019, DOI: 10.30965/9783506786388_0488

Irrglaube

→Häresie

Irrtum – Katholisch

Beim I. handelt es sich um ein Urt., das subjektiv für richtig gehalten wird, objektiv aber falsch ist. Vom I. unterschieden sind die bloße Unwissenheit, bei der jegliche Kenntnis u. Beurteilung einer Sache fehlen, u. die Illusion, bei der falsche Vorstellungen über etwas Unbekanntes vorhanden sind. Aufgrund eines I. handelt derjenige, dessen innerer Wille aufgrund seiner subjektiven Bewertung eines Umstandes od. einer Sache nicht m. dem übereinstimmt, was er objektiv nach außen kundtut.

Kirchenrechtlich ist ein aufgrund eines I. gesetzter Rechtsakt unwirksam, wenn der I. sich auf etwas für den Rechtsakt Wesentliches bezieht od. auf eine unverzichtbare Bedingung hinausläuft (c. 126; c. 933 CCEO). Soweit die Willenserklärung m. einem unwesentlichen Mangel behaftet ist, ist sie durch Aufhebungsklage anfechtbar, wenn nicht das Recht ausdrücklich etwas anderes vorsieht. Der →Gesetzgeber wendet dabei das Prinzip des →Naturrechts an, dass bei einem Rechtsakt der Wille des Handelnden nicht ersetzbar ist.

Bei einem allg. tatsächlichen od. rechtlichen I. ersetzt die Kirche bei Rechtsakten für den äußeren u. inneren Bereich die fehlende Leitungsgewalt durch gesetzliche →Delegation (c. 144; c. 494 CCEO). Diese sog. →Suppletion geschieht v. a. dann, wenn auf Seiten des Handelnden od. der übrigen Beteiligten guter Glaube an die Rechtmäßigkeit des Vorgehens u. der damit verbundenen Wirkungen des Rechtsakts bestehen. Suppletion ist nur möglich, wenn die betr. Personen zwar fähig sind, die →Vollmacht zu erhalten, die erforderliche Leitungsgewalt für den betr. Akt aber nicht verliehen, unwirksam übertragen od. inzwischen erloschen ist. Ein allg. tatsächlicher I. liegt vor, wenn der Handelnde von den meisten tatsächlich als Inhaber der notwendigen Leitungsvollmacht betrachtet wird, ein allg. rechtlicher I. dann, wenn aufgrund äußerer Anzeichen die meisten davon ausgehen können, der Handelnde habe die notwendige Leitungsvollmacht.

Im Bereich des →Eherechtes sind die Folgen eines I. bei der →Eheschließung ausdrücklich geregelt, da eine gültige →Ehe wegen ihrer Sakramentalität bei Entdecken des I. nicht mehr angefochten u. aufgelöst werden könnte. Der

I. in der Person, bei dem jemand infolge einer Verwechslung od. Täuschung eine andere als die beabsichtigte Person heiratet, macht eine Ehe in jedem Fall ungültig (c. 1097 §1; c. 820 §1 CCEO). Der I. über eine Eigenschaft der Person (→Eigenschaftsirrtum) macht die Eheschließung grds. nicht ungültig, selbst wenn der I. für die Eheschließung ursächlich war. Bezieht sich der I. jedoch auf eine Eigenschaft, die bei der Eheschließung direkt u. hauptsächlich angestrebt wird, kommt die Ehe nicht gültig zustande (c. 1097 §2; c. 820 §2 CCEO). Der I. kann sich dabei auf jegliche Eigenschaft beziehen, die für die Entscheidung des Eheschließenden mehr als nur Motiv für die Heirat ist. Die →Ehenichtigkeit entsteht durch den Erkenntnismangel, da der I. eine zurechenbare Willensbildung verhindert u. damit den consensus in idem nicht zustande kommen lässt. Alleiniger Gradmesser für die Schwere des Erkenntnismangels u. damit für die Rechtsrelevanz des I. ist der Wille des Eheschließenden selbst.

Seit der Kodexreform von 1983 macht auch der I., der durch →arglistige Täuschung (dolus) hervorgerufen wurde in der Absicht, den Ehewillen zu bewirken, d. h. die Bereitschaft zur Eheschließung herbeizuführen od. nicht zu verlieren, eine Eheschließung rechtsunwirksam (c. 1098; c. 821 CCEO). Der durch dolus entstandene I. muss sich auf eine Eigenschaft beziehen, die objektiv dazu geeignet ist, das eheliche Leben schwer zu stören. Der Gesetzgeber definiert die Sterilität eines Partners als eine solche Eigenschaft; wird diese verschwiegen, um die Eheschließung nicht zu gefährden, ist die Ehe ungültig. Unerheblich ist beim dolus, ob der I. vom zukünftigen Partner od. von einem Dritten hervorgerufen wird.

Der I. über Einheit (→Eheeinheit), Unauflöslichkeit (→Unauflöslichkeit der Ehe) od. Sakramentalität der Ehe (→Ehesakrament) bewirkt nicht die Ungültigkeit der Ehe, sofern er den Willen nicht in der Weise beeinflusst, dass der Eheschließende nur eine Ehe schließen will, die er für sich selbst hinsichtlich ihrer wesentlichen Eigenschaften abw. von der kirchl. Ehelehre definiert hat (c. 1099; c. 822 CCEO).

Für die Anwendung der Rechtsnormen ergibt sich für die Rspr. die Notwendigkeit der Unterscheidung zwischen einem rechtlich unerheblichen I., der den →Ehekonsens nicht behindert u. einem rechtserheblichen I., der den ehekonstituierenden consensus in idem verhindert.

Im →Strafrecht wird der I. der Unwissenheit gleichgestellt, so dass straffrei bleibt, wer schuldlos nicht gewusst hat, ein Gesetz zu übertreten (c. 1323 2°).

Im kirchl. Prozess (→Prozessrecht) sind Geständnisse od. Parteierklärungen, die auf einem I. über einen Sachverhalt beruhen, o. jeden Beweiswert (c. 1538; c. 1219 CCEO).

Literatur

Wolf, L., Der Irrtum über eine Eigenschaft der Person als Ehenichtigkeitsgrund, St. Ottilien 1990 (Diss. Kan. Reihe 4); Bohlen, B., Täuschung im Eherecht der kath. Kirche, Essen 1994 (BzMKCIC 9); Walser, M., Die Rechtshandlungen im kan. Recht, Göttingen 1994, 90 f., 200-210.

Lorenz Wolf

© 2019, DOI: 10.30965/9783506786388_0490

Irrtum – Jüdisch

Grundlage für ein Rechtsgeschäft ist, dass Erkl. u. tatsächlicher Wille beider Vertragsparteien vorliegen muss. Der I. einer der Vertragsparteien führt zu einem unabsichtlichen Willensmangel u. zu der Möglichkeit der geschädigten Partei, vom Rechtsgeschäft zurückzutreten. Die geschädigte Partei kann aber auch finanzielle Entschädigung des durch den I. entstanden Schadens verlangen. Hierbei ist es unerheblich, ob es sich um einen I. bzgl. des Wesens der Sache (z. B. „Wein statt Essig" [Baba Batra 5, 5]), der Qualität (z. B. „verkaufte Kuh hatte noch andere als die bekannten Mängel" [Baba Mezia 80a]) od. es sich um andere Aspekte des

→Vertrages handelt, solange der I. objektiv vorhanden ist.

Wenn es sich um einen I. bzgl. des Preises handelt, spricht man von Ona'ah (Übervorteilung). Ein I. in Bezug auf einen Kaufvertrag heißt mikkach ta'ut (irriger Vertrag).

Jonah Sievers

© 2019, DOI: 10.30965/9783506786388_0490

Islam

Das arabische Nomen islām ist abgeleitet von der IV. Verbform aslama für sinken lassen, überlassen, befrieden; das Stammverb salima bedeutet wohlbehalten, heil sein. Die Mitbedeutung von Frieden wird auf Nomen wie silm, bzw. salām zurückgeführt (III. Verbform sālama für sich versöhnen), ist aber streng genommen eine postmoderne Nachrationalisierung. Inwieweit der I. seine Merkmalsträger (muslim) als religiös eher auton. od. heteronomes Subjekt bez., hängt entweder von der Vielzahl hist. gewachsener theol. Schulen des I. od. von gegenwärtigen ordnungspolitischen Intentionen ab – etwa die Feststellung, der I. gehöre zwar nicht zu Deutschland, wohl aber die dort lebenden Muslime.

Hist. u. theol. Zentralfigur des I. ist Muḥammad ibn ᶜAbdillāh ibn ᶜAbd al-Muṭṭalib, geb. in Mekka um 570 (unklar) u. gest. in Medina 632. Seine Wirkungszeit in der Rolle des Gesandten Gottes (rasūlul-lāh) wird markiert durch die Genese des →Korans (qur'ān; Rede; 12:3, 73:5-6) u. die Entstehung der frühen islam. →Gemeinde zwischen 610 u. 632. Der Koran bez. m. I. zunächst jede auf den Glauben an Gott ausgerichtete Lebensweise u. Einstellung (dīn). Die Engführung des Begriffs i. S. v. persönlicher →Konfession u. Zugehörigkeit zum I. entwickelt sich erst in der ersten Hälfte des 7. Jh., weshalb der Begriff ähnlich „Gläubige", „Heil" im Koran zwischen inklusivistisch u. exklusivistisch oszilliert (3:19, 3:85, 6:125, 9:74, 39:22, 49:17, 61:7). I. als Bez. i. S. v. religiösem System findet sich bereits in den prophetischen Weisheitstexten (hadīṯ) (→Hadith), etwa wenn in dem berühmten Ereignis m. Gabriel (hadīṯ ǧibrīl) angezeigt wird, der I. ruhe auf fünf Pfeilern: Glaubenszeugnis (→Glaubensbekenntnis), →Gebet, →Fasten, Armensteuer (→Almosen) u. Wallfahrt (→Pilgerfahrt). Auch wenn die hist. u. theol. Belastbarkeit solcher Texte u. ihrer zwischen dem 8. u. 10. Jh. entstandenen Kodizes unter →Gelehrten des I. kontrovers diskutiert wird, gelten sie als richtungweisend für die kan. Gestalt des I. als Religions- u. Glaubenslehre – m. allen Vorteilen (Traditionssicherung) u. Nachteilen (Verlust an Diskurs- u. Anpassungsfähigkeit).

Zu einer nachhaltigen Verdinglichung des I. als religiöse Systematik (Glaubenslehre, Philosophie, Recht, Ethik, Text, Mystik, Geschichte u. Ä.) kam es im 18. u. 19. Jh. v. a. durch die Orient- u. Islamwissenschaft, die sich damit ihren eigenen Gegenstand der Betrachtung schufen. Insofern zerfällt das Verständnis von I., so wie es heute in einschlägiger Lit. vorkommt, in Aspekte von Territorialität, Ethnizität, Kulturalität, Historizität, Epochalität, Kunst od. Theologie. Solche Segmentierungen spiegeln die Differenztheorie zwischen einer gedachten östlichen u. westlichen Globalapsis, in den post-kolonialen Diskursen auch zwischen dem Globalen Norden u. dem Globalen Süden. Damit geht nicht nur eine als westlich (v. a. europäisch) identifizierte Abwertung des I. zur antiaufklärerischen Ideologie einher, sondern auch muslimische Empfindungen von Normalitätsverlust u. Zukunftsverunsicherung, etwa durch den Vorschlag, sie aus dem Regelkreis der Grundrechtsverwirklichung auszuschließen. Dieses vordergründig an K. Poppers Toleranzparadoxon freier Gesellschaften gemahnende Argument gründet nur sekundär in der Wahrnehmung des I. als Nährboden unterschiedlicher Islamismen (Fundamentalismus, Radikalismus, Salafismus) u. Terrorismus (Dschihadismus), sondern hat seine Anfänge in weiter zurückreichenden gesellschaftlichen Ausgrenzungsdebatten, v. a. nach der dt. Wiedervereinigung.

Defizitorientierter Blick u. Habitus wirken bis in gegenwärtige Islamdiskurse hinein (Der I. ist in der Krise ... u. schlägt um sich) u. unterlaufen immer wieder das Bemühen um differenzierte religionswissenschaftliche Aufklärung darüber, was unter I. verstanden werden kann. Das Entlastungsargument, den I. gebe es gar nicht, ist für das Verständnis der Lebenswirklichkeiten von Muslimen wenig zielführend. Für die dt. Integrationspolitik wird zum Problem, dass Essenzialisierungen des I. zu einem undifferenzierten Merkmalsganzen von Menschen zusammengeführt werden. Sie werden damit nicht nur aus völkischen, rassistischen u. rechtsnationalistischen Positionen u. Bewegungen als andersartig, mithin als angreifbar markiert, sondern aus dem heraus, was Konfliktforscher als Verrohung der bürgerlichen Mitte bez. In Reaktion darauf greifen auch Muslime auf affirmative (Der I. will Frieden für alle), krit. (Der I. gründet in einer Theologie der Gewalt.) od. ironische (Der I. gehört zu den rechten Parteien wie das Holzbein zum Piraten) Ontologisierungen des Eigenen zu. Diese Diskurslage erschwert es dem wiss. Argument, sich bzgl. des I. als an kulturellen Traditionen, phil. Schulen, nationalen Rahmungen u. sozialen Wirklichkeiten sehr heterogenem u. immer noch volatilem Phänomen Gehör zu verschaffen u. zur Verständigung in alle Richtungen beizutragen.

Literatur

Amirpur, K., Den Islam neu entdecken, München 2013; Rohe, M., Das Islam. Recht: Eine Einführung, München ¹²2013; Rudolph, U., Islam. Philosophie: Von den Anfängen bis zur Gegenwart, München ³2013; Schimmel, A., Sufismus: Eine Einführung in die islam. Mystik, München ⁵2014; Bobzin, H., Der Koran: Eine Einführung, München ⁹2015; Halm, H., Der Islam: Geschichte u. Gegenwart, München ¹⁰2015; Bobzin, H., Mohammed, München ⁵2016; Seidensticker, T., Islamismus: Geschichte, Vordenker, Organisationen, München ⁴2016; Heitmeyer, W., Erwachen aus wutgetränkter Apathie vom 4. Oktober 2017: https://www.sueddeutsche.de/politik/soziologe-zur-afd-erwachen-aus-wutgetraenkter-apathie-1.3687762 [Zugriff: 15.05.2019]; Ataman, F., Der Islam gehört zur AfD vom 17. März 2018: http://www.spiegel.de/kultur/gesellschaft/der-islam-gehoert-natuerlich-zu-deutschland-sagt-ferda-ataman-a-1198617.html [Zugriff: 15.05.2019]; Shooman, Y., Islamfeindlichkeit – Rassismus unter dem Deckmantel der Religionskritik vom 21. März 2018: https://www.feinschwarz.net/islamfeindlichkeit-rassismus-unter-dem-deckmantel-der-religionskritik/ [Zugriff: 15.05.2019].

Harry Harun Behr

Islam in der Schweiz, Verfassung und Rechtsfragen – Staatlich

Die schweiz. Bundesverfassung (BV) wie auch alle Kantonsverfassungen gewährleisten die →Religionsfreiheit, die nach bundesgerichtlicher Rspr. alle religiösen Gruppierungen unabhängig von ihrer quantitativen Verbreitung schützt. Das subjektive Recht der Religionsfreiheit beinhaltet eine innere (Recht zu glauben) wie auch eine äußere (Recht auf Äußerung, Praktizierung u. Verbreitung religöser Überzeugungen) Komponente. Letztere kann auch gemeinsam erfolgen (sog. Kultusfreiheit). Ebenso geschützt ist der negative Teilgehalt, d. h., der Staat darf keinen Zwang in religiösen Angelegenheiten ausüben, was sich insb. im Recht auf Austritt aus einer Religionsgemeinschaft ausdrückt. Daneben weist die Religionsfreiheit auch objektive u. programmatische Elemente auf. Der Staat wird zu konfessioneller u. religiöser →Neutralität verpflichtet, allerdings nicht absolut.

So können Kantone einzelne Religionsgemeinschaften öff.(-rechtlich) anerkennen. Diese Bevorzugung muss freilich auf sachlichen Gründen beruhen, da ansonsten die Rechtsgleichheit verletzt wäre. Als erster u. einziger Kanton hat Basel-Stadt 2012 zwei islam. (alevitische) Vereine öff. anerkannt, wodurch ihnen ein bes. Status innerhalb der Gesellschaft zugesprochen wurde. Sie bleiben jedoch weiterhin privatrechtlich organisiert. Auch verpflichtet die religiöse Neutralität nicht dazu, das Thema Religion aus dem öff. Raum zu verbannen. Wie jedes Grundrecht ist auch die Religionsfreiheit einschränkbar. Dafür bedarf es gem. BV einer gesetzlichen Grundlage, eines öff. Interesses u. der Verhältnismäßigkeit. Zum Kerngehalt, der unangetastet bleiben muss, gehört insb. das Verbot, jemanden zu zwingen, ein Bekenntnis anzunehmen.

Die bundesgerichtliche Rspr. nimmt im Bereich Schule u. Religion eine große normative Relevanz ein, was folgende Entscheidungen bestätigen: Recht auf schulische Dispensen in Bezug auf religiöse (auch islam.) Feiertage, hingegen allg. Pflicht zum Besuch der einzelnen Schulfächer (wie insb. Schwimmunterricht od. Sexualkunde, wie auch Ausflüge zu religiösen [chr.] Stätten zwecks Vermittlung kulturgeschichtlicher Lehrinhalte), Recht der muslimischen Schülerinnen auf Tragen des Kopftuchs, hingegen entspr. grundsätzliches Verbot in Bezug auf die Lehrerinnen. Für das Schulwesen (u. entspr. auch für die Etablierung eines islam.-konfessionellen Religionsunterrichts) sind die Kantone zuständig. Ein solcher Unterricht ist an Voraussetzungen (wie insb. keine zwingende Teilnahme der Schüler) geknüpft u. wurde in einzelnen Gde. umgesetzt. Die Nichtgenehmigung der kantonalen Behörden zur Einf. eines islam. geprägten Kindergartens m. klar religiöser Schwerpunktsetzung wurde vom Bundesgericht jedoch bestätigt.

Im Rahmen von Einbürgerungsverfahren ist es gem. Bundesgericht den zuständigen Behörden erlaubt, an den Einbürgerungswilligen Fragen zu dessen Religionsausübung zu stellen. Jedoch verstößt eine Verweigerung der Einbürgerung lediglich aufgrund des Tragens eines Kopftuchs gegen das Diskriminierungsverbot.

Der Bau von Minaretten ist in der Schweiz verboten. Es handelt sich hierbei um die einzige Norm in der BV, die explizit den →Islam betrifft. Dieser Zusatz gelangte 2009 in die BV, als eine entspr. Volksinitiative unerwartet angenommen wurde. Da das Verbot sich nur auf Minarettbauvorhaben bezieht, bleibt der Bestand der bereits bestehenden Minarette sowie der Bau von →Moscheen weiterhin garantiert.

Ein Verbot zur Gesichtsverhüllung, worunter auch das Tragen der Burka fällt, wurde 2013 im Kanton Tessin eingeführt. Auch in anderen Kantonen sowie auf nationaler Ebene bleibt das Burkaverbot ein Politikum. In das schweiz. StGB wurden vor einigen Jahren zwei neue Bestimmungen aufgenommen, die einen (indirekten) Bezug zum Islam haben. So stehen neu die Verstümmelung weiblicher Genitalien u. die Zwangsheirat explizit unter Strafe. Bereits seit 1995 ist der Tatbestand der Rassendiskriminierung eine Strafbestimmung. Die strafrechtliche Verfolgung der Mehrfachehe (→Polygamie) sowie der Störung der Glaubens- u. Kultusfreiheit besteht schon seit der Einf. des nationalen StGB 1942.

Gem. ZGB ist eine bereits bestehende Ehe ein Hindernis zur Eingehung einer neuen Ehe u. eine m. einer minderjährigen Person od. eine durch Zwang eingegangene Ehe ist grds. ungültig. Zudem ist es verboten, eine religiöse Trauung vor der Ziviltrauung durchzuführen. Eine einseitige Ehescheidung ist in der Schweiz nur auf Klage hin möglich u. das Paar muss 2 J. getrennt voneinander gelebt haben od. die Weiterführung der Ehe kann einem Partner nicht mehr zugemutet werden. Für die religiöse Erziehung eines Kindes sind bis zu dessen 16. Altersjahr seine Eltern zuständig. Im Zusammenhang m. dem intern. Privatrecht ist es den schweiz. Behörden u. Gerichten erlaubt, ausl. Recht ausnahmsweise nicht anzuwenden, bzw. einen ausl. Entscheid nich anzuerkennen, wenn dies dem schweiz. Rechtsempfinden od. der schweiz. Rechtsordnung in stoßender Weise zuwiderlaufen würde (sog. →Ordre public; z. B. Zwangsehen).

In der Schweiz bestehen viele lokale u. überregionale islam. Vereinigungen, die versch. Strömungen traditioneller, rechtlicher u. nationaler Prägung abbilden. Von Bedeutung sind dabei 12 Dachorganisationen, welche sich 2006 in der Föderation Islam. Dachorganisationen in der Schweiz (FIDS) zusammengeschlossen haben. Insgesamt sind den Dachorganisationen u. somit auch der FIDS über 170 islam. Zentren angeschlossen. Ein eher konservatives, theol.-legalistisches u. vom Salafismus geprägtes Verständnis des Islam vertritt der Islam. Zentralrat Schweiz (IZRS). Muslimische Frauen haben sich auf landesweiter Ebene in zwei Vereinen organisiert. Von gewisser Relevanz ist auch das Forum für einen fortschrittlichen Islam (FFI), das sich um eine zeitgemäße Interpretation des → Koran u. der islam. Überlieferungen bemüht.

Literatur

Muslime u. schweizerische Rechtsordnung / Les musulmans et l'ordre juridique suisse, hg. v. R. Pahud de Mortanges – E. Tanner, Freiburg 2002; Eidgenössische Kommission gegen Rassismus, Mehrheit u. muslimische Minderheit in der Schweiz, Bern 2006; Winzeler, C., Einführung in das Religionsverfassungsrecht der Schweiz, Zürich – Basel – Genf ²2009; Muslime in der Schweiz, hg. v. B. Allenbach – M. Sökefeld, Zürich 2010; Muslime in der Schweiz. Identitätsprofile, Erwartungen u. Einstellungen. Eine Studie der Forschungsgruppe zum „Islam in der Schweiz" (GRIS), hg. v. Eidgenössische Kommission für Migrationsfragen, Bern ²2010; Staatssekretariat für Migration, Muslim-Dialog 2010, Austausch zwischen den Bundesbehörden u. Musliminnen u. Muslimen in der Schweiz, Bern 2011; Religionen, Staat u. Gesellschaft, Die Schweiz zwischen Säkularisierung u. religiöser Vielfalt, hg. v. C. Bochinger, Zürich 2012; Bundesrat, Bericht des Bundesrates über die Situation der Muslime in der Schweiz unter bes. Berücksichtigung ihrer vielfältigen Beziehungen zu den staatl. Behörden […], Bern 2013.

Raimund Süess

© 2019, DOI: 10.30965/9783506786388_0492

Islam in Deutschland, Verfassung und Rechtsfragen – Staatlich

Das dt. Religionsverfassungsrecht ist von religionsoffener Säkularität geprägt. Es ermöglicht es auch Muslimen, ihre Religion sowohl individuell (insb. Art. 4 GG) als auch kollektiv (insb. Art. 140 GG i. V. m. Art. 137-139, 141 WRV; Art. 7 Abs. 3 GG) im Rahmen der für alle Religionen u. Weltanschauungen gleichermaßen geltenden Grenzen zu praktizieren. Dass es sich beim Islam bzw. bei seinen einzelnen Konfessionen u. Spielarten um eine Religion handelt, ist in Gesetzgebung, Rechtspraxis u. in der seriösen Lit. unumstritten. Extremistische Haltungen, welche dies tatsachenwidrig bestreiten, stellen sich ihrerseits gegen die Verf. u. unterliegen zusehends der Beobachtung dt. Sicherheitsbehörden. Andererseits wird auch islam.-religiös begr. Extremismus (Islamismus) m. seinem politischen bzw. gesellschaftlichen Machtanspruch nicht von der → Religionsfreiheit geschützt.

Praktische Rechtsfragen stellen sich insb. im Hinblick auf die Ausübung der Religion im öff. Raum. Rechtlich vergleichsweise unproblematisch ist die Gewährleistung individueller Religionsfreiheit. Gesetzgebung u. Rspr. hatten sich bspw. m. der Einhaltung von Speise- u. Kleidungsvorschriften z. B. im schulischen Kontext u. der von vielen für erforderlich gehaltenen → Beschneidung von Knaben zu befassen. Bei der Rechtsanwendung erfolgt die erforderliche Abwägung zwischen der Intensität des religiösen Bedürfnisses einerseits u. möglichen rechtlich begründbaren Erfordernissen einer Einschränkung im jeweiligen Einzelfall andererseits. Begründungsbedürftig ist nicht die Nutzung der Religionsfreiheit, sondern deren Einschränkung. Seit dem 21. Jh. ist insb. die religiös motivierte Kleidung von Frauen (→ Kopftuch; selten auftretende Gesichtsverhüllung in Gestalt des sog. Niqab, oft verfehlt als Burka bez.) Gegenstand rechtlicher Auseinandersetzungen geworden (→ Bekleidung, religiöse). Auch im öff. Raum fällt das Tragen solcher Kleidung grds. unter die Religionsfreiheit; über die Sinnfälligkeit darf der säkulare Staat nicht entscheiden. Einschränkungen sind im Hinblick auf die Gesichtsverhüllung dort zulässig u. teilweise gesetzlich geregelt, wo es um die Ausübung staatl. Tätigkeit geht (Neutralitätsgebot u. Notwendigkeit kommunikativer Interaktion), zudem dann, wenn Personen identifiziert werden müssen, od. aus Sicherheitsgründen. Anders als die Gesichtsverhüllung behindert das Kopftuch nicht die Kommunikation. Nach der jüngeren Rspr. des BVerfG kann das Tragen deshalb selbst Staatsbediensteten wie Lehrerinnen grds. nicht verboten werden; anderes dürfte nur dort gelten, wo eine bes. Dienstkleidung vorgesehen ist, die zur Wahrung des Eindrucks der Neutralität eine bes. weitreichende Zurücknahme der Person signalisieren soll. Auch im privatrechtlichen Bereich, insb. im Arbeitsrecht, wirkt die Religionsfreiheit mittelbar auf die Ausgestaltung der Rechtsbeziehungen ein; hinzu tritt der v. a. europa- u. menschenrechtlich (→Europäische Menschenrechtskonvention) begr. Schutz gegen Diskriminierung. In jüngerer Zeit ist in diesem Bereich eine Zunahme laizistischer Haltungen zu beobachten, welche der negativen Religionsfreiheit stärkeres Gewicht verleiht. Zugl. wird das einschlägige →Selbstbestimmungsrecht der Kirchen zusehends eingeschränkt.

Größere Schwierigkeiten ergeben sich hinsichtlich der kollektiven Religionsfreiheit, weil diese auf dem Modell chr. Kirchen aufbaut, das nicht o. weiteres auf muslimische Organisationen übertragbar ist. Es fehlt schon am erkennbaren Aufnahmeakt. Dennoch ist eine Vielzahl von Organisationen entstanden, meist in Gestalt eingtragener Vereine. Die Ahmadiyya Muslim Jamaat (→Ahmadiyya-Gemeinschaft) hat 2013 den Status einer →Körperschaft des öffentlichen Rechts erlangt. Im Zusammenhang m. der kooperativen Erteilung von →Religionsunterricht in öff. Schulen u. in anderen Kontexten (z. B. beim Schächten) gab es in einigen Fällen inzidente Anerkennungen muslimischer Organisationen als →Religionsgemeinschaft. Eine Anerkennung des Islam od. anderer Religionen ist hingegen rechtlich nicht möglich. Der Selbstorganisationsprozess ist weiterhin im Gange; Kooperationen m. dem Staat erfolgen noch meist auf Modellbasis. Eine staatl. Finanzierung religiöser Tätigkeiten ist rechtlich unzulässig. Zulässig ist indes die Finanzierung sozialer od. kultureller Aktivitäten. Kooperationen sind m. allen Organisationen möglich u. teils von Rechts wegen erforderlich, welche die rechtlichen Voraussetzungen institutioneller (Mitgliedschaftsregelung, innere Organisation u. Außenvertretung) u. inhaltlicher (religiöse Aktivitäten in selbstdefinierter Ausrichtung u. Rechtstreue) Art erfüllen. In Bremen u. Hamburg wurden 2012 bzw. 2013 Kooperationsverträge m. mehreren muslimischen Organisationen geschlossen.

Insgesamt bietet das dt. Religionsverfassungsrecht gute Voraussetzungen für die Entfaltung muslimischen Lebens in Deutschland. Deutliche Probleme ergeben sich aus einem verbreiteten Misstrauen gegen den Islam in der Gesellschaft u. der Fehlvorstellung, dass der Staat sich bei rechtlich gebotenen Kooperationen inhaltlich m. der Ausrichtung der Kooperationspartner solidarisiert. Hier muss der Rechtsstaat deutlich machen, dass seine Tätigkeit sich nicht auf innerreligiöse u. gesamtgesellschaftliche Debatten über Formen religiösen Lebens erstrecken od. diese gar ersetzen kann.

Literatur

von Campenhausen, A. – de Wall, H., Staatskirchenrecht, München [4]2006; Handbuch Christentum u. Islam in Deutschland, hg. v. M. Rohe – H. Engin – M. Khorchide – Ö. Özsoy – H. Schmid, Freiburg u. a. 2014; Unruh, P., Religionsverfassungsrecht, Baden-Baden [3]2015; Rohe, M., Der Islam in Deutschland: Eine Bestandsaufnahme, München [2]2018.

Mathias Rohe

 DOI: 10.30965/9783506786388_0493

Islam in Österreich, Verfassung und Rechtsfragen – Staatlich

1. Die rechtliche Integration des →Islam als Religionsgemeinschaft in den österr. Staat besitzt eine lange Tradition. Bereits 1912 erfolgte die Erlassung eines Gesetzes betr. die Anerkennung der Anhänger des Islams nach hanefitischem Ritus als Religionsgesellschaft (Islamgesetz 1912). Der VfGH hob allerdings 1987 die Einschränkung auf den hanefitischen Ritus als verfassungswidrig wegen des Eingriffs in das allen gesetzlich anerkannten Kirchen u. Religionsgesellschaften gewährte Selbstbestimmungsrecht auf (VfSlg. 11.574/1987). 2010 stellte der Gerichtshof zudem klar, dass aus dem Islamgesetz 1912 nicht der Schluss gezogen werden kann, dass es nur eine einzige islam. Religionsgesellschaft bzw. Bekenntnisgemeinschaft geben darf (VfSlg. 19.240/2010, sog. Aleviten-Erkenntnis). In der Folge wurde erstmals die Anerkennung einer weiteren islam. Religionsgesellschaft ausgesprochen.

2. Gesetzlich anerkannten Religionsgesellschaften steht in Österreich aufgrund des Art. 15 StGG das Recht der gemeinsamen öff. Religionsausübung u. auf Autonomie in ihren inneren Angelegenheiten zu. Sie genießen zudem die Rechtsstellung einer K. d. ö. R. (sui generis). Art. 17 Abs. 4 StGG gewährt ihnen i. V. m. dem RelUG das Recht, Religionsunterricht an öff. u. m. Öffentlichkeitsrecht ausgestatteten Schulen als Pflichtfach anzubieten. Gesetzlich nicht anerkannte islam. Religionsgemeinschaften können sich zum Schutz ihrer korporativen →Religionsfreiheit auf Art. 9 Abs. 1 EMRK berufen.

3. Im J. 2015 erfolgte durch das Islamgesetz 2015 eine Neuregelung des Verhältnisses von Staat u. anerkannten sowie um Anerkennung strebenden islam. Religionsgesellschaften. Auf Grundlage des Islamgesetzes 2015 sind die Islam. Glaubensgemeinschaft in Österreich u. die Islam. Alevitische Glaubensgemeinschaft in Österreich anerkannt, wobei die Zuerkennung dieses religionsrechtlichen Status an weitere islam. Religionsgesellschaften bei Erfüllung der gesetzlichen Voraussetzungen möglich ist. Das Islamgesetz 2015 besteht aus drei wesentlichen Regelungskomplexen: Im ersten u. zweiten Abschnitt des Gesetzes werden Regelungen über die Rechtsstellung gesetzlich anerkannter islam. Religionsgesellschaften, die Voraussetzungen für den Erwerb u. den Verlust der Anerkennung sowie die Anforderungen an die innere Verf. der Religionsgesellschaften getroffen. In einem zweiten Regelungskomplex werden die Rechte u. Pflichten gesetzlich anerkannter islam. Religionsgesellschaften spezifiziert. Hervorzuheben sind hier insb. das Recht zur Anstaltsseelsorge (d. h. das Recht zur religiösen Betreuung von Angehörigen im Bundesheer, in Haft- u. Krankenanstalten sowie in Pflegeanstalten), wobei spezifische Anforderungen an die fachliche Qualifikation religiöser Funktionsträger festgelegt werden, u. die Verbürgung des dauerhaften Bestandes islam. Friedhöfe u. Friedhofsabteilungen. In einem dritten Bereich werden spezifische Regelungen über das Zusammenwirken von Religionsgesellschaft u. Staat getroffen. So verpflichtet sich der Staat etwa, den Bestand einer theol. Ausbildung an der Universität Wien m. bis zu sechs Stellen für Lehrpersonal vorzusehen; religiösen Funktionsträgern wird der Schutz der Amtsverschwiegenheit zugesichert. Umgekehrt behält sich der Staat weitreichende Aufsichts- u. Ingerenzrechte etwa in Form der Möglichkeit der Untersagung von Veranstaltungen u. der Einräumung einer Aufsichtsbeschwerde hinsichtlich innergemeinschaftlicher Wahlvorgänge vor.

4. Neben dem Islamgesetz 2015 besteht für islam. Religionsgemeinschaften die Möglichkeit der Erlangung von Rechtspersönlichkeit als religiöse Bekenntnisgemeinschaft nach dem RelBekGemG sowie nach den allg. Rechtsformen des bürgerlichen Rechts, insb. als ideeller Verein nach dem Vereinsgesetz.

5. Die Anhänger des Islam können sich zum Schutz ihrer Religionsfreiheit sowohl auf

Art. 9 EMRK als auch auf Art. 14 StGG u. Art. 63 Abs. 2 Staatsvertrag St. Germain berufen. Nach der ständigen Rspr. des VfGH sind die drei Bestimmungen in Form einer „harmonisierenden Interpretation" als Einheit anzusehen (VfSlg. 19.349/2011), wobei das Wesen der →Glaubensfreiheit u. →Gewissensfreiheit im Ausschluss staatl. Zwangs auf religiösen Gebieten zu sehen ist (exemplarisch VfSlg. 3220/1957; 13.513/1993; 14.978/1997; 19.349/2011). Nach Ansicht des VfGH kann es für den Schutz einer der Religionsausübung dienenden Handlung nicht darauf ankommen, ob innerhalb einer gesetzlich anerkannten Religionsgemeinschaft einheitliche Auffassungen über deren Modalitäten bestehen (VfSlg. 15.394/1998). In den Schutzbereich der genannten Normen fällt als religiöser Brauch daher etwa auch das Schächten von Tieren, selbst wenn es innerhalb des Islam Strömungen gibt, die eine Betäubung des Tieres vor der Schlachtung zulassen wollen (VfSlg. 15.394/1998). Im Tierschutzgesetz werden seit 2005 auf Bundesebene die Anforderungen an die Durchführung ritueller Schlachtungen näher konkretisiert. Rituelle Schlachtungen o. vorherige Betäubung der Schlachttiere dürfen nach § 32 Abs. 4 u. 5 Tierschutzgesetz nur vorgenommen werden, wenn dies aufgrund zwingender religiöser Gebote od. Verbote einer gesetzlich anerkannten Religionsgemeinschaft notwendig, sie von der Behörde bewilligt worden sind u. sie in behördlich genehmigten Schlachtanlagen durchgeführt werden. Das Tragen religiöser Bekleidungssymbole wie eines islam. Kopftuchs ist ebenfalls vom Schutz der Religionsfreiheit umfasst. Das AGesVG verbietet, an öff. Orten od. in öff. Gebäuden seine Gesichtszüge durch Kleidung od. andere Gegenstände zu verhüllen (siehe zur Zulässigkeit eines islam. Gesichtsschleiers im Arbeits- u. Strafrecht OGH 27.08.2008, 13 Os 83/08t; OGH 27.08.2009, 13 Os 39/09y; OGH 25.05.2016, 9 ObA 117/15v). Nach einer 2018 zwischen dem Bund u. den Ländern geschlossenen Vereinbarung ist Kindern in elementaren Bildungseinrichtungen das Tragen weltanschaulich od. religiös geprägter Bekleidung zu verbieten, die m. der Verhüllung des Hauptes verbunden ist (vgl. Art. 3 Abs. 1 d. Vereinbarung gem. Art. 15a B-VG zwischen dem Bund u. den Ländern über die Elementarpädagogik für die Kindergartenjahre 2018 bis 2021/22). Für Schüler u. Schülerinnen, die das 10. Lj. noch nicht vollendet haben, ist eine vergleichbare Regelung im Schulunterrichtsgesetz angedacht. Weitere gesetzliche Regelungen, die das Tragen religiöser Bekleidungssymbole zum Inhalt haben, insb. für öff. Bedienstete, existieren in Österreich dz. nicht. Zu einer höchstgerichtlichen Auseinandersetzung ist es bislang auch noch nicht hinsichtlich der Frage der Errichtung von →Moscheen od. Minaretten sowie des →Gebetsrufs des Muezzins gekommen. Allerdings haben die Bundesländer Vorarlberg u. Kärnten Vorschriften über die äußere Gestaltung von Bauwerken u. den Schutz des Ortsbildes (vgl. §§ 17 u. § 50a Vorarlberg BauG sowie § 13 Kärnten BauO) erlassen, die zumindest indirekt darauf abzielen, den Bau von Moscheen u. Minaretten zu erschweren.

Literatur

Potz R. – Kalb H. – Schinkele B., Religionsrecht, Wien 2003; Wieshaider, W., Vom Moscheebau u. Muezzinruf, Bau- u. Immissionsschutzrecht als Schranken der Religionsausübung: Religion u. Weltanschauung im säkularen Staat, hg. v. A. Haratsch – N. Janz – S. Rademacher – S. Schmahl – N. Weiß, Stuttgart u. a. 2001, 155-180; Gartner B., Der Islam im religionsneutralen Staat, Frankfurt 2006; Schima, St., Das IslamG im Kontext des österr. Religionsrechts: ÖARR 59 (2012), 225-250; Grabenwarter Chr. – Gartner-Müller B., Das österr. Islamgesetz 2015 u. seine rechtliche Genese: KuR 2015, 47-73; Kalb H. – Wakolbinger D., Das Kopftuch am Arbeitsplatz im Lichte der EuGH-Judikatur: JAS 2017/2, 154-167; Pabel, K., Das Islamgesetz in rechtsvergleichender Perspektive: Islam, Recht u. Diversität, hg. v. St. Hinghofer-Szalkay – H. Kalb, Wien 2018, 341-354; Wieshaider, W., Ums Minarett: Islam,

Recht u. Diversität, hg. v. St. Hinghofer-Szalkay – H. Kalb, Wien 2018, 423-433.

Barbara Gartner-Müller

Islamische Gemeinschaft Milli Görüs – Islamisch

Die I. stammt aus dem mystischen Milieu der Türkei, ist aber in ihrem Selbstverständnis politisch aktiv ausgerichtet. Der in Deutschland ausgebildete Maschinenbauingenieur Prof. Dr. Necmettin Erbakan hatte seit den 1970er J. in der Türkei eine religiös-politische Bewegung, Millî Görüş („Nationale Sicht"), aufgebaut, die bis heute in der Türkei zu den Parlamentswahlen antritt (m. Parteien unter wechselnden Namen, da sie immer wieder verboten wurden, 2019 als Saadet Partisi). Ein Schlüsselbegriff ist „Adil Güzen", die „gerechte Ordnung", die eine umfassende Regelung sozialer, ökonomischer u. politischer Fragen der Gesellschaft auf islam. Grundlage umfasst. Die Bewegung strebte über den parlamentarischen Weg danach, eine islam. Gesellschaft herbeizuführen. In der Türkei ging 2001 als erfolgreiche Abspaltung von der Millî Görüş die derzeit regierende AK Partisi des ehemaligen Ministerpräsidenten u. jetzigen (2019) Staatspräsidenten Recep Tayyib Erdoğan hervor. Erbakan war von 1996 bis 1997 türkischer Ministerpräsident, wurde danach jedoch von der türkischen Armeeführung aus dem Amt gedrängt u. seine Refah Partisi 1998 vom Verfassungsgericht verboten. Nach der Abspaltung der AKP versank seine Partei in der Bedeutungslosigkeit.

Nach der islam. Revolution 1979 kam es in Deutschland zur Abspaltung einer größeren Gruppe unter Führung des damaligen Mufti der I., Cemaleddin Kaplan, die radikalere Positionen vertrat u. zunächst eine Massenbewegung darstellte, die zwei Drittel der I.-Gde. an sich band. Als „Kalifatsstaat" wandelte sich diese Bewegung aber zu einer kleinen Sekte, die im Dezember 2001 verboten u. aufgelöst wurde.

1974 entstand in Braunschweig die erste →Moschee der Bewegung in Deutschland u. von dort aus ein Netz an Vereinen u. Moscheen bundesweit, die sich bald in einem Verband zusammenschlossen. Seit 1985 ist dieser Verband unter dem Namen I. (IGMG) aktiv. Die Bewegung hat lange Zeit einen Spagat zwischen einem revolutionären Engagement für die Türkei einerseits u. dem Auftreten als islam. Migrantenorganisation andererseits versucht. Die Spaltung der Bewegung in der Türkei sorgte wegen der noch sehr präsenten u. existenzgefährdenden Abspaltung der Kaplan-Bewegung für eine Neuorientierung der I. in Deutschland. Sie versteht sich nun mehr u. mehr als islam. Religionsgemeinschaft, die in Deutschland beheimatet ist. Nach DITIB ist die I. der zweitgrößte Moscheeverband in Deutschland (→Islamische Verbände). Auch in der I. sind in geringerer Zahl entsandte →Imame aus der Türkei beschäftigt.

Die I. wurde bis vor kurzem bundesweit vom Verfassungsschutz beobachtet, ist jetzt aber als Organisation aus einigen Verfassungsschutzberichten, u. a. in NW, verschwunden. Dort wird nur die Millî Görüş als türkische ideologische Bewegung genannt. Sie galt, bzw. gilt für manche Bundesländer noch, als größte islamistische Organisation in Deutschland. Diese Einschätzung wurde u. wird allerdings in der Wissenschaft z. T. krit. diskutiert. Sehr aktiv sind vielerorts die Frauen-, Kinder-, Jugend- u. Studentenabteilungen, wobei viel Wert auf Bildung gelegt wird. So sind bes. aus der Ludwigshafener IGMG-Moschee, der „Bürgerlichen Islamischen Gemeinde" (Alem-i İslâm Cemiyeti Yeni Camii), über die Jugend- u. Studentenarbeit etliche akademisch-gebildete Kader für den Gesamtverband hervorgegangen. Die I. wird heute von dt.-türkischen akademisch ausgebildeten Bildungsbürgern geführt.

Die I. hat sich zunächst v. a. in einem juridischen Diskurs engagiert u. setzt sich m. Nachdruck für die Anerkennung als muslimische

Religionsgemeinschaft ein. Sie hat einige Zeit lang durchaus m. Erfolg versucht, dies vor Gericht durchzusetzen. Sie war u. ist über den von ihr dominierten →Islamrat für die BRD indirekt in der Dt. Islam Konferenz vertreten (m. Ausnahme der zweiten).

Die I. besitzt organisatorisch sowohl zentralistische wie föderative Strukturen u. ist in Regionen gegliedert, die z. T. Bundesländergrenzen überschreiten. Mittlerweile bestehen auch in anderen europäischen u. außereuropäischen Ländern (so u. a. in Nordamerika) Organisationen der I. Daher ist ihre interne Verkehrssprache Türkisch. Die Zentrale der I. ist in Köln. Bürokratie u. Dokumentation sind sehr effizient. Die Website spiegelt dies wider: Sie ist komplex, inhaltsreich u. durchgängig zweisprachig (Dt., Türkisch), m. einigen Seiten auch auf Engl. Die Immobilien werden durch die Europäische Moscheenbau- u. Unterstützungsorganisation (EMUG) verwaltet.

Literatur

Tezcan, L., Inszenierungen kollektiver Identität, Artikulationen des politischen Islam – beobachtet auf den Massenversammlungen der türkisch-islamistischen Gruppe Milli Görüs: Soziale Welt 53 (2002), 303-324; Lemmen, Th., Islam. Vereine u. Verbände in Deutschland, Bonn 2002; Schiffauer, W., Suspect Subjects: Muslim Migrants and the Security Agencies in Germany: The Social Life of Anti-Terror Laws: The War on Terror and the Classifications of the „Dangerous Other", hg. v. J. M. Eckert, Bielefeld 2008, 55-77; Schiffauer, W., Nach dem Islamismus. Die Islam. Gemeinschaft Milli Görüş. Eine Ethnographie, Berlin 2010; Rohe, M., Der Islam in Deutschland: Eine Bestandsaufnahme, München ²2018.

Jörn Thielmann

© 2019, DOI: 10.30965/9783506786388_0495

Islamische Verbände – Staatlich

Muslimischen Vereinigungen stehen grds. alle Organisationsformen des dt. Rechts offen (→Islam in Deutschland, Verfassung und Rechtsfragen). Viele →Moscheevereine sind als eingetragene u. als gemeinnützig anerkannte Vereine organisiert. Eine erhebliche Zahl ist in Verbänden zusammengeschlossen (Dachverbände), die ihrerseits meist als eingetragener Verein konstituiert sind. Die Ahmadiyya Muslim Jamaat (→Ahmadiyya-Gemeinschaft), eine der ältesten muslimischen Organisationen in Deutschland, wurde 2013 in Hessen u. 2014 in Hamburg als →Körperschaft des öffentlichen Rechts anerkannt.

Die meisten Verbände weisen aufgrund der Migrationsgeschichte vieler – nicht aller – Muslime in Deutschland ethnische Schwerpunkte auf, was sich auch in der Moscheenlandschaft wiederspiegelt (z. B. Ausrichtung auf Bosnien, Albanien, Türkei, Afghanistan, Somalia etc.). Größere Verbünde sind im sunnitischen Spektrum DITIB, →Islamrat, VIKZ, die IGBD (Bosniaken) u. der ZRMD (Marokkaner); der →Zentralrat der Muslime in Deutschland (ZMD) ist gemischtkonfessionell, hinzu treten die schiitische IGS, die alevitische AABF, die AMJ sowie Gruppierungen wie der LIB, die von vornherein konfessionelle Eingrenzungen ablehnen. Originär als Organisation dt. Muslime im J. 1944 gegr. wurde die Dt. Muslim Liga. Bei einzelnen Organisationen, insb. bei DITIB wurde wegen der seit Gründung der Organisation bestehenden engen Verbindung zur türkischen Religionsbehörde Diyanet u. zum türkischen Staat v. a. seit der zunehmend rechtsstaatswidrigen Politik der türkischen Regierung nach dem gescheiterten Putschversuch im Juli 2016 in Zweifel gezogen, ob die Organisation soweit frei von politischer Einflussnahme ist, dass sie als →Religionsgemeinschaft gelten kann. In diesem Zusammenhang sowie m. Blick auf kleine extremistische Gruppen wird zudem erwogen, die Auslandsfinanzierung einzuschränken od. gänzlich zu unterbinden, was indes auf hohe verfassungsrechtliche Hürden stößt. Eine innerstaatliche Einmischung in die muslimische Selbstorganisation muss aus religionsverfassungsrechtlichen Gründen ebenfalls unterbleiben, ebenso die Finanzierung religiöser

Tätigkeiten. Förderungsfähig sind jedoch Tätigkeiten im sozialen od. kulturellen Bereich.

Viele Einzelorganisationen beschränken sich darauf, die religiöse Versorgung ihrer Mitglieder zu gewährleisten, u. engagieren sich allenfalls lokal. Andere streben eine Kooperation m. dem Staat in Bereichen an, in denen die Zusammenarbeit nach dem dt. Religionsverfassungsrecht das Bestehen einer Religionsgemeinschaft od. die Anerkennung als K. d. ö. R voraussetzt. Für die meisten Kooperationsbereiche genügt die Qualifikation als Religionsgemeinschaft i. S. der jeweiligen Regelungen, z. B. bei der Abhaltung des →Religionsunterrichts in öff. Schulen gem. Art. 7 Abs. 3 GG od. bei der Seelsorge in Justizvollzugsanstalten. In diesen Fällen erfolgt eine Inzidentanerkennung, wenn die jeweils auf die spezifischen Bedürfnisse der Kooperation abgestimmten Voraussetzungen erfüllt sind. Eine abstrakte Anerkennung ist außerhalb des Körperschaftsstatus rechtlich nicht vorgesehen. Eine Inzidentanerkennung im Hinblick auf den Religionsunterricht in öff. Schulen wurde in Hessen im J. 2012 für den hessischen Landesverband von DITIB sowie die AMJ vorgenommen. Zudem wurde in mehreren Bundesländern die alevitische AABF entspr. anerkannt. Möglich ist ferner die verwaltungsvertragliche Regelung von Kooperationen (→Staatsverträge) wie 2012 in Bremen u. 2013 Hamburg m. mehreren muslimischen Organisationen, so auch Zusammenschlüsse kleinerer Organisation zu sog. Schuren (arabisch Schura, Ratsversammlung).

Ein Urt. des BVerwG vom 23.02.2005 (BVerwGE 123, 49) hat geklärt, dass auch Dachverbände als Religionsgemeinschaften qualifiziert werden können, wenn auch sie einen Verband darstellen, der die Angehörigen eines religiösen Bekenntnisses od. mehrerer verwandter Bekenntnisse zur allseitigen Erfüllung der durch das Bekenntnis gestellten Aufgaben zusammenfasst. Neben den allg. Voraussetzungen (insb. Rechtstreue) müssen sie hierfür m. ihren Untergliederungen u. Mitgliedern durchgängig organisatorisch verbunden sein u. m. Kompetenz u. Autorität Aufgaben in der religiösen Lehre wahrnehmen, die für die Identität der Religionsgemeinschaft wesentlich sind (so die Zusammenfassung im Beschl. des BVerwG vom 20.12.2018, Az. 6 B 94.18). Strikte Verbindlichkeit der Aussagen zu Glaubensinhalten, Verhaltensanforderungen u. dem religiösen Kult ist hingegen nach der letztgenannten Entscheidung nicht erforderlich. Es genügt, wenn die Lehrmeinungen in religiösen Fragen i. S. eines Orientierungswerts respektiert werden. Das Urt. des OVG Münster, das die Klagen des Islamrats u. des ZMD im Zusammenhang m. der Erteilung islam. Religionsunterrichts m. dahingehender Begründung unter Verkennung der Vorgaben des BVerfG aus dem J. 2005 abgewiesen hatte, wurde demzufolge aufgehoben.

Literatur

Lemmen, Th., Islam. Organisationen in Deutschland, Berlin 2002; von Campenhausen, A. – de Wall, H., Staatskirchenrecht, München [4]2006 Rosenow-Williams, K., Organizing Muslims and Integrating Islam in Germany: New Developments in the 21st Century, Leiden – Boston 2012; Yasar, A., Die DITIB zwischen der Türkei u. Deutschland, Würzburg 2012; Handbuch Christentum u. Islam in Deutschland, hg. v. M. Rohe – H. Engin – M. Khorchide – Ö. Özsoy – H. Schmid, Freiburg u. a. 2014; Gorzewski, A., Die Türkisch-Islamische Union im Wandel, Wiesbaden 2015; Unruh, P., Religionsverfassungsrecht, Baden-Baden [3]2015; Rohe, M., Der Islam in Deutschland: Eine Bestandsaufnahme, München [2]2018.

Mathias Rohe

© 2019, DOI: 10.30965/9783506786388_0496

Islamrat

Der I. für die BRD e. V. ist ein am 21.11.1986 in Berlin gegr. bundesweiter islam. Dachverband m. Sitz in Köln (→Islamische Verbände). Der I. versteht sich als islam. →Religionsgemeinschaft, die ein am islam. Glauben orientiertes Leben in einem säkular u. pluralistisch strukturierten Staatswesen ermöglichen will. Daher hat er seit Mitte der 2010er J. Landesverbände gegr. u. bemüht sich um die staatl. Anerkennung als Religionsgemeinschaft, u. a. für den →Religionsunterricht. Der I. vertritt muslimische Positionen in der Öffentlichkeit u. stellt religiöse Dienstleistungen für seine Mitglieder bereit.

Er ist seit 1997 Rechtsnachfolger des 1932 gegr. Islam. Weltkongresses Deutschland (altpreußischer Tradition) e. V. Gründungsmitglied war u. a. das Islam-Archiv Soest e. V., bei dem auch zunächst die Geschäftsstelle angesiedelt war. Bis 1988 war auch der Verband der Islam. Kulturzentren (VIKZ) Mitglied. 1990 trat die AMGT, die Vorgängerorganisation der →Islamischen Gemeinschaft Millî Görüş IGMG, ein u. ist bis heute die größte Organisation im I. 2019 sind im I. 25 Mitgliedsgemeinschaften m. über 400 Moscheegemeinden vertreten, von denen sich 150 in NW befinden. Dazu kommen über 1000 Einrichtungen, die sich der Frauen-, Jugend- u. Sozialarbeit widmen, sowie Bildungseinrichtungen, Eltern- u. Nachhilfevereine. Der I. war Mitglied der ersten Dt. Islam Konferenz, gehört ihr auch heute – nach einer Unterbrechung in der zweiten – wieder an u. ist Mitglied im →Koordinierungsrat der Muslime KRM.

Literatur

Lemmen, Th., Islam. Vereine u. Verbände in Deutschland, Bonn 2002; Halm, D. – Sauer, M. – Schmidt, J. – Stichs, A., Islam. Gemeindeleben in Deutschland – im Auftrag der Dt. Islam Konferenz, Nürnberg 2012; Rohe, M., Der Islam in Deutschland: Eine Bestandsaufnahme, München ²2018.

Jörn Thielmann

© 2019, DOI: 10.30965/9783506786388_0497

Israel, Staat und Religion – Staatlich

1. Trotz des jüd. Charakters des Staates verfügt I. über keine jüd. Staatsreligion (→Staatskirche). Zwar steht die jüd. Gemeinschaft dem Staat stellenweise näher als andere →Religionsgemeinschaften u. Religionen, doch reicht das Ausmaß für die Begründung einer Staatsreligion nicht aus. In I. herrscht grds. eine Trennung von Staat u. Religion (→Trennung von Staat und Kirche), auch wenn der Staat teilweise m. versch. Religionen u. ihren Gemeinschaften institutionell verflochten ist. Dabei besteht eine gestufte →Parität zwischen staatl. nicht anerkannten Religionsgemeinschaften, staatl. anerkannten Religionsgemeinschaften u. staatl. anerkannten Religionen. Über die meisten Rechte u. die größte Verflechtung m. dem Staat verfügen dabei die anerkannten Religionen, also das Judentum, der Islam u. das Drusentum. Ihnen folgen die staatl. anerkannten Religionsgemeinschaften. Hierzu zählen zehn chr. Kirchen, die Religionsgemeinschaft der Bahá'i u. unter bestimmten Gesichtspunkten die drusische Gemeinschaft. Die staatl. nicht anerkannten Religionsgemeinschaften verfügen über die geringste Staatsnähe. Dieser Gruppe gehören z. B. die orth. Kirchen der Kopten u. der Äthiopier, die ev. Gemeinschaften – m. Ausnahme der staatl. anerkannten Ev. Episkopalkirche – u. eine Reihe jüd. Gemeinschaften, darunter die karaitisch-jüd. sowie die progressiv- u. die konservativ-jüd. Gemeinschaft an.

2. In einigen Bereichen kooperiert der israelische Staat m. den Religionsgemeinschaften u. den religiösen Gemeinschaften der anerkannten Religionen.

a) Das wichtigste Gebiet ist die Rspr. in Personenstandsangelegenheiten, die in I. von religiösen Gerichten unter Anwendung ihres jeweiligen religiösen Rechts ausgeübt wird u. insb. die ausschließliche Zuständigkeit für Eheschließungen u. Ehescheidungen sowie die konkurrierende Zuständigkeit für Scheidungsfolgesachen umfasst. Die staatl. nicht anerkannten Religionsgemeinschaften unterhalten grds. keine religiösen Gerichte, während die Mehrheit der staatl. anerkannten Religionsgemeinschaften über solche verfügt. Personell sind die Gerichte der staatl. anerkannten Religionsgemeinschaften grds. nur für Mitglieder ihrer Religionsgemeinschaften zuständig. Aufgrund entspr. Parlamentsgesetze besitzen die staatl. anerkannten Religionen ebenfalls eigene Gerichte. Dabei erstreckt sich der personelle Zuständigkeitsbereich dieser Gerichte auf alle Angehörigen der betr. Religion. Eine weitere Besonderheit ist, dass diese Gerichte als Staatsorgane ausgestaltet u. weite Teile ihrer Organisation gesetzlich geregelt sind.

b) Seit 2008 liegen die religiösen jüd. Angelegenheiten, also die Registrierung von Eheschließungen, Beerdigungen, die Überwachung der Einhaltung der Speisegesetze, der → Synagogen, der religiösen Räte u. der → Friedhöfe sowie die Beziehungen zu Juden in der → Diaspora in der Hand des Ministeriums für religiöse Dienstleistungen. Für das oberste Organ der jüd. Gemeinschaft, das Oberrabbinat, ist der Ministerpräsident zuständig, wobei der Rat selbst über seine innere Organisation bestimmt. Die Zuständigkeiten des Oberrabbinates umfassen u. a. die Abgabe von Stellungnahmen, die Beantwortung von Fragen zum religiösen jüd. Recht, die Vermittlung der Werte der Tora u. der religiösen Gebote gegenüber der Öffentlichkeit, die Erteilung von Kaschrut-Zertifikaten u. der Erlaubnis als religiöser Richter, Gemeinderabbiner od. als zur Registrierung von Eheschließungen berechtigter → Rabbiner zu fungieren. Die religiösen jüd. Gerichte u. ihre Richter unterstehen dem Justizministerium. Letzteres trifft auch auf die religiösen Gerichte der beiden anderen anerkannten Religionen, also der muslimischen u. drusischen Gerichte, zu. I. Ü. ist für die religiösen Angelegenheiten nichtjüdischer Gemeinschaften das Innenministerium zuständig, das über jeweils eine Abteilung für Muslime, → Drusen, Bahá'i, Christen u. Ahmadiyya (→ Ahmadiyya-Gemeinschaft) verfügt.

c) Insgesamt ist eine gewisse Tendenz zur Absonderung der jüd. von den anderen religiösen Gemeinschaften festzustellen. Keine andere Gemeinschaft verfügt über einen eigenen Minister, der sich ausschließlich m. wichtigen Teilbereichen ihrer Angelegenheiten befasst. Den weitesten Zuständigkeitsbereich bei den religiösen Gerichten haben jedoch die muslimischen Gerichte.

3. Abgesehen davon bildet das jüd. Recht einen Referenzpunkt für das israelische Recht; allerdings ist sein Einfluss sehr gering. Auch das Gesetz über die Grundlagen des Rechts, 1980, das eine Lückenfüllung m. Hilfe des jüd. Rechts vorsieht, stellt nur einen sehr punktuellen u. wenig spezifizierten Bezug zum jüd. Recht her. Darüber hinaus dienen einige Gesetze dazu, den jüd. Charakter des öff. Lebens zu erhalten wie z. B. das Gesetz zum Verbot der Schweineaufzucht, 1963. Sie werden durch die Grundrechte eingeschränkt.

Literatur

Günzel, A., Religionsgemeinschaften in Israel. Rechtliche Grundstrukturen des Verhältnisses von Staat u. Religion, Tübingen 2006 (Jus Ecclesiasticum 77); dies., Das aktuelle Religionsrecht Israels u. der Verfassungsentwurf des Parlaments, hg. v. Institut für Rechtspolitik an der Universität Trier, Trier 2008 (Rechtspolitisches Forum 41); Englard, I., Der Einfluss religiösen Rechts auf das Rechtssystem in Israel: Der Einfluss der Weltreligionen auf die Rechtssysteme der Länder, hg. v. L. Simon – R. Lauda, Frankfurt 2010, 147-160; Maoz, A., The Application of Religious Law in a Multi-Religion Nation State: The Israeli Model: Religious Rules, State Law, and Normative Pluralism – A Comparative Overview, hg. v. R. Bottoni – R. Cristofori – S. Ferrari, Zürich 2016, 209-227; Shetreet, S. – Homolka, W., Jewish and Israeli Law – An Introduction, Berlin – Boston 2017; Feldman, J., Dancing at Both Weddings. Democracy, Religion, and Israeli Haredi Women's Accidental Political Revolution: Journ. of Law, Religion and State (JLRS), Vol. 6, Nr. 1 (2018), 68-113.

Angelika Günzel

© 2019, DOI: 10.30965/9783506786388_0498

Italien, Staat und Religion – Staatlich

I. ist die Halbinsel südlich der Alpen (301.230 km²), vom Mittelmeer umgeben, m.

der Hauptstadt Rom, dem Mittelpunkt des ehem. Röm. Reiches u. dem Sitz des Papstes, der seinen weltlichen Herrschaftsbereich durch den → Kirchenstaat sicherte. M. dem Verlust des Kirchenstaates u. der Stadt Rom im Zug der Einheitsbestrebungen I. (1870), stellte sich die Röm. Frage, die durch die Lateranverträge vom 11.02.1929 gelöst wurde m. der Errichtung des Staates der Vatikanstadt (→ Vatikanstaat) (Stato della Città del Vaticano), der als völkerrechtliches Subjekt die Freiheit u. Unabhängigkeit des Hl. Stuhles garantiert. Zudem wurden die Beziehungen zwischen Staat u. Kirche in I. durch ein eigenes Konk. (→ Konkordat, Kirchenvertrag) geregelt, welches im J. 1984 durch den Accordo di Villa Madama überarbeitet wurde u. nun die Grundlage der staatskirchenrechtlichen Beziehungen bildet.

Der Großteil der 60.589.445 Einwohner I. (31.12.2016) bekennt sich zum Christentum u. gehört der röm.-kath. Kirche an (ca. 66, 7 %; davon etwa 25 % praktizierend). Dazu kommen die orth. Christen (ca. 2, 8 %), Christen aus der Reformation (ca. 1, 6 %), Juden (0, 1 %), Zeugen Jehovas, Mormonen, Adventisten (ca. 0, 8 %), Muslime (ca. 3, 1 %), Buddhisten (0, 4 %) Hinduisten (ca. 0, 3 %) Sikh (0, 2 %), nicht religiöse/andere ca. 24 %.

Das Laterankonkordat vom 11.02.1929 bestimmt die kath. Religion als Staatsreligion u. sieht direkte finanzielle Unterstützungen für die Priesterbesoldung sowie für den Bau u. den Erhalt kirchl. Bauten vor wie auch die direkte staatl. Einflussnahme bei der Besetzung kirchl. Ämter u. in der Verwaltung der Benefizialgüter. Das überarbeitete bzw. neue Konk. Accordo di Villa Madama von 1984 hingegen geht davon aus, dass Kirche u. Staat in I. in der Förderung des Menschen u. im Bemühen um das Wohl des Landes zusammenarbeiten. Der Staat erkennt dabei die volle Freiheit der Kirche in der Ausübung ihrer pastoralen, erzieherischen u. karitativen Sendung an.

In der Folge dieses neuen Ansatzes werden die bisherigen Benefizien (Bfl. Mensa, Pfarr-, Kuratiebenefizien) sowie die Rechtspersonen Pfarr- u. Kuratiekirchen aufgehoben. An deren Stelle treten als neue Rechtspersonen die Diözese, die Pfarrei sowie das Inst. für den Unterhalt des Klerus. Der Staat erkennt diese kirchl. errichteten Rechtspersonen in den zivilrechtlichen Wirkungen an (ente ecclesiastico civilmente riconosciuto), m. entspr. Rechts- u. Vermögensfähigkeit (Gesetz 222/20.05.1985). In diesem Zusammenhang hat man auch die Neuregelung der Diözesan- u. Pfarrgrenzen vorgenommen, was dazu führte, dass die Anzahl der ehemals 334 Diözesen auf 225 reduziert wurde.

Die Kirchenfinanzierung wird m. dem Accordo auf eine ganz neue Basis gestellt. Die Bürger können im Zusammenhang m. der jährlichen Steuererklärung (IRPEF) selber entscheiden, welcher Institution der 0, 8 %-Anteil der ohnehin zu entrichtenden Steuer (ottopermille) zukommen soll. Die Wahlmöglichkeit gibt es zwischen dem Staat u. jenen religiösen Institutionen, m. denen staatskirchenrechtliche Vereinbarungen bestehen, wie kath. Kirche, Union der Adventisten bzw. Kirchen des Siebenten Tages, Assemblee di Dio in I., Vereinigung der Methodisten u. Waldenser, Ev.-Luth. Kirche, Vereinigung der jüd. Gemeinschaft in I. Wird keine Entscheidung getroffen, so wird dieser Anteil im Verhältnis der getroffenen Optionen zugeteilt.

Die Regelung des Lebensunterhaltes des Klerus sieht nunmehr keine direkten Zahlungen durch den Staat vor (wie vordem durch die Congrua), sondern es gilt ein vereinbartes Punktesystem, wonach jeder Kleriker (Bf., Priester) für die monatliche Vergütung als Basis 85 Punkte erhält (der Wert eines Punktes beträgt 12,36 EUR). Für bestimmte Aufgaben (z. B. Bf., Generalvikar usw.) u. für das Dienstalter werden zusätzliche Punkte gegeben. Der Betrag dieser so ermittelten Monatsvergütung wird über das Zentralinstitut für den Unterhalt des Klerus jedem Priester überwiesen, abzüglich allerdings jener Beträge, die Pensionen, andere Einkommen od. aber die Quote betreffen, welche die Institution, bei welcher der Kleriker bedienstet ist, zahlt (bei einem Pfr. ist dies 0,07230 EUR pro Pfarreiangehöriger).

Der kath. Religionsunterricht ist Unterrichtsfach in allen Schulen nicht universitärer Art. Eltern bzw. Erziehungsberechtigte haben das Recht selber zu entscheiden, ob ihre Kinder den Religionsunterricht besuchen od. nicht. Die Ehegesetzgebung sieht die konkordatarische Ehe vor, wonach die in kan. Form geschlossene Ehe (c. 1008) in ihren zivilrechtlichen Wirkungen staatlich anerkannt wird. Bei der Feiertagsregelung werden die ehemals zehn arbeitsfreien Feiertage (1929) auf 18 erhöht (1949/1958), nunmehr m. sieben festgelegt (Christi Himmelfahrt, Fronleichnam werden auf den nachfolgenden Sonntag verlegt).

Quellen

Accordo tra la Santa Sede e la Repubblica italiana che apporta modificazioni al Concordato Lateranense: AAS 77 (1985), 521-546; Legge 121 / 25.03.1985, Ratifica ed esecuzione dell'accordo con protocollo addizionale, firmato a Roma il 18 febbraio 1984, che apporta modifiche al Concordato lateranense dell'11 febbraio 1929, tra la Repubblica italiana e la Santa Sede: Gazzetta Ufficiale, Suppl.ord. 10.04.1984, n. 85.

Literatur

Mitterhofer, M., Kirche u. Staat in Italien m. bes. Berücksichtigung Südtirols: HbkathKR³, 1914-1942; Morgante, M., Il Concordato tra la Santa Sede e la Repubblica italiana nella revisione del 18 febbraio 1984, Mailand 1988; Fondazione della Camera dei deputati, Problemi e prospettive dei Patti Lateranensi a 25 anni dalla revisione, Atti del Convegno al Palazzo Montecitorio il 18 febbraio 2009, Rom 2009.

Michael Mitterhofer

© 2019, DOI: 10.30965/9783506786388_0499

Iurisdictio

→Jurisdiktion, →Vollmacht

Ius ad rem – Katholisch

Der Ausdruck I. bez. das Recht darauf, etwas zu erhalten; wer das Betr. tatsächlich erhält, erwirbt daran das →Ius in re. Die beiden auch sonst in der Rechtswissenschaft gebräuchlichen Begriffe werden im kan. Sprachgebrauch v. a. für die versch. Schritte im Zuge der Verleihung eines KA verwendet. Die Unterscheidung zwischen dem I. u. dem Ius in re liegt darin begr., dass bei der gebundenen Amtsverleihung zwischen der Auswahl der Person des gewünschten Amtsinhabers u. der →Amtsübertragung an ihn unterschieden werden kann, wobei die Auswahl der Person in einigen Fällen einen Rechtsanspruch des Ausgewählten auf die Übertragung des Amtes m. sich bringt. Ausdrücklich verwendet der CIC den Ausdruck I. im Falle der bestätigungsbedürftigen →Wahl: der so Gewählte erhält einen Rechtsanspruch auf das betr. →Amt (c. 178). Der Anspruch richtet sich an die Autorität, die die Vollmacht besitzt, das Amt zu übertragen. Er ist an die in c. 179 §2 genannten Bedingungen geknüpft: die rechtmäßig durchgeführte Wahl u. die →kanonische Eignung des Gewählten. Die parallele Bestimmung in c. 958 CCEO verwendet nicht den Ausdruck I., sondern spricht ausdrücklich von dem Recht, die Bestätigung der Wahl zu fordern. Ebenso wie der durch eine bestätigungsbedürftige Wahl Gewählte besitzt auch der für ein KA Präsentierte (→Präsentation) ein I. (c. 163), vorausgesetzt, dass der Präsentationsberechtigte nicht mehrere Personen zugl. präsentiert hat u. auch nicht (mehr) die Möglichkeit hat, noch jemand Weiteres zu präsentieren (vgl. c. 160 §1). Die Wahlbitte (→Postulation) bringt kein I. m. sich, da die zuständige Autorität nicht verpflichtet ist, der erbetenen Person das Amt zu übertragen (c. 182 §3; c. 963 §3 CCEO). Sobald jemand das I. auf Erhalt eines Amtes besitzt, gilt das Amt nicht mehr als vakant (→Vakanz).

Literatur
Gross, C., Das Recht an der Pfründe. Zugl. ein Beitrag zur Ermittlung des Ursprungs des Ius ad rem, Graz 1887; Heymann, E., Zur Geschichte des Ius ad rem (FS Gierke), Weimar 1911, 1167-1186; Gillmann, F., Zum Problem vom Ursprung des ius ad rem: AfkKR 113 (1933), 463-485; Landau, P., Ursprung des Ius ad rem in der Kanonistik: Proceedings of the Third International Congress of Medieval Canon Law, Vatikanstadt 1971, 81-102; KanR I, 454-457, 470-485; Fajardo Fernández, J., Ius ad rem: DGGC Vol. IV, 821f.

Ulrich Rhode

Ius canonicum
→Kirchenrecht

Ius circa sacra, Ius in sacra – Historisch

1639 prägte G. Voetius die Formel „ius maiestatis sacrum circa sacra, non in sacris", um die Entscheidungsvollmacht der Obrigkeit in Kirchensachen auf die äußeren Angelegenheiten (externa) einschließlich der res mixtae (Ehe-, Schul-, Armen- u. Begräbniswesen) zu reduzieren u. die inneren spirituellen Angelegenheiten (sacra interna: Wort, Sakrament, Schlüssel) davon auszunehmen. Diese Formel, die sich schon bei D. Pareus 1608 andeutete („potestas regia circa ecclesiastica"), richtete sich gegen den Territorialismus, wie er in Übernahme staatskirchlicher Ideen von Th. Hobbes namentlich durch H. Grotius entfaltet wurde u. das kirchl. Regiment als Teil der staatl. Souveränität begriff, lediglich durch das →ius divinum der Kirche u. die →Gewissensfreiheit des Individuums begrenzt. Im holländischen Kollegialismus setzte sich jene differenzierende Formel durch, wobei die staatl. Kirchenhoheit (i. c. s.) in variierenden Formen als →ius reformandi, ius advocatiae, ius inspiciendi cavendi den religionsrechtlichen Diskurs bis ins 20. Jh. bestimmte. Zur Wirkungsgeschichte der Formel zählt einerseits die Auslagerung des i. c. s. in die Staatslehre u. deren Formalisierung als Kirchenhoheitsrechte der Obrigkeit gegenüber allen Religionsgesellschaften, andererseits die Übertragung des i. i. s. auf den Landesherrn, landesherrliches Kirchenregiment (→Kirchenregiment, landesherrliches), das der Landesherr gegenüber der ev. Kirche aufgrund eines bes. Rechtstitels (Summepiskopat) beanspruchen konnte u. im Falle seiner Konversion (Brandenburg-Preußen, Sachsen, Württemberg) zu Modifikationen führen musste.

Literatur
Bohatec, J., Das Territorial- u. Kollegialsystem in der holländischen Publizistik des 17. Jahrhundert: ZRG.K 35 (1948), 1-149; Heckel, J., Cura religionis, ius in sacra, ius circa sacra, Darmstadt ²1962; Heckel, M., Staat u. Kirche nach den Lehren der ev. Juristen Deutschlands in der 1. Hälfte des 17. Jahrhunderts, München 1968 (Jus Ecclesiasticum 6); Link, C., Staatskirchenhoheit: ZevKR 20 (1975), 1-42; ders., Herrschaftsordnung u. bürgerliche Freiheit, Wien u. a. 1979, 292-342.

Karl Schwarz

Ius civile – Katholisch

Der Begriff I. bedeutet im →römischen Recht das Recht einer Bürgerschaft (civitas) für deren Angehörige (cives), im Unterschied zum ius naturale, welches o. weiteres allg., u. zum ius gentium, welches für alle Völker gilt. Gratian von Bologna definiert das I. als jenes Recht, das jegliches Volk od. Gemeinwesen durch göttliche od. menschliche Ursache als sein eigenes setzt (D 1, 8). Seit dem hohen MA wird m. I. das röm. Recht im Gegensatz zum ius canonicum bez.; zusammen bilden sie das →ius utrumque. In der Neuzeit verengt sich der Begriff des I. bei den Juristen zunehmend auf das bürgerliche Recht (Zivilrecht) im Gegenüber zum öff. Recht.

Im geltenden kan. Recht wird mit I. jegliches objektives staatl. Recht im Gegensatz zum Recht kirchl. Ursprungs (ius canonicum bzw. → ius ecclesiasticum) bez. Der CIC verwendet den Ausdruck I. als solchen an zwölf Stellen; daneben werden auch sprachlich gleichwertige Wendungen zur Bez. der Sache gebraucht (z. B. leges civiles, civiliter). Die Bezugnahme des KR auf das I. dient der Koordination der Rechtskreise von Kirche u. Staat sowie der Sicherung kirchl. Einrichtungen u. Ansprüche. Sie kann in Form eines rezipierenden Verweises erfolgen u. Normen des I. in die kan. Ordnung eingliedern, aber auch zu Beachtung des I. verpflichten od. lediglich bestimmte Normen u. Institutionen des I. für den Raum der Kirche explizit berücksichtigen. Eine Schranke für die Rezeption od. Berücksichtigung des I. im KR bildet das göttliche Recht (→ Ius divinum) (c. 22; c. 1504 CCEO).

Literatur

Haering, S., Rezeption weltlichen Rechts im kan. Recht. Studien zur kan. Rezeption, Anerkennung u. Berücksichtigung des weltlichen Rechts im kirchl. Rechtsbereich aufgrund des CIC von 1983, St. Ottilien 1998 (MThS.K 53); Witsch, N., Art. Ius civile: LKStKR Bd. 2, 326 f.; Minelli Zagra, C., Art. Recepción de ley civil: DGDC Vol. VI, 732-735; Waldstein, W. – Rainer, J. M., Röm. Rechtsgeschichte, München [11]2014, 129-131; Haering, S., Koordination von kirchl. u. weltlichem Recht im CIC: Hodie et cras. Today and Tomorrow of the 1983 Code of Canon Law Thirty Years after Promulgation, hg. v. K. Burczak, Lublin 2015, 53-74.

Stephan Haering

Ius commune – Katholisch

Seit dem Hochmittelalter bez. der Begriff I. die Quellen des röm.-kan. Rechts (insb. das → Corpus Iuris Civilis u. → Corpus Iuris Canonici) einschließlich der gelehrten Doktrin des Rechts. Als Gesamtheit weiträumig einheitlich geltender Rechtsüberzeugungen u. -normen tritt das I. neben die partikularen Rechte einzelner Orte od. Gebiete. Seine Jhh. währende Herrschaft wird erst durch die neuzeitlichen → Kodifikationen abgelöst.

Der CIC/1917 verwendet den Begriff m. Blick auf den Geltungsbereich des kirchl. Rechts i. S. des für das Gebiet der ganzen lat. Kirche geltenden Rechts im Gegensatz zu dem lediglich für einen kirchl. Teilbereich geltenden ius particulare. Demgegenüber versteht die damalige Kanonistik m. Blick auf die Verpflichtungsweise des Rechts unter dem I. das gemeine, regelmäßige Recht (auch: ius ordinarium) im Gegensatz zum Ausnahmerecht etwa i. S. eines → Privilegs od. → Indults (ius singulare).

Abw. vom alten Codex spricht der CIC/1983 nicht vom I., sondern regelmäßig (Ausnahme: c. 1362 § 2) vom ius universale als dem formell für die gesamte lat. Kirche (c. 1) geltenden Recht im Gegensatz zu dem lediglich für einen territorial od. personal begrenzten Teilbereich der lat. Kirche geltenden → Partikularrecht. Darin kommt zum Ausdruck, dass das ius universale formell nicht allg., d. h. für die gesamte kath. Kirche geltendes Recht, sondern lediglich das in der ganzen Welt geltende (c. 12 §§ 1-2) Recht einer einzelnen Rituskirche sui iuris ist. Das schließt nicht aus, dass sich in materieller Hinsicht einzelne Normen auch auf die gesamte kath. Kirche erstrecken können, wenn sie unmittelbar im göttlichen Recht (→ Ius divinum) gründen od. wenn für die lat. u. die kath.-orient. Kirchen materiell gleiche Regelungen gelten.

Während sich die Wendung ius universale im CCEO nicht findet, wird dagegen der Begriff I. hier ausdrücklich definiert: Er bez. die → Gesetze u. rechtmäßigen Gewohnheiten, die entweder der gesamten kath. Kirche od. allen kath.-orient. Kirchen sui iuris (→ Ecclesia sui iuris) gemeinsam sind (c. 1493 § 1).

Literatur

Thieme, H., Art. Gemeines Recht: HRG Bd. 1, 1506-1510; Naz, R., Art. Droit Commun: DDC Vol. IV, 1495; Heimerl, H., Einige formale Probleme des postkonziliaren allg. Rechtes: ÖAKR 24 (1973), 139-159; Schwaibold, M., Art. Gemeines Recht: LMA Bd. 4, 1214; Corecco, E., Ius universale – ius particulare: Ius in vita et in missione Ecclesiae. Acta Symposii Internationalis Iuris Canonici Occurrente X Anniversario Promulgationis CIC, hg. v. PCI, Vatikanstadt 1994, 551-574; Wernecke, M., Ius universale – Ius particulare. Zum Verhältnis von Universal- u. Partikularrecht in der Rechtsordnung der lat. Kirche unter bes. Berücksichtigung des Vermögensrechtes, Paderborn 1998; Universales u. partikulares Recht in der Kirche. Konkurriende od. integrierende Faktoren?, hg. v. P. Krämer u. a., Paderborn 1999.

Norbert Witsch

© 2019, DOI: 10.30965/9783506786388_0505

Ius dispositivum – Katholisch

Im Gegensatz zum zwingenden Recht (ius cogens), zeichnet sich das dispositive Recht (auch: abdingbares od. nachgiebiges Recht) durch Nachgiebigkeit aus. I. beansprucht nur insofern →Geltung, als nicht etwas anderes vereinbart od. verfügt wurde, u. ist durch hoheitliche Organe u. die Parteien im Wege der vertraglichen Vereinbarung abänderbar od. vollständig ausschließbar, wodurch es ein Mittel der Privatautonomie darstellt.

I. ist Teil des →ius humanum positivum. Im Kan. Recht fallen unter das nachgiebige Recht bspw. all jene Rechtssätze, welche m. einer →salvatorischen Klausel versehen sind od. die Möglichkeit einer alternativen Rechtsregelung durch einen m. „nisi“ ausgedrückten Vorbehalt vorsehen. Bsp. für dispositives Recht im CIC/1983 sind u. a. die cc. 8 §§1 u. 2, 119, 127 §1, 164, 195, 553 §2, 1177, 1180.

Literatur

Rösser, E., Göttliches u. menschliches, unveränderliches u. veränderliches Kirchenrecht. Von der Entstehung der Kirche bis zur Mitte des 9. Jh. Untersuchungen zur Geschichte des Kirchenstreits m. bes. Berücksichtigung der Anschauungen Rudolph Sohms, Paderborn 1934; KanR I, 32-37.

Andreas E. Graßmann

© 2019, DOI: 10.30965/9783506786388_0506

Ius divinum – Katholisch

Das KR kennt die Begründungskategorie des göttlichen Rechts, das als präpositives Recht unterschieden wird in Offenbarungsrecht bzw. I. d. positivum u. →Naturrecht bzw. I. d. naturale, das m. der menschlichen Vernunft in der Schöpfungsordnung zu erkennen ist. Das I. d. ist im Unterschied zum Ius mere ecclesiasticum (→Ius ecclesiasticum) bzw. dem →Ius humanum in seinem Kern unveränderbar u. daher inderogabel sowie indispensabel.

Der Begriff des I. d. u. des Ius humanum findet sich vermittelt über die Stoa in der röm. Rechtswissenschaft (→Römisches Recht) ab Mitte des 1. Jh. v. Chr. neben dem Begriffspaar von fas u. ius, insofern das I. d. das Recht zwischen der göttlichen Sphäre u. den Menschen u. den entspr. göttlichen →Gesetzen darstellt, während das Ius humanum seinen Ursprung in menschlicher Setzung hat. Tertullian bezieht den Begriff ius erstmals auf die Kirche. Bei Cyprian findet sich nicht direkt die Wendung I. d., aber andere Wendungen, die auf göttliches Recht schließen lassen. Der Begriff des I. d. wird erstmal von Arnobius dem Älteren u. dann von seinem Schüler Laktanz gebraucht. Gratian formuliert u. a. in Rekurs auf Isidor von Sevilla, der die göttlichen Gesetze von den Gewohnheiten der Menschen unterscheidet, im →Decretum Gratiani: „Ius naturae est, quod in lege et euangelio continetur“ (Dictum ante D I,1). Das I. d. besteht als präpositives u. unveränderliches Recht aufgrund von Offenbarung od. wird direkt aus dem Ius naturale erkannt. Der Kommentar von Huguccio von Pisa trägt maßgeblich zur Rezeption Gratians bei. Thomas von Aquin differenziert zwischen der lex aeterna u. der lex naturalis, durch die der Mensch als vernunftbegabtes Wesen Anteil an der lex aeterna hat (STh I-II, 91). Die lex divina wird in lex vetus u. lex nova unterschieden. Die kirchl. Autorität hat die Aufgabe, die Normen des I. d. festzustellen. M. Suarez bildet sich sodann die Unterscheidung von Ius divinum positivum sive naturale klarer heraus, die dann auch im kirchl. Recht u. a. im CIC/1917 u. auch im geltenden Recht Verwendung findet.

Das Vat II leitet in GS 26 die →Menschenrechte aus der →Menschenwürde ab u. verankert deren lehramtliche Verkündigung u. Anerkennung u. a. in GS 41. In DH wird zudem auf die Lex naturalis Lehre des Thomas von Aquin verwiesen. Das Vat II geht von der →Sendung des gesamten Gottesvolkes aus (insb. LG Kap. II) u. differenziert dann innerhalb der →Gläubigen z. B. in LG 32 „ex divina institutione" auf der Grundlage der in der →Taufe bestehenden Gleichheit der Gläubigen (→Gleichheit aller Gläubigen) zwischen →Klerikern u. →Laien, was im vierten Kap. über die christifideles laici u. im dritten Kap. von LG über den Dienst der →Hierarchie im →Volk Gottes weiter ausgeführt wird z. B. in LG 18 m. der Wendung „Christus Dominus ... varia ministeria instituit", im Hinblick auf →Papst u. →Bischofskollegium als Nachfolger Petri u. der Apostel in LG 22 „statuente Domino" (vgl. zur Verankerung des Papstamtes im I. d. auch UR 2 u. OE 3 u. zu seiner potestas CD 2). In der NEP wird erläutert, dass die Autorität u. Struktur des Bischofskollegiums der Offenbarung zu entnehmen ist („... coetu stabili, cuius structura et auctoritas ex Revelatione deduci debent"). LG 20 verwendet in Bezug auf das Bischofsamt die Wendung „ex divina institutione" u. CD 2 in Rezeption des Vat I (Pastor Aeternus: DenzH 3061) deren Einsetzung durch den Hl. Geist „positi a Spiritu Sancto". Die Dreigliedrigkeit des →Weihesakraments wird in LG 18 m. der Wendung „ab antiquo" begr. Insb. SC (z. B. SC 47 über die Einsetzung der Eucharistie [→Abendmahl, Eucharistie] [„instituit"]) u. insb. LG 11 handeln von den →Sakramenten. Vgl. zur Taufe UR 22 („Einsetzung [institutio] des Herrn") od. zur →Ehe GS 48 „a Creatore condita suisque legibus instructa".

Wenngleich auf der quantitativen Ebene sehr wenige Canones der geltenden kirchl. Rechtsordnung unmittelbar vom göttlichen Recht sprechen od. sich mittelbar auf dieses beziehen, kommt dem I. d. qualitativ höchste Bedeutung zu, da das göttliche Recht das kirchl. Recht legitimiert u. zugl. limitiert. Das göttliche Recht bzw. das I. d. im geltenden kirchl. Recht weist Bestimmungen auf, die in ihrem Wortlaut explizit auf I. d. entweder als Begründung des Norminhalts rekurrieren, das I. d. als Schrankenformel aufführen od. deren Normsubstrat jenseits des Normtextes göttlichen Rechts ist. Da das I. d. auf präpositiver Ebene anzusiedeln ist, liegt es auch Normen zu Grunde, die nicht explizit eine entspr. Wendung aufweisen. Der Gesetzgeber verwendet zur Kennzeichnung des I. d. selten wortwörtlich diese Wendung (z. B. in cc. 22, 24, 1059, 1075, 1163 §2, 1165 §2, 1290 u. 1692 §2; vgl. cc. 780 §1, 850 §2, 852, 1378 §2, 1504, 1506 §2 CCEO). Die materiellen Normen des Offenbarungsrechts sind überwiegend verfassungsrechtliche, verkündigungsrechtliche u. sakramentenrechtliche Normen z. B.: göttliche Berufung aller Getauften im gemeinsamen Priestertum (→Allgemeines bzw. Gemeinsames Priestertum) (communio fidelium) u. der Anteilhabe in den drei munera (→Tria-Munera-Lehre) gem. cc. 204 §1 bzw. c. 7 §1 CCEO („Christifideles ... ad missionem exercendam vocantur, quam Deus Ecclesiae in mundo adimplendam concredidit") i. V. m. 96 (vgl. auch cc. 208-211 bzw. cc. 11-14 CCEO; sowie weitere in den Rechte- u. Pflichtenkatalogen [→Grundrechte und Grundpflichten der Christen] aus dem I. d. positivum ableitbare cc. 212 §§1-2, 222, 225 bzw. cc. 15 §§1-2, 25 sowie sinngemäß 401 u. 406 CCEO etc.); →Katholische Kirche u. →Apostolischer Stuhl als →moralische Personen „ex ipsa ordinatione divina" gem. c. 113; Unterscheidung von christifideles laici et clerici innerhalb des Volkes Gottes „ex divina institutione" (communio hierarchica); →Priestertum des Dienstes gem. cc. 207 § 1 i. V. m. 1008 bzw. cc. 323 § 2 i. V. m. u. sinngemäß 743 CCEO; Grundrecht auf Heilsgüter der Kirche gem. c. 213 bzw. c. 16 CCEO; → Koalitionsfreiheit der Gläubigen (zugl. auch I. d. positivum) gem. c. 215 bzw. c. 18 CCEO; Recht auf apost. Tätigkeit gem. c. 216 bzw. c. 19 CCEO; Recht auf chr. Erziehung gem. cc. 217 i. V. m. 794 „divinitus missio concredita" bzw. sinngemäß cc. 20 i. V. m. 628 CCEO; „statuente Domino" P. u. Bischofskollegium gem. c. 330 bzw. c. 42 CCEO; Papstamt „munus a Domino ... concessum" gem. c. 331 bzw. c. 43 CCEO; → Bischof „ex divina institutione ... per Spiritum Sanctum" gem. c. 375; Depositum Fidei „Ecclesiae ... Christus Dominus fidei depositum concredidit" gem. c. 747 bzw. c. 595 CCEO; Verpflichtung zur Suche u. Bewahrung der Wahrheit „vi legis divinae" gem. c. 748; Verpflichtung aller Gläubigen u. insb. der höchsten kirchl. Autorität zur → Ökumene „ex voluntate christi" gem. c. 755 bzw. „operi oecumenico Spiritus Sancti" gem. c. 902 CCEO; Sakramente „a Christo Domino instituta" gem. c. 840 (vgl. auch c. 667 CCEO); insb. bzgl. der Ehe u. ihrer Sakramentalität u. Unauflöslichkeit (→ Unauflöslichkeit der Ehe) in cc. 1055, 1056, 1085, 1134 u. 1141 bzw. cc. 776, 802 u. 853 CCEO; Paulinisches Privileg (→ Privilegium Paulinum) gem. c. 1143 bzw. c. 854 CCEO; Verpflichtung der Gläubigen zur Buße (→ Beichte) „ex lege divina" gem. c. 1249.

Die geltende Rechtsordnung enthält keinerlei nähere Definition des Naturrechts, sondern gebraucht diese Begründungskategorie in einigen Normen bzw. diesen liegt ein naturrechtliches Substrat zu Grunde. Folgende naturrechtliche Normen sind bspw. zu nennen: Im Kontext des Katalogs der Pflichten u. Rechte das Recht auf freie Meinungsäußerung (→ Meinungsäußerungsfreiheit) gem. c. 212 § 3 bzw. c. 15 § 3 CCEO; die Koalitionsfreiheit u. → Versammlungsfreiheit der Gläubigen gem. c. 215 bzw. c. 18 CCEO; die → Forschungsfreiheit der Theologen u. die Freiheit zur klugen Meinungsäußerung in den Bereichen ihrer Sachkenntnis gem. c. 218 bzw. c. 21 CCEO; die freie Wahl des Lebensstandes gem. cc. 219 i. V. m. 1058 bzw. cc. 22 i. V. m. 778 CCEO; das Grundrecht auf → guten Ruf u. die eigene → Intimsphäre gem. c. 220 bzw. c. 23 CCEO; der in c. 221 bzw. c. 24 CCEO den Gläubigen verbürgte → Rechtsschutz; die Pflicht zur Förderung der sozialen Gerechtigkeit u. der Unterstützung der Armen gem. c. 222 § 2 bzw. c. 25 § 2 CCEO; das Recht u. die Pflicht zur Erziehung der Nachkommen (→ Elternrecht, → Kindererziehung) gem. cc. 226, 793 u. 1136; damit korrespondierend das Recht auf chr. Erziehung gem. c. 217 bzw. c. 20 CCEO; das Recht auf eine angemessene → Entlohnung nach c. 231 § 2 bzw. c. 409 § 2 CCEO; das Recht auf Freiheit des religiösen Akts gem. c. 748 § 2 bzw. sinngemäß c. 586 CCEO; das Konsensprinzip des kirchl. → Eherechts gem. c. 1057 bzw. c. 817 CCEO u. dementsprechend das naturrechtliche Substrat der → Ehekonsensmängel der cc. 1095-1103 bzw. cc. 818-826 CCEO; die Hinordnung der Ehe auf Nachkommenschaft, deren Erziehung u. das → Gattenwohl gem. c. 1055 § 1 bzw. c. 776 §§ 1-2 CCEO; die Wesenseigenschaften der Ehe, Unauflöslichkeit u. Einpaarigkeit gem. c. 1056 bzw. c. 776 § 3 CCEO sowie das → Ehehindernis des → Ehebandes gem. c. 1085 bzw. c. 802 CCEO (zugl. auch I. d. positivum); das Ehehindernis des Mindestalters (→ Heiratsalter) gem. c. 1083 bzw. c. 800 CCEO; das Ehehindernis der → Blutsverwandtschaft in gerader Linie u. im zweiten Grad der Seitenlinie gem. cc. 1078 § 3 i. V. m. 1091 bzw. cc. 795 § 3 i. V. m. 808 CCEO; weitere Verweise auf Naturrecht finden sich in c. 1165 bzw. c. 852 CCEO, c. 1259 sowie c. 1299 bzw. c. 1043 CCEO. Als Schrankenformel wird das I. d. in den cc. 22, 24 § 1, 1290 u. 1692 § 2 bzw. cc. 1378 § 2, 1504 u. 1506 § 2 CCEO verwendet, als Ausnahmebestimmung in den cc. 98 § 2 u. 197 i. V. m. 199 1° bzw. cc. 910 § 2 u. 1540 i. V. m. 1542 1° CCEO. In c. 1059 bzw. c. 780 § 1 CCEO wird auf das göttliche Recht im eherechtlichen Rahmen u. in c. 1075 auf die Kompetenz der höchsten kirchl. Autorität zur Festlegung von im I. d. begr. Ehehindernissen verwiesen. Im → Strafrecht wird in den cc. 1315 bzw. c. 1405 CCEO u. 1399 auf das göttliche Gesetz (lex divina) rekurriert.

Die →iura nativa stellen kein unmittelbares I. d. dar, sondern werden nun nicht mehr wie vor dem Vat II i. S. der Societas-Perfecta-Ekklesiologie (→Societas perfecta) aus der Abgrenzung der Kirche vom Staat her begr., sondern vielmehr aus dem Wesen der Kirche i. S. der Ekklesiologie des Vat II als Volk Gottes u. communio fidelium et hierarchica (→Communio) u. ihrer Sendung abgeleitet u. sodann als unabhängig von der Gewalt Dritter frei ausübbare Rechte postuliert: Klerikerausbildung (→Priesterausbildung, →Diakonenausbildung) (c. 232; c. 328 CCEO), Legationsrecht (→Legat) des Hl. Stuhls (c. 362), Freiheit kirchl. Verkündigung (c. 747 § 1; c. 595 § 1 CCEO), kirchl. Strafgewalt (c. 1311), kirchl. Justizhoheit (c. 1401), Vermögensfähigkeit u. Abgabenhoheit (cc. 1254 § 1, 1260; cc. 1007 u. 1011 CCEO).

Die kath. Theologie war lange Zeit vom sog. instruktionstheoretischen Offenbarungsverständnis geprägt, das davon ausging, dass die Offenbarung aus der Slg. versch. geoffenbarter Sätze besteht, während das kirchl. →Lehramt seit dem Vat II von einem personalen Verständnis von Offenbarung als Selbstmitteilung Gottes ausgeht. Die neuscholastische Begründung des I. d. leitet einzelne Rechtsinstitute aus einzelnen Bibelstellen her, o. die Dimension ihrer gesch. Entwicklung einzubeziehen u. zugl. fallen positive u. präpositive Ebene in eins. Eine derartige statische Begründungsform verliert bereits insofern an Tragfähigkeit, da im CIC/1917 u. CIC/1983 Abweichungen bzgl. des I. d. festzustellen sind, z. B. im Fall der bekenntnisverschiedenen Ehe (→Konfessionsverschiedene Ehe).

Im J. 1962 widmete sich Karl Rahner insb. der Begründung des I. d. positivum u. seine Thesen haben eine entspr. Diskussion zwischen der →Kirchenrechtswissenschaft u. der systematischen Theologie entfacht. Sein zentrales Anliegen ist, Offenbarungsrecht u. Geschichtlichkeit zusammenzudenken. So unterscheidet er Wesen bzw. Substanz u. Gestalt u. geht von „Wesensidentität in Gestaltwandel" aus. Rahner geht in einem ersten Schritt von der Einbahnigkeit (rechts)geschichtlicher Prozesse aus, in denen aus mehreren Möglichkeiten ein Weg gegangen wird u. dieser irreversibel wird. Ferner unterscheidet Rahner wesensnotwendige u. wesensgemäße Entscheidungen eines gesch. Seienden, sodass wesensnotwendige Entscheidungen nur einen möglichen Entwicklungsweg gehen konnten, während wesensgemäße Entscheidungen sich aus mehreren Möglichkeiten in der Zeit der Urkirche entwickelt haben. Zugl. geht Rahner aber auch von möglichem I. d. in der Zeit nach der Urkirche aus. Rahner unterscheidet demnach das der Kirche vorgegebene I. d. u. den Erkenntnisprozess des I. d., der bis heute immer weiter fortschreitet. Die Substanz des I. d. ist daher von seinem äußeren Gestaltwandel zu unterscheiden. Vor diesem Hintergrund ist das I. d. positivum nie in reiner Form greifbar, sondern nur in der Form von Sätzen menschlicher Sprache u. Prägung. In der Diskussion nach Rahners Thesen (vgl. Meckel, 2011, 284-314) kristallisiert sich die Erkenntnis heraus, dass das I. d. an sich auf der präpositiven Ebene, die man nochmals in die Ebene grundlegender Prinzipien u. Rechtsprinzipien unterscheiden kann, anzusiedeln ist u. auf der positiven Ebene des Rechts sein Abbild dieses nie restlos einholt. Beide Ebenen müssen unterschieden, aber nicht getrennt werden, sodass sie im chalkedonensischen Sinn in Bezug auf das Verhältnis von Menschlichem u. Göttlichem „unvermischt und ungetrennt" sind. Das I. d. hat somit eine regulative Aufgabe gegenüber dem gesetzten Recht. Das kirchl. Recht (ius mere ecclesiasticum) wird daher vom I. d. her normiert, limitiert u. legitimiert, sodass Ius mere ecclesiasticum dem I. d. nicht widersprechen darf. Während das Substrat des I. d. auf der präpositiven Ebene unveränderlich ist, sind auf der Ebene des positiven Rechts die konkreten formulierten Sätze des I. d., d. h. seine äußere Gestalt, veränderbar, da die Erkenntnis des I. d. auf der präpositiven Ebene stets voranschreitet u. daher die konkrete Formulierung des I. d. auf der Ebene des positiven Rechts immer menschliche Formulierung bleibt u. das I. d. nie erschöpfend abbilden kann. Gem. Art. 8 der Offenbarungskonstitution des Vat II DV entwickelt sich die „... Überlieferung, die von den Aposteln stammt, ... in der Kirche unter dem Beistand des Heiligen Geistes weiter: Es wächst nämlich das Verständnis der überlieferten Dinge und Worte ...". So ist die Formulierung des I. d. in die →Rechtssprache keine statische, sondern eine dynamische Vorgabe u. Aufgabe, da diese sich immer wieder an der erkannten göttlichen Wahrheit auszurichten hat.

Zur Begründung der Kategorien des Offenbarungsrechts u. des Naturrechts ist die Kirchenrechtswissenschaft auf das intradisziplinäre Gespräch m. der biblischen, hist. Theologie sowie der systematischen Theologie, insb. der Moraltheologie u. der Dogmatik verwiesen, u. auf den interdisziplinären Austausch m. den Humanwissenschaften.

Quellen

Vat II, SC; Vat II, LG; Vat II, NEP; Vat II, UR; Vat II, OE; Vat II, CD; Vat II, DV; Vat II, GS.

Literatur

Rößer, E., Göttliches u. menschliches, unveränderliches u. veränderliches Kirchenrecht von der Entstehung der Kirche bis zur Mitte des 9. Jahrhunderts. Untersuchungen zur Geschichte des Kirchenrechts m. bes. Berücksichtigung der Anschauungen Rudolph Sohms, Paderborn 1934 (Görres-Gesellschaft. Sektion für Rechts- u. Staatswissenschaft 64); Faßbender, J. A., Das göttliche Recht im Codex Iuris Canonici. Eine Untersuchung zur Kodifikationstechnik des CIC, Bonn 1949; Wolf, U. A., Ius divinum. Erwägungen zur Rechtsgeschichte u. Rechtsgestaltung, München 1970 (Jus Ecclesiasticum 11); Hollerbach, A., Göttliches u. Menschliches in der Ordnung der Kirche: Mensch u. Recht (FS Wolf), hg. v. A. Hollerbach u. a., Frankfurt 1972, 212-235; Rahner, K., Über den Begriff des „Ius divinum" im kath. Verständnis: ders., Schriften zur Theologie V, Zürich u. a. 1972, 249-277; Riedlinger, H., Anmerkungen zum Problem des ‚ius divinum‘: Ius et salus animarum (FS Panzram), hg. v. U. Mosiek – H. Zapp, Freiburg 1972, 31-41; Heinemann, H., „Göttliches Recht"? Versuch einer Differenzierung: ThQ 157 (1977), 279-291; Dulles, A., Ius divinum as an Ecumenical Problem: Theological Studies 38 (1977), 681-708; Congar, Y., „Ius divinum": RDC 28 (1978), 108-122; Wagner, H., Zur Problematik des ‚ius divinum‘: TrThZ 88 (1979), 132-144; Riedel-Spangenberger, I., Gottesrecht u. Menschenrecht. Zur Legitimation, Limitation u. Normierung positiven kirchl. Rechts: Theologia et Jus Canonicum (FS Heinemann), hg. v. H. J. F. Reinhardt, Essen 1995, 99-109; Pree, H., Zur Wandelbarkeit u. Unwandelbarkeit des Ius divinum: Theologia et Jus Canonicum (FS Heinemann), hg. v. H. J. F. Reinhardt, Essen 1995, 111-135; Witsch, N., Art. Ius divinum II. Kath.: LKStKR Bd. 2, 329-331; Synek, E., Gottesrecht – Kirchenrecht – Menschenrecht: ÖARR 53 (2006), 213-233; Pirson, D., Ius divinum: Gesammelte Aufsätze zum Staatskirchenrecht u. Kirchenrecht. 1. Halbband, Tübingen 2008, 111-113; Kistner, P., Das göttliche Recht u. die Kirchenverfassung. 1. Der Freiraum für eine Reform, Berlin 2009 (Tübinger Kirchenrechtliche Studien 9); Molano, E., Derecho divino y Derecho constitucional canónico: IusCan 49, 97 (2009), 195-212; Kistner, P., Das göttliche Recht u. die Kirchenverfassung. 2. Subsidiarität als Reformgebot, Berlin 2010 (Tübinger Kirchenrechtliche Studien 11); Ius divinum, hg. v. J. Arrieta, Venedig 2010; Meckel, T., Das ius divinum positivum – eine unverhandelbare Kategorie des Kirchenrechts: Von der Trennung zur Einheit. Das Bemühen um die Pius-Bruderschaft, hg. v. H. Hallermann u. a., Würzburg 2011 (WTh 7), 265-314; Kistner, P., Das göttliche Recht u. die Kirchenverfassung. 3. Das amtl. u. das gemeinsame Priestertum, Berlin 2012 (Tübinger kirchenrechtliche Studien 12); Pree, H., Ius divinum aus rechtstheoretischer u. rechtstheologischer Perspektive: Ius canonicum in communione christifidelium (FS Hallermann), hg. v. T. Meckel u. a., Paderborn u. a. 2016, 479-493; Meckel, T., Das Naturrecht als Kategorie des kath. Kirchenrechts: Ancilla Iuris 2017, 32-53; Graulich, M., Das ius divinum im Decretum Gratiani – ein Wegweiser: Ewige Ordnung in sich verändernder Gesellschaft? Das göttliche Recht im theol. Diskurs, hg. v. M. Graulich – R. Weimann, Freiburg 2018 (QD 287), 116-129; Meckel, T., Ius divinum – Befund u. Begründungen einer Begründungsfigur des kirchl. Rechts: Ewige Ordnung in sich verändernder Gesellschaft? Das göttliche Recht im theol. Diskurs, hg. v. M. Graulich – R. Weimann, Freiburg 2018 (QD 287), 209-234.

Thomas Meckel

© 2019, DOI: 10.30965/9783506786388_0507

Ius divinum – Evangelisch

Ob u. wie bestimmte Rechtssätze als „göttliches" Recht dem Wort u. Willen Gottes zuzurechnen sind u. Gottes Wort u. Wille dem Menschen als göttliches „Recht" begegnet, bedenkt die ev. →Rechtstheologie von der reformatorischen Unterscheidung zwischen Gott u. Mensch her. An ihrem Anfang steht deshalb die Kritik an der Inanspruchnahme eines göttlichen Rechts für menschliche Rechtsgewalt. V. a. der bfl. u. päpstlichen Jurisdiktion bestritten die Reformatoren eine Grundlage im i. d. Dabei stellten sie nicht die Geltung des i. d. u. seine Verbindlichkeit für das →ius humanum in Frage, sondern sahen gerade in der Verwechslung beider eine Verletzung des ius divinum. Geltung u. Erkenntnis des i. d. haben ihren Grund im Handeln Gottes in Schöpfung (göttliches →Naturrecht) u. Offenbarung (i. d. positivum). Als Gottes Rechtswille erkennbar u. vollziehbar wird das i. d. nur dem allein aus Gottes Gnade im Glauben Gerechtfertigten, u. in der Rechtfertigung des Glaubenden liegen zugl. schon Erkenntnis u. Vollzug des i. d. Aus der reformatorischen Einsicht in die Verborgenheit u. Unverfügbarkeit dieses Geschehens folgt, dass Inhalt u. Geltung des i. d. nicht definitiv u. autoritativ vom rechtlich ordnenden u. geordneten Handeln der Menschen erfasst werden können.

Das damit benannte Problem nimmt für die ev. Rechtstheologie m. dem Auseinandertreten von staatl. u. kirchl. Recht versch. Gestalt an: In Bezug auf das staatl. Recht ist es m. dessen Säkularisierung ein Problem der Maßstäbe für eine prot. politische Ethik; in Bezug auf das kirchl. Recht begegnet es in dessen Bindung an Schrift u. →Bekenntnis. Zu den Kontexten, die die Frage nach einem i. d. seit dem 20. Jh. begleiten, gehören der Rechtspositivismus (→Positivismus) m. seinen Gegenbewegungen, eine vertiefte Rezeption u. Diskussion der Lehre Martin Luthers von den Zwei Reichen u. Regimenten sowie die über die Einheit u. Unterscheidung des Wortes Gottes in Gesetz u. Evangelium geführten Auseinandersetzungen.

Bemühungen um begriffliche Ordnung setzen das i. d. nach seiner Wirkweise vom menschlichen Recht ab, weil es sich anders als dieses nicht in determinierenden u. m. den Mitteln weltlichen Zwangs sanktionierbaren Rechtssätzen ausweist. Weitergehend ist aus der Inkommensurabilität der Gerechtigkeit Gottes m. dem menschlichen Recht immer wieder geschlossen worden, dass der Begriff des i. d. aus dem ev. Verständnis ausgeschieden gehöre (so zuletzt v. a. Reuter, 1997).

In der Weise aber, in der Christen ihr Handeln unter dem Anspruch Gottes sehen u. in der Verständigung darüber nach seinem Willen fragen können, bleibt ihnen der Sache nach das genannte Problem des i. d. gestellt u. kann denn auch unter diesem Begriff verhandelt werden. Die Verborgenheit u. Unverfügbarkeit des i. d. umfängt etwa auch die Bindung an die „biblische Weisung" (E. Wolf), die sich eben nicht in der biblizistischen Deduktion von Maximen der politischen Ethik od. der →Kirchenverfassung aus normativen Schriftstellen gewinnen lässt, sondern in der m. dem Glauben verheißenen Selbstverwirklichung des göttlichen Rechtswillens erschließt, wie die Bibel sie bezeugt.

Das i. d. tritt nicht als solches nach außen, sondern verbirgt sich im Erkennen, Entscheiden u. Handeln des Menschen: „Wir haben das ius divinum immer nur in Gestalt des ius humanum." (Dombois). Seine Erkenntnis hat teil an der Bedingtheit des Glaubens allein aus Gnade. Sie hat aber ebenso teil an der Verheißung des Glaubens aus Gnade. Die Form, in der sich Christen auf diese Verheißung hin über kirchl. Handeln verständigen, ist das →Kirchenrecht.

Das i. d. kann damit als ein Merkmal der verheißenen Teilhabe der im KR partikular verfassten Kirche an der geistl. Wirklichkeit der einen Kirche Jesu Christi über die Zeit hinweg bez. werden: „Das ius divinum begründet die Kontinuität der Kirche in der Geschichte nicht in der Weise der Kontinuität einer Institution, sondern in der Weise der Kontinuität desjenigen Geschehens, das Kirche je und je neu Ereignis werden läßt." (Ebeling, 1947/1948). Ein anderer, heute geläufiger, aber in seiner Gefälligkeit auch für Sinnverkürzungen anfälliger Ausdruck dafür ist die Bindung des rechtlich ordnenden u. geordneten kirchl. Handelns an den Auftrag der Kirche.

Die Relativität u. Partikularität der rechtlichen Verfasstheit der Kirche gegenüber ihrer geistl. Wirklichkeit schließt es aus, bestimmte Institutionen od. Normen des KR kategorial dem i. d. zuzurechnen. Wenn die ref. Tradition der KirchVerf. dazu neigt, die neutestamentliche Ordnung der Gemeindeämter als verbindliche Vorgabe wie ein i. d. aufzufassen, u. wenn die luth. Tradition der KirchVerf. demgegenüber zwar die Freiheit kirchl. Rechtsgestaltung betont, sie aber auf die konstitutiven Funktionen der Wortverkündigung (→Verkündigung) u. Sakramentsfeier (→Sakramente) wie durch i. d. verpflichtet sieht, dann überträgt eine solche Redeweise die Unverfügbarkeit des i. d. auf das, was sich der gemeinschaftlichen Verständigung über kirchl. Handeln (s. o.) als unverfügbar darstellt.

Literatur

Ebeling, G., Kirchengeschichte u. Kirchenrecht. Eine Auseinandersetzung m. Rudolph Sohm [1947/48]: ZevKR 35 (1990), 406-420; Wolf, Erik, Rechtsgedanke u. biblische Weisung. Drei Vorträge, Tübingen 1948; Heckel, J., Initia iuris ecclesiastici Protestantium: Sitzungsberichte der Bayer. Akademie der Wissenschaften, Phil.-hist. Klasse, Jg. 1949, H. 5, München 1950; auch in: ders., Das blinde, undeutliche Wort „Kirche". Gesammelte Aufsätze, hg. v. S. Grundmann, Köln – Graz 1964, 132-242 (145-151, 160-163, 171f., 204f., 225); Wolf, Erik, Ordnung der Kirche. Lehr- u. Handbuch des Kirchenrechts auf ök. Basis, Frankfurt 1961, 458-464; Heckel, J., Lex charitatis. Eine jur. Untersuchung über das Recht in der Theologie Martin Luthers, [1]1953; Köln – Wien [2]1973, hg. v. M. Heckel, 3f., 8f., 19-31, 68-97, 207-226; Dombois, H., Das Recht der Gnade. Ök. Kirchenrecht, Bd. I: Witten 1961, [2]1969, 511, 1009; Wolf, U. A., Ius divinum. Erwägungen zur Rechtsgeschichte u. Rechtsgestaltung, München 1970; Dreier, R., Göttliches u. menschliches Recht: ZevKR 32 (1987), 289-316; Lienemann, W., Ius Divinum bei Hans Dombois: ZevKR 32 (1987), 423-435; Lederhilger, S. J., Das „ius divinum" bei Hans Dombois, Wien 1994; Strohm, Chr., Ius divinum u. ius humanum. Reformatorische Begründung des Kirchenrechts: Rau, G. – Reuter, H.-R. – Schlaich, K., Das Recht der Kirche, Bd. II: Zur Geschichte des Kirchenrechts, Gütersloh 1995, 115-173; Reuter, H.-R., Der Rechtsbegriff des Kirchenrechts in systematisch-theol. Sicht: Rau, G. – Reuter, H.-R. – Schlaich, K., Das Recht der Kirche, Bd. I: Zur Theorie des Kirchenrechts, Gütersloh 1997, 236-286; Pirson, D., Ius divinum: RGG[4] Bd. 4, 334f.; auch in: ders., Gesammelte Beiträge zum Kirchenrecht u. Staatskirchenrecht, Tübingen 2008, 111-113; ders., Ius divinum, I. Ev.: LKStKR Bd. 2, 328f.; auch in: ders., Gesammelte Beiträge zum Kirchenrecht u. Staatskirchenrecht, Tübingen 2008, 114f.; Germann, M., Die Bindung der kirchl. Gerichte an Schrift u. Bekenntnis: ZRG.K 91 (2005), 499-555 (506, 529f., 544f.); ders., Zum Erkenntniswert der Kirchenrechtsgeschichte für die ev. Kirchenrechtswissenschaft: ZRG.K 92 (2006), 630-659 (653-657); Konrad, D., Der Rang u. die grundlegende Bedeutung des Kirchenrechts im Verständnis der ev. u. kath. Kirche, Tübingen 2010; de Wall, H., Grundfragen des ev. Kirchenrechts – Grundbegriffe u. rechtstheologische Grundlagen: HevKR, §1 A, Rn. 53-59; Heckel, M., Martin Luthers Reformation u. das Recht. Die Entwicklung der Theologie Luthers u. ihre Auswirkung auf das Recht unter den Rahmenbedingungen der Reichsreform u. der Territorialstaatsbildung im Kampf m. Rom u. den „Schwärmern", Tübingen 2016.

Michael Germann

© 2019, DOI: 10.30965/9783506786388_0507

Ius divinum – Islamisch

Nach traditioneller Auffassung im →Islam ist Gott der Schöpfer des ewiggültigen Systems der religiösen Normenlehre (→Scharia). Die Scharia umfasst nach einem verbreiteten weiten Verständnis sowohl religiöse wie auch rechtliche Normen in Grundzügen. Diese – im Hinblick auf Rechtsvorschriften sehr abstrakte – Materie wird als grds. unveränderlich angesehen. Die konkrete Regelung zwischenmenschlicher Beziehungen m. Wirkungen im Diesseits u. damit das Recht im engeren Sinne wird neben den religionsrituellen Vorschriften als Fiqh bez. Im Gegensatz zur Scharia gilt der Fiqh als Menschenwerk, insb. in seinen rechtlichen Anteilen als den Umständen von Ort u. Zeit unterworfen u. daher als stets veränderlich. Damit gelangten notwendig menschliche – regelgeleitete – Erkenntnisprozesse in den Mittelpunkt der Materie. Zugl. stellt sich das Problem der religiösen Implikationen menschlichen Fehlverständnisses bei der Normenanwendung. Das islam. Recht hat hier einen pragmatischen Standpunkt gefunden, der sich wie so häufig auch religiös begr. lässt. Der kleine, fehlbare Mensch schuldet danach – auch in seiner Erscheinungsform als →Jurist – nichts mehr als redliches Bemühen um das richtige Ergebnis nach dem Leitsatz, „jeder sich redlich Mühende handelt richtig/wird belohnt".

Die Debatte über göttliche Normensetzung u. menschliche Erkenntnismöglichkeiten bestimmte auch die Handhabung rechtlicher Normen. Dies bildete sich in der im 9. Jh. heftig debattierten Frage über die Geschaffenheit od. Präexistenz des →Korans ab. Die Verteter der ersteren Richtung (sog. Mu'tazila) gingen von der Geschaffenheit aus u. unterstellten, dass Gott nicht gegen die Vernunft entscheiden könne; damit seien seine Aussagen m. Verstandeskräften zu entschlüsseln. Dieser zunächst wegen machtpolitischer Begleiterscheinungen weitgehend verworfene Ansatz wird seit über 100 J. von vielen →Gelehrten reaktiviert (Neo-Mu'tazila). Daran knüpfen zeitgenössische Juristen wie Abdullahi an-Na'im an. Er lehnt die Durchsetzung der Scharia-Regeln durch Gesetzgebung schlechthin ab. In vorkolonialer Zeit habe nicht der vergleichsweise schwache Staat, sondern die Gelehrten Scharia-Normen umgesetzt. Angesichts heutiger starker, intern pluraler u. intern. eingebundener Staaten sei eine Rückkehr dorthin nicht möglich. Andererseits würde der Reichtum der Scharia, ihr Pluralismus, aufgegeben, wenn der Staat eine bestimmte Auslegung (→Interpretation, Auslegung) verbindlich festsetze. Wann immer der Staat zur Durchsetzung der Scharia benutzt worden sei, habe dies zu höchst selektiven Normen geführt, losgelöst von ihren legitimen methodologischen Quellen. Solche Vereinnahmung der Scharia durch den Staat führe neben ihrer Manipulierbarkeit dazu, dass die Verfechter ihrer zwangsweisen Durchsetzung durch staatl. Institutionen v. a. nach der Übernahme des Staates selbst strebten. Damit werde die Scharia zum Symbol einer despotischen, autoritären Herrschaft, während ihr kreatives u. befreiendes Potential verkümmere. Mit dem so formulierten Rückzug auf die eigentlichen religiösen Fragen wird der gottesbezogene Herrschaftsanspruch über das Recht aufgegeben. Dies bildete sich bereits in einem Schlüsselwerk der neueren Lehre ab, dem Buch „Der Islam und die Grundlagen der Herrschaft" des prominenten ägyptischen Juristen Ali Abd ar-Raziq von 1925; der Islam beinhaltet danach keinen politischen Machtanspruch.

Diese Haltung stößt auf Widerspruch v. a. in islamistischen Kreisen, die als eine Erscheinung der Moderne eine neues Konzept der Gottesherrschaft (Hakimiyat Allah) entworfen haben. Vordenker sind der Ägypter Sayyid Qutb u. der Indo-Pakistaner al-Maududi;

machtpolitischen Niederschlag finden solche Ideen im wahhabitischen Saudi-Arabien u. im Iran seit der islam. Revolution 1979. Auch in Europa lebende muslimische Extremisten lehnen deshalb entgegen der muslimischen Tradition die herrschenden menschengemachten Rechtsordnungen ab. Viele Gelehrte wiederum verwerfen solche Ansprüche als Anmaßung göttlicher Befugnisse jenseits aller Traditionen des Islam. Andererseits werden häufig wenig reflektiert die (wenigen) im Koran enthaltenen Normen des →Familienrechts u. Erbrechts als Teil muslimischer, von Gott gegebener religiöser Identität verstanden. Deren Abschaffung (wie in der Türkei, auf dem Balkan od. in Zentralasien) wurde in anderen Teilen der islam. geprägten Welt kritisiert, andererseits aber auch als Anpassung an die Notwendigkeiten der Gegenwart legitimiert. Insgesamt treffen die anhaltenden Reformen in diesem Bereich auf vergleichweise großen Widerstand, u. in manchen Staaten wurden Reformen i. S. einer intellektuell wenig durchdachten Re-Islamisierung wieder aufgehoben. An alledem zeigt sich, dass die Debatte um Rechtsvorschriften als i. d. zumindest heute letztlich eine politische Debatte um Machtfragen darstellt.

Literatur

Krämer, G., Gottes Staat als Republik: Reflexionen zeitgenössischer Muslime zu Islam, Menschenrechten u. Demokratie, Baden-Baden 1999; Krawietz, B., Hierarchie der Rechtsquellen im tradierten sunnitischen Islam, Berlin 2002; Al-Na'im, A., Islam and the Secular State, Cambridge/Mass – London 2008; Rohe, M., Das islam. Recht: Geschichte u. Gegenwart, München ^{3}2011.

Mathias Rohe

© 2019, DOI: 10.30965/9783506786388_0507

Ius ecclesiasticum – Katholisch

Das I. e. war als Begriff seit dem 4. Jh. schon in Verwendung z. B. bezogen auf die kirchl. →Vollmacht, insb. die Binde- u. Lösevollmacht (vgl. Harnack, 1924, 497-500) u. etablierte sich später zu einem Begriff, der das gesamte rein kirchl. Recht umfasst, das in →Kanones gefasst ist im Unterschied zu den →leges auf weltlicher Seite. Der Begriff I. e. wurde von den →Glossatoren des MA in Abgrenzung zum →Ius civile gleichbedeutend m. dem Begriff Ius canonicum verwendet. In späterer Zeit bez. der Begriff I. e. alle von kirchl. gesetzgebenden Organen erlassenen Rechtsnormen, die sich im Unterschied zum Ius civile nur rein kirchl. Dingen widmen, u. Ius canonicum bez. das Recht der Rechtssammlungen, wie es im →Corpus Iuris Canonici vorzufinden ist.

Die Begriffe I. e. u. Ius canonicum werden nun wieder synonym verwendet. Der Begriff wird im geltenden Recht selten in genau dieser Form verwendet (z. B. in cc. 1078; 1079; 1156 §2 bzw. cc. 795 §1; 796 §1 CCEO). Der Gesetzgeber verwendet in c. 22 bzw. c. 1504 CCEO z. B. die Wendung Ius ecclesiae u. Ius canonicum, in c. 11 bzw. c. 1490 CCEO u. c. 85 bzw. c. 1536 CCEO spricht er von den leges mere ecclesiastices. In c. 1156 §2 bez. der Begriff I. e. das gesamte kirchl. Recht. Im Unterschied zum Ius divinum naturale (→Naturrecht) u. Ius divinum positivum bez. das I. e. z. B. im Kontext der →Ehehindernisse gem. cc. 1078 §1 u. 1079 §1 bzw. cc. 795 §1 u. 796 §1 CCEO alle Rechtsnormen, seien es →Normen des geschriebenen Rechts od. des →Gewohnheitsrechts, die veränderlich u. i. d. R. gem. c. 85 bzw. c. 1536 CCEO dispensabel sind. Wenngleich es sich beim I. e. nicht um Normen des →Ius divinum handelt, wird deren Gestaltungsspielraum für den Gesetzgeber aber durch das Ius divinum begrenzt. So darf I. e. dem Ius divinum nicht widersprechen. Das I. e. erfährt zudem aus dem Ius divinum seine Legitimation. Das I. e. ist stets norma normata gegenüber der norma normans des Ius divinum. Das I. e. konkretisiert insofern die Umsetzung der Leitilinien des Ius divinum. Während das Ius divinum naturale alle Menschen zum Normadressaten hat, richtet sich das rein kirchl. Recht gem. c. 11 bzw.

c. 1490 CCEO an alle Katholiken, seien sie in der kath. Kirche getauft od. zu ihr konvertiert, die über den →Vernunftgebrauch verfügen u., falls vom →Gesetz nichts anderes vorgesehen, das siebte Lj. erreicht haben, ab dem der Gesetzgeber gem. c. 97 § 2 den Vernunftgebrauch gesetzlich präsumiert. Zudem ist grds. c. 1 zu beachten, der die Katholiken des lat. Ritus als Normadressaten des CIC/1983 festlegt u. c. 1 CCEO, der entspr. die Katholiken der kath. Ostkirchen als Normadressaten des CCEO bestimmt, es sei denn, es ist etwas anderes ausdrücklich vorgesehen.

Literatur

Vering, F. H., Lehrbuch des kath., orient. u. prot. Kirchenrechts, Freiburg [3]1893, 7 f.; Harnack, A. v., „Ius ecclesiasticum". Eine Untersuchung über den Ursprung des Begriffs: ders., Die Mission u. Ausbreitung des Christentums in den ersten drei Jahrhunderten. Bd. 1, Leipzig [4]1924, 489-500; Sägmüller, J. B., Lehrbuch des kath. Kirchenrechts. Bd. 1 Teil 1, Freiburg 1925, 11-15; Witsch, N., Art. Ius ecclesiasticum II. Kath.: LKStKR Bd. 2, 331-332; KanR I, 26 f.

Thomas Meckel

© 2019, DOI: 10.30965/9783506786388_0508

Ius ecclesiasticum – Evangelisch

Die Aussagekraft des Begriffs i. e. geht kaum über die schlichte u. hist. gängige lat. Übers. der Worte „kirchl. Recht" hinaus. Die Theorie u. Praxis des KR nach der →Reformation, die auf die Reinigung des Kan. Rechts von geistl. Ansprüchen in ihrer röm.-kath. Lesart größten Wert legte, verwendete dafür unbefangen die traditionelle Bez. „ius canonicum" weiter. Eine Emanzipation des ev. KR von diesem Begriff lässt bes. prominent der Titel des ab 1714 erschienenen kirchenrechtlichen Hauptwerks von J. H. Böhmer erkennen, der das „I. e. protestantium" als den rationalisierten „usus hodiernus iuris canonici" vorstellt (→Kirchenrechtswissenschaft – Ev.). I. Ü. markiert das Attribut „ecclesiasticum" hist. die die Kirche betr. Regelungsgegenstände quer zu den Gegensätzen zwischen den versch. →Rechtsquellen od. Rechtserzeugungsinstanzen, auch zu den Begriffspaaren geistl. u. weltlich od. →ius divinum u. →ius humanum. Erst im Zuge der Trennung von Kirche u. Staat findet das i. e. im staatl. Recht einen Gegenbegriff. Ein Interesse an den ekklesiologischen Bezügen des ev. KR kann das Attribut „ecclesiasticum" m. dem Anspruch des KR assoziieren, das Recht der ekklēsia (lat. ecclesia) als eines jeweils partikular verfassten Ausschnitts (ecclesia particularis) der universalen Gemeinschaft der Getauften (ecclesia universalis) unter der Verheißung der geistl. Wirklichkeit der einen, hl., apost. u. allg. Kirche Jesu Christi (ecclesia spiritualis) zu sein.

Michael Germann

© 2019, DOI: 10.30965/9783506786388_0508

Ius emigrandi – Historisch

Das Auswanderungsrecht (i. e.) ist ein obrigkeitlicherseits als Gnadenakt (beneficium emigrationis) gewährtes Abzugsrecht für Individuen u. Gruppen aus religionsrechtlichen Gründen, das Eingang in einige Religionsfriedensregelungen im Konfessionellen Zeitalter gefunden hat. Dessen Anwendung erlaubte es, Angehörigen von konfessionellen Minderheiten bei einer vom Landesbekenntnis abw. religiösen Praxis (exercitium religionis) das Territorium zu verlassen. Insofern standen sich das landesherrliche Reformationsrecht (→ius reformandi) u. das i. e. der Untertanen komplementär gegenüber, wobei das letztere bereits in den frühen Reformationsjahrzehnten zu einem Instrument geworden war, den obrigkeitlichen Druck auf konfessionelle Minderheiten abzuschwächen (Gotthard, 2004, 219). Es handelt sich also um ein Individuen u. Gruppen gewährtes Schutzrecht vor dem Hintergrund der Entstehung des monokonfessionellen Staates u. damit gerade nicht um ein Mittel, Mehrkonfessionalität in einem Territorium zu begr. (ebd., 533f.). Ein gänzlich freies Abzugsrecht war das i. e. – dessen terminologische Herkunft übrigens ungeklärt ist – allerdings nicht. So stand das individuelle, also freiwillig wahrgenommene Emigrationsrecht von vornherein in Spannung zum obrigkeitlichen Vertreibungsrecht (ius expellendi). Generell war die erzwungene Emigration (Vertreibung, Ausweisung) Einzelner bzw. ganzer Bevölkerungsgruppen in der Frühen Neuzeit verbreiteter als die freiwillige Auswanderung, die zudem durch personen- u. besitzrechtliche Bindungen (z. B. Leibeigenschaft, Abzugsgeld) zusätzlich erschwert war (Gerteis, 1981, 165). Die Abwerbung andersgläubiger Untertanen war i. Ü. generell verboten. Insofern führt die zuweilen zu findende Beurteilung des i. e. als erstes individuelles Grund- u. Menschenrecht (z. B. Link, 2017, §12) in die Irre.

Die Ursprünge des religiös begr. Auswanderungsrechtes liegen im Augsburger Reichsabschied von 1530, in welchem den altgläubig gebliebenen Untertanen in ev. gewordenen Territorien u. Städten des Reiches einen „‚freyen Ab- und Zuzug' ohne Nachsteuer und Verlust ihrer Güter" zugesichert wurde (Möhlenbruch, 1977, 62). Wirksam umgesetzt wurde dieses Rechtsinstrument erstmals im Zweiten Kappeler Landfrieden (1531), wiederum zugunsten kath. Minderheiten in ev. Herrschaften. Dieser bestimmte – freilich m. Modifikationen – das politische System u. das konfessionelle Nebeneinander in der Schweiz bis ins 18. Jh. (Holenstein, 2013). Erst vor dem Hintergrund der konfessionellen Konflikte im Reich wurde das i. e. bes. seit dem Nürnberger Anstand (1532) zu einer zentralen Forderung, zunächst der kath., dann v. a. der prot. Reichsstände (Luttenberger, 1982, 174f.). Das 1555 im Augsburger Religionsfrieden reichsrechtlich verbindlich festgeschriebene Auswanderungsrecht aus Glaubensgründen (§24) (Asche, 2007) wurde 1648 im Westfälischen Frieden (IPO V §§30-43) weiter konkretisiert (May, 1988): Während etwa noch 1555 keine konkreten Regelungen bzgl. des immobilen Besitzes formuliert wurden, durften die aus religiösen Gründen Auswandernden gem. IPO §§36 u. 37 ihren eigentümlichen Besitz in der Heimat zurücklassen, konnten diesen durch andere verwalten lassen u. ihren Besitz, so oft sie wollten, besuchen (liber additus). Obwohl es weiterhin Konflikte vor den Reichsgerichten gab, wirkte das i. e. insgesamt für den Reichsverband systemstabilisierend, zumal konfessionellen Minderheiten weitere Zugeständnisse zum exercitium religionis zugesichert wurden (Selig, 1992; Duhamelle, 2015): das exercitium privatum, die →devotio domestica u. das „Auslaufen" für sakramentale Handlungen in benachbarte Territorien. Dies u. das Auswanderungsrecht galten freilich nicht für die Juden u. die Anhänger ev. →Freikirchen.

Außerhalb der Eidgenossenschaft u. des Hl. Röm. Reiches gab es zwar zuweilen weitreichende Toleranzregelungen (v. a. Polen-Litauen, Siebenbürgen), aber kein explizit religionsrechtlich begr. individuelles Auswanderungsrecht (Überblick bei Kaplan, 2007). Lediglich in Böhmen (1609 Majestätsbrief) u. in den habsburgischen Erblanden wurde den Unteranen zeitweise ein solches Recht zugestanden, in den gemischtkonfessionellen schlesischen Fürstentümern ohnehin. In Frankreich u. Großbritannien wurde die Verbindung des Untertanen zur Krone hingegen als unauflöslich betrachtet (Gerteils, 1981, 174ff., 178ff.). Erst durch die Revolutionsgesetzgebung wurde die Freizügigkeit zum Menschenrecht (Hoock, 1966). Generell wurden im Laufe des 18. Jh. staatskirchenrechtliche Überlegungen von ökonomischen überlagert, mithin die territorialen Aus- u. Einwanderungsgesetzgebungen fortan von säkularen Grundsätzen geleitet (Möhlenbruch, 1977, 108ff.).

Literatur

Hoock, J., Emigration u. Revolution. Zur Emigrationsgesetzgebung der Franz. Revolution 1789-1793: Der Staat 5 (1966), 189-212; Möhlenbruch, R., Freier Zug, Ius Emigrandi, Auswanderungsfreiheit. Eine verfassungsrechtliche Studie, Diss., Bonn 1977; Gerteis, K., Auswanderungsfreiheit u. Freizügigkeit in ihrem Verhältnis zur Agrarverfassung. Deutschland, England, Frankreich im Vergleich: Grund- u. Freiheitsrechte im Wandel von Gesellschaft u. Geschichte. Beiträge zur Geschichte der Grund- u. Freiheitsrechte vom Ausgang des Mittelalters bis zur Revolution von 1848, hg. v. G. Birtsch, Göttingen 1981, 162-182; Luttenberger, A. P., Glaubenseinheit u. Reichsfriede. Konzeptionen u. Wege konfessionsneutraler Reichspolitik 1530-1552 (Kurpfalz, Jülich, Kurbrandenburg), Göttingen 1982; May, G., Die Entstehung der hauptsächlichen Bestimmungen über das ius emigrandi (Art. V §§ 30-43 IPO) auf dem Westfälischen Frieden: ZRG.K 74 (1988), 436-494; Selig, R. A., The Idea and Practice of the Ius Emigrandi in the Holy Roman Empire from the Reformation to the French Revolution: Yearbook of German American Studies 27 (1992), 15-22; Gotthard, A., Der Augsburger Religionsfrieden, Münster [2]2006; Asche, M., Auswanderungsrecht u. Migration aus Glaubensgründen. Kenntnisstand u. Forschungsperspektiven zur „ius emigrandi"-Regelung des Augsburger Religionsfriedens: Der Augsburger Religionsfrieden, hg. v. H. Schilling – H. Smolinsky, Gütersloh 2007, 75-104; Kaplan, B., Divided by Faith. Religious Conflict and the Practice of Toleration in Early Modern Europe, Cambridge [Mass.] 2007; Kleinehagenbrock, F., Konfessionelle Konflikte nach 1648. Gewissensfreiheit, konfessioneller Besitzstand u. die Grenzen von Herrschaft im Verfassungssystem des Hl. Röm. Reiches dt. Nation, Habil. phil. Würzburg 2010; Holenstein, A., Konfessionalismus u. die Sicherheit von Föderationen in der Frühen Neuzeit. Beobachtungen zur Eidgenossenschaft: Sicherheit in der Frühen Neuzeit. Norm – Praxis – Repräsentationen, hg. v. C. Kampmann – U. Niggemann, Köln – Weimar – Wien 2013, 191-205; Duhamelle, C., Le jus emigrandi dans le Saint-Empire (XVIIe-XVIIIe siècles). La minorité en régime de parité: Les Expulsions de minorités religieuses dans l'Europe des XIIIe-XVIIe siècles, hg. v. I. Poutrin – A. Tallon, Pompignac 2015, 129-151; Link, C., Kirchl. Rechtsgeschichte. Kirche, Staat u. Recht in der europäischen Geschichte von den Anfängen bis ins 21. Jh., München [3]2017.

Matthias Asche

© 2019, DOI: 10.30965/9783506786388_0509

Ius humanum – Katholisch

Der Begriff I. h. ist der Gegenbegriff zum Begriff des →Ius divinum. M. Gegenbegriff soll aber kein Trennungsverhältnis, sondern ein Beziehungsverhältnis ausgesagt werden, da das Ius divinum das I. h. legitimiert, limitiert u. normiert. I. h. darf dem Ius divinum daher nicht widersprechen. Traditionell wird das I. h. im Hinblick auf den Geltungsbereich in das →Ius civile u. das →Ius ecclesiasticum unterschieden u. im Hinblick auf die Quelle in das ungeschriebene →Gewohnheitsrecht (consuetudo) u. in das erlassene Recht (Ius positivum). Die Wendung I. h. findet sich in der geltenden Rechtsordnung nicht. I. h. wird im Bereich des →Kirchenrechts als Ius mere ecclesiasticum bez., das im Unterschied zum Ius divinum dispensierbar u. veränderbar ist. Es ist aber insofern nicht gänzlich beliebig veränderlich, da es das Ius divinum konkretisiert u. in ihm Begrenzung u. Vorgabe findet.

Der Begriff des Ius divinum u. des I. h. findet sich vermittelt über die Stoa in der röm. Rechtswissenschaft (→Römisches Recht) ab Mitte des 1. Jh. v. Chr. neben dem Begriffspaar von fas u. ius, insofern das Ius divinum das Recht zwischen der göttlichen Sphäre u. den Menschen u. den entspr. göttlichen →Gesetzen darstellt, während das I. h. seinen Ursprung in menschlicher Setzung u. Autorität hat. Tertullian bezieht den Begriff ius erstmals auf die Kirche. Bei Cyprian finden sich bereits Wendungen, die auf göttliches Recht schließen lassen. Der Begriff des Ius divinum wird erstmals von Arnobius dem Älteren u. dann von seinem Schüler Laktanz gebraucht. Gratian formuliert u. a. in Rekurs auf Isidor von Sevilla, der die göttlichen Gesetze von den Gewohnheiten der Menschen unterscheidet, im →Decretum Gratiani: „Ius naturae est, quod in lege et euangelio continetur" (Dictum ante D I,1). Das Ius divinum besteht als präpositives u. unveränderliches Recht aufgrund von Offenbarung od. wird direkt aus dem Ius naturale (→Naturrecht) erkannt. Es ist damit auch Grundlage u. Grenze des I. h., das aus Gesetzen u. der Gewohnheit besteht (D I,1; Dictum ante D VIII,2; Rubrica ad D VIII,2). Thomas von Aquin differenziert zwischen der lex aeterna u. der lex naturalis, durch die der Mensch als vernunftbegabtes Wesen Anteil an der lex aeterna hat (STh I-II, 91). Die lex divina wird in lex vetus u. lex nova unterschieden. Die kirchl. Autorität hat die Aufgabe, die Normen des Ius divinum festzustellen. Das I. h. bzw. die leges humanae werden aus den naturrechtlichen Prinzipien deduziert (STh I-II, 91, 3; 95, 2). M. Suarez bildet sich sodann die Unterscheidung von Ius divinum positivum sive naturale klarer heraus u. die Unterscheidung des I. h. in das Ius civile u. das Ius ecclesiasticum.

Literatur

Hollerbach, A., Göttliches u. Menschliches in der Ordnung der Kirche: Mensch u. Recht (FS Wolf), Frankfurt 1972, 212-235; Fornés, J., Derecho divino y derecho humano en el ordenamiento canónico: Cuadernos Doctorales. Excerpta e dissertationibus in iure canonico 2 (1984), 95-133; KanR I, 32-37; Riedel-Spangenberger, I., Gottesrecht u. Menschenrecht. Zur Legitimation, Limitation u. Normierung positiven kirchl. Rechts: Theologia et Jus Canonicum, hg. v. H. J. F. Reinhardt, Essen 1995, 99-109; Witsch, N., Art. Ius humanum II. Kath.: LKStKR Bd. 2, 333-334; Meckel, T., Das ius divinum positivum – eine unverhandelbare Kategorie des Kirchenrechts: Von der Trennung zur Einheit. Das Bemühen um die Pius-Bruderschaft, hg. v. H. Hallermann u. a., Würzburg 2011 (WTh 7), 265-314; ders., Ius divinum – Befund u. Begründungen einer Begründungsfigur kirchl. Rechts: Ewige Ordnung in sich verändernder Gesellschaft? Das göttliche Recht im theol. Diskurs, hg. v. M. Graulich – R. Weimann, Freiburg 2018 (QD 287), 209-234.

Thomas Meckel

© 2019, DOI: 10.30965/9783506786388_0510

Ius humanum – Evangelisch

Mit der Kennzeichnung von Recht als menschliches Recht (i. h.) betont die ev. →Rechtstheologie den Gegensatz zu göttlichem Recht (→ius divinum) um der Unterscheidung von Mensch u. Gott willen. Als Produkt menschlichen Erkennens, Entscheidens u. Handelns, der Gestaltung in menschlicher Freiheit nach bestem Gewissen aufgegeben, dient das i. h. der weltlichen Gerechtigkeit nach dem Maß menschlicher Vernunft. Wie diese hat es im Verhältnis zu Gott an der Verstrickung des Menschen in der →Sünde u. an seiner Rechtfertigungsbedürftigkeit teil. Diese Einsicht lässt sich m. der Frage verbinden, ob es dementsprechend eine Beziehung gibt „zwischen der Wirklichkeit der von Gott in Jesus Christus ein für allemal vollzogenen Rechtfertigung des Sünders allein durch den Glauben und dem Problem des menschlichen Rechtes: eine innere, eine notwendige, eine solche Beziehung, durch die mit der göttlichen Rechtfertigung auch das menschliche Recht in irgendeinem Sinn zum Gegenstand des christlichen Glaubens und der christlichen Verantwortung und damit auch des christlichen Bekenntnisses wird?“ (Barth, 1938). Dem Menschen muss eine solche Beziehung so verborgen sein wie die Wirklichkeit der Rechtfertigung selbst; aber auf deren Verheißung kann er dann auch für das i. h. hoffen. Während sie für das i. h. im säkularen Staat nicht über die Selbstreflexion einer ev. politischen Ethik hinaus ansprechbar ist, kann sie für das i. h. des kirchl. Handelns in der Gemeinschaft der Getauften als Fluchtpunkt der Rechtsgestaltung, -auslegung u. -anwendung namhaft gemacht werden.

Literatur

Barth, K., Rechtfertigung u. Recht, 1938; wieder abgedruckt in: ders., Eine Schweizer Stimme 1938-1945, Zürich 1945, ²1948, 13-57; zuletzt in: ders., Rechtfertigung u. Recht – Christengemeinde u. Bürgergemeinde – Evangelium u. Gesetz, Zürich 1998, 5-45; Ebeling, G., Kirchengeschichte u. Kirchenrecht. Eine

Auseinandersetzung m. Rudolph Sohm [1947/48]: ZevKR 35 (1990), 406-420; Wolf, Erik, Rechtsgedanke u. biblische Weisung. Drei Vorträge, Tübingen 1948; Heckel, J., Initia iuris ecclesiastici Protestantium: Sitzungsberichte der Bayer. Akademie der Wissenschaften, Phil.-hist. Klasse, Jg. 1949, H. 5, München 1950; auch in: ders., Das blinde, undeutliche Wort „Kirche". Gesammelte Aufsätze, hg. v. S. Grundmann, Köln – Graz 1964, 132-242; Wolf, Erik, Ordnung der Kirche. Lehr- u. Handbuch des Kirchenrechts auf ök. Basis, Frankfurt 1961; Heckel, J., Lex charitatis. Eine jur. Untersuchung über das Recht in der Theologie Martin Luthers, [1]1953; Köln – Wien [2]1973, hg. v. M. Heckel; Dombois, H., Das Recht der Gnade. Ök. Kirchenrecht, Bd. I: Witten 1961, [2]1969; Dreier, R., Göttliches u. menschliches Recht: ZevKR 32 (1987), 289-316; Strohm, Chr., Ius divinum u. ius humanum. Reformatorische Begründung des Kirchenrechts: Rau, G. – Reuter, H.-R. – Schlaich, K., Das Recht der Kirche, Bd. II: Zur Geschichte des Kirchenrechts, Gütersloh 1995, 115-173; Reuter, H.-R., Der Rechtsbegriff des Kirchenrechts in systematisch-theol. Sicht: Rau, G. – Reuter, H.-R. – Schlaich, K., Das Recht der Kirche, Bd. I: Zur Theorie des Kirchenrechts, Gütersloh 1997, 236-286; Konrad, D., Der Rang u. die grundlegende Bedeutung des Kirchenrechts im Verständnis der ev. u. kath. Kirche, Tübingen 2010; de Wall, H. – Germann, M., Grundfragen des ev. Kirchenrechts: HevKR, § 1; Heckel, M., Martin Luthers Reformation u. das Recht. Die Entwicklung der Theologie Luthers u. ihre Auswirkung auf das Recht unter den Rahmenbedingungen der Reichsreform u. der Territorialstaatsbildung im Kampf m. Rom u. den „Schwärmern", Tübingen 2016.

Michael Germann

© 2019, DOI: 10.30965/9783506786388_0510

Ius humanum – Islamisch

Nach herkömmlicher Rechtstheorie geht das Islam. Recht in seinen Grundsätzen letztlich auf Gott als →Gesetzgeber zurück. Dieser theoretische Anspruch findet jedoch nur wenig Niederschlag in der tatsächlichen Handhabung des Rechts. Letztere wird nämlich allg. als Menschenwerk angesehen u. der Materie des sog. Fiqh zugerechnet. Der herausragend bedeutende Sozialwissenschaftler Ibn Khaldun (1332-1406) definierte den Fiqh wie folgt: „Der Fiqh ist die Kenntis der Bestimmungen (Ahkam) Gottes des Erhabenen zur Einordnung der Handlungen derjenigen, die diesen Bestimmungen jeweils unterworfen sind, als geboten, verboten, empfohlen, missbilligt und schlicht erlaubt, die aus dem →Koran, der →Sunna und dem, was der Gesetzgeber (Gott) als weitere Quellen und Instrumente zu ihrer Erkenntnis bereitgestellt hat, entnommen werden, und wenn die Bestimmungen durch diese Quellen und Auslegungsinstrumente herausgefunden werden, so nennt man sie Fiqh." Weiter stellt Ibn Khaldun fest, dass im Hinblick auf diese Erkenntnisvorgängen seit der Frühzeit des Islam Uneinigkeit herrschte. Diese Uneinigkeit bez. er als geradezu unvermeidlich, sowohl aus Gründen sprachlicher Mehrdeutigkeit als auch wegen unterschiedlicher Überlieferungen u. Methoden der Verifizierung von Normen.

Rechtsvorschriften, also →Normen zur Regelung zwischenmenschlicher Beziehungen m. Wirkungen u. Sanktionen im Diesseits, gelten als grds. abhängig von den Umständen von Ort u. Zeit u. daher als stets wandelbar. Selbst die wenigen Dutzend im Koran, der Quelle höchster Dignität, enthaltenen Normen sind im Hinblick auf ihre Gültigkeit nach Ort, Zeit u. erfasstem Personenkreis zu interpretieren (→Interpretation, Auslegung).

O. weiteres lassen sich zudem diejenigen Normen als i. h. im islam. Sinne beschreiben, welche die jeweiligen Machthaber in Ausübung ihrer Verwaltungsbefugnisse (sog. Siyasa-Kompetenz) erlassen haben. Solche Vorschriften finden sich in großer Zahl insb. seit dem 16. Jh., z. B. in Gestalt der osmanischen Qanun-Namehs (wörtlich: Regelbücher). Qanun stammt vom griech. Kanon ab u. soll begrifflich unterstreichen, dass es sich hierbei nicht um eine Anmaßung göttlicher Normsetzungskompetenzen handelt. Tatsächlich enthielten die Qanun-Namehs jedoch meist Regelungen, die inhaltlich →Gesetzen entsprachen u. die sich in manchen Bereichen auch von traditionellen Lehren der Scharia-Gelehrten unterschieden (z. B. die Ersetzung koranischer Strafsanktionen wie Steinigung von Ehebrechern durch Gefängnis- od. mildere Körperstrafen sowie eine Fülle von Abgabenvorschriften, die weit über das nach traditionellem Gelehrtenrecht Zulässige hinausgingen).

Seit dem 20. Jh. haben einige Staaten m. mehrheitlich muslimischer Bevölkerung sich gänzlich vom islam. Recht abgewandt u. säkulare Gesetze o. jeden göttlichen Legitimationsbezug erlassen (Albanien, Türkei, ehem. Sowjetrepubliken in Zentralasien). Viele andere nehmen in ihren Verf. zwar mehr od. weniger intensiv Bezug auf die →Scharia (islam. Normenlehre) bzw. deren Prinzipien als eine od. die Quelle der Gesetzgebung. Die Gesetze werden jedoch von den jeweils zuständigen Parlamenten od. anderen gesetzgeberischen Institutionen erlassen. So enthält z. B. die Verf. Jordaniens in Art. 24 die Regelung, dass das Volk die Quelle aller Staatsgewalten ist. Selbst in Staaten wie Saudi-Arabien, in dem das Regime sich als göttlich legitimiert stilisiert u. sich anmaßt, den Islam in seiner reinsten Form zu praktizieren, wurde in den vergangenen Jahrzehnten ein menschengemachter rechtlicher Rahmen gesetzt, in den auch neue Insitutionen wie z. B. jur. Personen integriert wurden. Ähnliches gilt für Iran, in dem seit 1979 eine Herrschaft der (Rechts-)Gelehrten (Welayat-e Faqih) etabliert wurde.

Manche →Gelehrte der Gegenwart wie Abdullahi an-Na'im verwerfen generell die Idee, die gottgegebene Scharia in weltliche Gesetze transformieren zu wollen, u. interpretieren sie als ethische Leitlinie, nicht aber als unmittelbar umsetzbare →Rechtsquelle. Auch die Reformdebatten in Tunesien nach dem Sturz des Diktators Ben Ali im sog. Arabischen Frühling seit 2011 haben zu einer weitgehend säkularen Verf. geführt, in welcher keine Referenz auf die Scharia als Element der Gesetzgebung aufgenommen wurde. Islamisten hingegen haben seit der 2. Hälfte des 20. Jh. die für den Islam hist. neue Gottesherrschaft (Hakimiyat Allah) entworfen, welche ihnen selbst das Interpretationsmonopol für den richtigen Islam zuweist u. teils traditionelle Konzepte von Patriarchat u. Ungleichbehandlung der Religionen fortschreibt, auf die Wiedereinführung des drakonischen koranischen Körperstrafrechts dringt u. staatsrechtliche Mechanismen totalitärer Herrschaftskonzepte integriert. All dies zeigt, dass die Haltung zum Verhältnis von göttlichen Normen (→Ius divinum) u. i. h. maßgeblich vom Vorverständnis der Interpreten abhängt.

Literatur

Coulson, N. J., A History of Islamic Law, Edinburgh 1964 (viele Nachdr.); Vikør, K., Between God and the Sultan: A History of Islamic Law, London 2005; An-Na'im, A., Islam and the Secular State, Cambridge/Mass – London 2008; Hallaq, W., Sharī'a: Theory, Practice, Transformations, Cambridge 2009; Rohe, M., Das islam. Recht: Geschichte u. Gegenwart, München ³2011.

Mathias Rohe

© 2019, DOI: 10.30965/9783506786388_0510

Ius in corpus – Historisch

Das I. (in ordine ad actus per se aptos ad prolis generationem), das Recht auf den Leib des anderen →Ehegatten im Hinblick auf Akte, die zur Zeugung von Nachkommen geeignet sind, war nach dem bis zum Vat II herrschenden Eheverständnis Gegenstand des →Ehevertrages (vgl. can. 1081 §2). Seinen Grund hatte es in der Idee, die →Ehe habe als wesentlichen Vertragszweck die Erzeugung von Nachkommenschaft (vgl. can. 1013 §1). Da die reale Fruchtbarkeit der Ehe nicht in der Verfügungsmacht der Gatten liegt, wurde angenommen, dass sie einander das die Fruchtbarkeit ihrer Ehe ermöglichende Handeln schulden u. Akte gegen die natürliche Wirkung dieses Handelns zu unterlassen haben.

Die Konzeption der Ehe von der Nachkommenschaft her, die m. den sozialen Verhältnissen der vorindustriellen Gesellschaften harmoniert, wurde durch die Lehre des Augustinus von Hippo begünstigt, der die Rechtfertigungsnotwendigkeit u. -fähigkeit der Ehe durch ihre Fortpflanzungsfunktion lehrte (sog. →bonum prolis) u. damit einerseits die Erlaubtheit auch ehelicher Sexualpraxis an deren Offenheit für Kinder band als auch (insoweit übereinstimmend m. 1Kor 7, 5) die Mitwirkung zum (zeugungsoffenen) Geschlechtsverkehr zur ehelichen Pflicht jedes Gatten dem anderen gegenüber machte (sog. debitum coniugale). Durch die Lehren der Frühscholastik wurde die moralische Kriteriologie des Augustinus in die Wesensbestimmung der Ehe überführt u. von Thomas von Aquin die proles in suis principiis als notwendiger Inhalt des Ehewillens gelehrt. Wurde unter Berufung auf die Marienehe schon von Anfang an der Verzicht auf ehelichen Sexualgebrauch als sittlich legitim angesehen, geschah durch die Lehre Pius' XII. von der Erlaubtheit der Nutzung unfruchtbarer Tage zur bewussten Vermeidung einer Zeugung (Ansprache vom 29.10.1951) ein Einbruch in den Zusammenhang von I. u. Ehezweck. Das Vat II hat im Ehekapitel von GS die Ehe o. Rückgriff auf das I. als Gemeinschaft des ganzen Lebens definiert u. in der Beschreibung des Konsensinhaltes das I. durch die Selbstschenkung der Gatten in einem unwiderruflichen Bund (→Ehebund) ersetzt (c. 1057 §2; c. 817 §1 CCEO). Wieweit aus dem I. begr. Rechtsinstitute wie das →Ehehindernis der →Impotenz u. die Abhängigkeit der unbedingten →Unauflöslichkeit der Ehe vom →Ehevollzug angesichts des Wandels im Eheverständnis noch Bestand haben können, ist in noch unabgeschlossener Diskussion.

Quellen

Vat II, GS.

Literatur

Alle Eherechtslehrbücher zum CIC/1917; Molinski, W., Theologie der Ehe in der Geschichte, Aschaffenburg 1976; Lüdicke, K., Familienplanung u. Ehewille. Der Ausschluss der Nachkommenschaft im nachkonziliaren kan. Eherecht, Münster 1983 (Münsterische Beiträge zur Theologie 50); Primetshofer, B., Impotenz, Ehehindernis od. Konsensmangel: Im Dienste von Kirche u. Staat, Gedenkschrift Carl Holböck, Wien 1984, 481-496; Candelier, G., L'impuissance, empêchement et signe d'une incapacité: RDC 44 (1994), 83-146; Lüdicke, K., Die Ehezwecke im nachkonziliaren Eherecht – Wunsch u. Wirklichkeit: DPM 3 (1996), 39-58.

Klaus Lüdicke

© 2019, DOI: 10.30965/9783506786388_0511

Ius in re – Katholisch

Der Ausdruck I. wird i. d. R. als Komplementärbegriff zum Ausdruck →Ius ad rem verwendet. Der Ausdruck Ius ad rem bez. das Recht darauf, etwas zu erhalten; wer das Betr. tatsächlich erhält, erwirbt daran das I. Die beiden auch sonst in der Rechtswissenschaft gebräuchlichen Begriffe werden im kan. Sprachgebrauch v. a. für die versch. Schritte im Zuge der Verleihung eines KA verwendet. Während alle Formen der →Amtsübertragung zu einem I. führen, ist der Ausdruck Ius ad rem nur bei bestimmten Formen der Amtsübertragung anwendbar. Unter den vom CIC vorgesehenen Formen der Amtsübertragung gilt das für die bestätigungsbedürftige →Wahl sowie für die →Präsentation, vorausgesetzt, dass der Präsentationsberechtigte nicht mehrere Personen zugl. präsentiert hat u. auch nicht (mehr) die Möglichkeit hat, noch jemand Weiteres zu präsentieren (vgl. c. 160 §1). Dass jemand an einem →Amt ein I. besitzt, schließt nicht aus, dass für die →Erlaubtheit od. sogar die →Gültigkeit der Amtsausübung noch weitere Schritte – wie etwa eine Amtseinführung od. Besitzergreifung – erforderlich sind.

Literatur

Gross, C., Das Recht an der Pfründe. Zugl. ein Beitrag zur Ermittlung des Ursprungs des Ius ad rem, Graz 1887; Heymann, E., Zur Geschichte des Ius ad rem (FS Gierke), Weimar 1911, 1167-1186; Gillmann, F., Zum Problem vom Ursprung des ius ad rem: AfkKR 113 (1933), 463-485; Landau, P., Ursprung des Ius ad rem in der Kanonistik: Proceedings of the Third International Congress of Medieval Canon Law, Vatikanstadt 1971, 81-102; KanR I, 454-457, 470-485; Fajardo Fernández, J., Ius ad rem: DGGC Vol. IV, 821f.; ders., Ius in re: DGGC Vol. IV, 839.

Ulrich Rhode

© 2019, DOI: 10.30965/9783506786388_0512

Ius in sacra – Historisch

→Ius circa sacra, Ius in sacra

Ius liturgicum – Katholisch

→Liturgisches Recht

Ius nativum – Katholisch

Der Terminus I. n. entstammt dem →Ius Publicum Ecclesiasticum im 19. Jh. u. ging in lehramtliche Dokumente u. schließlich in den CIC/1917 ein. Die Wendung i. n. betonte die rechtliche Unabhängigkeit u. Selbständigkeit der Kirche als →societas perfecta von staatl. Beeinflussung od. Bevormundung u. behauptet damit Rechte über einen eigenen kirchl. Freiraum gegenüber dem Staat. Die Verwendung des Terminus i. n. hat vor dem Hintergrund der erneuerten Ekklesiologie des Vat II, das sich m. der →Communio-Ekklesiologie von der Societas-Perfecta-Ekklesiologie verabschiedet hat, u. der geltenden Rechtsordnung seinen Ort innerhalb dieser Ekklesiologie u. der theol. Begründung des KR aus dem Wesen der Kirche als communio u. societas sui generis. Die iura nativa werden daher nun nicht mehr i. S. der Societas-Perfecta-Ekklesiologie aus der Abgrenzung der Kirche vom Staat her begr., sondern vielmehr aus dem Wesen der Kirche u. ihrer →Sendung deduziert u. sodann als unabhängig von der Gewalt Dritter frei ausübbare Rechte postuliert. I. n. bez. somit ein Recht, das m. der Natur, d. h. dem Wesen einer Sache bzw. der Kirche verbunden ist. Aufgrund des iure divino begr. Charakters der kath. Kirche als →moralische Person gem. c. 113, stehen die Iura nativa in engem Zusammenhang m. dem →Ius divinum, o. aus diesem direkt abgeleitet zu werden. Der CIC/1983 rezipiert in c. 747 Vat II IM 3, das als einziges Dokument desVat II von einem I. n. spricht.

Der Terminus I. n. wird auch m. den Wendungen z. B. in c. 232 u. 1401 „ius proprium et exclusivum" od. wie z. B. in c. 747 m. dem Zusatz „a qualibet humana potestate independens" wiedergegeben. In c. 362 findet sich die Wendung „ius nativum et independens". Der Begriff i. n. fand bereits m. den o. genannten Varianten im CIC/1917 (cann. 218 § 2, 265, 1322 § 2, 1352, 1495, 1496, 1533, 2214) Verwendung. In der lat. Rechtsordnung findet sich die Wendung in den gleichen Rechtsmaterien wieder; der CCEO kennt kein Pendant zu c. 113 u. kennt das i. n. od. Umschreibungen dessen nur in Teilen: Klerikerausbildung (c. 232 „ius proprium et exclusivum"; c. 328 CCEO „ius proprium"), Legationsrecht des Hl. Stuhls (c. 362), Freiheit kirchl. Verkündigung (c. 747 § 1 „ius nativum… a qualibet humana potestate independens"; c. 595 § 1 CCEO „ius nativum a qualibet humana potestate independens"), kirchl. Strafgewalt (c. 1311 ius nativum et proprium), kirchl. Justizhoheit (c. 1401 ius proprium et exclusivum), Vermögensfähigkeit u. Abgabenhoheit (cc. 1254 § 1, 1260 ius nativum; c. 1007 CCEO „ius nativum"; in c. 1011 CCEO fehlt im Unterschied zu c. 1260 der Zusatz nativum). C. 1671 bzw. c. 1357 CCEO begr. die Ehegerichtsbarkeit über Ehen von Getauften m. der Wendung „ius proprium".

Es wäre zu erwägen, dass der →Verkündigungsdienst explizit m. einer Formel des Ius divinum positivum begr. wird, wurzelt er doch im Auftrag Chr., „allen Völkern das Evangelium zu verkünden“ (vgl. Mt 28, 19; Mk 16, 15) u. kommt der Glaube gem. Röm 10, 17 doch vom Hören.

Quellen

Vat II, IM.

Literatur

Le Tourneau, D., Ius nativum: DGDC Vol. III, 152-155; Witsch, N., Art. Ius nativum: LKStKR Bd. 2, 335; Fischer, G., Finanzierung der kirchl. Sendung. Das kan. Recht u. die Kirchenfinanzierungssysteme in der Bundesrepublik Deutschland u. den USA, Paderborn – München – Wien – Zürich 2004 (KStKR 5), 22-27; Schouppe, J.-P., Les <<iura nativa>>: un anachronique vestige iuspubliciste ou une exigence actuelle du droit divin?: Il Ius divinum nella vita della Chiesa, hg. v. J. I. Arrieta, Venedig 2010, 1229-1248; Meckel, T., Ius divinum positivum – eine unverhandelbare Kategorie des Kirchenrechts: Von der Trennung zur Einheit. Das Bemühen um die Pius-Bruderschaft, hg. v. B. Dennemarck – H. Hallermann – T. Meckel, Würzburg 2011 (WTh 7), 265-314, insb. 281-283; ders., Theol. Begründung(en) des Kirchenrechts: ThGl 105 (2015), 269-282.

Thomas Meckel

© 2019, DOI: 10.30965/9783506786388_0515

Ius naturale

→Naturrecht

Ius publicum

→Öffentliches Recht

Ius Publicum Ecclesiasticum – Katholisch

Das I. P. E. entstammt der Zeit des Barocks u. entwickelte sich ad intra in Abgrenzung zum ev. Kollegialismus, der Vorstellung von Kirche als einer Gemeinschaft von Gleichen (collegium aequalis; societas aequalis) bzw. eines freien Zusammenschlusses gem. Samuel Pufendorf, u. im Kontext des landesherrlichen Kirchenregiments (→Kirchenregiment, landesherrliches) ad extra in Abgrenzung u. Betonung der Eigenrechtsmacht der Kirche gegenüber dem Staat zu einer eigenen kirchenrechtlichen Teildisziplin, die ihren Ursprung in der Würzburger Schule (Johann Caspar Barthel; Johann Adam von Ickstadt; Georg Christoph Neller; Johann Nepomuk Endres) u. der Heidelberger Schule (Philipp Anton Schmidt) hat. In Bezug auf die Gewalt der Kirche u. ihr →Verfassungsrecht ist es das Grundanliegen des I. P. E., die Eigenrechtsmacht der Kirche für ihren Bereich zu behaupten u. damit auch die Grenzen weltlicher Macht aufzuzeigen. Die kath. Kirche verteidigt sich gegenüber einem absolutistischen Staat u. behauptet damit, dass nicht nur dieser allein Quelle des Rechts ist (libertas ecclesiae). Ferner grenzt sich die kath. Kirche von kollegialistischen Vorstellungen ab, die die Gewalt bei allen Gläubigen u. von diesen weiter delegiert postulierte. Daher qualifiziert sie die Kirche als societas inaequalis; denn in ihr ist die Gewalt von Chr. eingesetzt u. der kirchl. →Hierarchie übertragen worden.

Der Vorstellung von der Kirche als societas inaequalis entwickelte sich daher nach dem Auseinanderfallen der ma. christianitas in Auseinandersetzung m. u. in Abgrenzung vom absolutistischen Staat u. dessen Ius publicum u. damit m. der Verhältnisbestimmung von Kirche u. Staat. Wie der Staat ein Ius Publicum besitzt, hat die Kirche ein eigenes I. P. E., da die Kirche kein privatrechtlicher Verein im Staat sein möchte, der dem Staat untergeordnet wird. Der ev. Jurist Samuel Pufendorf übertrug die vertragstheoretische Vorstellung eines freien Zusammenschlusses gleicher Individuen (societas aequalis) auf die Kirche (→Kollegialsystem). Daher wird aufseiten des kath. KR gegenüber u. in Auseinandersetzung m. den Strömungen des →Gallikanismus, des →Febronianismus u. des →Josephinismus die göttliche Stiftung u. hierarchische Struktur der

Kirche als einer Gesellschaft von Ungleichen (societas inaequalis) betont. Es wird von kath. Seite hervorgehoben, dass die Kirche kein collegium im privatrechtlichen Bereich ist, sondern der Kirche als societas inaequalis eine öff.-rechtliche Gewalt u. Rechtsordnung eigen ist, die nicht vom Staat abgeleitet u. diesem nicht untergeordnet ist. Sie hat aus sich heraus o. Delegation od. Gewährung durch den Staat iura nativa, angeborene Rechte, zu verkündigen, zu richten, zu strafen, ihre Kleriker auszubilden u. Vermögen zu erwerben u. zu verwalten (→ius nativum).

Der Begriff der →societas perfecta geht im 19. Jh. unter Pius IX. u. Leo XIII. in lehramtliche Dokumente u. Konk. ein. Das I. P. E. hält erstmals Eingang in lehramtliche Dokumente wie z. B. in den Syllabus errorum Pius IX. sowie in das nicht verabschiedete Schema des Vat I über die Kirche. Ein wichtiger Vertreter des I. P. E. war Joannes Soglia m. seinem 1842 erschienenen Lehrbuch Institutiones Iuris Publici Ecclesiastici. Pius IX. wurde maßgeblich von Camillo Tarquini, einem prominenten Vertreter der röm. Schule des I. P. E. u. Verf. des prägenden Werks Iuris ecclesiastici publici Institutiones, beeinflusst. P. Leo XIII. hingegen wurde entscheidend geprägt von Felix Cavagnis, ebenfalls prominenter Vertreter des röm. I. P. E. M. seinem Werk Institutiones Iuris Publici Ecclesiastici erreicht die Societas-Perfecta-Lehre einen Höhepunkt. Im 19. Jh. werden durch die Rezeption des I. P. E. durch die röm. Schule in Bologna u. Rom auch entspr. Lehrstühle für I. P. E. errichtet. In dieser Zeit kommt es zum begrifflichen Wandel von der societas inaequalis hin zur societas perfecta. Geistesgeschichtlich ist der Begriff der societas perfecta nicht chr. Ursprungs, sondern findet bereits bei Aristoteles als Bez. für den Staat als koinonia teleios Verwendung. Im Rahmen der Aristoteles-Rezeption des Thomas von Aquin wird der Staat als communitas perfecta bez. Im Rahmen der Entwicklung des I. P. E. wird eine monistische u. eine dualistische Phase der Verwendung des Begriffs der societas perfecta unterschieden. In der monistischen Phase wird der Begriff auf den Staat bzw. auf die Einheit von Kirche u. Staat hin verwendet, während sich in der dualistischen Phase Kirche u. Staat als jeweils eigenständige societates perfectae gegenüberstehen.

Der Begriff societas perfecta findet sich nicht im CIC/1917 wohl aber in der ApK Providentissima Mater Ecclesiae, m. der Benedikt XV. den CIC/1917 promulgierte. Während Pius XI. u. Pius XII. den Begriff der societas perfecta noch verwenden, verabschiedet sich das Vat II von der Societas-Perfecta-Ekklesiologie u. damit auch vom I. P. E., da das Vat II an keiner Stelle den Begriff der societas perfecta verwendet. Das letzte Werk des I. P. E. sind die beiden Bände Institutiones iuris publici ecclesiastici von Kard. Ottaviani. Die Societas-Perfecta-Ekklesiologie gestaltete sich vornehmlich im Modus der Abgrenzung von u. der Verhältnisbestimmung zum Staat u. führte daher weniger eine theol. Begründung, als vielmehr eine soziologische u. vernunftrechtliche von der Verbandsstruktur der Kirche her motivierte Begründungslinie, sodass insb. die Sichtbarkeit der Kirche u. damit die kirchl. Hierarchie betont wurden. Ein Begriff, der für den Staat verwendet wurde, wird für die Kirche gleichsam adoptiert u. daher bleibt er ekklesiologisch letztlich fremder Herkunft. So geriet der Charakter der Kirche als Mysterium aus dem Blick. So groß der Verdienst der Societas-Perfecta-Ekklesiologie für ihre Zeit war, so ist aber auch zugl. die rein sozialphilosophische Begründung des kirchl. Rechts Kennzeichen u. Mangel, da sie keine genuin theol. Begründung kirchl. Rechts leistet, wenngleich sich die röm. Schule darum bemühte, dieses Begründungsmodell auch durch theol. Argumentationen zu ergänzen. Dennoch bleibt dieses Begründungsmodell in seiner Wurzel ein sozialphilosophisches Begründungsmodell, das nicht ekklesiologisch ansetzt. Ist das KR in einem ersten Schritt theol. begr., lässt sich nichts dagegen einwenden, dass auch für die Kirche das Axiom Ubi societas ibi ius gelten kann. Es hat aber nur explikative u. keine hinreichend argumentative Kraft für die Begründung kirchl. Rechts. Ferner begegnen sich in einer religiös pluralen Gesellschaft nicht nur Staat u. kath. Kirche, sodass der Staat ein breiteres →Religionsrecht aufweist.

So stellt das Vat II neben der Anerkennung der individuellen u. korporativen →Religionsfreiheit in der Erkl. DH (insb. Art. 2, 4 u. 15) in GS Art. 76 bzgl. des Verhältnisses von Kirche u. politischer Gemeinschaft unter Anerkennung der Pluralität der Gesellschaft fest, dass „die politische Gemeinschaft und die Kirche … auf ihrem eigentümlichen Feld voneinander unabhängig und autonom" sind (vgl. auch GS 36). Da aber beide gem. GS 76 aus unterschiedlicher Perspektive denselben Menschen dienen, sollen Staat u. Kirche eine „sana cooperatio" pflegen. Das Vat II bez. die Kirche m. zahlreichen Bildbegriffen als →Volk Gottes, →Communio, Leib Christi od. Tempel des Hl. Geistes (z. B. LG 17) sowie bspw. in LG 8, um die Sichtbarkeit der Kirche zu betonen, auch als „socialis compago" bzw. „societas constituta et ordinata", aber nicht mehr als societas perfecta.

C. 204 §2 rezipiert die in LG 8 verwendete Bez. der Kirche als „societas constituta et ordinata", wenn c. 204 §2 feststellt, dass die Kirche „in dieser Welt als Gesellschaft verfasst und geordnet" ist. Die iura nativa werden als der Kirche angeborene Rechte bez. u. sind heute noch, wenngleich dem CIC/1983 nicht die Ekklesiologie der societas perfecta, sondern die Communio-Ekklesiologie, zu Grunde liegt, als iura nativa im CIC/1983 enthalten. Die Unterscheidung von ius publicum u. ius privatum spielt heute in der Kanonistik keine entscheidende Rolle mehr.

Quellen

Soglia, J., Institutiones Iuris Publici Ecclesiastici libri tres, Editio quarta, Laureti 1853; Tarquini, C., Iuris ecclesiastici publici Institutiones, Rom 1860; Cavagnis, F., Institutiones Iuris Publici Ecclesiastici, Editio quarta, accuratior, 3 Bde., Rom 1906; Benedikt XV., ApK Providentissima Mater Ecclesia: AAS 9 (1917) Pars II, 5-8; Ottaviani, A. – Damazia, I., Institutiones Iuris Publici Ecclesiastici, 2 Bde., Editio Quarta, Rom 1958 u. 1960; Vat II, DH; Vat II, GS.

Literatur

Listl, J., Kirche u. Staat in der neueren kath. Kirchenrechtswissenschaft, Berlin 1978; Sebott, R., Die theol. Grundlegung des Rechtes in der kath. Kirche, Rom 1980, 83-96; ders., De Ecclesia ut societate perfecta et de differentia inter ius civile et ius canonicum: PRMCL 69 (1980), 107-126; Listl, J., Aufgabe u. Bedeutung der kanonistischen Teildisziplin des Ius Publicum Ecclesiasticum: Fides et ius (FS May), hg. v. W. Aymans – A. Egler – J. Listl, Regensburg 1991, 455-490; Sebott, R., Art. Ius Publicum Ecclesiasticum II. Kath.: LKStKR Bd. 2, 339-340; Schwarz, S., Strukturen von Öffentlichkeit im Handeln der kath. Kirche. Eine begriffliche, rechtshistorische u. kirchenrechtliche Untersuchung, Paderborn 2004 (KStKR 3); Schaaf, D., Der kirchl. Strafanspruch. Die Begründung der kirchl. Strafgewalt vom Ius Publicum Ecclesiasticum bis zum CIC/1983, Frankfurt 2007 (AIC 43); Nacci, M., Origini, sviluppi e caratteri del jus publicum ecclesiasticum, Vatikanstadt 2010 (Corona Lateranensis 40); Bettetini, A., Pubblico e privato nel diritto della Chiesa cattolica: nascita e significato di una classificazione: Daimon 11 (2012), 21-34; Kowatsch, A., Freiheit in Gemeinschaft – Freiheit der Gemeinschaft. Das geltende Kirchenrecht u. die alte Lehre von der „libertas Ecclesiae". Zugl. ein kanonistischer Beitrag zur Einordnung der Institutionalität der Kirche in die Communio-Ekklesiologie, Berlin 2015 (KRB 17); Schouppe, J., Dal Ius publicum ecclesiasticum alla disciplina postconciliare dei rapporti tra Chiesa e comunità politica: EIC 57, 1 (2017), 315-343.

Thomas Meckel

 DOI: 10.30965/9783506786388_0518

Ius Publicum Ecclesiasticum – Evangelisch

Ein I. P. E. als Teildisziplin des KR, wie es in der Kanonistik bekannt ist, hat es im ev. KR nicht gegeben. In der Kanonistik beschreibt das I. P. E. denjenigen Teil des KR, der die

Beziehungen zwischen Staat u. Kirche behandelt. Zwar kennt natürlich auch die ev. Lehre das Problem der Verhältnisbestimmung von Staat u. Kirche. In der vieldiskutierten Zwei-Reiche u. Zwei-Regimente-Lehre Luthers wird das reformatorische Grundverständnis dieses Verhältnisses formuliert. Es ist aber bezeichnend, dass dies nicht zu einer eigenen kirchenrechtlichen Teildisziplin geführt hat. Das beruht u. a. auf der unterschiedlichen Verhältnisbestimmung von Kirche u. Kirchengewalt (→Kirchenverständnis, →Kirchenleitung). Nach kath. Lehre ist von der Einheit der Kirche als geistgewirkter Gemeinschaft u. als rechtlicher Institution auszugehen (LG 8: „subsistit in"). Die Kirchengewalt umfasst kraft göttlichen Rechts auch die Jurisdiktionsgewalt (→Jurisdiktion) als Befugnis zu rechtlicher Leitung der Kirche. Demgegenüber trennt die ev. Theologie die unsichtbare Kirche der wahrhaft Gläubigen sehr viel deutlicher von der sichtbaren Kirche. Die eigentliche Kirchengewalt besteht allein in der Wortverkündigung (→Verkündigung) u. →Sakramentsverwaltung sowie der Handhabung der →Schlüsselgewalt „sine vi sed verbo". Die Befugnis zur rechtlichen Ordnung der sichtbaren Kirche beruht allein auf menschlichem Recht u. obliegt weitgehend menschlicher Gestaltungsfreiheit.

In der ev. Kirchenrechtslehre des 17. Jh. wurde davon ausgehend zunächst von S. Pufendorf die Vorstellung von der Kirche als collegium od. societas aequalis, als Gemeinschaft Gleicher entwickelt, in der eine hoheitliche Leitungs- bzw. Gesetzgebungsbefugnis nicht existiert. Diese kommt allein dem Staat zu. Das steht einer eigenständigen kirchenrechtlichen Definition des Verhältnisses der Kirche zum Staat als zweier unabhängiger, prinzipiell gleichberechtigter Größen i. S. des I. P. E. entgegen. Das kath. I. P. E. wendet sich gegen dieses, im Kollegialismus der Aufklärung weiterentwickelte, Konzept der Kirche als societas aequalis. Dem wird die Lehre von der Kirche als societas juridice perfecta entgegengesetzt, die Grundlage der kath. Lehre bis ins 20. Jh. geblieben ist. Der Kirche kommen danach alle nötigen Rechts- u. Hoheitsmittel zu, um den ihr von Chr. erteilten Auftrag zu erfüllen, nämlich legislative, exekutive u. richterliche Vollmacht. Sie ist, ebenso wie der Staat, in ihrem Bereich m. souveräner Rechtsetzungsmacht ausgestattet. Kirche u. Staat stehen demgemäß einander gleichrangig gegenüber, wenn auch die Kirche auf den religiösen, der Staat auf den politischen Bereich beschränkt ist. Zwar wird auch in der ev. Lehre des 17. u. 18. Jh. die Kirche bzw. die jeweilige Territorialkirche als corpus publicum von übrigen Gemeinschaften, den corpora privata, unterschieden (Pufendorf, J. H. Böhmer). Diese Qualifikation, die m. der öff. Bedeutung der Kirche begr. wird, beruht aber auf staatl. Sanktion u. bringt eine bes. Aufsicht durch od. sogar eine teilweise Eingliederung der Kirche in den Staat m. sich. Während also das kath. I. P. E. die Unabhängigkeit u. rechtliche Gleichwertigkeit der Kirche gegenüber dem Staat betont, markiert die Qualifikation der Kirchen als öff. Körperschaften durch die ev. Lehre des 17. u. 18. Jh. die Abhängigkeit der (sichtbaren) Kirche vom Staat u. ihre Unterwerfung unter seine Rechtsmacht.

Auch in der ev. Kirchenrechtslehre der Gegenwart ist das Anliegen des I. P. E, kirchl. Selbstbestimmung u. Unabhängigkeit vom Staat zu sichern, unbestritten (→Kirche und Staat). Als deren Grundlagen werden aber weniger die rechtliche Souveränität u. Gleichartigkeit m. dem Staat als vielmehr die korporative →Religionsfreiheit gesehen. Ausgangspunkt der Forderung nach Eigenständigkeit des KR gegenüber dem Staat ist die aus seiner Aufgabe u. Bekenntnisbindung folgende Eigengeartetheit. Die Vorstellung von der Kirche als einer dem Staat gleichrangigen →societas perfecta ist der ev. Lehre demgegenüber fremd. Im →Staatskirchenrecht hat sie in der sog. Koordinationslehre der 50er u. 60er J. Ausdruck gefunden, seither aber an Bedeutung verloren.

Literatur
Pirson, D., Universalität u. Partikularität der Kirche, München 1965; Schlaich, K., Kollegialtheorie, München 1969; Listl, J., Kirche u. Staat in der neueren kath. Kirchenrechtswissenschaft, Berlin 1978; Schlaich, K., Kirchenrecht u. Kirche: ZevKR 28 (1983), 337-369; Endrös, A., Entstehung u. Entwicklung des Begriffs „Körperschaft des öffentlichen Rechts", Wien – Köln – Graz 1985; Hahn, Th., Staat u. Kirche im dt. Naturrecht, Tübingen 2012; Lehmann, R., Die Transformation des Kirchenbegriffs in der Frühaufklärung, Tübingen 2013, insb. 141 ff., 153 ff.

Heinrich de Wall

© 2019, DOI: 10.30965/9783506786388_0518

Ius quaesitum – Katholisch

I. (dt.: wohlerworbenes Recht, w. R.) dient im engen Sinn als Sammelbezeichnung für verschiedenste Rechtspositionen (einschließlich Anwartschaften), die sich der Einzelne durch rechtserhebliches Handeln (z. B. →Versprechen, →Vertrag, Verleihung, →Ersitzung, →Ordensprofess, Gewohnheit [→Gewohnheitsrecht] u. a. m.) rechtmäßig erworben hat. Natürliche u. vom objektiven Recht jedermann zugesprochene subjektive Rechte fallen nicht unter den Begriff des I. Zu den typischen I. im kan. Recht zählen z. B. die Rechtspersönlichkeit nach altem (vorkodikarischem) Recht sowie Rechte aus →Patronat, →Inkorporation, Dienst- u. Arbeitsverträgen, gebilligten Satzungen, →Wahl (vgl. c. 74 CCEO), →Inkardination u. a. m.

Im weiteren Sinn wird zum Stichwort I. die Frage verhandelt, ob bzw. inwieweit ein w. R. (aus Gründen der →Gerechtigkeit u. Billigkeit sowie aus Erwägungen des Vertrauensschutzes u. der Besitzstandswahrung) rechtlichen Bestandsschutz gegenüber Änderungen der gesetzlichen Rechtslage genießt. Das kan. Recht folgt in c. 4 = c. 5 CCEO dem Axiom Lex non tollit I. Für den Entzug eines I. wäre daher ein ausdrücklicher →Widerruf erforderlich. Dabei wird vorausgesetzt, dass der Rechtserwerb des I. bei Inkrafttreten des CIC/1983 bzw. des CCEO bereits abgeschlossen war u. das subjektive Recht noch wirksam ist u. praktiziert wird.

Der Schutz der I. wird daher im kodikarischen Recht wiederholt eingeschärft, vgl. im Einzelnen c. 36 § 1 = c. 1512 § 2 CCEO; c. 38 = c. 1515 CCEO; c. 121; c. 122 = c. 929 CCEO; c. 123 = c. 930 CCEO; c. 192 = c. 974 § 1 CCEO; c. 326 § 2; c. 562 = c. 309 CCEO; c. 616 § 1; c. 858 § 1; c. 1196 = c. 893 § 1 CCEO; c. 922 § 2 5° CCEO; c. 924 2° CCEO; c. 1400 CCEO.

Literatur
Hofmeister, Ph., Wohlerworbene Rechte: ÖAKR 12 (1961), 3-19; Pirson, D., Jura quaesita: HRG Bd. 2, 472-476; KanR 1, 125 f.; Heimerl, H. – Pree, H., Handbuch des Vermögensrechts der kath. Kirche unter bes. Berücksichtigung der Rechtsverhältnisse in Bayern u. Österreich, Regensburg 1993, passim (Register!); Strätz, H.-W., Art. Ius quaesitum: LKStKR Bd. 2, 340 f.; HbkathKR³, passim (Register!); Socha, H.: MKCIC zu c. 4, Rn. 3-12.

Martin Rehak

© 2019, DOI: 10.30965/9783506786388_0519

Ius reformandi – Historisch

Das I. r. umfasste im Alten Reich im Rahmen der reichsrechtlich zugelassenen →Bekenntnisse das Recht der Obrigkeit einerseits zur Wahl des eigenen Bekenntnisses u. andererseits zur Bestimmung des →Bekenntnisstands im Territorium (Bekenntnisbann) u. zur Ordnung des Partikularkirchenwesens (→Kirchenregiment, landesherrliches). Durch die Doppelnatur dieses Rechts waren Freiheit u. Zwang auf intrikate Weise miteinander verbunden.

Die geistigen Wurzeln des I. r. mögen bis in die ma. Reformbestrebungen u. das spätmittelalterliche Landeskirchentum zurückreichen. In der Sache liegen die Ursprünge in der Reichspraxis der Zeit zwischen dem Wormser Edikt (1521) u. dem AR (1555). Den Reformatoren war ein umfassendes I. r. fremd; sie unterschieden zwischen den Befugnissen des Landesherrn als custos utriusque tabulae (cura religionis) u. der brüderlichen Mithilfe des Landesherrn als membrum praecipuum ecclesiae. Der Kollegialismus (→Kollegialsystem) hat später die iura circa sacra u. die iura in sacra (→ius circa sacra, ius in sacra) unterschieden.

Normative Anhaltspunkte für das I. r. waren insb. §§15, 16, 23 u. 24 AR. Als terminus technicus wurde es in der ev. Publizistik während des Dreißigjährigen Krieges im Zuge des →Episkopalsystems u. →Territorialsystems herausgebildet (→cuius regio, eius religio); die kath. Publizistik hat es wegen des Widerspruchs zum kan. Recht verworfen, aber i. S. der Gegenreformation genutzt. Der Westfälische Friede hat das I. r. insb. in Art. V §30 IPO als veräußerlichtes Recht bestätigt u. vielfach (z. B. durch das Normaljahr) begrenzt. Später hat die →Religionsfreiheit das I. r. weiter beschränkt.

Literatur

von Bonin, B., Die praktische Bedeutung des ius reformandi. Eine rechtsgeschichtliche Studie, Stuttgart 1902; Schneider, B. C., Ius reformandi. Die Entwicklung des Staatskirchenrechts von seinen Anfängen bis zum Ende des Alten Reiches, Tübingen 2001; Heckel, M., Ius reformandi. Auf dem Weg zum „modernen" Staatskirchenrecht im Konfessionellen Zeitalter: Reformation u. Recht (FS Seebaß), hg. v. I. Dingel – V. Leppin – C. Strohm, Gütersloh 2002, 75-126, auch in: Heckel, M., Ges. S., Staat, Kirche, Recht, Geschichte, Bd. V, Tübingen 2004, 135-184.

Michael Frisch

Ius utrumque – Historisch

I. u. (das doppelte Recht, das Recht von beiden) meint das →römische Recht u. das →kanonische Recht. Das kan.-kirchl. Recht muss seit der Bulle Rex Pacificus P. Gregors IX. aus dem J. 1234 als amtl. päpstliches Recht gesehen werden. Das weltliche röm. Recht dagegen beruhte zwar auf der spätantiken Kodifizierung Kaiser Justinians I. im →Corpus Iuris Civilis (die im Röm. Reich noch weitgehend unbeachtet blieb), es wurde aber erst durch seine Wiederentdeckung in Oberitalien u. die folgenreiche Lehre an der Rechtsschule in Bologna (→Bologna, Schule von) ab dem frühen 12. Jh., also aufgrund rechtswissenschaftlicher Arbeit, nicht aufgrund obrigkeitlicher Anordnung, zu einer weithin beachteten Rechtsordnung. Die beiden Rechtsordnungen wiesen gemeinsame Wurzeln im klassischen röm. Recht auf, aber auch nicht unerhebliche Unterschiede. Zu keiner Zeit standen sie unverbunden nebeneinander. Die Rezeption des röm. Rechts in Mitteleuropa war auch eine Rezeption des kan. Rechts (vgl. de Wall, 2017, §3 Rn. 15). Die Bedürfnisse der kirchl. Rechtspraxis zählten zu den wesentlichen Impulsen für die Verbreitung des röm. Rechts, das sich m. dem kan. Recht immer mehr verband. Man interessierte sich nicht allein für das röm. Recht, sondern für das beiderseitige Recht, das I. u. (Kroeschell, 1973, 20).

Quellen

Gregor IX., Bulle Rex pacificus vom 5. September 1234: Corpus Iuris Canonici, hg. v. E. Friedberg, Leipzig ^{2}1881, 2-3.

Literatur

Trusen, W., Anfänge des Gelehrten Rechts in Deutschland. Ein Beitrag zur Geschichte der Frührezeption, Wiesbaden 1962; Kroeschell, K., Dt. Rechtsgeschichte 2 (1250-1650), 1973, 19-21; de Wall, H., Gegenstand u. Geschichte des Kirchenrechts: Kirchenrecht, hg. v. H. de Wall – S. Muckel, München ^{5}2017, §§1-7.

Stefan Muckel

Iusta poena – Katholisch

→Gerechte Strafe

J

Jahr, liturgisches – Katholisch
→Kirchenjahr

Jeziden

Das Jesidentum ist eine vornehmlich durch mündliche Überlieferung tradierte Minderheitsreligion o. Proselytismus, die ihre Herkunft in den kurdisch sprechenden Regionen des Mittleren Ostens u. im Kaukasus hat u. von den Gläubigen ēzdiyātī od. ēzdītī genannt wird. Kurmanji, der nördliche Dialekt der kurdischen Sprache, ist die Muttersprache der J. unabhängig von ihrer Herkunft. Sie ist darüber hinaus die Sprache fast aller traditionell mündlich überlieferten hl. Texte. Seit den 1980er J. führten mehrere Immigrationswellen der J. aus ihren Heimatländern zur Bildung von jesidischen Gde. in Europa. Die weltweite Population der J. wird auf weniger als 600.000 Personen geschätzt, wobei diese Zahlen schwanken. Das wichtigste u. bis heute bestehende religiöse Zentrum ist Lāliš, ein Ort im irakischen Teil von Kurdistan. Während manche J. sich der kurdischen Identität zugehörig fühlen, sehen sich andere, v. a. die J. aus dem Kaukasus u. in der Šangāl (Ar. Sinjār)-Region des Irak als eigene jesidische Ethnie. Dieses Selbstverständnis als eigene Ethnie verstärkte sich, nachdem J. aus Šangāl einem Genozid zum Opfer fielen, der im August 2014 begann u. m. der Verfolgung der Gläubigen durch den IS (Islam. Staat) einherging. Die Situation verschärfte sich aus Sicht der J., als sich kurdische Peshmerga Truppen, die die J. in Šangāl schützen sollten, aufgrund der stärker werdenden radikal-muslimischen Kräfte zurückzogen. Zudem berichteten Einwohner der Region, dass einige ihrer muslimischen Nachbarn, zu denen auch Kurden gehören, m. den islamistischen Angreifern kooperierten (van Bruinessen, 2016, 119). Dies weckte Erinnerungen an frühere Verfolgungen, die ebenfalls Attacken auf die J. nach sich zogen. Diese Angriffe wurden u. a. auch von lokalen kurdischen Machthabern befohlen.

Sheikh ʿAdī ibn Musāfir Hakkārī (1073/8-1162), der im Dorf Beit Far im Bekaa-tal geb. wurde u. dessen Grab – das wichtigste jesidische Pilgerziel – sich in Lāliš befindet, spielte eine zentrale Rolle in der Geschichte des Jesidischen Glaubens im 12. Jh. Seine Anhänger wurden als ʿAdawī bez. Einige Stämme der J., deren Einfluss sich auf das heutige Syrien u. die Türkei erstreckte, wurden bereits in hist. Quellen erwähnt (Guest, 1993). Die jesidische Tradition hat keine geschriebene hl. Schrift; deshalb werden die J. im →Islam nicht als Leute des Buches (ahl al-kitāb) angesehen.

Da das Jesidentum traditionell auf Orthopraxie u. der mündlichen Überlieferung basiert, kann man kaum von der jesidischen Theologie sprechen od. von einem einzigen festen Glaubenssystem ausgehen, es gibt jedoch eine implizierte jesidische Theologie (Omarkhali, 2017, 25). So glauben die J. an einen Gott, den sie Xwedê, Êzdan, od. seltener, Heq nennen u. an sieben von Gott erschaffene, hl. Wesen, die oftmals als Engel bez. werden. Ihr Oberhaupt wird Tawûsî Melek (Pfauenengel) genannt. Die Vorstellung, dass die J. die Prinzipien des Bösen verehren, ist hingegen falsch. Sie ist Resultat einer Missinterpretation der Rolle des Tawûsî Melek, der auch als Herr der Erde bez. wird. Er ist für alles verantwortlich, das auf der Erde geschieht, unabhängig davon, ob es von den Menschen als gut od. böse interpretiert wird (Kreyenbroek – Omarkhali, 2016, 123). J. glauben außerdem an die Wiedergeburt der Seele, den Wechsel des [seines] Hemdes (kurdisch: kirasgorîn). Im Jesidentum harmonisiert u. koexistiert das ältere, ursprüngliche Konzept der Metempsychose u. der zyklischen Wahrnehmung des Zeitverlaufs m. der jüngeren Idee einer kollektiven Eschatologie (Omarkhali – Rezania, 2009,

346). Im Jesidentum sind darüber hinaus Feuer, Wasser, Luft u. die Erde hl. Elemente, die nicht verunreinigt od. befleckt werden dürfen. Das Gebet wird zur Sonne gewendet gesprochen.

Es gibt innerhalb des Jesidentums drei Gruppen, oft Kasten genannt. Die Zugehörigkeit zu der jesidischen Gesellschaft u. einer Kaste wird durch die Geburt an bestimmt. Pîrs u. Sheikhs (ca. 6-7 %) sind die Geistlichen, die übrigen sind Mirîds, also Laien. Die bestehende strenge Endogamie, lt. der Ehen zwischen Angehörigen versch. Kasten verboten sind, wurde zu einem großen Problem für junge J. in der Diaspora. Daher kamen Diskussionen über die Notwendigkeit von Reformen auf (vgl. Kreyenbroek u. a., 2009). Das weltliche u. religiöse Oberhaupt aller J. ist nominell der Mîr, der im irakischen Kurdistan lebt, wobei die jesidische Priestertumshierarchie in Lāliš auch Baba Şêx, Baba Çawûş, Pêşîmam, Micêwir u. andere Ränge umfasst.

Zu Beginn des 20. Jh. wurden zwei jesidische Schriften Ğilvē u. Masḥafā Raš gefunden (vgl. Bittner, 1913; Mingana, 1916; Joseph, 1919; Frayha, 1946, 18-43), die großes wiss. Interesse weckten, nach Meinung der heutlichen Forscher handelt es sich nicht um authentische Dokumente. Die jesidische Tradition besteht vielmehr aus einem großen Korpus von hl. Gedichten u. Prosatexten, die mündlich, von einer speziellen in Rezitation, religiöser Musik u. Exegese ausgebildeten Gruppe von Gelehrten, aufgeführt u. an die nachfolgenden Generationen weitergegeben wurden (vgl. Omarkhali, 2017, insb. 137-175). Am bekanntesten sind die religiösen Hymnen Qawls, die vermutlich aus dem 12.-13. Jh. stammen (vgl. Celîl – Celîl, 1978a, 1978b; Silêman – Cindî, 1979; Kreyenbroek, 1995; Hecî, 2002; Reşo, 2004; Kreyenbroek – Rashow, 2005). Die konsequente Erhaltung mündlich überlieferter religiöser Texte ist eng m. ihrer Rezitation verbunden; Sie werden hauptsächlich als liturgische Texte im Rahmen von religiösen Festen u. anderen religiösen Veranstaltungen aufgeführt.

Die jesidische Tradition der Weitergabe hl. Texte als auch priesterliches Lernen allg., fand bis in die Neuzeit mündlich in einem nicht- od. semi-literarischen Milieu statt. Abgesehen von Armenien wurde die Alphabetisierung u. allg. der Zugang zur höheren Bildung erst Mitte des 20. Jh. unter, zunächst meist männlichen J. weiter verbreitet u. begann sich nach u. nach auch auf die Kultur u. die Gemeinschaft auszuwirken. Die Veränderungen in der jesidischen Gesellschaft, geprägt durch Faktoren wie die Globalisierung u. der Dekontextualisierung der Tradition, verstärkte inter- u. intrareligiöse Kontakte sowohl in den Diaspora-Gemeinschaften als auch in den Heimatländern. Diese Prozesse wurden bes. durch die Zunahme der Nutzung schriftlicher u. elektronischer Medien beeinflusst. Die digitale Kommunikation hat u. a. zu neuen Formen der Übertragung von religiösem Wissen u. damit zu Veränderungen des Status religiöser u. spiritueller Autorität geführt u. erfordert die Formulierung einer expliziten religiösen Lehre u. der Debatten über die Schaffung eines Kanons.

Die Zahl der J. in Deutschland wird zwischen 100.000 u. 150.000 beziffert m. regionalen Schwerpunkten in NI u. NW. Seit den 1990er J. wurden auf lokaler Ebene Kulturvereine od. Gde. gebildet, die z. T. in Dachverbänden zusammengeschlossen sind. 2017 wurde ein Zentralrat der Eziden in Deutschland gegr., der der Vertretung der Interessen der J. gegenüber Öffentlichkeit, Politik u. Verwaltung dienen soll.

Literatur

Bittner, M., Die hl. Bücher der Jeziden od. Taufelsanbeter: Kurdisch u. Arabisch, Denkschriften der Kaiserlichen Akademie der Wissenschaften in Wien, Wien 1913 (Phil.-Hist. Klasse 55); Mingana, A., Devil-Worshippers; their Beliefs and their Sacred Books: JRAS (1916), 505-526; Joseph, I., Devil Worship: the Sacred Books and Traditions of the Yezidiz, Boston 1919 (Nachdr. 2007); Frayha, A., New Yezīdī texts from Beled Sinjār, 'Iraq: JAOS 66, 1 (1946), 18-43; Celîl, O. – Celîl, C., Zargotina Kurda (Kurdische Folklore), Moskau 1978a, Jesidische religiöse Texte: 5-53;

dies., Zargotina Kurda (Kurdische Folklore), Yerevan 1978b, Jesidische religiöse Texte: 302-464; Guest, J. S., Survival among the Kurds: A History of the Yezidis, London – New York ²1993; Kreyenbroek, Ph. G., Yezidism: Its Background, Observances and Textual Tradition, Lewiston New York 1995; Silêman, X. – Cindî, X., Êzdiyatî: liber Roşnaya Hindek Têkstêd Aîniyî Êzdiyan, Nachdr. in lat. Schrift 1995; Hecî, B. F., Bawerî û Mîtologiya Êzidîyan. Çendeha Têkist û Vekolîn, Duhok 2002; Reşo, X. C., Pern ji Edebê Dînê Êzdiyan, Vol. I-II, Duhok 2004; Kreyenbroek, Ph. G. – Rashow, Kh. J., God and Sheikh Adi are Perfect: Sacred Poems and Religious Narratives from the Yezidi Tradition, Wiesbaden 2005 (Iranica 9); Kreyenbroek, Ph. G. unter Mitarbeit von Kartal, Z. – Omarkhali, Kh. – Jindy Rashow, K., Yezidism in Europe. Different Generations Speak about their Religion, Wiesbaden 2009 (Göttinger Orientforschungen, III. Iranica 5); Omarkhali, Kh. – Rezania, K., Some reflections on the concepts of time in Yezidism: From Dāena to Dîn. Religion, Kultur u. Sprache in der iranischen Welt, hg. v. Ch. Allison – A. Joisten-Pruschke – A. Wendtland, Wiesbaden 2009, 331-346; Kreyenbroek, Ph. – Omarkhali, Kh., Introduction to special issue: Kurdish Studies 4, 2 (2016), special issue: Yezidism and Yezidi Studies in the early 21st century, hg. v. Kh. Omarkhali – Ph. Kreyenbroek, 122-130; van Bruinessen, M., Editorial preface: Kurdish Studies 4, 2 (2016), special issue: Yezidism and Yezidi Studies in the early 21st century, hg. v. Kh. Omarkhali – Ph. Kreyenbroek, 119-121; Omarkhali, Kh., The Yezidi Religious Textual Tradition: From Oral to Written. Categories, Transmission, Scripturalisation and Canonisation of the Yezidi Oral Religious Texts, Wiesbaden 2017 (Studies in Oriental Religions 72).

Khanna Omarkhali

© 2019, DOI: 10.30965/9783506786388_0524

Johanniterorden – Evangelisch

J. ist die Kurzbezeichnung der „Balley Brandenburg des Ritterlichen Ordens Sankt Johannis vom Spital zu Jerusalem – der Johanniterorden“. Er ist der ev. Zweig des alten J., dessen kath. Hauptzweig der →Malteserorden ist. Er steht in der Tradition der geistl. Ritterorden.

Eine Sonderstellung der Balley Brandenburg innerhalb des Gesamtordens reicht bereits in die vorreformatorische Zeit zurück. Sie wurde 1382 durch den Vergleich von Heimbach zwischen der Balley u. dem dt. Großprior des Ordens geregelt, der durch das Generalkapitel bestätigt wurde. Die Balley war eng m. den Kurfürsten von Brandenburg verbunden. Die Herrenmeister des J. waren u. sind zumeist Prinzen aus dem Hause Hohenzollern. Nach der Säkularisation aller geistl. Güter durch Preußen 1810/11 war der J. praktisch aufgelöst u. bestand lediglich noch als ein vermögensloser Personenverband. Daneben existierte ein J. als reiner Verdienstorden. 1852 wurde der J. durch Friedrich-Wilhelm IV. wieder hergestellt.

Der J. m. Sitz in Potsdam ist heute in 18 dt. u. fünf ausländische Genossenschaften (Kommenden) gegliedert. Ihm gehören mehr als 4.000 Ritter an. Aufgenommen werden nur Männer, die sich an die chr., ritterliche Tradition gebunden wissen u. gewillt sind, ihr Leben nach der Ordensregel zu führen. Der Johanniterritter soll sich treu zum Bekenntnis der Ev. Kirche halten (§ 5 der Satzung des J. i. d. F. v. 27.06.1993)

An der Spitze des J. steht der Herrenmeister, der gemeinsam m. der Ordensregierung, dem Ordensstatthalter, dem Ordenshauptmann u. den regierenden Kommentatoren der Genossenschaften das Kap. bildet. Die Genossenschaften werden von regierenden Kommendatoren geleitet, die von Konventen unterstützt werden.

Ob der J. den Status einer →Körperschaft des öffentlichen Rechts hat, war Gegenstand gerichtlicher u. wiss. Auseinandersetzungen. Staatlicherseits anerkannt ist die Körperschaftsqualität für die Bayer. Genossenschaft des J. Im übrigen tritt der J. heute als altrechtlicher →Verein auf, seine Genossenschaften (Kommenden) als altrechtliche Vereine od. e. V. i. S. des BGB. Seine Satzung i. d. F. v. 27.06.1993 wurde durch den BPräs der BRD m.

Erlass vom 19.04.1994 genehmigt. Der Orden ist i. S. des früheren § 3 I (heute § 6 I Ordensgesetz) anerkannt. Die Eigenschaft des J. als Teil der ev. Kirche u. damit seine →Kirchlichkeit ist durch ein Schreiben des →Rates der EKD vom 02.05.1947 bestätigt worden.

Der J. steht in enger Kooperation m. dem Malteserorden. Er arbeitet des Weiteren m. den britischen Order of Saint John, m. dem J. in den Niederlanden u. dem J. in Schweden zusammen.

Der J. ist Träger wichtiger diakonischer Einrichtungen. Die bekannteste u. bedeutendste davon ist die Johanniter-Unfall-Hilfe e. V. (JUH) m. rund 20.000 hauptamtlichen u. 34.000 ehrenamtlichen Mitarbeitern. Sie unterhält zahlreiche Einrichtungen im Bereich von Rettungsdienst, Alten- u. Krankenpflege, Hospizen, Sozialstationen u. humanitärer Hilfe im Ausland.

Literatur

von Campenhausen, A., Zum Rechtsstatus des Johanniter-Ordens: ZRG.K 69 (1983), 325-340; Christoph, J. E., Der Johanniterorden u. die ev. Kirche: ZevKR 33 (1988), 270 ff.; Der Johanniterorden, der Malteserorden, hg. v. A. Wienand, Köln ³1988; von Campenhausen, A., Der Johanniterorden: Ges. S., Tübingen 1995, 233-255; Sarnowsky, J., Johanniter: HRG² Bd. II, 1387-1389.

Heinrich de Wall

© 2019, DOI: 10.30965/9783506786388_0525

Josephinismus – Historisch

Der J. ist die österr. Spielart des aufgeklärten Absolutismus, wie er sich im Reformprogramm Josephs II. (1780-1790) präsentierte. Die Wurzeln des J. sind vielfältig, liegen u. a. in antikurialen Strömungen (Jansenismus, →Febronianismus), Ideen des →Staatskirchentums sowie einer merkantilistischen Wirtschaftspolitik m. starken physiokratischen Zügen. Der J. erwuchs aus den Reformen der Kaiserin Maria Theresia. Joseph II. bemühte sich, Erneuerungen m. größter politischer Eile u. o. Rücksicht auf die konservativ-traditionsbewusste Opposition durchzuführen, den Rahmen bildete das System des aufgeklärten Polizeistaates in einem utilitaristisch-sozialen Verständnis (alles für das Volk, nichts durch das Volk). Neben den sozialen Maßnahmen (Armeninstitute etc.) u. Verbesserung der Lage der bäuerlichen Untertanen (Robotablösungen, Aufhebung der Leibeigenschaft) trugen auch seine Reformen der Verwaltung, der Finanzen, des Privat- u. Strafrechts sowie des Schulwesens wesentlich zur Modernisierung der Habsburgermonarchie bei. M. J. im engeren Sinn sind jedoch v. a. seine Reformen für die kath. Kirche gemeint, die E. Winter als einen in den Frühliberalismus mündenden Reformkatholizismus bewertete. Einem aufgeklärten Nützlichkeitsideal verpflichtet, nahm er Beschränkungen der barocken →Volksfrömmigkeit vor (Einschränkung des Wallfahrtswesens, Aufhebung von Bruderschaften, Reduzierung der Feiertage etc.), hob kontemplative Klöster auf, initiierte aber auch eine Pfarr- u. Diözesanregulierung. Zur Religionspolitik gehören aber auch seine Maßnahmen zugunsten anderer Religionsgemeinschaften, insb. seine Toleranzgesetzgebung (Toleranzpatent 1781, Toleranzakte gegenüber der jüd. Glaubensgemeinschaft); damit wurde der kath. Kirche ihre Stellung als dominante Religion, der ausschließlich das Recht der öff. Religionsausübung zukam, belassen, der gottgefälligen Duldung anderer Bekenntnisse wurde jedoch der Weg geebnet.

Literatur

Winter, E., Der Josefinismus. Die Geschichte des österr. Reformkatholizismus 1740-1848, Berlin 1962; Josephinismus als Aufgeklärter Absolutismus, hg. v. H. Reinalter, Wien 2008; Josephinismus – eine Bilanz, hg. v. W. Schmale – R. Zedinger – J. Mondot, Bochum 2008; Olechowski, T., Josephinismus: HRG² Bd. 2, 1396-1402; Stollberg-Rilinger, B., Maria Theresia, München 2018.

Herbert Kalb

© 2019, DOI: 10.30965/9783506786388_0526

Judentum in der Schweiz, Verfassung und Rechtsfragen – Staatlich

Die Ursprünge der Jüd. Gde. der Schweiz reichen bis in die Antike. M. dem Menorah-Ring von Kaiseraugst aus dem 4. Jh. wurde einer der ältesten jüd. Funde Europas nördlich der Alpen gemacht. Erst seit dem 13. Jh. sind Jüd. Gde. in fast allen Schweizer Städten kontinuierlich nachgewiesen. Sie sind sich selbst verwaltende, auton. Körperschaften, die in den feudalen Zusammenhang des ma. Personenverbandstaates eingebunden sind. Seit 1236 sind die Juden als Kammerknechte direkt dem Kaiser unterstellt u. erhalten gegen Abgaben obrigkeitlichen Schutz. Die Juden auf dem Gebiet der heutigen Schweiz waren im 13. Jh. m. der Finanzierung des Baus der alten Rheinbrücke in Basel wesentlich an der wirtschaftlichen Entwicklung der späteren Eidgenossenschaft beteiligt. Bei den Städtegründungen der Zähringer im Schweizerischen Mittelland waren sie als städtische Pioniere beteiligt. Schon bald griff aber die kirchl. propagierte Ausgrenzung. Juden mussten bes. Kennzeichen tragen u. durften nicht Handwerker od. Bauern sein. Es blieb der den Christen verbotene Geldverleih gegen Zinsen. Im Gefolge der Pest von 1348 wurden dann fast alle Schweizer jüd. Gde. vernichtet. Zwar konnten sich mancherorts wieder Juden etablieren. Bald aber wurden sie endgültig vertrieben. Ab Mitte des 15. Jh. duldeten die Schweizer Orte für fast vier Jhh. m. wenigen Ausnahmen keine Juden mehr. Nur an der Peripherie der Eidgenossenschaft konnten sich kleine jüd. Landgemeinden halten. Im 17. Jh. kam es dann im ehemals habsburgischen Surbtal bei Baden zur Wiederansiedlung. Juden waren aber als Schutzjuden bloß geduldet u. waren immer wieder von der Ausweisung bedroht. Trotzdem konnten sich die Juden bis zur franz. Besetzung der Schweiz im J. 1798 halten. So gelten die dortigen Judendörfer von Endingen u. Lengnau m. ihren markanten →Synagogen als der Geburtsort des Schweizer Judentums. Ein erster Versuch der Emanzipation nach 1798 misslang u. endet 1802 m. dem Zwetschenkrieg, als ein Pogrom die Judendörfer verwüstete. Auch bei der Gründung des heutigen demokratischen Schweizer Staatswesens wurde 1848 den Juden die Gleichberechtigung verwehrt. Erst der Druck der USA u. Frankreichs führte zwischen 1868 u. 1874 zur Gewährung der vollen Bürgerrechte. Jüd. Gde. waren fortan privatrechtlich konstituierte Vereine. Ursprünglich elsässisch u. süddeutsch geprägt, wuchs das Schweizer Judentum in den folgenden Jahrzehnten durch Einwanderung aus Osteuropa auf rund 20.000 Menschen an. Die J. bis zum ersten Weltkrieg gelten als Gründerzeit. Zahlreiche Gde. wurden gegr., repräsentative Synagogen gebaut. Ein Rückschlag stellte 1893 das antijüdisch motivierte Schächtverbot dar. Von der Schoah blieben die Schweizer Juden verschont, auch wenn sie immer wieder antisemitischen Stimmungen ausgesetzt waren u. die Behörden seit den zwanziger J. eine antisemitisch motivierte Einwanderungspolitik betrieben. So wurde u. a. die Einbürgerung von Juden erschwert u. z. T. verunmöglicht. Die sog. Abwehrpolitik gegenüber Juden ging nach 1938 nahtlos in die antijüdische Schweizer Flüchtlingspolitik des Zweiten Weltkriegs über: So wurden zwischen 1938 u. 1944 bis zu 30.000 jüd. Flüchtlinge an der Schweizer Grenze abgewiesen. 22.500 fanden trotzdem Zuflucht. Die meisten mussten die Schweiz aber bis 1953 wieder verlassen. Die 60er u. 70er J. gelten als goldenes Zeitalter des Schweizer Judentums. Die Gde. waren dynamisch. Zahlreiche Institutionen wurden aufgebaut. Trotzdem ließ sich eine konstant hohe Auswanderung v. a. nach Israel feststellen. Heute leben dort fast 20.000 Schweizer Jüdinnen u. Juden u. etwa 18.000 in der Schweiz. Auswanderung ist einer der Gründe für den Schrumpfungsprozess, der seit etwa 30 J. verstärkt festzustellen ist. So existieren heute mehr als ein Drittel der 16 Mitgliedsgemeinden des Schweizerisch-Israelitischen Gemeindebundes (SIG) nur noch auf dem Papier. Das jüd. Leben konzentriert sich immer mehr auf Zürich u. Genf. Organisiert sind die meisten jüd. Gde. immer noch privatrechtlich. Nur in einigen der Schweizer Kantone erhielten jüd. Gde. die öff.-rechtliche Anerkennung u. damit die Gleichstellung m. den LK. So erhielt die israelitische Gde. Basel (IGB) 1972 den Status einer öff.-rechtlichen Körperschaft, die 1990 der jüd. Gde. Fribourg, 1993 St. Gallen u. 1996 auch den jüd. Gde. Bern u. Biel zugestanden wurde. Zu Beginn des neuen Jahrtausends verliehen weitere Kantone, darunter Zürich u. Waadt, jüd. Gde. die öff.- rechtliche Anerkennung. Trotz der Anerkennung u. trotz der Tatsache, dass rund 80 Prozent der Schweizer Juden über die Schweizer Staatsbürgerschaft verfügen, tut sich der Schweizer Staat schwer, die Sicherheit seiner jüd. Bürger zu gewährleisten. Wie überall in Europa ist die Bedrohung der Juden durch Antisemitismus u. durch die Gefahr von Terror real u. massiv gestiegen. Heute gibt es kaum eine jüd. Institution, die nicht bewacht werden muss. Obwohl Bund u. Kantone per Verf. verpflichtet sind, sind alle Einwohner des Landes zu schützen, kommen sie dieser Pflicht nicht nach. Jüd. Gde. müssen ihre Sicherheit selbst organisieren u. bezahlen, was einige an den Rand des Ruins treibt. Nach J. der Kontroverse scheint man begriffen zu haben, dass dies den Status der Juden als gleichberechtigte Schweizer Bürger in Frage stellt u. dass der Schweizer Staat auch um den Schutz seiner jüd. Bürger besorgt sein muss.

Literatur

Steinberg, A., Studien zur Geschichte der Juden in der Schweiz während des Mittelalters, Zürich 1902; Wedler-Steinberg, A., Geschichte der Juden in der Schweiz vom 16. Jahrhundert bis nach der Emanzipation (2 Bde.), Zürich 1966; Antisemitismus in der Schweiz 1848-1960, hg. v. A. Mattioli, Zürich 1968; Kaufmann, U. R., Juden in Luzern, Luzern 1984; Roschewski, H., Auf dem Weg zu einem neuen jüd. Selbstbewusstsein? Geschichte der Juden in der Schweiz 1945-1994, hg. v. Schweizerisch-Israelitischer Gemeindebund SIG, Basel 1994 (Beiträge zur Geschichte u. Kultur der Juden in der Schweiz 5); Kury, P., „Man akzeptierte uns nicht, man tolerierte uns!" Ostjudenmigration nach Basel 1890-1930, hg. v. Schweizerisch-Israelitischer Gemeindebund SIG, Basel 1998 (Beiträge zur Geschichte u. Kultur der Juden in der Schweiz 7); Juden in Basel u. Umgebung. Zur Geschichte einer Minderheit, hg. v. H. Haumann, Basel 1999; Jüd. Lebenswelt Schweiz. 100 Jahre Schweizerischer Israelitischer Gemeindebund (SIG), hg. v. G. Rosenstein, Zürich 2004; Berger, L., Der Menorah-Ring von Kaiseraugst. Jüd. Zeugnisse röm. Zeit zwischen Britannien u. Pannonien, Basel 2005 (Forschungen in Augst 36); Brunschwig, A. – Heinrichs, R. – Huser, K., Geschichte der Juden im Kanton Zürich, Zürich 2005; Acht Jahrhunderte Juden in Basel. 200 Jahre Israelitische Gemeinde Basel, hg. v. H. Haumann, Basel 2005; Erlanger, S., „Nur ein Durchgangsland". Arbeitslager u. Interniertenheime für Flüchtlinge u. Emigranten in der Schweiz 1940-1949, Zürich 2006; Epstein-Mil, R., Die Synagogen der Schweiz. Bauten zwischen Emanzipation, Assimilation u. Akkulturation, Zürich 2008; Binnenkade, A., KontaktZonen. Jüd.-chr. Alltag in Lengnau, Köln 2009; Brunschwig, A., Heimat Biel. Geschichte der Juden in einer Schweizer Stadt vom Spätmittelalter bis 1945, Zürich 2011; Bloch, R., Wie über Wolken. Jüd. Lebens- u. Denkwelten in Stadt u. Region Bern, 1200-2000, Zürich 2014; Im Licht der Menora: Jüd. Leben in der röm. Provinz, hg. v. R. Gross, Frankfurt 2014; Petry, E., Gedächtnis u. Erinnerung. Das „Pack" in Zürich, Wien 2014; Schweizer Judentum im Wandel. Religion u. Gemeinschaft zwischen Integration, Selbstbehauptung u. Abgrenzung, hg. v. J. Picard, Zürich 2014.

Simon Erlanger

© 2019, DOI: 10.30965/9783506786388_0527

Judentum in Deutschland, Verfassung und Rechtsfragen – Staatlich

Bereits wenige Wochen nach der Befreiung Deutschlands durch die alliierten Truppen im Mai 1945 bildeten sich in den vier Besatzungszonen jüd. Gde. Am 01.07.1945 formierte sich das Zentralkomitee der befreiten Juden in der amerikanischen Zone, eine der Keimzellen des fünf J. später gegr. →Zentralrates der Juden in Deutschland. Ähnliche Zusammenschlüsse folgten in den anderen Besatzungszonen (Homolka, 2013). 1945 wurden insgesamt 51 Gde. wieder gegr.; ein J. später gab es bereits 67 jüd. Gde. 2017 sind es wegen der erheblichen Zuwanderungen nach 1990 ca. 120 Gde. Die am 28.03.1938 von den Nationalsozialisten vollzogene Aberkennung des öff.-rechtlichen Körperschaftsstatus (§1 II des Gesetzes über die Rechtsverhältnisse der jüd. Kultusvereinigungen vom 28.03.1938: RGBl I, 338) wurde nach 1945 nullifiziert, was aber keine Einsetzung von neu od. wieder gegr. Gde. in alte Rechte bedeutete. Damit wurden die jüd. Gde. der BRD als Neugründungen angesehen. Der Auf- u. Ausbau jüd. Organisationen u. Institutionen in der BRD spiegelt die Entwicklung wider, die die jüd. Gemeinschaft seit der Befreiung vom NS im Mai 1945 genommen hat: vom Leben auf den sprichwörtlichen gepackten Koffern hin zur Errichtung einer dauerhaften Infrastruktur.

Die Förderung der Religionsgemeinschaften ist eine landeshoheitliche Angelegenheit. Zunächst geschah die Regelung der Verhältnisse zwischen dem Staat u. den jüd. Gde. auf der Grundlage einseitiger hoheitlicher Rechtsakte. Die Bemühungen um mehr Parität mündeten in einem ersten Schritt in Regierungsvereinbarungen in NI (1960) u. in BE (1971). Ab 1983 schlossen die Länder dann Staatsverträge, die durch die Landesparlamente ratifiziert wurden: NI (1983), HE (1986), NW (1992), BE (1993), TH (1993), SN (1994), MV (1996), BY (1997), RP (1999), HB (2001), SL (2001), SH (2005), BB (2005), ST (2006), HH (2007), BW (2010).

Diese territorial ausgerichteten Verträge trugen zunächst nicht der Tatsache Rechnung, dass ab 1990 eine Differenzierung religiöser Strömungen einsetzte.

„Ein Vergleich einzelner staatsvertraglicher Regelungen lässt zunächst deutliche Unterschiede bezüglich der Vertragspartner auf jüdischer Seite erkennen ..., was auch dem Gedanken Rechnung trägt, dass die Gemeinden selbstständig sind und der Landesverband nur den Organisationsrahmen bietet... Zu erheblichen Problemen in der Praxis führt die Frage, wer eigentlich durch die Verträge begünstigt wird. Hintergrund dieser Problematik ist vor allem der Umstand, dass das Judentum in Deutschland nicht etwa ein monolithischer Block ist, sondern vielmehr in unterschiedliche Strömungen und konfessionelle Ausrichtungen, nämlich die Orthodoxie, das konservative Judentum und das reformiert [sic] oder liberale Judentum, zerfallen ist." (Schwarz, 2008, 346)

Ein Umschwung kam m. der Entscheidung des BVerwG vom 28.02.2002 (7 C 7.01), in dem jüd. Gde. aller Strömungen eine Teilhabe an den staatl. Förderungen eröffnet wurde. Die Modelle der Teilhabe reichten von Verpflichtungen an Landesverbände zur Weitergabe von Mitteln aus dem Staatsvertrag (z. B. RP u. ST) über einen Staatsvertrag m. mehreren Vertragspartnern (SH u. NW) bis hin zur direkten Förderung von Gde. jenseits des Staatsvertrags (Liberale Gemeinde Beth Schalom e.V. in München u. Israelitische Synagogengemeinde Adass Jisroel K. d. ö. R. in Berlin). 2008 wurden in Niedersachsen erstmals zwei Verträge m. zwei Verbänden geschlossen. 2009 nahm das BVerfG den Staat in die Pflicht, die Neutralität bei der Mittelverteilung zu sichern (Beschl. des Zweiten Senats vom 12.05.2009, 2 BvR 890/06. Zu verfassungsrechtlichen Anforderungen bei der Gewährung staatl. Mittel an Religionsgesellschaften). Damit änderte sich auch die Landschaft der Verträge auf Länderebene u. trug der zunehmenden Pluralisierung Rechnung.

„Gerade der dezentrale Aufbau des Judentums ausgehend von durchaus auton. Synagogengemeinden hin zu Landesverbänden macht deutlich, dass die Frage nach dem Judentum nur differenzierend beantwortet werden kann. Dies gilt auch für den Zentralrat der Juden in Deutschland, der sich zwar als ‚Spitzenorganisation der Jüdischen Gemeinden in Deutschland' versteht, gleichwohl nicht für sich in Anspruch nehmen kann und will, alle Juden in Deutschland zu repräsentieren. Dies gilt in Sonderheit mit Blick auf die Abgrenzung gegenüber der Union progressiver Juden in Deutschland." (Schwarz, 2008, 345)

Der Zentralrat der Juden in Deutschland →Körperschaft des öffentlichen Rechts ist die größte Dachorganisation jüd. Gde. u. Landesverbände u. versteht sich als politische Vertretung der jüd. Gemeinschaft in Deutschland. Derzeit gehören den 105 in ihm vereinigten Gde. gut 98.000 Mitglieder an (Stand 2016). Seine Gründung u. konstituierende Versammlung fand am 19.07.1950 in Frankfurt am Main statt. Die Delegierten kamen aus den neu erstandenen jüd. Gde. der vier Besatzungszonen, die damals etwa 15.000 Mitglieder zählten. Sitz war erst Hamburg, ab 1951 Düsseldorf, ab 1985 Bonn. M. dem Zusammenschluss der im Bundesgebiet als K. d. ö. R. bestehenden jüd. Gde. u. Landesverbände vom 13.01.1963 erwarb sich der Zentralrat durch den Kultusminister des Landes NW am 27.02.1963 die Rechtsstellung als K. d. ö. R. Seit dem 01.04.1999 befindet sich der Hauptsitz des Zentralrats in Berlin. Der Ratsversammlung gehören die meisten Landesverbände u. einzelne Großgemeinden (Berlin, Frankfurt am Main, Köln u. München) an. Einzelne liberale Gde., aber auch alle vier jüd. Gde. Potsdams sind nicht Mitglied im Zentralrat [2018]. Der Zentralrat ist Träger der 1979 gegr. Hochschule für Jüd. Studien in Heidelberg u. des dortigen Zentralarchivs zur Erforschung der Geschichte der Juden in Deutschland sowie Herausgeber der Wochenzeitung Jüdische Allg. u. des Informationsblatts Zukunft. Unter dem Dach des Zentralrats sind auch die Orth. Rabbinerkonferenz Deutschlands (ORD) sowie die liberal ausgerichtete Allg. Rabbinerkonferenz (ARK) angesiedelt. Die Bildungsabteilung im Zentralrat besteht seit 2012. Am 27.01.2003 wurde zwischen der BRD u. dem Zentralrat ein Staatsvertrag geschlossen. Die BReg trägt m. 10 Mio. EUR [2017, ab 2018 mutmaßlich 13 Mio.] im J. zur Erhaltung u. Pflege des dt.-jüd. Kulturerbes, zum Aufbau einer jüd. Gemeinschaft u. zu den integrationspolitischen u. sozialen Aufgaben des Zentralrats bei. Er darf dieses Geld nicht für religiöse Belange in den Mitgliedsgemeinden verwenden. Im Dt. Reich hatte es bis zur 1939 von den Nationalsozialisten erzwungenen Reichsvereinigung der Juden in Deutschland keine Gesamtvertretung der Juden gegeben. Der Zentralrat ist als Einrichtung m. Alleinvertretungsanspruch nicht unumstritten. Eine Grundsatzentscheidung des Siebten Senats des BVerwG (Az: BVerwG 7 C 7.01) vom 28.02.2002 hat bestätigt, dass dem Terminus „Jüdische Gemeinschaft" ein „erweitertes, gewissermaßen ‚plurales' Verständnis zugrunde [liegt], das alle im Judentum vorhandenen Grundrichtungen einbezieht und das üblicherweise gemeint ist, wenn von ‚Jüdischer Gemeinschaft' die Rede ist." Im 2003 geschlossenen Vertrag m. der BReg wurde festgestellt, dass der Zentralrat „nach seinem Selbstverständnis für alle Richtungen innerhalb des Judentums offen ist." Eine 2010 ersch. Darstellung der religiösen Orientierungen in Deutschland des Pincus Fund belegt, dass sich eine Minderheit von 13, 2 Prozent der Befragten als orth. od. ultraorthodox bez., 22, 3 Prozent als dem liberalen Judentum verbunden sind u. sich 32, 2 Prozent als traditionell jüd., aber nicht religiös gebunden definierten. 32, 3 Prozent der Befragten bez. sich als säkular.

Die Union progressiver Juden in Deutschland K. d. ö. R. ist eine religiöse Arbeitsgemeinschaft von gegenwärtig 26 jüd. Gde. sowie weiteren Vereinigungen [2018]. Die Union wurde im Juni 1997 in München gegr. u. ist Mitglied der seit 1926 bestehenden World Union for Progressive Judaism (WUPJ), die ihren Sitz in Jerusalem hat u. als weltweit größter religiöser Verband im Judentum über 1, 8 Mio. Mitglieder repräsentiert. Der dt. Zweig vertritt rund 5.200 Mitglieder u. knüpft an das liberale Judentum z. Z. der Weimarer Republik an. Angesichts dessen, dass dies „seit den 90er Jahren des letzten Jahrhunderts wieder eine eigenständige Gestalt angenommen hat", hat das Land Nordrhein-Westfalen der Union Progressiver Juden m. dem 30.09.2015 die Körperschaftsrechte verliehen. Der Großteil ihrer Mitgliedsgemeinden wird politisch vom Zentralrat vertreten. Der Union gehören auch das 1999 gegr. Abraham Geiger Kolleg an der Universität Potsdam, der Jugendverband Jung u. Jüd. Deutschland e. V. m. Sitz in Düsseldorf u. Regionalgruppen in Berlin, Hamburg, Hannover u. München sowie Arzenu Deutschland – Bund progressiver Zionisten e.V. an. Die Union erhält direkte Bundesförderung u. hat über den Zentralrat Anteil an den Mitteln des Staatsvertrags.

Der Bund traditioneller Juden in Deutschland e. V. m. Sitz in Osnabrück, 2012 gegr., hat das Ziel, Gde., die das traditionelle Judentum vertreten u. verbreiten, eine Stimme zu geben u. sie in ihrer Arbeit zu stärken u. in allen Belangen zu unterstützen. Alle Mitgliedsgemeinden gehören dem Zentralrat an.

Literatur

Schwarz, K.-A., Rechtsstellung jüd. Gemeinden in der Bundesrepublik Deutschland unter bes. Berücksichtigung der Situation in den „neuen" Bundesländern: LKV 2008, 344-349; Kramer, S. J., Wagnis Zukunft. 60 Jahre Zentralrat der Juden in Deutschland, Berlin 2011; Ben-Rafael, E. u. a., Juden u. jüd. Bildung im heutigen Deutschland. Eine empirische Studie im Auftrag des L. A. Pincus Fund for Jewish Education in the Diaspora, Los Angeles 2010; Homolka, W., Jüd. Leben in Deutschland: Aufbrüche zu religiöser Vielfalt u. staatl. Gleichbehandlung: Religion im öff. Raum, hg. v. K. Abmeier, Paderborn u. a. 2013; ders., Neuanfang u. Rückbesinnung: Das Kulturerbe deutschsprachiger Juden, hg. v. E.-V. Kotowski, Berlin 2014, 453-470; ders., Jüd. Organisationen: Staatslexikon[8] Bd. 3.

Walter Homolka

© 2019, DOI: 10.30965/9783506786388_0528

Judentum in Österreich, Verfassung und Rechtsfragen – Staatlich

Die ältesten Niederlassungen von Juden in Österreich gehen auf das 11. Jh., in Wien auf das 12. Jh. zurück. Es bestand ein Judenregal des Landesfürsten, das schließlich zum Privileg Friedrichs II. von 1244 führte. Seit dem 15. Jh. kam es wie überall in Europa zu einer Aufeinanderfolge von Verfolgung u. Duldung, ehe ab 1782 durch Toleranzpatente für Juden die Eingliederung der Jüd. Nation in den Untertanenverband erfolgte. 1797 wurde die Rechtsstellung durch ein Judensystem geregelt, sodass das österr. J. weiterhin einem Sonderrecht m. privatrechtlichen u. öff.-rechtlichen Beschränkungen unterstellt blieb. Juden waren daher weiter nur Bürger zweiter Ordnung, wie auch die Einführung des Judenamtes zeigte, das von 1792 bis 1848 bestand.

Erst 1848 erfolgte die rechtliche Gleichstellung, wodurch die Juden zu Staatsbürgern mosaischen Bekenntnisses wurden. Alle diskriminierenden Beschränkungen fielen weg u. die israelitische Glaubensgemeinschaft trat in den neu entstehenden Kreis der als öff. Korporationen konzipierten Kirchen u. Religionsgesellschaften ein. Durch das Israelitengesetz 1890 wurde schließlich erstmals in umfassender Weise die Rechtsstellung der Israelitischen Religionsgesellschaft in Österreich geregelt. Das Gesetz baut auf dem Einheitsgemeinde-Konzept auf, wonach jeder Jude zu der Kultusgemeinde gehört, in der er seinen ordentlichen Wohnsitz hat. Seiner Entstehungszeit entspr. war das Israelitengesetz durch das System der →Staatskirchenhoheit charakterisiert u. enthielt dementsprechend eine Reihe staatl. Aufsichtsrechte.

Durch die Schoah wurden die Strukturen praktisch völlig zerstört. Während zwei Drittel der jüd. Bevölkerung Österreichs die Flucht gelungen war, wurde ein Drittel ermordet. Nach 1945 standen daher die Schwierigkeiten des Wiederaufbaus der zerschlagenen Strukturen im Vordergrund. Ein bes. Problem stellten u.

stellen die Restitutions- bzw Wiedergutmachungsansprüche der Religionsgesellschaft u. ihrer Einrichtungen dar. Aufgrund des Staatsvertrages von 1955 erhält die Israelitische Religionsgesellschaft für den Raub u. die Vernichtung von Kultobjekten jährliche Entschädigungszahlungen.

2012 wurde das Israelitengesetz 1890 einer Totalrevision unterzogen. Ungeachtet einiger notwendiger Modernisierungen kommt es in diesem Gesetz auch zum Wiederaufleben staatl. Kontrollrechte, wie es für die jüngste religionsrechtliche Gesetzgebung Österreichs charakteristisch ist (vgl insb. das Islamgesetz 2015). Das Einheitskultusgemeinde-Konzept wurde grds. aufrecht erhalten. Jüd. Gruppierungen außerhalb der Israelitischen Religionsgesellschaft wurden daher auf das allg. Anerkennnungsrecht verwiesen, was aber auf Grund der notwendigen Mindestzahl (2 ‰ der Wohnbevölkerung) illusorisch ist. Die im Gesetz aufgeführten Rechte u. Pflichten der Israelitischen Religionsgesellschaft entsprechen einerseits den üblichen Bestimmungen für anerkannte Kirchen u. Religionsgesellschaften, umfassen aber auch eine Reihe von spezifischen Regelungen. Die Israelitische Religionsgesellschaft u. ihre Mitglieder sind berechtigt, Kinder u. Jugendliche auch außerhalb der Schule durch alle traditionellen Bräuche zu führen u. entspr. den religiösen Geboten zu erziehen (§ 9 Abs 4). Es wird davon ausgegangen, dass damit auch die rituelle →Beschneidung erfasst ist. Gem. § 10 Abs 1 wird an jüd. →Feiertagen u. dem Schabbat (→Sabbat) der Schutz des Staates gewährleistet. Die Bestimmung hat zwar keine arbeitsrechtlichen Konsequenzen, aber an diesen Tagen sind in der Nähe von →Synagogen u. sonstigen einer Israelitischen Kultusgemeinde zu gottesdienstlichen Zwecken dienenden Räumen u. Gebäuden alle vermeidbaren, Lärm erregenden Handlungen, die eine Beeinträchtigung der Feier zur Folge haben könnten, sowie öff. Versammlungen, Auf- u. Umzüge untersagt. Die Israelitische Religionsgesellschaft hat das Recht, in Österreich die Herstellung von Wein, Fleischprodukten u. a. Nahrungsmitteln gem. ihren innerreligionsgesellschaftlichen Vorschriften zu organisieren. Bei der Verpflegung von Mitgliedern der Israelitischen Religionsgesellschaft beim Bundesheer, in Haftanstalten, öff. Krankenanstalten, Versorgungs-, Pflege- od. ähnlichen Anstalten sowie öff. Schulen ist auf die religionsgesellschaftlichen Speisegebote Rücksicht zu nehmen (§ 12). Gem. jüd. Recht sind jüd. →Friedhöfe bzw. jüd. Friedhofsabteilungen auf Dauer angelegt. Ihre Auflösung, Schließung sowie die Enterdigungen einzelner Grabstellen sind unzulässig. Ausnahmen bedürfen der Zustimmung der zuständigen Oberbehörde der jeweiligen Kultusgemeinde (§ 19). Falls außenvertretungsbefugte Organe od. Religionsdiener durch Wahl bestimmt werden, steht jedem aktiv Wahlberechtigten od. jedem, der aufgrund der Wahlregelungen gem. Abs. 1 aktiv wahlberechtigt sein könnte, nach Erschöpfung der innerreligionsgesellschaftlichen Möglichkeiten das Recht einer Wahlaufsichtsbeschwerde an den Bundesminister zu (§ 20 Abs. 2).

Literatur

Budischowsky, J., Die staatskirchenrechtliche Stellung der österreichischen Israeliten, Wien 1995 (Österr. Rechtswissenschaftliche Studien 32); Potz, R. – Schinkele, B., Das neue Israelitengesetz 2012: ÖARR 60 (2013), 303-345; Gartner, B., Das neue österr. Israelitengesetz. Eine hist. Annäherung: Neuere Entwicklungen im Religionsrecht europäischer Staaten, hg. v. W. Rees u. a., Berlin 2013, 183-211.

Richard Potz

© 2019, DOI: 10.30965/9783506786388_0529

Judikative
→Jurisdiktion

Jugendarbeit – Katholisch

1. Die →Gemeinsame Synode der dt. Bistümer hat sich in ihrem Beschl. über Ziele u. Aufgaben kirchl. J. intensiv m. diesem pastoralen Handlungsfeld beschäftigt (→Jugendpastoral). Obwohl der Beschl. lediglich 12 Empfehlungen u. keine Anordnung enthält u. rechtlich nicht bindend ist, entfaltet er bis heute prägende Kraft u. stellt nach wie vor das grundlegende Konzept kirchl. J. dar, namentlich der verbandlichen J. Kirchl. J. will Räume schaffen, in denen junge Menschen lernen können, Leben zu erfahren, zu verstehen u. zu gestalten. In der kirchl. J. sind Jugendliche selbst die Akteure u. nicht Objekte des kirchl. Dienstes. Insofern ist kirchl. J. durch Mitbestimmung, Partizipation u. demokratische Entscheidungsfindung gekennzeichnet. Unterscheidendes Merkmal kirchl. J. ist, dass sie jungen Menschen hilft, sich in einer Weise selbst zu verwirklichen, die an Jesus Chr. Maß nimmt (vgl. Phil 2, 6-11). Das von der Synode propagierte sog. personale Angebot meint nicht eine möglichst große Zahl von hauptamtlichen Mitarbeitern in der J., sondern will, dass junge Menschen im Kontext der kirchl. J. anderen Christen begegnen sollen, die ihren eigenen chr. Glauben sympathisch, überzeugend u. dialogbereit leben u. dadurch ein gelebtes Angebot der chr. Lebensorientierung machen. Dabei spielen Gruppen Gleichaltriger u. auch erwachsene Christen eine wichtige Rolle. J. geht im Unterschied zu →Katechese od. →Religionsunterricht nicht von Lehrplänen u. Programmen aus, sondern von den Interessen junger Menschen. Sie will sie i. S. v. GE 2 u. c. 795 (inhaltlich entspr. c. 629 CCEO) zur Selbstbestimmung befähigen sowie zu gesellschaftlicher Mitverantwortung u. sozialem Engagement anregen u. hinführen.

2. Die kath. Kirche ist m. ihrer J. in der BRD einer der großen Träger der →Jugendhilfe. Sie leistet J. i. S. des §11 KJHG u. ist ebenso in den Feldern der Jugendsozialarbeit (§13 KJHG) u. des erzieherischen Kinder- u. Jugendschutzes (§14 KJHG) tätig. Die bes. Förderung der eigenverantwortlichen Tätigkeit der Jugendverbände entspr. ebenso §12 KJHG wie cc. 215 (c. 18 CCEO) u. 299.

3. M. c. 528 §1 wird die J. als eine der Pflichtaufgaben der pfarrlichen →Hirtensorge ausgewiesen ebenso wie sie m. DirH Nr. 203 den →Bischöfen als eine nicht zu vernachlässigende Aufgabe ans Herz gelegt wird. Dies bedeutet aber keine Veramtlichung der kirchl. J. von Rechts wegen, weil sie i. S. v. cc. 529 §2 i. V. m. 519 z. B. ebenso von chr. Vereinigungen (→Vereinigungen von Gläubigen) wie Jugendverbänden od. Bewegungen (→Bewegung, kirchliche), von →Ordensgemeinschaften u. anderen Trägern verwirklicht werden kann. I. S. der in c. 795 genannten Erziehungsziele u. ihrer Verwirklichung in der kirchl. J. ist Jugendverbänden u. anderen freien Trägern Vorrang vor amtl. Strukturen der J. einzuräumen. Die in den dt. Bistümern heute noch vorfindbare Parallelstruktur von amtl. u. verbandlicher J. hat rein hist. Gründe u. wurzelt in vorkonziliaren Konzepten der →Katholischen Aktion. Die ordentliche Versammlung der →Bischofssynode im Oktober 2018 richtete in bes. Weise den Blick auf die Jugendlichen u. auf die kirchl. J.

4. Die kirchl. J. im Bereich der DBK ist von einer Vielfalt von Trägerstrukturen geprägt. Die amtl. Strukturen in Form der bfl. Jugendämter u. der Arbeitsstelle auf Ebene der DBK bringen die bes. Verantwortung der Bf. für die J. zum Ausdruck, während die im BDKJ zusammengeschlossenen kath. Jugendverbände die Prinzipien der Eigenverantwortung, Partizipation u. demokratischen Mitverantwortung betonen. Die in jüngerer Zeit entstandene J. von kirchl. Bewegungen ist z. T. stark katechet. ausgerichtet u. orientiert sich kaum am Sb, während die J. der Orden oft geistl., missionarische, diakonische u. intern. Aspekte verbindet. Auf Ebene der →Pfarreien binden mitunter →Gemeindereferenten od. →Pastoralreferenten die J. an ihre eigene Person. Ein verbindliches Engagement von Priestern in der J. ist heute selten geworden. Erkl. der DBK u. des VDD zu den kirchl. Jugend-

verbänden u. ihrer Leitung zeigen eine klare Tendenz zu bfl. Kontrolle u. Bevormundung. Die am Vat II orientierte ekklesiologische Ortsbestimmung kirchl. Jugendverbandsarbeit, die der BDKJ m. seinem Beschl. Der Anteil der Verbände an der Sendung der Kirche vom April 2015 vorgelegt hat, ist von der DBK noch nicht in erkennbarer Form rezipiert worden.

Quellen

Vat II, GE; Synodenbeschluss Ziele u. Aufgaben kirchl. Jugendarbeit: GSyn I, 288-311; Kongregation für die Bischöfe, Direktorium für den Hirtendienst der Bischöfe. Übersetzung u. Kommentar von H. Hallermann, Paderborn – München – Wien – Zürich 2006 (KStKR 7), 255-256.

Literatur

Lexikon der kirchl. Jugendarbeit, hg. v. R. Bleistein – G. Casel, München – Düsseldorf 1985; Schmid, F., Grundlagentexte zur kath. Jugendarbeit, Freiburg 1986; Ziele u. Aufgaben kirchl. Jugendarbeit. Bilanz u. Auftrag 20 Jahre nach dem Synodenbeschluss, hg. v. H. Hobelsberger – M. Lechner – W. Tzscheetzsch, München 1997 (Studien zur Jugendpastoral 3); Hallermann, H., Die Vereinigungen im Verfassungsgefüge der lat. Kirche, Paderborn – München – Wien – Zürich 1999, 145-182; Tillmanns, R., Der Bund der Dt. Katholischen Jugend u. seine Mitgliedsverbände. Bd. 1 Der BDKJ in hist. u. kirchenrechtlicher Betrachtung; Bd. 2 Rechts- u. Grundlagentexte zur kath. Jugendverbandsarbeit, Berlin 1999; Lechner, M., Art. Jugendarbeit II. Kath.: LKStKR Bd. 2, 350-351; Hallermann, H., Novus aut antiquus habitus mentis? Zur Frage der so genannten „geistlichen Leitung" in kath. Jugendverbänden im Zuständigkeitsbereich der DBK: Rezeption des Zweiten Vatikanischen Konzils in Theologie u. Kirchenrecht heute (FS Lüdicke), hg. v. D. Meier – P. Platen – H. J. F. Reinhardt – F. Sanders, Essen 2008, 237-255; ders., Der Anteil der Verbände an der Sendung der Kirche: AfkKR 184 (2015), 389-416.

Heribert Hallermann

Jugendarbeit – Evangelisch

1. Bestrebungen zur Einbindung der jeweils nachfolgenden Generation u. damit zum Fortbestand der eigenen Gemeinschaft finden sich in allen Religionen, selbstverständlich auch im Christentum. Der Begriff der J. allerdings setzt hist. gesehen die Etablierung von Jugend als einer eigenständigen Lebensphase voraus. Ansätze dazu kann man – für die ev. J. bedeutsam – bereits in den sozialen u. Bildungsinitiativen von Pietismus u. Aufklärung ausmachen. Gleichwohl lässt sich erst seit dem 20. Jh. von Jugend im heutigen Sinne sprechen, nämlich als einer sowohl von der Kindheit als auch vom Erwachsensein unterschiedenen, zeitlich weit ausgedehnten Phase, die als „psychosoziales Moratorium" (Erikson) der Selbstfindung u. Selbsterprobung, mitunter auch der Rebellion u. Infragestellung der Erwachsenenwelt dienen soll u. die dabei eine eigene Jugendkultur ausprägt. Die Jugendbewegung der 1920er J. ist davon ein früher Ausdruck, die kulturellen u. gesellschaftlichen Bewegungen der 1960er J. verstärken u. modifizieren diese Entwicklung nochmals grundlegend. Beides sind denn auch wichtige hist. Kristallisationspunkte ev. J. Viele der bis heute prägenden Jugendverbände wie der CVJM, der EC od. die beiden großen Pfadfinderverbände VCP u. CPD gehen auf den Beginn des 20. Jh. zurück. Heutige konzeptionelle Standards wie die eigenverantwortliche Partizipation der Jugendlichen od. die Orientierung an Werten wie Freiheit, Individualität od. Demokratie haben sich maßgeblich in den langen 1960er J. durchgesetzt.

2. Die organisatorische Gestalt ev. J. ist gekennzeichnet durch die Überlagerung mehrerer Strukturprinzipien: Hier ist zunächst an den doppelten Föderalismus zu denken, wonach die → Evangelische Kirche in Deutschland (EKD) einen Zusammenschluss aus 20 weitgehend selbstständigen → Landeskirchen darstellt, deren Grenzen wiederum von denen der Bundesländer z. T. erheblich abweichen. Ferner gibt es deutschlandweit zwei organi-

satorische Grundformen ev. J. nebeneinander, nämlich die Gemeindejugendarbeit u. die J. in rechtlich eigenständigen Verbänden, wobei vielfältige Mischformen u. Kooperationen bestehen. Schließlich findet ev. J. nochmals in einem breiten Spektrum aus haupt- u. ehrenamtlicher Tätigkeit, von auf Dauer angelegten Einrichtungen u. mehr od. weniger spontanen Gruppenbildungen statt.

Der wichtigste Zusammenschluss im Bereich der ev. J. ist die Arbeitsgemeinschaft der Ev. Jugend in Deutschland (AEJ). Sie vertritt lt. Selbstauskunft die Interessen von 1, 35 Mio. Jugendlichen. Gleichwohl ist eine vollständige statistische Erhebung über die ev. J. in Deutschland auf Grund der erwähnten Faktoren höchst schwierig. Die EKD-Statistik, in die nur gemeindenahe Arbeitsformen eingehen – u. vermutlich auch davon nur ein Teil –, führt für das J. 2015 11.515 Jugendgruppen m. 115.396 Mitgliedern, 7.642 Kinder- u. Jugendchöre m. 86.638 Mitgliedern, 19.649 Jugendgottesdienste (o. Teilnehmerzählung) sowie 22.448 sonstige Veranstaltungen der Kinder- u. J. m. 571.022 Teilnehmern. Hinzu kommen 25.558 Freizeiten m. 592.716 Teilnehmern. Zudem werden 8.153 Kreise zur Vorbereitung der Kinder- u. J. m. 53.575 Teilnehmern gezählt.

So vielfältig wie die Organisationsformen sind auch die theol. Begründungsmuster u. die religiösen Ausrichtungen innerhalb der ev. J. Ein gemeinsames prägendes Dokument, wie katholischerseits der Beschl. über Ziele u. Aufgaben kirchl. J. (1975) existiert im ev. Raum – ungeachtet der EKD-Denkschrift Kirche u. Jugend aus dem J. 2010 – nicht. Teilweise sind solche grundsätzlichen Orientierungen in den Ordnungen u. Leitbildern von Verbänden, Werken u. Kirchen niedergelegt; zumeist aber dürften die praktischen, v. a. personalen Faktoren für die Ausrichtung vor Ort weit stärker ins Gewicht fallen. Ein universitärer Diskurs über ev. J. innerhalb der ev. Theologie ist eher schwach ausgeprägt.

3. Kirchenrechtlich ist die ev. J. nur in manchen →Kirchenordnungen u. →Kirchenverfassungen der Ev. LK explizit verankert. Allerdings gibt es zusätzlich je kirchenspezifische Ordnungen für die J., in denen Ziele u. Zuständigkeiten geregelt werden. In den rechtlich eigenständigen Jugendverbänden gelten dagegen die Satzungen u. Ordnungen des jeweiligen Verbandes. Zudem ist die ev. J. eingebunden in das allg. Kinder- u. Jugendhilferecht nach SGB VIII.

Quellen

Kirche u. Jugend. Lebenslagen, Begegnungsfelder, Perspektiven, hg. v. Kirchenamt der EKD, Gütersloh 2010.

Literatur

Handbuch Jugend. Ev. Perspektiven, hg. v. Y. Kaiser – M. Spenn – M. Freitag – Th. Rauschenbach – M. Corsa, Opladen – Berlin – Toronto 2013; Schwab, U., Ev. Jugendarbeit: Konzepte, Klärungen, Arbeitsfelder, Stuttgart 2018.

Tobias Braune-Krickau

Jugendarbeit – Orthodox

1. Orth. J. in Deutschland wird sowohl auf der panorthodoxen Ebene als auch innerhalb der einzelnen Diözesen organisiert u. verantwortet. Je nach Ebene werden Schwerpunkte, Ziele u. Methoden der J. bestimmt. Jugendliche u. junge Erwachsene werden als Subjekte u. Mitgestalter der J. gesehen u. aktiv einbezogen.

2. Die Präsenz der Orthodoxie in Deutschland ist zum großen Teil durch die gesch. Entwicklungen u. Migration geprägt. Die Vertretung aller →orthodoxen Kirchen in Deutschland bildet die 2010 gegr. OBKD. In diesem Zusammenschluss agieren die einzelnen in Deutschland vertretenen Kirchen in den gemeinsamen Arbeitsfeldern. Dazu gehört auch die J. Auf der panorthodoxen Ebene ist v. a. der Orth. Jugendbund Deutschland e. V. aktiv. Diese bundesweite u. diözesenübergreifende Organisation wurde am 14.11.1998 durch den Be-

schl. der orth. →Bischöfe in Deutschland gegr. Als Zielgruppe hat der Orth. Jugendbund die in Deutschland lebenden jungen orth. Christinnen u. Christen. Durch die Begegnung miteinander soll ihr Glaube gestärkt werden sowie Orthodoxie hierzulande sichtbar gemacht werden. Lt. der Satzung steht das geistl. Leben im Mittelpunkt der J. Jugendliche werden dabei begleitet, ihren Weg zu Gott zu finden sowie sich in das Leben der Kirche zu integrieren, indem sie an deren Mitgestaltung teilhaben.

Die Zielsetzungen sind von der Situation der →Diaspora geprägt, für die eine Mehrperspektivität zwischen einer festen Bindung an die Mutterkirche u. die dazugehörenden Kulturkontexte einerseits u. die Integration sowie die zunehmende Verwurzelung in Deutschland andererseits charakteristisch sind. Die Mehrheit der orth. Jugendlichen u. jungen Erwachsenen haben einen Migrationshintergrund u. wachsen oft mehrsprachig auf. Demnach soll die religiöse Identität gestärkt werden. Durch die Begegnung u. das gegenseitige Kennenlernen der Jugendlichen verschiedener Nationalitäten, Jurisdiktionen u. Gde. soll die Einheit zwischen den orth. Christen gefördert werden u. das Bewusstsein einer gemeinsamen orth. Identität intensiviert werden. Des Weiteren soll die ök. Zusammenarbeit unterstützt werden. J. orientiert sich an der →Heiligen Schrift u. der gesamten Tradition der orth. Kirche.

Die Arbeit des Orth. Jugendbundes wird sowohl bundesweit als auch auf der Regionalebene mithilfe der Regionalteams realisiert. Zu den Aktivitäten gehören gemeinsame Stellungnahmen zu aktuellen Ereignissen, die Organisation der jährlichen Jugendtage bzw. Jugendfestivals m. einem Rahmenthema, die Durchführung der jährlichen Camps für Kinder u. Jugendliche sowie Tagesseminare zu versch. Themen. Der Orth. Jugendbund bemüht sich ebenso um die Intensivierung der zwischenorthodoxen J. auf der Regionalebene, indem Treffen der orth. Jugendlichen u. jungen Erwachsenen in den einzelnen Städten u. Gebieten organisiert werden u. Regionalteams gegr. werden. Den integralen Bestandteil aller Veranstaltungen bildet ein gemeinsamer →Gottesdienst bzw. die Göttliche Liturgie.

Als gemeinsame Kommunikations- u. Gottesdienstsprache wird Dt. verwendet. Zugl. wird die sprachliche u. kulturelle Vielfalt der Teilnehmer aktiv in die Gestaltung der Veranstaltungen u. Feier der Gottesdienste einbezogen, so dass die Veranstaltungen in den einzelnen Teilen mehrsprachig gemacht werden.

Auf der panorthodoxen Ebene werden seitens der OBKD gemeinsame Stellungnahmen bzgl. der Jugendlichen u. jungen Erwachsenen gemacht. 2017 hat OBKD einen Brief an die Jugend über Liebe, Sexualität u. Ehe verabschiedet, in dem die orth. Perspektive auf die entspr. Themen jugendgerecht dargestellt wird.

3. Die meisten orth. Diözesen in Deutschland haben Organisationen, die J. auf der Ebene der Diözese koordinieren. Die Zielgruppe sind i. d. R. Jugendliche u. junge Erwachsene der jeweiligen Diözese. Die J. wird in diesem Fall i. d. R. in der mehrheitlich gesprochenen Sprache der jeweiligen Kirche durchgeführt (russisch, rumänisch, griech. etc.). Zugl. wird nach Bedarf u. Zusammensetzung der Gruppen Dt. als Kommunikations- u. Gebetssprache verwendet.

Auf der Ebene der einzelnen Diözesen werden jeweils etwas andere Schwerpunkte u. Ziele formuliert. Charakteristisch für alle Diözesen ist eine hohe Bedeutung der Integration von Jugendlichen u. jungen Erwachsenen in das Leben der Kirche als deren aktive Mitgestalter. Des Weiteren sind oft Angebote vorhanden, die die Kontextualisierung der Glaubenstradition in der jeweiligen Kultur thematisieren. Hier sind solche Bereiche wie Sprache, Musik u. Ikonographie zu nennen. Ein gemeinsames Thema für alle Diözesen ist die Realisierung des orth. Glaubenslebens in einer konfessionellen Minderheitssituation u. unter den Bedingungen der Diaspora. Fragen der religiösen Identität in einer mehrheitlich nicht-orth. Gesellschaft sind hier zentral. Eines der zentralen Ziele ist ebenso das gegenseitige Kennenlernen der Jugendlichen u. jungen Erwachsenen einer Jurisdiktion bzw. Diözese.

Quellen

Ein Brief der Bischöfe der orth. Kirche in Deutschland an die Jugend über Liebe – Sexualität – Ehe vom 12. Dezember 2017, hg. v. der Orth. Bischofskonferenz in Deutschland: http://www.obkd.de/Texte/Brief%20OBKD%20an%20die%20Jugend.pdf [Zugriff: 15.05.2019].

Literatur

Oikonomou, D., Jugendarbeit in der Orth. Kirche: Ein neuer Ansatz: Orthodoxie aktuell (1997/10), 2-4; Treffen orth. Jugendlicher u. junger Erwachsener Deutschlands: Orthodoxie aktuell (1998/2), 12; „Orthodoxer Jugendbund – Deutschland" gegr.: Orthodoxie aktuell (1998/11), 14; Erstes Rundschreiben des Orth. Jugendbundes – Deutschland: Orthodoxie aktuell 2/1999, 9; Satzung des Orth. Jugendbundes verabschiedet: Orthodoxie aktuell (1999/3), 11; Thon, N., Aufbruch zu neuen Horizonten – Das 1. Orth. Jugendfestival Deutschlands: Orthodoxie aktuell (1999/6-7), 14-15; Satzung des Orth. Jugendbundes Deutschland e. V.: www.orthodoxerjugendbund.org [Zugriff: 15.05.2019]; Ordnung der Jugendarbeit in der Antiochenisch-Orth. Metropolie von Deutschland (JAOD): http://rum-orthodox.de/dioezesanrat/jaod/ [Zugriff: 15.05.2019]; Asociația Tinerilor Ortodocși Români din Germania (ATORG): http://www.mitropolia-ro.de/index.php/atorg-de/verwaltung [Zugriff: 15.05.2019]; Thon, N., Ethnische Vielfalt u. Einheit im Glauben. Die Orth. Kirche in Deutschland u. ihr hist. Weg zu einer Bischofskonferenz: Orthodoxie in Deutschland, hg. v. T. Bremer – A. E. Kattan – R. Thöle, Münster 2016, 51-70.

Yauheniya Danilovich

© 2019, DOI: 10.30965/9783506786388_0531

Jugendarbeit – Jüdisch

Die jüd. J. ist ein Teil des jüd. informellen Bildungssystems, welcher in der jüd. sozialen Arbeit wurzelt. Sie bildet eine Erg. zur religiösen Erziehung in der Familie sowie im Rahmen des formellen jüd. religiösen Erziehungssystems (→ Kindererziehung). Hist. entwickelte sich J. aus den sozialen Einrichtungen der jüd. Gde., die sich in Deutschland im Laufe des 19. Jh. konstituiert hatten. Am Anfang des 20. Jh. bekam die J. einen neuen Impuls seitens der jüd. Jugendverbände, die nach dem Vorbild ähnlicher dt. Organisationen („Wandervogel") entstanden waren. Die Notwendigkeit der Gründung solcher Verbände entstand, als es deutlich wurde, dass aufgrund der nationalistischen u. antisemitischen Ausrichtung der dt. Jugendverbände jüd. Jugendliche darin nicht aufgehoben sein konnten. Obwohl die äußere Form dieser Verbände weitgehend ihren dt. Vorbildern ähnelte, bekamen diese durch Verknüpfung m. spezifisch jüd. Inhalten (Aneignung der jüd. Tradition u. der hebräischen Sprache, Beschäftigung m. der jüd. Geschichte, gemeinsames Singen jüd. Lieder, Besuche jüd. Stätten in Deutschland usw.) eine explizit jüd. Färbung u. wurden so zu identitätsstiftenden Einrichtungen für einen großen Teil der jüd. Jugend in der Vor- u. Zwischenkriegszeit. Ideologisch untermauert u. begr. wurde die J. u. A. von M. Buber (1878-1965) u. S. Bernfeld (1892-1953). Die jüd. Jugendverbände wurden auch durch jüd. soziale Einrichtungen, wie z. B. durch die im J. 1917 gegr. Zentralwohlfartsstelle der dt. Juden (ZWST) unterstützt.

Zahlreiche jüd. Jugendverbände gab es auch in anderen europäischen Ländern sowie in Palästina u. den USA.

J., die im Rahmen der Jugendverbände geführt wurde, war auch religiös u. ideologisch unterschiedlich geprägt. Neben dem zionistisch orientierten „Blau-Weiß" (1912), gab es die liberal u. national gerichteten „Kameraden. Deutsch-jüdischer Wanderbund" (1916) sowie den orth., dem „Agudas Jisroel" nahestehenden Verband „Esra" (1919) u. den religiös-zionistischen Jugendbund des „Misrachi" (1928). In den Folgejahren haben sich die meisten dieser Jugendbewegungen in kleinere Nachfolgeorganisationen gespalten. Die unterschiedlichen Jugendbünde waren ferner im Rahmen versch. Dachverbände organisiert.

Neben den Hauptaktivitäten wurde im Rahmen dieser Verbände versch. soziale u. seelsorgerische Arbeit praktiziert. So wurde bspw. im J. 1929 in Hamburg eine Beratungsstelle für jüd. Jugend gegr., der weitere folgten. Jüd. Jugendliche konnten in solchen Beratungsstellen bei familiären, sozialen u. sexuellen Problemen psychologische Unterstützung finden. Die J. der jüd. Jugendverbände war auch an zugewanderte jüd. Jugendliche gerichtet. So bot der jüd. Jugendverband in Leipzig den aus Osteuropa stammenden jüd. Jugendlichen dt. Sprachkurse an. Neben diesen Aktivitäten, die vornehmlich auf die jüd. Jugend gerichtet waren, widmeten sich einige Jugendverbände in der Zwischenkriegszeit der konfessionsübergreifenden sozialen Arbeit.

Ab dem J. 1933 wurde die jüd. J. in Deutschland allmählich unmöglich. Einige der Jugendverbände haben ihre Organisation nach Palästina verlegt. Manche der urspr. dt. Jugendverbände („Esra") leben auf diese Weise im Staat Israel weiter.

Im J. 1939 wurde auf den Beschl. des 20. Zionistenkongresses das Shlichut Training Institute unter der Trägerschaft der Jewish Agency gegr. Das Konzept der „Sheliḥut" – „Entsendung" – umfasst die Tätigkeit zionistisch orientierter „Botschafter" („shaliaḥ" / „sheliḥim") an jüd. Gde. in der → Diaspora. Die Arbeit der „sheliḥim" richtet sich insb. an jüd. Jugendliche, die auf diese Weise zur Auswanderung nach Israel bewegt u. darauf vorbereitet werden sollen.

Einen wichtigen Teil der intern. J. heute bildet die durch die Jewish Agency u. den Staat Israel bereitgestellte Möglichkeit, jüd. Jugendlichen (im Alter von 18 bis 27 J.) im Rahmen des sog. „Taglit"-Programms kostenlos an einer zehntägigen Israelreise teilzunehmen.

In Deutschland wird J. vornehmlich durch die jüd. Gde. u. die Zentralwohlfartsstelle der Juden in Deutschland (ZWST) organisiert, finanziert u. betreut. Im Rahmen des informellen Bildungssystems stellt diese eine Erg. zum in vielen Bundesländern staatl. anerkannten jüd. → Religionsunterricht dar. Die in den meisten größeren Städten bestehenden Gemeinde-Jugendzentren sind bemüht, auf der Ebene der informellen Bildung durch versch. Aktivitäten jüd. Jugendliche m. den Ansätzen der jüd. Tradition bekannt zu machen u. sie stärker an die jüd. Gde. zu binden.

Literatur

Hetkamp, J., Die jüd. Jugendbewegung in Deutschland von 1913-1933, Münster u. a. 1994; Adler, B. B., Esra. Die Geschichte eines orth.-jüd. Jugendbundes zur Zeit der Weimarer Republik, Wiesbaden 2001; Neuser, D., Identitätssuche u. Erinnerungsikonographie. Dt.-jüd. Jugendbewegung 1912-1933: Dt.-jüd. Jugendliche im „Zeitalter der Jugend", hg. v. Y. Hotam, Göttingen 2009, 107-120; Kohen, E., The educational shaliach 1939-2009: a socio-history of a unique project in formal and informal Jewish education, Ramat Gan 2011; Bergbauer, K., „Enge Verwandtschaft?" – Sporadische Überlegungen zum Verhältnis von jüd. Wohlfahrt u. jüd. Jugendbewegung: Jüd. Jugendbewegung u. soziale Praxis, hg. v. S. Hering – H. Lordick – G. Stecklina, Frankfurt 2017, 19-42; Hering, S., „Wir wollen die Seele!" Das Verhältnis von jüd. Wohlfahrt u. Jugendbewegung: Jüd. Jugendbewegung u. soziale Praxis, hg. v. S. Hering – H. Lordick – G. Stecklina, Frankfurt 2017, 11-17.

Vladislav Slepoy

© 2019, DOI: 10.30965/9783506786388_0531

Jugendarbeit – Islamisch

Einige Wortfelder des → Korans verweisen auf Jugend (šabāb, von šabba: sich aufbäumen, lodern, heranwachsen) i. S. v. entwicklungsbedingtem Lebensabschnitt, etwa körperliche Reife (nabātan, 3:37; bulūġ, Mündigkeit; 37:102) od. adoleszente lakonische Weisheitlichkeit (ḥukman ṣabīyan; 19:12). Einige der altprophetischen Figuren des Korans durchlaufen spezifisch jugendliche Lernprozesse: Versuch u. Irrtum, Suche nach emotionaler Bindung u. Standpunktsicherheit, Verhandlung von Autorität u. Konfliktfähigkeit (6:74-83), Ambiguität elterlicher Bindung u. Loslösung (31:12-19), Folgsamkeit, Scheitern u. eigene Wege gehen (18:60-82) od. Affekthandlung u. Furcht vor Konsequenz (28:14-21). Muhammad beschrieb diese Phase als wertvolle Zeit u. warnte davor, sie zu verschwenden. Er verhandelte m. Jugendlichen in Medina, wie man unbedingt Wollen, schon Können u. noch nicht Dürfen tariert (es ging um Wehrfähigkeit). Die Quellen deuten darauf hin, dass die Lebenssphären der Generationen nicht so stark voneinander getrennt waren wie das heute der Fall ist: Die Jüngeren erscheinen reifer, die Älteren jugendlicher. Muhammad berichtete von einer Gruppe von Jugendlichen (ḥilf al-fuḍūl), der er in seiner Jugend angehörte: Sie widmete sich sozialen Diensten u. der Versorgung von Verwundeten der eigenen u. der gegnerischen Seite. Er empfahl der Jugend in Medina, ähnliches wieder zu gründen.

Einige muslimisch geprägte Länder (Türkei, Ägypten, Indonesien) adressieren ihre Jugend aus nationalistischen Intentionen heraus (Unabhängigkeit, Republikanismus) u. integrieren dazu gezielt Motive religiöser Identität m. dem Versprechen jugendlicher Selbstwirksamkeit (Mitgestaltung des Landes). In Deutschland existieren etliche binational ausgerichtete Jugendwerke, die zwischen radikaler Absage an Religion u. religiösen Profilelementen disparat wirken. Nationalistische Adressierungen muslimischer Jugendlichkeit haben in der Geschichte auch gewaltsame Ausprägungen erhalten (die Rolle der Pemuda Pancasila während des indonesischen Putsches 1965); auch heute drohen totalitäre Züge (z. B. in der Türkei).

Die Spannung zwischen herkunftsnationaler Rückbindung, religiöser Identität u. hiesiger lebensweltlicher Verortung kann muslimische Jugendliche vor erhebliche Orientierungsprobleme stellen u. zu Polarisierungen zwischen diversen Loyalitätsgruppen u. alternativen sozialen Netzwerken sowie zu religiöser Neuorientierung führen. Diese Fugen verlaufen auch unter jungen herkunftsdiversen Muslimen u. mitten durch die →Moscheevereine in Deutschland. Islam. J. ist deshalb oft durch innere u. soziale Mediationsbedürfnisse von Loyalitätskonflikten in der Migrationssituation überprägt. Einige der etablierten Moscheevereine haben schon seit den 1980er Jahren damit begonnen, eine eigene J. aufzubauen – in einigen Fällen von Anfang an bilingual.

Demgegenüber haben sich über die J. auf europäischer u. nordamerikanischer Ebene überhaupt erst religiöse Inititiativen konstituiert, etwa die Young Muslims bzw. die Muslim Youth in England, die Tazkiyah-Bewegung des Islamic Circle of North America od. die diversen Sekt. der Muslim Boy and Girl Scouts – u. seit Anfang der 1990er Jahre die dezidiert islam.-religiös positionierte Muslimische Jugend in Deutschland MJD. Andere Initiativen knüpfen am zivilgesellschaftlichen Engagement i. S. islam. Werte o. Betonung der konfessionellen Positionierung an, z. B. seit 2010 das Zahnräder Netzwerk m. unternehmerischem u. wirtschaftsethischem Schwerpunkt.

Die Islamizitäten jugendlicher Alterskohorten sind dz. auf diversen Agenden vertreten: in jugendsoziologischer, kriminologischer od. Radikalisierungsforschung, als Zielbereich islam. Wohlfahrt od. in der Ausbildung für die Lehrämter der Sekundarstufen u. für die Schulsozialarbeit. Als Orientierungsmuster muslimischer Jugendlicher haben sich in der Forschung physische Integrität, subkulturelle Affiliation, krit. Bewusstsein u. kosmogonische Beheimatung in ihrer Kombination (u. oft säkularen Begründungslogik) als zentral für die religiöse Identitätsbildung erwiesen.

Insgesamt kommt eine explizite Jugendseelsorge noch zu kurz, die in der Lage wäre, diese Konfliktlinien u. Orientierungsmuster, aber auch Diskriminierungserfahrung, Zukunftsverunsicherung od. andere identitätsrelevante Kontingenzen (z. B. hinsichtlich Geschlechtsidentität u. Geschlechtsrollenerwartung) unter Berücksichtigung der bes. spirituell-religiösen u. kulturell-identitären Dynamiken zu bearbeiten. Für die islam. J. fehlen noch die Ausbildungsformate. Auch wenn in den Moscheegemeinden ein gerüttelt Maß des dafür nötigen sozialen Kapitals ruht, sind sie m. dieser Aufgabe aus versch. Gründen (ökonomisch, strukturell u. konzeptionell schwache Organisationsform auf Laienbasis, beschädigtes Vertrauen) auf lange Sicht überfordert. Gefragt sind deshalb pragmatische kooperative Formate islam. J. m. wiss. Begleitung u. Interventionsnähe auf lokaler u. regionaler Ebene.

Literatur

Heitmeyer, W., Verlockender Fundamentalismus, Frankfurt 1998; Kippenberg, H.-G., Gewalt als Gottesdienst, München 2008; Kulaçatan, M. – Behr, H. H., Religious Orientation of Muslim Girls and Young Women between Particularism and Universalism: Frankfurter Zeitschrift für Islam.-Theol. Studien 3 (2016): Universalität u. Universalismus im Islam, 107-120 u. Analisa. Journ. of Social Science and Religion 3, 1 (2018), 79-92; Behr, H. H., „Du wirst gebraucht!" Religiöse Weltbildkonstruktion u. jugendliche Sinnsuche aus biografischer Sicht: Zentralrat der Juden in Deutschland. Bildungsabteilung. Perspektiven jüd. Bildung. Diskurse – Erkenntnisse – Positionen, Berlin 2017, 301-330; ders., Confidence and Doubt. Juvenile Muslim Life-Worlds, Religious Orientation, Islamic Theology and Education: Religion and Educational Research. National Traditions and Transnational Perspectives, hg. v. D. Käbisch, Münster – New York 2018.

Harry Harun Behr

© 2019, DOI: 10.30965/9783506786388_0531

Jugenderziehung

→ Kindererziehung, → Erziehungsrecht

Jugendhilfe – Staatlich

Die staatl. J. (heute: Kinder- u. Jugendhilfe) ist ein Handlungsfeld der sozialen Arbeit auf der Grundlage des Achten Buches SGB, das seinen Vorläufer in der Jugendwohlfahrtsgesetzgebung seit der Weimarer Zeit hat u. dem Sachbereich der öff. Fürsorge zuzurechnen ist. Die J. umfasst einerseits Sozialleistungen zugunsten junger Menschen u. Familien im Bereich der Beratung u. Hilfen zur Erziehung (→ Kindererziehung) durch pädagogisch geschultes Personal der Jugendämter u. sowie Dienste u. Einrichtungen, andererseits hat die J. ordnungsrechtliche Aufgaben im Wesentlichen zur Abwehr von Gefahren für das Kindeswohl. Leistungen der J. sind Angebote der Jugendarbeit, der Jugendsozialarbeit u. des erzieherischen Kinder- u. Jugendschutzes (§§ 11 bis 14 SGB VIII), Angebote zur Förderung der Erziehung in der Familie (§§ 16 bis 21 SGB VIII), Angebote zur Förderung von Kindern in Tageseinrichtungen u. in Tagespflege (§§ 22 bis 25 SGB VIII), Hilfe zur Erziehung u. ergänzende Leistungen (§§ 27 bis 35, 36, 37, 39, 40 SGB VIII), Hilfe für seelisch behinderte Kinder u. Jugendliche u. ergänzende Leistungen (§§ 35a bis 37, 39, 40 SGB VIII), u. Hilfe für junge Volljährige u. Nachbetreuung (§ 41 SGB VIII). Die staatl. J. hat darüber die Aufgaben der Inobhutnahme von Kindern u. Jugendlichen (§ 42 SGB VIII) u. der vorläufigen Inobhutnahme von ausl. Kindern u. Jugendlichen nach unbegleiteter Einreise (§ 42a SGB VIII), die Erteilung, den Widerruf u. die Zurücknahme der Pflegeerlaubnis sowie für den Betrieb einer Einrichtung, die Mitwirkung in Verfahren vor den Familiengerichten (§ 50), die Beratung u. Belehrung in Verfahren zur Annahme als Kind (§ 51 SGB VIII), die Mitwirkung in Verfahren nach dem Jugendgerichtsgesetz (§ 52 SGB VIII), die Beratung u. Unterstützung von Müttern bei Vaterschaftsfeststellung u. Geltendmachung von Unterhaltsansprüchen sowie von Pflegern u. Vormündern (§§ 52a, 53 SGB VIII), Beistandschaft, Amtspflegschaft, Amtsvormundschaft u. Gegenvormundschaft des Jugendamts (§§ 55 bis 58 SGB VIII). Schwerpunkt der J. ist die Förderung der Entwicklung von Kindern u. Jugendlichen durch Erziehung, → Bildung u. Betreuung. Die J. befindet sich damit stets in einem Spannungsfeld m. dem → Erziehungsrecht der Eltern sowie dem Bildungs- u. Erziehungsauftrag der →Schulen. In den letzten J. ist der Auftrag der J. in Richtung eines effektiven Jugendschutzes zur Gefahrenabwehr in den Vordergrund gerückt u. das staatl. Wächteramt durch Überwachungs- u. Eingriffsbefugnisse ausgebaut worden.

Träger der öff. J. sind nach Maßgabe des Landesrechts örtliche u. überörtliche Träger der öff. Aufgabe, also im Kern die Landkreise u. kreisfreien Städte sowie kreisangehörige Städte u. Gde. In jedem Bundesland besteht entspr. ein Landesjugendamt u. auf kommunaler od. bezirklicher Ebene eine örtliche Struktur. Dabei ist auf die Besonderheiten in den einzelnen Bundesländern hinzuweisen, nach der z. T. die Aufgabenwahrnehmung zwischen Landkreisen u. kreisangehörigen Kommunen geteilt, im Rahmen der Delegation od. Heranziehung od. in Form der Wahrnehmung im eigenen Wirkungskreis ausgestaltet ist. Die öff. J. ist in einer dualen Organisationsstruktur ausgestaltet, die Aufgaben des Jugendamtes werden durch den Jugendhilfeausschuss u. durch die Verwaltung des Jugendamtes wahrgenommen. Der Jugendhilfeausschuss ist Teil der kommunalen Vertretungskörperschaften u. setzt sich zu drei Fünfteln aus Mitgliedern der gewählten Vertretungskörperschaften (Kreistagen, Stadträten, Gemeindevertretungen usw.) zusammen u. zu zwei Fünfteln aus Personen, die auf Vorschlag der freien J. von den kommunalen Vertretungskörperschaften gewählt werden. Die maßgebliche gestalterische Einflussnahme der freien J. auf die öff. Aufgabenwahrnehmung ist ein hist. u. sozialpolitisch bemerkenswertes Phänomen, das sich zuvorderst aus dem im Jugendhilferecht stark ausgeprägten →Subsidiaritätsprinzip u. Kooperationsprinzip ableitet. Nach der Zusammenarbeitsvorschrift des §4 Abs. 2 SGB VIII u. aus der Gewährleistungsverantwortung nach §79 Abs. 2 SGB VIII heraus hat die staatl. J. die zur Erfüllung der Aufgaben der J. notwendigen Dienste, Einrichtungen u. Veranstaltung nur nachrangig selbst zu schaffen bzw. Leistungen selbst zu erbringen. Vorrangig soll sie die vorhandenen Angebote der freien J. fördern u. finanzieren. Entspr. ist wesentliche Aufgabe des Jugendhilfeausschusses die Jugendhilfeplanung u. Förderung der freien J. Die Jugendämter sind i. Ü. für die Gewährung u. Beschaffung der Geld-, Sach- u. Dienstleistungen zuständig. Die Ausg. der Jugendhilfe beliefen sich im J. 2016 auf knapp 18 Mrd. EUR, wovon rund 3, 5 Mrd. auf die Förderung von Kindern in Kindertageseinrichtungen u. in Kindertagespflege u. über 8 Mrd. auf die Hilfen zur Erziehung entfallen, u. werden abgesehen von Bundeszuschüssen von den Kommunen getragen.

Literatur

Arbeitsstelle Kinder- u. Jugendhilfestatistik: Fendrich, S. – v. d. Gathen-Huy, J. – Mühlmann, T. – Pothmann, J. – Schilling, M. – Strunz, E. – Tabel, A., Entwicklungslinien zu Strukturen, Angeboten u. Leistungen der Kinder- u. Jugendhilfe. Expertise für die Arbeitsgemeinschaft für Kinder- u. Jugendhilfe – AGJ, hg. v. Arbeitsgemeinschaft für Kinder- u. Jugendhilfe – AGJ, Berlin 2014; Wabnitz, R. J., 25 Jahre SGB VIII. Die Geschichte des Achten Buches Sozialgesetzbuch von 1990 bis 2015, hg. v. Arbeitsgemeinschaft für Kinder- u. Jugendhilfe – AGJ, Berlin 2015.

Jonathan Fahlbusch

© 2019, DOI: 10.30965/9783506786388_0533

Jugendkatechese

→Katechese

Jugendliche

→Alter

Jugendpastoral – Katholisch

Der Begriff der J. wurde im Rahmen der Würzburger Synode (→Gemeinsame Synode) als Dienst der Kirche durch junge Menschen, m. ihnen u. für sie bestimmt, betrachtet junge Menschen also nicht als Objekte, sondern primär als Subjekte der J. u. stellt damit eine wichtige Weiterentwicklung des vorkonziliaren Ansatzes der Jugendseelsorge dar. J. bezieht sich einerseits auf Einrichtungen der →Jugendhilfe in kirchl. Trägerschaft, andererseits auch auf kirchl. Handlungsfelder m. einer primären Ausrichtung auf die Altersgruppe zwischen 14 u. 28 J. Zu diesen Handlungsfeldern gehören gemeindepastorale (z. B. MinistrantInnenpastoral), sakramentenpastorale (z. B. Firm-Pastoral), jugendverbandliche Aktivitäten od. auch offene →Jugendarbeit m. einer sozial-caritativen Ausrichtung. J. zeichnet sich durch die dreifache Zielsetzung auf sozialcaritative Unterstützung im Rahmen von Jugendhilfeeinrichtungen u. diakonischer Pastoral, durch die individuelle Förderung Heranwachsender in ihrer Persönlichkeitsentwicklung, Glaubensbildung u. Identitätsfindung für ein eigenverantwortliches Leben u. durch eine Befähigung junger Menschen für die Mitgestaltung des öff. Lebens aus. Die Bestimmung der J. besteht also aus diakonalen, pädagogischen u. gesellschaftlichen Aspekten. Um das Verständnis lebensweltlich-jugendkultureller Entwicklungen zu ermöglichen, baut J. auf empirisch-sozialwissenschaftliche Erkenntnisse auf. Von bes. Bedeutung sind hier die Shell-Jugendstudie u. die Sinus-Jugendstudie (www.wie-ticken-jugendliche.de [Zugriff: 15.05.2019]). Problematische Tendenzen der J. lassen sich dort identifizieren, wo es zu indoktrinären Verkürzungen, zu rekrutierenden Mechanismen des ekklesialen Selbsterhalts od. zur Fokussierung auf hauptamtliche/klerikale Berufsgruppen gegenüber einer Pluralität von TrägerInnen der J. kommt. Neben dem Segment der J. hat sich insb. die Pastoral Junger Erwachsener etabliert. Überschneidungen zu anderen pastoralen Segmenten ergeben sich einerseits in konkreten pastoralen Handlungsfeldern, wie etwa der →Hochschulpastoral, der Schulpastoral u. des →Religionsunterrichtes, aufgrund der Heterogenität von Ausbildungsbiographien, Lebensformen u. -stilen u. Glaubenswegen. Andererseits bewirken ein früheres Einsetzen der Adoleszenz, wie auch Verlängerungen von Ausbildungszeiten, ein späterer Eintritt in die Erwerbsarbeit u. die Verschiebung der Familiengründung eine biographische Ausweitung der Lebensphase Jugend. Angesichts einer über die bloße Mediennutzung hinaus zu beobachtenden Kultur der Digitalität in nahezu allen Lebensbereichen (Bildung u. Arbeitswelt, Freizeitgestaltung u. Kultur, Privatheit u. Öffentlichkeit), werden Jugendliche im 21. Jh. häufig vereinfachend als Generation Y od. digital natives identifiziert.

Die organisatorische Struktur der J. gliedert sich in Aktivitäten der kath. Jugendverbände m. einer diözesanen u. bundesweiten Vertretung im Bund der Deutschen Katholischen Jugend (BDKJ) u. die außerverbandliche J., vorrangig auf der lokalen Ebene der →Pfarreien od. auch in Jugendverbänden im Spektrum Neuer Geistl. Gemeinschaften. Der BDKJ ist strukturell in das Zentralkomitee der deutschen Katholiken (ZdK) eingebunden u. hat seine Zentralstelle im Jugendhaus Düsseldorf. In den Jugendämtern bzw. Jugendabteilungen von →Diözesen erfolgt die Kooperation zwischen der verbandlich organisierten, der hauptamtlich-beruflichen u. auch der weltkirchlichen J. Diese durch große Eigenständigkeit der einzelnen Jugendverbände u. des BDKJ gegenüber amtl. Strukturen der Diözesen u. der DBK geprägte Struktur stellt ein dt. Spezifikum dar, das seine Wurzeln in der Entstehung des Verbandswesens im 19. Jh. u. den Erfahrungen in der Zeit des NS hat. Auf diesen Fundamenten kam es 1947 zur Gründung des BDKJ als weitgehend unabhängigem →Dachverband. In anderen Ländern werden Jugendverbände in die Kath. Aktion m. einer stärkeren institutionellen Einbindung in die Diözesen integriert. Neben dem BDKJ wird auf Seite der DBK die J. durch eine eigene Arbeitsstelle für Jugendseelsorge (afj) koordiniert. Sie fungiert als Zentralstelle der Jugendkommission der DBK. Da sich im Bereich der J. die Krise der Kirchen in säkularen Gesellschaften (Mitgliederschwund, Überalterung, Milieuverengung) bes. deutlich zeigt, wurden in einigen Diözesen Jugendkirchen als zentrale, milieu- u. generationssensibel gestaltete Angebote der J. gegr. Neben einer Reihe von Veröff. der DBK u. der Jugendkommission zur Ausrichtung der J. wurden seit den 1990er J. v. a. Regelungen im Umgang m. Fällen sexualisierter Gewalt m. dem Bemühen um einheitliche Standards u. Präventionsmaßnahmen veröff.: Prävention von sexualisierter Gewalt an Kindern, Jugendlichen u. jungen Erwachsenen (2010), Handreichung der Jugendkommission zur Prävention von sexualisierter Gewalt im Bereich Jugendpastoral (2011).

Quellen

GSyn I, Ziele u. Aufgaben kirchl. Jugendarbeit, 277–311.

Literatur

Lechner, M., Pastoraltheologie der Jugend. Gesch., theol. u. kairologische Bestimmung der Jugendpastoral einer evangelisierenden Kirche, München 1992; Höring, P. C., Jugendpastoral heute. Aufgaben u. Chancen, Kevelaer 2004; Hobelsberger, H., Jugendpastoral des Engagements: Eine praktisch-theol. Reflexion u. Konzeption des sozialen Handelns Jugendlicher, Würzburg 2006; Gabriel, A., Mit-Leidenschaft für junge Menschen. Beiträge zur Jugendpastoral, München 2011; Wiesemann, K.-H., Jugend u. Kirche – zwei versch. Welten? Wirklichkeit u. Herausforderung kirchl. Jugendpastoral, Erkelenz 2014.

Wolfgang Beck

© 2019, DOI: 10.30965/9783506786388_0536

Jugendsozialarbeit – Katholisch

J. ist ein Teilbereich der →Jugendhilfe, die von Einrichtungen u. Diensten der kath. Kirche sowie von kath. Verbänden, Vereinen, Orden, Genossenschaften u. Vereinigungen erbracht wird.

Das Angebot für Leistungen der J. richtet sich an sozial benachteiligte u. individuell beeinträchtigte Jugendliche, die ein erhöhtes Maß an Hilfebedarf haben. Die Leistungsbereiche, die unter die J. gefasst werden können, sind insb. arbeitsweltbezogene J. (auch Jugendberufshilfe, bspw. in der Berufsvorbereitung, Berufsausbildung, Ausbildungsbegleitung od. Jugendwerkstätten), schulbezogene J. (auch Schulsozialarbeit, z. B. Einzel-, Gruppen- od. Projektarbeiten in Schulen), mobile/aufsuchende J./Streetwork (niedrigschwellige unterstützungs-, vermittlungs- u. Integrationsangebote in der Lebenswelt der Jugendlichen), migrationsbezogene J. (spezifische Angebote, bspw. bezogen auf Sprachkenntnisse, Traumabewältigung, Aufenthaltsrecht), geschlechtsbezogene J. (z. B. spezifische Hilfestellungen u. Angebote für Jugendliche wegen Diskriminierungen aufgrund ihres Geschlechts) u. Jugendwohnen (insb. berufsbedingte Unterbringung außerhalb des Elternhauses m. sozialpädagogischem Leistungsangebot).

Den Trägern der J. ist gemein, dass sie ihre Leistungen gegenüber den Jugendlichen u. ihr Handeln insgesamt am Evangelium u. den Grundlagen der kath. Soziallehre ausrichten. Den eigentlichen Mittelpunkt bildet dabei die Würde der menschlichen Person, die auch die Grundlage der hier maßgebenden Prinzipien der kath. Soziallehre bildet: →Gemeinwohl, Subsidiarität (→Subsidiaritätsprinzip) u. Solidarität (vgl. Kompendium der Soziallehre der Kirche, 2006, 131 f.).

Der Tätigkeit der Träger der J. liegt kein gemeinsamer Gründungswille od. ein einheitliches Konzept zugrunde. Sie ergab sich aus dem Vollzug der Jugendhilfe m. den jeweiligen lokalen u. bereichsspezifischen Besonderheiten ihrer Zeit (auch zum Nachfolgenden: Breuer, 1985, 36 f.). Die Vorformen der heutigen J. können in den Gesellenheimen, Arbeiterhospizen u. den Gesellenvereinen des 19. Jh. gesehen werden. Die zunehmenden Bedürfnisse der in Not geratenen Jugendlichen infolge der Industrialisierung u. spätestens der unmittelbaren Folgen der beiden Weltkriege, führte zum Selbstverständnis der heutigen J. M. den jeweiligen Herausforderungen der Gesellschaft entwickelten sich auch die Arbeitsfelder der J. nach dem zweiten Weltkrieg weiter, so bspw. infolge der Not der Vertriebenen-, Flüchtlings- u. Spätaussiedlerjugend, dem Wiederaufbau Deutschlands in den 50er u. 60er J. des 20. Jh. od. der steigenden Jugendarbeitslosigkeit seit 1974 (Breuer, 1985, 38f.). J. entwickelt sich auch heute noch m. dem spezifischen Hilfebedarf der Jugendlichen zu Beginn des 21. Jh. weiter, wie etwa der Flucht (unbegleiteter) Jugendlicher aus Kriegsgebieten m. anderem kulturellem Hintergrund od. dem Wandel der Gesellschaft insgesamt, die die heutigen Ausformungen bspw. der migrations- u. geschlechtsspezifischen J. u. der Schulsozialarbeit prägen.

Leistungserbringer der J. sind i. d. R. auf Landesebene in Arbeitsgemeinschaften (z. B. Kath. J. Bayern, Kath. J. Nord gGmbH, Landesarbeitsgemeinschaft Kath. J. NRW e. V.) od. bundeszentral (z. B. DCV e.V., Kolpingwerk Deutschland, IN VIA Kath. Verband für Mädchen- u. Frauensozialarbeit – Deutschland e. V., Dt. Provinz der Salesianer Don Boscos) organisiert. Die Träger haben sich größtenteils als Mitglieder in der Bundesarbeitsgemeinschaft Kath. J. (BAG KJS) e.V. zusammengeschlossen.

Grds., aber nicht zwingend, werden die Leistungen der J. von den Trägern der J. im Rahmen der Sozialgesetze erbracht, was zunächst eine staatl. Anerkennung als Träger der freien Jugendhilfe gem. §75 SGB VIII erfordert. Die Jugendsozialhilfe wird in §13 Abs. 1 SGB VIII als Hilfe für junge Menschen (§7 Abs. 1 Nr. 4 SGB VIII: wer noch nicht 27 J. alt ist), die zum Ausgleich sozialer Benachteiligungen od. zur Überwindung individueller Beeinträchtigungen in erhöhtem Maße auf Unterstützung angewiesen sind, definiert. Die Leistungsangebote reichen von sozialpädagogischen Hilfen sowie schulischer u. beruflicher Ausbildung, bis zur Eingliederung in die Arbeitswelt u. der Förderung der sozialen Integration. Dabei kann den jungen Menschen während der Teilnahme an schulischen bzw. beruflichen Bildungsmaßnahmen od. bei der beruflichen Eingliederung Unterkunft in sozialpädagogisch begleiteten Wohnformen angeboten werden (§13 Abs. 3 SGB VIII). Die den Trägern der J. entstehenden Kosten für diese Sozialleistungen werden (inzwischen häufig erst nach erfolgreichem Durchlaufen eines Vergabeverfahrens) von den zuständigen Trägern der öff. Jugendhilfe übernommen.

Quellen

Päpstlicher Rat für Gerechtigkeit u. Frieden, Kompendium der Soziallehre der Kirche, Freiburg ²2006.

Literatur

Breuer, K. H., Zum Selbstverständnis kath. Jugendsozialarbeit (1985): Beiträge zur Geschichte kath. Jugendsozialarbeit, hg. v. Landesarbeitsgemeinschaft Kath. Jugendsozialarbeit Nordrhein-Westfalen e.V., Köln 2007, 36-96.

David Preisner

© 2019, DOI: 10.30965/9783506786388_0537

Jugendsozialarbeit – Evangelisch

1. Der Begriff J. begegnet in zwei Varianten: a) Im engeren Sinne als sozialrechtlich definierter Fachbegriff nach §13 SGB VIII. Hier meint J. den Inbegriff derjenigen Tätigkeiten m. jungen Menschen, die „zum Ausgleich sozialer Benachteiligungen oder zur Überwindung individueller Beeinträchtigungen" insb. „ihre schulische und berufliche Ausbildung, Eingliederung in die Arbeitswelt und ihre soziale Integration fördern" sollen (§13 Abs. 1). b) Daneben begegnet eine weitere Verwendungsweise des Begriffs als umgangssprachlicher Oberbegriff für jede Form der Arbeit m. Jugendlichen, die einen sozialen Schwerpunkt aufweist, unabhängig davon, ob u. in welche sonstigen Kategorien des Sozialrechts die jeweiligen Tätigkeiten fallen. Transponiert man diese beiden Begriffsvarianten in den chr. Kontext, dann kann man von ev. od. kath. J. u. für den weiteren Wortsinn von Diakonischer →Jugendarbeit sprechen.

2. Hist. betrachtet findet man im ev. Raum so etwas wie Diakonische Jugendarbeit bereits seit dem 17. Jh., v. a. in den zahlreichen Initiativen des Pietismus u. der Volksaufklärung, bes. prominent bei A. H. Francke in Halle. Später wird die sog. Erweckungsbewegung des 19. Jh. zu einem wichtigen Motor Diakonischer Jugendarbeit, bspw. in Person des Begründers der Inneren Mission, J. H. Wichern. Gleichwohl ist der Begriff der Jugendarbeit bis zu diesem Zeitpunkt noch m. Umsicht zu gebrauchen, kristallisiert sich doch nun erst langsam eine Jugendphase im heutigen Sinne heraus. Ein Ausdruck davon ist nicht zuletzt das wachsende staatl. Interesse an der Jugend, wenngleich es sich aus heutiger Perspektive zunächst auffallend stark auf die möglichst reibungslose Anpassung der Jugendlichen an die staatl. Ordnungsinteressen richtet. Nichtsdestotrotz beginnt im letzten Drittel des 19. Jh. – analog zur rechtlichen Ausgestaltung – eine gewisse Professionalisierung des Feldes, die sich in die beiden Sparten der Jugendfürsorge u. der Jugendpflege (grob gleich: J. u. Jugendarbeit) aufteilt. Beide werden im RJWG von 1922/1924 zusammengeführt u. so die rechtlichen Grundlagen für eine ausdifferenzierte Praxis der Jugendarbeit unter staatl. Ägide gelegt. So war das RJWG mitsamt den Novellierungen von 1953 u. 1961 bis zum Inkrafttreten des KJHG/SGB VIII im J. 1991 in Geltung. Nach dem Zweiten Weltkrieg u. der Vereinnahmung der Jugendarbeit durch den NS galt es in praktischer Hinsicht zunächst, sowohl die massiven sozialen Folgelasten des Krieges zu bekämpfen, als auch die strukturellen Demokratiedefizite der bisherigen Jugend(sozial)arbeit zu beheben. In beide Prozessen waren die Kirchen in hohem Maße eingebunden u. sind es – insb., wenn man einen weiten Begriff von Diakonischer Jugendarbeit zugrunde legt – bis heute. Die ev. J. im engeren Sinne ist heute durch den Fachverband Bundesarbeitsgemeinschaft Ev. J. (EJSA) vertreten u. als solcher Teil des Kooperationsverbundes J. auf Bundesebene. Darüber hinaus weisen allerdings auch andere Formen von ev. Jugendarbeit, wie sie etwa in Gde. angesiedelt od. in den Verbänden der Arbeitsgemeinschaft Ev. Jugend (AEJ) organisiert sind, einen diakonisch-sozialen Aspekt auf.

3. Die Zielgruppe der J. ist weder im engen noch im weiten Sinne des Begriffs klar umgrenzt, da Benachteiligungen u. Beeinträchtigungen weder im Gesetzestext noch sonst näher definiert sind u. sich auch praktisch als vielfältig u. wandelbar darstellen. Im Allg. kann man darunter sowohl ökonomische, bildungstechnische u. familiäre Rahmenbedingungen, als auch individuelle psychische, körperliche od. andere Beeinträchtigungen verstehen. Entspr. dieser potentiellen Weite der Zielgruppe sind auch die Handlungsfelder nicht eindeutig kanonisiert. Klassische Felder bilden die Schulsozialarbeit, die arbeitsweltbezogene J., die aufsuchende J., Maßnahmen im Bereich des Jugendwohnens sowie Migrationshilfen. Darüber hinaus können aber auch anderen Problematiken wie Risikoverhalten, Gewalt, Drogenmissbrauch, Straffälligkeit etc. zum Gegenstand von J. werden.

Literatur

Handbuch Diakonische Jugendarbeit, hg. v. T. Braune-Krickau – St. Ellinger, Neukirchen-Vluyn 2010; Handbuch Jugend. Ev. Perspektiven, hg. v. Y. Kaiser – M. Spenn – M. Freitag – Th. Rauschenbach – M. Corsa, Opladen – Berlin – Toronto 2013; Schwab, U., Ev. Jugendarbeit: Konzepte, Klärungen, Arbeitsfelder, Stuttgart 2018.

Tobias Braune-Krickau

© 2019, DOI: 10.30965/9783506786388_0537

Jungfrauenweihe – Katholisch

Die J. (consecratio virginum) ist eine nur für Frauen vorgesehene Personenweihe o. Ölsalbung u. gehört zu den →Sakramentalien. Ordentlicher Spender ist der →Diözesanbischof, die →Delegation an einen →Auxiliarbischof od. →Priester ist möglich (c. 1169 §1). Weil sie durch die J. mystisch m. Chr. vermählt wird (c. 604 §1), darf die Empfängerin nie eine →Eheschließung gefeiert u. nicht öff. od. offenkundig „in einem der Keuschheit widersprechenden Zustand gelebt haben" (Ordo, Praenotanda, n. 5a); wer keine Nonne ist, soll zudem durch Alter, Urteilsvermögen u. erprobten Charakter die Gewähr sittenreinen Lebens bieten (n. 5b). Die physisch intakte Jungfräulichkeit ist rechtlich nicht mehr verlangt (Instr. Ecclesiae sponsae imago, n. 88); der Ortsbischof kann sie für die Zulassung ggf. aber fordern (Ordo, Praenotanda, n. 5c). Er muss auch für eine angemessene Ausbildung der Kandidatinnen sorgen (Instr. Ecclesiae sponsae imago, nn. 74-107).

Als →Insignien erhält eine Frau bei der J. Ring, i. d. R. Stundenbuch (→Brevier) u. fakultativ Schleier. Zugl. wird sie in den Jungfrauenstand (ordo virginum) aufgenommen, eine der ältesten kirchl. Lebensformen u. ein anerkannter Lebensstand i. S. v. c. 219. Seit dem II. Lateranum (1139) war die J. Nonnen vorbehalten. Erst der nach dem Vat II revidierte Ritus (1970) sah die Spendung an in der Welt lebende Frauen wieder vor u. machte den Jungfrauenstand als eigenständige Form des geweihten Lebens neu wahrnehmbar. Kirchl. gilt sein nachkonziliares Wiederaufleben als Geschenk des Hl. Geistes (Instr. Ecclesiae sponsae imago, n. 114).

Außer dem Keuschheitsversprechen haben geweihte Jungfrauen keine einheitlichen (Standes-)Pflichten, in ihrer Lebensführung aber die Vorgaben der Instr. Ecclesiae sponsae imago (n. 27-41) zu beachten. Die J. begr. auch keine rechtliche Bindung an den Diözesanbischof (Gehorsamspflicht, Versorgungsanspruch o. Ä.). Nach der Instr. Ecclesiae sponsae imago gibt es aber einen diözesanen Ordo virginum, in dem u. durch den die geweihten Jungfrauen einer Diözese verbunden sind (n. 46; 50 f.). Wie die →Ordensprofess kann die J. aufgehoben werden, entweder auf eigenen Wunsch od. strafweise (Instr. Ecclesiae sponsae imago, n. 70-73). Weil die J. kein →Ehehindernis ist, wäre eine Eheschließung vor der rechtmäßigen Entlassung aus dem Jungfrauenstand unerlaubt, aber gültig.

Quellen

Ordo Consecrationis Virginum. Pontificale Romanum ex decreto Sacrosancti Œcumenici Concili Vaticani II instauratum auctoritate Pauli PP. VI promulgatum, Editio typica, Typ. Pol. Vat. 1970, dt.: Die Jungfrauenweihe: Pontifikale II: Die Weihe des Abtes u. der Äbtissin. Die Jungfrauenweihe, Handausgabe m. pastoralliturgischen Hinweisen, hg. v. den Liturgischen Instituten Salzburg, Trier, Zürich, Freiburg – Basel – Wien 1994, 67-150; DBK, Empfehlungen für die Spendung der Jungfrauenweihe gem. c. 604 CIC, 25. Januar 2016: ABl. Rottenburg-Stuttgart 60 (2016), 150-152; Kongr. für die Institute des geweihten Lebens u. die Gesellschaften des apost. Lebens, Ecclesiae Sponsae Imago. Istruzione sull'Ordo virginum vom 8. Juni 2018, Vatikanstadt 2018.

Literatur

Konetzny, G., Die Jungfrauenweihe: Liturgie u. Frauenfrage. Ein Beitrag zur Frauenforschung aus liturgiewissenschaftlicher Sicht, hg. v. T. Berger – A. Gerhards, St. Ottilien 1990 (Pietas liturgica 7), 475-492; Anuth, B. S., Gottgeweihte Jungfrauen nach Recht u. Lehre der röm.-kath. Kirche, Essen 2009 (BzMKCIC 54); Henseler, R., Die virgines consecratae in der Gesetzgebung von CIC u. CCEO: Clarissimo Professori Doctori Carolo Giraldo Fürst. In memoriam Carl Gerold Fürst, hg. v. E. Güthoff – S. Korta – A. Weiß, Frankfurt 2013 (AIC 50), 221-232; Meier, D. M., Die consociationes virginae – dargestellt im Lichte des CIC u. der Satzung des „Ordo Virginum Deutschland e.V.": Clarissimo Professori Doctori Carolo Giraldo Fürst. In memoriam Carl Gerold Fürst, hg. v. E. Güthoff – S. Korta – A. Weiß, Frankfurt 2013 (AIC 50), 387-405; Anuth, B. S., Gottgeweihte Jungfrauen in der röm.-kath. Kirche. Kanonistische Bemerkungen zu einer spezifisch weiblichen Lebensform: Ius quia iustum (FS Pree), hg. v. E. Güthoff – S. Haering, Berlin 2015 (KStT 65), 569-593.

Bernhard Sven Anuth

© 2019, DOI: 10.30965/9783506786388_0538

Jüngstes Gericht – Evangelisch

Grundannahme der Lehre vom J. G. ist die Auffassung, dass der biblische Gott Recht setzt u. schafft, mithin die Unterscheidung von gut u. böse markiert u. das Böse nicht dauerhaft das Gute obsiegen lässt. Die enge Verbindung von Gott u. Gottesrecht prägt neben der Aussage von Gottes Barmherzigkeit u. Treue die Überlieferungsgeschichte des AT u. ist Fundament der eschatologischen Hoffnung: Gott wird am jüngsten Tag sein Recht u. seine Gerechtigkeit definitiv an allen Völkern erweisen.

Die Erwartung des J. G. ist fester Bestandteil der Glaubensüberzeugung auch des gesamten NT. Es überträgt Jesus Chr. die Funktion des endzeitlichen Richters u. hält die Heilsbedeutung seines Wirkens für die Sünder als bestimmend für den Vollzug des J. G. fest. Jesus Chr. hebt das G. nicht auf, wohl aber werden die Auferweckten durch das G. hindurch verwandelt u. gerettet werden (2 Kor 3, 18). Das NT bezeugt die Vorstellung, dass die Werke des Menschen gerichtet, die Person aber gerettet wird (1 Kor 3, 15). Maßstab des G. sind die Botschaft Jesu u. das Bekenntnis zu ihm (Mt 5, 3-12; Mt 25, 4; Lk 12, 8).

Das J. G. stellt den Auferweckten in die unbedingte Verantwortung für das gelebte Leben (Röm 14, 12). Die Erwartung des J. G. gibt dem irdischen Leben Ewigkeitswert u. unterstreicht seine Einmaligkeit. Sie hat so eminent präsentische Bedeutung (Joh 3, 18). Kommt in der Gegenwart des dreieinigen Gottes im Eschaton das gelebte Leben als Ganzes ans Licht, so liegt bereits darin – u. nicht in einer gleichsam von außen ergehenden göttlichen Strafe – das G. Das NT kennt die Vorstellung des doppelten Ausgangs zum ewigen Leben bzw. zur ewigen Verdammnis (Mt 25, 31-46), doch bringt es gleichzeitig die universale Heilsbedeutung von Person u. Wirken Jesu Chr. zur Geltung (2 Kor 5, 19). Das vielfältige Zeugnis des NT erfordert daher eine systematisch-theol. Durchdringung von der Christologie bzw. der trinitarischen Gotteslehre her. Eine Allversöhnung kann in der jüngeren Theologie als Implikation des Christusgeschehens verstanden werden, insofern eine ewige Verdammnis Einzelner dem offenbar gewordenen Versöhnungswillen Gottes widerspreche. Die Allversöhnung ersetzt dabei nicht den Gerichtsgedanken, sondern setzt diesen voraus. Wer demgegenüber den doppelten Ausgang des G. vertritt, hält die Möglichkeit offen, dass Einzelne sich dem Gemeinschaftswillen Gottes dauerhaft verschließen u. sich darin selbst die Hölle zuziehen.

Literatur

Pannenberg, W., Systematische Theologie Bd. III, Göttingen 1993, 654-694.

Christine Axt-Piscalar

© 2019, DOI: 10.30965/9783506786388_0539

Juniorprofessur – Katholisch

Der staatl. Gesetzgeber hat die J. 2002 als ordentlichen Qualifikationsweg zur (Lebenszeit-)Professur eingeführt u. die →Deutsche Bischofskonferenz daraufhin am 25.09.2003 Kirchl. Anforderungen an J. in der Kath. Theologie beschlossen. Weil die Kongr. für die Bf. das Dokument m. Dekr. vom 31.07.2004 rekognosziert hat, dürfte der →Apostolische Stuhl der DBK zuvor eine entspr. Gesetzgebungskompetenz zugewiesen haben (c. 455 §1). Die Kirchl. Anforderungen wurden m. Rundschreiben des DBK-Vorsitzenden am 23.05.2005 promulgiert u. sind demnach am 01.06.2005 in Kraft getreten. Ihre Geltung wird durch die Nihil obstat-Normen der Kongr. für das Kath. Bildungswesen vom 25.03.2010 (n. 7) bestätigt.

J. sind Qualifikationsstellen u. dürfen aus kirchl. Sicht als solche nicht auf die personelle Ausstattung einer Kath.-Theol. Fak. (→Theologische Fakultät, Hochschuleinrichtung) od. eines Lehrerausbildungsinstituts m. vorgegebener Zahl ordentlicher Professuren angerechnet werden. Für die Errichtung/Umschreibung von J. gelten die einschlägigen hochschul- u. kirchenrechtlichen Vorgaben;

bei für die Kath. Theologie neuen Disziplinen bedarf es der vorherigen Zustimmung des Hl. Stuhls (Kirchl. Anforderungen n. 2). Eine J. ist i. d. R. öff. auszuschreiben (n. 3). Der zuständige →Diözesanbischof kann zuvor das Standeskriterium geltend machen u. eine auf →Priester beschränkte Ausschreibung fordern (vgl. Rieger, 2005, 46 f.). Für die Bildung der Berufungs- u. späteren Evaluationskommission gelten dies. rechtlichen Vorgaben wie bei der Berufung auf eine (Lebenszeit-)Professur; weil der wiss. Nachwuchs i. d. R. an Kath.-Theol. Fak. herangebildet wird, müssen Berufungs- u. Evaluationskommissionen für J. an Lehrerausbildungsinstituten mehrheitlich aus Kath. →Theologieprofessoren bestehen, „möglichst unter Beteiligung von Professoren einer Katholisch-Theologischen Fakultät" (n. 4).

Zur Berufung auf eine J. muss ein Bewerber gem. n. 8 →Akkommodationsdekret zu SapChrist ein Studium der Kath. Theologie m. einem von der kirchl. Autorität anerkannten Examen abgeschlossen u. an einer theol. Fak. eine qualifizierte →Promotion im Fach Kath. Theologie abgelegt haben (Kirchl. Anforderungen n. 5; Nihil obstat-Normen n. 7). Neben diesem Erfordernis einer kanonischen Graduierung müssen die üblichen staatl. u. kirchl. Einstellungsvoraussetzungen für Theologieprofessoren erfüllt sein (Kirchl. Anforderungen n. 5). Dies sind zum einen „pädagogische Eignung" u. „besondere Befähigung zu wissenschaftlicher Arbeit, die in der Regel durch die herausragende Qualität einer Promotion nachgewiesen wird" (§ 47 HochschulRG), sowie zum anderen das →Nihil obstat des zuständigen Diözesanbischofs. Vor dessen Erteilung wird geprüft, ob sich ein Kandidat durch „vorbildliches Leben, Echtheit der Lehre und Pflichtbewusstsein sowie die volle Gemeinschaft mit dem authentischen Lehramt der Kirche, insbesondere mit dem Papst," für eine theol. Professur eignet (Nihil obstat-Normen n. 10). →Laien müssen zudem einen mind. einjährigen praktischen Einsatz in der Pastoral nachweisen, den der für die Fak. zuständige Diözesanbischof anerkannt hat (n. 9). Da JProf. in einem befristeten Beamten- bzw. Beschäftigungsverhältnis stehen, ist die J. nicht eine Professur i. S. v. n. 7 Akkommodationsdekr. Der zuständige Diözesanbischof kann sein Nihil obstat daher o. vorherige Anfrage beim Apost. Stuhl erteilen (Kirchl. Anforderungen n. 6). Erst wenn ein JProf. o. offenes Berufungsverfahren an derselben Fak. bzw. dems. Inst. auf eine Professur im Beamtenverhältnis auf Lebenszeit od. in einem unbefristeten Beschäftigungsverhältnis berufen wird (sog. tenure track), muss der Bf. zuvor das Nihil obstat des Apost. Stuhls einholen (n. 7 Akkommodationsdekr.; Nihil obstat-Normen n. 4).

Die dt. Bf. erwarten, dass Inhaber einer J. „eine weitere große Forschungsarbeit (‚Zweites Buch') oder eine gleichwertige wissenschaftliche Leistung" erbringen, um eine hinreichend breite Qualifikation für die künftige Vertretung ihres Faches in Forschung u. Lehre nachzuweisen (Kirchl. Anforderungen n. 6). Damit wird faktisch eine habilitationsadäquate Leistung gefordert. Zwar wäre eine Verweigerung des Nihil obstats für eine Lebenszeitprofessur m. Verweis auf die fachliche Qualifikation eines Kandidaten unzulässig; weil die Kirchl. Anforderungen als konkordatär geschützte kirchl. Normen gelten können, ist das Kriterium „zweites Buch" aber auf anderem Wege durchsetzbar (vgl. Rieger, 2005, 36 f.). Obwohl die J. als Alternative zur →Habilitation konzipiert ist, können JProf. deshalb parallel zu ihrer Tätigkeit ein Habilitationsvorhaben verfolgen. Hochschulrechtlich darf ihnen dieser Qualifikationsweg jedenfalls nicht verwehrt werden (vgl. Hartmer, 2017, 223). Nur wenn der Inhaber einer J. habilitiert ist, kann er selbst an Habilitationsverfahren mitwirken; Mitglied einer Berufungskommission können JProf. hingegen statusbedingt grds. nicht sein (Kirchl. Anforderungen n. 2).

Quellen

Johannes Paul II., ApK Sapientia Christiana vom 15. April 1979: AAS 71 (1979) 469-499; dt.: Kath. Theologie u. Kirchl. Hochschulrecht. Einführung u. Dokumentation der kirchl. Rechtsnormen, hg. v. Sekretariat der DBK, Bonn [2]2011 (Arbeitshilfen 100), 197-279; Kongr. für das Kath. Bildungswesen, Dekr. vom 1. Januar 1983 über die Kath.-Theol. Fakultäten in den Staatl. Universitäten im Bereich der DBK zur ordnungsgemäßen Anpassung u. Anwendung der Vorschriften der ApK „Sapientia Christiana" und der ihr beigefügten „Ordinationes" [= Akkommodationsdekret I]: Kath. Theologie u. Kirchl. Hochschulrecht. Einführung u. Dokumentation der kirchl. Rechtsnormen, hg. v. Sekretariat der DBK, Bonn [2]2011 (Arbeitshilfen 100), 370-385; DBK, Kirchl. Anforderungen an Juniorprofessuren in der Kath. Theologie vom 25. September 2003: Berufung von Professoren u. Professorinnen der Kath. Theologie. Normen – Vorgaben – Informationen, hg. v. Sekretariat der DBK, Bonn 2014 (DDB – Kommission für Wissenschaft u. Kultur 38), 35-39; Kongr. für das Kath. Bildungswesen, Normen zur Erteilung des Nihil obstat bei der Berufung von Professoren der Kath. Theologie an den staatl. Universitäten im Bereich der DBK: Berufung von Professoren u. Professorinnen der Kath. Theologie. Normen – Vorgaben – Informationen, hg. v. Sekretariat der DBK, Bonn 2014 (DDB – Kommission für Wissenschaft u. Kultur 38), 7-18.

Literatur

Rieger, R. M., Juniorprofessuren in der kath. Theologie: AfkKR 174 (2005), 19-49; Schmitz, H. – Rhode, U., Einführung: Kath. Theologie u. Kirchl. Hochschulrecht. Einführung u. Dokumentation der kirchl. Rechtsnormen, hg. v. Sekretariat der DBK, Bonn [2]2011 (Arbeitshilfen 100), 19-186; Rhode, U., Aktuelle Entwicklungen im kirchl. Hochschulrecht: Kath.-Theol. Fakultäten zwischen „Autonomie" der Universität u. kirchl. Bindung, hg. v. Z. Grocholewski – F. Bechina – L. Müller – M. Krutzler, Budapest 2013, 185-208; Hartmer, M., Das Recht des wiss. Nachwuchses: Hochschulrecht. Ein Handbuch für die Praxis, hg. v. M. Hartmer – H. Detmer, Heidelberg [3]2017, 241-298.

Bernhard Sven Anuth

© 2019, DOI: 10.30965/9783506786388_0540

Juniorprofessur – Evangelisch

Das ev. KR setzt sich bisher nur am Rande m. der 2002 in das staatl. →Hochschulrecht eingeführten J. auseinander. Dies rührt auch daher, dass sich bisher kein geschlossenes, durch die ev. Theologie geprägtes Hochschulrecht herausgebildet hat. Gegenwärtig existieren m. der Augustana-Hochschule Neuendettelsau u. der Kirchl. Hochschule Wuppertal/Bethel nur zwei kirchl. Universitäten, die dafür in Frage kommen, eine der Qualifikation für eine Universitätsprofessur dienende J. anzusiedeln. Von diesen sieht bisher nur die Kirchl. Hochschule Wuppertal/Bethel die Beschäftigung von JProf. vor. Analog zum staatl. Recht ordnet deren GrO die JProf. m. den Prof. einer einheitlichen Gruppe zu (§ 6 I Nr. 1) u. stellt sie auch i. Ü. (abgesehen von der dem staatl. Recht entspr. Befristung ihres Beschäftigungsverhältnisses) weitgehend Prof. gleich: Z. B. ist auch bei der Berufung von JProf. die Zustimmung des Trägers einzuholen (§ 14 II 2). Genauso wie Prof. erfüllen sie ihre Aufgaben in Forschung u. Lehre selbständig (§ 28 I). Auch darüber hinaus lehnen sich die kirchenrechtlichen Bestimmungen an das staatl. Recht an, das gem. § 36 II GrO außerdem Lücken im kirchl. Dienstrecht ausfüllt. Auch für die Berufungsvoraussetzungen verweist das KR auf die Anforderungen des staatl. Rechts, fügt ihnen aber spezifisch kirchl. Berufungsvoraussetzungen hinzu (s. § 36 III, IV GrO: Mitgliedschaft in der ev. Kirche, Anerkennung der Grundartikel der GrO Westf u. Rh, z. T. auch Ordination).

Daneben ist die Einführung der J. in das staatl. Hochschulrecht von Bedeutung für die Auslegung u. Weiterentwicklung des Staat u. Kirche gemeinsamen Staatskirchenvertragsrechts, das die Mitwirkung der Kirchen an Entscheidungen über die Qualifikation u. Beschäftigung von Lehrenden der Theologie an staatl. Hochschulen regelt: Ältere Staatskirchenverträge sehen i. d. R. nur eine Mitwirkung vor der „Anstellung" eines „ordentlichen oder außerordentlichen Professors" (z. B. § 3 Abs. 2

NI.KV) od. der „Besetzung eines Lehrstuhls" (z. B. Art. 14 Abs. 2 RP.KV) vor, während neuere Verträge sie i. d. R. auf alle „Hochschullehrer" (z. B. Art. 3 Abs. 2, 3 BW.KV) od. „Hochschuldozenten" (z. B. Art. 3 Abs. 2 SN.KV) erstrecken. Während diese neueren Formulierungen JProf. eindeutig einschließen, ist dies bei den älteren Formulierungen klärungsbedürftig. Die besseren Gründe sprechen aber dafür, sie telelogisch ebenso auszulegen, da J. wie „ordentliche oder außerordentliche Professoren" zu selbständiger Forschung u. Lehre berechtigt sind, aber zum Zeitpunkt des Vertragsschlusses noch nicht als hochschulrechtliche Personalkategorie existierten u. deshalb nicht explizit benannt werden konnten. Auch um den verfassungsrechtlichen Anforderungen an die Mitwirkungsmöglichkeiten der Religionsgemeinschaften am Lehr- u. Forschungsbetrieb staatl. theol. Einrichtungen (dem aus Art. 4 Abs. 1, 2 GG, Art. 140 GG i. V. m. Art. 137 Abs. 3 WRV folgenden Recht, bekenntniswidrige Lehre u. Forschung an den Ausbildungsstätten für den kirchl. Nachwuchs u. Stätten der Pflege der Theologie abzuwehren) Rechnung zu tragen, ist diese Auslegung geboten (s. auch de Wall, 2013, 52 unter Bezugnahme auf BVerfGE 122, 89). Entspr. geht auch die EKD von der Erstreckung der kirchl. Mitwirkungsrechte auf die Berufung von J. aus (Kirchenamt der EKD, 2007/2008, II. 4. a.E.). Das Staatskirchenvertragsrecht sieht außerdem – in unterschiedlichem Umfang – eine (ebenfalls verfassungsrechtlich gebotene) Mitwirkung der Kirchen am Erlass der Habilitationsordnungen staatl. theol. Fak., vereinzelt auch eine Mitwirkung in Prüfungskommissionen vor (näher →Habilitation, ev.). Ausdrückliche Regelungen über dic Mitwirkung an universitären Ordnungen, die die Berufung u. die Evaluation von JProf. regeln, sowie über die Mitwirkung in Evaluationskommissionen fehlen bisher. Da die J. jedoch einen der Habil. gleichwertigen u. ihr als Alternative an die Seite gestellten Qualifikationsweg darstellt, müssen die die Habil. betr. staatskirchenvertraglichen Bestimmungen analog auf die Entscheidungen über die Ausgestaltung der J. angewandt werden.

Quellen

Grundordnung der Kirchl. Hochschule Wuppertal/Bethel, Fassung 2017; Kirchenamt der EKD, Das Zusammenwirken von Landeskirchen u. Theologischen Fakultäten in Deutschland – Empfehlungen, 2007/2008: Christoph, J. E., Kirchen- u. staatskirchenrechtliche Probleme der Ev.-theol. Fakultäten, Tübingen 2009, Anl. 13.

Literatur

de Wall, H., Die Staatskirchenrechtliche Stellung der Theologie an staatl. Hochschulen u. die Reichweite kirchl. Mitwirkungsrechte: Organisationsrechtliche Fragen der Theologie, hg. v. H. M. Heinig – H. Munsonius – V. Vogel, Tübingen 2013, 50-52, 54-56; Heinig, H. M. – Vogel, V., Hochschulbildung: HevKR, § 21.

Renate Penßel

© 2019, DOI: 10.30965/9783506786388_0540

Jurisdiktion – Katholisch

Anders, als die wörtliche Übers. des lat. Wortes iurisdictio (Rechtsprechung) erwarten ließe, u. im Unterschied zum →römischen Recht, in dem iurisdictio die Befugnis zur Rechtspflege, bes. aber die (Zivil-)Gerichtsbarkeit meinte, bez. J. im KR die hoheitliche Gewalt in der Kirche insgesamt, die in drei Funktionsweisen ausgeübt wird: als →Gesetzgebung, →Rechtsprechung u. →Verwaltung. Durch ihre Ausrichtung auf die Sendung der Kirche insgesamt u. durch ihre Bindung an das geweihte →Amt stellt sich J. in der Kirche wesentlich als geistl. Gewalt dar.

Zu unterscheiden ist die hoheitliche von der einfachen Hirtengewalt; hoheitliche J. kommt dem →Papst u. dem →Bischofskollegium für die →Gesamtkirche u. dem →Bischof m. seinen Vikaren wie auch den priesterlichen Leitern von →Teilkirchen für die jeweilige Teilkirche zu u. ist gekennzeichnet durch ihren hoheitlichen Anspruch u. die Möglichkeit einer obrigkeitlichen Durchsetzung. Einfache Hirtengewalt kommt v. a. den Vorstehern von Untergliederungen der Teilkirche zu, insb. den →Pfarrern, gelegentlich auch anderen →Klerikern.

Im Unterschied zur vorausgehenden kan. Tradition bevorzugt der CIC/1983 die Sprechweise von der „potestas regiminis" (Leitungsgewalt), die lt. c. 129 aber auch „potestas iurisdictionis" genannt werden kann; das Wort iurisdictio begegnet allerdings im CIC nur noch vereinzelt, u. zwar im →Prozessrecht, die Wendung potestas iurisdictionis jedoch gar nicht mehr. Im CCEO dagegen wird das Wort iurisdictio überhaupt nicht verwendet; hier wird entweder von potestas regiminis od. einfach nur von potestas gesprochen. Die potestas regiminis wird in allen drei Bereichen kirchl. Handelns ausgeübt, sie betrifft sowohl die Lehre (→Verkündigungsdienst) als auch die Heiligung (→Heiligungsdienst) u. die →Leitung (→Leitungsdienst). Dem widerspricht nicht, dass im Zusammenhang m. dem Lehr- u. Heiligungsdienst speziell der Begriff der facultas (facultas praedicandi, confirmandi, absolvendi, matrimonio assistendi) Verwendung findet, um die Eigentümlichkeit des Handelns der Kirche in diesem Bereich anzuzeigen.

Nach der Lehre des →Zweiten Vatikanischen Konzils ist sacra potestas eine einheitliche Wirklichkeit; daraus ergibt sich eine enge Verbindung von Weihe (→Ordination, Weihe) u. Leitung in der Kirche. Weihe- u. J.-gewalt stellen zwei Elemente der einen apost. →Vollmacht dar. J. in der Kirche ist keine rein äußere, sozusagen politische Leitungsgewalt, sondern stets sakramental vermittelte Teilhabe an der Sendung Jesu Chr. Das wirkt sich im geltenden KR durch die Norm des c. 129 (c. 979 CCEO) aus, nach welcher für die Leitungsgewalt diejenigen befähigt sind, welche die hl. Weihe empfangen haben (§1). →Laien (nach orient. KR: „die übrigen Christgläubigen") können lediglich bei der Ausübung von Leitungsgewalt mitwirken (§2). Ämter, welche die Ausübung von Weihe- od. Leitungsgewalt erforderlich machen, können daher nur Klerikern übertragen werden (c. 274 §1, o. Parallele im CCEO). Damit – zurückhaltend formuliert – in Spannung steht die Möglichkeit, dass nach c. 1421 §2 (c. 1087 §2 CCEO) ein Laie (in Ehenichtigkeitssachen sogar zwei Laien; vgl. c. 1673 §3; c. 1359 §3 CCEO, jeweils i. d. F. v. 2015) im Kollegium von drei →Richtern mitwirken kann – eine pragmatische, theol. aber nicht durchdachte Lösung für tatsächliche od. auch nur vermeintliche Personalengpässe, die aber geltendes Recht darstellt.

J. kann in versch. Weise erworben bzw. ausgeübt werden: als ordentliche – diese wiederum als eigenberechtigte od. als stellvertretende – od. als delegierte J. Ordentliche J. kommt dem Träger aufgrund eines Amtes zu, so dem Bf. als eigenberechtigte ordentliche J., dem →Generalvikar als stellvertretende ordentliche J.; J. kann aber auch delegiert werden, u. dies durch den Inhaber von J. selbst (persönliche →Delegation) od. durch das →Gesetz (gesetzliche Delegation).

Der bes. Charakter der J. in der Kirche wird auch dadurch deutlich, dass sie im äußeren u. im inneren Rechtsbereich der Kirche, ja sogar im inneren sakramentalen Bereich (im Bußsakrament) ausgeübt werden kann. Auch die geheimen Entscheidungen im inneren Bereich (z. B. Entscheidungen der →Apostolischen Pönitentiarie) stellen echte jurisdiktionelle Akte dar.

Die Eigentümlichkeit der J. in der Kirche tritt schließlich auch dadurch hervor, dass bestimmte Hoheitsakte, die trotz Fehlens der erforderlichen J. gesetzt wurden, von Gesetzes wegen dennoch als gültig betrachtet werden, u. zwar dann, wenn es sich zum einen um heilbare Rechtshandlungen handelt u. wenn zum anderen entweder ein allg. Irrtum od. – guter Glaube vorausgesetzt – ein positiver u. begr. Rechts- od. Tatsachenzweifel vorliegt (c. 144 §1; c. 994 CCEO); dies. Regelung gilt auch bzgl. der Firm- od. Beichtbefugnis u. der →Befugnis zur Trauungsassistenz (→Trauungsbefugnis); c. 144 §2; c. 995 CCEO). Die Kirche „ersetzt" („supplet Ecclesia") in diesen Fällen die fehlende J. bzw.

facultas (→Suppletion), weil das geistl. Wohl der Gläubigen nicht von einem rein formalen Mangel abhängig sein soll.

Literatur

Mörsdorf, K., Die Rechtssprache des Codex Juris Canonici. Eine krit. Untersuchung, Paderborn 1937, 98-111; ders., Weihegewalt u. Hirtengewalt in Abgrenzung u. Bezug [1951]: Mörsdorf, K., Schriften zum Kan. Recht, hg. v. W. Aymans – K.-Th. Geringer – H. Schmitz, Paderborn – München – Wien, Zürich 1989, 171-186; Krämer, P., Dienst u. Vollmacht in der Kirche. Eine rechtstheologische Untersuchung zur Sacra-Potestas-Lehre des II. Vatikanischen Konzils, Trier 1973; Corecco, E., Natur u. Struktur der „sacra potestas" in der kan. Doktrin u. im neuen CIC: AfkKR 153 (1984), 354-383; KanR I, 385-444; Amann, Th. A., Laien als Träger von Leitungsgewalt? Eine Untersuchung aufgrund des Codex Iuris Canonici, St. Ottilien 1996; Müller, L. – Ohly, Chr., Kath. Kirchenrecht. Ein Studienbuch, Paderborn 2018, 53-58.

Ludger Müller

Jurisdiktion – Evangelisch

Der Gebrauch des Begriffs J. ist im Bereich des geltenden ev. KR nicht anders als allg. Er bez. heute die →Rechtsprechung bzw. die rechtsprechende Gewalt. Gesch. hat J. daneben aber noch andere Bedeutungen. J. steht in der hist. Rechtssprache vielfach allg. für Herrschaftsgewalt.

Für die ev. Lehre grundlegend ist, dass in Art. 28 der →Confessio Augustana, der von der Gewalt der Kirche bzw. der →Bischöfe handelt, die traditionelle kan. Unterscheidung von Weihe- (Potestas ordinis) u. Hirten- od. Leitungsgewalt (Potestas iurisdictionis bzw. regiminis) aufgenommen wird. Allerdings ist m. der J. od. Potestas iurisdictionis nach Art. 28 CA, anders als nach kath. Verständnis, nicht die Befugnis zur rechtlichen Leitung der Kirche gemeint. Potestas iurisdictionis bez. vielmehr allein die →Schlüsselgewalt, d. h. die Macht, „Sünden zu vergeben, die Lehre, die dem Evangelium widerspricht, zu verwerfen, und andere öffentliche Sünden mit dem →Bann [der Exkommunikation, d. h. dem Ausschluss vom Abendmahl] zu strafen". Diese Potestas iurisdictionis, die Schlüsselgewalt, wird „ohne jede körperliche Gewalt, sondern mit dem Wort" (sine vi humana sed verbo) ausgeübt. Sie gehört zur geistl. Leitung der Kirche. Die äußere od. rechtliche →Kirchenleitung ist davon zu unterscheiden. Soweit außerhalb der Wortverkündigung (→Verkündigung) u. der →Sakramentsverwaltung u. der Handhabung der Schlüsselgewalt Aufgaben der Leitung in der Kirche wahrgenommen werden, ist dies nicht Ausübung der geistl. Leitung od. Gewalt, sondern rechtliche KL, zu der aber die Potestas iurisdictionis i. S. v. Art. 28 CA, also die Schlüsselgewalt, nicht gehört.

Literatur

de Wall, H., §1 Grundfragen des ev. Kirchenrechts: HevKR, Rn. 49-52.

Heinrich de Wall

Jurisdiktionsprimat

→Papst

Jurisdiktionsvollmacht

→Jurisdiktion

Jurist – Katholisch

→Kirchenrecht, →Kirchenrechtswissenschaft

Jurist – Evangelisch

→Kirchenrecht, →Kirchenrechtswissenschaft

Jurist – Islamisch

Das islam. Recht hat sich in den ersten drei bis vier Jhh. seit Entstehung des ersten islam. Gemeinwesens in Medina im 7. Jh. sukzessive herausgebildet. Es entstand in einer Weltregion weitgehend o. institutionalisierte Rechtsanwendung durch J. Rechtsstreitigkeiten wurden in erheblichem Umfang durch Schlichtungsmechanismen auf tribaler bzw. lokaler Basis gelöst. M. der Ausbreitung islam. Herrschaft auf vormals byzantinische u. persisch-sassanidische Gebiete kam das islam. Gemeinwesen m. den dort noch vorhandenen Kulturen intensiv in Berührung. Mangels aussagekräftiger Quellen bleibt jedoch die Ausformung eines islam. Justizwesens im ersten Jh. des →Islam weitgehend im Dunkeln.

Als die ersten J. des islam. Gemeinwesens können die Kadis (→Richter) gelten. Es wird überliefert, dass bereits Muhammad selbst Richter in Teile des neu geschaffenen Reichs entsandte. In umaiyadischer Zeit (661-750) bildete sich das Richteramt sukzessive aus. Gem. der seit dem 9. Jh. entstandenen Lit. über Richter verfügten diese in der formativen Phase häufig nur über partielle Rechtskenntnisse; manche waren Analpabeten. Erst m. der Herausbildung von Gelehrtenzirkeln u. →Rechtsschulen seit dem 8. Jh. ist eine zunehmende Systematisierung des islam. Rechts u. parallel hierzu eine Professionalisierung in der Ausbildung von Rechtsgelehrten zu beobachten, die m. einer vergleichsweise hohen Besoldung von Richtern einherging. In der Lit. finden sich z. B. Befangenheitsvorschriften sowie explizite Hinweise auf das Verbot, Geschenke von Verfahrensbeteiligten anzunehmen. Der erste systematisch argumentierende Rechtsgelehrte u. Schulbegründer Al-Schafi'i verlangte für die richterliche Tätigkeit die Kenntnis der koranischen Normen (→Koran) u. Pflichtenlehre, der Prinzipien von Spezialität u. Posteriorität/Abrogation, die Fähigkeit zur Auslegung nach der →Sunna (Überlieferung) des Propheten, nach dem Konsens der Muslime, durch Schlussverfahren wie Analogie u. argumentum e contrario (Qiyas), (hinreichende) Arabischkenntnisse, ferner geistige Gesundheit, Unterscheidungsfähigkeit im Hinblick auf (vermeintlich) ähnliches u. keine übereilten Aussagen o. hinreichende Begründung. Schließlich bedürfe es auch der Bereitschaft, abw. Meinungen zu hören, um größere Begründungssicherheit für das als richtig Erachtete zu gewinnen. Dabei müsse der Rechtsgelehrte äußerste Anstrengung u. größtmögliche Neutralität walten lassen. Über diese allg. Fähigkeiten hinaus bedürfe es bei konkreten Sachfragen auch entspr. fachlicher Kenntnisse. Klare Ausbildungsstandards fehlten allerdings über viele Jhh.

J. widmeten sich der Materie des sog. Fiqh, welcher neben den Rechtsvorschriften, welche die diesseitigen Beziehungen zwischen Menschen regeln, auch die normierte Ritualpraxis umfasste. In Abgrenzung hierzu entwickelten sich Theologie (Kalam) u. Philosophie (Falsafa). Die Anforderungen an J. wurden v. a. in der Lit. zur Richterkunst (Adab al-Qadi) formuliert. J. fanden sich einmal in Gerichten u. Verwaltungen, zum anderen aber auch als Privatgelehrte, die ihren Lebensunterhalt in unterschiedlichen Bereichen verdienten. J. wurden nicht nur für staatl. Tätigkeiten eingesetzt; sie fungierten je nach persönlicher Autorität auch als Gutachter (→Mufti) in Fragen der islam. Normenlehre (→Scharia). Die Rechtsgelehrten festigten ihre Bedeutung m. der Institutionalisierung von Rechtsschulen, schulgebundenen Ämtern wie Richterämtern u. Ausbildungsstätten (Madrasas). Dies gilt nicht nur für die sunnitischen Schulen, sondern auch – m. gewissen Besonderheiten u. zeitlicher Verzögerung – für die Schia. Frauen waren bis in die Gegenwart von jur. Tätigkeiten weitestgehend ausgeschlossen.

Seit dem 19. Jh. erfolgten sehr weitgehende Reformen in Juristenausbildung u. Justizwesen. In den meisten islam. geprägten Staaten wurden Madrasas durch staatl. Universitäten ersetzt. Die Juristenausbildung erfasste nun auch viele neu geschaffene Gesetze, die in Kolonialgebieten teilweise m. der traditionellen islamrechtlichen Lehre brachen. Parallel hierzu erfolgte in vielen Staaten eine Aufspaltung der jur. Ausbildung auf allg. Rechtsfakultäten u. Scharia-Fak. u. eine Abschaffung der Scharia-Gerichte bzw. eine Trennung in zwei Gerichtsbarkeiten (→Gerichtsbarkeit, kirchliche bzw. religiöse), wobei letztere auf den Bereich des Personenstands-, Familien- u. Erbrechts beschränkt wurden. Manche Staaten haben nun auch Frauen den Zugang zu jur. Tätigkeiten eröffnet, häufig noch gegen große Widerstände. Die beruflichen Perspektiven für J. sind in vielen Staaten z. B. im Vergleich zu Medizinern u. Technikern weniger attraktiv, u. die verbreitete Korruption in vielen Staaten lässt anspruchsvoller jur. Tätigkeit wenig Raum, m. erkennbaren Folgen für die Qualität jur. Arbeit.

Literatur

Tyan, E., Histoire de l'organisation judiciaire en pays d'Islam, Leiden [2]1960; Coulson, N. J., A History of Islamic Law, Edinburgh 1964; Schneider, I., Das Bild des Richters in der adab al-qadi-Literatur, Frankfurt u. a. 1990; Melchert, Ch., The Formation of the Sunni Schools of Law, Leiden u. a. 1997; Hallaq, W., The Origins and Evolution of Islamic Law, Cambridge 2005.

Mathias Rohe

© 2019, DOI: 10.30965/9783506786388_0544

Juristenpäpste – Historisch

J. sind ein Phänomen im Verlauf der Professionalisierung des Kan. Rechts. Sie sind ein Gegenstand der Wissenschaftsgeschichte des Kan. Rechts, daher ist für ihr Verständnis eine Einordnung in die letztgenannte notwendig.

Im 12. Jh. entwickelt sich unter dem Einfluss der Wiederentdeckung der Digesten des →Römischen Rechts u. der Verbreitung des →Decretum Gratiani (1140) die Wissenschaft des Kan. Rechts zunächst an der Universität Bologna (→Bologna, Schule von). Neben Bologna kommt es zur Gründung weiterer →Rechtsschulen verteilt über den europäischen Kontinent, in Paris, im Rheinland u. in Oxford. In dieser Epoche der klassischen Kanonistik (Mitte des 12. Jh.-Beginn des 14. Jh.) transformiert sich das Kan. Recht zum Gelehrten Recht. In Abgrenzung zur vorklassischen Epoche des Kan. Rechts werden die Rechtswissenschaftler nun an Universitäten ausgebildet. Weiterhin bilden die universitären Lehrer durch ihren Unterricht das Recht selbst fort u. die literarischen Werke für den Unterricht (→Glossen, Summen etc.) werden für die Rechtsapplikation verwendet. Das Kan. Recht kann ab diesem Zeitpunkt als Juristenrecht klassifiziert werden, da nicht die Amtsträger, sondern die Rechtsgelehrten die Rechtsfortbildung betreiben.

Vergleichbar der erfolgreichen Herausbildung des Juristenrechts m. Hilfe der neuen Methodik der griech. Philosophie in der Klassik des Röm. Rechts (1 Jh. v. Chr.-3. Jh. n. Chr.), trägt die dialektische Methode der Frühscholastik (Abaelard) zum Erfolg des Kan. Rechts als Juristenrecht bei. Gemeinsam ist beiden Prozessen, dass eine neue wiss. Möglichkeit der Auseinandersetzung m. den normativen Bestimmungen die Rechtsfortbildung auslöst u. nicht ein durch die Autorität initiierter Reformprozess od. promulgiertes Gesetzeswerk. So bleiben auch die im Anschluss an das Decr. entstandenen Quinque Compilationes Antiquae, die den Versuch systematischer Slg. des nachgratianischen Rechts darstellen, private Slg. Eine Ausnahme bildet die Compilatio Tertia, die von P. Innozenz III. (1198-1216) in Auftrag gegeben wurde.

Im Juristenrecht des Röm. Rechts ermöglicht die enger werdende Bindung der gebildeten Juristen der führenden Rechtsschulen an die kaiserliche Autorität den Zugang zu den höchsten staatl. Ämtern. Parallel eröffnet der vermehrte Einsatz der gebildeten Kanonisten in der Praxis diesen den Zugang zu den höchsten kirchl. Ämtern bis zum Papsttum. Eine päpstliche Beteiligung an der Rechtschöpfung ist jedoch systematisch erst 1234 m. dem

→Liber Extra P. Gregors IX. (1227-1241) zu konstatieren. Der Liber Extra ist die erste authentische päpstliche Slg. des Kan. Rechts. Es folgen der →Liber Sextus P. Bonifaz VIII. (1294-1303) u. die Clementinen P. Clemens V. (1305-1314).

Als J. werden u. a. über die bereits genannten hinaus P. Alexander III. (1159-1181) – der nach jüngsten Forschungen nicht identisch ist m. Magister Rolandus aus Bologna –, u. P. Innocenz IV. (1143-1154) bez. Das kennzeichnende Merkmal dieser P. ist jedoch nicht nur ihre jur. Ausbildung an einer der führenden Rechtsschulen, sondern nachfolgende Aspekte: Erstens haben die genannten Personen in der m. Bernhard von Pavias Breviarium Extravagantium (→Extravagantensammlung) (1189/90) beginnenden Dekretalistik (→Dekretalisten) vor ihrem Pontifikat Kan. Recht gelehrt od. maßgebliche jur. Werke verfasst. Zweitens haben sie als P. ihre eigenen →Dekretalen ges. u. als authentisches Recht verstanden. Die päpstlichen Dekretalen sind Mandate, Urt. od. Beschl. in Einzelfällen. Erst die Initiative der P., diese systematisch zu sammeln u. in ein Gesetzeswerk zusammenzufassen, verleiht den Dekretalen die universale Gesetzeskraft. P. Innocenz III. führt die Gattung der Konsultationsdekretalen ein, die zwar einen Einzelfall entscheiden, aber von Anfang an universale Geltung haben sollen. Hieraus entsteht die heute noch bekannte Gesetzesgattung des →Motu Proprio. P. Gregor IX. normiert als erster in der Promulgationsbulle Rex pacificus des Liber Extra, dass alles entgegenstehende Recht als aufgehoben gilt u. ausschließlich seine Slg. an den Universitäten benutzt werden darf. Die J. haben folglich sowohl wiss. als auch praktisch an der Rechtsfortbildung mitgewirkt.

Das Phänomen J. ist an die Epoche der klassischen Kanonistik gebunden, denn nur in dieser Zeit der aufblühenden Wissenschaft vom Kan. Recht treffen die beschriebenen Merkmale auf bestimmte P. zu. Diese sind nicht auf die späteren P. anwendbar, die gemeinhin als J. bez. werden, wie P. Benedikt XIV. (1740-1758), P. Pius XII. (1939-1958) u. P. Paul VI. (1963-1978). Sie weisen zwar eine jur. Ausbildung aus, agieren aber nicht im Kontext des gelehrten Rechts u. des Juristenrechts u. bilden damit nicht Recht fort.

Parallel zur Entwicklung des Röm. Rechts führte die immer engere Bindung der Juristen an die Autorität (Kaiser/P.) u. die legislative Tätigkeit der Autorität selbst zum Niedergang des Juristenrechts in seiner klassischen Form.

Literatur

Kuttner, S., Harmony from Dissonance. An Interpretation of Medieval Canon Law: The History of Ideas and Doctrines of Canon Law in the Middle Ages, hg. v. S. Kuttner, Aldershot ²1992, 1-16; Gauthier, A., Roman Law and it's Contribution to the Development of Canon Law, Ottawa 1996; Brundage, J., The rise of professional canonists and development of „ius commune“: The profession and practice of canon law, hg. v. J. Brundage, Aldershot 2004, 26-63; Kunkel, W. – Schermaier, M., Röm. Rechtsgeschichte, Köln – Weimar – Wien ¹⁴2005; Brundage, J., The medieval origins of the legal profession: canonists, civilians and courts, Chicago 2008; Kerry, L., Das Kirchenrecht als Instrument päpstlichen Führungsanspruchs: Die Päpste Bd. 1, Amt u. Herrschaft in Antike, Mittelalter u. Renaissance, hg. v. B. Schneidmüller – S. Weinfurter – M. Mattheus – A. Wieczorek, Regenburg 2016, 275-298.

Thomas Neumann

 DOI: 10.30965/9783506786388_0545

Juristische Person, kirchliche – Katholisch

Begriff u. Zweck: J. P. (personae iuridicae) sind von Einzelmenschen (→physischen Personen) versch., voll rechtsfähige Rechtssubjekte, d. h. Träger von Rechten u. Pflichten, m. Ausnahme solcher, die begrifflich eine physische Person voraussetzen, wie z. B. Recht auf Ehe, Testierfähigkeit od. die strafrechtliche Deliktsfähigkeit (c. 113 § 2; c. 920 CCEO). Ihre →Handlungsfähigkeit (→Geschäftsfähigkeit u. Deliktsfähigkeit) betätigen j. P. durch ihre Organe (vgl. c. 118), so auch vor Gericht (c. 1480 §1; c. 1138 §1 CCEO). Während j. P. der hierarchischen →Kirchenverfassung (z. B. →Diözese/→Eparchie, →Pfarrei) der Sendung der Kirche insgesamt dienen, verfolgen alle anderen j. P. einen kirchl. Teilzweck (c. 114 §2). Der Begriff der j. P. ist ein Ergebnis der kontinentaleuropäischen Rechtsentwicklung u. im anglo-amerikanischen Common law nicht präsent. Zu seiner Ausbildung hat das kan. Recht entscheidend beigetragen. Zahlreiche, z. T. im weltlichen Recht entwickelte Theorien (wie: Fiktionstheorie, Theorie der realen Verbandspersönlichkeit, Relationstheorie, Interessentheorie) versuchen das Wesen der j. P. zu erklären. Wie in der Welt des Physischen das Werkzeug die Wirkung menschlichen Handelns potenziert, so die j. P. in der Welt des Sozialen.

Von den j. P. hebt der CIC die kath. →Gesamtkirche (c. 204 §2; c. 7 §2 CCEO) u. den →Apostolischen Stuhl (Amt des →Papstes) ab: sie haben aufgrund göttlicher Anordnung den Charakter einer „→moralischen Person" (c. 113 §1; nicht im CCEO). d. h. die →Rechtsfähigkeit beider ist für die Existenz aller weiteren j. P. in der Kirche zwingend vorausgesetzt u. gilt daher als den beiden von Anfang an eingestiftet (im Falle des Apost. Stuhles deshalb, weil es undenkbar ist, dass der Repräsentant der Gesamtkirche ein nicht rechtsfähiges Subjekt sein könnte). Die Völkerrechtssubjektivität des Hl. Stuhles liegt demgegenüber auf der Ebene des Intern., nicht des kan. Rechts.

Neben den j. P. kennt das kath. KR zahlreiche teilrechtsfähige Subjekte, z. B. Gericht, Konsultationsgremien. Inwieweit diese Zurechnungssubjekte von Rechten u. Pflichten sind, ist ihrer jeweiligen Regelung (z. B. →Gesetz, →Statut) zu entnehmen.

Arten.: J. P. sind entweder Personen- od. Sachgesamtheiten (universitates personarum od. rerum: c. 115 §1; c. 920 CCEO). Erstere ist kollegial, wenn die Mitglieder die Willensbildung bestimmen (z. B. →Bischofskonferenz), andernfalls nichtkollegial (z. B. Diözese, Pfarrei): c. 115 §2. Letztere (auch: pia fundatio autonoma; →Stiftung, →Anstalt) ist eine Gesamtheit von Gütern geistl. od. materieller Art: cc. 115 §3, 1303 §1, 1°; c. 1047 §1, 1° CCEO) u. ist zu unterscheiden von der nicht rechtsfähigen Stiftung als zweckgebundenem Sondervermögen gem. c. 1303 §1, 2°; c. 1047 §1, 2° CCEO. Nur das lat. KR unterscheidet zwischen öff. u. privater j. P.: erstere sind enger an die hierarchische Autorität angebunden u. werden von dieser errichtet, damit sie die ihnen übertragene Aufgabe zum Wohl der Kirche in deren Namen (nomine Ecclesiae) erfüllen; alle übrigen j. P. sind private (c. 116 §1).

Willensbildung: Erfolgt sie kollegial, so bedarf es, sofern nicht im Recht od. in den Statuten anderes vorgesehen ist, der Anwesenheit der Mehrheit der Einzuladenden sowie der Stimmen-Mehrheit der Anwesenden. Bleiben (bei einer →Wahl) die ersten beiden Wahlgänge ergebnislos, entscheidet eine Stichwahl zwischen den beiden stimmenstärksten Kandidaten (sind es mehr als zwei, dann zwischen den beiden ältesten); es genügt die relative Mehrheit; endet die Stichwahl m. Stimmengleichheit, gilt der ältere als gewählt (c. 119, 1°). Gem. c. 956 §1 CCEO genügt im dritten Wahlgang die relative Mehrheit; bei Stimmengleichheit gilt der ältere als gewählt, außer der Wahlkörper besteht nur aus Klerikern od. Religiosen: dann ist der der Weihe bzw. der Profess nach Ältere gewählt. Beschl., welche die subjektiven Rechte der Mitglieder (c. 924, 3° CCEO: die →iura quaesita) berühren, bedürfen der Einstimmigkeit (c. 119, 3°), wie z. B. betr. das Stimmrecht, die Präzedenz, Remuneration, Änderung der Zwecksetzung od. des Rechtscharakters der j. P.

Der Erwerb der Rechtspersönlichkeit erfolgt entweder ipso iure (z. B. Diözese, Pfarrei, Eparchie, Exarchie) od. per Einzeldekret (c. 48; c. 1510 §2, 1° CCEO): cc. 114 §1, 116 §2; c. 921 CCEO. Die →Errichtung per Dekr. setzt voraus: einen tauglichen kirchl. Zweck, der tatsächlich nutzbringend ist; das Vorhandensein der voraussichtlich erforderlichen Mittel zu seiner Erreichung; von der Autorität gebilligte Statuten (cc. 114 § 3, 117; cc. 921 § 3, 922 CCEO).

Dauer, Änderungen, Erlöschen: Die j. P. ist ihrem Wesen nach auf Dauer angelegt, erlischt aber, wenn sie durch die Autorität rechtmäßig aufgehoben wird od. durch 100 J. zu handeln aufgehört hat (c. 120 § 1; c. 927 CCEO). Im lat. KR hat (nur) die private j. P. ein statutengemäßes Selbstauflösungsrecht (c. 120 § 1). Beide Codices enthalten spezielle Regeln betr. Vereinigung u. Teilung j. P. u. das Schicksal des betr. Vermögens auch nach dem Erlöschen, wobei stets der Wille evtl. Spender genauestens zu achten ist (cc. 121-123; cc. 929 f. CCEO). Der CCEO hat spezielle Kompetenzregeln für den Beitritt, die Vermögensverwaltung u. Aufhebung j. P. (cc. 926, 928 CCEO).

Literatur

Bondini, A., De personae moralis exstinctione secundum Codicem: Ius Pontificium 3 (1923), 186-192; Bertrams, W., De origine personae moralis in Ecclesia: PRMCL 36 (1947), 169-184; Hanig, A., Innozenz IV., Vater der Fiktionstheorie?: ÖAKR 2 (1952), 177-213; Michiels, G., Principia generalia de personis in Ecclesia, Paris u. a. ²1955, 343-564; Naz, R., Personnes morales d'après la reglementation du Code: DDC Vol. 6 (1957), 1420-1438; Dumas, A., Personnes morales: DDC Vol. 6 (1957), 1359-1420; Nass, G., Person, Persönlichkeit u. jur. Person, Berlin 1964 (Schriften zur Rechtstheorie 2); Bonhoeffer, T., Die Vorgeschichte der Begriffe Institut, Institution u. Anstalt u. ihre Rezeption ins kirchl. Rechtsdenken: Antwort aus der Geschichte (FS Dress), hg. v. W. Sommer – H. Ruppel, Berlin 1969, 177-197; Todescan, F., Dalla „persona ficta" alla „persona moralis": Quaderni Fiorentini 11/12 (1982/83), 59-93; Lipp, M., „Persona moralis", „Jur. Person" u. „Personenrecht" – eine Studie zur Dogmengeschichte der „Jur. Person" im Naturrecht u. frühen 19. Jahrhundert: Quaderni Fiorentini 11/12 (1982/83), 217-262; Lo Castro, G., I soggetti „artificiali" di diritto nella dottrina canonica contemporanea: Quaderni Fiorentini 11/12 (1982/83), 777-831; Brauneder, W., Von der moralischen Person des ABGB zur jur. Person der Privatrechtswissenschaft: Quaderni Fiorentini 11/12 (1982/83), 263-317; Pintore, A., Il concetto di persona giuridica nell'indirizzo filosofico-analitico: Quaderni Fiorentini 11/12 (1982/83), 721-776; Lo Castro, G., Il soggetto e i suoi diritti nell'ordinamento canonico, Mailand 1985, 101-171; Prieto Martínez, V., Iniciativa privada y personalidad jurídica: Las personas jurídicas privadas: IusCan 25 (1985), 527-573; Bueno Salinas, S., La noción de persona jurídica en el derecho canónico. Su evolución desde Inocencio IV hasta el CIC de 1983, Barcelona 1985; Schnizer, H., Die Erfassung der jur. Person im CIC 1983: Im Dienst von Kirche u. Staat (FS Holböck), hg. v. F. Pototschnig – A. Rinnerthaler, Wien 1985, 445-458; Botta, R., Persone giuridiche pubbliche e persone giuridiche private nel nuovo Codice di Diritto Canonico: Il Diritto Ecclesiastico 1985, 1, 336-352; Wiedenhofer, S., Die Kirche als „Subjekt" od. „Person": Weisheit Gottes – Weisheit der Welt (FS Ratzinger), hg. v. W. Baier u. a., St. Ottilien 1987, 999-1020; Lombardía, P., Persona jurídica pública y privada en el ordenamiento canónico: Apollinaris 63 (1990), 137-152; Tocanel, P., Il concetto di persona giuridica collegiale presso la canonistica moderna: Apollinaris 63 (1990), 153-169; Sandri, L., Organo, rappresentanza e „potestas sacra" nella Chiesa: Apollinaris 63 (1990), 171-188; KanR I, 307-328; Jiménez Urresti, T. I., Elecciones: mayoría relativa en la tercera votación e inutilidad del ballottaggio. Comentario al Canon 119, 1° y a la respuesta de la Comisión de Intérpretes: REDC 48 (1991), 203-237; Gauthier, A., Juridical Persons in the Code of Canon Law: StCan 25 (1991), 77-92; Vela, L. – Urrutia, F. J., Persona giuridica (Persona iuridica): NDDC, 795-799; Montes Casas, A., La recepción de la personalidad moral en el CIC (Estudio del canon 113,1°): IusCan 36 (1996), 143-178; Prieto, V., Iniciativa privada y subjetividad jurídica, Pamplona 1999; Navarro, L., Les sujets nés de l'initiative des fidèles et la personnalité juridique privée: ACan 41 (1999), 201-228; Otaduy, J., Comentario Exegético Vol. I, Pamplona ²2003, cc. 113-123; Bueno Salinas, S., Persona jurídica: DGDC Vol. VI, 179-188; Garcimartín, C., Persona jurídica privada: DGDC Vol. VI, 188-189; Bueno Salinas, S., Persona jurídica pública: DGDC Vol. VI, 189-191; ders., Persona moral: DGDC Vol. VI, 191-194; De Paolis, V. – D'Auria, A., Le Norme Generali. Commento al Codice di Diritto Canonico, Vatikanstadt

²2014, 334-356; Pree, H., Können höhere Obere jur. Personen errichten?: AfkKR 184 (2015), 153-157; Navarro, L., Persone e soggetti nel diritto della Chiesa, Rom ²2017, 15-30 u. 191-278; Pree, H.: MKCIC cc. 113-123.

Helmuth Pree

© 2019, DOI: 10.30965/9783506786388_0546

Juristische Person, kirchliche – Evangelisch

Wie die kath. Kirche sind auch die ev. Kirchen (in ihrer weltlichen Rechtsgestalt) aus natürlichen u. j. P. konstituiert: Die →Landeskirchen, die →Evangelische Kirche in Deutschland u. die gliedkirchlichen Zusammenschlüsse sind für das ev. KR Rechtssubjekte (d. h. Träger vielfältiger für sie im KR begr. Rechte u. Pflichten), die ihre im KR festgelegten Aufgaben durch ihre im KR konstituierten Organe erfüllen. Sie sind durch ihre Organe grds. umfassend kirchenrechtlich handlungsfähig, können sich also z. B. durch spezifisch kirchenrechtliche →Verträge verpflichten, kirchl. →Verwaltungsakte erlassen, Partei in kirchengerichtlichen Verfahren sein usw. Dasselbe gilt für eine Vielzahl weiterer, im Recht dieser j. P. konstituierten Rechtssubjekte, z. B. die →Kirchengemeinden, Mittelstufenverbände der LK, Zweckverbände, usw. Aus Sicht der ev. Partikularkirchen sind außerdem andere ev. u. sonstige Kirchen grds. kirchl. Rechtssubjekte, da sie ihrem Selbstverständnis nach in der (weltweiten) Einheit der ecclesia universalis stehen, zu deren Zusammenhalt rechtsverbindliche Verständigung zwar nicht zwingend ist, aber möglich sein muss.

Anders als das kan. Recht enthält das ev. KR keine allg. Bestimmungen über Entstehung u. Erlöschen, Arten u. bes. Eigenschaften j. P. des KR. Dies hängt m. seiner Aufgliederung in unterschiedliche (landeskirchliche u. überlandeskirchliche) Rechtsordnungen u. seiner vergleichsweise kurzen Tradition als eigenständige Rechtsordnung zusammen (Christoph, 357 ff.). Es finden sich nur Einzelregelungen, die von LK zu LK variieren:

Nur manche Verf. der LK od. Zusammenschlüsse von LK erwähnen j. P. des KR ausdrücklich (z. B. Art. 1 Abs. 3 S. 1 VELKD.Verf; Art. 8 Bay.KirchVerf; Art. 7 Verf.EKM; Art. 4 GrO KW; Art. 15 Abs. 1 S. 1, 30, 34 GrO Bad). Andere sprechen nur die Rechtsfähigkeit nach staatl. Recht an od. lassen offen, ob die Bez. nichtnatürlicher →Personen als Rechtspersönlichkeiten (z. B. →Körperschaft des öffentlichen Rechts) Rechtsfähigkeit nach staatl. od. auch nach kirchl. Recht meint.

Auch wo das KR nur die staatl. Rechtsnatur erwähnt, verknüpft es diese jedoch m. grds. umfassender Rechts- u. Handlungsfähigkeit nach KR u. konstituiert damit im Ergebnis auch hier j. P. des KR.

Dass auch kirchl. Ordnungen, die j. P. nicht explizit konstituieren, eine nicht-physische kirchl. Rechtspersönlichkeit kennen, folgt daraus, dass „die Kirche" auch nach ev. Verständnis von der Summe der sie bildenden Individuen zu unterscheiden ist: Zwar ist die ev. Kirche weniger auf rechtliche Konstituierung angewiesen als die kath. Aber auch nach ev. Verständnis stehen die Christen in einer notwendigen Gemeinschaft, in der u. von der das Predigtamt (Art. 5, 14 CA) ausgeübt wird. Neben dem Verkündigungsauftrag des Einzelnen steht der (in Art. 14 CA angesprochene) Verkündigungsauftrag der Gemeinschaft als solcher (s. z. B. Art. 1 Abs. 4; 92 Abs. 2 GrO Bad), für den die Gemeinschaft Verantwortung trägt (s. Luther, An den chr. Adel deutscher Nation, 1520: „Den was gemeyne ist, mag niemandt on der gemeyne willen und befehle an sich nehmen"). Er hat nach herrschendem Verständnis an der in Art. 5 CA bez. Verheißung Anteil u. steht daher nicht zur Disposition menschlicher Ordnung. In diesem Sinn ist die Verf. der Christen als Rechtsgemeinschaft notwendig, auch wenn diese von der verborgenen Kirche u. der (nicht nur auf Verbindlichkeit, sondern auch auf Zwang basierenden) staatl. Rechtsgemeinschaft zu unterscheiden ist. Das ev. KR konstituiert damit notwendig Gemeinschaften, in denen Träger u. Adressaten des Amtes der öff. →Verkündigung „einander zugeordnet und aneinander gewiesen" sind (Art. 4 Abs. 1 Bay.KirchVerf), als von ihren Mitgliedern u. Amtsträgern als natürlichen Personen unterscheidbare Rechtssubjekte, denen das KR alle zur Erfüllung des Auftrages der Kirche nötigen Pflichten u. Rechte zuordnet. Dies ist dem Wesen auch der ev. Kirchen immanent (Munsonius, 2009, 59) u. unabhängig davon, ob das staatl. Recht die Existenz solcher Rechtsträger anerkennt.

Setzt es das staatl. Recht durch Zuerkennung der m. dem Körperschaftsstatus (Art. 137 Abs. 5 WRV i. V. m. Art. 140 GG) verbundenen →Organisationsgewalt voraus, dass sich die Kirchen kraft eigenen Rechts als Rechtspersönlichkeiten konstituieren (die der Staat dann anzuerkennen bereit ist), wird auch das ev. KR dem gerecht.

Das ev. KR unterscheidet z. T. explizit (z. B. Art. 2 S. 1, Art. 8 Abs. 1 Bay.KirchVerf; Art. 3 Abs. 1 Verf.EKM), z. T. implizit drei Arten von j. P.: Körperschaften, →Anstalten u. →Stiftungen. Damit knüpft es an die kan. Unterscheidung dieser Rechtsformen (als rechtliche Zusammenfassung von Personen od. Sachen) u. die Klassifikation im staatl. →öffentlichen Recht an. Wegen der hist. Verbindung m. diesen Rechtsordnungen kann auch auf ihre Unterscheidungen zurückgegriffen werden, wo sie im KR nicht explizit ausgeformt sind. Im KR nicht enthaltene Regelungen über Entstehen, Erlöschen u. Besonderheiten dieser Rechtsformen können grds. diesen Mutterrechtsordnungen entlehnt werden, soweit sie m. dem ev. →Kirchenverständnis kompatibel sind.

Unsicher ist, ob keinem dieser Typen unterfallende Organisationseinheiten, z. B. die bei der Beschreibung der kirchl. Organisation oft nach Körperschaften, Anstalten u. Stiftungen genannten Einrichtungen u. →Werke (die z. T. nach staatl. Privatrecht rechtsfähig sind) j. P. des KR sind. V. a. dies ist Gegenstand der aktuellen Diskussion des Begriffs: Während manche KG kraft eigenen (i. d. R. staatl. Privat-)Rechts bestehende Einrichtungen (z. B. diakonische) durch Verleihung von Rechtspersönlichkeit des KR der Kirche zuordnen (§ 1 Werkegesetz VELKD), verzichten andere auf den Begriff u. sprechen nur von einer Zuordnungsentscheidung (ZuOG-EKD). In beiden Fällen werden die Einrichtungen zu Rechtssubjekten des KR, d. h. zu Trägern bestimmter kirchenrechtlicher Rechte u. Pflichten (s. z. B. Art. 40 Bay.KirchVerf). Fraglich ist aber, ob die Verleihung von Rechtspersönlichkeit eine Rechtswirkung hat, die über die der bloßen →Zuordnung hinausgeht. Z. T. wird ein Mehrwert darin gesehen, dass die Zuerkennung von Rechtspersönlichkeit klarstellt, dass das betr. Rechtssubjekt umfassend der kirchl. Ordnung untersteht. Damit wird zwischen Rechtssubjektivität als Fähigkeit, überhaupt Rechtsträger zu sein, u. Rechtspersönlichkeit als grds. umfassender Rechtsträgerschaft unterschieden. Da das ev. KR allerdings keine Vollrechtsordnung m. umfassendem Geltungsanspruch ist u. das staatl. Recht in seinem Bereich grds. vorbehaltlos anerkennt, ist davon auszugehen, dass es von der kirchenrechtlichen Vollrechtsfähigkeit bei nach staatl. Privatrecht bestehenden Rechtssubjekten Abstriche macht (indem es ihre privatrechtliche Natur grds. achtet u. ihnen daher die bes. Rechte außerhalb des Privatrechts stehender kirchl. Rechtssubjekte, z. B. die Befugnis, kirchl. Verwaltungsakte zu erlassen, nicht zuerkennt). Im Ergebnis unterscheidet damit auch das ev. KR zwischen unmittelbar nach KR gegr. u. nur anerkannten Rechtssubjekten, auch wenn es diese Unterscheidung (anders als c. 116) nicht in Normen ausgestaltet.

Literatur

Pirson, D., Jur. Personen des kirchl. Rechts: ZevKR 16 (1971), 1-23; Bielitz, K., Privatrechtliche Organisationsformen in der ev. Kirche: ZevKR 47 (2002), 56-78 (insb. 71-73); Christoph, J. E., Art. Jur. Person, kirchl.: LKStKR Bd. 2, 357-359; Munsonius, H., Die jur.

Person des ev. Kirchenrechts, Tübingen 2009; Germann, M., Zur jur. Person des ev. Kirchenrechts: ZevKR 56 (2011), 352-363; Gaukel, D., Vereinsbildungen im ev. Kirchenrecht, Frankfurt u. a. 2011.

Renate Penßel

K

Kaiserrecht – Historisch

Unter K. (lat. imperialis const. [962], ius imperiale [1052]; dt. des keisers recht [ca. 1276]) verstehen Quellen des späteren MA u. der Frühen Neuzeit jede Art von Recht, das vom Kaiser gesetzt ist od. als dessen Urheber der Kaiser betrachtet wird. Aufkommen u. Ausgestaltung des Begriffs K. wurden v. a. durch zwei Faktoren, die sich wechselseitig verstärkten, bestimmt: 1. Das Selbstverständnis der staufischen Herrscher als Gesetzgeber auf der Grundlage des → römischen Rechts; u. infolge der erfolgreichen Durchsetzung dieser Sicht 2. die Idee vom Kaiser als Legitimationsinstanz für jedes Recht.

1. Als oberster Richter wahrte der Kaiser des MA das althergebrachte Recht. Deutlich erkennbar trat zuerst Friedrich I. Barbarossa in Fragen der Ordnung des Reichs nicht mehr nur faktisch, sondern auch seinem Anspruch nach als Gesetzgeber in Erscheinung, indem er das legem condere, d. h. das Erlassen von Gesetzen, zu seinen kaiserlichen Aufgaben zählte. Legitimiert wurde dieses Verständnis durch das röm. Recht: „sed et quod principi placuit, legis habet vigorem“ (Institutionen I,2,6) – „quodcunque enim imperator ... praecepit, legem esse constat“ (Digesten I,4,1); beide Argumente fielen auf dem zweiten Reichstag von Roncaglia (1158), als Friedrich I. nach dem Rat Bologneser Juristen seine Herrschaft über Reichsitalien einschärfte u. einen Landfrieden erließ. Friedrich II. wurde als „animata lex in terris“ (1230, nach Novelle 105, 2) verstanden; im Liber augustalis beansprucht er als „origo iustitiae“ das „condendae legis ius“ (1231). Einzelne Gesetze Friedrichs I. u. II. wurden in den → Codex Justinianus eingefügt. Das Interregnum u. der Verlust des kaiserlichen Universalitätsanspruchs in nachstaufischer Zeit taten dem in der Staatsrechtslehre einmal erreichten Ansehen des Kaisers als „supremus imperii Romani legislator“ (Marsilius von Padua) keinen Abbruch. Ein Musterbeispiel für das K. ist die Goldene Bulle Karls IV. (1356), in welcher Weistümer, Gewohnheitsrecht, Einzelgesetze u. Privilegien zu einer Einheit verschmolzen wurden „de imperialis potestatis plenitudine“. In der Neuzeit beschnitt der ständische Charakter des Reichs die kaiserliche Gesetzgebungskompetenz; nun wurden Reichsgesetze als Verträge zwischen Kaiser u. Reichsständen über Reichsangelegenheiten aufgefasst.

2. M. der Anerkennung des Kaisers als Gesetzgeber fand eine Neuinterpretation älteren Rechts als K. statt. Der Sachsenspiegel (1220/31) beruft sich auf Konstantin u. Karl den Großen (Textus prologi), legitimiert das Recht aber m. Rekurs auf Gott („got is selve recht“, Prologus). Der auf den König bezogene Satz: „so hat al lantrecht unde lenrecht begin an ime“ (Ldr. 69 § 8) bezieht sich nur auf seine Funktion als oberster Gerichtsherr. Gleichwohl betrachtete man den Sachsenspiegel seit dem 14. Jh. (Glosse des Johann von Buch, ca. 1325) häufiger als Privileg Karls des Großen. Der sog. Schwabenspiegel (1274/75) möchte eine Zusammenstellung allen in Deutschland gültigen Rechts bieten u. nennt neben der allgegenwärtigen Gewohnheit das kaiserliche, röm. u. kan. Recht als seine Quellen (Ldr. 1 b). Unverkennbar ist indes die Tendenz, „Kaiser und Könige in alter Zeit“, insb. Karl den Großen, als Legitimationsinstanzen anzurufen; die zahlreichen als „keyserrecht“, „keyser Karel rechtpuch“ u. ähnlich betitelten Handschriften des Schwabenspiegels trugen erheblich zur Verbreitung der Idee des K. bei. Den Endpunkt dieser Entwicklung markiert das (zuweilen als Frankenspiegel bez.) Kleine K. (1. Hälfte 14. Jh., klein wohl in Abgrenzung von den beiden damals bereits als große K. betrachteten Spiegeln des 13. Jh.), welches sämtliche in ihm enthaltenen Bestimmungen auf kaiserliche Rechtsetzung zurückführt. Neben prozess-, privat-, straf- u. lehen-

rechtlichen Bestimmungen nach dem Vorbild der beiden älteren Rechtsbücher enthält das Kleine K. auch ein viertes Buch „von des riches steden und erer vriheid“; vielfach führten die Reichsstädte ihr Recht als K. od. Kaiserweichbild auf den Kaiser zurück.

Das Prestige des Kaisers als Gesetzgeber erleichterte seit dem 15. Jh. die umfassende Rezeption des röm. Rechts als K., gleichwohl kam es zu keiner vollständigen Identifikation des K. m. dem röm. Recht: So galt etwa in der Schweiz, wo das röm. Recht zurückhaltend rezipiert wurde, das Strafrecht der ma. Landfrieden bis ins 18. Jh. als K. Im Kontext utopischer Rechts- u. Gesellschaftstheorien (z. B. in der Reformatio Sigismundi, 1439) besitzt der Begriff K. keinen spezifischen Inhalt, sondern steht pathetisch für das (gerechte) Recht schlechthin.

Quellen

Endemann, H. E., Das Keyserrecht nach der Handschrift von 1372, Kassel 1846.

Literatur

Krause, H., Kaiserrecht u. Rezeption, Heidelberg 1952 (Abhandlungen der Heidelberger Akademie der Wissenschaften, Phil.-Hist. Klasse 1951/1); Johanek, P., Art. Kleines Kaiserrecht: Die dt. Lit. des Mittelalters – Verfasserlexikon Bd. 4, 1195-1199; Trusen, W., Die Rechtsspiegel u. das Kaiserrecht: ZRG.G 102 (1985), 12-59; Dilcher, G., Kaiserrecht. Universalität u. Partikularität in den Rechtsordnungen des Mittelalter: Normen zwischen Oralität u. Schriftkultur, hg. v. B. Kannowski, Köln – Weimar – Wien 2008, 161-200; Munzel-Everling, D., Art. Kaiserrecht: HRG² Bd. 2, 1532-1535.

Harald Derschka

Kalifat – Islamisch

K. (ḫilāfa; Stellvertretung) bez. eine (ideale) Herrschaft, in der der Kalif (ḫalīfa) als Stellvertreter Gottes bzw. des Gesandten Gottes die politische sowie religiöse Führung innehat. Der Kalif trägt zusätzlich meistens auch den Titel amīr al-mu'minīn (Befehlshaber der Gläubigen). Bereits Muhammad lebte in der ersten islam. → Gemeinde in Medina diese Doppelfunktion vor. Auch die ersten vier sog. rechtgeleiteten Kalifen (al-ḫulafā' ar-rāšidūn), Abū Bakr, ʿUmar, ʿUṯmān u. ʿAlī (632-661), verkörpern für viele Muslime die idealen Herrscher. Bei den nachfolgenden K., u. a. Umayyaden, insb. Abbasiden u. später Osmanen, übernehmen immer mehr die → Gelehrten (ʿulamā') die religiösen Angelegenheiten.

Das Wort ḫilāfa kommt im → Koran nicht vor. Das Substantiv ḫalīfa wird jedoch einmal zur Beschreibung Adams als Statthalter Gottes auf Erden (2:30) u. ein weiteres Mal zur Bez. Davids als Herrscher u. Richter (38:26) verwendet. Zum ersten Mal entwickelt der ma. Gelehrte al-Māwardī (972-1058) eine umfassende Theorie des K. Demnach hat der Kalif, der aus der Prophetenfamilie der Quraisch stammen sowie gerecht u. gelehrt sein muss, u. a. die Aufgaben, Religion zu schützen, Recht durchzusetzen, Außengrenzen des islam. Territoriums zu befestigen u. Steuern einzutreiben. Dabei kann er jedoch seine Aufgaben an versch. Amtsträger, von Vezir bis zum Steuerbeamten, delegieren. Später wird die Legitimität des K. immer großzügiger ausgelegt, indem jede Herrschaftsform für besser erachtetet wird als Anarchie.

Mit Kolonialismus u. Nationenbildung ist das Zeitalter des K. praktisch zu Ende gegangen. Der osmanische Abdülmecit II. (1922-1924) war der letzte Kalif u. hatte lediglich eine repräsentative Funktion. Als ideale Herrschaftsform spielt das K. aber immer noch eine wichtige Rolle in den politischen Diskursen im → Islam. Zuletzt hat der Islam. Staat (IS) am 29.06.2014 auf den von ihm beherrschten Gebieten in Irak u. Syrien ein K. ausgerufen u. seinen Anführer Abu Bakr al-Baghdadi zum Kalifen ernannt. In der islam. Welt wurde der IS größtenteils abgelehnt. Inzwischen (2018) ist der IS von allen seinen Herrschaftsgebieten zurückgedrängt u. dessen K. existiert nicht mehr.

Literatur

Hanna, M., Politics & Revelation. Mawardi and after. Preface by Edward Said, Edinburgh 1995; Crone, P. – Hinds, M., God's Caliph. Religious Authority in the First Centuries of Islam, Cambridge 2003; Kennedy, H. N., Das Kalifat. Von Mohammed bis zum „Islamischen Staat", München 2017.

Abbas Poya

© 2019, DOI: 10.30965/9783506786388_0548

Kammerer, Kämmerer

→Definitor

Kanon – Historisch

K. (von griech. kanon; dt. Richtschnur, Maßstab, Regel) bez. im Altertum normative literarische Werke bzw. deren Verz., in den neutestamentlichen u. frühpatristischen Schr. die wesentlichen Inhalte des chr. →Glaubens (regula fidei) u. Lebens in der →Gemeinde (Gal 6, 16; Phil 3, 16). Im engeren Sinn wurde K. seit dem 4. Jh. zur Bez. für den Beschl. eines →Konzils bzw. einer →Synode, weithin i. S. v. Disziplinargesetzen (→Disziplinarkanones), im Unterschied zu kaiserlichen Gesetzen (Nomoi) u. päpstlichen →Dekretalen, aber auch zur Bez. der von der Kirche anerkannten biblischen Schr. u. schließlich des →Kanonischen Rechts insgesamt. Im Osten wurden im 2. u. 3. Jh. Vorschriften kirchl. Ordnung als K., die Beschl. der Synoden sowie einzelner Ortsbischöfe als Horoi bez. Die stetige Fortentwicklung des kirchl. Rechts brachte m. sich, dass die in K. formulierten Beschl. u. Entscheidungen über Verf., Disziplin u. Gottesdienst zu Slg. zusammengefasst wurden. So entstand nach den pseudo-apostolischen KO (→Didache, →Traditio Apostolica; Didaskalie [→Didaskalie, syrische]; Constitutiones apostolicae; →Apostolische Konstitutionen; Canones Apostolorum) in Antiochien zwischen 342 u. 381 das Syntagma canonum (Corpus Canonum Orientale). Die bedeutendste Slg. der vorgratianischen Zeit im Westen besorgte Dionysius Exiguus um 500 in Rom (Collectio Dionysiana; Neuauflage 774: Collectio Dionysio-Hadriana). Während frühere Slg. meist Dekretalen u. K. vermischt enthielten, findet sich bei Dionysius Exiguus eine strikte Tennung in einen Liber canonum u. einen Liber decretorum. Als Besonderheit der Ostkirche waren seit dem 6. Jh. in den →Nomokanones den kirchl. K. die einschlägigen weltlichen Gesetze beigefügt. Für die zahlreichen Synoden der afrikanischen Kirche war es charakteristisch, dass die jüngeren die K. der früheren wiederholten (Codex Canonum Ecclesiae Africanae). Neben den Dekretalen, den Schr. der Kirchenväter sowie den →Kapitularien bildeten K. die Grundlage für Slg. im Anschluss an die Karolingische Reform sowie im Vorfeld der Gregorianischen Reform (Burchard vom Worms), die zu einer Zentralisierung der kirchl. Verwaltung u. Rspr. führte (Dictatus Papae). Die in Frankreich entstandenen Slg. des Bf. Ivo von Chartres (um 1040-1115) bildeten die Grundlage für zahlreiche weitere Slg.

Im MA ist K. die Bez. für das kirchl. Recht insgesamt (Gratian, dictum ante D. 3 c. 1; dictum post D. 3 c. 2) im Unterschied zum weltlichen Recht (leges). Von daher erklärt sich, dass die Rechtsbestimmungen in den ma. Slg. u. im →Corpus Iuris Canonici als K. (richtiger wohl capitula) bez. wurden. Während die kirchl. Autoritäten keine Harmonie zwischen den divergierenden Rechtsbestimmungen herstellen konnten, gelang erst Gratian m. seiner Concordia discordantium canonum, die zum Lehr- u. Hb. der neuen Wissenschaft des Kan. Rechts wurde, eine systematische Versöhnung der Normen u. damit eine einheitliche allg. Slg. des kirchl. Rechts. Einzelne K. erlangten bes. Bedeutung, so der K. „omnis utriusque sexus" (c. 21 des IV. Laterankonzils, 1215) zur Frage des Unterscheidungsalters od. der K. 11 (19) des Konzils von Arles (314) zur Frage von Ehescheidung u. Wiederheirat.

M. P. Alexander III. (1159-1181) rückte das Recht der röm. Päpste in Form von Dekretalen in den Mittelpunkt. Es entstanden die

Quinque Compilationes Antiquae. Raymund von Penaforte schuf im Auftrag von P. Gregor IX. zwischen 1230 u. 1234 eine vollständige Slg. päpstlicher Dekretalen (Compilationes decretalium), den →Liber Extra (Liber decretalium extra Decr. Gratiani vagantium), der zusammen m. dem →Decretum Gratiani, dem →Liber Sextus, den Clementinen u. den Extravaganten (→Extravagantensammlung) von Johannes XXII. das CorpIC bildete. Die Geltung der K. der Konzilien von Konstanz u. Basel war umstritten. Das Konzil von Trient u. ebenso das Vat I bez. die den Glaubenswahrheiten angefügten →Anathema als K. Erst der CIC/1917 greift bereits im Titel auf den spezifischen Gebrauch von K. zurück. Nach dem Vorbild der modernen staatl. Gesetzbücher entstand eine →Kodifikation des kan. Rechts, die abstrakt u. systematisch in K. gefasst war. Insgesamt war beabsichtigt, von der kasuistischen Gesetzgebungsmethode früherer Zeit (→Kasuistik) abzurücken u. das normsetzende Fallrecht durch generell-abstrakte Normen zu ersetzen. Näherhin bez. der CIC/1917 m. K. die letzte Unterteilung des Gesetzbuchs, ebenso den feststehenden Teil der Messe (missae canon; vgl. can. 1173 § 2; Eucharistisches →Hochgebet) sowie den Miet- u. Pachtzins (cann. 1541 § 1 u. 1542).

Literatur

Friedberg, E., Die Canones-Sammlungen zwischen Gratian u. Bernhard von Pavia, Leipzig 1897; Schwartz, E., Die Kanonessammlungen der alten Reichskirche: ZRG.K 25 (1936), 1-114; abgedr. in: ders., Ges. S. IV, Berlin 1960, 159-275; Mordek, H., Systematische Kanononessammlungen vor Gratian: Monumenta Iuris Canonici, Series C: Subsidia 7, hg. v. S. Kuttner, Vatikanstadt 1985, 185-201; Gaudemet, J., Les sources du droit de l'Église en Occident du IIe au VIIe siecle, Paris 1985 (Initiations au christianisme ancien); Mordek, H., Kanonistik u. gregorianische Reform. Marginalien zu einem nichtmarginalen Thema: Reich u. Kirche vor dem Investiturstreit. Vorträge beim wiss. Kolloquium aus Anlaß des achtzigsten Geburtstags von Gerd Tellenbach, hg. v. K. Schmid, Sigmaringen 1985, 65-82; May, G. – Egler, A., Einführung in die kirchenrechtliche Methode, Regensburg 1986, 37-99; Wächter, L., Gesetz im kan. Recht. Eine rechtssprachliche u. systematisch-normative Untersuchung zu Grundproblemen der Erfassung des Gesetzes im kath. Kirchenrecht, St. Ottilien 1989 (MThS.K 43), 7, 21; Künneth, W., Art. Kanon: TRE Bd. 17, 562-570; Bradshaw, P. F., Art. Kirchenordnungen I. Altkirchliche: TRE Bd. 18, 662-670; May, G., Kirchenrechtsquellen I: TRE Bd. 19, 1-44; Mordek, H., Kanonessammlungen: LMA Bd. 5, 900-903; Gaudemet, J., Les sources du droit canonique VIIIe-XXe siècle, Paris 1993; Listl. J., Art. Codex Iuris Canonici: Staaslexikon[7] Bd. 1 (1985), 1151-1156; abgedr. in: ders., Kirche im freiheitlichen Staat. Schriften zum Staatskirchenrecht u. Kirchenrecht. Zweiter Halbband, hg. v. J. Isensee – W. Rüfner i. V. m. W. Rees, Berlin 1996 (SKRA 25), 1061-1066; Weigand, R., Art. Kirchenrecht. IV. Kirchenrechtsquellen: LThK[3] Bd. 6, 43-45; Landau, P., Kanones u. Dekretalen. Beiträge zur Geschichte der Quellen des kan. Rechts, Goldbach 1997; Salachas, D., Il diritto Canonico delle Chiese orientali nel primo millennio. Confronti con il diritto canonico attuale delle Chiese orientali cattoliche: CCEO, Rom – Bologna 1997; Landau, P., Burchard de Worms et Gratien. À propos des sources immédiates de Gratien: RDC 48 (1998), 233-245; Gaudemet, J., Les sources de Décret de Gratien: RDC 48 (1998), 247-261; Kéry, L., Canonical Collections of the Early Middle Ages (ca. 400-1140). A Bibliographical Guide to the Manuscripts and Literature, Washington D. C. 1999 (History of Medieval Canon Law 1); Mühlsteiger, J., Die sog. Canones Apostolorum: Tradition – Wegweisung in die Zukunft (FS Mühlsteiger), hg. v. K. Breitsching – W. Rees, Berlin 2001 (KStT 46), 615-680; Schindler, A., Art. Kanon. II. Kirchengeschichtlich: RGG[4] Bd. 4, 767-770; Troianos, S. N., Art. Kanon. IV. Orth. Recht: RGG[4] Bd. 4, 771; Ohme, H., Kanones/Kanonessammlungen: RGG[4] Bd. 4, 774-776; Söllgen, G., Art. Kirchenrecht. I. Geschichte. 1. Altkirchlich: RGG[4] Bd. 4, 1268 f.; Kalb, H., Art. Kirchenrecht. I. Geschichte. 2. Mittelalterlich: RGG[4] Bd. 4, 1269 f.; Puza, R., Art. Kirchenrecht. I. Geschichte. 3. Kath. Kirche: RGG[4] Bd. 4, 1271 f.; Nikolaou, T., Art. Kirchenrecht. III Orth. Kirche: RGG[4] Bd. 4, 1280-1283; Erdö, P., Die Quellen des Kirchenrechts. Eine gesch. Einführung, Frankfurt u. a. 2002 (AIC 23); Ohme, H., Art. Kanon I: RAC Bd. 20, 1-28; ders., Art. Kirchenrecht: RAC Bd. 20, 1099-1139; Mühlsteiger, J., Kirchenordnungen. Anfänge kirchl. Rechtsbildung, Berlin 2006 (KStT 50); Nörr, K. W., Texturen mittelalterlicher Rechtsfortbildung: Die Dekretale u. Dekretalensammlung (von Alexander III. bis Gregor IX.): Dienst an Glaube u. Recht (FS May), hg. v. A. Egler – W. Rees, Berlin 2006 (KStT 52), 263-279; Haering, S., Gratian u. das Kirchenrecht in der mittelalterlichen Theologie: MThZ 57 (2006), 21-34; Erdö, P., Geschichte der Wissenschaft vom kan. Recht. Eine Einführung, Berlin 2006 (KRB 4); Ferme, B. E., Introduction to the History of Sources of Canon Law. The Ancient Law up to the Decretum of Gratian, Montreal 2009 (Collection Gratianus Series. Section Handbooks); Becker, H.-J., Päpstliche Gesetzgebung u. päpstlicher Gesetzgebungsanspruch von Innozenz III. bis zu Innozenz IV. – Résumé: Die Anfänge des öff. Rechts, 2 / Gli inizi del diritto pubblico, 2. Von Friedrich Barbarossa zu Friedrich II., / Da federico I a Federico II, hg. v. R. Dilcher – D. Quaglioni, Bologna – Berlin 2009, 157-219; Becker, H. J., Art. Kan. Recht: HRG² Bd. 2, 1569-1576; Helmholz, R., Kan. Recht u. europäische Rechtskultur, Tübingen 2013, 1-36.

Wilhelm Rees

© 2019, DOI: 10.30965/9783506786388_0550

Kanon – Katholisch

Der Begriff K. geht auf das altgriechische Wort kanṓn zurück, das urspr. Schilfrohr, dann aber auch Stab, Lineal od. Maßstab u. im übertragenen Sinne Richtschnur, Muster, Regel, mustergültiges Verz. od. regelmäßige Tributzahlung meinen konnte.

Im heutigen kan. Sprachgebrauch bez. K. primär eine Einzelnorm des kodikarischen Rechts u. bildet dort, gewöhnlich aber nicht außerhalb davon, die kleinste generell verwendete Gliederungseinheit des Gesetzestextes, die ggf. weiter in Paragraphen u./od. Nrn. unterteilt sein kann. Im CIC/1983 gibt es 1752 solcher Canones, im CCEO 1546; im CIC/1917 gab es noch 2414. Entspr. dieser Bedeutung bezieht sich der Begriff bei Verwendung im Text der beiden heutigen Codices meist auf eine einzelne andere darin enthaltene Norm od. eine Reihe davon, kann in einer verallgemeinernden Diktion im Pl. jedoch auch für die Gesamtheit der kan. Bestimmungen stehen, so insb. in den cc. 562, 1199 § 2, 1392 u. in den cc. 78 § 1, 1459 § 2, 1466 CCEO.

Eine Ausnahme stellt c. 1501 CCEO dar, wo die „Canones der →Synoden und der Kirchenväter" als eine der →Rechtsquellen zur Schließung von →Gesetzeslücken angeführt werden. Hier existiert ein urspr. Bedeutungsgehalt fort, nach dem im chr. Altertum K. zur Bez. v. a. synodal erlassener kirchl. →Gesetze im Unterschied zu den kaiserlichen verwendet wurde, die nómos bzw. lex genannt wurden. Im CIC/1917 war diese Begrifflichkeit, die zur Gattungsbezeichnung →kanonisches Recht geführt hat, noch gebräuchlich. Daneben konnte K. dort auch Messkanon (Stillmesse vom Sanctus bis zum Pater noster; can. 1173 § 2) od. →Erbpacht (Emphyteuse; cann. 1541, 1542) meinen; diese Bestimmungen haben heute jedoch keine Parallelen mehr.

Literatur

Lalmant, M., Art. Canon: DDC Vol. 2, 1283-1288; Wächter, L., Gesetz im kan. Recht, St. Ottilien 1989 (MThS.K 43), 7, 21; KanR I, 26-27; Wächter, L., Art. Kanon im Kirchenrecht: LThK³ Bd. 5, 1185.

Stefan Ihli

© 2019, DOI: 10.30965/9783506786388_0550

Kanonikat – Katholisch

Ein K. ist ein KA (c. 145), das gem. c. 503 vom →Diözesanbischof nach Anhörung des betr. Kanonikerkapitels nur einem →Priester übertragen werden darf, der sich gem. c. 509 §1 durch Rechtgläubigkeit u. einen unbescholtenen Lebenswandel auszeichnet sowie seinen Dienst in lobenswerter Weise ausübt. K. gibt es in Kanonikerkapiteln, sei es in Kathedralkapiteln, auch →Domkapitel genannt, sei es in

→Stiftskapiteln. Die Anzahl der K. in einem Kapitel ist durch die Statuten unter Berücksichtigung der Satzungsautonomie des Kapitels u. des Mitwirkungsrechts des Diözesanbischofs festzulegen (c. 506 §1). Im Hoheitsbereich der DBK ist die Anzahl der K. in den Domkapiteln ferner durch die Konk. od. KV (→Konkordat, Kirchenvertrag) geregelt. Der Inhaber eines K. ist vollberechtigtes Mitglied eines Kanonikerkapitels. Weitere vollberechtigte Mitglieder eines Kanonikerkapitels sind der bzw. die Dignitär(e), z. B. der →Domdekan u./od. →Dompropst in dem Kathedralkapitel.

Literatur

Mörsdorf, K., Lehrbuch des Kirchenrechts auf Grund des Codex Iuris Canonici, begr. von E. Eichmann, fortgeführt von K. Mörsdorf, Bd. 1, München – Paderborn – Wien 1964, 438-451; Jüsten, E., Das Domkapitel nach dem Codex Iuris Canonici unter bes. Berücksichtigung der Rechtslage in Deutschland u. Österreich, Frankfurt 1993; Hirnsperger, J., Kanonikat: LThK³ Bd. 5, 1185; Puza, R., Die Dom- u. Stiftskapitel: HbkathKR³, 652-656.

Bernd Dennemarck

© 2019, DOI: 10.30965/9783506786388_0551

Kanonikat – Evangelisch

Ein K. i. S. der cc. 503 ff. kennt das geltende ev. KR nicht. Vergleichbar damit ist allenfalls das Amt eines Domherrn (od. einer Domherrin), das als Ehrenamt auch im ev. Bereich vorkommt. So werden die Mitglieder des Vereinigten →Domkapitels der Vereinigten Domstifter zu Merseburg u. Naumburg u. des Kollegiatstiftes zu Zeitz als Domherren bez. Sie nehmen ehrenamtlich Aufgaben bei der Stiftungsverwaltung wahr.

Heinrich de Wall

© 2019, DOI: 10.30965/9783506786388_0551

Kanoniker – Historisch

K. sind Mitglieder des →Domkapitels/Kathedralkapitels od. →Kollegiatkapitels/→Stiftskapitels (vgl. cc. 503-510; cann. 391-422). Die Bez. wird abgeleitet von canon: Verz. der →Geistlichen an einer Kirche; Regel für das Gemeinschaftsleben (→vita communis).

Seit dem 4. Jh. bildete sich der ordo canonicus (Kanonikerstand) neben dem ordo monasticus (Ordensstand) aus, gefördert u. a. von Augustinus u. Gregor dem Großen. Die erste Blüte folgte unter Karl dem Großen. Die K. lebten nach bestimmten Regeln (Chrodegang von Metz um 755, Aachener Regel 816). Die Kanonikerkapitel waren kollegial verfasst, erhielten →Satzungsautonomie (Statuten), hatten eigene Ämter (Propst, Dekan, Kustos, Scholastikus u. a.) u. waren zur Pflege der vita communis (Gebet, Refektorium, Dormitorium) verpflichtet. Sie waren vielerorts ständisch geordnet (Adelsprivilegien) u. verfügten über z. T. reichen Besitz (Stiftungen, Pfründen). Im MA nahmen zahlreiche Kapitel die monastische Lebensform an (Gregorianische Reform, →Regularkanoniker). Die Reformdekrete des Konzils von Trient (1545-1563) zielten v. a. auf die religiöse Erneuerung, Hebung der geistl. Disziplin u. bessere Ausbildung der K. ab.

In der dt. Reichskirche erfüllten die K. neben der Liturgie (Chorgebet, feierliche Gottesdienste) weitere Aufgaben: K. der zahlreichen Kollegiatstifte v. a. in Seelsorge, Schul- u. Sozialwesen; Domherren in der Leitung der Diözesen u. Hochstifte (Senat u. Rat des Bf., →Bischofswahl). →Reformation, Aufklärung, →Josefinismus u. bes. die Säkularisationen im 19. Jh. (→Reichsdeputationshauptschluss 1803) führten zu Verlust von Gütern, Reduktion der Anzahl der Kanonikate, Wegfall von Adelsprivilegien u. Aufhebung der meisten Kollegiatkapitel. Seit dem 19. Jh. bekleiden →Domkapitulare regelmäßig diözesane Leitungsämter, sind Berater der Bf. (→Konsultorenkollegium gem. c. 502 § 3) u. wirken bei der Besetzung der Bischofsämter mit (Wahl- bzw.

Vorschlagsrechte, dt. Konk.). Die erste Aufgabe der K. bleibt auch im erneuerten Recht das gemeinsame Gebet u. die Feier der Liturgie in der Kapitelskirche (c. 503).

Literatur

Bouix, D., Tractatus de capitulis, Paris – Lyon [2]1862; Hofmeister, Ph., Bischof u. Domkapitel nach altem u. neuem Recht, Neresheim 1931; Torquebiau, P., Art. Chanoines: DDC Vol. 3, 471-488; Flatten, H., Art. Kanoniker: LThK[2] Bd. 5, 1287-1288; Parisella, I., Art. Canonicatus: DMC Vol. I, 523-524; Berliocchi, C., Art. Canonici regulares: DMC Vol. I, 524-525; Schieffer, R., Die Entstehung von Domkapiteln in Deutschland, Bonn 1976; Schmid, M., Art. Augustiner-Chorherren: TRE Bd. 4, 723-728; Braun, H. A., Das Domkapitel zu Eichstätt. Von der Reformationszeit bis zur Säkularisation (1535-1806). Verfassung u. Personalgeschichte, Stuttgart 1991; Jüsten, E., Das Domkapitel nach dem Codex Iuris Canonici von 1983 unter bes. Berücksichtigung der Rechtslage in Deutschland u. Österreich, Frankfurt – Wien 1993; Hirnsperger, J., Art. Kanoniker: LThK[3] Bd. 5, 1185-1186; ders., Die Statuten des Salzburger Domkapitels (1514-1806), Graz 1998; ders., Art. Kanoniker I. Gesch.: LKStKR Bd. 2, 368-370; Auge, O., Art. Kanoniker/Chorherren: RGG[4] Bd. 4, 776-777; Rothe, W. F., Kollegiatkapitel im dt. Sprachraum. Eine kirchenrechtliche Bestandsaufnahme: ZRG.K 93 (2007), 246-278; ders., Die Statuten der Kollegiatkapitel im dt. Sprachraum. Rechtslage u. Rechtspraxis, Frankfurt – Wien 2007; Bier, G., Art. Cabildo de canónigos: DGDC Vol. I, 781-785; Jiménez Echabe, A., Art. Canónigos regulares: DGDC Vol. I, 807-809; Puza, R., § 42 Die Dom- u. Stiftskapitel: HbkathKR[3], 652-656.

Johann Hirnsperger

© 2019, DOI: 10.30965/9783506786388_0552

Kanoniker – Katholisch

Ein K. ist der Inhaber eines → Kanonikats (c. 503). Der Begriff K. leitet sich vom lat. canon (Regel, Richtschnur) ab.

1. Geschichte: Die hist. Wurzeln der K. sind in der vita communis (vgl. Apg 4, 32) der frühchristlichen Klerikergemeinschaften an den Bischofskirchen zu finden. Im 4. Jh. ist die Gemeinschaft der K. als eigener Stand gegenüber dem Ordensstand greifbar. Gemeinsam ist beiden das Gebet, das gemeinsame Essen u. Wohnen. Im Unterschied zum Ordensstand konnten K. jedoch Privatbesitz haben. In frühmittelalterlicher Zeit wurde von weltlicher wie von kirchl. Seite das Zusammenleben (vita canonica) der Kleriker an einer Kathedralkirche gefordert. Für die Vielfalt der K.-Statuten wurden bes. die Regel Chrodegangs von Metz (um 760) sowie die Aachner Regel (816) prägend. Im 10. Jh. wurde die vita communis zunehmend aufgegeben u. stattdessen Einzelpfründe für die jeweiligen Kanonikate errichtet. Im Zuge der gregorianischen Reform kam es zu einer Erneuerung des Kanonikerwesens m. der Verpflichtung, auf Privatbesitz zu verzichten, u. zur vita communis zurückzukehren. Daraus entwickelten sich die → Regularkanoniker in Chorherrenstiften, die monastisches u. kan. Leben miteinander verbanden. Die übrigen K. wurden als Säkularkanoniker bez. In der Reformation u. in der Säkularisation wurden die meisten Kanonikerstifte aufgehoben. Bis auf wenige Ausnahmen sind K. v. a. in den → Domkapiteln erhalten geblieben.

2. Geltende Rechtslage: Gem. c. 509 § 1 steht es allein dem → Diözesanbischof, nicht aber dem → Diözesanadministrator, zu, nach Anhörung des betroffenen Kanonikerkapitels ein Kanonikat zu übertragen. Gegenteilige Privilegien wurden ausdrücklich aufgehoben; konkordatäre Regelungen im Bereich der DBK bleiben gem. c. 3 erhalten (vgl. BY.K Art. 10 § 1 Buchstabe b). Dabei sind als Eignungsvoraussetzungen in c. 509 § 2 für den erwählten → Priester Rechtgläubigkeit, ein unbescholtener Lebenswandel sowie die lobenswerte Ausübung seines priesterlichen Dienstes normiert. Dem Diözesanbischof steht es ferner zu, den vom Kanonikerkapitel selbst gewählten Vorsteher zu bestätigen. Als solcher ist er vollberechtigtes Mitglied eines Kanonikerkapitels, d. h. eines Kollegiats- od. eines → Stiftskapitels (vgl. c. 503). Ein Kano-

nikerkapitel ist eine Gemeinschaft von Priestern, deren einzig gesamtkirchlich geregelte Aufgabe darin besteht, die feierlichen Gottesdienste in der Kathedral- bzw. der Stiftskirche durchzuführen. Darüber hinaus können der Korporation Kanonikerkapitel vom Recht od. vom Diözesanbischof weitere Aufgaben übertragen werden. So gehört es im Bereich der DBK aufgrund staatskirchenrechtlicher Verträge regelmäßig zu den Aufgaben der K., den Diözesanbischof bei der Leitung der Diözese zu unterstützen (vgl. Art. 3 Abs. 3 im BY.K von 1917; Art. 10 §1 a) BY.K 1924). Die Kanonikerkapitel besitzen unbeschadet der bfl. Mitwirkung gem. c. 505 auton. Satzungsrecht. Durch Beschl. der DBK wurden den Kathedralkapiteln gem. c. 502 §3 die Aufgaben des →Konsultorenkollegiums übertragen. Neben den K. als vollberechtigten Mitgliedern gehören zu den Kanonikerkapiteln teilberechtigte Mitglieder, sei es im aktiven Dienst (z. B. →Domvikare od. Dompräbendenden) od. im Ruhestand. Die teilberechtigten Mitglieder der Kanonikerkapitel sind nicht bzw. nicht mehr Inhaber eines Kanonikats. Von den K. im eigentlichen Sinn sind die Ehrenkanoniker (Ehrendomherren) zu unterscheiden. Letztere sind i. d. R. teilberechtige Mitglieder eines Kanonikerkapitels. Neben den residierenden K. (vgl. Art. 2 Abs. 7 Preuß.K) eines Domherrenstifts, die v. a. für den Ordinariatsdienst vorgesehen sind, gibt es nichtresidierende →Domkapitulare, deren Rechte jeweils durch die Statuten des Kanonikerkapitels geregelt sind.

Literatur

Hirnsperger, J., Kanoniker: LThK³ Bd. 5, 1185-1186; Puza, R., Die Dom- u. Stiftskapitel: HbkathKR³, 652-656.

Bernd Dennemarck

Kanonisation

→Heiligsprechungsverfahren

Kanonische Billigkeit

→Aequitas Canonica

Kanonische Eignung – Katholisch

1. Als K. (idoneitas, idoneus) wird entspr. c. 149 §1 (c. 940 §1 CCEO) das Vorliegen bestimmter, vom allg. od. vom partikularen Recht in allg. od. in bes. Weise geforderter Eigenschaften einer →physischen Person bez., die zur Vornahme von Rechtsakten, zur Ausübung von →Diensten, →Vollmachten u. →Befugnissen, zur Übernahme von →Ämtern, zum Empfang der Weihen (→Weiheempfang) od. zur Eingliederung in die Inst. des geweihten od. die →Gesellschaften des apostolischen Lebens befähigen. Die K. muss durch die zuständige kirchl. Autorität positiv festgestellt u. ggf. durch Dokumente od. eine Prüfung od. die Befragung anderer Personen bewiesen werden. Das stillschweigende Voraussetzen der K. genügt i. d. R. den rechtlichen Erfordernissen nicht.

2. Wenn das KR absolute Kriterien der K. vorschreibt, d. h. rechtserhebliche Tatsachen, welche die →Rechtsstellung einer physischen Person in der Kirche betreffen (z. B. →Alter, →Geschlecht, Zugehörigkeit zur kath. Kirche, Empfang der Weihe; vgl. cc. 11-13 [vgl. cc. 1490-1491 CCEO], cc. 96-112, cc. 204-207), kann die zuständige Autorität lediglich das Vorliegen od. Fehlen dieser Eigenschaften feststellen; in diesem Fall gibt es kein Ermessen. Bei allg. (z. B. cc. 521 §3; 554 §1; 970) od. relativen Kriterien der K. (z. B.: fester Glaube, gute Sitten, Frömmigkeit, Seeleneifer, Lebensweisheit, Klugheit, menschliche Tugenden; vgl. cc. 378 §1, 1° [c. 180, 1° CCEO]; 524; 1112 §2), die meist ergänzend zur absoluten K. hinzutreten, unterliegt das Urt. über die K. dem pflichtgemäßen Ermessen der zuständigen kirchl. Autorität. Bei der Übertragung eines Amtes (→Amtsübertragung) kann das Fehlen der K. zur Ungültigkeit der provisio führen od. deren Aufhebung durch Dekr. od. Urt. eines VerwG ermöglichen (c. 149 §2).

3. → Laien m. K. können zu Ämtern u. Aufgaben herangezogen werden, die sie nach Maßgabe des Rechts auszuüben vermögen (c. 228 §1; c. 408 §2 CCEO). Die K. von Laien zur → Eheassistenz besteht in ihrer Fähigkeit, die Brautbelehrung zu halten u. die Liturgie der Eheschließung zu leiten (c. 1112 §2). Für die Übernahme des Patendienstes (→ Pate) gibt es entspr. Kriterien der K. (c. 874 §1; c. 685 §1 CCEO).

4. Für Alumnen, die sich rechtmäßig außerhalb des Seminars aufhalten, hat der → Diözesanbischof einen → Priester m. K. zu ernennen, der über deren Ausbildung wacht (c. 235 §2). Die gesamte geistl. Bildung der Alumnen zielt auf deren K. für den pastoralen Dienst ab (c. 245 §1). Wer die K. besitzt, darf nicht vom Empfang der Weihe abgehalten werden (c. 1026). Die K. für die Weihe muss m. Argumenten erwiesen u. m. entspr. Dokumenten belegt werden (c. 1052 §§1-3). Für die Entgegennahme von → Beichten ist eine bes. K. gefordert (c. 970).

5. Für die Übertragung eines Amtes wird allg. die K. gefordert (cc. 149 §1, 1746; cc. 940 §1, 1395 CCEO). Bei der → Präsentation für ein Amt geht das Präsentationsrecht verloren, wenn zweimal ein Kandidat vorgeschlagen wurde, der nicht die K. besitzt. Über die K. hat die Autorität zu entscheiden, der das Recht zukommt, den Präsentierten in das Amt einzusetzen. Wenn die K. vorliegt, besteht ein Rechtsanspruch auf Einsetzung in das Amt (→ Ius ad rem) (cc. 161-163). Bei der Auftragswahl übertragen die Wähler ihr Wahlrecht einer geeigneten Person, die im Namen aller die Wahl vornimmt (c. 174 §1). Bei einer bestätigungsbedürftigen Wahl kann die Bestätigung nicht verweigert werden, wenn der Gewählte die K. besitzt (c. 179 §2; c. 960 §1 CCEO).

6. Um geeignete Kandidaten für das Bischofsamt zu ermitteln, haben die → Bischöfe einer → Kirchenprovinz od. die → Bischofskonferenz alle drei J. geheime Listen von Priestern zu erstellen, die nach ihrem Urt. die K. dafür besitzen (c. 377 §2). Das endgültige Urt. über die K. eines Kandidaten für das Bischofsamt steht dem Apost. Stuhl zu; dieser ist an die absoluten u. relativen Kriterien gebunden, die vom allg. Recht aufgestellt werden (c. 378 §§1-2). Die allg. K. für das Amt des → Pfarrers muss, z. B. durch ein Examen, sicher feststehen (c. 521 §1-3). Die spezifische K. eines Priesters für die Übernahme des Pfarramts in einer konkreten Pfarrei muss durch entspr. Nachforschungen positiv erwiesen werden (c. 524; c. 285 §3 CCEO). Als → Dekan muss der Bf. einen Priester auswählen, der nach Abwägung aller Umstände über die entspr. K. verfügt (c. 554 §1). Priester, welche die Visitation in einem Bistum (c. 400 §2) od. die Aufgabe eines → Beichtvaters (cc. 630 §2; 970) ausüben od. die Erhebung in einem → Nichtvollzugsverfahren (c. 1700 §1) durchführen, müssen die entspr. K. besitzen. Die K. wird auch für Personen verlangt, die als Vermögensverwalter eingesetzt werden (c. 1279 §2) od. die → Voruntersuchung für einen → Strafprozess führen (c. 1717 §1; c. 1468 §1 CCEO). Für Dozenten an → katholischen Universitäten werden wiss. u. pädagogische Eignung sowie Rechtgläubigkeit u. untadeliges Leben verlangt (c. 810 §1).

7. Die K. der Kandidaten zum → Noviziat, zu den zeitlichen Gelübden u. zur ewigen Profess bzw. zur Eingliederung in ein → Säkularinstitut muss nach Maßgabe des allg. Rechts u. des Eigenrechts des Inst. durch entspr. Dokumente od. Gutachten erwiesen sein (cc. 641-645; 653 §2; 657 §1; 723). Das gesamte Noviziat hat den Zweck, die K. eines Kandidaten für das Ordensleben festzustellen (c. 646; c. 459 §1 CCEO).

Literatur

Ochoa IC, 213-214; Chiappetta, L., Dizionario del nuovo Codice di Diritto Canonico, Neapel [2]1986, 444-446; KanR I, 460-462; Hommens, M., Art. Eignung, kan.: LThK[3] Bd. 3, 535-536.

Heribert Hallermann

Kanonische Wirkung – Katholisch

1. Universitäten u. Fak. (→Theologische Fakultät, Hochschuleinrichtung), die vom →Apostolischen Stuhl errichtet od. anerkannt sind, verleihen gem. Art. 6 VG (gradus academicos, qui valorem canonicum habeant) die →akademischen Grade m. K. Art. 8 VG spricht im selben Sinn von „gradus academicos ... canonicos". Art. 8 §1 OrdVG erwähnt die K. eines akademischen Grades (valor canonicus gradus academici). In der Einl. zum →Akkommodationsdekret I Abs. 2 ist von „gradus academicos valorem canonicum habentes" die Rede, was in der dt. Übers. m. „akademischen Graden mit Kanonischer Wirkung" wiedergegeben wird. Der Begriff K. bez. die Geltung od. Wirkung des betr. Grades im kirchl. Rechtsbereich. Nicht kirchl. errichtete od. anerkannte Studieneinrichtungen können keine Grade m. K. verleihen.

2. Die Bedeutung der K. erschließt sich aus Art. 8 §1 OrdVG: „Die kanonische Gültigkeit eines akademischen Grades bedeutet, dass der betreffende Grad zur Übernahme kirchlicher Ämter befähigt, für die er erforderlich ist; das gilt insbesondere für den Unterricht in theologischen Fächern an den Fakultäten, den →Priesterseminaren und den gleichrangigen Instituten." Aus der K. resultiert keine theol. Lehrbefugnis. a) Gem. Art. 50 §1 VG befähigt das Doktorat (→Doktorat, theologisches) für die theol. Lehre an einer kirchl. Fak., für die theol. Lehre in einem Priesterseminar das →Lizentiat. Diese u. nur diese beiden Grade bringen im hochschulrechtlichen Bereich K. hervor. b) Gem. Art. 50 §2 VG wird m. einem Grad m. K. die akademische Qualifikation nachgewiesen, die für die Übernahme bestimmter Aufgaben od. Ämter gefordert wird (vgl. z. B. cc. 378 §1, 5°; 478 §1; 1420 §4; 1421 §3; cc. 180, 6°; 247 §2; 1086 §4; 1087 §3 CCEO). Hierfür entfalten Magister Theologiae (früher Diplom), Lizentiat u. Doktorat K. Keine K. entfalten alle anderen Abschlüsse theol. Studiengänge wie Staatsexamina, Bachelor od. Master.

Quellen

Franziskus, ApK Veritatis Gaudium vom 8. Dezember 2017: http://w2.vatican.va/content/francesco/la/apost_constitutions/documents/papa-francesco_costituzione-ap_20171208_veritatis-gaudium.html [Zugriff: 15.05.2019].

Literatur

Schmitz, H. – Rhode, U., Kath. Theologie u. kirchl. Hochschulrecht, hg. v. Sekretariat der DBK, Bonn ²2011 (Arbeitshilfen 100); Hallermann, H., Bekenntnisgebundene Zugangsbeschränkungen zum Theologiestudium?: AfkKR 183 (2014), 76-105.

Heribert Hallermann

© 2019, DOI: 10.30965/9783506786388_0556

Kanonischer Verein

→Öffentlicher Verein, →Privater Verein

Kanonisches Recht – Orthodox

Unter dem orth. K. sei hier das Recht der byzantinisch-orth. Kirche verstanden. Häufig wird der Begriff analog auch für das Recht der orient.-orth. Kirchen u. das Recht der unierten Kirchen gebraucht. Diese stellen jedoch jeweils eigene Rechtsgebäude dar, die einer seperaten Würdigung bedürfen.

Traditionell unterscheidet die byzantinisch-orth. Kanonistik terminologisch K. u. KR. Während ersteres die panorthodox gültigen Kanones zur Grundlage hat, bezieht sich zweiteres auf die Kirchl. Statuten, Ordnungen u. Satzungen der einzelnen orth. Partikularkirchen sowie die Staatskirchenrechtlichen Normen in den jeweiligen Heimatländern. Die im Hintergrund dieser Unterscheidung stehende Konzeption eines überzeitlichen panorthodoxen einheitlichen Rechtskorpus auf der einen Seite u. zeitlichen Veränderungen unterworfenen lokalen Rechtsnormen auf der anderen Seite kann aber die hist. Prozesse u. aktuellen Realitäten nur unzureichend abbilden. Sie wird deshalb auch von orth. Theologen zunehmend angefragt. Bis heute werden deshalb die Begriffe K. u. KR innerorthodox sehr unterschiedlich gebraucht u. festgelegt.

Bei aller Differenziertheit einzelner Ansätze lässt sich das Bewusstsein eines überzeitlichen, allen Veränderungen entzogenen Kernbestand des kirchl. Rechtes doch durchgängig feststellen. In der rechtstheologischen Reflexion wird dieser Kernbestand häufig unmittelbar der göttlichen Offenbarung zugeordnet. Der Übergang von in der →Heiligen Schrift grundgelegten Rechtsnormen zu den von den →Ökumenischen Konzilien erlassenen Hl. Kanones ist deshalb häufig fließend. Gerade in der Vollmacht zur Rechtssetzung wird der gott-menschliche Charakter der Kirche erfahrbar, „welcher in ihr aufgrund des Willens ihres Stifters seit ihrem Entstehen wirksam ist und durch alle Tage bis ans Ende der Welt (Mt 28,10) bleiben wird" (Milas, 1905, 38).

Dieses Bewusstsein spiegelt sich am deutlichsten in der Rede von den Hl. u. Göttlichen Kanones wider. Sie gelten als „authentischer Ausdruck der in der Kirche aufbewahrten Wahrheit der Offenbarung in Christus" u. besitzen für viele orth. Kanonisten „ewige und absolute Gültigkeit" (Nikolaou). Häufig wird in diesem Zusammenhang auf den 2. Kanon des Trullanums verwiesen, der betont, es sei „niemand gestattet, die sogenannten Kanones zu verändern oder zu verachten oder andere anstelle dieser zu akzeptieren." Gleichzeitig gibt es auch unter orth. Kanonisten eine Diskussion darüber, auf welche Kanones sich der Begriff u. die damit verbundenen Qualitäten anwenden lassen. So treffen manche Autoren eine Unterscheidung der altkirchlichen Kanones in solche, die eine kirchl. Lehre zum Ausdruck bringen u. deswegen auch unveränderlich sind, u. solche, die rein diszipilären Charakter besitzen u. damit durchaus veränderbar sind. Die Meinungen einzelner Autoren, welche Kanones wozu zu rechnen seien, gehen auch hier oft weit auseinander: während z. B. P. Boumis die Kanones der Ök. Konzilien insgesamt als unfehlbar u. unveränderlich ansieht, begr. P. Rodopoulos m. dem fortdauernden Wirken des Hl. Geistes die Möglichkeit der Revision selbst des Kernbestandes der altkirchlichen Kanones.

Zu den primären Rechtsquellen des orth. K. zählen neben der Hl. Schrift die Kanones der ersten sieben Ök. Konzile, sowie einige Kanones wichtiger Kirchenväter u. bestimmter Lokalsynoden, die durch das Trullanum den Kanones der Ök. Konzile gleichgestellt wurden. Auf einer etwas anderen Ebene angesiedelt, wenn gleich von oft großem Einfluss, sind die kaiserlichen Rechtsnormen, die im byzantinischen Reich auch wichtige kirchl. Fragen regelten u. bis heute als Referenzpunkte großen Einfluss besitzen, die Rechtsauslegungen bedeutender hist. Kanonisten, die bei Entscheidungen oft zit. werden, sowie die kirchl. Statuten u. Satzungen, die in den einzelnen Partikularkirchen in Geltung sind od. waren.

Den wohl größten Unterschied zum westlichen K. stellt die große Skepsis gegenüber jeder Form von Kodifizierung dar. Orth. Kirchenrechtssammlungen, von denen wiederum keine für sich tatsächlich panorthodoxe Geltung beanspruchen kann, ordnen deshalb die Rechtsquellen hist. an u. bilden somit für den nicht orth. Leser ein kaum zu durchblickendes Gebilde dar. Diese Komplexität wird noch weiter gesteigert, weil die betr. Kanones u. Normen nach zwei grundlegenden Prinzipien (Kat akribeian/Kat oikonomian) der Rechtsapplikation angewendet werden. Während das Prinzip der Akribeia eine strenge Anwendung der Rechtsnorm empfiehlt, erlaubt eine Anwendung gem. der →Oikonomia eine modifizierte Anwendung, wenn es dem inneren Ziel der Rechtvorschrift u. dem Seelenheil der Betroffenen besser entspricht. Wann es angemessen erscheint, entweder nach dem einen od. dem anderen Prinzip vorzugehen, kann nur am konkreten Einzelfall bemessen werden. Es bedarf deshalb einer langen Ausbildung u. großem Fachwissen, welche Kanones für einen bestimmten Sachverhalt heranzuziehen sind u. in welcher Weise sie dann anzuwenden sind.

Quellen

Rhalles, K. – Potles, M., Syntagma ton theion kai hieron kanonon, 4 Bde., Athen 1852 (Neudr. 1966); Pravila Svjatych Apostolov, Svjatych Soborov, Vselenskich i Pomestnych i svjatych otec s tolkovanijami, 3 Bde., Moskau 1876 ff. (Neudr. Moskau 2000); Kniga pravil svjatych apoštol, svjatych soborov vselenskich i pomestnych i svjatych otec, Moskau 1893 (Neudr. St. Petersburg 1993, Moskau 2012); Nikodimos Hagiorites – Agapios der Priestermönch, Pedalion, Athen 9 1982; engl. Übersetzung: Nikolaides, J., The Rudder (Pedalion) of the Metamorphical Ship of the one Holy Catholic and Apostolic Church of the Orthodox Christians or all the Sacred and Divine Canons, Chicago 1957; Alivizatos, A., Hoi ieroi kanones, Athen 1997; Dekrete der ök. Konzilien, Bd. 1, Konzilien des ersten Jahrtausends, vom Konzil von Nizäa (325) bis zum Vierten Konzil von Konstantinopel (869/70), hg. v. J. Wohlmuth, Paderborn 3 1998; Das Konzil Qunisextum, hg. v. H. Ohme, Turnhout 2006 (FC 82); Hl. Kanones der hl. u. hochverehrten Apostel, hg. v. A. Anapliotis, St. Otilien 2009 (Liturgische Texte u. Studien 6).

Literatur

Milasch, N., Das Kirchenrecht der morgenländischen Kirche, Mostar 2 1905; Cipin, V., Cerkovnoe Pravo, Moskau 1996; Boumis, P., Grundriss des kan. Rechts: Nyssen, W. – Schulz, H.-J. – Wiertz, P., Handbuch der Ostkirchenkunde Bd. 3, Düsseldorf 1997, 145-179; Boumis, P., Kanonikon dikaion, Athen 3 2000; Nikolaou, Th., Art. Kirchenrecht. Orth. Kirche: RGG4 Bd. 4, 1280-1283; Troianos, S. N. – Poules, G., Ekklesiastiko dikaio, Athen 2 2003; Schuppe, F., Die pastorale Herausforderung – Orth. Leben zwischen Akribeia u. Oikonomia, Würzburg 2006 (Das östliche Christentum 55); Rhodopoulos, P., An overview of Orthodox Canon Law, Rollingsford 2007; Potz, R. – Synek, E., Orth. Kirchenrecht. Eine Einführung, Freistadt 2 2014 (KuR 28); Anapliotis, A., Die Quellen des orth. Kirchenrechts heute u. ihr staatlicher Rahmen: Die Orth. Kirche in der Selbstdarstellung, Ein Kompendium, hg. v. I. V. Leb – K. Nikolakopoulos – I. Ursa, Berlin 2016 (Lehr- u. Studienbücher Orth. Theologie 4).

Florian Schuppe

Kanonisierung

→Heiligsprechungsverfahren

Kanonistik

→Kirchenrecht, →Kirchenrechtswissenschaft

Kantor – Katholisch

Seit dem 4. Jh. sind neben →Lektoren vielerorts auch Psalmisten bezeugt, deren primäre Aufgabe der Psalmenvortrag im →Wortgottesdienst ist (Concilium Laodicea c. 3 [hist. Einordnung problematisch] erwähnt „kanonische Psalmisten, die auf den Ambo steigen und aus Pergament psallieren"; im westlichen MA entsteht das Cantatorium als Rollenbuch). M. der in Rom im 7. Jh. zu beobachtenden Professionalisierung des Kirchengesanges entsteht die Schola cantorum als Institution m. differenzierter Hierarchie (der auch P. entstammten) u. liturgischen Funktionen auch bei anderen Gesängen (die Zuschreibung ihrer Einrichtung an Gregor I. durch Johannes Diaconus, Vita Gregorii 2, 6 ist legendär; eine von Gregor selbst geleitete Synode weist i. J. 595 die Psalmen wie die anderen Lesungen noch dem Subdiakon zu: Ep. 5, 57a); eine eigene Ordination wurde aber anders als im Osten nicht entwickelt. In der Tagzeitenliturgie stimmt der bereits in der Benediktsregel 9, 7 genannte K. nicht nur Gesänge an (vgl. auch ebd. 47, 2-4; so noch AES 260), sondern ist in ma. Klöstern bis zur definitiven Fixierung auch für die Auswahl der Stücke u. die Organisation der Liturgie verantwortlich u. häufig m. dem Bibliothekar identisch.

Auch die gegenwärtigen →liturgischen Bücher unterscheiden in der Messfeier den Psalmisten, der am Ambo den Antwortpsalm vorträgt (AEM 67/GORM 102), vom K., der an anderen Gesängen beteiligt sein kann, in einem Zug m. dem Chorleiter genannt wird u. nicht am Ambo fungiert (AEM 64/GORM 104), auch wenn sein →Dienst zur „Grundform der Messe" gehört (AEM 80; vgl. GORM 116). C. 230 § 2 nennt den K. unter den munera, die allen geeigneten u. geschulten (c. 231 § 1) →Laien offenstehen.

Quellen

Johannes Diaconus, Vita Gregorii: Bibliotheca Hagiographica Latina 3641-3642; Die Benediktus-Regel, lat.-dt., hg. v. B. Steidle, Beuron [4]1980; Allg. Einführung in das Stundengebet der Kirche: Die Feier des Stundengebetes. Stundenbuch Erster Bd., Einsiedeln u. a. 1978, 25*-107*; Allg. Einführung ins Messbuch: Die Feier der hl. Messe, Messbuch. Für die Bistümer des dt. Sprachgebietes, Freiburg u. a. [6]1996, 23*-73*; Missale Romanum, Editio typica tertia 2002, Grundordnung des Röm. Messbuchs, Vorabpublikation zum Dt. Messbuch, hg. v. Sekretariat der DBK, Bonn [3]2007 (Arbeitshilfen 215).

Literatur

Dach, S., Handbuch des Kantorendienstes. Einführung u. Handreichung zu einem wiederentdeckten Dienst in der Gemeinde, 3 Bde., Paderborn 1977-1980; Fassler, M. E., The Office of the Cantor in Early Western Monastic Rules and Customaries: A Preliminary Investigation: Early Music History 5 (1985), 29-51; Dyer, J., The Schola Cantorum and Its Roman Milieu in the Early Middle Ages: De musica et cantu. Studien zur Geschichte der Kirchenmusik u. der Oper (FS Hucke), hg. v. P. Cahn – A.-K. Heimer, Hildesheim 1993, 19-40; Eham, M., Der Dienst des Kantors in der Liturgie: Musik im Gottesdienst. Ein Handbuch zur Grundausbildung in der kath. Kirchenmusik Bd. 1, hg. v. H. Musch, Regensburg [4]1993, [5]1994, 475-520; Page, C., The Christian West and its Singers. The First Thousand Years, New Haven 2010; Medieval Cantors and their Craft. Music, Liturgy and the Shaping of History, 800-1500, hg. v. K. A.-M. Bugyis – A. B. Kraebel – M. E. Fassler, York 2017 (Writing History in the Middle Ages 3).

Harald Buchinger

© 2019, DOI: 10.30965/9783506786388_0561

Kantor – Evangelisch

Die erste K. der Bibel ist Miriam. Als Prophetin ermuntert sie das Volk Israel nach dem Durchzug des Schilfmeers m. Handpauke, Reigen u. Gesang zum Gotteslob (Ex 15, 21). Weitere biblische Figuren lassen sich m. dem Amt eines K. in Verbindung bringen, z. B. das für den Tempeldienst Israels berufene musikalische Personal (vgl. 2 Chr 5). Im NT wird das Singen der →Gemeinde zur gegenseitigen Lehre u. Ermutigung aufgetragen (Kol 3, 16). Im MA ist der K. im Officium der →Klöster i. d. R. ein Kleriker u. leitet eine Vorsinggruppe (cantor maior). Im 16. Jh. entstehen Kantoreien u. Schulchöre unter der Leitung von Lehrern, die an Lateinschulen unterrichteten (vgl. Küster, 2016). Ab dem 17. Jh war der K. auch für die Begleitung der Gde. an der Orgel zuständig. Erst im 20. Jh. entwickelt sich m. der Gründung von ev. Kirchenmusikschulen ein Ausbildungs- u. Berufsprofil, das zentrale Kompetenzen des K. am Künstlerischen u. Liturgischen Orgelspiel sowie am Dirigieren (aber auch an Klavier, Gesang, Musiktheorie, Orgelbau, Liturgik usw.) festmacht. K. können heute an staatl. od. an kirchl. Hochschulen studieren.

Nachdem sich über 50 J. das zweigleisige Ausbildungssystem einer B- u. A-Prüfung für hauptamtliche K. gehalten hatte, wurde jüngst eine Angleichung an die Abschlüsse Bachelor (B) u. Master (A) geschaffen. Die Studien- u. Prüfungsordnungen werden für den deutschsprachigen Raum zwischen ev. u. kath. Kirchenmusikverbänden abgestimmt (s. auch →Kirchenmusik, ev.). Im J. 2009 gab es in den Kirchen der EKD ca. 1950 hauptamtliche K.

In regionalen Kursen werden für das Nebenamt K. über ca. zwei J. bis zur C-Prüfung u. über ca. ein J. zur D-Prüfung (= Eignungsnachweis) ausgebildet. Neuerdings gibt es auch sog. Popkantoren od. K. m. dem Schwerpunkt Popularmusik. K. finden Anstellung bei Gde., in →Kirchenkreisen bzw. →Dekanaten u. auf landeskirchlicher Ebene. Hauptamtliche K. üben auch Fachaufsicht u. Fachberatung sowie Visitation aus.

Literatur

Kirche klingt, hg. v. EKD, Hannover 2009; Arnold, J., „Gott loben, das ist unser Amt" – eine biblisch-reformatorische Besinnung auf einen zentralen Aspekt kirchl. u. kirchenmusikalischen Handelns: Musik u. Kirche 2010, 398-407; ders., Das kirchenmusikalische Amt als prophetischer Dienst im Konzert der Ämter bei der Kommunikation des Evangeliums: Pastoraltheologie 104 (2015), 431-446; Küster, K., Musikprofis – Musikamateure: ders., Musik im Namen Luthers, Kassel 2016, 66-81.

Jochen Arnold

© 2019, DOI: 10.30965/9783506786388_0561

Kantor – Jüdisch

Ein Chasan, od. K. ist ein jüd. Musiker od. eine Person, die die Durchführung des rituellen →Gottesdienstes ermöglicht, i. d. R. m. einer entspr. Gesangsausbildung, u. die Gde. im liedreichen →Gebet zu leiten hilft. Ein weiterer Begriff ist Schliach Zibbur (hebräisch für Abgesandter der Gde.), u. deutet auf die kantorale Rolle hin, die Anwesenden vom Rezitieren der Teile des Gebets freizustellen od. sie in den Teilen des Gebets zu führen, in welchen sie kantorale Gebete beantworten müssen. Ein weiterer Begriff ist Baal Tefilla (hebräisch für Meister des Gebets), der auf Sprachfertigkeit hindeutet u. die Bedeutung der Gebete, die ihn befähigen, den Gottesdienst sinnvoll zu leiten.

Aufgrund des obligatorischen Charakters des Gebets im rabb., orth. Judentum leiten traditionell Männer den Gottesdienst u. dienen als Chasan. Dies liegt an der Freistellung von Frauen von zeitgebundenen Verpflichtungen. In Reformgemeinden wird diese rabb. Interpretation abgelehnt u. auch Frauen dürfen als Gebetsleiterinnen dienen. Manche Gde., die sich als offen orth. definieren, übertragen bestimmte Teile der Gebetsleitung an Frauen. Als der öff. Gottesdienst seine heutige Form erreichte, verdrängte der Gesang allmählich die didaktischen u. einfachen verbalen Ausdruckselemente im Synagogendienst u. gab mehr Raum für die Idee eines K. als bezahlter Profi, den es in den klassischen rabb. Quellen nicht gab. Im Laufe der Jhh. hat die Position des Chasans an Bedeutung gewonnen, was ein spezielles Fachwissen erforderte u. hat sich zu einem eigenständigen Beruf entwickelt.

Literatur

Art. Házán: Károly Jólesz – Zsidó hitéleti kislexikon, Budapest 1985, 79; Art. Hazzan: EJ[2] Vol. 8, 502.

Zsolt Balla

© 2019, DOI: 10.30965/9783506786388_0561

Kanzelgemeinschaft – Evangelisch

1. Begriff u. Bedeutung: K. „bedeutet, dass die Ordinierten der beteiligten Kirchen in der jeweils anderen Kirche einen Gottesdienst halten und Gottes Wort öffentlich verkündigen können" (Erläuterungen Lehrgespräch, 1993, Nr. 5) (→Kanzelrecht). Das Bestehen der K. ist – gemeinsam m. der Abendmahlsgemeinschaft (→Abendmahls-, Eucharistiegemeinschaft) – Ausdruck des Grades der theol. Übereinstimmung von Kirchen; für das Bestehen der vollen →Kirchengemeinschaft sind K. u. Abendmahlsgemeinschaft notwendige Voraussetzungen.

Die Bedeutung der K. für die Praxis der →Gemeinden geht zurück. Dies hat versch. Ursachen, insb. die ök. Offenheit in weiten Teilen des organisierten Protestantismus. →Synoden u. Gde. sind bereit, auch z. B. kath. od. jüd. Theologen um eine Predigt zu bitten.

2. K. im →Verfassungsrecht der →Evangelischen Kirche in Deutschland: Die Verf. des Kirchenbundes (1922) u. der Dt. Ev. Kirche (1933)

ließen die K. unerwähnt. In Art. 4 Abs. 2 der GrO der EKD von 1948 hieß es dagegen: „Berufenen Dienern am Wort wird der Dienst der →Verkündigung auch in Gemeinden eines anderen →Bekenntnisses im Rahmen der geltenden Bestimmungen der →Gliedkirchen nicht verwehrt." Brunotte hebt in seiner Kommentierung aus dem J. 1954 hervor, dass die EKD diese Bestimmung nur aufgrund einer vorangegangenen Vereinbarung der Gliedkirchen treffen konnte (Brunotte, 1954, 141). Einschränkende Vorschriften wie z. B. die damalige Regelung der Bayer. LK, nach der „jede Predigt eines außerlandeskirchlichen Geistlichen der Genehmigung durch die oberste Verwaltungsbehörde" bedurfte, blieben unberührt (ebd., 143).

Nach Art. 4 Abs. 1 Nr. 2 u. 3 der GrO der EKD in der geltenden Fassung besteht zwischen ihren Gliedkirchen K.; die in einer Gliedkirche ordnungsgemäß vollzogene Ordination (→Ordination, Weihe) wird in allen Gliedkirchen anerkannt. Ordinierte sind in allen Gliedkirchen zum Dienst der Verkündigung, zur Vornahme von →Taufen u. →Amtshandlungen zugelassen. Allerdings stellt Art. 4 Abs. 2 klar, dass die gliedkirchlichen Ordnungen u. Vereinbarungen zwischen den Gliedkirchen unberührt bleiben.

3. K. m. weiteren Kirchen: Die EKD u. ihre Gliedkirchen haben auch m. weiteren Kirchen K. vereinbart. Die weitaus größte Teilmenge dieser weiteren Kirchen sind diejenigen, die der →Leuenberger Konkordie von 1973 zugestimmt haben. Nach Nr. 33 der Leuenberger Konkordie gewähren die zustimmenden Kirchen „einander Kanzel- und Abendmahlsgemeinschaft. Das schließt die gegenseitige Anerkennung der Ordination und die Ermöglichung der →Interzelebration ein." Nach Nr. 43 „gilt, dass die Erklärung der Kanzel- und Abendmahlsgemeinschaft und die gegenseitige Anerkennung der Ordination die in den Kirchen geltenden Bestimmungen für die Anstellung im Pfarramt, die Ausübung des pfarramtlichen Dienstes und die Ordnungen des Gemeindelebens nicht beeinträchtigen." Die Leuenberger Konkordie hat heute 94 luth., methodistische, ref. u. unierte Unterzeichnerkirchen aus über dreißig Ländern Europas u. Südamerikas.

In der Meißener Erkl. der Kirche von England, des →Bundes der Evangelischen Kirchen in der DDR u. der EKD wurde als ein „nächster Schritt" vereinbart, „dass ordnungsgemäß berufene Geistliche unserer Kirchen gemäß den kirchlichen Regelungen und im Rahmen ihrer Befugnisse in Gemeinden der anderen Kirchen, wenn dies erbeten wird, die Aufgaben ihres eigenen Amtes wahrnehmen dürfen; wenn diese Aufgaben nicht nur bei einer einzelnen Gelegenheit, sondern für längere Zeit ausgeübt werden sollen, so ist eine Einladung der zuständigen Kirchenbehörde für die Ausübung dieser Aufgaben erforderlich" (Meißener Erkl., 1991, B 4.). Volle Kirchengemeinschaft wird durch die Meißener Erkl. allerdings nicht begr. (anders dagegen die Porvoo-Erkl. aus dem J. 1992, die zwischen der angl. Kirche u. luth. Kirchen Skandinaviens u. des Baltikums vereinbart wurde).

Die EKD hat für ihre Gliedkirchen K. u. Abendmahlsgemeinschaft auch m. weiteren Kirchen vereinbart. Soweit ersichtlich, handelt es sich um Kirchen, die einer der in der EKD vertretenen Bekenntnisfamilien angehören (vgl. z. B. Verträge m. der Ev.-Luth. Kirche Finnlands vom 19.10.2002: ABl. EKD, 395, u. der Kirche von Schweden vom 31.10.2002: ABl., 397). Schließlich haben auch einzelne LK K. u. Abendmahlsgemeinschaft m. anderen Kirchen begr., etwa m. den Kirchen, m. denen gewachsene Partnerschaften bestehen.

4. Kirchenrechtliche Ausgestaltung der Ausübung der K.: Die Ausübung der K. hat soweit ersichtlich keine ausdrückliche nähere Regelung erfahren. In den o. erwähnten Erl. des Lehrgesprächs zwischen Ev.-methodistischer Kirche u. →Vereinigter Evangelisch-Lutherischer Kirche Deutschlands finden sich Hinweise, die auch heute Gültigkeit beanspruchen können:

„a) das Kanzelrecht [also das ‚Recht des Ortspfarrers an der Kanzel eine Kirche, d. h.

die Befugnis, Gottesdienste und Amtshandlungen in seiner Kirche selbst zu halten und allein darüber zu bestimmen, wer sonst Gottesdienste und Amtshandlungen in dieser Kirche halten darf' (v. Tiling)] bleibt unberührt [– der Ortspfarrer bzw. die Kirchengemeinde ist berechtigt, aber nicht verpflichtet, den Pfarrer der anderen Kirche zum Halten des Gottesdienstes einzuladen];

b) die Amtstracht richtet sich nach der das Amt ausübenden Person;

c) hinsichtlich der liturgischen Ordnung ist davon auszugehen, dass in der Regel die Ordnung der Kirche gilt, in der Gottesdienst und Amtshandlungen stattfinden."

Das Bestehen von K. u. Abendmahlsgemeinschaft ist schließlich ein wichtiges Abgrenzungskriterium im kirchl. Dienstrecht. So darf nach § 8 Abs. 2 Nr. 1 KBG.EKD nur zum Kirchenbeamten berufen werden, wer Mitglied einer Gliedkirche der EKD ist; hiervon kann nach Abs. 3 Nr. 1 eine Ausnahme gemacht werden, wenn die sich bewerbende Person einer Kirche angehört, die m. der EKD, einer Gliedkirche od. einem gliedkirchlichen Zusammenschluss in K. u. Abendmahlsgemeinschaft steht. Entspr. Vorschriften finden sich auch für den →Kirchenaustritt (vgl. § 79 KBG.EKD).

Quellen

Grundordnung der EKD vom 13. Juli 1948: ABl. EKD, 109/233; Meißener Erklärung vom 29. Mai 1991: KABl. EKD, 146; Erläuterungen zu den Empfehlungen (Abschnitt III) des Berichts vom 27. Februar 1982 über das Lehrgespräch zwischen der Ev.-methodistischen Kirche in der Bundesrepublik Deutschland u. Westberlin u. der Vereinigten Ev.-Luth. Kirche Deutschlands (VELKD) vom 24. Juni 1993: ABl. EKD 1993, 435.

Literatur

Brunotte, H., Die Grundordnung der Ev. Kirche in Deutschland, Berlin 1954; von Tiling, P., Das Kanzelrecht: ZevKR 40 (1995), 418-434; Claessen, H., Grundordnung der Ev. Kirche in Deutschland. Kommentar u. Geschichte, hg. v. B. Guntau, Stuttgart 2007; Hatzinger, K. – Schnabel, P. R., Konfessionsübergreifende Ökumene: HevKR, 599-615.

Martin Richter

Kanzelrecht – Katholisch

1. Das kath. KR kennt kein eigenes K., auch weil die Kanzel seit der Liturgiereform des Vat II liturgisch funktionslos geworden ist. Seitdem ist der Ambo der Ort der Wortverkündigung. Das →liturgische Recht bestimmt, dass bei der Feier der hl. Messe unter Beteiligung von Gläubigen die biblischen Lesungen immer vom Ambo aus vorgetragen werden müssen (IGMR³, 58). Der Ambo ist ein eigener u. bes. liturgischer Ort, der der Würde des Wortes Gottes gerecht werden soll. In Kirchen od. Kapellen (cc. 1214 [c. 869 CCEO] u. 1223) muss es i. d. R. einen feststehenden Ambo geben, nicht nur ein tragbares Lesepult, der dem →Kirchenraum entspr. gestaltet u. so positioniert ist, dass die Vortragenden von allen gut gesehen u. gehört werden können. Der Ambo dient für den Vortrag der Lesungen, des Antwortpsalms u. des Exultet u. ist – neben dem Priestersitz – auch der reguläre Ort für →Predigt u. →Homilie (IGMR³, 309).

2. Eine Reihe der im ev. K. normierten Sachverhalte sind in Kap. 1 des Titel 1 des 3. Buches des CIC geregelt: Dem →Bischof wird ein ius ubique praedicandi zugesprochen (c. 763; c. 610 § 1 CCEO), während →Priester u. →Diakone nicht kraft der Weihe, sondern kraft einer verliehenen →Befugnis (→Predigtbefugnis) predigen, die eingeschränkt od. entzogen od. an eine →Erlaubnis gebunden sein kann (c. 764; c. 610 §§ 2-3 CCEO). Wer außer Bf. vor Ordensleuten in deren eigenen Kirchen od. Kapellen predigen soll, bedarf der Erlaubnis des zuständigen Oberen (c. 765; c. 612 §§ 1-2). →Laien können, m. Ausnahme der Homilie, zur Predigt in einer Kirche od. Kapelle gem. den Normen der →Bischofskonferenz zugelassen werden (→Laienpredigt) (c. 766; c. 610 § 4 CCEO).

Die Homilie ist die bes. Form der Predigt in der →Eucharistiefeier, in der die hl. Texte ausgelegt werden; sie ist an Sonn- u. Feiertagen verpflichtend vorgeschrieben u. bei ausreichender Beteiligung von Gläubigen auch sonst empfohlen (c. 767 §§1-3; c. 614 §§1-2, 4 CCEO). Der sog. Kanzeltausch ist nicht eigens normiert u. richtet sich nach den genannten Bestimmungen. Die Sorge für die Beachtung der Normen über die Predigt, der liturgischen Vorschriften u. um die Würde des Gottesdienstraums obliegt →Pfarrer u. →Kirchenrektor für die je eigene Kirche (cc. 562 u. 767 §4; cc. 309 u. 614 §2 CCEO). Der Kirchenrektor erlaubt od. verweigert – wie der Pfr. für die →Pfarrkirche – die Zelebration der Eucharistie, die Feier anderer Sakramente u. die Vornahme anderer kirchl. →Amtshandlungen (c. 561; c. 308 CCEO).

Quellen

Institutio Generalis Missalis Romani: Missale Romanum ex Decreto Sacrosancti Concilii Oecumenici Vaticani II instauratum auctoritate Pauli Pp. VI promulgatum, Ioannis Pauli Pp. II cura recognitum, editio typica tertia 2000, Vatikanstadt 2002, 19-86.

Literatur

Damblon, A., Zwischen Kathedra u. Ambo. Zum Predigtverständnis des II. Vatikanums – aufgezeigt an den liturgischen Predigtorten, Düsseldorf 1988; Damblon, A., Art. Ambo: LThK³ Bd. 1, 490f.; ders., Art. Kanzel: LThK³ Bd. 5, 1206; Ohly, Ch., Der Dienst am Wort Gottes. Eine rechtssystematische Studie zur Gestalt von Predigt u. Katechese im Kan. Recht, St. Ottilien 2008 (MThS.K 63); ders., § 63 Die Verkündigung in Predigt u. Katechese: HbkathKR³, 922-934; Hallermann, H., „... dass nur öffentlich predige, wer gesandt ist." Kanonistische Nachfragen u. Perspektiven zum Verbot der „Laienpredigt", Paderborn – München – Wien – Zürich 2017 (KStKR 26).

Heribert Hallermann

Kanzelrecht – Evangelisch

Als K. wird im ev. KR das Recht bez., darüber zu bestimmen, wer →Gottesdienste u. →Amtshandlungen in der →Gemeinde vornehmen darf u. von wem Amtshandlungen an Gemeindegliedern vorgenommen werden dürfen. Das entspricht dem kirchenrechtlichen →Parochialrecht, dessen Ausübung in §28 PfDG.EKD grds. der Zuständigkeit des →Pfarrers zugewiesen wird. Z. T. wird der Begriff K. aber auch enger i. S. des Rechts gefasst, die zu einer Pfarrstelle gehörenden gottesdienstlichen Räume im Rahmen ihrer Zweckbestimmung zur öff. Wortverkündigung (→Verkündigung) zu nutzen. So verstanden ist das K. (nur) ein Teil des Parochialrechts.

Da es die zentrale Aufgabe des Pfr. ist, in der bzw. den ihm anvertrauten →Kirchengemeinde(n) das Predigtamt auszuüben, wird in vielen →Landeskirchen das K. dem (Orts-)Pfr. zugewiesen. In anderen LK ist das Leitungsorgan der KGde. Träger dieses Rechts (§18 Verf. der Ref. Kirche).

Üblicherweise wird nicht nur dem örtlichen Pfr. das K. eingeräumt, sondern haben daneben leitende Geistliche der LK bzw. eines Teils der LK (→Landesbischof, Regionalbischöfe) das Recht, das Amt der öff. Wortverkündigung u. →Sakramentsverwaltung in allen KGde. ihres Amtsbereichs auszuüben (s. z. B. Art. 60 II, 64 II KirchVerf. Bay).

Das K. bzw. Parochialrecht wird durch zwei Rechtsinstitute verfahrensrechtlich gesichert, das →Dimissoriale (Abmelde- od. Entlassungsschein) u. die →Zession. Wenn ein Pfr. Amtshandlungen an Gliedern einer anderen Gde. vornehmen möchte, muss er sich grds. (zur Zuständigkeit jedes Pfr. für Amtshandlungen in Notfällen s. z. B. §28 Abs. 3 PfDG.EKD) einen Abmeldeschein vorlegen lassen. Für Gottesdienste u. andere Amtshandlungen im Bereich einer anderen Gde. bedarf es in vielen LK der Zustimmung des für diese Gde. zuständigen Pfr., der Zession. In anderen LK entscheidet darüber allein das →Presbyterium.

Wie zu verfahren ist, wenn in einer Gde. mehrere Pfarrstellen bestehen, denen unterschiedliche Amtsbezirke (Sprengel) zugewiesen sind, ist unterschiedlich geregelt, s. z. B. §6 Abs. 4 Pfarrdienstergänzungsgesetz.Han (kein Dimissoriale), §13 Abs. 4 Pfarrdienstausführungsgesetz.Bay: entspr. Anwendung der Vorschriften über Dimissoriale u. Zession.

Ob das K. des Ortspfarrers im ev. KR „gemeinrechtlich anerkannt" sei, ist diskutiert worden. §28 PfDG.EKD geht zwar von einem Parochialrecht u. K. des Ortspfarrers aus, erlaubt aber differenzierte Regelungen u. Abweichungen u. trägt damit unterschiedlichen Traditionen u. Anschauungen in den Gliedkirchen Rechnung, die davon auch Gebrauch gemacht haben.

Literatur

von Tiling, P., Das Kanzelrecht: ZevKR 40 (1995), 418-434; de Wall, H. – Muckel, S., Kirchenrecht, München [5]2017, §30 Rn. 2f.; Frisch, M., Kanzelrecht: 100 Begriffe aus dem ev. Kirchenrecht, hg. v. H. M. Heinig – J. Reisgies, Tübingen 2019, 90-92; Penßel, R., Parochialrecht: 100 Begriffe aus dem ev. Kirchenrecht, hg. v. H. M. Heinig – J. Reisgies, Tübingen 2019, 185-188.

Heinrich de Wall

© 2019, DOI: 10.30965/9783506786388_0563

Kanzeltausch

→Homilie, →Kanzelrecht, →Predigt

Kanzler – Katholisch

Das →Amt des K. entwickelte sich u. a. m. den Korrespondenzanforderungen der →Römischen Kurie u. der Kurien der →Teilkirchen (→Diözesankurie); für deren innere Ordnung legen c. 482 §1 u. c. 252 §1 CCEO fest, dass in jeder Diözesan- u. Eparchialkurie ein K. durch den →Diözesanbischof od. Eparchialbischof zu bestellen ist. Vorbehaltlich anderslautender partikularrechtlicher Bestimmungen bestehen die Hauptaufgaben des K. darin, für die Ausfertigung von →Akten der Kurie, ihre Herausgabe u. ihre Aufbewahrung im Archiv (→Archive, kirchliche) der Kurie zu sorgen. Sofern dies notwendig ist, kann dem K. ein (od. auch mehrere) Helfer, d. h. Vizekanzler, beigestellt werden. Jeder K. ist per se Urkundsbeamter als →Notar u. Sekretär der Kurie, wobei dessen Aufgaben nicht näher erläutert sind, was die unterschiedliche Praxis einzelner Teilkirchen berücksichtigt (c. 482 §3). Das Amt des K. steht →Laien, Frauen u. Männern, ebenso wie →Klerikern, →Priestern u. →Diakonen, offen, wobei c. 483 §2 nur für die Angelegenheiten, in denen der Ruf eines Priesters in Gefahr geraten könnte, einen Priester als Notar vorsieht. C. 252 §1 CCEO verlangt dagegen ausdrücklich generell die →Priesterweihe für den K. Persönliche Voraussetzungen für dieses KA sind, dass ein/e Gläubige/r durch persönliche Rechtschaffenheit ausgezeichnet, über jeden Verdacht erhaben u. im kan. Recht bewandert sein muss sowie Erfahrung bei der Leitung von Verwaltungsvorgängen aufweisen kann. Die Bestellung des K. erfolgt gem. c. 482 durch den Diözesanbischof, der den K. auch frei entheben kann, während ein →Diözesanadministrator nur m. Zustimmung des →Konsultorenkollegiums eine Enthebung (→Amtsenthebung) aussprechen kann (c. 485). Der Aufgabenbereich umfasst regelmäßig wiederkehrende Aufgaben u. Tätigkeiten im Einzelfall. Zu den üblichen Aufgaben gehört, was der K. als Urkundsbeamter m. Verantwortung für kuriale Schriftstücke ausführt. Andere Notare (vgl. c. 483) können für unterschiedliche Zuständigkeitsbereiche bestellt werden, nicht nur für Gerichtsverfahren (→Gerichtsverfahren, kirchliches). Alle Akten der Kurie, die ihrer Natur nach rechtliche Wirkung haben sollen, müssen vom Ordinarius, von dem sie ausgehen, zur Gültigkeit unterzeichnet werden, u. vom K. unterschrieben sein (c. 474). So sind v. a. Akten, Briefe, →Dekrete od. andere Vorgänge vorzubereiten od. zumindest zu überprüfen, schriftlich u. wahrheitsgemäß zu protokollieren, v. a. rechtlich relevante Handlungen. Schriftstücke sind auszufertigen, zu versenden, zu archivieren u. ggf. wieder herauszugeben, auch als beglaubigte Kopie (c. 484, 1-3°), damit verbunden ist die Verantwortung für das Archiv (vgl. cc. 487 §1 u. 488). Das Amt des K. besitzt bes. kan. Bedeutung, da die Unterschrift des K. (od. des Notars) bei der Ausfertigung von Rechts- u. Verwaltungsakten für die Authentizität bürgt u. öff. Glauben verleiht, d. h. die rechtliche Identität des Dokuments bekräftigt; das setzt eine vorgängige Prüfung des Rechtsgeschäftes selbst sowie eine Überprüfung seiner genauen schriftlichen Ausfertigung voraus. Ein K. hat v. a. als Sekretär der Kurie in unmittelbarem Kontakt m. dem →Generalvikar über einen geordneten Ablauf der Verwaltungsaufgaben der Kurie zu achten u. die nötigen Schriftstücke unabhängig von deren Bez. zu erstellen, zur Umsetzung von Akten der potestas executiva des Ordinarius (vgl. c. 381 §1 u. cc. 135 i. V. m. 134 §§1-3). Die Begriffe acta u. documenta werden nicht eindeutig definiert, sind jedoch i. S. schriftlicher Unterlagen zu verstehen u. können Handlungen, Werke u. Aktionen beschreiben; dies umfasst i. d. R. versch. →Erlaubnisse od. →Dispensen, Kon- od. Reversionen, generell Beauftragungen im pastoralen Bereich u. Rechtsfragen nach →Partikularrecht, z. B. die Aufbereitung u. Genehmigung von Akten der außerordentlichen Verwaltung i. S. der cc. 1276f. u. 1281. Dazu kommt die Herausgabe der Schriftstücke durch Übermittlung an den konkreten Adressaten od. eine Veröff. in der partikularrechtlich vorgesehenen Weise. Im Bereich der potestas legislativa unterstützt der K. durch die Veröff. von Partikularrecht in diözesanen →Amtsblättern od. Verordnungsblättern. Der K. sorgt weiters für die Aufbewahrung einer Liste jener Priester, m. der ein Diözesanbischof für seine Vertretung im Fall einer Behinderung des →Bischöflichen Stuhls für die Leitung der →Diözese vorsorgt (c. 413 §1). Als Sonderaufgabe des Protokollierens kommt es dem K. zu, bei Dienstantritt eines neuen Bf. i. S. v. c. 382 §3 ein Prot. anzufertigen, wenn dieser im Zusammenhang m. der Besitzergreifung von der Diözese das apost. Schreiben dem Konsultorenkollegium vorlegt; ähnlich im Fall der Ernennung eines Koadjutors (→Bischofskoadjutor) u. →Auxiliarbischofs, sowie bei Behinderung des Bf. in der Leitung der Diözese (c. 404); auch diese Handlungen dienen dem Zweck, öff. Glauben zu garantieren u. bedeutende Umstände zu dokumentieren. Auch wenn die Bestellung des K. vorgegeben ist, finden sich Unterschiede in der Praxis; einige Diözesen kennen die Position des K. nicht, andere Personen erfüllen dessen Aufgaben.

Quellen

Geschäftsordnung der Konferenz der Ordinariatskanzler der österr. Diözesen: ABl der ÖBK Nr. 5, 30.04.1991, II.1; Kongregation für die Bischöfe, Direktorium für den Hirtendienst der Bischöfe vom 22. Februar 2004: VApSt 173, insb. III. Die Organe der Mitwirkung an der Hirtenfunktion des Bischofs, Nr. 176-179.

Literatur

KanR II, §76 C; Platen, P., §41 Die Diözesankurie: HbkathKR³, 648f.; Iwaka Kitambala, H., L'office de chancelier dans le Code de droit canonique de 1983, Paris 2017; Bier, G.: MKCIC cc. 482-488.

Elisabeth Kandler-Mayr

© 2019, DOI: 10.30965/9783506786388_0565

Kapelle – Katholisch

Die K. (oratorium) ist ein →heiliger Ort, der m. →Erlaubnis des →Ordinarius für eine Gemeinschaft od. einen Kreis von →Gläubigen für den →Gottesdienst bestimmt ist, zu dem m. Zustimmung des zuständigen Oberen auch andere Gläubige Zutritt haben (c. 1223), während eine Kirche grds. allen Gläubigen offen steht (c. 1214). Der Ordinarius od. sein Beauftragter hat zuvor den Ort zu besichtigen u. für angemessen ausgestattet zu befinden (c. 1224 §1). Nach Erteilung der Erlaubnis darf die K. nur m. dessen Erlaubnis profanem Gebrauch zugeführt werden (c. 1224 §2). In einer K. dürfen alle gottesdienstlichen Feiern stattfinden, sofern nicht vom Recht (z. B. →Amtshandlungen des →Pfarrers: c. 530) od. durch den Ortsordinarius ausgenommen (c. 1225). Jede Niederlassung eines Religioseninstitutes u. einer →Gesellschaft des apostolischen Lebens muss wenigstens eine K. haben (cc. 608, 733 §2), in der die Eucharistie aufbewahrt werden muss (c. 934 §1); klerikale Religioseninstitute haben zudem das Recht zur Errichtung einer Kirche (c. 611).

Der CIC unterscheidet nicht mehr zwischen oratorium publicum (rechtlich den Kirchen gleichgestellt) u. oratorium semipublicum (can. 1188 §2), kennt aber noch eine Privat-K. (sacellum privatum), die dem Gottesdienst einer od. mehrerer →physischer Personen dient; deren Errichtung u. die Feier von Gottesdiensten in dieser verlangt die Erlaubnis des Ortsordinarius (c. 1228). →Bischöfe u. →Kardinäle können sich eine solche einrichten, die die Rechte einer K. hat (c. 1227; SecrStat, Elenchus privilegiorum, 19.03.1999, n. 3: Comm. 31 [1999], 11-13).

Eine K. od. Privat-K. soll benediziert (benedictio constitutiva) werden (→Benediktion), muss jedoch ausschließlich für den Gottesdienst bestimmt u. frei von aller häuslichen Nutzung sein (c. 1229).

Der CCEO enthält keine vergleichbaren Bestimmungen.

Literatur

Freigang, Ch., Art. Kapelle: RGG[4] Bd. 4, 791-792; Luchterhandt, M., Art. Kapelle: LThK[3] Bd. 5, 1209; KanR III, 583-586; Reinhardt, H. J. F., §73 Geweihte Stätten: HbkathKR[3], 1107-1114, v. a. 1110-1111; ders.: MKCIC cc. 1223-1229.

Rüdiger Althaus

© 2019, DOI: 10.30965/9783506786388_0566

Kapelle – Evangelisch

K. sind kleine Gotteshäuser o. →Gemeinde od. abgeteilte Räume für →Gottesdienste, →Andachten, →Gebete, Meditationen u. ä. in einer Kirche od. einem Wohngebäude. K. von →Religionsgemeinschaften, die den Status einer →Körperschaft des öffentlichen Rechts nach Art. 140 GG i. V. m. Art. 137 Abs. 5 WRV besitzen, gehören bei entspr. Widmung zum kirchl. öff. Sachenrecht (→Sachenrecht, kirchliches). Dies gilt sowohl für ev. als auch röm.-kath. K. Sofern keine ausdrücklichen Regelungen wie in der KGO der Ev.-luth. LK Hannovers vorhanden sind, gelten für K. die allg. Grundsätze des kirchl. öff. Sachenrechts. Sofern K. zu einem ev. →Kirchengebäude gehören od. wie ein solches genutzt werden, handelt es sich um eine Sache im Gemeingebrauch. Jeder Angehörige, der das Kirchengebäude nutzenden Religions- od. Weltanschauungsgemeinschaft, hat grds. ein Recht auf gottesdienstliche Benutzung der K. o. bes. Zulassung. Wenn es sich um eine anderweitige Nutzung handelt, liegt ein Anstaltsgebrauch vor, der der Zulassung bedarf u. durch eine Benutzungsordnung geregelt sein kann. Im Hinblick auf die (Wieder-)Einweihung von K., die Eintragung in Kirchenbüchern u. ä. werden K. wie Kirchen od. wie kirchl. Gebäude behandelt.

Es gibt wenige sog. Kapellengemeinden (KGO der Ev.-luth. LK Hannovers vom 28.04. 2006: KABl. 2006, 62, zuletzt geänd. durch Art. 2 des KG vom. 15.12.2015: KABl. 2015, 114, Kapellengemeinden im Kirchenkreis Lübeck-Lauenburg nach §9 KG über bes. Gemeindeformen in der NEK vom 28.01.1989: GVBl., 48). Kapellengemeinden sind selbstständige Teile einer →Kirchengemeinde, für die regelmäßig öff. Gottesdienst in einem eigens dafür bestimmten Raum stattfindet. Auf die Kapellengemeinden sind i. d. R., die Bestimmungen über die Kgde. entspr. anzuwenden. Es kann einen Kapellenvorstand geben, der aus den gewählten, berufenen, ernannten u. bestellten Kapellenvorstehern u. Kapellenvorsteherinnen u. dem Mitglied des →Pfarramtes, zu dessen Bezirk die Kapellengemeinde gehört, gebildet wird.

Wenn es sich um eine K. außerhalb einer Kirche handelt od. sie nicht wie ein Kirchengebäude genutzt wird, handelt es sich ebenfalls um eine Sache im Anstaltsgebrauch. Die K. kann von Außenstehenden nach Zulassung im Rahmen eines anstaltsrechtlichen Benutzungsverhältnisses genutzt werden (z. B. Friedhofskapellen).

Literatur

Mainusch, R., Die öff. Sachen der Religions- u. Weltanschauungsgemeinschaften, Tübingen 1995 m. w. N.

Arno Schilberg

© 2019, DOI: 10.30965/9783506786388_0566

Kapitel

→Domkapitel, →Generalkapitel, →Hauskapitel, →Ordenskapitel, →Stiftskapitel

Kapitelsvikar – Katholisch

K., auch Kapitularvikar genannt, ist nach altkodikarischem Recht der interimistische Leiter einer →Diözese bei Behinderung bzw. bei →Vakanz (cann. 430-444) des →Bischöflichen Stuhls. Urspr. wurde die Leitung einer Diözese bei Erledigung des Bfl. Stuhls vom →Presbyterium insgesamt wahrgenommen od. von einer Gruppe ranghöherer Priester. Später wurde vom zuständigen →Metropoliten ein Verwalter für das erledigte Bistum bestellt. M. der Erlangung des Bischofswahlrechts der →Domkapitel im 12. u. 13. Jh. ging auch die Leitung des Bistums im Fall der Vakanz an dieses Kollegium über (can. 431). Das Trid. (Sess. 24 c. 16 de ref.) bestimmte, dass vom Domkapitel binnen acht Tagen ein K. zu wählen sei. Diese Bestimmung ist so bei der ersten Kodifizierung des gesamtkirchlichen Rechts in can. 432 eingegangen. Gewählt war, wer die einfache Mehrheit der gültig abgegebenen Stimmen auf sich vereinigen konnte. Als Eignungsvoraussetzungen waren bestimmt, dass der K. Priester sein u. das 30. Lj. vollendet haben musste. Ferner durfte er nicht durch →Wahl, Nomination od. →Präsentation für den vakanten Bischofsstuhl rechtsverbindlich vorgeschlagen sein. Der K. sollte Dr. od. Lizentiat der Theologie od. des kan. Rechts od. in diesen Wissenschaften wirklich erfahren sein, sowie sich durch Sittenreinheit, Frömmigkeit, Rechtgläubigkeit u. Klugheit empfehlen. Die →Amtsübertragung geschah durch Annahme der Wahl u. Ablegung des Glaubensbekenntnisses vor dem Domkapitel (can. 1406 §1 n. 4), eine Bestätigung war nicht erforderlich (can. 438). Der K. hatte gem. can. 432 §2 seine Wahl dem Apost. Stuhl mitzuteilen. Kam das Domkapitel innerhalb der gesetzten Frist seiner Verpflichtung nicht nach, wurde der K. vom zuständigen Metropoliten ernannt (can. 430 §1). Bei der Codexreform im Zuge des Vat II wurde das Amt des K. durch den →Diözesanadministrator ersetzt (c. 421).

Literatur

Weiler, J., Kapitelsvikar: LThK² Bd. 5, 1326 f.; Mörsdorf, K., Lehrbuch des kan. Rechts aufgrund des Codex Iuris Canonici. Begr. von E. Eichmann, fortgeführt von K. Mörsdorf, Bd. 1, München – Paderborn – Wien 1964, 453-458.

Bernd Dennemarck

© 2019, DOI: 10.30965/9783506786388_0568

Kapitularien – Historisch

K. bez. Erlasse u. Verlautbarungen der fränkischen Herrscher bis zum 9. Jh. rechtlicher, administrativer, aber auch religiös-pastoraler Natur. Dazu zählt man einige wenige Stücke aus der Merowingerzeit sowie von Karlmann (741-754) u. Pippin dem Jüngeren (751-768), die überwiegende Mehrheit entstand unter Karl dem Großen (768-814) u. Ludwig dem Frommen (814-840), wobei unter beiden Herrschern Perioden bes. intensiver K.-Tätigkeit festzustellen sind (803-805, 818/819, 828/829). Während im Westfrankenreich unter Karl dem Kahlen (840-877) u. in Italien auch nach 840 noch zahlreiche K., z. T. m. hohen Ansprüchen, hergestellt wurden, sind aus dem ostfränkischen Reich aus dieser Zeit so gut wie keine mehr überliefert. Die Edition von A. Boretius u. V. Krause (MGH Capit.) umfasst insgesamt 307 Stücke, etwa 30 weitere K. wurden seither noch gefunden. Die unter der Bez. Bischofskapitularien (Capitula episcoporum) geführten Rechtstexte von →Bischöfen für ihre →Diözesen sind davon zu trennen. Der Begriff K. ist zeitgenössisch; er erscheint in dieser Bedeutung erstmals im Kapitular von Herstal von 779 (MGH Capit. 1, 47, Nr. 20). Auch wenn er in der Folge recht regelmäßig in den Quellen erscheint, darf man daraus nicht schließen, dass die Zeitgenossen die Vorstellung einer bestimmten Textgattung damit verbanden. Er bezieht sich vielmehr schlicht darauf, dass die Texte in Kap. – Einzelsätze, zuweilen auch nur Stichworte – unterteilt sind. Geradezu kennzeichnend für die K. ist ihre formale wie inhaltliche Vielfalt. Anlehnungen an die Urkundenform m. Prot. u. Eschatokoll kommen vor. Die höchste formale Durchgestaltung findet sich in der programmatischen Admonitio generalis Karls des Großen von 789 (MGH Fontes iuris Germanici 16). Das andere Extrem bilden bloße Aufzählungen von Gegenständen o. inhaltliche Füllung wie die beiden Aachener Capitularia missorum von 809 (MGH Capit. 1, 149-152, Nr. 62 u. 63). Die Inhalte reichen von der Gesetzgebung (Erg. zu bestehenden leges) über kurzfristige Anweisungen zu aktuellen Erfordernissen wie Heereszügen od. Hungersnöten bis zur religiösen Belehrung, zuweilen alles im selben Stück. Eine Trennung zwischen kirchl. u. weltlichem Recht findet nicht statt. Systematisierungen od. Klassifizierungen, wie etwa von A. Boretius versucht, verbieten sich angesichts einer so wenig definierten Textsorte von selbst. Gemeinsamer Nenner der K. ist, dass sie dazu dienten, den Willen des Königs in alle Teile des Reiches hinauszutragen. Inwieweit daneben mündliche Formen der Verbreitung eine Rolle spielten, ist wohl nicht abschließend zu klären, angesichts einer weitgehend illiteraten Gesellschaft aber auch nicht zu vernachlässigen. Oft – aber nicht zwingend – vermitteln K. die Ergebnisse einer Reichsversammlung od. Synode. Es gibt auch Stücke, die eher ins Vorfeld einer solchen Versammlung einzuordnen sind (Mordek, 1986a). Eine zentral organisierte Niederschrift u. damit einen standardisierten Text gab es nicht, vielmehr hatte jeder Bf., comes od. missus die Pflicht, für sein eigenes Exemplar zu sorgen (MGH Capit. 1, 307, Nr. 150 c. 26). Im jeweiligen Amtsbereich erfolgte die Verkündung i. d. R. mündlich u. sicher in der Volkssprache (beschrieben ist ein solches Vorgehen in der Handschrift Paris, Bibl. nationale, lat. 4995, MGH Capit. 1, 112). Einige K. enthalten Anweisungen über die Herstellung einer bestimmten Zahl von Abschriften, u. a. für das kgl. Archiv (MGH Capit. 1, 74, Nr. 28 c. 3; 138, Nr. 49 c. 8; vgl. Bühler, 1986, 456). Dies bedeutet aber keineswegs, dass eine systematische Archivierung durchgeführt worden wäre. Unter Ludwig dem Frommen häufen sich die Belege für Bemühungen um zuverlässige Kanzleiexemplare. In dieser Zeit legte auch der Abt Ansegis von Fontenelle (gest. 833) aus eigenem Antrieb eine Slg. in vier Büchern an, die relativ bald vom Hof als Referenzwerk angenommen wurde. Andere, z. T. umfangreiche Sammelhandschriften wurden von einzelnen meist kirchl. Amtsträgern angelegt. Berühmtes Bsp. einer für einen weltlichen Fürsten zusammengestellten Slg. ist der Liber legum, den Lupus von Ferrières (Abt 840-862/63) für den Markgrafen Eberhard von Friaul (gest. spätestens 866) angefertigt hat. Auch Einzelüberlieferung ist häufig; Originale von K. dagegen sind keine erhalten. Für die Tradierung der Rechtsinhalte sind in erster Linie die großen Kirchenrechtssammlungen des Frühmittelalters verantwortlich, in die zahlreiche Einzelsätze aufgenommen wurden. Die Effektivität der K. wird i. d. R. wenig optimistisch eingeschätzt, auch weil manche Bestimmungen immer wieder begegnen. Es finden sich aber durchaus Belege dafür, wie K.-Recht in der Tat angewandt wurde (Schmitz, 1986, 504-514). Die K. sind immer noch in der in vielem längst überholten Edition von Boretius – Krause zu benützen. Diese wird dz. unter der Leitung von K. Ubl sukzessive durch eine moderne krit. u. überlieferungsgerechte Edition ersetzt (capitularia.uni-koeln.de [Zugriff: 15.05.2019]).

Quellen

Capitularia regum Francorum, 2 Bde., hg. v. A. Boretius – V. Krause, Hannover 1883-1897 (MGH Capit. 1-2); Die Kapitulariensammlung des Ansegis, hg. v. G. Schmitz, Hannover 1996 (MGH Capit. N. S. 1); Die Admonitio generalis Karls des Großen, hg. v. H. Mordek – K. Zechiel-Eckes – M. Glatthaar, Hannover 2012 (MGH Fontes iuris Germanici antiqui in usum scholarum separatim editi 16).

Literatur

Ganshof, F. L., Was waren die Kapitularien?, Darmstadt – Weimar 1961 (niederländisch 1955); Bühler, A., Capitularia Relecta. Studien zur Entstehung u. Überlieferung der Kapitularien Karls des Großen u. Ludwigs des Frommen: Archiv für Diplomatik 32 (1986), 305-501; Mordek, H., Karolingische Kapitularien: Überlieferung u. Geltung normativer Texte des frühen u. hohen Mittelalters, hg. v. dems., Sigmaringen 1986 (Quellen u. Forschungen zum Recht im Mittelalter 4), 25-50; ders., Unbekannte Texte zur karolingischen Gesetzgebung. Ludwig der Fromme, Einhard u. die Capitula adhuc conferenda: Dt. Archiv 42 (1986a), 446-470; Schmitz, G., Zur Kapitulariengesetzgebung Ludwigs des Frommen: Dt. Archiv 42 (1986), 471-516; Mordek, H., Art. Kapitularien: LMA Bd. 5, 943-946; ders., Bibliotheca Capitularium regum Francorum manuscripta. Überlieferung u. Traditionszusammenhang der fränkischen Herrschererlasse, München 1995 (MGH Hilfsmittel 15); Woll, I., Untersuchungen zu Überlieferung u. Eigenart der merowingischen Kapitularien, Frankfurt – Berlin – Bern – New York – Paris – Wien 1995 (Freiburger Beitr. zur mittelalterlichen Geschichte 6); Mordek, H., Kapitularien u. Schriftlichkeit: Schriftkultur u. Reichsverwaltung unter den Karolingern. Referate des Kolloquiums der Nordrhein-Westfälischen Akademie der Wissenschaften am 17./18. Februar 1994 in Bonn, hg. v. R. Schieffer, Opladen 1996 (Abh. der Nordrhein-Westfälischen Akademie der Wissenschaften 97), 34-66; Buck, T. M., Admonitio u. Praedicatio. Zur religiös-pastoralen Dimension von Kapitularien u. kapitulariennahen Texten (507-814), Frankfurt – Berlin – Bern – New York – Paris – Wien 1997 (Freiburger Beitr. zur mittelalterlichen Geschichte 9); Mordek, H., Studien zur fränkischen Herrschergesetzgebung. Aufsätze über Kapitularien u. Kapitulariensammlungen, ausgewählt zum 60. Geburtstag, Frankfurt – Berlin – Bern – Brüssel – New York – Oxford – Wien 2000; Schmidt-Wiegand, R., Art. Kapitularien: RGA Bd. 16, 232-236; Koal, V., Studien zur Nachwirkung der Kapitularien in den Kanonessammlungen des Frühmittelalters, Frankfurt – Berlin – Bern – Brüssel – New York – Oxford – Wien 2001 (Freiburger Beitr. zur mittelalterlichen Geschichte 13); Münsch, O., Der Liber legum des Lupus von Ferrières, Frankfurt – Berlin – Bern – Brüssel – New York – Oxford – Wien 2001 (Freiburger Beitr. zur mittelalterlichen Geschichte 14); Pössel, C., Authors and recipients of Carolingian capitularies, 779-829: Texts and Identities in the Early Middle Ages, hg. v. R. Corradini – R. Meens – C. Pössel – P. Shaw, Wien 2006, 253-274 (Forschungen zur Geschichte des Mittelalters 12); Patzold, S., Normen im Buch. Überlegungen zu Geltungsansprüchen so genannter ‚Kapitularien': Frühmittelalterliche Studien 14 (2007), 331-350; Schmitz, G., Art. Kapitularien: HRG^2 Bd. 2, 1603-1612; Glatthaar, M., Subjektiver u. indirekter Stil in den Kapitularien Karls des Großen. Ein Beitrag zur Frage ihrer Entstehung: Dt. Archiv 70 (2014), 1-42; Patzold, S., Benedictus Levita I, 279 – ein echtes Capitulum von 829? Vorarbeiten zur Neuedition der Kapitularien Ludwigs des Frommen: Dt. Archiv 70 (2014), 67-86; Ubl, K., Gab es das Leges-Skriptorium Ludwigs des Frommen?: Dt. Archiv 70 (2014), 43-65.

Veronika Lukas

© 2019, DOI: 10.30965/9783506786388_0569

Kaplan

→ Cappellanus, → Hausgeistlicher, → Pfarrvikar

Kaplan Seiner Heiligkeit – Katholisch

→ Ehrentitel

Kardinal – Katholisch

1. Begriff: Der Titel K. leitet sich vom Adjektiv cardinalis ab, das urspr. auf die →Kleriker angewandt wurde, die in einer bes. Beziehung zum →Bischof (cardo, Haupt-, Dreh- Angelpunkt) stehen u. in sein →Presbyterium inkardiniert sind. Er bez. weniger ein KA, als vielmehr die höchste kirchl. Würde. Bevor der Begriff gegen Ende des 10. Jh. zum verleihbaren Titel wird, findet er sich als terminus technicus in versch. Diözesen; später wird er auf die Diözese Rom beschränkt.

2. Ernennung: Wer zum K. kreiert werden soll, wird vom →Papst frei ernannt. Er sollte „wenigstens die →Priesterweihe empfangen haben, sich in Glaube, Sitte, Frömmigkeit sowie durch Klugheit in Verwaltungsangelegenheiten auszeichnen; wer noch nicht Bischof ist, muß die →Bischofsweihe empfangen" (c. 351 §1). Von dieser Verpflichtung, die Johannes XXIII. einführte (vgl. MP Cum Gravissima: AAS 54 [1962], 256-258), wird allerdings gelegentlich dispensiert. Die Kreierung eines K. erfolgt durch Verkündigung des Ernennungsdekretes vor dem →Kardinalskollegium (nicht durch die Ankündigung der Ernennung, die i. d. R. einen Monat vorher erfolgt). Vom Moment der Verlesung des Dekretes an hat der neuernannte die Rechte u. Pflichten eines K.

In einem öff. →Konsistorium wird den neuernannten K. das rote Birett überreicht u. eine Titelkirche zugewiesen (impositio biretti atque titulorum et diaconiarum collatio); durch die Verleihung des Titels u. die damit verbundene Aufnahme in eine der drei Klassen des Kardinalskollegiums wird – außer im Fall der zum K. ernannten orient. →Patriarchen – die fictio iuris aufrecht erhalten, dass die K. zum Klerus der Stadt Rom gehören. Gleichzeitig wird ihnen der Ring überreicht (traditio anuli), durch den die bes. Verbundenheit m. dem Stuhl Petri ausgedrückt wird. Der zum K. erhobene muss gem. c. 833 2° persönlich das →Glaubensbekenntnis ablegen.

Von dieser Normalform ist die Ernennung in pectore zu unterscheiden, von der man dann spricht, „wenn der Papst jemanden zur Kardinalswürde erhoben und seine Kreierung verkündet, den Namen aber für sich behalten hat" (c. 351 §3). Ein auf diese Weise ernannter K. tritt erst dann in seine Rechte u. Pflichten ein, wenn sein Name bekannt gegeben wird. Dabei zählt die Rangfolge vom Tag der Reservierung an (vgl. ebd.). Stirbt der P., o. die Ernennung zu publizieren, ist sie nie rechtswirksam geworden.

3. Aufgaben: Vornehmste Aufgabe der K. ist es, „nach Maßgabe von besonderem Recht für die →Papstwahl zu sorgen" (c. 349). Dieses Recht erlischt allerdings m. Vollendung des 80. Lj. spätestens bei Eintritt der →Sedisvakanz (Universi Dominici Gregis 33: AAS 88 [1996], 321). Über 80-jährige K. dürfen nur an den Versammlungen vor dem Konklave teilnehmen.

„Ferner stehen die Kardinäle dem Papst zur Seite" (c. 349), kollegial od. durch die Ausübung versch. Ämter, in denen sie „dem Papst vornehmlich in der täglichen Sorge für die Gesamtkirche Hilfe leisten" (ebd.). Hier ist etwa an die Leiter der →Dikasterien der →römischen Kurie zu denken. Diese haben – sofern sie nicht auch →Diözesanbischöfe sind – ihren Wohnsitz in Rom zu nehmen. „Die Kardinäle, die als Diözesanbischöfe die Sorge um eine Diözese tragen, haben sich in die Stadt Rom zu begeben, sooft sie der Papst einberuft" (c. 356).

Jeder K. wird vom P. zum Mitglied eines od. mehrerer Dikasterien der röm. Kurie berufen. Als solche haben sie an den Vollversammlungen derselben teilzunehmen.

Alle K. können vom P. zum legatus a latere od. zum Sondergesandten ernannt werden, um ihn – als alter ego – bei bestimmten Anlässen od. Feierlichkeiten zu vertreten. Dabei haben sie im Rahmen der Befugnisse zu handeln, die der P. ihnen überträgt (vgl. c. 358).

K. sind – sofern sie die Bischofsweihe empfangen haben – geb. Mitglieder des Konzils (→Ökumenisches Konzil) (vgl. c. 339 §1); wenn sie nicht zum →Bischofskollegium gehören, können sie aber gem. c. 339 § 2 berufen werden.

4. Vorrechte: Die in can. 239 § 1 enthaltene Liste m. 24 Privilegien der K. wurde nicht in den neuen Codex übernommen. Einige ihrer Vorrechte finden sich im Codex (das Recht auf Exemption [c. 357], das Recht, überall die →Beichte zu hören [c. 967 § 1], nur vom P. gerichtet zu werden [c. 1405 § 1, 2°], den Ort einer evtl. Zeugenaussage selber festzulegen [c. 1558 § 1], u. in der eigenen Kirche begraben zu werden [c. 1242]). Andere Privilegien wurden vom →Staatssekretariat in einem Verz. zusammengefasst u. 1999 veröff. (Elenchus privilegiorum et facultatum S.R.E. Cardinalium in re liturgica et canonica: Comm. 31 [1999], 11-13).

5. →Amtsverzicht: K., die Diözesanbischöfe sind, sollen gem. c. 401 § 1 dem P. m. Vollendung des 75. Lj. den Rücktritt anbieten; gleiches gilt für die Leiter eines Dikasteriums der röm. Kurie (vgl. c. 354). In beiden Fällen entscheidet der P. über die Annahme. K., die das 80. Lj. vollendet haben, verlieren nicht nur das aktive Stimmrecht im Konklave, sondern hören auch auf, Mitglieder der Dikasterien zu sein. Dessen ungeachtet kann der P. jedoch auch diese K. noch zu bes. Aufgaben heranziehen.

Gem. Universi Dominici Gregis treten m. dem Beginn der Sedisvakanz alle Leiter der Dikasterien der röm. Kurie von der Ausübung ihrer Ämter zurück. Ausgenommen davon sind der →Camerlengo der hl. Röm. Kirche, der Großpönitentiar, der Kardinalvikar für die Diözese Rom u. der Erzpriester der vat. Basilika, welcher auch →Generalvikar für die Vatikanstadt ist.

Während in all diesen Fällen die Kardinalswürde bleibt, können K. auch rechtmäßig abgesetzt werden u. m. Zustimmung des P. auf die Kardinalswürde od. die Ausübung der Rechte eines K. verzichten.

Literatur

Klewitz, K. H., Die Entstehung des Kardinalskollegiums: ZRG.K 25 (1936), 115-221; Kuttner, S., Cardinalis: The History of a Canonical Concept: Traditio 3 (1945), 129-214; Van Lierde, P. C. – Giraud, A., Das Kardinalskollegium, Aschaffenburg 1965; Bertone, T., Il servizio del cardinalato al ministero del successore di Pietro: Salesianum 48 (1986), 109-121; Broderick, J. F., The Sacred College of Cardinals: Size and Geographical Composition (1099-1986): Archivum Historiae Pontificiae 25 (1987), 7-71; Rossi, A., Il collegio cardinalizio, Vatikanstadt 1990; Imkamp, W., „Praesentia et efficientia." Anmerkungen zur Entwicklung des Kardinalskollegiums unter Papst Paul VI.: Divinitas 37 (1993), 128-147; Arrieta, J., Diritto dell'organizzazione ecclesiastica, Mailand 1997, 281-298; KanR II, 233-241; Fürst, C. G., Comentario a los cann. 349-359: Comentario exegético al Código de Derecho Canónico, Vol. II/1, Pamplona [2]1997, 626-643; Green, T., The Cardinals of the Holy Roman Church: New Commentary on the Code of Canon Law, New York – Mahwah 2000, 464-475; Graulich, M., Kardinalat. Altehrwürdig u. funktionsfähig: Leitungsstrukturen der kath. Kirche. Kirchenrechtliche Grundlagen u. Reformbedarf, hg. v. I. Riedel-Spangenberger, Freiburg 2002 (QD 198), 76-100; Reisinger, P., Sanctae Ecclesiae Cardinales – Peculiares Episcoporum coetus. Neue kirchenrechtliche Perspektiven für die Kardinäle u. das Kardinalskollegium, St. Ottilien 2012; Bräuer, M., Handbuch der Kardinäle 1846-2012, Berlin 2014; Graulich, M., Die Kardinäle: HbkathKR[3], 486-493.

Markus Graulich

 DOI: 10.30965/9783506786388_0572

Kardinalbischof – Katholisch

Den →Ehrentitel eines K. erhalten die Mitglieder des →Kardinalskollegiums, „denen vom →Papst der Titel einer suburbikarischen Kirche übertragen ist, sowie die in das Kardinalskollegium aufgenommenen orientalischen →Patriarchen" (c. 350 § 1), die „als Titel den eigenen Patriarchalsitz" haben (c. 350 § 3).

Zu den suburbikarischen →Diözesen, deren →Bischöfe schon früh enge Berater u. Mitarbeiter des Bf. von Rom waren, zählen Albano, Frascati, Ostia, Palestrina, Porto-Santa

Rufina, Sabina-Poggio Mirteto u. Velletri Segni. In Abänderung der kodikarischen Bestimmungen hat P. Franziskus durch Reskript vom 26.06.2018 vier weitere →Kardinäle in die Klasse der K. aufgenommen. Sie behalten als Titel die ihnen als →Kardinalpriester zugewiesene Kirche.

Die K. haben im Hinblick auf die suburbikarischen Bistümer „keinerlei Leitungsgewalt, und sie haben sich in keiner Weise in die Angelegenheiten einzumischen, die sich auf deren Vermögensverwaltung, Disziplin und kirchlichen Dienst beziehen." Hingegen sollen sie deren Wohl „mit Rat und Schirmherrschaft fördern" (c. 357 §1). Nur den K., die einen suburbikarischen Titel haben, kommt bei der Wahl des Dekans u. des Vizedekans des Kardinalkollegiums aktives u. passives Wahlrecht zu (vgl. c. 352 §§2-3). Der Dekan „hat als Titel die Diözese Ostia zusammen mit jener anderen Kirche, die er schon zuvor als Titel innehatte" (c. 350 §4).

Quellen

Johannes XXIII., MP Suburbicariis sedibus: AAS 54 (1962), 253-256; Paul VI., MP Ad purpuratorum Patrum: AAS 57 (1965), 295-296.

Literatur

Klewitz, K. H., Die Entstehung des Kardinalskollegiums: ZRG.K 25 (1936), 115-221; Kuttner, S., Cardinalis: The History of a Canonical Concept: Traditio 3 (1945), 129-214; Van Lierde, P. C. – Giraud, A., Das Kardinalskollegium, Aschaffenburg 1965; Bertone, T., Il servizio del cardinalato al ministero del successore di Pietro: Salesianum 48 (1986), 109-121; Broderick, J. F., The Sacred College of Cardinals: Size and Geographical Composition (1099-1986): Archivum Historiae Pontificiae 25 (1987), 7-71; Rossi, A., Il collegio cardinalizio, Vatikanstadt 1990; Imkamp, W., „Praesentia et efficientia." Anmerkungen zur Entwicklung des Kardinalskollegiums unter Papst Paul VI.: Divinitas 37 (1993), 128-147; Arrieta, J., Diritto dell'organizzazione ecclesiastica, Mailand 1997, 281-298; KanR II, 233-241; Fürst, C. G., Comentario a los cann. 349-359: Comentario exegético al Código de Derecho Canónico, Vol. II/1, Pamplona ²1997, 626-643; Green, T., The Cardinals of the Holy Roman Church: New Commentary on the Code of Canon Law, New York – Mahwah 2000, 464-475; Graulich, M., Kardinalat. Altehrwürdig u. funktionsfähig: Leitungsstrukturen der kath. Kirche. Kirchenrechtliche Grundlagen u. Reformbedarf, hg. v. I. Riedel-Spangenberger, Freiburg 2002 (QD 198), 76-100; Reisinger, P., Sanctae Ecclesiae Cardinales – Peculiares Episcoporum coetus. Neue kirchenrechtliche Perspektiven für die Kardinäle u. das Kardinalskollegium, St. Ottilien 2012; Bräuer, M., Handbuch der Kardinäle 1846-2012, Berlin 2014; Graulich, M., Die Kardinäle: HbkathKR³, 486-493.

Markus Graulich

© 2019, DOI: 10.30965/9783506786388_0573

Kardinaldiakon – Katholisch

Einem →Kardinal der „diakonalen Klasse wird vom →Papst ... eine Diakonie in der Stadt Rom zugewiesen" (c. 350 §1), welche auf die spätestens im 3. Jh. (entspr. der zivilen Aufteilung der Urbe) eingerichteten Diakoniebezirke (Armenanstalten) m. zugehörigen Kirchen zurückgehen. Zunächst gab es sieben, später 14 solcher Diakonien, deren Vorsteher tatsächlich →Diakone waren u. neben ihren administrativen u. sozialen Aufgaben Dienste in der Liturgie des röm. →Bischofs übernahmen. Während die Zahl der K. bis zum Pontifikat Johannes XXIII. auf 14 beschränkt blieb, zählt der AnPont 2019 hingegen 68 mögliche Diakonien auf, die i. d. R. den Kurienkardinälen od. auch den Kard. verliehen werden, die um eine Dispens von der →Bischofsweihe bitten. In ihren Diakonien haben die K. keine Leitungsgewalt (vgl. c. 357 §1).

Gem. c. 350 §5 kann ein K. auf eine andere Diakonie optieren. Dieses Recht wird im →Konsistorium ausgeübt u. muss vom P. bestätigt werden. Nach 10 J. in der diakonalen Klasse kann ein K. ebenfalls durch Option im Kons. „auch zur priesterlichen Klasse überwechseln" (ebd.). Er erhält dann entweder eine neue Titelkirche od. die Diakonie wird pro hac vice zur priesterlichen Titelkirche erhoben. Ein K., „der im Wege der Option von der diakonalen zur priesterlichen Klasse überwechselt, nimmt seinen Platz vor allen →Kardinalpriestern ein, die nach ihm zur Kardinalswürde erhoben worden sind" (c. 350 §6).

Der rangälteste K. (Protodiakon) „verkündet dem Volk den Namen des neugewählten Papstes [Annuntio vobis gaudium magnum: Habemus Papam, Eminentissimum ac Reverendissimum Dominum Dominum ... qui sibi nomen imposuit ...]; desgleichen legt er in Stellvertretung des Papstes den →Metropoliten die →Pallien an, oder übergibt sie deren Prokuratoren" (c. 355).

Literatur

Klewitz, K. H., Die Entstehung des Kardinalskollegiums: ZRG.K 25 (1936), 115-221; Kuttner, S., Cardinalis: The History of a Canonical Concept: Traditio 3 (1945), 129-214; Van Lierde, P. C. – Giraud, A., Das Kardinalskollegium, Aschaffenburg 1965; Bertone, T., Il servizio del cardinalato al ministero del successore di Pietro: Salesianum 48 (1986), 109-121; Broderick, J. F., The Sacred College of Cardinals: Size and Geographical Composition (1099-1986): Archivum Historiae Pontificiae 25 (1987), 7-71; Rossi, A., Il collegio cardinalizio, Vatikanstadt 1990; Imkamp, W., „Praesentia et efficientia." Anmerkungen zur Entwicklung des Kardinalskollegiums unter Papst Paul VI.: Divinitas 37 (1993), 128-147; Arrieta, J., Diritto dell'organizzazione ecclesiastica, Mailand 1997, 281-298; KanR II, 233-241; Fürst, C. G., Comentario a los cann. 349-359: Comentario exegético al Código de Derecho Canónico, Vol. II/1, Pamplona ²1997, 626-643; Green, T., The Cardinals of the Holy Roman Church: New Commentary on the Code of Canon Law, New York – Mahwah 2000, 464-475; Graulich, M., Kardinalat. Altehrwürdig u. funktionsfähig: Leitungsstrukturen der kath. Kirche. Kirchenrechtliche Grundlagen u. Reformbedarf, hg. v. I. Riedel-Spangenberger, Freiburg 2002 (QD 198), 76-100; Reisinger, P., Sanctae Ecclesiae Cardinales – Peculiares Episcoporum coetus. Neue kirchenrechtliche Perspektiven für die Kardinäle u. das Kardinalskollegium, St. Ottilien 2012; Bräuer, M., Handbuch der Kardinäle 1846-2012, Berlin 2014; Graulich, M., Die Kardinäle: HbkathKR³, 486-493.

Markus Graulich

 DOI: 10.30965/9783506786388_0574

Kardinalpriester – Katholisch

Die Klasse der K. geht wohl auf die →Priester zurück, die seit dem zweiten od. dritten Jh. den Hauskirchen der Stadt Rom zugehörten u. auf deren titulus geweiht wurden. Später versahen sie in den Basiliken Hebdomadarsdienste, während deren Dauer sie dort inkardiniert wurden. Die Zahl der Titel betrug zunächst 24, später 28 u. wurde im Laufe der Jhh. – je nach Bedarf – erhöht, so dass der AnPont 2019 inzwischen 164 mögliche Titelkirchen für K. aufzählt. Diese Kirchen werden den K. bei ihrer Ernennung zugewiesen (vgl. c. 350 § 2), allerdings haben sie über ihre Titel keinerlei Leitungsgewalt (c. 357 §1). Durch eine „im →Konsistorium vollzogene u. vom →Papst genehmigte Option" können die K. – servata prioritate ordinis et promotionis – zu einer anderen Titelkirche überwechseln (c. 350 §5), was i. d. R. dann geschieht, wenn eine Titelkirche, die gewöhnlich einem K. aus einer bestimmten →Diözese verliehen wird, zum Zeitpunkt der Kardinalskreierung nicht frei war. Das Recht der Option zum Wechsel in die bfl. Klasse (→Kardinalbischof) wurde bereits von Johannes XXIII. abgeschafft (MP Ad Suburbicaris Diocesis: AAS 53 [1961], 198).

Bei den K. handelt es sich i. d. R. um →Diözesanbischöfe, die in das Kollegium der →Kardinäle (→Kardinalskollegium) aufgenommen werden. Seit dem Pontifikat Paul VI. werden ihnen vermehrt Pfarrkirchen am Stadtrand Roms als Titelkirchen zugewiesen, was einen direkten Kontakt m. den pastoralen Realitäten der Diözese Rom ermöglicht.

Literatur

Klewitz, K. H., Die Entstehung des Kardinalskollegiums: ZRG.K 25 (1936), 115-221; Kuttner, S., Cardinalis: The History of a Canonical Concept: Traditio 3 (1945), 129-214; Van Lierde, P. C. – Giraud, A., Das Kardinalskollegium, Aschaffenburg 1965; Bertone, T., Il servizio del cardinalato al ministero del successore di Pietro: Salesianum 48 (1986), 109-121; Broderick, J. F., The Sacred College of Cardinals: Size and Geographical Composition (1099-1986): Archivum Historiae Pontificiae 25 (1987), 7-71; Rossi, A., Il collegio cardinalizio, Vatikanstadt 1990; Imkamp, W., „Praesentia et efficientia." Anmerkungen zur Entwicklung des Kardinalskollegiums unter Papst Paul VI.: Divinitas 37 (1993), 128-147; Arrieta, J., Diritto dell'organizzazione ecclesiastica, Mailand 1997, 281-298; KanR II, 233-241; Fürst, C. G., Comentario a los cann. 349-359: Comentario exegético al Código de Derecho Canónico, Vol. II/1, Pamplona ²1997, 626-643; Green, T., The Cardinals of the Holy Roman Church: New Commentary on the Code of Canon Law, New York – Mahwah 2000, 464-475; Graulich, M., Kardinalat. Altehrwürdig u. funktionsfähig: Leitungsstrukturen der kath. Kirche. Kirchenrechtliche Grundlagen u. Reformbedarf, hg. v. I. Riedel-Spangenberger, Freiburg 2002 (QD 198), 76-100; Reisinger, P., Sanctae Ecclesiae Cardinales – Peculiares Episcoporum coetus. Neue kirchenrechtliche Perspektiven für die Kardinäle u. das Kardinalskollegium, St. Ottilien 2012; Bräuer, M., Handbuch der Kardinäle 1846-2012, Berlin 2014; Graulich, M., Die Kardinäle: HbkathKR³, 486-493.

Markus Graulich

© 2019, DOI: 10.30965/9783506786388_0575

Kardinalskollegium – Katholisch

1. Begriff: „Die →Kardinäle der heiligen römischen Kirche bilden ein besonderes Kollegium" (c. 349), dem als universitas personarum Rechtspersönlichkeit in der Kirche zukommt. Dem K. steht als primus inter pares ein Dekan vor, der vom Vizedekan vertreten werden kann (vgl. c. 350).

2. Geschichte: Als feste Größe besteht das K. etwa seit Mitte des 11. Jh. Zur gleichen Zeit beginnt man damit, auch auswärtige →Bischöfe u. →Äbte in das K. aufzunehmen. →Papst Nikolaus II. überträgt 1059 zunächst den →Kardinalbischöfen das Recht der Wahl des P., der dann die →Kardinalpriester u. das Volk zustimmen mussten. Seit der Papstwahlordnung Alexander III. von 1179 ist die →Papstwahl ausschließliches Recht des K. Zwischen dem 12. u. 16. Jh. erreicht der Einfluss des K. seinen Höhepunkt. In dieser Zeit versammeln sich die in Rom anwesenden Kard. z. T. mehrmals wöchentlich, um den P. in wichtigen Angelegenheiten zu beraten. Dieser Einfluss verringert sich durch die Stabilisierung der →römischen Kurie m. der Errichtung bzw. Neuordnung der Kongr. (→Kongregationen, römische) u. anderer Kurialbehörden unter Sixtus V. 1588. Von ihm wird 1586 die Zahl der Mitglieder des K. auf 70 festgelegt (6 Bf., 50 Priester, 14 Diakone). Diese Höchstzahl, die sich noch in can. 231 §1 findet, wird von Johannes XXIII. erstmals überschritten, so dass heute die Zahl der Mitglieder des K. nicht mehr festgeschrieben ist. Hingegen ist durch den Ausschluss der über 80-jährigen die Zahl der Kard., die m. aktivem Stimmrecht am Konklave teilnehmen dürfen, auf 120 begrenzt (vgl. AAS 65 [1973], 163; vgl. Romano Pontifici Eligendo 33: AAS 67 [1975], 622; Universi Dominici Gregis 33: AAS 88 [1996], 321), auch wenn diese Zahl zeitweise derogiert werden kann, ist dadurch das K. nicht mehr m. dem Papstwahlkollegium identisch.

3. Klassen: Das K. gliedert sich in die bfl., priesterliche u. diakonale Klasse (→Kardinaldiakon) (vgl. c. 350). Im Zuge der Codexreform wurde der Vorschlag unterbreitet, auf diese nur noch hist. erklärbare Einteilung zu verzichten. Der P., dem die Frage vorgelegt wurde, entschied für die Beibehaltung (vgl. Comm. 14 [1982], 97, 182).

4. Dekan: Dekan u. Vizedekan des K., die über die anderen Kard. keine Leitungsgewalt ausüben, werden aus dem Kreis der Kardinalbischöfe m. suburbikarischen Titeln gewählt, wobei dem P. die Bestätigung der Wahl zusteht. Beide haben ihren Wohnsitz in Rom zu nehmen (vgl. c. 352 §§2-4).

Nach Universi Dominici Gregis hat der Dekan den Tod des P. an das K., die Botschafter u. Regierungen bekanntzugeben, die Kard. zu den Generalkongregationen zur Vorbereitung des Konklaves einzuberufen u. diese Versammlungen zu leiten. Er nimmt den Eid der Kard. entgegen. Nimmt er selbst am Konklave teil, ist es seine Aufgabe, die Annahme der Wahl u. – nach Zustimmung – den Namen des Neugewählten zu erfragen. Sollte es erforderlich sein, weiht er den erwählten P. zum Bf. (vgl. c. 355 §1).

5. Aufgaben sede plena: Die Mitglieder des K. stehen dem P. entweder einzeln od. kollegial zur Seite. Die kollegiale Zusammenarbeit erfolgt „hauptsächlich in den →Konsistorien, zu denen sie sich auf Anordnung des Papstes und unter dessen Vorsitz versammeln" (c. 353 §1). Die Kons. können ordentlich od. außerordentlich, öff. od. geheim sein. „Zum ordentlichen Konsistorium werden alle, zumindest die in Rom anwesenden Kardinäle einberufen, zur Beratung gewisser schwieriger Angelegenheiten, die jedoch regelmäßiger anstehen, oder zur Durchführung gewisser besonders feierlicher Akte" (c. 353 §2). Im Fall der feierlichen Akte (Kreierung von Kard., Ankündigung von Heilig- u. Seligsprechungen usw.) kann ein ordentliches Konsistorium auch öff. sein, d. h. es dürfen neben den Kard. auch andere geladen werden (vgl. c. 353 §4). Das außerordentliche Konsistorium (die ApK PastBon spricht in diesem Zusammenhang vom consistorio plenario; vgl. AAS 80 [1988], 860), zu dem alle Kard. nach Rom einberufen werden, „wenn besondere Erfordernisse der Kirche oder die Behandlung schwerwiegender Angelegenheiten dies ratsam erscheinen lassen" (c. 353 §3), ist immer geheim. Johannes Paul II. hat mehrfach außerordentliche Konsistorien einberufen, u. dabei m. dem K. etwa die Reform der Kurie od. die Vorbereitung des J. 2000 besprochen.

Auf diese Weise kommt dem K. wie der →Bischofssynode eine beratende Funktion zu. Beide Einrichtungen stehen jedoch nicht in Konkurrenz zueinander, sondern ergänzen sich: während im K. dem P. ein festes Gremium zur Seite steht, das zu allen Fragen gehört werden kann, ist die Bischofssynode in ihrer zeitlichen Existenz u. i. d. R. auch im Hinblick auf die zu behandelnden Fragestellungen begrenzt. Die Verbindung zwischen den beiden Größen kommt dadurch zum Ausdruck, dass die Kard., die den →Dikasterien der Kurie vorstehen, an der ordentlichen u. außerordentlichen Versammlung der Bischofssynode teilnehmen können.

5. Aufgaben sede vacante: „Bei Vakanz des →Apostolischen Stuhls hat das Kardinalskollegium in der Kirche nur die Gewalt, die ihm durch besonderes Gesetz übertragen ist" (c. 359). Dieses Gesetz (Universi Dominici Gregis) legt fest, dass während dieser Zeit die Leitung der Kirche dem K. anvertraut wird, „aber nur zur Erledigung der ordentlichen Angelegenheiten oder für jene Fragen, die keinen Aufschub dulden, sowie für die Vorbereitung alles dessen, was für die Wahl des neuen Papstes erforderlich ist" (Nr. 2). Ausgeschlossen ist all das, was allein Vollmacht des P. ist, was die Normen für die Papstwahl, die Rechte der Kirche u. des Apost. Stuhls, u. die von den P. erlassenen Gesetze betrifft. Bis zum Beginn des Konklaves versammelt sich das ganze K. täglich zu den sog. Generalkongregationen, um die dringendsten Fragen zu besprechen, während am Konklave selbst nur die Mitglieder des K. teilnehmen, die das 80. Lj. bei Eintritt der →Sedisvakanz noch nicht überschritten haben.

Literatur

Klewitz, K. H., Die Entstehung des Kardinalskollegiums: ZRG.K 25 (1936), 115-221; Kuttner, S., Cardinalis: The History of a Canonical Concept: Traditio 3 (1945), 129-214; Van Lierde, P. C. – Giraud, A., Das Kardinalskollegium, Aschaffenburg 1965; Bertone, T., Il servizio del cardinalato al ministero del successore di Pietro: Salesianum 48 (1986), 109-121; Broderick, J. F., The Sacred College of Cardinals: Size and Geographical Composition (1099-1986): Archivum Historiae Pontificiae 25 (1987), 7-71; Rossi, A., Il collegio cardinalizio, Vatikanstadt 1990; Imkamp, W., „Praesentia et efficientia." Anmerkungen zur Entwicklung des Kardinalskollegiums unter Papst Paul VI.: Divinitas 37 (1993), 128-147; Arrieta, J., Diritto dell'organizzazione ecclesiastica, Mailand 1997, 281-298; KanR II, 233-241; Fürst, C. G., Comentario a los cann. 349-359: Comentario exegético al Código de Derecho Canónico, Vol. II/1, Pamplona [2]1997, 626-643; Green, T., The Cardinals of the Holy Roman Church: New Commentary on the Code of Canon Law, New York – Mahwah 2000, 464-475; Graulich, M., Kardinalat. Altehrwürdig u. funktionsfähig: Leitungsstrukturen der kath. Kirche. Kirchenrechtliche Grundlagen u. Reformbedarf, hg. v. I. Riedel-Spangenberger, Freiburg 2002 (QD 198), 76-100; Reisinger, P., Sanctae Ecclesiae Cardinales – Peculiares Episcoporum coetus. Neue kirchenrechtliche Perspektiven für die Kardinäle u. das Kardinalskollegium, St. Ottilien 2012; Bräuer, M., Handbuch der Kardinäle 1846-2012, Berlin 2014; Graulich, M., Die Kardinäle: HbkathKR[3], 486-493.

Markus Graulich

Karfreitag

→Feiertage, →Stille Tage

Kassation – Historisch

K. nennt man die gerichtliche →Aufhebung eines →Urteils od. eines →Verwaltungsakts auf Antrag. Ebenso wie die Revision ist die Kassationsbeschwerde ein Rechtsmittel, das nur m. der Verletzung von →Gesetzen begr. werden kann. Im Gegensatz zur Berufung (→Berufung im Prozess) eröffnet sie keine neue Tatsacheninstanz. Das Kassationsgericht entscheidet nicht in der Sache selbst, sondern verweist diese an das zuständige Gericht (→Gerichte, kirchliche) zurück. Der Kassationsbeschwerde kommt in den meisten Rechtsordnungen aufschiebende Wirkung zu.

Weder der CIC/1917 noch der CIC/1983 noch der CCEO kennen den Begriff K. Die Kassationsbeschwerde ähnelt der →Nichtigkeitsbeschwerde im kan. →Prozessrecht (cc. 1619-1627; cc. 1302-1308 CCEO). Die Liste der Gründe ist jener für die Beschwerde der heilbaren u. der unheilbaren Nichtigkeit vergleichbar, wobei in der kan. Rechtsordnung im Gegensatz zu zivilen Prozessordnungen keinerlei Unterscheidung zwischen den Kassationsgründen im ordentlichen Streitverfahren u. im Strafprozess erfolgt.

Gem. c. 1445 §1, 1° u. Art. 33 der SignAp.LP handelt die →Apostolische Signatur als das höchste Gericht der ordentlichen Gerichtsbarkeit (→Gerichtsbarkeit, kirchliche bzw. religiöse) der kath. Kirche ähnlich einem Kassationsgerichtshof, indem sie über Nichtigkeitsbeschwerden gegen Urt. u. endgültige Dekr. der →Römischen Rota entscheidet.

Zudem fungiert die SignAp als Kassationsgericht gegenüber Verwaltungsakten im Einzelfall, die durch das zuständige →Dikasterium des →Apostolischen Stuhls erlassen od. bestätigt wurden.

Der aus dem Präfekten u. zwei weiteren →Kardinälen der SignAp bestehende Kassationsgerichtshof des →Vatikanstaates entscheidet in dritter Instanz u. ist – nach vorausgehender Ermächtigung durch den →Papst – für weltliche Straftaten von Kard. u. →Bischöfen allein zuständig.

Quellen

Johannes Paul II., Legge sull' organizzazione giudiziaria, N. CXIX, 21. November 1987: AAS Suppl. 58 (1987), 45-50; ders., Legge fondamentale dello Stato della Città del Vaticano, 26. November 2000: AAS Suppl. 71 (2000), 75-79, Art. 16; Benedikt XVI., MP Antiqua ordinatione quibus Supremi Tribunalis Signaturae Apostolicae lex propria promulgatur vom 21. Juni 2008: AAS 100 (2008), 513-538.

Literatur

Schulz, W., Die neuen vat. Gerichtsordnungen: ders., Der Staat der Vatikanstadt, der Hl. Stuhl u. die Röm. Kurie in den Schriften von Winfried Schulz. Città del Vaticano – Santa Sede e Curia Romana negli scritti di Winfried Schulz (FS Walter), Frankfurt 1999

(AIC 13), 57-68; Schöch, N., Vorstellung der Lex propria, der neuen Verfahrensordnung des Höchstgerichts der Apost. Signatur: DPM 15/16 (2008/2009), 539-546; Pree, H., Supremum Signaturae Apostolicae Tribunal: DPM 21/22 (2014/2015), 428-431; Witsch, N., Der Vatikanstaat: HbkathKR³, 541.

Nikolaus Schöch

© 2019, DOI: 10.30965/9783506786388_0578

Kasualien – Katholisch

Urspr. stammt der Begriff K. aus der ev. Theol. u. bez. „kirchliche Handlungen, die a) orientiert sind am Lebenszyklus der Einzelnen und die b) in der kirchlichen Praxis rituell-liturgisch begangen werden." (Fechtner, 2013, 56). In der kath. Theol. werden die K. unter den Stichworten →Sakramente u. →Sakramentalien thematisiert. Die (neu)scholastische Unterscheidung zwischen Sakramenten u. Sakramentalien, der sowohl der CIC/1917 als auch der CIC/1983 folgen, steht in der Kritik, da sie von einem dogmatisch-abstrakten Sakramentenbegriff ausgeht, der die gottesdienstlichen Vollzüge nur unzureichend berücksichtigt. Neuere Entwürfe der Sakramententheologie nehmen ihren Ausgangspunkt bei der Eigenart des jeweiligen →Gottesdienstes. Art. 61 SC sieht beide Formen zusammen: In allen sakramentlichen Feiern kommt das Leben in seinen unterschiedlichen Facetten m. dem Pascha-Mysterium (Heilstod u. Auferstehung Chr.) in Verbindung. Damit wird die seit dem MA praktizierte Individualisierung des Gottesdienstes infrage gestellt u. die Auflösung der →Gemeinde als (menschliche) Trägerin der Liturgie zugunsten von Spender (→Sakramentenspendung) u. Empfänger (→Sakramentenempfang) der Sakramente zurückgewiesen. Neben der liturgischen Dimension, die bes. im ök. Dialog zentrale Impulse liefert, werden die K. aus kath. Perspektive theol. als diakonal, mystagogisch u. gemeindlich qualifiziert: Unter diakonal wird die soziale u. gesellschaftliche Dimension verstanden. Mystagogisch steht für die lebensgeschichtsbezogene Perspektive u. meint die sakramentliche Lesart der Lebenswirklichkeiten. Die gemeindliche Dimension steht für eine ekklesiologische Ausrichtung der Kasualpraxis.

Quellen

Vat II, SC.

Literatur

Zulehner, P. M., Übergänge. Pastoral zu den Lebenswelten, Düsseldorf 1990 (Pastoraltheologie 3), 23-27; Fürst, W., Art. Kasualien, Kasualpraxis: LThK³ Bd. 5, 1290; Meßner, R., Art. Sakramentalien: TRE Bd. 29, 548-663; Fechtner K., Kirche von Fall zu Fall. Kasualien wahrnehmen u. gestalten, Gütersloh ²2011; ders., Seelsorge u. Verkündigung anlässlich von Lebensübergängen: Pastoraltheologische Informationen 33 (2013), 55-60; Berger, R., Art. Sakrament: Pastoralliturgisches Handlexikon⁵, 376-378; ders., Art. Sakramentale: Pastoralliturgisches Handlexikon⁵, 378 f.; Reinhardt, H. J. F., Die Sakramentalien: HbkathKR³, 1433-1436.

Andreas Bieringer

© 2019, DOI: 10.30965/9783506786388_0579

Kasualien – Evangelisch

Der Begriff K. begegnet erstmals in den Casualreden F. Schleiermachers. Dieser machte auf deren bes. persönlichen, seelsorglichen Charakter – gegenüber der Sonntagspredigt – aufmerksam. Schon hier sind Kirche u. Familie gleichermaßen die Bezugsgrößen. Entgegen dem traditionellen, pastoraltheologisch geprägten Begriff der →Amtshandlung betont K. den familiären u. biografischen Kontext. Rituell steht das segnende Handeln durch den →Pfarrer/die Pfarrerin im Zentrum. Inhaltlich umfassen die K. so →Taufe, →Konfirmation, →Trauung u. →Bestattung, wobei seit einiger Zeit über Erweiterungen – etwa hinsichtlich Schulanfangsgottesdienst, Krankensalbung u. ä. – nachgedacht wird. Früher begegnen noch

Ordination (→Ordination, Weihe) sowie Privatbeichte u. -kommunion als sog. K.

Für die vier klassischen K. finden sich rechtliche Bestimmungen teilweise in den →Kirchenordnungen bzw. in den Kirchl. →Lebensordnungen sowie in den entspr. →Agenden. Ihr Vollzug wird in den Kirchenbüchern eingetragen. In der Praxis stellen sich Fragen der Zulassung, etwa bei Taufbegehren für Kinder, deren Eltern keine Kirchenmitglieder (mehr) sind, bei Trauungen von →Ungetauften, Bestattungen von aus der Kirche Ausgetretenen usw. Der früher in solchen Fällen übliche Bezug auf seelsorgliches Ermessen genügt angesichts der Umstellung der Kirchenmitgliedschaft von Selbstverständlichkeit auf Option nicht mehr. Theol. kann hier eine Profilierung der K. als Stationen auf dem Taufweg orientieren (Grethlein, 2007).

Literatur

Albrecht, C., Kasualtheorie. Geschichte, Bedeutung u. Gestaltung kirchl. Amtshandlungen, Tübingen 2006; Grethlein, C., Grundinformation Kasualien. Kommunikation des Evangeliums an Übergängen im Leben, Göttingen 2007.

Christian Grethlein

Kasuistik – Historisch

K. (von lat. casus, Fall) findet sich in der Kanonistik u. Rechtswissenschaft, der phil. Ethik, der Moraltheologie u. der Medizin. Sie ist bzw. war charakteristisch für das Judentum (Halakha), aber auch für andere Kulturen u. Religionen, wie Buddhismus u. Islam. Als Methode zur Lösung einzelner Rechtsfälle geht K. auf das →römische Recht zurück. Ausgehend vom Casus wurde eine Norm entwickelt, an der sich die Entscheidung ähnlicher Fälle orientierte. Ansatzpunkte für K. finden sich in der Verkündigung Jesu, bei Paulus u. den Kirchenvätern. Die →Bußbücher des 6. bis 10. Jh., die großen Beichtsummen des 13. bis 15. Jh. (Summae confessorum od. casuum; Raimund von Penaforte) u. nachtridentinische Handbücher (Casus conscientiae) enthielten Casus (Fälle) als Hilfe für die →Beichtväter zur Festsetzung der →Buße bzw. für deren Ausbildung. Sie sind Bestandteil scholastischer Vorlesungen, von →Glossenapparaten u. Komm. zu den →Rechtsquellen. Casus-Werke entstanden zum →Decretum Gratiani, zu den Compilationes antiquae, den →Dekretalen Gregors IX., zum →Liber Sextus u. zu den Clementinen. Näherhin bilden im zweiten Teil des Decr. Gratiani fiktive Rechtsfälle (36 Causae) die Grundlage für die Behandlung allg. Rechtsfragen (Quaestiones). Der CIC/1917 hat das normsetzende Fallrecht durch generell-abstrakte Normen ersetzt (ebenso CIC/1983), zugl. auf das Auffüllen von →Gesetzeslücken (can. 20) u. die →Aequitas canonica verwiesen. Kasuistisch ist das anglo-amerikanische Fallrecht (Case Law) u. das islam. Recht (→Scharia), z. T. auch das weltliche Handels-, Steuer-, Medien- u. Arbeitsrecht.

Literatur

Klein, J., Ursprung u. Grenzen der Kasuistik: Aus Theologie u. Philosophie (FS Tillmann), hg. v. Th. Steinbüchel – Th. Müncker, Düsseldorf 1950, 229-245; Congar, Y. M.-J., Die Kasuistik des Heiligen Paulus: Verkündigung u. Glaube (FS Arnold), hg. v. Th. Filthaut – J. A. Jungmann, Freiburg 1958, 16-41; Kottje, R., Art. Bußbücher. I. Definition u. II. Lat. Bußbücher: LMA Bd. 2, 1118-1122; Weimar, P., Art. Casus: LMA Bd. 2, 1569 f.; Schmitz, P., Kasuistik. Ein wiederentdecktes Kapitel der Jesuitenmoral: ThPh 67 (1992), 29-59; Körntgen, L., Art. Bußbücher: LThK³ Bd. 2, 822-824; Feldhaus, S., Art. Kasuistik: LThK³ Bd. 5, 1290-1292; Molinski, W., Kasuistik. III. Chr. Kasuistik: RGG⁴ Bd. 4, 847; Erdö, P., Die Quellen des Kirchenrechts. Eine gesch. Einführung, Frankfurt u. a. 2002 (AIC 23); Fruscione, D., Art. Bußbücher: HRG² Bd. 1, 787 f.

Wilhelm Rees

Katechese – Katholisch

Die K. stellt ein Proprium chr.-kirchl. Existenz dar: „Zum Wesentlichen des christlichen →Glaubens gehört es, dass er sich mitteilen will: Er ist Innewerden einer Botschaft, die alle angeht, weil sie die Wahrheit ist und weil der Mensch nicht heil werden kann ohne die Wahrheit (1 Tim 2,4). Darum ist Katechese, Weitergabe des Glaubens, von Anfang an eine zentrale Lebensfunktion der Kirche gewesen und muss es bleiben, solange es Kirche gibt" (Ratzinger, Glaubensvermittlung, 929). Das Vat II ist deshalb überzeugt, dass der K. neben der →Predigt eine Vorrangstellung (Primat) innerhalb der Formen kirchl. Verkündigung zukommt (CD 13, 3). Daher werden beide zusammen gesetzessystematisch u. d. T. de Divini Verbo Ministerio (cc. 756-780; cc. 607-626 CCEO) normiert. Sie stützen sich auf Schrift u. Tradition, ebenso auf Liturgie, →Lehramt u. Leben der Kirche m. dem Ziel, das Mysterium Chr. vollständig u. getreu zu vermitteln (c. 760). Die K. steht dabei im Blick auf die aktuellen Herausforderungen nicht selten im Kontext einer insb. vom päpstl. Lehramt postulierten →Neuevangelisierung.

Kirchenrechtlich umfasst die K. zwei unterschiedliche Phasen. Im weiten Sinne bez. sie die Einweisung u. Einübung (institutio, tirocinium) der →Katechumenen im →Katechumenat (c. 788; c. 587 CCEO). Sie verhilft den erwachsenen Taufbewerbern (ab Vollendung des 14. Lj.), sich auf den Empfang der →Taufe bzw. der drei Initiationssakramente (→Initiation) vorzubereiten (c. 865; c. 682 CCEO). Im engen Sinne steht die K. für die systematisch-lehrmäßige u. beständige Unterweisung (institutio) der Getauften in Lehre u. praktischer Erfahrung chr. Lebens, durch die der Glaube lebendig wird, sich entfaltet u. zu konkreten Taten führt (c. 773; c. 617 CCEO; Catechesi tradendae, 22 u. 25). Als solche unterscheidet sie sich im kirchl. Bildungs- u. Erziehungsdreieck von →Familie, →Pfarrei u. →Schule sowohl vom →Religionsunterricht (cc. 804 u. 805; cc. 636 u. 637 CCEO) als auch von der K. in der Familie als erstverkündende „Hauskirche" (cc. 774 § 2, 776; c. 618 CCEO; LG 11, 2). Im Innern der K. werden nach c. 777 (vgl. Catechesi tradendae, 35-45; KatDir/1997, 171-192) versch. Formen unterschieden, die v. a. auf die diversen Adressaten hin orientiert sind: eine gem. c. 843 (c. 381 § 2 CCEO) grundlegende Sakramentenkatechese (n. 1), die Kinder- u. Jugendkatechese zur Vorbereitung auf die →Erstbeichte, →Erstkommunion u. →Firmung (n. 2), die mystagogische K. für Jugendliche u. Erwachsene (n. 3), die spezifische K. für Menschen m. körperlichen u. geistigen Einschränkungen (n. 4) sowie die allg. Glaubenskatechese für alle Getauften (n. 5). Zugl. muss an die K. für Braut- u. Ehepaare i. S. der →Ehevorbereitung u. -begleitung gedacht werden (cc. 1063, 1128; c. 783 CCEO).

Alle →Gläubigen sind aufgrund des missionarischen Wesens der Kirche unter Beachtung ihrer eigenen Stellung u. Aufgabe zur Sorge um die K. gerufen (c. 774 § 1; c. 619 CCEO), die sich darin als genuin „kirchlicher Akt" (KatDir/1997, 78) erweist. Die gemeinsame Verantwortung betrifft Eltern u. →Paten (c. 774 § 2; c. 618 CCEO), den einzelnen Gläubigen (c. 776; c. 624 § 3 CCEO), die geistl. Amsträger (cc. 775-778; cc. 621-624 CCEO) u. die durch kirchenamtliche →Sendung dazu bestellten →Laien (c. 785). Der universalen Sorge um die K. wird die „eigene und schwere Pflicht" der →Seelsorger hinzugestellt (c. 773; c. 617 CCEO). Der →Diözesanbischof ist in seiner Diözese als Erstverantwortlicher für die Förderung, Koordination u. Überwachung der K. vornehmlich durch gesetzliche Maßgaben u. die Herausgabe von Hilfsmitteln (z. B. →Katechismus) zuständig (c. 775; c. 617 CCEO; CD 14; Catechesi tradendae, 63; KatDir/1997, 222). In der →Pfarrei als „Motor und bevorzugter Ort der Katechese" (Catechesi tradendae, 64-67) kommt dem →Pfarrer kraft seines Amtes die umfassende Sorge für die K. zu (cc. 776 i. V. m. 519 u. 528 § 1; c. 624 CCEO), in die er →Priester u. →Diakone, Angehörige der kan. Lebensverbände sowie eigens dafür ausgebildete u. bfl. bestellte Laien (→Katechisten gem. cc. 780 u. 785 §2 i. V. m. 231 §1), aber auch Laien o. bfl. Auftrag (→Katecheten) einbezieht. In den Einrichtungen der kan. Lebensverbände tragen die zuständigen Oberen die Sorgepflicht für eine entspr. katechet. Unterweisung (c. 778).

Die Organisation der K. für die Universalkirche kommt nach c. 775 §1 dem →Apostolischen Stuhl insb. durch die Vorgabe von Lehrschreiben, katechet. Direktorien u. der Herausgabe des Weltkatechismus (auch Kompendium) zu, der als Rahmen für bfl. Katechismen gilt. Die →Bischofskonferenz besitzt das Recht (c. 775 §2; c. 623 §3 CCEO), Katechismen (z. B. Kath. Erwachsenen-Katechismus der DBK) nach vorheriger Approbation durch den Apost. Stuhl zu publizieren u. ein katechet. Amt zu errichten. Der Diözesanbischof trägt die diözese Erstverantwortung für die K. (cc. 775 §1, 780; c. 623 §1 CCEO). In den kath. Ostkirchen kommt die Verantwortung für die K. der Synode der Bischöfe der Patriarchatskirche bzw. dem →Hierarchenrat zu (c. 621 CCEO).

Gem. dem Grundatz, dass das Zentrum der K. (Mysterium Christi gem. c. 760) gleichermaßen ihren Inhalt u. ihre Methode bestimmt, wird der Einsatz aller dem Evangelium entspr. Mittel (insb. Bücher, Vorträge, soziale Kommunikationsmittel) legitimiert (c. 761). Entscheidendes Instrumentarium der K. bleibt jedoch das persönliche u. zugl. in Wort u. Tat authentische →Glaubenszeugnis des Christen (verba docent, exempla trahunt).

Quellen

Vat II, LG; Vat II, CD; Paul VI., Apost. Schreiben Evangelii Nuntiandi vom 8. Dezember 1975: AAS 68 (1976), 5-76; dt.: NKD 57, 32-195; Johannes Paul II., Apost. Schreiben Catechesi tradendae vom 16. Oktober 1979: AAS 71 (1979), 1277-1340; dt.: VApSt 12; ders., ApK Fidei depositum vom 11. Oktober 1992: Comm. 24 (1992), 191-195; dt.: KKK 29-35; Kongr. für den Klerus, Allg. Direktorium für die Katechese vom 15. August 1997: VApSt 130; DBK, Katechese in veränderter Zeit vom 22. Juni 2004: DDB 75; Benedikt XVI., MP Porta fidei vom 11. Oktober 2011: AAS 103 (2011), 723-734; dt.: VApSt 191; Franziskus, Apost. Schreiben Evangelii gaudium vom 24.11.2013: AAS 105 (2013), 1019-1137; dt.: VApSt 194.

Literatur

Rees, W., Der Religionsunterricht u. die katechet. Unterweisung in der kirchl. u. staatl. Rechtsordnung, Regensburg 1986; KanR III, 77-84; Ohly, C., Der Dienst am Wort Gottes. Eine rechtssystematische Studie zur Gestalt von Predigt u. Katechese im Kan. Recht, St. Ottilien 2008 (MThS.K 63); Fuentes, J. A., Catequesis: DGDC Vol. I, 930-937; Ohly, Ch., §63 Die Verkündigung in Predigt u. Katechese: HbkathKR[3], 922-934; Ratzinger, J., Glaubensvermittlung u. Glaubensquellen: JRGS 9/2, Regensburg 2016, 929-950; ders., Evangelisierung, Katechese u. Katechismus: JRGS 9/2, Regensburg 2016, 1024-1048; Müller, L. – Ohly, Ch., Kath. Kirchenrecht. Ein Studienbuch, Paderborn 2018 (utb 4307), 81-105.

Christoph Ohly

© 2019, DOI: 10.30965/9783506786388_0581

Katechet – Katholisch

Der →Dienst der K. ist in den deutschsprachigen Diözesen weit verbreitet. Er findet seinen kan. Anker in c. 776 (c. 624 CCEO). Der CIC enthält keine Beschreibung dieses Dienstes. Insofern besteht eine große Variationsmöglichkeit, diesen Dienst auszugestalten. K. ist diejenige Person, welche die katechet. Unterweisung der Adressaten unter der Leitung des →Pfarrers tatsächlich vornimmt. Aus c. 776 ist zu entnehmen, dass es sich dabei nicht um ein KA i. S. des c. 145 handelt, weil es nur um eine Inanspruchnahme zur Mitarbeit an der katechet. Bildung in der →Pfarrei geht. Der CIC gibt keine Auskunft über die Dauer der Heranziehung von K. Gewohnheitsrechtlich hat sich in den deutschsprachigen Diözesen die Beauftragung für einen bestimmten u. zeitlich befristeten Dienst in der Kommunion- u. Firmkatechese etabliert. Die Mitarbeit erfolgt aufgrund einer konkreten Inanspruchnahme durch den verantwortlichen (Pfr.) i. S. eines

Mandats (c. 228 §1). Eine Vergütung od. Besoldung ist vom CIC nicht vorgesehen. Wenig realitätsnah formuliert c. 776 die Pflicht der →Laien, als K. mitzuarbeiten, wenn sie vom Pfr. dazu aufgefordert werden. Sie dürfen sich der Aufforderung nicht verweigern u. sind von ihrem Dienst nur bei rechtmäßiger Verhinderung (z. B. Krankheit, berufliche od. familiäre Beanspruchung) befreit. Allerdings bleibt c. 776 sanktionslos. Hauptamtliche Laien im pastoralen Dienst sind keine K., selbst wenn sie katechet. wirken, da diese pastoralen Dienste als kirchl. →Ämter gem. c. 145 errichtet sind. Vom K. ist der →Katechist zu unterscheiden. Zu diesem KA legt c. 785 §1 eine Legaldefinition vor. Der CCEO enthält keine Parallele dazu.

Quellen

Johannes Paul II., Adhortatio Apostolica Catechesi tradendae vom 16. Oktober 1979: AAS 71 (1979), 1277-1340; Kongregation für den Klerus, Allg. Direktorium für die Katechese, hg. v. Sekretariat der DBK, Bonn 1998 (VApSt 130); Katechese in veränderter Zeit, hg. v. Sekretariat der DBK, Bonn 2004 (DDB 75).

Literatur

Ohly, Chr., §63 Die Verkündigung in Predigt u. Katechese: HbkathKR³, 922-934; 930-934; Mussinghoff, H. – Kahler, H.: MKCIC c. 776.

Matthias Pulte

Katechet – Evangelisch

K. sind Personen, die zur kirchl. Unterweisung (Katechese) ausgebildet u. eingesetzt werden, insb. zur Unterweisung von Kindern u. Jugendlichen. K. ist für Personen, die dies beruflich tun, auch eine Berufsbezeichnung. K. werden im kirchl. Dienst tätig. Sie können auch nach Maßgabe der näheren landes- u. kirchenrechtlichen Bestimmungen im schulischen →Religionsunterricht eingesetzt werden. Dabei ist eine Beschränkung auf bestimmte Schultypen (z. B. Grund-, Mittel- u. Förderschulen, so in BY) üblich. Im Gegensatz zu →Religionslehrern haben K. keine akademische Ausbildung als Religionspädagogen od. dgl., sondern werden in kirchl. Ausbildungsgängen qualifiziert. Regelungen zu Dienst u. Ausbildung der K. enthält das kirchl. Recht z. B. in Ausbildungsordnungen. Z. T. existieren insofern auch spezielle kirchl. Gesetze (Katecheten- u. Katechetinnengesetz der Bay). Auch Vereinbarungen zwischen Staat u. Kirchen enthalten z. T. Regelungen (Art. 8 III BW.KV, § 2 Gestellungsvertrag SN). In der ehemaligen DDR war der Einsatz der K. für die Christenlehre in den Gde. von bes. Bedeutung. Hier ist der Beruf des K. zu dem des Gemeindepädagogen weiterentwickelt worden, der auch in der →Erwachsenenbildung, in der Gemeindearbeit u. im Verkündigungsdienst (→Verkündigung) eingesetzt wird.

Literatur

Doyé, G., Katechet: RGG⁴ Bd. 4, 860 f.; Schultze, H., Katechet: LKStKR Bd. 2, 390 f.

Heinrich de Wall

Katechismus – Katholisch

Im kirchl. Sprachgebraucht meint K. eine schriftlich fixierte Darlegung der grundlegenden Inhalte des chr. →Glaubens u. der sich daraus ergebenden Normen für rituelles u. sittliches Handeln. Der spätlateinische Begriff catechismus ist ein Lehnwort aus dem Griech. u. bedeutet so viel wie von oben herab tönen, im übertragenen Sinne verstanden als lehren, unterweisen od. unterrichten. In der Alten Kirche bez. der Begriff die mündliche Hinführung der Taufbewerber od. Taufpaten zum chr. Glauben. Seit dem MA umfasst der Begriff jede Art der religiösen Unterweisung, aber auch die →Glaubenslehre selbst. Seit dem 16. Jh. bez. catechismus ein Buch, in dem die elementaren Inhalte der religiösen Unterweisung in Kirche, Familie u. Schule zusammengefasst sind.

Als autoritativer Text stellt ein K. verbindliche Grundlagen für die kirchl. Glaubensunterweisung (→Katechese) bereit. Entspr. der jeweiligen Adressaten u. Zielsetzung weisen K. unterschiedliche literarische Formen u. inhaltliche Schwerpunktsetzungen auf (Lehrstück-K., Frage-u.-Antwort-K., Laien-K., Erwachsenen-K., Jugend-K. u. a.).

Die altkirchliche Taufunterweisung beinhaltete vorrangig Auslegungen des →Glaubensbekenntnisses u. des Vaterunsers. Im MA traten Erl. zur →Beichte sowie Erkl. der Zehn Gebote (→Dekalog) u. der →Sakramente, bisweilen auch des Avemaria hinzu. 1504 erscheint der Begriff catechismus erstmals als Buchtitel: Der Cathecismo des Dioguo Ortiz de Vilhegas, seinerzeit Bf. von Ceuta (Nordafrika), bietet Erkl. zu Glaubensbekenntnis, Vaterunser, Dekalog u. den Sakramenten. 1528 veröff. der Reformator Andreas Althamer in Nürnberg einen Jugendkatechismus in Frage- u. Antwortform; 1529 folgen der Große u. der Kleine K. von Martin Luther. 1535 erscheint der erste kath. K., hg. v. Georg Witzel in Leipzig. Zunächst weiterhin gebräuchlich bleiben in allen chr. Konfessionen Titel wie Enchiridion, Compendium, Elementa od. Institutio.

Seit der Reformationszeit bemühen sich die Autoren der K. zunehmend um lehrhafte Objektivierung u. Vollständigkeit der Darlegung des jeweiligen Glaubensverständnisses. Bevorzugten reformatorische K. die teils heilsgeschichtlich, teils bußtheologisch motivierte Abfolge Dekalog – Glaubensbekenntnis – Vaterunser, so boten kath. K. mehrheitlich die an den drei göttlichen Tugenden Glaube, Hoffnung u. Liebe (vgl. 1 Kor 13, 13) orientierte Abfolge Glaubensbekenntnis – Vaterunser – Dekalog. Eine konfessionstypische Reihenfolge gibt es jedoch nicht. An unterschiedlichen Orten eingefügt wurden jeweils Abschnitte über die Sakramente.

Durch ihre Verwendung in →Predigt u. Katechese wurden die K. seit dem 16. Jh. konfessionsprägend. Ihre nachhaltige Wirksamkeit kann als Ausdruck der sich an der Wende vom MA zur Neuzeit vollziehenden Hinwendung zu einem humanen Selbstverständnis verstanden werden, das durch zunehmende Innerlichkeit charakterisiert ist. Für Glaubensunterweisung u. Sittenlehre der kath. Kirche maßgeblich wurde der 1566 von P. Pius V. hg. K. des Konzils von Trient. 1578 wurde ihm ein Anhang (Praxis Catechismi) beigefügt, in dem die Lehrstücke des K. zum Zweck der Predigt auf alle Sonntage des J. aufgeteilt sind. Volkstümlicher als der für die →Pfarrer bestimmte Catechismus Romanus wurden die für unterschiedliche Zielgruppen verfassten K. der Jesuiten Petrus Canisius u. Robert Bellarmin. Ihren K. war ein nachhaltiger Einfluss auf Predigt u. Katechese in den kath. Gde. beschieden, der im Zuge weltweiter →Mission weit über Europa hinaus reichte.

Entspr. dem jeweiligen Geltungsbereich wird in der kath. Kirche zwischen Diözesan-, Landes- bzw. National- u. Welt-K. unterschieden. 1992 approbierte P. Johannes Paul II. den lehramtlich weltweit verbindlichen K. der Kath. Kirche. Entspr. der ApK Fidei depositum (Nr. 4) soll dieser K. nicht nur „sichere Norm für die Unterrichtung im Glauben" sein, sondern auch als „authentischer Bezugstext für die Darlegung der katholischen Lehre und in besonderer Weise für die Ausarbeitung der örtlichen Katechismen" dienen. Denn außer der →Gesamtkirche können auch →Diözesanbischöfe, →Bischofskonferenzen u. andere Glieder der Kirche K. veröff.

Insofern sie autoritative Schr. des röm.-kath. Bekenntnisses sind, bedürfen die in der Glaubensunterweisung von Erwachsenen u. im schulischen →Religionsunterricht verwendeten K. der lehramtlichen →Approbation. Nach c. 775 § 1 ist es Aufgabe des Ortsbischofes, „Normen in Fragen der Katechese zu erlassen". Darüber hinaus wird er dazu angehalten, einen K. herauszugeben, wenn dies der Katechese dienlich ist. Entspr. gilt nach § 2 auf der Ebene der BK nach vorheriger Genehmigung (praevia approbatione) durch den →Apostolischen Stuhl, vertreten durch die beiden Kongr. für den Klerus u. die Glaubenslehre (vgl. ApK PastBon [1988], Nr. 54 u. 94). Das 1997 in revidierter Fassung veröff. Allg. Dir. für die Katechese präzisiert diese Aufgaben in Nr. 131-136 u. 284 dahingehend, dass sich diözesane u. nationale K. am KKK orientieren sollen. M. der 1997 ersch. editio typica des sog. Welt-K. sollen die diözesanen u. nationalen K. eine „Symphonie des Glaubens" (Nr. 136) bilden, um so die Katholizität u. Einheit der kath. Kirche zum Ausdruck zu bringen. Entspr. gilt nach c. 621 § 3 CCEO für die kath. Ostkirchen.

Quellen

Johannes Paul II., ApK Pastor Bonus vom 28. Juni 1988: AAS 80 (1988), 841-934; Johannes Paul II., ApK Fidei depositum vom 11. Oktober 1992: AAS 86 (1994), 113-118; Kongr. für den Klerus, Allg. Direktorium für die Katechese vom 15. August 1997: VApSt 130; Katechismus der Kath. Kirche. Neuübersetzung aufgrund der Editio typica Latina, München 2003.

Literatur

Dhotel, J.-Cl., Les origines du catéchisme moderne, Paris 1967; Bellinger, G. J. – Fraas, H.-J., Art. Katechismus: TRE Bd. 17, 729-744; Simon, M., Un catéchisme universel pour l'église catholique du Concile de Trente à nos Jours, Leuven 1992 (Coll. Bibliotheca Ephemeridum Theologicarum Lovaniensium 103); Ratzinger, J. – Schönborn, Chr., Kleine Hinführung zum Katechismus der kath. Kirche, München 1993; Katechismus der Welt – Weltkatechismus. 500 Jahre Geschichte des Katechismus. Ausstellungskatalog, hg. v. M. Buschkühl, Eichstätt 1993 (Schriften der Universitätsbibliothek Eichstätt 23); Bellinger, G. J. – Stubenrauch, B., Art. Katechismus: LThK³ Bd. 5, 1311-1316; Der Katechismus von den Anfängen bis zur Gegenwart. Ausstellungskatalog, hg. v. W. Chroback, München 1997; Tebartz-van Elst, F.-P. – Schulz, E. – Hauptmann, P. – Fraas, H.-J., Art. Katechismus: RGG⁴ Bd. 4, 861-866; Wandel, L. P., Reading catechisms, teaching religion, Leiden 2016 (Brill's studies in intellectual history 250).

Dirk Ansorge

 DOI: 10.30965/9783506786388_0583

Katechismus – Evangelisch

Der K. (lat. catechismus, catechizare; griech. katēchesis, katēchein – wörtlich übers. von oben herab tönen = unterrichten) als Lehrbuch u. Leitfaden für die Katechese spielte in der luth. Kirche von Anfang an eine zentrale Rolle. Martin Luther hatte bei Visitationen erschreckende Defizite im Hinblick auf religiöse Bildung festgestellt. Seine Antwort waren 1529 der Kleine K. u. der Große K. in Buchform, die aus Predigten hervorgingen, die er 1528 über zentrale Themen des chr. Glaubens gehalten hatte. Diese beiden K. sind Teil der luth. → Bekenntnisschriften. In der „Vorrede", die 1530 der dritten Aufl. des vorrangig an Pfr. u. Prediger gerichteten Großen K. beigefügt wurde, schreibt Luther: „Das sage ich aber für mich: Ich bin auch ein Doktor und Prediger ... Noch tue ich wie ein Kind, das man den Katechismon lehret, und lese und spreche auch von Wort zu Wort des Morgens, und wenn ich Zeit habe, das Vaterunser, zehen Gepot, Glaube, Psalmen ec. und muß noch täglich dazu lesen und studieren und kann dennoch nicht bestehen, wie ich gerne wollte, und muß ein Kind und Schüler des Katechismus bleiben, und bleib's auch gerne." (Bekenntnisschriften, 1979, 547 f.). Diese Aussage vom lebenslangen Lernen fokussiert Luther im J. 1530 noch, wenn er in einer Predigt feststellt: „Ein Christ ist gewiss ein Schüler, er hat im Mutterschoß angefangen zu lernen, und er lernt bis in Ewigkeit ..." (WA 32, 136, 3-5). Inhalt der K. sind die Kernstücke des chr. Glaubens, wie sie in der Bibel überliefert worden sind sowie Luthers Überlegungen zur Verknüpfung m. dem Leben in der Gegenwart. Luthers Kleiner K. behandelt die Zehn Gebote (→ Dekalog), → Glaubensbekenntnis, Vaterunser, Hl. → Taufe, Hl. Abendmahl (→ Abendmahl, Eucharistie) – später auch Von der → Beichte – in prägnanter u. einprägsamer Weise u. beeinflusste jahrhundertelang in luth. Kirchen den Konfirmandenunterricht.

Gem. dem Prinzip Luthers vom lebenslangen Lernen hat die VELKD eine lebendige ev. Katechismustradition gepflegt bzw. geschaffen. Die Bez. Katechismusfamilie verdeutlicht die Zusammengehörigkeit der Werke, die sich an unterschiedliche Zielgruppen richten: Ev. Erwachsenenkatechismus (EEK; 1975) wird längst als Standardwerk des Protestantismus bez. Er enthält eine Fülle von fundierten Texten zu unterschiedlichen Themen von Glaubenslehre u. Glaubenspraxis, die von Fachleuten erarbeitet worden sind. Er ist als Nachschlagewerk zur eigenen Information u. zur Urteilsbildung eine wahre Fundgrube; der Ev. Gemeindekatechismus (EGK; 1979) hatte es sich zum Ziel gesetzt, anknüpfend an den EEK Impulse zu → Seelsorge u. → Ökumene sowie zur eigenen Glaubenspraxis zu geben; Erzähl mir vom Glauben – Ein K. für Kinder (1984) behandelt Situationen aus der Alltagswelt der Kinder sowie wichtige Themen des chr. Glaubens u. Lebens. Das Vorlesebuch Erzähl mir vom Glauben (1989; für Kinder ab vier J.) bietet Eltern u. ErzieherInnen vielfältige Impulse, um m. Kindern über Fragen des chr. Glaubens zu sprechen. Der Wunsch, der zur Publikation Kleiner Ev. Erwachsenenkatechismus (KEEK; 2004) führte, war es, ein Taschenbuch zu haben, das zentrale Themen des chr. Glaubens auf elementare Weise behandelt.

Die berühmtesten ref. K. sind der Genfer K. von Johannes Calvin (1542) u. der → Heidelberger Katechismus (1563). Für beide Werke hat sich wie bei Luther der lat. Begriff K. durchgesetzt. Der Genfer K. wendet sich an Lehrer u. Erwachsene u. erörtert anhand von 373 Fragen u. Antworten das Glaubensbekenntnis, die Zehn Gebote, das Vaterunser u. die → Sakramente. Der Heidelberger K., der sich an Pfr. u. Lehrer wendet, setzt sich aus 128, später 129 unnumerierten Fragen u. Antworten zur Dreiteilung: 1. „Von des Menschen Elend" m. dem Doppelgebot der Liebe; 2. „Von des Menschen Erlösung" m. dem Glaubensbekenntnis u. den Sakramenten u. 3. „Von der Dankbarkeyt" m. den Zehn Geboten u. dem Vaterunser. Bis heute gibt es auch in den ref. Kirchen immer neue Publikationen zu Fragen des Glaubens, der Begriff K. wird aber restriktiver verwendet als in den luth. Kirchen.

Diese Fülle an K. bzw. katechismusartiger Publikationen zeigt die bleibende Herausforderung, vor die das lebenslange Lernen stelllt. Aufgabe u. Ziel ist es, Wissen über Inhalte des chr. Glaubens u. der Spiritualität zu vermitteln u. Menschen dazu zu befähigen, sie verantwortungsbewusst m. ihrem eigenen Leben in der Gegenwart in Beziehung zu setzen.

Quellen

Calvin, J., Der Genfer Katechismus (Bekenntnisse), Langerwehe 2018; Der Heidelberger Katechismus, Neukirchen-Vluyn 2013; Die Bekenntnisschriften der ev.-luth. Kirche, Göttingen [8]1979; vollständige Neuedition hg. v. I. Dingel, Göttingen 2014; Ev. Erwachsenenkatechismus, hg. v. A. Brummer, Gütersloh [8]2010; Ev. Gemeindekatechismus, hg. v. H. Reller u. a., Gütersloh [5]1994; Erzähl mir vom Glauben – Ein Katechismus für Kinder, hg. v. Arbeitsgruppe Kinderkatechismus der VELKD, Gütersloh [6]2010; Kleiner Ev. Erwachsenenkatechismus, hg. v. M. Kuch u. a., Gütersloh [4]2015.

Literatur

Sander-Gaiser, M., „Ein Christ ist gewiss ein Schüler, und er lernt bis in Ewigkeit." Neue Einsichten zum Verhältnis von Theologie u. Pädagogik bei Luther: Luther 69 (1998), 139-151.

Norbert Dennerlein

© 2019, DOI: 10.30965/9783506786388_0583

Katechist – Katholisch

Die kath. Kirche kennt den → Dienst der K. (catechista) im lat. Ritus v. a. seit dem 16./17. Jh. in den → Missionen Lateinamerikas u. seit dem 19. Jh. in jenen Asiens. Ihre Institutionalisierung verdankte sich der geringen Zahl der Missionare u. ihrer oft nur rudimentären Sprachkenntnisse. Seither sind partikulare kirchenrechtliche Bestimmungen für K. überliefert. Zunächst Männern vorbehalten, wird dieser Dienst seit dem 19. Jh. zunächst in China u. heute weltweit in gleicher Weise von Frauen ausgeübt. Inzwischen gibt es mehr als 3 Mio. K. global. Sie fanden u. finden ihren Einsatz v. a. in jenen Teilen der Weltkirche, in denen der chr. Glaube noch jung u. die Kirche im Wachstum begriffen ist. Im universalen Recht der kath. Kirche findet sich der K. erst in c. 785 §§1 u. 2. Die dortigen Bestimmungen wurden weitgehend aus dem →Missionsrecht u. dem Vat II rezipiert. Die Aufgabe der K. besteht in der unmittelbaren religiösen Unterweisung (→Katechese) u. der Feier von →Gottesdiensten u. →Kasualien, wenn der zuständige →Priester insb. in den Missionsgebieten abwesend ist. Nach der Legaldefinition von c. 785 §1 sind K. →Laien, die eine den Erfordernissen angemessene kirchl. Ausbildung erhalten haben u. unter der Leitung eines Missionars ihren Dienst erfüllen. Diese gebührende Ausbildung soll sich gem. c. 231 §1 auf die zu erfüllenden Aufgaben beziehen. Daher sind in vielen Bistümern, in denen K. wirken, K.-schulen errichtet worden. Wo solche Bildungseinrichtungen nicht errichtet werden können, ist es die Aufgabe der Missionare, die Ausbildung der K. zu leiten, bzw. für diese zu sorgen. Dieser Dienst umfasst die Bereiche der chr. Lehre, des Dienstes an den →Sakramenten u. die Werke der chr. Nächstenliebe. Eine weitere Kernaufgabe besteht darin, die Gläubigen aller Altersgruppen auf den →Sakramentenempfang u. die Feier der Liturgie vorzubereiten. Die Grundlage des Dienstes ist die vollständige →Initiation in die Kirche (vgl. c. 225 §1). K. fördern in spezifischer Weise die Entfaltung des gemeinsame Priestertums aller Gläubigen (→Allgemeines bzw. Gemeinsames Priestertum). Seit 1983 ist der K. auch rechtlich als Amtsträger (→Amtsträger, kirchlicher) in der Kirche aufzufassen, nicht mehr nur als Hilfsdienst. Für diese Interpretation sprechen neben der klaren Aussage in Vat II AG 17 rechtsdogmatisch die cc. 145, 149 §1 über die Anforderungen an ein KA. Anders als noch im CIC/1917 ist hier nicht mehr der Besitz von Weihegewalt unabdingbare Voraussetzung für die Übernahme eines KA. Unter bestimmten Voraussetzungen können K. das Sakrament der →Taufe (c. 861 §2) u. →Sakramentalien (c. 1168) spenden. Sie stehen regelmäßig den Wort-Gottes-Feiern vor u. predigen dort (c. 766). Sie spenden die hl. Kommunion (c. 230 §2; 910 §2, 911 §2) u. können unter den in c. 1112 genannten Voraussetzungen m. der Eheschließungsassistenz (→Eheassistenz) beauftragt werden. Im Rahmen des c. 517 §2 können sie auch an der Ausübung der pfarrlichen →Hirtensorge beteiligt werden od. einen →Pfarrer gem. c. 519 bei seiner Amtsausübung unterstützen. Das schließt die Mitwirkung an der Ausübung von Leitungsgewalt, soweit diese nicht gem. c. 150 weihegebundenen →Ämtern vorbehalten ist, nicht aus. Oft wirken K. als →Religionslehrer, Gemeindeleiter u. Vorsteher liturgischer Feiern. Auch wenn der CIC die Amtsübertragung an den K. anders als das Vat II in AG 17 nicht ausdrücklich m. einer →missio canonica verbindet, dürfte die oberhirtliche Sendung der K. ihrem Rechtsgedanken voll entsprechen. K. werden in den Ortskirchen zumeist hauptamtlich od. nebenamtlich bestellt. Für ihren Dienst gebührt ihnen u. ihren Familien gem. c. 231 §§1 u. 2 eine angemessene Vergütung (remuneratio) u. eine den ortsüblichen Verhältnissen entspr. soziale Sicherung. In sehr armen Ortskirchen des Südens gibt es auch rein ehrenamtliche K. Auch wenn Vat II AG 16 dazu einlud, aus dem Kreis der K. die Ständigen →Diakone zu berufen, sind die jungen Kirchen dieser Anregung nicht gefolgt, weil sie anders als AG 16 zwischen diesen beiden Ämtern eine funktionale u. theol. Differenz sehen. M. Blick auf die Aufgaben, erschließt sich diese Argumentation nicht, wohl aber angesichts der unterschiedlichen Anforderungen an die theol. Ausbildung. Überdies werden in den jungen Kirchen die Klerikalisierung der Laiendienste u. die finanzielle Bindung durch die →Inkardination der Diakone als Probleme diskutiert. Die orient. kath. Kirchen kennen dieses Dienstamt nicht.

Quellen

Vat II, AG; Johannes Paul II., Adhortatio Apostolica Catechesi tradendae vom 16. Oktober 1979: AAS 71 (1979), 1277-1340; ders., Nachsynodales Apost. Schreiben Ecclesia in Africa vom 14. September 1995: AAS 88 (1996), 34-47.

Literatur

Funk, J., Einführung in das Missionsrecht, Kaldenkirchen 1958, 94-96; Thonhauser, A., Die Motoren der Mission: Missiothek 1203, 21-23; Pulte, M., Das Missionsrecht, ein Vorreiter des universalen Kirchenrechts, Nettetal 2006 (Studia Instituti Missiologici Societatis Verbi Divini 87); Ndiaye, A. M., Catéchistes en territoires de mission: sélection, devoir et formation (can. 785 du CIC/83): Ius Missionale VIII (2014), 97-134; Incitti, G., Catechisti, ma non diaconi permanenti! La risposta delle giovani Chiese all'invito del Concilio (AG 16): Ius Missionale XI (2017), 99-138.

Matthias Pulte

© 2019, DOI: 10.30965/9783506786388_0584

Katechumenat – Katholisch

K. bez. die Phase u. den Weg einer erwachsenen Person, die sich zur Annahme des chr. →Glaubens entschlossen hat u. sich auf die →Taufe als den offiziellen Aufnahmeakt in die Kirche als die Gemeinschaft der Christen vorbereitet. Der K. ist eng m. der Missionstätigkeit (→Mission) der Kirche verbunden, die das Ziel verfolgt, dass durch die Verkündigung des chr. Glaubens in Wort u. Tat die (noch) nicht an Chr. Glaubenden die Botschaft des Evangeliums erkennen u. annehmen können. Bekundet eine ungetaufte Person den diesbezüglichen Willen, wird sie in den K. aufgenommen u. in das chr. Glaubensleben eingeführt. Der K. setzt also eine anfanghafte Kenntnis des chr. Glaubens voraus. Deshalb kann er auch als „Phase des Christseins vor der Taufe" (Kretschmar, 1) u. als „Weg eines werdenden Christen, der nach einer ‚Berufung' und seiner Antwort auf diesen Ruf hineinwachsen möchte in die Nachfolge und christliche Existenz" (Hennecke, 2015, 249) beschrieben werden. Der K. als Beginn eines offenen Lern- u. Lebensprozesses des Glaubens zielt auf den Empfang der Taufe, endet aber nicht m. ihr. In der Einrichtung des K. spiegelt sich die Erkenntnis, dass der Weg zum Glauben ein Wachstumsprozess ist u. stützende Begleitung braucht.

Seiner hist. u. inhaltlichen Verwurzelung in der Missionstätigkeit entspr. ist der K. im CIC u. im CCEO im Abschnitt über die Missionstätigkeit der Kirche bzw. →Evangelisierung der Völker enthalten u. ähnlich geregelt (c. 788; cc. 587 f. CCEO).

Hiernach ist die Zulassung zum K. in einer liturgischen Feier vorzunehmen (c. 788 § 1; c. 587 § 1 CCEO). Der K. selbst wird als „Unterweisung und Einübung im christlichen Leben" umschrieben m. dem Ziel, „in geeigneter Weise in das Geheimnis des Heils einzuweihen und in das Leben des Glaubens, der Liturgie, der Caritas des Volkes Gottes und des Apostolats einzuführen" (c. 788 § 2; c. 587 § 1 CCEO). Die Ausgestaltung des K. ist Aufgabe der →Bischofskonferenz (c. 788 § 3; c. 587 § 3 CCEO). Die →Deutsche Bischofskonferenz hat 1996 festgelegt, dass der K. auf (über)pfarrlicher Ebene gem. dem →liturgischen Recht durchzuführen ist. Dieses ist bis heute der Ordo Initiationis Christianae Adultorum aus dem Rituale Romanum von 1974 u. die dazu gehörende Studienausgabe für den deutschsprachigen Bereich Die Feier der Eingliederung Erwachsener in die Kirche von 1975. Hiernach umfasst der K. folgende Stufen: 1. Ritus der Aufnahme in den K. nach einer Zeit der Orientierung u. der Bekundung des Interesses an einem Kennenlernen des chr. Glaubens (Vorkatechumenat); 2. Bei Bewerbung um die Taufe die offizielle Zulassung durch die Feier der Einschreibung als →Katechumene u. die Bestimmung eines Paten, der den K. begleitet (entferntere Vorbereitung); 3. Unterweisung im chr. Glauben u. in der entspr. Lebenspraxis (eigentlicher K.); Ritus der Skrutinien (Bußfeiern) im Rahmen der österlichen

40-tägigen Bußzeit (Photizomenat); 5. nach Empfang der Taufe (→Firmung u. Eucharistie [→Abendmahl, Eucharistie]) möglichst in der Osternacht die Fortführung des K. bis Pfingsten durch Vertiefung des Glaubens u. der kirchl. Praxis (Mystagogie). „Kaum ein Ort, so scheint es, wo die Liturgie so viel Raum einnehmen, ihre volle Kraft entfalten kann wie im Katechumenat. ... Das Ineinander von Lebens- und Glaubensgeschichte, das die ‚Stufenriten' des Katechumenats flankieren und im Prozess des Glaubensweges einzelne Etappen markieren, gehört zu den elementaren Bestandteilen der liturgischen Feiern, die den Weg der Christwerdung strukturieren. Vorsakramentale Riten u. Symbole dienen der Veranschaulichung und leisten zugleich ‚mystagogische Hilfe'. Wenn Taufbewerberinnen u. -bewerber in der ‚Feier der Aufnahme in den Katechumenat' ihren Willen, zur Kirche zu gehören, bekunden, werden sie anschließend mit dem Kreuz bezeichnet und bekommen die Heilige Schrift überreicht – auch ohne vorherige katechetische Unterweisung erschließen sich hier Symbole des Glaubens." (Böttner, 2002, 81).

Dass der K. für erwachsene Taufbewerber (vollendetes 18. Lj. gem c. 97) nicht nur wahlweise, sondern verpflichtend ist, wird im CIC explizit in den Regelungen zum Empfang der Taufe hervorgehoben (cc. 851 1°, 865), nicht aber im CCEO.

Im verfassungsrechtlichen Kontext wird betont, dass der K. zu einer bes. Verbindung m. der Kirche führt u. einige Vorrechte gewährt (c. 206; c. 9 CCEO). Im CIC u. CCEO werden hier das Recht auf ein kirchl. Begräbnis (→Bestattung) (c. 1183 §1; c. 875 CCEO) genannt, im CIC darüber hinaus auch das Recht auf →Segnungen (c. 1170). Weitere Rechte können partikularrechtlich festgelegt werden durch die BK im lat. Rechtskreis u. durch die eigenberechtigten Kirchen im ostkirchlichen Rechtskreis.

Quellen

Ordo Initiationis Christianae Adultorum, Vatikanstadt 1972; Die Feier der Eingliederung Erwachsener in die Kirche, Einsiedeln u. a. 1975.

Literatur

Kretschmar, G., Katechumenat/Katechumenen. I. Alte Kirche: TRE Bd. 18, 1-5; Erwachsenentaufe als pastorale Chance. Impulse zur Gestaltung des Katechumenats, hg. v. Sekretariat der DBK, Bonn 2001 (Arbeitshilfen 60); Tebartz-van Elst, F.-P., Handbuch der Erwachsenentaufe. Liturgie u. Verkündigung im Katechumenat, Münster 2002; Böttner, B., Wenn Erwachsene nach der Taufe fragen. Der Katechumenat soll nicht länger ein Fremdwort bleiben: HK 56 (2002), 78-81; Van de Bossche, St., Interaction entre catechese at liturgie das le catechumenat. Colloque organise par Eurocat et tenu a Gand du 5 au 9 mai 2011: Rev. Lumen Vitae LXVI (2011), 353-360; Christwerden in einer multireligiösen Gesellschaft. Initiation – Katechumenat – Gemeinde, hg. v. P. C. Höring – B. Lutz, Ostfildern 2014; Werner, E., Christ werden in veränderter Zeit. Zur Entwicklung des Katechumenats in Deutschland, Trier 2015; Hennecke, Ch., Eine prophetische Ekklesiologie. Die katechumenale Dynamik des Christwerdens u. ihre Konsequenzen für die Ekklesiogenesis: Lebendiges Zeugnis 70 (2015), 243-253.

Sabine Demel

Katechumene – Katholisch

→Ungetaufte, die Christ werden wollen u. sich auf den Empfang der →Taufe vorbereiten, werden K. genannt. Sie sind Taufbewerber auf dem Glaubensweg. Durch eine liturgische Feier in den Stand der K. aufgenommen, sollen die K. ganzheitlich in den chr. →Glauben eingeführt werden, indem sie sowohl den chr. Glauben vertiefen als auch das chr. Leben einüben. „Immer geht es um die grundlegende Erfahrung, dass niemand als Christ geboren und damit ‚fertig' ist, dass der Glaube nicht starr ist, sondern sich weiterentwickelt und stets im konkreten Lebenskontext als relevant zu erweisen hat. Insofern erinnert der Weg der Taufbewerber auch die bereits Getauften an die Grunddynamik des Christwerdens und Christseins, an das stufenweise Wachstum des Glaubens und das Zusammenspiel von dem Hören auf das Wort Gottes, der Versammlung zur Feier des Glaubens und dem eigenen Leben." (Börscherl, 2015, 288). K. sind noch keine kirchl. Rechtspersonen m. Rechten u. Pflichten in der kath. Kirche, wohl aber schon so weit m. der kath. Kirche verbunden (c. 206; c. 9 CCEO), dass ihnen speziell im lat. Rechtskreis das Recht auf Segnungen (c. 1170; →Benediktion) u. im lat. wie im östlichen Rechtskreis das Recht auf ein kirchl. Begräbnis (→Bestattung) (c. 1183 §1; c. 875 CCEO) gewährt werden. Insofern bilden die K. einen eigenen Stand in der Kirche, auch wenn sie noch nicht Glied der Kirche sind.

Literatur

Rzepkowski, H., Umgrenzung des Missionsbegriffes u. das neue kirchl. Gesetzbuch: Verbum SVD 24 (1983), Fasciculus 2, 101-139, 129 f.; Börscherl, R., Der Katechumenat in Europa: Themen, Entwicklungen, Perspektiven: Lebendiges Zeugnis 70 (2015), 283-289.

Sabine Demel

Katechumenenöl

→Heilige Öle

Kategorialseelsorge – Katholisch

1. Pastoraltheologie u. kirchl. Praxis fassen m. K. eine an Lebensabschnitten u. -situationen orientierte spezifische →Seelsorge, die lebensnahe Lern- u. Erfahrungsorte des Christseins anbietet. Um der Bildung pastoraler Inseln zu wehren, wird angemahnt, den Gesamtzusammenhang der Ortskirche zu wahren. Einige dt. Diözesen planen aktuell, die K. personell, finanziell u. strukturell stärker in die Pfarrseelsorge zu integrieren. HbkathKR³ fasst unter K. die Seelsorge am Menschen unterwegs, →Schulseelsorge u. Hochschulseelsorge (→Hochschulgemeinde), →Anstaltsseelsorge u. →Militärseelsorge. Die cc. 566, 568 u. 569 nennen in exemplarischer Aufzählung die Bereiche Militär, Gefängnis, Krankenhaus, Flüchtlinge, Vertriebene, Seeleute, Auswanderer u. Nomaden, in cc. 813 u. 818 wird die Hochschulseelsorge normiert. Zu denken wäre z. B. auch an Kinder u. Jugendliche, Familien u. alte Menschen od. die Betriebsseelsorge, die z. T. verbandlich (KAB, CAJ, Kolping) getragen wird.

2. Wie cc. 528-529 zeigen, sind die genannten Gruppen generell der →Hirtensorge des jeweiligen →Pfarrers anvertraut. Der CIC geht aber davon aus, dass bestimmte Gruppen von Gläubigen aufgrund ihrer Lebensumstände nicht von der ordentlichen Sorge des Pfr. erreicht werden u. ordnet i. S. v. c. 213 an, dass für sie nach Möglichkeit ein →Cappellanus, ein Gruppenseelsorger bestellt wird (c. 568). Ebenso kann ein →Pfarrvikar als Gruppenseelsorger bestellt werden (c. 545 §2). Für die Hirtensorge der Studierenden soll bevorzugt eine eigene →Pfarrei errichtet od. wenigstens ein →Priester dauerhaft bestellt werden (c. 813). Je nach den zu leistenden Aufgaben können z. B. auch →Diakone, →Gemeindereferenten od. →Pastoralreferenten als Verantwortliche in der K. eingesetzt werden.

Literatur

Hallermann, H., Präsenz der Kirche an der Hochschule. Eine kirchenrechtliche Untersuchung zur Verfassung u. zum pastoralen Auftrag der kath. Hochschulgemeinden in Geschichte u. Gegenwart, München 1996; Müller, J., Art. Kategorialgemeinde: LThK³ Bd. 5, 1324; ders., Art. Kategorialseelsorge: LThK³ Bd. 5, 1324; Lederhilger, S. J., §50 Seelsorge am Menschen unterwegs: HbkathKR³, 768-775; Hierold, A. E., §51 Schul- u. Hochschulseelsorge: HbkathKR³, 776-777; Meckel, T., §52 Anstaltsseelsorge: HbkathKR³, 778-787; Hierold, A. E., §53 Militärseelsorge: HbkathKR³, 788-795.

Heribert Hallermann

Kathedrale
→Bischofskirche

Kathedralkapitel
→Domkapitel

Kathedralkirche
→Bischofskirche

Katholik – Katholisch

Wörtlich bedeutet kath. ganz, allumfassend. In Bezug auf den Glauben meint kath. die Universalität der Kirche Jesu Chr. u. umfasst drei Dimensionen: 1. die →Sendung zu allen Menschen, allen Völkern, Kulturen, Rassen u. Klassen, 2. die Unbegrenztheit in Raum u. Zeit sowie 3. die Fülle der Heilsgaben, Dienste u. Stände (vgl. LG 13).

Wer in der →katholischen Kirche getauft od. in diese konvertiert ist, ist K. Er wird i. d. R. einer territorial bestimmten Kirche eingegliedert, ausnahmsweise auch einer nach personalen Gesichtspunkten errichteten Kirche, wobei der →Wohnsitz ausschlaggebend ist. Dieser liegt entweder im Bereich der einen kath. Kirche des lat. bzw. westlichen bzw. röm. Rechtskreises, für die der CIC/1983 gilt, od. im Bereich einer der dz. 23 kath. Kirchen des östlichen bzw. orient. Rechtskreises, für die der CCEO/1990 gilt. Deswegen ist ein K. entweder röm.-kath. od. orient.-kath.

Jeder K. hat am priesterlichen, prophetischen u. kgl. Amt Chr. teil u. ist gem. seiner je eigenen Stellung zur Ausübung der Sendung berufen, die Gott der Kirche zur Erfüllung in der Welt anvertraut hat (c. 204; c. 7 §1 CCEO). Als K. im vollen Sinn des Wortes gilt, wer nicht nur in der kath. Kirche aufgenommen ist, sondern sich auch zu dem sog. dreifachen Band (→Tria-vincula-Lehre) des →Glaubensbekenntnisses, der →Sakramente u. der kirchl. →Leitung bekennt (c. 205; c. 8 CCEO). Weil die →Taufe ein untilgbares Prägemal (→Character indelebilis) verleiht (c. 849), gilt: einmal kath., immer kath. Das heißt, wer einmal kath. geworden ist, kann nicht mehr aus der kath. Kirche austreten od. aus ihr ausgeschlossen werden.

Wer kath. ist, ist entweder →Laie od. →Kleriker. Die Unterscheidung wird durch den Empfang des Sakraments der Weihe (→Ordination, Weihe) bestimmt. Laien sind →Gläubige in der kath. Kirche o., Kleriker m. Empfang des Sakraments der Weihe. Kraft der Taufe besteht zwischen allen K., also zwischen Laien u. Klerikern, eine wahre Gleichheit in Würde u. Tätigkeit (→Gleichheit aller Gläubigen) (c. 208; c. 11 CCEO). Diese Gleichheit ist grundlegender als die sendungsspezifischen Unterschiede, die v. a. durch den Empfang des Sakraments der Weihe gegeben sind, wie aus c. 207 (vgl. ähnlich c. 323 CCEO) hervorgeht: „Kraft göttlicher Weisung gibt es in der Kirche unter den Gläubigen geistliche Amtsträger, die im Recht auch Kleriker genannt werden; die übrigen dagegen heißen Laien." Hiernach stehen die geistl. Amtsträger (→Amtsträger, kirchlicher) bzw. Kleriker als geweihte bzw. ordinierte Gläubige nicht über den anderen Gläubigen u. nicht diesen gegenüber, sondern gehen aus der Gemeinschaft aller Gläubigen hervor. Deshalb spricht c. 207 §1 davon, dass es „unter den Gläubigen" Kleriker gibt. Diese Formulierung hebt die fundamentale Gleichheit aller K. hervor, die trotz der Unterscheidung zwischen Klerikern u. Laien nicht aufgehoben ist. In Widerspruch dazu steht allerdings der zweite Hs., in dem die Laien gleichsam abwertend als die „übrigen (sc. Gläubigen)" bez. werden.

Im Miteinander von Laien u. Klerikern bei der Ausübung der kirchl. Sendung ist die „je eigene Stellung" des einzelnen K. zu beachten. Das bedeutet in rechtlicher Hinsicht folgende Differenzierung:

Zunächst hat jeder K. in der Kirche durch die Taufe an der Sendung Chr., des Hirten, teil (= Laie o. bes. Aufgabe). Diese allgemeine Teilhabe konkretisiert sich v. a. im alltäglichen Glaubenszeugnis u. der Mitgestaltung des kirchl. Lebens.

Übernimmt ein K. eine bes. kirchl. Aufgabe (= Laie mit ehren- od. hauptamtlicher Aufgabe), erhält er dafür eine kirchenamtliche Sendung, die in unterschiedlichen Formen erfolgen kann: Beauftragung, →Zulassung, →Einsetzung, Bestätigung einer Wahl, Erteilung einer →Befugnis od. eines sog. Nihil obstat (= Nichts steht im Weg). Durch die kirchenamtliche Sendung handelt der Laie im Namen bzw. Auftrag der Kirche.

Empfängt ein K. das Sakrament der Weihe, wird er zum Kleriker (= →Diakon, →Priester, →Bischof) u. ist befähigt, in der Person Chr., des Hauptes der Kirche, zu handeln. Zur Ausübung dieser →Befähigung wird ebenfalls eine kirchenamtliche Sendung erteilt z. B. zum Kpl., →Kirchenrektor, →Pfarrer, →Diözesanbischof od. →Papst.

Somit gibt es also drei Stufen der Teilhabe eines K. an der Sendung Chr.: 1. die allg. Teilhabe kraft Taufe, 2. die autoritative Teilhabe kraft Taufe u. kirchenamtlicher Sendung sowie schließlich 3. die Fülle der Teilhabe an der Autorität Chr. kraft Taufe u. Weihe zusammen m. einer kirchenamtlichen Sendung. Dieser gestuften Teilhabe aller K. an der Sendung der Kirche entspricht auch eine Stufung in den ihnen zukommenden Rechten, aber auch Pflichten.

Literatur

Hölzl, F., Die Sakramente der Eingliederung in der rechtlichen Gestalt u. ihren rechtlichen Wirkungen vom Zweiten Vatikanischen Konzil bis zum Codex Iuris Canonici von 1983, Regensburg 1983; Lüdicke, K., Die Kirchengliedschaft u. die plena communio. Eine Anfrage an die dogmatische Theologie aus der Perspektive des Kirchenrechts: Recht im Dienst des Menschen (FS Schwendenwein), hg. v. K. Lüdicke – H. Paarhammer – D. A. Binder, Graz – Wien – Köln 1986, 377-392; Duquoc, Ch., Kirchenzugehörigkeit u. chr. Identität: Conc. 24 (1988), 157-164; Riedel-Spangenberger, I., Die Communio als Strukturprinzip der Kirche u. ihre Rezeption im CIC/1983: TrThZ 97 (1988), 217-238; Krämer, P., Gleich od. ungleich – die Glieder der Kirche in Abgrenzung u. Bezug: IKZ 22 (1993), 284-288; Gänswein, G., Kirchengliedschaft gem. dem Zweiten Vatikanischen Konzil. Zur Vorgeschichte, Erarbeitung u. Interpretation der konziliaren Lehraussagen über die Zugehörigkeit zur Kirche, St. Ottilien 1996 (Diss. Kan. Reihe 13); Fürst, C. G., Taufe, Kirchengliedschaft u. „Status" der Gläubigen in kan. Sicht: Iustitia in caritate (FS Rößler), hg. v. R. Puza – A. Weiß, Frankfurt – Berlin – Bern u. a. 1997 (AIC 3), 571-587; Zotz, B., Kath. getauft – kath. geworden. Kan. Kriterien für die Zugehörigkeit zur röm. Kirche, Essen 2002 (BzMKCIC 35); Reinhardt, H. J. F., Gestufte Kirchengemeinschaft? Kan. Überlegungen: Catholica 59 (2005), 204-216; Famos, C. R., Die rechtliche Bedeutung der Taufe: SJKR 15 (2010), 11-29.

Sabine Demel

 DOI: 10.30965/9783506786388_0592

Katholikenrat – Katholisch

1. Die Entstehung von K. auf den versch. Verfassungsebenen der kath. Kirche in Deutschland ist m. der sog. →Katholischen Aktion verbunden. Das als erster K. auf nationaler Ebene i. J. 1868 gegr. Zentralkomitee sollte alle kath. Kräfte u. Initiativen des →Laienapostolats damaligen Verständnisses zusammenfassen u. die jährlichen Generalversammlungen des →Katholischen Vereins für Deutschland durchführen. Dieser erste K. trug vereinsrechtlichen Charakter. Die nach dem Zusammenbruch des Dritten Reiches im Bereich der Fuldaer BK auf nationaler, diözesaner, pfarrlicher u. überpfarrlicher Ebene errichteten K. (Zentralkomitee, Diözesankomitee, Pfarrausschuss, Dekanatsausschuss) weisen zugl. vereinsrechtliche u. verfassungsrechtliche Elemente auf. Ihre Aufgabe war die Zusammenfassung aller im Laienapostolat tätigen Personen, Organisationen u. Werke unter einheitlicher Leitung der kirchl. Autorität, um so das Wirken von Katholiken v. a. in Gesellschaft u. Politik zu fördern.

2. Das Vat II hatte in CD 27, 5 sowohl die Errichtung von Pastoralräten auf diözesaner, pfarrlicher u. überpfarrlicher Ebene dringend gewünscht als auch in AA 26 auf allen Ebenen die Einrichtung von Gremien zur Koordinierung u. Unterstützung des Laienapostolats empfohlen. Die zu AA 26 angegebenen Quellen weisen diese Gremien als Organe der Kath. Aktion aus, die nur einen geringen Teil der vom Vat II ermöglichten Vielfalt vereinsrechtlicher apost. Organisationen umfassen. Während der CIC die vom Vat II gewünschten Pastoralräte normiert hat (→Diözesanpastoralrat: cc. 511-514; cc. 272-274 CCEO; Pfarrpastoralrat: c. 536), wurden die Gremien nach AA 26 nicht in die geltende kirchl. Rechtsordnung aufgenommen; der Auftrag der Koordination aus AA 26 wurde sinngemäß dem →Diözesanbischof als Aufgabe zugewiesen (c. 394 §1; c. 203 §1 CCEO).

3. Dessen ungeachtet sehen das →Zentralkomitee der deutschen Katholiken (ZdK) u. die →Deutsche Bischofskonferenz bis heute in AA 26 die Rechtsgrundlage für die Existenz der K. auf allen Ebenen der KirchVerf. Den stärksten Impuls hierzu hat die →Gemeinsame Synode m. ihrem Beschl. Räte u. Verbände gegeben, indem sie die Einrichtung von K. auf der Ebene der →Pfarrei, des →Pfarrverbands, des →Dekanats u. des Bistums vorschrieb. Die entspr. Anordnungen sind als diözesane Gesetze in den einzelnen Bistümern in Kraft gesetzt worden. Die Existenz des ZdK wird von der Synode als selbstverständlich vorausgesetzt. Alle diese K. stehen gesch., aufgrund ihres Auftrags u. ihres Selbstverständnisses als von der jeweiligen kirchl. Autorität anerkannte Organe zur Koordinierung der Kräfte des Laienapostolats in der Tradition der Kath. Aktion. So hat sich die Gemeinsame Synode für ein strukturkonservatives Modell der Mitwirkung der Laien an der Sendung der Kirche entschieden, das weder der vom Vat II proklamierten →Koalitionsfreiheit noch den synodal strukturierten Verfassungsorganen der Kirche genügend Raum gibt.

4. Der CIC enthält keine Rechtsgrundlage für die K., wie sie im Bereich der DBK bestehen. Die K. gründen auf partikularem KR, das allerdings seit Inkrafttreten des CIC in Spannung zum geltenden universalkirchlichen Recht steht. Die Berufung auf AA 26 ist fragwürdig, weil der Prozess der Kodifikation nicht außer Acht gelassen werden darf. Wenn K. i. S. der von der Synode beschlossenen RO als „Zusammenschluss von Vertretern des Laienapostolats ... und der katholischen Verbände sowie von weiteren Persönlichkeiten aus Kirche und Gesellschaft" verfasst sind, ist zu fragen, wie die Koalitionsfreiheit i. S. von c. 215 (c. 18 CCEO) gewahrt wird. Zudem fehlt es an der notwendigen Unterscheidung zwischen Verfassungsstrukturen u. Vereinigungsstrukturen. a) In den Pfarreien besteht im Bereich der DBK anstelle des vorgesehenen, aber fakultativen Pastoralrats (c. 536) der →Pfarrgemeinderat als K. Er ist ein aliud zum Pastoralrat u. folgt diözesanem Recht. b) Auf diözesaner Ebene besteht meist ein K. neben dem Diözesanpastoralrat, dessen Errichtung zwar sehr empfohlen, aber dem Ermessen des jeweiligen Bf. überlassen ist (cc. 511-514; cc. 272-274 CCEO). So entsteht oft ein unfruchtbares Nebeneinander verschiedener →Räte.

Quellen

Vat II, AA; Vat II, CD; GSyn I, Beschluss Verantwortung des ganzen Gottesvolkes für die Sendung der Kirche, 637-677.

Literatur

Maier, H., Das Zentralkomitee der dt. Katholiken: Das konsoziative Element in der Kirche. Akten des VI. Intern. Kongresses für kan. Recht, hg. v. W. Aymans – K. Geringer – H. Schmitz, St. Ottilien 1989, 831-845; Hallermann, H., Die Vereinigungen im Verfassungsgefüge der lat. Kirche, Paderborn – München – Wien – Zürich 1999, 145-228 u. 388-457; ders., Ratlos – od. gut beraten? Die Beratung des Diözesanbischofs, Paderborn – München – Wien – Zürich 2010 (KStKR 11), 268-274 u. 285-303; Schmitz, H., § 40 Die Konsultationsorgane des Diözesanbischofs. VII.

Diözesan(katholiken)rat: HbkathKR³, 637; Kalde, F., § 47 Pfarrpastoralrat, Pfarrgemeinderat u. Pfarrvermögensverwaltungsrat: HbkathKR³, 737-745.

Heribert Hallermann

Katholikentag – Katholisch

Die Geschichte der K., genaue Bez. Dt. K., beginnt 1848. Am 23.03.1848 gründete der Mainzer Domkapitular Lenning den ersten der sog. Pius-Vereine für religiöse Freiheit, die sich bald flächendeckend in ganz Deutschland etablierten u. ihre Anliegen der Nationalversammlung vortrugen. Zur Koordination u. besseren Vertretung ihrer Interessen trafen sich Vertreter dieser Vereine vom 03. bis 06.10.1848 in Mainz zu einer nationalen Versammlung, die als Geburtsstunde der K. gilt. M. dem K. in Münster 2018 fanden bisher 101 K. an versch. Orten in Deutschland statt. Die Zusammensetzung der K. war über die Zeit einem Wandel unterzogen. Nahmen zunächst nur männliche Delegierte der Vereine an den Versammlungen teil, wurde seit 1921 auch Frauen die Mitgliedschaft in den Vereinen u. damit auch die Teilnahme als Delegierte an den K. ermöglicht. Seit 1948 setzte sich für diese Versammlungen endgültig der Name Dt. K. durch, der seit 1952 vom ZdK zusammen m. dem verantwortlichen Bistum in der Rechtsfigur eines Trägervereins verantwortet wird. In jüngster Vergangenheit kam es in Berlin (2003), München (2010) u. in 2021 wird es in Frankfurt a. M. zu sog. Ök. KT kommen. Diese werden zusammen vom ZdK u. dem Dt. Ev. →Kirchentag verantwortet. Zur Geschichte der K. sind auch die regionalen K. in der ehem. DDR zu zählen, die 1958 in Berlin u. 1987 in Dresden stattfanden.

Die jeweiligen Themen der K., die seit 1932 auch immer ein konkretes Motto haben, sind geprägt von den jeweiligen Zeitumständen, in denen sie stattfinden. Während im 19. Jh. die Röm. Frage u. die Freiheit der kath. Kirche im Vordergrund standen, bestimmte in der Zeit des Vat II u. danach die Stärkung der Laien im Verfassungsgefüge der Kirche die Diskussionen, denen sich nach der dt. Wiedervereinigung Fragen des Zusammenwachsens der Katholiken in beiden Teilen Deutschlands anschlossen. K. sind so Orte des Austausches von kath. Christen über Fragen des Glaubens, die Kirche u. Welt betreffen, in den letzten Jahren verstärkt durch die ök. u. interreligiöse Perspektive. Sie wirken nicht nur innerkirchlich u. befördern Diskussionen, sondern leisten einen Beitr. zur Durchdringung der Gesellschaft aus dem Geist des Evangeliums, der die Zeichen der Zeit erkennt u. zur Sprache bringt.

Kirchenrechtlich sind K. als temporär befristete →Versammlungen von kath. Christen nach c. 215 (→Versammlungsfreiheit) einzuordnen. Entspr. →Statuten regeln die genauen Abläufe u. Entscheidungsprozesse auf einem K. Für die organisatorischen u. finanziellen Aufgaben ist der jeweils für den einzelnen K. neu gebildete Trägerverein zuständig, der als e. V. nach bürgerlichem Recht errichtet u. betrieben wird.

Literatur

Grossmann, T., Art. Katholikentage: LThK³ Bd. 5, 1339-1345; Arning, H. – Wolf, H., Hundert Katholikentage: von Mainz 1848 bis Leipzig 2016, Darmstadt 2016; Profil u. Prägung: hist. Perspektiven auf 100 Katholikentage, hg. v. F. Kleinehagenbrock – C. Kösters – H. Maier, Paderborn 2017.

Thomas Schüller

Katholische Akademie

→Akademie, kirchliche

Katholische Aktion – Katholisch

Die K. A. ist in Form loser Initiativen schon während des →Kulturkampfes entstanden u. wurde maßgeblich unter Pius XI. zu einem strukturell geordneten Instrument der Kirche. Seine Enz. Fin dal primo momento vom 23.12.1922 befasst sich zu einem großen Teil m. der Diagnose u. Analyse der damaligen gesellschaftlichen Lage, die vom Ende des Kulturkampfes u. des Ersten Weltkrieges u. daraus resultierenden schwierigen Lebensbedingungen u. Ängsten geprägt ist. Vor diesem Hintergrund ist gem. Pius XI. die Aufgabe der kath. Kirche, der Welt ihre Heilsmittel anzubieten u. zur Befriedung der Welt beizutragen, um dem Materialismus der Welt die spirituellen Gaben der Kirche entgegenzuhalten u. sie m. diesen zu durchdringen. Die Kirche wird im Hinblick auf ihr übernatürliches Ziel, die →salus animarum, als →societas perfecta verstanden. Unter der Führung des →Papstes u. seiner Delegaten, der →Diözesanbischöfe, sollen die →Laien sowohl als einzelne als auch in Vereinigungen als K. A. den hl. Kampf in der Welt für die Kirche u. ihr Ziel kämpfen, die Welt vor dem Hintergrund des Modernismus in Chr. zu erneuern. Das →Apostolat der Laien wird abgeleitet u. zurückgeführt auf das Apostolat des P. u. der Bf. u. ist damit letztlich ein delegiertes Apostolat, das eine Form der Mitarbeit am hierarchischen Apostolat des P. u. der Bf. ist. Die Laien haben so helfenden Anteil am Apostolat der kirchl. →Hierarchie. Ihr Apostolat ist demnach von diesem abgeleitet u. diesem untergeordnet. Der kirchl. Hierarchie kommt zudem die Koordination des →Laienapostolats zu. Die m. einem solchen mandatum ausgestatteten Laien sollen dort in der Welt wirken, wo der Klerus die Menschen nicht erreichen könnte. Das mandatum befähigt den betr. Laien als kirchenamtliche Beauftragung stellvertretend für die Hierarchie der Kirche u. damit öff. u. offiziell für die Kirche zu handeln. Das dementsprechende Handeln der Laien ist delegiertes stellvertretendes Handeln im Namen u. Auftrag der Hierarchie in der Welt, o. dass die Laien selbst Anteil an der potestas der Hierarchie haben. Laien verrichten damit den sog. Weltdienst, während Kleriker den Heilsdienst ausüben. Das so verstandene Laienapostolat ist demnach keine →Sendung in der Kirche, sondern eine Sendung der Kirche, ausschließlich verstanden als Hierarchie, in ihrem Auftrag in der Welt zu handeln.

Pius XI. hatte keine Scheu vor der Aktivität von Laien unter der Führung der Hierarchie u. geht damit zumindest über die reine Definition des Laien als Nichtkleriker hinaus, da der Begriff des Apostolats nicht mehr allein auf Kleriker beschränkt wird, sondern der Begriff des Laienapostolats durch Pius XI. erstmals lehramtlicher Terminus geworden ist. Ein eigenes aus der →Taufe unmittelbar entspringendes Apostolat der Laien als Einzelne hat im Konzept der K. A. vor dem Hintergrund der auf die Hierarchie reduzierten Societas-Perfecta-Ekklesiologie keinen Ort, da aufgrund der pyramidalen Struktur letztlich jedes Handeln eines Laien in der Kirche abgeleitetes delegiertes stellvertretendes Handeln im Namen der kirchl. Hierarchie war. Seit dem Vat II ist ein eigenes in der Taufe wurzelndes Apostolat Grundlage der geltenden Rechtsordnung, die allen →Gläubigen eine Sendung in der Kirche u. in der Welt verbürgt (vgl. cc. 204 u. 208).

Die K. A. war verfasst als eine gem. cann. 707 u. 708 von der kirchl. Autorität errichtete, dem jeweiligen Ortsordinarius unterstehende pia unio u. wurde in dessen Auftrag u. Namen von einem assistens ecclesiasticus geleitet. Der jeweilige Pfr. war qua Amt assistens ecclesiasticus der K. A. in seiner Pfarrei. M. der Eingliederung u. Unterstellung der K. A. unter die kirchl. Autorität war zugl. das Ziel verbunden, die bislang auton. →katholischen Vereine einzugliedern, was in Deutschland nur schleppend gelang, in ns. Zeit aber aufgrund der Gefährdung kath. Vereine beschleunigt wurde. Dies hat seinen Grund auch in Art. 31 des RK, der bestimmt, dass nur „diejenigen katholischen Organisationen und Verbände, die ausschließlich religiösen, rein kulturellen und karitativen Zwecken dienen und als solche der kirchlichen Behörde unterstellt sind ... geschützt" werden.

Quellen
Pius XI., Lettera Enciclica Fin dal primo momento vom 23. Dezember 1922: AAS 15 (1923), 5-26; Konkordat zwischen dem Hl. Stuhl u. dem Dt. Reich vom 20. Juli 1933: AAS 25 (1933), 389-408; Pius XI., Allocutio vom 31. Mai 1936: PRMCL 25 (1936), 117-121.

Literatur
Steinmaus-Pollak, A., Das als Kath. Aktion organisierte Laienapostolat. Geschichte seiner Theorie u. seiner kirchenrechtlichen Praxis in Deutschland, Würzburg 1988 (FzK 4); Coccopalmerio, F., Azione Cattolica e comunità Ecclesiale. Problemi emergenti e proposte di soluzione: Das konsoziative Element in der Kirche. Akten des VI. Internationalen Kongresses für Kan. Recht. München, 14.-19. September 1987, hg. v. W. Aymans u. a., St. Ottilien 1989, 507-523; Becher, P., Kath. Aktion: LThK³ Bd. 5, 1347 f.; Hallermann, H., Die Vereinigungen im Verfassungsgefüge der lat. Kirche, Paderborn u. a. 1999, v. a. 167-228; ders., Art. Kath. Aktion: LKStKR Bd. 2, 400-402; Meckel, T., Von der Kath. Aktion zum gemeinsamen Priestertum. Der Beitrag der Laien für eine lebendige Kirche: Lebendige Kirche in neuen Strukturen. Herausforderungen u. Chancen, hg. v. H. Hallermann u. a., Würzburg 2015 (WTh 11), 81-107; ders., Konzil u. Codex. Zur Hermeneutik der Kirchenrechtswissenschaft am Beispiel der christifideles laici, Paderborn – München – Wien – Zürich 2017 (KStKR 18), insb. 99-103.

Thomas Meckel

Katholische Kirche – Katholisch

Die K. K. versteht sich gem. ihrer auf dem →Zweiten Vatikanischen Konzil festgelegten Ekklesiologie als →Volk Gottes, →Communio, Leib Christi u. Tempel des Hl. Geistes u. in LG 8 auch als societas bzw. als „societas constituta et ordinata“. Die Kirche wird durch das Vat II aber nicht mehr als →societas perfecta bez. Gem. der Kirchenkonstitution LG wird insb. im II. Kapitel über das Volk Gottes deutlich, dass die Ekklesiologie der K. K. zuerst auf das allen →Gläubigen Gemeinsame u. damit auf das in der →Taufe begr. gemeinsame Priestertum der Gläubigen (→Allgemeines bzw. Gemeinsames Priestertum) (LG 10; 32) blickt, um dann zwischen christifideles laici u. christifideles clerici iure divino zu unterscheiden. Das →Priestertum des Dienstes bzw. hierarchische Priestertum versieht seinen Dienst innerhalb des Volkes Gottes u. ist insofern nicht graduell gleichsam als gesteigertes gemeinsames Priestertum zu verstehen, sondern vielmehr als wesentlich andere Teilhabe am Priestertum Christi, die im u. gegenüber dem Volk Gottes ausgeübt wird. Die K. K. lehrt in LG 8, dass die sichtbare u. die unsichtbare Dimension der Kirche untrennbar miteinander verbunden sind u. „eine einzige komplexe Wirklichkeit“ bilden. Die K. K. ist demnach eine Communio fidelium et hierarchica, die organisch u. hierarchisch strukturiert ist. Die Taufe gliedert in das Volk Gottes bzw. die Communio fidelium ein, die als Communio plena durch Halten der drei vincula (→Tria-Vincula-Lehre) des →Glaubensbekenntnisses, der →Sakramente u. der →Leitung den Gläubigen zum →Katholiken macht (LG 14), sodass die K. K. als volle Verwirklichung der Kirche Jesu Christi anzusehen ist (LG 8). Die anderen in Communio non plena stehenden Gläubigen bzw. Kirchen u. kirchl. Gemeinschaften stehen aufgrund der Taufe u. der teilweisen Erfüllung der drei vincula in einer Gemeinschaft m. der K. K., sodass das Volk Gottes i. S. der gestuften Kirchengliedschaft strukturiert ist. Die K. K. besteht nach der Lehre der Communio Ecclesiarum nach LG 23 aus „… nach dem Bild der →Gesamtkirche gestalteten →Teilkirchen, in denen und aus denen die eine und einzige katholische Kirche besteht“ (vgl. auch CD 11). M. Teilkirchen sind Teilkirchen des lat. Ritus sowie der kath. Ostkirchen gemeint, in denen als portio populo Dei die Gesamtkirche gegenwärtig wird. So sind die Teilkirchen nicht nur partes, d. h. Verwaltungsbezirke der Gesamtkirche u. die Gesamtkirche wiederum ist mehr als nur die Summe ihrer Teilkirchen.

Die geltende Rechtsordnung ist gem. →Sacrae Disciplinae Leges der stets verbesserungsfähige Versuch, die Communio-Ekklesiologie des Vat II zu rezipieren, sodass sie als Strukturprinzip der geltenden Rechtsordnung fungiert. Das zweite Buch widmet sich dem Volk Gottes, dem →Verfassungsrecht u. implicite auch dem munus regendi (→Leitungsdienst), das dritte Buch dem munus docendi (→Verkündigungsdienst) u. das vierte Buch dem munus sanctificandi (→Heiligungsdienst). Die anderen Bücher des CIC/1983 sind stärker vom Konzept der societas geprägt. Der CIC/1983 verwendet aber weder den Begriff der societas perfecta, noch folgt er dieser Ekklesiologie. Die Aussage des c. 113, dass die K. K. u. der →Apostolische Stuhl aufgrund von →Ius divinum positivum „den Charakter einer →moralischen Person" haben u. der Gebrauch des Begriffs der →iura nativa ist nun gem. den hermeneutischen Vorgaben des Gesetzgebers in der ApK SDL im Licht der erneuerten Ekklesiologie des Vat II zu interpretieren (→Konzil und Codex, →Hermeneutik des Kirchenrechts). In SDL nimmt der Gesetzgeber Bezug auf die Communio fidelium, dass alle Gläubigen aufgrund der Taufe an den drei munera (→Tria-Munera-Lehre) Anteil haben, sowie auf die Communio hierarchica, die Communio Ecclesiarum u. m. dem Hinweis auf die Notwendigkeit des Ökumenismus (→Ökumene) auf die Lehre von der Communio plena et non plena.

Die K. K. versteht ihr Verfassungsrecht grundlegend durch die Taufe bzw. durch die Communio fidelium bestimmt, wie es in den theol. Leitsätzen (→Fundamentalnorm) c. 204 §1 bzw. c. 7 §1 CCEO normiert wird. Cc. 204 §1 i. V. m. 96 zufolge sind alle Gläubigen durch die Taufe Rechtssubjekte der Kirche, unter denen auf der Ebene des Taufpriestertums gem. c. 208 bzw. c. 11 CCEO eine „Gleichheit in Würde und Tätigkeit" (→Gleichheit aller Gläubigen) besteht. Jeder Gläubige ist aktives Subjekt der →Sendung der Kirche in allen drei munera, die er seiner jeweiligen condicio entspr. in Kirche u. Welt auszuüben berechtigt u. verpflichtet ist. Der Besitz der Rechte u. Pflichten der Gläubigen gründet unmittelbar in der Taufe, die Ausübung dieser Rechte u. Pflichten geschieht i. d. R. in der jeweiligen →Konfession. In c. 204 §2 bzw. c. 7 §2 CCEO rezipiert der Gesetzgeber LG 8 u. normiert, dass in der K. K. die Kirche Jesu Christi voll verwirklicht ist, sodass innerhalb des Volkes Gottes aller Getauften jene Gläubige als Katholiken u. damit als in der Communio plena gelten, die gem. c. 205 bzw. c. 8 CCEO die vincula des „Glaubensbekenntnisses, der Sakramente und der kirchlichen Leitung" halten. Das →Kirchenrecht der K. K. richtet sich nicht mehr wie in can. 12 des nicht mehr geltenden CIC/1917 an alle Getauften, sondern gem. c. 11 bzw. c. 1490 CCEO an kath. Getaufte bzw. in die kath. Kirche Aufgenommene, während gem. c. 1 der CIC/1983 für die lat. Kirche u. der CCEO gem. c. 1 CCEO für die kath. Ostkirchen gilt (→Normadressat).

Die Communio fidelium liegt allen anderen Ebenen der Communio voraus. Innerhalb der Gläubigen (vgl. die Wendung „inter christifideles" in cc. 207 §1 u. 1008) werden aufgrund des →Weihesakraments einige Träger des Priestertums des Dienstes bzw. hierarchischen Priestertums (vgl. auch c. 323 CCEO) →Kleriker bzw. ministri sacri. Auf allen Verfassungsebenen der K. K. (Universalkirche; Teilkirche; →Pfarrei) steht inmitten der ihm zugewiesenen communitas christifidelium ein Hirt (pastor), sodass die Struktur der Kirche als Communio fidelium et hierarchica deutlich wird, in der die →Hirtensorge (cura pastoralis) gewährleistet u. verwirklicht werden soll. →Papst u. →Bischofskollegium sind gem. cc. 330, 331 u. 336 bzw. cc. 42, 43 u. 49 CCEO Träger höchster Leitungsvollmacht. Die Communio Ecclesiarum (LG 23 u. CD 11) wird im Teilkirchenrecht in den cc. 368 u. 369 rezipiert, sodass die Gesamtkirche aus u. in den bfl. geleiteten Teilkirchen besteht. Von den Verfassungsstrukturen (→Kirchenverfassung) sind innerhalb der K. K. die Vereinigungsstrukturen (→Vereinsrecht) zu unterscheiden.

Quellen

Vat II, LG; Vat II, CD; Johannes Paul II., ApK Sacrae Disciplinae Leges vom 25. Januar 1983: AAS 75 (1983) Pars II, VII-XIV.

Literatur

Riedel-Spangenberger, I., Die Communio als Strukturprinzip der kath. Kirche u. ihre Rezeption im CIC/1983: TrThZ 97 (1988), 217-238; KanR I, 9-25; Hartelt, K., Art. Kath. Kirche: LKStKR Bd. 2, 402-404; Meckel, T., Die Herde am Laufen halten. Lebendige Hirtensorge m. dem Kirchenrecht: Menschendiener – Gottesdiener. Anstöße – Ermutigungen – Reflexionen, hg. v. H. Hallermann, Würzburg 2010 (WTh 4), 181-211; Aymans, W., Die Kirche – Das Recht im Mysterium der Kirche: HbKathKR³, 32-41; Meckel, T., Konzil u. Codex. Zur Hermeneutik der Kirchenrechtswissenschaft am Beispiel der christifideles laici, Paderborn – München – Wien – Zürich 2017 (KStKR 18).

Thomas Meckel

© 2019, DOI: 10.30965/9783506786388_0597

Katholische Ostkirchen

→ Orientalische Kirchen

Katholische Universität – Katholisch

1. CIC/1917: Im CIC/1917 sind im Titel XXII unter Schulwesen (De scholis) auch die K. U. genannt: Can. 1376 legt fest, dass K. U. vom Hl. Stuhl (→ Apostolischer Stuhl) errichtet werden können u. ihm hinsichtlich ihrer inneren Leitung unterstehen. Can. 1379 § 2 macht deutlich, dass die Idee der K. U. in einer Abwehrhaltung gegenüber den modernen Staaten entstanden ist. Der Gesetzgeber wünschte, dass dort, wo an öff. Universitäten die kath. Lehre nicht vertreten u. der kath. Geist nicht maßgebend sei, K. U. gegr. werden sollen.

2. CIC/1983: Zu den kath. Erziehungseinrichtungen, die im CIC/1983 als tit. III dem munus docendi der Kirche (liber III) zugeordnet sind, zählen neben den → Schulen (cc. 796-806) die Universitäten, die in K. U. u. andere Hochschuleinrichtungen (cc. 807-814) sowie Kirchl. Universitäten u. Fak. (cc. 815-821) unterschieden werden.

Der CIC legt lediglich Fundamentalnormen fest: a) kirchl. Erziehungsrecht u. -pflicht durch die → Errichtung od. Anerkennung K. U.; b) kath. Identität: Bez. als kath., → Forschung u. Lehre unter Berücksichtigung der kath. Lehre, Berufung kath. Dozenten (→ Hochschullehrer), Theologie als Bestandteil der Lehre aller Fak., Universitätsseelsorge; c) die primäre Aufgabe der → Bischofskonferenz, die Errichtung K. U. voranzutreiben; c) die Anerkennung der Wissenschaftsfreiheit, unter gleichzeitiger Rückbindung an die bfl. Aufsicht, die der Bewahrung ihrer kath. Identität zu dienen hat.

3. ApK Ex corde Ecclesiae (1990): Den CIC aufgreifend, hat P. Johannes Paul II. m. der ApK EcE ein Gesetz vorgelegt, das darüber hinaus für die K. U. Geltung beansprucht. Dabei folgt EcE diesem Aufbau: I. Teil: Einl. sowie Darlegung von Charakter u. Aufgabe einer K. U. II. Teil: Allg. Normen (Art. 1-7), Übergangsbestimmungen (Art. 8-11) u. Schlussteil. In Art. 1 machen die allg. Normen deutlich, dass es sich bei EcE um ein Rahmengesetz handelt, das die einzelnen BK durch partikulare Bestimmungen an ihre örtlichen Gegebenheiten anzupassen haben, unbeschadet der → Satzungsautonomie. Art. 2 legt die Wesensmerkmale einer K. U. fest, wie sie sich aus ihrer spezifischen Identität ergeben: Gemeinschaftscharakter, Lehre u. Forschung unter Berücksichtigung der kath. Lehre, Identifikation von Lehrenden wie Studierenden m. kath. Identität unter Anerkennung der → Gewissensfreiheit der Einzelnen, Wissenschaftsfreiheit innerhalb der Anerkennung der Rechte Einzelner sowie des → Gemeinwohls. Art. 3 normiert die Errichtung bzw. Anerkennung einer K. U. durch die → Kongregation für das katholische Bildungswesen, die BK bzw. einem Organ von Hierarchen einer anderen → Ecclesia sui iuris, einen → Diözesanbischof, ein Inst. des geweihten Lebens od. einer

→Gesellschaft des apostolischen Lebens, eine andere öff. jur. Person (→Juristische Person, kirchliche) od. mehrere →Gläubige. Art. 4 nimmt die Struktur der Universitätsgemeinschaft, insb. im Hinblick auf das rechte Zahlenverhältnis zur Wahrung der kath. Identität, in den Blick: Großkanzler, kollegiale u. personale Leitungsorgane, Dozenten, Verwaltungsangestellte u. Studierende. Art. 5 will die Beziehung der K. U. zum Hl. Stuhl sowie zu den Diözesanbischöfen, in deren Bistümern die Hochschuleinrichtung liegt bzw. aus deren Diözesen die Studierenden kommen, stärken: Evangelisierungsauftrag (→Evangelisierung) der K. U. als spezifische Sendung, regelmäßiger Ber. u. enger Austausch zwischen K. U. u. Bf., Aufsichtsrecht u. -pflicht der Bf. sowie ggf. des Hl. Stuhls zur Förderung der kath. Identität. Art. 6 legt fest, dass in einer K. U. zur Erg. u. Vervollständigung der wiss. Ausbildung Universitätspastoral anzubieten ist. Art. 7 fordert die Bereitschaft K. U. zur wiss. Kooperation m. anderen K. U., nicht-K. U. sowie anderen Institutionen auf nationaler u. intern. Ebene, die sich um Gerechtigkeit, Entwicklung u. Fortschritt bemühen.

Die Kanonistik diskutiert, ob eine K. U. eine öff. jur. Person sei, ihr Vermögen damit →Kirchenvermögen, das gem. liber V CIC zu verwalten ist u. die zuständige kirchl. Autorität ihre Aufsicht unmittelbar über diesen Bereich ausüben kann.

4. ApK Veritatis gaudium (2017): Die Normen der ApK VG gelten für K. U. nur im Hinblick auf kirchl. Studien u. die Errichtung od. Anerkennung kirchl. Fak. Darüber hinaus kann das Proömium von VG, in dem P. Franziskus wertvolle Impulse zur Stärkung der Sendung u. Identität kirchl. Fak. u. U. gibt, ebenso inspirierend für die Profilierung u. Weiterentwicklung K. U. sein.

5. Partikularnormen: Da der CIC lediglich die Grundnormen für die K. U. enthält, die ApK EcE ein Rahmengesetz ist u. die innere Ordnung K. U. dem jeweiligen staatl. →Hochschulrecht unterliegt, haben die BK die Kompetenz, für ihren Bereich „örtliche und regionale Verordnungen“ zu erlassen (Art. 1 § 2 EcE). Die DBK hat (im Gegensatz zur ÖBK) 2008 (Inkrafttreten: 01.10.2009) diese Normen vorgelegt.

Kath. Hochschulen sind gegenwärtig im Bereich der DBK: a) K. U. Eichstätt-Ingolstadt, B) Kath. →Hochschule für Sozialwesen Berlin, c) Kath. →Fachhochschule Freiburg, d) Kath. Fachhochschule Mainz, e) Kath. Stiftungsfachhochschule München, f) Kath. Hochschule Nordrhein-Westfalen, g) Phil.-Theol. Hochschule Vallendar.

Quellen

Johannes Paul II, ApK Ex corde Ecclesiae vom 15. August 1990: AAS 82 (1990), 1475-1509; dt. Übersetzung: VApSt 99, Bonn 2017, 5-47; DBK, Partikularnormen zur ApK Ex corde Ecclesiae vom 2. September 2009: VApSt 99, Bonn 2017, 48-59; Franziskus, ApK Veritatis gaudium vom 27. Dezember 2017: OR 14.09.2018, 8 u. Anhang; dt. Übersetzung: VApSt 211, Bonn 2018.

Literatur

Conn, J. J., Catholic Universities in the United States and Ecclesiastical Authority, Rom 1991 (Analecta Gregoriana 259); Ammer, J., Zum Recht der „Katholischen Universität“. Genese u. Exegese der Apost. Konstitution „Ex corde Ecclesiae“ vom 15. August 1990, Würzburg 1994 (FzK 17); Thivierge, G. R., What future for the Catholic University? Challenges and promises: Una sancta catholica et apostolica. Einheit u. Anspruch des Katholischen (FS Franck), hg. v. J. Ehret, Freiburg 2009, 465-475; Woher? Wohin? Chancen der Kath. Universität Eichstätt-Ingolstadt, hg. v. V. Neumann, Würzburg 2012; Grocholewski, Z., „Ex corde Ecclesiae“. Stimolo per la fioritura dell'insegnamento superiore cattolico: Pontificia Academia Theologiae 14 (2015), 9-22; Ohly, C., Evangelisierung u. Kath. Universität. Kirchenrechtliche Überlegungen zu einem aktuellen Erfordernis: Ius quia iustum (FS H. Pree), hg. v. E. Güthoff – S. Haering, Berlin 2015 (KStT 65), 609-623; Rhode, U., Die Hochschulen: HbkathKR³, 1049-1085, 1051-1057; Ambros, M., Sendung nach innen wie nach außen. Die Zukunft der Theologie u. der Theol. Fakultäten im Lichte der Apost. Konstitution Veritatis gaudium: Theologie. Und wie es weitergeht, hg. v. S. Luttiz – L. Mödl, Würzburg 2018 (Schriften des Alfons-Fleischmann-Vereins zur Kath. Universität 4), 43-69.

Matthias Ambros

Katholischer Verein – Historisch

1. Seit Mitte des 19. Jh. waren in Deutschland unter Nutzung der bürgerlichen →Koalitionsfreiheit Vereinigungen von Katholiken entstanden, die im öff. Leben kath. Interessen vertraten. Die K. stellten für die kirchl. Autorität eine zusätzliche Möglichkeit dar, in der nachrevolutionären Epoche ihre →Sendung in der Welt wahrnehmen zu können, denn die K. suchten in der Gesellschaft Ziele zu verwirklichen, deren Erreichung den Bf. alleine nicht mehr möglich war. Der K. Deutschlands, der am 06.10.1848 in Mainz gegr. wurde, stellt eine Art Grundtyp u. →Dachverband der K. dar. Er vereinigte in sich v. a. die Pius- u. die Vinzenzvereine u. wurde zum Träger der sog. Generalversammlungen, der späteren →Katholikentage. Er strebte die Verwirklichung der Freiheit der Kirche u. aller ihrer Rechte an u. wollte insb. die Freiheit des (Religions-)Unterrichts erringen sowie den Bestand kath. Stiftungen, Schulen u. der Caritas sichern. Dabei bediente er sich aller vom staatl. Recht garantierten Mittel wie der Koalitionsfreiheit, des Petitionsrechts sowie des Rechts der freien Rede u. der freien Presse. Weitere Vereinigungen von Katholiken, die ähnliche Zielsetzungen in Staat u. Gesellschaft verfolgten, wurden als K. gem. dem Mainzer Modell kath. Organisation bez.

2. Die K. sind i. d. R. auf Initiative kath. →Laien u. o. konstitutive Mitwirkung der kirchl. Autorität entstanden. Gleichwohl haben →Geistliche oft maßgeblich in den K. mitgewirkt u. das Vereinsamt eines →Präses eingenommen. Die Leitung der K. wurde selbständig von Laien wahrgenommen. Rechtsgrundlage der K. war das staatl. →Vereinsrecht. Die K. folgten in ihrem organisatorischen Aufbau eher den staatl. als den kirchl. Gliederungen. Ihr Selbstverständnis war von ihrer kath. Zielsetzung her bestimmt. Ihre Nähe zur kirchl. Autorität u. ihr kath. Charakter waren durch ihr Ziel bedingt, kath. Interessen wahrnehmen zu wollen. Gleichwohl haben viele K. im Lauf der Zeit in eigener Entscheidung kirchl. Autoritäten Mitwirkungsmöglichkeiten bei Entscheidungen des Vereins eingeräumt, um so nach dem damaligen Verständnis ihren kath. bzw. kirchl. Charakter organisationsrechtlich zum Ausdruck zu bringen.

3. Weil Vereinigungen kirchl. Rechts gem. cann. 684-687 nur durch hoheitliches Handeln der kirchl. Autorität entstehen konnten, waren die von Laien gegr. K. unbeschadet ihrer kirchl. Zielsetzung nichtkirchliche od. außerkirchliche Vereine od. Laienvereine. In der Kirche bestanden sie nicht als eigenständige Rechtssubjekte. Kirchl. Autoritäten versuchten dennoch z. B. über die geistl. Präsides auf Entscheidungen der K. Einfluss zu nehmen. Die Konzilskongregation hatte in ihrer Entscheidung vom 13.11.1920 festgestellt, dass das kan. Vereinsrecht nur auf Vereinigungen angewendet werden konnte, die ihre Existenz der kirchl. Autorität verdankten. Die von Laien gegr. u. geleiteten K. unterstanden folglich nicht der kirchl. Jurisdiktion. Weil die Entscheidung von einem Typus von Vereinigungen sprach, war sie auf alle K. anzuwenden.

4. Das geltende KR kennt nicht den Vereinstyp des K. Gem. cc. 215 u. 299 können Gläubige in freier Initiative Vereinigungen in der Kirche gründen, u. zwar als →freie Zusammenschlüsse od. als →private Vereine. Im Unterschied zum vorkonziliaren Recht bestehen solche Vereine in der Kirche u. sind Gegenstand der kirchl. Rechtsordnung. Ihre Beziehungen zur kirchl. Autorität sind durch das universalkirchlich geltende KR geregelt. Die Bez. einer Vereinigung als kath. i. S. von cc. 216 u. 300 ändert weder deren Rechtsform, d. h. sie wird nicht zu einem K., noch räumt sie der kirchl. Autorität mehr Mitspracherechte ein. Ungeachtet dessen spre-

chen auch neuere Dokumente der DBK von K. u. behaupten sogar im Widerspruch zu c. 6 die Fortgeltung früheren Rechts. Die DBK übernimmt damit nicht nur einen landläufigen Begriff, sondern wendet das geltende kirchl. Vereinsrecht nicht an, indem sie widerrechtlich die → Autonomie der kirchl. Vereinigungen einschränkt u. ihre Aufsicht u. Kontrolle übermäßig ausdehnt.

Quellen

Konzilskongregation, Entscheidung Corrienten vom 13. November 1920: AAS 13 (1921), 135-144; Geistl. Verbandsleitung in den kath. Jugendverbänden, hg. v. Sekretariat der DBK, Bonn 2007 (DDB 87); Vereinsleitfaden. Arbeitshilfe für die Praxis in den (Erz-)Diözesen, hg. v. Sekretariat der DBK, Bonn ²2012 (Arbeitshilfen 253).

Literatur

Beil, J., Das kirchl. Vereinsrecht nach dem CIC m. einem staatskirchenrechtlichen Anhang, Paderborn 1932; Hallermann, H., Die Vereinigungen im Verfassungsgefüge der lat. Kirche, Paderborn – München – Wien – Zürich 1999, 145-167 u. 457-477; ders., Der Anteil der Verbände an der Sendung der Kirche: AfkKR 184 (2015), 389-416.

Heribert Hallermann

© 2019, DOI: 10.30965/9783506786388_0600

Katholisches Büro – Katholisch

Das K. B. in Berlin u. die K. B. in den 16 Bundesländern sind etablierte Verbindungsstellen zwischen der kath. Kirche u. den staatl. u. politischen Institutionen u. Einrichtungen. Ihre zentrale Funktion ist es, die Kommunikation zwischen Staat, Politik u. weiteren gesellschaftlichen Gruppierungen sicherzustellen u. die kirchl. Interessensvertretung sowie eine kirchl. verantwortete Beratung zu gewährleisten.

Die Geschichte der K. B. in der BRD geht in die Zeit des Parlamentarischen Rates 1948/49 zurück. Der Kölner Kard. Josef Frings als Vorsitzender der Fuldaer → Bischofskonferenz benannte im September 1948 den Kölner Domkapitular Prälat Wilhelm Böhler als kath. Ansprechpartner für die Mitglieder des Parlamentarischen Rates. Nach der Gründung der BRD erfolgte nach einem innerkirchlichen Meinungsbildungsprozess durch Beschlussfassung der Fuldaer BK im Juni 1950 die Gründung des K. B. m. Dienstsitz in Bonn. M. seiner Leitung wurde Böhler beauftragt. Im weiteren Verlauf wurde das Büro als → Kommissariat der deutschen Bischöfe – K. B. Bonn bez. Im J. 2000 erfolgte der Umzug nach Berlin u. die Umbenennung in Kommissariat der dt. Bf. – K. B. in Berlin.

Die Einrichtung ist eine Dienststelle der → Deutschen Bischofskonferenz. Aufgaben u. Arbeitsweise sind in einer eigenen GO geregelt. Anstellungsträger ist der → Verband der Diözesen Deutschlands. Leitung u. stellvertretende Leitung werden von der Vollversammlung der DBK gewählt u. für jeweils 6 J. ernannt. Die K. B. bzw. Kommissariate genannten Einrichtungen in den Bundesländern hingegen vertreten die → Bischöfe, deren → Diözesen sich ganz bzw. teilweise auf dem Territorium eines Bundeslandes befinden. Aufgaben u. Arbeitsweisen sind jeweils in Statuten bzw. GO festgelegt. 1958 wurde als erstes Länderbüro das K. B. NW gegr. Ihm folgte 1959 das Kommissariat der Kath. Bf. im Lande HE sowie in den Folgejahren die Errichtung weiterer Verbindungsstellen in den Bundesländern. Nach der dt. Einheit wurden bis Mitte der 1990er-J. für alle Bundesländer entspr. Verbindungsstellen errichtet.

Zu den Aufgaben der K. B. im Bund u. in den Ländern zählen die Beobachtung politischer u. gesellschaftlicher Entwicklungen sowie insb. die Beobachtung von Gesetzesinitiativen, die Beratung bei der Entstehung von Gesetzen u. politischen Projekten sowie die Umsetzung von Beschl. u. Vorgaben der BK auf Bundesebene bzw. der → Diözesanbischöfe auf der Länderebene. Engmaschige, kontinuierliche Absprachen zwischen den Diözesen sowie den Büros auf Bundes- u. Länderebene werden durch entspr. Gremien gewährleistet. Für die Arbeit der Büros kommt der kath. Sichtweise zu grundlegenden Fragen wie dem Lebensschutz eine bes. Bedeutung zu.

Zu den Arbeitsweisen gehören v. a. die Vorbereitung u. Durchführung von Regelgesprächen m. Regierungen, Parlamentsfraktionen sowie Verantwortungsträgern weiterer gesellschaftlich relevanter Organisationen u. Gruppierungen, der Dialog m. Parlamentariern, Kabinettsmitgliedern u. Verantwortlichen in Ministerien, die Einbringung von schriftlichen u. mündlichen Stellungnahmen im Rahmen von (parlamentarischen) Beteiligungsverfahren sowie die Koordinierung zwischen den versch. kirchl. Institutionen u. Einrichtungen. Einen bes. Stellenwert nehmen die Absprachen m. den Beauftragten der Ev. Kirchen in Bund u. Ländern ein. Darüber hinaus erfolgen Koordinierungen m. den →Caritasverbänden u. weiteren Sozialverbänden. Auf europäischer Ebene ist für das K. B. in Berlin die Zusammenarbeit m. dem Generalsekretariat der COMECE (→Kommission der Bischofskonferenzen der Europäischen Union) sowie m. weiteren (kirchl.) Einrichtungen von Bedeutung.

Die Einrichtung der K. B. folgt zum einen dem in Deutschland gegebenen Staatskirchen- bzw. Religionsverfassungsrecht u. zum anderen der föderalen Struktur. Das Religionsverfassungsrecht sieht die →Trennung von Staat und Kirche unter den Bedingungen geordneter Kooperation vor. Kirchl. Engagement erstreckt sich in viele Bereiche des sozialen u. gesellschaftlichen Lebens. Verbunden m. dem chr. Menschenbild u. den Prinzipien der Kath. Soziallehre resultieren daraus spezifische kirchl. Kompetenzen für die Gestaltung dieser Lebensbereiche der Gesellschaft. Diese Erfahrungen u. Überzeugungen werden bspw. in die Beratungsprozesse gesetzlicher Regelungen eingebracht. Dabei beeinflussen die allg. gesellschaftlichen Entwicklungen die Aufgabenstellungen der K. B. Das K. B. in Berlin nimmt bspw. angesichts der intern. Migrationsströme zu den Regelungen des Asyl- u. Ausländerrechts Stellung u. bringt die chr. Perspektiven auf diese Entwicklungen ein.

Die föderale Struktur Deutschlands verortet zahlreiche Zuständigkeiten in den Landesgesetzgebungen. Daraus resultieren in den Länderbüros schul-, hochschul- u. bildungspolitische Aufgaben, um bspw. die Durchführung des grundgesetzlich garantierten bekenntnisorientierten →Religionsunterrichts sicherzustellen. Auch die Seelsorge in Justizvollzugsanstalten (→Anstaltsseelsorge) bedarf der Regelung zwischen Diözesen u. Bundesländern. Weiterhin gehören die in der Länderverantwortung stehenden Fragen des Sonn- u. Feiertagsschutzes zu wichtigen Themengebieten.

Literatur

Turowski, L., Verbindungsstellen zwischen Staat u. Kirchen im Bereich der kath. Kirche: HbStKR² Bd. 2, 197-216; ders., Art. Kommissariat der dt. Bischöfe (Kath. Büro Berlin): LKStKR Bd. 2, 600-603; Keppeler, J., Kirchl. Lobbyismus? Die Einflussnahme der kath. Kirche auf den dt. Staat seit 1949, Marburg 2007; Buchna, K., Ein klerikales Jahrzehnt? Kirche, Konfession u. Politik in der Bundesrepublik während der 1950er Jahre, Baden-Baden 2014.

Wolfgang Pax

© 2019, DOI: 10.30965/9783506786388_0601

Kautelen – Katholisch

Als K. im rechtlichen Sinne werden in Rechtstexte wie →Gesetze u. →Verträge aufgenommene Vorbehalte od. Absicherungen bez., die der Vermeidung möglicherweise auftretender rechtlicher Probleme dienen. Als Begriff der Rechtssprache fand K. bereits in der röm. Rechtspraxis Verwendung. Der Begriff hat seinen Ursprung im lat. Verb cavere (sich vorsehen, Vorsichtsmaßnahmen treffen, sich Kaution geben lassen). Hierin zeigt sich auch seine Nähe zum Begriff der Kaution.

M. der Herkunft vom Verb cavere drückt sich der m. K. verbundene Zweck aus, jur. Probleme zu unterbinden, sowie der vorsorgende Charakter der Kautelarpraxis. Durch den Ausschluss potentieller Probleme zu einem Zeitpunkt, in dem diese noch nicht bzw. feststehen, wird die aus ihnen andernfalls für den Rechtsakt erwachsende irritierende od. inhabilitierende Wirkung vermieden.

Im kath. KR werden K. bspw. im Recht der →konfessionsverschiedenen Ehe eingesetzt. Das Recht verbietet eine konfessionsverschiedene Ehe o. ausdrückliche →Erlaubnis der zuständigen Autorität (vgl. c. 1124; c. 813 CCEO). Die Erlaubniserteilung unter bestimmten Bedingungen (die auch selbst als K. od. cautiones bez. werden) ist Bestandteil der rechtlichen →Ehevorbereitung. In ihrem Rahmen wird zusätzlich ad cautelam vom →Ehehindernis der Religionsverschiedenheit (→Religionsverschiedene Ehe) dispensiert. Diese Praxis schließt eine ungültige →Ehe aus, sollte sich die →Taufe des nichtkatholischen Teils nachträglich als ungültig erweisen. Da eine Ehe zwischen einem →Katholiken u. einem →Ungetauften o. vorangehende →Dispens ungültig ist (vgl. c. 1086 §1; c. 803 §1 CCEO), wird die Dispens als Vorsichtsmaßnahme erteilt, um den Bestand der Ehe nicht von der →Gültigkeit der nichtkatholichen Taufe abhängig zu machen.

Literatur

Sebott, R., Kautelen: LKStKR Bd. 2, 408-409.

Judith Hahn

© 2019, DOI: 10.30965/9783506786388_0602

KEK
→Konferenz Europäischer Kirchen

Kelch
→Liturgisches Gerät

Kelchkommunion
→Kommunionempfang, →Laienkelch

Ketuba – Jüdisch
→Heiratsurkunde

Ketzer
→Häresie

Keuschheit
→Ordensgelübde

Kind
→Alter

Kindererziehung – Staatlich

Staatl. K. umfasst die staatl. Maßnahmen zur Erziehung u. →Bildung von Kindern. Sie steht in einem Spannungsverhältnis zum Recht der Eltern auf Erziehung ihrer Kinder.

1. Staatl. K. als Einschränkung des →Erziehungsrechts der Eltern: Bes. Bedeutung hat die staatl. K. u. ihr Konflikt m. dem elterlichen Erziehungsrecht im Bereich der öff. →Schule. Verfassungsrechtlich verankert ist die staatl. K. in Art. 7 Abs. 1 GG, der die staatl. Schulverantwortung festlegt, woraus ein staatl. Bildungs- u. Erziehungsauftrag folgt (BVerfGE 93, 1, 22; Pieroth, 1994, 949). Das BVerfG geht überzeugend davon aus, dass staatl. Erziehungsauftrag u. elterliches Erziehungsrecht im Bereich des staatl. Schulwesens im Grundsatz prinzipiell gleichgeordnet sind. Die gemeinsame Erziehungsaufgabe von Eltern u. Schule lässt sich nicht in einzelne Komponenten zerlegen, sondern ist in einem sinnvoll aufeinander bezogenen Zusammenwirken zu erfüllen (BVerfGE 47, 46, 74; 93, 1, 21; 108, 282, 301). Problematisch ist die Frage, wie diese Gleichordnung auf einer abstrakten Ebene im konkreten Konfliktfall umgesetzt u. Kollisionen im Wege praktischer Konkordanz aufgelöst werden können.

2. Staatl. K. im Bereich der öff. Schule: a) Allg. Schulpflicht. Verfassungsrechtlich zuläs-

sig ist die allg. Schulpflicht (BVerfG: NJW 1987, 180). Staatl. K. umfasst neben der Weitergabe von Kenntnissen, Fähigkeiten u. Fertigkeiten auch die Vermittlung von Werten u. dient dem Erlernen sozialer Verhaltensweisen in einer pluralistischen Gesellschaft. Der Staat veranstaltet Schule aufgrund eigenen Mandats u. nicht lediglich im Auftrag der Eltern. Ziel staatl. K. ist die Entwicklung zu einem „selbstverantwortlichen Mitglied der Gesellschaft" (BVerfGE 47, 46, 72), zu einer selbstbestimmten, verantwortungsvollen Persönlichkeit. Staatl. K. in Form der Bildung u. Erziehung in öff. Schulen zielt darauf ab, die Persönlichkeitsentfaltung der Schüler umfassend zu fördern u. ihre emotionalen u. affektiven Anl. zur Entfaltung zu bringen (BVerfGE 93, 1, 20). Dieser staatl. Auftrag zur sozialen u. kulturellen Integration rechtfertigt die Beschränkung des Erziehungsrechts der Eltern, die m. der allg. Schulpflicht verbunden ist. Daher besteht kein Anspruch auf Befreiung von der allg. Schulpflicht zugunsten eines Homeschoolings (BVerfG: NJW 2015, 44).

b) Ziele staatl. K. Staatl. Bildungs- u. Erziehungsziele ergeben sich insb. aus den Landesverfassungen. Dazu zählen bspw. die Achtung der Würde des Menschen, Verantwortungsgefühl, Hilfsbereitschaft, eigenes Denken u. Mut, die Wahrheit zu bekennen, Liebe zu Heimat u. Volk sowie eine freiheitliche demokratische Gesinnung (vgl. Art. 131 BY.Verf, Art. 7 NW.Verf, Art. 56 HE.Verf).

c) Schulformen, Unterrichtsinhalte. Aus dem staatl. Bildungs- u. Erziehungsauftrag folgt die Befugnis – grds. o. Mitbestimmungsrechte der Eltern – über die Einrichtung von Schulformen u. die Festlegung von Bildungs- u. Erziehungszielen, Unterrichtsfächern u. -inhalten zu entscheiden. Es besteht somit kein verfassungsrechtlicher Anspruch der Eltern auf Bereitstellung einer bestimmten Schulform (BVerfGE 45, 400, 415; 59, 360, 379) od. die Einrichtung bestimmter Schulfächer. Die Grenze der staatl. Gestaltungsfreiheit wäre allerdings überschritten, wenn den Eltern jede Möglichkeit der Wahl einer Schulform genommen würde (BVerfGE 45, 400, 415f.). Eine staatl. Einheitsschule wäre insoweit verfassungswidrig.

d) Staatl. K. in religiösen Fragen. Staatl. K. in religiösen Fragen steht nicht nur im Spannungsverhältnis zum Recht der Eltern auf religiöse K. aus Art. 6 Abs. 2 GG i. V. m. Art. 4 Abs. 1 GG, sondern auch zur religiös-weltanschaulichen →Neutralität des Staates, die aus Art. 140 GG i. V. m. Art. 137 Abs. 1 WRV folgt (Rathke, 2005, 57f.). Dies bedeutet allerdings keinesfalls, dass Religion aus dem Bereich der öff. Schule herauszuhalten ist. Vielmehr gewährleistet Art. 7 Abs. 3 GG den →Religionsunterricht als ordentliches Schulfach als einziges verfassungsrechtlich ausdrücklich garantiertes Schulfach. Der Staat ist Veranstalter des Religionsunterrichts u. finanziert ihn (Korioth, 2016, 16). Staatl. K. findet in Form des Religionsunterrichts in Kooperation m. den →Religionsgemeinschaften statt, die Inhalte müssen in Übereinstimmung m. den Religionsgemeinschaften festgelegt werden. Es ist zulässig, für konfessionslose Schüler od. Schüler, die von der Möglichkeit Gebrauch machen, sich vom Religionsunterricht abzumelden, →Ethikunterricht od. Philosophieunterricht als verpflichtendes Ersatzfach einzurichten (Gullo, 2003, 183).

3. Staatl. K. außerhalb der Schule: a) Grundsätzlicher Vorrang der K. durch die Eltern. Außerhalb der Umsetzung des staatl. Bildungs- u. Erziehungsauftrags im Schulwesen ist der Stellenwert staatl. K. verfassungsrechtlich wesentlich schwächer ausgeprägt. Als Ausdruck staatl. K. sind die versch. Formen u. Instrumente außerschulischer staatl. Kinder- u. →Jugendhilfe zu qualifizieren. Allerdings gilt in diesem Bereich ein grundsätzlicher Vorrang elterlicher Maßnahmen zur Pflege u. Erziehung der Kinder u. Jugendlichen. Der zentrale Ort für die K. ist die Familie. Die Eltern tragen die Erstverantwortung für die Realisierung des Kindeswohls, das individuell zu konkretisieren u. nicht allg. staatl. festzulegen ist (Kirchhof, 2018, 2693).

b) Das staatl. Wächteramt. Staatl. K. als Ausübung des staatl. Wächteramts gem. Art. 6 Abs. 2 S. 2 GG gegen den Willen der Eltern kommt daher nur ausnahmsweise in Betracht. Es gehört nicht zur Ausübung des staatl. Wächteramts, gegen den Willen der Eltern für eine „bestmögliche“ Förderung des Kindes zu sorgen (BVerfGE 60, 79, 94). Erst bei einer Gefährdung des Kindeswohls kann staatl. K. – über unterstützende u. ergänzende Maßnahmen hinaus – an die Stelle der Wahrnehmung der elterlichen Sorge treten (Coester, 2016, 578). Das schärfste Instrument, die Trennung des Kindes von seinen Erziehungsberechtigten, kommt daher nur in Betracht, wenn das Kindeswohl dies zwingend erfordert, Art. 6 Abs. 3 GG. Um eine Trennung des Kindes von den Eltern zu rechtfertigen, muss das elterliche Fehlverhalten ein solches Ausmaß erreichen, dass das Kind bei einem Verbleiben in der Familie in seinem körperlichen, geistigen od. seelischen Wohl nachhaltig gefährdet ist.

Literatur

Pieroth, B., Erziehungsauftrag u. Erziehungsmaßstab der Schule im freiheitlichen Verfassungsstaat: DVBl. 1994, 949-955; Gullo, P., Religions- u. Ethikunterricht im Kulturstaat, Berlin 2003; Rathke, C., Öff. Schulwesen u. religiöse Vielfalt, Berlin 2005; Coester, M., Kindeswohlgefährdung: Anforderungen an die Gefährdung aus jur. Sicht: NZFam 2016, 577-580; Korioth, S., Der Auftrag des Religionsunterrichts nach Art. 7 Abs. 3 GG: Essener Gespräche, Religionsunterricht in der religiös pluralen Gesellschaft, hg. v. B. Kämper – K. Pfeffer, Münster 2016; Kirchhof, G., Die Kinderrechte des Grundgesetzes: NJW 2018, 2690-2693.

Thomas Traub

© 2019, DOI: 10.30965/9783506786388_0610

Kindererziehung – Katholisch

Die cann. 1372 § 2 i. V. m. 1113 handelten bereits von der naturrechtlichen (→Naturrecht) Pflicht bzw. dem Recht der Eltern zur Erziehung ihrer Nachkommen. Das Grundrecht auf chr. Erziehung gem. c. 217 bzw. c. 20 CCEO hatte im CIC/1917 keinen Vorgänger. Die Erkl. des Vat II über die chr. Erziehung GE Art. 3 u. Art. 5 der Charta der →Familienrechte vom 22.10.1983 betonen die eindeutige naturrechtliche Verwurzelung des elterlichen präpositiven →Elternrechts. Die geltende kirchl. Rechtsordnung verankert im Rahmen der Grundrechte u. Grundpflichten der →Gläubigen (→Grundrechte und Grundpflichten der Christen) in c. 217 bzw. c. 20 CCEO das Grundrecht auf chr. Erziehung u. begr. dasselbe m. der in der →Taufe grundgelegten Entfaltung chr. Lebens, sodass die chr. Erziehung zur „Reife der menschlichen Person und zugleich zur Erkenntnis des Heilsgeheimnisses“ führen soll, die in einer entspr. Orthopraxie mündet. M. diesem Grundrecht auf chr. Erziehung korrespondiert die entspr. bereits präpositive in der →Elternschaft gründende naturrechtliche Pflicht u. das entspr. Recht gem. cc. 226 § 2 i. V. m. 793 u. 1136, die eigenen Nachkommen zu erziehen (Elternrecht) u. je nach Konfessionszugehörigkeit auch kath. zu erziehen. Die cc. 627-630 CCEO äußern sich in einem eigenen Kap. II. des Titulus XV zur kath. Erziehung. Der Gesetzgeber hat in c. 217 bewusst von chr. Erziehung gesprochen, da er zum einen gem. cc. 96 i. V. m. 204 § 1 zwischen dem Rechtsbesitz aus der Taufe aller Gläubigen u. der Rechtsausübung unterscheidet, die i. d. R. in der jeweiligen Konfession geschieht u. zum anderen die chr. Erziehung in konfessionsverschiedenen u. sakramentalen →Ehen gem. cc. 1055 § 2 i. V. m. 1124 u. 1125 bzw. cc. 776 § 2 i. V. m. 813 u. 814 CCEO im Blick hat. Wie bei der →konfessionsverschiedenen Ehe ist bei einer →religionsverschiedenen Ehe vom kath. Teil gem. c. 1125 das Versprechen abzugeben, „nach Kräften alles zu tun, dass alle seine Kinder in der katholischen Kirche getauft und erzogen werden“ (vgl. auch c. 814 CCEO). Die K. soll gem. c. 1136 die „leibliche, soziale und kulturelle als auch ... die sittliche und religiöse Erziehung“ verwirklichen. C. 795 spricht in Rezeption von GE 1 von der „vera educatio“ u. meint „die umfassende Bildung der menschlichen Person in Hinordnung auf ihr letztes Ziel und zugleich auf das →Gemeinwohl der Gesellschaft“. Diese Definition wahrer Erziehung umfasst demnach eine individuelle, eine soziale u. eine religiöse Dimension u. soll gem. c. 795 die Entfaltung der „körperlichen, moralischen und geistigen Anlagen“ der Kinder („pueri“) u. Jugendlichen („iuvenes“) ermöglichen (vgl. auch c. 629 CCEO). LG 11 qualifiziert die →Familie sodann gleichsam („velut“) als eine „Hauskirche“ bzw. „Ecclesia domestica“, in der die Eltern gegenüber ihren Kindern die tria munera (→Tria-Munera-Lehre) ausüben u. zeigt demnach die hohe verfassungsrechtliche Bedeutung von Familie u. →Ehestand auf, wie es sich auch in c. 226 §1 bzw. c. 407 CCEO zeigt. Durch die chr. K. haben die Eltern neben der Ausübung der anderen beiden munera der Verkündigung (→Verkündigungsdienst) (vgl. c. 774 §2 bzw. c. 618 CCEO Eltern als erste →Katecheten) u. der Leitung (→Leitungsdienst) gem. cc. 204 §1 i. V. m. 226 §1 gem. c. 835 §4 bes. Anteil an der Verwirklichung des munus sanctificandi (→Heiligungsdienst) der Kirche.

Gem. c. 98 §2 bzw. c. 910 §2 CCEO steht ein Minderjähriger bis zur →Volljährigkeit gem. c. 97 §1 bzw. c. 910 §1 CCEO unter elterlicher Kuratel, sodass die Rechtsausübung durch Eltern od. deren Vertreter ausgeübt wird, außer im Fall bes. gesetzlicher Ausnahmebestimmungen des kirchl. od. göttlichen Rechts, u. teilt gem. c. 105 §1 bzw. c. 914 §1 CCEO den →Wohnsitz der Eltern. Vgl. zu den Teilmündigkeitsgrenzen den Art. Elternschaft. Die Eltern sollen vom →Pfarrer gem. c. 528 §1 an ihre Pflicht zur K. erinnert werden u. der Pfr. hat nach c. 529 §1 die Pflicht, die Familien zu besuchen. Ferner verpflichten die cc. 1063, 1064 u. 1128 (vgl. cc. 783 u. 816 CCEO) die Hirten u. die Gemeinschaft der Gläubigen zur bes. →Seelsorge für Eheleute u. die Familien. Nach c. 867 bzw. c. 686 §1 CCEO sollen die Eltern für die frühzeitige Taufe, zu der gem. c. 868 §1 1° bzw. c. 681 §1 2° CCEO mind. ein Elternteil zustimmen muss, ihres Kindes sorgen inkl. des Taufgesprächs gem. c. 851 2° bzw. c. 686 §2 CCEO, einen Namen geben, der nach c. 855 „christlichem Empfinden [nicht] fremd ist“, nach c. 890 für die rechtzeitige →Katechese für u. den Empfang der →Firmung u. nach c. 914 für die Hinführung zum ersten Eucharistieempfang (→Erstkommunion), dem eine →Beichte vorausgeht (vgl. zum Abstinenzgebot c. 1252). Bei der Auswahl der →Paten rangieren gem. c. 874 §1 1° die Eltern als Vorschlagsberechtigte vor dem Pfr.

Das Erziehungsrecht der Eltern ist c. 1136 zufolge ein primäres Recht, das Institutionen wie dem Staat od. der Kirche vorausgeht (vgl. auch Art. 5 der Charta der Familienrechte). Gem. cc. 793 u. 794 dienen die institutionell von Staat u. Kirche bereitgestellten Mittel subsidiär der Verwirklichung des primären elterlichen Erziehungsrechts u. damit der K. Es ist Recht der Eltern od. ihrer Vertreter, gem. c. 793 nach ihrem Ermessen die „Mittel und Einrichtungen zu wählen“, die am besten der kath. K. dienen, z. B. wählen dementsprechend die Eltern gem. c. 798 die →Schule aus, die die kath. K. am besten gewährleistet. Als kirchl. Erziehungsmittel weist die kirchl. Rechtsordnung z. B. folgende auf: Katechese (cc. 776f. bzw. c. 624 CCEO), →Kindergärten, →Religionsunterricht (cc. 804f. bzw. c. 636 CCEO) u. kath. Schulen (cc. 800-803; 806 bzw. cc. 630-635 CCEO), →Katholische Universitäten u. Hochschuleinrichtungen (→Hochschule) (cc. 807-814 bzw. cc. 640-645 CCEO), kirchl. Universitäten u. Fak. (→Theologische Fakultät, Hochschuleinrichtung) (cc. 815-821 bzw. cc. 646-650 CCEO), soziale Kommunikationsmittel, insb. Bücher (cc. 822-832 bzw. cc. 651-666 CCEO) etc. Ferner stellt die Kirche auch Waisenhäuser u. andere Erziehungseinrichtungen bereit, falls Eltern verstorben sind od. ihrem Recht u. ihrer Pflicht zur Erziehung nicht nachkommen können.

Quellen

Vat II, LG; Vat II, GE; Johannes Paul II., Charta der Familienrechte vom 22. Oktober 1983: VApSt 52.

Literatur

Mussinghoff, H., Familienrecht im CIC: ÖAKR 34 (1983/84), 96-130; ders., Ausschluss der Erziehung als Ehenichtigkeitsgrund?: AfkKR 156 (1987), 63-94; Eisenring, G., Die eheliche Gemeinschaft u. das Kinderverhältnis in der kath. Rechtsordnung, Fribourg 1992; Boekholt, P., Kinder u. Jugendliche in der kirchl. Rechtsordnung: Iustitia et modestia (FS Socha), hg. v. P. Boekholt – I. Riedel-Spangenberger, München 1998, 139-156; Bernard, F., Art. Kindererziehung II. Kath.: LKStKR Bd. 2, 411-412; Wijlens, M., Elternschaft u. educatio: Kirchenrecht u. Theologie im Leben der Kirche (FS Reinhardt), hg. v. R. Althaus – K. Lüdicke – M. Pulte, Essen 2007 (BzMKCIC 50), 441-457; Schmitz-Stuhlträger, K., Das Recht auf chr. Erziehung im Kontext der kath. Schule. Eine kan. Untersuchung unter Berücksichtigung der weltlichen Rechtslage, Münster 2009.

Thomas Meckel

© 2019, DOI: 10.30965/9783506786388_0610

Kindererziehung – Evangelisch

Fragen des KR spielen in ev. Sicht bei der K. traditionell eine sehr untergeordnete Rolle. M. der religiösen u. weltanschaulichen sowie sozialen Pluralisierung der Lebensverhältnisse gewinnen sie an Gewicht, bei gleichzeitig zunehmender Spannung zwischen der Bereitschaft, rechtliche Regelungen anzuerkennen, u. der sich verstärkenden religiösen Individualisierung. Sorgten in der Vergangenheit v. a. Fragen zwischen der ev. u. der kath. Kirche für rechtlichen Regelungsbedarf, so treten nun Bezüge auf Konfessionslosigkeit u. religionsverschiedene Eltern, aber auch familiäre Patchwork-Verhältnisse in den Vordergrund.

Schon seit der →Reformation versteht die ev. Kirche Erziehung u. →Bildung als eine vordringliche gemeinsame Aufgabe für Eltern, →Schule, Gemeinwesen u. Kirche. In kirchl. Veröff. wird dies heute i. S. einer Partnerschaft ausgelegt; im Vordergrund stehen das Recht des Kindes sowie Unterstützungsmöglichkeiten für Eltern.

In kirchl., theol. u. religionspädagogischen Äußerungen wird der von Art. 6 u. 7 sowie 4 GG beschriebene Rahmen bejaht. Das gilt auch für das RKEG von 1921. Theol.-religionspädagogisch ist z. T. schon im 19. Jh. eine im Vgl. zum bürgerlichen Leben deutlich frühere religiöse Mündigkeit gefordert worden (F. Schleiermacher). Dieser Bejahung religiöser Mündigkeit entspricht heute der Nachdruck auf religiöser Selbstbestimmung als Ziel der K.

Die in der Deklaration der →Menschenrechte von 1948 verbrieften Abwehrrechte der Eltern bes. gegenüber dem Staat sind von ev. Seite vor dem Hintergrund der totalitären Systeme des 20. Jh. nachdrücklich zu bejahen. Für den ev. Mainstream erwächst daraus unter heutigen Bedingungen kein Gegensatz zur allg. Schulpflicht. In neuerer Zeit bricht die Frage auf, ob auch staatl. Leistungsgarantien für das einzelne Kind festgeschrieben werden sollten (Recht des Kindes auf religiöse Erziehung), was auch in der Kinderrechtskonvention von 1989 noch nicht erreicht wurde.

Kirchenrechtliche Bestimmungen werden v. a. bei der (Kinder-)→Taufe sichtbar. Eltern u. →Paten müssen ihre Bereitschaft zu einer chr. K. erklären, was auch in der i. d. R. für mind. einen Ehepartner u. einen Paten vorausgesetzten ev. Konfessionszugehörigkeit zum Ausdruck kommt. Streitfragen betrafen früher sog. ev.-kath. Mischehen (heute: →konfessionsverschiedene Ehe od. -verbindende Ehen), inzwischen auch religionsverschiedene Elternhäuser. In älteren ev. →Lebensordnungen wurde in der fehlenden Bereitschaft zur ev. K. z. T. ein Ehehinderungsgrund gesehen. Für die heutige Situation sind die Gemeinsamen Kirchl. Empfehlungen für die Ehevorbereitung konfessionsverschiedener Partner (EKD/DBK 1974 auf der Grundlage des Gemeinsamen Wortes von 1971) bezeichnend, die auf eine versöhnliche Lösung zielen, auch im Falle der Zustimmung eines ev. Ehepartners zur kath. K. Wie bes. die neueren Äußerungen der EKD zu Fragen von Konfession u. K. (EKD 1994 u. 2014) zeigen, folgt diese Freigabe der elterlichen Entscheidung dem ev. →Kirchenverständnis, für das letztlich nicht eine menschliche Institution, sondern das Evangelium maßgeblich ist. Damit sind zugl. die Grenzen einer Übertragbarkeit auf religionsverschiedene Elternhäuser angesprochen, für die das Evangelium nicht als gemeinsame Grundlage gelten kann. Deshalb wird hier etwa an religiöse Toleranz appelliert, wobei klare Leitlinien auch für die K. noch weithin fehlen.

Aus heutiger Sicht ist m. der Taufe auch eine Pflicht der Kirche verbunden. Sie muss Angebote für eine chr. K. machen, was in vielfältiger Gestalt geschieht. Insofern ist die Kindertaufe wesentlicher Ausgangspunkt für ev. Bildungshandeln (Elternbildung, Kindertagesstätten, ev. Schulen, Konfirmanden- u. Jugendarbeit usw.). Auch der Einsatz für schulischen →Religionsunterricht gehört in diesen Umkreis.

Die Orientierung am Recht des Kindes macht sich auf ev. Seite zunehmend bemerkbar. Das Leitbild vom „Kind in der Mitte" (Mk 9, 36) u. der von Erwachsenen geforderte „Perspektivenwechsel" hin zum Kind (Synode der EKD 1994) gewinnen, auch i. V. m. entspr. pädagogischen Orientierungen, neues Gewicht. Dass dies auch kirchenrechtliche Folgen hat, zeigt die für die ev. Tradition revolutionäre Zulassung schon von (Vorschul-)Kindern zum Abendmahl (→Abendmahl, Eucharistie).

Literatur

EKD, Denkschriften, Bd. 3 u. 4/1, Gütersloh 1981/1987; EKD, Identität u. Verständigung. Standort u. Perspektiven des Religionsunterrichts in der Pluralität, Gütersloh 1994; Jestaedt, M., Das elterliche Erziehungsrecht im Hinblick auf Religion: HbStKR² Bd. 2, 371-414; Raack, W. u. a., Recht der religiösen Kindererziehung, München 2003; VELKD, Leitlinien kirchl. Lebens, Gütersloh 2003; Schweitzer, F., Das Recht des Kindes auf Religion: Neubearbeitung Gütersloh 2013; EKD, Religiöse Orientierung gewinnen. Ev. Religionsunterricht als Beitrag zu einer pluralitätsfähigen Schule, Gütersloh 2014; Koch, R., § 19 Kindertagesstätten u. Jugendhilfe: HevKR, 702-725; Richter, M., § 20 Schulische Bildung: HevKR, 726-747; Schweitzer, F., Das Bildungserbe der Reformation, Gütersloh 2016.

Friedrich Schweitzer

 DOI: 10.30965/9783506786388_0610

Kindererziehung – Orthodox

1. Als biblischer Impuls für die K. in der orth. Kirche fungieren die Worte Jesu „Lasset die Kinder zu mir kommen und wehret ihnen nicht; denn solcher ist das Reich Gottes" (Vgl. Mt 19, 14; Mk 10, 14). Die primäre Rolle in der K. kommt der →Familie u. zwar den Eltern zu. Sie tragen die größte Verantwortung u. sind in dieser Hinsicht die wichtigsten Bezugspersonen. Die Familie wird in der orth. Perspektive als kleine Kirche gedeutet, indem sie die Kirche in Bezug auf die Gemeinschaft der Personen m. Gott u. in Liebe zueinander abbildet.

2. In der orth. Kirche wird die Taufe überwiegend im Säuglingsalter vollzogen. Durch die Sakramente der Taufe u. der Myronsalbung (Firmung) werden Kinder zu Mitgliedern der Kirchengemeinschaft. In der orth. Kirche sind Kinder von Anfang an in das sakramentale Leben der Kirche integriert, indem sie schon im Säuglingsalter an dem Sakrament der Eucharistie (Abendmahl) teilnehmen können. In vielen Gde. wird angestrebt, Kinder im →Gottesdienst altersgerecht aktiv einzubeziehen. Mögliche Formate sind hier z. B. die Kinderchöre, das Vorlesen der liturgischen Texte im Gottesdienst u. das Helfen im Altarraum.

3. Die Zielsetzungen der K. sind von der Situation der →Diaspora geprägt, für die eine Mehrperspektivität zwischen einer festen Bindung an die jeweilige Mutterkirche u. die dazugehörenden Kulturkontexte einerseits u. die Integration sowie die zunehmende Verwurzelung in Deutschland andererseits charakteristisch sind. Die Mehrheit der orth. Kinder haben einen Migrationshintergrund u. wachsen oft mehrsprachig auf. In den Angeboten der religiösen Bildung wird demnach ein Schwer-

punkt auf die sprachliche Bildung im Dt. gelegt, wobei die Familiensprachen ebenso nach Möglichkeit gefördert werden. Ein relevantes Arbeitsfeld auf der gesamtorthodoxen Ebene bildet der orth. →Religionsunterricht, der gem. Art. 7 Abs. 3 des GG ein ordentliches Lehrfach in der Schule ist. Derzeit findet der orth. Religionsunterricht in vier Bundesländern statt: NW, HE, NI u. BY. In BW wurde der orth. Religionsunterricht 2016 durch den entspr. Erlass eingerichtet. Der orth. Religionsunterricht wird in der Zusammenarbeit zwischen dem Staat u. den orth. Kirchen, die in der OBKD vertreten sind, gemeinsam verantwortet. Die OBKD hat zwei Hirtenworte (2011 u. 2017) zum orth. Religionsunterricht verabschiedet, in denen zur Bedeutung des orth. Religionsunterrichts u. zu den Herausforderungen in Bezug auf seine Etablierung in Deutschland Stellung genommen wird.

5. Die Tradierungsprozesse in Bezug auf den orth. →Glauben bilden in einer mehrheitlich nicht-orth. Gesellschaft keine Selbstverständlichkeit. Dgl. kann nicht vorausgesetzt werden, dass die Kinder aus versch. orth. Diözesen sich im Alltag begegnen u. über andere orth. Kirchen Bescheid wissen. Aus dieser Situation resultieren entspr. die Ziele der K. auf der panorthodoxen Ebene: Die Kinder sollen mehr über ihren Glauben sowohl in katechet. Form als auch praktisch im Gottesdienst erfahren. Es wird angestrebt, dass Kinder aus versch. Diözesen (russisch-orth., griech.-orth. etc.) sich gegenseitig kennenlernen. Dadurch soll mehr Bewusstsein für die Gesamtorthodoxie u. die eigene orth. Identität gefördert werden. Vom Orth. Jugendbund Deutschlands, der am 14.11.1998 durch den Beschl. der orth. Bf. in Deutschland gegr. wurde u. sich als Vertreter aller in Deutschland lebenden orth. Jugendlichen sieht, werden seit 2002 jährlich Freizeiten in Form von Sommercamps organisiert. Die Zielgruppe sind orth. Kinder u. Jugendliche ab dem Schulalter bis zum vollendeten 16. Lj. Da an diesem Angebot Kinder versch. Nationalitäten u. Kulturkreise teilnehmen, wird Dt. sowohl als Kommunikationssprache benutzt als auch in den Gottesdiensten verwendet.

6. In den einzelnen Gde. der orth. Kirchen in Deutschland ist die Arbeit m. Kindern sehr differenziert u. vielfältig organisiert. Die Ressourcen, Gemeindegröße u. der Bedarf unterscheiden sich u. wirken auf die organisatorischen Aspekte ein. Neben der Vermittlung von katechet. Inhalten gibt es Unterschiede im Blick auf die weiteren Schwerpunkte u. Formate. Zu den verbreiteten Angeboten gehört die Sonntagsschule, die oft in Form wöchentlicher Treffen m. dem Schwerpunkt auf der Katechese stattfindet: Den Kindern sollen Inhalte des orth. Glaubens in kindgerechten Methoden u. altersdifferenziert vermittelt werden. Zu den weiteren Schwerpunkten gehören z. B. die Einübung in den Kirchengesang der jeweiligen Tradition, Basteln u. Handarbeiten, kindgerechtes Ikonenmalen u. Sprachenlernen. Des Weiteren gibt es orth. Kindergärten, die in der Trägerschaft der jeweiligen Diözese sind. Zu den Besonderheiten der Angebote für Kinder auf der Ebene der Diözesen u. der einzelnen Gde. gehört eine Verwobenheit der Glaubensinhalte m. dem jeweiligen kulturellen Kontext, wie etwa die Gebundenheit an die jeweilige Sprache bzw. Sprachen der Kirche.

Quellen

Hirtenwort der Orth. Bischofskonferenz in Deutschland zum Religionsunterricht vom 12. November 2011, hg. v. Orth. Bischofskonferenz in Deutschland: http://www.obkd.de/Texte/HirtenwortderOrthodoxenBischofskonferenzinDeutschlandzumReligionsunterricht.pdf [Zugriff: 15.05.2019]; Hirtenwort der Orth. Bischofskonferenz in Deutschland zum Religionsunterricht vom 12. Dezember 2017, hg. v. Orth. Bischofskonferenz in Deutschland: http://www.obkd.de/Texte/OBKD%20Hirtenbrief%20zum%20ORU.pdf [Zugriff: 15.05.2019].

Literatur

Koulomzin, S., Our Church and our Children, Crestwood, New York 1975; Schmemann, A., Liturgy and Life: Christian Development through Liturgical Experience, Syosset, New York 1993; Tarasar, C. J., Orthodox Theology and Religious Education: Theologies of Religious Education hg. v. R. C. Miller, Birmingham, Alabama 1995, 83-120; Stogiannidis, A., Leben u. Denken. Bildungstheorien zwischen Theosis u. Rechtfertigung, Münster 2003; Makrides, V. N., Bildung aus Sicht des Orth. Christentums: Religion u. Bildung: Orte, Medien u. Experten religiöser Bildung, hg. v. Bertelsmann Stiftung, Gütersloh 2008, 86-91; Kiroudi, M., Entwicklung u. Praxis des orth. Religionsunterrichts in Deutschland: ÖR 63 (2014/1), 38-53; Danilovich, Y., Orth. Religionsunterricht in Deutschland: Ökumene im Religionsunterricht, hg. v. S. Altmeyer – R. Englert – H. Kohler-Spiegel – E. Naurath – B. Schröder – F. Schweitzer, Neukirchen-Vluyn 2016, 123-132 (Jb. der Religionspädagogik 32); Keller, K., Wo fünf od. acht od. zwölf SchülerInnen zusammenkommen: Orthodoxie in Deutschland, hg. v. T. Bremer – A. E. Kattan – R. Thöle, Münster 2016, 103-114; Thon, N., Ethnische Vielfalt u. Einheit im Glauben. Die Orth. Kirche in Deutschland u. ihr hist. Weg zu einer Bischofskonferenz: Orthodoxie in Deutschland, hg. v. T. Bremer – A. E. Kattan – R. Thöle, Münster 2016, 51-70.

Yauheniya Danilovich

© 2019, DOI: 10.30965/9783506786388_0610

Kindererziehung – Jüdisch

Die K. wird bereits durch die Bibel als eine der wichtigsten Elternpflichten betrachtet: „Diese Worte, auf die ich dich heute verpflichte, sollen auf deinem Herzen geschrieben stehen. Du sollst sie deinen Söhnen wiederholen.“ (Dtn 6, 6-7; ebd. 11, 19; vgl. bQid 29b); „Präge sie [die Offenbarung] deinen Kindern und Kindeskindern ein.“ (Dtn 4, 9); „Erzieh‘ das Kind gemäß seinem Weg, dann wird er auch im Alter nicht davon abweichen“ (Spr 22, 6). Bereits in der biblischen Zeit gab es Privatgelehrte, welche die Kinder aus vornehmen Familien erzogen haben. In der biblischen u. der frühen nachbiblischen Zeit galten die Vertreter der Priesterschaft u. die Leviten als professionelle Lehrer. Nach dem traditionellen Verständnis handelt es sich bei der K. um eine Verpflichtung des Vaters gegenüber seinem Sohn (Maimonides, MT, Hilkhot Talmud Tora 1, 1); seit dem MA wird jedoch die Erziehungspflicht auch auf Töchter ausgestreckt (vgl. → Erziehungsrecht). Falls der Vater nicht selbst den Sohn lehren kann, ist er verpflichtet, einen Lehrer anzustellen (Maimonides, ebd. 1, 3). Die Erziehungspflicht setzt ein, sobald das Kind sprechen kann u. umfasst zunächst nur einige Bibelverse (Dtn 33, 4, Dtn 6, 4ff.; vgl. Maimonides, ebd. 1, 7). Mit sechs od. sieben J. soll das Kind eingeschult werden (Maimonides, ebd. 1, 2). Das Lehrcurriculum umfasst zunächst das Lesen der Bibel. Auf dieses folgt die Beschäftigung m. der mündlichen → Tora: „Mit fünf Jahren [ist man reif] zum Erlernen der Schrift; mit zehn zum Erlernen der Mischna; ... mit 15 zum Erlernen des Talmuds“ (mAv 5, 21). Die Erziehung zum praktischen Einhalten der Gebote beginnt, sobald das Kind die entspr. geistige u. physische Reife erreicht hat (mSuk 3, 15). Die Verpflichtung, alle Gebote einzuhalten, gilt für Mädchen m. der Vollendung des 12., für Jungen des 13. Lj.

Das umfassende Erziehungssystem für Kinder wurde bereits z. Z. des zweiten Tempels eingeführt. Als hist. Grundlage dieses Systems wird allg. die VO des Shim‘on ben Shetaḥ (1. Jh. v. Chr.) angenommen, die eine Schulpflicht für die Kinder vorschreibt (yKet 8, 11-32c). In späterer Zeit wurde diese VO durch Yehosua‘ ben Gamla’ (1. Jh. n. Chr.) erneuert u. erw. Darüber wird im Babylonischen Talmud (bBB 21a, über L. Goldschmidt) berichtet: „Anfangs pflegte ... der einen Vater hatte, von ihm in der Gesetzeskunde unterrichtet zu werden, und wer keinen Vater hatte, lernte die Gesetzeskunde nicht... Später aber ordnete man an, in Jerusalem Kinderlehrer anzustellen ... Aber immer noch pflegte den, der einen Vater hatte, dieser hinzubringen und lehren zu lassen, wer aber keinen Vater hatte, kam nicht und lernte auch nichts; da ordnete man an, solche in jedem Bezirk anzustellen, und man führte ihnen [die Kinder im Alter] von sechzehn, siebzehn Jahren zu, und wenn der Lehrer über einen in Zorn geriet, so stampfte dieser mit den Füßen und lief fort. Alsdann trat R. Yehosuaʿ ben Gamlaʾ auf und ordnete an, dass man Kinderlehrer in jeder Provinz und in jeder Stadt anstellte, denen man [die Kinder im Alter] von sechs, sieben Jahren zuführte."

Ein Lehrer darf nicht mehr als 25 Schüler zur gleichen Zeit lehren; hat die Klasse mehr als 25 Schüler, ist ein Hilfslehrer einzustellen. Ab 40 Schülern muss ein zweiter Lehrer berufen werden (Maimonides, MT, Hilekhot Talmud Tora 2, 5). Der Unterricht dauert den ganzen Tag u. einen Teil der Nacht (ebd. 2, 2). Nur am Freitag, Vorabend eines Festes, am Fest selbst sowie am Sabbat dürfen die Schüler vom Unterricht befreit werden (ebd.). Selbst für die Erbauung des Tempels dürfen die Kinder nicht vom Unterricht zurückgehalten werden (ebd., nach bShab 119b). Der Lehrer ist verpflichtet, geduldig zu sein u. den Gegenstand so lange zu wiederholen, bis dieser von allen Schülern verstanden wird. Falls der Lehrer sich über das Unverständnis ärgert, soll der Schüler zu ihm sprechen: „Mein Meister, dies ist die Lehre und verpflichtet bin ich, sie zu lernen, doch mein Verständnis reicht nicht aus" (Maimonides, ebd., 4, 4).

Der Kinderunterricht findet in einem bes. Raum, Bet ha-midrash (Haus der Lehre) statt, dessen Heiligkeit größer ist als diejenige der →Synagoge (ebd., 4, 9). Doch galt bereits in der Antike die Synagoge als das eigentliche Haus der Lehre (Philo, De Vita Moysis 3, 27); noch heute wird im Jiddischen Synagoge als die Schule bez.

Jede Stadt u. jedes Dorf ist verpflichtet, einen Kinderlehrer einzustellen; u. jede Ortschaft, die nicht dafür sorgt, Schulkinder zu unterrichten, verdiene es, vernichtet zu werden, „denn die Welt wird nur durch den Hauch der Schulkinder erhalten" (Maimonides, ebd., 2, 1 nach bShab 119b).

Weitere rechtliche u. ethische Aspekte der K. werden durch das →Elternrecht bzw. das Erziehungsrecht geregelt.

Literatur

Hirsch, E. G. u. a., Education: Jewish Encyclopaedia Bd. 5, 42-48; Schereschewsky, B., Family Law in Israel, Jerusalem ⁴1992; Demsky, A. u. a., Education: EJ² Bd. 6, 162-214.

Vladislav Slepoy

© 2019, DOI: 10.30965/9783506786388_0610

Kindererziehung – Islamisch

Im →Koran kommt die Wortfeld-Semantik von Kind, Junge od. Mädchen (ġulām, ibn, bint, walad, ḏakar, unṯā…) in metaphorischen Ausdrücken vor: Kinder Adams als Bez. für die Menschheit, Kinder Israels als Idiom für die Israeliten, in Gleichnissen u. Schwurformeln, als Sinnbild von Nachwuchs u. Stolz, im Zusammenhang m. Zeugung u. Embryonalentwicklung, als Schöpfungswunder u. als Schutzbedürftige bei Flucht u. Migration (Suren 2, 4, 7, 9, 40, 60, 64, 90). Des Weiteren spielen kindliche Figurationen eine Rolle im Kontext von Prophetie (Elisabet u. Zacharias, Abraham, Maria u. Jesus, Jochebet u. Moses, Pharao u. Moses, Jakob u. Josef; Suren 3, 5, 11, 12, 19, 26, 28). Kinder finden Erwähnung im Erbrecht, im Versorgungsrecht od. bzgl. Scham, Geschlecht u. Pubertät (Suren 4, 24, 65). In den Suren 6 u. 17 warnt der Koran vor Abtreibung u. Kindsmord aus Furcht vor Verarmung.

Die K. gilt gem. Koran 66:6 u. weiteren zentralen Texten des Islams als personales Recht u. Pflicht (farḍ ᶜayn) der leiblichen Eltern od. Pflegeeltern, i. S. v. social eye, Subsidiarität od. Intervention (Vorrang des Kindswohls) auch als Pflicht der Gemeinschaft (farḍ kifāya) bzw. von Paten (31:14). Die wenigen von Muhammad überlieferten Aussagen zur K. verweisen m. E. auf die üblichen spätantiken Septennienlehren der Entwicklung im Kindes- u. Jugendalter, vorrangig aber auf die Qualität der Eltern-Kind-Bindung (Liebe, Fürsorge, Respekt; Wortfelder ḥubb, mawadda, raḥma; 17:23-24, 31:12-19). Eine für die Theoriebildung ambivalente Rolle zwischen der Idealisierung des Kindes u. der empirischen Begründungslogik religiöser Erziehung spielt der Aspekt der natürlichen Disposition des Menschen (anima naturaliter) zum Glauben (fiṭra; 30:39).

In dieser Tradition steht der im 10. Jh. entstandene kleine Erziehungsratgeber „O Kind!" (Ayyuhāl-Walad) von al-Ġazālī: Erziehung gründet in der Beziehung. Für Ibn Ǧamāᶜa (13./14. Jh.) geschieht Lernen von Herz zu Herz. Al-Farābī (Avenassar; 9./10. Jh.) weist darauf hin, dass Lerngegenstände so begreifbar sein müssen, dass sich im Innern ein Bild aufbaut – das Mentale bedingt die Haltung im Personalen u. diese wiederum die Handlung im Realen. Eine erste systematische Erziehungslehre findet sich bei Ibn Saḥnūn (9. Jh.) m. z. B. häuslicher Erziehung, Beschulung, Professionalisierung von Erziehung u. Unterricht sowie Geduld (ṣabr) u. Hingabe (iqbāl) als Grundhaltungen.

Ibn Sīnā (10./11. Jh.) hebt die Bedeutung der materialen Erziehungsvoraussetzungen hervor: sichere u. gesunde Beziehungen, stabile ökonomische Verhältnisse, bekömmliches Essen, sauberes Wasser, bequeme, bescheidene u. doch schöne Kleidung, ein trockener Schlafplatz, genügend Schlaf u. morgens angstfrei aufwachen. Die Bildungsidee der islam. Erziehung gründet darin, dass Heranwachsende eine Vorstellung davon gewinnen, wer sie sein u. wo bzw. wie sie leben möchten u. wie sie sich selbst auf gute Lebensziele hin führen (tazkiya). Der für islam. Erziehung gängige Begriff al-tarbiya al-islāmīya wurde nach u. nach durch den Begriff der Führung des Selbst (tazkiya al-nafs) ersetzt: Ersterer bezieht sich heute auf Erziehung als gesellschaftliches Funktionssystem, letzterer auf die bildungstheoretische Ausgestaltung. Diese Differenz hilft zu verstehen, warum etliche islam. Privatschulen in asiatischen u. afrikanischen Transformationsgesellschaften religiöse Identität bspw. über die Pädagogik Maria Montessoris od. Ivan Illichs formatieren. Die Vielfalt an klassischen islam. Traditionen von Elementar- u. Primarerziehung (madrasa) verbietet eigentlich die Essenzialisierung einer bestimmten Erziehungskultur als islam. i. S. eines konfessionellen Propriums. Dass etwa heute in Deutschland von islam. Pädagogik gesprochen wird, hat eher institutionelle Gründe, z. B. im Kontext von islam. →Religionsunterricht.

Die Verhältnisbestimmung zwischen dem etablierten Erziehungsanspruch der Älteren u. dem sich entwickelnden Anspruch auf Selbstbestimmung der Heranwachsenden thematisiert der Koran in 31:12-19. Kindheit u. Jugend (sabiya; 19:29, 19:12) sind als grds. eigenständige Lebensphasen angelegt. Ein Begriff wie balaġa für laufen (37:102) wird in der islam. Bildungslehre wörtlich (Gehfähigkeit), entwicklungspsychologisch (Pubertät) u. sinnbildlich (Mündigkeit) verstanden. Eine Sonderung von Jungen u. Mädchen hinsichtlich erzieherischer Ansprache od. (Aus)Bildung ist aus der islam. Bildungslehre heraus nicht begründbar. Anfragen an die islam. Erziehungslehre u. Religionspädagogik v. a. m. Blick auf das jüngere Lebensalter betreffen heute aber immer mehr die von besorgten Eltern empfundene Unwägbarkeit von Festhalten u. Loslassen angesichts sich schnell wandelnder Gesellschaften. Diese Anomie kann sich für religionsbezogene häusliche od. gemeindliche Erziehung in der Migrationssituation verstärken. Das betrifft die Spannung zwischen kulturellem Transmissionsmotiv u. Progressionsmotiv, aber auch die Neuverhandlung von sozialen Geschlechtsrollen (Gender) u. Geschlechtsidentitäten sowie von Erziehung in homo- u. heterosozialen Räumen. Die →Moscheen in Deutschland sehen sich deshalb heute zwischen Korankurs für Kinder, →Jugendarbeit, →Seelsorge od. Erwachsenenbildung m. Herausforderungen konfrontiert, die hinsichtlich der sozialen Situierung ihrer Zielgruppen komplexer sein können als in manchen Herkunftsländern. Das hat dazu geführt, auch sozialisationstheoretische Themen, die über dezidiert religiöse K. hinausweisen, in den neueren Curricula der Imam-Ausbildung zu verankern.

Literatur

Mahdi, M., Muḥammad Abu Naṣr Al-Farābī: Kitāb al-Alfāẓ al-Musta'mala fil-Mantiq, hg. v. M. Mahdi, Beirut 1968; Ḥiǧāzī, ᶜAbd al-Raḥmān ᶜUṯmān, Muḥammad Ibn Saḥnūn: Adāb al-Muᶜallimīn, Beirut 1986; Ahmad, Abd al-Muᶜnim, Badr ad-Dīn Ibn Ǧamāᶜa: Taḥrīr al-Aḥkām fī Tadbīr ahl al-Islām, Edition Katar 1991; Behr, H. H., Islam. Bildungslehre, Garching 1998; Günther, S., Islamic Education: New Dictionary oft he History of Ideas Vol. 2, hg. v. M. Horowitz, Detroit 2005, 640-645; Günther, S., Be Masters in That You Teach and Continue to Learn: Medieval Muslim Thinkers on Educational Theory: Comparative Education Rev. Vol. 50, 3, Chicago 2006, 367-388; Behr, H. H., Welche Bildungsziele sind aus der Sicht des Islams vordringlich?: Mein Gott – Dein Gott. Interkulturelle u. interreligiöse Bildung in Kindertagesstätten, hg. v. F. Schweitzer – A. Biesinger – A. Edelbrock, Weinheim – Basel 2008, 31-47; ders., Koranschulen: Handbuch Schule, hg. v. S. Blömeke – T. Bohl – L. Haag – G. Lang-Wojtasik – W. Sacher, Bad Heilbrunn 2009, 406-410; Kulaçatan, M. – Behr, H. H., Religious Orientation of Muslim Girls and Young Women between Particularism and Universalism: Frankfurter Zeitschrift für Islam.-Theol. Studien 3 (2016): Universalität u. Universalismus im Islam, 107-120 u. Analisa. Journ. of Social Science and Religion 3, 1 (2018), 79-92.

Harry Harun Behr

© 2019, DOI: 10.30965/9783506786388_0610

Kindergarten – Staatlich

K. sind Kindertageseinrichtungen (Kitas), deren Angebot sich überwiegend an Kinder im Alter von 3 J. bis zur Einschulung richtet. Unter den Kitas (als außerhäuslichen Einrichtungen zur regelmäßigen →Bildung, Erziehung u. Betreuung von Kindern, zu denen außerdem Einrichtungen für Kinder versch. Altersgruppen, Krippen u. Horte gehören) sind sie nach wie vor der häufigste Einrichtungstyp (31%), obwohl sie mehr u. mehr von Einrichtungen für Kinder versch. Altersgruppen (oft m. altershomogenen, z. T. aber auch altersgemischten Gruppen) abgelöst werden. Entspr. widmet sich das Recht inzwischen Kitas im Allg. u. knüpft Sonderregelungen zwar an das Alter der betreuten Kinder u. die Zuordnung zur vorschulischen Bildung, aber nicht an den Einrichtungstyp als K. an.

Die grundlegenden Rechtsnormen sind bundeseinheitlich im SGB VIII enthalten (neben den für die Kinder- u. →Jugendhilfe allg. geltenden Normen insb. §§ 22-26). Sie werden durch allg. Ausführungsgesetze zum SGB VIII (v. a. zur Bestimmung der zuständigen Behörden) u. Fachgesetze der Länder ausgefüllt.

Kitas haben den Auftrag, die Entwicklung des Kindes zu einer eigenverantwortlichen u. gemeinschaftsfähigen Persönlichkeit zu fördern, die Erziehung u. Bildung in der Familie zu unterstützen u. zu ergänzen, u. den Eltern zu helfen, Erwerbstätigkeit u. →Kindererziehung miteinander zu vereinbaren (§ 22 II SGB VIII). Der Förderungsauftrag richtet sich auf die soziale, emotionale, körperliche u. geistige Entwicklung des Kindes u. schließt die Vermittlung orientierender Werte u. Regeln ein (§ 22 III 1, 2 SGB VIII).

Kinder im Kindergartenalter haben Anspruch auf (halbtägige) Förderung in einer Kita (§ 24 III SGB VIII). Die Träger der öff. Jugendhilfe tragen die Gesamtverantwortung dafür, dass dieser Anspruch erfüllt wird (§ 79 I SGB VIII) u. darüber hinaus ein bedarfsgerechtes Angebot an Ganztagesplätzen zur Verfügung steht (§ 24 III 2 SGB VIII). Zu diesem Zweck sollen sie die Tätigkeit freier Träger anregen (§ 74 I SGB VIII) u. die anerkannten Träger der freien Jugendhilfe, zu denen u. a. die öff.-rechtlich korporierten Religionsgesellschaften u. die auf Bundesebene zusammengeschlossenen Wohlfahrtsverbände gehören (§ 75 III SGB VIII), frühzeitig in die Jugendhilfeplanung einbeziehen (§ 80 III SGB VIII). Soweit geeignete Einrichtungen von anerkannten Trägern der freien Jugendhilfe betrieben od. rechtzeitig geschaffen werden können, soll die öff. Jugendhilfe von eigenen Maßnahmen absehen (§ 4 II SGB VIII; z. T. konkretisiert durch Landesrecht). Dies soll sicherstellen, dass die Einrichtungslandschaft durch eine Vielfalt von Wertorientierungen, Inhalten u. Methoden (§ 3 I SGB VIII) gekennzeichnet ist, so dass die Eltern von dem Wunsch- u. Wahlrecht (§ 5 SGB VIII), das ihnen das Jugendhilferecht zur Wahrung ihres → Elternrechtes einräumt, tatsächlich Gebrauch machen können. In der Praxis führt dies dazu, dass ca. ein Drittel der Kita-Plätze von staatl. (i. d. R. kommunalen) Trägern, ein weiteres Drittel von der kath. u. den ev. Kirchen bzw. Caritas/Diakonie u. das verbleibende Drittel von einem breiten Spektrum unterschiedlicher gemeinnütziger u. privatgewerblicher Träger angeboten werden.

Bei Wahrnehmung ihrer Aufgaben haben die öff. Träger die Selbständigkeit der freien Jugendhilfe zu achten (näher § 4 I 2 SGB VIII). Dazu gehört, dass Einrichtungen religionsgemeinschaftlicher Träger das durch Art. 4 Abs. 1, 2 u. Art. 140 GG i. V. m. Art. 137 Abs. 3 WRV fundierte Recht zu religiöser Bildung u. Erziehung nicht abgesprochen werden darf (weil die Eltern deren Angebot freiwillig in Anspruch nehmen, u. nicht sie, sondern der Staat, Schuldner des Anspruchs auf einen zumutbaren Betreuungsplatz ist). Dennoch begrenzt das Recht die Gestaltung der Einrichtungen, um die Erfüllung ihres Auftrags zu gewährleisten: Der Betrieb einer Kita ist erlaubnispflichtig (§ 45 SGB VIII; z. T. konkretisiert durch Landesrecht). Anhand der Erlaubnisvoraussetzungen – bei deren Vorliegen ein Anspruch auf die Erlaubnis besteht – überprüft die aufsichtsführende Behörde (§ 85 II Nr. 6 SGB VIII i. V. m. Landesrecht), ob die Einrichtung das Wohl der Kinder gewährleistet. Sie überwacht, ob die Erlaubnisvoraussetzungen dauerhaft weiterbestehen (§ 46 I 1 SGB VIII). Darüber hinaus macht das hierfür maßgebliche Landesrecht (§ 74a 1, 2 SGB VIII) die öff. Förderung ganz od. teilweise von weiteren Voraussetzungen abhängig, zu denen u. a. die Verpflichtung auf Erziehungs- u. Bildungsziele u. Grundsätze der Bildungs- u. Erziehungsarbeit gehören kann (s. nur § 74 II SGB VIII; Art. 19 BayKiBiG). Manche Länder beziehen darin die Ausbildung religiöser od. weltanschaulicher Überzeugungen u. Toleranz gegenüber abw. Überzeugungen ein (s. § 4 I AVBayKiBiG). V. a. geförderte Einrichtungen werden so im Ergebnis (hinsichtlich der Anforderungen an ihr Personal, ihren baulichen Zustand, die Zusammenarbeit m. den Erziehungsberechtigten, ihre pädagogische Arbeit, usw.) umfangreich durch Landesrecht reglementiert.

Neben staatl. (Investitions- u. Betriebskosten-)Zuschüssen u. Eigenmitteln des Trägers können sich Kitas durch Elternbeiträge finanzieren (§ 90 SGB VIII i. V. m. Landesrecht). Öff.-rechtliche Träger können diese durch Verwaltungsakte auf Grundlage einer Benutzungssatzung erheben (ob dies auch für öff.-rechtlich korporierte → Religionsgemeinschaften gilt, ist allerdings strittig). I. Ü. werden sie als allg. Geschäftsbedingungen in den Benutzungsvertrag einbezogen.

Quellen

Dt. Jugendinstitut, Träger von Kindertageseinrichtungen im Spiegel der amtl. Statistik, Dortmund 2016: http://www.akjstat.tu-dortmund.de/fileadmin/Analysen/Kita/Traeger_von_Kindertageseinrichtungen_im_Spiegel_der_amtlichen_Statistik.pdf [Zugriff: 15.05.2019].

Literatur

Elgeti, A., Rechtsprobleme bei Kindergärten in kirchl. Trägerschaft: ZevKR 34 (1989), 144-168; Kämper, B., Kindergärten in kirchl. Trägerschaft. Verfassungs- u. verwaltungsrechtliche Fragen, dargestellt vornehmlich am Bsp. des Landes Nordrhein-Westfalen, Berlin 1991; Haccius, S., Der Rechtsanspruch auf einen Kindergartenplatz u. seine Auswirkungen auf Kindergärten in kirchl. Trägerschaft: KuR 1/1995, 43-48; Kämper, B., Kindergärten in kirchl. Trägerschaft: HbStKR² Bd. 2, 831-842; Müller, P., Zur Rechtslage kirchl. Kindergärten nach Einräumung eines Rechtsanspruchs auf einen Kindergartenplatz: ZevKR 43 (1998), 145-181; Kämper, B., Art. Kindergarten: LKStKR Bd. 2, 412-413; Wüstefeld, M. – Korden, R., Aufsichtsrechte der Jugendämter über Kindertageseinrichtungen in kirchl. Trägerschaft: KuR 2/2007, 215-219; de Wall, H., Religiöse Bildung in Kindertagesstätten im Spannungsfeld von Erziehungsrecht u. -auftrag, staatl. Neutralität u. Religionsfreiheit: RdJB 4/2007, 458-468; ders., Jur. Aspekte der interkulturellen u. interreligiösen Bildung in Kindertagesstätten: Mein Gott – Dein Gott. Interkulturelle u. interreligiöse Bildung in Kindertagesstätten, hg. v. F. Schweitzer – A. Biesinger – A. Edelbrock, Weinheim – Basel 2008, 81-94; de Wall, H. – Penßel, R., Religion in Kindergarten u. Schule: Handbuch der Religionen, hg. v. M. Klöcker – U. Tworuschka, Kap. 1-16 (Loseblatt, Stand: 2009); Hundt, M., Religionsrecht in Kita u. Schule, Kronach 2010; dies., Pädagogik u. Recht in der Kindertagesbetreuung. Grundwissen u. aktuelle Rechtsfragen des Kita-Rechts, Kronach 2013; de Wall, H., Das Recht des Kindes auf Religion – Orientierungen aus jur. Sicht: Mensch, Religion, Bildung, Religionspädagogik in anthropologischen Spannungsfeldern, hg. v. T. Schlag – H. Simojoki, Gütersloh 2014, 418-432; Reith, B., Der Erziehungs-, Bildungs- u. Betreuungsauftrag des Staates im Vorschulbereich: verfassungsrechtliche Grundlagen der frühkindlichen Förderung, Baden-Baden 2014; Munsonius, H., Art. Kindergärten, kirchl.: 100 Begriffe aus dem Staatskirchenrecht, hg. v. H. M. Heinig – H. Munsonius, Tübingen ²2015, 103-105; Kepert, J. – Kunkel, P. C., Handbuch Kinder- u. Jugendhilferecht, Wiesbaden 2017.

Renate Penßel

© 2019, DOI: 10.30965/9783506786388_0611

Kindergarten – Katholisch

Erziehungsauftrag der Kirche: Nach kirchl. Selbstverständnis ist die Bereitstellung von K. durch (Erz-)Bistümer (→Diözese), →Caritasverbände, →Pfarreien, kirchl. Vereine od. Orden ein Teil des öff. Wirkens der Kirche, die dadurch ihrer →Sendung nachkommt (cc. 794-795; cc. 628-630 CCEO). Bei der Umsetzung dieser Aufgabe sollen die Fachkräfte m. den Eltern i. S. einer Mitwirkung u. nicht einer Mitbestimmung in wesentlichen Angelegenheiten partnerschaftlich zusammenarbeiten. Der kath. K. ist im Gegensatz zu K. in staatl. Trägerschaft nicht zu religiöser bzw. konfessioneller Neutralität verpflichtet, sondern darf auf religiöser Grundlage, die in dem pädagogischen Konzept der Einrichtung festzuhalten ist, erziehen.

→Selbstbestimmungsrecht der Kirche: Die Kirche hat als →Körperschaft des öffentlichen Rechts das Recht auf selbständige Ordnung u. Verwaltung ihrer Angelegenheiten (Art. 140 GG i. V. m. Art. 137 WRV). Auf dieses Selbstbestimmungsrecht können sich auch die Träger der kirchl. K. berufen. Dazu gehört auch die Einstellung von Mitarbeitern nach den Vorgaben des kirchl. Arbeitsrechts (→Arbeitsrecht, kirchliches). Die pädagogischen Fachkräfte sollen vom kirchl. Arbeitgeber nach den Kriterien des kirchl. Arbeitsrechts ausgewählt werden u. den →Loyalitätsobliegenheiten der Kirche entsprechen. Diese sind die Anerkennung u. Beachtung der kath. →Glaubenslehre u. Sittenlehre sowie ein entspr. persönliches Lebenszeugnis (im erzieherischen Dienst bes. bei leitenden Mitarbeitern) (Art. 4 Abs. 1 GrO), das Unterlassen von persönlicher Lebensführung u. dienstlichem Verhalten, das die Glaubwürdigkeit der Kirche u. des K. gefährden könnte (Art. 4 Abs. 4 GrO). Bei der Auswahl der Mitarbeiter muss sichergestellt werden, dass sie den bes. kirchl. Auftrag glaubwürdig erfüllen können, den Zielen der Einrichtung zustimmen sowie der kath. Kirche angehören. Entspr. machen kirchenfeindliche Betätigungen, →Kirchenaustritte od. eine kirchenferne Lebensweise unfähig zum kirchl. Dienst (Artt. 3 u. 5 Abs. 2 GrO). I. d. R. sollen die erzieherisch tätigen Mitarbeiter kath. sein. Für Ausnahmefälle (nichtkatholisch chr. sowie nichtchristlich) sind Art. 4 Abs. 2 u. 3 GrO zu beachten.

Staatskirchenrechtliche Grundlagen: M. Vollendung des dritten Lj. bis zum Eintritt in die →Schule hat jedes Kind einen gesetzlichen Anspruch auf Förderung in einer Tageseinrichtung (§ 24 Abs. 3 SGB VIII). Gem. § 3 Abs 1 SGB VIII ist die →Jugendhilfe gekennzeichnet durch die Vielfalt von Trägern unterschiedlicher Wertorientierungen u. die Vielfalt von Inhalten, Methoden u. Arbeitsformen. Einen erheblichen Anteil an diesen freien Trägerschaften leistet die kath. Kirche, die i. S. des SGB VIII von der öff. Jugendhilfe gefördert u. in ihrer Selbsthilfe gestärkt werden soll (§ 4 Abs. 3 SGB VIII). Die konkrete Ausgestaltung wird jeweils in den Kindergartengesetzen der Bundesländer geregelt.

Die Letztverantwortlichkeit für die Erfüllung aller Jugendhilfeaufgaben obliegt den Trägern der öff. Jugendhilfe (§ 79 Abs. 1 SGB VIII). Unter deren Gesamtverantwortung genießt u. a. die kath. Kirche ein Erstzugriffsrecht, da die öff. Jugendhilfe von Maßnahmen absehen soll, sofern geeignete Einrichtungen von anerkannten Trägern betrieben werden können (§ 4 Abs. 2 SGB VIII) (bedingter Vorrang freier Träger). Dadurch wird den K. die Möglichkeit der dauerhaften Förderung u. die Förderung von Fortbildungsmaßnahmen eröffnet (§ 74 Abs. 1 Satz 2, Abs. 6 SGB VIII).

Aufsicht: Die K. freier Träger unterliegen der Aufsicht der Landesjugendämter. Dabei steht das Erlaubniserteilungsverfahren im Vordergrund (§ 45 Abs. 2 SGB VIII). Entscheidend für die Erteilung der Erlaubnis ist die Gewährleistung des Wohls der Kinder, was der Fall sein wird, wenn die räumlichen, fachlichen, wirtschaftlichen u. personellen Voraussetzungen gegeben sind, die gesellschaftliche u. sprachliche Integration u. ein gesundheitsförderliches Lebensumfeld in der Einrichtung unterstützt werden, die gesundheitliche Vorsorge u. die medizinische Betreuung der Kinder u. Jugendlichen nicht erschwert werden u. zur Sicherung der Rechte von Kindern u. Jugendlichen in der Einrichtung geeignete Verfahren der Beteiligung sowie der Möglichkeit der Beschwerde in persönlichen Angelegenheiten Anwendung finden (§ 45 Abs 2 nn. 1-3 SGB VIII). Wenn das Wohl der Kinder nicht mehr gewährleistet werden kann, ist die Erlaubnis zu widerrufen (§ 45 Abs. 7 SGB VIII).

Finanzierung: Es handelt sich um eine Mischfinanzierung, bei der die Betriebskosten (Personal- u. Sachkosten) durch Elternbeiträge, staatl. Zuschüsse (Höhe entspr. Landesrecht) u. Eigenleistungen des Trägers aufgebracht werden. Für Investitionen herrscht ein Modell vor, bei dem 50 % durch den Staat u. jeweils 25 % durch den Träger u. die Kommune finanziert werden. Die staatl. Zuschüsse sind allerdings nicht als großzügige Unterstützung für die Kirche zu sehen. Vielmehr unterstützt die Kirche durch ihre K. die genuine Aufgabe des Staates zur Jugendhilfe u. entlastet durch ihre Einrichtungen den Staat finanziell, indem sie einen großen Teil ihrer Kosten selbst trägt.

Quellen

Sozialgesetzbuch (SGB VIII), Kinder- u. Jugendhilfe, i. d. F. v. 11. September 2012: BGBl. I 2022; zuletzt geänd. durch Art. 10 Abs. 10 G vom 30. Oktober 2017 BGBl. I 3618; Grundordnung des kirchl. Dienstes im Rahmen kirchl. Arbeitsverhältnisse (Fassung des Beschlusses der Vollversammlung des Verbandes der Diözesen Deutschlands vom 27. April 2015), hg. v. Sekretariat der DBK, Bonn [4]2015 (DDB 95 A), 18-28.

Literatur

Bildung u. Erziehung in freier Trägerschaft. Das Recht der Privatschulen, Kindergärten u. Heime, hg. v. J. Vogel, Neuwied (Loseblattausgabe) 1981 ff.; Kämper, B., Kindergärten in kirchl. Trägerschaft: HbStKR[2] Bd. 2, 831-842; ders., Kindergarten: LKStKR Bd. 2, 412-413; Lechner, M., Jugendhilfe: LKStKR Bd. 2, 352-353; Hundt, M., Religionsrecht in Kita u. Schule. Kopftuch, Tischgebet, Schwimmunterricht, Kronach 2010 (Praxis der Kindertageseinrichtungen), bes. 2. Kindertageseinrichtungen in freier, insb. in kirchl. Trägerschaft, 89-100; Rückert, S., Herausforderung Kindergarten – Kindergartenträger u. ihre Einrichtungen. Trägeraufgaben u. Trägerstrukturen im Wandel, Münster 2010 (Sozialpädagogik/Sozialarbeit im Sozialstaat 20).

Sabine Konrad

© 2019, DOI: 10.30965/9783506786388_0611

Kindergarten – Evangelisch

Die ev. Kirchen u. ihnen zugeordnete Träger engagieren sich stark in der vorschulischen Kinderbetreuung: Gut 15 % der Kindertageseinrichtungen (Kitas) werden von den ev. →Landeskirchen u. der Diakonie getragen (EKD, 2018, 22). Zusammen m. Kath. Kirche u. Caritas sind sie damit die bedeutendsten freien Träger von Kitas. Ihr Angebot, das sich urspr. auf K. konzentrierte, weiteten sie in jüngerer Zeit auf die Betreuung von Kindern unter 3 J. in Krippen od. altersgemischten Einrichtungen aus. Gut 1/6 der Plätze stehen inzwischen für diese Altergruppe zur Verfügung (Comenius-Institut, 2018, 125). Dieser Art. nimmt deshalb neben K. alle ev. Kitas in den Blick.

Knapp 80 % der ev. Kitas werden von Untergliederungen der verfassten Kirchen (→Kirchengemeinden, Kirchengemeindeverbänden, Zweckverbänden) als rechtlich unselbständige Einrichtung (Eigenbetriebe) geführt (Comenius-Institut, 2018, 90 f.). Die LK wenden dafür insgesamt knapp 3 Mrd. EUR auf (EKD, 2018, 35). Die übrigen Einrichtungen werden von privatrechtlichen Trägern (e. V., gGmbH, →Stiftung) geführt, die i. d. R. durch die Mitgliedschaft in den →Diakonischen Werken der LK diesen zugeordnet sind. O. Einbindung eines privatrechtlichen Trägers in das Diakonische Werk kann seine →Zuordnung zur Kirche fraglich sein. Es ist im Einzelfall zu prüfen, ob u. wenn ja inwiefern er an das einschlägige KR gebunden ist u. ein ev. Profil verbürgt.

Durch den Betrieb von Kitas erfüllen die ev. Kirchen ihren diakonischen Auftrag, ihren Auftrag zur →Verkündigung des Evangeliums u. zur chr. →Bildung u. Erziehung (→Kindererziehung) (zu alldem als Auftrag der Kirche s. u. a. Art. 1 Bay.KirchVerf; Art. 1 KO.Rh; speziell zum Bildungs- u. Erziehungsauftrag →Erziehungsrecht, ev.): Sie unterstützen Eltern, die dies wünschen, bei der Erfüllung ihrer Betreuungs- u. Erziehungsaufgabe. Dabei machen sie ein allen Kindern offenstehendes Bildungsangebot, das dazu dient, den getauften, u. damit der Kirche bes. anbefohlenen Kindern ihrer Mitglieder, aber auch anderen →Familien, die dieses Angebot in Anspruch nehmen möchten, das chr. Menschenbild u. das chr. Verständnis des Lebens u. der Welt zu vermitteln. Während in den Anfängen der Kindergartenarbeit im späten 18. u. 19. Jh, für die der ev. Kirche verbundene Persönlichkeiten (z. B. Oberlin, Fliedner) eine wichtige Rolle spielten, der diakonische Auftrag im Vordergrund stand, ist heute der Verkündigungsauftrag ins Zentrum gerückt (näher Kirchenamt der EKD, 2004): „In der Begleitung der Gemeinde sollen Kinder und ihre Familien das Evangelium als befreienden Zuspruch und orientierenden Anspruch erfahren. Damit soll ihnen geholfen werden, die Welt zu verstehen, Lebenssituationen zu bestehen und in der Gemeinde zu leben" (§ 1 Abs. 2 KKitaG EKBO). Unabhängig von der Trägerschaft arbeiten ev. Kitas daher m. der örtlichen KGde. als Ort erlebbarer chr. Gemeinschaft zusammen u. sollen das Hineinwachsen in diese Gemeinschaft unterstützen.

Den Rahmen, den das staatl. Recht auf der Grundlage der verfassungsrechtlichen Garantie des religionsgemeinschaftlichen →Selbstbestimmungsrechts (Art. 140 GG i. V. m. Art. 137 Abs. 3 WRV) eröffnet, füllen die ev. Kirchen durch eigenes Recht: Das KR regelt den Betrieb ev. Kitas mithilfe unterschiedlicher →Rechtsquellen auf unterschiedlichen Ebenen: Manche LK haben umfassendere KG (z. B. KKitaG EKBO) u./od. (konkretisierende) →Verordnungen erlassen (z. B. RVO über die Kindertagesstättenarbeit in der EKBO); andere formulieren die notwendigen Bestimmungen durch Verwaltungsvorschriften (z. B. RL für Tageseinrichtungen für Kinder in der Westf; RL der Bad für die Einrichtung u. den Betrieb von ev. Tageseinrichtungen für Kinder), Leitlinien (z. B. Leitlinien für die Arbeit in den Ev. Kindertagesstätten im Bereich der HN) od. Synodalbeschlüsse (z. B. Grundsätze für die Arbeit in ev. K./Kindertagesstätten u. Kinderspielkreisen der Han). Neben die landeskirchlichen Regelungen tritt das (z. T. auf landeskirchlichen Mustersatzungen basierende) Satzungsrecht der Träger, das unterschiedlich umfassende Ausführungsbestimmungen enthält. Diese kirchenrechtlichen Bestimmungen gelten unmittelbar nur für Träger, die der verfassten Kirche angehören. Für privatrechtliche Träger gelten sie kraft freiwilliger Anerkennung (z. B. in ihrem Satzungsrecht), die allerdings grds. Zuordnungsvoraussetzung ist (Zuordnung).

Bes. Anforderungen stellt das KR an die Auswahl u. Dienstausübung der Mitarbeiter: Manche LK regeln diese (nur) in allg. Bestimmungen für die Mitarbeit in privatrechtlichen Dienstverhältnissen (s. z. B. Mitarbeitsanforderungsgesetz der NK). Einzelne LK formulieren jedoch auch spezielle Bestimmungen für die Mitarbeit in Kitas (s. z. B. die Dienstordnung für die erzieherisch tätigen Mitarbeiter u. Mitarbeiterinnen in Tageseinrichtungen für Kinder in der Bay). Die einschlägigen Normen regeln, für welche Mitarbeiter die Mitgliedschaft in einer →Gliedkirche der EKD od. m. dieser in →Kirchengemeinschaft stehenden Kirche Voraussetzung ist, in welchen Fällen die Mitgliedschaft in einer der →Arbeitsgemeinschaft christlicher Kirchen od. der Vereinigung ev. Freikirchen angehörigen Kirche genügt od. auch davon Ausnahmen möglich sind (s. z. B. § 5 RL für Tageseinrichtungen für Kinder in der Westf). Außerdem werden die Dienstpflichten der Mitarbeiter konkretisiert. So verpflichtet z. B. die Dienstordnung für die erzieherisch tätigen Mitarbeiter u. Mitarbeiterinnen in Tageseinrichtungen für Kinder in der Bay „die Mitarbeiter/innen ..., den Kindern die Botschaft des Evangeliums zu vermitteln" (Grundlagen Abs. 3 S. 1).

Die Träger von Kitas sind auf Ebene der LK i. d. R. zu Fachverbänden zusammengeschlossen, die ihrerseits zusammen m. LK o. Fachverbände die Bundesvereinigung ev. Tageseinrichtungen für Kinder e. V. bilden. Die Fachverbände sind Mitglieder der Diakonischen Werke u. unterstützen die Einrichtungen in ihrer Arbeit (z. B. durch Fachberatung).

Quellen

Wo Glaube wächst u. Leben sich entfaltet. Der Auftrag ev. Kindertageseinrichtungen. Eine Erklärung des Rates der EKD, hg. v. Kirchenamt der EKD, Hannover 2004; Ev. Tageseinrichtungen für Kinder, Empirische Befunde u. Perspektiven, hg. v. Comenius-Institut, Münster u. a. 2018; Gezählt 2018. Zahlen u. Fakten zum kirchl. Leben, hg. v. EKD, Hannover 2018.

Literatur

Ev. Kindertagesstätten, hg. v. D. Bellingkrodt u. a., Hannover 1980; Koch, R., Kindertagesstätten u. Jugendhilfe: HevKR, § 19.

Renate Penßel

Kinderkatechese

→Katechese

Kindertaufe

→Taufe

Kirche und Staat – Staatlich

→Staat und Religion, Geschichtliche Entwicklung

Kirche und Staat – Katholisch

Durch die Enz. PT hat Johannes XXIII. die →Menschenrechte zum integralen Bestandteil lehramtlicher Verkündigung gemacht, sodass ebenso das →Zweite Vatikanische Konzil in DH u. GS die Menschenrechte z. T. der Lehre der Kirche macht. Der Gesetzgeber verankert diese direkt zu Beginn des Verkündigungsrechts (→Verkündigungsdienst) in c. 747 § 2 bzw. c. 595 § 2 CCEO. Gem. LG 8 gehen in der Kirche sichtbare u. unsichtbare Dimension eine untrennbare Verbindung ein. GS geht in der Verhältnisbestimmung von Kirche u. Welt davon aus, dass die Kirche eine Kirche in der

Welt u. zugl. nicht von der Welt ist. Vor diesem Hintergrund wird deutlich, dass die Kirche nicht in der Welt aufgeht u. auch nicht im Staat u. auch nicht selbst zu einem solchen werden darf. Das Vat II stellt neben der Anerkennung der individuellen u. korporativen →Religionsfreiheit im Staat als eines der Menschenrechte durch die Erkl. DH insb. in den Art. 2, 4 u. 15 in GS 76 für das Verhältnis von K. u. S. fest, dass es die Pluralität der Gesellschaft (→Gesellschaft, weltliche) anerkennt u. dass „die politische Gemeinschaft und die Kirche ... auf ihrem eigentümlichen Feld voneinander unabhängig und autonom" sind (vgl. auch GS 36). Da aber beide gem. GS 76 aus unterschiedlicher Perspektive denselben Menschen dienen, sollen K. u. S. eine „sana cooperatio", eine gesunde Kooperation bzw. Zusammenarbeit pflegen. K. u. S. werden demnach in der Wurzel geschieden, der Staat ist grds. neutral u. beide sind daher zur Kooperation verpflichtet bzw. fähig, in Beziehung zu treten, o. sich zu vermischen. Das Vat II verabschiedet sich zudem von der Vorstellung des kath. Staates. Dies korrespondiert sehr gut neben den zahlreichen Konk. (→Konkordat, Kirchenvertrag) m. den religionsrechtlichen Grundnormen des GG u. den inkorporierten Art. der WRV, die das kooperative Verhältnis von Staat u. Religion in der BRD bestimmen m. seinen drei Säulen der Unterscheidung von Staat u. Religion (Art. 137 Abs. 1 WRV i. V. m. Art. 140 GG), der Religionsfreiheit (Art. 4 GG) u. dem →Selbstbestimmungsrecht der Kirchen (Art. 137 Abs. 3 WRV i. V. m. Art. 140 GG) (→Deutschland, Staat und Religion). Zudem lehrt GS 76, dass die Kirche „[i]hre Hoffnung ... nicht auf Sonderrechte [setzt], die ihr von der staatlichen Autorität entgegengebracht werden; ja, sie wird sogar auf die Ausübung bestimmter rechtmäßig erworbener Rechte verzichten, wo feststeht, dass durch ihren Gebrauch die Aufrichtigkeit ihres Zeugnisses in Zweifel gezogen wird ..." DH 4 fordert die Freiheit der selbstbestimmten Besetzung kirchl. Ämter (→Ämterhoheit der Kirchen). Es geht dem Vat II demnach um eine Entflechtung des Verhältnisses von K. u. S. Diese Entflechtung zeigt sich auch in der Einschränkung der politischen Tätigkeit von →Klerikern gem. cc. 285 §3 u. 287 §2 bzw. cc. 383 u. 384 §2 CCEO (→Politische Betätigung kirchlich Bediensteter). Ferner sehen c. 377 1° u. 5° vor, dass bei der →Bischofsernennung dem Staat keinerlei Mitwirkungsrechte mehr eingeräumt werden. C. 3 bzw. c. 4 CCEO normiert die Fortgeltung der geschlossenen völkerrechtlichen Verträge u. räumt dem Konkordatsrecht stets Vorrang gegenüber kodikarischem Recht ein, wenn Bestimmungen eines Konk. von denen des Codex abweichen bzw. kodikarische Bestimmungen dem Konk. entgegenstehen. Daher gelten konkordatär vereinbarte →politische Klauseln u. Regelungen zum →Treueid weiter. Die Vorbereitung des Abschlusses von Konk. wird i. d. R. durch den jeweiligen Apost. Nuntius (→Nuntiatur) gem. c. 365 §1 2° durchgeführt. Die geltende Rechtsordnung verzichtet auf →Privilegien der Kleriker wie das privilegium fori gem. can. 120, auf das privilegium immunitatis nach can. 121, auf Normen, die eine potestas indirecta od. directiva der Kirche gegenüber der Gesellschaft u. dem Staat beanspruchen wie z. B. das Verhängen zeitlicher Strafen (poenae temporales) gem. can. 2214 §1 od. auf das →brachium saeculare gem. can. 2198 u. auf das ius asylum gem. can. 1179. Diese Normen sind in der geltenden Rechtsordnung nicht mehr enthalten.

Neben den versch. religionsrechtlichen Bestimmungen zum Verhältnis von Staat u. Religion (→Religionsrecht) u. den vom Hl. Stuhl geschlossenen Konk. normieren der CIC/1983 wie auch sein Vorgänger der CIC/1917 u. der CCEO weder eine Definition des Staat-Kirche-Verhältnisses, eine entfaltete Staatslehre noch ein dazugehöriges systematisches Kap. Die Rechtsordnung bevorzugt keine Staatsform, hat aber in gewissen Normen implicite eine freiheitlich-demokratische Staatsform vor Augen (z. B. kein staatl. Schulmonopol gem. cc. 797, 799, 800 bzw. cc. 627 §3, 631 §2 CCEO;

c. 227 bzw. c. 402 CCEO Recht der Gläubigen auf Freiheit im Staat wie alle anderen Bürger).

Die Wendung → ius nativum u. ihre Varianten formulierten im CIC/1917 (cann. 218 § 2, 265, 1322 § 2, 1352, 1495, 1496, 1533, 2214) grds. ein angeborenes Recht der Kirche insb. in Freiheit gegenüber anderen Gewalten inkl. der staatl. So betonte man die rechtliche Unabhängigkeit u. Selbständigkeit der Kirche als → societas perfecta von staatl. Beeinflussung od. Bevormundung u. behauptete damit Rechte über einen eigenen kirchl. Freiraum gegenüber dem Staat. Die Verwendung des Terminus ius nativum hat vor dem Hintergrund der erneuerten Ekklesiologie des Vat II, das sich m. der Communio-Ekklesiologie (→ Communio) von der Societas-Perfecta-Ekklesiologie verabschiedet hat, u. der geltenden Rechtsordnung seinen Ort innerhalb dieser Ekklesiologie u. der theol. Begründung des → Kirchenrechts aus dem Wesen der Kirche als communio u. societas sui generis. Die iura nativa werden daher nun nicht mehr i. S. der Societas-Perfecta-Ekklesiologie aus der Abgrenzung der Kirche vom Staat her begr., sondern vielmehr aus dem Wesen der Kirche u. ihrer → Sendung deduziert u. sodann als unabhängig von der Gewalt Dritter frei ausübbare Rechte postuliert. Ius nativum bez. somit ein Recht, das m. der Natur, d. h. dem Wesen einer Sache bzw. der Kirche verbunden ist. Aufgrund des iure divino begr. Charakters der kath. Kirche als → moralische Person gem. c. 113, stehen die Iura nativa in engem Zusammenhang m. dem → Ius divinum, o. aus diesem direkt abgeleitet zu werden. Sie finden sich in den Normen zur Klerikerausbildung (→ Diakonenausbildung, → Priesterausbildung) (c. 232 „ius proprium et exclusivum"; c. 328 CCEO „ius proprium"), zum Legationsrecht des Hl. Stuhls (c. 362), zur Freiheit kirchl. Verkündigung (c. 747 § 1 „ius nativum ... a qualibet humana potestate independens"; c. 595 § 1 CCEO „ius nativum a qualibet humana potestate independens"), zur kirchl. Strafgewalt (c. 1311 ius nativum et proprium), zur kirchl. Justizhoheit (c. 1401 ius proprium et exclusivum), zur Vermögensfähigkeit u. Abgabenhoheit (cc. 1254 § 1, 1260 ius nativum; c. 1007 CCEO „ius nativum"; in c. 1011 CCEO fehlt im Unterschied zu c. 1260 der Zusatz nativum). C. 1671 bzw. c. 1357 CCEO begr. die Ehegerichtsbarkeit über Ehen von Getauften m. der Wendung „ius proprium". Das universalkirchliche Recht setzt daher nur einen sehr weiten Rahmen für das Verhältnis von K. u. S., das dann im jeweiligen Kontext insb. auf dem Wege des Konkordatsrecht weiter spezifiziert wird.

Quellen

Johannes XXIII., Enzyklika Pacem in terris vom 11. April 1963: AAS 55 (1963), 257-304; Vat II, LG; Vat II, DH; Vat II, GS.

Literatur

Listl, J., Die Aussagen des Codex Iuris Canonici vom 25. Januar 1983 zum Verhältnis von Kirche u. Staat: Essener Gespräche 19 (1984), 9-37; Göbel, G., Das Verhältnis von Kirche u. Staat nach dem Codex luris Canonici des Jahres 1983, Berlin 1993; Mikat, P., Das Verhältnis von Kirche u. Staat nach der Lehre der Kath. Kirche: HbStKR² Bd. 1, 111-155; Göbel, G., Art. Kirche u. Staat nach dem CIC: LKStKR Bd. 2, 460-462; Puza, R., Das Verhältnis von Kirche u. Staat aus kath. Sicht: PRMCL 96 (2007), 547-587; Pulte, M., Von der Societas-perfecta Lehre zur wechselseitigen Anerkennung der Autonomie von Kirche u. Staat. Das Verhältnis von Kirche u. Staat aus kath. Sicht im 19. u. 20. Jahrhundert: Entwicklungstendenzen des Staatskirchen- u. Religionsverfassungsrechts, hg. v. T. Holzner – H. Ludyga, Paderborn u. a. 2013 (KStKR 15), 143-160; Uhle, A., Das Verhältnis von Kirche u. Staat im Spiegel des vergleichenden Religionsrechts: Geist – Kirche – Recht (FS Gerosa), hg. v. L. Müller – W. Rees, Berlin 2014 (KStT 62), 411-449; Bernard, F., Entweltlichung der Kirche – Anmerkungen zum Verhältnis von Kirche u. Staat in den Aussagen des Zweiten Vatikanischen Konzils: Ius quia iustum (FS Pree), hg. v. E. Güthoff – S. Haering, Berlin 2015 (KStT 65), 1035-1043; Kowatsch, A., Freiheit in Gemeinschaft – Freiheit der Gemeinschaft. Das geltende Kirchenrecht u. die alte Lehre von der „libertas Ecclesiae", Berlin 2015 (KRB 17); Muckel, S., § 116 Die

Lehre der Kirche über das Verhältnis von Kirche u. Staat: HbkathKR³, 1769-1790.

Thomas Meckel

© 2019, DOI: 10.30965/9783506786388_0614

Kirche und Staat – Evangelisch

Die reformatorische Theologie formuliert an sich Lehren, die eine deutliche Unterscheidung u. Trennung von →Staat u. Kirche nahelegen. Dazu zählt insb. die von Luther entfaltete Lehre von den zwei Reichen u. Regimenten: Dem Reich der wahrhaft Glaubenden einerseits u. der (sündigen) Welt andererseits, denen die beiden Regimente (Regierweisen) zugeordnet sind: das Geistl. Regiment, das m. Wort u. Sakrament das Evangelium verkündet u. das weltliche, das m. den Mitteln von Recht u. Zwang die Voraussetzung für ein friedliches Zusammenleben in der Welt schafft. Auch wenn diese Unterscheidung nicht m. der von K. u. S. deckungsgleich ist – die (sichtbare) Kirche besteht nicht nur aus wahrhaft Glaubenden u. bedient sich auch des Rechts – war hierin eine Tendenz zur Beschränkung der weltlichen Obrigkeit in geistl. Angelegenheiten angelegt. Dagegen nimmt die ref. Theologie die weltliche Obrigkeit deutlicher in die Verantwortung für die Kirche u. ihre Lehre.

In den ev. Territorien des Hl. Röm. Reichs treten die ev. Kirchen unter dem sich seit der Mitte des 16. Jh. herausbildenden landesherrlichen Kirchenregiment (→Kirchenregiment, landesherrliches) allerdings in enge Verbindung m. der weltlichen Obrigkeit, die bis zum Beginn des 20. Jh. andauert. Grund dafür war, dass die Bf. fast durchweg nicht der →Reformation folgten u. das ev. Kirchenwesen daher o. sie aufgebaut werden musste, wozu nach politischer u. dann auch rechtlich verfestigter Lage (AR) nur die Landesherren in der Lage waren. Gerechtfertigt wurde die bes. Rolle des Landesherren bei der Organisation der Kirche als Notamt u. m. der cura religionis der weltlichen Obrigkeit. Wo die ev., insb. ref. Kirchen unter fremdkonfessioneller Landesherrschaft standen, entwickelten sie allerdings größere Eigenständigkeit.

Zwar wurde im Rahmen der Drei-Stände-Lehre versucht, den Landesherrn bei Ausübung seines Kirchenregiments an die Mitwirkung des geistl. Standes zu binden u. damit eine gewisse kirchl. Eigenständigkeit zu bewahren. Jedoch wurde sein Kirchenregiment in der Lehre des 17. u. v. a. des 18. Jh. immer mehr als Teil der territorialen Herrschafts- bzw. Staatsgewalt aufgefasst. Die jur. Begründung des landesherrlichen Kirchenregiments erfolgte dabei nicht mehr auf der Grundlage der reichsrechtlichen Suspendierung der bfl. Jurisdiktion duch den AR u. deren Ausübung durch den Landesherrn (→Episkopalsystem), sondern es wurde als integraler Bestandteil der Territorialgewalt (bzw. der Souveränität) selbst verstanden (→Territorialsystem) u. der Umfang der landesherrlichen Befugnisse denkbar ausgeweitet. Die damit verbundene Verstaatlichung der ev. Kirchen beschränkte sich nicht allein auf die Theorie. So wurden etwa die →Konsistorien im 18. Jh. z. T. den Ressorts der allg. staatl. Verwaltung unterstellt.

Ansätze zu einer stärkeren kirchl. Eigenständigkeit bot die Theorie des →Kollegialsystems, die ebenfalls im 18. Jh. formuliert wurde. Danach kommt der Kirche wie jedem Zusammenschluss von Menschen eine gewisse Autonomie zu. Nach der Theorie des Kollegialismus können innerkirchliche Leitungsbefugnisse des Landesherrn (Iura in sacra), sein Kirchenregiment, nur auf einen innerkirchlichen Rechtstitel gegr. werden, nämlich die Übertragung der kirchl. Verbandsgewalt. Davon werden die auf der landesherrlichen Souveränität gegr. Aufsichtsrechte, die Kirchenhoheit (Ius circa sacra), getrennt (→Ius circa sacra, Ius in sacra). Diese Unterscheidung gewann freilich erst im 19. Jh. größere u. praktische Bedeutung.

Nachdem zu Beginn des 19. Jh. der Höhepunkt des →Staatskirchentums dadurch markiert wurde, dass die Konsistorien z. B. in Preußen vollständig in die staatl. Ministerien

u. Verwaltungsbehörden eingegliedert wurden, wurde im Verlaufe des 19. Jh. die Verklammerung der →Kirchenverwaltung m. den Staatsbehörden vielfach gelockert. Die Konsistorien wurden als landesherrliche, aber nicht staatl. Behörden verselbständigt (preuß. →Evangelischer Oberkirchenrat, 1850). Während der Landesherr bzw. Staat seine äußere Kirchenhoheit (Ius circa sacra) über die ev. Kirche durch staatl. Behörden ausübte, war die innere Kirchengewalt (Ius in sacra) damit speziellen, aus der allg. staatl. Verwaltung ausgegliederten Behörden übertragen. Eine größere Eigenständigkeit der ev. Kirchen begr. daneben die Einführung von →Synoden als kirchl. Gesetzgebungsorganen. Zwar wurden im 19. Jh. auch aus dem kirchl. Bereich Forderungen nach einer Trennung der Kirche vom Staat erhoben (F. D. E. Schleiermacher). Doch vertraten ev. Theologie u. Staatslehre bei erheblicher Bandbreite überwiegend konservative, dem landesherrlichen Kirchenregiment verhaftete Positionen.

M. dem Ende der Monarchie in Deutschland nach dem ersten Weltkrieg entfiel auch das landesherrliche Kirchenregiment über die ev. →Landeskirchen. Dieser tiefe Einschnitt brachte die Aufgabe m. sich, die Rechtsordnung u. die Verf. der Kirche neu zu gestalten, u. zwar eigenständig, nach eigenen Maßstäben u. Grundsätzen. Durch den Erlass von →Kirchenverfassungen m. neuen Strukturen (z. B. dem Amt des →Bischofs), wurde diese Aufgabe angegangen, wobei man auch an die bereits verselbständigten, überkommenen Institutionen (Konsistorien, Synoden) anknüpfen konnte.

In der Zeit des NS erwies sich die Organisation der ev. Kirchen in größerem Maße als die röm.-kath. Kirche als anfällig gegenüber ns. Einflussnahmen. Wichtiges Instrument dafür war die Glaubensbewegung Dt. Christen (DC), die als Kirchenpartei der Nationalsozialisten u. a. über die Wahl zu den Synoden Einfluss auf die die kirchl. Organisation einschließlich der →Kirchenleitungen gewinnen konnte. Allerdings gab es auch innerkirchliche Opposition (→Kirchenkampf, →Bekennende Kirche) u. führte zu einer Neupositionierung über die Grundlagen des ev. Kirchenwesens u. des ev. KR m. bis heute reichenden Auswirkungen, insb. durch die →Barmer Theologische Erklärung.

In der Zeit nach dem Zweiten Weltkrieg, in der man die Katastrophe des NS zu bewältigen u. Lehren daraus zu ziehen sucht, knüpfte man daran an. Charakteristisch ist die Inanspruchnahme eines →Öffentlichkeitsauftrags der Kirche, Dabei standen Positionen, die eher die Ordnungsfunktion des Staates u. seine Eigengesetzlichkeit betonten, solche gegenüber, die die Kirche in einer Art Oppositionsrolle als krit. Gegenüber von Staat u. Politik etablieren od. ihr ein Wächteramt gegenüber dem Staat einräumen wollten. Daneben ist eine politische Verschiebung von in der Weimar Zeit verbreiteten national-konservativen, dem demokratischen Staat gegenüber skeptischen zu eher sozialdemokratischen Positionen zu beobachten.

In der DDR m. ihrer ganz anders gearteten Staats- u. Gesellschaftsordnung u. einer gegenüber den Kirchen wechselhaften, grundlegend aber feindlichen Politik etabliert sich in den 70er J. des 20. Jh. die Formel von der Kirche im Sozialismus; sie war ihrerseits offen u. deckte ein Spektrum von einer bloßen Zustandsbeschreibung bis zu einer positiven Bewertung der sozialistischen Gesellschaftsordnung ab. Die Kirchen in der DDR hatten z. T. die Funktion eines Forums der Diskussion u. einer Gegenöffentlichkeit zur SED-Herrschaft, die zu einer gewichtigen Rolle vieler in der Kirche verwurzelten Akteure in der politischen Wende 1989 beitrug.

Seit den 1970er J. müssen sich die ev. Kirchen m. einer Neudefinition ihrer Rolle in einem zunehmend religiös pluralen Umfeld u. angesichts eines m. erheblich sinkenden Mitgliederzahlen einhergehendem Bedeutungsverlusts beschäftigen. Die grundlegend positive Bewertung des demokratischen u. pluralistischen Rechtsstaats kommt in den einschlägigen →Denkschriften der →Evangelischen Kirche in Deutschland, der Demokratie-

Denkschrift von 1985 u. ihren Aktualisierungen, zum Ausdruck. Die Bejahung des Pluralismus der Religionen u. der Religionsgemeinschaften geht einher m. dem (Selbst-)Bewusstsein von der prägenden Rolle des Christentums für die Gesellschafts- u. Rechtsordnung. Dies hat Konsequenzen für die Rolle, die für die Kirche in Staat u. Gesellschaft postuliert wird. Dabei werden →Religionsfreiheit, kirchl. Eigenständigkeit u. Selbstbestimmung überaus positiv bewertet u. das auch m. theol. Erwägungen begr. Auch wird die religiös-weltanschauliche Neutralität des Staates als Voraussetzung einer pluralen Ordnung grds. befürwortet. An einem kulturellen Vorrang des Christentums wegen seiner Prägekraft für Staat u. Gesellschaft in Deutschland wird aber festgehalten.

Quellen

Luther, M., Von weltlicher Obrigkeit, wie weit man ihr Gehorsam schuldig sei (1523): Luther Deutsch Bd. 7, hg. v. K. Aland, Göttingen 1967, 7 ff. (= WA 11, 245 ff.); „Ev. Kirche u. freiheitliche Demokratie: Der Staat des Grundgesetzes als Angebot u. Aufgabe". Eine Denkschrift der Ev. Kirche in Deutschland, hg. v. Kirchenamt der EKD, Hannover 1985; „Christentum u. politische Kultur. Über das Verhältnis des demokratischen Rechtsstaates zum Christentum". Eine Stellungnahme des Rates der EKD, Hannover 1997; „Das rechte Wort zur rechten Zeit." Eine Denkschrift des Rates der EKD zum Öffentlichkeitsauftrag der Kirche, Hannover 2008.

Literatur

Link, Chr., Herrschaftsordnung u. bürgerliche Freiheit, Wien – Köln – Graz 1979; Honecker, M., Die Barmer Theol. Erklärung u. ihre Wirkungsgeschichte, Opladen 1995; Honecker, M., Art. Staat/Staatsphilosophie IV: TRE Bd. 32, 22-47; von Scheliha, A., Prot. Ethik des Politischen, Tübingen 2013; Anselm, R., Politische Ethik: Handbuch der Ev. Ethik, hg. v. W. Huber – T. Meireis – H.-R. Reuter, München 2015, 195-263; Heckel, M., Martin Luthers Reformation u. das Recht, Tübingen 2016; Aneignung des Gegebenen: Entstehung u. Wirkung der Demokratie-Denkschrift der EKD, hg. v. H. M. Heinig, Tübingen 2017; Leonhardt, R., Religion u. Politik im Christentum, Baden-Baden 2017; de Wall, H. – Muckel, S., Kirchenrecht, München [5]2017, §§ 4-7; Link, Chr., Kirchl. Rechtsgeschichte, München [3]2017; de Wall, H., Das Verhältnis von Staat u. Kirche nach ev. Verständnis: HbStKR[3] Bd. 1, § 4.

Heinrich de Wall

© 2019, DOI: 10.30965/9783506786388_0614

Kirche und Staat – Orthodox

Im 19. Jh. kam es verbunden m. der politischen Neuordnung des Balkan nicht nur zur Ausbildung staatskirchlicher Strukturen in den neuen Nationalstaaten orth. Prägung, die bis heute in Griechenland fortwirken. V. a. im Habsburgerreich wurde orthodoxerseits auch die Option freie K. im freien S. positiv aufgegriffen. Auch heute befürworten vornehmlich Theologen in Ländern, in denen sich die Orth. K. in einer Minderheitenposition befindet, ein System der (freundlichen) Trennung von K. u. S.

In der Enz. des rezenten (panorthodox strittigen) Konzils von Kreta (2016) heißt es: „Die Kirche mischt sich nicht in die Politik im engeren Sinne des Wortes ein. Ihr Zeugnis ist jedoch wesentlich politisch insofern es die Sorge um den Menschen u. seine spirituelle Freiheit ausdrückt... Die lokalen orthodoxen Kirchen sind heute aufgerufen, eine neue konstruktive Synergie mit dem säkularen Staat und seinen Gesetzesregelungen innerhalb des neuen Rahmens internationaler Beziehungen zu entwickeln, in Übereinstimmung mit der biblischen Aussage: 'Gebt dem Kaiser, was des Kaisers ist, und Gott, was Gottes ist' (vgl. Mt 22,21). Diese Synergie muss jedoch die spezifische Identität sowohl von Kirche und Staat bewahren und ihre ernsthafte Zusammenarbeit sichern, um die einzigartige Würde des Menschen und die Menschenrechte, die daraus erwachsen, zu bewahren, und um soziale Gerechtigkeit zu sichern." Offiziell befürworten die orth. K. in Europa den demokratischen Rechtsstaat. Es gibt aber auch skeptische Stimmen, die diesem

m. einem in die Zeit kommunistischer Unterdrückung zurückweisenden Misstrauen gegen jedes importierte politische System begegnen. Trennung u. Säkularität (oft nicht unterschieden von Säkularimus) sind für sie v. a. negativ konnotierte Begriffe.

Dass unter den politischen Umständen der neuzeitlichen Staatenwelt das urspr. Koordinatensystem des gemeinsamen chr. geprägten oströmischen (byzantinischen) Reiches schon lange nicht mehr selbstverständlich vorhanden ist, hindert viele Orth. nicht daran, ihre Vorstellung vom idealen Verhältnis von K. u. S. auch heute noch an das byzantinische Modell anzuknüpfen, m. dem eine gelungene Form des Zusammenwirkens der Vertreter der geistl. u. der weltlichen Sphäre assoziiert wird. Termini technici dafür sind die Begriffe Symphonia (wörtl. Zusammenklang), Harmonia sowie Synallilia, wobei sich letzterer tendenziell am besten zur Weiterentwicklung in Richtung Koordinationssystem eignet. Aber auch die heutigen Proponenten von Symphonia verbinden damit recht Unterschiedliches u. nicht notwendigerweise immer monarchistische Nostalgien inkludierende restaurative Tendenzen.

Abhängig davon, ob es der jeweilige → Patriarch von Konstantinopel m. einem starken od. einem schwachen Kaiser zu tun hatte, pendelte das faktische Verhältnis jedenfalls bereits im byzantinischen Reich zwischen Phasen einer deutlichen Vorrangstellung des Herrschers (oft wenig glücklich als → Caesaropapismus bez.) u. Emanzipationsbestrebungen auf kirchl. Seite. Es kam im orth. Kontext aber auch nach dem Untergang des byzantinischen Reiches, als kaiserliche Kompetenzen m. Ausnahme des Russischen Reichs (u. der spezifischen Situation in den innerhalb des Osmanischen Reiches weitgehend auton. Donaufürstentümern) auf nichtorthodoxe, im osmanischen Kontext sogar auf einen nichtchristlichen Herrscher übergegangen waren, nie zu einer Parallelentwicklung zu dem im westlichen Europa m. der sog. Gregorianischen Reform angestoßenen Emanzipationsprozess von religiöser u. weltlicher Sphäre.

Charakteristisch für das traditionelle Verhältnis von K. u. S. ist die breite Akzeptanz der Beanspruchung von Kirchenverantwortung durch die weltliche Gewalt, v. a. im legislativen Bereich. Dem byzantinischen Kaiser wurde nicht nur geradezu selbstverständlich die Kompetenz zur Einberufung von Synoden u. der Inkraftsetzung synodaler Beschl. zugebilligt, wodurch diese Rechtskraft für den staatl. Bereich erlangten. Vice versa akzeptierte die K. ihrerseits grds. die subsidiäre Regelung kirchl. Materien in kaiserlichen Gesetzen (sofern es noch keine kan. Regelung gab bzw. als Erg. zu bestehenden cc.). Bei Widersprüchen zwischen kan. Recht u. → Kaiserrecht kam nach Auffassung der meisten, aber nicht aller byzantinischen Kanonisten ersterem die höhere Verbindlichkeit zu. Bis in die Gegenwart spielen insb. im kirchl. → Eherecht nicht nur auf die staatl. byzantinische Gesetzgebung zurückgehende Bestimmungen, sondern auch modernes staatl. Recht eine wichtige Rolle. In Griechenland sind die orth. → Bischöfe bspw. verpflichtet, bei einem staatl. Scheidungsurteil auch die geistl. Lösung des Ehebandes zu gewähren. In diesem Kontext betont das Ehedokument des Konzils von Kreta (2016) in II, 6: „Die Praxis, welche bei der Anwendung der kirchlichen Überlieferung im Hinblick auf die Ehehindernisse angewandt wird, soll die Bestimmungen der existierenden staatlichen Gesetzgebung berücksichtigen, aber nicht über die Grenzen der kirchlichen → Oikonomia hinausgehen."

Quellen

Konzil von Kreta, Das Mysterion der Ehe u. seine Hindernisse: Synek, E., Das „Heilige und große Konzil" von Kreta, Freistadt 2017, 80-84; Konzl von Kreta, Enzyklika, dt. Übersetzung: Orthodoxie aktuell 20/7-8 (2016), 9-12.

Literatur

Harakas, St., Orthodox Church-State Theory and American Democracy: Greek Orthodox Theological

Review 21 (1971), 399-421; Gvosdev, N. K., An Examination of Church-State Relations in the Byzantine and Russian Empires with an Emphasis on Ideology and Models of Interaction, Lewiston, NY 2001 (Studies in Religion and Society 52); Nikolaou, Th., Das Ideal der Synallilie. Staat u. Kirche aus orth. Sicht: Orth. Forum 16 (2002), 123-136; Chaplin, V., Religion, Staat u. Rechtssystem: eine orth. Sicht aus Moskau: ÖARR 54 (2007), 381-405; Kalkandjieva, D., A Comparative Analysis on Church-State Relations in Eastern Orthodoxy: Concepts, Models and Principles: Journ. of Church and State 53 (2011), 587-614; Das Verhältnis von Staat u. Kirche in der Orthodoxie, hg. v. B. Kämpfer – H.-W. Thönnes, Münster 2011 (Essener Gespräche zum Thema Staat u. Kirche 45); Bremer, Th., Kirche u. Staat / Kirche u. Nation in den orth. Kirchen der byzantinischen Tradition: Die orth. Kirchen der byzantinischen Tradition, hg. v. ders. – H. R. Gazer – Chr. Lange, Darmstadt 2013, 153-162; Vletsis, A., Die Gestaltung kirchl.-orth. Lebens 1700 Jahre nach der konstantinischen Wende: Una Sancta 68 (2013), 48-59; Potz, R. – Synek, E., Ort. Kirchenrecht. Eine Einführung, Freistadt ²2014, v. a. 186-272; 302-304; 210 (KuR 28); Ursa, I., Grundzüge des Verhältnisses der Kirche zu Politik u. Staat, insb. in der Europäischen Union: Die Orth. Kirche in der Selbstdarstellung. Ein Kompendium, hg. v. I. V. Leb – K. Nikolakopoulos – I. Ursa, Berlin 2016, 259-280 (Lehr- u. Studienbücher Orth. Theologie 4).

Eva Synek

Kirche, altkatholische
→Altkatholische Kirche

Kirche, anglikanische
→Anglikanische Gemeinschaft

Kirche, Begriff – Staatlich

1. Definition: Der staatl. Begriff der K. ist nicht eindeutig. Zunächst kann eine K. ein Gebäude meinen, das gottesdienstlichen Zwecken, zumal im Bereich chr. Bekenntnisse, gewidmet ist. Ein Bsp. ist die Hohe Domkirche in Köln, die eigene Rechtspersönlichkeit besitzt. Weiter kann unter einer K. eine soziale Organisationsform von Religion verstanden werden. In diesem Zusammenhang wird der Begriff teilweise weiter (unter Einschluss der Konfessionsangehörigen), teilweise enger (bezogen auf die organisatorischen Strukturen sowie die sächliche u. personelle Ausstattung der Konfession) verwendet. Die Bez. einer verfassten Religion als K. folgt dabei dem Selbstverständnis der betr. Konfession. Dabei wird der Begriff häufig m. einem hierarchischen Aufbau u. einer monokratischen od. auch kollegialen Spitze assoziiert, die über Autorität hinsichtlich der Formulierung der Glaubenslehre verfügt. Herkömmlich findet der Begriff bei der →katholischen Kirche u. den ev. →Landeskirchen in Deutschland Verwendung. Er ist jedoch weder auf diese noch überhaupt auf chr. Denominationen beschränkt. Schließlich kann der Begriff der K. als Sammelbezeichnung für solche konfessionell u. territorial unterschiedlichen Institutionen dienen, namentlich bei der Gegenüberstellung m. dem Staat.

2. Rechtlicher Rahmen: →Kirchengebäude können in kirchl. od. in staatl. Eigentum stehen. Letzteres betrifft insb. die m. dem Ende der Monarchie dem Staat zugefallenen vormaligen Hofkirchen. Darüber hinaus unterliegen Kirchengebäude gem. Art. 140 GG i. V. m. Art. 138 Abs. 2 WRV einem bes. eigentumsrechtlichen Schutzregime. Dieses erlischt m. einer Profanierung. Daneben können Kirchengebäude denkmalrechtlich geschützt sein (→Denkmalschutz). Das Verhältnis von institutionell verstandenen K. u. Staat wird in Deutschland im Wesentlichen durch das →Grundgesetz, die Verf. der Bundesländer u. Vertragsrecht bestimmt. Was letzteres anbelangt, sind die Konk. zwischen dem Bund bzw. den Bundesländern u. dem Hl. Stuhl sowie die Staatskirchenverträge zwischen den Bundesländern u. den ev. LK zu nennen (→Konkordat, Kirchenvertrag). Für das Verhältnis zwischen

K. u. Staat legt Art. 140 GG i. V. m. Art. 137 Abs. 1 WRV fest, dass keine →Staatskirche bestehen darf. Dies bedeutet ein Gebot organisatorischer u. inhaltlicher Trennung, aber kein Verbot der Kooperation. Der Staat ist zu religiöser u. weltanschaulicher →Neutralität verpflichtet. Darüber hinaus hat er den Grundsatz der →Parität zu beachten. Danach sind Ungleichbehandlungen zwischen verfassten Religionen od. Bekenntnissen unzulässig, die nicht durch tatsächliche Ungleichheit geboten od. durch sachliche Gründe gerechtfertigt sind.

Das dt. Recht kennt kein staatl. Anerkennungsverfahren für K. Der Begriff der K. wird dem weiteren verfassungsrechtlichen Begriff der Religionsgesellschaft bzw. →Religionsgemeinschaft untergeordnet, für die grds. eine privatrechtliche Organisationsform zur Verfügung steht. Die meisten K. besitzen indes traditionell od. aufgrund späterer Verleihung den Status einer →Körperschaft des öffentlichen Rechts gem. Art. 140 GG i. V. m. Art. 137 Abs. 5 WRV. Dieser Status vermittelt ihnen ein Bündel an Privilegien gegenüber privatrechtlich organisierten Religionsgemeinschaften. Dazu zählt insb. das Recht zur Erhebung von →Kirchensteuern nach Art. 140 GG i. V. m. Art. 137 Abs. 6 WRV. Die K. besitzen, wie alle Religionsgemeinschaften, gem. Art. 140 GG i. V. m. Art. 137 Abs. 3 WRV ein Recht darauf, innerhalb der Schranken des für alle geltenden Gesetzes selbstbestimmt u. o. staatl. Aufsicht od. Bevormundung über ihre eigenen Angelegenheiten zu entscheiden. Das →Selbstbestimmungsrecht erstreckt sich insb. auf Lehre u. Kultus, Verf. u. Organisation, Ausbildung der Geistl., Rechte u. Pflichten der Mitglieder, Vermögensverwaltung u. wirtschaftliche Tätigkeit, Erlass u. Veröff. religiösen Rechts sowie karitative Tätigkeit. Darüber hinaus steht den K. ungeachtet ihres jeweiligen Status die →Religionsfreiheit in allen ihren Ausprägungen aus Art. 4 Abs. 1 u. 2 GG zu. Schließlich können die K. im Rahmen der sog. →gemeinsamen Angelegenheiten von Staat u. Religionsgemeinschaften (res mixtae) religiöse Aktivitäten im staatl. Bereich entfalten. Erwähnung verdient etwa der →Religionsunterricht an staatl. →Schulen gem. Art. 7 Abs. 3 GG, die Seelsorge in Krankenhäusern u. Gefängnissen gem. 140 GG i. V. m. Art. 141 WRV (→Anstaltsseelsorge), die →Militärseelsorge sowie die Einrichtung u. Unterhaltung theol. Fak. an staatl. →Hochschulen (siehe vormals Art. 149 Abs. 3 WRV), die zusätzlich konkordatär bzw. staatskirchenvertraglich ausgestaltet sind, sowie die Errichtung u. der Betrieb kirchl. →Friedhöfe nach Maßgabe der Friedhofsgesetze der Länder u. teilweise staatskirchenvertraglicher Regelung.

Literatur

Titzck, K.-R., Kirche: Staatsbürgerlexikon, hg. v. G. Sommer – R. Graf von Westphalen, München 1999, 477-478; Jeand'Heur, B. – Korioth, S., Grundzüge des Staatskirchenrechts, Stuttgart u. a. 2000; von Campenhausen, A. – de Wall, H., Staatskirchenrecht, München ^{4}2006; Unruh, P., Religionsverfassungsrecht, Baden-Baden ^{2}2012; de Wall, H. – Muckel, S., Kirchenrecht, München ^{5}2017.

Diana zu Hohenlohe

© 2019, DOI: 10.30965/9783506786388_0617

Kirche, Begriff – Katholisch

1. Der CIC enthält keine umfassende Legaldefinition des Begriffs K. K. muss demnach v. a. aus dem kirchl. →Verfassungsrecht erschlossen werden. Gem. dem zentralen Bildbegriff des Vat II von der K. als →Volk Gottes (LG 9-17) trägt das Buch II des CIC die programmatische Überschrift „De Populo Dei" u. beschreibt in c. 204 (c. 7 CCEO), der einleitenden verfassungsrechtlichen Norm, die K. als die Gemeinschaft aller →Gläubigen, d. h. der Menschen, die durch die →Taufe in den Leib Chr. eingegliedert (vgl. LG 7) u. dadurch zum Volk Gottes geworden sind. Sie haben Anteil an der dreifachen →Sendung Chr. u. sind zur Ausübung dieser Sendung berufen, die Gott seiner K. in

der Welt anvertraut hat. K. ist wesentlich personal, nicht territorial, u. daher als Gemeinschaft der Gläubigen zu verstehen. Die Gläubigen, nicht die →Kleriker, sind die Hauptsubjekte des CIC u. der K. Entspr. LG 8, wonach die K. eine einzige komplexe Wirklichkeit aus menschlichem u. göttlichem Element bildet, ist die K. in der Welt als sichtbare Gemeinschaft verfasst, die in der →katholischen Kirche institutionell verwirklicht ist. K. ist demnach nicht nur eine geistl. Größe als unsichtbare innere Seite des Mysteriums K., sondern zu ihr gehören wesentlich u. untrennbar als sichtbare äußere Seite auch die Verfassungsebenen m. den jeweiligen Hirten, die in hierarchischer →Communio miteinander verbunden (cc. 336, 375 u. 519) u. zum Dienst am Volk Gottes bestellt sind (c. 1008). Gem. LG 23 u. 27 sowie c. 368 besteht die kath. K. in u. aus →Teilkirchen, wobei die →Bischöfe als Mitglieder des →Bischofskollegiums (c. 336; c. 49 CCEO) Prinzip u. Fundament der Einheit der K. sind. Die kath. K. ist also keine monolithische Institution, sondern rechtlich strukturierte Communio. So bez. K. vielfältige kirchl. Gliederungen u. Erscheinungsformen: Die →Gesamtkirche, die →Rituskirchen sowie die Teilkirchen u. deren Gliederungen als Strukturen der →Kirchenverfassung u. der →Hirtensorge. K. ist folglich nicht o. Bf. zu denken. So stellt die Erkl. Dominus Jesus vom 06.08.2000 in Nr. 17 fest: „Es gibt also eine einzige Kirche Christi, die in der katholischen Kirche subsistiert und vom Nachfolger Petri und von den Bischöfen in Gemeinschaft mit ihm geleitet wird. Die Kirchen, die zwar nicht in vollkommener Gemeinschaft mit der katholischen Kirche stehen, aber durch engste Bande, wie die →apostolische Sukzession und die gültige Eucharistie, mit ihr verbunden bleiben, sind echte Teilkirchen. ... Die kirchlichen Gemeinschaften hingegen, die den gültigen Episkopat und die ursprüngliche und vollständige Wirklichkeit des eucharistischen Mysteriums nicht bewahrt haben, sind nicht Kirchen im eigentlichen Sinn; die in diesen Gemeinschaften Getauften sind aber durch die Taufe Christus eingegliedert und stehen deshalb in einer gewissen, wenn auch nicht vollkommenen Gemeinschaft mit der Kirche."

2. K. umfasst grds. den Rechtscharakter der kath. K. u. ihre einmalige Rechtspersonalität als persona moralis (→Moralische Person) (c. 113 §1), die ihr kraft ihres von Gott eingestifteten Wesens u. nicht kraft menschlicher Verleihung od. Duldung eignet. Damit wird v. a. nach außen die Eigenrechtsmacht der K. (vgl. cc. 747 §1 u. 1404; cc. 595 §1 u. 1058 CCEO) u. auch das Selbstverständnis als souveräner Partner im völkerrechtlichen Verkehr (vgl. cc. 3, 362 u. 365) zum Ausdruck gebracht.

3. Im Kontext des kirchl. Vermögensrechts (→Vermögensrecht, kirchliches) wird K. enger als im Verfassungsrecht gefasst: K. in diesem Sinn ist ausschließlich die kath. K. m. dem angeborenen Recht (→Ius nativum), eigenes Vermögen zu erwerben, zu besitzen, zu verwalten u. zu veräußern, das der Verwirklichung der eigenen Zwecke der K. dient (c. 1254 §1; c. 1007 CCEO). Diese Vermögensfähigkeit wird gem. c. 1255 (vgl. c. 1009 §1 CCEO) allen öff. u. privaten kirchl. jur. Personen (→Juristische Person, kirchliche) zugesprochen. →Kirchenvermögen ist jedoch nur das Vermögen der öff. kirchl. jur. Personen, während das Vermögen der privaten kirchl. jur. Personen Privatvermögen ist u. nicht nach den Normen des kirchl. Vermögensrechts, sondern der jeweiligen Statuten verwaltet wird (c. 1257 §§1 u. 2). Gem. der Definition des c. 1258 ist in den Normen des kirchl. Vermögensrechts K. i. S. eines Trägers von Kirchenvermögen zu verstehen. K. in diesem Sinn sind demnach die Gesamtkirche, der →Apostolische Stuhl u. alle übrigen öff. jur. Personen, wie z. B. →öffentliche Vereine von Gläubigen (cc. 312-320), Teilkirchen (c. 373), →Kirchenprovinzen (c. 432 §2), →Pfarreien (c. 515 §3; c. 280 §3 CCEO) u. Inst. des geweihten Lebens (c. 589).

4. K. bez. auch das Gotteshaus i. S. des c. 1214 (c. 869 CCEO), d. h. ein für den →Gottesdienst

bestimmtes Gebäude (→Kirchengebäude), zu dem die Gläubigen freien Zugang haben u. wo i. d. R. öff. Gottesdienst ausgeübt wird. Jeder Bau einer K. setzt die ausdrückliche u. schriftliche Zustimmung des Diözesanbischofs voraus (c. 1215 §§1-3), der sie unter den Voraussetzungen des c. 1222 (c. 873 CCEO) nach Anhörung des Priesterrats auch profanem, aber nicht unwürdigem Gebrauch zurückgeben kann. Bei Bau u. Ausstattung einer K. ist das →liturgische Recht zu beachten (c. 1216), jede K. muss geweiht od. wenigstens gesegnet werden (c. 1217) u. trägt einen Titel, der nach der Weihe nicht mehr geänd. werden kann (c. 1218). Ein →Kirchenrektor (vgl. cc. 556-563; cc. 304-310 CCEO) muss für Sauberkeit u. laufende Instandhaltung einer K. sorgen (c. 1220 §§1-2; c. 872 §§1-2 CCEO), zu der die Gläubigen z. Z. gottesdienstlicher Feiern frei u. kostenlos Zutritt haben müssen.

Quellen

Vat II, LG; Kongregation für die Glaubenslehre, Erkl. Dominus Jesus vom 6. August 2000: VApSt 148.

Literatur

KanR I, 9-25; Aymans, W., Art. Kirche. VI. Kirchenrechtlich: LThK³ Bd. 5, 1478-1479; KanR II, 9-20; 49-60; Riedel-Spangenberger, I., Art. Communio: LKStKR Bd. 1, 355-357; Aymans, W., § 3 Die Kirche – Das Recht im Mysterium Kirche: HbkathKR³, 32-41; Pree, H.: MKCIC c. 113, Rn. 1-4; Reinhardt, H. J. F.: MKCIC cc. 1214-1222; Schulz, W.: MKCIC cc. 1254-1258.

Heribert Hallermann

© 2019, DOI: 10.30965/9783506786388_0617

Kirche, Begriff – Evangelisch

Die Reformatoren betonten, dass es nicht nur einen, sondern mehrere Begriffe u. Gestalten von K. gibt: Sowohl Luther als auch Calvin unterschieden zwei Kirchen (s. nur WA 6, 296 f.; Institutio IV 1, 7): K. ist zum einen u. v. a. das wahre Reich Chr., d. h. die (weltweite u. alle Zeiten umgreifende) Gemeinschaft der wahren Gläubigen (ecclesia spiritualis). Sie wird auch als unsichtbare od. – besser – verborgene K. (ecclesia abscondita) bez., weil von außen nicht sichtbar ist, wer zu ihr gehört u. sie deshalb auch nicht in Rechtsgestalt (äußerlich) verfasst werden kann (s. nur Luther, WA 18, 652). Neben ihr steht die sichtbare, d. h. die in der Welt rechtlich verfasste K. als Gemeinschaft von Menschen, in der Wortverkündigung (→Verkündigung) u. →Sakramentsverwaltung stattfinden. Von der ecclesia spiritualis unterscheidet sie sich dadurch, dass ihr auch bloße Scheinchristen (Nichtgläubige) angehören, o. dass diese von Menschen von den wahrhaft Gläubigen unterschieden werden könnten.

Auch für die sichtbare K. kann der Begriff K. wiederum in einem mehrfachen Sinn gebraucht werden:

Sie existiert zum einen als die Gemeinschaft aller Getauften (→Taufe) (ecclesia universalis). Die ecclesia universalis bildet eine – geistige – Einheit, o. dass sie dafür einer einheitlichen, z. B. hierarchischen Verf., eines – u. sei es auch nur in bestimmten Punkten – gemeinsamen KR bedarf: Vielmehr wird sie (über die Zeiten u. Orte hinweg) daran erkannt, dass in ihr „in reinem Verständnis das Evangelium gepredigt und die →Sakramente dem göttlichen Wort gemäß gereicht werden" (Art. 7 CA; Institutio 1, 9; 2, 1).

Deshalb ist es theol. unproblematisch u. in der Wirklichkeit praktisch unvermeidlich so, dass sich die ecclesia universalis aus vielen unterschiedlichen Kirchentümern zusammensetzt, die im Rahmen einer äußeren (rechtlichen) Verf. die schriftgemäße Verkündigung des Evangeliums u. die Verwaltung der Sakramente sicherstellen u. denen die einzelnen Getauften als Mitglieder zugeordnet sind. Außerdem gliedert sie sich in einzelne →Gemeinden, in denen konkret die Versammlung zu Wortverkündigung u. Sakramentsverwaltung stattfinden. Auch diese Partikularkirchen (ecclesiae particulares) m. ihren Untergliederungen, einschließlich der →Kirchengemeinden u. a. Gemeinschaften von Christen vor Ort, sind im ev. Sinn K. im Vollsinn des Wortes, also ganz K., aber sie sind nicht die ganze K.

Verborgene u. sichtbare K. (in ihren beiden Gestalten als ecclesia universalis u. als ecclesia particularis) stehen nicht beziehungslos nebeneinander, sondern sind einander zugeordnet (s. nur Luther, WA 6, 297: die verborgene Kirche lebt in der sichtbaren Kirche wie die Seele im bzw. m. dem Leib): Obwohl sie nicht identisch sind, kann keine für sich bestehen (s. nur Calvin, Institutio IV 1, 3 ff.): Wie der wahre Glaube, der die ecclesia spiritualis konstituiert, nicht entstehen u. erhalten werden kann, o. dass Gottes Wort verkündigt u. die (von Chr. eingesetzten) Sakramente gereicht werden (Art. 5, 28 CA), so dass es einer sichtbaren Gestalt der K. in der Welt bedarf (s. auch Art. 14 CA), so wird diese doch die ecclesia spiritualis niemals völlig abbilden bzw. m. ihr in eins gesetzt werden können. Weil beide aber zusammengehören, gilt Gottes Verheißung (s. z. B. Mt. 16, 18) auch beiden (s. auch Art. 8 CA): In der sichtbaren K. ist die unsichtbare K. zwar nicht „enthalten", aber „zu finden" (Liermann, 1933, 10). „[Die ecclesia spiritualis] lebt und wirkt inmitten der äußeren Taufgemeinschaft, der ecclesia universalis ...: Die äußere Taufgemeinschaft ist das weltliche Ackerfeld, auf dem die Saat des Evangeliums den Glauben wachsen und die Früchte des Reiches Gottes reifen lässt" (Heckel, 2016, 599). Damit ist – trotz der nötigen Unterscheidung zwischen beiden – neben der ecclesia spiritualis (als der Gemeinschaft der wahrhaft Glaubenden) auch die ecclesia universalis (als Gesamtheit der rechtlich verfassten Gemeinschaften von Getauften) mitangesprochen, wenn im dritten Art. des Apost. u. des Nicänischen →Glaubensbekenntnisses von der einen, hl. K. die Rede ist (s. auch Calvin, Institutio IV 1, 2; 1, 3): Aus ev. Sicht ist die K. des dritten Glaubensbekenntnisses sichtbar in den Kirchen der Welt, die Art. 7 CA verwirklichen.

Quellen

Luther, M., Von dem Papsttum zu Rom, 1520: WA 6, 285-324; ders., Von den Konziliis u. Kirchen, 1539: WA 50, 488-653.

Literatur

Liermann, H., Dt. Ev. Kirchenrecht, Stuttgart 1933; Kühn, U., Art. Kirche, VI. Prot. Kirchen: TRE Bd. 18, 262-277; Härle, W., Art. Kirche, VII. Dogmatisch: TRE Bd. 18, 277-317; Schäfer, R., Art. Kirche IV. Alte Kirche bis Reformation, 3. Reformation: RGG[4] Bd. 4, 1006-1008; Heckel, M., Martin Luthers Reformation u. das Recht, Tübingen 2016, 148-155, 599.

Renate Penßel

Kirche, evangelische

→Evangelische Kirche in Deutschland

Kirche, Gotteshaus

→Kirchengebäude

Kirche, katholische

→Katholische Kirche

Kirche, lateinische

→Lateinische Kirche

Kirche, lutherische

→Lutherische Kirche

Kirche, orientalische

→Orientalische Kirchen

Kirche, orthodoxe

→Orthodoxe Kirchen

Kirche, reformierte
→Reformierte Kirche

Kirche, unierte
→Orientalische Kirchen

Kirchenabfall
→Apostasie

Kirchenamt – Katholisch
→Amt

Kirchenamt – Evangelisch

Dem Begriff K. können versch. Bedeutungen zugeordnet werden. In funktionaler Hinsicht bez. er das allg. →Amt der Kirche, d. h. das Predigtamt. Inhaltlich bezieht sich dieses Amt auf die Wahrnehmung des kirchl. Auftrags in Gestalt der öff. Wortverkündigung (→Verkündigung) u. →Sakramentsverwaltung (ministerium verbi divini). Als formale Voraussetzung gilt zumindest eine theol. Ausbildung bzw. ein theol. Studium. Ein bes. K. in funktionaler Hinsicht ist z. B. das Pfarramt in seiner Ausgestaltung als Gemeindepfarramt bis hin zum Bischofsamt. Das K. in funktionaler Hinsicht firmiert primär unter der Bez. kirchl. Amt, od. schlicht Amt.

Als bes. K. werden zumeist verwaltungsorganisatorische Einheiten bez. K. in diesem organistorischen Sinn sind kirchl. Behörden, Dienststellen od. bes. Verwaltungseinrichtungen (Rentämter, Glockenbauämter etc.), die auf versch. Ebenen der Kirchen angesiedelt sind.

Im K. der EKD sind auf der Grundlage des sog. Verbindungsmodells seit Ende des J. 2017 die K. der →Evangelischen Kirche in Deutschland, der →Union Evangelischer Kirchen in der EKD u. der →Vereinigten Evangelisch-Lutherischen Kirche Deutschlands zusammengeführt. Gem. Art. 31 Abs. 1 GrO-EKD (i. d. F. vom 15.11.2017) dient das K. der EKD den Organen der EKD sowie der gliedkirchlichen Zusamenschlüsse. Es führt „die Verwaltung und die laufenden Geschäfte nach Richtlinien oder Weisungen des Rates im Rahmen des kirchlichen Rechts und der vertraglichen Regelungen" zwischen der EKD u. der UEK einerseits sowie der VELKD andererseits. Art. 31 Abs. 2 GrO-EKD enthält einen umfangreichen Katalog von Aufgaben, die dem K. der EKD „insbesondere" obliegen. Dazu zählen u. a. die Unterstützung der Organe der EKD u. der gliedkirchlichen Zusammenschlüsse (Nr. 1), die Beratung u. Information der Gliedkirchen bei der Wahrnehmung ihrer Aufgaben (Nr. 4) u. die Unterrichtung der Öffentlichkeit über die Arbeit der EKD (Nr. 9). Die Leitung des K. ist gem. Art. 31 Abs. 3 GrO-EKD „einem Kollegium unter Vorsitz eines Präsidenten oder einer Präsidentin" zugewiesen. Organisation u. Geschäftsverteilung ergeben sich aus der GO des K., die vom →Rat der EKD erlassen wird. Die Berufung in die Leitungsämter des K. erfolgt nach Maßgabe des Art. 31 Abs. 4 GrO-EKD durch den Rat im Benehmen m. der Kirchenkonferenz. Bei der Auswahl der Mitglieder des Kollegiums u. der Referenten ist gem. Art. 31 Abs. 5 GrO-EKD auf eine „ausgewogene Berücksichtigung der unterschiedlichen Bekenntnisbindungen zu achten".

Das Ev. K. für die Bundeswehr ist gem. Art. 14 des Vertrages der EKD m. der BRD zur Regelung der ev. →Militärseelsorge vom 22.02.1957 (MilSV) zur „Wahrnehmung der zentralen Verwaltungsaufgaben der ev. Militärseelsorge ... am Sitz des Bundesministeriums für Verteidigung" eingerichtet. Es untersteht unmittelbar dem Bundesminister der Verteidigung. Leiter des K. ist gem. Art. 15 Abs. 1 MilSV ein →Militärgeneraldekan, der auf Vorschag des →Militärbischofs berufen wird u. grds. dem MilB untersteht. Soweit der Militärgeneraldekan m. der Militärseelsorge zusammenhängende „staatliche Verwaltungsaufgaben" wahrnimmt, untersteht er dem Bundesminister für Verteidigung. Gem. Art. 15 Abs.

3 MilSV kann der MilB den Leiter des Ev. K. für die Bundeswehr im Einzelfall m. Befugnissen betrauen, die dem MilB nach Maßgabe des Art. 12 Abs. 1 MilSV zustehen. Dazu zählen u. a. die Einführung der Militärgeistlichen in ihr kirchl. Amt der Militärseelsorge (Nr. 1), die Visitation der personalen Seelsorgebereiche u. der Militärkirchengemeinden (Nr. 5) sowie die Einweihung von gottesdienstlichen Räumen der Militärseelsorge (Nr. 9). Für die Beschreibung der Aufgaben des MilB ist auch das KG zur Regelung der ev. Militärseelsorge in der BRD vom 08.03.1957 von Bedeutung.

In den Gliedkirchen der EKD werden die jeweiligen obersten Verwaltungsbehörden als K. bzw. →Landeskirchenamt (→Konsistorium, →Oberkirchenrat etc.) bez. Sie sind jeweils kollegial verfasst u. die Besetzung der Leitungsämter unterliegt bes. qualitativen u. verfahrensrechtlichen Anforderungen.

Auch in den jeweiligen Einheiten der kirchl. Mittelstufe (→Kirchenkreise, →Dekanate etc.) tragen die zuständigen Verwaltungseinheiten zumeist die Bez. K. (Kirchenkreisverwaltungen etc.). Sie nehmen nach Maßgabe der jeweiligen KirchVerf. die Verwaltungsaufgaben für den KKreis (das Dekanat etc.) u. die →Kirchengemeinden wahr (Bsp.: Art. 69 KirchVerf.NK). Abw. von der Organisationsstruktur des K. der EKD u. der K. auf der landeskirchlichen Ebene sind die K. auf der kirchl. Mittelstufe nicht kollegial verfasst.

Auf der Ebene der KGde. existieren keine separaten Verwaltungsbehörden. Die originären kirchengemeindlichen Verwaltungsaufgaben werden – sofern sie nicht von der kirchl. Mittelstufe erledigt werden – durch das jeweilige Leitungsorgan der KGde. (Kirchengemeinderat, Kirchenvorstand etc.) wahrgenommen. Die üblichen KGde.- od. Kirchenbüros leisten Unterstützungsleistungen i. S. eines Sekretariats.

Literatur

Dreier, R., Das kirchl. Amt, Tübingen 1972; Germann, M., Art. Amt, VIII. Rechtlich: RGG[4] Bd. 1, 437-438; Schmidt-Rost, R., Art. Amt, kirchl.: EvStL, 42-46.

Peter Unruh

Kirchenamt für die Bundeswehr
→Militärbischofsamt

Kirchenanwalt – Katholisch

Der K., lat. Promotor iustitiae, seltener auch als Amtsanwalt bez., ist Teil des Gerichtspersonals u. gehört m. dem Bandverteidiger (→Ehebandverteidiger u. →Weihebandverteidiger) zum Bereich der Gerichtsverwaltung (→Gerichtsverwaltung, kirchliche). Damit ist der K. Mitglied der →Diözesankurie (vgl. c. 470). Der m. diesem →Amt verbundene Grundauftrag ergibt sich aus c. 1430, wonach für Streitsachen, in denen das öff. Wohl in Gefahr geraten kann, sowie für Strafsachen, ein K. zu ernennen ist, der die Pflicht hat, für das öff. Wohl zu sorgen. M. dem Amt des K. ist eine Teilhabe an der Ausübung oberhirtlichen Gewalt (potestas regiminis) verbunden, näherhin potestas exsecutiva im Bereich der Gerichtsverwaltung. Die Ernennung des K. ist nach c. 1435 Sache des →Diözesanbischofs. Als K. können sowohl →Kleriker als auch →Laien berufen werden. Sie müssen über einen →guten Ruf verfügen, durch Klugheit u. Bemühen um →Gerechtigkeit bewährt sein u. wenigstens Lizentiaten im kan. Recht sein. Diese Qualifikationen sind nicht als Gültigkeitsvoraussetzungen für die Bestellung des K. aufgestellt. Es können auch mehrere K. berufen werden. Die Bestellung des K. kann hierbei für die Gesamtheit der Prozesse als auch für einzelne Prozesse vorgenommen werden (vgl. c. 1436 §1). Möglich ist auch die Bestellung je eines K. für die das öff. Wohl betr. Streitsachen u. eines für die Strafverfahren. Der K. hat einen Amtseid gem.

c. 1454 abzulegen. Der Diözesanbischof kann den K. gem. c. 1436 § 2 aus gerechtem Grund abberufen. Eine strafweise → Absetzung vom Amt des K. ist als Reaktion auf eine strafbare Amtspflichtverletzung (vgl. c. 1458) ebenfalls möglich.

Es ist möglich, dass eine Person sowohl das Amt des K. als auch das des Bandverteidigers ausübt, allerdings nicht in ders. Sache (vgl. c. 1436 § 1). Hat eine Person als K. an einem Verfahren mitgewirkt, ist es nach c. 1447 ausgeschlossen, dass sie in höheren Instanz, aber ders. Sache als erkennender → Richter od. Beisitzer (→ Assessor) tätig wird. Neben dieser auf konkrete Verfahren bezogenen Unfähigkeit des K. zu richterlicher Tätigkeit beanstandet die → Apostolische Signatur in Einzelfällen die Bestellung eines Diözesanrichters zum K., obgleich dies durch keine Norm ausgeschlossen ist.

C. 1434 bringt den K. wie den Bandverteidiger in „die Stellung von gesetzlichen Vertretern einer immateriellen Prozeßpartei" (Lüdicke, MKCIC c. 1434, Rn. 1) u. bestimmt, dass der K. wie der Defensor vinculi zu hören sind, wenn die Anhörung wenigstens einer → Partei vorgeschrieben ist u. dass K. wie Bandverteidiger das Recht haben, Anträge zu stellen, wenn der Richter zum Handeln des Antrags einer Partei bedarf. C. 1433 droht die → Nichtigkeit von Prozesshandlungen an, zu denen der K. hätte geladen werden müssen (s. Aufstellung bei Lüdicke, MKCIC c. 1433, Rn. 6), tatsächlich aber nicht geladen wurde. Die Nichtigkeit als Rechtsfolge tritt dann aber nicht ein, wenn der K., o. geladen gewesen zu sein, dennoch anwesend war od. vor dem → Urteil durch Einsicht in die Akte sein Amt ausüben konnte.

Für eine Auflistung der dem K. im Streitverfahren im Einzelnen zukommenden Rechte vgl. Lüdicke, MKCIC c. 1430, Rn. 4. Im Streitverfahren wird der K. nach c. 1430 § 1 tätig, wenn der Diözesanbischof entschieden hat, dass das öff. Wohl gefährdet sei, wenn dies gesetzlich vorgeschrieben ist, od. wenn die Gefährdung des öff. Wohls der Sache offenkundig ist. Nach gesetzlicher Vorschrift ist der K. zu beteiligen beim Verfahren der Ehegattentrennung (vgl. c. 1696). Wenn der K. an der vorhergehenden Instanz mitgewirkt hat, führt dies nach c. 1431 § 2 für die aktuelle Instanz zur widerlegbaren Vermutung, dass der K. ebenfalls zu beteiligen ist.

In Strafsachen ist der K. der Ankläger. Der K. wird hierbei in erster Instanz auf Anweisung des → Ordinarius tätig, der gem. c. 1718 § 1 n. 3 die Entscheidung getroffen hat, dass ein gerichtlicher → Strafprozess zu eröffnen ist (vgl. c. 1721 § 1). Im Berufungsverfahren wird der K. des Berufungsgerichts von Amts wegen tätig (vgl. c. 1721 § 2). Der K. hat die Anklageschrift (→ Anklage), die den Anforderungen des c. 1504 entspr. muss, beim zuständigen Gericht (→ Gerichte, kirchliche) einzubringen.

Im Strafprozess muss der K. angehört werden, bevor der Ordinarius einstweilige Rechtsminderungen gegen den Angeklagten verhängt (c. 1722). Der K. kann im Strafprozess auf den Rechtszug verzichten (vgl. c. 1724), allerdings nur auf Weisung od. m. Zustimmung des Ordinarius. Außerdem muss ein solcher Verzicht durch den Angeklagten angenommen werden, sofern er nicht für prozessabwesend erklärt wurde. Weiter kann der K. gegen das → Strafurteil Berufung (→ Berufung im Prozess) einlegen, sooft er meint, dass für die Behebung des → Ärgernisses od. die Wiederherstellung der Gerechtigkeit nicht hinreichend gesorgt sei (vgl. 1727).

Für Fälle der sog. delicta graviora sind durch die Normae de gravioribus delictis versch. Sonderregelungen aufgestellt. So kann in diesen Fällen nur ein Priester das Amt des K. gültig ausüben (vgl. Art. 14 Normae de gravioribus delictis). Gleichwohl kann die Kongr. für die Glaubenslehre von dem Erfordernis der Priesterweihe dispensieren (vgl. ebd. Art. 15).

Außer in den → Diözesangerichten ist der Promotor iustitiae zudem vorgesehen im diözesanen Erhebungsverfahren eines → Seligsprechungsverfahrens od. → Heiligsprechungsverfahrens u. als Beamter versch. kurialer Dikasterien. Auch in den Kanonisationsverfahren hat der K. Priester zu sein.

Quellen

Normae de gravioribus delictis, i. d. F. v. 21. Mai 2010: AAS 102 (2010), 419-430 = geltende Normen zu: Johannes Paul II., MP Sacramentorum sanctitatis tutela vom 30. April 2001: AAS 93 (2001), 737-739.

Literatur

Miele, M., Il promotore di giustizia nelle cause di nullità del matrimonio: Studi sul processo matrimoniale canonico, hg. v. S. Gherro, Padua 1991, 133-178; Stork, G., Der Kirchenanwalt im kan. Recht, Würzburg 1999; Sols Lucia, A., El bien público en las causas matrimoniales canónicas: REDC 58 (2001), 779-799; Vondenberger, V., Promoting Justice: Reflections as Promoter of Justice for the Archdiocese of Cincinnati, Ohio: Advocacy Vademecum, hg. v. P. M. Dugan, Montréal 2006, 115-121; Marroquín Camey, J. A., Naturaleza procesal del promotor de justicia: Cuadernos Doctorales. Excerpta e dissertationibus in iure canonico 22 (2008), 241-296; Barr, C. – Hugo H., El promotor de justicia en el proceso penal canónico: AADC 16 (2009/10), 229-244; Donlon, J. I., Promoting Justice in the Church: CLSA Proceedings 72 (2010), 131-149; Vondenberger, V., Balancing Rights: Role of the Promotor of Justice: Towards Future Developments in Penal Law: U.S. Theory and Practice, hg. v. P. M. Dugan, Montréal 2010 (Gratianus Collection Series), 57-82; Lüdicke, K. – Althaus, R., Der kirchl. Strafprozess nach dem Codex Iuris Canonici u. Nebengesetzen. Normen u. Kommentar, Essen 2015 (BzMKCIC 61) (Loseblattwerk); Millette, R. L., An Analysis of the Preliminary Investigation in Light of the Rights of the Accused: Jurist 75 (2015), 109-195.

Peter Platen

Kirchenanwalt – Evangelisch

1. Das ev. KR kennt kein Äquivalent zum K. nach kath. KR, der in der Gerichtsbarkeit (→Gerichtsbarkeit, kirchliche bzw. religiöse) der Kath. Kirche den Promotor iustitiae bez. u. für Streit- u. Strafsachen zu bestellen ist (c. 1430), um – von Amts wegen zur Wahrung des öff. Wohls verpflichtet – das öff. Interesse der Kath. Kirche zu vertreten.

2. a) Ähnlichkeit zum K. nach kath. KR hat der – indes nicht in allen ev. →Landeskirchen eingeführte – Vertreter des allg. kirchl. Interesses als Beteiligter insb. kirchl. Verwaltungsgerichtsverfahren, nach dem Recht einzelner LK auch verfassungsgerichtlicher bzw. disziplinargerichtlicher Verfahren. Diesen kann das zuständige kirchenleitende Organ zur Wahrung des allg. kirchl. Interesses bestellen, sofern die LK nicht selbst Klägerin od. Beklagte ist. Die Kompetenzen des Vertreters des allg. kirchl. Interesses sind unterschiedlich ausgestaltet. In der Pf ist er lediglich zu allen Verh. zu laden u. vor jeder Entscheidung zu hören (§ 13 Gesetz über das Verfassungs- u. Verwaltungsgericht). Überwiegend kann er selbständig Prozesshandlungen vornehmen u. ist an die Weisungen des ihn entsendenden kirchenleitenden Organs gebunden (§ 19 Abs. 3 S. 2 ReHO der Konföderation ev. Kirchen in Niedersachsen, § 23 Abs. 2 S. 2 KVwGG.Wü). Keine derartige Bindung an Weisungen besteht nur in Bayern (§ 25 Abs. 3 S. 2 KVGG).

b) Bis März 2015 waren K. u. Oberkirchenanwalt die Amtsbezeichnungen für Juristen der Besoldungsgruppen A13 u. A14 im Dienst der Bay (vgl. Anl. 2 zu § 1 DVKBBesG).

Renate Koch

Kirchenasyl – Historisch

Das hist. Asylrecht der Kirche i. S. einer von der Rechtsordnung anerkannten Befugnis, bestimmte Menschen dem Zugriff ihrer Verfolger zu entziehen, hat seinerseits eine lange Vorgeschichte. In den verschiedensten Epochen u. Kulturen wurden Verfolgte an hl. Orten od. unabhängig von solchen kraft religiöser Anschauungen als unantastbar betrachtet. Die hebräische Bibel kennt den Altar als Schutzort; aufgrund der Kultzentralisation am Jerusalemer Tempel u. der priesterschriftlichen Reinheitsvorstellungen, die den Zugang zum Allerheiligsten dem Hohepriester vorbehielten, trat an seine Stelle die – hist. nach aller Wahrscheinlichkeit niemals realisierte – Konzeption von sechs Freistädten, in denen der unvorsätzliche Totschläger Schutz vor der Blutrache finden konnte.

In der griech. Antike folgte die – praktisch hochbedeutsame – Schutzfunktion der Heiligtümer aus zwei unterschiedlichen, sakralrechtlichen gegr. Prinzipien: Die Asylie bez. die Unverletzlichkeit eines jeden hl. Ortes. Die Aufnahme von Flüchtlingen, die heute m. dem Begriff Asyl bez. wird, beruhte indessen auf der Institution der Hikesie. Wer sich einem anderen, sei es Mensch od. Gott, schutzsuchend näherte u. dabei bestimmte zeichenhafte Handlungen vornahm – indem er etwa einen m. wollenen Binden umkränzten Ölzweig in Händen hielt, indem er ein Götterbild umfasste, sich an einem Altar, einem Herd niederließ od. überhaupt einen hl. Bezirk betrat – der galt als hl. u. durfte keinesfalls abgewiesen werden. Hiervon zu unterscheiden ist wiederum die säkulare Asylie, das einseitig verliehene od. bilateral vereinbarte Privileg einzelner Personen od. aller Angehörigen eines bestimmten Staates, dem Selbsthilferecht u. dem Recht der Plünderung in Kriegszeiten von Seiten des die Asylie gewährenden Staates u. seiner Bürger entzogen zu sein.

Im K. verband sich die nach der Entstehung chr. Kultstätten wohl nahtlos fortgeführte Tradition der Zuflucht zum hl. Ort m. einer spezifisch chr. begr. Intervention zugunsten aus den unterschiedlichsten Gründen Schutzbedürftiger, beruhend auf den Gedanken der Barmherzigkeit u. Menschenliebe (caritas, misericordia, humanitas), der Sündenvergebung u. der Gelegenheit zur →Buße, die dem Sünder unter dem Schutz der Kirche gegeben werden soll, um der ewigen Strafe im Jenseits zu entrinnen. Entspr. nennt der später in das →Decretum Gratiani aufgenommene Kanon 5 des Konzils von Orange 441 die reverentia loci u. die intercessio (→Interzession) als die beiden Grundpfeiler des K. Eine Theologie des K. hat es freilich nicht gegeben, nur einzelne, zumeist situative Begründungsansätze. Die kirchl. Asylgewähr erlangte im J. 431 Anerkennung durch die kaiserliche Gesetzgebung, m. der von Anfang an zugl. Beschränkungen u. Reglementierungen einhergingen. Einerseits wurde der Bruch des Asylrechtes m. Strafe bedroht, andererseits der Kreis der Asylberechtigten ausgehend von staatl. Interessen bestimmt.

Die germanischen Stammesrechte (→Germanisches Recht) haben das kirchl. Asylrecht übernommen u. eigenständig ausgestaltet, wobei zahlreiche spezifisch germanische Einflüsse nachweisbar sind, insb. Traditionen der Friedstätten u. der Streitbeilegung sowie eine – auch tabuistisch geprägte – tiefe Achtung hl. Orte, was wiederum den Rückschluss auf vorchristliche Asylvorstellungen als Quelle des K. zulässt u. dieses in einen breiteren Kontext der Kontinuität im Übergang vom alten Glauben zum Christentum einordnet. Anders als die Kaiserkonstitutionen befassten die →leges sich auch m. der Behandlung u. der Auslieferung Asylsuchender, etwa gegen einen Eid des Verfolgers.

In der weiteren Entwicklung stand das K. in vielfältigen Zusammenhängen von unterschiedlich begr. Fried- u. Freistätten, geistl. u. weltlichen →Immunitäten, Herrschaftsrechten u. Privilegien, kirchl. u. weltlicher Jurisdiktion sowie dem sich in der frühen Neuzeit entwickelnden äußeren (zwischenstaatlichen) Asylrecht. Gegenstand anhaltender Auseinandersetzungen waren v. a. der Kreis der Asylberechtigten, den die Kirche zu erweitern, die weltliche Obrigkeit hingegen einzuschränken trachtete, namentlich die asylfähigen Delikte, aber auch die räumliche Ausdehnung, das Auslieferungsverfahren, kirchl. u. weltliche Strafen bei Verletzung des K. u. die Zuständigkeitsabgrenzung kirchl. u. weltlicher Gerichtsbarkeiten. Im Gegensatz zum oströmischen Reich waren diese Fragen im Westen vornehmlich Regelungsgegenstand des kan. Rechts, das dabei über die Jhh. hinweg vielfältige Änderungen erfuhr.

Bis in die Neuzeit hinein entfaltete das K. Wirkung als Mittel der Konfliktschlichtung, der Wiedereingliederung u. als Gegengewicht der Leibesstrafen. Es war über Jhh. ein gewichtiger Pfeiler der libertas ecclesiae, fester Bestandteil der rechtlichen Bewältigung devianten Verhaltens u. zugl. ein zentrales Element der (Straf-)Rechtsentwicklung, bis es seit dem 14. Jh. zurückgedrängt wurde, zunehmend dem staatl. Strafanspruch u. Gewaltmonopol weichen musste u. schließlich im 18./19 Jh. förmlich aufgehoben wurde.

Literatur

Timbal Duclaux de Martin, P., Le droit d'Asile, Paris 1939; Landau, P., Asylrecht III. Alte Kirche u. Mittelalter: TRE 4 Bd. 4, 319-327; Ducloux, A., Ad ecclesiam confugere, Paris 1994; Latini, C., Il privilegio dell'immunità, Mailand 2002; Bammann, K., Im Bannkreis des Heiligen, Münster – Hamburg – London 2002 (Hamburger Studien zur Kriminologie u. Kriminalpolitik 30); Franke, G., Das Kirchenasyl im Kontext sakraler Zufluchtnahmen der Antike, Frankfurt 2003 (EHS 23/756); Fruscione, D., Das Asyl bei den germanischen Stämmen im frühen Mittelalter, Köln – Weimar – Wien 2003 (Konflikt, Verbrechen u. Sanktion in der Gesellschaft Alteuropas. Fallstudien 6); Das antike Asyl, hg. v. M. Dreher, Köln – Weimar – Wien 2003 (Akten der Gesellschaft für griech. u. hellenistische Rechtsgeschichte 15); Traulsen, Ch., Das sakrale Asyl in der Alten Welt, Tübingen 2004 (Ius ecclesiasticum 72); Turner, B., Asyl u. Konflikt von der Antike bis heute, Berlin 2005.

Christian Traulsen

© 2019, DOI: 10.30965/9783506786388_0631

Kirchenasyl – Staatlich

Religiöses Asyl – u. damit auch K. – beruht auf der Vorstellung, dass es eine hl. Sphäre gibt, die von der profanen Welt getrennt u. dem menschlichen Recht entzogen ist. Es setzt voraus, dass die staatl. Ordnung sich den Geboten der Religion unterwirft od. ihr zumindest einen rechtsfreien Raum zugesteht. Beides ist im säkularen, religiös-weltanschaulich neutralen Staat nicht der Fall. Ein K. im rechtlichen Sinne gibt es darum unter dem →Grundgesetz nicht. Maßnahmen gegen Personen, die sich in Obhut einer →Kirchengemeinde befinden, greifen nicht in kirchl. Rechte ein. Insb. lässt sich weder aus der →Religionsfreiheit noch aus dem kirchl. →Selbstbestimmungsrecht eine Befugnis herleiten, Flüchtlinge dem staatl. Zugriff zu entziehen; ansonsten wäre die kirchl. Rechtsposition stärker als diejenige der Flüchtlinge selbst. Einen rechtfertigungsbedürftigen, im Regelfall aber auch rechtfertigungsfähigen Eingriff in die Grundrechte aus Art. 4 GG stellen hingegen belastende Maßnahmen gegenüber denjenigen dar, die aus Glaubens- od. Gewissensgründen anderen Schutz gewähren; nach Maßgabe des Selbstverständnisses der betroffenen →Religionsgemeinschaft ggf. auch Maßnahmen der Verwaltungsvollstreckung innerhalb gottesdienstlicher od. sakraler Räume. Die Kirchen sind im Ergebnis in ihrem Engagement für Flüchtlinge auf dies., legalen Mittel verwiesen, die jedermann zur Verfügung stehen. Dies schließt die Unterstützung bei der Wahrnehmung der eigenen Rechtsschutzmöglichkeiten der Betroffenen m. ein, ebenso die Möglichkeit, eine Verpflichtungserklärung nach § 68 AufenthG abzugeben.

Gleichwohl werden unter der Bez. K. u. unter – freilich nicht unproblematischer – Berufung auf dessen Geschichte seit den 1980er J. in regional u. zeitlich stark wechselnder Zahl Flüchtlinge von KGde. unterschiedlicher Konfessionen od. von Ordensgemeinschaften aufgenommen, um sie einer Abschiebung zu entziehen. Werden die zuständigen Behörden über diesen Umstand informiert, ist von offenem, andernfalls von verdecktem K. die Rede. Im J. 2017 wurden dem BAMF rund 2000 derartiger Fälle bekannt. Dahinter steht der Gedanke, auch in einem Rechtsstaat nicht zu vermeidende Fehlentscheidungen u. Härten im Einzelfall auszugleichen. Dieser Notwendigkeit hat freilich auch der Gesetzgeber durch die Einführung von Härtefallkommissionen nach § 23a AufenthG zumindest teilweise Rechnung getragen. Da es weder praktikabel ist noch kirchlicherseits angestrebt wird, Flüchtlinge dauerhaft (u. auf kirchl. Kosten) in Kirchen od. Gemeindehäusern zu beherbergen, muss K. zwangsläufig darauf angelegt sein, den Betroffenen einen Aufenthaltsstatus od. zumindest eine Duldung zu verschaffen, u. ist schon darum auf Kooperation m. den zuständigen Behörden angewiesen. Staatlicherseits ist zu bedenken, dass ein freiheitlicher Staat, der auf den Wertüberzeugungen seiner Bürger aufbaut, gut daran tut, ihrem wertgebundenen Handeln, wo möglich, nicht m. Zwang zu begegnen. Eine Absprache zwischen dem BAMF u. den Kirchen vom 24.02.2015 regelt (unter der gemeinsamen Prämisse, dass das K. kein eigenständiges, neben dem Rechtsstaat stehendes Inst. ist, sondern sich als chr.-humanitäre Tradition etabliert hat) eine solche kooperative Verfahrensweise. Sie sieht vor, dass K. nur in bes., individuellen Härtefällen u. nur als Ultima ratio in Betracht kommt u. über bes. kirchl. Ansprechpartner dem BAMF gemeldet u. förmlich begr. wird (Dossierverfahren), das dann eine erneute, lösungsorientierte Einzelfallprüfung vornimmt.

Faktisch beschränkt sich die Gewährung von K. fast ausschließlich auf Personen, für deren Asylverfahren nach der VO (EU) Nr. 604/2013 (sog. Dublin-III-VO) ein anderer Teilnehmerstaat zuständig ist, u. zielt darauf ab, entweder die sechsmonatige Überstellungsfrist verstreichen zu lassen od. einen Selbsteintritt nach Art. 17 zu bewirken. Da die Härtefallkommissionen in derartigen Dublin-Fällen regelmäßig nicht tätig werden, mag hier ein Eingreifen der Kirchen häufiger angezeigt sein als in anderen Konstellationen; freilich bietet sich den KGde. hier auch die Aussicht, ihre Schützlinge nach begrenzter Frist wieder in die Verantwortung staatl. Organe entlassen zu können. Als individuelle Umstände, die eine bes. Härte begr. können, kommen etwa Krankheit, familiäre Gründe, eine bei Überstellung drohende Rückführung in die Heimat (Kettenabschiebung) od. auch vorangegangene Gewalterfahrungen im Erstaufnahmestaat in Betracht. Nach richtiger Auffassung sind Personen im offenen K. nicht „flüchtig" i. S. v. Art. 29 Abs. 2 S. 2 Dublin-III-VO, was eine Verlängerung der Überstellungsfrist auf 18 Monate zur Folge hätte. Wird das Dossierverfahren eingehalten, besteht ferner keine Strafbarkeit wegen unerlaubten Aufenthaltes bzw. seitens der Kirche Handelnden wegen Beihilfe hierzu nach § 95 Abs. 1 S. 1 Nr. 2 AufenthG, da sich das BAMF zu einem Verzicht auf aufenthaltsbeendende Maßnahmen bis zum Abschluss der Einzelfallprüfung verpflichtet hat u. somit ein Abschiebungshindernis i. S. v. § 60a AufenthG vorliegt.

Literatur

Reuter, H.-R., Kirchenasyl u. staatl. Asylrecht: Das Recht der Kirche Bd. 3, hg. v. G. Rau – H.-R. Reuter – K. Schlaich, Gütersloh 1994 (Forschungen u. Berichte der Ev. Studiengemeinschaft 51), 574-600; Siegmund, A., Verfassungsrechtliche Aspekte des Kirchenasyls, Konstanz 1997 (Konstanzer Schriften zur Rechtswissenschaft 126); Kirchenasyl, hg. v. BAMF, Nürnberg 1998 (Schriftenreihe Asylpraxis 3): http://www.bamf.de/SharedDocs/Anlagen/DE/Publikationen/SchriftenreiheAsyl/asyl-reihe-band-03.pdf?__blob=publicationFile [Zugriff: 15.05.2019]; Görisch, Ch., Kirchenasyl u. staatl. Recht, Berlin 2000 (Münsterische Beiträge zur Rechtswissenschaft 129); Grefen, J., Kirchenasyl im Rechtsstaat, Berlin 2001 (Schr. zum Öff. Recht 848); Babo, M., Kirchenasyl – Kirchenhikesie, Münster – Hamburg – London 2003 (Studien der Moraltheologie 20); Larsen, F., Kirchenasyl u. Verfassungsstaat: ZAR 2017, 121-124; Traulsen, S., Kirchenasyl in Geschichte u. Gegenwart: KuR 2017, 128-139; Botta, J., Das Kirchenasyl als rechtsfreier Raum?: ZAR 2017, 434-440; Eichenhofer, J., Kirchenasyl als „rechtsfreier Raum?": myops 34 (2018), 54-61.

Christian Traulsen

© 2019, DOI: 10.30965/9783506786388_0631

Kirchenasyl – Katholisch

Der CIC/1983 kennt ebenso wenig wie der CCEO ein kirchl. Asylrecht, wie dies noch in can. 1179 normiert war, wobei der Sinn dieser Vorschrift weniger in der Rechtsschutzgewährleistung für verfolgte Personen als vielmehr als ein Einschreiten gegen die Verletzung kirchl. Hoheit u. gegen die Nichtbeachtung des sakralen Charakters kirchl. Stätten durch staatl. Gewalt bestand. Die Codexreformkommission begr. die Streichung der zunächst vorgesehenen Bestimmung über ein kirchl. Asylrecht neben der faktischen Nichtanerkennung des K. in staatl. Gesetzen damit, dass die Kirche eines solches Recht nicht benötige (vgl. Comm. 35 [2003], 289). Die Aufgabe des Anspruchs, in kirchl. Gebäuden Ausnahmen vom staatl. Rechtsvollzug zu erwirken – unbeschadet etwaiger konkordatärer Vereinbarungen –, bedeutet hierbei allerdings keine Absage an das weiterbestehende Recht der Kirche zur →Interzession gegenüber dem Staat zugunsten von Personen, denen Menschenrechtsverletzungen drohen. Für die BRD wurde im Zusammenhang m. Änderungen der staatl. Asylgesetzgebung in den 1990er-J. u. aufgrund der Herausforderungen, die sich seit dem J. 2015 in Folge von ungekannte Ausmaße erreichenden Flucht u. Vertreibung stellen, nach der Geltung u. rechtlichen Ausgestaltung eines sog. K. gefragt. In der 2015 veröff. Handreichung zu aktuellen Fragen des K. stellt die Migrationskommission der DBK fest, dass es im Rahmen des kirchl. Engagements für Flüchtlinge immer wieder dazu kommt, „dass Kirchengemeinden und Ordensgemeinschaften von Zurück- oder Abschiebung Bedrohte vorübergehend in kirchlichen Räumen aufnehmen, um ihnen in einer Notsituation beizustehen (sog. ‚Kirchenasyl'). Ziel der Gemeinden und Ordensgemeinschaften ist es, mit den für die Entscheidung zuständigen staatlichen Stellen in Dialog zu treten, neue Aspekte vorzutragen und so eine erneute bzw. nochmalige sorgfältige Prüfung des Einzelfalls zu erwirken" (S. 8). In dieser Rücksicht ist ein K. als Nothilfe in einem konkreten Einzelfall u. als ultima ratio zu verstehen u. stellt eine bes. Herausforderung für das Verhältnis von Staat u. Kirche dar. Um diese Möglichkeit der humanitären Nothilfe im Einzelfall beibehalten zu können, ist es zu Gesprächen zwischen staatl. Stellen u. Vertretern der ev. Kirche u. der kath. Kirche gekommen, bei denen u. a. Kommunikationsstrukturen bei Kirchenasylfällen vereinbart wurden. Verschiedentlich sind hierbei auch Verfahrensregelungen erlassen u. in den diözesanen ABl. veröff. worden.

Quellen

Handreichung zu aktuellen Fragen des Kirchenasyls, hg. v. Sekretariat der DBK, Bonn 2015 (DDB – Migrationskommission 42); Erzbischöfliches Generalvikariat Hamburg, Vereinbarungen zum Kirchenasyl zwischen den Kirchen u. dem Bundesamt für Migration u. Flüchtlinge (BAMF): KABl. Hamburg 21 (2015), 85; Generalvikar des Bischofs von Magdeburg, Kirchenasyl: KABl. Magdeburg 2015, 155; Generalvikar des Bischofs von Rottenburg-Stuttgart, Kirchenasyl in der Diözese Rottenburg-Stuttgart: KABl. 60 (2016), 332.

Literatur

Robbers, G., Kirchl. Asylrecht?: AöR 113 (1988), 30-51; Jacobs, U. K., Kirchl. Asylrecht. Aspekte zu seiner gesch. u. gegenwärtigen Geltungskraft: ZEvKR 35 (1990), 25-43; Riedel-Spangenberger, I., Der Rechtsschutz des Asyls im Kirchenrecht: TrThZ 100 (1991), 126-142; Mühleisen, H.-O., Eine notwendige Spannung. Das „Kirchenasyl", die Grundrechte u. die Demokratie: HK 48 (1994), 350-354; Münch, I. v., „Kirchenasyl": ehrenwert, aber kein Recht: NJW 48 (1995), 565-566; Winter, J., „Kirchenasyl" als Herausforderung für Staat u. Kirche: KuR 1995, 1-6 (885); Müller, M. H., Rechtsprobleme beim „Kirchenasyl", Baden-Baden 1999; Schultz-Süchting, N., Kirchenasyl. Zeitgeschichtliche u. rechtliche Aspekte, Frankfurt u. a. 2000 (EHS.R 2932); Morgenstern, M., Kirchenasyl in der Bundesrepublik Deutschland. Hist. Entwicklung – Aktuelle Situation – Intern. Vergleich, Wiesbaden 2003; Schinkele, B., Gewissensgebot u. Normativität des positiven Rechts. Überlegungen unter bes. Berücksichtigung des so genannten „Kirchenasyls“: ÖARR 50 (2003), 448-480; Herler, G., Kirchl. Asylrecht u. Kirchenasyl im demokratische Rechtsstaat, Diss. Würzburg 2004: https://opus.bibliothek.uni-wuerzburg.de/opus4-wuerzburg/frontdoor/deliver/index/docId/1020/file/Diss_PDF-Version_neu.pdf [Zugriff: 15.05.2019]; Traulsen, C., Barmherzigkeit u. Buße. Zum chr. Gehalt des spätantiken Kirchenasyls: ZRG.K 93 (2007), 128-153; Müller, D., Kirchenasyl – Rechtsbruch od. Rechtshilfe?: StZ 139 (2014), 793-794; Winter, J., Taufe u. Asylrecht – Kirchenrechtliche u. staatskirchenrechtliche Aspekt: KuR 2017, 52-57 (885).

Peter Platen

© 2019, DOI: 10.30965/9783506786388_0631

Kirchenasyl – Evangelisch

Der doppelte Begründungsansatz des hist. K. – Ehrfurcht vor dem hl. Ort u. chr. Beistandspflicht – trägt aus ev. Sicht nur zur Hälfte; diese aber, die Beistandspflicht umso mehr. Beistand für Bedrängte ist, wie der → Rat der EKD 1994 in seinen Thesen zum K. festgehalten hat, Christenpflicht. Biblisch begr. wird dies u. a. m. Mt 25, 35-40.

K. ist Gemeindeasyl; Entscheidung u. Durchführung liegen alleine in der Hand von → Kirchengemeinden. Die asylgewährende Gde. steht in dreifacher Verantwortung: 1. gegenüber der demokratischen u. rechtsstaatlichen Ordnung, die sie nicht untergraben darf; 2. gegenüber den Schutzsuchenden, denen das K. zumindest eine realistische Perspektive auf eine Verbesserung ihrer Situation bieten muss; 3. gegenüber denen, die in Zukunft K. gewähren bzw. in Anspruch nehmen wollen, weshalb sie auch um die Akzeptanz des K. in Behörden u. Öffentlichkeit besorgt sein sollte.

K. kommt darum nur als Nothilfe für Menschen in Betracht, denen im Falle einer Abschiebung unmittelbare Gefahr droht, um (auch im Rechtsstaat nicht auszuschließende) Fehlentscheidungen od. schwerwiegende humanitäre Härten abzuwenden, u. nur, wenn alle anderen Hilfsmöglichkeiten ausgeschöpft sind. K. darf nicht als Mittel einer kirchl. Flüchtlingspolitik dienen, sondern zielt auf eine Korrektur staatl. Entscheidungen im Einzelfall. In diesem Sinne steht K. „seinem Ansatz und seinem Wesen nach nicht in Opposition zum Rechtsstaat, sondern in dessen Dienst“ (Huber, 2006, 499). Konflikte sollten darum im Dialog zwischen Staat u. Kirche bearb. werden. Ein solcher droht insb., wenn Flüchtlinge nach erfolglosem Dossierverfahren nicht wieder aus dem K. entlassen werden.

Quellen

Rat der EKD, Beistand ist nötig, nicht Widerstand. 10 Thesen zum „Kirchenasyl“, Hannover 1994; Kirchenasyl in der EKBO, Berlin 2017: https://migration.ekbo.de/fileadmin/ekbo/mandant/migration.ekbo.de/netblast/Brosch_uren_und_Texte/Handreichung-Kirchenasyl-2017.pdf [Zugriff: 15.05.2019]; Kirchenasyl. Handreichung für die EKM, Erfurt 2017: https://www.ekmd.de/asset/tMI6wB1yQ3-vGvIlUbI1jA/handreichung-kasyl.pdf [Zugriff: 15.05.2019].

Literatur

Ehnes, H., Asyl u. kirchl. Handeln: Das Recht der Kirche Bd. 3, hg. v. G. Rau – H.-R. Reuter – K. Schlaich, Gütersloh 1994 (Forschungen u. Berichte der Ev. Studiengemeinschaft 51), 601-632; Asyl am Heiligen Ort, hg. v. K. Barwig – D. R. Bauer, Ostfildern 1994; Kirchenasyl. Ein Handbuch, hg. v. W.-D. Just – B. Sträter, Karlsruhe 2003; Huber, W., Gerechtigkeit u. Recht, Gütersloh [3]2006, 496-500.

Christian Traulsen

© 2019, DOI: 10.30965/9783506786388_0631

Kirchenaustritt – Staatlich

1. Das Recht zum K. ist Ausfluss der negativen → Religionsfreiheit des Art. 4 Abs. 1, 2 GG. Die im GG gesicherte → Glaubensfreiheit verpflichtet den Staat, den Kirchenmitgliedern einen wirksamen K. zu ermöglichen, sofern staatl. Bereiche dadurch tangiert werden. Al-

lein um steuerrechtlichen Pflichten zu entgehen, ist ein freiwilliges Ausscheiden aus der staatl.-rechtlich verstandenen Gemeinschaft unumgänglich, denn es handelt sich um die einzige Möglichkeit überhaupt, nicht mehr zur → Kirchensteuer herangezogen zu werden. Die Kirchensteuerpflicht kann nur Mitglieder der besteuernden Religionsgesellschaft treffen, was der Staat m. Rücksicht auf seine religiös-konfessionelle → Neutralität nicht entscheiden kann. Eine kirchl. Mitgliedschaftsregelung, die Personen einseitig u. o. od. gegen ihren Willen zur Finanzierung heranzieht, ist m. Art. 4 Abs. 1 u. 2 GG nicht vereinbar.

2. Der staatl. K. ist davon unabhängig, ob der Austretende auch innerlich m. seiner → Religionsgemeinschaft gebrochen hat. Während aufgrund der staatl. Bestimmungen der Ausgetretene nicht mehr als Angehöriger seiner Religionsgemeinschaft behandelt wird, ist es für den Staat nicht von Interesse, ob etwa das Sakrament der Taufe durch den staatl. Akt rückgängig gemacht werden könnte. Ein staatl. erklärter K. kann sich daher stets nur auf die für das staatl. Recht relevanten Folgen beziehen.

3. M. Ausgang des 18. Jh. nahm die Kirchenaustrittsgesetzgebung allmählich Gestalt an. Eine erste, den offenen Bekenntniswechsel einräumende staatl. Norm findet sich im preuß. „Wöllnerschen Religionsedikt" vom 09.07.1788. Die §§ 41 u. 42 Teil II Titel 11 des → Allgemeinen Landrechts für die Preußischen Staaten vom 01.06.1794 beschrieben dann m. formgebender Kraft das Verfahren des Konfessionswechsels als unbürokratischen Akt, der regelmäßig durch ausdrückliche Erkl. od. konkludentes Handeln (Teilnahme an liturgischen Handlungen der anderen Konfession) vollzogen werden konnte. M. der freien Bekenntniswahl war jedoch noch kein K. o. Begründung einer neuen Mitgliedschaft verbunden.

4. In der preuß. VO betr. die Geburten, Heirathen u. Sterbefälle vom 30.03.1847, der ersten gesetzlichen Normierung der → Zivilehe, wurde der Terminus des K. erstmalig Bestandteil eines Staatsgesetzes. Eine Übergangsvorschrift ermöglichte es dem einen Ehepartner, seine Religionsgemeinschaft zu verlassen, gemeinsam m. dem anderen Teil zivilrechtlich die Ehe einzugehen u. daraufhin entweder zu seiner urspr. Konfession zurückzukehren od. sich der des Partners anzuschließen. Dass der kurzfristig konfessionslos gewordene Staatsbürger sich überhaupt wieder einer Religionsgemeinschaft anschließen würde, stand für den Gesetzgeber außer Frage.

5. Das preuß. Kirchenaustrittsgesetz vom 14.05.1873 war das erste Gesetz, das sich ausschließlich des K. annahm. Die Austrittsfolgen traten nach einer Überlegensfrist ein u. waren ausdrücklich nur bürgerlich-rechtlicher Art: Die Relevanz der Mitgliedschaft in einer Religionsgemeinschaft für → Eheschließung, Registerführung u. religiöse → Kindererziehung endete für den Staat. Die Ausgetretenen wurden von allen persönlichen Kirchenlasten befreit; die Beitragspflichten erloschen nicht gleich, sondern dauerten zunächst befristet fort.

6. Das preuß. Gesetz zur Erleichterung des Austritts aus der Kirche u. aus den jüd. Synagogengemeinden vom 13.12.1918 (Erleichterungsgesetz) konkretisierte das bestehende Kirchenaustrittsgesetz u. vereinfachte v. a. die Formalitäten: Erkl. beim AmtsG, unmittelbare Wirksamkeit, Gebührenfreiheit, Befreiung von der Kirchensteuerlast bereits nach Ablauf eines Kalendervierteljahres. Durch das Kirchenaustrittsgesetz vom 30.11.1920 erfolgten weitere formale Präzisierungen.

7. Während der Weimarer Republik u. durch die Inkorporierung der Kirchenartikel in das GG blieb die konkrete rechtliche Ausgestaltung des K. den Ländern überlassen (Art. 137 Abs. 8 WRV), die davon sukzessive u. in unterschiedlicher Weise Gebrauch gemacht haben. Hinsichtlich des formalen Prozederes weisen die Gesetze bis heute ein hohes Maß an Übereinstimmung auf: Der Austretende erklärt den K. mündlich od. in öff. beglaubigter Form bei der staatl. Registerbehörde, je nach Bundesland Standesamt od. AmtsG; lediglich in Bremen auch die Religionsgesellschaften. Der Aus-

getretene erhält eine Bescheinigung, die Behörde informiert Religionsgemeinschaft u. Finanzamt.

8. Seit Bestehen der BRD gab es tiefgreifende gesellschafts- u. kulturpolitische Debatten über Bedeutung u. Reichweite des staatl. K. im innerkirchlichen Bereich. Wichtige Klarstellungen traf das BVerfG am 08.02.1977, indem es die Überlegensfrist sowie die nachträgliche Verpflichtung zur Kirchensteuerleistung für rechtswidrig erklärte. Daneben ergingen Entscheidungen bzgl. „modifizierter Kirchenaustrittserklärungen", bei denen der Austrittswillige erklärte, sein K. beziehe sich nur auf die steuerberechtigte öff.-rechtliche Körperschaft. Eine m. einer solchen Beschränkung abgegebene Austrittserklärung ist nicht zulässig (zuletzt BVerwGE 144, 171-185, Urt. vom 26.09.2012 u. BayVGH vom 11.04.2016: BayVBl 2016, 587-589).

Literatur

Gallenkämper, H., Die Geschichte des preuß. Kirchenaustrittsrechts u. Aspekte seiner heutigen Anwendung, Münster 1983; von Campenhausen, A., Der Austritt aus den Kirchen u. Religionsgemeinschaften: HbStKR[2] Bd. 1, 777-785; ders., Religionsfreiheit: HSR[2] Bd. 4, 369-434; Mückl, S., Kirchl. Organisation: HSR[3] Bd. 7, 791-830; Schmal, B., Das staatl. Kirchenaustrittsrecht in seiner hist. Entwicklung, Tübingen 2012.

Barbara Schmal

© 2019, DOI: 10.30965/9783506786388_0632

Kirchenaustritt – Katholisch

1. Grundsätzliches: Nach kath. Verständnis gibt es keinen K. Das Prägemal, das dem →Gläubigen in der Taufe eingepflanzt wird u. diesen m. Chr. u. der Kirche verbindet (→character indelebilis), ist unauslöschlich u. kann weder rückgängig gemacht noch aufgehoben werden. Stattdessen gilt das Axiom semel catholicus semper catholicus. Selbst abgefallene Katholiken sind zeitlebens an die Normen der Kirche gebunden, c. 11. Wird dennoch vom K. gesprochen, ist dies den staatl. Rechtsordnungen in Deutschland, Österreich u. der Schweiz geschuldet, die – aufgrund der dort zu gewährenden →Religionsfreiheit – ausdrücklich die Möglichkeit des (staatl.) K. vorsehen. Ist im Kontext des KR vom K. die Rede, geht es allein um die Frage, ob u. wie sich die staatl. Austrittserklärung innerkirchlich auszuwirken vermag.

2. Der K. in den dt. Teilkirchen bis zum 13.03.2006: Im kan. Recht sind bis zum Erlass des Allg. →Dekrets der →Deutschen Bischofskonferenz zum staatl. K. vom 15.03.2011 nur vereinzelt Regelungen greifbar, die den K. zum Gegenstand haben. Im universalen Recht bestand kein Regelungsbedürfnis, weil dieses staatl. Rechtsinstitut ein Proprium des deutschsprachigen Rechtskreises ist. Aber auch im dt. →Partikularrecht finden sich nur vereinzelt diesbezügliche Regelungen, beginnend m. der Kanzelproklamation der westdeutschen Bf. vom 15.02.1937, m. der man der von den ns. Machthabern propagierten Kirchenaustrittsbewegung entgegentreten wollte. Demnach wurde jeder Austritt, selbst wenn er unter äußerem Druck od. nur zum Schein erfolgte, als schwere →Sünde qualifiziert, die den Ausschluss von den →Sakramenten zur Folge hatte. Am 22.12.1969 folgte die Erkl. der dt. Diözesanbischöfe zu Fragen des kirchl. Finanzwesens. Hintergrund waren erneut steigende Austrittszahlen sowie die in Deutschland geführte innerkirchliche Debatte um die →Kirchensteuer. Auch hier wurde festgestellt, dass der Gläubige m. dem Austritt vom sakramentalen Leben der Kirche ausgeschlossen ist, was in der Sache auf eine →Exkommunikation hinauslief, auch wenn dieser Begriff in der Erkl. selbst nicht auftaucht. Daneben wurden in einzelnen Diözesen partikulare Regelungen zum Umgang m. dem K. erlassen.

Von diesen partikularen Normen abgesehen wurde der K. in Deutschland nach allgM. als öff. Trennung von der Kirche, d. h. als schismatischer Akt (→Schisma), gewertet, der

m. der Exkommunikation als →Tatstrafe gem. cc. 1364 §1 i. V. m. 751 zu ahnden war. Unter Anwendung des universalkirchlichen →Strafrechts war der Ausgetretene damit weitgehend von der →Sakramentengemeinschaft sowie der Ausübung kirchl. →Ämter ausgeschlossen.

Neben der Einordnung als schismatisches Verhalten erfüllte der K. nach herrschender Meinung zugl. die Voraussetzungen eines actus formalis defectionis ab Ecclesia i. S. der cc. 1086 §1, 1117 u. 1124 (→Formaler Akt), was – bis zur Streichung dieser →Defektionsklauseln durch das MP →Omnium in mentem vom 26.10.2009 – die Befreiung des Austretenden von der eherechtlichen Formpflicht nach sich zog.

In der Rechtslehre traf die strafrechtliche Qualifizierung des K. als schismatischer Akt m. der damit verbundenen Rechtsfolge der Exkommunikation zunehmend auf Kritik. Von einer →Straftat i. S. v. c. 751 könne nur dann die Rede sein, wenn der K. glaubensmäßig motiviert sei. Letzteres setze voraus, dass in der Austrittserklärung des Gläubigen vor dem Staat zugl. ein Sich-Lossagen von der Kirche u. dem →Glauben der Kirche greifbar werde. Ein lediglich finanziell motivierter K. erfülle diese Voraussetzungen nicht. Die anfangs nur vereinzelt vorgetragene Kritik verstärkte sich zunehmend u. mündete in einem von P. Benedikt XVI. ausdrücklich gebilligten Zirkularschreiben des PCLT vom 13.03.2006 an die Vorsitzenden der BK. Zwar erging diese Entscheidung zu einer eherechtlichen Frage, indem amtl. definiert wurde, was unter einem Abfall von der kath. Kirche i. S. der cc. 1086 §1, 1117 u. 1124 zu verstehen sei. Dies hatte aber zugl. eine Neubewertung des staatl. K. zur Folge.

Ohne einen entspr. inneren Willensentschluss, die kath. Kirche zu verlassen, kann bei einer Erkl. des staatl. K. o. Prüfung des Einzelfalls seither weder von einem actus formalis defectionis noch vom Vorliegen eines Glaubensdelikts i. S. v. c. 751 die Rede sein. Nun spielen die inneren Beweggründe des Austretenden für die strafrechtliche Einordnung des K. eine entscheidende Rolle. Damit war der Rechtspraxis, die jeden K. als schismatischen Akt ahndete, der Boden entzogen. Wollte man den staatl. K. der Gläubigen zukünftig nicht sanktionslos hinnehmen, bestand somit dringender (partikularer) Handlungsbedarf.

3. Das Allg. Dekr. der DBK vom 15.03.2011: Am 15.03.2011 beschloss die Vollversammlung der DBK ein Allg. Dekr. i. S. des c. 455 §1, m. dem für das dt. Konferenzgebiet eine partikularrechtliche Regelung für den staatl. K. getroffen wurde. Nach der →recognitio durch den →Apostolischen Stuhl ist dieses m. Wirkung zum 24.09.2012 in Kraft getreten.

a) In den einleitenden Bemerkungen nennt die DBK den K. eine „willentliche und wissentliche Distanzierung von der Kirche" u. eine „schwere Verfehlung" der Gläubigen. Rechtlich wird der K. als schwerwiegender Verstoß gegen die Verpflichtung zur Wahrung der →communio m. der Kirche gem. c. 209 §1 bez. Gleichzeitig verletze der Gläubige m. der Austrittserklärung die ihm obliegende Beitragspflicht gem. c. 222 §1. Diese Pflichtverletzungen sind der rechtliche Anknüpfungspunkt für die im zweiten Abschnitt des Allg. Dekr. in sechs Punkten aufgeführten Sanktionen. Danach darf die ausgetretene Person – außer in →Todesgefahr – weder die Sakramente der Buße, Eucharistie, Firmung u. Krankensalbung empfangen noch kirchl. Ämter u. Funktionen bekleiden. Von pfarrlichen od. diözesanen →Räten sind sie ausgeschlossen. In ihrem Umfang u. Inhalt entspr. diese Anordnungen weitgehend der bis zum 13.03.2006 bei Erkl. des K. kraft Gesetz eingetretenen Exkommunikation gem. c. 1331 §1, gehen mitunter aber sogar darüber hinaus.

Die Sanktionen entfalten ihre Wirkung m. der Erkl. gegenüber der zuständigen staatl. bzw. – wie im Bundesland HB – kirchl. Stelle. Auch zum Verfahren nimmt das Allg. Dekr. Stellung. Nach Erhalt der amtl. Mitteilung über den K. ist der zuständige →Pfarrer verpflichtet, dem Gläubigen einen vorformulierten Brief zukommen zu lassen. In diesem Schreiben werden die kirchl. Konsequenzen des K. eindrücklich ins Bewusstsein gerufen u. m. einer Einladung zum Gespräch verbunden. Dieses Gespräch hat zum Ziel, den Ausgetretenen in die Gemeinschaft der Kirche zurückzuführen. Bleibt dieser hingegen bei seiner Entscheidung u. macht den Austritt vor der staatl. Behörden nicht rückgängig, erfolgt ein Vermerk des K. im Taufbuch. Sollte es sich im Laufe des Gespräches od. anderweitig als erwiesen zeigen, dass der Austritt Ausdruck eines schismatischen, häretischen (→Häresie) od. apostatischen Verhaltens (→Apostasie) ist, ist der →Ordinarius angehalten, entspr. weitergehende Maßnahmen zu ergreifen. In diesem Fall kann der K. zusätzlich als Straftat gem. c. 751 m. der Rechtsfolge der Exkommunikation geahndet werden. Rechtlich auswirken wird sich dies allerdings kaum, da das Allg. Dekr. in seinen Rechtsfolgen über die Exkommunikation hinausgeht.

b) Bis zum J. 2006 lag der Schwerpunkt der Diskussion auf der Frage der rechtlichen Bewertung des K. u. der Anwendbarkeit des universalen Strafrechts. M. Erlass des Allg. Dekr. hat sich diese auf den Inhalt des decretum generale verlagert. Bemerkenswert ist die Verschärfung der Sanktionen, obwohl der K. rechtlich nicht mehr als kirchl. Straftat, sondern nur noch als Pflichtverletzung gewertet wird. Weiter ist für die rechtliche Bewertung von Bedeutung, dass die Ahndung einer Pflichtverletzung maßgeblich von deren Gewicht u. den Umständen des Einzelfalls bestimmt sein muss. Die Motivation für einen K. ist naturgemäß jedoch sehr unterschiedlich u. kann – so im Fall einer Missbrauchserfahrung od. bei sonstigem gravierenden Fehlverhalten seitens der kirchl. Autorität – wenn schon nicht zu billigen, mitunter zumindest als nachvollziehbar gelten. Eine gesetzliche Regelung, die keine Differenzierungsmöglichkeiten vorsieht, wird dem nur schwer gerecht. Dies fällt umso mehr ins Gewicht, da die Sanktionen des Allg. Dekr. in fundamentale Grundrechte (→Grundrechte und Grundpflichten der Christen) eingreifen, die den Gläubigen m. der Taufe zukommen u. somit im göttlichen Recht (→Ius divinum) gründen. Solche können – wie die Taufe selbst – nicht widerrufen od. entzogen, sondern allenfalls in ihrer Ausübung eingeschränkt werden.

Quellen

PCLT, Zirkularschreiben vom 23. März 2006 zum actus formalis defectionis ab Ecclesia catholica (Prot. N. 10279/2006): Comm. 38 (2006), 175-177; DBK, Allg. Dekret der DBK vom 15. März 2011: KABl. Freiburg vom 20.09.2012, Nr. 302.

Literatur

Lüdicke, K., Wirtschaftsstrafrecht in der Kirche? Kan. Anmerkungen zu einem Kirchenaustritt: Vermögensverwaltung in der Kirche. Administrator bonorum. Oeconomus tamquam paterfamilias, hg. v. H. Paarhammer, Thaur ²1988, 275-282; Listl, J., Die Rechtsfolgen des Kirchenaustritts in der staatl. u. kirchl. Rechtsordnung: Recht als Heilsdienst (FS Kaiser), hg. v. W. Schulz, Paderborn 1989, 160-186; Riedel-Spangenberger, I., Kirchenzugehörigkeit u. Kirchensteuer. Zum Verhältnis von staatl. u. kirchl. Recht: TrThZ 103 (1993), 286-304; Hallermann, H., Der nach staatl. Recht geregelte Kirchenaustritt – Apostasie, Häresie od. Schisma? Fragwürdige Schlussfolgerungen aus dem Kirchenaustritt von Katholiken: Kirchenwechsel – ein Tabuthema der Ökumene? Probleme u. Perspektiven, hg. v. A. Basdekis – K. P. Voß, Frankfurt 2004, 82-101; Rambacher, S., Das Rundschreiben des Päpstlichen Rates für die Gesetzestexte vom 13. März 2006 zum Actus Formalis u. die darauf Bezug nehmende Erklärung der Dt. Bischöfe zum Kirchenaustritt vom 24. April 2006: DPM 15/16 (2007/09), 219-244; Bier, G., Wer nicht zahlt, der glaubt auch nicht?: Der Kirchenaustritt. Rechtliches Problem u. pastorale Herausforderung, hg. v. G. Bier, Freiburg 2013, 157-169; Haering, S., Die kan. Beitragspflicht der Gläubigen u. die dt. Kirchensteuer. Ein Vorschlag zur Weiterentwicklung von Recht u. Praxis der Kirchensteuer in der kath. Kirche: Kirche u. Staat. Geschichte u. Gegenwart eines spannungsreichen Verhältnisses, hg. v. J. Rist – C. Breitsameter,

Münster 2015, 167-179; Heckel, N., Das Allg. Dekret der Dt. Bischofskonferenz zum Kirchenaustritt vom 15. März 2011. Der Kirchenaustritt in Deutschland aus der Sicht des kath. Kirchenrechts, St. Ottilien 2018 (MThS.K 75).

Noach Heckel

© 2019, DOI: 10.30965/9783506786388_0632

Kirchenaustritt – Evangelisch

Auch im ev. KR steht der K. in einem Spannungsfeld zwischen staatl. Recht u. theol. Erwartungen an eine →Kirchenzugehörigkeit. Einerseits garantiert Art. 4 Abs. 1 u. 2 GG u. a. das individuelle Abwehrrecht, vom Staat nicht als Angehöriger der Kirche angesprochen, gezählt u. behandelt zu werden, wenn die jeweilige Person das nicht (mehr) will. Andererseits folgt aus Art. 140 GG i. V. m. Art. 137 Abs. 3 S. 1 WRV das Recht aller Kirchen, sich auf Grundlage ihres religiösen Selbstverständnisses ein eigenes Zugehörigkeitsrecht zu geben (→Selbstbestimmungsrecht). Dieses muss nicht notwendigerweise m. dem staatl. Recht kompatibel sein. Theol. knüpft die ev. Kirchenzugehörigkeit denn auch nicht anders als die anderen chr. Gemeinschaftsverständnisse nur mittelbar an eine Willenserklärung des Kirchenzugehörigen an. Vielmehr soll m. der →Taufe eine unauflösliche Rechtsbeziehung (→character indelebilis) entstehen. Deshalb ist zu differenzieren:

1. Neben Tod, Fortzug od. Übertritt kann ein K. nach §10 Nr. 3 KMG.EKD die →Kirchenmitgliedschaft, also die jur. Zuordnung zur →Kirchengemeinde, →Landeskirche u. →Evangelischen Kirche in Deutschland, beenden. Voraussetzung ist lediglich das Wirksamwerden der nach staatl. Recht zulässigen Austrittserklärung. Damit knüpft das ev. KR ausnahmsweise akzessorisch an staatl. Recht an u. zwar an die Kirchenaustritts- u. Kirchensteuergesetze der Bundesländer.

Aus Gründen staatl. Neutralität sehen die staatl. Austrittsgesetze eine bürgerliche Wirkung des K. vor, d. h., der Staat behandelt den Ausgetretenen fortan nicht mehr als Kirchenmitglied, etwa beim staatl. Lohnsteuerabzugsverfahren (→Kirchensteuer). Der K. wird mündlich zur Niederschrift od. in öff. beglaubigter Form beim AmtsG od. Standesamt erklärt. Nur in Bremen kann der K. alternativ bei der Kirche erklärt werden. Der K. muss nicht begr. werden u. ist von keiner bestimmten Haltung abhängig. Jede staatl. Glaubensprüfung verbietet sich. Das staatl. K.-Verfahren ist vereinzelt kosten- bzw. gebührenfrei. Nach dem RKEG geben für Minderjährige bis zur Vollendung des 14. Lj. die Sorgeberechtigten die Erkl. ab. Hat der Austrittswillige das zwölfte Lj. vollendet, kann der K. nur m. seiner Zustimmung erklärt werden. I. Ü. finden die Regelungen des BGB Anwendung. Die staatl. Behörde setzt die Kirche hiernach von ihrem feststellenden Verwaltungsakt (Austrittsbescheinigung) in Kenntnis. Die Datenweitergabe ist unbedenklich. Der K. wird sofort u. nicht erst nach einer Überlegungsfrist wirksam. Allerdings treten die staatl. Folgen, also z. B. das Ende der Kirchensteuerpflichtigkeit, i. d. R. erst nach einer Abwicklungsfrist zum Ablauf des Folgemonats ein.

Das staatl. Recht verbietet Vorbehalte, Bedingungen od. Zusätze. Letztere sind insb. dahingehend denkbar, den Anschein eines Glaubensabfalls zu entkräften u. die Wirkungen der Erkl. auf den weltlichen Bereich zu beschränken. Solche modifizierten Kirchenaustrittserklärungen haben im röm.-kath. KR für Aufsehen gesorgt. Im ev. KR sind sie aber wegen der Akzessorietät u. dem Fehlen kirchl. Sanktionen bedeutungslos. Gespaltene Rechtsfolgen durch ein Auseinanderfallen von kirchl. Zugehörigkeit u. bürgerlicher Mitgliedschaft gibt es im ev. Kirchenmitgliedschaftsrecht nicht.

2. Der K. hat innerkirchlich zur Folge, dass alle Mitgliedschaftsrechte u. -pflichten vollständig erlöschen. Dies betrifft einerseits das Recht zum Empfang von →Amtshandlungen, zur Beanspruchung kirchl. Bildung, zur Ausü-

bung des Patenamts (→Pate) u. des aktiven wie passiven Wahlrechts, andererseits aber auch die Pflicht zur Zahlung von Kirchensteuern u. -geldern. Die Teilnahme am →Gottesdienst u. die Gewährung von →Seelsorge, Diakonie (→Caritas, Diakonie) u. eines kirchl. Begräbnisses (→Bestattung) können nach einem K. grds. versagt werden. Darüber hinaus kann der K. bei kirchl. Mitarbeitern auch zur Kündigung des Arbeitsverhältnisses führen, weil er dem Arbeitsvertrag regelmäßig die Geschäftsgrundlage entzieht.

3. Die Kirchenmitgliedschaft u. der K. stehen somit zur Disposition des Kirchenmitglieds. Für die Zugehörigkeit zur ecclesia spiritualis u. universalis hat der K. dagegen keine Bedeutung. Das durch die Taufe begr. Band, die Kirchengliedschaft, ist unauflöslich. Das Kirchenmitglied sagt sich gem. §10 Nr. 3 KMG.EKD nur von der weltlich-geordneten Funktionsgemeinschaft, nicht aber der Gemeinschaft der Gläubigen los. Ein ev. K. ist damit theol. weitaus weniger brisant als nach dem röm.-kath. KR.

4. Der K. kann rückgängig gemacht werden. Die §§7, 7a KMG.EKD u. das Gliedkirchenrecht ermöglichen eine Wiederaufnahme, also das Zurückerlangen der Kirchenmitgliedschaft nach K. aus einer Gliedkirche der EKD, bzw. die Aufnahme, bei der die Person zuvor aus einer anderen chr. Kirche od. Religionsgemeinschaft ausgetreten war. Auf die entspr. Erkl. des Ausgetretenen hin muss aber noch die jeweils zuständige kirchl. Stelle, meist der Gde.-Vorstand, eine Entscheidung treffen. Zur Vereinfachung haben die EKD u. ihre Gliedkirchen das Informationsportal www.evangelisch.de u. spezielle Wiedereintrittsstellen eingerichtet.

Literatur

Engelhardt, H., Der Austritt aus der Kirche, Frankfurt 1972; von Campenhausen, A., Der Austritt aus den Kirchen u. Religionsgemeinschaften: HbStKR[2] Bd. 1, 777-785; Hermelink, J., Art. Kirchenaustritt, III. Theol.: RGG[4] Bd. 4, 1058-1059; Kuntze, J., Bürgerliche Mitgliedschaft in Religionsgemeinschaften, Göttingen 2013; ders., Mitgliedschaft u. Mitgliedschaftsrecht: HevKR, 201-227.

Johannes Kuntze

© 2019, DOI: 10.30965/9783506786388_0632

Kirchenbann
→Exkommunikation, →Interdikt

Kirchenbau
→Baulast, →Kirchengebäude

Kirchenbaulast
→Baulast

Kirchenbeamte
→Beamtenrecht

Kirchenbeitrag – Staatlich

Wie bei weltlichen Gemeinwesen gilt auch in den Kirchen die Abgabenpflichtigkeit ihrer Mitglieder. Diesem Grundsatz liegt die Überzeugung zugrunde, dass jedes Mitglied einer Gemeinschaft zu deren Lasten beitragen muss, damit die gemeinsamen Aufgaben erfüllt werden können. Dieser Pflicht wird je nach gesch. u. staatskirchenrechtlichem Hintergrund in unterschiedlicher Weise Rechnung getragen. Zu unterscheiden sind insb. die drei Grundformen des Spenden- u. Kollektensystems, des →Kirchensteuer- u. des Kirchenbeitragssystems.

Der obligatorische K. ist m. einem Anteil von etwa 75 bis 80% der Hauptfaktor der Kirchenfinanzierung in Österreich. Seine Entstehung geht auf die ns. Kirchenkampfpolitik nach dem Anschluss Österreichs zurück. Das Kirchenbeitragsgesetz vom 01.05.1939 wurde m. dem erklärten (aber nicht erreichten) Ziel erlassen, einen vernichtenden Schlag gegen die Kirchenorganisation zu führen. Diesem Zweck diente auch die persönliche Anordnung Hitlers, die Kirchen wegen rückständiger Beitr. auf den Zivilrechtsweg zu verweisen. Dadurch sollte eine Abwertung der Kirchen u. ihre Annäherung an privatrechtliche Vereine erreicht werden. Nach Beendigung des Zweiten Weltkriegs wurde das Gesetz in die Rechtsordnung der Zweiten Republik übernommen u. findet bis heute Anwendung – u. zwar auf die kath., die ev. u. die altkatholische Kirche. Damit sind mehr als 90 % der Bevölkerung Österreichs erfasst.

Ähnlich wie die Kirchensteuer hat der K. keinen Entgeltcharakter u. wird daher o. Gegenleistung erhoben. Er wird aber dennoch nicht als öff. Abgabe, sondern als privatrechtlicher Beitr. qualifiziert. Rechtsgrundlage ist das Kirchenbeitragsgesetz i. V. m. den von den Kirchen zu erlassenden Kirchenbeitragsordnungen. Diese bedürfen der staatsrechtlichen Genehmigung, auf die allerdings im Regelfall ein Rechtsanspruch besteht. In der Praxis werden die Kirchenbeitragsordnungen durch das zuständige Ministerium nur noch zur Kenntnis genommen.

Beitragspflichtig sind die volljährigen Mitglieder der betr. Kirche. Die Beitragspflicht endet durch Tod od. →Kirchenaustritt, im letzteren Fall drei Monate nach dem auf den Austritt folgenden Monatsersten.

Zur Erhebung des K. müssen die Kirchen eine eigene Kirchenbeitragsverwaltung vorhalten. Diese Verwaltungsstellen (Finanzkammern etc.) verursachen einen Kostenaufwand für Personal- u. Sachkosten in Höhe von etwa 10 % der erzielten Einnahmen. Zur Geltendmachung des K. sind die Kirchen auf entspr. Datenmaterial über ihre Mitglieder angewiesen. Nach dem Meldegesetz werden ihnen lediglich auf Verlangen die Meldedaten der in den politischen Gde. gemeldeten Personen übermittelt, wobei dort die Angabe der Religionszugehörigkeit allerdings freiwillig ist. Erschwerend kommt hinzu, dass den Kirchen nicht – wie in Deutschland – die Steuerdaten zur Verfügung stehen. Da die Höhe des K. aber ebenfalls an die wirtschaftliche Leistungsfähigkeit der Beitragsschuldner anknüpft, sind die Kirchen folglich auf die freiwillige Vorlage von Verdienstbescheinigungen bzw. auf Selbsteinschätzungen der Gläubigen angewiesen. Der dadurch geschätzte Verlust beträgt etwa ein Drittel der Soll-Einnahmen.

Aus dem Charakter des K. als privatrechtliches Entgelt folgt, dass er nicht im Wege des Verwaltungszwangs beigetrieben werden kann. Vielmehr müssen sich die Kirchen zur Geltendmachung rückständiger Beitr. der staatl. (Zivil-)Gerichtsbarkeit bedienen. Davon machen sie allerdings aus seelsorglichen Gründen äußerst selten Gebrauch.

Literatur

Klecatsky, H. R., Lage u. Problematik des österr. Kirchenbeitragssystems: Essener Gespräche zum Thema Staat u. Kirche 6 (1972), 54-69; Link, C., Zur Problematik der österr. Kirchenfinanzierung: ThQ 156 (1976), 210 f.; Leisching, P., Die finanziellen Beziehungen von Kirche u. Staat in Österreich aus rechtlicher Sicht: Finanzwissenschaftliche Aspekte von Religionsgemeinschaften, hg. v. C. Rinderer, Baden-Baden 1989, 73-100; Kostelecky, A., Das Kirchenbeitragsgesetz, seine Entstehung u. Auswirkung bis heute: Kirchl. Finanzwesen in Österreich. Geld u. Gut im Dienste der Seelsorge, hg. v. H. Paarhammer, Thaur/Tirol 1989, 123-135; Schwendenwein, H., Österr. Staatskirchenrecht, Essen 1992, 257 ff.; Hammer, H., Probleme des Kirchenbeitragswesens: 60 Jahre österr. Konkordat, hg. v. H. Hammer – F. Potoschnik – A. Rinnerthaler, München 1994, 545-561; Puza, R., Die Kirchenfinanzierung in Österreich seit dem Zweiten Weltkrieg: Geschichte des kirchl. Lebens in den deutschsprachigen Ländern seit dem 18. Jahrhundert, Bd. VI, Die Kirchenfinanzen, hg. v. E. Gatz, Freiburg u. a. 2000, 341-357; Mückl, S., Kirchensteuer u. Kirchenbeitrag: HbkathKR³, 1532, 1544-1546.

Burkhard Kämper

© 2019, DOI: 10.30965/9783506786388_0637

Kirchenbücher

→Archive, kirchliche, →Pfarrbücher

Kirchenbuße

→Beichte, →Buße, →Exkommunikation, →Bann, →Interdikt

Kirchenfabrik – Historisch

K. (lat. fabrica ecclesiae), auch Gotteshausvermögen, Fabrikfonds, →Kirchenstiftung, Kirchenpflege, →Pfarrkirche o. ä. genannt, bez. das pfarrliche →Kirchenvermögen, das dem laufenden Betrieb (Feier des →Gottesdienstes) u. der regelmäßigen Instandhaltung eines →Kirchengebäudes dient; die →Baulast für ein solches ist oft eigens geregelt. Zur K. zählen das Kirchengebäude samt Inventar sowie weitere Immobilien, Mobilien u. geldwerten Rechte als Wirtschaftsvermögen, die oft auf →Stiftungen zurückgehen. Die K. entstand (regional versch.) im 13. Jh. durch die Aufteilung des örtlichen Kirchenvermögens in Stellen- (→Benefizium, Pastorat u. a.) u. Gotteshausvermögen, später durch Errichtung einer neuen Kirche, u. besaß Rechtspersönlichkeit im kirchl. u. weltlichen Bereich. Der CIC selbst kennt die K. nicht mehr, doch besteht – insofern nicht aufgehoben – eine bereits errichtete (neben Benefizium u. →Kirchengemeinde) als Rechtsperson fort, in Deutschland (Art. 13 RK) u. Österreich (Art. II Konk. 1933/34) als →Körperschaften des öffentlichen Rechts; c. 1272 zielt nicht auf ihre Auflösung. Die Verwaltung der K. einer Dom- od. Stiftskirche lag beim Kanonikerkapitel, sonst unterstützte häufig ein m. →Laien besetztes Gremium den →Pfarrer bzw. →Kirchenrektor (vgl. cann. 1182-1184); mitunter kamen der bürgerlichen Gde. Rechte u. Pflichten zu. Heute obliegt die Verwaltung (in Deutschland u. Österreich auch die Vertretung) oft dem pfarrlichen Vermögensverwaltungsrat (→Pfarrverwaltungsrat).

Literatur

Lammeyer, J., Die jur. Personen der kath. Kirche, Paderborn 1929, 109-118; Schröcker, S., Die Verwaltung des Ortskirchenvermögens, Paderborn 1935, 17-22, 42-53; Mörsdorf, K., Lehrbuch des Kirchenrechts Bd. 2, Paderborn [11]1967, 319-325; Heimerl, H. – Pree, H., Handbuch des Vermögensrechts der kath. Kirche, Regensburg 1993, 409-425; Busch, W., Vermögensverwaltung: HbStKR[2] Bd. 1, 947-1008; Lindner, Th., Art. Kirchenfabrik: RGG[4] Bd. 4, 1165-1166; Pree, H., Art. Kirchenstiftung: LThK[3] Bd. 6, 67.

Rüdiger Althaus

© 2019, DOI: 10.30965/9783506786388_0640

Kirchenfinanzierung – Katholisch

Es gehört nach c. 222 §1 zu den Pflichten aller Christgläubigen, die Kirche m. Finanzen zu unterstützen, die sie für Werke des →Apostolats u. der Caritas (→Caritas, Diakonie), die Feier des →Gottesdienstes sowie den Unterhalt der in ihrem Dienst Stehenden benötigt. Die →Gläubigen werden weiterhin aufgefordert, die soziale Gerechtigkeit zu fördern u. die Armen materiell zu unterstützen. Dieser Norm entspricht das der Kirche (c. 1260) angeborene Recht (→ius nativum), von den Gläubigen finanzielle Unterstützung zu fordern, was die Bedienung der ihr eigenen Zwecke angeht. Diese Zwecke sind nach c. 1254 §2: Durchführung des Gottesdienstes; Sicherstellung des angemessenen Unterhalts des Klerus u. anderer Bediensteter; Ausübung der Werke des Apostolats u. der Caritas, v. a. gegenüber den Armen. Nur für diese Zwecke besitzt die röm.-kath. Kirche das ihr angeborene Recht, Vermögen zu erwerben, zu besitzen, zu verwalten u. zu veräußern (c. 1254 §1). Es gibt allerdings keine →Sanktionen für den Fall, dass Gläubige ihrer Pflicht nicht nachkommen ungeachtet der spezifisch dt. Frage nach den kirchenrechtlichen Folgen eines →Kirchenaustritts m. bürgerlicher Wirkung.

Im Laufe der Jhh. hat die kath. Kirche versch. Systeme der K. herausgebildet, von denen sicher das Spenden- u. Kollekten- wie das Benefizialsystem bis heute wirkmächtig sind, wobei die →Benefizien (c. 1272) nach einer Entscheidung auf dem Vat II (CD 28; PO 20 u. 21) in ein sozial gerechtes System der Klerikerentlohnung überführt werden sollen (c. 1274 § 1).

Folgende K.-systeme sind aktuell weltkirchlich relevant:

1. Spenden- u. Kollektensystem erg. um →Stolgebühren: In den überwiegend meisten Diözesen werden die finanziellen Bedarfe durch →Spenden u. →Kollekten bedient. Der einzelne →Bischof wie die →Bischofskonferenz können Spendensammlungen festlegen (cc. 1265 § 2; 1266) u. Gläubige können m. Zweckbestimmung freiwillige Gaben (oblationes; c. 1267) geben. Der Zweck der Gabe ist bindend für den Empfänger (c. 1267 § 3). Hinzu kommen Stolgebühren anlässlich der Spendung von →Sakramenten u. →Sakramentalien, die von den Bf. einer →Kirchenprovinz festgelegt werden (c. 1264, 2°).

2. →Staatsleistungen: In einigen Ländern (z. B. Belgien) sind direkte Finanzzuweisungen an die röm.-kath. Kirche bis heute noch in Übung. Sukzessive werden sie zumindest im europäischen Kontext durch Umstellung der Finanzierung auf die Mitglieder der Kirche selbst umgestellt (Italien, Luxemburg).

3. Eigene Erträge: In Ländern wie Spanien, in denen die kath. Kirche durch eigenes Vermögen Erträge generiert, sind diese Einnahmen von Bedeutung für die Finanzierung der kirchl. Zwecke. I. d. R. reichen die Erträge für die grundlegenden Finanzbedarfe nicht aus u. müssen durch Spenden u. Kollekten erg. werden.

4. Beitragssystem Österreich: M. dem 01.05. 1939 wurde in Österreich das System eines obligatorischen →Kirchenbeitrags eingeführt, das bis heute gilt. Dieser Kirchenbeitrag ist als privatrechtliche Abgabe der Glieder der Kirchen zu verstehen. Von daher müssen ausstehende Beträge von den Kirchen selbst auf dem Zivilrechtsweg eingetrieben werden. Eigene Kirchenbeitragsordnungen der Diözesen klären, wer in welcher Höhe als Volljähriger welchen Beitr. nach der wirtschaftlichen Leistungsfähigkeit jährlich leisten muss. Der Kirchenbeitrag sichert ca. 85 % der Gesamteinnahmen in Österreich.

5. Kirchensteuersystem: Das v. a. in Deutschland existierende Kirchensteuersystem, das hist. zu Beginn des 19 Jh. einseitig durch den Staat eingeführt wurde, ist im GG in Art. 140 GG i. V. m Art. 137 Abs. 6 WRV grundgelegt, das →Religionsgemeinschaften, die →Körperschaften des öffentlichen Rechts sind, das Recht zuspricht, Steuern zu erheben. Die →Kirchensteuer ist eine Annexsteuer zur Lohn- u. Einkommenssteuer u. ihre Bemessung richtet sich sowohl nach staatl. u. kirchl. Rechtsnormen. Schuldner sind die steuerpflichtigen Gläubigen, Gläubiger die Bistümer. Ein m. diesem System verbundenes Problem ist der Kirchenaustritt m. bürgerlicher Wirkung, der es Gläubigen ermöglicht, sich von der Pflicht zur Zahlung der Kirchensteuer zu befreien.

6. Kultussteuer Italien/Spanien/Ungarn/Lichtenstein/Slowenien: Beginnend m. Italien ab 1990 ist ein sog. Kultussteuersystem in Europa in vielen Ländern (z. B. Ungarn, Slowenien) entwickelt worden, bei dem alle steuerpflichtigen Bürger einen bestimmten Anteil ihrer Einkommenssteuer jedes Jahr neu Religionsgemeinschaften, so auch der röm.-kath. Kirche widmen können od. für sozial-kulturelle Projekte des Staates. In Italien sind es 0,8 % der Einkommenssteuer, so dass man vom 8-Promille-System – otto per mille spricht. Ein Kirchenaustritt wegen der negativen Rechtsfolgen ist in diesem System nicht notwendig, wohl aber handelt es sich um eine versteckte Staatsfinanzierung, da dieser auf einen Teil der ihm zustehenden Steuereinnahmen verzichtet u. zur Disposition der Steuerzahler stellt. So können die Religionsgemeinschaften auch Geld von Personen erhalten, die nicht zu ihnen gehören.

Die vorgestellten Systeme, von denen einige in Mischformen existieren, ermöglichen nur in gewissem Rahmen ein vorausschauende u. berechenbare K. u. weisen alle rechtliche wie theol. Stark- u. Schwachpunkte auf.

Quellen

Vat II, PO; Vat II, CD.

Literatur

Uhle, A., Kirchenfinanzierung in Europa: Erscheinungsformen, Eignung, Zukunftsperspektiven: Neuere Entwicklungen im Religionsrecht europäischer Staaten, hg. v. W. Rees – M. Roca – B. Schanda, Berlin 2013 (KStT 61), 749-788; Kirchenfinanzierung in Europa. Modelle u. Trends, hg. v. R. K. Höfer, Innsbruck 2014 (Theologie im kulturellen Dialog 25); Vermögen der Kirche – Vermögende Kirche? Beiträge zur Kirchenfinanzierung u. kirchl. Vermögensverwaltung, hg. v. M. Krutzler – L. Müller – W. Rees, Paderborn 2015; Geld, Gott u. Glaubwürdigkeit, hg. v. K. Abmeier, Paderborn 2016 (Religion – Staat – Gesellschaft 3).

Thomas Schüller

© 2019, DOI: 10.30965/9783506786388_0641

Kirchenfinanzierung – Evangelisch

1. Allg.: Die K. hat im ev. Bereich eine instrumentelle, dienende Funktion. Zur Erfüllung ihres Auftrages in der Welt ist die ev. Kirche auf finanzielle Ressourcen angewiesen. Die K. gewährleistet mithin die materielle Basis des Wirkens der Kirche. Aus der Perspektive der staatl. Rechtsordnung spiegelt der Formenreichtum der K. die grundlegenden Ordnungsmodelle der Zuordnung von Staat u. Religion. Während in Trennungsmodellen freiwilligen Gaben wie →Spenden u. →Kollekten eine bes. große Bedeutung zukommt, zeichnen sich Staatskirchentümer i. d. R. durch direkte staatl. Finanzierung der →Religionsgemeinschaften aus. Auch in der Folgeordnung der K. erweist sich das dt. religionsverfassungsrechtliche System als Mischsystem, das Elemente der K. durch freiwillige Zuwendungen u. öff. Finanzierung beinhaltet. Die K. ermöglicht Ausg. in allen Feldern des Wirkens der ev. Kirchen u. ihrer Einrichtungen u. Werke. Den größten Teil der Ausg. bilden Personalaufwendungen. Daneben bindet auch die Unterhaltung kirchl. Gebäude erhebliche Sachmittel. Die Einnahmequellen lassen sich unterscheiden in Einnahmen aus Pflichtleistungen der Kirchenmitglieder, freiwillige Leistungen, Leistungen öff. Körperschaften u. in privatwirtschaftliche Einnahmen. In der Bewirtschaftung ihrer Finanzen folgen die ev. Kirchen in der Ausgestaltung ihrer Haushalts- u. Finanzwirtschaft traditionell der öff. Finanzwirtschaft des Staates. So ist auch für den komplexen Finanzverbund der →Evangelischen Kirche in Deutschland u. ihrer →Gliedkirchen sowie ihrer Werke u. Einrichtungen der Übergang von der kameralistischen Buchhaltung zur Doppik u. der Einsatz betriebswirtschaftlicher Steuerungsinstrumente prägend (→Haushaltswesen, ev.). An die Zuordnung von Einnahmen knüpft auch der solidarische innerkirchliche →Finanzausgleich an.

2. Typologie: Wichtigste Einnahmequelle der ev. Kirchen sind die Gaben der Gemeindemitglieder. Die Kirchenmitglieder sind verpflichtet, den Dienst der Kirche durch Leistung gesetzlich geordneter →Abgaben mitzutragen u. zu fördern (§4 Abs. 2 KMG.EKD). Die m. Abstand wichtigste Einnahmequelle stellt dabei die →Kirchensteuer dar, die von den steuererhebungsberechtigten ev. Kirchen als Körperschaften nach Maßgabe der Gewährleistung des Art. 137 Abs. 6 WRV i. V. m. Art. 140 GG erhoben wird. Sonderformen der Kirchensteuer sind das allg. u. bes. →Kirchgeld. In Anlehnung an staatl. Maßstabssteuern u. in den Formen der hoheitlichen Beitreibung durch die staatl. Finanzverwaltung hat die Kirchensteuer ihren Charakter als (freiwilliges) Vermögensopfer weitestgehend eingebüßt. Nicht zuletzt diese Form der K. ist oftmals Motiv des →Kirchenaustritts. Schließlich bilden freiwillige Zuwendungen in Form von Spenden u. Kollekten die Urform der Gabe ab. Die ev. Kirchen erheben für kirchl. Dienstleistungen auch Gegenleistungs-Abgaben wie Beiträge für Kin-

dergärten u. das Schulgeld bei kirchl. Schulen. Zuschüsse Dritter spielen im Finanzsystem der ev. Kirchen eine bedeutende Rolle. Einerseits erhalten sie Zuschüsse der öff. Hand, die sich durch einen externen Zweck rechtfertigen. Angesprochen sind hier insb. ihre Rolle als Leistungserbringer im Rahmen der sozialen Sicherungssysteme, der →freien Wohlfahrtspflege u. im Bildungswesen. Prägend sind hier Kostenerstattungen u. Zuschüsse im Rahmen institutioneller Förderung. Legitimatorisch unterfangen werden die Zuschüsse v. a. aus dem Gedanken der dem →Subsidiaritätsprinzip folgenden Entlastung des Staates von eigenen Aufgaben. Diese Form der finanziellen Beziehungen zwischen Staat u. Kirchen steht vor der Herausforderung, einerseits die Standards der Aufgabenerfüllung auch gegenüber Religionsgemeinschaften u. den ihnen zuzuordnenden Einrichtungen sicherzustellen u. andererseits deren religionsverfassungsrechtlich in Art. 4, Art. 140 GG i. V. m. Art. 137 Abs. 3 WRV abgesicherten Autonomieräume zu wahren. Schließlich finden sich grundrechtsfördernde Subventionen an Kirchen u. kirchl. Einrichtungen; hierzu zählen auch die indirekten Subventionen der Befreiungstatbestände im Steuer- u. Abgabenrecht (→Steuer- und Abgabenrecht, Religionsgemeinschaften). Von diesen sind die →Staatsleistungen an die ev. Kirchen i. S. des Art. 138 Abs. 1 WRV i. V. m. Art. 140 GG strikt zu trennen. Diese machen m. einem Gesamtaufkommen von mehr als 500 Mio. EUR jährlich auch im Bereich der ev. Kirchen ca. 2 % der Gesamteinnahmen aus. Als Kompensation für Säkularisationsverluste stehen sie unter dem Vorbehalt der Ablösung. Privatwirtschaftliche Einnahmen generieren ev. Kirchen im Rahmen ihrer wirtschaftlichen Betätigung u. hierbei gerade auf der Ebene der →Kirchengemeinden v. a. aus der Bewirtschaftung von Liegenschaften u. Grundvermögen.

3. Gewährleistungen der K.: Die K. spiegelt die Grundstrukturen des religionsverfassungsrechtlichen Systems des GG wider. Die →Religionsfreiheit des Art. 4 GG legitimiert nicht nur grundrechtsfördernde Zuwendungen des Staates, sie gewährleistet den Kirchen auch die Freiheit religiösen Wirkens in Bezug auf die K. Der Religionsfreiheit sind aber m. dem Grundsatz der negativen Finanzierungsfreiheit auch um der Neutralität u. Freiheitlichkeit des verfassten Gemeinwesens willen notwendige Grenzen der staatl. K. zu entnehmen. Der Grundsatz der institutionellen Trennung von Staat u. Kirche i. S. des Art. 140 GG i. V. m. Art. 137 Abs. 1 WRV steht zwar der Alimentation der Kirchen durch den Staat – vorbehaltlich verfassungsrechtlicher Legitimierbarkeit – entgegen, hindert aber nicht die Finanzierung auch staatl. Aufgaben, wenn u. soweit diese als →gemeinsame Angelegenheiten von Kirchen u. ihren Einrichtungen wahrgenommen werden. Die Ausgestaltung des Systems der K. im Binnensystem der Kirchen ist diesen als Ordnung u. Regelung eigener Angelegenheiten nach Art. 137 Abs. 3 WRV i. V. m. Art. 140 GG in den Schranken des für alle geltenden Gesetzes gewährleistet. Das Finanzvermögen genießt als →Kirchenvermögen den Schutz der sog. Kirchengutsgarantie des Art. 138 Abs. 2 WRV i. V. m. Art. 140 GG. Schließlich werden die überkommenen Staatsleistungen nach Art. 138 Abs. 1 WRV i. V. m. Art. 140 GG im Verfahren der Ablösung, d. h. der Aufhebung gegen Entschädigung, der finanziellen Entflechtung von Staat u. Kirchen anheimgestellt u. bis zu dieser in ihrem Bestand garantiert. Auch das System der K. unterliegt überdies den Einwirkungen der Europäisierung. V. a. die Erbringung von Zuschüssen u. Subventionen kann komplexe Fragen der Vereinbarkeit m. dem unionalen Beihilferecht der Art. 107 ff. AEUV aufwerfen.

Literatur

Die Finanzen der Kirche, hg. v. W. Lienemann, Gütersloh 1989; Blaschke, K., Die Kirchenfinanzierung in Deutschland: ZevKR 47 (2002), 395-416; Böttcher, H., Typen der Kirchenfinanzierung in Europa: ZevKR 52 (2007), 400-424; Germann, M., Die kirchl. Vermögensverantwortung nach ev. Kirchenrecht: Essener Gespräche 47 (2013), 57-97; Anke, H.

U., Kirchenfinanzen: 100 Begriffe aus dem Staatskirchenrecht, hg. v. H. Munsonius – H. M. Heinig, Tübingen ²2015, 115 ff.

Michael Droege

© 2019, DOI: 10.30965/9783506786388_0641

Kirchengebäude – Staatlich

Bei der Behandlung von K. im staatl. Recht geht es im Kern um Eigentums- u. Nutzungsgarantien des Staates. Das Eigentum der Kirchen an ihren K. u. deren Inventar ist durch die Garantie des →Kirchenvermögens grundgesetzlich (Art. 140 GG i. V. m. 138 Abs. 2 WRV), landesverfassungsrechtlich (Art. 5 BW.Verf, Art. 44 RP.Verf u. a. m.) u. staatskirchenvertraglich (Art. 18 BW.KV, Art. V Bad.K, Art. 17 RK u. öfter) ausdrücklich geschützt. Der Schutz zielt auf die Absicherung der Freiheit kirchl. Wirkens, hängt also unmittelbar m. der →Religionsfreiheit u. dem kirchl. →Selbstbestimmungsrecht zusammen u. erfasst nicht nur die zur Religionsausübung erforderlichen Gebäude, sondern gerade auch ihre Nutzung. Für sie kommt es nicht darauf an, ob die Kultgebäude im kirchl. Eigentum stehen (BVerfG, Beschl. vom 13.10.1998, Rn. 83). Entscheidend ist der Widmungszweck zur kirchl. Nutzung. Bei staatl. K. – v. a. sind dies hist. Domgebäude (Großkirchen) – ist er kirchenvertraglich garantiert (Art. 19 BW.KV, Art. V Bad.K, Schlußprotokoll zu Art. 17 RK, Art. 9 ST.KV etc.). K. stehen enteignungsrechtlich unter bes. Schutz. Einen absoluten Schutz vor Abriss gibt es freilich nicht, wie das Bsp. des Braunkohletagebaues zeigt, dem hist. bedeutsame Kirchen zum Opfer gefallen sind.

Auch bei kirchl. Eigentum können K. in staatl. od. kommunaler →Baulast stehen (§ 35 →Reichsdeputationshauptschluss u. a. Rechtsgrundlagen). In Hessen haben das Land, die kommunalen Spitzenverbände sowie die dort belegenen kath. u. ev. Kirchen einen Rahmenvertrag zur Ablösung kommunaler Baulasten geschlossen (2003). „Ein kirchlicher Rechtsträger ist unbeschadet der Baupflicht Dritter Eigentümer eines kirchlichen Gebäudes, wenn eine Eintragung auf das Grundstück im Grundbuch erfolgt ist" (§ 5 KBauG Bad).

„Die Baudenkmale der Kirchen ... sind, unbeschadet des Eigentumsrechtes, Kulturgut der Allgemeinheit. Für ihre bauliche Unterhaltung haben die Kirchen ... daher Anspruch auf angemessene Kostenerstattung durch das Land nach Maßgabe der Gesetze" (Art. 112 Abs. 2 SN.Verf, Art. 19 Abs. 3 SN.K). Ob hier Religionsförderung als Kulturförderung aufscheint? Der Gedanke ist sinnvoll, geht die Erhaltung von Kulturgut doch die Gesamtgesellschaft an. Als Kulturgut stehen die K. nach Maßgabe der Staatskirchenverträge u. des staatl. Rechts unter →Denkmalschutz: Art. 20 BW.KV, §§ 10 Abs. 3, 11 DSchG BW, Art. 25 RP.KV. Etwaige Kollisionen zwischen dem Recht der Religionsfreiheit u. damit der Entfaltung liturgischer Gesichtspunkte einerseits u. dem staatl. Denkmalschutz andererseits sind durch verfassungskonforme Abwägung der Interessen aufzulösen. Gottesdienstliche Belange sind dabei „vorrangig zu beachten" (Art. 20 BW.KV).

Zu den Gottesdiensträumen in nichtkirchlichem Eigentum zählen die Anstaltskapellen in öff. Einrichtungen i. S. v. Art. 140 GG i. V. m. Art. 141 WRV. Sie zur Verfügung zu stellen gehört zu den äußeren Organisationspflichten des Einrichtungsträgers (bzw. des Staates) im Bereich der →Anstaltsseelsorge (Art. 16 Abs. 2 S. 2 BW.KV u. öfter). „Bei der Planung, Gestaltung und Einrichtung von Gottesdiensträumen in einer Justizvollzugsanstalt unterrichten die Seelsorgerinnen und Seelsorger ihre kirchlichen Vorgesetzten" (Ziff. 4.4 [zu § 12 JVollzGB I] VV-JVollzGB BW); die Kirchen werden also beteiligt. Zuweilen gewähren sie zur liturgischen Ausstattung solcher Räume Zuschüsse (Förderrichtlinien Bad).

Hist. begr. →Simultaneen (Rechtsstatus der Bikonfessionalität der Nutzung eines Sakralraums) finden eine staatsrechtliche Anerkennung in Art. 149 Abs. 3 BY.Verf. Als „Simultan-Ort für Wissenschaft und Glauben" wird die im J. 2017 wieder errichtete Hochschulkirche St. Pauli in Leipzig bez., die als Aula u. als Kirche dient.

Der Staat ist gehalten, die Integrität religiöser Betätigung vor Dritteinwirkungen zu schützen, einschließlich des Ortes solcher Betätigung. Um K. herum besteht daher eine „Bannzone" gegen öff. Veranstaltungen, „die geeignet sind, den Gottesdienst zu stören" (§ 7 FTG BW). Der Rechtsgedanke wird sich auf andere Störungen, etwa durch Tiefflug od. Großbaustellen an Sonntagen, also auf den Immissionsschutz, übertragen lassen. „Lärm stört Religion". Bauplanungs- u. Bauordnungsrecht müssen religiösen Belangen Rechnung tragen. Bsp. sind: Die Ausstattung eines Gemeindegebiets m. K. (§§ 1, 5 BauGB, BauNVO), die Anl. einer Grablege im K. für verstorbene Gemeindepriester, sofern dies nach dem religiösen Selbstverständnis einer Religionsgemeinschaft gefordert ist (BVerfG, Urt. vom 09.05.2016, syr.-orth. Gde.). Die Gewährung von → Kirchenasyl im K. begr. keine rechtsexemte Zone im Staat. Ein Asylbruch durch Organe des Staates stellt im Verhältnis zur → Kirchengemeinde keinen Rechts-, sondern allenfalls einen Erwartungsbruch dar. Die Frage angemessenen Umgangs im Staat-Kirche-Verhältnis (reverentia loci?) mag sich stellen.

Quellen

Bundesverfassungsgericht, Beschl. vom 13. Oktober 1998: BVerfGE 99, 100 (120 f.); Vereinbarung zwischen dem Saarland u. den Ev. Kirchen zum Umgang m. Fällen von Kirchenasyl im Saarland vom 2. Juli 2002: ABl. Pf, 242; Rahmenvereinbarung zur Ablösung der Kirchenbaulasten vom 17. Dezember 2003: ABl. KW 2004, 2: ABl. EKD 2004, 192; Verwaltungsgerichtshof Baden-Württemberg, Urt. vom 23. November 2016: VBlBW 2017, 329-336; Verwaltungsvorschrift des Justizministeriums zum Justizvollzugsgesetzbuch vom 1. März 2017: Die Justiz, 118.

Literatur

Heckel, M., Staat Kirche Kunst. Rechtsfragen kirchl. Kulturdenkmäler, Tübingen 1968; Jacobs, U. K., Kirchl. Asylrecht: ZevKR 35 (1990), 25-43; Axer, P., Der verfassungsrechtliche Schutz der res sacrae durch die Kirchengutsgarantie (Art. 140 GG i. V. m. Art. 138 Abs. 2 WRV): FS Listl, Berlin 2004, 553-572; Hammer, F., Kirchenbauten in Staatseigentum unter dem GG u. kirchl. Veränderungs- u. Umgestaltungswünsche hieran: FS Rüfner, Berlin 2003, 159-176; ders., Fortexistenz u. Schicksal kommunaler Baulastverpflichtungen in der Gegenwart – Zum Urteil des VGH Baden-Württemberg vom 11.11.2013: KuR 2014, 29-40; Unruh, P., Religionsverfassungsrecht, Baden-Baden [3]2015, 192-195; Jacobs, U. K., Mor Gabriel u. die gestärkte Bedeutung des Kirchenrechts im weltlichen Rechtskreis – Zu einem aktuellen Beschluss des BVerfG: KuR 2017, 26-32; Klein, W., Lärmende Arbeiten stören nicht nur Arbeitnehmer: VBlBW 2017, 274-276.

Uwe Kai Jacobs

Kirchengebäude – Katholisch

Der CIC/1983 unterscheidet drei Typen von K.: Kirchen (→ Kirchengebäude) (cc. 1214-1222), → Kapellen/Privatkapellen (cc. 1223-1229) u. Heiligtümer (cc. 1230-1234). Der CCEO kennt im Unterschied dazu nur Kirchen (cc. 868-873 CCEO), die wiederum in Kathedral-, Pfarr-, Klosterkirchen u. Kirchen, die m. einer Religiosenniederlassung verbunden sind, unterteilt werden (c. 871 CCEO).

1. Kirchen sind hl. u. für den öff. → Gottesdienst ausgewiesene Gebäude, die für → Gläubige frei zugänglich sein müssen (c. 1214). Während des Gottesdienstes dürfen keine Zugangsgebühren erhoben werden (c. 1221). Bei der Errichtung von Kirchen kommen dem → Diözesanbischof bes. Rechte u. Pflichten zu: O. seine Zustimmung darf keine Kirche errichtet werden (c. 1215 § 1). Davor ist er jedoch verpflichtet, den → Priesterrat u. die Rektoren der benachbarten Kirchen zu hören, um

sicherzustellen, dass das neue Gebäude dem Seelenheil der Gläubigen dient. Ferner müssen die benötigten Mittel für den Bau u. den Vollzug der Liturgie vorhanden sein (c. 1215 § 2). →Ordensinstitute sind ebenso verpflichtet, die Erlaubnis des Diözesanbischofs für die Errichtung einer K. einzuholen, auch wenn er ihnen bereits die Erlaubnis zur Errichtung eines →Klosters in seiner Diözese erteilt hat (c. 1215 § 3). Der Bau u. die Wiederherstellung müssen unter Beiziehung von Sachverständigen den Bestimmungen der Liturgie u. der sakralen Kunst (→Kunst, sakrale) entsprechen (c. 1216). SC 126 verlangt ferner, dass bei der Beurteilung von Kunstwerken die Diözesankommission für sakrale Kunst zu hören ist. Weitere RL zur künstlerischen Ausstattung von K. werden in SC 122-130 genannt. Bei der Ausstattung der Kirche sind dazu Normen zu berücksichtigen, die in anderen Zusammenhängen genannt werden (vgl. Tabernakel c. 938, Beichtstuhl c. 964, Taufbecken c. 858). Nach Vollendung muss jede Kirche gem. den liturgischen Vorschriften (→Liturgisches Recht) zeitnahe geweiht od. gesegnet werden (c. 1217; cc. 1205-1209). Die Kirche erhält einen Titel, der nach vollzogener Weihe (→Kirchenweihe) nicht mehr geänd. werden kann (c. 1218). Unter Wahrung der pfarrlichen Rechte dürfen in einer geweihten od. gesegneten Kirche alle gottesdienstlichen Feiern vollzogen werden (c. 1219). Die Zuständigen, meist der →Pfarrer od. →Kirchenrektor (vgl. c. 562), müssen für Pflege u. Reinigung sorgen u. alles fernhalten, was m. dem Charakter des Ortes unvereinbar ist. Die hl. u. kostbaren Gegenstände sind zu erhalten u. durch Sicherungsmaßnahmen zu schützen (c. 1220). Wenn eine Kirche nicht mehr für den Gottesdienst genutzt werden kann u. keine Aussicht auf Wiederherstellung besteht, ist der Diözesanbischof berechtigt, sie zu profanieren. Danach darf sie aber keinem unwürdigen Gebrauch übergeben werden (c. 1222 § 1). Gibt es andere Gründe, die Kirche nicht mehr zum Gottesdienst zu nutzen, muss der →Bischof, bevor er die →Profanierung ausspricht, den Priesterrat hören u. die Zustimmung aller einholen, die Rechte an der Kirche beanspruchen (c. 1222 § 2). Aufgrund der fortschreitenden Säkularisierung Westeuropas erfahren immer mehr K. Umnutzungen (→Umwidmung von Kirchengebäuden), die in Arbeitshilfen von DBK (2003) u. SBK (2006) geregelt werden. Bleibt das K. im Eigentum der Kirche, ist eine Mitnutzung anderer Konfessionen möglich, andere Aktivitäten (Ausstellungen, Konzerte usw.) können zur Erhaltung des Gebäudes beitragen. In einigen Bistümern werden Kirchen zu →Kolumbarien umgenutzt. Als letzte Möglichkeit ist ein Verkauf od. gar der Abriss möglich.

2. Kapellen (Oratorien) sind Orte, an dem sich ein näher bestimmter Personenkreis m. Erlaubnis des Ordinarius zum Gottesdienst versammelt. Der Zugang für andere Gläubige hängt von der Billigung des zuständigen Oberen ab (c. 1223). Die Unterscheidung des CIC/1917 zwischen öff. u. halböffentlichen Kapellen (can. 1188 § 1° u. 2°) kennt der CIC/1983 nicht mehr. Die Erlaubnis zur Einrichtung einer Kapelle erfolgt durch den →Ordinarius, wenn er den Ort zuvor selbst od. durch einen Beauftragten besichtigt u. als angemessen ausgestattet befunden hat (c. 1224 § 1). Der Ordinarius hat auch das Recht, die Kapelle zu benedizieren (c. 1207), nur er kann sie wieder profanieren (c. 1224 § 2). Wenn nicht Vorschriften von Rechts wegen, andere Vorschriften des Ortsordinarius od. liturgische Normen dagegenstehen, können in rechtmäßig errichteten Kapellen alle gottesdienstliche Feiern begangen werden (c. 1225). Im Unterschied dazu sind Privatkapellen Orte, an denen m. Erlaubnis des Ortsordinarius Gottesdienste von einzelnen od. mehreren →physischen Personen gefeiert werden dürfen (c. 1226). Er ist es auch, der die Erlaubnis zur Messfeier od. zu anderen liturgischen Feiern in der Kapelle erteilt (c. 1228). Der Bf. kann sich eine Privatkapelle einrichten, ihr kommt dies. Rechtsstellung zu wie die einer Kapelle (c. 1227). Privatkapellen werden nach den vorgesehenen liturgi-

schen Riten benediziert, müssen aber dem Gottesdienst vorbehalten bleiben. Jeder häusliche Gebrauch ist ausgeschlossen (c. 1229).

3. Heiligtümer (Sanktuarien) sind Kirchen od. →heilige Orte, zu denen zahlreiche Gläubige aus bes. Motiven der Frömmigkeit m. Einverständnis des Ortsordinarius pilgern (→Wallfahrtsstätte) (c. 1239). Der CIC/1983 fordert die kirchenamtliche Genehmigung von Sanktuarien: Ausgenommen von der Approbation eines Sanktuariums durch den Ortsordinarius in seiner Diözese (Diözesanheiligtum), bedürfen Nationalheiligtümer der Approbation durch die BK. u. intern. Heiligtümer der Anerkennung durch den Hl. Stuhl (c. 1231). Die drei Instanzen sind auch für die Genehmigung der erforderlichen Statuten zuständig (c. 1232 §1). Die Statuten regeln die rechtliche Stellung des Rektors, die Eigentumsverhältnisse u. die Vermögensverwaltung des jeweiligen Heiligtums (c. 1232 §2). Darüber hinaus kann Sanktuarien Privilegien erteilt werden, wenn dies der Frömmigkeit der Gläubigen dient (c. 1233). An Heiligtümern soll häufiger als anderswo das Wort Gottes verkündet u. die Liturgie würdig gefeiert werden. Dies betrifft v. a. die Eucharistie (→Eucharistiefeier) u. das Bußsakrament (→Beichte), wie auch die anerkannten Formen der →Volksfrömmigkeit (c. 1234 §1). Der CIC/1983 bestätigt auch den alten Brauch, Votivgaben u. andere Frömmigkeitsdokumente in den Sanktuarien sichtbar aufzustellen u. aufzubewahren (c. 1234 §2).

Quellen

Pontificale Romanum. Ordo dedicationis ecclesiae et altaris. Editio typica, Vatikanstadt 1977; Pontifikale für die kath. Bistümer des dt. Sprachgebiets. Bd. IV. Die Weihe der Kirche u. des Altares. Die Weihe der Öle, hg. im Auftrag der DBK, ÖBK u. SBK sowie der (Erz-)Bischöfe von Bozen-Brixen, Lüttich, Luxemburg u. Straßburg, Trier 1994; Umnutzung von Kirchen. Beurteilungskriterien u. Entscheidungshilfen, hg. v. Sekretariat der DBK, Bonn 2003 (Arbeitshilfen 175); Liturgiekommission der DBK, Leitlinien für den Bau u. die Ausgestaltung von gottesdienstlichen Räumen, hg. v. Sekretariat der DBK, Bonn [6]2002 (DDB-Kommission 9); SBK, Empfehlungen für die Umnutzung von Kirchen u. von kirchl. Zentren, Freiburg 2006: https://www.liturgie.ch/images/liturgie/liturgiepraxis/dokumente/pdf/SBK_Pastoralschreiben_Nr._13_Umnutzung_von_Kirchen.pdf [Zugriff: 15.05.2019]; Piacenza, M., Official documents of the Holy See: Letter from the Congregation for the Clergy and procedural guidelines for the modification of parishes and the closure, relegation and alienation of churches: Jurist 73 (2013), 211-219.

Literatur

Amenta, P., De titulo ecclesiarum de quo in can. 1218. Animadversiones quaedam: ME 125 (2000), 100-119; Katzinger, G., Kirchl. Baurecht. Das kirchl. Bauwesen im Spannungsfeld von kirchl. u. staatl. Rechtsnormen unter bes. Berücksichtigung der Situation in der Erzdiözese Salzburg, Frankfurt 2004 (Wissenschaft u. Religion 6); Schöch, N., Umnutzung von Kirchen. Kirchenrechtliche Überlegungen zu einem aktuellen Problem: AfkKR 173 (2004), 42-91; Gricht-ing, M., „Umnutzung" von Kirchen? Eine Anfrage zu c. 1222 CIC/1983: AfkKR 175 (2006), 417-434; Tripp, H., Kan. Anmerkungen zur Einrichtung von Kolumbarien in Kirchengebäuden: AfkKR 180 (2011), 118-133; Tot in die Kirche? Rechtliche u. liturgische Aspekte der Profanierung von Kirchen u. ihre Umnutzung zu Kolumbarien, hg. v. C. Leonhard, Regensburg 2012; Ahlers, R., Kolumbarium, Kindergarten, Kulturzentrum. Kirchenrechtliche Aspekte der Umnutzung von Kirchen: Kirchen – Nutzung u. Umnutzung. Kulturgeschichtliche, theol. u. praktische Reflexionen, hg. v. A. Büchse – H. Fendrich – P. Reichling – W. Zahner, Münster 2012, 99-107; Claussen, J. H., Gottes Häuser od. Die Kunst, Kirchen zu bauen u. zu verstehen. Vom frühen Christentum bis heute, München 2012; Gerhards, A., „Entweiht" u. umgenutzt. Zu rechtlichen u. liturgischen Aspekten zur Profanierung von Kirchen u. ihre Umnutzung zu Kolumbarien: Gottesdienst 47 (2013), 23-26; Reinhardt, H. J. F., Geweihte Stätten: HbkathKR[3], 1107-1112; Wandel u. Wertschätzung. Synergien für die Zukunft von Kirchenräumen, hg. v. A. Gerhards – K. de Wildt, Regensburg 2017 (Bild-Raum-Feier. Studien zu Kirche

u. Kunst 17); Schindehütte, K., Der Kirchenraum als Topos der Dogmatik, Tübingen 2017 (Dogmatik in der Moderne 19); Reinhardt, H. J. F.: MKCIC cc. 1205-1234.

Andreas Bieringer

© 2019, DOI: 10.30965/9783506786388_0642

Kirchengebäude – Evangelisch

Das K. (→Pfarrkirche) ist der gottesdienstliche Versammlungsort der →Gemeinde. Es muss der Würde u. den Anforderungen des ev. →Gottesdienstes entsprechen. Zu diesen Zwecken ist es bestimmt (gewidmet). Im Gegensatz zum kath. KR ist ein K. keine hl. Sache, dem ev. Verständnis vom Heiligen (Heiligkeit Gottes) entspr. Allein durch die →Widmung, die gottesdienstlich geschieht u. daher agendarisch geordnet ist, unterscheidet sich ein K. in rechtlicher Hinsicht von anderen kirchl. Gebäuden. Durch die Widmung wird das K. zur öff. Sache (→Sachenrecht, kirchliches), die Entwidmung hebt diesen Charakter auf (→Umwidmung von Kirchengebäuden).

An das Profil des Kirchenbaus als eines theol. Ander-Ortes stellt das KR Anforderungen. Auch Räume predigen (Verkündigungscharakter der K., § 26 Abs. 3 KBauO EKBO). Ein markantes Anforderungsprofil für den ev. Kircheninnenbau nennt § 11 Abs. 14 der pfälzischen Unionsurkunde (1818): „Edle Simplicität" (gediegene Schlichtheit). Theol. Überlegungen, sicher nicht unbeeinflusst vom Zeitgeist des Klassizismus, wurden dabei zur verbindlichen Gestaltungsvorgabe, die nicht nur die pfälzische Kirchenbaulandschaft prägte u. – der Sache nach – auch in Kirchenbauregulativen des späten 19. Jh. aufscheint (Eisenacher Ratschläge, 1898), ja im Grundsatz noch heute gilt. Kirchenbauten sollen „funktionsgerecht und qualitätvoll" gestaltet werden (§ 31 KF-VO Rh).

Das K. ist der regelmäßige Gottesdienstort der Gde. Gottesdienste außerhalb desselben, etwa im Grünen od. Taufhandlungen am offenen Gewässer, entfalten Charme u. Chance, kehren das Regel-Ausnahme-Verhältnis aber nicht um. Denn das K. beheimatet die Gde. u. trägt zu ihrer Identität bei. Dieser Gedanke prägt auch das kirchl. Namensrecht: Über die Benennung eines K. (Thomaskirche, Versöhnungskirche) entscheidet die Pfarr- bzw. →Kirchengemeinde (Art. 16 Abs. 3 Nr. 3 GrO.Bad) unter Beachtung von Namensrichtlinien, die mangelnder Aussagekraft od. Eindeutigkeit der Namensgebung wehren wollen.

Das K. steht i. d. R. im Eigentum der KGde., auf deren Gebiet es liegt, zuweilen in staatl., kommunalem od. privatem Eigentum. Getrenntes Eigentum im Falle konfessioneller →Simultaneen od. an Kirchensaal u. →Kirchturm (kirchengemeindlich/kommunal: Stiftskirche Landau in der Pfalz) ist aus hist. Gründen mancher Orts vorfindlich. Gottesdienstliche Räume können in kirchl. Baukomplexe integriert sein (Gemeindezentren, Tagungsgebäude). Die KGde. ist verpflichtet, ihre K. „in gutem Zustand zu erhalten" (Art. 27 GO.Bad, KBauG HN). Dafür hat sie Rücklagen zu bilden (KVHG Bad). Bauliche Veränderungen am K., aber auch Maßnahmen der Gestaltung des Kircheninneren bedürfen i. d. R. – ebenso wie die Nutzung des Kirchendaches zur Gewinnung von Solarstrom – kirchenaufsichtlicher →Genehmigung. Zudem können kirchl. u. staatl. Denkmalschutzrecht wirksam werden. →Baulasten zu Kirchen u. Pfarrhäusern können kraft Satzung kirchl. →Stiftungen obliegen (Ev. Stiftung Pflege Schönau, Bad; Baupflegestiftung Bswg). Die Ablösung kommunaler Baulast durch die KGde. unterliegt wiederum kirchenaufsichtlicher Genehmigung (KVHG, KBauG Bad).

Nutzungen des K. der KGde. als außerparochialer Versammlungsort (→Kirchliche Räume, Nutzung), etwa als Aula universitatis (Heidelberg, Tübingen) od. als Tagungsstätte von →Synoden (Barmen!) sind aus vielerlei Gründen weitgehend außer Usance geraten. Ausnahmen bilden: Schulgottesdienste u. -konzerte, Eröffnungsgottesdienste von Synodaltagungen, zuweilen der Ev. Kirchbautag

(Stiftskirche Landau in der Pfalz, 1986) u. die →Militärseelsorge nach Maßgabe von Vereinbarungen (§14 Militärseelsorge – DG Bad). Über widmungskonforme außergemeindliche od. außergottesdienstliche Nutzungen entscheidet das zuständige kirchl. Vertretungsorgan. Traditionelle Erwartungen an den Respekt vor der Würde des Gotteshauses treten in Konkurrenz zu anderen (missionarischen?) Überlegungen (church night, Kinokirche, Kletterkirche). Von einer Nutzung der K. als Träger profaner Werbung – u. sei es zu Baufinanzierung – raten die LK ab. Zur Beflaggung des K. gestatten das KR von EKD u. EKiR nur die offizielle Kirchenfahne (violettes Kreuz auf weißem Grund), die neben sich keine Fahnen politischen od. werblichen Inhalts duldet. Nicht unumstritten sind Mischungen aus Staatsakten u. (Trauer-)Gottesdiensten im K. Bei alledem geht es um Fragen kirchl. Identität, die im Kirchenbau u. seiner Nutzung fokussieren.

K. stehen im Blickfeld kirchl. Strukturreformen; der Bestand an kirchl. Gebäuden gilt aus Kostengründen als zu hoch. Das betrifft v. a. Gemeindehäuser, in geringerem Umfange →Pfarrhäuser u. K., insb. als Folge von Fusionen von KGde. Verkäufe von K. sind selten. Häufiger geht es um die Integration eines Gemeinderaumes od. eines Kindergartens, vielleicht auch der Gemeindebücherei, in das K. (Umbau), seltener um vollständige Umnutzungen, welche das K. nach außen u., wenn möglich, auch nach innen als früheres K. erkennen lassen u. den →Denkmalschutz wahren (Trinitatiskirche Mannheim). Ob das Urheberrecht des Kirchenarchitekten einem Umbau entgegensteht, kann streitig sein.

Quellen

XXIII. Dt. Ev. Kirchen-Konferenz, Eisenach 1898: Langmaack, G., Ev. Kirchenbau im 19. u. 20. Jh., Kassel 1971, 277 ff.; Agende für die Ev. Landeskirche in Baden, Bd. V, B: Einweihung einer Kirche, Karlsruhe 1987, 168-175; Richtlinien [Bad] zur Namensgebung von Gemeinden, Pfarrämtern, Kirchenbezirken, kirchl. Zweckverbänden u. Gebäuden vom 31. Mai 2000: GVBl., 150; Orientierungshilfe [HN] zur Nutzung von kirchl. Gebäuden u. Räumen vom 17. Februar 2009: ABl., 130.

Literatur

Jung, H., Bauaufsicht als Ordnungsnorm: Dienende Kirche (FS Bender), hg. v. O. Hof, Karlsruhe 1963, 263-296; Mainusch, R., Die öff. Sachen der Religions- u. Weltanschauungsgemeinschaften, Tübingen 1995; Ludwig, M., Wenig feierlich zumute. Gedanken zur Zukunft der Kirchenbauten des 20. Jh.: BPfKG 71 (2004), 219-233; Ellwardt, K., Ev. Kirchenbau in Deutschland, Petersberg 2008; Lück, H., Art. Kirchengebäude: HRG² Bd. 2, 1787-1796; Werner, S., Was tun mit unseren Kirchen?: Vom Sakralen zum Banalen? Hl. Räume im Wandel, hg. v. K. Gothe u. a., Karlsruhe 2011, 123-137; Bayer, U., „Als die Angehörigen der Mordopfer die evangelische Stadtkirche betreten, läuten alle Glocken der Stadt“. April 1977: Der Staatsakt für Generalbundesanwalt Siegfried Buback in der Karlsruher Stadtkirche: Jb. für bad. Kirchen- u. Religionsgeschichte 8/9 (2014/15), 430-437; Frisch, M., Bauwesen u. Denkmalpflege: HevKR, 998-1023; Hille, Ch. P., Das Urheberrecht an Kirchengebäuden: JZ 2017, 133-140; Jacobs, U. K., „Edle Simplicität“. Der Kirchenraum, die Ästhetik u. das Recht: Kaspari, T., FS Weyer-Menkhoff, Leipzig 2018; Frisch, M., Simultaneen: HbStKR³.

Uwe Kai Jacobs

© 2019, DOI: 10.30965/9783506786388_0642

Kirchengebäude, Umwidmung

→Umwidmung von Kirchengebäuden

Kirchengebot – Katholisch

Im weiteren Sinn lassen sich alle kirchl. Normen rechtlicher od. moralischer Art als K. bez. In einem engeren Sinn meint dieser Ausdruck einige wenige Normen, die ein von allen →Gläubigen verlangtes Minimum an kirchl. Praxis beschreiben. Was Anzahl, Inhalt u. Reihenfolge dieser Normen angeht, zeigen sich je nach Ort u. Zeit manche Unterschiede. Der Sache nach lassen sich solche Auflistungen einiger wichtiger kirchl. Normen seit dem frühen MA nachweisen. Seit dem 15. Jh. ist dafür der Ausdruck K. (lat. praecepta Ecclesiae od. auch mandata Ecclesiae) geläufig, u. seit dieser Zeit ist auch die Fünfzahl vorherrschend. Ignatius von Loyola (gest. 1556) nennt in den „Geistl. Übungen" (18. Annotatio) die K. als ein Thema, das für die Unterweisung einfacher Leute im religiösen Leben geeignet sei. Weite Verbreitung fanden die K. durch die →Katechismen des Petrus Canisius (gest. 1597), die die K. regelmäßig im Anschluss an den →Dekalog behandeln. Vom Dekalog her dürfte auch die Fünfzahl zu erklären sein, die dann zum Ausdruck bringt, dass die K. im Verhältnis zu den Zehn Geboten Gottes eine untergeordnete u. konkretisierende Funktion ausüben. Seit dem 16. Jh. haben die K. immer wieder in kath. Katechismen Eingang gefunden, so auch in den KKK. I. d. F. seiner Editio typica von 1997 (Nr. 2041 f.) betreffen die K. 1. die Teilnahme an der →Eucharistiefeier u. die Arbeitsruhe an →Sonntagen u. gebotenen →Feiertagen, 2. die jährliche →Beichte, 3. den →Kommunionempfang in der österlichen Zeit, 4. das Einhalten der gebotenen Fast- u. Abstinenztage (→Bußtage), 5. die Verpflichtung der Gläubigen, zu den materiellen Bedürfnissen der Kirche beizutragen. Das kath. Gebet- u. Gesangbuch Gotteslob aus dem Jahre 2013 (Nr. 29, 7) hat dies. Zusammenstellung übernommen. Schon aus der Art von Dokumenten, in denen die K. erwähnt werden, wird ihr katechet. Charakter deutlich. Die rechtliche Verbindlichkeit der K. beruht nicht auf diesen Dokumenten, sondern auf den zugrunde liegenden Rechtsnormen. Von ihrer Entstehung dürften die K. z. T. auf →Gewohnheitsrecht zurückgehen. Ihre heutige Verbindlichkeit bestimmt sich nach den einschlägigen Vorschriften des CIC u. des CCEO. Wenngleich z. B. der KKK einfach erklärt, man müsse „wenigstens einmal jährlich seine Sünden beichten", ist diese Verpflichtung nach c. 989 auf die schweren →Sünden beschränkt; der CCEO kennt überhaupt nicht die Verpflichtung zur Jahresbeichte, sondern schreibt vor, dass derjenige, der sich einer schweren Sünde bewusst ist, „möglichst bald" das Bußsakrament zu empfangen hat (c. 719).

Literatur

Hafner, O., Zur Geschichte der Kirchengebote: ThQ 80 (1898), 99-131, 276-295; Burger, W., Röm. Beiträge zur Geschichte der Katechese im Mittelalter: RQ 21 (1907) II, 159-197; Servitje, J. F., Los preceptos de la Iglesia, Barcelona [2]1931; Villien, A., Histoire des commandements de l'Église, Paris 1936; Dublanchy, E., Commandements de l'Église: Dictionnaire de Théologie Catholique Bd. 3, Paris 1938, 388-393; Molinski, W., Kirchengebote: Sacramentum Mundi, Bd. 2, Freiburg 1968, 1164-1170; Sarmiento, A., Mandamientos de la Iglesia: DGDC Vol. V, 254-257; Ahlers, R., Die Kirchengebote: Im Dienste der Gerechtigkeit u. Einheit (FS Reinhardt), hg. v. R. Althaus – J. Hahn – M. Pulte, Essen 2017, 131-140.

Ulrich Rhode

© 2019, DOI: 10.30965/9783506786388_0644

Kirchengemeinde – Staatlich

K. ist die unterste rechtlich selbständige regionale Gliederung in der ev. u. kath. Kirche. Im gesamten Bundesgebiet sind die →Landeskirchen u. →Diözesen territorial gegliedert u. flächendeckend in K. aufgeteilt. Die Institution der K. stammt aus dem Protestantismus. Dem kan. Recht war der Begriff der K. unbekannt. Die lokale Repräsentation der Institution Kirche ist die →Pfarrei (cc. 515 ff.) bzw. Pfarrgemeinde. Über das →Staatskirchenrecht hat der Begriff der K. jedoch Einzug in das partikulare KR gefunden. Der Staat hat in Ausübung der von ihm in Anspruch genommenen Aufsicht u. zum Zweck einer vereinheitlichten Verwaltung des ortskirchlichen Vermögens (→Kirchenvermögen) die Rechtsform der K. auch auf die kath. Pfarreien übertragen. Die dt. Diözesen haben sich partikularrechtlich dieser Entwicklung weitgehend angepasst. Der CIC/1983 hat schließlich die Pfarrei als Gebiets- od. Personalkörperschaft aufgewertet, die nach kan. Recht als öff. jur. Person (→Juristische Person, kirchliche) anzusehen ist (c. 116 §1). Der Begriff der K. wird heute auch in der kath. Kirche häufig als Synonym für Pfarrei verwendet.

Nach Art. 140 GG i. V. m. Art. 137 Abs. 5 S. 1 WRV sind die K. als örtlich selbstständige Untergliederungen ihrer Kirchen →Körperschaften des öffentlichen Rechts. Je nach Konfession gehört jedes Kirchenmitglied aufgrund seines Wohnsitzes nicht nur einer LK od. Diözese, sondern auch einer bestimmten K. an (→Parochialrecht). Die Leitung obliegt in der ev. Kirche einem Kollegialorgan (→Presbyterium, →Kirchenvorstand o. ä.), dem neben dem →Pfarrer die gewählten →Laien (Presbyter, Kirchenvorsteher, Kirchenälteste) angehören. Differenzierter ist die Rechtslage in der kath. Kirche. Hier ist die pastorale Leitung der K. gem. c. 519 zunächst Aufgabe des vom →Diözesanbischof eingesetzten Pfr. od. eines ihm rechtlich gleichgestellten Priesters (c. 517 §§1 u. 2). Er wird in seelsorgerlichen Angelegenheiten nach c. 536 §1 von einem zu wählenden Pastoralrat (→Pfarrgemeinderat) beraten, sofern dessen Einrichtung dem Bf. nach Anhörung des →Priesterrates opportun erscheint. Obligatorisch ist demgegenüber gem. c. 537 die Bildung, d. h. die Wahl eines Vermögensverwaltungsrats (Kirchenvorstand, Verwaltungsrat [→Pfarrverwaltungsrat]), der allerdings unbeschadet der Vorschrift des c. 532 – danach vertritt der Pfr. die K. im Rechtsverkehr – diesen in der →Vermögensverwaltung nur unterstützt. In den im ehem. Preußen gelegenen Diözesen verwaltet der Kirchenvorstand das Vermögen in der K. u. vertritt diese – im Gegensatz zu c. 532 – auch kraft Gesetzes im Rechtsverkehr. Dieses partikulare Sonderrecht gilt aufgrund eines päpstlichen Indults aus dem J. 1984 nicht als Verstoß gegen die Vorgaben des CIC. In anderen Diözesen treten die K. als ortskirchliche Steuerverbände in Erscheinung. Rechtsträger des Ortskirchenvermögens sind in vielen Diözesen sog. →Kirchenstiftungen u. Pfründestiftungen. Das rechtliche u. finanzielle Handeln der K. unterliegt in unterschiedlichen Ausprägungen der staatl. u. kirchl. Aufsicht. Sofern im konkreten Fall das Rechtsgeschäft einer K. die kirchenaufsichtliche Genehmigung des jeweiligen LKA bzw. Bfl. Generalvikariats/Ordinariats voraussetzt, ist diese Genehmigung echte Wirksamkeitsvoraussetzung.

Neben der K. als territorial bestimmter Gde. haben sich einige Sonderformen, die sog. →Personalgemeinden herausgebildet, die je nach Notwendigkeit an die Sprache, die Nationalität od. die – zumindest vorübergehende – Zugehörigkeit der Gemeindemitglieder zu einer →Anstalt anknüpfen. Hierunter fallen u. a. die fremdsprachlichen Gemeinden sowie die Militär- u. Anstaltsgemeinden. Nicht hierzu gehören die Studentengemeinden, die für die Studenten einer Universität m. regelmäßig abw. (Erst-)Wohnsitz zur Verfügung stehen.

Die Bildung u. Veränderung von K. erfolgt nach den jeweiligen kirchenrechtlichen Vorgaben durch die örtlich zuständige LK od. Diözese. Sie setzt nach den einschlägigen konkordatären u. staatskirchenvertraglichen Vereinbarungen im Hinblick auf ihre staatskirchenrechtliche Wirksamkeit eine – allerdings unterschiedlich ausgeprägte – staatl. Beteiligung voraus. In den neueren Verträgen ist lediglich eine kirchl. Mitteilungspflicht vorgesehen, während die älteren Vereinbarungen von einer staatl. Mitwirkung (Genehmigung) ausgehen. Während die K. – soweit ersichtlich – als rechtlich relevante Organisationseinheit auch weiterhin nicht in Frage steht, verändert sie sich durch – regional sehr unterschiedlich ausgestaltete – pastorale Strukturprozesse in ihrer innerkirchlichen Relevanz als soziale Bezugsgröße.

Literatur

Zilles, H. – Kämper, B., Kirchengemeinden als Körperschaften im Rechtsverkehr: NVwZ 1994, 109-116; Schlief, K. E., Die Organisationsstruktur der kath. Kirche: HbStKR² Bd. 1, 347 (375-378); von Campenhausen, O., Die Organisationsstruktur der ev. Kirche: HbStKR² Bd. 1, 383 (386-388); Kämper, B., Zusammenlegung kath. Kirchengemeinden: Dem Staate, was des Staates – der Kirche, was der Kirche ist (FS Listl), hg. v. J. Isensee, Berlin 1999, 469-479; Hallermann, H., Die Pfarrei: HbkathKR³, 665-680; Hübner, H.-P., Gemeinde u. Kirchengemeinde: HevKR, 402-436.

Burkhard Kämper

© 2019, DOI: 10.30965/9783506786388_0645

Kirchengemeinde – Katholisch

Im kan. Rechtskreis ist die rechtmäßig errichtete →Pfarrei eine öff. jur. Person (→Juristische Person, kirchliche) (vgl. c. 515 §3). Im 19. Jh. ist die K. als Rechtsträgerin des örtlichen →Kirchenvermögens u. Trägerin des Steuerrechts eingeführt worden. Nach Maßgabe des in Deutschland geltenden staatl. Rechts kommt den K. der Status einer →Körperschaft des öffentlichen Rechts zu (vgl. Art. 137 Abs. 5 WRV i. V. m. Art. 140 GG). Auf diese Weise sind die K. im weltlichen Rechtsverkehr rechts- u. handlungsfähig (→Rechtsfähigkeit u. →Handlungsfähigkeit). Die K. umfasst die Gesamtheit der Katholiken eines bestimmten Seelsorgebezirks (i. d. R. einer Pfarrei). Das Kirchenvermögensverwaltungsgesetz für das Erzbistum Hamburg bestimmt in §2 Abs. 1: „Die Kirchengemeinde ist identisch mit der durch den Diözesanbischof errichteten Pfarrei." Gleichwohl gibt es etwa im Bistum Limburg hist. bedingt bislang Pfarreien, die aus zwei K. bestehen. Im Unterschied umfasst das Gebiet einer K. im Erzbistum Freiburg i. Br. nach der Neustrukturierung des Erzbistums eine od. mehrere kan. errichtete Pfarreien. K. entstehen auf kirchl. Seite durch Errichtung durch den zuständigen Diözesanbischof (vgl. c. 515 §2) als Pfarrei; das Entstehen der K. im staatl. Rechtskreis bestimmt sich nach den Vorgaben des für den Bereich der einzelnen Diözesen jeweils geltenden Konkordats- bzw. Staatskirchenvertragsrechts: während in den neueren Verträgen lediglich eine Mitteilungspflicht des Bistums gegenüber der zuständigen staatl. Stelle vorgesehen ist (etwa NI, HE, RP, SL), sehen die älteren Verträge eine staatl. Mitwirkung, etwa in Form der staatl. Anerkennung, vor (vgl. etwa NW). Neben den K. kann es auf der Ebene der Pfarrei auch noch andere jur. Personen des kirchl. wie weltlichen Rechts als Träger von Kirchenvermögen geben, namentlich Pfarrfonds (Pfründestiftung, beneficium), Kirchenfonds (Kirchenfabrikfonds od. →Kirchenstiftung). Die Frage der Vertretungsberechtigung u. der Rechtsgeschäfte der K. bestimmt sich nach Maßgabe des in den Diözesen geltenden kirchl. Vermögensrechts (→Vermögensrecht, kirchliches). Einen ähnlichen Dualismus von kirchenrechtlicher Pfarrei u. staatskirchenrechtlicher K. gibt es auch in der Schweiz.

Quellen

Gesetz über die Verwaltung des kath. Kirchenvermögens vom 24. Juli 1924: Preuß. Gesetzessammlung, 585; geänd. am 3. April 1992: GVBl. NW, 124, zuletzt geänd. am 17. Juni 2003: GVBl. NW, 313; Vereinbarung zwischen dem Land Nordrhein-Westfalen u. den Diözesen im Land Nordrhein-Westfalen über die staatl. Mitwirkung bei der Bildung u. Veränderung kath. Kirchengemeinden vom 8., 18., 20., 22., 25. Oktober 1960: GVBl. NW Ausg. A, 247; Vertrag zwischen Land Hessen einerseits u. den Bistümern Fulda, Limburg u. Mainz u. dem Erzbistum Paderborn andererseits zur Ergänzung des Vertrages des Landes Hessen m. den Kath. Bistümern in Hessen vom 09. März 1963 nebst Schlussprotokoll vom 29. März 1974: GVBl. HE I, 388-393; KABl. Limburg 1974, 313-317; Erzbischöfliches Ordinariat Freiburg i. Br., Recht u. Verwaltung in der neuen Kirchengemeinde. Arbeitshilfe für Pfarrgemeinderäte u. Stiftungsräte zur Weiterentwicklung der Seelsorgeeinheiten, Freiburg 2015; Erzbischof von Hamburg, Kirchenvermögensverwaltungsgesetz für das Erzbistum Hamburg (KVVG) vom 26. September 2016: KABL. Hamburg 2016 Nr. 8, Beil.

Literatur

Heimerl, H. – Pree, H., Handbuch des Vermögensrechts der kath. Kirche unter bes. Berücksichtigung der Rechtsverhältnisse in Bayern u. Österreich, Regensburg 1993; Loretan, A., Kirchengemeinde u. Pfarrei: SKZ 165 (1997), 553-555; Kämper, B., Zusammenlegung kath. Kirchengemeinden – Gründe, rechtliche Voraussetzungen u. praktische Folgen: Dem Staate, was des Staates ist – der Kirche, was der Kirche ist (FS Listl), hg. v. J. Isensee, Berlin 1999 (SKRA 33), 469-479; Walter, J., Rechtliche Aspekte bei der Errichtung, Aufhebung u. Veränderung von Pfarreien: Kirchenrecht u. Theologie im Leben der Kirche (FS Reinhardt), hg. v. R. Althaus – K. Lüdicke – M. Pulte, Essen 2007 (BzMKCIC 50), 323-338; Schneider, C., Kooperation od. Fusionierung von Pfarreien? Strukturelle Veränderungen im Bistum Essen aus kirchenrechtlicher Sicht, Essen 2008 (BzMKCIC 53); Schwartz, M. A., Pfarrei u. Kirchengemeinde. Verhältnisbestimmung für die deutschsprachige Schweiz unter spezifischer Berücksichtigung rechtshistorischer Aspekte, Zürich 2011; Paintner, B., Kooperation, Fusion u. Union kath. Kirchengemeinden in Deutschland aus rechtlicher Perspektive. Eine Untersuchung unter bes. Berücksichtigung der Verwaltung des Ortskirchenvermögens, Hamburg 2012 (Studien zu Rechtswissenschaften 291); Zumbült, M., Insolvenzfähigkeit der Kirchengemeinde. Vermögensrechtliche Konsequenzen verfassungsrechtlicher Vorgaben, Essen 2013 (BzMKCIC 66); Sydow, G., Kirchengemeinden als Körperschaften des öff. Rechts: Handbuch für Verwaltungsräte im Bistum Limburg, hg. v. S. Koller, Limburg ³2016, 41-47.

Peter Platen

© 2019, DOI: 10.30965/9783506786388_0645

Kirchengemeinde – Evangelisch

1. Die K. ist die rechtliche Gestalt der →Gemeinde m. dem Status einer Körperschaft des kirchl. u. des öff. Rechts (→Körperschaft des öffentlichen Rechts). Sie ist durch einen feststellbaren Mitgliederbestand u. i. d. R. örtlich bestimmt. Organisatorisch gesehen bilden die K. die Basis eines →Kirchenkreises (Dekanatsbezirkes) u. der →Landeskirche. Inhaltlich nimmt die K. den Auftrag der Kirche Jesu Chr. in ihrem Bereich wahr. Demzufolge hat die K. – wie die gesamte Kirche – dafür Sorge zu tragen, „dass das Evangelium den Menschen in ihrem Bereich verkündigt wird und sie sich um Wort und →Sakrament sammeln. Dies geschieht in vielfältiger Weise, insbesondere durch →Gottesdienst, →Gebet, →Kirchenmusik, Kunst, →Bildung und Unterricht, Erziehung, →Seelsorge, →Mission und Diakonie (→Caritas, Diakonie) als Dienst christlicher Liebe an allen Menschen. Über ihre eigenen Grenzen hinaus stärkt sie die Verantwortung für das Zusammenleben der Menschen. Zusammen mit den anderen Kirchengemeinden ist sie berufen zum missionarischen Dienst für die Welt und zur Stärkung der ökumenischen Gemeinschaft der Christenheit" (Art. 19 NK.Verf). Weil in der K. Kirche Jesu Chr. gem. Art. 7 CA in Wortverkündigung (→Verkündigung) u. →Sakramentsverwaltung ganz konkret erfahrbar wird, ist sie als Grundeinheit des kirchl. Lebens anerkannt.

Unbeschadet dessen ist die K. nicht die einzige Erscheinungsform der Kirche. Vielmehr verwirklicht sich Gde./Kirche Jesu Chr. auch auf der mittleren u. der landes- bzw. gesamtkirchlichen Ebene, in bes. Gemeindeformen für bestimmte Zielgruppen (z. B. Jugendliche, Studierende, gebärden- u. fremdsprachliche Gemeindeglieder, Soldaten) u. bei diakonischen Einrichtungen, in sonstigen rechtlich unselbständigen u. rechtlich selbständigen kirchl. bzw. kirchl. anerkannten Einrichtungen u. Diensten, in →Kommunitäten u. geistl. Gemeinschaften sowie kirchl. anerkannten, rechtlich selbständigen Gemeinschaften bes. Frömmigkeitsprägung. In diesem Sinne ist die K. zwar ganz Kirche, aber nicht die ganze Kirche. In sämtlichen →Kirchenverfassungen wird deshalb auch unterstrichen, dass die K. in das Gefüge der LK m. ihren Mittelstufenverbänden (KKreise, Kirchenbezirke, Dekanatsbezirke) u. sonstigen Körperschaften, →Anstalten u. →Stiftungen sowie ihren Einrichtungen u. Diensten eingebunden sind, u. m. diesen eine innere u. äußere Einheit, eine Zeugnis-

u. Dienstgemeinschaft bilden. Aus der Zugehörigkeit zu dieser Gemeinschaft folgen die Verpflichtung zur Zusammenarbeit u. die Erwartung auch finanzieller Beteiligung an gesamtkirchlichen u. weltweiten Aufgaben, welcher die K. insb. durch ihre Beteiligung an landeskirchlich bestimmten →Kollekten entsprechen. Das allg. durch die kirchl. Rspr. bestätigte Prinzip innerkirchlicher Solidarität erfährt durch die Bestimmungen des innerkirchlichen →Finanzausgleichs seine konkrete Ausformung.

2. Die K. ist i. d. R. Ortsgemeinde. Diese Ortsgemeinden lassen sich häufig zurückführen auf die vorreformatorischen Parochien (→Pfarreien), sind jedoch, da zumal im ländlichen Bereich mehrere K. unter einem gemeinsamen Pfarramt verbunden sind, häufig nicht mehr deckungsgleich. Teilweise besteht noch Identität m. der Kommunalgemeinde. Als dieser gegenüber rechtlich eigenständige kirchl. Gebietskörperschaft i. S. v. Art. 140 GG/137 Abs. 5 WRV hat sich die K. indes erst im 19. Jh. herausgebildet. Maßgebliche Beweggründe dafür waren einerseits die im Zuge zunehmender konfessioneller Mischung sich ergebende Notwendigkeit, Christen- u. Bürgergemeinde, die bis dahin vermögensrechtlich eine weitgehende Einheit gebildet hatten, klar voneinander abzugrenzen, andererseits die aus der bürgerlichen Verfassungsbewegung kommende Erwartung, die Gemeindeglieder an der Gestaltung des kirchl. Lebens zu beteiligen.

Die Neubildung von K. geschieht regelmäßig nach Anhörung der betroffenen bisherigen K. durch Organisationsakt des zuständigen landeskirchlichen Organs u., soweit vorgeschrieben, unter Mitwirkung der zuständigen staatl. Stellen.

Neben der örtlich bestimmten K. als Grundangebot u. Regelform gemeindlichen Lebens haben sich bes. Gemeindeformen herausgebildet, die in bestimmten Situationen od. temporär an die Stelle der örtlichen K. treten u. diese insofern ergänzen. Bes. Gemeindeformen bestehen ohne u. mit eigener Rechtspersönlichkeit als Körperschaften des kirchl. u. des öff. Rechts. So kann eine für die Bewohner u. Beschäftigten einer diakonischen Einrichtung bestehende Anstaltsgemeinde bei entspr. Bedarf den Status einer Anstalts-K. erlangen, wenn dort insb. eine Kirche od. ein gottesdienstlicher Raum vorhanden ist, der Pfarrdienst hauptamtlich gesichert ist u. die seelsorgerlichen Aufgaben sonst nicht ausreichend wahrgenommen werden können. In (seltenen) Ausnahmefällen sind für bes. Personengruppen (z. B. für konfessionelle Minderheiten, od. die Angehörigen von Schloss- od. Domgemeinden, gebärdensprachliche Gemeindeglieder) eigenständige Personal-K. errichtet worden. Nach dem zwischen der BRD u. der EKD geschlossenen Ev. Militärseelsorgevertrag (→Militärseelsorge) ist die Bildung von Militär-K. als landeskirchliche Personal-K. vorgesehen, soweit für die Zwecke der Seelsorge an Soldaten u. Soldatinnen nicht bei der örtlichen K. ein personaler Seelsorgebereich gebildet wird.

3. Zur örtlichen K. gehören die Angehörigen der jeweiligen LK, die in deren Gebiet ihren →Wohnsitz od. gewöhnlichen Aufenthalt haben. Das Parochialprinzip ist jedoch durch die Möglichkeit gelockert, dass Kirchenmitglieder auf ihren Antrag hin in eine andere K. als der Orts-K. ihres Wohnsitzes od. zu einer Anstalts- od. Personal-K. umgemeindet werden können. Neuerdings eröffnet die EKD-weit geltende zwischenkirchliche Vereinbarung über die Kirchenmitgliedschaft in bes. Fällen (2005) die Möglichkeit des Verbleibs in der K. u. LK des bisherigen Wohnsitzes; die Verpflichtung zur Entrichtung von →Kirchensteuern gegenüber der jeweils zuständigen kirchl. Körperschaft des (neuen) Wohnsitzes bleibt davon allerdings unberührt.

4. Die rechtliche Leitung einer K. obliegt einem kollegialen Leitungsorgan, für das in den Ordnungen der LK unterschiedliche Begriffe verwendet werden (→Kirchengemeinderat, Gemeindekirchenrat, →Kirchenvorstand, →Presbyterium). Die Zusammensetzung dieses Kollegialorgans sowie die Wahl u. Beru-

fung ihrer Mitglieder werden durch spezielle Wahlordnungen festgelegt.

5. Die K. sind – in Bindung an den kirchl. Auftrag – berechtigt u. verpflichtet, ihre Angelegenheiten in eigener Verantwortung im Rahmen des geltenden Rechts zu regeln. Die Ähnlichkeit der Umschreibung kirchengemeindlicher Selbstverwaltung in den KirchVerf. m. der Normierung der Selbstverwaltungsgarantie kommunaler Körperschaften im staatl. Verfassungsrecht, welche aufgrund gemeinsamer Ursprünge im 19. Jh. auch hist. begr. ist, ist unverkennbar. Dennoch besteht – bei sonst weitgehender inhaltlicher Parallelität – eine Wesensverschiedenheit zwischen staatl. u. kirchl. Selbstverwaltung v. a. unter zwei Gesichtspunkten: Zum einen hat der Verkündigungsdienst der Pfr. u. Pfarrerinnen zwar einen spezifischen Bezug zu der K., an die sie kraft ihres Dienstauftrags gewiesen sind, u. erscheint damit auf den ersten Blick als Angelegenheit der örtlichen Gemeinschaft. Der Verkündigungsdienst als (gesamt-)kirchl. Auftrag steht aber nicht in der alleinigen Verantwortung u. Verfügbarkeit der K. u. ihres Leitungsorgans. Vielmehr kann u. muss der Pfr./die Pfarrerin, wenn spezifische Belange des Amtes der Wortverkündigung u. Sakramentsverwaltung berührt sind, kraft bes., sich aus →Bekenntnis u. Pfarrerdienstrecht (→Pfarrdienstgesetz) ergebender Verantwortung u. Rechtsstellung ggf. der K. gegenüber treten. Insoweit ist der Verkündigungsdienst der Eigenverantwortung u. Selbstverwaltung der örtlichen K. weitgehend entzogen, wohingegen sich die kommunale Selbstverwaltungsgarantie i. S. umfassender Kompetenz auf alle örtlichen Angelegenheiten erstreckt. Zum anderen ist kommunale Selbstverwaltung auch heute durch einen Gegensatzcharakter zur Staatsverwaltung gekennzeichnet, während das Verhältnis der kirchl. Körperschaften – K., kirchl. Mittelstufe, LK – durch die Einheit des kirchl. Dienstes in der Dienst- u. Zeugnisgemeinschaft aus u. unter dem Wort bestimmt ist. Deshalb u. weil die K. für ihren Bereich ganz Kirche ist, erübrigt sich bei den K. auch die das Kommunalrecht bestimmende Unterscheidung zwischen dem eigenen Wirkungskreis u. dem übertragenen Wirkungskreis. Dementsprechend beschränkt sich die Prüfungskompetenz der kirchl. Aufsichtsstellen über K. nicht auf die Rechtmäßigkeit, sondern kann sich auch auf Sach- u. Zweckmäßigkeitsgesichtspunkte erstrecken.

Literatur

Niemann, G., Kirchl. Selbstverwaltung: Gott ist am Werk (FS Lilje), hg. v. H. Brunotte – E. Ruppel, Hamburg 1959, 232-239; Grundmann, S., Die Kirchengemeinde u. das kirchl. Vermögensrecht: Staatsverfassung u. Kirchenordnung (FS Smend), hg. v. K. Hesse u. a., Tübingen 1962, 309-330 = ders., Abhandlungen zum Kirchenrecht, Köln u. a. 1969, 177-198; Wagenmann, K., Zur Selbstverwaltung in der Kirche: FS für Erich Ruppel, hg. v. H. Brunotte – K. Müller – R. Smend, Hannover u. a. 1968, 210-225; Frost, H., Strukturprobleme ev. Kirchenverfassung, Göttingen 1972, 32-155; Link, Chr., Die Gemeinde u. ihre Vertretung: Zur Aktualität des Alten Testaments (FS Sauer), hg. v. S. Kreuzer – K. Lüthi, Frankfurt u. a. 1991, 281-290; Grethlein, G. – Böttcher, H. – Hofmann, W. – Hübner, H.-P., Ev. Kirchenrecht in Bayern, München 1994, 413-477; Sperling, E., Ist das Parochialprinzip noch zeitgemäß?: Verwaltungsarchiv 1994, 380-398; Möller, Chr., Art. Gemeinde/I. Chr. Gemeinde: TRE Bd. 12, 184, 316-335; Rauhaus, M., Das kirchenrechtliche Gemeindeprinzip u. seine Auswirkungen auf die kirchl. Verfassungsgestaltung, Frankfurt u. a. 2005; Rosenstock, S., Die Selbstverwaltung ev. Kirchengemeinden, Frankfurt u. a. 2000; Muckel, St. – de Wall, H., Kirchenrecht, München [5]2016, 291-296 u. 323-327; Munsonius, H., Das undeutliche Wort „Gemeinde“: ZevKR 53 (2008), 61-67; Hübner, H.-P., Entwicklung, Herausforderungen u. Perspektiven der ev. Gemeindeverfassung in Thüringen: Evangelium ecclesiasticum (FS Kähler), hg. v. Chr. Böttrich – H.-P. Hübner – K. Voigt – D. Wiegand, Frankfurt 2009, 159-199; Schilberg, A., Kirchengemeinden u. Landeskirche: ZevKR 55 (2010), 92-100; Hübner, H.-P., Gemeindeleitung in der Ev.-Luth. Kirche in Bayern – Verfassungsgeschichtliche Entwicklung u. aktuelle

Fragestellungen: ZRG.K 100 (2014), 495-533; ders., §10 Gemeinde u. Kirchengemeinde: HevKR, 402-436.

Hans-Peter Hübner

© 2019, DOI: 10.30965/9783506786388_0645

Kirchengemeinderat – Katholisch

Obschon die →Kirchengemeinde rechtsfähig ist, kann sie selbst nicht handeln, sondern bedarf hierfür eines Vertretungsorgans. Abhängig von dem in den →Diözesen jeweils geltenden Vermögensverwaltungsrecht finden sich für das zur Vertretung u. Verwaltung des ortskirchlichen Vermögens eingesetzte Kollegialorgan unterschiedliche Bez., wie →Kirchenvorstand (so weitgehend im Geltungsbereich des preuß. Vermögensverwaltungsgesetzes von 1924), Verwaltungsrat (Diözesen im Bereich der Bundesländer HE, RP u. SL), →Kirchenverwaltung (bayer. Diözesen). Weiter finden sich für dieses Gremium auch die Bez. Kirchenausschuss u. Stiftungsrat. Diese Gremien der ortskirchlichen →Vermögensverwaltung sind vom →Pfarrgemeinderat (m. dessen Doppelfunktion als pfarrlichem Pastoralrat [vgl. c. 536] u. Organ des pfarrlichen →Laienapostolats [vgl. Vat. II AA 26]) zu unterscheiden. Der Zusammenarbeit u. abgestimmten Vorgehensweise in wichtigen Fragestellungen von Pfarrgemeinderat u. Vermögensverwaltungsgremium dienen unterschiedliche Maßnahmen wie Teilnahmerechte der jeweiligen Vorsitzenden bzw. stellvertretenden Vorsitzenden an den jeweiligen Sitzungen. Im Bistum Limburg sind diözesanrechtlich Anhörungsrechte des Pfarrgemeinderates vor bestimmten Entscheidungen des Verwaltungsrates aufgestellt. Im Bistum Rottenburg-Stuttgart ist ein K. eingesetzt, der die Aufgaben des Pfarrgemeinderates wie der örtlichen Vermögensverwaltung in sich vereint. Im Bistum Trier kann im Einzelfall u. m. Genehmigung des →Diözesanbischofs von der Einrichtung eines Verwaltungsrates (für die Vermögensverwaltung u. für die Vertretung der Kgde.) u. eines Pfarrgemeinderates (zur Mitwirkung u. Unterstützung bei seelsorglichen Belangen) abgesehen werden u. stattdessen ein K. als gemeinsames Organ einer Kgde. zur besseren Vernetzung der pastoralen Aufgaben m. der Vermögensverwaltung gebildet werden. Im Erzbistum Hamburg kann der Ebf. die Konstituierung eines K. als gemeinsames Organ einer Kgde. erlauben, wenn eine vorläufige Kandidatenliste für den Kirchenvorstand od. den Pfarrgemeinderat nicht aufgestellt werden kann. Insofern steht in Hamburg im Unterschied zu Rottenburg-Stuttgart u. Trier nicht das Zueinander von Pastoral u. Vermögensverwaltung im Vordergrund, sondern die Vermeidung eines Ausfalls ehrenamtlicher Mitwirkung in der →Pfarrei bzw. Kgde.

Die Vermögensverwaltung der Pfarrei ist in den dt. Diözesen abw. vom CIC geregelt, der in c. 532 bestimmt, dass die rechtliche Vertretung der Pfarrei einschließlich der Vermögensverwaltung beim →Pfarrer liegt, zu dessen Hilfe gem. c. 537 in jeder Pfarrei ein Vermögensverwaltungsrat bestehen muss. Auf Antrag der →Deutschen Bischofskonferenz hat der →Apostolische Stuhl ein →Indult erlassen, „demzufolge die Vertretungsregelung der Pfarrei gem. c. 532 in jenen Rechtsgebieten nicht eingehalten werden muß, in denen das Vermögensverwaltungsrecht auf staatlicher Gesetzgebung oder auf staatskirchenrechtlichen Vereinbarungen beruht, wie auch in jenen Gebieten, in denen früheres Recht inzwischen durch Kirchenrecht ersetzt worden ist" (Heimerl – Pree, 1993, 5/184). Damit kommt dem Pfr. in Deutschland – außer im Bistum Dresden-Meißen, in dem die pfarrliche Vermögensverwaltung weitgehend den Vorgaben des c. 532 entspricht u. ein Kirchenrat zur Beratung u. Unterstützung des Pfr. eingesetzt ist – kein Alleinvertretungsrecht des pfarrlichen Vermögens zu. Zuständig ist vielmehr das vermögensrechtliche Kollegialorgan, dessen Vorsitzender der Pfr. od. der m. der Leitung der Pfarrei beauftragte Geistl. ist. Im Bistum Limburg ist es allerdings möglich, dass der Pfr. auf Vorsitz u. Mitgliedschaft im Verwaltungsrat verzichtet. Die nähere Ausgestaltung des jeweiligen Vermögensverwaltungsrechts ist aufgrund des hist. Herkommens u. der unterschiedlichen staatskirchenrechtlichen Bestimmungen sehr heterogen. Dort finden sich auch Regelungen über die Vertretung u. Verwaltung der übrigen ortskirchlichen Vermögensträger (z. B. Pfarrfonds, Pfründestiftung, Fabrikfonds, sonstige →Kirchenstiftungen), die oftmals durch den K. bzw. das entspr. vermögensrechtliche Kollegialorgan erfolgt, sofern für diese jur. Personen nicht eigenständige Vertretungs- u. Verwaltungsregelungen aufgestellt sind.

Quellen

Gesetz über die Verwaltung des kath. Kirchenvermögens vom 24. Juli 1924: Preuß. Gesetzessammlung, 585; geänd. am 3. April 1992: GVBl. NW, 124, zuletzt geänd. am 17. Juni 2003: GVBl. NW, 313; Bischof von Limburg, Gesetz über die Verwaltung u. Vertretung des Kirchenvermögens im Bistum Limburg (Kirchenvermögensverwaltungsgesetz – KVVG) vom 23. November 1977: KABl. Limburg 1977, 559-564, zuletzt geänd. durch Verfügung vom 22. Dezember 2014: KABl. Limburg 2015, 188; Apost. Nuntius in Deutschland, Schreiben vom 13. Januar 1984 an den Vorsitzenden der Deutschen Bischofskonferenz = Mitteilung des Indultes des Apost. Stuhls m. Blick auf c. 532, dokumentiert in: Bauschke, K., Der Kirchenvorstand im Erzbistum Paderborn, Paderborn 2000, 168; Bischof von Limburg, Verordnung über die Zusammenarbeit von Pfarrgemeinderat u. Verwaltungsrat im Bistum Limburg vom 26. Oktober 1974: ABl. 1974, 326-327, zuletzt geänd. durch Verfügung vom 30. Januar 2007: ABl. 2007, 365; Erzbischof von Hamburg, Satzung für Kirchengemeinderäte in der Erzdiözese Hamburg (SfKGR) vom 31. Januar 2001: KABl. Hamburg 2001, 34 ff.; zuletzt geänd. durch Verfügung vom 29. November 2013: KABl. Hamburg 2013, 152; Bischof von Dresden-Meißen, Ordnung für den Kirchenrat vom 7. Februar 2002: KABl. Dresden-Meißen 2002, 78-82; Bischof von Rottenburg-Stuttgart, Ordnung für die Kirchengemeinden u. ortskirchlichen Stiftungen in der Diözese Rottenburg-Stuttgart (Kirchengemeindeordnung – KGO) vom 20. Juni 2002: KABl. Rottenburg-Stuttgart 2002, 113-136, zuletzt geänd. durch Verfügung vom 12. Dezember 2016: KABl. Rottenburg-Stuttgart 2017, 86-87; Bischof von Trier, Ordnung für die Kirchengemeinderäte im Bistum Trier vom 3. Januar 2011: KABl. Trier 2011, 42-44; zuletzt geänd. durch Verfügung vom 1. September 2015: KABl. Trier 2015, 239; Erzbischof von Hamburg, Kirchenvermögensverwaltungsgesetz für das Erzbistum Hamburg (KVVG) vom 26. September 2016: KABl. Hamburg 2016 Nr. 8, Beil.; Bischof von Regensburg, Ordnung für kirchl. Stiftungenin den bayer. (Erz-)Diözesen (= KiStiftO) i. d. F. vom 1. Januar 2018: ABl. Regensburg 2018, 57-73.

Literatur

Heimerl, H. – Pree, H., Handbuch des Vermögensrechts der kath. Kirche unter bes. Berücksichtigung der Rechtsverhältnisse in Bayern u. Österreich, Regensburg 1993; Busch, W., Die Vermögensverwaltung u. das Stiftungsrecht im Bereich der kath. Kirche: HbStKR² Bd. 1, 947-1008; Hallermann, H., Pfarrei u. pfarrliche Seelsorge. Ein kirchenrechtliches Handbuch für Studium u. Praxis, Paderborn u. a. 2004 (KStKR 4); Schneider, C., Kooperation od. Fusionierung von Pfarreien? Strukturelle Veränderungen im Bistum Essen aus kirchenrechtlicher Sicht, Essen 2008 (BzMKCIC 53); Paintner, B., Kooperation, Fusion u. Union kath. Kirchengemeinden in Deutschland aus rechtlicher Perspektive. Eine Untersuchung unter bes. Berücksichtigung der Verwaltung des Ortskirchenvermögens, Hamburg 2012 (Studien zu Rechtswissenschaften 291); Handbuch für Verwaltungsräte im Bistum Limburg, hg. v. S. Koller, Limburg ³2016.

Peter Platen

© 2019, DOI: 10.30965/9783506786388_0646

Kirchengemeinderat – Evangelisch

1. Der K. ist das kollegiale Leitungsorgan der →Kirchengemeinde, das zur Vertretung der KGde. berufen ist u. dem zusammen m. dem →Pfarrer die Leitung u. Verwaltung der KGde. obliegt. Der Begriff wird v. a. in den ev.

→Landeskirchen von Bad u. Wü verwendet. Die sonst in den →Kirchenverfassungen u. GrO verwendeten Begriffe für dieses Leitungsorgan sind unterschiedlich: →Kirchenvorstand, →Presbyterium u. Gemeindekirchenrat. Für die luth. Kirchen ist die Existenz von K., die sich dort erst im 19. Jh. im Zuge des politischen →Konstitutionalismus etabliert haben, etwas relativ Neues. Dem gegenüber sind in der ref. Tradition auf Grund der ref. Ämterlehre, die neben dem →Amt der Prediger auch die Ämter der Lehrer, Diakone u. Ältesten kennt, presbyteriale (u. dem zur Folge auch synodale) Strukturen der →Gemeindeordnung u. →Kirchenordnung von vornherein vorgesehen. Diese unterschiedlichen Traditionen spiegeln sich auch in der unterschiedlichen Bez. des kirchengemeindlichen Leitungsorgans wider. Während der Begriff Presbyterium auf die ref. Tradition verweist, sind die anderen Bez. eher an die im allg. Vereins- od. im Kommunalrecht übliche Begrifflichkeit angelehnt. Die Unterschiede in den Traditionen u. Bez. spielen allerdings in der Sache heute keine wesentliche Rolle mehr.

2. Dem K. gehören die der KGde. zugeordneten Pfr. von Amts wegen sowie i. d. R. für sechs J. gewählte u. berufene Gemeindemitglieder (Kirchengemeinderäte, Kirchenvorsteher, Älteste, →Presbyter) an. Ihre Zahl variiert ja nach gliedkirchlichem Recht u. nach der Größe der KGde. Die überwiegende Anzahl der Kirchenvorsteher u. Kirchenvorsteherinnen wird durch die Wahlberechtigten, d. h. i. d. R. durch die konfirmierten bzw. die über 14- od. 16-jährigen Kirchengemeindemitglieder gewählt. Wählbar sind meist die volljährigen Mitglieder der KGde. Für die Wählbarkeit in den K. werden in den landeskirchlichen Wahlordnungen neben der Zugehörigkeit zur KGde. unterschiedliche Voraussetzungen genannt, wie z. B. die Teilnahme am gottesdienstlichen Leben u. die Mitarbeit in der →Gemeinde. Von der Wählbarkeit ausgeschlossen sind häufig hauptamtlich bei der KGde. Beschäftigte. Die Berufung eines kleineren Teils der Mitglieder des K. ist eine Besonderheit des kirchl. Rechts. Sie dient einer sinnvollen Erg. der Wahl, wenn bei dieser etwa bestimmte Ortsteile, Alters- bzw. sonstige Gemeindegruppen od. für die Arbeit im K. benötigte bes. Kompetenzen nicht zum Zuge gekommen sind. Auf diese Weise soll eine möglichst breite Repräsentation der Kirchengemeindemitglieder im K. sichergestellt werden.

3. Der K. hat nicht nur vermögensrechtliche Aufgaben. Vielmehr ist er i. S. der Lehre vom allg. Priestertum aller Gläubigen (→Allgemeines bzw. Gemeinsames Priestertum) auch mitverantwortlich für den Verkündigungsdienst, Gemeindeaufbau u. Gemeindeentwicklung. Insofern beschließt er etwa über die Gestaltung der →Gottesdienste u. liturgischen Handlungen sowie über die Festsetzung von Gottesdienstzeiten. Dieses sog. jus liturgicum ist dem K. allerdings nicht monopolistisch zugewiesen; vielmehr wird dieses durch die landeskirchlich eingeführten →Agenden u. die Befugnisse des geistl. Amtes begrenzt. Nach Maßgabe der Anwendungsgesetze zu den Leitlinien des kirchl. Lebens soll er zu Entscheidungen des Pfr. über der Gewährung u. Versagung von →Amtshandlungen gehört werden. Von bes. Bedeutung ist die Mitwirkung des K. bei der Pfarrstellenbesetzung. In den meisten Gliedkirchen der EKD erfolgt diese alternierend, so dass das eine Mal der K. die Wahlentscheidung trifft u. das andere Mal das zuständige kirchenleitende Organ nach Anhörung des K. die Pfarrstelle besetzt. I. Ü. hat der K. dafür Sorge zu tragen, dass die Aufgaben der Kirche in der KGde. vertieft, Mitarbeitende für die Dienste in Gde. u. Kirche gewonnen u. gesamtkirchliche Belange in der KGde. berücksichtigt u. umgesetzt werden. Die Gestaltung strukturierter Zusammenarbeit insb. m. anderen KGde. u. im →Kirchenkreis (Dekanatsbezirk) gewinnt dabei zunehmende Bedeutung. Zu den Aufgaben des K. auf vermögensrechtlichem Gebiet gehören insb. die Verabschiedung des Haushalts, die Verantwortung für die Gebäude, insb. die Aufgaben aus der Funktion des Dienstgebers für

die auf der kirchengemeindlichen Ebene angestellten Mitarbeitenden. In Entsprechung zum Gemeinderat in den politischen Gde. kann der K. auch ortskirchliche Satzungen für Einrichtungen der KGde. (z. B. →Friedhof) erlassen. Bei der Erledigung seiner Verwaltungsaufgaben wird der K. durch Verwaltungseinrichtungen in regelmäßiger Trägerschaft des KKreises (Dekanatsbezirkes) unterstützt.

4. Die Sitzungen des K. sind meist öff., wobei bei Personalangelegenheiten u. anderen Angelegenheiten, für die eine bes. Vertraulichkeit erforderlich ist, die Öffentlichkeit ausgeschlossen ist bzw. werden kann. Die Regelungen über den Vorsitz im K. sind je nach landeskirchlichem Recht unterschiedlich. Z. T. führt der m. der pfarramtlichen Geschäftsführung betraute Pfr. den Vorsitz, sofern der K. keine abw. Regelung trifft. Demgegenüber ist teilweise vorgesehen, dass i. d. R. ein gewähltes od. berufenes Mitglied des Kirchenvorstandes den Vorsitz führt, in diesem Falle obliegt der stellvertretende Vorsitz regelmäßig dem geschäftsführenden Pfr. Der Vorsitzende ist neben der Vorbereitung u. Leitung der K.-Sitzungen auch dafür verantwortlich, dass die kirchl. Vorschriften u. Weisungen beachtet werden; er hat die Beschl. des Kirchenvorstandes zu vollziehen u. erledigt die einfachen Geschäfte der laufenden Verwaltung. Er vertritt die KGde. im Rechtsverkehr u. kann, ggf. zusammen m. einem weiteren Mitglied rechtswirksam für die KGde. Erkl. abgeben; diese bedürfen der Schriftform u. sind m. dem Kirchensiegel zu versehen. Unter bestimmten Voraussetzungen kann er Beschl. des K. aussetzen u. den aufsichtlichen Stellen zur Prüfung u. Entscheidung vorlegen. Wie in den staatl. Gemeindeordnungen ist auch in den kirchl. Ordnungen die Möglichkeit der Einsetzung von beratenden od. beschließenden Ausschüssen durch den K. vorgesehen. I. d. R. aus seiner Mitte werden ein od. mehrere Kirchenpfleger (Kirchenmeister, Kuratoren) bestimmt, die für das Haushalts-, Kassen- u. Rechnungswesen (→Haushaltswesen), für Vermögensangelegenheiten u. z. T. auch für die Aufsicht über das Personal in den Einrichtungen der KGde. verantwortlich sind. Einzelheiten des Geschäftsgangs im K., wie z. B. Beschlussfähigkeit, Mehrheitsverhältnisse u. Ausschluss von Beratung u. Abstimmung auf Grund persönlicher Beteiligung, sind in den KGO u. (Muster-)GO in Entsprechung zum Kommunalrecht geregelt.

Eine Anzahl von Beschl. des K., die über den Bereich der KGde. hinaus von Bedeutung sind od. finanziell bes. gewichtige Maßnahmen zum Inhalt haben (z. B. Grundstücksgeschäfte, Errichtung von Stellen für kirchengemeindliche Mitarbeiter, Abschluss von Darlehensverträgen, Baumaßnahmen), bedürfen der kirchenaufsichtlichen →Genehmigung (→Genehmigungsvorbehalt, kirchenaufsichtlicher). Die Beschl. von Kirchenvorständen für solche Maßnahmen werden erst rechtswirksam, wenn die kirchenaufsichtliche Genehmigung durch die zuständige Stelle erteilt ist.

Literatur

Dummler, K., Die Bildung von Kirchengemeinderäten in den süddeutschen Landeskirchen: ZevKR 8 (1961/62), 171-197; Epha, O., Die Bildung von Kirchenvorständen in den norddeutschen Landeskirchen: ZevKR 8 (1961/62), 157-197; Frost, H., Strukturprobleme ev. Kirchenverfassung, Göttingen 1972, 32-155; Link, Ch., Die Gemeinde u. ihre Vertretung: S. Kreuzer – K. Lüthi, Zur Aktualität des Alten Testaments (FS Sauer), Frankfurt u. a. 1991, 281-290; Grethlein, G. – Böttcher, H. – Hofmann, W. – Hübner, H.-P., Ev. Kirchenrecht in Bayern, München 1994, 413-477; Zilles, H. – Kämper, B., Kirchengemeinden als Körperschaften im Rechtsverkehr: NVwZ 1994, 109-115, 110 ff.; Frost, H., Das Ältestenamt im dt. ev. Kirchenrecht: Baldus, M. – Heckel, M. – Muckel, S., Ausgewählte Schriften zum Staats- u. Kirchenrecht, Tübingen 2001, 276-290; Hübner, H.-P., Entwicklung, Herausforderungen u. Perspektiven der ev. Gemeindeverfassung in Thüringen: Evangelium ecclesiasticum (FS Kähler), hg. v. Chr. Böttrich – H.-P. Hübner – K. Voigt – D. Wiegand, Leipzig 2009, 159-199; ders., Gemeindeleitung in der Ev.-Luth. Kirche in Bayern – Verfassungsgeschichtliche Entwicklung u.

aktuelle Fragestellungen: ZRG.K 100 (2014), 495-533; ders., §10 Gemeinde u. Kirchengemeinde: HevKR, 402-436.

Hans-Peter Hübner

Kirchengemeinschaft – Katholisch

Der Begriff K. ist vieldeutig. Im röm.-kath. Kontext bez. er i. S. des Vat II die Gemeinschaft der bfl. geordneten Ortskirchen (→Communio), die auch als →Teilkirchen bez. werden (vgl. LG 23). In ök. Perspektive ist (auch begrifflich) die Frage zu bedenken, wer beanspruchen darf, eine Kirche zu sein, um dann in Gemeinschaft m. anderen Kirchen zu treten. Diesbezüglich ist die Anerkennung des bfl. Amtes von hoher Bedeutung. Entspr. gilt es aus röm.-kath. Sicht, Unterschiede in der Rede von einer bestehenden K. m. Kirchen in orth. Tradition (m. Anerkennung der dortigen bfl. Ämter) od. m. kirchl. Gemeinschaften in reformatorischer Tradition (angesichts der Problematik der aus kirchenoffizieller röm.-kath. Sicht nicht bestehenden →apostolischen Sukzession im bfl. Amt) zu beachten.

Für das röm.-kath. Verständnis der K. sind biblische Kriterien leitend. Die Suche der Ortskirchen unter der Leitung der Apostel Petrus u. Paulus nach Verbundenheit m. der Gde. von Jerusalem hat dabei Vorbildcharakter (vgl. Gal 2; Apg 15). Übereinstimmungen in der Lehre waren dabei ebenso wichtig wie gemeinsame Regeln in Fragen der Ethik u. der Diakonie. An diese Tradition erinnert das Vat II (vgl. LG 23): Arme u. verfolgte Ortskirchen bedürfen einer bes. Form der Solidarität. Zugl. schließt die Anerkennung einer bestehenden K. nicht aus, dass es eine bereichernde Vielfalt insb. im Bereich der Liturgie u. der Spiritualität gibt.

Aus röm.-kath. Sicht besteht eine enge Beziehung zwischen eucharistischer Gemeinschaft u. K. Im Grundsatz teilen alle Konfessionen diese Position. Im Blick auf ök. Perspektiven wäre zu wünschen, dass die bereits bestehende Gemeinschaft in der einen →Taufe eine höhere theol. Qualifizierung erfährt. Zudem wäre es wichtig, die erreichten ök. Konvergenzen in den Lehren von der Eucharistie (→Abendmahl, Eucharistie) u. vom →Amt in röm.-kath. kirchenoffiziellen Dokumenten im Hinblick auf ein differenziertes Urt. über die bereits bestehende K. zu rezipieren. Weiterführend ist insb. die theol. Reflexion auf die bestehende Gemeinschaft im Glauben an Jesus Chr.

Quellen

Vat II, LG.

Literatur

Thönissen, W., Gemeinschaft durch Teilhabe an Jesus Christus. Ein kath. Modell für die Einheit der Kirchen, Freiburg – Basel – Wien 1996.

Dorothea Sattler

Kirchengemeinschaft – Evangelisch

K. ist als ekklesiologischer Begriff m. kirchenrechtlichen Implikationen v. a. durch die →Leuenberger Konkordie (1973) im Bereich der ev. Kirchen in Europa etabliert worden. Die Signatarkirchen der →Gemeinschaft Evangelischer Kirchen in Europa (GEKE – vormals Leuenberger K.) erklären untereinander K., die ihren primären Ausdruck in der Gewährung von →Kanzelgemeinschaft u. Abendmahlsgemeinschaft (→Abendmahls-, Eucharistiegemeinschaft) findet u. die wechselseitige Anerkennung der Ordination (→Ordination, Weihe) sowie die Ermöglichung der →Interzelebration einschließt. Grundlage der Erkl. von K. ist die Einigkeit im Verständnis des Evangeliums u. der →Sakramente →Taufe u. Abendmahl (→Abendmahl, Eucharistie), wie sie durch Lehrgespräche geklärt wird u. in der Leuenberger Konkordie für die Kirchen der GEKE formuliert ist.

Indem die Einigkeit im Verständnis des Evangeliums u. der Sakramente als Grundlage der Erkl. von K. betrachtet wird, bringen die Signatarkirchen zum Ausdruck, dass die Kirche ihren Grund u. ihre Einheit in Jesus Chr. als ihrem Herrn hat, der durch Evangelium u. Sakramente in der Kraft des Hl. Geistes die Kirche erbaut u. trägt. Für die Signatarkirchen der GEKE ist die Einigkeit im Verständnis des Evangeliums u. der Sakramente genug, um K. zu erklären u. zu verwirklichen. Die Leuenberger Konkordie setzt damit das Verständnis von Kirche u. ihrer Einigkeit um, das Art. VII der CA m. der Betonung der beiden notwendigen Kennzeichen der einen Kirche Jesu Chr. u. der Formulierung des „satis est" unter Bezugnahme auf Eph 4, 5 f. festhält. Damit sind die Bedeutung des ordinierten →Amtes für die Kirche – als Dienst an den Grundvollzügen der Kirche – u. auch die Bedeutung des Dienstes der Episkopen – als bes. Dienst an der Einheit der Kirche – nicht ausgespart, wohl aber wird von der GEKE eine bestimmte Ausgestaltung des episkopalen Dienstes nicht zum unabdingbaren Kriterium der Erkl. von K. erhoben.

Die GEKE hat folglich m. dem Lehrgesprächstext Die Kirche Jesu Chr. (1995) ihr Amtsverständnis einer notwendigen näheren Klärung zugeführt u. die Bedeutung des kirchl. Amtes für das Sein der Kirche festgehalten. Sie macht dabei deutlich, dass „unterschiedliche Strukturen der →Kirchenleitung", wie sie sich „auch aus geschichtlich bedingten Traditionen heraus" in den Signatarkirchen herausgebildet haben, der K. nicht hinderlich sind, „solange die Frage der Kirchenleitung der Herrschaft des Wortes untergeordnet bleibt". Sie unterstreicht, „dass keine einzelne, historisch gewordene Form von Kirchenleitung und Amtsstruktur als Vorbedingung für die Gemeinschaft und die gegenseitige Anerkennung gelten darf." Dies bedeutet umgekehrt auch, dass die GEKE das hist. Bischofsamt in →apostolischer Sukzession als eine, indes nicht die einzig wahre Gestalt des episkopalen Dienstes anerkennen kann. Damit ist einer der zentralen Punkte innerevangelischer u. gesamtökumenischer Verständigung angesprochen, insofern die Kirchen der Porvoo-Gemeinschaft ebenso wie die Angl. Kirche das hist. Bischofsamt in apost. Sukzession als ein notwendiges Zeichen für volle K. ansehen u. diese Frage auch den Dialog m. der röm.-kath. Kirche sowie den orth. Kirchen in bes. Weise prägt.

Die Leuenberger Konkordie hält fest, dass die wechselseitigen Verwerfungen der Reformationszeit die gegenwärtige Lehre der Kirchen, wie sie in der Konkordie entfaltet u. von den Signatarkirchen bekräftigt wird, nicht mehr treffen. Das Modell von K. i. S. der Leuenberger Konkordie hebt indes die Bindung der Signatarkirchen an ihre jeweiligen →Bekenntnisse bzw. die unterschiedlichen Traditionen nicht auf. Von daher wird das Modell der K. i. S. der Leuenberger Konkordie gerne als „Einheit in versöhnter Verschiedenheit" charakterisiert. Als solches wird es auch als reformatorischer Beitr. für die Frage nach der Einheit der Kirche in den weltweiten ök. Dialog eingebracht. Wichtig dabei ist, dass die Leuenberger Konkordie das Modell einer Gemeinschaft von Kirchen m. unterschiedlichen Bekenntnissen u. versch. Traditionen darstellt, mithin eine Einheit der Kirche Jesu Chr. – auf der Grundlage der für die K. hinreichenden Einigkeit im Verständnis des Evangeliums u. der Sakramente sowie eines geordneten Amtsverständnisses – vorstellt, in der die gestaltete Vielfalt der Kirchen nicht aufgehoben, sondern in der Einheit einer versöhnten Vielfalt anerkannt bleibt. M. diesem Verständnis von Einheit der Kirche knüpfen die Kirchen der GEKE an die urchristliche →Ökumene hinsichtlich einzelner Traditionen u. Formen der Gestaltung des Amtes unterschiedener, aber im Glauben an Jesus Chr. geeinter Gemeinden an.

Quellen

Die Bekenntnisschriften der ev.-luth. Kirche. Vollständige Neuedition, hg. v. I. Dingel im Auftrag der EKD, Göttingen 2014; Konkordie reformatorischer Kirchen in Europa (1973). Dreisprachige Ausgabe m. einer Einleitung von M. Bünker, Leipzig 2013; Die Kirche Jesu Christi. Der reformatorische Beitrag zum ök. Dialog über die Einheit der Kirche (1995), hg. v. M. Bünker – M. Friedrich, Leipzig [4]2012 (Leuenberger Texte 1); Kirchengemeinschaft nach ev. Verständnis. Ein Votum zum geordneten Miteinander bekenntnisverschiedener Kirchen. Ein Beitrag des Rates der EKD, Hannover 2001 (EKD Texte 69).

Literatur

Scharbau, F.-O., Art. Kirchengemeinschaft, ev.: LKStKR Bd. 2, 485-488; Kirchengemeinschaft leben u. gestalten. Ein Votum des Theol. Ausschusses der Union ev. Kirchen in der EKD (UEK), hg. v. M. Beintker – M. Evang, Neukirchen 2016; Axt-Piscalar, Chr., Einheit in gestalteter Vielfalt. 500 Jahre Reformation u. die Frage nach der ök. Zielvorstellung für die Einheit der Kirche: ZevKR 63 (2018), 111-130.

Christine Axt-Piscalar

© 2019, DOI: 10.30965/9783506786388_0647

Kirchengesetz

→Gesetz

Kirchengewalt

→Vollmacht

Kirchengliedschaft

→Kirchenzugehörigkeit

Kirchenglocken

→Glocken

Kirchengrenzen – Katholisch

→Territorium, →Zirkumskription, →Zuständigkeitsbereich

Kirchengrenzen – Evangelisch

Unter K. sind zunächst die territorialen, räumlichen Grenzen zu verstehen, daneben aber auch die konfessionellen Grenzen einer ev. Partikularkirche. K. setzen damit voraus, dass die betr. Kirche als Gebietskörperschaft verfasst ist u. die in ihrem räumlichen Gebiet wohnenden Konfessionszugehörigen als Mitglieder vereint. Der Fall ist dies v. a. in der Volkskirche (→Landeskirche). Bei →Freikirchen kommt es weniger auf den Wohnsitz als auf persönliche Kriterien wie die Glaubensentscheidung an.

Die ev. K. gehen im Grunde auf die Reformationszeit zurück. U. a. wegen der starken Stellung der Reichsstände konnte der Kaiser die Reichsacht gegen Luther (Wormser Edikt) nicht vollstrecken u. die Ausbreitung der →Reformation im Reich nicht verhindern. Schon früh kam es zur konfessionellen Spaltung des Reichs, die auch auf dem Reichstag nicht überwunden werden konnte. Nach dem Abschied des ersten Speyerer Reichstags von 1526 sollten die Stände m. dem Wormser Edikt so verfahren, „wie ein jeder Solches gegen Gott und Kaiserliche Majestät hoffet und vertrauet zu verantworten“. In der Folge ordneten die ev. Reichsstände die kirchl. Verhältnisse neu u. erließen ev. →Kirchenordnungen. Der AR von 1555 schrieb ihr →ius reformandi grds. fest. Die Territorien waren damit konfessionell geschlossen, die Territorialgrenzen bildeten zugl. die ev. K. (→cuius regio, eius religio).

Der Westfälische Frieden von 1648 veränderte dieses System nur leicht. Er sicherte zwar den Konfessionsstand der Territorien so, dass er durch einen Konfessionswechsel des Landesherrn nach dem Normaljahr 1624 nicht mehr geänd. werden konnte. Die Identität von Territorialgrenzen u. K. bestand aber fort. Das Landeskirchentum blieb auch für die folgenden Jhh. das Prinzip der einheitlichen kirchl. Ordnung der Territorien.

Durch die Neuordnung im 19. Jh. entstanden im Dt. Bund große Bundesstaaten m. unterschiedlichen →Bekenntnissen. Gerade in Preußen stellte sich die Frage, ob u. in welcher Form die neuen Gebiete m. der altpreußischen Kirche zu verbinden seien. Bei dieser Neuordnung folgte die Gliederung der Kirche nicht mehr uneingeschränkt der des Staates. Dem lag ein gewandeltes Verständnis der Kirchenhoheit zugrunde. Das landesherrliche Kirchenregiment (→Kirchenregiment, landesherrliches) wurde nicht mehr wie im Territorialismus als integrierender Bestandteil der Landeshoheit verstanden, sondern als deren bloßer Annex kraft der Vereinsgewalt der Kirchengenossen (Kollegialismus).

Dies hatte auch Auswirkungen auf das Landeskirchentum. Das Landeskirchentum bestand zwar fort. Es bedeutete aber nicht mehr uneingeschränkt, dass die Kirche im betr. Land einheitlich geordnet war. Infolgedessen gab es bereits im 19. Jh. die ersten Versuche, sowohl die territorialen als auch die konfessionellen K. zu überwinden:

Zum einen gab es das Bestreben, innerhalb der Staatsgrenzen die Grenzen zwischen den ev. Bekenntnissen aufzuheben. In Ländern, in denen durch die territoriale Neuordnung mehrere ev. Bekenntnisse nebeneinander galten, kam es zu Unionen. Hinter diesen Unionen standen sowohl religiöse Motive (bes. Preußen 1817) als auch die politische Aufgabe, zur inneren Konsolidierung der neu entstandenen Staatsgebilde beizutragen (etwa Baden 1821).

Zum anderen war der dt. Protestantismus bestrebt, die territorialen Grenzen hinter sich zu lassen u. die ev. LK zu einer prot. Nationalkirche zu vereinen. M. der Bildung eines Nationalstaats entstand auch der Wunsch nach einer kirchl. Einigung. Dabei war klar, dass ein gesamtdeutscher kirchl. Zusammenschluss nur als Bund bekenntnisbestimmter LK zu erreichen war. In dieser Hinsicht war das Ziel also die Überwindung der territorialen K. bei Aufrechterhaltung der konfessionellen K. Dieses Ziel wurde im 19. Jh. nur in Ansätzen erreicht.

Mit der Trennung von Staat u. Kirche durch die →Weimarer Reichsverfassung von 1919 machte das 20. Jh. die K. von den Staatsgrenzen unabhängig. Dies hat zwar nur in geringem Umfang zur Aufhebung von K. geführt, denn das Landeskirchentum hat seine prägende Kraft behalten u. Zusammenschlüsse zu neuen LK sind vereinzelt geblieben (z. B. Thüringen 1919, Mitteldeutschland 2008, Nordkirche 2012). Aber sowohl die territorialen als auch die konfessionellen Grenzen haben an Gewicht verloren. Die regionalen Unterschiede nehmen durch Rechtsvereinheitlichung (z. B. einheitliches Pfarrdienst- u. Kirchenbeamtenrecht in der →Evangelischen Kirche in Deutschland) u. andere Entwicklungen ab. Die konfessionellen K. sind seit Verabschiedung der →Leuenberger Konkordie im J. 1973 nicht mehr kirchentrennend u. ermöglichen in vielen Bereichen inzwischen ein gemeinsames Handeln, auch wenn der Prozess der →Kirchengemeinschaft in der EKD theol. noch nicht abgeschlossen u. ein Ende ev. K. auch im 21. Jh. nicht abzusehen ist.

Literatur

Müller, K., Staatsgrenzen u. ev. Kirchengrenzen, Tübingen 1988 (Jus Ecclesiasticum 35); v. Tiling, P., Art. Grenzen, kirchl. u. staatl.: RGG^4 Bd. 3, 1274-1275; Heckel, Ch., § 11 Die Verfassung der ev. Landeskirchen: HevKR, 437-514.

Christian Heckel

© 2019, DOI: 10.30965/9783506786388_0652

Kirchengut

→Kirchenvermögen

Kirchengutsgarantie – Staatlich

→Kirchenvermögen

Kirchenjahr – Katholisch

Der in den heutigen →liturgischen Büchern der röm.-kath. Kirche gebräuchliche dt. Begriff K., der einerseits ein einheitliches Konzept u. andererseits eine spannungsvolle Parallele zum bürgerlichen Jahr insinuiert u. deshalb als theol. problematisch gilt, ist seit dem 16. Jh. bezeugt (Pomarius, Magdeburg 1585). Die jüngere Liturgiewissenschaft bevorzugt die Rede von Feiern im Rhythmus der Zeit, die Liturgiekonstitution des Vat II (SC 5) u. die erneuerten liturgischen Bücher sprechen vornehmlich vom annus liturgicus, CIC/1983, Liber 4, Titulus 2 von tempora sacra (→Heilige Zeiten), unter denen dies festi (→Sonntage u. gebotene →Feiertage) von dies paenitentiae (Freitage u. Quadragesima) unterschieden werden.

Nachdem die älteste Kirche neben dem wöchentlichen Herrentag (Sonntag) u. den Wochenfasttagen (meist Mittwoch u. Freitag, im Westen später gelegentlich auch Samstag) als einziges Fest im Jahresrhythmus zunächst nur die primär durch das Brechen des m. nächtlichem Wachen, Lesen u. Beten gehaltenen Paschafastens begangene Osterfeier kannte, die vielerorts bald nicht nur in die österliche →Eucharistiefeier, sondern darüber hinaus in die fünfzigtägige Freudenzeit der Pentekoste mündete, entstanden im 4. Jh. Oster- u. Weihnachtsfestkreis entspr. einer harmonisierten Chronologie neutestamentlicher Angaben u. fanden rasch universale Verbreitung. Gleichzeitig wurden Heiligenfeste, die urspr. strikt an das Datum des Martyriums (als himmlischer Geburtstag) u. den Ort der Beisetzung gebunden waren, vermehrt u. überregional ausgetauscht. Der Beginn des liturgischen Jahres variiert dabei ebenso wie die Integration beweglicher (Osterfestkreis, abhängig vom Frühjahrsvollmond) u. unbeweglicher Feste (Weihnachtsfestkreis u. Sanktorale) in den liturgischen Büchern. Titel u. Prologe von Büchern der röm. Tradition sprechen seit dem Frühmittelalter von einem circulus anni, an dessen Beginn der Advent erstmals in Gesangsbüchern der Karolingerzeit steht. Die ma. Inflation des Sanktorales führte zu einer komplexen Hierarchie von Festen, von denen viele zudem nicht mehr als festa fori m. Arbeitsruhe gesellschaftlich relevant gefeiert wurden, sondern also bloße festa chori als Formulare für die Feier von Messe u. Tagzeitenliturgie in den liturgischen Büchern ersch.; überdies wurden die Grundrhythmen von Woche u. Jahr durch Votivmessen u. -offizien überlagert. Nachdem schon die Brevierreform Pius X. u. a. den Vorrang des Temporales vor dem Sanctorale wiederherstellen wollte (ein Ziel, das auch die Rubriken- u. Kalenderreform von 1955 u. 1960 verfolgte), setzte die Erneuerung der Osternachtfeier (1951) u. der Hohen Woche (1956) unter Pius XII. bei der sachlichen u. hist. Mitte des liturgischen Jahres an. Eine grundlegende Erneuerung brachte aber erst die von der Liturgiekonstitution des Vat II (1963) angestoßene Liturgiereform m. der GrO des K. (GOKJ 1969).

Die erneuerte Feier des K. ist theol. vom Konzept der Vergegenwärtigung des Mysteriums Chr. geprägt (SC 102-111), dessen biblisch fundierte synthetische Einheitsschau im Konzept des Paschamysteriums zusammengefasst wird (SC 5f. etc.; c. 1246), welches sowohl in den sakramentlichen Feiern (SC 61) als auch im Rhythmus der Zeit entfaltet wird: einerseits im Sonntag als „Urfeiertag" (SC 106), andererseits im „Kreis der Heilsmysterien" (SC 108); auch in den Heiligen wird primär das Paschamysterium verkündet (SC 104). Dementsprechend hält die GOKJ den Vorrang des Sonntags sowie der „Drei Österlichen Tage vom Leiden, vom Tod und von der Auferstehung des Herrn als Höhepunkt des ganzen Kirchenjahres" (GOKJ 19) fest u. schützt die fünfzigtägige Osterzeit, die vorösterliche Quadragesima, die Weihnachtszeit u. den Advent. Während die 40 Tage vor Ostern in Rom spätestens seit dem Frühmittelalter tägliche Stationsgottesdienste hatten u. die Oktaven von Ostern u. Weihnachten (sowie später auch Pfingsten) durch tägliche Messfeier ausgezeichnet waren, erhalten im MRom 1970 auch die Wochentage der letzten Woche des Advents u. jene der Osterzeit eigene Orationen. Der Ordo lectionum missae (1969) sieht außerdem eigene Lesungen für alle Werktage d. J. vor, womit die tausendjährige faktische Praxis täglicher Eucharistiefeier auch o. spezifischen Anlass (Fest od. Votivmesse) erstmals in der Geschichte auch liturgische Norm wird (c. 904 spricht freilich nur eine „eindringliche Empfehlung" aus). In der faktischen Reform des Heiligenkalenders wurde das Ziel, das Gedächtnis nur jener Heiligen auf die ganze Kirche auszudehnen, „die von wirklich universaler Bedeutung sind" (SC 111), nicht wirklich eingeholt u. in der Folgezeit weiter unterlaufen. Problematisch ist an der nachkonziliaren Entwicklung neben der neuerlichen quantitativen Ausweitung u. qualitativen Aufwertung von Heiligenfeiern auch die Einführung neuer Ideenfeste (Überlagerung der Osteroktav durch den Sonntag der göttlichen Barmherzigkeit; Gedächtnis Mariens als Mutter der Kirche). Auch über die den Universalkalender ergänzenden Eigenkalender von →Teilkirchen u. →Ordensgemeinschaften (GOKJ 48-55) hinaus haben →Bischofskonferenzen u. →Diözesanbischöfe limitierte Kompetenzen im Bereich des liturgischen Kalenders (c. 1244-1246).

Quellen

Vat II, SC; Grundordnung des Kirchenjahres u. des Neuen Römischen Generalkalenders (1969): Die Messfeier – Dokumentensammlung. Eine Auswahl für die Praxis, Bonn [12]2015 (Arbeitshilfen 77), 117-144; Ordo lectionum Missae, Typ. Pol. Vat. 1969; Missale Romanum ex decreto Sacrosancti Oecumenici Concilii Vaticani II instauratum, auctoritate Pauli PP. VI promulgatum, Vatikanstadt 1970.

Literatur

Auf der Maur, H., Feiern im Rhythmus der Zeit. I: Herrenfeste in Woche u. Jahr, Regensburg 1983 (Gottesdienst der Kirche. Handbuch der Liturgiewissenschaft 5); Kranemann, B., Zu Geschichte u. Bedeutung des dt. Begriffs „Kirchenjahr": Archiv für Liturgiewissenschaft 33 (1991), 35-42; Auf der Maur, H., Feste u. Gedenktage der Heiligen: ders. – Harnoncourt, P., Feiern im Rhythmus der Zeit II/1. Der Kalender/Feste u. Gedenktage der Heiligen, Regensburg 1994 (Gottesdienst der Kirche. Handbuch der Liturgiewissenschaft 6, 1), 65-357; Bradshaw, P. F. – Johnson, M. E., The Origins of Feasts, Fasts and Seasons in Early Christianity, London 2011 (Alcuin Club Collections 86).

Harald Buchinger

© 2019, DOI: 10.30965/9783506786388_0655

Kirchenjahr – Evangelisch

Auch in den ev. Kirchen sind die kirchl. Festtage (→Feiertage) auf das J. bezogen u. umgekehrt das J. danach gegliedert. Das K. beginnt m. dem ersten Advent u. endet m. dem Ewigkeitssonntag. Es wird gegliedert durch die den Christusfesten zugeordneten Festzeiten: Advent, Weihnachten, Epiphanias, Passion, Ostern, Himmelfahrt, Pfingsten, Trinitatis, Trinitatiszeit u. dem Ende des K.

Der Begriff K. wird erstmalig 1589 vom luth. Theologen Johann Pomarius verwendet. M. der Konzentration auf den →Sonntag einerseits u. die Christusfeste andererseits werden durch die →Reformation die Festtage des K. erheblich verringert. Allerdings finden sich in Melanchthons Unterricht der Visitatoren (1528) daneben weitere Feiertage, darunter drei Marienfeiertage, Johannis u. Michaelis. Auch regional spezifische, unterschiedliche Feste wurden für legitim erachtet. Im ref. Bereich konzentrierte sich das K. neben den Sonntagen auf die Christusfeste u. den Neujahrstag.

Unterstrichen wurde der Zyklus des K. dadurch, dass den einzelnen Sonn- u. Festtagen bestimmte für die Lesung im →Gottesdienst vorgesehene Abschnitte aus der Bibel (Perikopen) zugeordnet wurden. Hinzu tritt die Zuordnung bestimmter Lieder sowie liturgischer Farben.

Eine rechtliche Regelung des K. durch ein KG besteht in der ev. Kirche nicht. Die Regelung des K. erfolgt vielmehr durch die →Agenden (Gottesdienstordnungen) u. die Perikopenordnungen. Seit 1958 wurde eine für die ev. Kirchen in Deutschland gemeinsame „Ordnung der Predigtexte" verwendet. Am 1. Advent 1978 wurde sie durch eine neue Perikopenordnung abgelöst. Nach kleineren Revisionen ist am 1. Advent 2018 EKD-weit die neue „Ordnung gottesdienstlicher Texte und Lieder" (OGTL) in Kraft getreten, die wie ihre Vorgängerinnen sechs Predigtreihen vorsieht. Sie beinhaltet insofern eine weitere Annäherung an das kath. K., als nunmehr die Epiphaniaszeit immer m. dem 2.

Februar (Lichtmess), dem 40. Tag nach Weihnachten, endet. Zwischen dem letzten Sonntag nach Epiphanias u. dem Beginn der Passionszeit werden Sonntage vor der Passionszeit eingeführt.

Quellen

Beschluss zu Ordnung der gottesdienstlichen Texte u. Lieder vom 7. Dezember 2017: ABl. VELKD 2017, VII Nr. 32 (569 ff.).

Literatur

Jörns, K. H. – Bieritz, K.-H., Kirchenjahr: TRE Bd. 18, 575-599; Bieritz, K.-H. – Grethlein, Chr., Kirchenjahr: RGG^4 Bd. 4, 1202 f.; Bieritz, K.-H., Das Kirchenjahr – Feste, Gedenk- u. Feiertage in Geschichte u. Gegenwart, neu bearb. von C. Albrecht, München ^{9}2014.

Heinrich de Wall

Kirchenkampf – Historisch

Als K. bez. man die Auseinandersetzungen um Auftrag u. Verf. der ev. →Landeskirchen in Deutschland, die z. Z. der ns. Herrschaft innerhalb der Kirchen selbst – also nicht primär zwischen Kirche u. Staat bzw. NSDAP – geführt wurden. Im engeren Sinne wird der Begriff auf die Auseinandersetzungen um die Errichtung einer ev. Reichskirche in den Jahren 1933-1934 angewandt.

Zwischen radikalen Ansprüchen neuheidnischer Bewegungen u. taktischer Rücksichtnahme auf den Einfluss der dt. u. ausl. Kirchen folgte die Kirchenpolitik des NS keiner einheitlichen Linie. Die kath. Kirche in Deutschland suchte man m. dem →Reichskonkordat vom 20.07.1933 gegen später vielfach gebrochene rechtliche Garantien politisch zu neutralisieren. Im Blick auf die ev. LK verfolgte man anfangs (1933-1934) das Ziel einer Gleichschaltung durch die Etablierung NS-naher Kirchenleitungsorgane u. die Eingliederung der einzelnen Kirchen in eine einheitliche Reichskirche unter einem luth. Reichsbischof.

Die Verf. der neu zu bildenden Dt. Ev. Kirche, die an die Stelle des 1922 gegr. →Deutschen Evangelischen Kirchenbundes treten sollte, wurde von einem vierköpfigen Ausschuss des Kirchenbundes ausgearbeitet (Loccumer Manifest, 27.5.1933) u. am 14.07.1933 im RGBl veröff. Zugl. wurden in allen Kirchen für den 23.07.1933 Kirchenwahlen angesetzt, aus denen die dem NS nahestehende Kirchenpartei der Glaubensbewegung Dt. Christen fast überall siegreich hervorging. Lediglich in den sog. intakten Kirchen von Hannover, Württemberg u. Bayern blieben die alten Kirchenleitungen unter den Bf. Marahrens, Wurm u. Meiser im Amt. Am 27.09.1933 konstituierte sich m. einer Nationalsynode in Wittenberg die Dt. Ev. Kirche, zum Reichsbischof u. Vorsitzenden der konfessionell (ev.-luth., ev.-ref., uniert) paritätisch besetzten Reichskirchenregierung (Geistl. Ministerium) wurde der Beauftragte Hitlers für Kirchenfragen u. neue preuß. Landesbischof Ludwig Müller gewählt. Seit dem Frühjahr 1934 betrieben Müller u. der Rechtswalter der Dt. Ev. Kirche August Jäger die Eingliederung der LK durch Übertragung ihrer Gesetzgebungshoheit auf die Dt. Ev. Kirche. V. a. der Widerstand von Pfr. u. Gemeindegliedern der intakten Kirchen ließ das Projekt schließlich scheitern; Müller musste am 20.11.1934 alle Eingliederungsgesetze wieder aufheben u. blieb, von Hitler fallengelassen, nur noch formal im Amt. Die Dt. Christen hatten bereits m. der Sportpalastkundgebung am 13.11.1933, bei der radikale Stimmen ein heldisches Christentum o. AT u. Paulus propagierten, ihren Rückhalt in den Kirchen weithin verspielt. Daraufhin hatte sich die Reichskirchenregierung zum Rücktritt gezwungen gesehen (29.11.1933), eine dauerhafte Neubildung gelang Müller nicht mehr.

Auch in den sog. zerstörten Kirchen hatte sich schon seit dem Herbst 1933 massiver Widerstand gegen die Dt. Christen u. die Reichskirchenpläne formiert. Wichtigster Anlass war die Übernahme des sog. Arierparagraphen aus dem Gesetz zur Wiederherstellung des Berufsbeamtentums in das kirchl. Dienstrecht einer

Reihe von LK. Die Gegner sammelten sich zunächst v. a. im von Martin Niemöller gegr. Pfarrernotbund. Seit Anfang 1934 formierten sich in den zerstörten Kirchen freie Synoden u. Bruderräte als konkurrierende Leitungsorgane; zusammen m. den Leitungen der intakten Kirchen bildeten sie in spannungsvoller Einheit die →Bekennende Kirche. Diese konstituierte sich auf der ersten Reichsbekenntnissynode der Dt. Ev. Kirche in (Wuppertal-)Barmen (29.-31.5.1934), die m. der →Barmer Theologischen Erklärung ein heute in vielen Kirchen als →Bekenntnisschrift gültiges Grundsatzdokument beschloss u. einen Reichsbruderrat wählte. Die zweite Reichsbekenntnissynode in Berlin-Dahlem (19-20.10.1934) rief m. knapper Mehrheit das kirchl. Notrecht aus u. erklärte allein die Organe der Bekennenden Kirche für legitim; v. a. in Preußen begann daraufhin ein flächendeckender Aufbau bekenntniskirchlicher Parallelstrukturen.

Die Heterogenität der Bekennenden Kirche führte schon früh zu Spannungen. Noch 1934 trat neben den Reichsbruderrat eine ebenfalls von der Bekennenden Kirche getragene Vorläufige Kirchenleitung der Dt. Ev. Kirche. Zum Bruch zwischen dem bruderrätlichen Flügel u. den intakten Kirchen kam es v. a. über der Frage der Zusammenarbeit m. den sog. Kirchenausschüssen – m. gemäßigten Vertretern aller Kirchenparteien besetzten interimistischen Leitungsgremien –, durch die der neu berufene Reichskirchenminister Hans Kerrl nach dem Scheitern der Reichskirchenpolitik seit Herbst 1935 die Dt. Ev. Kirche u. die einzelnen LK befrieden wollte. Die vierte Bekenntnissynode der Dt. Ev. Kirche in Bad Oeynhausen (17.-22.02.1936) lehnte mehrheitlich eine Zusammenarbeit m. dem Reichskirchenausschuss ab, woraufhin es zum Rücktritt der Vorläufigen Kirchenleitung u. zur Spaltung der Bekennenden Kirche kam. Anfang 1937 trat der Reichskirchenausschuss zurück, o. die Verfassungskrise der Dt. Ev. Kirche gelöst zu haben.

Während des Krieges ruhten die Auseinandersetzungen innerhalb der LK u. zwischen Kirche u. Staat. Die im Reichsgau Wartheland betriebenen Maßnahmen lassen erahnen, wie die NS-Kirchenpolitik nach dem „Endsieg“ ausgesehen hätte: konsequente Privatisierung u. Verdrängung der Religion aus der Öffentlichkeit u. Herabstufung der Religionsgemeinschaften zu Vereinen.

Quellen

Herausgefordert. Dokumente zur Geschichte der Ev. Kirche in der Zeit des Nationalsozialismus, hg. v. S. Hermle – J. Thierfelder, Stuttgart 2008.

Literatur

Meier, K., Der ev. Kirchenkampf, 3 Bde., Göttingen 1976, ²1984; Scholder, K., Die Kirchen u. das Dritte Reich. Bd. 1: Vorgeschichte u. Zeit der Illusionen, 1918-1934, Berlin 1977; ders., Die Kirchen u. das Dritte Reich. Bd. 2: Das Jahr der Ernüchterung, 1934, Berlin 1985; Besier, G., Die Kirchen u. das Dritte Reich. Bd. 3: Spaltungen u. Abwehrkämpfe, 1934-1937, Berlin 2001; Strohm, C., Die Kirchen im Dritten Reich, München 2011.

Wolf-Friedrich Schäufele

© 2019, DOI: 10.30965/9783506786388_0656

Kirchenkreis – Evangelisch

In den Kirchen der →Evangelischen Kirche in Deutschland ist ein K. ein Zusammenschluss mehrerer →Kirchengemeinden, der selbst →Körperschaft des öffentlichen Rechts ist (anders in Ah, Li, SLi). Es gehören alle KGde. einer Region einem K. an. Innerhalb einer →Landeskirche existieren mehrere K. (Variation von zwei in SLi bis 66 in Bay). Man spricht auch von Mittlerer Ebene od. Mittelstufe, was auf die Stellung in der →Kirchenverfassung als Verbindung zwischen KGde. u. →Kirchenleitung hinweist.

Den K. leiten die drei Organe (nicht in SLi) Kreissynode (Kirchenkreis- bzw. [Kirchen-]Bezirks-, Dekanats- od. Propsteisynode, Kirchenkreis- bzw. Klassentag), →Superintendent (→Dekan, →Propst od. Kreis[ober]pfarrer) u.

das ständige Gremium (Bezirkskirchen- bzw. Kirchkreisrat, Dekanats- bzw. Kirchenbezirksausschuss, Dekanats- bzw. Kreissynodalvorstand, Kirchenkreis-, -bezirks-, Propstei- bzw. Klassenvorstand) in gemeinsamer Verantwortung. In den ref. geprägten LK geht die Leitung primär von der →Synode aus, während sich in den luth. LK tendenziell Superintendent u. Kreissynode ausgleichend gegenüberstehen.

Diese Unterschiedlichkeit geht auf die in den →Konfessionen versch. Entstehungsgeschichte zurück. Während sich nach luth. Tradition die K. aus den Aufsichtsbezirken des Superintendenten entwickelten, entstanden nach ref. Verständnis Synoden für übergemeindlichen Austausch. Erst im 19. Jh. glich sich die Organstruktur an.

Der K. hat eine Doppelnatur. Er übernimmt zum einen kirchengemeindliche Aufgaben, um die KGde. zu entlasten, andererseits ist er Aufsichtsbezirk der LK, was sich v. a. in der →Visitation u. Dienstaufsicht ausdrückt. Als Selbstverwaltungskörperschaft gestaltet er das kirchl. Leben in der Region u. ist überörtlicher kirchl. Ansprechpartner. Zusätzlich vermittelt er zwischen KGde. u. Kirchenleitung.

Literatur

Mahrenholz, Ch., Zur Frage der kirchl. Mittelinstanzen – Gutachten des LKA der ev. Landeskirche Hannovers: ZevKR 2 (1952/53), 394-418; Frost, H., Die Rechtsstellung des Kirchenkreises der ev. Kirche im Rheinland, Bonn 1958; ders., Strukturprobleme ev. Kirchenverfassung, Göttingen 1972, 156-247; Die Superintendentur ist anders – Strukturwandel u. Profil des ephoralen Amtes, hg. v. V. Weymann – U. Hahn, Hannover 2005; Goos, Ch., § 12 Regionale Untergliederungen der ev. Landeskirchen: HevKR, 515-540; Hermelink, J., Praktisch-theol. Perspektiven auf den kirchl. Mittelbau: ZevKR 61 (2016), 270-295; de Wall, H. – Muckel, St., Kirchenrecht, München 52017, § 42.

Sina Haydn-Quindeau

© 2019, DOI: 10.30965/9783506786388_0657

Kirchenleitung – Katholisch

1. Der Begriff K., der v. a. in den prot. Kirchen gebräuchlich ist, bezieht sich i. d. R. auf ein kirchenleitendes Gremium versch. Struktur u. Zusammensetzung. Im weiteren Sinn wird K. auch für die zentralen Verwaltungsbehörden dieser Kirchen verwendet, was u. U. dazu führt, dass zwischen →Leitung u. →Verwaltung nicht genügend unterschieden wird.

2. In der kath. Kirche ist der Begriff K. unangemessen, weil alle Leitungsämter in der KirchVerf., die m. dem lat. Begriff pastor gekennzeichnet sind, strikt personal konzipiert u. jeweils an einen ganz bestimmten priesterlichen Amtsträger (→Amtsträger, kirchlicher) gebunden sind, der eine entspr. →Vollmacht besitzt. Dies gilt für den →Papst als Hirten der →Gesamtkirche, für den →Bischof als Hirten der →Diözese u. für den →Pfarrer als Hirten der →Pfarrei. Diese Amtsträger sind jeweils in ein System von beratenden Gremien synodal eingebunden (z. B. →Kardinalskollegium u. →Bischofssynode, →Priesterrat u. Pastoralrat [→Diözesanpastoralrat], →Pfarrgemeinderat), o. dass diese Räte zu Gremien der Entscheidung od. der Mitentscheidung würden. So wird dem Bf. die Weisung gegeben: Der Bf. „muss auch die geeigneten →Beratungen mit sachverständigen Personen durchführen und gemäß den Vorschriften des Rechts die verschiedenen Organe anhören ... dennoch muss es der Bischof ... vermeiden, lediglich die Rolle eines reinen Moderators zwischen den verschiedenen Räten ... zu spielen; er soll vielmehr gemäß seinen persönlichen Rechten und Pflichten der Leitung handeln ... Die Verantwortung, die Diözese zu leiten, lastet auf den Schultern des Bischofs." (DirH, 204 f.). Der Vermögensverwaltungsrat (→Diözesanvermögensverwaltungsrat) hingegen hat zum einen beratende Funktion, zum anderen trifft er auch eigenständige Entscheidungen, die den Bf. binden.

3. Es muss vermieden werden, dass Mitarbeiter zentraler Verwaltungsorgane wie der →Römischen Kurie od. der →Diözesankurie

sich selbst als K. sehen u. darstellen, um darüber hinwegzutäuschen, dass sie i. d. R. verwaltende u. ausführende u. nicht leitende Funktion haben.

Literatur

Kongregation für die Bischöfe, Direktorium für den Hirtendienst der Bischöfe. Übersetzung u. Kommentar von H. Hallermann, Paderborn – München – Wien – Zürich 2006 (KStKR 7), 203-243.

Heribert Hallermann

© 2019, DOI: 10.30965/9783506786388_0658

Kirchenleitung – Evangelisch

Der Begriff der K. bez. im ev. Kontext zum einen die Funktion od. Aufgabe der Leitung der Kirche (1.), zum anderen ein Organ, das zur Erfüllung eines Teils dieser Aufgabe eingesetzt wird (2.).

1. In der neueren ev. Kirchenrechtslehre tritt der Begriff der K. an die Stelle desjenigen im Röm. Katholizismus üblichen Begriff der Kirchengewalt m. seinem Begriffsumfeld (Sacra Potestas, Potestas ecclesiastica, Potestas ordinis bzw. Potestas iurisdictionis). Ein älterer, im ev. Bereich gebräuchlicher Begriff war der des Kirchenregiments (→Kirchenregiment, landesherrliches). Gerade die Begründung u. Reichweite der Kirchengewalt gehörten zu den wichtigsten Streitpunkten der →Reformation (CA 28). Sie gehören zu den Grundfragen des →Kirchenverständnisses u. des Amtsverständnisses (→Amt).

Nach traditioneller röm.-kath. Lehre sind Auftrag u. Gewalt zur →Verkündigung u. →Sakramentsverwaltung sowie die →Schlüsselgewalt zusammen m. der kirchl. Leitungsgewalt in der Kirchengewalt zusammengefasst. Diese beruht auf göttlichem Recht (→Ius divinum). Dabei wird zwischen der Weihegewalt (Potestas ordinis) u. der Leitungs- bzw. Hirtengewalt (Potestas iurisdictionis) unterschieden. Die Weihegewalt bedeutet die Befähigung zu gnadenvermittelndem Handeln. Die Hirtengewalt umfasst die Leitung u. Regierung der Kirche. Dazu gehört die gesetzgebende u. die gesetzesanwendende Gewalt u. auch eine Zwangs- u. Strafgewalt (potestas coactiva). Träger der Weihe- wie der Hirtengewalt sind allein Angehörige des hierarchisch gegliederten Standes der →Kleriker.

Dagegen besteht nach reformatorischem Verständnis die Kirchengewalt in Wortverkündigung, Sakramentsverwaltung u. Handhabung der Schlüsselgewalt „sine vi sed verbo“ (CA 28), sie beinhaltet die geistl. Leitung der Kirche. (Nur) Die öff. Wortverkündigung u. Sakramentsverwaltung setzt die Ordinatioen (→Ordination, Weihe) voraus (CA 14). Hierbei wird nicht zwischen versch. hierarchisch gegliederten Stufen unterschiedlicher Teilhabe differenziert. Vielmehr kommt jedem Träger des geistl. Amtes grds. die gleiche Befugnis zur geistl. K. zu.

Davon zu unterscheiden ist die äußere od. rechtliche K. Befugnisse zur rechtlichen Leitung können zwar auch auf Träger des geistl. Amtes übertragen werden. Bsp. dafür sind die typischen Funktionen der →Bischöfe. Die äußeren Leitungsbefugnisse sind allerdings weder diesem noch einem Stand der →Geistlichen überhaupt vorbehalten. Jeder Christ kann Aufgaben der rechtlichen K. wahrnehmen. Sie beruhen nicht auf göttlichem, sondern allein auf menschlichem Recht (→Ius humanum). Hieraus ergibt sich eine große Freiheit bei der konkreten Ausgestaltung u. Verteilung der Leitungsbefugnisse innerhalb der Kirche. Allerdings ist die rechtliche K. auf den Verkündigungsauftrag der Kirche bezogen u. hat ihm zu dienen. Insofern besteht eine unaufgebbare Einheit von geistl. u. rechtlicher K.

2. In den meisten →Landeskirchen besteht neben der →Synode, dem personalen Leitungsamt (Bf. od. →Kirchenpräsident) u. dem Verwaltungsorgan (→Konsistorium, →Landeskirchenamt) ein weiteres kirchenleitendes Organ, das Aufgaben einer Art KReg. erfüllt. Dabei trägt es unterschiedliche Bez. – →Landeskirchenrat, KReg., →Kirchensenat od. K. In die-

ser Bez. wird deutlich, dass die K. eine Art Koordinierungsfunktion für die Aufgaben der anderen Kirchenleitungsorgane hat. Dementsprechend setzt es sich auch aus Mitgliedern der anderen Kirchenleitungsorgane zusammen.

In einigen LK, namentlich Bay u. Wü, sind die Funktionen der KReg. u. →Kirchenverwaltung in einem Organ unter der Leitung des →Landesbischofs zusammengefasst (episkopalbehördliche K.). In anderen LK, in denen die Stellung der Synode bes. betont wird, erscheint dagegen die K. gleichsam als Organ der Synode (Synodale K. in der Reformierten Kirche, im Rh u. in Westf). Die anderen →Kirchenverfassungen, die demgegenüber die Eigenständigkeit der K. als eines Organs betonen, das aus Mitgliedern der anderen Organe besteht, bilden demgegenüber einen anderen Typus, den der gemischten K. Die Unterschiede u. die Variationsbreite in den Einzelheiten sind erheblich.

Die Aufgaben u. Befugnisse der K. sind ebenfalls unterschiedlich geregelt. Das gilt namentlich für die Aufteilung der einzelnen Kompetenzen zwischen Kirchenverwaltungsorgan u. K. In allen LK handelt es sich aber um grundlegende u. meist über die tägliche Verwaltungsarbeit hinausweisende Leitungsfunktionen. Dazu gehören auch Kompetenzen im Bereich der Normsetzung. Ähnlich wie im staatl. Bereich die LReg. od. die BReg. hat auch die K. üblicherweise das Recht der Gesetzesinitiative. Die Bedeutung der K. wird z. T. auch durch ein suspensives Veto gegen Beschl. der Synode betont, das sich auch auf KG (→Gesetz) bezieht. Das kirchl. Recht kennt vielfach ein Notverordnungsrecht, wonach die KReg. bzw. K. in Eilfällen eine →Verordnung m. Gesetzeskraft erlassen kann. Auch der Erlass von normalen VO u. allg. Verwaltungsvorschriften gehört z. T. zu den Aufgaben der K., ebenso die Sorge für den Vollzug der Beschl. der Landessynode u. die Aufsicht über die Kirchenverwaltung. In manchen LK vertritt die K. die LK im Rechtsverkehr. Bei der Wahl u. der Ernennung von anderen kirchl. Organen u. leitenden Amtsträgern u. →Pfarrern hat die K. zumeist zumindest Mitwirkungsrechte. Dasselbe gilt für die Bildung u. Auflösung von →Kirchengemeinden etc. In vielen LK ordnet die K. →Visitationen an.

Literatur

Wehrhahn, H., Kirchenrecht u. Kirchengewalt, Tübingen 1956; Link, C., Kirchenregiment: EKL³, 1176-1181; Honecker, M., Kirchenrecht II: TRE Bd. 18, 724-749; Barth, Th., Elemente u. Typen landeskirchlicher Leitung, Tübingen 1995, 197-297; von Campenhausen, A., Kirchenleitung: Ges. S., Tübingen 1995, 27-49; de Wall, H., § 1 Grundfragen des ev. Kirchenrechts: HevKR, 26 ff.; Heckel, Ch., § 11 Die Verfassung der ev. Landeskirchen: HevKR, 509 ff.; de Wall, H. – Muckel, S., Kirchenrecht, München ⁵2017, 257 ff., 357 ff.; Munsonius, H., „...geistlich und rechtlich in unaufgebbarer Einheit". Das Leitungsdogma als Pathosformel: ZevKR 64 (2019), 47-67.

Heinrich de Wall

© 2019, DOI: 10.30965/9783506786388_0658

Kirchenmitgliedschaft – Staatlich

K. bez. die rechtliche Zugehörigkeit eines Menschen zu einer (chr.) →Religionsgemeinschaft. Sie hat im staatl. Rechtskreis Bedeutung u. a. bei der Abwicklung der →Kirchensteuer, denn die staatl. Finanzbehörden müssen hier zwischen Kirchenmitgliedern u. -nichtmitgliedern unterscheiden. Gleiches gilt für die Teilnahme am →Religionsunterricht gem. Art. 7 Abs. 3 GG, die sich – unter dem Vorbehalt der Abmeldung – an die Mitglieder der jeweiligen Religionsgemeinschaft richtet. Im Melde- u. Datenschutzrecht ist die K. maßgeblich für die möglichen Verwendungszwecke im Umgang m. den von Kirchen verarbeiteten personenbezogenen Daten. Im Arbeitsrecht kann die K. eine entscheidende berufliche Anforderung für die Beschäftigung in einer Religionsgemeinschaft gem. § 9 Abs. 1 AGG sein.

Die nähere (rechtliche) Ausgestaltung der K. unterfällt dem →Selbstbestimmungsrecht der Religionsgemeinschaften „innerhalb der Grenzen des für alle geltenden Gesetzes“ (Art. 140 GG i. V. m. Art. 137 Abs. 3 WRV). Eine Grenze bildet insb. das Grundrecht auf →Religionsfreiheit aus Art. 4 Abs. 1 u. 2 GG.

Die Begründung der K. erfolgt in privatrechtlich organisierten Religionsgemeinschaften auf der Grundlage des (dispositiven) →Vereinsrechts des BGB. In Religionsgemeinschaften m. öff.-rechtlichem Körperschaftsstatus (Art. 140 GG i. V. m. Art. 137 Abs. 5 WRV) sind die jeweils durch die Religionsgemeinschaften selbst gesetzten Regeln auch für den Staat maßgeblich, wenn u. soweit sie sich im Rahmen des „für alle geltenden Gesetzes“ halten. Dieser Rahmen ist jedenfalls überschritten m. religionsgemeinschaftlichen Regelungen, die eine K. auch o. od. gegen den Willen des Betroffenen ermöglichen. Aus der staatl. Perspektive ist die Freiwilligkeit der K. maßgeblich, denn der Staat ist durch das Grundrecht aus Art. 4 Abs. 1 u. 2 GG verfassungsrechtlich daran gehindert, einen Menschen gegen seinen Willen als Mitglied einer Religionsgemeinschaft zu behandeln. Das wesentliche Element zur Begründung der K. ist – neben dem Bekenntnis u. dem Wohnsitz etwa im Bereich einer Diözese der röm.-kath. Kirche od. einer ev. LK – die Taufe. M. der durch die Kindestaufe begr. K. wird das Grundrecht des Täuflings aus Art. 4 Abs. 1 u. 2 GG nicht verletzt, wenn die sorgeberechtigten Eltern für ihr Kind eine rechtswirksame Willenserklärung in Gestalt des Taufwunsches abgeben. Belastende Rechtswirkungen – etwa die Kirchensteuerpflichtigkeit – entfaltet die durch Taufe begr. K. i. d. R. erst nach Eintritt der Religionsmündigkeit. Wird die K. dann aufrechterhalten, so liegt darin ein Element der Freiwilligkeit, das eine Zwangsmitgliedschaft ausschließt.

Die Begründung der K. durch Abstammung kann hingegen staatlicherseits nicht anerkannt werden. Zwar besteht auch hier die Möglichkeit, m. dem Erreichen der Religionsmündigkeit den Austritt (→Kirchenaustritt) aus der jeweiligen Religionsgemeinschaft zu erklären u. damit evtl. belastende Rechtswirkungen der K. zu vermeiden. Es fehlt aber die staatlicherseits wegen Art. 4 Abs. 1 u. 2 GG erforderliche Willenserklärung, der jeweiligen Religionsgemeinschaft anzugehören: Der bloßen Abstammung kommt kein Erklärungsgehalt zu. Hier können die intern-religionsgemeinschaftliche u. die staatl. Anerkennung der K. auseinanderfallen.

Die K. kann durch Austritt beendet werden. In Wahrnehmung seiner Schutzpflicht für das Grundrecht der Religionsfreiheit hat der Staat den Austritt aus einer Religionsgemeinschaft durch eigenes Recht kodifiziert. Einschlägig sind je nach Rechtsform der betroffenen Religionsgemeinschaft das Vereinsrecht od. die staatl. Austrittsgesetze. Diese „für alle geltenden Gesetze“ konkretisieren das Recht aus Art. 4 Abs. 1 u. 2 GG, keiner Religionsgemeinschaft anzugehören, die K. zu wechseln od. ganz aufzugeben. Der Austritt auf der Grundlage der staatl. Normen bewirkt, dass der Betroffene von staatl. Stellen nicht mehr als Angehöriger der jeweiligen Religionsgemeinschaft behandelt werden darf. Dies gilt auch dann, wenn der Austritt aus theol. Gründen kirchenintern – wie etwa in der röm.-kath. Kirche – keine Auswirkungen zeitigt. Der Austritt ist nach Maßgabe der Austrittsgesetze vor staatl. Stellen – zumeist vor dem AmtsG od. dem Standesamt – zu vollziehen. Ein modifizierter Austritt etwa m. dem Zusatz, dass nur die Zugehörigkeit zur Religionsgemeinschaft in ihrer Eigenschaft als öff.-rechtliche Körperschaft, nicht aber zur jeweiligen Glaubensgemeinschaft betroffen sein soll, ist unzulässig. M. der wirksamen Austrittserklärung wird die K. sofort beendet. Die Wiedereinführung einer Koppelung dieser Rechtswirkung an den Ablauf einer Überlegensfrist ist nicht verfassungskonform. Zulässig ist hingegen die normative Bestimmung einer Abwicklungsfrist für die Erhebung der Kirchensteuer höchstens bis zum Ablauf des auf die Austrittserklärung folgenden Kalendermonats.

Literatur

von Campenhausen, A., Die staatskirchenrechtliche Bedeutung des kirchl. Mitgliedschaftsrechts: ders., Ges. S. II, Tübingen 2014; Kuntze, J., Bürgerliche Mitgliedschaft in Religionsgemeinschaften, Göttingen 2013; Unruh, P., Religionsverfassungsrecht, Baden-Baden [4]2018.

Peter Unruh

© 2019, DOI: 10.30965/9783506786388_0659

Kirchenmitgliedschaft – Evangelisch
→Kirchenzugehörigkeit

Kirchenmitgliedschaft – Katholisch
→Kirchenzugehörigkeit

Kirchenmusik – Katholisch

Das Verhältnis kirchl. Autoritäten zur Musik war nicht nur wegen deren emotionaler Qualität, die seit der Spätantike geschätzt u. mitunter instrumentalisiert (etwa in dogmatischen od. politischen Auseinandersetzungen), noch häufiger aber abgelehnt wurde, wechselvoll; problematisch ersch. profane Assoziationen zu Ausschweifung, aber auch (nicht zuletzt im Fall der Orgel) zu Circus u. Theater. Liturgischer Gesang verstand sich lange nicht als Musik; Instrumentalmusik wird in den meisten Ostkirchen abgelehnt. Anders als in der kath. Rezeption (päpstlich seit Pius X. 1903, Tra le sollecitudini) bez. der Begriff Musica sacra (erstmals bei Michael Praetorius 1614) urspr. weder nur das Repertoire von zum Gesang vorgesehenen liturgischen Texten noch notwendig bestimmte musikalische Stile; die Abgrenzung von liturgischer, geistl. u. religiöser Musik ist schwierig.

Typologisch sind die solistischen Gesänge im Lesungsteil des →Wortgottesdienstes, die hist. u. sachlich zur Verkündigung gehören, von den bereits in der ausgehenden Spätantike der Schola vorbehaltenen Begleitgesängen der Prozessionen zu Einzug, Gabenbereitung u. Kommunion zu unterscheiden; im röm. Ritus bilden sie gemeinsam das Proprium der Messe (→Eucharistiefeier). Das Ordinarium umfasst dagegen Elemente disparaten Charakters u. Ursprungs, die sich am längsten der Professionalisierung widersetzten, bevor sie nach Durchsetzung mehrstimmiger Kunstmusik als Zyklen komponiert wurden. AEM 17/GORM 37 unterscheidet auch funktional Aktionsgesänge, welche selbst liturgische Handlung sind, von Begleitgesängen.

Spätestens im Zug seiner Übernahme in der karolingischen Liturgiereform wird das Corpus röm. Propriumsgesänge, dessen Red. zugl. P. Gregor zugeschrieben wurde, textlich u. in seiner röm.-fränkischen Klanggestalt (Gregorianik) auch melodisch fixiert u. im Lauf des MA im gesamten Abendland verbreitet. Anders als in der v. a. im Sanktorale weiterhin produktiven Tagzeitenliturgie beschränkt sich Kreativität im Messrepertoire auf wenige Genres (v. a. Halleluja) u. Anlässe (meist Kontrafakturen). Die überlieferten Gesänge werden aber um sekundäre Gattungen erg., welche die fast ausschließlich der Bibel u. vornehmlich den Psalmen entnommenen Stücke der röm.-fränkischen Tradition durch poetische Neuschöpfungen hermeneutisch komplex interpolieren (Tropen) od. komplementieren (Sequenzen). Volkssprachige Gesänge treten im Spätmittelalter v. a. am Rande der Liturgie hinzu. Infolge der Klerikalisierung des ma. Liturgieverständnisses wurde K. lange als schmückendes Beiwerk der eigentlichen liturgischen Handlung verstanden. Dass die Sänger nach Pius X. ein „echtes liturgisches Amt ausüben", führte im Gegenzug zum Ausschluss von Frauen (Tra le sollecitudini, Nr. 12 f.); Gesänge in der Volkssprache bei feierlichen liturgischen Handlungen wurden verboten (ebd., Nr. 7) u. durften noch 1958 grds. keine wörtliche Übers. liturgischer Texte darstellen (De Musica sacra, Nr. 13 f.).

Für Vat II ist die K. „notwendiger und integrierender Bestandteil der feierlichen Liturgie" (SC 112); die ganze Gde. als Trägerin der

Liturgie übt darin „die ihr zukommende tätige Teilnahme" aus (SC 114). Der Vorrang des „der römischen Liturgie eigenen" Gregorianischen Gesanges wird trotz der Zulassung anderer Arten von K. festgehalten (SC 116); „die Pfeifenorgel soll in der lateinischen Kirche in hohen Ehren gehalten werden", auch wenn andere Instrumente zugelassen werden können (SC 120; taxative Verbote etwa von Klavier, Schlagzeug u. Blaskapellen in Tra le sollecitudini Nr. 19 f. waren schon in der Instr. von 1958, Nr. 60-73 fallengelassen worden). Die restriktiv formulierte Kriteriologie bleibt freilich schwer operationalisierbar u. darum kontrovers. Auch worin der zu pflegende Thesaurus musicae sacrae (SC 114) genau besteht, wird nicht definiert. Die Prinzipien der Liturgiereform (u. a. differenzierte Beteiligung aller, Verwendung der Muttersprache, Instrumentalmusik) sind in der Instr. Musicam sacram (1967) ausgeführt (vgl. auch Varietates legitimae 1994, Nr. 40) u. in den erneuerten → liturgischen Büchern umgesetzt.

Obwohl die Messe auch o. Gesang gefeiert werden kann, gehört zumindest ein → Kantor zu ihrer „Grundform" (AEM 77 f./GORM 115 f.). Prinzipiell wird von der Beteiligung einer Schola ausgegangen. Beim Ordinarium wird die Ausführung durch alle als erste, beim Sanctus als einzige Möglichkeit genannt (AEM 55/GORM 79). Auch wenn die Propriumsgesänge zu Einzug, Gabenbereitung u. Kommunion ggf. durch andere geeignete Gesänge ersetzt werden können, werden die Antiphonen zu Introitus u. Communio als so wichtig erachtet, dass sie von → Gläubigen, einem → Lektor od. subsidiär „notfalls vom → Priester" zu sprechen sind, wenn nicht gesungen wird (AEM 25 f.; 56/GORM 47 f.; 87). Die Orgel u. andere Musikinstrumente werden nur gemeinsam m. dem Chor erwähnt (in der dt. Version des Ordo Missae in der Feier der Gemeindemesse auch als Alternative zu den Prozessionsgesängen der Messe) u. sind in Advent u. Quadragesima restriktiv zu gebrauchen (AEM 275/GORM 313), insb. zwischen dem Gloria der Abendmahlsmesse am Gründonnerstag u. der Osternacht (CaerEP, Nr. 300). Nach der Allg. Einführung in das Stundengebet 267-284 „entspricht das Singen des Stundengebetes besser seinem Wesen" (→ Brevier); seine „meisten Teile empfangen ihren volleren Sinn erst im Gesang", der darum „nicht als bloßer Schmuck betrachtet werden darf" (AES 268-270). Regelungen für Konzerte im → Kirchenraum obliegen nach dem Schreiben der Gottesdienstkongregation De concentibus in ecclesiis 1987 u. a. in Berufung auf cc. 1210 u. 1213 den → Bischofskonferenzen.

Quellen

Pius X., MP Tra le sollecitudini vom 22. November 1903: ASS 36 (1903-1904), 329-339; Ritenkongregation, Instr. De musica sacra vom 3. September 1958: AAS 50 (1958), 630-66; Vat II, SC; Ritenkongregation, Instr. Musicam sacram vom 5. März 1967: AAS 59 (1967), 300-320; Allg. Einführung in das Stundengebet der Kirche: Die Feier des Stundengebetes. Stundenbuch Erster Bd., Einsiedeln u. a. 1978, 25*-107*; Allg. Einführung ins Messbuch: Die Feier der hl. Messe, Messbuch. Für die Bistümer des dt. Sprachgebietes, Freiburg u. a. [6]1996, 23*-73*; Gottesdienstkongregation, Schreiben De concentibus in ecclesiis vom 5. November 1987: DEL Bd. 3, Nr. 302; Johannes Paul II., Instr. Varietates legitimae vom 25. Januar 1994: AAS 87 (1995), 288-314; Missale Romanum, Editio typica tertia 2002, Grundordnung des Röm. Messbuchs, Vorabpublikation zum Dt. Messbuch, hg. v. Sekretariat der DBK, Bonn [3]2007 (Arbeitshilfen 215).

Literatur

Meyer, H. B. – Pacik, R., Dokumente zur Kirchenmusik unter bes. Berücksichtigung des dt. Sprachgebietes, Regensburg 1981; McKinnon, J., Music in Early Christian Literature, Cambridge 1993 [[1]1987] (Cambridge readings in the literature of music); Ruff, A., Sacred Music and Liturgical Reform. Treasures and Transformations, Chicago 2007; Enzyklopädie der Kirchenmusik, 7 Bde., hg. v. M. Schneider – G. Massenkeil – W. Bretschneider, Laaber 2011 ff.; Alexandru, M. – Eberhardt, J. – Franz, A. – Roumpi, A. – Vetter, E. – Zachartzi, O., Musik: RAC Bd. 25, 220-345.

Harald Buchinger

© 2019, DOI: 10.30965/9783506786388_0660

Kirchenmusik – Evangelisch

K. lässt sich als Musik in der Kirche bzw. als Musik im kirchl. Raum beschreiben. Demgegenüber wäre geistl. Musik nicht liturgisch gebunden u. auch im öff. Raum eines Konzertsaals zu hören. Noch weiter ist der Begriff religiöser Musik, der auch musikalische Praxis in anderen Religionen (z. B. Judentum; Buddhismus) bez. kann. Eine aktuelle performative Definition gibt K. Grünwaldt: „Kirchenmusik ist Musik, die auf das Geschehen von Kirche bezogen ist." (Grünwaldt, 2015).

M. Luther sprach dagegen nur von der Musica. Er beschreibt sie als göttliche Gabe u. edle Kunst u. nennt sie „Herrin und Regiererin des menschlichen Herzen" (WA 50, 370f.). Nach der Theologie gibt er ihr den „ersten Platz" unter Künsten u. Wissenschaften. Musik ist für ihn Trägerin des Evangeliums, davon man „singet, saget und fröhlich ist" (Vorrede zum NT, 1522; vgl. Nun freut euch lieben Christen, Ev. Gesangbuch 341), der chr. Lehre (vgl. Ev. Gesangbuch 202 u. 231), des →Gebetes (vgl. Ev. Gesangbuch 125) u. des trinitarischen Bekenntnisses (vgl. Ev. Gesangbuch 183).

Insgesamt musizieren ca. 450.000 Menschen in Deutschland innerhalb der ev. Kirche in Chören u. Ensembles. K. beinhaltet intensive Bildungsarbeit u. setzt künstlerisch-kulturelle Akzente in Konzerten, die jährlich von ca. 7, 5 Mio. Menschen besucht werden. K. engagiert sich gesellschaftlich-diakonisch, bisweilen auch therapeutisch-seelsorglich (vgl. Heymel, 2004) u. sorgt für die musikalische Gestaltung des Gottesdienstes (vgl. Albrecht; Arnold, 2008).

Formal-ästhetisch lassen sich hier Gemeindelied, Chor- od. Sologesang u. Instrumentalmusik unterscheiden, wobei bes. die Orgel, aber auch andere Instrumente das Lied der →Gemeinde od. den Gesang des Chors begleiten können. Seit ca. 150 J. gibt es in der ev. Kirche Posaunenchöre. Seit den 1960er J. finden sich Bands in Gemeindearbeit, bei Großveranstaltungen u. im →Gottesdienst.

Theol. lassen sich innerhalb der Liturgie folgende Funktionen der K. beschreiben: Sie kann →Verkündigung sein (vgl. Bubmann – Klek, 2017), indem sie ein Bibelwort zu Gehör bringt (z. B. Motette) bzw. dieses Wort durch eine freie Dichtung auslegt (Kantate u. a.). Auf der anderen Seite nimmt sie die Rolle des Gebetes ein. Sie ist dann Klage u. Lob, Bitte u. Dank.

Stil u. Form der K. werden im NT nur andeutungsweise beschrieben. So sprechen Kol 3, 16 u. Eph 5, 19 von Psalmen, Hymnen u. geistl. Liedern. Psalmen sind im NT die sog. Cantica nach Lk 1 u. 2, angestimmt von Zacharias (Benedictus), Maria (Magnificat) u. Simeon (Nunc dimittis). M. Hymnen könnten Christuslieder wie Joh 1, 1-18 od. Phil 2, 6-11 gemeint sein. Bis zum Ende des 4. Jh. entsteht ein großer Reichtum an poetisch-musikalischen Formen, der m. dem sog. Gregorianischen Choral zunehmend vereinheitlicht wird. Ab dem 9. Jh. gibt es erste Formen von Mehrstimmigkeit, ab dem 15. Jh. eine erste Blüte vokaler Polyphonie.

In der Reformationszeit lassen sich grob drei Richtungen des Umgangs m. K. im Gottesdienst unterscheiden: Huldreich Zwingli in Zürich untersagt zunächst den Gemeindegesang (bis 1598) u. die Orgelmusik. Calvin propagiert in Genf den unbegleiteten Gesang franz. Psalmen (Genfer Psalter), während Luther u. J. Walter sowohl die Instrumentalmusik als auch die vokale Musik (vgl. Arnold, Zeitalter, 2011), in der Wort u. Klang sich vereinigen (vgl. Block, 2002), befürworten. Ab 1523 erlebt das Kirchenlied m. Luther als Liedermacher selbst sowie im 17. Jh. m. dem Dichter P. Gerhardt u. seinen Melodisten J. Crüger u. J.G. Ebeling seine Hauptblütezeit. Im 20. Jh. kommen gewichtige Lieder u. a. von J. Klepper hinzu (vgl. Rössler, 1998). Ab ca. 1960 entstehen rhythmische sog. Neue Geistl. Lieder (= NGL, vgl. Danke für diesen guten Morgen, Ev. Gesangbuch 334). Sie werden u. a. durch Spirituals u. Gospels, Pop- u. Jazz-Messen sowie Worship-Lieder erg. u. schließen an die aktuelle Popkultur an (vgl. Arnold, 2008).

Wesentlich für die Einordnung liturgischer Musik ist die Unterscheidung von Ordinarium u. Proprium. In der ev. K. wird das Ordinarium (Kyrie, Gloria etc.) i. d. R. von der Gde. gesungen, während das Proprium de tempore vielfacher Bezugspunkt für Ensemblemusik ist. H. Schütz, J. H. Schein, M. Praetorius, A. Hammerschmidt u. a. prägten im Frühbarock Formen wie geistl. Konzert u. Motette. J. S. Bach hat m. 200 Kantaten für den Gottesdienst (vgl. Dürr, 1985), den großen Passionen u. dem Weihnachtsoratorium weltweite Berühmtheit gewonnen. Im 19. Jh. führen F. Mendelssohn u. J. Brahms ihre großen oratorischen Werke wie den Elias od. das Dt. Requiem auch im Konzertsaal auf.

Das 20. Jh. bringt eine große Ausdifferenzierung an Stilen u. eine große Zahl an eigenständigen Komponisten hervor. Dazu gehören u. a. I. Strawinsky (Neoklassizismus), A. Schönberg (Zwölftonmusik), G. Ligeti, D. Schnebel, K. Huber (Avantgarde) od. die an populäre od. spätromantische Elemente anknüpfenden L. Bernstein u. J. Rutter.

Gregorianische Formen spielen bes. im Stundengebet der ev. →Kommunitäten eine wichtige Rolle, verschwinden aber zunehmend aus dem gemeindlichen Alltag, wohingegen beim →Kirchentag (DEKT) neue spirituelle Formen erprobt werden.

Rechtliche Regelungen zur K. finden sich insb. in den Ausbildungs-, Studien- u. Prüfungsordnungen für Kirchenmusiker, für die RO durch die Direktorenkonferenz für K. erlassen wurden (s. auch →Kantor).

Literatur

Dürr, A., Die Kantaten J. S. Bachs, Kassel 1985 ff.; Ev. Gesangbuch, Berlin 1994 ff.; Albrecht, C., Die gottesdienstliche Musik: Handbuch der Liturgik, hg. v. H. C. Schmidt-Lauber – K. H. Bieritz, Göttingen 1996, 510-536; Bubmann, P., Von Mystik bis Ekstase, München 1996; Rössler, M., Liedermacher im Gesangbuch, Stuttgart 1998 ff.; Block, J., Verstehen durch Musik: Das gesungene Wort in der Theologie, Tübingen – Basel 2002; Herbst, W., Wer ist wer im Gesangbuch?, Göttingen 2004; Heymel, M., In der Nacht ist sein Licht bei mir, Waltrop 2004; Arnold, J., Popularmusik im Gottesdienst heute: Handbuch Popularmusik, hg. v. M. Schütz, München 2008, 220-233; ders., Musik u. Gottesdienst – Musik im Gottesdienst: Der ev. Gottesdienst in Geschichte u. Gegenwart, hg. v. H. J. Eckstein u. a., Tübingen 2011, 224-244; ders., Das Zeitalter der Reformation(en) u. die Musik: Geschichte der Kirchenmusik, hg. v. W. Hochstein u. a., Laaber 2011, 211-227; Grünwaldt, K., Was ist Kirchenmusik?: Report Kirche u. Musik, hg. v. S. Keuchel – T. Renz, Hannover 2015, 138-150; Munsonius, H., Gottesdienst u. Verkündigung: HevKR, § 16 Rn. 63-79; „Ich sing dir mein Lied" – Kirchl. Singen heute, hg. v. P. Bubmann – K. Klek, München 2017.

Jochen Arnold

© 2019, DOI: 10.30965/9783506786388_0660

Kirchenordnung – Katholisch

→Kirchenrecht, →Kirchenverfassung

Kirchenordnung – Evangelisch

1. Die ev. K. des 16. Jh. sind die frühen hist. Quellen des ev. KR.

a) In den ev. gewordenen Territorien wurden sie von den Landesherren u. Städten als ein kirchl. Notrecht erlassen, nachdem sich die Bf. der →Reformation u. damit – aus reformatorischer Sicht – ihrer Pflicht zur evangeliumsgemäßen Ordnung der Kirche verweigerten. Als reichsrechtliche Voraussetzung dafür wurde der Speyerer Reichsabschied von 1526 in Anspruch genommen, der die Exekution des Wormser Edikts von 1521 bis zum erhofften Einheitskonzil der Verantwortung der Landesobrigkeiten anheimstellte.

Ausgangsmodell für die landesherrliche Neuordnung des Kirchenwesens war die →Visitation, in Kursachsen zuerst angeordnet durch die „Instruction" von 1527 u. systematisiert im „Unterricht der visitatoren" von 1528. Über das Selbstverständnis dieser ersten umfassenden ev. K. gibt am besten die Vorrede Luthers Auskunft: „Und wie wol wir solchs nicht als strenge gebot konnen lassen ausgehen, auf das wir nicht neue bepstliche decretales aufwerfen, sondern als eine historien oder geschicht, dazu als ein zeugnis und bekendnis unsers glaubens, so hoffen wir doch, alle frume friedsame pfarherr ... werden solchen unsers landesfürsten und gnedigsten herren vleis, dazu unser liebe und wolmeinen, nicht undankbarlich noch stölzlich verachten, sondern sich williglich, on zank, nach der liebe art, solcher visitation unterwerfen". – Diese u. die zahlreichen weiteren K. des 16. Jh. haben das Ziel, die →Predigt des Evangeliums u. die Darreichung der →Sakramente in Frieden u. Ordnung zu ermöglichen.

Dass der „Unterricht" maßgeblich von Melanchthon verfasst wurde, ist typisch für die ev. K., die der Landesherr bzw. der Rat bei Theologen in Auftrag gab od. doch wenigstens unter ihrer entscheidenden Beteiligung erarbeiten ließ. Einflußreiche K. wurden gestaltet durch Bugenhagen (Braunschweig-Wolfenbüttel 1528/1543, Hildesheim 1544), Osiander u. a. (Brandenburg-Nürnberg 1533, Pfalz-Neuburg 1543), Brenz (Schwäbisch Hall 1527/1543, Württemberg 1536/1553), Zwingli (Zürich 1525), Bucer (Straßburg 1534, Ziegenhain 1539), Calvin (Genf 1541). Diese K. dienten wiederum als Vorbilder für weitere bedeutende K.; so mischten sich in der ref. K. der Kurpfalz 1563 Einflüsse der K. von Württemberg, Genf u. Zürich.

Der Inhalt der K. umfasste Aussagen über die Lehr- u. Bekenntnisgrundlage der ev. Predigt, Regelungen über die Gottesdienstordnung, Sakramente, →Kasualien, Bußwesen, Kirchenzucht, über das Amt des →Pfarrers – die Ordination (→Ordination, Weihe), die Pfarrerausbildung, die →Amtspflichten –, über die Aufgaben der speziell für die →Kirchenleitung u. →Kirchenverwaltung eingerichteten landesherrlichen Ämter u. Behörden, der →Superintendenten u. →Konsistorien, über die kirchl. Aufsicht (→Aufsicht, kirchliche) u. Visitation, über das →Eherecht, das Schulwesen, schließlich die „Kastenordnung", d. h. das kirchl. Vermögensrecht (→Vermögensrecht, kirchliches) m. Besoldungswesen u. Armenfürsorge.

Das Selbstverständnis der K. änderte sich m. dem seiner Rechtsgrundlage, des landesherrlichen Kirchenregiments (→Kirchenregiment, landesherrliches). Die Vorstellung, dass der Fürst als „Notbischof" seiner Kirche auf ihr Bitten zu ihrer Ordnung verhelfe, wurde bald überblendet vom Souveränitätsanspruch der jungen absolutistischen Staatlichkeit. In der Zeit nach dem Ende des 16. Jh. wurde das KR immer selbstverständlicher als ein Teil des Staatsrechts angesehen. Erst im 19. Jh. begann es sich unter dem landesherrlichen Kirchenregiment vom staatl. Recht wieder zu scheiden, bis die →Weimarer Reichsverfassung von 1919 es endgültig in die Selbstbestimmung entließ.

b) Wo sich im 16. Jh. ref. →Gemeinden unter einer nichtreformierten Obrigkeit bildeten, waren sie auf eine „freikirchliche", durch →Synoden beschlossene K. verwiesen. Zu nennen sind v. a. die Discipline ecclésiastique der Synode der franz. Protestanten in Paris von 1559 sowie die Beschl. des Weseler Konvents von 1568 u. der Generalsynode der ref. Flüchtlinge aus den Niederlanden in Emden von 1571. Sie folgten dem Vorbild der von Calvin verfassten Genfer Ordonnances ecclésiastiques von 1541, die selbst freilich vom Rat in Kraft gesetzt wurden. Unter den inhaltlichen Merkmalen sind die ref. Ämterlehre u. die presbyterial-synodale Organisation der KL hervorzuheben.

2. Die Bez. kirchl. →Rechtsquellen als K. ist erst wieder nach 1945 in Gebrauch gekommen. Die →Kirchenverfassung bekam den Titel „K." in Oldenburg (1950), Pommern (1950), Schlesien (schlesische Oberlausitz, 1951), Rheinland (1952) u. Westfalen (1953); „Ordnung" in Hessen u. Nassau (1949); „Grundordnung" in Berlin-Brandenburg (1948, heute Berlin-Brandenburg schlesische Oberlausitz), Kirchenprovinz Sachsen (1950), Baden (1958) u. Kurhessen-Waldeck (1967). Während die Verf. der übrigen →Landeskirchen den Titel „Verfassung" beibehalten u. bestätigt bekommen haben, setzen sich die

„Ordnungen" terminologisch von der Entlehnung des Verfassungsbegriffs aus der staatl. Rechtsentwicklung ab. Das soll ein Selbstverständnis zum Ausdruck bringen, welches über das eines äußeren Organisationsstatuts für die landeskirchliche Leitung hinausgeht. Es ist verknüpft m. der Erwartung, dass eine „K." – entspr. den Einsichten der Grundlagendiskussion nach dem → Kirchenkampf – den Bekenntnisbezug allen kirchl. Rechts explizit zu machen hat. Die neueren K. nehmen deshalb in Präambeln, „Vorsprüchen" od. „Grundartikeln" die Bekenntnisgrundlagen in Bezug. In den K. im Rheinland u. in Westfalen ist darüber hinaus die „Ordnung des kirchl. Lebens" – m. Regelungen über Gottesdienst, Kirchenzucht u. Kasualien – als eigener Abschnitt neben die Bestimmungen über die Organisation der LK u. der KGde. gestellt worden, während sie in den anderen Kirchen eine gesonderte Regelung gefunden hat. Der unterschiedlich beurteilte Rechtscharakter dieser → Lebensordnungen ist unabhängig vom Regelungsort. Auch i. Ü. ist eine sachliche Differenz m. den unterschiedlichen Bez. der Kirchen „ordnungen" u. Kirchen „verfassungen" nicht verbunden: Zum einen ist die Einsicht, dass das kirchl. Recht als „Ordnung der Gemeinde" (K. Barth) seine Funktion vom → Bekenntnis her zugewiesen bekommt, allg. anerkannt u. wird in den Kirchen„verfassungen" aus der Zeit nach 1945 ebenso deutlich ausgesprochen. Zum anderen sind auch die Kirchen„ordnungen" nach Regelungsgehalt u. Verbindlichkeitsanspruch nichts anderes als kirchl. → Verfassungsrecht (Kirchenverfassung, ev.).

Quellen

Die ev. Kirchenordnungen des XVI. Jahrhunderts, Bd. 1-23, begr. von E. Sehling, Leipzig – Tübingen 1902-2017.

Literatur

Sprengler-Ruppenthal, A., Kirchenordnungen II. Ev.: TRE Bd. 18, 670-707; Sichelschmidt, K., Recht aus chr. Liebe od. obrigkeitlicher Gesetzesbefehl? Jur. Untersuchungen zu den ev. Kirchenordnungen des 16. Jahrhunderts, Tübingen 1995; Sprengler-Ruppenthal, A., Gesammelte Aufsätze: zu den Kirchenordnungen des 16. Jahrhunderts, Tübingen 2004; Unruh, P., Grundlagen u. Grundzüge ev. Kirchenverfassung: HevKR, § 9.

Michael Germann

© 2019, DOI: 10.30965/9783506786388_0661

Kirchenpräsident – Evangelisch

K. bez. ein personales Amt in der Leitung einer → Landeskirche. Es entstand zur Weimarer Zeit, als nach dem Sturz der dt. Monarchien der bislang vom landesherrlichen Summepiskopus besetzte Platz an der Spitze der LK neu zu besetzen, gleichzeitig aber noch grds. umstritten war, ob ein ev. Bischofsamt geschaffen werden dürfe. Dem Amt lag damit keine in sich geschlossene Konzeption zugrunde; dem entsprach eine erhebliche Bandbreite seiner konkreten Ausprägungen. Schon begrifflich eher an staatl. Vorbildern orientiert, wurde das Amt des K. i. d. R. als das eines Mitglieds des kirchenleitenden Verwaltungsorgans konstruiert, das durch zusätzliche Aufgaben u. Befugnisse zugl. als personaler Exponent der gesamten LK fungiert. Ein solches Amt begegnet heute nur noch in der Pf u. in Ah, deren Verf. jeweils aus der Weimarer Zeit stammen, u. in der Ev.-ref. Kirche. Die dort von einem K. wahrgenommenen Funktionen werden (außer in Bremen, wo sie überhaupt fehlen) in den anderen LK durchweg als Teil der Aufgaben eines umfassender angelegten leitenden → Geistlichen (→ Bischof od. → Präses) verstanden. Insofern ist das Amt eines K. heute meist in dem eines → Landesbischofs aufgegangen. Ihm entspricht in Funktion u. Organstellung auch der leitende Geistliche in HN, dessen Amt aber eine ganz eigene institutionengeschichtliche Entwicklung (über das sog. → leitende Geistliche Amt) genommen hat u. für den wohl vor diesem Hintergrund bislang am Begriff des K. festgehalten wurde.

Quellen

§ 65 II, § 81 II, § 82 II, § 84, § 93 II Pf.KirchVerf (letzte Änd. 23.11.2013); § 30 II, §§ 5-53, § 48 I HN.KO (letzte Änd. 26.11.2015); § 42 III, § 62 I, § 63 I 3, § 58 III Ah.KirchVerf (letzte Änd. 12.04.2016); § 67 I, § 72 I, III, § 78 Ev-ref. Kirche.Verf. (i. d. F. v. 29.04.2017).

Literatur

Liermann, H., Dt. Ev. Kirchenrecht, Stuttgart 1933, 202-225; Barth, Th., Elemente u. Typen landeskirchlicher Leitung, Tübingen 1995 (Jus Ecclesiasticum 53), 128 f., 132-140; Heckel, Ch., § 11 Die Verfassung der ev. Landeskirchen: HevKR 437-514, insb. Rnn. 94-121; de Wall, H. – Muckel, St., Kirchenrecht, München [5]2017, 356 f.

Thomas Barth

Kirchenprovinz – Katholisch

Das Streben der →Bischöfe nach gemeinsamer Lehre u. Disziplin führte in der Alten Kirche, zuerst im Osten des Röm. Reiches, zur Bildung von K. Sie umfassten die →Diözesen, die innerhalb einer Provinz des Röm. Reiches lagen. Aus den Treffen der Bf. der Provinz erwuchs das →Provinzialkonzil als Ausdruck bfl. →Kollegialität. Dem →Metropoliten, Bf. der Provinzhauptstadt, kam in der K. u. gegenüber den anderen Bf. eine herausgehobene Stellung zu. Auf den →Ökumenischen Konzilien von Nicäa u. Antiochien wurden die K. als Regel der Kirchenstruktur normiert. Seit dem frühen MA verloren die K. kontinuierlich an Bedeutung, Provinzialkonzile wurden immer seltener u. das synodal-kollegiale Verständnis der Bischofsversammlung ging nahezu verloren.

Das Vat II formulierte nur wenige Aussagen zur Bildung der K. u. dem Metropolitenamt; CD 39-41. Die K. wurde nicht mehr als hierarchische Ebene, sondern als →Teilkirchenverband zwischen Universal- (→Gesamtkirche) u. →Teilkirche definiert, in dem das Provinzialkonzil für die Förderung der Pastoral (mit-)verantwortlich ist. Im CIC/1983 werden, unter der leitenden Prämisse der Pastoral, die K. als Teilkirchenverband, das Provinzialkonzil, insofern es ein →Partikularkonzil ist, u. das Metropolitenamt normiert. Aus den kodikarischen Normen u. einigen Bestimmungen nachkonziliarer päpstlicher Dokumente ergibt sich:

M. den K. sollen die Gemeinschaft der Bf. u. die Solidarität der Teilkirchen gefördert werden; Pastores Gregis 6. Der Metropolit u. die Suffraganbischöfe fördern gemeinsame Initiativen, um auf die pastoralen Bedürfnisse der Diözesen zu antworten; Apostolorum Successores 23b. K. verbinden Teilkirchen, damit ein gemeinsames pastorales Vorgehen der Nachbardiözesen gefördert wird u. um die bfl. Gemeinschaft besser pflegen zu können; deshalb sind K. einzurichten u. exempte Diözesen in K. einzugliedern; nur die höchste kirchl. Autorität kann K. errichten, aufheben od. verändern; c. 431. K. besitzen Rechtspersönlichkeit; Leitungsvollmacht besitzen das Provinzialkonzil u. der Metropolit; c. 432. In der K. besteht ein →Bischofskonvent. Er ist vom Metropoliten regelmäßig einzuberufen; Teilnehmer sind die →Diözesanbischöfe, die →Bischofskoadjutoren u. die Wbf.; Aufgabe des Konvents sind die Abstimmung der pastoralen Tätigkeit in der K. u. die Ausübung gemeinsamer Kompetenzen; Apostolorum Successores 23b. K. können zu →Kirchenregionen zusammengeschlossen werden; c. 433.

Das Provinzialkonzil ist das bfl.-kollegiale u. synodal strukturierte Gesetzgebungsorgan der K. m. Leitungsgewalt. Es trifft für die pastoralen Erfordernisse Vorsorge u. kann bestimmen, was für Glaube, Pastoral, Sitten u. Disziplin angebracht u. nützlich scheint; c. 445. Doch sollen nur Punkte entschieden werden, für die eine gleichartige Regelung nötig ist; Apostolorum Successores 27. Die Mehrheit der Diözesanbischöfe der K. entscheidet über die Abhaltung eines Provinzialkonzils; c. 440. M. Konsens der Diözesanbischöfe beruft der Metropolit das →Konzil ein, leitet es u. organisiert den

Verlauf; c. 442. Der Teilnehmerkreis ist differenziert geregelt: entscheidendes Stimmrecht haben nur die Diözesanbischöfe, die Bischofskoadjutoren u. die →Auxiliarbischöfe der Provinz sowie →Titularbischöfe, die in der Provinz ein bes. Amt wahrnehmen; c. 443. Es besteht Teilnahmepflicht; c. 444. Die vom Provinzialkonzil verabschiedeten →Dekrete bedürfen vor der Veröff. der Überprüfung durch den →Apostolischen Stuhl, dem überhaupt alle Konzilsakten zu überstellen sind; c. 446.

Der Metropolit ist der Vorsteher der K. u. zugl. Ebf. der Diözese, die ihm übertragen worden ist; c. 435. Er ist Organ u. Symbol der Brüderlichkeit unter den Bf. der Provinz sowie ihrer Gemeinschaft m. dem →Papst; Pastores Gregis 6. Er gilt in Bezug auf die anderen Diözesanbischöfe der Provinz als primus inter pares u. soll m. ihnen gemeinsame pastorale Initiativen fördern; Apostolorum Successores 23b. Er besitzt eng umgrenzte Überwachungs- u. Interventionsrechte in der K.; c. 436 §1, Apostolorum Successores 23b. M. Zustimmung der anderen Diözesanbischöfe können ihm vom Apost. Stuhl weitere Aufgaben u. →Vollmachten übertragen werden; c. 436 §2, Apostolorum Successores 23b. Ausgezeichnet ist der Metropolit seit der Antike m. dem →Pallium. Es ist ein liturgisches Amtsabzeichen, dessen Empfang der Metropolit bei seinem Amtsantritt vom P. zu erbitten hat u. das Zeichen der hoheitlichen Gewalt u. der Gemeinschaft m. der röm. Kirche ist; c. 437.

In den kath. Ostkirchen bestehen K. m. Provinzialkonzilen in den Patriarchal- u. großerzbischöflichen Kirchen; cc. 133-139 CCEO. Die Metropoliten im Territorium dieser Kirchen sui iuris verfügen noch über das altkirchliche Recht, die Suffraganbischöfe ihrer Provinz zu weihen; außerdem werden sie in der göttlichen Liturgie gedenkend erwähnt.

Quellen

Vat II, CD; Johannes Paul II., Nachsynodales Mahnschreiben Pastores gregis vom 16. Oktober 2003: AAS 96 (2004), 825-924; Kongr. für die Bischöfe, Dir. Apostolorum successores für den Hirtendienst der Bischöfe vom 22. Februar 2004: VApSt 173.

Literatur

Hohl, H., Das Amt des Metropoliten, Essen 2010 (BzMKCIC 59); Bier, G., § 36 Die Kirchenprovinz: HbkathKR³, 577-584; Stoffel, O.: MKCIC cc. 431-446, 1993.

Heinrich Hohl

© 2019, DOI: 10.30965/9783506786388_0663

Kirchenprovinz – Evangelisch

Die ev. Kirche der altpreußischen Union (APU, →Evangelische Kirche der Union) gliederte sich nach 1815 in zehn (später acht) Provinzen, in denen je ein den ev. Konfessionen gemeinsames →Konsistorium m. kirchenleitender Kompetenz in anteiliger konfessioneller Zusammensetzung gebildet wurde. Die K. entsprachen als regionale Verwaltungseinheiten den staatl. Verwaltungseinheiten der preuß. Provinz. Mehrere →Kirchenkreise waren in einer K. zusammengeschlossen. Insoweit ist die K. im ev. KR der K. im röm.-kath. KR vergleichbar, in dem mehrere Diözesen i. d. R. zu einer K. zusammengeschlossen sind. Die ev. K. wird aber nicht durch einen →Erzbischof als →Metropolit geleitet, sondern nach Ablösung des landesherrlichen Kirchenregiments (→Kirchenregiment, landesherrliches) durch die Provinzialsynode. Die K. hatte das Besteuerungs- u. Gesetzgebungsrecht u. wirkte bei der Behördenorganisation mit. Die preuß. Provinzialkirchen (Ost- u. Westpreußen, Brandenburg, Pommern, Posen, Sachsen, Schlesien, Rheinprovinz u. Westfalen) waren vergleichbar den damaligen →Landeskirchen in Deutschland. Nach 1945 wurden die K. selbstständige LK m. eigenen →Kirchenordnungen (Treysaer Beschl. 1945). Die APU von 1922 konstituierte sich 1951 im Geist der →Bekennenden Kirche neu, ab 1953 bildete sie die EKU.

Heute nennen sich die ehem. preuß. Provinzialkirchen Kirchen bzw. LK (z. B. Westf). Nach dem Ende des Zweiten Weltkriegs 1945 behielt die Ev. Kirche der K. Sachsen die Bez. K. in ihrem Namen. Die K. Sachsen wurde 1816 bei der Neugliederung des preuß. Staates aus älteren preuß. Besitzungen gebildet. Die Kirche gab sich am 30.06.1950 eine Verf., die am 01.10.1950 in Kraft trat. Sie war eine →Körperschaft des öffentlichen Rechts (Deutschland) m. Sitz in Magdeburg. Die K. Sachsen war von 1947 bis 1969 u. von 1991 bis 2008 eine von zuletzt 23 Gliedkirchen der →Evangelischen Kirche in Deutschland (EKD). Die Ev. Kirche der K. Sachsen war eine der →Unierte Kirchen (evangelisch) innerhalb der EKD u. bestand aus →Kirchengemeinden m. luth. od. ref. u. solchen m. den Bekenntnissen der Reformation (unierte KGde.).

Die K. Sachsen war auch eine Gliedkirche des →Bund der Evangelischen Kirchen in der DDR (1969-1991). Sie gehörte auch der EKU an, die aus der Ev. Kirche der APU hervorgegangen war u. 2003 in der →Union Evangelischer Kirchen aufging.

Das Gebiet der Ev. Kirche der K. Sachsen umfasste die ehemals preuß. Provinz Sachsen, welche heute größtenteils m. dem ehem. Land Anhalt das Land Sachsen-Anhalt bildet. Die südlichen Teile der K. gehörten zum Freistaat Thüringen (Propstei Erfurt-Nordhausen). Ferner lagen auch einige Gebiete im Osten der K. im heutigen Land Brandenburg (KKreis Bad Liebenwerda) u. im Freistaat Sachsen (KKreis Torgau-Delitzsch).

Die geistl. Leitung der K. Sachsen oblag bis 1947 den jeweiligen Generalsuperintendenten u. seit 1947 dem →Bischof. Der Bf. war Vorsitzender der →Kirchenleitung. Zu dieser gehörten neben dem Bf. noch elf weitere haupt- u. nebenamtliche Personen, die von der →Synode gewählt wurden, darunter →Pröpste, →Superintendenten u. →Laien.

Seit dem 01.07.2004 bildeten die K. Sachsen u. die Ev.-Luth. Kirche in Thüringen die Föderation Ev. Kirchen in Mitteldeutschland. Am 01.01.2009 schloss sich die K. Sachsen m. der Ev.-Luth. Kirche in Thüringen zur EKM zusammen. Die EKM ist eine von 20 Gliedkirchen der EKD: Das →Landeskirchenamt befindet sich in Erfurt, der Sitz des →Landesbischofs ist Magdeburg.

Literatur

Elliger, W., Die ev. Kirche der Union, Witten 1967; Rogge, R., Art. Ev. Kirche der Union: TRE Bd. 10, 677-683.

Arno Schilberg

Kirchenraum – Katholisch

Im Unterschied zu den paganen Religionen kennt das Christentum (u. seit der Zerstörung des Jerusalemer Tempels i. J. 70 n. Chr. auch das Judentum) kein eigentliches lokales Heiligtum. Die →Gemeinde bildet den Raum, Gottes hl. Tempel, in dem der Geist wohnt (1 Kor 3, 16), die Versammlung, in der Chr. gegenwärtig wird (Mt 18, 20), um den priesterlichen Dienst der Vermittlung zu leisten. Dazu brauchten Christen allerdings Versammlungsräume. Nach der Trennung von den Synagogengemeinden versammelten sie sich in Privathäusern, aus denen Hauskirchen entstanden (Dura Europos). Seit dem 4. Jh. u. v. a. nach der Konstantinischen Wende entwickelte sich der monumentale Kirchenbau, dessen Grundform v. a. die Basilika bildete, die jedoch in Ost u. West auf vielfältige Weise weiterentwickelt wurde. Dies hing u. a. m. der Kombination unterschiedlicher Zweckbestimmungen (z. B. Heiligenkult) zusammen. Neben der Basilika als gerichteter Raum wurde der Zentralbau in Fortführung antiker Konventionen v. a. als Memorialbau (Anastasisrotunde in Jerusalem) u. Baptisterium (S. Giovanni in Laterano, Rom). Basilika u. Zentralbau kommen auch als Hybride vor (Hagia Sophia, Istanbul; Peterskirche, Rom).

Der K. der röm.-kath. Tradition war im Laufe der Zeit vielfältigen Wandlungen unterworfen u. auch keineswegs uniform. So entwickelte sich im MA eine Kirchenfamilie von Stifts-, Kloster-, →Pfarrkirchen, →Kapellen u. Oratorien, die sich um die Kathedrale als Mutterkirche scharten. Durch ein komplexes, an Jerusalem u. Rom orientiertes Stationskirchenwesen waren die einzelnen Kirchen m. ihren Konventen u. Gde. liturgisch u. geistl. miteinander verbunden. Die Einrichtung der →Kirchengebäude entsprach den jeweiligen Erfordernissen. V. a. die Kathedralen des Hoch- u. Spätmittelalters dienten unterschiedlichsten Bevölkerungsgruppen zu unterschiedlichen Zwecken. Dementsprechend waren sie durch An- u. Einbauten mitunter stark zerklüftet. Die kath. Reform als Antwort auf die →Reformation schaffte m. der Idee des Einheitsraums u. der Konzentration auf den Hochaltar zwar Klarheit, zerstörte dabei aber oft hist. gewachsene u. künstlerisch hochwertige Raumensembles. Die Idee des Einheitsraums blieb auch für die Liturgiereform des Vat II bestimmend, wobei unter Berufung auf das Prinzip der tätigen Teilnahme (Liturgiekonstitution SC 48 u. öfter) wiederum gravierend in die Gestalt der K. eingegriffen wurde (s. u.).

Seit der Spätantike wird dem K. u. insb. dem →Altar eine bes. Dignität zugeschrieben. Zwar galt als erste Weihe die Indienstnahme durch die erste Feier der Eucharistie (→Eucharistiefeier), doch sind Weihegedächtnistage der vornehmen Sakralbauten schon seit dem späten 4. Jh. bezeugt. Ab dem 8. Jh. bildete sich das reiche Ritual der →Kirchenweihe u. Altarweihe heraus, wie es sich im Pontifikale Romanum bis heute erhalten hat. Kirchenrechtlich handelt es sich bei der Weihe um den Entzug weltlicher Zweckbestimmung u. die Bestimmung für den →Gottesdienst (→dedicatio). Kathedral- u. Pfarrkirchen müssen geweiht werden (c. 1217 § 2), andere sind in einem einfacheren Ritus (o. Salbung) zu segnen (→Benediktion).

Die kirchl. Bestimmungen für die Gestalt des K. sind in unterschiedlichen Dokumenten verstreut u. variieren zwischen den einzelnen Ortskirchen, da manches der Entscheidung der →Bischofskonferenzen überlassen bleibt. Für die →Deutsche Bischofskonferenz sind die geltenden Bestimmungen in den Leitlinien für den Bau u. die Ausgestaltung von gottesdienstlichen Räumen (1989; [6]2002) sowie in der Arbeitshilfe Liturgie u. Bild (1996) zusammengefasst. Gegenüber der bisherigen, im Wesentlichen seit dem Trienter Konzil ca. 400 J. geltenden Raumsituation sind folgende Einzelbestimmungen festzuhalten: a) Konzentration auf einen einzigen, freistehenden →Altar unter Verzicht auf Seiten- od. Nebenaltäre (möglich geworden durch die Einführung der →Konzelebration statt Einzelzelebration); b) Trennung von Altar u. Aufbewahrungsort der Eucharistie (Tabernakel), der nun in einer eigenen Kapelle aufgestellt werden kann; c) Einführung eines festen Ortes der Wortverkündigung (Ambo) im Altarbereich, wodurch die Predigtkanzel im Kirchenschiff (bis dahin ein außerliturgischer Ort) obsolet wird; d) Einführung eines festen Priestersitzes für die Gottesdienstleitung; e) Änderung des Kommunionritus (Kommunionprozession), wodurch die Kommunionbänke funktionslos werden, deren urspr. Funktion als Abschrankung des Chorbereichs ebenfalls nicht mehr notwendig erscheint. f) Funktionsänderung des Taufsteins (bis dahin v. a. Aufbewahrungsbehälter für das nur an Ostern geweihte Taufwasser) aufgrund der Bestimmung, das Wasser in jeder Feier außerhalb der Osterzeit zu weihen; Verlagerung des Taufortes vom Eingangsbereich ins Angesicht der Gde.; g) Änderung der Bußpraxis, Einführung von Beichtzimmern u. Reduzierung der Beichtstühle; h) Reduktion der Bilder u. Konzentration auf theol. Aussagen.

Bei allem Bestreben nach Ordnung bleibt der kath. K. vielfältig u. bisweilen widersprüchlich, wie die Strömungen u. Spiritualitäten nicht auf einen Nenner zu bringen sind. So koexistieren aufgrund der Wiederzulassung der älteren Form der röm. Liturgie im J. 2007 tridentinische K. neben vat., u. auch innerhalb der neueren Form ist ein breites Spektrum chr. Kirchenräume abgedeckt.

Quellen

Vat II, SC; Leitlinien für den Bau u. die Ausgestaltung von gottesdienstlichen Räumen. Handreichung der Liturgiekommission der DBK vom 25. Oktober 1988, hg. v. Sekretariat der DBK, Bonn ^{6}2002; . Die Weihe der Kirche u. des Altares. Die Weihe der Öle. Pontifikale IV. Handausgabe m. pastoralliturgischen Hinweisen, hg. v. den Liturgischen Instituten Salzburg, Trier, Zürich, Freiburg 1994; Liturgie u. Bild. Eine Orientierungshilfe. Handreichung der Liturgiekommission der DBK vom 23. April 1996, hg. v. Sekretariat der DBK, Bonn 1996.

Literatur

Gerhards, A., Die „Leitlinien für den Bau und die Ausgestaltung von gottesdienstlichen Räumen": LJ 40 (1990), 120-126; ders., Liturgie u. Bild. Vorstellung einer Orientierungshilfe der Arbeitsgruppe „Kirchl. Architektur u. Sakrale Kunst" (AKASK) der Liturgiekommission der Deutschen Bischofskonferenz: LJ 47 (1997), 62-77; ders., Wo Gott u. Welt sich begegnen. Kirchenräume verstehen, Kevelaer 2011; Kopp, S., Der liturgische Raum in der westlichen Tradition. Fragen u. Standpunkte am Beginn des 21. Jahrhunderts, Münster 2011 (Ästhetik-Theologie-Liturgik 54); Schmitt, H., „Mache dieses Haus zu einem Haus der Gnade und des Heiles". Der Kirchweihritus in Geschichte u. Gegenwart als Spiegel des jeweiligen Kirchen- u. Liturgieverständnisses im 2. Jahrtausend, Paderborn 2004 (PaThSt 40); Stock, A., Raum, Paderborn 2014 (Poetische Dogmatik. Ekklesiologie 1).

Albert Gerhards

© 2019, DOI: 10.30965/9783506786388_0664

Kirchenrecht – Katholisch

K. bez. als Oberbegriff das Recht aller Kirchen u. kirchl. Gemeinschaften. Kath. K. stellt die Rechtsordnung der →lateinischen Kirche u. der kath. Ostkirchen dar. Kath. K. wird auch als kan. Recht bez., da ihre →Gesetze in Abgrenzung zu den weltlichen →Leges als Canones bez. werden. So wird auch die →Kirchenrechtswissenschaft als Kanonistik bez. Von K. zu unterscheiden ist das →Religionsrecht, das die Rechtsbeziehung von Staat u. Religion regelt u. seine Quellen in den religionsrechtlichen Verfassungsnormen u. entspr. Gesetzen sowie im Vertragsstaatskirchenrecht bzw. Konkordatsrecht (→Konkordat, Kirchenvertrag) findet.

Kath. K. kennt die Kategorie des →Ius divinum, das nach Offenbarungsrecht bzw. Ius divinum positivum u. m. der Vernunft erkennbares →Naturrecht bzw. Ius divinum naturale m. Geltungsbereich für alle Menschen geschieden wird. Das Ius divinum legitimiert, limitiert u. normiert das →Ius humanum bzw. Ius mere ecclesiasticum (→Ius ecclesiasticum), das dem Ius divinum nicht widersprechen darf. Während das Ius divinum in seinem Kern unveränderlich u. indispensabel ist, ist das Ius mere ecclesiasticum veränderbar u. dispensabel. K. erstreckt sich zwar i. d. R. auf das forum externum, schließt aber auch das forum internum m. ein (→Forum externum et internum).

Kirchl. Recht hat bereits in biblischer Zeit seine Wurzeln u. entwickelt sich über die KO, Synodal- u. Konzilscanones u. päpstlichen →Dekretalen hin u. wurde in Spätantike u. Frühmittelalter in lokalen Slg. gebündelt. Das →Decretum Gratiani 1140 stellt die Geburtsstunde der Kirchenrechtswissenschaft dar. Seine Kommentierung erfolgt durch die Dekretistik (→Dekretisten) ab der zweiten Hälfte des 12. Jh. gefolgt von der klassischen Dekretalistik (→Dekretalisten) ab 1234 m. dem →Liber Extra Gregor IX. u. den anderen Teilen des im 16. Jh. edierten →Corpus Iuris Canonici, dem →Liber Sextus, Bonifatius VIII., den Clementinen u. den Extravaganten Johannes XXII. sowie den Extravagantes communes (→Extravagantensammlung). Nach der Zeit weiterer privater Slg. u. der Entwicklung des →Ius Publicum Ecclesiasticum in der Neuzeit wurde bereits auf dem Vat I in Rezeption u. im Kontext der Codexidee im weltlichen Bereich die Notwendigkeit eines →Codex Iuris Canonici formuliert, der dann im J. 1917 promulgiert wurde, das Recht reinigte u. systematisierte u. in seiner Gliederung dem röm.-rechtlichen Schema personae – res – actiones (→Römisches Recht) folgte. Der 1983 promulgierte geltende CIC wurde m. der Ankündigung des Vat II verknüpft m. dem Auftrag, die Ekklesiologie des Vat II in →Rechtssprache zu transformieren, wenngleich dies gem. der ApK →Sacrae Disciplinae Leges nie erschöpfend möglich ist (vgl. SDL, XIX; →Konzil und Codex). Der CIC/1983 gliedert sich in Rezeption der →Tria-Munera-Lehre in die Bücher II →Volk Gottes, III →Verkündigungsdienst der Kirche u. IV →Heiligungsdienst der Kirche sowie ferner in die Bücher I →Allgemeine Normen, V →Kirchenvermögen, VI Strafbestimmungen in der Kirche (→Strafrecht) sowie VII Prozesse (→Prozessrecht). Der 1990 promulgierte →Codex Canonum Ecclesiarum Orientalium gliedert sich in versch. Titel.

Wie im weltlichen Recht wird im K. objektives Recht u. subjektives Recht unterschieden. Während das objektive die Gesamtheit aller kirchl. Gesetze darstellt, seien sie positiv erlassen od. durch →Gewohnheitsrecht gebildet, erwachsen aus dem objektiven Recht subjektive Rechtsansprüche für einzelne Rechtspersonen. Das objektive Recht regelt die Beziehung der →Gläubigen untereinander, ihr Verhältnis zur kirchl. Autorität sowie die Kompetenzen ders. Das kath. universalkirchliche K. liegt insb., aber nicht ausschließlich in den beiden geltenden Codices dem CIC/1983 u. dem CCEO vor u. in Gesetzen (insb. →Motu Proprien u. →Apostolische Konstitutionen), die in den →Acta Apostolicae Sedis promulgiert wurden. Darüber hinaus ist für den Bereich des primären Rechts neben dem Gewohnheitsrecht u. leges canonizatae auf →liturgisches Recht sowie auf das in den jeweiligen →Amtsblättern promulgierte →Partikularrecht der →Teilkirchen bzw. der →Bischofskonferenzen u. von →Partikularkonzilien sowie als sekundäres Recht im Bereich des Vereinigungsrechts auf Satzungen u. →Statuten etc. zu verweisen. Die Kirchenrechtswissenschaft sowie die kirchl. Gerichtsbarkeit (→Gerichtsbarkeit, kirchliche bzw. religiöse) u. →Verwaltung hat die in c. 17 grundgelegten Methoden der Interpretation (→Interpretation, Auslegung) der Gesetze zu beachten. Bei der →Rechtsanwendung ist gem. c. 1752 die →salus animarum als höchstes Gesetz der Kirche zu beachten, sodass sie der →Gerechtigkeit u. der Billigkeit gerecht wird.

Die kath. Kirche versteht sich gem. dem Vat II als →Communio, Volk Gottes sowie in Abkehr von der Societas-Perfecta-Ekklesiologie (→Societas perfecta) als societas sui generis, die gem. LG 8 untrennbar aus sichtbarer u. unsichtbarer Dimension besteht. Das K. wird theol. aus dem Wesen bzw. der Verf. der Kirche begr. u. wird natürlich als die societas sui generis strukturierendes Element insb. der sichtbaren Dimension der Kirche zugeschrieben, das aber als pastorales Instrument im Dienst der unsichtbaren Dimension steht, indem es den Rahmen für die Verwirklichung der →Charismen in der Kirche bietet, o. m. diesen in eins zu fallen. K. ist somit ein ius sui generis, das wirkliches, verbindliches Recht ist, aber weder vom staatl. Recht abgeleitet wird noch wie staatl. Recht in einem Gesellschaftsvertrag gründet od. wie das →Vereinsrecht im Willen seiner Mitglieder. Das K. dient als Instrument dazu, dass die durch die →Taufe dem Volk Gottes eingegliederten Gläubigen jeder auf seine Weise gem. cc. 204 i. V. m. 96 u. 208 die universale Heilssendung (→Sendung) der Kirche in der Welt verwirklichen können.

Quellen

Vat II, LG; Johannes Paul II., ApK Sacrae Disciplinae Leges vom 25. Januar 1983: AAS 75 (1983) II, VII-XIV.

Literatur

KanR I, 1-57; Riedel-Spangenberger, I., Art. Kirchenrecht II. Kath.: LKStKR Bd. 2, 503-505; Aymans, W.,

Art. Kirchenrecht: LThK³ Bd. 6, 41-43; Erdö, P., Die Quellen des Kirchenrechts, Frankfurt u. a. 2002; Graulich, M., Unterwegs zu einer Theologie des Kirchenrechts. Die Grundlegung des Rechts bei Gottlieb Söhngen (1892-1971) u. die Konzepte der neueren Kirchenrechtwissenschaft, Paderborn u. a. 2006 (KStKR 6); Müller, L., § 2 Recht u. Kirchenrecht: HbkathKR³, 12-31.

Thomas Meckel

© 2019, DOI: 10.30965/9783506786388_0665

Kirchenrecht – Evangelisch

1. Als Ev. K. kann aus dem Blickwinkel der allg. Rechtsordnung das von einer ev. Kirche kraft ihrer Selbstbestimmung gesetzte bzw. anerkannte Recht verstanden werden, das der Regelung ihrer eigenen Angelegenheiten dient. Damit unterscheidet es sich von dem durch den Staat gesetzten, das Verhältnis von Staat u. Kirche regelnden →Staatskirchenrecht od. Religons(verfassungs)recht (→Religionsrecht).

2. Die →Reformation wandte sich u. a. gegen die Vorstellung, dass rechtlichen Regeln Heilsnotwendigkeit zukommen kann. Das Evangelium wird nicht als Quelle rechtlicher Verpflichtungen verstanden. Die kirchl. Rechtsordnung darf keinen Gewissenszwang auferlegen. Gleichwohl bedarf die Kirche als (sichtbarer) sozialer Verband, die von der (verborgenen) Kirche der wahrhaft Gläubigen unterschieden wird, rechtlicher Regeln. Das luth. Amts- u. →Kirchenverständnis lehnt die kath. Lehre einer kraft göttlichen Rechts dem hierarchischen Klerus vorbehaltenen Jurisdiktionsgewalt (→Jurisdiktion), die auch die Rechtsetzungsgewalt umfasst, ab. All dies führt dazu, dass die rechtliche Ordnung der (sichtbaren) Kirche weitgehend menschlicher Freiheit überlassen wird. Dem Recht kommt dabei (lediglich) eine Hilfsfunktion für den Verkündigungsauftrag der Kirche zu. Das ref. Verständnis unterscheidet sich vom luth. u. a. durch eine stärker in Schrift u. →Bekenntnis verwurzelte Ämterordnung sowie die Hervorhebung gemeindlicher, presbyterialer Strukturen u. der Gemeindezucht.

3. Die weitgehende Freiheit zur rechtlichen Ordnung der Kirche führt in den der Reformation folgenden Jhh. nicht zur Bildung eines vollständig auton., eigenständigen ev. K. Vielmehr gerät es in der Epoche des landesherrlichen Kirchenregiments (→Kirchenregiment, landesherrliches) unter staatl. bzw. landesherrlichen Einfluss. Jedoch dürfen die in dieser Zeit erlassenen →Kirchenordnungen inhaltlich nicht als staatl. (Glaubens)zwangsinstrumente verstanden werden. Sie wurden überwiegend von Theologen ausgearbeitet u. suchen reformatorisches Verständnis der chr. Lehre u. der Gestaltung kirchl. Lebens umzusetzen, wenn auch in einer Kirche, die organisatorisch unter landesherrlichen Leitungsbefugnissen stand.

4. Die diesem →Staatskirchentum des landesherrlichen Kirchenregiments zugrundeliegenden hist. Rahmenbedingungen haben u. a. dazu geführt, dass das ev. K. bis heute in zahlreiche Einzelrechtsordnungen der jeweiligen National- od. →Landeskirchen zersplittert ist. Die Bedingungen für ein eigenständiges, staatsunabhängiges ev. K. wurden erst m. der zunehmenden Verselbständigung der ev. Kirchen im 19. Jh. geschaffen, u. a. indem die →Synoden als kirchl. Gesetzgebungsorgane eingerichtet wurden. M. dem Ende der Verbindung von Staat u. Kirche, das durch Art. 137 Abs. 1 der WRV 1919 markiert wurde, war in Deutschland die Möglichkeit, aber auch die Notwendigkeit zu einem auton. kirchl. Recht gegeben. So setzte eine Welle kirchl. Verfassungsgebung ein.

5. Der sog. →Kirchenkampf im NS führte die für das heutige K. grundlegende Erkenntnis von der Notwendigkeit der Orientierung des K. an Schrift u. Bekenntnis vor Augen (These 3 der →Barmer Theologischen Erklärung von 1934). Damit wird dem trotz menschlicher Gestaltungsfreiheit bestehenden, aus dem Auftrag der Kirche folgenden Zusammenhang

des K. m. dem Evangelium Rechnung getragen, dessen →Verkündigung das ev. K. ja dienen soll.

7. Nach dem zweiten Weltkrieg ist dieser Zusammenhang in einer Reihe von rechtstheologischen Grundlagenentwürfen näher entfaltet worden (z. B. J. Heckel, E. Wolf, H. Dombois). Die kirchenrechtliche Entwicklung ist damit über die das K. insgesamt in Frage stellende, am Ende des 19. Jh. von Rudolf Sohm formulierte These hinweggegangen, dass das Recht als Zwangsinstrument m. dem Wesen der Kirche unvereinbar sei. Allerdings haben die Grundlagenentwürfe wenig Bedeutung für die kirchl. Rechtssetzung u. -praxis erlangt. Entsprechendes gilt für die Frage, ob das K. u. das staatl. Recht einem einheitlichen Rechtsbegriff unterliegen, od. ob von zwei getrennten Rechtsbegriffen auszugehen sei. Je nach Sachmaterie u. Fragestellung können einmal die strukturellen Parallelen zum staatl. Recht, ein andermal die durch die Bekenntnisbindung u. unterschiedliche Funktion bedingten wesensmäßigen Unterschiede im Vordergrund stehen. Bedeutsamer ist demgegenüber, welche Konsequenzen aus der Bindung an Schrift u. Bekenntnis in der jeweiligen konkreten Rechtsmaterie – etwa der →Kirchenverfassung od. dem Pfarrerdienstrecht (→Pfarrdienstgesetz) – zu ziehen sind. Hier wird die Abhängigkeit des K. vom Kirchen- u. Amtsverständnis bes. deutlich. In diesem Sinn kann das ev. K., Grundlagen der ev. →Rechtstheologie u. des Kirchenverständnisses einbeziehend, bez. werden als „die Form, in der sich die Gemeinschaft der Getauften im Vertrauen auf die verheißene Gegenwart Gottes darüber verständigt, welches kirchliche Handeln als geistlich angezeigt verantwortet werden soll" (Germann).

8. Zu den Regelungsmaterien des gegenwärtigen ev. K. gehört die Verf. der Kirche im weitesten Sinne unter Einschluss der Ordnung der →Kirchengemeinden. Dazu kann auch das Recht der kirchl. Amtsträger u. Mitarbeiter gezählt werden. Daneben regelt das ev. K. z. B. die kirchl. Mitgliedschaft, die Rechtsverhältnisse der kirchl. Einrichtungen u. Werke, die Verwaltung des kirchl. Vermögens (→Vermögensverwaltung), die kirchl. Gerichtsbarkeit (→Gerichtsbarkeit, kirchliche bzw. religiöse), aber auch im Anschluss an das staatl. Recht entstandene, neue Materien wie den kirchl. →Datenschutz. Anders als das kath. K. kennt das ev. K. kein eigenes kirchl. →Eherecht. Auch ein ev. kirchl. Strafrecht existiert nicht, wenn man von der praktisch nur noch wenig bedeutsamen, sog. Kirchenzucht absieht.

9. Im Bezug auf die →Rechtsquellen unterscheidet sich das ev. K. wesentlich vom kath. K. Eine Kodifikation des ev. K. nach Art des CIC existiert nicht. Das ev. K. ist partikulares Recht. Wichtigste Rechtsquellen sind dementsprechend die KirchVerf. u. KG (→Gesetz) der einzelnen Landes- u. Nationalkirchen. In Ländern m. staatskirchlichen Modellen (z. T. in Skandinavien) werden die KG z. T. noch durch den staatl. Gesetzgeber erlassen od. sanktioniert. Neben die KG treten kirchl. →Verordnungen u. →Satzungen. Auch →Gewohnheitsrecht ist als Rechtsquelle anerkannt. Trotz der begrifflichen u. sachlichen Parallele zum staatl. Recht gibt es erhebliche Unterschiede bei der Abgrenzung u. der Hierarchie der Rechtsquellen.

Regelungen zum gottesdienstlichen Leben, zu den kirchl. →Amtshandlungen (→Kasualien) etc. sind überwiegend in kirchl. →Lebensordnungen niedergelegt. Diese enthalten aber nur zu einem (geringen) Teil rechtlich verbindliche Festlegungen, sondern sind v. a. als geistl. Orientierungssätze formuliert.

Da das Evangelium nicht als Quelle rechtlich verbindlicher Anordnung aufgefasst wird, ist dem ev. K. die Vorstellung unmittelbar geltenden göttlichen Rechtes (→Ius divinum) weitgehend fern. Die Bekenntnisbindung beinhaltet aber eine begrenzende u. steuernde Funktion des Evangeliums für das ev. K.

10. Das K. ist nach ev. Verständnis keine theol., sondern eine jur. Disziplin. Trotz sei-

ner erheblichen praktischen Bedeutung spielt es in der Theologenausbildung eine geringe Rolle. Jur. Aufgaben werden in den ev. Kirchen überwiegend von Juristen wahrgenommen (→Kirchenrechtsstudium). Auch die wiss. Pflege des ev. K. erfolgt ganz überwiegend durch Juristen in den jur. Fak.

Literatur

Richter, Ae. L. – Dove, R. – Kahl, W., Lehrbuch des kath. u. ev. Kirchenrechts, Leipzig ^{8}1886; Sohm, R., Kirchenrecht, 2 Bde., Leipzig 1892/1923; Holstein, G., Die Grundlagen des ev. Kirchenrechts, Tübingen 1928; Liermann, H., Dt. Ev. Kirchenrecht, Stuttgart 1933; Barth, K., Rechtfertigung u. Recht, Zürich ^{3}1948; Heckel, J., Lex Charitatis (1953), Köln – Wien ^{2}1973; Wolf, E., Ordnung der Kirche, 2 Bde., Frankfurt 1960 f.; Dombois, H., Das Recht der Gnade, 3 Bde., Witten 1961 – Bielefeld 1974, 1983; Pirson, D., Universalität u. Partikularität der Kirche, München 1965; Steinmüller, W., Ev. Rechtstheologie, Wien 1968; Grundmann, S., Abhandlungen zum Kirchenrecht, Köln – Wien 1969; Frost, H., Strukturprobleme ev. Kirchenverfassung, Göttingen 1972; Maurer, W., Die Kirche u. ihr Recht, Ges. Aufsätze, Tübingen 1976; Friedrich, O., Einführung in das Kirchenrecht, Göttingen ^{2}1978; Erler, A., Kirchenrecht, München ^{5}1983; Honecker, M., Kirchenrecht II: TRE Bd. 18, 724-729; Heckel, M., Ges. Schriften, 6 Bde., Tübingen 1989 ff.; Stein, A., Ev. Kirchenrecht, Neuwied ^{3}1992; Das Recht der Kirche, 3 Bde., hg. v. G. Rau – H.-R. Reuter – K. Schlaich, Gütersloh 1994 ff.; von Campenhausen, A., Ges. Schriften, 2 Bde., Tübingen 1995, 2014; Honecker, M., Ev. Kirchenrecht, Göttingen 2009; de Wall, H. – Germann, M., § 1. Grundlagen: HevKR, 3-80; Grethlein, Chr., Ev. Kirchenrecht, Leipzig 2015; Munsonius, H., Ev. Kirchenrecht, Tübingen 2015; Heckel, M., Martin Luthers Reformation u. das Recht, Tübingen 2016; Link, Chr., Kirchl. Rechtsgeschichte, München ^{3}2017; de Wall, H. – Muckel, St., Kirchenrecht, München ^{5}2017; Link, Chr., Ges. Schriften, 2 Bde., Tübingen 2019.

Heinrich de Wall

© 2019, DOI: 10.30965/9783506786388_0665

Kirchenrechtliches Institut der EKD – Evangelisch

1. Grundsätzliches: Das K. ist eine 1945 gegr. wiss. Einrichtung m. Sitz in Göttingen. Es betreibt Einzel- u. Verbundforschung zu Fragen des ev. →Kirchenrechts u. staatl. →Religionsrechts. In der Arbeit des Inst. wird ein bes. Akzent auf den Einbezug anderer Disziplinen der Religionsforschung (insb. Theologie, Sozialphilosophie u. Religionssoziologie) gelegt. Das thematische Spektrum der Forschungsaktivitäten reicht von Grundlagenfragen über rechtsdogmatische Detailstudien bis hin zu religions- u. kirchenpolitischen Herausforderungen der Gegenwart. Ausdruck finden die Forschungsaktivitäten in jährlich zahlreichen Publikationen. Sie reichen von traditionellen Formen wie Monographien, Handbüchern, Lexika, Aufsätzen u. Sammelbänden über journalistische Beitr. in überregionalen Organen bis hin zu Blogbeiträgen u. Kommunikation in sozialen Medien.

Das K. ist eine rechtlich unselbständige Einrichtung der →Evangelischen Kirche in Deutschland, die m. einer eigenständigen Ordnung versehen ist. Es dient der kirchenverfassungsrechtlichen Aufgabe der EKD, wiss. Forschung auf dem Gebiet des KR zu fördern (Art. 7 GrO.EKD). Rechtlich u. organisatorisch ist sichergestellt, dass das Inst. seine Aufgaben in wiss. Unabhängigkeit wahrnehmen kann. Traditionell ist das K. in das Lehrangebot der Jur. u. Theol. Fak. der Georg-August-Universität Göttingen eingebunden. Maßgebliche Lehrbücher zum Kirchen- u. Staatskirchenrecht sind im K. entstanden.

Das K. gibt der EKD u. ihren Gliedkirchen rechtsgutachterliche Auskünfte zu komplexeren Rechtsfragen. Eine Auswahl bisher erstellter Gutachten ist in fünf Bde. publiziert. Sie zeigen Kontinuität u. Wandel für die Rechtspraxis relevanter Themen. Regelmäßig werden auch Stellungnahmen u. Gutachten aus Anlass von Gerichtsverfahren, etwa vor dem BVerfG od. dem EGMR, erstellt.

Das K. veranstaltet kontinuierlich Konferenzen u. Fortbildungsveranstaltungen. Im Inst. ist seit jeher die Red. der 1951 gegr. quartalsweise erscheinenden ZevKR angesiedelt. Deren jährliche Tagung der Mitarbeitenden betreut das Inst. ebenfalls. M. all diesen Aktivitäten bildet das K. im Forschungsnetzwerk zum Kirchen- u. Staatskirchenrecht einen zentralen Knotenpunkt.

2. Institutsgeschichte: Die Initiative zur Gründung des K. ging 1945 von Rudolf Smend aus. Smend hatte seit 1935 einen öff.-rechtlichen Lehrstuhl in Göttingen inne u. war seit der Weimarer Zeit in Gremien der ev. Kirche aktiv. 1945 war er an der Gründung der EKD beteiligt u. von 1945 bis 1955 Mitglied des →Rats der EKD. Auf seine Anregung hin beschloss der Rat am 14.12.1945 die „Einrichtung einer juristisch-theologischen Untersuchungsstelle zur Überprüfung des gültigen Kirchenrechts". Erste Aufgabe des Inst. war gleichsam unter dem Eindruck des zurückliegenden →Kirchenkampfes die Entnazifizierung des ev. KR. Schnell traten dann die bis heute maßgeblichen Aufgaben in den Vordergrund. Smend leitete das Inst. nach seiner Emeritierung als Hochschullehrer (1951) weiter bis 1969.

Dann übernahm Axel Frhr. von Campenhausen, 1969 auf einen Lehrstuhl für Öff. Recht u. KR an die LMU München berufen. Das Inst. siedelte in die bayer. Landeshauptstadt um. Zehn J. später kehrte es an seinen Ursprungsort Göttingen zurück. Axel von Campenhausen verband die Institutsleitung ab 1979 m. seiner neuen hauptamtlichen Funktion als Präsident der Klosterkammer in Hannover. Er blieb über vier Jahrzehnte bis zu seinem Ausscheiden 2008 die prägende Gestalt des Inst.

Dritter Leiter des K. ist seit 2008 Hans Michael Heinig, zugl. Inhaber eines der Jur. Fak. an der Universität Göttingen von der EKD gestifteten Lehrstuhls für Öff. Recht, insb. Kirchen- u. Staatskirchenrecht.

Die Arbeit des K. wird wesentlich von Referentinnen u. Referenten getragen. Viele von ihnen haben maßgebliche wiss. Impulse gesetzt. Genannt seien beispielhaft Konrad Hesse (1952-1956), Henning Zwirner (1956-1959, 1960-1961), Ernst Gottfried Mahrenholz (1959-1960), Jörg Müller-Volbehr (1971-1975), Joachim E. Christoph (1980-1996) u. Hendrik Munsonius (seit 2006).

Literatur

Smend, R., Kirchenrechtliche Gutachten in den Jahren 1946-1969, München 1972 (Ius Ecclesiasticum 14); von Campenhausen, A., Münchner Gutachten. Kirchenrechtliche Gutachten in den Jahren 1970-1980, Tübingen 1983 (Ius Ecclesiasticum 30); von Campenhausen, A. – Christoph, J. E., Göttinger Gutachten. Kirchenrechtliche Gutachten in den Jahren 1980-1990, Tübingen 1994 (Ius Ecclesiasticum 48); von Campenhausen, A. – Thiele, C., Göttinger Gutachten II. Kirchenrechtliche Gutachten in den Jahren 1990-2000, Tübingen 2002 (Ius Ecclesiasticum 69); von Campenhausen, A. – Munsonius, H., Göttinger Gutachten III. Kirchenrechtliche Gutachten in den Jahren 2000-2008, Tübingen 2009 (Ius Ecclesiasticum 88); von Campenhausen, A., Bemerkungen zum Kirchenrechtlichen Institut der Ev. Kirche in Deutschland: ders., Ges. S. II, hg. v. H. M. Heinig – H. Munsonius, Tübingen 2014 (Ius Ecclesiasticum 109), 439-448; Heinig, H. M., Die Göttinger Wissenschaft vom Staatskirchenrecht 1945-1969: Von der Koordinationslehre zu freien Kirchen unter dem Grundgesetz: ders., Verfassung der Religion, Tübingen 2014, 425-455.

Hans Michael Heinig

© 2019, DOI: 10.30965/9783506786388_0666

Kirchenrechtsstudium – Katholisch

Das K., das hist. insb. m. den Universitäten in Paris u. Bologna verbunden ist, widmet sich dem Studium des geltenden universalkirchlichen Rechts u. des entspr. →Partikularrechts sowie der kirchl. →Rechtsgeschichte u. dem →Staatskirchenrecht bzw. →Religionsrecht, das in allen üblichen Lehrformen (Vorlesungen, Seminare, Proseminare, Übungen, Kolloquien etc.) erfolgt.

Das →Kirchenrecht ist als eigenständiges Fach verpflichtender Teil des →Theologiestudiums gem. c. 253 § 3 i. V. m. Art. 70 VG; Art. 55 1b) OrdVG sowie Nr. 174 der RFIS/2016. In den jur. Fak. des weltlichen Rechts ist das K. mittlerweile nur noch i. d. R. fakultativer Bestandteil des Studiums des weltlichen Rechts (z. T. Schwerpunktbereich). In der gemeinsprachlichen Bez. dieses Studiums m. Iura klingt durch den Pl. noch das Studium beider Rechte mit, was allerdings nicht mehr der Realität entspricht. Ferner ist das KR Fach eigenständiger Studiengänge kan. Fak. gem. Art. 77-80 VG, die entweder kirchl. errichtet od. kirchl. anerkannt sind, u. als Spezialisierungsstudiengänge bzw. Fachstudiengänge für →Laien u. →Kleriker insb. in Gerichten (→Gerichte, kirchliche) u. kirchl. →Verwaltung zu den Abschlüssen Lic. iur. can. (→Lizentiat) (so z. B. in Deutschland in Münster) u. zum Lic. iur. can. u. zum Dr. iur. can. führen (so z. B. am Klaus-Mörsdorf-Studium in München). Das Dekr. Novo Codice von 2002 unterscheidet m. Art. 78 VG i. V. m. Art. 61 OrdVG u. Art. 9 der Instr. über die Studien des KR im Lichte der Reform des Eheprozesses vom 27.04.2017, den mind. einjährigen ersten Zyklus zu den allg. Grundlagen des KR u. anderer phil. u. theol. Disziplinen, der zwei J. m. 120 ECTS dauern sollte, den zweiten dreijährigen Lizentiatszyklus der vollständigen Behandlung des kirchl. Rechts u. seiner Quellen (→Rechtsquellen), kirchl. Rechtsgeschichte, Einblick in Zivilrecht u. →Römisches Recht u. in Staatskirchenrecht etc. m. 180 ECTS u. den dritten Zyklus, der zum Doktorat (Dr. iur. can.) führt. Im deutschsprachigen Raum ist zudem m. einem Dr. theol (→Doktorat, theologisches) im Fach KR od. m. einem Dr. iur. can. die entspr. →Habilitation möglich. Studierende m. vorherigem Theologiestudium werden hiervon gem. Art. 62 §1 OrdVG i. d. R. befreit. Ferner sieht die Instr. über die Studien des KR im Lichte der Reform des Eheprozesses vom 27.04.2017 neben den genannten kan. Abschlüssen in Art. 12 auch ein Diplom (Zertifikat) in →Eherecht u. →Prozessrecht von kan. Fak. od. ihr gleichgestellten Einrichtungen vor u. a. als Grundlage für die Bitte um die Dispens um →akademische Grade, die für manche →Ämter vorgesehen sind. Ferner können gem. Art. 20 kirchenrechtliche Lehrstühle an theol. Fak. (→Theologische Fakultät, Hochschuleinrichtung) Berater erster Ebene wie z. B. →Pfarrer od. seine MitarbeiterInnen ausbilden. Gem. Art. 23 werden Berater der zweiten Ebene einer festen Struktur (z. B. Kleriker, Ordensleute od. Laien, die in Familienberatungsstellen arbeiten) von einer kan. Fak. bzw. einer ihr gleichgestellte Einrichtung od. einem Kirchenrechtsdepartement ausgebildet. Gem. Art. 27 können kan. Fak. od. ihr gleichgestellte Einrichtungen →Anwälte als Berater der dritten Ebene ausbilden.

Der akademische Grad mind. eines Lic. iur. can. wird von der Rechtsordnung für folgende Ämter verpflichtend vorgesehen: Offizial bzw. →Gerichtsvikar gem. c. 1420 §4 bzw. c. 1086 §4 CCEO; →RichterInnen gem. c. 1421 §3 bzw. c. 1087 §3 CCEO; Bandverteidiger (→Ehebandverteidiger u. →Weihebandverteidiger) u. →Kirchenanwalt gem. c. 1435 bzw. c. 1099 §2 CCEO sowie Anwälte gem. c. 1483 bzw. c. 1141 CCEO. Für die Ämter des →Bischofs (c. 378 §1 5° bzw. c. 180 6° CCEO) od. des →Generalvikars u. →Bischofsvikars (c. 478 §1 bzw. c. 247 §2 CCEO Synkellos bzw. Protosynkellos) ist der Grad eines Lizentiaten des kan. Rechts eine Möglichkeit unter anderen, die akademischen Voraussetzungen zu erfüllen.

Das Fach KR muss gem. dem Rundschreiben Nr. 6 der Bildungskongregation (→Kongregation für das katholische Bildungswesen) vom 30.03.2009 durch einen Lehrstuhl m. einem fest angestellten Prof. vertreten sein. I. d. R. ist der Lehrstuhl für KR der Fächergruppe der praktischen Theologie zugeordnet, vereinzelt der Fächergruppe der systematischen Theologie. Im Rahmen des Studiengangs Magister Theologiae bzw. des theol. Vollstudiums umfasst das K. nach den Vorgaben der RO der DBK für die Priesterbildung vom 12.03.2003 (→Priesterausbildung) folgende Bereiche: Einführung, Grundbegriffe u. Grundnormen des KR u. theol. Ort u. Grundlegung des KR sowie seine ekklesiologische Funktion, →Verfassungsrecht, Verkündigungs- u. Heiligungs- bzw. →Sakramentenrecht, Staatskirchenrecht bzw. Religionsrecht. Es soll auf die rechtgeschichtlichen Entwicklungen, die ök. Dimension (→Ökumene und Kirchenrecht) u. das →Strafrecht u. Prozessrecht u. das dt. Partikularrecht am gegebenen Ort eingegangen werden. Das K. soll zu einem soliden theol. u. rechtlichen Verständnis der Kirche u. zur Kompetenz, kirchenrechtliche Sachverhalte zu erkennen u. zu bewerten, führen. Gem. der Instr. über die Studien des KR im Lichte der Reform des Eheprozesses vom 27.04.2017 Art. 21 soll das Studium des KR mind. 9 ECTS umfassen, darunter soll ein Semester im Umfang von 3 ECTS dem kirchl. Ehe- u. Eheprozessrecht gewidmet sein. Die RO für die Priesterbildung (Nr. 131) u. die kirchl. Anforderungen der DBK an die Modularisierung des Studiums der kath. Theologie (Theol. Vollstudium) im Rahmen des →Bologna-Prozesses vom 08.03.2006 sehen für das KR 10 Semesterwochenstunden an Pflichtstunden vor

Auch im Bereich der Lehramtsstudiengänge ist gem. den kirchl. Anforderungen an die Religionslehrerbildung (→Religionslehrerin und -lehrer) vom 23.09.2010 das Fach KR verankert. Ferner ist das Fach KR Bestandteil der Ausbildung der →Diakone (→Diakonenausbildung), der →GemeindereferentInnen u. →PastoralreferentInnen sowie allg. der theol. Weiterbildung.

Gemäß OT 16 soll man „... bei der Darlegung des kanonischen Rechts ... den Blick auf das Mysterium der Kirche im Sinne der dogmatischen Konstitution ‚Über die Kirche', die von dieser Hl. Synode erlassen wurde", lenken. Daher kann ein K. o. grundlegende theol. Kenntnisse insb. der Ekklesiologie nicht betrieben werden (→Konzil und Codex, →Hermeneutik des Kirchenrechts), um die theol. Grundlegung des KR vorzunehmen u. KR als theol. Disziplin m. jur. Methode zu betreiben. Das K. soll dazu befähigen, das kirchl. Recht gem. c. 17 bzw. c. 1499 CCEO auszulegen (→Interpretation, Auslegung) u. i. S. der →salus animarum recht u. billig anzuwenden. Dem dienen neben den Quellen des KR als Hilfsmittel Wörterbücher, Synopsen, die Dokumente der Redaktionsgeschichte der Gesetzgeber, die in den Comm. bzw. den Nuntia dokumentiert sind, kan. Kommentarwerke u. Hb., von denen bes. der MKCIC, KanR, das HbkathKR³, das LKR, das dreibändige LKStKR sowie das vierbändige LKRR zu nennen sind. Außerhalb des deutschsprachigen Raums ist insb. auf das DGDC sowie auf Comentario exegético al código de derecho canónico, hg. v. A. Marzoa Rodríguez – J. Miras – R. Rodríguez-Ocaña, 8 Vol., Pamplona ³2002 zu verweisen. Unter den deutschsprachigen kan. Zs. ist insb. auf das AfkKR, die ZRG.K, ÖAKR u. das ÖARR, KuR u. DPM hinzuweisen, bei den wiss. Reihen im deutschsprachigen Raum auf AIC, BzMKCIC, FzK, KStT, KStKR, MThS.K, SKRA etc. Für die außerhalb des deutschsprachigen Raums einzunehmende Perspektive sind z. B. die Zeitschriften IusCan, The Jurist, PerRCan, RDC zu nennen. Im Zuge der Digitalisierung sind gedruckte Bibliographien hilfreich ergänzt um umfangreiche kirchenrechtliche Datenbanken wie die Datenbank Kan. Recht Münster DaKaR u. die Kan. Literaturdokumentation Innsbruck KALDI sowie weitere Websites einzelner Kanonisten.

Quellen

Vat II, OT; Kongregation für das kath. Bildungswesen, Dekr. Novo Codice vom 2. September 2002 über die Studienordnung an den kan. Fakultäten: AAS 95 (2003), 281-285; dt. Übersetzung: AfkKR 171 (2002), 491-495; DBK, Rahmenordnung für die Priesterbildung vom 12. März 2003: DDB 73; ders., Kirchl. Anforderungen an die Modularisierung des Studiums der kath. Theologie (Theol. Vollstudium) im Rahmen des Bologna-Prozesses vom 8. März 2006 i. d. F. v. 21. Juni 2016: DDB 105; Kongregation für das kath. Bildungswesen, Rundschreiben Nr. 6 vom 30. März 2009: Kath. Theologie u. Kirchl. Hochschulrecht.

Einführung u. Dokumentation der kirchl. Rechtsnormen, hg. v. Sekretariat der DBK, Bonn ²2011 (Arbeitshilfen 100), 355-369; DBK, Kirchl. Anforderungen an die Religionslehrerbildung vom 23. September 2010: DDB 93; Kongregation für den Klerus, Das Geschenk zum Priestertum. Ratio Fundamentalis Institutionis Sacerdotalis vom 8. Dezember 2016: VApSt 209; Franziskus, ApK Veritatis Gaudium vom 27. Dezember 2017: VApSt 211, 7-59; Kongregation für das kath. Bildungswesen, Ordinationes zur richtigen Anwendung der ApK Veritatis Gaudium: VApSt 211, 70-105; ders., Instr. Die Studien des Kirchenrechts im Lichte der Reform des Eheprozesses vom 27. April 2017: http://www.vatican.va/roman_curia/congregations/ccatheduc/documents/rc_con_ccatheduc_doc_20180428_istruzione-diritto-canonico_ge.html [Zugriff: 15.05.2019].

Literatur

KanR I, 74-75; Graulich, M., Art. Kirchenrechtsstudium: LKStKR Bd. 2, 505-506; Punderson, J., The requirements for the study of canon law: some observations: Seminarium 43 (2003), 257-287; Ghirlanda, G., La riforma degli studi nelle facoltà di diritto canonico: Seminarium 43 (2003), 197-216; Kalde, F., § 8 Kirchenrechtswissenschaft u. Kirchenrechtsstudium: HbkathKR³, 117-126.

Thomas Meckel

© 2019, DOI: 10.30965/9783506786388_0667

Kirchenrechtsstudium – Evangelisch

Das Studium des ev. →Kirchenrechts ist seit jeher in das Studium der Rechtswissenschaft integriert. Eigene grundständige Studiengänge dazu gab u. gibt es nicht. Eine sporadische, aus der Not eines ideologisch vereinnahmten staatl. Rechtswesens geb. Ausnahme waren einige kirchl. Lehrgänge in der DDR zur Ausbildung von Juristen für den Kirchendienst im Schatten der staatl. Repression. Unter rechtsstaatlichen Verhältnissen ist die in der staatl. Juristenausbildung erworbene Qualifikation, wie sie in Deutschland nach der Zweiten Jur. Staatsprüfung m. der Befähigung zum Richteramt ausgewiesen ist, die passende fachliche Grundlage auch für die professionelle Pflege des ev. KR.

Die früher selbstverständlich zu den Gegenständen jedes Studiums der Rechtswissenschaften (deren Pl. an das ius utrumque erinnert) gehörende Materie des KR ist im Zuge der Trennung von Staat u. Kirche zurückgetreten. Einen Bildungswert als Grundlagenfach behält das KR m. Blick auf seine interdisziplinären Anschlüsse, insb. zur Theologie, seine hist., rechtskulturellen, rechts- u. staatstheoretischen Bezüge u. seine freiheitsrechtliche Bedeutung als Ausdruck kirchl. Selbstbestimmung. Als Gegenstand einer fachlichen Spezialisierung war es unter den Wahlfächern weitgehend marginalisiert, bis deren Ersetzung durch eine universitäre Schwerpunktbereichsprüfung 2002 den Jur. Fak. neue Gestaltungsmöglichkeiten dafür eröffnet hat, im Rahmen der Juristenausbildung ein K. anzubieten. Davon machen die Jur. Fak., an denen die ev. →Kirchenrechtswissenschaft vertreten ist, in vielfältiger Weise Gebrauch. Das KR erscheint teils unter den Fächern eines speziell den Grundlagen des Rechts gewidmeten Schwerpunktbereichs, teils wird es m. ausgewählten Fächern des geltenden öff. u. bürgerlichen Rechts zu Schwerpunktbereichen zusammengestellt, die nach Anwendungskontexten zugeschnitten sind. Dabei kann sich das ev. KR zusammen m. dem röm.-kath. KR gemeinsam od. getrennt behandelt finden, ferner gelegentlich differenziert in Angebote wie Kirchl. Rechtsgeschichte, Kirchenverfassungsrecht od. Kirchl. Dienst- u. Arbeitsrecht, u. meist in Begleitung des →Staatskirchenrechts. Die universitäre Prüfung in einem derart kirchenrechtlich ausgerichteten Schwerpunktbereich belegt zwar kein in sich geschlossenes K., aber doch eine den Pflichtfachstoffkenntnissen am Ende des Rechtsstudiums gleichrangige Expertise zu den bes. Gegenständen, Problemen u. Zusammenhängen des KR. Die beschränkte Zahl Jur. Fak. m. einem solchen Angebot u. die Verteilung der fachlichen Präferenzen bei den

Kandidaten haben zur Folge, dass die Zahl der Absolventen eines K. dieser Art vergleichsweise klein ist.

Für Juristen, die bereits im kirchl. od. staatl. Dienst stehen u. für ihre Befassung m. kirchenrechtlichen Fragen ein fortbildendes K. zur Einführung od. Vertiefung suchen, bietet die →Vereinigte Evangelisch-Lutherische Kirche Deutschlands zusammen m. dem →Kirchenrechtlichen Institut der EKD regelmäßig einen knapp u. exemplarisch gehaltenen Studienkurs zum KR u. Staatskirchenrecht an.

In der ev. Theologenausbildung spielt das K. nur eine geringe Rolle. So gut wie alle theol. Fächer können freilich auf interdisziplinäre Berührungsfelder m. dem K. führen. Teilweise ist auch die fakultative od. gar obligatorische Belegung eines Lehrangebots aus dem K. vorgesehen. Zum Kursprogramm des Theol. Vorbereitungsdienstes (Vikariat) gehört eine Einführung in die berufspraktischen Gesichtspunkte des KR. Dies ist selbstverständlich nicht auf ein Äquivalent zu einem K. angelegt.

Auch in seinen bescheidenen Ausmaßen erfüllt das K. eine wesentliche Funktion als Voraussetzung sowie Resonanz- u. Kommunikationsraum der ev. Kirchenrechtswissenschaft.

Literatur

Heitmann, St. – Knoth, H. D., Die Sonderausbildung der Kirchenjuristen. Ausbildung von Juristen durch die ev. Landeskirchen in der DDR: Materialien der Enquete-Kommission „Aufarbeitung von Geschichte und Folgen der SED-Diktatur in Deutschland“ (12. Wahlperiode des Deutschen Bundestages), hg. v. Dt. Bundestag, Bd. 4: Recht, Justiz u. Polizei im SED-Staat, Baden-Baden 1995, 533-545; Germann, M., Der Beitrag der Kirchenrechtswissenschaft zur jur. Ausbildung u. Bildung: Kirchenrechtsgeschichte u. Gegenwart – Was heißt u. zu welchem Ende studiert man Kirchenrechtsgeschichte?, hg. v. F. Hartmann, Leipzig 2006, 121-158.

Michael Germann

Kirchenrechtswissenschaft – Katholisch

Die kath. K. widmet sich der Rechtsordnung der lat. Kirche u. der kath. Ostkirchen. Wie das →Kirchenrecht auch als kan. Recht bez. wird, da ihre →Gesetze in Abgrenzung zu den weltlichen →Leges als Canones bez. werden, so wird auch die K. als Kanonistik bez. Die kath. K. ist ein Hauptfach u. damit eine verpflichtende Disziplin an theol. Fak. (→Theologische Fakultät, Hochschuleinrichtung) für das Studium der Volltheologie, die zumeist in der praktischen Theologie u. manchmal in der systematischen Theologie angesiedelt ist. Sie ist zudem Gegenstand im theol. Studium der Lehrerbildung u. der kirchenrechtlichen Fachstudien zum Lic. iur. can. (→Lizentiat) od. Dr. iur. can. an kan. Fak. od. ihnen gleichgestellten Einrichtungen. Im Kontext des Studiums des weltlichen Rechts spielt die K. leider keine bedeutende Rolle mehr (→Kirchenrechtsstudium). Die K. widmet sich der geltenden Rechtsordnung u. deren Begründung sowie deren theol. Grundlagen u. zugl. auch der kirchl. →Rechtsgeschichte u. dem →Staatskirchenrecht bzw. dem →Religionsrecht. Zu einigen Lehrstühlen der K. wird im deutschsprachigen Raum explizit auch das Religionsrecht bzw. das Staatskirchenrecht u./od. die kirchl. Rechtsgeschichte als Fach geführt, wie z. B. in Eichstätt-Ingolstadt, Freiburg, München, Mainz, Luzern u. Frankfurt / Sankt Georgen.

Die Anfänge der K. liegen bereits vor dem →Decretum Gratiani (patristische Zeit bis zur Hälfte des 8. Jh.; karolingische Zeit bis 9. Jh. u. Zeit der kaiserlichen u. Gregorianischen Reform), sind aber noch Zeiten einer noch unselbständigen K., da es noch keine systematische Darstellung u. Interpretation des KR gibt. Zu nennen sind als frühe Quellen der K. insb. die Canones der Alten Kirche, die später in Slg. chronologisch u. daraufhin auch systematisch dargestellt werden. In näherer Zeit vor dem Decr. Gratiani wird bereits m. der Distinktionstechnik (Petrus Abaelardus; Hugo von Sankt

Viktor) versucht, Norm- u. Auslegungswidersprüche zu lösen (Ivo von Chartres; Alger von Lüttich; Bernold von Konstanz).

Die Concordantia discordantium canonum des Gratian von 1140 stellt die Geburtsstunde einer selbständigen K. dar. Gratian sammelt u. systematisiert kirchl. Rechtstexte m. Hilfe der dialektischen Methode u. löst Widersprüche der Normen mittels Konkordanz, sodass in der Schule von Bologna (→Bologna, Schule von) eine eigenständige K. hervorgeht. Der Kommentierung des Dekr. durch die →Dekretisten bis zur Summa von Huguccio von Pisa (um 1190) folgt die frühe Phase der Dekretalistik (→Dekretalisten) bis zur Promulgation des →Liber Extra 1234, der dann bis zum Sterbejahr von Johannes Andreae 1348 die Periode der klassischen Dekretalistik folgte. Die nachklassische Epoche 1348-1563 bis zum Ende des Trienter Konzils prägt insb. die Ergänzung u. →Kompilation der bisherigen Komm. Das Decr. Gratiani wird m. dem Liber Extra Gregor IX., dem →Liber Sextus, Bonifatius VIII., den Clementinen u. den Extravaganten Johannes XXII. sowie den Extravagantes communes (→Extravagantensammlung) im 16. Jh. →Corpus Iuris Canonici ediert.

Die Zeit nach dem Trienter Konzil widmet sich den vom bisherigen Recht der →Dekretalen unabhängigen Normen dieses Konzils u. vermehrten Dokumenten der →Römischen Kurie. In der Neuzeit entstand das →Ius Publicum Ecclesiasticum u. förderte m. der Societas-Perfecta-Ekklesiologie (→Societas perfecta), dass Ekklesiologie u. Recht als in eins fallend wahrgenommen wurden. Die Franz. Revolution stellt für die K. insofern einen Einschnitt dar, da die K. aus dem Lehrprogramm der Universitäten verschwindet od. eingeschränkt wird, während die K. u. insb. die kirchl. Rechtsgeschichte in der Mitte des 19. Jh. wieder eine Renaissance erlebt. Im 19. Jh. gibt es im Kontext der im weltlichen Bereich virulenten Codexidee bereits auf dem Vat I den Wunsch nach einer Kodifizierung (→Kodifikation) des kan. Rechts, die dann im J. 1917 in der Promulgation des CIC/1917 mündet. Die Kodifizierung lässt dann nicht nur rechtsgeschichtliche Fragen in der K. etwas aus dem Blick verlieren, sondern kapriziert sich im Rahmen einer eifrigen Codizistik hauptsächlich auf die Auslegung der kodikarischen Normen. Zahlreiche kirchenrechtliche Zs. u. Fak. werden errichtet. Insb. die Auseinandersetzung m. Rudolph Sohm u. seiner These, dass das KR im Widerspruch zum Wesen der Kirche stünde, fordert die kath. K. heraus, dieser These m. einer entspr. theol. Begründung u. Theologie des KR (→Rechtstheologie) zu antworten. Klaus Mörsdorf antwortete auf Sohm, dass die Kirche gerade aufgrund ihres Wesens das KR erfordert, da seine Begründung gerade ekklesiologisch in den Vollzügen von Wort u. Sakrament zu finden sei u. so charakterisierte er die K. als eine Disziplin der Theologie, die m. jur. Methodik arbeitet (→Interpretation, Auslegung).

Johannes XXIII. bezog den Begriff des aggiornamento auf die Reform des damalig geltenden CIC/1917 u. verknüpfte so das Konzil eng m. dem Anliegen der Reform des KR. Paul VI. wie auch Johannes Paul II. forderten eine theol. Grundlegung des KR u. damit der K., die sich nicht in positivistischem Codizismus verlieren, sondern sich bewusst sein soll, dass das KR eine Funktion des Kirchenbegriffs ist u. somit kein Fremdkörper innerhalb der Kirche. Die K. wird durch das →Zweite Vatikanische Konzil wieder näher zur Theologie u. zu ihrer theol. Aufgabe geführt. Das KR stellt ein pastorales Instrument dar, das mithelfen möchte, die →Sendung der Kirche zu verwirklichen. Durch die ekklesiologische Einbettung u. Funktion des KR kann einem unreflektierten Antijuridismus wirksam begegnet werden, der Rechts- u. Liebeskirche bzw. Recht u. Pastoral gegeneinander ausspielt.

Die ApK →Sacrae Disciplinae Leges ist die zentrale →Rechtsquelle, die auf die Frage nach dem Verhältnis von →Konzil und Codex antwortet. Nach SDL ist das Konzil das vorrangige Bsp., auf das sich der Codex als Abbild stets beziehen muss. Der Codex ist der Versuch, die Ekklesiologie des Vat II in die →Rechtssprache zu übersetzen, was aufgrund der unterschiedlichen Sprachebenen der theol. u. der rechtlichen Sprache nie restlos gelingen kann (vgl. SDL, XIX). Daher ist u. bleibt der Codex stets nur ein unvollkommenes u. damit verbesserungsfähiges Abbild seines konziliaren vorrangigen Bsp. Das Konzil bleibt stets die norma normans für den Codex, der die norma normata darstellt. Der Codex ist daher nicht letztes Dokument als gleichsam eingefrorene unabänderliche Konzilsdeutung des Gesetzgebers. Er ist eher vorletztes Dokument des Konzils. Der Codex ist als complementum Ergänzung des Konzils nicht in einem additiven, sondern in einem konsekutiven Sinn. Er ist daher nicht zu idolisieren, sodass Legitimität u. Legalität u. damit die jur. u. die theol. Ebene in eins fallen. Durch diese Idolisierung verliert die K. die theol. Bewertungsebene für die Legitimität des Rechts u. der Codex seinen Charakter als Instrument, da er nur den Rahmen für die Entfaltung von Glaube, Liebe u. →Charismen aufspannen, diese aber nicht ersetzen kann (vgl. SDL, XVII). Der Codex ist insofern ein pastorales Instrument, das zugl. Instrument zur Verwirklichung der Ekklesiologie des Vat II sein möchte. Er kann nicht aus dem Rezeptionsprozess des Konzils herausgenommen werden. Die K. ist den theol. Grundlagen des Codex verpflichtet u. daher genuin m. anderen theol. Disziplinen vernetzt u. auf diese ver- u. angewiesen. Diese theol. Verhältnisbestimmung von Konzil u. Codex, die der Gesetzgeber selbst vorgenommen hat, legt das lehramtlich begr. Fundament für eine theol. grundgelegte Hermeneutik der K. (→Hermeneutik des Kirchenrechts), die weder in das Extrem einer Enttheologisierung, eines Rechtspositivismus (→Positivismus), noch in das einer Theologisierung des KR verfällt.

Quellen

Johannes Paul II., ApK Sacrae Disciplinae Leges vom 25. Januar 1983: AAS 75 (1983) Pars II, VII-XIV; dt. Übers.: Codex Iuris Canonici, lat.-dt. Ausgabe, Kevelaer [5]2001, X-XXIII.

Literatur

Gaudemet, J., Théologie et droit canonique: RDC 39 (1989), 3-13; Cattaneo, A., Die Kanonistik im Spannungsfeld von Theologie u. Rechtswissenschaft. Zur gegenwärtigen Diskussion über Epistemologie u. Methode der Kirchenrechtswissenschaft: AfkKR 162 (1993), 52-64; KanR I, 57-81; Aymans, W., Die wiss. Methode der Kanonistik: Fides et Ius (FS May), hg. v. W. Aymans, Regensburg 1991, 59-74; Miethke, J., Die Kanonistik als Leitwissenschaft für die politische Theorie der scholastischen Universität: Schulen der dt. Politikwissenschaft, hg. v. W. Bleek – H. J. Lietzmann, Opladen 1999, 33-59; Meyer, C., Die Distinktionstechnik in der Kanonistik des 12. Jh. Ein Beitrag zur Wissenschaftsgeschichte des Hochmittelalters, Leuven 2000; Erdö, P., Die Quellen des Kirchenrechts, Frankfurt u. a. 2002; ders., Geschichte der Wissenschaft vom kan. Recht, Berlin 2006; Meckel, T., Konzil u. Codex. Zur Hermeneutik der Kirchenrechtswissenschaft am Beispiel der christifideles laici, Paderborn – München – Wien – Zürich 2017 (KStKR 18), insb. 33-88.

Thomas Meckel

© 2019, DOI: 10.30965/9783506786388_0668

Kirchenrechtswissenschaft – Evangelisch

1. Aufgabe der K. ist es, über die Legitimität der rechtlichen Bindung kirchl. Handelns Auskunft zu geben, hiermit konsistente Urteilsmaßstäbe für die Gestaltung, Auslegung u. Anwendung des kirchl. Rechts zu entwickeln u. am konkreten Rechtsproblem zu bewähren. Die ev. K. legt dem die reformatorische Einsicht zugrunde, dass sie es im kirchl. Handeln m. dem Handeln der begnadigten Sünder zu tun hat.

2. Entwicklung. a) Prot. Kanonistik u. →Naturrecht: Die →Reformation führte das KR in den prot. gewordenen Territorien zunächst nicht zu theoretischen Neuansätzen auf dem Gebiet der K., sondern vornehmlich zu prak-

tischen Leistungen wie v. a. den reformatorischen →Kirchenordnungen. Die Rechtspraxis der →Konsistorien konnte über weite Strecken im Fahrwasser des hergebrachten kan. Rechts bleiben. Die Anfänge der ev. K. liegen in der systematischen Aufarbeitung dieser Praxis. Als ihr Begründer gilt B. Carpzov m. seiner „Iurisprudentia ecclesiastica seu consistorialis“ (1649, 8. Aufl. 1721). Der kompilatorische Ansatz gipfelt in J. H. Böhmers „Ius ecclesiasticum Protestantium“ (5 Bde. 1714-1736, 5. Aufl. 1756-1789). Dessen Untertitel „usum hodiernum iuris canonici ... ostendens“ gibt die Orientierung an der kirchenrechtlichen Überlieferung zu erkennen; diese wird aber bereits i. S. der Aufklärung auf ihre Berechtigung hin befragt (weitere Werke dess.: „Ius parochiale“, 1701, 6. Aufl. 1760; „Institutiones iuris canonici“ – ein Auszug aus dem „Ius ecclesiasticum“ –, 1738, 5. Aufl. 1770). Die rationalistische K. stellte neben die historiographischen u. induktiven, territorial begrenzten Kirchenrechtsdarstellungen die Deduktion eines Kirchenrechtssystems aus allg. Prinzipien. Sobald es dann aber in eine Kodifikation gegossen wurde – wie im →Allgemeinen Landrecht für die Preußischen Staaten von 1794, Teil II Titel 11, auf den maßgeblich das naturrechtliche System der „Principia iuris canonici“ (1762, 7. Aufl. 1802) von G. L. Böhmer gewirkt hat –, bildete es wiederum den Keim für einen Kirchenrechtspositivismus. So konnte sich etwa G. W. V. v. Wiese im Allg. Teil seiner „Grundsätze des gemeinen in Teutschland üblichen Kirchenrechts“ (1793, 6. Aufl. 1848; dazu sein „Handbuch des gemeinen in Teutschland üblichen Kirchenrechts“, 4 Bde. 1799-1804) bei insgesamt naturrechtlicher Konstruktion beispielhaft eben auf das Preuß. Allg. Ldr. beziehen.

b) Hist. Schule u. →Positivismus: Die i. S. der Trennung von Rechtsgeltung u. Rechtsbegründung positivistische K. entfaltete sich freilich erst in der zweiten Hälfte des 19. Jh., v. a. in Darstellungen des landeskirchlichen Partikularrechts, bis hin zu P. Schoen („Das evangelische Kirchenrecht in Preußen“, Bd. I: 1903, Bd. II/1:1906, Bd. II/2:1910; „Das neue Verfassungsrecht der evangelischen Landeskirchen in Preußen“, 1929). Daneben ist die K. des 19. Jh. geprägt von der Hist. Rechtsschule m. K. F. Eichhorn („Grundsätze des Kirchenrechts der Katholischen und der Evangelischen Religionspartei in Deutschland“, 2 Bde., 1831/33), im Gefolge Ae. L. Richter u. sein – auf eigene umfangreiche Quellenerforschung gestütztes – „Lehrbuch des katholischen und evangelischen Kirchenrechts“ (1841), fortgeführt von R. Dove (ab der 6. Aufl. 1867) u. W. Kahl (8. Aufl. 1886); ferner O. Mejer („Institutionen des Kirchenrechts“, 1845; 3. Aufl.: „Lehrbuch des deutschen Kirchenrechts“, 1869), E. Friedberg („Lehrbuch des Katholischen und evangelischen Kirchenrechts“, 1879, 6. Aufl. 1909), A. v. Scheurl u. a. Die kirchenpolitischen u. theol. Auseinandersetzungen des 19. Jh. fanden ihren Ausdruck im kirchenrechtswissenschaftlichen Streit um kirchenverfassungsrechtliche Grundstrukturen – →Amt, →Gemeinde, Kirchenregiment (→Kirchenregiment, landesherrliches) – zwischen F. J. Stahl, Th. Kliefoth u. a. auf der einen Seite, G. F. Puchta, Ae. L. Richter u. J. F. W. Höfling auf der anderen Seite.

c) KR u. staatl. Recht: Die Legitimitätsfrage stellte sich der K. von der Reformationszeit bis in das 19. Jh. hinein als die Frage nach der Legitimation des landesherrlichen Kirchenregiments. Seine drei großen Legitimationstheorien – das →Episkopalsystem, das →Territorialsystem u. das →Kollegialsystem – verdankten sich nur teilweise u. in Ansätzen der theol. Reflexion über die Kirche; in größerem Maß bewegten sie sich in den Bahnen der staatsrechtlichen Theorien über die Stellung der Fürsten im Hl. Röm. Reich, die Souveränität des absolutistischen Staates bzw. ein allg. Korporationsrecht. Solange das landesherrliche Kirchenregiment bestand, konnte das KR als Teilgebiet des Öff. Rechts u. die K. als Unterdisziplin der i. Ü. säkularen Rechtswissenschaft gepflegt werden. Sobald aber diese Einordnung im 19. Jh. auf die positivistische Bindung des Rechtsbegriffs an die staatl. Rechtshoheit traf, musste ein Recht der Kirche zum Widerspruch in sich werden: Als eine auton. Verbandsordnung durfte es nicht mehr Recht heißen, als Ausfluss der staatl. Hoheit musste es von der geistl. Wirklichkeit der Kirche als Gemeinschaft der Heiligen ganz abgetrennt werden. Diese Konsequenz zog m. aller Schärfe R. Sohm in seinem berühmten Satz: „Das Wesen des Kirchenrechtes steht mit dem Wesen der Kirche in Widerspruch." (Kirchenrecht, Bd. I, 1892, 1 u. 700). Eine in positivistischen Prämissen verhaftete K. konnte dem nichts entgegensetzen. Auch ein so bedeutender Gegenentwurf wie der von G. Holstein („Die Grundlagen des evangelischen Kirchenrechts", 1928) kannte noch keine andere Abhilfe als die, der „Geistkirche" eine „Rechtskirche" gegenüberzustellen: Sie sollte in ihrer Gestaltung zwar von jener „begrenzt" u. „bestimmt" sein, den Grund ihrer Rechtsautorität selbst aber m. allem weltlichen Recht teilen, nämlich ganz in der „Schöpfungsordnung" vorfinden, u. nach den allg. Regeln genossenschaftlicher Rechtsbildung betätigen. Ihm folgte im Ansatz bei der „Heiligkeit der Ordnung", zugl. aber auch in dem Bemühen um Bindung des KR an überpositive „Religionsnormen" noch H. Liermann („Deutsches evangelisches Kirchenrecht", 1933).

d) → Kirchenkampf u. Grundlagenentwürfe: Einen wesentlich neuen Impuls empfing die K. aus der Theologie K. Barths, die, indem sie die „natürliche Theologie" bestritt, auch die Auslieferung eines auf die „Schöpfungsordnung" gegr. KR an die Eigengesetze der Welt erkannte u. in Frage stellte. Der Kirchenkampf hat der K. eine Anschauung von diesen Eigengesetzen gegeben u. in der dritten These der → Barmer Theologischen Erklärung 1934 die Antithese hervorgebracht: „Die christliche Kirche ist die Gemeinde von Brüdern, in der Jesus Christus ... gegenwärtig handelt. Sie hat mit ... ihrer Ordnung ... zu bezeugen, daß sie allein sein Eigentum ist ... Wir verwerfen die falsche Lehre, als dürfe die Kirche die Gestalt ihrer Botschaft und ihrer Ordnung ihrem Belieben oder dem Wechsel der jeweils herrschenden weltanschaulichen und politischen Überzeugung überlassen." Nach 1945, vor dem Hintergrund dieser Erfahrungen aus dem Kirchenkampf, im Kontext einer in der Rechtswissenschaft allg. wirksamen „Renaissance des Naturrechts" sowie eines neu aufgelebten Interesses an Luthers Theologie bemühte sich die K. um eine tiefdringende Neubesinnung auf ihre Grundlagen. Ihre Frucht sind v. a. die Entwürfe von E. Wolf („Rechtsgedanke und biblische Weisung", 1948; „Ordnung der Kirche. Lehr- und Handbuch des Kirchenrechts auf ökumenischer Basis", 1961), J. Heckel („Lex charitatis. Eine juristische Untersuchung über das Recht in der Theologie Martin Luthers", 1. Aufl. 1953; 2. Aufl., hg. v. M. Heckel, 1973) u. H. Dombois („Das Recht der Gnade. Ökumenisches Kirchenrecht", Bd. I: 1961, 2. Aufl. 1969; Bd. II: 1974; Bd. III: 1983). Ihnen geht es – bei beträchtlichen Unterschieden in der Ausführung – gemeinsam darum, das KR wesentlich von der geistl. Wirklichkeit der Kirche her zu bestimmen. Nach E. Wolf entfaltet sich das Recht der Kirche als das Recht der „bruderschaftlichen Christokratie" von der „biblischen Weisung" her, dabei eingespannt in die „Dialektik" u. „Paradoxie" der chr. Existenz. J. Heckel, auf den Spuren Luthers m. eigenem programmatischem Impetus weiterdenkend, beleuchtet das KR m. den Kontrasten der Zwei-Reiche-Lehre, um es unter den Maßstab der „lex charitatis" als der Grundnorm der Verf. des Reiches Christi zu stellen. H. Dombois stellt das KR in die Einheit eines die Spannung zwischen „Gnadenrecht" u. „Gerechtigkeitsrecht" übergreifenden Rechtsbegriffs; dieser ermöglicht es ihm, den Vollzug des Gottesverhältnisses zum Menschen u. den Vollzug kirchl. Existenz in der Liturgie selbst als Rechtsvorgänge zu erfassen u. aus ihnen Grundstrukturen eines KR zu erheben, das das kirchl. Handeln auf seine Legitimität zu prüfen bestimmt ist.

3. Die K. hat in der Weiterführung u. Kritik dieser Grundlagenentwürfe v. a. um den Rechtsbegriff gerungen, nämlich um das begriffliche Verhältnis zwischen Recht, Norm, Zwang, Gewalt, Sittlichkeit u. Kirche, bald ver-

dichtet zu der (nicht überzeugend durchführbaren) Alternative zwischen einem „dualistisch" vom säkularen Rechtsbegriff geschiedenen od. einem „monistisch" als Unterfall eines allg. Rechtsbegriffs verstandenen Kirchenrechtsbegriff. Über ihre Bemühungen, das Wesen des KR in Merkmalen des Rechtsbegriffs auszuweisen, hat sie sich der Praxis des kirchenrechtlichen Handelns u. seiner jur. Reflexion kaum vermitteln können. In der Folge hat sich die K. stets m. der Skepsis darüber auseinanderzusetzen, dass sie überhaupt Anschluss an die theol. Reflexion über die geistl. Wirklichkeit der Kirche zu suchen habe. Wenn die K. dem nachgäbe, zöge sie sich in die Aufarbeitung des geltenden Rechts zurück, versuchte sich der Frage nach seinem Geltungsgrund u. seinen Grenzen wieder in erster Linie von den säkularen od. gar nur staatskirchenrechtlichen Gegebenheiten her zu nähern u. begnügte sich i. Ü. pragmatisch m. der Evidenz der Notwendigkeit, das Leben der Kirche in rechtlich geordneten Bahnen abzuwickeln.

Doch so bliebe die K. hinter ihrer Aufgabe zurück. Will sie Auskunft über die Legitimität der rechtlichen Bindung kirchl. Handelns ermöglichen, muss sie deren Verhältnis zur geistl. Wirklichkeit der Kirche als Kirche Jesu Christi erklären. Eine K., die das KR einfach der Sündenverhaftetheit allen auch kirchl. Handelns zurechnen wollte, würde ausblenden, dass auch dieses Handeln unter der Verheißung der Gnade steht u. unter Getauften zum Gegenstand einer im Vertrauen darauf gesuchten Verständigung gemacht werden kann. Der K. bleibt es aufgegeben, in ihren Antworten auf die Legitimitätsfrage sowohl die Verheißung als auch die Verborgenheit der geistl. Wirklichkeit der Kirche im Blick zu halten u. auch ihr rechtsdogmatisches Gerüst für die Gestaltung, Auslegung u. Anwendung des KR darauf abzustimmen.

4. Mit der Theologie steht die K. insofern in einem notwendigen Zusammenhang, als sie die Haltbarkeit ihrer Prämissen dem theol. Urt. unterwerfen muss. Das gleiche gilt für ihr Verhältnis zum →Bekenntnis, denn die K. sieht sich auf die Wirklichkeit der Kirche bezogen u. diese von der Wirklichkeit Gottes bestimmt, die der Glaube eben im Bekenntnis zur Sprache bringt. Es ist dabei durchaus Sache der K., über ihre eigenen Prämissen Rechenschaft zu geben; sie muss sich aber der Grenzen ihrer Disziplin bewusst bleiben. Für die wiss. Verantwortung ihrer Prämissen bleibt also die (Rechts-)Theologie (→Rechtstheologie) gefragt. Allerdings kann die K. nicht einfach ein von der Theologie vorgesetztes Lehrsystem dem jur. Urt. als Deduktionsbasis dienstbar machen. Vielmehr ist die Funktion der Theologie gegenüber der K. – wie gegenüber allen anderen Äußerungen kirchl. Lebens – eine kritische.

5. Im gegenwärtigen Betrieb der Rechtswissenschaft hat die K. ihre frühere Stellung als eine der tragenden Säulen in der Wissenschaftskultur des „ius utrumque" gegen das Spezialistentum einer kleineren Zahl von Fachvertretern eingetauscht. Deren Kommunikationsform ist heute weniger das große Kirchenrechtslehrbuch, das wie die oben genannten Werke einen konzeptionellen m. einem enzyklopädischen Anspruch verbindet. Aus der Zeit der Grundlagenentwürfe hat allein das Lehrbuch von E. Wolf (s. o.) eine prinzipiengeleitete Darstellung des gesamten Rechtsstoffs unternommen. Das kirchl. Organisationsrecht auf dem Gesetzgebungsstand dieser Zeit ist – umfassend u. auf die hist. Bezüge mitbedacht – von H. Frost systematisiert worden („Strukturprobleme evangelischer Kirchenverfassung", 1972). Das Angebot an Gesamtdarstellungen folgt auch den Konjunkturen der Studienordnungen (→Kirchenrechtsstudium). Mit verhaltenen Bezügen zur Grundlagendiskussion, eher kompendienartig an den Bedürfnissen der universitären Wahlfach-Lehre od. der →Theologenausbildung ausgerichtet, sind noch die Lehrbücher von A. Erler („Kirchenrecht", 1949, 5. Aufl. 1983) u. A. Stein („Evangelisches Kirchenrecht: Ein Lernbuch", 1980, 3. Aufl. 1992), m. bes. Rücksicht auf die landeskirchliche Praxis die Darstellungen von

O. Friedrich („Einführung in das Kirchenrecht", 1961, 2. Aufl. 1978, m. einem Schwerpunkt auf Baden) u. G. Grethlein – H. Böttcher – W. Hofmann – H.-P. Hübner („Evangelisches Kirchenrecht in Bayern", 1994). Das wie ein Hb. angelegte, von G. Rau – H.-R. Reuter – K. Schlaich hg. Werk („Das Recht der Kirche"; Bd. I: 1997; Bd. II: 1995; Bd. III: 1994) erschließt das KR über die exemplarische Bearbeitung hist., theoretischer u. praktisch-jur. Kernthemen. Mit dem Aufschwung der K. im universitären Schwerpunktstudium ab 2003 ist im Studienbuch von H. de Wall u. St. Muckel („Kirchenrecht", 2009, 5. Aufl. 2017) wieder ein das geltende KR beider großer Konfessionen umgreifender Zugang zur K. ersch., die hist. K. hat ihr modernes Referenzwerk im Studienbuch von Chr. Link („Kirchliche Rechtsgeschichte", 2009, 3. Aufl. 2017). Das „Handbuch des evangelischen Kirchenrechts" (2016, hg. v. H. U. Anke – H. de Wall – H. M. Heinig) leistet eine systematisch nach den Gegenständen des ev. KR geordnete Gesamtschau. I. Ü. präsentiert die K. ihre Erkenntnisse heute v. a. in der Abhandlung von Einzelfragen, für die die ZevKR (1951ff.) das wichtigste Forum genannt werden kann.

6. Im Verhältnis zur säkularen Rechtskultur im religiös u. weltanschaulich neutralen Staat hat die K. einen eigenen Wert als Grundlagenfach: Indem sie das Kontrastmodell eines auf die Verheißung des Glaubens gegr. Rechtshandelns durchführt, erinnert sie die säkularisierte Rechtswissenschaft an die Bedingtheit ihrer von Glaubensverheißungen zurückgezogenen Prämissen.

Literatur

Neben den im Text genannten Werken: v. Schulte, J. F., Die Geschichte der Quellen u. Literatur des Canonischen Rechts von Gratian bis auf die Gegenwart, Bd. 3: Von der Mitte des 16. Jahrhunderts bis zur Gegenwart, Stuttgart 1880 (Nachdr. Graz 1956), Teil 2: Die Geschichte der Quellen u. Literatur des ev. Kirchenrechts, m. Teil 3: Allg. Charakter der wiss. Behandlung in der Schule u. in den Schriften; v. Stintzing, R. – Landsberg, E., Geschichte der dt. Rechtswissenschaft, Abt. II: München – Leipzig 1884; Abt. III Halbband 1: München – Leipzig 1898; Abt. III Halbband 2: München – Berlin 1910; Neudr. Aalen 1978 – bes. II, 88-93; III/1, 48-53, 145-148, 455-457; III/2, 569-586; Heckel, J., Das Decretum Gratiani u. das dt. ev. Kirchenrecht: Studia Gratiana III (1955), 485-537, auch in: ders., Das blinde, undeutliche Wort „Kirche". Gesammelte Aufsätze, hg. v. S. Grundmann, Köln – Graz 1964, 1-48; Grundmann, S., Das ev. Kirchenrecht von Rudolph Sohm bis zur Gegenwart: ÖAKR 16 (1965), 276-309; auch in: ders., Abhandlungen zum Kirchenrecht, Köln – Wien 1969, 18-52; Link, Chr., Die Grundlagen der Kirchenverfassung im luth. Konfessionalismus des 19. Jahrhunderts, München 1966 (Jus Ecclesiasticum Bd. 3); Stumpf, Chr. A., Kirchenrecht als Bekenntnisrecht. Die Verbindung von Erlanger Theologie u. gesch. Rechtswissenschaft im Leben u. Werk von Adolf von Scheurl, Ebelsbach 1999; Germann, M., Grundfragen des ev. Kirchenrechts – Die Diskussion über die Grundlagen des ev. Kirchenrechts: HevKR, § 1B.

Michael Germann

Kirchenregiment, landesherrliches – Evangelisch

Als K. wird die weltliche Herrschaftsgewalt der Inhaber der Territorialgewalt (insb. der Reichsfürsten) über die ev. Kirche ihrer Territorien bez. Die Epoche des K. reichte vom 16. bis zum Beginn des 20. Jh.

Die Entstehung des K. ist vor dem Hintergrund von → Reformation u. Glaubensspaltung einerseits, der für das Hl. Röm. Reich Dt. Nation charakteristischen politischen Struktur, in der der zentralen Reichsgewalt die Territorien gegenüberstanden, andererseits zu verstehen. In der Zeit der Reformation stellte sich das Problem, das ev. Kirchenwesen zu ordnen. Da die → Bischöfe im Reich der Reformation nicht folgten, konnten deren Kirchenleitungsbefugnisse nach den politischen Machtverhältnissen nur durch die ev. Territorialfürsten bzw. die Reichsstädte übernommen u. ausgeübt werden. Das stand zwar in einer Spannung zu Grundaussagen der Reformation über die Aufgaben des Staates u. die Zuordnung von Kirche u. weltlicher Obrigkeit. Das K. wurde allerdings von den Reformatoren als Hilfs- u. Notdienst legitimiert, den der Landesherr als praecipuum membrum ecclesiae, als vornehmes Glied der Kirche leistete. Damit wurde es nicht aus dessen Territorialhoheit bzw. Staatsgewalt abgeleitet. Reichsrechtlich konnte das K. m. der Suspension der geistl. Jurisdiktion der kath. Bf. über die Anhänger der Augsburgischen Konfession in Art. 20 AR begr. werden, die auf den Landesherrn übergegangen sei (→Episkopalsystem). Wenn das daraus entstandene landesherrliche K. auch als landesherrlicher Summepiskopat bez. wird, wurden damit die Territorialherren nicht etwa zu Trägern des geistl. Amtes, sondern blieben auf die äußere KL beschränkt. Die äußere Gestalt u. rechtliche Ordnung der ev. Kirche in Deutschland geriet aber für Jhh. unter den Einfluss der Landesherrn u. damit des Staates.

Die wichtigsten Institutionen des K. waren die →Konsistorien als m. Theologen wie Juristen besetzte Kirchenleitungsbehörden u. das Amt der →Superintendenten, in dem zunächst das ev. Verständnis des Bischofsamtes zum Ausdruck kam. Zwar wurde im Rahmen der Drei-Stände-Lehre der altprotestantischen Orthodoxie versucht, den Landesherrn bei der Ausübung des K. an die Mitwirkung des geistl. Standes zu binden u. damit eine gewisse kirchl. Eigenständigkeit zu bewahren. Jedoch wurde das K. immer mehr als Teil der territorialen Herrschafts- bzw. Staatsgewalt aufgefasst (→Territorialsystem). Parallel dazu wurden die Konsistorien im 18. Jh. z. T. vollständig in die Ressorts der allg. staatl. Verwaltung eingegliedert u. damit auch äußerlich in den Dienst des Staates gestellt.

Ansätze zu einer stärkeren kirchl. Eigenständigkeit bot seit Mitte des 18. Jh. der Kollegialismus (→Kollegialsystem). Da danach der Kirche als collegium, d. h. als Zusammenschluss von Menschen, eine gewisse Autonomie zukommt, werden daraus folgende innerkirchliche Leitungsbefugnisse des Landesherrn, sein K., auf einen innerkirchlichen Rechtstitel gegr. Damit werden auch die auf der landesherrlichen Souveränität gegr. Aufsichtsrechte, die Kirchenhoheit (→Staatskirchenhoheit), vom K. deutlich getrennt.

Im 19. Jh. bildet die Unterscheidung zwischen dem K. als Ius in sacra u. der staatl. Kirchenhoheit (Ius circa sacra) einen Ansatzpunkt zur Verselbständigung der ev. Kirchen (→Ius circa sacra, Ius in sacra). Auch wenn weiterhin der Landesherr Träger des K. blieb, wurde es z. T. organisatorisch wieder aus der allg. Staatsverwaltung ausgegliedert, indem die Konsistorien als landesherrliche, aber nicht staatl. Behörden verselbständigt bzw. neu gebildet wurden (→Evangelischer Oberkirchenrat in Preußen, 1850).

Eine größere kirchl. Eigenständigkeit brachte daneben die Schaffung synodaler Verfassungsstrukturen m. sich. Ausgehend von der rheinisch-westfälischen →Kirchenordnung von 1835, die ref. presbyterial-synodale Traditionen aufnahm, wurde in den ev. →Landeskirchen →Synoden als rein kirchl. Gesetzgebungsorgane eingerichtet. Auch wenn sowohl ihre Einführung selbst u. z. T. auch ihre innere Struktur u. Aufgabenstellung im Zusammenhang u. in Parallele zu den gleichzeitigen politischen Auseinandersetzungen im konstitutionellen Staat stehen, war damit der Kern eigener kirchl. Verfassungsstrukturen gebildet. Wo dies der Fall war, bildete allein der Landesherr als Inhaber des K. u. zugl. Träger der Staatsgewalt die Klammer zwischen Staat u. Kirche.

Das Ende der Monarchie 1918 brachte auch das Ende des K. in Deutschland m. sich. Durch Art. 137 Abs. 1 u. 3 WRV war ihm der Boden entzogen u. der Weg für eine eigenständige, auton. →Kirchenverfassung frei. In den Synoden u. den Konsistorien standen dabei funktionsfähige Institutionen zur Verfügung, an die die nun folgenden KirchVerf. anknüpfen konnten.

Als weiteres Organ tritt dann das Amt des Bf. hinzu, das in den meisten LK seit den 20er J. des 20. Jh. ausgebildet wird.

Quellen

Huber, E. R. – Huber, W., Staat u. Kirche im 19. u. 20. Jahrhundert, 5 Bde., Darmstadt 1978 ff.

Literatur

Heckel, J., Cura religionis, ius in sacra, ius circa sacra: FS Ulrich Stutz, Stuttgart 1938, 224-298; Huber, E. R., Dt. Verfassungsgeschichte seit 1789, 8 Bde., Stuttgart 1960 ff.; Link, Chr., Die Grundlagen der Kirchenverfassung, Tübingen 1966; Heckel, M., Staat u. Kirche, Tübingen 1968; Honecker, M., Cura Religionis Magistratus Christiani, Tübingen 1968; Schlaich, K., Der rationale Territorialismus, 1968: Ges. S., Tübingen 1997, 204-266; ders., Kollegialtheorie, Tübingen 1969; Link, Chr., Staatskirchenhoheit: ZevKR 20 (1975), 1-42; Ris, G., Der kirchl. Konstitutionalismus, Tübingen 1988; Sprengler-Ruppenthal, A., Kirchenordnungen, Ev.: TRE Bd. 18, 1670-1707; Krumwiede, W., Kirchenregiment, Landesherrliches: TREBd. 19, 59-68; Sichelschmidt, K., Recht aus chr. Liebe od. obrigkeitlicher Gesetzesbefehl, Tübingen 1995; Heckel, M., Die Neuordnung des Verhältnisses von Staat u. Kirche im 19. Jahrhundert: Ges. S. III, Tübingen 1997, 441-470; Schneider, B. C., Ius reformandi, Tübingen 2001; Gotthard, A., Der Augsburger Religionsfrieden, Münster 2005; Heckel, M., Martin Luthers Reformation u. das Recht, Tübingen 2016, 282 ff., 341 ff.; de Wall, H. – Muckel, S., Kirchenrecht, München [5]2017, §§ 4-6; Link, Chr., Kirchl. Rechtsgeschichte, München [3]2017, §§ 10, 13, 16, 21.

Heinrich de Wall

© 2019, DOI: 10.30965/9783506786388_0669

Kirchenregion – Katholisch

Schon in apost. Zeit herrschte das Bewusstsein unter den Gläubigen der einzelnen chr. → Gemeinden, dass sie auf die Verbindung m. anderen Gde. versch. Orte u. Regionen verwiesen u. angewiesen waren. Diese Verbindung u. Gemeinschaft fand dann ihren Ausdruck etwa darin, dass reisende Christen sich bei anderen Gde. nah u. fern m. Communiobriefen auswiesen u. Gastfreundschaft erfuhren. Noch in der Alten Kirche bildeten sich, durch eigene liturgische Formen u. disziplinäre Regeln kenntlich, innerhalb der universalen Kirche einzelne kirchl. Regionen als Grundlage des Territoriums der altkirchlichen Patriarchen u. Erzbischöfe heraus. In der Lat. Kirche sind regionale Besonderheiten in Liturgie, Verf. u. Disziplin jedenfalls seit dem Konzil von Trient bedeutungslos geworden; geblieben ist das Bewusstsein, dass es zwischen der einzelnen Ortskirche u. der Universalkirche (→ Gesamtkirche) strukturelle Zwischenebenen braucht, wie etwa die → Kirchenprovinzen u. diverse Bischofsversammlungen, um den pastoralen u. administrativen Bedürfnissen gerecht zu werden.

Während des Vat II wurde die Bildung von K. angeregt, da die Kirchenprovinzen nicht mehr zeitgemäß seien u. die notwendigen pastoralen Koordinierungsaufgaben nicht leisten könnten. Auf der Grundlage des Bischofsdekretes (CD 40, 3; 41) wurde die Schaffung von K. eingel. Im Zuge der Codexreformarbeiten wurden die konziliaren Vorgaben u. einige weitere Normen (ES I, 42; Canones aus dem CIC/1917) in konkrete Bestimmungen des CIC umgesetzt. Dabei ist zu bemerken, dass das m. einem gewissen Enthusiasmus beim Konzil eingeführte Rechtsinstitut der K., m. dem man die Prinzipien der Subsidiarität (→ Subsidiaritätsprinzip) u. → Kollegialität verband, in der Kodifizierungsarbeit hinsichtlich des inhaltlichen Regelungsumfangs u. des rechtlichen Gestaltungspotentials einen fortlaufenden Bedeutungsverlust erfahren hat.

Rechtlich konzipiert ist die K. nun als ein → Teilkirchenverband. Es gilt: Der Hl. Stuhl kann, wenn es zweckmäßig erscheint, auf Vorschlag der → Bischofskonferenz benachbarte Kirchenprovinzen zu K. vereinigen, das gilt bes. in Nationen m. bes. vielen → Teilkirchen; c. 433 § 1. Die Einrichtung der K. ist also nicht weltweit u. flächendeckend vorgeschrieben. Die Initiative zur Errichtung geht von der BK einer Nation aus, die sich damit gleichsam untergliedert. Eine K. kann, – muss aber nicht, – zur jur. Person (→Juristische Person, kirchliche) erhoben werden; c. 433 §2. Diese Verleihung kann nur dem Hl. Stuhl zukommen. Das Organ der K. ist ein Konvent der →Bischöfe der K., der nicht die Kompetenzen einer BK hat, wenngleich ihm einige Vollmachten ausdrücklich vom Hl. Stuhl gewährt werden können; die Aufgabenstellung des Konvents u. damit der Sinn der K. bestehen darin, die Zusammenarbeit u. das gemeinsame pastorale Handeln in der Region zu fördern; c. 434.

Unter verfassungsrechtlicher Perspektive treten die, nur je nach pastoraler Zweckmäßigkeit zu errichtenden K. als Teilkirchenverbände jedenfalls hinter die Kirchenprovinzen u. BK zurück, die fester Bestandteil der Kirchenstruktur sind. Da K. regelgemäß keine Leitungsvollmacht zukommt, stehen sie in ihrer faktischen Bedeutung für die Gestaltung des kirchl. Lebens in einem Land den BK, ja selbst den Konzilen eines Landes od. einer Kirchenprovinz weit nach. Die geringe Bedeutung der K. im Verfassungsgefüge u. Leben der Kirche erhellt auch, dass für sie vom Recht kein Vorsteher vorgesehen ist, der die K. repräsentiert u. beim →Bischofskonvent der Region den Vorsitz führt. Festgelegt wurde jedoch 1988 m. einer authentischen Auslegung des Gesetzestextes, dass ein →Auxiliarbischof nicht den Vorsitz des Konvents übernehmen kann.

Es ist deshalb wenig verwunderlich, dass nur in wenigen Ländern K. gebildet worden sind. In Italien sind die bestehenden 42 Kirchenprovinzen zu 16 K. zusammengeschlossen. Mexiko u. Brasilien weisen 15 bzw. 17 K. auf, die jeweils aus einer od. mehr Kirchenprovinzen bestehen. In Kanada jedoch sind 62 →Diözesen, nicht die 18 Kirchenprovinzen, in vier Regional episcopal assemblies verbunden. Ebenso sind in Frankreich die 93 Diözesen, unabhängig von den Grenzen der 15 Kirchenprovinzen, zu neun K. zusammengefasst. In den USA sind die zahlreichen Diözesen zu 14 K. (Bishops' Region) zusammengeschlossen, die sich vornehmlich an den Grenzen der Bundesstaaten, nicht an den Kirchenprovinzen orientieren.

Im Recht der kath. Ostkirchen gibt es keine K. m. Bischofskonvent i. S. d. CIC. Allerdings ist ein Konvent der Hierarchen mehrerer eigenberechtigter Kirchen vorgesehen; c. 322 CCEO, gründend auf OE 4 u. CD 38, 6. Dieser vereint unter Mitwirkung des →Apostolischen Stuhls die Oberhirten eigenberechtigter Kirchen eines Gebietes od. einer Nation, um gemeinsam das einheitliche pastorale Handeln u. gesellschaftliche Wirken zu stärken sowie den Glauben u. die Disziplin zu fördern.

Quellen

Vat II, OE; Vat II, CD; Paul VI., MP Ecclesiae Sanctae vom 06. August 1966: AAS 58 (1966), 757-787.

Literatur

Hohl, H., Das Amt des Metropoliten, Essen 2010 (BzMKCIC 59); Rees, W., Kirchenregion: HbkathKR³, 549-550; Stoffel, O.: MKCIC cc. 433-434.

Heinrich Hohl

Kirchenrektor – Katholisch

1. K. i. S. des c. 556 (cc. 304-310 CCEO) ist ein →Priester, dem die Verantwortung für eine Kirche übertragen ist, die nicht Pfarr-, Kapitels- od. →Ordenskirche ist (→Kirchengebäude). Der K. ist für eine Kirche i. S. des c. 1214, nicht für →Kapellen od. Privatkapellen (cc. 1223 u. 1226) vorgesehen. Der →Pfarrer ist K. für die →Pfarrkirche, für eine Kapitelskirche der Vorsteher des Kapitels u. für eine Kirche, die einem Orden dient, der →Ordensobere. K. einer Seminar- od. Kollegskirche ist der Rektor des Seminars od. Kollegs (c. 557 §3).

2. Ein K. wird i. d. R. vom →Diözesanbischof frei ernannt (c. 557 §1). Dieser setzt auch den vom zuständigen Oberen vorgeschlagenen K. einer Kirche ein, die einer Ordensge-

meinschaft gehört, nicht aber deren eigenem →Gottesdienst dient (c. 557 §2). Der K. kann vom Ortsordinarius aus gerechtem Grund seines Amtes enthoben (→Amtsenthebung) werden (cc. 563 i. V. m. 192-195), dabei ist kein bes. Verfahren einzuhalten. Ein ordensangehöriger K. kann gem. c. 682 §2 des Amtes enthoben werden.

3. Die Sorge des K. umfasst nach allg. Recht: a) Die Kirche, insb. ihre Sauberkeit u. Würde, Schutz u. Erhalt u. die Verwaltung ihres Vermögens (cc. 562; 1220 §§1-2; 1279-1289); b) die ordnungsgemäße Feier des Gottesdienstes in der betr. Kirche, d. h. das Gestatten der Feier von Gottesdiensten (c. 561), die Beachtung der allg. u. liturgischen Normen u. die Erfüllung von Verpflichtungen (cc. 561-562; 764; 767 §4; 958; 1299-1310).

4. Nur der Rektor eines →Priesterseminars (c. 262) darf die →Amtshandlungen gem. c. 530, 1°-6° in seiner Kirche ausüben, außer der zuständige Pfr. stimmt ausdrücklich zu od. delegiert den K. entspr. (cc. 558 i. V. m. 1219). Feierliche Gottesdienste darf der K. in seiner Kirche feiern, wenn der pfarrliche Gottesdienst gem. Urt. des Ortsordinarius nicht beeinträchtigt wird (cc. 559 i. V. m. 530, 7° u. 1219). Der Ortsordinarius kann dem K. auch gebieten, bestimmte pfarrliche Amtshandlungen in seiner Kirche vorzunehmen u. die Kirche für bes. Gemeinschaften von Gläubigen u. deren Gottesdienst zu öffnen (c. 560). Im →Partikularrecht kann das Amt des K. m. weiteren Rechten u. Pflichten ausgestattet werden.

Literatur

Díaz, J. M., Rettore di Chiesa: NDDC, 919-922; Pree, H., §49 Kirchenrektor u. Seelsorger für bes. Gemeinschaften: HbkathKR³, 760-764; Paarhammer, H.: MKCIC cc. 556-563.

Heribert Hallermann

Kirchensenat – Evangelisch

Der K. ist eines von sechs kirchenleitenden Organen der Ev.-luth. →Landeskirche Hannovers. Ihm gehören nach Art. 100 Abs. 1 a)-g) KirchVerf. zum einen Mitglieder aller übrigen kirchenleitenden Organe an: der →Landesbischof als Vorsitzender, der Präsident u. ein geistl. Mitglied des →Landeskirchenamtes, der Präsident der Landessynode, der Vorsitzende des Landessynodalausschusses, ein vom →Bischofsrat – der Versammlung der →Landessuperintendenten – gewählter Landessuperintendent sowie drei weitere Mitglieder der Landessynode. Hinzu kommen nach Art. 100 Abs. 1 h) KirchVerf. – das unterscheidet den K. von vergleichbaren Organen anderer LK – vier von der Landessynode gewählte Mitglieder, die keinem der vorgenannten kirchenleitenden Organe angehören. Sie sollen den kirchl. Blick von außen gewährleisten. In der Praxis wird das dabei entstehende Informationsgefälle zwischen den Kirchensenatoren dadurch kompensiert, dass die →Synode nur freie Mitglieder beruft, die zumindest eng m. den Strukturen der Gremienarbeit auf der Ebene der LK od. der →Kirchenkreise vertraut sind.

Der Name K., ebenfalls eine hannoversche Spezialität, lässt sich nach der Struktur der geltenden KirchVerf. von 1965 (i. d. F. v. 01.07.1971: KABl. 1971, 189) auch damit begr., dass er im Gegensatz zu den →Kirchenleitungen od. KReg. anderer LK keinem anderen kirchenleitenden Organen übergeordnet ist. Vielmehr erfüllen alle kirchenleitenden Organe ihre Aufgaben in funktionaler u. verschränkter Kompetenzverteilung gleichrangig u. in gemeinsamer Verantwortung. Dieser Gleichrang ergibt sich zwar nicht ausdrücklich aus der KirchVerf., wird aber von dieser vorausgesetzt (vgl. auch i. Ü. Guntau, 2001, 389 m. w. N.). Gerade am Bsp. des K., der m. der ersten KirchVerf. der Han vom 20.12.1922 geschaffen wurde, aber hinsichtlich Rang, Zusammensetzung u. Aufgaben urspr. einen anderen Zuschnitt hatte, lässt sich nachvollziehen, wie die Kirche ihre Verfassungsorgane an die Erkenntnisse der Geschichte, insb. die Erfahrungen aus dem NS, u. an die Erfordernisse der Zeit flexibel aber moderat angepasst hat. In der aktuellen Debatte der zweiten großen Verfassungsrevision wird allerdings diskutiert, den K. als eigenes kirchenleitendes Organ abzuschaffen u. seine Kernkompetenz, die Zuständigkeit für wichtige Personalentscheidungen, auf einen organübergreifend besetzten Personalausschuss zu übertragen, wie es z. B. in der Bay der Fall ist.

Die Schaffung des K. war urspr. eine Folge der Trennung von Kirche u. Staat. Art. 97 der KirchVerf. 1922 statuiert: „Der Kirchensenat hat, soweit nichts anderes bestimmt ist, die kirchenregimentlichen Rechte, die vorher dem Landesherrn zustanden. Er ist in seinen Entschließungen vom Landeskirchentage unabhängig und nur dem Gesetz unterworfen, hat aber über seine Betätigung dem Landeskirchentage auf Anfragen ... Auskunft zu geben.“ Während der zweite Satz bis heute sinngemäß fort gilt, wurde der erste Satz m. der Verf. von 1965 gestrichen (vgl. Art. 101 KirchVerf). Ebenso wurde Art. 98 Nr. 5 KirchVerf. 1922 aufgehoben, der dem K. „die allgemeine Ausübung über die Geschäftsführung des Landeskirchenamts“ übertrug. Abgeschafft wurde schließlich auch das strukturelle Gegenüber von K./landesherrlichem Kirchenregiment (→ Kirchenregiment, landesherrliches) u. Landessynode, denn urspr. durften die aktuellen Mitglieder des damaligen Landeskirchentages nicht Mitglied des K. sein (Art. 95 Abs. 4 KirchVerf. 1922).

Das Aufgabenspektrum des K. hat sich seit 1922 zwar von 6 Ziffern in Art. 98 KirchVerf. 1922 auf die Buchstaben a)-s) in Art. 105 KirchVerf. aufgefächert, ist in den Kategorien aber cum grano salis sehr ähnlich geblieben. Art. 105 Abs. 1 a) KirchVerf. beschreibt die grds. Aufgabe der Beratung „aller Fragen, die das kirchliche Leben betreffen“. Diese Aufgabe teilt der K. wörtlich m. dem Bischofsrat (Art. 72 S. 2 KirchVerf.) u. sinngemäß m. der Landessynode (Art. 74 Abs. 2 KirchVerf.), übt sie allerdings in seiner organübergreifenden Funktion in spezifischer Weise aus. Daneben lassen sich folgende Aufgabengruppen unterscheiden: die Mitwirkung an der Rechtsetzung (Art. 105 Abs. 1 c], d], j]), wichtige Personalentscheidungen, darunter die Aufstellung des Wahlvorschlags für den Landesbischof, die Ernennung des Präsidenten u. der übrigen Mitglieder des Kollegiums des LKA, die Wahl der Landessuperintendenten, der Mitglieder kirchl. Gerichte (→ Gerichte, kirchliche) u. Vertretende in gliedkirchlichen Gremien (e], f], k], p], r]) u. die Ausübung des Gnadenrechts in der LK. Die verbleibenden Aufgaben der Mitwirkung bei der Bildung u. Berufung der Landessynode (b) u. die Befugnisse in Bezug auf das LKA (Aufstellung des Stellenplans, Erlass der GO sowie Vorgabe von Grundsätzen u. RL für die → Kirchenverwaltung u. Geschäftsführung) nach g)-i) sind neben den bereits genannten Mitwirkungsrechten bei der → Gesetzgebung letztlich Residuen des landesherrlichen Kirchenregiments. Der Entwurf einer neuen KirchVerf. (abrufbar unter www.kirchenverfassung2020.de [Zugriff: 15.05.2019]) weist insb. die Rechtsetzungszuständigkeiten konsequent der Landessynode bzw. dem Landessynodalausschuss zu, gestattet den übrigen kirchenleitenden Organen insgesamt mehr Autonomie, besetzt den Personalausschuss ausschließlich m. Mitgliedern der anderen Verfassungsorgane u. sieht für konkrete Bedürfnisse an Abstimmung, Koordinierung u. Zusammenarbeit gemischtbesetzte ad-hoc Ausschüsse vor, wie es de facto in den letzten Jahrzehnten bei größeren Projekten stets geschehen ist.

Literatur

Guntau, B., Der Kirchensenat der Ev.-luth. Landeskirche Hannovers: ZevKR 2001, 385-417 m. w. N.

Stephanie Springer

© 2019, DOI: 10.30965/9783506786388_0672

Kirchenstaat – Katholisch

1. Begriff: Als K. wird das Gebiet Mittelitaliens u. zeitweise Südfrankreichs bez., in dem die

→Päpste seit der Mitte des 8. Jh. bis 1859/70 auch die weltliche Herrschaft innehatten. Neben den Enklaven Pontecorvo u. Benevent in Süditalien sowie der Stadt Avignon u. der Grafschaft Venaissin in Südfrankreich umfasste der K. zwischen dem tyrhennischen u. dem adriatischen Meer die Hauptstadt Rom, sowie die Regionen Campagna, Umbrien, Marken, Romagna u. das sog. Patrimonium Petri. Er wurde im Süden vom Königreich Sizilien/Neapel, im Norden von der Toskana u. der Poebene begrenzt.

Die Geschichte des K. ist nicht nur eng m. der Entwicklung des Papsttums u. dessen Anspruch auf die Führungsrolle in der abendländisch-kath. Christenheit verbunden, sondern wurde auch durch die z. T. langen Sedisvakanzen, wechselnde (politische) Interessen der P. u. Schwerpunkte in den einzelnen Pontifikaten nicht unerheblich beeinflusst.

2. Geschichte: Den Grundstock für den K. bildet das seit dem 6. Jh. sog. Patrimonium Petri, d. h. der seit dem 4. Jh. von der Kirche, u. a. durch Schenkungen erworbene Grundbesitz im Umland von Rom, in Süditalien, Südgallien, auf Sizilien, Korsika, Sardinien usw. Einer der ersten, der die Organisation u. Verwaltung dieser Besitzungen ordnete, war P. Gregor I. Seit seinem Pontifikat nehmen auch die politischen Funktionen des Papsttums immer mehr zu.

Der Ausbau dieser Grundbesitzungen zum K. findet im 8. Jh. statt, als das Papsttum sich den fränkischen Königen annähert u. sie als Schutzmacht erwählt. Karl der Große unterstellt – auf der Grundlage vorher getroffener Vereinbarungen (Pippinische Schenkung, Versprechen von Quierzy usw.) nach seiner Kaiserkrönung 800 den Kernbereich des K. der Herrschaft der P., garantiert ihren Besitz u. den Schutz vor den Feinden. In dieser Zeit entsteht wohl auch die erst im 15. Jh. als Fälschung entlarvte Urkunde über die →Konstantinische Schenkung, m. der die P. bis ins Spätmittelalter ihren Anspruch auf den K. zu begr. versuchten.

In Folge des Verfalls der fränkischen Schutzmachtfunktion, der Krise des Papsttums u. der entstehenden Ansprüche mächtiger Adelsfamilien gegen Ende des 9. Jh. zerfällt auch der K. teilweise u. reduziert sich im 10. Jh. auf das Dukat von Rom. Durch die auf Grund der gregorianischen Reform erfolgte Stärkung des Papsttums kommt es jedoch kurz darauf auch zur Konsolidierung des K., der im 11. u. 12. Jh. durch Schenkungen (u. a. durch Mathilde von Tuszien) u. freiwillige Unterwerfungen erw. werden kann. Unter den P. Coelestin III. u. Innozenz III., der die weltliche Herrschaft der P. als Voraussetzung ihres geistl. Wirkens ansieht, stabilisiert sich die Herrschaft der P. im K., wird aber zugl. durch das Erstarken der Kommunen immer wieder in Frage gestellt.

Das Avignoner Exil der P. u. das abendländische Schisma bringen die Herrschaft der P. im K. praktisch zum Erliegen, was u. a. dazu führt, dass die Einnahmen aus dem K. wegfallen. Erst Martin V. stellt nach mühsamen Verh. die Hoheit der P. im K. wieder her.

In der wechselvollen Geschichte zwischen dem 15. Jh., zu dessen Beginn der K. seine größte Ausdehnung erreichte, u. dem 17. Jh. gefährden der päpstliche Nepotismus u. versch. kriegerische Auseinandersetzungen (u. a. 1527 der Sacco di Roma, dessen Folgen für den K. erst im Frieden von Barcelona 1529 beseitigt werden) den Fortbestand des K., der immer weiter an politischer u. militärischer Bedeutung verliert.

Ende des 18. Jh. sagen sich die ersten Provinzen (Ferrara, Bologna) vom K. los, 1809 erklärt Napoleon die Aufhebung der Schenkung Karls des Großen u. der K. wird in das Königreich Italien eingegliedert, bis der Wiener Kongress 1815 ihn – allerdings o. die nördlich des Po gelegenen Gebiete u. die südfranzösischen Besitzungen – wieder herstellt.

Trotz einiger Neuerungen im Gerichtswesen u. in der öff. Verwaltung gelingt es in der Folgezeit nicht, den K. entspr. den gewandelten Erfordernissen zu führen. Reformansätze (etwa die von Kardinalstaatssekretär E. Consalvi) scheitern genauso, wie die Hoffnung darauf, die P. für die ital. Einigungsbewegung gewinnen zu können. Sowohl Gregor XVI., als auch Pius IX. widersetzen sich Reformen u. Kompromissen. Nachdem die ital. Truppen am 20.09.1870 Rom eingenommen haben, erfolgt die Annexion des K. durch das Königreich Italien, zu dessen Hauptstadt Rom 1871 erklärt wird.

Damit beginnt die sog. röm. Frage, die über ein halbes Jh. lang die Beziehungen zwischen Italien u. den P. belastet u. erst 1929 durch die Lateranverträge u. die Gründung des →Vatikanstaates gelöst wird.

3. Bedeutung: Während des MA u. z. T. noch während der Neuzeit wird die weltliche Herrschaft über den K. von einigen P. als notwendige Voraussetzung zur Ausübung der geistl. Herrschaft betrachtet. Diese Herrschaft kompromittiert aber zugl. oft die religiöse u. moralische Autorität des Papsttums. Durch die Lösung der röm. Frage u. die Errichtung des Vatikanstaates kommt diese Autorität der P. deutlicher zur Geltung.

Literatur

Codex Diplomaticus Dominii Temporlis S. Sedis, 3 Bde., hg. v. A. Theiner, Rom 1860-1861 (Nachdr. Frankfurt 1964); Fuhrmann, H., Quellen zur Entstehung des Kirchenstaates, Göttingen 1964; Monaco, M., Lo Stato della Chiesa, Lecce 1974; Noble, T., The Republic of St. Peter. The Birth of the Papal State, Philadelphia 1984 (ital. Ausgabe Genova 1998); Frenz, T., Kirchenstaat: TRE Bd. 19, 92-101 (Lit.!); Noble, T., Kirchenstaat: LMA Bd. 5, 1180; Corral, C., Estados pontificios: DGDC Vol. III, 754-757.

Markus Graulich

© 2019, DOI: 10.30965/9783506786388_0673

Kirchensteuer – Staatlich

Die K. ist die wichtigste Finanzquelle der großen chr. Kirchen in Deutschland. Der Begriff erfasst auch Steuern sonstiger nichtkirchlicher →Religionsgemeinschaften u. so auch die Kultussteuer jüd. Gde. Das Besteuerungsrecht verleiht den Steuergläubigern die hoheitliche Befugnis, von ihren Mitgliedern Beitr. zu erheben u. zwangsweise durchzusetzen. Nicht zuletzt der Zugang zu diesem Finanzierungsinstrument setzt einen wesentlichen Anreiz zur Erlangung des Status einer →Körperschaft des öffentlichen Rechts, dz. so v. a. für islam. Kultusvereine. K. ist eine Abgabe u. Steuer i. S. des § 3 AO. Sie wird i. S. dieser Norm o. von einer Gegenleistung abhängig zu sein „von einem öffentlich-rechtlichen Gemeinwesen zur Erzielung von Einnahmen allen auferlegt ..., bei denen der Tatbestand zutrifft, an den das Gesetz die Leistungsfähigkeit knüpft".

Das Kirchensteuerrecht zeichnet sich durch ein Zusammenwirken staatl. u. religionsgemeinschaftlichen Rechts aus. Es ist so als →gemeinsame Angelegenheit zu qualifizieren u. dogmatisch zu durchdringen, Die Kirchensteuergesetze der Länder bieten eine RO, derer sich die steuererhebungsberechtigten Religionsgemeinschaften bedienen können, indem sie den Rahmen durch eigenverantwortetes Recht in den Kirchensteuerordnungen ausfüllen. Das staatl. Rahmenrecht ist also streng vom Anspruch der Religionsgemeinschaften auf Beitr. ihrer Mitglieder, dem Steuersubstrat, zu trennen. Die K. ist so auf die Beitragspflicht aus der →Kirchenmitgliedschaft bezogen. Art. 137 Abs. 6 WRV i. V. m. Art. 140 GG verpflichtet den Staat einerseits dazu, die gesetzlichen Voraussetzungen für ein geordnetes Kirchensteuerwesen zu schaffen, gewährt aber andererseits weitgehende Gestaltungsspielräume. Verfassungsrechtliches Kennzeichen des Kirchensteuerrechts ist insb. der Grundsatz der Mitgliedschaftsakzessorietät, der v. a. grundrechtlich in der →Religionsfreiheit des Art. 4 GG wurzelt. Diese gewährleistet so als Element der sog. negativen Religionsfreiheit auch die sog. negative Finanzierungsfreiheit, nicht zur Finanzierung einer Religionsgemeinschaft zwangsweise herangezogen zu werden, der man nicht angehört. In diesem Zusammenhang liegen auch die verbreiteten Zweifel an der Verfassungskonformität des bes. →Kirchgelds begr. Das staatl. Kirchenaustrittsrecht (→Kirchenaustritt) ist nicht zuletzt dem verfassungsrechtlichen Gebot geschuldet, dem Steuerpflichtigen staatlicherseits die Möglichkeit zu geben, sich dem Steuerzugriff seiner Religionsgemeinschaft zu entziehen.

Die K. wird sowohl als Orts- wie als Landeskirchen- bzw. Diözesansteuer erhoben. Die Ausgestalt der Steuerertragskompetenzen ist hierbei wesentliche Vorfrage für die Sicherung finanzieller Solidarität zwischen kirchl. Vermögensträgern u. damit vorgreiflich für die Ausgestaltung des Finanzausgleichs. Die K. lehnt sich als Annexsteuer regelmäßig an staatl. Maßstabsteuern an. Wichtigste Maßstabsteuer ist die Einkommensteuer. Die Kirchensteuersätze betragen zwischen 8 u. 9% der Einkommensteuer. Durch die Anlehnung an die staatl. Maßstabsteuern entstehen gewisse Verwerfungen der K., etwa durch die Verfolgung von Lenkungszwecken, so im Rahmen des Familienleistungsausgleichs, u. durch die Schedularisierung der Einkommensteuer, d. h. der unterschiedlichen Behandlung der Einkunftsarten, durch die Abgeltungssteuer auf Kapitalerträge. Widersprüche des progressiven Steuertarifs zum Gebot der Opfergleichheit werden weitgehend durch die Kappung der Kirchensteuerschuld vermieden. Sonderformen der K. sind die K., die am Lebensführungsaufwand in konfessionsverschiedenen Ehen bemessen wird, das sog. bes. Kirchgeld, u. das allg. Kirchgeld als Form der Mindestbesteuerung. Der Einzug der K. ist grds. gegen Kostenerstattung auf die Finanzverwaltung übertragen worden. Die daraus resultierende Indienstnahme der Arbeitgeber, aber auch die Angabe der Religions- u. Konfessionszugehörigkeit im Rahmen des Lohnsteuerverfahrens führt zu einem verfassungsrechtlichen Rechtfertigungsbedarf. Dieser findet sich insb. im Charakter der K. als ein Instrument der kulturstaatlich legitimen Förderung von Religion. Kirchensteuerrecht ist Grundrechtsförderungsrecht. V. a. aber im Bereich der K. vom Grundvermögen findet sich auch (noch) die kircheneigene Steuerverwaltung.

Die Kirchensteuergläubiger ordnen u. regeln das Kirchensteuerrecht als eigene Angelegenheit i. S. des Art. 137 Abs. 3 WRV i. V. m. Art. 140 GG (→ Selbstbestimmungsrecht) u. üben m. dem Steuererhebungsrecht des Art. 137 Abs. 6 WRV i. V. m. Art. 140 GG zugl. öff. Gewalt aus. Sie sind insoweit insb. selbst an Grundrechte gebunden. Dies gilt jedenfalls in Bezug auf den allg. Gleichheitssatz m. seiner systemprägenden Bedeutung im Steuerrecht überhaupt. Das Kirchensteuerwesen muss zudem rechtsstaatlichen Grundsätzen entspr. u. einen i. S. des Art. 19 Abs. 4 GG hinreichend effektiven Rechtsschutz gewährleisten. Das Kirchensteuerrecht unterliegt schließlich trotz fehlender Normsetzungskompetenz der EU den Einwirkungen des Unionsrechts, namentlich der europäischen Grundrechte, des Beihilferegimes u. der Grundfreiheiten.

Quellen

BVerfGE 19, 206; BVerfGE 19, 226; BVerfGE 19, 253; BVerfGE 19, 268 ff.; BVerfGE 73, 388.

Literatur

Hammer, F., Rechtsfragen der Kirchensteuer, Tübingen 2002; Bochumer Kirchensteuertag, hg. v. R. Seer – B. Kämper, Frankfurt u. a. 2004; Droege, M., Die delegierte Steuerhoheit: Aktuelle Rechtsfragen der Kirchensteuer, hg. v. D. Birk – D. Ehlers, Baden-Baden 2012, 24-48; ders., Art. Kirchensteuer: 100 Begriffe aus dem Staatskirchenrecht, hg. v. H. M. Heinig – H. Munsonius, Tübingen ²2015, 136-139; Hammer, F., Die Kirchensteuer u. das Besteuerungsrecht anderer Religionsgemeinschaften: HbStKR³, § 71.

Michael Droege

© 2019, DOI: 10.30965/9783506786388_0674

Kirchensteuer – Katholisch

Die K. entwickelte sich in Deutschland – regional unterschiedlich u. m. diversen Verwerfungen – seit dem mittleren 19. Jh. parallel im ev., jüd. u. kath. Bereich. Sie wurde den Kirchen bzw. Gde. staatsgesetzlich vorgegeben, um neue → Staatsleistungen zu vermeiden, die aufgrund versch. hist. Entwicklungen (Säkularisationen 1802ff., Zehntablösungen, neue Gde. in Ballungszentren u. a. mehr) sonst unvermeidbar gewesen wären. Zunächst als subsidiäre →Abgabe konstruiert (beschränkt auf anderweitig – durch Vermögenserträge, →Spenden etc. – nicht gedeckten Mittelbedarf der Kirche) ist sie seit den Geldentwertungen u. politischen Umwälzungen des 20. Jh. das ganz zentrale Kirchenfinanzierungsinstrument in Deutschland. Urspr. als Gde.-K. konzipiert (die →Diözesen konnten über Umlagen an den Erträgen beteiligt sein), ist sie heute Diözesan-K., von deren Aufkommen die →Kirchengemeinden einen rechtlich festgelegten Anteil erhalten.

Neben Deutschland findet sich eine allg. kath. K. m. nennenswerten hist. Traditionen nur in den meisten Schweizer Kantonen. Wegen ihrer damit nur regionalen Bedeutung ist sie im CIC/1983 als Instrument der →Kirchenfinanzierung nicht vorgesehen. Er kennt jedoch in c. 1263 ein Recht des →Diözesanbischofs, den seiner Leitung unterstellten öff. jur. Personen (→Juristische Person, kirchliche) für die notwendigen Bedürfnisse der Diözese eine maßvolle, ihren Einkünften entspr. Steuer aufzuerlegen, ebenso darf er im Falle großen Notstands u. im selben Rahmen auch anderen jur. u. natürlichen Personen eine außerordentliche u. maßvolle Abgabe auferlegen, zudem bleiben partikulare Gesetze u. Gewohnheiten, die ihm weitergehende Rechte einräumen, von dieser Regelung unberührt (sog. clausula teutonica). V. a. aber sieht der CIC/1983 einen Vorrang konkordatären Rechts gegenüber seinen Regelungen vor (c. 3) u. die Konkordate u. Verträge (→Konkordat, Kirchenvertrag) des Hl. Stuhls m. dt. Ländern enthalten in aller Regel – z. T. sehr ausführliche – Regelungen zur K. (so bspw. Art. 10 §5 BY.K 1924, Art. IV Abs. 4. Baden.K 1932, Art. 14 NI.K 1965, Art. 25f. u. Schlussprotokoll TH 1997, Art. 19 u. Schlussprotokoll ST 1998, Art. 16 HH 2005). Die K. besitzt also in CIC u. Konk. eine sichere Grundlage.

Da die K. echte Steuer i. S. des §3 Abs. 1 AO ist, also öff.-rechtliche Abgabe, die bei Vorliegen der gesetzlichen Voraussetzungen unabhängig von einer Gegenleistung m. Hilfe staatl. Hoheitsgewalt festgesetzt, erhoben u. ggf. durchgesetzt wird, bedarf sie im freiheitlichen Rechtsstaat staatsgesetzlicher Grundlagen, die sich in Art. 137 Abs. 6 WRV i. V. m. 140 GG sowie zahlreichen Landesverfassungsnormen sowie in den K.-Gesetzen der Länder findet. Weil die K. im religiös neutralen Staat nur Angebot an Kirchen u. →Religionsgemeinschaften sein kann, bedarf sie zudem kirchengesetzlicher Rechtsgrundlagen, die dieses annehmen u. näher ausformen; dies sind – auch in der kath. Kirche – insb. die K.-Ordnungen u. -Beschl., aber auch diverse ergänzende Normen. Wenngleich die K. nur mittels staatl. Hoheitsgewalt erhoben werden kann, ist sie allein kirchl. Abgabe (Art. 137 Abs. 6 WRV/140 GG sehen die K. als – einzigen – Ausnahmefall einer nichtstaatlichen Steuer vor). Sie besitzt eine Doppelnatur: Formell ist sie Steuer, materiell kirchl. Beitr.

Die K. zählt zu den res mixtae, den →gemeinsamen Angelegenheiten von Kirche u. Staat. Dennoch muss ihr Recht eine klare, präzise Trennung der Zuständigkeiten des Staates u. der Kirche beachten u. darf nicht undifferenziert unter gemeinsamer Verantwortung beider ergehen. Das Verbot der →Staatskirche (Art. 137 Abs. 1 WRV/140 GG) u. das staatl. Demokratieprinzip gebieten dies. Das staatl. Recht gibt die Ermächtigung u. den Rahmen vor, innerhalb derer die Kirchen Steuern erheben dürfen, das kirchl. Recht füllt diese aus u. regelt, wer in der Kirche, in welcher Weise u. Höhe davon Gebrauch macht. Letzteres enthält daher Normen zu den K.-Gläubigern (Diözesen – Diözesan-K. – u. nur noch gelegentlich Gde. – Ortskirchensteuer), zu den K.-Arten (insb. Zuschlag zur Einkommensteuer, einschl. Lohn- u. Kapitalertragsteuer, in manchen Diözesen Bes. →Kirchgeld in glaubensverschiedener Ehe), zur Höhe (Zuschlagsätze zu staatl. Steuern, K.-Tarif), zu Billigkeitsmaßnahmen (Erlass, Stundung etc.), zur Verwaltung u. zu K.-Vertretungen der Steuerpflichtigen. Diese sind gegenwärtig nur noch selten staatsgesetzlich vorgeschrieben. Sie dürften aber Ausdruck eines allg. Prinzips rechtsstaatlicher Steuererhebung (no taxation without representation) u. damit dem kirchl. Recht verbindlich vorgegeben sein; in ihnen müssen demnach auch Laien maßgeblich vertreten sein. Das kirchl. Recht muss – weil die K. nur mittels Hoheitsgewalt erhoben u. durchgesetzt werden kann – insoweit (aber auch beschränkt hierauf) die Grundrechte u. das Rechtsstaatsprinzip achten, weil diese jegliche staatl. Gewalt binden. Die Normen zur Höhe (Zuschlagsätze, eigenständige Tarife) finden sich regelmäßig in K.-Beschlüssen, die übrigen in K.-Ordnungen u. ergänzenden Vorschriften.

Der K. wird bisweilen vorgeworfen, sie sei unkirchliche Zwangsabgabe u. knüpfe die Gewährung der vollen kirchl. Mitgliedschaftsrechte an Geldleistungen. Letzteres verkennt, dass – o. Einbuße an Rechten – nichtleistungsfähige Kirchenmitglieder keine Zahlungspflichten treffen, auch führt die Nichtzahlung nicht zu kirchenrechtlichen Konsequenzen, sondern ggf. (nur) zu Vollstreckungsmaßnahmen; zudem besteht die Möglichkeit zu Billigkeitsmaßnahmen. Sanktionen knüpft das kirchl. Recht nur an die – förmliche – Erkl. des → Kirchenaustritts – ungeachtet seiner Konsequenzen für die K. Richtig ist, dass die K. keine dem freien Willen der Gläubigen entspringende Leistung bildet, dies wird aber ausgeglichen durch einen hohen Grad an Gerechtigkeit der K.: Der Charakter als Pflichtabgabe garantiert, dass die Kirche von leistungsfähigen bemittelten u. nicht von leistungswilligen mittellosen Mitgliedern finanziert wird, zudem macht er sie frei von Abhängigkeiten gegenüber Großspendern.

Literatur

Marré, H., Die Kirchenfinanzierung in Deutschland vom Ausgang des 18. Jahrhunderts bis zum Ende des Zweiten Weltkriegs: ZRG.K 85 (1999), 448-464; Schlief, K. E., Die Entwicklung der Kirchensteuer seit dem Ende des Zweiten Weltkriegs: ZRG.K 85 (1999), 465-499; Kirchhof, P., Der Auftrag der Kirchen u. ihre Finanzierung: Freiburger Diözesan-Archiv 121 (2001), 189-201 = Lebendige Seelsorge 53 (2002), 172-179; Hammer, F., Rechtsfragen der Kirchensteuer, Tübingen 2002 (Jus Ecclesiasticum 66); Jurina, J., Die Kirchensteuerräte der dt. Diözesen: Recht in Kirche u. Staat (FS Listl), hg. v. W. Rees, Berlin 2004 (KStT 48), 683-704; Fischer, G., Finanzierung der kirchl. Sendung. Das kan. Recht u. die Kirchenfinanzierungssysteme in der Bundesrepublik Deutschland u. den USA, Paderborn – München – Wien – Zürich 2005 (KStKR 5); Gutmann, G., Entstehung u. Entwicklung der Kirchensteuer in der Diözese Rottenburg, Ostfildern 2007 (Stuttgarter hist. Studien zur Landes- u. Wirtschaftsgeschichte 8); Hammer, F., Aspekte der Sachgerechtigkeit der Kirchensteuer: DÖV 61 (2008), 975-982; Binder, J. – Voß, d. h., Der Steuerausschuss des Bistums Augsburg – Organ diözesaner Vermögensverwaltung nach Bayerischem Partikular- u. Staatskirchenrecht sowie universalkirchlichem Recht: KuR 14 (2008), 184-206; Hammer, F., Zur Kirchlichkeit der Kirchensteuer: Steuer u. Wirtschaft 86 (2009), 120-127; Lehmann, K., Vom ABC der Kirchensteuer. Eine kleine Einführung: Planen im Sparen. Zu Fragen der Kirchensteuer, Haushaltsbilanz 2009, Jahresrückblick 2010, Haushaltsplan 2011, red. v. B. Nichtweiß, Mainz 2011 (Mainzer Perspektiven. Berichte u. Texte aus dem Bistum 18), 7-17; Kirchhof, F., Grundlagen u. Legitimation der dt. Kirchenfinanzierung: Die finanziellen Rahmenbedingungen kirchl. Handelns, hg. v. B. Kämper – H.-W. Thönnes, Münster 2013 (Essener Gespräche zum Thema Staat u. Kirche 47), 7-35; Haering, S., Die kan. Beitragspflicht der Gläubigen u. die dt. Kirchensteuer. Ein Vorschlag zur Weiterentwicklung von Recht u. Praxis der Kirchensteuer in der kath. Kirche: Kirche u. Staat. Geschichte u. Gegenwart eines spannungsreichen Verhältnisses, hg. v. J. Rist – C. Breitsameter, Münster 2015 (Theologie im Kontext NF 2), 167-179; ders., Entstehung u. Entwicklung der Kirchensteuer u. des Kirchenbeitrags: Vermögen der Kirche – Vermögende Kirche? Beiträge zur Kirchenfinanzierung u. kirchl. Vermögensverwaltung, hg. v. L. Müller – W. Rees – M. Krutzler, Paderborn 2015, 71-88; Pulte, M., Kirchenrechtliche Vorgaben für Kirchenfinanzierung u. kirchl. Vermögensverwaltung: Kirchenfinanzen in der Diskussion. Aktuelle Fragen der Kirchenfinanzierung u. der kirchl. Vermögensverwaltung, hg. v. A. Uhle, Berlin 2015 (Wiss. Abhandlungen u. Reden zur Philosophie, Politik u. Geistesgeschichte 82), 127-152.

Felix Hammer

© 2019, DOI: 10.30965/9783506786388_0674

Kirchensteuer – Evangelisch

Nach den →Kirchenordnungen der ev. Kirchen sind ihre Mitglieder verpflichtet, den Dienst der Kirche durch Leistung gesetzlich geordneter kirchl. →Abgaben mitzutragen u. zu fördern.

Dies geschieht überwiegend durch die K. Sie beträgt in Baden-Württemberg u. Bayern 8% od. in den übrigen Ländern 9% als Zuschlag zur Einkommen-, Lohn- u. Kapitalertragsteuer. Die Aufgaben der Kirchen werden zum weit überwiegenden Teil aus der K. finanziert. Die K. hat ihren Ursprung Mitte des 19. Jh., als sich der Staat aus der Finanzierung kirchl. Aufgaben (→Kirchenfinanzierung) zurückzog u. den Kirchen auferlegte, von ihren Mitgliedern die benötigten Mittel zu erheben. Nach dem heute noch gültigen Art. der WRV sind die Kirchen als →Körperschaften des öffentlichen Rechts berechtigt, auf Grund der bürgerlichen Steuerlisten nach Maßgabe landesrechtlicher Bestimmungen Steuern zu erheben (Art. 140 GG i. V. m. Art. 137 Abs. 6 WRV). Dies bildet die Grundlage für die Kirchensteuergesetze der Länder, die ihrerseits den Rahmen bilden für die kirchl. →Gesetzgebung (Kirchensteuerordnungen u. Kirchensteuerbeschlüsse). Die K. ist echte Steuer i. S. des staatl. Steuerrechts (§ 3 Abs. 1 AO).

Die K. wird nach Maßgabe der Kirchensteuergesetze der Länder u. der Kirchensteuerordnungen erhoben als Zuschlag zur Einkommensteuer (Einkommen-, Lohn- u. Kapitalertragsteuer), als K. vom Einkommen, als K. vom Vermögen (o. Bedeutung) u. vom Grundbesitz (vereinzelt), als (Orts-)→Kirchgeld bzw. Gemeindebeitrag u. als bes. Kirchgeld in glaubensverschiedener Ehe bzw. Lebenspartnerschaft.

Kirchensteuerpflichtig sind die Kirchenmitglieder m. →Wohnsitz bzw. der gewöhnliche Aufenthaltsort im Bereich einer steuererhebenden →Religionsgemeinschaft. Die Zugehörigkeit zu einer chr. Kirche wird durch den Akt der →Taufe begr. Die innerkirchlichen Regelungen, die die →Kirchenmitgliedschaft an Taufe u. Wohnsitz knüpfen, sind verfassungsgemäß, da das Kirchenmitglied jederzeit die Möglichkeit hat, seine Mitgliedschaft zu beenden. Die Bestimmungen zum Wohnsitz bzw. gewöhnlichen Aufenthalt richten sich nach § 8 f. AO. Die ev. Kirchenmitgliedschaft von Zuziehenden setzt sich in Deutschland fort.

Die Kirchensteuerpflicht beginnt m. der Kirchenmitgliedschaft (Taufe, Zuzug, Wiedereintritt) u. endet m. dem Tod od. Austritt (→Kirchenaustritt). Der Austritt ist zu erklären gegenüber dem Standesamt, AmtsG, Meldebehörde bzw. der Kirche (je nach Bundesland).

Kirchensteuerpflichtig sind nur natürliche Personen sein; jur. Personen (z. B. Firmen) sind – im Gegensatz zu einigen europäischen Nachbarländern – nicht kirchensteuerpflichtig. Gläubiger der K. ist diejenige Kirche, in deren Gebiet der Kirchenangehörige seinen Wohnsitz bzw. gewöhnlichen Aufenthalt hat.

Die K. als Zuschlag zu Einkommen-, Lohn- bzw. Kapitalertragsteuer wird in Form eines festen Prozentsatzes – in Baden-Württemberg u. Bayern 8% od. in den übrigen Ländern 9% – erhoben. Die K. als Zuschlag zur Lohn- bzw. Kapitalertragsteuer behält der Arbeitgeber bzw. der Abzugsverpflichtete (z. B. Bank) neben der staatl. Steuer (Lohn- bzw. Kapitalertragsteuer) ein u. führt sie an sein Betriebsstättenfinanzamt ab. Für die Berechnung der Kirchenlohnsteuer sind nur die Nachweise der elektronischen Lohnsteuerabzugsmerkmale (§ 39 EStG) maßgebend. Sie geben u. a. Auskunft über Steuerklasse, Religionszugehörigkeit u. Zahl der zu berücksichtigenden Kinder.

Für Zwecke der Berechnung der K. wird die Bemessungsgrundlage korrigiert bei zu berücksichtigen Kindern, beim Teileinkünfteverfahren u. der Anrechnung des Gewerbesteuermessbetrages (§ 51a Abs. 2, 2a EStG). Für jedes Kind werden die Kinderfreibeträge (§ 32 Abs. 6 EStG) berücksichtigt. Der steuerfreie Teil der dem Teileinkünfteverfahren unterliegenden Einkünfte wird der Bemessungsgrundlage hinzugerechnet. Die Anrechnung des Gewerbesteuermessbetrages bei der Einkommensteuer wird für die K. nicht nachvollzogen.

Derjenige, der aufgrund seiner besseren Einkommenssituation über mehr Mittel verfügt, trägt durch den Effekt der Steuerprogression in entspr. höherem Maßstab zur Finanzierung der Kirche bei. Entgegen den staatl. Steuern ist die K. mitgliedsbezogen u. verfolgt keinen sozialpolitischen Ordnungsauftrag. Sie wird der Höhe nach auf einen bestimmten Prozentsatz (zwischen 2, 75 % u. 4 %) des zu versteuernden Einkommens begrenzt (Kappung der Progression; außer Religionsgemeinschaften in Bayern). Gleichwohl ist die Kappung kein Steuergeschenk, da der betroffene (kleine) Personenkreis absolut u. relativ in höherem Maße zur Finanzierung kirchl. Aufgaben beiträgt.

Die Besteuerung knüpft an die persönliche Kirchenmitgliedschaft an (→ Besteuerungsrecht). Bei der Besteuerung von Ehegatten bzw. Lebenspartnerschaften (im Folgenden Partnerschaft) wird unterschieden zwischen konfessionsgleicher, konfessionsverschiedener u. glaubensverschiedener Partnerschaft. In einer konfessionsgleichen Partnerschaft gehören beide Partner ders. steuererhebenden Kirche an. In konfessionsverschiedener Partnerschaft gehören die Partner unterschiedlichen steuererhebenden Kirchen an. Ihre K. wird hälftig (außer Bayern: Individualbesteuerung) auf die beiden Konfessionsgruppen (ev./kath.) aufgeteilt. Die Halbteilung hat ihre Wurzeln in dem chr. Verständnis als gleichberechtigte Lebensgemeinschaft. Gehört nur ein Partner einer in dem betr. Bundesland steuererhebenden Kirche an, der andere Partner dagegen keiner Religionsgemeinschaft, handelt es sich um eine glaubensverschiedene Ehe. Die Berechnung der K. erfolgt entweder nach dem individuellen Einkommen od. durch das sog. bes. Kirchgeld. Letzteres wird festgesetzt, wenn der der Kirche angehörende Partner kein od. gegenüber dem anderen Partner wesentlich geringeres Einkommen bezieht.

Die K. wird von den Finanzämtern (teilweise Ausnahme in Bayern) erhoben. Für diese Dienstleistung entrichten die Kirchen dem Staat Verwaltungskosten je nach Bundesland zwischen 2 % u. 4 % des Steueraufkommens.

Die gezahlte K. kann als Sonderausgabe im Rahmen der Einkommensteuerveranlagung geltend gemacht werden (§ 10 Abs. 1 Nr. 4 EStG). Bei Erhebung der K. als Zuschlag zur Kapitalertragsteuer ist dies im Steuersatz berücksichtigt (§ 32d Abs. 1 EStG).

Die Entwicklung des K.-Aufkommens ist abhängig von der Konjunktur, der Zahl der Beschäftigungsverhältnisse u. der soziodemographischen Entwicklung.

Literatur

Hammer, F., Rechtsfragen der Kirchensteuer, Tübingen 2002; Kosch, D., Die öff. Finanzierung der kath. Kirche in der Schweiz, Zürich 2013; Kupke, A., § 26. Finanzverwaltungsrecht: HevKR, 912-915; Petersen, J., Kirchensteuer kompakt, Heidelberg [3]2017.

Jens Petersen

 DOI: 10.30965/9783506786388_0674

Kirchensteuer im europäischen Vergleich – Staatlich

I. Der Einfluss des europäischen Rechts auf das dt. Kirchensteuerrecht: Die EU besitzt eine Kompetenz zur Rechtsangleichung in Europa nur insoweit, als eine Angleichung der innerstaatlichen Rechtsvorschriften um des gemeinsamen Marktes willen erforderlich ist od. wenn eine anderweitige ausdrückliche Zuständigkeitszuweisung gegeben ist. Dies umfasst nicht die Harmonisierung des Staatskirchenrechts der Mitgliedstaaten. Das Kirchen-(Steuer)recht verbleibt – ebenso wie die Kulturhoheit – Angelegenheit des jeweiligen Staates bzw. der jeweiligen Region (Amsterdamer Vertrag). Mittelbare Auswirkungen auf die →Kirchensteuer sind aber durch eine Harmonisierung der direkten Steuern nicht auszuschließen.

2. Erscheinungsformen u. Finanzierung der Kirchen in Europa: Die Finanzierung der Kirchen in den Mitgliedstaaten der EU variiert je nach Ausprägung des Verhältnisses zwischen Staat u. Kirche. Sie reicht von einer →Staatskirche m. enger Verbindung zwischen Kirche u. Staat bis zur vollständigen Trennung (→Trennung von Staat und Kirche) m. der Folge der Finanzierung der Kirchen: direkt durch den Staat, über ein Kirchensteuersystem, durch ein Kirchenbeitragssystem, durch Erträge aus kircheneigenem Vermögen, aus Spenden u. Kollekten od. einem Mischsystem.

In →Belgien/→Luxemburg hat sich der Staat aus der Finanzierung der kirchl. Aufgaben – bis auf einen Sockelbetrag – weitgehend zurückgezogen. Der Staat zahlt die Gehälter von „Kultusdienern" nur noch im Rahmen von Bestandsverträgen; die Kirchenfabriken sollen in einem neu zu gründenden Fonds zusammengelegt werden.

In →Griechenland besteht eine direkte Abhängigkeit von den staatl. Leistungen. Die orth. Kirche ist seit 1833 Staatskirche. Sie genießt wichtige, insb. finanzielle Vorrechte. Den orth. Pfr. bezahlt der Staat ein Gehalt sowie den Bf. den Hauptteil ihrer Unterhaltskosten. Die anderen Kirchen genießen formell religiöse Freiheit u. finanzieren sich durch Spenden u. Kollekten.

Aus eigenem Vermögen finanzieren sich die Staatskirche in →Großbritannien u. die kath. Kirche in →Portugal. In England ist die angl. Kirche Staatskirche m. dem König bzw. der Königin als Oberhaupt. Kirchl. Gesetze bedürfen der Zustimmung des Parlaments. In Schottland ist die presbyterianische Kirche eine Staatskirche, wo hingegen in Wales seit 1990 die Trennung von Staat u. Kirche besteht. Alle Kirchen erhalten als karitative Vereinigung unter bestimmten Voraussetzungen für Einkünfte aus Spenden eine Ermäßigung der Einkommensteuer. In Portugal wurden durch das Gesetz über die Trennung von Staat u. Kirche aus dem J. 1911 fast alle Kirchengüter eingezogen, u. es erklärte Schenkungen u. Vermächtnisse an die Kirche für unzulässig u. nichtig. Seit dem Konk. des J. 1940 räumt der Staat der kath. Kirche, der ein Großteil der Einwohner Portugals angehören, eine Sonderstellung ein. Die Kirche muss sich im wesentlichen auf die Erträge ihrer Besitzungen stützen, die sie aus dem ihr gehörenden Anteil der landwirtschaftlich genutzten Fläche erzielt. Die kath. Kirche genießt umfassende Steuerbefreiung. Ab 2002 gilt dies in einem gewissen Umfang auch für andere eingeschriebene Religionsgemeinschaften.

Ein Kirchensteuersystem besteht in Dänemark (→Königreich Dänemark, Staat und Religion), wo ein Großteil der Einwohner der ev.-luth. Staatskirche (Folkskirche) angehören. Dem entspr. gestaltet sich die Unterstützung der Kirche m. staatl. Mitteln. Drei Fünftel der Pfarrergehälter, die Löhne für die Kirchendiener u. ein großer Teil des Unterhalts für Kirchengebäude werden vom Staat aufgebracht. Erträge aus Kirchenvermögen u. Grundeigentum sind ergänzend vorhanden. Ferner gibt es eine Kirchensteuer, die von der Ortsgemeinde festgesetzt, von der politischen Gde. bestätigt u. vom Kirchenministerium genehmigt wird. Sie wird gegenüber dem Steuerzahler, obwohl in den Kommunalsteuern enthalten, als Kirchensteuer ausgewiesen. Ihre Höhe beträgt bis zu 7% u. wird bei Lohnsteuerpflichtigen im Rahmen des Lohnsteuerabzugsverfahrens durch den Arbeitgeber erhoben.

Das Verhältnis zwischen Staat u. Kirchen in →Frankreich ist seit 1905 durch eine strikte Trennung von Staat u. Kirche gekennzeichnet. Die kath. Kirche muss sich weitgehend selbst finanzieren. 75% ihrer Einnahmen stammen aus Slg. u. Spenden u. 25% aus dem freiwilligen

Kultbeitrag, dessen Richtwert bei 1% des Einkommens liegt. Die Kirchengebäude gehören dem Staat, der sie (z. T. notdürftig) unterhält u. den Kirchen kostenlos zur Verfügung stellt. In den drei östlichen Departements Niederrhein, Oberrhein u. Mosel werden die Kirchen seit der napoleonischen Zeit vom Staat finanziert. Die ev. Kirchen finanzieren sich ausschließlich aus freiwilligen Mitgliedsbeiträgen u. Spenden. Die Kirchengebäude gehören, im Unterschied zur kath. Kirche, den KGde., die als Kultvereine nach dem Gesetz von 1905 konstituiert sind. Sie müssen ihre Gebäude aus eigenen Mitteln unterhalten.

In den →Niederlanden, wo Protestanten u. Katholiken zahlenmäßig gleich stark sind, finanzieren sich die Kirchen überwiegend aus freiwilligen Beitr. (Spenden u. Kollekten; sog. Aktion Kerkbalans), die zwischen 1% u. 3% des Einkommens liegen. Die aufgrund des Einzugs von Kirchengütern bestehenden Staatsleistungen, hauptsächlich für die Vergütung der Geistlichen, sind 1983 durch eine einmalige Zahlung von 250 Mio. Gulden abgegolten worden. Staatl. subventioniert werden weiterhin karitative Einrichtungen der Kirchen sowie die konfessionellen Schulen.

In →Italien u. →Spanien werden die Kirchen – neben Spenden – aus der staatl. Einkommensteuer finanziert. Der Steuerpflichtige kann wählen, ob ein Teil seiner Einkommensteuer der Kirche od. einer sozialen Einrichtung zufließen soll (Teilzweckbindung der Einkommensteuer); auch (fälschlicherweise) als Kultussteuer bez. Die Steuerzahler können wählen, ob 0, 8% der gesamten staatl. (Italien) od. 0, 5239% ihrer Einkommensteuer (Spanien) kirchl. od. den anderen sozialen Zwecken zufließen sollen. Treffen sie keine Entscheidung, wird dieser obligatorische Steuerbetrag in Italien in dem Verhältnis aufgeteilt, in dem sich die übrigen Steuerzahler für einen kirchl. od. anderen Verwendungszweck entschieden haben. In Spanien wird dieser Betrag direkt den anderen Zwecken zugeleitet. In Italien soll alle drei J. in Verh. zwischen Staat (!) u. Kirche festgelegt werden, welcher Prozentsatz der Einkommensteuer entweder der Kirche od. anderen Zwecken zugeführt wird; dies ist bisher nicht geschehen, zeigt aber die Abhängigkeit vom Staat. Die Spanische Kirche bekommt ihren nicht durch die Kirchensteuer gedeckten Haushaltsbedarf direkt vom Staat aus allg. Steuergeldern.

In →Österreich wird die Kirche mittels eines Beitr. der Mitglieder finanziert. Die Kirchen legen den Tarif selbst fest, knüpfen also nicht an staatl. Maßstäbe an. Der Einzug erfolgt durch eigene Verwaltung. Die privatrechtlichen Beitr. müssen notfalls von dem Zivilgericht eingeklagt u. durch den Gerichtsvollzieher beigetrieben werden. Den Kirchen in Österreich obliegt es, selbst die Beitragspflichtigen zu erfassen u. anzuschreiben. Bürgerliche Steuerlisten i. S. v. Art. 140 GG i. V. m. 137 Abs. 6 WRV stehen den Kirchen in Österreich nicht zu Verfügung. Das Kirchenbeitragssystem ist kostenaufwändig u. nicht vollständig effizient i. S. d. Belastungsgerechtigkeit.

In →Finnland werden die Kirchen mittels eines Kirchensteuersystems finanziert. Der finnischen ev.-luth. Staatskirche gehört der Großteil der Bevölkerung an. Die Kirche verwaltet die Bevölkerungsregister. Die Kirchensteuern betragen zwischen 1% u. 2% des steuerpflichtigen Einkommens. Kirchensteuerpflichtig sind auch alle geschäftlichen Unternehmungen.

In →Schweden finanziert sich die Kirche durch ein Kirchenbeitragssystem, wobei der →Kirchenbeitrag von der staatl. Steuerbehörde eingezogen wird. Mögliche Finanzierungslücken gleicht der Staat – aus seiner Verantwortung für die bis 1999 bestehende Staatskirche – durch Subventionen aus.

Die norwegische (→Norwegen, Staat und Religion) Ev.-luth. Kirche, ist eine Staatskirche m. dem König als nominellem Oberhaupt. Das Augsburger Bekenntnis ist Bestandteil der Verf., u. die Volkskirche wird daher durch Staatsleistungen unterhalten.

Die Einwohner Islands gehören fast ausschließlich der ev.-luth. Volkskirche an, die mittels einer Kultursteuer finanziert wird. Der Steuerpflichtige kann wählen, ob seine Steuermittel der Volkskirche od. der Universität Islands zufließen sollen.

Die kantonale Struktur der → Schweiz spiegelt sich im Einzelnen in der kirchl. Finanzierung wider. Die wichtigste Finanzierungsquelle für die großen Kirchen ist die (Orts-)Kirchensteuer, die i. d. R. durch die KGde. festgesetzt wird. Bemessungsgrundlage bildet das Einkommen od. auch das Vermögen. Erhoben wird sie von den KGde. od. den politischen Gde. zusammen m. den staatl. bzw. kommunalen Steuern. Aus dem Gedanken der Teilhabe an den bürgerlichen Funktionen der Kirche werden in einzelnen Kantonen auch Nichtmitglieder zu einem Betrag herangezogen, der 50 % der für sie festzusetzenden Kirchensteuer beträgt, würden sie der Kirche angehören. In 20 von 26 Kantonen sind auch jur. Personen kirchensteuerpflichtig. Eine strikte Trennung von (Glied-)Staat u. Kirche findet sich im Kanton Genf. Kirchensteuer wird hier nicht erhoben. Ebenso kennt auch das Waadtland u. der Kanton de Vaud (um Lausanne) keine Kirchensteuer.

Die osteuropäischen Kirchen finanzieren sich überwiegend aus Spenden u. Beitr. u. in geringem Umfang aus staatl. Zuwendungen. Zuwendungen an die Kirchen genießen teilweise Steuerbefreiung. Gewinne aus Produktionstätigkeit (z. B. Landwirtschaft) sind teilweise steuerbegünstigt.

Literatur

Uhle, A., Kirchenfinanzierung in Europa: Erscheinungsformen, Eignung, Zukunftsperspektiven: Neuere Entwicklungen im Religionsrecht europäischer Staaten, hg. v. W. Rees – M. Roca – B. Schanda, Berlin 2013, 743-788; ders., Die öff. Finanzierung der Religionsgemeinschaften im säkularen Verfassungsstaat: Politik ohne Religion?, hg. v. L. Gerosa – L. Müller, Paderborn u. a. 2014, 191-218.

Jens Petersen

 DOI: 10.30965/9783506786388_0675

Kirchenstiftung – Katholisch

K. (Fabrica ecclesiae, Fabrikfonds, Gotteshausvermögen; in Österreich: Pfarrkirche) ist in den Diözesen Bayerns u. Österreich der hauptsächliche Träger von → Kirchenvermögen auf Ebene der → Pfarrei, neben der → Pfründe(stiftung), der Pfarrei gem. c. 515 u. eventuellen weiteren Trägern. Obwohl der CIC/1983 nur die Pfarrei gem. c. 515 §1 als pfarrliche jur. Person (→ Juristische Person, kirchliche) vorsieht (c. 515 §3), hat er am Fortbestand der K. (als → iura quaesita, c. 4) nichts geänd.

Gem. KiStiftO kann die K. unter den Bez. Pfarrkirchenstiftung, Kuratiekirchenstiftung, Expositurkirchenstiftung u. Filialkirchenstiftung begegnen (denen das Merkmal der rechtlichen Selbständigkeit, auch als Träger von Vermögen, gemeinsam ist, sei es, dass sie sich innerhalb des Territoriums einer Pfarrei befinden od. eine eigene → Seelsorgeeinheit verkörpern, u. die von der Pfründestiftung zu unterscheiden sind), u. dient die K. m. ihrem Vermögen (→ Kirchengebäude, Ausstattung, Grund u. Boden) sowie dessen Ertrag den ortskirchlichen Bedürfnissen (z. B. Unterhalt der Kirche u. ihrer Einrichtung, Aufwendungen für → Gottesdienst u. → Seelsorge, → Entlohnung der kirchl. Mitarbeiter, Unterhalt der kirchl. → Friedhöfe). Die K. sind im staatl. Recht Stiftungen des öff. Rechts (Art. 1 [4] u. 21-24 BayStiftG; vgl. Art. 13 RK). Das staatl. Stiftungsrecht weist sowohl die Stiftungsaufsicht als auch den Erlass von Vorschriften über Name, Sitz, Zweck, Vertretung u. Beaufsichtigung kirchl. Stiftungen in die Kompetenz der Kirche (Art. 23 [1] BayStiftG).

In Bayern sind die K. anstaltliche Stiftungen, d. h. in die Rechtsform einer Stiftung gegossene Anstalten; die KiStiftO erfüllt die Funktion der Satzung für alle K. Organ der K. ist die → Kirchenverwaltung, die aufgrund einer eigenen Satzung u. Wahlordnung (zu Art. 5 BayKirchStG) gebildet wird u. deren Vorstand grds. der Pfr. ist. Alle genannten Ordnungen gelten m. identischem Inhalt in allen bayer. Bistümern als Diözesangesetze. Die K. ist als Kollegialorgan nicht nur zur Verwaltung, sondern – entgegen c. 532 – „unter der Obhut und Aufsicht der kirchlichen Stiftungsaufsichtsbehörde" auch zur gerichtlichen u. außergerichtlichen Vertretung berufen. Die Abweichung von c. 532 wurde durch ein päpstliches Indult vom 13.01.1984 ermöglicht (vgl. MKCIC c. 532, Rn. 7). Der Pfr. ist daher an die Beschl. des Gremiums gebunden. Die Kassen- u. Rechnungsführung obliegt einem aus dem Kreis der wählbaren Mitglieder der → Kirchengemeinde durch die Kirchenverwaltung zu bestimmenden Kirchenpfleger, der auch den Kirchenverwaltungsvorstand bei Erledigung seiner Aufgaben zu unterstützen hat u. den Weisungen des Kirchenverwaltungsvorstandes unterliegt. Wie alle kirchl. Stiftungen unterstehen auch die K. der bes. Obhut des → Diözesanbischofs; wahrgenommen wird die Stiftungsaufsicht durch das (Erz-)Bfl. Ordinariat als kirchl. Stiftungsaufsichtsbehörde (Art. 42-46 KiStiftO). Deren Kompetenzen gehen gem. KiStiftO deutlich über die bloße Rechtsaufsicht hinaus u. umfassen neben der Beratung auch die Befugnis, Weisungen zu erteilen sowie das Recht zur Ersatzvornahme u. zum Erlass einstweiliger Anordnungen. Obwohl die Zuständigkeit zur Aufsicht keineswegs eine ersatzweise Vertretungskompetenz miteinschließt, kann diese die Stiftungsaufsichtsbehörde kraft KiStiftO von Amts wegen jederzeit in Rechtsstreitigkeiten u. → Verwaltungsverfahren aller Art übernehmen. Maßnahmen u. Rechtsgeschäfte der K., die für diese grds. Bedeutung haben u. erhebliche Verpflichtungen rechtlicher, wirtschaftlicher od. finanzieller Art erwarten lassen, bedürfen zu ihrer Wirksamkeit der Genehmigung durch die kirchl. Stiftungsaufsichtsbehörde, darüber hinaus sind mehrere → Rechtshandlungen anzeigepflichtig. Die von der Kirchenverwaltung durch Beschl. anerkannte Jahresrechnung ist der Stiftungsaufsichtsbehörde zur Prüfung vorzulegen (Art. 31-33 KiStiftO).

In Österreich genießen die Pfarrkirchen als selbständige Rechtsträger im staatl. Recht die Stellung von → Körperschaften des öffentlichen Rechts (Art. II Konk. 1933); die Verwaltung des Vermögens u. die Vertretung der Pfarrkirche richten sich nach dem universalen Recht des CIC, obwohl dessen Regeln nur die neue jur. Person der Pfarrei gem. c. 515, nicht den Rechtsträger Pfarrkirche, im Blick haben. Daher obliegt die rechtliche Vertretung dem Pfr. (c. 532); der pfarrliche Vermögensverwaltungsrat gem. c. 537 trägt traditionell die Bez. Pfarrkirchenrat (heute z. T. abweichende Bez.); die entspr. Regelungen (Pfarrkirchenratsordnungen) m. den Aufsichtsinstrumenten, Genehmigungsvorbehalten usw. ergehen in den einzelnen Bistümers unabhängig voneinander i. d. R. als Diözesangesetze. Insoweit solche Ordnungen eine verbindliche kollegiale Beschluss- u./od. Vertretungskompetenz des Pfarrkirchenrates (anstelle des Pfr.) vorsehen, sind die betr. Bestimmungen wegen Widerspruchs zum übergeordneten Recht des CIC (cc. 532, 537) ungültig (vgl. c. 135 § 2). Die Aufsicht führt der Diözesanbischof mittels der Diözesanfinanzkammer. Eine staatl. Aufsicht über die Verwaltung von Pfarrkirchen besteht nicht.

Quellen

Ordnung für kirchl. Stiftungen in den bayer. (Erz-) Diözesen (KiStiftO) i. d. F. 1. Januar 2012: ABl. München u. Freising 2012, Nr. 4, 94-124.

Literatur

Strigl, R., Pfarrvikarie, ständige P.: LThK² Bd. 8, 414 f.; Heimerl, H. – Pree, H., Handbuch des Vermögensrechts der kath. Kirche, Regensburg 1993, 409-425; Primetshofer, B., Kanonistische Bemerkungen zu den österr. Pfarrgemeinderats- u. Pfarrkirchenratsordnungen: ÖAKR 42 (1993), 156-177; Anneser, S. – Kleindienst, E. – Binder, J., Ordnung für kirchl. Stiftungen. Satzungen u. Wahlordnungen für die gemeindlichen u. gemeinschaftlichen kirchl. Steuerverbände in den bayer. (Erz-)Diözesen, München ¹⁵2000; Pree, H., Kirchenstiftung: LexKR, 540; Pree, H. – Primetshofer, B., Das kirchl. Vermögen, seine Verwaltung u. Vertretung, Wien – New York ²2010; Hallermann, H., Die rechtliche Vertretung der

Pfarrei durch den Pfarrer. Kanonistische Erwägungen aufgrund gewandelter Verhältnisse: In mandatis meditari (FS Paarhammer), hg. v. S. Haering u. a., Berlin 2012, 521-536.

Helmuth Pree

© 2019, DOI: 10.30965/9783506786388_0676

Kirchenstiftung – Evangelisch

1. Einordnung: Die bereits in der frühen Kirche anzutreffende Vierteilung der Kircheneinkünfte in quarta episcopi, fabricae, cleri u. pauperum spiegelt sich noch heute in der im Haushalts- u. Vermögensverwaltungsrecht der ev. Kirchen zum Ausdruck kommenden Gliederung des →Kirchenvermögens nach seiner Zweckbestimmung (Kirchen-, Pfarr- u. sonstiges Zweckvermögen) u. seinen Trägern wider. An diesem auf das kan. Recht zurückgehenden vermögensrechtlichen System m. seiner stiftungsrechtlichen Ausrichtung hatte auch die →Reformation nichts Wesentliches geänd., so dass nach einer Übergangszeit die bestehenden ortskirchlichen Strukturen m. Pfründestiftung u. K. zum großen Teil wieder hergestellt waren. So findet sich neben den (Landes-)Kirchen u. ihren körperschaftlich verfassten Untergliederungen sowie den vielfach als jur. Person des Privatrechts organisierten Einrichtungen u. Vereinigungen der Diakonie in öff.-rechtlich organisierter Stiftungsform zum einen nach wie vor das der Pfarrerbesoldung u. -versorgung (→Pfarrbesoldung, Versorgung) dienende Pfründevermögen, auch wenn es mittlerweile häufig zentral zusammengefasst od. jedenfalls verwaltet wird. Zum anderen ist es das örtliche Fabrikvermögen (→Kirchenfabrik), das lange Zeit zumeist in den K. angesiedelt war, inzwischen aber nicht selten zu den erst viel später zur Rechtsfähigkeit gelangten →Kirchengemeinden hinüber gewandert ist.

2. Zweck, Vermögensbestand u. Organisation: Aufgabe der K. u. der bei ihr bestehenden Stiftungsmassen (andere Bez. etwa: Kirche, Kirchärar, Kirchlehen, Kirchenfonds, Kirchenpflege, Opferei od. Küsterei) war u. ist es, in engem Bezug zur Ortskirche deren finanzielle Bedürfnisse zu befriedigen. Zu diesen grds. deckungsfähigen Bedürfnissen rechnen insb. die →Baulast für das →Kirchengebäude u. – soweit nicht die Pfründe vorrangig zuständig sind – die Gebäude des Pfr. od. sonstiger ortskirchlicher Bediensteter, die Ausstattung u. Unterhaltung der Inneneinrichtung der Kirche u. die Sachkosten von →Gottesdienst u. →Seelsorge einschließlich der Personalkosten für die nichtgeistlichen Mitarbeiter, ferner die Kosten der pfarramtlichen Geschäftsführung u. die Unterhaltung bestehender →Friedhöfe. Zum Vermögen der K. zählen i. d. R. die Kirchengebäude, das →Pfarrhaus u. Wohngebäude örtlicher Kirchenbediensteter sowie Friedhofsgrundstücke nebst Bestandteilen. Weiter befinden sich im Stiftungsvermögen vielfach land- u. forstwirtschaftlich genutzte Flächen, die v. a. durch Verpachtung genutzt werden, sowie gelegentlich auch Wertpapiervermögen. In einigen wenigen Fällen können zum Vermögen der K. noch Leistungsansprüche gegen Kircheneingesessene wie etwa →Reichnisse gehören, die früher eine größere Rolle gespielt haben, im Laufe der letzten zwei Jhh. aber weitgehend abgelöst werden konnten.

Ihren Sitz hat die als selbständige Untergliederung der verfassten Kirche durchgehend öff.-rechtlich verfasste K. naturgemäß am Ort der ihr zugeordneten Kirche. Daran ändert auch eine andernorts zentral zusammengefasste Stiftungsverwaltung nichts, sofern die betroffene Stiftung hierdurch ihre rechtliche Selbständigkeit nicht eingebüßt hat. Ausformulierte Stiftungssatzungen sind bei diesen stark durch Herkommen u. Überlieferung geprägten Stiftungen kaum anzutreffen. Soweit sie nicht zentral verwaltet werden, sind ihre Vertretungsorgane m. denjenigen der örtlich zuständigen KGde. identisch. Ihre Verwaltung u. Beaufsichtigung richtet sich nach den Bestimmungen des einschlägigen KGde.- u. des kirchl. Vermögensverwaltungs- u. Haushaltsrechts. Gleiches gilt für eine Änderung, Umwandlung od. Aufhebung solcher Stiftungen. Das staatl. Recht spricht sie neben den bundes- u. landesrechtlichen Verfassungsbestimmungen, die sie als Teil des kirchl. Vermögens u. kirchl. Selbstverwaltung garantieren, v. a. in einigen Landesstiftungsgesetzen als den Kirchen in bestimmter Weise zugeordnete u. deshalb aus der staatl. Stiftungsaufsicht ganz od. weitgehend herausgenommene Stiftungen an. Vereinzelt finden sich auch in den Kirchenverträgen Bestimmungen betr. die Bildung, Änderung od. Aufhebung solcher Stiftungen.

3. Verhältnis zur KGde.: Nachdem die KGde. beginnend m. dem preuß. Allg. Landrecht (→Allgemeines Landrecht für die Preußischen Staaten von 1794) durchgehend eigene Rechtsfähigkeit erlangt haben u. deshalb selbst als Rechtsträger des örtlichen Kirchenvermögens fungieren können, ist die eigenständige Bedeutung der K. zunehmend verblasst u. ihr Vermögen zweckgebunden zu den KGde. hinüber gewandert, die ohnehin regelmäßig bereits nachrangiger Träger der Kirchenbaulast u. der sonstigen ortskirchlichen Verpflichtungen geworden waren. Das hat sich – wie in Preußen u. dem durch die preuß. Praxis geprägten Han od. etwa in Bad – teilweise schon seit Mitte des 19. Jh. bzw. in der ersten Hälfte des 20. Jh. schleichend vollzogen u. anschließend als gewohnheitsrechtlich vollzogene Stiftungsauflösung durchgesetzt. Teilweise ist dies aber auch – wie 1964 in Bay od. 1975 in Bswg – durch KG ausgesprochen worden, soweit – was sich als nicht immer problemfrei erwiesen hat – im Einzelfall keine Nachteile gegenüber sekundär Baulastpflichtigen zu erwarten waren. Andererseits bestehen etwa in Sa(D) u. im KKreis Mecklenburg der NK die K. nach wie vor in der Verwaltung der örtlichen KGde. fort.

Literatur

Liermann, H., Dt. Ev. Kirchenrecht, Stuttgart 1933; Stolba, H., Die Rechtsstellung der kirchl. Stiftungen nach dem BayStiftG, Erlangen 1957; Müller, W., Zur Rechtsstellung der selbständigen örtlichen Kirchen- u. Pfarrvermögen: ZevKR 8 (1961/62), 360-373; Grundmann, S., Die Kirchengemeinde u. das kirchl. Vermögensrecht: FS R. Smend, Tübingen 1962, 309-330; Achilles, W.-A., Die Aufsicht über die kirchl. Stiftungen der ev. Kirchen in der Bundesrepublik Deutschland, Tübingen 1986; Grethlein, G. – Böttcher, H. – Hofmann, W. – Hübner, H.-P., Ev. Kirchenrecht in Bayern, München 1994; Meyer, Chr., Die Vermögensverwaltung u. das Stiftungsrecht im Bereich der ev. Kirche: HbStKR² Bd. 1, 907-946; Böttcher, H., Baulast an Kirchengebäuden: HbStKR² Bd. 2, 19-45; Seeger, B., Vertretung u. Genehmigungserfordernisse bei Rechtsgeschäften kirchl. Vermögensträger in Bayern – Teil I: Ev.-Luth. Kirche: MittBayNot 2003, 361-364; Achilles, W.-A., Kirchl. Stiftungen, in Landesstiftungsrecht, hg. v. R. Hüttemann – A. Richter – B. Weitemeyer, Köln 2011, 931-1040; Hübner, H.-P., Gemeinde u. Kirchengemeinde: HevKR, 402-436.

Wilhelm-Albrecht Achilles

© 2019, DOI: 10.30965/9783506786388_0676

Kirchenstrafe – Katholisch

K. ist seit Beginn der Kirche (Mt 18, 15-18; 1Kor 5, 1-5) eine Beschränkung von Rechten, rechtl. Befähigungen u. Ansprüchen von Kirchengliedern, die gegen die Ordnung der kirchl. Gemeinschaft (→Communio) in wichtiger Angelegenheit schuldhaft u. zurechenbar gefehlt haben (c. 1321 §§1 u. 2; c. 1414 §§1 u. 2 CCEO; Hierold). Traditionell unterscheidet c. 1312 §1, 1° u. 2° zwischen Besserungs- od. →Beugestrafen, näherhin →Exkommunikation (c. 1331 §§1 u. 2; c. 1434 §§1-3 CCEO), →Interdikt (c. 1332; c. 1431 §§1 u. 2 CCEO) u. →Suspendierung (c. 1333f.; c. 1432 §§1-3 CCEO), u. →Sühnestrafen (cc. 1336-1338; cc. 1429; 1430; 1433 CCEO), wie Aufenthaltsgebot bzw. -verbot, Entzug einer →Vollmacht, eines →Amtes usw., Ausübungsverboten, die Strafversetzung eines Amtsinhabers sowie die Entlassung aus dem →Klerikerstand. Die Kirche kennt auch Strafsicherungsmittel u. →Strafbußen (cc. 1339f.; c. 1427 §§1 u. 2 CCEO), die nicht K. im strikten Sinn sind. Ausdrücklich wird das „angeborene und eigene Recht“ der Kirche zur →Strafverhängung (c. 1311) betont. Dieser Anspruch wird jedoch nur noch gegenüber →Gläubigen der →katholischen Kirche erhoben (vgl. c. 11; c. 1490 CCEO; can. 2214 §1) u. ist in Deutschland u. Österreich garantiert (vgl. Art. 140 GG i. V. m. Art. 137 Abs. 3 WRV; Art. 15 StGG). Strafandrohungen können diejenigen erlassen, die →Gesetzgebungsvollmacht besitzen (c. 1315 §1; c. 1405 §1 CCEO; c. 1317; vgl. cc. 1364-1398; cc. 1436-1467 CCEO), ebenso die Träger exekutiver →Vollmacht im Weg des →Strafbefehls/-gebots (c. 1319; c. 1406 §1 CCEO). Sofern →Ordensangehörige dem Ortsordinarius unterstehen, wie z. B. bei der Ausübung von →Seelsorge u. der öff. Feier von →Gottesdiensten, unterliegen diese auch seiner Strafgewalt (c. 1320). Der CCEO hebt v. a. den medizinal-heilenden Aspekt einer K. hervor (c. 1401 CCEO).

Da eine →Straftat als Verletzung eines bestehenden Strafgesetzes od. Strafbefehls (vgl. c. 1321 §§1 u. 2; c. 1414 §1 u. 2 CCEO) gesehen wird, wird der Grundsatz „Nulla poena sine lege poenali praevia“ (→Nulla-Poena-Grundsatz) (vgl. can. 2195 §1) anerkannt. Wie can. 2222 §1 ermöglicht auch c. 1399 die Durchbrechung dieses Grundsatzes. Generell darf eine K. „nur nach Maßgabe des Gesetzes“ verhängt werden (c. 221 §3; c. 24 §3 CCEO). Zudem sind Strafgesetze eng auszulegen (c. 18; c. 1500 CCEO). 2010 haben die sog. Delicta graviora, zu denen u. a. auch der →sexuelle Missbrauch Minderjähriger sowie Vergehen gegen den →Glauben u. die →Sakramente, wie u. a. die Weihe von Frauen, zählen, eine Neuodnung erfahren. Der CIC kennt →Strafausschließungsgründe (cc. 1323 u. 1325; c. 1413 §1 CCEO), Strafmilderungs- (c. 1324; c. 1415 CCEO) u. Strafverschärfungsgründe (→Strafverschärfung) (c. 1326; c. 1416 CCEO), den Versuch einer Straftat (c. 1328 §§1 u. 2; c. 1418 §§1-3 CCEO) u. die Beteiligung daran (c. 1329 §1 u. 2; c. 1417 CCEO).

Im Unterschied zum CCEO (nur →Spruchstrafen) hält der CIC an der Unterscheidung von Spruch- u. →Tatstrafe fest u. betont, dass die Strafe „meistens“ (plerumque) Spruchstrafe ist, d. h. am Ende eines geregelten Gerichts- (cc. 1717-1731; cc. 1468-1485 CCEO) od. →Verwaltungsverfahrens (cc. 48-58 i. V. m. 35-47; cc. 1510-1520 CCEO) durch →Strafurteil bzw. außergerichtliches →Dekret/→Verwaltungsbefehl (vgl. cc. 1342 §§1-3 i. V. m. 1720 u. 1353; cc. 1402 §§1-3 CCEO i. V. m. 1486 f. CCEO) ausgesprochen wird (c. 1314; c. 1408 CCEO). Näherhin werden bestimmte u. unbestimmte (c. 1315 §2), verpflichtende u. fakultative Strafmaßnahmen angedroht (cc. 1343 f.; c. 1409 CCEO).

Eine Strafe bindet den Straftäter „überall“ (ubique), d. h. in der ganzen Kirche (c. 1351; c. 1412 §4 CCEO). In →Todesgefahr wird das Verbot des →Sakramentenempfangs bzw. der →Sakramentenspendung ausgesetzt (cc. 1352 §1 u. 1335; c. 1435 §§1 u. 2 CCEO). Strafwirkungen einer Tatstrafe müssen nicht beachtet werden, wenn deren Eintritt weder festgestellt noch am Aufenthaltsort bekannt ist (c. 1352 §2). Der →Straferlass erfolgt i. d. R. im äußeren Rechtsbereich durch den →Ordinarius, d. h. den →Diözesanbischof, soweit keine →Reservation für den →Apostolischen Stuhl besteht (cc. 1354-1361; cc. 1419-1425 CCEO), im Fall einer Tatstrafe durch den →Bußkanoniker (c. 508 §1) od. →Beichtvater im Rahmen des Bußsakraments (c. 976). Als Rechtsmittel gegen K. kommen →Berufung (cc. 1628-1640; cc. 1309-1321 CCEO) bzw. →Beschwerde (cc. 1732-1739 u. 1353; cc. 996-1006 u. c. 1487 §§1-3 CCEO) – jeweils m. aufschiebender Wirkung – in Betracht.

Künftig sollen unbestimmte Strafen durch bestimmte u. fakultative durch verpflichtende ersetzt werden, Präzisierungen u. Erg. bei Sühnestrafen erfolgen u. der →Rechtsschutz stärker betont werden, damit eine K. tatsächlich ein Instrument der Pastoral u. Seelsorge ist bzw. wird.

Literatur

Hierold, A. E., Art. Kirchenstrafen: Staatslexikon[7] Bd. 3, 451 f.; Borras, A., Les Sanctions dans l'Église. Commentaire des Canons 1311-1399, Paris 1990; Sebott, R., Das kirchl. Strafrecht. Kommentar zu den Kanones 1311-1399 des Codex Iuris Canonici, Frankfurt 1992; Pahud de Mortanges, R., Zwischen Vergebung u. Vergeltung. Eine Analyse des kirchl. Straf- u. Disziplinarrechts, Baden-Baden 1992 (Rechtsvergleichende Untersuchungen zur gesamten Strafrechtswissenschaft III/23); Rees, W., Die Strafgewalt der Kirche. Das geltende kirchl. Strafrecht – dargestellt auf der Grundlage seiner Entwicklungsgeschichte, Berlin 1993 (KStT 41); ders., Art. Strafe, Strafrecht. A. Kan. Recht: LMA Bd. 8, 196 f.; Lüdicke, K., Art. Kirchenstrafen: LThK^3 Bd. 6, 68 f.; Woestman, W. H., Ecclesiastical Sanctions and the Penal Process. A Commentary on the Code of Canon Law, Ottawa 2000, 1-152; Rees, W., Unterschiedliche Strafen in der einen kath. Kirche? Ein Vergleich zwischen CCEO u. CIC: Ius Canonicum in Oriente et Occidente (FS Fürst), hg. v. H. Zapp – A. Weiß – S. Korta, Frankfurt u. a. 2003 (AIC 25), 939-958; Müller, L., Warum u. wozu kirchl. Sanktionen?: „Strafrecht" in einer Kirche der Liebe. Notwendigkeit od. Widerspruch?, hg. v. L. Müller – A. E. Hierold – S. Demel – L. Gerosa – P. Krämer, Berlin 2006 (KRB 9), 183-202; KanR IV, 78-249; Nedungatt, G., Poena expiatoria in CIC. A terminological note: PerRCan 101 (2012), 627-632; Güthoff, E., Ein Überblick über die im ersten Teil des Strafrechts des CIC (cc. 1311-1363) geplanten Änderungen: AfkKR 181 (2012), 75-89; ders., Ein Überblick über die im zweiten Teil des Strafrechts des CIC (cann. 1364-1399) geplanten Änderungen: Clarissimo Professori Doctori Carolo Giraldo Fürst. In memoriam Carl Gerold Fürst, hg. v. E. Güthoff – S. Korta – A. Weiß, Frankfurt u. a. 2013 (AIC 50), 157-165; Pighin, B. F., Diritto penale canonico. Nuova edizione riveduta e ampliata, Venedig 2014 (Istituto di diritto canonico San Pio X. Manuali 8); Müller, L., Zensuren u. Strafen im kan. Recht. Überlegungen zu Grundfragen des Sanktionsrechtes der Lat. Kirche: Geist – Kirche – Recht (FS Gerosa), hg. v. L. Müller – W. Rees, Berlin 2014 (KStT 62), 267-284; Rees, W., „Geh zu Jesus, er vergibt Dir." – Zur Frage theol. u. kirchenrechtlicher Neuansätze im Fall von „Scheitern" in der röm.-kath. Kirche: Geist – Kirche – Recht (FS Gerosa), hg. v. L. Müller – W. Rees, Berlin 2014 (KStT 62), 295-326; ders., Grundfragen des kirchl. Strafrechts: HbkathKR^3, 1569-1590; ders., Straftat u. Strafe: HbkathKR^3, 1591-1614; ders., Einzelne Straftaten: HbkathKR^3, 1615-1643; Renken, J. A., Penal Law: A realization of the Misericordiae Vultus Ecclesiae: StCan 50 (2016), 95-143; Rees, W., Strafe u. Strafzwecke – Theorien, geltendes Recht u. Reformen: Tendenzen der kirchl. Strafrechtsentwicklung, hg. v. M. Pulte, Paderborn 2017 (KStKR 25), 23-60; Hallermann, H., Obligatio orta ex ipso ministerio. Das Strafrecht als ordentliches Instrument des Hirtendienstes: Veritas vos liberabit (FS Assenmacher), hg. v. M. Pulte – A. Weitz, Paderborn 2017 (KStKR 27), 449-469; Rees, W., Evolution im Strafrecht der röm.-kath. Kirche m. bes. Blick auf die delicta graviora u. die von Papst Benedikt XVI. in die Wege geleitete Strafrechtsreform: Politik, Religion u. Recht, hg. v. M. Schulte, Berlin 2017 (Wiss. Abhandlungen u. Reden zur Philosophie, Politik u. Geistesgeschichte 88), 165-209; Knittel, R., Besitzt die Kirche das Recht zu Strafen? Der c. 1311 CIC/1983 u. das Postulat einer theol. Begründung des Strafanspruchs der Kirche: Theologia Iuris Canonici (FS Müller), hg. v. C. Ohly – W. Rees – L. Gerosa, Berlin 2017 (KStT 67), 625-638; Breitsching, K., Kritische Anmerkungen zu c. 1399 CIC/1983: Theologia Iuris Canonici (FS Müller), hg. v. C. Ohly – W. Rees – L. Gerosa, Berlin 2017 (KStT 67), 495-514; MKCIC, cc. 1311-1399.

Wilhelm Rees

© 2019, DOI: 10.30965/9783506786388_0677

Kirchenstruktur

→Kirchenverfassung

Kirchentag – Katholisch

→Katholikentag

Kirchentag – Evangelisch

K. bez. im ev. Bereich unterschiedliche Institutionen. In der heutigen Verf. der Bremischen Ev. Kirche u. im →Deutschen Evangelischen Kirchenbund (1922-1933) ist K. die Bez. des synodalen Gremiums. Beide sind relativ lose, insofern bes. bündische Zusammenschlüsse von

→Gemeinden bzw. →Landeskirchen. U. a. damit lässt sich erklären, dass nicht der Begriff der →Synode, sondern der des K. gewählt wurde.

K. wird ebenso als Kurzbezeichnung für Dt. Ev. K. verwendet, was wiederum unterschiedliche Bedeutungen hat. Der (erste) Dt. Ev. K. war eine von dem preuß. Juristen u. Politiker Moritz August von Bethmann-Hollweg einberufene Versammlung, die vom 21. bis 23.09.1848 in der Schlosskirche in Wittenberg tagte u. die Gründung eines Dt. ev. Kirchenbundes zum Ziel hatte. Sie stand im Zusammenhang m. den nationalen Einigungsbestrebungen von 1848/49 u. markierte den Versuch, parallel dazu auch eine kirchl. Einigung herbeizuführen. Ihr folgten bis 1872 15 weitere solcher K. Nach der Gründung der Eisenacher Konferenz der KReg. 1852 verlegte sich der Schwerpunkt auf andere Fragen des Protestantismus.

Auch die vorbereitende Versammlung für den Dt. Ev. Kirchenbund, die 1918 u. 1921 tagte, wurde als Dt. Ev. K. bez.

Der heutige Dt. Ev. K. wurde durch einen Kreis um den Juristen u. Politiker Reinold von Thadden-Trieglaff begr. Er ist eine Bewegung ev. Christen, die den K. als Großveranstaltung m. unterschiedlichen Angeboten unterschiedlicher Formate durchführt (Bibelarbeiten, Andachten, Diskussionen, Konzerte, Liturgische Nacht, „Markt der Möglichkeiten", [Anfangs- u. Abschluss]Gottesdienste etc.). Als der erste K. wird derjenige in Hannover 1949 bez. Der K. findet seither alle zwei J. statt. In seinen frühen Zeiten wurde er als gesamtdeutsche Veranstaltung durchgeführt. Noch 1961 stammte ein Viertel seiner Dauerbesucher aus Ostdeutschland. Nach dem Mauerbau 1961 wurde eine solche Gemeinsamkeit aber undurchführbar u. es wurden bis zu deren Ende eigene K. in der DDR durchgeführt. 2003 u. 2010 wurde der K. als Ök. K. gemeinsam m. dem →Zentralkomitee der deutschen Katholiken durchgeführt (→Katholikentag). Der nächste Ök. K. soll 2021 in Frankfurt stattfinden.

Obwohl er eines der wichtigsten Ereignisse im Leben der ev. Kirchen Deutschlands u. ein bes. wirksames Mittel zur Verdeutlichung der kirchl. Anliegen in der Öffentlichkeit ist, ist der Dt. Ev. K. kein Organ u. keine Einrichtung der →Evangelischen Kirche in Deutschland u. auch keine Einrichtung u. kein Zusammenschluss ihrer →Gliedkirchen. Der K. wird von einem privatrechtlich organisierten Trägerverein veranstaltet, dem Verein zur Förderung des Dt. Ev. K. e. V. Seine Mitglieder sind Einzelpersonen, nicht Organisationen – die EKD od. ihre Gliedkirchen sind also nicht Mitglieder des Trägervereins. Zur Durchführung des jeweiligen K. wird zusätzlich ein je eigener Verein gegr. Trotz dieser rechtlichen Unabhängigkeit ist aber der K. den Ev. Kirchen eng verbunden – Mitglieder des Trägervereins bzw. seiner Organe sind i. d. R. Persönlichkeiten, die auch in den Kirchen Funktionen ausüben. Gastgeber des K. ist jeweils eine LK, die bei seiner Durchführung erhebliche organisatorische Hilfe leistet.

Literatur

Kreft, W., Die Kirchentage von 1848-1872, Frankfurt 1994; Kirche in Bewegung: 50 Jahre Dt. Ev. Kirchentag, Gütersloh 1999; Bormuth, D., Die Dt. Ev. Kirchentage in der Weimarer Republik, Stuttgart 2007; Dt. Ev. Kirchentag, Wurzeln u. Anfänge, hg. v. E. Ueberschär, Gütersloh 2017.

Heinrich de Wall

© 2019, DOI: 10.30965/9783506786388_0679

Kirchenverfassung – Katholisch

Die Grundkategorie für die Verf. der kath. Kirche ist die Gemeinschaft (→communio). Als grundlegendes Strukturprinzip ist sie in dreifacher Weise ausgestaltet: als Gemeinschaft von Kirchen (communio ecclesiarum), als Gemeinschaft der →Gläubigen (communio fidelium) u. als hierarchische Gemeinschaft (communio hierarchica).

1. Seit dem →Zweiten Vatikanischen Konzil versteht sich die kath. Kirche gem. der ur-

christlichen Erfahrung der ersten Jhh. als eine communio-Einheit von Kirchen. Hiernach ist Kirche „überall, wo das Wort Gottes verkündet, die →Sakramente des →Glaubens gefeiert und der Dienst der christlichen Brüderlichkeit [bzw. Geschwisterlichkeit] geübt wird. Die eine Kirche realisiert sich also in vielen Kirchen, die freilich nur dann im vollen Sinn Kirche sind, wenn sie die communio, die sie in Jesus Christus haben, durch die communio untereinander bezeugen." (Kasper, 1993, 38).

Kath. Kirche als Gemeinschaft von Kirchen ist zum einen die Gemeinschaft von eigenberechtigten Kirchen, die unter der Leitung des →Bischofs von Rom als →Papst m. dem Amt des Einheitsdienstes steht. Zum anderen ist sie innerhalb dieser eigenberechtigten Kirchen die Gemeinschaft der von einem Bf. geleiteten Kirchen.

Zur Gemeinschaft der eigenberechtigten Kirchen gehören die eine kath. Westkirche, die auch als lat. od. röm.-kath. Kirche bzw. Kirche des Abendlandes bez. wird, u. die dz. 23 kath. Ostkirchen bzw. m. Rom unierten Ostkirchen, die fünf Hauptriten zugeordnet werden können (alexandrinischer, antiochenisch-syr., byzantinischer, chaldäischer u. armenischer Ritus).

Die 23 kath. Ostkirchen sind m. der einen kath. Westkirche „durch denselben Glauben, dieselben Sakramente und dieselbe Leitung im Heiligen Geist organisch geeint" (OE 2); sie unterscheiden sich aber von der kath. Westkirche „teilweise ... durch ihre sogenannten Riten, d. h. in ihrer Liturgie, ihrer kirchlichen Ordnung und ihrem geistlichen Erbe"; aber alle sind sie „in gleicher Weise der pastoralen Führung des Römischen Bischofs anvertraut, der dem seligen Petrus im Primat über die gesamte Kirche durch göttliche Fügung nachfolgt" (OE 3). Zu diesen eigenen Riten gehören „vor allem die östliche Liturgie, die Kirchensprache (syr., griech., slaw. etc. statt Latein), das Amt des →Patriarchen, die Priesterehe, die Myronsalbung." (Brosi, 2013, 35). Der P. als oberster →Gesetzgeber der kath. Kirche hat für die kath. Westkirche den CIC/1983 u. für die kath. Ostkirchen den CCEO/1990 erlassen.

Sowohl die Westkirche als auch die Ostkirchen sind in sich wiederum als Gemeinschaft von Kirchen konzipiert, die auch als Ortskirchen, →Teilkirchen od. Einzelkirchen bez. u. i. d. R. von einem Bf. geleitet werden. Denn die Bf. sind nach der Lehre der kath. Kirche die Nachfolger der Apostel u. damit die Garanten der →apostolischen Sukzession. Allerdings bestehen hier in der westkirchlichen u. ostkirchlichen Ausgestaltung einige Unterschiede.

In der einen eigenberechtigten Westkirche werden die Teilkirchen im Normalfall als eine →Diözese (cc. 368f.) errichtet. Diese werden dann wiederum um der Wirksamkeit der kirchl. →Sendung willen zu →Teilkirchenverbänden zusammengeschlossen: →Kirchenprovinzen, →Kirchenregionen u. →Bischofskonferenzen (cc. 431-459). Innerhalb der einzelnen Teilkirchen gibt es →Pfarreien od. andere Untergliederungen (cc. 515; 374 §1), die ebenfalls zu einem größeren Zusammenschluss miteinander verbunden werden können wie z. B. →Dekanate (c. 374 §2).

Verfassungsrechtlich hat die eine eigenberechtigte Westkirche somit die duale Struktur von →Gesamtkirche u. bfl. geleiteter Teilkirche. Die vielen eigenberechtigten Ostkirchen haben hingegen eine triadische Struktur, da zwischen Gesamtkirche u. bfl. geleiteter Teilkirche die eigenberechtigte Kirche eine eigene Zwischenebene bildet. Diese kann vier versch., untereinander gleichgestellte Formen haben: die Patriarchatskirche, die von einem Patriarchen zusammen m. der →Synode der Bf. dieser Kirche geleitet wird (cc. 55-150 CCEO); die von einem →Großerzbischof geleitete Großerzbischöfliche Kirche (cc. 151-154 CCEO), die von einem →Metropoliten geleitete Metropolitankirche (cc. 155-173 CCEO) sowie die sog. andere eigenberechtigte Kirche, die von einem direkt dem P. unterstehenden Hierarchen geleitet wird (cc. 174-176 CCEO).

Innerhalb dieser eigenberechtigten Kirchen werden →Eparchien (cc. 177f. CCEO) gebildet, die den Diözesen in der Westkirche entsprechen u. ebenfalls von einem Bf. geleitet werden. Ebenso wie die Diözesen sind auch die Eparchien in Pfarreien untergliedert (c. 279 CCEO).

2. Die kath. Kirche ist die Gemeinschaft aller Gläubigen, unter denen kraft der →Taufe eine wahre Gleichheit (→Gleichheit aller Gläubigen) besteht (cc. 204; 207; 208; cc. 7; 11; 323 § 2 CCEO). Sie wird als →Volk Gottes bez., weil sie einerseits die Versammlung all derer ist, die an Chr. glauben, u. andererseits sich nicht einer menschlichen Initiative verdankt, sondern Gott, der sie zusammenruft u. zugl. als Werkzeug des göttlichen Heils in alle Welt sendet (LG 9). Nicht nur einzelne Glieder, sondern das ganze Volk Gottes ist zu dieser Sendung berufen. Rechtlicher Ausdruck dafür ist die Zusammenstellung der Pflichten u. Rechte aller Gläubigen (→Grundrechte und Grundpflichten der Christen) (cc. 208-223; cc. 7-26 CCEO), der →Laien (cc. 224-231; cc. 400-409 CCEO) u. der →Kleriker (→Klerikerrechte u. →Klerikerpflichten) (cc. 273-289; cc. 367-393 CCEO) sowie die Einrichtung von Mitverantwortungsorganen u. -gremien auf allen Ebenen der kath. Kirche wie der Pfarrpastoralrat (c. 536; c. 295 CCEO) u. Pfarrvermögensrat (c. 537; c. 295 CCEO), die →Diözesansynode (cc. 460-468) bzw. der Eparchalkonvent (cc. 235-242 CCEO), die →Diözesankurie (cc. 469-494) bzw. Eparchalkurie (cc. 243-263 CCEO), der →Priesterrat (cc. 495-502; cc. 264-271 CCEO), Diözesan- bzw. Eparchalvermögensrat (→Diözesanvermögensverwaltungsrat) (c. 492; c. 263 CCEO) u. der →Diözesanpastoralrat bzw. Eparchalpastoralrat (cc. 511-514; cc. 272-275 CCEO) sowie das →Bischofskollegium, das zusammen m. dem P. die höchste Autorität in der Kirche ist (cc. 336-341; cc. 49-54 CCEO), die →Bischofssynode (cc. 342-348) im Unterschied zur Synode der Bf. (cc. 46 CCEO), die →Römische Kurie (cc. 360 f.; c. 48 CCEO), das Kollegium der →Kardinäle (→Kardinalskollegium) (cc. 349-359; c. 46 CCEO) u. die Gesandten des P. (→Gesandter, päpstlicher) (cc. 360-367; c. 46 CCEO) sowie der Patriarchatskonvent als eine ostkirchliche Einrichtung der Patriarchatskirche (cc. 140-145 CCEO).

3. Von Gott gegr. u. auf ihn ausgerichtet hat die Kirche einen hl. Ursprung (griech.: hieros arche, →Hierarchie). Diesen zu bewahren u. präsent zu halten, ist Aufgabe der Glieder im Volk Gottes, die das Sakrament der Weihe (→Ordination, Weihe) empfangen haben. Denn kraft der Weihe handeln sie in der Person Chr., des Hauptes der Kirche, u. vertreten so sichtbar den unsichtbaren Herrn im Volk Gottes, um es in ihm zu einen (vgl. LG 23, 1). Als Garanten u. Repräsentanten des hl. Ursprungs, der Hierarchie, der Kirche werden sie ebenfalls als Hierarchie bez.

Kirche als hierarchische Gemeinschaft bedeutet, dass die Gemeinschaft der Gläubigen als das Volk Gottes nur dann voll als Kirche Chr. versammelt u. verwirklicht ist, wenn ihr unsichtbarer Ursprung u. Herr, Jesus Chr., sichtbar vergegenwärtigt wird durch die Person eines Geweihten. Somit gehört zur Gemeinschaft der Gläubigen die Gemeinschaft (m.) der Hierarchie wesentlich dazu. Daher gilt: Wo immer sich die Gemeinschaft der Gläubigen als Volk Gottes versammelt, bedarf es immer in seiner Mitte u. aus seiner Mitte heraus eines geweihten Amtsträgers, der dieser Gemeinschaft vorsteht u. für sie den unsichtbaren Herrn sichtbar vertritt, um die Vollgestalt von Kirche zu verwirklichen. Deshalb steht der Gemeinschaft der Gläubigen in der →Eucharistiefeier der →Priester vor, in der Pfarrei der →Pfarrer, in der Diözese bzw. Eparchie der Bf., in der eigenberechtigten Kirche der Patriarch, Großerzbischof, Metropolit od. Hierarch u. in der Gesamtkirche der P.

Quellen

Vat II, LG; Vat II, OE.

Literatur

Riedel-Spangenberger, I., Die Communio als Strukturprinzip der kath. Kirche u. ihre Rezeption im CIC/1983: TrThZ 97 (1988), 217-238; KanR I, 9-25; Kasper, W., Dienst an der Einheit u. Freiheit der Kirche. Zur gegenwärtigen Diskussion um das Petrusamt in der Kirche: Wozu noch einen Papst? Vier Plädoyers für das Petrusamt, hg. v. H.-J. Fischer – St. O. Horn – W. Kasper – H. J. Pottmeyer, Köln 1993, 21-56; KanR II; Riedel-Spangenberger, I., Die Struktur der kath. Kirche in neuer Perspektive: ThPQ 148 (2000), 45-56; Demel, S., Die eigenberechtigte Kirche als Modell für die Ökumene: Patriarchale u. synodale Strukturen in den kath. Ostkirchen, hg. v. L. Gerosa – S. Demel – P. Krämer – L. Müller, Münster 2001, 243-270; Schwendenwein, H., Die kath. Kirche. Aufbau u. rechtliche Organisation, Essen 2003 (BzMKCIC 37); Brosi, U., Recht, Strukturen, Freiräume, Zürich 2013.

Sabine Demel

© 2019, DOI: 10.30965/9783506786388_0680

Kirchenverfassung – Evangelisch

Die →Reformation stellte die K. auf eine neue theol. Grundlage. Die Kirche war für sie bestimmt durch die →Verkündigung des Evangeliums u. die Verwaltung der Sakramente (→Sakramentsverwaltung) (Art. 7 CA). Hieraus ergaben sich weitreichende Konsequenzen. M. der Lehre vom Allg. Priestertum aller Gläubigen (→Allgemeines bzw. Gemeinsames Priestertum) wurde der Standesunterschied zwischen Klerikern u. →Laien aufgehoben. Aufgabe des Pfarramts, einschließlich des Bischofsamts, ist v. a. die öff. Wortverkündigung. Auch das kirchl. Vermögen hat diesem Auftrag zu dienen. Am Anfang der ev. Verfassungsbildung standen daher die Visitationsordnungen (→Visitation) u. die Kastenordnungen (Finanzordnungen).

Aus der Abhängigkeit der Reformation von den ev. Landesherren entstand das landesherrliche Kirchenregiment (→Kirchenregiment, landesherrliches). Im Laufe des 19. Jh. wurden bes. Verfassungsorgane ausgebildet (gewählte →Synoden u. Kirchenbehörden wie 1850 der preuß. →evangelische Oberkirchenrat). Hierdurch entstand ein synodal-konsistoriales Verfassungssystem, das ein Gegengewicht zum teilweise konfessionsfremden Summepiskopus bildete.

Nach dem Ende des landesherrlichen Kirchenregiments konnten die ev. →Landeskirchen hieran anknüpfen. Sie erließen zwischen 1919 u. 1926 eigenständige K., die z. T. (Bremen, Württemberg) bis heute fortgelten. Diese beschränkten sich auf reine Organisationsstatute u. rezipierten aus dem staatl. Bereich die Strukturen der repräsentativen Demokratie m. Synoden, Kirchenbehörden u. leitenden →Geistlichen. In luth. LK erhielten die →Konsistorien u. die leitenden Geistlichen, in uniert geprägten LK die Synoden eine starke Stellung. Seither wird der Begriff K. i. d. R. i. S. dieser formellen Verfassungsurkunde verwendet.

Der →Kirchenkampf im Dritten Reich führte zu einer Rückbesinnung auf die geistl. Grundlagen der Kirche, die sich in der →Barmer Theologischen Erklärung u. der Barmer Erkl. zur Rechtslage von 1934 niederschlug. Nach 1948 gaben sich die meisten westlichen LK neue K., um die Barmer These von der unauflöslichen Bindung der äußeren Ordnung an das →Bekenntnis rechtlich umzusetzen. V. a. im unierten Bereich wurde dies auch sprachlich zum Ausdruck gebracht u. die K. als Ordnung od. GrO bez. Entspr. erhielt auch die EKD 1948 eine GrO m. Präambel u. Grundartikel zu den theol. u. kirchenrechtlichen Grundlagen.

Die jüngste Verfassungsentwicklung ist wieder stärker von der Übernahme weltlichen Rechtsdenkens geprägt u. überträgt Erfahrungen aus der kommunalen in die kirchl. Selbstverwaltung. Die jüngsten K. sind die der neu zusammengeschlossenen Ev. Kirchen in Mittel- u. Norddeutschland (EKM 2008, NK 2012). Sie sind keine bloßen Organisationsstatute mehr, sondern enthalten im Prinzip eine Vollregelung des materiellen →Verfassungsrechts. Sie können in vielem exemplarisch herangezogen werden, weil sie den Forschungsstand des KR wiedergeben u. kodifizieren, was in den übrigen LK als ungeschriebenes Recht anerkannt ist.

Im Organisationsrecht haben alle LK Synoden, ein geistl. Leitungsamt (→Bischof od. andere) u. ein kollegiales Leitungsorgan für die exekutiven Aufgaben. Die KL-Organe wirken „in arbeitsteiliger Gemeinschaft und gegenseitiger Verantwortung" zusammen (Art. 54 Abs. 1 KirchVerf.EKM). Als Konsequenz dieser gemeinsamen Verantwortung haben die meisten LK ein KL-Organ, in dem Synode, leitender Geistlicher u. Kirchenbehörde als Ausdruck der Dienstgemeinschaft zusammenwirken. Das Prinzip der Gewaltenteilung ist also modifiziert.

Die Synode ist Repräsentationsorgan, hat aber im Blick auf den theol. Sachverstand i. d. R. ein Drittel Geistliche u. kraft Amtes auch →Theologieprofessoren als Vertreter der theol. Fak. Sie ist hauptsächlich zuständig für die kirchl. →Gesetzgebung, den Haushalt, die Kirchenbücher u. →Lebensordnungen u. für die Wahl anderer Leitungsorgane (z. B. →Bischofswahl).

Die konkrete Ausgestaltung der anderen beiden Organe differiert erheblich, folgt aber bestimmten Grundtypen. In uniert geprägten Kirchen gilt oft das Einheitsprinzip. In seiner Reinform des synodalen Leitungstyps liegt die Leitungsgewalt bei der Synode (Rheinland, Westfalen u. a.). Das Präsidium der Synode übt die →Kirchenleitung aus, der →Präses der Synode ist zugl. Vorsitzender der KL u. leitender Geistlicher. In luth. LK herrscht das Trennungsprinzip. Hier wiederholt sich im Verhältnis von Bf. u. Synode das Gegenüber von Pfarramt u. Gemeinde. Der Synode steht als Leitungsorgan die vom Bf. geführte Leitungs- u. Verwaltungsbehörde gegenüber (episkopalbehördliche KL in Bayern, Württemberg, Oldenburg). Auch hier gibt es jedoch weitere KL-Organe, welche die strengen Konturen z. T. wieder verwischen. Ganz allg. löst sich die Entwicklung von den überkommenen Verfassungstypen u. nähern sich die Prinzipien einander an. Exemplarisch wird dies an der weithin eingeführten zeitlichen Begrenzung des Bischofsamts in luth. LK erkennbar, die lange Zeit als Unterscheidungskriterium zwischen den versch. Verfassungstypen galt.

Literatur

Barth, T., Elemente u. Typen landeskirchlicher Leitung, Tübingen 1995; Pirson, D., Kirchenverfassung: RGG[4] Bd. 4, 1343-1349; Unruh, P., § 9 Grundlagen u. Grundzüge ev. Kirchenverfassung: HevKR, 361-401; Heckel, C., § 11 Die Verfassung der ev. Landeskirchen: HevKR, 437-514.

Christian Heckel

Kirchenvermögen – Staatlich

Das K. ist sowohl in Gestalt des Finanz- als auch des Verwaltungsvermögens durch eine spezifische Finalität gekennzeichnet. Es dient als materielles Substrat der Wahrnehmung des kirchl. Auftrages in der Welt. In dieser Finalität wird es in der staatl. Rechtsordnung geschützt.

1. Wenn Kirchen u. →Religionsgemeinschaften ihre Vermögensverantwortung in den Formen des staatl. Rechts wahrnehmen, ist das kirchl. Vermögensrecht (→Vermögensrecht, kirchliches) ein Verweisungsrechtsregime: Das K. wird in den Formen der staatl. Rechtsordnung außenwirksam. In der staatl. Rechtsordnung findet die vermögensrechtliche Organisationshoheit ihre Grenze in Anwendung des für alle geltenden Gesetzes u. zugl. ihre Entfaltung. Neben den Instrumenten des Zivilrechts stehen den Kirchen als →Körperschaften des öffentlichen Rechts nach Art. 137 Abs. 5 WRV i. V. m. Art. 140 GG auch die spezifischen Handlungsformen des öff. Rechts zur Verfügung. Hier überlagert das öff. Sacheigentum in Reichweite der →Widmung das bürgerliche Eigentum. So können Gegenstände des Verwaltungsvermögens als sog. res sacrae dem öff. Sachenrecht unterstellt werden, soweit sie von einer als K. d. ö. R. verfassten Religionsgemeinschaft zum unmittelbaren gottesdienstlichen Gebrauch gewidmet werden. Kirchenrechtlich begr. Verschiebungen

der Vermögensträgerschaft können auch zivilrechtlich unmittelbar dingliche Wirkung erfahren. In der Einzelzwangsvollstreckung wird die kirchl. Zweckbestimmung von Verwaltungsvermögen in Gestalt des Vollstreckungsschutzes nach § 882a ZPO geschützt. Aber auch in der Insolvenz erfahren kirchl. Vermögensträger, die öff.-rechtlich verfasst sind, weitgehenden Funktionsschutz. Eine bes. Rechtform des K. ist die kirchl. →Stiftung. Der Rechtsrahmen des kirchl. Stiftungsrechts ergibt sich aus einem Zusammenspiel kirchenrechtlicher Regelungen u. der Vorgaben des staatl. Stiftungsrechts. Neben den bundesrechtlichen Vorgaben der §§ 80 bis 88 BGB für die rechtsfähige privatrechtliche Stiftung ergeben sich diese v. a. aus den Stiftungsgesetzen der Länder, die unter Anerkennung der kirchl. Selbstbestimmung ihren Regelungsanspruch meist zurücknehmen

Die Verwendung u. der Umgang m. K. unterliegt in der staatl. Rechtsordnung auch vielfältiger Kontrolle. Diese ist bes. virulent im Kooperationsverhältnis kirchengemeindlicher u. diakonischer Einrichtungen als Träger von Pflege- u. Altenheimen, Werken der Behindertenhilfe, Krankenhäusern u. Einrichtungen der Kinderbetreuung u. damit in ihrer Rolle als Leistungserbringer im freiheitlichen Sozialstaat. Die Fragen der Prüfung werden im Fall der externen Prüfung durch die staatl. Rechnungshöfe nochmals verschärft. Kirchl. Einrichtungen unterfallen, soweit sie Zuwendungs- od. Zuschussempfänger sind, nach Maßgabe der Art./§ 91 i. V. m. Art./§ 23 BHO/LHO sowie der Art. 104 Abs. 1 Nr. 1 BHO/LHO der Rechnungshofkontrolle. Ausgenommen sind hiervon nach § 55 HGrG lediglich die körperschaftlich verfassten Kirchen u. ihre rechtlich nicht verselbständigten Untergliederungen. Jenseits dieser Ausnahme sind die legitimen staatl. Prüfungsinteressen im Abwägungsprogramm des Art. 137 Abs. 3 WRV i. V. m. Art. 140 GG m. den auton. Zielsetzungen kirchl. →Vermögensverwaltung zu einem schonenden Ausgleich zu bringen.

2. Das →Verfassungsrecht sichert das K. zunächst durch die sog. Kirchengutsgarantie. Nach Art. 138 Abs. 2 WRV i. V. m. Art. 140 GG werden das Eigentum u. andere Rechte der Religionsgesellschaften u. religiösen Vereine an ihren für Kultus-, Unterrichts- u. Wohltätigkeitszwecke bestimmten →Anstalten, Stiftungen u. sonstigen Vermögen gewährleistet. Die Norm sichert als Säkularisationsverbot vor dem Zugriff des Staates auf K. u. damit dessen spezifische Finalität. Im religionsverfassungsrechtlichen System des GG ist die Kirchengutsgarantie auf die Entfaltung der →Religionsfreiheit des Art. 4 Abs. 1, 2 GG u. des religionsgemeinschaftlichen Selbstverwaltungsrechts aus Art. 137 Abs. 3 WRV bezogen. Art. 138 Abs. 2 WRV kommt hier die Aufgabe zu, den durch Art. 4 Abs. 1 u. 2 GG u. Art. 137 Abs. 3 WRV zugesagten Schutz der Freiheit der Kirchen in ihren sächlichen Grundlagen zu gewährleisten, u. schützt die Religionsfreiheit in ihrem „materiellen Substrat" (BVerfGE 99, 100 [119 f.]). In Anerkennung der Organisationsfreiheit der Religionsgemeinschaften sind taugliche Träger der Kirchengutsgarantie nicht nur die Religionsgemeinschaften unabhängig von ihrer öff.-rechtlichen od. privatrechtlichen Organisationsform selbst, sondern über diese auch ihre unselbstständigen Untergliederungen u. ihre Umfeldorganisationen, also die rechtlich selbständigen Körperschaften, Anstalten, Stiftungen u. Vereine, erfasst. Entscheidend ist hier nur, dass sie nach ihrem jeweiligen Selbstverständnis der Pflege religiöser Zwecke dienen. Der Schutz der Kirchengutsgarantie ist auf das gesamte zu religiösen Zwecken bestimmte Vermögen der Religionsgesellschaften gerichtet u. deckt damit den Gegenstandsbereich des K. ab. Ihr sachlicher Gewährleistungsbereich umfasst das Eigentum u. andere Rechte, worunter alle vermögenswerten Rechtspositionen zu verstehen sind u. zu denen u. a. die praktisch bedeutsamen Kirchenbaulasten zählen. Ob u. inwieweit der Funktionsschutz in Anwendung der Normen staatl. Rechts hinter konfligierende private od. öff. Interessen zurücktreten muss, ist eine Frage der Reichweite der Schranken. Die Ge-

währleistung unterliegt insoweit den Schranken des für alle geltenden Gesetzes aus Art. 137 Abs. 3 WRV i. V. m. Art. 140 GG. Art. 138 Abs. 2 WRV schützt das Vermögen überdies nur in dem Umfang, wie es nach Maßgabe des einschlägigen zivilen od. öff. Rechts begr. ist. Das Säkularisationsverbot bietet so keinen Schutz vor Rechtsänderung, der aus der Anwendung der allg. Schranken der Rechtsordnung auf eine gewährleistete Vermögensposition folgt. Ansprüche, die zum Vermögensbestand gehören, können untergehen, verjähren, die Geschäftsgrundlage verlieren u. in ihrer Durchsetzung durch Verwirkung gehemmt sein.

Das K. genießt den verfassungsrechtlichen Schutz des religionsgemeinschaftlichen Selbstverwaltungsrechts aus Art. 137 Abs. 3 WRV i. V. m. Art. 140 GG. Das den Religionsgemeinschaften hier gewährleistete Recht, ihre eigenen Angelegenheiten selbständig innerhalb der Schranken des für alle geltenden Gesetzes zu ordnen u. zu verwalten, räumt allen Religionsgesellschaften das Recht ein, selbstbestimmt u. o. staatl. Aufsicht über ihre Vermögensangelegenheiten zu entscheiden. Die Formen u. Grenzen der Wirksamkeit des eigenen Vermögensverwaltungsrechts im Rahmen der säkularen Rechtsordnung folgen dem Abwägungsprogramm der für alle geltenden Gesetze i. S. des Art. 137 Abs. 3 WRV i. V. m. Art. 140 GG, das das konkret betroffene Element des →Selbstbestimmungsrechts u. das Rechtsgut, zu dessen Schutz das einschränkende Gesetz dient, zu einem Ausgleich bringt.

Teile des Finanzvermögens sind überdies als →Staatsleistungen gewährleistet. Nach Art. 138 Abs. 1 WRV i. V. m. Art. 140 GG werden die auf Gesetz, Vertrag od. bes. Rechtstiteln beruhenden Staatsleistungen an die Religionsgesellschaften durch die Landesgesetzgebung abgelöst. Bis zum Zeitpunkt der bislang nicht erfolgten Ablösung wirkt Art. 138 Abs. 1 WRV als Garantie des Status Quo u. damit des Fortbestandes derjenigen Staatsleistungen, die am 19.08.1919 rechtsbegründet waren. Schließlich garantiert das in Art. 137 Abs. 6 WRV i. V. m. Art. 140 GG normtextlich zurückhaltend fundierte Besteuerungsrecht die heute wichtigste Einnahmequelle der steuererhebungsberechtigten Religionsgemeinschaften u. damit auch auf den umfänglichsten Teil des kirchl. Finanzvermögens.

3. Das K. bildet traditionell einen Gegenstand des Vertragsstaatskirchenrechts. Neben Regelungen zur Pauschalierung u. Fortleistung der Staatsleistungen u. zu Genehmigungs- u. Anzeigepflichten im Kirchensteuerrecht treten in materieller Hinsicht vertragliche Garantien des Kirchengutes, die die verfassungsrechtliche Kirchengutsgarantie des Art. 138 Abs. 2 WRV i. V. m. Art. 140 GG bekräftigen u. damit auf eine eigenständige Grundlage stellen. Die vertraglichen Gewährleistungen gehen dabei insoweit über den verfassungsrechtlich vermittelten Funktionsschutz hinaus, als sie zwar funktionsneutrale Enteignungen auf landesrechtlicher Grundlage nicht ausschließen, für diese Fälle aber Verpflichtungen der Länder enthalten, auf die Belange der Kirchen angemessen Rücksicht zu nehmen. Zudem enthalten die Staatskirchenverträge regelmäßig Klauseln, nach denen Kirchenrechtsakte, welche die vermögensrechtliche Vertretung der Kirche, ihrer öff.-rechtlichen Verbände, Anstalten u. Stiftungen betreffen, den Landesministerien vorzulegen sind. Diese verfolgen das legitime Ziel, durch eine Kontrolle der Vertretungsrechte der einzelnen Vermögensträger die Sicherheit u. Klarheit des (Zivil-)Rechtsverkehrs zu schützen, u. begegnen so vor dem Hintergrund kirchl. Organisationshoheit keinen durchgreifenden Bedenken.

Literatur

Kästner, K.-H., Die Verfassungsgarantie des kirchl. Vermögens: HbStKR² Bd. 1, 891-906; Germann, M., Die kirchl. Vermögensverantwortung nach ev. Kirchenrecht: Essener Gespräche 46 (2012), 57-97; Winkel, B., Art. Kirchenvermögen: 100 Begriffe aus dem

Staatskirchenrecht, hg. v. H. M. Heinig – H. Munsonius, Tübingen ²2015, 127-130; Droege, M., § 27 Vermögensverwaltungsrecht: HevKR, 926-960.

Michael Droege

© 2019, DOI: 10.30965/9783506786388_0681

Kirchenvermögen – Katholisch

1. Begriff: Jede kirchl. jur. Person (→Juristische Person, kirchliche) besitzt Vermögensfähigkeit u. kann nach Maßgabe des Rechts zeitliche Güter (bona temporalia) erwerben (c. 1256; →Institutentheorie). Als K. (bona ecclesiastica) – der CIC verwendet nicht mehr den Begriff Vermögen (patrimonium), sondern spricht bewusst von zeitlichen Gütern (bona temporalia), um diese als irdische Mittel zum Erreichen der →Sendung der Kirche zu verdeutlichen – bez. man jedoch nur die Gesamtheit der zeitlichen Güter einer (nach KR) öff. (nicht einer privaten) jur. Person (= Kirche, vgl. die Sonderbedeutung des Begriffs im Vermögensrecht (→Vermögensrecht, kirchliches) gem. c. 1258) wie →Apostolischer Stuhl, →Gesamtkirche, →Diözese, →Kirchengemeinde, →Orden od. →öffentlicher Verein u. die zugl. einem kirchl. Zweck dienen: →Gottesdienst, Unterhalt von →Klerikern u. anderen Bediensteten (→Lebensunterhalt), Werke des →Apostolates u. der Caritas (→Caritas, Diakonie) (c. 1254 § 2). In Betracht kommen körperliche bewegliche (Geräte, Bilder, Bücher) od. unbewegliche (Grundstücke, Gebäude) Güter sowie solche unkörperlicher Art (geldwerte Rechte wie Forderungsrechte an Dritte auf Leistungen, Urheberrechte), die im →Eigentum der Kirche stehen od. an denen sie geldwerte Rechte dinglicher od. schuldrechtlicher Art besitzt. →Patronate regelt der CIC (abgesehen von Vorschriften zur →Präsentation: cc. 158-163) nicht mehr, bleiben aber als iura quaesita bestehen, →Inkorporationen sind aufzulösen, was für →Domkapitel u. Dompfarrei ausdrücklich vorgeschrieben ist (c. 510). Für die →Baulast ist mitunter das →Partikularrecht, teilweise auch staatl. Recht anzuwenden. Das durch neue Besoldungsformen längst abgelöste Benefizialwesen für die Klerikerbesoldung soll abgeschafft werden (c. 1272).

2. Rechtsvorschriften: Für die Verwaltung des K. gelten die Vorschriften des CIC (cc. 1254-1310) sowie die eigenen →Statuten (c. 1257 § 1); für die Verwaltung des Vermögens einer privaten jur. Person sind die Vorschriften des CIC nur ausnahmsweise (z. B. cc. 1263, 1267 § 1), grds. aber die eigenen Statuten anzuwenden (c. 1257 § 2). Der CIC widmet sich im Buch V dem K.: Erwerb (cc. 1259-1272), Verwaltung (cc. 1273-1289), Verträge u. Veräußerungen (cc. 1290-1298) sowie fromme Verfügungen u. Stiftungen (cc. 1290-1310), ist aber bewusst als Rahmenrecht konzipiert, weil die Beachtung regionaler Gegebenheiten u. der staatskirchenrechtlichen Situation für die →Vermögensverwaltung unverzichtbar ist. So kommen dem Konkordats- u. staatl. Recht (v. a. für die Vermögensfähigkeit kirchl. Rechtspersonen) u. v. a. letzterem (cc. 22 i. V. m. 197, 1290, d. h. →Ersitzung u. →Verjährung, →Verträge) für die Wirkung kirchl. Rechtsakte im weltlichen Rechtsbereich große Bedeutung zu. Gem. Art. 140 GG i. V. m. Art. 137 Abs. 3 WRV gehört die Verwaltung des K. zu den Angelegenheiten, die die Kirche im Rahmen der für alle geltenden Gesetze selber ordnen kann.

3. Erwerb u. Quellen: Die Kirche beansprucht für ihren Vermögenserwerb alle rechtmäßigen Weisen des natürlichen u. positiven Rechts, die anderen gestattet sind (c. 1259; auch gegen sog. Amortisationsgesetze). Die Gläubigen sind grds. zu finanziellen Beitr. verpflichtet, damit die Kirche ihre Ziele verfolgen kann (c. 222 § 1), was sich in verpflichtende (Beitr.: c. 1262; Steuern: c. 1263; Gebühren u. ä.: cc. 848, 945, 1181, 1264, 1649) u. freiwillige Leistungen (Slg.: cc. 1265, 1266; →Spenden: c. 1267; andere fromme Zuwendungen: c. 1299) konkretisiert. In Deutschland garantieren Art. 140 GG i. V. m. Art. 138 Abs. 2 WRV u. Art. 17 RK das Eigentumsrecht am K. einschließlich Erträgen u. Leistungen der Gläubigen. Das staatliche

Religions- u. Konkordatsrecht spricht aufgrund der unterschiedlichen Arten der Erwerbsquellen zumeist von →Kirchenfinanzierung. Dabei unterscheidet man hinsichtlich der Leistungen der Gläubigen ein Spenden- (USA, Frankreich: denier de culte), →Kirchensteuer- (Deutschland) bzw. →Kirchenbeitrags- (Österreich) u. Kultursteuersystem (z. B. Italien, Spanien, Ungarn), die einen Großteil der Einnahmen der Kirchen ausmachen. Hinzu kommen oftmals auf unterschiedlichen Rechtstiteln beruhende staatl. Leistungen: →Staatsleistungen (positive u. negative i. S. v. Steuerbegünstigungen u. -befreiungen), →Subventionen (v. a. sozialer Einrichtungen) sowie die Übernahme von Kosten für das Einbringen von Werten (→Religionsunterricht an öff. →Schulen, Theol. Fak.) u. die Ermöglichung der Religionsausübung (→Anstaltsseelsorge u. Krankenhausseelsorge).

4. Verwaltung: Die Vertretung des K. liegt bei dem vom Recht (Stiftungsurkunde, Statuten, Partikularrecht, gesamtkirchliches Recht, →Gewohnheitsrecht, staatl. Recht) bestimmten Organ (c. 1279 §1). Zu dessen Unterstützung muss jede jur. Person einen Vermögensverwaltungsrat od. wenigstens zwei Ratgeber haben (c. 1280); solche →Räte werden z. T. im CIC (Diözesan- u. Pfarrvermögensverwaltungsrat), Partikularrecht (→Kirchengemeinderat, Verwaltungsauschuss) u. staatl. Recht (z. B. →Kirchenvorstand in NW) eigens vorgeschrieben. Zur Verwaltung gehört auch ein Aufsichtsorgan, oft der Ortsordinarius (c. 1276 §1) od. →Diözesanbischof (für Veräußerungen: c. 1292 §1), das Aufsicht vorgängig (durch Genehmigung von Inventarverzeichnis: c. 1283, 2°; Haushaltsplan: vgl. c. 1284 §3; einzelnen Rechtsgeschäften: cc. 1281 §1, 1292 §1) od. nachgängig (Prüfung der Rechnung: c. 1287 §1) ausübt. Die →rechtsgeschäftliche Vertretung kann durch eine Einzelperson, z. B. den Vorsitzenden (bei mündlichen Erkl.), erfolgen. Schriftliche Erkl. bedürfen oft der Gegenzeichnung durch ein od. zwei Mitglieder des kollegialen Verwaltungsorgans.

Die Vollmacht der Vertretungsorgane ist auf Maßnahmen der ordentlichen Verwaltung begrenzt; ansonsten bedarf es für die Rechtswirksamkeit im Außenverhältnis der kirchenaufsichtlichen Genehmigung durch den Ortsordinarius, der oft durch eine Dienststelle des Ordinariates (v. a. Finanzabteilung, Finanzkammer) handelt. Dem Diözesanbischof kommt (sofern die Statuten schweigen) zu festzulegen, was die Grenze sowie die Art u. Weise der ordentlichen Vermögensverwaltung übersteigt (c. 1281 §2), für diözesanes Vermögen erfolgt dies durch eine Partikularnorm der BK (c. 1277). Zur ordentlichen Vermögensverwaltung gehören die „üblichen und notwendigen Geschäftsvorgänge" u. alle Rechtsgeschäfte im Rahmen eines genehmigten Haushaltsplans, zur außerordentlichen alle, die einer kirchenaufsichtlichen Genehmigung bedürfen. Hierzu zählen (vgl. Partikularnorm Nr. 18 der DBK; die Empfehlung der DBK zur Partikularnorm Nr. 19, v. a. Kgde. betr., ist wesentlich umfangreicher): Annahme von belasteten od. bedingten Zuwendungen (c. 1267 §2); Aufnahme von Darlehen; Einstehen für fremde Verbindlichkeiten; Abschluss von Kauf- od. Werkverträgen sowie der Erwerb von Grundstücken ab einer bestimmten Wertgrenze; Errichtung, Übernahme, Ablösung od. Übergabe von anstaltlichen Einrichtungen; Ablösung von Baulastverpflichtungen. – Für den Bereich der Inst. des geweihten Lebens ist c. 638 zu beachten.

5. Veräußerung: M. dem Verbot einer solchen will der CIC diese nicht unterbinden, sondern die wirtschaftliche Situation der jeweiligen Rechtsperson u. die Widmung von K. schützen. Daher ist ab einer von der BK festzulegenden Wertgrenze die →Erlaubnis (zur →Gültigkeit) i. d. R. des Diözesanbischofs einzuholen, der der Zustimmung von →Diözesanvermögensverwaltungsrat u. →Konsultorenkollegium bedarf (c. 1292 §1), ggf. auch des Hl. Stuhles (auch bei bedeutenden Reliquien: c. 1190 §2, sowie Gaben ex voto sowie res pretiosae artis vel historiae causae: c. 1292 §2); bei Inst. des geweihten Lebens gilt c. 638 §3.

Aufgrund der Institutentheorie ist die Erlaubnis auch bei einer Veräußerung zwischen zwei kirchl. Rechtspersonen erforderlich. Man unterscheidet die Veräußerung im engeren (alle Rechtsgeschäfte, die zur Aufgabe von Eigentum an Stammvermögen [patrimonium stabile] führen: c. 1291) u. im weiteren Sinne (alle Rechtsgeschäfte, durch die die Vermögenslage [conditio patrimonialis] einer jur. Person insgesamt verschlechtert werden könnte: c. 1295, auch veräußerungsähnliche Rechtsgeschäfte od. Risikogeschäfte genannt). Verlangt werden für eine Veräußerung zudem ein gerechter Grund wie drängende Notwendigkeit, ein bes. pastoraler Grund u. eine Schätzung durch →Sachverständige (c. 1293), denn eine Veräußerung darf i. d. R. nicht unter dem Schätzwert erfolgen, u. der Erlös ist entspr. zu verwenden (c. 1294). – Für →Kirchengebäude u. kulturell bedeutendes K. (Bibliotheken, Archive) gelten bes. Regeln (Denkmalpflege).

6. CCEO: Dieser enthält m. cc. 1007-1054 vergleichbare Bestimmungen.

Quellen

Schmitz, H. – Kalde, F., Partikularnormen der Dt. Bischofskonferenz, Metten 1996 (SICA 5).

Literatur

Vermögensverwaltung in der Kirche. Administrator bonorum – oeconomus tamquam paterfamilias, hg. v. H. Paarhammer, Thaur 1988; De Paolis, V., Art. Beni ecclesiastici: NDDC, 99-107; Heimerl, H. – Pree, H., Handbuch des Vermögensrechts der kath. Kirche, Regensburg 1993; HbStKR² Bd. 1, 891-1147 (§§ 32-37); Hammer, F., Die gesch. Entwicklung des Denkmalrechts in Deutschland, Tübingen 1995 (Jus ecclesiasticum 51); Haering, St., Ordentliche u. außerordentliche Verwaltung: AfkKR 164 (1995), 376-389; Feliciani, G., I beni culturali ecelesiastici, Mailand 1999; Geschichte des kirchl. Lebens, Bd. 6 Die Kirchenfinanzen, hg. v. E. Gatz, Freiburg 2000; Pree, H., Art. Kirchenvermögen: LThK³ Bd. 6, 79-81; Pree, H. – Primetshofer, B., Das kirchl. Vermögen, seine Verwaltung u. Vertretung. Eine praktische Handreichung, Wien ²2010; KanR IV, 2-77; Pree, H., § 100 Grundfragen kirchl. Vermögensrechts: HbkathKR³, 1471-1504; ders., § 101 Der Erwerb von Kirchenvermögen: HbkathKR³, 1505-1531; Mückl, St., § 102 Kirchensteuer u. Kirchenbeitrag: HbkathKR³, 1532-1548; Puza, R., § 103 Die Verwaltung des Kirchenvermögens: HbkathKR³, 1549-1559; ders., § 104 Die Rechtsgeschäfte über das Kirchenvermögens: HbkathKR³, 1560-1568; Althaus, R. – Schulz, W.: MKCIC cc. 1254-1310.

Rüdiger Althaus

© 2019, DOI: 10.30965/9783506786388_0681

Kirchenvermögen – Evangelisch

1. Begriff u. Arten des K. in der ev. Kirche gehen auf das allg. Kirchengut vor der Reformation zurück. Das K. umfasst alle Vermögenswerte, die bestimmt sind, einem kirchl. Zweck zu dienen; auf die Eigentumsverhältnisse kommt es dabei nicht an. Zum K. gehören also nicht nur die beweglichen u. unbeweglichen Sachen sowie die Ansprüche kirchl. Rechtsträger auf Geld-, Sach- u. Dienstleistungen (z. B. →Kirchensteuern, Gebühren, →Staatsleistungen, Erfüllung von Baulastverpflichtungen), sondern auch Nutzungsrechte an fremdem Eigentum.

Das K. ist nach Finanzvermögen u. nach Verwaltungsvermögen zu unterscheiden. Kirchl. Finanzvermögen ist alles Vermögen, dessen Ertrag zur Finanzierung der kirchl. Tätigkeit verwendet wird (→Kirchenfinanzierung). Dazu zählen insb. Erträge aus land- od. forstwirtschaftlicher Nutzung u. aus Kapitalanlagen. Zum kirchl. Verwaltungsvermögen gehören alle Sachen u. Rechte, die unmittelbar der Durchführung kirchl. Aufgaben dienen, insb. →Kirchengebäude, →Altäre, →Glocken, Orgeln, Taufbecken, Abendmahlsgeräte, →Pfarrhäuser u. Gemeindehäuser, Predigerseminare, kirchl. Kindertagesstätten, →Friedhöfe, Studentenwohnheime, →Krankenhäuser, Pflegeheime, (Fach-)→Hochschulen, Archive (→Archive, kirchliche) u. Bibliotheken.

2. Träger des K. gibt es auf allen Ebenen des körperschaftlichen Aufbaues der →Landes-

kirchen. Die LK sind i. d. R. v. a. Gläubiger der Kirchenumlagen u. der Staatsleistungen; das landeskirchliche Vermögen wird von den →Landeskirchenämtern verwaltet, die dafür gegenüber den →Synoden rechenschaftspflichtig sind.

Kirchl. Grundbesitz steht zum großen Teil im Eigentum der ortskirchlichen Rechtsträger, in erster Linie der →Kirchengemeinden (Kirchengemeindeverbände), die in den meisten LK auch Gläubiger des (allg.) →Kirchgelds sind u. – neben den Zuweisungen im Rahmen des innerkirchlichen →Finanzausgleichs – weitere Einnahmen aus ortskirchlichen →Kollekten u. Gemeindegebühren erzielen; demgegenüber haben →Kirchenstiftungen u. Pfründestiftungen als örtliche Vermögensträger zunehmend an Bedeutung verloren. Seitdem die KGde. die Fähigkeit erlangt haben, selbst Träger von Vermögensrechten zu sein, besteht für Kirchenstiftungen kein Bedarf mehr; das in vielen LK zentral verwaltete od. im Wege der Zusammenlegung der urspr. örtlichen Pfründestiftungen vereinigte Pfründevermögen trägt nur noch zu einem geringen Teil zur Sicherung der Pfarrbesoldung (→Pfarrbesoldung, Versorgung) bei. Deshalb sind z. B. in Bayern seit 1940 bzw. 1994 keine neuen Kirchen- u. Pfründestiftungen mehr errichtet worden. Die Verwaltung des örtlichen K. obliegt den ortskirchlichen Leitungsorganen, wobei bestimmte Rechtsgeschäfte der kirchenaufsichtlichen →Genehmigung bedürfen u. bis zu deren Erteilung schwebend unwirksam sind.

Zum K. ist ferner das Vermögen der kirchl. Versorgungskassen, der unter kirchl. Aufsicht stehenden Erziehungs-, Unterrichts- u. Wohltätigkeitsstiftungen sowie von als kirchl. anerkannten Vereinen zu rechnen.

3. Durch ihre →Widmung zu kirchl. Zwecken werden Gegenstände des kirchl. Verwaltungsvermögens den Regeln des staatl. Rechts der öff. Sachen unterstellt. Da die Widmung eine Einschränkung privater Rechte bewirkt, bedarf diese, wenn die widmende →Religionsgemeinschaft selbst nicht Eigentümerin der Sache ist, der Zustimmung des Eigentümers bzw. des Inhabers sonstiger dinglicher Rechte. Die Befugnis zu einer solchen Widmung ist Ausfluss der bes. Rechtsstellung der als →Körperschaft des öffentlichen Rechts anerkannten Religionsgemeinschaften (Art. 140 GG i. V. m. Art. 137 Abs. 5 WRV).

Schutz vor staatl. Beeinträchtigungen ist durch die Kirchengutsgarantie des Art. 140 GG i. V. m. Art. 138 WRV gewährleistet. Dieser ist bes. intensiv bei den durch agendarische Handlungen insb. für →Gottesdienst, →Verkündigung u. Liturgie gewidmeten Gegenständen (res sacrae). Diese dürfen den Kirchen o. ihr Einverständnis unter keinen Umständen entzogen werden. Bei den nichtkultischen Gegenständen des kirchl. Verwaltungsvermögens ist der Grad des Schutzes von widmungswidriger Verwendung jeweils abhängig von ihrer Nähe zum kirchl. Auftrag u. ihrer Unentbehrlichkeit für die kirchl. Funktion.

4. Die Verwaltung des K. gehört zu den eigenen Angelegenheiten der Kirchen (Art. 140 GG i. V. m. Art. 137 Abs. 3 WRV). Für alle kirchl. Ebenen ist der Grundsatz wirtschaftlicher, m. dem kirchl. Auftrag vereinbarer u. nachhaltiger →Vermögensverwaltung leitend. M. der Befugnis zur eigenverantwortlichen Vermögensverwaltung der KGde. u. anderer kirchl. Rechtsträger korrespondieren landeskirchliche Genehmigungsvorbehalte (→Genehmigungsvorbehalt, kirchenaufsichtlicher) bei Verfügungen über Grundvermögen u. bes. bedeutsamen od. risikoreichen vermögensrelevanten Maßnahmen. Einzelheiten sind in den RL des Rates der EKD zum kirchl. Finanzwesen vom 09.12.2016 (ABl. EKD 2017, 30 u. 58) u. in entspr. landeskirchlichen Ordnungen geregelt. M. der schrittweise im Bereich der EKD u. ihrer Gliedkirchen erfolgenden Neuausrichtung des Finanz- u. →Haushaltswesens i. S. der erw. Kameralistik od. der Doppik soll neben einer Optimierung der Steuerung der kirchl. Ressourcen insb. auch ein höheres Maß an Transparenz über den kirchl. Vermögensbestand u. den Grad seiner Bindung durch Rückstellungen (z. B. zur Absi-

cherung von Versorgungs- u. Beihilfeverpflichtungen) u. Verbindlichkeiten erreicht werden.

Literatur

Heckel, J., Kirchengut u. Staatsgewalt: FS Smend zum 70. Geburtstag, Göttingen 1952, 103-143 = ders., Das blinde undeutliche Wort „Kirche", Köln 1964, 328-370; Grundmann, S., Die Kirchengemeinde u. das kirchl. Vermögensrecht: FS Smend zum 80. Geburtstag, Tübingen 1962, 309-330 = ders., Abhandlungen zum Kirchenrecht, Köln–Wien 1969, 177-198; Wehdeking, Th. P., Die Kirchengutsgarantien u. die Bestimmungen über Leistungen der öff. Hand an die Religionsgesellschaften im Verfassungsrecht des Bundes u. der Länder, Tübingen 1971 (Jus Ecclesiasticum 12); Hofmann, W., K., EvStL³ Bd. 1, 1771-1774; Müller-Volbehr, J., Körperschaftsstatus u. Sachenrecht der Kirchen: ZevKR 33 (1988), 153-183; Landau, P., Kirchengut: TRE Bd. 18, 560-575; Kästner, K.-H., Die Verfassungsgarantie des kirchl. Vermögens: HbStKR² Bd. 1, 821-906; Meyer, Chr., Die Vermögensverwaltung u. das Stiftungsrecht im Bereich der ev. Kirche: HbStKR² Bd. 1, 907-946; Mainusch, R., Die öff. Sachen der Religions- u. Weltanschauungsgemeinschaften, Tübingen 1995 (Jus Ecclesiasticum 54); Germann, M., Die kirchl. Vermögensverantwortung nach ev. Kirchenrecht: Essener Gespräche 47 (2013), 57-97; Kupke, A., § 26 Finanzverwaltungsrecht: HevKR, 898-925; Droege, M., § 27 Vermögensverwaltungsrecht: HevKR, 926-961.

Hans-Peter Hübner

Kirchenvermögensverwaltungsrat

→ Diözesanvermögensverwaltungsrat, → Kirchenverwaltung, → Pfarrverwaltungsrat

Kirchenverständnis – Katholisch

Nach dem Verständnis des → Zweiten Vatikanischen Konzils ist die Kirche eine „komplexe Wirklichkeit, die aus menschlichem und göttlichem Element zusammenwächst" (LG 8). Insofern gleicht die Kirche „dem Mysterium des fleischgewordenen Wortes" (ebd.): Wie der Sohn Gottes zum Heil der Menschen eine menschliche Natur angenommen hat, so existiert die Kirche als „Einheit von sichtbarer Versammlung und geistlicher Gemeinschaft" (ebd.). Dennoch ist die Kirche nicht der in Zeit u. Geschichte fortlebende Chr. (Christus prolongatus), sondern – als vom Hl. Geist getragene Vergegenwärtigung des Auferstandenen in Raum u. Zeit – „mystischer Leib Christi". Insofern ist die Kirche keine bloß äußerliche Versammlung von Christgläubigen, sondern „gleichsam das Sakrament, das heißt Zeichen und Werkzeug für die innigste Vereinigung mit Gott wie für die Einheit der ganzen Menschheit" (LG 1). Nach kath. Verständnis ist die Kirche das „allumfassende Heilssakrament" (LG 48) für die Menschheit.

Als → Volk Gottes bekennt sich die Kirche zur Einheit der biblischen Offenbarungsgeschichte. Die Kirche substituiert also nicht das Volk Israel. Zugl. weiß sie sich durch den Auferstandenen dazu berufen, in der Kraft des Hl. Geistes den Gott Israels allen Menschen zu verkünden. Insofern markieren Ostern u. Pfingsten die christologische u. die pneumatologische Dimension der Kirche. Dabei darf weder die christologische Dimension ausschließlich dem kirchl. → Amt zugeordnet werden noch die pneumatologische den freien Gnadengaben (→ Charismen). Denn nach kath. Verständnis ist das „gesellschaftliche Gefüge" (compago socialis: LG 8) der Kirche nicht äußerlich. Kirche ist nicht – wie etwa der luth. Kirchenrechtler Rudolf Sohm vermutete – in erster Linie „Geistkirche". Die Kirche erschöpft sich aber auch nicht in ihrer institutionellen Gestalt. Zwar hat der Kontroverstheologe Robert Bellarmin SJ (gest. 1621) gegen spiritualisierende Tendenzen in den Kirchen der Reformation die gesch.-korporative Dimension der Kirche betont: In ihrer Sichtbarkeit sei die Kirche „dem Königreich Frankreich oder der Republik Venedig" vergleichbar (Controversiis IV 3, 2). Doch ist damit die spirituelle Dimension der Kirche keineswegs geleugnet. Vertreter der kath.

Tübinger Schule haben deshalb im 19. Jh. die Bedeutung der Pneumatologie für die Ekklesiologie in Erinnerung gerufen. Der von P. Pius XII. in seiner Enz. Mystici corporis (1943) angestrebte Ausgleich zwischen Amt u. Charisma wurde freilich auch vom Vat II nicht spannungsfrei erreicht.

Hist. betrachtet erfolgten Reflexionen über Wesen u. Struktur der Kirche stets im Zusammenhang m. alternativen Entwürfen kirchl. Gemeinschaft (→Communio). Das für die Ekklesiologie richtungsweisende Verständnis der Kirche als Leib Chr. gründet in der Auseinandersetzung des Apostels Paulus m. Spannungen unter den Christen in Korinth (vgl. 1Kor 12, 12-27). In der Spätantike erzwangen Auseinandersetzungen m. versch. gnostischen Strömungen, den Montanisten u. den Donatisten Klärungen des kirchl. Selbstverständnisses. Als konstitutiv erwies sich dabei der Gedanke der →apostolischen Sukzession. Diese soll die Authentizität der Lehrüberlieferung u. der sakramentalen Heilsvermittlung sicherstellen. Wiederum Bellarmin formulierte am Ende des 16. Jh. die Lehre vom „dreifachen Band" (tria vincula) u. definierte: Die Kirche ist „die Vereinigung der Menschen, die durch das Band des Bekenntnisses desselben Glaubens und die Teilnahme an denselben Sakramenten unter der Leitung der rechtmäßigen Hirten und besonders des einen Statthalter Christi auf Erden, des römischen →Papstes verbunden sind" (Controversiis IV 3, 2) (→Tria-Vincula-Lehre).

→Glaubensbekenntnis, →Sakramente u. kirchl. →Leitung sind für das Selbstverständnis der →katholischen Kirche grundlegend (vgl. LG 14; c. 205). Von hierher ergibt sich auch die Verhältnisbestimmung zu den →nichtkatholischen Kirchen: Eine vollständige →Kirchengemeinschaft (communio plena) umfasst die Gemeinschaft im Bekenntnis, in den Sakramenten u. in Anerkennung der hierarchischen Leitung. Eine unvollständige Kirchengemeinschaft (communio etsi non plena) ist durch die →Taufe u. das gemeinsame Glaubensbekenntnis begr. Dieser Kriteriologie zufolge stehen die Kirchen der Orthodoxie der kath. Kirche am nächsten; denn sie anerkennen zwar nicht die hierarchische Leitung durch den P., haben jedoch nach kath. Verständnis den Episkopat u. die Feier der Eucharistie (→Abendmahl, Eucharistie) authentisch bewahrt. Bei den anderen Kirchen vermisst die kath. Kirche nicht nur die Anerkennung des päpstlichen Primats, sondern unterstellt überdies einen „Mangel im Weihesakrament" (defectus ordinis: UR 22). Eine bes. ekklesiologische Herausforderung stellen dz. die Pfingstkirchen u. charismatischen Gemeinschaften dar, insofern sie eine unmittelbare Legitimierung durch den Hl. Geist beanspruchen, die keiner amtl. Vermittlung bedarf.

Kirche als Gemeinschaft aller Getauften beruht nicht auf freiem Entschluss, sondern auf göttlicher Berufung (→Berufung, geistliche) u. →Sendung. Hierin gründen ihre Apostolizität u. auch ihre Heiligkeit. Letztere ist der Kirche trotz aller menschlichen Fehlbarkeit wesentlich u. deshalb unverlierbar. Für sich selbst beansprucht die kath. Kirche, dass in ihr die Kirche Chr. zwar nicht vollkommen, wohl aber vollständig verwirklicht ist. Damit ist das Konzil von der noch im Entwurf der Kirchenkonstitution vertretenen Auffassung abgerückt, die kath. Kirche sei m. der Kirche Jesu Chr. identisch. Weil die eine u. einzige Kirche Chr. in der kath. Kirche ihre konkrete gesch. Gestalt gefunden hat, kann sie freilich keine Mehrzahl nebeneinander existierender gleichberechtigter Kirchen anerkennen. Auch wenn lehramtliche Dokumente von Kirchen im Pl. sprechen, ist nach kath. Auffassung das Ziel der ök. Annäherungen nicht eine versöhnte Verschiedenheit bleibend getrennter Kirchen, sondern die sichtbare Einheit der einen Kirche Chr. Diese manifestiert sich in der Anerkennung des päpstlichen Leitungsamtes, das wesentlich als Dienst an der Einheit der Kirche aufgefasst wird.

Das Verständnis der Kirche als Volk Gottes lässt Kirche nicht zu einer →Demokratie werden. Gleichwohl kann es auf den unterschiedlichen Ebenen der Kirche bei Entscheidungsfindungsprozessen demokratie-analoge Strukturen u. Verfahrensweisen geben. Diese verwirklichen sich in einem weiten Spektrum zwischen freiwilligen Konsultationen einerseits u. synodalen Entscheidungsprozessen (→Synodalität) m. Mehrheitsentscheidungen andererseits.

Quellen

Bellarmin, R., Disputationes de controversiis christianae fidei: Streitschriften über die Kampfpunkte des chr. Glaubens, 14 Bde. übers. von. V. P. Gumposch, Augsburg 1842-1853; Pius XII., Enzyklika Mystici Corporis vom 29. Juni 1943: AAS 35 (1943), 200-243; Vat II, LG; Vat II, UR.

Literatur

Lubac, H. de, Glauben aus der Liebe (Catholicisme). Übertragen u. eingel. von Hans Urs von Balthasar, Einsiedeln 1970; Ratzinger, J., Zur Gemeinschaft gerufen. Kirche heute verstehen, Freiburg 1991; Kehl, M., Die Kirche. Eine kath. Ekklesiologie, Würzburg 1994; Kasper, W., Kath. Kirche. Wesen – Wirklichkeit – Sendung, Freiburg u. a. 2011; Menke, K.-H., Sakramentalität. Wesen u. Wunde des Katholizismus, Regensburg 2012; Böhnke, M., Kirche in der Glaubenskrise. Eine pneumatologische Skizze zur Ekklesiologie u. zugl. eine theol. Grundlegung des Kirchenrechts, Freiburg 2013; Bergner, G., Volk Gottes. Entstehung, Rezeption u. Aktualität einer ekklesiologischen Leitmetapher, Würzburg 2018 (Bonner dogmatische Studien 58).

Dirk Ansorge

© 2019, DOI: 10.30965/9783506786388_0683

Kirchenverständnis – Evangelisch

Die ev. Kirche ist nach Maßgabe des Augsburger Bekenntnisses (→Confessio Augustana) durch die Versammlung aller →Gläubigen, bei welchen das Evangelium rein gepredigt u. die hl. →Sakramente in Übereinstimmung m. dem Evangelium gereicht werden, charakterisiert (CA 7). Nach ev. Verständnis sind damit reine Evangeliumsverkündigung u. stiftungsgemäße Darreichung der Sakramente auf der Basis der Hl. Schrift entscheidende Kennzeichen der wahren Kirche. (Die ref. Tradition setzt daneben die Kirchenzucht.) Ihrer Verheißung nach wird sie als alle Zeiten überdauernd geglaubt u. nicht als eine ihren Gliedern übergeordnete Größe gedacht, sondern als die in den Glaubenden in, m. u. unter →Predigt u. Sakrament vollzogene Gemeinschaft, die Christus selbst in Wort u. Sakrament um sich sammelt u. bei sich behält (Joest – Lüpke, 2012, 184). Kirche wird damit gleichgesetzt m. der →Gemeinde, die m. 1 Kor 12 als Leib Chr. verstanden wird. Nach ev. Verständnis ist Kirche demnach nicht durch ihre empirische Gestalt, ihre Institution, ihre Ämter etc. bestimmt, sondern durch die Versammlung der Glaubenden, die selbst die bleibende Vergegenwärtigung Christi sind. Die Stellung Chr. zur Kirche ist damit eine doppelte: „Er ist das Fundament, der Eckstein" (Eph 2, 19 f.; 1 Petr 2, 4-8), „er ist aber auch jederzeit der Kirche real gegenwärtig, denn sie ist sein Leib und die Menschen sind Glieder an diesem Leibe" (1 Kor 12, 4-30; Eph 1, 23; 4, 15 f.; Kol 1, 18) (Bonhoeffer, 2005, 85 f.).

Ihren Ursprung u. beständigen Grund hat die Kirche damit in der im Hl. Geist erfahrbaren Selbstoffenbarung Gottes in Jesus Chr., den die Hl. Schrift bezeugt u. von dem her sie ihr Sein erhält. Sie ist demnach konstituiert durch das in Jesus Chr. menschgewordene u. im Hl. Geist bleibend ergehende Wort Gottes, das vermittelt durch das Zeugnis der Hl. Schrift gegeben ist (creatura verbi divini). Durch die in Wort u. Sakrament vermittelte Gemeinschaft m. dem in Jesus Chr. offenbaren dreieinigen Gott ist die Kirche als communio sanctorum konstituiert. Im Glauben, verstanden als Hören auf den Ruf Jesu Chr., u. im Empfangen des Sakraments als seine Gabe u. Gegenwart sind die Glieder untereinander als Gemeinschaft der Heiligen verbunden. Die Glieder, so sehr sie zu einem Leben in Liebe u. Heiligkeit bestimmt sind, verdanken ihr Heil damit nicht einer gegebenen religiösen Qualifikation, sondern der gläubigen Teilhabe u. Teilnahme am Vollzug der Kirche. Infolgedessen wird von ev. Seite immer wieder betont (vgl. CA 8), dass die Kirche ihrer empirischen Erscheinungsgestalt nach ein corpus permixtum darstellt, hinsichtlich dessen sich Sünde u. Glaube nicht voneinander trennen lassen. Insofern ist nach ev. Verständnis das wahre Wesen der Kirche verborgen. Dennoch sollte es nicht als unsichtbar bez. werden, wie das die traditionelle Unterscheidung in ecclesia visibilis et invisibilis nahelegt (Wenz, 1091), ist doch ihr Wesen nicht von ihrer empirischen Gestalt zu trennen, sondern immer allein in Bezug auf diese zu glauben.

Die Bestimmungen des Bekenntnisses von Nizäa u. Konstantinopel (una, sancta, catholica et apostolica) werden auch nach ev. Verständnis als Wesensmerkmale der Kirche bleibend aufgenommen. Das Attribut der Einheit bezieht sich dabei nicht auf organische Einheitlichkeit u. Gleichförmigkeit, sondern meint eine Einheit, die unter dem einen Herrn Jesus Chr. als versöhnte Menschheit zu verstehen ist u. damit nicht zur institutionellen u. kulturellen Vielfalt im Widerspruch steht. Die Heiligkeit der Kirche besteht nicht in einer sittlichen Vollkommenheit ihrer Glieder od. Amtsträger (sie ist so wenig unfehlbar wie ihre Glieder es sind); Heiligkeit kommt ihr allein zu, weil ihr Grund u. Haupt sie als solche auszeichnet. Kath. wird die Kirche genannt, weil sie allumfassend ist u. darin alle Grenzen menschlicher Gruppenzughörigkeit transzendiert. Sie ist darin bereits jetzt in ihrer empirischen Gestalt der Anfang einer neuen, versöhnten Menschheit, deren Vollendung noch aussteht. M. dem Prädikat der Apostolizität ist auf ihren gesch. Grund Jesus Chr. verwiesen, der ihre Wahrheit legitimiert. In ihrer Apostolizität wird die Kontinuität ihrer Verbindung zu diesem Grund über die Zeiten hinweg deutlich, wie dieser Kraft des Hl. Geistes offenbar, von den Aposteln bezeugt u. in der Hl. Schrift beglaubigt ist.

Zwar sind kraft ihrer →Taufe alle Gläubigen dazu bestimmt, Zeugnis aus Glauben zu geben (Priestertum aller Gläubigen; 1 Petr 2, 9 f.), Predigt u. Darreichung der Sakramente sind aber „um der Einheit und Ordnung des gottesdienstlichen Lebens willen" (Joest – Lüpke, 2012, 186) denen vorbehalten, die ordnungsgemäß (rite) dazu berufen, d. h. ordiniert sind (CA 14). Die Beauftragung erhalten die einzelnen Glieder zu diesem bes. Dienst von der Gde. selbst, weshalb m. der Ordination (→Ordination, Weihe) primär eine Übertragung von Befugnissen u. entspr. Pflichten einhergeht. In der Ausdifferenzierung des →Amtes zeigen sich Unterschiede zwischen reformierter (Pastoren, Lehrer, Diakone, Älteste) u. luth. (Pfr. u. Bf.) Tradition. Gemeinsam ist den ev. Kirchen dabei die inhaltliche Legitimierung des Amtes an der Hl. Schrift (CA 28), weshalb dieser Dienst sachgemäß u. damit niemals rein formal-autoritativ wahrgenommen werden kann.

Quellen

Die Bekenntnisschriften der Ev.-Luth. Kirche, Göttingen 2014.

Literatur

Barth, K., Die Kirchl. Dogmatik. Erster Bd. Zweiter Halbband: Die Lehre vom Wort Gottes, Zürich [3]1945 (KD 1/2); ders., Die Kirchl. Dogmatik. Vierter Bd. Erster Halbband: Die Lehre von der Versöhnung, Zürich 1953 (KD IV/1); Kasper, W. – Sauter, G., Kirche – Ort des Geistes, Freiburg 1976; Huber, W., Kirche, Stuttgart 1979 (Themen der Theologie); Kühn, U., Kirche, Gütersloh 1980 (HST 10); Huber, W., Die wirkliche Kirche: Folgen chr. Freiheit, hg. v. W. Huber, Neukirchen-Vluyn 1983, 147-168; Zizioulas, J. D., Being as Communion. Studies in Personhood and the Church, London 1985; Härle, W., Art. Kirche VII. Dogmatisch: TRE Bd. 18, 277-317; Hauerwas, S., In Good Company. The Church as Polis, Notre Dame/London 1995; Jenson, R. W., Systematic Theology. Volume 2: The Works of God, New York 1999; Wenz, G., Art. Kirche. 2. Dogmatisch a) ev.: RGG[4] Bd. 4, 1018-1021; Schwöbel, C., Das Geschöpf des Wortes Gottes. Grundeinsichten der reformatorischen Ekklesiologie: Gott in Beziehung. Studien zur Dogmatik, hg. v. C. Schwöbel, Tübingen 2002, 345-377; Bonhoeffer, D., Sanctorum Communio. Eine dogmatische Untersuchung zur Soziologie der Kirche, München ²2005 (DBW 1); Wenz, G., Kirche. Perspektiven reformatorischer Ekklesiologie in ök. Absicht, Göttingen 2005 (Studium Systematische Theologie Bd. 3); Link, C., Die Kennzeichen der Kirche aus reformierter Sicht: Prädestination u. Erwählung, hg. v. C. Link, Neukirchen-Vluyn 2009, 235-258; Joest, W. – Lüpke, J. v., Dogmatik II: Der Weg Gottes m. dem Menschen, Göttingen ⁵2012; Sattler, D., Kirche(n), Paderborn 2013 (Grundwissen Theologie).

Nadine Hamilton

© 2019, DOI: 10.30965/9783506786388_0683

Kirchenverständnis – Orthodox

Die Orth. Kirche ist nach kan. Recht eine von Gott gestiftete Gemeinschaft von Menschen, die durch den gemeinsamen →Glauben, die →Sakramente u. das kan. Recht verbunden sind. Die Kirche ist ein Sakrament u. wurde durch das Heilswerk Chr. u. durch die Verheißung des Hl. Geistes an Pfingsten gegr. Sie ist ein gottmenschlicher Organismus, der mystische Leib Chr. (Röm 12, 4-6; 1 Kor 12, 12-27), der die Gemeinschaft der Menschen m. Gott u. untereinander zum Ziel hat (Koinonia). Merkmale dieser Kirche sind die Einheit, die Katholizität, die Heiligkeit u. die Apostolizität. Sie ist hl., weil ihre Grundlagen von Gott selbst gestiftet sind u. weil Chr. in ihren Sakramenten anwesend ist; sie ist kath., weil sie sich an alle Menschen u. Völker richtet, u. sie ist apost., weil Chr. selbst die Kirchengewalt den Aposteln übertragen hat u. diese weiterhin durch die Weihe ihrer Nachfolger durch die Bf. bis heute ausgeübt wird. Demzufolge ist die →Apostolische Sukzession die Basis des Sakramentes der Weihe u. das Fundament der kirchl. Verwaltung (c. 1 der Apostel). Die Einheit der Kirche ist nach orth. Verständnis eine geistl. u. mystische, die auf der Definition der Kirche als Leib Chr. basiert, nach der Chr. selbst das Oberhaupt ist u. die Gläubigen die einzelnen Glieder sind (Eph 1, 22-23). Die Einheit wird durch die Einheit des Episkopats u. der Eucharistie sichtbar gewährleistet, da jeder Vorsteher einer Ortskirche den vollen Anteil an dem von Gott gestifteten Episkopat hat u. die eucharistische Einheit jeder Ortskirche m. der gesamten Kirche nach den Prinzipien der eucharistischen Ekklesiologie garantiert.

Nach der kan. Lehre teilt sich die Kirche in zwei Stände: die Kleriker, die durch das Sakrament der Weihe vom Hl. Geist in den kirchl. Dienst, u. die →Laien, die durch die Taufe zur Teilnahme am Leben der Kirche gerufen sind. Die Dreigliederung des geistl. Amtes (→Bischof – Presbyter – →Diakon) ist eine Institution des göttlichen Rechts (ius divinum). Jeder Bf. wird von mehreren Bf. im Namen des Gesamtepiskopates ordiniert u. ist befähigt, die →Priesterweihe u. →Diakonenweihe zu erteilen (c. 2 der Apostel). →Priester u. Diakone erhalten damit die Gnade des Hl. Geistes, die Lehre weiterzugeben u. die Sakramente zu feiern. Die Sakramente werden von Gott durch die Hände der Priester vollzogen, d. h. die Priester bitten Gott, seinen Hl. Geist zu senden.

Die Kirche hat versch. Teile: die streitende Kirche (ecclesia militans), die aus den lebenden getauften Christen besteht, u. die triumphierende Kirche (ecclesia triumphans), die jene umfasst, die gest. sind u. sich in der unmittelbaren Anschauung Gottes befinden. Die kan. Grenzen der Kirche werden durch die Taufe bestimmt. Nach den Kirchenvätern u. der Mehrheit der orth. Theologen wirkt der Hl. Geist jedoch auch außerhalb der kan. Grenzen der Kirche, so dass zu der triumphierenden Kirche neben allen, die nach Chr. Gebote gelebt haben, auch die Christen vor Chr. unabhängig von der Taufe gehören. Die Heiligen werden in der Orthodoxie verehrt, so dass ihre Fürbitte zu Gott eine zentrale Rolle in ihrer Spiritualität spielt.

Die Orth. Kirche ist nicht nur eine Gemeinschaft von Menschen sondern auch eine Gemeinschaft von Kirchen, die bfl.-synodal verwaltet werden (c. 34 der Apostel). Diese (heute 14) Kirchen sind nach außen an den gleichen Glauben, die Sakramentenlehre u. das gemeinsame kan. Recht gebunden. Nach innen genießen sie eine völlige Selbstständigkeit durch eine eigene →Gesetzgebung, Verwaltung u. selbstständige Gerichtsorganisation. Dieses System der →Autokephalie drückt, nach den Worten der interorthodoxen Vorbereitungskommission für die Hl. u. Große →Synode der Orth. Kirche (Chambésy, Nov. 1993), „in authentischer Weise eine der wesentlichen Sichtweisen der Orth. ekklesiologischen Tradition über die Beziehungen der lokalen und zur weltweiten Kirche aus ... Die Perichorese zwischen lokal und weltweit (Örtlichkeit und Ökumenizität) ... bestimmt die liturgische Beziehung zwischen der verwaltungsmäßigen Organisation und der Einheit der Kirche". Aus diesem Grund sprechen wir über die weltweite Orth. Kirche (im Sing.) u. die einzelnen autokeph. Kirchen (im Pl.).

Die Orth. Kirche versteht sich als die urspr. Kirche, die Fortsetzung der Alten Kirche. Quellen des Glaubens sind die →Heilige Schrift, die Entscheidungen der →Ökumenischen Konzilien der Alten Kirche (Horoi u. Kanones), sowie die Lehre der Kirchenväter, der consensus patrum. Diese Überzeugung führt jedoch nicht zu einem Exklusivismus: M. wenigen Ausnahmen nimmt sie an allen bi- u. multilateralen Gesprächen teil, weil sie sich ihrer Aufgabe bewusst ist, dass die Einheit der Kirche Gottes Gebot ist. In jeder Liturgie wird deshalb für die Einheit des Glaubens gebetet.

Quellen

Interorthodoxe Vorbereitungskommission für die Hl. u. Große Synode (Chambesy/Schweitz 1993), Die Autokephalie u. die Weise ihrer Proklamation: Orth. Forum 8 (1993), 117 f.; Hl. Kanones der hl. u. hochverehrten Apostel, Zusammengestellt, übers. u. eingel. von A. Anapliotis, St. Ottilien 2009 (Liturgische Texte u. Studien 6); Enz. des Hl. u. Großen Konzils (Kreta 2016): Orth. Forum 31 (2017), 182-193 = Orthodoxie aktuell 7 (2106), 12-22; Hl. u. Großes Konzil der Orth. Kirche (Kreta 2016), Beziehungen der Orth. Kirche zu der übrigen chr. Welt: Orth. Forum 31 (2017), 214-218 = Einheit in Synodalität. Die offiziellen Dokumente der Orth. Synode auf Kreta, 18. bis 26. Juni 2016, hg. v. B. Hallensleben, Münster 2016, 78-86.

Literatur

Milasch, N., Das Kirchenrecht der morgenländischen Kirche nach den allg. Kirchenrechtsquellen u. nach den in den autokeph. Kirchen geltenden Spezial-Gesetzen [übers. von Alexander R. v. Pessić], Mostar [2]1905, 206-236; Meyendorff, J., Catholicity and the Church, Crestwood NY 1983; Galitis, G. – Mantzaridis, G. – Wiertz, P., Glauben aus dem Herzen. Eine Einf. in die Orthodoxie, München [3]1994; Staniloae, D., Orth. Dogmatik, Bd. 2, Zürich u. a. 1990 (Ök. Theologie 16), 153-231; Bulgakov, S., Die Orthodoxie. Die Lehre der orth. Kirche. Übers. u. eingel. von Th. Bremer, Trier 1996 (SOPHIA 29); Zizioulas, J., Eucharist, Bishop, Church: The Unity of the Church in the Divine Eucharist and the Bishop During the First Three Centuries, Brookline (Mass.) 2001; Alfejev, H., Geheimnis des Glaubens. Einführung in die orth. dogmatische Theologie, Fribourg 2003 (Ök. Beih. 43) 115-149; Kallis, A., Das hätte ich gerne gewusst. 100 Fragen an einen orth. Theologen, Münster 2003, 19-70; Vletsis, A., Katholizität od. Ökumenizität der Kirche? Das Ringen um die dritte Eigenschaft der Kirche in der orth. Theologie: Katholizität. Konfessionalismus od. Weltweite?, hg. v. S. Hell, Innsbruck u. a. 2007, 49-91; Zizioulas, J., The One and the Many. Studies on God, Man, the Church and the World Today, Alhabra (Ca.) 2010; Larentzakis, G., Die orth. Kirche. Ihr Leben u. ihr Glaube, Wien u. a. [3]2012 (Orientalia-patristica-oecumenica 4); Felmy, K. C., Einführung in die orth. Theologie der Gegenwart, Berlin u. a. [3]2014 (Lehr- u. Studienbücher zur Theologie 5), 146-168; Potz, R. – Synek, E. M., Orth. Kirchenrecht. Eine Einführung, Freistadt [2]2014 (KuR 28), 410-459; Oeldemann, J., Die Kirchen des chr. Ostens. Orth., orient. u. m. Rom unierte Kirchen, Kevelaer [4]2016, 203-210.

Anargyros Anapliotis

Kirchenvertrag

→Konkordat, Kirchenvertrag

Kirchenverwaltung – Katholisch

Jede jur. Person (→Juristische Person, kirchliche) benötigt als ideales Gebilde sowohl Organe, die rechtmäßig ihren Handlungswillen bestimmen, wie auch solche, die als ihr Verwalter diesen Willen umsetzen, was letztlich immer nur durch →physische Personen geschehen kann (c. 118). Jede jur. Person soll neben dem Verwalter einen Vermögensverwaltungsrat haben (c. 1280). Der rechtmäßige Vertreter des Pfarreivermögens ist der →Pfarrer (c. 532; c. 290 §1 CCEO), der in dieser Aufgabe vom pfarrlichen Vermögensverwaltungsrat unterstützt wird (c. 537; c. 295 CCEO).

Die K. war durch →Diözesanrecht in den bayer. (Erz-)Diözesen Bamberg, München, Augsburg, Eichstätt, Passau, Regensburg u. Würzburg bereits vor Inkrafttreten des CIC/1983 auf der Grundlage des staatl. Rechts u. in Übereinstimmung m. diesem als Organ für versch. ortskirchliche jur. Personen geschaffen worden. Auf Grund eines →Indultes, das der →Apostolische Stuhl auf Antrag der →Deutschen Bischofskonferenz erlassen hat, muss die Bestimmung des c. 532 in Gebieten nicht eingehalten werden, in denen das Vermögensverwaltungsrecht auf staatl. Gesetzgebung od. staatskirchenrechtlichen Vereinbarungen beruht od. solches Recht inzwischen durch eigenständiges KR ersetzt worden ist. In anderen deutschsprachigen Diözesen kommen die Aufgaben der K. ganz od. teilweise dem →Kirchenvorstand, →Kirchengemeinderat, Pfarrkirchenrat od. →Pfarrgemeinderat bzw. dessen Verwaltungs- od. Finanzausschuss wie z. B. dem Stiftungsrat zu.

Ortskirchliche jur. Personen sind →Kirchenstiftung(en) u. →Kirchengemeinde, die zugl. gemeindlicher kirchl. Steuerverband ist, sowie ggf. die Pfründestiftung(en). Die Kirchenstiftung wird entspr. der Ordnung für kirchl. →Stiftungen in den bayer. (Erz-)Diözesen (= KiStiftO) durch die K. gerichtlich u. außergerichtlich vertreten. Für jede Pfarrkirchenstiftung besteht eine eigene K., die auch die Verwaltung der im Pfarrgebiet vorhandenen Kuratie-, Expositur- u. Filialkirchenstiftung wahrnimmt, sofern dafür nicht eigene K. gebildet werden.

Für die Kgde., die zugl. gemeindlicher kirchl. Steuerverband ist, wird gem. der Satzung für die gemeindlichen kirchl. Steuerverbände in den bayer. (Erz-)Diözesen (= GStVS) eine K. als Verwaltungsorgan gebildet. Für jede Pfarr-, Kuratie-, Expositur- u. Filialkirchengemeinde, die jeweils →Körperschaften des öffentlichen Rechts sind, ist eine eigene K. zu bilden. Es ist möglich, mehrere rechtlich selbstständige Kgde. zu einer →Gesamtkirchengemeinde zusammenzufassen. Die staatlich anerkannte Rechtsperson der Pfarrkirchengemeinde kann m. der →Pfarrei als jur. Person kirchl. Rechts (c. 515 § 3) gleichgesetzt werden.

Die Zahl der gewählten Mitglieder der K. beträgt zwischen 2 u. 8; sie richtet sich nach der Zahl der Katholiken in der jeweiligen Kgde. (Art. 10 KiStiftO/Art. 6 GStVS). Wahlberechtigt sind alle Angehörigen der röm.-kath. Kirche m. Hauptwohnsitz in der Kgde., die am Wahltag das 18. Lj. vollendet haben (Art. 11 GStVS). Wählbar sind alle kirchensteuerpflichtigen Wahlberechtigten (Art. 8 GStVS). Die Wahl der Mitglieder der K. wird durch die Wahlordnung für die K. der gemeindlichen kirchl. Steuerverbände in den bayer. (Erz-)Diözesen (= GStVWO) geregelt.

Die K. besteht i. d. R. aus den gewählten Mitgliedern u. dem Kirchenverwaltungsvorstand. Im Regelfall ist der Pfr. Kirchenverwaltungsvorstand. Dieser bereitet die Sitzungen der K. vor, beruft sie ein u. leitet sie. Er vollzieht die Beschl. der K. u. erledigt die Geschäfte der laufenden Verwaltung (Art. 13 KiStiftO). Der Kirchenverwaltungsvorstand kann zu seiner Entlastung die Berufung eines stellvertretenden Kirchenverwaltungsvorstandes durch das zuständige Ordinariat beantragen, das die Befugnisse des stellvertretenden Kirchenverwaltungsvorstands festlegt (Art. 10 Abs. 4 u. 5 KiStiftO). In Sonderfällen kann anstelle des

Pfr. eine andere Person, die kein Kleriker sein muss, zum Kirchenverwaltungsvorstand bestellt werden (Art. 43 Abs. 3 KiStiftO). Für die Kassen- u. Rechnungsführung bzw. die Aufsicht darüber bestimmt die K. einen Kirchenpfleger, dem sie schriftlich die Zeichnungsvollmacht für die Bankkonten zu erteilen hat (Art. 14 KiStiftO).

Die Aufgabe der K. ist die gewissenhafte u. sparsame Verwaltung des Vermögens der Kirchenstiftung sowie der Kgde. in der Sorge um die Befriedigung der ortskirchlichen Bedürfnisse, die in Art. 11 Abs. 5 KiStiftO im Einzelnen umschrieben sind. Hierzu hat die K. die entspr. Haushaltspläne aufzustellen, zu beraten u. zu beschließen sowie die Jahresrechnung zu erstellen u. über deren Anerkennung zu befinden (Art. 11 Abs. 2 KiStiftO/Art. 7 GStVS).

Zur Verwaltung der Pfründestiftung bestellt die K. aus ihrer Mitte die beiden Mitglieder des Pfründeverwaltungsrates, soweit am Ort eine Pfründestiftung vorhanden ist (Art. 35 Abs. 4 KiStiftO).

Quellen

Ordnung für kirchl. Stiftungen in den bayer. (Erz-)Diözesen (= KiStiftO): ABl. für das Erzbistum München u. Freising 2018, 310-340; Satzung für die gemeindlichen kirchl. Steuerverbände in den bayer. (Erz-)Diözesen (= GStVS): ABl. für das Erzbistum München u. Freising 2018, 343-354; Wahlordnung für die Kirchenverwaltungen der gemeindlichen kirchl. Steuerverbände in den bayer. (Erz-)Diözesen (= GStVWO): ABl. für die Erzdiözese München u. Freising 2018, 356-361.

Literatur

KanR I, 289 u. 322f.; Heimerl, H. – Pree, H., Hb. des Vermögensrechts der kath. Kirche unter bes. Berücksichtigung der Rechtsverhältnisse in Bayern u. Österreich, Regensburg 1993, 394-437; KanR IV, 67; Kalde, F., § 47 Pfarrpastoralrat, Pfarrgemeinderat u. Pfarrvermögensverwaltungsrat, II. der Pfarrvermögensverwaltungsrat: HbkathKR³, 743-745; Puza, R., § 103 Die Verwaltung des Kirchenvermögens, II. Das einzelne Organ u. seine Befugnisse: HbkathKR³, 1551-1557; Ahlers, R.: MKCIC c. 532, Rn 6-7.

Michael Benz

© 2019, DOI: 10.30965/9783506786388_0685

Kirchenverwaltung – Evangelisch

Der Begriff K. ist mehrdeutig. Er dient als Bez. für die kirchl. Verwaltungstätigkeit, das dafür zuständige Organ od. das dieser Tätigkeit gewidmete Gebäude. K. i. S. v. kirchl. Verwaltungstätigkeit findet auf allen Ebenen der Kirche statt, d. h. in den →Kirchengemeinden, der kirchl. Mittelstufe (→Kirchenkreis), auf der Ebene der →Landeskirchen u. in den gliedkirchlichen Zusammenschlüssen (VELKD, UEK, EKD).

Auf LK-Ebene wird die K. durch die jeweilige KirchVerf. separaten, d. h. strukturell-organisatorisch von den →Synoden, dem →leitenden geistlichen Amt u. der kirchl. Gerichtsbarkeit (→Gerichtsbarkeit, kirchliche bzw. religiöse) unterschiedenen Organen zugewiesen. Diese Organe stehen in der Tradition der reformatorischen →Konsistorien, haben sich über die Jhh. hinweg in ihrer Funktion u. in ihren Aufgaben jedoch stark verändert. Nach dem Ende des landesherrlichen Kirchenregiments (→Kirchenregiment, landesherrliches) 1918/19 sind sie zu originär kirchl. Organen geworden u. tragen aktuell verschiedene Bez. wie etwa →Landeskirchenamt, →Landeskirchenrat, →Oberkirchenrat, Kirchenkanzlei od. auch K. Im Kontext der kirchenspezifisch-funktionalen Gewaltendifferenzierung entspricht die K. der Exekutive im staatl. Bereich. Zumeist findet sich die Unterscheidung zwischen der →Kirchenleitung (Gubernative) u. der K. (Administrative). Sofern eine eigenständige KL besteht, können ihre Mitglieder der K. angehören, u. zwar einige (Senatsmodell) od. alle (Oberkirchenratsmodell). I. Ü. können KL u. K. personell identisch od. – umgekehrt – vollständig getrennt sein. Je nach dem gewählten Modell kommt der K. eine Leitungs- od. (nur) eine administrative Hilfsfunktion zu.

Den Organen der K. gehören Theologen u. Nichttheologen an, die zur Gewährleistung der Professionalität hauptamtlich beschäftigt werden. Die Leitung ist grds. kollegial verfasst, d. h. die wesentlichen Entscheidungen werden von einem Kollegium getroffen. Die übrigen Entscheidungen unterliegen nach dem Ressortprinzip den einzelnen Abt. bzw. Dezernaten u. nach dem Präsidialprinzip der personellen Leitung der K. Die Mitglieder des Kollegiums werden durch Wahl der Synode od. ein anderes Gremium bestellt. Ihre Amtszeit ist in einigen LK unbefristet, in anderen LK befristet m. der Möglichkeit der Wiederwahl. I. Ü. entsprechen der organisatorische Aufbau u. die Arbeitsweise der K. der staatl. Ministerialverwaltung, d. h. die Aufgaben der K. werden im Kontext einer hierarchischen Struktur u. einer geregelten Arbeitsteilung m. der Festlegung von Dienstwegen sowie in der Bindung an das Bekenntnis u. an kirchl. u. sonstiges geltendes Recht wahrgenommen. K. ist öff., wenn auch keine staatl. Verwaltung; ihr Dienst wird in zahlreichen Staatskirchenverträgen als öff. Dienst gekennzeichnet (z. B. Art. 1 Abs. 4 Staatskirchenvertrag MV; Art. 2 Abs. 1 S. 2 Staatskirchenvertrag HH: „öffentlicher Dienst eigener Art").

Die Aufgaben der K. lassen sich unter einem übergeordneten Telos drei versch. Teilfunktion zuordnen. Die übergeordnete, allg. Funktion der K. besteht in der Schaffung u. Erhaltung der Rahmenbedingungen für die Erfüllung des kirchl. Auftrages durch Wortverkündigung (→Verkündigung) u. →Sakramentsverwaltung (unter Einschluss der Diakonie) im jeweiligen Kirchengebiet. Vor diesem Hintergrund kommt der K. zunächst eine Dienstleistungsfunktion gegenüber der LK u. anderen kirchl. Körperschaften bzw. Einrichtungen sowie deren Organen zu. Dazu zählen neben der allg. Unterstützung u. Beratung auch der Vollzug der kirchl. Gesetze u. des Haushaltsplans, die Vertretung der LK im allg. u. kirchl. Rechtsverkehr sowie gegenüber den staatl. Stellen, z. T. die kirchl. Öffentlichkeitsarbeit, die Sorge für den →Religionsunterricht, der Erlass von Verwaltungsrichtlinien bzw. -anordnungen sowie die Verbindung zu anderen LK. Zur Aufsichtsfunktion der K. zählen die allg. Aufsichtsbefugnisse gegenüber den kirchl. Körperschaften u. Einrichtungen zum Zweck der Einhaltung des geltenden Rechts, die Genehmigungsvorbehalte u. ggf. die Dienstaufsicht über das Personal. Schließlich kommt der K. die Aufgabe zu, aktuelle Strömungen in der Theologie, in der Politik, in der Gesellschaft, in der Kultur u. in der Wissenschaft wahr- u. aufzunehmen, aus dem jeweiligen konfessionellen Blickwinkel zu betrachten u. in kirchenspezifische Handlungsoptionen für die entscheidungsbefugten Organe der LK zu transformieren. Diese Funktion kann m. dem Schlagwort der Denkwerkstatt bez. werden. Dazu zählen u. a. die Vorbereitung der Fortentwicklung des KR, theol. (Grundsatz-) Entscheidungen u. öff. Stellungahmen der LK.

Die Vielfalt der Aufgaben der K. spiegelt zum einen die Mannigfaltigkeit der kirchl. Arbeit insgesamt wider. Sie verdeutlicht zum anderen, dass sich K. nicht im technischen Verwaltungsvollzug kirchengesetzlicher od. kirchenleitender Vorgaben erschöpft. Ihre Verantwortung für die Erfüllung des kirchl. Auftrages sowie für konkrete geistl. Angelegenheiten führt dazu, dass die K. – wie die KL – geistl. u. rechtlich in unaufgebbarer Einheit wahrgenommen werden muss u. wird.

Literatur

Maurer, W., Verwaltung u. Kirchenleitung: FS für Erich Ruppel, hg. v. H. Brunotte – K. Müller – R. Smend, Hannover u. a. 1968, 105-128; Frost, H., Strukturprobleme ev. Kirchenverfassung, Göttingen 1972; Barth, Th., Eemente u. Typen landeskirchlicher Leitung, Tübingen 1995; Munsonius, H., Ev. Kirchenrecht, Tübingen 2015; de Wall, H. – Muckel, St., Kirchenrecht, München [5]2017.

Peter Unruh

 DOI: 10.30965/9783506786388_0685

Kirchenvorstand – Katholisch

Der K. ist in den →Diözesen des ehem. preuß. Rechtskreises das kollegial verfasste Organ der →Kirchengemeinde als öff.-rechtlicher Körperschaft, der das Vermögen der Kgde. verwaltet u. rechtlich vertritt. M. dem vom Preuß. LT am 24.07.1924 verabschiedeten Gesetz über die Verwaltung des kath. Kirchenvermögens (VVG), das heute in NW m. Modifikationen als Landesrecht noch fortgilt, wurde der K. als alleiniges Organ der →Vermögensverwaltung der versch. rechtlich eigenständigen Vermögensmassen (Gotteshaus-, Stellen- u. Stiftungsvermögen) der Kgde. festgeschrieben. Die Zusammenarbeit des K. m. dem →Pfarrgemeinderat ist diözesanrechtlich unterschiedlich geregelt.

Dem K. gehören der →Pfarrer bzw. der vom →Bischof m. der Leitung der →Pfarrei betraute →Priester als Vorsitzender, eine je nach Katholikenzahl der Kgde. bestimmte Anzahl von gewählten Mitgliedern u. ggf. aufgrund von bes. Rechtstiteln Berechtige, z. B. Patrone, an. Das aktive Wahlrecht liegt bei 18, das passive Wahlrecht bei 21 J. Wählbar sind nur Katholiken, die seit einem J. auf dem Gebiet der Kgde. wohnen. Die →Amtszeit der gewählten Mitglieder beträgt sechs J., wobei drei Mitglieder nach drei J. ausscheiden u. drei neue gewählt werden.

Der K. nimmt die Aufgaben des pfarrlichen Vermögensverwaltungsrates nach c. 537 wahr. Während dieser als Beratungsorgan konzipiert ist, entscheidet der K. durch ein päpstliches →Indult nach Inkrafttreten des CIC/1983 als ein kollegial verfasstes Entscheidungsorgan m. der Mehrheit der Stimmen. Dahinter steht die Erfahrung, dass die entscheidungskompetente Mitwirkung von gewählten →Laien im K. sich über viele Jahrzehnte zum Wohl der Kgde. bewährt hat.

Literatur

Assenmacher, G., Kirchenvorstand: LThK³ Bd. 6, 82; Althaus, R., 75 Jahre Preuß. Kirchenvorstandsgesetz – Bewährung trotz verfassungsrechtlicher Bedenken: ThGl 90 (2000), 274-298; Emsbach, H. – Seeberger, T., Rechte u. Pflichten des Kirchenvorstandes, Köln [11]2011.

Thomas Schüller

© 2019, DOI: 10.30965/9783506786388_0686

Kirchenvorstand – Evangelisch

Der →Kirchengemeinde als Urform der Kirche u. Hauptort der →Verkündigung u. →Sakramentsverwaltung kommt eine bes. Stellung für die Erfüllung des kirchl. Auftrags zu. Sie wird vom K. (je nach konfessioneller Prägung u. Tradition auch →Presbyterium, Kirchenrat, →Kirchengemeinderat od. Gemeindekirchenrat), dem i. d. R. auch ein →Pfarrer angehört, geleitet. Er repräsentiert u. vertritt die KGde. nach außen u. im Rechtsverkehr.

Der K. war zwar nach ev.-ref. Verfassungstradition elementar, setzte sich in Deutschland nach der Reformation aber nur vereinzelt als Gemeindeorgan durch. Erst im 19. Jh wurde er durch die KO 1835 in Rh u. Westf fester Bestandteil der kirchl. Verf. Im Laufe der folgenden Jahrzehnte fand er Eingang in die weiteren, auch luth., →Landeskirchen, wo er v. a. für vermögensrechtliche Fragen zuständig war. Heute sollen K. u. Pfr. in allen LK in gemeinsamer Verantwortung die KGde. sowohl in organisatorischen als auch in geistl. Angelegenheiten leiten.

Der K. setzt sich aus von der KGde. gewählten Ältesten, dem Pfr. (teilweise auch mehreren Pfr. u. anderen hauptamtlichen Mitarbeiter), u. berufenen Mitgliedern (bspw. aus gemeindlichen Diensten u. Werken) zusammen. Einige KirchVerf. betonen die gemeinschaftliche Leitung (→Gemeindeleitung) durch die Forderung, dass Beschl. möglichst einmütig zu fassen sind.

Zu den Aufgaben des K. gehören neben der Verantwortung für die vermögensrechtlichen Angelegenheiten der KGde. auch die Dienstaufsicht über die angestellten Mitarbeiter, Mitwirkung bei der Pfarrerbesetzung sowie die umfassende Sorge, dass die Voraussetzungen für lautere Verkündigung u. rechte Sakramentsverwaltung (ius liturgicum [→Liturgisches Recht]) u. Aufrechterhaltung der kirchl. Ordnung gegeben sind.

Die Arbeitsweise ähnelt der anderer kirchl. Gremien (→Synode) u. variiert im Einzelnen zwischen den LK. Im Zentrum des Handelns steht aber immer der Dienst der Gde. an der Erfüllung des kirchl. Auftrags.

Literatur

Frost, H., Strukturprobleme ev. Kirchenverfassung, Göttingen 1972, 76-93; Karrer, M. – Hausschild, W.-D. – Lindner, H. – Germann, M., Art. Presbyter/Presbyterium: RGG⁴ Bd. 6, 1612-1616; Germann, M., Art. Presbyter, Presbyterialverfassung (J): EvStL, 1817-1820; Munsonius, H., Zur Rechtsstellung als Mitglied eines Kirchenvorstandes: ZevKR 56 (2011), 45-65; Hübner, H.-P., § 10 Gemeinde u. Kirchengemeinde: HevKR, Rn. 26-40; de Wall, H. – Muckel, St., Kirchenrecht, München [5]2017, § 29.

Sina Haydn-Quindeau

Kirchenweihe – Katholisch

Als K. bez. man die Weihung (→Dedicatio, herkömmlich auch Konsekration genannt) eines →Kirchengebäudes durch feierlichen od. dessen Segnung (benedictio constitutiva; →Benediktion) durch einfachen liturgischen Ritus gem. dem Pontificale Romanum, durch den das Gebäude auf Dauer dem profanen Bereich entzogen u. dem →Gottesdienst gewidmet wird. Die K. gehört zu den →Sakramentalien. Der Bau einer Kirche bedarf der ausdrücklichen u. schriftlichen Zustimmung des →Diözesanbischofs (c. 1215; c. 870 CCEO); bei der Ausführung sind die Vorschriften der Liturgie u. der sakralen Kunst zu beachten (c. 1216). Nach ordnungsgemäßer Fertigstellung ist der Bau unter Einhaltung der liturgischen Gesetze baldmöglichst zu weihen od. zu segnen, v. a. eine Kathedral- od. →Pfarrkirche in feierlichem Ritus zu weihen. Die Zuständigkeit liegt beim Diözesanbischof, der einen anderen Bf., im Ausnahmefall einen Priester, damit beauftragen kann (cc. 1206, 1207, 1217; c. 871 CCEO). M. der Weihe erhält die Kirche einen Titel, der nicht verändert werden kann (c. 1218); in Betracht kommen (Pontificale, Die Weihe der Kirche, n. 4): Dreifaltigkeit Gottes, Jesus Chr. m. einem seiner liturgisch gefeierten Mysterien, Hl. Geist, Engel, Maria m. einem ihrer liturgisch gefeierten Titel, jeder Hl. des Martyrologium Romanum, ein Seliger nur m. Genehmigung des Apost. Stuhles, wobei jede Kirche nur einen Titel haben soll, sofern nicht Hl. im liturgischen Kalender gemeinsam gefeiert werden. Als Tag der K. präferiert das Pontificale (ebd., n. 7) den Sonntag. Bes. Elemente der Feier der K. (verbunden m. der Altarweihe, doch stellt dieser einen eigenständigen →Heiligen Ort dar) sind: Öffnung der Kirchenpforte, Segnung von Taufbrunnen u. -wasser, Segnung des Ambo, Beisetzung von Reliquien unter dem →Altar, Besprengung des Altars, Salbung von Altar u. Kirche, Verbrennen von Weihrauch auf dem Altar, Weihegebet über Kirche u. Altar, Segnung des Tabernakels. Über die vollzogene K. ist eine Urkunde doppelt auszufertigen, ein Exemplar im Archiv der Diözesankurie, eines im Archiv der Kirche aufzubewahren (c. 1208; c. 871 § 2 CCEO); die vollzogene K. kann i. d. R. durch einen Zeugen bewiesen werden (c. 1219). Der Jahrestag der K. wird in der betr. Kirche als Hochfest gefeiert, die der Kathedralkirche in der Diözese, die der vier röm. Papstkirchen in der gesamten Kirche begangen.

Zu einer Kirche haben die Gläubigen das Recht freien Zugangs, um dort den Gottesdienst v. a. öff. auszuüben (c. 1214; c. 869 CCEO), die kirchl. Autorität übt dort ihre Vollmachten u. Aufgaben frei aus (c. 1213). In einer Kirche können – unbeschadet der pfarrlichen Rechte – alle gottesdienstlichen Handlungen vorgenommen werden (c. 1219). Pfr., Kirchenrektor u. a obliegt, über Sauberkeit u. Schmuck der Kirche zu wachen, m. der Heiligkeit des Ortes Unvereinbares zu unterbinden u. hl. u. kostbare Sachen zu erhalten u. zu sichern (c. 1220; c. 872 CCEO). Eine nicht mehr zum Gottesdienst zu verwendende Kirche kann der Diözesanbischof zu profanem (→Profanierung), aber nicht unwürdigen Gebrauch zurückgeben (c. 1222; c. 873 CCEO).

Quellen

Pontificale Romanum Bd. IV, Die Weihe der Kirche u. des Altares, Trier [2]1994.

Literatur

Enkainia, hg. v. H. Emonds, Maria Laach 1956; Kleinheyer, B., Kirchweihe – Altarweihe. Zur neuen Ordnung in unserem Sprachgebiet: LJ 31 (1981), 214-235; Adam, A., Wo sich Gottes Volk versammelt. Gestalt u. Symbolik des Kirchenbaus, Freiburg 1984, 144-156; Kascynski, R., Die Benediktionen: Gottesdienst der Kirche, Bd. 8 Sakramentliche Feiern II, Regensburg 1984, 267-270; Landau, P., Das Verbot der Wiederholung einer Kirchweihe in der Geschichte des kan. Rechts: Studia in honorem Eminentissimi Cardinalis Alphonsi M. Stickler, hg. v. R. J. Castillo Lara, Rom 1992, 225-240; Kascynski, R., Ein neues Pontifikale für die kath. Bistümer des dt. Sprachraumes: LJ 43 (1993), 257-261; Malecha, P., Dedicazione e benedizione di una chiesa: PRMCL 91 (2002), 507-533; Reinhardt, H. J. F., § 73 Geweihte Stätten: HbkathKR[3], 1107-1114, v. a. 1107-1110; ders.: MKCIC cc. 1205-1222.

Rüdiger Althaus

© 2019, DOI: 10.30965/9783506786388_0687

Kirchenzucht

→Bann, →Kirchenstrafe

Kirchenzugehörigkeit – Katholisch

Die K. entsteht durch die gültig gespendete →Taufe (cc. 96, 204, 849; cc. 7, 675 § 1 CCEO) unter Verwendung der trinitarischen Taufformel. Der Getaufte wird in den mystischen Leib Chr. u. in das universale →Volk Gottes, die Kirche Chr., eingegliedert, aber konkret der Kirche od. kirchl. Gemeinschaft zugerechnet, in welche die Person nach eigenem od. der Eltern Willen hinein getauft wird. Weil die sakramentale Taufe dem Getauften einen →character indelebilis einprägt, ist aus kath. Sicht die Zugehörigkeit zum Volk Gottes irreversibel. Das KR kennt daher keinen →Kirchenaustritt u. keinen Konfessionswechsel. Diese sind nur nach Maßgabe des weltlichen Rechts auf der Grundlage des Rechts auf →Religionsfreiheit (Art. 4 GG, Art. 18 AEMR, Art. 9 EMRK) u. der dieses näher ausgestaltenden Gesetze möglich. Wegen der Autonomie der Entitäten, stellt das rein kirchl. Recht keinen Verstoß gegen die →Menschenrechte dar, deren Adressat der Staat ist.

Während die traditionelle Apologetik eine Realidentität von kath. Kirche u. Kirche Chr. statuierte, welche einen ök. Diskurs letztlich ausschloss, öffnete das Vat II (LG 8 Abs. 2; UR 22) das →Kirchenverständnis dahingehend, dass nach kath. Selbstverständnis in der kath. Kirche die Kirche Chr. vollständig verwirklicht (Ecclesia Christi subsistit in Ecclesia Catholica) ist. In die kath. Kirche Getaufte stehen unabhängig von ihrer →Rituszugehörigkeit (21 kath. Riten) in voller Kirchengliedschaft u. unter der →Jurisdiktion der kath. Kirche (c. 11; c. 1490 CCEO). Gem. c. 205 bedeutet kath. →Kirchengemeinschaft das Bekenntnis zum geoffenbarten →Glauben (→Glaubensbekenntnis), die Feier der →Sakramente u. die Anerkennung der kirchl. →Leitung. Das erneuerte kath. Kirchenverständnis schließt aber auch ein, dass es außerhalb der kath. Kirche chr. Kirchen u. kirchl. Gemeinschaften gibt, die nach kath. Verständnis, je nach dem Grad der Übereinstimmung hinsichtlich des Glaubens, der Sakramente u. der Leitung in einer spezifischen Nähe zur kath. Kirche (communio non plena) stehen (LG 14; c. 205; c. 8 CCEO). Dementsprechend ist auch die Möglichkeit einer Sakramentengemeinschaft (→Communicatio in sacris) zu bestimmen. C. 844 (c. 671 CCEO) differenziert hier nach der vom kan. Recht rezipierten traditionellen Kriteriologie der tria vincula (→Tria-Vincula-Lehre) des Robert Bellarmin (vinculum symbolocum, liturgicum, hierarchicum), die ihres antireformatorischen Affekts enthüllt, weiter als Kennzeichen fungieren. Unter den bes. Bedingungen des c. 844 § 4 (c. 671 § 4 CCEO) u. seiner doktrinellen Fortschreibungen, ist es in →Todesgefahr od. aufgrund einer schwerwiegenden (geistl.) Notlage od. eines entspr. Bedürfnisses (necessitas) möglich, dass auch Christen die →Sakramente der Buße (→Beichte), Eucharistie (→Abendmahl, Eucharistie) u. →Krankensalbung empfangen, deren Kirchen diese Sakramente nach kath. Verständnis nicht besitzen. Diese Praxis setzt weder eine vorherige →Konversion getrennter Christen noch eine Kirchengemeinschaft voraus. Die fallbezogene Anwendung der Ausnahmeregeln schafft auch keine neue K., die über das hinausgeht, was die gemeinsame Taufe begr.

Es ist theol. unumstritten, dass ausschließlich die Taufe die K. begr. Unterschiedlich bewerten die chr. Kirchen den Konfessionswechsel. Einen sanktionslosen Konfessionswechsel aus der kath. Kirche sieht das Recht nicht vor. Er wird gem. c. 751 als →Schisma od. →Häresie bewertet, die gem. c. 1364 § 1 (cc. 1436 § 1, 1437 CCEO) die →Tatstrafe der →Exkommunikation nach sich ziehen. Hingegen kennt das kath. KR die Konversion aus einer anderen chr. Gemeinschaft, deren Taufe als gültig anerkannt wird (trinitarische Taufformel, Übergießen m. od. Untertauchen in purem Wasser). Das ist gewährleistet bei den ev. Kirchen, Anglikanern, Orthodoxen, Altkatholiken, Mennoniten, Herrenhutern, Baptisten, der Neuapostolischen Kirche u. den Sieben-Tags-Adventisten. Keine gültige Taufe u. damit auch keine K. in der Kirche Chr. wird angenommen bei den Quäkern, Zeugen Jehovas, Kirche Chr. Wissenschaftler u. Mormonen. Bei evangelikalen u. pentekostalen Vereinigungen, die sich chr. Kirchen nennen, kommt es auf eine Einzelfallprüfung an.

Ungetaufte besitzen keine K.; das KR privilegiert aber solche, die sich als →Katechumenen auf dem Weg zur chr. →Initiation befinden, durch die Gewährung von bestimmten Rechten (cc. 206, 780 § 3, 1170, 1183 § 1; cc. 9, 875 CCEO).

Das staatl. Recht anerkennt Taufe bzw. Konversion als rechtsbegründenden Eingliederungsakt in die betr. Kirche (BVerfGE 30, 415 ff.).

Quellen

Vat II, LG; Vat II, UR; BVerfG, Urt. vom 30. März 1971, Kindertaufe: BVerfGE 30, 415; Johannes Paul II., Ecclesia de Eucharistia vom 17. April 2003: AAS 95 (2003), 433-475.

Literatur

Corecco, E., Taufe: Ahlers, R. – Gerosa, L. – Müller, L., Ecclesia a Sacramentis, Paderborn 1992, 27-36; Demel, S., Handbuch Kirchenrecht, Freiburg u. a. 2010, 330-332; Rhode, U., Kirchenrecht, Stuttgart 2015 (KStBTh 24), 80-88; Taufe u. Kirchenzugehörigkeit. Zum theol. Sinn der Taufe, ihrer ekklesiologischen u. kirchenrechtlichen Bedeutung, hg. v. Chr. Axt-Piscalar – C. Cordemann, Berlin 2017; Müller, L. – Ohly, Chr., Kath. Kirchenrecht, Paderborn 2018 (utb 4307), 230-237.

Matthias Pulte

© 2019, DOI: 10.30965/9783506786388_0689

Kirchenzugehörigkeit – Evangelisch

K. ist das auf Dauer angelegte Rechtsverhältnis einer natürlichen Person zur ev. Kirche, aus der generell gegenseitige Rechte u. Pflichten erwachsen. Hist. u. dogmatisch präziser ist die Bez. Kirchenmitgliedschaft.

1. Um das geschriebene K.-Recht nicht über Gebühr m. Unwägbarkeiten der inneren Glaubenshaltungen u. ihren Vollzügen aufzuladen, wird die K. von der durch den Glauben vermittelten Zugehörigkeit zur geistl. Gemeinschaft (ecclesia spiritualis) u. von der m. dem Taufsakrament begr. u. in der Gemeinschaft vollzogenen Gliedschaft zur Kirche Jesu Chr. i. S. der wahren Kirche des dritten Glaubensartikels (ecclesia universalis) abgegrenzt. Jenen Ebenen kommt vornehmlich metajuristische Hilfs-

funktion zu. Die Mitgliedschaft beschreibt dagegen die jur. Zuordnung zu einem konkreten Kirchenwesen, d. h. zu einer →Landeskirche als ecclesia particularis. Sie kennzeichnet v. a. die theol. unbedenkliche, verbindliche Loyalität zu →Kirchenleitung u. →Kirchenrecht.

Die hist. Bezüge zum Landesherrlichen Kirchenregiment (→Kirchenregiment, landesherrliches), zur →Religionsfreiheit sowie zur →Trennung von Staat und Kirche werden andernorts aufgezeigt. Hervorzuheben ist hier das Festhalten des geschriebenen K.-Rechts an hergebrachten Befugnissen öff.-rechtlicher Gebietskörperschaften, z. B. am Territorial- u. →Parochialrecht. Dadurch entstehen ähnlich dem röm.-kath. KR Spannungen zur Religionsfreiheit.

2. Im Zentrum des K.-Rechts steht das seit 1978 geltende KG über die Kirchenmitgliedschaft (KMG.EKD) vom 10.11.1976 (ABl. EKD, 389), das erste EKD-weit einheitlich geltende Gesetz. Anliegen war weniger die seinerzeitige rechtstheologische Grundsatzdebatte u. mehr die Anpassung des kirchl. Melde- u. Datenschutzrechtes (→Meldewesen, kirchliches) an das staatl. Recht. Versch. Änderungen verfolgten ab den 1990er J. das kirchenpolitische Ziel offener Kirchentüren. Das KMG.EKD wird von versch. KVO u. Vereinbarungen flankiert. Umstritten ist die Rechtsqualität der sog. →Lebensordnungen.

3. Der Erwerb der K. richtet sich nach der Tatbestandstrias →Taufe, →Wohnsitz, →Bekenntnis (§1 KMG.EKD) u. wird in §§6-9 u. 11-11a KMG.EKD konkretisiert. Engagement, Teilnahme an →Predigt u. Abendmahl (→Abendmahl, Eucharistie) od. gar geäußerter →Glaube werden nicht vorausgesetzt.

Nach §6 KMG.EKD wird die K. durch die im Kirchenbuch beurkundete Taufe in einer EKD-KGde. erworben. Wegen des Taufbegehrens (der Erziehungsberechtigten) ist die K. freiwillig u. staatl. anzuerkennen. Die Taufe besitzt →character indelebilis, vermittelt die Zugehörigkeit zur ecclesia universalis u. muss (u. darf) bei einer →Konversion nicht wiederholt werden. Sie erfolgt rite, wenn der Täufling dreimal m. Wasser übergossen u. dazu die Tauformel gesprochen wird. Weitere Voraussetzung der K. ist grds. der Wohnsitz der Person (§1 Abs. 2 KMG.EKD), also die Hauptwohnung nach staatl. Melderecht. Schließlich fordert §1 Abs. 1 KMG.EKD ein ev. Bekenntnis, wozu alle Bekenntnisse der ev.-luth., ev.-ref. u. unierten LK gehören. Die EKD als praktizierte Bekenntnisgemeinschaft i. S. der gemeinreformatorischen Einheit (Art. 1 Abs. 1 S. 1 EKD.GrO) überwindet ggf. Bekenntnisunterschiede.

4. Daneben regeln §§7, 7a KMG.EKD den K.-Erwerb getaufter Personen. Möglich sind die dort legal definierten Aufnahmen, die Wiederaufnahmen u. Übertritte. Die §§8, 9, 11 u. 11a KMG.EKD betreffen Wohnsitzwechsel. Vom Parochialprinzip getragen regelt §8 Abs. 1 KMG.EKD, dass sich die K. automatisch in der LK am neuen Wohnsitz fortsetzt. Der damit möglicherweise einhergehende Bekenntniswechsel stellt allein ein theol. Problem dar. Beim Fortzug ins Ausland endet die K. grds., Ausnahmen sind gem. §§11, 11a KMG.EKD möglich.

Gem. §9 KMG.EKD können Zuziehende die K. durch Erkl. gegenüber der Kirche erwerben, wenn früher K. bestand od. sie Mitglied einer ausl. ev. Religionsgemeinschaft waren. Der Erwerb tritt automatisch ein, wenn zwischen abgebender u. aufnehmender Kirche eine entspr. Vereinbarung besteht. Die Fiktion, dass die Angaben gegenüber der staatl. Meldestelle der Erkl. gegenüber der Kirche gleichstehen, ist religionsverfassungsrechtlich umstritten, weil sie zu einer unbewussten K. führen kann.

5. Die K. endet m. Tod sowie m. Fortzug, Übertritt od. Wirksamwerden der nach staatl. Recht zulässigen Austritts-Erkl. (§10 KMG.EKD) (→Kirchenaustritt). Einen von Seiten der LK gewillkürten Ausschluss (→Bann) sieht das KMG.EKD nicht vor.

6. Die K. hat die Mitgliedschaft in der KGde., LK u. EKD zur Folge. Die damit einhergehenden Rechte u. Pflichten sind in §§3-

5 KMG.EKD nur recht allg. umrissen u. werden durch das KR der LK näher bestimmt. M. dem Recht zu Teilhabe an Wort u. Sakrament korrespondieren u. a. Abgabepflichten u. die Aufforderung, sich an Wort u. Sakrament zu halten. Einige Mitwirkungsrechte hängen von weiteren Voraussetzungen (z. B. Alter, →Konfirmation) ab. Die von manchen LK vorgesehenen kirchl. Grundrechte dürfen nicht m. subjektiv-öff.-rechtlichen Ansprüchen verwechselt werden. Ihr Sinn ist wegen den staatl. Grundrechten u. der Ausrichtung des KR auf den Dienst am gemeinschaftlichen Auftrag eher zweifelhaft.

Literatur

von Campenhausen, A., Die staatskirchenrechtliche Bedeutung des kirchl. Mitgliedschaftsrechts: HbStKR[2] Bd. 1, 755-775; Haß, M., Der Erwerb der Kirchenmitgliedschaft nach ev. u. kath. KR, Berlin 1997; Hermelink, J., Praktische Theologie der Kirchenmitgliedschaft, Göttingen 2000; Kuntze, J., Bürgerliche Mitgliedschaft in Religionsgemeinschaften, Göttingen 2013; ders., Mitgliedschaft u. Mitgliedschaftsrecht: HevKR, 201-227.

Johannes Kuntze

© 2019, DOI: 10.30965/9783506786388_0689

Kirchgeld – Staatlich

1. Das K. bez. im staatl. Recht Sonderformen der →Kirchensteuer. Die Kirchensteuergesetze der Länder differenzieren zwischen dem allg. u. dem bes. K. Während das allg. K. die Kirchensteuer von der nach Maßgabe des staatl. Steueranspruchs festgestellten Leistungsfähigkeit entkoppelt u. eine – eher symbolische – Mindestbesteuerung sicherstellt, dient das bes. K. der steuerlichen Abschöpfung der Leistungsfähigkeit bei Steuerpflichtigen, deren Ehegatte bzw. Lebenspartner nicht kirchensteuerpflichtig ist. Beiden liegt als Steuersubstrat der im Mitgliedschaftsrecht grundierte Beitragsanspruch der Kirchenmitglieder (siehe etwa § 4 Abs. 2 Kirchenmitgliedschaftsgesetz EKD) zu Grunde u. beide bedürfen der Ausgestaltung des staatl. Rahmenrechts durch Binnenrecht der steuererhebungsberechtigten Körperschaften.

2. Das allg. K. ist als Ortskirchensteuer ausgestaltet. Seine Erträge dienen der Finanzierung ortskirchlicher Bedürfnisse (→Kirchenfinanzierung). Die Ausgestaltung u. seine Erhebung sind in den →Landeskirchen heterogen. Typischerweise ist aber seine Anrechnung auf die gezahlte Kirchensteuer vom Einkommen vorgesehen. Das allg. K. folgt dem Grundsatz der Mitgliedschaftsakzessorietät der Kirchensteuer u. soll Lastengerechtigkeit u. die Wahrung des Grundsatzes der Opfergleichheit sicherstellen. Funktional hat es einen die allg. Kirchensteuer als Annex der staatl. Steuerpflichtigkeit ergänzenden Charakter. Seine Bedeutung dürfte m. dem Anstieg von Kirchenmitgliedern, die zu den staatl. Maßstabssteuern der Kirchensteuer nicht herangezogen werden, gerade im Zuge des demographischen Wandels zunehmen.

3. Das bes. K. ist in den landeskirchlichen Regelungen verbreitet, wird aber nicht in allen →Gliedkirchen erhoben. Hochumstritten ist vor dem Hintergrund der in Art. 4 Abs. 1 GG verorteten sog. negativen Finanzierungsfreiheit u. der hieraus folgenden Mitgliedschaftsakzessorietät der Kirchensteuer, die verbietet, zwangsweise zur Finanzierung einer Religionsgemeinschaft herangezogen zu werden, der man selbst nicht angehört, das bes. K. als Erscheinungsform der Kirchensteuer in glaubensverschiedenen Ehen u. Lebenspartnerschaften. Das bes. K. hebt sich von der allg. Kirchensteuer als Annexsteuer ab u. bildet eine eigenständige Steuer auf Grundlage eines kircheneigenen Tarifs. Die ständige Rspr. des BVerfG hebt insoweit hervor, dass zwar nicht das einkommensteuerrechtlich ermittelte Einkommen des nicht einer Kirche angehörenden Ehegatten, wohl aber der „Lebensführungsaufwand" des kirchenangehörigen Ehegatten im Rahmen der Zusammenveranlagung den Gegenstand der Besteuerung

bilden könne (Grundlegend: BVerfGE 19, 268 [282]; BVerfGE 73, 388, zuletzt: BVerfG, Beschl. vom 28.10.2010: NJW 2011, 365 m. w. N.). Der Lebensführungsaufwand wird von der Rspr. als Indikator für die wirtschaftliche Leistungsfähigkeit des kirchenangehörigen Ehepartners begriffen u. knüpft an den Gedanken der Ehe als Leistungs- u. Wirtschaftsgemeinschaft an. Wegen der Schwierigkeiten, den Lebensführungsaufwand zu bestimmen, hat die Rspr. zu seiner Bemessung den Rückgriff auf das gemeinsame Einkommen der Ehegatten zugelassen (nur: BFH, Urt. vom 19.10.2005 – I R 76/04 -: BStBl II 2006, 274 [277]; BVerfG, Beschl. vom 28.10.2010: NJW 2011, 365; BFH, Beschl. vom 08.10.2013: KirchE 62 [2013], 192 ff.). Diese verfassungsrechtliche Bewertung hat der EGMR (Urt. vom 06.04.2017, Rs. 0138/11, 16687/11, 25359/11 u. 28919/11 – Klein u. a./Deutschland: NWB 2017, 2835 ff.) bestätigt u. festgestellt, dass die Erhebung des bes. K. in glaubensverschiedener Ehe u. Lebenspartnerschaft keine Rechte aus der EMRK verletzt. Insb. wird nach Ansicht des EGMR nicht gegen die →Religionsfreiheit nach Art. 9 EMRK verstoßen.

Literatur

Anke, H. U., Vom bes. Kirchgeld in Württemberg u. anderswo: ZevKR 46 (2001), 191 ff.; Hammer, G., Rechtsfragen der Kirchensteuer, Tübingen 2002; Petersen, J., Bes. Kirchgeld in glaubensverschiedener Ehe: ZevKR 56 (2011), 188 ff.; Kobus, M., Bes. Kirchgeld in glaubensverschiedener Ehe/Lebenspartnerschaft: NWB 2017, 2835 ff.

Michael Droege

© 2019, DOI: 10.30965/9783506786388_0690

Kirchliche Räume, Nutzung – Katholisch

1. Kirchen u. →Kapellen: Eine Kirche wird durch Dedikation (→Dedicatio) od. →Benediktion dem profanen Gebrauch entzogen u. zu einem für den →Gottesdienst bestimmten →heiligen Ort (c. 1214; c. 869 CCEO). Sie dient primär der öff. Liturgie, d. h. der Feier von Gottesdiensten (→Eucharistiefeier, Stundengebet [→Brevier], →Andachten, →Sakramentenspendungen), wobei lediglich die pfarrlichen Rechte zu beachten sind (c. 1219). Um diese mitfeiern zu können, müssen die Gläubigen zu solchen Feiern freien u. kostenlosen Zutritt haben (c. 1221). Zudem ist eine Kirche auch Ort der privaten →Gottesverehrung, weshalb die Gläubigen das Recht des Zutritts haben (c. 1214). Das Erheben von Gebühren außerhalb der Gottesdienste gilt aber als zulässig (vgl. Comm. 12 [1980], 338). In einer Kapelle, die dem Gottesdienst einer bestimmten Gemeinschaft dient, dürfen Gläubige an diesem nur m. Zustimmung des zuständigen Oberen teilnehmen (cc. 1223-1225).

Die Würde des Gotteshauses ist unbedingt zu wahren (auch durch Sauberkeit u. Ausschmückung: c. 1220 §1; c. 872 §2 CCEO). So ist fernzuhalten, was der Heiligkeit des Ortes widerspricht (cc. 1220 §1, 1229; c. 872 §1 CCEO), wofür der →Kirchenrektor Verantwortung trägt (c. 562; c. 309 CCEO). Sein Hausrecht beschränkt auch den freien Zutritt; so kann er z. B. Störer zur Ordnung rufen, auch Touristen, die durch Besichtigung den Gottesdienst stören (vgl. Comm. ebd.).

Der →Diözesanbischof kann gestatten, dass eine Kirche od. ein anderer Raum einer nichtkatholischen Gemeinschaft zur Verfügung gestellt wird, die selber keinen Ort od. nicht die notwendige Ausstattung für die würdige Feier ihres Gottesdienstes hat (DirOec/1993, Nr. 137). Islam. Gottesdienste sollen hingegen nicht in Kirchen abgehalten werden, weil u. a. deren Ausstattung (Kreuze, Bilder) Muslimen ein Ärgernis ist; ein anderer Raum kann jedoch (nach Absprache m. den Gremien u. Information der Gläubigen) zur Nutzung angeboten werden (vgl. Empfehlung der Ständigen Arbeitsgruppe für chr.-islam. Beziehungen von 1977: KABl. Paderborn 1980, 148).

Der →Ordinarius kann in einer Kirche od. Kapelle profane Veranstaltungen gestatten, die zwar nicht der Frömmigkeit u. Gottesverehrung dienen, aber der Heiligkeit des Ortes nicht abträglich sind (c. 1210). In Betracht kämen z. B. künstlerische Darbietungen, Versammlungen u. Ausstellungen, wobei ein gewisser Ermessensspielraum besteht. In einem Schreiben der Gottesdienstkongregation vom 05.11.1987 zu Musikaufführungen außerhalb liturgischer Feiern werden Aspekte aufgezeigt, die auch für die Beurteilung der Zulassung anderer Veranstaltungen geeignet sind: Da eine Kirche nicht einfach ein öff. Raum sei, dürfe in ihr keine nicht religiös inspirierte Musik aufgeführt werden. Religiöse Musik sei bes. geeignet, wenn sie auf religiöse Feiern einstimme, eine besinnliche Atmosphäre schaffe od. den sakralen Charakter des Raumes besser zu verstehen helfe. Der Ordinarius entscheide im Einzelfall. Der Eintritt müsse frei u. unentgeltlich sein. In Kleidung u. Verhalten solle Rücksicht auf den sakralen Charakter genommen u. Ehrfurcht gegenüber →Altar, Ambo u. Priestersitz müsse gewahrt werden. Ausführende sollen möglichst nicht im Altarraum Platz nehmen, das Allerheiligste in einer Seitenkapelle od. einem anderen geziemenden Ort aufbewahrt werden. Die DBK hat am 01.07.2005 eine Arbeitshilfe zu Musik im Kirchenraum außerhalb der Liturgie herausgegeben. Zudem haben einige →Diözesen partikulare Regelungen erlassen, die z. T. stark variieren (z. B. Erhebung eines Unkostenbeitrages). – Kirchenführungen werden zumeist o. Erlaubnis des Ordinarius abgehalten, doch wäre zu bedenken, dass es sich nicht um eine primär kunsthistorische, sondern geistl. Veranstaltung handelt.

Eine Kirche od. Kapelle darf erst nach erfolgter →Entweihung (→Profanierung) wieder profan genutzt werden, wobei ein unwürdiger Gebrauch auszuschließen ist (cc. 1222, 1224 § 2; c. 873 CCEO). Eine Handlung, die die Heiligkeit des Ortes schwer verletzt u. bei den Gläubigen Ärgernis hervorruft, führt mitunter zur Schändung der Kirche bzw. der Kapelle, so dass ein Bußritus zu feiern ist (c. 1211). Eine dauernde profane Nutzung führt ipso facto zum Verlust der Dedikation bzw. Benediktion (c. 1212).

2. Andere kirchl. Räume: Hinsichtlich anderer Räume in kirchl. Trägerschaft (Pfarrheim, Kindergarten, Krankenhaus, Sozialstation usw.) ist deren Zweckbestimmung u. die jeweilige Hausordnung zu beachten (z. B. hinsichtlich der Vermietung von Pfarrheimen), die sich an etwaigen partikularrechtlichen (bei Bezuschussung durch die öff. Hand auch staatl.) Vorgaben zu orientieren hat u. unter der Grundmaxime des kan. Vermögensrechts (→Vermögensrecht, kirchliches) steht, dass kirchl. Vermögen jeglicher Art direkt od. indirekt den Zwecken Gottesdienst, →Apostolat u. Caritas (→Caritas, Diakonie) zu dienen hat, keinesfalls aber der kath. Glaubens- u. Sittenlehre abträglich sein darf. Dies ist auch bei Vermietungen an nichtkirchliche Personen u. Gruppen zu beachten.

Quellen

Kongr. für den Gottesdienst u. die Sakramentenordnung, Schreiben über Konzerte in Kirchen vom 5. November 1987: OR dt. 18. Dezember 1987; VApSt 81, Bonn 1988, 5-13; Musik im Kirchenraum außerhalb der Liturgie, hg. v. Sekretariat der DBK, Bonn 2005 (Arbeitshilfen 194).

Literatur

Hildenbrand, U., Kirchenkonzerte – passé? Kommentierte Bemerkungen zu Diözesanrichtlinien: Musica sacra 1987, 291-300; Rennings, H., Kirchenkonzerte: Gottesdienst 22 (1988), 1-3; Kirchenraum – Konzert – Aufführungspraxis, hg. v. J. Trummer, Regensburg 1996 (Neue Beiträge zur Aufführungspraxis. Schriftenreihe des Inst. für Aufführungspraxis an der Hochschule für Musik u. darstellende Kunst Graz 2); Longhitano, A., Comentario Exegetico Vol. 3.2, Pamplona ²1997, 1806-1807; Orgelmusik, Kirchenraum u. Aufführungspraxis, hg. v. J. Trummer, Regensburg 1997 (Neue Beiträge zur Aufführungspraxis. Schriftenreihe des Inst. für Aufführungspraxis an der Hochschule für Musik u. darstellende Kunst Graz 3); Bau u. Umwandlung religiöser Gebäude. Le patrimoine religieux face á l'immobilier et la construction, hg. v. R. Pahud de Mortanges – J.-B. Zufferey, Fribourg 2007

(FVRR 18); Kirchen. Nutzung u. Umnutzung. Kulturgeschichtliche, theol. u. praktische Reflexionen, hg. v. A. Büchse – H. Fendrich – Ph. Reichling, Münster 2012; Petrat, N., Gebetsräume in öff. Gebäuden. Ein Trendphänomen kirchenrechtlich betrachtet, Münster 2015 (BzMKCIC 71); Reinhardt, H. J. F.: MKCIC c. 1210.

Rüdiger Althaus

© 2019, DOI: 10.30965/9783506786388_0691

Kirchliche Räume, Nutzung – Evangelisch

Die Nutzung kirchl. Räume dient unmittelbar od. mittelbar dem Aufrag der Kirche. Es ist daher zu unterscheiden zwischen Nutzungen kirchl. Räume, die dem Auftrag der Kirche dienlich sind, u. solchen, die ihm nicht dienlich sind. Die Entscheidung über die Dienlichkeit der Nutzung für den Auftrag der Kirche ist den für die Entscheidung über die Nutzung selbst zuständigen Organen innerhalb der durch das KR gezogenen Grenzen aufgetragen.

Die kirchl. Räume sind teilweise Sachen des Finanzvermögens (z. B. Wohnungen zur Vermietung), teilweise bei Kirchen, die →Körperschaften des öffentlichen Rechts sind, öff. Sachen im Verwaltungsgebrauch (z. B. Dienstgebäude), teilweise öff. Sachen im Zivilgebrauch (z. B. →Kirchengebäude, Gemeindehäuser), bei denen der Gemeingebrauch (Kirchengebäude, strittig) u. der Anstaltsgebrauch (Gemeindehäuser, Kindergärten, Schulen etc.) unterschieden werden können. Sachen des Finanzvermögens dienen m. dem Entgelt für die Nutzung od. m. der Nutzung durch Mitarbeiter mittelbar dem Auftrag der Kirche. Öff. Sachen im Verwaltungsgebrauch dienen durch den Dienst, dem sie Raum geben, ebenfalls mittelbar dem Auftrag der Kirche. Die öff. Sachen im Zivilgebrauch dienen durch ihre widmungsgemäße Regelnutzung (z. B. Gottesdienst, Konfirmandenunterricht) selbst dem Auftrag der Kirche.

Das Nutzungsverhältnis kann sowohl öff.-rechtlicher als auch privatrechtlicher Natur sein. Es ist zwischen Regel- u. Sondernutzung zu unterschieden. Ob ein Fall der Regel- od. der Sondernutzung vorliegt, entscheidet sich bei öff. Sachen an der →Widmung. Bei simultan genutzten Räumen kann eine simultane Regelnutzung vorliegen (→Simultaneum). Bei der Sondernutzung kann zwischen kirchl. u. nichtkirchlicher Nutzung unterschieden werden. Eine Sondernutzung von Räumen, die öff. Sachen im Gemeingebrauch sind, liegt vor, wenn die Nutzung über den Gemeingebrauch hinausgeht. Eine Sondernutzung von Räumen, die öff. Sachen im Anstaltsgebrauch sind, ist gegeben, wenn der Personenkreis od. die Art der Nutzung außerhalb des Anstaltszwecks liegt. Bei Räumen, die Sachen des Finanzvermögens sind, ist das Nutzungsverhältnis privatrechtlicher Natur (meist ein Mietverhältnis). Bei Räumen, die öff. Sachen im Verwaltungs- od. Gemeingebrauch sind, ist der Sachgebrauch in der Regelnutzung öff.-rechtlicher Natur; er ist zulassungfrei u. unentgeltlich. Ausnahmsweise kommt bei Räumen, die öff. Sachen im Gemeingebrauch sind, ein zulassungsabhängiger öff.-rechtlicher od. privatrechtlicher Sondergebrauch in Betracht, für den ein Nutzungsentgelt (als Gebühr od. als Mietzins) erhoben werden kann. Bei Räumen, die öff. Sachen im Anstaltsgebrauch sind, kann je nach Einzelfall sowohl in der Regelnutzung als auch in der Sondernutzung ein öff.-rechtliches od. ein privatrechtliches, in jedem Fall zulassungsabhängiges Benutzungsverhältnis vorliegen. In allen Fällen des Anstaltsgebrauchs kann ein Nutzungsentgelt (als Gebühr od. als Mietzins) erhoben werden. Soweit kirchengesetzlich nichts anderes bestimmt ist, besteht bei Räumen, die öff. Sachen im Gemein- od. Anstaltsgebrauch sind, ein Wahlrecht des Inhabers der öff.-rechtlichen Sachherrschaft zwischen einer öff.-rechtlichen Begründung u. Inhaltsbestimmung, einer öff.-rechtlichen Bewilligung u. privatrechtlichen Ausgestaltung u. einer privatrechtlichen Begründung u. Inhaltsbestimmung des Sondernutzungsverhältnisses.

Nach dem Verhältnis der Nutzung zur Widmung können drei Arten der Nutzung kirchl.

Räume unterschieden werden. Zum einen die Nutzung, die aufgrund der Widmung geboten ist, also für Zwecke erfolgt, die der Bestimmung des Raumes entsprechen. Eine solche Nutzung bedarf bei Räumen, die öff. Sachen im Verwaltungs- od. Gemeingebrauch sind, i. d. R. keiner Zulassung; Ausnahmen können sich aufgrund des →Kanzelrechts ergeben. Bei Räumen, die öff. Sachen im Anstaltsgebrauch sind, wird häufig eine konkludente Zulassung vorliegen. Zum anderen die Nutzung, die aufgrund der Widmung verboten ist, also für Zwecke erfolgen soll, die der Bestimmung des Raumes widersprechen. Ein Antrag auf eine solche Nutzung ist abzulehnen. So sind bspw. Nutzungen, die der Verbreitung einer nichtchristlichen Religion od. Weltanschauung dienen, verboten. Zum Dritten die Nutzung, die aufgrund der Widmung weder geboten noch verboten ist, also für Zwecke erfolgen soll, die der Bestimmung des Raumes weder entsprechen noch widersprechen. Eine solche Sondernutzung kann bei Räumen, die öff. Sachen im Gemein- u. Anstaltsgebrauch sind, durch Entscheidung des zuständigen Organs zugelassen werden. Die Sondernutzung darf jedoch die Regelnutzung nicht unangemessen beeinträchtigen. Sie muss zugelassen werden, wenn ausnahmsweise ein Nutzungsrecht besteht.

Quellen

Ev. Landeskirche in Württemberg, Kirchengemeindeordnung i. d. F. vom 19. Juli 1989: Abl. 53, 695; EKHN, Orientierungshilfe zur Nutzung von kirchl. Gebäuden u. Räumen vom 17. Februar 2009: KABl. 130.

Literatur

Mainusch, R., Die öff. Sachen der Religions- u. Weltanschauungsgemeinschaften. Begründung u. Konsequenzen ihres verfassungsrechtlichen Status, Tübingen 1995; Dehnen, D., Nichtgottesdienstliche Nutzung kirchl. Räume: ZevKR 40 (1995), 1-21.

Michael Frisch

© 2019, DOI: 10.30965/9783506786388_0691

Kirchlicher Verein – Katholisch

Der Begriff des K. hat m. Inkrafttreten des CIC gegenüber seiner hist. Bedeutung eine entscheidende Veränderung erfahren, die in der durch das Vat II erneuerten Ekklesiologie begr. ist. Daraus erwachsen auch Folgen für den religionsrechtlichen Bereich.

1. Der K. war gem. cann. 684-686 dadurch bestimmt, dass er von der kirchl. Autorität errichtet od. approbiert war u. dass er kan. Zwecken diente, d. h. a) der Förderung eines vollkommeneren chr. Lebens unter den Mitgliedern od. b) der Ausübung eines Werkes der Frömmigkeit od. der Nächstenliebe od. c) der Förderung des öff. Gottesdienstes. Diesen Zwecksetzungen entsprachen die drei Formen des K., nämlich a) der →Dritte Orden (cann. 702-706), b) die pia unio u. c) die →Bruderschaft (cann. 707-719). Dritte Orden u. Bruderschaften konnten nur durch hoheitliche →Errichtung ins Rechtsleben der Kirche eintreten, piae uniones durch →approbatio od. durch Errichtung (cann. 703; 708). Alle K. unterstanden der Jurisdiktion u. Aufsicht i. d. R. des Ortsordinarius, der auch lenkend u. korrigierend in die →Statuten der K. eingreifen konnte (cann. 689; 690). Er ernannte frei den Vorsitzenden u. den →Seelsorger des Vereins u. konnte einen K. auch auflösen (cann. 698; 699). Vereinigungen, die von Gläubigen gegr. wurden, waren, selbst wenn sie kan. Zwecke verfolgten u. von der Kirche empfohlen od. belobigt waren, nichtkirchliche od. außerkirchliche Vereine, d. h. Vereinigungen außerhalb der kirchl. Rechtsordnung. Das gilt auch für die zahlreichen sog. →katholischen Vereine (z. B. Kolpingverband).

2. In AA 19, 4 (vgl. auch PO 8, 3) hat das Vat II das Recht der Gläubigen proklamiert, Vereinigungen in der Kirche frei zu gründen u. zu leiten u. bestehenden Vereinen beizutreten. Dieses Recht ist naturrechtlich, ekklesiologisch u. sendungstheologisch begr. (AA 15; 18, 1 u. LG 33, 2). Die K. dienen gem. Vat II der gemeinschaftlichen Verwirklichung des eigenen →Apostolats der Gläubigen aus →Taufe u. →Firmung. Seit

dem Vat II sind auch solche Vereinigungen als K. zu verstehen, die ihre rechtliche Existenz der freien Initiative der Gläubigen o. ein Zutun der kirchl. Autorität verdanken. Das hoheitliche Handeln der kirchl. Autorität in Form der Errichtung ist allerdings bei einem → öffentlichen Verein notwendig, der im Namen der Kirche tätig wird.

3. Der Begriff des K. umfasst gem. geltendem allg. KR den → freien Zusammenschluss von Gläubigen (cc. 215, 216; cc. 18, 19 CCEO), den → privaten Verein o. od. m. Rechtspersönlichkeit (cc. 299 § 3 u. 321-326) sowie den öff. Verein (cc. 301 § 3 u. 312-320). Die privaten u. die öff. Vereine sind kan. Vereine. Der freie Zusammenschluss u. der private Verein handeln im eigenen Namen, der öff. Verein ist befugt, im Namen der Kirche zu handeln. Alle K. fußen auf der → Koalitionsfreiheit der Gläubigen gem. c. 215 (c. 18 CCEO) u. unterliegen, entspr. ihrer jeweiligen Rechtsform, sehr eng begrenzten Aufsichts- u. Mitwirkungsrechten der kirchl. Autorität. Statuten u. Satzungen folgen dem Gestaltungswillen der Mitglieder u. bedürfen nur bei kan. Vereinen je nach der Rechtsform der Überprüfung, Billigung od. Genehmigung.

4. Das Grundrecht der korporativen → Religionsfreiheit gem. Art. 4, Abs. 1 u. 2 GG kommt der kath. Kirche als ganzer zu wie auch ihren (un-)selbständigen Einrichtungen wie z. B. Orden, Vereinigungen, Stiftungen etc., „die sich nicht die allseitige, sondern nur die partielle Pflege des religiösen oder weltanschaulichen Lebens ihrer Mitglieder zum Ziel gesetzt haben" (BVerfGE 24, 236 [246 f.]). K. sind demnach in der BRD Träger des Grundrechts der korporativen Religionsfreiheit. Träger des → Selbstbestimmungsrechts gem. Art. 140 GG i. V. m. Art. 137, Abs. 3 S. 1 WRV ist die Kirche als → Körperschaft des öffentlichen Rechts m. ihren verfassungsmäßigen Gliederungen. Vereinigungen, die m. der Kirche organisatorisch u. institutionell verbunden sind u. gem. ihrer Satzung der Verwirklichung wenigstens eines Teils der kirchl. Aufgaben dienen, können am Selbstbestimmungsrecht der Kirche partizipieren. Weil K. stets der Verwirklichung eines Teils der Sendung der Kirche dienen u. durch das kirchl. → Vereinsrecht organisatorisch u. institutionell m. der Kirche verbunden sind, können die K. am Selbstbestimmungsrecht der Kirche partizipieren, auch o. dass die kirchl. Autorität entscheidenden Einfluss auf Leben u. Handeln dieser K. besitzt.

Quellen

Vat II, LG; Vat II, AA; Vat II, PO; BVerfGE 24, 236 vom 16. Oktober 1968; BVerfGE 46, 73 vom 11. Oktober 1977; BVerfGE 53, 366 vom 25. März 1980.

Literatur

Beil, J., Das kirchl. Vereinsrecht nach dem CIC m. einem staatskirchenrechtlichen Anhang, Paderborn 1932; KanR II, 454-495; Hallermann, H., Die Vereinigungen im Verfassungsgefüge der lat. Kirche, Paderborn – München – Wien – Zürich 1999; ders., Strukturen kirchl. Caritas im geltenden Recht: AfkKR 168 (1999), 443-457; Martínez Sistach, L., Die Vereine von Gläubigen, Paderborn – München – Wien – Zürich 2008; Hense, A., § 120 Kirche u. Staat in Deutschland: HbkathKR³, 1830-1865.

Heribert Hallermann

© 2019, DOI: 10.30965/9783506786388_0692

Kirchlichkeit – Staatlich

Der Begriff K. wird, bezogen auf Menschen, für deren Bindung an die Kirche u. ihre Glaubenspraxis verwendet. K. ist insofern eine soziologische Kategorie. Im Zusammenhang des staatl. Rechts kennzeichnet K. dagegen die Beziehung rechtlich selbständiger Werke u. Einrichtungen bzw. von deren Trägern zu einer Kirche. Sie hat Bedeutung v. a. für die Frage, inwiefern solche rechtlich selbständigen Träger am → Selbstbestimmungsrecht der Kirchen u. → Religionsgemeinschaften teilhaben. Vom Selbstbestimmungsrecht werden nämlich nicht nur die Religionsgemeinschaften selbst umfasst, sondern auch solche rechtlich selbständigen Einrichtungen, die nach dem Selbstverständnis der jeweiligen Religionsgemeinschaft „ihrem Zweck oder ihrer Aufgabe entsprechend berufen sind, ein Stück des Auftrags der Kirche" bzw. der Religionsgemeinschaft wahrzunehmen (BVerfGE 42, 312 [325 f.]). Die Rechtsform – privatrechtlich od. öff.-rechtlich, m. od. o. eigene Rechtspersönlichkeit – ist dabei o. Belang. Die zahlreichen, in den Rechtsformen des Privatrechts als e. V. od. gGmbH rechtlich selbständig organisierten Träger diakonischer bzw. caritativer (→ Caritas, Diakonie) od. anderer Einrichtungen haben als „Satelliten" der jeweiligen Kirche, der sie zugehören, am Selbstbestimmungsrecht teil. Sie können es auch selbständig vor Behörden u. Gerichten geltend machen. Dies ist namentlich für das sog. kirchl. Arbeitsrecht (→ Arbeitsrecht, kirchliches) als Ausprägung des Selbstbestimmungsrechts der Religionsgemeinschaften von erheblicher praktischer Bedeutung, dessen Anwendung die K. der jeweiligen Einrichtung voraussetzt. Allerdings ist das Selbstbestimmungsrecht solcher selbständigen Einrichtungen bzw. von deren Trägern von der jeweiligen Kirche/Religionsgemeinschaft abgeleitet. Es setzt die → Zuordnung zu dieser Kirche/Religionsgemeinschaft voraus, wodurch die K. vermittelt wird. Für die Rechtsstellung der rechtlich selbständigen Träger caritativer bzw. diakonischer u. anderer Aufgaben ist es daher von grundlegender Bedeutung, dass sie von der Kirche anerkannt werden u. damit dieser zugeordnet werden können.

Maßgebendes Kriterium für die Zuordnung einer Einrichtung zur Kirche ist nicht notwendig die organisatorisch-institutionelle Einbindung in dies.; es genügt nach der Rspr. des BVerfG vielmehr, dass die fragliche Einrichtung der Kirche so nahe steht, dass sie „an der Verwirklichung eines Stücks Auftrag der Kirche im Geist christlicher Religiosität, im Einklang mit dem Bekenntnis der christlichen Kirche und in Verbindung mit den Amtsträgern der Kirche" teilhat (BVerfGE 46, 73 [87]; 53, 366 [392]). Drei Kriterien für die Zuordnung sind daraus ableitbar, nämlich 1. Teilhabe am kirchl. Auftrag, 2. Übereinstimmung m. dem → Bekenntnis der Kirche u. 3. Verbindung m. den Amtsträgern der Kirche (→ Amtsträger, kirchlicher). Diese Kriterien sind keine schematische Checkliste, sondern sind in eine wertende Gesamtwürdigung einzustellen.

Die Religionsgemeinschaften können die Anerkennung solcher selbständiger Träger selbst regeln u. haben dies durch Anerkennungsgesetze u. andere Regelungen getan. Die jeweilige Religionsgemeinschaft kann den selbständigen Trägern die Anerkennung entziehen m. der Folge, dass diese nicht mehr Träger des Selbstbestimmungsrechts sind u. sich auch nicht vor Behörden u. Gerichten darauf berufen können.

Literatur

Hallermann, H., Die Bedeutung des Begriffs „kirchlich" im kan. u. im staatl. Recht: Iudicare inter fideles (FS Geringer), hg. v. W. Aymans – St. Haering – H. Schmitz, St. Ottilien 2002, 157-179; Glawatz, A.-R., Die Zuordnung privatrechtlich organisierter Diakonie zur ev. Kirche, Berlin u. a. 2003; Wellert, A.-R., § 14. Einrichtungen u. Werke der Kirchen: HevKR, 588-598; Unruh, P., § 49. Das karitativ-diakonische Wirken der Kirchen u. anderen Religionsgemeinschaften im Verfassungsstaat: HbStKR³, Rn. 40 ff.

Heinrich de Wall

© 2019, DOI: 10.30965/9783506786388_0693

Kirchlichkeit – Katholisch

Die Kategorie der K. dient im Innen- u. Außenverhältnis der kath. Kirche der Bestimmung, welche Strukturen, → Vereinigungen von Gläubigen u. Einrichtungen der kirchl. → Communio u. ihrem Auftrag so zugeordnet werden können, dass diese als Teil der Kirche bzw. als zu ihr gehörig ausgewiesen sind.

1. Gem. der Rechtsordnung des CIC/1917 u. der ihr zugrundeliegenden Ekklesiologie waren die Begriffe Kirche (→ Kirche, Begriff) u. → Hierarchie weitgehend deckungsgleich. So konnte eine Vereinigung nur dann das Kriteri-

um der K. für sich in Anspruch nehmen, wenn sie von der zuständigen kirchl. Autorität entweder errichtet od. wenigstens approbiert worden war (vgl. cann. 684 u. 686). Alle Vereinigungen, die nicht von der kirchl. Autorität errichtet od. anerkannt waren, galten, selbst wenn sie von kath. →Laien, →Priestern od. Ordensleuten (→Ordensangehörige) gegr. waren u. kirchl. Zielsetzungen verfolgten (vgl. z. B. Kolpingverband), dem entspr. als nichtkirchliche od. außerkirchliche Vereinigungen. Entspr. diesem kirchl. Selbstverständnis hat BVerfGE 24, 236 die institutionelle Verbindung einer Vereinigung m. der kirchl. Hierarchie zum staatskirchenrechtlichen Kriterium der K. erhoben; daneben kommt auch die kirchl. Zielsetzung in den Blick: „Die Beschwerdeführerin ist zwar organisatorisch in die katholische Kirche nicht eingegliedert. Sie ist ihr aber dennoch institutionell verbunden: In allen Führungsgremien wirken katholische Seelsorger kraft ihres Amtes mit; die Diözesanbischöfe haben durch ihr Genehmigungsrecht unmittelbaren Einfluss auf die Diözesansatzungen. Auch die Ziele der Beschwerdeführerin sind solche des kirchlichen Bereiches." (Rn. 23). Seitens des Staates wird K. folglich sowohl auf die Strukturen der KirchVerf. als auch auf solche Einrichtungen angewendet, die durch Errichtung od. Aufsicht institutionell m. der verfassten Kirche verbunden sind. Dieses Kriterium wird von den dt. Bf. noch 1999 auf den dt. →Caritasverband angewendet, dessen K. formal an der bfl. Anerkennung festgemacht wird: „Er ist der von den deutschen Bischöfen anerkannte Zusammenschluß der kirchlichen Caritas und von daher eindeutig Caritas der Kirche." (DBK 1999, 4.3.3).

2. Mit der ekklesiologischen Neubestimmung der Kirche als Sendungsgemeinschaft durch das Vat II (vgl. LG 3-4 u. 9-17) u. deren Rezeption durch den CIC/1983 musste sich aber auch das rechtliche Kriterium der K. verändern: Nicht die kirchl. Hierarchie entscheidet durch Ausübung von Aufsicht od. aktiver Einflussnahme über die K., sondern die apost. Zielsetzung u. somit die Beteiligung an der Verwirklichung der →Sendung der Kirche ist maßgeblich dafür, ob z. B. eine Vereinigung od. Einrichtung kirchl. ist od. nicht. Kirchl. ist demnach, was von Gläubigen in organisierter Form getan wird, um die eigenen Zwecke der Kirche zu verfolgen, d. h. um die Sendung der Kirche auszuüben u. am Aufbau des Leibes Christi mitzuwirken. Die cc. 114 §2 u. 1254 (vgl. c. 1007 CCEO) nennen in allg. u. nicht taxativen Aufzählungen als eigene, d. h. in der Sendung der Kirche begr. Zwecke: Werke der Frömmigkeit, des →Apostolats u. der Caritas (→Caritas, Diakonie), u., unter vermögensrechtlicher Perspektive die geordnete Durchführung des →Gottesdienstes, den Unterhalt des Klerus u. anderer Beschäftigter, Ausübung des Apostolats u. der Caritas. Dem entspr. die vereinsrechtlichen Kriterien (→Vereinsrecht) der K. in c. 298 §1: Pflege des chr. Lebens, Förderung des amtl. Gottesdienstes, Durchführung von apost. Aufgaben wie Vorhaben zur →Evangelisierung, Werke der Frömmigkeit u. der Caritas sowie Belebung der weltlichen Ordnung m. chr. Geist (vgl. c.18 CCEO). Das Kriterium K. ist nach dem Selbstverständnis der kath. Kirche folglich auf alle Strukturen der KirchVerf. als auch auf all jene Einrichtungen, Unternehmungen od. Vereinigungen von Gläubigen zu beziehen, die einer kirchl. bzw. apost. Zwecksetzung dienen. Die von P. Johannes Paul II. im Apost. Schreiben Christifideles Laici Nr. 30 genannten, auf Vereinigungen von Laien bezogenen fünf Kriterien der K. besitzen keinen rechtlichen Charakter u. ändern die kan. Kriterien nicht ab. BVerfGE 46, 73 nimmt u. a. Bezug auf LG 30-38 u. sieht die K. einer Unternehmung dann gegeben, wenn ein kirchl. Zweck verfolgt wird u. eine entspr. organisatorische Verbindung m. der Kirche besteht. Gem. BVerfGE 53, 366 ist für die K. einer Einrichtung nicht die Zugehörigkeit zur →Kirchenverwaltung maßgebend; „es genügt vielmehr, dass die in Frage stehende Einrichtung der Kirche so nahesteht, dass sie teilhat an der Verwirklichung eines Stücks Auftrag der Kirche im Geist christlicher Reli-

giosität, im Einklang mit dem Bekenntnis der christlichen Kirche und in Verbindung mit den Amtsträgern der Kirche." (Rn. 89). Demgemäß bemisst sich K. zum einen an der kirchl. Zielsetzung, zum anderen an der erforderlichen organisatorischen Verbindung m. der Kirche, die zweifellos stets dann gegeben ist, wenn die Unternehmung, das Werk od. die Vereinigung ihre rechtliche Existenz auf die Normen des geltenden KR gründet. Der Vereinsleitfaden des VDD vom 01.05.2012 sowie die GrO des kirchl. Dienstes im Rahmen kirchl. Arbeitsverhältnisse vom 27.04.2015 zeigen beispielhaft, dass die DBK in noch fehlender Rezeption des allg. KR nach wie vor versucht, das Kriterium der K. v. a. an der unmittelbaren Aufsicht u. Einflussnahme seitens der Bf. u. ihrer Verwaltungen festzumachen.

Quellen

Vat II, LG; BVerfGE 24, 236 vom 16. Oktober 1968; BVerfGE 46, 73 vom 11. Oktober 1977; BVerfGE 53, 366 vom 25. März 1980; Johannes Paul II., Apost. Schreiben Christifideles Laici vom 30. Dezember 1988: AAS 81 (1989), 393-521; Caritas als Lebensvollzug der Kirche vom 23. September 1999, hg. v. Sekretariat der DBK, Bonn 1999 (DBK-Kommission 22); Vereinsleitfaden. Arbeitshilfe für die Praxis in den (Erz-)Diözesen vom 1. Mai 2012, hg. v. Sekretariat der DBK, Bonn 2012 (Arbeitshilfen 253); Grundordnung des kirchl. Dienstes im Rahmen kirchl. Arbeitsverhältnisse vom 27. April 2015, hg. v. Sekretariat der DBK, Bonn [4]2015 (DDB 95A).

Literatur

Hallermann, H., Die Vereinigungen im Verfassungsgefüge der lat. Kirche, Paderborn – München – Wien – Zürich 1999, v. a. 29-65, 209-228, 321-388; ders., Strukturen kirchl. Caritas im geltenden Recht: AfkKR 168 (1999), 443-457; ders., Die Bedeutung des Begriffs „kirchlich" im kan. u. im staatl. Recht: Iudicare inter fideles (FS Geringer), hg. v. W. Aymans – St. Haering – H. Schmitz, St. Ottilien 2002, 157-179; Riedel-Spangenberger, I., Art. Sendung: LKStKR Bd. 3, 547-548; Martínez Sistach, L., Die Vereine von Gläubigen, Paderborn – München – Wien – Zürich 2008, 35-36; Hallermann, H., Der Anteil der Verbände an der Sendung der Kirche: AfkKR 184 (2015), 389-416; Hense, A., § 120 Kirche u. Staat in Deutschland: HbkathKR³, 1830-1865.

Heribert Hallermann

© 2019, DOI: 10.30965/9783506786388_0693

Kirchlichkeit – Evangelisch

Die K. ist für die Einbeziehung von rechtlich selbständigen Einrichtungen u. Werken der ev. Kirche bzw. deren Rechtsträgern in das kirchl. →Selbstbestimmungsrecht i. S. der Art. 137 Abs. 3 WRV / 140 GG grundlegend. Aber nicht nur aus diesem staatskirchenrechtlichen Grund, sondern auch im Interesse der kirchl. Ordnung selbst, ist es geboten, dass die Verbundenheit selbständiger Träger zur Kirche u. damit deren K. durch das ev. KR geregelt wird.

Die →Kirchenverfassungen enthalten z. T. Vorschriften, in denen die Einrichtungen u. Werke u. ihr Verhältnis zur Kirche in den Grundsätzen beschrieben werden. Dabei wird z. T. ausdrücklich hervorgehoben, dass die Einrichtungen u. Werke unter dem Schutz der Kirche stehen (s. z. B. Art. 39 Abs. 1 KirchVerf. Bay). Das Nähere über Voraussetzungen u. Verfahren der kirchl. Anerkennung der Einrichtungen u. Werke u. damit ihre K., wird in KG geregelt. Zu einer Vereinheitlichung der rechtlichen Regelungen u. zur Verdeutlichung der Zuordnungskriterien (→Zuordnung) dient das Zuordnungsgesetz der EKD vom 12.11.2014, das für die →Gliedkirchen u. die gliedkirchlichen Zusammenschlüsse nach deren jeweiliger Zustimmung in Kraft tritt. Daneben existieren nach wie vor allg. Anerkennungs- od. Werkegesetze (s. z. B. das Anerkennungs- u. Zuwendungsgesetz der Bay) u./od. Gesetze über einzelne Tätigkeitsbereiche. So ist insb. das Verhältnis der Kirchen zur Diakonie (→Caritas, Diakonie), dem wichtigsten Arbeitsbereich rechtlich selbständiger Einrichtungen, durch die Diakoniegesetze der Kirchen geregelt, die darüber hinaus Vorschriften über die Organisation u. Zusammenarbeit der Träger diakonischer Einrichtungen enthalten. Die EKD hat dafür am 08.12.2007 eine Richtlinie über die Zuordnung diakonischer Einrichtungen zur Kirche – Zuordnungsrichtlinie – erlassen, die durch das Zuordnungsgesetz nur z. T. abgelöst wurde. Die einzelnen Träger diakonischer Einrichtungen sind organisatorisch in den →Diakonischen Werken der →Landeskirche zusammengefasst, die ihrerseits meist in der Rechtsform eines e. V. organisiert sind. Durch die Zugehörigkeit zu einem diakonischen Werk wird auch die Zuordnung der Mitgliedsverbände zur Kirche u. damit deren K. vermittelt.

In den einschlägigen Gesetzen ist zur institutionellen Sicherung der Verbundenheit der Werke m. der Kirche bspw. vorgesehen, dass bei der Bestellung der Mitglieder der leitenden Organe Mitwirkungsrechte der Kirche bestehen, dass Änderungen der Satzungen der Zustimmung kirchl. Leitungsorgane bedürfen u. dass der kirchl. →Rechnungsprüfung Einblick in die Haushalts- u. Rechnungsunterlagen gewährt wird. In den Diakoniegesetzen wird die organisatorische Verbindung weiter dadurch gesichert, dass Vertreter der →Kirchenleitungen in den Vorständen der Diakonischen Werke vertreten sein müssen.

Eine grundlegende Frage ist, wieweit durch kirchl. Rechtssetzung auf die Träger der Diakonie u. anderer Werke u. Einrichtungen Einfluss genommen werden kann, ob m. anderen Worten die kirchl. Gesetze für sie gelten. Privatrechtlich organisierten, rechtlich selbständigen Trägern steht die privatrechtliche (Satzungs)autonomie zu. Sie haben daher grds. das Recht, selbst über ihre Organisation u. ihre Zwecke zu entscheiden. Insofern kann nur über die Definition der Voraussetzungen der kirchl. Anerkennung Einfluss auf diese Träger ausgeübt werden. Diese können aber ihrerseits im Einzelfall od. generell durch Satzungsbestimmung die Anwendung des kirchl. Rechts für sich vorsehen (u. dies kann wiederum Voraussetzung für die kirchl. Anerkennung sein).

Quellen

Richtlinie des Rates der Ev. Kirche in Deutschland nach Art. 15 Abs. 2 Grundordnung der EKD über die Zuordnung diakonischer Einrichtungen zur Kirche – Zuordnungsrichtlinie – vom 8. Dezember 2007: ABl. EKD 2007, 405; Kirchengesetz zur Zuordnung rechtlich selbständiger Einrichtungen zur Kirche (Zuordnungsgesetz der EKD – ZuOG-EKD) vom 12. November 2014: ABl. EKD 2014, 340.

Literatur

Glawatz, A.-R., Die Zuordnung privatrechtlich organisierter Diakonie zur ev. Kirche, Berlin u. a. 2003; Christoph, J. E., Die Zuordnung der Dienste, Einrichtungen u. Werke der sog. „verfassten" Kirche: ZevKR 54 (2009), 354 ff.; Munsonius, H., Die Jur. Person des ev. Kirchenrechts, Tübingen 2009; Wellert, A.-R., § 14. Einrichtungen u. Werke der Kirchen: HevKR, 588-598.

Heinrich de Wall

© 2019, DOI: 10.30965/9783506786388_0693

Kirchort

→Gemeinde

Kirchturm – Katholisch

K. kommt seit jeher neben der Funktion etwa als Glockenträger (→Glocken) auch eine symbolische Funktion zu. K. waren lange Zeit Ausdruck einer ideellen u. auch tatsächlichen Privilegierung. K. vergegenwärtigen den kirchl. Sendungsauftrag, gelten als versteinerte Prediger. Sie weisen zum Himmel. K. repräsentieren nicht nur die Geschichte Gottes m. den Menschen, sondern sollen auch in die Zukunft weisen. K. sind dabei weder etwas Konfessionsspezifisches noch werden sie etwa nach dem kath. Selbstverständnis als zwingende Glaubensregel unabdingbar vorgegeben. Selbst wenn eine Konfessionsspezifität der Kirchturmbekrönung konfessionell konnotiert wird (z. B. Kirchturmhahn für eine kath. Kirche), ist dies – nicht zuletzt wegen regionaler Unterschiede –

kein zwingendes Indiz. Moderne Sakralarchitektur kommt mitunter völlig o. K. aus u. knüpft letztlich daran an, dass auch die Bettel- u. Reformorden absichtlich auf den Kirchturmbau verzichteten. Selbst wenn ein Kirchturmbau errichtet werden soll, gibt es keine festen Regeln für Gestaltung u. Platzierung (z. B. freistehender Glockenturm/Campanile). In ihrer Funktion als Glockenturm gibt es aber eine weltlich-technische Norm: DIN 4178. K. ragen auf bes. Weise in den öff. Raum hinein, weil sie durch ihre Höhe über lange Zeitläufte alles überragten u. allenfalls in Konkurrenz zum weltlichen Rathausturm traten; im letzteren dann auch ein Indiz für das Auseinandertreten von kirchl. u. politischer Gde. Die Zeiten, da beides die Prägemerkmale des öff. Raums waren, sind vorbei. Gleichwohl sind K. auch heute noch ein signifikantes Symbol.

Literatur

Hense, A., Glockenläuten u. Uhrenschlag, Berlin 1998 (SKRA 32), 35 f., 51 f. u. passim; Bißwurm, A., Die Bedeutung der DIN 4178 bei der Planung u. Sanierung von Geläuten u. Glockentürmen: 2. Glockensymposium ECC-ProBell, hg. v. A. Rupp – M. Plitzner, Göttingen 2018 (Schriftenreihe der Hochschule Kempten 5), 111-120.

Ansgar Hense

Kirchturm – Evangelisch

Waren die hist., gemischt weltlich-kirchl. Aufgaben eines K. vielfältig, erfüllt er heute seine kirchl. Funktion im Wesentlichen als Glockenträger. Gleichwohl bleibt die traditionelle Mitbenutzung ev. „Kirchtürme, Kirchenuhren und Kirchenglocken … für die Zwecke der bürgerlichen Gemeinde" zulässig, verpflichtet jene aber, sich an den Unterhaltskosten dieser Gegenstände zu beteiligen (Art. 19 Abs. 2 BW.KV). Ob „veränderte Umstände" ein hist., etwa im 19. Jh., festgelegtes Maß der Kostenbeteiligung beeinflussen, kann streitig sein (BVerwG, Beschl. vom 14.06.2014; StGH BW, Urt. vom 02.02.2015; § 76 Wü.KG).

Auch in seiner Funktion als Glocken(stuhl)-träger dient der K. mehr als nur liturgischen Zwecken, er trägt den Klang der → Glocken in die Öffentlichkeit (→ Glockengeläut) u. lässt so den öff. Charakter chr. Religion sinnfällig werden, einladend, erinnernd, mahnend.

Zwingend sind K. – zumindest nach ref. Tradition – freilich nicht. Nicht selten wurden sie erst nachträglich am → Kirchengebäude errichtet – u. unter dem Vorwurf der Obrigkeit, ein K. sei Luxus. Dagegen betonen die Eisenacher Ratschläge von 1898, die zur Gattung der ev. Kirchenbauregulative zählen: „Ein Thurm sollte nirgends fehlen, wenn die Mittel irgend ausreichen." Fragen konfessioneller Identität u. Repräsentation im Kirchenbau schwingen hierbei mit. Gleichwohl richtet sich heute der Neubau eines Glockenturms nicht nur nach Aspekten der Symbolkraft, sondern zunächst nach seiner statisch-baulichen Geeignetheit zur Aufnahme eines Geläutes. Dabei besteht die Erwartung, dass Funktionalität u. bauliche Ästhetik eine Verbindung eingehen.

Mobilfunkanlagen auf dem K. sind genehmigungspflichtig. Begehungen des K. unterliegen Aspekten der (Arbeits-)Sicherheit (vgl. § 16 KBauG Bad).

Quellen

Ziffer 6 Eisenacher Ratschläge: XXIII. Dt. Ev. Kirchen-Konferenz, Eisenach 1898: Langmaack, G., Ev. Kirchenbau im 19. u. 20. Jh., Kassel 1971, 277 ff.; BVerwG, Urt. vom 29. Mai 1964: JurionRS 1964, 14805; LKA Hannover, Verfügung zu Glocken u. Läuteanlagen vom 27. Dezember 1973: ABl. Han 1974, 82; Württembergisches Gesetz über die Kirchen vom 3. März 1924, zuletzt geänd. am 30.05.1978: Dürig, G., Gesetze des Landes Baden-Württemberg, München [133]2018 (Loseblattsammlung), Nr. 162; StGH für das Land Baden-Württemberg, Urt. vom 2. Februar 2015, Az. 48/14, 1 VB 48/14: DÖV 2015, 386-387 (Leitsatz); VBlBW 2015, 414-421.

Literatur

Klewitz, M., Der ev. Kirchenbau zwischen 1800 u. 1945: Die ev. Kirche an der Saar, hg. v. Kirchenkreise Ottweiler, Saarbrücken u. Völklingen der EKiR, Saarbrücken 1975, 247-260, 248; Lück, H., Art. Kirchengebäude: HRG[2] Bd. 2, 1787-96.

Uwe Kai Jacobs

Klage – Katholisch

Agere bedeutet im →römischen Recht u. den →Dekretalen die Möglichkeit, die jemand besitzt, sein Recht im Prozess durchzusetzen. Im röm. Recht meinte das lat. Substantiv für K., actio, jegliche Rechtshandlung, die während eines Gerichtsprozesses erfolgte. Weder im Legisaktionenprozess noch im Formularprozess gab es eine Trennung zwischen dem materiellrechtlichen Anspruch u. der Möglichkeit zu seiner Durchsetzung in einem gerichtlichen Prozess. Es galt der Grundsatz: nulla actio sine lege. Erst in den Institutionen Kaiser Justinians bahnte sich eine Trennung an: actio nihil aliud est quam ius persequendi iudicio quod sibi debetur (Inst. 4, 6 pr.). Dieses Prinzip setzte sich jedoch im kan. Recht nur langsam durch, da noch der CIC/1917 in den cann. 1667-1700 die Typisierung gerichtlich geltend zu machender Ansprüche als sog. benannte K. vorsah. Im CIC/1983 sind die benannten K. abgesehen von der Bitte um einstweiligen Rechtsschutz nicht mehr aufgenommen (vgl. cc. 1496-1498; cc. 1158-1161 CCEO).

Für Eichmann ist actio gleichbedeutend m. der prozessualen Einkleidung des umstrittenen materiellen Rechts. Torquebiau betrachtet die K. im CIC/1917 einerseits statisch als das Recht, im Prozess das zu verlangen, was dem →Kläger geschuldet wird u. andererseits im dynamischen od. im objektiven Sinn als Ausübung des Rechts, sich an einen Gerichtshof zu wenden, um etwas Geschuldetes einzufordern. In diesem Sinn kann vom Vorbringen einer K. od. von der tatsächlichen Ausübung eines Klagerechts gesprochen werden. Im dynamischen Sinn ist die K. jene Prozesshandlung, m. welcher der Kläger bei einem Gericht (→Gerichte, kirchliche) →Rechtsschutz beantragt.

Mörsdorf unterstreicht die doppelte Bedeutung des Wortes actio, die dynamisch als Klagehandlung u. statisch als Klagerecht verstanden wird. Kienitz gebraucht den Begriff der actio nur im dynamischen Sinn, während er im CIC/1917 vorwiegend in seiner statischen Bedeutung verwendet wird. Kienitz beruft sich auf Roberti, der die Verschiedenheit von actio u. ius aufs entschiedenste verteidigt. Diese Unterscheidung steht unter dem Einfluss der älteren dt. Lehre. Cappello, Torquebiau u. Conte a Coronata sehen die K. statisch u. im Wesentlichen als durch die Rechtsnorm bestimmt. Conte a Coronata definierte daher die K. im kan. →Prozessrecht folgendermaßen: „Est igitur actio tuitio iuris iudicialis publica lege positiva concessa“. Sie unterscheidet sich vom umstrittenen Recht wie der Besitzer einer Sache vom umstrittenen Gegenstand selbst.

Der CIC/1983 bietet den Prinzipien seiner Red. gem. keine Definition der K. u. enthält eine gegenüber dem CIC/1917 stark reduziert Zahl von Normen zur K. Die K. ist ein rein prozessuales Instrument, das dem Anspruch der Person an die kirchl. Gerichtsbarkeit (→Gerichtsbarkeit, kirchliche bzw. religiöse) entspricht, auf die Behauptung eines Rechtsschutzinteresses hin das gesetzlich vorgesehene Verfahren durchzuführen.

C. 1461 unterscheidet klar zwischen der K. u. dem subjektiven Recht. Es gibt jedoch in der kirchl. Rechtsordnung K., denen kein subjektives Recht entspricht. Dies ist bei negativen Feststellungsklagen der Fall, bei denen es nur um →Rechtssicherheit geht, indem sie das Nichtbestehen von Rechtsverhältnissen erklären. Im Ehe- u. im Weihenichtigkeitsprozess (→Ehenichtigkeitsverfahren u. →Weihenichtigkeit) geht es um den Erlass von Feststellungsurteilen, die per definitionem rein deklarativer Natur sind, d. h. die Rechtslage nicht verändern. Zum Erhalt von solchen

→Urteilen werden Feststellungsklagen (actiones declaratoriae) eingebracht, welche sich auf die Erkl. des Nichtbestehens des Rechtsverhältnisses Ehe zwischen den beiden Partnern beziehen. Das Streitobjekt kann vom Beklagten bei der Feststellungsklage im Gegensatz zur Leistungsklage nicht gewährt werden.

Der hier vertretene Klagebegriff trifft auch auf die sog. Widerklage (actio reconventionalis, c. 1494; c. 1156 § 1 CCEO) zu, die von der beklagten →Partei gegen den Kläger erhoben wird, sei es wegen des Sachzusammenhangs, sei es zur Minderung od. Aufhebung des geltend gemachten Anspruchs. Die K. unterscheidet sich von der instantia, welche in der Ausübung der K. vor dem Gericht besteht.

Die K. besteht aus drei Elementen: dem Subjekt (actionis subiectum), dem Objekt (actionis obiectum, auch petitum genannt) sowie dem zugrunde liegenden rechtserheblichen Tatbestand, dem factum iuridicum. Das Objekt ist der Anspruch, der durch die K. geschützt werden soll. Die causa petendi bildet die rechtliche Grundlage, die den Anspruch des aktiven Subjekts der K. rechtfertigt. Die Verschiedenheit eines einzigen dieser Elemente führt bereits zu einer anderen K.

Nach der Deutschen ZPO ist eine Mehrheit von Begründungen für dens. prozessualen Anspruch keine objektive Klagenhäufung. Es bestehen mehrere Anspruchsgrundlagen. Im KR macht der Kläger bei kumulativer Klagenhäufung gleichrangig, also nebeneinander mehrere Leistungsbegehren geltend. Für vorgebrachte unvereinbare Behauptungen gilt die Eventualmaxime, denn einander widersprechende Klagegründe können nur alternativ kumuliert werden. Bei der Eventualklagenhäufung verbindet der Kläger ein Hauptbegehren m. einem Hilfsanspruch für den Fall (in eventu), dass dem Hauptbegehren nicht stattgegeben wird. Um eine Vielzahl von parallel laufenden Verfahren zu vermeiden, können gleichzeitig mehrere K. in Bezug auf dies. Sache vorgebracht u. zugelassen werden, sofern sie sich nicht gegenseitig ausschließen (vgl. c. 1493) od. beeinträchtigen. Ausdrücklich vorgesehen ist die Möglichkeit der Kumulierung der Strafklage m. der Streitklage für →Schadenersatz.

Literatur

Kienitz, E. R. v., Klageinhalt u. Klageänderung im Zivilprozeßrecht des Codex Iuris Canonici, Freiburg 1932 (Diss.); Conte a Coronata, M., Institutiones Iuris Canonici ad usum utriusque Cleri et scholarum, Bd. IV, Turin 1933, 96-104; Mörsdorf, K., Die Rechtssprache des Codex Iuris Canonici, Paderborn 1937, 319-320; Torquebiau, P., Livres IV et V: Des procès, des délits, des peines: Traité de Droit Canonique, hg. v. R. Naz, 3 Bde., Paris 1946-1949, Bd. III, 148; Roberti, F., De Processibus, Bd. I, Rom [4]1956, 583-595; Lickleder, H., Der Streitgegenstand im kan. Zivilprozeßrecht, Erlangen 1960 (Diss.); Geringer, K. Th., Die Ehenichtigkeitsklage: AfkKR 156 (1987), 412-431; Lederhilger, S. J., Theorie u. prozeßökonomische Praxis von ‚subordinate' angeführten Klagegründen im Ehenichtigkeitsverfahren: Iustitia in caritate (FS Rößler), hg. v. R. Puza – A. Weiß, Frankfurt 1997 (AIC 3), 353-369; Pree, H., Kompatibilität von Klagegründen im kirchl. Ehenichtigkeitsprozess: DPM 6 (1999), 71-90; ders., Zum Problem der subjektiven Rechte in der Kirche: I principi per la revisione del codice di diritto canonico. La ricezione giuridica del Concilio Vaticano II, hg. v. J. Canosa, Mailand 2000 (Pontificia Università della Santa Croce, Monografie giuridiche 16), 337-341; Schöch, N., Festlegung, Änderung u. Konformität von Klagegründen im Eheprozess, Frankfurt 2003 (AIC 30), 9-25.

Nikolaus Schöch

Klageablehnung
→Klageschrift

Klageannahme
→Klageschrift

Kläger – Katholisch

Als K. kann jede natürliche od. jur. Person (→Juristische Person, kirchliche) (cc. 1476 u. 1480; cc. 1134 u. 1138 CCEO) auftreten, die ein durch die kan. Rechtsordnung geschütztes Recht geltend machen kann u. der richterlichen Entscheidung zu seiner Durchsetzung od. Verteidigung bedarf, d. h. über ein Rechtsschutzbedürfnis verfügt. Der K. wendet sich durch Einreichen einer →Klageschrift an ein Gericht (→Gerichte, kirchliche), welches nach Feststellung der Zuständigkeit das Gerichtsverfahren (→Gerichtsverfahren, kirchliches) in Gang setzt. Der K. ist das aktive Subjekt, welches die Anerkenntnis seines subjektiven Rechts erlangen will. Diese Anerkenntnis wird m. Ausnahme der Feststellungsklagen auf Seiten des passiven Subjekts erbeten.

Minderjährige (cc. 97-98; cc. 909-910 CCEO) u. Geisteskranke sind nicht prozessfähig. Sie können nur durch Eltern, →Vormund od. Pfleger (c. 1478; c. 1136 CCEO) klagen. Ab Vollendung des 14. Lj. können Minderjährige in geistl. Angelegenheiten (in spiritualibus: c. 1401 1°; c. 1136 §3 CCEO) selbst handeln. Eine jur. Person wird durch einen gesetzlichen Vertreter tätig (c. 1480 §1; c. 1138 §1 CCEO). Fehlt die Prozessfähigkeit des K., so muss der →Richter einen Vormund od. Pfleger ernennen. Kann der für eine jur. Person aufgetretene gesetzliche Vertreter seine Berechtigung nicht nachweisen, so muss die Klageschrift abgewiesen werden.

Der K. begehrt den richterlichen Zuspruch einer für sich in Anspruch genommenen Rechtslage, die er aus einem angegebenen Lebensvorgang (Grund des Anspruchs) ableitet. Über die Berechtigung dieser Rechtsfolgebehauptung wird im Prozess gestritten, sie bildet den →Streitgegenstand. Durch die Klageschrift ruft der K. den Dienst des Richters an, um die Durchsetzung eines Rechts zu erlangen.

Der K. muss eine bestimmte Beziehung zur Streitsache behaupten, die man Aktivlegitimation od. Sachbefugnis nennt. Sie ist Voraussetzung für sein Auftreten als K. u. für die Begründetheit der Klage.

Eine Ausnahme bildet der →Kirchenanwalt als K. kraft Amtes, der auf die Nichtigerklärung einer fremden Ehe (cc. 1674 §1 2° MP →Mitis Iudex Dominus Iesus; 1360 §1 2° MP Mitis et misericors Iesus) klagt u. im →Strafprozess als Ankläger auftritt (c. 1721 §1; c. 1472 §1 CCEO). Der Kirchenanwalt ist ein Organ der kirchl. Gerichtsverfassung (→Gerichtsverfassung, kirchliche) u. Teil des Gerichtspersonals; in Streitsachen vertritt er das →Gemeinwohl, in Strafsachen ist er Ankläger in öff. Interesse.

Während im Strafprozessrecht für den Ankläger der Begriff „actor" verwendet wird (c. 1721 §2; c. 1472 §2 CCEO), vermeiden die Spezialnormen über den Ehenichtigkeitsprozess diesen Ausdruck. Auch für das →Ehenichtigkeitsverfahren gilt prinzipiell das Schema des ordentlichen Streitprozesses (c. 1691 §3 MP MIDI; c. 1377 §3 MP Mitis et misericors Jesus). Beide →Parteien können als K. auftreten. Es handelt sich um eine Streitgenossenschaft zwischen beiden Ehepartnern, weshalb der →Ehebandverteidiger im öff. Interesse für die für den Streitprozess charakteristische Dialektik sorgt.

Im Ehe- u. im Weihenichtigkeitsverfahren (→Weihenichtigkeit) ist der Anspruch des K. nicht privatrechtlicher Natur, d. h. nicht auf Leistung des Beklagten gerichtet, sondern gehört dem öff. Recht an u. richtet sich an die Kirche. Zum Erhalt von solchen →Urteilen werden Feststellungsklagen (actiones declaratoriae) eingebracht, welche sich auf die Erkl. des Nichtbestehens des Rechtsverhältnisses Ehe zwischen den beiden Partnern beziehen.

Die freiere Wahlmöglichkeit zwischen den Gerichtsorten (→Gerichtsort, kirchlicher) (c. 1672 2° MP MIDI; c. 1358 2° MP Mitis et misericors Jesus) erlaubt dem K. im Ehenichtigkeitsprozess abzuwägen, welches Gericht am leichtesten zu erreichen ist, die bevorzugte Sprache versteht, den gewünschten →Anwalt zulässt etc. Hinter der gesetzlichen Aufwertung des K., dem die Klärung seines kirchl. →Personenstandes ein Anliegen ist, steht ein pastorales Interesse.

Die fehlende Prozessfähigkeit, etwa auf Grund von Minderjährigkeit od. einer →Geisteskrankheit nimmt die Rolle des K. nicht, sondern führt zu dessen Teilnahme am Verfahren durch die Eltern, den Vormund od. den Pfleger. Der angerufene Richter hat sich nach Maßgabe von cc. 1478-1480; cc. 1136-1138 CCEO darum zu kümmern, dass die prozessunfähige Person einen solchen erhält.

Der K. will seinen geltend gemachten Anspruch durch richterliche Entscheidung zugesprochen bekommen u. hat deshalb die Pflicht, an der Abwicklung des Prozesses mitzuwirken: Dies geschieht v. a. durch die gerichtliche Aussage zur Sache (cc. 1530, 1531 §1; cc. 1211, 1212 §1 CCEO) sowie durch die Vorlage von →Beweisen (cc. 1504 2°, 1526 §1; cc. 1187 2°, 1207 §1 CCEO). Wird er in der Erfüllung dieser Pflichten säumig, so wird der Verzicht auf den Rechtszug gesetzlich vermutet (c. 1594 2°; c. 1274 2° CCEO). Die Rechtshängigkeit erlischt m. Ablauf von sechs Monaten von Rechts wegen (c. 1520; c. 1201 CCEO). Ein o. K. geführter Prozess führt zu einem unheilbar nichtigen Urt. (vgl. c. 1620 4°; c. 1303 §1 4° CCEO).

Das prozessuale Rechtsverhältnis zwischen dem K. u. dem Gericht sowie zwischen dem Gericht u. der Gegenpartei beginnt m. der Ladung des Beklagten (c. 1512; c. 1194 CCEO). Es endet auf versch. Weise, entweder durch rechtskräftiges Urt., durch Vergleich od. →Schiedsspruch (sofern es nicht um das öff. Wohl geht, vgl. c. 1715 §1; c. 1103 §3 CCEO), durch Erlöschen der Rechtshängigkeit (peremptio: c. 1520; c. 1201 CCEO) od. durch Klagerücknahme (renuntiatio: cc. 1524-1525; cc. 1205-1206 CCEO).

Quellen

Franziskus, MP Mitis Iudex Dominus Iesus vom 15. August 2015: AAS 107 (2015), 958-970; ders., MP Mitis et misercors Iesus vom 15. August 2015: AAS 107 (2015), 946-957.

Literatur

Stork, G., Der Kirchenanwalt im kan. Recht, Würzburg 1999 (FzK 31), 87-99; Zumbült, M., Änderungen im Ehenichtigkeitsverfahren durch das MP Mitis Judex Dominus Jesus: KuR 22 (2016), 94-95; García Faílde, J. J., Nuevo Tratado de Derecho Procesal Canónico. Código de Derecho Canónico, Instrucción „Dignitas Connubii“, M.P. „Mitis Iudex Dominus Iesus“, Madrid 2017 (Studia Canonica Matritensia 5), 37-54; Lüdicke, K.: MKCIC c. 1478-1480.

Nikolaus Schöch

© 2019, DOI: 10.30965/9783506786388_0699

Klagerecht – Katholisch

Zum K. gehört die Aktivlegitimation, auch Sachbefugnis genannt, als die rechtlich geschützte Beziehung der klagenden Person zum Gegenstand des Prozesses. Das K. hängt in seiner Kraft von materiellrechtlichen Umständen sowie vom Rechtsschutzanspruch ab. Es ist von der Prozessführungsbefugnis, m. der es eng verbunden ist, zu unterscheiden, welche von der Erfüllung gesetzlich festgelegter Prozessvoraussetzungen abhängt u. v. a. in der Beziehung zwischen dem →Kläger, der die →Klageschrift einreicht, u. dem Gericht (→Gerichte, kirchliche), welches sie entgegennimmt, zum Ausdruck kommt. Fehlt eine der Prozessvoraussetzungen, so ist die →Klage unzulässig, o. dass deshalb das K. fehlen muss. Die Zurückweisung der Klageschrift durch den →Richter nimmt dem Kläger nicht das K., da sie korrigiert od. erg. erneut vorgelegt werden kann.

C. 221 §1 (c. 24 §1 CCEO) gewährt das Grundrecht auf →Rechtsschutz. Es beinhaltet den Zugang zum Gerichtsorgan, zur Vorlage einer Klageschrift u. das Recht, ein →Urteil dazu zu erhalten, sofern der Kläger geltend macht, in eigenen Rechten od. in jenen eines Organs, dem er angehört, verletzt worden zu sein.

Die Klageschrift kann zurückgewiesen werden, wenn sicher zutage liegt, dass das Begehren jeglicher Grundlage entbehrt u. eine solche auch nicht im Prozessverlauf entdeckt werden kann. Das kommt in Betracht, wenn das K. fehlt, etwa weil ein nicht klagbarer Anspruch erhoben wird (etwa Klage auf Eingehung der Ehe entgegen c. 1062 § 2) od. die angeführte Tatsache das Klagebegehren nicht trägt (Sterilität als Ehenichtigkeitsgrund).

Das K. auf Nichtigerklärung einer Ehe (→Ehenichtigkeitsverfahren) erlischt m. dem Tod, es sei denn, die Entscheidung über die Klage ist für die Lösung einer anderen Streitfrage von kirchl. od. weltlichen Gerichten bedeutsam (cc. 1674 § 2 MP →Mitis Iudex Dominus Iesus; 1360 § 2 MP Mitis et misericors Iesus). In Verfahren zur Feststellung der →Weihenichtigkeit steht das K. dem betroffenen →Kleriker u. dem →Ordinarius derjenigen →Diözese zu, in der er geweiht wurde, inkardiniert ist od. rechtmäßig seinen priesterlichen Dienst ausgeübt hat (c. 1708; c. 1385 CCEO).

Auf Weisung des Ordinarius des Tatortes (c. 1412; c. 1078 CCEO), des →Wohnsitzes od. Quasiwohnsitzes (c. 1408; c. 1974 CCEO) od. des Aufenthaltsortes des →Wohnsitzlosen (c. 1409 § 1; c. 1075 § 1 CCEO) übt der →Kirchenanwalt, an dessen Gericht er bestellt ist, das K. (c. 1721; c. 1472 CCEO) aus u. erhebt →Anklage.

Es ist herrschende Meinung in der Lit., dass die →Rechtsfähigkeit Voraussetzung der Prozessfähigkeit sei. Prozessfähigkeit u. kirchl. Rechtsfähigkeit stimmen jedoch nicht überein. Nach c. 96 (c. 7 § 1 CCEO) erlangt man durch die →Taufe das Personsein in der Kirche Jesu Chr. u. damit die Rechtsfähigkeit.

Die Aussage des can. 1646, dass jedermann vor Gericht klagen könne, der nicht vom Gesetz ausdrücklich vom K. ausgeschlossen sei, war i. V. m. der Bestimmung über die Rechtsfähigkeit nach can. 87 u. durch das Resp. des Hl. Offiziums vom 27.01.1928 so verstanden worden, dass weder Ungetauften noch getauften Nichtkatholiken ein K. zustand. Diese durch Art. 35 § 3 der Instr. vom 15.08.1936 bestätigte Beschränkung ist durch die Antwort der Kommission zur Interpretation des 2. Vatikanischen Konzils vom 08.01.1973 aufgehoben worden. Damit war der Weg für die Formulierung der c. 1476 u. c. 1134 CCEO frei, welche die Beschränkung des K. auf geschäftsfähige →Katholiken ebenso wie auf jene, welche die →Ehenichtigkeit verursacht hatten (can. 1971 § 1 1°, Art. 37 § 1 Instr., 1936), aufhoben. Die in c. 11; c. 1490 CCEO für Nichtkatholiken vorgesehenen Einschränkungen der Rechtsfähigkeit finden daher keine Anwendung auf das K., das für jede Person gilt, unabhängig davon, ob sie getauft od. ungetauft, kath. ist od. nicht, m. einer →Kirchenstrafe belegt od. aus der Kirche ausgetreten ist.

Christen, die nicht kath. sind, u. Ungetaufte nehmen das Rechtsschutzsystem der Kirche in Anspruch, wenn der →Ledigenstand vor der kath. Kirche bewiesen werden muss (vgl. Art. 3 § 2 Instr. DC), etwa im Fall der geplanten →Eheschließung m. einem kath. Partner (vgl. c. 1066) od. beim Wunsch, das Sakrament der Taufe zu empfangen od. in die volle Gemeinschaft m. der kath. Kirche aufgenommen zu werden. Die Kirche muss das K. jenen gewähren, die in der Kirche gem. c. 96 nicht rechtsfähig sind, weil sie die Rechtshoheit über die geplanten Rechtshandlungen beansprucht. Nach cc. 1671 § 1 MP MIDI u. 1357 § 1 MP Mitis et misericors Iesus gewährt die kath. Kirche in Ehesachen Christen, die nicht kath. sind, grds. das K., weil es aus dem Anspruch des kirchl. Richters folgt, die Ehen von Getauften Kraft eigenen Rechts zu beurteilen. Ein K. von Ungetauften, das sich nicht auf die Personenstandsfeststellung bezieht, ist mangels Rechtsschutzbedürfnisses nicht vorstellbar. Das Rechtsschutzbedürfnis, welches durch die Aufgabenstellung kirchl. Gerichte (vgl. c. 1400; c. 1055 CCEO) begrenzt ist, wird in c. 1501 (c. 1104 § 2 CCEO) zu den Voraussetzungen für das K. gezählt.

C. 1491 (c. 1149 CCEO) definiert die K. nicht, sondern beschreibt ihre Funktion: jegliches subjektive Recht wird von einer Klage geschützt, was nicht bedeutet, dass das K. in jedem Fall dazu dient, ein subjektives Recht zu schützen. Es ist aber auch in der geltenden →Gesetzgebung offensichtlich, dass jede Klagehandlung im dynamischen Sinn ein K. im statischen Sinn voraussetzt.

Nach c. 1492 §1 (c. 1150 CCEO) sind die Klagen dem Grundsatz der →Verjährung unterworfen, d. h. sie können nicht in alle Ewigkeit vorgelegt werden. Gem. c. 197 (c. 1540 CCEO) verjährt die Klage m. dem Ablauf der in der staatl. Gesetzgebung vorgesehenen Frist, sofern nicht das kan. Recht für bestimmte Klagen eigene Fristen vorsieht sowie die gesetzlich festgelegten sonstigen Voraussetzungen gegeben sind (Vorliegen des entspr. Rechtstitels, des guten Glaubens, etc.). M. der Verjährung der Klage erlischt auch das K. Die einzigen Klagen in der kan. Rechtsordnung, die nie erlöschen, sind jene, welche den →Personenstand betreffen (vgl. c. 1643; 1324 CCEO).

Quellen

Resp. des Hl. Offiziums vom 27. Januar 1928: AAS 20 (1928), 75; Kongr. für die Sakramente, „Instructio" vom 15. August 1936, Instr. servanda a tribunalibus dioecesanis in pertractandis causis de nullitate matrimoniorum: AAS 28 (1936), 313-361; Kommission zur Interpretation des 2. Vatikanischen Konzils vom 8. Januar 1973: AAS 65 (1973), 59; Apost. Signatur, Responsio vom 28. Mai 1993 (Prot Nr. 23805/92 VT): IusEccl 6 (1994), 366; PCLT, Instr. Dignitas Connubii: Comm. 37 (2005), 11-92; Franziskus, MP Mitis iudex Dominus Iesus vom 15. August 2015: AAS 107 (2015), 958-970; ders., MP Mitis et misericors Iesus vom 15. August 2015: AAS 107 (2015), 946-957.

Literatur

Navarrete, U., Acta Tribunalium S. Sedis, Supremum Signaturae Apostolicae Tribunal, Commentarium: Periodica 82 (1993), 339-352; Güthoff, E., Das Streitverfahren: HbkathKR³, 1673-1674; Rambacher, S., Die Eheverfahren: HbkathKR³, 1694-1696; KanR ErgBd., 24-25; Lüdicke, K.: MKCIC c. 1476.

Nikolaus Schöch

© 2019, DOI: 10.30965/9783506786388_0700

Klageschrift – Katholisch

Die Erhebung der →Klage erfolgt durch die Vorlage der K., lat. Libellus litis introductorius od. petitio iudicialis genannt. Die K. ist bei Gericht (→Gerichte, kirchliche) schriftlich einzureichen, doch ist ein mündlicher Klagevortrag grds. zulässig, wobei der →Notar eine Niederschrift erstellen muss (c. 1503 §§1-2; c. 1186 CCEO). Bei der Erstellung der K. kann der →Kläger die Hilfe des Vertrauensanwalts, des vom Gericht entlohnten Parteibeistands (vgl. c. 1490; c. 1148 CCEO) od. der vom →Diözesanbischof m. der Durchführung der pastoralen →Voruntersuchung gem. Art. 2-5 der Ratio procedendi des MP →Mitis Iudex Dominus Iesus betrauten Personen in Anspruch nehmen. Im gerichtlichen →Strafprozess wird die K. Anklageschrift genannt u. vom →Kirchenanwalt im Auftrag des zuständigen →Ordinarius vorgelegt (vgl. c. 1721 §1; c. 1472 §1 CCEO).

Die K. muss das um →Rechtsschutz angegangene Gericht, die vollständigen Namen u. Adressen der Prozessparteien sowie ggf. ihrer →Prozessbevollmächtigten angeben. Die K. muss den Kläger, den Beklagten, den Streitgegenstand u. die Gründe für die Klage bez. Weiters enthält sie das Klagebegehren sowie den Sachverhalt, aus dem der Rechtsanspruch hergeleitet wird u. listet die wichtigsten Beweismittel auf. Es müssen zumindest jene Tatsachen vorgebracht werden, auf welche die Rechtsnorm bezogen werden kann, z. B. Ausübung von Zwang, abgelehnte eheliche Treue etc. Zumeist enthält die K. auch die Rechtsgründe, d. h. die Angabe der Rechtsnorm, nomen iuris genannt, auf die der vorgebrachte Lebenssachverhalt gestützt wird (vgl. c. 1504 °2: „quo iure innitatur actor"). Sie ist für den Richter nicht verbindlich.

Schließlich ist die K. m. Tag, Monat, J. u. Zustelladresse zu versehen u. vom Kläger od. dessen Prozessbevollmächtigtem zu unterzeichnen (cc. 1502-1504; cc. 1185-1187 CCEO). Der K. müssen →Urkunden (z. B. Identitätsnachweis,

Taufschein, kirchl. u. standesamtliche Trauungsurkunde, Scheidungsurteil etc.) beigelegt werden, aus denen die Identität der → Parteien sowie deren aktive bzw. passive Legitimation u. die Tatsachen hervorgehen, auf die sie sich stützt (z. B. Briefwechsel, medizinische Atteste, → Sachverständigengutachten etc.).

Eine lange u. detaillierte v. a. in den USA verbreitete schriftliche Ehegeschichte ist nicht Teil der K. selbst, sondern kann ihr als Anhang zur Illustration beigefügt werden. Wegen ihrer subjektiven Färbung ruft sie nicht selten verärgerte Reaktionen des Beklagten hervor u. veranlasst ihn u. U. dazu, am kirchl. Nichtigkeitprozess (→ Ehenichtigkeitsverfahren) gar nicht teilzunehmen. Die schriftliche Ehegeschichte muss dem Beklagten nicht am Beginn des Verfahrens zugeleitet werden, sofern die für die Begründung der Klage wesentlichen Tatsachen bereits aus der K. selbst hervorgehen.

Der Notar registriert den Eingang der K. u. übergibt sie im Eheprozess dem → Gerichtsvikar, der m. einem → Dekret über deren Annahme entscheidet. Der Gerichtsvikar bzw. außerhalb des Ehenichtigkeitsprozesses der vorsitzende → Richter prüfen die K. nicht nur bzgl. der Begründung der Klage u. die zum Lebenssachverhalt passende Rechtsnorm, sondern auch in Bezug auf die Prozessvoraussetzungen: Kompetenz des Gerichts, Prozessfähigkeit des Klägers u. Mandat (c. 1484 §§ 1-2; c. 1142 §§ 1-2 CCEO), wenn die K. von einem Prozessbevollmächtigten vorgelegt wird. Binnen Monatsfrist hat das Gericht die K. anzunehmen od. sie wegen Unzuständigkeit, fehlender Prozessfähigkeit des Klägers od. fehlender Grundlage des Klagebegehrens abzuweisen (c. 1505 §§ 1-2). Gegen einen Klageablehnungsbeschluss kann innerhalb von zehn Tagen eine m. Gründen versehene Beschwerde an das Berufungsgericht gerichtet werden (c. 1505 § 4; c. 1188, § 4 CCEO).

M. der Vorlage der K. entsteht eine rechtliche Beziehung zwischen der Partei u. dem Gericht. Sie wird durch die Zulassung der K. u. die → Ladung des Beklagten vervollständigt. Es wird nicht nur die Eröffnung eines Prozesses erbeten, sondern noch konkreter der → Streitgegenstand umschrieben, auch wenn er erst später vom Richter durch Dekr. festgelegt wird. In bes. schwierigen Fällen können die Parteien u. ggf. der Bandverteidiger (→ Ehebandverteidiger u. → Weihebandverteidiger) vom Richter zur Festlegung des Streitpunktes od. der Streitpunkte geladen werden.

Das Dekr. der Annahme od. Ablehnung der K. hat prozessleitende Funktion u. muss deshalb gem. c. 1617 (c. 1300 CCEO) zur Gültigkeit zumindest summarisch begr. sein. Ist die K. lediglich unvollständig, so wird sie zurückgewiesen, aber nach Erg. durch die Partei od. deren Anwalt u. Prozessbevollmächtigten dems. Gericht erneut vorgelegt. Eine wegen Unzuständigkeit des Gerichtes abgewiesene K. kann beim zuständigen Gericht, eine mangels Prozessfähigkeit zurückgewiesene durch einen → Vormund od. Pfleger im Namen des Klägers erneut eingereicht werden (c. 1478; c. 1136 CCEO). Hat der ggf. unterzeichnende Prozessbevollmächtigte noch kein Mandat vorgelegt, kann der Richter die K. nur zulassen, wenn die Gefahr besteht, dass der Rechtsanspruch erlischt (c. 1484 § 2; c. 1142 § 2 CCEO).

Die Beschwerde gegen die Abweisung einer K. richtet sich gegen die Entscheidung des Vorsitzenden des → Kollegialgerichtes an das Kollegium, gegen jene des → Einzelrichters sowie des Kollegiums an das Berufungsgericht. Das Richterkollegium bzw. das Berufungsgericht haben schnellstens (expeditissime) zu entscheiden. Ob dagegen noch die Möglichkeit zur Inanspruchnahme des Berufungsgerichts gewährt werden muss, weil die Klageabweisung ähnlich wie eine Entscheidung über das Berufungsrecht das Verfahren beendet, ist in der Lehre umstritten. In einzelnen Dekr. der → Römischen Rota wurde die restitutio in integrum, der Antrag auf Wiedereinsetzung in den vorigen Stand nach c. 1645 (c. 1326 CCEO), gewährt.

Quellen

Röm. Rota, Dekr. coram Bruno vom 23. Mai 1986: StRot 2 (1987), 99-105; Franziskus, MP Mitis iudex Dominus Iesus vom 15. August 2015: AAS 107 (2015), 958-970; ders., MP Mitis et misericors Iesus vom 15. August 2015: AAS 107 (2015), 946-957.

Literatur

Mazzacane, E., La litis contestatio nel processo civile canonico, Napoli 1954 (Pubblicazioni della Facoltà giuridica dell'Università di Napoli 15), 41 ff.; Stankiewicz, A., De libelli reiectione eiusque impugnatione in causis matrimonialibus: StRot 2 (1987), 73-89; Grocholewski Z., De periodo initiali seu introductorio processus in causis nullitatis matrimonii: PerRCan 85 (1996), 83-116; Mathias, D., Die Zurückweisung der Klageschrift: DPM 3 (1996), 225-265; Rodríguez-Ocaña, R., Concepto, esencia y naturaleza jurídica de la demanda judicial canónica: IusCan 40 (2001), 391-454; ders., La demanda judicial canónica, Pamplona 2002; Zambon, A., La presentazione del libello: La riforma dei processi matrimoniali di Papa Francesco. Una guida per tutti, hg. v. der Redaktion der QDE, Mailand 2016 (Percorsi di diritto ecclesiale), 29-46; KanR ErgBd., 25-26; Lüdicke, K.: MKCIC cc. 1504-1506.

Nikolaus Schöch

© 2019, DOI: 10.30965/9783506786388_0701

Klausur – Katholisch

1. Begriff: Die K. ist ein kirchl. Rechtsinstitut zum Schutz des Ordenslebens vor unnötiger Unruhe, Störung u. für das geistl. Leben schädlicher Zerstreuung. Als aktive K. bedeutet sie die Verpflichtung der Ordensleute, sich im K.-Bereich der →Ordensniederlassung aufzuhalten u. diesen nicht o. rechtmäßigen Grund (bzw. nicht o. Erlaubnis des Oberen) zu verlassen; als passive K. verbietet sie das Betreten des K.-Bezirks durch unbefugte Personen. Das Gebiet der K. ist also der i. d. R. nur den Ordensmitgliedern zugängliche u. vorbehaltene Bereich eines →Klosters. Kirchenrechtliche Bestimmungen zur K. gibt es seit der Spätantike; zeitweise war die Materie im allg. Recht sehr detailliert geordnet, auch hinsichtlich bes. Ausnahmen.

2. Geltendes Recht: Das Vat II sprach sich grds. für die Beibehaltung der klösterlichen K. aus, regte aber deren zeitgemäße Anpassung an (vgl. PC 7, 16). Versch. Maßnahmen der nachkonziliaren Rechtsreform bereiteten die heute geltende Ordnung inhaltlich vor. Das jetzige Gesetzbuch der lat. Kirche zeichnet sich gegenüber den ausführlichen K.-Bestimmungen des CIC/1917 (cann. 597-607) durch die Beschränkung auf die Rahmennorm c. 667 aus. Sie schreibt für alle Niederlassungen von Religioseninstituten die Einrichtung eines klar abgegrenzten K.-Bereichs vor, der allein den Mitgliedern vorbehalten ist. Die Regelung der Materie im Einzelnen bleibt dem Eigenrecht überantwortet, wobei in Klöstern, die auf das kontemplative Leben ausgerichtet sind, eine strengere K.-Ordnung zu wahren ist (c. 667 §§1-2). Frühere Strafbestimmungen für die Verletzung der K. wie im CIC/1917 sind im allg. Recht weggefallen (vgl. can. 2342).

Bes. rechtliche Bestimmungen gibt es zur K. von →Nonnenklöstern u. kontemplativen Frauengemeinschaften. Ganz auf das beschauliche Leben ausgerichtete Nonnenklöster haben die sog. päpstliche K. zu wahren, die übrigen Nonnenklöster dagegen eine konstitutionelle K.-Ordnung, die ihren Verhältnissen angepasst ist (c. 667 §3). Die ApK Vultum Dei quaerere (2016) sieht als weitere Klausurform für kontemplative Frauengemeinschaften die monastische K. vor, die zwar strenger als die allg. K. ist, aber auch apost. Aufgaben der Gemeinschaft gerecht wird (Nr. 31). Den einzelnen Klöstern obliegt es, die ihrer Situation angemessene Form der K. zu wählen u. im Fall einer Änderung die Genehmigung des →Apostolischen Stuhls zu beantragen (Vultum Dei quaerere, Art. 10). Der →Diözesanbischof kann die K. der Nonnenklöster in seinem Bistum aus gerechtem Grund betreten; aus schwerwiegendem Grund u. m. Zustimmung der Oberin kann er auch anderen Personen das Betreten der

K. sowie Nonnen für einen notwendigen Zeitraum das Verlassen der K. gestatten (c. 667 § 4). Die speziellen Normen zur K. der Nonnen, die gem. c. 667 § 3 vom Apost. Stuhl zu erlassen sind, liegen in der Instr. Cor orans (2018) der →Kongregation für die Institute des geweihten Lebens und die Gesellschaften des apostolischen Lebens vor.

Das Recht der kath. Ostkirchen schreibt für die Klöster ebenfalls eine deutlich gekennzeichnete K. vor, überlässt deren nähere Regelung aber dem klösterlichen Eigenrecht (Typikon). Die Hausoberen können jeweils über das Eigenrecht hinaus aus schwerwiegendem Grund weiteren Personen den Zutritt zur K. gestatten. Die Umschreibung u. Änderung der K. eines eigenberechtigten Klosters ist Sache des Oberen m. Zustimmung seines Rates; der Eparchialbischof ist darüber jeweils zu verständigen (c. 477 CCEO).

Quellen

Vat II, PC; Kongr. für die Inst. des geweihten Lebens u. die Gesellschaften des apost. Lebens, Instr. Verbi sponsa vom 13. Mai 1999, Vatikanstadt 1999; Franziskus, ApK Vultum Dei quaerere vom 29. Juni 2016: AAS 108 (2016), 835-861; dt.: Ordenskorrespondenz 57 (2016), 465-488; VApSt 208; Kongr. für die Inst. des geweihten Lebens u. die Gesellschaften des apostolischen Lebens, Instr. Cor orans vom 1. April 2018: VApSt 214; Eigenrecht der einzelnen Klöster u. Ordensgemeinschaften.

Literatur

Creusen, J., Art. Cloture: DDC Vol. III, 892-908; Jombart, É. – Viller, M., Art. Cloture: Dictionnaire de spiritualité Vol. 2/1, 979-1007; Leclercq, J. – Cubelli, F. – Ancilli, E. – Hostie, R., Art. Clausura: DIP Vol. II, 1166-1183; Brennan, M., Klausur: Die Institutionalisierung der Unsichtbarkeit der Frau in geistl. Gemeinschaften: Conc. 21 (1985), 412-419; Henseler, R., „Rabbi, wo wohnst Du?" – „Komm und sieh!". Ist eine gesamtkirchliche Klausurregelung heute noch sinnvoll?: Iuri Canonico Promovendo (FS Schmitz), hg. v. W. Aymans – K.-Th. Geringer, Regensburg 1994, 499–-505; La clôture des moniales, hg. v. J. Prou, Paris 1996; Piquer, R. M., La clausura de las monjas. Aproximación histórica y psicológica: Studia monastica 38 (1996), 131-171; Beyer, J. B., La clausura: QDE 10 (1997), 230-236; Frank, K. S., „Der verschlossene Garten" (Hld 4,12). Zu den Anfängen der Klausur in Frauenklöstern: Garten des Lebens (FS Cramer), hg. v. M.-B. v. Stritzky – C. Uhrig, Altenberge 1999 (Münsteraner Theol. Abh. 60), 103-118; Calisi, G., La clausura delle monache. Sviluppo storico-giuridico, Rom 2001; Ahlers, R., „Verbi sponsa". Zur neuen Instruktion über das kontemplative Leben u. die Klausur der Nonnen: Iudicare inter fideles (FS Geringer), hg. v. W. Aymans – S. Haering – H. Schmitz, St. Ottilien 2002, 1-16; McGrath, A., Verbi Sponsa: An Instruction on the Contemplative Life and on the Enclosure of Nuns. Issued by the Congregation of Institutes of Consecrated Life and Societies of Apostolic Life: PerRCan 91 (2002), 361-422; Henseler, R., Art. Klausur: LKR 559-562; Meier, D. M., Entschiedenheit leben. Die Klausurformen nach c. 667 CIC: EuA 85 (2009), 434-438; Wiesflecker, P., „Wir haben strenge Klausur ...". Kirchenrechtliche u. kirchenrechtshistorische Aspekte der päpstlichen Klausur am Beispiel der Benediktinerinnenabtei St. Gabriel, Bertholdstein, Graz 2010; Analecta Cisterciensia 61 (2011) (Beiträge der Tagung „Die monastische Klausur", Bronnbach, 4./5. März 2011); McGrath, A., Art. Clausura: DGDC Vol. III, 115-119; Meier, D. M., Art. Klausur: 100 Begriffe aus dem Ordensrecht, hg. v. dems. – E. Kandler-Mayr – J. Kandler, St. Ottilien 2015, 240-244; Häring, S., Kommentar zu „Vultum dei quaerere": Ordenskorrespondenz 57 (2016), 489-504; Bauer, N., Vultum Dei Quaerere: New Norms for Nuns: Jurist 76 (2016), 379-414; Sheridan, S. O., To Seek the Face of God: The Cloister and Renewal of Women's Contemplative Monasteries: Jurist 76 (2016), 415-446; Meier, D. M., Die Apost. Konstitution „Vultum dei quaerere". Autonomie u. Klausur: EuA 93 (2017), 463-469.

Stephan Haering

© 2019, DOI: 10.30965/9783506786388_0702

Kleidung, geistliche

→Geistliche Kleidung

Kleidung, klerikale
→Geistliche Kleidung

Kleidung, liturgische
→Liturgische Kleidung

Kleidung, Ordensleute
→Ordenskleidung

Kleidung, religiöse
→Bekleidung, religiöse

Klerikaler Verein
→Klerikervereinigung

Kleriker – Katholisch

Definition der K. im CIC/1917: Can. 107 postuliert die im →Ius divinum begr. klare Unterscheidung zwischen K. u. →Laien, die dieses Gesetzbuch von Grund auf prägt. Diesem Canon zufolge sind aber nicht alle Klerikerstufen im göttlichen Recht begr. Die K. stellen die leitende u. lehrende Kirche dar, die Laien hingegen die gehorchende u. lernende Kirche. Can. 108 §1 definiert die K. als diejenigen, die wenigsten durch den Empfang der →Tonsur den hl. Diensten geweiht sind. M. der Tonsur erfolgt die standesrechtliche Zuordnung zum →Klerikerstand. Allein K. sind für die hl. Dienste geweiht, für Laien besteht eine alleinige Zuständigkeit für die weltlichen Angelegenheiten. Can. 948 legt fest, dass durch die Weihe (→Ordination, Weihe) nach der Einsetzung Christi zwischen K. u. Laien unterscheiden wird. Dazu werden die beiden Hauptaufgaben der K. genannt: →Leitung der →Gläubigen u. Verrichtung des →Gottesdienstes. M. dem Empfang der Tonsur geht die →Inkardination in eine →Diözese od. eine →Ordensgemeinschaft einher (vgl. can. 111). Die Kirche ist nicht nicht nur zwischen K. u. Laien hierarchisch gegliedert, sondern auch innerhalb der sacra hierachia der K. besteht eine klare Über- u. Unterordnung (vgl. can. 108 §2). Nach can. 108 §3 besteht eine doppelte →Hierarchie: die Weihehierarchie umfasst gem. göttlicher Weisung →Bischöfe, →Priester u. ministri. Die Definition dieser ministri bleibt offen; zumeist werden →Diakone in der Lit. darunter gefasst. Die Jurisdiktionshierarchie besteht aus dem →Papst, der über die höchste Jurisdiktionsgewalt verfügt, u. dem die bfl. potestas iurisdictionis untergeordnet ist. Das Verhältnis von potestas iurisdictionis u. potestas ordinis sowie der hierarchia iurisdictionis u. der hierarchia ordinis bleibt im CIC/1917 offen. In can. 949 wird zwischen den ordines maiores, Presbyterat, Diakonat u. Subdiakonat, sowie den ordines minores, Akolythat (→Akolyth), Exorzistat, Lektorat (→Lektor) u. Ostiarat, unterschieden. Das Episkopat wird nicht als höhere Ordo-Stufe aufgeführt. Dies ausgenommen folgt die Aufzählung der Weihestufen derer, die erstmalig in den Statuta ecclesiae antiqua, einer Slg. vermutlich aus dem Gallien des fünften Jh., zu finden ist. Die im CIC/1917 aufgeführten Rechte (→Klerikerrechte) u. Priviliegen (vgl. cann. 118-123) sowie Verpflichtungen der K. (→Klerikerpflichten) (vgl. cann. 124-144) spiegeln das klerikale Standesbewusstsein u. den Anspruch auf eine Sonderstellung wider.

Definition der K. in den Dokumenten des →Zweiten Vatikanischen Konzils: Das Vat II betont das Verbindende aller Getauften u. verortet Bf., Priester u. Diakone innerhalb des →Volkes Gottes (LG 9-17). Damit wurde eine Neupositionierung der K. innerhalb der Kirche, die sich in der Aufeinanderverwiesenheit von gemeinsamem u. hierarchischem Priestertum (→Allgemeines bzw. Gemeinsames Priestertum, →Priestertum des Dienstes) zeigt, das im Dienst aller Getauften steht. Trotz dessen finden sich noch Relikte eines paternalistischen Klerikerverständnisses (LG 28). Aus den Konzilsdokumenten geht hervor, dass Bf., Presbyter u. Diakone zu den K. zählen. Der

Klerikerbegriff des Konzils bleibt offen, da m. Blick auf die lat. Kirche keine Klärung erfolgt, ob das Subdiakonat, die niederen Weihen u. die Tonsur weiter bestehen. Hinsichtlich der →Bischofsweihe erfolgt eine Klärung u. Neupositionierung, da diese in LG 21 als Fülle des →Weihesakraments bez. wird. Die sazerdotale Verengung, die das Konzil von Trient prägte, wird aufgelöst. LG 29 führt den Diakonat als ständige Weihestufe ein u. begr. dies m. den Bedürfnissen der Zeit. Das Konzil rezipiert die Unterscheidung von potestas iurisdictionis u. potestas ordinis, die den CIC/1917 prägt, nicht u. spricht stattdessen von einer potestas bzw. potestas sacra. Diese potestas wird allerdings nicht definiert, sondern eine Füllung des Begriffs der nachkonziliaren Diskussion überlassen. Diese Frage führt noch heute zu kontroversen theol. u. kirchenrechtlichen Diskussionen (→Vollmacht).

Definition der K. in der nachkonziliaren Gesetzgebung: Das MP Sacrum Diaconatus Ordinem aus dem J. 1967 setzt die konziliaren Vorgaben zur Erneuerung der ständigen Diakonats in der lat. Kirche, die LG 29 macht, in rechtliche Normen um. Das eigene Wesen der →Diakonenweihe soll in den Vordergrund gerückt werden u. das Diakonat soll nicht nur als reine Durchgangsstufe zum Presbyterat verstanden werden. Sacrum Diaconatus Ordinem stellt eine RO dar, die durch die →Bischofskonferenzen ausgestaltet werden kann. Das MP unterscheidet zwischen ledigen Diakonen, die ab 25 J. geweiht werden können (Art. 4) u. zolibatär leben sowie älteren Diakonen, die ab 35 J. die Weihe empfangen können. Diakone höheren Alters können verheiratet sein (Art. 11-13). Somit wird für diese die Zölibatsverpflichtung (→Zölibat) aufgehoben. Doch nach dem Empfang der Weihe gilt das →Ehehindernis der Weihe o. Einschränkung (Art. 16).

Das MP Ministeria Quaedam ordnet 1972 die Tonsur, die niederen Weihen, Subdiakonat, Diakonat neu u. definiert den Eintritt in den Klerikerstand. Art. I schafft die Tonsur ab u. bestimmt, dass der Eintritt in den Klerikerstand durch den Empfang der Diakonenweihe erfolgt. Anstelle von niederen Weihen wird nun von →Diensten gesprochen, die nicht mehr Teil des ordo sind (Art. II). Es handelt sich um die Dienste des Lektorats u. des Akolythats (Art. IV); Subdiakonat, Exorzistat u. Ostiariat bestehen nicht mehr. Dadurch, dass diese Dienste auch Laien übertragen werden können (Art. III), zeigt sich eine Abkopplung vom Weihesakrament. Allerdings formuliert Art. VII die Einschränkung, dass die Einsetzung zu Lektorat u. Akolythat Männern vorbehalten ist. Frauen können diese Dienste nur temporär übertragen werden. Durch diese Ungleichbehandlung wird der in der Einl. aufgeführte Gedanke, dass diese Dienste im gemeinsamen Priestertum wurzeln, konterkariert. Die Normen zeigen deutlich, dass das Hauptaugenmerk auf der Übertragung dieser Dienste an diejenigen liegt, die sich auf den Empfang der →Priesterweihe vorbereiten. M. dem MP Ad Pascendum, das am selben Tag wie Ministeria Quaedam veröff. wurde, wurden weitere Rechtsnormen zum Diakonat, bes. zur Zulassung, erlassen. Art. 9 des MP bestimmt, dass die Inkardination wie der Eintritt in den Klerikerstand m. der Diakonenweihe erfolgen.

Definition der Kleriker im CIC/1983 u. der jüngeren Gesetzgebung: Der CIC/1983 rezipiert die konziliaren Aussagen zu K. in seinem zweiten Buch über das Volk Gottes. Nach einem Blick auf den gemeinsamen Status aller Getauften in c. 204 verortet das Gesetzbuch innerhalb des alle Getauften verbindenden Status des Christgläubigen die Unterscheidung in K. u. Laien. Dies verdeutlichen die cc. 207 §1 u. 1008. C. 207 §1 definiert, dass es im göttlichen Recht begr. unter den Christgläubigen ministri sacri gibt, die auch K. genannt werden. Ad Pascendum u. Ministeria Quaedam folgend wird man durch den Empfang der Diakonenweihe zum K. u. einem geistl. Heimatverband inkardiniert (c. 266). Der CIC/1983 nennt in der Tradition von Ministeria Quaedam die Dienste des Akolythats u. Lektorats u. behält deren dauerhafte Übertragung in c. 230 §1 Männern vor. Auch hier scheinen diejenigen, die sich auf den Empfang der Priesterweihe vorbereiten, als Hauptadressaten im Blick zu sein. C. 1008 definiert die Weihe ausgehend von den Christgläubigen, aus deren Kreis einige mittels eines untilgbaren Prägemals (→Character indelebilis) zu geistl. Dienern (minister sacer) bestellt werden. Dieser Canon erfuhr 2009 durch das MP →Omnium in mentem, das c. 1009 um einen dritten Paragraphen ergänzt, eine textliche Veränderung. Diese Veränderung bzw. Ergänzung hat zum Ziel, die Handlungsweise der K., insb. der Diakone, zu präzisieren. Dazu wird der rechtstechnisch im CIC/1983 unübliche Begriff vis verwendet. Der geänderte Text betont die Dienstfunktion der K. Der Katalog der Pflichten u. Rechte der K. (cc. 273-289), bes. der Wegfall der klerikalen Privilegien, spiegelt wider, dass es sich beim Klerikerstand weniger um eine persönliche Würde als um eine Dienstfunktion innerhalb des Volkes Gottes handelt. Die Ausübung der potestas ordinis, die keine Definition erfährt, ist K., m. Ausnahme der Diakone, vorbehalten. Die Ausübung der potestas iurisdictionis kommt allen K. zu.

Der CIC/1983 nennt Bedingungen für die Aufnahme in den Klerikerstand: Der Weihebewerber muss a) ein getaufter u. gefirmter Mann sein (cc. 1024; 1033), b) über die notwendigen Eigenschaften zur Übernahme des klerikalen Dienstes verfügen (c. 1025); c) frei von Weiheirregularitäten (→Irregularität) u. →Weihehindernissen sein (cc. 1025 §1 i. V. m. 1040-1049); d) die Anforderungen an die Weihebewerber erfüllen (cc. 1026-1032) u. e) die Voraussetzungen für den →Weiheempfang erfüllen (cc. 1033-1039). Die m. dem Klerikerstand verbundenen Rechte u. Pflichten können auf folgende Weise verloren gehen: Festellung der →Weihenichtigkeit (c. 290 1°); strafweise Entlassung aus dem Klerikerstand (c. 290 2°); durch Reskr. des Apost. Stuhls auf dem Gnadenweg (c. 290 3°).

Dieses Klerikerverständnis wird allerdings durch die in der Instr. Universae Ecclesiae aus dem J. 2011 zu findenden Ausführungsbestimmungen zum MP →Summorum Pontificum verwässert. Art. 31 erlaubt den Inst. des geweihten Lebens u. den →Gesellschaften des apostolischen Lebens, die der mittlerweile aufgelösten Kommission Ecclesia Dei unterstehen, u. die die →liturgischen Bücher aus dem J. 1962 verwenden, den Gebrauch des Pontificale Romanum von 1962 für die Spendung der niederen u. höheren Weihen (→Weihespendung). Diese Erlaubnis wurde zuvor bereits gewährt. Wenn auch Art. 30 deutlich macht, dass der Eintritt in den Klerikerstand gem. c. 266 §2 durch den Empfang der Diakonenweihe erfolgt, ist doch unklar, welche theol. Vorstellungen m. der Spendung der Tonsur, der niederen Weihen sowie des Subdiakonats verbunden ist. Es scheint, als ob ein Klerikerstand im eigentlichen u. uneigentlichen Sinn eingeführt wurde, der sich eher als das Verständnis des CIC/1917 anlehnt als an den CIC/1983.

Quellen

Munier, Ch., Les Statuta Ecclesiae antiqua. Édition – Études critiques, Paris 1960; Vat II, LG; Paul VI., MP Sacrum Ordinatus Ordinem vom 18. Juni 1967: AAS 59 (1967), 697-704; ders., MP Ministeria Quaedam vom 15. August 1972: AAS 64 (1972), 529-534; ders., MP Ad Pascendum vom 15. August 1972: AAS 64 (1972), 534-540; Benedikt XVI., MP Omnium in mentem vom 26. Oktober 2009: AAS 102 (2010), 8-10; Pontificia Commissio Ecclesia Dei, Instr. Universae Ecclesiae vom 30. April 2011: AAS 103 (2011), 413-420.

Literatur

Wernz, F. X. – Vidal, P., Ius Canonicum. Ad Codicis Normam exactum. Tomus II. de Personis. Editio tertia a Philippo Aguirre recognita, Rom 1943; Munier, Ch., Les Statuta Ecclesiae antiqua. Édition – Études critiques, Paris 1960; Bitterli, M. J., Wer darf zum Priester geweiht werden? Eine Untersuchung zur Eignungsprüfung des Weihekandidaten, Essen 2010 (BzMKCIC 58); Weinberger, W., Voraussetzungen für die Zulassung zum Priestertum. Entwicklungen u. gegenwärtige Rechtslage in der Röm.-Kath. Kirche, Berlin 2011 (KStT 56); Althaus, R., Die Aus- u. Fortbildung der Kleriker: HbkathKR³, 372-387; Rieger, R. M., Das Ausscheiden aus dem klerikalen Stand: HbkathKR³, 410-430; Schwendenwein, H., Die Zugehörigkeit zu einem geistl. Heimatverband: HbkathKR³, 342-354; ders., Die Rechte u. Pflichten der Kleriker: HbkathKR³, 355-371; Meckel-Pfannkuche, S., Die Rechtsstellung der Kleriker in der Rechtsordnung der lat. Kirche. Rechtsgeschichtliche Entwicklung, theol. Begründung u. rechtliche Kontur, Paderborn u. a. 2018 (KStKR 24).

Sabrina Meckel-Pfannkuche

Klerikerkleidung
→ Geistliche Kleidung

Klerikerpflichten – Katholisch

Da die → Kleriker christifideles sind u. bleiben, gelten auch für sie grundlegend die Pflichten, die im Gemeinstatut für alle → Gläubigen in den cc. 208-223 (→ Grundrechte und Grundpflichten der Christen) zusammengefasst sind. Zu diesen treten die bes. K. ergänzend hinzu, die nicht i. S. früherer → Privilegien des → Klerikerstandes zu verstehen sind, sondern auf den geistl. → Dienst der Kleriker u. dessen Ausübung ausgerichtet sind. Gem. cc. 273-289 haben die Kleriker die folgenden bes. K., die von entspr. → Klerikerrechten, Empfehlungen u. Verboten erg. werden:

1. Solidarität u. Loyalität (c. 273): Durch die Aufnahme unter den Klerus u. die damit begr. → Inkardination (cc. 265 u. 266) entsteht ein bes. Sorge- u. Treueverhältnis, dem auf seiten des Klerikers eine bes. Verpflichtung zu → Ehrfurcht u. → Gehorsam gegenüber dem → Papst u. dem eigenen Inkardinationsordinarius entspricht, die über die für alle Gläubigen geforderte oboedientia christiana (c. 212 § 1) hinausreicht u. im feierlichen Gehorsamsversprechen bei der Weihe (→ Ordination, Weihe) begr. wird. Die geforderte Ehrfurcht (reverentia) bezieht sich auf das → Amt des P. u. des → Bischofs u. deren bes. Stellung als Hirten. Die oboedientia canonica der Kleriker bezieht sich auf die Obliegenheiten ihres Dienstes u. ihres Standes u. lässt grds. deren Privatleben unberührt, soweit nicht bes. Pflichten od. Verbote ein entspr. Verhalten z. B. in Ehe u. Familie erfordern. Materiell wird die Gehorsamspflicht durch die Zuständigkeit des → Ordinarius begrenzt.

2. Dienstübernahme u. -erfüllung (c. 274 § 2): Kleriker sind durch die Weihe zum geistl. Dienst bestellt (cc. 266 u. 1008) u. verpflichtet, diesen je nach Erfordernis u. zum Nutzen des geistl. Heimatverbandes auszuüben (vgl. c. 269, 1°). Die Verpflichtung erstreckt sich auf alle Ämter u. Dienste, die ihnen vom zuständigen Ordinarius rechtmäßig übertragen werden. Der Ordinarius ist also gehalten, die für viele Ämter geforderte → kanonische Eignung zu beachten. Wenn er lediglich Dienstordinarius u. nicht Inkardinationsordinarius ist, muss er die Grenzen der getroffenen Vereinbarungen einhalten (c. 271). Rechtmäßig entschuldigt ist ein Kleriker z. B. durch Alter od. Krankheit. Die Verpflichtung des c. 274 § 2 schließt ausdrücklich die treue Erfüllung, also die sachgerechte u. unermüdliche, d. h. engagierte Ausübung des Dienstes ein (vgl. c. 276 § 2, 1°).

3. Zusammenarbeit (c. 275 § 1): Durch die Inkardination gehören die Kleriker zum → Presbyterium einer → Teilkirche, dem in Zusammenarbeit m. dem zuständigen Bf. die → Seelsorge für die zugehörigen Gläubigen anvertraut ist (c. 369). Die cooperatio ist konstitutiv für den geistl. Dienst, deshalb müssen die Kleriker zum Aufbau des Leibes Christi zusammenwirken. Dies umfasst die Verpflichtung zum brüderlichen Umgang untereinander, zur Gemeinschaft im → Gebet, v. a. im Stundengebet (c. 276) (→ Brevier), u. zur konkreten Zusammenarbeit, wobei ggf. partikularkirchliche Normen (z. B. Zusammenarbeit im Pfarrverband, verpflichtende Teilnahme an der Dekanatskonferenz o. Ä.) zu beachten sind.

4. Förderung der Sendung der → Laien (c. 275 § 2): Die Kleriker sind verpflichtet, die spezi-

fische →Sendung der Laien in Kirche u. Welt anzuerkennen u. zu fördern, d. h. zu unterstützen u. die Laien dazu zu ermutigen u. zu befähigen. Die systematische Einordnung dieser Verpflichtung verdeutlicht auf ihre Weise, dass das →Apostolat der Laien (→Laienapostolat) zum Aufbau des Leibes Chr. wesentlich ist. Tatsächlich geht es in den beiden Paragraphen des c. 275 um die volle Entfaltung des Priestertums in der Kirche, nämlich des gemeinsamen Priestertums aller Gläubigen (→Allgemeines bzw. Gemeinsames Priestertum) (c. 204 §1) u. des bes. Priestertums des Dienstes der Kleriker (c. 1008).

5. Persönliche Frömmigkeit u. Spiritualität (c. 276): Die persönliche Lebensführung der Kleriker muss ihrer in der Weihe begr. neuen Existenzweise u. ihrem Dienst entsprechen, deshalb sind sie in bes. Weise zum Streben nach Heiligkeit verpflichtet (c. 276 §1; vgl. auch c. 210). Im Einzelnen bedeutet das gem. c. 276 §2, dass sie a) eine biblische u. eucharistische Spiritualität pflegen sollen u. bes. eingeladen, nicht aber verpflichtet sind, täglich die Eucharistie zu feiern (→Eucharistiefeier) bzw. mitzufeiern (2°); b) zum täglichen Stundengebet entspr. den anerkannten liturgischen Büchern u. in dem von der zuständigen BK festgelegten Umfang verpflichtet sind (3°); c) zur Teilnahme an geistl. Einkehrtagen entspr. den Normen des Partikularrechts verpflichtet sind (4°); d) aufgefordert sind, regelmäßig das betrachtende Gebet zu pflegen, häufig das Sakrament der Buße (→Beichte) zu empfangen, bes. die Gottesmutter Maria zu verehren u. andere allg. u. bes. Mittel der persönlichen Heiligung zu nutzen (5°).

6. →Zölibat (c. 277): Die Kleriker der lat. Kirche sind zum Zölibat, d. h. zur vollkommenen u. dauernden geschlechtlichen Enthaltsamkeit verpflichtet, die als eine bes. Gnadengabe verstanden wird u. die Kleriker freier machen soll für den Dienst an Gott u. den Menschen. Bereits die Alumnen sollen auf diese Lebensweise vorbereitet werden (c. 247 §1), die sie als Verpflichtung in einem öff. Akt vor dem Empfang der →Diakonatsweihe übernehmen (c. 1037). Der Zölibat der Kleriker ist zu unterscheiden vom →Gelübde der Keuschheit, das die Mitglieder der Inst. des geweihten Lebens ablegen (c. 573 §2). Offenkundig hat der Gesetzgeber bei der Formulierung der Zölibatspflicht die ständigen Diakone übersehen. Tatsächlich sind alle Kleriker zur Ehelosigkeit verpflichtet; einer Eheschließung nach Empfang der Weihe steht das →Ehehindernis der empfangenen Weihe entgegen (c. 1087). Ständige Diakone führen ihr eheliches Leben rechtmäßig weiter (vgl. c. 1031 §2), sind also nicht zum Zölibat i. S. des c. 277 verpflichtet. Aus der Verpflichtung zum Zölibat ergibt sich als Folge die Pflicht zum klugen Verhalten der Kleriker u. zur Vermeidung von Ärgernis bei den Gläubigen. Der Diözesanbischof kann eingehendere Normen zur zölibatären Lebensführung erlassen u. in Einzelfällen über die Einhaltung dieser Verpflichtung urteilen (c. 278 §§2 u. 3).

7. Fort- u. Weiterbildung (c. 279): Die Kleriker müssen nicht nur eine entspr. wiss. Ausbildung für ihren Dienst erhalten (cc. 248-254), sondern sind auch nach dem Empfang der →Priesterweihe zur Fortsetzung u. Vertiefung der theol. Studien verpflichtet, insb. im Hinblick auf die gesicherte Überlieferung der Kirche (→Priesterfortbildung). Dabei geht es um eine wirklich wiss. fundierte Fort- u. Weiterbildung u. die Fähigkeit zur entspr. Auseinandersetzung m. Fragen der Zeit, nicht aber um die Beachtung modischer Zeitströmungen in der Theologie (c. 279 §1). Darüber hinaus wird auf die pastoraltheologische Fortbildung Wert gelegt u. auf eine vertiefte Kenntnis seelsorglicher Methoden (c. 279 §2), ferner sollen sie ihr Wissen in den Wissenschaften erweitern, die bes. zur Ausübung der Pastoral hilfreich sind (c. 279 §3). Hierbei ist z. B. an Pädagogik, Philosophie u. Psychologie zu denken. Dieser Verpflichtung der Kleriker muss ein entspr. Angebot seitens des Bistums entsprechen.

8. Einfache Lebensführung (c. 282): Die Kleriker sind zu einem einfachen, d. h. unpräten-

tiösen Leben verpflichtet, das an den Verhältnissen von Ort u. Zeit zu messen ist. Ein angemessener → Lebensunterhalt u. die Erfüllung der Pflichten des eigenen Standes (z. B. das Führen eines gastfreundlichen Haushalts, Sorge für eine → Haushälterin, eigene Fortbildung, Beschaffung neuer theol. Lit., Pflege der Kultur) werden vorausgesetzt. Das gilt auch für die Verwendung der Einkünfte aus dem geistl. Dienst. Was davon übrig bleibt, soll vorrangig zum Wohl der Kirche u. der Caritas verwendet werden; diese Verpflichtung wird v. a. bei der Aufstellung eines Testaments zu berücksichtigen sein.

9. Anwesenheitspflicht (c. 283 §1): Weil Kleriker wesentlich zum Dienst in ihrem Inkardinationsverband bestimmt sind (c. 266 §1), müssen sie dort auch regelmäßig anwesend sein u. dürfen sich für längere Zeit nur m. der wenigstens vermuteten Zustimmung des Ordinarius entfernen. Was als notabile tempus gilt, ist vom jeweiligen Ordinarius, nicht aber von der BK partikularrechtlich zu bestimmen. I. d. R. ist für eine längere Abwesenheit die ausdrückliche Erlaubnis des Ordinarius erforderlich, von einer vermuteten Zustimmung ist auszugehen, wenn die längere Abwesenheit aus einer anderen Erlaubnis unmittelbar folgt, z. B. zu einem Studienaufenthalt od. einer Kur.

10. Kirchl. Kleidung (c. 284): Die Kleriker haben eine geziemende kirchl. Kleidung zu tragen. Was darunter zu verstehen ist, richtet sich nach den Normen der jeweiligen BK sowie nach rechtmäßigen örtlichen Gewohnheiten. Die DBK hat für ihren Bereich in einer Partikularnorm festgelegt, dass als geziemende kirchl. Kleidung „Oratorianerkragen oder römisches Kollar, in begr. Ausnahmefällen dunkler Anzug mit Kreuz" gelten. Diese Partikularnorm unterscheidet nicht nach versch. Situationen wie Auftreten in der Öffentlichkeit, Feier von Gottesdiensten, privater Bereich. Die ständigen Diakone m. Zivilberuf sind von dieser Norm ausgenommen. Die → geistliche Kleidung dient der wahrnehmbaren Präsenz des kirchl. Dienstes in der Öffentlichkeit u. ist in manchen Ländern gesetzlich geschützt (in der BRD StGB §132 a Abs. 3; RK Art. 10).

11. Friedenspflicht (c. 287 §1): Den Klerikern ist in bes. Weise aufgetragen, die Bewahrung von Frieden u. Eintracht unter den Menschen so weit als möglich zu fördern. Es geht dabei um einen Frieden, der auf → Gerechtigkeit beruht, so dass ein Einsatz für die Gerechtigkeit, auch wenn er zu Auseinandersetzungen führen sollte, durch diese Norm nicht ausgeschlossen ist.

12. Die K. im CCEO: Der Katalog der K. im CCEO (cc. 367-393) entspricht weitgehend den Normen des CIC. Im einleitenden c. 367 werden die Kleriker verpflichtet, das Reich Gottes allen Menschen zu verkünden u. im Dienst an Wort u. Sakrament die Liebe Gottes zu den Menschen m. ihrem ganzen Leben zu bezeugen. Hinsichtlich des Zölibats u. bzgl. des familiären Lebens der verheirateten Kleriker enthalten die cc. 373-375 vom CIC abw. Vorschriften. Insb. ist ihnen die Förderung der geistl. Berufungen aufgetragen (c. 380), sie sollen Gastfreundschaft üben u. für Notleidende sorgen (c. 381 §1) u. bei entspr. Bedarf bereit sein zum Dienst in der Mission u. in Gebieten m. Klerikermangel (c. 393). Bei Rechtsstreitigkeiten untereinander od. m. anderen Gläubigen sollen sie, soweit möglich, kirchl. Stellen angehen (c. 389).

Quellen

Kongregation für den Klerus, Directorium pro ministerio et vita Presbyterorum vom 31. März 1994, Vatikanstadt 1994; DBK, Richtlinien über persönliche Anforderungen an Diakone u. Laien im pastoralen Dienst im Hinblick auf Ehe u. Familie vom 28. September 1995: DDB 55; Schmitz, H. – Kalde, F., Partikularnormen der DBK, Metten 1996, zu cc. 276 § 2, 3° u. 284.

Literatur

Chiappetta, L., Dizionario del nuovo Codice di Diritto Canonico, Neapel 1986, 147-152; Mogavero, D., I ministri sacri o chierici: AA. VV., Il diritto nel mistero della Chiesa, II, Rom 1990, 75-141; KanR II, 146-169; Schwendenwein, H., § 22 Die Rechte u. Pflichten der Kleriker: HbkathKR³, 355-371; Althaus, R., § 23 Die Aus- u. Fortbildung der Kleriker: HbkathKR³, 372-387; Meckel-Pfannkuche, S., Die Rechtsstellung der Kleriker in der Rechtsordnung der lat. Kirche. Rechtsgeschichtliche Entwicklung, theol. Begründung u. rechtliche Kontur, Paderborn – München – Wien – Zürich 2018 (KStKR 24); MKCIC zu cc. 273-289.

Heribert Hallermann

© 2019, DOI: 10.30965/9783506786388_0711

Klerikerrechte – Katholisch

Die bes. K. treten ergänzend zu den Rechten aller christifideles hinzu, die im Gemeinstatut für alle →Gläubigen in den cc. 208-223 (cc. 7-26 CCEO) zusammengefasst sind (→Grundrechte und Grundpflichten der Christen). Sie sind nicht i. S. früherer →Privilegien des →Klerikerstandes zu verstehen sondern als Rechte, die auf den geistl. Dienst der →Kleriker u. dessen Ausübung bezogen sind. Gem. cc. 273-289 (cc. 367-393 CCEO) haben die Kleriker die folgenden bes. Rechte, die von entspr. →Klerikerpflichten, Empfehlungen u. Verboten erg. werden:

1. Übernahme von Leitungsvollmacht (cc. 129 [c. 979 CCEO] u. 1008): Durch den Empfang der →Bischofsweihe od. →Priesterweihe werden Gläubige dazu befähigt (habiles sunt), Leitungsvollmacht in der Kirche zu übernehmen u. gem. c. 1009 § 3 als geistl. Amtsträger (→Amtsträger, kirchlicher) in persona Christi capitis die drei Munera des Lehrens, des Heiligens u. des Leitens (→Tria-Munera-Lehre) auszuüben u. so dem Volk Gottes zu dienen. Diese in der Weihe vermittelte Befähigung bez. die bes. Qualität, m. der diese Kleriker an der Ausübung der →Sendung der Kirche teilnehmen. M. der Befähigung durch die Weihe ist noch nicht unmittelbar eine Hirtenstellung für alle Kleriker verbunden. Diese ergibt sich erst aus der Übertragung eines entspr. →Amtes, das die Ausübung der Leitungsvollmacht zum Inhalt hat (z. B. →Papst, →Bischof, →Pfarrer).

2. Ämtervorbehalt (cc. 274 § 1 i. V. m. 1009 § 3): Weil nur Bf. u. →Priester, nicht aber die übrigen Gläubigen durch den Empfang der Weihe rechtlich befähigt sind, Leitungsvollmacht zu übernehmen, sind Ämter, deren Inhalt wenigstens z. T. die Ausübung der Leitungsvollmacht ist, diesen Klerikern vorbehalten. Eine Übertragung solcher Ämter an Gläubige, die diese Weihestufen nicht empfangen haben, wäre von Rechts wegen ungültig (c. 149 § 2; c. 940 § 2 CCEO).

3. Vereinigungsrecht (c. 278 §§ 1 u. 2; c. 391 CCEO): s. →Klerikervereinigung.

4. Vergütung u. Versorgung (c. 281 §§ 1-3; c. 390 CCEO): s. →Lebensunterhalt.

5. →Urlaub (c. 283 § 2; c. 392 CCEO): Allen Klerikern steht eine ausreichende jährliche Urlaubszeit zu, die vom allg. u. vom partikularen Recht näher bestimmt werden muss u. die auch je nach der dienstlichen Stellung des einzelnen Klerikers geregelt sein kann. Allgemeinrechtlich ist die Urlaubszeit jeweils i. S. einer maximalen Dauer geregelt: Für den →Diözesanbischof (ein Monat; c. 395 § 2; c. 204 § 2 CCEO); für den →Bischofskoadjutor u. den →Auxiliarbischof (ein Monat; c. 410; c. 217 CCEO); für den Pfr. (ein Monat; c. 533 § 2; c. 292 § 2) u. den →Pfarrvikar (wie der Pfr. c. 550 § 3; c. 302 § 4 CCEO). I. d. R. ist der Urlaubsanspruch durch diözesane Ordnungen geregelt. Dort ist z. T. auch festgelegt, das die Urlaubsplanung u. im Zusammenhang damit die Vertretung vom jeweiligen Dekan koordiniert u. der Urlaub von diesem genehmigt wird. Kleriker, die nicht im diözesanen Dienst stehen (z. B. geistl. Studienräte, Prof., ständige Diakone m. Zivilberuf) unterliegen bzgl. ihres Urlaubsanspruchs den für den jeweiligen Bereich geltenden Regelungen.

Quellen

Kongregation für den Klerus, Directorium pro ministerio et vita Presbyterorum vom 31. März 1994, Vatikanstadt 1994; DBK, Richtlinien über persönliche Anforderungen an Diakone u. Laien im pastoralen Dienst im Hinblick auf Ehe u. Familie vom 28. September 1995: DDB 55.

Literatur

KanR II, 146-169; Schwendenwein, H., § 22 Die Rechte u. Pflichten der Kleriker: HbkathKR³, 355-371; Meckel-Pfannkuche, S., Die Rechtsstellung der Kleriker in der Rechtsordnung der lat. Kirche. Rechtsgeschichtliche Entwicklung, theol. Begründung u. rechtliche Kontur, Paderborn – München – Wien – Zürich 2018 (KStKR 24).

Heribert Hallermann

© 2019, DOI: 10.30965/9783506786388_0712

Klerikerstand – Katholisch

1. Gesch.: Ein eigener K. ist der Kirche der ersten drei Jhh. noch unbekannt. Er entsteht erst m. der Konstantinischen Wende u. in deren Folge m. dem strikten Ausbau einer hierarchischen kirchl. Organisation u. der Bindung geistl. Autorität an das kirchl. →Amt. Erstmals wurde im →Codex Theodosianus das →Privileg der Steuerfreiheit (privilegium muneris) für →Kleriker kodifiziert (Codex Theodosianus 16, 2, 2). Als rechtlich abgesicherte Privilegien des K. entwickelten sich im hohen MA u. m. weitgehender Geltung bis zum CIC/1917 das privilegium canonis, d. h. der Schutz der amtl. Tätigkeit der →Geistlichen (cann. 119 u. 2343; vgl. RK 5), das privilegium immunitatis, d. h. die Freiheit von der Verpflichtung, den Militärdienst, öff. Ämter u. damit verbundene Lasten übernehmen zu müssen (can. 121; RK 6); das privilegium fori, d. h. die Befreiung der Kleriker vom weltlichen Gerichtsstand (can. 120) sowie das beneficium competentiae, d. h. die Sicherung des nötigen Unterhalts bei Pfändungen (can. 122; RK 8). Zu diesen Privilegien kamen das faktisch weithin bestehende Bildungsmonopol sowie die wirtschaftliche Macht des K. hinzu. Dabei bez. K. das Gesamt der den Klerikern rechtlich u. faktisch zukommenden bes. Rechte, Privilegien u. Monopole im kirchl. u. weltlichen Rechtsbereich sowie deren Nießbrauch.

Kirchl. Reformbewegungen wie die Armutsbewegungen des 13. Jh. od. die Reformation des 16. Jh. haben sich gegen die als Klerikalismus bez. Vorherrschaft des K. u. dessen Grenzüberschreitungen in den Bereich von Wirtschaft u. Politik gewandt, der z. T. durch Aufklärung u. Säkularisation überwunden, im 19. Jh. nochmals restauriert wurde. Im CIC/1917 ist der K. noch als Hauptsubjekt der kirchl. Gesetzgebung auszumachen. Erst das Vat II hat m. seiner Lehre von der Kirche als →Volk Gottes die Bevorzugung des K. gegenüber den →Laien theol. überwunden.

2. K. im geltenden Recht: Der CIC/1983 benutzt zwar den Begriff K. (v. a. c. 285), gibt dafür aber weder eine Legaldefinition noch spricht er von Privilegien des K. Vielmehr werden im Katalog der bes. Pflichten u. Rechte der Kleriker (→Klerikerpflichten u. →Klerikerrechte) (cc. 273-289; cc. 367-393 CCEO), die zu den Pflichten u. Rechten aller Gläubigen (→Grundrechte und Grundpflichten der Christen) ergänzend hinzutreten u. so den K. als einen den Grundstatus aller Gläubigen ergänzenden Sonderstatus kennzeichnen, bestimmte Sachverhalte genannt, die dem K. angemessen (congruentes: c. 278 § 1; c. 391 CCEO), eigentümlich (proprii: cc. 278 § 3, 292, 1712; cc. 395, 1387 CCEO), nicht geziemend (dedecentes, alieni: cc. 285 §§ 1-2; 289 § 2; cc. 382, 383 3° CCEO) od. weniger angemessen (minus congruentes: c. 289 § 1; c. 382 2° CCEO) sind. Dabei handelt es sich nicht nur um Pflichten u. Rechte im eigentlichen Sinn, sondern auch um entspr. Haltungen u. Verhaltensweisen, die den Kleriker verpflichten.

Der Begriff K. lässt sich v. a. aus den Bestimmungen über den Verlust des K. erschließen (cc. 290-293; cc. 394-398 CCEO). Entspr. c. 292 (vgl. c. 395 CCEO) ist der K. als das Gesamt der Rechte u. Pflichten zu verstehen, die sich aus dem Empfang der Weihe (→Weiheempfang), der damit verbundenen →Inkardination in einen geistl. Heimatverband (vgl. aber c. 1350 § 2; c. 1410 CCEO), der Übertragung eines Amtes (→Amtsübertragung) od. eines →Dienstes od. aus der →Delegation einer →Vollmacht ergeben, u. zwar nicht nur bzgl. ihres Besitzes (Befähigung), sondern auch bzgl. ihrer rechtmäßigen Ausübung. Der Verlust des K. bringt den tatsächlichen Verlust all dieser Rechte u. Pflichten m. sich, soweit sie nicht unmittelbar im Empfang der Weihe gründen u. aufgrund des →Character indelebilis unverlierbar sind; in diesem Fall darf die Weihevollmacht nicht mehr ausgeübt werden (cc. 290 u. 292 [cc. 394 u. 395 CCEO]; vgl. auch c. 976 [c. 725 CCEO]). Die Verpflichtung zum →Zölibat, die die Kleriker in der lat. Kirche m. Ausnahme der ständigen Diakone in einem freiwilligen Akt übernehmen, entfällt nicht m. dem Verlust des K., außer dass die Ungültigkeit der Weihe festgestellt würde; lediglich der P. kann von dieser Verpflichtung dispensieren (cc. 291 i. V. m. 290, 1°; cc. 396 i. V. m. 394, 1° CCEO).

Literatur

Chiappetta, L., Dizionario del nuovo Codice di Diritto Canonico, Neapel 1986, 147-152; Gatz, E., Klerikalismus: Staatslexikon[7] Bd. 3, 546 f.; Schwendenwein, H. – Hollerbach, A., Klerus: Staatslexikon[7] Bd. 3, 547-550; Blickle, P., Stand: Staatslexikon[7] Bd. 5, 255-258; KanR II, 70-90; 126-181; Garhammer, E., Klerikalismus: LThK[3] Bd. 6, 130 f.; Faivre, A. – Primetshofer, B., Klerus, Kleriker: LThK[3] Bd. 6, 131-134; Martin, J., Konstantinische Wende: LThK[3] Bd. 6, 304; Gaudemet, J., Storia del diritto canonico, Cinisello Balsamo 1998, 83-107; 230-239; 331-347; 540-570; 719-735; Schwendenwein, H., § 21 Die Zugehörigkeit zu einem geistl. Heimatverband: HbkathKR[3], 342-354; ders., § 22 Die Rechte u. Pflichten der Kleriker: HbkathKR[3], 355-371; Rieger, R., § 25 Das Ausscheiden aus dem klerikalen Stand: HbkathKR[3], 410-429; Meckel-Pfannkuche, S., Die Rechtsstellung der Kleriker in der Rechtsordnung der lat. Kirche. Rechtsgeschichtliche Entwicklung, theol. Begründung u. rechtliche Kontur, Paderborn – München – Wien – Zürich 2018 (KStKR 24).

Heribert Hallermann

© 2019, DOI: 10.30965/9783506786388_0713

Klerikerstrafen – Katholisch

Der kirchl. →Gesetzgeber unterscheidet nicht zwischen →Strafen u. Disziplinarmaßnahmen (→Disziplinarrecht). Wie alle →Gläubigen können →Kleriker die im Teil II des fünften Buchs des CIC genannten →Straftaten gegen die Religion u. die Einheit der Kirche, gegen die kirchl. →Autorität u. die Freiheit der Kirche, →Fälschungsdelikte sowie Straftaten gegen Leben u. Freiheit des Menschen begehen, im speziellen jedoch Amtsanmaßung u. Amtspflichtverletzungen, wie u. a. die Lossprechung einer mitschuldigen Person (→Absolutio complicis) od. die Verletzung des →Beichtgeheimnisses, sowie Straftaten gegen bes. Verpflichtungen, wie u. a. den →Zölibat (cc. 1364-1399; cc. 1436-1467 CCEO). Einzelne K. haben nur →Priester od. →Bischöfe im Blick. Typische K. ist – neben →Exkommunikation u. →Interdikt – die →Suspendierung (c. 1333 §§ 1-4; c. 1432 §§ 1-3 CCEO; s. auch c. 1433 § 1 CCEO: Rückversetzung in einen niederen Stand; cann. 2278-2285). Hinzu kommen →Sühnestrafen bis hin zur Entlassung aus dem →Klerikerstand (vgl. c. 1336-1338; can. 2286-2305; cc. 1429 §§ 1 u. 2; 1430; 1433 § 2 CCEO). Akte der Weihegewalt können verboten werden. Außerhalb des Buches V des CIC finden sich die →Amtsenthebung (cc. 1740-1747; cc. 1389-1396 CCEO), der Entzug der Lehr- (c. 810 § 1) u. der Predigtbefugnis sowie Disziplinarmaßnahmen gegen Gerichtspersonen (vgl. cc. 1457 §§ 1 u. 2; 1470 § 2; 1488 §§ 1 u. 2 [u. a. Geldstrafe]; 1489 [u. a. Geldstrafe]; cc. 1115 §§ 1 u. 2; 1129 § 2; 1146 §§ 1 u. 2; 1147 CCEO). Maßnahmen finden sich auch in partikularen Dienst- u. Disziplinarordnungen. Künftig sollen Geldstrafen eine größere Rolle spielen u. die bisher separat geregelten →delicta graviora (Weihe von Frauen; →sexueller Missbrauch) in den CIC integriert werden.

Literatur

Paarhammer, H., Das spezielle Strafrecht des CIC: Recht im Dienste des Menschen (FS Schwendenwein), hg. v. K. Lüdicke – H. Paarhammer – D. A. Binder, Graz – Wien – Köln 1986, 403-466; Rees, W., Die Strafgewalt der Kirche. Das geltende kirchl. Strafrecht – dargestellt auf der Grundlage seiner Entwicklungsgeschichte, Berlin 1993 (KStT 41); Amann, T. A., Die Strafe der Exkommunikation aufgrund der versuchten Priesterweihe von Frauen: AfkKR 171 (2002), 93-124; Schwendenwein, H., Probleme um die disziplinäre Verantwortung im kirchl. Dienst. Zur Frage der Unterscheidung von Straf- u. Disziplinarstrafrecht: Dienst an Glaube u. Recht (FS May), hg. v. A. Egler – W. Rees, Berlin 2006 (KStT 52), 611-634; Ahlers, R., Amtsenthebung – Strafe u./od. Disziplinarmaßnahme?: „Strafrecht" in einer Kirche der Liebe. Notwendigkeit od. Widerspruch?, hg. v. L. Müller – A. E. Hierold – S. Demel – L. Gerosa – P. Krämer, Berlin 2006 (KRB 9), 91-96; KanR IV, 78-249; Rees, W., Grundfragen des kirchl. Strafrechts: HbkathKR^3, 1569-1590, 1579 f.; ders., Einzelne Straftaten: HbkathKR^3, 1615-1643; MKCIC zu den betr. Canones.

Wilhelm Rees

© 2019, DOI: 10.30965/9783506786388_0714

Klerikervereinigung – Katholisch

1. Vereinigung von →Klerikern: Die Kleriker haben Teil an der →Koalitionsfreiheit aller →Gläubigen (cc. 215-216; 298 §1). Dieses Recht wird für →Weltkleriker in c. 278 §1 eigens betont (→Klerikerrechte), es gilt auch für Kleriker, die einer Ordensgemeinschaft angehören (c. 307 §3). Dieses Grundrecht wird modifiziert durch die bes. Standespflichten der Kleriker (→Klerikerpflichten). So sollen sie von der Gründung u. Mitgliedschaft in solchen Vereinen absehen, die ihren bes. Pflichten od. der Erfüllung ihres Dienstes abträglich sein können (c. 278 §§1 u. 3). Bes. empfohlen werden Vereinigungen, die a) über gebilligte Statuten verfügen, also gem. c. 299 §3 →private Vereine sind; b) die Heiligkeit der Kleriker in der Ausübung ihres Dienstes u. die Einheit untereinander u. m. dem Bf. fördern; c) diese Ziele durch eine entspr. Lebensordnung u. brüderliche Hilfe zu erreichen suchen.

2. Klerikaler Verein: Die Sonderform des →öffentlichen Vereins ist dadurch gekennzeichnet, dass er a) unter der Leitung von Klerikern steht; b) die Ausübung der hl. Weihe als Vereinsziel hat, was aber nicht ausschließt, dass nichtgeweihte Gläubige dem Verein angehören u. dessen Ziele unterstützen; c) hinsichtlich der bes. Zielsetzung von der zuständigen kirchl. Autorität als klerikaler Verein anerkannt ist. Der klerikale Verein gem. c. 302 stellt den letztlich fehlgeschlagenen Versuch dar, den sog. missionarischen Gemeinschaften (z. B. Mission de France) einen eigenen systematischen Ort im CIC zu geben.

3. Klerikergemeinschaften od. Priestergemeinschaften: Als K. werden Vereinigungen i. S. des c. 278 §2 bez., die in vielfältigen Formen m. unterschiedlicher Bindung bestehen u. sich z. B. an der Spiritualität eines Ordens (z. B. Marianische Kongregation) od. einer geistl. Bewegung (→Bewegung, kirchliche) (z. B. Fokolarbewegung, Schönstattbewegung, Geistl. Familie Ch. de Foucauld) orientieren. Auch Gemeinschaften von Klerikern m. →vita communis können als K. bez. werden.

4. Standesvertretung von Klerikern: Zur Wahrnehmung wirtschaftlicher Interessen, Anliegen des Rechts- u. Versicherungsschutzes sowie zur sozialen u. caritativen Unterstützung haben sich K. gebildet, wie z. B. die Pax-Vereinigung kath. Kleriker e. V. Köln (gegr. 1905) od. der →Klerusverband e. V. München (gegr. 1919). Diese K. unterhalten eigene Bankinstitute u. Versicherungsdienste. Der Klerusverband tritt in Bayern als Tarifpartner beim Abschluss der Tarifverträge zur Besoldung von →Haushälterinnen in Pfarrhaushalten auf. In Ermangelung apost. Zielsetzungen haben diese K. keinen kirchl.-vereinsrechtlichen Status.

Literatur

Greinacher, N., Art. Priestergemeinschaften: LThK^2 Bd. 8, 748-750; KanR II, 163-165; Hallermann, H., Die Vereinigungen im Verfassungsgefüge der lat. Kirche, Paderborn – München – Wien – Zürich 1999, 196-199; 274-280; 433 f.; Tigges, M., Art. Priestergemeinschaften: LThK³ Bd. 8, 573; Meckel-Pfannkuche, S., Die Rechtsstellung der Kleriker in der Rechtsordnung der lat. Kirche. Rechtsgeschichtliche Entwicklung, theol. Begründung u. rechtliche Kontur, Paderborn – München – Wien – Zürich 2018 (KStKR 24).

Heribert Hallermann

© 2019, DOI: 10.30965/9783506786388_0715

Kleruskongregation

→Kongregation für den Klerus, →Kongregationen, römische

Klerusverband – Katholisch

Der K. Bayern e. V. m. Sitz in München ist der →Dachverband der Diözesanklerikervereine Bayerns (Augsburg, Bamberg, Eichstätt, München u. Freising, Passau, Regensburg, Würzburg) sowie der Pfalz (Speyer), die auf Anregung von Michael Kard. von Faulhaber gegr. wurden u. sich am 17.12.1919 als Standesvertretung des Klerus in Nürnberg zusammenschlossen. Satzungsgemäße Ziele sind: 1. Erteilung von Auskunft u. Rat in Fragen des beruflichen u. des privaten Lebens der →Kleriker; 2. Gewährung von Rechtsschutz in Zusammenarbeit m. der Liga Versicherungsagentur; 3. ideelle u. materielle Unterstützung von Klerikern; 4. Schutz der Standesehre; 5. Abschluss von Tarifverträgen m. den Pfarrhausfrauen (→Haushälterin). Diesen Verbandszwecken dienen: 1. Der Vorstand u. die Geschäftsstelle in München; 2. das monatlich erscheinende Klerusblatt als Verbandsorgan m. wiss. u. pastoralen Beitr., Personalia u. Buchbesprechungen sowie Informationen der Liga Bank u. der Liga Krankenkasse; außerdem erscheinen im Klerusblatt-Verlag in lockerer Folge Jb., z. B. eines m. sämtlichen Klerusblatt-Beitr. Joseph Ratzingers/P. Benedikts XVI.; 3. die Klerushilfe e. V. zur finanziellen Unterstützung von Klerikern u. Ordensleuten im In- u. Ausland, 4. die Zusammenarbeit m. nahestehenden Organisationen, insb. der Liga Bank e. G. sowie der Liga Krankenversicherung kath. Priester VVaG, beide m. Sitz in Regensburg; 5. Konferenzen u. Kurse; 6. ein Schlichtungsausschuss zur gütlichen Beilegung von Differenzen.

Literatur

Bl. für den kath. Klerus (ab 1925 u. d. T. Klerusblatt), München 1920 ff.; Natterer, A., Der bayer. Klerus in der Zeit dreier Revolutionen 1918-1933-1945:25 Jahre Klerusverband, München 1946; Kleriker im Dienste Gottes für den Menschen – Festschrift zum 75jährigen Bestehen des Klerusverbandes u. des Klerusblattes, hg. v. T. Maas-Ewerd, München 1995; Trenner, F., Klerusverband – Geschichte u. Bedeutung, München 2004.

Florian Trenner

© 2019, DOI: 10.30965/9783506786388_0717

Kloster – Katholisch

1. Begriff: Das K. (claustrum) bzw. die klösterliche Niederlassung (domus religiosa, c. 608) bez. den Aufenthaltsort der Angehörigen von Religioseninstituten (instituta religiosa), d. h. von Männern u. Frauen, die sich gem. c. 607 § 2 durch →Gelübde zu den →evangelischen Räten sowie zu einem Leben in Gemeinschaft verpflichtet haben. Hierin unterscheidet sich das Religioseninstitut, auch Religiosenverband od. Ordensinstitut genannt, vom →Säkularinstitut (institutum saeculare, cc. 710-730), dessen Lebensform gerade nicht vom gemeinsamen Leben (in einem K.) geprägt ist. Daneben haben sich je nach Ordenscharisma weitere Bez. – wie →Abtei, Priorat, Propstei, Kanonie, Stift, Kartause, Eremitage, Konvent usw. – entwickelt, die aber keinen Eingang in das universale →Ordensrecht gefunden haben. M. „monasterium" (vgl. cc. 609 § 2, 614, 615, 616 § 4 usw.) wird die Niederlassung monastischer Gemeinschaften bez. Das Ostkirchenrecht widmet diesen einen eigenen Art. (cc. 433-503 CCEO) u. stellt sie den übrigen Religioseninstituten (Orden u. Kongr. genannt, cc. 504-533 CCEO) voran. Eine ostkirchliche Sonderform ist das vom

→Patriarchen errichtete „monasterium stauropegiacum", das der →Autorität des Eparchialbischofs entzogen ist (cc. 435 §2, 486 CCEO).

2. →Errichtung u. →Rechtsstellung: a) Zuständig zur Errichtung einer klösterlichen Niederlassung ist die hierzu nach dem Eigenrecht bestimmte Autorität nach vorheriger schriftlicher Zustimmung des →Diözesanbischofs (c. 609 §1). →Nonnenklöster (monasterium monialium) bedürfen außerdem der Erlaubnis des →Apostolischen Stuhls (c. 609 §2). Die Errichtung geschieht sowohl im Hinblick auf den Nutzen der Kirche als auch des Inst. Dabei muss gewährleistet sein, dass alles vorhanden ist, was zur Führung des Ordenslebens gem. dem Ordenscharisma notwendig ist, einschließlich der materiellen Absicherung seiner Mitglieder (c. 610). Als bauliche Voraussetzung kann auch eine Wohnung ausreichend sein, in der jedoch wenigstens eine →Kapelle (oratorium) für die →Eucharistiefeier als Mitte der Gemeinschaft vorhanden sein muss (c. 608 Hs. 2). Der Niederlassung steht der rechtmäßig eingesetzte Hausobere vor (c. 608 Hs. 1).

b) M. der kan. Errichtung ist die Niederlassung kraft Gesetz öff. jur. Person (→Juristische Person, kirchliche) (cc. 634 §1, 116 §1), es sei denn das Eigenrecht sieht anderes vor. Damit geht einher, dass die Errichtung grds. o. zeitliche Begrenzung erfolgt. Die Zustimmung des Diözesanbischofs berechtigt, in der Niederlassung ein Leben zu führen, das der Eigenart u. den Zielen des Inst. entspricht u. die dem Inst. eigenen Aufgaben auszuüben (c. 611 n. 1 u. 2). Wurde die bfl. Zustimmung an Bedingungen geknüpft, sind diese zu beachten. Klerikale Inst. haben außerdem das Recht auf eine eigene Kirche u. die Verrichtung geistl. Dienste (c. 611 n. 3). Gehört dem Inst. ein →Verein von Gläubigen an, gilt die erteilte bfl. Zustimmung zugl. für die Errichtung des zugehörigen Vereins (z. B. →Dritter Orden) in der Diözese der Niederlassung (c. 312 §2 Hs. 2).

c) Niederlassungen von →Regularkanonikern u. Mönchen (→Mönchtum), die unter der Leitung eines eigenen Oberen (→Abt, →Propst) stehen, kommt – soweit das Eigenrecht nichts anderes vorsieht – rechtliche Selbständigkeit (monasterium sui iuris) zu (c. 613 §1). Deren Leiter sind von Rechts wegen höhere Obere (c. 613 §2). Haben selbständige K. außer dem eigenen Oberen keinen anderen höheren Oberen u. sind keinem anderen Religioseninstitut angeschlossen, unterstehen sie der bes. Aufsicht des Diözesanbischofs (c. 615).

d) Die Niederlassung, der ein Religiose durch Ablegung der →Ordensprofess zugeschrieben ist, ist dessen kan. →Wohnsitz (c. 103 §1).

e) In den kath. Ostkirchen sind dem Eparchialbischof u. dem Patriarchen die Errichtung rechtlich selbständiger K. (monasterium sui iuris) vorbehalten (c. 435 CCEO), die ihrerseits von ihnen abhängige K. errichten können (c. 436 CCEO). Die Errichtung von Niederlassungen von „Orden und Kongregationen" (s. o.) ist Sache der zuständigen Autorität des Inst. (c. 509 CCEO).

3. Anwesenheits- u. →Residenzpflicht: a) Der Religiose ist verpflichtet, in der eigenen Niederlassung zu wohnen (c. 608 Hs. 1). O. Erlaubnis des Hausoberen darf er sich nicht aus dem K. entfernen (c. 665 §1 S. 1). Näheres bestimmt die Eigenart u. Sendung des Inst. u. die geltende →Klausur (clausura), von denen die päpstliche Klausur für Nonnenklöster, die ganz auf das beschauliche Leben ausgerichtet sind, die strengste ist (c. 667 §3). Das Ostkirchenrecht sieht vor, dass ein Sodale auch außerhalb, vom übrigen K. getrennt, als →Eremit leben kann (cc. 481-495 CCEO).

b) Eine längere (rechtmäßige) →Abwesenheit vom K. (absentia a domo), auch Beurlaubung genannt, bedarf – neben eines gerechten Grundes – der Erlaubnis des höheren Oberen m. Zustimmung seines Rates (c. 665 §1) u. darf ein J. nicht übersteigen. Die zeitliche Begrenzung gilt nicht, wenn die Abwesenheit Krankheit, Studien od. der Ausübung eines →Apostolats geschuldet ist. Hiervon zu trennen ist die Exklaustration, wonach einem Sodalen m. ewigen Gelübden aus schwerwiegendem Grund gewährt werden kann, bis zu drei J. außerhalb des Inst. zu leben (c. 686). Der Exklaustrierte ist von den Gelübden befreit, die m. einem Leben außerhalb des K. unvereinbar sind (c. 687).

c) Von der rechtmäßigen ist die unrechtmäßige Abwesenheit zu trennen. Hier wurde urspr. zwischen dem fugitivus, der das K. unrechtmäßig, aber m. der Absicht zurückzukehren, verlassen hat u. dem Klosterapostaten, dem die Rückkehrabsicht fehlte, unterschieden (cann. 644 f.). Das neue Ordensrecht kennt nur noch eine Weise der unrechtmäßigen Abwesenheit, die von der Absicht getragen ist, sich der Vollmacht des Oberen zu entziehen (c. 665 § 2). Diesem obliegt es, wie der Gute Hirte dem Sodalen nachzugehen u. ihm zu helfen, zurückzukehren. Bleibt dies erfolglos, kann der höhere Obere nach einem halben J. ein Entlassungsverfahren einleiten (c. 696 § 1).

d) Aufgrund schweren äußeren → Ärgernisses od. einem dem Inst. drohenden schweren Schadens kann ein Religiose unverzüglich des K. verwiesen werden. Berechtigt hierzu ist der höhere Obere, bei Gefahr im Verzug der Hausobere m. Zustimmung seines Rates (c. 703). In gleicher Weise kann der Diözesanbischof einem Religiosen aus dringendem u. äußerst schweren Grund verbieten, sich in seiner Diözese aufzuhalten. Dies hat zur Folge, dass der Religiose die dortige klösterliche Niederlassung verlassen muss (c. 679). Letzteres setzt voraus, dass der höhere Obere – nach entspr. Hinweis – unterlassen hat, Vorsorge zu treffen. Die Angelegenheit ist unverzüglich dem Apost. Stuhl mitzuteilen.

e) Obere haben zusätzlich eine Residenzpflicht im K. (c. 629), die – bei schwerer Verletzung – strafbewehrt ist (c. 1396).

3. → Aufhebung: Die Aufhebung der Niederlassung fällt i. d. R. in die Zuständigkeit des höchsten Leiters (supremus moderator) des Religioseninstituts, der hierzu, gem. Eigenrecht, der Mitwirkung seines Rates bedarf. Der Diözesanbischof ist vorher zu befragen (c. 616 § 1). Bei rechtlich selbständigen Niederlassungen (z. B. Abtei) liegt die Zuständigkeit beim → Generalkapitel, es sei denn das Eigenrecht sieht anderes vor (c. 616 § 3). Selbstständige Nonnenklöster können nur vom Apost. Stuhl aufgehoben werden (c. 616 § 4). Gleiches gilt für die Aufhebung der einzigen Niederlassung eines Inst. (c. 616 § 2), was zugl. die Aufhebung des Religioseninstituts als solchem bedeutet. Dessen Aufhebung wie Errichtung ist i. Ü. Gegenstand der cc. 579-585 u. von der Errichtung u. Aufhebung einer bloßen Niederlassung streng zu unterscheiden.

4. Staatl. Rechtsstellung: Die staatl. Rechtsstellung ist Gegenstand versch. Länderkonkordate, wonach → Orden i. d. R. die Freiheit garantiert wird, sich niederzulassen u. tätig zu werden. Die staatl. Rechtsfähigkeit ist hiervon nicht umfasst u. muss – abgesehen von einzelnen K., die als → Körperschaft des öffentlichen Rechts (vgl. Art. 2 S. 3 BY.K vom 29.03.1924) anerkannt sind – privatrechtlich erworben werden (e. V., Stiftung, gGmbH, OHG etc.).

5. → Gesellschaften des apostolischen Lebens: Das Leben in Gemeinschaft ist Religioseninstituten u. Gesellschaften des Apost. Lebens gemeinsam (cc. 602, 607 § 2, 731, 733). Daher kann man bei Gesellschaften des Apost. Lebens, denen es gleichfalls aufgetragen ist, in Niederlassungen zu wohnen (c. 740), auch von K. sprechen.

Literatur

KanR II, 541-735; Henseler, R., Ordensrecht, Essen [2]1998; Primetshofer, B., Ordensrecht, Freiburg [4]2003; Haering, S., Grundfragen der Lebensgemeinschaften der ev. Räte: HbkathKR[3], 831-845; Rhode, U., Die Religiosenverbände: HbkathKR[3], 846-878.

Noach Heckel

 DOI: 10.30965/9783506786388_0718

Kloster – Evangelisch

1. In den reformatorischen Territorien wurden in Folge der theol. Kritik am Mönchsgelübde u. des staatl. Zugriffs auf den Klosterbesitz na-

hezu alle K. aufgehoben, manche in Schulen, Hospitäler od. Damenstifte umgewandelt. Die Tradition des Mönchtums u. des K. ist dadurch teils abgebrochen, teils langsam ausgestorben. In dem populären Lutherbild erscheint Luther seit Jhh. als dt. Freiheitsheld, der die Kirche gerade von der Korruption der K. befreit habe. Auch Art. XXVII CA gibt ein fast ausschließlich negatives Bild des zeitgenössischen Ordenswesens. Das ist um so überraschender, als Bugenhagen, Bucer, weitere Väter der → Reformation u. nicht zuletzt Luther selbst Mönche gewesen waren, Luther auch Subprior, Distriktsvikar u. Visitator für Thüringen u. Meißen. Auslösend für Luthers Kritik am Mönchtum war nicht der äußere Verfall des Klosterwesens als eine sich hier konkretisierende theol. Fehlentwicklung. Er sah in den → Gelübden eine Relativierung des jedem Christen geltenden Taufgelübdes (De votis monasticis, 1521). Jeder Versuch, durch Werke gerecht zu werden, hindert den Zugang zu Gott. Die ev. Räte gelten jedermann. Sie sollen aus chr. Freiheit erwachsen. Luthers Kritik am Mönchtum zielte nicht auf die Ehelosigkeit, sondern auf die Höherbewertung des ehelosen Standes. Aus Ratschlägen, die Luther an ev. glaubende → Äbte, → Äbtissinnen u. Mönche gab, wird deutlich, dass er ein mönchisches Leben in von Gott geschenkter ev. Freiheit geführt, für eine von Gott gegebene Möglichkeit ansieht, die Tätigkeit (Stundengebet, Schriftbetrachtung, Predigt u. Seelsorge, karitative Tätigkeit) für sinnvoll hielt, zumal sie einen Unterhalt erlaube. Hier erscheint Mönchtum als ein Beruf neben anderen.

In der ev. Kirche verblasste die Erinnerung an Luthers Offenheit in der Klosterfrage. Luthers positive Einstellung zu den Möglichkeiten eines klösterlichen Gemeinschaftslebens in ev. Freiheit fiel unbeschadet der Fortexistenz ev. Stifte u. K. weithin der Vergessenheit anheim.

Die KO des 16. Jh. kannten Regelungen für ev. Stifte u. K. Das gilt z. T. auch noch für moderne → Kirchenverfassungen, z. B. der Han, die den K. einen eigenen Abschnitt widmet (Art. 106-114). Die Luth. → Agende sieht ein eigenes Gottesdienstformular für die Einsetzung von Äbten u. Äbtissinnen in ev. K. vor.

2. Die Reformation bedeutete für das Leben im Konvent einen Einschnitt, der aber nicht so radikal war, wie man denken möchte. Die Momente der Kontinuität dominierten. Unbeschadet der Schließung u. Säkularisierung zahlloser K. blieben im ganzen prot. Deutschland K. bestehen, insb. als Damenstifte m. dem Charakter von Versorgungsanstalten. Weder hörte nach der Reformation das geistl. Leben auf, noch war es vor der Reformation so streng geregelt, wie das verbreiteter Anschauung von heute entspr. in einem K. hätte sein müssen. In Niedersachsen z. B. waren fast alle K. schon vor der Reformation das, was man kirchenrechtlich Stifte nannte. Gehorsam u. Keuschheit mussten gelobt werden, aber dies nur für die Zeit der Zugehörigkeit zum K., aus dem man auch wieder austreten konnte. Es gab keine Profess u. keine Gelübde. Schon vor der Reformation besaßen Konventualinnen z. T. eigene Wohnungen u. persönliches Vermögen, über das sie verfügten. Sie lebten nicht in Klausur, sondern konnten Freunde u. Verwandte besuchen u. Besuche im K. empfangen.

Die ev. Kirche versteht sich nicht als eine neue Kirche, sondern als die gereinigte Fortsetzung der einen kath. Kirche. Deswegen brauchte in den wenigen fortbestehenden K. keineswegs alles umgestülpt zu werden. Chordienst, Andachten u. Gebet gingen weiter. Die Lebensgewohnheiten veränderten sich zunächst kaum, später schrittweise im Laufe der Generationen. Überall wurde aber die fürstliche Aufsicht im Verhältnis zur vorreformatorischen Zeit verstärkt. Die Klosterordnungen werden von der weltlichen Macht erlassen u. enthalten Vorschriften für die gottesdienstlichen Ordnungen, die Haushaltsführung, Kleidung, Ordnung im K., Stellung der Domina, wie die Priorin später genannt wurde.

3. Seit dem 19. Jh. sind → Kommunitäten u. K. neu entstanden, die in wachsendem Maße in ihrem Gemeinschaftsleben auch auf

klösterliche Bau- u. Lebensformen zurückgreifen. Z. T. m. ök. Ausrichtung versammelten →Bruderschaften, Kommunitäten u. K. – Pfr. u. Laien zu geistl. Leben u. Diakonie unter gemeinsamer Lebensform. Dabei wurde aus Gründen konfessioneller Prägung das Wort K. fast überall vermieden (vgl. Communauté de Taizé, Kommunität Imshausen, Marienschwesternschaft in Darmstadt, Kommunität Kasteller Ring, Christusbruderschaft Selbitz). Die ev.-antimonastische Tradition m. der Ablehnung von Gelübden u. K. machte es den Kommunitäten zunächst nicht einfach, in den Landeskirchen Anerkennung zu finden. Gesamtchristliche Besinnung auf den Ursprung haben dies erleichtert, zumal in Zeiten ök. Nähe infolge politischer Bedrängnis im Zweiten Weltkrieg. Viele Kommunitätsgründer entstammten der ev. Jugendbewegung.

In eine andere Richtung wiesen die 1833 von Wichern, 1836 von Fliedner, 1853 von Löhe gegr. Bruderschaften u. Schwesternschaften. Sie führten bis zum Ende des 19. Jh. zur Gründung von 16 Diakonen- u. 72 Diakonissenhäusern. Wichern wollte den z. Z. der Reformation abgeschnittenen Faden kirchl. Verbrüderungen zu praktischen Zwecken wieder aufnehmen u. durch „corporative Neugestaltungen" der Kirche „wieder zu dem Bewusstsein der ihr vom Herrn auferlegten positiven, realen Verpflichtungen und Berechtigungen" helfen. Die gewünschte Erneuerung der altkirchlichen Diakonen- u. Diakonissenämter schlug allerdings fehl. Die ev. Kirchen waren nicht bereit, Diakone u. Diakonissen amtstheologisch u. liturgisch zu integrieren. Deshalb blieben Bruder- u. Schwesternschaften freie Werke interessierter Christen. Schwester u. Diakon wurden zu Berufsbezeichnungen.

Literatur

Gritzner, M., Handbuch der im Deutschen Reiche, in Oesterreich-Ungarn, Dänemark, Schweden u. den russischen Ostseeprovinzen bestehenden Damen-Stifter, Frankfurt 1893; Frei für Gott u. die Menschen. Ev. Bruder- u. Schwesternschaften in der Gegenwart in Selbstdarstellungen, hg. v. L. Präger, Stuttgart 1959; Lohse, B., Mönchtum u. Reformation. Luthers Auseinandersetzung m. dem Mönchsideal im Mittelalter, Göttingen 1963; Halkenhäuser, J., Kirche u. Kommunität. Ein Beitrag zur Geschichte u. zum Auftrag der kommunitären Bewegung in den Kirchen der Reformation, Paderborn 1978; Kretschmar, G., Die ök. Bedeutung der Orden: EuA 56 (1980), 256-273 u. 371-376; Stupperich, R. – Hage, G. – Finckenstein, J. – Graf-Krause, G., Bruderschaften-Schwesternschaften-Kommunitäten: TRE Bd. 7, 195-212; Hoffmann, G., Sinn u. Aufgaben ev. Klöster: Kloster Amelungsborn 1135-1985, hg. v. G. Ruhbach – K. Schmidt-Clausen, Hannover 1985, 107 ff.; Müller, G., Luthertum u. Mönchtum: Jahrbuch des Vereins für Heimatkunde im Bistum Hildesheim 53 (1985), 79-85; von Campenhausen, A., Ev. Klöster in Niedersachsen, die Reformation u. die staatl. Aufsicht: 1000 Jahre Kloster Walsrode. Vorträge u. Ansprachen anlässlich der Jubiläumsfeier, hg. v. A. Frhr. von Campenhausen – J. Fleckenstein, Hannover, Walsrode 1986; Dose, H., Ev. Klosteralltag. Leben in Lüneburger Frauenkonventen 1590 bis 1710. Untersucht am Beispiel Ebstorf, Hannover 1994; Riggert, I.-Chr., Die Lüneburger Frauenklöster, Hannover 1996; Heutger, N. C., Die ev. Frauenstifte u. -klöster in Niedersachsen, Braunschweig 1998; Joest, Ch., Die Entstehung von Kommunitäten in den Kirchen der Reformation: A. Lexutt – V. Mantey – V. Ortmann, Reformation u. Mönchtum. Aspekte eines Verhältnisses über Luther hinaus, Tübingen 2008, 241-264.

Axel Frhr. von Campenhausen

© 2019, DOI: 10.30965/9783506786388_0718

Kloster – Orthodox

Als K. kann nicht nur die Niederlassung einer monastischen Gemeinschaft bez. werden, sondern auch diese als solche. So gab es bspw. im Kontext politischer Verfolgung in der Sowjetunion durchaus monastisches Leben o. K. im ersteren Sinn u. auch das aktuell in Aufbau befindliche K. in Österreich hat zwar bereits einen Vorsteher (Abt) u. Mönche (→Mönchtum), bislang aber keine definitive Niederlassung.

Grds. gibt es im orth. Kontext sowohl koinobitische K. m. vita communis als auch idiorhythmische, dem spätantiken Anachoretenverband näherstehende K., in denen Mönche bzw. Nonnen zwar ebenfalls einem/einer gemeinsamen Vorsteher/Vorsteherin unterstehen u. eine gemeinsame Kirche haben, aber allein od. in kleinen Wohngemeinschaften leben u. ihr asketisches Leben u. ihren Lebensunterhalt weitgehend eigenständig organisieren sowie Mischformen, z. B. am Athos an grds. koinobitische Großkirchen angebundene idiorythmische Klosterdörfer (Skiten).

Prinzipiell hat jedes orth. K. seine eigene als Typikon bez. Hausordnung, das seine interne Organisation (i. d. R. gibt es neben dem/der gewählten, manchmal auch ernannten od. designierten Klostervorsteher/Klostervorsteherin eine Klostersynode u. versch., von dieser zu besetzende Ämter wie Ökonom u. Ekklesiarch), die spezifische Ausformung asketischen Lebens u. liturgischer Disziplin, ggf. über die allg. kirchenrechtlichen Vorgaben hinausgehende Aufnahmekriterien (z. B. höhere Altersgrenzen) u. traditionell auch Stifterrechte sowie das K. als Wirtschaftsbetrieb betr. Vorgaben enthält. Manche Typika konnten zeitweise einen größeren Einfluss ausüben, o. sich zu Regeln im westlichen Sinn zu entwickeln. Um solche handelt es sich auch bei den unter dem Namen von Basileios überlieferten, im Westen oft als Regeln bez. monastischen Kanones nicht. Allerdings wurden in der Neuzeit in mehreren orth. Lokalkirchen jene im alten, sowohl kan. als auch staatl. Recht vorhandenen Ansätze zur Entstehung eines auf Disziplinierung ausgerichteten Rahmenrechts für K. durch die Erlassung eigener RO für das monastische Leben u./od. die Aufnahme grundlegender Bestimmungen in KirchVerf. (Statuten von Lokalkirchen) weitergeführt.

Neben Frauen- u. Männerklöstern kennt die orth. Rechtsgeschichte Doppelklöster (trotz staatl. u. kan. Verbote vereinzelt bis in die Neuzeit), wobei zwischen gemischten Klöstern im engeren Sinn u. anderen Formen von Doppelklöstern zu unterscheiden ist. K. m. strenger Klausur (striktes Betretungsverbot für Angehörige des anderen Geschlechts), sog. Abaton-K., konnten aufgrund des Ausschlusses von Frauen von der Priesterweihe vollständig nur für Männer verwirklicht werden. Das bekannteste Bsp. sind die dem → Patriarchen von Konstantinopel unterstehenden selbstverwalteten K. des Hl. Berges (Athos), wobei sich das europarechtlich grds. abgesicherte, aber sehr umstrittene Betretungsverbot für Frauen in diesem Ausnahmefall nicht nur auf einzelne monastische Niederlassungen, sondern auf ein größeres Territorium bezieht.

Nach der kan. Theorie sollte jedes K. dem Eparchialbischof (= Diözesanbischof), in dessen Jurisdiktionsgebiet es sich befindet, unterstehen, de facto spielten hist. aber auch von diesem weitgehend unabhängige Stiftungen eine wichtige Rolle. Bis heute gibt es sog. stauropegiale, vom Eparchialbischof exemte K., die dem Patriarchen von Konstantinopel, einem anderen Patriarchen od. Ersthierarchen (z. B. dem Ebf. von Zypern) od. in Sonderfällen dem Hl. Synod einer Kirche (so in der Bulgarischen Orth. Kirche) zugeordnet sind. Die RussOK kennt heute unterschiedliche Arten von Stauropegialklöstern, neben dem Patriarchen von Moskau unterstehenden K. auch solche, die dem Ersthierarchen einer m. Autonomierechten ausgestatteten Lokalkirche od. dem kleinen Bischofssynod der RussOK im Ausland untergeordnete. Auch wenn orthodoxerseits keine Orden ausgebildet wurden, gab u. gibt es immer wieder in Abhängigkeit vom Mutterkloster verbliebene Tochtergründungen einzelner Großklöster, die wie auswärtige Vertretungen u. Wirtschaftseinrichtungen (Metochien) von Großklöstern in jurisdiktioneller Hinsicht ebenfalls einen spezifischen Rechtsstatus genießen können.

Quellen

Ehe u. Mönchtum im orth. kan. Recht. Eine Kanonsammlung m. den Kanones der Lokalsynoden u. der

Kirchenväter, hg. v. A. Anapliotis, Berlin 2010 (Forum Orth. Theologie 10); Byzantine Monastic Foundation Documents 1-5, hg. v. J. Thomas – A. Constantinides Hero, Washington 2000; De monachico statu iuxta disciplinam byzantinam. Statuta selectis fontibus et commentariis instructa, hg. v. P. de Meester, Rom 1942 (Sacra Congregazione per la Chiesa Orientale. Codificazione canonica orientale. Fonti, serie II, fasc. 10); Polyzoides, K. Th., Ekklesiastikes peges ekklesiastikou dikaiou: orthodoxos monachismos, Thessaloniki 1995.

Literatur

Smolitsch, I., Russisches Mönchtum. Entstehung, Entwicklung u. Wesen, Würzburg 1953; Il monachesimo orientale. Atti del Convegno di Studi Orientali che sul predetto tema, Rom 1958 (Orientalia Christiana Analecta 153); Janin, R., Le monachisme Byzantin au moyen age. Commende et typica (Xe-XIVe siècle): Rev. des Études Byzantines 22 (1964), 5-44; Frazee, C. A., Late Roman and Byzantine Legislation on the Monastic Life from the Fourth to the Eighth Centuries: ChH 51 (1982), 263-279; Torne, R. H., A Constantinopolitan Double Monastery of the Fourteenth Century: the Philanthropic Saviour: Byzantine Studies / Etudes Byzantines 10 (1983), 81-87; Thomas, J., Private Religious Foundations in the Byzantine Empire, Washington 1987; Rodopoulos, P., Monasticism in the East, Incontro fra canoni d'Oriente e d'Occidente 1, hg. v. R. Coppola, Bari 1994, 499-521; Taseis tou orthodoxou monachismou: 90s – 200s aiones, hg. v. K. Nikolaou, Athen 1996 (To Byzantio semera 1); Zeses, Th. N., Monachismos. Morphes kai themata, Thessaloniki 1998; Stramara jr., D. F., Double Monasticism in the Greek East, Fourth through Eighth Centuries: JECS 6 (1998), 269-312; Wynot, J., Monasteries without Walls: Secret Monasticism in the Soviet Union, 1918-39: ChH 71 (2002), 63-79; Papathomas, G. D., La réception nomocanonique du Monachisme (2e-7e siècles). (Comment le monachisme fut confirmé par les canons de l'Église et les lois de l'Empire), Katerini 2004 (Nomokanonike Bibliotheke 14); Schipper, F. T., „Wir erlauben nicht, dass in einem Kloster Mönche und Nonnen wohnen" (Just. Nov. 123.36): Doppelklöster im spätantiken ostmediterranen Raum: Kanon 17 (2005), 56-77; Müller, A., Eis synergian ton sympheronton. Zur Klosterpolitik Iustinians: Christentum u. Politik in der Alten Kirche, hg. v. J. v. Oort – O. Hesse, Leuven 2009, 35-59 (Studien der Patristischen Arbeitsgemeinschaft 8); Filoramo, G., Monachesimo orientale. Un'introduzione, Brescia 2010; Potz, R. – Synek, E., Orth. Kirchenrecht. Eine Einführung, Freistadt ²2014, v. a. 394-409; 256; 488 (KuR 28); Monastische Kultur als transkonfessionelles Phänomen. Beiträge einer dt.-russischen interdisziplinären Tagung in Vladmir u. Suzdal, hg. v. L. Steindorff – O. Auge, Oldenburg 2016 (Veröffentlichungen des Dt. Hist. Instituts Moskau 4); Hasse-Ungeheuer, A., Das Mönchtum in der Religionspolitik Kaiser Justinians I. Die Engel des Himmels u. der Stellvertreter Gottes auf Erden, Berlin – Boston 2016 (Millennium-Studien 59).

Eva Synek

© 2019, DOI: 10.30965/9783506786388_0718

Klosterpfarrei

→Ordenspfarrei

Koalitionsfreiheit – Staatlich

Die K. ist eine bes. Ausformung des Grundrechts auf Versammlungsfreiheit. Während sich dieses aus Art. 9 Abs. 1 GG ergibt, folgt die K. aus Art. 9 Abs. 3 GG. Staatlicherseits ist damit zum einen das individuelle Recht eines jeden gemeint, sich in Vereinigungen zusammenzuschließen, die sich die Wahrung u. Förderung der Arbeits- u. Wirtschaftsbedingungen zum Inhalt gemacht haben. Aufgrund dieser Freiheit haben sich in Deutschland Arbeitgeberverbände auf der einen u. Gewerkschaften auf der anderen Seite gebildet. Dieses Grundrecht wird durch die Verf. weitgehend geschützt, v. a. dadurch, dass es unmittelbar gegenüber jedermann eingefordert werden kann, nicht nur gegenüber dem Staat. Auch Privatleute müssen die K. beachten. Das unterscheidet Art. 9 Abs. 3 GG von allen anderen Grundrechten u. zeigt seinen hohen Stellenwert. Abreden, die dieses

Recht einschränken od. zu behindern suchen, sind nichtig, hierauf gerichtete Maßnahmen sind rechtswidrig.

Die K. des Art. 9 Abs. 3 GG schützt darüber hinaus auch eine kollektive Ebene, nämlich das kollektive Ausgleichsverfahren. Damit unterfallen auch die Tarifautonomie u. die Arbeitskampffreiheit der K. Dahinter steht die Vorstellung, dass der einzelne Arbeitnehmer strukturell gegenüber seinem Arbeitgeber schwächer ist, sodass die Privatautonomie im Arbeitsleben, anders als bei anderen Verträgen, nicht sicher zu gerechten Verträgen führt. Daher sichert die Verf. die Freiheit der Koalitionen, dass sie über ggf. erkämpfbare Tarifverträge kollektiv zentrale Arbeitsvertragsinhalte für ihre Mitglieder aushandeln können, die dann normativ für die einzelnen Arbeitsverhältnisse gelten.

Literatur

Däubler, W., Das Grundrecht auf Streik – eine Skizze: ZfA 1973, 201-22; Blanke, T., Das Arbeitskampfrecht des Grundgesetzes u. das neue Arbeitskampfkonzept des BAG: NZA 1990, 209-213; Ladeur, K.-H., Methodische Überlegungen zur gesetzlichen „Ausgestaltung“ der Koalitionsfreiheit: AöR 131 (2006), 643-667; Mayer-Maly, Th., Die Kriterien der Rechtmäßigkeit von Arbeitskämpfen (FS Richardi), hg. v. G. Annuß, München 2007, 691-692; von Danwitz, T., Koalitionsfreiheit: HGR Bd. V, § 116; Poscher, R., Die Koalitionsfreiheit als ausgestaltungsbedürftiges u. ausgestaltungsfähiges Grundrecht: RdA 2017, 235-245.

Jacob Joussen

© 2019, DOI: 10.30965/9783506786388_0720

Koalitionsfreiheit – Katholisch

Erstmals hat das Vat II das Recht der → Gläubigen auf K. proklamiert, nachdem die kath. Soziallehre bereits früher die K. als ein in der Natur des Menschen begr. Recht dargelegt, aber nur auf den staatl. Bereich bezogen hatte. Dem Vat II entspr. haben die Gläubigen das Recht, Vereinigungen (→ Vereinigung von Gläubigen) frei zu gründen u. zu leiten u. Vereinigungen beizutreten (AA 19, 4; vgl. auch PO 8, 3).

M. der Lehre von der K. der Gläubigen übernimmt die Kirche nicht ein Rechtsprinzip aus dem säkularen Bereich, sondern begr. die K. in ihrem Selbstverständnis u. apost. Auftrag. Entspr. der sozialen Natur des Menschen, aus der die K. als ein → Naturrecht erwächst, hat Gott die Gläubigen zum Volk Gottes u. zu einem Leib vereinigt (vgl. GS 12, 1 u. AA 18, 1). Die soziale Natur der Kirche drückt sich u. a. in den Vereinigungen aus, die als „signa communitatis Ecclesiae“ (AA 17, 2) bez. werden u. ein unverzichtbares Element in der Verf. der Kirche bilden. Der sendungstheologische Aspekt verstärkt das ekklesiologische Fundament der K.: Die Gläubigen, die in der → Taufe vom Herrn selbst das Recht u. die Pflicht zum → Apostolat empfangen haben (AA 3, 1), können dieses als einzelne u. auch gemeinsam in Vereinigungen ausüben (AA 15). Aus der Berufung zum Apostolat leitet das Vat II die K. der Gläubigen ab. Die K. ist → ius nativum u. ius baptismale aller Gläubigen.

Die K. wurde in cc. 215 u. 216 (cc. 18 u. 19 CCEO) als ein Grundrecht der Gläubigen (→ Grundrechte und Grundpflichten der Christen) normiert, das in den cc. 298-329 (cc. 573-583 CCEO) weiter entfaltet wird (→ Vereinsrecht) Alle Gläubigen haben das Recht, Vereinigungen zu Zwecken des Apostolats zu gründen od. solchen Vereinigungen beizutreten u. als einzelne od. gemeinsam entspr. ihrer Rechtsstellung u. Handlungsfähigkeit apost. Tätigkeiten in Gang zu setzen u. zu unterhalten. Solche Unternehmungen dürfen sich nur m. Zustimmung der zuständigen kirchl. Autorität als kath. bez.

Quellen

Vat II, AA; Vat II, PO; Vat II, GS.

Literatur

Hallermann, H., Die Vereinigungen im Verfassungsgefüge der lat. Kirche, Paderborn – München – Wien – Zürich 1999, 187-199 u. 229-255; Martínez Sistach, L., Die Vereine von Gläubigen, Paderborn – München – Wien – Zürich 2008, 17-36.

Heribert Hallermann

Koalitionsfreiheit – Evangelisch

Die K. ist verfassungsrechtlich in Art. 9 Abs. 3 GG verbürgt (vgl. K., staatl.). Sie gilt auch in den Kirchen, stößt jedoch auch dort an Grenzen, die sich v. a. aus der Kirchenautonomie aus Art. 140 GG, 137 WRV ergeben (→Arbeitsrecht, kirchliches).

Nach ihrer Bildung ist der Abschluss von Tarifverträgen ein wesentlicher Daseinszweck einer Koalition. Die Kirchen sind aber durch die K. nicht zum Abschluss von Tarifverträgen verpflichtet. Das beruht zum einen darauf, dass sie das Tarifvertragssystem m. seiner zwingenden Verbindung m. einem Kampfelement nicht für adäquat u. dem eigenen Auftrag angemessen erachten. Zum anderen stellt das Tarifvertragssystem nicht die einzige Möglichkeit dar, die Anforderungen der K. auszufüllen. Sie sieht das Tarifsystem nicht als ausschließliche Form der Förderung der Arbeits- u. Wirtschaftsbedingungen an. Vielmehr kann das Ziel der K. auf versch. Wegen angestrebt werden: nicht nur durch Gestaltungen, die wie das Tarifsystem durch die Grundelemente der Gegensätzlichkeit der Interessen des Konflikts u. des Kampfes bestimmt sind, sondern auch durch solche, die Einigung u. Zusammenwirken in den Vordergrund rücken, wenngleich sie Konflikte u. deren Austragung nicht ausschließen.

Die Ausfüllung der K. durch die ev. Kirche stellt eine Kongruenz zu diesen verfassungsrechtlichen Vorgaben her. Der →Dritte Weg, für den sich die Kirchen primär entschieden haben, stellt eine kircheneigene Ausprägung der K. dar, aus der nur folgt, dass kirchl. Einrichtungen Tarifverträge schließen können, nicht aber umgekehrt auch, dass sie Tarifverträge schließen müssen, wenn dies etwa ihrem Selbstverständnis von einer Gestaltung der Arbeitsbedingungen in ihrem Bereich widerspräche.

Literatur

Joussen, J., § 7 Das Arbeitsrecht in der Kirche: HevKR, 276-341, insb. Rnn. 25-39.

Jacob Joussen

KODA – Katholisch

Die Arbeitsvertragsbedingungen kirchl. Mitarbeiter werden in AK ausgehandelt. Diese beraten u. beschließen Rechtsnormen über Abschluss, Inhalt u. Beendigung von Arbeitsverhältnissen. Kommissionen zur Ordnung des Diözesanen Arbeitsvertragsrechtes (KODAen) existieren auf der Ebene der (Erz)Bistümer Hildesheim, Fulda, Limburg, Mainz, Speyer, Trier, Freiburg u. Rottenburg-Stuttgart bzw. auf regionaler Ebene (Bayerische Regional-KODA, Regional-KODAen Nordrhein-Westfalen, Nord-Ost, Osnabrück-Vechta). Eine eigene AK besteht beim DCV. Ihre Beschl. betreffen die Beschäftigungsverhältnisse von Rechtsträgern, die die Arbeitsvertragsbedingungen des DCV anwenden.

Zum Beschl. von Rechtsnormen über Abschluss, Inhalt u. Beendigung von Arbeitsverhältnissen bestimmter Rechtsträger od. bestimmter Berufs- u. Aufgabenfelder in kirchl. Einrichtungen können Unterkommissionen gebildet werden (vgl. §§ 11-12 Rahmen-KODA-O). Die AK des DCV ist differenziert in eine Bundeskommission u. diverse Regionalkommissionen (vgl. § 13 AK-O). Die Bundeskommission beschließt mittlere Werte in Bezug auf Vergütung, Arbeitszeit u. Erholungsurlaub, von denen die Regionalkommissionen in ihren Beschl. um 15 bzw. 10 % abw. dürfen.

M. dem Kommissionsmodell setzt die kath. Kirche auf ein kircheneigenes Arbeitsrechtsregelungsverfahren zur Gestaltung ihrer kollektiven Arbeitsvertragsbedingungen (vgl. Art. 7 →Grundordnung für den kirchlichen Dienst).

Sie nimmt hierin ihr Recht auf Selbstbestimmung (→Selbstbestimmungsrecht) in arbeitsrechtlichen Angelegenheiten wahr. Das Erfordernis eines kircheneigenen Wegs (→Dritter Weg) wird damit begr., dass sowohl die einseitige Setzung von Arbeitsvertragsbedingungen durch den →Dienstgeber (Erster Weg) als auch der bei nichtkirchlichen Arbeitsverhältnissen überwiegend beschrittene Tarifvertragsweg (Zweiter Weg) für kirchl. Arbeitsverhältnisse ungeeignet seien. Gegen eine Tariffindung auf dem Ersten Weg spricht das kirchl. Selbstverständnis, kirchl. Mitarbeiter an der Gestaltung des Arbeitsvertragsrechts zu beteiligen. Der Tarifvertragsweg wird als ungeeignet beurteilt, da Bedenken gegenüber einem Vertragsabschluss m. →Gewerkschaften u. dem Einsatz von Arbeitskampfinstrumenten (Streik u. Aussperrung) im kirchl. Dienst bestehen (vgl. Art. 7 Abs. 2 GrO).

Die Arbeit der Kommissionen erfolgt auf der Basis diözesaner bzw. regionaler Ordnungen, der Ordnungen für die Kommission zur Ordnung des Diözesanen Arbeitsvertragsrechts (KODA-O) sowie einer eigenen Ordnung für die AK des DCV (AK-O). Die KODA-O werden von den →Diözesanbischöfen für ihre jeweiligen →Diözesen in Kraft gesetzt u. stellen partikulares KR dar. Sie orientieren sich an einer RO (Rahmen-KODA-O), die von der Vollversammlung des →Verbands der Diözesen Deutschlands beschlossen wird. Die AK-O wird von der Delegiertenversammlung des DCV in Kraft gesetzt; sie ist verbandliches Satzungsrecht, gleichwohl durch „Mitwirkung der Bischöfe bei der ... Inkraftsetzung“ Teil der „Kirchengesetzgebung“ (KAGH, Urt. vom 28.08.2009, Az. M 02/09). Bei Rechtsstreitigkeiten aus dem kirchl. Arbeitsrechtsregelungsrecht ist der Weg zu den kirchl. Arbeitsgerichten (→Arbeitsgericht, kirchliches) eröffnet.

Die Kommissionen sind formal paritätisch m. Vertretern der Dienstgeber u. Mitarbeiter besetzt; ob hierdurch auch eine materielle Parität erreicht wird, ist Gegenstand einer Kontroverse. Die Dienstgebervertreter in den KODAen werden vom →Generalvikar berufen (vgl. § 5 Abs. 1 Rahmen-KODA-O), in der AK werden die Dienstgebervertreter der Regionalkommissionen anteilig von den Vertretern der Rechtsträger gewählt u. von den jeweiligen Diözesan-→Caritasverbänden bestimmt, die Dienstgebervertreter in den Regionalkommissionen wählen dann die Dienstgebervertreter der Bundeskommission (vgl. § 6 AK-O; Wahlordnung der Dienstgeberseite gem. § 6 Abs. 6 AK-O). Die Vertreter der Mitarbeiterseite werden gewählt (vgl. diözesane Wahlordnungen; Wahlordnung der Mitarbeiterseite gem. § 4 Abs. 4 AK-O) bzw. von den Gewerkschaften entsendet. Über eine Beteiligung der Gewerkschaften auf Mitarbeiterseite wurde lange gestritten. Sie wurde nun in der GrO-Novelle 2015 u. in den überarbeiteten Kommissionsordnungen berücksichtigt (vgl. Art. 6 Abs. 3 GrO; §§ 6 Abs. 2 u. 9 Rahmen-KODA-O; § 5 AK-O; Entsendeordnung für die Vertreter der Gewerkschaften gem. § 5 Abs. 8 AK-O). Hiermit reagierten die kirchl. Normgeber auf das Urt. des BAG vom 20.11.2012 zum Streikrecht im kirchl. Dienst (1 AZR 179/11: BAGE 143, 354). Im Streit um das Recht der Gewerkschaften, in kirchl. Einrichtungen zum Streik aufzurufen, entschied das BAG, dass ein Ausschluss des Streikrechts im Rahmen des Dritten Wegs nur rechtmäßig sei, „soweit Gewerkschaften in dieses Verfahren organisatorisch eingebunden sind und das Verhandlungsergebnis für die Dienstgeberseite als Mindestarbeitsbedingung verbindlich ist“ (Leitsatz). Das letztgenannte Kriterium war in den kirchl. Beschäftigungsverhältnissen erfüllt; doch bedurfte es der Gewährleistung einer Gewerkschaftsbeteiligung in den Kommissionen, um die Bedingung für einen Ausschluss des Streikrechts in kirchl. Einrichtungen i. S. des Art. 7 Abs. 2 S. 2 GrO zu erfüllen. Dass die von den novellierten KODAen vorgesehenen Beteiligungsregelungen einen Ausschluss des Streikrechts rechtfertigen, wird zurzeit weitgehend angenommen.

Die Kommissionen sind kooperativ arbeitende Gremien. Ihre Mitglieder sind weisungsungebunden u. bes. gegen Kündigung geschützt. Für die Beschlussfassung ist je nach Ordnung eine Dreiviertel- od. Zweidrittelmehrheit notwendig. Bleibt die erforderliche Mehrheit aus, obwohl mind. die Hälfte der Kommissionsmitglieder zugestimmt haben, erfolgt auf Mehrheitsantrag ein Vermittlungsverfahren vor einem Vermittlungsausschuss (vgl. §24 Rahmen-KODA-O; §18 AK-O). Ergebnis des Verfahrens ist ein Vermittlungsvorschlag, über den die Kommission entscheidet. Wird hierbei keine qualifizierte Mehrheit erreicht, wird ein Verfahren zur ersetzenden Entscheidung durchgeführt, bei dem ein Vermittlungsspruch die Kommissionsentscheidung ersetzt (vgl. §25 Rahmen-KODA-O).

Die Beschl. (m. unterschiedlichen Bez.: ABD, AVO, AVR, DVO, KAVO) werden von den Diözesanbischöfen in Kraft gesetzt (vgl. Art. 7 Abs. 1 S. 3 GrO; §20 Abs. 3 Rahmen-KODA-O; §21 AK-O; §1 RL für die Inkraftsetzung der AK-Beschl.). Aufgrund des bfl. Letztentscheidungsrechts, das der Stellung der Bf. als Normgeber im kirchl. →Verfassungsrecht geschuldet ist, wird die Möglichkeit bedacht, dass ein Diözesanbischof sich „nicht in der Lage [sieht], einen Beschluss in Kraft zu setzen, weil er offensichtlich gegen kirchenrechtliche Normen oder gegen Vorgaben der katholischen Glaubens- und Sittenlehre verstößt“ (§20 Abs. 4 Rahmen-KODA-O; §21 Abs. 3 AK-O). In diesem Fall kann der Bf. gegen den Beschl. bei der Kommission Einspruch erheben. Die Kommission hat den Fall dann erneut zu beraten. Auch einem nach erneuter Beratung von der Kommission bestätigten od. geänd. Beschl. kann der Bf. eine Inkraftsetzung verweigern; in diesem Fall ist das Verfahren beendet.

Die in Kraft gesetzten Beschl. finden auf alle Arbeitsverhältnisse im jeweiligen Kommissionsbereich unmittelbar u. zwingend Anwendung (vgl. §3 Abs. 1 S. 2 Rahmen-KODA-O; §1 Abs. 4 S. 2 AK-O). Im Unterschied zu Tarifverträgen sind sie nicht einseitig kündbar.

Um die Einheit des kirchl. Arbeitsrechts (→Arbeitsrecht, kirchliches) im überdiözesanen Bereich zu sichern, besteht auf Bundesebene die sog. Zentrale Kommission zur Ordnung des Arbeitsvertragsrechts im kirchl. Dienst (Zentral-KODA). Sie arbeitet auf der Basis einer von der Vollversammlung des VDD erlassenen Ordnung (Zentral-KODA-O). Zur Ausfüllung von Öffnungsklauseln in staatl. Gesetzen u. zur Fassung von Einbeziehungsabreden für Arbeitsverträge bzgl. →Loyalitätsobliegenheiten u. Nebenpflichten gem. GrO ist die Zentral-KODA ermächtigt, kirchl. Arbeitsvertragsrecht zu erlassen (vgl. §3 Abs. 1 Zentral-KODA-O); ferner nimmt sie Regelungen bzgl. der Befristung von Arbeitsverhältnissen, dem Arbeitszeitschutz, Mehrfacharbeitsverhältnissen bei versch. Dienstgebern sowie bzgl. Rechtsfolgen des Wechsels von einem Dienstgeber zu einem anderen vor. Darüber hinaus berät sie die anderen Kommissionen arbeitsrechtlich (vgl. §4 Zentral-KODA-O).

Quellen

Rahmen-KODA-Ordnung i. d. F. des Beschl. der Vollversammlung des VDD vom 15. Juni 1998, zuletzt geänd. durch Beschl.der Vollversammlung des VDD vom 24. November 2014: Kirchl. Arbeitsrecht, hg. v. Sekretariat der DBK, Bonn [2]2015 (DDB 95), 119-145; Richtlinien für die Inkraftsetzung der Beschl. der Arbeitsrechtlichen Kommission des DCV durch die Diözesanbischöfe m. Geltung ab 1. Januar 2008: www.caritas.de/cms/contents/caritasde/medien/dokumente/dcv-arbeitsbereiche/arbeits-undtarifrech/richtlinienfuerdiein1/ordnungstext_inkraftsetzen_ak_beschluesse.pdf?d=a&f=pdf [Zugriff: 15.05.2019]; KAGH, Urt. vom 28. August 2009, Az. M 02/09: www.dbk.de/fileadmin/redaktion/microsites/Kirchlicher_Arbeitsgerichtshof/09_vom_28.08.2009.pdf [Zugriff: 15.05.2019]; Zentral-KODA-Ordnung i. d. F. des Beschl. der Vollversammlung des VDD vom 18. November 2013: http://zentralkoda.de/z-koda/ueber-uns/rechtsgrundlagen-ordnungen/13-zentral-koda-ordnung [Zugriff: 15.05.2019]; Grundordnung des kirchl. Dienstes im Rahmen kirchl. Arbeitsverhältnisse i. d. F. des Beschl. der Vollversammlung des VDD vom 27. April 2015: Kirchl. Arbeitsrecht, hg. v. Sekretariat der DBK, Bonn [2]2015 (DDB 95), 20-

30; Richtlinien für Arbeitsverträge in den Einrichtungen des DCV (AVR), hg. v. DCV, Loseblattsammlung (Stand 01/2016), Freiburg; Ordnung der Arbeitsrechtlichen Kommission des DCV einschließlich Wahlordnung der Mitarbeiterseite gem. §4 Abs. 4 der Ordnung der Arbeitsrechtlichen Kommission des DCV, Entsendeordnung für die Vertreter(innen) der Gewerkschaften gem. §5 Abs. 8 der Ordnung der Arbeitsrechtlichen Kommission des DCV, Wahlordnung der Dienstgeberseite gem. §6 Abs. 6 der Ordnung der Arbeitsrechtlichen Kommission des DCV, m. Geltung ab 1. Januar 2017: www.caritas.de/cms/contents/caritas.de/medien/dokumente/arbeitsrechtliche-ko/ak-ordnung/2014-01-01_ordnung_arbeitsrechtliche_kommission.pdf?d=a&f=pdf [Zugriff: 15.05.2019].

Literatur

Eder, J., Tarifpartnerin Kath. Kirche? Der „Dritte Weg“ der Kath. Kirche in der Bundesrepublik Deutschland aus kan. Sicht, Passau 1991; Richardi, R., Das kollektive kirchl. Dienst- u. Arbeitsrecht: HbStKR² Bd. 2, 927-958; Bremer, M., Art. Dritter Weg, staatl.: LKStKR Bd. 1, 479-480; Bahles, E., Art. Dritter Weg, Kath.: LKStKR Bd. 1, 484-486; Schüling, U., Art. KODA: LKStKR Bd. 2, 584-586; Rhode, U., Der Bischof u. der Dritte Weg. Zur Bedeutung des Diözesanbischofs für das Arbeitsrechts-Regelungsverfahren der kath. Kirche in Deutschland: Recht in Staat u. Kirche (FS Listl), hg. v. W. Rees, Berlin 2004, 313-339; Mair, C., Kollektives Arbeitsrecht in der kath. Kirche. Der Dritte Weg im Spannungsfeld von Dienstgemeinschaft u. Leitungsgewalt, Münster 2006; Thüsing, G., Kirchl. Arbeitsrecht. Rechtsprechung u. Diskussionsstand im Schnittpunkt von staatl. Arbeitsrecht u. kirchl. Dienstrecht, Tübingen 2006; Lührs, H., Die Zukunft der Arbeitsrechtlichen Kommissionen. Arbeitsbeziehungen in den Kirchen u. ihren Wohlfahrtsverbänden Diakonie u. Caritas zwischen Kontinuität, Wandel u. Umbruch, Wiesbaden 2010; Gewerkschaften im Dritten Weg. Können Kirchenautonomie u. Koalitionsfreiheit zusammen kommen?, hg. v. H. Reichold, Berlin 2014; Kalb, H., Kirchl. Dienst- u. Arbeitsrecht in Deutschland u. Österreich: HbkathKR³, 324-341; Richardi, R., Arbeitsrecht in der Kirche. Staatl. Arbeitsrecht u. kirchl. Dienstrecht, München ⁷2015; Arleth, Chr., Das Recht kirchl. Arbeitnehmer auf Streik. Zugl. ein Beitrag zur Neuauslegung des religionsgemeinschaftlichen Selbstbestimmungsrechts des Art. 140 GG i. V. m. Art. 137 Abs. 3 S. 1 WRV, Baden-Baden 2016; Arbeitsrecht der Caritas. Praxiskommentar zu den Arbeitsvertragsrichtlinien des Deutschen Caritasverbandes, hg. v. N. Beyer – H.-G. Papenheim, Loseblattsammlung (Stand 01/2017), Freiburg.

Judith Hahn

© 2019, DOI: 10.30965/9783506786388_0721

Kodex

→Codex Iuris Canonici (CIC), →Codex Canonum Ecclesiarum Orientalium (CCEO)

Kodifikation – Historisch

K. bez. im weltlichen u. im religiösen Recht die Schaffung eines die gesamte Rechtsmaterie umfassenden Gesetzbuches. In ihm sind alle geltenden Normen beinhaltet (kodifiziert). Ganz bes. zu nennen ist die sog. naturrechtliche Kodifikationsära. Sie reicht vom Preuß. Allg. Landrecht 1794 (→Allgemeines Landrecht für die Preußischen Staaten von 1794), dem franz. Code civil 1804, dem Österr. ABGB 1811/1812, dem Dt. BGB 1900 bis zum Schweizer ZGB 1907. An ihrem Ende steht der CIC/1917, das im zweiten CIC/1983 (→Codex Iuris Canonici) u. dem Orientalenkodex (→Codex Canonum Ecclesiarum Orientalium CCEO) 1990 eine Erneuerung erfahren hat.

Kennzeichen der K. des CIC/1917: Methode: Seit den Vorarbeiten zum Vat I bestand die Absicht einer Neuordnung des kan. Rechtes. Sie wurde jedoch von den P. in der Folge nicht aufgegriffen. Entstanden sind private Entwürfe, die die Methode des CIC schon vorwegnehmen (A. Pillet, G. de Luise, E. Colomiatti, E. M. Pezzani, F. Deshayes): Die Formulierung kurzer allg. Rechtssätze m. Sanktionen.

Ziel war, das zersplitterte Recht in den großen u. wichtigen Fragen des kirchl. Lebens zu vereinheitlichen. Es wurde eine Kommission (Kard. plus Konsultoren u. Mitarbeiter) eingesetzt u. RL festgelegt: Beschränkung auf die disziplinäre Seite der kirchl. Gesetzgebung. Einige Prinzipien des →Naturrechtes u. Dogmas können aber dargestellt werden. Die alten Quellen sind möglichst unverändert wiederzugeben. Die verwendeten Quellen müssen ges. werden. Sie wurden von Anfang an ges. u. mussten von den Konsultoren angegeben werden. Gasparri u. Serédi haben sie später herausgegeben. Der CIC/1917 stellt sich somit in seiner Entstehungsphase als →Kompilation des alten Rechtsstoffes, in seiner vollen Gestalt als K. dar. M. ihm wird in der Kirche das Case-Law-System durch das kontinentaleuropäische Statute-Law-System ersetzt. Wie weit neues Recht entstanden ist, ist umstritten u. bedarf noch intensiver Forschung.

Gliederung: Der CIC/1917 ist in fünf Bücher eingeteilt: Normae generales. De personis. De rebus. De processibus. De delictis et poenis (= gaianisches →Institutionensystem od. System Lancelotti). Den Ausg. der Vatikandruckerei sind documenta beigebunden. Im Einteilungsschema zeigt sich bereits der jahrhundertealte röm.-rechtliche Einfluss (→Römisches Recht).

Inhalt: Das alte Recht (→Decretum Gratiani) wurde 1917 fast ausnahmslos formell u. materiell aufgehoben (can. 6). Der CIC/1917 ist ein einheitliches u. ausschließliches Gesetzbuch. Die im Vat I geäußerten Wünsche wurden weitgehend berücksichtigt. Es gibt Einflüsse des bürgerlichen Rechts: Naturrecht, →Natur der Sache, rechtliche Regelungen über die jur. Person (→Juristische Person, kirchliche), die →Ersitzung u. →Verjährung etc.).

Der CIC/1917 galt grds. für die lat. Kirche, teils auch für die unierte Kirche (c. 1). Die Normae generales betreffen Fragen der →Rechtsquellen (→Gesetz u. →Gewohnheitsrecht) u. die Interpretation (→Interpretation, Auslegung). Im zweiten Buch ist das →Verfassungsrecht der Kirche geregelt. Das weitangelegte Sachenrecht (→Sachenrecht, kirchliches) umfasst das →Sakramentenrecht (→Eherecht) u. das Vermögensrecht (→Vermögensrecht, kirchliches). Das →Prozessrecht wurde später für den Eheprozess in der Eheprozessordnung (EPO) zusammengefasst. Das →Strafrecht ist im wesentlichen neu. Die Kirche wird als →societas perfecta gesehen, die →Laien spielen eine verhältnismäßig geringe Rolle. Der CIC/1917 ist nicht nur Klerikerrecht, er gilt als ganzer für die Gläubigen (Sakramentenrecht) u. Laien.

Die Promulgation des CIC/1917 erfolgte mitten im Ersten Weltkrieg am 28.06.1917. Am 19.05.1918 trat er in Kraft, einzelne cc. schon vorher.

Wirkungen nach innen u. außen: Die →Promulgation des CIC hatte wesentliche Wirkungen für Kirche u. KR, die erst heute richtig beurteilt werden können: Aufblühen der Kanonistik als jur. Disziplin (Interpretation des CIC u. systematische Darstellungen). Einfluss auf das Verhältnis von Kirche u. Staat (wurde zunächst geleugnet [Gasparri/U. Stutz], zeigte sich aber später in den Konk.). Festigung der Kirche als Institution nach innen u. außen (gegenüber den neuen demokratischen Staaten). Knappe Zusammenfassung des Rechtes der Kirche auf der Höhe zeitgenössischer Rechtswissenschaft. Die m. dem CIC gelungene Leistung einer Neufassung des kan. Rechts hat seinerzeit auch außerhalb der kath. Kirche hohes Lob erhalten (U. Stutz). Innerkirchlich wurde die Stellung der Bf. gestärkt, die Rechte u. Pflichten der versch. hierarchischen Organe präzise definiert.

Die Promulgation erfolgte in lat. Sprache in den AAS. Es folgten versch. Ausg., auch m. Quellencodex. Offizielle Übers. gab es nicht, jedoch private. Die ges. Quellen wurden veröff. (CIC – Fontes). Im c. 6 gibt es die Verpflichtung zur traditionellen Interpretation. Hier könnte die Forschung noch interessante Belege für die Echtheit der zit. Quellen liefern. Auch o. Quellen abgedruckte Canones können tief in der Rechtstradition der Kirche verwurzelt sein.

→Authentische Interpretation: Am 15.09. 1917 wurde die Kommission für die authentische Interpretation des Codex u. für die Red. von Novellen eingerichtet (Vorbild: Sacra Congr. Cardinalium Concilii Tridentini interpretum). Die Auslegung u. Weiterbildung des Werkes sollte autoritativ erfolgen. Die Slg. der authentischen Interpretationen (sie wurden in den AAS promulgiert; s. c. 17 § 2) war bald umfangreicher als der CIC.

Die K. von 1917, die Ewigkeitswert haben sollte, hielt nur bis zum Vat II.

Quellen

Codex iuris canonici, Ausg. Vatikan 1963 (m. Dokumenten).

Literatur

Puza, R., Kath. Kirchenrecht, Heidelberg ²1993 (3. Aufl. im Druck).

Richard Puza

Kollegialer Akt – Katholisch

Unter einem K. versteht man die für bestimmte Fälle vorgeschriebene geordnete Willensbildung eines Personenkreises. Sofern im Recht nichts anderes vorgesehen ist, wird der K. durch c. 119 bzw. cc. 924, 956 § 1 CCEO geregelt. Sachgerecht wird hier zwischen einer →Wahl (cc. 119, 1°; cc. 924, 3°, 956 § 1 CCEO) u. der →Abstimmung zu einem Sachantrag (c. 119, 2°; c. 924, 1° CCEO) unterschieden. Die Grundsatznormen setzten eine Versammlung des Personenkreises zur Bildung des K. voraus. Bei Wahlen u. Abstimmungen hat das →Rechtskraft, was bei Anwesenheit wenigstens der Mehrheit der Einzuladenden die absolute Mehrheit der Anwesenden beschlossen hat. Unterschiedliche Regelungen bestehen für die weitere Vorgehensweise nach (zwei) erfolglosen Wahlgängen u. bei Stimmengleichheit nach zwei Abstimmungen. (Auch die diesbezügliche Normierung in c. 119, 1° u. 2° unterscheidet sich von cc. 924, 1° u. 3°, 956 § 1 CCEO.)

Grds. ist kein K. bei Abstimmungen vorgesehen, welche die einzelnen Mitglieder des Personenkreises persönlich betreffen u. nicht den Personenkreis als ganzen: Was aber alle als einzelne betrifft, muss von allen gebilligt werden (c. 119, 3° wiederholt Regulae Iuris 29 in VI°; anders formuliert c. 924, 1° CCEO).

Literatur

Aymans, W., Kollegium u. kollegialer Akt, München 1969 (MThS.K 28); ders., Der kollegiale Akt: Recht als Heilsdienst (FS Kaiser), hg. v. W. Schulz, Paderborn 1989, 86-103; KanR I, 352-369; Walser, M., Die Rechtshandlungen im Kan. Recht, Göttingen 1994, 99-112; Pree, H.: MKCIC c. 119.

Elmar Güthoff

Kollegialgericht – Katholisch

Bei einem K. (tribunal collegiale) handelt es sich um den Spruchkörper eines Gerichts (→Gerichte, kirchliche), der nicht aus einem →Einzelrichter, sondern aus mehreren erkennenden →Richtern gebildet wird.

Der Entscheidung durch ein K. von drei Richtern sind vorbehalten: sog. Streitsachen, die die →Gültigkeit eines Weihe- od. →Ehebandes betreffen, m. Ausnahme von Ehesachen, die allein aufgrund von →Urkunden entschieden werden können (c. 1425 § 1 n. 1; c. 1084 § 1 nn. 1 u. 2 CCEO), ferner Strafsachen, bei denen das Delikt die Strafe der Entlassung aus dem →Klerikerstand od. die Verhängung bzw. Feststellung der →Exkommunikation nach sich ziehen kann (c. 1425 § 1 n. 2; vgl. c. 1084 § 1 n. 3 CCEO). In den kath. Ostkirchen sind K. von drei Richtern außerdem regelmäßig zuständig für Gerichtssachen, für die das →Partikularrecht der jeweiligen Kirche sui iuris ein K. vorsieht (c. 1084 § 1 n. 4 CCEO). Der lat. →Diözesanbischof kann über die o. genannten Zuständigkeiten hinaus schwierigere Sachen od. solche von größerer Bedeutung einem K. von drei od. fünf Richtern übertragen (c. 1425 § 2); dem

Eparchialbischof steht es frei, jede gesetzlich nicht näher qualifizierte Sache einem K. von drei Richtern zuzuweisen (c. 1084 § 2 CCEO). Ist die Bildung eines K. in erster → Instanz nicht möglich, kann, solange diese Unmöglichkeit besteht, die BK bzw. der zuständige ostkirchliche Hierarch nach einschlägiger Beratung erlauben, dass der → Bischof die einem K. vorbehaltenen Gerichtssachen ausnahmsweise einem → Kleriker als Einzelrichter zuweist, der, wo es möglich ist, einen → Assessor u. einen → Untersuchungsrichter beiziehen soll (c. 1425 § 4; c. 1084 § 3 CCEO). Eine Sache, die in erster Instanz durch ein K. verhandelt wurde, ist auch in zweiter Instanz durch ein K. zu entscheiden. Ist die einem K. vorbehaltene Sache in erster Instanz ausnahmsweise durch einen Einzelrichter entschieden worden, muss sie in zweiter Instanz durch ein K. entschieden werden (c. 1441; c. 1085 § 3 CCEO).

Die Richter eines K. sind vom → Gerichtsvikar aus dem Kreis der vom Bf. ernannten Diözesan- bzw. Eparchialrichter nach einer zuvor festgelegten Ordnung (ex ordine per turnum) zu bestimmen, wenn nicht der Bf. (CIC: im Einzelfall) etwas anderes festgesetzt hat (c. 1425 § 3; c. 1090 § 1 CCEO). Die Namen der berufenen Richter sind den → Parteien mitzuteilen, damit diese ggf. Befangenheitseinrede nach c. 1449 bzw. c. 1107 CCEO erheben können. Einmal berufene Richter darf der Gerichtsvikar nicht ersetzen außer aus sehr schwerwiegendem Grund, der zur Gültigkeit im → Dekret über die Auswechslung festgehalten werden muss (c. 1425 § 5; c. 1090 § 2 CCEO). Abw. vom Grundsatz, dass Richter Kleriker sein sollen (c. 1421 § 1; 1087 § 1 CCEO), kann die BK bzw. der zuständige ostkirchliche Hierarch nach einschlägiger Beratung erlauben, dass auch → Laien als Richter bestellt werden, von denen je einer zur Bildung eines K. herangezogen werden kann, soweit eine Notwendigkeit dazu besteht (c. 1421 § 2 bzw. c. 1087 § 2 CCEO). In → Strafprozessen aufgrund von → delicta graviora gilt, dass alle Richter Priester sein müssen, es sei denn, dass im Einzelfall davon → Dispens erteilt wird (Art. 14 f. Normae 2010). In ordentlichen → Ehenichtigkeitsverfahren muss nur der Vorsitzende Kleriker sein, die übrigen Richter können Laien sein (c. 1673 § 3; c. 1359 § 3 CCEO). Den Vorsitz im K. soll nach Möglichkeit der Gerichtsvikar od. ein beigeordneter Gerichtsvikar führen (c. 1426 § 2; c. 1091 § 1 CCEO). Der Vorsitzende hat einen der Richter des K. zum → Berichterstatter zu bestimmen u. kann außerdem einen Untersuchungsrichter bestellen, der nicht notwendigerweise dem K. als Richter angehören muss (cc. 1428 § 1, 1429; cc. 1091 § 2, 1093 § 1 CCEO).

Das K. hat in kollegialer Weise (→ kollegialer Akt) zu verfahren u. seine → Urteile m. Stimmenmehrheit zu fällen (c. 1426 § 1; c. 1085 § 1 CCEO). Dem Kollegium vorbehalten sind neben dem Endurteil u. a. versch. Verfügungen in Zwischensachen (cc. 1587-1591; cc. 1267-1271 CCEO), die Entscheidung über eine Beschwerde gegen die Ablehnung der → Klageschrift durch den Vorsitzenden (c. 1505 § 4; c. 1188 § 4 CCEO) sowie Prozesshandlungen, die sich das Kollegium selbst vorbehalten hat (vgl. Art. 45 DC). Im orient. → Prozessrecht sind jene Prozessakte, die nicht gem. c. 1085 § 1 CCEO zur Gültigkeit dem Kollegium vorbehalten sind, Sache des Berichterstatters, wobei sich das Kollegium einzelne davon reservieren kann, nicht aber zur Gültigkeit (§ 2). Ein größerer Teil des Verfahrens wird vom Vorsitzenden abgewickelt (vgl. Art. 46 DC). In ordentlichen Ehenichtigkeitsverfahren stehen dem Berichterstatter bestimmte Vollmachten des Vorsitzenden von Rechts wegen zu, unbeschadet der Befugnis des Vorsitzenden, sich ein Geschäft vorzubehalten (Art. 47 § 2 DC). An den Gerichten des Hl. Stuhls gelten die eigenen Verfahrensnormen dieser Gerichte.

Der Termin der Urteilssitzung wird vom Vorsitzenden festgelegt; sie findet i. d. R. am Sitz des Gerichts statt (c. 1609 § 1; c. 1292 § 1 CCEO). Unter der Leitung des Vorsitzenden tragen die Richter ihre schriftlich abgefassten Schlussfolgerungen vor, immer angefangen m. dem Berichterstatter. Im Rahmen der Diskussion ist festzulegen, was im Urteilstenor zu bestimmen ist (c. 1609 § 3; c. 1292 § 3 CCEO). Wenn die Richter bei der ersten Erörterung zu keinem Urt. kommen, kann die Entscheidung auf eine neue Sitzung verschoben werden (c. 1609 § 5; c. 1292 § 5 CCEO). Das Urt. ist vom Berichterstatter auszufertigen unter Berücksichtigung der von den Richtern angeführten Entscheidungsgründe (c. 1610 § 2; c. 1293 § 3 CCEO) u. von allen Richtern zu unterzeichnen (c. 1612 § 4; c. 1295 § 4 CCEO). Es ist innerhalb von einem Monat vom Tag der Urteilsfällung an herauszugeben, sofern nicht die Richter aus schwerwiegendem Grund eine längere →Frist festgesetzt haben (c. 1610 § 3; c. 1293 § 3 CCEO).

Quellen

RR, Normae: AAS 86 (1994), 508-540; PCLT, Instr. Dignitas Connubii: Comm. 37 (2005), 11-92; Kongr. für die Glaubenslehre, Normae de gravioribus delictis: AAS 102 (2010), 419-430.

Literatur

Sarraf, J. I., cc. 1084-1085 CCEO: Commento al codice dei canoni delle chiese orientali, hg. v. P. V. Pinto, Vatikanstadt 2001 (CorpIC 2), 899-901; Grocholewski, Z., cc. 1425-1426: Comentario exegético al código de derecho canónico Vol. IV/1, hg. v. Á. Marzoa – J. Miras – R. Rodríguez-Ocaña, Pamplona [3]2002, 796-802; Abbass, J., cc. 1084-1085 CCEO: A guide to the eastern code. A commentary on the code of canons of the eastern churches, hg. v. G. Nedungatt, Rom 2002 (Kanonika 10), 724 f.; Lüdicke, K., Dignitas Connubii – Die Eheprozeßordnung der kath. Kirche. Text u. Komm., Essen 2005 (BzMKCIC 42); Pacheco Escobedo, A., Art. Tribunal colegial: DGDC Vol. VII, 659-663; Althaus, R. – Lüdicke, K., Der kirchl. Strafprozess nach dem Codex Iuris Canonici u. Nebengesetzen. Normen u. Komm., Essen [2]2015 (BzMKCIC 61), cc. 1421, 1425-1429 (Lüdicke); KanR IV, 302-305; Hahn, J., Das kirchl. Richteramt. Rechtsgestalt, Theorie u. Theologie, Essen 2017 (BzMKCIC 74), 356-365, 619-628; Lüdicke, K.: MKCIC cc. 1421, 1425-1429, 1441, 1609-1610.

Alexander Becker

© 2019, DOI: 10.30965/9783506786388_0725

Kollegialgericht – Evangelisch

Die Gerichte (→Gerichte, kirchliche) der EKD, ihrer Gliedkirchen u. gliedkirchlichen Zusammenschlüsse (→Gerichtsbarkeit, kirchliche bzw. religiöse – Ev.; →Gerichtsorganisation, kirchliche – Ev.; →Gerichtsweg, kirchlicher – Ev.) sind durchweg als K. organisiert. In den Spruchkörpern wirken Juristen u. Theologen zusammen. Dabei bringt die „Befähigung zum Richteramt" nach dem staatl. Richtergesetz die jur. Rationalität der Rechtsanwendung in der Sache u. im Verfahren ein, bei einer naheliegenden Berufungspraxis gefestigt durch Berufserfahrung aus dem staatl. Richterdienst. Die Beteiligung von Ordinierten in den Gerichten der ev. Kirche vermittelt die theol. Reflexion der Rechtserkenntnis im Richterkollegium, über die sich zugl. deren Bindung an Schrift u. →Bekenntnis aktualisiert, m. der Verantwortung der Kirche für die öff. Wortverkündigung (→Verkündigung). Diese Verbindung jur. u. theol. Professionalität in einem Kollegium entspricht einem Muster für die Organisation kirchenleitenden Handelns, das im ev. KR seit seinen Anfängen in den landesherrlichen Konsistorien bekannt u. bis heute in allen →Kirchenverfassungen auch für die Organe der →Kirchenleitung u. →Kirchenverwaltung üblich ist. Die kollegiale Rechtserkenntnis kann im ev. KR als eine bes. zweckmäßige Vorkehrung dafür gedeutet werden, dass sie die Verständigung in der Gemeinschaft der Getauften über die Verantwortung kirchl. Handelns abbildet, die im kirchenrechtlichen Entscheidungsmaßstab ihre Form findet.

Literatur

Germann, M., Kirchl. Gerichtsbarkeit: HevKR, § 31.

Michael Germann

© 2019, DOI: 10.30965/9783506786388_0725

Kollegialität – Katholisch

K. beschreibt die Beziehungen innerhalb des Kollegiums der →Bischöfe u. zwar sowohl hinsichtlich der Beziehung der Bf. untereinander, als auch zwischen den Bf. u. dem →Papst, der zugl. Mitglied u. Haupt des →Bischofskollegiums ist. Die Lehre von der K. wurde unter Rückgriff auf die Geschichte vom Vat II bes. in der Kirchenkonstitution →Lumen Gentium erneut dargelegt u. fand auf diese Weise in den CIC/1983 u. den CCEO Eingang.

Der theol. Leitsatz des c. 330 (vgl. c. 42 CCEO) beschreibt die Grundlage der K.: „Wie nach der Weisung des Herrn der heilige Petrus und die übrigen Apostel ein einziges Kollegium bilden, so sind in gleicher Weise der Papst als Nachfolger des Petrus und die Bischöfe als Nachfolger der Apostel untereinander verbunden." Dabei ist – wie die einleitenden Vorbemerkungen zur Kirchenkonstitution bereits klar herausstellen – das Kollegium der Bf. nicht im streng juridischen Sinne von gleichrangigen Mitgliedern zu verstehen, sondern hierarchisch strukturiert, wie auch in den weiteren Bestimmungen der Codices zum Bischofskollegium deutlich wird.

„In dem Bischofskollegium, dessen Haupt der Papst ist und dessen Glieder kraft der sakramentalen Weihe und der hierarchischen Gemeinschaft mit dem Haupt und den Gliedern des Kollegiums die Bischöfe sind, dauert die apostolische Körperschaft immerzu fort; es ist zusammen mit seinem Haupt und niemals ohne dieses Haupt ebenfalls Träger höchster und voller Gewalt im Hinblick auf die →Gesamtkirche" (c. 336; vgl. c. 49 CCEO). Die Mitgliedschaft im Bischofskollegium u. die Teilhabe an der Sorge um die gesamte Kirche (sollicitudo omnium Ecclesiarum) wird durch den Empfang der →Bischofsweihe u. die Zuweisung einer Aufgabe (determinatio canonica) begr.; durch sie tritt der Bf. in die hierarchica communio ein. Die Teilhabe an der Sorge um die gesamte Kirche verwirklicht sich zunächst in der gewissenhaften Ausübung der Aufgabe, die jedem Bf. in der →Teilkirche übertragen ist, in welcher er das Bindeglied zur Universalkirche darstellt.

Die K. der Bf. wird in Tat u. Gesinnung deutlich, o. dass ein Aspekt dabei dem anderen über- od. untergeordnet wäre. Im Hinblick auf die konkrete Ausübung der K. wird unterschieden zwischen der feierlichen Weise der Ausübung der Gewalt im Hinblick auf die Gesamtkirche im →Ökumenischen Konzil (vgl. c. 337 §1; c. 50 §1 CCEO), „eine vereinte Amtshandlung der auf dem Erdkreis verstreut weilenden Bischöfe, ... sofern diese Handlung als solche vom Papst in die Wege geleitet oder frei angenommen wird, so dass ein wirklich kollegialer Akt zustande kommt" (c. 337 §2; vgl. c. 50 §2 CCEO). Die direkte Ausübung der K. i. S. der Setzung →kollegialer Akte des gesamten Bischofskollegiums ist daher eher selten u. es kommt dem P. zu, „gemäß den Erfordernissen der Kirche die Weise auszuwählen und auszurichten, in denen das Bischofskollegium seine Aufgabe hinsichtlich der Gesamtkirche kollegial ausübt" (c. 337 §3; vgl. c. 50 §3 CCEO).

Um ein besseres Verständnis der K. zu ermöglichen, wurde in der Zeit nach der Promulgation der Codices die Unterscheidung zwischen der affektiven K. (collegialitas affectiva) od. kollegialen Gesinnung u. der effektiven K. (collegialitas effectiva) entwickelt. In beiden kommt die kollegiale Verbundenheit (collegialis unio) der Bf. zum Ausdruck. Durch diese Unterscheidung wird deutlich, dass sich die kollegiale Gesinnung unter den Bf., die mehr ist als ein Solidargefühl, in versch. Graden zum Ausdruck bringt u. nicht immer rechtlich greifbare Konsequenzen hat. Die effektive K. kommt da zum Ausdruck, wo die Bf. gemeinsam m. dem Haupt des Bischofskollegiums wirklich kollegiale Akte setzen u. dabei die volle u. höchste Gewalt über die Kirche ausüben.

Die affektive K. od. kollegiale Gesinnung besteht immer, insofern die Bf. in der communio Episcoporum agieren. Sie findet ihren institutionalisierten Ausdruck z. B. in der →Bischofssynode, den →Ad-limina-Besuchen, der Eingliederung der →Diözesanbischöfe in die →Dikasterien der →Römischen Kurie, der missionarischen Zusammenarbeit, den →Partikularkonzilien, den →Bischofskonferenzen usw.

Die K. in ihren versch. Ausdrucksformen macht den universalen Charakter des Bischofsamtes deutlich, denn das Bischofskollegium stellt, „insofern es aus vielen zusammengesetzt ist, die Vielfalt und Universalität des Gottesvolkes, insofern es unter dem Haupt versammelt ist, die Einheit der Herde Christi dar" (LG 22).

Quellen

Vat II, LG; Johannes Paul II., Postsynodales Apost. Schreiben Pastores Gregis vom 16. Oktober 2003: VApSt 163; Kongregation für die Bischöfe, Direktorium für den Hirtendienst der Bischöfe vom 22. Februar 2004: VApSt 173.

Literatur

Collegialità e primato. La suprema autorità nella Chiesa, hg. v. V. de Paolis u. a., Bologna 1993; Miele, M., Dalla sinodalità alla collegialità nella codificazione latina, Padova 2004; Pfannkuche, S., Papst u. Bischofskollegium als Träger höchster Leitungsvollmacht, Paderborn – München – Wien – Zürich 2011 (KStKR 12); Reisinger, P. Jurisdiktionsprimat u. bfl. Kollegialität in perichoretischer Zusammenschau. Ein spekulativer, theol. Entwurf zum Subjekt der höchsten Autorität der Kirche unter bes. Berücksichtigung der kan. Gesetzgebung im CIC/1983 u. CCEO, St. Ottilien 2012 (MThS.K 72); Putter, B., Das Kollegialitätsprinzip der Bischöfe im heutigen Kirchenrecht, Münster 2014 (BzMKCIC 69); Del Pozzo, M., Puntualizzazioni di diritto costituzionale sulla collegialità „affettiva" ed „effettiva": IusEccl 39 (2019), 113-134; Pelonara, L., Primato e collegialità. Ermeneutica dello sviluppo organico tra Vaticano I e Vaticano II, Rom 2019.

Markus Graulich

Kollegialsystem – Historisch

Das K. ist eine Legitimationstheorie des Landesherrlichen Kirchenregiments (→Kirchenregiment, landesherrliches), u. somit zugl. eine Theorie über die Rechtsgewalt in Angelegenheiten der (ev.) Kirche. Ihr rechtsgeschichtlicher Ort ist das Denken der Aufklärung. Hauptvertreter sind Christoph Matthäus Pfaff (1686-1760) u. Johann Lorenz von Mosheim (1694-1755). Die Bez. ihrer Lehren als K. ist seit Daniel Nettelbladt 1783 eingeführt, um den Kollegialismus zusammen m. den beiden anderen Legitimationstheorien des Landesherrlichen Kirchenregiments, Episkopalismus (→Episkopalsystem) u. Territorialismus (→Territorialsystem), auf den Begriff zu bringen. – Die Rede von einem K. in der niederländisch-ref. Publizistik des 17. Jh. (so J. Bohatec m. Bezug auf Gisbert Voetius, 1589-1676) od. in der röm.-kath. Kirchenrechtstheorie (so H. E. Feine m. Bezug auf den →Febronianismus) meint andere Zusammenhänge, die nicht o. weiteres m. dem K. im gebräuchlichen Sinn in Verbindung gebracht werden können.

Der Sache nach setzt das K. an einer theol. Wesensbestimmung der Kirche als „collegium" freier u. gleicher Glaubensgenossen, als „societas aequalis et libera" an. Ihr schreibt das K. nach den Prinzipien des rationalistischen →Naturrechts die Rechtsgewalt zu, die jeder Gesellschaft zur Verwirklichung ihres Gesellschaftszwecks zustehe. Ihre theol. Legitimität gründet sich auf den aufklärerischen Vernunftoptimismus, der Gottes Willen u. das Gebot der Vernunft unproblematisch miteinander identifizieren konnte („Gott gebietet nichts Republicwidriges" – Thomasius). Die vernunftrechtliche Einordnung der Kirche als menschliche Gesellschaftsbildung nimmt ihrer theol. Bestimmung als „von Gott gestiftet und angeordnet" nach diesem Verständnis nichts.

Staatsrechtlich steht die korporative Rechtsgewalt der Kirche (die „potestas ecclesiastica" als Inbegriff der „iura collegialia") unter dem Vorbehalt der allg. Korporationsaufsicht des Staates in ihrer Ausprägung als Kirchenaufsicht („ius circa sacra") (→ Ius circa sacra, Ius in sacra). Deren Geltungsgrund ist die Staatsraison, die Gemeinwohlverantwortung der souveränen Obrigkeit kraft Naturrechts. Ihr geht es daher nicht nach Art der cura religionis um das Seelenheil der Staatsbürger, sondern ausschließlich um die irdische Wohlfahrt. Sie reicht nach heutigem Empfinden aber weit in die Belange der Kirche hinein: von der Aufsicht über die ordnungsgemäße → Vermögensverwaltung über die Anforderungen an Ausbildung u. Pflichterfüllung der Amtsträger bis hin zur Überprüfung der kirchl. Lehre auf Gemeinwohlverträglichkeit.

Die iura collegialia umfassen alle Befugnisse, die die Kirche zur Verwirklichung ihres „Gesellschaftszwecks" benötigt: die Festlegung des kirchl. → Bekenntnisses, die Entscheidung kirchl. Lehrfragen, die Ordnung des → Gottesdienstes (ius liturgicum), die Ordnung u. Besetzung der kirchl. → Ämter, die Errichtung u. Durchsetzung einer Kirchendisziplin, den Erwerb u. die Verwaltung von Kirchengut.

Die iura collegialia stehen originär der Kirche als ganzer zu. Hierin bestreitet das K. die zentrale Prämisse der territorialistischen Ableitung des Landesherrlichen Kirchenregiments aus der fürstlichen Landeshoheit. Das Landesherrliche Kirchenregiment selbst wird aber keineswegs bestritten, sondern auf einen neuen Rechtstitel außerhalb der Landeshoheit gestellt: auf eine Übertragung der Kirchengewalt von der Kirche auf den Landesherrn. In Anlehnung an die Gesellschaftsvertragslehre stützt sich das K. auf einen ausdrücklich od. stillschweigend geschlossenen Vertrag; in ihm habe die ev. Kirche nach der → Reformation die Kirchengewalt, die selbst auszuüben sie sich gehindert sah, dem Landesherrn zur Ausübung anvertraut od. es doch jedenfalls nachträglich anerkannt, dass der Landesherr sich ordnungshalber ihrer angenommen hatte (Devolution).

Die Stoßrichtung dieser Theorie ist die Begrenzung des absolutistischen Hoheitsanspruchs in den eigenen Angelegenheiten der Kirche, wie er im Territorialismus angelegt war. Ihm stellte das K. nicht nur die individuelle → Gewissensfreiheit entgegen – das tat der Territorialismus im Grundsatz ebenso –, sondern auch eine korporative Ausprägung der Gewissensfreiheit. Mit ihr kann die Kirche einerseits gegenüber der staatl. Kirchenhoheit ein Reservat körperschaftlicher Autonomie behaupten. Das nunmehr der auton. Rechtsgewalt der Kirche zugeordnete Landesherrliche Kirchenregiment muss sich auf der anderen Seite an den theol. Legitimitätskriterien für kirchl. Handeln – dem → ius divinum – messen lassen. Hierzu gehört auch die Bekenntniszugehörigkeit des Landesherrn. Praktisch ging es darum, die Befugnisse der kath. Landesherrn über die ev. Kirche zu beschränken: Nur die staatl. Kirchenhoheit, nicht aber die innerkirchlichen Rechte des summus episcopus sollten sie behalten. – In dem Anliegen, der an Gott gebundenen Freiheit der Kirche unter dem Schirm der bürgerlichen Freiheit im säkularen Staat Entfaltungsraum zu geben, markiert das K. einen zukunftsträchtigen Entwicklungsschritt auf dem Weg zum modernen → Staatskirchenrecht.

Die Deutung der Kirche als „Gesellschaft" konnte bei den späten Ablegern des K. in der zweiten Hälfte des 18. Jh. um ihre theol. Wurzeln verkürzt werden. Dadurch verkümmerte das K. zu einer vereinsrechtlichen Verfremdung des Kirchenbegriffs. In dieser Abart konnte es dem absolutistischen Zugriff auf die Kirche kaum mehr etwas entgegensetzen. So spiegelt das → Allgemeine Landrecht für die Preußischen Staaten von 1794 (Teil II Titel 11) das K. mehr in der Terminologie („Kirchengesellschaften") denn im Respekt vor den Grenzen des Landesherrlichen Kirchenregiments.

Im 19. Jh. schieden sich staatl. Kirchenhoheit u. inneres Kirchenregiment zunehmend in einer Weise, die das urspr. K. vorausgedacht hatte. Einen Nachklang der rechtsgeschichtlichen Leistung des K. trägt noch Art. 137 WRV von 1919 (als Bestandteil des GG bis heute fortgeltend) m. den Regelungen über Religions „gesellschaften".

Literatur

Schlaich, K., Kirchenrecht u. Vernunftrecht. Kirche u. Staat in der Sicht der Kollegialtheorie: ZevKR 14 (1968/69), 1-25; ders., Kollegialtheorie, München 1969; Link, Chr., Herrschaftsordnung u. bürgerliche Freiheit, Wien u. a. 1979, 322-342; Schlaich, K., Die Kirche als Anstalt u. Verein. Zur Kollegialtheorie des 18. Jahrhunderts: Rau, G. – Reuter, H.-R. – Schlaich, K., Das Recht der Kirche, Bd. II, Gütersloh 1995, 174-192; Lehmann, R., Die Transformation des Kirchenbegriffs in der Frühaufklärung, Tübingen 2013.

Michael Germann

© 2019, DOI: 10.30965/9783506786388_0727

Kollegialsystem – Evangelisch

Das Erbe des K. für das gegenwärtige ev. KR wird sich kaum in den Begriffswelten des 18. Jh. ausdrücken lassen. Es sind Einsichten, die auch vor u. nach dem K. immer wieder in der einen od. anderen Gestalt ins Bewusstsein der →Kirchenrechtswissenschaft gelangt sind, nur eben im K. von der Deutung der Kirche als „Gesellschaft" her formuliert wurden.

Zu ihnen gehört, dass das Subjekt des ev. KR nicht in einer Institution aufgeht: Ort der Kirchenrechtserzeugung ist nicht ein →Amt m. klerikal legitimierter Jurisdiktionsgewalt, ebensowenig aber auch der Staat, sondern die Verständigung in der societas aequalis der Getauften über kirchl. Handeln. Es kann als ein Abbild solcher Verständigung gelten, dass die Kirchenleitungsorgane in der ev. Kirche vorzugsweise kollegial entscheiden, sei es in →Synoden, sei es in →Presbyterien u. →Kirchenvorständen, sei es in den kirchenleitenden u. -verwaltenden Behörden. Dabei hat es wie dem K. in seiner urspr. Form, so auch jeder Kirchenrechtslehre darum zu gehen, dass die Kirche ihr Selbstverständnis auch in ihrem Rechtshandeln nicht auf das eines willkürlichen Selbstzusammenschlusses religiöser Individuen zur kollektiv-auton. Willensbildung u. -betätigung reduziert. Weder beruht die Kirche als Korporation auf dem Zugehörigkeitswillen ihrer Glieder, noch leitet sie ihre Entscheidungen aus einem Ausgleich ihrer jeweils divergierenden Anschauungen ab. Damit ist zurückgewiesen, was als Erbe eines theol. entwurzelten Vulgärkollegialismus hier u. da noch heute anklingen mag: der Rückzug des Kirchenverständnisses auf vereinsrechtliche Schemata, die Deutung des kirchl. Amts als Mandat des Mitgliederkollektivs, die Krönung des Kirchenvolks zum „demokratischen Souverän" der Kirche.

Anders als das K. kann das ev. Kirchenrechtsverständnis heute nicht mehr an den hermeneutischen Optimismus der Vernunftrechtslehre anknüpfen u. in den Einsichten menschlicher Vernunft unmittelbar den sich selbst erweisenden Willen Gottes am Werk sehen. Wenn es kirchenrechtliche Entscheidungen als vernünftige Entscheidungen vorzustellen unternimmt, dann im Bewusstsein dessen, dass die Vernunft an der Gebrochenheit der menschlichen Natur teilhat, dass die Legitimität ihrer Urt. auf Gottes Wirken in der vom Glauben erleuchteten Vernunft angewiesen, unverfügbar u. unaufweisbar bleibt – u. doch nicht dahingestellt bleiben muss, sondern auf die Verheißung seiner Gegenwart gestellt werden darf.

Verbindungslinien zwischen dem K. u. dem ev. Kirchenrechtsverständnis der Gegenwart zeigen sich in dem (freilich stets auch bestrittenen) Anliegen, die Legitimität ev. KR in der geistl. Wirklichkeit der Kirche zu verankern. Es gibt ja heute wie damals die Gegenthese, dass das KR m. dem Wesen der Kirche in Widerspruch stehe – in versch. Gestalt hat sie schon vor ihrer berühmten Formulierung durch Rudolph Sohm auch die vom K. bekämpften Territorialisten (→Territorialsystem) bewegt u. lebt in manchen Erklärungen des ev. KR als bloße Notvorkehrung zum „Schutz der Bösen vor den Bösen" unterschwellig fort. Demgegenüber konnte das urspr. K. auch für die rechtlich verfasste Kirche die verheißene Wirklichkeit der ecclesia sanctorum u. diese als Subjekt kirchenrechtlichen Handelns gelten lassen. Die Stoßrichtung des K. gegen eine Auslieferung des KR an säkulare Maßstäbe ist auch die Stoßrichtung etwa der dritten These der →Barmer Theologischen Erklärung von 1934. Ebenso gehört der Widerspruch des K. dagegen, das Kirchenregiment als etwas der Kirche Fremdes u. in der bürgerlichen Ordnung Auflösbares zu behandeln, heute zum Gemeingut des kirchenrechtlichen Selbstverständnisses. Schließlich kommt dem K. ein frühes Verdienst um den Gedanken zu, dass sich das ev. Kirchenrechtsleben in eine säkulare Staatsordnung einfügen kann, o. sein bekenntnismäßig gebundenes Selbstverständnis preisgeben zu müssen.

Literatur

Schlaich, K., Kirchenrecht u. Vernunftrecht. Kirche u. Staat in der Sicht der Kollegialtheorie: ZevKR 14 (1968/69), 1-25; ders., Kollegialtheorie, München 1969; Link, Chr., Herrschaftsordnung u. bürgerliche Freiheit, Wien u. a. 1979, 322-342; Schlaich, K., Die Kirche als Anstalt u. Verein. Zur Kollegialtheorie des 18. Jahrhunderts: Rau, G. – Reuter, H.-R. – Schlaich, K., Das Recht der Kirche, Bd. II, Gütersloh 1995, 174-192; Lehmann, R., Die Transformation des Kirchenbegriffs in der Frühaufklärung, Tübingen 2013.

Michael Germann

Kollegiatkapitel – Katholisch

K., lat. capitulum collegiale, bez. eine kollegial verfasste Gemeinschaft von →Priestern, deren Aufgabe v. a. in der Durchführung feierlicher →Gottesdienste in der →Kollegiatkirche besteht (c. 503). Hist. rühren K. von der →vita communis der →Weltkleriker her. Seit dem Frühmittelalter wurden zunehmend →Kanonikate als gesonderte →Pfründe errichtet, oft verbunden m. Aufgaben in der Pfarrseelsorge, wobei die vita communis nur z. T. verwirklicht wurde. Infolge Reformation u. Säkularisation gingen die meisten K. unter. Das geltende Recht kennt (anders als der CIC/1917) nur wenige Unterschiede zwischen K. u. →Domkapitel. Ein K. besitzt nach kirchl. u. (in Deutschland u. Österreich) weltlichem Recht öff. Rechtspersönlichkeit. Errichtung, Änderung u. Aufhebung kommen dem →Diözesanbischof zu (c. 504). Im Rahmen der →Satzungsautonomie gibt sich das K. vom Diözesanbischof zu genehmigende Statuten, die unter Wahrung der Stiftungsurkunde das Leben regeln (c. 505): Verf., Einkünfte, Zahl der Kanonikate, Ämter, Aufgaben der Kanoniker u. des gesamten K., Kapitelssitzungen, interne Willensbildung, rechtsgeschäftliche Vertretung nach außen, Insignien der Kanoniker (cc. 506-507). Die Kanonikate verleiht der Diözesanbischof (nicht der →Diözesanadministrator) nach Anhörung des Kapitels (c. 509 §1) einem Priester (nicht mehr →Kleriker: can. 391 §1), der sich durch Rechtgläubigkeit, Lebenswandel u. Amtsführung auszeichnet (c. 509 §2). Der Diözesanbischof bestätigt den vom K. gewählten Vorsitzenden (c. 509 §1), zumeist →Propst od. →Dekan genannt. Ferner ist ein →Bußkanoniker zu bestellen (c. 508). Nicht dem K. angehörenden Klerikern können nach Maßgabe der Statuten bestimmte Aufgaben anvertraut werden (c. 507 §2). Da eine jur. Person nicht →Pfarrer sein kann, darf eine →Pfarrei nicht mehr einem K. inkorporiert sein; bestehende Inkorporationsverhältnisse sind aufzuheben. Ein Kanoniker kann aber zum Pfr. bestellt od. mehreren Kanonikern die Seelsorge in solidum übertragen werden (cc. 510, 517 §1). – Der CCEO enthält keine entspr. Vorschriften.

Quellen

Statuten der österr. Kathedral- u. Kollegiatkapitel, hg. v. J. Hirnsperger – S. Haering, Metten 2007 (SICA 8).

Literatur

KanR II, 401-405; Loza, F., Comentario Exegetico, Vol. 2.2, Pamplona ^{2}1997, 1171-1190; Schneidemüller, B., Art. Kollegiatstifte: RGG⁴ Bd. 4, 1483-1484; Rothe, W. F., Das Kollegiatkapitel: Organ des Verfassungs- od. Institut des Vereinigungsrechts? Eine krit. Analyse der einschlägigen Gesetzeslage im CIC von 1983: AfkKR 173 (2004), 409-440; ders., Die Statuten der Kollegiatkapitel im dt. Sprachraum. Rechtslage u. Rechtspraxis, Frankfurt 2007 (AIC 41); Puza, R., § 42 Die Dom- u. Stiftskapitel: HbkathKR³, 652-656; Stoffel, O.: MKCIC cc. 503-510.

Rüdiger Althaus

Kollegiatkirche – Katholisch

K., lat. ecclesia collegialis, bez. eine Kirche, die der Sorge eines →Kollegiatkapitels anvertraut ist. Dieses hat in der K. feierliche →Gottesdienste abzuhalten sowie deren Vermögen nach Maßgabe der Statuten zu verwalten. Die K. besitzt zumeist nach kirchl. u. (in Deutschland u. Österreich) staatl. Recht öff. Rechtspersönlichkeit. Obgleich nicht ausdrücklich vorgeschrieben, wäre eine K. feierlich zu dedizieren (c. 1217) u. in ihr die Eucharistie aufzubewahren (c. 934). Dient eine K. zugl. als →Pfarrkirche, ist ein →Pfarrer m. allen Rechten u. Pflichten zu bestellen, der dem Kollegiatkapitel angehören kann (c. 510 § 2). Um Interessenkonflikte zu vermeiden, hat der →Diözesanbischof genau die Zuständigkeiten u. Befugnisse von →Pfarrei u. Kollegiatkapitel in dieser Kirche festzulegen, wobei er insb. die seelsorglichen Erfordernisse beachten muss (c. 510 § 3). Einer solchen K. zugewendete Gaben werden als der Pfarrei gegeben vermutet (c. 510 § 4).

Die im Norden Deutschlands (seit 1854) anzutreffenden Propsteikirchen (ecclesiae praepositurales) werden zumeist als reduzierte K. verstanden, an denen statt eines Kanonikerkapitels nur dessen erste Dignität (Propstei) errichtet wurde (vgl. KABl. Paderborn 1972, 126).

Quellen

Statuten der österr. Kathedral- u. Kollegiatkapitel, hg. v. J. Hirnsperger – S. Haering, Metten 2007 (SICA 8).

Literatur

Hilling, N., Von den Propsteikirchen: AfkKR 126 (1954), 321-328; KanR I, 405; Loza, F., Comentario Exegetico, Vol. 2.2, Pamplona ²1997, 1189-1190; Rothe, W. F., Die Statuten der Kollegiatkapitel im dt. Sprachraum. Rechtslage u. Rechtspraxis, Frankfurt 2007 (AIC 41); Stoffel, O.: MKCIC c. 510.

Rüdiger Althaus

Kollekte – Katholisch

Als K. wird eine Slg. von →Spenden bez., m. der sich die kirchl. Autorität an die Allgemeinheit der Gläubigen wendet, u. die in kirchl. Räumen, vornehmlich im Rahmen von →Gottesdiensten, durchgeführt wird (auch unter Verwendung von Opferstöcken m. Zweckbeschriftung). Sie sind zu unterscheiden von spontanen Gaben u. von verpflichtenden →Abgaben (wie →Kirchensteuer) od. Gebühren u. Taxen (wie →Stolgebühren u. →Gerichtsgebühren). K. dieser Art bedürfen keiner Genehmigung, wenn sie von u. innerhalb öff. kirchl. jur. Personen (→Juristische Person, kirchliche), z. B. Pfarre, Orden bzw. →Kloster od. consociatio publica veranstaltet werden. Wird für einen bestimmten Zweck ges., dürfen die Erträge nur für diesen verwendet werden. I. Ü. ist für die →Pfarrei c. 531 zu beachten; für den öff. kan. Verein (→Öffentlicher Verein) die spezielle Rechenschaftspflicht gem. c. 319 § 2 (für öff. kan. →Stiftungen: c. 1287 § 1). Für caritative Träger jedweder Art besteht die Aufsicht des Diözesanbischofs gem. Art. 4 § 3; 10 §§ 1.2 Intima Ecclesiae Natura.

Slg. aus Eigeninitiative von Klerikern, Laien od. von privaten kirchl. jur. Personen unterliegen c. 1265 § 1: abgesehen von den Bettelorden, besteht das Erfordernis einer schriftlichen →Erlaubnis durch den eigenen →Ordinarius u. jenen des Ortes der Slg., wenn für eine kirchl. Einrichtung od. einen kirchl. Zweck ges. werden soll (auch durch Postwurfsendungen). Nicht erlaubnispflichtig sind Slg., wenn sich die Aufforderung zur Spende an Einzelne od. einen Kreis individuell bestimmter Personen wendet, z. B. die Mitglieder eines Vereins. C. 1015 CCEO verlangt für Slg. durch physische u. jur. Personen (o. Ausnahme) die Erlaubnis der eigenen Autorität u. die schriftliche Genehmigung des Ortshierarchen des Ortes der Slg.

Die BK kann Normen für das Spendenwesen erlassen, an die alle, auch die Mendikanten, gebunden sind (c. 1265 § 2). Davon hat die ÖBK Gebrauch gemacht. Der Ortsordinarius kann in allen Kirchen u. Oratorien (c. 1223), die tatsächlich ständig den Gläubigen offen stehen, auch wenn die Einrichtung nicht seiner Jurisdiktion untersteht, K. für bes. Vorhaben anordnen; der Ertrag ist an die → Diözesankurie abzuliefern (c. 1266; c. 1014 CCEO). Bsp. bes. K.: cc. 264 § 1, 791, 4°.

Quellen

Benedikt XVI., MP Intima Ecclesiae Natura vom 11. November 2012: AAS 104 (2012), 996-1004; ÖBK, Decretum generale über das Spendenwesen: ABl. ÖBK Nr. 35 vom 1. März 2003, 12-14; ÖBK, Finanzrichtlinien für kirchl. Hilfswerke: ABl. ÖBK Nr. 55 vom 1. September 2011, 5-10.

Literatur

Heimerl, H. – Pree, H., Handbuch des Vermögensrechts der kath. Kirche, Regensburg 1993, 191-196; Navarro, L., L'acquisto dei beni temporali. Il finanziamento della Chiesa (cann. 1259-1272): AA. VV., I beni temporali della Chiesa, Vatikanstadt 1999, 37-58; Coppola, R., cc. 1014, 1015 CCEO: Commento al Codice dei Canoni delle Chiese Orientali, hg. v. P. V. Pinto, Vatikanstadt 2001; Kremsmair, J., Kollekte: LKR, 570 f.; De Paolis, V., I beni temporali della Chiesa, Bologna [2]2011, 154-158; Pree, H., § 101 Der Erwerb von Kirchenvermögen: HbkathKR[3], 1505-1531 (1505-1510); Schulz, W.: MKCIC cc. 1265, 1266.

Helmuth Pree

© 2019, DOI: 10.30965/9783506786388_0730

Kollekte – Evangelisch

Die wohl älteste Form eigenwüchsiger, der bes. kirchlichen Wesensart entspr. Mittelbeschaffung ist die widmungswirtschaftliche Einnahme. Hierzu gehören die freiwilligen (Ab-)Gaben früher in Naturalien u. heute in Geld wie → Spenden, → Stiftungen, Vermächtnisse u. eben auch K. K. sind Slg. bei → Gottesdiensten für bestimmte, der → Gemeinde bekanntgegebene Zwecke.

Den K. kam – als es noch kein geregeltes Finanzierungswesen für kirchl. Aufgaben gab – eine nicht unerhebliche Bedeutung zu. Schon bei der urchristlichen Gde. wird von Slg. berichtet (z. B. 2 Kor 9, 11 f.), die u. a. der Armenpflege, dem Unterhalt der Gemeindevorsteher u. der Hilfe für andere Gde. diente.

Zur Antwort des Glaubens auf die → Verkündigung des Evangeliums gehört auch die Bereitschaft, für den Dienst der Kirche die nötigen Voraussetzungen zu schaffen. Von daher kann die Kirche von ihren Mitgliedern freiwillige Gaben erbitten, auch wo dies nicht in unmittelbarem Zusammenhang m. der Teilnahme an einem Gottesdienst geschieht (z. B. Hauskollekten).

In den ev. → Landeskirchen ist das Kollektenwesen im einzelnen versch. geordnet. Die kirchenleitenden Organe können für die KGde. verbindliche Kollektenpläne aufstellen, in deren Rahmen die Kirchengemeindeorgane für die Durchführung der K. sorgen, od. es steht den Gemeindeorganen frei, K. für örtliche Vorhaben zu beschließen. Die → Evangelische Kirche in Deutschland kann bis zu drei Pflichtkollekten in den → Gliedkirchen anordnen. Die Zweckbestimmung der K. sind mannigfaltig: z. B. für das → Diakonische Werk.

K. sind steuerlich eine Spende (§ 10b EStG). Da für eine K. im Klingelbeutel nur schwerlich eine Zuwendungsbestätigung ausgestellt werden kann (Nachweis), werden Spenden- bzw. Kollektentüten (auch Briefumschläge) u./od. Kollektenbons angeboten. Hier ist der Geber namentlich identifizierbar. Die EKBO plant Ende 2018 die Einführung eines digitalen Klingelbeutels, m. dem die Kolleke per EC-Karte gegeben werden kann.

Literatur

Ev. Kirche im Rheinland, Merkblatt Kollekten vom 30. August 2005: KABl., 352; online: https://www.kirchenrecht-ekir.de/pdf/2813.pdf [Zugriff: 15.05.2019]; Ev. Kirche in Hessen u. Nassau, Fundraising Mitgliederorientierung – Kollektenbon: http://fundraising.ekhn.de/kollektenbons.html [Zugriff: 15.05.2019]; Ev. Kirche Berlin-Brandenburg schlesische Oberlausitz, Kirchenkollekte per Kreditkarte – Erstmals „digitaler Klingelbeutel" präsentiert: https://www.ekbo.de/themen/detail/nachricht/kirchenkollekte-per-kreditkarte-erstmals-digitaler-klingelbeutel-praesentiert.html [Zugriff: 15.05.2019].

Jens Petersen

© 2019, DOI: 10.30965/9783506786388_0730

Kollisionsnorm – Katholisch

K. sind rechtliche Regeln zur Ermittlung der anzuwendenden Rechtsordnung od. Rechtsquelle für jene Fälle, in denen entweder mehrere Rechtsordnungen od. mehrere Rechtsschichten innerhalb ein u. ders. Rechtsordnung aufeinander treffen (kollidieren), welche nicht zugl. angewendet werden können od. wollen. Eine K. ist einseitig, wenn sie nur den Anwendungsbereich der eigenen Rechtsordnung festlegt; zweiseitig bzw. vollkommen, wenn sie den Anknüpfungspunkt, nach dem sich das anzuwendende Recht bestimmt, für alle Seiten gemeinsam regelt. Entwickelt hat sich Kollisionsrecht v. a. im Intern. Privatrecht (IPR) der einzelnen Staaten; es regelt Anknüpfungspunkte, wie z. B. für das Personalstatut die Staatsangehörigkeit, für die Rechtslage bei unbeweglichen Sachen die lex rei sitae. Wichtige Regelungstechniken sind die Verweisung auf eine andere Rechtsordnung; ggf. verweist diese auf eine weitere Rechtsordnung (Weiterverweisung) od. zurück auf die eigene (Rückverweis, renvoi).

K. gibt es auch in religiösen Rechtsordnungen; überwiegend in Gestalt einseitiger K. So z. B. im kath. KR cc. 780, 781 CCEO u. Art. 2-4 Instr. DC betr. das anzuwendende →Eherecht u. Eheprozessrecht, falls die Partner versch. Rechtsordnungen unterstehen. Zweiseitige K. sind denkbar in interreligiösen →Verträgen od. solchen zwischen einer Religionsgemeinschaft u. einem Staat, z. B. im Falle der kath. Kirche in Konk. (→Konkordat, Kirchenvertrag). Als K. innerhalb des kath. KR dienen, neben expliziten K. wie cc. 780 f. CCEO, die Regelungen des Geltungsbereichs (→Gesetzesgeltung), Verweise u. Derogationsregeln (→Derogation): Lex superior derogat legi inferiori; lex specialis derogat legi generali; lex posterior derogat legi priori. Das Rechtsgebiet des Kollisionsrechts ist im kath. KR wenig entwickelt.

Quellen

PCLT, Instr. Dignitas Connubii: Comm. 37 (2005), 11-92.

Literatur

Wengler, W., Grundprobleme des interreligiösen Kollisionsrechts: The Year Book of the School of Law and Economic Science. Miscellany in honor of Charalambos Fragistas on the occasion of his 35th anniversary as professor of the university, Bd. XII, Teil 2, hg. v. Aristotelian University of Thessaloniki, Thessaloniki 1967, 483-502; Wähler, K., Interreligiöses Kollisionsrecht im Bereich privatrechtlicher Rechtsbeziehungen, Köln 1978; Primetshofer, B., Interrituelles Verkehrsrecht im CCEO: AfkKR 160 (1991), 346-366; ders., Die interkonfessionelle Geltung des kan. Rechts: ÖAKR 41 (1992), 194-207; Fürst, C. G., Zur Interdependenz von lat. u. orient. Kirchenrecht. Einige Anmerkungen zum Kirchenrecht der kath. Kirche: Iuri canonico promovendo (FS Schmitz), hg. v. W. Aymans – K. T. Geringer, Regensburg 1994, 531-556; Schwendenwein, H., Grundüberlegungen zur Normenkollision im Kirchenrecht: Neue Positionen des Kirchenrechts, hg. v. K. Lüdicke – H. Paarhammer – D. A. Binder, Graz 1994, 203-221; Creifelds, C., Rechtswörterbuch, hg. v. K. Weber, München ^{22}2017,

707-710; Berkmann, B., Nichtchristen im Recht der kath. Kirche, 2 Teilbände, Wien 2017 (Religionsrecht im Dialog 23).

Helmuth Pree

Kolumbarium – Katholisch

Das Thema K. bzw. Grabeskirche als Bez. eines für die Urnenbeisetzung umgewidmeten →Kirchengebäudes ist zuerst zu Beginn des 21. Jh. in Deutschland aufgekommen. 2004 wurde in der altkatholischen Kirche Erscheinung Chr. in Krefeld ein K. eingerichtet, 2006 die röm.-kath. Pfarrkirche St. Josef in Aachen zur Grabeskirche umgewidmet, gefolgt 2007 von der Allerheiligenkirche in Erfurt. Seitdem gibt es eine stetig wachsende Zahl an K., wobei das Nutzungskonzept u. die konkrete architektonische u. künstlerische Gestaltung höchst unterschiedlich sind. Auch sind die Einstellungen der einzelnen Bistümer gegenüber K. kontrovers, sie reichen von breiter Rezeption (z. B. im Bistum Aachen) über vorsichtige Annäherung bis zur völligen Ablehnung.

Die Gründe für die ambivalente Einstellung gegenüber Kirchen-K. liegen in der Sache selbst. Die Kremation hat in den drei monotheistischen Religionen keine Tradition. Bis in die jüngere Vergangenheit galt die Feuerbestattung als atheistisches Bekenntnis. Während der Protestantismus sich seit der Einführung im 19. Jh. toleranter zeigte, galt für Katholiken bis 1963 das Kremationsverbot. Bis in die Gegenwart hinein ist der Bestattungsritus auf die Erdbestattung bezogen u. nur notdürftig an die Feuerbestattung angepasst.

Jedoch deutet die zunehmende Zahl von Umwidmungen früherer Pfarrkirchen (→Umwidmung von Kirchengebäuden) in K. darauf hin, dass es sich dabei wohl um mehr als eine vorübergehende Modeerscheinung handelt. Die stetige Zunahme von Urnenbestattungen auch im ländlichen Raum scheint unumkehrbar zu sein. Die erstaunliche Akzeptanz der bisherigen K. weist darauf hin, dass Kirchengebäude als Bestattungsorte für Urnen weit über die Zahl der Kirchgänger hinaus Attraktivität besitzen, obwohl es auch sonst zahlreiche Möglichkeiten der Urnenbeisetzung auf →Friedhöfen od. in privaten K. gibt, ganz abgesehen von anonymen Begräbnissen in Friedwäldern od. auf hoher See. Am hl. Ort od. wenigstens in dessen unmittelbarer Nähe begraben zu werden, war stets ein hoher Wert. Dies führte in der Vergangenheit dazu, dass die →Bestattung in Kirchen überhandnahm u. schließlich verboten wurde, von einigen Ausnahmen abgesehen.

Aufgrund der Unzulässigkeit von Bestattungen in Kirchen (c. 1242) muss eine Kirche, in der ein K. eingerichtet werden soll, ganz od. teilweise profaniert (→Profanierung) werden. Bes. Aufmerksamkeit ist hier in kirchenrechtlicher Hinsicht dem →Altar zu widmen. Bei der Inbetriebnahme des K. wird der profanierte Teil nach dem kirchl. Friedhofsrecht wiederum gesegnet. Bei der Umwidmung einer Kirche in ein K. sind stets zivil- u. kirchenrechtliche Aspekte zu berücksichtigen u. miteinander zu verknüpfen. Bei der Umgestaltung von Gebäuden spielt auch das Denkmalschutzrecht eine bes. Rolle.

Theol. u. seelsorglich entscheidend ist jedoch die Frage, wie man m. dem K. umgeht. Wenn damit nur eine profitable Nachnutzung einer überzähligen Gemeindekirche gesucht wird, ist nicht nur eine Chance vertan, sondern die Sache als solche verfehlt. Jedes chr. K. hat seinen Bezugspunkt in der Jerusalemer Grabeskirche, deren leeres Grab über den Tod hinaus in das neue Leben weist. Wer als chr. Gde. ein K. bzw. eine Grabeskirche in Betrieb nimmt, muss diese als Kristallisationsort der Trauerpastoral u. Gedächtniskultur in Anspruch nehmen. Dies ist eine Frage der Raumgestaltung (Orte der liturgischen u. nichtliturgischen Versammlung, des Gesprächs u. des persönlichen Verweilens), v. a. aber der seelsorglichen Begleitung.

Bei dem Phänomen der sich wandelnden Begräbniskultur wird letztlich die Frage nach der bleibenden Präsenz od. dem Verschwinden der chr. Kirchen in einer ständig diffuser werdenden Gesellschaft tangiert: Auf welche Weise können die chr. Glaubensgemeinschaften ihr Proprium im Konzert der unterschiedlichsten Religionen u. Weltanschauungen u. v. a. vor dem Hintergrund der zunehmenden Individualisierung u. Segmentierung sinnenhaft vermitteln? Hier haben die Kirchen aufgrund der gesch. Situation durchaus einen Platzvorteil. Dieser kann aber nur dann genutzt werden, wenn die chr. Gde. sich auf ihren Auftrag als Bewahrungsinstanzen kulturellen Gedächtnisses besinnen. Es geht dabei in erster Linie um die Erneuerung einer Kultur des Gottes-Gedenkens, also um die angemessene Gestalt der symbolischen Präsenz der Kirchen m. ihrem Anspruch, die Botschaft von dem in Jesus Chr. erwirkten göttlichen Heil dieser Welt mitzuteilen. In diesen Anspruch ist die gesamte menschliche Existenz einbezogen, von ihrem Beginn bis zu ihrem Ende u. darüber hinaus. Das chr. Menschenbild steht für Menschenwürde u. ehrendes Gedenken jeder einzelnen Person, u. zwar nicht aufgrund heroischer Leistungen od. gesellschaftlichen Ansehens, sondern allein aufgrund der Gnade Gottes, wie dies z. B. im Begräbnisritus sowie in den Messfeiern für die Verstorbenen zum Ausdruck kommt. Diese Errungenschaft jüd.-chr. Gedächtniskultur droht jedoch in der globalisierten Welt unterzugehen. Auf der anderen Seite suchen viele Menschen nach Verortung ihrer Trauer u. nach Formen institutionalisierten Gedächtnisses. In den östlichen Bundesländern ist dies den kirchl. Verantwortlichen stärker bewusst. Die Grabeskirche in Erfurt ist dafür ein gutes Bsp. Sie bietet anders als die K. in den westlichen Ländern auch Nichtchristen eine letzte Ruhestätte. Es kommt nun darauf an, sich auf das Wesen chr. Gedächtniskultur zu besinnen u. diese als Eigenprofil u. Zukunftsperspektive für chr. Gde. zu entwickeln, die sie als diakonische Offerte auch Nichtmitgliedern anbieten können. Kirchenkolumbarien bieten dafür einen Anknüpfungspunkt.

Quellen

Die kirchl. Begräbnisfeier in den Bistümern des dt. Sprachgebietes. Zweite authentische Ausgabe auf der Grundlage der Editio typica 1969, Freiburg u. a. 2009; Die kirchl. Begräbnisfeier. Manuale, hg. im Auftrag der DBK, der ÖBK u. der SBK sowie des Bischofs von Bozen-Brixen u. des Bischofs von Lüttich, Trier 2012.

Literatur

Gerhards, A., Entweiht u. umgenutzt. Zu rechtlichen u. liturgischen Aspekten der Profanisierung von Kirchen u. ihre Umnutzung zu Kolumbarien: Gottesdienst 47 (2013), 23-26; ders., Kolumbarien – Chance für eine neue Trauerpastoral: Lebendige Seelsorge 61 (2010), 322-327; wiederabgedruckt in: Kontroversen. Warum es sich in der Seelsorge zu streiten lohnt, hg. v. B. Spielberg – A. Schilling, Würzburg 2011, 171-177; ders., „Wir gedenken – gedenke du". Der Kirchenbau als Ort liturgischer Anamnese u. seine Gedächtnisorte: Moderne Kirchenbauten als Erinnerungsräume u. Gedächtnisorte, hg. v. K. Kappel – M. Müller – F. Janson, Regensburg 2010 (Bild – Raum – Feier. Studien zu Kirche und Kunst 9), 19-37; Chr. Begräbnisliturgie u. säkulare Gesellschaft, hg. v. A. Gerhards – B. Kranemann, Leipzig [2]2003 (EThSt 30); Tot in die Kirche? Rechtliche u. liturgische Aspekte der Profanierung von Kirchen u. ihre Umnutzung zu Kolumbarien, hg. v. C. Leonhard – T. Schüller, Regensburg 2012; Sparre, S., Bestatten in Kirchen. Eine praktisch-theol. Interpretation gegenwärtiger Kirchenkolumbarien u. Urnenkirchen, Stuttgart 2017 (Praktische Theologie heute 145).

Albert Gerhards

© 2019, DOI: 10.30965/9783506786388_0732

Kommendatarabt – Historisch

Ein →Abt, der ein →Benefizium als →Kommende empfangen hat: zur Nießung der Erträge, aber o. die Verpflichtung, ein Leben nach der Regel zu führen u. geistl. Funktionen auszuüben. K. waren →Bischöfe, seit dem Hochmittelalter zunehmend →Kardinäle u. Kurialen, daneben oft auch →Laien von Adel. Ihre Kommenden waren vorwiegend Benediktiner- u. Zisterzienserklöster, selten im Dt. Reich, bes. häufig in Frankreich u. Italien. In Italien kamen dadurch im 15. Jh. bedeutende →Klöster in den Besitz führender Familien (z. B. Farfa in den der Orsini, später der Della Rovere; S. Benedetto Po in den der Gonzaga; S. Giustina in Padua in den der Da Carrara). In Frankreich ernannte seit 1516 auch der König K. Zur Zeit des Trid. hatten hier mehr als 1000 Klöster K., aber nur 30 reguläre Äbte.

Literatur

Laprat, R., Commende: DDC Vol. 3, 1029-1085; Diener, H., Die Vergabe von Klöstern als Kommende durch Papst u. Konsistorium (1417-1523): QFIAB 68 (1988), 271-283; Meuthen, E., Zum spätmittelalterlichen Kommendenwesen: Licet preter solitum (FS Falkenstein), hg. v. L. Kéry u. a., Aachen 1998, 241-264.

Ulrich Köpf

© 2019, DOI: 10.30965/9783506786388_0733

Kommende – Historisch

Im kirchl. Leben ist die K. die Übertragung eines →Benefiziums (Bistum, Kloster, Pfarrei) zur bloßen Nutzung o. die Rechte u. Pflichten des damit verbundenen Amts. Der urspr. Sinn einer solchen Übertragung liegt einerseits im Nutzen für die kommendierte Institution, v. a. in der befristeten Verwaltung einer vakanten Stelle, andererseits in der wirtschaftlichen Versorgung eines Geistlichen. Doch schon früh wurde dieser Sinn durch eine Praxis überlagert, die allein dem Interesse des Kommendeninhabers diente, der nicht einmal dem Klerus angehören musste. Bereits in der Karolingerzeit übertrugen Herrscher Klöster u. Kirchen Laien als Belohnung für Dienste, v. a. Kriegsdienste. Im Laufe des MA wurde die K. zur Rechtfertigung von Pfründenhäufung genutzt; das →Corpus Iuris Canonici löste das Problem durch Unterscheidung der regulären (titulata) →Pfründe von der sub commendatione verliehenen (c. 3 C. XXI q. 1). Unter den Avignonesischen P. häuften sich die Verleihungen an ungeeignete Personen. Im 15. Jh. standen die Kard. an erster Stelle der Empfänger. Dazu kamen Titularbischöfe, als bfl. Beamte tätige Kleriker u. Kurialen. Wenn schon der Nutzen vieler dieser Kommendeninhaber für die kommendierte Institution fraglich war, da sie die m. ihrem Amt verbundenen Aufgaben nicht wahrnahmen, so gilt das in bes. Maß für Kinder u. erwachsene Laien, die gar nicht fähig waren, geistl. Funktionen auszuüben. Die m. der K. verbundenen Missbräuche wurden in der Kanonistik diskutiert u. von Synoden getadelt. So untersagte das Konzil von Lyon 1274 die Kommendierung einer Pfarrkirche vor Erreichung des kan. Alters u. an Laien, verbot Kommendenhäufung u. begrenzte die K. auf ein halbes J. Solche Vorschriften wurden allerdings immer wieder übertreten. Auch die Systemkritik des 15./16. Jh. blieb o. dauerhaften Erfolg. Das V. Laterankonzil verwarf 1514 (sess. IX) zwar die Missbräuche, billigte aber die K. grds. Auch dem Trid. (sess. XXIV, c. 17 De reformatione; XXV c. 21 De regularibus) gelang nur die Einschränkung, jedoch nicht die Abschaffung des Kommendenwesens. Die noch im CIC/1917 (can. 1412 5°) vorgesehene Commenda temporaria ist im CIC/1983 nicht mehr erwähnt.

Als K. wird auch die Niederlassung bzw. kleinste Verwaltungseinheit bei den Ritterorden bez.

Quellen

Fünftes Laterankonzil, Sessio 9: Dekr. der Ök. Konzilien. Konzilien des Mittelalters. Vom Ersten Laterankonzil (1123) bis zum Fünften Laterankonzil (1512-1517) Bd. 2, hg. v. J. Wohlmuth, Paderborn – München – Wien – Zürich 2000, 616; Konzil von Trient, 24. Sitzung vom 11. November 1563: DenzH 1797-1816; Konzil von Trient, 25. Sitzung vom 3. u. 4. Dezember 1563: DenzH 1820-1835.

Literatur

Laprat, R., Commende: DDC Vol. 3, 1029-1085; Diener, H., Die Vergabe von Klöstern als Kommende durch Papst u. Konsistorium (1417-1523): QFIAB 68 (1988), 271-283; Meuthen, E., Zum spätmittelalterlichen Kommendenwesen: Licet preter solitum (FS Falkenstein), hg. v. L. Kéry u. a., Aachen 1998, 241-264.

Ulrich Köpf

© 2019, DOI: 10.30965/9783506786388_0734

Kommentator – Katholisch

Der K. ist gem. c. 230 § 2 ein liturgischer →Dienst, welcher von →Laien wahrgenommen werden kann u. zu dessen Ausübung es einer „zeitlich begrenzten Beauftragung" bedarf.

Der Dienst des K. wurde im Kontext der Liturgischen Bewegung eingeführt, um den →Gläubigen eine participatio actuosa an der →Eucharistiefeier zu ermöglichen. Erstmals erwähnt die Instr. De musica sacra et sacra liturgia vom 03.09.1958 den Dienst des K. (ebd., Nr. 96). In der heute nicht mehr in Kraft befindlichen Instr. wird es als Aufgabe des K. beschrieben, die Riten u. Gebete des →Gottesdienstes zu erläutern. Die Kommentierungen sollten in Schriftform vorbereitet u. klar u. verständlich sein u. die Gebete des Zelebranten nicht stören. Der K. sollte ein →Kleriker sein; nur wenn kein Kleriker vorhanden ist, sollte ein männlicher Laie den Dienst übernehmen; eine Frau durfte den Dienst nicht übernehmen.

Das Vat II leitete in SC 21 eine Erneuerung der Liturgie in die Wege, die zu einem besseren u. leichteren Verständnis der Riten u. in der Folge zu einer participatio actuosa der Gläubigen führen soll (vgl. auch SC 34). Zudem soll lt. SC 36 die Volkssprache einen breiten Raum in der Eucharistiefeier einnehmen. Der Dienst des K. wurde damit „weitgehend überflüssig" u. der „rituellen Dimension der liturgischen Feier unangemessen" (Franz, 600).

Die kodikarische Grundlage des geltenden Rechts im CIC/1983 für den K. findet sich in c. 230 § 2, wo der Gesetzgeber bestimmt, dass Laien „aufgrund einer zeitlich begrenzten Beauftragung" das →munus des K. ausüben kann. Die Beauftragung zum K., die formlos erfolgt, kann jeder geeignete Laie – Männer u. Frauen – nach Maßgabe des Rechts erhalten. Der K. hat eine liturgische Aufgabe inne, die darin besteht, den christifideles während der Eucharistiefeier Hinweise u. Erkl. zu geben, „um sie in die Feier einzuführen und deren besseres Verständnis zu ermöglichen" (GORM, Nr. 105b). Diese Erl. sollen für die Gläubigen leicht verständlich sein u. zudem in kurzer Form u. gut vorbereitet vorgetragen werden. Die Kommentierungen sollen von einem „geeigneten Platz vor den Gläubigen, jedoch womöglich nicht am Ambo" (AEM, Nr. 68a) erfolgen. Der K. tritt heute nur noch selten in Erscheinung, zumeist bei Fernsehübertragungen von Gottesdiensten bzw. Gottesdiensten im Rahmen von Großveranstaltungen.

Quellen

Ritenkongregation, Instr. De musica sacra et liturgia: AAS 50 (1958), 630-663; dt. Übersetzung: HK 13 (1958), 148-160; Vat II, SC; Allg. Einführung ins Messbuch: Die Feier der hl. Messe, Messbuch. Für die Bistümer des dt. Sprachgebietes, Freiburg u. a. [6]1996, 23*-73*. Missale Romanum, Editio typica tertia 2002, Grundordnung des Röm. Messbuchs, Vorabpublikation zum Dt. Messbuch, hg. v. Sekretariat der DBK, Bonn [3]2007 (Arbeitshilfen 215).

Literatur

Lengeling, E., Die neue Ordnung der Eucharistiefeier, Münster 1970; Franz, A., Art. Kommentator: LKStKR Bd. 2, 600; KanR II, 121; Barr, D., Title II: The obligations and rights of the Lay Christian Faithful: New Commentary on the Code of Canon Law, hg. v. J. P. Beal – J. A. Coriden – Th. J. Green, New York – Mahwah 2000, 291-303; Berger, R., Kommentator: Neues Pastoralliturgisches Handlexikon, Freiburg [2]2001, 262; Caparros, E., The obligations and rights of the lay mambers of Christian Faithful: Exegetical Commentary on the Code of Canon Law, Montreal 2004,

157-201; Riedl, G., § 18 Die Laien: HbkathKR³, 302-312; Ahlers, R., § 78 Die Eucharistie: HbkathKR³, 1170-1183; Reinhardt, H. J. F.: MKCIC c. 230.

Vincent Jünger

Kommissariat der deutschen Bischöfe – Katholisch

Das K. – → Katholisches Büro in Berlin – ist eine Dienststelle der → Deutschen Bischofskonferenz (DBK), des Zusammenschlusses der kath. → Bischöfe der 27 → Diözesen Deutschlands. Die Diözesen sind rechtlich u. wirtschaftlich selbstständig u. haben sich im → Verband der Diözesen Deutschlands (VDD) zusammengeschlossen, der als Rechts- u. Anstellungsträger der DBK fungiert. Die DBK regelt die Aufgabenstellung u. Arbeitsweise ihrer Dienststellen durch ihre GO. Nach § 2 der GO für das K. vom 24.09.1985 wird das K. – Kath. Büro in Berlin – im Auftrag der DBK in politischen Fragen tätig gegenüber dem staatl.-politischen Bereich, insb. gegenüber den gemeinsamen Institutionen der Bundesländer, den Landesvertretungen beim Bund, den Parteien u. den auf Bundesebene wirkenden gesellschaftlichen Kräften sowie gegenüber übernationalen Stellen.

Das K. ist im J. 1950 m. Sitz in Bonn gegr. worden. Der Kölner Domkapitular Prälat Wilhelm Böhler, der 1948/49 bereits als Bevollmächtigter der dt. Bf. die kirchl. Anliegen bei der Ausarbeitung des GG vertreten hatte, war sein erster Leiter. Als Bez. des K. bürgerte sich der Name kath. Büro Bonn ein u. diese Bez. wurde beibehalten bis dem K. 1960 im Einverständnis m. der Apost. → Nuntiatur u. dem → Apostolischen Stuhl offiziell der Name K. – Kath. Büro Bonn – gegeben wurde. Seit 2000 leitet Prälat Dr. Karl Jüsten aus dem Erzbistum Köln das K. In dems. Jahr wurde die Dienststelle nach Berlin verlegt u. in K. – Kath. Büro in Berlin – umbenannt. Vorgesetzter des Leiters des K. ist der Vorsitzende der DBK. Der Leiter des K. u. sein Stellvertreter bzw. seine Stellvertreterin werden von der Vollversammlung der DBK gewählt u. für jeweils 6 J. ernannt.

Dem K. obliegen nach § 3 der GO insb. die Beobachtung der gesamten Entwicklung des politischen u. gesellschaftlichen Bereichs u. der Gesetzgebungsvorhaben des Bundes, die qualifizierte Begleitung der Vorbereitung von → Gesetzen u. politischen Entscheidungen einschließlich der Abgabe von Stellungnahmen gegenüber den zuständigen Stellen auf dt. u. europäischer Ebene sowie die Durchführung von Beschl. der Organe der DBK. Das K. arbeitet im Auftrag der DBK eigenverantwortlich u. auf eigene Initiative u. erstattet der DBK regelmäßig Ber. Basis seines politischen Tätigwerdens ist die Einbindung in die Kommissionen u. Gremien der DBK, sowie in unterschiedliche Arbeits- u. Gesprächskreise. In diesem Kontext sind vielfältige Tätigkeiten der Abstimmungs-, Informations- u. Kontaktarbeit erforderlich, sowie die Pflege von Verbindungen versch. Art.

Das K. arbeitet zusammen u. a. m. den anderen Dienststellen, Organen u. Gremien der DBK, des VDD, den Erzdiözesen u. Diözesen, dem Apost. Nuntius, den Kath. Büros in den Bundesländern, m. dem → Bevollmächtigten des Rates der EKD bei der BRD u. der EU, sowie dem → Zentralkomitee der deutschen Katholiken. Auf der europäischen Ebene ist die Zusammenarbeit m. dem Generalsekretariat der Bischofskonferenz der Europäischen Gemeinschaft (COMECE) (→ Kommission der Bischofskonferenzen der Europäischen Union) von bes. Bedeutung.

Das K. ist die Verbindungsstelle zwischen Staat, organisierter Zivilgesellschaft u. Kirche. Es nimmt einerseits die politischen u. rechtlichen Anliegen der DBK wahr u. begleitet andererseits Gesetzgebungsvorgänge u. politische Entscheidungsprozesse auf nationaler u. europäischer Ebene. Die religionsverfassungsrechtliche Verankerung der Arbeit des K. unterstreicht sowohl die Selbst- u. Eigenständigkeit von Staat u. Kirche u. ermöglicht zugl. ein enges Kooperationsverhältnis. Hierdurch kann die kath. Kirche in der BRD eine gestaltende Aufgabe in der Gesellschaft u. in politischen Meinungsbildungsprozessen übernehmen.

Die Arbeit des K. orientiert sich an den Grundvollzügen der Kirche u. hat drei Säulen. Zuerst sieht sich die Kirche dem → Gemeinwohl gegenüber verpflichtet. Die Kath. Soziallehre entwickelt die kirchl. Anliegen im Hinblick auf das Gemeinwohl u. bildet somit die Grundlage der Arbeit des K. Damit einher geht, dass das K. in seiner Arbeit versucht, jenen eine Stimme zu geben, die im öff. Diskurs sonst kein Gehör finden. Zweitens setzt sich das K. für den Erhalt u. die Stärkung sinn- u. gemeinschaftsstiftender Wertvorstellungen auf öff. u. politischer Ebene ein. Zu guter Letzt vertritt das K. institutionelle Belange der Kirche. Die Entwicklungen des politischen u. gesellschaftlichen Lebens in der BRD stellt die kirchl. Interessenvertretung in der heutigen, deutlich säkular geprägten Welt vor neue Herausforderungen. Aufgrund politischer Entwicklungen ist das K. aufgefordert, stetig neue Themen u. Schwerpunktbereiche in seiner Arbeit abzubilden.

Literatur

Wöste W., Die Aufgaben der Kath. Büros: Katholiken u. ihre Kirche in der BRD: Geschichte u. Staat, Bd. 200-202, hg. v. G. Gorschenek, München – Wien 1976, 96 f.; Turowski, L., Verbindungsstellen zwischen Staat u. Kirchen im Bereich der kath. Kirche: HbStKR² Bd. 2, 197 f.; ders., Kommissariat der dt. Bischöfe (kath. Büro in Berlin): LKR, 600 f.

Karl Jüsten

© 2019, DOI: 10.30965/9783506786388_0736

Kommission der Bischofskonferenzen der Europäischen Union – Katholisch

1. Bez.: Die Abk. COMECE stand urspr. für Commissio Episcopatuum Communitatis Europaeae. Nachdem die EG 2009 von der EU abgelöst worden war, wurde anlässlich der Statutenrevision von 2017 auch im Namen der K. die EG durch die EU ersetzt (unter Beibehaltung der bereits eingebürgerten Abk. COMECE). Als kath. Einrichtung zur Begleitung des politischen Prozesses der EU setzt sie sich aus → Bischöfen zusammen, welche die Episkopate der EU-Mitgliedstaaten vertreten. Sie fällt in die Kategorie der Verbände von → Bischofskonferenzen, wenngleich sie Besonderheiten aufweist.

2. Grundlage im KR: Verbände von BK, im AnPont Riunioni internazionali di Conferenze episcopali genannt, sind auf Dauer eingerichtete Versammlungen von Vertretern der BK eines Kontinents od. einer anders definierten Weltregion. Rechtsgrundlage ist c. 459 § 1, denn sie stellen eine bes. Form von Beziehungen zwischen BK dar, wie sie in diesem c. verankert sind. Die Verbände sind hingegen keine intern. BK i. S. v. c. 448 § 2. Ebenso wenig handelt es sich um bloßen Informationsaustausch zwischen BK (c. 458 2°) od. nur um Unternehmungen u. Pläne intern. Charakters (c. 459 § 2), sondern um dauerhafte u. rechtlich verfasste Einrichtungen. Ausgehend von Art. 38 Nr. 5 S. 2 CD erhielten diese Verbände eine ausführliche Erl. in Nunc nobis u. eine – allerdings auf Missionsgebiete beschränkte – vorläufige Rechtsgrundlage in Teil III Art. 18 ES. Die heute geltende, aber allzu knappe Grundlage in c. 459 § 1 wurde nur unzureichend erg. durch Art. 5 Apostolos Suos, Art. 63 Pastores gregis u. Art. 27 lit. e Apostolorum successores. Die Verbände sind Teil der kirchl. Verf. (→ Verfassungsrecht) u. daher nicht dem → Vereinsrecht zuzuordnen. Theol. beruhen sie auf dem Geist der bfl. → Kollegialität.

3. Geschichte: Die K. wurde am 03.03.1980 von den BK der damals 9 EG-Länder m. Zustimmung des → Apostolischen Stuhls gegr. Vorläufer war der 1976 gegr. Service d'Information Pastorale Européenne Catholique (SIPECA), ein kath. Pastoralinformationsdienst. Die K. wuchs m. der Zahl der Mitgliedstaaten der EU u. übernahm neue Aufgaben in dem Maß, wie die Kompetenzen der EU zunahmen. So dient sie heute nicht mehr nur der Informati-

on der BK über Vorgänge in der EU, sondern ist vornehmlich eine Stimme der Kath. Kirche im Dialog m. den EU-Organen (vgl. Art. 17 Abs. 3 AEUV).

4. Rechtsstruktur: Die Struktur der K. ist in ihrem →Statut vom 26.10.2017 u. in der zugehörigen GO geregelt. Die K. besteht aus den Bf., die von jedem Episkopat der EU-Mitgliedstaaten delegiert werden. Der Ausdruck Episkopat wurde anstelle von BK gewählt, weil es nicht in jedem Mitgliedstaat eine BK gibt bzw. das Territorium einer BK über den EU-Raum hinausgehen kann. Neben Bf. der lat. Kirche gehört ihr auch der maronitische Ebf. von Zypern an. Die Bf. der K. treffen sich zweimal jährlich im Rahmen der Vollversammlung, welche das Arbeitsprogramm u. die strategischen Prioritäten festlegt u. den Präsidenten wählt. Dieser kann unaufschiebbare Entscheidungen selbstständig fällen. Der Ständige Ausschuss setzt sich aus dem Präsidenten u. vier weiteren Mitgliedsbischöfen zusammen, welche die Funktion von Vizepräsidenten erhalten. Unter der Verantwortung des Präsidenten führt der Generalsekretär die Verwaltung, studiert die kirchl. relevanten Themen bzgl. der EU, gibt dazu Komm. ab u. verfasst den Jahresbericht. Ihm steht das Sekretariat m. festen, auf den relevanten Gebieten sachkundigen Mitarbeitern zur Seite. Zudem wird die K. von Kommissionen u. Arbeitsgruppen m. Fachleuten aus den BK od. relevanten kath. Organisationen unterstützt.

5. Tätigkeitsfelder u. Handlungsinstrumente: Die K. beobachtet den politischen Prozess u. die rechtlichen Entwicklungen der EU, nimmt dazu aus kath. Perspektive Stellung, pflegt den Dialog m. EU-Institutionen u. bemüht sich innerkirchlich um Information u. Bewusstseinsbildung bzgl. EU-Themen. Entspr. den kirchl. relevanten EU-Kompetenzen befasst sich die K. insb. m. den Themen Wirtschaft u. Soziales, Ökologie, Migration u. Asyl, Ethik, Forschung, Gesundheit, Bildung, Justiz, Grundrechte u. Religionsfreiheit, Außen- u. Sicherheitspolitik sowie interkultureller Dialog.

6. Beziehungen: Die K. arbeitet m. dem Apost. Nuntius (→Nuntiatur) zusammen, der den Hl. Stuhl bei der EU auf völkerrechtlicher Ebene vertritt. Zudem übt sie ihre Funktionen in enger Gemeinschaft m. dem CCEE aus. Innerhalb der Kath. Kirche pflegt die K. außerdem Beziehungen m. kath. Organisationen auf europäischer Ebene, die sich speziellen kirchl. Aufgaben widmen (z. B. Caritas Europa, Jesuitischer Flüchtlingsdienst). In ök. Hinsicht arbeitet die K. m. der KEK zusammen. Ferner sucht die K. den Dialog m. nichtchristlichen Religionen bzgl. Fragen des europäischen Einigungsprozesses.

Quellen

Vat II, CD; Paul VI., MP Ecclesiae Sanctae vom 06. August 1966: AAS 58 (1966), 757-787; Außerordentliche Versammlung der Bischofssynode, Declaratio de arctiore coniunctione inter ipsas Episcoproum Conferentias: Nunc nobis (27.10.1969): Ochoa Leges Vol. 4, Nr. 3795, 5659-5665, Art. V Sectio C.; Johannes Paul II., MP Apostolos suos vom 21. Mai 1998: AAS 90 (1998), 641-658; ders., Nachsynodales Mahnschreiben Pastores gregis vom 16. Oktober 2003: AAS 96 (2004), 825-924; Kongr. für die Bischöfe, Dir. Apostolorum successores für den Hirtendienst der Bischöfe vom 22. Februar 2004: VApSt 173.

Literatur

Wijlens, M., Exercising collegiality in a supranational or continental institution such as the FABC, CCEE, and ComECE: Jurist 64 (2004), 168-204; Kuhn, M., Als Christen am gemeinsamen Europa mitbauen. Versuch über eine Unbekannte: die Commissio Episcopatuum Communitatis Europensis (COMECE): Identität u. offener Horizont (FS Kapellari), hg. v. F. Lackner u. a., Wien u. a. 2006, 1069-1084; Treanor, N., La Commission des épiscopats de la Communauté européenne (COMECE): L'administration des cultes dans les Pays de l'Union Européenne, hg. v. B. Basdevant-Gaudemet, Leuven 2008, 25-36; Echterhoff, A., Die COMECE als Partner im Dialog m. der EU: Neuere Entwicklungen im Religionsrecht europäischer Staaten, hg. v. W. Rees u. a., Berlin 2013, 159-181; Feliciani, G., Il nuovo statuto della

Commissione degli Episcopati della Comunità Europea (COMECE): Apollinaris 87 (2014), 551-581; Berkmann, B. J., Kath. Organe m. ök. Horizont auf europäischer Ebene: Welchen rechtlichen Status haben die Verbände von Bischofskonferenzen?: Informationes Theologiae Europae. Intern. ök. Jb. für Theologie 19 (2015), 119-134.

Burkhard Josef Berkmann

© 2019, DOI: 10.30965/9783506786388_0737

Kommissionen

→ Bischofskonferenz, → Pastor bonus, → Römische Kurie

Kommune

→ Gemeinde

Kommunikationsmittel

→ Medien

Kommunion

→ Abendmahl, Eucharistie, → Communicatio in sacris, → Eucharistieausteilung, → Eucharistiefeier

Kommunionempfang – Katholisch

Der Gesetzgeber formuliert in c. 912 das Recht, dass jeder Getaufte zum K. zugelassen werden muss, sofern kein rechtlicher Hinderungsgrund besteht. Dieses Recht stellt eine Spezifikation des im Katalog der Grundrechte u. Grundpflichten der → Gläubigen (→ Grundrechte und Grundpflichten der Christen) in c. 213 (vgl. c. 16 CCEO) normierten Grundrechts aller Gläubigen auf den Empfang der Heilsgüter der Kirche – v. a. auf den Empfang der → Sakramente u. die Verkündigung des Wortes Gottes – dar. Auf diesem Grundrecht aufbauend konkretisiert der Gesetzgeber in c. 843 § 1 im allg. → Sakramentenrecht die Bedingungen, unter denen den Gläubigen der → Sakramentenempfang nicht verweigert werden darf: die gelegene Bitte, die rechte → Disposition u. das Freisein von rechtlichen Hinderungsgründen. Da das Grundrecht auf den Sakramentenempfang aus c. 213 allen Getauften eignet, ist in diesem Kontext zwischen dem Rechtsbesitz u. der Rechtsausübung zu unterscheiden. Die Ausübung der Grundrechte erfolgt dabei i. d. R. in der eigenen Konfession. Rechtliche Hinderungsgründe können dementsprechend gem. c. 842 § 1 die fehlende → Taufe od. gem. cc. 205 (→ Tria-Vincula-Lehre) i. V. m. 844 § 1 die fehlende → communio plena m. der kath. Kirche sein. Hierbei sind stets die in c. 844 §§ 2-4 genannten Ausnahmen zu beachten (→ Communicatio in sacris).

In c. 913 § 1 wird eine sorgfältige Vorbereitung von Kindern auf den K. (→ Erstkommunion) gefordert, die es ihnen ermöglicht, „das Geheimnis Christi gemäß ihrer Fassungskraft [zu] begreifen und den Leib des Herrn gläubig und andächtig zu empfangen". Nötig ist folglich eine hinreichende Kenntnis über zentrale Glaubenswahrheiten, worunter keine ausgereiften theol. Kenntnisse zu verstehen sind. Ziel der Vorbereitung ist, dass die Kinder cum fide et devotione zum K. schreiten, also neben „der kognitiven und praktischen Ausrichtung eine geistliche Haltung" (Althaus, c. 913, Rn. 3) zu erreichen. Eine Ausnahme gilt gem. c. 913 § 2 für Kinder in → Todesgefahr. Hierbei ist es ausreichend, dass sie die Eucharistie (→ Abendmahl, Eucharistie) von gewöhnlicher Nahrung unterscheiden u. sie als Konsequenz daraus ehrfürchtig empfangen können. Dies lässt sich zugl. als Eucharistiemindestwissen bez. Die Pflicht, für eine angemessene Vorbereitung der Kinder auf den ersten K. zu sorgen, obliegt gem. c. 914 v. a. den Eltern, die gem. c. 226 das Recht u. die Pflicht zur Erziehung ihrer Kinder haben (→ Elternrecht). Bei chr. Eltern hebt der Gesetzgeber die Elternpflicht zu einer „christliche Erziehung ihrer Kinder" (c. 226 § 2) explizit hervor. Auch der → Pfarrer hat gem. c. 914 die Pflicht, für eine angemessene Erstkommunionvorbereitung der Kinder zu sorgen. Er hat dabei das Vigilanzrecht inne u. soll sicherstellen, dass keine Kinder zum K. schreiten, die gem. c. 914 „den →Vernunftgebrauch noch nicht erlangt haben oder die nach seinem Urteil nicht ausreichend darauf vorbereitet sind". In c. 710 CCEO findet sich bzgl. des K. ein Hinweis auf die Vorschriften der liturgischen Bücher der jeweiligen →Rituskirche. Es geht bei den angesprochenen Regelungen im CCEO um „die nachträgliche Hinführung zum Verständnis der Eucharistie" (Althaus, c. 913, Rn. 5), da der K. gem. c. 697 CCEO die →Initiation vollendet u. die Eucharistie dem Neugetauften möglichst bald nach der Taufe zu spenden ist.

Die Kommunionspendung an gem. cc. 1331 § 1 2° u. 1332 Exkommunizierte (→Exkommunikation) u. Interdizierte (→Interdikt) ist gem. c. 915 verboten. Der Spender darf die Eucharistie erst dann verweigern, wenn die →Beugestrafe im Forum externum (→Forum externum et internum) auch festgestellt od. verhängt wurde. Dies hängt m. dem in c. 220 normierten Grundrecht auf den Schutz der →Intimsphäre u. den →guten Ruf zusammen, welches durch eine Verweigerung der Eucharistie verletzt würde. In c. 712 CCEO ist von „publice indigni", öffentlich Unwürdigen, die Rede, welchen die Eucharistie nicht gespendet werden darf. Diese Wendung wird allerdings vom Gesetzgeber inhaltlich nicht gefüllt. Die ausbleibende Nennung interdizierter u. exkommunizierter Gläubiger vom K. wird durch die Nennung des Verbots im Strafrecht des CCEO in den cc. 1431 § 1 u. 1434 § 1 CCEO kompensiert.

Der Gesetzgeber spricht in c. 915 zudem davon, dass diejenigen Gläubigen, „die hartnäckig in einer offenkundigen schweren →Sünde verharren", nicht zum K. zuzulassen sind. Die Sünde ist allerdings keine kirchenrechtliche Kategorie u. der Schweregrad einer Sünde kaum objektiv feststellbar. Zudem muss die Sünde dauerhaft u. öff. bekannt sein. Wenn man diesen Canon auf die →Wiederverheiratet Geschiedenen anzuwenden versucht, ergeben sich mehrere Problemstellungen. Johannes Paul II. legte im J. 1981 in →Familiaris Consortio 84 fest, dass es jenen Wiederverheirateten, denen eine Trennung aus gewichtigen Gründen wie bspw. die Erziehung gemeinsamer Kinder, nicht zuzumuten ist, erlaubt sei, in ihrer neuen Verbindung zu bleiben, sofern sie in einer sog. Josefsehe leben, d. h. sich der geschlechtlichen Akte enthalten. Diese Verpflichtung sollte im Forum internum m. dem →Beichtvater im Rahmen der →Beichte abgelegt werden. Es kann i. V. m. cc. 220, 915, 983 u. 984 keine Situation geben, in der Wiederverheirateten die Eucharistie verweigert werden darf. Gem. c. 220 ist es verboten, durch die Verweigerung der Spendung die evtl. Sünde öff. zu machen. Außerdem darf der Beichtvater gem. cc. 983 u. 984 unter keinen Umständen das →Beichtgeheimnis brechen u. Beichtwissen gebrauchen. Zudem soll in der Liturgie ein Skandalon vermieden werden, welches durch eine Verweigerung der Spendung der Eucharistie entstehen könnte. I. J. 2016 konstatiert P. Franziskus im Nachsynodalen Apost. Schreiben →Amoris Laetitia in Nr. 298 Fn. 329, dass durch das Zusammenleben in einer Josefsehe eine Gefahr für die eheliche Treue u. damit für evtl. Kinder der neuen Verbindung entstehen könne. P. Franziskus verdeutlicht, dass es keine generelle gesetzliche Norm für komplexe private Situationen geben kann. Jeder Einzelfall müsse separat betrachtet u. bewertet werden. Entscheidend ist die Gewissensentscheidung der Gläubigen, die im Forum internum seelsorglich begleitet werden soll. In Nr. 300 Fn. 351 Amoris Laetitia hält P. Franziskus zudem fest, dass Sakramente in einer objektiv sündigen Situation zuweilen in Einzelfällen hilfreich sein können. Das Zusammenleben in einer Josefsehe wird folglich nicht mehr als Bedingung für den K. genannt. Die Gewissensentscheidung der Gläubigen bzgl. des K. behandelt der Gesetzgeber in c. 916. Gem. c. 916 (vgl. c. 711 CCEO) ist es Aufgabe des Empfängers selbst, zu überprüfen, ob er für den Empfang der Eucharistie recht disponiert ist. Sollte sich der Gläubige „einer schweren Sünde bewusst" sein, muss er vor dem K. die Beichte empfangen. Liegt ein schwerwiegender Grund vor u. eine Gelegenheit zur Beichte besteht nicht, muss er vor dem K. „einen Akt der vollkommenen Reue ... erwecken" i. V. m. der Absicht, alsbald das Sakrament der Buße zu empfangen.

Zudem normiert c. 917, dass nach bereits erfolgtem K. die Eucharistie nur in einer →Eucharistiefeier erneut empfangen werden darf. Das lat. „iterum" ist hierbei gem. einer →authentischen Interpretation des PCI vom 11.07.1984 i. S. v. zweimal zu verstehen. Im CCEO fehlt eine vergleichbare Regelung. Gem. c. 918 ist der genuine Ort des K. die Eucharistiefeier selbst, da der K. der Gipfelpunkt der Mitfeier der Eucharistie ist. Eine Spendung außerhalb der Messfeier ist aus gerechtem Grund unter Beachtung der liturgischen Normen möglich. Hierbei kommen hauptsächlich die Krankenkommunion u. bestimmte →Wortgottesdienste in Betracht. Die Gefahr bei Wortgottesfeiern m. der Möglichkeit des K. besteht darin, dass „solche Gottesdienste dem rechten Verständnis der Eucharistiefeier abträglich sein könnten" (KanR III, 266). Das sog. Viaticum behandelt der Gesetzgeber in c. 911. Aufgrund der engen Verbindung m. den Sakramenten der →Krankensalbung u. der Buße wird nur der →Priester als ordentlicher Spender der →Wegzehrung genannt. Gem. c. 911 § 2 sind zur Spendung der Eucharistie „in casu necessitatis" auch alle ordentlichen u. außerordentlichen Spender der Eucharistie verpflichtet. Außerdem gilt gem. c. 919 (vgl. c. 712 § 2 CCEO, der zur Vorbereitung auf die Eucharistiefeier auf die Regelungen der einzelnen Rituskirchen verweist) das Gebot der →Eucharistischen Nüchternheit. Abgesehen von den in den §§ 2-3 des c. 919 geregelten Ausnahmen für mehrmals täglich zelebrierende Priester u. für kranke bzw. alte Menschen gilt, dass eine Stunde vor dem K. keine Speisen u. Getränke konsumiert werden dürfen, wovon Wasser u. Arznei ausgenommen sind. In. c. 920 § 1 normiert der Gesetzgeber die Verpflichtung der Gläubigen, nach erstmaligem Empfang die Eucharistie mind. einmal jährlich zu empfangen. Diese Verpflichtung soll gem. c. 920 § 2 in der Osterzeit erfüllt werden. Der K. kann gem. c. 923 in jeder Eucharistiefeier kath. Ritus erfolgen.

Auf Grundlage der 1969 erschienen Instr. Memoriale Domini haben die deutschen Bf. Erlasse m. der Erlaubnis zum K. m. der Hand promulgiert. Die GORM normiert in Nr. 161, dass die Gläubigen „gemäß ihrer Wahl" entweder m. der Hand od. direkt m. dem Mund kommunizieren sollen. Gem. einer Anweisung der Kongr. für den Gottesdienst vom 03.04.1985 darf niemand zur Handkommunion gezwungen werden.

Zum K. unter beiderlei Gestalten vgl. Art. →Eucharistieausteilung.

Quellen

Kongr. für den Gottesdienst, Instruktion Memoriale domini vom 29. Mai 1969: AAS 61 (1969), 541-545; Bischof von Limburg, Kommunionspendung u. Kommunionempfang: ABl. Limburg 1969, 55-56; Johannes Paul II., Apost. Schreiben Familiaris consortio vom 22. Januar 1981: VApSt 33, Nr. 65-68; PCI, Resp. ad proposita dubia vom 11. Juli 1984: AAS 76 (1984), 747; Kongr. für den Gottesdienst, Anweisung der Gottesdienstkongregation zur Handkommunion vom 3. April 1985: Notitiae 21 (1985), 259-261, dt. Übers.: ÖAKR (1986), 348-349; Franziskus, Nachsynodales Apostolisches Schreiben Amoris Laetitia über die Liebe in der Familie vom 19. März 2016, hg. v. Sekretariat der DBK, Bonn 2016 (VApSt 204).

Literatur

Ahlers, R., Communio eucharistica. Eine kirchenrechtliche Untersuchung zur Eucharistielehre im Codex iuris canonici, Regensburg 1990 (Eichstätter Studien 29); Reinhardt, H. J. F., Das Recht der Gläubigen auf Sakramentenempfang: Katechet. Blätter 116 (1991), 614-621; Olschewski, J., Das Recht auf Sakramentenempfang. Zur Entwicklung eines Fundamentalrechtes der Gläubigen vom Konzil von Trient bis zur Gegenwart, Frankfurt u. a. 1998 (AIC 6); Ahlers, R., Art. Kommunionempfang: LKStKR Bd. 2, 603-604; KanR III; Lüdicke, K., Wieso eigentlich Barmherzigkeit? Die wiederverheirateten Geschiedenen u. der Sakramentenempfang: HK 66 (2012), 335-340; Ahlers, R., Die Eucharistie: HbkathKR³, 1170-1183; Althaus, R.: MKCIC cc. 912-923.

Vincent Jünger

Kommunionhelfer

→Akolyth, →Eucharistieausteilung

Kommunionspender

→Eucharistieausteilung

Kommunitäten – Evangelisch

1. Grundlegendes: Die prinzipielle Einengung des prot. →Kirchenverständnisses auf die Ortsgemeinde rief von Anfang an Bewegungen (→Bewegung, kirchliche) hervor, die auf der Basis des ev. Glaubens ein intensives Gemeinschaftsleben zu bewahren suchten. Da die neutestamentliche Ecclesia, wie H. Dombois gezeigt hat, zu gleicher Zeit „in der Welt, aber nicht von der Welt" ist (vgl. Joh 17, 14-18), liegt in ihr schon im Ursprung sowohl der Impuls zur Weltzuwendung um der →Verkündigung des Evangeliums willen, als auch der Impuls zur Besonderung um ihres Herausgerufenseins willen (Dombois, 1974, 39). In der gesch. Entfaltung sind aus dem zweiten Impuls die →Orden hervorgegangen, deren grundsätzliches ekklesiologisches Existenzrecht auch für ev. Verständnis H. Dombois erwiesen hat. Er definiert sie als „selbständige[n] Gruppen ..., die auf Grund besonderer Berufung und freier Wahl ihrer Glieder in bewusster Korrelation zu der grundsätzlich jedem Christen zugänglichen ‚Kirche' und ‚Gemeinde' stehen, aber eben darum selbst nicht Kirche od. Gemeinde zu sein beanspruchen, weder gesonderte Denominationen, noch ecclesiola in ecclesia, noch Heiligungsgemeinde als ‚eigentliche' Kirche" (Dombois, 1974, 40). Gegenüber der verengten Sicht über die Verfasstheit von Kirche im Protestantismus, durch welche „die nach Gestaltung drängenden Charismata entweder in einen Gemeindeverband oder eine Einheit eingeschlossen werden, die ihnen eine spezifische Auswirkung höchstens sehr bedingt ermöglichen, oder ... in eine falsche Separation, in den Gegensatz zwischen Großkirche und Heiligkeitsgemeinde abgedrängt werden" (Dombois, 1974, 219), behaupten die K. von Anfang an, dass ihre Entstehung „ein Vorgang ist, der sich ... aus dem Wesen der Kirche selbst ableitet" (Halkenhäuser, 1978).

2. Definition: Terminologisch unterscheidet man zwischen →Bruderschaften u. K. Letztere sind Gemeinschaften m. vita communis auf der Basis der →Evangelischen Räte Armut, Keuschheit u. Gehorsam (Schlichtheit, Reinheit, Anerkennung einer Autorität). Diese Begrifflichkeit hat sich insofern nicht ganz durchgesetzt, als einige K. als Bestandteil ihres Eigennamens das Wort Bruderschaft führen (Communität Christusbruderschaft Selbitz, Jesus-Bruderschaft Gnadenthal), was aus Gründen der gesch. gewachsenen Identität nicht einfach geänd. werden kann.

3. Geschichte: Da sich die unterdrückten Dimensionen von Kirche im Protestantismus in immer neuen Anläufen zur Geltung gebracht haben, ist die Geschichte der vita communis in den Kirchen der Reformation aufs engste verknüpft m. den vielfältigen Bewegungen u. Bruderschaften. Dem entspr. ist das Phänomen der ev. K. vielgestaltig u. uneinheitlich.

Neben dem Fortbestehen von →Klöstern u. Stiften (Loccum, Amelungsborn) muss hier v. a. die Gemeinschaftsbildung im ref. u. luth. Pietismus genannt werden, z. B. die unter dem Einfluss der Makarios-Homilien (vermittelt durch J. Arndt [1555-1621] u. G. Arnold [1666-1714]) entstandene prot. Thebais im Wittgensteiner Land, die zu einer regelrechten Klosterbildung führte (nach Verbot u. Auswanderung in Ephrata, Pennsylvanien), od. die Pilgerhütte G. Tersteegens (1697-1769) u. die Herrnhuter Brüdergemeinde unter N. L. v. Zinzendorf (1700-1760). Sie standen kirchenamtlich stets unter dem

Häresieverdacht: Die zuerst genannte Bewegung wurde in die Sektiererei abgedrängt, Zinzendorf aus Sachsen ausgewiesen. – Im 19. Jh. waren es v. a. J. H. Wichern (1802-1872) u. W. Löhe (1808-1891), die in den Diakonen- u- Diakonissenhäusern ein ordensähnliches Gemeinschafsleben mit sozialen Tätigkeitsbereichen anstrebten; diese wurden wegen ihres gesellschaftlichen Engagements geschätzt, aber als Anstaltsgemeinden in die ev. Kirchen eingegliedert, während sich der Ordensgedanke wegen des entgegenstehenden Feindbildes nicht durchsetzen ließ.

4. Das 20. Jh.: Ein wenig bekannter Vorläufer heutiger K. u. Bruderschaften ist der Schweizerische Diakonieverein (gegr. 1906) m. der Bruderschaft, Schwesternschaft u. Geschwisterschaft (= Verheiratete) vom gemeinsamen Leben. Von seinen Impulsen maßgeblich mitgetragen war der Oekumenische Christusdienst, ein kleiner Kreis von Christen, der sich während des Zweiten Weltkriegs heimlich traf u. bis in die 50er J. hinein wirkte. U. a. gingen davon Anregungen zur Bildung der Ev. Marienschwesternschaft, der Communität Christusbruderschaft, der Bruderschaft vom Kreuz u. der Christusträger-Brüder u. -Schwestern aus. Weitere Impulse kamen von der Jugend- u. Wandervogelbewegung, der liturgischen Bewegung, der Singe-Bewegung, der hochkirchlichen Bewegung, der Oxford-Gruppe (F. Buchmann), den Diakonissenhäusern, einzelnen Ordensgemeinschaften (vgl. Münsterschwarzach u. die Communität Casteller Ring), der →Bekennenden Kirche (D. Bonhoeffer, Gemeinsames Leben) u. von pietistischen Strömungen. Häufig spielten mehrere dieser Faktoren zusammen. Programmatisch wirkte das Buch „Bruderschaft“ von W. Stählin (1940).

Durch den Schrecken des Zweiten Weltkriegs u. der ns. Diktatur m. ihrer antichristlichen Einstellung wurde seit den 40er J. eine Entstehungswelle von K. ausgelöst: die Ev. Marienschwesternschaft Darmstadt (1947), die Communität Christusbruderschaft Selbitz (1949), die Communität Casteller Ring (1950), die Kommunität Imshausen (1955), der St.-Johannis-Konvent vom gemeinsamen Leben (1955), die Cella St. Hildegard des Ordo Pacis (1956), die Bruderschaf vom Kreuz (1958), der Laurentius-Konvent (1959), die Christusträger-Brüder u. -Schwestern (1961), die Jesus-Bruderschaft (1961), die Kommunität Adelshofen (1962). Einen erneuten Schub gab es Ende der sechziger J. u. in den siebziger J.: die Offensive junger Christen (1968), das Lebenszentrum für die Einheit der Christen in Schloss Craheim (1968), das Oekumenische Lebenszentrum Ottmaring (1968), die Familienkommunität der Jesus-Bruderschaft (1968), die Kommunität Jesu-Weg (1972), die Ev.-Lukas-Communität (1974), der Ev. Schwesternkonvent Lumen Christi (1976) u. der Trinitatis-Ring (1977).

5. Strukturelles: Man kann in dieser Geschichte zwei aufeinanderfolgende Strömungen unterscheiden: Galt es im ersten Schritt, ein Ordensleben unter den Ev. Räten für die Kirchen der Reformation zu gewinnen u. vor dem Forum der Hl. Schrift u. der ref. Theologie als berechtigt zu erweisen (Lit.: Halkenhäuser, 1978; Wenzelmann, 1994), so hat sich seit Ende der 60er J. verstärkt die Tendenz zur Bildung basisgemeindlicher K. m. verheirateten u. zölibatären Mitgliedern durchgesetzt., wie dies für denselben Zeitraum z. T. auch in Frankreich zu beobachten ist (Chemin Neuf, Puits de Jacob, Gemeinschaft der Beatitudes).

Ordensmäßige Strukturen i. S. einer Filiationsbildung gibt es bei den größeren K., so v. a. bei der Communität Christusbruderschaft (Zentrum: Selbitz; Stationen: Wittenberg, Leipzig, Petersberg bei Halle, Hof Birkensee bei Nürnberg), bei der Jesus-Bruderschaft (Gnadenthal; Kloster Volkenroda; Stationen in Augustusburg-Hennersdorf, Latrun/Israel u. Makak/Kamerun) u. bei den Christusträger-Brüdern u. -Schwestern (Zentrum Brüder: Kloster Triefenstein; Stationen: Ralligen/Thuner See, Vanga/Republik Kongo, Kabul; Verwaltung Schwestern: Hergershof/Braunsbach; Dt. Schwesternhäuser in Bensheim-Auerbach, Rödermark, Hergershof/Braunsbach u. Künzelsau; Ausl. Stationen in Rawalpindi u. Karachi/Pakistan, S. S. de Jujuy/Argentinien u. Rio Branco/Brasilien).

Untereinander sind die ev. K. unabhängig, treffen sich aber regelmäßig in der Konferenz Ev. K. Die einzige Rechtsform für die K. ist bis jetzt i. d. R. der eingetragene gemeinnützige Verein.

6. Verhältnis zur Kirche: Es ist bezeichnend, dass kath. Autoren auf das Phänomen schneller aufmerksam wurden als ev. (A. Görres 1948; H. Bacht 1949, 1950; F. Wulf 1954). Die erste größere Veröff. der K. erschien 1959 als Slg. von Selbstdarstellungen (hg. v. L. Präger). Eine öff. Äußerung seitens der ev. Kirchen erfolgte erst 1976 in der Stellungnahme der BK der VELKD (Mohaupt, 1976, 142-144). 1979 erschien die Denkschrift der EKD „Ev. Spiritualität", in der die K. u. chr. Lebensgemeinschaften als Gnadenorte bez. werden. Im selben J. wurde Landesbischof i. R. d. h. Claß zum. Beauftragten des Rates der EKD für die K. bestellt. Diese Einrichtung hat sich bewährt u. lebt in wechselnder Besetzung bis heute fort; zurzeit ist damit Landesbischof Dr. Ch. Meyns, Wolfenbüttel, beauftragt. Von 1985 an beruft der → Rat der EKD Vertreter der K. in die Synode.

1978 wurde von den K. das Papier „Profess u. Kirche" vorgelegt, das ihr Selbstverständnis im Verhältnis zu den verfassten Kirchen u. ihre Auffassung der Profess als ev. vertretbare freiwillige Bindung des einzelnen an die Gemeinschaft darlegt: Die Profess wurzelt im Taufbund u. hat keinerlei Verdienstcharakter; sie kann „wie die Taufe nur in die Kirche hineinführen, nicht aber aus ihr heraus". Grds. „sind die Kommunitäten in der Kirche ein Gegenüber zur Kirche". Inzwischen sind die K. überall in ihren Kirchen m. Wohlwollen aufgenommen. 2007 wurde ein Votum des Rates der EKD zur Stärkung ev. Spiritualität veröff. (Rat der EKD, 2007), das von einer gemischten Gruppe aus Vertretern von K. u. der EKD erarbeitet worden war. Darin geht es v. a. um den „Dienst der Kommunitäten und geistlichen Gemeinschaften in der Kirche" sowie um den „Dienst der Kirche an Kommunitäten und geistlichen Gemeinschaften". Der damalige Ratsvorsitzende W. Huber hielt fest, dass die K. „ein Schatz der evangelischen Kirche [sind], den es zu fördern und zu festigen gilt" (Rat der EKD, 2007, 5). Einige LK haben mittlerweile die K. u. geistl. Gemeinschaften in ihren Verf. verankert: die Bay, die Bad u. die EKM.

Quellen

Rat der EKD, Verbindlich Leben. Kommunitäten u. geistl. Gemeinschaften in der Ev. Kirche in Deutschland. Ein Votum des Rates der EKD zur Stärkung ev. Spiritualität, Hannover 2007.

Literatur

Stählin, W., Bruderschaft, Kassel 1940; Begusch, H., Luther über das Ordenswesen: Quatember 21 (1956/57), 226-228; Frei für Gott u. die Menschen. Ev. Bruder- u. Schwesternschaften der Gegenwart in Selbstdarstellungen, hg. v. L. Präger, Stuttgart [2]1965 (1959); Dombois, H., Das Recht der Gnade. Ök. Kirchenrecht, 3 Bde., Witten 1961 u. Bielefeld 1974 u. 1983; Profess u. Kirche. Theol. Reflexionen ev. Kommunitäten: Una Sancta 34 (1979), 93-95, wieder abgedruckt: Halkenhäuser, J., Kommunität u. Kirche, Paderborn [2]1985 17-22; Modelle gelebten Glaubens. Gespräche der Luth. Bischofskonferenz über Kommunitäten u. charismatische Bewegungen, hg. v. L. Mohaupt, Hamburg 1976; Halkenhäuser, J., Der Grundauftrag der geistl. Gemeinschaften in ök. Sicht: Nachfolge als Zeichen. Kommentarbeiträge zum Beschluss der Gemeinsamen Synode der Bistümer in der BRD über die Orden u. andere geistl. Gemeinschaften, hg. v. F. Wulf – C. Bamberg – A. Schulz, Würzburg 1978, 99-107; Begusch, H., Kommunitäres Leben in der Sicht Martin Luthers. Ein Beitrag zur Frage, wieweit Gedanken des kirchl. Ordens- u. Korporationswesens in Luther wirksam gewesen sind: Grazer Hefte für konkrete Ökumene 4 (1981), 141-149; Kraus, G. – Stupperich, R., Bruderschaften – Schwesternschaften – Kommunitäten: TRE Bd. 7, 195-207; Halkenhäuser, J., Die Ev. Kommunitäten – die ekklesiale u. ök. Dimension ihres Lebens: ÖR 30 (1981), 121-132; ders., Kommunität u. Kirche. Ein Beitrag zur Geschichte u. zum Auftrag der kommunitären Bewegung in den Kirchen der Reformation, Paderborn ²1985; ders., Kommunitäten, Bruder- u. Schwesternschaften: Ökumene-Lexikon, 694-698; Bonhoeffer, D., Gemeinsames Leben: DBW 5, München 1987, 13-102 (München 1939); Halkenhäuser, J., Das Evangelium in Gemeinschaft leben. Zur ekklesialen Dimension des Christseins in Kommunitäten: Communio Sanctorum (FS Scheele), hg. v. J. Schreiner – K. Wittstadt, Würzburg 1988, 490-503; Mayr, H., Kommunitäten: EKL³ Bd. 2, 1348-1351; Daur, M., Die Rechtsbeziehungen zwischen der ev. Kirche u. den Kommunitäten, Bruderschaften u. Orden: ZevKR 36 (1991), 229-253; Folkers, H., Kirche, Kommunitäten, Bruderschaften. Kirchenrechtliche u. rechtstheologische Notizen: Quatember 56 (1992), 98-104; Halkenhäuser, J., Kommunität u. Kirche. Engagement u. Zeugnis II, Rödelsee/Schloss Schwanberg 1993; Wenzelmann, G., Nachfolge u. Gemeinschaft. Eine theol. Grundlegung des kommunitären Lebens, Stuttgart 1994; Joest, Ch., Spiritualität ev. Kommunitäten. Altkirchlich-monastische Tradition in ev. Kommunitäten von heute, Göttingen 1995; Reimer, I., Verbindliches Leben in ev. Bruderschaften u. kommunitären Gemeinschaften, Gießen 1999; Joest, Ch., Die Entstehung von Kommunitäten in den Kirchen der Reformation: A. Lexutt – V. Mantey – V. Ortmann, Reformation u. Mönchtum. Aspekte eines Verhältnisses über Luther hinaus, Tübingen 2008, 241-264; Kloster auf ev. Berichte aus dem gemeinsamen Leben, hg. v. A.-M. aus der Wiesche – F. Lilie, Münsterschwarzach 2016; Joest, Ch., Die Landschaft der ev. Kommunitäten. Gemeinsames u. Unterschiede, Überblick u. Perspektive: Ordenskorrespondenz 58 (2017), 14-22; Grochowina, N., Ev. Communitäten – Unfall od. reformatorisches Erbe?: Ordenskorrespondenz 58 (2017), 5-13; Kellerhals, D., Wie verwirklicht sich Ordensleben in ev. Kommunitäten heute. Erfahrungen der Kommunität Diakonissenhaus Riehen: Ordenskorrespondenz 58 (2017), 23-32.

Christoph Joest

Kompetenz

→Befähigung, rechtliche, →Vollmacht, →Zuständigkeit

Kompilation – Historisch

K. (von compilare, wörtlich zusammenraffen) meint im KR die Slg. von kirchl. →Rechtsquellen, insb. päpstlichen →Dekretalen. Seit etwa 1170 wurden die immer zahlreicheren päpstlichen Dekretalen in Slg. überliefert. Bes. Bedeutung erlangten fünf Dekretalensammlungen, die als Quinque compilationes antiquae bez. werden:

1. Das Breviarium extravagantium des Bernardus Balbi von Pavia (zwischen 1188 u. Juni 1192) wurde in Bologna als Compilatio prima rezipiert. Ihre Gliederung in fünf Bücher (iudex – iudicium – clerus – sponsalia – crimen) wurde maßgeblich für die Folgezeit.

2. Die Slg. des Johannes Galensis enthält Dekretalen von Clemens III. u. Coelestin III. Wegen der zeitlichen Einordnung der enthaltenen Dekretalen wurde sie als Compilatio secunda rezipiert, obwohl sie nach der Compilatio tertia entstanden ist.

3. I. J. 1210 ließ P. Innozenz III. durch seinen Notar Petrus Collivaccinus (Beneventanus) eine Slg. der Dekretalen seiner ersten zwölf Pontifikatsjahre erstellen. Diese Slg., die nach Erscheinen der Compilatio secunda ihren Titel Compilatio tertia erhielt, wurde im selben J. 1210 durch Versenden an die Universität Bologna amtl. publiziert.

4. Wohl im J. 1217 dürfte Johannes Teutonicus eine Slg. von Dekretalen Innozenz' III. u. der auf dem IV. Laterankonzil erlassenen Konst. herausgebracht haben. In den 20er J. des 13. Jh. setzte sie sich als die Compilatio quarta durch.

5. Die Compilatio quinta entstand im Auftrag von P. Honorius III. u. wurde am 02.05.1226 durch Versendung an den Magister decretorum Tankred in Bologna u. an andere Magistri promulgiert. Der Kompilator ist unbekannt. Die Slg. beinhaltet Dekretalen von P. Honori-

us III von 1216 bis 1226 u. die Kaiserkonstitution Friedrichs II. vom 22.11.1220 über die Freiheiten der Kirche.

Auch die Slg. des Bernhard von Compostella (Compilatio Romana, um 1208) wurde in Bologna als K. bez., bis sie von der Compilatio tertia verdrängt wurde.

Quellen

Friedberg, E., Quinque compilationes antiquae nec non collectio canonum Lipsiensis. Ad librorum manuscriptorum fidem recognovit et adnotatione critica instruxit Aemilius Friedberg, Leipzig 1882 (Nachdr. Graz 1956).

Literatur

Friedberg, E., Ueber meine neue Ausgabe der Quinque Compilationes Antiquae. Eroerterungen ueber die Entstehungszeit des Decretum Gratiani, Leipzig 1882; ders., Die Canones-Sammlungen zwischen Gratian u. Bernhard von Pavia, Leipzig 1897; Kuttner, St., Repertorium der Kanonistik, Vatikanstadt 1937, 317-319, 322-385; Holtzmann, W. u. a., Studies in the collections of twelfth-century decretals, Vatikanstadt 1979; van de Wouw, H., Art. Dekretalen: LMA Bd. 3, 655-656; Chodorow, S., Art. Dekretalensammlungen: LMA Bd. 3, 656-658; Erdö, P., Die Quellen des Kirchenrechts. Eine gesch. Einf., Frankfurt u. a. 2002 (AIC 23), 116-120.

Ludger Müller

© 2019, DOI: 10.30965/9783506786388_0747

Kompromisswahl

→Papstwahl, →Wahl

Konditionaltaufe

→Taufe

Konferenz Europäischer Kirchen – Evangelisch

In der Konferenz Europäischer Kirchen (KEK) sind dz. 113 prot., orth., angl. u. alt-kath. Mitgliedskirchen aus 39 Staaten zusammengeschlossen. Die heutige KEK ist der Zusammenschluss von zwei in ihr aufgegangenen ök. Organisationen: der gleichnamigen Konferenz m. Sitz in Genf u. der Europäischen Ök. Kommission für Kirche u. Gesellschaft (EECCS) m. Sitz in Brüssel. Die beiden verfolgten bis 1990 sehr unterschiedliche Ziele. Erst nach der Überwindung des Kalten Krieges begann ein Annäherungsprozess, der 2000 zu einer Verbindung auf der Satzungsebene u. 2014 zu einer Fusion zu einer Körperschaft belgischen Privatrechts m. Sitz in Brüssel führte.

Die vormalige Konferenz entstand aus dem Bestreben, der politischen Teilung Europas kirchlicherseits ein Verständigungs- u. Versöhnungsprojekt entgegenzusetzen. Am Namen bleibt erkennbar, dass es sich zunächst um Tagungen handelte. Die erste fand 1959 in Nyborg u. d. T. „Die europäische Christenheit in der heutigen säkularisierten Welt" statt. 1964 gab sich die Konferenz eine Verf. u. wurde so organisatorisch verfestigt. Ihr Sitz wurde in die neutrale Schweiz gelegt, um ihren Charakter als Brückenbauerin zu unterstreichen. Die Vollversammlung von 1964 fand auf einem Schiff in der Ostsee statt, um den ostdeutschen Delegierten die Teilnahme zu ermöglichen. Aus der gesamteuropäischen Aufgabenstellung folgte eine Fokussierung auf den theol. Diskurs. Erst m. dem KSZE-Prozess war es der Konferenz möglich, auch politische Themen, insb. Menschenrechtsfragen, zu bearbeiten.

Demgegenüber verfolgte EECCS m. Büros in Brüssel u. Straßburg eine andere Agenda: Der Kommission ging es um die kirchl. Begleitung der Westintegration. Gegr. wurde sie auf Bitten chr. Mitarbeiter der Europäischen Kommission, die ihr Bedürfnis artikulierten, in ihrer politischen Arbeit seelsorglich begleitet u. sozialethisch beraten zu werden.

Nach einem fast zehnjährigen Annäherungsprozess zwischen KEK u. EECCS war ab 2000 ein gemeinsames Generalsekretariat in Genf eingerichtet, während sich die fachliche

Arbeit auf die Kommission Kirchen im Dialog (CID, Genf) u. Kirche u. Gesellschaft (CSC, Brüssel) aufteilte. Zu letzterer gehört ein urspr. von der Konferenz der Kirchen am Rhein gegr. Büro in Straßburg. Diese Außenstelle ist wegen der Nähe zum Hauptsitz des Europäischen Parlaments, aber insb. wegen der Beziehungen zum Europarat auch nach der Verschlankung nach 2014 erhalten geblieben.

Beide Kommissionen hatten in den letzten zwei Jahrzehnten beachtliche Erfolge zu verzeichnen: Bereits vor dem Zusammenschluss von 2000 hatte die Kommission Kirche im Dialog in der Folge der Zweiten Europäischen Ök. Versammlung in 1997 in Graz zusammen m. dem röm.-kath. →Rat der europäischen Bischofskonferenzen (CCEE) an einer Charta Oecumenica – Leitlinien für die wachsende Zusammenarbeit unter den Kirchen in Europa gearbeitet, die 2001 in Straßburg unterzeichnet wurde. Die Kommission Kirche u. Gesellschaft hatte, zusammen m. der röm.-kath. →Kommission der Bischofskonferenzen der Europäischen Union (COMECE) u. dem Büro der EKD in Brüssel maßgeblichen Anteil an der Entstehung des Kirchenartikels im Vertrag von Lissabon (Art. 17 AEUV).

Seit der Fusion 2014 ist die Generalversammlung das höchste Gremium der KEK; sie tagt jährlich im schriftlichen Verfahren u. tritt spätestens alle fünf J. zu einer Konferenz zusammen. Auf diesen Treffen wählen die Delegierten der Mitgliedskirchen einen zwanzigköpfigen Vorstand, dem auch die drei Präsidenten (prot., orth. u. angl./alt-kath.) als Repräsentanten der KEK angehören. Das Tagesgeschäft untersteht dem Generalsekretär, der von einem Kollegium aus Studien- bzw. Exekutivsekretären unterstützt wird. Die inhaltliche Arbeit wird neben den Mitarbeitern von Arbeitsgruppen geleistet, in denen die Mitgliedskirchen, aber auch Organisationen in Partnerschaft, d. h. assoziierte Werke u. Verbände, vertreten sind. Eine Sonderrolle kommt der Kommission der Kirchen für Migranten in Europa (CCME) zu, die in den bisherigen Fusionsprozessen ihre rechtliche Selbständigkeit behalten hat, aber m. der KEK in Bürogemeinschaft arbeitet u. in deren Gremienarbeit eng eingebunden ist.

Der KEK u. ihren Vorläuferorganisationen ist es gelungen, in den krit. Momenten der Nachkriegsgeschichte wichtige Impulse zu setzen u. den Kirchen in Europa eine vernehmbare Stimme zu geben. Fusion u. enge Zusammenarbeit m. CCME können helfen, den Fokus neu auszurichten u. diese Rolle auch künftig wahrzunehmen. Ob das gelingt, hängt neben strategischen Entscheidungen davon ab, inwieweit sich die Mitgliedskirchen trotz einer allenthalben spürbaren Ökumene-Müdigkeit u. schrumpfender Ressourcen aktiv in das Leben der KEK einbringen u. die Ergebnisse ihrer Arbeit ihrem gesellschaftlichen Umfeld zugänglich machen.

Literatur

Krüger, H., Art. Die Konferenz Europäischer Kirchen: Handbuch der Ökumenik. Bd. 2, hg. v. H. Urban – H. Wagner, Paderborn 1986, 80-84; Kemper, C., Art. Konferenz Europäischer Kirchen: EvStL³ Bd. 1, 1831-1834; Williams, G. G., Art. Konferenz Europäischer Kirchen: EKL Bd. 2, 1354-1356; Linn, G., Art. Konferenz europäischer Kirchen (KEK): RGG⁴ Bd. 4, 1541-43; Reuter, H.-U., Die Europäische Kommission für Kirche u. Gesellschaft (EECCS) als Beispiel für das Engagement des Protestantismus auf europäischer Ebene, Stuttgart 2002; Williams, G. G. – Guerney, R., Art. Conference of European Churches: Dictionary of the Ecumenical Movement, 237; Schnabel, P. R., Geschichte u. Strukturen chr. Vertretungen bei der Europäischer: ÖARR 54 (2007) 2, 222-290; Hatzinger, K. – Schnabel, P. R., Religions and the European Union: A partnership in the making: Derecho y Religión IV (2009), 45-58; Losansky, S., Öff. Kirche für Europa. Eine Studie zum Beitrag der chr. Kirchen zum gesellschaftlichen Zusammenhalt in Europa, Leipzig 2010 (Öff. Theologie 25), 151 ff.; Schnabel, P. R., Die Entstehung eines „europäischen Religionsrechts" – Kirchl. Interessen u. kirchl. Beitrag: ZRG.K 97 (2011), 440-471; ders., Der Dialog nach Art. 17 III AEUV. „In Anerkennung ihrer Identität und ihres besonderen

Beitrags", Tübingen 2014; Hatzinger, K. – Schnabel, P. R., § 15 Konfessionsübergreifende Ökumene: HevKR, 599-618.

Patrick Roger Schnabel

© 2019, DOI: 10.30965/9783506786388_0750

Konfession – Katholisch

K. (lat. confessio) bedeutet urspr. Bekenntnis (auch Geständnis) u. bez. in diesem Zusammenhang das Bezeugen des → Glaubens u. seiner Inhalte in Wort u. Tat (vgl. c. 833). Das Bekenntnis „ist vom Ursprung her auf eine Gemeinschaft bezogen und ist ein konstitutives Element ihrer Begründung und ihres Zusammenhangs" (Fries, 609). Im 19. Jh. entwickelte sich der Begriff K. zu einer gängigen Bez. der versch., vornehmlich chr. Kirchen u. kirchl. Gemeinschaften. Neben die Bezeugung des Glaubens tritt damit die Qualifizierung einer Vergemeinschaftung von Christen als ganze. Seinen hist. Ursprung besitzt der Begriff jedoch bereits in der Zeit der → Reformation, die sich zunehmend durch Bekenntnisse i. S. der → Bekenntnisschriften (bes. die → Confessio Augustana von 1530) kennzeichnet (das sog. Konfessionelle Zeitalter zwischen 1555 u. 1648). Zunächst als Ausdruck des kath. Glaubens gedacht, werden sie aufgrund der nicht wiederhergestellten Einheit der Kirche zum Gegenstand der konfessionellen Auseinandersetzung, darüber hinaus zur Grundlage von Konfessionskirchen als institutionalisierte Größen. Sowohl die Kath. Kirche als auch die Orth. Kirchen verstehen sich demgegenüber bis heute nicht in diesem Sinne als K. Im jüngeren Sprachgebrauch wird der Begriff häufig durch Tradition od. Denomination des Chr. ersetzt. Mit der Ök. Bewegung (→ Ökumene) ist der Konfessionalismus durch den Gedanken abgelöst worden, dass die K. gerufen sind, gemeinsame Glaubensüberzeugungen zu bewahren u. sich in einem ök. Handeln (Gebet – Studium – Theol. Dialog) um eine sichtbare kirchl. Einheit „unter ernsthafter Beachtung der Wahrheitsfrage in gegenseitiger Offenheit zu bewähren" (Feige, 236).

Das Vat II hat diesen ök. Impuls unter den K. aufgenommen u. ihn in LG u. UR lehramtlich in ekklesiologischer u. verfassungsrechtlicher Hinsicht so entfaltet u. festgeschrieben, dass er bis heute die Grundlage für die nachkonziliaren ök. relevanten Vorgänge u. Verlautbarungen des kirchl. → Lehramtes (bes. Johannes Paul II., Enz. Ut unum sint u. Glaubenskongregation, Erkl. Dominus Iesus) sowie zahlreicher gemeinsamer Erkl. u. Übereinkommen bildet. Die Spaltung der Christenheit wird als ein Ärgernis u. dem Willen Jesu Chr. widersprechend bez. u. die Wiederherstellung der sichtbaren Einheit aller Christen als eine der Hauptaufgaben des → Konzils u. der Kirche betont (UR 1: „Unitatis redintegratio inter universos Christianos promovenda unum est ex praecipuis Sacrae Oecumenicae Synodi Vaticanae Secundae propositis").

Die Verpflichtung, die Einheit auch in ihrer sichtbaren Verfasstheit zu fördern u. wiederherzustellen, hat m. c. 755 u. c. 902 CCEO (m. einem eigenen Titel zu cc. 902-908 CCEO) Eingang in die kirchl. Gesetzbücher gefunden. Gem. der kath. Ekklesiologie, die sich in den cc. 96, 204-207 zur Kirchengliedschaft normativ widerspiegelt, ist die Kirche Jesu Chr. in der Kath. Kirche verwirklicht, in der damit auch die volle Einheit (→ communio plena), insb. in u. durch die Feier der Eucharistie (→ Eucharistiefeier), vorgegeben ist (LG 8 u. 14). Sie entfaltet sich in der communio Ecclesiarum, die eine Vielfalt von eigenberechtigten → Riten u. → Teilkirchen sichtbar macht (LG 23; OE 1-3). Zugl. anerkennt die Kirche außerhalb dieser sichtbaren u. institutionell verfassten Einheit Elemente der Wahrheit u. Heiligkeit (LG 8 u. 15), die als kirchenbildende Elemente zwar nicht in vollem Maße die kirchl. Einheit begründen, wohl aber auf sie hinzielen. In der communio non plena differenziert das Konzil daher aufgrund der unterschiedlichen Dichte zur communio plena die nichtkatholischen Bekenntnisgemeinschaften in die getrennten

Kirchen (Ecclesiae seiunctae), die aufgrund der Bewahrung der →apostolischen Sukzession u. der Integrität der →Sakramente als solche bez. werden, u. den getrennten kirchl. Gemeinschaften (communitates ecclesiales seiunctae), denen diese Elemente in ihrer Fülle fehlen.

Die konstitutive Verbindung von Glaubens- u. →Kirchengemeinschaft bildet daher das indispensable Fundament für die sakramentale Einheit sowie für die Bestimmungen zu einer anfanghaften →communicatio in sacris. Diese nimmt Maß an den beiden ök. Grundprinzipien des Vat II (UR 8). Gem. dem ekklesiologischen Prinzip, demzufolge Gemeinschaft im sakramentalen Leben Ausdruck u. Darstellung der Einheit der Kirche ist, verbietet sich die sakramentale communicatio in sacris, bes. bzgl. Buße (→Beichte), Eucharistie (→Abendmahl, Eucharistie), →Krankensalbung. Das zweite Prinzip, das die Heilsfrage im Einzelfall betont, ermöglicht die communicatio in sacris im Zuge „individueller Heilshilfe im Falle schwerer Not" (KanR II, 46) im Blick auf den einzelnen Christen (vgl. c. 844; c. 671 CCEO; DirOec/1993, 129-131).

Der Begriff K. findet in der deutschsprachigen Kanonistik insb. Anwendung für die Bez. der sog. Mischehe (matrimoniium mixtum) als →konfessionsverschiedene Ehe. Diese kennzeichnet die eheliche Verbindung zweier Getaufter, von denen der eine in der Kath. Kirche getauft od. in sie aufgenommen worden ist, während der andere einer →nichtkatholischen Kirche od. kirchl. Gemeinschaft angehört (c. 1124). Der Abschluss einer konfessionsverschiedenen Ehe stellt nicht mehr ein →Ehehindernis, sondern einen erlaubnisbedürftigen Akt (→Eheerlaubnis) dar, der ganz dem kirchl. →Eherecht unterliegt u. liturgisch durch die kath. →Trauung (ggf. unter Beteiligung des nichtkatholischen Amtsträgers) od. durch eine nichtkatholische Trauung m. →Dispens von der Formpflicht (→Eheschließungsform) gem. c. 1127 § 2 begr. wird.

Quellen

Vat II, LG 8, 14-16; Vat II, UR; Vat II, OE; Päpstlicher Rat zur Förderung der Einheit der Christen, Dir. zur Ausführung der Prinzipien u. Normen über den Ökumenismus vom 25. März 1993: AAS 85 (1993), 1039-1119; dt.: VApSt 110; Johannes Paul II., Enz. Ut unum sint vom 25. Mai 1995: AAS 87 (1995), 921-982; dt.: VApSt 121; Kongr. für die Glaubenslehre, Erkl. Dominus Iesus vom 6. August 2000: AAS 92 (2000), 742-765; dt.: VApSt 148.

Literatur

Fries, H., Konfession: Staatslexikon[7] Bd. 3, 609-612; KanR II, 9-48; Feige, G., Konfession: LThK[3] Bd. 6, 236; Ökumene u. Kirchenrecht – Bausteine od. Stolpersteine, hg. v. H. Hallermann, Mainz 2000; Rothe, W. F., Ad plenam Communionem. Zur ekklesiologischen u. verfassungsrechtlichen Positionsbestimmung des Ökumenismus, Frankfurt 2003; Aldanondo, I., Confesión religiosa: DGDC Vol. II, 501-504; Konfessionskunde, hg. v. J. Oeldemann, Leipzig – Paderborn 2015 (Handbuch der Ökumene u. Konfessionskunde 1); Amann, Th. A., § 65 Der ök. Auftrag: HbkathKR[3], 944-963.

Christoph Ohly

© 2019, DOI: 10.30965/9783506786388_0751

Konfession – Evangelisch

K. ist ein kirchensoziologischer Begriff, der die interne organisatorische Vielfalt zunächst des Christentums, in einer Erweiterung des Sprachgebrauchs die interne Pluralisierung einer religiösen Tradition überhaupt bez. Dieser kirchenorganisatorische Begriff hat spezifisch theol. Wurzeln u. ist ein spezifisch prot. Konzept, da es eine religiöse Tradition (das Christentum bzw. die Kirche) nach den jeweils vertretenen partikularen →Bekenntnissen (confessio) differenziert. Klassisch ist diese Differenzierung natürlich nicht deskriptiv, sondern von Wertungen bestimmt, die das Bekenntnis der jeweils eigenen Tradition derjenigen anderer überordnen u. unter der Differenz von Häresie u. Orthodoxie rubrizieren u. damit unter den Vorbehalt der Unterscheidung zwischen der wahren u. der falschen Kirche stellen. K. ist damit ein Synonym des im angelsächsischen Sprachraum gebräuchlichen Begriffs der Denomination, der abhebt auf die häufig durch Namen vorgenommenen Differenzierungen der Körperschaften (calvinistisch; luth.; Mennoniten; angl.; röm. etc.).

Eine Alternative zu dieser Beschreibung der internen Pluralität des Christlichen am Leitfaden des Bekenntnisses ist die Differenzierung nach Organisationsmerkmalen; daran ist die kath. u. ähnlich die orth. Tradition orientiert, die die Kirche einerseits von kirchl. Gemeinschaften andererseits unterscheidet u. als wesentliches Kriterium der Unterscheidung das Amt in →apostolischer Sukzession betrachtet: wo es ist, handelt es sich um einen Teil der Kirche; wo es nicht ist, bestenfalls um kirchl. Gemeinschaften.

Damit ist deutlich, dass ein einheitliches Phänomen – die interne Differenzierung der chr. Tradition in einander ausschließende Gruppen – unterschiedlich gedeutet u. in der Folge auch in unterschiedlicher Weise als legitim betrachtet wird.

Die am institutionellen Amt orientierte Ekklesiologie der röm.-kath. u. der orth. Tradition schließt das räumliche u. zeitliche Miteinander mehrerer K. gleichen Rechtes aus u. kann von Kirchen in der Mehrzahl nur in dem Sinne sprechen, dass mehrere jeweils autokeph. Kirchen entweder in unterschiedlichen geographischen Räumen koexistieren od. einander hierarchisch zugeordnet sind.

Eine am Bekenntnis orientierte Ekklesiologie ist, jedenfalls im Falle der reformatorischen Denominationen, an diesem Punkt grds. flexibler. Typbildend ist hier die →Confessio Augustana, die in Art. 7 im Rahmen der Definition der Kirche programmatisch auf die Erwähnung des Amtes verzichtet u. die Einheit der Kirche restlos auf die Übereinstimmung in der →Verkündigung des Evangeliums u. einer dem entspr. Sakramentspraxis gestellt sieht; „dies ist gnug zu wahrer Einigkeit der christlichen Kirchen"; institutionelle u. die Gestaltung des kirchl. Lebens betr. Regelungen sind der Einheit im Bekenntnis gegenüber außerwesentlich u. legitimerweise plural. Das führt dazu, dass grds. die durch das gemeinsame Bekenntnis begr. Einheit der Kirche vereinbar ist m. der Koexistenz einer Vielzahl von institutionell u. hinsichtlich der Liturgien unterschiedener Denominationen, sofern die grundlegende Einigkeit in der confessio gegeben ist.

Ein derartiges Konzept konfessioneller Pluralität wurde faktisch im Zeitalter des Konfessionalismus u. bis zum Ende des Landesherrlichen Kirchenregiments (→Kirchenregiment, landesherrliches) nicht bzw. nur in Ausnahmefällen (Augsburg; Preußen nach 1613) realisiert, liegt aber schon den seit Ende der 20er J. des 16. Jh. insb. von Landgraf Philipp von Hessen unternommenen Versuchen zugrunde, die politische Einigung der prot. Reichsstände u. Territorien auf ein gemeinsames religiöses Fundament zu stellen: Die durch die gemeinsamen Bekenntnisse (Marburger / Schwabacher Artikel; Wittenberger Konkordie) markierte Einheit wäre verträglich gewesen m. einer institutionellen u. liturgischen Pluralität – wenn denn die Einheit in der Lehre sich nicht immer wieder als brüchig erwiesen hätte.

Der staatl. Gesetzgeber wiederum war vor dem Ende des landesherrlichen Kirchenregiments hinsichtlich der internen Pluralität des Christentums parteiisch u. gewährte anderen K. bestenfalls Toleranz; nach dem Ende des landesherrlichen Kirchenregiments behandelt er die religiösen Gemeinschaften o. Entscheidung über ihre Wahrheitsansprüche als Religionsgemeinschaften; der Begriff der K. ist im neueren Sprachgebrauch davon geprägt u. bez. einfach die Vielfalt von institutionell etablierten Gruppierungen innerhalb einer Religionsgemeinschaft o. Rücksicht darauf, ob sich die Differenzen über die jeweilige Überzeugung od. über institutionelle Merkmale generieren; in diesem Sinne kann man von der röm.-kath. Kirche als K. (neben anderen), aber eben auch von K. bspw. im Islam sprechen.

Nach dem Ende des landesherrlichen Kirchenregiments u. durch die allmähliche konfessionelle Vermischung der Bevölkerung ergab sich in Deutschland, aber auch in ganz Europa die Situation des konfessionellen Pluralismus, die in klassischen Migrationsstaaten wie den USA schon lange existierte. Es kam zunächst zu innerprotestantischen Versuchen der Herstellung von Kircheneinheit auf der Basis der Feststellung einer hinreichenden Einigkeit in der Lehre bei weiter bestehenden, aber angesichts des konfessionellen Konsenses außerwesentlichen Differenzen in der Lehre u. im kirchl. Handeln. Die weiter bestehenden Differenzen rechtfertigen eine Fortexistenz institutionell getrennter Kirchentümer, die einander aber wechselseitig als Gestalten der einen Kirche anerkennen u. Kanzel- u. Altargemeinschaft (→Kanzelgemeinschaft, →Abendmahls-, Eucharistiegemeinschaft) unterhalten (Konzept der →Leuenberger Konkordie). Damit ist die Mehrzahl von K. verbunden durch die Einheit einer Gemeinsamkeit im Bekenntnis, die die wechselseitige Anerkennung als Kirche ermöglicht, zugl. aber eine legitime Vielfalt institutioneller Formen ermöglicht.

Der Versuch, dieses Modell der Feststellung der Kircheneinheit durch die Feststellung einer Einheit in der Lehre bzw. im Bekenntnis auf das Verhältnis der prot. Kirchen zur röm.-kath. Kirche zu übertragen, ist unbekümmert um das Selbstverständnis der röm.-kath. Kirche u. ist daher 1999 zu Recht gescheitert.

Quellen

Konkordie reformatorischer Kirchen in Europa, hg. v. W. Hüffmeier, Frankfurt 1973; Die Bekenntnisschriften der Ev.-Luth. Kirche. Vollständige Neuedition, hg. v. I. Dingel, Göttingen 2014.

Literatur

Mannermaa, T., Von Preußen nach Leuenberg, Hamburg 1981; Union – Konversion – Toleranz. Dimensionen der Annäherung zwischen den chr. Konfessionen im 17. u. 18. Jh, hg. v. G. May u. a., Mainz 2000; Slenczka, N., Grund u. Norm der Vielfalt. Edmund Schlink (1903-1984): KuD 49 (2003), 24-51; Herms, E., Lehrkonsens u. Kirchengemeinschaft: ders., Von der Glaubenseinheit zur Kirchengemeinschaft, Marburg 2003, 251-268; Slenczka, N., Die trennende Kraft der einen Kirche. Probleme der ekklesiologischen Grundlagen der Ökumene: Orthodoxie im Dialog. Hist. u. aktuelle Perspektiven, hg. v. R. Flogaus u. a., Leipzig 2015, 121-147.

Notger Slenczka

© 2019, DOI: 10.30965/9783506786388_0751

Konfession – Islamisch

Auslöser für die erste Spaltung der islam. Gemeinschaft waren Konflikte über die Nachfolgefrage (→Kalifat) nach dem Tod des Propheten Muhammad, gest. 632 n. Chr. Reformversuche auf Grund abw. Bekenntnisformulierungen i. S. chr. K. spielten im frühen Islam hingegen keine Rolle. Islam. Glaubensorientierungen werden heute dennoch als K. (Ta'ifa, Madhab) bez., da sie sich in Lehre u. Lebenspraxis unterscheiden. Die zahlenmäßig größte K. sind die →Sunniten. 12er-→Schiiten stellen die größte Minderheit dar.

1. Kharijiten lehnten das Primat des Stammes Muhammads u. das Abstammungsprinzip in der Nachfolge ab. Sie betonten die Gleichheit aller Gläubigen u. forderten die Wahl des Kalifen nach dessen persönlicher Eignung. Ibaditen, ein heute noch existierender Zweig der Kharijiten in Oman u. Nordafrika, stufen Sunniten u. Schiiten als Ungläubige (Kuffar) ein.

2. 12er-Schiiten forderten einen Nachkommen Muhammads als Kalif, da nur diesen die göttliche Segenskraft innewohne. Sie erkennen deshalb nur den 4. Kalifen Ali, den Neffen u. Schwiegersohn Muhammads, als rechtmäßigen Herrscher u. 1. →Imam an. Nach Alis Ermordung verzichtete sein Sohn Hasan auf das Kalifat, der 2. Sohn Husain fiel in der Schlacht um Kerbela. Sie werden ebenfalls als Imame u. Märtyrer verehrt. Als Reaktion auf den Nachfolgestreit entwickelten die Schiiten das eschatologische Konzept eines geistigen Herrschers,

der als Imam aus der großen Verborgenheit heraus die Gde. leitet. Zur Endzeit wird dieser 12. Imam als Mahdi u. sichtbarer Herrscher wiederkommen, um ein Friedensreich zu errichten. Die 12 Imame sind unfehlbare Vermittler zwischen Gott u. der Gde. Gläubige müssen sich zudem der Autorität eines →Gelehrten anschließen u. dessen Fatwas befolgen. Schiiten dürfen zum Selbstschutz das eigene Bekenntnis verbergen (Taqiya). Passionsspiele, Prozessionen, Selbstgeißelung u. Pilgerfahrten sind zentraler Bestandteil schiitischer Praktiken. Die dschafaritische →Rechtsschule vertritt die Lehrmeinung, dass Leiden die Erlösung von Sünden erwirkt.

Aus einem Nachfolgestreit um den 7. Imam entstand die zweitgrößte schiitische Minderheit, die Ismailiten (7er-Schia). Ihre Theologie begr. sich auf den Ursündenfall, der in eine Gottesferne der Seelen resultiert. Muhammad, als letzter einer Reihe von sechs Sprechern, bringt die göttliche Offenbarung, welche die menschliche Seele zu ihrem Ursprung zurückführt. Aus den Ismailiten gingen auch die Glaubensgemeinschaften der →Drusen u. →Alawiten hervor, deren Verhältnis zum Islam ambivalent ist. Nicht alle Drusen u. Alawiten bez. sich selbst als Muslime, sondern betonen, Mitglieder eigenständiger Religionen zu sein.

Zaiditen (5er-Schia) berufen sich auf Zaid Ibn Ali, den 5. Imam u. Enkel Husains, der in Kufa gegen die Umayyaden-Herrschaft rebellierte u. starb. Zaiditen haben eine eigene Rechtsschule u. lehnen das Konzept des verborgenen Mahdi als Endzeitherrscher ab. Abstammung u. Führungsqualitäten sind für sie Voraussetzung für das Imamat, wobei die ersten drei Kalifen anerkannt werden.

Die Beziehung des Alevitentums zum Islam bleibt umstritten. →Aleviten betrachten sich selbst z. T. als Schiiten, als eigenständige K. in Opposition od. Annäherung zum Sunnitentum od. verneinen, Muslime zu sein. Auf Grund abw. Lehre u. Religionspraxis wurden Aleviten im Osmanischen Reich als Häretiker verfolgt u. hielten ihr Bekenntnis über Jhh. geheim.

3. Sunniten nehmen, neben dem →Koran, auch Bezug auf die prophetische Tradition (→Sunna) als Quelle religiöser Normen. Sie sprachen sich nach Muhammads Tod für die Wahl von Kalifen aus dessen Stamm aus, denen sie den Treueschwur leisteten. Auch die Sunniten erwarten den Mahdi. Ab dem 10. Jh. bildeten sich 4 Rechtsschulen (Hanafiten, Hanbaliten, Malikiten, Schafiiten) m. eigenen Rechtstraditionen heraus, welche sich gegenseitig anerkennen. Erlösung durch Leid u. Märtyrerverehrung gelten Sunniten als Häresie, sind dem sunnitischen Volksislam jedoch bekannt.

→Sufismus ist eine mystische, oft asketische Strömung des Islam. Im Zentrum steht die Gotteserfahrung durch Meditation (Dhikr) unter Anleitung des spirituellen Lehrers. Einer der wichtigsten Theologen des Sufismus ist der Philosoph u. Mystiker Ghazali, gest. 1111 n. Chr.

Die Ahmadiyya (→Ahmadiyya-Gemeinschaft) ist eine 1889 von Mirza Ghulam Ahmad in Britisch-Indien gegr. Reformbewegung des sunnitischen Islam. Er selbst habe als Mahdi u. Messias den göttlichen Auftrag der Vereinigung aller Religionen erhalten. Während die Ahmadiyya sich selbst als islam. K. bez., wird ihre Lehre von anderen Muslimen als Häresie abgelehnt.

Literatur

Schimmel, A., Mystische Dimensionen des Islam. Die Geschichte des Sufismus, Frankfurt – Leipzig ^{5}1995; Daftary, F., Kurze Geschichte der Ismaeliten. Tradition einer muslimischen Gemeinschaft, Würzburg 2003 (Kultur, Recht u. Politik in Muslimischen Gesellschaften 4); Friedman, Y., Prophecy Continuous: Aspects of Ahmadi Religious Thought and Its Medieval Background, New Delhi 2003; Halm, H., Die Schiiten, München 2005 (C. H. Beck Wissen); Valentine, S. R., Islam and the Ahmadiyya Jama'at: History, Belief, Practice, London 2008; Gorzewski, A., Das Alevitentum in seinen divergierenden Verhältnisbestimmungen zum Islam, Berlin 2010 (Bonner Islamstudien 17); Amirpur, K., Der schiitische Islam, Stuttgart 2015 (Reclam 19315); Halm, H., Der Islam. Geschichte u. Gegenwart, München ^{10}2015

(C. H. Beck Wissen); Schimmel, A., Die Religion des Islam. Eine Einführung, Stuttgart [13]2016 (Reclam 18659).

Nina Nowar

© 2019, DOI: 10.30965/9783506786388_0751

Konfessionsgebundenes Staatsamt – Staatlich

Für den Zugang zu öff. Ämtern ist die Konfession nach Art. 33 Abs. 3, Art. 3 Abs. 3 GG, Art. 140 GG i. V. m. Art. 136 Abs. 2 WRV grds. irrelevant. Ausnahmen bestehen für die sog. konfessionsgebundenen Ämter im Bereich der →Gemeinsamen Angelegenheiten (res mixtae) wie Anstaltsgeistliche (→Anstaltsseelsorge), Militärgeistliche, Polizeiseelsorger (→Polizeiseelsorge), Seelsorger an öff.-rechtlich getragenen Krankenhäusern u. Heimen (Eick-Wildgans, 1993, 72 ff.; dies., HbStKR² Bd. 2, §70; von Campenhausen – de Wall, 2006, §25; Jasper, 2015, 72 ff.). Im Hinblick auf Eignung u. Befähigung (Art. 33 Abs. 2 GG) u. das Selbstverwaltungsrecht der →Religionsgemeinschaften (Art. 140 GG i. V. m. Art. 137 Abs. 3 WRV) ist die religiöse u. konfessionelle Bindung zulässig, um zu gewährleisten, dass die Tätigkeit im Einklang m. den Glaubenssätzen der jeweiligen Religionsgemeinschaft steht (BVerfGE 39, 368; 108, 298; BVerwGE 81, 25); für →Religionslehrer an staatl. →Schulen folgt dies zudem direkt aus Art. 7 Abs. 3 S. 2 GG. Sind nach Landesrecht staatl. →Bekenntnisschulen zulässig (Art. 12 NW.Verf, §26 Abs. 6 SchulG NW; §129 SchulG NI), sind auch die zugeordneten Leitungsämter u. Lehrerstellen konfessionsgebunden; für letztere können Ausnahmen gemacht werden, wenn es zur Sicherung des Unterrichts notwendig ist. Hist. ist diese Rechtslage Kernelement des durch Art. 140 GG inkorporierten sog. Weimarer Kirchenkompromisses. Die Übereinstimmung m. den Glaubenssätzen ist vor der Einstellung durch einen Einvernehmensakt der Religionsgemeinschaft herzustellen. In der kath. Kirche ist dies die (zu beantragende) Erteilung der →missio canonica (c. 229 §3, c. 805), in der ev. Kirche die Vokation (→Vocatio) als Zustimmungsentscheidung (von Campenhausen – de Wall, 2006, §27, 223 f.). Die Rechtsfolgen sind i. d. R. konkordatär/kirchenvertraglich geregelt: Wird ein Lehrer beanstandet, so kann er die konfessionsgebundenen Fächer nicht mehr unterrichten, der Staat muss ihn dann anderweitig einsetzen (vgl. Art. 22 →Reichskonkordat). Beanstandete Bekenntnisschullehrer sind vom Staat an →Gemeinschaftsschulen zu versetzen (vgl. Art. 24 Abs. 1 RK; Schachten, 1989, 146). Einen klassischen Sonderfall k. S. stellen die Professuren an staatl. Theol. Fak. u. Fachbereichen (→Theologische Fakultät, Hochschuleinrichtung) sowie der Universitätsprediger (vgl. Art. 3 →Loccumer Vertrag) dar. Urspr. v. a. durch das landesherrliche Kirchenregiment (→Kirchenregiment, landesherrliches) begr. (Heckel, 1986, 10 ff.), ist die konfessionsgebundene Besetzung heute in beiden großen Konfessionen durch Konk./KV (→Konkordat, Kirchenvertrag) geregelt (→Konkordatsprofessur). Hier geht der Ernennung eine kirchl. Stellungnahme voraus, die über die Unbedenklichkeit des/der Kandidatin entscheidet (kath.: →nihil obstat; vgl. Art. 12 Preuß. Konk. m. ZusP.); fällt diese negativ aus, kann die missio canonica bzw. die landeskirchliche Zustimmung verweigert werden. Während dies in der ev. Kirche de lege lata nur bei der Einstellung eines Theologen gilt (vgl. Art. 3 Abs. 2 Loccumer Vertrag), können im kath. Bereich auch nachträgliche Gründe zu einem Widerruf des Nihil obstat u. der missio canonica führen (Fälle Hans Küng: u. a. ekklesiologische Differenzen / Uta Ranke-Heinemann: u. a. Deutung der Jungfrauengeburt), etwa wegen grundsätzlicher dogmatischer Differenzen m. der kirchl. Lehre (u. a. ein →Kirchenaustritt od. eine staatl. Heirat eines Klerikers), aber auch wegen eines moralisch m. den Grundsätzen der Religionsgemeinschaft nicht zu vereinbarenden Lebenswandels (Sexualdelikte). Über die Frage der Eignung u. ihres Fortbestehens entscheidet die jeweilige Kirche eigen- u. letztverantwortlich, der Staat hat insofern keine eigene Einschätzungsprärogative u. keine Widerspruchsmöglichkeit, was letztlich aus Art. 140 GG i. V. m. Art. 137 Abs. 3 WRV folgt. Probleme ergeben sich dann bei staatl. Lebenszeitbeamten: Einerseits kann der/die Betroffene dann nicht mehr als kirchl. autorisierter Lehrer fungieren; andererseits muss der Staat die beamtenrechtliche Stellung u. das Professorenamt des/der Betroffenenen wahren (Solte, §18, 571); daher kommt regelmäßig nur die Schaffung einer neuen Stelle od. einer Umwidmung in Frage (von Campenhausen – de Wall, 2006, §27, 222; gebilligt durch die Rspr., vgl. BVerwG: NJW 2006, 1015ff.); auch der Entzug der Prüfungsbefugnis für Studierende ist möglich. Dagegen ist schon eine Versetzung in eine andere Fak. nicht unproblematisch (für Verfassungswidrigkeit Schachten, 1989, 143ff.). Im Fall Küng wurde etwa 1980 an der Universität Tübingen eine fakultätsunabhängige Professur für Ök. Theologie, im Fall Ranke-Heinemann 1987 an der Universität Essen ein Lehrstuhl für Religionsgeschichte geschaffen. Bei angestellten Professoren/innen rechtfertigt die Beanstandung der Religionsgemeinschaft keinesfalls eine außerordentliche Kündigung (§626 BGB). Theoretisch kommt zwar eine ordentliche Kündigung in Betracht; aus Fürsorgegründen sollten diese Fälle allerdings analog zum Beamtenrecht (Schaffung neuer Stellen) behandelt werden. Die mangelnde Übereinstimmung m. den Grundsätzen der jeweiligen Glaubensgemeinschaft ist im Gegenzug als solche keine Verletzung von Dienstpflichten, die disziplinarrechtlich geahndet werden könnte, es sei denn, die Gründe sind gleichzeitig beamtenrechtlich relevant.

Quellen

Vertrag des Freistaates Preußen m. dem Hl. Stuhle nebst Schlussprotokoll (Preußenkonkordat) vom 14. Juni 1929: Preuß. Gesetzessammlung, 152; Konkordat zwischen dem Hl. Stuhl u. dem Dt. Reich (Reichskonkordat) vom 20. Juli 1933: AAS 25 (1933), 389ff. = RGBl II (1933), 679ff.; Vertrag des Landes Niedersachsen m. den Ev. Landeskirchen in Niedersachsen (Loccumer Vertrag) vom 19. März 1955: Nds. GVBl., 159.

Literatur

Heckel, M., Die theol. Fakultäten im weltlichen Verfassungsstaat, Tübingen 1986 (Jus Ecclesiasticum 31); Schachten, W., Quis judicabit? Das konfessionell gebundene Staatsamt eines kath. Universitätstheologen u. die beamtenrechtliche Fürsorgepflicht des Staates im Bereich der Grundrechte, Berlin 1989; Eick-Wildgans, S., Anstaltsseelsorge. Möglichkeit u. Grenzen des Zusammenwirkens von Staat u. Kirche im Strafvollzug, Berlin 1993 (SKRA 22); Solte, E.-L., §18 Die Ämterhoheit der Kirchen: HbStKR² Bd. 1, 561-572; Eick-Wildgans, S., §70 Anstaltsseelsorge: HbStKR² Bd. 2, 995-1016; von Campenhausen, A. – de Wall, H., Staatskirchenrecht, München ⁴2006; Hartmann, S., Die staatl. Bekenntnisschule im Lichte des AGG: DÖV 2015, 875; Jasper, C., Religiös u. politisch gebundene öff. Ämter, Berlin 2015.

Max-Emanuel Geis

© 2019, DOI: 10.30965/9783506786388_0752

Konfessionsverschiedene Ehe – Katholisch

K. E. (matrimonium mixtum) bez. im kath. Sprachgebrauch die →Ehe „zwischen zwei Getauften, von denen der eine in der katholischen Kirche getauft oder nach der Taufe in sie aufgenommen worden ist, der andere aber einer Kirche oder kirchlichen Gemeinschaft zugerechnet wird, die nicht in voller Gemeinschaft mit der kath. Kirche steht" (c. 1124; vgl. auch c. 813 CCEO; DirOec/1993, Nr. 143). Als sakramentale Ehe zwischen zwei Getauften (vgl. c. 1055; c. 776 §2 CCEO) grenzt sich die k. E. von der nichtsakramentalen →religionsverschiedenen Ehe ab, bei der ein Partner kath. u. einer ungetauft ist. Die geltenden Regelungen zur k. →Eheschließung finden sich im CIC/1983 in cc. 1124-1129, im CCEO in cc. 813-816.

Das Eingehen einer k. E. ist o. ausdrückliche →Erlaubnis des Ortsordinarius (→Ordinarius) bzw. Ortshierarchen verboten (vgl. cc. 1124, 1125; cc. 813, 814 CCEO). Hierin drückt sich aus, dass die Zugehörigkeit beider Partner zur kath. Kirche als für das geistl. Leben der Eheleute vorzugswürdig bewertet wird. Nicht zuletzt aus diesem Grund gilt der k. E. bes. seelsorgerische Aufmerksamkeit (vgl. c. 1128; c. 816 CCEO). Die Erlaubnis zum Abschluss einer k. E. darf nur erteilt werden, wenn hierfür ein gerechter u. vernünftiger Grund vorliegt (vgl. c. 1125; c. 814 CCEO). Aufgrund der konfessionellen Situation in Deutschland verliehen die dt. →Bischöfe übereinstimmend in ihren →Diözesen allen →Klerikern m. allg. Trauvollmacht die Befugnis zur Erlaubniserteilung in den meisten Fälle (Ausnahmen finden sich im Beschl. zu c. 1125 Nrn. 1-7 der Einheitlichen Bestimmungen zur →Ehevorbereitung, Eheschließung u. Registrierung von Eheschließungen). Voraussetzung der Erlaubniserteilung ist, dass das Paar bestimmte Bedingungen (→Kautelen) erfüllt (vgl. c. 1125; c. 814 CCEO). Der kath. Teil muss eine Erkl. abgeben, dass er Gefahren des Glaubensabfalls beseitigt. Er muss aufrichtig versprechen, nach Kräften alles zu tun, damit die der Ehe entspringenden Kinder in der kath. Kirche getauft u. erzogen werden. Über Erkl. u. Versprechen des Katholiken muss der nichtkatholische Teil rechtzeitig informiert werden. Den Brautleuten müssen die Zwecke bzw. Wesenselemente (Zeugung u. Erziehung von Nachkommenschaft [→Bonum prolis], →Gattenwohl) u. die Wesenseigenschaften der Ehe (Einheit [→Eheeinheit], Unauflöslichkeit [→Unauflöslichkeit der Ehe], Sakramentalität [→Ehesakrament]) erläutert werden, da ein Ausschluss der Wesenselemente u. -eigenschaften die Ehe nach kirchl. Verständnis verungültigt. Es ist nach lat. Recht Aufgabe der →Bischofskonferenz, für ihr Gebiet zu normieren, auf welche Weise die Bedingungen zu erfüllen sind u. wie dies dokumentiert wird (vgl. c. 1126; nach orient. Recht geschieht dies im Partikularrecht der eigenberechtigten Kirchen, vgl. c. 815 CCEO). Hierfür hat die →Deutsche Bischofskonferenz Partikularnormen zur Ehevorbereitung, Eheschließung u. Registrierung von Eheschließungen sowie das Ehevorbereitungsprotokoll erlassen. Das Ehevorbereitungsprotokoll leitet den →Pfarrer bzw. den m. der Ehevorbereitung Beauftragten durch den rechtlichen Teil der Ehevorbereitung u. dient der Dokumentation. Die Erteilung der Erlaubnis zur k. Eheschließung wird hier eingetragen. Zugl. wird ad cautelam vom →Ehehindernis der Religionsverschiedenheit dispensiert, um eine ungültige Ehe auszuschließen, sollte sich die Taufe des nichtkatholischen Teils nachträglich als ungültig erweisen.

Die k. Eheschließung unterfällt der kan. Formpflicht (→Eheschließungsform) (vgl. c. 1127; c. 834 CCEO). Sie erfordert zu ihrer Gültigkeit nach lat. Recht die Assistenz (→Eheassistenz) eines persönlich anwesenden Ortsordinarius, Ortspfarrers od. eines von ihnen delegierten Priesters od. Diakons, der unter Anwesenheit von zwei Zeugen den Ehewillen der Brautleute erfragt u. im Namen der Kirche entgegennimmt (vgl. c. 1108); das orient. Recht kennt als Assistenzberechtigte allein den Ortshierarchen, -pfarrer od. einen von beiden beauftragten Priester (vgl. c. 828 § 1 CCEO). Bestehen für ein konfessionsverschiedenes Paar „erhebliche Schwierigkeiten" (c. 1127 § 2), die kan. Form einzuhalten, kann der Wohnsitzortsordinarius des kath. Teils gem. lat. Recht in Einzelfällen eine →Dispens von der Formpflicht erteilen. Einschlägige Schwierigkeiten werden in Nr. 154 DirOec/1993 benannt. Nach orient. Recht ist diese Dispens dem Apost. Stuhl od. Patriarchen vorbehalten u. nur aus sehr schwerwiegendem Grund möglich (vgl. c. 835 CCEO). Bei einer Eheschließung zwischen einem Katholiken u. einem orient. Christen ist die kan. Form nur zur →Erlaubtheit der Eheschließung einzuhalten, gültigkeitsrelevant ist sie nicht. Zur →Gültigkeit ist in diesem Fall erforderlich, dass der religiöse Eheschließungsritus von einem geistl. Amtsträger gefeiert wird, der dem Paar den priesterlichen Segen spendet (vgl. c. 1127 § 1; c. 834 § 2 CCEO).

K. Eheschließungen unterstehen dem Verbot der religiösen →Doppeltrauung (vgl. c. 1127 §3; c. 839 CCEO); ein konfessionsverschiedenes Paar darf seinen →Ehekonsens nicht in zwei religiösen Feiern beider Bekenntnisse austauschen. Verboten ist auch die Simultantrauung, „bei der der katholische Assistierende und der nichtkatholische Amtsträger zugl., jeder in seinem Ritus, den Konsens der Partner erfragen" (c. 1127 §3; vgl. auch c. 839 CCEO). Die Beteiligung des Amtsträgers des anderen Bekenntnisses an der Feier der Eheschließung ist allerdings möglich u. gewünscht. Dies verdeutlichen die von der DBK m. dem →Rat der EKD erarbeiteten Trauformulare für die k. Eheschließung zwischen einem Katholiken u. einem Mitglied einer Gliedkirche der EKD, die die Übernahme liturgischer Funktionen durch den Amtsträger der jeweils anderen Konfession im Rahmen der kath. bzw. ev. Eheschließungsfeier vorsehen.

Quellen

Einheitliche Bestimmungen der dt. Bischöfe zur Ehevorbereitung, Eheschließung u. Registrierung von Eheschließungen vom 15. September 1989: Reinhardt, H. J. F., Die kirchl. Trauung. Ehevorbereitung, Trauung u. Registrierung der Eheschließung im Bereich der Dt. Bischofskonferenz – Texte u. Kommentar, Essen ³2014 (BzMKCIC 3), 29-35; Päpstlicher Rat zur Förderung der Einheit der Christen, Dir. zur Ausführung der Prinzipien u. Normen über den Ökumenismus vom 25. März 1993: VApSt 110; Gemeinsame Feier der kirchl. Trauung. Ordnung der kirchl. Trauung für konfessionsverschiedene Paare unter Beteiligung der zur Trauung Berechtigten beider Kirchen, hg. v. DBK u. Rat der EKD, Freiburg 1995; DBK, Partikularnormen zur Ehevorbereitung, Eheschließung u. Registrierung von Eheschließungen, einschließlich Ehevorbereitungsprotokoll m. Anmerkungstafel, rekognosziert vom Apost. Stuhl am 22. Dezember 2004, in Kraft getreten am 2. November 2005: Reinhardt, H. J. F., Die kirchl. Trauung. Ehevorbereitung, Trauung u. Registrierung der Eheschließung im Bereich der Dt. Bischofskonferenz – Texte u. Kommentar, Essen ³2014 (BzMKCIC 3), 18-28.

Literatur

Heinemann, H., „Mischehe" od. bekenntnisverschiedene Ehe? Eine theol., rechtliche u. pastorale Untersuchung, Trier 1982 (Canonistica 7); Geringer, K.-Th., Die konfessionsverschiedene Ehe im kan. Recht: Die konfessionsverschiedene Ehe. Problem für Millionen – Herausforderung für die Ökumene, hg. v. F. Böckle – K.-Th. Geringer – H. Grote – B. J. Hilberath – T. Koch – J. Lell – P. Neuner, Regensburg 1988; Heinemann, H., Die konfessionsverschiedene Ehe: HbkathKR², 966-980; Hallermann, H., Konfessionsverschiedene Ehe, kath.: LKStKR Bd. 2, 610-612; Hahn, J., Die konfessionsverschiedene Ehe: HbkathKR³, 1361-1377; Lüdicke, K.: MKCIC cc. 1124-1127.

Judith Hahn

© 2019, DOI: 10.30965/9783506786388_0753

Konfessionsverschiedene Ehe – Evangelisch

Die reformatorische Einzeichnung der →Ehe in die göttliche Schöpfungsordnung u. in das göttliche Heilshandeln führte zur theol. konsequenten Herauslösung der Ehe aus dem Verfügungsbereich der Papstkirche in ihrem Selbstverständnis als Heils-, Lehr- u. Rechtsanstalt. Dabei sind vier Grundannahmen leitend, die die Ehetheologie Luthers u. m. ihm anderer Reformatoren kennzeichnen, nämlich die schöpfungstheologische Verankerung des ehelichen Standes, die Zielbestimmung des ehelichen Miteinanders der Geschlechter in Nachwuchszeugung u. Evangeliumsverkündigung, die rechtfertigungstheologisch fundierte Überordnung der Ehe über das monastisch-zölibatäre Leben u. schließlich die Auflösbarkeit der ehelichen Gemeinschaft zugunsten wahrhaft gottgefälliger Verbindungen. Nach Luther ist die Ehe der Stand, aus dem nach dem Willen Gottes die gesamte chr. Menschheitsordnung hervorgeht. So kommt die Ehe m. ihren drei Dimensionen oeconomia, cohabitatio u. familia als Keimzelle der →Familie u. des Haushalts, der weltlichen Ordnung u. der Kirche zu stehen. In reformatorischer Perspektive ist daher die eheliche Gemeinschaft, deren gottgewolltes Ziel u. gottgeschenkte Würde in der Evangeliumsverkündigung in Wort u. Tat beschlossen liegt, der eigentliche Realisationsort gottgefälliger innerweltlicher Lebensführung.

Vor diesem Hintergrund rückt die Liebe der Eheleute für- u. zueinander als ein Zentralstück des reformatorischen Eheverständnisses in den Fokus: Luthers Betonung der Bedeutung von gegenseitiger Liebe, Treue u. Verantwortung lässt sich auch an seiner Behandlung von 1Kor 7, 13f. festmachen. In diesem exegetischen Zusammenhang bringt ihn der Gedanke, eine Christin od. ein Christ könnte sich m. einer nicht getauften od. andersgläubigen Person zur ehelichen Gemeinschaft zusammenfinden, keineswegs aus der Ruhe, im Gegenteil: Er weiß auch die Nichtgetauften u. Andersgläubigen als Geschöpfe Gottes u. zudem das genannte Apostelwort auf seiner Seite. Die Ehe m. Nichtgetauften od. Andersgläubigen entbindet gerade nicht von der Notwendigkeit gegenseitiger Liebe, Treue u. Verantwortung. Nimmt man sein Neuverständnis von Kirche u. die damit verbundene reformatorische Ekklesiologie hinzu, die die Kirche eben nicht mehr als äußerlich sichtbare, hierarchisch geordnete u. institutionell-sakramentale Heils-, Rechts- u. Lehranstalt wahrnimmt, wird vollends verständlich, dass u. warum Konfessionsverschiedenheit protestantischerseits grds. kein Hindernis für das Zustandekommen od. für die Anerkennung der Gültigkeit einer Ehe darstellte u. k. E. daher seit der →Reformation mind. duldbar waren.

Die damit theol. begr., schon im Denken der Reformatoren wurzelnde u. einen pragmatisch-seelsorgerlichen Zugang ermöglichende Offenheit ev. Eheverständnisses findet in den folgenden Jhh. dann konsequenterweise auch im Gutachtenwesen, in der Predigtliteratur u. im seelsorgerlichen Schrifttum ihren Niederschlag. Gleichwohl wurden auf der Ebene der Alltagspraxis vornehmlich Fragen der Taufe sowie Katechese des ehelichen Nachwuchses u. der kath. Sakramentenlehre zur Herausforderung obrigkeitlich-rechtlicher u. theol.-seelsorgerlicher Handhabung k. E. Folglich entbrannten Konflikte in derartigen Gemeinschaften immer wieder wegen Dissensen bzgl. der religiösen Kindeserziehung u. der Erbfolge od. -fähigkeit. Während nun die m. der u. durch die Reformation eingel. Transformation des Rechts u. rechtsprechender Institutionen zu einer stetigen Abnahme des Einflusses von Theologie u. Geistlichkeit auf →Eherecht u. Ehegerichtsbarkeit führte, variierte der jur. Umgang m. derartigen Konflikten stark, weil er bis ins 19. Jh. von der konfessionspolitischen Linie der jeweiligen Obrigkeit abhing. Dies änderte sich vollends erst m. den einschlägigen rechtsgeschichtlichen Uniformierungstendenzen, die ihrerseits in die Einführung der obligatorischen →Zivilehe durch das staatl. Recht in der zweiten Hälfte des 19. Jh. – in Deutschland 1875 – einmünden sollten. Seither kommt im ev. Bereich die kirchl. →Trauung als gottesdienstliche Amtshandlung anlässlich einer bereits vollzogenen Eheschließung zu stehen, die sich bei konfessionsverschiedenen Partnern in nichts von der Trauung konfessionsgleicher Ehepartner unterscheidet. Im Laufe des 20. Jh. wurden die letzten Einschränkungen in den kirchl. Rechten u. die letzten Spuren der Kirchenzucht, durch die allerdings die Gültigkeit k. E. nie in Frage gestellt war, abgeschafft, um der aufgezeigten Offenheit, wie die Reformation sie im Umgang m. k. E. theol. prägte u. fordert, Rechnung zu tragen. Bei den bestehenden Bestimmungen in landeskirchlichen Dienstanordnungen für ev. Amtsträgerinnen u. Amtsträger handelt es sich dann auch nicht um Bewertungen des Tatbestandes einer k. E.; vielmehr heben sie – wenn auch nicht durchgängig – pragmatisch auf Auswirkungen auf die pfarramtliche Tätigkeit ab.

Literatur

Schöpsdau, W., Konfessionsverschiedene Ehe. Ein Handbuch, Göttingen ^{3}1995 (BensH 61); Witte Jr., J., From Sacrament to Contract. Marriage, Religion, and Law in the Western Tradition, Louisville/Kentucky ^{2}2012; Jürgens, H. P., Eheordnungen – Ordnungen für die Ehe als „weltlich Ding“: Gute Ordnung. Ordnungsmodelle u. Ordnungsvorstellungen in der Reformationszeit, hg. v. I. Dingel – A. Kohnle, Leipzig 2014 (Leucorea-Studien zur Geschichte der Reformation u. der luth. Orthodoxie 25), 221-237; Freist, D., Glaube – Liebe – Zwietracht. Religiös-konfessionell gemischte Ehen in der Frühen Neuzeit, Berlin/Boston 2017 (bibliothek altes Reich Bd. 14); Witt, C. V., Martin Luthers Reformation der Ehe. Sein theol. Eheverständnis vor dessen augustinisch-mittelalterlichem Hintergrund, Tübingen 2017 (Spätmittelalter, Humanismus, Reformation 95).

Christian Witt

© 2019, DOI: 10.30965/9783506786388_0753

Konfessionsverschiedene Ehe – Orthodox

Während es auf kath. Seite sowohl im CIC/1983 (c. 1124) als auch im CCEO (c. 813) eine eindeutige u. verbindliche Aussage im Kap. „Mischehen“ bzgl. des Christseins des nicht-kath. Partners gibt, wenn dort von der „Eheschließung zwischen zwei Getauften“ gesprochen wird, ist dies im orth. KR nicht der Fall. Vielmehr wird bis in die jüngste Gegenwart in den einschlägigen Rechtssammlungen auf den 72. Canon des Quin. (Synode von Trullo) verwiesen, in dem die →Ehe orth. Christen m. Häretikern (→Häresie) grds. untersagt wird. Dabei unterscheidet bereits um die Jahrhundertwende (19./20. Jh.) der Serbisch-Orth. Bf. Nikodim Milaš in seiner umfangreichen Darstellung des orient. KR zwischen einer Ehe orth. Christen m. Häretikern u. einer Ehe m. Schismatikern (→Schisma). Während erstere absolut verboten u. – falls sie geschlossen wurde – ungültig u. nichtig ist, gilt für die Ehe m. Schismatikern, dass „die Kirche solche Ehen in Fällen begr. Notwendigkeit und zur Verhütung eines größeren Übels“ gestattet. Milaš stützt sich u. a. auf die ausführliche Untersuchung von Josef Zhisman, Das Eherecht der orient. Kirche, Wien 1864, v. a. auf den Text im zweiten Teil, zweites Kap., dritter Abschnitt, VII. Die Verschiedenheit des chr. Bekenntnisses, 512-561.

Die Anerkennung der Gültigkeit u. Wirksamkeit der kath. Taufe sowie auch der ekklesiologische Status der Katholiken sind in den versch. autokeph. orth. Kirchen (→Autokephalie) bis heute umstritten. Dies kam bes. deutlich anlässlich der Hl. u. Großen →Synode auf Kreta im J. 2016 zum Ausdruck. Vier autokeph. orth. Kirchen (die →Patriarchate von Antiochien, Moskau, Tiflis u. Sophia) sagten kurz vor Beginn der Synode aus versch. Gründen ihre Teilnahme ab. Im Beschlussdokument der Synode zum →Eherecht wird im Kap. über die →Ehehindernisse u. die Anwendung der →Oikonomia „in Bezug auf gemischte Ehen zwischen orthodoxen und nichtorthodoxen Christen oder Nichtchristen“ festgehalten: „a) Die Ehe von orthodoxen mit nichtorthodoxen Christen ist gemäß der kanonischen Akribie verboten (72. Kanon in Trullo). b) Mit der Zielsetzung des Heils des Menschen soll die Möglichkeit der Anwendung der kirchlichen Oikonomia in Bezug auf die Hindernisse für eine Ehe vom Hl. Synod einer jeden autokephalen orthodoxen Kirche entsprechend den Prinzipien der hl. Kanones und im Geist pastoraler Sorge behandelt werden. c) Eine Ehe zwischen Orthodoxen und Nichtchristen ist gemäß der kanonischen Akribie kategorisch verboten.“ (Synek, 2017, 83-84). Urspr. war im Entwurf eine einheitliche panorthodoxe Lösung in dieser Frage angestrebt. M. Rücksicht auf die Georgische Kirche, die nicht an der Synode teilnahm, aber bereits im Vorfeld heftig gegen eine Anwendung der Ökonomia im Fall einer Mischehe protestiert hatte, wurde die Kompetenz in dieser Frage der jeweiligen Synode der orth. LK übertragen. Auf der anderen Seite sind Mischehen insb. in Westeuropa u. in Amerika gängige Praxis, wobei es für die konkrete Feierform unterschiedliche Lösungen gibt. Bedingungen für eine tolerierte Mischehe sind: „die nichtorthoxe Seite muss ein Christ sein, getauft mit Wasser im Namen der Heiligen Trinität; die Paten/Zeugen müssen orthodox und in der Kirche verheiratet sein; der Krönungsgottesdienst muss in der Orthodoxen Kirche stattfinden; das Ehepaar muss versprechen, seine Kinder in der Orth. Kirche taufen und erziehen zu lassen." (Ionita, 2016, 79). Bzgl. der spirituellen Erziehung der Kinder aus Mischehen stellt die gemeinsame Erkl. der kath.-orth. Kommission (New York, 11.10.1980) fest: „Was die Kirchenmitgliedschaft der Kinder aus diesen Mischehen anbetrifft, bleibt diese ‚in der Verantwortung der beiden, Mann und Frau, die das Wohl der Kinder, die Stärke der religiösen Überzeugungen der Eltern und anderer Verwandter, die Forderungen ihrer Gewissen, die Einheit und Stabilität der Familie und andere Aspekte des spezifischen Kontextes, in dem sie leben, in Betracht nehmen sollen'". U. weiter räumt die Erkl. ein, „dass in einigen Fällen, ‚wenn nur einer der Partner seine Verantwortung erfüllt, ... die Kinder in der Kirche dieses Partners erzogen werden [sollen]. In anderen Fällen jedoch könnte die geistliche Erziehung der Kinder eine vollere Teilnahme am Leben und an den Traditionen der beiden Kirchen einschließen, allerdings unter Einhaltung der kanonischen Ordnung der beiden Kirchen.'" (Ionita, 2016, 81 f.).

Literatur

Zhisman, J., Das Eherecht der orient. Kirche, Wien 1864; Milaš, N., Das Kirchenrecht der morgenländischen Kirchen, Mostar ^{2}1905; Ionita, V., Die Anerkennung der Taufe anderer Kirchen u. die Frage der Mischehen aus orth. Sicht: Im Dialog m. der Orthodoxie (FS Thöle), hg. v. P. Boss-Huber – M. Illert – R. Fritsch – P. Walter, Leipzig 2016, 69-87 (Beih. zur ÖR 104); Synek, E., Das „Heilige und Große Konzil" von Kreta, Freistadt 2017 (KuR 29); Prokschi, R., Ist ein kirchl. Eheabschluss orth. Gläubiger m. Christen anderer Bekenntnisse (Mischehe) möglich?: Theologia Iuris Canonici (FS Müller), hg. v. C. Ohly – W. Rees – L. Gerosa, Berlin 2017, 783-797.

Rudolf Prokschi

© 2019, DOI: 10.30965/9783506786388_0753

Konfination

→Zwangsaufenthalt

Konfirmation – Evangelisch

1. Geschichte: Die Firmung als Vorläufer der ev. Konfirmation entwickelte sich ab dem 5. Jh. aus der →Taufe u. nimmt deren →Handauflegung u. postbaptismale →Salbung auf. Sie blieb dem für die Einheit der Kirche verpflichteten →Bischof vorbehalten. Erst im 12. Jh. finden sich selbstständige Firmrituale, im 13. Jh. wird ein Mindestalter festgelegt, insofern jetzt die Buße als Voraussetzung für die Firmung gilt. M. Luther protestierte entschieden gegen das biblisch nicht begr. Ritual („affen spiel der fermelung": WA 10 II, 282), weil er hierdurch die biblisch gebotene Taufe entwertet sah. Doch bahnte sein katechet. Interesse den Weg zur Handlung der K. Die 1523 von ihm erhobene Forderung eines Glaubensverhörs vor dem Abendmahl (→Abendmahl, Eucharistie) bereitete den Katechismusunterricht vor, der dann in die K. mündete. Der Straßburger Reformator M. Bucer verband diesen katechet. Impuls m. überkommenen liturgischen Formen u. gilt so als Vater der ev. K., die erstmals in der Ziegenhainer Zuchtordnung (1538) präsentiert wurde. Sie bestand – die weitere Entwicklung vorwegnehmend u. prägend – aus Katechismusunterricht, Prüfung m. Bekenntnis bzw. Gelübde, Fürbittgebet, Handauflegung u. Abendmahlsempfang. Selbstverständliche Voraussetzung war die Taufe. Allerdings brauchte es bis zum Ende des 18./Anfang des 19. Jh. bis sich – unterstützt durch Pietismus u. Aufklärung – diese K. allg. in Deutschland durchsetzte. Sie markierte bei den jungen Menschen i. d. R. den Übertritt ins Erwerbsleben. Dies hat sich inzwischen grundlegend verändert, was auch zu neuen Konzeptionen der sog. Konfirmandenarbeit führte.

2. Rechtliche Bestimmungen: I. d. R. geben in den LK die →Kirchenordnungen bzw. kirchl. →Lebensordnungen, KG zur Konfirmandenar-

beit sowie die →Agenden zur K. den Rechtsrahmen vor. Allg. Voraussetzung für die i. d. R. im Alter von 14 bis 15 J. gefeierte K. ist die Taufe, die aber auch noch während der Konfirmandenzeit empfangen werden kann. Dazu kommt ein meist ein- bis zweijähriger Unterricht, wobei das erste Jahr mancherorts – meist unter Beteiligung der Eltern (meist Mütter) – im dritten bzw. vierten Schuljahr abgehalten wird (sog. KU 3 bzw. KU 4). Die traditionelle Verbindung von K. u. erstem Abendmahlsgang ist aus theol. Gründen – im Zuge der Einführung des Abendmahls m. Kindern – vielerorts gelockert bzw. aufgehoben bzw. zur selbstverantworteten Teilnahme am Mahl transformiert. Die im früheren Übertritt ins Erwerbsleben implizierte Mündig-Sprechung findet sich heute in manchen Gliedkirchen darin, dass die Berechtigung, kirchl. Ämter wie das des →Paten bzw. des Kirchenvorstehers/→Presbyter zu übernehmen bzw. an kirchl. Wahlen teilzunehmen, die K. voraussetzen (o. dass dies aber i. d. R. kontrolliert wird). Dazu hat die zuständige Pfarrperson die Möglichkeit, ungeeignet erscheinende Heranwachsende von der K. zurückzustellen – bzw. dies dem →Kirchenvorstand/→Presbyterium vorzuschlagen –, was aber in der Praxis kaum realisiert wird.

3. Gegenwärtige Herausforderungen: Eine bundesweite Studie (2007/08, Wiederholung 2012; Schweitzer u. a., 2015) ergab, dass sich mehr als 90 % der ev. Jugendlichen konfirmieren lassen. Sie erleben insgesamt die Konfirmandenzeit als lohnend. Positiv wirkt sich auch die Beteiligung etwas älterer Jugendlicher als sog. Teamer aus. Dazu kommen projektbezogene Methoden (Konfirmandenfreizeiten, Praktika), die als attraktiv erlebt werden. Als neuralgischer Punkt stellt sich dagegen die – vielerorts verpflichtende – Teilnahme am Sonntagsgottesdienst heraus. Diesen empfindet die Mehrheit der Jugendlichen auch nach Abschluss des Konfirmandenunterrichts als langweilig (Schweitzer, 2015, 227 f.). Gemeindepädagogische Empfehlungen zur Beteiligung der Jugendlichen werden in den KGde. wohl kaum aufgenommen. Auch gelingt es nur eingeschränkt, den Heranwachsenden die Bedeutung der Kirchenmitgliedschaft plausibel zu machen. Eine bes. Situation besteht nach wie vor in den früher zur DDR gehörenden Gebieten. Hier traten Jugendweihefeiern (jetzt meist: Jugendfeiern, s. Handke, 2016) an die Stelle der K., die nur einen kleinen Teil der Jugendlichen erreicht. Heute wird v. a. im Kontext ev. Schulen versucht, durch niedrigschwellige Angebote, die in eine Segensfeier münden, Heranwachsenden einen Zugang zum Evangelium u. zur Kirche zu ermöglichen.

Literatur

Frör, K., Confirmatio. Forschungen zur Geschichte u. Praxis der Konfirmation, München 1959; Grethlein, C., Grundinformation Kasualien. Kommunikation des Evangeliums an Übergängen des Lebens, Göttingen 2007, 152-211; Schweitzer, F. u. a., Konfirmandenarbeit im Wandel – Neue Herausforderungen u. Chancen. Perspektiven der zweiten bundesweiten Studie, Gütersloh 2015; Handke, E., Religiöse Jugendfeiern „zwischen Kirche u. anderer Welt". Eine hist., systematische u. empirische Studie über kirchl. (mit)verantwortete Alternativen zur Jugendweihe, Leipzig 2016.

Christian Grethlein

© 2019, DOI: 10.30965/9783506786388_0755

Konföderation evangelischer Kirchen in Niedersachsen – Evangelisch

Die K. ist ein Zusammenschluss der fünf ev. Kirchen (Bswg, ErK, Han, Old u. SLi) in NI. Sie erstreckt sich über das gesamte Land NI u. vertritt 3.497.061 Kirchenmitglieder (Stand 31.12.2017). Die K. wurde durch den Vertrag zur Bildung einer K. vom 7./16./30.12.1970, 07./11.01.1971 geschlossen. Sie ist ein kirchenrechtlicher Verband u. gem. Art. 140 GG, Art. 137 Abs. 5 WRV eine →Körperschaft des öffentlichen Rechts. Der Zusammenschluss beruht auf dem →Loccumer Vertrag (NI.KV) von 1955.

Nach der Gründung des Landes NI aus den ehem. Ländern Hannover, Braunschweig, Oldenburg u. Schaumburg-Lippe im November 1946 gab es immer wieder Bestrebungen, die fünf ev. Kirchen in NI näher zusammenzuführen. Im NI.KV haben sich die Kirchen verpflichtet, untereinander eine enge Zusammenarbeit aufzunehmen, um ihre Anliegen gegenüber dem Staat einheitlich zu vertreten sowie gemeinsame Bevollmächtigte zu bestellen u. eine Geschäftsstelle am Sitz der LReg. einzurichten. In der Folgezeit bis zum Abschluss des Vertrages von 1971 gründeten die Kirchen die Konferenz der Ev. LK in NI, in der sich die Kirchenleitungen in regelmäßigen Abständen zum Austausch u. zur Abstimmung über die gemeinsamen Anliegen gegenüber dem Land NI trafen. Der Konföderationsvertrag von 1971 galt m. einigen Änderungen bis Ende 2014. Die Zusammenarbeit der Kirchen wurde m. dem Vertrag vom 28.03.2014, der am 01.01.2015 in Kraft getreten ist, neu ausgerichtet. U. a. wird nun neben der einheitlichen Vertretung der gemeinsamen Anliegen gegenüber dem Land NI die Wahrnehmung des Öffentlichkeitsauftrages der Kirchen bereits in der Präambel stärker hervorgehoben. Die Kirchen haben den Vertrag geschlossen, „in dem gemeinsamen Willen, den Öffentlichkeitsauftrag und das Selbstbestimmungsrecht der Kirchen im Interesse der Menschen in Niedersachsen und im Geist des Vertrages der evangelischen Landeskirchen in Niedersachsen mit dem Land Niedersachsen vom 19. März 1955 (Loccumer Vertrag) zu gestalten“. Sie verpflichten sich des Weiteren, „auf eine wirkungsvollere kirchliche Ordnung und Gliederung der evangelischen Kirchen in Niedersachsen“ hinzuarbeiten. Eine vertiefte Zusammenarbeit auch einzelner Kirchen der K. untereinander ist nach dem Vertrag möglich.

Organ der K. ist der Rat. Er hat zehn Mitglieder (ErK u. SLi je ein, Bswg u. Old je zwei u. Han vier). Der Rat leitet die K. u. ist für die Erfüllung ihrer Aufgaben verantwortlich. Er wählt jeweils einen Vorsitzenden u. einen stellvertretenden Vorsitzenden. Die Amtszeit der Mitglieder beträgt sechs J. Unterstützt wird die Arbeit des Rates durch gemeinsame Bevollmächtigte. Nach dem Vertrag kann der Rat eine od. zwei Personen zu gemeinsamen Bevollmächtigten der ev. Kirchen in NI berufen. Diese halten für die Kirchen den Kontakt zum Landtag, der LReg., den übrigen Organen, Behörden u. Einrichtungen des Landes NI sowie zu Vereinigungen u. Verbänden des politischen, gesellschaftlichen u. kirchl. Lebens. Derzeit hat der Rat von der Möglichkeit Gebrauch gemacht, zwei Bevollmächtigte zu berufen. Die Geschäftsstelle der K. in Hannover nimmt bestimmte Sachaufgaben für die K. wahr u. sorgt für eine Koordinierung der kirchl. Arbeit in diesen Handlungsfeldern.

Der Vertrag der K. von 2014 sieht gegenüber dem Vorgängervertrag keine →Synode mehr vor. Bisher bestehende gemeinsame Gesetze u. VO wurden daher in landeskirchliches Recht der einzelnen Kirchen übergeleitet. Gleichzeitig haben sich die Kirchen verpflichtet, auf eine Abstimmung ihrer Rechtsetzung zu achten u. die rechtlichen Regelungen für bestimmte Materien gleichlautend zu gestalten.

Der Vertrag über die K. sieht des Weiteren die Errichtung gemeinsamer Einrichtungen vor. Die K. unterhält versch. gemeinsame Einrichtungen, die nach dem neuen Vertrag fortgeführt worden sind: Die Ev. →Erwachsenenbildung NI ist eine unselbständige Einrichtung der K. Sie unterstützt als Bildungseinrichtung u. a. →Kirchengemeinden, →Kirchenkreise u. Propsteien in ganz NI m. Bildungs- u. Fortbildungsangeboten für Erwachsene. Der Kirchl. Dienst in Polizei u. Zoll führt im Bereich der K. berufsethischen Unterricht sowie Seminare u. Gottesdienste für Angehörige der Polizei u. des Zolldienstes durch u. begleitet Polizisten seelsorgerlich. Des Weiteren unterhalten die vier luth. Kirchen ein gemeinsames Theol. Prüfungsamt zur Durchführung der Ersten u. Zweiten theol. Prüfung. Die kirchl. Gerichtsbarkeit (→Gerichtsbarkeit, kirchliche bzw. religiöse) ist ebenfalls bei der K. angesiedelt. Der Rechtshof der K. ist als gemeinsames Verfassungs-,

Verwaltungs- u. Disziplinargericht des ersten Rechtszuges für die luth. Kirchen zuständig. Die Schiedsstelle der K. entscheidet mitarbeitervertretungsrechtliche Streitigkeiten für die luth. Kirchen sowie in gesonderten Kammern für die Diakonie in NI. Die Kirchen Bswg, Han u. Old setzen ihre Arbeitsrechtsregelungen gemeinsam in der Arbeits- u. Dienstrechtlichen Kommission.

Die K. ist Hauptgesellschafterin des Verbandes ev. Publizistik NI/Bremen GmbH (VEP) u. des Ev. Kirchenfunks NI/Bremen GmbH (ekn). Der VEP ist Hg. des epd NI/Bremen. Der ekn versorgt u. a. die landesweiten Privatradiosender m. Beitr.

Quellen

Vertrag über die Konföderation ev. Kirchen in Niedersachsen vom 28. März 2014: KABl. Hannover, 51.

Literatur

Frank, J., Konföderation ev. Kirchen in Niedersachsen: ZevKR (1971), 343-358; Weber, F. – Otte, H., Eigenständig u. kooperativ – Ev. in Niedersachsen, Hannover 2011.

Andrea Radtke

Kongregation

→Dikasterium, →Kongregationen, römische, →Ordensrecht, →Römische Kurie

Kongregation für das katholische Bildungswesen – Katholisch

1. Geschichte: P. Leo X. übertrug durch die Bulle Dum suavissimos (05.11.1513) einer Kardinalskommission, die aus dem Kardinaldekan, dem jeweiligen rangersten →Kardinalpriester sowie →Kardinaldiakon bestand, die Aufsicht über die 1303 in der Bulle In Supremae von P. Bonifaz VIII. errichtete röm. Universitäten. Dies kann im weiteren Sinn als Ursprung der heutigen K. gesehen werden.

Diese Kommission ging im Rahmen der Errichtung der →Römischen Kurie in ihrem heutigen modernen Sinn als zentrale Leitungsbehörde der Universalkirche, die von P. Sixtus V. durch die Bulle Immensa Dei (22.01.1588) erfolgte, in die Congr. pro Universitate Studii Romani über. Neben der umfassenden juridischen Kompetenz für die Universitäten des →Kirchenstaates sollte die Kongr. für das Studium auch in einer weltweiten Zuständigkeit die Studienangelegenheiten, insb. die Bedürfnisse der Universitäten, in Anlehnung an das ma. Protektorenamt, das der P. über herausragende Universitäten übernommen hat, dem P. zu Gehör bringen.

Die zentrale Rolle für die Organisation u. Aufsicht über die Studien im Kirchenstaat sollte die im 17. Jh. erloschene Kongr. im 19. Jh. wiedererlangen. In Analogie zu einem modernen staatl. Unterrichtsministerium hat P. Leo XII. m. der ApK Quod Divina Sapientia (28.08.1824) die Studienkongregation neu errichtet.

Nach Ende des Kirchenstaates 1870 sollte auch die Röm. Kurie eine Neuausrichtung erhalten. Die Kurienreform, die P. Pius X. m. der ApK Sapienti consilio (29.06.1908) in Kraft setzte, übertrug der Studienkongregation die Zuständigkeit für alle →Katholischen Universitäten. Zudem erhielt die Studienkongregation die juridische Kompetenz, theol., kan., phil. u. andere kirchl. Studien allein ordnen zu dürfen. Die →akademischen Grade verleiht die Kongr. in diesen Disziplinen im Namen des P.

P. Benedikt XV. übertrug zudem durch das MP Seminaria clericorum (04.11.1915) die Zuständigkeit der Seminare auf die Studienkongregation, die von nun an den Namen Sacra Congr. de Seminariis et Studiorum Universitatibus erhielt. Diese Vereinigung beider Kompetenzen wurde auch von der nach dem Vat II eingel. Kurienreform von P. Paul VI. durch die ApK REU (15.08.1967) u. von P. Johannes Paul II. durch die ApK PastBon (28.06.1988) fortgeschrieben, bis P. Benedikt XVI. m. dem MP Ministrorum institutio (16.01.2013) die Zuständigkeit für die Seminare wieder auf die

→Kongregation für den Klerus übertrug, wobei die Kompetenz für die akademische Ausbildung der Priester bei der K. verblieb (vgl. Art. 6 MP Ministrorum institutio).

2. Struktur u. Aufgaben: a) Schulabteilung: Aufgabe der K. ist es, das kirchl. →Lehramt über Erziehung u. Ausbildung, wie es insb. das Vat II in der Konst. GS sowie der Erkl. GE vorgelegt hat, bekannt zu machen (vgl. Art. 114 PastBon). Dies nimmt in erster Linie die Schulabteilung u. a. durch die Begleitung von intern. Vereinigungen, die Veranstaltung von Kongressen, die Publikation von Orientierungshilfen sowie die Herausgabe der Zs. educatio catholica wahr. Neben der Unterstützung für die →Bischöfe, hinsichtlich Errichtung, Leitung, →Religionsunterricht u. →Seelsorge in einer kath. →Schule, hat nach Art. 115 PastBon (m. Ausnahme der Kath. Ostkirchen [Art. 58 PastBon] sowie den Missionsgebieten [Art. 85, 86 u. 88 § 2 PastBon]), die K. die jurid. Kompetenz, kan. Normen zu erlassen, nach denen eine kath. Schule geleitet werden soll. Sie ist auch Rekursinstanz bei →Verwaltungsbeschwerden, wie z. B. der Auflösung von kath. Schulen, der Entlassung von Lehrkräften od. des Entzugs der →missio canonica von →Religionslehrern. Handelt es sich jedoch um einen Religionslehrer an einer nicht-kath. Schule kommt die Kompetenz dem Päpstlichen Rat für die Förderung der Neuevangelisierung zu.

b) Hochschulabteilung: Die Hochschulabteilung nimmt in erster Linie die Aufgaben wahr, die der K. entspr. der ApK EcE hinsichtlich der Kath. Universitäten, sowie nach der ApK VG im Hinblick auf die kirchl. Universitäten u. Fak. (→Theologische Fakultät, Hochschuleinrichtung) zustehen. Dabei nimmt sie entspr. der Rechtsordnung die Errichtung od. Anerkennung einer Kath. Universität bzw. einer kirchl. Universität od. Fak. vor, genehmigt od. versagt die →Approbation von →Statuten sowie kirchl. Studien- u. Prüfungsordnungen. Die K. verantwortet das interdikasterielle Verfahren bei Ernennungen bzw. Bestätigungen von →Rektoren, Präsides u. →Dekanen sowie das →Nihil-obstat bei der Berufung von Hochschuldozenten. Sie ist Rekursinstanz bei der →Amtsenthebung, →Suspendierung od. der Versagung od. der Rücknahme der missio canonica von Hochschuldozenten durch den Großkanzler (bei kirchl. Fak.) bzw. des Diözesanbischofs bei der Versagung od. der Rücknahme des bfl. Nihil-obstat gem. Konkordatsrecht (bei staatl. Universitäten). Die K. ist auch für die Hochschulpastoral zuständig.

c) Department für die intern. Organismen: Der Beitritt zum →Bologna-Prozess hatte zur Folge, dass innerhalb der Hochschulabteilung eine Unterabteilung errichtet wurde. In enger Abstimmung m. dem Staatssekretariat ist sie für folgende Aufgaben zuständig: Sie vertritt den Hl. Stuhl in bildungspolitischen Fragen auf intern. Ebene in den entspr. Gremien, wie z. B. der UNESCO od. dem Europarat. Ferner behandelt sie alle bildungspolitischen Fragen, die im Zusammenhang m. intern. Konventionen u. den einschlägigen Konk. des Hl. Stuhls stehen u. verantwortet die hochschulpolitische Öffentlichkeitsarbeit der K.

Quellen

Leo XII., ApK Quod Divina Sapientia vom 28. August 1824: Bullarium Romanum Continuatio VIII, Prati 1854, 95-117; Sixtus V., Bulle Immensa Dei vom 22. Januar 1588: Bullarum diplomatum et privilegiorum Sanctorum Romanorum Pontificum Taurinenses editio, Turin 1857-1872, Vol. VIII, 985-999; Pius X., ApK Sapienti consilio vom 29. Juni 1908: AAS 1 (1909), 7-19; Benedikt XV., MP Seminaria clericorum 04. November 1915: AAS 7 (1915), 493-495; Vat II, GS; Vat II, GE; Paul VI., ApK Regimini Ecclesiae Universae vom 15. August 1967: AAS 59 (1967), 885-928; Kongr. für das Kath. Bildungswesen, Die Kath. Schule, 19. März 1977: Kath. Schulen. Verlautbarungen der Kongr. für das Kath. Bildungswesen nach dem II. Vatikanischen Konzil, hg. v. Sekretariat der DBK, Bonn 2010 (VApSt 188), 5-49; ders., Der kath. Lehrer – Zeuge des Glaubens in der Schule, 15. Oktober 1982: Kath. Schulen. Verlautbarungen der Kongr. für das Kath. Bildungswesen nach dem II. Vatikanischen Konzil, hg. v. Sekretariat der DBK, Bonn 2010

(VApSt 188), 51-101; ders., Die religiöse Dimension der Erziehung in der Kath. Schule, 7. April 1988: Kath. Schulen. Verlautbarungen der Kongr. für das Kath. Bildungswesen nach dem II. Vatikanischen Konzil, hg. v. Sekretariat der DBK, Bonn 2010 (VApSt 188), 103-175; Johannes Paul II., ApK Pastor Bonus vom 28. Juni 1988: AAS 80 (1988), 841-930; ders., ApK Ex corde Ecclesiae vom 15. August 1990: AAS 82 (1990), 1475-1509; dt. Übers.: VApSt 99, 5-47; Kongr. für das Kath. Bildungswesen, Die kath. Schule an der Schwelle zum dritten Jahrtausend, 28. Dezember 1997: Kath. Schulen. Verlautbarungen der Kongr. für das Kath. Bildungswesen nach dem II. Vatikanischen Konzil, hg. v. Sekretariat der DBK, Bonn 2010 (VApSt 188), 177-199; ders., Personen des geweihten Lebens u. ihre Sendung in der Schule. Betrachtungen u. Orientierungen, 28. Oktober 2002: Kath. Schulen. Verlautbarungen der Kongr. für das Kath. Bildungswesen nach dem II. Vatikanischen Konzil, hg. v. Sekretariat der DBK, Bonn 2010 (VApSt 188), 201-267; ders., Gemeinsames Erziehen in der Kath. Schule. Gemeinsamer Auftrag für Priester, Ordensleute u. gläubige Laien, 8. September 2007: Kath. Schulen. Verlautbarungen der Kongr. für das Kath. Bildungswesen nach dem II. Vatikanischen Konzil, hg. v. Sekretariat der DBK, Bonn 2010 (VApSt 188), 269-304; ders., Rundschreiben zum Bolognaprozess: Hallermann, H., Kath. Theologie im Bologna-Prozess. Gesetze, Dokumente, Berichte, Paderborn 2011 (KStKR 13), 278-330; ders., Lettera circolare sull'insegnamento della religione nella scuola, 5. Mai 2009: http://www.vatican.va/roman_curia/congregations/ccatheduc/documents/rc_con_ccatheduc_doc_20090505_circ-insegn-relig_it.html [Zugriff: 15.05.2019]; Benedikt XVI., MP Ministrorum institutio vom 16. Januar 2013: AAS 105 (2013), 133-134; Kongr. für das Kath. Bildungswesen, Educare al dialogo interculturale nella Scuola Cattolica. Vivere insieme per una civiltà dell'amore, 28. Oktober 2013: http://www.vatican.va/roman_curia/congregations/ccatheduc/documents/rc_con_ccatheduc_doc_20131028_dialogo-interculturale_it.html [Zugriff: 15.05.2019]; ders., Erziehung zum solidarischen Humanismus. Für den Aufbau einer „Zivilisation der Liebe" 50 Jahre nach Populorum progressio. Orientierungshilfen, 16. April 2017: http://www.vatican.va/roman_curia/congregations/ccatheduc/documents/rc_con_ccatheduc_doc_20170416_educare-umanesimo-solidale_ge.html [Zugriff: 15.05.2019]; Franziskus, ApK Veritatis gaudium vom 8. Dezember 2017: https://w2.vatican.va/content/francesco/de/apost_constitutions/documents/papa-francesco_costituzione-ap_20171208_veritatis-gaudium.html [Zugriff: 15.05.2019]; Kongr. für das Kath. Bildungswesen, Verordnungen zur ordnungsgemäßen Durchführung der ApK Veritatis gaudium vom 27. Dezember 2017: https://w2.vatican.va/content/francesco/de/apost_constitutions/documents/papa-francesco_costituzione-ap_20171208_veritatis-gaudium.html [Zugriff: 15.05.2019].

Literatur

Grocholewski, Z., Congregazione dei Seminari e degli Istituti di Studi: Commento alla Pastor Bonus e alle norme sussidiarie della Curia Romana 3, hg. v. P. V. Pinto, Vatikanstadt 2003, 153-164; Unterburger, K., Vom Lehramt der Theologen zum Lehramt der Päpste? Pius XI., die Apost. Konstitution „Deus scientiarum Dominus" u. die Reform der Universitätstheologie, Freiburg 2010, 168-179; Hallermann, H., Kath. Theologie im Bologna-Prozess. Gesetze, Dokumente, Berichte, Paderborn 2011 (KStKR 13).

Matthias Ambros

© 2019, DOI: 10.30965/9783506786388_0758

Kongregation für den Gottesdienst und die Sakramentenordnung – Katholisch

Die Aufgaben der durch P. Pius X. neu geschaffenen Hl. Kongr. für die Sakramentenordnung waren bis zur Reform der →Römischen Kurie durch die ApK Sapienti consilio vom 29.06.1908 auf fünf andere →Dikasterien verteilt, darunter auf die von P. Sixtus V. 1588 gegr. Ritenkongregation (ApK Immensa Aeterni Dei), die für die Ordnung aller Riten u. Zeremonien sowohl der lat. als auch der orient. Kirchen sowie die Behandlung von →Heiligsprechungsverfahren zuständig war. P. Paul VI. teilte die Ritenkongregation m. der ApK Sacra Rituum Congr. vom 08.05.1969 in die Sacra Congr. pro Cultu Divino u. die Sacra Congr. pro Causis Sanctorum auf. Die Regelung der ApK Sapienti consilio wurde in can. 249 u. dann auch in der ApK REU vom 15.08.1967 übernommen. P. Paul VI. legte m. der ApK Constans Nobis studium vom 11.07.1975 die aus der ehem. Ritenkongregation herausgelöste Gottesdienstkongregation m. der 1908 errichteten Kongr. für die Sakramente zusammen. Die beiden bisherigen Dikasterien lebten in den zwei Abt. der neuen Kongr. fort bis P. Johannes Paul II. m. dem Chirograph Quoniam in celeri rerum cursu vom 05.04.1984 die Zusammenlegung erneut aufhob u. den beiden Abt. wieder ihre ursprüngliche Selbständigkeit u. ihre früheren Namen gab. M. der Kurienreform von 1988 vereinigte er die beiden Dikasterien wieder unter dem Namen K. (Congr. de Cultu Divino et Disciplina Sacramentorum), weil Liturgie u. →Sakramente eine einzige Wirklichkeit bilden.

Gemäß Art. 62 PastBon behandelt die K. das, was unbeschadet der Zuständigkeit der →Kongregation für die Glaubenslehre dem →Apostolischen Stuhl hinsichtlich der Förderung u. der rechtlichen Gestaltung der hl. Liturgie, insb. der Sakramente, zukommt. Der K. ist die Förderung liturgischer u. pastoraler Aktivitäten u. der Schutz der Sakramentenordnung aufgetragen (Art. 63 u. 64 §1 PastBon). Dementsprechend behandelt sie Fragen der gültigen bzw. erlaubten Feier der Sakramente u. gewährt →Dispensen u. Gnaden (Art. 63 PastBon); ihr obliegt, die Abfassung der liturgischen Texte (editiones typicae) zu besorgen u. deren landessprachliche →Übersetzungen durch die →Bischofskonferenzen zu überprüfen (Art. 64 §2 u. §3 PastBon). P. Franziskus novellierte m. dem MP Magnum Principium vom 03.09.2017 c. 838, sodass die von den BK besorgten Übersetzungen der liturgischen Texte einer „→confirmatio" (vgl. c. 838 §3 i. d. F. MP Magnum Principium), rituelle Anpassungen u. liturgisches Sondergut hingegen einer „→recognitio" (vgl. c. 838 §2 i. d. F. MP Magnum Principium) bedürfen. P. Franziskus legte zudem m. Schreiben vom 15.10.2017 an den Präfekten der K. eine Interpretationslinie des Erfordernisses einer getreuen Übers. nach der Instr. der K. →Liturgiam authenticam vom 28.03.2001 vor; demzufolge ist die Übers. zunächst am Originaltext, dann an der Eigenart der Sprache selbst sowie an der Verständlichkeit des Textes zu messen. Die K. rekognosziert die liturgischen Kalender, die Proprien der Messen u. die Eigenfeiern der Teilkirchen u. Ordensinstitute (Art. 64 §2 PastBon); sie ist für die →Reliquienverehrung, die Bestätigung von Patronen, die Krönung von Marienbildnissen sowie die Gewährung des Titels einer „Basilica minor" zuständig (Art. 69 PastBon; vgl. Normae circa Patronos constituendos et imagines B. M. Virginis coronandas u. Decr. de titulo Basilicae Minoris ‚Domus ecclesiae'). Die Förderung der Arbeit der liturgischen Institute u. Kommissionen sowie entspr. Institutionen zur →Kirchenmusik u. der religiösen Kunst ist der K. ebenso aufgetragen wie die Billigung der Statuten derartiger Einrichtungen auf intern. Ebene (Art. 65 PastBon).

M. dem MP Quaerit semper vom 30.08.2011 hat P. Benedikt XVI. die Art. 67 u. 68 PastBon aufgehoben u. die gem. Art. 67 PastBon vorgesehene Zuständigkeit der K. für die Dispensen bei nichtvollzogenen Ehen (matrimonium ratum et non consummatum) (→Nichtvollzugsverfahren) u. die gem. Art. 68 PastBon nach den Regulae Servandae ad nullitatem sacra Ordinationes declarandam abzuhandelnden Verfahren zur Feststellung der →Weihenichtigkeit (vgl. cc. 1708-1712) m. Wirkung vom 01.10.2011 an das Gericht der →Römischen Rota transferiert. Die Zuständigkeit für die Verfahren zur Gewährung der Dispens von den m. der →Priesterweihe verbundenen Verpflichtungen nach den Normae procedurales de dispensatione a sacerdoti caelibatu lag vom 01.03.1989 bis 31.07.2005 bei der K. (vorher bei der Kongr. für die Glaubenslehre, seit 01.08.2005 bei der →Kongregation für den Klerus).

Die 40 →Kardinäle u. →Bischöfe als Mitglieder umfassende K. wird von einem Kardinalpräfekten geleitet, dem ein Sekretär im Bischofsrang, ein Untersekretär u. ca. 18 weitere Mitarbeiter zur Seite stehen (Stand: 3/2018).

Die von der K. seit 1965 herausgegebene Zs. Notitiae informiert über Entscheidungen des Dikasteriums u. enthält liturgische Fachartikel.

Quellen

Sixtus V., ApK Immensa Aeterni Dei vom 22. Januar 1587: Bullarum diplomatum et privilegiorum Sanctorum Romanorum Pontificum Taurinenses editio, Turin 1857-1872, Vol. VIII, 985-999; Pius X., ApK Sapienti consilio vom 29. Juni 1908: AAS 1 (1909), 7-19; Paul VI., ApK Regimini Ecclesiae universae vom 15. August 1967: AAS 59 (1967), 885-928; ders., ApK Sacra Rituum Congregatio vom 08. Mai 1969: AAS 61 (1969), 297-305; Kongr. für den Gottesdienst u. die Sakramentenordnung, Normae circa Patronos constituendos et imagines B. M. Virginis coronandas vom 19. März 1973: AAS 65 (1973), 276-281; Paul VI., ApK Constans Nobis studium vom 11. Juli 1975: AAS 67 (1975), 417-420; Kongr. für die Glaubenslehre, Normae procedurales de dispensatione a sacerdotali caelibatu vom 14. Oktober 1980: AAS 72 (1980), 1136-1137; Johannes Paul II., Chirograph Quoniam in celeri rerum cursu vom 5. April 1984: AAS 76 (1984), 494-495; ders., ApK Pastor bonus vom 28. Juni 1988: AAS 80 (1988), 841-934; Kongr. für den Gottesdienst u. die Sakramentenordnung, Decretum de titulo Basilicae Minoris „Domus ecclesiae" vom 9. November 1989: AAS 82 (1990), 436-440; ders., Instr. Liturgiam authenticam vom 28. März 2001: AAS 93 (2001), 685-726; ders., Decretum quo Regulae Servandae ad nullitatem sacrae Ordinationis declarandam foras dantur vom 16. Oktober 2001: AAS 94 (2002), 292-300; Benedikt XVI., MP Quaerit semper vom 30. August 2011: AAS 103 (2011), 569-571; Franziskus, MP Magnum Principium vom 3. September 2017: Comm. 49 (2017), 255-261.

Literatur

Sheehy, R. F., The Sacred Congregation of the Sacraments. Its Competence in the Roman Curia, Washington 1954 (CLSt 333); McManus, F. R., The Congregation of Sacred Rites, Washington 1954 (CLSt 352); Khoraiche, A., La Sacrée Congrégation des Sacrements. Histoire et activité, Rom 1978; Melli, R., La Congregazione del Culto Divino e della Disciplina dei Sacramenti: La Curia Romana nella Cost. Ap. „Pastor Bonus", hg. v. P. A. Bonnet – C. Gullo, Vatikanstadt 1990, 269-280; Del Re, N., La Curia Romana. Lineamenti storici-giuridici, Vatikanstadt [4]1998, 118-126; ders., Vatikanlexikon, Augsburg 1998, 404-406; Agnelo, G. M. – Pepe, O., Congregazione per il Culto Divino e la Disciplina dei Sacramenti: Commento alla Pastor Bonus e alle norme sussidiarie della Curia Romana, hg. v. P. V. Pinto, Vatikanstadt 2003, 87-97; Amenta, P., Congregación para el Culto Divino y Disciplina de los Sacramentos: DGDC Vol. II, 535-537; L'Attività della Santa Sede nel 2015, Vatikanstadt 2016, 639-641; Congregazione per il Clero: Annuario Pontificio per l'anno 2017, Vatikanstadt 2017, 1162-1164 u. 1802-1803 (note storiche).

Gerald Gruber

© 2019, DOI: 10.30965/9783506786388_0759

Kongregation für den Klerus – Katholisch

M. dem MP Alias Nos nonnullas vom 02.08.1564 errichtete P. Pius IV. die Sacra Congr. Cardinalium super executione et observantia sacri Concilii Tridentini et aliarum reformationum u. übertrug ihr die Durchführung der Beschl. des Konzils von Trient. Die Päpste Pius IV., Pius V., Gregor XIII. u. Sixtus V. ermächtigten die gemeinhin als Konzilskongregation bez. Einrichtung, die Beschl. des Trid. authentisch zu interpretieren, u. erw. ihre Kompetenzen in erheblichem Ausmaß (vgl. Pius IV., Benedictus Deus vom 26.01.1564 u. Sixtus V., ApK Immensa aeterni Dei vom 22.01.1588). Die Zuständigkeit der Kongr. umfasste schließlich die →Vermögensverwaltung, die Erneuerung des Klerus u. des Volkes i. S. der Konzilsbeschlüsse u. die Aufsicht über die →Provinzialkonzilien u. über die →Diözesansynoden sowie die Prüfung der →Dekrete ders.; zudem hatte sie die Einhaltung der →Residenzpflicht der →Diözesanbischöfe sowie der Wahrnehmung der →Ad-

Limina-Besuche zu überwachen. Unter P. Gregor XIV. erfuhr die Kongr. erneut eine Erweiterung ihrer Kompetenzen, so dass sie nun auch über richterliche Vollmacht in Disziplinarangelegenheiten verfügte sowie Gnadenerweise, →Dispensen u. →Indulte im Namen des →Papstes erteilen konnte (Gregor XIV., Breve Ut securitati conoscientiae vom 22.02.1591).

P. Pius X. reformierte durch die ApK Sapienti consilio vom 29.06.1908 die Kurie umfassend: Die Congr. Concilii war nun für die disziplinären Angelegenheiten der →Weltkleriker u. des chr. Volkes zuständig. Ihre richterliche Gewalt hatte sie verloren, die Entscheidungsvollmacht beschränkte sich auf Verwaltungsentscheidungen im Rahmen der eigenen Kompetenzen (→Pfarrer, →Kanoniker, Vereinigungen, →Stiftungen, →Messstipendien, →Benefizien u. kirchliche →Ämter, Kirchengüter, Diözesansteuern, Provinzialkonzilien u. Diözesansynoden, →Kirchengebote). Die Kompetenzumschreibung in Kap. 7 Art. 4 ApK Sapienti consilio hat in can. 250 nahezu unverändert Eingang gefunden. P. Paul VI. ersetzte m. der Kurienreform von 1967 den hist. Namen durch die heutige Bez.; das Disziplinarrecht über das chr. Volk ging auf den neu eingerichteten Päpstlichen Rat für die Laien über (Paul VI., MP Catholicam Christi Ecclesiam vom 06.01.1967; seit 01.09.2016: Dikasterium für Laien, Familie u. Leben, vgl. Franziskus, MP Sedula Mater vom 17.08.2016). Die K. bestand nun aus Abt. für 1. den Klerus, 2. für die Verkündigung des Wort Gottes (→Katechese) sowie 3. für die kirchl. Vermögensverwaltung (Paul VI., ApK REU vom 15.08.1967, Art. 65-70).

Gegenwärtig sind die Kompetenzen der K. in den Art. 93-98 PastBon geregelt, wenngleich es mittlerweile zu erheblichen Änderungen gekommen ist. Die bei der K. eingerichtete Päpstliche Kommission für die Bewahrung des künstlerischen u. hist. Erbes der Kirche (Art. 99-104 PastBon) ist im Päpstlichen Rat für die Kultur aufgegangen (P. Johannes Paul II., MP Inde a pontificatus vom 25.03.1993). 2013 hat P. Benedikt XVI. m. dem MP Ministrorum institutio vom 16.01.2013 die bislang bei der →Kongregation für das katholische Bildungswesen angesiedelte Zuständigkeit für die →Priesterseminare (ausgenommen jener, die in der Zuständigkeit der →Kongregation für die Orientalischen Kirchen bzw. in der →Kongregation für die Evangelisierung der Völker fallen) sowie das 1941 durch P. Pius XII. errichtete Päpstliche Werk für die Priesterberufungen in die K. verlagert, während die in Art. 94 PastBon genannte Zuständigkeit für die Katechese an den Rat für die Neuevangelisierung übergegangen ist (Benedikt XVI., MP Fides per doctrinam vom 16.01.2013). Am 01.04.2017 wurde durch das m. 11.02.2017 datierte MP Sanctuarium in Ecclesia die Verschiebung der Zuständigkeit für die Heiligtümer von der K. an den Päpstlichen Rat für die Neuevangelisierung bekannt gegeben.

Die K. behandelt somit alles, was Dienst u. Leben der →Priester u. →Diakone des Weltklerus betrifft (vgl. Art. 93 PastBon). Damit ist nicht lediglich der genannte Personenkreis sondern auch sein pastorales Handeln angesprochen, so dass neben den Pfr., den →Pfarrvikaren u. den übrigen Priestern im pastoralen Dienst (unter diesem Gesichtspunkt auch der Ordensklerus), die Pfarren, die Kathedral- u. →Kollegiatskapitel, die Pastoral- u. →Priesterräte sowie Fragen der Messstipendien, der frommen Stiftungen, der Ämterverleihung, der Verpflichtung zum Stundengebet (→Brevier) od. anderer disziplinärer Angelegenheiten zu den Kernkompetenzen des Dikasteriums zählen. Zudem ist die Zuständigkeit für die Priesterfortbildung, die Förderung des geistl. Lebens u. der theol. Bildung sowie die für kirchl. →Archive u. Bibliotheken zu nennen (vgl. Art. 95 u. 97 PastBon). Im Rahmen der genannten Kompetenzen ist die K. Adressatin von hierarchischen →Rekursen gem. der cc. 1732-1739 bzw. der cc. 1740-1752 bei der →Amtsenthebung od. →Versetzung von Pfr.

Die Zuständigkeit für die →Priesterausbildung umfasst die Unterstützung der Bf. in der Sorge um die Berufungen zu den geistl. Diensten, wobei die K. auf die Einhaltung der entspr. Ausbildungserfordernisse zu wachen hat. Der K. steht es zu, interdiözesane Seminare zu errichten u. deren Statuten zu genehmigen.

Die K. ist zuständig für die in Art. 98 PastBon genannten Vermögensverwaltung öff. jur. Personen. Neben Fragen der angemessenen Entlohnung, der Kranken- u. Altersversorgung des Klerus obliegt dem Dikasterium die Genehmigung von Steuern u. Gebühren sowie die Erteilung von Genehmigungen von Rechtsgeschäften gem. c. 1292 u. c. 1295 (sog. Romgrenze).

Seit 28.12.2007 ist die K. für die Erteilung der Dispensen von den m. der hl. Weihe verbundenen Pflichten (sog. → Laisierung) zugunsten des Welt- u. Ordensklerus der lat. u. der orient. Kirchen zuständig.

Am 30.01.2009 hat P. Benedikt XVI. der K. drei Spezialfakultäten gewährt, die unter Außerachtlassung bestimmter Vorschriften des kirchl. → Strafrechts die Entlassung aus dem → Klerikerstand (1. u. 2. Spezialfakultät) bzw. den Verlust des klerikalen Standes (3. Spezialfakultät) verfügen kann (K., Zirkularschreiben Prot. N. 20090556 vom 18.04.2009 u. Prot. N. 20100823 vom 17.03.2010).

Die 26 Kard. u. Bf. als Mitglieder umfassende K. wird von einem Kardinalspräfekten geleitet, dem zwei Sekretäre im Bischofsrang, ein Untersekretär u. 24 weitere Mitarbeiter zur Seite stehen (Stand: 3/2018).

An der K. wird zudem ein Lehrgang zur Verwaltungspraxis (wiedererrichtet 1919) sowie seit 2014 ein Kurs zur Priesterausbildung angeboten.

Hist. Entscheidungen der K. für den Klerus finden sich neben der Quellensammlung zum CIC/1917 u. diversen privaten Slg. in der Reihe Thesaurus resolutionum Sacrae Congregationis Concilii; aktuelle Entscheidungen werden auch in einschlägigen Fachzeitschriften publiziert. Die von der K. herausgegebene Zs. Sacrum Ministerium (seit 1995) hat m. 2009 ihr Erscheinen (vorläufig) eingestellt.

Quellen

Pius IV., Benedictus Deus vom 26. Januar 1564: Bullarum diplomatum et privilegiorum Sanctorum Romanorum Pontificum Taurinenses editio, Turin 1857-1872, Bd. VII, 244-246; ders., MP Alias Nos nonnullas vom 2. August 1564: Bullarum diplomatum et privilegiorum Sanctorum Romanorum Pontificum Taurinenses editio, Turin 1857-1872, Bd. VII, 300-301; Sixtus V., ApK Immensa aeterni Dei vom 22. Januar 1588: Bullarum diplomatum et privilegiorum Sanctorum Romanorum Pontificum Taurinenses editio, Turin 1857-1872, Bd. VIII, 985-999; Gregor XIV., Breve Ut securitati conoscientiae vom 22. Februar 1591: Bullarum diplomatum et privilegiorum Sanctorum Romanorum Pontificum Taurinenses editio, Turin 1857-1872, Bd. IX, 391-392; Pius X., ApK Sapienti consilio vom 29. Juni 1908: AAS 1 (1909), 7-19; Sacra Congregatio Concilii, Ripristinamento dello Studio vom 11. November 1919: AAS 11 (1919), 463; Paul VI., MP Catholicam Christi Ecclesiam vom 6. Januar 1967: AAS 59 (1967), 25-28; ders., ApK Regimini Ecclesiae universae vom 15. August 1967: AAS 59 (1967), 885-928; Johannes Paul II., ApK Pastor bonus vom 28. Juni 1988: AAS 80 (1988), 841-934; ders., MP Inde a pontificatus vom 25. März 1993: AAS 85 (1993), 549-552; Kongr. für den Klerus, Zirkularschreiben Prot. N. 20090556 vom 18. April 2009: AfkKR 178 (2009), 181-190; ders., Zirkularschreiben Prot. N. 20100823 vom 17. März 2010: IusEccl 23 (2011), 229-235; Benedikt XVI., MP Ministrorum institutio vom 16. Januar 2013: AAS 105 (2013), 130-135; ders., MP Fides per doctrinam vom 16. Januar 2013: AAS 105 (2013), 136-139; Franziskus, MP Sedula Mater vom 17. August 2016: AAS 108 (2016), 963; ders., MP Sanctuarium in Ecclesia vom 11. Februar 2017: https://w2.vatican.va/content/francesco/de/motu_proprio/documents/papa-francesco-motu-proprio_20170211_sanctuarium-in-ecclesia.html [Zugriff: 15.05.2019].

Literatur

La Sacra Congregazione del Concilio. Quarto Centenario dalla Fondazione (1564-1964). Studi e ricerche, hg. v. P. Palazzini u. a., Vatikanstadt 1964; Lauro, A., La Congregazione per il Clero: La Curia Romana nella Cost. Ap. „Pastor Bonus", hg. v. P. A. Bonnet – C. Gullo, Vatikanstadt 1990, 331-342; Del Re, N., La Curia Romana. Lineamenti storici-giuridici, Vatikanstadt [4]1998, 161-173; ders., Vatikanlexikon, Augsburg 1998, 407-409; Bosch Carrera, J., La Sagrada Congregación del Concilio y el „Thesaurus Resolutionum Sacrae Congregationis Concilii": Cuadernos Doctorales 19 (2002), 15-79; Pinto, P. V., Congregazione per il Clero: Commento alla Pastor Bonus e alle norme sussidiarie della Curia Romana, hg. v. P. V. Pinto, Vatikanstadt 2003, 133-140; Kongr. für den Klerus, Sacerdoti per il terzo millennio. Documenti della Congregazione per il Clero (1994-2003), hg. v. M. Piacenza, Genf – Mailand 2003; Piacenza, M., La Congregazione per il Clero: EIC 50 (2010), 79-120; Okwuru, C. O., The Responsibilities ans Significance of the Congregatio Pro Clericis in the Life and Ministry of the Diocesan Clergy, o. O. 2012; Salvatori, D., Art. Congregación para el Clero: DGDC Vol. II, 532-535; L'Attività della Santa Sede nel 2015, Vatikanstadt 2016, 720-729; Congregazione per il Clero: Annuario Pontificio per l'anno 2017, Vatikanstadt 2017, 1183-1186 u. 1807-1808 (note storiche).

Gerald Gruber

© 2019, DOI: 10.30965/9783506786388_0760

Kongregation für die Bischöfe – Katholisch

Im J. 1588 wurde das →Dikasterium unter dem Namen Congr. pro Erectione Ecclesiarum et Provisionibus Consistorialibus von P. Sixtus V. durch die ApK Immensa Aeterni Dei errichtet. Im Lauf der Jhh. wechselten m. den Namen (u. a. Sacra Congr. Consistorialis) auch immer wieder die Aufgabenstellungen. Bis zur Kurienreform 1967 war der P. selbst Leiter der K., während ein Sekretär im Kardinalsrang die Amtsgeschäfte führte.

Die K. ist ein kollegial verfasstes Organ, dem ein Präfekt im Kardinalsrang als primus inter pares vorsteht, u. das aus einem Kreis von ca. 25-30 →Kardinälen u. →Bischöfen besteht, die vom P. auf 5 J. ernannt werden (bei möglicher Verlängerung). Ihnen zur Seite steht, zur Erledigung der laufenden Geschäfte, eine aus hauptamtlichen Mitarbeitern bestehende Behörde, an deren Spitze der erwähnte Präfekt steht, der, wie die Mitglieder, vom P. auf 5 J. ernannt wird (bei möglicher Verlängerung) u. der in seiner Leitungsfunktion von dem im Rang eines Erzbischofs stehenden Sekretär u. dem Untersekretär unterstützt wird (vgl. ApK PastBon vom 28.06.1988 Art. 3-10; RGCR vom 01.07.1999, Art. 2-44; MP Imparare a congedarsi vom 15.02.2018, Art. 2; 5). Die Mitarbeiter der Kongr. treffen sich in regelmäßigen Abständen zum sog. Kongress (RGCR Art. 118-120). Alle zwei Wochen findet eine ordentliche Versammlung (sessio ordinaria) der Mitglieder der Kongr. statt, während die Vollversammlungen (sessiones plenariae) in größeren Zeitabständen aus gegebenem Anlass stattfinden. Die Einladung zur sessio ordinaria ergeht an alle Mitglieder der K. u. allen werden Tagesordnung u. Materialien zugestellt. Während die Anwesenheit der in Rom wohnenden Mitglieder erwartet wird, nehmen die anderen Mitglieder je nach Möglichkeit teil od. äußern sich in einem schriftlichen Votum. Bei den Vollversammlungen (sessiones plenariae) hingegen wird die Teilnahme aller Mitglieder erwartet. Alle Fragen von größerer Bedeutung sind der Versammlung der Mitglieder als höchstem Entscheidungsgremium zur Beratung vorzulegen (vgl. PastBon Art. 11; RGCR Art. 112-117). Durch die Zugehörigkeit nicht weniger →Diözesanbischöfe zu diesem Gremium wird eine Mitwirkung der →Teilkirchen an den wichtigen Entscheidungen des Dikasteriums gewährleistet. Die B. verfügt über einen Beraterstab, die sog. Konsultoren (PastBon Art. 8, 12; RGCR Art. 118-122). In einer wöchentlichen Arbeitsbesprechung, der Audienz, legt der Präfekt dem P. bestimmte Angelegenheiten zur Entscheidung od. von der K. getroffene Entscheidungen von größerer Bedeutung zur Genehmigung vor, m. Ausnahme derer, für die dem Präfekten bes. Befugnisse erteilt worden sind, u. informiert ihn über wichtige dem Dikasterium vorliegende Fragen (PastBon Art. 18).

PastBon Art. 75-82 steckt den Kompetenzbereich der K. ab. Vorbehaltlich der Zuständigkeit der →Kongregation für die Glaubenslehre (ApK Anglicanorum Coetibus vom 04.11.2009), →der Kongregation für die Evangelisierung der Völker u., in bestimmten Fällen, der Kongr. für die Ostkirchen (→Kongregation für die orientalischen Kirchen) u. der II. Sekt. des →Staatssekretariates (PastBon Art. 47 §1), unterstützt die K. im Bereich der lat. Kirche den P. in seiner Eigenschaft als oberster Hirte der →Gesamtkirche in den folgenden Bereichen: Errichtung, Teilung, Vereinigung, Aufhebung u. andere Veränderungen der Teilkirchen u. ihrer Zusammenschlüsse; Errichtung der →Militärordinariate; Ernennung der Bf. u. der ihnen im Recht Gleichgestellten (Konsultation der II. Sekt. des Staatssekretariates im Falle von diesbezüglichen Verh. m. den Staatsregierungen: PastBon Art. 78 m. Art. 47 §2). Weiterhin ist sie, stets unbeschadet der Kompetenz der oben genannten Dikasterien, zuständig für die →Personalprälaturen; für die Begleitung des pastoralen Dienstes der Bf.; für die Einberufung allg. Apost. Visitationen; für die Vorbereitung u. Durchführung der →Ad-limina-Besuche u. die Auswertung der →Quinquennalberichte; für die →Partikularkonzilien, für die →Bischofskonferenzen u. die Überprüfung (→recognitio) ihrer Statuten u. Dekrete. Falls sachlich zuständig, hat die K. hierarchische Beschwerden zu behandeln (PastBon Art. 19 §1; RGCR Art. 134-138). Im Schoß der K. befindet sich seit 1985 das Zentralbüro für die Koordinierung der Pastoral der Militärordinariate u. seit 1988 das Büro für die Koordinierung der Ad-limina-Besuche. Seit 2001 veranstaltet die K. alljährlich eine Tagung für die im Verlauf des vergangenen J. ersternannten Bf. Seit 2015 bietet das Dikasterium, ebenfalls alljährlich, ein Treffen für die Bf. an, die seit fünf J. ihr Amt ausüben, u. an das sich →Exerzitien anschließen. Innerhalb ihres Zuständigkeitsbereiches hat die B. die vom MP Come una Madre amorevole vom 04.06.2016, Art. 2-5 geforderten Untersuchungen durchzuführen u. die von der sessio ordinaria getroffenen Entscheidungen dem P. vorzulegen.

Quellen

Sixtus V., ApK Immensa aeterni Dei vom 22. Januar 1588: Bullarium Romanum Augustae Taurinorum VIII (1863), 985-999; Kongr. für die Bischöfe, Dir. für den „Ad Limina Besuch“, Vatikanstadt 1988; Johannes Paul II., ApK Pastor Bonus vom 28. Juni 1988: AAS 80 (1988), 841-930; Kongr. für die Bischöfe – Kongr. für die Evangelisierung der Völker, Istruzione sui Sinodi diocesani, Mailand 1998; SecrStat, Regolamento Generale della Curia Romana: AAS 91 (1999), 629-699; Kongr. für die Bischöfe, Direktorium für den Hirtendienst der Bischöfe vom 22. Februar 2004: VApSt 173; ders., Il Vescovo emerito, Vatikanstadt 2008; Benedikt XVI., ApK Anglicanorum coetibus vom 4. November 2009: AAS 91 (2009), 985-990; Franziskus, MP Come una madre amorevole vom 4. Juni 2016: AAS (2016), 715-717; Annuario Pontificio, Vatikanstadt 2017, 1168-1169; 1804-1805; Franziskus, MP Imparare a congedarsi vom 15. Februar 2018: https://w2.vatican.va/content/francesco/it/motu_proprio/documents/papa-francesco-motu-proprio-20180212_imparare-a-congedarsi.html [Zugriff: 15.05.2019].

Literatur

Costalunga, M., La Congregazione per i Vescovi: La Curia Romana nella Cost. Ap. „Pastor Bonus“, hg. v. O. A. Bonnet – C. Gullo, Vatikanstadt 1990, 281-307; Del Re, N., Congregazione per i Vescovi: Mondo Vaticano, Vatikanstadt 1995, 346-349; ders., Kongr. für die Bischöfe: Vatikanlexikon, Augsburg 1998, 409-410; Pinto, P. V. – Rossi, G., Congregazione per i Vescovi: Commento alla „Pastor Bonus“ e alle norme sussidiarie della Curia Romana, hg. v. P. V. Pinto, Vatikanstadt 2003, 106-116; Hallermann, H., Direktorium für den Hirtendienst der Bischöfe – Übersetzung u. Kommentar, Paderborn – München – Wien – Zürich 2006; Baker, A. R., Congregación para los Obispos: DGDC Vol. II, 554-556.

Udo Breitbach

© 2019, DOI: 10.30965/9783506786388_0761

Kongregation für die Evangelisierung der Völker – Katholisch

Der Ursprung der K. geht auf eine Initiative P. Gregor XV. vom 06.01.1622 zurück, auch wenn die Konst. Inscrutabili Divinae providentiae, m. der sie formell errichtet wird, das Datum des 22.06.1622 trägt. Die Konst. Sapienti Consilio P. Pius X. vom 29.06.1908 gibt der damaligen Congr. de Propaganda Fide eine neue Gestalt, während der CIC/1917 einige neue Elemente aufnimmt (vgl. can. 252), welche o. grundlegende Änderungen in die Konst. Paul VI. Regimini Ecclesiae universae (REU), die am 15.08.1967 promulgiert wird, aufgenommen werden. Die dz. für das inzwischen als K. bez. →Dikasterium geltenden Normen finden sich in den Art. 85-92 der Konst. →Pastor Bonus (PastBon) Johannes Paul II. vom 28.06.1988.

Ziel u. Aufgabe der K. ist es, auf der ganzen Welt „das Werk der →Evangelisierung der Völker und der missionarischen Zusammenarbeit zu leiten und zu koordinieren, unbeschadet der Zuständigkeit der →Kongregation für die Orientalischen Kirchen" (PastBon Art. 85). Innerhalb des weiten Bereiches, in dem die K. ihre Jurisdiktion ausübt, legt PastBon die Zuständigkeiten ratione materiae u. ratione personarum fest u. greift dabei auf die vorausgehenden Dokumente zurück (vgl. can. 252, AG 29 u. REU 82). So erwähnt Art. 88 PastBon die versch. Kategorien von Personen, welche in den Missionsgebieten leben u. arbeiten u. der K. unterstehen: die Missionare, die →Katecheten u. der Weltklerus, „unbeschadet der Zuständigkeit der →Kongregation für das Katholische Bildungswesen hinsichtlich der allgemeinen Studienordnung sowie der Universitäten und der übrigen Einrichtungen für höhere Studien."

In Art. 90 PastBon geht es hingegen um die Beschreibung der Handlungsmöglichkeiten der K. im Hinblick auf die Inst. des Geweihten Lebens u. die →Gesellschaften des Apostolischen Lebens, deren Tätigkeit in vielen Fällen sehr eng m. der missio ad gentes verbunden ist. Die Mitglieder der Inst. des Geweihten Lebens u. der Gesellschaften des Apost. Lebens, die in den Missionsgebieten errichtet wurden od. dort als Missionare tätig sind, sind Subjekte der K. in allem, was sich auf ihre Missionstätigkeit (sei es als Einzelne od. als Gemeinschaft) bezieht. Die Gemeinschaften des Apost. Lebens, die für die →Mission errichtet wurden (pro missionibus erectae, dz. 18 Inst.) unterstehen der K. ganz. I. S. des Art. 21 §1 PastBon ist m. der Kongr. für das Geweihte Leben (→Kongregation für die Institute des geweihten Lebens und für die Gesellschaften des Apostolischen Lebens) abgesprochen, dass die ad validitatem vorgeschriebene Konsultation im Hinblick auf die Errichtung neuer Inst. in den Missionsgebieten (vgl. c. 579) sowie die Behandlung all dessen, was sich auf die Institute diözesanen Rechts, die in den Missionsgebieten gegr. wurden u. arbeiten sowie ihre Mitglieder bezieht, zur Kompetenz der K. gehört.

Während sich die Art. 88 u. 90 PastBon auf die Kompetenzen beziehen, welche der K. ratione personarum zukommen, geht es im Art. 89 PastBon um die Festlegung der Zuständigkeiten ratione materiae. Zunächst wird daran erinnert, dass nur die eigentlichen Missionsgebiete der K. unterstehen, d. h. die Gebiete, die strukturell im Hinblick auf das Personal u. auf die Finanzen noch auf auswärtige Hilfe angewiesen sind. Um diese Hilfe zu gewährleisten, gibt es die Päpstlichen Missionswerke, die Teil der Struktur der K. sind.

Zu den Aufgaben, welche der K. in der von ihr abhängigen Territorien zukommen, erwähnt Art. 89 PastBon: 1. Die Anvertrauung der Evangelisierung an entspr. Religioseninstitute od. andere →Teilkirchen außerhalb der Missionsgebiete (die sog. commissio, die in AG 32 erwähnt wird u. die bestimmte Rechte u. Pflichten im Hinblick auf die Missionsgebiete umfasst). 2. Die Errichtung neuer kirchl. Verwaltungsbezirke u. die Veränderung ihrer Grenzen. 3. Die Besetzung der Ämter in den Teilkirchen (Ernennung der Ortsordinarien, Bf., Apost. Vikare u. Präfekten, usw.). 4. Die Erledigung all der Aufgaben, welche die →Kongregation für die Bischöfe im Bereich ihrer Zuständigkeit wahrnimmt (vgl. PastBon Art. 75-82).

Die specialia rerum et personarum adiuncta, welche die Missionsgebiete kennzeichnen, haben nicht nur die Festlegung u. Entwicklung eines Eigenrechtes gefördert, dessen bes. Normen das allg. Recht derogieren od. ergänzen, sondern auch dazu geführt, dass der K. von Beginn ihrer Geschichte an bes. Vollmachten übertragen wurden u. werden. Hinzu kommen jene Vollmachten, welche den Vertretern des →Papstes in den Missionsgebieten gegeben wurden. Die dz. gültigen u. von P. Franziskus am 04.04.2013 bestätigten Vollmachten beziehen sich auf versch. Bereiche des Lebens der Teilkirchen in den Missionsgebieten (z. B. die Änderung der Grenzen, die Ernennung der Ordinarien, die recognitio der Statuten der BK) u. auf die Personen, die in ihnen arbeiten (Ausnahmen von c. 905 § 2; Dispens des kan. Alters [c. 1031 §§ 1-2]; Delegation des Bf. i. S. des c. 1112 § 1; Ausnahmen zu den cc. 388 u. 534; Behandlung der Fälle einer strafweisen Entlassung aus dem Klerikerstand u. deren Vorlage an den Hl. Vater [außer in den Fällen der →delicta graviora, die ausschließlich von der Glaubenskongregation [→Kongregation für die Glaubenslehre] behandelt werden] sowie die Behandlung der Dispensanträge von den klerikalen Pflichten; Verhängung von Strafen auf Dauer, auch in Abänderung der Vorschriften der cc. 1317, 1342 § 2, u. 1349, für Diakone in schweren, für Priester in sehr schweren Fällen, wobei diese Fälle immer dem Hl. Vater zur Entscheidung u. Approbation in forma specifica vorgelegt werden; Maßnahmen i. S. des c. 1399 bei schweren disziplinarischen Vergehen von Seiten des Klerus).

Zu diesen Spezialvollmachten kommen jene hinzu, die im Hinblick auf China gewährt wurden: 1. die Behandlung aller Fragen, welche die Disziplin des Klerus u. der Ordensleute in China betreffen, m. Ausnahme der delicta graviora; 2. die Behandlung der Fälle von →Eheauflösung bei Nichtvollzug u. in favorem fidei; 3. die Prüfung von Ehefällen auf dem Verwaltungsweg u. die Ausfertigung entspr. Dekr.

Aus diesem Überblick wird ersichtlich, dass die K. in den Gebieten, die ihr unterstellt sind, all die Kompetenzen u. Zuständigkeiten hat, welche normaler Weise anderen Dikasterien zukommen würden. Daher stellt sie eine Art verkleinerter →römischer Kurie od. eine Kurie in der Kurie dar. Nicht zufällig handelt es sich um das Dikasterium, das nach dem →Staatssekretariat das meiste Personal hat.

Quellen

Gregor XV., ApK Inscrutabili divinae providentiae vom 22. Juni 1622: Bullarium Romanum, XII, Augustae Taurinorum 1867, 690-693 (auch in Collectanea Sacrae Congregationis de Propaganda Fide seu decreta instructiones rescripta pro apostolicis missionibus, Vol. I, n. 3, Rom 1907, 2-4); Rundbrief S. Congregazione an die Apost. Nuntien vom 15. Januar 1622: Collectanea Sacrae Congregationis de Propaganda Fide seu decreta instructiones rescripta pro apostolicis missionibus, Vol. I, n. 2, Rom 1907, 1-2; Pius X., ApK Sapienti consilio vom 29. Juni 1908: AAS 1 (1909), 7-19; Vat II, AG; Paul VI., ApK Regimini Ecclesiae Universae vom 15. August 1967: AAS 59 (1967), 885-928; Johannes Paul II., ApK Pastor Bonus vom 28. Juni 1988: AAS 80 (1988), 841-934; Index Facultatum Legatis Pontificiis in territoriis missionum tributarum, Vatikanstadt 2013; Facoltà Speciali concesse dai Sommi Pontefici alla Congregazione per l'Evangelizzazione dei Popoli, confermate da Papa Benedetto XVI il 30 aprile 2005: A. D'Auria, Le Facoltà speciali della Congregazione per l'Evangelizzazione dei Popoli: Ius Missionale I (2007), 257-261.

Literatur

AA.VV., Sacrae Congregationis de Propaganda Fide memoria rerum, 5 Bde., Rom – Freiburg – Wien, 1971-1976; AA. VV., Compendio di storia della Sacra Congregazione per l'Evangelizzazione dei Popoli o „De Propaganda Fide" 1622-1972, Rom 1974; De Paolis, V., La Congregazione per l'Evangelizzazione dei Popoli: La Curia Romana nella Cost. Ap. „Pastor Bonus", hg. v. P. A. Bonnet – C. Gullo, Vatikanstadt 1990, 359-370; Del Re, N., La Curia Romana. Lineamenti storico-giuridici, Vatikanstadt 1998, 146-160; Garcia Martin, J., L'azione missionaria nel Codex Iuris Canonici, Rom 2005, 213-251; Dias, I., La Congregazione per l'Evangelizzazione dei Popoli. Origini, competenze, prospettive: EIC 50 (2010) 1, 49-77; Filoni, F., La recepción del Código en los territorios de misión y las Facultates Especiales concedidas a la Congregación para la Evangelización de los Pueblos: Subsidia Canonica (18), Madrid 2015.

Carlo Fabris

© 2019, DOI: 10.30965/9783506786388_0762

Kongregation für die Glaubenslehre – Katholisch

Die K. (Glaubenskongregation, Congr. pro Doctrina Fidei) ist jenes →Dikasterium der →römischen Kurie, dem es zukommt, „die Lehre über Glaube und Sitten auf dem ganzen katholischen Erdkreis zu fördern und zu schützen" (Art. 48 PastBon).

In ihren hist. Wurzeln geht die K. auf die Congr. Romanae et universalis Inquisitionis bzw. auf jene Kardinalskommission zurück, die P. Paul III. 1542 einrichtete (vgl. ApK Licet ab initio), um die Verbreitung insb. der prot. Lehren in Italien zu unterbinden; von P. Pius V. wurde ihr der Palazzo del Sant'Uffizio zugewiesen, der noch heute Sitz der K. ist.

Nach mehreren Reformen ihrer Zuständigkeit, Struktur u. Benennung ist die K. zur Erfüllung ihrer Aufgaben gem. Art. 48-55 PastBon aktuell in drei Abt. gegliedert.

1. Die Lehrabteilung betreut Maßnahmen zur Förderung u. zum Schutz der kirchl. Lehre in Glaubens- u. Sittenfragen, in rechtlicher Hinsicht v. a. durch die Vorbereitung eigener Texte der K. u. die vorgängige Beurteilung von Dokumenten anderer Dikasterien der röm. Kurie, soweit diese die kirchl. Lehre berühren, sowie durch Eingreifen im Fall abw. Werke u. Auffassungen (Lehrüberprüfung). In diesen Aufgaben wird die K. von Konsultoren – theol. Experten aus der ganzen Welt (vgl. Art. 8 PastBon) – unterstützt, die in gemeinsamer Sitzung (vgl. Art. 121 RGCR; i. d. R. montags) od. auch in Einzelvoten beratend tätig werden (vgl. Art. 12 PastBon). Darüber hinaus begleitet die Lehrabteilung die Arbeit der Päpstlichen Bibelkommission sowie der Intern. Theologenkommission, die der K. zugeordnet sind, arbeitet auf Kontinentalebene m. den Lehr- bzw. Glaubenskommissionen der →Bischofskonferenzen zur Stützung der lehrmäßigen Verantwortung der →Ortskirchen zusammen u. behandelt die Ansuchen um Zulassung zum priesterlichen Dienst von verheirateten ehemals nichtkatholischen →Seelsorgern nach deren →Konversion.

2. Die Disziplinarabteilung betreut die der K. reservierten Verfahren im Fall von →Straftaten gegen den Glauben u. die Moral sowie bei der Feier der →Sakramente. Darüber hinaus untersucht sie Fälle von Pseudo-Mystizismus, von mutmaßlichen übernatürlichen Erscheinungen, Visionen u. Botschaften sowie von Spiritismus, Magie u. →Simonie.

Beide Abt. befassen sich innerhalb ihres jeweiligen Aufgabenbereiches auch mit Nihil-obstat-Anfragen (→Nihil obstat), die von diversen Dikasterien u. Institutionen im Rahmen ihrer Tätigkeiten an die K. gerichtet werden.

Eine Zuständigkeit der K. für Neueinreichungen von Anträgen auf →Dispens vom priesterlichen →Zölibat ist nicht mehr gegeben; sie liegt bei der →Kongregation für den Klerus. Bis 1989 eingereichte u. noch anhängige Anträge bzw. wieder aufgegriffene Fälle werden jedoch weiter behandelt.

3. Der Eheabteilung kommt alles zu, was rechtlich od. tatsächlich die Auflösung nichtsakramentaler Ehen zugunsten des Glaubens (Glaubensprivileg, Privilegium fidei, →Privilegium Petrinum) betrifft. In der Erstellung des Votums zu den eingereichten Ehesachen wird die K. durch die Mitglieder der Spezialkommission für die Behandlung der Fälle von →Eheauflösung „in favorem fidei" unterstützt, die als →Ehebandverteidiger u. votierende Kommissare fungieren.

Am Sitz der K. sind auch die Päpstliche Kommission Ecclesia Dei, der als Präsident der Präfekt der K. m. Unterstützung eines eigenen

Sekretärs vorsteht, u. das Kollegium zur Prüfung der →Rekurse gegen →Verwaltungsakte der K. für Einzelfälle in reservierten Strafsachen (Speciale Collegio Giudicante) angesiedelt.

Die allg. internen Strukturen u. Abläufe der K. sind im Regolamento proprio festgehalten; die Verfahren zur Lehrüberprüfung (→Lehrbeanstandungsverfahren), die strafrechtliche Behandlung der reservierten Delikte sowie →Verwaltungsbeschwerden gegen Entscheidungen der K. in derartigen Strafsachen u. auch die Auflösung des →Ehebandes in favorem fidei unterliegen jeweils eigenen Verfahrensordnungen. Ebenfalls einer eigenen Ordnung folgt das Hist. Archiv der K., das auch qualifizierten Forschern zur Verfügung steht.

Gem. dem üblichen Aufbau der röm. Dikasterien (vgl. Art. 3 § 1 PastBon) ist die K. ein Kollegialorgan, dessen Mitglieder – →Kardinäle u. →Bischöfe – etwa monatlich zur Ordentlichen Sitzung (Sess. Ordinaria: vgl. Art. 112 § 2 u. Art. 113 § 2 RGCR; i. d. R. mittwochs, daher auch „Feria IV“) sowie im Zweijahresrhythmus zur Vollversammlung (Sess. Plenaria: vgl. Art. 112 § 1 u. Art. 113 § 1 RGCR) zusammentreten. Die Führung der Alltagsgeschäfte obliegt den Oberen der K. (vgl. Art. 4 PastBon), die in ihrer Tätigkeit vom →Kirchenanwalt unterstützt werden u. sich, üblicherweise freitags, zum Kongress (Congressus: vgl. Art. 118 RGCR) versammeln. Entscheidungen von größerem Gewicht werden dem →Papst zur →Approbation vorgelegt. Jeweils eigene Abteilungsleiter (Capo Ufficio) koordinieren die Arbeiten der nach ihrem theol., kirchenrechtlichen od. hist. Aufgabenbereich qualifizierten u. intern. zusammengestellten Mitarbeiter (vgl. Art. 9 PastBon) der einzelnen Abt. u. des Archivs.

Zur Verbreitung u. Kommentierung ihrer Dokumente gibt die K. die Reihe „Documenti e Studi“ heraus.

Quellen

Paul III., ApK Licet ab initio vom 21. Juli 1542: Bullarum diplomatum et privilegiorum Sanctorum Romanorum Pontificum Taurinensis editio, Bd. VI, Turin 1860, 344-346; Johannes Paul II., ApK Pastor bonus vom 28. Juni 1988: AAS 80 (1988), 841-934, bes. Art. 48-55; Kongr. für die Glaubenslehre, Agendi ratio in doctrinarum examine vom 29. Juni 1997: AAS 89 (1997), 830-835; Kongr. für die Glaubenslehre, Normae de conficiendo processu pro solutione vinculi matrimonialis in favorem fidei vom 30.04.2001: Documenta inde a Concilio Vaticano Secundo expleto edita (1966-2005), hg. v. ders., Vatikanstadt 2006, Nr. 95; Benedikt XVI., MP Ecclesiae unitatem vom 02. Juli 2009: AAS 101 (2009), 710-711; Kongr. für die Glaubenslehre, Normae de gravioribus delictis vom 21. Mai 2010: AAS 102 (2010), 419-430; Staatssekretariat, Rescr. „Ex Audientia SS.mi“ de Collegio intra Congregationem pro Doctrina Fidei constituendo ad appellationes clericorum circa graviora delicta considerandas vom 03. November 2014: AAS 106 (2014), 885-886; ders., Regolamento dello Speciale Collegio Giudicante istituito per l'esame dei ricorsi alla Sessione Ordinaria della Congregazione per la Dottrina della Fede vom 12. Mai 2015: PerRCan 105 (2016), 366-367.

Literatur

Silvestrelli, A., La Congregazione per la Dottrina della Fede: La Curia Romana nella Cost. Ap. Pastor bonus, hg. v. P. A. Bonnet – C. Gullo, Vatikanstadt 1990, 225-237; Del Re, N., La Curia Romana. Lineamenti storico-giuridici, Vatikanstadt [4]1998, 95-107; Gänswein, G., La procedura della Congregazione per la Dottrina della Fede per l'esame delle dottrine: I giudizi nella Chiesa. Processi e procedure speciali, hg. v. Gruppo Docenti di Diritto Canonico, Mailand 1999 (Quaderni della Mendola 7), 363-374; Girotti, G., Congregatio pro Doctrina Fidei – Congregazione per la Dottrina della Fede: Commento alla Pastor Bonus e alle norme sussidiarie della Curia Romana, hg. v. P. V. Pinto, Vatikanstadt 2003 (CorpIC III), 74-80; Rieger, R., De gravioribus delictis Congregationi pro Doctrina Fidei reservatis. Anmerkungen aus der Praxis zu den schwerwiegenderen Straftaten bei der Feier der Sakramente u. gegen die Sitten, deren Behandlung der Glaubenskongregation vorbehalten ist: ÖARR 59 (2012), 327-345; Kongr. für die Glaubenslehre, Den Glauben fördern u. bewahren. Vom Hl.

Offizium zur Kongr. für die Glaubenslehre, Vatikanstadt 2015; Althaus, R., Normae de gravioribus delictis Congregationi pro Doctrina Fidei reservatis. Vorschriften über schwerwiegendere Straftaten, die der Glaubenskongregation vorbehalten sind: Der kirchl. Strafprozess nach dem Codex Iuris Canonici u. Nebengesetzen. Normen u. Kommentar, hg. v. R. Althaus – K. Lüdicke, Essen ²2015 (BzMKCIC 61); o. V., Congregazione per la Dottrina della Fede: L'Attività della Santa Sede nel 2015. Pubblicazione non ufficiale, Vatikanstadt 2016, 617-625; Fürnkranz, J., Die Normen zur Eheauflösung in favorem fidei von 2001 u. die Praxis der Kongr. für die Glaubenslehre: DPM 23 (2016), 51-83; o. V., Congregazione per la Dottrina della Fede: Annuario Pontificio per l'anno 2017, Vatikanstadt 2017, 1153-1156 u. 1799-1801 (note storiche); Kongr. für die Glaubenslehre, Istruzione circa le Commissioni Dottrinali presso le Conferenze Episcopali. Testo e commento, Vatikanstadt 2017 (Documenti e Studi 27).

Johannes Fürnkranz

© 2019, DOI: 10.30965/9783506786388_0763

Kongregation für die Institute des geweihten Lebens und für die Gesellschaften des Apostolischen Lebens – Katholisch

Die K. ist ein Organ der → Römischen Kurie, das in enger Zusammenarbeit m. dem → Papst die Praxis der → Evangelischen Räte in den versch. Formen des geweihten Lebens regelt u. fördert.

Wesen des geweihten Lebens ist eine persönliche Auserwählung u. Berufung Gottes, die durch Ganzhingabe an Gott im → Zölibat u. Zeugnis der evangelischen Räte Armut, Keuschheit u. Gehorsam in auf Dauer angelegten Lebensformen gelebt wird, die in Konst. festgelegt u. von der kompetenten Autorität genehmigt werden (vgl. c. 578).

Anerkannte Formen des geweihten Lebens sind a) individuelle: → Eremiten (vgl. c. 603), geweihte Jungfrauen (vgl. c. 604), geweihte Witwen, b) gemeinschaftliche: monastische → Orden, Kongr., → Säkularinstitute, → Gesellschaften des apostolischen Lebens, Kirchl. Familien geweihten Lebens (vgl. c. 605).

1. Geschichte: Die K. wurde am 21.05.1586 durch Sixtus V. als Sacra Congr. pro consultationibus regularium m. dem Ziel errichtet, den zahlreichen Anfragen von Ordensleuten an den P. gerecht zu werden. M. der ApK Immensa aeterni Dei am 22.01.1588 von Sixtus V. bestätigt, wurde sie 1601 m. der Congr. pro consultationibus episcoporum et aliorum praelatorum unter dem Namen Sacra Congr. S.R.E. Cardinalium negotiis et consultationibus episcoporum et regularium praeposita vereinigt.

Aufgrund sozio-kultureller Veränderungen im Zuge der Auflösung des Kirchenstaates in 1870 wurde eine Reform der Röm. Kurie notwendig. M. der ApK Sapienti Consilio hat daher Pius X. am 29.06.1908 die Congr. negotiis religiosorum sodalium praeposita verselbständigt u. neu geordnet, um der neuen Vitalität des geweihten Lebens u. einer zunehmenden Komplexität der Inst. gerecht zu werden (vgl. Bocos, 2008, 143). Der CIC/1917 nimmt diese Reform in den cann. 246-264 auf (vgl. Leidi, 2010, 253).

M. der ApK Provida Mater Ecclesia vom 02.02.1947 gibt Pius XII. den Säkularinstituten ihre Anerkennung. In ders. Zeit entstehen auch die nationalen u. intern. Konferenzen der Höheren Oberen. Die Reform Paul VI. nimmt diese Änderungen m. der ApK REU vom 15.08.1967 auf u. ändert die Bez. in Kongr. für die Ordensleute u. Säkularinstitute.

In den folgenden Jahrzehnten widmet sich die Kongr. bes. der vom Vat II gewünschten Erneuerung des Ordenslebens (accomodata renovatio). Neue Formen des geweihten Lebens kommen auf (vgl. c. 605). Seit 1975 gibt sie die Zs. Informationes SCRIS heraus, die ab 2005 die Bez. Sequela Christi erhält.

2. Struktur u. Kompetenzen der K. heute: Die ApK PastBon von Johannes Paul II. vom 28.06.1988 legt die heutige Struktur u. Organisation der Kongr. fest. Am 30.04.1999 tritt die entspr. allg. Regelung der Röm. Kurie definitiv in Kraft (SecrStat, Regolamento Generale della Curia Romana: AAS 91 [1999], 629-699). Ne-

ben den Instituten des geweihten Lebens ist die Kongr. auch für die Gesellschaften apost. Lebens zuständig, die jenen ähnlich sind. So kommt es zur heutigen Bez. der Kongr., die für weltweit ca. 1700 Inst. päpstlichen Rechts zuständig ist.

Unter der Leitung des Kardinalpräfekten, des Ebf. Sekretär u. zweier Untersekretäre ist die Kongr. in fünf Abt. gegliedert: a) Promotion u. Ausbildung, b) Monastisches Leben, c) Ordentliche Leitung u. Güterverwaltung, d) Disziplin, e) Neue Formen u. Säkularinstitute. Etwa 40 Mitarbeiter bearbeiten jährlich ca. 10.000 Anfragen in dz. sieben offiziellen Sprachen (Ital., Engl., Franz., Spanisch, Dt., Portugiesisch u. Polnisch).

M. der ApK Sapienti Consilio lag der Akzent der Zuständigkeit der K. auf den „Tätigkeiten" (negotiis) der Inst. Die ApK REU legte den Schwerpunkt auf die Personen des geweihten Lebens. M. der ApK PastBon richtet sich die Aufmerksamkeit bes. auf die Formen des geweihten Lebens u. den gemeinschaftlichen Aspekt (Vereinigungen, Föderationen, Konferenzen) u. die Förderung des geweihten Lebens als solchem. Die regelmäßigen Ber., die gem. c. 592 §1 eingereicht werden, helfen der K., am Puls der Inst. zu bleiben u. das geweihte Leben wirksam zu fördern.

Die K. arbeitet bes. m. der →Kongregation für die Orientalischen Kirchen u. der →Kongregation für die Evangelisierung der Völker zusammen, was die Personen u. Inst. des geweihten Lebens in deren Kompetenzbereich betrifft.

Quellen

Sixtus V., ApK Immensa aeterni Dei vom 22. Januar 1588: Bullarium Romanum Augustae Taurinorum VIII (1863), 985-999; Pius X., ApK Sapienti Consilio vom 29. Juni 1908: AAS 1 (1909), 7-19; Pius XII., ApK Provida Mater Ecclesia vom 2. Februar 1947: AAS 39 (1947), 114-124; Paul VI., ApK Regimini Ecclesiae Universae vom 15. August 1967: AAS 59 (1967), 885-928; Johannes Paul II., ApK Pastor Bonus vom 28. Juni 1988: AAS 80 (1988), 841-912, insb. Art. 105-110.

Literatur

Gutiérrez, A., De organica constitutione S.C. Episcoporum et Regularium necnon S.C. de Religiosis 1587-1960: Commentarium pro Religiosis et Missionariis 40 (1961), 5-38; Bocos Merino, A., Cien años al servicio de la vida consagrada: Sequela Christi 5 (2008/2), 137-188; Leidi, L., La Congregazione per gli Istituti di vita Consacrata e le Società di vita apostolica Ruolo competenze e funzionamento: EIC 50 (2010), 249-278.

Clemens Gutberlet

© 2019, DOI: 10.30965/9783506786388_0764

Kongregation für die orientalischen Kirchen – Katholisch

1. Geschichte der K.: Der erste Vorläufer der heutigen K. ist die Kongr. De rebus Graecorum, die 1573 durch P. Gregor XIII. errichtet wurde, aber nur wenige J. Bestand hatte. Die Beziehungen zu den Orient. Kirchen in Einheit m. Rom wurden anschließend von der Kongr. De propaganda fide geregelt, innerhalb derer zwei eigene Abt. für die Orientalen errichtet wurden.

M. der ApK Romani Pontificis vom 06.01. 1862 errichtete P. Pius IX. die Kongr. De propaganda fide pro negotiis ritus orientalis, welche bis 1917 bestand, als P. Benedikt XV. m. dem MP Dei providentis vom 01.05.1917 die K. errichtete, deren Kompetenzen durch P. Pius XI. m. dem MP Sancta Dei Ecclesia vom 25.03.1938 noch einmal erweitert wurden.

M. der ApK Regimini Ecclesiae universae von P. Paul VI. vom 15.08.1967 wird der Name der Kongr. geändert u. sie heißt seither K. Dieser Name findet sich auch in der ApK →Pastor bonus P. Johannes Paul II. vom 29.06.1988, in welcher die Zuständigkeit der K. in den Art. 56-61 geregelt wird.

2. Zuständigkeit der K.: Laut Art. 56 von PastBon bezieht sich die Kompetenz der K. auf „alle personellen und sachlichen Fragen, welche die katholischen Orientalischen Kirchen betreffen." Die Kompetenz der K. begr. sich entweder personal, d. h. im Hinblick auf die

→Gläubigen, welche den kath. Ostkirchen angehören od. territorial, d. h. im Bezug auf die Gebiete, in denen die orient. Riten traditionell beheimatet sind.

Dies bedeutet, dass die Zuständigkeit der K. all das umfasst, was die →Orientalischen Kirchen sowohl im Hinblick auf ihre Struktur u. ihre Ordnung, als auch im Hinblick auf die Ausübung des →Verkündigungsdienstes, →Heiligungsdienstes u. →Leitungsdienstes betrifft u. was dem →Apostolischen Stuhl vorzulegen ist, „sei es, was die Personen, ihren Status, ihre Rechte und ihre Pflichten anbelangt" (Art. 58 §1 PastBon). In diesem Zusammenhang werden auch die sog. →Quinquennalberichte über den Zustand der →Teilkirchen, welche rechtzeitig vor dem →Ad-limina-Besuch einzureichen sind, von den Orient. Kirchen an die K. gesandt, welche auch für die Vorbereitung der Durchführung dieser Besuche zuständig ist (vgl. ebd.).

Damit übernimmt die K. im Hinblick auf die Orient. Kirchen eine Aufgabe, welche für die Kirchen des Lat. Ritus der Bischofskongregation (→Kongregation für die Bischöfe) zukommt. Zudem ist sie im Hinblick auf die Orient. Kirchen für all das zuständig, was für die →Lateinische Kirche von den →Kongregationen für den Gottesdienst und die Sakramentenordnung, für den Klerus (→Kongregation für den Klerus), für die Institute des geweihten Lebens u. die Gesellschaften des Apost. Lebens (→Kongregation für die Institute des geweihten Lebens und die Gesellschaften des Apostolischen Lebens) sowie für das kath. Bildungswesen (→Kongregation für das katholische Bildungswesen) u. z. T. von der →Kongregation für die Evangelisierung der Völker behandelt wird, insofern die K. für die Gebiete, in denen traditionell die orient. Riten überwiegen, für jegliche pastorale u. missionarische Aktivitäten zuständig ist, „auch wenn sie von Missionaren der Lateinischen Kirche ausgeübt werden" (Art. 60 PastBon).

Damit nimmt die K. analog zur Kongr. für die Evangelisierung der Völker unter den Kongr. im Hinblick auf die Ausdehnung ihrer Zuständigkeit eine Sonderstellung ein. Davon ausgenommen bleiben nur „die besondere und ausschließliche Zuständigkeit der →Kongregationen für die Glaubenslehre und für die Selig- und Heiligsprechungsprozesse [→Kongregation für die Selig- und Heiligsprechungsprozesse], der →Apostolischen Pönitentiarie, des Obersten Gerichtshofs der →Apostolischen Signatur und des Gerichts der →Römischen Rota" (Art. 58 §2 PastBon).

Diese bes. Zuständigkeit spiegelt sich auch in der Zusammensetzung der K. wieder, denn zum einen sind „ihre Mitglieder ... von Rechts wegen die Patriarchen und die Großerzbischöfe der Orientalischen Kirchen sowie der Präsident des Päpstlichen Rates zur Förderung der Einheit der Christen" (Art. 57 §1 PastBon), hinzu kommen dann andere →Kardinäle u. →Bischöfe, welche vom →Papst ernannt werden. Zum anderen sollen auch die Konsultoren u. die Beamten der K. „möglichst so ausgewählt werden, dass der Verschiedenheit der Riten Rechnung getragen wird." (Art. 57 §2 PastBon).

Sollte die Tätigkeit der K. mittelbar od. unmittelbar „auch Gläubige betreffen, die der Lateinischen Kirche angehören" (Art. 59 §2 PastBon), wird sie, bes., wenn die Angelegenheit von größerer Bedeutung ist, erst nach Beratung m. dem zuständigen →Dikasterium tätig.

Umgekehrt widmet die K. eine bes. Aufmerksamkeit den „Gemeinschaften von orientalischen Gläubigen, die sich in den Gebieten der Lateinischen Kirche befinden, und sorgt für deren geistliche Erfordernisse durch Visitatoren, oder, wo die Zahl der Gläubigen und die Verhältnisse das erfordern, soweit möglich, auch durch eine eigene Hierarchie, nachdem sie sich mit der für die Errichtung von Teilkirchen in diesem Gebiet zuständigen Kongregation beraten hat" (Art. 59 PastBon).

Zudem handelt die K. in enger Abstimmung m. dem Rat zur Förderung der Einheit der Christen, wenn es um Fragen geht, welche auch die nichtkatholischen Orient. Kirchen betreffen sowie m. dem Rat für den interreligiösen Dialog, wenn seine Zuständigkeit betroffen ist (vgl. Art. 61 PastBon).

Quellen

Pius IX., ApK Romani Pontificis vom 6. Januar 1862: Codicis iuris canonici fontes. 2. Romani pontifices A. 1746-1865, hg. v. P. Gasparri, Vatikanstadt 1928, 531; Benedikt XV., MP Dei providentis vom 1. Januar 1917: AAS 9 (1917), 529-531; Pius XI., MP Sancta Dei Ecclesia vom 25. März 1938: AAS 30 (1938), 154-159; Paul VI., ApK Regimini Ecclesiae universae vom 15. August 1967: AAS 59 (1967), 885-928; Johannes Paul II., ApK Pastor bonus vom 28. Juni 1988: AAS 80 (1988), 841-930.

Literatur

Dziob, M. W., The Sacred Congregation for the oriental Church, Washington 1945; Brogi, M., La Congregazione per le Chiese Orientali. La Curia Romana nella Cost. ap. Pastor bonus, hg. v. P.-A. Bonnet – C. Gullo, Vatikanstadt 1990, 239-267; Del Re, N., La Curia Romana. Lineamenti storico-giuridici, Vatikanstadt [4]1998, 108-117.

Markus Graulich, Lorenzo Lorusso

© 2019, DOI: 10.30965/9783506786388_0765

Kongregation für die Selig- und Heiligsprechungsprozesse – Katholisch

1. Geschichte: Die K. wurde von P. Paul VI. am 08.05.1969 m. der ApK Sacra Rituum Congr. eingerichtet. Sie ging aus der von P. Sixtus V. m. der Konst. Immensa Aeterni Dei vom 22.01.1588 eingerichteten Hl. Ritenkongregation hervor, von der bislang die Doppelaufgabe wahrgenommen wurde, Normen für die Ausübung des →Gottesdienstes aufzustellen u. die Heiligsprechungsprozesse durchzuführen. Die genannte Konst. von 1969 gab der neugeschaffenen Kongr. für die Heiligsprechungsprozesse (S. Congr. pro Causis Sanctorum) die ihr eigene Struktur, indem sie drei versch. Abt. schuf: die juridische Abt., die Abt. des Glaubenspromotors (Promotor Generalis Fidei) u. die hist.-hagiographische Abt., die der sog. hist. Sekt. folgte, die bereits von P. Pius XI. am 06.02.1930 eingesetzt worden war. Die ApK Divinus Perfectionis Magister, die am 25.01.1983 von P. Johannes Paul II. erlassen wurde, u. die entspr. Normae servandae in inquisitionibus ab episcopis faciendis in causis sanctorum vom 07.02. desselben J., bedeuteten ihrerseits eine tiefgreifende Reform hinsichtlich der Prozedur im →Heiligsprechungsverfahren u., damit verbunden, eine nicht unwesentliche Umstrukturierung der Kongr. Letztere zeigte sich v. a. in der Schaffung eines Kollegiums sog. Relatoren, die die Aufgabe haben, die Vorbereitung der Positio super Martyrio od. super Vita et Virtutibus der Diener bzw. Dienerinnen Gottes zu besorgen. Mit der ApK →Pastor Bonus (28.06.1988) erhielt das →Dikasterium den Namen Congr. de Causis Sanctorum (vgl. PastBon Art. 71-74).

2. Verf. u. Arbeitsweise: An der Spitze der K. steht der Kardinalpräfekt, er wird unterstützt von einem Sekretär im Rang eines Ebf. sowie einem Untersekretär. Zusammen m. 5 Relatoren u. dem Glaubenspromotor (Praelatus Theologus) gehören weitere Bf. als Mitglieder der Kongregation an u. geben als solche im Verfahren über die einzelnen Causae ihr Votum ab. Eine Vielzahl von Konsultoren, seien es Theologen od. Historiker, stehen dem Dikasterium für die Urteilsfindung in den →Seligsprechungsverfahren u. Heiligsprechungsverfahren zur Verfügung. Im Rahmen der K. besteht seit 1984 ein Studium m. dem Ziel, den Postulatoren u. Mitarbeitern der K. sowie den in den Diözesankurien m. der Arbeit für die Heiligsprechungsverfahren betrauten Personen eine angemessene Ausbildung in dieser Materie zukommen zu lassen. Die Tätigkeit der Heiligsprechungskongregation steht ganz im Dienst am Petrusamt; nach den vom kirchl. Recht geforderten Vorarbeiten im Verfahren kann der →Papst deren Ergebnisse bestätigen u. m. den Selig- u. Heiligsprechungen, die er jedes J. vornimmt, einer Ortskirche (→Teilkirche) bzw. der →Gesamtkirche neue herausragende Bsp. chr. Heiligkeit vorstellen.

Quellen

Sixtus V., ApK Immensa Aeterni Dei vom 22. Januar 1588: Bullarum diplomatum et privilegiorum Sanctorum Romanorum Pontificum Taurinenses editio, Turin 1857-1872, Vol. VIII, 985-999; Paul VI., ApK Sacra Rituum Congegratio vom 8. Mai 1969: AAS 61 (1969), 297-305; Johannes Paul II., ApK Divinus Perfectionis Magister vom 25. Januar 1983: AAS 75 (1983), 349-355; Normen für die Selig- u. Heiligsprechungsprozesse vom 27. Februar 1983: AAS 75 (1983), 396-403; Johannes Paul II., ApK Pastor Bonus vom 28. Juni 1988: AAS 80 (1988), 841-930, Art. 71-74; Erklärung der Kongregation für die Selig- u. Heiligsprechungsprozesse zu den neuen Verfahrensbestimmungen für die Zeremonie von Seligsprechungen vom 29. September 2005: http://www.vatican.va/roman_curia/congregations/csaints/documents/rc_con_csaints_doc_20050929_comunicato_ge.html [Zugriff: 15.05.2019]; Kongregation für die Selig- u. Heilsprechungsprozesse, Sanctorum Mater. Instr. bzgl. des Ablaufs der diözesanen od. eparchalen Ermittlungsverfahren im Falle von Heiligsprechungsprozessen vom 17. Mai 2007: AAS 99 (2007), 465-510; Bestimmungen zur Ärztekommission der Kongregation für die Selig- u. Heiligsprechungsprozesse vom 24. August 2016: http://press.vatican.va/content/salastampa/it/bollettino/pubblico/2016/09/23/0666/01504.html [Zugriff: 15.05.2019], lat: AAS 108 (2016), 1004-1009; Kongregation für die Selig- u. Heilsprechungsprozesse, Instr. Die Reliquien in der Kirche. Echtheit u. Aufbewahrung vom 5. Dezember 2017: http://www.vatican.va/roman_curia/congregations/csaints/documents/rc_con_csaints_doc_20171208_istruzione-reliquie_ge.html [Zugriff 15.05.2019].

Literatur

Moll, H., Ist die päpstliche Heiligsprechung ein Ausdruck des unfehlbaren Lehramtes? Gesch. u. theol. Erörterungen: Forum Kath. Theologie 32 (2016), 56-74; Le cause dei Santi. Sussidio per lo studium, hg. v. V. Criscuolo – C. Pellegrino – R. Sarno, Rom 2018.

Bernd Dennemarck

© 2019, DOI: 10.30965/9783506786388_0766

Kongregationen, römische – Katholisch

K. ist der traditionelle Name der zentralen →Dikasterien der →römischen Kurie. Sie werden von einem Präfekten geleitet, dem ein Sekretär u. ein Untersekretär zur Seite stehen. →Kardinäle u. →Bischöfe aus aller Welt sind Mitglieder der K., deren alltägliche Arbeit unter der Leitung des Präfekten von einer entspr. Gruppe von Beamten geleistet wird. Sie haben stellvertretende, ausführende →Vollmacht.

1. Geschichte der K.: Die Geschichte der röm. Kurie ist von einer im Laufe der Jhh. immer komplexer werdenden Organisationsstruktur gekennzeichnet, die es dem Nachfolger Petri erlaubt, seiner Sorge um die Universalkirche (→Gesamtkirche) nachzukommen. Je weiter diese Verantwortung wächst u. wahrgenommen wird, desto weiter gedeiht auch der Ausbau der Kurie.

Während in den ersten Jhh. eher eine ad-hoc-Struktur vorliegt, in welcher die anstehenden Aufgaben im Bereich der →Verwaltung u. der →Rechtsprechung übernommen werden, entstehen im Laufe der Jhh. einzelne Behörden, denen die Erledigung der Routineaufgaben übertragen wird, während der →Papst ab dem 11./12. Jh. die bedeutenderen Aufgaben gemeinsam m. den Kard. im →Konsistorium wahrnimmt.

Seit dem 16. Jh., beginnend m. dem Pontifikat Paul III. u. später unter Pius IV., Gregor XIII. u. Paul V. werden einzelne K. geschaffen, um schnellere Entscheidungen zu ermöglichen u. die Diskussion im Kons. vorzubereiten. Zunächst treten die K. ad hoc zusammen u. werden später zu einer dauerhaften Einrichtung. Die erste dauerhafte K. war die Hl. Inquisition, gefolgt von der K. zur Ausführung der Dekr. des Konzils von Trient, der Indexkongregation u. der Kongregation für Bf. u. Religiosen.

Mit der ApK Immensa Aeterni Dei Sixtus IV. vom 22.01.1588 wird eine organische Ordnung der K. hergestellt u. so auf stabile Weise jeweils einer Gruppe von Kard. ein bestimmtes thematisches Feld (certa negotia) zur Bearbeitung übertragen. Den K. werden entspr. Vollmachten zur Entscheidung übertragen (unicuique eorum suas facultates et auctoritatem). Zu den von Sixtus IV. vorgesehenen 15 K., deren Kompetenz sich nicht nur auf die Leitung der Universalkirche, sondern auch auf die Verwaltung des → Kirchenstaates bezieht, kommen im Laufe der Jhh. weitere K. hinzu, deren wichtigste die Kongr. für die Glaubensverbreitung (De Propaganda Fidei) ist.

Durch die ApK Sapienti consilio Pius X. vom 29.06.1908 wird die röm. Kurie neu strukturiert die Zahl der K. auf elf reduziert, die m. detaillierten Regelungen u. Kompetenzzuweisungen auch in den cann. 247-257 aufscheinen.

Mit der ApK Regimini Ecclesiae universae Paul VI. vom 15.08.1967 wird die Struktur der röm. Kurie entspr. den Beschl. des Vat II erneuert u. die Zahl der K. auf neun redutziert.

2. Gegenwärtige Rechtslage: Der CIC/1983 erwähnt die K. in c. 360, geht aber weder auf deren Zahl, noch auf deren Aufgaben ein, sondern überlässt dies der speziellen Gesetzgebung, wie sie derzeit in der von Johannes Paul II. am 29.06.1988 promulgierten ApK → Pastor bonus vorliegt. Diese Konst. sieht neun K. vor: für die Glaubenslehre (→ Kongregation für die Glaubenslehre), für die Orient. Kirchen (→ Kongregation für die orientalischen Kirchen), für den Gottesdienst u. die Sakramentenordnung (→ Kongregation für den Gottesdienst und die Sakramentenordnung), für die Selig- u. Heiligsprechungsprozesse (→ Kongregation für die Selig- und Heiligsprechungsprozesse), für die Bf. (→ Kongregation für die Bischöfe), für die Evangelisierung der Völker (→ Kongregation für die Evangelisierung der Völker), für den Klerus (→ Kongregation für den Klerus), für die Institute des geweihten Lebens u. die Gesellschaften des Apost. Lebens (→ Kongregation für die Institute des geweihten Lebens und die Gesellschaften des Apostolischen Lebens) u. für das Kath. Bildungswesen (→ Kongregation für das katholische Bildungswesen). Die Kompetenz der K. erstreckt sich auf die ganze Kirche, wobei einschränkend zu beachten ist, dass die Kompetenzen der K. für den Gottesdienst u. die Sakramentenordnung, für die Bf., für den Klerus, für die Institute des geweihten Lebens u. die Gesellschaften des Apost. Lebens sowie für das kath. Bildungswesen von den K. für die Orient. Kirchen u. für die Evangelisierung der Völker für ihren Zuständigkeitsbereich m. übernommen u. damit territorial eingeschränkt werden.

3. Struktur der K.: Die K. bestehen unter der Leitung eines Präfekten aus einer bestimmten Zahl von Kard. u. Bf. Sie sind die Mitglieder der K. im engeren Sinn. Dem Präfekten steht der Sekretär zur Seite, welcher seinerseits vom Untersekretär unterstützt wird. Den K. „stehen Konsultoren zur Seite und als Mitarbeiter höhere Beamte sowie eine entsprechende Anzahl von weiteren Beamten" (PastBon, Art. 3).

Der Präfekt, der Sekretär, der Untersekretär, die höheren Beamten (Büroleiter) u. die Konsultoren der K. werden vom P. auf fünf J. ernannt. Präfekt u. Sekretär haben m. Vollendung des 75. Lj. dem P. ihren Rücktritt anzubieten, über dessen Annahme der P. nach Erwägung aller Umstände entscheidet. Die Untersekretäre gehen m. Vollendung des 70. Lj. in Ruhestand. In der Zeit der → Sedisvakanz verlieren die Präfekten der K. ihr Amt u. die Geschäftsführung des Dikasteriums geht auf den Sekretär über.

Die Konsultoren u. Beamten der K. sollen sich durch Bildung, Klugheit u. Sachkenntnis auszeichnen u. aus versch. Erdteilen stammen, um den universalen Charakter der Kirche zum Ausdruck zu bringen.

4. Vorgehensweise der K.: Die wichtigsten Angelegenheiten werden von den Mitgliedern der K. in der Vollversammlung entschieden, welche i. d. R. ein Mal im J. stattfindet. Von der eigentlichen Vollversammlung zu unterscheiden ist die sog. ordentliche Versammlung, zu der nur diejenigen Mitglieder eingeladen werden, die sich in Rom aufhalten od. die zu dem Termin nach Rom kommen können. Thematisch geht es um jene Angelegenheiten, welche entweder dem Hl. Stuhl von Rechts wegen vor-

behalten sind, oder „die Zuständigkeit der einzelnen Bischöfe und ihrer verschiedenen Zusammenschlüsse ... überschreiten, sowie solche, die ihnen [den K.] vom Papst selbst zugewiesen werden“ (PastBon, Art. 13). Die wichtigsten Entscheidungen sind dem P. zur Genehmigung vorzulegen u., sofern es sich um Dokumente handelt, vorher anderen Dikasterien der Kurie zur Kenntnis zu bringen, um evtl. Verbesserungen od. Präzisierungen vornehmen zu können.

Der sog. Kongress ist das Abstimmungs- u. Koordinationsorgan der K. u. behandelt die allg. Angelegenheiten, die von den K. zu regeln sind, um entweder eine unmittelbare Antwort geben zu können, od. die Angelegenheit für die Vollversammlung vorzubereiten. Am Kongress nehmen die Leiter der K., die Büroleiter u. die für die jeweilige Fragestellung zuständigen Beamten teil. Bei wichtigen Fragen haben die Konsultoren vorher ihre Voten auszuarbeiten u. schriftlich abzugeben. Wenn es erforderlich ist, können sie auch zu einer gemeinsamen Sitzung (die sog. Consulta) zusammenkommen, um die Angelenheit zu prüfen.

Die K. können auf Grund ihrer Zuständigkeit generelle Ausführungsdekrete (→Ausführungsgesetz) u. →Instruktionen erlassen, aber nur m. ausdrücklicher Zustimmung des P. (approbatio in forma specifica) allg. →Dekrete u. →Gesetze. Erfolgt eine approbatio in forma specifica für eine andere Entscheidung des Dikasteriums, so ist dagegen weder →Beschwerde noch →Rekurs möglich.

In ihrer alltäglichen Arbeit behandeln die K. im Rahmen ihrer Zuständigkeit die Fragen, welche ihnen aus der Universalkirche vorgelegt werden u. stehen m. den →Teilkirchen durch die →Ad-limina-Besuche in Kontakt, durch die ein direkter Austausch ermöglicht wird.

Quellen

Sixtus V., ApK Immensa Aeterni Dei vom 22. Januar 1587: Bullarum diplomatum et privilegiorum Sanctorum Romanorum Pontificum Taurinenses editio, Turin 1857-1872, Vol. VIII, 985-999; Pius X., ApK Sapienti consilio vom 29. Juni 1908: AAS 1 (1909), 7-19; Paul VI., ApK Regimini Ecclesiae universae vom 15. August 1967: AAS 59 (1967), 885-928; Johannes Paul II., ApK Pastor bonus vom 28. Juni 1988: AAS 80 (1988), 841-930; SecrStat, Regolamento generale della Curia Romana vom 30. April 1999: AAS 91 (1999), 630-699.

Literatur

Palazzini, P., Le Congregazioni. La Curia Romana nella Cost. ap. Pastor bonus, hg. v. P.-A. Bonnet – C. Gullo, Vatikanstadt 1990, 189-205; Del Re, N., La Curia Romana. Lineamenti storico-giuridici, Vatikanstadt [4]1998; Hallermann, H., Röm. Kurie. Dienst u. Macht: Leitungsstrukturen der kath. Kirche. Kirchenrechtliche Grundfragen u. Reformbedarf, hg. v. I. Riedel-Spangenberger, Freiburg 2002 (QD 198), 101-144; Sabbarese, L., Art. Congregaciones de la Curia Romana: DGDC Vol. II, 560-564.

Markus Graulich

Königreich Dänemark, Staat und Religion – Staatlich

Das Verhältnis von Staat u. Religion in Dänemark ist einerseits geprägt durch die umfassende →Religionsfreiheit, die durch das GG des Reiches Dänemark i. d. F. v. 1953 – die Verf. des Landes – u. durch Art. 9 EMRK (→Europäische Menschenrechtskonvention) gewährleistet ist, andererseits insb. durch das in Dänemark bestehende System einer ev.-luth. →Staatskirche. Diese wird in der Verf. als Volkskirche definiert (§ 4), womit das Selbstverständnis der dänischen Kirche als Teil der demokratischen Gesamtordnung Dänemarks unterstrichen wird.

Die dänische Kirche umfasst nach den durch das Kirchenministerium veröff. Zahlen derzeit knapp drei Viertel der etwa 5, 8 Mio. Einwohner Dänemarks. 1990 betrug der Anteil noch knapp 90 %. Der Rückgang ist u. a. auf die Migration von Menschen anderen Glaubens nach Dänemark zurückzuführen. Neben mittlerweile 0, 8 % Katholiken sind dabei insb. muslimische Einwanderer zu nennen, deren Anteil

m. zwischen 3 u. 10% der Bevölkerung angegeben wird. Neben einer kleinen jüd. Gde. m. rund 0,1% der Bevölkerung existieren zahlreiche weitere Konfessionen u. Religionen.

Die Christianisierung Dänemarks erfolgte seit dem 9. Jh., insb. ist die Missionstätigkeit unter Ansgar zu nennen. M. der Taufe des Königs Harald Blauzahn 965 wurde die dänische Kirche als Nationalkirche etabliert. Unter König Christian III. wurde 1536 das Luthertum als Staatsreligion eingeführt. M. der von Johannes Bugenhagen geprägten KO wurden 1537 Superintendenten als Leiter der dänischen Diözesen eingesetzt, die bald wieder als Bf. bez. wurden. Das so herausgebildete luth. →Staatskirchentum wurde 1665 durch das absolutistische Königsgesetz als Kirche unter königlicher Leitung verfestigt (Art. VI). M. dem konstitutionellen GG Dänemarks von 1849 wurde die unter kgl. Verwaltung stehende Kirche zur Volkskirche umgewandelt, sie blieb aber eine eng m. dem nunmehr konstitutionellen, parlamentarischen Staat verbundene Staatskirche. Dabei ist es auch in den seitherigen Revisionen der Verf. geblieben. Die Betonung der Verbundenheit u. Verankerung der Kirche im dänischen Volk geht auch auf den dänischen Philosophen u. Schriftsteller sowie Pfr. Nikolai Frederik Severin Grundtvig (1783-1872) zurück.

Das Dänische GG i. d. F. v. 1953 enthält in seinem VII. Abschnitt (§§ 66-70) Regelungen zur Religionsausübung, zur Volkskirche u. zu anderen Kirchen u. Religionsgemeinschaften. Daneben ist das Religionsrecht Dänemarks in zahlreichen einzelnen Gesetzen geregelt. § 67 der Verf., der dem Wortlaut nach die religiöse Vereinigungsfreiheit enthält, wird als umfassende, auch die individuelle Religionsfreiheit umfassende Garantie verstanden. § 68 ordnet an, dass niemand verpflichtet ist, persönliche Beiträge zu einer anderen als der von ihm selbst verfolgten Art der Gottesverehrung zu leisten. § 70 statuiert die Unabhängigkeit der bürgerlichen od. politischen Rechte u. Bürgerpflichten vom Glauben u. der Abstammung.

Die staatskirchlichen Züge der Verf. werden durch § 4 verdeutlicht, der nicht nur die ev.-luth. Kirche als dänische Volkskirche bez., sondern auch ihre Unterstützung durch den Staat anordnet. Nach § 6 soll der König der ev.-luth. Kirche angehören. Nach § 66 wird die Verf. der Volkskirche durch Gesetz geregelt. Dies ist beim Erlass der Verf. 1849 als Gebot verstanden worden, der Volkskirche repräsentative, synodale Strukturen zu geben. Heute wird § 66 dagegen dahingehend ausgelegt, dass die Verf. der Volkskirche durch das staatl. Gesetz geregelt wird, so dass § 66 eine wichtige Ausprägung des dänischen Staatskirchentums geworden ist. Ob die Kirche eigenständige Strukturen erhalten solle, ist auch in jüngerer Zeit diskutiert worden, allerdings bisher o. Konsequenz.

Außer der in § 66 der Verf. vorgesehenen staatl. Gesetzgebung erfolgt auch die Verwaltung kirchl. Angelegenheiten durch ein Kirchenministerium innerhalb der staatl. Regierung. Die staatl. Regelungsbefugnis beschränkt sich auf die äußeren, rechtlichen Fragen der KL, beinhaltet aber keine theol. Kompetenz. In dieser Hinsicht sind die elf dänischen Bistümer auton. Sie gliedern sich in 103 Propsteien u. 2200 KGde. Eine zentrale, kircheneigene Verwaltung der dänischen Kirche besteht nicht. Die Bistümer werden durch Bf. u. staatl. eingesetzte Verwaltungsdirektoren geleitet, die Mitsprache von Kirchenvorständen u. Pfr. wird durch Bistumsräte verwirklicht.

Ein staatskirchlicher Zug der dänischen Kirche besteht darin, dass die Registrierung von Geburten u. Todesfällen den Gemeindebüros der KGde. obliegt, die damit die Aufgabe öff. (Standes-)ämter übernehmen. Auch kann eine Eheschließung m. bürgerlicher Wirkung nicht nur vor staatl. Standesämtern erfolgen, sondern auch durch Pfr. vorgenommen werden. Das ist allerdings auch durch Geistliche anderer anerkannter Religionsgemeinschaften möglich.

Die dänische Volkskirche finanziert sich zum größten Teil durch Kirchensteuern, die – ähnlich dem dt. Modell – durch den Staat von ihren Mitgliedern eingezogen werden. Hinzukommen staatl. Zuschüsse u. die Förderung durch Kommunen.

In Dänemark existieren zwei theol. Fak. an den Universitäten Aarhus u. Kopenhagen, die auch der universitären Ausbildung der Pfr. der Volkskirche dienen. Allerdings bestehen keine kirchl. Einwirkungsrechte auf die Fak. In den staatl. Schulen wird Christentumskunde als Lehrfach unterrichtet. Auch dafür bestehen keine kirchl. od. religionsgemeinschaftlichen Einwirkungsrechte; die Eltern können die Schüler vom Unterricht abmelden. Neben dem staatl. Schulwesen existiert eine große Anzahl an Privatschulen, die ungefähr 20% der Schüler unterrichten, darunter eine jüd. Schule, etwa 30 kath. Schulen sowie zahlreiche evangelikale Schulen.

Die rechtliche Stellung der anderen Religionsgemeinschaften unterscheidet sich erheblich von der dänischen Staats- bzw. Volkskirche. Anders als die Volkskirche sind sie auton. u. frei von staatl. Verwaltungs- od. Einwirkungsrechten. Allerdings können ihre äußeren Verhältnisse nach § 69 der Verf. durch Gesetz geregelt werden. Sie werden durch Beiträge ihrer Mitglieder finanziert, die nicht als Steuer eingezogen werden. Allerdings können ihre Mitglieder, anders als die Mitglieder der Staatskirche, ihre Einkommenssteuer durch Unterstützung ihrer Religionsgemeinschaften verringern. Forderungen, auch für andere Religionsgemeinschaften Kirchensteuern einzuziehen, hatten bisher keinen Erfolg

Dass die dänische Gesellschaft trotz der nach wie vor starken Verankerung der dänischen Volkskirche in Gesellschaft u. Rechtsordnung vor ähnlichen, durch Migrationsbewegungen verursachten Integrationsproblemen steht wie alle anderen mittel- u. westeuropäischen Gesellschaften, haben der Konflikt um die Mohammed-Karikaturen von 2005/2006, od. die Debatten um die Einführung des Verbots einer Gesichtsverhüllung im J. 2018 gezeigt.

Literatur

Stenbaek, J., Kirche u. Staat in Dänemark: ZevKR 45 (2000), 221-231; Dübeck, I., Kirche u. Staat: Dänemark: LKStKR Bd. 2, 416-418; dies., Dänemark: Staat u. Kirche in der Europäischen Union, hg. v. G. Robbers, Baden-Baden ²2005, 59-82; Tamm, D., Law and Protestantism in Denmark: ZRG.K 102 (2016), 406-418; Christoffersen, L., Denmark: Encyclopedia of Law and Religion: http://dx.doi.org/10.1163/2405-9749_elr_COM_00000028.

Heinrich de Wall

© 2019, DOI: 10.30965/9783506786388_0768

Konklave

→ Papstwahl

Konkordat, Kirchenvertrag – Historisch

Das → Wormser Konkordat zwischen P. Calixtus II. u. Kaiser Heinrich V. (1122) zur Beilegung des → Investiturstreits gilt nicht nur hist. als erstes K., sondern verweist bereits auf das theol. u. jur. grds. u. gesch. durchgängige Spannungsverhältnis kirchl. u. weltlicher Ordnungs- u. Souveränitätsansprüche u. die Frage nach Ordnungsebene u. -form der Regelung religiöser, jur. u. politischer Interessen von Rechtssubjekten m. auton. bzw. theonomem Autoritätsanspruch. Ab 1418 u. im Kontext des Konstanzer Konzils etablierte sich in Verträgen des → Papstes m. der spanischen, franz., dt. u. engl. Nation der Terminus capitula concordata. Heute werden als K. nur formelle, völkerrechtliche, umfassende Vollverträge zwischen dem Hl. Stuhl (→ Apostolischer Stuhl) (nicht dem → Vatikanstaat, nicht → Diözesanbischöfen) u. völkerrechtsfähigen Staaten bez., hingegen Verträge z. B. der BRD m. anderen Kirchen u. Religionsgemeinschaften od. kath. Teil- bzw. Spezialverträge als (Staats-)KV, Vereinbarung, seitens des Hl. Stuhles als conventio od. accordo, bzw. wiss. als konkordatäre Verträge. Hist. ist der Sprachgebrauch uneinheitlich, so dass auch Übereinkünfte nichtsouveräner Subjekte (z. B. sog. Bischofskonkordate in der Schweiz) od. von eingeschränktem Regelungsumfang (z. B. zur Bistumserrichtung in Preußen [1821], der Oberrheinischen Kirchenprovinz [1821/27], Hannover [1824] od. Verträge über andere Teilmaterien) od. unterschiedlicher textlicher u. vertragstechnischer Gestalt als K. bez. worden sind.

Seit dem MA hat der Hl. Stuhl als ältestes Völkerrechtssubjekt in Person des P. zahlreiche K. m. Staaten bzw. ihren Monarchen geschlossen, z. B. die sog. Fürstenkonkordate (1447) u. das bis 1806 geltende Wiener K. (1448) od. das K. m. Frankreich (1516). Nach der Franz. Revolution u. dem K. m. Frankreich (1801/13/17, staatl. abrogiert 1905, fortgeltend in Elsass u. Lothringen) folgen m. der europäischen Neuordnung K. u. a. m. Bayern (1817), Russland u. Polen (1847), Spanien (1851/59), Österreich (1855). Der Rechtscharakter der K. war zwischen der kirchl. vertretenen Privilegientheorie (K. als stets widerrufliche Zugeständnisse an den Staat) u. der i. S. staatl. Kirchenhoheit vertretenen Legaltheorie (K. als stets widerrufliche Staatsgesetze über die Kirchen) ebenso umstritten (vgl. das Scheitern in Württemberg 1857 u. Baden 1859) wie deren völkerrechtliche Qualität.

Nach dem Ersten Weltkrieg stellte sich der Hl. Stuhl auf die neuen staatl. Verhältnisse u. Verf. ein u. begann das heute geläufige Verständnis der K. gem. der Vertragstheorie als völkerrechtlicher Verträge souveräner, gleichrangiger Subjekte anzunehmen. Auf der Grundlage der → Weimarer Reichsverfassung u. entspr. dem Paritätsgrundsatz wurden KV m. ev. Kirchen möglich u. m. gleicher innerstaatlicher Verbindlichkeit erforderlich. So wurden KV der LK in Bayern (1924), Preußen (1931) (→ Preußischer Evangelischer Kirchenvertrag) u. Baden (1932) u. analog umfassende u. teilweise bis heute fortgeltende K. des Hl. Stuhls m. Bayern (1924), Preußen (1929), Baden (1932) sowie m. dem Dt. Reich als Gesamtstaat (1933) geschlossen; intern. u. a. m. Polen (1924), Italien (1929) u. Österreich (1933).

Aus der Erfahrung der ns. Vertragsuntreue u. m. der grundgesetzlichen Perspektive eines kooperativen Staat-Kirche-Verhältnisses wurde nach dem Zweiten Weltkrieg in der BRD der ev. KV in Niedersachsen (→ Loccumer Vertrag 1955/65) wegweisend, dem KV m. Schleswig-Holstein (1957), Hessen (1960) u. Rheinland-Pfalz (1962), katholischerseits, neben KV m. Bistümern (z. B. Hessen 1963/74) od. Teilverträgen, als Vollvertrag zunächst lediglich das K. m. Niedersachsen (1965) folgte. Intern. sind u. a. die K. m. Spanien (1979), Italien (1984), Polen (1993), Israel (1993), Portugal (2004) u. Brasilien (2008) beachtlich.

Nach der dt. Wiedervereinigung wurden ev. KV m. Sachsen-Anhalt (1993), Mecklenburg-Vorpommern (1994), Thüringen (1994), Sachsen (1994), Brandenburg (1996), Bremen (2001), Hamburg (2005), Berlin (2006) u. Baden-Württemberg (2007) abgeschlossen sowie (auf der Grundlage von GS 76) neben Bistumserrichtungsverträgen unter Fortgeltung des → Reichskonkordats K. des Hl. Stuhles m. Sachsen (1996), Thüringen (1997), Mecklenburg-Vorpommern (1997), Sachsen-Anhalt (1998), Brandenburg (2003), Bremen (2003), Hamburg (2005) u. Schleswig-Holstein (2009). Seit dem Vat II hat der Hl. Stuhl über 160 neue KV abgeschlossen u. unterhält durch umfassende K. geordnete Beziehungen m. dz. 38 Staaten.

Als Instrument eines respektvollen, vertragsgesicherten u. konstruktiv-kooperativen Zusammenwirkens zwischen Staat u. Kirchen bzw. anderen Religionsgemeinschaften (vgl. KV von Bund od. Ländern z. B. m. jüd., methodistischen, freireligiösen, muslimischen u. alevitischen Körperschaften) sind K. u. KV kirchl. u. staatl. (ausgenommen laizistische, religions- od. kirchenfeindliche Staaten) politisch u. jur. etabliert u. bewährt.

Quellen

Mercati, A., Raccolta di concordati su materie ecclesiastiche tra la Santa Sede e le autorità civili, Vatikanstadt 1954; Vat II, GS; Staat u. Kirche im 19. u. 20. Jahrhundert, hg. v. E. R. Huber – W. Huber, 4 Bde.,

Berlin 1976-1988; Die Konkordate u. Kirchenverträge in der Bundesrepublik Deutschland, hg. v. J. Listl, 2 Bde., Berlin 1987; Raccolta di concordati 1950-99, hg. v. J. T. Martin de Agar, Vatikanstadt 2000; Enchiridion dei concordati: due secoli di storia dei rapporti chiesa-stato, hg. v. E. Lora, Bologna 2003; I concordati dal 2000 al 2009, hg. v. J. T. Martin de Agar, Vatikanstadt 2010.

Literatur

Wagnon, H., Concordats et droit international. Fondement, élaboration, valeur et cessation du droit concordataire, Gembloux 1935; Hollerbach, A., Verträge zwischen Staat u. Kirche in der Bundesrepublik Deutschland, Frankfurt 1965; Lajolo, G., I Concordati moderni. La natura giuridica internationale dei Concordati a la luce di recente prassi diplomatica, Brescia 1968; Minnerath, R., L'église et les états concordataires (1846-1981), Paris 1983; Julg, J., L'Église et les États. Histoire des concordats, Paris 1990; Riedel-Spangenberger, I., Art. Konkordate: LKStKR Bd. 2, 616-618; von Campenhausen, A., Art. Staatskirchenvertrag: LKStKR Bd. 3, 590-593.

Christian Hermes

© 2019, DOI: 10.30965/9783506786388_0770

Konkordat, Kirchenvertrag – Katholisch

Im → Religionsrecht bilden m. den staatl. religionsrechtlichen Quellen (Verf. u. → Gesetze) die vertragsrechtlichen Quellen (Vertragsstaatskirchenrecht bzw. Konkordatsrecht) den einschlägigen Normenbestand. Dieser besteht aus religionsrechtlichen → Verträgen m. nichtchristlichen → Religionsgemeinschaften (z. B. jüd. Kultusgemeinden, muslimischen Gemeinschaften) u. Staatskirchenverträgen wie den KV m. ev. Kirchen, die staatsrechtliche Verträge darstellen, die nach dem entspr. Recht für den Abschluss von Staatsverträgen geschlossen werden, u. Konk. Die Konk. sind als Verträge zwischen einem Staat u. dem Hl. Stuhl aufgrund seiner Völkerrechtssubjektivität völkerrechtliche Verträge. Konk. sind daher zweiseitige völkerrechtliche Verträge zwischen dem Hl. Stuhl bzw. → Apostolischen Stuhl u. einem Staat. Davon zu unterscheiden sind Verträge eines → Bischofs od. mehreren Bf. m. einem Land, die nach Autorisation u. → Approbation des Hl. Stuhls m. dem jeweiligen Staat eingegangen werden. Diese Verträge werden nicht als Konk. im engeren Sinn qualifiziert.

Ein Konk. wird als conventio sollemnis bez. Partielle Vereinbarungen, Änderungen od. Ergänzungen eines Konk. werden als Vereinbarungen z. B. m. den Bez. conventio, accordo, accordo concordatario, Notenwechsel, Zusatzvereinbarung, Agreement, Prot. etc. bez. C. 3 bzw. c. 4 CCEO normiert die Fortgeltung der geschlossenen völkerrechtlichen Verträge („conventiones") u. räumt dem Konkordatsrecht stets Vorrang gegenüber kodikarischem Recht ein, wenn Bestimmungen eines Konk. von denen des Codex abweichen bzw. kodikarische Bestimmungen dem Konk. entgegenstehen.

Das → Wormser Konkordat von 1122 beendete als Friedenskonkordat den → Investiturstreit. P. Martin V. schließt auf dem Konstanzer Konzil m. den jeweiligen Konzilsnationen Konk. 1447 erfolgen die Fürstenkonkordate, das Wiener Konk. 1448 u. die franz. Konk. in den J. 1472 u. 1516. Das 19. Jh. kann man sodann als Epoche zahlreicher Länderkonkordate bez. (z. B. 1801 Konk. m. Napoleon; 1817 Bayer. Konk.; 1855 Österr. Konk.). In der Zeit nach Napoleon ist auf die entspr. Neuordnung durch → Zirkumskriptionsbullen wie z. B. 1821 in Preußen hinzuweisen. Die Ära der Konk. gilt im 19. Jh. nur auf kath. Seite. Bis zum Ende des landesherrlichen Kirchenregiments (→ Kirchenregiment, landesherrliches) waren keine Verträge m. den ev. Kirchen notwendig, da diesbezügliche Materien einseitig vom Staat geregelt wurden. In der Zeit der Weimarer Republik wurden nach Inkrafttreten der → Weimarer Reichsverfassung u. der grundsätzlichen Unterscheidung von Staat u. Religion u. des CIC/1917 aufseiten der kath. Kirche zahlreiche Konk. geschlossen: 1924 Bayer. Konk., 1929 Preuß. Konk., 1932 Badisches Konk. u.

entspr. KV m. den ev. Kirchen im selben J. u. selben Land. 1933 erfolgte der Abschluss des →Reichskonkordats, das nach Art. 123 Abs. 2 →Grundgesetz für den Bund als Rechtsnachfolger des Vertragspartners Dt. Reich fortgeltendes Recht darstellt, wenngleich nach dem Konkordatsurteil des BVerfG aus dem J. 1957 die Bundesländer nicht verpflichtet sind, die Bestimmungen zum Schulwesen des RK umzusetzen (BVerfGE 6 [1957], 353 f.). Neben dem Konk. m. Österreich von 1933 ist außerhalb des deutschsprachigen Raums etwa auf Konk. m. Lettland 1922, Polen 1925, Tschechoslowakei 1927, Litauen 1927 u. Rumänien 1927 u. die Lateranverträge 1929 zu verweisen. In der Zeit des Zweiten Weltkriegs schloss der Hl. Stuhl ein Konk. m. 1940 Portugal.

Nach Ende des ns. Regimes setzt neben Konk. in Spanien 1953 u. der Dominikanischen Republik 1954 in der BRD m. dem sog. →Loccumer Vertrag zwischen dem Land Niedersachsen u. den ev. LK in Niedersachsen im J. 1955 eine neue Epoche des Staatskirchenvertragsrecht ein, der als Mustervertrag entspr. KV in Schleswig Holstein 1957, Hessen 1960 u. Rheinland-Pfalz 1962 zur Folge hatte. Auch in Nordrhein-Westfalen kommt es 1957 zu Verträgen m. ev. Kirchen im Rheinland u. Westfalen sowie m. der Lippischen LK 1958. Auf kath. Seite wird nach ersten Verträgen in Nordrhein-Westfalen 1956 über die Gründung des Bistums Essen u. etwa 1963 in Hessen zur Regelung finanzieller Angelegenheiten erst im J. 1965 das Niedersächsische Konk. geschlossen. In mehreren Bundesländern gibt es entweder Änderungen bisheriger Vereinbarungen od. neue Verträge (z. B. Rheinland-Pfalz 1969 u. 1973; Hessen 1974; Nordrhein-Westfalen 1984; Saarland 1985). Nach dem Fall der Mauer kam es zu einer neuen Blüte der Konk. in den neuen Bundesländern (Sachsen 1996; Mecklenburg-Vorpommern 1997; Thüringen 1997; Sachsen-Anhalt 1998; Brandenburg 2003) als auch in anderen Bundesländern (Bremen 2003; Hamburg 2005; Schleswig-Holstein 2009). In der BRD ist das religionsrechtliche Vertragsrecht sehr umfangreich entfaltet. Das Konkordatsrecht dient im Unterschied zur einseitigen staatl. Regelung neben dem Religionsverfassungsrecht dem adäquaten u. beidseitig vereinbarten Ausgleich u. der Konkretisierung der Interessen von Staat u. Kirche.

Das Vat II stellt neben der Anerkennung der individuellen u. korporativen →Religionsfreiheit durch die Erkl. DH (insb. Art. 2, 4 u. 15) in GS Art. 76 bzgl. des Verhältnisses von Kirche u. politischer Gemeinschaft unter Anerkennung der Pluralität der Gesellschaft fest, dass „die politische Gemeinschaft und die Kirche ... auf ihrem eigentümlichen Feld voneinander unabhängig und autonom" sind (vgl. auch GS 36). Da aber beide gem. GS 76 aus unterschiedlicher Perspektive denselben Menschen dienen, sollen Staat u. Kirche eine „sana cooperatio" pflegen. →Kirche u. Staat werden demnach in der Wurzel geschieden u. zugl. zur Kooperation verpflichtet, die insb. in den Konk. ihren Ausdruck findet. Es erfolgen nach dem Vat II Konk. bspw. m. Venezuela (1964), Argentinien (1966), Kolumbien (1973), Spanien (1976), Peru (1980), Haiti (1984) u. Italien (1984).

Vor dem Hintergrund der Unterscheidung von Staat u. Religion, der Religionsfreiheit u. dem →Selbstbestimmungsrecht der Religionsgemeinschaften sind religionsrechtliche Verträge, KV u. Konk. Ausdruck des kooperativen Verhältnisses von Staat u. Religion bzw. Kirche (Kooperationstheorie). Dies zeigt die Abkehr von der im MA von der Kirche behaupteten Privilegientheorie, dass die Kirche über dem Staat stünde u. konkordatäre Vereinbarungen einseitig aufheben könne u. der in der Neuzeit vonseiten des Staates vertretenen Legaltheorie, dass der Staat über der Kirche stünde u. Konk. als staatl. Gesetze jederzeit einseitig vom Staat abänderbar seien.

Konk. werden nach Abschluss der Konkordatsverhandlungen, die i. d. R. der jeweilige Apost. Nuntius (→Legat, →Nuntiatur) gem. c. 365 §1 2° führt, nach den einschlägigen Bestimmungen des Völkerrechts (Wiener Übereinkommen über diplomatische Beziehungen

1969) geschlossen. Der Hl. Stuhl kann auch Bf. od. →Bischofskonferenzen m. der Aufgabe der Konkordatsverhandlung betrauen. Nach Paraphierung des Vertrages durch die Unterhändler wird dieser zunächst von beiden Autoritäten geprüft (auf kath. Seite durch das →Staatssekretariat) u. dann förmlich von den zuständigen Vertretern unterschrieben u. sodann dem →Papst u. dem jeweiligen Staatsoberhaupt zur Ratifikation vorgelegt. Konk. bedürfen zum Inkrafttreten in der innerstaatlichen Sphäre der parlamentarischen Zustimmung nach Art. 59 Abs. 2 GG, was auch analog für die Länder gilt. Nach Austausch der Ratifikationsurkunden tritt das Konk. völkerrechtlich in Kraft. In der Rechtspraxis ist die innerstaatliche Anwendbarmachung der Konk. für die innerstaatlichen Organe durch ein Zustimmungsgesetz üblich, das kein Transformationsgesetz darstellt, so dass die völkerrechtlichen Verträge nicht unter Verlust ihrer völkerrechtlichen Qualität in innerstaatliches Recht umgewandelt werden, sondern durch einen Rechtsanwendungsbefehl für die staatl. Organe anwendbar gemacht werden. Sie erhalten dadurch im staatl. Normengefüge den Rang eines einfachen Gesetzes m. den für diese geltenden Kollisionsnormen. In der kath. Kirche treten Konk. als →Partikularrecht m. dem Austausch der Ratifikationsurkunden im betr. Gebiet in Kraft u. werden sodann in den →Acta Apostolicae Sedis bekanntgemacht.

Typischerweise enden Konk. m. →Freundschaftsklauseln, die nicht nur vom steten Austausch über die vereinbarten Inhalte ausgehen, sondern auch festhalten, dass etwaige zukünftige Meinungsverschiedenheiten hinsichtlich der Auslegung des Konk. freundschaftlich beizulegen sind. Dies zeigt, dass in Abkehr von der einseitigen Legal- od. Privilegientheorie vom Standpunkt der Vertragstheorie beide Seiten an das Konk. nach dem Grundsatz pacta sunt servanda u. nach Treu u. Glauben (bona fides) in gleicher Weise gebunden sind. Konk. werden i. d. R. auf unbestimmte Zeit geschlossen, sodass eine einseitige Aufkündigung nicht möglich ist. Neben der einvernehmlichen Aufhebung bleiben die Möglichkeiten der Anpassung od. Aufhebung aufgrund unvorhersehbarer Umstände (→clausula rebus sic stantibus), wie bspw. im Fall des Untergangs eines Staats u. somit dem Erlöschen des Vertragspartners od. im Fall territorialer Veränderungen. Ein Konk. kann auch durch fortdauernde Nichtanwendung od. konkordatswidrige Gewohnheit o. Wirkung sein. Da das Konk. im innerstaatlichen Bereich Gesetzesrang hat, sind die Exekutive auf der Ebene der RVO u. Verwaltungsvorschriften u. die Judikative in ihrer Rspr. an sie gebunden wie an andere Gesetze. Einen einseitigen Bruch des Konk. durch entgegenstehende staatl. Gesetze (lex posterior) od. Aufhebung des Zustimmungsgesetzes dürfte der Staat zwar nicht vornehmen, er könnte dies aber, auch wenn er damit Rechtsbruch begehen würde, insofern das Konk. zwar völkerrechtlich weiter Geltung besitzt, im innerstaatlichen Bereich aber nicht mehr angewendet werden kann. Die Möglichkeiten des →Rechtsschutzes bei Vertragsbruch des o. aufgezeigten nicht Dürfen aber Können des Staates sind ausschließlich auf der völkerrechtlichen Ebene anzusiedeln, was angesichts der aufgrund von c. 1404 verständlichen Ablehnung des Apost. Stuhls, sich der intern. Gerichtsbarkeit zu unterwerfen, kein möglicher Weg ist. Es bleiben nur die Mittel auf dem Wege der Diplomatie.

Typische Inhalte von Konk. sind allg. Bestimmungen verfassungsrechtlicher Gewährleistungen wie z. B. die Religionsfreiheit od. das Selbstbestimmungsrecht inkl. der freien Ämterverleihung (→Ämterhoheit der Kirchen) u. des Status als →Körperschaft des öffentlichen Rechts, die zwar obschon bereits verfassungsrechtlich garantiert durch die konkordatäre Vereinbarung eine bessere einklagbare subjektive Rechtsposition schaffen. Ferner werden die →gemeinsamen Angelegenheiten (res mixtae) geregelt, wie z. B. der →Religionsunterricht an öff. →Schulen, die staatl. theol. Fak. (→Theologische Fakultät, Hochschuleinrichtung) bzw. Ausbildungsstätten für →Religionslehrer, die →Anstaltsseelsorge einschließlich →Militärseelsorge, kath. Schulen sowie die →Kirchensteuer u. die →Staatsleistungen. Es können auch z. B. Bestimmungen zu folgenden Materien enthalten sein: Austausch über →Katholische Büros, →Zirkumskription, Friedhofsrecht (→Friedhof), →Denkmalschutz, Regelungen zur →Baulast od. zur Besetzung kirchl. →Ämter, →Datenschutz, Meldewesen (→Meldewesen, kirchliches), Sonn- u. Feiertagsrecht (→Feiertage), sozial-caritative Arbeit, →Jugendarbeit od. →Rundfunkrecht etc. Ferner enthalten Konk. i. d. R. Leistungsversprechen des Staates u. abschließend Regeln zum gemeinsamen Umgang u. die Freundschaftsklauseln. Häufig werden in einem Schlussprotokoll weitere detailliertere Vereinbarungen getroffen.

Religionsrechtliche Verträge, KV u. Konk. dienen der zuverlässigen, verlässlichen u. langfristigen Ordnung der gemeinsamen Angelegenheiten der Vertragspartner, der Konkretisierung der jeweiligen Leistungspflichten, ermöglichen auch eine gezielte Förderung der jeweiligen Religionsgemeinschaft im Rahmen der →Parität, was wiederum m. einer höheren Verpflichtung der Religionsgemeinschaft zur Förderung des →Gemeinwohls einhergeht. Sie haben sich als Instrument zur Sicherung u. Gestaltung des kooperativen Verhältnisses von Staat u. Religion bewährt.

Quellen

Vat II, GS; Vat II, DH; BVerfG, Urteil des Zweiten Senats vom 26. März 1957: BVerfGE 6 (1957), 309-367; Die Konkordate u. Kirchenverträge in der Bundesrepublik Deutschland 2 Bde., hg. v. J. Listl, Berlin 1987; Wiener Übereinkommen über diplomatische Beziehungen vom 26. August 1969: BGBl. 1969 Teil II, 1585-1703; Mercati, A., Raccolta di Concordati su materie ecclesiastiche tra la Santa Sede e le Autorità Civili, Vol. 1: 1098-1914, Vol. 2: 1915-1954, Vatikanstadt 1954; Konkordate seit 1800. Originaltext u. dt. Übersetzung, hg. v. L. Schöppe, Frankfurt 1964; Neue Konkordate u. konkordatäre Vereinbarungen. Abschlüsse in den Jahren 1956-1969. Nachtrag zu „Konkordate seit 1800", hg. v. L. Schöppe, Hamburg 1970; Concordatos vigentes, 4 Vol., hg. v. C. Corral Salvador – G. y J. Martínez de Cavajal, Madrid 1981-2004; Raccolta di concordati, hg. v. J. T. Martín de Agar, Vatikanstadt 2000; Religionsrechtliche Quellensammlung der Universität Trier: https://www.uni-trier.de/index.php?id=7533 [Zugriff: 15.05.2019]; Übersicht über weltweit geschlossene Verträge: https://www.iuscangreg.it/accordi_santa_sede.php [Zugriff: 15.05.2019].

Literatur

Listl, J., Einleitung. Konkordate u. Kirchenverträge: Die Konkordate u. Kirchenverträge in der Bundesrepublik Deutschland Bd. 1, hg. v. J. Listl, Berlin 1987, 4-23; Hollerbach, A., § 7 Die vertragsrechtlichen Grundlagen des Staatskirchenrechts: HbStKR² Bd. 1, 253-287; Riedel-Spangenberger, I., Art. Konkordate: LKStKR Bd. 2, 616-618; Erdö, P., Il concordato in Europa: Folia Canonica 4 (2001), 45-52; De Wall, H., Neue Entwicklungen im Europäischen Staatskirchenrecht: ZevKR 47, 2 (2002), 205-219; Hollerbach, A., Aspekte u. Entwicklungen des Konkordatsrechts: Alexander Hollerbach. Ausgewählte Schriften, hg. v. G. Robbers, Berlin 2006, 445-462; Das Recht der Staatskirchenverträge. Colloquium aus Anlaß des 75. Geburtstags von Alexander Hollerbach, hg. v. S. Mückl, Berlin 2007 (SKRA 46); Das Reichskonkordat 1933. Forschungsstand, Kontroversen, Dokumente, hg. v. T. Brechenmacher, Paderborn 2007 (Veröffentlichungen der Kommission für Zeitgeschichte. Reihe B, Forschungen 109); Berkmann, B., Reichskonkordat u. Bayern-Konkordat im Gefüge des EU-Rechts: AfkKR 176 (2007), 452-465; Périsset, J., Die aktuelle Konkordatspolitik des Hl. Stuhles: AfkKR 177 (2008), 464-478; Korioth, S., Konkordate u. Kirchenverträge im System des dt. Staatskirchenrechts: AfkKR 177 (2008), 394-410; Calvo-Álvarez, J., Desarrollo del Derecho concordatario después del CIC de 1983: IusCan 49 (2009), 347-372; Haering, S., Neuere Entwicklungen im dt. Konkordatsrecht: Kirche u. Staat im Horizont einer globalisierten Welt, hg. v. H. Paarhammer – G. Katzinger, Frankfurt 2009, 149-173; Hermes, C., Konkordate im vereinigten Deutschland, Ostfildern 2009;

Schier, K., Die Bestandskraft staatskirchenrechtlicher Verträgen, Berlin 2009 (SKRA 48); Hamers, A., Die Rezeption des Reichskonkordates in der Bundesrepublik Deutschland, Essen 2010 (BzMKCIC 60); Meckel, T., Religionsunterricht im Recht. Perspektiven des kath. Kirchenrechts u. des dt. Staatskirchenrechts, Paderborn – München – Wien – Zürich 2011 (KStKR 14), 296-303; Fumagalli Carulli, O., Concordats as Instruments for Implementing Freedom of Religion. Los concordatos como instrumentos als servisio de la realización de la libertad religiosa: IusCan 51 (2011), 437-446; Unruh, P., Religionsverfassungsrecht, Baden-Baden [3]2015, 205-232.

Thomas Meckel

© 2019, DOI: 10.30965/9783506786388_0770

Konkordat, Kirchenvertrag – Evangelisch

Staat u. →Religionsgemeinschaften können sich zur Gestaltung ihrer Rechtsbeziehungen des Mittels eines Vertrages bedienen. Dies ist in Deutschland in stärkerem Ausmaß als in anderen Staaten der Fall. Umfassende neuzeitliche Verträge sind insb. in der Weimarer Zeit, den 50er u. 60er J., nach der Wiedervereinigung Deutschlands u. seit der Jahrtausendwende abgeschlossen worden. Bahnbrechende Bedeutung kommt insb. dem vom Dt. Reich m. dem Hl. Stuhl abgeschlossenen →Reichskonkordat vom 20.07.1933 u. dem von dem Land Niedersachsen m. den Ev. LK in Niedersachsen abgeschlossenen →Loccumer Vertrag vom 19.03.1955 zu. Mittlerweile gibt es in allen Bundesländern Verträge m. der Kath. Kirche u. den ev. Kirchen sowie z. T. auch m. jüd. Gde. In Bremen u. Hamburg ist es zu einem Vertragsabschluss m. privatrechtlich organisierten islam. Gemeinschaften gekommen.

Begrifflich wurden die von der Kath. Kirche abgeschlossenen Verträge in der Vergangenheit als K. bez. Doch empfiehlt es sich, einheitlich von Staatskirchenverträgen od. religionsverfassungsrechtlichen Verträgen zu sprechen. Derartige Verträge unterscheiden sich von anderen m. Religionsgemeinschaften abgeschlossenen privatrechtlichen od. verwaltungsrechtlichen Verträgen des Staates dadurch, dass der Vertragsabschluss auf staatl. Seite der Zustimmung des Gesetzgebers od. des Parlaments bedarf. Inhaltlich umfassend angelegte Verträge wiederholen zumeist wichtige verfassungsrechtliche Gewährleistungen, regeln die gemeinsamen Angelegenheiten von Staat u. Religionsgemeinschaften (→Gemeinsame Angelegenheiten, staatl.) u. enthalten staatl. Leistungsversprechen sowie Verfahrensabsprachen.

Die Zulässigkeit des Abschlusses von Staatskirchenverträgen ergibt sich vielfach aus den Landesverfassungen, i. Ü. daraus, dass es dem Gesetzgeber freisteht, an einer vertraglichen Gestaltung mitzuwirken. Eine konsensuale Verständigung ist auch auf anderen Rechtsgebieten ein legitimes Mittel des Zusammenwirkens von Staat u. Grundrechtsträgern. Doch müssen die Grenzen bei der Kooperation gewahrt werden. Weder ist es dem zur Neutralität verpflichteten Staat erlaubt, sich religiös zu betätigen, noch dürfen Religionsgemeinschaften – abgesehen von dem Fall der Übertragung von Staatsgewalt – staatl. Befugnisse ausüben. Ein Anspruch auf Vertragsabschluss kann sich im Wege der Selbstbindung aus Art. 3 Abs. 1, 3 GG od. Art. 14 i. V. m. 9 EMRK ergeben. Doch verbieten diese Vorschriften dem Staat nicht Differenzierungen, z. B. nach Maßgabe der Regelungsbedürftigkeit od. des Vorhandenseins der Kooperationsqualität. Der Staat ist deshalb nicht gezwungen, m. allen Religionsgemeinschaften Verträge abzuschließen.

Die Verbandskompetenz für den Abschluss von Staatskirchenverträgen bestimmt sich für den Staat nach den Art. 30, 70 ff. GG. Von Ausnahmen wie der →Militärseelsorge abgesehen sind demgemäß grds. die Länder zuständig. Ob der Bund eine Kompetenz für den Abschluss eines Vertrages m. dem Zentralrat der Juden hatte, ist zweifelhaft. Die Organkompetenz für die Vertragsabschlüsse liegt bei den Ministerpräsidenten od. der BReg. Für den Abschluss von K. gelten nicht die Art. 32 Abs. 3, 59 Abs. 1 GG, da es nicht um die Gestaltung der Beziehung zu ausl. Staaten geht. Somit sind die Länder nicht auf die Zustimmung der BReg angewiesen. Außerdem wird der Bund nicht durch den BPräs vertreten. Auf Seiten der Religionsgemeinschaften sind deren Leitungen zuständig.

Ihrer Rechtsnatur nach handelt es sich bei den m. dem Hl. Stuhl abgeschlossenen Verträgen (K.) um solche völkerrechtlicher Art. Zwar schließt der Hl. Stuhl die Verträge nicht als Staatsoberhaupt, sondern als Vertreter der dt. Katholiken ab. Außerdem regeln die Verträge keine typischen völkerrechtlichen Fragestellungen. Doch ist die Völkerrechtssubjektivität des Hl. Stuhls im Völkerrecht anerkannt. I. Ü. handelt es sich bei den Staatskirchenverträgen (bei Mitwirkung des Gesetzgebers) um staatsrechtliche Verträge (m. gleicher Rechtsqualität wie z. B. Verträge zwischen Bundesländern). Diese entfalten innerhalb der → clausula rebus sic stantibus (Geschäftsgrundlage) Bindungswirkung zwischen den Parteien. → Freundschaftsklauseln sollen eine einverständliche Auslegung od. Anpassung ermöglichen. Werden spätere vertragswidrige Gesetze erlassen, unterscheidet die herrschende Meinung zwischen dem rechtlichen Dürfen u. Können. Der Staat dürfe nicht vom Vertrag abweichen. Dies beeinträchtige aber nicht sein Können. Demgegenüber ist zu differenzieren. Soweit die Verträge dem Verfassungsrecht widersprechen, ist das Zustimmungsgesetz u. damit der Vertrag selbst ungültig. I. Ü. kommt es darauf an, ob sich die Religionsgemeinschaften unter Abwägung m. den vom Gesetzgeber verfolgten (Gemeinwohl-)Belangen von Verfassungs wegen auf Vertrauensschutz berufen können. Nur wenn dies nicht zutrifft, ist das vertragswidrige spätere Gesetz als gültig anzusehen.

Literatur

Anke, H. U., Die Neubestimmung des Staat-Kirche-Verhältnisses von den neuen Ländern durch Staatskirchenverträge, Heidelberg 2000; Ehlers, D., Problemstellungen des Vertragsstaatskirchenrechts: ZevKR 46 (2001), 286-318; von Campenhausen, A. – de Wall, H., Staatskirchenrecht, München [4]2006, 45-50, 141-148; Walter, C., Religionsverfassungsrecht, Heidelberg 2006, 72 f.; Das Recht der Staatskirchenverträge, hg. v. S. Mückl, Berlin 2007; Unruh, P., Religionsverfassungsrecht, Baden-Baden [3]2015, § 10.

Dirk Ehlers

Konkordatsprofessur – Staatlich

K. sind Lehrstühle außerhalb theol. Fak./Fachbereiche (→ Theologische Fakultät, Hochschuleinrichtung), die infolge religiöser Bezüge konkordatär einer kirchl. Bindung unterliegen, etwa Lehrstühle für KR in einer Jur. Fak. od. für Philosophie od. Kirchengeschichte in einer Phil. Fak. (vgl. Art. 3 §§ 4, 5 BY.K; Hollerbach, 595 f.), nicht dagegen die Professuren für Weltanschauung (Guardini, Berlin; Rahner/Biser/H. Maier, München) od. Weltethos (Küng, Tübingen). Grund für die Einrichtung von K. zunächst in Preußen war eine Angleichung der Kath. Kirche im 19. Jh. bei der Ausbildung kath. Theologen im deutlich prot. geprägten Universitätswesen (Huber, 1969, 962 f.). Die Errichtung von phil. K. für Philosophie an der Universität Breslau (1811), KR an der Universität Bonn (1827), für Geschichte (Bonn, Breslau 1853) wurde gefolgt von ebensolchen in Münster (1902) u. Straßburg (1902). Das BY.K begr. K. für Philosophie u. Geschichte in München u. Würzburg, später in Regensburg (1966). Entspr. K. wurden in Freiburg (1932) u. Mainz (1946) errichtet (vgl. von Campenhausen, 1981, 27, 30 ff.). In Bayern wurde die Bindung von K. der Geschichtswissenschaften 1974 aufgehoben, im Gegenzug jedoch – im Kontext der neugestalteten Religionslehrerausbildung – an allen lehrerausbildenden Universitäten (außer Bayreuth) für Lehrstühle der Gesellschaftswissenschaften, der Philosophie u. der Pädagogik (außer in Bayreuth) neu begr. (Art. 5 § 5 BY.K, Änderung 04.09.1974). Unter dem Gesichtspunkt der Wissenschaftsfreiheit, der staatl. Neutralitätspflicht (→Neutralität) u. des gleichen Zugangs zu Staatsämtern (Art. 33 Abs. 2 GG, Art. 107 Abs. 4 BY.Verf.) wurde die Berechtigung von K. immer wieder angezweifelt (Solte, 1971, 226 f.; fächerspezifisch differenziert von Campenhausen, 1981, 35); die Gegenmeinung sieht dagegegen eine Gesamtschau staatskirchenrechtlicher Vorschriften als rechtfertigende verfassungsimmanente Schranke (vgl. – nicht unkritisch – de Wall, 2014, Rn. 67 f.). Doch wurde die Vereinbarkeit von K. m. bayer. Verfassungsrecht vom BayVerfGH in einem Popularklageverfahren bestätigt, solange die Existenz von weiteren fachvertretenden u. konfessionsungebundenen Lehrstühlen den Studierenden eine Wahlmöglichkeit einräume (BayVerfGE 39, 80 ff.). Die Besetzung einer K. setzt – wie bei konfessionsgebundenen Staatsämtern – das →Nihil obstat des zuständigen Diözesanbischofs voraus, bedarf jedoch keiner →missio canonica des Kandidaten/der Kandidatin (vgl. Art. →Konfessionsgebundenes Staatsamt), da die Prof. nicht zugl. im kirchl. Auftrag lehren. Auch gibt es – anders als im Bereich der theol. Fak. – bei K. kein förmliches nachträgliches Beanstandungsrecht, da der Lehrstuhlinhaber in seiner Lehrfreiheit keiner kirchl. Einflussnahme unterliegt (Hollerbach, 598 f.). Im ev. Bereich gibt es keine förmlichen K. Allerdings wurde in Art. 2 Abs. 2 BY.KV 1924 festgelegt, dass bei der Vertretung des KR in der Jur. Fak. der Universität Erlangen auf die Bedürfnisse der Theologie-Studierenden „Rücksicht" zu nehmen sei; dies wurde auf die 1974 neu gegr. ev.-theol. Fak. der LMU München ausgedehnt, was im Endeffekt bedeutet, dass die Lehrstuhlinhaber prot. Konfession sein müssen (Hollerbach, 599; von Campenhausen, 1981, 37). Nachdem es 2012 im Zusammenhang m. einer Besetzung eines Konkordatslehrstuhls für praktische Philosophie an der Friedrich-Alexander-Universität Erlangen-Nürnberg zu mehreren verwaltungsgerichtlichen Klagen gekommen war (Fall Wessels), die allerdings vom BayVGH abgewiesen worden war, erlangte das Thema in der Öffentlichkeit rege u. meist kritische Aufmerksamkeit. In der Folge erklärten die Bayer. Bf. bei ihrer Herbstvollversammlung 2013, das Vetorecht hinsichtlich der insgesamt 21 K. zukünftig nicht mehr ausüben zu wollen. Die insoweit erhobenen Verfassungsbeschwerden (Az.: 1 BvR 1903/12, 1 BvR 406/13) wurden 2015 als unzulässig abgewiesen.

Quellen

Konkordat zwischen dem Freistaat Bayern u. dem Hl Stuhl vom 29. März 1924 – Bayer. Konkordat: GVBl. 1925, 53; zuletzt geänd. durch Verordnung vom 26. Juli 1988: GVBl., 241; ZusP. vom 12. Mai 2007: GVBl. 2007, 351; Kirchenvertrag zwischen dem Freistaat Bayern u. der Ev. Landeskirche vom 15. November 1924 m. Ergänzungsvertrag vom 12. September 1974: ABl. EKD 1975, 121; Die dt. Konkordate u. Kirchenverträge der Gegenwart, hg. v. W. Weber, Göttingen 1962.

Literatur

Huber, E. R., Dt. Verfassungsgeschichte seit 1789, Bd. IV, Stuttgart 1969; Solte, E.-L., Theologie an der Universität, Tübingen 1971 (Jus Ecclesiasticum 13), 128 ff.; Müller, F., Jenseits der Verfassung, Konkordatslehrstühle am Maßstab des Grundgesetzes: ders., Rechtsstaatliche Form – Demokratische Politik, Berlin 1977, 110 ff.; von Campenhausen, A., Das konfessionsgebundene Staatsamt: Festschrift für Theodor Maunz, hg. v. P. Lerche – H. Zacher – P. Badura, München 1981, 27 ff.; Hollerbach A., Theol. Fakultäten u. staatl. Pädagogische Hochschulen: HbStKR² Bd. 2, § 56, 595 ff.; Liedtke, M., Brauchen wir noch Konkordatslehrstühle?: Erziehungswissenschaft 11 (2000), H. 22, 9 ff.; Baldus, M., Konfessionsgebundene Professuren außerhalb der Theologie an dt. staatl. Universitäten: Wissenschaftsrecht im Umbruch. Gedächtnisschrift für Hartmut Krüger, hg. v. P. Hanau u. a. 2001, 21 ff.; Pabel, K., Die verfassungsrechtliche Zulässigkeit von Konkordatslehrstühlen nach dem Grundgesetz: KuR 2004, 65 ff.; de Wall, H., Die Verfassung des Freistaates Bayern. Kommentar, hg. v. T. Meder – W. Brechmann, Stuttgart ⁵2014, Art. 107.

Max-Emanuel Geis

Konkordienbuch – Historisch

Das K. wurde am 25.06.1580, zum 50. Jubiläum der → Confessio Augustana, publiziert. Es zielte darauf, die Anhänger des Augsburger Bekenntnisses, die sich im Zuge zahlreicher Kontroversen in unterschiedliche theol. Richtungen aufgespalten hatten, wieder zusammenzuführen u. einen → Bekenntnisstand zu normieren, der sich ausschließlich an der Theologie Martin Luthers orientierte. Zwar hatte man vermieden, das K. als Corpus Doctrinae zu bez., um die Anhänger der bereits existierenden, theol. unterschiedlichen Corpora Doctrinae, die in den Territorien des Alten Reichs Rechtskraft erlangt hatten, integrieren zu können. Aber eigentlich sollte es ein Corpus Doctrinae sein, nämlich eine Slg. von → Bekenntnissen u. Schr. m. Bekenntnisrelevanz, die das Erbe der Wittenberger Reformation i. S. der Theologie Martin Luthers kodifizierte u. sowohl innerhalb als auch außerhalb der Reichsgrenzen Glauben u. Lehre auf einen gemeinsamen Bekenntnisgrund stellte. Annahme u. rechtlich verbindliche Einführung des K. waren eng m. der Zustimmung der Landesherren u. ihrer Theologen zur → Konkordienformel verbunden, dem theol. ausschlaggebenden Dokument des K. Nicht in allen reformatorisch gesinnten Territorien wurde es angenommen. Ca. zwei Drittel der ev. Stände im Reich führten es ein, darunter die Kurfürstentümer Sachsen, Brandenburg u. Pfalz. Zu den Unterschriftsverweigerern gehörten Holstein, Pommern, Hessen, Anhalt, Zweibrücken, einige Reichsstädte sowie die Königreiche Dänemark u. Schweden. Das K., das aus den drei altkirchlichen Bekenntnissen, der Confessio Augustana von 1530, deren Apologie, den ASm. m. Tractatus de primatu et potestate Papae, dem Großen u. Kleinen Katechismus Luthers sowie der 1577 erstellten Konkordienformel besteht, ist bis heute Bekenntnisgrundlage des weltweiten Luthertums.

Quellen

Die Bekenntnisschriften der Ev.-Luth. Kirche. Vollständige Neuedition, hg. v. I. Dingel, Göttingen 2014; Die Bekenntnisschriften der Ev.-Luth. Kirche. Quellen u. Materialien, Bd. I-II, hg. v. I. Dingel, Göttingen 2014.

Literatur

Bekenntnis u. Einheit der Kirche. Studien zum Konkordienbuch, hg. v. M. Brecht – R. Schwarz, Stuttgart 1980; Müller, G., Das Konkordienbuch von 1580. Geschichte u. Bedeutung: ZBKG 49 (1980), 161-178; Dingel, I., Concordia controversa. Die öff. Diskussionen um das luth. Konkordienwerk am Ende des 16. Jahrhunderts, Gütersloh 1996 (QFRG 63).

Irene Dingel

© 2019, DOI: 10.30965/9783506786388_0772

Konkordienformel – Historisch

Luthers Betonung der Predigt u. Melanchthons humanistisches Bemühen um die doctrina pura sowie die Ausbreitung der von Wittenberg ausgehenden → Reformation unter dem Schutz territorialer Obrigkeiten, denen man die Funktion von Notbischöfen zuschrieb, führte dazu, dass Einheit in Lehre u. → Bekenntnis als Aufgabe obrigkeitlicher Regulierung angesehen wurde. In den Kontroversen, die nach dem Augsburger Interim (1548) über zentrale Lehren der → Confessio Augustana geführt wurden, erwies sich, dass nicht nur eine theol., sondern auch eine rechtlich tragfähige Definition der reinen Lehre unerlässlich war. Versch. vergebliche obrigkeitliche Initiativen in den J. 1554 bis 1570, die Kontroversen zu befrieden u. zu einer theol. Einigung zu gelangen, gipfelten 1576-1577 in dem Bemühen Kursachsens u. Württembergs um ein einigendes Bekenntnis, das die Streitfragen lösen sollte. Eine Theologengruppe unter Führung Jacob Andreaes (Tübingen), bestehend aus Martin Chemnitz (Braunschweig), David Chytraeus (Rostock), Nikolaus Selnecker (Leipzig) u. Abgesandten Kurbrandenburgs, erstellte im Mai 1576 das Torgauer Buch u. bat alle ev. Territorien u. ihre Theologen um Stellungnahme u. Korrekturen. Aus deren Einarbeitung ging die Solida Declaratio hervor, der man eine Kurzfassung, die Epitome, voranstellte. Beide bilden die K., die fortan als rechtlicher Standard für die doctrina publica gelten sollte. Zwei Drittel der ev. Territorien nahmen sie an. Ihre Gegner kritisierten den durch die Obrigkeiten ausgeübten Bekenntniszwang. Als Teil des →Konkordienbuchs (1580) wurde die K. Lehrnorm für das Luthertum.

Quellen

Die Bekenntnisschriften der Ev.-Luth. Kirche, hg. v. I. Dingel, Göttingen u. a. 2014, 1165-1610; Die Bekenntnisschriften der Ev.-Luth. Kirche. Quellen u. Materialien 2, Die Konkordienformel, hg. v. I. Dingel, Göttingen u. a. 2014.

Literatur

Dingel, I., Concordia et Controversia, Gütersloh 1996 (QFRG 63).

Robert Kolb

Konkubinat – Katholisch

K. bez. eine eheähnliche Geschlechtsgemeinschaft zwischen einer Frau u. einem Mann o. Absicht u. Willen zur →Ehe. Aus einem offenkundigen od. öffentlichen K. entsteht das →Ehehindernis der →öffentlichen Ehrbarkeit zwischen einem Partner u. den Blutsverwandten (→Blutsverwandtschaft) des anderen Partners im ersten Grad der geraden Linie (c. 1093; c. 810 CCEO), im Fall natürlicher Verpflichtungen gegenüber einem anderen Partner od. Kindern aus einer früheren Verbindung ein →Trauungsverbot (c. 1071 §1, 3°; c. 789, 3° CCEO). Eine reine →Zivilehe ist für die Kirche kein K. mehr. Im Unterschied zum CIC/1917 (vgl. can. 2359 §§1-3) wird das K. eines →Klerikers deutlich als Verstoß gegen die Zölibatspflicht (→Zölibat) (vgl. c. 277) gesehen. Es ist m. Suspension (→Suspendierung) zu bestrafen, der weitere →Strafen bis zur Entlassung aus dem →Klerikerstand hinzugefügt werden können (c. 1395 §1; c. 1453 §1 CCEO). Ein spezifisches verwaltungsgerichtliches Strafverfahren (vgl. cann. 2176-2181) findet sich nicht mehr. Es bestehen jedoch →Sondervollmachten der →Kongregation für die Evangelisierung der Völker (1997) u. der →Kongregation für den Klerus (2009; →Römische Kurie) zur →Strafverhängung auf dem Verwaltungsweg. Mitglieder männlicher u. weiblicher →Ordensinstitute (cc. 695 §1 i. V. m. 696; c. 1505 CCEO), ebenso Mitglieder von →Säkularinstituten (cc. 729 i. V. m. 695 §1; c. 568 §2 CCEO) u. von →Gesellschaften des apostolischen Lebens (cc. 746 i. V. m. 694-704; c. 572 CCEO) sind durch ein Ausschlussverfahren (vgl. cc. 695 §2; 698; 699 u. 700; cc. 498-503 CCEO) zu entlassen. K. schließt vom Empfang der Eucharistie (→Zulassung zur Eucharistie) aus (Nr. 2390 KKK; Nr. 81 Familiaris Consortio).

Quellen

Johannes Paul II., Apost. Schreiben Familiaris consortio vom 22. Januar 1981: VApSt 33, Nr. 65-68; Kongr. für die Evangelisierung der Völker, Rundschreiben vom 3. März 1997 (Prot.N. 600/97); Kongr. für den Klerus, Rundschreiben vom 18. April 2009 (Prot.N. 2009 0556); nichtamtlicher Abdruck dt.: AfkKR 178 (2009), 181-190; dies., Rundschreiben vom 17. März 2010 (Prot.N. 2010 0823); nichtamtlicher Abdruck ital.: IusEccl 23 (2011), 229-235.

Literatur

Giesen, D., Art. Konkubinat: HRG Bd. 2, 1074 f.; Becker, H.-J., Art. Konkuninat: LMA Bd. 5, 1335; Rees, W., Die Strafgewalt der Kirche. Das geltende kirchl. Strafrecht – dargestellt auf der Grundlage seiner Entwicklungsgeschichte, Berlin 1993 (KStT 41), 475 f.; de Paolis, V., Delitti contro il sesto comendamento: PerRCan 82 (1993), 293-316; Lederhilger, S., Art. Konkubinat. II. Kirchenrechtlich: LThK^3 Bd. 6, 271; Primetshofer, B., Ordensrecht auf der Grundlage des CIC 1983 u. des CCEO unter Berücksichtigung des staatl. Rechts der Bundesrepublik Deutschland, Österreichs u. der Schweiz, Freiburg [4]2003; Papale, C., Il can. 1395 e la connessa facoltà speciale di dimissione dallo stato clericale in poenam: Ius Missionale 2 (2008), 39-58; Haering, S., Verlust des klerikalen Standes. Neue Rechtsentwicklungen durch päpstliche Sondervollmachten der Kongregation für den Klerus: AfkKR 178 (2009), 369-395; Brancatelli, S., Unioni di fatto e concubinato. Una possibile linea di contunuità?: PerRCan 100 (2011), 603-614; Schumann, E., Art. Konkubinat: HRG[2] Bd. 3, 94-97; KanR IV, 243; Rieger, R. M., Das Ausscheiden aus dem klerikalen Stand: HbkathKR[3], 410-429, 413 u. 417 f.; Kaptijn, A., Rechtspersönlichkeit u. rechtserhebliches Geschehen: HbkathKR[3], 183-198, 189; Lüdecke, N., Die rechtliche Ehefähigkeit u. die Ehehindernisse: HbkathKR[3], 1282-1314, 1308; Rehak, M., Die Eheschließung: HbkathKR[3], 1338-1360, 1354 f.; Rees, W., Einzelne Straftaten: HbkathKR[3], 1615-1643, 1634; Paglialunga, S., Il sanzionamento del sacerdote concubinario. Una norma a difesa dell'obbligo alla continenza (can. 1395 §1), Rom 2017 (Tesi Gregoriana. Serie Diritto Canonico 109); Lüdicke, K.: MKCIC c. 1395, Rn. 2.

Wilhelm Rees

© 2019, DOI: 10.30965/9783506786388_0774

Konsekration
→ Consecratio

Konsenstheorie – Historisch

Der K. zufolge ist der Konsens der Brautleute (Ehewille, →Ehevertrag) die Wirkursache (causa efficiens) der →Ehe (vgl. c. 1057). Die K. ist von erheblicher kultureller u. praktischer Bedeutung; sie unterstrich einerseits die Gleichstellung von Mann u. Frau bei der →Eheschließung, begünstigte andererseits den Abschluss klandestiner Ehen.

Die K. hat sich in einem längeren Klärungsprozess prinzipiell gegen die konkurrierende →Kopulatheorie durchgesetzt, der zufolge der Geschlechtsverkehr der Brautleute die Ehe bewirke. Die Kopulatheorie rezipierte dazu das jüd. (vgl. Gen 2, 24 = Mt 19, 5 = 1 Kor 6, 16 = Eph 5, 31: „una caro") wie auch das germanische Eheverständnis. Sie wurde u. a. von Hinkmar von Reims (gest. 882); um die Mitte des 12. Jh. in der Kanonistenschule von Bologna (→Bologna, Schule von) (v. a. Gratian, Rufinus); sowie z. B. von P. Lucius III. (1181-1185) in der →Dekretale Quaesitum est (Jaffé-Loewenfeld 15176 = Coll. Lips. LIX,16) vertreten.

Die K. beruht auf dem röm. Eheverständnis (vgl. Ulpian, Dig. 35.1.15 = 50.17.30: „Nuptias enim non concubitus, sed consensus facit"). Isidor von Sevilla, Ethymologiae IX,7,9 („Coniuges autem verius appellantur a prima desponsationis fide, quamvis adhuc inter eos ignoretur coniugalis concubitus; sicut Maria Ioseph coniux vocatur, inter quos nec fuerat nec futura erat carnis ulla commixtio") macht sie sich ebenso zu eigen wie P. Nikolaus I. (858-867) in seinem Lehrschreiben an die Bulgaren (vgl. DenzH 643). In der Frühscholastik lehren die K. u. a. Ivo von Chartres (gest. 1115), Hugo von St. Victor (gest. 1141) u. Petrus Lombardus (gest. 1160). Auch die Schule des Anselm von Laon (gest. 1117) löst sich von der Kopulatheorie u. entwickelt die Unterscheidung (Sponsaliendistinktion) zwischen →Verlobung (consensus de futuro) u. Eheschließung (consensus de praesenti).

Im Streit der Schulen von Paris u. Bologna vertritt P. Alexanders III. (1159-1181) in den Dekretalen Verum post (X 3.32.2) u. Ex publico (X 3.32.7) eine bereits bei Pseudo-Ambrosius u. Pseudo-Hieronymus gem. C. 27 q. 2 cc. 35-37 vorgezeichnete sowie in der Laoner Schule u. bei Johannes Faventinus erwogene Kompromisslösung, die bis heute geltendes Recht darstellt (vgl. cc. 1061 §1; 1141): Der →Ehekonsens bewirkt die Ehe; die Kopula hingegen bewirkt die absolute Unauflöslichkeit der (chr.) Ehe (→Unauflöslichkeit der Ehe).

Quellen

Lindsay, W. M., Isidori hispalensis episcopi etymologiarum sive originum libri XX, Bd. 1, Oxford 1911 (Nachdr. 1985); Friedberg, E., Quinque compilationes antiquae nec non Collectio Lipsiensis, Leipzig 1882; Jaffé, Ph., Regesta Pontificum Romanorum, Bd. 2, Leipzig ^{2}1888.

Literatur

Freisen, J., Geschichte des canonischen Eherechts bis zum Verfall der Glossenlitteratur, Paderborn ^{2}1893, hier 83-120, 151-219, 330-371; Joyce, G. H., Die chr. Ehe. Eine gesch. u. dogmatische Studie, Leipzig 1934, hier 50-102 u. 382-414; Plöchl, W. M., Das Eherecht des Magisters Gratianus, Leipzig – Wien 1935 (Wiener Staats- u. Rechtswissenschaftliche Studien 24), hier 32-43 u. 64-71; Zeimentz, H., Ehe nach der Lehre der Frühscholastik. Eine moraltheologische Untersuchung zur Anthropologie u. Theologie der Ehe in der Schule Anselms von Laon u. Wilhelms von Champeaux, bei Hugo von St. Viktor, Walter von Mortagne u. Petrus Lombardus, Düsseldorf 1973 (Moraltheologische Studien 1), 104-140; Reinhardt, H. J. F., Die Ehelehre der Schule des Anselm von Laon. Eine theologie- u. kirchenrechtsgeschichtliche Untersuchung zu den Ehetexten der frühen Pariser Schule des 12. Jahrhunderts, Münster 1974 (Beiträge zur Geschichte u. Philosophie u. Theologie des Mittelalters, NF 14), hier 75-93 u. 129-134; Weigand, R., Die Durchsetzung des Konsensprinzips im kirchl. Eherecht: ÖAKR 38 (1989), 301-314; Reinhardt, H. J. F., Art. Konsenstheorie: LKStKR Bd. 2, 624 f.; Strätz, H. W., Ehe. Rechtshistorisch: LKR, 218-224; KanR III, 359-361; Donahue, C., Johannes Faventinus on Marriage. (With an Appendix Revisiting the Question of the Dating of Alexander III's Marriage Decretals): Medieval Church law and the origins of the Western legal tradition. A Tribute to Kenneth Pennington, hg. v. W. P. Müller – M. E. Sommar, Washington 2008, 179-197.

Martin Rehak

© 2019, DOI: 10.30965/9783506786388_0776

Konsensualvertrag

→Ehekonsens

Konsistorium (Gericht)

→Diözesangericht

Konsistorium – Katholisch

Als K. wird die Versammlung der →Kardinäle m. dem →Papst zur →Beratung wichtiger Angelegenheiten der Kirche bez.

1. Geschichte: Seit den Kard. das Vorrecht der →Papstwahl zukommt, steigert sich auch der Einfluss, den sie tatsächlich bei der Leitung der Kirche ausüben. Sie werden zu den engsten Beratern u. Mitarbeitern der P. u. übernehmen in den K., die wohl ab dem Pontifikat Urban II. regelmäßig stattfinden, schrittweise die Rolle, die urspr. der röm. Synode zukam. Ihre Bedeutung u. ihr Einfluss kommen in der Tatsache zum Ausdruck, dass die P. ab dem 12. Jh. die →causae maiores im K. gemeinsam m. den Kard. beraten u. diese die bullae maiores durch ihre Unterschrift bestätigen.

Bis zur endgültigen Ausbildung der →römischen Kurie im 16. Jh. bauen die Kard. ihre Rolle als päpstliche Berater weiter aus. Die P. treffen ihre Entscheidungen de fratrum nostrorum consiglio u. behandeln m. ihnen die wichtigsten Angelegenheiten der Kirche: Ernennung (→Bischofsernennung) u. →Versetzung von →Bischöfen, Appelle aus den →Diözesen, Streitfälle, Anerkennung neuer →Ordensgemeinschaften, Gefahren für die →Disziplin u. den →Glauben, →Zensuren u. →Strafen, Finanzfragen, Heiligsprechungen usw. Dem K., das auf dem Höhepunkt seiner Bedeutung zwischen dem 12. u. 14. Jh. teilweise mehrmals wöchentlich stattfindet, kommt eine so entscheidende Bedeutung zu, dass Charles Lefebvre im Bezug auf die Rolle der Kard. in diesem K. von einer „participation institutionnelle" am Primat des röm. Bf. spricht. Die Kard. werden in dieser Zeit als pars corporis papae bez. u. in ihrer Funktion von Innozenz III. (1198-1216) m. den 70 Ältesten verglichen, die Mose bei der Führung des Volkes Israel zur Seite standen.

Die Bedeutung des K. verringert sich erst durch die Stabilisierung der röm. Kurie m. der Errichtung bzw. Neuordnung der Kongr. (→Kongregationen, römische) u. Kurialbehörden durch P. Sixtus V. (1585-1590) im J. 1588. Durch diese Entwicklung wird die Bedeutung des K. praktisch auf einen zeremoniellen Charakter reduziert u. den Kard. bleibt nur mehr das Vorrecht der Papstwahl.

2. Derzeitige Gestalt: Heute ist das K. die ordentliche Form der kollegialen Zusammenarbeit der Kard. m. dem P., welche „hauptsächlich in den Konsistorien [erfolgt], zu denen sie sich auf Anordnung des Papstes und unter dessen Vorsitz versammeln" (c. 353 § 1). Solche K. können ordentlich od. außerordentlich, öff. od. geheim sein. „Zum ordentlichen Konsistorium werden alle, zumindest die in Rom anwesenden Kardinäle einberufen, zur Beratung gewisser schwieriger Angelegenheiten, die jedoch regelmäßiger anstehen, oder zur Durchführung gewisser besonders feierlicher Akte" (c. 353 § 2). Im Fall der feierlichen Akte (Kreierung von Kard., Ankündigung von Heilig- u. Seligsprechungen usw.) kann ein ordentliches K. auch öff. sein, d. h. es dürfen neben den Kard. auch andere Personen geladen werden (vgl. c. 353 § 4).

Das außerordentliche K. (die ApK →Pastor Bonus spricht in diesem Zusammenhang vom consistorio plenario), zu dem alle Kard. nach Rom einberufen werden, „wenn besondere Erfordernisse der Kirche oder die Behandlung schwerwiegender Angelegenheiten dies ratsam erscheinen lassen" (c. 353 § 3), ist immer geheim, d. h. an ihm nehmen nur die Kard. teil. M. der Einberufung außerordentlicher K., die i. d. R. 3-5 Tage dauerten, hat P. Johannes Paul II. dieser alten Form der Beteiligung der Kard. an der →Kirchenleitung, die in der Gefahr stand, zu einem reinen Ritus zu erstarren, wieder neue Bedeutung gegeben. Unter dem Pontifikat Benedikt XVI. fanden sie verkürzt statt, P. Franziskus hat bisher nur einmal ein außerordentliches K. einberufen.

Neben dem Zweck der Beratung zu bestimmten Themen dienen die außerordentlichen K. auch dazu, dass die Kard. sich gegenseitig besser kennen lernen u. untereinander austauschen können. Auch wenn diese außerordentlichen K. keine feste Größe sind, sondern sich nach der jeweiligen Notwendigkeit, dem Anlass u. dem Thema der Versammlung richten, könnten sie jedenfalls dazu dienen, dem →Kardinalskollegium – über das Vorrecht der Papstwahl hinaus – etwas von seiner alten Rolle wiederzugeben.

3. Uneigentlicher Gebrauch: In einem anderen Sinne wird der Begriff K. in der Kirche in Österreich verwendet. Dort bez. er die Versammlung von Sachbearbeitern zur Entscheidung wichtiger Angelegenheiten der Verwaltung auf diözesaner Ebene. Das K. versammelt sich unter dem Vorsitz des Bf. od. des →Generalvikars u. besteht aus den versch. Büroleitern sowie den →Domkapitularen bzw. dem →Konsultorenkollegium. In einigen Diözesen Deutschlands wird daneben auch das →Diözesangericht als K. bez.

Literatur

Arrieta, J.-I., Diritto dell'organizzazione ecclesiastica, Mailand 1997, 281-298; Graulich, M., Kardinalat. Altehrwürdig u. funktionsfähig: Leitungsstrukturen der kath. Kirche. Kirchenrechtliche Grundlagen u. Reformbedarf, hg. v. I. Riedel-Spangenberger, Freiburg 2002 (QD 198), 76-100; Franchetto, F., Il concistoro straordinario (can. 353 § 3): QDE 32 (2019), 84-98.

Markus Graulich

© 2019, DOI: 10.30965/9783506786388_0779

Konsistorium – Evangelisch

Der Begriff K. bez. ein bzw. das Organ der kirchl. →Verwaltung u. hat eine lange u. wechselvolle Geschichte. Nachdem im Zuge der Reformation die röm.-kath. Bischofsgewalt nebst der K. als päpstliche Beratungsorgane u. gerichtliche Instanzen weggefallen war, entwickelten sich K. in den ev. →Landeskirchen aus den landesherrlichen Visitationskommissionen, die bereits aus Theologen u. Juristen zusammengesetzt waren. Das erste ev. K., das 1539 vom sächsischen Kurfürsten in

Wittenberg installiert wurde, hatte Vorbildfunktion. Es wurde zunächst als Kirchengericht errichtet, dem insb. Ehesachen übertragen waren. Alsbald wuchsen ihm aber auch Aufsichts- u. Verwaltungsbefugnisse zu. Die K. der Reformationszeit wurden insgesamt zum organisatorischen Kern u. Träger der Kontinuität des ev. Landeskirchentums (nicht nur, aber zunächst) im Kontext des landesherrlichen Kirchenregiments (→Kirchenregiment, landesherrliches). Sie waren m. ihrer administrativen u. gerichtlichen Entscheidungspraxis maßgeblich für die Kirchenrechtsbildung, für die nachhaltige Stabilisierung des ev. Landeskirchentums überhaupt u. später auch für die kontinuierliche Emanzipation der ev. Kirchen vom Staat. Vom 16. bis zum 19. Jh. vollzieht sich aber zunächst unter Episkopalismus (→Episkopalsystem), Territorialismus (→Territorialsystem) u. Kollegialismus (→Kollegialsystem) eine zunehmende Verstaatlichung der K. Sie wurden noch im Preuß. Allg. Landrecht von 1794 (→Allgemeines Landrecht für die Preußischen Staaten von 1794) als originär staatl. Behörden „unter der Oberdirection des dazu verordneten Departements der Staatsministerii" betrachtet (Teil 2, Titel 11, §145). Nach der fast vollständigen Verstaatlichung in der napoleonischen Ära setzte ein Prozess der – regional differenzierten – Loslösung der K. aus der staatl. Behördenorganisation ein, der nahezu das gesamte 19. Jh. bestimmte. Zu den wesentlichen Gründen für diese Entwicklung zählte zum einen die naturrechtlich-rationalistische Theorie des Kollegialismus, derzufolge die Kirchen als selbstständige öff. Korporationen in Gestalt religiöser Vereine aufgefasst wurden. Das damit verbundene Postulat einer stärkeren, auch administrativen Trennung von Staat u. Kirche fand Widerhall in der (nicht in Kraft getretenen) Paulskirchenverfassung von 1848/49 u. führte von dort in zahlreichen Ländern zu einem neuen Verständnis der kirchl. Verwaltung. Paradigmatisch wurde hier der →evangelische Oberkirchenrat für die altpreußischen Gebiete, der 1850 aus der ev. Abteilung im preuß. Kultusministerium hervorgegangen u. zu einer reinen obersten Kirchenbehörde geworden ist. Die Verbindung zum preuß. Staat bestand nur noch in der Person des preuß. Königs in seiner simultanen Eigenschaft als Staatsoberhaupt u. summus episcopus. Zum anderen setzte sich im Zuge des (staatl.) →Konstitutionalismus auch für den kirchl. Bereich die insb. von Friedrich Schleiermacher beförderte Auffassung durch, dass die kirchl. Selbstverwaltung (zumindest auch) durch →Synoden erfolgen solle. Stilbildend wurde hier der Verfassungskompromiss der Konsistorial-Synodalverfassung der Rheinisch-westfälischen KO von 1835. Insgesamt stand im 19. Jh. der innerkirchlichen Aufwertung der K. durch die Loslösung von der staatl. Verwaltung die Relativierung ihrer Entscheidungs- u. Leitungsbefugnis durch die Synoden gegenüber. M. dem Wegfall der Monarchie(n) u. dem damit verbundenen Ende des landesherrlichen Kirchenregiments 1918/19 wurde zugl. das letzte Band zwischen dem Staat u. der kirchl. Verwaltung zerschnitten; die K. wurden auch formell zu originär kirchl. Behörden. Im Kontext der erforderlichen Neuorganisation der Kirche(n) erhielten die Synoden gegenüber den K. nunmehr ein deutliches Übergewicht. Die K. wurden im Weiteren auf ihre Funktion als oberste Verwaltungsbehörde reduziert, während die Synoden als grundlegende Verfassungsorgane betrachtet u. zudem separate Kirchenleitungsorgane installiert wurden. Dieser Bedeutungswandel schlug sich zumeist auch in neuen Bez. nieder (→Landeskirchenamt, →Landeskirchenrat, Kirchenkanzlei etc.). Eine zusätzlichen Bedeutungsverlust erlitten die K. nach dem →Kirchenkampf zumindest in den sog. zerstörten Kirchen, während in den intakten Kirchen keine negativen Erfahrungen zu verzeichnen waren. Ein Blick auf die obersten kirchl. Verwaltungsbehörden der ev. Kirchen im 21. Jh. zeigt kein einheitliches Bild. Sie können je nach Verfassungslage im Gefüge der Verfassungsorgane eine starke Stellung m. kirchenleitenden Elementen einnehmen (etwa

Han) od. auf ihre rein administrativen Aufgaben beschränkt sein (etwa NK). Auch die Bez. variiert stark (s. o.); die Bez. K. führt nur noch die oberste Verwaltungsbehörde der EKBO. In allen LK verkörpern die obersten Verwaltungsbehörden eine (institutionelle) Handlungskontinuität u. nehmen zumindest auf die Vorbereitung synodaler u. kirchenleitender Entscheidungen Einfluss. Zudem lassen sich – unter den aktuellen Verfassungsorganen einzigartig – ihre Spuren bis in die Reformationszeit zurückverfolgen.

Literatur

Smend, R., Die Konsistorien in Geschichte u. heutiger Bewertung: ZevKR 10 (1963/64), 134-143; Heun, W., Art. Konsistorium: TRE Bd. 19, 483-488; Barth, Th., Elemente u. Typen landeskirchlicher Leitung, Tübingen 1995; de Wall, H. – Muckel, St., Kirchenrecht, München [5]2017.

Peter Unruh

Konstantinische Schenkung – Historisch

1. K. (Constitutum Constantini), so heißt landläufig eine prunkvolle Schenkungsurkunde, die von Kaiser Konstantin I. (gest. 337) ausgestellt, an P. Silvester I. (314-335) als Empfänger – u. m. ihm auch an seine sämtlichen Nachfolger usque in finem seculi sowie an alle kath. →Bischöfe in universo orbe terrarum (Constitutum, 1967, §1, vgl. §§13/14) gerichtet ungemein ausführlich in zwei (in den Handschriften nicht durchgängig gemeinsam überlieferten) Teilen zuerst von der durch Silvester in Rom vollzogenen Taufe Konstantins berichtet, welche umständlich als Befreiung vom Unrat heidnischer Verfehlung u. zugl. als Heilungswunder aus zuvor unheilbarer Lepra geschildert wird, zumal dem Aussteller (im Traum) die Apostel Petrus u. Paulus (§§6/7) u. in persönlicher Begegnung P. Silvester (§8) eine Taufe als wirksame therapeutische Alternative zu dem Rat der Heidenpriester vorgestellt haben, durch ein Bad im Blute unschuldiger Kinder Genesung zu finden (§6). In einem I. Teil beweist eine detaillierte Confessio des Kaisers seine Orthodoxie (§§2-10). Geheilt, setzt Konstantin im II. Teil (§§11-19) zu überschwänglichem Dank an, schenkt dem →Papst alle Zeichen kaiserlicher Würde in Rom – etwa das kaiserliche Diadem u. die goldene Krone, was freilich vom P. aus Achtung vor der eigenen corona clericatus (Tonsur) zurückgewiesen wurde, woraufhin ihm der Kaiser eigenhändig die (urspr. ebenfalls dem kaiserlichen Zeremoniell vorbehaltene) weiße phrygische Mütze (frygium, Vorform der späteren Tiara) aufgesetzt hatte (§§14, 16). Auch überlässt der Kaiser dem P. das Recht weiterer zeremonieller Auszeichnung seiner selbst u. seines gesamten Hofes durch Kleidung, Schmuck u. Rangabzeichen. Künftig soll die päpstliche Kurie den kaiserlichen Hofstaat punktgenau abbilden. Er überträgt seinen Lateranpalast, damit dort eine Kirche erbaut werde (San Giovanni in Laterano), u. schenkt „tam palatium nostrum ... quamque Romanae urbis et omnes Italiae seu occidentalium regionum provincias, loca et civitates saepefacto beatissimo pontifici" (§17). Er erklärt, „nostrum imperium et regni potestatem" in den Osten verlegen u. sein Kaisertum („imperium") in Byzanz fortsetzen zu wollen, „quoniam, ubi principatus sacerdotum et christianae religionis caput ab imperatore caelesti constitutum est, iustum non est, ut illic imperator terrenus habeat potestatem" (§18).

Dass Konstantin nach dem Sieg über seine Rivalen (312) die Christengemeinde vielfach begünstigt hat, ist allg. bekannt. Freilich ist man uneins über das Ausmaß seiner Großzügigkeit, geschweige denn, dass man die Konstantinische Wende einstimmig interpretierte. In den Zeiten fränkischer Rombegeisterung meinte man, Konstantin genauer zu kennen. Zwischen der Mitte des achten u. des neunten Jh. ist das Constitutum gefälscht worden. Bis heute hat man kein Einverständnis darüber erzielt, wann, wo, von wem u. m. welcher Absicht der Text erstellt wurde. Seit (im

15. Jh.) geklärt wurde, dass die Urkunde keinesfalls von Konstantin stammen kann, konnte keine der vorgebrachten Ursprungshypothesen zur herrschenden Meinung avancieren. Eine Gruppe von Historikern nimmt eine Entstehung in Rom an, im Pontifikat Stefans III. (768-772), unter Paul I. (757-767) od. auch unter Hadrian I. (772-795). Dagegen wollte zuletzt ein Historiker, eine ältere fränkische Herkunftsvermutung m. neuen Argumenten auffrischend, zeigen, dass der Text der fränkischen Opposition gegen Kaiser Ludwig den Frommen (814-840) zuzuschreiben sei (Fried, 2007). Dann wäre das Falsifikat nicht in Rom, sondern in einem westfränkischen Kloster (im neunten Jh.) hergestellt worden zur Abwehr fränkisch-kaiserlicher Macht in der Kirche. Eine sichere Antwort im Streit ist nicht in Sicht. Genauer lässt sich die gefälschte Schenkungsurkunde schon deshalb nicht datieren, weil ihr Text unmittelbar von den Actus Silvestri abhängt, die ihrerseits wohl (!) im 5. Jh. entstanden sind. Dieser hagiographische Text hatte es sich zum Ziel gesetzt, die Taufe Konstantins als röm. motiviert zu erweisen. Über die Absicht des falschen Privilegs wurde man bisher nicht einig. Sahen Historiker darin zuerst meist eine diplomatische Fälschung, die eine urkundliche Rechtsübertragung vorspiegeln wollte, etwa um die Frankenherrscher Pipin od. gar Karl den Großen selbst zu ähnlicher Großzügigkeit anzuspornen, haben andere den Text als literarische Fälschung, als Ergebnis hagiographischer Praxis aufgefasst. Röm. Verf. hätten damit der zentralen päpstlichen Basilica einen Fundationsbericht geben wollen, woraufhin fränkische Rompilger den Text zurück über die Alpen mitgenommen haben mochten (Huyghebaert, 1976). Das könnte immerhin dazu helfen, die röm. m. der fränkischen Hypothese zu vermitteln.

2. Die ma. Rezeption: Es könnte auch erklären, dass die materiell ältesten Handschriften des Textes nicht aus Rom od. Italien stammen, sondern aus fränkischen Bibliotheken nördlich der Alpen. Die von H. Fuhrmann (Constitutum, 1967) ermittelte älteste Textfassung ist nur in späten Textzeugen erhalten. Die paläographisch frühesten Manuskripte m. einem überarbeiteten Text stammen aus der zweiten Hälfte des neunten Jh. als Teil des sog. Pseudoisidor, einer Slg. von echten, ver- od. gefälschten Textsplittern, die im neunten Jh. Normen des KR in einem Konflikt in der fränkischen Reichskirche zur Geltung bringen sollten (Zechiel-Eckes, 2001). Im zweiten Teil des Pseudoisidor findet sich dort unter Konzilscanones auch das Constitutum. Durch den Siegeszug Pseudoisidors in Europa (Fuhrmann, 1972-1974) stand der Text immer breiter zur Verfügung. Erreichbarkeit aber war im Zeitalter handschriftlicher Vervielfältigung ein gewaltiger Vorteil. Der Text wurde damit nicht sogleich immerfort zu Rate gezogen od. gar zit., aber man konnte auf ihn stoßen u. ihn notfalls auch finden. Das erhöhte seine passiven Chancen.

Künftig ist jede Rezeption der K. zunächst vorwiegend (nicht ausschließlich) Pseudoisidor zu danken. Zumeist wird durch das Constitutum der Primat des P. belegt. Die päpstliche Kurie beruft sich immer deutlicher darauf. Der Text fand m. dem teilweise umgeordneten od. durch andere Materialien erg. Pseudoisidor zunehmend Aufnahme in die jeweils neuesten Kanonessammlungen der Spezialisten. Zuerst (bis zur Mitte des elften Jh.) haben nur zwei von insgesamt 17 Rechtssammlungen die Urkunde Konstantins zumindest teilweise berücksichtigt – wobei nicht der Schenkungs-Teil, sondern das kaiserliche Glaubensbekenntnis weit stärkeres Interesse weckte. Erst die kan. Aktivitäten der gregorianischen Reform (Berman, 1983) haben dann verstärkt Aufmerksamkeit auf die K. gelenkt: Jetzt finden sich Teile der Urkunde in 21 von 53 Slg. (d. h. in ca. 40 %; Petersmann, 1974). Auf der Gegenseite hat 1001 Kaiser Otto III. in einem kaiserlichen Diplom ein in Rom von einem Kardinaldiakon eigens fabriziertes Privilegexemplar als Fälschung (mendacium) zurückgewiesen (MGH DO III Nr. 389). Einmal (1155 bei Sutri) hat die Kurie offenbar m. Hilfe des Constitutum (§16) dem Staufer Friedrich Barbarossa nachgewiesen, dass ein korrekter Stratordienst (das Halten des Steigbügels zum Absteigen vom Pferd) bei der Begegnung m. dem P. eine der schuldigen reverentia des Herrschers gegenüber dem P. angemessene Voraussetzung für eine Kaiserkrönung war (Miethke, 2002).

Eine neue Ausweitung der Wirkungschancen kam im 12. Jh. durch die entstehende Rechtswissenschaft. In sein Dekr. hat Gratian (→Decretum Gratiani) ihn zwar auch um 1145 bei der zweiten Red. (Winroth, 2000) nicht aufgenommen. Doch unter den Erweiterungen dieses Grundtextes der Kanonisten befand sich auch ab etwa 1170 das Constitutum (Weigand, 1998). Wohl weil Paucapalea, ein Schüler Gratians, m. Erg. begonnen hatte, bez. man diese Erg. als paleae. Von jetzt an wird die Urkunde in den Erörterungen fast ausschließlich nach dieser palea zit. Doch die Juristen behandelten sie je nach Fak. unterschiedlich: Die jeweilige →Glossa ordinaria hat (zu Beginn des 13. Jh.) die Ergebnisse der jeweiligen Diskussionen festgehalten. Für die Legisten hielt Accursius fest (ad Nov. 6, pr.), Kaiser u. P. hätten sich nicht in die Geschäfte ihres Gegenübers einzumischen. Auf die Frage, ob der P. nicht dank K. Verfügungsgewalt über Zeitliches habe, wird die Unermesslichkeit der Gabe festgestellt, die eine Geltung behindere, doch wird eingewandt, dass jedes Wort des princeps Recht schaffe. Andererseits erweise sich der Kaiser damit nicht als ein Augustus (Mehrer des Reichs), auch dürfe er nicht über seine Nachfolger hinweggehen. Fazit: „non valuit talis collatio sive donatio ... quia sic posset totum imperium perire“. Damit war für die Legisten die Messlatte festgelegt. Fast alle haben sich künftig bemüht, diese Richtung nicht zu verlassen. Kanonisten dagegen brauchten die Authentizität des Dokuments nicht zu beweisen, diese war ja nicht bezweifelt worden. Ihr Problem blieb die Rechtsgültigkeit des Schenkungsaktes. Johannes Teutonicus betonte die Gültigkeit der K. (zu Di. 63 c. 30, s. v. viculis). Der Kaiser darf sie nicht widerrufen, „nam dicit lex quod sola immensitas est mensura rerum donatarum in ecclesia“. Der Kaiser dürfe zudem durchaus Sachen des Reichs veräußern, etc. Wiederum sind fast alle späteren Kanonisten dieser Auffassung gefolgt. Zweifel an der Rechtsgültigkeit sind nicht allzu weit entfernt von Zweifeln an der Authentizität einer Urkunde.

Mitte des 13. Jh. gewinnt das Constitutum eine neue Sinndeutung, die aus dem Amtsverständnis eines großen →Juristenpapstes resultierte. Die Donatio Konstantins hatte für Innozenz IV. keine Bedeutung. Sein Absetzungsurteil gegen Kaiser Friedrich II. auf dem I. Konzil von Lyon 1245 kommt im Text wie im Eigenkommentar des P. (Innozenz IV., 2011, Innozenz IV., 1556, zu VI 2.14.2) o. die K. aus: Der P. handelte kraft seines Chr.-Vikariats. Chr. hatte auf Erden als dominus naturalis über alle Kreatur das Recht dazu, einen Kaiser u. alle Fürsten abzusetzen. Als dominus discretus hat er diese Kompetenz auf seinen Nachfolger Petrus (u. an dessen Nachfolger, die P.) übertragen (Kempf, 1974). Diese Vorstellungen widersprachen der Tradition einer kaiserlichen Begabung. Nicht zufällig stammt wohl doch aus der Feder Innozenz IV. selbst ein kuriales Pamphlet, das die K. in diese Weltsicht einordnet: Der Text (Eger cui lenia, 1967, 521) behauptet, Konstantin habe dem P. keine Schenkung gemacht, in Wahrheit habe er seine zuvor tyrannisch u. illegitim in Anspruch genommene (weltliche) Herrschaft an P. u. Kirche (u. damit an Gott) zurückgegeben, so dass seine Herrschaft in Byzanz künftig nicht etwa die um das Westreich verkleinerte Fortsetzung seiner alten röm. Regierung war. Konstantin konnte erst jetzt beginnen, m. von Gott hergeleiteter Legitimität zu herrschen, während er zuvor nur eine von Gott gerade noch geduldete Tyrannei ausgeübt hatte. Tyrannis aber war nach ma. Überzeugung (auch abseits des kirchl. Rechts) Missherrschaft, war unrechtmäßig u. verwerflich, berechtigte die ihr Unterworfenen zu Ungehorsam u. Widerstand, zur

Absetzung des Herrschers, ja, seit Johannes von Salisbury (gest. 1180) letztendlich zu einem sittlich gerechtfertigten Tyrannenmord (Miethke, 2011). Nur langsam setzte sich diese neue Deutung der K. durch. Noch ein Menschenalter später (1278) hat Nikolaus III. ausdrücklich nur die Stadt Rom auf die K. bezogen, nicht von europaweiter päpstlicher Herrchaft gesprochen (VI 1.6.17, Friedberg, 1881, 957-960). Für diese Bescheidenheit hatte er gute Gründe: Seine →Dekretale war gegen Bestrebungen der Römer gezielt, in Rom eine vom P. unabhängige Kommune einzurichten. P. Bonifaz VIII. hat an der Wende zum 14. Jh. m. seiner herrischen Konfliktpolitik die Zeitgenossen verstört, da er die dem P. von kirchl. Theoretikern zugestandene Kompetenzfülle nunmehr auch in Alltagsgeschäften voll in Anspruch nehmen wollte. Alle der Kurie nahen Autoren, von Heinrich von Cremona bis Aegidius Romanus, Jakob von Viterbo u. Augustinus von Ancona sprechen von cessio, resignatio, von cedere, resignare, renuntiare, nicht von donare. Dagegen zogen Kritiker des P. entweder erneut die Kompetenz des Kaisers zu derart gewaltiger Schenkung in Zweifel od. – wie es etwa Marsilius von Padua tat – unterstrichen geradezu lustvoll, die Schenkung sei wirklich geschehen, um den rein menschlichen, kaiserlich-staatl. (u. damit nichtgöttlichen) Ursprung päpstlicher Herrschaftsansprüche klar zu markieren. Johannes Quidort, Lupold von Bebenburg od. Wilhelm Ockham lehnen die kuriale Deutung ab (Miethke, 2000). Noch bei Francesco Petrarca findet sich (1359) (Petrarca, 1925, 222) eine heftige Invektive gegen Konstantin wegen der Schenkung. Petrarca zweifelte noch nicht an der Authentizität des Constitutum, umso energischer bestreitet er die Berechtigung Konstantins: Ps 135, 3 umkehrend, warnt er die P., deren jeder sich traditionell als servus servorum Dei tituliere, sich selbst zu Herren der Herren zu erheben. Das kritisiert päpstliche Herrschsucht, nicht o. an die längst entschwundene antike Größe eines früher papstfreien Roms zu erinnern. Das humanistisch geschliffene Distichon lebt von der Konfrontation eines kritikwürdigen Jetzt m. antiker Unübertrefflichkeit.

Im 15. Jh. werden versch. Gelehrte herausfinden, dass Konstantin das Constitutum nicht ausgestellt haben konnte. Der Text war eine Fälschung. Raphael de Fulgosiis (gest. 1427) (vgl. Piaia, 2002; Cable, 2015), sowie Nikolaus von Kues (gest. 1456) u. Reginald Pecock, gehörten zu den ersten, die das erkannten. Der Cusanus legte 1433 in methodisch sicherer hist. Kritik dar (Nikolaus von Kues, 1963, §§294-312, insb. §295), dass der Text den authentischen Quellen widerspreche. Wenig mehr als ein Jahrzehnt nach diesem Befund hat Lorenzo Valla m. philologischer Sprachkritik endgültig den „fälschlich für eine Schenkung gehaltenen erlogenen Schenkungsakt Kaiser Konstantins" als Falsifikat erwiesen (Lorenzo Valla, 1976). Seit dem 16. Jh. ist das dann von Ulrich von Hutten, Martin Luther u. der prot. konfessionellen Polemik, später von der krit. Geschichtswissenschaft im 19. u. 20. Jh. – m. unterschiedlicher Empörung – endgültig bestätigt worden, auch wenn man an der Kurie noch weit über Lorenzo Valla hinaus an der Echtheit der Schenkung festhalten wollte.

Das Thema hat das MA hindurch immer wieder erörtert. Es ging nicht um eine verformte Erinnerung, die man mühsam hätte klären wollen. Vielmehr sollte eine Tradition, die in Kompilationen normativer Textsammlungen zur Hand war, auf die eigene Situation hin befragen, um die Lage an diesem Text zu messen. Eine positive, negative, od. unentschiedene Stellungnahme war vor aller Frage nach der hist. Wahrheit erreichbar u. auf unterschiedliche Weise in unterschiedlicher Tonhöhe u. m. versch. Beweiszielen darzulegen. Die Auslegungsgeschichte des Constitutum lebt von der Entwicklung der aktuellen Problemlage im jeweiligen Konflikt. Die komplexe Geschichte der Rezeption setzte stets neue Aktivität u. Spontaneität der Rezipienten voraus. Dabei standen sie beim Verständnis des Textes (fast) immer im Streit.

Quellen

Das Constitutum Constantini (Konstantinische Schenkung), Text, hg. v. H. Fuhrmann, Hannover 1968 (MGH Font. Iur. 10); Decretales pseudoisidorianae et capitula Angilrami, hg. v. P. Hinschius, Leipzig 1863 (Nachdr. Aalen 1963); hg. v. K. G. Schon: Projekt Pseudoisidor, auf Homepage der MGH: www.pseudoisidor.mgh.de/html/068.htm [Zugriff: 15.05.2019]; Corpus Iuris Canonici, I-II, hg. v. A. Friedberg, Leipzig 1879-1881 (Nachdr. Graz 1955 u. öfter); Diplomata regum et imperatorum Germaniae, Bd. 2, 2. Die Urkunden Otto des III. (Ottonis III. Diplomata), hg. v. T. Sickel, Hannover 1893 (MGH DO III); Actus Silvestri: Sanctuarium seu Vitae Sanctorum, hg. v. Boninus Mombritius, s.l., s.a. Mailand ca. 1479/1480, novam hanc editionem curaverunt duo monachi Solesmenses, II, hg. v. H. Quentin – A. Brunet, Paris 1910, 508-531; Petrarca, F., P. Piur: Petrarcas „Buch ohne Namen" u. die päpstliche Kurie, Ein Beitrag zur Geistesgeschichte der Frührenaissance, Halle 1925; Nicolaus von Kues, Concordantia catholica, hg. v. G. Kallen, Hamburg 1963; Eger cui lenia, hg. v. P. Herde: Ein Pamphlet der päpstlichen Kurie gegen Kaiser Friedrich II.: Dt. Archiv 23 (1967), 468-538 (Text 511-538); vgl. auch Eger cui lenia, hg. v. T. Frenz – P. Herde: Das Brief- u. Memorialbuch des Albert Behaim, München 2000, hier Nr. 32; Valla, L., De falso credita et ementita Constantini donatione, hg. v. W. Setz, Weimar 1976; Innozenz IV., Ad Apostolicae dignitatis: Conciliorum oecumenicorum generaliumque decreta, II/1, hg. v. A. Larson – K. Pennington, Turnhout 2013; aufgenommen in den Liber Sextus: VI 2.14.2; dazu Eigen-Kommentar von Innozenz IV., Sinibaldus Fliscus: Apparatus in quinque libros decretalium, Frankfurt 1968, zu 2.27.27, fol. 316v-317v.

Literatur

Levison, W., Konstantinische Schenkung u. Silvester-Legende: Miscellanea Francesco Ehrle, II, Rom 1924 (Studi e testi 38), 159-247, auch in: Levison, W., Aus rheinischer u. fränkischer Frühzeit, Ausgewählte Aufsätze, Düsseldorf 1948, 390-465; Laehr, G., Die Konstantinische Schenkung in der abendländischen Literatur des Mittelalters bis zur Mitte des 14. Jh., Berlin 1926 (Hist. Studien 166); ders., Die Konstantinische Schenkung in der abendländischen Literatur des Mittelalters: QFIAB 23 (1931/32), 120-181; Maffei, D., La donazione di Costantino nei giuristi medievali, Mailand 1964; Fuhrmann, H., Konstantinische Schenkung u. abendländisches Kaisertum: Dt. Archiv 22 (1966), 63-178; Kempf, F., La deposizione di Federico II alla luce della dottrina canonistica: Archivio della Società Romana di Storia Patria III/11 (1968), 1-16; Fuhrmann, H., Einfluß u. Verbreitung der pseudoisidorischen Fälschungen, I-III, Hannover 1972-1974; Kempf, F., Die Absetzung Friedrichs II. im Lichte der Kanonistik: Probleme um Friedrich II., hg. v. J. Fleckenstein, Sigmaringen 1974, 345-360; Petersmann, J., Die kan. Überlieferung des Constitutum Constantini bis zum Dekret Gratians: Dt. Archiv 30 (1974), 356-449; Huygebaert, N., Une legende de fondation, le Constitutum Constantini: Le Moyen Age 85 (1979), 177-209; Berman, H. J., Law and Revolution, Vol. 1: The Formation of the Western Legal Tradition, Cambridge, Mass. 1983; Pohlkamp, W., Privilegium ecclesiae Romanae pontifici contulit, Zur Vorgeschichte der Konstantinischen Schenkung: Fälschungen im Mittelalter, II, Hannover 1988, 413-490; Weigand, R., Versuch einer neuen, differenzierten Liste der Paleae u. Dubletten im Dekret Gratians: Life, Law and Letters, Historical Studies in Honour of Antonio García y García, II, hg. v. P. Linehan, Rom, 1998, 883-893; Miethke, J., De potestate papae. Die päpstliche Amtskompetenz im Widerstreit der politischen Theorie von Thomas von Aquin bis Wilhelm von Ockham, Tübingen 2000; Zechiel-Eckes, K., Ein Blick in Pseudoisidors Werkstatt: Francia 28 (2001), 37-90; Fuhrmann, H., The Pseudo-Isidorian Forgeries: History of Medieval Canon Law, hg. v. W. Hartmann – K. Pennington, II: Papal Letters in the Early Middle Ages, Washington DC 2001, 135-195; Piaia, G., Tra il Fulgosio e il Valla, La critica del Cusano alla Donatio: Nicolaus Cusanus zwischen Deutschland u. Italien, hg. v. M. Thurner, Berlin 2002, 115-128; Miethke, J., Rituelle Symbolik u. Rechtswissenschaft im Kampf zwischen Kaiser u. Papst: Ein gefüllter Willkomm (FS Schulz), hg. v. F. J. Felten – S. Irrgang – K. Wesoly, Aachen 2002, 91-125; Conetti, M., L'origine del potere legittimo, Spunti polemici contro la donazione di Costantino da Graziano a Lorenzo Valla, Parma 2004; Fried, J., Donation of Constantine and Constitutum Constantini, The Misinterpretation of a Fiction and its Original Meaning, Berlin – New York 2007 (Rezensionen etwa durch J. Miethke: http://hsozkult.geschichte.hu-berlin.de/rezensionen/2007-3-159 [Zugriff: 15.05.2019] od. G. Bowersock in: Church History and Religious Culture 88 [2008], 623-625); Miethke, J., „Die Konstantinische Schenkung in der mittelalterlichen Diskussion, Ausgewählte Kapitel einer verschlungenen Rezeptionsgeschichte“: Konstantin der Große, Das Bild des Kaisers im Wandel der Zeiten, hg. v. A. Goltz – H. Schlange-Schöningen, Köln – Wien 2008, 35-108; ders., Gehorsam u. Widerstand, Herrschaft u. Freiheit in mittelalterlicher Politiktheorie: Habitus – Norm u. Transgression in Bild u. Text (FS Saurma-Jeltsch), hg. v. T. Frese – A. Hoffmann, Berlin 2011, 131-150; Cable, M. J., Cum essem in Constantie ..., Raffaele Fulgosio and the Council of Constance, 1414-1415, Leiden – Boston 2015.

Jürgen Miethke

Konstitution – Katholisch

Neben der rechtsgeschichtlichen Bez. →Apostolische Konstitutionen wird in Anlehnung an die röm.-kaiserliche Gesetzgebung K. bzw. →Apostolische Konstitution (Const. Apostolica) seit dem MA bis heute häufiger zur Bez. von →Gesetzen des →Papstes, der allg. →Konzilien od. der päpstlichen Behörden verwendet.

Der CIC verwendet const. vornehmlich für die den klösterlichen Verbänden eigentümlichen Rechtssatzungen. Die Gesamtheit des Eigenrechts (Satzungsrechts) eines Inst. des geweihten Lebens ist graduell abgestuft. Den höchsten Rang haben die K., der Codex fundamentalis des Eigenrechts (bei den alten Orden vor 1600 Regel genannt). In den K. sollen enthalten sein: das geistl. Erbgut gem. c. 578 sowie die grundlegenden Normen über die Leitung des Instituts, über die Lebensordnung, Aufnahme u. Ausbildung der Mitglieder u. über den spezifischen Gegenstand der hl. Bindungen (vgl. cc. 587 §1, 598 §1). Diese konstitutionellen Normen bedürfen der →Approbation durch die zuständige kirchl. Autorität (→Diözesanbischof od. →Apostolischer Stuhl) u. können nur m. deren Zustimmung verändert werden (c. 587 §2). Die unter den K. stehenden übrigen eigenrechtlichen Bestimmungen (meist →Statuten genannt), die den K. nicht zuwiderlaufen dürfen, werden von den zuständigen Organen des Inst. o. externe Approbation erlassen.

Der CIC gebraucht den Begriff const. auch zur Umschreibung gesamtkirchlicher verfassungsrechtlicher Normen allein in der Überschrift zu Lib. II Pars II (De ecclesiae constitutione hierarchica; cc. 330-572) u. enthält darin – untergliedert in zwei Sekt. – die wesentlichen verfassungsrechtlichen Normen zur hierarchischen Organisationsstruktur der Kirche. Auch wenn Lib. II, eine der ekklesiologischen Grundaussagen des Vat II (LG Art. 2) aufgreifend, m. De populo Dei (cc. 204-746) überschrieben ist, enthält dieser Normenbereich in Lib. II Pars I, insb. in den Normen zu den Pflichten u. Rechten aller Gläubigen (Tit. I), zu den Pflichten u. Rechten der Laien (Tit. II) u. zu den Klerikern (Tit. III), weiter zu berücksichtigende Normen des kirchl. →Verfassungsrechts.

Im Unterschied zum weltlichen Recht, in dem verfassungsrechtliche bzw. grundgesetzliche Normen eine formale Überordnung über allem nachgeordneten Recht zukommt, ist das im CIC enthaltene kirchl. Verfassungsrecht den übrigen Rechtsnormen des CIC gleichgeordnet. Der im Zuge der Reformarbeiten zu den Gesetzbüchern (CIC u. CCEO) zunächst gefasste Plan einer dreigliedrigen Kodifikation unter Hinzunahme einer →Lex Ecclesiae Fundamentalis, wobei die LEF das den beiden Kirchen gemeinsame Verfassungsrecht der Kirche (ius constitutivum Ecclesiae) enthalten sollte, scheiterte, obwohl die Schaffung eines solchen Grundgesetzes ein Fortschreiten auf der Linie einer methodisch angemessenen Erfassung des kirchl. Rechtsstoffes gewesen wäre. Dem Projekt eines Grundgesetzes der Kirche (am Beginn der Reformarbeiten sprach man von Lex fundamentalis seu Ecclesiae Constitutionis) lag der Gedanke zugrunde, die für den Aufbau u. die Sendung der Kirche wichtigeren Rechtsnormen formal hervorzuheben u. in einem eigenen Grundgesetz der Kirche zusammenzufassen. Als eine kirchenrechtstheoretische Schwierigkeit erwiesen sich die Schlussbestimmungen des Schema-LEF, die von der Idee einer durchgreifenden, formalrechtlich festgelegten Überordnung des Grundgesetzes über alles nachgeordnete KR beherrscht waren. Im Unterschied zum weltlichen Recht ist ein solch formal begr. absoluter Vorrang aller Normen der LEF theol. nicht vertretbar, da im KR das innere Gefälle der Normqualität in erster Linie durch die Unterscheidung von →ius divinum u. ius (mere) ecclesiasticum (→Ius ecclesiasticum) bestimmt ist.

Quellen

Vat II, LG.

Literatur

Wächter, L., Gesetz im kan. Recht, St. Ottilien 1989 (MThS.K 43), 7, 20-21, 36-41, 50-53; ders., Art. Konstitution: LThK³ Bd. 6, 322-323; KanR I, 47, 161; Henseler, R.: MKCIC cc. 587, 598.

Lothar Wächter

© 2019, DOI: 10.30965/9783506786388_0781

Konstitutionalismus – Historisch

Der Begriff entstand in den politischen Verf.-Debatten des Vormärz für unterschiedliche Modelle der Zuordnung der monarchischen Gewalt u. repräsentativer Körperschaften. In den Bereich der ev. Kirchen ist er nachträglich als hist. Deutebegriff übertragen worden u. bez. Bestrebungen, den Gliedern ev. Kirchenkörper auf der Ebene der Parochien u. oberhalb ihrer Repräsentativorgane im Gegenüber zu städtischen od. grundherrlichen Patronen u. den unterschiedlichen Instanzen des Landesherrlichen Kirchenregiments (→Kirchenregiment, landesherrliches) zu schaffen. Von exemplarischem Rang sind die preuß. Vorgänge. Hier wurden 1808/09 alle kirchl. Leitungsbehörden in andere Ressorts der allg. Verwaltung eingegliedert. Erst 1815 wurden wieder Kons. eingerichtet, u. erste Kreissynoden von Geistlichen traten aus eigener Initiative zusammen. M. einem außergewöhnlichen Maß an Beharrlichkeit, Geschick u. Weitsicht vertrat Friedrich Schleiermacher (1768-1834) seit 1814 öffentlichkeitswirksam das Programm einer KirchVerf., deren Repräsentativorgane sich von der Ebene der →Gemeinde aus nach o. aufbauen u. in Kooperation m. dem Landesherrlichen Kirchenregiment der verfassten Kirche einen relativen Eigenstand in der Gesellschaft sichern sollten. Er etablierte ein Junktim zwischen einer solchen KirchVerf. u. den kgl. Kirchenreformprojekten (Union der protestantischen Schwesterkirchen, Einführung landeseinheitlicher gottesdienstlicher Formen): Dieses seien innere Angelegenheiten der Kirche (iura in sacra), die nur unter (repräsentativer) Mitwirkung der Ortsgemeinden, geregelt werden könnten: Diese seien der eigentliche Kern der Kirche, u. ihre Beteiligung an der →Kirchenleitung sei eine Aufgabe, welche die Reformation zwar gestellt, aber nicht gelöst habe. Diese Argumente bestimmten positiv wie negativ die Debatten der Folgezeit.

In einigen Gebieten, die seit 1803 zur Preuß. Monarchie gekommen waren (Rheinprovinz, Westfalen), bestand in luth. wie in ref. Gegenden eingespielte kirchl. Selbstverwaltung in presbyterial-synodalen KO; die Rheinisch-westfälische KO (1835) erhielt diese u. kombinierte sie m. den Institutionen des landesherrlichen Kirchenregiments. Dieser wechselseitigen Erg. u. Durchdringung von konsistorialen u. presbyterial-synodalen Strukturen gehörte die Zukunft – in anderen dt. Territorien wie auch in den preuß. Ostprovinzen. Die Generalsynode von 1846, eine Notabelnversammlung, scheiterte m. dem Versuch, eine im Bekenntnis geeinte Preuß. LK zu begründen. Seit 1858/60 bestanden →Kirchenvorstände in allen Gde., seit 1862/64 Kreissynoden m. Laienbeteiligung. Parallel hierzu lief eine weitere Verfassungsentwicklung, die das landesherrliche Kirchenregiment aus dem Staatsapparat herauslöste u. es an die Person des Monarchen als den Summus Episcopus band, der es wiederum von einer spezifisch als kirchl. sich verstehenden Behörde ausüben ließ, dem →Evangelischen Oberkirchenrat (seit 1850). Opposition gegen diesen Neubau der KirchVerf. kam von politisch u. theol. konservativen Kreisen u. Strömungen: Es gelte, die Herrschaft der in Schrift u. Bekenntnis verfassten Wahrheit in der Kirche gegen die Volatilität wechselnder Majoritäten zu sichern – durch einen rechtgläubigen, vom Landesherrlichen Kirchenregiment unterstützten Pfarrerstand (Stahl, Hengstenberg). Um zu verhindern, dass die Grundlagen kirchl. Lebens u. Lehrens zur Disposition der Repräsentanten ungläubiger Mehrheiten im Kirchenvolk gestellt werden könnten, wurde für kirchl. Repräsentativorgane das noch gegenwärtig (Ausnahme: Württemberg) gebräuchliche Filtriersystem erdacht: Die Mitglieder höherer Repräsentationsorgane (Provinzial- od. Generalsynoden) wurden nicht in Urwahlen bestimmt, sondern durch die je eine Stufe niedrigeren Körperschaften delegiert. Erst zögernd, nach 1873 (Berufung der ersten [außerordentlichen], Generalsynode, die 1875 stattfand) immer folgerichtiger erkannten gerade Konservative (Stoecker) die neuen Durchsetzungsmöglichkeiten in diesen Gremien. Sie bildeten Parteien u. organisierten den Widerstand gegen ein Kirchenregiment, welches den status quo religiöser u. theol. Pluralität in der Landes- u. Volkskirche bewahren wollte. Waren es zuvor die politisch u. theol. Liberalen (Schenkel) gewesen, die den kirchl. K. getragen hatten, so wurde er nun immer mehr zum Anliegen der Kirchl.-Konservativen, während Liberale zunehmend die positiven Seiten eines behutsamen Landesherrlichen Kirchenregiments entdeckten (Foerster). Insgesamt bildeten sich in fast allen dt. LK funktionsfähige KirchVerf., die den Verlust ihrer Spitze im landesherrlichen Kirchenregiment 1918/19 relativ störungsfrei verwanden.

Literatur

Foerster, E., Die Entstehung der preuß. Landeskirche, 2 Bde., Tübingen 1905-1907; Hintze, O., Die Epochen des ev. Kirchenregiments in Preußen (1907): Ders., Gesammelte Abhandlungen Bd. III, hg. v. G. Oestreich, Göttingen ²1967, 56-96; Ris, G., Der „Kirchliche Konstitutionalismus", Tübingen 1988 (Jus Ecclesiasticum 33); Die Geschichte der Ev. Kirche der Union, Bd. I: Die Anfänge der Union unter landesherrlichem Kirchenregiment, hg. v. J. F. G. Goeters – R. Mau, Leipzig 1992; Die Geschichte der Ev. Kirche der Union Bd. II: Die Verselbständigung der Kirche unter dem königlichen Summepiskopat (1850-1918), hg. v. J. Rogge – G. Ruhbach, Leipzig 1994; Die Geschichte der Ev. Kirche der Union Bd. III: Trennung von Staat u. Kirche, kirchl.-politische Krisen, Erneuerung kirchl. Gemeinschaft (1918-1992), hg. v. G. Besier – E. Lessing, Leipzig 1999; Noordveld-Lorenz, D., Gewissen u. Kirche. Zum Protestantismusverständnis von Daniel Schenkel, Tübingen 2014 (BhTh 176).

Martin Ohst

© 2019, DOI: 10.30965/9783506786388_0782

Konsultorenkollegium – Katholisch

Das K. ist ein auf teilkirchlicher Ebene (vgl. c. 368) obligatorisch vorgeschriebenes beispruchsberechtigtes Ratsgremium, das den →Diözesanbischof in der Ausübung seines →Hirtendienstes unterstützt.

1. Geschichte: Das K. ist eine Einrichtung, die im Zuge der Kodexreformarbeit neu geschaffen wurde. Während nach altkodikarischem Recht das →Domkapitel Senat des Bf. u. wesentlich in die Leitung der →Diözese eingebunden war (can. 391 §1), sollten die Aufgaben diese Gremiums gem. konziliarem Auftrag (CD 27) neu geordnet werden. Gesamtkirchlich blieb den Domkapiteln die Durchführung feierlicher Gottesdienste in der Kathedralkirche (c. 503). Die Funktion, den Bf. gleichsam als Senat in der Leitung der Diözese zu unterstützen, wurde dem (ebenfalls) neugeschaffenen Gremium des →Priesterrats

als Repräsentanz des →Presbyteriums übertragen (c. 495 §1). Aus Gründen der Praktikabilität wurde gemeinrechtlich normiert, dass aus den Mitgliedern des Priesterrats das K. bestellt wird. Scheidet ein Mitglied des K. aus dem Priesterrat aus, bleibt es gem. einer authentischen Interpretation (AAS 76 [1984], 747) im K. Scheidet ein Konsultor während der Amtszeit aus dem K. aus, ist der Diözesanbischof erst dann zur Nachbestellung verpflichtet, wenn die Mindestzahl von sechs Mitgliedern unterschritten wird. Gem. c. 502 §4 kommen in →Apostolischen Vikariaten u. →Apostolischen Präfekturen die Aufgaben des K. dem in c. 495 §2 genannten Missionsrat zu, falls im Recht nichts anderes vorgesehen ist.

2. Ekklesiologischer Ort: Das K. betont die (auf dem Vat II wieder neu entdeckte) synodale Dimension der Kirche (→Synodalität). Insofern ist es bedauerlich, dass die sechs bis zwölf Mitglieder des K. ausschließlich vom Diözesanbischof aus den Mitgliedern des Priesterrats frei ernannt u. nicht ganz od. teilweise von diesen gewählt werden od. diesen wenigstens ein →Beispruchsrecht eingeräumt worden wäre (c. 502 §1). Da die Mitglieder des K. aus dem Priesterrat zu bestellen sind, müssen diese →Priester (sacerdotes) sein. Damit ist die Mitwirkung von →Laien in diesem synodalen beispruchsberechtigten Gremium ausgeschlossen. Das ist gerade im Blick auf die wahrzunehmenden Aufgaben bedauerlich. Die DBK hat zudem von der Möglichkeit des c. 502 §3 Gebrauch gemacht u. die Aufgaben des K. dem jeweiligen Domkapitel übertragen. Damit legen die Bf. größeren Wert auf Kontinuität, insofern die Mitgliedschaft im Domkapitel zeitlich unbefristet ist. Zudem sind, faktisch u. teilweise auch konkordats- bzw. staatskirchenrechtlich begr., die einzelnen Mitglieder der Domkapitel in den Diözesen im Bereich der DBK in die Leitung der Diözese durch Besetzung kurialer Spitzenämter eingebunden u. insofern weisungsgebunden. Darin besteht eine gewisse Spannung zur Konzeption des K. als unabhängigem extrakurialem Gremium. Das Domkapitel nimmt die Aufgaben des K. wahr, ist aber nicht das K. Das kommt u. a. darin zum Ausdruck, dass der Diözesanbischof (in der Vakanz der →Diözesanadministrator bzw. das der Priesterweihe nach älteste Mitglied des K.) dem K. vorsteht (c. 502 §2), während das Domkapitel seinen Vorsteher gem. auton. Satzungsrecht (c. 505) selbst bestimmt (c. 507 §1). Im Unterschied zum Priesterrat, der grds. zu hören ist, wenn es um das pastorale Wohl des dem Diözesanbischof anvertrauten Teiles des Gottesvolkes geht (c. 495 §1), ist das K. nur in den vom Recht benannten Angelegenheiten zu beteiligen.

3. Aufgaben: Die Beispruchsrechte des K. werden unterschieden in Anhörungsrechte (bei Vermögensverwaltungsakten von größerer Bedeutung gem. c. 1277; bei der Ernennung od. Abberufung des →Diözesanökonomen während seiner Amtszeit gem. c. 494 §§1 u. 2) u. Zustimmungsrechte (bei Akten der außerordentlichen →Vermögensverwaltung gem. c. 1277; Veräußerungsgeschäften gem. c. 1292 §1 S. 2 u. c. 1295; bei →Inkardination od. →Exkardination durch den Diözesanadministrator nach einjähriger Vakanz gem. c. 272; bei der Entlassung des →Kanzlers od. anderer →Notare durch den Diözesanadministrator gem. c. 485). Bei der Bestellung eines Diözesan- od. →Auxiliarbischofs sind gem. c. 377 §3 einige Mitglieder des K. vom Nuntius zu befragen. Im Fall der Vakanz eines Bistums kommen dem K. bes. Aufgaben zu: Es benachrichtigt den Apost. Stuhl über den Tod des Diözesanbischofs, wenn kein Auxiliarbischof vorhanden ist (c. 422), übernimmt bis zur Wahl eines Diözesanadministrators die interimistische Leitung der Diözese, wenn kein Auxiliarbischof vorhanden ist (c. 419), wählt binnen acht Tagen einen Diözesanadministrator (c. 421 §1), nimmt dessen Ablegung des Glaubensbekenntnisses entgegen (c. 833 n. 4) u. nimmt während der ganzen Vakanz die Aufgaben des Priesterrats wahr, der bei Eintritt der Vakanz aufhört, zu existieren (c. 501 §2). Bei Behinderung des →Bischöflichen Stuhls wählt unter bestimmten Umständen das K. einen Priester als

interimistischen Leiter der Diözese gem. c. 413 § 2. Das K. wirkt wesentlich m. bei der Besitzergreifung des Bistums durch den Diözesanbischof (c. 383 § 2), bei der Amtsergreifung durch den → Bischofskoadjutor (c. 404 § 1) bzw. bei Behinderung des Bfl. Stuhls (c. 404 § 3).

Quellen

Vat II, CD.

Literatur

Ivandic, P., Die verbindlich vorgeschriebenen Konsultationsorgane des Diözesanbischofs im universalen Recht der lat. Kirche u. deren Verwirklichung in den Partikularnormen der Diözese Eisenstatt, Rom 2011; Schmitz, H., Die Konsultationsorgane des Diözesanbischofs: HbkathKR[3], 620-638.

Bernd Dennemarck

© 2019, DOI: 10.30965/9783506786388_0783

Kontext – Katholisch

Die kirchl. Rechtsordnung verwendet den Begriff K. insb. im Rahmen der in c. 17 bzw. c. 1499 CCEO normierten ersten philologischen Interpretationsmethode, nach der die Gesetze „gemäß der im Text und im Kontext ... erwogenen eigenen Wortbedeutung" zu interpretieren sind (→ Interpretation, Auslegung). Dies zeigt, dass vom Gesetzgeber verwendete Worte durch ihren Verwendungskontext ihre spezifische Bedeutung erlangen. Auf den K. wird in manchen Normen explizit u. zusammen m. der Wendung, dass sich aus der „→ Natur der Sache" u. dem K. ggf. etwas anderes nahelegt, verwiesen (vgl. cc. 361, 606, 739, 1258). M. dem Wort K. ist zum einen der gesetzessystematische K. der jeweiligen Norm gemeint. Zum anderen ist die kirchl. Rechtsordnung gem. Johannes Paul II. in der Optik des Vat II zu interpretieren (Johannes Paul II., Allocutio ad Praelatos Auditores S. Romanae Rotae coram admissos vom 26.01.1984: AAS 76 [1984], 645), da das Vat II der ApK → Sacrae Disciplinae Leges zufolge das vorrangige Bsp. für den Codex darstellt, der stets nur ein unvollkommenes Abbild des Konzils sein kann (→ Konzil und Codex; → Hermeneutik des Kirchenrechts). Das Vat II stellt neben dem gesetzessystematischen K. daher den K. der philologischen Methode gem. c. 17 dar, sodass das Vat II bei der stets anzuwendenden philologischen Methode eine entscheidende Rolle spielt u. nicht nur bei der hist. Interpretationsmethode. So ist bspw. für die inhaltliche Bestimmung der in den cc. 766 u. 767 verwendeten Begriffe der → Homilie u. der → Predigt, die im CIC nicht näher definiert werden, der Rückgriff auf den Kontext des Vat II, in diesem Fall auf SC 35 u. 52, notwendig. Ferner bieten die theol. Leitsätze (→ Fundamentalnorm) zudem einen innerkodikarischen K. m. deutlichem Konzilsbezug, insofern sie Konzilstexte wörtlich zitieren. Sie stehen häufig zu Beginn eines Kap. u. geben somit die theol. Optik bzw. Matrix vor, in der die Folgenormen zu interpretieren sind.

Quellen

Vat II, SC; Johannes Paul II., ApK Sacrae Disciplinae Leges vom 25. Januar 1983: AAS 75 (1983) Pars II, VII-XIV; ders., Allocutio ad Praelatos Auditores S. Romanae Rotae coram admissos vom 26.01.1984: AAS 76 (1984), 643-649.

Literatur

Castillo Lara, R., Criteri di lettura e comprensione del nuovo codice: Apollinaris 56 (1983), 344-369; Sobański, R., Zu den Interpretationsregeln des kirchl. Gesetzbuches: Iustus Iudex (FS Wesemann), hg. v. K. Lüdicke – H. Mussinghoff – H. Schwendenwein, Essen 1990 (BzMKCIC 5), 693-707; Schüller, T., Die Barmherzigkeit als Prinzip der Rechtsapplikation in der Kirche im Dienste der salus animarum. Ein kanonistischer Beitrag zu Methodenproblemen der Kirchenrechtstheorie, Würzburg 1993 (FzK 14), insb. 217-287; ders., Über die Kunst der Interpretation kirchenrechtlicher Normen: DPM 2 (1995), 302-310; Pree, H., Der Stellenwert der Tradition im kan. Recht. Die Auslegungsregel des c. 6 § 2 CIC/1983: Plenitudo legis dilectio. Ksiega pamiatkowa dedykowana prof. dr. hab. Bronislawowi W. Zubertowi OFM z okazji 65. rocznicy urodzin, hg. v. E. Szczot u. a., Lublin 2000,

543-571; Müller, L., Codex u. Konzil. Die Lehre des Zweiten Vatikanischen Konzils als Kontext zur Interpretation kirchenrechtlicher Normen: AfkKR 169 (2000), 469-491; Lederhilger, S., Repetition od. Innovation? Bemerkungen zu Interpretationsgrundsätzen für den CIC/1983: AfkKR 172 (2003), 58-83; Meckel, T., Konzil u. Codex. Zur Hermeneutik der Kirchenrechtswissenschaft am Beispiel der christifideles laici, Paderborn – München – Wien – Zürich 2017 (KStKR 18), insb. 58-80; Socha, H.: MKCIC c. 17.

Thomas Meckel

Konvalidation
→ Convalidatio simplex

Konversion – Katholisch

Unter K. wird die Aufnahme eines → nichtkatholischen Christen auf seinen Antrag hin in die volle Gemeinschaft der röm.-kath. Kirche verstanden. Sie ist zu unterscheiden von der Erwachsenentaufe (→ Taufe) eines → Ungetauften u. der Wiederaufnahme (auch → Rekonziliation) eines röm.-kath. Christen nach → Kirchenaustritt od. einer anderen öff. beweisbaren Form des Abfalls von der Kirche. Im Unterschied zum CCEO (cc. 896-901), der detaillierte Regelungen zum K.-Wechsel aufweist, deutet nur c. 883 2° im Kontext der Firmvollmachterteilung an, dass die Aufnahme eines nichtkatholischen Christen in die volle Gemeinschaft der röm.-kath. Kirche der Genehmigung des Bf. bedarf. Formal handelt es sich bei der K. um eine annahmebedürftige Willenserklärung in Form eines zweiseitigen Rechtsaktes, bei der zum einen die Aufnahmebitte des Petenten u. zum anderen die Aufnahmezulassung durch den zuständigen Bf. im Bereich des forum externum zu unterscheiden sind. Eine De-Facto-K. ist nicht statthaft u. zulässig, allerdings in der Praxis durch entspr. Anmeldeverhalten bei Wohnsitznahme durchaus im Einzelfall zu beobachten.

Die K. ist Ausdruck der positiven → Religionsfreiheit nach staatl. Recht (Art. 4 GG), das ausdrücklich den Wechsel der → Konfession u. Religion ermöglicht u. schützt. Auch im DirOec/1993 wird m. Bezugnahme auf UR 4 betont, dass jedem Christ das Recht zukomme, „aus Gewissensgründen frei zu entscheiden, in die volle Gemeinschaft der katholischen Kirche einzutreten." (Nr. 99) Hinzu kommt, dass c. 748 § 1 alle Menschen anhält, in Fragen, die Gott u. die Kirche betreffen, die Wahrheit zu suchen u. diese anzunehmen u. zu bewahren. Dogmatisch steht hinter dieser Verpflichtung die Annahme, die auch das Vat II bestätigt hat, dass die röm.-kath. die wahre Kirche Jesu Chr. ist.

Der K. sollte nach Möglichkeit eine Vorbereitung (Konvertitenunterricht) vorangehen, bei der der Petent in die kath. Lehre eingeführt wird. Dabei ist darauf zu achten, dass ihm nicht mehr Lasten auferlegt werden, als notwendig ist (vgl. UR 18 m. Verweis auf Apg 15, 28). Bei Christen aus nichtunierten Kirchen des Ostens ist die Ablegung des → Glaubensbekenntnisses für die Aufnahme ausreichend. Christen aus kirchl. Gemeinschaften, die aus der Reformation hervorgegangen sind, empfangen im Rahmen der K. in einer → Eucharistiefeier die Sakramente der Eucharistie u. → Firmung u. legen ebenfalls das Glaubensbekenntnis ab. Liturgisch einschlägig für die K. ist der Ordo Initiationis Christianae Adultorum (1972) u. im deutschsprachigen Raum Die Feier der Aufnahme gültig Getaufter in die volle Gemeinschaft der kath. Kirche in den Bistümern des dt. Sprachgebietes, hg. im Auftrag der BK Deutschlands, Österreichs u. der Schweiz u. der Bf. von Bozen-Brixen u. Luxemburg, Freiburg, Neuauflage 2007. Zu beachten sind auch die Hinweise in der Arbeitshilfe 52 der DBK Die Aufnahme in die volle Gemeinschaft der kath. Kirche aus 1987.

In der Praxis bereitet die K. dann Schwierigkeiten, wenn die eheliche Situation nicht i. S. des kirchl. Rechts geordnet werden kann, weil der Petent bzw. sein Ehepartner bereits in einer gültigen sakramentalen Vorehe gelebt haben. Die divergierende Rechtspraxis, die von der Zulassung bis zur Ablehnung solcher Gesuche reicht, zeigt die Unsicherheit im Umgang m. dieser Thematik u. hat trotz versch. Anfragen bei den zuständigen röm. Dikasterien, hier v. a. bei der Glaubenskongregation, bisher zu keiner zufriedenstellenden Antwort geführt.

Zur K. wird man auch die Hinwendung eines röm.-kath. Christen zu einer anderen chr. Kirche od. Gemeinschaft od. nichtchristlichen Religion zählen müssen. Kirchenrechtlich ist dies als →Schisma u. →Häresie nach cc. 751, 1364 zu bewerten, bei Religionswechsel auch als →Apostasie. Die Kirchenzugehörigkeit wird dadurch nicht verloren, wohl aber kommt es zu einschneidenden Einschränkungen in der →Rechtsstellung (cc. 1331, 1336) des Katholiken.

Quellen

Vat II, UR; Päpstlicher Rat zur Förderung der Einheit der Christen, Dir. zur Ausführung der Prinzipien u. Normen über den Ökumenismus vom 25. März 1993: VApSt 110.

Literatur

Riedel-Spangenberger, I., Konversion: LKStKR Bd. 2, 638-639; dies., Konversion: LKR, 606-608; Zotz, B., Kath. getauft – kath. geworden. Kan. Kriterien für die Zugehörigkeit zur röm. Kirche, Essen 2002 (BzMKCIC 35); Althaus, R., Konversion – Abfall vom Glauben od. Freiheit des Glaubens?: Recht auf Mission contra Religionsfreiheit?, hg. v. P. Krämer – S. Demel – L. Gerosa – A. E. Hierold – L. Müller, Münster 2007, 189-200; Pree, H., Die Konversion als Rechtsakt: Kirchenrecht u. Theologie im Leben der Kirche (FS Reinhardt), hg. v. R. Althaus – K. Lüdicke – M. Pulte, Essen 2007 (BzMKCIC 50), 347-353; Rhode, U., Die oberhirtliche Aufsicht über die Taufe, Konversion u. Rekonziliation Erwachsener. Ein Überblick über die Verwaltungspraxis in den dt. Bistümern: Im Dienst von Kirche u. Wissenschaft (FS Hierold), hg. v. W. Rees – S. Demel – L. Müller, Berlin 2007 (KStT 53), 573-600; Armbruster, K., Bekehrung. Zur spirituellen u. pastoralen Relevanz von Konversionen heute: ThPQ 159 (2011), 257-264.

Thomas Schüller

© 2019, DOI: 10.30965/9783506786388_0786

Konversion – Evangelisch

1. Begriff: Grds. ist K. in vierfacher Weise auf die ev. Kirche hin möglich: die K. von einer anderen chr. Kirche; die K. von einer anderen, nichtchristlichen Religionsgemeinschaft; die K. von einer Nichtzugehörigkeit; die K. als Rückkehr nach einem →Kirchenaustritt. Theol. ist dabei zwischen K. von Getauften u. von noch zu Taufenden zu unterscheiden, insofern die Mitgliedschaft in der ev. Kirche (i. d. R.) die →Taufe voraussetzt. Anders als bei anderen chr. Kirchen wird der Austritt aus der ev. Kirche u. damit die Möglichkeit der K. zu einer anderen Kirche od. Religionsgemeinschaft durch die ev. Kirche anerkannt u. führt auch kirchenrechtlich zur Beendigung der →Kirchenmitgliedschaft.

2. K. Getaufter: Früher erfolgten K. häufig im Zusammenhang m. einer →Eheschließung. Dabei standen wohl meist familiäre persönliche Gründe im Vordergrund, spezifisch religiöse Motive traten eher zurück. Angesichts der religiösen u. weltanschaulichen Pluriformität verlieren diese K. an Bedeutung. Dagegen legt der Übergang von der – lange Zeit obrigkeitlich erzwungenen, später sozial abgesicherten – Selbstverständlichkeit der Kirchenmitgliedschaft zu deren Optionalität K. als Rückkehr zur ev. Kirche nahe. Eine entspr. Mikrostudie zu Kircheneintritten in einer Wiedereintrittsstelle lässt vermuten, dass dabei – oft nach vielen J. – die Zugehörigkeit zur Institution ev. Kirche eine entscheidende Rolle spielt. Hier können positive Erfahrungen – etwa bei der Taufe eines Enkels – dazu führen, den früher vielleicht aus konkretem Unmut od. finanziellen Gründen vollzogenen Kirchenaustritt wieder rückgängig zu machen, weil man sich doch als ev. fühlt (Ammermann – Greth-

lein, 2013). Die EKD reagierte hierauf, indem sie ab 2001 durch die Änderung des Kirchenmitgliedschaftsgesetzes die Einrichtung sog. (Wieder-)Eintrittsstellen ermöglichte. Bis dahin war ein Eintritt nur auf der Ebene der Ortsgemeinde vorgesehen. Z. Z. treten bei etwa 150 (Wieder-)Eintrittsstellen (2012) EKD-weit jährlich durchschnittlich 25.000 (bereits getaufte) Menschen auf diese Weise in die ev. Kirche ein, wobei sie dadurch entspr. ihrem Wohnsitz auch einer →Kirchengemeinde zugewiesen werden. Dabei bietet i. d. R. in der (Wieder-)Eintrittsstelle ein →Pfarrer/eine Pfarrerin Gespräch u. Beratung an.

3. K. Nichtgetaufter: Diese K. sind grds. m. einer Taufe verbunden u. werden durch einen entspr. Unterricht (Taufkatechumenat) vorbereitet. Neben ungetauften Heranwachsenden, die sich zum Konfirmandenunterricht anmelden u. dann während der Konfirmandenzeit getauft werden, sind hier v. a. in Gebieten der früheren DDR Aufgewachsene u. Menschen m. Migrationshintergrund zu nennen. M. versch. Maßnahmen (Kindertagesstätten, ev. Schulen, Jugendfeiern, Glaubenskurse, gemeinwesenbezogenes Engagement) bemühen sich ev. KGde. bzw. Christen in Ostdeutschland, Gelegenheiten zur Kommunikation des Evangeliums zu bieten. Allerdings schlägt sich das nur selten in einem Kircheneintritt, u. damit in einer K. vom familiär tradierten, früher staatl. geförderten Atheismus hin zum chr. Glauben nieder. Dazu treten in ganz Deutschland zunehmend Menschen aus islam. geprägten Ländern, die sich für den chr. Glauben u. die Zugehörigkeit zu einer ev. Gde. interessieren. Weil diese Menschen oft um Asyl nachsuchen, betreffen ihre K. auch den Staat. Denn in manchen islam. Ländern steht auf Apostasie die Todesstrafe, so dass die K. zum Christentum ein wichtiger Grund ist, eine Abschiebung zu verhindern. Angesichts der damit verbundenen Probleme orientieren die EKD u. die Vereinigung Ev. Freikirchen gemeinsam in einer Broschüre zu diesbezüglicher Taufunterweisung u. -gottesdiensten. Sie sollen sicherstellen, dass es sich bei den K. von Flüchtlingen um Glaubensentscheidungen u. keine Erschleichung von Asyl handelt. Dabei ist das Recht auf freie Religionsausübung (GG Art. 4) zentraler u. unstrittiger Bezugspunkt.

4. Zukünftige Entwicklung: Ein Blick etwa in die USA, in denen mittlerweile jeder dritte Bürger wenigstens einmal in seinem Leben konvertiert (hin zu einer anderen Kirche od. Religionsgemeinschaft), lässt vermuten, dass die Zahl der K. auch in Deutschland zunehmen wird. Neben den bestehenden rechtlichen Regeln bedeutet dies v. a. eine katechet. bzw. religionspädagogische sowie seelsorgliche Herausforderung. Dabei kommt theol. der Taufe bes. Bedeutung zu, entweder weil die K. auf sie zielt od. weil sie eine umfassende, biografiebezogene Orientierung als ev. Christ ermöglicht. Für die bestehenden Gde. bzw. Kirchen eröffnen K. die Möglichkeit, evtl. binnenkirchliche Engführungen aufzubrechen u. neue Impulse nicht zuletzt in (intern.) ök. Hinsicht zu empfangen.

Quellen

Zum Umgang m. Taufbegehren von Asylsuchenden. Eine Handreichung für Kirchengemeinden, hg. v. Kirchenamt der EKD u. der Vereinigung Ev. Freikirchen, Hannover 2013.

Literatur

Ammermann, N. – Grethlein, C., Kirche der Wiedereingetretenen – eine kirchentheoretische Reflexion zur Münsteraner Befragung: Pastoraltheologie 102 (2013), 14-19; Grethlein, C., „Schön, dass Sie (wieder) da sind!“ – Wiedereintritt in der Perspektive der EKD: Pastoraltheologie 102 (2013), 20-26.

Christian Grethlein

© 2019, DOI: 10.30965/9783506786388_0786

Konversion – Orthodox

Für die K. zur Orthodoxie gibt es keine einheitliche Regelung u. keine panorthodoxe Entscheidung. Bis heute werden auch innerhalb ders. autokeph. Kirche (→Autokephalie) unterschiedliche Positionen vertreten u. auch in den Fällen, wo es innerhalb einer Kirche einen Grundkonsens gibt, werden von einzelnen →Bischöfen unterschiedliche Entscheidungen getroffen. Bei einem Blick in die Kanones der Alten Kirche, die heute in der Orthodoxie noch gelten, ergeben sich folgende drei Möglichkeiten der Eingliederung in die Orth. Kirche gem. c. 95 Quin., welcher den c. 7 des II. →Ökumenischen Konzils wieder aufgreift:

a) Wiedertaufe (klassischerweise bei Montanisten, Sabellianern u. Eunomianern);

b) Myronsalbung (z. B. bei Arianern, Macedonianern u. Novatianern): Diese werden aufgenommen, wenn sie „Bescheinigungen vorlegen und jede Häresie verwerfen, die nicht wie die heilige, katholische und apostolische Kirche Gottes gesinnt ist. Sie werden zuerst versiegelt bzw. mit dem heiligen Myron an der Stirn, den Augen, den Nasenflügeln, am Mund und [an] den Ohren gesalbt. Und während wir sie versiegeln, sagen wir: ‚Siegel der Gabe des Heiligen Geistes'". (c. 95 Quin.);

c) Verwerfung der →Häresien (z. B. bei Nestorianern, Eutychianern u. Severianern): Diese müssen eine Bescheinigung beibringen u. ihre Häresien verwerfen u. dann teilhaben an der hl. Kommunion.

In der griech. Kirche kam es 1756 unter →Patriarch Kyrillos V. zu einem synodalen Erlass, der die Wiedertaufe von allen Katholiken u. Protestanten, also bei denjenigen Kirchen, die kein Untertauchen nach dem c. 50 der Aposteln praktizieren, vorschrieb. Diese Entscheidung wird bis auf den heutigen Tag vom →Patriarchat von Jerusalem u. den →Klöstern auf dem Athos angewendet, wobei bereits vor dieser Regelung ein Erlass von 1484 Geltung hatte, der ausschließlich die Myronsalbung für Katholiken festlegte. Nikodimos Hagiorites kommentierte die Entscheidung von 1756 im Pedalion folgendermaßen: Aufgrund des falschen Vollzugs der Taufe (keine Untertauchung) dürfe man auf keinen Fall →Oikonomia anwenden. Ende des 19. Jh. sah das →Ökumenische Patriarchat offiziell von der strengen Anwendung (Akrebeia) ab, hob die enorme Bedeutung der Oikonomia hervor u. kehrte somit faktisch zur Haltung von 1484 zurück, die die Myronsalbung vorsah.

Erst im Laufe der Zeit kam es im Moskauer Patriarchat zu einer Annäherung an Katholiken, welche lt. Beschl. von zwei →Synoden in den Jahren 1655 u. 1656 nun nicht mehr als Häretiker, sondern als Schismatiker anzusehen seien. Folglich solle die Aufnahme in die russische Kirche allein durch die Myronsalbung besiegelt werden, da sie (die Katholiken) am Glauben an die Hl. Dreiheit festgehalten, die sieben Sakramente u. die sieben Ök. Konzilien anerkannt u. das Priestertum bewahrt hätten. Demgegenüber ist für Kalvinisten u. Lutheraner die Wiedertaufe vorgeschrieben. Unter dem Einfluss der Schr. von Petr Mogila wurde sogar im J. 1757 in der Russischen Kirche entschieden, gefirmte Katholiken nach Widerruf der von der orth. Lehre divergierenden Lehrsätze u. Protestanten durch Myronsalbung aufzunehmen.

Heute praktizieren die meisten orth. Kirchen die Myronsalbung für die Aufnahme von Katholiken u. Protestanten gem. 95 Quin. (s. o., ähnlich wie bei Fall b), die Verwerfung der Häresien für die Altorientalen (s. o., wie bei Fall c) u. die Wiedertaufe für alle anderen (z. B. für Pfingstler, Quärker od. Zeugen Jehovas, wie bei Fall a). Wie es o. gesagt wurde, gibt es jedoch zahlreiche abw. Meinungen von diesen Regeln. Im Rahmen des orth.-kath. Dialogs wurde von der Gemeinsamen Kommission in Balamand-Libanon (1993) ein Dokument verabschiedet, was kirchenrechtlich nicht ratifiziert ist, aber hohes Ansehen genießt, nach dem es „völlig klar ist, dass jede Wiedertaufe [von Katholiken, die in der Orth. übertreten] ausgeschlossen ist". Es gibt wichtige Dokumente für die K., die zwar einen lokalen Charakter besitzen, aber richtungweisend sind. Hier zwei Bsp.: Am 29.04.2007 unterzeichneten auch Vertreter der orth. Kirchen in Deutschland die Magdeburger

Erkl., welche die wechselseitige Anerkennung der Taufe festschrieb u. die Myronsalbung für die Aufnahmen von Katholiken u. Protestanten in die Orthodoxie vorschreibt. Das Außenamt des Moskauer Patriarchats dementierte allerdings wenig später die Gültigkeit der Unterschrift des die russische Kirche vertretenden Ebf. u. lässt die Wiedertaufe für Protestanten in der russischen Kirche offen. Auch die Kirchen in Polen erklärten – bereits am 23.01.2000 – die gegenseitige Taufanerkennung im Dokument „Das Sakrament der Taufe als ein Zeichen der Einheit der Kirche". Die unterzeichnenden Kirchen erkennen hierin feierlich die Gültigkeit der Hl. Taufe an, falls sie von einem Amtsträger der (u. a.) kath., luth. u. der orth. Kirche vollzogen wird.

Quellen

Hl. Kanones der hl. u. hochverehrten Apostel, zusammengestellt, übers. u. eingel. von A. Anapliotis, St. Ottilien 2009 (Liturgische Texte u. Studien 6), 52-53; Dekrete der ök. Konzilien Bd. 1. Konzilien des ersten Jahrtausends: Vom Konzil von Nizäa (325) bis zum vierten Konzil von Konstantinopel (869/70), hg. v. J. Wohlmuth, Paderborn ²1998, 35-36; Agapios, Priestermönch – Nikodemos, Hagiorites, Pedalion tes noetes neos tes mias katholikes ton Orthodoxon Ekklesias, Thessaloniki 1998 (Nachdr. von 1864), 55; engl.: Cummings, D., The Rudder (Pedalion) of the Metaphorical Ship of the one Holy Catholic and Apostolic Church of the Orthodox Christians or All the Sacred and Divine Canons, Chicago 1957, 72-73; Concilium Quinisextum (griech.-dt.) – Das Konzil Quinisextum, übers. u. eingel. von H. Ohme, Turnhout 2006 (FC 82), 282-285.; Liturgische Ordnungen, nach welcher diejenigen, welche von anderen Konfessionen zur Orth. Kirche kommen, aufzunehmen sind: von Maltzew, A., Die Sacramente der Orth.-Kath. Kirche des Morgenlandes, Bd. 5, Berlin 1898, Nachdr. Aschaffenburg 2009, 128-164; Dokumente wachsender Übereinstimmung. Sämtliche Berichte u. Konsenstexte interkonfessioneller Gespräche auf Weltebene. Bd. 3:1990-2001, hg. v. H. Meyer – D. Papandreou – H. J. Urban – L. Vischer, Paderborn 2003; Bd. 4:2001-2010, hg. v. J. Oeldemann – F. Nüssel – U. Swarat – A. Vletsis, Paderborn 2012; Basdekis, A., Orth. Kirche u. Ök. Bewegung, Dokumente – Erklärungen – Berichte 1900-2006, Frankfurt 2006; Gemeinsame Erklärung der Intern. Gemischten Orth./Röm.-Kath. Kommission (Balamand-Libanon 1993): Orth. Forum 8 (1994), 97-104; Wechselseitige Anerkennung der Taufe vom 29. April 2007: Beschl. der DBK, hg. v. R. Wenner, St. Augustin 1999ff., Nr. 72 = Orth. Forum 21 (2007), 282-284.

Literatur

Milasch, N., Das Kirchenrecht der morgenländischen Kirche nach den allg. Kirchenrechtsquellen u. nach den in den autokeph. Kirchen geltenden Spezial-Gesetzen (übers. von Alexander R. v. Pessić), Mostar ²1905, 557-560; Suttner, E. Chr., Petr Mogilas Eintreten für die Taufe abendländischer Christen: Tausend Jahre Christentum in Russland. Zum Milenium der Taufe der Kiever Rus', hg. v. K. Chr. Felmy – G. Kretschmar – F. v. Lilienfeld – C.-J. Roepke, Göttingen 1988, 903-914; Smolitsch, I., Geschichte der russischen Kirche Bd. 2, Wiesbaden 1991 (Forschungen zur osteuropäischen Geschichte 45), insb. 368, 372; Suttner, E. Chr., Das wechselvolle Verhältnis zwischen den Kirchen des Ostens u. des Westens im Lauf der Kirchengeschichte, Würzburg 1996; Plank, P., Theol. u. pastorale Reflektionen zur orth. Taufpraxis: Orth. Forum 12 (1998), 229-239; Mantzaridis, G., Eingliederung in die Kirche. Orth. Perspektive: Orth. Theologie zwischen Ost u. West (FS Nikolaou), hg. v. K. Nikolakopoulos – A. Vletsis – V. Ivanov, Frankfurt 2002, 341-352; Kirchenwechsel- ein Tabuthema der Ökumene? Probleme u. Perspektiven, hg. v. A. Basdekis – K.-P. Voß, Frankfurt 2004; Potz, R. – Synek, E. M., Orth. Kirchenrecht. Eine Einführung, Freistadt ²2014 (KuR 28), 353-359; Wesen u. Grenzen der Kirche. Beiträge des Zweiten Ekklesiologischen Kolloquiums, hg. v. I. Moga – R. Augustin, Innsbruck u. a. 2015 (Pro Oriente 39); Veselov, A., Konversion zur Orthodoxie. Die Aufnahme von westlichen Christen in die Orth. Kirche – Theologie u. Geschichte, Berlin u. a. 2016 (Forum Orth. Theologie 15).

Anargyros Anapliotis

© 2019, DOI: 10.30965/9783506786388_0786

Konversion – Jüdisch

1. Der Begriff Ger (Sing.), Gerim (Pl.) (Konvertit, Proselyt, Fremder) in der Bibel u. in der Periode des ersten Tempels. Im Kontrast zum Begriff Nochri (Nicht-Israelit), der sich in der Bibel auf jemanden bezieht, der kein Israeli ist, bez. Ger einen Nicht-Israelit, der sich unter den Israeliten als dauerhafter Bewohner niederlassen möchte. Tatsächlich bez. der Begriff Gerim in der Bibel eine Gruppe von Menschen, die für die Ortsansässigen Fremde sind. Z. B. wurden die Israeliten selbst Gerim genannt, während sie als eigene Gruppe in Ägypten lebten. In Ex 12, 48 wird erzählt, dass die ersten Gerim (Fremde) sich den Israeliten anschlossen z. Z. ihres Auszugs aus Ägypten. Der Ger kann in der Bibel weder Sklave noch Landbesitzer sein (vgl. Gen 23, 4). Es kann angenommen werden, dass die Gerim durch das Einkommen an ihrem Arbeitsplatz lebten (Lev 25, 23; 2 Sam 15, 19). Es wird angenommen, dass der Ger Schutz benötigt. In der Bibel gibt es viele Warnungen, den Ger nicht zu missbrauchen od. zu betrügen u. es gibt Bestrafungen für diese Straftaten (z. B. Ex 22, 20). Die Bibel befiehlt, den Ger zu lieben (Lev 19, 34) u. Ezekiel (47, 22) befiehlt, den Ger ein Landgut zu geben, die unter den israelitischen Stämmen residieren. Von einem religiösen Standpunkt sind die Gerim eingeschlossen unter den Iraeliten, denn es steht geschrieben: „Was für euch gilt, soll auch für den Fremden vor dem Herrn gelten" (Num 15, 15).

2. Die Periode des zweiten Tempels. Nach der Rückkehr der Juden nach Zion wurde der Begriff Ger nicht länger verwendet, um diejenigen zu bez., die kommen, um m. den Israeliten zu leben, sondern für den Konvertiten, den Nicht-Juden, der ein Jude wurde (der vollständigere Begriff, der später verwendet wurde, lautet Ger-Zedek). Wahrscheinlich fand dieser Wechsel in der Bedeutung des Wortes Ger erstmals Eingang in der →Diaspora während des dritten Jh. n. Chr. So findet sich für das Wort Ger in der Septuaginta der Begriff Proselytos, welcher nach Emanuel Tov eigens erfunden wurde, um den Konvertiten zu beschreiben. Auf der anderen Seite sieht Shaye Cohen den Beginn der Verwendung des Wortes Ger in diesem Sinne als eine israelitische Neuerung, die in den Tagen der Hasmonäer-Könige Hyrcan u. Aristobul eingeführt wurde. Cohen erklärt, dass, genau wie jede Person Römer werden konnte durch die Annahme des röm. Lebensstils, die Hasmonäer bestimmten, dass ein Nichtjude, der den jüd. Lebensstil akzeptiert, ein Ger ist u. als Jude akzeptiert wird. Die formale Zeremonie, welche die Entscheidung öff. machte, war die →Beschneidung (für Männer). In jedem Fall kann angenommen werden, dass der Beginn der Vorstellung, in der die Akzeptanz des Jochs der Gebote dem Anschluss an die Gesellschaft vorausgeht, während der Periode der Rückkehr der Juden nach Zion zu verorten ist (vgl. Neh 10, 30, wo von dem, der sich der Gesellschaft anschließt, gefordert wird, „die Weisung Gottes zu befolgen ... und alle Gebote des Herrn, seine Rechtsentscheide und Gesetze zu bewahren und zu erfüllen"). Die Reorganisation der Nation in Judäa nach der Rückkehr der Juden nach Zion stand primär i. V. m. Problemen von Nicht-Juden. Der Kampf von Ezra u. Nehemia gegen Mischehen war gerichtet gegen den Rest, der überlebt hatte (Sh'erit ha-Pletah), der sich m. vielen Heiden gemischt hatte. Die Angst der Führer war religiöser Synkretismus, der sich überall im Land Israel ausbreitete; deswegen schloss Ezra ausl. Frauen aus u. verlangte nicht ihre K. – obwohl betont werden muss, dass Ezra prinzipiell keine Einwände gegen den K.-Prozess hatte.

3. Die Mishnah u. der →Talmud: Die Ursprünge der Halakha in der Antike. Die Quellen des K.-Rechts, die heute in der rabb. Welt bekannt sind, stammen aus den ersten Jhh. n. Chr. Der erste Punkt, auf den man bei Betrachtung der antiken Quellen stößt, ist, im strikten Gegensatz zur chr. Missions-Politik, dass das rabb. Recht es für Nicht-Juden schwer macht, zu konvertieren. In der Tradition, die präsentiert wird im babylonischen Talmud, Yevamot 47:a, wird gesagt, dass die erste Sache, zu der der rabb.

Gerichtshof, der sich m. K. befasst, verpflichtet wird, ist, demjenigen, der konvertieren möchte, drei Dinge zu erklären: Die Geschichte der Schmerzen u. des Leidens des jüd. Volkes u. in Verbindung damit die Präsentation einiger Gebote (eine Erkl., die bekannt ist als „Verkündigung der Gebote"), sodass er od. sie die Schwierigkeit versteht, als praktizierender Jude zu leben u. zudem müssen sie ihm od. ihr erzählen, dass die Akzeptanz dieses Systems Belohnung u. Strafe m. sich bringt.

Hist., behauptet Falk, war es zu Beginn üblich, Männer m. Beschneidung u. Frauen durch ein Tauch-Ritual zu konvertieren – aber später kam die Forderung, zumindest zu Beginn, nach diesen beiden Ritualen für Männer. In den Tagen des Tannaim, im ersten Jh. n. Chr., waren Rabbi Eliezer u. Rabbi Yehoshua sich uneinig bzgl. der Frage, ob eine Person, die untergetaucht, aber nicht beschnitten od. beschnitten u. nicht untergetaucht als Konvertit betrachtet werden kann. Nach Rabbi Eliezer, post factum, war jede Form ausreichend, aber Rabbi Yehoshua glaubte, dass Untertauchen notwendig ist u. es o. Untertauchen keine K. gibt. Später, in den Tagen des Talmud, entschieden sich die Rabbis, streng zu sein u. sie stimmten darin überein, dass beide als notwendig für die K. erachtet werden: „Man kann niemals als Konvertit betrachtet werden, bis er beschnitten und untergetaucht worden ist" (Babylonischer Talmud, Yevamot 46:a). Eine weitere Pflicht des Konvertiten war, ein Opfer zu bringen, aber diese Bedingung wurde nichtig nach der Zerstörung des Tempels (70 n. Chr.)

4. Die Rishonim (Die Ersten) Lit.: MA. O. wurde erklärt, dass der Nicht-Jude, bevor er zum Judentum konvertierte, die Bürde kennen muss, die m. der Akzeptanz der jüd. Gebote verbunden ist (mitzvoth). Einige dieser Gebote müssen ihm zuerst beschrieben werden, damit er weiß, dass K. nicht nur eine Sache des Anschlusses an die ethnische Gruppe der Juden ist – sondern ein System von religiösen Geboten (die Halakha). Es muss gesagt werden, dass sich die interpretativen Spannungen der Halakha rund um dieses Gebot später konzentrierten seit der Zeit des Talmud bis heute – zwischen denen, die eine milde Interpretation durchsetzen möchten u. die Forderung als minimal ansehen u. denen, die die Bedingung als maximale Forderung ansehen, d. h., dass der Konvertit aufrichtig beabsichtigt, alle halachischen Gebote nach dem K.-Prozess zu erfüllen. Zwischen diesen beiden extremen Positionen finden sich die gesamte Gruppe der Kommentatoren, die Zwischenpositionen einnehmen.

Maimonides im 12. Jh. kann kategorisiert werden als ein Ende der Minimalisten. In seiner Meinung ist die Gültigkeit der K. nicht gebunden an die Kondition einer Änderung des religiösen Verhaltens. Die Handlungen selbst machen die K. gültig: Beschneidung u. Untertauchen für Männer u. Untertauchen für Frauen. In seiner Ansicht, initiieren diese Akte der K. selbst einen Wechsel der ethnischen Identität des Nicht-Juden. Maimonides unterscheidet jedoch zwischen einem idealen Nicht-Juden, der aus Liebe kommt u. Nicht-Juden, deren Gründe fremd sind (wie die K. für einen Ehegatten). Solche Fremden sollten vorwiegend nicht akzeptiert werden, aber wenn sie im Rückblick konvertiert wurden (vor drei Personen, was als Gerichtshof betrachtet wird), werden sie als Konvertiten akzeptiert. Im Kontrast zu Maimonides entwickelte sich die Position der jüd. Gelehrten im MA in Ashkenaz (Deutschland u. Frankreich) – die die Bereitschaft (u. nicht die Akte der Beschneidung u. des Untertauchens) als die zentrale Forderung, die vom Konvertiten zu akzeptieren ist, ansehen – z. B. dass er aufrichtig die Verpflichtung akzeptiert, die Gebote zu erfüllen.

5. Moderne Periode. In modernen Zeiten wurde die finale Spannung, die o. erwähnt wurde, zum Hauptgrund für die Debatte zwischen den zahlreichen Strömungen des Judaismus. Die orth. Sicht auf den Prozess K. ist gewöhnlich streng – als eine Forderung vom Konvertiten, dass System des orth. Rechts zu akzeptieren – u. lehnt deswegen im Prinzip jegliche K. ab, die von rabb. Gerichtshöfen gemacht wird,

die zu einer anderen Strömung des liberalen Judentums gehört (z. B. Konservative u. Reformer).

Literatur

Urbach, E. E., Ger: The Encyclopaedia Hebraica Vol. 11, Jerusalem 1956, 172-186; Falk, Z. W., „First Conversion Laws“, Sinai: Journ. for Torah and Jewish Studies 91, 1-2 (1982), 44-48; Tov, E., The Greek and Hebrew Bible, Leiden 1999, 89-90; Cohen, S. J. D., The Beginnings of Jewishness: Boundaries, Varieties, Uncertainties, California – London 1999, 121-129; Śagi, A. – Zohar, T., Transforming Identity: The Ritual Transition from Gentile to Jew – Structure and Meaning, London 2009; Lavee, M., The Tractate of Conversion – BT YEB. 46-48 and the Evolution of Conversion Procedur: European Journ. of Jewish Studies 4 (2010), 169-174; Edrei, A., The Ideological and Historical context of the Contemporary Conversion (giyur) Controversy, Shenaton ha-Mishpat ha-Ivri: Annual of the Institute for Research in Jewish Law 27 (2013), 1-59.

Admiel Kosman, Ronen Pinkas

© 2019, DOI: 10.30965/9783506786388_0786

Konversion – Islamisch

K. ist allg. der Wechsel von einer Religion zu einer anderen. In der islam. theol. u. jur. Tradition sowie in den islam. Quellen Qur'an (→ Koran) u. → Sunna (Tradition des Propheten Muhammad) wird eine K. danach beurteilt, in welche Richtung sie erfolgt. Die K. zum → Islam wird als die Rückkehr zur wahren Wesensnatur des Menschen (arabisch fitra) u. seiner natürlichen Religion angesehen. Die K. aus dem Islam zu einer anderen Religion hingegen gilt als → Apostasie (Glaubensabfall, arabisch ridda od. irtidâd) u. ist nach einhelliger Auffassung m. dem Tod zu bestrafen, wenn die betr. Person nicht zum Islam zurückkehrt. Dies umfasst auch die K. zu den sog. Buchreligionen Judentum u. Christentum. Auch wenn K. aus dem Islam in den meisten islam. Ländern keine Straftat mehr ist, hat sie doch i. d. R. gravierende zivilrechtliche (Auflösung der Ehe, Erbunfähigkeit etc.) sowie v. a. soziale Folgen. Letzteres gilt auch für nichtislamische Länder, in denen K. aus dem Islam häufig massivem Druck u. (oft auch physischer) Gewalt von Muslimen ausgesetzt sind.

Für die K. zum Islam ist zunächst nur das Aussprechen des islam. → Glaubensbekenntnisses (arabisch schahâda) – „Es gibt keinen Gott außer Gott und Muhammad ist der Prophet Gottes.“ –, i. d. R. (auch) auf Arabisch, vor Zeugen erforderlich. Dies muss aus freien Stücken, o. Zwang u. im Bewusstsein der Folgen geschehen. Unmündige u. Personen, die nicht im Besitz ihrer geistigen Kräfte sind, können nicht rechtsgültig konvertieren. Die Beachtung der religiösen → Pflichten, wie z. B. der anderen der sog. Fünf Säulen (→ Säulen des Islam) (rituelles → Gebet, Almosensteuer [→ Almosen], → Fasten, → Pligerfahrt), u. Gebote folgt.

Von erwachsenen männlichen Konvertiten wird i. d. R. die → Beschneidung erwartet, von weiblichen das Anlegen dezenter Kleidung. Üblich ist meist die Annahme eines islam. Namens. In einigen islam. Ländern wird die K. amtl. beurkundet. Bei → Eheschließung m. einer Muslima ist die K. nach islam. Verständnis – u. daher in vielen islam. Ländern auch gesetzlich – für nichtmuslimische Männer vorgeschrieben.

Nach der Ausbreitung des Islams ab dem 7. Jh. kam es nach Einführung der Kopfsteuer für Nichtmuslime (arabisch dschizya) zu Massenkonversionen. Sehr selten kam es zu Zwangskonversionen. Die K. soll nach herrschender Lehre durch → Predigt, Vortrag u. Ermahnung herbeigeführt werden. Nur Muslime hatten volle gesellschaftliche u. ökonomische Teilhabe: bei Landerwerb u. -besitz, beim Kauf u. Besitz von Sklaven od. Handelsgeschäften, zudem galten für sie niedrigere Steuern. Zudem konnten Muslime bis zu vier Frauen heiraten u. sich auch – anders als in vielen orient. Kirchen – leicht von ihnen scheiden. Von einer niedrigen sozialen Stellung als Schutzbefohlener (arabisch dhimmî) kann der Konvertit aufsteigen u. theoretisch alle Ämter u. Positionen in einem islam. Gemeinwesen bekleiden. In Teilen gilt dies bis heute, u. a., wenn in Verf. für das Präsidentenamt die Zugehörigkeit zum Islam vorgeschrieben ist.

Ab dem 16. Jh. breitete sich der Islam stärker durch reisende Händler, Sufis (Mystiker) u. Prediger aus. Durch die intensiveren Kontakte u. Aufenthalte in der islam. Welt ab dem 19. Jh. kam es immer wieder zu K. von Kolonialbeamten od. Forschern. Im 20. Jh. sind Migration u. die zunehmende Präsenz von Muslimen in nichtislamischen Ländern die wesentlichen Ursachen für die K. zum Islam, aber auch für die K. aus dem Islam. Über Zahlen lässt sich für beide Formen der K. nur spekulieren. In Deutschland hat 2002 die Islam. Charta des →Zentralrats der Muslime in Deutschland ZMD die Möglichkeit der K. aus dem Islam anerkannt. Dies war u. ist aber unter Muslimen, auch innerhalb des ZMD, bis heute umstritten.

Bekannte Konvertiten zum Islam sind u. a. der Diplomat, Journalist u. Gelehrte Muhammad Asad (vormals Leopold Weiss, gest. 1992), der 1926 in Berlin zum Islam konvertierte, der ehem. dt. Botschafter Murad Wilfried Hofmann (geb. 1931), der ehem. Vorsitzende des Zentralrats der Muslime in Deutschland ZMD, Ayyub Axel Köhler (geb. 1938), od. der ehem. Sänger Yusuf Islam, besser bekannt als Cat Stevens (geb. 1948), der nun ein wichtiger islam. Aktivist in Großbritannien ist.

Bekannte Konvertiten aus dem Islam sind u. a. der aus Ägypten stammende Journalist Magdi Allam, der in der Osternacht 2008 im Petersdom von P. Benedikt XVI. getauft wurde, u. damals stellvertretender Chefredakteur der ital. Zeitung Il Corriere della Sera war.

M. dem Phänomen der K. ist das der sog. Rekonversion eng verbunden. Hier eignen sich geb. Muslime den Islam bewusst neu an, werden also zu born-again-Muslimen. Es besteht eine große strukturelle u. thematische Ähnlichkeit in den biographischen Narrativen. Den Orientierungsrahmen bildet die weltweite Gemeinschaft der Muslime. Ihre Form des Islams ist i. d. R. ein de-kulturalisierter, de-historisierter u. de-nationalisierter Islam, der sich an der „goldenen islamischen Frühzeit" u. dem Vorbild des Propheten Muhammad ausrichtet, u. auch für manche Konvertiten attraktiv ist.

Literatur

Khoury, A. Th., Toleranz im Islam, München – Mainz 1980; Arzt, D. E., The Treatment of Religious Dissidents under Classical and Contemporary Islamic Law: Religious Human Rights in Global Perspektive. Bd. 1 Religious Perspectives, hg. v. J. Witte – J. D. van der Vyver, The Hague – Boston – London 1996, 387-453; Wohlrab-Sahr, M., Konversion zum Islam in Deutschland u. den USA, Frankfurt 1999; Thielmann, J., Wie tolerant ist der Islam? Das Problem des Glaubenswechsels: Kulturkonflikte – Kulturbegegnungen. Juden, Christen u. Muslime in Geschichte u. Gegenwart, hg. v. G. Gemein, Bonn 2011, 276-283; Mayer, A. E., Islam and Human Rights. Tradition and Politics, Boulder, Col. [5]2013; Özyürek, E., Dt. Muslime – muslimische Deutsche. Begegnungen m. Konvertiten zum Islam, Wiesbaden 2018.

Jörn Thielmann

© 2019, DOI: 10.30965/9783506786388_0786

Konzelebration – Katholisch

1. Die von Lothar von Segni, später P. Innozenz III. (1198-1216) formulierte Sentenz De missarum mysteriis, dass die eucharistische Konsekration nur durch einen einzigen →Priester erfolgen könne, hatte bis zum Vat II allg. Geltung. Von der Einzelzelebration gab es gesch. bedingte Ausnahmen (z. B. Gründonnerstag, →Synoden). Gem. can. 803 war die K. verboten m. Ausnahme der Messen bei der →Priesterweihe u. der →Bischofsweihe. P. Pius XII. hat in der Enz. Mediator Dei die falsche Auffassung zurückgewiesen, die K. sei eine K. des Priesters m. dem anwesenden Volk (DenzH 3850). Die liturgische Bewegung hat die K. als Feierform der alten Kirche u. als

gemeinsame Handlung der ganzen Ortskirche wieder entdeckt.

2. Das Vat II hat in SC 57 die K. als dauernde Übung in der Kirche des Westens u. des Ostens bez. u. in Abänderung der damals geltenden Rechtsnorm die facultas zur K. auf die Chrisammesse u. die Abendmahlsmesse am Gründonnerstag, die Messen bei →Konzilien, Zusammenkünften von →Bischöfen u. Synoden sowie bei der Abtsweihe ausgedehnt. Der Ortsordinarius konnte die Erlaubnis zur K. geben für a) die Konvent- u. Hauptmesse in jenen Kirchen, in denen das geistl. Wohl der Gläubigen nicht die Einzelzelebration der anwesenden Priester verlangte; b) Messen bei versch. Zusammenkünften von Welt- u. Ordenspriestern. Jeder Bf. hatte innerhalb seiner Zuständigkeit die Aufsicht über die K. Die Priester blieben frei, einzeln zu zelebrieren, aber nicht zur selben Zeit u. in ders. Kirche während einer K. u. nicht am Gründonnerstag, für den damit eine Pflicht zur K. festgelegt wurde. Gem. SC 58 sollte ein Ritus zur K. geschaffen werden. Gem. SC 57 bringt die K. die Einheit des Priestertums zum Ausdruck, gem. PO 7, 1 stellt die K. die hierarchische Gemeinschaft zwischen Priestern u. Bf. dar.

3. Die K. wird im CIC u. im →liturgischen Recht normiert: Gem. c. 902 ist es Priestern generell erlaubt, die Eucharistie in K. zu feiern, wenn nicht der Nutzen der Gläubigen etwas anderes erfordert. Die Priester bleiben frei, die Messe einzeln zu zelebrieren, aber nicht zur selben Zeit u. in ders. Kirche, in der eine K. stattfindet. C. 700 § 2 CCEO empfiehlt die K. der Priester gemeinsam m. dem Bf. od. m. anderen Priestern wo es möglich ist, wobei das Recht zur Einzelzelebration unangetastet bleibt. Als K. wird die gemeinsame Feier der Eucharistie (→Eucharistiefeier) durch mehrere Priester, ggf. m. dem Bf., (c. 700 § 2 CCEO; IGMR³ 92 u. 203) verstanden, bei der alle Priester gemeinsam das →Hochgebet u. die Wandlungsworte sprechen (IGMR³ 218). Auch bei der K. gilt bzgl. der →Bination c. 905. Bei der K. kann jeder Priester gem. cc. 945 § 1 u. 951 § 2 u. c. 715 § 1 CCEO ein →Messstipendium annehmen u. die Messe in einer bestimmten Meinung applizieren. Von der K. ist die →Interzelebration m. nichtkatholischen Amtsträgern zu unterscheiden, die bei Androhung von Strafe verboten ist (cc. 908 u. 1365; cc. 702 u. 1440 CCEO).

Die K. ist im liturgischen Recht vorgeschrieben bei der Bischofs-, Priester- u. Abtsweihe sowie der Chrisammesse; sie ist empfohlen, wenn nicht der Nutzen der Gläubigen anderes erfordert, bei der Abendmahlsmesse, bei Konzilien, Bischofsversammlungen u. Synoden sowie bei Konventsmessen (IGMR³ 114 u. 199). I. d. R. ist Priestern die Einzelzelebration freigestellt, nicht aber an Gründonnerstag u. der Ostervigil (IGMR³ 199). Bei einer großen Zahl von Priestern kann eine K. auch mehrmals am Tag gefeiert werden, jedoch zeitlich u. örtlich nicht parallel (IGMR³ 201). Die Bination nach der Mitfeier einer K. ist in IGMR³ 204 normiert. Bei der K. sind generell IGMR³ 112-198 zu beachten.

Quellen

Lothar von Segni, De missarum mysteriis 1, 4, 25: PL 217, 873D-874A; Pius XII., Enz. Mediator Dei vom 20. November 1947: AAS 39 (1947), 528-580; Vat II, SC; Vat II, PO.

Literatur

Jungmann, J. A. – Rahner, K., Art. Konzelebration: LThK² Bd. 6, 524 f.; Häussling, A., Art. Konzelebration: LThK³ Bd. 6, 341-344; Graulich, M., „Sacerdotes Eucharistiam concelebrare possunt …“. Kirchenrechtliche Erwägungen zu einer praktischen Fragestellung: Veritas vos liberabit (FS Assenmacher), hg. v. M. Pulte – Th. Weitz, Paderborn 2017 (KStKR 27), 407-422; Althaus, R.: MKCIC cc. 902, 905, 908, 945, 951.

Heribert Hallermann

© 2019, DOI: 10.30965/9783506786388_0787

Konzessionssystem – Historisch

Konzession (aus dem lat. concedere, zugestehen) meint im KR v. a. die Übertragung einer →Vollmacht od. Gewalt. Unter K. versteht man das System der Übertragung von Dispensvollmachten an die →Diözesanbischöfe, wie es bis zum Vat II gegolten hat. Nach der im CIC/1917 festgehaltenen kirchenrechtlichen Tradition sind zwar einerseits die (Diözesan-)Bischöfe „die Nachfolger der Apostel und stehen aufgrund göttlicher Einrichtung ihren eigenen Kirchen vor, welche sie mit ordentlicher Gewalt leiten unter der Autorität des Römischen Papstes" (can. 329 §1), hat aber andererseits der →Papst „die höchste und volle Jurisdiktionsgewalt über die gesamte Kirche" (can. 218). Dieses Spannungsverhältnis wirkte sich insb. hinsichtlich der in der Praxis bes. wichtigen →Dispens von allgemeinkirchlichen →Gesetzen aus; die Dispens wurde als ein Akt des →Gesetzgebers verstanden, so dass der Bf. nur von allgemeinkirchlichen Gesetzen dispensieren konnte, wenn ihm die dafür notwendige Vollmacht („facultates habituales" gem. can. 66) vom →Apostolischen Stuhl verliehen wurde. Dies geschah anlässlich der vom Bf. alle fünf J. (in Missionsgebieten alle zehn J.) verpflichtend durchzuführenden Visitatio ad limina Apostolorum, daher die Bez. →Quinquennalfakultäten.

Das Vat II hat im Bischofsdekret (→Christus Dominus 8a) eine Umkehrung dieses System beschlossen; hiernach ist grds. davon auszugehen, dass der Diözesan-Bf. alle Vollmachten hat, die er für sein Amt braucht u. dass sich der Apost. Stuhl bestimmte Vollmachten reservieren kann (sog. →Reservationssystem).

Quellen

Vat II, CD 8a.

Literatur

Mörsdorf, K., Einleitung u. Kommentar [zum Dekret über die Hirtenaufgabe der Bischöfe in der Kirche]: LThK² Erg.-Bd. 2, 127-247, bes. 158-160; ders., Die Rolle des Ortsbischofs in dem Zuordnungsverhältnis von Gesamtkirche u. Teilkirche [1973]: Mörsdorf, K., Schriften zum Kan. Recht, hg. v. W. Aymans – K.-Th. Geringer – H. Schmitz, Paderborn – München – Wien – Zürich 1989, 302-321; Schmitz, H., Der Diözesanbischof: HbkathKR³, 593-611.

Ludger Müller

© 2019, DOI: 10.30965/9783506786388_0788

Konzil – Katholisch

K. sind feierliche Kirchenversammlungen zum Zweck der kollegialen Ausübung von Leitungsvollmacht in Form gemeinsamer Beratung u. verbindlicher Beschlussfassung der dazu Berechtigten. Im geltenden Recht der kath. Kirche wird der Begriff K. für Kirchenversammlungen auf unterschiedlichen Ebenen der →Kirchenverfassung verwendet: Für das →Ökumenische Konzil auf Ebene der →Gesamtkirche u. – nur im Bereich der lat. Kirche – für die →Partikularkonzilien auf versch. Ebenen der →Teilkirchenverbände.

1. Das Ök. K. ordnen die kirchl. Gesetzbücher ganz in die Bestimmungen über das →Bischofskollegium ein (cc. 337-341; cc. 50-54 CCEO): Auf dem Ök. K. übt das Bischofskollegium die ihm zusammen m. dem →Papst als Haupt eigene Höchstvollmacht über die Gesamtkirche kollegial in feierlicher Form aus (c. 337 §1; c. 50 §1 CCEO). Träger der →Vollmacht ist nicht das K. als solches (anders: can. 228 §1), sondern das Bischofskollegium zusammen m. dem P. als Haupt (c. 336; c. 49 CCEO). Dieses kann seine Vollmacht anders auch in Form einer vereinten Amtshandlung der über den Erdkreis verstreut weilenden →Bischöfe, die aufgrund der päpstlichen Mitwirkung die Qualität eines wahrhaft →kollegialen Aktes erlangt, ausüben (c. 337 §2; c. 50 §2 CCEO). Das Ök. K. ist also lediglich eine bestimmte – feierliche – Realisationsform der →Kollegialität des Bischofskollegiums.

Von daher bestimmen sich die Teilnehmer u. deren →Rechtsstellung auf dem K. Allen u. nur den Bf., sofern sie kraft sakramentaler Weihe u. hierarchischer Gemeinschaft Glieder des Bischofskollegiums sind (cc. 336, 375 §2; c. 49 CCEO), kommen von Rechts wegen Recht u.

Pflicht zur Teilnahme am K. m. entscheidender Stimme zu (c. 339 §1; c. 52 §1 CCEO). Das Ök. K. ist insofern wesentlich Versammlung des Bischofskollegiums. Das schließt nicht aus, dass zum K. auch weitere Personen, die nicht Bf. sind, m. dann genauer festzulegender Rechtsstellung von der höchsten kirchl. Autorität – d. h. vom P., der allein ein Ök. K. einberufen kann, od. bei bereits versammeltem K. auch durch entspr. K.-beschluss – berufen werden können (c. 339 §2; c. 52 §2 CCEO). Sofern das Ök. K. der kollegialen Ausübung der Höchstvollmacht des Bischofskollegiums dient, kommt eine außerordentliche Teilnahme von Nichtbischöfen jedoch nur m. beratender Stimme in Betracht.

Als Haupt des Kollegiums hat der P. eine hervorgehobene Stellung auf dem K.: Ihm allein obliegen Einberufung u. Vorsitz auf dem K., dessen Verlegung, Unterbrechung od. Auflösung, Erlass der →Geschäftsordnung, Festlegung der Verhandlungsgegenstände – denen die Bf. andere, vom P. zu billigende hinzufügen können – u. die Genehmigung der Beschl. des K. (c. 338; c. 51 CCEO). Im Fall der →Sedisvakanz des →Apostolischen Stuhls ist ein Ök. K. von Rechts wegen unterbrochen, bis der neue P. dessen Fortführung anordnet od. es aufgelöst hat (c. 340; c. 53 CCEO).

Die Verlautbarungen des K. erlangen →Rechtskraft unter einer doppelten Voraussetzung: Sie müssen „vom Papst zusammen mit den Konzilsvätern" – d. h. in einem kollegialen Akt des Bischofskollegiums, an dem der P. als Haupt konstitutiv mitwirkt – gebilligt werden (approbare). Zugl. bedarf der vom P. zusammen m. dem Bischofskollegium approbierte Erlass zu seiner Wirkung nach außen noch einer zusätzlichen Bestätigung (→confirmatio) durch den P. sowie der gehörigen →Promulgation auf dessen Anordnung hin (c. 341 §1; c. 54 §1 CCEO).

2. Partikular-K. kennt die lat. Kirche als →Plenarkonzil für alle →Teilkirchen ein u. ders. →Bischofskonferenz (c. 439 §1) u. als →Provinzialkonzil für die Teilkirchen einer →Kirchenprovinz (c. 440). Systematisch werden die Partikular-K. nicht mehr unter die „Höchstgewalt und die an ihr Teilhabenden" (so cann. 281-292), sondern unter die „Teilkirchen und deren Verbände" eingeordnet (cc. 439-446). Sie stellen eine eigene Form der Zusammenarbeit mehrerer Bf. untereinander u. zusammen m. den ihnen anvertrauten Gläubigen zum gemeinsamen Wohl ihrer Teilkirchen dar. Ihre Aufgabe ist es, für die pastoralen Erfordernisse des Gottesvolkes im jeweiligen Zuständigkeitsgebiet Vorsorge zu treffen, soweit es materiell um das Wachstum des Glaubens, die Lenkung des sittlichen Lebens, die Ordnung des gemeinsamen pastoralen Handelns sowie um Bewahrung, Einführung u. Schutz der allg. kirchl. Disziplin geht (cc. 445 i. V. m. 753, 823 §§1-2).

Zur Erfüllung ihrer Aufgabe eignet den Partikular-K. Leitungsvollmacht, insb. →Gesetzgebungsvollmacht. Diese ist von den Synodalen, die m. entscheidendem Stimmrecht am K. teilnehmen, sowohl unter dem Vorbehalt des allg. Rechts der Kirche wie auch unter Beachtung der Befugnisse des einzelnen →Diözesanbischofs in dessen →Diözese auszuüben (c. 445; DirH 27). Synodale m. nur beratendem Stimmrecht wirken an der Ausübung dieser Vollmacht mit.

M. entscheidendem Stimmrecht nehmen von Rechts wegen alle Diözesanbischöfe der betr. Teilkirchen sowie die dort m. einem Amt od. einer Aufgabe betrauten →Titularbischöfe teil. Im K.-gebiet nur wohnhafte Titularbischöfe können ebenfalls als außerordentliche Teilnehmer m. entscheidender Stimme berufen werden (c. 443 §§1-2). Die Teilnahme an den Partikular-K. ist nicht auf Bf. beschränkt: Von Rechts wegen sind m. beratender Stimme auch Nichtbischöfe entweder kraft ihres Amtes od. als gewählte Delegierte teilnahmeberechtigt (c. 443 §3). Darüber hinaus können weitere Gläubige – →Kleriker u. →Laien – in begrenzter Zahl m. beratender Stimme berufen sowie Gäste eingeladen werden (c. 443 §§4-5). Aufgrund der Teilnahme von Klerikern, Ordensleuten u. Laien zusammen m. den Bf. kommt auf den Partikular-K. nicht nur die Gemeinschaft der Bf. untereinander, sondern auch deren Gemeinschaft m. den ihnen anvertrauten Gläubigen sowie weitergehend damit auch die Gemeinschaft unter den versch. Teilkirchen unmittelbar zum Ausdruck. „Der Platz der Partikularkonzilien kann daher nicht von den Bischofskonferenzen eingenommen werden", deren Fundament „unmittelbar die kollegiale Dimension der Verantwortung in der bischöflichen Leitung" u. nur „indirekt die Gemeinschaft zwischen den Kirchen" ist (Pastores Gregis, Nrn. 62 f.).

Die Einberufung des K., die Regelung von Tagungsort u. -dauer sowie die Festlegung von GO u. Beratungsgegenständen obliegen im Fall des Provinzial-K. dem →Metropoliten als Leiter des K., der jedoch an die mehrheitliche Zustimmung der Suffraganbischöfe gebunden ist (c. 442), im Fall des Plenar-K. der BK, die zugl. einen ihrer Diözesanbischöfe zum Vorsitzenden des K. zu wählen hat (c. 441). Die Einberufung eines Plenar-K. u. die Wahl seines Vorsitzenden bedürfen der →Approbation durch den Apost. Stuhl (cc. 439 §1, 441). Mindestfristen für die Abhaltung von Partikular-K. bestehen nicht.

Nach Abschluss eines Partikular-K. sind dessen →Akten dem Apost. Stuhl zu übersenden, der die vom K. beschlossenen →Dekrete zu überprüfen hat, bevor diese in der vom K. beschlossenen Form promulgiert werden u. in Kraft treten können (c. 446).

Im Recht der kath. Ostkirchen wird der Begriff K. nur für das Ök. K. verwendet. Ein dem Provinzial-K. entspr. Leitungsorgan ist die Metropolitansynode, deren rechtliche Gestalt jedoch nicht im CCEO, sondern durch das jeweilige →Partikularrecht festgelegt wird (cc. 133 §1, 137 CCEO).

Quellen

Johannes Paul II., Nachsynodales Apostolisches Schreiben Pastores Gregis vom 16. Oktober 2003: AAS 96 (2004), 825-924, hier: Nrn. 62-63, 908-911 (dt.: VApSt 163, 120-123); Kongr. für die Bischöfe, Direktorium für den Hirtendienst der Bischöfe vom 22. Februar 2004: VApSt 173, Nrn. 24-27, 53-55.

Literatur

Aymans, W., Das synodale Element in der Kirchenverfassung, München 1970; Müller, H., Das Konzil im Verfassungsgefüge der Kirche. Vom II. Vatikanum zum Codex Iuris Canonici von 1983: Ius et Historia (FS Weigand), hg. v. N. Höhl, Würzburg 1989, 300-396; KanR II, 219-223; 301-308; Klappert, S., Das Verhältnis des Papstes zu den Diözesanbischöfen nach dem CIC von 1983, Berlin 2014, 130-151; Rees, W., Synoden u. Konzile. Geschichtliche Entwicklung u. Rechtsbestimmungen in den kirchl. Gesetzbüchern von 1917 u. von 1983: Unverbindliche Beratung od. kollegiale Steuerung? Kirchenrechtliche Überlegungen zu synodalen Vorgängen, hg. v. W. Rees – J. Schmiedl, Freiburg 2014, 10-67; Bier, G., Ök. Konzil: HbkathKR³, 469-477; Rees, W., Plenarkonzil u. Bischofskonferenz: HbkathKR³, 543-576, 551-554; Bier, G., Die Kirchenprovinz: HbkathKR³, 577-584, 582 f.; Stoffel, O.: MKCIC cc. 337-341; ders.: MKCIC vor 439-446.

Norbert Witsch

© 2019, DOI: 10.30965/9783506786388_0789

Konzil – Evangelisch

Wie schon in der Alten Kirche werden in den reformatorischen Kirchen die Begriffe →Synode u. K. nicht immer deutlich voneinander geschieden. Die Konzilstheorien lassen seit der Spätantike den Zusammenhang erkennen. Für die reformatorischen Kirchen ist die Synode eine Selbstverständlichkeit. Die →Reformation knüpfte in Deutschland an zentrale Forderungen des →Konziliarismus an, als sie für die anstehende Reform der Kirche an Haupt u. Gliedern ein allg., freies, chr. K. forderte. Wegen der Zurückhaltung der →Päpste u. der politischen Umstände verzögerte sich die Einberufung eines solchen K. bis zu einem Zeitpunkt, als es für eine Versöhnung zu spät war. Ohnedies erschien das Trienter K. weder als frei, noch allg., noch chr., da es vom P. (nicht vom Kaiser, wie früher) einberufen war u. die Schrift nicht als oberste Norm anerkannt war. Maßgeblich für das ev. Verständnis sind von Luther benannte Kriterien (Von den Konziliis u. Kirchen, 1539). Danach sollen K. insb. keine neuen Glaubensartikel aufstellen, sondern schriftwidrige Erneuerungen abwehren. Er erkannte ihnen das Recht u. die Aufgabe zu, Zeremonien u. Übereinkünfte zu beschließen, die um der kirchl. Ordnung willen erforderlich sind (siehe auch CA XV). K. waren in der Frühzeit reformatorischer Kirchen durchwegs Versammlungen von kirchl. Amtsinhabern. Für die entspr. Versammlungen in den letzten zwei Jhh. siehe Synoden.

Literatur

Gahbauer, F. R. – Dinkel, Chr. – Preul, R. – Gaßmann, G., Synode: TRE Bd. 32, 559-584; von Campenhausen, A., Synode – Konzil – Friedenskonzil: ders., Kirchenrecht u. Kirchenpolitik, Göttingen 1996, 92-96.

Axel Frhr. von Campenhausen

© 2019, DOI: 10.30965/9783506786388_0789

Konzil – Orthodox
→ Ökumenisches Konzil

Konzil und Codex – Katholisch

Johannes XXIII. verknüpfte m. der Ankündigung des → Zweiten Vatikanisches Konzils die Reform des CIC/1917 u. bezog seinen Begriff des aggiornamento explizit auf die Reform des KR. Während der CIC/1917 keine rechtliche Umsetzung eines Konzils war, was er angesichts des unvollendeten Vat I auch nicht sein konnte, versteht sich sowohl der CIC/1983 als auch der CCEO/1990 als rechtliche Umsetzung des Vat II. Vor diesem Hintergrund ist daher für die Hermeneutik der → Kirchenrechtswissenschaft das Verhältnis von K. u. C. von großer Bedeutung (→ Hermeneutik des Kirchenrechts).

Die ApK → Sacrae Disciplinae Leges ist die zentrale Rechtsquelle für die adäquate Verhältnisbestimmung von K. u. C. Nach SDL ist das Konzil das vorrangige Bsp., auf das sich der Codex als Abbild stets beziehen muss. Der Codex ist der Versuch, die Ekklesiologie des Vat II in die Rechtssprache zu übersetzen, was aufgrund der unterschiedlichen Sprachebenen theol. u. rechtlicher Sprache nie restlos u. vollkommen gelingen kann (vgl. SDL, XIX). Daher ist u. bleibt der Codex stets nur ein unvollkommenes u. damit verbesserungsfähiges Abbild seines konziliaren vorrangigen Bsp. Das Vat II stellt daher die norma normans für den Codex als norma normata dar. Daher bleibt die Rechtsordnung als norma normata auf die norma normans des Vat II stets bezogen, sodass das geltende Recht im Licht u. in der Optik des Konzils zu interpretieren ist (Johannes Paul II., Allocutio ad Praelatos Auditores S. Romanae Rotae coram admissos vom 26.01.1984: AAS 76 [1984], 645), da nur so überprüft werden kann, ob dieser Übersetzungsprozess gelungen ist. Der Codex ist daher nicht letztes Dokument als gleichsam einmal vorgenommene unabänderliche Konzilsdeutung des Gesetzgebers, sondern vor dem Hintergrund seiner Verbesserungsfähigkeit eher vorletztes Dokument des Konzils. Der Codex ist als complementum Erg. des Konzils nicht in einem additiven, sondern in einem konsekutiven Sinn. Er ist daher nicht zu idolisieren, sodass Legitimität u. Legalität u. damit die jur. u. die theol. Ebene in eins fallen. Durch diese Idolisierung würde die Kirchenrechtswissenschaft die theol. Bewertungsebene für die Legitimität des Rechts u. der Codex seinen Charakter als Instrument verlieren, da er nur den Rahmen für die Entfaltung von Glaube, Liebe u. Charismen aufspannen, diese aber nicht ersetzen kann (vgl. SDL, XVII). Der Codex ist insofern ein pastorales Instrument, das zugl. Instrument zur Verwirklichung der Ekklesiologie des Vat II sein möchte. Er kann nicht aus dem Rezeptionsprozess des Konzils herausgenommen werden. Die Kirchenrechtswissenschaft ist den theol. Grundlagen des Codex verpflichtet u. daher genuin m. anderen theol. Disziplinen vernetzt u. auf diese ver- u. angewiesen.

Für die Interpretation (→Interpretation, Auslegung) des Codex gilt, dass er nach dem Willen des Gesetzgebers in der Optik des Konzils zu interpretieren ist, da er das vorrangige Bsp. für den Codex darstellt, der stets ein unvollkommenes Abbild des Konzils ist. Das Konzil stellt daher den →Kontext der philologischen Methode gem. c. 17 bzw. c. 1499 CCEO dar, da sich Kontext gem. c. 17 bzw. c. 1499 CCEO nicht nur auf den innerkodikarischen Kontext bezieht. Die theol. Leitsätze bzw. →Fundamentalnormen stellen zusätzlich einen innerkodikarischen Kontext, insofern sie Konzilstexte wörtlich zitieren. Sie stehen häufig zu Beginn eines Kap. u. geben somit die theol. Optik bzw. Matrix vor, in der die Folgenormen zu interpretieren sind. Sie zeigen, dass der Codex ein Codex anderer Art ist, insofern er theol. Lehren des Konzils in seinen Canones rezipiert u. so eine Auslegung des neuen Codex ausschließlich i. S. des CIC/1917 verhindern möchte.

Die theol. Verhältnisbestimmung von K. u. C., die der Gesetzgeber selbst in der ApK SDL vorgenommen hat, legt das lehramtlich begr. Fundament für eine theol. grundgelegte Hermeneutik der Kirchenrechtswissenschaft, die weder in das Extrem eines Rechtspositivismus noch in das einer Theologisierung des KR verfällt.

Quellen

Johannes Paul II., ApK Sacrae Disciplinae Leges vom 25. Januar 1983: AAS 75 (1983) Pars II, VII-XIV; dt. Übers.: Codex Iuris Canonici, lat.-dt. Ausgabe, Kevelaer [5]2001, X-XXIII; ders., Allocutio ad Praelatos Auditores S. Romanae Rotae coram admissos vom 26.01.1984: AAS 76 (1984), 643-649.

Literatur

Thils, G., Le nouveau Code de droit canonique e l'ecclésiologie de Vatican II: Rev. Théologique de Louvain 14 (1983), 289-301; Demel, S., Wer interpretiert wen? Der Codex Iuris Canonici als „Krönung" des Konzils: HK Spezial, Oktober 2012: Konzil im Konflikt. 50 Jahre Zweites Vatikanum, 13-18; Haering, S., Konziliare Ekklesiologie u. kan. Sprache: Ius quia iustum (FS Pree), hg. v. E. Güthoff – S. Haering, Berlin 2015 (KStT 65), 61-80; Meckel, T., Konzil u. Codex. Zur Hermeneutik der Kirchenrechtswissenschaft am Bsp. der christifideles laici, Paderborn – München – Wien – Zürich 2017 (KStKR 18), insb. 33-88 m. weiterer Lit.

Thomas Meckel

© 2019, DOI: 10.30965/9783506786388_0790

Konziliarismus – Historisch

Der Begriff K. benennt die kirchenpolitische Idee vom Generalkonzil als oberster Repräsentanz u. Entscheidungsinstanz der Kirche; damit wird der alleinige Leitungsanspruch des →Papstes (papalistisches Prinzip) bestritten. Eine verbindlich formulierte Doktrin des K. liegt nicht vor; ebensowenig besteht in der Forschung ein Konsens über die Gewichtung seiner theoretischen Grundlagen.

Die praktische Notwendigkeit für die Ausbildung einer konziliaren Theorie erwuchs m. dem Abendländischen Schisma von 1378, der Spaltung der Papstkirche in zwei, seit 1409 drei Obödienzen. Seit 1379 forderten Konrad von Gelnhausen u. Heinrich von Langenstein ein →Konzil, das nicht nur das Schisma beseitigen, sondern auch die Kirche reformieren sollte. Der restaurative Grundgedanke des Notkonzils (o. P.) erfuhr in der Folgezeit (etwa bei Dietrich von Niem) eine Radikalisierung hin zum revolutionären Konzept eines demokratisch-repräsentativen Konzils (über dem P.).

Die Konziliaristen bezogen die Elemente ihrer Argumentation aus versch. Traditionen. Eine wichtige Quelle ist die klassische Kanonistik: Gratian (→Decretum Gratiani) gestattet es, über einen häretischen P. zu richten („[papa] a nemine est iudicandus, nisi deprehendatur a fide devius", Dist. 40 c. 6); Huguccio versteht darunter nicht nur die offene → Häresie, sondern jede notorische → Sünde, die zum „scandalum“ für die Kirche wird. Johannes Teutonicus' → Glossa ordinaria legt nahe, in solch einem Fall ein Konzil als Entscheidungsinstanz einzuberufen („ubi de fide agitur ... tunc synodus maior est papa“). In der Frage, wer das Konzil einberufen dürfe, wenn über den P. gerichtet werden müsse, bezog man sich auf die aristotelische Lehre von der → Epikie (Notstand), die den Kanonisten spätestens durch Thomas von Aquin vermittelt worden war (Konrad von Gelnhausen: Epistola concordiae; Johannes Gerson). Nicht o. Einfluss blieben die kirchenpolitischen Konflikte des frühen 14. Jh., namentlich die Auseinandersetzungen König Philipps des Schönen von Frankreich bzw. der Kard. Colonna m. P. Bonifaz VIII. od. König Ludwigs des Bayern m. P. Johannes XXII. sowie der Armutsstreit der Franziskaner m. P. Johannes XXII., in deren Verlauf jeweils ein Generalkonzil gefordert wurde. Dabei verwiesen die antipäpstlich gesinnten Franziskaner (Michael von Cesena, Wilhelm von Ockham) auf den Charakter des Konzils als Repräsentanz der gläubigen Christenheit – bei Ockham, der die Rolle des Kaisers auf dem Konzil betont, umfasst es dementsprechend auch Laien u. Frauen –; der Aristoteliker Marsilius von Padua fasst die Kirche grds. nicht als hierarchisch, sondern als gemeindekirchlich organisiert auf u. betrachtet den P. als Exekutivorgan des Konzils (Defensor pacis).

Derart radikal konziliaristische Gedanken spielten sowohl bei der Einberufung des Pisaner (1409) als auch des Konstanzer (1414/18) Konzils kaum eine Rolle. Dann erzwang die Flucht Johannes' XXIII. aus Konstanz das Ergreifen von Notstandsmaßnahmen, wollte man nicht ein erneutes Scheitern des Konzils in der Schismafrage riskieren. Vor diesem Hintergrund reklamiert das Konzilsdekret Haec sancta (06.04.1415) eindeutig die oberste Autorität in der Kirche („haec sancta synodus Constantiensis ... ecclesiam catholicam repraesentans, potestate a Christo immediate habet“) – allerdings nicht grds., sondern in der Situation der Handlungsunfähigkeit der Papstkirche. Um solchen Problemen künftig effektiver begegnen zu können, befiehlt das Dekr. Frequens (17.10.1417) die periodische Abhaltung von Konzilien.

Auf den folgenden Reformkonzilien (Pavia-Siena 1423/24, v. a. Basel 1431/49) wurden die Konstanzer Dekr. als Fundament für eine dauernde konziliare Organisation der Kirche aufgefasst (Johannes von Ragusa, Johannes von Segovia). Langfristig behaupten sich die Vertreter eines papalistischen Kirchenverständnisses m. dem Verbot der Appellationen an das Konzil (Martin V. [1418], Pius II. [1460]) u. einer eigenen Ekklesiologie (Johannes von Torquemada, Piero da Monte) auch gegenüber konziliaristischen Konzepten m. Kompromisscharakter (Nikolaus von Cues). Die Nachwirkungen des K. erweisen sich, gemessen an seiner Bedeutung während des Schismas, als marginal – wenngleich das konziliaristische Gedankengut (bis heute) nie ganz unterging (Konzilsprojekte des Ebf. Jamometić 1481 u. Savonarolas 1497, Pisaner Konziliabulum 1511, → Konzilsappellation Luthers 1518, Debatten im Vorfeld des Trid.).

Literatur

Tierney, B., Foundations of the Conciliar Theory, Cambridge 1955; Jedin, H., Art. Konziliarismus: LThK[1] Bd. 6, 532-534; Die Entwicklung des Konziliarismus, hg. v. R. Bäumer, Darmstadt 1976; Smolinsky, H., Art. Konziliarismus: TRE Bd. 19, 579-586; Walther, H. G., Konziliarismus als politische Theorie? Konzilsvorstellungen im 15. Jahrhundert zwischen Notlösungen u. Kirchenmodellen: Die Konzilien von Pisa (1409), Konstanz (1414-1418) u. Basel (1431-1449), hg. V. H. Müller – J. Helmrath, Ostfildern 2007 (Vorträge u. Forschungen 67), 31-60; Miethke, J., Art. Konziliarismus: HRG[2] Bd. 2, 165-172; Müller, H., Die kirchl. Krise des Spätmittelalters. Schisma, Konziliarismus u. Konzilien, München 2012 (Enzyklopädie dt. Geschichte 90).

Harald Derschka

© 2019, DOI: 10.30965/9783506786388_0791

Konziliarität – Evangelisch

Der Begriff der K. beschreibt die bes. Form, in welcher sich in chr. Kirchen die Auseinandersetzung über Grundfragen von →Glauben, Zeugnis u. Dienst vollzieht. Für die Klärung solcher Fragen bedarf es repräsentativer Versammlungen, die auf der Grundlage gottesdienstlicher Gemeinschaft miteinander beraten u. entscheiden, sei es lokal, regional od. global. Konziliare Gemeinschaft ist in ihrem Kern eucharistische Gemeinschaft (→Abendmahls-, Eucharistiegemeinschaft). Sie setzt den Vollzug von →Kirchengemeinschaft voraus, auf deren Erneuerung, Vertiefung u. Erweiterung sie zugl. bezogen ist. Im einzelnen verbindet sich der Begriff der K. m. unterschiedlichen Konzeptionen von Kirchengemeinschaft od. kirchl. Einheit; in jedem Fall handelt es sich aber um einen Wesenszug der Kirche, der m. ihrem Charakter als einer Gemeinschaft der Glaubenden unter Wort u. Sakrament unmittelbar mitgegeben ist. Schon das NT berichtet über konziliare Zusammenkünfte. →Synoden od. →Konzilien spielen in unterschiedlicher Ausgestaltung in den versch. Konfessionsfamilien eine Rolle. In den reformatorischen Kirchen tritt die Terminologie von Konzil u. K. allerdings seit Luthers vergeblichem Appell an ein Konzil weithin in den Hintergrund. In den ev. Kirchen hat sich jedoch ein synodaler Grundzug der →Kirchenverfassung entwickelt, der →Geistliche u. →Laien in gleicher Weise umfasst. Erst m. den Anfängen der ök. Bewegung zu Beginn des 20. Jh. werden auch im nicht-kath. Bereich Rufe nach einem ök. Konzil laut. Eine bes. Nachwirkung gewinnt Dietrich Bonhoeffers Aufruf zu einem „großen ökumenischen Konzil“, das die Welt zum Frieden rufen soll, bei einer ök. Versammlung in Fanø 1934.

M. der Ankündigung des Vat II (1962–65) beginnt ök. eine neue Phase des Nachdenkens über Konzil u. K. Der Anstoß der röm.-kath. Kirche bewirkt auch innerhalb des →Ökumenischen Rates der Kirchen einen Neuansatz. Dessen vierte Vollversammlung in Uppsala 1968 bekräftigt die Vision eines universalen Konzils, das imstande sein soll, für die gesamte Christenheit zu sprechen. Konziliare Prozesse sollen einem solchen Konzil den Weg bereiten. Die fünfte Vollversammlung des ÖRK in Nairobi 1975 nennt als Kennzeichen konziliarer Beziehungen die Bereitschaft der beteiligten Kirchen zur wechselseitigen Anerkennung als Kirche Jesu Chr., die Orientierung an dems. apost. Glauben, ein gemeinsames Verständnis von →Taufe, Eucharistie (→Abendmahl, Eucharistie) u. →Amt, das die gemeinsame Feier der Eucharistie möglich macht, sowie eine Verständigung darüber, wie die beteiligten Kirchen in solchen Beziehungen vertreten sein sollen. Solange diese Bedingungen noch nicht gegeben sind, spricht man von einer präkonziliaren Gemeinschaft od. auch von einem konziliaren Prozess. Beide Ausdrucksweisen sollen unterstreichen, dass die Verpflichtung auf eine konziliare Gemeinschaft auch dann in Geltung steht, wenn diese Gemeinschaft noch nicht in vollem Umfang verwirklicht ist.

Das wichtigste Bsp. für einen Vorgang, der sich an diesem Leitbild orientierte, bildet der konziliare Prozess für Gerechtigkeit, Frieden u. die Bewahrung der Schöpfung, der auf der sechsten Vollversammlung des ÖRK in Vancouver 1983 ausgerufen wird. Ausgelöst wird diese Initiative durch die Spannungen zwischen Ost u. West, eine sich verschärfende Rüstungsdynamik, die Verelendung weiter Bereiche des globalen Südens u. die wachsende Gefährdung der Umwelt. Insb. von kirchl. getragenen Friedensbewegungen wird der konziliare Prozess aufgenommen. Vom Dt. Ev. →Kirchentag in Düsseldorf 1985 geht unter unmittelbarer Bezugnahme auf Bonhoeffers Appell von 1934 ein Aufruf zu einem Konzil des Friedens aus; in der Folgezeit nehmen mehrere Europäische Ök. Versammlungen diesen Impuls auf, denen 1990 auf globaler Ebene die Weltversammlung für Gerechtigkeit, Frieden u. die Bewahrung der Schöpfung in Seoul zur Seite tritt. Innerhalb dieser Entwicklung kommt den konziliaren Versammlungen in der DDR eine Schlüsselbedeutung zu. Sie erweisen sich als Wegbereiter für die friedliche Revolution von 1989; auf diese Weise ist der Beitr. der Kirchen zur friedlichen Revolution von 1989 eng m. dem konziliaren Prozess verbunden. Im Übergang zum 21. Jh. wird der konziliare Prozess auf globaler Ebene m. einer Dekade zur Überwindung der Gewalt (2001-2010) sowie in Antwortversuchen auf die Globalisierung weitergeführt. Die Ergebnisse dieses Prozesses wurden bei der Friedenskonvokation in Kingston (Jamaika) 2011 gebündelt; bei der zehnten Vollversammlung des ÖRK in Busan 2013 wurden daraus m. der Verpflichtung auf einen Weg des „gerechten Friedens" entscheidende Konsequenzen gezogen.

In vielen Bereichen steht der Schritt von einem konziliaren Prozess zu einer konziliaren Gemeinschaft nach wie vor aus. Ein wichtiger Ausgangspunkt dafür ist die wechselseitige Anerkennung der Taufe, wie sie für den dt. Bereich 2007 in Magdeburg feierlich bekräftigt wurde. Darüber hinaus bildet die eucharistische Gemeinschaft der Kirchen dafür den entscheidenden Maßstab. In einer Reihe von Fällen ist es zu entspr. Vereinbarungen gekommen. Doch auch soweit eine solche Übereinkunft noch aussteht, kann K. die Verständigungs- u. Entscheidungsprozesse nicht nur in jeder Kirche, sondern auch zwischen ihnen prägen. In solchen konziliaren Vorgängen kann sich die Gemeinschaft zwischen den Kirchen vertiefen, bis schließlich eucharistische Gemeinschaft zwischen ihnen u. damit auch ein allg. Konzil der Christenheit möglich wird.

Literatur

Die ök. Konzile der Christenheit, hg. v. H. J. Margull, Stuttgart 1961; Konzile u. die ök. Bewegung, Genf 1968; Lange, E., Die ök. Utopie od. Was bewegt die ök. Bewegung?, Stuttgart 1972; Interkommunion – Konziliarität, hg. v. R. Boeckler, Stuttgart 1974; Huber, W., Der Streit um die Wahrheit u. die Fähigkeit zum Frieden, München 1980; Ök. Theologie. Ein Arbeitsbuch, hg. v. P. Lengsfeld, Stuttgart 1980; Konzil des Friedens. Aufruf u. Echo, hg. v. M. Bogdahn, München 1986; Huber, W., Ein ök. Konzil des Friedens – Hoffnungen u. Hemmnisse: Ök. Existenz heute, hg. v. W. Huber – D. Ritschl – Th. Sundermeier, München 1986, 101-147; Weizsäcker, C. F. v., Die Zeit drängt. Eine Weltversammlung der Christen für Gerechtigkeit, Frieden u. die Bewahrung der Schöpfung, München 1986; Konzil des Friedens. Beiträge zur ök. Diskussion I, hg. v. H.-R. Reuter, Heidelberg 1987; Huber, W., Synode u. Konziliarität. Überlegungen zur Theologie der Synode: Das Recht der Kirche, Bd. III. Zur Praxis des Kirchenrechts, hg. v. G. Rau – H.-R. Reuter – K. Schlaich, Gütersloh 1994, 319-348; Smyth, G. S., A Way of Transformation, A Theological Evaluation of the Conciliar Process, Berlin 1995; Neuner, P., Ök. Theologie, Darmstadt 1997; Raiser, K., Ernstfall des Glaubens – Kirche sein im 21. Jahrhundert, Göttingen 1999; Tsompanidis, S., Orthodoxie u. Ökumene. Gemeinsam auf dem Weg zu Gerechtigkeit, Frieden u. Bewahrung der Schöpfung, Münster 1999; Lienemann, W., Frieden, Göttingen 2000; Sattler, D. – Nüssel, F., Einführung in die ök. Theologie, Darmstadt 2008; Brown, S., Von der Unzufriedenheit zum Widerspruch. Der konziliare Prozess für Gerechtigkeit, Frieden u. Bewahrung der Schöpfung als Wegbereiter der friedlichen Revolution in der DDR, Frankfurt 2010; Enns, F., Ökumene u. Frieden. Bewährungsfelder ök. Theologie, Neukirchen 2012; Raiser, K., Ökumene unterwegs zwischen Kirche u. Welt, Berlin 2013; Die Kirche. Auf dem Weg zu einer gemeinsamen Vision. Eine Studie der Kommission für Glauben u. Kirchenverfassung des ÖRK, hg. v. ÖRK, Gütersloh – Paderborn 2014; Raiser, K., Vom Frieden her denken. Ök. Impulse für die friedensethische Diskussion: Ev. Theologie 75 (2015), 246-258; Link, H.-G., Die un-vollendete Reformation. Zur konziliaren Gemeinschaft von Kirchen u. Gemeinden, Leipzig 2016.

Wolfgang Huber

© 2019, DOI: 10.30965/9783506786388_0792

Konziliarität – Orthodox

Die Synodalität gehört zum Sein u. zur Natur der Kirche. Die Kirche ist an sich eine

→Synode u. offenbart die Hl. Trinität u. das Hl. Leben. Als substanzielle Dimension des kirchl. Lebens u. als organische Funktionalität ist die Synodalität nicht etwas, was sich einfach erklären u. erforschen lässt, sondern sie stellt eine Tatsache dar, die gelebt wird. Kirche lässt sich durch die Mysterien erklären, was wiederum bedeutet, dass die Synodalität m. der hl. Eucharistie in Verbindung steht. Die hist. Wurzeln der synodalen Stuktur gehen auf das Leben u. den Aufbau der ersten chr. Gde. u. v. a. auf deren eucharistische Zusammenkünfte zurück. Die eucharistische Struktur der Kirche steht in vollkommener Verbindung m. der Person des →Bischofs, des Vorstehers der eucharistischen Zusammenkunft. Jede Ortskirche ist die eine hl., kath. u. apost. Kirche Chr. Der Bf. verbindet als Zentrum u. Haupt der Ortskirche die Ortskirche m. den jeweiligen anderen Ortskirchen zu einer ecclesialen →Communio u. drückt dadurch die Erfahrung u. den Glauben des gesamten Leibes aus, dem er vorsteht. Eine bfl. Synode drückt die Erfahrung des gesamten einheitlichen Leibes der jeweiligen eucharistischen Gemeinschaften aus u. wird von den vorstehenden Bf. der jeweiligen eucharistischen Gemeinschaft gebildet. Einerseits darf die synodale Institution die Katholizität der Ortskirche nicht tangieren, anderseits muss die Synode o. Einschränkungen funktionieren, frei von jeder Autarkie der Ortskirchen. Die Erhaltung der Harmonie zwischen der Ortskirche u. der gesamten Kirche ist keine einfache Angelegenheit u. ist m. einem permanenten Versuch verbunden, diese zu erhalten. Als Prototyp gilt die Harmonie zwischen den Personen der Hl. Trinität, in deren Beziehung keine Art der Subordination besteht u. wo die vielen zu einem werden, o. dass die vielen aufhören zu existieren. Dies lässt schlussfolgern, dass die weltweite Kirche eine Beziehungsgemeinschaft ist, in der die Communio vieler gleichwertiger, kath. Ortskirchen, deren Harmonie durch die gegenseitige Funktionalität der Synodalität m. der Katholizität besteht, ausgedrückt wird. In der hist. Entwicklung der Kirche haben sich örtliche, regionale u. ök. Synoden (→Ökumenisches Konzil) einberufen. Die ök. Synode hat dabei den höchsten Stellenrang. Dies bedeutet jedoch nicht, dass diese für die Röm.-kath. Kirche die Stellung des P. einnimmt. Die ök. Synode ist keine Institution, sondern stellt ein außerordentliches Ereignis in der Geschichte der Kirche dar. Aus diesem Grund kann das Synodale System nicht pyramidal gesehen werden m. der ök. Synode an der Spitze. Die Zahl sieben ist keine absolute Zahl u. schränkt die ök. Synoden nicht ein. In der diachronen kath. Auffassung der Kirche haben die Synoden von 878/80 u. 1341 von Konstantinopel eine bes. Stellung. In der ersten wurde jegliche Zufügung zum nizänisch-konstantinopolitanischen →Glaubensbekenntnis untersagt u. in der zweiten wurde die Unterscheidung zwischen der Substanz u. den Energien Gottes propagiert, so wie diese vom Hl. Gregor Palamas u. der väterlichen Lehre vor ihm ausgelegt wurde. Das Kriterium, dass eine Synode als ök. gilt, ist deren Akzeptanz u. Anerkennung vom Leib der Kirche. Die wahrhaftig unfehlbaren Synoden sind ök. u. drücken den Glauben der Kirche aus u. stellen die Erfahrung des Leibes Chr. dar, der die Synoden aufnimmt, wenn diese eine Fortsetzung der schon offenbarten Wahrheit darstellen. Die Synoden legen die Grenzen der Häresie fest, die sich vom Leben des kirchl. Leibes u. der wahrhaftigen Lehre entfernt hat. So wie in der Eucharistie die Anwesenheit des Volkes substanziell notwendig ist, ist es in gleicher Weise für die Funktionalität der Synode notwendig, dass das Kirchenvolk dieser zustimmt. In diesem Sinne steht die Kirche über den ök. Synoden. Die Kirche ist der Ort der Wahrheit u. in ihrer echten dynamischen Communio lässt sich die Lüge von der Wahrheit unterscheiden. Auch wenn keine kan. Erl. bzgl. der Receptio existieren, handelt es sich hierbei nicht um eine endloses Verfahren. Wo sich diachronisch u. gemeinschaftlich die Gewissheit durchsetzt, dass man den hl. Vätern folgt, wird der Glaube der Kirche als verbindlich u.

wahr angesehen. Die Synodalität kann nicht o. den Primat verstanden werden. Der Erste ist eine substanzielle Figur in der Synode. O. den Ersten kann keine Synode einberufen werden. Die Synodalität u. der Primat stellen notwendige Elemente der Kirche in allen Ebenen ihres Lebens, zeitlich u. örtlich, dar. Dies sind Elemente, die keine Reform u. Erneuerung benötigen.

Literatur

Lanne Em., D., Églises locales et patriarcats à l'époque des grands Conciles: Irénikon 34, 3 (1961), 292-321; De Vries, W., Die kollegiale Struktur der Kirche in den ersten Jahrhunderten: Unam Sanctam 19 (1964), 296-317; Hajjar, J., The Synod in the Eastern Church: Conc. 8 (1965), 55-64; Ware, K., Primacy, Collegiallity, and the People of God: Eastern Churches Review 3 (1970), 18-29; De Vries, W., The Primacy of Rome as seen by the Eastern Church: Diakonia 6 (1971), 221-231; Lanne Em., D., L'origine des synodes: Theol. Zeitschrift 27 (1971), 201-222; Zizioulas, J. D., La conciliarité et le chemin qui mène à l'unité – Un point de vue orthodoxe: Vers une communauté conciliaire des Églises?, Genève, Conférence des Églises européennes (KEK), Cahier 10 (1978), 23-36; Rhodopoulos, P., Ecclesiological Review of the Thirty-Fourth Apostolic Canon: Kanon 4 (1980), 92-99; Dura, N., Le régime de la Synodalité selon la législation canonique conciliaire, œcuménique du 1er millénaire, Bukarest 1992; Eid, E., La Synodalité dans la tradition orientale: ACan (Hors Série), Vol. 1, Paris 1992, 249-264; Stavrou, M., Linéaments d'une théologie orthodoxe de la conciliarité: Irénikon 76 (2003), 470-505; Phidas, V. J., Le Primat et la conciliarité de l'Église dans la tradition orthodoxe: Épiskepsis 671 (28-2-2007), 36-42; Charkianakis, S., Synod and Synodality: Phronema 23 (2008), 1-10; Alfeyev, H., Primauté et conciliarité dans la tradition orthodoxe: Istina 54 (2009), 29-36; ders., La primauté et la synodalité d'un point de vue orthodoxe (Conférence prononcée le 8 novembre 2014 au Séminaire théologique Saint Vladimir de New York): https://mospat.ru/fr/2014/11/09/news111091 [Zugriff: 15.05.2019]; Papathomas, G. D., Synodalité et Saints Canons au sein de l'Église: Théologia 86, 2 (2015), 153-169; Zizioulas, J. D., Conciliarity and Primacy: Theologia 86, 2 (2015), 19-33; ders., Primacy, Ecclegiology, and Nationalism: Primacy in the Church. The Office of Primate and the Authority of Councils, Vol. 1, Historical and Theological Perspectives, hg. v. J. Chryssavgis, New York 2016, 299-307.

Kyrillos Katerelos

© 2019, DOI: 10.30965/9783506786388_0792

Konzilsappellation – Katholisch

K. ist der Versuch, gegen eine rechtliche Maßnahme bzw. Entscheidung des →Papstes an ein →Ökumenisches Konzil bzw. das →Bischofskollegium Berufung einzulegen, den der kirchl. →Gesetzgeber seit der Spätantike über das Hoch- u. Spätmittelalter u. auch später noch in Abwehr konziliaristischer Tenden (→Konziliarismus) m. →Strafen belegt hat (C. 9 q. 3 c. 10; 13; 16; 17; C. 17 q. 4 c. 30; can. 2332). Bereits von Martin V. verboten, hat Pius II. im Anschluss an Eugen IV. K. ausdrücklich als „irrig und verabscheuungswürdig" (Pius II., 1460) verworfen. K. wurde insb. seit Friedrich II. zu einem kirchenpolitischen Instrument in Auseinandersetzungen zwischen Staat u. Kirche u. auch theol. unterstützt. Als Missachtung des Jurisdiktionsprimats (→Jurisdiktion) des P. (cc. 331 u. 333 §3; cc. 43 u. 45 §3 CCEO) u. des Grundsatzes papa a nemine est iudicandus (vgl. D. 40 c. 6; c. 1404; c. 1058 CCEO) hat K. im Zug der Endredaktion erneut Eingang in den CIC gefunden. C. 1372 (keine Parallele im CCEO) droht keine →Tatstrafe (can. 2332), sondern eine →Beugestrafe als →Spruchstrafe an, die →physische Personen, nicht mehr jur. Personen (→Juristische Person, kirchliche) (vgl. can. 2332) treffen kann. Häresieverdacht wird nicht mehr erwähnt. Maßnahmen des P. können z. B. →Gesetze, →Dekrete, →Urteile od. Verwaltungsmaßnahmen, ebenso auch Lehrentscheidungen nichtdogmatischen Charakters sein. Zu fragen ist, wer als Straftäter in Frage kommt u. wer die Strafe verhängen soll. Zudem ist infolge von Vat II der P. in das Bischofskollegium integriert u. ein Ök. Konzil gleichfalls Träger der höchsten Leitungsvollmacht in der →Gesamtkirche (cc. 336 u. 337 §§ 1-3; cc. 49 u. 50 §§ 1-3 CCEO).

Quellen

Pius II., Bulle Exsecrabilis vom 18. Januar 1460 (1459): DenzH 1375; Eugen IV., Etsi non dubitemus vom 20. April 1441: Monumenta conciliorum generali saeculi decimi quinti Vol. III, 1152-1195; ders., Moyses vir dei vom 4. September 1439: DenzH, 1309; Julius II., Suscepti regiminis vom 1. Juli 1509: Bullarium diplomatum et privilegiorum sanctorum Romanorum Ponitificum Taurinensis editio Vol. V, 479-481.

Literatur

Flatten, H., Der Häresieverdacht im Codex Iuris Canonici, Amsterdam 1963 (KStT 21), 215-271; Becker, H.-J., Art. Konzilsappellation: HRG Bd. 2, 1139-1142; ders., Die Appellation vom Papst an ein allg. Konzil. Hist. Entwicklung u. kanonistische Diskussion im späten Mittelalter u. in der frühen Neuzeit, Köln u. Wien 1988 (FKRG); Brandmüller, W., Papst u. Konzil im Großen Schisma (1378-1431). Studien u. Quellen, Paderborn – München – Wien – Zürich 1990; ders., Das Konzil von Konstanz 1414-1418, Bd. I u. II, Paderborn – München – Wien – Zürich 1991 u. 1997 (Konziliengeschichte: Reihe A: Darstellungen); Bäumer, R., Art. Konziliarismus: LMA Bd. 5, 1431 f.; Sebott, R., Das kirchl. Strafrecht. Kommentar zu den Kanones 1311-1399 des Codex Iuris Canonici, Frankfurt 1992, 177 f.; Rees, W., Die Strafgewalt der Kirche. Das geltende kirchl. Strafrecht – dargestellt auf der Grundlage seiner Entwicklungsgeschichte, Berlin 1993 (KStT 41), 444 f.; Becker, H.-J., Konziliarität/Konziliarismus. III. Rechtlich: RGG^4 Bd. 4, 1667 f.; Spehr, C., Luther u. das Konzil, Tübingen 2010 (Beiträge zur hist. Theologie 153), 92-114; 234-254; Becker, H.-J., Art. Konzilsappellation: HRG^2 Bd. 2, 172-175; KanR IV, 227 f.; Rees, W., Einzelne Straftaten: HbkathKR^3, 1615-1643, 1624; Lüdicke, K.: MKCIC c. 1372.

Wilhelm Rees

© 2019, DOI: 10.30965/9783506786388_0793

Kooperator – Katholisch

Der K., der je nach regionaler Prägung, auch →Pfarrvikar (vicarius paroecialis, vgl. CD 30, Abs. 3 u. c. 545), Hilfspriester, Kpl. – nicht zu verwechseln m. dem →cappellanus (vgl. cc. 564-572) – od. Vikar gen. wird, ist Mitarbeiter des →Pfarrers. Allein der →Bischof ernennt den K. (c. 547) frei, wobei er den Pfr. der →Pfarrei, für die der K. berufen wird, u. den zuständigen Dechanten anhören kann. Für einen Ordensgeistlichen, der als K. berufen werden soll, ist c. 682 § 1 einschlägig, der vom Vorschlag, zumindest aber der Zustimmung des →Ordensoberen ausgeht. Der K. muss die →Priesterweihe empfangen haben (c. 546). Die Abberufung des K. erfolgt durch den Bf. wobei auch dem →Diözesanadministrator dieses Recht zukommt (vgl. c. 552). Die Rechte u. Pflichten des K. sind in den cc. 545-552, den jeweiligen Diözesanstatuten, dem Ernennungsdekret u. in der Weisung des zuständigen Pfr. festgelegt. Der K. unterstützt den Pfr. im gesamten pfarrlichen Dienst, wobei er ihn auch in dessen dienstlichen Verpflichtungen vertreten kann m. Ausnahme der →Applikationspflicht. Die Vollmacht zur →Eheassistenz ist dem K. gem. c. 1111 allg. od. für den Einzelfall zu delegieren. Die Fragen von Besoldung, Versorgung u. Urlaub sind zumeist in eigenen diözesanen Ordnungen partikularrechtlich geregelt. Nach c. 536 ist der K. Mitglied des pfarrlichen Pastoralrates (→Pfarrgemeinderat); die Mitgliedschaft des K. im pfarrlichen Vermögensverwaltungsrat (c. 537) u. in der →Kirchenverwaltung richtet sich nach den diözesanen Anordnungen u. variiert von Diözese zu Diözese. Der K. soll in der Einsatzpfarrei wohnen, wobei der CIC vom Gemeinschaftsleben von Pfarrer u. K. im →Pfarrhaus ausgeht (c. 550 § 1).

Quellen

Vat II, CD; Diözesanbestimmungen über das Amt des Kaplans, des Vikars u. des Kooperators: KABl. Trier 144 (2000), 62-66; Fortschreibung des Standardteils der Stellenbeschreibungen für den pastoralen Dienst in der territorialen Seelsorge: KABl. Trier 157 (2013), 124-128.

Literatur

Selge, K.-H., Hilfspriester: LThK[3] Bd. 5, 111; Paarhammer, H., Pfarrvikar: LThK[3] Bd. 8, 180-181; Lederhilger, S., Die Mitarbeiterinnen u. Mitarbeter des Pfarrers: HbkathKR[3], 722-726.

Thomas Schüller

© 2019, DOI: 10.30965/9783506786388_0794

Koordinierungsrat der Muslime – Staatlich

Im März 2007 haben sich die vier großen, mehrheitlich sunnitisch-islam. orientierten Dachverbände DİTİB (Diyanet Işleri Türk İslam Birliği, Türkisch-Islam. Union der Anstalt für Religion), VIKZ (Verband der Islam. Kulturzentren), →Islamrat für die BRD u. ZMD (→Zentralrat der Muslime in Deutschland) zum K. in Deutschland (KRM) zusammengeschlossen (→Islamische Verbände). Seine Aufgabe besteht gem. §1 Abs. 1 der GO vom 28.03.2007 (abrufbar unter: http://islam.de/files/misc/krm_go.pdf [Zugriff: 15.05.2019]) darin, langfristig eine einheitliche Vertretungsstruktur der Muslime in Deutschland zu fördern, verbunden m. der Absicht, eine unabhängige →Religionsgemeinschaft zu gründen (§1 Abs. 3 der GO). §1 Abs. 5 der GO benennt den →Koran u. die →Sunna des Propheten Mohammed als religiöse Grundlage des KRM, womit eine grundsätzliche Offenheit gegenüber einem sehr breiten muslimischen Spektrum signalisiert wird.

Die Gründung des KRM erfolgte im engen zeitlichen Zusammenhang m. der Einrichtung der Dt. Islam Konferenz durch das Bundesinnenministerium im J. 2006. Die Schaffung eines einheitlichen Ansprechpartners, teils in Anlehnung an die (tatsächlich kaum vergleichbare) Situation in Österreich, wurde von maßgeblichen Vertretern von Politik u. Verwaltung befürwortet. Für kurze Zeit wurde sogar der Abschluss eines Gesellschaftsvertrags ähnlich den bestehenden staatskirchenrechtlichen Vereinbarungen erwogen; dies stellte sich indes schnell als allzu ambitioniert heraus. Zugl. wurde die Bedeutung des KRM öff. relativiert. Das liegt nicht nur in einer geänd. Haltung der Politik, sondern auch an der fragilen Konstruktion u. dem Umstand, dass viele muslimische Organisationen nicht vertreten sind, so insb. Vertretungen der Ahmadiyya (→Ahmadiyya-Gemeinschaft) u. der →Aleviten sowie schiitischer (→Schiiten) Richtungen. Bis heute (Januar 2019) verfügt der KRM weder über eine Satzung noch über eine erkennbare eigene Infrastruktur. Gem. §5 Abs. 2 S. 2, Abs. 3 der GO genießt DİTİB ein internes Vetorecht u. stellt drei, die anderen Organisationen stellen jeweils zwei Vertreter. Das Sprecheramt rotiert im halbjährlichen Turnus zwischen den Mitgliedsorganisationen (§8 der GO).

In den ersten Jahren nach der Gründung hat der KRM eine größere Zahl von Stellungnahmen zu aktuellen politischen Ereignissen u. die Muslime in Deutschland betr. Rechtsfragen veröff. Bei Besprechungen m. Vertretern staatl. od. gesellschaftlicher Organisationen u. in öff. Veranstaltungen kam dem jeweiligen Sprecher diese Rolle auch faktisch zu: Der Sprecher trug eine gemeinsame Position vor, die dann noch durch Vertreter der anderen Organisationen erg. werden konnte, die aber offenbar häufig zuvor intern soweit abgestimmt war, dass keine Erg. erfolgten. Die Ereignisse des J. 2015 (sehr öffentlichkeitswirksame Aktivitäten des ZMD-Vorsitzenden, die bei anderen, teils sehr unprofessionell agierenden Verbänden auf Kritik stießen) haben die Bereitschaft zum Sprechen mit einer Stimme deutlich geschwächt. Seit 2015 legen die Mitgliedsverbände erkennbar Wert darauf, jeweils eigenständig zu sprechen u. zu verhandeln. Die Entwicklungen im Gefolge des Putschversuchs in der Türkei im Juli 2016 führten zu einer weiteren Schwächung des KRM: Hatte zuvor DİTİB eine auch in der GO verankerte herausragende Stellung, so geriet diese Organisation insb. wegen der Spionagevorwürfe gegen dort beschäftigte, aus der Türkei entstandte →Imame u. allg. wegen der institutionell engen Verbindung zur türkischen Religionsbehörde u. Regierung in massive u. anhaltende öff. Kritik, die auch zum Abbruch von Kooperationen führte. Andererseits gab es Überlegungen, die Mitgliederbasis zu verbreitern u. auch eine Plattform für eine als positiv zu bewertende Debatte innermuslimischer Meinungsunterschiede zu bilden, die bislang (2019) allerdings noch in keiner Weise erkennbar umgesetzt wurden. Im Gegenteil kommt dem KRM gegenwärtig nur eine sehr untergeordnete, allenfalls repräsentierende Bedeutung zu. Dies spiegelt sich auch in einer sehr sparsamen Informationspolitik auf der Website des KRM (abrufbar unter: http://www.koordinationsrat.de/ [Zugriff: 15.05.2019]).

Literatur

Rosenow, K. – Kortmann, M., Die muslimischen Dachverbände u. der politische Islamdiskurs in Deutschland im 21. Jahrhundert, hg. v. H. Meyer – K. Schubert, Wiesbaden 2011, 47-86; Schäfer, K. – Foroutan, N., Die Dt. Islam Konferenz im Rückblick, hg. v. M. Rohe – H. Enging – M. Khorchide – Ö. Özsoy – H.-J. Schmid, Freiburg 2014, 717-751; Chbib, R., Organisation des Islams in Deutschland: Diversität, Dynamiken u. Sozialformen im Religionsfeld der Muslime, Baden-Baden 2017; Rohe, M. Der Islam in Deutschland: Eine Bestandsaufnahme, München [2]2018.

Mathias Rohe

Kopftuch – Staatlich

Der Streit um K.-Verbote u. um Verbote von funktionalen Äquivalenten des islam. K. im öff. Raum ist nicht nur ein Streit um die Sichtbarkeit religiöser Symbole in säkularisierten Gesellschaften. Der staatl. Umgang m. dem K. steht vielmehr stellvertretend für das Selbstverständnis einer Einwanderungsgesellschaft über ihre nationale Identität. Die Staaten des Europarats handhaben die Verdrängung des K. u. anderer Formen islam. Bedeckungsgebote wie der Vollverschleierung aus dem öff. Raum unterschiedlich. Der EGMR ordnet das K. als ausdrucksstarkes od. ostentatives äußeres Symbol ein, weil es erkennbar aus dem Rahmen üblicher Bekleidungsstücke herausfällt. Er gesteht den Konventionsstaaten nach Art. 9 Abs. 2 EMRK einen weiten Gestaltungsspielraum bei Eingriffen in die →Religionsfreiheit der K.-Trägerinnen zur Aufrechterhaltung der öff. Sicherheit u. Ordnung zu, der sich v. a. an den nationalen Traditionen, den hist. Erfahrungen, der verfassungsrechtlichen Ausprägung der Laizität u. dem staatskirchenrechtlichen System des jeweiligen Landes orientiert. Staatl. Maßnahmen gegen das K. richten sich in Deutschland v. a. gegen Beamtinnen u. Angestellte im öff. Dienst. Sie greifen in ihre Grundrechte auf Religionsfreiheit aus Art. 4 GG ein u. bedürfen einer bereichsspezifischen gesetzlichen Grundlage. Das K. ist trotz seiner Bedeutungsvielfalt u. trotz unterschiedlicher Auffassungen im Islam ein religiös konnotiertes Kleidungsstück, das als solches weder als bekehrendes Symbol ausgelegt noch als fundamentalistischer Ausdruck der Ablehnung von →Demokratie od. des Gleichberechtigungsgebots gewertet werden darf. Ein mehrheitlich irrationaler Empfängerhorizont spielt bei der Deutung des Symbols keine ausschlaggebende Rolle. Die Deutungshoheit haben die K.-Trägerin u. ihr Selbstverständnis. Am K.-Verbot für Lehrerinnen an bekenntnisoffenen →Schulen hat das BVerfG ein übergreifendes Neutralitätsverständnis des →Grundgesetzes herausgearbeitet. Der Staat, der eine K.-Trägerin im öff. Dienst duldet, identifiziert sich nicht m. ihrem Glauben, sondern nimmt ihren Freiheitsgebrauch hin. Die pauschalen Verbote von K. u. funktionalen Äquivalenten wie Woll- od. Baskenmützen zur vorbeugenden Abwehr abstrakter Gefährdungen für den Schulfrieden, m. denen einige Landesgesetzgeber die erste K.-Entscheidung des Zweiten Senats des BVerfG umgesetzt hatten, die ihnen die Alternative zwischen einer distanzierenden u. einer übergreifenden →Neutralität aufgezeigt hatte, hält der Erste Senat des Gerichts in der zweiten K.-Entscheidung für unverhältnismäßig. Denn der Staat greift in ein als imperativ plausibel gemachtes Glaubensgebot der K.-Trägerin ein. Dieser Eingriff ist von hoher Intensität. Allein eine im Einzelfall nachgewiesene konkrete Gefährdung des religiösen Friedens in der Schule rechtfertigt ein K.-Verbot u. entspricht dem Grundsatz des schonenden Ausgleichs der konfligierenden Rechtspositionen von K.-Trägerin, Staat, Schülern u. Eltern. Eine konkrete Gefahr kann allerdings aus subjektiven Befindlichkeiten der Betrachter erwachsen, wenn diese ihre Ablehnung m. Nachdruck störend in die Schule hineintragen. Nur ausnahmsweise können tatsächlich konfliktbelastete Schulen od. Schulbezirke auf dem Verordnungsweg zeitweilig m. einem pauschalen K.-Bann belegt werden. Diese Rspr. hat das BVerfG auf kommunale Kindertagesstätten (→Kindergarten) ausgedehnt. Dort u. in der Schule findet Alltag statt, der von religiöser Vielfalt geprägt ist, u. gegen den es keinen grundrechtlichen Konfrontationsschutz gibt. Das BVerfG verneint deshalb die Beeinträchtigung der negativen Religionsfreiheit von Schülern u. Kindergartenkindern genauso wie die Betroffenheit des akzessorischen elterlichen →Erziehungsrechts allein durch den Anblick des K. Kritiker bemängeln eine Überbewertung der Grundrechtspositionen von K.-Trägerinnen im Binnenbereich des Staates u. die Unterbewertung der beeinflussenden Abhängigkeitsverhältnisse in den vom Staat in Obhut genommenen öff. Räumen. Ob zum Schutze des Vertrauens in die staatl. Neutralität in anderen Funktionsbereichen des Staates, v. a. bei der außenwirksamen Ausübung staatl. Kernfunktionen wie dem Rechtsprechungs- u. dem Gewaltmonopol ein strikteres Neutralitätsverständnis gelten muss, das pauschale K.-Verbote in der Justiz, bei der Polizei, für alle Beamtinnen, die Hoheitsgewalt ausüben, od. nur für solche, die Publikumsverkehr haben, rechtfertigt, od. ob auch hier Einzelfallentscheidungen bei einer konkreten Gefährdung des religiösen Friedens reichen müssen, ist umstritten. Landesrechtliche Neutralitätsgesetze sollen Richterinnen, Staatsanwältinnen u. z. T. auch Schöffinnen, die als Vertreterinnen der pluralen Gesellschaft vom K.-Verbot bei Gericht bislang ausgenommen waren, das religiöse Bekleidungsstück (→Bekleidung, religiöse) umfassend verbieten. Für den Zugang zum jur. u. zum schulischen Vorbereitungsdienst gelten i. d. R. Ausnahmen. Referendarinnen das K. strikt zu verbieten, käme einem nach Art. 12 GG unzulässigen Berufsverbot nahe, da der Staat hier das Ausbildungsmonopol hält. Verbote, das K. bei der Berufsausübung im öff. Dienst zu tragen, stellen nach Ansicht des EuGH zumindest mittelbare Diskriminierungen von Muslimas dar, die an der RL 2000/78 u. dem dt. →Allgemeinen Gleichbehandlungsgesetz gemessen werden, u. K.-Tägerinnen zu Schadensersatz od. Entschädigung berechtigen können.

Quellen

EGMR, Urt. vom 15.02.2001 – 42393/98, Dahlab/Schweiz: NJW 2001, 2871-2873; BVerfG, Beschl. vom 24.09.2003: BVerfGE 108, 282; EGMR, Urt. vom 10.11.2005 – 44774/98, Sahin/Türkei: NVwZ 2006, 1389-1396; BVerwG, Beschl. vom 24.06.2014: BVerwGE 121, 140; EGMR, Urt. vom 01.07.2014 – 43835/11, SAS/Frankreich: NJW 2014, 2925-2935; BVerfG, Beschl. vom 27.01.2015: BVerfGE 138, 296; EGMR, Urt. vom 26.11.2015 – 64846/11, Ebrahimian/Frankreich: NZA-RR 2017, 62-66; LAG Berlin-Brandenburg, Urt. vom 09.02.2016, AZ 14 Sa 1038/16: NZA-RR 2017, 378. Schlussanträge der Generalanwältin Juliane Kokott vom vom 31.05.2016: EuGH:ECLI:EU:C:2016:382; BVerfG, Beschl. vom 18.10.2016 – 1 BvR 354/11: NJW 2017, 381-386; Urt. des Gerichtshofs vom 14.03.2017: EuGH:ECLI:EU:C:2017:204; BVerfG, Beschl. vom 27.06.2017 – 2 BvR 1333/17: NJW 2017, 2333-2337.

Literatur

Politik rund ums Kopftuch, hg. v. F. Haug – K. Reimer, Hamburg 2005; Ziegler, J., Das Kopftuchverbot in Deutschland u. in Frankreich. Ein Beitrag zur Interpretation der dt. u. franz. Islam-Politik, Paderborn 2011; Adelt, S., Kopftuch u. Karriere. Kleidungspraktiken muslimischer Frauen in Deutschland, Frankfurt 2014; Langenfeld, C., Fängt der Streit um das Kopftuch jetzt erst an?: ZevKR 60 (2015), 420-434; Ooyen van, R. Chr., Das Bundesverfassungsgericht u. der „Kopftuch-Streit", Berlin 2015; Steinberg, R., Kopftuch u. Burka, Baden-Baden 2015; Wißmann, H., Justitia m. Kopftuch: DRiZ 2016, 224-227; Muckel, S., Kopftuchverbot für eine Rechtsreferendarin: Jur. Arbeitsblätter 2017, 78-80; Wiese, K., Religionsfreiheit in Europa stärken. Zur Diskussion um Kopftuch- u. Gesichtsverschleierungsverbote in Europa: Die Freiheit der Religion. Ein klassisches Menschenrecht in der Kontroverse, hg. v. E. Fürlinger, Krems 2017, 93-111; Berghahn, S., Kopftuchdebatten – u. kein Ende: Vorgänge 2017, 31-46.

Kathrin Groh

© 2019, DOI: 10.30965/9783506786388_0796

Kopulatheorie – Historisch

Die Vertreter der K. waren der Meinung, die Sakramentalität der →Ehe (→Ehesakrament) als Zeichen für die Verbindung Chr. m. seiner Kirche käme nur durch den Vollzug der Ehe (→Ehevollzug), durch den die Eheleute ein Fleisch werden, nicht aber durch den →Ehekonsens zustande. Der Konsens allein begr. nicht die Ehe; diese kommt allein durch den Ehevollzug zustande u. wird dadurch unauflöslich (→Unauflöslichkeit der Ehe).

Um dem →römischen Recht u. seiner →Konsenstheorie nicht diametral zu widersprechen u. dadurch der Ehe von Maria u. Josef die Unauflöslichkeit abzusprechen, entwickelt sich bei Ivo von Chartres u. Anselm von Laon die vermittelte K., welche sich auch bei Gratian findet, der in der Causa 27 des Dekr. (→Decretum Gratiani) zwischen dem matrimonium initiatum u. dem matrimonium ratum unterscheidet. Diesem Ansatz zufolge wird die durch den Konsens grundgelegte Ehe durch den Vollzug zum Sakrament u. dadurch unauflöslich.

Die Lehre Gratians wird in der Schule von Bologna (→Bologna, Schule von) weiter ausgebaut, während sich in Paris eine Gegenströmung aufbaut, welche der Konsenstheorie gegenüber der K. den Vorzug gibt. Bes. Petrus Lombardus optiert für die Konsenstheorie u. weist nach, dass auch der Konsens zwischen den Brautleuten schon die Einheit Chr. u. der Kirche darzustellen vermag.

Innozenz II. u. Coelestin III. geben ebenfalls der Konsenstheorie den Vorzug, während Alexander III. (Rolandus Bandinelli) als Prof. die vermittelte K. vertritt, indem er zwischen matrimonium initiatum u. matrimonium perfectum (ratum) unterscheidet. Als P. gelangt er m. der Zeit zu einer Synthese von Konsenstheorie u. K. u. legt fest, dass die Ehe nach dem Konsens bereits gültig sei, aber durch (päpstliche) →Dispens noch aufgelöst werden könne, solange sie nicht vollzogen wurde (→Eheauflösung).

Literatur

KanR III, 359-361.

Markus Graulich

© 2019, DOI: 10.30965/9783506786388_0797

Koran – Islamisch

Der K. gilt im islam. →Glauben als Wort Gottes, das durch Gabriel dem Propheten Muhammad in arabischer Sprache offenbart wurde. Das Wort K. (qurʾān) bedeutet Lesung bzw. Vortrag u. kommt als Selbstbezeichnung im Korantext selber vor. Nach seiner Selbstverortung ist der K. das abschließende Glied einer großen Offenbarungstradition. Er erkennt die seinerzeit vorliegenden hl. Schr. von Juden (tawrāt) u. Christen (indjīl) sowie die früheren Bücher von Abraham (ṣuḥuf Ibrāhīm) u. David (zabūr) als Offenbarungsbücher an, die alle aus einer himmlischen Urschrift stammen (43:2-4). Trotz dieses unverkennbaren Inklusivismus distanziert sich der K. in nicht unwesentlichen Punkten von den vorhandenen Offenbarungstheologien: Zunächst wird der Glaube nicht in einer

Heilsgeschichte, sondern in der Schöpfung gegr. (30:30). Hiernach gab Gott den Menschen die religiöse Wahrheit schon vor ihrer irdischen Existenz ein (7:172). Aufgrund dieser prähistorischen Offenbarung kommt jedes Individuum nicht nur unschuldig, sondern auch m. der Fähigkeit ausgestattet auf die Welt, Gott zu erkennen u. dementsprechend zu leben (vgl. Zirker, 1999, 34-35). Ferner lehnt der K. eine unmittelbare Kommunikation Gottes m. Menschen ab. Ihm zufolge ist eine göttliche Mitteilung an einen Menschen nur durch drei Wege möglich: Durch Eingebung, hinter einem Vorhang od. über einen Engel (42:51). Bei der koranischen Offenbarung formte Gabriel die göttliche Offenbarung auf Befehl Gottes in menschliche Worte um u. gab diese in arabischer Sprache an Muhammad weiter (53:1-5; 81:15-21), der dann diese unverändert zu verkünden hatte (69:40). Die muslimische Überzeugung von Verbalinspiration ist in diesem Sinne zu verstehen. Der volkstümliche Glaube, Gott spreche Arabisch, ist daher koranwidrig. Der K. ist arabisch, weil Gott seinen Willen in der Sprache des Volkes manifestiert, zu dem er seinen Propheten schickt (14:4).

Der Korantext dokumentiert die Offenbarungen, die der Prophet von 610-622 in Mekka u. von 622-632 in Medina Stück für Stück empfing u. verkündigte. Das Hauptanliegen des K. ist es, die Menschen über ihre Pflichten gegenüber sich, ihrem Schöpfer u. ihren Mitgeschöpfen zu belehren (vgl. Hamidullah, 1995, 44). Die einzelnen Offenbarungen sprachen reale Adressaten an, griffen auf versch., in der Sprache verfügbare Medien zurück u. bezogen sich so direkt od. mittelbar auf die jeweilige Situation (s. Özsoy, 2014, 36 ff.). Wegen dieser Dialogizität wird in der Auslegungstradition (→Interpretation, Auslegung) bei jeder auszulegenden Passage nach Informationen über den Offenbarungskontext u. mögliche Offenbarungsgründe (asbāb an-nuzūl) gefragt. Die Koranentstehung wird traditionell in zwei große Perioden eingeteilt, mekkanische u. medinensische. Die mekkanischen Offenbarungen laden die Menschen zum Glauben an einen einzigen Gott ein, führen versch. Schöpfungselemente u. -phänomene als Beweise für die Existenz, Einheit u. Majestät Gottes sowie für die Auferstehung u. Abrechnung im Jenseits an. Es werden Geschichten – oft biblischer Herkunft – früherer Völker u. ihrer Propheten erzählt, Parabeln u. Gleichnisse gebracht. Ebenfalls wird Gott gepriesen, m. seinen Eigenschaften dem Verstand u. Herzen nahegebracht: Er ist einzig, allmächtig, allwissend, allbarmbarmherzig, gerecht (vgl. Hamidullah, 1995, 44). Schließlich ist der mekkanische Teil des K. eher bestrebt, seine Adressaten zu überzeugen. Daher werden auch rationale Beweise angeführt. Der medinensische Teil setzte sich hingegen vielmehr m. gesellschaftlichen u. rechtlichen Fragen der Urgemeinde, die nach der Auswanderung nach Medina aufkamen, sowie ihren Konflikten m. den mekkanischen Paganen u. medinensischen Juden etc. auseinander. Auch das religiöse Leben im neu entstandenen Gemeinwesen u. die Entwicklung ihrer Rituale wurden dialogisch begleitet. Manche ihrer Praktiken wurden gebilligt, manche abgelehnt. Wenn Bedarf bestand, wurden sogar Bestimmungen früherer Offenbarungen durch neue Bestimmungen jüngerer Offenbarungen abrogiert (naskh).

Die Offenbarungen wurden bereits zu Lebzeiten des Propheten von schriftkundigen Gefährten auf unterschiedliche Materialien niedergeschrieben. Hierbei wurde nicht die chronologische Offenbarungsreihenfolge berücksichtigt, sondern eine eher ästhetisch angelegte Textstruktur aufgebaut. Der Prophet wies nach der muslimischen Geschichtsschreibung Koranschreiber nämlich darauf hin, zu welcher Stelle die jeweilige Passage gehört. Diese liturgische Konzeption der Textgestalt hängt m. dem Umstand zusammen, dass der K. von Beginn an als Liturgietext wahrgenommen u. bei versch. Gelegenheiten, insb. im →Gebet, ständig vorgetragen wurde (s. Kermani, 2000). Entspr. Gepflogenheiten der oralen Kulturen lernten manche Gefährten Offenbarungstexte auswendig. Schließlich ist davon auszugehen, dass der ganze Korantext bereits in seiner Entstehungszeit schriftlich dokumentiert u. in Gedächtnissen aufbewahrt war. Dennoch scheint der Prophet sich nicht damit beauftragt gesehen zu haben, für einen kan. Korantext zu sorgen. Erst nach seinem Ableben, durch den auch die Offenbarung aufhörte, initiierte der erste Kalif Abū Bakr (regierte 632-634) gemeinsam m. einem anderen bedeutenden Gefährten, ʿUmar, die Slg. des Korantextes zwischen zwei Deckeln. Im J. 633 fertigte eine Kommission unter der Führung von Zayd Ibn Thābit (gest. 665), der bereits z. Z. des Propheten viele Teile des K. geschrieben hatte, auf Basis der Privatexemplare u. Bezeugung der Augenzeugen der Offenbarung ein vollständiges Exemplar an. Dieses wurde im Zentrum des →Kalifats aufbewahrt, bis der zweite Kalif ʿUmar (regierte 634-644) starb u. es als Privatbesitz auf seine Tochter Ḥafṣa (gest. 661) überging.

Aufgrund eines fehlenden kan. Textes verbreiteten sich im muslimischen Herrschaftsgebiet Abschriften von Privatexemplaren der Gefährten, wie Ibn Masʿūd (gest. 652), Ubayy (gest. 650) u. Abū Mūsā (gest. 662), die in Details einander abwichen. Die Differenzen gingen einerseits auf unterschiedliche Schreibweisen sowie eigene Notizen der Schreiber u. andererseits auf die Erlaubnis des Propheten zurück, schwierige Koranwörter durch Synonyme zu ersetzen. Außerdem sorgte die arabische Schrift, der Vokal- u. diakritische Zeichen noch fehlten, allg. für eine große Vielfalt in der Lesung. Diese im Geburtsort des →Islams selbstverständliche Ambiguität des Korantextes führte in neu eroberten Gebieten zu Konflikten zwischen Anhängern versch. Koranexemplare. Um größere Konflikte zu vermeiden, entschied der dritte Kalif ʿUthmān (regierte 644-656) für eine Standardisierungsarbeit u. beauftragte eine Kommission unter der Führung desselben Zayd, einen offiziellen Standardtext bereitzustellen. Die Kommission schrieb auf der Grundlage des Ḥafṣa-Exemplars u. des Dialekts von Quraisch, dem Stamm des Propheten, mehrfache Abschriften, die zu zentralen Gebieten geschickt wurden. Zudem wies der Kalif an, alle anderen Koranmanuskripte bis auf das von Ḥafṣa zu vernichten, um den kanonisierten Text durchzusetzen. Alle später entstandenen Koranexemplare mussten in der Tat dem Textskelett dieses Kodexes entsprechen. Da jedoch die Vokalzeichen immer noch nicht u. viele Konsonante gleich geschrieben wurden, blieb auch der kan. Text für unterschiedliche Lesarten offen. Deshalb wurden, insb. unter des umayyadischen Kalifen ʿAbdalmalik (regierte 687-705), weitere Schritte getan, bis gegen Mitte des 8. Jh. die heutige Schrift entwickelt werden konnte. Dennoch war die Lesungsvielfalt nicht mehr rückgängig zu machen u. die Lesarten, die bestimmte Kriterien erfüllten, wurden anerkannt, während andere für ungültig erklärt wurden.

Der heute vorliegende Korantext geht auf die Verkündigung Muhammads zurück u. gibt im Konsonantengerippe (rasm) das ʿuthmānische Kodex wider. Der Korantext gliedert sich in 114 Einheiten, Suren (Sg. sūra), die nicht als Kap. anzusehen sind. Jede Sure, außer der 9. Sure (at-tawba, die Reue), beginnt m. der Einleitungsformel, basmala: „Im Namen Gottes, des barmherzigen Erbarmers" (bi-smillāhi r-raḥmāni r-raḥīm). Die Suren bestehen aus Versen (sg. āya), die m. einem Reim od. einer Assonanz enden, so dass sie einen reimprosaischen Aufbau ergeben. Die Suren sind nach ihrer Länge angeordnet, m. der Ausnahme der ersten Sure, die als „die Eröffnende" (al-fātiḥa) am Anfang steht. Da die Suren untereinander u. die Verse innerhalb einzelner Suren nicht chronologisch angeordnet sind, kommt es vor, dass eine Sure aus Offenbarungspassagen besteht, die unterschiedliche Themen behandeln. Deshalb erfordert eine intellektuelle u. theol. Koranlektüre eine über den Textaufbau hinausgehende hist. Reflektion sowie Vertrautheit m. der Offenbarungszeit. Aus diesem Grunde hat sich die muslimische Auslegungstradition als ein Intentionalismus entwickelt (s. Heine, 2014).

Im Laufe der Rezeptionsgeschichte entwickelten sich neben der philologisch u. hist. interessierten Koranexegese (tafsīr) versch. Auslegungstraditionen, denen die eigene theol. bzw. rechtliche Meinung (ra'y) od. die innere u. mystische Erfahrung (kashf) zugrunde liegen. Nicht zuletzt gilt der K. als die erste Referenz in allen islam. Disziplinen, insb. in der islam. Jurisprudenz (fiqh). Bei der Normderivation werden allerdings andere Rechtsquellen (adilla sharʿiyya), wie die Praxis des Propheten u. der Urgemeinde (→sunna), Konsens der →Gelehrten (idjmāʿ), Analogieschluss (qiyās), Gemeinwohl (maṣlaḥa), →Gewohnheitsrecht (ʿurf) etc. mitberücksichtigt, so dass das vorherrschende Vorurteil, der K. gelte im Islam als göttliches Gesetz, nicht stimmt. Maßgeblich waren bei der Gesetzgebung eher bestimmte Prinzipien, die die muslimische Gelehrsamkeit als fünf Zwecke der →Scharia (maqāṣid ash-sharīʿa) zusammenfasste, nämlich Schutz von Leben, Eigentum, Vernunft, Glauben u. Fortpflanzung (s. Özsoy, 2008).

Literatur

Goldziher, I., Die Richtungen der islam. Koranauslegung, Leiden 1920; Neuwirth, A., Koran: Grundriss der arabischen Philologie, Bd. II: Literaturwissenschaft, hg. v. H. Gätje, Wiesbaden 1987, 96-135; Hamidullah, M., Der Islam. Geschichte, Religion, Kultur, Islam. Zentrum, Aachen 1995; Zirker, H., Gottes Offenbarung nach muslimischem Glauben: Lebendiges Zeugnis 54 (1999), 34-45; Kermani, N., Gott ist schön. Das ästhetische Erleben des Koran, München 2000; Bobzin, H., Der Koran. Eine Einführung, München [7]2007; Heine, S. – Özsoy, Ö. – Takim, A., Urkunden des Glaubens: Bibel u. Koran: Christen u. Muslime im Gespräch. Eine Verständigung über Kernthemen der Theologie, hg. v. S. Heine – Ö. Özsoy – C. Schwöbel – A. Takim, München 2014, 21-53; Nöldeke, T., Geschichte des Qorāns, 6. Nachdr., Leipzig [2]1909-38, Hildesheim 2008; Özsoy, Ö., Die fünf Aspekte der Scharia u. die Menschenrechte – die Auslegung des Koran auf neuen Wegen u. das politisch-rechtliche Gedächtnis der Muslime: Forschung Frankfurt 26 (2008), 1, 22-28; Neuwirth, A., Der Koran als Text der Spätantike. Ein europäischer Zugang, Berlin 2010; Özsoy, Ö., Das Unbehagen der Koranexegese: Den Koran in anderen Zeiten zum Sprechen bringen: Frankfurter Zeitschrift für islam.-theol. Studien 1 (2014), 29-68.

Ömer Özsoy

© 2019, DOI: 10.30965/9783506786388_0798

Koranexegese – Islamisch

→Interpretation, Auslegung, →Koran

Körperschaft des öffentlichen Rechts – Staatlich

1. Der Begriff der K. ist primär ein Begriff des Organisationsrechts der staatl. Verwaltung; er bez. einen von mehreren Typen selbständiger Verwaltungsträger des →öffentlichen Rechts. K. sind auf einem Mitgliederbestand aufbauende Personenverbände des öff. Rechts, die selbständig staatl. Aufgaben wahrnehmen u. voll rechtsfähig sind, also als solche Träger von Rechten u. Pflichten sein können. Von der →Anstalt u. der →Stiftung des öff. Rechts unterscheidet sich die K. durch ihre mitgliedschaftliche Verf. Die K. sind in den Staat eingegliedert. Als Träger mittelbarer Staatsverwaltung entstehen sie durch staatl. Hoheitsakt; sie bedienen sich zur Erfüllung ihrer Aufgaben hoheitlicher Mittel – insb. öff.-rechtlicher Zwangsmittel – u. unterliegen einer bes. Aufsicht des Staates, dem sie zur Erfüllung ihrer Aufgaben verpflichtet sind. Bsp. solcher K. sind die →Gemeinden u. Gemeindeverbände (insb. die Landkreise), die Industrie- u. Handelskammern, aber auch die (staatl.) Universitäten u. sonstigen →Hochschulen.

2. K. sind nach dt. →Verfassungsrecht (Art. 140 GG i. V. m. Art. 137 Abs. 5 WRV) auch die →Religionsgemeinschaften, soweit sie solche – wie die großen Kirchen, aber auch die jüd. Gde. u. eine Reihe kleinerer Gemeinschaften – bei Erlass der WRV bereits waren. Anderen Religions- u. →Weltanschauungsgemein-

schaften sind auf Antrag gleiche Rechte zu gewähren, „wenn sie durch ihre Verfassung und die Zahl ihrer Mitglieder die Gewähr der Dauer bieten". Seit dem Zeugen-Jehovas-Urteil des BVerfG vom 19.12.2000 (BVerfGE 102, 370) ist endgültig klargestellt, dass Religionsgemeinschaften, die K. werden wollen, über die genannten Voraussetzungen hinaus rechtstreu sein müssen. Das BVerfG verlangt hierfür, dass die antragstellende Gemeinschaft die Gewähr dafür bietet, dass sie das geltende Recht beachten, insb. die ihr übertragene Hoheitsgewalt nur im Einklang m. den verfassungsrechtlichen u. sonstigen rechtlichen Bindungen ausüben u. ihr künftiges Verhalten die in Art. 79 Abs. 3 umschriebenen fundamentalen Verfassungsprinzipien, die dem staatl. Schutz anvertrauten Grundrechte Dritter sowie die Grundprinzipien des freiheitlichen Religions- u. Staatskirchenrechts des → Grundgesetzes nicht gefährden wird. Eine darüber hinausgehende Loyalität zum Staat fordert das Grundgesetz nicht (so das BVerfG). Detaillierte Vorgaben zu den Voraussetzungen für die Verleihung der Körperschaftsrechte u. für das Verleihungsverfahren enthalten einige Landesgesetze (BY, HB, NW) u. der von den Kirchenreferenten der Bundesländer auf der Basis der höchstrichterlichen Rspr. erarbeitete, von der Konferenz der Chefs der Staatskanzleien am 16.02.2017 als „Grundlage künftiger Anerkennungsverfahren durch die Länder" zur Kenntnis genommene „Leitfaden für die Verleihung der Körperschaftsrechte an Religions- und Weltanschauungsgemeinschaften" aus dem J. 2017, dem freilich keine Rechtsnormqualität (u. damit auch keine Bindungswirkung nach außen) zukommt.

Obwohl der Begriff der K. hist. an den Kirchen entwickelt worden ist, besteht Einigkeit, dass er im geschilderten Verständnis des Verwaltungsrechts auf die Religionsgemeinschaften jedenfalls heute nicht mehr anwendbar, in den zit. Verfassungsnormen also anders als im Verwaltungsrecht zu verstehen ist. Nahezu unstreitig (u. durch das Zeugen-Jehovas-Urteil des BVerfG bestätigt) ist, dass die Zuerkennung des Status einer K. (die sog. Korporationsqualität) die dadurch begünstigten Religionsgemeinschaften keiner bes. Staatsaufsicht unterwirft, ihnen aber – über die Rechtsfähigkeit nach staatl. Recht hinaus – die Fähigkeit einräumt, Träger öff.-rechtlicher Befugnisse zu sein. Ganz herrschende Lehre (u. ebenfalls durch das Zeugen-Jehovas-Urteil des BVerfG bestätigt) ist weiter, dass m. der Korporationsqualität bereits von Verf. wegen das Angebot einer Reihe öff.-rechtlicher Gestaltungsmöglichkeiten (→ Besteuerungsrecht, öff.-rechtliche Organisationsgewalt, → Dienstherrenfähigkeit, Autonomie, Widmungsbefugnis für öff. Sachen) verbunden ist (aA zuletzt wieder Janssen: ausdrückliche Verleihung aller dieser Befugnisse m. Ausnahme des Besteuerungsrechts durch [Landes- od. Bundes-]Gesetz erforderlich). Der einfache Gesetzgeber hat an den Körperschaftsstatus darüber hinaus eine Vielzahl zusätzlicher Einzelbegünstigungen (das sog. Privilegienbündel) angeknüpft.

Die Bewertung der Korporationsqualität ist seit jeher streitig: Während sie auf der einen Seite geradezu als „Pionier eines Verbändeverfassungsrechts" (Meyer-Teschendorf, 1978) betrachtet wird, sehen andere in ihr ein Relikt einer früheren Schicht des Staatskirchenrechts u. betrachten sie als solches entweder bereits de constitutione lata als verfassungswidriges Verfassungsrecht (Schmidt-Eichstaedt, 1975) od. fordern doch zumindest de constitutione ferenda ihre Abschaffung (Sacksofsky, 2009). Zutreffend dürfte es demgegenüber sein, den Status der Religionsgemeinschaften als K. m. der heute ganz herrschenden Lehre u. der Rspr. des BVerfG in beiden Zeugen-Jehovas-Entscheidungen (BVerfGE 102, 370; 139, 321) als ein „Mittel zur Erleichterung und Entfaltung der Religionsfreiheit" (u. damit der Sache nach als eine Form staatl. Grundrechtsförderung) zu legitimieren (kritisch dazu v. a. Hillgruber, 2007). Der Korporationsstatus erweist sich bei einem solchen Verständnis nicht als „anachronistisches Überbleibsel aus einer längst untergegangenen Zeit. Seine Zeit als verfahrensrechtlich, organisatorisch und – das vielleicht in besonderem Maße – integrativ nutzbringende Rechtsform hat vielleicht gerade erst begonnen" (Muckel, 2018).

Quellen

Kirchensteuergesetz Bayern i. d. F. der Bekanntmachung vom 21. November 1994: GVBl., 1026, zuletzt geänd. durch Gesetz vom 26. Juli 2017: GVBl., 394, insb. Art. 1 Abs. 2, Art. 26a; Körperschaftsstatusgesetz Nordrhein-Westfalen vom 16. September 2014: GVBl. NW 604; Kirchensteuergesetz Bremen i. d. F. von Art. 2 des Gesetzes zur Änderung des Verfahrens der Verleihung von Rechten einer Körperschaft des öff. Rechts an Kirchen, Religionsgemeinschaften u. Weltanschauungsgemeinschaften vom 23. März 2016: GVBl. 200, insb. § 2a; Leitfaden der Kirchenreferenten der Bundesländer für die Verleihung der Körperschaftsrechte an Religions- u. Weltanschauungsgemeinschaften: KuR 2017, 58-75.

Literatur

Weber, H., Die Religionsgemeinschaften als Körperschaften des öff. Rechts im System des Grundgesetzes, Berlin 1966; Forsthoff, E., Lehrbuch des Verwaltungsrechts Bd. I, München [10]1973, § 25 II; Schmidt-Eichstaedt, G., Kirchen als Körperschaften des öff. Rechts?, Köln – Berlin – Bonn – München 1975; Meyer-Teschendorf, K. G., Der Körperschaftsstatus der Kirchen. Zur Systemadäquanz des Art. 137 V WRV im pluralistischen Gemeinwesen des Grundgesetzes: AöR 103 (1978), 289-333; Weber, H., Die Verleihung der Körperschaftsrechte an Religionsgemeinschaften: ZevKR 34 (1989), 337-382; Kirchhof, P., Die Kirchen u. Religionsgemeinschaften als Körperschaften des öff. Rechts: HbStKR[2] Bd. I, § 22; Bohl, E.-D., Der öff.-rechtliche Körperschaftstatus der Religionsgemeinschaften. Verleihungsvoraussetzungen u. Verfahren, Baden-Baden 2001; Heinig, H. M., Öff.-rechtliche Religionsgemeinschaften. Studien zur Rechtstellung der nach Art. 137 Abs. V WRV korporierten Religionsgemeinschaften in Deutschland u. in der Europäischen Union, Berlin 2003; Magen, S., Körperschaftsstatus u. Religionsfreiheit, Tübingen 2003; Hillgruber, C. Der öff.-rechtliche Körperschaftsstatus nach Art. 137 Abs. 5 WRV: Staatskirchenrecht od. Religionsverfassungsrecht?, hg. v. H. M. Heinig – C. Walter, Tübingen 2007, 213-227; Weber, H., Der öff.-rechtliche Status der Religionsgemeinschaften nach Art. 137 Abs. 5 WRV: Staatskirchenrecht od. Religionsverfassungsrecht?, hg. v. H. M. Heinig – C. Walter, Tübingen 2007, 229-247; Sacksofsky, U., Religiöse Freiheit als Gefahr: VVDStRL 68 (2009), 7-46; Weber, H., Körperschaftsstatus für Religionsgemeinschaften. Gelöste u. ungelöste Probleme: ZevKR 57 (2012), 347-389; Huxdorff, N., Rechtsfragen der Erst- u. Zweitverleihung des öff.-rechtlichen Körperschaftsstatus an Religionsgemeinschaften, Hamburg 2013; Heinig, H. M., Die Verfassung der Religion. Beiträge zum Religionsverfassungsrecht, Tübingen 2014, 213-275; Burgi, M., Verwaltungsorganisationsrecht: Allg. Verwaltungsrecht, hg. v. D. Ehlers – H. Pünder, Berlin – Boston [15]2016, § 8 Rn. 12-16; Janssen, A., Aspekte des Status von Religionsgemeinschaften als Körperschaften des öff. Rechts. Ausgewählte Fragestellungen des Körperschaftsstatus in der Rechtspraxis, Berlin [2]2017; Muckel, S., Körperschaftsstatus im 21. Jh. – Anachronismus od. Zukunftsmodell: ZevKR 63 (2018), 30-56; Weber, H., Anmerkungen zum „Leitfaden zur Verleihung der Körperschaftsrechte an Religions- und Weltanschauungsgemeinschaften" – eine Handreichung für die Verwaltungspraxis zur Interpretation des Art. 140 GG i. V. m. Art. 137 Abs. 5 WRV: KuR 24 (2018), 250-269.

Hermann Weber

Körperverletzung – Katholisch

K. bez. eine körperliche Misshandlung od. Schädigung an sich selbst od. einer anderen Person. Der kirchl. → Gesetzgeber fasst → Tötungsdelikte, Freiheitsberaubung u. K. in Form von Verstümmelung u. schwerer Verletzung, die auch → sexueller Missbrauch sein kann (vgl. §§ 206 f. ÖStGB), in c. 1397 zusammen u. reiht diese zusammen m. der → Abtreibung (c. 1398) unter die Straftaten gegen Leben u. Freiheit des Menschen, letztlich gegen die → Menschenwürde (Art. 27 GS) ein.

Der Straftäter, letztlich nur →Kleriker u. im Dienst der Kirche stehende →Laien, soll im Fall eines vorsätzlichen Handelns (c. 1321 § 2) je nach Schwere der →Straftat m. →Sühnestrafen (c. 1336) belegt werden, sofern die Tat nicht in einem tätlichen Angriff auf den →Papst, einen →Bischof u. einen Diözesan- od. →Ordenskleriker besteht (vgl. c. 1370 §§ 1-3; c. 1445 §§ 1 u. 2 CCEO; →Realinjurie). (Selbst-)Verstümmelung, die gegen das sittliche Gesetz vestößt (Nr. 2298 KKK), macht irregulär (→Irregularität) für den →Weiheempfang (c. 1041, 5°; c. 762 § 1, 5° CCEO) u. die Ausübung einer empfangenen Weihe (cc. 1044 § 1, 3° i. V. m. 1041, 5°; cc. 763, 2° i. V. m. 762 § 1, 5° CCEO). Im Fall einer staatl. Bestrafung (§§ 223-231 StGB; §§ 83-88 ÖStGB) kann von einer Bestrafung ggf. abgesehen bzw. diese gemildert werden (c. 1341; c. 1344, 2°; c. 1409 § 1, 2° CCEO). →Ordensangehörige sind zu entlassen (c. 695 § 1), ebenso Mitglieder von →Säkularinstituten (cc. 729 i. V. m. 695 § 1; c. 568 § 2 CCEO) u. von →Gesellschaften des apostolischen Lebens (cc. 746 i. V. m. 695 § 1; c. 572 CCEO). Can. 2354 hatte zwischen Laien u. Klerikern unterschieden. C. 1451 CCEO bestraft K. härter, sieht jedoch auch Strafmilderung bzw. -absehung vor (c. 1409 § 1, 2° CCEO).

Quellen

Vat II, GS.

Literatur

Sagmeister, R., Das neue kirchl. Strafrecht u. der Schutz des Lebens: Recht im Dienste des Menschen (FS Schwendenwein), hg. v. K. Lüdicke – H. Paarhammer – D. A. Binder, Graz – Wien – Köln 1986, 493-515; Rees, W., Die Strafgewalt der Kirche. Das geltende kirchl. Strafrecht – dargestellt auf der Grundlage seiner Entwicklungsgeschichte, Berlin 1993 (KStT 41), 439-441, 480 f.; Riedel-Spangenberger, I., „Qui homicidium patrat …". Inwieweit ahndet die Kirche Menschenrechtsverletzungen?: Iustitia in caritate (FS Rößler), hg. v. R. Puza – A. Weiß, Frankfurt u. a. 1997 (AIC 3), 643-654; Virt., G., Art. Verstümmelung: LThK[3] Bd. 10, 736; Otto, E., Art. Körperverletzung/Körperverletzungsrecht. Altes Testament: RGG[4] Bd. 4, 1700; KanR IV, 246 f.; Rees, W., Einzelne Straftaten: HbkathKR[3], 1615-1643, 1638; Schild, W., Art. Körperverletzung: HRG[2] Bd. 3, 192-197; Rees, W., Kath. Kirche u. Menschenrechte. Erwartungen an ein künftiges Strafrecht: Theologia Iuris Canonici (FS Müller), hg. v. C. Ohly – W. Rees – L. Gerosa, Berlin 2017 (KStT 67), 639-665; Lüdicke, K.: MKCIC c. 1397.

Wilhelm Rees

© 2019, DOI: 10.30965/9783506786388_0801

Korrekte Kanonistik – Katholisch

Die k. K. ist eine Zugehensweise zum →Kirchenrecht, welche durch einen starken →Positivismus u. ein voluntaristisches Verständnis des →Gesetzes geprägt wird. Diese Richtung der Kirchenrechtsinterpretation (→Interpretation, Auslegung) geht auf Hans Barion (1899-1973) zurück, der sie in engem Zusammenhang m. dem Denken des dt. Staatsrechtlers u. Rechtsphilosophen Carl Schmitt (1888-1985) entwickelte.

Kennzeichen sind die strenge Wissenschaftlichkeit u. die Bindung an die kirchl. Autorität. Die Wissenschaftlichkeit verbindet sich dabei m. Objektivität, welche von der persönlichen Einschätzung völlig abzusehen sucht u. in einer klaren Form der Darstellung zum Ausdruck kommt. Die Bindung an die kirchl. Autorität stellt die Garantie dafür dar, dass sich die Auslegung des Rechts auf dem gesicherten Boden des Dogmas bewegt. Die Positionen, die dabei erreicht werden, können nur in eodem genere angegriffen u. widerlegt werden, d. h., theol. Voraussetzungen auf der Ebene des Dogmas, Rechtssätze auf der Ebene des Rechts, usw. Der korrekte Kanonist hält sich an das Recht u. argumentiert von dort ausgehend.

Im Hintergrund steht eine Ekklesiologie, welche von der Kirche als societas inaequalis (→societas perfecta) ausgeht, in der es den →Klerikern vorbehalten ist, →Vollmacht auszuüben u. innerhalb derer ein Verhältnis der Über- u. Unterordnung zwischen Klerikern u.

→Laien herrscht. Dabei trägt das göttliche Recht (→Ius divinum) die →Hierarchie, der wiederum die Verantwortung für das kirchl. Recht zukommt. Dadurch baut die Hierarchie auf dem göttlichen Recht auf u. erlässt ihrerseits das rein menschliche KR. So kommt das göttliche Recht im Willen des →Papstes zum Ausdruck u. das Recht erlangt fast eine Heilsrelevanz.

In der k. K. fallen Legalität u. Legitimität daher zusammen, nach dem Grundsatz: auctoritas non veritas facit legem. Ein Gesetz ist gegeben, weil es der →Gesetzgeber erlassen hat, nicht, weil es der Wahrheit od. bestimmten theol. Grundlagen entspricht. Allein dem Gesetzgeber kommt die verbindliche Auslegung des Gesetzes zu. Jede andere Auslegung des Gesetzes hat streng den Interpretationsregeln des CIC u. des CCEO zu folgen. Im Hinblick auf die Auslegung des kirchl. Gesetzes führt dies u. a. dazu, dass der geltende CIC u. der CCEO nicht vor dem Hintergrund der Texte des →Zweiten Vatikanischen Konzils ausgelegt werden (→Konzil und Codex), sondern vielmehr als dessen definitive Auslegung, als seine strukturell-authentische Interpretation gelten.

Die k. K. hat daher streng zwischen →Lehramt/→Gesetzgebung u. Theologie zu unterscheiden, u. darf diese Unterscheidung in der Gesetzesauslegung nicht ausblenden. An den Canones des CIC u. des CCEO kann abgelesen werden, welche Konzilslehre der rechtlichen Umsetzung für wert befunden wurde u. welche nicht, weshalb auch eine Relativierung od. Kontextualisierrung der Aussagen der Codices m. Hilfe des Konzils i. S. einer theol. Verortung der Norm in der Konzilslehre nicht möglich ist. Die k. K. hat daher den Anspruch, das Lehramt u. die Gesetzgebung ernst zu nehmen u. nicht, diese umzudeuten.

Im Hinblick auf die Interpretation der Codices übersieht es die k. K. dabei, dass der CIC u. der CCEO einerseits zwar die kan. Übersetzung des Konzils darstellen, dass aber andererseits in die Codices nicht alle Lehraussagen des Konzils übernommen werden konnten, weil sie sich rechtlicher Regelung entziehen, dennoch aber im Hintergrund mitbedacht werden müssen, sollen die Gesetzestexte in rechter Weise ausgelegt werden (→Hermeneutik des Kirchenrechts). Der positivistisch-volontaristische Ansatz der k. K. führt dazu, dass Rechtssätze vordergründig unter dem Anspruch von Wissenschaftlichkeit u. Objektivität sowie der Argumentation in eodem genere o. die Berücksichtigung ihres theol. Hintergrundes ad absurdum geführt werden, um sie dann kritisieren zu können.

Literatur

Krämer, P., Theol. Grundlegung des kirchl. Rechts. Die rechtstheologische Auseinandersetzung zwischen H. Barion u. J. Klein im Licht des II. Vatikanischen Konzils, Trier 1977 (Trierer Theol. Studien 33); Barion, H., Kirche u. Kirchenrecht. Gesammelte Aufsätze, hg. v. W. Böckenförde, Paderborn 1984; Marschler, T., Kirchenrecht im Bannkreis von Carl Schmitt. Hans Barion vor u. nach 1945, Bonn 2004; Böckenförde, W., Der korrekte Kanonist. Einführung in das kan. Denken Barions: Freiheit u. Gerechtigkeit in der Kirche. Gedenkschrift für Werner Böckenförde, hg. v. N. Lüdecke – G. Bier, Würzburg 2006 (FzK 37), 69-90; Lüdecke, N. – Bier, G., Das röm.-kath. Kirchenrecht. Eine Einführung, Stuttgart 2012; Meckel, T., Konzil u. Codex. Zur Hermeneutik des Kirchenrechts am Beispiel der christifideles laici, Paderborn u. a. 2017 (KStKR 18).

Markus Graulich

© 2019, DOI: 10.30965/9783506786388_0802

Koscher – Jüdisch

Kashrut: der halachische Begriff k. bedeutet: richtig, würdig (vgl. Est 8, 5) betr. den Verzehr – es bedeutet, dass eine Handlung des Essens würdig ist u. keine Straftat. Gem. dem rabb. Recht gibt es drei Kategorien von Speiseverboten: Dasjenige, was verboten ist durch De'oraita, d. h. durch die →Torah (auch wenn das Verbot nicht explizit in der Torah genannt wird, wird es in der Tradition anerkannt als von der

Torah); durch De'rabanan – d. h. durch rabb. Dekr. der Weisen u. die dritte Kategorie ist der Brauch (eingeführt durch die Gemeinschaften selbst).

Verzehr-Einschränkungen: Tiere: Das Essen von Fleisch war erst nach der Flut zulässig (vgl. Gen 9, 3). Gem. der einfachen Bedeutung des Textes war das erste Verzehrverbot das Essen von Blut (vgl. Gen 9, 4), aber die rabb. Tradition interpretierte dies als ein Verbot, ein Organ eines Tieres zu essen, das noch am Leben ist. Eine andere Einschränkung ist das Verbot des Essens der Gid hanasheh (Oberschenkelmuskel, Ischiasnerv) (Gen 32, 33). In Lev (3, 3-4; 7, 25) steht geschrieben, dass es verboten ist, das Helev, das Fett der Opfertiere – z. B. eine Kuh, ein Schaf u. eine Ziege – zu essen (u. es wird so verstanden, dass es auf jedes Mahl angewandt wird, selbst wenn die Tiere nicht geopfert werden). Der Teil des Fettes des Tieres, dass verboten ist, ist nur der Teil, der auf dem Altar geopfert wurde (Lev 3, 3-4). Die Beseitigung des Fettes wird porging genannt (Nikkur). Die Halakha fordert, dass jedem Verzehr von Rindfleisch u. Hühnchenfleisch ein Schlachtritual vorausgeht. Das Essen eines toten Kadavers (nevela, Fleisch, zerrissen im Feld) ist verboten (Ex 22, 31 et parr.). Gem. der Halakha ist der Kadaver Terefah, dessen Konsum verboten war (Ex 22, 31), ein Tier, dass aufgrund von Krankheit nicht länger als ein J. leben wird. Die Tradition definiert (im Einklang m. den meisten Ansichten) acht Typen der Terefah, die wiederum unterschieden werden in 70 spezifische Typen. In Lev 11 gibt es eine detaillierte Liste der Tiere, deren Verzehr verboten ist. Die Regel ist, dass nur Tiere, die wiederkäuen u. Reinheitszeichen haben, d. h. Hufe u. Spalten durch die Hufe, erlaubt sind (Lev 11, 3). Bzgl. der Vögel wird eine Liste derjenigen präsentiert, die verboten sind, aber die Reinheitszeichen sind nicht spezifiziert. Die Halakha bezieht sich auf die in der Tradition überlieferten Normen. Die Reinheitszeichen der Fische sind Flossen u. Schuppen – o. beides ist es verboten, den Fisch zu konsumieren (Lev 11, 10). Unter den Heuschrecken sind einige erlaubt u. einige verboten (Lev 11, 21-43). Wassertiere, die keine Fische sind, dürfen nicht konsumiert werden. Unter den geflügelten Schwarmtieren sind jene erlaubt, die vier Beine haben u. Schenkel, um über ihre Füße zu springen. Fleisch in Milch: Gem. der rabb. Tradition bezieht sich das Verbot auf alles Tierfleisch, das in Milch gekocht wurde: „Das Junge einer Ziege sollst du nicht in der Milch seiner Mutter kochen" (Ex 23, 19 et parr.). Dies wurde als generelles Verbot verstanden. De'rabanan (die rabb. Weisen) verboten Folgendes: a) das Kochen von Hühnchen in Milch (nicht nur Tiere in Milch). b) Das Essen von Fleisch m. Milch auch o. es darin zu kochen. Aus hist. Gründen wurde dieses Verbot zentral u. einige Einschränkungen wurden hinzugefügt, z. B., dass nach dem Verzehr von Fleisch Molkereiprodukte sechs Stunden nicht gegessen werden dürfen (es gibt mildere Bräuche). Es ist zudem in meisten praktizierenden jüd. Haushalten akzeptiert, separates Geschirr für Fleisch u. Milch zu verwenden. Pflanzen-Speiseverbote: Die folgenden →Gesetze werden nur auf die Ernte im Land Israel angewandt: der Verzehr von tevel (Körner, von denen kein Zehnt genommen wird, vgl. Num 18, 21) ist verboten; es ist auch verboten, Brot zu essen, von dem challah (Teig-Opferung) nicht entfernt wurde (vgl. Num 15, 17-20); d. h. wenn Brot gebacken wird, sollte eine Portion zur Seite gelegt werden für die Priester od. den Tempel (in unserer Zeit wird es symbolisch verbrannt). Die orlah – die Früchte von Bäumen in den ersten drei J. nach dem Pflanzen ist ebenfalls verboten (Lev 19, 23). Es gibt zudem eine Anzahl an Verboten, die heute zur Anwendung kommen im J. der shemita (Sabbatjahr) (vgl. Ex 23, 10-11).

Speiseverbote als sozialer Ausschluss: Es gibt ein ausgedehntes System von späteren Speiseverboten (die sich hauptsächlich auf nicht-jüd. Kochen beziehen, Wein u. Öl), die Teil von Urt. sind, die auf den Ausschluss von Juden von Nicht-Juden zielen, aufgrund der Furcht, von der Nation abgeschnitten u. schließlich assimiliert zu werden.

Hist. u. ideologische Gründe, die vorgeschlagen werden für Speiseverbote: Die Ernährungsgesetze wurden o. knapp zusammengefasst gem. der rabb. Interpretation, aber es gibt andere Interpretationen dieser Gesetze. Die Halakha wurde manchmal anders verstanden von den Juden in der →Diaspora in der Periode des zweiten Tempels (wie Philo von Alexandrien), die Essener, die Sadduzäer, Flavius Josephus in seinen Schr. u. die frühen Christen. Die Halakha, die üblicherweise in den Händen der Karäer, der Samaritaner u. der äthiopischen Juden liegt, differiert ebenfalls in vielen Details. Frühe Kommentatoren so wie moderne Gelehrte boten versch. Wege an, den Grund u. die Bedeutung der Essens-Einschränkungen näher zu erläutern, einschließlich jener, die moralischer, phil., psychologischer u. anthropologischer Natur sind (vgl. Levinger, 1992, 112-124; Douglas, 2004; Douglas, 2013).

Literatur

Dresner, S. H. – Siegel, S., The Jewish Dietary Laws: Their Meaning for our Time, New York 1980; Levinger, J. S., Maimonides as Philosopher and Codifier, Jerusalem 1992; Baumgarten, A. I., Finding Oneself in a Sectarian Context: A Sectarian's Food and its Implications: Self, Soul and Body in Religious Experience hg. v. A. I. Baumgarten – J. Assmann – G. Stroumsa, Leiden – Boston 1998, 125-147; Douglas, M., Leviticus as literature, Oxford 2004; Stern, L., How to keep Kosher: A Comprehensive Guide to Understanding Jewish Dietary Laws, New York 2004; Kraemer, D. C., Jewish Eating and Identity through the Ages, London 2007; Hendel, R. S., Remembering Mary Douglas: „Kashrut", Culture, and Thought-Style: Jewish Studies 45 (2008), 3-15; Houston, W., Purity and Monotheism: Clean and Unclean Animals in Biblical law, Sheffield 2009; Labendz, J. R., „Dietary Laws": The Cambridge Dictionary of Jewish History, Religion, and Culture, hg. v. J. Baskin, Cambridge 2011, 134-135; Douglas, M., Purity and Danger: An Analysis of the Concepts of Pollution and Taboo, London 2013; Diemling, M., The Politics of Food: Kashrut, Food Choices and Social Justice (Tikkun Olam): Jewish Culture and History 16, 2 (2015), 178-195.

Admiel Kosman, Ronen Pinkas

© 2019, DOI: 10.30965/9783506786388_0803

Krankenhaus – Katholisch

Nach § 2 Abs. 1 Krankenhausfinanzierungsgesetz (KHG) handelt es sich bei K. um eine Einrichtung, in der „durch ärztliche und pflegerische Hilfeleistung Krankheiten, Leiden oder Körperschäden festgestellt, geheilt oder gelindert werden sollen oder Geburtshilfe geleistet wird und in de[m] die zu versorgenden Personen untergebracht und verpflegt werden können". Kath. K. sind als Ausdruck tätiger Nächstenliebe aus dem chr. Glauben wesentlicher Ausdruck des kirchl. Selbstverständnisses – incepta apostolica (eigene Unternehmungen der Gläubigen) nach c. 216 – u. wichtiger Teil der gesundheitsversorgenden Infrastruktur des Sozialstaats. Aktuell bedienen kath. K. ca. 20 % der Krankenhauskapazität in der BRD als sog. freigemeinnützige K., die zwar Gewinne erwirtschaften, aber nur für Betriebszwecke einsetzen dürfen (Gewinnverwendungsbeschränkung; vgl. BVerfGE 2015:331). Dabei gibt es große regionale Unterschiede m. vielen K. in NW u. RP. Fast 500 kath. Akutkliniken u. Rehakliniken versorgen 3,5 Mio. stationäre u. 5 Mio. ambulante Patienten (Stand 2015). Progressiv ist auch die Kombination von ambulanter u. stationärer Behandlung unter dem Dach eines K. Die Zahl der K. ist insgesamt rückläufig (von 2.141 K. im J. 1991 auf 1.980 in 2014) u. von zunehmender Konzentration durch Fusionen geprägt, die neue kartellrechtliche Probleme aufwirft.

Träger kath. K. können sich m. Blick auf ihre konfessionelle Prägung auf Art. 4 GG u. das verfassungsrechtlich garantierte kirchl. →Selbstbestimmungsrecht (Art. 140 GG i. V. m. Art. 137 Abs. 3 WRV) berufen, wenn sie unabhängig von ihrer Rechtsform glaubhaft nachweisen können, dass sie an der Verwirklichung kirchl. Arbeitsrecht – zwischen Sein u. Schein, Ideal u. Wirklichkeit, 83-106.

Thomas Schüller

Krankenhaus – Evangelisch

Ev. K. sind bis heute wesentlicher Bestandteil der tätigen Nächstenliebe im ev. Bereich. Angesichts der betrieblichen Organisationsnotwendigkeiten u. des ökonomischen Risikos werden K. im ev. Bereich heute allein in privatrechtlicher Trägerschaft geführt. Als Rechtsformen werden Stiftungen, Vereine, GmbHs u. neuerdings auch die Aktiengesellschaft genutzt. Die privatrechtlichen Träger werden einer → Gliedkirche der Ev. Kirche über die Mitgliedschaft in einem → Diakonischen Werk der Gliedkirche zugeordnet; d. h. die Mitgliedschaft begr. die Anerkennung als kirchl. K. u. über durch die Mitgliedschaft begr. Rechte u. Pflichten wird die dauerhafte Verbindung des ev. K. zur Kirche u. deren Einflussmöglichkeiten auf das K. organisiert. Dabei finden die allg. Regelungen der gliedkirchlichen Diakonischen Werke auch für die ev. K. Anwendung (→ Kirchlichkeit, → Zuordnung).

Die chr. Profilbildung wird vom Träger zwar gefordert, aber in ev. Freiheit auf die verantwortliche u. situationsgerechte Profilbildung der ev. gebundenen verantwortlichen Organe vertraut o. diesen im Einzelnen Vorgaben zu machen. Entspr. gibt es keine verfasstkirchlichen Regelungen zur Gründung u. Betrieb von K. im Bes. Für das gemeinsame Selbstverständnis ev. K. u. ihre Kooperation sind von bes. Bedeutung die Zusammenschlüsse der ev. K. in Fachverbänden auf gliedkirchlicher Ebene u. auf Bundesebene zum Dt. Ev. Krankenhausverband e. V. Organisiert sind die ev. Krankenhausverbände entweder als unselbständiger Teil der gliedkirchlichen Diakonischen Werke od. als selbständige Vereine. Die Krankenhausverbände dienen neben den gliedkirchlichen Diakonischen Werken der Kooperation, der berufsfachlichen wie diakonischen Fortbildung, der Vergewisserung des ev. Selbstverständnisses u. der Formulierung des politisch-gesellschaftlichen Willens ev. K.

Die ev. K. beruhen vielfach auf Gründungen in der Mitte u. zweiten Hälfte des 19. Jh. Das hat zunächst seinen Grund in der Tradition, dass bis dahin die Krankenversorgung überwiegend durch die Kirchen u. karitativen Träger u. nicht durch den Staat wahrgenommen wurde. M. der Inneren Mission waren diese Krankenhausgründungen im ev. Bereich aber auch vom ev. Selbstverständnis der tätigen Nächstenliebe als unverzichtbarem chr. Auftrag motiviert. Zum Bestand ev. K. gehören aber auch einzelne ältere Stiftungen aus der Zeit vor der Reformation. Die ärztliche u. pflegerische Hilfe für Menschen, die an Krankheiten leiden, ist damit auch im ev. Bereich immer schon Teil des kirchl. Auftrags. Wiewohl das BVerfG die kirchl. Krankenpflege entspr. folgerichtig der grundgesetzlich gewährleisteten Freiheit der Religionsausübung zurechnet, besteht angesichts der Erforderlichkeit der Aufnahme eines K. in den Krankenhausplan eines Bundeslandes, um Berücksichtigung bei der Investitionskostenförderung des Landes zu erhalten, faktisch heute keine Wahlfreiheit der Kirchen mehr zur Gründung eines K.

Die Finanzierung der K. in Deutschland ist für alle Träger unabhängig von ihrer Ausrichtung als konfessionell, kommunal-staatl. od. privat-gewerblich gleich. Die staatskirchenrechtliche Diskussion zu den damit im Detail verbundenen Vorgaben für die Ausübung der Krankenhaustätigkeit in fachlicher wie investiver Hinsicht muss im Kontext des Systems der → Freien Wohlfahrtspflege gesehen werden. Der Staat erbringt soziale Dienstleistungen nur subsidär. Vorrangig sollen die sozialen Dienstleistungen von im Profil unterschiedlichen Trägern erbracht werden (Diakonie, Caritas, AWO, DRK u. a.). Für den Hilfebedürftigen Menschen ermöglicht dies ein Wunsch- u. Wahlrecht, von wem er die Leistung in Anspruch das Sakrament vom Priester in →Todesgefahr gespendet wird sowie die sündenvergebende Wirkung der Letzten Ölung (DenzH 1324-1325). Das Trienter Konzil verteidigt diese Punkte u. die grds. Sakramentalität der Letzten Ölung gegen die Kritik der Reformatoren (DenzH 1716-1719). Der Codex von 1917 spiegelt diese Lehrmeinung wider. Das Vat II setzt grundlegende Reformimpulse. So solle besser von K. gesprochen werden; das Sakrament kann bereits gespendet werden, „wenn der Gläubige beginnt, wegen Krankheit oder Altersschwäche in Lebensgefahr zu geraten" (SC 73). Innerhalb des Versehgangs wird die urspr. Reihenfolge hergestellt u. die K. rückt wieder zwischen Buße (→Beichte) u. Eucharistie (→Abendmahl, Eucharistie) als Viaticum (SC 74). In LG wird die theol. Dimension der K. profiliert (vgl. LG 11): Ihre Wirkungen werden beschrieben m. „aufrichten" u. „retten" u. es gibt eine Wechselwirkung zwischen dem kranken →Gläubigen u. dem →Volk Gottes. Der Ordo unctionis infirmorum eorumque pastoralis curae nimmt die Konzilsaussagen auf u. definiert: „Der eigentliche Spender der Krankensalbung ist allein der Priester."

C. 998 ist als theol. Leitsatz den cc. zur K. vorangestellt. Der C. orientiert sich an den Aussagen des Vat II, spricht daher von K. u. hat eine „stark sakramententheologische Prägung" (Althaus, MKCIC c. 998): Die K. richtet auf u. rettet durch den leidenden u. verherrlichen Herrn. Hinzu kommen rahmenrechtliche Äußerungen zum Adressatenkreis („gefährlich erkrankte Gläubige"), zur sakramentalen Materie („mit Öl gesalbt") u. Form („in den →liturgischen Büchern vorgeschriebenen Worten"). Gegenüber c. 998 ist die theol. Grundnorm im CCEO breiter angelegt (c. 737 §1 CCEO), aber dort wird das vermittelnde Handeln der ganzen Kirche an dem Kranken nicht erwähnt.

Feier der K.: Gem. dem Vat II ist die K. ein Krankensakrament. Das Sterbesakrament ist die Eucharistie. Daher sind →Seelsorger u. Angehörige aufgerufen, dafür zu sorgen, dass die Kranken rechtzeitig die K. empfangen u. dadurch gestärkt werden (c. 1001). Die K. kann auch in einer gemeinsamen Feier für mehrere Kranke zugl. gefeiert werden, je nach Vorschriften des →Diözesanbischofs (c. 1002).

Spender: „Die Krankensalbung spendet gültig jeder und nur ein Priester." (c. 1003 §1). Die alleinige Festlegung auf Priester als Spender des Sakraments ist aufgrund der kirchenhistorischen Praxis bis ins achte Jh. umstritten u. wird bes. m. Blick auf die praktische Ebene der Begleitung von Kranken u. Sterbenden durch Priester, →Diakone u. Laien im pastoralen Dienst kontrovers diskutiert. Bisweilen wurden eigenständige Lösungen gesucht, die der kan. Regelung zuwiderlaufen u. lehramtlich korrigiert wurden. So in der Instr. Ecclesiae de Mysterio von 1997. 2005 folgte die bisher letzte lehramtliche Äußerung dazu in einer Note der Kongr. für die Glaubenslehre. Die Note bekräftigt u. bestätigt die Instr. von 1997 u. betont, dass „nur Priester (→Bischöfe und Presbyter) die Spender des Sakramentes der Krankensalbung sind". Nichtkatholische Spender, in deren Kirche die K. gültig gespendet wird, spenden im Notfall das Sakrament auch gültig kath. Empfängern, wenn diese einen kath. Spender nicht erreichen können (c. 844 §2). Der CCEO stimmt m. dem CIC bzgl. der Aussage zum Spender inhaltlich überein (vgl. c. 739 §1 CCEO).

Empfänger: Gem. c. 1004 §1 kann die K. dem Gläubigen nach Erlangen des →Vernunftgebrauchs (also etwa ab dem siebten Lj., c. 97 §2) gespendet werden, wenn dieser beginnt (incipit), aufgrund von Krankheit u. Altersschwäche in Gefahr zu geraten. Der CIC/1917 hatte eine Spendung außerhalb von Lebensgefahr noch ausgeschlossen (vgl. can. 940 §1). Zudem ist die K. wiederholbar (c. 1004 §2), wenn der Gläubige erneut erkrankt od. wenn sich sein Zustand im Rahmen der einen →Erkrankung weiter verschlechtert. Bestehen Zweifel zum Vernunftgebrauch, dem Erkrankungsgrad od. ob der Gläubige noch lebt, ist die K. zu spenden (c. 1005). Kann der Gläubige nicht mehr selbst um die K. bitten, sein bisheriges Glaubensleben diese Bitte aber einschlussweise vermuten lässt, soll die K. gespendet werden (c. 1006). Nur wenn der Gläubige in einer offenkundig schweren → Sünde hartnäckig verharrt, darf das Sakrament nicht gespendet werden (c. 1007). Da dies das Grundrecht auf Sakramentenempfang (c. 213) einschränkt, muss die Norm sorgfältig u. eng ausgelegt werden. Dazu gehört, dass alle drei Kriterien erfüllt sein müssen. Der CCEO enthält keine c. 1004 § 1 entspr. Norm, es wird nur an versch. Stellen der Gesundheitszustand des Empfängers erwähnt (cc. 737 § 1, 738, 740 CCEO), dabei wird aber nicht von einer Gefahr gesprochen. Es findet sich auch keine Norm zur Wiederholbarkeit od. zur notwendigen Vorbereitung des Gläubigen. Auch Angehörige der orient. Kirchen können die K. empfangen; vorausgesetzt, sie bitten von sich aus darum u. sind entspr. disponiert (c. 844 § 3). In Todesgefahr kann auch Christen die K. gespendet werden, die nicht in der vollen Gemeinschaft (→ Communio) m. der kath. Kirche stehen; vorausgesetzt ein Spender der eigenen Gemeinschaft kann nicht aufgesucht werden od. sie bitten darum, auf dem Hintergrund, dass sie diesbezüglich den kath. Glauben teilen u. entspr. disponiert sind (→ Communicatio in sacris) (c. 844 § 4). Hier mag man z. B. an konfessionsverbindende Ehepaare denken. Allg. Normen dürfen dazu vom Diözesanbischof od. der BK, aber nur nach Rücksprache m. der entspr. Kirche od. Gemeinschaft getroffen werden (c. 844 § 5).

Ausblick: Die Möglichkeit der gemeinschaftlichen Feier der K. in Pfarrgemeinden bringt zwar den positiven Aspekt eines angstfreien Empfangs der K. durch Lösung von der akuten Todesgefahr m. sich, gleichzeitig ist aber eine völlige Vernachlässigung des Gesundheitszustands u. ein routinemäßiger Empfang in der monatlichen Seniorenrunde krit. zu sehen. Im Kontext der Diskussion um den Spender der K. u. die Erfordernisse in der Krankenpastoral wurden inzwischen in manchen Diözesen eigene zusätzliche Rituale entwickelt. Darin sind gottesdienstliche Feiern im Umfeld von Krankheit u. Sterben aufgeführt, die den Situationen gerecht werden sollen, wenn eine K. nicht möglich ist.

Quellen

Vat II, SC; Vat II, LG; Ordo Unctionis Rituale Romanum ex decreto sacrosanct oecumenici Concilii Vaticani II instauratum, auctoritate Pauli PP. VI promulgatum: Ordo Unctionis infirmorum eorumque pastoralis curae, Typ. Pol. Vat. 1972; dt.: Die Feier der Krankensakramente. Die Krankensalbung u. die Ordnung der Krankenpastoral in den kath. Bistümern des dt. Sprachgebietes, hg. im Auftrag der Bischofskonferenzen Deutschlands, Österreichs u. der Schweiz u. der Bischöfe von Bozen-Brixen u. von Luxemburg, Einsiedeln u. a. 1975; Freiburg u. a. ^{2}1994; Kongr. für den Klerus, Instr. Ecclesiae de Mysterio vom 15. August 1997: AAS 89 (1997), 852-877; dt. Übersetzung: VApSt 129, Bonn 1997; Kongr. für die Glaubenslehre, Adnotatio de Ministro Sacramenti Unctionis Infirmorum: Comm. 37, 2 (2005), 175; dt. Übersetzung: AfkKR 174 (2005), 165; Bistum Trier, Gottesdienstliche Feiern im Umfeld des Sterbens: In der Sterbestunde, Bd. 1, Trier 2014; Die Feier des Sterbesegens, Eine liturgische Handreichung für die Kranken- u. Altenseelsorge im Bistum Würzburg, Würzburg ^{2}2014.

Literatur

Kaczynski, R., Gottesdienst der Kirche. Handbuch der Liturgiewissenschaft, Bd. 7, 2, hg. v. H.-B. Meyer u. a., Regensburg 1992; Riedel-Spangenberger, I., Das Gewohnheitsrecht in der kath. Kirche – Zur Spendung der Krankensalbung durch Diakone u. Laien: TrThZ 103 (1994), 188-201; Böttigheimer, C., Krankensalbung u. Spendungsvollmacht: StZ 216 (1998), 607-618; Hünermann, P., Das Apostolat für die Kranken u. das Sakrament der Krankensalbung, Dogmatische Überlegungen anläßlich der röm. Instruktion vom 13.11.1997: ThQ 178 (1998), 29-38; Ziegenaus, A., Der Spender der Krankensalbung. Zur Interpretation von Can. 1003 § 1: Recht in Kirche u. Staat, hg. v. W. Rees, Berlin 2004, 543-550; Wijens, M., Krankenseelsorge in konfessionsverbindenden Ehen. Eine ekklesiologisch-kirchenrechtliche Betrachtung: In mandatis meditari (FS Paarhammer), hg. v. S. Haering – J. Hirnsperger – G. Katzinger u. a., Berlin 2012 (KStT 58), 781-802; Stuflesser, M., „...und nach Maßgabe des Rechtes beim Bischof" (SC 22 § 1) „Die Feier des Sterbesegens" als ein gelungenes Beispiel diözesaner Eigenliturgie: Ius canonicum in communione christifidelium (FS Hallermann), hg. v. M. Graulich – T. Meckel – M. Pulte, Paderborn 2016 (KStKR 23), 239-254; Althaus, R.: MKCIC cc. 998-1007.

Nicole Hennecke

© 2019, DOI: 10.30965/9783506786388_0807

Krankheit

→ Erkrankung

Kriegsdienstverweigerung – Staatlich

K. ist die auf Gewissensgründe gestützte Weigerung, Kriegsdienst m. der Waffe zu leisten. Das Recht auf K. ist – aufgrund der dt. Geschichte des 20. Jh. u. rechtsvergleichend singulär – als Grundrecht in Art. 4 Abs. 3 GG verankert. Es handelt sich um den praktisch wichtigsten Anwendungsfall der → Gewissensfreiheit u. insofern um eine lex specialis gegenüber Art. 4 Abs. 1 GG. Die Vorschrift ist zudem im Kontext m. der Regelung zur Wehr- u. Dienstpflicht in Art. 12a GG zu lesen. Einzelheiten sind im Kriegsdienstverweigerungsgesetz (KDVG) geregelt. Die Aussetzung der Wehrpflicht im J. 2011 hat die praktische Bedeutung der K. stark vermindert, die m. einer jederzeit möglichen Wiederaufnahme der Einberufungspraxis wieder steigen dürfte.

Das Recht auf K. ist ein Jedermann-Grundrecht, d. h. in seinem Anwendungsbereich nicht auf dt. Staatsbürger beschränkt. Träger des Grundrechts sind alle Soldaten, d. h. die Wehrpflichtigen ebenso wie die Zeit- u. Berufssoldaten. Es wird durch den Dienstantritt nicht verwirkt. Der sachliche Bezugspunkt des Grundrechts auf K. ist der Kriegsdienst m. der Waffe. Geschützt wird vor der Eingliederung in bewaffnete Verbände, die für kriegerische Kampfhandlungen in Betracht kommen. Schon m. dieser Ein- u. Unterordnung wird eine eigenverantwortete Gewissensentscheidung über die konkrete Waffenführung unmöglich, u. es entsteht ggf. ein Zwang zu töten. Die K. muss auf einer Gewissensentscheidung beruhen, die ihrerseits glaubhaft gemacht werden muss. Das Verfahren ist im KDVG geregelt. Das Grundrecht auf K. ist schrankenlos gewährleistet. Eine Beschränkung aus dringenden Gründen der Landesverteidigung ist aber zulässig.

Literatur

Borowski, M., Die Glaubens- u. Gewissensfreiheit des Grundgesetzes, Tübingen 2006; Morlok, M., Art. 4 Abs. 3 GG: Grundgesetz. Kommentar, hg. v. H. Dreier, Tübingen [3]2013.

Peter Unruh

© 2019, DOI: 10.30965/9783506786388_0809

KRM

→ Koordinierungsrat der Muslime

Kroatien, Staat und Religion – Staatlich

K., das im Frühmittelalter ein unabhängiger Staat war, erlangte seine Autonomie von Ungarn u. Österreich im J. 1918 u. von Jugoslawien im J. 1991 zurück u. erklärte am 08.10.1991 als Republik K. seine Unabhängigkeit. 2013 wurde K. der 28. Mitgliedsstaat der EU.

Die Rechtsquellen zur Regelung der Beziehungen zwischen Religionsgemeinschaften u. K. sind die Folgenden: die Verf. von K. (1990-2010); der IPbpR (1993); die EMRK (1998) u. die Rspr. des EGMR; die Verträge m. dem Hl. Stuhl: bzgl. der Seelsorge für Katholiken in den militärischen Streitkräften u. in der Polizei der Republik K. (1997); bzgl. der Kooperation in Bildung u. Kultur (1997); bzgl. Rechtsfragen (TLI; 1997) u. bzgl. wirtschaftlicher Fragen (1998); mehrere Abkommen zwischen der Regierung von K. u. der Kroatischen BK über die Umsetzung der genannten Verträge; das Gesetz über die Rechtsstellung von Religionsgemeinschaften (LLPRC; 2002); acht Verträge über die Umsetzung des LLPRC (2002-2014) zwischen der Regierung von K. u. 15 Religionsgemeinschaften, die zahlreichsten davon m. der Serbisch Orth. Kirche in K. u. der Islam. Gemeinschaft in K. Versch. Statuten bzgl. Verbrechen, Bildung, Gesundheit, Steuerwesen usw. komplettieren die Rechtsquellen.

Die Verf. schützt religiöse Rechte direkt durch die folgenden Regelungen: Art. 40 garantiert →Gewissensfreiheit u. →Religionsfreiheit u. die Freiheit, seine Religion u. Glauben zu verkünden, Art. 41 (1) bestimmt, dass alle Religionsgemeinschaften vor dem Gesetz gleich sein sollen u. getrennt sind vom Staat. Art 41 (2) legt fest, dass „Religionsgemeinschaften ... in Einklang mit dem Gesetz öffentlich Glaubenszeremonien ausüben, Schulen, Bildungsanstalten, andere Anstalten, soziale und wohltätige Einrichtungen gründen, sowie diese verwalten [können]. In ihrem Tätigkeitsbereich genießen sie den Schutz und die Unterstützung des Staates." Indirekter Schutz wird durch Art. 14 garantiert, der Diskriminierung verbietet, u. a. gründend auf dem Glauben, u. durch Art. 39, der jeden Aufruf od. Anstiftung zu religiösem Hass od. jeglicher Form von Intoleranz verbietet.

Die Kommission für die Beziehungen zu Religionsgemeinschaften, gegr. 1944, verwaltet die Durchführung des LLPRC u. kommuniziert m. den Religionsgemeinschaften. K. begann seine diplomatischen Beziehungen m. dem Hl. Stuhl am 08.02.1992.

Spezifische Regelungen: Es gibt 5 Kategorien von Religionsgemeinschaften. 1. Gem. TLI die kath. Kirche u. ihre jur. Personen; 2. Gem. Art. 5 (1) LLPRC die existierenden Religionsgemeinschaften; 3. Gem. Art. 5 (2) LLPRC die neu gegr. Religionsgemeinschaften, die mind. fünf J. als religiöse Vereinigungen registriert waren u. mind. 500 Gläubige umfassen, 4. Gemeinschaften von Gläubigen, die als Vereinigungen registriert sind u. somit Rechtspersönlichkeit erworben haben; 5. Gemeinschaften von Gläubigen, die nicht als Vereinigungen registriert sind u. konsequenterweise keine Rechtspersönlichkeit erworben haben.

Seite 1991 wird wählbarer konfessioneller Religionsunterricht von anerkannten Religionen in öff. Schulen angeboten. Die Anmeldungszahlen liegen konstant über 80%. Die kath. Kirche betreibt ein Dutzend akkr. allgemeinbildende Schulen, drei theol. Fak. u. eine Fak. für Philosophie u. religiöse Studien, die vollwertige Mitglieder der öff. Universitäten sind, u. seit 2006 die Kroatische Kath. Universität. Die Ev.-Luth. Kirche, die Pfingstkirche, die Islam. Gemeinschaft, die Serbische Orth. Kirche u. die jüd. Gemeinschaften betreiben ebenfalls offene Bildungseinrichtungen.

Eine Eheschließung, die von einer religiösen Gemeinschaft vorgenommen wird, hat zivile Effekte, wenn sie die Voraussetzungen des kroatischen Rechts erfüllt. Ein Verfassungsreferendum aus dem J. 2013 bestätigte, dass die Ehe eine Verbindung von Mann u. Frau ist. Gottesdienste u. religiöser Beistand von anerkannten Religionsgemeinschaften werden im Militär, der Polizei, in Krankenhäusern, in Gefängnissen u. Wohlfahrtseinrichtungen angeboten.

Die Verträge m. dem Hl. Stuhl verpflichten K., der kath. Kirche umfassende finanzielle Mittel zur Verfügung zu stellen sowie das Vermögen zurückzugeben, welches durch die kommunistische Regierung entzogen wurde. Das LLPRC legt fest, dass Religionsgemeinschaften Ressourcen aus dem Haushalt der Republik K. erhalten. Der Staat unterstützt sowohl den konfessionellen Religionsunterricht in öff. Schulen als auch die akkr. Bildungseinrichtungen der kath. Kirche, der Serbischen Orth. Kirche, der Islam. Gemeinschaft u. der Jüd. Gemeinschaft. Die Summe des Budgets von K. zur Unterstützung der Religionsgemeinschaften von 2014-2016 betrug 1.123 Mio. Kuna (ca. 150 Mio. EUR), davon 1.066 Mio. Kuna für die kath. Kirche.

Religionsgemeinschaften in K. haben durch die Partnerschaft m. K. Anerkennung, Freiheit u. Unterstützung besser verwirklicht als in den meisten Staaten. Allerdings sind die kath. Kirche u. die meisten anderen Religionsgemeinschaften in K. besorgt, dass das Gender-Mainstreaming, welches durch intern. Instrumente (z. B. die Istanbuler Konvention zur Verhütung u. Bekämpfung von Gewalt gegen Frauen u. häuslicher Gewalt) vorgesehen wird, eine rechtliche Gefahr für die Grundlagen der Gesellschaft darstellt.

Quellen

Ustav Republike Hrvatske (Constitution of the Republic of Croatia): Narodne Novine 56/90; Pročišćeni tekst (consolidated text): Narodne Novine 85/10; Zakon o pravnom položaju vjerskih zajednica (Law on the Legal Position of Religious Communities): Narodne Novine 14/78, 52/88; Amended also by Zakon o novčanim kaznama: Narodne Novine 26/93, Art. 138; Vlada Republike Hrvatske, Zaključak klasa (Criteria for Registration of Religious Communities): 070-01/03-03/03, ur. broj 5030104-04-3 od 23. prosinca 2004; Ugovor o dušobrižništvu katoličkih vjernika, pripadnika oržanih snaga i redarstvenih službi Republike Hrvatske (Treaty on Spiritual Charge of Catholic Believers Who Are Members of the Armed Forces and Police Services of the Republic of Croatia): Narodne novine: Dodatak međunarodni ugovori 2/97; Obavijest o stupanju na snagu (note on entry into force): Narodne novine: Dodatak međunarodni ugovori 8/97; Ugovor o suradnji u području odgoja i culture (Agreement on Cooperation in Education and Culture): Narodne novine: Dodatak međunarodni ugovori 2/97; Obavijest o stupanju na snagu (note on entry into force): Narodne novine: Dodatak međunarodni ugovori 8/97; Ugovor o pravnim pitanjima (Treaty on Legal Issues): Narodne novine: Dodatak međunarodni ugovori 3/97; Obavijest o stupanju na snagu (note on entry into force): Narodne novine: Dodatak međunarodni ugovori 8/97; Ugovor o gospodarskim pitanjima (Treaty on Economic Issues): Narodne novine: Dodatak međunarodni ugovori 18/98; Obavijest o stupanju na snagu (note on entry into force): Narodne novine: Dodatak međunarodni ugovori 13/03.

Literatur

Padjen, I., Catholic Theology in Croatian Universities: Between the Constitution and the Treaty; A Policy Oriented Inquiry: International Law: New Actors, New Concepts, Continuing Dilemmas: Liber Amicorum Božidar Bakotic, hg. v. B. Vukas – T. Šošić, Leiden 2009, 13-40; ders., Croatia: Encyclopedia of Law and Religion Vol. 4, 70-78; ders, Religious Rights in Croatia: Legal Regulation of Culturalism: The Principle of Equality as a Fundamental Norm in Law and Political Philosophy, hg. v. B. Wojcjechowski – T. Bekrycht – K. M. Cern, Lodz 2017, 119-154.

Ivan Padjen

© 2019, DOI: 10.30965/9783506786388_0811

Kulturgüter – Katholisch

Die Kirche ist sich ihrer Verantwortung für die sich in ihrem Besitz befindlichen K. (Gebäude, Denkmäler, materielle u. immaterielle Kunstwerke, Museen, Bibliotheken, Archive [→Archive, kirchliche]) bewusst. Sie ist bestrebt, die Kunst zu fördern u. den Schutz (→Denkmalschutz) wertvoller Gegenstände zu verstärken. So soll z. B. in jedem Bistum eine Kommission für sakrale →Kunst eingerichtet werden (Vat II, SC Art. 46 u. 126). Gleichwohl enthält der CIC (ebenso wie der CIC/1917) keine systematischen Normen zum Schutz der kirchl. K., so dass hier lediglich auf Einzelbestimmungen zurückgegriffen werden kann (z. B. cc. 1292 § 2 [Veräußerung von künstlerisch wertvollen Sachen] u. 1283, 2° [Bestandsverzeichnis der K.], aber auch 1220 § 2, 1284 § 2, 2° u. 3° sowie 1189, 1190 §§ 2 u. 3, 1234 § 2; vgl. ferner das Schreiben der Kleruskongregation vom 11.04.1971 über die Sorge um die kunstgeschichtlichen Werte der Kirche: AAS 63 [1971], 315-317). Die Päpstliche Kommission für die K. der Kirche ist zuständig für Erhaltung, Schutz u. Förderung aller kirchl. K. (AAS 85 [1993], 549-552).

Literatur

Schulz, W., Denkmalschutz u. Denkmalpflege in der neuen kirchl. Rechtsordnung: ThGl 73 (1983), 351-367; Heimerl, H. – Pree, H., Handbuch des Vermögensrechts der kath. Kirche, Regensburg 1993, I/96, II/584, III/86, V/1312, 1324, 1340, 1379; Kremer, B. M., Denkmalschutz u. Denkmalpflege im Bereich der Kirchen: HbStKR[2] Bd. 2, 77-103; ders., Denkmalpflege, kirchl. I. kirchenrechtlich: LThK[3] Bd. 3, 97 f.; Marchisano, F., Der Schutz der kirchl. Kulturgüter: OR (D), Nr. 44 vom 3. November 1995, 5; Wolf, L., Die päpstliche Gesetzgebung zum Schutz der Kulturgüter bis zum Untergang des Kirchenstaates im Jahr 1870, Rom 1997.

Elmar Güthoff

Kulturgüter – Evangelisch

K. sind nach der Definition des KKG der Nordkirche vom 04.11.1979 „unbewegliches und bewegliches kirchliches Kunst- und Kulturgut von künstlerischer, kirchengeschichtlicher, kulturhistorischer oder denkmalpflegerischer Bedeutung" (§ 1). Das Baugesetz der EKM § 2 Abs. 3 präzisiert: „Kirchliches Kunst- und Kulturgut ist die bewegliche und unbewegliche Ausstattung kirchlicher Gebäude, die einen besonders prägenden liturgischen, sakralen, wissenschaftlichen, geschichtlichen oder künstlerischen Wert haben. Zum kirchlichen Kunst- und Kulturgut gehören auch Orgeln, → Glocken und mechanische Turmuhrenanlagen." Zu ergänzen wäre als kennzeichnend für die ev. Kirchen darüber hinaus immaterielles K. wie z. B. die Orgel- u. → Kirchenmusik.

Die Pflege u. Weitervermittlung ihres K. ist der Kirche aus versch. Gründen aufgegeben: Sie hat Teil am Auftrag der Kirche, prägt u. festigt kirchl. Identität u. vermittelt kulturelle Bildung in die gesamte Gesellschaft.

Kirchl. Rechtsvorschriften über die K. regeln insb. ihre Archivierung, Pflege u. Schutz, den zweckentsprechenden Gebrauch u. die Nutzung sowie schließlich auch ihre Vermittlung. Eigentümerinnen der kirchl. K. sind i. d. R. die → Kirchengemeinden od. → Kirchenkreise. Die K. unterliegen der Eigentumsgarantie u. dem Säkularisierungsverbot nach Art. 138 Abs. 2 WRV i. V. m. Art. 140 GG. Die Eigentümerinnen sind jedoch an die landeskirchlichen Vorschriften gebunden u. bedürfen für Veränderungen (z. B. Baumaßnahmen) einer kirchenaufsichtlichen Genehmigung. Die kirchl. Körperschaften wirken in ihrem Umgang m. K. m. den zuständigen Landesbehörden, etwa den Landesämtern für → Denkmalschutz, zusammen u. achten deren Aufl.

Seit dem 06.08.2016 ist das überarbeitete u. auf UNESCO-Anforderungen aktualisierte dt. Kulturgutschutzgesetz in (KGSG) Kraft. Das Gesetz regelt insb. Fragen des Abwanderungsschutzes u. der Rückgabe von K. § 9 dieses Gesetzes enthält Bestimmungen über K. im Eigentum der Kirchen u. Religionsgemeinschaften.

Literatur

Werkzeug des Glaubens, hg. v. Arbeitsgemeinschaft Inventarisierung in der EKD, Regensburg 2004; LKA der Ev.-luth. Landeskirche Hannovers, Informationsmappe für Baubeauftragte, Hannover 2009.

Klaus Grünwaldt

Kulturkampf – Historisch

Als der liberale preuß. Abgeordnete R. Virchow 1873 den Begriff K. in die politische Diskussion einführte, beabsichtigte er, den akuten Konflikt des säkularen u. liberalen Nationalstaats m. dem politischen Katholizismus der Zentrumspartei als Kampf der wiss. Rationalität gegen eine fortschritthemmende Ideologie zu denunzieren. Heute bez. K. neutral u. allg. die Auseinandersetzung zwischen Staat u. kath. Kirche in der 2. Hälfte des 19. Jh. u. wird z. T. auch auf die Verfolgung der Kirche in totalitären Staaten des 20. Jh. angewandt.

In Preußen führte die mangelhafte Integration des kath. Rheinlands ins Gesamtgefüge des prot. dominierten Königreichs immer wieder zu Konflikten (Kölner Kirchenstreit 1837/42). Im Gefolge des Vat I (1870) wurde der Bedarf nach einer grds. Neuregelung des

Verhältnisses von kath. Kirche u. Staat akut: Während die dt. →Bischöfe das päpstliche Unfehlbarkeitsdogma akzeptierten u. gegen opponierende Theologen u. Religionslehrer vorgingen, hielt der Staat an diesen als preuß. Beamte fest u. unterstützte sie in ihren Bestrebungen, eine von Rom gelöste, sog. altkatholische dt. Nationalkirche zu gründen. 1871 formulierte Kultusminister von Mühler als kirchenpolitische Zielvorgaben: „Kampf gegen die ultramontane Partei, ... Trennung von Kirche und Staat, von Kirche und Schule überhaupt"; man beachte die Reihenfolge. An legislatorischen Maßnahmen erfolgten 1871 der sog. Kanzelparagraph (Verbot von Predigten zu politischen Themen „in einer den öffentlichen Frieden gefährdenden Weise"; kam im Dritten Reich nochmals zur Anwendung), 1872 das Schulaufsichtsgesetz (staatl. Aufsichtsmonopol über alle öff. u. privaten Bildungseinrichtungen) u. das Verbot des Jesuitenordens, 1873 die Maigesetze (staatl. Kulturexamen für →Kleriker, staatl. Aufsicht über die Besetzung von Klerikerstellen, Aufhebung der päpstlichen Jurisdiktion über die kath. Kirche im Dt. Reich, Einschränkung der kirchl. Disziplinargewalt, Anzeigepflicht für Kirchenaustritte ausschließlich bei staatl. Gerichten), 1874 das Verbannungsgesetz (Ausweisung missliebiger Geistlicher aus dem Dt. Reich), 1875 die Einführung der →Zivilehe u. das Brotkorbgesetz (Sperren der Bezüge widersetzlicher Geistlicher), schließlich die Aufhebung aller Orden, die nicht m. der Krankenpflege befasst waren.

Die Reichsregierung unter Bismarck beabsichtigte damit die Marginalisierung der dt. Katholiken, scheiterte aber u. geriet zunehmend in die Defensive: Der kath. Klerus opponierte nahezu geschlossen m. der Folge, dass eine große Zahl von Bistümern u. Pfarreien verwaiste; das kath. Kirchenvolk zeigte sich in kaum vorhersehbarem Ausmaß solidarisch u. bescherte dem Zentrum bei den folgenden Wahlen zum preuß. Abgeordnetenhaus u. zum Reichstag sensationelle Gewinne. Zudem veränderten sich die Konstellationen, denn die Abschaffung überkommener Rechte der Kirche traf nicht nur kath. Positionen: Hatten die konservativen Protestanten das antikatholische Vorgehen Bismarcks zunächst begrüßt, brachen sie über dem Schulaufsichtsgesetz m. ihrem politischen Ziehsohn.

Der Weg zur Wiederannäherung Berlins an Rom war frei, als 1878 auf den intransigenten P. Pius IX. der konziliantere Leo XIII. folgte, welcher das dt. Kaiserpaar für sich einnahm. In langen Verh. wurden zunächst die Milderung der Gesetze des K. u. die Wiederbesetzung der vakanten Bistümer erreicht. Als Bismarck 1885 zum Entsetzen der dt. Protestanten Leo XIII. als Schiedsrichter im sog. Karolinenstreit m. Spanien vorschlug, anerkannte er damit dessen weltliche Bedeutung; dafür setzte sich Leo XIII. über Positionen des preuß. Episkopats u. des Zentrums hinweg. Die beiden Friedensgesetze von 1886/87 bereinigten das Verhältnis von Papstkirche u. preuß. Staat, indem die strittigen Gesetze des K. großteils zurückgenommen wurden (Fortbestehen von Zivilehe, staatl. Schulaufsicht, Jesuitengesetz bis 1917, Kanzelparagraph bis 1953; Kompromisse bei der Stellenbesetzung). Weitere vom K. betroffene Staaten des Dt. Reichs (v. a. Baden u. Bayern) bereinigten den Konflikt nach diesem Modell. Der Kompromiss betraf freilich nur die politische u. jur. Dimension des K., nicht seine sozialen u. geistigen Grundlagen. So beeindruckend sich die Mobilisierung der kath. Laienkultur u. der Aufstieg des politischen Katholizismus, sein Kampf für sozialpolitische Ziele sowie Freiheit u. Grundrechte jenseits des totalen staatl. Machtanspruchs auch ausmachen: Die langfristige Durchsetzung der Säkularisierung von Staat u. Gesellschaft wurde nicht aufgehalten.

Nahezu überall in Europa kam es zu Modernisierungskrisen, die dem dt. K. verwandt sind, namentlich in den liberalen Kantonen der Schweiz, dem Italien des Risorgimento od. der streng laizistischen franz. Republik; dagegen konnte in Österreich Kaiser Franz Joseph mäßigend wirken.

Literatur

Besier, G., Art. Kulturkampf: TRE Bd. 20, 209-230; Der Kulturkampf in Italien u. in den deutschsprachigen Ländern, hg. v. R. Lill – F. Traniello, Berlin 1993 (Schriften des Ital.-Dt. Hist. Instituts in Trient 5); Blackbourn, D., Marpingen. Apparitions of the Virgin Mary in Bismarckian Germany, Oxford 1993; Der Kulturkampf, hg. v. R. Lill, Paderborn 1997 (Beiträge zur Katholizismusforschung A 10); Borutta, M., Antikatholizismus. Deutschland u. Italien im Zeitalter der europäischen Kulturkämpfe, Göttingen 2010 (Bürgertum NF. Studien zur Zivilgesellschaft 7).

Harald Derschka

© 2019, DOI: 10.30965/9783506786388_0813

Kultusfreiheit – Staatlich

Die K. gehört zu der in Art. 4 Abs. 2 GG enthaltenen Gewährleistung der ungestörten Religionsausübung u. wird z. T. m. ihr in eins gesetzt. Vom Schutzbereich erfasst werden kultische Handlungen jedweder Art u. Religion, z. B. →Gottesdienste, →Gebete, religiöse Feiern, aber auch kirchl. Kollekten, →Prozessionen, das Glockenläuten (→Glockengeläut) u. der Ruf des Muezzins (→Gebetsruf). Angesichts der heute vielfältigen (neuen) Formen religiösen Verhaltens lässt sich Art. 4 Abs. 2 GG nicht auf rein kultische Handlungen beschränken, zumal auch die Ausübung einer Weltanschauung erfasst ist. Entspr. diesem weiten Verständnis sind von Art. 4 Abs. 2 GG alle Verhaltensweisen erfasst, die von religiöser bzw. weltanschaulicher Überzeugung motiviert sind. Maßgeblich ist das Selbstverständnis des Betroffenen, das allerdings auf seine Plausibilität zu überprüfen ist. Berührt ist der Schutzbereich daher u. a. auch bei religiös begr. Schächten von Tieren, religiösen Speise- u. Kleidungsvorschriften (z. B. Tragen eines →Kopftuchs) sowie religiöser Erziehung. Die negative Seite des Rechts auf ungestörte Religionsausübung ist in Art. 140 GG i. V. m. Art 136 Abs. 4 WRV eigens gewährleistet, womit sie tatbestandlich abgegrenzt ist (strittig). Danach darf niemand zu einer kirchl. Handlung od. Feierlichkeit, zur Teilnahme an religiösen Übungen od. zur Benutzung einer religiösen Eidesform gezwungen werden. Zur Notwendigkeit einer begrifflichen Differenzierung der in Art. 4 Abs. 1 u. 2 GG verbürgten Rechte gilt das zur Glaubensfreiheit (→Glaubensfreiheit, staatl.) Gesagte.

Literatur

Muckel, S., Schutz von Religion u. Weltanschauung: HGR Bd. IV/I, § 96 Rn. 76-91; Sachs, M., Verfassungsrecht II. Grundrechte, Berlin [3]2017, Abschnitt 16 Rn. 1-34.

Stefan Muckel

© 2019, DOI: 10.30965/9783506786388_0814

Kultussteuer – Staatlich

→Kirchensteuer

Kultussteuer – Katholisch

→Kirchensteuer

Kultussteuer – Evangelisch

→Kirchensteuer

Kultussteuer – Jüdisch

Die K. der jüd. →Gemeinden u. Gemeindeverbände ist eine Steuer i. S. des staatl. Rechts, die auf Grundlage der Kirchensteuergesetze der Länder u. der Kultussteuerordnungen der jüd. Gde. u. Gemeindeverbände erhoben wird. Verfassungsrechtlich ist den jüd. Gde. u. Gemeindeverbänden, die als →Körperschaften des öffentlichen Rechts verfasst sind, nach Maßgabe des Art. 137 Abs. 5 WRV i. V. m. Art. 140 GG das Recht gewährleistet, nach Maßgabe der bürgerlichen Steuerlisten Steuern zu erheben. Die K. ist verbreitet auch in den Staatskirchenverträgen, die die Länder m. den jüd. Gde. u. Verbänden geschlossen haben, bekräftigend garantiert. K. ist m. anderen Worten eine abweichende Terminologie der Kirchensteuer (→Kirchensteuer, staatl.). In der normativen Ausgestaltung bestehen weitestgehende Parallelen zur Kirchensteuer (siehe beispielhaft: Kirchensteuer, ev.): Auch die K. wird nach Maßgabe der Kirchensteuergesetze der Länder u. der Kultussteuerordnungen als Ortskultussteuer u. Landeskultussteuer erhoben. Dieses Zusammenspiel von Landesrecht u. ausfüllenden Kultussteuerordnungen u. Kultussteuerbeschlüssen zeichnet die K. als gemeinsame Angelegenheit von Staat u. jüd. Kultusgemeinden aus. Die K. wird erhoben als Zuschlag zur Einkommensteuer (Einkommen-, Lohn- u. Kapitalertragsteuer), als K. vom Einkommen, als K. vom Vermögen u. vom Grundbesitz, als (Orts-)Kultusgeld bzw. Gemeindebeitrag u. als bes. K. in glaubensverschiedener Ehe bzw. Lebenspartnerschaft. Die Verwaltung der K. ist regelmäßig den staatl. Finanzbehörden gegen Aufwandersatz übertragen. Während die allg. K. m. Sätzen von 8-9% der Bemessungsgrundlage erhoben wird, sichert das allg. Kultusgeld eine Mindestbesteuerung unter Anrechnung auf die K. Kultussteuerpflichtig sind die Gemeindemitglieder m. Wohnsitz bzw. m. gewöhnlichem Aufenthaltsort im Bereich einer steuererhebenden →Religionsgemeinschaft. Die K. ist auf Grund der grundrechtlich in Art. 4 Abs. 1, 2 GG gewährleisteten negativen Finanzierungsfreiheit notwendig auf einen freiwilligen, mitgliedschaftsbegründenden Willensakt zurückzuführen. Die Kultusteuerpflicht knüpft deshalb an die Gemeindemitgliedschaft der jeweiligen Denomination (liberal-reformerisch, orth., Einheitsgemeinde) an u. endet m. Austritt aus der Kultusgemeinde nach Maßgabe des staatl. Kirchenaustrittsrechts (→Kirchenaustritt). Wegen der Verwaltung der K. durch die staatl. Finanzbehörden ist die Erfassung der K.-Merkmale erforderlich. Auch bei Zuzug aus dem Ausland ist die Mitgliedschaftsakkzessorietät durch Zuordnung zu einer jüd. Gde. entspr. Denomination sicherzustellen. Hierfür soll im Falle des Zuzugs in eine jüd. Einheitsgemeinde die Erkl. „mosaisch" gegenüber der staatl. Meldebehörde ausreichend sein (BVerfG, Beschl. vom 17.12.2014, 2 BvR 278/11: NVwZ 2015, 517; anders zuvor: BVerwG, Urt. vom 23.09.2010, 7 C 22/09: NVwZ-RR 2011, 90, nunmehr: BVerwG, Urt. vom 21.09.2016, 6 C 2/15: NVwZ 2017, 65. Siehe auch: EGMR, vom 13.06.2017, Rs. 32745/17, Perelmann/Deutschland: http://hudoc.echr.coe.int/eng?i=001-175585 [Zugriff: 15.05.2019]).

Literatur

Petersen, J., Kirchensteuer kompakt, Heidelberg [3]2017.

Michael Droege

Kunst, sakrale – Katholisch

Das Verhältnis von K. u. Kirche war im Lauf der Geschichte von Nähe u. Distanz geprägt. Die frühe Kirche hielt eher Abstand u. griff die künstlerischen Errungenschaften ihres Umfelds v. a. aus apologetischen Gründen auf. M. der konstantinischen Wende begann ein erfolgreicher Eingliederungsprozess, der die Kirche im MA zur alleinigen Kulturträgerin aufsteigen ließ. M. der schrittweisen Herausbildung einer säkularen Kultur seit der frühen Neuzeit trennten sich die Wege wieder, bis die Verbindung am Beginn der Moderne endgültig abbrach. Das Vat II versuchte die seit der Aufklärung bestehenden Trennungslinien zwischen kirchl.-kath. u. weltlich-moderner Kultur, wie sie von beiden Seiten gezogen wurden, langsam aufzuheben.

Der im 19. Jh. wiederbelebte Terminus K. wird überwiegend innerkirchlich verwendet u. spiegelt die Problematik des gesamten Themenfelds wider: Noch z. Z. des Vat II sieht sich die Kirche in der Rolle einer Schiedsrichterin, die über Wert u. Würde der K. urteilt u. entscheidet, welche Werke „für den Dienst im Heiligtum" geeignet sind (SC 122). Damit bestätigt die Liturgiekonstitution die einseitige Indienstnahme der K. zum Zweck der Glaubensverkündigung, Freiheit wird der K. nur dann zugestanden, wenn sie unmittelbar der Liturgie dient. Kap. VII über die K. (SC 122-130) wird heute als überwiegend überholt eingestuft, da es von einem kirchl. Selbstverständnis ausgeht, das m. dem partnerschaftlichen der späteren Dokumente wenig gemein hat. Der Titel des Kap. (Die sakrale Kunst. Liturgisches Gerät u. Gewand) zeigt zudem, dass K. als angewandte K. gesehen wird u. daher keine Selbstständigkeit beanspruchen kann. Nichtsdestotrotz betont SC 123, dass die Kirche niemals einen spezifischen Stil als ihren eigenen betrachtete u. sich stets den Anforderungen der jeweiligen Völker u. der jeweiligen Zeit geöffnet habe. Da diese Feststellung auch für „unsere Zeit" ausgesprochen wird, kann dennoch von einer neuen Verhältnisbestimmung von Kirche u. K. gesprochen werden, weil der CIC/1917 noch verlangte, die gewohnten Formen aus der chr. Tradition unbedingt beizubehalten (can. 1164 §1). Bei der Förderung der K. solle ferner mehr auf „edle Schönheit" geachtet werden als auf den bloßen Aufwand (SC 124). Die Anzahl der Bilder sei auf eine „mäßige Form" zu beschränken u. in rechter Ordnung zu halten (SC 125). Beide Forderungen sind vermutlich dem Zeitgeist der Nachkriegsmoderne geschuldet. Die Gründung einer eigenen, m. Fachleuten besetzten diözesanen Kommission für K. wird m. zwei Erwähnungen bes. hervorgehoben (SC 46 u. 126).

Erst m. der Pastoralkonstitution des Vat II vollzieht die Kirche eine dialogische Öffnung zur Gegenwartskunst (GS 53-62). Sie gesteht der modernen K., der Musik u. Literatur ästhetische Autonomie zu u. legt der Theologie das Gespräch auf Augenhöhe nahe: „Auf ihre Weise sind auch Literatur und Kunst für das Leben der Kirche von großer Bedeutung. Denn sie bemühen sich um das Verständnis des eigentümlichen Wesens des Menschen, seiner Probleme und seiner Erfahrungen bei dem Versuch, sich selbst und die Welt zu erkennen und zu vollenden; ... So dienen sie der Erhebung des Menschen in seinem Leben in vielfältigen Formen je nach Zeit und Land, das sie darstellen." (GS 62). Die K. wird aus dem Status einer ancilla theologiae entlassen u. zur auton. Vermittlungsinstanz zwischen heutiger Welt u. Kirche erhoben. GS misst der K. pastorale Autorität zu, weil sich in ihr „Freude und Hoffnung, Trauer und Angst der Menschen von heute" (GS 1) ausdrücken. In der bis heute aktuellen Ansprache an die Künstler u. Publizisten am 19.11.1980 in München dehnte P. Johannes Paul II. die Bestimmungen von GS aus: Die Kirche braucht die K., weil sie die Situation u. den Fragehorizont der heutigen Menschen ausdrückt. O. sie ist ein Heutigwerden (Aggiornamento) des chr. Glaubens nicht mehr möglich. Damit wurde das traditionelle Modell der Subordination endgültig zurückgewiesen u. eine partnerschaftliche Zusammenarbeit eingefordert. Der Begriff K. wird in der Ansprache aus gutem Grund nicht mehr verwendet. Die päpstliche Einladung, gemeinsam die religiöse Tiefendimension der K. wiederzuentdecken, bleibt jedoch bis heute ein noch kaum realisiertes Desiderat.

Der CIC/1983 gibt über die Definition von K. naturgemäß keine Auskunft. Der Begriff ars sacra wird lediglich in c. 1216 verwendet, wo festgelegt wird, dass bei Bau bzw. Wiederherstellung von Kirchen, die Normen der Liturgie u. der K. zu beachten sind (→ Baurecht). Das neu akzentuierte Verhältnis zwischen K. u. Kirche schlug sich v. a. in ortskirchlichen Dokumenten nieder: Die DBK veröffentlichte „Leitlinien für den Bau und die Ausgestaltung von gottesdienstlichen Räumen" (6. Aufl. 2002) sowie die Arbeitshilfe „Kunst und Kultur in der theologischen Aus- und Fortbildung" (05.10.1993). M. letzterer wird u. a. dem Auftrag von SC 129 entsprochen, die Bedeutung der K. in der theol. u. phil. Ausbildung stärker zu berücksichtigen. Beachtenswert ist darüber hinaus die Arbeitshilfe „Liturgie und Bild" der Liturgiekommission der DBK (1996), die nochmals darlegt, welche Bedeutung der K. für die Vermittlung des Glaubens zukommt. Das kulturelle Engagement der Kirche hängt vielfach an einzelnen

Persönlichkeiten bzw. Orten. Bekanntheit erlangten die von F. Mennekes SJ gegr. Kunststation Sankt Peter in Köln od. das Kulturzentrum bei den Minoriten in Graz. Intern. Beachtung finden die Aktivitäten des päpstlichen Rates für Kultur, der die Beziehungen zwischen dem Hl. Stuhl u. der Welt der Kultur betreut.

Quellen

Vat SC; Vat GS; Johannes Paul II., Ansprache an die Künstler u. Publizisten im Herkulessaal in München am 19. November 1980: Papst Johannes Paul II. in Deutschland, 15.-19. November 1980: VApSt 25A, 186-193; Kunst u. Kultur in der theol. Aus- u. Fortbildung vom 5. Oktober 1993, hg. v. Sekretariat der DBK, Bonn 1993 (Arbeitshilfen 115); Liturgiekommission der DBK, Liturgie u. Bild – Eine Orientierungshilfe. Handreichung der Liturgiekommission der DBK vom 23. April 1996, hg. v. Sekretariat DBK, Bonn 1996 (Arbeitshilfe 132); dies., Leitlinien für den Bau u. die Ausgestaltung von gottesdienstlichen Räumen, hg. v. Sekretariat DBK, Bonn [6]2002 (DB-Kommission 9).

Literatur

Stock, A., Zwischen Tempel u. Museum. Theol. Kunstkritik – Positionen der Moderne, Paderborn 1991; Rombold, G., Art. Kunst, III. Kirche u. Kunst: LThK[3] Bd. 6, 533-535; Hahne, W., Art. Kunst, IV. Kunst u. Liturgie: LThK[3] Bd. 6, 535 f.; Zahner, W., Art. Kunst, sakrale II. Kath: LKStKR Bd. 2, 661 f.; Steiner, P., Glaubensästhetik. Wie sieht unser Glaube aus? 99 Beispiele u. einige Regeln, Regensburg 2008; Evangelium u. Kultur. Begegnungen u. Brüche (FS Sievernich), hg. v. M. Delgado – H. Waldenfels, Fribourg 2010; Liturgie u. Ästhetik, hg. v. A. Gerhards – A. Poschmann, Trier 2013; Berger, R., Art. Kunst u. Liturgie: Pastoralliturgisches Handlexikon[5], 237 f.; Gerhards, A., Ars Celebrandi. Die Bedeutung der Künste für die Liturgie: Irritierende Schönheit. Die Kirche u. die Künste, Freiburg 2012 (HK Spezial), 11-16; Knacker, K., Mission Museion. Museen der kath. Kirche im deutschsprachigen Raum, Bielefeld 2016; Lauster, J., Die Verzauberung der Welt. Eine Kulturgeschichte des Christentums, München [4]2016.

Andreas Bieringer

© 2019, DOI: 10.30965/9783506786388_0816

Kunst, sakrale – Evangelisch

K. ist kein Begriff der Rechts-, sondern der Kunstwissenschaft (ars sacra). Ev. KR übernimmt den allg. Sprachgebrauch. Er changiert zwischen chr., kirchl. u. sakraler K. Im Folgenden wird der Begriff eingegrenzt auf K. im od. am →Kirchengebäude. Solche K. offenbart eine bleibende Divergenz, u. zwar eine innerevangelische: Kirchengebäude ref. Prägung weisen angesichts des dort traditionellen Bilderverbots einen kargen, Kirchengebäude luth. od. unierter Prägung dagegen einen vielfältigen Bestand an sakraler (gottesdienstlicher) K. auf. Generell zählen in der ev. Kirche zur K.: Prinzipalien (→Altar, Kanzel, Orgel), Lesepulte, Paramente, Abendmahls- u. Taufgeräte (Vasa sacra), Taufschalen, Kreuze u. Kruzifixe; ferner hist., teils luth., teils ref. geprägte Ausstattungsstücke wie Beichtstühle, Pfarrstühle, Presbytergestühl, barocke, von der Kirchendecke herablassbare Taufengel m. -schale, Buntglasfenster, darunter Reformatorenfenster, u. a. theol.-reformatorische Schrift- od. Bildprogramme, etwa an Brüstungsfeldern von Emporen od. an der Kirchendecke, der ma. Biblia pauperum nicht unähnlich.

Kirchengebäude sind zwar keine Museen, sondern Gottesdienststätten. Dennoch sind →Landeskirchen u. ihre →Gemeinden, nicht nur um Auskunft über ihre Identität zu geben, sondern auch aus ihrer Kulturgutsverantwortung heraus verpflichtet, „ihre historisch bedeutsamen Gegenstände nach ihren Kräften [zu] erhalten und sachgemäß [zu] pflegen" (Art. 25 RP.KV, ähnlich Art. 20 HE.KV, § 10 KBauG HN, § 41 KF-VO Rh). Kirchenaufsichtlicher Genehmigung bedarf die Entfernung von Gegenständen sakraler K. aus dem Kirchenraum (§ 11 KBauG Bad), ebenso, aus Haushaltsgründen, deren Restaurierung (§ 2 KVHG Bad). Der Übergang von gottesdienstlicher zu übriger bildender K. ist fließend, da alle K., auch die vorübergehend gezeigte, allein durch den Kontext des Kirchengebäudes religiöse Reflektion evoziert.

Das Verhältnis ev. Kirche zur K. war von jeher facettenreich (Bildersturm, puristische Kirchenreinigungen). Der Kirche des Wortes stand die musica sacra lange Zeit näher als die bildende K. K. als Identitätsaussage hat dagegen Tradition (Unionsdenkmal in der Stiftskirche Kaiserlautern). Der Umgang m. K. aus der NS-Zeit ist ein bleibendes Thema. Der Umgang m. K. aus der Zeit des Wilhelminismus hat seine Emotionalität („Hier ist offenbar eine Bombe zu wenig gefallen" – Karl Barth über die Gedächtniskirche in Speyer) weitgehend verloren. Geltendes KR würdigt ausdrücklich den Verkündigungsbeitrag der K. (§ 11 KBauG Bad) u. knüpft damit an ältere Festlegungen an (§ 11 Abs. 14 Vereinigungsurkunde Pf, 1818). Die Förderung der K. gehört zu den Aufgaben sowohl der EKD (Art. 7 GrO) als auch zahlreicher kirchl. Stiftungen (Baupflegestiftung Bswg). Zeitgenössische u. avantgardistische K. hat verstärkt Einzug in Kirchengebäude gehalten (Stiftskirche Stuttgart, Pauluskirche Darmstadt, Peterskirche Heidelberg, Christuskirche St. Ingbert). Soweit solche K. als provozierend empfunden wurde (Werke von Baselitz od. Schreiter), ist heftiger Streit in den Gde. u. über sie hinaus nicht ausgeblieben (Heidelberger Fensterstreit). Idealerweise fügt sich jegliche K. im Kirchenraum zu einem Gesamtkunstwerk. Künstlerwettbewerbe können der Qualitätssicherung der K. dienen u. werden daher landeskirchlich gefördert (Förderrichtlinien Bad). Bes. Wert auf eine stimmige moderne künstlerische Gestaltung wird bei außerparochialen → Gebetsorten gelegt: Autobahnkirchen, Flughafenkapellen u. ähnliche Passageorte, die nicht selten eine Form von → Simultaneen darstellen.

Aspekten der Zweckbindung unterliegen von öff. od. privater Hand gespendete Gegenstände der K. wie Altarbibeln, Buntglas- bzw. Themenfenster etc. → Liturgisches Recht verleiht der K. den Rahmen: Der Erstingebrauchnahme zentraler Gegenstände der K. wie → Glocken u. Vasa sacra geht eine Einweihung im → Gottesdienst voraus. Traditionelle Abendmahlsordnungen für eine wandelnde Kommunion spiegeln die noch erhaltenen Schranken bzw. Balustraden am od. um den Altar aus der Zeit des 17. bis frühen 20. Jh. wider.

Außerhalb der → Pfarrkirche gibt es hist. K. etwa im ev. Kirchhof (Epitaphe, auch von Pfr.) od. in ev. → Klöstern. K. am Kirchengebäude, also seinen Fassaden, manifestiert konfessionelle Zugehörigkeit u. geistl. Dedikation: Symbol des Hl. Geistes (Taube) über einer Pforte der Heiliggeistkirche in Heidelberg od. die eingemeisselten Worte Eglise Ev. Luth. de la Croix, Confession d'Augsbourg Invariata am Türsturz der luth. Kreuzkirche in Strasbourg als Bsp.

Quellen

Urkunde der Vereinigung beider prot. Confessionen im Rheinkreise, 1818: Bonkhoff, B. H., Geschichte der Vereinigten prot.-ev.-chr. Kirche der Pfalz 1818-1861, München 1986, 145-169; Memorandum des Rates der EKD zum Verhältnis der Kirche zur bildenden Kunst der Gegenwart, 1993: Kirchenräume – Kunsträume: Hintergründe, Erfahrungsberichte, Praxisanleitungen für den Umgang m. zeitgenössischer Kunst in Kirchen, hg. v. Zentrum für Medien Kunst Kultur im Amt für Gemeindedienst der Ev.-Luth. Landeskirche Hannovers, Münster 2002, 359-361; Liturgischer Wegweiser, hg. v. Ev. Oberkirchenrat, Karlsruhe 2008; Versicherungsschutz der Vasa Sacra (Kultgegenstände), Bekanntmachung OKR [Bad]: GVBl. 2013, 53; Förderrichtlinie Bauprogramm [Bad] vom 5. Februar 2013: GVBl. 2013, 38.

Literatur

Eyselein, Ch., Segnet Gott, was Menschen schaffen? Kirchl. Einweihungshandlungen im Bereich des öff. Lebens, Stuttgart 1993; Sörries, R., Art. Bilder, Bilderverehrung: EKL^{3} Bd. 1, 504-509; Böcher, O., Die Speyerer Gedächtniskirche im Spiegel ihrer Kritiker: BPfKG 71 (2004), 235-248, 247; Gercke, H., Die Glaskunst Johannes Schreiters: Botschaften aus Licht u. Glas, hg. v. H. Schwier, Regensburg 2013, 26-37, 32 f.; Jacobs, U. K., Der umschrankte Altar im ev. Kirchenbau: Vestiga II: Aufsätze zur Kirchen- u. Landesgeschichte zwischen Rhein u. Mosel, hg. v. M. Gaschott – J. Roth, Regensburg 2013, 421-446; Stüber, G.

u. a., Die Erhebung der Vasa sacra in der Ev. Kirche der Pfalz: BPfKG 81 (2014), 175-186; Meinhardt, H. u. a., Debatte um die „Hitler-Glocke" in Herxheim am Berg: Pfälzisches Pfarrerblatt 107 (2017), 364-368.

Uwe Kai Jacobs

Kunstfreiheit – Staatlich

Die Funktion der Grundrechte als Schutzschirme gegen demokratische Mehrheitsherrschaft (Isensee, 1993, 619, 621) gelangt in der Wirkung des Grundrechts der K. in Art. 5 Abs. 3 GG bes. plastisch zur Darstellung. Neben der Funktion als individuelles Abwehrrecht beschreibt das Grundrecht als „wertentscheidende Grundsatznorm" auch das Verhältnis zwischen Staat u. Kunst (BVerfGE 67, 213, 224). Darüber hinaus ist die K. als Kommunikationsgrundrecht bedeutsam. „Wo Freiheit garantiert ist, da existiert keine Verpflichtung zur Wahrheit, zum Guten und zum Schönen" (Hillgruber, 2002, 53, 65). Demgemäß verbietet die K. „staatliches Kunstrichtertum" (BVerfGE 67, 213, 224 ff.); eine staatl. Stil-, Niveau- u. Inhaltskontrolle darf es nicht geben (BVerfGE 83, 130, 139). Das Freiheitsrecht gewährleistet dem Einzelnen sowohl freie Betätigung im künstlerischen Bereich (Werkbereich) als auch die freie Darbietung u. Verbreitung des Kunstwerks (Wirkbereich) (BVerfGE 30, 173, 189). Freilich bereitet die Definition von Kunst i. S. d. Art. 5 Abs. 3 GG Schwierigkeiten. Ausgangspunkt jeglichen Verständnisses der Grundrechte als Freiheitsrechte muss deren Verankerung in der Menschenwürdegarantie des GG sein, welches Freiheit um des Menschen selbst willen – frei von zweckbestimmten Erwägungen – als Wert an sich anerkennt. Gemünzt auf die K. schützt diese die individuelle schöpferische Kraft des Einzelnen als eine Form der Selbstentfaltung innerhalb der sozialen Gemeinschaft, welche der →Menschenwürde zugeordnet ist (BVerfGE 30, 173, 193). Vor diesem Hintergrund wird verständlich, dass sich das BVerfG bei der Auslegung des Grundrechts auf die Herausforderung einlässt, der Eigenlogik der Kunst Gehör zu schenken (vgl. BVerfGE 30, 173, 188), u. deshalb mehrere Kunstbegriffe nebeneinander anwendet. Demgemäß hat das BVerfG im Ausgangspunkt Kunst als „die freie schöpferische Gestaltung, in der Eindrücke, Erfahrungen, Erlebnisse des Künstlers durch das Medium einer bestimmten Formensprache zu unmittelbarer Anschauung gebracht werden" (BVerfGE 30, 173, 189) verstanden, daneben aber auch Halt darin gesucht, das Wesentliche eines Kunstwerkes darin zu erblicken, dass es anhand eines bestimmten Werktyps (Malen, Bildhauen, Dichten etc.) kategorisiert werden könne (BVerfGE 67, 213, 227). Der Gewährleistung am ehesten gerecht wird die Einsicht, dass das Wesen der künstlerischen Äußerung darin bestehe, „daß es wegen der Mannigfaltigkeit ihres Aussagegehalts möglich ist, der Darstellung im Wege einer fortgesetzten Interpretation immer weiterreichende Bedeutungen zu entnehmen, so daß sich eine praktisch unerschöpfliche, vielstufige Informationsvermittlung ergibt" (BVerfGE 67, 213, 227). Somit schlägt sich die Bedeutung der K. auch in den Anforderungen an die Interpretation eines Werkes nieder. Bei der literarischen Gattung der Satire legt das BVerfG großen Wert auf eine getrennte Betrachtung einerseits der – satirischen – Einkleidung u. andererseits des Aussagekerns (BVerfGE 75, 369, 377 f.), wodurch letzterer – unter Vernachlässigung der durchaus für den Kern bedeutsamen Einkleidung – in den Fokus der rechtlichen Analyse rückt. Das Thema Satire lenkt den Blick auf eine weitere essentielle Funktion des Grundrechts der K.: den Schutz vor staatl. Bevormundung in Fällen, in denen durch das Kunstwerk ein Kommunikationsprozess über gesellschaftlich umstrittene Fragen in Gang gesetzt od. beeinflusst wird. Dies lässt sich anhand der Ausdrucksform bzw. des Stilmittels der Satire verdeutlichen, die m. Hilfe von Übertreibung, Ironie u. (beißendem) Spott zumeist indirekt scharfe Kritik übt/Zustände anprangert. Je nach den Umständen des

Einzelfalls kann Satire dem Schutzbereich der Meinungsfreiheit od. der K. zuzuordnen sein (BVerfGE 86, 1, 9). Gleich einem Brennglas führt Satire die enge Verschränkung zwischen der Meinungsfreiheit u. der K. als Kommunikationsgrundrechte vor Augen u. eröffnet die Perspektive für die Bedeutung dieser Freiheitsrechte für das Funktionieren der freiheitlich-demokratischen Grundordnung. Schließlich ist in jüngerer Zeit ein weiteres Konfliktfeld hinzugetreten: Das Widerstreiten der künstlerischen Freiheit des einen m. dem ebenfalls verfassungsrechtlich verbürgten Persönlichkeitsrecht des anderen, namentlich in der Konstellation, in der sich ein Grundrechtsträger in einem literarischen Werk aus seiner Sicht als unvorteilhaft beschrieben empfindet. Das BVerfG hat hierzu in seiner Esra-Entscheidung die sog. Je-desto-Formel entwickelt: „Je stärker Abbild und Urbild übereinstimmen, desto schwerer wiegt die Beeinträchtigung des Persönlichkeitsrechts", wobei für einen literarischen Text die Vermutung der Fiktionalität streite (BVerfGE 119, 1, 25). Die Problematik offenbart, dass der Staat in jüngerer Zeit vermehrt als Moderator von Grundrechtskonflikten zwischen Privaten gefragt ist (Wittreck, 2009, 6, 7).

Literatur

Knies, W., Schranken der Kunstfreiheit als verfassungsrechtliches Problem, München 1967; Henschel, J. F., Die Kunstfreiheit in der Rechtsprechung des BVerfG: NJW 1990, 1937-1944; Isensee, J., Kunstfreiheit im Streit m. Persönlichkeitsschutz: AfP 1993, 619-629; Beisel, D., Die Kunstfreiheitsgarantie des Grundgesetzes u. ihre strafrechtlichen Grenzen, Heidelberg 1997; Hillgruber, C., Die Religion u. die Grenzen der Kunst: Essener Gespräche zum Thema Staat u. Kirche 36 (2002), 53-89; Gärtner, S., Was die Satire darf. Eine Gesamtbetrachtung zu den rechtlichen Grenzen einer Kunstform, Berlin 2009; Wittreck, F., Persönlichkeitsbild u. Kunstfreiheit. Grundrechtskonflikte Privater nach den Entscheidungen Esra u. Contergan des Bundesverfassungsgerichts: AfP 2009, 6-14; Dahm, K., Der Schutz des Urhebers durch die Kunstfreiheit, Tübingen 2012; Bünnigmann, K., Die „Esra"-Entscheidung als Ausgleich zwischen Persönlichkeitsschutz u. Kunstfreiheit, Tübingen 2013; Kaerkes, C., Die vergessene Schranken-Schranke der Kunstfreiheit: AfP 2016, 398-402; Klass, N., Satire im Spannungsfeld von Kunstfreiheitsgarantie u. Persönlichkeitsschutz: AfP 2016, 477-490.

Barbara Rox

© 2019, DOI: 10.30965/9783506786388_0817

Kuratie

→Expositur, →Pfarrkuratie

Kurialbehörden

→Römische Kurie

Kurialstil – Historisch

Der K. wird von c. 19 zu den Mitteln gezählt, die – außer im Strafrecht – zur Auffüllung einer →Gesetzeslücke verwendet werden können. M. dem Begriff werden sowohl die iurisprudentia als auch die praxi Curiae Romanae umfasst (can. 20 sprach noch von „stylus et praxi", während die Schemata des CIC bis 1982 den Ausdruck „iurisprudentia ecclesiastica, praesertim stylo et praxi Curiae Romanae" verwenden).

Der K. beinhaltet die inhaltliche u. formelle Vorgehensweise der →römischen Kurie mere facti, d. h. jene Gewohnheiten u. Gepflogenheiten bei der Entscheidung, die noch nicht zu →Gewohnheitsrecht erstarkt od. im RGCR der Kurie berücksichtigt sind. Der Rspr. der →Apostolischen Signatur u. der →Römischen Rota kommt in diesem Sinn Vorbildfunktion für untergeordnete Gerichte zu, während die Kenntnis des Stils (z. B. der Art von →Dispensen, die gewöhnlich gewährt werden, der Normen, die in Approbations- u. Rekognitionsverfahren Anwendung finden) in der Verwaltungspraxis das Stellen von Anträgen an die röm. →Dikasterien erleichtert.

Von K. im engeren Sinn kann erst beim Vorliegen von mehreren gleichen Entscheidungen gesprochen werden, bei selten vorkommenden Materien kann auch eine einzelne schon als solcher bez. werden.

Dem K. kommt bei der Auffüllung von Rechtslücken insofern Beachtlichkeit zu, als die Röm. Kurie ihre Entscheidungen auf dem Verwaltungs- od. Gerichtswege im Hinblick auf die →Gesamtkirche trifft. Eine Ausweitung des Begriffs K. auf die bfl. Kurien ist auf Grund des Wortlautes u. der Textgeschichte des c. 19 abzulehnen (c. 1501 CCEO spricht hingegen allg. von der iurisprudentia ecclesiastica).

Literatur

May, G. – Egler, A., Einführung in die kirchenrechtliche Methode, Regensburg 1986, 245-246; KanR I, 186; Otaduy, J., Comentario al can. 19: Comentario exegético al Código de Derecho Canónico Vol. I, Pamplona ²1997, 394-398; Socha, H.: MKCIC c. 19, Rn. 10.

Markus Graulich

Kurie

→Diözesankurie, →Römische Kurie

Kurienkardinal

→Kardinal

Kursi – Islamisch

→Theologische Fakultät, Hochschuleinrichtung

Küster – Katholisch

K. (lat. custos = Wächter, Hüter), auch Sakristan (lat. sacer = hl.; Sakristei als zentraler Nebenraum der Kirche), in der Schweiz Sigrist, in Süddeutschland u. Österreich Mesner (seltener Messner od. Mesmer, lat. mansionarius = der neben der Kirche wohnt u. für diese sorgt), Kirchendiener o. ä. genannt, bez. einen Kirchenbediensteten, der als Hausmeister für ein →Kirchengebäude sorgt; hist. im MA aus dem Ostiarier (Türhüter, niedere Weihe) hervorgegangen, war er in der frühen Neuzeit v. a. im nördlichen Deutschland auch für den Schulunterricht zuständig. Heute obliegt ihm der Schließdienst, die Beachtung der Einhaltung geziemenden Verhaltens von Gläubigen u. Besuchern, Pflege, Sauberkeit u. Schmuck der Kirche (vgl. cc. 562, 1220; c. 872 CCEO), Reinigung u. Verkehrssicherung auf dem Kirchvorplatz, Bereitstellen von Kerzen, Blumen, Leeren des Opferstockes, Läuten der →Glocken, Vor- u. Nachbereitung jeglicher →Gottesdienste (Messfeier, →Sakramentenspendung, →Andachten). Bes. Aufmerksamkeit hat er den liturgischen Dingen zu widmen: Bücher (→Liturgische Bücher), Gewänder (→Liturgische Kleidung; Paramente), Geräte (→Liturgisches Gerät) (Kelch, Monstranz etc.). Daher sind handwerkliche Fähigkeiten u. liturgische Kenntnisse vonnöten. Mitunter kommen dem K. auch während des Gottesdienstes Aufgaben zu: z. B. Ministrantendienst, Einsammeln der Kollekte. Mancherorts war u. ist der Dienst des K. m. dem des →Organisten verbunden.

Der K. hat ein KA im weiteren Sinne inne (c. 145; c. 936 CCEO) u. steht in einem neben- od. (seltener) hauptamtlichen Beschäftigungsverhältnis i. d. R. der →Kirchengemeinde, →Kirchenstiftung etc.; unmittelbarer Dienstvorgesetzter ist der →Pfarrer bzw. →Kirchenrektor (rector ecclesiae). Da der K. einen Beitr. zum pastoralen Dienst leistet, hat er „sich grundsätzlich mit der Kirche und ihrer Lehre zu identifizieren" (GSyn, Dienste u. Ämter, 3.3.3, 3.4.1, S. 614); für ihn gelten die RL der DBK bzgl. der „Persönlichen Anforderungen an Diakone und Laien im pastoralen Dienst im Hinblick auf Ehe und Familie" vom 28.09.1995 (DDB 63, Bonn 2000, 37-47). Diözesane Ordnungen regeln Ausbildung, Aufgaben u. Bewertung der Tätigkeiten. In manchen Gegenden sind die K. zu diözesanen od. überdiözesanen Vereinigungen zusammengeschlossen (z. B. Zentralverband der Mitarbeiterinnen u. Mitarbeiter in Einrichtungen der kath. Kirche Deutschlands e.V. – ZKD; Österr. Mesner Gemeinschaft, Schweiz. Sakristanenverband).

Literatur

Peusquens, K.-G., Der liturgische Dienst des Küsters/Mesners: Die liturgischen Dienste, hg. v. A. Kuhne, Paderborn 1982, 177-185; Hellmann, A., Der Sakristan, Freiburg [2]1987; Pasquale, L., Il rapporto di lavoro die sacrestani: Il diritto ecclesiastico 98/I (1987), 709-719; Berger, R., Art. Mesner, Mesnerin: LThK[3] Bd. 7, 155-156; Kluck, Th., Art. Küster: RGG[4] Bd. 4, 1908; Der Sakristanendienst. Handbuch für die Praxis, hg. v. Arbeitsgemeinschaft der Sakristanenverbände des dt. Sprachgebiets, Freiburg 2005; Hück, A., Nicht nur Glockenläuten! Handbuch für den Dienst in Sakristei u. Kirchenraum, Mainz [5]2008.

Rüdiger Althaus

Küster – Evangelisch

Das Amt des K. (von lat. custos) ist im MA entstanden; in der Alten Kirche wurden die Funktionen, die ein K. heute ausübt, von den →Diakonen wahrgenommen. Die Bez. custos begegnet zunächst in →Klöstern für den Mönch, dem die Sorge für die Klosterkirche oblag. In der Karolingerzeit hatte der custos die Aufsicht über den Kirchenschatz inne. Der heutige Sprachgebrauch knüpft jedoch eher an den spätmittelalterlichen custos der Kirche an, der ein m. K.-Geschäften betrauter Untergebener eines höheren →Geistlichen war. In den reformatorischen Kirchen wurde ihm die Aufsicht über das Gotteshaus, die Pflege der kultischen Geräte sowie die Vorbereitung u. Begleitung der gottesdienstlichen Handlungen übertragen. Häufig war der Dienst des K. m. dem Amt des Schulhalters, →Lektors, →Kantors od. →Organisten verbunden. Statusmäßig wurde das Amt des K. den „niederen Kirchenbedienten" zugeordnet (vgl. →Allgemeines Landrecht für die preußischen Staaten von 1794 u. Rheinisch-Westfälische KO 1835). Neben K. sind u. a. die Bez. Mesner (lat.: mansionarius = Hausverwalter), Kirchen- bzw. Pfarrdiener, Kirchner, Glöckner, Sakrist od. Sigrist, Kirch(en)vater, Kirchenvogt u., wo der K. zugl. Diakon ist, Kirchendiakon verbreitet.

Das K.-Amt wird heute überwiegend nebenberuflich im Rahmen eines privatrechtlich geregelten Dienstverhältnisses, welches regelmäßig zur →Kirchengemeinde besteht, od. ehrenamtlich ausgeübt. Zu seiner inhaltlichen Ausgestaltung vgl. die Empfehlung des Rates der EKD für eine RO u. eine Dienstanweisung für den Dienst des K. vom 18.02.1983: ABl. EKD, 138).

Literatur

Nicol, K., Das Küsteramt in der ev. Kirche, München 1954; Grenacher-Berhoud, B., Der Sigrist, Das Küsteramt einst u. heute, Winterthur 1976; Buttler, G., Art. Kirchl. Berufe: TRE Bd. 19, 190-213 (196, 200, 203 ff.); Kluck, Th., Art. Küster: RGG[4] Bd. 4, 1908; Gottesdienst-Institut der Ev.-Luth. Kirche in Bayern, Handbuch für Kirchner/Kirchnerinnen, Nürnberg 2010.

Hans-Peter Hübner

Artikelverzeichnis

G

H